子目

上海圖書館 編

中國叢書綜錄

徐森玉題

2

上海古籍出版社

編　例

一、本冊爲《中國叢書綜錄》第二冊，是根據本書第一冊《總目分類目錄》所收
2,797 種叢書的子目編成的《子目分類目錄》。它以子目爲單位，採用四部分
類，部下又析爲類、屬，其繁簡、組織和命名，以確切反映所屬圖書的性質爲原
則。每書著錄其名稱、著者和所屬叢書名稱等三項，以便讀者從這幾方面檢
尋所需資料。

二、本冊所收子目共七萬多條。其中一書爲兩種以上叢書所收的，均經比勘同異，
分別作一種或數種處理，共得 38,891 種。

三、某些子目，本身又包括幾種著作。例如《微波榭叢書》裏的《算經十書》，包括
《周髀算經》、《九章算術》等，因此《算經十書》對《微波榭叢書》言，是子目；對
《周髀算經》等言，則又爲叢書。其繁複者，如《古微書》中之《易雜緯》，遞相統
屬，多至五級。凡此類情況，只以最後一級子目分入各類。其中間各級如《算
經十書》、《易雜緯》等，另編《別錄》附後，藉資區別，而便檢查。

四、凡一書的分篇和節鈔；注釋、評點、句讀或附有音義、校記以及輯佚本，凡經
後人加工的，均作爲另一種書。其次序排列，原書在前，輯本在後；全文在前，
分篇在後；白文在前，注釋、評點在後。

五、凡一書的續編及後人有關此書的撰述，均接次于原書之後。但如《續騪鸞錄》
與《騪鸞錄》，雖名爲續編，實係各自獨立的；又如張惠言的《周易虞氏義》、《周
易荀氏九家義》，雖推闡前人之遺說，實係自成一家言的，均各自編排，不相連
續。

六、凡一書爲兩種以上叢書所收，書名、卷數全同的，著錄一次；卷數不同的，再
著錄一次；書名不同的，另用仿宋體字著錄一次。凡屬再次著錄的，均縮後一
格。

　　例：閩遊日記二卷

　　　　　　荆駝逸史

　　　　閩事紀略一卷

　　　　　　　申報館叢書續集

　　　　閩遊日記一卷

　　　　　　　海甸野史

七、凡一書爲兩種以上叢書所收，而所題著者爲兩人時，擇其較可信者爲主，著
錄一次；另一名則加括弧並冠"題"字爲別，而再次著錄之。

　　例：西京雜記六卷

　　　　（題漢劉歆撰）

　　　　　　　　　　歷代小史
　　　　　　　　　　漢魏叢書
　　　　　　　　　　　（晉）葛洪撰
　　　　　　　　　　秦漢圖記
　　　　　　　　　　稗海
　　　　　　　　西京雜記
　　　　　　　　　　說郛
　　　　　　　　西京雜記八則
　　　　　　　　　（題漢劉歆撰）
　　　　　　　　　　舊小說

八、著者以其真姓名或常用的署名統一著錄，原書所題的原名、別號、筆名，均用
　　括弧附注於後（例一）。凡一書爲兩種以上叢書所收，而著者題名不同時，則
　　參照前條分別著錄，但僅加括弧而不冠"題"字（例二）。

　　　　例一：中西紀事二十四卷
　　　　　　　　（清）夏燮（江上蹇叟）撰
　　　　　　　　　申報館叢書餘集
　　　　例二：一笠庵新編占花魁傳奇二卷
　　　　　　　　（清）李玉撰
　　　　　　　　　一笠庵四種曲
　　　　　　　　（清蘇門嘯侶撰）
　　　　　　　　　古本戲曲叢刊三集

九、凡一書經注釋、評點後，原名已經變更的，則原著者不再著錄；若爲兩種以上
　　叢書所收，而所題書名有變更有未變更時，對著者則用兩種方式著錄，以版本
　　較早的一種爲主，著錄一次；其另一方式，則一再著錄之。

　　　　例：道德真經注四卷
　　　　　　　　（魏）王弼撰
　　　　　　　　　道藏
　　　　　　　老子註二卷
　　　　　　　　　四庫全書
　　　　　　　道德經二卷
　　　　　　　　（周）李耳撰　（魏）王弼注
　　　　　　　　　合刻周秦經書十種
　　　　　　　老子道德經二卷
　　　　　　　　（周）李耳撰　（魏）王弼注
　　　　　　　　　古逸叢書

十、同一子目的不同叢書之間，按出版年代先後爲序。至有卷數、書名不同的，就
　　其同異，分成幾組，各組之間，按其第一種叢書出版年代的先後爲序。

十一、凡一叢書而本錄收有二種以上版本的，在叢書名後注明（例一）；僅收一種
　　　版本的，則從略（例二）；但兩種版本的某一子目，因內容有不同而在本冊作爲

　　　　兩種處理時, 或某一子目爲其中一個版本所未收的, 亦分別注明之(例三)。

　　　　　　例一: 學海類編(道光本、景道光本)

　　　　　　例二: 叢書集成初編

　　　　　　例三: 論語竢質三卷附校譌一卷

　　　　　　　　　　琳琅祕室叢書(咸豐本)

　　　　　　　論語竢質三卷附校譌一卷續校一卷

　　　　　　　　　琳琅祕室叢書(光緒本)

十二、凡叢書有分集、分類的(例一); 或某一子目原係包括於別一子目之中的
　　　(例二); 以及某一子目原係附屬於別一子目之後的(例三), 均於該叢書名後
　　　分別注明, 以便尋檢。

　　　　　　例一: 水經注補逸一卷

　　　　　　　　　紹興先正遺書第二集

　　　　　　例二: 周髀算經二卷

　　　　　　　　　微波榭叢書・算經十書

　　　　　　例三: 宋書州郡志校勘記一卷

　　　　　　　　歷史地理志彙編戊編・宋書州郡志附

目　　錄

中國叢書綜錄

子目分類目錄

經 部

經　部

易　類

正文之屬

周易不分卷
　　九經正文
　　宋刊巾箱本八經
　周易一卷
　　五經（弘治本）
　　古香齋袖珍十種（內府本、南海孔氏本）・五經
　周易三卷
　　九經（求古齋本、觀成堂本、重刊求古齋本）
　易經白文四卷
　　五經白文
　周易
　　十三經・經文
周易十卷
　（明）陳鳳梧篆書
　　篆文六經
周易
　　篆文六經四書（康熙本、同文書局景康熙本、千頃堂書局景康熙本）

傳說之屬

先　秦

子夏易傳十一卷
　（周）卜商撰
　　通志堂經解（康熙本、同治本）・易
　　四庫全書・經部易類
　　學津討原（嘉慶本、景嘉慶本）第一集
子夏易傳一卷
　（周）卜商撰　（清）孫堂輯

漢魏二十一家易注
子夏易傳一卷
　（周）卜商撰　（清）孫馮翼輯　（清）臧庸述
　　問經堂叢書
子夏易傳一卷
　（周）卜商撰　（清）張澍輯
　　二酉堂叢書
子夏易傳一卷
　（周）卜商撰　（清）黃奭輯
　　漢學堂叢書・經解易類
　　黃氏逸書考（民國修補本、民國補刊本）・漢學堂經解
周易子夏傳二卷
　（周）卜商撰　（清）馬國翰輯
　　玉函山房輯佚書（嫏嬛館本、重印本、楚南書局本）・經編易類
周易史氏義一卷
　（周）史猷撰　（清）王仁俊輯
　　玉函山房輯佚書續編・經編易類
周易黃氏義一卷
　（周）黃歇撰　（清）王仁俊輯
　　玉函山房輯佚書續編・經編易類
周易呂氏義一卷
　（秦）呂不韋撰　（清）王仁俊輯
　　玉函山房輯佚書續編・經編易類

漢

周易古五子傳一卷
　（清）馬國翰輯
　　玉函山房輯佚書（嫏嬛館本、重印本、楚南書局本）・經編易類
周易韓氏傳二卷
　（漢）韓嬰撰　（清）馬國翰輯
　　玉函山房輯佚書（嫏嬛館本、重印本、楚南書局本）・經編易類
周易丁氏傳二卷
　（漢）丁寬撰　（清）馬國翰輯
　　玉函山房輯佚書（嫏嬛館本、重印本、楚南書局本）・經編易類

周易淮南九師道訓一卷
　　（漢）劉安撰　　（清）馬國翰輯
　　　　玉函山房輯佚書（娜嬛館本、重印本、
　　　　楚南書局本）・經編易類

周易賈氏義一卷
　　（漢）賈誼撰　　（清）王仁俊輯
　　　　玉函山房輯佚書續編・經編易類

易賈氏義一卷
　　　　十三經漢注

周易董氏義一卷
　　（漢）董仲舒撰　　（清）王仁俊輯
　　　　玉函山房輯佚書續編・經編易類

周易施氏章句一卷
　　（漢）施讎撰　　（清）馬國翰輯
　　　　玉函山房輯佚書（娜嬛館本、重印本、
　　　　楚南書局本）・經編易類

周易章句一卷
　　（漢）孟喜撰　　（清）王謨輯
　　　　漢魏遺書鈔・經翼第一冊

周易章句一卷
　　（漢）孟喜撰　　（清）孫堂輯
　　　　漢魏二十一家易注

易章句一卷
　　（漢）孟喜撰　　（清）黃奭輯
　　　　漢學堂叢書・經解易類
　　　　黃氏逸書考（民國修補本、民國補刊
　　　　本）・漢學堂經解

周易孟氏章句二卷
　　（漢）孟喜撰　　（清）馬國翰輯
　　　　玉函山房輯佚書（娜嬛館本、重印本、
　　　　楚南書局本）・經編易類

周易梁丘氏章句一卷
　　（漢）梁丘賀撰　　（清）馬國翰輯
　　　　玉函山房輯佚書（娜嬛館本、重印本、
　　　　楚南書局本）・經編易類

周易章句一卷
　　（漢）京房撰　　（清）孫堂輯
　　　　漢魏二十一家易注

周易京氏章句一卷
　　（漢）京房撰　　（清）馬國翰輯
　　　　玉函山房輯佚書（娜嬛館本、重印本、
　　　　楚南書局本）・經編易類

易章句一卷
　　（漢）京房撰　　（清）黃奭輯
　　　　漢學堂叢書・經解易類
　　　　黃氏逸書考（民國修補本、民國補刊
　　　　本）・漢學堂經解

京氏易八卷

（漢）京房撰　　（清）王保訓輯
　　木犀軒叢書

周易京氏章句一卷
　　（漢）京房撰　　（清）王仁俊輯
　　　　玉函山房輯佚書續編・經編易類

易京氏章句一卷
　　　　十三經漢注

京氏易傳一卷
　　（漢）京房撰
　　　　增定漢魏六朝別解・經部

易傳
　　　　說郛（商務印書館本）卷二・古典錄略

易傳一卷
　　（漢）京房撰　　（清）王謨輯
　　　　漢魏遺書鈔・經翼第一冊

京房易傳一卷
　　（漢）京房撰　　（清）王仁俊輯
　　　　玉函山房輯佚書續編・經編易類

京氏易傳三卷
　　（漢）京房撰　　（吳）陸績注
　　　　范氏奇書
　　　　漢魏叢書（萬曆本、景萬曆本）・經籍
　　　　津逮祕書（汲古閣本、景汲古閣本）第
　　　　　二集
　　　　四庫全書・子部術數類
　　　　摛藻堂四庫全書薈要・子部
　　　　學津討原（嘉慶本、景嘉慶本）第一集
　　　　四部叢刊（初次印本、二次印本、縮印
　　　　　二次印本）・經部

易傳三卷
　　　　廣漢魏叢書（萬曆本、嘉慶本）・經翼
　　　　增訂漢魏叢書（乾隆本、紅杏山房本、
　　　　　三餘堂本、大通書局石印本）・經翼

京氏易傳注三卷
　　（吳）陸績撰
　　　　鹽邑志林
　　　　景印元明善本叢書十種・鹽邑志林

京氏易略一卷
　　（漢）京房撰
　　　　說郛（宛委山堂本）弓二

費氏易一卷
　　（漢）費直撰　　（清）馬國翰輯
　　　　玉函山房輯佚書（娜嬛館本、重印本、
　　　　楚南書局本）・經編易類

蔡氏易說一卷
　　（漢）蔡景君撰　　（清）馬國翰輯
　　　　玉函山房輯佚書（娜嬛館本、重印本、
　　　　楚南書局本）・經編易類

周易劉氏義一卷
　　(漢)劉向撰　(清)王仁俊輯
　　　玉函山房輯佚書續編·經編易類
　　易劉氏義一卷
　　　十三經漢注
周易鄭司農注一卷
　　(漢)鄭衆撰　(清)王仁俊輯
　　　玉函山房輯佚書續編·經編易類
　　易鄭司農注一卷
　　　十三經漢注
周易王氏義一卷
　　(漢)王充撰　(清)王仁俊輯
　　　玉函山房輯佚書續編·經編易類
　　易王氏義一卷
　　　十三經漢注
周易魯恭義一卷
　　(漢)魯恭撰　(清)王仁俊輯
　　　玉函山房輯佚書續編·經編易類
　　易魯氏義一卷
　　　十三經漢注
周易趙氏義一卷
　　(漢)趙溫撰　(清)王仁俊輯
　　　玉函山房輯佚書續編·經編易類
周易徐幹義一卷
　　(漢)徐幹撰　(清)王仁俊輯
　　　玉函山房輯佚書續編·經編易類
易下邳傳甘氏義一卷
　　(漢)甘容撰　(清)王仁俊輯
　　　玉函山房輯佚書續編·經編易類
　　　十三經漢注
周易彭氏義一卷
　　(漢)彭宣撰　(清)王仁俊輯
　　　玉函山房輯佚書續編·經編易類
　　易彭氏義一卷
　　　十三經漢注
周易班氏義一卷
　　(漢)班固撰　(清)王仁俊輯
　　　玉函山房輯佚書續編·經編易類
周易傳一卷
　　(漢)馬融撰　(清)孫堂輯
　　　漢魏二十一家易注
周易馬氏傳三卷
　　(漢)馬融撰　(清)馬國翰輯
　　　玉函山房輯佚書(嫏嬛館本、重印本、
　　　楚南書局本)·經編易類
　　易傳一卷
　　(漢)馬融撰　(清)黃奭輯
　　　漢學堂叢書·經解易類

黃氏逸書考(民國修補本、民國補刊
　　本)·漢學堂經解
馬王易義一卷
　　(漢)馬融(魏)王肅撰　(清)臧庸輯
　　　問經堂叢書
周易賈氏義一卷
　　(漢)賈逵撰　(清)王仁俊輯
　　　玉函山房輯佚書續編·經編易類
　　易賈氏注一卷
　　　十三經漢注
周易章句一卷
　　(漢)劉表撰　(清)孫堂輯
　　　漢魏二十一家易注
周易劉氏章句一卷
　　(漢)劉表撰　(清)馬國翰輯
　　　玉函山房輯佚書(嫏嬛館本、重印本、
　　　楚南書局本)·經編易類
易章句一卷
　　(漢)劉表撰　(清)黃奭輯
　　　漢學堂叢書·經解易類
　　　黃氏逸書考(民國修補本、民國補刊
　　　本)·漢學堂經解
周易注一卷
　　(漢)宋衷撰　(清)孫堂輯
　　　漢魏二十一家易注
周易宋氏注一卷
　　(漢)宋衷撰　(清)馬國翰輯
　　　玉函山房輯佚書(嫏嬛館本、重印本、
　　　楚南書局本)·經編易類
易注一卷
　　(漢)宋衷撰　(清)黃奭輯
　　　漢學堂叢書·經解易類
　　　黃氏逸書考(民國修補本、民國補刊
　　　本)·漢學堂經解
周易注一卷
　　(漢)荀爽撰　(清)孫堂輯
　　　漢魏二十一家易注
周易荀氏注三卷
　　(漢)荀爽撰　(清)馬國翰輯
　　　玉函山房輯佚書(嫏嬛館本、重印本、
　　　楚南書局本)·經編易類
易言一卷
　　(漢)荀爽撰　(清)黃奭輯
　　　黃氏逸書考(民國修補本、民國補刊
　　　本)·漢學堂經解
九家易解一卷
　　(清)王謨輯
　　　漢魏遺書鈔·經翼第一冊

九家周易集注一卷
　　(清)孫堂輯
　　　漢魏二十一家易注
周易荀氏九家三卷
　　(清)張惠言輯
　　　張皋文箋易詮全集
九家易集注一卷
　　(清)黃奭輯
　　　漢學堂叢書・經解易類
　　　黃氏逸書考（民國修補本、民國補刊
　　　本）・漢學堂經解
周易鄭康成注一卷
　　(漢)鄭玄撰　　(宋)王應麟輯
　　　玉海(元刊明修清康熙補刊本、浙江書
　　　局本、成都志古堂本)附刻
　　　祕册彙函
　　　四庫全書・經部易類
　　　四部叢刊三編・經部
　周易鄭注三卷
　　　摛藻堂四庫全書薈要・經部
鄭氏周易三卷
　　(漢)鄭玄撰　　(宋)王應麟輯　　(清)惠棟增
　　補
　　　雅雨堂藏書・李氏易傳附
新本鄭氏周易三卷
　　　四庫全書・經部易類
周易注三卷補遺一卷
　　(漢)鄭玄撰　　(宋)王應麟輯　　(清)惠棟增
　　補　　(清)孫堂重校併輯補遺
　　　漢魏二十一家易注
　鄭氏周易注三卷補遺一卷
　　　古經解彙函(粵東書局本、蜚英館石印
　　　本、湘南書局本)
　　　叢書集成初編・哲學類
周易鄭氏注三卷
　　(漢)鄭玄撰　　(宋)王應麟輯　　(清)丁杰後
　　定　　(清)張惠言訂正
　　　張皋文箋易詮全集
　周易注三卷
　　　鄭學彙函
周易鄭注十二卷附敍錄一卷
　　(漢)鄭玄撰　　(宋)王應麟輯　　(清)丁杰後
　　定　　(清)張惠言訂正　　敍錄(清)臧庸撰
　　　湖海樓叢書
　　　叢書集成初編・哲學類
易注九卷
　　(漢)鄭玄撰　　(清)袁鈞輯
　　　鄭氏佚書(浙江書局本、觀稼樓本)

周易注十二卷
　　(漢)鄭玄撰　　(清)孔廣林輯
　　　通德遺書所見錄
周易注一卷
　　(漢)鄭玄撰　　(清)黃奭輯
　　　知足齋叢書
　　　黃氏逸書考（民國修補本、民國補刊
　　　本）・通德堂經解
易解附錄一卷附後語一卷
　　(漢)鄭玄注　　(明)胡震亨輯　　(明)姚士粦
　　補
　　　祕册彙函
　　　叢書集成初編・哲學類
周易薛氏記一卷
　　(□)薛虞撰　　(清)馬國翰輯
　　　玉函山房輯佚書（嫏嬛館本、重印本、
　　　楚南書局本）・經編易類
易晉注一卷
　　(□)薛虞撰　　(清)黃奭輯
　　　漢學堂叢書・經解易類
　　　黃氏逸書考（民國修補本、民國補刊
　　　本）・漢學堂經解
漢易十三家二卷
　　(清)胡薇元輯
　　　玉津閣叢書甲集
易義別錄十四卷
　　(清)張惠言輯
　　　張皋文箋易詮全集
　　　皇清經解（道光本、咸豐補刊本、鴻寶
　　　齋石印本、點石齋石印本）

三　國

周易三卷附周易略例一卷
　　(魏)王弼注
　　　三經晉註
　周易殘一卷(存卷三)
　　　鳴沙石室古籍叢殘・羣經叢殘
　周易殘一卷(存卷四)
　　　鳴沙石室古籍叢殘・羣經叢殘
周易九卷
　　(魏)王弼(晉)韓康伯注
　　　袖珍十三經註
周易九卷附略例一卷
　　(魏)王弼(晉)韓康伯注　　(唐)陸德明晉義
　　略例(魏)王弼撰　　(唐)邢璹注
　　　十三經古注
　　　四部叢刊（初次印本、二次印本、縮印
　　　二次印本）・經部

袖珍古書讀本

周易註十卷
  (魏)王弼(晉)韓康伯撰　略例(魏)王弼撰
  (唐)邢璹注　(唐)陸德明音義
    四庫全書·經部易類

周易十卷附考證
    仿宋相臺五經(乾隆本、光緒本)

周易十卷
    四部備要(排印本、縮印本)·經部·
    十三經古注

敦煌古寫本周易王注校勘記二卷
  (民國)羅振玉撰
    廣倉學宭叢書甲類第一集

周易兼義九卷
  (魏)王弼(晉)韓康伯注　(唐)孔穎達正義
    十三經註疏(汲古閣本)

周易兼義九卷附略例一卷音義一卷
  (魏)王弼(晉)韓康伯注　(唐)孔穎達正義
    略例(魏)王弼撰　(唐)邢璹注　音義(唐)
    陸德明撰
    十三經註疏(福建本)
    十三經註疏(北監本)

周易注疏十三卷略例一卷附考證
    十三經注疏(武英殿本)

周易正義十卷
    四庫全書·經部易類

周易注疏十三卷略例一卷
    摘藻堂四庫全書薈要·經部

周易兼義九卷附音義一卷注疏校勘記九
卷釋文校勘記一卷
  (魏)王弼(晉)韓康伯注　(唐)孔穎達正義
    音義(唐)陸德明撰　校勘記(清)阮元撰
    重刊宋本十三經注疏(南昌府學本、廣
    東書局本、江西書局本、脈望仙館石
    印本、寶慶務本書局本、點石齋石印
    本、掃葉山房石印本、錦章圖書局石
    印本、世界書局石印本、中華書局排
    印本)
    四部備要(排印本、縮印本)·經部·
    十三經注疏

周易校勘記九卷略例校勘記一卷釋文校
勘記一卷
  (清)阮元撰
    皇清經解(道光本、咸豐補刊本、鴻寶
    齋石印本、點石齋石印本)·十三經
    注疏校勘記

周易注疏校勘記九卷略例校勘記一卷
釋文校勘記一卷

宋本十三經注疏併經典釋文校勘記

周易注疏校正一卷
  (清)盧文弨撰
    抱經堂叢書(乾隆本、景乾隆本)·羣
    書拾補初編
    紹興先正遺書第二集·羣書拾補初編
    叢書集成初編·總類·羣書拾補

周易正義十四卷附校勘記二卷
  (唐)孔穎達撰　校勘記劉承幹撰
    嘉業堂叢書·經部

周易注一卷
  (魏)王肅撰　(清)孫堂輯
    漢魏二十一家易注

周易王氏注二卷
  (魏)王肅撰　(清)馬國翰輯
    玉函山房輯佚書(嫏嬛館本、重印本、
    楚南書局本)·經編易類

易注一卷
  (魏)王肅撰　(清)黃奭輯
    漢學堂叢書·經解易類
    黃氏逸書考(民國修補本、民國補刊
    本)·漢學堂經解

周易何氏解一卷
  (魏)何晏撰　(清)馬國翰輯
    玉函山房輯佚書(嫏嬛館本、重印本、
    楚南書局本)·經編易類

周易章句一卷
  (魏)董遇撰　(清)孫堂輯
    漢魏二十一家易注

周易董氏章句一卷
  (魏)董遇撰　(清)馬國翰輯
    玉函山房輯佚書(嫏嬛館本、重印本、
    楚南書局本)·經編易類

易章句一卷
  (魏)董遇撰　(清)黃奭輯
    漢學堂叢書·經解易類
    黃氏逸書考(民國修補本、民國補刊
    本)·漢學堂經解

易解一卷
  (吳)陸績撰　(明)姚士粦輯
    鹽邑志林
    景印元明善本叢書十種·鹽邑志林

陸氏易解一卷
    四庫全書·經部易類

周易述一卷
  (吳)陸績撰　(明)姚士粦輯　(清)孫堂增
  補
    漢魏二十一家易注

陸氏周易述一卷
　　古經解彙函（粵東書局本、蜚英館石印本、湘南書局本）

周易陸氏述三卷
　（吳）陸績撰　（清）馬國翰輯
　　玉函山房輯佚書（嫏嬛館本、重印本、楚南書局本）·經編易類

易述一卷
　（吳）陸績撰　（清）黃奭輯
　　漢學堂叢書·經解易類
　　黃氏逸書考（民國修補本、民國補刊本）·漢學堂經解

陸氏易解一卷
　（吳）陸績撰　（清）汪□輯
　　易學六種

周易注十卷附錄一卷
　（吳）虞翻撰　（清）孫堂輯
　　漢魏二十一家易注

易注一卷
　（吳）虞翻撰　（清）黃奭輯
　　黃氏逸書考（民國修補本、民國補刊本）·漢學堂經解

周易注一卷
　（吳）姚信撰　（清）孫堂輯
　　漢魏二十一家易注

周易姚氏注一卷
　（吳）姚信撰　（清）馬國翰輯
　　玉函山房輯佚書（嫏嬛館本、重印本、楚南書局本）·經編易類

易注一卷
　（吳）姚信撰　（清）黃奭輯
　　黃氏逸書考（民國修補本、民國補刊本）·漢學堂經解

蜀才周易注一卷
　（蜀）范長生撰　（清）孫堂輯
　　漢魏二十一家易注

周易蜀才注一卷
　（蜀）范長生撰　（清）馬國翰輯
　　玉函山房輯佚書（嫏嬛館本、重印本、楚南書局本）·經編易類

易注（一名蜀才易注）一卷
　（蜀）范長生撰　（清）黃奭輯
　　漢學堂叢書·經解易類
　　黃氏逸書考（民國修補本、民國補刊本）·漢學堂經解

晉

周易統略一卷

（晉）鄒湛撰　（清）馬國翰輯
　　玉函山房輯佚書（嫏嬛館本、重印本、楚南書局本）·經編易類

周易卦序論一卷
　（晉）楊乂撰　（清）馬國翰輯
　　玉函山房輯佚書（嫏嬛館本、重印本、楚南書局本）·經編易類

周易張氏義一卷
　（晉）張軌撰　（清）馬國翰輯
　　玉函山房輯佚書（嫏嬛館本、重印本、楚南書局本）·經編易類

周易義一卷
　（晉）向秀撰　（清）孫堂輯
　　漢魏二十一家易注

周易向氏義一卷
　（晉）向秀撰　（清）馬國翰輯
　　玉函山房輯佚書（嫏嬛館本、重印本、楚南書局本）·經編易類

易義一卷
　（晉）向秀撰　（清）黃奭輯
　　漢學堂叢書·經解易類
　　黃氏逸書考（民國修補本、民國補刊本）·漢學堂經解

周易義一卷
　（□）翟玄撰　（清）孫堂輯
　　漢魏二十一家易注

周易翟氏義一卷
　（□）翟玄撰　（清）馬國翰輯
　　玉函山房輯佚書（嫏嬛館本、重印本、楚南書局本）·經編易類

易義一卷
　（□）翟玄撰　（清）黃奭輯
　　漢學堂叢書·經解易類
　　黃氏逸書考（民國修補本、民國補刊本）·漢學堂經解

易注一卷
　（晉）張璠撰　（清）黃奭輯
　　漢學堂叢書·經解易類
　　黃氏逸書考（民國修補本、民國補刊本）·漢學堂經解

周易集解一卷
　（晉）張璠撰　（清）孫堂輯
　　漢魏二十一家易注

周易張氏集解一卷
　（晉）張璠撰　（清）馬國翰輯
　　玉函山房輯佚書（嫏嬛館本、重印本、楚南書局本）·經編易類

易集解一卷

（晉）張璠撰　（清）黃奭輯
漢學堂叢書・經解易類
黃氏逸書考（民國修補本、民國補刊
本）・漢學堂經解

易解三卷
（晉）干寶撰
鹽邑志林
景印元明善本叢書十種・鹽邑志林

周易注一卷
（晉）干寶撰　（元）屠曾輯　（清）孫堂補
漢魏二十一家易注

周易干氏注三卷
（晉）干寶撰　（清）馬國翰輯
玉函山房輯佚書（嫏嬛館本、重印本、
楚南書局本）・經編易類

易注一卷
（晉）干寶撰　（清）黃奭輯
黃氏逸書考（民國修補本、民國補刊
本）・漢學堂經解

干氏易傳三卷
（晉）干寶撰　（清）汪□輯
易學六種

周易注一卷
（晉）王廙撰　（清）孫堂輯
漢魏二十一家易注

周易王氏注一卷
（晉）王廙撰　（清）馬國翰輯
玉函山房輯佚書（嫏嬛館本、重印本、
楚南書局本）・經編易類

易注一卷
（晉）王廙撰　（清）黃奭輯
漢學堂叢書・經解易類
黃氏逸書考（民國修補本、民國補刊
本）・漢學堂經解

周易黃氏注一卷
（晉）黃穎撰　（清）馬國翰輯
玉函山房輯佚書（嫏嬛館本、重印本、
楚南書局本）・經編易類
信古閣小叢書

易注一卷
（晉）黃穎撰　（清）黃奭輯
漢學堂叢書・經解易類
黃氏逸書考（民國修補本、民國補刊
本）・漢學堂經解

南北朝

周易沈氏要略一卷
（南齊）沈驎士撰　（清）馬國翰輯

玉函山房輯佚書（嫏嬛館本、重印本、
楚南書局本）・經編易類

周易義疏一卷
（南齊）劉瓛撰　（清）孫堂輯
漢魏二十一家易注

周易劉氏義疏一卷
（南齊）劉瓛撰　（清）馬國翰輯
玉函山房輯佚書（嫏嬛館本、重印本、
楚南書局本）・經編易類

周易劉氏義疏一卷
（南齊）劉瓛撰　（清）王仁俊輯
玉函山房輯佚書續編・經編易類

周易傅氏注一卷
（□）傅□撰　（清）馬國翰輯
玉函山房輯佚書（嫏嬛館本、重印本、
楚南書局本）・經編易類

周易崔氏注一卷
（□）崔覲撰　（清）馬國翰輯
玉函山房輯佚書（嫏嬛館本、重印本、
楚南書局本）・經編易類

周易姚氏注一卷
（□）姚規撰　（清）馬國翰輯
玉函山房輯佚書（嫏嬛館本、重印本、
楚南書局本）・經編易類

周易大義一卷
梁武帝撰　（清）馬國翰輯
玉函山房輯佚書（嫏嬛館本、重印本、
楚南書局本）・經編易類

周易伏氏集解一卷
（梁）伏曼容撰　（清）馬國翰輯
玉函山房輯佚書（嫏嬛館本、重印本、
楚南書局本）・經編易類

周易褚氏講疏一卷
（梁）褚仲都撰　（清）馬國翰輯
玉函山房輯佚書（嫏嬛館本、重印本、
楚南書局本）・經編易類

易注一卷
（梁）褚仲都撰　（清）黃奭輯
漢學堂叢書・經解易類
黃氏逸書考（民國修補本、民國補刊
本）・漢學堂經解

莊氏易義一卷
（□）莊□撰　（清）馬國翰輯
玉函山房輯佚書（嫏嬛館本、重印本、
楚南書局本）・經編易類

莊氏易義一卷
（□）莊□撰　（清）黃奭輯
黃氏逸書考（民國修補本、民國補刊

本)‧漢學堂經解

周易周氏義疏一卷
　　(陳)周弘正撰　　(清)馬國翰輯
　　　　玉函山房輯佚書（嫏嬛館本、重印本、
　　　　楚南書局本)‧經編易類

易注一卷
　　(陳)周弘正撰　　(清)黃奭輯
　　　　漢學堂叢書‧經解易類
　　　　黃氏逸書考(民國修補本、民國補刊
　　　　本)‧漢學堂經解

周易張氏講疏一卷
　　(陳)張譏撰　　(清)馬國翰輯
　　　　玉函山房輯佚書（嫏嬛館本、重印本、
　　　　楚南書局本)‧經編易類

關氏易傳一卷
　　(後魏)關朗撰
　　　　唐宋叢書‧經翼
　　　　說郛(宛委山堂本)弓二
　　　　增訂漢魏叢書（乾隆本、紅杏山房本、
　　　　三餘堂本、大通書局石印本)‧經翼

關氏易傳一卷
　　(後魏)關朗撰　　(唐)趙蕤注
　　　　范氏奇書
　　　　津逮祕書（汲古閣本、景汲古閣本)第
　　　　二集
　　　　學津討原(嘉慶本、景嘉慶本)第一集

周易劉氏注一卷
　　(後魏)劉昞撰　　(清)馬國翰輯
　　　　玉函山房輯佚書（嫏嬛館本、重印本、
　　　　楚南書局本)‧補遺‧經編易類

周易劉畫義一卷
　　(北齊)劉畫撰　　(清)王仁俊輯
　　　　玉函山房輯佚書續編‧經編易類

周易盧氏注一卷
　　(□)盧□撰　　(清)馬國翰輯
　　　　玉函山房輯佚書（嫏嬛館本、重印本、
　　　　楚南書局本)‧經編易類

盧氏易注一卷
　　(□)盧□撰　　(清)黃奭輯
　　　　黃氏逸書考(民國修補本、民國補刊
　　　　本)‧漢學堂經解

周易王氏注一卷
　　(□)王凱沖撰　　(清)馬國翰輯
　　　　玉函山房輯佚書（嫏嬛館本、重印本、
　　　　楚南書局本)‧經編易類

周易王氏義一卷
　　(□)王嗣宗撰　　(清)馬國翰輯
　　　　玉函山房輯佚書（嫏嬛館本、重印本、

楚南書局本)‧經編易類

周易朱氏義一卷
　　(□)朱仰之撰　　(清)馬國翰輯
　　　　玉函山房輯佚書（嫏嬛館本、重印本、
　　　　楚南書局本)‧經編易類

易雜家注一卷
　　(清)黃奭輯
　　　　黃氏逸書考(民國修補本、民國補刊
　　　　本)‧漢學堂經解

講周易疏論家義記殘卷
　　　　京都帝國大學文學部景印唐鈔本第二
　　　　集

隋　唐

周易何氏講疏
　　(隋)何妥撰　　(清)馬國翰輯
　　　　玉函山房輯佚書（嫏嬛館本、重印本、
　　　　楚南書局本)‧經編易類

周易講疏一卷
　　(隋)何妥撰　　(清)黃奭輯
　　　　漢學堂叢書‧經解易類
　　　　黃氏逸書考(民國修補本、民國補刊
　　　　本)‧漢學堂經解

周易侯氏注三卷
　　(□)侯果撰　　(清)馬國翰輯
　　　　玉函山房輯佚書（嫏嬛館本、重印本、
　　　　楚南書局本)‧經編易類

易注一卷
　　(□)侯果撰　　(清)黃奭輯
　　　　漢學堂叢書‧經解易類
　　　　黃氏逸書考(民國修補本、民國補刊
　　　　本)‧漢學堂經解

周易探玄三卷
　　(唐)崔憬撰　　(清)馬國翰輯
　　　　玉函山房輯佚書（嫏嬛館本、重印本、
　　　　楚南書局本)‧經編易類

易探玄一卷
　　(唐)崔憬撰　　(清)黃奭輯
　　　　漢學堂叢書‧經解易類
　　　　黃氏逸書考(民國修補本、民國補刊
　　　　本)‧漢學堂經解

周易玄義一卷
　　(唐)李淳風撰　　(清)馬國翰輯
　　　　玉函山房輯佚書（嫏嬛館本、重印本、
　　　　楚南書局本)‧經編易類

周易新論傳疏一卷
　　(唐)陰弘道撰　　(清)馬國翰輯
　　　　玉函山房輯佚書（嫏嬛館本、重印本、

楚南書局本)·經編易類

周易新義一卷

　(唐)徐邈撰　(清)馬國翰輯

　　玉函山房輯佚書(嫏嬛館本、重印本、
　　楚南書局本)·經編易類

易纂一卷

　(唐)釋一行撰　(清)馬國翰輯

　　玉函山房輯佚書(嫏嬛館本、重印本、
　　楚南書局本)·經編易類

易說二卷圖解一卷

　(唐)呂嵒撰

　　重刊道藏輯要壁集

易傳十卷

　(唐)李鼎祚撰

　　祕冊彙函

　周易集解十七卷

　　津逮祕書(汲古閣本、景汲古閣本)第
　　二集

　　四庫全書·經部易類

　　學津討原(嘉慶本、景嘉慶本)第一集

　　古經解彙函(粵東書局本、蜚英館石印
　　本、湘南書局本)

　　叢書集成初編·哲學類

　李氏易傳十七卷

　　雅雨堂藏書

　李氏易傳校一卷

　　(清)陸心源撰

　　潛園總集·羣書校補

周易師說一卷

　(唐)陸德明撰　(清)王仁俊輯

　　玉函山房輯佚書續編·經編易類

周易口訣義六卷

　(唐)史徵撰

　　四庫全書·經部易類

　　武英殿聚珍版書(武英殿木活字本、福
　　建本、廣雅書局本)·經部

　　岱南閣叢書(沇州本)

　　古經解彙函(粵東書局本、蜚英館石印
　　本、湘南書局本)

　　易學六種

　　叢書集成初編·哲學類

周易舉正三卷

　(唐)郭京撰

　　范氏奇書

　　津逮祕書(汲古閣本、景汲古閣本)第
　　二集

　　四庫全書·經部易類

　　學津討原(嘉慶本、景嘉慶本)第一集

宸翰樓叢書(宣統本、重編本)

叢書集成初編·哲學類

周易舉正一卷

　　說郛(宛委山堂本)弓三

　　遜敏堂叢書

　　清芬堂叢書·經部

易傳一卷

　(唐)陸希聲撰　(清)黃奭輯

　　黃氏逸書考(民國修補本、民國補刊
　　本)·漢學堂經解

宋

周易口義十二卷

　(宋)胡瑗述　(宋)倪天隱記

　　四庫全書·經部易類

周易口義十五卷

　　摛藻堂四庫全書薈要·經部

易童子問三卷

　(宋)歐陽修撰

　　歐陽文忠公全集(天順本、嘉靖本、康
　　熙本、嘉慶本、光緒本)

　　四部叢刊(初次印本、二次印本、縮印
　　二次印本)·集部·歐陽文忠公集

　　四部備要(排印本、縮印本)·集部宋
　　別集·歐陽文忠全集

　　宋廬陵四忠集·歐陽文忠公全集

橫渠先生易說三卷

　(宋)張載撰

　　通志堂經解(康熙本、同治本)·易

　易說三卷

　　朱文端公藏書(康熙至乾隆本、光緒
　　本)·張子全書

　　四部備要(排印本、縮印本)·子部儒
　　家·張子全書

　橫渠易說三卷

　　四庫全書·經部易類

　　摛藻堂四庫全書薈要·經部

溫公易說六卷

　(宋)司馬光撰

　　四庫全書·經部易類

　　經苑(大梁書院本、民國補刊本)

　易說六卷

　　武英殿聚珍版書(武英殿木活字本、
　　福建本、廣雅書局本)·經部

　　反約篇

　　榕園叢書甲集

　　叢書集成初編·哲學類

周易程氏傳四卷

(宋)程頤撰
　　河南程氏全書 (成化本、萬曆本、康熙
　　本)
　　洪氏唐石經館叢書·河南程氏全書
易傳四卷
　　四庫全書·經部易類
伊川易傳四卷
　　西京清麓叢書正編·二程全書
　　四部備要 (排印本、縮印本)·子部儒
　　　家·二程全書
周易六卷
　　(宋)程頤傳
　　古逸叢書
易程傳六卷
　　叢書集成初編·哲學類
易經八卷
　　(宋)程頤傳
　　十三經讀本(金陵書局本)
東坡先生易傳九卷
　　(宋)蘇軾撰
　　兩蘇經解
蘇氏易傳九卷
　　津逮祕書 (汲古閣本、景汲古閣本) 第
　　　二集
　　學津討原(嘉慶本、景嘉慶本)第一集
　　叢書集成初編·哲學類
東坡易傳九卷
　　四庫全書·經部易類
　　摛藻堂四庫全書薈要·經部
易經解不分卷
　　(宋)朱長文撰
　　碧琳瑯館叢書甲部
易經解五卷
　　芋園叢書·經部
復齋易說六卷
　　(宋)趙彥肅撰
　　通志堂經解(康熙本、同治本)·易
　　四庫全書·經部易類
　　摛藻堂四庫全書薈要·經部
周易新講義十卷
　　(宋)龔原撰
　　宛委別藏
　　佚存叢書 (日本本、光緒木活字本、景
　　　日本本)
　　粤雅堂叢書三編第二十七集
周易新講義十卷(原缺卷七至十)
　　(宋)耿南仲撰
　　四庫全書·經部易類

四庫全書珍本初集·經部易類
易說一卷
　　(宋)游酢撰
　　游定夫先生集
了齋易說一卷
　　(宋)陳瓘撰
　　四庫全書·經部易類
　　四庫全書珍本初集·經部易類
易學辨惑一卷
　　(宋)邵伯溫撰
　　四庫全書·經部易類
吳園易解九卷
　　(宋)張根撰
　　四庫全書·經部易類
吳園周易解九卷
　　武英殿聚珍版書(武英殿木活字本)·
　　　經部
吳園周易解九卷附錄一卷
　　武英殿聚珍版書 (福建本、廣雅書局
　　　本)·經部
　　墨海金壺(嘉慶本、景嘉慶本)·經部
　　經苑(大梁書院本、民國補刊本)
　　易學六種
　　叢書集成初編·哲學類
漢上易傳十一卷周易卦圖三卷周易叢說
一卷
　　(宋)朱震撰
　　通志堂經解(康熙本、同治本)·易
　　四庫全書·經部易類
　　摛藻堂四庫全書薈要·經部
　　湖北先正遺書·經部
周易集傳十一卷
　　四部叢刊續編·經部
讀易詳說十卷
　　(宋)李光撰
　　四庫全書·經部易類
　　四庫全書珍本初集·經部易類
易璇璣三卷
　　(宋)吳沆撰
　　通志堂經解(康熙本、同治本)·易
　　四庫全書·經部易類
　　摛藻堂四庫全書薈要·經部
周易窺餘十五卷
　　(宋)鄭剛中撰
　　四庫全書·經部易類
　　續金華叢書·經部
忘筌書十卷
　　(宋)潘殖撰

浦城遺書
紫巖居士易傳十卷
　　(宋)張浚撰
　　　通志堂經解(康熙本、同治本)·易
　紫巖易傳十卷
　　　四庫全書·經部易類
　　　摛藻堂四庫全書薈要·經部
周易義海撮要十二卷
　　(宋)李衡撰
　　　通志堂經解(康熙本、同治本)·易
　　　四庫全書·經部易類
　　　摛藻堂四庫全書薈要·經部
郭氏傳家易說十一卷
　　(宋)郭雍撰
　　　四庫全書·經部易類
　　　摛藻堂四庫全書薈要·經部
　　　武英殿聚珍版書(武英殿木活字本)·
　　　　經部
　郭氏傳家易說十一卷總論一卷
　　　武英殿聚珍版書(浙江本、江西書局
　　　　本、福建本、廣雅書局本)·經部
　　　叢書集成初編·哲學類
易小傳六卷
　　(宋)沈該撰
　　　通志堂經解(康熙本、同治本)·易
　　　四庫全書·經部易類
　　　摛藻堂四庫全書薈要·經部
　　　吳興叢書
周易經傳集解三十六卷
　　(宋)林栗撰
　　　四庫全書·經部易類
　　　四庫全書珍本初集·經部易類
易變體義十二卷
　　(宋)都絜撰
　　　四庫全書·經部易類
　　　四庫全書珍本初集·經部易類
易原八卷
　　(宋)程大昌撰
　　　四庫全書·經部易類
　　　武英殿聚珍版書(武英殿木活字本、福
　　　　建本、廣雅書局本)·經部
　　　易學六種
　　　叢書集成初編·哲學類
東谷鄭先生易翼傳二卷
　　(宋)鄭汝諧撰
　　　通志堂經解(康熙本、同治本)·易
　東谷易翼傳二卷
　　　四庫全書·經部易類

摛藻堂四庫全書薈要·經部
誠齋易傳二十卷
　　(宋)楊萬里撰
　　　四庫全書·經部易類
　　　武英殿聚珍版書(武英殿木活字本、福
　　　　建本、廣雅書局本)·經部
　　　經苑(大梁書院本、民國補刊本)
　　　叢書集成初編·哲學類
周易四卷
　　(宋)朱熹本義
　　　五經(康熙本)
　　　五經四子書
　　　五經四書讀本
　　　五經四書
　周易讀本四卷
　　　十三經讀本(唐文治輯)
　易經十二卷首一卷末一卷
　　　十三經讀本(金陵書局本)
　周易本義十二卷
　　(宋)朱熹撰
　　　四庫全書·經部易類
　重刻周易本義四卷
　　(宋)朱熹撰　(宋)成矩輯
　　　四庫全書·經部易類·周易本義附
　周易本義四卷
　　　摛藻堂四庫全書薈要·經部
周易本義十二卷
　　(宋)朱熹撰　(宋)呂祖謙音訓
　　　西京清麓叢書正編
　　　劉氏傳經堂叢書
周易四卷
　　(宋)朱熹本義　清聖祖案
　　　御案五經
周易四卷附校刊記一卷
　　(宋)朱熹本義　校刊記(清)丁寶楨等撰
　　　十三經讀本(丁寶楨等校)
南軒易說三卷
　　(宋)張栻撰
　　　四庫全書·經部易類
　南軒易說五卷
　　　枕碧樓叢書
易說二卷
　　(宋)呂祖謙撰
　　　芝園秘錄初刻
　　　學海類編(道光本、景道光本)·經翼
古周易一卷
　　(宋)呂祖謙等編
　　　通志堂經解(康熙本、同治本)·易

四庫全書·經部易類
清芬堂叢書·經部

東萊呂氏古易一卷
　　金華叢書(同治光緒本、民國補刊本)
　　·經部

周易古本十二篇
　　孫氏山淵閣叢刊

易說四卷
　　(宋)趙善譽撰
　　四庫全書·經部易類
　　墨海金壺(嘉慶本、景嘉慶本)·經部
　　守山閣叢書(道光本、鴻文書局景道光
　　本、博古齋景道光本)·經部
　　叢書集成初編·哲學類

周易玩辭十六卷
　　(宋)項安世撰
　　通志堂經解(康熙本、同治本)·易
　　四庫全書·經部易類
　　摛藻堂四庫全書薈要·經部
　　湖北先正遺書·經部

楊氏易傳二十卷
　　(宋)楊簡撰
　　四庫全書·經部易類
　　四明叢書第一集

周易卦爻經傳訓解二卷
　　(宋)蔡淵撰
　　四庫全書·經部易類
　　四庫全書珍本初集·經部易類

易象意言一卷
　　(宋)蔡淵撰
　　四庫全書·經部易類
　　摛藻堂四庫全書薈要·經部
　　武英殿聚珍版書(武英殿木活字本、浙
　　江本、江西書局本、福建本、廣雅書
　　局本)·經部
　　藝海珠塵金集(甲集)
　　反約篇
　　榕園叢書甲集
　　叢書集成初編·哲學類

泰軒易傳六卷
　　(宋)李中正撰
　　宛委別藏
　　粵雅堂叢書三編第二十七集
　　佚存叢書(日本本、光緒木活字本、景
　　日本本)第二帙
　　叢書集成初編·哲學類

童溪王先生易傳三十卷
　　(宋)王宗傳撰

通志堂經解(康熙本、同治本)·易

童溪易傳三十卷
　　四庫全書·經部易類
　　摛藻堂四庫全書薈要·經部

周易總義二十卷
　　(宋)易祓撰
　　四庫全書·經部易類

周易總義二十卷附考證一卷
　　(宋)易祓撰　考證(民國)孫文昱撰
　　湖南叢書

大易粹言十卷
　　(宋)方聞一輯
　　四庫全書·經部易類

大易粹言七十三卷首一卷
　　摛藻堂四庫全書薈要·經部

易傳燈四卷
　　(宋)徐□撰
　　四庫全書·經部易類
　　函海(乾隆本、道光本)第三函
　　經苑(大梁書院本、民國補刊本)
　　函海(光緒本)第四函
　　叢書集成初編·哲學類

西谿易說十二卷
　　(宋)李過撰
　　四庫全書·經部易類
　　四庫全書珍本初集·經部易類

丙子學易編一卷
　　(宋)李心傳撰
　　通志堂經解(康熙本、同治本)·易
　　四庫全書·經部易類
　　摛藻堂四庫全書薈要·經部

厚齋易學五十卷附錄二卷
　　(宋)馮椅撰
　　四庫全書·經部易類
　　四庫全書珍本初集·經部易類

周易要義十卷
　　(宋)魏了翁撰
　　四庫全書·經部易類

周易要義十卷首一卷
　　五經要義

周易要義十卷(原缺卷三至六)
　　四部叢刊續編·經部

易通六卷
　　(宋)趙以夫撰
　　四庫全書·經部易類
　　四庫全書珍本初集·經部易類

晦庵先生朱文公易說二十三卷
　　(宋)朱熹撰　(宋)朱鑑輯

通志堂經解(康熙本、同治本)‧易

朱文公易說二十三卷
　　四庫全書‧經部易類

文公易說三十三卷
　　摛藻堂四庫全書薈要‧經部

周易輯聞六卷附易雅一卷筮宗一卷
　　(宋)趙汝楳撰
　　　通志堂經解(康熙本、同治本)‧易
　　　四庫全書‧經部易類

周易輯聞六卷
　　摛藻堂四庫全書薈要‧經部

用易詳解十六卷
　　(宋)李杞撰
　　　四庫全書‧經部易類
　　　四庫全書珍本初集‧經部易類

淙山讀周易記二十一卷圖一卷
　　(宋)方寔孫撰
　　　四庫全書‧經部易類
　　　四庫全書珍本初集‧經部易類

周易傳義附錄十四卷首一卷
　　(宋)董楷撰
　　　通志堂經解(康熙本、同治本)‧易

周易傳義附錄十四卷
　　四庫全書‧經部易類

易傳義附錄十四卷
　　摛藻堂四庫全書薈要‧經部

周易象義十六卷
　　(宋)丁易東撰
　　　四庫全書‧經部易類

俞氏易集說十三卷
　　(宋)俞琰撰
　　　通志堂經解(康熙本、同治本)‧易

俞氏集說十三卷
　　摛藻堂四庫全書薈要‧經部

周易集說四十卷
　　四庫全書‧經部易類

讀易舉要四卷
　　(宋)俞琰撰
　　　四庫全書‧經部易類
　　　四庫全書珍本初集‧經部易類

元

讀易私言一卷
　　(元)許衡撰
　　　說郛(宛委山堂本)弓三
　　　通志堂經解(康熙本、同治本)‧易
　　　四庫全書‧經部易類
　　　許文正公遺書

學海類編(道光本、景道光本)‧經翼
西京清麓叢書正編‧許文正公遺書
洪氏唐石經館叢書‧許文正公遺書
叢書集成初編‧哲學類

周易本義附錄纂註十五卷
　　(元)胡一桂撰
　　　通志堂經解(康熙本、同治本)‧易

易本義附錄纂疏十五卷
　　四庫全書‧經部易類
　　摛藻堂四庫全書薈要‧經部

周易衍義十六卷
　　(元)胡震撰
　　　四庫全書‧經部易類
　　　四庫全書珍本初集‧經部易類

易纂言十二卷首一卷
　　(元)吳澄撰
　　　通志堂經解(康熙本、同治本)‧易

易纂言十卷
　　四庫全書‧經部易類

易纂言十二卷
　　摛藻堂四庫全書薈要‧經部

易纂言外翼八卷
　　(元)吳澄撰
　　　四庫全書‧經部易類

易纂言外翼八卷附校勘記一卷
　　(元)吳澄撰　校勘記(民國)魏元曠撰
　　　豫章叢書(胡思敬輯)‧元三家易說

易原奧義一卷
　　(元)保八(保巴)撰
　　　四庫全書‧經部易類
　　　四庫全書珍本初集‧經部易類

周易原旨八卷
　　(元)保八(保巴)撰
　　　四庫全書‧經部易類‧易原奧義附
　　　四庫全書珍本初集‧經部易類

周易程朱傳義折衷三十三卷
　　(元)趙采撰
　　　四庫全書‧經部易類
　　　四庫全書珍本初集‧經部易類

周易本義通釋十二卷
　　(元)胡炳文撰
　　　通志堂經解(康熙本、同治本)‧易
　　　四庫全書‧經部易類

易本義通釋十二卷
　　摛藻堂四庫全書薈要‧經部

輯錄雲峯文集易義一卷
　　(元)胡炳文撰
　　　通志堂經解(康熙本、同治本)‧易‧

周易本義通釋附

易學濫觴一卷
　　(元)黃澤撰
　　　　四庫全書・經部易類
　　　　武英殿聚珍版書(武英殿木活字本、福
　　　　　建本、廣雅書局本)・經部
　　　　經苑(大梁書院本、民國補刊本)
　　　　小萬卷樓叢書(咸豐本、光緒本)
　　　　涉聞梓舊(咸豐本、商務印書館景咸豐
　　　　　本、竹簡齋景咸豐本)
　　　　復性書院叢刊・羣經統類乙編
　　　　易學六種
　　　　叢書集成初編・哲學類

大易輯說十卷
　　(元)王申子撰
　　　　通志堂經解(康熙本、同治本)・易
　　　　四庫全書・經部易類
　　　　摛藻堂四庫全書薈要・經部

周易本義集成十二卷首一卷
　　(元)熊良輔撰
　　　　通志堂經解(康熙本、同治本)・易
　　周易本義集成十二卷
　　　　四庫全書・經部易類
　　　　摛藻堂四庫全書薈要・經部

學易記九卷
　　(元)李簡撰
　　　　通志堂經解(康熙本、同治本)・易
　　　　四庫全書・經部易類
　　　　摛藻堂四庫全書薈要・經部

周易集傳八卷
　　(元)龍仁夫撰
　　　　四庫全書・經部易類
　　　　別下齋叢書(道光本、商務印書館景道
　　　　　光本、竹簡齋景道光本)
　　　　叢書集成初編・哲學類

周易集傳八卷補遺一卷考證一卷校正一
　　卷
　　(元)龍仁夫撰　　(清)尹繼美錄
　　　　鼎吉堂全集

周易經傳集程朱解附錄纂註十四卷 首一
　　卷附一卷
　　(元)董眞卿撰
　　　　通志堂經解(康熙本、同治本)・易
　　周易會通十四卷
　　　　四庫全書・經部易類
　　　　摛藻堂四庫全書薈要・經部

周易經疑三卷
　　(元)涂溍生撰

宛委別藏
　　選印宛委別藏

讀易考原一卷
　　(元)蕭漢中撰
　　　　四庫全書・經部易類

讀易考原一卷附校勘記一卷
　　(元)蕭漢中撰　　校勘記(民國)魏元曠撰
　　　　豫章叢書(胡思敬輯)・元三家易說

周易爻變義蘊四卷
　　(元)陳應潤撰
　　　　四庫全書・經部易類
　　　　續台州叢書

易精蘊大義十二卷
　　(元)解蒙撰
　　　　四庫全書・經部易類

易學變通六卷
　　(元)曾貫撰
　　　　四庫全書・經部易類

易學變通六卷附校勘記一卷校勘續記一
　　卷
　　(元)曾貫撰　　校勘記續記(民國)魏元曠撰
　　　　豫章叢書(胡思敬輯)・元三家易說

周易參義十二卷
　　(元)梁寅撰
　　　　通志堂經解(康熙本、同治本)・易
　　　　四庫全書・經部易類

周易文詮四卷
　　(元)趙汸撰
　　　　四庫全書・經部易類
　　　　四庫全書珍本初集・經部易類

明

周易大全二十四卷
　　(明)胡廣等撰
　　　　四庫全書・經部易類

易傳撮要一卷
　　(明)劉髦撰
　　　　劉文安公全集

易經存疑十二卷
　　(明)林希元撰
　　　　四庫全書・經部易類

周易通略一卷附校勘記一卷
　　(明)黃俊撰　　校勘記(民國)胡思敬撰
　　　　豫章叢書(胡思敬輯)

玩易意見二卷
　　(明)王恕撰
　　　　惜陰軒叢書(道光本、光緒本)第一函
　　　　叢書集成初編・哲學類

易象鈔十八卷
　　(明)胡居仁撰
　　　　四庫全書・經部易類
　　　　四庫全書珍本初集・經部易類
易經蒙引十二卷
　　(明)蔡清撰
　　　　四庫全書・經部易類
周易議卦二卷
　　(明)王崇慶撰
　　　　學海類編(道光本、景道光本)・經翼
　　　　叢書集成初編・哲學類
易大象說一卷
　　(明)崔銑撰
　　　　金聲玉振集・撰述
讀易餘言五卷
　　(明)崔銑撰
　　　　崔洹野集
　　　　四庫全書・經部易類
周易說翼五卷
　　(明)呂柟撰
　　　　呂涇野五經說(嘉靖本、道光本)
　　涇野先生周易說翼三卷
　　　　惜陰軒叢書(道光本、光緒本)續編・
　　　　　呂涇野經說
　　　　叢書集成初編・哲學類
學易記五卷
　　(明)金賁亨撰
　　　　惜陰軒叢書(道光本、光緒本)第一函
　　　　叢書集成初編・哲學類
易箋問一卷
　　(明)舒芬撰
　　　　梓溪文鈔・內集
周易傳義存疑一卷
　　(明)應大猷撰
　　　　仙居叢書第一集
周易辨錄四卷
　　(明)楊爵撰
　　　　四庫全書・經部易類
易修墨守一卷
　　(明)唐樞撰
　　　　木鍾臺全集再集
周易象旨決錄七卷
　　(明)熊過撰
　　　　四庫全書・經部易類
八白易傳十六卷
　　(明)葉山撰
　　　　四庫全書・經部易類
淮海易談四卷

　　(明)孫應鰲撰
　　　　孫文恭公遺書(光緒本、宣統本)
　　　　黔南叢書第一集
易象鉤解四卷
　　(明)陳士元撰
　　　　歸雲別集(萬曆本、道光本)
　　　　四庫全書・經部易類
　　　　守山閣叢書(道光本、鴻文書局景道光
　　　　　本、博古齋景道光本)・經部
　　　　湖北先正遺書・經部
　　　　叢書集成初編・哲學類
易象彙解二卷
　　(明)陳士元撰
　　　　歸雲別集(萬曆本、道光本)
　　　　湖北先正遺書・經部・易象鉤解附
易因六卷
　　(明)李贄撰
　　　　續道藏(萬曆本、景萬曆本)
讀易紀聞六卷
　　(明)張獻翼撰
　　　　四庫全書・經部易類
周易集注十六卷
　　(明)來知德撰
　　　　四庫全書・經部易類
易經繹五卷
　　(明)鄧元錫撰
　　　　五經繹
洗心齋讀易述十七卷
　　(明)潘士藻撰
　　　　四庫全書・經部易類
像象管見九卷
　　(明)錢一本撰
　　　　四庫全書・經部易類
　　像象管見四卷序測一卷例略一卷題辭
　　一卷易傳五卷
　　　　常州先哲遺書後編・經類
周易象義四卷
　　(明)唐鶴徵撰
　　　　武進唐氏所著書
大易牀頭私錄三卷
　　(明)董懋策撰
　　　　董氏叢書
文所易說五卷
　　(明)馮時可撰
　　　　馮元成雜著
易領四卷
　　(明)郝敬撰
　　　　山草堂集內編

湖北叢書
叢書集成初編·哲學類

問易補七卷
　(明)郝敬撰
　　山草堂集內編

學易枝言四卷
　(明)郝敬撰
　　山草堂集內編

周易正解二十卷
　(明)郝敬撰
　　郝氏九經解

易義古象通八卷
　(明)魏濬撰
　　四庫全書·經部易類

周易劄記三卷首一卷
　(明)逯中立撰
　　四庫全書·經部易類
　　四庫全書珍本初集·經部易類

易說醒四卷
　(明)洪守美撰
　　洪氏晦木齋叢書

周易孔義三卷
　(明)高攀龍撰
　　高子全書

周易易簡說三卷
　(明)高攀龍撰
　　四庫全書·經部易類

周易稽疑一卷
　(明)朱睦㮮撰
　　說郛續弓一

易用六卷
　(明)陳祖念撰
　　四庫全書·經部易類
　　四庫全書珍本初集·經部易類

大易通變六卷
　(明)喬中和撰
　　西郭草堂合刊

說易十二卷
　(明)喬中和撰
　　躋新堂集
　　西郭草堂合刊

易衍
　(明)劉宗周撰
　　劉蕺山先生集

易象正十二卷初二卷終二卷
　(明)黃道周撰
　　石齋先生經傳九種

　易象正十六卷

四庫全書·經部易類

易經增註十卷附易考一卷
　(明)張鏡心撰　(明)張湑輯
　　畿輔叢書
　　叢書集成初編·哲學類

兒易內儀以六卷
　(明)倪元璐撰
　　四庫全書·經部易類
　　粵雅堂叢書三編第二十九集
　　叢書集成初編·哲學類

兒易外儀十五卷
　(明)倪元璐撰
　　四庫全書·經部易類
　　粵雅堂叢書三編第二十一集
　　叢書集成初編·哲學類

周易像象述十卷
　(明)吳桂森撰
　　四庫全書·經部易類
　　四庫全書珍本初集·經部易類

古周易訂詁十六卷
　(明)何楷撰
　　四庫全書·經部易類

卦變考略一卷
　(明)董守諭撰
　　四庫全書·經部易類

讀易一鈔易餘四卷
　(明)董守諭撰
　　四明叢書第三集

周易爻物當名二卷
　(明)黎遂球撰
　　嶺南遺書第三集
　　叢書集成初編·哲學類

卦義一得二卷
　(明)來集之撰
　　來子談經

讀易隅通二卷
　(明)來集之撰
　　來子談經

周易玩辭困學記十五卷
　(明)張次仲撰
　　四庫全書·經部易類

易說一卷
　(明)王育撰
　　冀東雜著石集

大易旁通十二卷
　(□)光成朵撰
　　龍眠叢書

清

讀易大旨五卷
　　(清)孫奇逢撰
　　　　孫夏峯全集
　　　　四庫全書・經部易類
易觸七卷
　　(清)賀貽孫撰
　　　　水田居全集
易酌十四卷
　　(清)刁包撰
　　　　四庫全書・經部易類
　　　　用六居士所著書
讀易略記一卷
　　(清)朱朝瑛撰
　　　　七經略記
易經通注九卷
　　(清)傅以漸(清)曹本榮撰
　　　　四庫全書・經部易類
　御定易經通注四卷
　　　　湖北叢書
　易經通注四卷
　　　　叢書集成初編・哲學類
易學象數論六卷
　　(清)黃宗羲撰
　　　　四庫全書・經部易類
　象數論六卷
　　　　廣雅書局叢書・經類
唱經堂通宗易論一卷
　　(清)金人瑞撰
　　　　唱經堂才子書、聖歎內書
　　　　風雨樓叢書・貫華堂才子書彙稿・聖
　　　　嘆內書
　通宗易論一卷
　　　　中國文學珍本叢書第一輯・唱經堂才
　　　　子書彙稿十一種
易鈔引一卷
　　(清)金人瑞撰
　　　　中國文學珍本叢書第一輯・唱經堂才
　　　　子書彙稿十一種
讀易筆記一卷
　　(清)張履祥撰
　　　　重訂楊園先生全集
田間易學十二卷
　　(清)錢澄之撰
　　　　四庫全書・經部易類
　田間易學五卷圖像一卷
　　　　桐城錢飲光先生全書

大易通解十五卷首一卷附錄一卷
　　(清)魏荔彤撰
　　　　四庫全書・經部易類
　　　　四庫全書珍本初集・經部易類
喬氏易俟十八卷
　　(清)喬萊撰
　　　　四庫全書・經部易類
讀易緒言二卷
　　(清)謝文洊撰
　　　　謝程山全書
周易象辭二十一卷
　　(清)黃宗炎撰
　　　　四庫全書・經部易類
周易尋門餘論一卷
　　(清)黃宗炎撰
　　　　四庫全書・經部易類・周易象辭附
　　　　昭代叢書(道光本)癸集萃編
易學辨惑一卷
　　(清)黃宗炎撰
　　　　四庫全書・經部易類・周易象辭附
　　　　昭代叢書(道光本)癸集萃編
讀易緒言一卷
　　(清)錢棻撰
　　　　昭代叢書(道光本)辛集別編
周易稗疏四卷考異一卷
　　(清)王夫之撰
　　　　四庫全書・經部易類
　周易稗疏一卷
　　　　昭代叢書(道光本)壬集補編
　周易稗疏二卷
　　　　船山遺書(道光本)
　周易稗疏四卷
　　　　船山遺書(同治本、民國本)
　　　　皇清經解續編(南菁書院本、蜚英館石
　　　　印本)
周易內傳十二卷
　　(清)王夫之撰
　　　　船山遺書(道光本)
　周易內傳六卷
　　　　船山遺書(同治本、民國本)
周易內傳發例一卷
　　(清)王夫之撰
　　　　船山遺書(道光本、同治本、民國本)・
　　　　周易內傳附
周易外傳七卷
　　(清)王夫之撰
　　　　船山遺書(道光本、同治本、民國本)
周易大象解一卷

（清）王夫之撰
　　船山遺書（道光本、同治本、民國本）

讀易日鈔六卷
　　（清）張烈撰
　　　　四庫全書・經部易類

周易疏略四卷
　　（清）張沐撰
　　　　五經四書疏略

易原就正十二卷首一卷
　　（清）包儀撰
　　　　四庫全書・經部易類
　　　　四庫全書珍本初集・經部易類

觀象居易傳箋十二卷
　　（清）汪師韓撰
　　　　上湖遺集
　　　　叢睦汪氏遺書

日講易經解義十八卷
　　（清）牛鈕等撰
　　　　四庫全書・經部易類
　　　　摛藻堂四庫全書薈要・經部

易經詳說五十卷
　　（清）冉覲祖撰
　　　　五經詳說

易經衷論二卷
　　（清）張英撰
　　　　四庫全書・經部易類
　　　　張文端集

御纂周易折中二十二卷首一卷
　　（清）李光地等撰
　　　　御纂七經（內府本、浙江書局本、江西
　　　　　書局本、戶部本、崇文書局本、江南
　　　　　書局本、鴻文書局石印本）
　　　　四庫全書・經部易類
　　　　摛藻堂四庫全書薈要・經部

周易通論四卷
　　（清）李光地撰
　　　　李文貞公全集
　　　　四庫全書・經部易類
　　　　榕村全書
　　　　趙氏藏書

周易觀象十二卷
　　（清）李光地撰
　　　　李文貞公全集
　　　　四庫全書・經部易類
　　　　榕村全書
　　　　趙氏藏書・周易通論附

周易觀象大指二卷
　　（清）李光地撰

李文貞公全集
　　榕村全書
　　趙氏藏書・周易通論附

易義前選五卷
　　（清）李光地輯
　　　　榕村全書

仲氏易三十卷
　　（清）毛奇齡撰
　　　　西河合集（康熙本、乾隆修補本）・經
　　　　　集
　　　　四庫全書・經部易類
　　　　皇清經解（道光本、咸豐補刊本、鴻寶
　　　　　齋石印本、點石齋石印本）

推易始末四卷
　　（清）毛奇齡撰
　　　　西河合集（康熙本、乾隆修補本）・經
　　　　　集
　　　　四庫全書・經部易類
　　　　龍威祕書八集

易小帖五卷
　　（清）毛奇齡撰
　　　　西河合集（康熙本、乾隆修補本）・經
　　　　　集
　　　　四庫全書・經部易類

周易本義爻徵二卷
　　（清）吳曰慎撰
　　　　惜陰軒叢書（道光本、光緒本）第一函
　　　　叢書集成初編・哲學類

周易玩辭集解十卷
　　（清）查慎行撰
　　　　四庫全書・經部易類

易說一卷
　　（清）查慎行撰
　　　　昭代叢書（道光本）己集廣編

周易本義註六卷
　　（清）胡方撰
　　　　嶺南遺書第四集
　　　　叢書集成初編・哲學類

合訂刪補大易集義粹言八十卷
　　（清）性德（成德）撰
　　　　通志堂經解（康熙本、同治本）・易
　　　　四庫全書・經部易類

周易函書約存十八卷約注十八卷別集十
　　六卷
　　（清）胡煦撰
　　　　四庫全書・經部易類

豐川易說十卷
　　（清）王心敬撰

四庫全書·經部易類
周易傳註七卷周易筮考一卷
　　(清)李塨撰
　　　四庫全書·經部易類
　　　顏李叢書
充射堂大易餘論一卷
　　(清)魏周琬撰
　　　充射堂集
周易劄記二卷
　　(清)楊名時撰
　　　四庫全書·經部易類
　易經劄記三卷
　　　楊氏全書
易互六卷
　　(清)楊陸榮撰
　　　楊潭西先生遺書
陸堂易學十卷首一卷
　　(清)陸奎勳撰
　　　陸堂經學叢書
周易傳義合訂十二卷
　　(清)朱軾撰
　　　朱文端公藏書（康熙至乾隆本、光緒
　　　本）
　　　四庫全書·經部易類
周易拾遺十四卷
　　(清)徐文靖撰
　　　徐位山六種（志寧堂本、光緒本）
周易淺述八卷
　　(清)陳夢雷撰
　　　四庫全書·經部易類
易學管窺一卷
　　(清)章芝撰
　　　涇川叢書(道光本、景道光本)
周易洗心九卷
　　(清)任啓運撰
　　　四庫全書·經部易類
易說六卷
　　(清)惠士奇撰
　　　四庫全書·經部易類
　　　皇清經解（道光本、咸豐補刊本、鴻寶
　　　齋石印本、點石齋石印本）
　　　璜川吳氏經學叢書
周易本義拾遺六卷附周易序例一卷 周易
　拾遺一卷
　　(清)李文炤撰
　　　李氏成書
易翼述信十二卷
　　(清)王又樸撰

四庫全書·經部易類
　詩禮堂全集
逸亭易論一卷
　　(清)徐繼恩撰
　　　檀几叢書二集第一帙
周易剩義二卷
　　(清)童能靈撰
　　　冠豸山堂全集
易箋八卷
　　(清)陳法撰
　　　四庫全書·經部易類
　易箋八卷首一卷
　　　黔南叢書第一集
大易擇言三十六卷
　　(清)程廷祚撰
　　　四庫全書·經部易類
　　　四庫全書珍本初集·經部易類
周易正解四卷
　　(清)程廷祚撰
　　　易通殘稿三種
易學精義一卷
　　(清)程廷祚撰
　　　易通殘稿三種
周易孔義集說二十卷
　　(清)沈起元撰
　　　四庫全書·經部易類
易經碎言二卷首一卷
　　(清)應麟撰
　　　屏山草堂稿
周易詮義十四卷首一卷
　　(清)汪紱撰
　　　汪雙池先生叢書
易經如話十二卷首一卷
　　(清)汪紱撰
　　　汪雙池先生叢書
周易淺釋四卷
　　(清)潘思榘撰
　　　四庫全書·經部易類
周易述二十三卷
　　(清)惠棟撰
　　　四庫全書·經部易類
　周易述二十一卷
　　　皇清經解（道光本、咸豐補刊本、鴻寶
　　　齋石印本、點石齋石印本）
　　　四部備要（排印本、縮印本）·經部·
　　　清十三經注疏
周易述補四卷
　　(清)江藩撰

節甫老人雜著
江氏叢書
皇清經解（道光本、咸豐補刊本、鴻寶
　齋石印本、點石齋石印本）
四部備要（排印本、縮印本）·經部·
　清十三經注疏·周易述附

周易述補五卷
　（清）李林松撰
　　皇清經解續編（南菁書院本、蜚英館石
　　印本）
　　四部備要（排印本、縮印本）·經部·
　　清十三經注疏·周易述附

周易述翼五卷
　（清）黃應麒撰
　　懺花盦叢書

易漢學八卷
　（清）惠棟撰
　　四庫全書·經部易類
　　經訓堂叢書（乾隆本、景乾隆本）
　　皇清經解續編（南菁書院本、蜚英館石
　　印本）
　　叢書集成初編·哲學類

　易漢學一卷
　　昭代叢書（道光本）壬集補編

讀易漢學私記一卷
　（清）陳壽熊撰
　　皇清經解續編（南菁書院本、蜚英館石
　　印本）
　　聚學軒叢書第五集

周易古義一卷
　（清）惠棟撰
　　昭代叢書（道光本）甲集補

周易本義辯證五卷
　（清）惠棟撰
　　省吾堂四種

周易輯說存正十二卷
　（清）楊方達撰
　　楊符蒼七種

易說通旨略一卷
　（清）楊方達撰
　　楊符蒼七種

易經備旨七卷
　（清）鄒聖脈纂輯
　　五經備旨

大易札記五卷
　（清）范爾梅撰
　　讀書小記

易輪一卷

（清）范爾梅撰
　讀書小記

易卦考一卷
　（清）范爾梅撰
　　讀書小記

周易解九卷
　（清）牛運震撰
　　空山堂全集

易經旁訓三卷
　（清）徐立綱撰
　　五經旁訓（匠門書屋本、吳郡張氏本）

易經旁訓增訂精義三卷
　（清）徐立綱撰　（清）竺靜甫（清）竺子壽增
　訂　精義（清）黃淦撰
　　五經旁訓增訂精義

周易大衍辨一卷
　（清）吳鼐撰
　　昭代叢書（道光本）甲集補

周易詳說十八卷
　（清）劉紹攽撰
　　西京清麓叢書外編

周易尊翼五卷
　（清）潘相撰
　　潘相所著書·經學八書

周易講義一卷
　（清）王元啓撰
　　惺齋先生雜著

周易辨畫四十卷
　（清）連斗山撰
　　四庫全書·經部易類

周易圖書質疑二十四卷
　（清）趙繼序撰
　　四庫全書·經部易類
　　四庫全書珍本初集·經部易類

八卦觀象解二卷
　（清）莊存與撰
　　味經齋遺書（道光本、光緒本）

卦氣解一卷
　（清）莊存與撰
　　浮谿精舍叢書
　　味經齋遺書（道光本、光緒本）·八卦
　　觀象解附
　　木犀軒叢書
　　皇清經解續編（南菁書院本、蜚英館石
　　印本）

象傳論二卷
　（清）莊存與撰
　　味經齋遺書（道光本、光緒本）

象象論一卷
　　(清)莊存與撰
　　　　味經齋遺書(道光本、光緒本)
身易一卷
　　(清)唐彪撰
　　　　昭代叢書(康熙本)乙集第五帙
　　　　昭代叢書(道光本)丙集第六帙
周易證籤四卷
　　(清)茹敦和撰
　　　　茹氏經學十二種
周易二閭記三卷
　　(清)茹敦和撰
　　　　茹氏經學十二種
　　　　南菁書院叢書第八集
重訂周易二閭記三卷
　　(清)茹敦和撰　　(清)李慈銘重訂
　　　　紹興先正遺書第一集
讀易日札一卷
　　(清)茹敦和撰
　　　　茹氏經學十二種
易講會籤一卷
　　(清)茹敦和撰
　　　　茹氏經學十二種
兩孚益記一卷
　　(清)茹敦和撰
　　　　茹氏經學十二種
八卦方位守傳一卷
　　(清)茹敦和撰
　　　　茹氏經學十二種
大衍守傳一卷
　　(清)茹敦和撰
　　　　茹氏經學十二種
大衍一說一卷
　　(清)茹敦和撰
　　　　茹氏經學十二種
周易象考一卷辭考一卷占考一卷
　　(清)茹敦和撰
　　　　茹氏經學十二種
周易小義二卷
　　(清)茹敦和撰
　　　　茹氏經學十二種
重訂周易小義二卷
　　(清)茹敦和撰　　(清)李慈銘重訂
　　　　紹興先正遺書第一集
御纂周易述義十卷
　　(清)傅恆等撰
　　　　四庫全書・經部易類
　　　　摛藻堂四庫全書薈要・經部

周易偶記二卷周易雜卦反對互圖一卷讀
　　易義例一卷
　　(清)汪德鉞撰
　　　　七經偶記
周易半古本義八卷
　　(清)王甌撰
　　　　學易五種
周易象纂一卷
　　(清)王甌撰
　　　　學易五種
周易篇第三卷首一卷
　　(清)李榮陛撰
　　　　李厚岡集
易考二卷續考二卷
　　(清)李榮陛撰
　　　　李厚岡集
讀易經一卷
　　(清)趙良霶撰
　　　　涇川叢書(道光本、景道光本)續
　　　　叢書集成初編・哲學類
周易章句證異十二卷
　　(清)翟均廉撰
　　　　四庫全書・經部易類
　　　　四庫全書珍本初集・經部易類
周易說研錄六卷
　　(清)李灝撰
　　　　李氏經學四種
易經札記三卷
　　(清)朱亦棟撰
　　　　十三經札記
易象大意存解一卷
　　(清)任陳晉撰
　　　　四庫全書・經部易類
易蘊二卷
　　(清)楊禾撰
　　　　楚州叢書第一集
易通一卷
　　(清)張九鐔撰
　　　　笙雅堂全集
周易略解八卷
　　(清)馮經撰
　　　　嶺南遺書第四集
　　　　叢書集成初編・哲學類
易問六卷
　　(清)紀大奎撰
　　　　紀慎齋先生全集・雙桂堂易說
學易初津二卷
　　(清)晏斯盛撰

楚蒙山房集

易翼宗六卷

　（清）晏斯盛撰
　　楚蒙山房集

易翼說八卷

　（清）晏斯盛撰
　　楚蒙山房集

課易存商一卷

　（清）周鎬撰
　　積山類藁

畏齋周易客難一卷

　（清）龔元玠撰
　　十三經客難

周易集解十卷

　（清）孫星衍撰
　　岱南閣叢書（沈州本）
　　叢書集成初編·哲學類

　孫氏周易集解十卷
　　粵雅堂叢書二編第十六集

周易精義四卷首一卷

　（清）黃淦撰
　　七經精義

易說十二卷便錄一卷

　（清）郝懿行撰
　　郝氏遺書

學易討原一卷

　（清）姚文田撰
　　邃雅堂全書·邃雅堂學古錄

象數述四卷

　（清）方本恭撰
　　春水船易學

周易虞氏義九卷

　（清）張惠言撰
　　張皋文箋易詮全集
　　皇清經解（道光本、咸豐補刊本、鴻寶
　　　齋石印本、點石齋石印本）

周易虞氏義箋九卷

　（清）曾釗撰
　　面城樓叢刊

周易虞氏消息二卷

　（清）張惠言撰
　　張皋文箋易詮全集
　　皇清經解（道光本、咸豐補刊本、鴻寶
　　　齋石印本、點石齋石印本）

虞氏易禮二卷

　（清）張惠言撰
　　張皋文箋易詮全集
　　皇清經解（道光本、咸豐補刊本、鴻寶

齋石印本、點石齋石印本）
　　花雨樓叢鈔

虞氏易事二卷

　（清）張惠言撰
　　仰視千七百二十九鶴齋叢書（光緒本、
　　　景光緒本）第二集
　　皇清經解續編（南菁書院本、蜚英館石
　　　印本）
　　叢書集成初編·哲學類

虞氏易候一卷

　（清）張惠言撰
　　張皋文箋易詮全集
　　皇清經解續編（南菁書院本、蜚英館石
　　　印本）

虞氏易言二卷

　（清）張惠言撰
　　張皋文箋易詮全集
　　皇清經解續編（南菁書院本、蜚英館石
　　　印本）

周易鄭氏義二卷

　（清）張惠言撰
　　張皋文箋易詮全集·周易鄭荀義
　　皇清經解（道光本、咸豐補刊本、鴻寶
　　　齋石印本、點石齋石印本）

周易荀氏九家義一卷

　（清）張惠言撰
　　張皋文箋易詮全集·周易鄭荀義
　　皇清經解（道光本、咸豐補刊本、鴻寶
　　　齋石印本、點石齋石印本）

說易一卷

　（清）徐潤第撰
　　敦艮齋遺書

參易發凡一卷

　（清）楊鷹揚撰
　　續台州叢書

周易諸卦合象考一卷

　（清）任雲倬撰
　　鄦齋叢書

周易互體卦變考一卷

　（清）任雲倬撰
　　鄦齋叢書

易義考逸一卷

　（清）孫馮翼撰
　　問經堂叢書

易章句十二卷

　（清）焦循撰
　　雕菰樓易學
　　焦氏叢書（嘉慶道光本、光緒本）·雕

（清）姚配中撰
　　一經廬叢書
　　聚學軒叢書第三集

易學闡元一卷
　（清）姚配中撰
　　花雨樓叢鈔

學易臆說一卷
　（清）邵廷烈輯
　　冀東雜著續刊

易經本意四卷首一卷末一卷
　（清）何志高撰
　　西夏經義(道光本、光緒本)

周易史證四卷
　（清）彭作邦撰
　　山右叢書初編

易傳偶解一卷
　（清）彭作邦撰
　　山右叢書初編

周易迹傳二卷續錄一卷
　（清）丁晏撰
　　頤志齋叢書

周易解故一卷
　（清）丁晏撰
　　廣雅書局叢書·經類

易經象類一卷
　（清）丁晏撰
　　鮒齋叢書

稼墨軒易學一卷
　（清）光聰諧撰
　　稼墨軒集

讀易一斑四卷
　（清）張崇蘭撰
　　悔廬全集

易解蠶通一卷
　（清）易本烺撰
　　紙園叢書

周易消息十四卷
　（清）紀磊撰
　　吳興叢書

虞氏逸象考正一卷續纂一卷
　（清）紀磊撰
　　吳興叢書

虞氏易義補注一卷附錄一卷
　（清）紀磊撰
　　吳興叢書

九家易象辨證一卷
　（清）紀磊撰
　　吳興叢書

周易本義辨證補訂四卷
　（清）紀磊撰
　　吳興叢書

周易集解纂疏十卷
　（清）李道平撰
　　湖北叢書
　　叢書集成初編·哲學類

讀易雜說一卷
　（清）陳世鎔撰
　　房山山房叢書

周易附說一卷
　（清）羅澤南撰
　　羅忠節公遺集

周易翼十卷
　（清）凌堃撰
　　凌氏傳經堂叢書

周易翼釋義一卷
　（清）安璿珠撰
　　凌氏傳經堂叢書

周易論語同異辨一卷
　（清）王世溥撰
　　合肥王氏家集

周易玩辭一卷
　（清）王景賢撰
　　羲停山館集

觀玩隨筆一卷
　（清）方潛撰
　　毋不敬齋全書

周易屬辭十二卷通例五卷通說二卷
　（清）蕭光遠撰
　　遵義蕭氏遺書

周易釋爻例一卷
　（清）成蓉鏡撰
　　皇清經解續編(南菁書院本、蜚英館石
　　印本)

易原十六卷
　（清）多隆阿撰
　　遼海叢書第十集

讀易會通不分卷
　（清）丁壽昌撰
　　丁氏遺稿六種

周易舊疏考正一卷
　（清）劉毓崧撰
　　皇清經解續編(南菁書院本、蜚英館石
　　印本)

易義纂釋五卷
　（清）陳澧撰
　　求在我齋全集

易說摘存三卷
　　(清)陳澧撰
　　　　求在我齋全集
易理蒙訓二卷
　　(清)陳澧撰
　　　　求在我齋全集
讀易筆記二卷
　　(清)方宗誠撰
　　　　柏堂遺書·柏堂經說
周易標義三卷
　　(清)李彪撰
　　　　雲南叢書初編·經部
易一貫六卷
　　(清)呂調陽撰
　　　　觀象廬叢書
周易臆解四卷
　　(清)許錫祺撰
　　　　許松滨先生全集
周易經典證略十卷末一卷
　　(清)何其傑撰
　　　　景袁齋叢書
周易正蒙一卷讀易綱領一卷
　　(清)馬徵慶撰
　　　　馬鍾山遺書
周易平議二卷
　　(清)俞樾撰
　　　　皇清經解續編(南菁書院本、蜚英館石
　　　　　印本)·羣經平議
　　　　春在堂全書·羣經平議
周易互體徵一卷
　　(清)俞樾撰
　　　　皇清經解續編(南菁書院本、蜚英館石
　　　　　印本)
　　　　春在堂全書·俞樓雜纂
易貫五卷
　　(清)俞樾撰
　　　　春在堂全書·第一樓叢書
艮宧易說一卷
　　(清)俞樾撰
　　　　春在堂全書·曲園雜纂
卦氣直日考一卷
　　(清)俞樾撰
　　　　春在堂全書·曲園雜纂
卦氣續考一卷
　　(清)俞樾撰
　　　　春在堂全書·俞樓雜纂
篤志齋周易解三卷
　　(清)張應譽撰

　　　　篤志齋經解
周易爻辰申鄭義一卷
　　(清)何秋濤撰
　　　　皇清經解續編(南菁書院本、蜚英館石
　　　　　印本)
周易集義八卷
　　(清)強汝諤撰
　　　　求恕齋叢書
易說一卷
　　(清)祝塏撰
　　　　體微齋遺編
卦氣表一卷卦氣證一卷
　　(清)蔣湘南撰
　　　　春暉閣雜著
　　　　蔣子遺書
還硯齋周易述四卷
　　(清)趙新撰
　　　　還硯齋全集
還硯齋易漢學擬旨一卷
　　(清)趙新撰
　　　　還硯齋全集
易象致用說二卷
　　(清)秦東來撰
　　　　復初堂集
周易故訓訂一卷
　　(清)黃以周撰
　　　　十三經讀本(唐文治輯)
周易注疏賸本一卷
　　(清)黃以周撰
　　　　十三經讀本(唐文治輯)
易圖正旨一卷
　　(清)朱文烑撰
　　　　朱慎甫先生遺集
周易本義考一卷
　　(清)□□輯
　　　　西京清麓叢書正編
　　　　金華叢書(同治光緒本、民國補刊本)
　　　　　·經部·東萊呂氏古易附
　　　　劉氏傳經堂叢書·周易本義附
　　　　叢書集成初編·哲學類
讀易旁求八卷
　　(清)王亮功撰
　　　　雪華館叢編·經類
周易古本撰十二卷附二卷
　　(清)姜國伊撰
　　　　守中正齋叢書
易經精華六卷首一卷末一卷
　　(清)薛嘉穎輯

四經精華

周易注二卷
   （清）李士鉁撰
      周氏師古堂所編書

易說二卷
   （清）吳汝綸撰
      桐城吳先生全書·經說

周易從周十卷
   （清）郭籛齡撰
      吉雨山房全集

周易學二卷
   （清）沈夢蘭撰
      菱湖沈氏叢書

讀易臆說一卷
   （清）楊蘷撰
      楊子卓先生遺集

鄭易京氏學一卷
   （清）陶方琦撰
      漢孳室遺著

鄭易馬氏學一卷
   （清）陶方琦撰
      漢孳室遺著
      乙亥叢編

鄭易小學一卷
   （清）陶方琦撰
      漢孳室遺著

言易錄一卷
   （清）李翰撰
      自得廬集

周易約注十卷
   （清）劉曾騄撰
      祥符劉氏叢書·五經約注

霜荼亭易說一卷
   （清）胡薇元撰
      玉津閣叢書甲集

易義來源四卷
   （清）金士麒撰
      刻鵠齋叢書

易說二卷
   （清）周錫恩撰
      是園遺書

需時眇言十卷
   （清）沈善登撰
      沈毅成易學

卦氣直日考一卷
   （清）于鬯撰
      于香草遺著叢輯

觀象反求錄一卷

   （清）甘仲賢撰
      雲南叢書初編·經部

易經徵實解一卷
   （清）胡翔瀛撰
      胡嶧陽先生遺書附

易象授蒙一卷
   （清）胡翔瀛撰
      胡嶧陽先生遺書附

讀周易日記一卷
   （清）顧樹聲撰
      學古堂日記

讀周易日記一卷
   （清）許克勤撰
      學古堂日記

民　國

周易說十一卷
   （民國）王闓運撰
      湘綺樓全書

易理匯參臆言二卷
   （民國）周馥撰
      周氏師古堂所編書

易理匯參十二卷首一卷
   （民國）周馥撰
      周慤慎公全集

蛻私軒易說二卷
   （民國）姚永樸撰
      周氏師古堂所編書

四益易說一卷
   （民國）廖平撰
      新訂六譯館叢書·易經類

易經新義疏證凡例一卷
   （民國）廖平撰
      新訂六譯館叢書·易經類

易生行譜例言一卷
   （民國）廖平撰
      新訂六譯館叢書·易經類

費氏古易訂文十二卷
   （民國）王樹柟撰
      陶廬叢刻

周易費氏學八卷敍錄一卷
   （民國）馬其昶撰
      馬氏家刻集
      集虛草堂叢書甲集

易獨斷一卷
   （民國）魏元曠撰
      魏氏全書·潛園統編類編·述古錄

易言隨錄一卷

(民國)魏元曠撰
魏氏全書・潛園統編後編
邵村學易二十卷
(民國)張其淦撰
寓園叢書
易銶一卷
(民國)尹昌衡撰
止園叢書(尹氏撰)第一集
周易觀我三卷首一卷末一卷
(民國)方鑄撰
華胥赤子遺集
卦合表一卷
(民國)邵瑞彭撰
邵次公遺著
學易筆談初集四卷二集四卷
(民國)杭辛齋撰
易藏叢書
讀易雜識一卷
(民國)杭辛齋撰
易藏叢書
愚一錄易說訂二卷
(民國)杭辛齋撰
易藏叢書
補周易口訣義闕卦一卷
(民國)桑宣撰
鐵研齋叢書
易說一卷
(民國)蔡克猷撰
散溪遺書
春暉樓讀易日記二卷
(民國)張鼎撰
春暉樓叢書上集
京氏易傳箋三卷
(民國)徐昂撰
徐氏全書
釋鄭氏爻辰補四卷
(民國)徐昂撰
徐氏全書
周易虞氏學六卷
(民國)徐昂撰
徐氏全書
周易對象通釋二十卷
(民國)徐昂撰
徐氏全書
經傳詁易一卷
(民國)徐昂撰
徐氏全書
爻辰表一卷
(民國)徐昂撰
徐氏全書

今　人

讀易隨筆一卷
周昕焯撰
周氏師古堂所編書
易學演講錄第一編二卷
楊踐形撰
學鐸社叢書

圖說之屬

易數鉤隱圖三卷遺論九事一卷
(宋)劉牧撰
道藏(正統本、景正統本)・洞眞部
通志堂經解(康熙本、同治本)・易
四庫全書・經部易類
摛藻堂四庫全書薈要・經部
易學一卷
(宋)王湜撰
通志堂經解(康熙本、同治本)・易
四庫全書・子部術數類
易學啓蒙四卷
(宋)朱熹撰
朱子遺書
易學啓蒙四卷啓蒙五贊一卷
西京清麓叢書正編
西京清麓叢書正編・朱子遺書重刻合編
劉氏傳經堂叢書
周易發明啓蒙翼傳三卷外篇一卷
(元)胡一桂撰
通志堂經解(康熙本、同治本)・易
易學啓蒙翼傳四卷
四庫全書・經部易類
摛藻堂四庫全書薈要・經部
易圖說三卷
(宋)吳仁傑撰
通志堂經解(康熙本、同治本)・易
四庫全書・經部易類
易裨傳一卷外篇一卷
(宋)林至撰
通志堂經解(康熙本、同治本)・易
四庫全書・經部易類
摛藻堂四庫全書薈要・經部
易學啓蒙小傳一卷古經傳一卷
(宋)稅與權撰

　　　通志堂經解（康熙本、同治本）·易

　　　四庫全書·經部易類

易學啓蒙通釋二卷圖一卷

　　（宋）胡方平撰

　　　通志堂經解（康熙本、同治本）·易

　易學啓蒙通釋二卷

　　　四庫全書·經部易類

　　　摛藻堂四庫全書薈要·經部

水村易鏡一卷

　　（宋）林光世撰

　　　通志堂經解（康熙本、同治本）·易

易圖通變五卷

　　（宋）雷思齊撰

　　　道藏（正統本、景正統本）·太玄部

　　　通志堂經解（康熙本、同治本）·易

　　　四庫全書·經部易類

　　　摛藻堂四庫全書薈要·經部

周易圖三卷

　　（宋）□□輯

　　　道藏（正統本、景正統本）·洞眞部靈

　　　圖類

易象圖說內篇三卷外篇三卷

　　（元）張理撰

　　　道藏（正統本、景正統本）·洞眞部靈

　　　圖類

　　　通志堂經解（康熙本、同治本）·易

　　　四庫全書·經部易類

　　　摛藻堂四庫全書薈要·經部

大易象數鈎深圖三卷

　　（元）張理撰

　　　道藏（正統本、景正統本）·洞眞部靈

　　　圖類

　　　通志堂經解（康熙本、同治本）·易

　　　四庫全書·經部易類

　　　摛藻堂四庫全書薈要·經部

周易圖說二卷

　　（元）錢義方撰

　　　四庫全書·經部易類

　　　四庫全書珍本初集·經部易類

易學啓蒙意見五卷

　　（明）韓邦奇撰

　　　四庫全書·經部易類

元圖大衍一卷

　　（明）馬一龍撰

　　　說郛續弓一

伏羲圖贊二卷附雜卦傳古音考一卷

　　（明）陳第撰

　　　一齋集

易圖一卷

　　（明）田藝蘅撰

　　　百陵學山

　　　叢書集成初編·哲學類

　　　景印元明善本叢書十種·百陵學山

易經圖釋十二卷

　　（明）劉定之撰

　　　劉文安公全集

易圖親見一卷

　　（明）來集之撰

　　　來子談經

券易苞十二卷附校勘記一卷校勘續記一

卷

　　（明）章世純撰　　校勘記（民國）魏元曠撰

　　　續記（民國）胡思敬撰

　　　豫章叢書（胡思敬輯）

易圖說

　　（明）劉宗周撰

　　　劉蕺山先生集

雜卦圖一卷諸圖附考一卷

　　（清）刁包撰

　　　用六居士所著書·易酌附

易圖明辨十卷

　　（清）胡渭撰

　　　四庫全書·經部易類

　　　守山閣叢書（道光本、鴻文書局景道光

　　　本、博古齋景道光本）·經部

　　　粵雅堂叢書初編第四集

　　　皇清經解續編（南菁書院本、蜚英館石

　　　印本）

　　　叢書集成初編·哲學類

增輯易象圖說二卷

　　（清）吳脈鬯撰

　　　蓬萊吳灌先著述三種

易經卦變解八宮說一卷

　　（清）吳脈鬯撰

　　　蓬萊吳灌先著述三種

卦極圖說一卷

　　（清）馬之龍撰

　　　雲南叢書二編·經部

周易爻辰圖一卷

　　（清）惠棟撰

　　　雅雨堂藏書

易學圖說會通八卷圖說續聞一卷

　　（清）楊方達撰

　　　楊符蒼七種

易圖定本一卷

　　（清）邵嗣堯撰

賜硯堂叢書新編甲集

周易圖賸二卷
　　(清)王黼撰
　　　學易五種

易卦圖說一卷
　　(清)崔述撰
　　　崔東壁遺書(道光本、景道光本、亞東
　　　圖書館排印本・前編)

觀易外編六卷
　　(清)紀大奎撰
　　　紀愼齋先生全集・雙桂堂易說

卦本圖攷一卷
　　(清)胡秉虔撰
　　　藝海珠塵癸集
　　　滂喜齋叢書第二函
　　　皇清經解續編(南菁書院本、蜚英館石
　　　印本)
　　　叢書集成初編・哲學類

周易倚數錄二卷附圖一卷
　　(清)楊履泰撰
　　　聚學軒叢書第四集

易圖存是二卷
　　(清)辛紹業撰
　　　敬堂遺書
　　　豫章叢書(陶福履輯)第二集
　　　叢書集成初編・哲學類

易圖條辨一卷
　　(清)張惠言撰
　　　張皋文箋易詮全集
　　　皇清經解續編(南菁書院本、蜚英館石
　　　印本)

圖說二卷
　　(清)徐潤第撰
　　　敦艮齋遺書

易圖略八卷
　　(清)焦循撰
　　　雕菰樓易學
　　　焦氏叢書(嘉慶道光本、光緒本)・雕
　　　菰樓易學三書
　　　皇清經解(道光本、咸豐補刊本、鴻寶
　　　齋石印本、點石齋石印本)

虞氏易消息圖說初稿一卷
　　(清)胡祥麟撰
　　　滂喜齋叢書第一函
　　　叢書集成初編・哲學類

虞氏易消息圖說一卷
　　　皇清經解續編(南菁書院本、蜚英館石
　　　印本)

易卦候一卷
　　(清)凌堃撰　(清)鍾奎注
　　　凌氏傳經堂叢書

周易卦變圖說一卷
　　(清)宋祖駿撰
　　　樸學廬叢刻

易圖瑣解一卷
　　(清)張楚鍾撰
　　　務實勝窩彙稿

易演圖一卷
　　(清)張楚鍾撰
　　　務實勝窩彙稿

易圖管見一卷
　　(清)張楚鍾撰
　　　求是齋算學四種

易卦變圖說一卷
　　(清)□□撰
　　　會稽徐氏鑄學齋叢書

玩易篇一卷
　　(清)俞樾撰
　　　春在堂全書・第一樓叢書

邵易補原一卷
　　(清)俞樾撰
　　　春在堂全書・曲園雜纂

八卦方位說一卷
　　(清)俞樾撰
　　　春在堂全書・俞樓雜纂

易經古本一卷
　　(民國)廖平撰
　　　新訂六譯館叢書・易經類

易楔六卷
　　(民國)杭辛齋撰
　　　易藏叢書

易數偶得二卷
　　(民國)杭辛齋撰
　　　易藏叢書

太極圖說考原篇一卷
　　　楊踐形撰
　　　學鐸社叢書

太極粹言一卷
　　　楊踐形撰
　　　學鐸社叢書

太極圖攷一卷
　　　楊踐形撰
　　　學鐸社叢書

太極圖象作法之研究一卷
　　　楊踐形撰
　　　學鐸社叢書

分篇之屬

乾坤義一卷
　　(南齊)劉巘撰　　(清)黃奭輯
　　　漢學堂叢書·經解易類
　　　黃氏逸書考（民國修補本、民國補刊
　　　本)·漢學堂經解
乾坤兩卦解一卷
　　(清)湯斌撰
　　　湯文正公全集
周易訟卦淺說一卷
　　(清)丁晏撰
　　　頤志齋叢書
周易繫辭桓氏注一卷
　　(晉)桓玄撰　　(清)馬國翰輯
　　　玉函山房輯佚書（嫏嬛館本、重印本、
　　　楚南書局本)·經編易類
周易繫辭荀氏注一卷
　　(劉宋)荀柔之撰　　(清)馬國翰輯
　　　玉函山房輯佚書（嫏嬛館本、重印本、
　　　楚南書局本)·經編易類
繫辭義疏一卷
　　(南齊)劉巘撰　　(清)黃奭輯
　　　漢學堂叢書·經解易類
　　繫辭疏一卷
　　　黃氏逸書考（民國修補本、民國補刊
　　　本)·漢學堂經解
周易繫辭明氏注一卷
　　(南齊)明僧紹撰　　(清)馬國翰輯
　　　玉函山房輯佚書（嫏嬛館本、重印本、
　　　楚南書局本)·經編易類
周易繫辭精義二卷
　　(宋)呂祖謙輯
　　　復性書院叢刊·羣經統類甲編
　晦庵先生校正周易繫辭精義二卷
　　　古逸叢書·周易附
　　　叢書集成初編·哲學類
繫辭補注一卷
　　(宋)沈該撰
　　　吳興叢書·易小傳附
繫辭傳論二卷
　　(清)莊存與撰
　　　味經齋遺書（道光本、光緒本)
繫辭一得二卷
　　周明焯撰
　　　周氏師古堂所編書

專著之屬

易象妙于見形論一卷
　　(晉)孫盛撰　　(清)馬國翰輯
　　　玉函山房輯佚書（嫏嬛館本、重印本、
　　　楚南書局本)·經編易類
古易考原三卷
　　(明)梅鷟撰
　　　續道藏（萬曆本、景萬曆本)
周易六龍解一卷
　　(明)管志道撰
　　　復性書院叢刊·儒林典要第二輯
漢儒傳易源流一卷
　　(清)紀磊輯
　　　吳興叢書
易窮通變化論一卷
　　(清)俞樾撰
　　　春在堂全書·俞樓雜纂
周易憂患九卦大義一卷
　　唐文治撰
　　　茹經堂新著
易五贊一卷
　　(宋)朱熹撰
　　　五經補綱

易例之屬

易略例一卷
　　(魏)王弼撰
　　　增定漢魏六朝別解·經部
　周易略例一卷
　　　說郛(宛委山堂本)弓二
周易略例一卷
　　(魏)王弼撰　　(唐)邢璹注
　　　范氏奇書
　　　漢魏叢書（萬曆本、景萬曆本)·經籍
　　　廣漢魏叢書（萬曆本、嘉慶本)·經翼
　　　增訂漢魏叢書（乾隆本、紅杏山房本、
　　　三餘堂本、大通書局石印本)·經翼
　　　學津討原（嘉慶本、景嘉慶本)第一集
　周易集解略例一卷
　　　津逮祕書（汲古閣本、景汲古閣本)第
　　　二集
　易略例一卷
　　　反約篇
　　　榕園叢書甲集
周易略例校正一卷

（清）盧文弨撰
　　抱經堂叢書（乾隆本、景乾隆本）·羣
　　書拾補初編
　　紹興先正遺書第二集·羣書拾補初編
　　叢書集成初編·總類·羣書拾補

易例二卷
　（清）惠棟撰
　　四庫全書·經部易類
　　貸園叢書初集
　　借月山房彙鈔（嘉慶本、景嘉慶本）第
　　一集
　　指海（道光本、景道光本）第二集
　　澤古齋重鈔第一集
　　式古居彙鈔
　　皇清經解續編（南菁書院本、蜚英館石
　　印本）
　　叢書集成初編·哲學類

周易虞氏略例一卷
　　（清）李銳撰
　　皇清經解續編（南菁書院本、蜚英館石
　　印本）
　　聚學軒叢書第四集

易例輯略一卷
　　（清）龐大堃撰
　　南菁書院叢書第八集

文字音義之屬

周易王氏音一卷
　（魏）王肅撰　（清）馬國翰輯
　　玉函山房輯佚書（嫏嬛館本、重印本、
　　楚南書局本）·經編易類

周易李氏音一卷
　（晉）李軌撰　（清）馬國翰輯
　　玉函山房輯佚書（嫏嬛館本、重印本、
　　楚南書局本）·經編易類

周易徐氏音一卷
　（晉）徐邈撰　（清）馬國翰輯
　　玉函山房輯佚書（嫏嬛館本、重印本、
　　楚南書局本）·經編易類

易音注一卷
　（晉）徐邈撰　（清）黃奭輯
　　黃氏逸書考（民國修補本、民國補刊
　　本）·漢學堂經解

易釋文一卷
　（唐）陸德明撰
　　津逮祕書（汲古閣本、景汲古閣本）第
　　二集
　　雅雨堂藏書·李氏易傳附

周易經典釋文殘一卷
　　鳴沙石室古籍叢殘·羣書叢殘

古易音訓二卷
　（宋）呂祖謙撰　（清）宋咸熙輯
　　槐廬叢書二編
　　校經山房叢書
　　式訓堂叢書初集
　　仰視千七百二十九鶴齋叢書（光緒本、
　　景光緒本）第五集
　　孫谿朱氏經學叢書初編
　　清芬堂叢書·古周易附

周易音訓二卷
　　金華叢書（同治光緒本、民國補刊本）
　　·經部·東萊呂氏古易附
　　孫氏山淵閣叢刊·周易古本附

易音三卷
　（清）顧炎武撰
　　音學五書（符山堂本、觀稼樓本、岵瞻
　　堂本、思賢講舍本、文瑞樓石印本、
　　鴻章書局石印本）
　　四庫全書·經部小學類
　　皇清經解（道光本、咸豐補刊本、鴻寶
　　齋石印本、點石齋石印本）
　　音韵學叢書·音學五書

易音補顧一卷
　（民國）易順鼎撰
　　琴志樓叢書

周易考異一卷
　（清）王夫之撰
　　船山遺書（道光本、同治本、民國本）

易韻四卷
　（清）毛奇齡撰
　　西河合集（康熙本、乾隆修補本）·經
　　集
　　四庫全書·經部小學類

周易校字二卷
　（清）王甗撰
　　學易五種

易古文三卷
　（清）李調元撰
　　函海（乾隆本、道光本）第二十函
　　函海（光緒本）第二十四函

易經異文釋六卷
　（清）李富孫撰
　　皇清經解續編（南菁書院本、蜚英館石
　　印本）

易音補遺一卷
　（清）沈濤撰

十經齋遺集

周易攷異二卷
　　（清）宋翔鳳撰
　　　　皇清經解續編（南菁書院本、蜚英館石
　　　　印本）

易經音訓不分卷
　　（清）楊國楨撰
　　　　十一經音訓（道光本、光緒本）

周易漢讀攷三卷
　　（清）郭階撰
　　　　春暉雜稿

周易讀異三卷
　　（清）于鬯撰
　　　　于香草遺著叢輯

易經音訓一卷
　　（民國）周學熙輯
　　　　周氏師古堂所編書・經傳簡本

易音一卷
　　（民國）徐昂撰
　　　　徐氏全書

古易之屬

連山一卷附諸家論說
　　（清）馬國翰輯
　　　　玉函山房輯佚書（嫏嬛館本、重印本、
　　　　楚南書局本）・經編易類

歸藏一卷附連山易一卷
　　（晉）薛貞注　　（清）王謨輯
　　　　漢魏遺書鈔・經翼第一冊

歸藏一卷
　　（清）洪頤煊輯
　　　　問經堂叢書・經典集林
　　　　經典集林

歸藏一卷附諸家論說
　　（清）馬國翰輯
　　　　玉函山房輯佚書（嫏嬛館本、重印本、
　　　　楚南書局本）・經編易類

連山歸藏逸文一卷
　　（清）觀頮道人輯
　　　　閏竹居叢書

三易備遺十卷
　　（宋）朱元昇撰
　　　　通志堂經解（康熙本、同治本）・易
　　　　四庫全書・經部易類
　　　　摛藻堂四庫全書薈要・經部

三易偶解一卷附歸藏母經
　　（清）許樹棠撰

花近樓叢書

尚　書　類

正文之屬

尚書不分卷
　　　　九經正文
　　　　宋刊巾箱本八經

　尚書一卷
　　　　五經（弘治本）
　　　　古香齋袖珍十種（內府本、南海孔氏
　　　　本）・五經

　書經四卷
　　　　九經（求古齋本、觀成堂本、重刊求古
　　　　齋本）

　書經白文六卷
　　　　五經白文

　尚書
　　　　十三經・經文

尚書四卷
　　（明）陳鳳梧篆書
　　　　篆文六經

尚書
　　　　篆文六經四書（康熙本、同文書局景康
　　　　熙本、千頃堂書局景康熙本）

今文尚書一卷
　　（清）馬國翰輯
　　　　玉函山房輯佚書（嫏嬛館本、重印本、
　　　　楚南書局本）・經編尚書類

古文尚書三卷
　　（清）馬國翰輯
　　　　玉函山房輯佚書（嫏嬛館本、重印本、
　　　　楚南書局本）・經編尚書類

尚書隸古定經文二卷
　　（宋）薛季宣撰
　　　　聚學軒叢書第二集・尚書隸古定釋文
　　　　附

傳說之屬

漢

伏生尚書
　　（漢）伏勝撰
　　　　說郛（商務印書館本）卷二・古典錄略

尚書大傳
　　(漢)伏勝撰
　　　　說郛(商務印書館本)卷二・古典錄略
尚書大傳一卷
　　(漢)伏勝撰　(清)任兆麟選輯
　　　　述記(乾隆本、嘉慶本)
尚書大傳二卷
　　(漢)伏勝撰　(清)王謨輯
　　　　漢魏遺書鈔・經翼第一冊
尚書大傳佚文一卷補遺一卷
　　(漢)伏勝撰　(清)王仁俊輯
　　　　經籍佚文
尚書大傳四卷補遺一卷
　　(漢)伏勝撰　(漢)鄭玄注
　　　　四庫全書・經部書類
尚書大傳三卷補遺一卷續補遺一卷
　　(漢)伏勝撰　(漢)鄭玄注　補遺續補遺
　　(清)盧文弨輯
　　　　反約篇
　　　　榕園叢書甲集
尚書大傳四卷附補遺一卷續補遺一卷考
　異一卷
　　(漢)伏勝撰　(漢)鄭玄注　補遺續補遺
　　(清)盧文弨輯併撰考異
　　　　雅雨堂藏書
　　　　崇文書局彙刻書
尚書大傳三卷補遺一卷
　　(漢)鄭玄注　(清)孫之騄輯
　　　　晴川八識
尚書大傳注三卷
　　(漢)鄭玄撰　(清)袁鈞輯　(清)袁堯年校
　　補
　　　　鄭氏佚書(浙江書局本)
尚書大傳注四卷
　　(漢)鄭玄撰　(清)孔廣林輯
　　　　通德遺書所見錄
尚書大傳注一卷
　　(漢)鄭玄撰　(清)黃奭輯
　　　　漢學堂叢書・高密遺書
　　　　黃氏逸書考（民國修補本、民國補刊
　　　　本)・通德堂經解
尚書大傳三卷
　　(漢)伏勝撰　(漢)鄭玄注　(清)陳壽祺輯
　　校
　　　　皇清經解續編(南菁書院本、蜚英館石
　　　　印本)
尚書大傳定本五卷附敍錄一卷辨譌一卷
　　(漢)伏勝撰　(漢)鄭玄注　(清)陳壽祺輯

　　　　校併撰序錄辨譌
　　　　左海全集
尚書大傳三卷附序錄一卷辨譌一卷
　　　　古經解彙函(粵東書局本、蜚英館石印
　　　　本、湘南書局本)
　　　　叢書集成初編・史地類
尚書大傳五卷附序錄一卷辨譌一卷
　　　　四部叢刊(初次印本、二次印本、縮印
　　　　二次印本)・經部
尚書大傳疏證七卷
　　(清)皮錫瑞撰
　　　　師伏堂叢書
尚書大傳補注七卷
　　(民國)王闓運撰
　　　　靈鶼閣叢書第一集
　　　　湘綺樓全書
書賈氏義一卷
　　(漢)賈誼撰　(清)王仁俊輯
　　　　玉函山房輯佚書續編・經編書類
今文尚書說一卷
　　(漢)歐陽生撰　(清)王謨輯
　　　　漢魏遺書鈔・經翼第一冊
尚書歐陽章句一卷
　　(漢)歐陽生撰　(清)馬國翰輯
　　　　玉函山房輯佚書(嫏嬛館本、重印本、
　　　　楚南書局本)・經編尚書類
尚書章句一卷
　　(漢)歐陽生撰　(清)黃奭輯
　　　　漢學堂叢書・經解書類
　　　　黃氏逸書考（民國修補本、民國補刊
　　　　本)・漢學堂經解
尚書大夏侯章句一卷
　　(漢)夏侯勝撰　(清)馬國翰輯
　　　　玉函山房輯佚書(嫏嬛館本、重印本、
　　　　楚南書局本)・經編尚書類
尚書小夏侯章句一卷
　　(漢)夏侯建撰　(清)馬國翰輯
　　　　玉函山房輯佚書(嫏嬛館本、重印本、
　　　　楚南書局本)・經編尚書類
百兩篇一卷
　　(漢)張霸撰　(清)王謨輯
　　　　漢魏遺書鈔・經翼第一冊
尚書百兩篇一卷
　　(漢)張霸撰　(清)黃奭輯
　　　　漢學堂叢書・子史鉤沈・史部雜史類
　　　　黃氏逸書考（民國修補本、民國補刊
　　　　本)・子史鉤沈
尚書六卷

（漢）孔安國傳
　　袖珍十三經註
尚書殘一卷（存卷二）
　　敦煌祕籍留眞新編上卷
尚書殘一卷（存卷三）
　　敦煌祕籍留眞新編上卷
尚書殘一卷（存卷五）
　　雲窗叢刻
尚書殘一卷（存卷五盤庚上、中）
　　敦煌祕籍留眞新編上卷
尚書殘一卷（存卷五盤庚至微子）
　　敦煌祕籍留眞新編上卷
尚書殘一卷（存卷六）
　　容安軒舊書四種
尚書殘一卷（存卷七）
　　雲窗叢刻
尚書殘一卷（存卷十）
　　敦煌祕籍留眞新編上卷
尚書殘一卷（存卷十一）
　　鳴沙石室古籍叢殘·羣經叢殘
尚書殘一卷（存卷十三）
　　敦煌祕籍留眞新編上卷
尚書殘二卷（存卷九至十）
　　敦煌祕籍留眞新編上卷
尚書殘卷
　　京都帝國大學文學部景印唐鈔本第十
　　集
**隸古定尚書殘三卷（存卷三、卷五、卷
　十一）**
　　鳴沙石室佚書初編
**尚書殘一卷（存卷十一）附校勘記一卷隸
　古文尚書顧命殘本補考一卷**
　　（漢）孔安國傳　校勘記（民國）蔣斧撰　補
　　考（民國）羅振玉撰
　　敦煌石室遺書
書經二十卷
　　（漢）孔安國傳　（唐）陸德明音義
　　　十三經古注
尚書十三卷
　　　四部備要（排印本、縮印本）·經部·
　　　十三經古注
　　　袖珍古書讀本
尚書十三卷附考證
　　　仿宋相臺五經（乾隆本、光緒本）
監本纂圖重言重意互注點校尚書十三卷
　　（漢）孔安國傳　（唐）陸德明音義
　　　四部叢刊（初次印本、二次印本、縮印

　　　二次印本）·經部
尚書註疏二十卷
　　（漢）孔安國傳　（唐）陸德明音義　（唐）孔
　　穎達疏
　　　十三經註疏（福建本）
　　　十三經註疏（北監本）
　　　十三經註疏（汲古閣本）
尚書正義二十卷
　　　四庫全書·經部書類
尚書註疏十九卷
　　　摛藻堂四庫全書薈要·經部
尚書註疏十九卷附考證
　　　十三經注疏（武英殿本）
附釋音尚書注疏二十卷附校勘記二十卷
　　（漢）孔安國傳　（唐）陸德明音義　（唐）孔
　　穎達疏　校勘記（清）阮元撰
　　　重刊宋本十三經注疏（南昌府學本、廣
　　　東書局本、江西書局本、脈望仙館石
　　　印本、寶慶務本書局本、點石齋石印
　　　本、掃葉山房石印本、錦章圖書局石
　　　印本、世界書局石印本、中華書局排
　　　印本）
　　　四部備要（排印本、縮印本）·經部·
　　　十三經注疏
尚書註疏二十卷附校勘記一卷
　　（漢）孔安國傳　（唐）陸德明音義　（唐）孔
　　穎達疏　校勘記（民國）張鈞衡撰
　　　擇是居叢書初集
尚書校勘記二十卷釋文校勘記二卷
　　（清）阮元撰
　　　皇清經解（道光本、咸豐補刊本、鴻寶
　　　齋石印本、點石齋石印本）·十三經
　　　注疏校勘記
**尚書注疏校勘記二十卷釋文校勘記二
　卷**
　　　宋本十三經注疏併經典釋文校勘記
尚書注疏考證一卷
　　（清）齊召南撰
　　　皇清經解（道光本、咸豐補刊本、鴻寶
　　　齋石印本、點石齋石印本）·注疏考
　　　證
尚書注疏校正一卷
　　（清）盧文弨撰
　　　抱經堂叢書（乾隆本、景乾隆本）·羣
　　　書拾補初編
　　　紹興先正遺書第二集·羣書拾補初編
　　　叢書集成初編·總類·羣書拾補
尚書正義二十卷

(唐)孔穎達撰
　　四部叢刊三編・經部

尚書正義二十卷附校勘記二卷
　(唐)孔穎達疏　校勘記劉承幹撰
　　嘉業堂叢書・經部

五家要說章句一卷
　漢明帝撰　(清)王仁俊輯
　　玉函山房輯佚書續編・經編書類

尚書注一卷
　(漢)馬融撰　(清)王謨輯
　　漢魏遺書鈔・經翼第一册

尚書馬氏傳四卷
　(漢)馬融撰　(清)馬國翰輯
　　玉函山房輯佚書(嫏嬛館本、重印本、
　　楚南書局本)・經編尚書類

古文尚書十卷
　(漢)馬融(漢)鄭玄注　(宋)王應麟撰集
　(清)孫星衍補集
　　岱南閣叢書(乾隆嘉慶本、景乾隆嘉慶
　　本)

　尚書讀本十卷
　　十三經讀本(唐文治輯)

鄭氏古文尚書十卷
　(漢)鄭玄注　(宋)王應麟撰集　(清)李調
　元證訛
　　函海(乾隆本、道光本)第三函

　鄭氏古文尚書證訛十一卷
　　函海(光緒本)第二十四函

尚書鄭注十卷
　(漢)鄭玄撰　(宋)王應麟輯　(清)孔廣林
　增訂
　　學津討原(嘉慶本、景嘉慶本)第二集
　　鄭學彙函
　　叢書集成初編・史地類

　尚書注十卷
　　通德遺書所見錄

尚書注九卷
　(漢)鄭玄撰　(清)袁鈞輯
　　鄭氏佚書(浙江書局本、觀象樓本)

尚書古文注一卷
　(漢)鄭玄撰　(清)黃奭輯
　　黃氏逸書考(民國修補本、民國補刊
　　本)・通德堂經解

尚書略說注一卷
　(漢)鄭玄撰　(清)袁鈞輯　(清)袁堯年校
　補
　　鄭氏佚書(浙江書局本)

古文尚書訓一卷

(漢)賈逵撰　(清)王仁俊輯
　　玉函山房輯佚書續編・經編書類

書古文訓一卷
　(漢)賈逵撰　(清)王仁俊輯
　　玉函山房輯佚書續編・經編書類
　　十三經漢注

尚書古文同異一卷
　(漢)賈逵撰　(清)王仁俊輯
　　玉函山房輯佚書續編・經編書類

　書古文同異一卷
　　十三經漢注

古文尚書訓旨一卷
　(漢)衞宏撰　(清)王仁俊輯
　　玉函山房輯佚書續編・經編書類

　書古文訓旨一卷
　　十三經漢注

魏晉

尚書王氏注二卷
　(魏)王肅撰　(清)馬國翰輯
　　玉函山房輯佚書(嫏嬛館本、重印本、
　　楚南書局本)・經編尚書類

書王氏注一卷
　(魏)王肅撰　(清)王仁俊輯
　　玉函山房輯佚書續編・經編書類

尚書集注一卷
　(晉)李顒撰　(清)王仁俊輯
　　玉函山房輯佚書續編・經編書類

書范氏集解一卷
　(晉)范甯撰　(清)王仁俊輯
　　玉函山房輯佚書續編・經編書類

隋

尚書劉氏義疏一卷
　(隋)劉焯撰　(清)馬國翰輯
　　玉函山房輯佚書(嫏嬛館本、重印本、
　　楚南書局本)・經編尚書類

尚書述義一卷
　(隋)劉炫撰　(清)馬國翰輯
　　玉函山房輯佚書(嫏嬛館本、重印本、
　　楚南書局本)・經編尚書類

古文尚書疏一卷
　(隋)顧彪撰　(清)王謨輯
　　漢魏遺書鈔・經翼第一册

尚書顧氏疏一卷
　(隋)顧彪撰　(清)馬國翰輯
　　玉函山房輯佚書(嫏嬛館本、重印本、
　　楚南書局本)・經編尚書類

尚書義疏一卷
　　（隋）顧彪撰　　（清）黄奭輯
　　漢學堂叢書・經解書類
　　黄氏逸書考（民國修補本、民國補刊本）・漢學堂經解

宋

書經說一卷
　　（宋）曾鞏撰
　　羅卷彙編
東坡先生書傳二十卷
　　（宋）蘇軾撰
　　兩蘇經解
　　東坡書傳二十卷
　　　　摘藻堂四庫全書薈要・經部
　　　　學津討原（嘉慶本、景嘉慶本）第二集
　　東坡書傳十三卷
　　　　四庫全書・經部書類
尚書講義二十卷
　　（宋）史浩撰
　　四庫全書・經部書類
　　四明叢書第三集
三山拙齋林先生尚書全解四十卷（原缺卷三十四）
　　（宋）林之奇撰
　　通志堂經解（康熙本）・書
　　尚書全解四十卷
　　　　四庫全書・經部書類
　　　　摘藻堂四庫全書薈要・經部
　　三山拙齋林先生尚書全解四十卷
　　　　通志堂經解（同治本）・書
　　尚書全解一卷（卷三十四）
　　　　涉聞梓舊（咸豐本、商務印書館景咸豐本、竹簡齋景咸豐本）・斠補隅錄
　　　　叢書集成初編・總類・斠補隅錄
鄭敷文書說一卷
　　（宋）鄭伯熊撰
　　四庫全書・經部書類
　　藝海珠塵絲集（丙集）
　　敷文鄭氏書說一卷
　　　　函海（乾隆本、道光本）第三函
　　　　函海（光緒本）第四函
　　敷文書說一卷
　　　　經苑（大梁書院本、民國補刊本）
　　　　反約篇
　　　　榕園叢書甲集
古文尚書一卷
　　（宋）朱熹輯

　　孫氏山淵閣叢刊
朱子說書綱領一卷
　　（宋）朱熹撰
　　五經補綱
書古文訓十六卷
　　（宋）薛季宣撰
　　通志堂經解（康熙本、同治本）・書
增修東萊書說三十五卷首一卷
　　（宋）呂祖謙撰　　（宋）時瀾修定
　　通志堂經解（康熙本、同治本）・書
　　四庫全書・經部書類
　　摘藻堂四庫全書薈要・經部
　　金華叢書（同治光緒本、民國補刊本）・經部
　　叢書集成初編・史地類
尚書說七卷
　　（宋）黄度撰
　　通志堂經解（康熙本、同治本）・書
　　四庫全書・經部書類
　　摘藻堂四庫全書薈要・經部
尚書精義五十卷
　　（宋）黄倫撰
　　四庫全書・經部書類
　　經苑（大梁書院本、民國補刊本）
　　叢書集成初編・史地類
絜齋家塾書鈔十二卷
　　（宋）袁燮撰
　　四庫全書・經部書類
　　四庫全書珍本初集・經部書類
　　絜齋家塾書鈔十二卷附錄一卷
　　　　四明叢書第七集
尚書詳解二十六卷
　　（宋）夏僎撰
　　四庫全書・經部書類
　　武英殿聚珍版書（武英殿木活字本）・經部
　　尚書詳解二十六卷首一卷
　　　　武英殿聚珍版書（福建本、廣雅書局本）・經部
　　　　叢書集成初編・史地類
書經六卷
　　（宋）蔡沈集傳
　　五經（康熙本）
　　五經四子書
　　五經四書讀本
　　五經四書
書集傳六卷
　　（宋）蔡沈撰

四庫全書·經部書類
摛藻堂四庫全書薈要·經部
洪氏公善堂叢書
書經六卷首一卷末一卷
十三經讀本(金陵書局本)
書集傳六卷書序集傳一卷
西京清麓叢書正編
劉氏傳經堂叢書
書經六卷
(宋)蔡沈集傳　清聖祖案
御案五經
書經六卷附校刊記一卷
(宋)蔡沈集傳　校刊記(清)丁寶楨等撰
十三經讀本(丁寶楨等校)
書集傳纂疏六卷首一卷
(元)陳櫟撰
通志堂經解(康熙本、同治本)·書
尚書集傳纂疏六卷
四庫全書·經部書類
摛藻堂四庫全書薈要·經部
書傳六卷首一卷
(元)董鼎撰
通志堂經解(康熙本、同治本)·書
尚書輯錄纂注六卷
四庫全書·經部書類
書傳纂注六卷
摛藻堂四庫全書薈要·經部
書蔡氏傳旁通六卷
(元)陳師凱撰
通志堂經解(康熙本、同治本)·書
書蔡傳旁通六卷
四庫全書·經部書類
尚書砭蔡編一卷
(明)袁仁撰
四庫全書·經部書類
尚書蔡註考誤一卷
藝海珠塵壬集
學海類編(道光本、景道光本)·經翼
翠琅玕館叢書(黃任恆輯)·經部
藏修堂叢書第一集
芋園叢書·經部
書蔡傳附釋一卷
(清)丁晏撰
廣雅書局叢書·經類
蔡傳正訛六卷
(清)左眉撰
靜菴遺集
書經蔡傳參義六卷

(清)姜兆錫撰
九經補注
尚書詳解五十卷
(宋)陳經撰
四庫全書·經部書類
武英殿聚珍版書(武英殿木活字本、福
建本、廣雅書局本)·經部
叢書集成初編·史地類
尚書要義十七卷序說一卷
(宋)魏了翁撰
四庫全書·經部書類
尚書要義二十卷(原缺卷一至六、卷十
至二十)
宛委別藏
尚書要義二十卷
五經要義
融堂書解二十卷
(宋)錢時撰
四庫全書·經部書類
武英殿聚珍版書(武英殿木活字本、浙
江本、江西書局本、福建本、廣雅書
局本)·經部
叢書集成初編·史地類
書疑九卷
(宋)王柏撰
通志堂經解(康熙本、同治本)·書
金華叢書(同治光緒本、民國補刊本)
·經部
書集傳或問二卷
(宋)陳大猷撰
通志堂經解(康熙本、同治本)·書
續金華叢書·經部
尚書集傳或問二卷
四庫全書·經部書類
尚書詳解十三卷
(宋)胡士行撰
通志堂經解(康熙本、同治本)·書
四庫全書·經部書類
摛藻堂四庫全書薈要·經部
書考辨二卷
(宋)蔡傅撰
西京清麓叢書續編·養正叢編
尚書表注二卷
(宋)金履祥撰
通志堂經解(康熙本、同治本)·書
牽祖堂叢書
四庫全書·經部書類
金華叢書(同治光緒本、民國補刊本)

　　　　　·經部
　　　　叢書集成初編·史地類
書經注十二卷
　　（宋）金履祥撰
　　　　十萬卷樓叢書初編
　　金氏尚書注十二卷
　　　　碧琳琅館叢書甲部
　　　　芋園叢書·經部

元

讀書叢說六卷
　　（元）許謙撰
　　　　四庫全書·經部書類
　　　　學海類編（道光本、景道光本）·經翼
　　　　金華叢書（同治光緒本、民國補刊本）
　　　　　·經部
　　　　叢書集成初編·史地類
尚書句解十三卷
　　（元）朱祖義撰
　　　　通志堂經解（康熙本、同治本）·書
　　　　四庫全書·經部書類
　　　　摛藻堂四庫全書薈要·經部
書纂言四卷
　　（元）吳澄撰
　　　　通志堂經解（康熙本、同治本）·書
　　　　四庫全書·經部書類
　　　　摛藻堂四庫全書薈要·經部
尚書纂傳四十六卷
　　（元）王天與撰
　　　　通志堂經解（康熙本、同治本）·書
　　　　四庫全書·經部書類
　　　　摛藻堂四庫全書薈要·經部
尚書通考十卷
　　（元）黃鎮成撰
　　　　通志堂經解（康熙本、同治本）·書
　　　　四庫全書·經部書類
王耕野先生讀書管見二卷
　　（元）王充耘撰
　　　　通志堂經解（康熙本、同治本）·書
　　讀書管見二卷
　　　　四庫全書·經部書類
書義主意六卷
　　（元）王充耘撰
　　　　粵雅堂叢書三編第二十二集
　　　　叢書集成初編·史地類
書義矜式六卷
　　（元）王充耘撰
　　　　四庫全書·經部書類

書義斷法六卷附作義要訣一卷
　　（元）陳悅道撰　附（元）倪士毅撰
　　　　四庫全書·經部書類
　　　　四庫全書珍本初集·經部書類
書經補遺五卷
　　（元）呂宗傑撰
　　　　涵芬樓祕笈第九集

明

書傳會選六卷
　　（明）劉三吾等撰
　　　　四庫全書·經部書類
書傳大全十卷
　　（明）胡廣等撰
　　　　四庫全書·經部書類
羣英書義二卷
　　（明）張泰輯　（明）劉錦文選
　　　　粵雅堂叢書第二十二集·書義主意附
　　　　叢書集成初編·總類
尚書說要五卷
　　（明）呂柟撰
　　　　呂涇野五經說（嘉靖本、道光本）
　　　　惜陰軒叢書（道光本、光緒本）續編·
　　　　　呂涇野經說
尚書考異五卷
　　（明）梅鷟撰
　　　　四庫全書·經部書類
　　尚書考異六卷
　　　　平津館叢書（嘉慶本、光緒本）
　　　　叢書集成初編·史地類
尚書疑義六卷
　　（明）馬明衡撰
　　　　四庫全書·經部書類
　　　　四庫全書珍本初集·經部書類
書經繹二卷
　　（明）鄧元錫撰
　　　　五經繹
書疏叢鈔一卷
　　（明）王祖嫡撰
　　　　王司業雜著
尚書日記十六卷
　　（明）王樵撰
　　　　四庫全書·經部書類
尚書疏衍四卷
　　（明）陳第撰
　　　　一齋集
　　　　四庫全書·經部書類
尚書註考一卷

（明）陳泰交撰
　　　四庫全書・經部書類
　　　海山仙館叢書
　　　碧琳琅館叢書甲部
　　　芋園叢書・經部
　　　叢書集成初編・史地類

尚書別解八卷
　（明）郝敬撰
　　　郝氏九經解

　尚書辨解十卷
　　　湖北叢書

清

書經近指六卷
　（清）孫奇逢撰
　　　孫夏峯全集

讀尚書略記一卷
　（清）朱朝瑛撰
　　　七經略記

尚書埤傳十七卷
　（清）朱鶴齡撰
　　　四庫全書・經部書類

書經稗疏四卷
　（清）王夫之撰
　　　四庫全書・經部書類
　　　船山遺書（道光本、同治本、民國本）

　尚書稗疏一卷
　　　昭代叢書（道光本）癸集萃編

尚書引義六卷
　（清）王夫之撰
　　　船山遺書（道光本、同治本、民國本）

書經疏略六卷
　（清）張沐撰
　　　五經四書疏略

尚書廣聽錄五卷
　（清）毛奇齡撰
　　　西河合集（康熙本、乾隆修補本）・經
　　　集
　　　四庫全書・經部書類

尚書外傳二卷
　（清）程作舟撰
　　　藏書五種

書經詳說七十六卷
　（清）冉覲祖撰
　　　五經詳說

書經衷論四卷
　（清）張英撰
　　　四庫全書・經部書類

張文端集
　　　周氏師古堂所編書

日講書經解義十三卷
　（清）庫勒納等撰
　　　四庫全書・經部書類
　　　摛藻堂四庫全書薈要・經部

尚書七篇解義二卷
　（清）李光地撰
　　　李文貞公全集
　　　榕村全書

　尚書解義一卷
　　　四庫全書・經部書類

欽定書經傳說彙纂二十一卷首二卷書序
一卷
　（清）王頊齡等撰
　　　御纂七經（內府本、浙江書局本、江西
　　　書局本、戶部本、崇文書局本、江南
　　　書局本、鴻文書局石印本）
　　　四庫全書・經部書類
　　　摛藻堂四庫全書薈要・經部

今文尚書說三卷
　（清）陸奎勳撰
　　　陸堂經學叢書

尚書攷辨四卷
　（清）宋鑒撰
　　　山右叢書初編

尚書章句內篇五卷外篇二卷
　（清）任啓運撰
　　　任氏遺書

尚書約注四卷
　（清）任啓運撰
　　　十三經讀本（唐文治輯）

　尚書約注四卷末一卷
　　　任氏遺書

尚書辨疑一卷
　（清）劉青芝撰
　　　劉氏傳家集

尚書小疏一卷
　（清）沈彤撰
　　　果堂全集
　　　皇清經解（道光本、咸豐補刊本、鴻寶
　　　齋石印本、點石齋石印本）

書經詮義十二卷首二卷
　（清）汪紱撰
　　　汪雙池先生叢書

尚書古義一卷
　（清）惠棟撰
　　　昭代叢書（道光本）甲集補

尚書通典略二卷
　　（清）楊方達撰
　　　　楊符蒼七種
尚書約旨六卷
　　（清）楊方達撰
　　　　楊符蒼七種
書經備旨七卷
　　（清）鄒聖脈纂輯
　　　　五經備旨
尚書札記一卷
　　（清）范爾梅撰
　　　　讀書小記
書經旁訓二卷
　　（清）徐立綱撰
　　　　五經旁訓（匠門書屋本、吳郡張氏本）
書經旁訓增訂精義四卷
　　（清）徐立綱撰　（清）竺靜甫（清）竺子壽增
　　　　訂　精義（清）黃淦撰
　　　　五經旁訓增訂精義
尚書可解輯粹二卷
　　（清）潘相撰
　　　　潘相所著書·經學八書
尚書既見三卷
　　（清）莊存與撰
　　　　味經齋遺書（道光本、光緒本）
尚書說一卷
　　（清）莊存與撰
　　　　味經齋遺書（道光本、光緒本）
尚書未定稿二卷
　　（清）茹敦和撰
　　　　茹氏經學十二種
尚書集注音疏十三卷
　　（清）江聲撰
　　　　皇清經解（道光本、咸豐補刊本、鴻寶
　　　　齋石印本、點石齋石印本）
尚書後案三十一卷
　　（清）王鳴盛撰
　　　　皇清經解（道光本、咸豐補刊本、鴻寶
　　　　齋石印本、點石齋石印本）
尚書義考二卷
　　（清）戴震撰
　　　　聚學軒叢書第三集
　　　　安徽叢書第六期·戴東原先生全集
尚書讀記一卷
　　（清）閻循觀撰
　　　　西澗草堂全集
尚書小札二卷
　　（清）郭夢星撰

寶樹堂遺書
尚書質疑二卷
　　（清）趙佑撰
　　　　清獻堂全編
尚書偶記一卷
　　（清）汪德鉞撰
　　　　七經偶記
尚書篇第一卷首一卷
　　（清）李榮陛撰
　　　　李厚岡集
書經補篇一卷
　　（清）李榮陛撰
　　　　李厚岡集
尚書考六卷
　　（清）李榮陛撰
　　　　李厚岡集
古文尚書撰異三十二卷
　　（清）段玉裁撰
　　　　經韻樓叢書
　　　　皇清經解（道光本、咸豐補刊本、鴻寶
　　　　　齋石印本、點石齋石印本）
尚書札記二卷
　　（清）朱亦棟撰
　　　　十三經札記
尚書今古文考證七卷
　　（清）莊述祖撰
　　　　珍埶宦遺書
尚書記七卷校逸二卷
　　（清）莊述祖撰
　　　　雲自在龕叢書第一集
畏齋書經客難三卷首一卷
　　（清）龔元玠撰
　　　　十三經客難
尚書今古文注疏三十卷
　　（清）孫星衍撰
　　　　平津館叢書（嘉慶本、光緒本）
　　　　叢書集成初編·史地類
　　　　四部備要（排印本、縮印本）·經部·
　　　　　清十三經注疏
　尚書今古文注疏三十九卷
　　　　皇清經解（道光本、咸豐補刊本、鴻寶
　　　　　齋石印本、點石齋石印本）
書經精義四卷首一卷末一卷
　　（清）黃淦撰
　　　　七經精義
書說二卷
　　（清）郝懿行撰
　　　　郝氏遺書

書疑一卷
　　（清）馮至撰
　　　　諸暨馮氏叢刻・森齋彙稿
尚書補疏二卷
　　（清）焦循撰
　　　　焦氏叢書（嘉慶道光本、光緒本）・六
　　　　經補疏
　　　　皇清經解（道光本、咸豐補刊本、鴻寶
　　　　齋石印本、點石齋石印本）
書經恆解六卷書序辨正一卷
　　（清）劉沅撰
　　　　槐軒全書
書經衷要十二卷
　　（清）李式穀輯
　　　　五經衷要
尚書考異三卷
　　（清）莊綬甲撰
　　　　拾遺補藝齋遺書
尚書今古文集解三十卷附校勘記一卷
　　（清）劉逢祿撰　校勘記（清）劉葆楨（清）劉
　　翰藻撰
　　　　皇清經解續編（南菁書院本、蜚英館石
　　　　印本）
尚書略說二卷
　　（清）宋翔鳳撰
　　　　皇清經解續編（南菁書院本、蜚英館石
　　　　印本）
尚書伸孔篇一卷
　　（清）焦廷琥撰
　　　　廣雅書局叢書・經類
　　　　積學齋叢書
尚書啓幪五卷
　　（清）黃式三撰
　　　　儆居遺書
釋書一卷
　　（清）何志高撰
　　　　西夏經義（道光本、光緒本）
書古微十二卷
　　（清）魏源撰
　　　　皇清經解續編（南菁書院本、蜚英館石
　　　　印本）
尚書餘論一卷
　　（清）丁晏撰
　　　　頤志齋叢書
　　　　槐廬叢書初編
　　　　孫谿朱氏經學叢書初編
　　　　皇清經解續編（南菁書院本、蜚英館石
　　　　印本）

書繹一卷
　　（清）廖翼撰
　　　　榕園叢書甲集
求志居書經說四卷
　　（清）陳世鎔撰
　　　　求志居全集
讀書經筆記一卷
　　（清）方潛撰
　　　　毋不敬齋全書
尚書述一卷
　　（清）凌堃撰
　　　　凌氏傳經堂叢書
尚書通義殘二卷（存卷六至七）
　　（清）邵懿辰撰
　　　　刻鵠齋叢書
　　　　半巖廬所箸書
尚書舊疏考正一卷
　　（清）劉毓崧撰
　　　　皇清經解續編（南菁書院本、蜚英館石
　　　　印本）
書傳補義三卷
　　（清）方宗誠撰
　　　　柏堂遺書・柏堂經說
尚書篇誼正蒙四卷首一卷
　　（清）馬徵慶撰
　　　　馬鍾山遺書
尚書平議四卷
　　（清）俞樾撰
　　　　皇清經解續編（南菁書院本、蜚英館石
　　　　印本）・羣經平議
　　　　春在堂全書・羣經平議
達齋書說一卷
　　（清）俞樾撰
　　　　春在堂全書・曲園雜纂
書經精華十一卷
　　（清）薛嘉穎輯
　　　　四經精華
尚書繹聞一卷
　　（清）史致準撰
　　　　史伯平先生所箸書
尚書故三卷
　　（清）吳汝綸撰
　　　　桐城吳先生全書・經說
尚書微一卷
　　（清）劉光蕡撰
　　　　煙霞草堂遺書續刻
　　　　關中叢書第六集
尚書約注十二卷

（清）劉曾騄撰
　　祥符劉氏叢書・五經約注
今文尚書攷證三十卷
　　（清）皮錫瑞撰
　　師伏堂叢書
尚書講義一卷
　　（清）黃家辰（清）黃家岱撰
　　微季雜著附
讀尚書日記一卷
　　（清）余宏淦撰
　　學古堂日記

民　國

尚書箋三十卷
　　（民國）王闓運撰
　　湘綺樓全書
尚書集注三十二卷首一卷末二卷附答問
　一卷
　　（民國）簡朝亮撰
　　讀書堂叢刻
尚書誼略二十八卷敍錄一卷
　　（民國）姚永樸撰
　　集虛草堂叢書甲集
尚書今文新義一卷
　　（民國）廖平撰
　　新訂六譯館叢書・尚書類
書尚書弘道編一卷
　　（民國）廖平撰　（民國）黃鎔筆述
　　新訂六譯館叢書・尚書類
尚書商誼三卷
　　（民國）王樹枏撰
　　陶廬叢刻
周書雜論一卷
　　（民國）魏元曠撰
　　魏氏全書・潛園統編後編
尚書舉要五卷
　　（民國）陳衍撰
　　石遺室叢書
古文尚書拾遺二卷
　　（民國）章炳麟撰
　　章氏叢書續編

分篇之屬

古文尚書舜典注一卷
　　（晉）范甯撰　（清）馬國翰輯
　　玉函山房輯佚書（嫏嬛館本、重印本、
　　楚南書局本）・經編尚書類

舜典補亡一卷
　　（清）毛奇齡撰
　　西河合集（康熙本、乾隆修補本）・經
　　集
　　藝海珠塵絲集（丙集）
　　叢書集成初編・史地類
禹貢九州制地圖論一卷
　　（晉）裴秀撰　（清）王謨輯
　　重訂漢唐地理書鈔（鈔本、嘉慶本）
禹貢指南四卷
　　（宋）毛晃撰
　　四庫全書・經部書類
　　摛藻堂四庫全書薈要・經部
　　武英殿聚珍版書（武英殿木活字本、浙
　　江本、江西書局本、福建本、廣雅書
　　局本）・經部
　　反約篇
　　榕園叢書甲集
　　清芬堂叢書・經部
　　勵志齋叢書
　　叢書集成初編・史地類
程尚書禹貢論二卷後論一卷
　　（宋）程大昌撰
　　通志堂經解（康熙本、同治本）・書
　　清芬堂叢書・經部
　禹貢論五卷後論一卷
　　　四庫全書・經部書類
禹貢山川地理圖二卷
　　（宋）程大昌撰
　　通志堂經解（康熙本、同治本）・書・
　　程尚書禹貢論附
　　四庫全書・經部書類
　　摛藻堂四庫全書薈要・經部
　　指海（道光本、景道光本）第一集
　　叢書集成初編・史地類
杏溪傅氏禹貢集解二卷
　　（宋）傅寅撰
　　通志堂經解（康熙本、同治本）・書
　禹貢集解二卷
　　　金華叢書（同治光緒本、民國補刊本）
　　　・經部
　禹貢說斷四卷
　　　四庫全書・經部書類
　　　摛藻堂四庫全書薈要・經部
　　　武英殿聚珍版書（武英殿木活字本、福
　　　建本、廣雅書局本）・經部
　　　墨海金壺（嘉慶本、景嘉慶本）・經部
　　　守山閣叢書（道光本、鴻文書局景道光

本、博古齋景道光本)・經部
　　叢書集成初編・史地類
禹貢集註一卷
　　(明)張後覺撰
　　　　荏邑三先生合刻
禹貢圖註一卷
　　(明)艾南英撰
　　　　學海類編(道光本、景道光本)・經翼
　　叢書集成初編・史地類
禹貢長箋十二卷
　　(清)朱鶴齡撰
　　　　四庫全書・經部書類
禹貢錐指二十卷例略圖一卷
　　(清)胡渭撰
　　　　四庫全書・經部書類
　　　　皇清經解(道光本、咸豐補刊本、鴻寶
　　　　齋石印本、點石齋石印本)
禹貢錐指正誤一卷
　　(清)丁晏撰
　　　　頤志齋叢書・禹貢集釋附
　　　　皇清經解續編(南菁書院本、蜚英館石
　　印本)
禹貢臆參二卷
　　(清)楊陸榮撰
　　　　楊潭西先生遺書
禹貢會箋十二卷圖一卷
　　(清)徐文靖撰
　　　　徐位山六種(志寧堂本、光緒本)
　　禹貢會箋十二卷
　　　　四庫全書・經部書類
禹貢三江考三卷
　　(清)程瑤田撰
　　　　通藝錄
　　　　皇清經解(道光本、咸豐補刊本、鴻寶
　　　　齋石印本、點石齋石印本)
　　　　安徽叢書第二期・通藝錄
禹貢山川考二卷
　　(清)李榮陛撰
　　　　豫章叢書(胡思敬輯)・萬載李氏遺書
　　四種
禹貢地理古注考一卷
　　(清)孫馮翼撰
　　　　問經堂叢書
禹貢鄭注釋二卷
　　(清)焦循撰
　　　　焦氏叢書(嘉慶道光本、光緒本)
　　　　皇清經解續編(南菁書院本、蜚英館石
　　印本)

禹貢今釋二卷
　　(清)芮曰松撰
　　　　安徽叢書第一期
禹貢孔正義引地理志考證一卷
　　(清)朱爲弼撰
　　　　朱茮堂家藏稿
禹貢正字一卷
　　(清)王筠撰
　　　　王菉友九種
禹貢讀二卷
　　(清)蔡世鈸撰
　　　　味蕉小寮集
禹貢集釋三卷
　　(清)丁晏撰
　　　　頤志齋叢書
禹貢蔡傳正誤一卷
　　(清)丁晏撰
　　　　頤志齋叢書・禹貢集釋附
禹貢鄭氏略例一卷
　　(清)何秋濤撰
　　　　皇清經解續編(南菁書院本、蜚英館石
　　印本)
禹貢圖一卷
　　(清)陳澧撰
　　　　皇清經解續編(南菁書院本、蜚英館石
　　印本)
禹貢班義述三卷
　　(清)成蓉鏡撰
　　　　皇清經解續編(南菁書院本、蜚英館石
　　印本)
　　　　廣雅書局叢書・經類
　　　　成氏遺書
禹貢章句四卷附圖說一卷
　　(清)譚澐撰
　　　　味義根齋全書
禹貢說一卷
　　(清)倪文蔚撰
　　　　皇清經解續編(南菁書院本、蜚英館石
　　印本)
考正德清胡氏禹貢圖一卷
　　(清)陳宗誼撰
　　　　番禺陳氏東塾叢書附
禹貢九州今地攷二卷
　　(清)曾廉撰
　　　　邵陽曾氏三種
春暉樓禹貢地理舉要一卷
　　(民國)張鼎撰
　　　　春暉樓叢書上集

大誓答問一卷
　　（清）龔自珍撰
　　　　滂喜齋叢書第一函
　　　　後知不足齋叢書第五函
　　　　翠琅玕館叢書（馮兆年輯）第二集
　　　　皇清經解續編（南菁書院本、蜚英館石
　　　　印本）
　泰誓答問一卷
　　　　芋園叢書·經部
太誓決疑一卷
　　（民國）邵瑞彭撰
　　　　邵次公遺著
洪範五行傳二卷
　　（漢）劉向撰
　　　　增定漢魏六朝別解·經部
洪範五行傳二卷
　　（漢）劉向撰　（清）王謨輯
　　　　漢魏遺書鈔·經翼第一冊
洪範五行傳三卷
　　（漢）劉向撰　（清）陳壽祺輯
　　　　左海全集
洪範五行傳一卷
　　（漢）劉向撰　（清）黃奭輯
　　　　黃氏逸書考（民國修補本、民國補刊
　　　　本）·子史鉤沈
洪範口義二卷
　　（宋）胡瑗撰
　　　　四庫全書·經部書類
　　　　墨海金壺（嘉慶本、景嘉慶本）·經部
　　　　叢書集成初編·史地類
洪範統一一卷
　　（宋）趙善湘撰
　　　　函海（乾隆本、道光本）第三函
　　　　四庫全書·經部書類
　　　　藝海珠塵土集（己集）
　　　　經苑（大梁書院本、民國補刊本）
　　　　反約篇
　　　　榕園叢書甲集
　　　　函海（光緒本）第四函
　　　　四明叢書第七集
定正洪範集說一卷首一卷
　　（元）胡一中撰
　　　　通志堂經解（康熙本、同治本）·書
洪範圖解一卷
　　（明）韓邦奇撰
　　　　性理三解（嘉靖本、乾隆本）
黃先生洪範明義八卷
　　（明）黃道周撰

鍥黃先生進覽書四種
洪範明義四卷
　　　　石齋先生經傳九種
　　　　四庫全書·經部書類
洪範正論五卷
　　（清）胡渭撰
　　　　四庫全書·經部書類
洪範說二卷
　　（清）李光地撰
　　　　李文貞公全集
　　　　榕村全書
洪範原數一卷
　　（清）呂調陽撰
　　　　觀象廬叢書·志學編
洪範注補五卷
　　（清）潘士權撰
　　　　潘龍庵全書
洪範微二卷
　　（民國）張其淦撰
　　　　寅園叢書
洪範大義三卷
　　唐文治撰
　　　　十三經讀本（唐文治輯）
五誥解四卷
　　（宋）楊簡撰
　　　　四庫全書·經部書類
　　　　墨海金壺（嘉慶本，景嘉慶本）·經部
　　　　叢書集成初編·史地類
尚書周誥考辨二卷
　　（清）章謙存撰
　　　　強恕齋四膡稿·經膡
正訛初橐一卷
　　（清）王麟趾撰
　　　　昭代叢書（道光本）癸集萃編
洛誥箋一卷
　　（民國）王國維撰
　　　　雪堂叢刻
立政臆解一卷
　　（清）劉光蕡撰
　　　　煙霞草堂遺書
　　　　關中叢書第六集
周書顧命禮徵一卷
　　（民國）王國維撰
　　　　廣倉學窘叢書甲類第一集
周書顧命後考一卷
　　（民國）王國維撰
　　　　廣倉學窘叢書甲類第一集

專著之屬

古文尙書疏證九卷（原缺卷三）
　　（清）閻若璩撰
　　　　四庫全書・經部書類
　　　　皇清經解續編（南菁書院本、蜚英館石
　　　　印本）
古文尙書考二卷
　　（清）惠棟撰
　　　　皇清經解（道光本、咸豐補刊本、鴻寶
　　　　齋石印本、點石齋石印本）
古文尙書考一卷
　　　　昭代叢書（道光本）壬集補編
古文尙書寃詞八卷
　　（清）毛奇齡撰
　　　　西河合集（康熙本、乾隆修補本）・經
　　　　集
　　　　四庫全書・經部書類
尙書古文辨一卷
　　（清）朱彝尊撰
　　　　學海類編（道光本、景道光本）・經翼
　　　　遜敏堂叢書
　　　　叢書集成初編・史地類
古文尙書辨一卷
　　　　昭代叢書（道光本）庚集埤編
　　　　懺花盦叢書
古文尙書考一卷
　　（清）陸隴其撰
　　　　賜硯堂叢書新編甲集
　　　　學海類編（道光本、景道光本）・經翼
　　　　昭代叢書（道光本）庚集埤編
　　　　遜敏堂叢書
　　　　懺花盦叢書・古文尙書辨附
　　　　陸子全書
　　　　叢書集成初編・史地類
晚書訂疑三卷
　　（清）程廷祚撰
　　　　皇清經解續編（南菁書院本、蜚英館石
　　　　印本）
　　　　聚學軒叢書第三集
　　　　金陵叢書甲集
古文尙書辨八卷
　　（清）焦循撰
　　　　清頌堂叢書
古文尙書辨僞二卷
　　（清）崔述撰
　　　　崔東壁遺書（道光本、景道光本、亞東

圖書館排印本）
古文尙書私議三卷
　　（清）張崇蘭撰
　　　　悔廬全集
古文尙書辨惑十八卷
　　（清）洪良品撰
　　　　龍岡山人古文尙書四種
古文尙書釋難一卷
　　（清）洪良品撰
　　　　龍岡山人古文尙書四種
古文尙書析疑一卷
　　（清）洪良品撰
　　　　龍岡山人古文尙書四種
古文尙書商是一卷
　　（清）洪良品撰
　　　　龍岡山人古文尙書四種
古文尙書寃詞平議二卷
　　（清）皮錫瑞撰
　　　　師伏堂叢書
　　　　皮氏經學叢書
尙書傳授同異考一卷
　　（清）邵懿辰撰
　　　　半巖廬所箸書
今文尙書經說攷三十二卷首一卷敍錄一
卷
　　（清）陳喬樅撰
　　　　左海續集
今文尙書經說攷三十八卷
　　　　皇清經解續編（南菁書院本、蜚英館石
　　　　印本）
尙書歐陽夏侯遺說攷一卷
　　（清）陳喬樅撰
　　　　皇清經解續編（南菁書院本、蜚英館石
　　　　印本）
尙書古今文五藏說一卷
　　（清）胡廷綬撰
　　　　蟄園叢刻
今文尙書要義凡例一卷
　　（民國）廖平撰
　　　　新訂六譯館叢書・尙書類
太史公古文尙書說一卷
　　（民國）章炳麟撰
　　　　章氏叢書續編
尙書釋天六卷
　　（清）盛百二撰
　　　　皇清經解（道光本、咸豐補刊本、鴻寶
　　　　齋石印本、點石齋石印本）
尙書麻譜二卷

(清)成蓉鏡撰
　　皇清經解續編(南菁書院本、蜚英館石
　　　印本)
　　成氏遺書
虞書命羲和章解一卷
　(清)曾釗撰
　　嶺南遺書第六集
　　叢書集成初編・自然科學類
漢桑欽古文尚書說地理志考逸附中古文
尚書一卷
　(清)王紹蘭輯
　　蕭山王氏十萬卷樓輯佚七種
尚書地理今釋一卷
　(清)蔣廷錫撰
　　四庫全書・經部書類
　　借月山房彙鈔(嘉慶本、景嘉慶本)第
　　　一集
　　指海(道光本、景道光本)第五集
　　澤古齋重鈔第一集
　　皇清經解(道光本、咸豐補刊本、鴻寶
　　　齋石印本、點石齋石印本)
　　式古居彙鈔
　　叢書集成初編・史地類
　書經地理今釋一卷
　　昭代叢書(道光本)丁集新編
尚書地說一卷
　(清)王謨輯
　　重訂漢唐地理書鈔(鈔本、嘉慶本)
書經周禮皇帝疆域圖表四十二卷
　(民國)廖平撰
　　新訂六譯館叢書・尚書類
尚書職官考略一卷
　(清)王廷鼎撰
　　紫薇花館集・紫薇花館經說
尚書源流考一卷
　(民國)劉師培撰
　　劉申叔先生遺書
書經大統凡例一卷
　(民國)廖平撰
　　新訂六譯館叢書・尚書類

文字音義之屬

古文尚書音一卷
　(晉)徐邈撰　(清)馬國翰輯
　　玉函山房輯佚書(嫏嬛館本、重印本、
　　　楚南書局本)・經編尚書類
尚書釋音二卷

(唐)陸德明撰
　　古逸叢書
　　叢書集成初編・史地類
尚書釋文殘一卷
　(唐)陸德明撰
　　吉石盦叢書初集
尚書釋文殘一卷附校語二卷
　(唐)陸德明撰　校語(民國)吳士鑑撰
　　涵芬樓祕笈第四集
尚書隸古定釋文八卷
　(清)李遇孫撰
　　聚學軒叢書第二集
尚書異讀考六卷
　(清)趙佑撰
　　清獻堂全編
書經音訓不分卷
　(清)楊國楨撰
　　十一經音訓(道光本、光緒本)
尚書讀異六卷
　(清)于鬯撰
　　于香草遺著叢輯
書經音訓一卷
　(民國)周學熙輯
　　周氏師古堂所編書(民國本)・經傳簡
　　　本
尚書古文考一卷
　(日本)山井鼎撰
　　函海(乾隆本、道光本)第十九函
　　叢書集成初編　史地類
　尚書古字辨異一卷
　　函海(光緒本)第二十四函

書序之屬

書序一卷
　(清)任兆麟選輯
　　述記(乾隆本、嘉慶本)
孔壁書序一卷
　(清)觀頮道人編
　　閩竹居叢書
書序註一卷
　(宋)蔡沈撰
　　五經補綱
書序說一卷
　(宋)蔡沈撰
　　五經補綱
尚書序錄一卷
　(清)胡秉虔撰

滂喜齋叢書第二函
叢書集成初編‧史地類
書序述聞一卷
　　(清)劉逢祿撰
　　　皇清經解續編(南菁書院本、蜚英館石
　　　印本)
論書序大傳一卷
　　(清)鄭杲撰
　　　集虛草堂叢書‧鄭東父遺書
尚書譜一卷
　　(清)宋翔鳳撰
　　　皇清經解續編(南菁書院本、蜚英館石
　　　印本)
書贊一卷
　　(漢)鄭玄撰　(清)王仁俊輯
　　　玉函山房輯佚書續編‧經編書類

逸書之屬

尚書逸文二卷
　　(清)江聲輯　(清)孫星衍補訂
　　　岱南閣叢書(乾隆嘉慶本、景乾隆嘉慶
　　　本)‧古文尚書附
　　　十三經讀本(唐文治輯)‧尚書讀本附
　　　叢書集成初編‧史地類
逸書徵三卷
　　(清)孫國仁撰
　　　砭愚堂叢書
漆書古文尚書逸文考一卷附杜林訓故逸
文
　　(清)王紹蘭輯
　　　蕭山王氏十萬卷樓輯佚七種
尚書逸湯誓考六卷附校勘一卷
　　(清)徐時棟撰　校勘(清)王棿撰
　　　煙嶼樓集
尚書佚文一卷補遺一卷
　　(清)王仁俊輯
　　　經籍佚文

詩　經　類

正文之屬

毛詩不分卷
　　　九經正文
　　　宋刊巾箱本八經

毛詩一卷
　　　五經(弘治本)
毛詩二卷
　　　古香齋袖珍十種（內府本、南海孔氏
　　　本)‧五經
詩經四卷
　　　九經(求古齋本、觀成堂本、重刊求古
　　　齋本)
詩經白文四卷
　　　五經白文
毛詩
　　　十三經‧經文
毛詩四卷
　　(明)陳鳳梧篆書
　　　篆文六經
毛詩
　　　篆文六經四書(康熙本、同文書局景康
　　　熙本、千頃堂書局景康熙本)

傳說之屬

漢

毛詩註二十卷
　　(漢)毛亨傳　(漢)鄭玄箋
　　　袖珍十三經註
毛詩殘一卷(存卷三)
　　　鳴沙石室古籍叢殘‧羣經叢殘
毛詩殘一卷(存卷八)
　　　東方學會叢書初集‧敦煌石室碎金
毛詩殘一卷(存卷九鹿鳴以下)
　　　鳴沙石室古籍叢殘‧羣經叢殘
毛詩殘一卷(存卷九出車以下)
　　　鳴沙石室古籍叢殘‧羣經叢殘
毛詩殘一卷(存卷十)
　　　鳴沙石室古籍叢殘‧羣經叢殘
毛詩詁訓傳殘一卷(存卷十)
　　　京都帝國大學文學部景印唐鈔本第一
　　　集
毛詩二南殘卷一卷
　　(漢)毛亨傳　(漢)鄭玄箋
　　　京都帝國大學文學部景印唐鈔本第十
　　　集
毛詩殘三卷(存卷四至六)
　　(漢)鄭玄箋
　　　靈峰草堂叢書
毛詩殘七卷(存卷一至卷七)

　　　　　鳴沙石室古籍叢殘・羣經叢殘
敦煌古寫本毛詩校記一卷
　　　(民國)羅振玉撰
　　　　　松翁居遼後所箸書・遼居雜箸
詩經二十卷
　　　(漢)毛亨傳　(漢)鄭玄箋　(唐)陸德明音
　　　義
　　　　　十三經古注
　　詩經二十卷
　　　　　四部叢刊(初次印本、二次印本、縮印
　　　　　二次印本)・經部
　　　　　四部備要(排印本、縮印本)・經部・
　　　　　十三經古注
　　　　　袖珍古書讀本
　　詩經讀本二十卷
　　　　　十三經讀本(唐文治輯)
　　毛詩二十卷附考證
　　　　　仿宋相臺五經(乾隆本、光緒本)
毛詩註疏二十卷
　　　(漢)毛亨傳　(漢)鄭玄箋　(唐)陸德明音
　　　義　(唐)孔穎達疏
　　　　　十三經註疏(福建本)
　　　　　十三經註疏(北監本)
　　　　　十三經註疏(汲古閣本)
　　毛詩註疏三十卷附考證
　　　　　十三經注疏(武英殿本)
　　毛詩正義四十卷
　　　　　四庫全書・經部詩類
　　毛詩註疏三十卷
　　　　　摛藻堂四庫全書薈要・經部
附釋音毛詩注疏七十卷附校勘七十卷
　　　(漢)毛亨傳　(漢)鄭玄箋　(唐)陸德明音
　　　義　(唐)孔穎達疏　校勘記(清)阮元撰
　　　　　重刊宋本十三經注疏(南昌府學本、廣
　　　　　東書局本、江西書局本、脈望仙館石
　　　　　印本、寶慶務本書局本、點石齋石印
　　　　　本、掃葉山房石印本、錦章圖書局石
　　　　　印本、世界書局石印本、中華書局排
　　　　　印本)
　　　　　四部備要(排印本、縮印本)・經部・
　　　　　十三經注疏
毛詩校勘記七卷釋文校勘記三卷
　　　(清)阮元撰
　　　　　皇清經解(道光本、咸豐補刊本、鴻寶
　　　　　齋石印本、點石齋石印本)・十三經
　　　　　注疏校勘記
　　毛詩注疏校勘記七卷釋文校勘記三卷
　　　　　宋本十三經注疏併經典釋文校勘記

毛詩注疏校勘記校字補一卷
　　　(清)茆泮林撰
　　　　　鶴壽堂叢書
毛詩正義殘一卷(存卷十一)
　　　(唐)孔穎達疏
　　　　　京都帝國大學文學部景印唐鈔本第一
　　　　　集
毛詩正義四十卷(原缺卷一至七)附校勘
　　　記三卷
　　　(唐)孔穎達疏　校勘記劉承幹撰
　　　　　嘉業堂叢書・經部
毛詩馬氏注一卷
　　　(漢)馬融撰　(清)馬國翰輯
　　　　　玉函山房輯佚書(嫏嬛館本、重印本、
　　　　　楚南書局本)・經編詩類
毛詩注一卷
　　　(漢)馬融撰　(清)黃奭輯
　　　　　漢學堂叢書・經解詩類
　　　　　黃氏逸書考(民國修補本、民國補刊
　　　　　本)・漢學堂經解
毛詩賈氏義一卷
　　　(漢)賈逵撰　(清)王仁俊輯
　　　　　玉函山房輯佚書續編・經編詩類
毛詩先鄭義一卷
　　　(漢)鄭衆撰　(清)王仁俊輯
　　　　　玉函山房輯佚書續編・經編詩類
　　　　　十三經漢注
毛詩義問一卷
　　　(漢)劉楨撰　(清)馬國翰輯
　　　　　玉函山房輯佚書(嫏嬛館本、重印本、
　　　　　楚南書局本)・經編詩類

三　國

毛詩王氏注四卷
　　　(魏)王肅撰　(清)馬國翰輯
　　　　　玉函山房輯佚書(嫏嬛館本、重印本、
　　　　　楚南書局本)・經編詩類
毛詩注一卷
　　　(魏)王肅撰　(清)黃奭輯
　　　　　漢學堂叢書・經解詩類
　　　　　黃氏逸書考(民國修補本、民國補刊
　　　　　本)・漢學堂經解
毛詩問難一卷
　　　(魏)王肅撰　(清)馬國翰輯
　　　　　玉函山房輯佚書(嫏嬛館本、重印本、
　　　　　楚南書局本)・經編詩類
毛詩義駁一卷
　　　(魏)王肅撰　(清)馬國翰輯

玉函山房輯佚書（嫏嬛館本、重印本、
楚南書局本）·經編詩類

毛詩奏事一卷
　（魏）王肅撰　（清）馬國翰輯
　　玉函山房輯佚書（嫏嬛館本、重印本、
　　楚南書局本）·經編詩類

毛詩駁一卷
　（魏）王基撰　（清）馬國翰輯
　　玉函山房輯佚書（嫏嬛館本、重印本、
　　楚南書局本）·經編詩類

毛詩申鄭義一卷
　（魏）王基撰　（清）黃奭輯
　　漢學堂叢書·經解詩類
　　黃氏逸書考（民國修補本、民國補刊
　　本）·漢學堂經解

毛詩答雜問一卷
　（吳）韋昭（吳）朱育等撰　（清）王謨輯
　　漢魏遺書鈔·經翼第一冊

毛詩答雜問一卷
　（吳）韋昭（吳）朱育等撰　（清）馬國翰輯
　　玉函山房輯佚書（嫏嬛館本、重印本、
　　楚南書局本）·經編詩類

晉

毛詩異同評一卷
　（晉）孫毓撰　（清）王謨輯
　　漢魏遺書鈔·經翼第一冊

毛詩異同評三卷
　（晉）孫毓撰　（清）馬國翰輯
　　玉函山房輯佚書（嫏嬛館本、重印本、
　　楚南書局本）·經編詩類
　　懷花盦叢書

毛詩異同評一卷
　（晉）孫毓撰　（清）黃奭輯
　　漢學堂叢書·經解詩類
　　黃氏逸書考（民國修補本、民國補刊
　　本）·漢學堂經解

難孫氏毛詩評一卷
　（晉）陳統撰　（清）馬國翰輯
　　玉函山房輯佚書（嫏嬛館本、重印本、
　　楚南書局本）·經編詩類
　　懷花盦叢書

毛詩舒氏義疏一卷
　（□）舒瑗撰　（清）馬國翰輯
　　玉函山房輯佚書（嫏嬛館本、重印本、
　　楚南書局本）·經編詩類

南北朝

毛詩周氏注一卷
　（劉宋）周續之撰　（清）馬國翰輯
　　玉函山房輯佚書（嫏嬛館本、重印本、
　　楚南書局本）·經編詩類

毛詩題綱一卷
　（清）馬國翰輯
　　玉函山房輯佚書（嫏嬛館本、重印本、
　　楚南書局本）·經編詩類

毛詩隱義一卷
　（梁）何胤撰　（清）馬國翰輯
　　玉函山房輯佚書（嫏嬛館本、重印本、
　　楚南書局本）·經編詩類

集注毛詩一卷
　（梁）崔靈恩撰　（清）馬國翰輯
　　玉函山房輯佚書（嫏嬛館本、重印本、
　　楚南書局本）·經編詩類

毛詩集注一卷
　（梁）崔靈恩撰　（清）王仁俊輯
　　玉函山房輯佚書續編·經編詩類

毛詩義疏一卷
　（北周）沈重撰　（清）王謨輯
　　漢魏遺書鈔·經翼第一冊

毛詩沈氏義疏二卷
　（北周）沈重撰　（清）馬國翰輯
　　玉函山房輯佚書（嫏嬛館本、重印本、
　　楚南書局本）·經編詩類

毛詩沈氏義疏一卷
　（北周）沈重撰　（清）王仁俊輯
　　玉函山房輯佚書續編·經編詩類

隋　唐

毛詩述義一卷
　（隋）劉炫撰　（清）馬國翰輯
　　玉函山房輯佚書（嫏嬛館本、重印本、
　　楚南書局本）·經編詩類

施氏詩說一卷
　（唐）施士丐撰　（清）馬國翰輯
　　玉函山房輯佚書（嫏嬛館本、重印本、
　　楚南書局本）·經編詩類

毛詩指說一卷
　（唐）成伯璵撰
　　通志堂經解（康熙本、同治本）·詩
　　四庫全書·經部詩類
　　摛藻堂四庫全書薈要·經部

宋

詩本義十五卷鄭氏詩譜補亡一卷
　（宋）歐陽修撰

　　　通志堂經解（康熙本、同治本）・詩
　　　四部叢刊三編・經部
　　毛詩本義十六卷
　　　　四庫全書・經部詩類
　　　　撝藻堂四庫全書薈要・經部
潁濱先生詩集傳十九卷
　　（宋）蘇轍撰
　　　　兩蘇經解
　　詩集傳二十卷
　　　　四庫全書・經部詩類
張宛邱詩說一卷
　　（宋）張耒撰
　　　　格致叢書
　　詩說一卷
　　　　說郛（宛委山堂本）弓四
　　　　通志堂經解（康熙本、同治本）・詩
　　　　藝海珠塵革集（庚集）
　　　　養素軒叢錄第一集
　　　　叢書集成初編・文學類
　逸齋詩補傳三十卷篇目一卷
　　（宋）范處義撰
　　　　通志堂經解（康熙本、同治本）・詩
　　詩補傳三十卷
　　　　四庫全書・經部詩類
　　　　撝藻堂四庫全書薈要・經部
詩總聞二十卷
　　（宋）王質撰
　　　　四庫全書・經部詩類
　　　　撝藻堂四庫全書薈要・經部
　　　　武英殿聚珍版書（武英殿木活字本、福
　　　　　建本、廣雅書局本）・經部
　　　　經苑（大梁書院本、民國補刊本）
　　　　湖北先正遺書・經部
　　　　叢書集成初編・文學類
詩論一卷
　　（宋）程大昌撰
　　　　芝園祕錄初刻
　　　　藝海珠塵金集（甲集）
　　　　學海類編（道光本、景道光本）・經翼
　　　　叢書集成初編・文學類
詩經八卷
　　（宋）朱熹集傳
　　　　五經（康熙本）
　　　　五經四子書
　　　　五經四書讀本
　　　　十三經讀本（金陵書局本）
　　　　五經四書
　　詩集傳八卷

　　（宋）朱熹撰
　　　　四庫全書・經部詩類
　　　　撝藻堂四庫全書薈要・經部
　　詩集傳八卷詩序辨說一卷附集傳考異
　　　　西京清麓叢書正編
　　　　劉氏傳經堂叢書
　　詩集傳二十卷
　　　　四部叢刊三編・經部
詩經八卷
　　（宋）朱熹集傳　清聖祖案
　　　　御案五經
詩經八卷附校刊記一卷
　　（宋）朱熹集傳　校刊記（清）丁寶楨等撰
　　　　十三經讀本（丁寶楨等校）
詩經集傳校勘記一卷
　　（清）夏炘撰
　　　　景紫堂全書第三冊・讀詩劄記附
詩集傳附釋一卷
　　（清）丁晏撰
　　　　廣雅書局叢書・經類
新刻詩傳綱領一卷
　　（宋）朱熹撰
　　　　古名儒毛詩解十六種
　詩綱領一卷
　　　　五經補綱
詩解鈔一卷
　　（宋）唐仲友撰
　　　　金華唐氏遺書
　　　　續金華叢書・集部・金華唐氏遺書
呂氏家塾讀詩記三十二卷
　　（宋）呂祖謙撰
　　　　四庫全書・經部詩類
　　　　撝藻堂四庫全書薈要・經部
　　　　墨海金壺（嘉慶本、景嘉慶本）・經部
　　　　經苑（大梁書院本、民國補刊本）
　　　　金華叢書（同治光緒本、民國補刊本）
　　　　　・經部
　　　　四部叢刊續編・經部
　　　　叢書集成初編・文學類
呂氏讀詩記補闕一卷
　　（清）盧文弨撰
　　　　抱經堂叢書（乾隆本、景乾隆本）・羣
　　　　　書拾補初編
　　　　紹興先正遺書第二集・羣書拾補初編
　　　　叢書集成初編・總類・羣書拾補
續呂氏家塾讀詩記三卷
　　（宋）戴溪撰
　　　　四庫全書・經部詩類

武英殿聚珍版書(武英殿木活字本、江
西書局本、福建本、廣雅書局本)・
經部
墨海金壺(嘉慶本、景嘉慶本)・經部
經苑(大梁書院本、民國補刊本)
小萬卷樓叢書(咸豐本)
清芬堂叢書・經部
叢書集成初編・文學類

非詩辨妄一卷
(宋)周孚撰
涉聞梓舊(咸豐本、商務印書館景咸豐
本、竹簡齋景咸豐本)
叢書集成初編・文學類

非詩辨妄二卷
玉雨堂叢書第一集

慈湖詩傳二十卷
(宋)楊簡撰
四庫全書・經部詩類

慈湖詩傳二十卷附錄一卷
四明叢書第三集

李迂仲黃實夫毛詩集解四十二卷首一卷
(宋)李樗(宋)黃櫄撰　(宋)呂祖謙釋音
通志堂經解(康熙本、同治本)・詩

毛詩集解四十二卷
四庫全書・經部詩類
摛藻堂四庫全書薈要・經部

絜齋毛詩經筵講義四卷
(宋)袁燮撰
四庫全書・經部詩類
武英殿聚珍版書(武英殿木活字本、浙
江本、江西書局本、福建本、廣雅書
局本)・經部
反約篇
榕園叢書甲集
四明叢書第四集
叢書集成初編・文學類
復性書院叢刊・羣經統類乙編

詩童子問十卷
(宋)輔廣撰
四庫全書・經部詩類

新刻山堂詩考一卷
(宋)章如愚編
古名儒毛詩解十六種

毛詩要義二十卷
(宋)魏了翁撰
五經要義

詩說十二卷(原缺卷二、卷九至十)
(宋)劉克撰

宛委別藏

詩說補二卷
(清)陸心源輯
潛園總集・羣書校補

毛詩講義十二卷
(宋)林岊撰
四庫全書・經部詩類
四庫全書珍本初集・經部詩類

毛詩集解二十五卷
(宋)段昌武撰
四庫全書・經部詩類

昌武段氏詩義指南一卷
(宋)段昌武撰
知不足齋叢書(乾隆至道光本、景乾隆
至道光本)第十二集
叢書集成初編・文學類

詩義指南一卷
宛委別藏

詩緝三十六卷
(宋)嚴粲撰
四庫全書・經部詩類
摛藻堂四庫全書薈要・經部

詩傳遺說六卷
(宋)朱鑑撰
通志堂經解(康熙本、同治本)・詩
四庫全書・經部詩類
摛藻堂四庫全書薈要・經部

詩疑二卷
(宋)王柏撰
通志堂經解(康熙本、同治本)・詩
藝海珠塵革集(庚集)
金華叢書(同治光緒本、民國補刊本)
・經部
叢書集成初編・文學類

新刻玉海紀詩一卷
(宋)王應麟撰
古名儒毛詩解十六種

新刻困學紀詩一卷
(宋)王應麟撰
古名儒毛詩解十六種

詩傳注疏三卷
(宋)謝枋得撰
知不足齋叢書(乾隆至道光本、景乾隆
至道光本)第十一集
宛委別藏
謝疊山先生評註四種合刻
抱經樓叢刊
叢書集成初編・文學類

新刻讀詩一得一卷
　　（宋）黃震撰
　　　　古名儒毛詩解十六種
詩辨說一卷
　　（宋）趙惠撰
　　　　通志堂經解（康熙本、同治本）·詩·
　　　　　詩經疑問附
　　　　四庫全書·經部詩類·詩疑問附
　　　　別下齋叢書（道光本、商務印書館景道
　　　　　光本、竹簡齋道光本）
　　　　槐廬叢書初編
　　　　孫谿朱氏經學叢書初編
　　　　叢書集成初編·文學類

元

新刻文獻詩考二卷
　　（元）馬端臨撰
　　　　古名儒毛詩解十六種
詩經疑問七卷
　　（元）朱倬撰
　　　　通志堂經解（康熙本、同治本）·詩
　　　　摛藻堂四庫全書薈要·經部
　詩疑問七卷
　　　　四庫全書·經部詩類
詩傳通釋二十卷
　　（元）劉瑾撰
　　　　四庫全書·經部詩類
詩纘緒十八卷
　　（元）劉玉汝撰
　　　　四庫全書·經部詩類
　　　　四庫全書珍本初集·經部詩類
詩傳旁通十五卷
　　（元）梁益撰
　　　　四庫全書·經部詩類
　　　　常州先哲遺書第一集·經類
詩經疏義二十卷
　　（元）朱公遷撰
　　　　四庫全書·經部詩類

明

詩演義十五卷
　　（清）梁寅撰
　　　　四庫全書·經部詩類
　　　　四庫全書珍本初集·經部詩類
詩解頤四卷
　　（明）朱善撰
　　　　通志堂經解（康熙本、同治本）·詩
　　　　四庫全書·經部詩類

　　　　摛藻堂四庫全書薈要·經部
詩經大全二十卷
　　（明）胡廣等撰
　　　　四庫全書·經部詩類
新編詩義集說四卷
　　（明）孫鼎撰
　　　　宛委別藏
　　　　選印宛委別藏
新刻讀詩錄一卷
　　（明）薛瑄撰
　　　　古名儒毛詩解十六種
新刻胡氏詩識三卷
　　（明）胡續宗編
　　　　古名儒毛詩解十六種
詩說解頤四十卷
　　（明）季本撰
　　　　四庫全書·經部詩類
詩經解註四卷
　　（明）徐奮鵬撰
　　　　詩經通解
讀詩私記二卷
　　（明）李先芳撰
　　　　四庫全書·經部詩類
　讀詩私記五卷
　　　　湖北先正遺書·經部
新刻印古詩語一卷
　　（明）朱得之撰
　　　　古名儒毛詩解十六種
詩經繹三卷
　　（明）鄧元錫撰
　　　　五經繹
毛詩或問二卷
　　（明）袁仁撰
　　　　學海類編（道光本、景道光本）·經翼
　　　　叢書集成初編·文學類
讀詩拙言一卷
　　（明）陳第撰
　　　　一齋集·毛詩古音攷附
　　　　學津討原（嘉慶本、景嘉慶本）第四集
　　　　　·毛詩古音考附
　　　　音韵學叢書
　　　　淩氏傳經堂叢書
　　　　海山仙館叢書
詩臆二卷
　　（明）馮時可撰
　　　　馮元成雜著
詩經疑問十二卷
　　（明）姚舜牧撰

四庫全書·經部詩類

詩外別傳二卷
　　(明)袁黃撰
　　　了凡雜著
讀詩一卷
　　(明)曹珖撰
　　　大樹堂說經
詩通四卷
　　(明)陸化熙撰
　　　詩經通解
毛詩原解三十六卷
　　(明)郝敬撰
　　　郝氏九經解
　　　湖北叢書
詩故十卷
　　(明)朱謀㙔撰
　　　四庫全書·經部詩類
詩故十卷附校勘記一卷校勘續記一卷
　　(明)朱謀㙔撰　校勘記(民國)魏元曠撰
　　　續記(民國)胡思敬撰
　　　豫章叢書(胡思敬輯)
詩經三卷
　　(明)鍾惺評點
　　　合刻周秦經書十種
葩經旁意一卷
　　(明)喬中和撰
　　　蹄新堂集
　　　西郭草堂合刊
詩經世本古義二十八卷
　　(明)何楷撰
　　　四庫全書·經部詩類
詩經世本目一卷
　　(明)何楷撰
　　　閩竹居叢書
詩問略一卷
　　(明)陳子龍撰
　　　學海類編(道光本、景道光本)·經翼
　　　叢書集成初編·文學類
待軒詩記八卷
　　(明)張次仲撰
　　　四庫全書·經部詩類

清

詩觸六卷
　　(清)賀貽孫撰
　　　水田居全集
詩筏一卷
　　(清)賀貽孫撰

水田居全集

讀詩略記一卷
　　(清)朱朝瑛撰
　　　七經略記
讀詩略記六卷首一卷
　　　四庫全書·經部詩類
　　　四庫全書珍本初集·經部詩類
詩經通義十二卷首一卷
　　(清)朱鶴齡撰
　　　四庫全書·經部詩類
　　　碧琳琅館叢書甲部
　　　芋園叢書·經部
田間詩學十二卷
　　(清)錢澄之撰
　　　四庫全書·經部詩類
田間詩學五卷
　　　桐城錢飲光先生全書
風雅倫音二卷
　　(清)謝文洊撰
　　　謝程山全集
詩經稗疏四卷
　　(清)王夫之撰
　　　四庫全書·經部詩類
　　　船山遺書(道光本、同治本、民國本)
　　　皇清經解續編(南菁書院本、蜚英館石
　　　　印本)
詩廣傳五卷
　　(清)王夫之撰
　　　船山遺書(道光本、同治本、民國本)
詩辯坻四卷
　　(清)毛先舒撰
　　　思古堂十四種書
詩經疏略八卷
　　(清)張沐撰
　　　五經四書疏略
毛詩寫官記四卷
　　(清)毛奇齡撰
　　　西河合集(康熙本、乾隆修補本)·經
　　　　集
　　　四庫全書·經部詩類
詩札二卷
　　(清)毛奇齡撰
　　　西河合集(康熙本、乾隆修補本)·經
　　　　集
　　　四庫全書·經部詩類
詩傳詩說駁義五卷
　　(清)毛奇齡撰
　　　西河合集(康熙本、乾隆修補本)·經

　　　　集
　　　　　　四庫全書・經部詩類
　白鷺洲主客說詩一卷
　　　　（清）毛奇齡撰
　　　　　　西河合集（康熙本、乾隆修補本）・經
　　　　　　集
　　　　　　龍威祕書八集
　　　　　　皇清經解續編（南菁書院本、蜚英館石
　　　　　　印本）
　　　　　　叢書集成初編・文學類
　詩問一卷
　　　　（清）汪琬撰
　　　　　　賜研堂叢書新編甲集
　　　　　　後知不足齋叢書第五函
　毛朱詩說一卷
　　　　（清）閻若璩撰
　　　　　　昭代叢書（康熙本）乙集第一帙
　　　　　　昭代叢書（道光本）乙集第一帙
　　　　　　楚州叢書第一集
　詩經詳說九十四卷
　　　　（清）冉覲祖撰
　　　　　　五經詳說
　毛詩日箋一卷
　　　　（清）秦松齡撰
　　　　　　昭代叢書（道光本）癸集萃編
　毛詩日箋六卷
　　　　　　常州先哲遺書後編・經類
　榕村詩所八卷
　　　　（清）李光地撰
　　　　　　李文貞公全集
　詩所八卷
　　　　　　四庫全書・經部詩類
　　　　　　榕村全書
　毛詩稽古編三十卷
　　　　（清）陳啓源撰
　　　　　　四庫全書・經部詩類
　　　　　　皇清經解（道光本、咸豐補刊本、鴻寶
　　　　　　齋石印本、點石齋石印本）
　欽定詩經傳說彙纂二十一卷首二卷詩序
　　二卷
　　　　（清）王鴻緒等撰
　　　　　　御纂七經（內府本、浙江書局本、江西
　　　　　　書局本、戶部本、崇文書局本、江南
　　　　　　書局本、鴻文書局石印本）
　　　　　　四庫全書・經部詩類
　　　　　　摛藻堂四庫全書薈要・經部
　詩說三卷
　　　　（清）惠周惕撰

　　　　　　四庫全書・經部詩類
　　　　　　借月山房彙鈔（嘉慶本、景嘉慶本）第
　　　　　　一集
　　　　　　指海（道光本、景道光本）第四集
　　　　　　澤古齋重鈔第一集
　　　　　　式古居彙鈔
　　　　　　叢書集成初編・文學類
　詩說三卷附錄一卷
　　　　　　皇清經解（道光本、咸豐補刊本、鴻寶
　　　　　　齋石印本、點石齋石印本）
　　　　　　璜川吳氏經學叢書
　詩說一卷
　　　　　　昭代叢書（道光本）庚集埤編
　詩經論旨一卷
　　　　（清）姚際恆撰
　　　　　　私立北泉圖書館叢書
　讀詩質疑三十一卷附錄十五卷
　　　　（清）嚴虞惇撰
　　　　　　四庫全書・經部詩類
　詩經傳註八卷
　　　　（清）李塨撰
　　　　　　顏李叢書
　詩經劄記一卷
　　　　（清）楊名時撰
　　　　　　四庫全書・經部詩類
　　　　　　楊氏全書
　陸堂詩學十二卷
　　　　（清）陸奎勳撰
　　　　　　陸堂經學叢書
　詩說一卷
　　　　（清）陶正靖撰
　　　　　　借月山房彙鈔（嘉慶本、景嘉慶本）第
　　　　　　一集
　　　　　　指海（道光本、景道光本）第一集
　　　　　　澤古齋重鈔第一集
　　　　　　式古居彙鈔
　　　　　　叢書集成初編・文學類
　學詩闕疑二卷
　　　　（清）劉青芝撰
　　　　　　劉氏傳家集
　　　　　　嘯園叢書第一函
　毛詩類釋二十一卷續編三卷
　　　　（清）顧棟高撰
　　　　　　四庫全書・經部詩類
　　　　　　四庫全書珍本初集・經部詩類
　毛詩說二卷
　　　　（清）諸錦撰
　　　　　　絳跗閣經說三種

詩經旁參二卷
　　(清)應麟撰
　　　屏山草堂稿
詩經詮義十二卷首一卷末二卷
　　(清)汪紱撰
　　　汪雙池先生叢書
讀詩遵朱近思錄二卷
　　(清)宋在詩撰
　　　埜柏先生類稿
毛詩古義一卷
　　(清)惠棟撰
　　　昭代叢書(道光本)甲集補
詩經備旨八卷
　　(清)鄒聖脈纂輯
　　　五經備旨
毛詩札記二卷
　　(清)范爾梅撰
　　　讀書小記
詩志八卷
　　(清)牛運震撰
　　　空山堂全集
詩經旁訓四卷
　　(清)徐立綱撰
　　　五經旁訓(匠門書屋本、吳郡張氏本)
詩經旁訓增訂精義四卷
　　(清)徐立綱撰　　(清)竺靜甫(清)竺子壽增
　　訂　精義(清)黃淦撰
　　　五經旁訓增訂精義
張氏詩說一卷
　　(清)張汝霖撰
　　　豫章叢書(陶福履輯)第二集
　　　叢書集成初編・文學類
治齋讀詩蒙說一卷
　　(清)顧成志撰
　　　昭代叢書(道光本)己集廣編
毛詩說四卷
　　(清)莊存與撰
　　　味經齋遺書(道光本、光緒本)
虞東學詩十二卷
　　(清)顧鎮撰
　　　四庫全書・經部詩類
欽定詩義折中二十卷
　　(清)傅恆等撰
　　　四庫全書・經部詩類
　御纂詩義折中二十卷
　　　摛藻堂四庫全書薈要・經部
毛鄭詩考正四卷首一卷

　　(清)戴震撰
　　　微波榭叢書・戴氏遺書
　　　安徽叢書第六期・戴東原先生全集
毛鄭詩考正四卷
　　　指海(道光本、景道光本)第十九集
　　　皇清經解(道光本、咸豐補刊本、鴻寶
　　　　齋石印本、點石齋石印本)
毛鄭詩考正一卷
　　　昭代叢書(道光本)壬集補編
杲溪詩經補注二卷
　　(清)戴震撰
　　　微波榭叢書・戴氏遺書
　　　藝海珠塵癸集
　　　皇清經解(道光本、咸豐補刊本、鴻寶
　　　　齋石印本、點石齋石印本)
　　　安徽叢書第六期・戴東原先生全集
毛詩偶記三卷
　　(清)汪德鉞撰
　　　七經偶記
詩疑辨證六卷
　　(清)黃中松撰
　　　四庫全書・經部詩類
　　　四庫全書珍本初集・經部詩類
詩瀋二十卷
　　(清)范家相撰
　　　四庫全書・經部詩類
　　　范氏三種
詩細十二卷
　　(清)趙佑撰
　　　清獻堂全編
詩附記四卷
　　(清)翁方綱撰
　　　畿輔叢書
　　　叢書集成初編・文學類
讀詩經四卷
　　(清)趙良㵿撰
　　　涇川叢書(道光本、景道光本)續
　　　叢書集成初編・文學類
毛詩故訓傳定本三十卷
　　(清)段玉裁撰
　　　經韻樓叢書
　毛詩故訓傳三十卷
　　　皇清經解(道光本、咸豐補刊本、鴻寶
　　　　齋石印本、點石齋石印本)
詩深二十六卷首二卷
　　(清)許伯政撰
　　　碧琳琅館叢書甲部
　　　芋園叢書・經部

詩說活參二卷
　　（清）李灝撰
　　　　李氏經學四種
詩經札記二卷
　　（清）朱亦棟撰
　　　　十三經札記
毛詩異義四卷
　　（清）汪龍撰
　　　　安徽叢書第一期
讀詩或問一卷
　　（清）戚學標撰
　　　　戚鶴泉所著書
畏齋詩經客難二卷
　　（清）龔元玠撰
　　　　十三經客難
詩經精義四卷首一卷末一卷
　　（清）黃淦撰
　　　　七經精義
詩說二卷
　　（清）郝懿行撰
　　　　郝氏遺書
詩問七卷
　　（清）郝懿行撰
　　　　郝氏遺書
毛詩補疏五卷
　　（清）焦循撰
　　　　焦氏叢書（嘉慶道光本、光緒本）・六
　　　　　經補疏
　　　　皇清經解（道光本、咸豐補刊本、鴻寶
　　　　　齋石印本、點石齋石印本）
詩傳題辭故四卷補一卷
　　（清）張澍撰
　　　　小窗遺稿
毛詩馬王徵四卷
　　（清）臧庸撰
　　　　問經堂叢書
詩經恆解六卷
　　（清）劉沅撰
　　　　槐軒全書
毛詩紬義二十四卷
　　（清）李黼平撰
　　　　李繡子全書
　　　　皇清經解（道光本、咸豐補刊本、鴻寶
　　　　　齋石印本、點石齋石印本）
荀子詩說箋一卷
　　（清）黃朝槐撰
　　　　西園讀書記
詩經衷要十二卷

　　（清）李式穀輯
　　　　五經衷要
毛詩後箋三十卷
　　（清）胡承珙撰　（青）陳奐補
　　　　求是堂全集
　　　　廣雅書局叢書・經類
　　　　皇清經解續編（南菁書院本、蜚英館石
　　　　　印本）
毛詩通考三十卷
　　（清）林伯桐撰
　　　　嶺南遺書第六集
　　　　脩本堂叢書
　　　　叢書集成初編・文學類
毛詩識小三十卷
　　（清）林伯桐撰
　　　　嶺南遺書第六集
　　　　脩本堂叢書
　　　　叢書集成初編・文學類
詩問六卷
　　（清）牟應震撰
　　　　毛詩質疑
誦詩小識三卷
　　（清）趙容撰
　　　　雲南叢書初編・經部
毛詩傳箋通釋三十二卷
　　（清）馬瑞辰撰
　　　　廣雅書局叢書・經類
　　　　皇清經解續編（南菁書院本、蜚英館石
　　　　　印本）
　　　　四部備要（排印本、縮印本）・經部・
　　　　　清十三經注疏
詩毛氏傳疏三十卷
　　（清）陳奐撰
　　　　陳氏毛詩五種
　　　　皇清經解續編（南菁書院本、蜚英館石
　　　　　印本）
毛詩說一卷
　　（清）陳奐撰
　　　　陳氏毛詩五種
　　　　皇清經解續編（南菁書院本、蜚英館石
　　　　　印本）
鄭氏箋攷徵一卷
　　（清）陳奐撰
　　　　陳氏毛詩五種
　　　　皇清經解續編（南菁書院本、蜚英館石
　　　　　印本）
詩誦五卷
　　（清）陳僅撰

四明叢書第一集
讀詩劄記八卷
　　(清)夏炘撰
　　　景紫堂全書第三冊
詩章句攷一卷
　　(清)夏炘撰
　　　景紫堂全書第三冊·讀詩劄記附
釋詩一卷
　　(清)何志高撰
　　　西夏經義(道光本、光緒本)
毛鄭詩釋三卷續錄一卷
　　(清)丁晏撰
　　　頤志齋叢書
　　　六藝堂詩禮七編
詩繹二卷
　　(清)廖翱撰
　　　榕園叢書甲集
求志居詩經說六卷
　　(清)陳世鎔撰
　　　求志居全集
讀詩經筆記一卷
　　(清)方潛撰
　　　毋不敬齋全書
毛詩鄭箋改字說四卷
　　(清)陳喬樅撰
　　　左海續集
　　　皇清經解續編(南菁書院本、蜚英館石
　　　　印本)
學詩詳說三十卷
　　(清)顧廣譽撰
　　　平湖顧氏遺書
學詩正詁五卷
　　(清)顧廣譽撰
　　　平湖顧氏遺書
詩說匯訂一卷
　　(清)徐經撰
　　　雅歌堂全集·雅歌堂外集
詩經口義二卷
　　(清)劉存仁撰
　　　屺雲樓集
陳東塾先生讀詩日錄一卷
　　(清)陳澧撰
　　　古學彙刊第二集·經學類
　　　十三經讀本(唐文治輯)
詩經原始十八卷首二卷
　　(清)方玉潤撰
　　　雲南叢書初編·經部
讀詩劄記一卷

(清)朱景昭撰
　　　無夢軒遺書
山中學詩記五卷
　　(清)徐時棟撰
　　　煙嶼樓集
詩本誼一卷
　　(清)龔橙撰
　　　半厂叢書初編
毛詩多識十二卷
　　(清)多隆阿撰
　　　遼海叢書第十集
詩經解不分卷
　　(清)丁壽昌撰
　　　丁氏遺稿六種
詩傳補義三卷
　　(清)方宗誠撰
　　　柏堂遺書·柏堂經說
說詩章義三卷
　　(清)方宗誠撰
　　　柏堂遺書·柏堂讀書筆記
詩毛鄭異同辨二卷
　　(清)曾釗撰
　　　面城樓叢刊
毛詩平議四卷
　　(清)俞樾撰
　　　皇清經解續編(南菁書院本、蜚英館石
　　　　印本)·羣經平議
　　　春在堂全書·羣經平議
達齋詩說一卷
　　(清)俞樾撰
　　　春在堂全書·曲園雜纂
荀子詩說一卷
　　(清)俞樾撰
　　　春在堂全書·曲園雜纂
毛詩集解訓蒙一卷
　　(清)鄭曉如撰
　　　鄭氏四種
詩管見七卷首一卷
　　(清)尹繼美撰
　　　鼎吉堂全集
詩經思無邪序傳四卷
　　(清)姜國伊撰
　　　守中正齋叢書
詩經精華十一卷
　　(清)薛嘉穎輯
　　　四經精華
毛詩約注十八卷
　　(清)劉曾騄撰

祥符劉氏叢書·五經約注

讀毛詩日記一卷
　　（清）郟鼎元撰
　　　學古堂日記

讀毛詩日記一卷
　　（清）申濩元撰
　　　學古堂日記

讀毛詩日記一卷
　　（清）徐鴻鈞撰
　　　學古堂日記

讀毛詩日記一卷
　　（清）楊賡元撰
　　　學古堂日記

讀毛詩日記一卷
　　（清）鳳恭寶撰
　　　學古堂日記

讀毛詩日記一卷
　　（清）陸炳章撰
　　　學古堂日記

讀毛詩日記一卷
　　（清）夏辛銘撰
　　　學古堂日記

讀詩瑣言一卷
　　（清）虞景璜撰
　　　澹園雜著

民　國

詩經補箋二十卷
　　（民國）王闓運撰
　　　湘綺樓全書

詩攷補訂五卷
　　（民國）楊晨撰
　　　崇雅堂叢書

四益詩說一卷
　　（民國）廖平撰
　　　新訂六譯館叢書·詩經類

今文詩古義證疏凡例一卷
　　（民國）廖平撰
　　　新訂六譯館叢書·詩經類

詩經說例一卷
　　（民國）宋育仁撰
　　　問琴閣叢書

毛鄭詩斠議一卷
　　（民國）羅振玉撰
　　　晨風閣叢書第一集

詩義折中四卷附詩經音註一卷
　　（民國）周學熙輯
　　　周氏師古堂所編書·經傳簡本

毛詩札記一卷
　　（民國）劉師培撰
　　　劉申叔先生遺書

說詩求己五卷
　　（民國）王守恂撰
　　　王仁安集附

讀毛詩日記一卷
　　（民國）錢人龍撰
　　　學古堂日記

讀毛詩日記一卷
　　（民國）張一鵬撰
　　　學古堂日記

詩經今古文篇旨異同一卷
　　（民國）徐昂撰
　　　徐氏全書

分篇之屬

毛詩十五國風義一卷
　　梁簡文帝撰　（清）馬國翰輯
　　　玉函山房輯佚書（嬛嬛館本、重印本、
　　　楚南書局本）·經編詩類

毛詩國風定本一卷
　　（唐）顏師古撰　（清）□□輯
　　　鶴壽堂叢書

國風省篇一卷
　　（清）毛奇齡撰
　　　西河合集（康熙本、乾隆修補本）·經
　　　集

國風錄一卷
　　（清）盛大謨撰
　　　盛于埜遺著

讀風偶識四卷
　　（清）崔述撰
　　　崔東壁遺書（道光本、景道光本、亞東
　　　圖書館排印本）
　　　畿輔叢書·崔東壁遺書
　　　叢書集成初編·文學類

邶風說二卷
　　（清）龔景瀚撰
　　　澹靜齋全集

鄭風考辨一卷
　　（清）章謙存撰
　　　強恕齋四賸稿·經賸

齊風說一卷
　　（民國）李坤撰
　　　雲南叢書初編·經部

七月漫錄二卷

（清）郭柏蒼撰

郭氏叢刻

唱經堂釋小雅一卷

（清）金人瑞撰

風雨樓叢書·貫華堂才子書彙稿·聖嘆外書

釋小雅一卷

唱經堂才子書·聖嘆外書

中國文學珍本叢書第一輯·唱經堂才子書彙稿十一種

變雅斷章衍義一卷

（清）郭柏蔭撰

侯官郭氏家集彙刊

毛詩周頌口義三卷

（清）莊述祖撰

珍埶宦遺書

皇清經解續編（南菁書院本、蜚英館石印本）

專著之屬

毛詩禮徵十卷

（清）包世榮撰

木犀軒叢書

鄭氏詩箋禮注異義攷一卷

（清）桂文燦撰

南海桂氏經學

詩樂存亡譜一卷

（清）夏炘撰

景紫堂全書第三冊·讀詩劄記附

毛詩古樂音四卷

（清）張玉綸撰

遼海叢書第十集

毛詩名物解二十卷

（宋）蔡卞撰

通志堂經解（康熙本、同治本）·詩

四庫全書·經部詩類

詩集傳名物鈔八卷

（元）許謙撰

通志堂經解（康熙本、同治本）·詩

四庫全書·經部詩類

金華叢書（同治光緒本、民國補刊本）·經部

叢書集成初編·文學類

毛詩名物鈔八卷

摛藻堂四庫全書薈要·經部

六家詩名物疏五十四卷

（明）馮應京撰

四庫全書·經部詩類

詩識名解十五卷

（清）姚炳撰

四庫全書·經部詩類

詩傳名物集覽十二卷

（清）陳大章撰

四庫全書·經部詩類

湖北叢書

叢書集成初編·自然科學類

毛詩物名考七卷

（清）牟應震撰

毛詩質疑

詩名物證古一卷

（清）俞樾撰

皇清經解續編（南菁書院本、蜚英館石印本）

春在堂全書·俞樓雜纂

毛詩天文考一卷

（清）洪亮吉撰

廣雅書局叢書·經類

詩地理攷六卷

（宋）王應麟撰

玉海（元刊明修清康熙補刊本、浙江書局本、成都志古堂本）附刻

格致叢書

津逮祕書（汲古閣本、景汲古閣本）第一集

四庫全書·經部詩類

摛藻堂四庫全書薈要·經部

學津討原（嘉慶本、景嘉慶本）第二集

叢書集成初編·史地類

新刻詩地理考六卷

古名儒毛詩解十六種

詩地理徵七卷

（清）朱右曾撰

皇清經解續編（南菁書院本、蜚英館石印本）

詩地理攷略二卷圖一卷

（清）尹繼美撰

鼎吉堂全集

詩氏族考六卷

（清）李超孫撰

別下齋叢書（道光本、商務印書館景道光本、竹簡齋景道光本）

翠琅玕館叢書（馮兆年輯）第四集

翠琅玕館叢書（黃任恆輯）·經部

芋園叢書·經部

叢書集成初編·史地類

毛詩草木鳥獸蟲魚疏二卷
　　（吳）陸璣撰
　　　　續百川學海甲集
　　　　唐宋叢書・經翼
　　　　說郛（宛委山堂本）弓四
　　　　四庫全書・經部詩類
　　　　增訂漢魏叢書（乾隆本、紅杏山房本、
　　　　　三餘堂本、大通書局石印本）・經翼
　　　　叢書集成初編・自然科學類
　　草木蟲魚疏二卷
　　　　鹽邑志林
　　　　景印元明善本叢書十種・鹽邑志林
　　草木鳥獸蟲魚疏二卷
　　　　寶顏堂祕笈（萬曆本、民國石印本）普
　　　　　集
毛詩草木鳥獸蟲魚疏二卷
　　（吳）陸璣撰　（清）丁晏校
　　　　頤志齋叢書
　　　　古經解彙函（粵東書局本、蜚英館石印
　　　　　本、湘南書局本）
　　草木疏二卷
　　　　（吳）陸璣撰　（清）趙佑校正
　　　　清獻堂全編
　　毛詩草木鳥獸蟲魚疏二卷
　　　　聚學軒叢書第一集
毛詩草木鳥獸蟲魚疏二卷
　　（吳）陸璣撰　（民國）羅振玉校
　　　　晨風閣叢書第一集
毛詩草木鳥獸蟲魚疏廣要四卷
　　（明）毛晉撰
　　　　津逮祕書（汲古閣本、景汲古閣本）第
　　　　　一集
　　毛詩陸疏廣要二卷
　　　　四庫全書・經部詩類
　　詩疏廣要二卷
　　　　摛藻堂四庫全書薈要・經部
毛詩草木鳥獸蟲魚疏廣要二卷
　　　　學津討原（嘉慶本、景嘉慶本）第二集
　　　　叢書集成初編・自然科學類
陸氏草木鳥獸蟲魚疏疏二卷
　　（清）焦循撰
　　　　南菁書院叢書第七集
毛詩草蟲經一卷
　　（清）馬國翰輯
　　　　玉函山房輯佚書（嫏嬛館本、重印本、
　　　　　楚南書局本）・經編詩類
三百篇鳥獸草木記一卷
　　（清）徐士俊撰

　　　　檀几叢書第一帙
　　　　閟竹居叢書
續詩傳鳥名三卷
　　（清）毛奇齡撰
　　　　西河合集（康熙本、乾隆修補本）・經
　　　　　集
　　　　四庫全書・經部詩類
　　　　龍威祕書八集
　　　　皇清經解續編（南菁書院本、蜚英館石
　　　　　印本）
毛詩九穀考一卷
　　（清）陳奐撰
　　　　古學彙刊第一集・經學類
毛詩草名今釋一卷
　　（民國）李遵義撰
　　　　樵隱集
毛詩魚名今考一卷附嘉魚考
　　（民國）李遵義撰
　　　　樵隱集

文字音義之屬

毛詩拾遺一卷
　　（晉）郭璞撰　（清）馬國翰輯
　　　　玉函山房輯佚書（嫏嬛館本、重印本、
　　　　　楚南書局本）・經編詩類
毛詩音殘三卷（存卷十六至十八）
　　（晉）徐邈撰
　　　　敦煌祕籍留眞新編下卷
毛詩徐氏音一卷
　　（晉）徐邈撰　（清）馬國翰輯
　　　　玉函山房輯佚書（嫏嬛館本、重印本、
　　　　　楚南書局本）・經編詩類
毛詩箋音義證一卷
　　（後魏）劉芳撰　（清）王謨輯
　　　　漢魏遺書鈔・經翼第一冊
毛詩箋音義證一卷
　　（後魏）劉芳撰　（清）馬國翰輯
　　　　玉函山房輯佚書（嫏嬛館本、重印本、
　　　　　楚南書局本）・經編詩類
詩經協韻考異一卷
　　（宋）輔廣撰
　　　　學海類編（道光本、景道光本）・經翼
　　　　遜敏堂叢書
　　　　叢書集成初編・語文學類
詩音辯略二卷
　　（明）楊貞一撰
　　　　函海（乾隆本、道光本）第十九函

函海(光緒本)第十三函

詩經叶韻辨一卷
　(清)王夫之撰
　　船山遺書(同治本、民國本)

詩經攷異一卷
　(清)王夫之撰
　　船山遺書(道光本、同治本、民國本)

審定風雅遺音二卷
　(清)史榮撰　(清)紀昀審定
　　畿輔叢書
　　四明叢書第四集
　　叢書集成初編・語文學類

童山詩音說四卷
　(清)李調元撰
　　函海(光緒本)第二十四函

詩經小學四卷
　(清)段玉裁撰
　　皇清經解(道光本、咸豐補刊本、鴻寶
　　　齋石印本、點石齋石印本)
　　拜經堂叢書(同述觀本、景同述觀本)

毛詩考證四卷
　(清)莊述祖撰
　　珍埶宧遺書
　　皇清經解續編(南菁書院本、蜚英館石
　　　印本)

釋毛詩音四卷
　(清)陳奐撰
　　陳氏毛詩五種
　　皇清經解續編(南菁書院本、蜚英館石
　　　印本)

毛詩傳義類一卷
　(清)陳奐撰
　　陳氏毛詩五種
　　皇清經解續編(南菁書院本、蜚英館石
　　　印本)

詩經異文四卷
　(清)蔣曰豫撰
　　蔣侑石遺書・滂喜齋學錄

毛詩異文箋十卷
　(清)陳玉澍(玉樹)撰
　　南菁書院叢書第五集

詩經音訓不分卷
　(清)楊國楨撰
　　十一經音訓(道光本、光緒本)

毛詩昀訂十卷
　(清)苗夔撰
　　苗氏說文四種

詩經叶音辨訛八卷

(清)劉維謙撰
　　藏修堂叢書第一集
　　芋園叢書・經部

毛詩詞例舉要一卷(詳本)
　(民國)劉師培撰
　　劉申叔先生遺書

毛詩詞例舉要一卷(略本)
　(民國)劉師培撰
　　劉申叔先生遺書

詩經形釋四卷
　(民國)徐昂撰
　　徐氏全書

詩序之屬

小序一卷
　(周)卜商撰
　　古名儒毛詩解十六種

詩小序一卷
　　唐宋叢書・經翼
　　說郛(宛委山堂本)弓一

詩序二卷
　　四庫全書・經部詩類

詩序一卷
　(清)任兆麟選輯
　　述記(乾隆本、嘉慶本)

毛詩序義一卷
　(劉宋)周續之撰　(清)王謨輯
　　漢魏遺書鈔・經翼第一冊

毛詩序義疏一卷
　(南齊)劉巘等撰　(清)馬國翰輯
　　玉函山房輯佚書(嫏嬛館本、重印本、
　　　楚南書局本)・經編詩類

詩序辨說一卷
　(宋)朱熹撰
　　津逮祕書(汲古閣本、景汲古閣本)第
　　　一集
　　西京清麓叢書正編・朱子遺書重刻合
　　　編
　　五經補綱

詩序辨一卷
　　朱子遺書

詩序一卷
　(宋)朱熹辨說
　　學津討原(嘉慶本、景嘉慶本)第二集
　　叢書集成初編・文學類

毛詩說序六卷
　(明)呂柟撰

呂涇野五經說（嘉靖本、道光本）
惜陰軒叢書（道光本、光緒本）續編·
　　呂涇野經說
　　叢書集成初編·文學類

毛詩序說八卷

　　(明)郝敬撰
　　　山草堂集內編

詩序補義二十四卷

　　(清)姜炳璋撰
　　　四庫全書·經部詩類

詩序辨正八卷首一卷

　　(清)汪大任撰
　　　叢睦汪氏遺書

詩序議四卷

　　(清)呂調陽撰
　　　觀象廬叢書

詩經序傳擇參一卷

　　(清)方潛撰
　　　毋不敬齋全書

詩序辨一卷

　　(清)夏鼎武撰
　　　富陽夏氏叢刻

詩序韻語一卷

　　(清)楊恩壽撰
　　　坦園全集·坦園叢稿

詩傳孔氏傳（一名魯詩傳）一卷

　　(周)端木賜撰
　　　百陵學山
　　　廣漢魏叢書（萬曆本、嘉慶本）·經翼
　　　津逮祕書（汲古閣本、景汲古閣本）第
　　　　一集
　　　增訂漢魏叢書（乾隆本、紅杏山房本、
　　　　三餘堂本、大通書局石印本）·經翼
　　　叢書集成初編·文學類
　　　景印元明善本叢書十種·百陵學山

新刻詩傳一卷

　　　古名儒毛詩解十六種

詩傳一卷

　　　格致叢書
　　　說郛（宛委山堂本）弓一

詩譜之屬

新刻詩譜一卷

　　(漢)鄭玄撰
　　　古名儒毛詩解十六種

詩譜一卷

　　　袖珍十三經註·毛詩註附

　　　安徽叢書第一期

鄭氏詩譜一卷

　　(漢)鄭玄撰　(清)王謨輯
　　　漢魏遺書鈔·經翼第一冊
　　　重訂漢唐地理書鈔（鈔本、嘉慶本）

詩譜三卷

　　(漢)鄭玄撰　(清)袁鈞輯
　　　鄭氏佚書（浙江書局本、觀稼樓本）

毛詩譜一卷

　　(漢)鄭玄撰　(清)孔廣林輯
　　　通德遺書所見錄

詩譜一卷

　　(漢)鄭玄撰　(清)李光廷輯
　　　反約篇
　　　榕園叢書甲集

毛詩譜一卷

　　(漢)鄭玄撰　(清)黃奭輯
　　　漢學堂叢書·高密遺書
　　　黃氏逸書考（民國修補本、民國補刊
　　　　本）·通德堂經解

毛詩譜一卷

　　(漢)鄭玄撰　(清)胡元儀輯
　　　皇清經解續編（南菁書院本、蜚英館石
　　　　印本）

毛詩譜注一卷

　　(吳)徐整撰　(清)王謨輯
　　　漢魏遺書鈔·經翼第一冊

毛詩譜暢一卷

　　(吳)徐整撰　(清)馬國翰輯
　　　玉函山房輯佚書（娜嬛館本、重印本、
　　　　楚南書局本）·經編詩類

許氏詩譜鈔一卷

　　(元)許衡撰　(清)吳騫校
　　　拜經樓叢書（乾隆嘉慶本、景乾隆嘉慶
　　　　本）

詩譜補亡後訂一卷拾遺一卷

　　(清)吳騫撰
　　　拜經樓叢書（乾隆嘉慶本、景乾隆嘉慶
　　　　本）
　　　重刊拜經樓叢書七種
　　　重校拜經樓叢書七種
　　　清芬堂叢書·經部

鄭氏詩譜攷正一卷

　　(清)丁晏撰
　　　頤志齋叢書
　　　六藝堂詩禮七編
　　　邵武徐氏叢書初刻
　　　花雨樓叢鈔

詩譜攷正一卷
　　　皇清經解續編（南菁書院本、蜚英館石
　　　　印本）
毛詩鄭譜疏證一卷
　　（清）馬徵慶撰
　　　馬鍾山遺書
四詩世次通譜一卷
　　（清）馬徵慶撰
　　　馬鍾山遺書

逸詩之屬

逸詩一卷
　　（明）胡文煥輯
　　　叢古介書前集
新刻逸詩一卷
　　（明）鍾惺輯
　　　古名儒毛詩解十六種・新刻讀詩錄附
古逸詩載一卷
　　（明）麻三衡輯
　　　閩竹居叢書
詩經拾遺一卷
　　（清）郝懿行輯
　　　郝氏遺書
逸詩徵三卷
　　（清）孫國仁撰
　　　砭愚堂叢書

三家詩之屬

詩說一卷
　　（漢）申培撰
　　　百陵學山
　　　漢魏叢書（萬曆本、景萬曆本）・經籍
　　　廣漢魏叢書（萬曆本、嘉慶本）・經翼
　　　格致叢書
　　　津逮祕書（汲古閣本、景汲古閣本）第
　　　　一集
　　　唐宋叢書・經翼
　　　說郛（宛委山堂本）弓一
　　　增訂漢魏叢書（乾隆本、紅杏山房本、
　　　　三餘堂本、大通書局石印本）・經翼
　　　叢書集成初編・文學類
　　　景印元明善本叢書十種・百陵學山
新刻詩說一卷
　　　古名儒毛詩解十六種
魯詩傳一卷
　　（漢）申培撰　（清）王謨輯

漢魏遺書鈔・經翼第一冊
魯詩故三卷
　　（漢）申培撰　（清）馬國翰輯
　　　玉函山房輯佚書（嫏嬛館本、重印本、
　　　　楚南書局本）・經編詩類
魯詩傳一卷
　　（漢）申培撰　（清）黃奭輯
　　　漢學堂叢書・經解詩類
　　　黃氏逸書考（民國修補本、民國補刊
　　　　本）・漢學堂經解
魯詩韋氏說一卷
　　（漢）韋玄成撰　（清）王仁俊輯
　　　玉函山房輯佚書續編・經編詩類
魯詩韋氏義一卷
　　　十三經漢注
魯詩遺說攷二十卷
　　（清）陳壽祺撰　（清）陳喬樅述
　　　皇清經解續編（南菁書院本、蜚英館石
　　　　印本）・三家詩遺說攷
魯詩遺說攷六卷敍錄一卷
　　（清）陳壽祺撰　（清）陳喬樅述並撰敍錄
　　　左海續集・三家詩遺說攷
齊詩傳二卷
　　（漢）后蒼撰　（清）馬國翰輯
　　　玉函山房輯佚書（嫏嬛館本、重印本、
　　　　楚南書局本）・經編詩類
齊詩傳一卷
　　（漢）轅固撰　（清）黃奭輯
　　　漢學堂叢書・經解詩類
　　　黃氏逸書考（民國修補本、民國補刊
　　　　本）・漢學堂經解
齊詩翼氏學四卷
　　（清）迮鶴壽撰
　　　皇清經解續編（南菁書院本、蜚英館石
　　　　印本）
齊詩翼氏學疏證二卷
　　（清）陳喬樅撰
　　　左海續集
　　　皇清經解續編（南菁書院本、蜚英館石
　　　　印本）
齊詩遺說攷十二卷
　　（清）陳壽祺撰　（清）陳喬樅述
　　　皇清經解續編（南菁書院本、蜚英館石
　　　　印本）・三家詩遺說攷
齊詩遺說攷四卷敍錄一卷
　　（清）陳壽祺撰　（清）陳喬樅述併撰敍錄
　　　左海續集・三家詩遺說攷
齊詩鈐一卷

（民國）邵瑞彭撰
　　邵次公遺著

韓詩故二卷
　　（漢）韓嬰撰　（清）馬國翰輯
　　玉函山房輯佚書（嫏嬛館本、重印本、
　　　楚南書局本）・經編詩類

韓詩一卷
　　（漢）韓嬰撰　（民國）龍璋輯
　　小學蒐佚下編補

韓詩內傳一卷
　　（漢）韓嬰撰　（清）王謨輯
　　漢魏遺書鈔・經翼第一冊

韓詩內傳一卷
　　（漢）韓嬰撰　（清）馬國翰輯
　　玉函山房輯佚書（嫏嬛館本、重印本、
　　　楚南書局本）・經編詩類

韓詩內傳一卷
　　（漢）韓嬰撰　（清）黃奭輯
　　黃氏逸書考（民國修補本、民國補刊
　　　本）・漢學堂經解

韓詩內傳徵四卷敍錄二卷補遺一卷疑義
　一卷
　　（清）宋綿初撰
　　積學齋叢書

韓詩外傳十卷
　　（漢）韓嬰撰
　　漢魏叢書（萬曆本、景萬曆本）・經籍
　　廣漢魏叢書（萬曆本、嘉慶本）・經翼
　　祕書九種
　　格致叢書
　　快閣藏書
　　四庫全書・經部詩類
　　增訂漢魏叢書（乾隆本、紅杏山房本、
　　　三餘堂本、大通書局石印本）・經翼
　　學津討原（嘉慶本、景嘉慶本）第二集
　　古經解彙函（粵東書局本、蜚英館石印
　　　本、湘南書局本）
　　崇文書局彙刻書

新刻韓詩外傳十卷
　　古名儒毛詩解十六種

詩外傳十卷
　　津逮祕書（汲古閣本、景汲古閣本）第
　　　一集
　　四部叢刊（初次印本、二次印本、縮印
　　　二次印本）・經部

韓詩外傳一卷
　　增定漢魏六朝別解・經部

韓詩外傳

說郛（商務印書館本）卷七・諸傳摘玄
說郛（商務印書館本）卷八十

韓詩外傳十卷補逸一卷
　　（漢）韓嬰撰　（清）趙懷玉校併輯補逸
　　龍谿精舍叢書・經部

韓詩外傳三卷
　　（漢）韓嬰撰　（清）任兆麟選輯
　　述記（乾隆本、嘉慶本）

韓詩外傳佚文一卷
　　（漢）韓嬰撰　（清）王仁俊輯
　　經籍佚文

韓詩外傳纂要一卷
　　（明）史起欽輯
　　史進士新鐫諸子纂要

封龍子
　　（漢）韓嬰撰　（明）歸有光輯評
　　諸子彙函

韓詩外傳疏證十卷
　　（清）陳士珂撰
　　文淵樓叢書

讀韓詩外傳一卷
　　（清）俞樾撰
　　春在堂全書・曲園雜纂

韓詩外傳平議補錄
　　（清）俞樾撰
　　諸子平議補錄（李念劬堂本、中華書局
　　　排印本）

韓詩外傳校注十卷附校注拾遺一卷
　　（清）周廷寀撰　校注拾遺（清）周宗杭輯
　　安徽叢書第一期

韓詩外傳校注十卷補逸一卷附校注拾遺
　一卷
　　（清）周廷寀撰　補逸（清）趙懷玉輯　校注
　　　拾遺（清）周宗杭輯
　　畿輔叢書
　　叢書集成初編・哲學類

韓詩說一卷
　　（漢）韓嬰撰　（清）馬國翰輯
　　玉函山房輯佚書（嫏嬛館本、重印本、
　　　楚南書局本）・經編詩類

薛君韓詩章句二卷
　　（漢）薛漢撰　（清）馬國翰輯
　　玉函山房輯佚書（嫏嬛館本、重印本、
　　　楚南書局本）・經編詩類

韓詩翼要一卷
　　（漢）侯苞撰　（清）王謨輯
　　漢魏遺書鈔・經翼第一冊

韓詩翼要一卷

摘句之屬

古詩獵雋一卷
　　(明)莊元臣輯
　　莊忠甫雜著

周　禮　類

正文之屬

周禮不分卷
　　　九經正文
　　　宋刊巾箱本八經
　　周禮六卷
　　　九經（求古齋本、觀成堂本、重刊求古
　　　齋本）
　　周禮
　　　十三經‧經文
周禮七卷
　　(明)陳鳳梧篆書
　　篆文六經
周禮
　　　篆文六經四書（康熙本、同文書局景康
　　　熙本、千頃堂書局景康熙本）

傳說之屬

漢

周禮鄭大夫解詁一卷
　　(漢)鄭興撰　　(清)馬國翰輯
　　　玉函山房輯佚書（嫏嬛館本、重印本、
　　　楚南書局本）‧經編周官禮類
周禮鄭司農解詁六卷
　　(漢)鄭衆撰　　(清)馬國翰輯
　　　玉函山房輯佚書（嫏嬛館本、重印本、
　　　楚南書局本）‧經編周官禮類
周禮杜氏注二卷
　　(漢)杜子春撰　　(清)馬國翰輯
　　　玉函山房輯佚書（嫏嬛館本、重印本、
　　　楚南書局本）‧經編周官禮類
周禮賈氏解詁一卷
　　(漢)賈逵撰　　(清)馬國翰輯
　　　玉函山房輯佚書（嫏嬛館本、重印本、
　　　楚南書局本）‧經編周官禮類

周禮賈氏注一卷
　　(漢)賈逵撰　　(清)王仁俊輯
　　　玉函山房輯佚書續編‧經編周官禮類
周官傳一卷
　　(漢)馬融撰　　(清)王謨輯
　　　漢魏遺書鈔‧經翼第二册
周官傳一卷
　　(漢)馬融撰　　(清)馬國翰輯
　　　玉函山房輯佚書（嫏嬛館本、重印本、
　　　楚南書局本）‧經編周官禮類
周官傳一卷
　　(漢)馬融撰　　(清)黃奭輯
　　　漢學堂叢書‧經解禮類
　　　黃氏逸書考（民國修補本、民國補刊
　　　本）‧漢學堂經解
周禮班氏義一卷
　　(漢)班固撰　　(清)王仁俊輯
　　　十三經漢注
周禮十二卷
　　(漢)鄭玄注
　　　三禮
周禮六卷首一卷
　　　袖珍十三經註
周禮四十二卷
　　(漢)鄭玄注　　(唐)陸德明音義
　　　十三經古注
　　　四部備要（排印本、縮印本）‧經部‧
　　　十三經古注
　　周禮六卷
　　　十三經讀本（金陵書局本）
　　周禮讀本六卷
　　　十三經讀本（書文治輯）
　　周禮十二卷
　　　四部叢刊（初次印本、二次印本、縮印
　　　二次印本）‧經部
周禮十二卷附札記一卷
　　(漢)鄭玄注　札記(清)黃丕烈撰
　　　士禮居黃氏叢書（黃氏本、蜚英館景黃
　　　氏本、石竹山房景黃氏本、博古齋景
　　　黃氏本）
　　　叢書集成初編‧社會科學類
周禮六卷附校刊記一卷
　　(漢)鄭玄注　　(唐)陸德明音義　校刊記
　　(清)丁寶楨等撰
　　　十三經讀本（丁寶楨等校）
周禮註疏四十二卷
　　(漢)鄭玄注　　(唐)陸德明音義　　(唐)賈公
　　彥疏

十三經註疏(福建本)

十三經注疏(北監本)

十三經註疏(汲古閣本)

四庫全書・經部禮類

摛藻堂四庫全書薈要・經部

周禮注疏四十二卷附考證

十三經注疏(武英殿本)

附釋音周禮注疏四十二卷附校勘記四十二卷

(漢)鄭玄注 (唐)陸德明音義 (唐)賈公彥疏 校勘記(清)阮元撰

重刊宋本十三經注疏(南昌府學本、廣東書局本、江西書局本、脈望仙館石印本、寶慶務本書局本、點石齋石印本、掃葉山房石印本、錦章圖書局石印本、世界書局石印本、中華書局排印本)

四部備要(排印本、縮印本)・經部・十三經注疏

周禮校勘記十二卷釋文校勘記二卷

(清)阮元撰

皇清經解(道光本、成豐補刊本、鴻寶齋石印本、點石齋石印本)・十三經注疏校勘記

周禮注疏校勘記十二卷釋文校勘記二卷

宋本十三經注疏併經典釋文校勘記

周禮注疏校勘記校字補一卷

(清)茆泮林撰

鶴壽堂叢書

周禮註疏刪翼三十卷

(明)王志長撰

四庫全書・經部禮類

周禮注疏小箋五卷

(清)曾釗撰

學海堂叢刻第二函

皇清經解續編(南菁書院本、蜚英館石印本)

晉

周官禮注一卷

(晉)干寶撰 (清)王謨輯

漢魏遺書鈔・經翼第二冊

周官禮干氏注一卷

(晉)干寶撰 (清)馬國翰輯

玉函山房輯佚書(嫏嬛館本、重印本、楚南書局本)・經編周官禮類

周官注一卷

(晉)干寶撰 (清)黃奭輯

漢學堂叢書・經解禮類

黃氏逸書考(民國修補本、民國補刊本)・漢學堂經解

周官禮異同評一卷

(晉)陳邵撰 (清)馬國翰輯

玉函山房輯佚書(嫏嬛館本、重刊本、楚南書局本)補遺・經編周官禮類

北 周

周官禮義疏一卷

(北周)沈重撰 (清)馬國翰輯

玉函山房輯佚書(嫏嬛館本、重印本、楚南書局本)・經編周官禮類

宋

周官新義十六卷

(宋)王安石撰

四庫全書・經部禮類

墨海金壺(嘉慶本、景嘉慶本)・經部

經苑(大梁書院本、民國補刊本)

粵雅堂叢書二編第十六集

王安石全集

叢書集成初編・社會科學類

周禮詳解四十卷

(宋)王昭禹撰

四庫全書・經部禮類

四庫全書珍本初集・經部禮類

周禮解六卷

(宋)胡銓撰

胡忠簡公經解

豫恕堂叢書

周禮復古編一卷

(宋)俞廷椿撰

四庫全書・經部禮類

禮經會元四卷

(宋)葉時撰

通志堂經解(康熙本、同治本)・三禮

四庫全書・經部禮類

摛藻堂四庫全書薈要・經部

文藻四種

經學五種

正誼齋叢書

宋葉文康公禮經會元節本四卷

(宋)葉時撰 (清)陸隴其點定 (清)許元准節本

玲瓏山館叢書・經編經學類

禮經會元疏釋四卷首一卷

　　　(清)陸隴其撰
　　　　陸子全書
周官總義三十卷
　　　(宋)易祓撰
　　　　四庫全書・經部禮類
周禮總義六卷附考證一卷
　　　(宋)易祓撰　考證(民國)孫文昱撰
　　　　湖南叢書
太平經國之書十一卷首一卷
　　　(宋)鄭伯謙撰
　　　　通志堂經解(康熙本、同治本)・三禮
　　　　學津討原(嘉慶本、景嘉慶本)第三集
　　　　正誼齋叢書
　　　　叢書集成初編・社會科學類
　　太平經國之書十一卷
　　　　四庫全書・經部禮類
　　　　摛藻堂四庫全書薈要・經部
　　　　經學五種
東巖周禮訂義八十卷首一卷
　　　(宋)王與之撰
　　　　通志堂經解(康熙本、同治本)・三禮
　　周禮訂義八十卷
　　　　四庫全書・經部禮類
　　　　摛藻堂四庫全書薈要・經部
周禮句解十二卷
　　　(宋)朱申撰
　　　　四庫全書・經部禮類

元

周禮集說十卷
　　　(元)陳友仁輯
　　　　四庫全書・經部禮類
周禮集說補三卷
　　　(清)陸心源輯
　　　　潛園總集・羣書校補
周官集傳十六卷
　　　(元)毛應龍撰
　　　　四庫全書・經部禮類
周官集傳十六卷附校勘記一卷校勘續記
　一卷
　　　(元)毛應龍撰　校勘記(民國)魏元曠撰
　　　　續記(民國)胡思敬撰
　　　　豫章叢書(胡思敬輯)

明

周禮沿革傳四卷
　　　(明)魏校撰
　　　　莊渠先生遺書

周禮定本四卷
　　　(明)舒芬撰
　　　　梓溪文鈔・丐集
周禮傳十卷圖說二卷翼傳二卷
　　　(明)王應電撰
　　　　四庫全書・經部禮類
周禮因論一卷
　　　(明)唐樞撰
　　　　木鐘臺全集再集
周禮全經釋原十四卷
　　　(明)柯尚遷撰
　　　　四庫全書・經部禮類
周禮完解十二卷
　　　(明)郝敬撰
　　　　郝氏九經解

清

讀周禮略記一卷
　　　(清)朱朝瑛撰
　　　　七經略記
周禮問二卷
　　　(清)毛奇齡撰
　　　　西河合集（隸熙本、乾隆修補本）・經
　　　　集
周官辨非一卷
　　　(清)萬斯大撰
　　　　昭代叢書(道光本)戊集續編
　　　　萬充宗先生經學五書
周禮述注二十四卷
　　　(清)李光坡撰
　　　　四庫全書・經部禮類
周禮訓纂二十一卷
　　　(清)李鍾倫撰
　　　　四庫全書・經部禮類
　　周禮纂訓二十一卷
　　　　榕村全書附
周禮輯義十二卷
　　　(清)姜兆錫撰
　　　　九經補注
周官集注十二卷
　　　(清)方苞撰
　　　　抗希堂十六種
　　　　四庫全書・經部禮類
周官析疑三十六卷
　　　(清)方苞撰
　　　　抗希堂十六種
周官辨一卷
　　　(清)方苞撰

方望溪先生經說四種
　　抗希堂十六種
周禮集傳六卷綱領一卷
　　(清)李文炤撰
　　李氏成書
周禮質疑五卷
　　(清)劉青芝撰
　　劉氏傳家集
周禮疑義舉要七卷
　　(清)江永撰
　　四庫全書・經部禮類
　　讀書隨筆
　　皇清經解（道光本、咸豐補刊本、鴻寶
　　　齋石印本、點石齋石印本）
　　守山閣叢書（道光本、鴻文書局景道光
　　　本、博古齋景道光本）・經部
　　叢書集成初編・社會科學類
周禮古義一卷
　　(清)惠棟撰
　　昭代叢書（道光本）甲集補
周禮札記二卷
　　(清)范爾梅撰
　　讀書小記
欽定周官義疏四十八卷首一卷
　　清乾隆十三年敕撰
　　御纂七經（內府本、浙江書局本、江西
　　　書局本、戶部本、崇文書局本、江南
　　　書局本、鴻文書局石印本）
欽定周官義疏四十八卷
　　四庫全書・經部禮類
　　摛藻堂四庫全書薈要・經部
周官隨筆一卷
　　(清)張義年撰
　　啖蔗全集
周禮撮要三卷
　　(清)潘相撰
　　潘相所著書・經學八書
周官記五卷
　　(清)莊存與撰
　　味經齋遺書（道光本、光緒本）
　　皇清經解續編（南菁書院本、蜚英館石
　　　印本）
周官說二卷
　　(清)莊存與撰
　　味經齋遺書（道光本、光緒本）
　　皇清經解續編（南菁書院本、蜚英館石
　　　印本）
周官說補三卷

　　(清)莊存與撰
　　味經齋遺書（道光本、光緒本）・周官
　　　說附
　　皇清經解續編（南菁書院本、蜚英館石
　　　印本）
周官偶記一卷
　　(清)汪德鉞撰
　　七經偶記
周禮摘箋五卷
　　(清)李調元撰
　　函海（乾隆本、道光本）第二十函
　　函海（光緒本）第二十五函
周禮札記二卷
　　(清)朱亦棟撰
　　十三經札記
周官指掌五卷
　　(清)莊有可撰
　　正覺樓叢刻
周官肊測六卷敍錄一卷
　　(清)孔廣林撰
　　孔叢伯說經五稾
周禮學二卷
　　(清)王聘珍撰
　　皇清經解續編（南菁書院本、蜚英館石
　　　印本）
周官禮經注正誤一卷
　　(清)張宗泰撰
　　積學齋叢書
周禮客難一卷
　　(清)龔元玠撰
　　昭代叢書（道光本）癸集萃編
畏齋周禮客難八卷
　　十三經客難
周禮精義六卷首一卷
　　(清)黃淦撰
　　七經精義
周官恆解六卷
　　(清)劉沅撰
　　槐軒全書
周禮補注六卷
　　(清)呂飛鵬撰
　　聚學軒叢書第四集
周官識小一卷
　　(清)沈豫撰
　　蛾術堂集（道光本、景道光本）
周禮釋注二卷
　　(清)丁晏撰
　　頤志齋叢書

六藝堂詩禮七編

周禮平議二卷
　　（清）俞樾撰
　　　　皇清經解續編（南菁書院本、蜚英館石
　　　　　印本）‧羣經平議
　　　　春在堂全書‧羣經平議
周禮精華七卷
　　（清）薛嘉穎輯
　　　　四經精華
周禮學一卷
　　（清）沈夢蘭撰
　　　　菱湖沈氏叢書
周禮可讀六卷
　　（清）劉曾騄撰
　　　　祥符劉氏叢書‧五經讀本
周官約解三十五卷
　　（清）劉曾騄撰
　　　　祥符劉氏叢書‧九經約解
周禮正義八十六卷
　　（清）孫詒讓撰
　　　　四部備要（排印本、縮印本）‧經部‧
　　　　　清十三經注疏
周禮政要四卷
　　（清）孫詒讓撰
　　　　關中叢書第一集
讀周禮日記一卷
　　（清）于鬯撰
　　　　學古堂日記
周禮札記一卷
　　（清）潘任撰
　　　　希鄭堂叢書

民　　國

周官箋六卷
　　（民國）王闓運撰
　　　　湘綺樓全書
周官攷徵凡例一卷周禮新義凡例一卷
　　（民國）廖平撰
　　　　新訂六譯館叢書‧尙書類
周禮鄭注商榷一卷
　　（民國）廖平撰
　　　　新訂六譯館叢書‧尙書類
周禮訂本略注三卷
　　（民國）廖平撰　（民國）黃鎔筆述
　　　　新訂六譯館叢書‧尙書類
周禮古注集疏殘十三卷（存卷七至十三、
　卷十五至二十）
　　（民國）劉師培撰

劉申叔先生遺書

分篇之屬

周禮醫師補注一卷
　　（民國）張驥撰
　　　　醫古微
周官總義職方氏注一卷
　　（宋）易祓撰
　　　　麓山精舍叢書第一集
周禮地官冬官徵一卷
　　（清）唐詠裳撰
　　　　特健藥齋外編
冬官旁求二卷
　　（清）辛紹業撰
　　　　敬堂遺書
　　　　豫章叢書（陶福履輯）第一集
　　　　叢書集成初編‧社會科學類
考工記註二卷
　　（漢）鄭玄撰
　　　　合刻周秦經書十種
考工記二卷
　　（唐）杜牧注
　　　　關中叢書第二集
考工記二卷附校譌一卷
　　（唐）杜牧注　校譌（清）胡珽撰
　　　　琳琅祕室叢書（咸豐本）第一集
考工記二卷附校譌一卷續校一卷
　　（唐）杜牧注　校譌（清）胡珽撰　續校（清）
　　董金鑑撰
　　　　琳琅祕室叢書（光緒本）第一集
考工記解二卷
　　（宋）王安石撰
　　　　四庫全書‧經部禮類‧周官新義附
　　　　墨海金壺（嘉慶本、景嘉慶本）‧經部
　　　　　‧周官新義附
　　　　經苑（大梁書院本、民國補刊本）‧周
　　　　　官新義附
　　　　粵雅堂叢書二編第十六集
　　　　王安石全集‧周官新義附
　　　　叢書集成初編‧社會科學類‧周官新
　　　　　義附
鬳齋考工記解二卷
　　（宋）林希逸撰
　　　　通志堂經解（康熙本、同治本）‧三禮
　　　　四庫全書‧經部禮類
　　　　摛藻堂四庫全書薈要‧經部
批點考工記二卷

（元）吳澄考注　（明）周夢暘批評
　　三代遺書
考工記通二卷
　（明）徐昭慶撰
　　檀弓通考工通合刻
考工記析疑四卷
　（清）方苞撰
　　抗希堂十六種
考工記圖一卷
　（清）戴震撰
　　微波榭叢書・戴氏遺書
　　皇清經解（道光本、咸豐補刊本、鴻寶
　　　齋石印本、點石齋石印本）
　　昭代叢書（道光本）壬集補編
　　花雨樓叢鈔續鈔
　　安徽叢書第六期・戴東原先生全集
考工記考一卷圖一卷
　（清）呂調陽撰
　　觀象廬叢書・志學編
攷工記攷辨八卷
　（清）王宗涑撰
　　皇清經解續編（南菁書院本、蜚英館石
　　　印本）
考工記辨證三卷
　（民國）陳衍撰
　　石遺室叢書
考工記補疏一卷
　（民國）陳衍撰
　　石遺室叢書
考工創物小記八卷
　（清）程瑤田撰
　　通藝錄
　　安徽叢書第二期・通藝錄
考工創物小記四卷
　　皇清經解（道光本、咸豐補刊本、鴻寶
　　　齋石印本、點石齋石印本）
磬折古義一卷
　（清）程瑤田撰
　　通藝錄
　　皇清經解（道光本、咸豐補刊本、鴻寶
　　　齋石印本、點石齋石印本）
　　安徽叢書第二期・通藝錄
車制考一卷
　（清）錢坫撰
　　錢氏四種（嘉慶本、景嘉慶本）
　　木犀軒叢書
　　皇清經解續編（南菁書院本、蜚英館石
　　　印本）

考工記車制圖解二卷
　（清）阮元撰
　　皇清經解（道光本、咸豐補刊本、鴻寶
　　　齋石印本、點石齋石印本）
車制圖解一卷
　　昭代叢書（道光本）庚集埤編補
考工釋車一卷
　（清）張象津撰
　　白雲山房集
輪輿私箋二卷附圖一卷
　（清）鄭珍撰　圖（清）鄭知同繪
　　碧琳琅館叢書甲部
　　廣雅書局叢書・經類
　　皇清經解續編（南菁書院本、蜚英館石
　　　印本）
　　芋園叢書・經部
　　巢經巢全集
鳧氏圖說一卷
　（清）鄭珍撰
　　巢經巢全集
鳧氏為鍾圖說補義一卷
　（民國）陳矩撰
　　靈峯草堂叢書
考工記鳥獸蟲魚釋一卷
　（清）陳宗起撰
　　養志居僅存藁

專著之屬

答周禮難一卷
　（漢）鄭玄撰　（清）孔廣林輯
　　通德遺書所見錄
答臨碩難禮一卷
　（漢）鄭玄撰　（清）袁鈞輯
　　鄭氏佚書（浙江書局本）
答臨孝存周禮難一卷
　（漢）鄭玄撰　（清）黃奭輯
　　漢學堂叢書・高密遺書
　　黃氏逸書考（民國修補本、民國補刊
　　　本）・通德堂經解
答臨碩周禮難一卷
　（漢）鄭玄撰　（清）王仁俊輯
　　玉函山房輯佚書續編・經編周官禮類
答臨孝存周禮難疏證一卷
　（清）皮錫瑞撰
　　皮氏經學叢書・鄭志疏證附
周禮五官考一卷
　（明）陳仁錫撰

學海類編（道光本、景道光本）・經翼
叢書集成初編・社會科學類
周禮序官考一卷
　　（清）陳大庚撰
　　　　借月山房彙鈔（嘉慶本、景嘉慶本）第
　　　　一集
　　　　澤古齋重鈔第一集
　　　　會稽徐氏初學堂羣書輯錄
田賦考一卷
　　（清）任啓運撰
　　　　皇清經解續編（南菁書院本、蜚英館石
　　　　印本）・朝廟宮室考附
　　　　任氏遺書
周官祿田考三卷
　　（清）沈彤撰
　　　　果堂全集
　　　　四庫全書・經部禮類
　　　　皇清經解（道光本、咸豐補刊本、鴻寶
　　　　齋石印本、點石齋石印本）
周禮軍賦說四卷
　　（清）王鳴盛撰
　　　　皇清經解（道光本、咸豐補刊本、鴻寶
　　　　齋石印本、點石齋石印本）
周禮畿內授田考實一卷
　　（清）胡匡衷撰
　　　　螢園叢刻
溝洫疆理小記一卷
　　（清）程瑤田撰
　　　　通藝錄
　　　　皇清經解（道光本、咸豐補刊本、鴻寶
　　　　齋石印本、點石齋石印本）
　　　　安徽叢書第二期・通藝錄
水地小記一卷
　　（清）程瑤田撰
　　　　通藝錄
　　　　皇清經解（道光本、咸豐補刊本、鴻寶
　　　　齋石印本、點石齋石印本）
　　　　安徽叢書第二期・通藝錄
侯國職官表一卷
　　（清）胡匡衷撰
　　　　昭代叢書（道光本）乙集補
周官司徒類攷一卷
　　（清）呂調陽撰
　　　　觀象廬叢書・志學編
周禮職官分屬歌一卷
　　（清）馮桂芬撰
　　　　校邠廬逸箋
周禮車服志一卷

（清）陳宗起撰
　　養志居僅存藁
周官序論一卷
　　（清）馮至撰
　　　　諸暨馮氏叢刻・森齋彙稿
西漢周官師說考二卷
　　（民國）劉師培撰
　　　　劉申叔先生遺書

文字音義之屬

周禮鄭氏音一卷
　　（漢）鄭玄撰　　（清）馬國翰輯
　　　　玉函山房輯失書（嬭嬛館本、重印本、
　　　　楚南書局本）・經編周官禮類
周禮徐氏音一卷
　　（晉）徐邈撰　　（清）馬國翰輯
　　　　玉函山房輯失書（嬭嬛館本、重印本、
　　　　楚南書局本）・經編周官禮類
周禮李氏音一卷
　　（晉）李軌撰　　（清）馬國翰輯
　　　　玉函山房輯失書（嬭嬛館本、重印本、
　　　　楚南書局本）・經編周官禮類
周禮劉氏音二卷
　　（□）劉昌宗撰　　（清）馬國翰輯
　　　　玉函山房輯失書（嬭嬛館本、重印本、
　　　　楚南書局本）・經編周官禮類
周禮聶氏音一卷
　　（□）聶□撰　　（清）馬國翰輯
　　　　玉函山房輯失書（嬭嬛館本、重印本、
　　　　楚南書局本）・經編周官禮類
周禮戚氏音一卷
　　（陳）戚袞撰　　（清）馬國翰輯
　　　　玉函山房輯失書（嬭嬛館本、重印本、
　　　　楚南書局本）・經編周官禮類
周禮漢讀考六卷
　　（清）段玉裁撰
　　　　經韻樓叢書
　　　　皇清經解（道光本、咸豐補刊本、鴻寶
　　　　齋石印本、點石齋石印本）
周禮釋文答問一卷
　　（清）辛紹業撰
　　　　敬堂遺書
周禮釋文問答一卷
　　　　豫章叢書（陶福履輯）第一集
　　　　叢書集成初編・總類
周禮故書考一卷
　　（清）程際盛撰

　　　　積學齋叢書
　　（清程炎撰）
　　　　稻香樓雜著・三禮鄭註考
周官故書攷四卷
　　（清）徐養原撰
　　　　皇清經解續編(南菁書院本、蜚英館石
　　　　印本)
　　　　湖州叢書
周禮故書疏證六卷
　　（清）宋世犖撰
　　　　硯山所著書
周禮音訓不分卷
　　（清）楊國楨撰
　　　　十一經音訓(道光本、光緒本)
考工記異字訓正一卷
　　（清）陳宗起撰
　　　　養志居僅存藥
考工記異讀訓正一卷
　　（清）陳宗起撰
　　　　養志居僅存藥

序錄之屬

周禮序一卷
　　（漢）鄭玄撰　（清）王仁俊輯
　　　　玉函山房輯佚書續編・經編周官禮類

儀　禮　類

正文之屬

儀禮十七卷
　　　　通志堂經解（康熙本、同治本）・三禮
　　　　・儀禮圖附
　　儀禮
　　　　十三經・經文
儀禮二十卷
　　（明）陳鳳梧篆書
　　　　篆文六經
儀禮
　　　　篆文六經四書(康熙本、同文書局景康
　　　　熙本、千頃堂書局景康熙本)

傳說之屬

漢

儀禮班氏義一卷
　　（漢）班固撰　（清）王仁俊輯
　　　　十三經漢注
儀禮十七卷
　　（漢）鄭玄注
　　　　三禮
　　　　四部叢刊（初次印本、二次印本、縮印
　　　　二次印本)・經部
　　儀禮十七卷首一卷
　　　　袖珍十三經註
儀禮十七卷
　　（漢）鄭玄注　（唐）陸德明音義
　　　　十三經古注
　　　　四部備要（排印本、縮印本)・經部・
　　　　十三經古注
儀禮十七卷附校錄一卷續校一卷
　　（漢）鄭玄注　校錄續校（清）黃丕烈撰
　　　　士禮居黃氏叢書(黃氏本、蜚英館景黃
　　　　氏本、石竹山房景黃氏本、博古齋景
　　　　黃氏本)
　　　　叢書集成初編・社會科學類
儀禮鄭注監本刊誤一卷
　　（清）沈彤撰
　　　　果堂全集
儀禮注疏十七卷
　　（漢）鄭玄注　（唐）陸德明音義　（唐）賈公
　　彥疏
　　　　十三經註疏(福建本)
　　　　十三經註疏(北監本)
　　　　十三經註疏(汲古閣本)
　　　　四庫全書・經部禮類
　　　　摛藻堂四庫全書薈要・經部
　　儀禮注疏十七卷附考證
　　　　十三經注疏(武英殿本)
儀禮疏五十卷附校勘記五十卷
　　（漢）鄭玄注　（唐）賈公彥疏　校勘記（清）
　　阮元撰
　　　　重刊宋本十三經注疏(南昌府學本、廣
　　　　東書局本、江西書局本、脈望仙館石
　　　　印本、寶慶務本書局本、點石齋石印
　　　　本、掃葉山房石印本、錦章圖書局石
　　　　印本、世界書局石印本、中華書局排
　　　　印本)
　　　　四部備要（排印本、縮印本)・經部・
　　　　十三經注疏
儀禮校勘記十七卷釋文校勘記一卷
　　（清）阮元撰
　　　　皇清經解（道光本、咸豐補刊本、鴻寶

齋石印本、點石齋石印本）‧十三經
注疏校勘記

儀禮注疏校勘記十七卷釋文校勘記一卷
宋本十三經注疏併經典釋文校勘記

儀禮注疏校正一卷
（清）盧文弨撰
抱經堂叢書（乾隆本、景乾隆本）‧羣書拾補初編
紹興先正遺書第二集‧羣書拾補初編
叢書集成初編‧總類‧羣書拾補

儀禮注疏詳校十七卷
（清）盧文弨撰
抱經堂叢書（乾隆本、景乾隆本）
叢書集成初編‧社會科學類

儀禮經注疏正譌十七卷
（清）金曰追撰
皇清經解續編（南菁書院本、蜚英館石印本）

儀禮疏五十卷（原闕卷三十二至三十七）
（唐）賈公彥撰
洪氏公善堂叢書
嘉業堂叢書‧經部
四部叢刊續編‧經部

宋

禮經奧旨一卷
（宋）鄭樵撰
學海類編（道光本、景道光本）‧經翼
碧琳琅館叢書甲部
芋園叢書‧經部
叢書集成初編‧總類

儀禮經傳通解三十七卷續二十九卷
（宋）朱熹撰　續（宋）黃榦撰
四庫全書‧經部禮類
西京清麓叢書正編

儀禮集釋三十卷
（宋）李如圭撰
四庫全書‧經部禮類
武英殿聚珍版書（武英殿木活字本、福建本、廣雅書局本）‧經部
經苑（大梁書院本、民國補刊本）
叢書集成初編‧社會科學類

儀禮要義五十卷
（宋）魏了翁撰
四庫全書‧經部禮類
五經要義

元

儀禮逸經傳一卷
（元）吳澄撰
通志堂經解（康熙本、同治本）‧三禮

儀禮逸經傳二卷
四庫全書‧經部禮類
學津討原（嘉慶本、景嘉慶本）第三集
叢書集成初編‧社會科學類

儀禮集說十七卷
（元）敖繼公撰
通志堂經解（康熙本、同治本）‧三禮
四庫全書‧經部禮類
摛藻堂四庫全書薈要‧經部

經禮補逸九卷附録一卷
（元）汪克寬撰
通志堂經解（康熙本、同治本）‧三禮

經禮補逸九卷
四庫全書‧經部禮類
摛藻堂四庫全書薈要‧經部

明

儀禮節解十七卷
（明）郝敬撰
郝氏九經解

清

讀儀禮略記一卷
（清）朱朝瑛撰
七經略記

儀禮鄭注句讀十七卷附監本正誤石經正誤二卷
（清）張爾岐撰
四庫全書‧經部禮類
摛藻堂四庫全書薈要‧經部

儀禮讀本十七卷附監本正誤一卷石本誤字一卷
（漢）鄭玄注　（清）張爾岐句讀並撰附録
十三經讀本（金陵書局本）
十三經讀本（唐文治輯）

儀禮鄭注句讀十七卷監本正誤一卷石本正誤一卷附校刊記一卷
（清）張爾岐撰　校刊記（清）丁寶楨等撰
十三經讀本（丁寶楨等校）

儀禮商二卷附録一卷
（清）萬斯大撰
萬充宗先生經學五書
四庫全書‧經部禮類

儀禮述注十七卷
（清）李光坡撰

　　　　　四庫全書・經部禮類
儀禮節略十七卷圖三卷
　　（清）朱軾撰
　　　　　朱文端公藏書（康熙至乾隆本、光緒
　　　　　本）
儀禮經傳註疏參義內編二十三卷外編五
　卷首一卷
　　（清）姜兆錫撰
　　　　　九經補注
儀禮析疑十七卷
　　（清）方苞撰
　　　　　抗希堂十六種
　　　　　四庫全書・經部禮類
儀禮章句十七卷
　　（清）吳廷華撰
　　　　　四庫全書・經部禮類
　　　　　皇清經解（道光本、咸豐補刊本、鴻寶
　　　　　齋石印本、點石齋石印本）
儀禮小疏一卷
　　（清）沈彤撰
　　　　　果堂全集
　　　　　四庫全書・經部禮類
　　儀禮小疏八卷
　　　　　皇清經解（道光本、咸豐補刊本、鴻寶
　　　　　齋石印本、點石齋石印本）
儀禮纂錄二卷
　　（清）李清植撰
　　　　　榕村全書附
儀禮古義一卷
　　（清）惠棟撰
　　　　　昭代叢書（道光本）甲集補
欽定儀禮義疏四十八卷首二卷
　　　清乾隆十三年敕撰
　　　　　御纂七經（內府本、浙江書局本、江西
　　　　　書局本、戶部本、崇文書局本、江南
　　　　　書局本、鴻文書局石印本）
　　　　　四庫全書・經部禮類
　　　　　摛藻堂四庫全書薈要・經部
儀禮管見三卷附錄一卷
　　（清）褚寅亮撰
　　　　　粵雅堂叢書三編第二十一集
　　　　　叢書集成初編・社會科學類
　　儀禮管見十七卷
　　　　　皇清經解續編（南菁書院本、蜚英館石
　　　　　印本）
儀禮集編四十卷
　　（清）盛世佐撰
　　　　　四庫全書・經部禮類

禮經偶記一卷
　　（清）汪德鉞撰
　　　　　七經偶記
儀禮經注疑直五卷
　　（清）程瑤田撰　　（民國）吳承仕輯
　　　　　安徽叢書第二期
禮經本義十七卷
　　（清）蔡德晉撰
　　　　　四庫全書・經部禮類
　　　　　四庫全書珍本初集・經部禮類
禮經酌古二卷
　　（清）李灝撰
　　　　　李氏經學四種
儀禮札記一卷
　　（清）朱亦棟撰
　　　　　十三經札記
儀禮肊測十七卷斀錄一卷
　　（清）孔廣林撰
　　　　　孔叢伯說經五稾
儀禮學一卷
　　（清）王聘珍撰
　　　　　皇清經解續編（南菁書院本、蜚英館石
　　　　　印本）
畏齋儀禮客難一卷
　　（清）龔元玠撰
　　　　　十三經客難
儀禮精義不分卷補編一卷
　　（清）黃淦撰
　　　　　七經精義
讀儀禮記二卷
　　（清）張惠言撰
　　　　　張皋文箋易詮全集
　　　　　皇清經解續編（南菁書院本、蜚英館石
　　　　　印本）
儀禮恆解十六卷
　　（清）劉沅撰
　　　　　槐軒全書
禮論略鈔一卷
　　（清）凌曙撰
　　　　　蜚雲閣凌氏叢書
儀禮正義四十卷
　　（清）胡培翬撰　　（清）楊大堉補
　　　　　皇清經解續編（南菁書院本、蜚英館石
　　　　　印本）
　　　　　四部備要（排印本、縮印本）・經部・
　　　　　清十三經注疏
儀禮經注一隅二卷

（清）朱駿聲撰
　　　朱氏羣書
學禮管釋十八卷
　（清）夏炘撰
　　　景紫堂全書第二冊
儀禮釋注二卷
　（清）丁晏撰
　　　頤志齋叢書
　　　六藝堂詩禮七編
儀禮私箋八卷
　（清）鄭珍撰
　　　鄭子尹遺書
　　　廣雅書局叢書・經類
　　　皇清經解續編（南菁書院本、蜚英館石
　　　印本）
　　　黔南叢書第一集
　　　巢經巢全集
讀儀禮錄一卷
　（清）曾國藩撰
　　　皇清經解續編（南菁書院本、蜚英館石
　　　印本）
儀禮經傳通解五十八卷序說一卷雜說一
　　卷綱領二卷
　（清）楊丕復撰
　　　楊愚齋先生全集
儀禮先簿一卷
　（清）馬徵慶撰
　　　馬鍾山遺書
儀禮平議二卷
　（清）俞樾撰
　　　皇清經解續編（南菁書院本、蜚英館石
　　　印本）・羣經平議
　　　春在堂全書・羣經平議
儀禮可讀十七卷
　（清）劉曾騄撰
　　　祥符劉氏叢書・五經讀本
儀禮約解二十三卷
　（清）劉曾騄撰
　　　祥符劉氏叢書・九經約解
讀儀禮日記一卷
　（清）于鬯撰
　　　學古堂日記
讀儀禮日記一卷
　（清）費祖芬撰
　　　學古堂日記
禮經小識一卷
　（清）丁奎聯撰
　　　衡望堂叢書初稿

民　國

禮經箋十七卷
　（民國）王闓運撰
　　　湘綺樓全書
儀禮奭固十七卷
　（民國）吳之英撰
　　　壽櫟廬叢書
禮經舊說十七卷補遺一卷
　（民國）劉師培撰
　　　劉申叔先生遺書

分篇之屬

冠禮約制一卷
　（漢）何休撰　（清）馬國翰輯
　　　玉函山房輯佚書（嫏嬛館本、重印本、
　　　楚南書局本）・經編儀禮類
儀禮士冠禮箋一卷
　（清）孔廣林撰
　　　孔叢伯說經五稾附
鄭氏婚禮一卷
　（漢）鄭眾撰　（清）馬國翰輯
　　　玉函山房輯佚書（嫏嬛館本、重印本、
　　　楚南書局本）・經編儀禮類
婚禮謁文一卷
　（漢）鄭玄撰　（清）王仁俊輯
　　　玉函山房輯佚書續編・經編儀禮類
昏禮辨正一卷
　（清）毛奇齡撰
　　　西河合集（康熙本、乾隆修補本）・經
　　　集
　　　藝海珠塵㲻集（戊集）
　　　叢書集成初編・社會科學類
昏禮重別論對駁義二卷
　（清）劉壽曾撰
　　　皇清經解續編（南菁書院本、蜚英館石
　　　印本）
射侯考一卷
　（清）胡夤撰
　　　四明叢書八集
凶禮一卷
　（晉）孔衍撰　（清）馬國翰輯
　　　玉函山房輯佚書（嫏嬛館本、重印本、
　　　楚南書局本）・經編儀禮類
喪禮吾說篇十卷
　（清）毛奇齡撰
　　　西河合集（康熙本、乾隆修補本）・經集

喪禮或問一卷
　　（清）方苞撰
　　　　抗希堂十六種
　　　　方望溪先生經說四種
　喪禮或問二卷
　　　　龍眠叢書
喪禮詳考一卷
　　（清）張犧年撰
　　　　嗷蔗全集
約喪禮經傳一卷
　　（清）吳卓信撰
　　　　昭代叢書（道光本）己集廣編
　　　　讀禮叢鈔
　喪禮經傳約一卷
　　　　湆喜齋叢書第一函
　　　　皇清經解續編（南菁書院本、蜚英館石
　　　　　印本）
葬禮一卷
　　（晉）賀循撰　（清）馬國翰輯
　　　　玉函山房輯佚書（郎嬛館本、重印本、
　　　　　楚南書局本）・經編儀禮類
喪服變除一卷
　　（漢）戴德撰　（清）王謨輯
　　　　漢魏遺書鈔・經翼第二冊
喪服變除一卷
　　（漢）戴德撰　（清）洪頤煊輯
　　　　問經堂叢書・經典集林
　　　　經典集林
大戴喪服變除一卷
　　（漢）戴德撰　（清）馬國翰輯
　　　　玉函山房輯佚書（郎嬛館本、重印本、
　　　　　楚南書局本）・經編儀禮類
喪服經傳一卷
　　（漢）馬融撰　（清）王謨輯
　　　　漢魏遺書鈔・經翼第二冊
喪服經傳馬氏注一卷
　　（漢）馬融撰　（清）馬國翰輯
　　　　玉函山房輯佚書（郎嬛館本、重印本、
　　　　　楚南書局本）・經編儀禮類
儀禮喪服經傳一卷
　　（漢）馬融撰　（清）黃奭輯
　　　　漢學堂叢書・經解禮類
　　　　黃氏逸書考（民國修補本、民國補刊
　　　　　本）・漢學堂經解
儀禮喪服馬王注一卷
　　（漢）馬融（魏）王肅撰　（清）臧庸輯
　　　　問經堂叢書
喪服變除一卷

（漢）鄭玄撰　（清）袁鈞輯
　　　鄭氏佚書（浙江書局本）
喪服變除一卷
　　（漢）鄭玄撰　（清）孔廣林輯
　　　　通德遺書所見錄
鄭氏喪服變除一卷
　　（漢）鄭玄撰　（清）馬國翰輯
　　　　玉函山房輯佚書（郎嬛館本、重印本、
　　　　　楚南書局本）・經編儀禮類
喪服變除一卷
　　（漢）鄭玄撰　（清）黃奭輯
　　　　漢學堂叢書・高密遺書
　　　　黃氏逸書考（民國修補本、民國補刊
　　　　　本）・通德堂經解
新定禮一卷
　　（漢）劉表撰　（清）馬國翰輯
　　　　玉函山房輯佚書（郎嬛館本、重印本、
　　　　　楚南書局本）・經編儀禮類
喪服經傳王氏注一卷
　　（魏）王肅撰　（清）馬國翰輯
　　　　玉函山房輯佚書（郎嬛館本、重印本、
　　　　　楚南書局本）・經編儀禮類
儀禮喪服注一卷
　　（魏）王肅撰　（清）黃奭輯
　　　　漢學堂叢書・經解禮類
　　　　黃氏逸書考（民國修補本、民國補刊
　　　　　本）・漢學堂經解
喪服要記一卷
　　（魏）王肅撰　（清）王謨輯
　　　　漢魏遺書鈔・經翼第二冊
王氏喪服要記一卷
　　（魏）王肅撰　（清）馬國翰輯
　　　　玉函山房輯佚書（郎嬛館本、重印本、
　　　　　楚南書局本）・經編儀禮類
喪服要記一卷
　　（魏）王肅撰　（清）黃奭輯
　　　　漢學堂叢書・子史鈎沈・史部傳記類
　　　　黃氏逸書考（民國修補本、民國補刊
　　　　　本）・子史鈎沈
喪服要記一卷
　　（魏）王肅撰　（清）王仁俊輯
　　　　玉函山房輯佚書續編・經編通禮類
喪服變除圖一卷
　　（吳）射慈撰　（清）王謨輯
　　　　漢魏遺書鈔・經翼第二冊
喪服變除圖一卷
　　（吳）射慈撰　（清）馬國翰輯
　　　　玉函山房輯佚書（郎嬛館本、重印本、

楚南書局本）·經編儀禮類

喪服變除圖一卷
　　(吳)射慈撰　(清)黃奭輯
　　　漢學堂叢書·經解禮類
　　　黃氏逸書考（民國修補本、民國補刊
　　　本）·漢學堂經解

喪服要集一卷
　　(晉)杜預撰　(清)馬國翰輯
　　　玉函山房輯佚書（嫏嬛館本、重印本、
　　　楚南書局本）·經編儀禮類

喪服經傳袁氏注一卷
　　(晉)袁準撰　(清)馬國翰輯
　　　玉函山房輯佚書（嫏嬛館本、重印本、
　　　楚南書局本）·經編儀禮類

集注喪服經傳一卷
　　(晉)孔倫撰　(清)馬國翰輯
　　　玉函山房輯佚書（嫏嬛館本、重印本、
　　　楚南書局本）·經編儀禮類

喪服經傳陳氏注一卷
　　(□)陳銓撰　(清)馬國翰輯
　　　玉函山房輯佚書（嫏嬛館本、重印本、
　　　楚南書局本）·經編儀禮類

喪服釋疑一卷
　　(晉)劉智撰　(清)王謨輯
　　　漢魏遺書鈔·經翼第二册

喪服釋疑一卷
　　(晉)劉智撰　(清)馬國翰輯
　　　玉函山房輯佚書（嫏嬛館本、重印本、
　　　楚南書局本）·經編儀禮類

出後者爲本父母服議一卷
　　(晉)王廙撰　(清)王仁俊輯
　　　玉函山房輯佚書續編·經編通禮類

孫曾爲後議一卷
　　(晉)何琦撰　(清)王仁俊輯
　　　玉函山房輯佚書續編·經編通禮類

蔡氏喪服譜一卷
　　(晉)蔡謨撰　(清)馬國翰輯
　　　玉函山房輯佚書（嫏嬛館本、重印本、
　　　楚南書局本）·經編儀禮類

賀氏喪服譜一卷
　　(晉)賀循撰　(清)馬國翰輯
　　　玉函山房輯佚書（嫏嬛館本、重印本、
　　　楚南書局本）·經編儀禮類

賀氏喪服譜一卷
　　(晉)賀循撰　(清)王仁俊輯
　　　玉函山房輯佚書續編·經編通禮類

賀氏喪服要記一卷
　　(晉)賀循撰　(清)馬國翰輯

玉函山房輯佚書（嫏嬛館本、重印本、
楚南書局本）·經編儀禮類

喪服要記注一卷
　　(□)謝徽撰　(清)馬國翰輯
　　　玉函山房輯佚書（嫏嬛館本、重印本、
　　　楚南書局本）·經編儀禮類

葛氏喪服變除一卷
　　(晉)葛洪撰　(清)馬國翰輯
　　　玉函山房輯佚書（嫏嬛館本、重印本、
　　　楚南書局本）·經編儀禮類

集注喪服經傳一卷
　　(劉宋)裴松之撰　(清)馬國翰輯
　　　玉函山房輯佚書（嫏嬛館本、重印本、
　　　楚南書局本）·經編儀禮類

喪服經傳略注一卷
　　(劉宋)雷次宗撰　(清)王謨輯
　　　漢魏遺書鈔·經翼第二册

略注喪服經傳一卷
　　(劉宋)雷次宗撰　(清)馬國翰輯
　　　玉函山房輯佚書（嫏嬛館本、重印本、
　　　楚南書局本）·經編儀禮類

儀禮喪服經傳略注一卷
　　(劉宋)雷次宗撰　(清)黃奭輯
　　　黃氏逸書考（民國修補本、民國補刊
　　　本）·漢學堂經解

喪服難問一卷
　　(劉宋)崔凱撰　(清)馬國翰輯
　　　玉函山房輯佚書（嫏嬛館本、重印本、
　　　楚南書局本）·經編儀禮類

周氏喪服注一卷
　　(劉宋)周續之撰　(清)馬國翰輯
　　　玉函山房輯佚書（嫏嬛館本、重印本、
　　　楚南書局本）補遺·經編儀禮類

逆降義一卷
　　(劉宋)顏延之撰　(清)馬國翰輯
　　　玉函山房輯佚書（嫏嬛館本、重印本、
　　　楚南書局本）補遺·經編通禮類

喪服古今集記一卷
　　(南齊)王儉撰　(清)馬國翰輯
　　　玉函山房輯佚書（嫏嬛館本、重印本、
　　　楚南書局本）·經編儀禮類

喪服世行要記一卷
　　(南齊)王逡之撰　(清)馬國翰輯
　　　玉函山房輯佚書（嫏嬛館本、重印本、
　　　楚南書局本）補遺·經編儀禮類

內外服制通釋七卷
　　(宋)車垓撰
　　　四庫全書·經部禮類

續台州叢書
枕碧樓叢書
三年服制考一卷
　(清)毛奇齡撰
　　昭代叢書(康熙本)乙集第二帙
　　昭代叢書(道光本)丙集第二帙
喪服或問一卷
　(清)汪琬撰
　　檀几叢書第二帙
　　讀禮叢鈔
喪服翼注一卷
　(清)閻若璩撰
　　昭代叢書(道光本)庚集埤編
　　讀禮叢鈔
儀禮喪服文足徵記十卷
　(清)程瑤田撰
　　通藝錄
　　皇清經解(道光本、咸豐補刊本、鴻寶
　　齋石印本、點石齋石印本)
　　安徽叢書第二期·通藝錄
五服異同彙考三卷
　(清)崔述撰
　　崔東壁遺書(道光本、景道光本、亞東
　　圖書館排印本)
　　畿輔叢書·崔東壁遺書
喪服答問紀實一卷
　(清)汪喜孫撰
　　重印江都汪氏叢書
儀禮禮服通釋六卷
　(清)淩曙撰
　　木犀軒叢書
喪服會通說四卷
　(清)吳嘉賓撰
　　皇清經解續編(南菁書院本、蜚英館石
　　印本)
喪服私論一卷
　(清)俞樾撰
　　春在堂全書·俞樓雜纂
喪服經傳補疏二卷
　(清)葉大莊撰
　　寫經齋全集
殤服一卷殤服發揮一卷附兼祧議一篇
　(清)于鬯撰
　　于香草遺著叢輯
喪服鄭氏學十六卷
　(民國)張錫恭撰
　　求恕齋叢書
喪服彙識一卷

　(民國)魏元曠撰
　　魏氏全書·潛園統編後編

專著之屬

儀禮釋例一卷
　(清)江永撰
　　守山閣叢書(道光本、鴻文書局景道光
　　本、博古齋景道光本)·經部
　　皇清經解續編(南菁書院本、蜚英館石
　　印本)
　　叢書集成初編·社會科學類
禮經釋例目錄一卷
　(清)淩廷堪撰
　　昭代叢書(道光本)甲集補
　　閣竹居叢書
禮經釋例十三卷
　(清)淩廷堪撰
　　皇清經解(道光本、咸豐補刊本、鴻寶
　　齋石印本、點石齋石印本)
　禮經釋例十三卷首一卷
　　文選樓叢書(阮亨輯)
　　安徽叢書第四期·淩次仲先生遺書
　　叢書集成初編·社會科學類
禮經凡例一卷附容經學凡例一卷
　(民國)廖平撰
　　新訂六譯館叢書·禮類
儀禮釋官九卷
　(清)胡匡衷撰
　　皇清經解(道光本、咸豐補刊本、鴻寶
　　齋石印本、點石齋石印本)
朱子儀禮釋宮一卷
　(宋)朱熹撰
　　素隱所刻書
儀禮釋宮一卷
　(宋)李如圭撰
　　四庫全書·經部禮類
　　武英殿聚珍版書(武英殿木活字本、江
　　西書局本、福建本、廣雅書局本)·
　　經部
　　墨海金壺(嘉慶本、景嘉慶本)·經部
　　守山閣叢書(道光本、鴻文書局景道光
　　本、博古齋景道光本)·經部
　　經苑(大梁書院本、民國補刊本)
　　反約篇
　　榕園叢書甲集
　　清芬堂叢書·經部
　　叢書集成初編·應用科學類
儀禮釋宮增註一卷

(清)江永撰
　　四庫全書·經部禮類
　　指海（道光本、景道光本）第三集
　　塙葉山房叢鈔
　　皇清經解續編（南菁書院本、蜚英館石
　　印本）
　　叢書集成初編·應用科學類
辨定祭禮通俗譜五卷
　　(清)毛奇齡撰
　　　西河合集（康熙本、乾隆修補本）·經
　　　集
　　　四庫全書·經部禮類

圖 之 屬

儀禮圖十七卷儀禮旁通圖一卷
　　(宋)楊復撰
　　　通志堂經解（康熙本、同治本）·三禮
　　　四庫全書·經部禮類
儀禮圖六卷
　　(清)張惠言撰
　　　皇清經解續編（南菁書院本、蜚英館石
　　　印本）
儀禮宮室圖一卷附說一卷
　　(清)張惠言撰
　　　素隱所刻書
士昏禮對席圖一卷
　　(清)俞樾撰
　　　皇清經解續編（南菁書院本、蜚英館石
　　　印本）
　　　春在堂全書·曲園雜纂
儀禮奭固禮事圖十七卷
　　(民國)吳之英撰
　　　壽櫟廬叢書
儀禮奭固禮器圖十七卷首一卷末三卷
　　(民國)吳之英撰
　　　壽櫟廬叢書

文字音義之屬

儀禮識誤三卷
　　(宋)張淳撰
　　　四庫全書·經部禮類
　　　武英殿聚珍版書（武英殿木活字本、浙
　　　江本、江西書局本、福建本、廣雅書
　　　局本）·經部
　　　得月簃叢書次刻
　　　清芬堂叢書·經部
　　　勵志齋叢書

叢書集成初編·總類
儀禮古今考二卷
　　(清)李調元撰
　　　函海（乾隆本、道光本）第二十函
　　　函海（光緒本）第二十五函
儀禮漢讀考一卷
　　(清)段玉裁撰
　　　經韻樓叢書
　　　皇清經解（道光本、咸豐補刊本、鴻寶
　　　齋石印本、點石齋石印本）
儀禮古文今文考一卷
　　(清)程際盛（炎）撰
　　　稻香樓雜著·三禮鄭註考
儀禮古今文異同五卷
　　(清)徐養原撰
　　　湖州叢書
儀禮古今文異同疏證五卷
　　　廣雅書局叢書·經類
儀禮今古文異同疏證五卷
　　　皇清經解續編（南菁書院本、蜚英館石
　　　印本）
儀禮古今文疏證二卷
　　(清)宋世犖撰
　　　碻山所著書
儀禮古今文疏義十七卷
　　(清)胡承珙撰
　　　求是堂全集
　　　崇文書局彙刻書
　　　皇清經解續編（南菁書院本、蜚英館石
　　　印本）
儀禮音訓不分卷
　　(清)楊國楨撰
　　　十一經音訓（道光本、光緒本）
儀禮讀異二卷
　　(清)于鬯撰
　　　于香草遺著叢輯

逸禮之屬

逸禮考一卷
　　(民國)劉師培撰
　　　劉申叔先生遺書
補饗禮一卷
　　(清)諸錦撰
　　　四庫全書·經部禮類
饗禮補亡一卷
　　　絳跗閣經說三種
　　　藝海珠塵竹集（丁集）

昭代叢書(道光本)辛集別編
槐盧叢書初編
孫谿朱氏經學叢書初編
叢書集成初編・社會科學類

禮 記 類

正文之屬

禮記不分卷
　　　九經正文
　　　宋刊巾箱本八經
　禮記一卷
　　　五經(弘治本)
　禮記白文不分卷
　　　五經白文
　禮記六卷
　　　九經(求古齋本、觀成堂本、重刊求古
　　　齋本)
　禮記三卷
　　　古香齋袖珍十種（內府本、南海孔氏
　　・本)・五經
　禮記
　　　十三經・經文
禮記佚文一卷
　　(淸)王仁俊輯
　　　經籍佚文

傳說之屬

漢

禮記馬氏注一卷
　　(漢)馬融撰　(淸)馬國翰輯
　　　玉函山房輯佚書（嫏嬛館本、重印本、
　　　楚南書局本)・經編禮記類
小戴禮記注一卷
　　(漢)盧植撰　(淸)王謨輯
　　　漢魏遺書鈔・經翼第二冊
盧氏禮記解詁一卷補遺一卷附錄一卷
　　(漢)盧植撰　(淸)臧庸輯
　　　拜經堂叢書(同述觀本、景同述觀本)
　　　鮑齋叢書
禮記盧氏注一卷
　　(漢)盧植撰　(淸)馬國翰輯
　　　玉函山房輯佚書（嫏嬛館本、重印本、

楚南書局本)・經編禮記類
禮記解詁一卷
　　(漢)盧植撰　(淸)黃奭輯
　　　漢學堂叢書・經解禮記類
　　　黃氏逸書考（民國修補本、民國補刊
　　　本)・漢學堂經解
讀小戴禮盧植注日記一卷
　　(淸)蔣元慶撰
　　　學古堂日記
禮傳一卷
　　(漢)荀爽撰　(淸)馬國翰輯
　　　玉函山房輯佚書（嫏嬛館本、重印本、
　　　楚南書局本)・經編禮記類
禮記二十卷
　　(漢)鄭玄注
　　　三禮
　禮記讀本二十卷
　　　十三經讀本(唐文治輯)
　禮記十卷首一卷
　　　袖珍十三經註
　禮記殘一卷(存卷三)
　　　鳴沙石室古籍叢殘・羣經叢殘
　禮記殘一卷(存卷十)
　　　敦煌祕籍留眞新編上卷
禮記佚文一卷
　・(漢)鄭玄注　(淸)王仁俊輯
　　　經籍佚文
禮記四十九卷
　　(漢)鄭玄注　(唐)陸德明音義
　　　十三經古注
　禮記二十卷附考證
　　　仿宋相臺五經(乾隆本、光緒本)
　禮記二十卷
　　　四部備要（排印本、縮印本)・經部・
　　　十三經古注
　　　袖珍古書讀本
纂圖互註禮記二十卷
　　(漢)鄭玄注　(唐)陸德明音義
　　　四部叢刊（初次印本、二次印本、縮印
　　　二次印本)・經部
撫本禮記鄭注考異二卷
　　(淸)張敦仁撰
　　　皇淸經解（道光本、咸豐補刊本、鴻寶
　　　齋石印本、點石齋石印本)
　　　十三經讀本(唐文治輯)・禮記讀本附
禮記註疏六十三卷
　　(漢)鄭玄注　(唐)陸德明音義　(唐)孔穎
　　　達疏

　　　　十三經註疏(福建本)
　　　　十三經註疏(北監本)
　　　　十三經註疏(汲古閣本)
　　　　四庫全書・經部禮類
　　　　摛藻堂四庫全書薈要・經部
禮記注疏六十三卷附考證
　　　　十三經注疏(武英殿本)
附釋音禮記注疏六十三卷附校勘記六十
　三卷
　　(漢)鄭玄注　(唐)陸德明音義　(唐)孔穎
　　達疏　校勘記(清)阮元撰
　　　　重刊宋本十三經注疏(南昌府學本、廣
　　　　東書局本、江西書局本、脈望仙館石
　　　　印本、寶慶務本書局本、點石齋石印
　　　　本、掃葉山房石印本、錦章圖書局石
　　　　印本、世界書局石印本、中華書局排
　　　　印本)
　　　　四部備要（排印本、縮印本）・經部・
　　　　十三經注疏
禮記校勘記六十三卷釋文校勘記四卷
　　(清)阮元撰
　　　　皇清經解（道光本、咸豐補刊本、鴻寶
　　　　齋石印本、點石齋石印本）・十三經
　　　　注疏校勘記
禮記注疏校勘記六十三卷釋文校勘記
　四卷
　　　　宋本十三經注疏併經典釋文校勘記
禮記注疏考證一卷
　　(清)齊召南撰
　　　　皇清經解（道光本、咸豐補刊本、鴻寶
　　　　齋石印本、點石齋石印本）・注疏考
　　　　證
禮記注疏校補一卷
　　(清)盧文弨撰
　　　　抱經堂叢書（乾隆本、景乾隆本）・羣
　　　　書拾補初編
　　　　紹興先正遺書第二集・羣書拾補初編
　　　　叢書集成初編・總類・羣書拾補
禮記正義殘九卷（存卷五、卷六十三至七
　十）
　　(唐)孔穎達疏
　　　　四部叢刊三編・經部
禮記正義殘二卷（存卷三至四）附校勘記
　一卷
　　(唐)孔穎達等撰　校勘記劉承幹撰
　　　　嘉業堂叢書・經部

魏

禮記王氏注二卷
　　(魏)王肅撰　(清)馬國翰輯
　　　　玉函山房輯佚書（嫏嬛館本、重印本、
　　　　楚南書局本）・經編禮記類
禮記孫氏注一卷
　　(魏)孫炎撰　(清)馬國翰輯
　　　　玉函山房輯佚書（嫏嬛館本、重印本、
　　　　楚南書局本）・經編禮記類

南　北　朝

禮記略解一卷
　　(劉宋)庾蔚之撰　(清)馬國翰輯
　　　　玉函山房輯佚書（嫏嬛館本、重印本、
　　　　楚南書局本）・經編禮記類
禮記隱義一卷
　　(梁)何胤撰　(清)馬國翰輯
　　　　玉函山房輯佚書（嫏嬛館本、重印本、
　　　　楚南書局本）・經編禮記類
禮記隱義一卷
　　(梁)何胤撰　(清)王仁俊輯
　　　　玉函山房輯佚書續編・經編禮記類
禮記新義疏一卷
　　(梁)賀瑒撰　(清)馬國翰輯
　　　　玉函山房輯佚書（嫏嬛館本、重印本、
　　　　楚南書局本）・經編禮記類
禮記皇氏義疏四卷
　　(梁)皇侃撰　(清)馬國翰輯
　　　　玉函山房輯佚書（嫏嬛館本、重印本、
　　　　楚南書局本）・經編禮記類
禮記義證一卷
　　(後魏)劉芳撰　(清)馬國翰輯
　　　　玉函山房輯佚書（嫏嬛館本、重印本、
　　　　楚南書局本）・經編禮記類
禮記沈氏義疏一卷
　　(北周)沈重撰　(清)馬國翰輯
　　　　玉函山房輯佚書（嫏嬛館本、重印本、
　　　　楚南書局本）・經編禮記類
禮記熊氏義疏四卷
　　(北周)熊安生撰　(清)馬國翰輯
　　　　玉函山房輯佚書（嫏嬛館本、重印本、
　　　　楚南書局本）・經編禮記類

唐

禮記外傳一卷
　　(唐)成伯璵撰　(唐)張幼倫注　(清)馬國
　翰輯
　　　　玉函山房輯佚書（嫏嬛館本、重印本、
　　　　楚南書局本）・經編禮記類

禮記外傳一卷
　　(清)王仁俊輯
　　　玉函山房輯佚書續編·經編禮記類

宋

禮記傳十六卷
　　(宋)呂大臨撰
　　　西京清麓叢書續編
禮記解四卷
　　(宋)葉夢得撰
　　　石林遺書
　　　郋園先生全書
禮記解十四卷
　　(宋)胡銓撰
　　　胡忠簡公經解
禮記要義三十三卷(原缺卷一至二)
　　(宋)魏了翁撰
　　　宛委別藏
　　　五經要義
禮記要義三十三卷(原缺卷一至二)附校
　　勘記一卷
　　(宋)魏了翁撰　校勘記張元濟撰
　　　四部叢刊續編·經部
禮記集說一百六十卷
　　(宋)衛湜撰
　　　通志堂經解(康熙本、同治本)·三禮
　　　四庫全書·經部禮類
　　　摛藻堂四庫全書薈要·經部

元

禮記纂言三十六卷
　　(元)吳澄撰
　　　四庫全書·經部禮類
禮記纂言三十六卷
　　(元)吳澄撰　(清)朱軾校補
　　　朱文端公藏書(康熙至乾隆本、光緒
　　　本)
禮記十卷
　　(元)陳澔集說
　　　五經(康熙本)
　　　五經四子書
　　　五經四書讀本
　　　十三經讀本(金陵書局本)
　　　五經四書
雲莊禮記集說十卷
　　(元)陳澔撰
　　　四庫全書·經部禮類
陳氏禮記集說十卷

摛藻堂四庫全書薈要·經部
禮記集說十卷
　　　西京清麓叢書續編
禮記十卷附校刊記一卷
　　(元)陳澔集說　校刊記(清)丁寶楨等撰
　　　十三經讀本(丁寶楨等校)
禮記十卷
　　(元)陳澔集說　清聖祖案
　　　御案五經
禮記集說凡例一卷
　　(元)陳澔撰
　　　五經補綱附
禮記集說辯疑一卷
　　(明)戴冠撰
　　　涉聞梓舊(咸豐本、商務印書館景咸豐
　　　本、竹簡齋景咸豐本)
　　　叢書集成初編·社會科學類
禮記陳氏集說補正三十八卷
　　(清成德撰)
　　　通志堂經解(康熙本、同治本)·三禮
陳氏禮記集說補正三十八卷
　　(清)性德撰
　　　四庫全書·經部禮類

明

禮記大全三十卷
　　(明)胡廣等撰
　　　四庫全書·經部禮類
禮記通註一卷
　　(明)朱元弼撰
　　　鹽邑志林
　　　叢書集成初編·哲學類
　　　景印元明善本叢書十種·鹽邑志林
禮記通解二十二卷
　　(明)郝敬撰
　　　郝氏九經解

清

讀禮記略記一卷
　　(清)朱朝瑛撰
　　　七經略記
禮記章句四十九卷
　　(清)王夫之撰
　　　船山遺書(道光本、同治本、民國本)
禮記疏略四十七卷
　　(清)張沐撰
　　　五經四書疏略
禮記篇目一卷

(清)芮城撰
　　昭代叢書(道光本)已集廣編
禮記偶箋三卷
　(清)萬斯大撰
　　萬充宗先生經學五書
　　得月簃叢書次刻
　　皇清經解續編(南菁書院本、蜚英館石
　　印本)
　　叢書集成初編・社會科學類
禮記詳說一百七十八卷
　(清)冉覲祖撰
　　五經詳說
禮記述注二十八卷
　(清)李光坡撰
　　四庫全書・經部禮類
日講禮記解義六十四卷
　　清聖祖撰
　　四庫全書・經部禮類
　　摛藻堂四庫全書薈要・經部
禮記集說七十卷
　(清)鄭元慶撰
　　吳興叢書
禮記章義十卷
　(清)姜兆錫撰
　　九經補注
禮記析疑四十八卷
　(清)方苞撰
　　抗希堂十六種
　禮記析疑四十六卷
　　四庫全書・經部禮類
禮記章句十卷
　(清)任啓運撰
　　任氏遺書
禮記訓義擇言八卷
　(清)江永撰
　　四庫全書・經部禮類
　　墨海金壺(嘉慶本、景嘉慶本)・經部
　　守山閣叢書(道光本、鴻文書局景道光
　　本、博古齋景道光本)・經部
　　皇清經解續編(南菁書院本、蜚英館石
　　印本)
　　叢書集成初編・社會科學類
禮記章句十卷
　(清)汪紱撰
　　汪雙池先生叢書
禮記或問八卷
　(清)汪紱撰
　　汪雙池先生叢書

禮記古義一卷
　(清)惠棟撰
　　昭代叢書(道光本)甲集褆
禮記全文備旨十一卷
　(清)鄒聖脈纂輯
　　五經備旨
禮記札記一卷
　(清)范爾梅撰
　　讀書小記
禮記旁訓六卷
　(清)徐立綱撰
　　五經旁訓(匠門書屋本、吳郡張氏本)
禮記旁訓增訂精義六卷
　(清)徐立綱撰　(清)竺靜甫(清)竺子壽增
　　訂　精義(清)賈淤撰
　　五經旁訓增訂精義
欽定禮記義疏八十二卷首一卷
　　清乾隆十三年敕撰
　　御纂七經(內府本、浙江書局本、江西
　　書局本、戶部本、崇文書局本、江南
　　書局本、鴻文書局石印本)
　　四庫全書・經部禮類
　　摛藻堂四庫全書薈要・經部
禮記虀編十卷
　(清)潘相撰
　　潘相所著書・經學八書
禮記偶記一卷
　(清)汪德鉞撰
　　七經偶記
禮記附記六卷
　(清)翁方綱撰
　　畿輔叢書
　　叢書集成初編・社會科學類
禮記補註四卷
　(清)李調元撰
　　函海(乾隆本、道光本)第二十函
　　函海(光緒本)第二十五函
　　叢書集成初編・社會科學類
讀禮記十二卷
　(清)趙良澍撰
　　涇川叢書(道光本、景道光本)續
　　叢書集成初編・社會科學類
禮記札記二卷
　(清)朱亦棟撰
　　十三經札記
禮記古訓考一卷
　(清)程際盛(炎)撰
　　稻香樓雜著・三禮鄭註考

禮記訓纂四十九卷
　　(清)朱彬撰
　　　　四部備要（排印本、縮印本）·經部·
　　　　清十三經注疏
畏齋禮記客難四卷
　　(清)龔元玠撰
　　　　十三經客難
禮記精義六卷首一卷末一卷
　　(清)黃淦撰
　　　　七經精義
禮記箋四十九卷
　　(清)郝懿行撰
　　　　郝氏遺書
禮記補疏三卷
　　(清)焦循撰
　　　　焦氏叢書（嘉慶道光本、光緒本）·六
　　　　經補疏
　　　　皇清經解（道光本、咸豐補刊本、鴻寶
　　　　齋石印本、點石齋石印本）
禮記恆解四十九卷
　　(清)劉沅撰
　　　　槐軒全書
禮記衷要三十卷
　　(清)李式穀輯
　　　　五經衷要
禮記釋注四卷
　　(清)丁晏撰
　　　　頤志齋叢書
　　　　六藝堂詩禮七編
　　　　花雨樓叢鈔續鈔
小戴禮記解不分卷
　　(清)丁壽昌撰
　　　　丁氏遺稿六種
禮記集說補義一卷
　　(清)方宗誠撰
　　　　柏堂遺書·柏堂經說
小戴禮記平議四卷
　　(清)俞樾撰
　　　　皇清經解續編（南菁書院本、蜚英館石
　　　　印本）·羣經平議
　　　　春在堂全書·羣經平議
禮記可讀八卷
　　(清)劉會縣撰
　　　　祥符劉氏叢書·五經讀本
禮記約解三十六卷
　　(清)劉會縣撰
　　　　祥符劉氏叢書·九經約解
禮記審議二卷

　　(清)葉大莊撰
　　　　寫經齋全集
讀小戴日記一卷
　　(清)于鬯撰
　　　　學古堂日記
讀小戴禮日記一卷
　　(清)阮惟和撰
　　　　學古堂日記
讀禮私記一卷
　　(清)夏鼎武撰
　　　　富陽夏氏叢刻
澹園學禮畢記一卷
　　(清)虞景璜撰
　　　　澹園雜著

民　國

禮記箋四十六卷
　　(民國)王闓運撰
　　　　湘綺樓全書
禮記識二卷
　　(民國)廖平撰
　　　　新訂六譯館叢書·禮類
治記緒論一卷
　　(民國)劉咸炘撰
　　　　推十書
禮記節本六卷
　　(民國)周學熙輯
　　　　周氏師古堂所編書·經傳簡本
禮訓纂二卷
　　(民國)魏元曠撰
　　　　魏氏全書·潛園統編後編

分篇之屬

禮記曲禮上下內則說例一卷
　　(民國)宋育仁撰
　　　　問琴閣叢書
禮記曲禮篇一卷
　　唐文治撰
　　　　茹經堂新著
檀弓記二卷
　　(宋)謝枋得評點　　(明)楊慎注
　　　　合刻周秦經書十種
檀弓解一卷
　　(宋)謝枋得批點
　　　　謝疊山先生評註四種合刻
檀弓叢訓二卷
　　(明)楊慎撰

函海（乾隆本、道光本）第十一函
函海（光緒本）第十四函
叢書集成初編・社會科學類

檀弓通二卷
　　（明）徐昭慶撰
　　　　檀弓通考工通合刻

檀弓訂誤一卷
　　（清）毛奇齡撰
　　　　賜硯堂叢書新編甲集
　　　　學海類編（道光本、景道光本）・經翼
　　　　昭代叢書（道光本）丙集第二帙
　　　　遜敏堂叢書
　　　　後知不足齋叢書第五函
　　　　叢書集成初編・社會科學類

檀弓疑問一卷
　　（清）邵泰衢撰
　　　　四庫全書・經部禮類

檀弓辨誣三卷
　　（清）夏炘撰
　　　　景紫堂全書第一冊

考定檀弓二卷
　　（清）程穆衡章句
　　　　借月山房彙鈔（嘉慶本、景嘉慶本）第
　　　　　一集
　　　　澤古齋重鈔第一集
　　　　叢書集成初編・社會科學類

王制管窺一卷
　　（清）耿極撰
　　　　畿輔叢書
　　　　叢書集成初編・社會科學類

王制通論一卷
　　（民國）程大璋撰
　　　　半帆樓叢書
　　　　白堅堂叢書第一集

王制義按三卷
　　（民國）程大璋撰
　　　　半帆樓叢書
　　　　白堅堂叢書第一集

王制箋一卷
　　（清）皮錫瑞撰
　　　　師伏堂叢書
　　　　皮氏經學叢書

王制學凡例一卷
　　（民國）廖平撰
　　　　新訂六譯館叢書・春秋類

王制訂一卷
　　（民國）廖平撰
　　　　新訂六譯館叢書・春秋類

王制集說一卷
　　（民國）廖平撰　（清）范變筆迹
　　　　新訂六譯館叢書・春秋類

月令佚文一卷
　　（清）王仁俊輯
　　　　經籍佚文

月令輯佚一卷
　　（清）孫國仁撰
　　　　苊愚堂叢書

月令章句一卷
　　（漢）蔡邕撰　（清）王謨輯
　　　　漢魏遺書鈔・經翼第二冊

蔡氏月令章句二卷
　　（漢）蔡邕撰　（清）臧庸輯
　　　　拜經堂叢書（同述觀本、景同述觀本）
　　　　鮑齋叢書

月令章句一卷
　　（漢）蔡邕撰　（清）馬國翰輯
　　　　玉函山房輯佚書（嫏嬛館本、重印本、
　　　　　楚南書局本）・經編禮記類

月令章句一卷
　　（漢）蔡邕撰　（清）黃奭輯
　　　　漢學堂叢書・經解禮類
　　　　黃氏逸書考（民國修補本、民國補刊
　　　　　本）・漢學堂經解

月令章句一卷
　　（漢）蔡邕撰　（清）王仁俊輯
　　　　玉函山房輯佚書續編・經編禮記類

月令蔡氏章句一卷
　　　　十三經漢注

蔡氏月令二卷
　　（漢）蔡邕撰　（清）蔡雲輯
　　　　龍谿精舍叢書・經部
　　　　元和蔡氏所著書

蔡氏月令五卷
　　　　南菁書院叢書

月令章句四卷
　　（漢）蔡邕撰　（民國）葉德輝輯
　　　　觀古堂所著書（光緒本、民國重編本）
　　　　　第一集
　　　　郎園先生全書

月令章句三卷
　　（漢）蔡邕撰　（清）陶潛宣輯
　　　　稷山館輯補書

明堂月令論一卷
　　（漢）蔡邕撰　（清）王謨輯
　　　　漢魏遺書鈔・經翼第二冊

明堂月令論一卷

（漢）蔡邕撰　（清）黃奭輯
　　黃氏逸書考（民國修補本、民國補刊
　　本）·漢學堂經解
月令問答一卷
　（漢）蔡邕撰
　　說郛（宛委山堂本）弓四
　　五朝小說大觀（掃葉山房本）·魏晉小
　　說藝術家
月令問答一卷
　（漢）蔡邕撰　（清）馬國翰輯
　　玉函山房輯佚書（嫏嬛館本、重印本、
　　楚南書局本）·經編禮記類
月令問答一卷
　（漢）蔡邕撰　（清）黃奭輯
　　漢學堂叢書·經解禮類
　　黃氏逸書考（民國修補本、民國補刊
　　本）·漢學堂經解
月令解十二卷
　（宋）張慮撰
　　四庫全書·經部禮類
　　四庫全書珍本初集·經部禮類
　　四明叢書第三集
黃先生月令明義四卷
　（明）黃道周撰
　　鏍黃先生進覽書四種
　月令明義四卷
　　石齋先生經傳九種
　　四庫全書·經部禮類
月令考一卷
　（清）莫熺撰
　　花近樓叢書
禮記月令攷異十二卷
　（清）孫國仁撰
　·　砭愚堂叢書
內則章句一卷
　（清）顧陳垿撰
　　東倉書庫叢刻初編
禮記內則篇一卷
　　唐文治撰
　　茹經堂新著
學記臆解一卷
　（清）劉光蕡撰
　　煙霞草堂遺書
　　關中叢書
學記箋證四卷
　（民國）王樹枏撰
　　陶廬叢刻

學記補注一卷
　（民國）宋育仁撰
　　問琴閣叢書
禮記祭義篇一卷
　　唐文治撰
　　茹經堂新著
禮記子思子言鄭注補正四卷
　（民國）簡朝亮撰
　　讀書堂叢刻
坊記集傳二卷
　（明）黃道周撰
　　石齋先生經傳九種
　　四庫全書·經部禮類
坊記新解一卷
　（民國）廖平撰
　　新訂六譯館叢書·孝經類
表記集傳二卷
　（明）黃道周撰
　　石齋先生經傳九種
　　四庫全書·經部禮類
黃先生緇衣集傳六卷
　（明）黃道周撰
　　鏍黃先生進覽書四種
　緇衣集傳四卷
　　石齋先生經傳九種
　　四庫全書·經部禮類
深衣考一卷
　（清）黃宗羲撰
　　四庫全書·經部禮類
　　借月山房彙鈔（嘉慶本、景嘉慶本）第
　　一集
　　澤古齋重鈔第一集
　　南菁書院叢書第二集
深衣考誤一卷
　（清）江永撰
　　四庫全書·經部禮類
　　藝海珠塵癸集
　　皇清經解（道光本、咸豐補刊本、鴻寶
　　齋石印本、點石齋石印本）
深衣釋例三卷
　（清）任大椿撰
　　燕禧堂五種
　　皇清經解續編（南菁書院本、蜚英館石
　　印本）
黃先生儒行集傳四卷
　（明）黃道周撰
　　鏍黃先生進覽書四種

儒行集傳二卷
　　石齋先生經傳九種
　　四庫全書·經部禮類
禮記儒行篇一卷
　　唐文治撰
　　茹經堂新著
禮記冠義篇一卷
　　唐文治撰
　　茹經堂新著

專著之屬

禮記天算釋一卷
　　(清)孔廣牧撰
　　　　思進齋叢書第三集
　　　　廣雅書局叢書·經類
　　　　皇清經解續編(南菁書院本、蜚英館石
　　　　印本)
　　　　正覺樓叢刻
　　　　叢書集成初編·自然科學類
禮記義疏算法解一卷
　　(清)談泰撰
　　　　金陵叢刻
　　　　叢書集成初編·自然科學類
王制井田算法解一卷
　　(清)談泰撰
　　　　金陵叢刻
　　　　叢書集成初編·自然科學類
王制里畝算法解一卷
　　(清)談泰撰
　　　　秫秝彙編
　　　　金陵叢刻
　　　　叢書集成初編·自然科學類
月令動植小箋一卷
　　(清)王廷鼎撰
　　　　紫薇花館集·紫薇花館經說
分撰兩戴記章句凡例一卷
　　(民國)廖平撰
　　　　螢雲雷齋叢書
　　　　四益館經學叢書
分撰兩戴記章句凡例一卷附兩戴記分
　撰凡例一卷
　　　　新訂六譯館叢書·禮類

文字音義之屬

禮記音義隱一卷

(吳)射慈撰　　(清)王謨輯
　　漢魏遺書鈔·經翼第二冊
禮記音義隱一卷
　　(吳)射慈撰　　(清)黃奭輯
　　　　黃氏逸書考(民國修補本、民國補刊
　　　　本)·漢學堂經解
禮記音義隱一卷
　　(□)謝□撰　　(清)馬國翰輯
　　　　玉函山房輯佚書(嫏嬛館本、重印本、
　　　　楚南書局本)·經編禮記類
禮記音義隱一卷
　　(□)謝□撰　　(清)王仁俊輯
　　　　玉函山房輯佚書續編·經編禮記類
禮記范氏音一卷
　　(晉)范宣撰　　(清)馬國翰輯
　　　　玉函山房輯佚書(嫏嬛館本、重印本、
　　　　楚南書局本)·經編禮記類
禮記徐氏音三卷
　　(晉)徐邈撰　　(清)馬國翰輯
　　　　玉函山房輯佚書(嫏嬛館本、重印本、
　　　　楚南書局本)·經編禮記類
禮記劉氏音一卷
　　(□)劉昌宗撰　　(清)馬國翰輯
　　　　玉函山房輯佚書(嫏嬛館本、重印本、
　　　　楚南書局本)·經編禮記類
禮記音訓不分卷
　　(清)楊國楨撰
　　　　十一經音訓(道光本、光緒本)
禮記鄭讀攷六卷
　　(清)陳壽祺撰　　(清)陳喬樅述
　　　　左海續集
　　　　皇清經解續編(南菁書院本、蜚英館石
　　　　印本)
禮記鄭讀考一卷
　　(清)俞樾撰
　　　　皇清經解續編(南菁書院本、蜚英館石
　　　　印本)
　　　　春在堂全書·俞樓雜纂
禮記異文箋一卷
　　(清)俞樾撰
　　　　皇清經解續編(南菁書院本、蜚英館石
　　　　印本)
　　　　春在堂全書·俞樓雜纂
禮記經注校證二卷
　　(民國)王祖畬撰
　　　　王文貞集
　　　　十三經讀本(唐文治輯)·禮記讀本附

大戴禮記類

傳說之屬

大戴禮記十三卷
　　（漢）戴德撰　（北周）盧辯注
　　　　漢魏叢書（萬曆本、景萬曆本）・經籍
　　　　廣漢魏叢書（萬曆本、嘉慶本）・經翼
　　　　祕書九種
　　　　雅雨堂藏書
　　　　四庫全書・經部禮類
　　　　武英殿聚珍版書（武英殿木活字本、福
　　　　　建本、廣雅書局本）・經部
　　　　增訂漢魏叢書（乾隆本、紅杏山房本、
　　　　　三餘堂本、大通書局石印本）・經翼
　　　　四部叢刊（初次印本、二次印本、縮印
　　　　　二次印本）・經部
　　　　叢書集成初編・社會科學類
　大戴禮記一卷
　　　　增定漢魏六朝別解・經部
大戴禮記十三卷
　　（漢）戴德撰　（北周）盧辯注　（清）朱軾句
　讀
　　　　朱文端公藏書（康熙至乾隆本、光緒
　　　　　本）
大戴禮記一卷
　　（漢）戴德撰　（清）任兆麟選輯
　　　　述記（乾隆本、嘉慶本）
大戴禮記正誤一卷
　　（清）汪中撰
　　　　皇清經解（道光本、咸豐補刊本、鴻寶
　　　　　齋石印本、點石齋石印本）
　　　　重印江都汪氏叢書
戴禮緒言四卷
　　（清）陸奎勳撰
　　　　陸堂經學叢書
大戴禮記補注十三卷序錄一卷
　　（清）孔廣森撰
　　　　�軒孔氏所著書
　　　　畿輔叢書
　　　　叢書集成初編・社會科學類
　大戴禮記補注十三卷
　　　　皇清經解（道光本、咸豐補刊本、鴻寶
　　　　　齋石印本、點石齋石印本）
校正孔氏大戴禮記補注十三卷
　　（民國）王樹枏撰

　　　　畿輔叢書
　　　　陶廬叢刻
　　　　叢書集成初編・社會科學類
大戴禮記正本一卷
　　（清）姜國伊撰
　　　　守中正齋叢書
大戴禮注補十三卷
　　（清）汪照撰
　　　　皇清經解續編（南菁書院本、蜚英館石
　　　　　印本）
大戴禮記解詁十三卷
　　（清）王聘珍撰
　　　　廣雅書局叢書・經類
大戴禮記審議二卷
　　（清）葉大莊撰
　　　　寫經齋全集
大戴禮記平議二卷
　　（清）俞樾撰
　　　　皇清經解續編（南菁書院本、蜚英館石
　　　　　印本）・羣經平議
　　　　春在堂全書・羣經平議

分篇之屬

夏小正一卷
　　（漢）戴德傳
　　　　說郛（宛委山堂本）弓四
夏小正一卷
　　（漢）戴德傳　（清）任兆麟選輯
　　　　述記（乾隆本、嘉慶本）
夏小正傳二卷
　　（漢）戴德撰　（清）孫星衍校
　　　　岱南閣叢書（沇州本）
　　　　翠琅玕館叢書（馮兆年輯）第二集
　　　　翠琅玕館叢書（黃任恆輯）・經部
　　　　芋園叢書・經部
　　　　叢書集成初編・自然科學類
夏小正傳校勘記一卷
　　（清）丁壽徵撰
　　　　小方壺齋叢書二集
夏小正戴氏傳四卷
　　（漢）戴德撰　（宋）傅崧卿注
　　　　通志堂經解（康熙本、同治本）・三禮
　　　　四庫全書・經部禮類
夏小正戴氏傳四卷附校錄一卷
　　（漢）戴德撰　（宋）傅崧卿注　校錄（清）黃
　丕烈撰
　　　　士禮居黃氏叢書（黃氏本、蜚英館景黃
　　　　　氏本、石竹山房景黃氏本、博古齋景

黃氏本)
　　叢書集成初編‧自然科學類
夏小正解一卷附徐本夏小正舉異一卷
　　(清)徐世溥撰
　　　　豫章叢書(陶福履輯)第一集
　　　　叢書集成初編‧自然科學類
夏小正詁一卷
　　(清)諸錦撰
　　　　絳跗閣經說三種
　　　　賜硯堂叢書新編甲集
　　　　昭代叢書(道光本)丙集補
　　　　後知不足齋叢書第五函
夏小正輯註四卷
　　(清)范家相輯
　　　　范氏三種
夏小正攷注一卷
　　(清)畢沅撰
　　　　經訓堂叢書(乾隆本、景乾隆本)
　　　　叢書集成初編‧自然科學類
夏小正箋一卷
　　(清)李調元撰
　　　　函海(乾隆本、道光本)第十九函
　　　　函海(光緒本)第二十五函
　　　　叢書集成初編‧自然科學類
夏小正補注四卷
　　(清)任兆麟撰
　　　　心齋十種
夏小正分箋四卷
　　(清)黃模撰
　　　　皇清經解續編(南菁書院本、蜚英館石
　　　　印本)
　　　　鄮齋叢書
夏小正異義二卷
　　(清)黃模撰
　　　　皇清經解續編(南菁書院本、蜚英館石
　　　　印本)
夏時考一卷
　　(清)安吉撰
　　　　安氏家集
夏時明堂陰陽經一卷
　　(清)莊述祖撰
　　　　珍埶宧遺書‧明堂陰陽夏小正經傳考
　　　　釋
夏時說義二卷
　　(清)莊述祖撰
　　　　珍埶宧遺書‧明堂陰陽夏小正經傳考
　　　　釋
夏小正等例文句音義六卷

(清)莊述祖撰
　　珍埶宧遺書‧明堂陰陽夏小正經傳考
　　釋
夏小正等例一卷
　　(清)莊述祖撰
　　　　珍埶宧遺書‧明堂陰陽夏小正經傳考
　　　　釋
夏小正疏義四卷異字記一卷釋音一卷
　　(清)洪震煊撰
　　　　傳經堂叢書
　　　　皇清經解(道光本、咸豐補刊本、鴻寶
　　　　齋石印本、點石齋石印本)
夏小正經傳集解四卷
　　(清)顧鳳藻撰
　　　　士禮居黃氏叢書(黃氏本、蜚英館景黃
　　　　氏本、石竹山房景黃氏本、博古齋景
　　　　黃氏本)
　　　　叢書集成初編‧自然科學類
夏小正正義一卷
　　(清)王筠撰
　　　　王菉友九種
　　　　天壤閣叢書
　　　　叢書集成初編‧自然科學類
夏小正補傳一卷
　　(清)朱駿聲撰
　　　　朱氏羣書
夏小正求是四卷
　　(清)姚燮撰
　　　　四明叢書第二集
夏小正詩十二卷
　　(清)馬國翰撰
　　　　玉函山房全集
夏小正箋疏四卷
　　(清)馬徵慶撰
　　　　淡園全集
　　　　馬鍾山遺書
夏時考訓蒙一卷
　　(清)鄭曉如撰
　　　　鄭氏四種
夏小正集說四卷
　　(清)程鴻詔撰
　　　　有恆心齋集
夏小正小箋四卷附渴誤
　　(清)王貞撰
　　　　百本書齋藏書
夏小正管窺一卷
　　(清)鄒樹榮撰
　　　　南昌鄒氏一㮎園叢書

夏小正私箋一卷
　　(清)吳汝綸撰
　　　　桐城吳先生全書·經說附錄
夏小正家塾本一卷
　　(清)于鬯撰
　　　　于香草遺著叢輯
夏小正說例一卷
　　(民國)宋育仁撰
　　　　問琴閣叢書
夏大正逸文考一卷
　　(清)王紹蘭輯
　　　　蕭山王氏十萬卷樓輯佚七種
大戴禮記曾子疾病篇講義一卷
　　唐文治撰
　　　　茹經堂新著
踐阼篇集解一卷
　　(宋)王應麟撰
　　　　玉海(元刊明修清康熙補刊本、浙江書
　　　　局本、成都志古堂本)附刻

逸記之屬

大戴禮逸一卷
　　　　說郛(宛委山堂本)弓五
大戴禮逸
　　(清)劉學寵輯
　　　　青照堂叢書摘次編第二函·諸經緯賈
王度記一卷附三正記
　　(周)淳于髡等撰　(清)王謨輯
　　　　漢魏遺書鈔·經翼第二冊
孔子三朝記一卷
　　(清)馬國翰輯
　　　　玉函山房輯佚書（嫏嬛館本、重印本、
　　　　楚南書局本)補遺·經編論語類
孔子三朝記七卷目錄一卷
　　(清)洪頤煊注
　　　　傳經堂叢書
　　　　邃雅齋叢書
孔子三朝記輯注五卷
　　(清)顧宗伊撰
　　　　曲臺四書輯注

三禮總義類

通論之屬

石渠禮論一卷

　　(漢)戴聖撰　(清)王謨輯
　　　　漢魏遺書鈔·經翼第二冊
石渠禮論一卷
　　(漢)戴聖撰　(清)洪頤煊輯
　　　　問經堂叢書·經典集林
　　　　經典集林
漢甘露石渠禮議一卷
　　(漢)戴聖撰　(清)宋翔鳳輯
　　　　浮谿精舍叢書
石渠禮論一卷
　　(漢)戴聖撰　(清)馬國翰輯
　　　　玉函山房輯佚書（嫏嬛館本、重印本、
　　　　楚南書局本)·經編通禮類
石渠禮論一卷
　　(漢)戴聖撰　(清)黃奭輯
　　　　漢學堂叢書·子史鉤沈·史部政書類
　　　　黃氏逸書考（民國修補本、民國補刊
　　　　本)·子史鉤沈
荀氏禮傳一卷
　　(漢)荀爽撰　(清)王仁俊輯
　　　　玉函山房輯佚書續編·經編通禮類
皇覽逸禮一卷附中霤禮
　　(魏)繆襲撰　(清)王謨輯
　　　　漢魏遺書鈔·經翼第二冊
五禮駁一卷
　　(晉)孫毓撰　(清)王謨輯
　　　　漢魏遺書鈔·經翼第二冊
禮雜問一卷
　　(晉)范甯撰　(清)馬國翰輯
　　　　玉函山房輯佚書（嫏嬛館本、重印本、
　　　　楚南書局本)·經編通禮類
雜禮議一卷
　　(晉)吳商撰　(清)馬國翰輯
　　　　玉函山房輯佚書（嫏嬛館本、重印本、
　　　　楚南書局本)·經編通禮類
禮論難一卷
　　(晉)范宣撰　(清)馬國翰輯
　　　　玉函山房輯佚書（嫏嬛館本、重印本、
　　　　楚南書局本)補遺·經編通禮類
禮論答問一卷
　　(晉)徐廣撰　(清)馬國翰輯
　　　　玉函山房輯佚書（嫏嬛館本、重印本、
　　　　楚南書局本)·經編通禮類
禮論一卷
　　(劉宋)何承天撰　(清)馬國翰輯
　　　　玉函山房輯佚書（嫏嬛館本、重印本、
　　　　楚南書局本)·經編通禮類
禮論條牒一卷

（劉宋）任預撰　（清）馬國翰輯
　　玉函山房輯佚書（瑯嬛館本、重印本、
　　楚南書局本）‧經編通禮類

禮義答問一卷
　　（南齊）王儉撰　（清）馬國翰輯
　　　玉函山房輯佚書（瑯嬛館本、重印本、
　　　楚南書局本）‧經編通禮類

禮論鈔略一卷
　　（南齊）荀萬秋撰　（清）馬國翰輯
　　　玉函山房輯佚書（瑯嬛館本、重印本、
　　　楚南書局本）‧經編通禮類

禮統一卷
　　（梁）賀述撰　（清）王謨輯
　　　漢魏遺書鈔‧經翼第二冊

禮統一卷
　　（梁）賀述撰　（清）馬國翰輯
　　　玉函山房輯佚書（瑯嬛館本、重印本、
　　　楚南書局本）‧經編通禮類

禮疑義一卷
　　（梁）周捨撰　（清）馬國翰輯
　　　玉函山房輯佚書（瑯嬛館本、重印本、
　　　楚南書局本）‧經編通禮類

三禮義宗一卷
　　（梁）崔靈恩撰　（清）王謨輯
　　　漢魏遺書鈔‧經翼第二冊

三禮義宗四卷
　　（梁）崔靈恩撰　（清）馬國翰輯
　　　玉函山房輯佚書（瑯嬛館本、重印本、
　　　楚南書局本）‧經編通禮類

三禮義宗一卷
　　（梁）崔靈恩撰　（清）黃奭輯
　　　漢學堂叢書‧經解禮類
　　　黃氏逸書考（民國修補本、民國補刊
　　　本）‧漢學堂經解

三禮義宗一卷
　　（梁）崔靈恩撰　（清）王仁俊輯
　　　玉函山房輯佚書續編‧經編通禮類

釋疑論一卷
　　（唐）元行沖撰　（清）馬國翰輯
　　　玉函山房輯佚書（瑯嬛館本、重印本、
　　　楚南書局本）‧經編通禮類

三禮考一卷
　　（宋）眞德秀撰
　　　學海類編（道光本、景道光本）‧經翼
　　　遜敏堂叢書
　　　叢書集成初編‧總類

三禮紋錄一卷
　　（元）吳澄撰

說郛（宛委山堂本）号四

三禮編繹四卷
　　（明）鄧元錫撰
　　　五經繹

三禮類綜四卷
　　（□）黃春渠撰
　　　文藻四種

讀禮問一卷
　　（清）吳肅公撰
　　　昭代叢書（康熙本）乙集第一帙
　　　昭代叢書（道光本）乙集第一帙
　　　讀禮叢鈔

讀禮志疑六卷
　　（清）陸隴其撰
　　　四庫全書‧經部禮類
　　　正誼堂全書
　　　陸子全書

讀禮志疑十二卷
　　　學海類編（道光本、景道光本）‧經翼

讀禮志疑十二卷附一卷
　　　叢書集成初編‧總類

學禮質疑二卷
　　（清）萬斯大撰
　　　萬充宗先生經學五書
　　　四庫全書‧經部禮類
　　　皇清經解（道光本、咸豐補刊本、鴻寶
　　　齋石印本、點石齋石印本）

三禮指要一卷
　　（清）陳廷敬撰
　　　學海類編（道光本、景道光本）‧經翼
　　　遜敏堂叢書
　　　叢書集成初編‧總類

朱子禮纂五卷
　　（清）李光地輯
　　　李文貞公全集
　　　四庫全書‧經部禮類
　　　榕村全書

學禮五卷
　　（清）李塨撰
　　　顏李叢書
　　　畿輔叢書‧李恕谷遺書
　　　叢書集成初編‧社會科學類

禮說十四卷
　　（清）惠士奇撰
　　　四庫全書‧經部禮類
　　　璜川吳氏經學叢書
　　　皇清經解（道光本、咸豐補刊本、鴻寶
　　　齋石印本、點石齋石印本）

參讀禮志疑二卷
　　(清)汪紱撰
　　　四庫全書·經部禮類
　　　汪雙池先生叢書·浙刻雙池遺書十二
　　　種

學禮闕疑八卷
　　(清)劉青蓮撰
　　　劉氏傳家集

五宗圖說一卷
　　(清)萬光泰撰
　　　廣倉學宭叢書甲類第一集

禮經質疑一卷
　　(清)杭世駿撰
　　　道古堂外集(乾隆本、光緒本)
　　　補史亭賸稿六種
　　　食舊堂叢書·道古堂外集

禮箋三卷
　　(清)金榜撰
　　　皇清經解(道光本、咸豐補刊本、鴻寶
　　　齋石印本、點石齋石印本)

三禮義證十二卷
　　(清)武億撰
　　　授堂遺書(乾隆本、道光本)

禮學卮言六卷
　　(清)孔廣森撰
　　　指海(道光本、景道光本)第二十集
　　　顨軒孔氏所著書
　　　皇清經解 (道光本、咸豐補刊本、鴻寶
　　　齋石印本、點石齋石印本)

禮說四卷
　　(清)凌曙撰
　　　皇清經解 (道光本、咸豐補刊本、鴻寶
　　　齋石印本、點石齋石印本)

古禮樂迻一卷附錄一卷
　　(清)李誠撰　　附錄(清)李春枝撰
　　　台州叢書後集

學禮管釋十八卷
　　(清)夏炘撰
　　　皇清經解續編(南菁書院本、蜚英館石
　　　印本)

釋禮一卷
　　(清)何志高撰
　　　西夏經義(道光本、光緒本)

佚禮抉微五卷
　　(清)丁晏輯
　　　南菁書院叢書第三集

禮經學迻一卷
　　(清)秦麗昌撰

　　昭代叢書(道光本)癸集萃編

求志居禮說三卷
　　(清)陳世鎔撰
　　　求志居全集

三禮經義附錄一卷
　　(清)茆泮林撰
　　　鶴壽堂叢書

三禮從今三卷
　　(清)黃本驥撰
　　　洪氏唐石經館叢書

禮經通論一卷
　　(清)邵懿辰撰
　　　皇清經解續編(南菁書院本、蜚英館石
　　　印本)
　　　半巖廬所箸書

鄭君駁正三禮考一卷
　　(清)俞樾撰
　　　皇清經解續編(南菁書院本、蜚英館石
　　　印本)
　　　春在堂全書·俞樓雜纂

留村禮意三卷
　　(清)童正心撰　　(清)童能靈分釋
　　　冠豸山堂全集

禮說六卷
　　(清)黃以周撰
　　　儆季雜著

禮說略三卷
　　　皇清經解續編(南菁書院本、蜚英館石
　　　印本)

逸禮大義論六卷
　　(清)汪宗沂撰
　　　己卯叢編

澹園讀書畢記一卷
　　(清)虞景璜撰
　　　澹園雜著

四禮補注四卷
　　(清)于鬯撰
　　　于香草遺著叢輯

禮說一卷
　　(民國)廖平撰
　　　新訂六譯館叢書·禮類

禮學大義一卷
　　(民國)張錫恭撰
　　　庚辰叢編

禮書通故識語一卷
　　(民國)陳漢章撰
　　　綴學堂叢稿初集

制度名物之屬

求古錄禮說十五卷補遺一卷
　　（清）金鶚撰
　　　　皇清經解續編（南菁書院本、蜚英館石
　　　　印本）
求古錄禮說補遺一卷續一卷
　　（清）金鶚撰
　　　　滂喜齋叢書第一函
　　　　叢書集成初編・社會科學類
魯禮禘祫志一卷
　　（漢）鄭玄撰　（清）王謨輯
　　　　漢魏遺書鈔・經翼第二冊
魯禮禘祫義一卷
　　（漢）鄭玄撰　（清）袁鈞輯
　　　　鄭氏佚書（浙江書局本）
魯禮禘祫義一卷
　　（漢）鄭玄撰　（清）孔廣林輯
　　　　通德遺書所見錄
魯禮禘祫志一卷
　　（漢）鄭玄撰　（清）馬國翰輯
　　　　玉函山房輯佚書（嫏嬛館本、重印本、
　　　　楚南書局本）・經編通禮類
魯禮禘祫義一卷
　　（漢）鄭玄撰　（清）黃奭輯
　　　　漢學堂叢書・高密遺書
　　　　黃氏逸書考（民國修補本、民國補刊
　　　　本）・通德堂經解
魯禮禘祫義疏證一卷
　　（清）皮錫瑞撰
　　　　師伏堂叢書
　　　　皮氏經學叢書
郊社禘祫問一卷
　　（清）毛奇齡撰
　　　　西河合集（康熙本、乾隆修補本）・經
　　　　集
　　　　四庫全書・經部禮類
　　　　藝海珠塵木集（辛集）
　　　　皇清經解續編（南菁書院本、蜚英館石
　　　　印本）
　　　　叢書集成初編・社會科學類
郊社考辨一卷
　　（清）李塨撰
　　　　顏李叢書・四考辨
禘祫考辨一卷
　　（清）李塨撰
　　　　顏李叢書・四考辨

禘說二卷
　　（清）惠棟撰
　　　　經訓堂叢書（乾隆本、景乾隆本）
　　　　皇清經解續編（南菁書院本、蜚英館石
　　　　印本）
經傳禘祀通考一卷
　　（清）崔述撰
　　　　崔東壁遺書（道光本、景道光本、亞東
　　　　圖書館排印本）・王政三典考
禘祫觿解篇一卷
　　（清）孔廣林撰
　　　　孔叢伯說經五稾
祭儀攷四卷
　　（清）龔景瀚撰
　　　　澹靜齋全集
禘祫問答一卷
　　（誤題清胡匡衷撰）
　　　　昭代叢書（道光本）乙集補
　　（清）胡培翬撰
　　　　皇清經解續編（南菁書院本、蜚英館石
　　　　印本）
　禘祫答問一卷
　　　　藝海珠塵壬集
禘說一卷
　　（清）觀頮道人輯
　　　　閩竹居叢書
郊說一卷
　　（清）觀頮道人輯
　　　　閩竹居叢書
宗廟考辨一卷
　　（清）李塨撰
　　　　顏李叢書・四考辨
天子肆獻祼饋食禮纂三卷
　　（清）任啓運撰
　　　　任氏遺書
　肆獻祼饋食禮三卷
　　　　四庫全書・經部禮類
　天子肆獻祼饋食禮纂二卷
　　　　皇清經解續編（南菁書院本、蜚英館石
　　　　印本）
澹靜齋說祼一卷圖一卷
　　（清）龔景瀚撰
　　　　澹靜齋全集
祼禮搉一卷
　　（民國）王國維撰
　　　　廣倉學宭叢書甲類第一集
明堂制度論一卷
　　（後魏）李謐撰　（清）馬國翰輯

玉函山房輯佚書（嫏嬛館本、重印本、
　　楚南書局本)補遺·經編通禮類
明堂問一卷
　（清)毛奇齡撰
　　西河合集（康熙本、乾隆修補本)·經
　　集
　　龍威祕書八集
　　叢書集成初編·應用科學類
明堂大道錄八卷
　（清)惠棟撰
　　經訓堂叢書(乾隆本、景乾隆本)
　　皇清經解續編(南菁書院本、蜚英館石
　　印本)
　　叢書集成初編·社會科學類
明堂億一卷
　（清)孔廣林撰
　　孔叢伯說經五稾
明堂考三卷
　（清)孫星衍撰
　　問經堂叢書
　　叢書集成初編·應用科學類
考工記世室重屋明堂考一卷
　（清)俞樾撰
　　皇清經解續編(南菁書院本、蜚英館石
　　印本)·羣經平議
　　春在堂全書·羣經平議
明堂考一卷
　（清)胡夤撰
　　四明叢書第六集
明堂廟寢通考一卷
　（民國)王國維撰
　　雪堂叢刻
廟制折衷二卷
　（清)毛奇齡撰
　　西河合集（康熙本、乾隆修補本)·經
　　集
廟制圖考一卷
　（清)萬斯同撰
　　四庫全書·史部政書類
　　四明叢書第八集
宮室考十三卷
　（清)任啓運撰
　　四庫全書·經部禮類
宮室攷一卷
　　聚學軒叢書第三集
朝廟宮室考一卷
　　任氏遺書
朝廟宮室考竝圖一卷

皇清經解續編(南菁書院本、蜚英館石
　　印本)
釋宮小記一卷
　（清)程瑤田撰
　　通藝錄
　　皇清經解（道光本、咸豐補刊本、鴻寶
　　齋石印本、點石齋石印本)
　　安徽叢書第二期·通藝錄
羣經宮室圖二卷
　（清)焦循撰
　　焦氏叢書(嘉慶道光本、光緒本)
　　皇清經解續編(南菁書院本、蜚英館石
　　印本)
禮經宮室答問二卷
　（清)洪頤煊撰
　　傳經堂叢書
燕寢考三卷
　（清)胡培翬撰
　　指海(道光本、景道光本)第十三集
　　皇清經解（道光本、咸豐補刊本、鴻寶
　　齋石印本、點石齋石印本)
學校問一卷
　（清)毛奇齡撰
　　西河合集（康熙本、乾隆修補本)·經
　　集
　　藝海珠塵木集(辛集)
　　叢書集成初編·社會科學類
論學制備忘記一卷
　（清)段玉裁撰
　　昭代叢書(道光本)己集廣編補
學制統述二卷
　（清)夏炘撰
　　景紫堂全書第四册
大小宗通繹一卷
　（清)毛奇齡撰
　　西河合集（康熙本、乾隆修補本)·經
　　集
　　藝海珠塵匏集(戊集)
　　皇清經解續編(南菁書院本、蜚英館石
　　印本)
　　叢書集成初編·社會科學類
宗法論一卷
　（清)萬斯大撰
　　昭代叢書(道光本)庚集埤編補
宗法小記一卷
　（清)程瑤田撰
　　通藝錄
　　皇清經解（道光本、咸豐補刊本、鴻寶

齋石印本、點石齋石印本)
　　安徽叢書第二期・通藝錄

三禮儀制歌訣一卷
　　(清)李鍾倫撰
　　　李文貞公全集
　　　榕村全書附

弁服釋例八卷
　　(清)任大椿撰
　　　皇清經解(道光本、咸豐補刊本、鴻寶
　　　齋石印本、點石齋石印本)

釋服二卷
　　(清)宋綿初撰
　　　皇清經解續編(南菁書院本、蜚英館石
　　　印本)

羣經冠服圖考三卷
　　(清)黃世發撰
　　　戊寅叢編

吉凶服名用篇八卷敍錄一卷
　　(清)孔廣林撰
　　　孔叢伯說經五棗

古經服緯三卷附釋問一卷
　　(清)雷鐏撰　(清)雷學淇釋併撰釋問
　　　畿輔叢書

古經服緯三卷
　　(清)雷鐏述　(清)雷學淇釋
　　　叢書集成初編・應用科學類

冕弁冠服圖一卷
　　(清)張惠言撰
　　　素隱所刻書

冕弁冠服表一卷
　　(清)張惠言撰
　　　素隱所刻書

冕服考四卷
　　(清)焦廷琥撰
　　　積學齋叢書

三綱制服尊尊述義三卷
　　(清)夏炘撰
　　　景紫堂全書第二冊

衰說考誤一卷
　　(清)夏震武撰
　　　富陽夏氏叢刻

玉佩考一卷
　　(清)俞樾撰
　　　皇清經解續編(南菁書院本、蜚英館石
　　　印本)
　　　春在堂全書・俞樓雜纂

禮器釋名十八卷

(民國)桑宣撰
　　鐵研齋叢書

圖 之 屬

三禮圖三卷
　　(清)孫馮翼輯
　　　問經堂叢書

三禮圖一卷
　　(漢)鄭玄(漢)阮諶撰　(清)馬國翰輯
　　　玉函山房輯佚書(嫏嬛館本、重印本、
　　　楚南書局本)・經編通禮類

三禮圖一卷
　　(漢)阮諶撰　(清)王謨輯
　　　漢魏遺書鈔・經翼第二冊

三禮圖一卷
　　(漢)阮諶撰　(清)責奭輯
　　　漢學堂叢書・經解禮類
　　　黃氏逸書考(民國修補本、民國補刊
　　　本)・漢學堂經解

梁氏三禮圖一卷
　　(□)梁正撰　(清)馬國翰輯
　　　玉函山房輯佚書(嫏嬛館本、重印本、
　　　楚南書局本)補遺・經編通禮類

張氏三禮圖一卷
　　(唐)張鎰撰　(清)馬國翰輯
　　　玉函山房輯佚書(嫏嬛館本、重印本、
　　　楚南書局本)補遺・經編通禮類

新定三禮圖二十卷
　　(宋)聶崇義集注
　　　通志堂經解(康熙本、同治本)・三禮

析城鄭氏家塾重校三禮圖二十卷
　　　四部叢刊三編・經部

三禮圖集注二十卷
　　(宋)聶崇義撰
　　　四庫全書・經部禮類
　　　摛藻堂四庫全書薈要・經部

韓氏三禮圖說二卷
　　(元)韓信同撰
　　　廣倉學窘叢書甲類第一集

三禮圖四卷
　　(明)劉績撰
　　　四庫全書・經部禮類
　　　湖北先正遺書・經部

目 錄 之 屬

三禮目錄一卷

（漢）鄭玄撰　（清）王謨輯
　　漢魏遺書鈔・經翼第二册
三禮目錄一卷
　（漢）鄭玄撰　（清）袁鈞輯
　　鄭氏佚書（浙江書局本）
三禮目錄一卷
　（漢）鄭玄撰　（清）孔廣林輯
　　通德遺書所見錄
三禮目錄一卷
　（漢）鄭玄撰　（清）臧庸輯
　　拜經堂叢書（同述觀本、景同述觀本）
鄭氏三禮目錄一卷
　　鄦齋叢書
三禮目錄一卷
　（漢）鄭玄撰　（清）黃奭輯
　　漢學堂叢書・高密遺書
　　黃氏逸書考（民國修補本、民國補刊
　　本）・通德堂經解
鄭氏儀禮目錄校證一卷
　（清）胡匡衷撰
　　皇清經解續編（南菁書院本、蜚英館石
　　印本）

通禮之屬

禮書一百五十卷
　（宋）陳祥道撰
　　四庫全書・經部禮類
四禮初稿四卷
　（明）宋纁撰
　　鄭氏叢刻
禮書綱目八十五卷首三卷
　（清）江永撰
　　四庫全書・經部禮類
　　廣雅書局叢書・經類
五禮通考二百六十二卷
　（清）秦蕙田撰
　　四庫全書・經部禮類
五禮通攷序錄一卷
　（清）秦蕙田撰
　　經史百家序錄
讀禮通考一百二十卷
　（清）徐乾學撰
　　四庫全書・經部禮類
四禮權疑八卷
　（清）顧廣譽撰
　　槐廬叢書三編

樂　類

樂理之屬

樂經一卷
　（漢）陽成子長撰　（清）王謨輯
　　漢魏遺書鈔・經翼第二册
樂經一卷
　（漢）陽成子長撰　（清）馬國翰輯
　　玉函山房輯佚書（鄭嬛館本、重印本、
　　楚南書局本）・經編樂類
樂記一卷
　（漢）劉向校定　（清）任兆麟選輯
　　述記
樂記一卷
　（漢）劉向校定　（清）馬國翰輯
　　玉函山房輯佚書（鄭嬛館本、重印本、
　　楚南書局本）・經編樂類
樂記補說二卷
　（明）李文察撰
　　李氏樂書四種
樂記異文考一卷
　（清）俞樾撰
　　春在堂全書・曲園雜纂
樂元語一卷
　（漢）劉德撰　（清）王謨輯
　　漢魏遺書鈔・經翼第二册
樂元語一卷
　（漢）劉德撰　（清）馬國翰輯
　　玉函山房輯佚書（鄭嬛館本、重印本、
　　楚南書局本）・經編樂類
琴清英一卷
　（漢）揚雄撰　（清）王謨輯
　　漢魏遺書鈔・經翼第二册
琴清英一卷
　（漢）揚雄撰　（清）馬國翰輯
　　玉函山房輯佚書（鄭嬛館本、重印本、
　　楚南書局本）・經編樂類
樂書一卷
　（後魏）信都芳撰　（清）馬國翰輯
　　玉函山房輯佚書（鄭嬛館本、重印本、
　　楚南書局本）・經編樂類
樂部一卷
　（清）馬國翰輯
　　玉函山房輯佚書（鄭嬛館本、重印本、

楚南書局本）・經編樂類

樂書二百卷
　　（宋）陳暘撰
　　　　四庫全書・經部樂類

樂書正誤一卷
　　（宋）樓鑰撰
　　　　擇是居叢書初集

韶舞九成樂補一卷
　　（元）余載撰
　　　　四庫全書・經部樂類
　　　　墨海金壺（嘉慶本、景嘉慶本）・經部
　　　　叢書集成初編・藝術類

樂學新說一卷
　　（明）朱載堉撰
　　　　樂律全書

興樂要論三卷
　　（明）李文察撰
　　　　李氏樂書四種

古樂書二卷
　　（清）應撝謙撰
　　　　四庫全書・經部樂類
　　　　四庫全書珍本初集・經部樂類
　　　　寶彝室集刊

樂經或問三卷
　　（清）汪紱撰
　　　　汪雙池先生叢書

大樂元音七卷
　　（清）潘士權撰
　　　　潘龍庵全書

樂說二卷
　　（清）莊存與撰
　　　　味經齋遺書（道光本、光緒本）

原音瑣辨一卷
　　（清）繆闓撰
　　　　庚癸原音

同治甲子未上書一卷
　　（清）繆闓撰
　　　　庚癸原音附

樂經凡例一卷
　　（民國）廖平撰
　　　　新訂六譯館叢書・樂經類

樂詩考略一卷
　　（民國）王國維撰
　　　　廣倉學窘叢書甲類第一集

律呂之屬

鍾律書一卷

（漢）劉歆撰　（清）王謨輯
　　漢魏遺書鈔・經翼第二册

鍾律書一卷
　　（漢）劉歆撰　（清）黃奭輯
　　　　漢學堂叢書・子史鉤沈・子部藝術類
　　　　黃氏逸書考（民國修補本、民國補刊
　　　　本）・子史鉤沈

樂社大義一卷
　　梁武帝撰　（清）馬國翰輯
　　　　玉函山房輯佚書（嫏嬛館本、重印本、
　　　　楚南書局本）・經編樂類

鍾律緯一卷
　　梁武帝撰　（清）馬國翰輯
　　　　玉函山房輯佚書（嫏嬛館本、重印本、
　　　　楚南書局本）・經編樂類

樂律義一卷
　　（北周）沈重撰　（清）馬國翰輯
　　　　玉函山房輯佚書（嫏嬛館本、重印本、
　　　　楚南書局本）・經編樂類

樂譜集解一卷
　　（隋）蕭吉撰　（清）馬國翰輯
　　　　玉函山房輯佚書（嫏嬛館本、重印本、
　　　　楚南書局本）・經編樂類

樂書要錄殘三卷（存卷五至七）
　　唐武后撰
　　　　宛委別藏
　　　　正覺樓叢刻
　　　　佚存叢書（日本本、光緒木活字本、景
　　　　日本本）第一帙
　　　　叢書集成初編・藝術類

律呂新書二卷
　　（宋）蔡元定撰
　　　　四庫全書・經部樂類

律呂一卷
　　　　嘯餘譜

律呂成書二卷
　　（元）劉瑾撰
　　　　四庫全書・經部樂類
　　　　墨海金壺（嘉慶本、景嘉慶本）・經部
　　　　叢書集成初編・藝術類

苑洛志樂二十卷
　　（明）韓邦奇撰
　　　　四庫全書・經部樂類

樂律舉要一卷
　　（明）韓邦奇撰
　　　　學海類編（道光本、景道光本）・集餘
　　　　二
　　　　叢書集成初編・藝術類

律呂直解一卷
　　(明)韓邦奇撰
　　　　性理三解(嘉靖本、乾隆本)
鍾律通考六卷
　　(明)倪復撰
　　　　四庫全書・經部樂類
律學新說四卷
　　(明)朱載堉撰
　　　　樂律全書
律呂精義內編十卷
　　(明)朱載堉撰
　　　　樂律全書
律呂精義外篇十卷
　　(明)朱載堉撰
　　　　樂律全書
旋宮合樂譜一卷
　　(明)朱載堉撰
　　　　樂律全書
鄉飲詩樂譜六卷
　　(明)朱載堉撰
　　　　樂律全書
律呂新書補注一卷
　　(明)李文察撰
　　　　李氏樂書四種
泰律十二卷外篇三卷
　　(明)葛仲選撰
　　　　雲南叢書初編・經部
泰律補一卷
　　(清)閔爲人撰
　　　　雲南叢書二編・經部
聖諭樂本解說二卷
　　(清)毛奇齡撰
　　　　西河合集(康熙本、乾隆修補本)・經
　　　　集
　　　　四庫全書・經部樂類
聖諭樂本解說一卷
　　　　昭代叢書(道光本)丙集第二帙
皇言定聲錄八卷
　　(清)毛奇齡撰
　　　　西河合集(康熙本、乾隆修補本)・經
　　　　集
　　　　四庫全書・經部樂類
竟山樂錄(一名古學復興錄)四卷
　　(清)毛奇齡撰
　　　　西河合集(康熙本、乾隆修補本)・經
　　　　集
　　　　四庫全書・經部樂類

　　　　龍威祕書八集
　　　　藝苑捃華
　　　　顏李叢書・學樂錄附
　　　　叢書集成初編・藝術類
律呂心法全書三卷
　　(清)李子金撰
　　　　隱山鄙事
古樂經傳五卷
　　(清)李光地撰
　　　　李文貞公全集
　　　　四庫全書・經部樂類
　　　　榕村全書
律呂正義五卷
　　　　清聖祖撰
　　　　律曆淵源
御定律呂正義五卷
　　　　四庫全書・經部樂類
御製律呂正義五卷
　　　　摛藻堂四庫全書薈要・子部
李氏學樂錄二卷
　　(清)李塨撰
　　　　西河合集(康熙本、乾隆修補本)・經
　　　　集
　　　　四庫全書・經部樂類
　　　　龍威祕書八集
　　　　叢書集成初編・藝術類
學樂錄四卷
　　　　顏李叢書
鍾律陳數一卷
　　(清)顧陳垿撰
　　　　賜硯堂叢書新編丁集
律呂闡微十卷
　　(清)江永撰
　　　　四庫全書・經部樂類
律呂新論二卷
　　(清)江永撰
　　　　四庫全書・經部樂類
　　　　守山閣叢書(道光本、鴻文書局景道光
　　　　本、博古齋景道光本)・經部
　　　　叢書集成初編・藝術類
律呂新義四卷附錄一卷
　　　　正覺樓叢刻
樂律古義二卷
　　(清)童能靈撰
　　　　冠豸山堂全集
樂經律呂通解五卷
　　(清)汪紱撰

汪雙池先生叢書
（清汪烜撰）
　　粵雅堂叢書三編第二十八集
　　叢書集成初編・藝術類
賡和錄二卷
　　（清）何夢瑤撰
　　　嶺南遺書第四集
　　　叢書集成初編・藝術類
樂律表微八卷
　　（清）胡彥昇撰
　　　四庫全書・經部樂類
樂律考一卷
　　（清）范爾梅撰
　　　讀書小記
御製律呂正義後編一百二十卷
　　清高宗撰
　　　四庫全書・經部樂類
　　　摛藻堂四庫全書薈要・子部
欽定詩經樂譜三十卷
　　清乾隆五十三年敕撰
　　　四庫全書・經部樂類
　　欽定詩經樂譜全書三十卷
　　　武英殿聚珍版書（武英殿木活字本、福
　　　建本、廣雅書局本）・經部
　　詩經樂譜三十卷
　　　叢書集成初編・藝術類
樂律正俗一卷
　　清乾隆五十三年敕撰
　　　四庫全書・經部樂類・欽定詩經樂譜
　　　附
　　　武英殿聚珍版書（武英殿木活字本、福
　　　建本、廣雅書局本）・經部・欽定詩
　　　經樂譜全書附
　　　叢書集成初編・藝術類・詩經樂譜附
聲律小記一卷
　　（清）程瑤田撰
　　　通藝錄
　　　皇清經解（道光本、咸豐補刊本、鴻寶
　　　齋石印本、點石齋石印本）
　　　安徽叢書第二期・通藝錄
樂器三事能言一卷補編一卷
　　（清）程瑤田撰
　　　通藝錄
　　　安徽叢書第二期・通藝錄附
律呂古誼六卷
　　（清）錢塘撰
　　　南菁書院叢書第七集

古律經傳附考五卷
　　（清）紀大奎撰
　　　紀慎齋先生全集
律呂考一卷
　　（清）辛紹業撰
　　　敬堂遺書
晉泰始笛律匡謬一卷
　　（清）凌廷堪撰
　　　校禮堂全集
　　　聚學軒叢書第一集
　　　安徽叢書第四期・凌次仲先生遺書
志樂輯略三卷
　　（清）倪元坦撰
　　　讀易樓合刻
樂律心得二卷
　　（清）安清翹撰
　　　數學五書
律書律數條義疏一卷
　　（清）丘逢年撰
　　　小方壺齋叢書初集
律呂臆說一卷
　　（清）徐養原撰
　　　木犀軒叢書
　　　正覺樓叢刻
管色攷一卷
　　（清）徐養原撰
　　　木犀軒叢書
　　　正覺樓叢刻
荀勗笛律圖注一卷
　　（清）徐養原撰
　　　木犀軒叢書
　　　正覺樓叢刻
　　　美術叢書初集第四輯
樂縣考二卷
　　（清）江藩撰
　　　藝海珠塵壬集
　　　江氏叢書
　　　粵雅堂叢書二編第十八集
　　　叢書集成初編・藝術類
樂律逢源一卷
　　（清）汪萊撰
　　　衡齋算學遺書合刻（咸豐本、光緒本）
　　　・衡齋遺書
今有錄一卷
　　（清）汪萊撰
　　　衡齋算學遺書合刻（咸豐本、光緒本）
　　　・衡齋遺書

律呂元音一卷
　　（清）畢華珍撰
　　　　小萬卷樓叢書（咸豐本、光緒本）
　　　　叢書集成初編・藝術類
聲律通考十卷
　　（清）陳澧撰
　　　　番禺陳氏東塾叢書
古律呂考一卷
　　（清）呂調陽撰
　　　　觀象廬叢書
律呂通今圖說一卷
　　（清）繆闐撰
　　　　庚癸原音
律易一卷
　　（清）繆闐撰
　　　　庚癸原音
音調定程一卷
　　（清）繆闐撰
　　　　庚癸原音
絃徽宣祕一卷
　　（清）繆闐撰
　　　　庚癸原音
律呂名義算數辨一卷
　　（清）繆闐撰
　　　　庚癸原音
樂律攷二卷
　　（清）徐灝撰
　　　　學壽堂叢書
律數說一卷
　　（民國）胡樸安（韞玉）撰
　　　　樸學齋叢刊

春秋左傳類

正文之屬

春秋左傳
　　　　十三經・經文
左傳選十卷
　　（清）孫琮輯
　　　　山曉閣文選
左傳經世鈔約選四卷
　　（民國）周學熙輯
　　　　周氏師古堂所編書・經傳簡本
左逸一卷
　　　　覆古介書後集

傳說之屬

周

春秋左氏傳吳氏義一卷
　　（周）吳起撰　（清）王仁俊輯
　　　　玉函山房輯佚書續編・經編春秋類

漢

春秋左氏傳章句一卷
　　（漢）劉歆撰　（清）馬國翰輯
　　　　玉函山房輯佚書（嫏嬛館本、重印本、
　　　　楚南書局本）・經編春秋類
春秋牒例章句一卷
　　（漢）鄭衆撰　（清）馬國翰輯
　　　　玉函山房輯佚書（嫏嬛館本、重印本、
　　　　楚南書局本）・經編春秋類
春秋左氏傳解詁一卷
　　（漢）賈逵撰　（清）王謨輯
　　　　漢魏遺書鈔・經翼第三冊
春秋左氏傳解詁二卷
　　（漢）賈逵撰　（清）馬國翰輯
　　　　玉函山房輯佚書（嫏嬛館本、重印本、
　　　　楚南書局本）・經編春秋類
春秋左氏解詁一卷
　　（漢）賈逵撰　（清）黃奭輯
　　　　漢學堂叢書・經解春秋類
　　　　黃氏逸書考（民國修補本、民國補刊
　　　　本）・漢學堂經解
春秋左氏長經章句一卷
　　（漢）賈逵撰　（清）馬國翰輯
　　　　玉函山房輯佚書（嫏嬛館本、重印本、
　　　　楚南書局本）・經編春秋類
春秋左氏傳延氏注一卷
　　（漢）延篤撰　（清）王仁俊輯
　　　　玉函山房輯佚書續編・經編春秋類
左傳延氏注一卷
　　　　十三經漢注
春秋左傳許氏義一卷
　　（漢）許慎撰　（清）王仁俊輯
　　　　十三經漢注
左氏膏肓一卷
　　（漢）何休撰　（清）王謨輯
　　　　漢魏遺書鈔・經翼第三冊
左氏傳解誼四卷
　　（漢）服虔撰　（清）王謨輯
　　　　漢魏遺書鈔・經翼第三冊

春秋傳服氏注十二卷
　　（漢）服虔撰　（清）袁鈞輯
　　　　鄭氏佚書（浙江書局本）
春秋左氏傳解誼四卷
　　（漢）服虔撰　（清）馬國翰輯
　　　　玉函山房輯佚書（嫏嬛館本、重印本、
　　　　楚南書局本）·經編春秋類
春秋左氏傳解誼一卷
　　（漢）服虔撰　（清）黃奭輯
　　　　漢學堂叢書·經解春秋類
　　　　黃氏逸書考（民國修補本、民國補刊
　　　　本）·漢學堂經解
春秋左氏傳服氏注一卷
　　（漢）服虔撰　（清）王仁俊輯
　　　　玉函山房輯佚書續編·經編春秋類
春秋成長說一卷
　　（漢）服虔撰　（清）馬國翰輯
　　　　玉函山房輯佚書（嫏嬛館本、重印本、
　　　　楚南書局本）·經編春秋類
春秋左氏膏肓釋痾一卷
　　（漢）服虔撰　（清）馬國翰輯
　　　　玉函山房輯佚書（嫏嬛館本、重印本、
　　　　楚南書局本）·經編春秋類
箴膏肓一卷
　　（漢）鄭玄撰
　　　　四庫全書·經部春秋類
箴膏肓一卷
　　（漢）鄭玄撰　（清）王復輯　（清）武億校
　　　　藝海珠塵金集（甲集）
　　　　問經堂叢書
　　　　反約篇
　　　　榕園叢書甲集
　　　　後知不足齋叢書第一函·鄭氏遺書
　　　　食舊堂叢書
　　　　叢書集成初編·史地類
箴膏肓一卷
　　（漢）鄭玄撰　（清）袁鈞輯
　　　　鄭氏佚書（浙江書局本）
箴左氏膏肓一卷
　　（漢）鄭玄撰　（清）孔廣林輯並補
　　　　通德遺書所見錄
箴左氏膏肓一卷
　　（漢）鄭玄撰　（清）黃奭輯
　　　　黃氏逸書考（民國修補本、民國補刊
　　　　本）·通德堂經解
春秋左傳鄭氏義一卷
　　（漢）鄭玄撰　（清）王仁俊輯
　　　　十三經漢注

箴膏肓評一卷
　　（清）劉逢祿撰
　　　　皇清經解（道光本、咸豐補刊本、鴻寶
　　　　齋石印本、點石齋石印本）
續左氏膏肓六卷
　　（民國）王樹榮撰
　　　　紹邵軒叢書
左氏奇說一卷
　　（漢）彭汪撰　（清）馬國翰輯
　　　　玉函山房輯佚書（嫏嬛館本、重印本、
　　　　楚南書局本）·經編春秋類
春秋左傳許氏注一卷
　　（漢）許淑撰　（清）馬國翰輯
　　　　玉函山房輯佚書（嫏嬛館本、重印本、
　　　　楚南書局本）·經編春秋類

魏　晉

春秋左氏經傳章句一卷
　　（魏）董遇撰　（清）馬國翰輯
　　　　玉函山房輯佚書（嫏嬛館本、重印本、
　　　　楚南書局本）·經編春秋類
春秋左傳王氏注一卷
　　（魏）王肅撰　（清）馬國翰輯
　　　　玉函山房輯佚書（嫏嬛館本、重印本、
　　　　楚南書局本）·經編春秋類
春秋左氏傳義注一卷
　　（晉）孫毓撰　（清）馬國翰輯
　　　　玉函山房輯佚書（嫏嬛館本、重印本、
　　　　楚南書局本）·經編春秋類
春秋左傳註六十卷
　　（晉）杜預撰
　　　　袖珍十三經註
春秋經傳集解殘一卷（存卷五）
　　　　鳴沙石室古籍叢殘·羣經叢殘
春秋經傳集解殘一卷（存卷七）
　　　　鳴沙石室古籍叢殘·羣經叢殘
春秋經傳集解殘一卷（存卷十六）
　　　　敦煌祕籍留真新編上卷
春秋左氏傳殘一卷（存卷二十一）
　　（晉）杜預注
　　　　東方學會叢書初集·敦煌石室碎金
春秋經傳集解殘一卷（存卷二十六）
　　　　鳴沙石室古籍叢殘·羣經叢殘
春秋經傳集解殘一卷（存卷二十七）
　　　　鳴沙石室古籍叢殘·羣經叢殘
春秋左傳三十卷
　　（晉）杜預集解　（唐）陸德明音義
　　　　十三經古注

春秋經傳集解三十卷
　　(晉)杜預撰　(唐)陸德明音義
　　　　仿宋相臺五經(乾隆本、光緒本)
　　　　四部叢刊(初次印本、二次印本、縮印
　　　　二次印本)·經部
　　　　四部備要(排印本、縮印本)·經部·
　　　　十三經古注
　　　　袖珍古書讀本
春秋經傳集解三十卷附考證
　　　　正誼齋叢書
春秋左傳杜注補輯三十卷首一卷
　　(清)姚培謙撰
　　　　十三經讀本(金陵書局本)
春秋左傳杜注校勘記一卷
　　(清)黎庶昌撰
　　　　怡蘭堂叢書
左傳杜註校勘記一卷
　　　　私立北泉圖書館叢書
春秋左傳五十卷
　　(晉)杜預注　(宋)林堯叟補注　(唐)陸德
　　明音義
　　　　五經四書
左傳杜林合注五十卷
　　(晉)杜預注　(宋)林堯叟補注　(明)王道
　　焜(明)趙如源輯
　　　　四庫全書·經部春秋類
春秋左傳註疏六十卷
　　(晉)杜預注　(唐)陸德明音義　(唐)孔穎
　　達疏
　　　　十三經註疏(福建本)
　　　　十三經註疏(北監本)
　　　　十三經註疏(汲古閣本)
　　　　摛藻堂四庫全書薈要·經部
春秋左傳正義六十卷
　　　　四庫全書·經部春秋類
春秋左傳注疏六十卷附考證
　　　　十三經注疏(武英殿本)
附釋音春秋左傳注疏六十卷附校勘記六
十卷
　　(晉)杜預注　(唐)陸德明音義　(唐)孔穎
　　達疏　校勘記(清)阮元撰
　　　　重刊宋本十三經注疏(南昌府學本、廣
　　　　東書局本、江西書局本、脈望仙館石
　　　　印本、寶慶務本書局本、點石齋石印
　　　　本、掃葉山房石印本、錦章圖書局石
　　　　印本、世界書局石印本、中華書局排
　　　　印本)
　　　　四部備要(排印本、縮印本)·經部·

　　　　十三經注疏
春秋左傳校勘記三十六卷釋文校勘記六
卷
　　(清)阮元撰
　　　　皇清經解(道光本、咸豐補刊本、鴻寶
　　　　齋石印本、點石齋石印本)·十三經
　　　　注疏校勘記
春秋左氏傳注疏校勘記三十六卷釋文
校勘記六卷
　　　　宋本十三經注疏併經典釋文校勘記
春秋左傳注疏考證二卷
　　(清)齊召南撰
　　　　皇清經解(道光本、咸豐補刊本、鴻寶
　　　　齋石印本、點石齋石印本)·注疏考
　　　　證
春秋左傳注疏校正一卷
　　(清)盧文弨撰
　　　　抱經堂叢書(乾隆本、景乾隆本)·羣
　　　　書拾補初編
　　　　紹興先正遺書第二集·羣書拾補初編
　　　　叢書集成初編·總類·羣書拾補
春秋左傳校勘記補正一卷
　　(清)王振聲撰
　　　　王文村遺著
春秋正義三十六卷
　　(唐)孔穎達疏
　　　　四部叢刊續編·經部
春秋正義殘十二卷(存卷一至九、卷三十
四至三十六)附校勘記二卷
　　(唐)孔穎達疏　校勘記劉承幹撰
　　　　嘉業堂叢書·經部
春秋左氏函傳義一卷
　　(晉)干寶撰　(清)馬國翰輯
　　　　玉函山房輯佚書(嫏嬛館本、重印本、
　　　　楚南書局本)·經編春秋類
春秋左氏傳劉氏注一卷
　　(晉)劉兆撰　(清)王仁俊輯
　　　　玉函山房輯佚書續編·經編春秋類

南 北 朝

春秋左氏經傳義略一卷
　　(陳)沈文阿撰　(清)馬國翰輯
　　　　玉函山房輯佚書(嫏嬛館本、重印本、
　　　　楚南書局本)·經編春秋類
續春秋左氏傳義略一卷
　　(陳)王元規撰　(清)馬國翰輯
　　　　玉函山房輯佚書(嫏嬛館本、重印本、
　　　　楚南書局本)·經編春秋類

春秋傳駮一卷
　　（後魏）賈思同撰　　（後魏）姚文安（後魏）秦
　　道靜述　　（清）馬國翰輯
　　　玉函山房輯佚書（嫏嬛館本、重印本、
　　　楚南書局本）·經編春秋類
難杜一卷
　　（後魏）衞冀隆撰　　（清）王謨輯
　　　漢魏遺書鈔·經翼第三冊

隋

春秋左氏傳述義一卷
　　（隋）劉炫撰　　（清）王謨輯
　　　漢魏遺書鈔·經翼第三冊
春秋左氏傳述義二卷
　　（隋）劉炫撰　　（清）馬國翰輯
　　　玉函山房輯佚書（嫏嬛館本、重印本、
　　　楚南書局本）·經編春秋類
春秋左氏傳述義一卷
　　（隋）劉炫撰　　（清）黃奭輯
　　　漢學堂叢書·經解春秋類
　　　黃氏逸書考（民國修補本、民國補刊
　　　本）·漢學堂經解
春秋攻昧一卷
　　（隋）劉炫撰　　（清）馬國翰輯
　　　玉函山房輯佚書（嫏嬛館本、重印本、
　　　楚南書局本）·經編春秋類
規過一卷
　　（隋）劉炫撰　　（清）王謨輯
　　　漢魏遺書鈔·經翼第三冊
春秋規過二卷
　　（隋）劉炫撰　　（清）馬國翰輯
　　　玉函山房輯佚書（嫏嬛館本、重印本、
　　　楚南書局本）·經編春秋類
規過一卷
　　（隋）劉炫撰　　（清）黃奭輯
　　　黃氏逸書考（民國修補本、民國補刊
　　　本）·漢學堂經解
春秋規過考信三卷
　　（清）陳熙晉撰
　　　廣雅書局叢書·經類
春秋左傳義疏一卷
　　（口）蘇寬撰　　（清）馬國翰輯
　　　玉函山房輯佚書（嫏嬛館本、重印本、
　　　楚南書局本）·經編春秋類

宋　元

春秋類對賦一卷
　　（宋）徐晉卿撰
　　　通志堂經解（康熙本、同治本）·春秋
春秋左傳讞十卷
　　（宋）葉夢得撰
　　　四庫全書·經部春秋類
　　　四庫全書珍本初集·經部春秋類
左氏傳說二十卷
　　（宋）呂祖謙撰
　　　通志堂經解（康熙本、同治本）·春秋
　　　金華叢書（同治光緒本、民國補刊本）
　　　·經部
　　　叢書集成初編·史地類
春秋左氏傳說二十卷
　　　四庫全書·經部春秋類
　　　摛藻堂四庫全書薈要·經部
春秋左氏傳續說十二卷
　　（宋）呂祖謙撰
　　　四庫全書·經部春秋類
左氏傳續說十二卷
　　　續金華叢書·經部
東萊呂太史春秋左傳類編六卷附校勘記
一卷
　　（宋）呂祖謙撰　　校勘記胡文楷撰
　　　四部叢刊續編·經部
春秋左氏傳事類始末五卷附錄一卷
　　（宋）章沖撰
　　　通志堂經解（康熙本、同治本）·春秋
春秋左氏傳事類始末五卷
　　　四庫全書·史部紀事本末類
　　　摛藻堂四庫全書薈要·經部
春秋左傳要義三十一卷首一卷
　　（宋）魏了翁撰
　　　四庫全書·經部春秋類
　　　四庫全書珍本初集·經部春秋類
左氏蒙求一卷
　　（元）吳化龍撰
　　　佚存叢書（日本本、光緒木活字本、景
　　　日本本）第二帙
左氏蒙求註一卷
　　（元）吳化龍撰　　（清）許乃濟（清）王慶麟注
　　　藝海珠塵革集（庚集）
　　　紛欣閣叢書
　　　小嫏嬛山館彙刊類書十二種
　　　琅環雜綴十二種
　　　叢書集成初編·社會科學類
春秋左氏傳補注十卷
　　（元）趙汸撰
　　　通志堂經解（康熙本、同治本）·春秋
　　　四庫全書·經部春秋類

明

左傳附註五卷
　　(明)陸粲撰
　　　　四庫全書・經部春秋類
左氏討一卷
　　(明)馮時可撰
　　　　馮元成雜著
左氏釋二卷
　　(明)馮時可撰
　　　　馮元成雜著
　　　　四庫全書・經部春秋類
　　　　藝海珠塵壬集
左氏論二卷
　　(明)馮時可撰
　　　　馮元成雜著
春秋非左二卷
　　(明)郝敬撰
　　　　山草堂集內編
　　　　湖北叢書
批點左氏新語二卷
　　(明)郝敬撰
　　　　山草堂集外編
左傳屬事二十卷
　　(明)傅遜撰
　　　　四庫全書・經部春秋類
讀左漫筆一卷
　　(明)陳懿典撰
　　　　學海類編(道光本、景道光本)・經翼
　　　　遜敏堂叢書
　　　　叢書集成初編・史地類

清

讀左日鈔十二卷補二卷
　　(清)朱鶴齡撰
　　　　四庫全書・經部春秋類
唱經堂左傳釋一卷
　　(清)金人瑞撰
　　　　唱經堂才子書・聖歎外書
　　　　風雨樓叢書・貫華堂才子書彙稿・聖
　　　　歎外書
　　左傳釋一卷
　　　　中國文學珍本叢書第一輯・唱經堂才
　　　　子書彙稿十種
左傳杜解補正三卷
　　(清)顧炎武撰
　　　　亭林遺書
　　　　顧亭林先生遺書

四庫全書・經部春秋類
借月山房彙鈔(嘉慶本、景嘉慶本)第
　　一集
指海(道光本、景道光本)第六集
澤古齋重鈔第一集
璜川吳氏經學叢書
皇清經解(道光本、咸豐補刊本、鴻寶
　　齋石印本、點石齋石印本)
式古居彙鈔
左傳濟變錄二卷
　　(清)謝文洊撰
　　　　謝程山全書
左傳拾遺二卷
　　(清)朱元英撰
　　　　春雨堂集
春秋左氏小疏一卷
　　(清)沈彤撰
　　　　果堂全集
　　春秋左氏傳小疏一卷
　　　　四庫全書・經部春秋類
　　春秋左傳小疏一卷
　　　　皇清經解(道光本、咸豐補刊本、鴻寶
　　　　齋石印本、點石齋石印本)
說左一卷
　　(清)宋在詩撰
　　　　楚柏先生類稿
左傳補注六卷
　　(清)惠棟撰
　　　　四庫全書・經部春秋類
　　春秋左傳補註六卷
　　　　貸園叢書初集
　　　　墨海金壺(嘉慶本、景嘉慶本)・經部
　　　　皇清經解(道光本、咸豐補刊本、鴻寶
　　　　齋石印本、點石齋石印本)
　　　　守山閣叢書(道光本、鴻文書局景道光
　　　　本、博古齋景道光本)・經部
讀左瑣言一卷
　　(清)倪倬撰
　　　　昭代叢書(道光本)癸集萃編
讀左管窺二卷
　　(清)趙青藜撰
　　　　涇川叢書(道光本、景道光本)
　　　　叢書集成初編・史地類
左傳補注一卷
　　(清)姚鼐撰
　　　　惜抱軒全集(同治本、光緒本、民國本)
　　　　南菁書院叢書第二集
左傳通釋十二卷(原缺卷五至十、卷十二)

（清）李惇撰
　　鶴壽堂叢書
左傳鈔六卷
　　（清）高塘集評
　　　高梅亭讀書叢鈔
春秋左氏古經十二卷五十凡一卷
　　（清）段玉裁撰
　　　經韻樓叢書
　　　後知不足齋叢書第六函
左傳札記二卷
　　（清）朱亦棟撰
　　　十三經札記
劉炫規杜持平六卷
　　（清）邵瑛撰
　　　南菁書院叢書第七集
左傳評三卷
　　（清）李文淵撰
　　　箕園叢書初集
春秋左傳詁二十卷
　　（清）洪亮吉撰
　　　洪北江全集
　　　皇清經解續編（南菁書院本、蜚英館石
　　　　印本）
　　　四部備要（排印本、縮印本）・經部・
　　　　清十三經注疏
左通補釋三十二卷
　　（清）梁履繩撰
　　　皇清經解續編（南菁書院本、蜚英館石
　　　　印本）
讀左卮言一卷
　　（清）石韞玉撰
　　　獨學廬全稿
春秋左傳補疏五卷
　　（清）焦循撰
　　　焦氏叢書（嘉慶道光本、光緒本）・六
　　　　經補疏
　　　皇清經解（道光本、咸豐補刊本、鴻寶
　　　　齋石印本、點石齋石印本）
欽定春秋左傳讀本三十卷
　　（清）英和等撰
　　　十三經讀本（丁寶楨等校）
春秋左傳讀本三十卷
　　　十三經讀本（唐文治輯）
春秋本義十二卷
　　（清）吳楷撰
　　　金陵叢書乙集
春秋左氏傳補注十二卷
　　（清）沈欽韓撰

功順堂叢書
　　皇清經解續編（南菁書院本、蜚英館石
　　　印本）
　　叢書集成初編・史地類
左氏春秋考證二卷
　　（清）劉逢祿撰
　　　皇清經解（道光本、咸豐補刊本、鴻寶
　　　　齋石印本、點石齋石印本）
春秋左傳補注三卷
　　（清）馬宗璉撰
　　　皇清經解（道光本、咸豐補刊本、鴻寶
　　　　齋石印本、點石齋石印本）
左傳補注二卷
　　　龍眠叢書
左傳杜注辨證六卷
　　（清）張聰咸撰
　　　聚學軒叢書第二集
春秋左傳賈服注輯述二十卷
　　（清）李貽德撰
　　　皇清經解續編（南菁書院本、蜚英館石
　　　　印本）
春秋左氏古義六卷
　　（清）臧壽恭撰
　　　滂喜齋叢書第二函
　　　皇清經解續編（南菁書院本、蜚英館石
　　　　印本）
　　　叢書集成初編・史地類
春秋左傳服注存二卷續一卷補遺一卷
　　（清）沈豫撰
　　　藏修堂叢書第一集
春秋左傳服注存二卷
　　　芋園叢書・經部
春秋左傳識小錄二卷
　　（清）朱駿聲撰
　　　朱氏羣書
左傳舊疏考正八卷
　　（清）劉文淇撰
　　　崇文書局彙刻書
　　　皇清經解續編（南菁書院本、蜚英館石
　　　　印本）
左傳杜註拾遺一卷
　　（清）阮芝生撰
　　　小方壺齋叢書初集
左傳杜解集正八卷
　　（清）丁晏撰
　　　適園叢書第七集
讀左存愚一卷
　　（清）徐經撰

雅歌堂全集·雅歌堂外集

讀左劄記六卷
　　(清)易本烺撰
　　　紙園叢書

左傳紺珠二卷
　　(清)王武沂輯　(清)蕭士麟補輯
　　　小嫏嬛山館彙刊類書十二種
　　　琅環獺祭十二種

左傳杜注摘謬一卷
　　(清)朱景昭撰
　　　無夢軒遺書

左傳臆說十九條一卷
　　(清)郭柏蒼撰
　　　郭氏叢刻

于埜左傳錄二卷
　　(清)盛大謨撰
　　　盛于埜遺著

春秋左傳解不分卷
　　(清)丁壽昌撰
　　　丁氏遺稿六種

春秋左傳平議三卷
　　(清)俞樾撰
　　　皇清經解續編(南菁書院本、蜚英館石
　　　印本)·羣經平議
　　　春在堂全書·羣經平議

讀左剩語一卷
　　(清)趙以錕撰
　　　婁東雜著

春秋述義拾遺八卷
　　(清)陳熙晉撰
　　　廣雅書局叢書·經類

讀左評錄一卷
　　(清)史致準撰
　　　史伯平先生所箸書

左類初定八卷
　　(清)范震薇撰
　　　雙雲堂傳集

讀左瑑錄一卷
　　(清)王廷鼎撰
　　　紫薇花館集·紫薇花館經說

左傳約解二十二卷
　　(清)劉曾騄撰
　　　祥符劉氏叢書·九經約解

讀左別解一卷
　　(清)朱運樞撰
　　　春秋筆記六種

民　　國

讀左隨筆一卷
　　(民國)王元稺撰
　　　無暇逸齋叢書

左氏春秋古經說十二卷
　　(民國)廖平撰
　　　新訂六譯館叢書·春秋類

讀左隨筆一卷
　　(民國)王照撰
　　　水東集初編

讀左持平一卷
　　(民國)王樹榮撰
　　　紹邵軒叢書

春秋左氏傳答問一卷
　　(民國)劉師培撰
　　　劉申叔先生遺書

讀左劄記一卷
　　(民國)劉師培撰
　　　劉申叔先生遺書

春秋左傳讀敘錄一卷
　　(民國)章炳麟撰
　　　章氏叢書(浙江圖書館本、景浙江圖書
　　　館本、右文社排印本)

春秋左氏疑義答問五卷
　　(民國)章炳麟撰
　　　章氏叢書續編

專著之屬

東萊先生左氏博議二十五卷
　　(宋)呂祖謙撰
　　　金華叢書(同治光緒本、民國本)·經部
　　　叢書集成初編·史地類

東萊子
　　(宋)呂祖謙撰　(明)歸有光輯評
　　　諸子彙函

詳注東萊左氏博議二十五卷
　　(宋)呂祖謙撰　(宋)張成招撰
　　　四庫全書·經部春秋類

續春秋左氏傳博議二卷
　　(清)王夫之撰
　　　船山遺書(道光本、同治本、民國本)

左傳博議拾遺二卷
　　(清)朱元英撰
　　　小萬卷樓叢書(咸豐本、光緒本)
　　　金陵叢書丙集

春秋名號歸一圖二卷
　　(後蜀)馮繼先撰
　　　通志堂經解(康熙本、同治本)·春秋

四庫全書・經部春秋類
仿宋相臺五經（乾隆本、光緒本）・春
　秋經傳集解附
四部備要（排印本、縮印本）・經部・
　十三經古注・春秋經傳集解附
袖珍古書讀本・春秋經傳集解附

春秋名號歸一圖一卷附考證
　　正誼齋叢書・春秋經傳集解附

春秋年表一卷
　　通志堂經解（康熙本、同治本）・春秋
　　四庫全書・經部春秋類
　　仿宋相臺五經（乾隆本、光緒本）・春
　　　秋經傳集解附
　　正誼齋叢書・春秋經傳集解附
　　四部備要（排印本、縮印本）・經部・
　　　十三經古注・春秋經傳集解附
　　袖珍古書讀本・春秋經傳集解附

春秋十二國年表一卷
　　四部叢刊（初次印本、二次印本、縮印
　　　二次印本）・經部・春秋經傳集解
　　　附

春秋大事表五十卷輿圖一卷附錄一卷
　　（清）顧棟高撰
　　　四庫全書・經部春秋類

春秋大事表六十六卷輿圖一卷
　　皇清經解續編（南菁書院本、蜚英館石
　　　印本）

春秋大事表序錄一卷
　　（清）顧棟高撰
　　　經史百家序錄

左傳事緯十二卷附錄八卷
　　（清）馬驌撰
　　　四庫全書・經部春秋類

左傳事緯四卷
　　函海（乾隆本、道光本）第十九函

左傳義法舉要一卷
　　（清）方苞述　（清）王兆符（清）程崟錄
　　　抗希堂十六種
　　　榕園叢書甲集

春秋尊孟一卷
　　（清）潘相撰
　　　潘相所著書・經學八書

春秋左傳會要四卷
　　（清）李調元撰
　　　函海（光緒本）第二十四函

鐺子政左氏說一卷
　　（民國）章炳麟撰
　　　章氏叢書（浙江圖書館本、景浙江圖書

館本、右文社排印本）

春秋五禮源流口號一卷
　　（清）顧棟高撰
　　　昭代叢書（道光本）辛集別編

春秋禮經
　　（清）徐經輯
　　　雅歌堂全集・雅歌堂外集

春秋傳禮徵十卷
　　（清）朱大韶撰
　　　適園叢書第九集

左傳禮說十卷
　　（民國）張其淦撰
　　　寅園叢書

左傳兵法
　　（清）徐經輯
　　　雅歌堂全集・雅歌堂外集

左傳兵訣
　　（清）徐經撰
　　　雅歌堂全集・雅歌堂外集

左氏兵法二卷
　　（清）李元春評輯
　　　青照堂叢書摘次編第二函

春秋分年系傳表一卷
　　（清）翁方綱撰
　　　蘇齋叢書（乾隆嘉慶本、景乾隆嘉慶
　　　本）

左傳古本分年考一卷
　　（清）俞樾撰
　　　春在堂全書・曲園雜纂

春秋紀年一卷
　　（清）觀頹道人輯
　　　閩竹居叢書

春秋國都爵姓考一卷附補一卷
　　（清）陳鵬撰　補（清）曾釗撰
　　　粵雅堂叢書三編第二十一集

春秋世族譜一卷
　　（清）陳厚耀撰
　　　四庫全書・經部春秋類
　　　清頌堂叢書
　　　邵武徐氏叢書初刻

春秋世族譜一卷附補正一卷
　　（清）陳厚耀撰　（清）王士濂考證併撰補正
　　　鶴壽堂叢書

春秋世族譜拾遺一卷
　　（清）成蓉鏡撰
　　　南菁書院叢書第六集

春秋世譜拾遺一卷
　　　成氏遺書

世族譜系一卷
　　(清)朱運樞撰
　　　　春秋筆記六種
春秋列國卿大夫世系表二卷
　　(清)顧棟高撰
　　　　素隱所刻書
左傳人名辨異一卷
　　(清)程廷祚撰
　　　　春秋識小錄初刻三書（乾隆本、光緒
　　　　本）
　　　　藝海珠塵金集（甲集）·春秋識小錄
　　　　金陵叢刻·春秋識小錄
　　人名辨異三卷
　　　　金陵叢書甲集·春秋識小錄
春秋疑年錄一卷
　　(清)錢保塘撰
　　　　清風室叢書
左傳同名彙紀一卷
　　(清)王士濂輯
　　　　鶴壽堂叢書
左女彙紀一卷
　　(清)王士濂輯
　　　　鶴壽堂叢書
左女同名附紀一卷
　　(清)王士濂輯
　　　　鶴壽堂叢書
左淫類紀一卷
　　(清)王士濂輯
　　　　鶴壽堂叢書
春秋列女圖考一卷
　　(清)王廷釗撰
　　　　如諫果室叢刊
春秋長歷一卷
　　(晉)杜預撰
　　　　微波榭叢書
春秋長厤一卷
　　(晉)杜預撰　(清)王謨輯
　　　　漢魏遺書鈔·經翼第三冊
春秋長歷十卷
　　(清)陳厚耀撰
　　　　四庫全書·經部春秋類
　　　　皇清經解續編（南菁書院本、蜚英館石
　　　　印本）
　　　　海陵叢刻
春秋經傳朔閏表一卷
　　(清)姚文田撰
　　　　邃雅堂全書·邃雅堂學古錄
春秋經傳日表一卷

　　(清)朱兆熊撰
　　　　春秋表三種
春秋井田記一卷
　　(清)馬國翰輯
　　　　玉函山房輯佚書（瑯嬛館本、重印本、
　　　　楚南書局本）·經編春秋類
春秋地名一卷
　　(晉)杜預撰
　　　　微波榭叢書
春秋土地名一卷
　　(晉)京相璠撰　(清)王謨輯
　　　　漢魏遺書鈔·經翼第三冊
　　　　重訂漢唐地理書鈔（鈔本、嘉慶本）
春秋土地名一卷
　　(晉)京相璠撰　(清)洪頤煊輯
　　　　問經堂叢書·經典集林
　　　　經典集林
春秋土地名一卷
　　(晉)京相璠撰　(清)馬國翰輯
　　　　玉函山房輯佚書（瑯嬛館本、重印本、
　　　　楚南書局本）·經編春秋類
春秋土地名一卷
　　(晉)京相璠撰　(清)黃奭輯
　　　　漢學堂叢書·經解春秋類
　　　　黃氏逸書考（民國修補本、民國補刊
　　　　本）·漢學堂經解
春秋地名考略十四卷
　　(清)高士奇撰
　　　　四庫全書·經部春秋類
春秋地名攷略目一卷
　　(清)高士奇撰
　　　　閬竹居叢書
春秋列國地形口號一卷
　　(清)顧棟高撰
　　　　昭代叢書（道光本）戊集續編
春秋地理考實四卷
　　(清)江永撰
　　　　四庫全書·經部春秋類
　　　　皇清經解（道光本、咸豐補刊本、鴻寶
　　　　齋石印本、點石齋石印本）
春秋地名辨異三卷
　　(清)程廷祚撰
　　　　春秋識小錄初刻三書（乾隆本、光緒
　　　　本）
　　　　藝海珠塵金集（甲集）·春秋識小錄
　　　　金陵叢刻·春秋識小錄
　　　　叢書集成初編·史地類
　　地名辨異三卷

金陵叢書甲集·春秋識小錄

春秋左傳分國土地名二卷
　　（清）沈淑撰
　　　　經玩
　　　　藝海珠塵石集（乙集）·春秋經玩
　　　　後知不足齋叢書第一函·沈氏經學
　　　　叢書集成初編·史地類

春秋左氏傳地名補注十二卷
　　（清）沈欽韓撰
　　　　功順堂叢書
　　　　皇清經解續編（南菁書院本、蜚英館石
　　　　印本）
　　　　叢書集成初編·史地類

春秋楚地答問一卷
　　（清）易本烺撰
　　　　湖北叢書
　　　　叢書集成初編·史地類

春秋異地同名攷一卷
　　（清）丁壽徵撰
　　　　小方壺齋叢書初集

春秋釋地韻編五卷首一卷
　　（清）徐壽基撰
　　　　志學齋集

春秋職官考略三卷
　　（清）程廷祚撰
　　　　春秋識小錄初刻三書（乾隆本、光緒
　　　　本）
　　　　藝海珠塵金集（甲集）·春秋識小錄
　　　　金陵叢刻·春秋識小錄
　　　　職官攷略三卷
　　　　金陵叢書甲集·春秋識小錄

左傳職官一卷
　　（清）沈淑撰
　　　　經玩
　　　　藝海珠塵石集（乙集）·春秋經玩
　　　　叢書集成初編·社會科學類
　　　　左傳列國職官一卷
　　　　後知不足齋叢書第一函·沈氏經學

左傳官名考二卷
　　（清）李調元撰
　　　　函海（乾隆本、道光本）第二十函
　　　　函海（光緒本）第二十四函
　　　　叢書集成初編·社會科學類

左官異禮略一卷
　　（清）沈豫撰
　　　　蛾術堂集（道光本；景道光本）

左傳器物宮室一卷
　　（清）沈淑撰

　　　　經玩
　　　　藝海珠塵石集（乙集）·春秋經玩
　　　　後知不足齋叢書第一函·沈氏經學
　　　　叢書集成初編·應用科學類

春秋詠史樂府一卷
　　（清）舒位撰
　　　　昭代叢書（道光本）壬集補編

左傳歌謠一卷
　　（清）徐經輯
　　　　雅歌堂全集·雅歌堂外集

左傳賦詩義證一卷
　　（清）孫國仁撰
　　　　砭愚堂叢書

凡例之屬

春秋釋例一卷
　　（漢）潁容撰　（清）王謨輯
　　　　漢魏遺書鈔·經翼第三册

春秋釋例一卷
　　（漢）潁容撰　（清）馬國翰輯
　　　　玉函山房輯佚書（嫏嬛館本、重印本、
　　　　楚南書局本）·經編春秋類

春秋釋例十五卷
　　（晉）杜預撰
　　　　四庫全書·經部春秋類
　　　　武英殿聚珍版書（武英殿木活字本）·
　　　　經部

春秋釋例十五卷附校勘記二卷
　　（晉）杜預撰　校勘記（清）孫星華撰
　　　　武英殿聚珍版書（福建本、廣雅書局
　　　　本）·經部
　　　　叢書集成初編·史地類

春秋釋例十五卷
　　（晉）杜預撰　（清）莊述祖（清）孫星衍校
　　　　岱南閣叢書（乾隆嘉慶本、景乾隆嘉慶
　　　　本）
　　　　古經解彙函（粵東書局本、蜚英館石印
　　　　本、湘南書局本）

春秋書法凡例附胡氏釋例
　　（清）徐經撰
　　　　雅歌堂全集·雅歌堂外集

春秋左傳古義凡例一卷
　　（民國）廖平撰
　　　　螯雲雷齋叢書
　　　　四益館經學叢書

**春秋左傳古義凡例五十則一卷春秋左
氏傳漢義補證簡明凡例二十則一卷**

春秋古經左氏說後義補證凡例一卷
附左氏春秋學外編凡例一卷
　　新訂六譯館叢書·春秋類
春秋左氏傳時月日古例考一卷
　　(民國)劉師培撰
　　　劉申叔先生遺書
春秋左氏傳古例詮微一卷
　　(民國)劉師培撰
　　　劉申叔先生遺書
春秋左氏傳傳例解略一卷
　　(民國)劉師培撰
　　　劉申叔先生遺書
春秋左氏傳傳注例略一卷
　　(民國)劉師培撰
　　　劉申叔先生遺書
春秋左氏傳例略一卷
　　(民國)劉師培撰
　　　劉申叔先生遺書

文字音義之屬

春秋左氏傳嵇氏音一卷
　　(魏)嵇康撰　(清)馬國翰輯
　　　玉函山房輯佚書(嬭嬛館本、重印本、
　　　楚南書局本)·經編春秋類
春秋徐氏音一卷
　　(晉)徐邈撰　(清)馬國翰輯
　　　玉函山房輯佚書(嬭嬛館本、重印本、
　　　楚南書局本)·經編春秋類
春秋左傳音訓不分卷
　　(清)楊國楨撰
　　　十一經音訓(道光本、光緒本)
春秋左傳異文釋十卷
　　(清)李富孫撰
　　　皇清經解續編(南菁書院本、蜚英館本)
　　　別下齋叢書(道光本、商務印書館景道
　　　光本、竹簡齋景道光本)·春秋三傳
　　　異文釋
　　　叢書集成初編·史地類·春秋三傳異
　　　文釋

摘句之屬

左氏摘奇十二卷
　　(宋)胡元質撰
　　　宛委別藏
　　　選印宛委別藏
左傳精語一卷

(清)徐經輯
　　雅歌堂全集·雅歌堂外集

序錄之屬

春秋左氏經傳集解後序一卷
　　(晉)杜預撰
　　　五經補綱附

春秋公羊傳類

正文之屬

春秋公羊傳
　　　十三經·經文
公羊傳選一卷
　　(清)孫琭輯
　　　山曉閣文選
公羊傳佚文一卷
　　(清)王仁俊輯
　　　經籍佚文

傳說之屬

漢

公羊嚴氏春秋一卷
　　(漢)嚴彭祖撰　(清)馬國翰輯
　　　玉函山房輯佚書(嬭嬛館本、重印本、
　　　楚南書局本)·經編春秋類
春秋公羊嚴氏義一卷
　　(漢)嚴彭祖撰　(清)王仁俊輯
　　　玉函山房輯佚書續編·經編春秋類
　　　十三經漢注
春秋公羊顏氏記一卷
　　(漢)顏安樂撰　(清)馬國翰輯
　　　玉函山房輯佚書(嬭嬛館本、重印本、
　　　楚南書局本)·經編春秋類
春秋公羊眭生義一卷
　　(漢)眭生撰　(清)王仁俊輯
　　　玉函山房輯佚書續編·經編春秋類
　　　十三經漢注
春秋公羊貢氏義一卷
　　(漢)貢禹撰　(清)王仁俊輯
　　　玉函山房輯佚書續編·經編春秋類
　　　十三經漢注

解疑論一卷
　　（漢）戴宏撰　　（清）馬國翰輯
　　　　玉函山房輯佚書（嫏嬛館本、重印本、
　　　　楚南書局本）·經編春秋類

騶氏春秋說一卷
　　（清）王紹蘭輯
　　　　蕭山王氏十萬卷樓輯佚七種

春秋公羊經傳解詁十二卷
　　（漢）何休撰
　　　　十三經讀本（金陵書局本）

春秋公羊傳二十八卷
　　（漢）何休解詁　　（唐）陸德明音義
　　　　十三經古注
　　　　四部備要（排印本、縮印本）·經部·
　　　　十三經古注

春秋公羊經傳解詁十二卷
　　（漢）何休撰　　（唐）陸德明音義
　　　　四部叢刊（初次印本、二次印本、縮印
　　　　二次印本）·經部

春秋公羊傳讀本十二卷
　　　　十三經讀本（唐文治輯）

春秋公羊傳十一卷附校刊記一卷
　　（漢）何休解詁　　（唐）陸德明音義　校刊記
　　（清）丁寶楨等撰
　　　　十三經讀本（丁寶楨等校）

宋余仁仲本公羊經傳解詁校記一卷
　　（清）王振聲撰
　　　　王文村遺著

重刊宋紹熙公羊傳注附音本校記一卷
　　（清）魏彥撰
　　　　十三經讀本（金陵書局本）
　　　　十三經讀本（唐文治輯）

春秋公羊傳不分卷附攷一卷
　　（漢）何休解詁　　（明）閔齊伋裁注併撰攷
　　　　袖珍十三經註

春秋公羊註疏二十八卷
　　（漢）何休解詁　　（唐）陸德明音義　（□）□
　　　　□疏
　　　　十三經註疏（福建本）
　　　　十三經註疏（北監本）
　　　　十三經註疏（汲古閣本）
　　　　摛藻堂四庫全書薈要·經部

春秋公羊傳注疏二十八卷附考證
　　　　四庫全書·經部春秋類
　　　　十三經注疏（武英殿本）

監本附釋音春秋公羊注疏二十八卷附校
　　勘記二十八卷
　　（漢）何休解詁　　（唐）陸德明音義　（□）□
　　　　□疏　校勘記（清）阮元撰
　　　　重刊宋本十三經注疏（南昌府學本、廣
　　　　東書局本、江西書局本、脈望仙館石
　　　　印本、寶慶務本書局本、點石齋石印
　　　　本、掃葉山房石印本、錦章圖書局石
　　　　印本、世界書局石印本、中華書局排
　　　　印本）
　　　　四部備要（排印本、縮印本）·經部·
　　　　十三經注疏

春秋公羊傳校勘記十一卷釋文校勘記一
　　卷
　　（清）阮元撰
　　　　皇清經解（道光本、咸豐補刊本、鴻寶
　　　　齋石印本、點石齋石印本）·十三經
　　　　注疏校勘記

春秋公羊傳注疏校勘記十一卷釋文校
　　勘記一卷
　　　　宋本十三經注疏併經典釋文校勘記

春秋公羊傳注疏考證一卷
　　（清）齊召南撰
　　　　皇清經解（道光本、咸豐補刊本、鴻寶齋
　　　　石印本、點石齋石印本）·注疏考證

公羊注疏校勘記補正一卷
　　（清）王振聲撰
　　　　王文村遺著

春秋公羊注疏質疑二卷
　　（清）何若瑤撰
　　　　何宮贊遺書
　　　　廣雅書局叢書·經類

春秋公羊疏殘七卷（存卷一至七）
　　　　續古逸叢書

春秋公羊疏殘七卷（存卷一至七）附校勘
　　記一卷
　　　　校勘記劉承幹撰
　　　　嘉業堂叢書·經部

春秋文謚例一卷
　　（漢）何休撰　　（清）馬國翰輯
　　　　玉函山房輯佚書（嫏嬛館本、重印本、
　　　　楚南書局本）·經編春秋類

駁春秋釋疴一卷
　　（漢）何休撰　　（清）王仁俊輯
　　　　玉函山房輯佚書續編·經編春秋類

春秋釋疴駁一卷
　　　　十三經漢注

春秋漢議一卷
　　（漢）何休撰　　（清）王仁俊輯
　　　　玉函山房輯佚書續編·經編春秋類
　　　　十三經漢注

公羊墨守一卷
　　(漢)何休撰　(清)王謨輯
　　　漢魏遺書鈔·經翼第三冊
發墨守一卷
　　(漢)鄭玄撰
　　　四庫全書·經部春秋類·箴膏肓附
發墨守一卷
　　(漢)鄭玄撰　(清)王復輯　(清)武億校
　　　藝海珠塵金集(甲集)
　　　問經堂叢書
　　　反約篇
　　　榕園叢書甲集
　　　後知不足齋叢書第一函·鄭氏遺書
　　　食舊堂叢書
　　　叢書集成初編·史地類
發墨守一卷
　　(漢)鄭玄撰　(清)袁鈞輯
　　　鄭氏佚書(浙江書局本)
發公羊墨守一卷
　　(漢)鄭玄撰　(清)孔廣林輯
　　　通德遺書所見錄
發公羊墨守一卷
　　(漢)鄭玄撰　(清)黃奭輯
　　　黃氏逸書考(民國修補本、民國補刊
　　　本)·通德堂經解
發墨守評一卷
　　(清)劉逢祿撰
　　　皇清經解(道光本、咸豐補刊本、鴻寶
　　　齋石印本、點石齋石印本)
續公羊墨守三卷
　　(民國)王樹榮撰
　　　紹邵軒叢書
續公羊墨守附篇三卷
　　(民國)王樹榮撰
　　　紹邵軒叢書
春秋公羊鄭氏義一卷
　　(漢)鄭玄撰　(清)王仁俊輯
　　　十三經漢注
公羊一卷
　　(漢)鄭玄注　(民國)龍璋輯
　　　小學蒐佚下編補

晉

春秋公羊孔氏傳一卷
　　(晉)孔衍撰　(清)王仁俊輯
　　　玉函山房輯佚書續編·經編春秋類
春秋公羊王門子注一卷
　　(晉)王愆期撰　(清)王仁俊輯

　　　玉函山房輯佚書續編·經編春秋類
春秋公羊劉氏注一卷
　　(晉)劉兆撰　(清)王仁俊輯
　　　玉函山房輯佚書續編·經編春秋類
公羊一卷
　　(晉)劉兆注　(民國)龍璋輯
　　　小學蒐佚下編補

宋

春秋公羊傳讞六卷
　　(宋)葉夢得撰
　　　四庫全書·經部春秋類
　　　四庫全書珍本初集·經部春秋類

明

公羊墨史二卷
　　(明)周拱辰撰
　　　周孟侯先生全書

清

公羊古義一卷
　　(清)惠棟撰
　　　昭代叢書(道光本)甲集補
公羊傳補注一卷
　　(清)姚鼐撰
　　　惜抱軒全集(同治本、光緒本、民國本)
　　　南菁書院叢書第二集
公羊傳鈔一卷
　　(清)高嵣集評
　　　高梅亭讀書叢鈔
春秋公羊經傳通義十一卷敍一卷
　　(清)孔廣森撰
　　　㪺軒孔氏所著書
春秋公羊通義十二卷敍一卷
　　　皇清經解(道光本、咸豐補刊本、鴻寶
　　　齋石印本、點石齋石印本)
公羊問答二卷
　　(清)凌曙撰
　　　蜚雲閣凌氏叢書
　　　咫進齋叢書第一集
　　　皇清經解續編(南菁書院本、蜚英館石
　　　印本)
　　　叢書集成初編·史地類
公羊春秋何氏解詁箋一卷
　　(清)劉逢祿撰
　　　皇清經解(道光本、咸豐補刊本、鴻寶
　　　齋石印本、點石齋石印本)
公羊義疏七十六卷

　　　（清）陳立撰
　　　　　皇清經解續編（南菁書院本、蜚英館石
　　　　　　印本）
　　　　　四部備要（排印本、縮印本）・經部・
　　　　　　清十三經注疏
讀公羊注糾疑三卷
　　　（清）張憲和撰
　　　　　張氏公羊二種
公羊臆三卷
　　　（清）張憲和撰
　　　　　張氏公羊二種
春秋公羊傳平議一卷
　　　（清）俞樾撰
　　　　　皇清經解續編（南菁書院本、蜚英館石
　　　　　　印本）・羣經平議
　　　　　春在堂全書・羣經平議
公羊約解五卷
　　　（清）劉曾騄撰
　　　　　祥符劉氏叢書・九經約解

民　國

春秋公羊傳箋十一卷
　　　（民國）王闓運撰
　　　　　湘綺樓全書
何氏公羊解詁十論一卷續十論一卷再續
　十論一卷春秋天子二伯方伯卒正附庸
　尊卑表一卷
　　　（民國）廖平撰
　　　　　蟄雲雷齋叢書
　何氏公羊解詁十論一卷續十論一卷再
　　續十論一卷
　　　　　四益館經學叢書
　　　　　新訂六譯館叢書・春秋類
公羊春秋經傳驗推補證十一卷首一卷擬
　大統春秋條例一卷皇帝大同學革獘興
　利百目一卷
　　　（民國）廖平撰
　　　　　新訂六譯館叢書・春秋類
公羊何注攷訂一卷
　　　（民國）王樹榮撰
　　　　　紹邵軒叢書
箋箋何篇一卷
　　　（民國）王樹榮撰
　　　　　紹邵軒叢書

專著之屬

春秋繁露十七卷

　　　（漢）董仲舒撰
　　　　　漢魏叢書（萬曆本、景萬曆本）・經籍
　　　　　廣漢魏叢書（萬曆本、嘉慶本）・經翼
　　　　　四庫全書・經部春秋類
　　　　　摛藻堂四庫全書薈要・子部
　　　　　增訂漢魏叢書（乾隆本、紅杏山房本、
　　　　　　三餘堂本、大通書局石印本）・經翼
　　　　　崇文書局彙刻書
　　　　　四部叢刊（初次印本、二次印本、縮印
　　　　　　二次印本）・經部
董子春秋繁露十七卷
　　　　　子書四十八種
春秋繁露八卷
　　　　　兩京遺編
　　　　　景印元明善本叢書十種・兩京遺編
桂巖子春秋繁露一卷
　　　　　諸子褒異
春秋繁露一卷
　　　　　增定漢魏六朝別解・經部
　　　　　說郛（宛委山堂本）弓五
春秋繁露十七卷附錄一卷
　　　　　武英殿聚珍版書（武英殿木活字本）・
　　　　　　經部
董子春秋繁露十七卷附錄一卷
　　　　　二十二子
　　　　　二十五子彙函
　　　　　子書二十二種
春秋繁露
　　　　　說郛（商務印書館本）卷二・古典錄略
春秋繁露十七卷附錄一卷
　　　（漢）董仲舒撰　（清）盧文弨校
　　　　　抱經堂叢書（乾隆本、景乾隆本）
　　　　　古經解彙函（粵東書局本、蜚英館石印
　　　　　　本、湘南書局本）
　　　　　子書二十八種
　　　　　四部備要（排印本、縮印本）・經部經
　　　　　　義
春秋繁露十七卷附錄一卷校勘記二卷
　　　（漢）董仲舒撰　校勘記（清）孫星華撰
　　　　　武英殿聚珍版書（福建本、廣雅書局
　　　　　　本）・經部
桂巖子二卷
　　　（漢）董仲舒撰　（明）歸有光輯評
　　　　　諸子彙函
春秋繁露一卷
　　　（漢）董仲舒撰　（清）任兆麟選輯
　　　　　述記（乾隆本、嘉慶本）
春秋繁露佚文一卷

（漢）董仲舒撰　（清）王仁俊輯
　　經籍佚文
董子定本一卷附錄一卷
　　（清）譚獻撰
　　　　念劬廬叢刊初編
春秋繁露注十七卷
　　（清）淩曙撰
　　　　蜚雲閣淩氏叢書
　　　　皇清經解續編（南菁書院本、蜚英館石
　　　　印本）
　春秋繁露十七卷
　　（漢）董仲舒撰　（清）淩曙注
　　　　龍谿精舍叢書・經部
春秋繁露十七卷附淩注校正十七卷
　　（漢）董仲舒撰　（清）淩曙注　校正（清）張
　　駒賢撰
　　　　畿輔叢書
春秋繁露平議二卷
　　（清）俞樾撰
　　　　春在堂全書・諸子平議
春秋繁露集註二卷
　　（清）董金鑑撰
　　　　董氏叢書
春秋繁露斠補三卷附佚輯補一卷
　　（民國）劉師培撰
　　　　劉申叔先生遺書
春秋繁露一卷
　　（漢）董仲舒撰　（民國）張之純評註
　　　　評註諸子菁華錄・儒家五種
春秋決事一卷
　　（漢）董仲舒撰　（清）王謨輯
　　　　漢魏遺書鈔・經翼第三冊
春秋決獄一卷
　　（漢）董仲舒撰　（清）洪頤煊輯
　　　　問經堂叢書・經典集林
　　　　經典集林
春秋決事一卷
　　（漢）董仲舒撰　（清）馬國翰輯
　　　　玉函山房輯佚書（嫏嬛館本、重印本、
　　　　楚南書局本）・經編春秋類
公羊治獄一卷
　　（漢）董仲舒撰　（清）黃奭輯
　　　　漢學堂叢書・子史鈎沈・子部法家類
　　　　黃氏逸書考（民國修補本、民國補刊
　　　　本）・子史鈎沈
春秋陰陽一卷
　　（漢）董仲舒撰

增定漢魏六朝別解・經部
春秋決事比一卷
　　（清）龔自珍撰
　　　　皇清經解續編（南菁書院本、蜚英館石
　　　　印本）
春秋繁露求雨止雨考定一卷
　　（清）王又樸撰
　　　　詩禮堂全集
春秋盟會圖一卷
　　（漢）嚴彭祖撰　（清）王謨輯
　　　　漢魏遺書鈔・經翼第三冊
春秋盟會圖一卷
　　（漢）嚴彭祖撰　（清）黃奭輯
　　　　漢學堂叢書・經解春秋類
　　　　黃氏逸書考（民國修補本、民國補刊
　　　　本）・漢學堂經解
春秋公羊禮疏十一卷
　　（清）淩曙撰
　　　　蜚雲閣淩氏叢書
　　　　咫進齋叢書第一集
　　　　叢書集成初編・史地類
　公羊禮疏十一卷
　　　　皇清經解續編（南菁書院本、蜚英館石
　　　　印本）
公羊禮說一卷
　　（清）淩曙撰
　　　　蜚雲閣淩氏叢書
　　　　皇清經解（道光本、咸豐補刊本、鴻寶
　　　　齋石印本、點石齋石印本）
公羊逸禮攷徵一卷
　　（清）陳奐撰
　　　　滂喜齋叢書第一函
　　　　孫谿朱氏經學叢書初編
　　　　槐廬叢書初編
　　　　皇清經解續編（南菁書院本、蜚英館石
　　　　印本）
　　　　叢書集成初編・社會科學類
春秋公羊傳曆譜十一卷
　　（清）包慎言撰
　　　　皇清經解續編（南菁書院本、蜚英館石
　　　　印本）
春秋公羊經何氏釋例十卷
　　（清）劉逢祿撰
　　　　皇清經解（道光本、咸豐補刊本、鴻寶
　　　　齋石印本、點石齋石印本）
公羊春秋補證凡例一卷
　　（民國）廖平撰
　　　　新訂六譯館叢書・春秋類

文字音義之屬

春秋公羊傳異文釋一卷
　　（清）李富孫撰
　　　　別下齋叢書（道光本、商務印書館景道
　　　　光本、竹簡齋景道光本）·春秋三傳
　　　　異文釋
　　　　皇清經解續編（南菁書院本、蜚英館石
　　　　印本）
　　　　叢書集成初編·史地類·春秋三傳異
　　　　文釋
春秋公羊傳音訓不分卷
　　（清）楊國楨撰
　　　　十一經音訓（道光本、光緒本）

春秋穀梁傳類

正文之屬

春秋穀梁傳
　　　　十三經·經文
穀梁傳選一卷
　　（清）孫琮輯
　　　　山曉閣文選十五種

傳說之屬

漢

春秋穀梁傳章句一卷
　　（漢）尹更始撰　（清）馬國翰輯
　　　　玉函山房輯佚書（嫏嬛館本、重印本、
　　　　楚南書局本）·經編春秋類
春秋穀梁傳說一卷
　　（漢）劉向撰　（清）馬國翰輯
　　　　玉函山房輯佚書（嫏嬛館本、重印本、
　　　　楚南書局本）·經編春秋類
春秋穀梁劉更生義一卷
　　（漢）劉向撰　（清）王仁俊輯
　　　　玉函山房輯佚書續編·經編春秋類
　春秋穀梁劉氏義一卷
　　　　十三經漢注
　春秋穀梁段氏注一卷
　　（漢）段肅撰　（清）王仁俊輯
　　　　玉函山房輯佚書續編·經編春秋類
穀梁廢疾一卷
　　（漢）何休撰　（清）王謨輯
　　　　漢魏遺書鈔·經翼第三冊
起廢疾一卷
　　（漢）鄭玄撰
　　　　四庫全書·經部春秋類·箴膏肓附
起廢疾一卷
　　（漢）鄭玄撰　（清）王復輯　（清）武億校
　　　　藝海珠塵金集（甲集）
　　　　問經堂叢書
　　　　反約篇
　　　　榕園叢書甲集
　　　　食舊堂叢書
　　　　後知不足齋叢書第一函·鄭氏遺書
　　　　叢書集成初編·史地類
釋廢疾一卷
　　（漢）鄭玄撰　（清）袁鈞輯
　　　　鄭氏佚書（浙江書局本）
釋穀梁廢疾一卷
　　（漢）鄭玄撰　（清）孔廣林輯
　　　　通德遺書所見錄
釋穀梁廢疾一卷
　　（漢）鄭玄撰　（清）黃奭輯
　　　　黃氏逸書考（民國修補本、民國補刊
　　　　本）·通德堂經解
穀梁廢疾申何二卷
　　（清）劉逢祿撰
　　　　皇清經解（道光本、咸豐補刊本、鴻寶
　　　　齋石印本、點石齋石印本）
起起穀梁癈疾一卷
　　（民國）廖平撰
　　　　新訂六譯館叢書·春秋類
續穀梁廢疾三卷
　　（民國）王樹枏撰
　　　　紹邵軒叢書

魏　晉

春秋穀梁傳解釋殘一卷（存卷五）
　　（魏）糜信撰
　　　　鳴沙石室佚書初編
穀梁傳注一卷
　　（魏）糜信撰　（清）王謨輯
　　　　漢魏遺書鈔·經翼第三冊
春秋穀梁傳麋氏注一卷
　　（魏）糜信撰　（清）馬國翰輯
　　　　玉函山房輯佚書（嫏嬛館本、重印本、
　　　　楚南書局本）·經編春秋類
春秋穀梁傳注一卷
　　（魏）糜信撰　（清）黃奭輯

漢學堂叢書・經解春秋類
黃氏逸書考（民國修補本、民國補刊本）・漢學堂經解

春秋穀梁傳徐氏注一卷
（晉）徐乾撰　（清）馬國翰輯
玉函山房輯佚書（嫏嬛館本、重印本、楚南書局本）・經編春秋類

春秋穀梁傳注義一卷
（晉）徐邈撰　（清）馬國翰輯
玉函山房輯佚書（嫏嬛館本、重印本、楚南書局本）・經編春秋類

春秋穀梁傳十二卷
（晉）范甯集解
十三經讀本（金陵書局本）

春秋穀梁傳集解殘一卷（存卷三）
（晉）范甯撰
鳴沙石室古籍叢殘・羣經叢殘

春秋穀梁傳集解殘一卷（存卷十二）
敦煌祕籍留眞新編上卷

春秋穀梁傳二十卷
（晉）范甯集解　（唐）陸德明音義
十三經古注
四部備要（排印本、縮印本）・經部・十三經古注

春秋穀梁傳十二卷
四部叢刊（初次印本、二次印本、縮印二次印本）・經部

春秋穀梁傳讀本十二卷
十三經讀本（唐文治輯）

春秋穀梁傳十二卷附校刊記一卷
（晉）范甯集解　（唐）陸德明音義　校刊記（清）丁寶楨等撰
十三經讀本（丁寶楨等校）

春秋穀梁傳十二卷附考異一卷
（晉）范甯集解　（唐）陸德明音義　考異（民國）楊守敬撰
古逸叢書
湖北先正遺書・經部
叢書集成初編・史地類

余仁仲萬卷堂穀梁傳考異一卷
（民國）楊守敬撰
十三經讀本（唐文治輯）

春秋穀梁傳不分卷附攷一卷
（晉）范甯集解　（明）閔齊伋裁注併撰攷
袖珍十三經註

春秋穀梁註疏二十卷
（晉）范甯集解　（唐）陸德明音義　（唐）楊士勛疏

十三經註疏（福建本）
十三經註疏（北監本）
十三經註疏（汲古閣本）
四庫全書・經部春秋類
摛藻堂四庫全書薈要・經部

春秋穀梁傳注疏二十卷附考證
十三經注疏（武英殿本）

監本附音春秋穀梁注疏二十卷附校勘記二十卷
（晉）范甯集解　（唐）陸德明音義　（唐）楊士勛疏　校勘記（清）阮元撰
重刊宋本十三經注疏（南昌府學本、廣東書局本、江西書局本、脈望仙館石印本、寶慶務本圖書局本、點石齋石印本、掃葉山房石印本、錦章圖書局石印本、世界書局石印本、中華書局排印本）
四部備要（排印本、縮印本）・經部・十三經注疏

春秋穀梁傳校勘記十二卷釋文校勘記一卷
（清）阮元撰
皇清經解（道光本、咸豐補刊本、鴻寶齋石印本、點石齋石印本）・十三經注疏校勘記

春秋穀梁傳注疏校勘記十二卷釋文校勘記一卷
宋本十三經注疏併經典釋文校勘記

春秋穀梁傳注疏考證一卷
（清）齊召南撰
皇清經解（道光本、咸豐補刊本、鴻寶齋石印本、點石齋石印本）・注疏考證

穀梁疏殘七卷（存卷六至十二）附校勘記二卷
（唐）楊士勛撰　校勘記劉承幹撰
嘉業堂叢書・經部

答薄氏駮穀梁義一卷
（晉）范甯撰　（清）王謨輯
漢魏遺書鈔・經翼第三冊

薄叔元問穀梁義一卷
（晉）范甯撰　（清）馬國翰輯
玉函山房輯佚書（嫏嬛館本、重印本、楚南書局本）・經編春秋類

春秋穀梁傳鄭氏說一卷
（晉）鄭嗣撰　（清）馬國翰輯
玉函山房輯佚書（嫏嬛館本、重印本、楚南書局本）・經編春秋類

春秋穀梁劉氏注一卷
　　(晉)劉兆撰　　(清)王仁俊輯
　　　　玉函山房輯佚書續編·經編春秋類
穀梁一卷
　　(晉)劉兆注　　(民國)龍璋輯
　　　　小學蒐佚下編補

宋

春秋穀梁傳讞六卷
　　(宋)葉夢得撰
　　　　四庫全書·經部春秋類
　　　　四庫全書珍本初集·經部春秋類

清

穀梁古義一卷
　　(清)惠棟撰
　　　　昭代叢書(道光本)甲集補
穀梁傳補注一卷
　　(清)姚鼐撰
　　　　惜抱軒全集(同治本、光緒本、民國本)
　　　　南菁書院叢書第二集
穀梁傳鈔一卷
　　(清)高塘集評
　　　　高梅亭讀書叢鈔
穀梁大義述不分卷
　　(清)柳興恩撰
　　　　木犀軒叢書續刻
　　穀梁大義述三十卷
　　　　皇清經解續編(南菁書院本、蜚英館石
　　　　　印本)
穀梁補注二十四卷
　　(清)鍾文烝撰
　　　　皇清經解續編(南菁書院本、蜚英館石
　　　　　印本)
　　　　四部備要(排印本、縮印本)·經部·
　　　　　清十三經注疏
春秋穀梁傳平議一卷
　　(清)俞樾撰
　　　　皇清經解續編(南菁書院本、蜚英館石
　　　　　印本)·羣經平議
　　　　春在堂全書·羣經平議
穀梁約解五卷
　　(清)劉曾騄撰
　　　　祥符劉氏叢書·九經約解

民　國

春秋穀梁傳補注十五卷
　　(民國)柯劭忞撰

　　　　柯劭忞先生遺著
重訂穀梁春秋經傳古義疏十一卷釋范一
　　卷起起穀梁癈疾一卷
　　(民國)廖平撰　(民國)廖宗澤補疏
　　　　渭南嚴氏孝義家塾叢書

專著之屬

穀梁傳例一卷
　　(晉)范甯撰　　(清)王謨輯
　　　　漢魏遺書鈔·經翼第三冊
穀梁傳例一卷
　　(晉)范甯撰　　(清)黃奭輯
　　　　漢學堂叢書·經解春秋類
　　　　黃氏逸書考(民國修補本、民國補刊
　　　　　本)·漢學堂經解
春秋穀梁傳時月日書法釋例四卷
　　(清)許桂林撰
　　　　粵雅堂叢書二編第十六集
　　　　皇清經解續編(南菁書院本、蜚英館石
　　　　　印本)
穀梁春秋經傳古義凡例一卷
　　(民國)廖平撰
　　　　新訂六譯館叢書·春秋類
穀梁春秋經學外篇凡例一卷
　　(民國)廖平撰
　　　　新訂六譯館叢書·春秋類
穀梁禮證二卷
　　(清)侯康撰
　　　　嶺南遺書第五集
　　　　皇清經解續編(南菁書院本、蜚英館石
　　　　　印本)
穀梁釋經重辭說一卷
　　(民國)葉瀚撰
　　　　晚學廬叢稿

文字音義之屬

春秋穀梁傳異文釋一卷
　　(清)李富孫撰
　　　　別下齋叢書(道光本、商務印書館景道
　　　　　光本、竹簡齋景道光本)
　　　　皇清經解續編(南菁書院本、蜚英館石
　　　　　印本)
　　　　叢書集成初編·史地類·春秋三傳異
　　　　　文釋
春秋穀梁傳音訓不分卷
　　(清)楊國楨撰

十一經晉訓（道光本、光緒本）

序錄之屬

春秋穀梁傳序一卷
　　（清）王仁俊輯
　　　　玉函山房輯佚書續編・經編春秋類

春秋總義類

正文之屬

春秋一卷
　　　　五經（弘治本）
　　　　古香齋袖珍十種（內府本、孔氏本）
春秋十七卷
　　　　九經（求古齋本、觀成堂本、重刊本）
春秋白文二卷
　　　　五經白文
春秋四卷附錄一卷
　　　　西京清麓叢書正編
春秋十二卷
　　（明）陳鳳梧篆書
　　　　篆文六經
春秋
　　　　篆文六經四書（康熙本、同文書局景康
　　　　熙本、千頃堂書局景康熙本）
春秋十六卷首一卷
　　　　五經四書讀本

傳說之屬

漢

春秋大傳一卷
　　（漢）□□撰　　（清）馬國翰輯
　　　　玉函山房輯佚書（嫏嬛館本、重印本、
　　　　楚南書局本）・經編春秋類
春秋大傳一卷
　　（漢）□□撰　　（清）王仁俊輯
　　　　玉函山房輯佚書續編・經編春秋類
春秋大傳補說四卷
　　（清）何志高撰
　　　　西夏經義（道光本、光緒本）
春秋三傳異同說一卷
　　（漢）馬融撰　　（清）馬國翰輯
　　　　玉函山房輯佚書（嫏嬛館本、重印本、

楚南書局本）・經編春秋類
春秋三家經本訓詁一卷
　　（漢）賈逵撰　　（清）王仁俊輯
　　　　玉函山房輯佚書續編・經編春秋類
　　　　十三經漢注

晉

春秋公羊穀梁傳集解一卷
　　（晉）劉兆撰　　（清）王謨輯
　　　　漢魏遺書鈔・經翼第三冊
春秋公羊穀梁傳解詁一卷
　　（晉）劉兆撰　　（清）馬國翰輯
　　　　玉函山房輯佚書（嫏嬛館本、重印本、
　　　　楚南書局本）・經編春秋類
春秋公羊穀梁二傳評一卷
　　（晉）江熙撰　　（清）馬國翰輯
　　　　玉函山房輯佚書（嫏嬛館本、重印本、
　　　　楚南書局本）・經編春秋類

唐

春秋集傳一卷
　　（唐）啖助撰　　（清）馬國翰輯
　　　　玉函山房輯佚書（嫏嬛館本、重印本、
　　　　楚南書局本）・經編春秋類
春秋闡微纂類義統一卷
　　（唐）趙匡撰　　（清）馬國翰輯
　　　　玉函山房輯佚書（嫏嬛館本、重印本、
　　　　楚南書局本）・經編春秋類
春秋折衷論一卷
　　（唐）陳岳撰　　（清）馬國翰輯
　　　　玉函山房輯佚書（嫏嬛館本、重印本、
　　　　楚南書局本）・經編春秋類
春秋集傳纂例十卷
　　（唐）陸淳撰
　　　　玉玲瓏閣叢刻
　　　　四庫全書・經部春秋類
　　　　經苑（大梁書院本、民國補刊本）
　　　　古經解彙函（粵東書局本、蜚英館石印
　　　　本、湘南書局本）
春秋集傳纂例十卷附校勘記一卷
　　（唐）陸淳撰　校勘記（清）孫星華撰
　　　　武英殿聚珍版書（福建本、廣雅書局
　　　　本）・經部
　　　　叢書集成初編・史地類
春秋集傳纂例校一卷
　　（清）陸心源撰
　　　　潛園總集・群書校補
春秋集傳微旨三卷

（唐）陸淳撰
　　玉玲瓏閣叢刻
　　四庫全書・經部春秋類
　　養和堂叢書
　　學海類編（道光本、景道光本）・經翼
　　學津討原（嘉慶本、景嘉慶本）第三集
　　經苑（大梁書院本、民國補刊本）
　　古經解彙函（粵東書局本、蜚英館石印
　　本、湘南書局本）

春秋集傳辯疑十卷
　　（唐）陸淳撰
　　　玉玲瓏閣叢刻
　　　四庫全書・經部春秋類
　　　養和堂叢書
　　　古經解彙函（粵東書局本、蜚英館石印
　　　本、湘南書局本）
　　　叢書集成初編・史地類

春秋摘微一卷
　　（唐）盧仝撰　　（清）李邦黻輯
　　　南菁書院叢書第一集

宋

春秋皇綱論五卷
　　（宋）王晢撰
　　　通志堂經解（康熙本、同治本）・春秋
　　　四庫全書・經部春秋類

春秋尊王發微十二卷附錄一卷
　　（宋）孫復撰
　　　通志堂經解（康熙本、同治本）・春秋

春秋尊王發微十二卷
　　　四庫全書・經部春秋類
　　　摛藻堂四庫全書薈要・經部

春秋傳十五卷
　　（宋）劉敞撰
　　　通志堂經解（康熙本、同治本）・春秋
　　　公是遺書
　　　四庫全書・經部春秋類
　　　摛藻堂四庫全書薈要・經部

春秋權衡十七卷
　　（宋）劉敞撰
　　　通志堂經解（康熙本、同治本）・春秋
　　　公是遺書
　　　四庫全書・經部春秋類
　　　摛藻堂四庫全書薈要・經部

劉氏春秋意林二卷
　　（宋）劉敞撰
　　　通志堂經解（康熙本、同治本）・春秋

春秋意林二卷
　　　公是遺書

四庫全書・經部春秋類

春秋傳說例一卷
　　（宋）劉敞撰
　　　四庫全書・經部春秋類
　　　武英殿聚珍版書（武英殿木活字本、浙
　　　江本、江西書局本、福建本、廣雅書
　　　局本）・經部
　　　藝海珠塵竹集（丁集）
　　　反約篇
　　　榕園叢書甲集
　　　清芬堂叢書・經部
　　　叢書集成初編・史地類

龍學孫公春秋經解十五卷
　　（宋）孫覺撰
　　　通志堂經解（康熙本）・春秋
　　　正誼齋叢書

春秋經解十五卷
　　　武英殿聚珍版書（武英殿木活字本、福
　　　建本、廣雅書局本）・經部
　　　叢書集成初編・史地類

春秋經解十三卷
　　　四庫全書・經部春秋類

潁濱先生春秋集解十二卷
　　（宋）蘇轍撰
　　　兩蘇經解

春秋集解十二卷
　　　四庫全書・經部春秋類
　　　摛藻堂四庫全書薈要・經部
　　　經苑（大梁書院本、民國補刊本）
　　　叢書集成初編・史地類

春秋會義十二卷
　　（宋）杜諤撰
　　　碧琳琅館叢書甲部
　　　芋園叢書・經部

春秋會義二十六卷
　　　孫氏山淵閣叢刊

春秋通訓六卷
　　（宋）張大亨撰
　　　四庫全書・經部春秋類
　　　墨海金壺（嘉慶本、景嘉慶本）・經部

春秋臣傳三十卷
　　（宋）王當撰
　　　通志堂經解（康熙本、同治本）・春秋

春秋辨疑四卷
　　（宋）蕭楚撰
　　　四庫全書・經部春秋類
　　　摛藻堂四庫全書薈要・經部
　　　武英殿聚珍版書（武英殿木活字本、浙

江本、江西書局本)·經部
清芬堂叢書·經部

春秋辨疑四卷附校勘記一卷
(宋)蕭楚撰　校勘記(清)周自得撰
武英殿聚珍版書(福建本、廣雅書局本)·經部
叢書集成初編·史地類

春秋辨疑校一卷
(清)陸心源撰
潛園總集·羣書校補

春秋經解十二卷
(宋)崔子方撰
四庫全書·經部春秋類
四庫全書珍本初集·經部春秋類

春秋例要一卷
(宋)崔子方撰
四庫全書·經部春秋類
四庫全書珍本初編·經部春秋類·春秋經解附

西疇居士春秋本例二十卷
(宋)崔子方撰
通志堂經解(康熙本、同治本)·春秋

春秋本例二十卷
四庫全書·經部春秋類
摛藻堂四庫全書薈要·經部

春秋三十卷
(宋)胡安國傳
五經(康熙本)

春秋傳三十卷
(宋)胡安國撰
四庫全書·經部春秋類
摛藻堂四庫全書薈要·經部

春秋胡氏傳三十卷首一卷附錄一卷
復性書院叢刊·羣經統類初編

春秋傳三十卷附校勘記一卷
(宋)胡安國撰　校勘記張元濟撰
四部叢刊續編·經部

春秋三十卷
(宋)胡安國傳　(宋)林堯叟音注
五經四子書

春秋綱領一卷
(宋)胡安國撰
五經補綱

春秋胡傳附錄纂疏三十卷
(元)汪克寬撰
四庫全書·經部春秋類

春秋胡傳考誤一卷
(明)袁仁撰

四庫全書·經部春秋類
學津討原(嘉慶本、景嘉慶本)第三集
學海類編(道光本、景道光本)·經翼
翠琅玕館叢書(黄任恆輯)·經部
藏修堂叢書第一集
芋園叢書·經部

春秋胡氏傳辨疑二卷
(明)陸粲撰
四庫全書·經部春秋類
指海(道光本、景道光本)第一集

春秋胡傳參義十二卷
(清)姜兆錫撰
九經補注

石林先生春秋傳二十卷
(宋)葉夢得撰
通志堂經解(康熙本、同治本)·春秋

春秋傳二十卷
四庫全書·經部春秋類
摛藻堂四庫全書薈要·經部

春秋考十六卷
(宋)葉夢得撰
四庫全書·經部春秋類
武英殿聚珍版書(武英殿木活字本、福建本、廣雅書局本)·經部

春秋解十六卷
(宋)胡銓撰
胡忠簡公經解

春秋集注四十卷
(宋)高閌撰
四庫全書·經部春秋類
武英殿聚珍版書(武英殿木活字本、福建本、廣雅書局本)·經部
四明叢書第三集
叢書集成初編·史地類

春秋集解三十卷
(題宋呂祖謙撰)
通志堂經解(康熙本、同治本)·春秋
(宋)呂本中撰
四庫全書·經部春秋類
摛藻堂四庫全書薈要·經部

止齋先生春秋後傳十二卷
(宋)陳傅良撰
通志堂經解(康熙本、同治本)·春秋

春秋後傳十二卷
四庫全書·經部春秋類
摛藻堂四庫全書薈要·經部

春秋比事二十卷
(宋)沈棐撰

四庫全書·經部春秋類
四庫全書珍本初集·經部春秋類

春秋王霸列國世紀編三卷
　　（宋）李琪撰
　　　　通志堂經解（康熙本、同治本）·春秋
　　　　四庫全書·經部春秋類
　　春秋世紀編三卷
　　　　摛藻堂四庫全書薈要·經部
春秋講義四卷
　　（宋）戴溪撰
　　　　四庫全書·經部春秋類
　　　　敬鄉樓叢書第二輯
春秋分紀九十卷
　　（宋）程公説撰
　　　　四庫全書·經部春秋類
　　　　四庫全書珍本初集·經部春秋類
春秋集義五十卷綱領三卷
　　（宋）李明復撰
　　　　四庫全書·經部春秋類
　　　　四庫全書珍本初集·經部春秋類
春秋集註十一卷綱領一卷
　　（宋）張洽撰
　　　　通志堂經解（康熙本、同治本）·春秋
　　　　四庫全書·經部春秋類
　　　　摛藻堂四庫全書薈要·經部
春秋集傳二十六卷（原缺卷十八至二十、
　　卷二十三至二十六）
　　（宋）張洽撰
　　　　宛委別藏
　　　　選印宛委別藏
春秋說三十卷
　　（宋）洪咨夔撰
　　　　四庫全書·經部春秋類
　　　　洪氏晦木齋叢書
春秋通說十三卷
　　（宋）黃仲炎撰
　　　　通志堂經解（康熙本、同治本）·春秋
　　　　四庫全書·經部春秋類
　　　　摛藻堂四庫全書薈要·經部
木訥先生春秋經筌十六卷
　　（宋）趙鵬飛撰
　　　　通志堂經解（康熙本、同治本）·春秋
　　春秋經筌十六卷
　　　　四庫全書·經部春秋類
　　　　摛藻堂四庫全書薈要·經部
春秋或問二十卷
　　（宋）呂大圭撰
　　　　通志堂經解（康熙本、同治本）·春秋

四庫全書·經部春秋類
摛藻堂四庫全書薈要·經部

春秋五論一卷
　　（宋）呂大圭撰
　　　　通志堂經解（康熙本、同治本）·春秋
　　　　四庫全書·經部春秋類·春秋或問附
　　　　摛藻堂四庫全書薈要·經部·春秋或
　　　　問附
則堂先生春秋集傳詳說三十卷綱領一卷
　　（宋）家鉉翁撰
　　　　通志堂經解（康熙本、同治本）·春秋
　　春秋詳說三十卷
　　　　四庫全書·經部春秋類
　　　　摛藻堂四庫全書薈要·經部
春秋通義一卷
　　（宋）□□撰
　　　　四庫全書·經部春秋類
　　　　小萬卷樓叢書（咸豐本、光緒本）

元

春秋提綱十卷
　　（元）陳則通撰
　　　　通志堂經解（康熙本、同治本）·春秋
　　　　四庫全書·經部春秋類
　　　　摛藻堂四庫全書薈要·經部
春秋集傳釋義大成十二卷首一卷
　　（元）俞皋撰
　　　　通志堂經解（康熙本、同治本）·春秋
　　春秋集傳釋義大成十二卷
　　　　四庫全書·經部春秋類
　　　　摛藻堂四庫全書薈要·經部
春秋纂言十二卷總例一卷
　　（元）吳澄撰
　　　　四庫全書·經部春秋類
春秋諸國統紀六卷目錄一卷
　　（元）齊履謙撰
　　　　通志堂經解（康熙本、同治本）·春秋
　　　　四庫全書·經部春秋類
春秋本義三十卷首一卷
　　（元）程端學撰
　　　　通志堂經解（康熙本、同治本）·春秋
　　春秋本義三十卷
　　　　四庫全書·經部春秋類
　　　　摛藻堂四庫全書薈要·經部
春秋或問十卷
　　（元）程端學撰
　　　　通志堂經解（康熙本、同治本）·春秋
　　　　四庫全書·經部春秋類

春秋三傳辨疑二十卷
　　(元)程端學撰
　　　　四庫全書·經部春秋類
春秋經傳闕疑四十五卷
　　(元)鄭玉撰
　　　　四庫全書·經部春秋類
　　　　摛藻堂四庫全書薈要·經部
清全齋讀春秋編十二卷
　　(宋)陳深撰
　　　　通志堂經解(康熙本、同治本)·春秋
　讀春秋編十二卷
　　　　四庫全書·經部春秋類
　　　　摛藻堂四庫全書薈要·經部
春秋諸傳會通二十四卷首一卷
　　(元)李廉撰
　　　　通志堂經解(康熙本、同治本)·春秋
　春秋諸傳會通二十四卷
　　　　四庫全書·經部春秋類
　春秋會通二十四卷
　　　　摛藻堂四庫全書薈要·經部
春秋屬辭十五卷
　　(元)趙汸撰
　　　　通志堂經解(康熙本、同治本)·春秋
　　　　四庫全書·經部春秋類
　　　　摛藻堂四庫全書薈要·經部
春秋師說三卷附錄二卷
　　(元)趙汸撰
　　　　通志堂經解(康熙本、同治本)·春秋
　春秋師說三卷
　　　　四庫全書·經部春秋類
　春秋師說一卷附錄二卷
　　　　復性書院叢刊·羣經統類乙編
春秋金鎖匙一卷
　　(元)趙汸撰
　　　　四庫全書·經部春秋類
　　　　微波榭叢書
　　　　學津討原(嘉慶本、景嘉慶本)第三集
　　　　反約篇
　　　　榕園叢書甲集
　春秋金鎖匙三卷
　　　　學海類編(道光本、景道光本)·經翼
　　　　翠琅玕館叢書(黃任恆輯)·經部
　　　　藏修堂叢書第一集
　　　　芋園叢書·經部
春秋集傳十五卷
　　(元)趙汸撰　(明)倪尚誼補
　　　　通志堂經解(康熙本、同治本)·春秋
　　　　四庫全書·經部春秋類

　　　　摛藻堂四庫全書薈要·經部
春秋讞義九卷
　　(元)王元杰撰
　　　　四庫全書·經部春秋類
春秋讞義補三卷
　　(清)陸心源輯
　　　　潛園總集·羣書校補

明

春秋鉤玄四卷
　　(明)石光霽撰
　　　　四庫全書·經部春秋類
春秋大全七十卷
　　(明)胡廣等撰
　　　　四庫全書·經部春秋類
春秋經傳辨疑一卷
　　(明)童品撰
　　　　四庫全書·經部春秋類
　　　　續金華叢書·經部
春秋正傳三十七卷
　　(明)湛若水撰
　　　　四庫全書·經部春秋類
　春秋正傳三十七卷末一卷
　　　　甘泉全集
春秋說志五卷
　　(明)呂柟撰
　　　　呂涇野五經說(嘉靖本、道光本)
　　　　惜陰軒叢書(道光本、光緒本)續編·
　　　　呂涇野經說
　　　　叢書集成初編·史地類
春秋經世一卷
　　(明)魏校撰
　　　　莊渠先生遺書
春秋讀意一卷
　　(明)唐樞撰
　　　　木鐘臺全集再集
春秋明志錄十二卷
　　(明)熊過撰
　　　　四庫全書·經部春秋類
　　　　四庫全書珍本初集·經部春秋類
春秋正旨一卷
　　(明)高拱撰
　　　　四庫全書·經部春秋類
　　　　墨海金壺(嘉慶本、景嘉慶本)·經部
　　　　守山閣叢書(道光本、鴻文書局景道光
　　　　本、博古齋景道光本)·經部
春秋事義全考十六卷
　　(明)姜寶撰

四庫全書・經部春秋類

春秋輯傳十三卷宗旨一卷凡例二卷
　　（明）王樵撰
　　　　四庫全書　經部春秋類
　　　　四庫全書珍本初集・經部春秋類

春秋通一卷
　　（明）鄧元錫撰
　　　　五經繹

春秋億六卷
　　（明）徐學謨撰
　　　　四庫全書・經部春秋類

春秋四傳私考二卷
　　（明）徐浦撰
　　　　浦城遺書

春秋質疑十二卷
　　（明）楊于庭撰
　　　　四庫全書・經部春秋類
　　　　四庫全書珍本初集・經部春秋類

春秋直解十五卷
　　（明）郝敬撰
　　　　郝氏九經解

春秋孔義十二卷
　　（明）高攀龍撰
　　　　高子全書
　　　　四庫全書・經部春秋類

春秋辨義三十九卷
　　（明）卓爾康撰
　　　　四庫全書・經部春秋類

春秋四傳質二卷
　　（明）王介之撰
　　　　四庫全書・經部春秋類

春秋四傳質（一名石崖遺書）十二卷
　　　　船山遺書（道光本）附

春秋四傳斷殘六卷（卷六以後缺）
　　（明）張溥撰
　　　　春秋三書

春秋書法解一卷
　　（明）張溥撰
　　　　春秋三書

春秋表記問業一卷附春秋坊記問業一卷
　　（明）黃道周撰
　　　　石齋先生經傳九種

春秋問業一卷
　　　　四庫全書・經部禮類・坊記集傳附

四傳權衡一卷
　　（明）來集之撰
　　　　來子談經

清

讀春秋略記一卷
　　（清）朱朝瑛撰
　　　　七經略記

讀春秋略記十二卷首一卷
　　　　四庫全書・經部春秋類
　　　　四庫全書珍本初集・經部春秋類

春秋平義十二卷
　　（清）俞汝言撰
　　　　四庫全書・經部春秋類
　　　　檇李叢書

春秋四傳糾正一卷
　　（清）俞汝言撰
　　　　四庫全書・經部春秋類
　　　　昭代叢書（道光本）丙集補
　　　　檇李叢書

春秋或辯一卷
　　（清）許之獬撰
　　　　藝海珠塵金集（甲集）
　　　　叢書集成初編・自然科學類

春秋家說七卷
　　（清）王夫之撰
　　　　船山遺書（道光本）

春秋家說三卷
　　　　船山遺書（同治本、民國本）

春秋稗疏二卷
　　（清）王夫之撰
　　　　四庫全書・經部春秋類
　　　　船山遺書（道光本、同治本、民國本）
　　　　皇清經解續編（南菁書院本、蜚英館石
　　　　印本）

春秋稗疏一卷
　　　　昭代叢書（道光本）壬集補編

春秋世論五卷
　　（清）王夫之撰
　　　　船山遺書（道光本、同治本、民國本）

春秋疏略五十卷
　　（清）張沐撰
　　　　五經四書疏略

春秋屬辭比事記四卷
　　（清）毛奇齡撰
　　　　西河合集（康熙本、乾隆修補本）・經
　　　　集
　　　　四庫全書・經部春秋類
　　　　龍威祕書八集
　　　　皇清經解（道光本、咸豐補刊本、鴻寶
　　　　齋石印本、點石齋石印本）

　　　　　　　　鶴壽堂叢書
春秋條貫篇十一卷
　　（清）毛奇齡撰
　　　　　　西河合集（康熙本、乾隆修補本）·經
　　　　　　集
春秋毛氏傳三十六卷
　　（清）毛奇齡撰
　　　　　　西河合集（康熙本、乾隆修補本）·經
　　　　　　集
　　　　　　四庫全書·經部春秋類
　　　　　　皇清經解（道光本、咸豐補刊本、鴻寶
　　　　　　齋石印本、點石齋石印本）
春秋簡書刊誤二卷
　　（清）毛奇齡撰
　　　　　　西河合集（康熙本、乾隆修補本）·經
　　　　　　集
　　　　　　四庫全書·經部春秋類
　　　　　　皇清經解（道光本、咸豐補刊本、鴻寶
　　　　　　齋石印本、點石齋石印本）
學春秋隨筆十卷
　　（清）萬斯大撰
　　　　　　萬充宗先生經學五書
　　　　　　皇清經解（道光本、咸豐補刊本、鴻寶
　　　　　　齋石印本、點石齋石印本）
春秋詳說五十六卷
　　（清）冉覲祖撰
　　　　　　五經詳說
春秋燼餘四卷
　　（清）李光地撰
　　　　　　榕村全書
欽定春秋傳說彙纂三十八卷首二卷
　　清康熙三十八年敕撰
　　　　　　御纂七經（內府本、浙江書局本、江西
　　　　　　書局本、戶部本、崇文書局本、江南
　　　　　　書局本、鴻文書局石印本）
　　　　　　四庫全書·經部春秋類
　　　　　　摛藻堂四庫全書薈要·經部
春秋傳說薈要十二卷
　　（清）□□輯　　清聖祖案
　　　　　　御案五經
春秋疑義二卷
　　（清）華學泉撰
　　　　　　璜川吳氏經學叢書
日講春秋解義六十四卷
　　清聖祖撰　　清世宗校定
　　　　　　四庫全書·經部春秋類
　　　　　　摛藻堂四庫全書薈要·經部
春秋管窺十二卷

　　（清）徐廷垣撰
　　　　　　四庫全書·經部春秋類
　　　　　　四庫全書珍本初集·經部春秋類
三傳折諸四十四卷
　　（清）張尚瑗撰
　　　　　　四庫全書·經部春秋類
春秋傳註四卷
　　（清）李塨撰
　　　　　　顏李叢書
充射堂春秋餘論一卷
　　（清）魏周琬撰
　　　　　　充射堂集
春秋闕如編八卷
　　（清）焦袁熹撰
　　　　　　四庫全書·經部春秋類
春秋義存錄十二卷首一卷
　　（清）陸奎勳撰
　　　　　　陸堂經學叢書
春秋鈔十卷首一卷
　　（清）朱軾撰
　　　　　　朱文端公藏書（康熙至乾隆本、光緒本）
春秋公羊穀梁諸傳彙義十二卷
　　（清）姜兆錫撰
　　　　　　九經補注
春秋宗朱辨義十二卷
　　（清）張自超撰
　　　　　　四庫全書·經部春秋類
春秋通論四卷
　　（清）方苞撰
　　　　　　抗希堂十六種
　　　　　　方望溪先生經說四種
　　　　　　四庫全書·經部春秋類
春秋直解十二卷
　　（清）方苞撰
　　　　　　抗希堂十六種
春秋比事目錄四卷
　　（清）方苞撰
　　　　　　抗希堂十六種
春秋說一卷
　　（清）陶正靖撰
　　　　　　借月山房彙鈔（嘉慶本、景嘉慶本）第
　　　　　　一集
　　　　　　指海（道光本、景道光本）第三集
　　　　　　澤古齋重鈔第一集
　　　　　　式古居彙鈔
　　　　　　埽葉山房叢鈔
半農春秋說十五卷
　　（清）惠士奇撰

四庫全書・經部春秋類

春秋說十五卷
　　皇清經解（道光本、咸豐補刊本、鴻寶
　　齋石印本、點石齋石印本）

半農先生春秋說十五卷
　　璜川吳氏經學叢書

春秋集傳十卷首一卷
　　（淸）李文炤撰
　　李氏成書

春秋剩義二卷
　　（淸）應麟撰
　　屛山草堂稿

春秋集傳十六卷首一卷末一卷
　　（淸）汪紱撰
　　汪雙池先生叢書

春秋三傳異同考一卷
　　（淸）吳陳琰撰
　　昭代叢書（康熙本）乙集第一帙
　　藝海珠塵金集（甲集）
　　昭代叢書（道光本）乙集第一帙

春秋四傳異同辨一卷
　　（淸）黃永年撰
　　豫章叢書（陶福履輯）第一集
　　叢書集成初編・史地類

春秋義補註十二卷
　　（淸）楊方達撰
　　楊符蒼七種

春秋備旨十二卷
　　（淸）鄒聖脈纂輯
　　五經備旨

春秋札記五卷
　　（淸）范爾梅撰
　　讀書小記

春秋傳十二卷
　　（淸）牛運震撰
　　空山堂全集

春秋旁訓四卷
　　（淸）徐立綱撰
　　五經旁訓（匠門書屋本、吳郡張氏本）

春秋旁訓增訂精義四卷
　　（淸）徐立綱撰　（淸）竺靜甫（淸）竺子壽增
　　訂　精義（淸）黃淦撰
　　五經旁訓增訂精義

春秋通論六卷
　　（淸）劉紹攽撰
　　西京淸麓叢書外編

春秋筆削微旨二十六卷
　　（淸）劉紹攽撰

西京淸麓叢書外編

春秋輯說彙解一卷
　　（淸）曹逢庚撰
　　洛陽曹氏叢書

春秋應舉輯要十二卷
　　（淸）潘相撰
　　潘相所著書・經學八書

春秋比事參義一卷
　　（淸）潘相撰
　　潘相所著書・經學八書

春秋隨筆二卷
　　（淸）顧奎光撰
　　四庫全書・經部春秋類

春秋正辭十一卷舉例一卷要指一卷
　　（淸）莊存與撰
　　味經齋遺書（道光本、光緒本）
　　皇清經解（道光本、咸豐補刊本、鴻寶
　　齋石印本、點石齋石印本）

御纂春秋直解十五卷
　　（淸）傅恆等撰
　　四庫全書・經部春秋類

御纂春秋直解十二卷
　　擒藻堂四厙全書薈要・經部

春秋一得一卷
　　（淸）閻循觀撰
　　西澗草堂全集

春秋偶記二卷
　　（淸）汪德鉞撰
　　七經偶記

讀春秋存稿四卷
　　（淸）趙佑撰
　　淸獻堂全編

春秋三傳雜案十卷
　　（淸）趙佑撰
　　淸獻堂全編

三傳補注二卷
　　（淸）姚鼐撰
　　龍眠叢書

春秋三傳比二卷
　　（淸）李調元撰
　　函海（乾隆本、道光本）第二十函
　　函海（光緒本）第二十四函

讀春秋二卷
　　（淸）趙良霝撰
　　涇川叢書（道光本、景道光本）續
　　叢書集成初編・史地類

春秋求中錄六卷
　　（淸）李灝撰

　　　　李氏經學四種
公穀札記一卷
　　（清）朱亦棟撰
　　　　十三經札記
春秋述義一卷
　　（清）汪中撰
　　　　寶墨齋叢書・述學附
　　　　四部叢刊（初次印本、二次印本、縮印
　　　　二次印本）・集部・述學附
　　　　四部備要（排印本、縮印本）・集部別
　　　　集類・述學附
　　　　重印江都汪氏叢書・述學附
公羊穀梁異同合評四卷
　　（清）沈赤然撰
　　　　五研齋全集
春秋客難一卷
　　（清）龔元玠撰
　　　　昭代叢書（道光本）癸集萃編
畏齋春秋客難二十四卷首一卷
　　　　十三經客難
春秋精義四卷首一卷
　　（清）黃淦撰
　　　　七經精義
春秋說略十二卷
　　（清）郝懿行撰
　　　　郝氏遺書
春秋比二卷
　　（清）郝懿行撰
　　　　郝氏遺書
春秋咫聞鈔十二卷
　　（清）淩揚藻撰
　　　　海雅堂全集
春秋經翼十二卷
　　（清）張漪撰
　　　　小窗遺稿
春秋恆解八卷附錄餘傳一卷
　　（清）劉沅撰
　　　　槐軒全書
春秋衷要六卷
　　（清）李式穀輯
　　　　五經衷要
春秋比辨一卷
　　（清）章謙存撰
　　　　強恕齋四膡稿・經膡
春秋經傳比事二十二卷
　　（清）林春溥撰
　　　　竹柏山房十五種
春秋平議一卷

　　（清）朱駿聲撰
　　　　木犀軒叢書續刻
三傳經文辨異四卷
　　（清）焦廷琥撰
　　　　邃雅齋叢書
春秋釋四卷
　　（清）黃式三撰
　　　　儆居遺書
　春秋釋一卷
　　　　皇清經解續編（南菁書院本、蜚英館石
　　　　印本）
學春秋理辯一卷
　　（清）淩堃撰
　　　　淩氏傳經堂叢書
春秋古經說二卷
　　（清）侯康撰
　　　　嶺南遺書第五集
　　　　皇清經解續編（南菁書院本、蜚英館石
　　　　印本）
　　　　叢書集成初編・史地類
求志居春秋說四卷
　　（清）陳世鎔撰
　　　　求志居全集
春秋隨筆一卷
　　（清）吳勤邦撰
　　　　秋芸館全集
春秋四傳詁經十五卷
　　（清）萬斛泉撰
　　　　萬青軒全書
春秋初讀一卷
　　（清）方潛撰
　　　　毋不敬齋全書
讀春秋劄記一卷
　　（清）朱景昭撰
　　　　無夢軒遺書
春秋諸家解十二卷總論一卷
　　（清）毛士撰
　　　　毛氏春秋三種
春秋三子傳六卷首一卷
　　（清）毛士撰
　　　　毛氏春秋三種
春秋三傳駁語十卷首一卷
　　（清）毛士撰
　　　　毛氏春秋三種
春秋經傳合編三十卷雜說一卷書法彙表
　三卷辨疑二卷
　　（清）楊丕復撰
　　　　楊愚齋先生全集

春秋解不分卷
　　（清）丁壽昌撰
　　　　丁氏遺稿六種
春秋傳正誼四卷
　　（清）方宗誠撰
　　　　柏堂遺書・柏堂經說
春秋集義十二卷
　　（清）方宗誠撰
　　　　柏堂遺書・柏堂經說
達齋春秋論一卷
　　（清）俞樾撰
　　　　春在堂全書・曲園雜纂
篤志齋春秋解二卷
　　（清）張應譽撰
　　　　篤志齋經解
春秋究遺十六卷
　　（清）葉酉撰
　　　　四庫全書・經部春秋類
春秋經論摘義四卷
　　（清）王亮功撰
　　　　雪華館叢編・經類
春秋傳義十二卷
　　（清）姜國伊撰
　　　　守中正齋叢書
春秋三傳約注十八卷
　　（清）劉曾騄撰
　　　　祥符劉氏叢書・五經約注
春秋說二卷
　　（清）鄭杲撰
　　　　集虛草堂叢書・鄭東父遺書
箋經瑣說一卷
　　（清）朱運楄撰
　　　　春秋筆記六種

民　　國

春秋三傳折中一卷
　　（民國）廖平撰
　　　　新訂六譯館叢書・春秋類
春秋通議一卷
　　（民國）魏元曠撰
　　　　魏氏全書・潛園統編類編・述古錄
春秋古經箋殘三卷（存卷七至九）附春秋
　　古經舊注疏證零稿一卷
　　（民國）劉師培撰
　　　　劉申叔先生遺書

今　　人

讀春秋蠡述二卷

李澄宇撰
　　未晚樓全集・讀春秋國語四史蠡述

專著之屬

春秋例統一卷
　　（唐）啖助撰　（青）馬國翰輯
　　　　玉函山房輯佚書（嫏嬛館本、重印本、
　　　　楚南書局本）補遺・經編春秋類
春秋通例一卷
　　（唐）陸希聲撰　（清）馬國翰輯
　　　　玉函山房輯佚書（嫏嬛館本、重印本、
　　　　楚南書局本）・經編春秋類
列國年表一卷
　　（清）朱運楄撰
　　　　春秋筆記六種
春秋圖表二卷
　　（民國）廖平撰
　　　　新訂六譯館叢書・春秋類
春秋列國論二十四卷
　　（明）張溥撰
　　　　春秋三書
春秋鑽燧四卷
　　（清）曹金籀撰
　　　　石屋書
春秋亂賊考一卷
　　（清）朱駿聲撰
　　　　聚學軒叢書第五集
論古撮要一卷
　　（清）朱運楄撰
　　　　春秋筆記六種
春秋五禮例宗十卷（原缺卷四至六）
　　（宋）張大亨撰
　　　　四庫全書・經部春秋類
　　　　粵雅堂叢書三編第二十一集
春秋春王正月考一卷辨疑一卷
　　（明）張以寧撰
　　　　通志堂經解（康熙本、同治本）・春秋
　　　　四庫全書・經部春秋類
　　　　摛藻堂四庫全書薈要・經部
　　　　藝海珠塵癸集
　　　　清芬堂叢書・經部
　　　　叢書集成初編・自然科學類
春秋夏正二卷
　　（清）胡天游撰
　　　　式訓堂叢書二集
　　　　校經山房叢書
　　　　清芬堂叢書・經部・春秋春王正月考

附
叢書集成初編・自然科學類

三正考二卷
　　（清）吳鼐撰
　　　　四庫全書・經部春秋類
　　　　璜川吳氏經學叢書

春秋歲星考一卷
　　（清）俞樾撰
　　　　春在堂全書・曲園雜纂

春秋日食質疑一卷
　　（清）吳守一撰
　　　　借月山房彙鈔（嘉慶本、景嘉慶本）第
　　　　　一集
　　　　指海（道光本、景道光本）第九集
　　　　澤古齋重鈔第一集
　　　　學海類編（道光本、景道光本）・經翼
　　　　昭代叢書（道光本）丙集第二帙
　　　　會稽徐氏初學堂彙書輯錄
　　　　叢書集成初編・自然科學類

春秋朔閏表發覆四卷首一卷
　　（清）施彥士撰
　　　　求己堂八種

推春秋日食法一卷附一卷
　　（清）施彥士撰
　　　　求己堂八種

春秋歲星行表一卷
　　（清）朱兆熊撰
　　　　春秋表三種

春秋日食星度表一卷
　　（清）朱兆熊撰
　　　　春秋表三種

春秋日南至譜一卷
　　（清）成蓉鏡撰
　　　　皇清經解續編（南菁書院本、蜚英館石
　　　　　印本）
　　　　成氏遺書

春秋朔閏異同二卷
　　（清）羅士琳撰
　　　　仰視千七百二十九鶴齋叢書（光緒本、
　　　　　景光緒本）第四集
　　　　皇清經解續編（南菁書院本、蜚英館石
　　　　　印本）

春秋日月考四卷
　　（清）譚澐撰
　　　　味義根齋全書

春秋日食攷二卷
　　（清）鄭福照撰
　　　　潔園遺著

春秋朔閏至日考三卷
　　（清）王韜撰
　　　　弢園經學輯存

春秋日食辨正一卷
　　（清）王韜撰
　　　　弢園經學輯存

春秋朔至表一卷
　　（清）王韜撰
　　　　弢園經學輯存

春秋列國官名異同考一卷
　　（清）汪中撰
　　　　蟄園叢刻
　　　　重印江都汪氏叢書

文字音義之屬

陸氏三傳釋文音義十六卷
　　（唐）陸德明撰
　　　　五經四書讀本・春秋附

春秋經文三傳異同考一卷
　　（清）陳萊孝撰
　　　　花近樓叢書

春秋異文箋十三卷
　　（清）趙坦撰
　　　　皇清經解（道光本、咸豐補刊本、鴻寶
　　　　　齋石印本、點石齋石印本）

春秋三家異文覈一卷
　　（清）朱駿聲撰
　　　　聚學軒叢書第二集

經文辨異一卷
　　（清）朱運樞撰
　　　　春秋筆記六種

摘句之屬

公穀精語一卷
　　（清）徐經輯
　　　　雅歌堂全集・雅歌堂外集

四　書　類

大學之屬

正　文

大學古本一卷

說郛（宛委山堂本）另一
大學
　　篆文六經四書（康熙本、同文書局景康
　　熙本、千頃堂書局景康熙本）

傳　說

大學一卷
　　（漢）鄭玄注　（宋）朱熹章句
　　　袖珍十三經註
　　　渭南嚴氏孝義家塾叢書・重校稽古樓
　　　四書
大學一卷
　　（宋）朱熹章句
　　　九經（求古齋本、觀成堂本、重刊求古
　　　齋本）附
　　　五經四子書
　　　五經四書讀本
　　　十三經讀本（金陵書局本）
　　　五經四書
　　　十三經讀本（唐文治輯）
大學一卷附校刊記一卷
　　（宋）朱熹章句　校刊記（清）丁寶楨等撰
　　　十三經讀本（丁寶楨等校）
宋金仁山先生大學疏義一卷
　　（宋）金履祥撰
　　　牟祖堂叢書
　　大學疏義一卷
　　　四庫全書・經部四書類
　　　金華叢書（同治光緒本、民國補刊本）
　　　・經部
　　　叢書集成初編・哲學類
大學直解一卷
　　（元）許衡撰
　　　許文正公遺書
　　　西京清麓叢書正編・許文正公遺書
　　　洪氏唐石經館叢書・許文正公遺書
大學集說啓蒙一卷
　　（元）景星撰
　　　通志堂經解（康熙本、同治本）・四書
　　　四庫全書・經部四書類
大學發微一卷大學本旨一卷
　　（元）黎立武撰
　　　四庫全書・經部四書類・中庸指歸附
　　　學海類編（道光本、景道光本）・經翼
大學章句大全一卷或問一卷
　　（明）胡廣等撰
　　　四書大全（德馨堂本）
　　大學章句大全一卷

　　四書大全（朝鮮本）
大學古本旁釋一卷古本問一卷
　　（明）王守仁撰
　　　百陵學山
　　　叢書集成初編・哲學類
　　　景印元明善本叢書十種・百陵學山
　　大學古本一卷

　　　甕古介書前集
　　大學古本旁註一卷
　　　函海（乾隆本、道光本）第十九函
　　　函海（光緒本）第十三函
大學全文通釋一卷
　　（明）崔銑撰
　　　崔洹野集
大學指歸二卷附考異一卷
　　（明）魏校撰
　　　莊渠先生遺書
大學石經古本旁釋一卷申釋一卷
　　（明）王文祿撰
　　　百陵學山
　　　叢書集成初編・哲學類
　　　景印元明善本叢書十種・百陵學山
　　大學石經古本一卷

　　　甕古介書前集
近溪子大學答問集一卷
　　（明）羅汝芳撰　（明）楊起元輯
　　　楊貞復六種・四書答問
讀大學一卷
　　（明）曹珖撰
　　　大樹堂說經
古大學注一卷
　　（明）喬中和撰
　　　西郭草堂合刊
大學遵古編一卷
　　（明）周從龍撰
　　　繹聖二編
大學日程一卷
　　（清）陳瑚撰
　　　如不及齋叢書
大學辨四卷
　　（清）陳確撰
　　　乾初先生遺集・別集
大學澹言一卷
　　（清）鄔成撰
　　　鄔冰壑先生全書
大學學思錄一卷

（清）鄔成撰
　　鄔冰壑先生全書

大學直解二卷
　（清）王建常撰
　　劉氏傳經堂叢書

大學稽中傳三卷
　（清）謝文洊撰
　　謝程山全書

大學疏略一卷
　（清）張沐撰
　　五經四書疏略

大學證文四卷
　（清）毛奇齡撰
　　西河合集（康熙本、乾隆修補本）·經
　　集
　　四庫全書·經部四書類
　　龍威祕書八集

大學知本圖說一卷
　（清）毛奇齡撰
　　西河合集（康熙本、乾隆修補本）·經
　　集

大學問一卷
　（清）毛奇齡撰
　　西河合集（康熙本、乾隆修補本）·經
　　集

大學大全二卷
　（清）陸隴其輯
　　四書集註大全

大學翼眞七卷
　（清）胡渭撰
　　四庫全書·經部四書類

大學古本說一卷
　（清）李光地撰
　　李文貞公全集
　　榕村全書·四書解義
　　四書古註羣義彙解（珍藝書局排印本、
　　同文書局石印本、同文升記書局排
　　印本）

大學傳註一卷
　（清）李塨撰
　　顏李叢書

大學傳註問一卷
　（清）李塨撰
　　顏李叢書·傳註問

大學辨業四卷
　（清）李塨撰
　　畿輔叢書·李恕谷遺書
　　顏李叢書

大學講義二卷
　（清）楊名時撰
　　楊氏全書

大學困學錄一卷
　（清）王澍輯
　　積書巖六種

大學說一卷
　（清）惠士奇撰
　　璜川吳氏經學叢書

大學原本說略一卷大學原本讀法一卷
　（清）王又樸撰
　　詩禮堂全集

大學札記一卷
　（清）范爾梅撰
　　讀書小記

大學古本質言一卷
　（清）劉沅撰
　　槐軒全書

大學古義說二卷
　（清）宋翔鳳撰
　　皇清經解續編（南菁書院本、蜚英館石
　　印本）

讀古本大學一卷
　（清）程德調撰
　　義烏先哲遺書·我疑錄附

古本大學解二卷
　（清）溫颺撰
　　反約篇
　　榕園叢書甲集

來復堂大學古本釋一卷
　（清）丁大椿撰
　　來復堂書

大學迻義一卷
　（清）單爲鏓撰
　　單氏全書·四書迻義前集

大學迻義續一卷
　（清）單爲鏓撰
　　單氏全書·四書迻義後集

大學俟一卷
　（清）陳世鎔撰
　　求志居全集

大學臆說二卷
　（清）蘇源生撰
　　記過齋藏書

明明德解義一卷
　（清）成蓉鏡撰
　　成氏遺書

補輯朱子大學講義二卷

（清）何桂珍撰
　　何文貞公遺書
　　雲南叢書初編・集部・何文貞公遺書
大學節訓一卷
（清）呂調陽撰
　　觀象廬叢書・志學編
古本大學輯解二卷
（清）楊亶驊撰
　　畿輔叢書
　　叢書集成初編・哲學類
大學古本參誼一卷
（清）馬徵麐撰
　　馬鍾山遺書
大學古本逃註一卷
（清）姜國伊撰
　　守中正齋叢書
還硯齋大學題解參略一卷
（清）趙新撰
　　還硯齋全集
大學古義一卷
（清）劉光賁撰
　　煙霞草堂遺書
大學古本釋一卷
（清）郭階撰
　　春暉雜稿
大學誼詁一卷
（民國）馬其昶撰
　　周氏師古堂所編書・三經誼詁
大學修身章說例一卷
（民國）宋育仁撰
　　問琴閣叢書
大學私訂本一卷
（民國）易順鼎撰
　　琴志樓叢書
大學古本訓一卷
（民國）魏元曠撰
　　魏氏全書・潛園統編後編
修身齊家章注一卷
蒲淵撰
　　問琴閣叢書・大學修身章說例附
大學大義一卷
唐文治撰
　　十三經讀本（唐文治輯）

中庸之屬

正　文

中庸古本一卷
　　說郛（宛委山堂本）弓一
中庸
　　篆文六經四書（康熙本、同文書局景康
　　熙本、千頃堂書局景康熙本）

傳　說

中庸一卷
（漢）鄭玄注　（宋）朱熹章句
　　袖珍十三經註
　　渭南嚴氏孝義家塾叢書・重校稽古樓
　　四書
中庸義一卷
（宋）游酢撰
　　游定夫先生集
中庸傳一卷
（宋）晁說之撰
　　涉聞梓舊（或豐本、商務印書館景咸豐
　　本、竹簡齋景咸豐本）
中庸說殘三卷（存卷一至三）
（宋）張九成撰
　　四部叢刊三編・經部
　　續古逸叢書
中庸一卷
（宋）朱熹章句
　　九經（求古齋本、觀成堂本、重刊求古
　　齋本）附
　　五經四子書
　　五經四書讀本
　　十三經讀本（金陵書局本）
　　五經四書
　　十三經讀本（唐文治輯）
中庸一卷附校刊記一卷
（宋）朱熹章句　校刊記（清）丁寶楨等撰
　　十三經讀本（丁寶楨等校）
中庸輯略二卷
（宋）石𡼖輯　（宋）朱熹刪定
　　朱子遺書
　　四庫全書・經部四書類
　　西京清麓叢書正編・朱子遺書重刻合
　　編
蒙齋中庸講義四卷
（宋）袁甫撰
　　四庫全書・經部四書類
　　四庫全書珍本初集・經部四書類
　　四明叢書第三集
讀中庸叢說二卷
（元）許謙撰

宛委別藏

中庸直解一卷
　　(元)許衡撰
　　　許文正公遺書
　　　西京淸麓叢書正編・許文正公遺書
　　　洪氏唐石經館叢書・許文正公遺書

中庸集說啓蒙一卷
　　(元)景星撰
　　　通志堂經解(康熙本、同治本)・四書
　　　四庫全書・經部四書類

中庸指歸一卷
　　(元)黎立武撰
　　　四庫全書・經部四書類
　中庸指歸一卷圖一卷
　　　學海類編(道光本、景道光本)・經翼

中庸分章一卷
　　(元)黎立武撰
　　　四庫全書・經部四書類・中庸指歸附
　　　學海類編(道光本、景道光本)・經翼
　　　　・中庸指歸附
　　　叢書集成初編・哲學類

中庸集註章句大全一卷或問一卷
　　(明)胡廣等撰
　　　四書大全(德馨堂本)
　中庸章句大全一卷
　　　四書大全(朝鮮本)

中庸凡一卷
　　(明)崔銑撰
　　　崔洹野集

中庸古本旁釋一卷古本前引一卷古本後
申一卷
　　(明)王文祿撰
　　　百陵學山
　　　景印元明善本叢書十種・百陵學山

近溪子中庸答問集二卷
　　(明)羅汝芳撰　(明)楊起元輯
　　　楊貞復六種・四書答問

中庸發覆編二卷
　　(明)周從龍撰
　　　繹聖二編

讀中庸一卷
　　(明)曹珖撰
　　　大樹堂說經

中庸外傳二卷首一卷
　　(明)顧起元撰
　　　歸鴻館雜著

中庸切己錄一卷
　　(淸)謝文洊撰

留餘草堂叢書

中庸澹言一卷
　　(淸)鄔成撰
　　　鄔冰壑先生全書

中庸學思錄一卷
　　(淸)鄔成撰
　　　鄔冰壑先生全書

中庸疏略一卷
　　(淸)張沐撰
　　　五經四書疏略

中庸說五卷
　　(淸)毛奇齡撰
　　　西河合集(康熙本、乾隆修補本)・經
　　　集

中庸大全三卷
　　(淸)陸隴其輯
　　　四書集註大全

中庸章段一卷
　　(淸)李光地撰
　　　李文貞公全集
　　　榕村全書・四書解義
　　　四書古註羣義彙解(珍藝書局排印本、
　　　同文書局石印本、同文升記書局排
　　　印本)

中庸餘論一卷
　　(淸)李光地撰
　　　李文貞公全集
　　　榕村全書・四書解義
　　　四書古註羣義彙解(珍藝書局排印本、
　　　同文書局石印本、同文升記書局排
　　　印本)

中庸四記一卷
　　(淸)李光地撰
　　　榕村全書・四書解義

中庸傳註一卷
　　(淸)李塨撰
　　　顏李叢書

中庸傳註問一卷
　　(淸)李塨撰
　　　顏李叢書・傳註問

恕谷中庸講語一卷
　　(淸)李塨述　(淸)李魁春等錄
　　　顏李叢書

中庸講義一卷
　　(淸)楊名時撰
　　　楊氏全書

中庸困學錄一卷
　　(淸)王澍輯

積書巖六種

中庸讀法一卷中庸總說一卷
　　（清）王又樸撰
　　　　詩禮堂全集

易大誼一卷
　　（清）惠棟撰
　　　　指海（道光本、景道光本）第五集
　　　　叢書集成初編・哲學類

易大義一卷
　　　　節甫老人雜著・周易述補附
　　　　江氏叢書・周易述補附
　　　　海山仙館叢書

中庸札記一卷
　　（清）范爾梅撰
　　　　讀書小記

楊鐵齋中庸講語一卷
　　（清）楊屢基撰
　　　　書三昧樓叢書

中庸補注一卷
　　（清）戴震撰
　　　　安徽叢書第六期・戴東原先生全集

中庸述義一卷
　　（清）單爲鏓撰
　　　　單氏全書・四書述義前集

中庸述義續一卷
　　（清）單爲鏓撰
　　　　單氏全書・四書述義後集

中庸私解一卷
　　（清）徐潤第撰
　　　　敦艮齋遺書

中庸俟二卷
　　（清）陳世鎔撰
　　　　求志居全集

中庸節訓一卷
　　（清）呂調陽撰
　　　　觀象廬叢書・志學編

中庸本解二卷中庸提要一卷
　　（清）楊寶疄撰
　　　　畿輔叢書
　　　　叢書集成初編・哲學類

中庸古本述註一卷
　　（清）姜國伊撰
　　　　守中正齋叢書

還硯齋中庸題解參略二卷
　　（清）趙新撰
　　　　還硯齋全集

中庸釋一卷
　　（清）郭階撰

春暉雜稿

中庸篇義一卷
　　（民國）馬其昶撰
　　　　馬氏家刻集
　　　　集虛草堂叢書

中庸誼詁一卷
　　（民國）馬其昶撰
　　　　周氏師古堂所編書・三經誼詁

中庸淺說一卷
　　（民國）胡懷琛撰
　　　　樸學齋叢書第一集

中庸大義一卷
　　唐文治撰
　　　　十三經讀本（唐文治輯）

論語之屬

正　文

論語二卷
　　　　九經正文
　　　　宋刊巾箱本八經
　　　　九經（求古齋本、觀成堂本、重刊求古
　　　　　齋本）

　論語
　　　　十三經・經文

論語
　　　　篆文六經四書（康熙本、同文書局景康
　　　　　熙本、千頃堂書局景康熙本）

傳　說

漢

論語孔氏訓解十一卷
　　（漢）孔安國撰　（清）馬國翰輯
　　　　玉函山房輯佚書（嫏嬛館本、重印本、
　　　　　楚南書局本）・經編論語類

論語孔氏注一卷
　　（漢）孔安國撰　（清）王仁俊輯
　　　　玉函山房輯佚書續編・經編論語孟子
　　　　　類
　　　　十三經漢注

孔注論語一卷
　　（漢）孔安國撰　（民國）龍璋輯
　　　　小學蒐佚下編補

論語馬氏訓說二卷
　　（漢）馬融撰　（清）馬國翰輯
　　　　玉函山房輯佚書（嫏嬛館本、重印本、

楚南書局本）・經編論語類

馬融注論語一卷
　　（漢）馬融撰　　（民國）龍璋輯
　　　小學蒐佚下編補
論語鄭氏注殘一卷（存卷二）
　　（漢）鄭玄撰
　　　鳴沙石室佚書初編
論語殘一卷（存子路篇）
　　（漢）鄭玄注
　　　鳴沙石室古籍叢殘・羣經叢殘
古文論語二卷附錄一卷
　　（漢）鄭玄注　　（宋）王應麟輯
　　　碧琳琅館叢書甲部
論語鄭氏注輯二卷
　　　芋園叢書・經部
論語注一卷
　　（漢）鄭玄撰　　（清）王謨輯
　　　漢魏遺書鈔・經翼第四册
論語注十卷
　　（漢）鄭玄撰　　（清）袁鈞輯
　　　鄭氏佚書（浙江書局本）
論語注十卷
　　（漢）鄭玄撰　　（清）孔廣林輯
　　　通德遺書所見錄
論語鄭氏注十卷
　　（漢）鄭玄撰　　（清）宋翔鳳輯
　　　浮谿精舍叢書
　　　食舊堂叢書
論語鄭氏注十卷
　　（漢）鄭玄撰　　（清）馬國翰輯
　　　玉函山房輯佚書（嫏嬛館本、重印本、
　　　　楚南書局本）・經編論語類
　　　鄭學彙函
論語注一卷
　　（漢）鄭玄撰　　（清）黃奭輯
　　　漢學堂叢書・高密遺書
　　　黃氏逸書考（民國修補本、民國補刊
　　　　本）・通德堂經解
論語鄭氏注一卷
　　（漢）鄭玄撰　　（清）王仁俊輯
　　　玉函山房輯佚書續編・經編論語孟子
　　　　類
　　　十三經漢注
鄭注論語一卷
　　（漢）鄭玄撰　　（民國）龍璋輯
　　　小學蒐佚下編補
論語包氏章句二卷
　　（漢）包咸撰　　（清）馬國翰輯

玉函山房輯佚書（嫏嬛館本、重印本、
　　楚南書局本）・經編論語類
論語包氏注一卷
　　（漢）包咸撰　　（清）王仁俊輯
　　　玉函山房輯佚書續編・經編論語孟子
　　　　類
論語包注一卷
　　　十三經漢注
包咸注論語一卷
　　（漢）包咸撰　　（民國）龍璋輯
　　　小學蒐佚下編補
論語周氏章句一卷
　　（漢）周口撰　　（清）馬國翰輯
　　　玉函山房輯佚書（嫏嬛館本、重印本、
　　　　楚南書局本）・經編論語類
論語何氏注一卷
　　（漢）何休撰　　（清）王仁俊輯
　　　玉函山房輯佚書續編・經編論語孟子
　　　　類
　　　十三經漢注
何注論語一卷
　　（漢）何休撰　　（民國）龍璋輯
　　　小學蒐佚下編補
論語麻氏注一卷
　　（漢）麻達撰　　（清）王仁俊輯
　　　玉函山房輯佚書續編・經編論語孟子
　　　　類

魏　晉

論語王氏義說一卷
　　（魏）王肅撰　　（清）馬國翰輯
　　　玉函山房輯佚書（嫏嬛館本、重印本、
　　　　楚南書局本）・經編論語類
王肅注論語一卷
　　（魏）王肅撰　　（民國）龍璋輯
　　　小學蒐佚下編補
論語陳氏義說一卷
　　（魏）陳羣撰　　（清）馬國翰輯
　　　玉函山房輯佚書（嫏嬛館本、重印本、
　　　　楚南書局本）・經編論語類
論語王氏說一卷
　　（魏）王朗撰　　（清）馬國翰輯
　　　玉函山房輯佚書（嫏嬛館本、重印本、
　　　　楚南書局本）・經編論語類
論語周生氏義說一卷
　　（魏）周生烈撰　　（清）馬國翰輯
　　　玉函山房輯佚書（嫏嬛館本、重印本、
　　　　楚南書局本）・經編論語類

論語釋疑一卷
　　(魏)王弼撰　(清)馬國翰輯
　　　　玉函山房輯佚書（嫏嬛館本、重印本、
　　　　楚南書局本）・經編論語類
論語王氏注一卷
　　(魏)王弼撰　(清)王仁俊輯
　　　　玉函山房輯佚書續編・經編論語孟子
　　　　類
論語二十卷
　　(魏)何晏集解
　　　　十三經古注
　　　　四部備要（排印本、縮印本）・經部・
　　　　十三經古注
　　論語十卷
　　　　古逸叢書
　　　　四部叢刊（初次印本、二次印本、縮印
　　　　二次印本）・經部
　　論語殘二卷(存卷二、卷十二)
　　　　貞松堂藏西陲祕籍叢殘第一集
　　論語殘三卷(存卷十八至二十)
　　　　敦煌祕籍留眞新編上卷
論語十卷附錄一卷
　　(魏)何晏集解　附錄(清)黎庶昌撰
　　　　饕喜廬叢書
論語十卷
　　(魏)何晏集解　(唐)陸德明音義
　　　　天祿琳琅叢書第一集
論語十卷
　　(魏)何晏集解　(宋)朱熹注
　　　　袖珍十三經註
　　　　渭南嚴氏孝義家塾叢書・重校稽古樓
　　　　四書
論語集解校補一卷
　　(清)蔣曰豫撰
　　　　蔣侑石遺書・湕喜齋學錄
論語義疏十卷
　　(魏)何晏集解　(梁)皇侃義疏
　　　　四庫全書・經部四書類
　　論語集解義疏十卷
　　　　知不足齋叢書(乾隆至道光本、景乾隆
　　　　至道光本)第七集
　　　　古經解彙函(粤東書局本、蜚英館石印
　　　　本、湘南書局本)
　　　　四書古註羣義彙解(珍藝書局排印本、
　　　　同文書局石印本、同文升記書局排
　　　　印本)
　　　　叢書集成初編・哲學類
　　論語義疏殘三卷(存卷一至三)

敦煌祕籍留眞新編上卷
論語註疏解經二十卷
　　(魏)何晏集解　(宋)邢昺疏
　　　　十三經註疏(福建本)
　　　　十三經註疏(北監本)
　　　　十三經註疏(汲古閣本)
　論語正義二十卷
　　　　四庫全書・經部四書類
　論語注疏二十卷
　　　　摛藻堂四庫全書薈要・經部
論語注疏解經二十卷附校勘記二十卷
　　(魏)何晏集解　(宋)邢昺疏　校勘記(清)
　　阮元撰
　　　　重刊宋本十三經注疏(南昌府學本、廣
　　　　東書局本、江西書局本、脈望仙館石
　　　　印本、寶慶務本圖書局本、點石齋石
　　　　印本、掃葉山房石印本、錦章圖書局
　　　　石印本、世界書局石印本、中華書局
　　　　排印本)
　　　　四部備要(排印本、縮印本)・經部・
　　　　十三經注疏
論語校勘記十卷釋文校勘記一卷
　　(清)阮元撰
　　　　皇清經解（道光本、咸豐補刊本、鴻寶
　　　　齋石印本、點石齋石印本)・十三經
　　　　注疏校勘記
　論語注疏校勘記十卷釋文校勘記一卷
　　　　宋本十三經注疏併經典釋文校勘記
論語注疏二十卷附考證
　　(魏)何晏集解　(唐)陸德明音義　(宋)邢
　　昺疏
　　　　十三經注疏(武英殿本)
論語義疏一卷
　　(梁)皇侃撰　(清)王謨輯
　　　　漢魏遺書鈔・經翼第四冊
論語皇疏考證十卷
　　(清)桂文燦撰
　　　　庚辰叢編
論語譙氏注一卷
　　(蜀)譙周撰　(清)馬國翰輯
　　　　玉函山房輯佚書（嫏嬛館本、重印本、
　　　　楚南書局本)・經編論語類
論語衞氏集注一卷
　　(晉)衞瓘撰　(清)馬國翰輯
　　　　玉函山房輯佚書（嫏嬛館本、重印本、
　　　　楚南書局本)・經編論語類
論語旨序一卷
　　(晉)繆播撰　(清)馬國翰輯

玉函山房輯佚書（嫏嬛館本、重印本、
楚南書局本）・經編論語類

論語繆氏說一卷
　（晉）繆協撰　（清）馬國翰輯
　　　玉函山房輯佚書（嫏嬛館本、重印本、
　　　楚南書局本）・經編論語類

論語體略一卷
　（晉）郭象撰　（清）馬國翰輯
　　　玉函山房輯佚書（嫏嬛館本、重印本、
　　　楚南書局本）・經編論語類

論語欒氏釋疑一卷
　（晉）欒肇撰　（清）馬國翰輯
　　　玉函山房輯佚書（嫏嬛館本、重印本、
　　　楚南書局本）・經編論語類

論語虞氏讚注一卷
　（晉）虞喜撰　（清）馬國翰輯
　　　玉函山房輯佚書（嫏嬛館本、重印本、
　　　楚南書局本）・經編論語類
　　　四明叢書第六集

論語庾氏釋一卷
　（晉）庾翼撰　（清）馬國翰輯
　　　玉函山房輯佚書（嫏嬛館本、重印本、
　　　楚南書局本）・經編論語類

論語李氏集注二卷
　（晉）李充撰　（清）馬國翰輯
　　　玉函山房輯佚書（嫏嬛館本、重印本、
　　　楚南書局本）・經編論語類

論語范氏注一卷
　（晉）范甯撰　（清）馬國翰輯
　　　玉函山房輯佚書（嫏嬛館本、重印本、
　　　楚南書局本）・經編論語類

論語孫氏集解一卷
　（晉）孫綽撰　（清）馬國翰輯
　　　玉函山房輯佚書（嫏嬛館本、重印本、
　　　楚南書局本）・經編論語類

論語梁氏注釋一卷
　（晉）梁覬撰　（清）馬國翰輯
　　　玉函山房輯佚書（嫏嬛館本、重印本、
　　　楚南書局本）・經編論語類

論語袁氏注一卷
　（晉）袁喬撰　（清）馬國翰輯
　　　玉函山房輯佚書（嫏嬛館本、重印本、
　　　楚南書局本）・經編論語類

論語江氏集解二卷
　（晉）江熙撰　（清）馬國翰輯
　　　玉函山房輯佚書（嫏嬛館本、重印本、
　　　楚南書局本）・經編論語類

論語殷氏解一卷

　（晉）殷仲堪撰　（清）馬國翰輯
　　　玉函山房輯佚書（嫏嬛館本、重印本、
　　　楚南書局本）・經編論語類

論語張氏注一卷
　（晉）張憑撰　（清）馬國翰輯
　　　玉函山房輯佚書（嫏嬛館本、重印本、
　　　楚南書局本）・經編論語類

論語蔡氏注一卷
　（晉）蔡謨撰　（清）馬國翰輯
　　　玉函山房輯佚書（嫏嬛館本、重印本、
　　　楚南書局本）・經編論語類

論語贊
　（晉）謝道韞撰
　　　綠窗女史・著撰部贊頌

南　北　朝

論語顏氏說一卷
　（劉宋）顏延之撰　（清）馬國翰輯
　　　玉函山房輯佚書（嫏嬛館本、重印本、
　　　楚南書局本）・經編論語類

論語琳公說一卷
　（劉宋）釋慧琳撰　（清）馬國翰輯
　　　玉函山房輯佚書（嫏嬛館本、重印本、
　　　楚南書局本）・經編論語類

論語沈氏訓注一卷
　（南齊）沈驎士撰　（清）馬國翰輯
　　　玉函山房輯佚書（嫏嬛館本、重印本、
　　　楚南書局本）・經編論語類

論語顧氏注一卷
　（南齊）顧歡撰　（清）馬國翰輯
　　　玉函山房輯佚書（嫏嬛館本、重印本、
　　　楚南書局本）・經編論語類

論語梁武帝注一卷
　梁武帝撰　（清）馬國翰輯
　　　玉函山房輯佚書（嫏嬛館本、重印本、
　　　楚南書局本）・經編論語類

論語太史氏集解一卷
　（梁）太史叔明撰　（清）馬國翰輯
　　　玉函山房輯佚書（嫏嬛館本、重印本、
　　　楚南書局本）・經編論語類

論語褚氏義疏一卷
　（梁）褚仲都撰　（清）馬國翰輯
　　　玉函山房輯佚書（嫏嬛館本、重印本、
　　　楚南書局本）・經編論語類

論語沈氏說一卷
　（□）沈峭撰　（清）馬國翰輯
　　　玉函山房輯佚書（嫏嬛館本、重印本、
　　　楚南書局本）・經編論語類

論語熊氏說一卷
　　（口）熊埋撰　　（清）馬國翰輯
　　　　玉函山房輯佚書（嫏嬛館本、重印本、
　　　　楚南書局本）·經編論語類
論語隱義一卷
　　（清）王謨輯
　　　　漢魏遺書鈔·經翼第四冊
論語隱義注一卷
　　（清）馬國翰輯
　　　　玉函山房輯佚書（嫏嬛館本、重印本、
　　　　楚南書局本）·經編論語類
論語隱義注一卷
　　（清）王仁俊輯
　　　　玉函山房輯佚書續編·經編論語孟子
　　　　類

唐

論語筆解一卷
　　（唐）韓愈撰
　　　　百川學海（重輯本）甲集
　　　　唐宋叢書·經翼
　　　　說郛（宛委山堂本）弓三
　　　　清芬堂叢書·經部
論語筆解二卷
　　（唐）韓愈（唐）李翱撰
　　　　范氏奇書
　　　　四庫全書·經部四書類
　　　　墨海金壺（嘉慶本、景嘉慶本）·經部
　　　　古經解彙函（粵東書局本、蜚英館石印
　　　　本、湘南書局本）
　　論語筆解一卷
　　　　百陵學山
　　　　景印元明善本叢書十種·百陵學山
論語筆解二卷
　　（唐）韓愈（唐）李翱撰　　（明）鄭鄤評
　　　　藝海珠塵絲集（丙集）

宋　元

論語拾遺一卷
　　（宋）蘇轍撰
　　　　兩蘇經解
　　　　說郛（宛委山堂本）弓三
　　　　四庫全書·經部四書類
　　　　指海（道光本、景道光本）第六集
　　　　清芬堂叢書·經部
論語全解十卷
　　（宋）陳祥道撰
　　　　四庫全書·經部四書類

論語雜解一卷
　　（宋）游酢撰
　　　　游定夫先生集
論語絕句一卷
　　（宋）張九成撰
　　　　藝海珠塵絲集（丙集）
論語十卷
　　（宋）朱熹集注
　　　　五經四子書
　　　　五經四書讀本
　　　　五經四書
　　　　十三經讀本（金陵書局本）
論語十卷附校刊記一卷
　　（宋）朱熹集注　校刊記（清）丁寶楨撰
　　　　十三經讀本（丁寶楨等校）
論語讀本十卷附校語一卷
　　（宋）朱熹集注　校語（民國）王祖畬撰
　　　　十三經讀本（唐文治輯）
論語或問二十卷
　　（宋）朱熹撰
　　　　朱子遺書
國朝諸老先生論語精義十卷
　　（宋）朱熹撰
　　　　朱子遺書
論語意原二卷
　　（宋）鄭汝諧撰
　　　　四庫全書·經部四書類
　　論語意原四卷
　　　　武英殿聚珍版書（武英殿木活字本、福
　　　　建本、廣雅書局本）·經部
　　　　墨海金壺（嘉慶本、景嘉慶本）·經部
　　　　指海（道光本、景道光本）第三集
　　　　經苑（大梁書院本、民國補刊本）
　　　　叢書集成初編·哲學類
南軒先生論語解十卷
　　（宋）張栻撰
　　　　通志堂經解（康熙本、同治本）·論語
　　　　張宣公全集（道光本、咸豐本）
　　癸巳論語解十卷
　　　　四庫全書·經部四書類
　　　　摛藻堂四庫全書薈要·經部
　　　　學津討原（嘉慶本、景嘉慶本）第三集
　　　　叢書集成初編·哲學類
石鼓論語問答三卷
　　（宋）戴溪撰
　　　　四庫全書·經部四書類
　　　　敬鄉樓叢書第三輯
論語集說十卷

（宋）蔡節撰
　　通志堂經解（康熙本、同治本）・論語
　　四庫全書・經部四書類
　　摛藻堂四庫全書薈要・經部

論語集注考證十卷
　　（宋）金履祥撰
　　　　叢書集成初編・哲學類

讀論語叢說三卷
　　（元）許謙撰
　　　　宛委別藏

明

論語集註大全二十卷
　　（明）胡廣等撰
　　　　四書大全（朝鮮本）

論語集註大全二十卷附攷異一卷
　　（明）胡廣等撰　攷異（宋）王應麟撰
　　　　四書大全（德馨堂本）

近溪子論語答問集二卷
　　（明）羅汝芳撰　（明）楊起元輯
　　　　楊貞復六種・四書答問

論語類考二十卷
　　（明）陳士元撰
　　　　歸雲別集（萬曆本、道光本）
　　　　四庫全書・經部四書類
　　　　湖海樓叢書
　　　　湖北叢書

論語詳解二十卷
　　（明）郝敬撰
　　　　郝氏九經解

讀論語二卷
　　（明）曹珖撰
　　　　大樹堂說經

論語會心詩一卷
　　（明）胡文煥撰
　　　　覆古介書前集・逸詩附

論語商二卷
　　（明）周宗建撰
　　　　四庫全書・經部四書類

論語學案十卷
　　（明）劉宗周撰
　　　　四庫全書・經部四書類

清

論語疏略二十卷
　　（清）張沐撰
　　　　五經四書疏略

論語稽求篇七卷

（清）毛奇齡撰
　　西河合集（康熙本、乾隆修補本）・經
　　　集
　　龍威祕書八集
　　皇清經解（道光本、咸豐補刊本、鴻寶
　　　齋石印本、點石齋石印本）

論語稽求篇四卷
　　　　四庫全書・經部四書類

論語集註大全二十卷
　　（清）陸隴其輯
　　　　四書集註大全

讀論語劄記二卷
　　（清）李光地撰
　　　　李文貞公全集
　　　　榕村全書・四書解義

論語傳註一卷
　　（清）李塨撰
　　　　顏李叢書

論語傳註問二卷
　　（清）李塨撰
　　　　顏李叢書・傳註問

論語廣義
　　（清）王又樸撰
　　　　詩禮堂全集

論語說四卷
　　（清）程廷祚撰
　　　　金陵叢書乙集

論語贅言二卷
　　（清）宋在詩撰
　　　　坖柏先生類稿
　　　　山右叢書初編

論語古義一卷
　　（清）惠棟撰
　　　　昭代叢書（道光本）甲集補

論語札記二卷
　　（清）范爾梅撰
　　　　讀書小記

論語隨筆二十卷（原缺卷十、卷十八、卷
二十）
　　（清）牛運震撰
　　　　空山堂全集

論語緒言二卷
　　（清）張秉直撰
　　　　西京清麓叢書續編

論語緒言一卷
　　　　劉氏傳經堂叢書・四書集疏附正附

論語竢質三卷附校譌一卷
　　（清）江聲撰　校譌（清）胡珽撰

琳琅祕室叢書(咸豐本)第一集
論語竢質三卷附校譌一卷續校一卷
　　(清)江聲撰　校譌(清)胡珽撰　續校(清)
　　董金鑑撰
　　　琳琅祕室叢書(光緒本)第一集
　　　叢書集成初編・哲學類
論語註參二卷
　　(清)趙良猷撰
　　　涇川叢書(道光本、景道光本)
　　　叢書集成初編・哲學類
論語附記二卷
　　(清)翁方綱撰
　　　畿輔叢書
　　　叢書集成初編・哲學類
論語札記三卷
　　(清)朱亦棟撰
　　　十三經札記
　　　四書古註羣義彙解(珍藝書局排印本、
　　　　同文書局石印本、同文升記書局排
　　　　印本)
論語餘說一卷
　　(清)崔述撰
　　　崔東壁遺書(道光本、景道光本、亞東
　　　　圖書館排印本)
論語後錄五卷
　　(清)錢坫撰
　　　錢氏四種(嘉慶本、景嘉慶本)
論語駢枝一卷
　　(清)劉台拱撰
　　　劉端臨先生遺書(嘉慶本、道光本)
　　　廣雅書局叢書・雜著・劉氏遺書
論語直旨四卷
　　(清)何綸錦撰
　　　古三疾齋三種
論語義疏二十卷
　　(清)馬時芳撰
　　　平泉遺書
論語補疏三卷
　　(清)焦循撰
　　　焦氏叢書（嘉慶道光本、光緒本)・六
　　　經補疏
　論語補疏二卷
　　　皇清經解（道光本、咸豐補刊本、鴻寶
　　　　齋石印本、點石齋石印本)
論語通釋一卷
　　(清)焦循撰
　　　木犀軒叢書
　　　清代學術叢書第一集

何劭公論語義牓義一卷
　　(清)黃朝槐撰
　　　西園讀書記
論語經解二卷
　　(清)朱為弼撰
　　　朱茮堂家藏稿
論語比一卷
　　(清)沈道寬撰
　　　話山草堂遺集・話山草堂雜著
論語集解二十卷筏說一卷
　　(清)淩鳴喈撰　(清)淩江增注
　　　淩氏傳經堂叢書
論語述何二卷
　　(清)劉逢祿撰
　　　皇清經解（道光本、咸豐補刊本、鴻寶
　　　　齋石印本、點石齋石印本)
　　　蟄雲雷齋叢書
論語偶記一卷
　　(清)方觀旭撰
　　　皇清經解（道光本、咸豐補刊本、鴻寶
　　　　齋石印本、點石齋石印本)
論語說義十卷
　　(清)宋翔鳳撰
　　　皇清經解續編(南菁書院本、蜚英館石
　　　　印本)
論語後案二十卷
　　(清)黃式三撰
　　　儆居遺書
來復堂論語講義二卷
　　(清)丁大椿撰
　　　來復堂全書
論語孔注辨偽二卷
　　(清)沈濤撰
　　　槐廬叢書四編
　　　仰視千七百二十九鶴齋叢書(光緒本、
　　　　景光緒本)第四集
　　　功順堂叢書
　　　孫谿朱氏經學叢書初編
　　　皇清經解續編(南菁書院本、蜚英館石
　　　　印本)
　　　叢書集成初編・哲學類
論語正義二十四卷
　　(清)劉寶楠撰　(清)劉恭冕述
　　　皇清經解續編(南菁書院本、蜚英館石
　　　　印本)
　　　四書古註羣義彙解(珍藝書局排印本、
　　　　同文書局石印本、同文升記書局排
　　　　印本)

論語正義二十四卷附錄一卷
　　諸子集成（世界書局本、中華書局本）
　　第一冊
　　四部備要（排印本、縮印本）·經部·
　　清十三經注疏
論語孔注證僞二卷
　　（清）丁晏撰
　　合衆圖書館叢書第一集
論語逑義一卷
　　（清）單爲鏓撰
　　單氏全書·四書逑義前集
論語逑義續一卷
　　（清）單爲鏓撰
　　單氏全書·四書逑義後集
論語古解十卷
　　（清）梁廷枏撰
　　藤花亭十七種
論語逑註十六卷
　　（清）王景賢撰
　　義停山館集
論語古注集箋二十卷
　　（清）潘維城撰
　　皇清經解續編（南菁書院本、蜚英館石
　　印本）
論語俟三卷
　　（清）陳世鎔撰
　　求志居全集
論語淺解四卷
　　（清）喬松年撰
　　喬勤恪公全集
論語聞一卷
　　（清）盛大謨撰
　　盛于埜遺著
論語話解十卷
　　（清）陳澧撰
　　求在我齋全集
　　津河廣仁堂所刻書
何休注訓論語逑一卷
　　（清）劉恭冕撰
　　皇清經解續編（南菁書院本、蜚英館石
　　印本）
　　鄦齋叢書
論語平議二卷
　　（清）俞樾撰
　　皇清經解續編（南菁書院本、蜚英館石
　　印本）·羣經平議
　　春在堂全書·羣經平議
論語小言一卷

　　（清）俞樾撰
　　春在堂全書·第一樓叢書
何邵公論語義一卷
　　（清）俞樾撰
　　春在堂全書·曲園雜纂
論語鄭義一卷
　　（清）俞樾撰
　　皇清經解續編（南菁書院本、蜚英館石
　　印本）
　　春在堂全書·俞樓雜纂
續論語駢枝一卷
　　（清）俞樾撰
　　皇清經解續編（南菁書院本、蜚英館石
　　印本）
　　春在堂全書·俞樓雜纂
論語古注擇從一卷
　　（清）俞樾撰
　　春在堂全書·俞樓雜纂
論語贅解二卷
　　（清）秦東來撰
　　復初堂集
論語注二十卷
　　（清）戴望撰
　　南菁書院叢書第二集
　　吳興叢書
論語時習錄五卷
　　（清）劉光蕡撰
　　煙霞草堂遺書
論語分編十卷
　　（清）劉曾騄撰
　　祥符劉氏叢書·五經讀本
論語約注二十卷
　　（清）劉曾騄撰
　　祥符劉氏叢書·五經約注
明明子論語集解義疏二十卷
　　（清）胡夤撰
　　四明叢書第六集

民　國

論語訓二卷
　　（民國）王闓運撰
　　湘綺樓全書
論語彙解凡例一卷
　　（民國）廖平撰
　　新訂六譯館叢書·尊孔類
論語集注補正逑疏十卷首一卷附答問一
　卷
　　（民國）簡朝亮撰

　　　　　讀書堂叢刻
論語學而里仁說例一卷
　　（民國）宋育仁撰
　　　　問琴閣叢書
天文本單經論語校勘記一卷
　　（民國）葉德輝撰
　　　　觀古堂所著書（光緒本、民國重編本）
　　　　第一集
　　　　郋園先生全書
金州講習會論語講義一卷
　　（民國）羅振玉撰
　　　　遼居雜箸乙編
廣論語駢枝一卷
　　（民國）章炳麟撰
　　　　章氏叢書續編
論語分類講誦六卷
　　（民國）周學熙撰
　　　　周氏師古堂所編書
論語傳二卷
　　（民國）方鑄撰
　　　　華胥赤子遺集
春暉樓論語說遺二卷
　　（民國）張鼎撰
　　　　春暉樓叢書上集

今　人

論語徵知錄一卷
　　（民國）陳漢章撰
　　　　綴學堂叢稿初集
論語大義定本二十卷
　　唐文治撰
　　　　十三經讀本（唐文治輯）
論語新注一卷
　　盧戇撰
　　　　問琴閣叢書・論語學而里仁說例附

專　著

論語論仁釋一卷
　　（清）成蓉鏡撰
　　　　成氏遺書
鄉黨正義一卷
　　（清）金鶚撰
　　　　皇清經解續編（南菁書院本、蜚英館本）
鄉黨補義一卷
　　（清）于鬯撰
　　　　于香草遺著叢輯
論語人考一卷

　　（清）劉曾騄撰
　　　　祥符劉氏叢書・五經約注
論語地考一卷
　　（清）劉曾騄撰
　　　　祥符劉氏叢書・五經約注
論語師法表一卷
　　（清）宋翔鳳撰
　　　　浮谿精舍叢書
　　　　食舊堂叢書

文字音義

論語音義一卷
　　（唐）陸德明撰
　　　　士禮居黃氏叢書（博古齋景黃氏本）附
　　　　・三經音義
論語異文考證十卷
　　（清）馮登府撰
　　　　藏修堂叢書第一集
　　　　芋園叢書・經部
論語異文集覽四卷
　　（清）張澍撰
　　　　小窗遺稿

古齊魯論

古論語六卷
　　（清）馬國翰輯
　　　　玉函山房輯佚書（嬭嬛館本、重印本、
　　　　楚南書局本）・經編論語類
齊論語一卷
　　（清）馬國翰輯
　　　　玉函山房輯佚書（嬭嬛館本、重印本、
　　　　楚南書局本）・經編論語類
齊論語問王知道逸文補一卷
　　（清）王紹蘭輯
　　　　蕭山王氏十萬卷樓輯佚七種
逸論語一卷
　　（清）王謨輯
　　　　漢魏遺書鈔・經翼第四册
論語魯讀攷一卷
　　（清）徐養原撰
　　　　皇清經解續編（南菁書院本、蜚英館本）
　　　　湖州叢書
魯論語一卷
　　（清）鍾文烝撰
　　　　豫恕堂叢書
新定魯論語述二十卷
　　（清）于鬯撰
　　　　于香草遺著叢輯

孟子之屬

正　文

孟子不分卷
　　　九經正文
　　　宋刊巾箱本八經
孟子七卷
　　　九經（求古齋本、觀成堂本、重刊求古
　　　齋本）
孟子書七卷首一卷
　　　聖門十六子書
孟子
　　　十三經・經文
孟子
　　　篆文六經四書（康熙本、同文書局景康
　　　熙本、千頃堂書局景康熙本）
逸孟子一卷
　　（清）李調元輯
　　　函海（乾隆本、道光本）第二十函
　　　函海（光緒本）第二十五函
　　　叢書集成初編・哲學類

傳　說

漢

孟子劉中壘注一卷
　　（漢）劉向撰　（清）王仁俊輯
　　　玉函山房輯佚書續編・經編論語孟子
　　　類
孟子程氏章句一卷
　　（漢）程曾撰　（清）馬國翰輯
　　　玉函山房輯佚書（嬭媛館本、重印本、
　　　楚南書局本）・經編孟子類
孟子十四卷
　　（漢）趙岐注
　　　十三經古注
　　　四部叢刊（初次印本、二次印本、縮印
　　　二次印本）・經部
　　　續古逸叢書
　　　關中叢書第一集
　　　四部備要（排印本、縮印本）・經部・
　　　十三經古注
孟子十四卷附音義二卷
　　（漢）趙岐注　（宋）孫奭音義
　　　微波榭叢書
音注孟子十四卷

　　　吉石盦叢書二集
孟子十四卷
　　　天祿琳琅叢書第一集
孟子七卷
　　（漢）趙岐註　（宋）朱熹集注
　　　袖珍十三經註
　　　渭南嚴氏孝義家塾叢書・重校稽古樓
　　　四書
孟子註疏解經十四卷
　　（漢）趙岐注　（宋）孫奭疏
　　　十三經註疏（福建本）
　　　十三經註疏（北監本）
　　　十三經註疏（汲古閣本）
孟子正義十四卷
　　　四庫全書・經部四書類
孟子注疏十四卷
　　　摛藻堂四庫全書薈要・經部
孟子注疏十四卷附考證
　　　十三經注疏（武英殿本）
孟子註疏解經十四卷附校勘記十四卷
　　（漢）趙岐注　（宋）孫奭疏　校勘記（清）阮
　　　元撰
　　　重刊宋本十三經注疏（南昌府學本、廣
　　　東書局本、江西書局本、脈望仙館石
　　　印本、寶慶務本圖書局本、點石齋石
　　　印本、掃葉山房石印本、錦章圖書局
　　　石印本、世界書局石印本、中華書局
　　　排印本）
　　　四部備要（排印本、縮印本）・經部・
　　　十三經注疏
孟子校勘記十四卷音義校勘記二卷
　　（清）阮元撰
　　　皇清經解（道光本、咸豐補刊本、鴻寶
　　　齋石印本、點石齋石印本）・十三經
　　　注疏校勘記
孟子注疏校勘記二十八卷音義校勘記
　二卷
　　　宋本十三經注疏併經典釋文校勘記
孟子章指二卷
　　（漢）趙岐撰　（清）王謨輯
　　　漢魏遺書鈔・經翼第四冊
孟子章指二卷篇敍一卷
　　（漢）趙岐撰　（清）馬國翰輯
　　　玉函山房輯佚書（嬭媛館本、重印本、
　　　楚南書局本）・經編孟子類
孟子注一卷
　　（漢）劉熙撰　（清）王謨輯
　　　漢魏遺書鈔・經翼第四冊

孟子劉注一卷
　　（漢）劉熙撰　　（清）宋翔鳳輯
　　　問經堂叢書
　　　浮谿精舍叢書
　　　廣雅書局叢書・經類
孟子劉氏注一卷
　　（漢）劉熙撰　　（清）馬國翰輯
　　　玉函山房輯佚書（郎嬛館本、重印本、
　　　楚南書局本）・經編孟子類
孟子注一卷
　　（漢）劉熙撰　　（清）黃奭輯
　　　黃氏逸書考（民國修補本、民國補刊
　　　本）・漢學堂經解
孟子劉氏注一卷
　　（漢）劉熙撰　　（清）王仁俊輯
　　　玉函山房輯佚書續編・經編論語孟子
　　　類
　　　十三經漢注
孟子章句一卷附劉熙事蹟考一卷
　　（漢）劉熙撰　　（民國）葉德輝輯
　　　觀古堂所著書（光緒本、民國重編本）
　　　第一集
　　　郎園先生全書
孟子鄭氏注一卷
　　（漢）鄭玄撰　　（清）馬國翰輯
　　　玉函山房輯佚書（郎嬛館本、重印本、
　　　楚南書局本）・經編孟子類
孟子鄭氏注一卷
　　（漢）鄭玄撰　　（清）王仁俊輯
　　　十三經漢注
孟子高氏章句一卷
　　（漢）高誘撰　　（清）馬國翰輯
　　　玉函山房輯佚書（郎嬛館本、重印本、
　　　楚南書局本）・經編孟子類

魏　晉

孟子古注一卷
　　（清）王仁俊輯
　　　玉函山房輯佚書續編・經編論語孟子
　　　類
孟子綦毋氏注一卷
　　（晉）綦毋邃撰　　（清）馬國翰輯
　　　玉函山房輯佚書（郎嬛館本、重印本、
　　　楚南書局本）・經編孟子類

唐

孟子陸氏注一卷
　　（唐）陸善經撰　　（清）馬國翰輯

　　　玉函山房輯佚書（郎嬛館本、重印本、
　　　楚南書局本）・經編孟子類

宋

孟子二卷
　　（宋）蘇洵評點
　　　合刻周秦經書十種
疑孟一卷
　　（宋）司馬光撰
　　　說郛（宛委山堂本）弓三
尊孟辨三卷續辨二卷別錄一卷
　　（宋）余允文撰
　　　四庫全書・經部四書類
　　　守山閣叢書（道光本、鴻文書局景道光
　　　本、博古齋景道光本）・經部
　　　叢書集成初編・哲學類
答疑孟一卷
　　（清）陳鍾英撰
　　　攬香小品
孟子解一卷
　　（宋）蘇轍撰
　　　兩蘇經解
　　　四庫全書・經部四書類
　　　指海（道光本、景道光本）第一集
孟子雜解一卷
　　（宋）游酢撰
　　　游定夫先生集
孟子傳二十九卷
　　（宋）張九成撰
　　　四庫全書・經部四書類
　　　摛藻堂四庫全書薈要・經部
張狀元孟子傳殘二十九卷（存卷一至二
十九）附校勘記一卷
　　（宋）張九成撰　　校勘記張元濟撰
　　　四部叢刊三編・經部
孟子七卷
　　（宋）朱熹集注
　　　五經四子書
　　　五經四書讀本
　　　五經四書
　　　十三經讀本（金陵書局本）
孟子七卷附校刊記一卷
　　（宋）朱熹集注　　校刊記（清）丁寶楨等撰
　　　十三經讀本（丁寶楨等校）
孟子讀本十四卷附校語一卷
　　（宋）朱熹集注　　校語（民國）王祖畬撰
　　　十三經讀本（唐文治輯）
孟子或問十四卷

（宋）朱熹撰
　　朱子遺書

孟子精義十四卷
　（宋）朱熹撰
　　朱子遺書

孟子要略五卷附錄一卷
　（宋）朱熹撰　（清）劉傳瑩輯　（清）曾國藩
　按
　　曾文正公全集
　　西京清麓叢書外編
　　周氏師古堂所編書
　　湖北叢書
　　叢書集成初編・哲學類

南軒先生孟子說七卷
　（宋）張栻撰
　　通志堂經解（康熙本、同治本）・孟子
　　張宣公全集（道光本、咸豐本）

癸巳孟子說七卷
　　四庫全書・經部四書類
　　摛藻堂四庫全書薈要・經部

孟子集疏十四卷
　（宋）蔡模撰
　　通志堂經解（康熙本、同治本）・孟子
　　四庫全書・經部四書類
　　摛藻堂四庫全書薈要・經部

明

孟子集註大全十四卷
　（明）胡廣等撰
　　四書大全（朝鮮本）

孟子集註大全十四卷附攷異一卷
　（明）胡廣等撰　攷異（宋）王應麟撰
　　四書大全（德馨堂本）

近溪子孟子答問集一卷
　（明）羅汝芳撰　（明）楊起元輯
　　楊貞復六種・四書答問

孟子雜記四卷
　（明）陳士元撰
　　歸雲別集（萬曆本、道光本）
　　四庫全書・經部四書類
　　湖海樓叢書
　　湖北叢書
　　叢書集成初編・哲學類

孟子說解十四卷
　（明）郝敬撰
　　郝氏九經解

讀孟子二卷
　（明）曹珖撰

大樹堂說經

清

孟子師說二卷
　（清）黃宗羲撰
　　四庫全書・經部四書類

孟子師說七卷
　　適園叢書
　　梨洲遺著彙刊

釋孟子四章一卷
　（清）金人瑞撰
　　唱經堂才子書・聖歎外書
　　中國文學珍本叢書第一輯・唱經堂才
　　　子書彙稿十一種

唱經堂釋孟子四章一卷
　　風雨樓叢書・貫華堂才子書彙稿・聖
　　　歎外書

孟子疏略七卷
　（清）張沐撰
　　五經四書疏略

孟子集註大全十四卷
　（清）陸隴其輯
　　四書集註大全

讀孟子劄記二卷
　（清）李光地撰
　　李文貞公全集
　　榕村全書・四書解義

孟子讀法十五卷
　（清）王又樸撰
　　詩禮堂全集

讀孟子劄記一卷
　（清）崔紀撰
　　山右叢書初編

說孟一卷
　（清）宋在詩撰
　　埜柏先生類稿

孟子札記四卷
　（清）范爾梅撰
　　讀書小記

孟子論文七卷
　（清）牛運震撰
　　空山堂全集

孟子字義疏證三卷
　（清）戴震撰
　　微波榭叢書・戴氏遺書
　　指海（道光本、景道光本）第十七集
　　端溪叢書一集
　　國粹叢書第一集

安徽叢書第六期·戴東原先生全集

孟子字義疏證三卷附錄一卷
　　戴氏三種
孟子古注考
　　(清)周廣業撰
　　　孟子四考
　　　皇清經解續編(南菁書院本、蜚英館石
　　　印本)·孟子四考
孟子附記二卷
　　(清)翁方綱撰
　　　畿輔叢書
　　　叢書集成初編·哲學類
孟子札記二卷
　　(清)朱亦棟撰
　　　十三經札記
　　　四書古註羣義彙解(珍藝書局排印本、
　　　同文書局石印本、同文升記書局排
　　　印本)
孟子正義三十卷
　　(清)焦循撰
　　　焦氏叢書(嘉慶道光本,光緒本)
　　　皇清經解 (道光本、咸豐補刊本、鴻寶
　　　齋石印本、點石齋石印本)
　　　四書古註羣義彙解(珍藝書局排印本、
　　　同文書局石印本、同文升記書局排
　　　印本)
　　　四部備要 (排印本、縮印本)·經部·
　　　淸十三經注疏
孟子正義十四卷
　　　諸子集成 (世界書局本、中華書局本)
　　　第一冊
孟子補義十四卷
　　(清)淩江撰　 (清)淩奎注
　　　淩氏傳經堂叢書
讀孟質疑三卷
　　(清)施彥士撰
　　　求己堂八種
讀孟質疑二卷
　　　槐廬叢書五編
　　　孫谿朱氏經學叢書初編
孟子趙注補正六卷
　　(清)宋翔鳳撰
　　　廣雅書局叢書·經類
　　　皇清經解續編(南菁書院本、蜚英館石
　　　印本)
來復堂孟子講義四卷
　　(清)丁大椿撰
　　　來復堂全書

孟子逑義二卷
　　(清)單爲鏓撰
　　　單氏全書·四書逑義前集
孟子逑義續一卷
　　(清)單爲鏓撰
　　　單氏全書·四書逑義後集
孟子佚一卷
　　(清)陳世鎔撰
　　　求志居全集
讀孟子劄記二卷
　　(清)羅澤南撰
　　　羅忠節公遺集
朱子四書纂要四十卷
　　(清)楊丕復撰
　　　楊愚齋先生全集
孟子古注擇從一卷
　　(清)俞樾撰
　　　春在堂全書·俞樓雜纂
孟子高氏學一卷
　　(清)俞樾撰
　　　春在堂全書·俞樓雜纂
孟子欑義內外篇一卷
　　(清)俞樾撰
　　　春在堂全書·俞樓雜纂
孟子平議二卷
　　(清)俞樾撰
　　　皇清經解續編(南菁書院本、蜚英館石
　　　印本)·羣經平議
　　　春在堂全書·羣經平議
孟子辨證二卷
　　(清)譚澐撰
　　　味義根齋全書
孟子學一卷
　　(清)沈夢蘭撰
　　　菱湖沈氏叢書
孟子可讀八卷
　　(清)劉曾騄撰
　　　祥符劉氏叢書·五經讀本
孟子約解七卷
　　(清)劉曾騄撰
　　　祥符劉氏叢書·九經約解
孟子趙注考證一卷
　　(清)桂文燦撰
　　　南海桂氏經學
　　　丙子叢編
讀孟集說二卷
　　(清)沈保靖撰
　　　怡雲堂全集

孟子集語一卷
(清)孫國仁撰
砭愚堂叢書

民國

讀趙注隨筆一卷
(民國)王元穉撰
無暇逸齋叢書
讀孟隨筆二卷
(民國)王祖畬撰
十三經讀本(唐文治輯)
王文貞集
孟子說例一卷
(民國)宋育仁撰
問琴閣叢書
繼述堂讀孟芻言一卷
(民國)王毓英撰
繼述堂全集

今人

孟子大義十四卷
唐文治撰
十三經讀本(唐文治輯)
孟子許行畢戰北宮錡問章注一卷
龔道熙撰
問琴閣叢書・孟子說例附

專著

孟子外書四篇四卷
(宋)劉攽(熙時子)注
函海(乾隆本、道光本)第三函
拜經樓叢書(景乾隆嘉慶本)
藝海珠塵絲集(丙集)
函海(光緒本)第四函
孟子外書一卷
(宋)劉攽注 (清)姜國伊正本併補注
守中正齋叢書
孟子外書四卷
(宋)劉攽注 (清)高驤雲補注
漱琴室存稾
孟子外書補證一卷
(宋)劉攽注 (清)林春溥補證
竹柏山房十五種
孟子外書集證五卷
(宋)劉攽注 (清)施彥士集證
求己堂八種
孟子外書補注四卷
(宋)劉攽注 (民國)陳矩補注
靈峯草堂叢書
孟子性善備萬物圖說一卷
(清)劉光蕡撰
煙霞草堂遺書
孟子七篇諸國年表一卷說一卷
(清)張宗泰撰
積學齋叢書
孟子分章考一卷
(清)于鬯撰
于香草遺著叢輯
孟子考一卷
(清)閻若璩撰
檀几叢書二集第一帙
孟子人考一卷
(清)劉曾騄撰
祥符劉氏叢書・九經約解
孟子逸文考一卷
(清)周廣業撰
孟子四考
皇清經解續編(南菁書院本、蜚英館石印本)・孟子四考

文字音義

孟子張氏音義一卷
(唐)張鎰撰 (清)馬國翰輯
玉函山房輯佚書(嫏嬛館本、重印本、楚南書局本)・經編孟子類
孟子丁氏手音一卷
(唐)丁公著撰 (清)馬國翰輯
玉函山房輯佚書(嫏嬛館本、重印本、楚南書局本)・經編孟子類
孟子音義二卷
(宋)孫奭撰
通志堂經解(康熙本、同治本)・孟子
四庫全書・經部四書類
士禮居黃氏叢書(博古齋景黃氏本)附
粵雅堂叢書三編第二十一集
孫氏山淵閣叢刊
養素軒叢錄第三集
吉石盦叢書二集
孟子音義攷證二卷
(清)蔣仁榮撰
皇清經解續編(南菁書院本、蜚英館本)
孟子音義校記初稿一卷
(清)王振聲撰
王文村遺著
孟子音義校記一卷
(清)王振聲撰

王文村遺著
孟子異本考
（清）周廣業撰
孟子四考
皇清經解續編（南菁書院本、蜚英館石
印本）・孟子四考

合刻總義之屬

傳　說

宋　元

論孟精義三十四卷
（宋）朱熹撰
四庫全書・經部四書類
國朝諸老先生論孟精義二十四卷
（宋）朱熹輯
西京清麓叢書正編・朱子遺書重刻合
編
洪氏唐石經館叢書
四書章句集註十九卷
（宋）朱熹撰
四庫全書・經部四書類
摛藻堂四庫全書薈要：經部
西京清麓叢書正編
劉氏傳經堂叢書
四書集注十九卷
（宋）朱熹撰
四部備要（排印本、縮印本）・經部
袖珍古書讀本
四書或問三十九卷
（宋）朱熹撰
四庫全書・經部四書類
西京清麓叢書正編・朱子遺書重刻合
編
洪氏唐石經館叢書
四書集編二十六卷
（宋）眞德秀撰
通志堂經解（康熙本、同治本）・四書
四庫全書・經部四書類
摛藻堂四庫全書薈要・經部
四書集編二十九卷
浦城遺書
融堂四書管見十三卷
（宋）錢時撰
四庫全書・經部五經總義類
四庫全書珍本初集・經部五經總義類

四書纂疏二十六卷
（宋）趙順孫撰
通志堂經解（康熙本、同治本）・四書
四庫全書・經部四書類
復性書院叢刊・羣經統類甲編
四書纂疏二十七卷
摛藻堂四庫全書薈要・經部
論語集註考證十卷孟子集註考證七卷
（宋）金履祥撰
率祖堂叢書
四庫全書・經部四書類
論語集注考證十卷孟子集注考證七卷首一卷
金華叢書（同治光緒本、民國補刊本）
・經部
金仁山論孟考證輯要二卷
（宋）金履祥撰　（清）趙紹祖輯
古墨齋集
四書箋義十二卷紀遺一卷
（宋）趙悳撰
宛委別藏
四書箋義纂要十二卷補遺一卷續遺一卷
守山閣叢書（道光本、鴻文書局景道光本、博古齋景道光本）・經部
叢書集成初編・總類
讀四書叢說四卷
（元）許謙撰
四庫全書・經部四書類
讀四書叢說八卷
經苑（大梁書院本、民國補刊本）
金華叢書（同治光緒本、民國補刊本）
・經部
四部叢刊續編・經部
叢書集成初編・總類
四書辨疑十五卷
（元）陳天祥撰
通志堂經解（康熙本、同治本）・四書
四庫全書・經部四書類
摛藻堂四庫全書薈要・經部
四書集義精要二十八卷
（元）劉因撰
四庫全書・經部四書類
四書通二十六卷
（元）胡炳文撰
通志堂經解（康熙本、同治本）・四書
四庫全書・經部四書類
摛藻堂四庫全書薈要・經部

四書通證六卷
　　(元)張存中撰
　　　　通志堂經解(康熙本、同治本)・四書
　　　　四庫全書・經部四書類
　　　　摛藻堂四庫全書薈要・經部
四書疑節十二卷
　　(元)袁俊翁撰
　　　　四庫全書・經部四書類
四書疑節十二卷 附校勘記一卷 校勘續記
　　一卷
　　(元)袁俊翁撰　　校勘記(民國)魏元曠撰
　　續記(民國)胡思敬撰
　　　　豫章叢書(胡思敬輯)
四書經疑貫通八卷
　　(元)王充耘撰
　　　　四庫全書・經部四書類
四書經疑貫通八卷 附校勘記一卷 校勘續
　　記一卷
　　(元)王充耘撰　　校勘記(民國)魏元曠撰
　　續記(民國)胡思敬撰
　　　　豫章叢書(胡思敬輯)
四書纂箋二十八卷
　　(元)詹道傳撰
　　　　通志堂經解(康熙本、同治本)・四書
　　　　四庫全書・經部四書類
　　　　摛藻堂四庫全書薈要・經部
四書通旨六卷
　　(元)朱公遷撰
　　　　通志堂經解(康熙本、同治本)・四書
　　　　四庫全書・經部四書類
　　　　摛藻堂四庫全書薈要・經部
四書管窺八卷
　　(元)史伯璿撰
　　　　四庫全書・經部四書類
　　四書管窺十卷
　　　　敬鄉樓叢書第三輯
四書待問二十二卷
　　(元)蕭鎰撰
　　　　宛委別藏

明

四書蒙引十五卷別附一卷
　　(明)蔡清撰
　　　　四庫全書・經部四書類
四書因問六卷
　　(明)呂柟撰
　　　　四庫全書・經部四書類
問辨錄十卷

　　(明)高拱撰
　　　　四庫全書・經部四書類
四書近語六卷
　　(明)孫應鰲撰
　　　　孫文恭公遺書(光緒本、宣統排印本)
說書十卷
　　(明)李贄撰
　　　　李氏全書
四書漢詁纂十九卷
　　(明)陳禹謨撰
　　　　經言枝指
學庸正說三卷
　　(明)趙南星撰
　　　　四庫全書・經部四書類
　大學正說一卷中庸正說二卷
　　　　味檗齋遺書
四書講義一卷
　　(明)顧憲成撰
　　　　小石山房叢書第一册
　大學大意一卷 中庸大意一卷 論語解一卷
　　孟子解一卷
　　(明)董懋策撰
　　　　董氏叢書
四書講義一卷
　　(明)高攀龍撰
　　　　高子全書
四書攝提十卷附錄一卷
　　(明)郝敬撰
　　　　山草堂集內編
四書留書六卷
　　(明)章世純撰
　　　　四庫全書・經部四書類
四書讀一卷
　　(明)陳際泰撰
　　　　文藻四種
四書說約三十三卷
　　(明)鹿善繼撰
　　　　留餘草堂叢書
四書說六卷
　　(明)辛全撰
　　　　山右叢書初編

清

四書近指二十卷
　　(清)孫奇逢撰
　　　　孫夏峯全集
　　　　四庫全書・經部四書類
晚年批定四書近指十七卷

（清）孫奇逢撰
　　　孫夏峯全集
四書翊注四十二卷
　　（清）刁包撰
　　　用六居士所著書
佘潛滄四書解一卷
　　（清）佘一元撰
　　　止園叢書（史氏撰）・永平三子遺書
四書講義輯存一卷
　　（清）陸世儀撰
　　　陸桴亭先生遺書
學庸切己錄二卷
　　（清）謝文洊撰
　　　謝程山全書
四書稗疏一卷
　　（清）王夫之撰
　　　船山遺書（道光本、同治本、民國本）
四書稗疏三卷
　　　皇清經解續編（南菁書院本、蜚英館石
　　　印本）
讀四書大全說十卷
　　（清）王夫之撰
　　　船山遺書（同治本、民國本）
四書訓義三十八卷
　　（清）王夫之撰
　　　船山遺書（道光本、民國本）
四書索解四卷
　　（清）毛奇齡輯　（清）王錫輯
　　　西河合集（康熙本、乾隆修補本）・經
　　　集
　　　藝海珠塵苑集（戊集）
　　　叢書集成初編・總類
四書賸言四卷補二卷
　　（清）毛奇齡撰
　　　西河合集（康熙本、乾隆修補本）・經
　　　集
　　　四庫全書・經部四書類
　　　皇清經解（道光本、咸豐補刊本、鴻寶
　　　齋石印本、點石齋石印本）
聖門釋非錄五卷
　　（清）毛奇齡撰
　　　西河合集（康熙本、乾隆修補本）・經
　　　集
四書改錯二十二卷
　　（清）毛奇齡撰
　　　四書古註羣義彙解（珍藝書局排印本、
　　　同文書局石印本、同文升記書局排
　　　印本）

駁毛西河四書改錯二十一卷
　　（清）戴大昌撰
　　　補餘堂集
朱柏廬先生大學講義一卷中庸講義二卷
　　（清）朱用純撰
　　　太崑先哲遺書
四書反身錄八卷首一卷
　　（清）李顒撰
　　　李二曲先生全集（同治本、光緒本）
四書正誤六卷
　　（清）顏元撰
　　　顏李叢書
四書玩注詳說一百六十卷首一卷
　　（清）冉覲祖撰
　　　五經詳說附
四書章句集注定本辨一卷
　　（清）吳英撰
　　　璜川吳氏四書學
四書家塾讀本句讀一卷
　　（清）吳英撰
　　　璜川吳氏四書學
日講四書解義二十六卷
　　（清）庫勒納等撰
　　　四庫全書・經部四書類
　　　摛藻堂四庫全書薈要・經部
**大學古本說一卷 中庸章段一卷 中庸餘論
　　一卷讀論語劄記二卷讀孟子劄記二卷**
　　（清）李光地撰
　　　四庫全書・經部四書類
四書講義困勉錄三十七卷
　　（清）陸隴其撰
　　　四庫全書・經部四書類
三魚堂四書講義二十卷首一卷
　　（清）陸隴其撰
　　　陸子全書
松陽講義十二卷
　　（清）陸隴其撰
　　　四庫全書・經部四書類
　　　西京清麓叢書正編
　　　洪氏唐石經館叢書
松陽講義十二卷首一卷
　　　陸子全書
此木軒四書說九卷
　　（清）焦袁熹撰
　　　四庫全書・經部四書類
此木軒讀四書注疏殘一卷（存卷六）
　　（清）焦袁熹撰
　　　此木軒全集

四書典故覈八卷
　　(清)淩曙撰
　　　　蜚雲閣淩氏叢書
四書拾遺六卷
　　(清)林春溥撰
　　　　竹柏山房十五種
四書是訓十五卷
　　(清)劉逢祿撰
　　　　聚學軒叢書第三集
四書題說二卷
　　(清)梁彣撰
　　　　月山遺書
四書存參五卷
　　(清)劉曾海撰
　　　　祥符劉氏叢書・有深致軒集
我疑錄一卷
　　(清)程德調撰
　　　　義烏先哲遺書
四書說略四卷
　　(清)王筠撰
　　　　王菉友九種
四書拾義五卷
　　(清)胡紹勳撰
　　　　聚學軒叢書第三集
四書私談一卷
　　(清)徐春撰
　　　　遜敏堂叢書
四書約解一卷
　　(清)李棠階撰
　　　　李文清公遺書
四書集字一卷
　　(清)劉書年撰
　　　　清芬叢鈔・滌濫軒雜著
讀學庸筆記二卷
　　(清)方宗誠撰
　　　　柏堂遺書・柏堂經說
讀論孟筆記三卷補記二卷
　　(清)方宗誠撰
　　　　柏堂遺書・柏堂經說
論孟疑義一卷
　　(清)呂調陽撰
　　　　觀象廬叢書
四書理話四卷
　　(清)張楚鍾撰
　　　　務實勝窩彙稿
四書理畫三卷
　　(清)張楚鍾撰
　　　　務實勝窩彙稿

四書辨疑辨一卷
　　(清)俞樾撰
　　　　春在堂全書・俞樓雜纂
四書辨疑二十二卷補一卷
　　(清)張江輯
　　　　三訂四書辨疑
四書緒餘錄二十卷補三卷
　　(清)張江輯
　　　　三訂四書辨疑
四書識小錄十卷
　　(清)張江輯
　　　　三訂四書辨疑
四書武備編四卷
　　(清)張江輯
　　　　三訂四書辨疑
四書樂器編五卷
　　(清)張江輯
　　　　三訂四書辨疑
四書拾遺五卷
　　(清)張江輯
　　　　三訂四書辨疑
學庸註釋二卷
　　(清)李輈撰
　　　　自得廬集
學庸識小一卷
　　(清)郭階撰
　　　　春暉雜稿
四書集註考證九卷
　　(清)王士濂撰
　　　　鶴壽堂叢書
四書集釋就正叢一卷
　　(清)王士濂撰
　　　　鶴壽堂叢書
四書瑣言一卷
　　(清)虞景璜撰
　　　　澹園雜著
四書古語錄證一卷
　　(清)孫國仁撰
　　　　砭愚堂叢書
四書解一卷
　　(口)曾日文撰
　　　　羅卷彙編

民　國

大學中庸演義一卷
　　(民國)廖平撰

新訂六譯館叢書·詩經類

四書質疑十九卷
　(民國)徐紹楨撰
　　學壽堂叢書
春暉樓四書說略七卷
　(民國)張鼎撰
　　春暉樓叢書上集

專　著

四書人物概十五卷
　(明)陳禹謨撰
　　經言枝指
四書集註引用姓氏攷一卷
　(清)趙敬襄輯
　　拜梅山房几上書
四書釋地一卷續一卷又續二卷三續二卷
　(清)閻若璩撰
　　四庫全書·經部四書類
　　皇清經解（道光本、咸豐補刊本、鴻寶
　　齋石印本、點石齋石印本）
四書釋地辨證二卷
　(清)宋翔鳳撰
　　浮谿精舍叢書
　　皇清經解（道光本、咸豐補刊本、鴻寶
　　齋石印本、點石齋石印本）
四書名物考二十卷
　(明)陳禹謨撰
　　經言枝指
四書典故攷辨一卷
　(清)戴清撰
　　戴靜齋先生遺書

文字音義

四書攷異一卷
　(清)王夫之撰
　　船山遺書（道光本、同治本、民國本）
四書考異三十六卷
　(清)翟灝撰
　　皇清經解（道光本、咸豐補刊本、鴻寶
　　齋石印本、點石齋石印本）
四書攷異一卷
　　江氏聚珍版叢書四集
四書字類釋義六卷
　(清)李毓秀撰
　　西京清麓叢書續編·養正叢編
四書鄉音辨譌一卷
　(清)單爲鏓撰
　　單氏全書

孝　經　類

正文之屬

孝經一卷
　　九經正文
　　宋刊巾箱本八經
　　寶顏堂祕笈（萬曆本、民國石印本）晉
　　集
　　九經（求古齋本、觀成堂本、重刊求古
　　齋本）
　　格致叢書
孝經
　　十三經·經文
中文孝經一卷
　(清)周春輯
　　松靄初刻
　　周松靄先生遺書
　　藝海珠塵金集(甲集)
　　叢書集成初編·哲學類

傳說之屬

周

孝經傳一卷
　(周)魏文侯撰　(清)王謨輯
　　漢魏遺書鈔·經翼第四冊
孝經傳一卷
　(周)魏文侯撰　(清)馬國翰輯
　　玉函山房輯佚書（嫏嬛館本、重印本、
　　楚南書局本）·經編孝經類

漢

孝經長孫氏說一卷
　(漢)長孫口撰　(清)馬國翰輯
　　玉函山房輯佚書（嫏嬛館本、重印本、
　　楚南書局本）·經編孝經類
孝經后氏說一卷
　(漢)后蒼撰　(清)馬國翰輯
　　玉函山房輯佚書（嫏嬛館本、重印本、
　　楚南書局本）·經編孝經類
孝經安昌侯說一卷
　(漢)張禹撰　(清)馬國翰輯
　　玉函山房輯佚書（嫏嬛館本、重印本、
　　楚南書局本）·經編孝經類

孝經董氏義一卷
　　(漢)董仲舒撰　(清)王仁俊輯
　　　　玉函山房輯佚書續編・經編孝經類
古文孝經一卷
　　(漢)孔安國傳
　　　　佚存叢書(日本本、光緒木活字本、景
　　　　日本本)第一帙
古文孝經孔氏傳一卷附宋本古文孝經一
卷
　　(漢)孔安國撰　(日本)太宰純音
　　　　四庫全書・經部孝經類
古文孝經孔氏傳一卷
　　　　知不足齋叢書(乾隆至道光本、景乾隆
　　　　至道光本)第一集
孝經一卷
　　　　今古文孝經彙刻
　　　　反約篇
　　　　榕園叢書甲集
孝經馬氏注一卷
　　(漢)馬融撰　(清)王仁俊輯
　　　　玉函山房輯佚書續編・經編孝經類
　　　　十三經漢注
孝經九卷
　　(漢)鄭玄注
　　　　十三經古注
　　　　四部備要(排印本、縮印本)・經部・
　　　　十三經古注
孝經註一卷
　　(漢)鄭玄撰　(清)王謨輯
　　　　漢魏遺書鈔・經翼第四冊
孝經注一卷
　　(漢)鄭玄撰　(清)袁鈞輯
　　　　鄭氏佚書(浙江書局本)
孝經注一卷
　　(漢)鄭玄撰　(清)孔廣林輯
　　　　通德遺書所見錄
孝經鄭氏注一卷
　　(漢)鄭玄撰　(清)陳鱣輯
　　　　涉聞梓舊(咸豐本、商務印書館景咸豐
　　　　本、竹簡齋景咸豐本)
　　　　叢書集成初編・哲學類
孝經鄭注一卷
　　(漢)鄭玄撰　(清)嚴可均輯
　　　　咫進齋叢書第三集
　　　　叢書集成初編・哲學類
孝經鄭氏注一卷
　　　　怡蘭堂叢書
　　　　私立北泉圖書館叢書

孝經鄭氏解一卷
　　(漢)鄭玄撰　(清)臧庸輯
　　　　知不足齋叢書(乾隆至道光本、景乾隆
　　　　至道光本)第二十一集
　　　　叢書集成初編・哲學類
孝經解一卷
　　(漢)鄭玄撰　(清)黃奭輯
　　　　漢學堂叢書・高密遺書
　　　　黃氏逸書考(民國修補本、民國補刊
　　　　本)・通德堂經解
孝經鄭註一卷
　　(漢)鄭玄撰　(日本)岡田挺之輯
　　　　知不足齋叢書(乾隆至道光本、景乾隆
　　　　至道光本)第二十集
　　　　反約篇
　　　　榕園叢書甲集
　　　　叢書集成初編・哲學類

魏　晉

孝經鄭氏注一卷
　　(魏)鄭偁撰　(清)王仁俊輯
　　　　玉函山房輯佚書續編・經編孝經類・
　　　　孝經董氏義附
孝經王氏解一卷
　　(魏)王肅撰　(清)馬國翰輯
　　　　玉函山房輯佚書(娜嬛館本、重印本、
　　　　楚南書局本)・經編孝經類
孝經解讚一卷
　　(吳)韋昭撰　(清)馬國翰輯
　　　　玉函山房輯佚書(娜嬛館本、重印本、
　　　　楚南書局本)・經編孝經類
孝經殷氏注一卷
　　(晉)殷仲文撰　(清)馬國翰輯
　　　　玉函山房輯佚書(娜嬛館本、重印本、
　　　　楚南書局本)・經編孝經類
集解孝經一卷
　　(晉)謝萬撰　(清)馬國翰輯
　　　　玉函山房輯佚書(娜嬛館本、重印本、
　　　　楚南書局本)・經編孝經類

南　北　朝

齊永明諸王孝經講義一卷
　　(南齊)□□撰　(清)馬國翰輯
　　　　玉函山房輯佚書(娜嬛館本、重印本、
　　　　楚南書局本)・經編孝經類
孝經劉氏說一卷
　　(南齊)劉瓛撰　(清)馬國翰輯
　　　　玉函山房輯佚書(娜嬛館本、重印本、

孝經義疏一卷
　　梁武帝撰　（清）馬國翰輯
　　　　玉函山房輯佚書（娜嬛館本、重印本、
　　　　楚南書局本）‧經編孝經類
孝經嚴氏注一卷
　　（梁）嚴植之撰　（清）馬國翰輯
　　　　玉函山房輯佚書（娜嬛館本、重印本、
　　　　楚南書局本）‧經編孝經類
孝經皇氏義疏一卷
　　（梁）皇侃撰　（清）馬國翰輯
　　　　玉函山房輯佚書（娜嬛館本、重印本、
　　　　楚南書局本）‧經編孝經類

隋　唐

孝經述義一卷
　　（隋）劉炫撰　（清）王謨輯
　　　　漢魏遺書鈔‧經翼第四冊
古文孝經述義一卷
　　（隋）劉炫撰　（清）馬國翰輯
　　　　玉函山房輯佚書（娜嬛館本、重印本、
　　　　楚南書局本）‧經編孝經類
孝經訓注一卷
　　（隋）魏眞己撰　（清）馬國翰輯
　　　　玉函山房輯佚書（娜嬛館本、重印本、
　　　　楚南書局本）‧經編孝經類
石臺孝經一卷
　　唐玄宗注
　　　　孝經大全丑集‧唐孝經
　孝經一卷
　　　　惟惪堂五種
　　　　十三經讀本（金陵書局本）
　　　　袖珍十三經註
　　　　古逸叢書
　　　　四部叢刊（初次印本）‧經部
　　　　四部叢刊（二次印本、縮印二次印本）
　　　　　‧經部
　　　　古書叢刊第一輯甲集
孝經一卷附校刊記一卷
　　唐玄宗注　（唐）陸德明音義　校刊記（清）
　　丁寶楨等撰
　　　　十三經讀本（丁寶楨等校）
孝經正義九卷
　　唐玄宗注　（宋）邢昺疏
　　　　十三經註疏（福建本）
　孝經註疏九卷
　　　　十三經註疏（北監本）
　　　　十三經註疏（汲古閣本）

　　　　擒藻堂四庫全書薈要‧經部
孝經正義三卷
　　　　四庫全書‧經部孝經類
孝經注疏一卷
　　　　今古文孝經彙刻
孝經注疏九卷附校勘記九卷
　　唐玄宗注　（宋）邢昺疏　校勘記（清）阮元
　　撰
　　　　重刊宋本十三經注疏（南昌府學本、廣
　　　　東書局本、江西書局本、脈望仙館石
　　　　印本、寶慶務本圖書局本、點石齋石
　　　　印本、掃葉山房石印本、錦章圖書局
　　　　石印本、世界書局石印本、中華書局
　　　　排印本）
　　　　四部備要（排印本、縮印本）‧經部‧
　　　　十三經注疏
孝經注疏九卷附考證
　　唐玄宗注　（唐）陸德明音義　（宋）邢昺疏
　　　　十三經注疏（武英殿本）
孝經校勘記三卷釋文校勘記一卷
　　（清）阮元撰
　　　　皇清經解（道光本、咸豐補刊本、鴻寶
　　　　齋石印本、點石齋石印本）‧十三經
　　　　注疏校勘記
孝經注疏校勘記三卷釋文校勘記一卷
　　　　宋本十三經注疏併經典釋文校勘記
御注孝經疏一卷
　　（唐）元行沖撰　（清）馬國翰輯
　　　　玉函山房輯佚書（娜嬛館本、重印本、
　　　　楚南書局本）‧經編孝經類
孝經疏鈔一卷
　　（唐）元行沖疏　（宋）邢昺正義　（明）梅鼎
　　和鈔
　　　　孝經大全辰集‧皇明孝經
孝經注殘三卷（存卷七至九）
　　　　敦煌祕籍留眞新編上卷

宋　元

孝經一卷
　　（宋）司馬光指解　（宋）范祖禹說
　　　　通志堂經解（康熙本、同治本）‧孝經
古文孝經指解一卷
　　（宋）司馬光撰　（宋）范祖禹說
　　　　四庫全書‧經部孝經類
　孝經指解一卷
　　　　今古文孝經彙刻
孝經刊誤一卷
　　（宋）朱熹撰

朱子遺書
　　四庫全書·經部孝經類
　　經苑（大粱書院本、民國補刊本）
　　反約篇
　　榕園叢書甲集
　　西京清麓叢書正編·朱子遺書重刻合
　　　編
　朱子孝經刊誤一卷
　　　今古文孝經彙刻
吳文正公較定今文孝經一卷
　（元）吳澄校定
　　　孝經大全卯集·元孝經
　孝經一卷
　　　通志堂經解（康熙本、同治本）·孝經
　孝經定本一卷
　　（元）吳澄撰
　　　四庫全書·經部孝經類
孝經一卷
　　（元）吳澄校定　（清）朱軾按
　　　朱文端公藏書（康熙至乾隆本、光緒
　　　本）
　孝經定本一卷
　　　今古文孝經彙刻
朱文公定古文孝經一卷
　　（宋）朱申注
　　　孝經大全寅集·宋孝經
　晦菴先生所定古文孝經句解一卷
　　（宋）朱申撰
　　　通志堂經解（康熙本、同治本）·孝經
朱文公刊誤古文孝經一卷
　　（元）董鼎注
　　　孝經大全寅集·宋孝經
　孝經大義一卷
　　（元）董鼎撰
　　　通志堂經解（康熙本、同治本）·孝經
　　　四庫全書·經部孝經類
　　　今古文孝經彙刻

明

孝經述註一卷
　　（明）項霦撰
　　　四庫全書·經部孝經類
　　　借月山房彙鈔（嘉慶本、景嘉慶本）第
　　　　一集
　　　澤古齋重鈔第一集
　　　今古文孝經彙刻
　　　續台州叢書
孝經正義一卷

　　（明）陳選注
　　　續台州叢書
孝經會通一卷
　　（明）沈淮撰
　　　孝經大全辰集·皇明孝經
孝經質疑一卷
　　（明）朱鴻撰
　　　孝經大全酉集
朱文公刊誤孝經旨意一卷
　　（明）朱鴻撰
　　　孝經大全戌集
孝經釋疑一卷
　　（明）孫本撰
　　　孝經大全酉集
古文孝經說一卷
　　（明）孫本撰
　　　孝經大全戌集
從今文孝經說一卷
　　（明）虞淳熙撰
　　　孝經大全戌集
孝經一卷
　　（明）楊起元注
　　　端溪叢書一集
孝經疑問一卷
　　（明）姚舜牧撰
　　　咫進齋叢書第一集
孝經一卷
　　（明）趙南星訂注
　　　味檗齋遺書
孝經本義二卷
　　（明）呂維祺撰
　　　經苑（大粱書院本、民國補刊本）
　　　叢書集成初編·哲學類
孝經或問三卷
　　（明）呂維祺撰
　　　經苑（大粱書院本、民國補刊本）
孝經翼一卷
　　（明）呂維祺撰
　　　經苑（大粱書院本、民國補刊本）
　　　叢書集成初編·哲學類
孝經集註一卷
　　（明）余本撰　（明）葉廷秀參
　　　葉潤山輯著全書
孝經集文二卷
　　（明）江元祚輯
　　　孝經大全亥集
孝經彙註三卷
　　（明）江元祚删輯

孝經大全辰集・皇明孝經

今文孝經直解一卷
　　(明)江元祚訂
　　　　孝經大全丑集・漢孝經

孝經本質一卷
　　(明)黃道周撰
　　　　小方壺齋叢書初集

黃忠端公孝經辯義一卷
　　(明)黃道周撰
　　　　澹勤室著述

孝經集傳四卷
　　(明)黃道周撰
　　　　石齋先生經傳九種
　　　　四庫全書・經部孝經類
　　　　今古文孝經彙刻

孝經讀本四卷
　　(明)黃道周集傳
　　　　十三經讀本(唐文治輯)

清

御註孝經一卷
　　清世祖撰
　　　　四庫全書・經部孝經類
　　　　擒藻堂四庫全書薈要・經部
　　　　今古文孝經彙刻

御纂孝經集註一卷
　　清世宗撰
　　　　四庫全書・經部孝經類
　　　　擒藻堂四庫全書薈要・經部
　　　　今古文孝經彙刻

孝經問一卷
　　(清)毛奇齡撰
　　　　西河合集（康熙本、乾隆修補本）・經
　　　　集
　　　　四庫全書・經部孝經類
　　　　今古文孝經彙刻
　　　　皇清經解續編（南菁書院本、蜚英館石
　　　　印本）

孝經約義一卷
　　(清)汪師韓撰
　　　　上湖遺集
　　　　叢睦汪氏遺書

孝經詳說六卷
　　(清)冉覲祖撰
　　　　五經詳說附

孝經全註一卷
　　(清)李光地撰
　　　　李文貞公全集

今古文孝經彙刻
　　榕村全書

孝經三本管窺一卷
　　(清)吳隆元撰
　　　　朱文端公藏書（康熙至乾隆本、光緒
　　　　本）・孝經附
　　　　今古文孝經彙刻

孝經解紛一卷
　　(清)□□撰
　　　　今古文孝經彙刻

孝經本義一卷
　　(清)姜兆錫撰
　　　　九經補注

孝經章句一卷
　　(清)任啓運撰
　　　　今古文孝經彙刻

孝經章句一卷或問一卷
　　(清)汪紱撰
　　　　汪雙池先生叢書

孝經外傳一卷
　　(清)周春撰
　　　　松靄初刻
　　　　周松靄先生遺書
　　　　藝海珠塵金集（甲集）
　　　　叢書集成初編・哲學類

孝經札記一卷
　　(清)朱亦棟撰
　　　　十三經札記

孝經義疏一卷
　　(清)阮元撰
　　　　今古文孝經彙刻

孝經鄭注補證一卷
　　(清)洪頤煊撰
　　　　知不足齋叢書（乾隆至道光本、景乾隆
　　　　至道光本）第二十集・孝經鄭注附
　　　　叢書集成初編・哲學類

孝經直解一卷
　　(清)劉沅撰
　　　　槐軒全書

孝經章句一卷刊誤辯說一卷
　　(清)倪上述撰
　　　　止園叢書（史氏撰）

孝經述一卷
　　(清)賀長齡輯注　(清)傅壽彤述
　　　　澹勤室著述

孝經義疏一卷
　　(清)阮福撰
　　　　皇清經解（道光本、咸豐補刊本、鴻寶

齋石印本、點石齋石印本）

孝經義疏補九卷首一卷
　　（清）阮福撰
　　　　文選樓叢書（阮亨輯）
　　　　叢書集成初編·哲學類
孝經章句一卷
　　（清）張錫嶸撰
　　　　張敬堂太史遺書
讀朱就正錄一卷續編一卷
　　（清）張錫嶸撰
　　　　張敬堂太史遺書
孝經問答一卷
　　（清）張錫嶸撰
　　　　張敬堂太史遺書
孝經本義一卷
　　（清）王檢心撰
　　　　復性齋叢書
孝經述註一卷
　　（清）丁晏撰
　　　　頤志齋叢書
孝經徵文一卷
　　（清）丁晏撰
　　　　木犀軒叢書續刻
　　　　皇清經解續編（南菁書院本、蜚英館本）
李氏孝經注輯本一卷
　　（清）邵懿辰撰
　　　　半巖廬所箸書
孝經章義一卷
　　（清）方宗誠撰
　　　　柏堂遺書·柏堂經說
孝經述一卷
　　（清）姜國伊撰
　　　　守中正齋叢書
孝經本義一卷
　　（清）劉光蕡撰
　　　　西京清麓叢書外編
　　　　煙霞草堂遺書
孝經約解一卷
　　（清）劉曾騄撰
　　　　祥符劉氏叢書·九經約解
孝經集解一卷
　　（清）桂文燦撰
　　　　南海桂氏經學
孝經鄭注疏二卷
　　（清）皮錫瑞撰
　　　　師伏堂叢書
　　　　四部備要（排印本、縮印本）·經部·
　　　　　清十三經注疏

孝經鄭注附音一卷
　　（清）孫季咸撰
　　　　孫氏山淵閣義刊
讀孝經日記一卷
　　（清）潘任撰
　　　　學古堂日記
孝經鄭注攷證一卷
　　（清）潘任撰
　　　　希鄭堂叢書

民　國

孝經質疑一卷
　　（民國）徐紹楨撰
　　　　學壽堂叢書
孝經集注述疏一卷附答問一卷
　　（民國）簡朝亮撰
　　　　讀書堂叢刊
孝經誼詁一卷
　　（民國）馬其昶撰
　　　　周氏師古堂所編書·三經誼詁
孝經正義一卷
　　（民國）宋育仁撰
　　　　問琴閣叢書

今　人

孝經大義一卷附錄一卷
　　　　唐文治撰
　　　　　十三經讀本（唐文治輯）
孝經通論四卷
　　　　鄔慶時撰
　　　　半帆樓叢書

專著之屬

孝經學凡例一卷
　　（民國）廖平撰
　　　　新訂六譯館叢書·孝經類
孝經集靈二卷附集一卷
　　（明）虞淳熙撰
　　　　孝經大全未、申集
　孝經集靈一卷
　　　　學海類編（道光本、景道光本）·經翼
　　　　遜敏堂叢書
　虞子集靈節略一卷
　　　　寶顏堂祕笈（萬曆本、民國本）晉集
孝經宗旨一卷
　　（明）羅汝芳述　（明）楊起元錄
　　　　寶顏堂祕笈（萬曆本、民國石印本）晉

集
　　叢書集成初編・哲學類
孝經引證一卷
　　(明)楊起元撰
　　　寶顏堂祕笈（萬曆本、民國石印本）普
　　　集
孝經考
　　(明)江元祚撰
　　　孝經大全子集
傳經始末
　　(明)江元祚撰
　　　孝經大全子集
全經綱目
　　(明)江元祚撰
　　　孝經大全子集

文字音義之屬

孝經今文音義一卷
　　(唐)陸德明撰
　　　士禮居黃氏叢書(博古齋景黃氏本)附
　　　・三經音義
　　　粵雅堂叢書三編第二十一集
孝經音訓不分卷
　　(清)楊國楨撰
　　　十一經音訓(道光本、光緒本)

序錄之屬

進石臺孝經表
　　(唐)齊古撰
　　　孝經大全丑集・唐孝經

爾　雅　類

正文之屬

爾雅
　　十三經・經文
爾雅佚文一卷
　　(清)王仁俊輯
　　　經籍佚文

傳說之屬

漢

爾雅許君義一卷
　　(漢)許慎撰　(清)王仁俊輯
　　　玉函山房輯佚書續編・經編爾雅類
爾雅許氏義一卷
　　　十三經漢注
爾雅註一卷
　　(漢)□□撰　(清)王謨輯
　　　漢魏遺書鈔・經翼第四冊
爾雅犍爲文學注三卷
　　(漢)□□撰　(清)馬國翰輯
　　　玉函山房輯佚書（嫏嬛館本、重印本、
　　　　楚南書局本）・經編爾雅類
爾雅犍爲文學注一卷
　　(漢)□□撰　(清)黃奭輯
　　　漢學堂叢書・經解小學類・爾雅古義
　　　黃氏逸書考（民國修補本、民國補刊
　　　　本）・漢學堂經解・爾雅古義
　　　榕園叢書甲集・爾雅古義
爾雅舍人注一卷
　　(漢)□□撰　(清)王仁俊輯
　　　十三經漢注
爾雅劉氏注一卷
　　(漢)劉歆撰　(清)馬國翰輯
　　　玉函山房輯佚書（嫏嬛館本、重印本、
　　　　楚南書局本）・經編爾雅類
爾雅注一卷
　　(漢)劉歆撰　(清)黃奭輯
　　　漢學堂叢書・經解小學類・爾雅古義
　　　黃氏逸書考（民國修補本、民國補刊
　　　　本）・漢學堂經解・爾雅古義
　　　榕園叢書甲集・爾雅古義
爾雅樊氏注一卷
　　(漢)樊光撰　(清)馬國翰輯
　　　玉函山房輯佚書（嫏嬛館本、重印本、
　　　　楚南書局本）・經編爾雅類
爾雅注一卷
　　(漢)樊光撰　(清)黃奭輯
　　　漢學堂叢書・經解小學類・爾雅古義
　　　黃氏逸書考（民國修補本、民國補刊
　　　　本）・漢學堂經解・爾雅古義
　　　榕園叢書甲集・爾雅古義
爾雅李氏注三卷
　　(漢)李巡撰　(清)馬國翰輯
　　　玉函山房輯佚書（嫏嬛館本、重印本、
　　　　楚南書局本）・經編爾雅類
爾雅注一卷
　　(漢)李巡撰　(清)黃奭輯
　　　漢學堂叢書・經解小學類・爾雅古義

黃氏逸書考（民國修補本、民國補刊
本）·漢學堂經解·爾雅古義
榕園叢書甲集·爾雅古義

爾雅李氏注一卷
（漢）李巡撰　（清）王仁俊輯
十三經漢注

爾雅鄭君注一卷
（漢）鄭玄撰　（清）王仁俊輯
玉函山房輯佚書續編·經編爾雅類

爾雅鄭氏注一卷
十三經漢注

爾雅漢注三卷
（清）臧庸（鏞堂）輯
問經堂叢書
槐廬叢書三編
叢書集成初編·語文學類

魏　晉

孫氏爾雅正義拾遺一卷
（魏）孫炎撰　（清）吳騫輯
拜經樓叢書（乾隆嘉慶本、景乾隆嘉慶
本）

爾雅孫氏注三卷
（魏）孫炎撰　（清）馬國翰輯
玉函山房輯佚書（嫏嬛館本、重印本、
楚南書局本）·經編爾雅類

爾雅孫氏音一卷
（魏）孫炎撰　（清）馬國翰輯
玉函山房輯佚書（嫏嬛館本、重印本、
楚南書局本）·經編爾雅類

爾雅音注一卷
（魏）孫炎撰　（清）黃奭輯
漢學堂叢書·經解小學類·爾雅古義
黃氏逸書考（民國修補本、民國補刊
本）·漢學堂經解·爾雅古義
榕園叢書甲集·爾雅古義

爾雅孫氏注一卷
（魏）孫炎撰　（清）王仁俊輯
玉函山房輯佚書續編·經編爾雅類

爾雅三卷
（晉）郭璞注
五雅
格致叢書
拜經堂叢書（同述觀本、景同述觀本）
古逸叢書
天祿琳琅叢書第一集

爾雅一卷
覆古介書前集

爾雅二卷
五雅全書（明本、嘉慶重刊本）
叢書集成初編·語文學類

爾雅注殘一卷（存卷中）
（晉）郭璞撰
敦煌祕籍留眞新編下卷

爾雅十一卷
（晉）郭璞注　（□）□□音
十三經古注
袖珍十三經註
四部備要（非印本、縮印本）·經部·
十三經古注

爾雅三卷
（晉）郭璞注　（唐）陸德明音義
十三經讀本（金陵書局本）

爾雅三卷附校刊記一卷
（晉）郭璞注　（唐）陸德明音義　校刊記
（清）丁寶楨等撰
十三經讀本（丁寶楨等校）

爾雅三卷附音釋三卷
（晉）郭璞注　音釋（□）□□撰
獨抱廬叢刻
四部叢刊（初次印本、二次印本、縮印
二次印本）·經部
古書叢刊第一輯甲集

爾雅郭注佚存補訂二十卷
（民國）王樹柟撰
陶廬叢刻

爾雅讀本十一卷
（晉）郭璞注　（唐）陸德明音義　（宋）邢昺
疏
十三經讀本（唐文治輯）

爾雅註疏十一卷
（晉）郭璞注　（宋）邢昺疏　（□）□□音
十三經註疏（福建本）
十三經註疏（北監本）
十三經註疏（汲古閣本）
四庫全書·經部小學類
摛藻堂四庫全書薈要·經部

爾雅注疏十一卷附考證
十三經注疏（武英殿本）

爾雅注疏十卷附校勘記十卷
（晉）郭璞注　（宋）邢昺疏　（□）□□音
校勘記（清）阮元撰
重刊宋本十三經注疏（南昌府學本、廣
東書局本、江西書局本、脈望仙館石
印本、寶慶務本圖書局本、點石齋石
印本、掃葉山房石印本、錦章圖書局

石印本、世界書局石印本、中華書局
排印本）
四部備要（排印本、縮印本）・經部・
十三經注疏

爾雅校勘記六卷釋文校勘記二卷
（清）阮元撰
皇清經解（道光本、咸豐補刊本、鴻寶
齋石印本、點石齋石印本）・十三經
注疏校勘記

爾雅注疏校勘記六卷釋文校勘記六卷
宋本十三經注疏併經典釋文校勘記

爾雅注疏本正誤五卷
（清）張宗泰撰
廣雅書局叢書・經類
積學齋叢書

爾雅疏十卷
（宋）邢昺撰
四部叢刊續編・經部
續古逸叢書

爾雅音義一卷
（晉）郭璞撰　（清）馬國翰輯
玉函山房輯佚書（嫏嬛館本、重印本、
楚南書局本）・經編爾雅類

爾雅音義一卷
（晉）郭璞撰　（清）黃奭輯
漢學堂叢書・經解小學類・爾雅古義
黃氏逸書考（民國修補本、民國補刊
本）・漢學堂經解・爾雅古義
榕園叢書甲集・爾雅古義

爾雅劉氏注一卷
（晉）劉兆撰　（清）王仁俊輯
玉函山房輯佚書續編・經編爾雅類

南 北 朝

集注爾雅一卷
（梁）沈旋撰　（清）馬國翰輯
玉函山房輯佚書（嫏嬛館本、重印本、
楚南書局本）・經編爾雅類

爾雅集注一卷
（梁）沈旋撰　（清）黃奭輯
遜敏堂叢書
漢學堂叢書・經解小學類・爾雅古義
黃氏逸書考（民國修補本、民國補刊
本）・漢學堂經解・爾雅古義
榕園叢書甲集・爾雅古義

爾雅顧氏音一卷
（梁）顧野王撰　（清）馬國翰輯
玉函山房輯佚書（嫏嬛館本、重印本、

楚南書局本）・經編爾雅類

爾雅音一卷
（梁）顧野王撰　（清）黃奭輯
漢學堂叢書・經解小學類・爾雅古義
黃氏逸書考（民國修補本、民國補刊
本）・漢學堂經解・爾雅古義

爾雅音注一卷
榕園叢書甲集・爾雅古義

爾雅施氏音一卷
（陳）施乾撰　（清）馬國翰輯
玉函山房輯佚書（嫏嬛館本、重印本、
楚南書局本）・經編爾雅類

爾雅音注一卷
（陳）施乾撰　（清）黃奭輯
遜敏堂叢書
榕園叢書甲集・爾雅古義

爾雅音一卷
漢學堂叢書・經解小學類・爾雅古義
黃氏逸書考（民國修補本、民國補刊
本）・漢學堂經解・爾雅古義

爾雅麻氏注一卷
（□）麻杲撰　（清）王仁俊輯
玉函山房輯佚書續編・經編爾雅類・
爾雅孫氏注附

爾雅謝氏音一卷
（陳）謝嶠撰　（清）馬國翰輯
玉函山房輯佚書（嫏嬛館本、重印本、
楚南書局本）・經編爾雅類

爾雅音一卷
（陳）謝嶠撰　（清）黃奭輯
漢學堂叢書・經解小學類・爾雅古義

爾雅音注一卷
黃氏逸書考（民國修補本、民國補刊
本）・漢學堂經解・爾雅古義
榕園叢書甲集・爾雅古義

爾雅一切注音十卷
（清）嚴可均（萬里）輯
木犀軒叢書

爾雅衆家注二卷
（清）黃奭輯
漢學堂叢書・經解小學類・爾雅古義
黃氏逸書考（民國修補本、民國補刊
本）・漢學堂經解・爾雅古義
榕園叢書甲集・爾雅古義

唐

爾雅裴氏注一卷
（唐）裴瑜撰　（清）馬國翰輯

玉函山房輯佚書（嫏嬛館本、重印本、
　　　楚南書局本）・經編爾雅類

宋

爾雅新義二十卷
　　（宋）陸佃撰
　　　　宛委別藏
爾雅新義二十卷附敍錄一卷
　　（宋）陸佃撰　　（清）宋大樽校併輯敍錄
　　　　粵雅堂叢書二編第十六集
　　　　叢書集成初編・語文學類
爾雅三卷
　　（宋）鄭樵注
　　　　津逮祕書（汲古閣本、景汲古閣本）第
　　　　　一集
　　爾雅註三卷
　　　（宋）鄭樵撰
　　　　　四庫全書・經部小學類
　　爾雅鄭註三卷
　　　　　學津討原（嘉慶本、景嘉慶本）第四集

明

爾雅貫珠一卷
　　（明）朱鉝輯
　　　　　小嫏嬛山館彙刊類書十二種・左傳紺
　　　　　　珠附
　　　　　琅環獺祭十二種・左傳紺珠附

清

爾雅註疏參義六卷
　　（清）姜兆錫撰
　　　　九經補注
爾雅補郭二卷
　　（清）翟灝撰
　　　　玲瓏山館叢書・小學上編
　　　　木犀軒叢書
　　　　咫進齋叢書第三集
　　　　皇清經解續編（南菁書院本、蜚英館石
　　　　　印本）
　　　　叢書集成初編・語文學類
爾雅補注四卷
　　（清）周春撰
　　　　松靄初刻
　　　　觀古堂彙刻書第一集
　　　　郋園先生全書
爾雅補注殘本一卷
　　（清）劉玉麐撰
　　　　功順堂叢書

廣雅書局叢書・經類
叢書集成初編・語文學類
爾雅校義二卷
　　（清）劉玉麐撰
　　　　食舊堂叢書
爾雅南昌本校勘記訂補一卷
　　（清）許光清撰
　　　　涉聞梓舊（咸豐本、商務印書館景咸豐
　　　　　本、竹簡齋景咸豐本）・斠補隅錄
　　　　叢書集成初編・總類・斠補隅錄
爾雅札記一卷
　　（清）朱亦棟撰
　　　　十三經札記
爾雅古義二卷
　　（清）錢坫撰
　　　　皇清經解續編（南菁書院本、蜚英館石
　　　　　印本）
爾雅正義二十卷
　　（清）邵晉涵撰
　　　　皇清經解（道光本、咸豐補刊本、鴻寶
　　　　　齋石印本、點石齋石印本）
畏齋爾雅客難一卷
　　（清）龔元玠撰
　　　　十三經客難
爾雅郭注義疏十九卷
　　（清）郝懿行撰
　　　　郝氏遺書
　　爾雅義疏十九卷
　　　　　皇清經解（道光本、咸豐補刊本、鴻寶
　　　　　　齋石印本、點石齋石印本）
　　爾雅義疏二十卷
　　　　　四部備要（排印本、縮印本）・經部・
　　　　　　清十三經注疏
爾雅郝注刊誤一卷
　　（清）王念孫撰
　　　　殷禮在斯堂叢書
爾雅小箋三卷
　　（清）江藩撰
　　　　鄦齋叢書
爾雅匡名二十卷
　　（清）嚴元照撰
　　　　湖州叢書
　　　　廣雅書局叢書・經類
　　　　皇清經解續編（南菁書院本、蜚英館石
　　　　　印本）
爾雅古義二卷
　　（清）胡承珙撰
　　　　求是堂全集

爾雅音訓不分卷
　　(清)楊國楨撰
　　　　十一經音訓(道光本、光緒本)
爾雅經注集證三卷
　　(清)龍啓瑞撰
　　　　皇清經解續編(南菁書院本、蜚英館石
　　　　印本)
爾雅古注斠三卷
　　(清)葉蕙心撰
　　　　小學類編附編
爾雅平議一卷
　　(清)俞樾撰
　　　　皇清經解續編(南菁書院本、蜚英館石
　　　　印本)・羣經平議
　　　　春在堂全書・羣經平議
爾雅直音二卷
　　(清)孫侣撰　(清)王祖源校正
　　　　天壤閣叢書
　　　　叢書集成初編・語文學類
爾雅古注斠補一卷
　　(清)陶方琦撰
　　　　漢孳室遺著
爾雅約解九卷
　　(清)劉曾騄撰
　　　　祥符劉氏叢書・九經約解
讀爾雅日記一卷
　　(清)陸錦燧撰
　　　　學古堂日記
讀爾雅日記一卷
　　(清)王頌清撰
　　　　學古堂日記
讀爾雅日記一卷讀爾雅補記一卷
　　(清)董瑞椿撰
　　　　學古堂日記
讀爾雅日記一卷
　　(清)王仁俊撰
　　　　學古堂日記
讀爾雅日記一卷
　　(清)楊賡元撰
　　　　學古堂日記
讀爾雅日記一卷
　　(清)包錫咸撰
　　　　學古堂日記
讀爾雅日記一卷
　　(清)蔣元慶撰
　　　　學古堂日記
爾雅詁二卷
　　(清)徐孚吉撰

南菁書院叢書第四集

民　國

爾雅集解十九卷
　　(民國)王闓運撰
　　　　湘綺樓全書
爾雅稗疏四卷
　　(民國)繆楷撰
　　　　南菁札記

分篇之屬

爾雅釋言集解後案一卷
　　(清)黃世榮撰
　　　　文惠全書
爾雅釋親宗族考一卷
　　(清)于鬯撰
　　　　于香草遺著叢輯

專著之屬

爾雅圖贊一卷
　　(晉)郭璞撰　(清)王謨輯
　　　　漢魏遺書鈔・經翼第四冊
爾雅圖贊一卷
　　(晉)郭璞撰　(清)嚴可均輯
　　　　觀古堂所刊書
　　　　觀古堂彙刻書第一集
　　　　郋園先生全書
爾雅圖贊一卷
　　(晉)郭璞撰　(清)錢熙祚輯
　　　　指海(道光本、景道光本)第十八集
爾雅圖讚一卷
　　(晉)郭璞撰　(清)馬國翰輯
　　　　玉函山房輯佚書 (嬭嬛館本、重印本、
　　　　楚南書局本)・經編爾雅類
爾雅圖贊一卷
　　(晉)郭璞撰　(清)黃奭輯
　　　　漢學堂叢書・經解小學類・爾雅古義
　　　　黃氏逸書考(民國修補本、民國補刊
　　　　本)・漢學堂經解・爾雅古義・
　　　　榕園叢書甲集・爾雅古義
爾雅歲陽攷一卷
　　(清)觀頮道人輯
　　　　閩竹居叢書
爾雅釋地四篇注一卷
　　(清)錢坫撰
　　　　皇清經解續編(南菁書院本、蜚英館石

印本)
　　錢氏四種(嘉慶本、景嘉慶本)
爾雅蟲名今釋一卷
　　(民國)劉師培撰
　　　劉申叔先生遺書
爾雅草木蟲魚鳥獸釋例一卷
　　(民國)王國維撰
　　　廣倉學宭叢書甲類第一集
　　　海寧王忠愨公遺書初集
　　　海寧王靜安先生遺書

羣經總義類

傳說之屬

漢

五經通義一卷
　　(漢)劉向撰
　　　說郛(宛委山堂本)弓五
　五經通義
　　　說郛(商務印書館本)卷二·古典錄略
五經通義一卷
　　(漢)劉向撰　　(清)王謨輯
　　　漢魏遺書鈔·經翼第四冊
五經通義一卷
　　(漢)劉向撰　　(清)洪頤煊輯
　　　問經堂叢書·經典集林
　　　經典集林
五經通義一卷
　　(漢)劉向撰　　(清)宋翔鳳輯
　　　浮谿精舍叢書
五經通義
　　(漢)劉向撰　　(清)劉學寵輯
　　　青照堂叢書摘次編第二函·諸經緯遺
五經通義一卷
　　(漢)劉向撰　　(清)馬國翰輯
　　　玉函山房輯佚書(娜嬛館本、重印本、
　　　　楚南書局本)·經編五經總類
五經通義一卷
　　(漢)劉向撰　　(清)黃奭輯
　　　漢學堂叢書·經解·五經總義類
　　　黃氏逸書考(民國修補本、民國補刊
　　　　本)·漢學堂經解
五經通義一卷
　　(漢)劉向撰　　(清)王仁俊輯

玉函山房輯佚書續編·經編五經總類
五經要義
　　(漢)劉向撰
　　　說郛(商務印書館本)卷二·古典錄略
五經要義一卷
　　(漢)劉向撰　　(清)洪頤煊輯
　　　問經堂叢書·經典集林
　　　經典集林
五經要義一卷
　　(漢)劉向撰　　(清)宋翔鳳輯
　　　浮谿精舍叢書
五經要義一卷
　　(漢)劉向撰　　(清)王仁俊輯
　　　玉函山房輯佚書續編·經編五經總類
白虎通德論二卷
　　(漢)班固撰
　　　古今逸史·逸志
　　　漢魏叢書(真曆本、景萬曆本)·經籍
　　　格致叢書
　　　兩京遺編
　　　景印元明善本叢書十種·古今逸史·
　　　　逸志
　　　景印元明善本叢書十種·兩京遺編
白虎通二卷
　　　祕書廿一種(康熙本、嘉慶本)
白虎通義二卷
　　　摛藻堂四庫全書薈要·子部
白虎通德論四卷
　　　廣漢魏叢書(萬曆本)·經翼
　　　祕書九種
　　　合諸名家批點諸子全書
　　　增訂漢魏叢書(乾隆本、紅杏山房本、
　　　　三餘堂本、大通書局石印本)·經翼
　　　子書百家·雜家類
白虎通義四卷
　　　四庫全書·子部雜家類
白虎通一卷
　　　增定漢魏六朝別解·子部
白虎通德論十卷
　　　隨盦徐氏叢書續編
　　　四部叢刊(初次印本)·子部
　　　四部叢刊(二次印本、縮印二次印本)
　　　　·子部
白虎通德論
　　　說郛(商務印書館本)卷九十五
白虎通德論四卷校勘補遺一卷闕文一卷
　　(漢)班固撰　校勘補遺(清)盧文弨撰　闕
　　文(清)莊述祖輯

廣漢魏叢書(嘉慶本)・經翼

白虎通四卷 附校勘補遺一卷 考一卷闕文
一卷
　　(漢)班固撰　校勘補遺(清)盧文弨撰　考
　(清)莊述祖撰幷輯闕文
　　　　抱經堂叢書(乾隆本、景乾隆本)
　　　　叢書集成初編・總類

白虎通義四卷 附錄一卷校勘記四卷
　　(漢)班固撰　校勘記(清)孫星華撰
　　　　武英殿聚珍版書（福建本、廣雅書局
　　　　本）・子部

　　白虎通義四卷附校勘記四卷
　　　　關中叢書第二集

白虎通德論一卷
　　(漢)班固撰　(清)任兆麟選輯
　　　　述記(乾隆本、嘉慶本)

白虎通義一卷
　　(漢)班固撰　(民國)龍璋輯
　　　　小學蒐佚上編補

白虎通
　　(漢)班固撰　(明)歸有光輯評
　　　　諸子彙函

白虎通疏證十二卷
　　(清)陳立撰
　　　　皇清經解續編(南菁書院本、蜚英館石
　　　　印本)

白虎通義斠補二卷附闕文補訂一卷
　　(民國)劉師培撰
　　　　劉申叔先生遺書

白虎通義定本殘三卷(存卷一至三)
　　(民國)劉師培撰
　　　　劉申叔先生遺書

白虎通德論補釋一卷
　　(民國)劉師培撰
　　　　劉申叔先生遺書

白虎通義源流考一卷
　　(民國)劉師培撰
　　　　劉申叔先生遺書

五經通義一卷
　　(漢)許慎撰　(清)王仁俊輯
　　　　玉函山房輯佚書續編・經編五經總類

五經異義二卷
　　(漢)許慎撰　(漢)鄭玄駁　(清)王謨輯
　　　　漢魏遺書鈔・經翼第四冊

駁五經異義一卷補遺一卷
　　(漢)鄭玄撰
　　　　四庫全書・經部五經總義類

駁五經異義一卷補遺一卷
　　(漢)鄭玄撰　(清)王復輯
　　　　藝海珠塵絲集(丙集)
　　　　反約篇
　　　　榕園叢書甲集

駁五經異義一卷補遺一卷
　　(漢)鄭玄撰　(清)王復輯　(清)武億校
　　　　問經堂叢書
　　　　後知不足齋叢書第一函・鄭氏遺書
　　　　清芬堂叢書・經部
　　　　食舊堂叢書
　　　　叢書集成初編・總類

駁五經異義十卷
　　(漢)鄭玄撰　(清)袁鈞輯　(清)袁堯年補
　輯
　　　　鄭氏佚書(浙江書局本)

駁五經異義十卷
　　(漢)鄭玄撰　(清)孔廣林輯併補證
　　　　通德遺書所見錄

駁五經異義一卷
　　(漢)鄭玄撰　(清)黃奭輯
　　　　漢學堂叢書・高密遺書
　　　　黃氏逸書考（民國修補本、民國補刊
　　　　本）・通德堂經解

五經異義疏證三卷
　　(清)陳壽祺撰
　　　　左海全集
　　　　皇清經解(道光本、咸豐補刊本、鴻寶
　　　　齋石印本、點石齋石印本)

六藝論一卷
　　(漢)鄭玄撰　(清)王謨輯
　　　　漢魏遺書鈔・經翼第四冊

六藝論一卷
　　(漢)鄭玄撰　(清)袁鈞輯
　　　　鄭氏佚書(浙江書局本)

六藝論一卷
　　(漢)鄭玄撰　(清)孔廣林輯
　　　　通德遺書所見錄

六藝論一卷
　　(漢)鄭玄撰　(清)陳鱣輯
　　　　涉聞梓舊（咸豐本、商務印書館景咸豐
　　　　本、竹簡齋景咸豐本）・孝經鄭氏注
　　　　附
　　　　後知不足齋叢書第五函
　　　　叢書集成初編・總類

六藝論一卷
　　(漢)鄭玄撰　(清)臧琳輯　(清)臧庸補輯
　　　　拜經堂叢書(同述觀本、景同述觀本)

鄭氏六藝論一卷

　　　　　鄦齋叢書

六藝論一卷
　　（漢）鄭玄撰　　（清）洪頤煊輯
　　　問經堂叢書・經典集林
　　　經典集林

六藝論一卷
　　（漢）鄭玄撰　　（清）馬國翰輯
　　　玉函山房輯佚書（嫏嬛館本、重印本、
　　　楚南書局本）・經編五經總類

六藝論一卷
　　（漢）鄭玄撰　　（清）黃奭輯
　　　黃氏逸書考（民國修補本、民國補刊
　　　本）・通德堂經解

六藝論疏證一卷
　　（清）皮錫瑞撰
　　　師伏堂叢書
　　　皮氏經學叢書

鄭志三卷補遺一卷
　　（魏）鄭小同編
　　　四庫全書・經部五經總義類

鄭志三卷補遺一卷
　　（魏）鄭小同編　　（清）王復輯　　（清）武億校
　　　武英殿聚珍版書（武英殿木活字本、江
　　　西書局本）・經部
　　　問經堂叢書
　　　古經解彙函（粵東書局本、蜚英館石印
　　　本、湘南書局本）
　　　清芬堂叢書・經部
　　　食舊堂叢書
　　　叢書集成初編・總類

鄭志三卷拾遺一卷附校勘記一卷
　　（魏）鄭小同編　　（清）王復輯　　校勘記（清）
　　　孫星華撰
　　　武英殿聚珍版書（福建本、廣雅書局
　　　本）・經部

鄭志八卷
　　（魏）鄭小同編　　（清）袁鈞輯
　　　鄭氏佚書（浙江書局本）

鄭志八卷
　　（魏）鄭小同編　　（清）孔廣林輯
　　　通德遺書所見錄

鄭志三卷
　　（魏）鄭小同編　　（清）錢東垣（清）錢繹（清）
　　　錢侗按
　　　汗筠齋叢書第一集

　　　鄭志三卷附錄一卷
　　　粵雅堂叢書二編第十二集
　　　後知不足齋叢書第一函・鄭氏遺書

　　　叢書集成初編・總類

鄭志一卷
　　（魏）鄭小同編　　（清）黃奭輯
　　　知足齋叢書
　　　黃氏逸書考（民國修補本、民國補刊
　　　本）・通德堂經解

鄭志攷證一卷
　　（清）成蓉鏡撰
　　　南菁書院叢書第六集

鄭志疏證八卷
　　（清）皮錫瑞撰
　　　師伏堂叢書
　　　皮氏經學叢書

鄭記一卷
　　（清）袁鈞輯
　　　鄭氏佚書（浙江書局本）

鄭記攷證一卷
　　（清）皮錫瑞撰
　　　師伏堂叢書・鄭志疏證附
　　　皮氏經學叢書・鄭志疏證附

五經章句後定一卷
　　（漢）劉表撰　　（清）王仁俊輯
　　　玉函山房輯佚書續編・經編五經總類

魏　晉

聖證論一卷
　　（魏）王肅撰　　（晉）馬昭駁　　（晉）孔晁答
　　（南齊）張融評　　（清）王謨輯
　　　漢魏遺書鈔・經翼第四冊

聖證論一卷
　　（魏）王肅撰　　（晉）馬昭駁　　（晉）孔晁答
　　（南齊）張融評　　（清）馬國翰輯
　　　玉函山房輯佚書（嫏嬛館本、重印本、
　　　楚南書局本）・經編五經總類

聖證論補評二卷
　　（清）皮錫瑞撰
　　　師伏堂叢書
　　　皮氏經學叢書

五經析疑一卷
　　（魏）邯鄲綽撰
　　　說郛（宛委山堂本）弓五

五經析疑一卷
　　（魏）邯鄲綽撰　　（清）王謨輯
　　　漢魏遺書鈔・經翼第四冊

五經析疑
　　（魏）邯鄲綽撰　　（清）劉學寵輯
　　　青照堂叢書摘次編第二函・諸經緯遺

五經然否論一卷

(蜀)譙周撰　(清)王謨輯
　　漢魏遺書鈔·經翼第四册
五經然否論一卷
　(蜀)譙周撰　(清)馬國翰輯
　　玉函山房輯佚書(嫏嬛館本、重印本、
　　楚南書局本)·經編五經總類
五經然否論一卷
　(蜀)譙周撰　(清)黄奭輯
　　黄氏逸書考(民國修補本、民國補刊
　　本)·漢學堂經解
五經通論一卷
　(晉)束晳撰　(清)王謨輯
　　漢魏遺書鈔·經翼第四册
五經通論一卷
　(晉)束晳撰　(清)馬國翰輯
　　玉函山房輯佚書(嫏嬛館本、重印本、
　　楚南書局本)·經編五經總類
五經鉤沈一卷
　(晉)楊方撰　(清)王謨輯
　　漢魏遺書鈔·經翼第四册
五經鉤沈一卷
　(晉)楊方撰　(清)馬國翰輯
　　玉函山房輯佚書(嫏嬛館本、重印本、
　　楚南書局本)·經編五經總類
五經大義一卷
　(晉)戴逵撰　(清)馬國翰輯
　　玉函山房輯佚書(嫏嬛館本、重印本、
　　楚南書局本)·經編五經總類
七經詩一卷
　(晉)傅咸撰　(清)王謨輯
　　漢魏遺書鈔·經翼第四册

南 北 朝

五經要義一卷
　(劉宋)雷次宗撰　(清)王謨輯
　　漢魏遺書鈔·經翼第四册
五經要義一卷
　(劉宋)雷次宗(題漢雷口)撰　(清)馬國翰
　輯
　　玉函山房輯佚書(嫏嬛館本、重印本、
　　楚南書局本)·經編五經總類
五經要義一卷
　(劉宋)雷次宗撰　(清)黄奭輯
　　黄氏逸書考(民國修補本、民國補刊
　　本)·漢學堂經解
六經略注序一卷
　(後魏)常爽撰　(清)馬國翰輯
　　玉函山房輯佚書(嫏嬛館本、重印本、

楚南書局本)·經編五經總類
五經疑問一卷
　(後魏)房景先撰　(清)王謨輯
　　漢魏遺書鈔·經翼第四册
五經疑問一卷
　(後魏)房景先撰　(清)黄奭輯
　　黄氏逸書考(民國修補本、民國補刊
　　本)·漢學堂經解
七經義綱一卷
　(北周)樊深撰　(清)王謨輯
　　漢魏遺書鈔·經翼第四册
七經義綱一卷
　(北周)樊深撰　(清)馬國翰輯
　　玉函山房輯佚書(嫏嬛館本、重印本、
　　楚南書局本)·經編五經總類

宋 元

公是先生七經小傳三卷
　(宋)劉敞撰
　　通志堂經解(康熙本、同治本)·總經
　　解
　　經學五種
　　正誼齋叢書
　　四部叢刊續編·經部
　　續古逸叢書
七經小傳三卷
　　公是遺書
　　四庫全書·經部五經總義類
河南程氏經說八卷
　(宋)程頤撰
　　河南程氏全書(成化本、萬曆本、康熙
　　本)
　　洪氏唐石經館叢書·河南程氏全書
程氏經說七卷
　　四庫全書·經部五經總義類
伊川經說八卷
　　西京清麓叢書正編·二程全書
　　四部備要(排印本、縮印本)·子部儒
　　家·二程全書
六經奧論六卷首一卷
　(宋)鄭樵撰
　　通志堂經解(康熙本、同治本)·總經
　　解
　　經學五種
六經奧論六卷
　　四庫全書·經部五經總義類
　　摛藻堂四庫全書薈要·經部
六經奧論鈔一卷

（宋）鄭樵撰
　　　杜藕山房叢書
方舟經說六卷
　　（宋）李石撰
　　　涉聞梓舊（咸豐本、商務印書館景咸豐
　　　　本、竹簡齋景咸豐本）
　　　叢書集成初編・總類
朱子五經語類八十卷
　　（宋）朱熹撰　　（清）程川編
　　　四庫全書・經部五經總義類
帝王經世圖譜十六卷
　　（宋）唐仲友撰
　　　四庫全書・子部類書類
　　　摛藻堂四庫全書薈要・史部
　　　武英殿聚珍版書（福建本、廣雅書局
　　　　本）・子部
　　帝王經世圖譜十六卷附錄一卷
　　　金華叢書（同治光緒本、民國補刊本）
　　　　・子部
　　　叢書集成初編・社會科學類
五經論一卷
　　（宋）車似慶撰
　　　續台州叢書
檀孟批點二卷
　　（宋）謝枋得批點　　（明）楊慎附注
　　　三代遺書
六經天文編二卷
　　（宋）王應麟撰
　　　玉海（元刊明修清康熙補刊本、浙江書
　　　　局本、成都志古堂本）附刻
　　　四庫全書・子部天文算法類
　　　學津討原（嘉慶本、景嘉慶本）第九集
　　　清芬堂叢書・子部
　　　叢書集成初編・自然科學類
四如講彙六卷
　　（宋）黃仲元撰
　　　四庫全書・經部五經總義類
九經疑難殘四卷（存卷一至四）
　　（宋）張文伯撰
　　　宛委別藏
　　　選印宛委別藏
熊先生經說七卷
　　（元）熊朋來撰
　　　通志堂經解（康熙本、同治本）・總經
　　　　解
　　五經說七卷
　　　四庫全書・經部五經總義類
　　經說七卷

摛藻堂四庫全書薈要・經部
十一經問對五卷
　　（元）何異孫撰
　　　通志堂經解（康熙本、同治本）・總經
　　　　解
　　　四庫全書・經部五經總義類
　　　摛藻堂四庫全書薈要・經部

明

五經蠡測六卷
　　（明）蔣悌生撰
　　　通志堂經解（康熙本、同治本）・總經
　　　　解
　　　四庫全書・經部五經總義類
　　　摛藻堂四庫全書薈要・經部
石渠意見四卷拾遺二卷補缺一卷
　　（明）王恕撰
　　　惜陰軒叢書（道光本、光緒本）第一函
　　　叢書集成初編・總類
疑辯錄三卷
　　（明）周洪謨撰
　　　璜川吳氏經學叢書
簡端錄十二卷
　　（明）邵寶撰
　　　四庫全書・經部五經總義類
升菴經說十四卷
　　（明）楊慎撰
　　　函海（乾隆本、道光本）第十一函
　　　函海（光緒本）第一四函
　　　叢書集成初編・總類
毅齋經說一卷
　　（明）查鐸撰
　　　涇川叢書（道光本．景道光本）
　　　叢書集成初編・哲學類
經典稽疑二卷
　　（明）陳耀文撰
　　　四庫全書・經部五經總義類
經子臆解一卷
　　（明）王世懋撰
　　　王奉常雜著
談經菀四十卷
　　（明）陳禹謨撰
　　　經言枝指
引經釋五卷
　　（明）陳禹謨撰
　　　經言枝指
五經稽疑八卷
　　（明）朱睦㮮撰

四庫全書·經部五經總義類
四庫全書珍本初集·經部五經總義類

談經九卷
　(明)郝敬撰
　　山草堂集內編
　談經九卷附錄一卷
　　崇雅堂叢書初編

五經讀五卷
　(明)陳際泰撰
　　文藻四種

清

霧堂經訓一卷
　(清)李楷撰
　　河濱遺書抄
　　關中叢書第七集·河濱遺書鈔

日知錄二卷
　(清)顧炎武撰
　　皇清經解(道光本、咸豐補刊本、鴻寶
　　　齋石印本、點石齋石印本)

經問十八卷補三卷
　(清)毛奇齡撰
　　西河合集(康熙本、乾隆修補本)·經
　　集
　　四庫全書·經部五經總義類
　經問十四卷補一卷
　　皇清經解(道光本、咸豐補刊本、鴻寶
　　　齋石印本、點石齋石印本)

湛園札記一卷
　(清)姜宸英撰
　　皇清經解(道光本、咸豐補刊本、鴻寶
　　　齋石印本、點石齋石印本)

逸經補正三卷
　(清)朱彝尊輯　(清)馮登府補
　　適園叢書第七集

韋庵經說一卷
　(清)周象明撰
　　小石山房叢書第三冊

潛邱劄記二卷
　(清)閻若璩撰
　　皇清經解(道光本、咸豐補刊本、鴻寶
　　　齋石印本、點石齋石印本)

有竹石軒經句說二十二卷
　(清)吳英撰
　　璜川吳氏經學叢書

解春集二卷
　(清)馮景撰
　　皇清經解(道光本、咸豐補刊本、鴻寶

齋石印本、點石齋石印本)

經腴類纂二卷
　(清)孫頤輯
　　小嫏嬛山館彙刊類書十二種
　　琅環糤祭十二種

經學臆參二卷
　(清)楊陸榮撰
　　楊潭西先生遺書

經言拾遺十四卷
　(清)徐文靖撰
　　徐位山六種(志寧堂本、光緒本)

白田草堂存稿一卷
　(清)王懋竑撰
　　皇清經解(道光本、咸豐補刊本、鴻寶
　　　齋石印本、點石齋石印本)

讀經一卷
　(清)方苞撰
　　方望溪先生經說四種

經咫一卷
　(清)陳祖范撰
　　陳司業集
　　四庫全書·經部五經總義類
　　昭代叢書(道光本)丁集新編
　　廣雅書局叢書·雜著·陳司業遺書

經咫摘錄一卷
　(清)陳祖范撰
　　讀禮叢鈔

羣經補義五卷
　(清)江永撰
　　四庫全書·經部五經總義類
　　讀書隨筆
　　皇清經解(道光本、咸豐補刊本、鴻寶
　　　齋石印本、點石齋石印本)
　　璜川吳氏經學叢書

鄉黨圖考十卷
　(清)江永撰
　　四庫全書·經部四書類
　　皇清經解(道光本、咸豐補刊本、鴻寶
　　　齋石印本、點石齋石印本)

說學齋經說一卷
　(清)葉鳳毛撰
　　藝海珠塵土集(己集)

經義質疑八卷
　(清)陳梓撰
　　陳一齋全集

果堂集一卷
　(清)沈彤撰
　　皇清經解(道光本、咸豐補刊本、鴻寶

齋石印本、點石齋石印本）

十三經義疑十二卷
　　（清）吳浩撰
　　　　四庫全書・經部五經總義類
　　　　四庫全書珍本初集・經部五經總義類

二李經說一卷
　　（清）李光墺（清）李光型撰
　　　　昭代叢書（道光本）癸集萃編

經稗六卷
　　（清）鄭方坤撰
　　　　四庫全書・經部五經總義類

質疑一卷
　　（清）杭世駿撰
　　　　皇清經解（道光本、咸豐補刊本、鴻寶
　　　　　齋石印本、點石齋石印本）

經進講義一卷
　　（清）杭世駿撰
　　　　道古堂外集（乾隆本）
　　　　補史亭賸稿六種

九經古義十六卷
　　（清）惠棟撰
　　　　四庫全書・經部五經總義類
　　　　貸園叢書初集
　　　　皇清經解（道光本、咸豐補刊本、鴻寶
　　　　　齋石印本、點石齋石印本）
　　　　槐廬叢書二編
　　　　孫谿朱氏經學叢書初編
　　　　省吾堂四種
　　　　叢書集成初編・總類

五經讀法一卷
　　（清）徐與喬撰
　　　　昭代叢書（道光本）丁集新編

觀象授時十四卷
　　（清）秦蕙田撰
　　　　皇清經解（道光本、咸豐補刊本、鴻寶
　　　　　齋石印本、點石齋石印本）

經史問答七卷
　　（清）全祖望撰
　　　　皇清經解（道光本、咸豐補刊本、鴻寶
　　　　　齋石印本、點石齋石印本）

淡和堂經說一卷
　　（清）曹逢庚撰
　　　　洛陽曹氏叢書

鍾山札記一卷
　　（清）盧文弨撰
　　　　皇清經解（道光本、咸豐補刊本、鴻寶
　　　　　齋石印本、點石齋石印本）

龍城札記一卷

　　（清）盧文弨撰
　　　　皇清經解（道光本、咸豐補刊本、鴻寶
　　　　　齋石印本、點石齋石印本）

五經贊一卷
　　（清）陸榮秬撰　　（清）徐堂注
　　　　藝海珠塵石集（乙集）

識小編二卷
　　（清）董豐垣撰
　　　　四庫全書・子部雜家類
　　　　指海（道光本、景道光本）第六集
　　　　學古齋金石叢書第一集
　　　　叢書集成初編・總類

經考五卷
　　（清）戴震撰
　　　　鄦齋叢書
　　　　安徽叢書第六期・戴東原先生全集

經考附錄七卷附校記一卷
　　（清）戴震撰　　校記（民國）羅更撰
　　　　安徽叢書第六期・戴東原先生全集

戴東原集二卷
　　（清）戴震撰
　　　　皇清經解（道光本、咸豐補刊本、鴻寶
　　　　　齋石印本、點石齋石印本）

瞥記一卷
　　（清）梁玉繩撰
　　　　皇清經解（道光本、咸豐補刊本、鴻寶
　　　　　齋石印本、點石齋石印本）

十駕齋養新錄三卷餘錄一卷
　　（清）錢大昕撰
　　　　皇清經解（道光本、咸豐補刊本、鴻寶
　　　　　齋石印本、點石齋石印本）

潛研堂文集六卷
　　（清）錢大昕撰
　　　　皇清經解（道光本、咸豐補刊本、鴻寶
　　　　　齋石印本、點石齋石印本）

古經解鉤沈三十卷
　　（清）余蕭客撰
　　　　四庫全書・經部五經總義類

惜抱軒九經說十七卷
　　（清）姚鼐撰
　　　　惜抱軒全集（同治本、光緒本、民國本）

羣經識小八卷
　　（清）李惇撰
　　　　皇清經解（道光本、咸豐補刊本、鴻寶
　　　　　齋石印本、點石齋石印本）

溉亭述古錄二卷
　　（清）錢塘撰
　　　　皇清經解（道光本、咸豐補刊本、鴻寶

齋石印本、點石齋石印本)

經韻樓集六卷
　　(清)段玉裁撰
　　　　皇清經解(道光本、咸豐補刊本、鴻寶
　　　　齋石印本、點石齋石印本)

讀書脞錄二卷續編二卷
　　(清)孫志祖撰
　　　　皇清經解(道光本、咸豐補刊本、鴻寶
　　　　齋石印本、點石齋石印本)

璧齋遺稿一卷
　　(清)劉玉麐撰
　　　　皇清經解(道光本、咸豐補刊本、鴻寶
　　　　齋石印本、點石齋石印本)

秋槎雜記一卷
　　(清)劉履恂撰
　　　　皇清經解(道光本、咸豐補刊本、鴻寶
　　　　齋石印本、點石齋石印本)

峽園經說三卷
　　(清)宋綿初撰
　　　　鶴壽堂叢書

讀書瑣記一卷
　　(清)鳳應韶撰
　　　　藝海珠塵金集(甲集)
　　　　江陰叢書
　　　　粟香室叢書
　　　　叢書集成初編・總類

鳳氏經說三卷
　　(清)鳳應韶撰
　　　　粵雅堂叢書三編第二十三集
　　　　叢書集成初編・總類

述學二卷
　　(清)汪中撰
　　　　皇清經解(道光本、咸豐補刊本、鴻寶
　　　　齋石印本、點石齋石印本)

經義知新記一卷
　　(清)汪中撰
　　　　藝海珠塵壬集
　　　　皇清經解(道光本、咸豐補刊本、鴻寶
　　　　齋石印本、點石齋石印本)
　　　　重印江都汪氏叢書
　　　　叢書集成初編・總類

讀書雜志二卷
　　(清)王念孫撰
　　　　皇清經解(道光本、咸豐補刊本、鴻寶
　　　　齋石印本、點石齋石印本)

羣經義證八卷
　　(清)武億撰
　　　　授堂遺書(乾隆本、道光本)

皇清經解續編(南菁書院本、蜚英館石
印本)
　　　　江氏聚珍版叢書四集

羣經互解一卷
　　(清)馮經撰
　　　　嶺南遺書第四集・周易略解附

九經學殘三卷(存周禮二卷儀禮一卷)
　　(清)王聘珍撰
　　　　仰視千七百二十九鶴齋叢書(光緒本、
　　　　景光緒本)第一集
　　　　叢書集成初編・總類

吾亦廬稿四卷
　　(清)崔應榴撰
　　　　皇清經解(道光本、咸豐補刊本、鴻寶
　　　　齋石印本、點石齋石印本)

經義雜記十卷
　　(清)臧琳撰
　　　　皇清經解(道光本、咸豐補刊本、鴻寶
　　　　齋石印本、點石齋石印本)

經義雜記三十卷附敍錄一卷
　　(清)臧琳撰　敍錄(清)臧庸輯
　　　　拜經堂叢書(同述觀本、景同述觀本)

劉氏遺書一卷
　　(清)劉台拱撰
　　　　皇清經解(道光本、咸豐補刊本、鴻寶
　　　　齋石印本、點石齋石印本)

經傳小記一卷
　　(清)劉台拱撰
　　　　劉端臨先生遺書(嘉慶本、道光本)
　　　　廣雅書局叢書・雜著・劉氏遺書
　　　　皇清經解續編(南菁書院本、蜚英館石
　　　　印本)

經學卮言六卷
　　(清)孔廣森撰
　　　　指海(道光本、景道光本)第二十集
　　　　顨軒孔氏所著書
　　　　皇清經解(道光本、咸豐補刊本、鴻寶
　　　　齋石印本、點石齋石印本)

曾氏遺書續錄三卷
　　(清)曾興仁輯
　　　　羅卷彙編

經說三卷
　　(清)吳烺雲撰
　　　　廣雅書局叢書・雜箸・吳氏遺著

簡莊疏記十七卷
　　(清)陳鱣撰
　　　　適園叢書第十一集

經傳攷證八卷

（清）朱彬撰
　　皇清經解（道光本、咸豐補刊本、鴻寶
　　齋石印本、點石齋石印本）

校禮堂文集一卷
　（清）凌廷堪撰
　　皇清經解（道光本、咸豐補刊本、鴻寶
　　齋石印本、點石齋石印本）

寶甓齋札記一卷
　（清）趙坦撰
　　皇清經解（道光本、咸豐補刊本、鴻寶
　　齋石印本、點石齋石印本）

寶甓齋文集一卷
　（清）趙坦撰
　　皇清經解（道光本、咸豐補刊本、鴻寶
　　齋石印本、點石齋石印本）

問字堂集一卷
　（清）孫星衍撰
　　皇清經解（道光本、咸豐補刊本、鴻寶
　　齋石印本、點石齋石印本）

十三經遺文不分卷
　（清）王朝槼撰
　　王氏遺書

十三經拾遺十六卷
　　豫章叢書（陶福履輯）第三集

頑石廬經說十卷
　（清）徐養原撰
　　皇清經解續編（南菁書院本、蜚英館石
　　印本）

隸經文四卷續一卷
　（清）江藩撰
　　節甫老人雜著
　　江氏叢書

隸經文四卷
　　粵雅堂叢書二編第十八集
　　皇清經解續編（南菁書院本、蜚英館石
　　印本）
　　叢書集成初編・總類

羣經釋地一卷
　（清）戴清撰
　　戴靜齋先生遺書

經義叢鈔三十卷
　（清）嚴杰輯
　　皇清經解（道光本、咸豐補刊本、鴻寶
　　齋石印本、點石齋石印本）

周人經說八卷（原缺卷五至八）
　（清）王紹蘭撰
　　功順堂叢書

王氏經說六卷音略一卷音略攷證一卷

（清）王紹蘭撰
　　功順堂叢書

王氏經說六卷
　　叢書集成初編・總類

揅經室集七卷
　（清）阮元撰
　　皇清經解（道光本、咸豐補刊本、鴻寶
　　齋石印本、點石齋石印本）

詩書古訓六卷
　（清）阮元撰
　　粵雅堂叢書二編第十一集
　　叢書集成初編・總類

詩書古訓十卷
　　皇清經解續編（南菁書院本、蜚英館石
　　印本）

詩書古訓補遺十卷
　（清）黃朝桂撰
　　西園讀書記

讀書叢錄一卷
　（清）洪頤煊撰
　　皇清經解續編（南菁書院本、蜚英館石
　　印本）

經義述聞二十八卷
　（清）王引之撰
　　皇清經解（道光本、咸豐補刊本、鴻寶
　　齋石印本、點石齋石印本）

經義述聞三十二卷
　　四部備要（排印本、縮印本）・經部經
　　義

拜經日記十二卷
　（清）臧庸撰
　　拜經堂叢書（同述觀本、景同述觀本）

拜經日記八卷
　　皇清經解（道光本、咸豐補刊本、鴻寶
　　齋石印本、點石齋石印本）

拜經文集一卷
　（清）臧庸撰
　　皇清經解（道光本、咸豐補刊本、鴻寶
　　齋石印本、點石齋石印本）

鑑止水齋集二卷
　（清）許宗彥撰
　　皇清經解（道光本、咸豐補刊本、鴻寶
　　齋石印本、點石齋石印本）

經傳摭餘五卷
　（清）李元春撰
　　青照堂叢書摘次編第二函

諸經緒說八卷
　（清）李元春撰

　　　　　桐閣全書
左海經辨二卷
　　（清）陳壽祺撰
　　　　左海全集
　　　　皇清經解（道光本、咸豐補刊本、鴻寶
　　　　　齋石印本、點石齋石印本）
左海文集二卷
　　（清）陳壽祺撰
　　　　皇清經解（道光本、咸豐補刊本、鴻寶
　　　　　齋石印本、點石齋石印本）
強恕齋雜著一卷
　　（清）章謙存撰
　　　　強恕齋四膡稿・經膡
癸巳類稿六卷
　　（清）俞正燮撰
　　　　皇清經解續編（南菁書院本、蜚英館石
　　　　　印本）
癸巳存稿四卷
　　（清）俞正燮撰
　　　　皇清經解續編（南菁書院本、蜚英館石
　　　　　印本）
筆彄偶述一卷
　　（清）李遇孫撰
　　　　遯園叢書
過庭錄五卷
　　（清）宋翔鳳撰
　　　　皇清經解續編（南菁書院本、蜚英館石
　　　　　印本）
讀經心解四卷
　　（清）沈楳撰
　　　　沈氏三代家言
惜陰日記九卷（原缺卷一至四、卷五殘）附
　　錄一卷
　　（清）宋咸熙撰
　　　　遯園叢書
介菴經說十卷補二卷
　　（清）雷學淇撰
　　　　畿輔叢書
　　　　叢書集成初編・總類
成周徹法演四卷
　　（清）何貽霈撰
　　　　畿輔叢書
十三經詁答問六卷
　　（清）馮登府撰
　　　　槐廬叢書二編
　　　　孫谿朱氏經學叢書初編
　　　　皇清經解續編（南菁書院本、蜚英館石
　　　　　印本）

石經閣日抄一卷
　　（清）馮登府撰
　　　　石經閣叢書
研六室雜著一卷
　　（清）胡培翬撰
　　　　皇清經解（道光本、咸豐補刊本、鴻寶
　　　　　齋石印本、點石齋石印本）
未廬札記一卷
　　（清）丁泰撰
　　　　仰視千七百二十九鶴齋叢書（光緒本、
　　　　　景光緒本）第一集
　　　　叢書集成初編・總類
安甫遺學三卷
　　（清）江承之撰
　　　　受經堂彙稿
　　　　南菁書院叢書第八集
讀經如面一卷
　　（清）沈豫撰
　　　　蛾術堂集（道光本、景道光本）
袁浦札記一卷
　　（清）沈豫撰
　　　　蛾術堂集（道光本、景道光本）
羣經卼聞錄一卷
　　（清）陳鍾英撰
　　　　歸禮堂三種
辯宜齋野乘一卷
　　（清）陳鍾英撰
　　　　攬香小品
羣經質二卷
　　（清）陳僅撰
　　　　四明叢書第一集
經說五卷
　　（清）黃式三撰
　　　　儆居遺書・儆居集
遠春樓讀經筆存二卷
　　（清）汪科爵撰
　　　　叢睦汪氏遺書
經書算學天文攷一卷
　　（清）陳懋齡撰
　　　　皇清經解（道光本、咸豐補刊本、鴻寶
　　　　　齋石印本、點石齋石印本）
　經書算學天文攷二卷
　　　　花雨樓叢鈔
讀經說一卷
　　（清）丁晏撰
　　　　頤志齋叢書
讀經剳記四卷
　　（清）單爲鏓撰

單氏全書

告蒙編不分卷
　　（清）凌堃撰
　　　凌氏傳經堂叢書

遲悔齋經說一卷
　　（清）曹肅孫撰
　　　洛陽曹氏叢書

開有益齋經說五卷
　　（清）朱緒曾撰
　　　皇清經解續編（南菁書院本、蜚英館石
　　　印本）

經說八卷經遺說一卷
　　（清）陳宗起撰
　　　養志居僅存稿

愚一錄十二卷
　　（清）鄭獻甫撰
　　　嘯園叢書第一函

紙園筆記經餘三卷
　　（清）易本烺撰
　　　紙園叢書

讀書偶識十卷附一卷
　　（清）鄒漢勛撰
　　　皇清經解續編（南菁書院本、蜚英館石
　　　印本）

實事求是齋經義二卷
　　（清）朱大韶撰
　　　皇清經解續編（南菁書院本、蜚英館石
　　　印本）

目耕帖三十一卷
　　（清）馬國翰撰
　　　玉函山房輯佚書（嫏嬛館本、重印本、
　　　楚南書局本）附

巢經巢集經說一卷
　　（清）鄭珍撰
　　　鄭子尹遺書

巢經巢經說一卷
　　　皇清經解續編（南菁書院本、蜚英館石
　　　印本）
　　　巢經巢全集

六經蒙求一卷
　　（清）黃本驥輯
　　　小嫏嬛山館彙刊類書十二種
　　　琅環僊祭十二種

禮堂經說二卷
　　（清）陳喬樅撰
　　　左海續集
　　　皇清經解續編（南菁書院本、蜚英館石
　　　印本）

句溪雜箸六卷
　　（清）陳立撰
　　　廣雅書局叢書・雜著

質疑一卷
　　（清）任泰撰
　　　仰視千七百二十九鶴齋叢書（光緒本、
　　　景光緒本）第二集
　　　叢書集成初編・總類

東塾讀書記十卷
　　（清）陳澧撰
　　　皇清經解續編（南菁書院本、蜚英館石
　　　印本）

劉貴陽說經殘稿一卷
　　（清）劉書年撰
　　　湤喜齋叢書第四函
　　　叢書集成初編・總類

劉貴陽經說一卷
　　　皇清經解續編（南菁書院本、蜚英館石
　　　印本）

滌濫軒說經殘稿一卷
　　　清芬叢鈔

說經礜語一卷
　　（清）左寶森撰
　　　邀園叢書

睡餘偶筆二卷
　　（清）雷浚撰
　　　雷刻八種

養性齋經訓二卷
　　（清）陳潘撰
　　　求在我齋全集

羣經釋地六卷
　　（清）呂調陽撰
　　　觀象廬叢書・釋地三種

逸經釋一卷
　　（清）呂調陽撰
　　　觀象廬叢書

羣經理話三卷
　　（清）張楚鍾撰
　　　務實勝窩彙稿

羣經理畫一卷
　　（清）張楚鍾撰
　　　務實勝窩彙稿

會稽山齋經義一卷
　　（清）謝應芝撰
　　　會稽山齋全集

勿自棄軒遺稿一卷
　　（清）華嶸撰
　　　昆明華氏叢刻

雲南叢書初編・經部

羣經賸義一卷
　　（清）俞樾撰
　　　　南菁書院叢書第二集
　　　　春在堂全書・俞樓雜纂

達齋叢說一卷
　　（清）俞樾撰
　　　　皇清經解續編（南菁書院本、蜚英館石
　　　　印本）

茶香室經說十六卷
　　（清）俞樾撰
　　　　春在堂全書

經課續編八卷
　　（清）俞樾撰
　　　　春在堂全書

讀王氏稗疏一卷
　　（清）俞樾撰
　　　　春在堂全書・俞樓雜纂・讀王觀國學
　　　　林附

九族考一卷
　　（清）俞樾撰
　　　　皇清經解續編（南菁書院本、蜚英館石
　　　　印本）
　　　　春在堂全書・俞樓雜纂・鄭君駁正三
　　　　禮考附

求益齋讀書記六卷
　　（清）強汝詢撰
　　　　求益齋全集

敦經筆記一卷
　　（清）陳偉撰
　　　　孫谿朱氏經學叢書初編
　　　　槐廬叢書初編

通介堂經說三十七卷
　　（清）徐灝撰
　　　　學壽堂叢書

羣經說四卷
　　（清）黃以周撰
　　　　儆季雜著

經說略二卷
　　（清）黃以周撰
　　　　皇清經解續編（南菁書院本、蜚英館石
　　　　印本）

十三經舊學加商二卷
　　（清）吳修祜撰
　　　　聽蒔山莊遺著

易書詩禮四經正字考四卷
　　（清）鍾麐撰
　　　　吳興叢書

讀經拾瀋一卷
　　（清）平步青撰
　　　　香雪崦叢書

讀經札記二卷
　　（清）張之洞撰
　　　　張文襄公全集

廣雅堂雜著四卷
　　（清）張之洞撰
　　　　廣雅堂四種

經解籌世九卷
　　（清）李揚華撰
　　　　瀞紅山館四種

經藝新畬五卷
　　（清）沈定年輯
　　　　申報館叢書正集・藝林珍賞類

經說二卷
　　（清）丁午撰
　　　　田園雜著

愚慮錄五卷
　　（清）陳偉撰
　　　　耐安類稿

食古錄一卷
　　（清）陳偉撰
　　　　耐安類稿

待質錄一卷
　　（清）陳偉撰
　　　　耐安類稿

退學述存一卷
　　（清）王廷鼎撰
　　　　紫薇花館集・紫薇花館經說

璧沼集四卷
　　（清）胡元玉撰
　　　　鏡珠齋彙刻

漢孳室文鈔二卷
　　（清）陶方琦撰
　　　　皇清經解續編（南菁書院本、蜚英館石
　　　　印本）

經義存參一卷
　　（清）劉遹海撰
　　　　祥符劉氏叢書・有深致軒集

夢園經解十二卷
　　（清）劉曾騄撰
　　　　祥符劉氏叢書

經學博采錄六卷
　　（清）桂文燦撰
　　　　辛巳叢編

經述三卷
　　（清）林頤山撰

　　　　皇淸經解續編（南菁書院本、蜚英館石
　　　　印本）
隸經賸義一卷
　　（淸）林兆豐撰
　　　　皇淸經解續編（南菁書院本、蜚英館石
　　　　印本）
經學通論五卷
　　（淸）皮錫瑞撰
　　　　師伏堂叢書
　　　　皮氏經學叢書
經訓書院自課文三卷
　　（淸）皮錫瑞撰
　　　　師伏堂叢書
介堂經解一卷
　　（淸）胡元直撰
　　　　端敏遺書
經說管窺一卷
　　（淸）王士濂撰
　　　　鶴壽堂叢書
香草校書六十卷續二十二卷
　　（淸）于鬯撰
　　　　于香草遺著叢輯
博約齋經說三卷
　　（淸）潘任撰
　　　　希鄭堂叢書
雙桂軒答問一卷
　　（淸）潘任撰
　　　　希鄭堂叢書
經義正衡弆錄二卷
　　（淸）雷廷珍撰
　　　　雷氏遺書
經義懸解五卷
　　（淸）徐壽基撰
　　　　志學齋集
經義積微記四卷
　　（淸）姚晉圻撰
　　　　姚氏遺書
儒經撮要一卷
　　（淸）中菴子撰
　　　　息齋藏書
幕巢館札記一卷
　　（淸）顏札定撰
　　　　晨風閣叢書第一集

民　國

經誥甲編二卷乙編一卷
　（民國）廖平撰
　　　　新訂六譯館叢書·論學類

經學初程一卷
　　（民國）廖平（民國）吳之英撰
　　　　新訂六譯館叢書·論學類
四益館經學四變記一卷五變記二卷
　　（民國）廖平撰　　（民國）黃鎔箋述
　　　　新訂六譯館叢書·論學類
經義莛撞四卷
　　（民國）易順鼎撰
　　　　琴志樓叢書
讀經貸記一卷
　　（民國）易順鼎撰
　　　　琴志樓叢書
新學僞經考十四卷
　　（民國）康有爲撰
　　　　蟄雲雷齋叢書
六藝通誼初稿一卷
　　（民國）葉瀚撰
　　　　晚學廬叢稿
　六藝通誼一卷
　　　　晚學廬叢稿
六藝偶見一卷
　　（民國）葉瀚撰
　　　　晚學廬叢稿
七經精義纂要十一卷
　　（民國）周學熙撰
　　　　周氏師古堂所編書
聖哲微言六卷
　　（民國）周學熙輯
　　　　周氏師古堂所編書
三經合說一卷
　　（民國）方鑄撰
　　　　華胥赤子遺集·文集附
磨盦雜存一卷
　　（民國）桑宣撰
　　　　鐵研齋叢書
殷周制度論一卷
　　（民國）王國維撰
　　　　廣倉學宭叢書甲類第二集
羣經大義相通論一卷
　　（民國）劉師培撰
　　　　劉申叔先生遺書
經學敎科書
　　（民國）劉師培撰
　　　　劉申叔先生遺書
經學略說一卷
　　（民國）余重耀撰
　　　　遜廬叢著
經傳九州通解一卷

（民國）黃鎔撰
新訂六譯館叢書·詩經類

羣經大義一卷補題一卷
（民國）洪陳光輯
新訂六譯館叢書·尊孔類

十三經提綱十三卷
唐文治撰
十三經讀本（唐文治輯）

十三經讀本評點劄記四十五卷
唐文治輯
十三經讀本（唐文治輯）

經學導言一卷
鄔慶時撰
半帆樓叢書

圖 之 屬

六經圖六卷
（宋）楊甲撰　（宋）毛邦翰補
四庫全書·經部五經總義類

文字音義之屬

唐

經典釋文三十卷
（唐）陸德明撰
通志堂經解（康熙本、同治本）·總經
解
四庫全書·經部五經總義類
摘藻堂四庫全書薈要·經部
抱經堂叢書（乾隆本、景乾隆本）
叢書集成初編·語文學類

經典釋文殘一卷（存卷十四）
京都帝國大學文學部景印唐鈔本第二
集

經典釋文三十卷附校勘記三卷
（唐）陸德明撰　校勘記（民國）孫毓修輯
四部叢刊（初次印本、二次印本、縮印
二次印本）·經部

經典釋文考證三十卷
（清）盧文弨撰
抱經堂叢書（乾隆本、景乾隆本）·經
典釋文附
叢書集成初編·語文學類

陸氏經典異文輯六卷
（清）沈淑輯
經玩

後知不足齋叢書第一函·沈氏經學六
種
叢書集成初編·語文學類

經典異文補六卷
（清）沈淑輯
經玩

陸氏經典異文補六卷
後知不足齋叢書第一函·沈氏經學六
種
叢書集成初編·語文學類

經典釋文敍錄一卷
（唐）陸德明撰　（清）盧文弨校正
花雨樓叢鈔續鈔·各經承師立學考四
編

經典釋文附錄一卷
（清）陳昌齊撰
賜書堂全集

經典釋文補條例一卷
（清）汪遠孫撰
振綺堂叢書初集

五經文字三卷
（唐）張參撰
四庫全書·經部小學類
摘藻堂四庫全書薈要·經部
微波榭叢書
青照堂叢書摘三編第四函
玲瓏山館叢刻
古經解彙函（粤東書局本、蜚英館石印
本、湘南書局本）附·小學彙函
後知不足齋叢書第二函
叢書集成初編·語文學類

重編五經文字三卷
（唐）張參撰　（清）孫侃編勘
正誼齋叢書

五經文字一卷
（唐）張參撰　（民國）龍璋輯
小學蒐佚上編

五經文字疑一卷
（清）孔繼涵撰
微波榭叢書·五經文字附
青照堂叢書摘三編四函·五經文字附

九經字樣一卷
（唐）唐玄度撰
四庫全書·經部小學類
摘藻堂四庫全書薈要·經部

新加九經字樣一卷
微波榭叢書
青照堂叢書摘三編第四函

　　　玲瓏山館叢刻
　　　古經解彙函（粤東書局本、蜚英館石印
　　　　本、湘南書局本）附·小學彙函
　　　後知不足齋叢書第二函
　　　叢書集成初編·語文學類
重編九經字樣一卷
　　（唐）唐玄度撰　　（清）孫侃編勘
　　　正誼齋叢書·重編五經文字附
九經字樣疑一卷
　　（清）孔繼涵撰
　　　微波榭叢書·新加九經字樣附
　　　喬照堂叢書摘四函·新加九經字樣附

宋

羣經音辨七卷
　　（宋）賈昌朝撰
　　　澤存堂五種（康熙本、景康熙本）
　　　四庫全書·經部小學類
　　　摛藻堂四庫全書薈要·經部
　　　粤雅堂叢書二編第十七集
　　　字學三書
　　　畿輔叢書
　　　鐵華館叢書
　　　四部叢刊續編·經部
　　　叢書集成初編·語文學類
羣經音辨校一卷
　　（清）陸心源撰
　　　潛園總集·羣書校補
九經發題一卷
　　（宋）唐仲友撰
　　　金華唐氏遺書
　　　續金華叢書·集部·金華唐氏遺書
六經正誤六卷
　　（宋）毛居正撰
　　　通志堂經解（康熙本、同治本）·總經
　　　　解
　　　四庫全書·經部五經總義類
　　　摛藻堂四庫全書薈要·經部
正毛一卷
　　（清）俞樾撰
　　　春在堂全書·曲園雜纂
刊正九經三傳沿革例一卷
　　（宋）岳珂撰
　　　四庫全書·經部五經總義類
相臺書塾刊正九經三傳沿革例一卷
　　　養和堂叢書
　　　經學五種
　　　知不足齋叢書（乾隆至道光本、景乾隆
　　　　至道光本）第十三集

　　　璜川吳氏經學叢書
　　　正誼齋叢書
　　　粤雅堂叢書二編第十七集
　　　崇文書局彙刻書
　　　擇是居叢書初集
　　　叢書集成初編·總類
明本排字九經直音二卷
　　（宋）□□撰
　　　四庫全書·經部五經總義類
明本排字九經直音二卷補遺一卷
　　　十萬卷樓叢書二編
　　　叢書集成初編·語文學類

明

五經異文十一卷
　　（明）陳士元撰
　　　歸雲別集（萬曆本、道光本）

清

五經同異三卷
　　（清）顧炎武撰
　　　顧亭林先生遺書補遺
　　　省吾堂四種
九經誤字一卷
　　（清）顧炎武撰
　　　亭林遺書
　　　顧亭林先生遺書
　　　四庫全書·經部五經總義類
　　　借月山房彙鈔（嘉慶本、景嘉慶本）第
　　　　三集
　　　指海（道光本、景道光本）第十集
　　　澤古齋重鈔第三集
　　　式古居彙鈔
　　　晉石厂叢書
　　　皇清經解續編（南菁書院本、蜚英館石
　　　　印本）
九經辨字瀆蒙十二卷
　　（清）沈炳震撰
　　　四庫全書·經部五經總義類
　　　四庫全書珍本初集·經部五經總義類
五經今文古文考一卷
　　（清）吳陳琰撰
　　　賜硯堂叢書新編丙集
　　　昭代叢書（道光本）丙集第一帙
　　　後知不足齋叢書第五函
十三經註疏正字八十一卷
　　（清）沈廷芳撰
　　　四庫全書·經部五經總義類
　　　四庫全書珍本初集·經部五經總義類

十三經音略十二卷附錄二卷
　　(清)周春撰
　　　　周松靄先生遺書
十三經音略十三卷附錄一卷
　　　　粵雅堂叢書二編第十一集
　　　　叢書集成初編·語文學類
十三經紀字一卷
　　(清)汪汲撰
　　　　古愚老人消夏錄
經讀考異八卷補一卷句讀敍述二卷補一
卷附翟晴江四書考異內句讀一卷
　　(清)武億撰併錄
　　　　授堂遺書(乾隆本、道光本)
　　經讀考異八卷
　　　　皇清經解(道光本、咸豐補刊本、鴻寶
　　　　齋石印本、點石齋石印本)
　　經讀攷異八卷補一卷
　　　　江氏聚珍版叢書四集
五經小學述二卷
　　(清)莊述祖撰
　　　　珍埶宦遺書
　　　　皇清經解續編(南菁書院本、蜚英館石
　　　　印本)
音義辨同七卷
　　(清)曾廷枚撰
　　　　甕嶺裒書
經傳釋詞十卷
　　(清)王引之撰
　　　　皇清經解(道光本、咸豐補刊本、鴻寶
　　　　齋石印本、點石齋石印本)
　　　　守山閣叢書(道光本、鴻文書局景道光
　　　　本、博古齋景道光本)·經部
　　　　江氏聚珍版叢書三集
　　　　叢書集成初編·語文學類
　　　　古書字義用法叢刊
經傳釋詞補一卷
　　(清)孫經世撰
　　　　心矩齋叢書
　　　　私立北泉圖書館叢書
經詞衍釋十卷補遺一卷
　　(清)吳昌瑩撰
　　　　古書字義用法叢刊
羣經韵讀一卷
　　(清)江有誥撰
　　　　江氏音學十書(嘉慶道光本、景嘉慶道
　　　　光本、四川人民出版社重印嚴氏本)
　　　　音韵學叢書·江氏音學十書
十三經注疏校勘記識語四卷

　　(清)汪文臺撰
　　　　重刊宋本十三經注疏附校勘記(南昌
　　　　府學本、廣東書局本、江西書局本、
　　　　脈望仙館石印本、寶慶務本圖書局
　　　　本、點石齋石印本、掃葉山房石印
　　　　本、錦章圖書局石印本、世界書局石
　　　　印本、中華書局排印本)
鄭許字義異同評二卷
　　(清)胡元玉撰
　　　　鏡珠齋彙刻
七經孟子考文補遺一百九十九卷
　　(日本)山井鼎撰　(日本)物觀補遺
　　　　四庫全書·經部五經總義類
　　七經孟子考文併補遺二百卷
　　　　文選樓叢書(阮亨輯)
　　　　叢書集成初編·總類

民　國

許鄭經文異同詁九卷
　　(民國)桑宣撰
　　　　鐵研齋叢書
孔賈經疏異同評一卷附錄一卷
　　(民國)陳漢章撰
　　　　四明叢書第七集

羣經授受源流之屬

授經圖二十卷
　　(明)朱睦㮮撰
　　　　四庫全書·史部目錄類
　　　　惜陰軒叢書(道光本、光緒本)第四函
　　　　叢書集成初編·總類
儒林譜一卷
　　(清)焦袁熹撰
　　　　藝海珠塵土集(己集)
　　　　叢書集成初編·總類
漢儒傳經記二卷歷朝崇經記一卷
　　(清)趙繼序撰
　　　　安徽叢書第一期
尚書經師系表一卷
　　(清)江聲撰
　　　　皇清經解(道光本、咸豐補刊本、鴻寶
　　　　齋石印本、點石齋石印本)·尚書集
　　　　注音疏附
傳經表一卷
　　(清)畢沅撰
　　　　式訓堂叢書初集
　　　　校經山房叢書

花雨樓叢鈔續鈔・各經承師立學考四
編
叢書集成初編・總類
傳經表補正十三卷
　　（清）汪大鈞撰
　　　　愈妄闕齋所著書
通經表一卷
　　（清）畢沅撰
　　　　式訓堂叢書初集
　　　　校經山房叢書
　　　　花雨樓叢鈔續鈔・各經承師立學考四
編
　　　　叢書集成初編・傳經表附
傳經表二卷通經表二卷
　　（清）洪亮吉撰
　　　　洪北江全集
經書源流歌訣一卷
　　（清）李鍾倫撰
　　　　李文貞公全集
　　　　榕村全書附
經傳建立博士表一卷
　　（清）汪大鈞撰
　　　　愈妄闕齋所著書
十三經源流口訣一卷
　　（清）鮑東里撰
　　　　釀齋訓蒙雜編
兩漢傳經表二卷
　　（清）蔣曰豫撰
　　　　蔣侑石遺書・滂喜齋學錄
兩漢經學彙考五卷
　　（清）侯登岸撰
　　　　披海叢書
漢儒傳經記一卷
　　（清）孫葆田撰
　　　　歲餘偶錄
經學歷史一卷
　　（清）皮錫瑞撰
　　　　師伏堂叢書
　　　　皮氏經學叢書
經義瞂言一卷
　　（清）喻祥麟撰
　　　　慎始基齋叢書
今古學考二卷
　　（民國）廖平撰
　　　　螢雲雷齋叢書
　　　　四益館經學叢書
　　　　新訂六譯館叢書・論學類
　　　　張氏適園叢書初集

古學攷一卷
　　（民國）廖平撰
　　　　新訂六譯館叢書・論學類
漢師傳經表一卷
　　（民國）吳之英撰
　　　　壽櫟廬叢書

序錄之屬

十三經序錄一卷
　　（唐）孔穎達等撰
　　　　經史百家序錄
宋校勘五經正義奏請雕版表一卷
　　（宋）孔維等撰　　（民國）繆荃孫錄
　　　　藝風堂讀書志
十三經注疏序二卷
　　（清）劉世瀅輯
　　　　玲瓏山館叢書・經編經學類
五經正義表
　　（清）盧文弨錄
　　　　抱經堂叢書（乾隆本、景乾隆本）・羣
書拾補初編
　　　　紹興先正遺書第二集・羣書拾補初編
　　　　叢書集成初編・總類・羣書拾補
十三經注疏姓氏一卷
　　（清）翁方綱撰
　　　　蘇齋叢書（乾隆嘉慶本、景乾隆嘉慶
本）

摘句之屬

注疏瑣語四卷
　　（清）沈淑撰
　　　　經玩（大梁書院本、民國補刊本）
　　　　後知不足齋叢書第一函・沈氏經學六
種
　注疏瑣語一卷
　　　　昭代叢書（道光本）庚集埤編
十三經注疏錦字四卷
　　（清）李調元輯
　　　　函海（乾隆本、道光本）第二十函
　　　　函海（光緒本）第二十五函

石經之屬

通　考

石經考一卷

（清）顧炎武撰
　　亭林遺書
　　顧亭林先生遺書
　　四庫全書・史部目錄類
　　借月山房彙鈔（嘉慶本、景嘉慶本）第
　　　三集
　　指海（道光本、景道光本）第一集
　　澤古齋重鈔第三集
　　式古居彙鈔
　　石經彙函
　　叢書集成初編・總類
石經考一卷
　（清）萬斯同撰
　　省吾堂四種
　　四庫全書・史部目錄類
　　懺花盦叢書
　　四明叢書第一集
石經考異二卷
　（清）杭世駿撰
　　四庫全書・史部目錄類
　　杭大宗七種叢書（乾隆本、咸豐本）
　　道古堂外集（乾隆本、光緒本）
　　明辨齋叢書外集
　　石經彙函
　　食舊堂叢書・道古堂外集
石經補攷十一卷
　（清）馮登府撰
　　石經彙函
石經考文提要十三卷
　（清）彭元瑞撰
　　石經彙函
　　豫章叢書（胡思敬輯）
石經傳本彙攷一卷
　（民國）楊寶鏞撰
　　龍淵爐齋金石叢書
漢魏石經考一卷
　（清）萬斯同撰
　　賜硯堂叢書新編丙集
　　昭代叢書（道光本）丙集第一帙
唐宋石經考一卷
　（清）萬斯同撰
　　賜硯堂叢書新編丙集
　　昭代叢書（道光本）丙集第一帙
儀禮石經校勘記四卷
　（清）阮元撰
　　文選樓叢書（阮亨輯）
　　粵雅堂叢書二編第十八集
　　石經彙函

漢　石　經

大學石經一卷
　　百川學海（重輯本）甲集
　　說郛（宛委山堂本）弓一
石經一卷
　（清）王謨輯
　　漢魏遺書鈔・經翼第四冊
石經尚書一卷
　（清）馬國翰輯
　　玉函山房輯佚書（嫏嬛館本、重印本、
　　　楚南書局本）・經編小學類
石經魯詩一卷
　（清）馬國翰輯
　　玉函山房輯佚書（嫏嬛館本、重印本、
　　　楚南書局本）・經編小學類
熹平石經魯詩殘石
　　郭沫若撰
　　古代銘刻彙考四種・漢代石刻二種
石經儀禮一卷
　（清）馬國翰輯
　　玉函山房輯佚書（嫏嬛館本、重印本、
　　　楚南書局本）・經編小學類
石經公羊一卷
　（清）馬國翰輯
　　玉函山房輯佚書（嫏嬛館本、重印本、
　　　楚南書局本）・經編小學類
石經論語一卷
　（清）馬國翰輯
　　玉函山房輯佚書（嫏嬛館本、重印本、
　　　楚南書局本）・經編小學類
漢石經殘字一卷
　（清）陳宗彝輯
　　獨抱廬叢刻
漢熹平石經殘字一卷
　　百一廬金石叢書
漢熹平石經殘字集錄二卷
　（民國）羅振玉撰
　　貞松老人遺稿乙集
漢熹平石經集錄續補一卷
　（民國）羅振玉撰
　　遼居雜箸乙編
漢熹平石經集錄又續編一卷續拾一卷
　（民國）羅振玉撰
　　遼居雜箸丙編
漢熹平石經殘字集錄一卷補遺一卷續編
　一卷補遺一卷三編一卷補遺一卷四編
　一卷補遺一卷

（民國）羅振玉撰
　　松翁居遼後所箸書
石經殘字考一卷
　（清）翁方綱撰
　　蘇齋叢書（乾隆嘉慶本、景乾隆嘉慶
　　　本）
　　後知不足齋叢書第二函
　　漢石經殘字攷一卷
　　　遯盦金石叢書
　　　石經彙函
　　　叢書集成初編・總類
漢石經攷異一卷
　（清）馮登府撰
　　皇清經解（咸豐補刊本、鴻寶齋石印
　　　本、點石齋石印本）
　　石經補攷
漢石經攷異補正二卷
　（清）瞿中溶撰
　　適園叢書第一集

魏 石 經

三字石經尙書一卷
　（清）馬國翰輯
　　玉函山房輯佚書（嫏嬛館本、重印本、
　　　楚南書局本）・經編小學類
尙書殘石
　　吉石盦叢書三集
三字石經春秋一卷
　（清）馬國翰輯
　　玉函山房輯佚書（嫏嬛館本、重印本、
　　　楚南書局本）・經編小學類
魏三體石經遺字考一卷
　（清）孫星衍撰
　　平津館叢書（嘉慶本、光緒本）
　　石經彙函
　　叢書集成初編・總類
魏石經攷異一卷
　（清）馮登府撰
　　皇清經解（咸豐補刊本、鴻寶齋石印
　　　本、點石齋石印本）
　魏石經攷異一卷拾遺一卷
　　石經補攷
新出三體石經考一卷
　（民國）章炳麟撰
　　章氏叢書續編
魏石經考二卷
　（民國）王國維撰
　　廣倉學宭叢書甲類第一集・漢代古文

考附
魏正始石經殘石考一卷
　（民國）王國維撰
　　海寧王忠慤公遺書二集
　　海寧王靜安先生遺書
隸釋所錄魏石經碑圖一卷
　（民國）王國維撰
　　海寧王忠慤公遺書二集・魏正始石經
　　　殘石考附
　　海寧王靜安先生遺書・魏正始石經殘
　　　石考附
增訂三體石經時代辨誤二卷
　（民國）王照撰
　　水東集初編

唐 石 經

周易九卷略例一卷
　略例（魏）王弼撰
　　唐開成石壁十二經
尙書十三卷
　　唐開成石壁十二經
毛詩二十卷
　　唐開成石壁十二經
周禮十二卷
　　唐開成石壁十二經
儀禮十七卷
　　唐開成石壁十二經
禮記二十卷
　　唐開成石壁十二經
春秋左傳三十卷
　　唐開成石壁十二經
春秋公羊傳十一卷
　　唐開成石壁十二經
春秋穀梁傳十二卷
　　唐開成石壁十二經
孝經一卷
　　唐開成石壁十二經
論語十卷
　　唐開成石壁十二經
爾雅三卷
　　唐開成石壁十二經
五經文字三卷
　（唐）張參撰
　　唐開成石壁十二經附
九經字樣一卷
　（唐）唐玄度撰
　　唐開成石壁十二經附

孟子七卷
　　　唐開成石壁十二經附
唐開成石經考異二卷
　　　（清）吳騫撰
　　　　　丁丑叢編
唐石經攷異不分卷附補不分卷
　　　（清）錢大昕撰　補（清）臧庸撰　（民國）孫
　　　毓修輯
　　　　　涵芬樓祕笈第六集
唐石經攷正一卷
　　　（清）王朝槤撰
　　　　　王氏遺書
　　　　　豫章叢書（陶福履輯）第二集
　　　　　叢書集成初編・總類
唐石經校文十卷
　　　（清）嚴可均撰
　　　　　四錄堂類集
　　　　　石經彙函
　　　　　唐開成石壁十二經附
唐石經攷異一卷
　　　（清）馮登府撰
　　　　　皇清經解（咸豐補刊本、鴻寶齋石印
　　　　　本、點石齋石印本）
唐石經誤字辨一卷
　　　（清）馮登府撰
　　　　　石經補攷
開成石經圖攷一卷
　　　（清）魏錫曾撰
　　　　　藕香零拾

後蜀石經

蜀石經殘字一卷
　　　（清）陳宗彝輯
　　　　　獨抱廬叢刻
　　　　　百一廬金石叢書
後蜀毛詩石經殘本一卷
　　　（清）王昶撰
　　　　　石經彙函
春秋穀梁傳殘石
　　　　　吉石盫叢書三集
蜀石經毛詩考異二卷
　　　（清）吳騫輯
　　　　　拜經樓叢書（景乾隆嘉慶本）
蜀石經攷異一卷
　　　（清）馮登府撰
　　　　　皇清經解（咸豐補刊本、鴻寶齋石印
　　　　　本、點石齋石印本）
　　　　　石經補攷

蜀石經校記一卷
　　　（民國）繆荃孫撰
　　　　　古學彙刊第一集・經學類

宋石經

周禮禮記殘石
　　　　　吉石盫叢書三集
禮記檀弓殘石
　　　　　吉石盫叢書四集
北宋石經攷異一卷
　　　（清）馮登府撰
　　　　　皇清經解（咸豐補刊本、鴻寶齋石印
　　　　　本、點石齋石印本）
　　　　　石經補攷
南宋石經攷異一卷遺字一卷
　　　（清）馮登府撰
　　　　　石經補攷
北宋汴學二體石經記一卷
　　　（清）丁晏撰
　　　　　頤志齋叢書
　　　　　石經彙函

清石經

國朝石經攷異一卷
　　　（清）馮登府撰
　　　　　皇清經解（咸豐補刊本、鴻寶齋石印
　　　　　本、點石齋石印本）
　　　　　石經補攷

小　學　類

說文之屬

傳　說

說文解字三十卷
　　　（漢）許慎撰　（宋）徐鉉等校定
　　　　　四庫全書・經部小學類
　　　　　摛藻堂四庫全書薈要・經部
說文解字十五卷
　　　　　平津館叢書（嘉慶本、光緒本）
　　　　　古經解彙函（粵東書局本、蜚英館石印
　　　　　本、湘南書局本）附・小學彙函
　　　　　四部叢刊（初次印本、二次印本、縮印
　　　　　二次印本）・經部
　　　　　續古逸叢書

叢書集成初編・語文學類
四部備要（排印本、縮印本）・經部小
學

汲古閣說文訂一卷
(清)段玉裁撰
咫進齋叢書第三集
叢書集成初編・總類

說文訂訂一卷
(清)嚴可均撰
許學叢刻第一集

說文解字校勘記殘橐一卷
(清)王念孫撰　(清)桂馥錄
晨風閣叢書

說文解字繫傳四十卷
(南唐)徐鍇撰
四庫全書・經部小學類
四部叢刊（初次印本）・經部
四部叢刊（二次印本、縮印二次印本）
・經部

說文解字繫傳四十卷附錄一卷
龍威祕書十集

說文解字繫傳四十卷附校勘記三卷
(南唐)徐鍇撰　校勘記(清)祁寯藻撰
古經解彙函（粵東書局本、蜚英館石印
本、湘南書局本）附・小學彙函
四部備要（排印本、縮印本）・經部小
學

說文解字繫傳四十卷附錄一卷校勘記三卷
叢書集成初編・語文學類

說文繫傳考異四卷附錄一卷
(清)汪憲撰　附錄(清)朱文藻撰
四庫全書・經部小學類
會稽徐氏鑄學齋叢書

說文繫傳校錄三十卷
(清)王筠撰
王菉友九種

說文大小徐本錄異一卷
(清)謝章鋌撰
稷香館叢書

說文廣義三卷
(清)王夫之撰
船山遺書（同治本、民國本）

惠氏讀說文記十五卷
(清)惠棟撰　(清)江聲參補
借月山房彙鈔（嘉慶本、景嘉慶本）第
二集
指海（道光本、景道光本）第四集

澤古齋重鈔第二集
式古居彙鈔
小學類編
叢書集成初編・語文學類

讀說文證疑一卷
(清)陳詩庭撰
許學叢刻第二集

說文凝錦錄一卷
(清)萬光泰撰
昭代叢書（道光本）庚集埤編
閩竹居叢書
學古齋金石叢書第二集
許學四書

說文解字逃誼二卷
(清)毛際盛撰
聚學軒叢書第五集

說文答問一卷
(清)錢大昕撰
小學類編

說文解字義證五十卷
(清)桂馥撰
連筠簃叢書

說文解字注十五卷
(清)段玉裁撰
皇清經解（道光本、咸豐補刊本、鴻寶
齋石印本、點石齋石印本）

說文解字注三十卷
四部備要（排印本、縮印本）・經部小
學

段氏說文注訂八卷附札記一卷
(清)鈕樹玉撰　札記(民國)張炳翔撰
許學叢書第三集
叢書集成初編・語文學類

訂鈕篇一卷
(民國)王元琛撰
無暇逸齋叢書・無暇逸齋說文學四種

桂未谷說文段注鈔一卷補鈔一卷
(清)桂馥鈔
觀古堂所刊書・說文段注校三種
觀古堂彙刻書第一集・說文段注校三
種
郋園先生全書・說文段注校三種

說文注鈔二卷（原缺卷上）補鈔二卷（原缺卷上）
稷香館叢書

徐星伯說文段注札記一卷
(清)徐松撰　(清)劉肇隅錄
觀古堂所刊書・說文段注校三種

　　　　　　觀古堂彙刻書第一集・說文段注校三
　　　　　　種
　　　　　　郎園先生全書・說文段注校三種
襲定盫說文段注札記一卷
　　(清)襲自珍撰　(清)劉肇隅錄
　　　　　　觀古堂所刊書・說文段注校三種
　　　　　　觀古堂彙刻書第一集・說文段注校三
　　　　　　種
　　　　　　郎園先生全書・說文段注校三種
說文段注撰要九卷
　　(清)馬壽齡撰
　　　　　　許學叢書第二集
　　　　　　叢書集成初編・語文學類
說文段注拈誤一卷
　　(清)朱駿聲撰
　　　　　　稷香館叢書
說文段注簽記一卷
　　(清)王念孫撰
　　　　　　稷香館叢書
讀段注說文解字日記一卷
　　(清)馮世澂撰
　　　　　　學古堂日記
說文平段一卷
　　(清)于鬯撰
　　　　　　于香草遺著叢輯
說文蠡箋一卷
　　(清)潘奕雋撰
　　　　　　許學叢刻第二集
說文解字通正十四卷
　　(清)潘奕雋撰
　　　　　　聚學軒叢書第四集
說文補攷一卷
　　(清)戚學標撰
　　　　　　古語遺錄
說文又考一卷補考一卷
　　(清)戚學標撰
　　　　　　許學四書
說文統釋自序一卷
　　(清)錢大昭撰
　　　　　　金峨山館叢書
王氏讀說文記一卷
　　(清)王念孫撰
　　　　　　許學叢刻第二集
說文疑疑二卷附錄一卷
　　(清)孔廣居撰
　　　　　　許學叢書第一集
　　　　　　叢書集成初編・語文學類
說文測義七卷

　　(清)董詔撰
　　　　　　許學四書
說文校議十五卷
　　(清)嚴可均(清)姚文田撰
　　　　　　四錄堂類集
　　　　　　邃雅堂全書
　　　　　　小學類編
說文校議議三十卷
　　(清)嚴章福撰
　　　　　　吳興叢書
說文正字二卷
　　(清)王瑜(清)孫馮翼撰
　　　　　　問經堂叢書
　　　　　　叢書集成初編・語文學類
說文義例一卷
　　(清)王宗誠撰
　　　　　　昭代叢書(道光本)辛集別編
說文辨疑一卷
　　(清)顧廣圻撰
　　　　　　雷氏八種附刻
　　　　　　許學叢書第二集
　　　　　　許學叢刻第一集
　　　　　　芋園叢書・經部
　　　　　　叢書集成初編・語文學類
　　說文辨疑一卷條記一卷
　　　　　　聚學軒叢書第五集
　　　　　　翠琅玕館叢書(馮兆年輯)第三集
說文釋例二卷
　　(清)江沅撰
　　　　　　小學類編
　　　　　　翠琅玕館叢書(馮兆年輯)第三集
　　　　　　芋園叢書・經部
席氏讀說文記十五卷
　　(清)席世昌撰
　　　　　　借月山房彙鈔(嘉慶本、景嘉慶本)第
　　　　　　二集
　　　　　　指海(道光本、景道光本)第七集
　　　　　　澤古齋重鈔第二集
　　　　　　式古居彙鈔
　　　　　　叢書集成初編・語文學類
說文管見三卷
　　(清)胡秉虔撰
　　　　　　滂喜齋叢書第二函
　　　　　　續溪胡氏叢書
　　　　　　翠琅玕館叢書(馮兆年輯)第三集
　　　　　　聚學軒叢書第四集
　　　　　　芋園叢書・經部
　　　　　　叢書集成初編・語文學類

文字蒙求四卷
　　（清）王筠撰
　　　　後知不足齋叢書第六函
說文詹詹一卷
　　（清）陳鍾英撰
　　　　歸禮堂三種
讀說文記一卷
　　（清）許槤撰
　　　　古均閣遺著
說文通論一卷
　　（清）雷琳（清）錢樹棠（清）錢樹立輯
　　　　玲瓏山館叢書・小學下編
說文答問疏證六卷
　　（清）薛傳均撰
　　　　金峨山館叢書
　　　　咫進齋叢書第一集
　　　　許學叢書第三集
　　　　玲瓏山館叢書・六藝編
　　　　稷香館叢書
　　　　叢書集成初編・語文學類
　　潛拏堂說文答問疏證六卷
　　　　廣雅書局叢書・小學
　廣潛研堂說文答問疏證八卷
　　（清）承培元撰
　　　　廣雅書局叢書・小學
說文通訓定聲補遺十八卷
　　（清）朱駿聲撰
　　　　朱氏羣書
許印林遺著一卷
　　（清）許瀚撰
　　　　滂喜齋叢書第三函
　　　　叢書集成初編・語文學類
說文校定本十五卷
　　（清）朱士端撰
　　　　春雨樓叢書
　說文校定本二卷
　　　　咫進齋叢書第三集
　　　　叢書集成初編・語文學類
說文說一卷
　　（清）孫濟世撰
　　　　許學叢刻第一集
說文形聲後案四卷
　　（清）翟云升撰
　　　　五經歲徧齋許學三書
說文辨異八卷肄許外篇二卷
　　（清）翟云升撰
　　　　五經歲徧齋許學三書

唐寫本說文解字木部箋異一卷
　　（清）莫友芝撰
　　　　影山草堂六種
　　　　許學叢書第一集
　　　　黔南叢書別集
　　　　叢書集成初編・語文學類
說文外篇十五卷補遺一卷
　　（清）雷浚撰
　　　　雷刻八種
　　　　說文續字彙
說文辨通刊俗不分卷
　　（清）丁壽昌撰
　　　　丁氏遺稿六種
說文舉例一卷
　　（清）陳瑑撰
　　　　許學叢刻第一集
兒笘錄四卷
　　（清）俞樾撰
　　　　春在堂全書・第一樓叢書
讀說文雜識一卷
　　（清）許棫撰
　　　　許學叢書第二集
　　　　叢書集成初編・語文學類
象形文釋四卷
　　（清）徐灝撰
　　　　稷香館叢書
說文解字索隱一卷
　　（清）張度撰
　　　　靈鶼閣叢書第一集
　　　　叢書集成初編・語文學類
說文補例一卷
　　（清）張度撰
　　　　靈鶼閣叢書第一集・說文解字索隱附
　　　　叢書集成初編・語文學類
說文淺說一卷
　　（清）鄭知同撰
　　　　文選樓叢書（菽林山房輯）
　　　　玲瓏山館叢書　小學下編
說文本經答問二卷
　　（清）鄭知同撰
　　　　廣雅書局叢書・小學
　　　　巢經巢全集附
說文楬原二卷
　　（清）張行孚撰
　　　　後知不足齋叢書第六函
說文發疑六卷
　　（清）張行孚撰
　　　　後知不足齋叢書第六函

重文二卷補遺一卷
　　(清)丁午撰
　　　田園雜著
說文正俗一卷
　　(清)楊廷瑞撰
　　　澂園叢書
說文粹言疏證二卷
　　(清)潘任撰
　　　希鄭堂叢書
說文職墨三卷
　　(清)于鬯撰
　　　南菁書院叢書第四集
讀說文日記一卷
　　(清)胡常德撰
　　　學古堂日記
說文重文管見一卷
　　(清)蕭道管撰
　　　石遺室叢書
說文瑣言一卷
　　(清)虞景璜撰
　　　澹園雜著
蘇甘室讀說文小識一卷
　　(清)何壽章撰
　　　越中文獻輯存書十種
說文提要校訂二卷
　　(清)陳建侯撰　(民國)金鉞校訂
　　　許學四種
說文疑十二卷
　　(清)□□撰
　　　稺香館叢書
匡徐篇一卷
　　(民國)王元稺撰
　　　無暇逸齋叢書·無暇逸齋說文學四種
說文解字辨證十四卷
　　(民國)陳衍撰
　　　石遺室叢書
說文舉例七卷
　　(民國)陳衍撰
　　　石遺室叢書
許氏說文解字說例一卷
　　(民國)宋育仁撰
　　　問琴閣叢書
讀說文玉篇日記一卷
　　(民國)費廷璜撰
　　　學古堂日記
說文提要增附一卷
　　(民國)金鉞輯
　　　許學四種

原書六十卷
　　(民國)沈修撰
　　　未園著藪

專　著

說文一卷
　　(漢)許慎撰　(清)任兆麟選輯
　　　述記(乾隆本、嘉慶本)
說文部首表
　　(清)蔣和撰　(清)王筠校正
　　　許學四種·說文提要增附
說文建首字讀一卷
　　(清)苗夔撰
　　　苗氏說文四種
說文部首歌一卷
　　(清)馮桂芬撰　(清)馮世澂案
　　　許學叢書第二集
　　　校邠廬逸筆
　　　叢書集成初編·語文學類
說文部首讀補注一卷
　　(清)尹彭壽撰
　　　斠經室集初刻
說文解字部首訂十四卷
　　(清)饒炯撰
　　　文字存真
說文部首均語一卷
　　(民國)章炳麟撰
　　　章氏叢書(浙江圖書館本、景浙江圖書
　　　館本、右文社排印本)
說文解字部目一卷
　　(清)胡澍書
　　　洪氏公善堂叢書
說文解字建首五百四十字一卷
　　(清)曾紀澤書
　　　洪氏公善堂叢書
說文解字部敍
　　(南唐)徐鍇撰
　　　許學四種·說文提要增附
篆書目錄偏旁字源五百四十部一卷
　　(宋)釋夢英書
　　　洪氏公善堂叢書
說文字原一卷
　　(元)周伯琦撰
　　　四庫全書·經部小學類
　　　吉石盦叢書三集
說文字原引一卷
　　(清)何其傑撰
　　　景袁齋叢書

說文字原表一卷
　　(清)蔣和撰
　　　　蔣氏游藝祕錄
　說文字原表字原表說
　　　　許學四種・說文提要增附
說文字原韻表二卷
　　(清)胡重撰
　　　　許學叢書第二集
　　　　叢書集成初編・語文學類
六書故三十三卷
　　(元)戴侗撰
　　　　四庫全書・經部小學類
六書統二十卷
　　(元)楊桓撰
　　　　四庫全書・經部小學類
六書正譌五卷
　　(元)周伯琦撰
　　　　四庫全書・經部小學類・說文字原附
六書本義十二卷
　　(明)趙撝謙撰
　　　　四庫全書・經部小學類
六書例解一卷
　　(清)楊錫觀撰
　　　　大亨山館叢書・經類
六書說一卷
　　(清)江聲撰
　　　　小學類編
　　　　文選樓叢書(萩林山房輯)
　　　　求實齋叢書
　　　　玲瓏山館叢書・小學下編
六書說一卷附校譌一卷
　　(清)江聲撰　校譌(清)胡玨撰
　　　　琳琅祕室叢書(咸豐本)第一集
六書說一卷附校譌一卷續校一卷
　　(清)江聲撰　校譌(清)胡玨撰　續校(清)
　　董金鑑撰
　　　　琳琅祕室叢書(光緒本)第一集
　　　　叢書集成初編・語文學類
解字小記一卷
　　(清)程瑤田撰
　　　　通藝錄
　　　　皇清經解(道光本、咸豐補刊本、鴻寶
　　　　齋石印本、點石齋石印本)
　　　　安徽叢書第二期・通藝錄
轉注古義考一卷
　　(清)曹仁虎撰
　　　　藝海珠塵金集(甲集)
　　　　許學叢書第一集

　　　　求實齋叢書
　　　　許學叢刻第一集
　　　　玲瓏山館叢書・小學下編
　　　　叢書集成初編・語文學類
六書分毫三卷
　　(清)李調元撰
　　　　函海(乾隆本、道光本)第二十五函
　　　　函海(光緒本)第三十四函
　　　　叢書集成初編・語文學類
六書轉注錄十卷
　　(清)洪亮吉撰
　　　　洪北江全集
　　　　粵雅堂叢書三編第二十八集
　　　　叢書集成初編・語文學類
六書穉秕三卷
　　(清)沈道寬撰
　　　　話山草堂遺集・話山草堂雜著
六書叚借經徵四卷
　　(清)朱駿聲撰
　　　　大亨山館叢書・經類
六書轉注說二卷
　　(清)夏炘撰
　　　　景紫堂全書第四冊
六書淺說一卷
　　(清)鄭知同撰
　　　　巢經巢全集附
六書例說一卷
　　(清)饒炯撰
　　　　文字存眞
六書綱目一卷
　　(清)吳式鈖撰
　　　　雲南叢書二編・經部
補俞篇一卷
　　(民國)王元穉撰
　　　　無暇逸齋叢書・無暇逸齋說文四種
六書舊義一卷
　　(民國)廖平撰
　　　　四益館經學叢書
　　　　新訂六譯館叢書・小學類
六書古微十卷
　　(民國)葉德輝撰
　　　　觀古堂所著書(民國重編本)第一集
　　　　郋園小學四種
　　　　郋園先生全書
同聲假借字考二卷
　　(民國)葉德輝撰
　　　　郋園小學四種
　　　　郋園先生全書

文始九卷
　　(民國)章炳麟撰
　　　　章氏叢書(浙江圖書館本、景浙江圖書
　　　　　館本、右文社排印本)
小學發微補
　　(民國)劉師培撰
　　　　劉申叔先生遺書
說文解字篆韻譜五卷
　　(南唐)徐鍇撰
　　　　四庫全書・經部小學類
　　　　叢書集成初編・語文學類
　　說文解字韻譜五卷
　　　　函海(乾隆本、道光本)第二函
　　　　函海(光緒本)第三函
　　說文解字篆韻譜五卷附錄一卷
　　　　古經解彙函(粵東書局本、蜚英館石印
　　　　　本、湘南書局本)附・小學彙函
說文解字舊音一卷
　　(清)畢沅輯
　　　　經訓堂叢書(乾隆本、景乾隆本)
　　　　叢書集成初編・語文學類
　　說文舊音一卷
　　　　小學類編附編
說文舊音補注一卷補遺一卷續一卷改錯
一卷
　　(民國)胡玉縉撰
　　　　南菁書院叢書第四集
諧聲補證一卷補一卷
　　(清)戚學標撰
　　　　古語遺錄
說文聲系十四卷
　　(清)姚文田撰
　　　　粵雅堂叢書二編第十一集
　　　　叢書集成初編・語文學類
　　說文聲系十四卷末一卷
　　　　遂雅堂全書
說文聲類二卷
　　(清)嚴可均撰
　　　　四錄堂類集
　　　　木犀軒叢書
　　　　音韻學叢書
　　說文聲類十六卷
　　　　皇清經解續編(南菁書院本、蜚英館石
　　　　　印本)
說文聲類出入表一卷
　　(清)嚴可均撰
　　　　皇清經解續編(南菁書院本、蜚英館石
　　　　　印本)・說文聲類附

　　　　音韵學叢書・說文聲類附
說文解字音均表十七卷首一卷
　　(清)江沅撰
　　　　皇清經解續編(南菁書院本、蜚英館石
　　　　　印本)
諧聲補逸十四卷
　　(清)宋保撰
　　　　木犀軒叢書
諧聲補逸十四卷附札記一卷
　　(清)宋保撰　札記(民國)張炳翔撰
　　　　許學叢書第一集
　　　　叢書集成初編・語文學類
許氏說文解字雙聲疊韻譜一卷
　　(清)鄧廷楨撰
　　　　後知不足齋叢書第三函
　　　　叢書集成初編・語文學類
　　許氏說文雙聲疊韻譜一卷
　　　　雙硯齋叢書
說文諧聲譜九卷
　　(清)張成孫撰
　　　　皇清經解續編(南菁書院本、蜚英館石
　　　　　印本)
說文聲訂二十八卷
　　(清)苗夔撰
　　　　苗氏說文四種
說文聲訂二卷附札記一卷
　　(清)苗夔撰　札記(民國)張炳翔撰
　　　　許學叢書第三集
　　　　叢書集成初編・語文學類
說文聲讀表七卷
　　(清)苗夔撰
　　　　苗氏說文四種
　　　　天壤閣叢書
　　　　皇清經解續編(南菁書院本、蜚英館石
　　　　　印本)
　　　　叢書集成初編・語文學類
說文諧聲孳生述不分卷
　　(清)陳立撰
　　　　鰤齋叢書
說文雙聲二卷
　　(清)劉熙載撰
　　　　古桐書屋六種
說文疊韵二卷首一卷末一卷
　　(清)劉熙載(清)袁康撰
　　　　古桐書屋六種
　　　　端溪叢書一集
說文審音十六卷
　　(清)張行孚撰

漸西村舍彙刊
叢書集成初編・語文學類
說文閩音通一卷附錄一卷
　（清）謝章鋌撰
　　賭棋山莊全集
說文讀若字考七卷附說文讀同字考一卷
　（民國）葉德輝撰
　　郋園小學四種
　　郋園先生全書
補高郵王氏說文諧聲譜一卷
　（民國）王國維撰
　　海寧王忠慤公遺書二集
　　海寧王靜安先生遺書
說文部首音釋一卷
　（民國）徐昂撰
　　音學四種
說文音釋二卷
　（民國）徐昂撰
　　徐氏全書
說文徐氏新補新附攷證一卷
　（清）錢大昭撰
　　積學齋叢書
說文新附攷六卷續一卷
　（清）鈕樹玉撰
　　說文續字彙
說文新附攷六卷續攷一卷附札記一卷
　（清）鈕樹玉撰　札記（民國）張炳翔撰
　　許學叢書第三集
　　叢書集成初編・語文學類
說文新附考六卷
　（清）鄭珍撰
　　思進齋叢書第三集
　　鶴壽堂叢書
　　玲瓏山館叢書・小學下編
　　叢書集成初編・語文學類
　　巢經巢全集
說文新附攷校正一卷
　（清）王筠撰
　　許學叢刻第二集
說文逸字二卷附錄一卷
　（清）鄭珍撰　附錄（清）鄭知同撰
　　鄭子尹遺書
　　天壤閣叢書
　　叢書集成初編・語文學類
　　巢經巢全集
說文佚字攷四卷
　（清）張鳴珂撰
　　寒松閣集

說文佚字輯說四卷
　（清）王廷鼎撰
　　紫薇花館集・紫薇花館小學編
說文一卷
　（漢）許慎撰　（民國）龍璋輯
　　小學蒐佚上編補
希麟音義引說文攷一卷
　（清）王仁俊撰
　　籀鄦誃雜著
說文引詩辨證一卷
　（明）王育撰
　　峑東雜著石集
說文引經攷二卷補遺一卷
　（清）吳玉搢撰
　　思進齋叢書第二集
　　叢書集成初編・語文學類
說文經字考一卷
　（清）陳壽祺撰
　　小學類編
　　金峨山館叢書
說文引經例辨三卷
　（清）雷浚撰
　　雷刻八種
說文引經異字三卷
　（清）吳雲蒸撰
　　許學四書
第一樓叢書附考一卷
　（清）俞樾撰
　　金峨山館叢書
說文經斠十三卷補遺一卷
　（清）楊廷瑞撰
　　澂園叢書
經典通用考十四卷
　（清）嚴章福撰
　　吳興叢書
說文引經證例二十四卷
　（清）承培元撰
　　廣雅書局叢書・小學
說文古語考一卷
　（清）程際盛（炎）撰
　　稻香樓雜著
證墨篇一卷
　（民國）王元稑撰
　　無暇逸齋叢書・無暇逸齋說文學四種
揚雄說故一卷
　（民國）鄭文焯撰
　　大鶴山房全書
說文檢字二卷補遺一卷

（清）毛謨撰　補遺（清）姚觀元撰
　　咫進齋叢書第二集
　　叢書集成初編・總類

說文蒙求六卷
　（清）劉岸撰
　　豫章叢書（胡思敬輯）

說文通檢十四卷首一卷末一卷
　（清）黎永椿撰
　　四部備要（排印本、縮印本）・經部小
　　學

說文難檢字錄一卷
　（民國）楊昭儁撰
　　淨樂宧叢著

說文約言一卷
　（民國）金鉞撰
　　許學四種

字書之屬

通　論

字學源流一卷
　（明）呂道燨撰
　　格致叢書

字學備考四卷
　（明）胡文煥撰
　　格致叢書

連文釋義一卷
　（清）王言撰
　　昭代叢書（康熙本）乙集第六帙
　　昭代叢書（道光本）乙集第四帙

駢字分箋二卷
　（清）程際盛撰
　　藝海珠塵絲集（丙集）
　　叢書集成初編・語文學類

　駢字分箋一卷
　　昭代叢書（道光本）癸集萃編

小學字解一卷
　（清）王紹蘭撰
　　昭代叢書（道光本）辛集別編・說文義
　　例附

釋書名一卷
　（清）莊綬甲撰
　　拾遺補藝齋遺書
　　丁丑叢編

字學韻學一卷
　（清）張楚鍾撰
　　務實勝窩彙稿

古今文字通釋十四卷
　（清）呂世宜述
　　菽莊叢書

小斅答問一卷
　（民國）章炳麟撰
　　章氏叢書（浙江圖書館本、景浙江圖書
　　館本、右文社排印本）

古　文

史籀篇一卷
　（周）太史籀撰　（清）馬國翰輯
　　玉函山房輯佚書（嫏嬛館本、重印本、
　　楚南書局本）・經編小學類

史籀篇疏證一卷敍錄一卷
　（民國）王國維撰
　　廣倉學宭叢書甲類第一集
　　海寧王忠慤公遺書初集
　　海寧王靜安先生遺書

說文古籀疏證目（一名古文甲乙篇）一卷
　（清）莊述祖撰
　　珍埶宧遺書

說文古籀疏證六卷
　（清）莊述祖撰
　　功順堂叢書
　　叢書集成初編・語文學類

說文籀文考證一卷說籀一卷附補遺一卷
　（民國）葉德輝撰　補遺（民國）葉啓勳撰
　　郋園小學四種
　　郋園先生全書

漢代古文考一卷
　（民國）王國維撰
　　廣倉學宭叢書甲類第一集

字　典

字書二卷
　（清）任大椿輯　（清）王念孫校
　　小學鉤沈（汪廷珍本、龍氏本、崇文書
　　局本）
　　小學類編附編・小學鉤沈
　　翠琅玕館叢書（馮兆年輯）第二集・小
　　學鉤沈
　　芋園叢書・經部・小學鉤沈

字書一卷
　（清）黃奭輯
　　漢學堂叢書・經解小學類
　　黃氏逸書考（民國修補本、民國補刊
　　本）・漢學堂經解

字書三卷

　　(清)顧震福輯
　　　　小學鉤沈續編
字書二卷
　　(民國)龍璋輯
　　　　小學蒐佚上編
字苑
　　(晉)葛洪撰　(清)任大椿輯　(清)王念孫
　　校
　　　　小學鉤沈(汪廷珍本、龍氏本、崇文書
　　　　局本)
　　　　小學類編附編·小學鉤沈
　　　　翠琅玕館叢書(馮兆年輯)第二集·小
　　　　學鉤沈
　　　　芋園叢書·經部·小學鉤沈
要用字苑一卷
　　(晉)葛洪撰　(清)馬國翰輯
　　　　玉函山房輯佚書(嫏嬛館本、重印本、
　　　　楚南書局本)·經編小學類
字苑
　　(晉)葛洪撰　(清)顧震福輯
　　　　小學鉤沈續編
字苑一卷
　　(晉)葛洪撰　(民國)龍璋輯
　　　　小學蒐佚上編
字林一卷
　　(晉)呂忱撰
　　　　說郛(宛委山堂本)弓八十五
　　　　青照堂叢書摘三編第四函
字林七卷首一卷
　　(晉)呂忱撰　(清)曾釗校增
　　　　面城樓叢刊
字林考逸八卷
　　(清)任大椿輯
　　　　燕禧堂五種
　　　　式訓堂叢書三集
字林考逸八卷
　　(清)錢保塘輯
　　　　清風室叢書
字林補逸一卷
　　(清)陶方琦撰
　　　　漢孳室遺著
單行字一卷
　　(晉)李彤撰　(民國)龍璋輯
　　　　小學蒐佚上編
玉篇直音二卷
　　(梁)顧野王撰
　　　　鹽邑志林
　　　　叢書集成初編·語文學類

　　　　景印元明善本叢書十種·鹽邑志林
玉篇殘四卷(存卷九、卷十八、卷十九、卷
二十七)又二卷(卷九、卷二十二)
　　(梁)顧野王撰
　　　　古逸叢書
　　　　叢書集成初編·語文學類
重修玉篇三十卷
　　(宋)陳彭年等重修
　　　　四庫全書·經部小學類
　　　　摛藻堂四庫全書薈要·經部
大廣益會玉篇三十卷
　　　　曹棟亭五種
　　　　澤存堂五種(康熙本、景康熙本)
　　　　古經解彙函(粵東書局本、蜚英館石印
　　　　本、湘南書局本)附·小學彙函
　　　　四部叢刊(初次印本、二次印本、縮印
　　　　二次印本)·經部
　　　　叢書集成初編·語文學類
　　　　四部備要(排印本、縮印本)·經部小
　　　　學
文字集略
　　(梁)阮孝緒撰　(清)任大椿輯　(清)王念
　　孫校
　　　　小學鉤沈(汪廷珍本、龍氏本、崇文書
　　　　局本)
　　　　小學類編附編·小學鉤沈
　　　　翠琅玕館叢書(馮兆年輯)第二集·小
　　　　學鉤沈
　　　　芋園叢書·經部·小學鉤沈
文字集略一卷
　　(梁)阮孝緒撰　(清)馬國翰輯
　　　　玉函山房輯佚書(嫏嬛館本、重印本、
　　　　楚南書局本)·經編小學類
文字集略一卷
　　(梁)阮孝緒撰　(清)黃奭輯
　　　　漢學堂叢書·經解小學類
　　　　黃氏逸書考(民國修補本、民國補刊
　　　　本)·漢學堂經解
文字集略
　　(梁)阮孝緒撰　(清)顧震福輯
　　　　小學鉤沈續編
文字集略一卷
　　(梁)阮孝緒撰　(清)王仁俊輯
　　　　玉函山房輯佚書續編·經編小學類
文字集略一卷
　　(梁)阮孝緒撰　(民國)龍璋輯
　　　　小學蒐佚上編
字略

(後魏)宋世良撰　(清)任大椿輯　(清)王
念孫校
　　　　小學鉤沈(汪廷珍本、龍氏本、崇文書
　　　　局本)
　　　　小學類編附編·小學鉤沈
　　　　翠琅玕館叢書(馮兆年輯)第二集·小
　　　　學鉤沈
　　　　芋園叢書·經部·小學鉤沈
字略一卷
　　(後魏)宋世良撰　(清)黃奭輯
　　　　漢學堂叢書·經解小學類
　　　　黃氏逸書考(民國修補本、民國補刊
　　　　本)·漢學堂經解
字略
　　(後魏)宋世良撰(清)顧震福輯
　　　　小學鉤沈續編
字略一卷
　　(後魏)宋世良撰　(民國)龍璋輯
　　　　小學蒐佚上編
字統
　　(後魏)楊承慶撰　(清)任大椿輯　(清)王
念孫校
　　　　小學鉤沈(汪廷珍本、龍氏本、崇文書
　　　　局本)
　　　　小學類編附編·小學鉤沈
　　　　翠琅玕館叢書(馮兆年輯)第二集·小
　　　　學鉤沈
　　　　芋園叢書·經部·小學鉤沈
字統一卷
　　(後魏)楊承慶撰　(清)馬國翰輯
　　　　玉函山房輯佚書(嫏嬛館本、重印本、
　　　　楚南書局本)·經編小學類
字統一卷
　　(後魏)楊承慶撰　(清)黃奭輯
　　　　漢學堂叢書·經解小學類
　　　　黃氏逸書考(民國修補本、民國補刊
　　　　本)·漢學堂經解
字統
　　(後魏)楊承慶撰　(清)顧震福輯
　　　　小學鉤沈續編
字統一卷
　　(後魏)楊承慶撰　(民國)龍璋輯
　　　　小學蒐佚上編
桂苑珠叢一卷
　　(隋)諸葛潁等撰　(清)馬國翰輯
　　　　玉函山房輯佚書(嫏嬛館本、重印本、
　　　　楚南書局本)·經編小學類
桂苑珠叢一卷

(隋)諸葛潁等撰　(清)黃奭輯
　　　　漢學堂叢書·經解小學類
　　　　黃氏逸書考(民國修補本、民國補刊
　　　　本)·漢學堂經解
桂苑珠叢一卷
　　(隋)諸葛潁撰　(民國)龍璋輯
　　　　小學蒐佚上編
桂苑珠叢一卷補遺一卷
　　(隋)曹憲撰　(民國)曹元忠輯
　　　　南菁札記
新字林一卷
　　(唐)陸善經撰　(清)黃奭輯
　　　　漢學堂叢書·經解小學類
　　　　黃氏逸書考(民國修補本、民國補刊
　　　　本)·漢學堂經解
異字苑
　　(清)任大椿輯　(清)王念孫校
　　　　小學鉤沈(汪廷珍本、龍氏本、崇文書
　　　　局本)
　　　　小學類編附編·小學鉤沈
　　　　翠琅玕館叢書(馮兆年輯)第二集·小
　　　　學鉤沈
　　　　芋園叢書·經部·小學鉤沈
異字苑
　　(清)顧震福輯
　　　　小學鉤沈續編
異字苑一卷
　　(吳)朱育撰　(民國)龍璋輯
　　　　小學蒐佚上編
字類
　　(清)任大椿輯　(清)王念孫校
　　　　小學鉤沈(汪廷珍本、龍氏本、崇文書
　　　　局本)
　　　　小學類編附編·小學鉤沈
　　　　翠琅玕館叢書(馮兆年輯)第二集·小
　　　　學鉤沈
　　　　芋園叢書·經部·小學鉤沈
字類
　　(清)顧震福輯
　　　　小學鉤沈續編
字類
　　(民國)龍璋輯
　　　　小學蒐佚上編
字典一卷
　　(民國)龍璋輯
　　　　小學蒐佚上編
字典翼一卷
　　(清)張道撰

　　　　　漁浦草堂遺稿

開元文字音義一卷
　　唐玄宗撰　（清）黃奭輯
　　　漢學堂叢書・經解小學類
　　　黃氏逸書考（民國修補本、民國補刊
　　　　本）・漢學堂經解

開元音義一卷
　　唐玄宗撰　（民國）龍璋輯
　　　小學蒐佚下編

開元文字音義一卷
　　唐玄宗撰　（民國）汪黎慶輯
　　　廣倉學宭叢書甲類第一集・小學叢殘
　　　　四種

類篇十五卷
　　（宋）司馬光等撰
　　　曹楝亭五種
　　　姚氏叢刻

　類篇四十五卷
　　　四庫全書・經部小學類

集篆古文韻海五卷
　　（宋）杜從古撰
　　　宛委別藏
　　　選印宛委別藏

龍龕手鑑四卷
　　（遼）釋行均撰
　　　四庫全書・經部小學類
　　　函海（乾隆本、道光本）第十函
　　　正誼齋叢書
　　　函海（光緒本）第十二函
　　　四部叢刊續編・經部
　　　續古逸叢書

康熙字典四十二卷
　　（清）張玉書等撰
　　　四庫全書・經部小學類

　康熙字典三十六卷
　　　摛藻堂四庫全書薈要・經部

點石齋字彙四卷
　　　申報館叢書續集・字書類

字典紀字一卷
　　（清）汪汲撰
　　　古愚老人消夏錄

正俗備用字解四卷附一卷
　　（清）王兆琛撰
　　　天壤閣叢書增刊

聯綿字譜三卷
　　（民國）王國維撰
　　　海寧王忠慤公遺書二集
　　　海寧王靜安先生遺書

字　體

古文官書附古文奇字郭訓古文奇字
　　（漢）衛宏撰　附（□）□□撰　（清）任大椿
　　輯　（清）王念孫校
　　　小學鉤沈（汪廷珍本、龍氏本、崇文書
　　　　局本）
　　　小學類編附編　小學鉤沈
　　　翠琅玕館叢書（馮兆年輯）第二集・小
　　　　學鉤沈
　　　芋園叢書・經部・小學鉤沈

古文官書一卷
　　（漢）衛宏撰　（清）馬國翰輯
　　　玉函山房輯佚書（娜嬛館本、重印本、
　　　　楚南書局本）・經編小學類

古文官書
　　（漢）衛宏撰　（清）顧震福輯
　　　小學鉤沈續編

古文官書
　　（漢）衛宏撰　（民國）龍璋輯
　　　小學蒐佚上編

古文官書一卷
　　（漢）衛宏撰　（民國）費廷璜輯
　　　南菁札記

衛宏一卷
　　（民國）龍璋輯
　　　小學蒐佚上編補

古文奇字
　　（漢）郭顯卿撰（清）顧震福輯
　　　小學鉤沈續編

古文奇字
　　（漢）郭顯卿撰　（民國）龍璋輯
　　　小學蒐佚上編

古文一卷
　　（民國）龍璋輯
　　　小學蒐佚上編補

古今文字表一卷
　　（後魏）江式撰　（清）馬國翰輯
　　　玉函山房輯佚書（娜嬛館本、重印本、
　　　　楚南書局本）・經編小學類

演說文一卷
　　（□）庾儼默撰　（清）馬國翰輯
　　　玉函山房輯佚書（娜嬛館本、重印本、
　　　　楚南書局本）・經編小學類

文字指歸
　　（隋）曹憲撰　（清）任大椿輯　（清）王念孫
　　校
　　　小學鉤沈（汪廷珍本、龍氏本、崇文書

局本）

小學類編附編・小學鉤沈

翠琅玕館叢書(馮兆年輯)第二集・小
學鉤沈

芋園叢書・經部・小學鉤沈

文字指歸一卷

(隋)曹憲撰　(清)馬國翰輯

玉函山房輯佚書(娜嬛館本、重印本、
楚南書局本)・經編小學類

文字指歸一卷

(隋)曹憲撰　(清)黃奭輯

黃氏逸書考（民國修補本、民國補刊
本)・漢學堂經解

文字指歸

(隋)曹憲撰　(清)顧震福輯

小學鉤沈續編

文字指歸一卷

(隋)曹憲撰　(民國)龍璋輯

小學蒐佚上編

字體

(清)任大椿輯　(清)王念孫校

小學鉤沈(汪廷珍本、龍氏本、崇文書
局本)

小學類編附編・小學鉤沈

翠琅玕館叢書(馮兆年輯)第二集・小
學鉤沈

芋園叢書・經部・小學鉤沈

字體

(清)顧震福輯

小學鉤沈續編

字體一卷

(民國)龍璋輯

小學蒐佚上編

字謏

(清)任大椿輯　(清)王念孫校

小學鉤沈(汪廷珍本、龍氏本、崇文書
局本)

小學類編附編・小學鉤沈

翠琅玕館叢書(馮兆年輯)第二集・小
學鉤沈

芋園叢書・經部　小學鉤沈

字謏

(清)顧震福輯

小學鉤沈續編

字謏一卷

(民國)龍璋輯

小學蒐佚上編

俗書證誤

(隋)顏愍楚撰

居家必備・藝學

俗書證誤一卷

說郛(宛委山堂本)弓八十五

同文考證

靑照堂叢書摘三編第四函

字學三種

俗字證誤一卷

書三昧樓叢書・同文考證

文字志一卷

(□)王愔撰　(民國)龍璋輯

小學蒐佚上編

干祿字書一卷

(唐)顏元孫撰

格致叢書

夷門廣牘・書法

說郛(宛委山堂本)弓八十五

四庫全書・經部小學類

同文考證

書三昧樓叢書・同文考證

靑照堂叢書摘三編第四函

古經解彙函(粵東書局本、蜚英館石印
本、湘南書局本)附・小學彙函

字學三種

後知不足齋叢書第二函

叢書集成初編・語文學類

景印元明善本叢書十種・夷門廣牘

干祿字書箋證一卷

(民國)羅振玉撰

貞松老人遺稿甲集

字樣一卷

(唐)顏師古撰　(民國)汪黎慶輯

廣倉學窘叢書甲類第一集・小學叢殘
四種

字樣一卷

(唐)顏師古撰　(民國)龍璋輯

小學蒐佚上編

分毫字樣一卷

(唐)□□撰　(清)馬國翰輯

玉函山房輯佚書(娜嬛館本、重印本、
楚南書局本)・經編小學類

說文字樣一卷

(民國)龍璋輯

小學蒐佚上編

祕府略殘二卷(存卷八六四、卷八六八)

(日本)滋野貞主等撰

吉石盦叢書四集

佩觿三卷

(後周)郭忠恕撰
　　格致叢書
　　唐宋叢書・載籍
　　說郛(宛委山堂本)弓八十五
　　澤存堂五種(康熙本、景康熙本)
　　四庫全書・經部小學類
　　硯北偶鈔
　　字學三書
　　續知不足齋叢書第一集
　　鐵華館叢書
　　清芬堂叢書・經部
　　叢書集成初編・語文學類

汗簡三卷目錄敘略一卷
　　(後周)郭忠恕撰
　　　四庫全書・經部小學類

汗簡三卷
　　　四部叢刊續編・經部

汗簡七卷
　　(後周)郭忠恕撰　　(清)鄭珍箋正
　　　廣雅書局叢書・小學

汗簡箋正七卷目錄一卷
　　(清)鄭珍撰
　　　黔南叢書別集
　　　巢經巢全集

古文四聲韻五卷
　　(宋)夏竦撰
　　　四庫全書・經部小學類
　　　芋園叢書・經部

新集古文四聲韻五卷
　　　碧琳琅館叢書甲部

復古編二卷
　　(宋)張有撰
　　　四庫全書・經部小學類
　　　四部叢刊三編・經部

續復古編四卷
　　(元)曹本撰
　　　宛委別藏
　　　邃雅堂全書

漢隸字源六卷
　　(宋)婁機撰
　　　四庫全書・經部小學類
　　　摛藻堂四庫全書薈要・經部

字通一卷
　　(宋)李從周撰
　　　四庫全書・經部小學類
　　　知不足齋叢書(乾隆至道光本、景乾隆
　　　　至道光本)第二十七集
　　　叢書集成初編・語文學類

六義圖解一卷
　　(宋)王應電撰
　　　居家必備・藝事
　　　說郛(宛委山堂本)弓八十六

隸韻十卷
　　(宋)劉球撰
　　　宛委別藏

字鑑五卷
　　(元)李文仲撰
　　　澤存堂五種(康熙本、景康熙本)
　　　四庫全書・經部小學類
　　　字學三書
　　　鐵華館叢書
　　　清芬堂叢書・經部
　　　叢書集成初編・語文學類

續古篆韻六卷
　　(元)吾丘衍撰
　　　宛委別藏
　　　獨抱廬叢刻

古字便覽一卷
　　(元)虞集撰
　　　格致叢書

漢隸分韻七卷
　　(元)□□撰
　　　格致叢書
　　　四庫全書・經部小學類

增廣鐘鼎篆韻七卷
　　(元)楊鉤撰
　　　宛委別藏
　　　選印宛委別藏

古俗字略五卷 漢碑用字一卷 俗用雜字一
卷
　　(明)陳士元撰
　　　歸雲別集(萬曆本、道光本)

問奇集一卷
　　(明)張位撰
　　　寶顏堂祕笈(萬曆本、民國石印本)・
　　　　彙集

篆訣辯釋一卷
　　(明)□□撰
　　　玲瓏山館叢書・小學下編

字孿四卷
　　(明)葉秉敬撰
　　　四庫全書・經部小學類

字孿二卷
　　　玲瓏山館叢刻

俗書刊誤十二卷
　　(明)焦竑撰

四庫全書・經部小學類
四庫全書珍本初集・經部小學類

吳音奇字一卷
　　(明)孫樓輯　(明)陸鑑補遺
　　　吳中文獻小叢書

吳音奇字跋一卷
　　(清)王振聲撰
　　　王文村遺著

篆隸攷異四卷
　　(清)周靖撰
　　　四庫全書・經部小學類
　　　四庫全書珍本初集・經部小學類

榕村字畫辨訛一卷
　　(清)李光地撰
　　　李文貞公全集
　　　榕村全書

隸辨八卷
　　(清)顧藹吉撰
　　　四庫全書・經部小學類

音同義異辯一卷
　　(清)畢沅撰
　　　經訓堂叢書(乾隆本、景乾隆本)
　　　金峨山館叢書
　　　叢書集成初編・語文學類

經典文字辨證書五卷
　　(清)畢沅撰
　　　經訓堂叢書(乾隆本、景乾隆本)
　　　叢書集成初編・語文學類

隸通二卷
　　(清)錢慶曾撰
　　　鄮齋叢書

壘字編一卷
　　(清)汪汲撰
　　　古愚老人消夏錄

經典文字考異三卷
　　(清)錢大昕撰
　　　古學彙刊第二集・經學類

字書三辨三卷
　　(清)趙敬襄撰
　　　竹岡齋九種

繆篆分韻五卷補一卷
　　(清)姚文田撰
　　　邃雅堂全書

漢隸辨體四卷
　　(清)尹彭壽撰
　　　斠經室集初刻

榕園識字編一卷
　　(清)李彥章撰
　　　榕園全集

識字續編一卷
　　(清)林春溥撰
　　　竹柏山房十五種附刻

宜略識字二卷
　　(清)林春溥撰
　　　竹柏山房十五種附刻

辨字通俗編一卷
　　(清)宗廷輔(佛嬭老人)輯
　　　宗月鋤先生遺著

古文原始一卷
　　(清)曹金籀撰
　　　石屋書

字體蒙求一卷
　　(清)易本烺撰
　　　三餘書屋叢書

字體辨正一卷
　　(清)陸費墀撰
　　　書三味樓叢書・同文考證

漢碑隸體舉要一卷
　　(清)蔣和撰
　　　蔣氏游藝祕錄

雜字便覽一卷
　　(清)□□撰
　　　三餘堂叢刻

字體辨正一卷
　　(清)陸費墀撰
　　　同文考證附

敬避字樣一卷
　　(清)□□輯
　　　書三味樓叢書・同文考證

重刊辨正通俗文字一卷
　　(清)□□輯
　　　書三味樓叢書附

國朝四庫全書辨正通俗文字一卷
　　(清)□□撰
　　　青照堂叢書摘三編第四函

四庫全書辨正通俗文字一卷
　　　拜梅山房几上書

蒙　學

蒼頡篇一卷
　　(清)任兆麟輯
　　　有竹居集・雜著

倉頡篇二卷附倉頡訓詁倉頡解詁
　　(清)任大椿輯　(清)王念孫校
　　　小學鉤沈(汪廷珍本、龍氏本、崇文書
　　　局本)

小學類編附編・小學鉤沈
翠琅玕館叢書(馮兆年輯)第二集・小
學鉤沈
芋園叢書・經部・小學鉤沈

蒼頡篇三卷
　(清)孫星衍輯
　　岱南閣叢書(乾隆嘉慶本、景乾隆嘉慶
　　本)
　　叢書集成初編・語文學類

倉頡篇一卷
　(清)黃奭輯
　　知足齋叢書
　　漢學堂叢書・經解小學類
　　黃氏逸書考（民國修補本、民國補刊
　　本)・漢學堂經解

倉頡篇
　(清)顧震福輯
　　小學鉤沈續編

倉頡篇三卷
　(清)陳其榮輯
　　觀自得齋叢書

重輯蒼頡篇二卷
　(民國)王國維輯
　　海寧王靜安先生遺書

倉頡篇二卷
　(民國)龍璋輯
　　小學蒐佚上編

倉頡篇補本續一卷
　(民國)曹元忠輯
　　南菁札記

倉頡篇殘簡考釋一卷
　(民國)羅振玉撰
　　廣倉學宭叢書甲類第一集

倉頡訓詁一卷
　(漢)杜林撰　(清)馬國翰輯
　　玉函山房輯佚書(嫏嬛館本、重印本、
　　楚南書局本)・經編小學類

蒼頡篇一卷
　(魏)張揖訓詁　(晉)郭璞解詁　(清)馬國
　翰輯
　　玉函山房輯佚書(嫏嬛館本、重印本、
　　楚南書局本)・經編小學類

蒼頡解詁一卷
　(晉)郭璞撰　(清)黃奭輯
　　黃氏逸書考（民國修補本、民國補刊
　　本)・漢學堂經解

倉頡解詁
　(晉)郭璞撰(清)顧震福輯

小學鉤沈續編

三倉二卷附三倉訓詁三倉解詁
　(清)任大椿輯　(清)王念孫校
　　小學鉤沈(汪廷珍本、龍氏、崇文書
　　局本)
　　小學類編附編・小學鉤沈
　　翠琅玕館叢書(馮兆年輯)第二集・小
　　學鉤沈
　　芋園叢書・經部・小學鉤沈

三倉
　(清)顧震福輯
　　小學鉤沈續編

三倉一卷
　(民國)龍璋輯
　　小學蒐佚上編

三蒼攷逸補正一卷
　(清)任兆麟撰
　　小學鉤沈(汪廷珍本、龍氏本、崇文書
　　局本)附
　　小學類編附編・小學鉤沈附

三蒼一卷
　(魏)張揖訓詁　(晉)郭璞解詁　(清)馬國
　翰輯
　　玉函山房輯佚書(嫏嬛館本、重印本、
　　楚南書局本)・經編小學類

三倉解詁一卷
　(晉)郭璞撰　(清)黃奭輯
　　黃氏逸書考（民國修補本、民國補刊
　　本)・漢學堂經解

三倉解詁
　(晉)郭璞撰　(清)顧震福輯
　　小學鉤沈續編

凡將篇
　(漢)司馬相如撰　(清)任大椿輯　(清)王
　念孫校
　　小學鉤沈(汪廷珍本、龍氏本、崇文書
　　局本)
　　小學類編附編・小學鉤沈
　　翠琅玕館叢書第二集・小學鉤沈
　　芋園叢書・經部・小學鉤沈

凡將篇一卷
　(漢)司馬相如撰　(清)馬國翰輯
　　玉函山房輯佚書(嫏嬛館本、重印本、
　　楚南書局本)・經編小學類

凡將篇一卷
　(漢)司馬相如撰　(清)黃奭輯
　　漢學堂叢書・經解小學類
　　黃氏逸書考（民國修補本、民國補刊

本)·漢學堂經解

凡將篇
　　(漢)司馬相如撰　(清)顧震福輯
　　　　小學鉤沈續編

凡將一卷
　　(漢)司馬相如撰　(民國)龍璋輯
　　　　小學蒐佚上編

凡將篇逸文注一卷
　　(清)王紹蘭輯
　　　　蕭山王氏十萬卷樓輯佚七種

急就章四卷
　　(漢)史游撰
　　　　四庫全書·經部小學類

　急就篇四卷
　　　　反約篇

　急就一卷
　　　　獨抱廬叢刻

　急就篇一卷
　　　　古逸叢書

急就篇一卷
　　(漢)史游撰　(唐)顏師古注
　　　　四部叢刊續編·經部

急就篇四卷
　　(漢)史游撰　(唐)顏師古注　(宋)王應麟
　　音釋
　　　　格致叢書
　　　　津逮祕書(汲古閣本、景汲古閣本)第
　　　　三集

　急就篇四卷正文一卷
　　　　學津討原(嘉慶本、景嘉慶本)第四集

急就篇四卷
　　(漢)史游撰　(唐)顏師古注　(宋)王應麟
　　補注
　　　　玉海(元刊明修清康熙補刊本、浙江書
　　　　局本、成都志古堂本)附刻
　　　　古經解彙函(粵東書局本、蜚英館石印
　　　　本、湘南書局本)附·小學彙函

　急就篇四卷正文一卷
　　　　天壤閣叢書
　　　　叢書集成初編·語文學類

急就章一卷
　　(漢)史游撰　(吳)皇象書　(宋)葉夢得臨
　　　　吉石盦叢書三集

皇象本急就章一卷附音略一卷
　　(漢)史游撰　(清)鈕樹玉校
　　　　靈鶼閣叢書第一集

急就章一卷附攷證一卷音略一卷音略攷
　　證一卷

(漢)史游撰　(清)鈕樹玉校并撰攷證
　　功順堂叢書
　　叢書集成初編·語文學類

校松江本急就篇一卷
　　(漢)史游撰　(民國)王國維校
　　　　海寧王忠慤公遺書初集
　　　　海寧王靜安先生遺書

急就探奇一卷
　　(清)陳本禮撰
　　　　江都陳氏叢書·漢詩統箋

急就章考異一卷
　　(清)孫星衍撰
　　　　岱南閣叢書(沈州本)
　　　　叢書集成初編·語文學類

急就章攷異一卷
　　(清)莊世驥撰
　　　　廣雅書局叢書·小學

急就章跋一卷
　　(清)王振聲撰
　　　　王文村遺著

急就篇一卷
　　(民國)宋育仁句讀
　　　　問琴閣叢書

急就篇直音一卷
　　(清)王祖源撰　(清)錢保塘補音
　　　　天壤閣叢書

訓纂篇一卷
　　(漢)揚雄撰　(清)馬國翰輯
　　　　玉函山房輯佚書(嫏嬛館本、重印本、
　　　　楚南書局本)·經編小學類

蒼頡訓纂一卷
　　(漢)揚雄撰　(清)黃奭輯
　　　　黃氏逸書考(民國修補本、民國補刊
　　　　本)·漢學堂經解

揚雄訓纂篇考一卷
　　(民國)鄭文焯撰
　　　　大鶴山房全書

勸學篇
　　(漢)蔡邕撰　(清)任大椿輯　(清)王念孫
　　校
　　　　小學鉤沈(汪廷珍本、龍氏本、崇文書
　　　　局本)
　　　　小學類編附編·小學鉤沈
　　　　翠琅玕館叢書(馮兆年輯)第二集·小
　　　　學鉤沈
　　　　芋園叢書·經部·小學鉤沈

勸學篇一卷
　　(漢)蔡邕撰　(清)馬國翰輯

玉函山房輯佚書（娜嬛館本、重印本、
楚南書局本）·經編小學類

勸學篇一卷
（漢）蔡邕撰　（清）黃奭輯
漢學堂叢書·經解小學類
黃氏逸書考（民國修補本、民國補刊
本）·漢學堂經解

勸學篇
（漢）蔡邕撰　（清）顧震福輯
小學鉤沈續編

勸學篇一卷
（漢）蔡邕撰　（清）王仁俊輯
玉函山房輯佚書續編·經編小學類

勸學篇一卷
（漢）蔡邕撰　（民國）龍璋輯
小學蒐佚上編

聖皇篇
（漢）蔡邕撰　（清）任大椿輯　（清）王念孫
校
小學鉤沈（汪廷珍本、龍氏本、崇文書
局本）
小學類編附編·小學鉤沈
翠琅玕館叢書(馮兆年輯)第二集·小
學鉤沈
芋園叢書·經部·小學鉤沈

聖皇篇
（漢）蔡邕(題魏曹植)撰　（清）顧震福輯
小學鉤沈續編

聖皇篇一卷
（漢）蔡邕撰　（民國）龍璋輯
小學蒐佚上編

埤倉二卷
（魏）張揖撰　（清）任大椿輯　（清）王念孫
校
小學鉤沈（汪廷珍本、龍氏本、崇文書
局本）
小學類編附編·小學鉤沈
翠琅玕館叢書(馮兆年輯)第二集·小
學鉤沈
芋園叢書·經部·小學鉤沈

埤蒼一卷
（魏）張揖撰　（清）馬國翰輯
玉函山房輯佚書（娜嬛館本、重印本、
楚南書局本）·經編小學類

埤倉一卷
（魏）張揖撰　（清）黃奭輯
漢學堂叢書·經解小學類
黃氏逸書考（民國修補本、民國補刊

本）·漢學堂經解

埤倉一卷
（魏）張揖撰　（清）顧震福輯
小學鉤沈續編

埤倉一卷
（魏）張揖撰　（民國）龍璋輯
小學蒐佚上編

埤蒼一卷
（魏）張揖撰　陶棟輯
輯佚叢刊

廣蒼
（魏）樊恭撰　（清）任大椿輯　（清）王念孫
校
小學鉤沈（汪廷珍本、龍氏本、崇文書
局本）
小學類編附編·小學鉤沈
翠琅玕館叢書(馮兆年輯)第二集·小
學鉤沈
芋園叢書·經部·小學鉤沈

廣蒼一卷
（魏）樊恭撰　（清）馬國翰輯
玉函山房輯佚書（娜嬛館本、重印本、
楚南書局本）·經編小學類

廣倉一卷
（魏）樊恭撰　（清）黃奭輯
黃氏逸書考（民國修補本、民國補刊
本）·漢學堂經解

廣倉
（魏）樊恭撰　（清）顧震福輯
小學鉤沈續編

廣倉一卷
（魏）樊恭撰　（民國）龍璋輯
小學蒐佚上編

始學篇一卷
（吳）項竣撰　（清）馬國翰輯
玉函山房輯佚書（娜嬛館本、重印本、
楚南書局本）·經編小學類

始學篇一卷
（吳）項竣撰　（清）王仁俊輯
玉函山房輯佚書續編·經編小學類

始學篇一卷
（吳）項竣撰　（民國）龍璋輯
小學蒐佚上編

發蒙記一卷
（晉）束皙撰
說郛(宛委山堂本)弓六十

發蒙記一卷
（晉）束皙撰　（清）馬國翰輯

玉函山房輯佚書（嬭嬛館本、重印本、
楚南書局本）・經編小學類

發蒙記一卷
　（晉）束晢撰　（民國）龍璋輯
　　小學蒐佚上編

啓蒙記一卷
　（晉）顧愷之撰　（清）馬國翰輯
　　玉函山房輯佚書（嬭嬛館本、重印本、
　　楚南書局本）・經編小學類

庭誥一卷
　（劉宋）顏延之撰　（清）馬國翰輯
　　玉函山房輯佚書（嬭嬛館本、重印本、
　　楚南書局本）・經編小學類

庭誥一卷
　（劉宋）顏延之撰　（民國）龍璋輯
　　小學蒐佚上編補

誥幼一卷
　（劉宋）顏延之撰　（清）馬國翰輯
　　玉函山房輯佚書（嬭嬛館本、重印本、
　　楚南書局本）補遺・經編小學類

誥幼一卷
　（劉宋）顏延之撰　（民國）龍璋輯
　　小學蒐佚上編

續千文一卷
　（宋）侍其瑋撰
　　雲自在龕叢書第一集
　　芝園祕錄初刻

敍古千文一卷
　（宋）胡寅撰　（宋）黃灝注
　　粵雅堂叢書初編第七集
　　東聽雨堂刊書

三續千字文注一卷
　（宋）葛剛正撰
　　海源閣叢書
　　常州先哲遺書第一集・經類

稽古千文
　（元）許衡撰
　　許文正公遺書
　　西京清麓叢書正編・許文正公遺書
　　洪氏唐石經館叢書・許文正公遺書

別本續千字文
　（明）陳鎏撰
　　借月山房彙鈔（嘉慶本、景嘉慶本）第
　　三集・千字文萃
　　澤古齋重鈔第三集・千字文萃

廣易千文一卷
　（明）周履靖撰
　　夷門廣牘・藝苑

景印元明善本叢書十種・夷門廣牘・
藝苑

訓蒙千文一卷
　（清）何桂珍撰
　　西京清麓叢書續編・養正叢編

訓蒙千字文一卷
　　何文貞公遺書

何文貞公千字文一卷
　　雲南叢書初編・子部

訓蒙千文註一卷
　（清）何桂珍撰
　　西京清麓叢書續編・養正叢編

別本千字文續千字文再續千字文
　（清）黃祖顯撰
　　借月山房彙鈔（嘉慶本、景嘉慶本）第
　　三集・千字文萃
　　澤古齋重鈔第三集・千字文萃

續千字文一卷
　（清）龔璁撰
　　藜照廬叢書

廣千字文一卷
　（□）況澄撰
　　藜照廬叢書

千字文釋義一卷
　（清）汪嘯尹輯
　　重刻徐氏三種

音韻之屬

韻　書

聲類一卷
　（魏）李登撰　（清）任大椿輯　（清）王念孫
　校
　　小學鉤沈（汪廷珍本、龍氏本、崇文書
　　局本）
　　小學類編附編・小學鉤沈
　　翠琅玕館叢書（馮兆年輯）第二集・小
　　學鉤沈
　　芋園叢書・經部・小學鉤沈

聲類一卷
　（魏）李登撰　（清）馬國翰輯
　　玉函山房輯佚書（嬭嬛館本、重印本、
　　楚南書局本）・經編小學類

聲類一卷
　（魏）李登撰　（清）黃奭輯
　　漢學堂叢書・經解小學類
　　黃氏逸書考（民國修補本、民國補刊

本）·漢學堂經解

聲類
  （魏）李登撰　（清）顧震福輯
    小學鉤沈續編

聲類一卷
  （魏）李登撰　（民國）龍璋輯
    小學蒐佚下編

韻集
  （晉）呂靜撰　（清）任大椿輯　（清）王念孫
  校
    小學鉤沈（汪廷珍本、龍氏本、崇文書
    局本）
    小學類編附編·小學鉤沈
    翠琅玕館叢書(馮兆年輯)第二集·小
    學鉤沈
    芋園叢書·經部·小學鉤沈

韻集一卷
  （晉）呂靜撰　（清）馬國翰輯
    玉函山房輯佚書（嬭嫏館本、重印本、
    楚南書局本）·經編小學類

韻集一卷
  （晉）呂靜撰　（清）黃奭輯
    黃氏逸書考（民國修補本、民國補刊
    本）·漢學堂經解

韵集
  （晉）呂靜撰　（清）顧震福輯
    小學鉤沈續編

韻集一卷
  （晉）呂靜撰　（民國）龍璋輯
    小學蒐佚下編

文字音義一卷
  （晉）王延撰　（民國）龍璋輯
    小學蒐佚下編

韻會一卷
  （晉）孟昶撰　（民國）龍璋輯
    小學蒐佚下編

纂韻一卷
  （□）潘徽撰　（民國）龍璋輯
    小學蒐佚下編

音譜
  （劉宋）李槩撰　（清）任大椿輯　（清）王念
  孫校
    小學鉤沈（汪廷珍本、龍氏本、崇文書
    局本）
    小學類編附編·小學鉤沈
    翠琅玕館叢書(馮兆年輯)第二集·小
    學鉤沈
    芋園叢書·經部·小學鉤沈

音譜一卷
  （劉宋）李槩撰　（清）黃奭輯
    漢學堂叢書·經解小學類
    黃氏逸書考（民國修補本、民國補刊
    本）·漢學堂經解

音譜
  （劉宋）李槩撰　（清）顧震福輯
    小學鉤沈續編

音譜一卷
  （劉宋）李槩撰　（民國）龍璋輯
    小學蒐佚下編

聲譜
  （清）任大椿輯　（清）王念孫校
    小學鉤沈(汪廷珍本、龍氏本、崇文書
    局本)
    小學類編附編·小學鉤沈
    翠琅玕館叢書(馮兆年輯)第二集·小
    學鉤沈
    芋園叢書·經部·小學鉤沈

聲譜一卷
  （清）黃奭輯
    漢學堂叢書·小學類·音譜附
    黃氏逸書考（民國修補本、民國補刊
    本）·漢學堂經解·音譜附

聲譜
  （清）顧震福輯
    小學鉤沈續編

聲譜一卷
  （民國）龍璋輯
    小學蒐佚下編

古今字音
  （清）任大椿輯　（清）王念孫校
    小學鉤沈（汪廷珍本、龍氏本、崇文書
    局本）
    小學類編附編·小學鉤沈
    翠琅玕館叢書(馮兆年輯)第二集·小
    學鉤沈
    芋園叢書·經部·小學鉤沈

古今字音一卷
  （民國）龍璋輯
    小學蒐佚下編

韻略
  （北齊）陽休之撰　（清）任大椿輯　（清）王
  念孫校
    小學鉤沈（汪廷珍本、龍氏本、崇文書
    局本）
    小學類編附編·小學鉤沈
    翠琅玕館叢書(馮兆年輯)第二集·小

學鉤沈
芋園叢書·經部·小學鉤沈

韻略一卷
(北齊)陽休之撰 (清)馬國翰輯
玉函山房輯佚書(嫏嬛館本、重印本、
楚南書局本)·經編小學類

韻略一卷
(北齊)陽休之撰 (清)黃奭輯
漢學堂叢書·經解小學類
黃氏逸書考(民國修補本)·漢學堂經
解

韻略
(北齊)陽休之撰 (清)顧震福輯
小學鉤沈續編

韻略一卷
(北齊)陽休之撰 (清)王仁俊輯
玉函山房輯佚書續編·經編小學類

韻略一卷
(北齊)陽休之撰 (民國)龍璋輯
小學蒐佚下編

集類一卷
(民國)龍璋輯
小學蒐佚上編

五經音義一卷
(民國)龍璋輯
小學蒐佚下編

韻英一卷
(隋)釋靜洪撰 (民國)龍璋輯
小學蒐佚下編

切韻
(隋)陸法言撰 (清)任大椿輯 (清)王念
孫校
小學鉤沈(汪廷珍本、龍氏本、崇文書
局本)
小學類編附編·小學鉤沈
翠琅玕館叢書(馮兆年輯)第二集·小
學鉤沈
芋園叢書·經部·小學鉤沈

陸詞切韻
(隋)陸法言撰 (清)顧震福輯
小學鉤沈續編

切韻一卷
(□)陸慈撰 (民國)龍璋輯
小學蒐佚下編

切韻一卷
(唐)李舟撰 (清)黃奭輯
漢學堂叢書·經解小學類
黃氏逸書考(民國修補本、民國補刊

本)·漢學堂經解

切韻
(唐)郭知玄撰 (清)顧震福輯
小學鉤沈續編

切韻
(唐)王仁煦撰 (清)顧震福輯
小學鉤沈續編

切韻
(唐)祝尚邱撰 (清)顧震福輯
小學鉤沈續編

東宮切韻
(日本)菅原是善撰 (清)顧震福輯
小學鉤沈續編

釋氏切韻
(唐)□□撰 (清)顧震福輯
小學鉤沈續編

切韻
(唐)裴務齊撰 (清)顧震福輯
小學鉤沈續編

切韻
(唐)麻杲撰 (清)顧震福輯
小學鉤沈續編

切韻
(唐)李審言撰 (清)顧震福輯
小學鉤沈續編

切韻
(唐)蔣魴撰 (清)顧震福輯
小學鉤沈續編

切韻
(清)顧震福輯
小學鉤沈續編

唐韻二卷
(唐)孫愐撰 (清)黃奭輯
漢學堂叢書·經解小學類
黃氏逸書考(民國修補本、民國補刊
本)·漢學堂經解

切韻
(唐)孫愐撰 (清)顧震福輯
小學鉤沈續編

唐韻一卷
(唐)孫愐撰 (民國)龍璋輯
小學蒐佚下編

唐韻佚文一卷
(唐)孫愐撰 (民國)王國維輯
海寧王忠慤公遺書初集
海寧王靜安先生遺書·唐寫本唐韻殘
本校勘記附

唐寫本唐韻殘卷校勘記二卷

（民國）王國維撰
　　海寧王忠慤公遺書初集
　　海寧王靜安先生遺書
唐韻正二十卷
　　（清）顧炎武撰
　　音學五書（符山堂本、觀稼樓本、岵瞻
　　堂本、思賢講舍本、文瑞樓石印本、
　　鴻章書局石印本）
　　四庫全書·經部小學類
　　音韵學叢書·音學五書
唐韻考五卷
　　（清）紀容舒撰
　　四庫全書·經部小學類
　孫氏唐韻考五卷
　　　守山閣叢書(道光本、鴻文書局景道光
　　　本、博古齋景道光本)·經部
重斟唐韻攷五卷
　　（清）紀容舒撰　（清）錢熙祚斟　（民國）錢
　　恂重斟
　　畿輔叢書
　　叢書集成初編·語文學類
唐韻餘論四卷
　　（清）周天益撰
　　六書存
唐韻綜一卷
　　（清）周天益撰
　　六書存
唐韵四聲正一卷
　　（清）江有誥撰
　　江氏音學十書(嘉慶道光本、景嘉慶道
　　光本、四川人民出版社重印嚴氏本)
　　音韵學叢書·江氏音學十書
　　廣倉學宭叢書甲類第二集
唐韻輯略五卷備考一卷
　　（清）龐大堃撰
　　龐氏音學遺書
唐韻別考一卷
　　（民國）王國維撰
　　廣倉學宭叢書甲類第二集
韻海鏡源一卷
　　（唐）顏真卿撰　（清）黃奭輯
　　漢學堂叢書·經解小學類
　　黃氏逸書考(民國修補本、民國補刊
　　本)·漢學堂經解
韻銓一卷
　　（唐）武玄之撰　（民國）汪黎慶輯
　　廣倉學宭叢書甲類第一集·小學叢殘
　　四種

韻詮一卷
　　（唐）武玄之撰　（民國）龍璋輯
　　小學蒐佚下編
韻英一卷
　　（唐）陳廷堅撰　（民國）汪黎慶輯
　　廣倉學宭叢書曰類第一集·小學叢殘
　　四種
大宋重修廣韻五卷
　　（宋）陳彭年等撰
　　澤存堂五種(康熙本、景康熙本)
　　曹棟亭五種
　　古經解彙函(粵東書局本、蜚英館石印
　　本、湘南書局本)附·小學彙函
重修廣韻五卷
　　四庫全書·經部小學類
　　摛藻堂四庫全書薈要·經部
廣韻五卷
　　（宋）陳彭年等重修
　　古經解彙函(粵東書局本、蜚英館石印
　　本、湘南書局本)附·小學彙函
　　古逸叢書
　　四部叢刊（初次印本、二次印本、縮印
　　二次印本）·經部
廣韻五卷附校札一卷
　　（宋）陳彭年等重修　校札(清)黎庶昌撰
　　古逸叢書
　　叢書集成初編·語文學類
　　四部備要（排印本、縮印本）·經部小
　　學
廣韻五卷
　　（宋）□□撰
　　四庫全書·經部小學類
　　叢書集成初編·語文學類
附釋文互註禮部韻略五卷
　　（宋）□□撰
　　曹棟亭五種
　　姚氏叢刻
附釋文互註禮部韻略五卷附貢舉條式一
卷
　　（宋）□□撰
　　四庫全書·經部小學類
　　續古逸叢書
　　四部叢刊續編·經部
增修互註禮部韻略五卷
　　（宋）毛晃增注　（宋）毛居正重增
　　四庫全書·經部小學類
集韻十卷
　　（宋）丁度等撰

曹棟亭五種
四庫全書・經部小學類
摛藻堂四庫全書薈要・經部
姚氏叢刻
四部備要 (排印本、縮印本)・經部小
學
集韻校四卷
　(清)陸心源撰
　　潛園總集・羣書校補
集韻考正十卷
　(清)方成珪撰
　　永嘉叢書
韻補五卷
　(宋)吳棫撰
　　四庫全書・經部小學類
　　邵武徐氏叢書初刻
　　音韻學叢書
　韻補五卷附錄一卷
　　連筠簃叢書
　　叢書集成初編・語文學類
韻補正一卷
　(清)顧炎武撰
　　亭林遺書
　　顧亭林先生遺書
　　四庫全書・經部小學類
　　借月山房彙鈔 (嘉慶本、景嘉慶本)第
　　　三集
　　指海(道光本、景道光本)第三集
　　花薰閣詩述
　　澤古齋重鈔第三集
　　連筠簃叢書・韻補附
　　邵武徐氏叢書初刻・韻補附
　　音韻學叢書
　　叢書集成初編・語文學類
　吳才老韻補正一卷
　　明辨齋叢書四集
小學韻補攷一卷
　(清)謝啟昆撰
　　連筠簃叢書・韻補正附
　　叢書集成初編・語文學類・韻補正附
韻譜一卷
　(宋)李燾撰 (民國)龍璋輯
　　小學蒐佚下編
九經補韻一卷
　(宋)楊伯嵒撰
　　百川學海(咸淳本、景刊咸淳本)甲集
　　百川學海(弘治本、景刊咸淳本據弘治
　　　目次編印本、景弘治本)甲集

百川學海(重輯本)甲集
說郛(宛委山堂本)弓四
學津討原(嘉慶本、景嘉慶本)第四集
古今逸史・逸志
四庫全書・經部小學類
景印元明善本叢書十種・古今逸史・
　逸志
九經補韻一卷附錄一卷
　(宋)楊伯嵒撰 (清)錢侗攷證
　　後知不足齋叢書第二函
　　汗筠齋叢書第一集
　　粵雅堂叢書二編第十七集
　　叢書集成初編・語文學類
增修校正押韻釋疑五卷
　(宋)歐陽德隆撰 (宋)郭守正增修
　　四庫全書・經部小學類
　　四庫全書珍本初集・經部小學類
皇極聲音數一卷
　(宋)祝泌撰
　　嘯餘譜
韻林一卷
　(□)張諒撰 (民國)龍璋輯
　　小學蒐佚下編
韻圃一卷
　(民國)龍璋輯
　　小學蒐佚下編
改併五音集韻十五卷
　(金)韓道昭撰
　　韻書四種
　五音集韻十五卷
　　四庫全書・經部小學類
改併五音類聚四聲篇十五卷
　(金)韓道昭撰
　　韻書四種
古今韻會舉要三十卷
　(元)熊忠撰
　　四庫全書・經部小學類
　　摛藻堂四庫全書薈要・經部
洪武正韻十六卷
　(明)樂韶鳳等撰
　　四庫全書・經部小學類
切韻一卷
　(明)潘之淙撰
　　天壤閣叢書・古今韻攷附
　　叢書集成初編・語文學類・古今韻考
　　　附
韻學事類十二卷
　(明)李攀龍輯

格致叢書

文會堂詞韻二卷
　　(明)胡文煥輯
　　　　格致叢書
韻略易通一卷
　　(明)蘭茂撰
　　　　雲南叢書初編‧經部
古今通韻十二卷
　　(清)毛奇齡撰
　　　　四庫全書‧經部小學類
欽定音韻闡微十八卷
　　(清)李光地等撰
　　　　四庫全書‧經部小學類
　　　　摛藻堂四庫全書薈要‧經部
欽定音韻述微三十卷
　　　清乾隆三十年敕撰
　　　　四庫全書‧經部小學類
　　　　四庫全書珍本初集‧經部小學類
欽定同文韻統六卷
　　(清)允祿等撰
　　　　四庫全書‧經部小學類
　　　　摛藻堂四庫全書薈要‧經部
欽定叶韻彙輯五十八卷
　　(清)梁詩正等撰
　　　　四庫全書‧經部小學類
　　　　摛藻堂四庫全書薈要‧子部
詩韻檢字一卷韻字辨似一卷
　　(清)黃本驥撰
　　　　三長物齋叢書
佩文詩韻釋要五卷
　　(清)周兆基輯
　　　　四部備要（排印本、縮印本）‧集部詩
　　　　文評
峋嶁韻牋五卷
　　(清)曠敏本撰
　　　　峋嶁叢書

古今音說

證俗音
　　(北齊)顏之推撰　　(清)任大椿輯　　(清)王
　　念孫校
　　　　小學鉤沈（汪廷珍本、龍氏本、崇文書
　　　　局本）
　　　　小學類編附編‧小學鉤沈
　　　　翠琅玕館叢書(馮兆年輯)第二集‧小
　　　　學鉤沈
　　　　芋園叢書‧經部‧小學鉤沈
證俗音

　　(北齊)顏之推撰　　(清)顧震福輯
　　　　小學鉤沈續編
證俗音一卷
　　(北齊)顏之推(題劉宋顏延之)撰　　(民國)
　　龍璋輯
　　　　小學蒐佚下編
考聲一卷
　　(清)王仁俊輯
　　　　玉函山房輯佚書續編‧經編小學類
字書誤讀一卷
　　(宋)王鞏撰
　　　　居家必備‧藝學
　　　　說郛(宛委山堂本)弓八十五
　　　　同文考證
　　　　書三味樓叢書‧同文考證
　　　　青照堂叢書摘三編第四函
　　　　字學三種
古音獵要五卷
　　(明)楊慎撰
　　　　四庫全書‧經部小學類
　　　　函海(乾隆本、道光本)第十四函‧升
　　　　庵韻學七種
　　　　函海(光緒本)第十八函
古音附錄一卷
　　(明)楊慎撰
　　　　四庫全書‧經部小學類
　　　　函海(乾隆本、道光本)第十四函‧升
　　　　庵韻學七種
　　　　函海(光緒本)第十八函
　　　　叢書集成初編‧語文學類
古音餘五卷
　　(明)楊慎撰
　　　　四庫全書‧經部小學類
　　　　函海(乾隆本、道光本)第十四函‧升
　　　　庵韻學七種
　　　　函海(光緒本)第十八函
　　　　叢書集成初編‧語文學類
古音略例一卷
　　(明)楊慎撰
　　　　四庫全書‧經部小學類
　　　　函海(乾隆本、道光本)第十四函‧升
　　　　庵韻學七種
　　　　函海(光緒本)第十八函
　　　　叢書集成初編‧語文學類
古音駢字五卷
　　(明)楊慎撰
　　　　函海(乾隆本、道光本)第十四函
　　　　函海(光緒本)第十八函

　　　　叢書集成初編·語文學類
古音駢字一卷續編五卷
　　(明)楊愼撰　續編(清)莊履豐(清)莊鼎鉉
　　撰
　　　　四庫全書·經部小學類
古音複字五卷
　　(明)楊愼撰
　　　　函海(乾隆本、道光本)第十四函
　　　　函海(光緒本)第十八函
　　　　叢書集成初編·語文學類
轉注古音略五卷
　　(明)楊愼撰
　　　　四庫全書·經部小學類
　轉注古音略五卷古音後語一卷
　　　　函海(乾隆本、道光本)第十四函·升
　　　　庵韻學七種
　　　　函海(光緒本)第十八函
　　　　叢書集成初編·語文學類
古音叢目五卷
　　(明)楊愼撰
　　　　四庫全書·經部小學類
　　　　函海(乾隆本、道光本)第十四函·升
　　　　庵韻學七種
　　　　函海(光緒本)第十八函
奇字韻五卷
　　(明)楊愼撰
　　　　四庫全書·經部小學類
　　　　函海(乾隆本、道光本)第十四函·升
　　　　庵韻學七種
　　　　函海(光緒本)第十八函
　　　　叢書集成初編·語文學類
發音錄一卷
　　(明)張位撰
　　　　說郛續弓三十二
　　　　青照堂叢書摘三編第四函
交泰韻一卷
　　(明)呂坤撰
　　　　呂新吾全集
毛詩古音攷四卷
　　(明)陳第撰
　　　　一齋集
　　　　四庫全書·經部小學類
　　　　明辨齋叢書四集
　毛詩古音考四卷附錄一卷
　　　　學津討原(嘉慶本、景嘉慶本)第四集
　　　　音韻學叢書
屈宋古音義三卷
　　(明)陳第撰

　　　　一齋集
　　　　四庫全書·經部小學類
　　　　學津討原(嘉慶本、景嘉慶本)第四集
　　　　音韻學叢書
　　　　叢書集成初編·語文學類
屈宋古音攷一卷附錄一卷
　　(明)陳第撰
　　　　明辨齋叢書四集
讀書通二十卷
　　(明)郝敬撰
　　　　山草堂集內編
韻略匯通二卷
　　(明)蘭芳撰
　　　　披海叢書
音論三卷
　　(清)顧炎武撰
　　　　音學五書(符山堂本、觀稼樓本、岵瞻
　　　　堂本、思賢講舍本、文瑞樓石印本、
　　　　鴻章書局石印本)
　　　　四庫全書·經部小學類
　　　　音韻學叢書·音學五書
　音論一卷
　　　　皇清經解(道光本、咸豐補刊本、鴻寶
　　　　齋石印本、點石齋石印本)
古音表二卷
　　(清)顧炎武撰
　　　　音學五書(符山堂本、觀稼樓本、岵瞻
　　　　堂本、思賢講舍本、文瑞樓石印本、
　　　　鴻章書局石印本)
　　　　四庫全書·經部小學類
　　　　花薰閣詩述
　　　　音韻學叢書·音學五書
詩本音十卷
　　(清)顧炎武撰
　　　　音學五書(符山堂本、觀稼樓本、岵瞻
　　　　堂本、思賢講舍本、文瑞樓石印本、
　　　　鴻章書局石印本)
　　　　四庫全書·經部小學類
　　　　皇清經解(道光本、咸豐補刊本、鴻寶
　　　　齋石印本、點石齋石印本)
　　　　音韻學叢書·音學五書
伸顧一卷附劄記一卷
　　(清)易本烺撰　劄記(清)王家鳳撰
　　　　湖北叢書
　　　　叢書集成初編·語文學類
古韻通略一卷
　　(清)柴紹炳撰　(清)毛先舒括略併注
　　　　詞學全書(康熙本、世德堂本、木石山

　　　　　房石印本、大東書局石印本、文寶書
　　　　　局石印本）・詩韻附
韻白一卷
　　（清）毛先舒撰
　　　　思古堂十四種書
聲韻叢說一卷
　　（清）毛先舒撰
　　　　昭代叢書（康熙本）甲集第四帙
　　　　昭代叢書（道光本）乙集第四帙
　　　　學海類編（道光本、景道光本）・集餘
　　　　三
韻問一卷
　　（清）毛先舒撰
　　　　昭代叢書（康熙本）乙集第五帙
　　　　昭代叢書（道光本）乙集第四帙
四聲纂句一卷
　　（清）王鑒撰
　　　　青照堂叢書摘三編第四函
韻學要指（一名古今通韻括略）十一卷
　　（清）毛奇齡撰
　　　　西河合集（康熙本、乾隆修補本）・文
　　　　集
　韻學指要一卷
　　　　龍威祕書八集
古今韵攷四卷
　　（清）李因篤撰
　　　　咫進齋叢書第二集
　　　　音韵學叢書
古今韻攷四卷附記一卷
　　（清）李因篤撰　附記（清）楊傳第撰
　　　　天壤閣叢書
　　　　關中叢書第四集
　　　　叢書集成初編・語文學類
書學愼餘二卷
　　（清）李子金撰
　　　　隱山鄙事
八矢注字說一卷注字圖一卷
　　（清）顧陳垿撰
　　　　斐東雜著
音學緒餘一卷
　　（清）夏曾傳撰
　　　　寶彝室集刊
古韻標準四卷詩韻舉例一卷
　　（清）江永撰　（清）戴震參定
　　　　四庫全書・經部小學類
　　　　貸園叢書初集
　　　　墨海金壺（嘉慶本、景嘉慶本）・經部
　　　　守山閣叢書（道光本、鴻文書局景道光

　　　　本、博古齋景道光本）・經部
　　　　粵雅堂叢書初編第四集
　　　　音韵學叢書
　　　　安徽叢書第三期
　　　　叢書集成初編・語文學類
詩韻析五卷首一卷末一卷
　　（清）汪紱撰
　　　　汪雙池先生叢書・浙刻雙池遺書十二
　　　　種
韻法本俗一卷
　　（清）丁愷曾撰
　　　　望奎樓遺稿
聲韵訂訛一卷
　　（清）曠敏本撰
　　　　岣嶁叢書
毛詩古音參義五卷首一卷
　　（清）潘相撰
　　　　潘相所著書・經學八書
聲韻攷一卷
　　（清）戴震撰
　　　　昭代叢書（道光本）壬集補編
　聲韻攷四卷
　　　　微波榭叢書・戴氏遺書
　　　　經韻樓叢書
　　　　貸園叢書初集
　　　　音韵學叢書
　　　　聲韻要刊
　　　　安徽叢書第六期・戴東原先生全集
　　　　叢書集成初編・語文學類
沈氏四聲考二卷
　　（清）紀昀撰
　　　　鏡烟堂十種
　　　　畿輔叢書
　　　　叢書集成初編・語文學類
聲類四卷
　　（清）錢大昕撰
　　　　嘉定錢氏潛研堂全書・經
　　　　粵雅堂叢書初編第四集
　　　　江氏聚珍版叢書四集
　　　　叢書集成初編・語文學類
音韻問答一卷
　　（清）錢大昕撰
　　　　昭代叢書（道光本）壬集補編
官韻考異一卷
　　（清）吳省欽撰
　　　　藝海珠麈金集（甲集）
小學餘論二卷
　　（清）周春撰

周松靄先生遺書

古音合二卷
　　（清）李調元撰
　　　　函海（乾隆本、道光本）第二十五函
　　　　函海（光緒本）第三十四函

今韻古分十七部表一卷
　　（清）段玉裁撰
　　　　昭代叢書（道光本）庚集埤編補

六書音均表五卷
　　（清）段玉裁撰
　　　　皇清經解（道光本、咸豐補刊本、鴻寶
　　　　齋石印本、點石齋石印本）
　　　　音韻學叢書
　　　　四部備要（排印本、縮印本）・經部小
　　　　學・說文解字注附

聲音表一卷
　　（清）任兆麟撰
　　　　有竹居集・雜著

詩音表一卷
　　（清）錢坫撰
　　　　音韻學叢書
　　　　錢氏四種（嘉慶本、景嘉慶本）

毛詩證讀五卷
　　（清）戚學標撰
　　　　戚鶴泉所著書

古韻譜二卷
　　（清）王念孫撰
　　　　高郵王氏遺書
　　　　音韻學叢書

漢魏音四卷
　　（清）洪亮吉撰
　　　　北江全集
　　　　洪北江全集

古韻異同摘要一卷
　　（清）程際盛（炎）撰
　　　　稻香樓雜著

詩聲類十二卷聲類分例一卷
　　（清）孔廣森撰
　　　　顨軒孔氏所著書
　　　　皇清經解續編（南菁書院本、蜚英館石
　　　　印本）
　　　　音韻學叢書

廣韻說一卷
　　（清）吳夌雲撰
　　　　廣雅書局叢書・雜箸・吳氏遺箸

古音諧八卷
　　（清）姚文田撰
　　　　邃雅堂全書

四聲易知錄四卷
　　（清）姚文田撰
　　　　邃雅堂全書

形聲類篇五卷
　　（清）丁履恆撰
　　　　大亭山館叢書・經類

形聲類篇二卷餘論一卷附校勘一卷
　　（清）丁履恆撰　　校勘（清）龐大堃撰
　　　　佞漢齋叢書

古韵論三卷
　　（清）胡秉虔撰
　　　　績溪胡氏叢書
　　　　滂喜齋叢書第二函
　　　　叢書集成初編・語文學類

毛詩重言一卷
　　（清）王筠撰
　　　　式訓堂叢書三集
　　　　王菉友九種

許氏說音四卷
　　（清）許桂林撰
　　　　聲韻要刊

江氏音學敍錄一卷
　　（清）江有誥撰
　　　　廣倉學宭叢書甲類第二集

古韻總論一卷
　　（清）江有誥撰
　　　　廣倉學宭叢書甲類第二集

詩經韻讀四卷
　　（清）江有誥撰
　　　　江氏音學十書（嘉慶道光本、景嘉慶道
　　　　光本、四川人民出版社重印嚴氏本）
　　　　音韻學叢書・江氏音學十書

先秦韻讀一卷
　　（清）江有誥撰
　　　　江氏音學十書（嘉慶道光本、景嘉慶道
　　　　光本、四川人民出版社重印嚴氏本）
　　　　音韻學叢書・江氏音學十書

楚辭韻讀一卷宋賦韻讀一卷
　　（清）江有誥撰
　　　　江氏音學十書（嘉慶道光本、景嘉慶道
　　　　光本、四川人民出版社重印嚴氏本）
　　　　音韻學叢書・江氏音學十書

廿一部諧聲表一卷
　　（清）江有誥撰
　　　　江氏音學十書（嘉慶道光本、景嘉慶道
　　　　光本、四川人民出版社重印嚴氏本）
　　　　音韻學叢書・江氏音學十書
　　　　廣倉學宭叢書甲類第二集

入聲表一卷
　　（清）江有誥撰
　　　　江氏音學十書（嘉慶道光本、景嘉慶道
　　　　光本、四川人民出版社重印嚴氏本）
　　　　音韵學叢書·江氏音學十書
　　　　廣倉學窘叢書甲類第二集
詩雙聲叠韻譜一卷
　　（清）鄧廷楨撰
　　　　雙硯齋叢書
韻譜一卷
　　（清）牟應震撰
　　　　毛詩質疑
毛詩奇句韻攷四卷
　　（清）牟應震撰
　　　　毛詩質疑
毛詩古韻五卷
　　（清）牟應震撰
　　　　毛詩質疑
毛詩古韻雜論一卷
　　（清）牟應震撰
　　　　毛詩質疑
毛詩雙聲叠韻說一卷
　　（清）王筠撰
　　　　式訓堂叢書三集
　　　　王菉友九種
小學識餘五卷
　　（清）朱駿聲撰
　　　　稷香館叢書
音均部略四卷
　　（清）黃式三撰
　　　　儆居遺書
詩古韻表二十二部集說二卷
　　（清）夏炘撰
　　　　景紫堂全書第三冊·讀詩劄記附
　　　　音韵學叢書
形聲輯略一卷備考一卷
　　（清）龐大堃撰
　　　　龐氏音學遺書
古音輯略二卷備考一卷
　　（清）龐大堃撰
　　　　龐氏音學遺書
音分古義二卷附一卷
　　（清）戴煦撰
　　　　新陽趙氏叢刊
古韻證二十二卷
　　（清）翟云升撰
　　　　五經歲徧齋許學三書附
切韻考六卷外篇三卷

　　（清）陳澧撰
　　　　番禺陳氏東塾叢書
　　　　音韵學叢書
韻學源流一卷
　　（清）莫友芝撰
　　　　邵亭四種
韵府鉤沈五卷
　　（清）雷浚撰
　　　　雷刻八種
劉氏碎金一卷
　　（清）劉禧延撰
　　　　雷氏八種附刻
切韵表
　　（清）成蓉鏡撰
　　　　成氏遺書
詩聲類表一卷
　　（清）成蓉鏡撰
　　　　成氏遺書
六書十二聲傳十二卷觶字贅言一卷
　　（清）呂調陽撰
　　　　觀象廬叢書
歌麻古韻考四卷
　　（清）吳樹聲撰　　（清）苗夔補注
　　　　畿輔叢書
　　　　雲南叢書初編·經部
　　　　叢書集成初編·語文學類
毛詩七聲四音譜四卷
　　（清）馬徵慶撰
　　　　馬鍾山遺書
古音類表九卷
　　（清）傅壽彤撰
　　　　澹勤室著述
　　　　黔南叢書別集
學韻紀要二卷
　　（清）劉瀛賓撰
　　　　西京清麓叢書外編
音學雜述一卷
　　（清）鄭福照撰
　　　　潔園遺著
漢音鉤沈一卷敘例一卷附記一卷
　　（清）胡元玉撰
　　　　鏡珠齋彙刻
聲說二卷
　　（清）時庸勱撰
　　　　聽古廬聲學十書
聲譜二卷
　　（清）時庸勱撰
　　　　聽古廬聲學十書

詩古音繹一卷
　　(清)胡錫燕撰
　　　　胡氏三種
十三經諸家引書異字同聲考十三卷
　　(清)丁顯撰
　　　　丁西圃叢書
雙聲詩選一卷
　　(清)丁顯撰
　　　　丁西圃叢書·韻學蠡言舉要
毛詩古音述一卷
　　(清)顧淳撰
　　　　枕漁韻學兩種
古今韻略注訂二卷
　　(民國)楊昭儁撰
　　　　淨樂窞叢著
韻學餘說一卷
　　(民國)王國維撰
　　　　廣倉學宭叢書甲類第二集
聲韻學撮要一卷
　　(民國)徐昂撰
　　　　徐氏全書
聲韻補遺一卷
　　(民國)徐昂撰
　　　　音學四種·詩經聲韻譜附
詩經聲韻譜七卷
　　(民國)徐昂撰
　　　　音學四種
　詩經聲韻譜八卷
　　　　徐氏全書

等　韻

四聲五音九弄反紐圖一卷
　　(唐)釋神珙撰　(清)馬國翰輯
　　　　玉函山房輯佚書(娜嬛館本、重印本、
　　　　楚南書局本)·經編小學類
司馬溫公切韻一卷
　　(宋)司馬光撰
　　　　嘯餘譜
切韻指掌圖二卷附檢圖之例一卷
　　(宋)司馬光撰　附(元)邵光祖補
　　　　四庫全書·經部小學類
　　　　墨海金壺(嘉慶本、景嘉慶本)·經部
　　　　十萬卷樓叢書二編
　　　　熊刻四種
　　　　四部叢刊續編·經部
　　　　叢書集成初編·語文學類
切韻指掌圖二卷附檢圖之例一卷 校記一
　卷

　　(宋)司馬光撰　檢例(元)邵光祖撰　校記
　　嚴式誨撰
　　　　音韻學叢書
切韻指掌圖校記一卷
　　(清)王振聲撰
　　　　王文村遺著
韻鏡一卷
　　　　古逸叢書
　　　　叢書集成初編·語文學類
四聲等子一卷
　　　　四庫全書·經部小學類
　　　　粵雅堂叢書三編第二十六集
　　　　咫進齋叢書第三集
　　　　叢書集成初編·語文學類
經史正音切韻指南一卷
　　(元)劉鑑撰
　　　　韻書四種
　　　　四庫全書·經部小學類
　新編經史正音切韻指南一卷
　　　　碧琳瑯館叢書甲部
　切韻指南一卷
　　　　芋園叢書·經部
切韻射標一卷
　　(明)李世澤撰
　　　　居家必備·藝學
　　　　說郛續弓三十二
元音譜一卷
　　(明)喬中和撰
　　　　西郭草堂合刊
　　　　蹄新堂集
新編篇韻貫珠集八卷附直指玉鑰匙門法
　一卷
　　(明)釋眞空撰
　　　　韻書四種
韻母五卷
　　(明)呂維祺撰
　　　　音韻日月燈
同文鐸三十卷首四卷
　　(明)呂維祺撰
　　　　音韻日月燈
韻鑰二十五卷
　　(明)呂維祺撰
　　　　音韻日月燈
等音一卷
　　(□)馬槃什撰
　　　　花薰閣詩述
西儒耳目資
　　(明西洋)金尼閣撰

拼音文字史料叢書

切法指南一卷
　　（清）張吳曼撰
　　　集梅花詩

無言祕訣一卷
　　（清）張吳曼撰
　　　集梅花詩

按聲指數法一卷
　　（清）張吳曼撰
　　　集梅花詩

切法辨疑一卷
　　（清）張吳曼撰
　　　集梅花詩

榕村韻書五卷
　　（清）李光地撰
　　　榕村全書

等音聲位合彙二卷
　　（清）高葤映撰
　　　雲南叢書初編・經部

切韻正音經緯圖一卷
　　（清）釋宗常撰
　　　雲南叢書初編・經部

音學辨微一卷
　　（清）江永撰
　　　借月山房彙鈔（嘉慶本、景嘉慶本）第
　　　三集
　　　指海（道光本、景道光本）第三集
　　　澤古齋重鈔第三集
　　　式古居彙鈔
　　　西京淸籠叢書外編
　　　熊刻四種
　　　晉韵學叢書
　　　叢書集成初編・語文學類

音學辨微一卷附校正一卷校刊記一卷
　　（清）江永撰　校正（清）夏燮撰　校刊記
　　（民國）胡樸安撰
　　　安徽叢書第三期

四聲切韻表一卷凡例一卷
　　（清）江永撰
　　　貸園叢書初集
　　　粵雅堂叢書初編第四集
　　　西京淸籠叢書外編
　　　叢書集成初編・語文學類

四聲切韻表一卷附校正一卷
　　（清）江永撰　校正（清）夏燮撰
　　　晉韵學叢書
　　　安徽叢書第三期

四聲切韻表三卷首一卷末一卷
　　（清）江永撰　（清）汪曰楨補正
　　　荔牆叢刻

聲類表九卷首一卷
　　（清）戴震撰
　　　微波榭叢書・戴氏遺書
　　　晉韵學叢書
　　　安徽叢書第六期・戴東原先生全集

五聲反切正均不分卷
　　（清）吳烺撰
　　　安徽叢書第一期

切字釋疑一卷
　　（清）方中履撰
　　　昭代叢書（道光本）丙集第六帙

三十六字母辨
　　（清）黃廷鑑撰
　　　借月山房彙鈔（嘉慶本、景嘉慶本）第
　　　三集・晉學辨微附
　　　澤古齋重鈔第三集
　　　叢書集成初編・語文學類・晉學辨微
　　　附

等韵叢說一卷
　　（清）江有誥撰
　　　江氏音學十書（嘉慶道光本、景嘉慶道
　　　光本、四川人民出版社重印嚴氏本）
　　　附
　　　晉韵學叢書附

等子述一卷
　　（清）方本恭撰
　　　春水船易學

等韻簡明指掌圖一卷論一卷
　　（清）張象津撰
　　　白雲山房集

等韻輯略三卷
　　（清）龐大堃撰
　　　龐氏音學遺書

翻切簡可篇二卷
　　（清）張爕承撰
　　　張師笃著述

五韵論二卷
　　（清）鄒漢勛撰
　　　新化鄒氏斆萩齋遺書

四音定切四卷
　　（清）劉熙載撰
　　　古桐書屋六種

切音蒙引二卷
　　（清）陳錦撰
　　　會稽徐氏鑄學齋叢書

丁氏聲鑑一卷

（清）丁顯撰
　　丁西圃叢書·韻學蠡言舉要

音韻指迷一卷
　（清）丁顯撰
　　丁西圃叢書·韻學蠡言舉要

韻學叢書三十四種題跋一卷
　（清）丁顯撰
　　丁西圃叢書·韻學蠡言舉要

諧聲譜二卷
　（清）丁顯撰
　　丁西圃叢書·韻學蠡言舉要

切韻導原一卷
　（清）吳式釗撰
　　雲南叢書二編·經部

聲韻轉迻略一卷
　（清）顧淳撰
　　枕漁韻學兩種

切音啓蒙一卷
　（清）胡贇撰
　　四明叢書第六集

等韻切音指南一卷
　（民國）張翼廷撰
　　寄寄山房全集

聲紐通轉一卷
　（民國）徐昂撰
　　音學四種
　　徐氏全書

等韻通轉圖證四卷
　（民國）徐昂撰
　　徐氏全書

音說一卷
　（民國）徐昂撰
　　音學四種
　　徐氏全書

律呂納音指法一卷
　（民國）徐昂撰
　　徐氏全書

普庵釋談章音釋一卷
　（民國）徐昂撰
　　徐氏全書

簡字拼音

新編簡字特別課本
　（清）沈韶和撰
　　拼音文字史料叢書

中國音標字書
　（清）劉孟揚撰
　　拼音文字史料叢書

音韻記號
　（清）劉世恩撰
　　拼音文字史料叢書

切音字說明書（原名切音字敎科書）
　（清）鄭東湖撰
　　拼音文字史料叢書

襲字略解列表
　（民國）盧戇章撰
　　拼音文字史料叢書·中國字母北京切
　　音合訂

江蘇新字母
　（清）朱文熊撰
　　拼音文字史料叢書

形聲通
　（清）楊瓊（清）李文治撰
　　拼音文字史料叢書

簡字全譜
　（民國）勞乃宣撰
　　拼音文字史料叢書·簡字譜錄

京音簡字述略
　（民國）勞乃宣撰
　　拼音文字史料叢書·簡字譜錄

重訂合聲簡字譜
　（民國）勞乃宣撰
　　拼音文字史料叢書·簡字譜錄

增訂合聲簡字譜
　（民國）勞乃宣撰
　　拼音文字史料叢書·簡字譜錄

簡字叢錄
　（民國）勞乃宣撰
　　拼音文字史料叢書·簡字譜錄

駁中國用萬國新語說
　（民國）章炳麟撰
　　拼音文字史料叢書

1913年讀音統一會資料匯編
　　拼音文字史料叢書

拼音代字訣
　（清）田廷俊撰
　　拼音文字史料叢書

廣東切音字母
　（民國）盧戇章撰
　　拼音文字史料叢書·中國字母北京切
　　音合訂

廈門切音字母
　（民國）盧戇章撰
　　拼音文字史料叢書·中國字母北京切
　　音合訂

漳州切音字母

（民國）盧戇章撰
　　拼音文字史料叢書・中國字母北京切
　　音合訂

泉州切音字母
（民國）盧戇章撰
　　拼音文字史料叢書・中國字母北京切
　　音合訂

福州切音字母
（民國）盧戇章撰
　　拼音文字史料叢書・中國字母北京切
　　音合訂

官話切音字母
（民國）盧戇章撰
　　拼音文字史料叢書・中國字母北京切
　　音合訂

中國切音字母
（民國）盧戇章撰
　　拼音文字史料叢書・中國字母北京切
　　音合訂

新字甌文七音鐸附甌諺略
（清）陳虹撰
　　拼音文字史料叢書

甌文音彙附補遺
（清）陳虹撰
　　拼音文字史料叢書

數目代字訣（原名代字訣）
（清）田廷俊撰
　　拼音文字史料叢書・官話字母讀物八
　　種

人人能看書（一名拼音官話報）
（民國）王照撰
　　拼音文字史料叢書・官話字母讀物八
　　種

拼音對文三字經
（民國）王照撰
　　拼音文字史料叢書・官話字母讀物八
　　種

拼音對文百家姓
（民國）王照撰
　　拼音文字史料叢書・官話字母讀物八
　　種

官話合聲字母（原名官話合聲字母序例及
關係論說）
（民國）王照撰
　　拼音文字史料叢書

拼漢合璧五洲歌略
（清）北京二十四號官話字母義塾頭班拼譯
（清）張濂溪校訂

拼音文字史料叢書

拼音字譜
（清）王炳耀撰
　　拼音文字史料叢書

明末羅馬字注音文章（原名明季之歐化美
術及羅馬字注音）
（明西洋）利瑪竇撰
　　拼音文字史料叢書

盛世元音
（清）沈學撰
　　拼音文字史料叢書

對兵說話
（民國）王照撰
　　拼音文字史料叢書・官話字母讀物八
　　種

動物學
（民國）王照撰
　　拼音文字史料叢書・官話字母讀物八
　　種

植物學
（民國）王照撰
　　拼音文字史料叢書・官話字母讀物八
　　種

地文學
（民國）王照撰
　　拼音文字史料叢書・官話字母讀物八
　　種

家政學
（民國）王照撰
　　拼音文字史料叢書・官話字母讀物八
　　種

一目了然初階
（民國）盧戇章撰
　　拼音文字史料叢書

訓詁之屬

羣　雅

雅學攷一卷
（清）胡元玉撰
　　鏡珠齋彙刻

小爾雅一卷
（漢）孔鮒撰
　　續百川學海甲集
　　金聲玉振集・撰述
　　廣漢魏叢書（萬曆本、嘉慶本）・經翼
　　增訂漢魏叢書（乾隆本、紅杏山房本、

　　　　三餘堂本、大通書局石印本)·經翼
　　　　說郛(宛委山堂本)弓四
　　　　龍威祕書一集
　　　　藝苑捃華
　　　　漢魏小說採珍
小爾雅一卷
　　(漢)孔鮒撰　(清)任兆麟選輯
　　　　述記(乾隆本、嘉慶本)
小爾雅佚文一卷
　　(漢)孔鮒撰　(清)王仁俊輯
　　　　經籍佚文
小爾雅一卷
　　(漢)孔鮒撰　(宋)宋咸注
　　　　顧氏文房小說(嘉靖本、景嘉靖本)
　　　　古今逸史·逸志
　　　　格致叢書
　　　　五雅全書(明本、嘉慶重刊本)
　　　　叢書集成初編·語文學類
　　　　景印元明善本叢書十種·古今逸史·
　　　　　逸志
小爾雅疏八卷
　　(清)王煦撰
　　　　邵武徐氏叢書初刻
小爾雅義證十三卷補遺一卷
　　(清)胡承珙撰
　　　　求是堂全集
　　　　聚學軒叢書第四集
　　　　四部備要(排印本、縮印本)·經部小
　　　　　學
小爾雅訓纂六卷
　　(清)宋翔鳳撰
　　　　浮谿精舍叢書
　　　　廣雅書局叢書·小學
　　　　皇清經解續編(南菁書院本、蜚英館石
　　　　　印本)
　　　　龍谿精舍叢書·經部
小爾雅疏證五卷
　　(清)葛其仁撰
　　　　咫進齋叢書第二集
　　　　叢書集成初編·語文學類
小爾雅約注一卷
　　(清)朱駿聲撰
　　　　朱氏羣書
補小爾雅釋度量衡一卷
　　(清)鄒伯奇撰
　　　　鄒徵君遺書
小爾雅補義一卷附正誤
　　(清)王貞撰

　　　　百本書齋藏書
釋名八卷
　　(漢)劉熙撰
　　　　五雅
　　　　古今逸史·逸志
　　　　格致叢書
　　　　四庫全書·經部小學類
　　　　搯藻堂四庫全書薈要·經部
　　　　龍谿精舍叢書·經部
　　　　四部叢刊(初次印本、二次印本、縮印
　　　　　二次印本)·經部
　　　　叢書集成初編·語文學類
　　　　景印元明善本叢書十種·古今逸史·
　　　　　逸志
逸雅八卷
　　　　五雅全書(明本、嘉慶重刊本)
釋名四卷
　　　　廣漢魏叢書(萬曆本、嘉慶本)·經翼
　　　　增訂漢魏叢書(乾隆本、紅杏山房本、
　　　　　三餘堂本、大通書局石印本)·經翼
釋名一卷
　　　　夷門廣牘·藝苑
　　　　景印元明善本叢書十種·夷門廣牘·
　　　　　藝苑
釋名八卷
　　(漢)劉熙撰　(清)吳志忠校
　　　　古經解彙函(粵東書局本、蜚英館石
　　　　　印本、湘南書局本)附·小學彙函
釋名一卷
　　(漢)劉熙撰　(清)任兆麟選輯
　　　　述記續
釋名疏證八卷補遺一卷
　　(清)畢沅撰
　　　　融經館叢書
釋名疏證八卷補遺一卷續釋名一卷(正
字本)
　　　　經訓堂叢書(乾隆本、景乾隆本)
　　　　叢書集成初編·語文學類
釋名疏證八卷補遺一卷續釋名一卷(篆
字本)
　　　　經訓堂叢書(乾隆本、景乾隆本)
　　　　叢書集成初編·語文學類
釋名疏證八卷 續釋名一卷 補遺一卷附校
議一卷
　　(清)畢沅撰　校議(清)吳翊寅撰
　　　　廣雅書局叢書·小學
釋名補證一卷
　　(清)成蓉鏡撰

　　　　　南菁書院叢書第六集
　　　　　成氏遺書
釋名集校二卷
　　(清)王仁俊撰
　　　　　籀鄦諼雜著
廣雅十卷
　　(魏)張揖撰　(隋)曹憲音釋
　　　　　五雅
　　　　　古今逸史・逸志
　　　　　五雅全書(明本、嘉慶重刊本)
　　　　　四庫全書・經部小學類
　　　　　摛藻堂四庫全書薈要・經部
　　　　　文選樓叢書(萩林山房輯)
　　　　　古經解彙函(粵東書局本、蜚英館石印
　　　　　　本、湘南書局本)附・小學彙函
　　　　　玲瓏山館叢書・小學上編
　　　　　叢書集成初編・語文學類
　　　　　景印元明善本叢書十種・古今逸史・
　　　　　　逸志
　　　博雅十卷
　　　　　廣漢魏叢書(萬曆本、嘉慶本)・經翼
　　　　　增訂漢魏叢書（乾隆本、紅杏山房本、
　　　　　　三餘堂本、大通書局石印本)・經翼
廣雅佚文一卷
　　(魏)張揖撰　(清)王仁俊輯
　　　　　經籍佚文
博雅一卷
　　(魏)張揖撰　(民國)龍璋輯
　　　　　小學蒐佚上編補
廣雅疏證十卷
　　(清)王念孫撰　(清)王引之述
　　　　　皇清經解（道光本、咸豐補刊本、鴻寶
　　　　　　齋石印本、點石齋石印本)
　　　　　畿輔叢書
　　　　　叢書集成初編・語文學類
　　　　　四部備要（排印本、縮印本)・經部小
　　　　　　學
廣雅疏證補正一卷
　　(清)王念孫撰
　　　　　廣倉學窘叢書甲類第二集
　　　　　殷禮在斯堂叢書
廣雅疏證拾遺二卷
　　(清)王士濂撰
　　　　　鶴壽堂叢書
廣雅釋詁疏證拾遺一卷
　　(清)俞樾撰
　　　　　春在堂全書・俞樓雜纂
廣雅補疏四卷
　　(民國)王樹枏撰

　　　　　陶廬叢刻
博雅音十卷
　　(隋)曹憲撰　(清)王念孫校
　　　　　畿輔叢書
　　　　　叢書集成初編・語文學類
　　　　　四部備要（排印本、縮印本)・經部小
　　　　　　學・廣雅疏證附
通俗文二卷
　　(漢)服虔撰　(清)任大椿輯　(清)王念孫
　　校
　　　　　小學鉤沈（汪廷珍本、龍氏本、崇文書
　　　　　　局本)
　　　　　小學類編附編・小學鉤沈
　　　　　翠琅玕館叢書(馮兆年輯)第二集
　　　　　芋園叢書・經部・小學鉤沈
通俗文一卷敍錄一卷
　　(漢)服虔撰　(清)臧庸輯
　　　　　遂雅齋叢書
通俗文一卷
　　(漢)服虔撰　(清)馬國翰輯
　　　　　玉函山房輯佚書（嫏嬛館本、重印本、
　　　　　　楚南書局本)・經編小學類
通俗文一卷
　　(漢)服虔撰　(清)黃奭輯
　　　　　漢學堂叢書・經解小學類
　　　　　黃氏逸書考（民國修補本、民國補刊
　　　　　　本)・漢學堂經解
通俗文一卷補音一卷
　　(漢)服虔撰　(清)顧櫰三輯併撰補音
　　　　　小方壺齋叢書二集
通俗文
　　(漢)服虔撰　(清)厲震福輯
　　　　　小學鉤沈續編
通俗文一卷
　　(漢)服虔撰　(民國)龍璋輯
　　　　　小學蒐佚上編
辨釋名
　　(吳)韋昭撰　(清)任大椿輯　(清)王念孫
　　校
　　　　　小學鉤沈（汪廷珍本、龍氏本、崇文書
　　　　　　局本)
　　　　　小學類編附編・小學鉤沈
　　　　　翠琅玕館叢書(馮兆年輯)第二集
　　　　　芋園叢書・經部・小學鉤沈
辨釋名一卷
　　(吳)韋昭撰　(清)馬國翰輯
　　　　　玉函山房輯佚書（嫏嬛館本、重印本、
　　　　　　楚南書局本)・經編小學類

辨釋名一卷
　　(吳)韋昭撰　(清)黃奭輯
　　　漢學堂叢書·經解小學類
　　　黃氏逸書考(民國修補本、民國補刊本)·漢學堂經解

辨釋名
　　(吳)韋昭撰　(清)顧震福輯
　　　小學鉤沈續編

辨釋名一卷
　　(吳)韋昭撰　(民國)龍璋輯
　　　小學蒐佚下編補

纂文一卷
　　(劉宋)何承天撰　(清)任大椿輯　(清)王念孫校
　　　小學鉤沈(汪廷珍本、龍氏本、崇文書局本)
　　　小學類編附編·小學鉤沈
　　　翠琅玕館叢書(馮兆年輯)第二集·小學鉤沈
　　　芋園叢書·經部·小學鉤沈

纂文一卷
　　(劉宋)何承天撰　(清)馬國翰輯
　　　玉函山房輯佚書(嫏嬛館本、重印本、楚南書局本)·經編小學類

纂要文徵遺一卷
　　(劉宋)何承天撰　(清)茆泮林輯
　　　鶴壽堂叢書

纂文一卷
　　(劉宋)何承天撰　(清)黃奭輯
　　　黃氏逸書考(民國修補本、民國補刊本)·漢學堂經解

纂文
　　(劉宋)何承天撰　(清)顧震福輯
　　　小學鉤沈續編

纂文一卷
　　(劉宋)何承天撰　(清)王仁俊輯
　　　玉函山房輯佚書續編·經編小學類

纂文一卷
　　(劉宋)何承天撰　(民國)龍璋輯
　　　小學蒐佚上編

證俗文
　　(清)任大椿輯　(清)王念孫校
　　　小學鉤沈(汪廷珍本、龍氏本、崇文書局本)
　　　小學類編附編·小學鉤沈
　　　翠琅玕館叢書(馮兆年輯)第二集·小學鉤沈
　　　芋園叢書·經部·小學鉤沈

證俗文一卷
　　(民國)龍璋輯
　　　小學蒐佚上編

證俗文十九卷
　　(清)郝懿行撰
　　　郝氏遺書

纂要
　　梁元帝撰　(清)任大椿輯　(清)王念孫校
　　　小學鉤沈(汪廷珍本、龍氏本、崇文書局本)
　　　小學類編附編·小學鉤沈
　　　翠琅玕館叢書(馮兆年輯)第二集
　　　芋園叢書·經部·小學鉤沈

纂要一卷
　　梁元帝撰　(清)馬國翰輯
　　　玉函山房輯佚書(嫏嬛館本、重印本、楚南書局本)·經編小學類

纂要一卷
　　梁元帝撰　(清)黃奭輯
　　　黃氏逸書考(民國修補本、民國補刊本)·漢學堂經解

纂要
　　梁元帝撰　(清)顧震福輯
　　　小學鉤沈續編

纂要一卷
　　梁元帝撰　(民國)龍璋輯
　　　小學蒐佚上編

纂要一卷
　　梁元帝撰　(民國)曹元忠輯
　　　南菁札記

纂要一卷
　　(劉宋)顏延之撰　(民國)龍璋輯
　　　小學蒐佚上編

纂要解一卷
　　(劉宋)顏延之撰　(民國)曹元忠輯
　　　南菁札記·纂要附

埤雅二十卷
　　(宋)陸佃撰
　　　五雅
　　　格致叢書
　　　五雅全書(明本、嘉慶重刊本)
　　　四庫全書·經部小學類
　　　摛藻堂四庫全書薈要·經部
　　　玲瓏山館叢書·小學上編
　　　叢書集成初編·語文學類

爾雅翼三十二卷
　　(宋)羅願撰
　　　五雅

四庫全書・經部小學類
摛藻堂四庫全書薈要・經部

爾雅翼三十二卷序一卷
　　(宋)羅願撰　(元)洪焱祖音釋
　　　　學津討原(嘉慶本、景嘉慶本)第四集
　　　　洪氏晦木齋叢書
　　　　叢書集成初編・語文學類

玉名詁一卷
　　(明)楊慎撰
　　　　說郛續弓三十六
　　　　函海(乾隆本、道光本)第十八函
　　　　函海(光緒本)第二十二函

駢雅七卷
　　(明)朱謀㙔撰
　　　　四庫全書・經部小學類
　　　　借月山房彙鈔(嘉慶本、景嘉慶本)第
　　　　　二集
　　　　澤古齋重鈔第三集
　　　　豫章叢書(胡思敬輯)
　　　　叢書集成初編・語文學類

駢雅訓纂七卷首一卷
　　(清)魏茂林撰
　　　　後知不足齋叢書第五函

別雅五卷
　　(清)吳玉搢撰
　　　　四庫全書・經部小學類
　　　　文選樓叢書(萩林山房輯)
　　　　玲瓏山館叢書・小學上編

別雅訂五卷
　　(清)許瀚撰
　　　　湗喜齋叢書第三函
　　　　叢書集成初編・語文學類

別雅類五卷
　　(清)何其傑撰
　　　　景袁齋叢書

課業餘談三卷
　　(清)陶煒撰
　　　　學海類編(道光本、景道光本)・集餘
　　　　　五
　　　　叢書集成初編・語文學類

通詁二卷
　　(清)李調元撰
　　　　函海(乾隆本、道光本)第二十六函
　　　　函海(光緒本)第三十四函
　　　　叢書集成初編・語文學類

奇字名十二卷
　　(清)李調元撰
　　　　函海(乾隆本、道光本)第二十六函

函海(光緒本)第三十一函
叢書集成初編・史地類

異語十九卷
　　(清)錢坫撰
　　　　玉簡齋叢書

比雅十九卷
　　(清)洪亮吉撰
　　　　粵雅堂叢書三編第二十三集
　　　　洪北江全集
　　　　文選樓叢書(萩林山房輯)
　　　　玲瓏山館叢書・小學上編
　　　　叢書集成初編・語文學類

彬雅八卷
　　(清)墨莊氏撰
　　　　文選樓叢書(萩林山房輯)

字林經策萃華八卷
　　　　玲瓏山館叢書・六藝編

廣釋名二卷
　　(清)張金吾撰
　　　　知不足齋叢書(乾隆至道光本、景乾隆
　　　　　至道光本)第三十集
　　　　玲瓏山館叢書・小學上編
　　　　文選樓叢書(萩林山房輯)
　　　　叢書集成初編・語文學類

廣釋名二卷首一卷
　　　　粵雅堂叢書三編第二十三集

說雅二卷
　　(清)朱駿聲撰
　　　　花雨樓叢鈔

小學駢支八卷
　　(清)田寶臣撰
　　　　海陵叢刻

蒙雅一卷
　　(清)魏源撰
　　　　廣倉學宭叢書甲類第一集

壘雅十三卷
　　(清)史夢蘭撰
　　　　止園叢書(史氏撰)

韵雅一卷
　　(清)俞樾撰
　　　　春在堂全書・曲園雜纂

稱謂考辨一卷
　　(清)周象明撰
　　　　婁東雜著

釋骨一卷
　　(清)沈彤撰
　　　　昭代叢書(道光本)己集廣編補

九穀考四卷

(清)程瑤田撰
　　通藝錄
　　皇清經解（道光本、咸豐補刊本、鴻寶
　　齋石印本、點石齋石印本）
　　安徽叢書第二期·通藝錄

釋草小記二卷
　　(清)程瑤田撰
　　通藝錄
　　安徽叢書第二期·通藝錄

釋草小記一卷
　　皇清經解（道光本、咸豐補刊本、鴻寶
　　齋石印本、點石齋石印本）

釋蟲小記一卷
　　(清)程瑤田撰
　　通藝錄
　　皇清經解（道光本、咸豐補刊本、鴻寶
　　齋石印本、點石齋石印本）
　　安徽叢書第二期·通藝錄

果臝轉語記一卷附校記一卷
　　(清)程瑤田撰　校記(民國)洪汝闓撰
　　安徽叢書第二期

釋繒一卷
　　(清)任大椿撰
　　燕禧堂五種
　　皇清經解（道光本、咸豐補印本、鴻寶
　　齋石印本、點石齋石印本）

釋大一卷
　　(清)王念孫撰
　　高郵王氏遺書

羣經字類二卷
　　(清)王念孫撰
　　嘉草軒叢書

釋人注一卷
　　(清)孫馮翼撰
　　問經堂叢書

釋人疏證二卷
　　(民國)葉德輝撰
　　觀古堂所著書（光緒本、民國重編本）
　　·第一集
　　郋園先生全書

釋人一卷
　　(民國)余重耀撰
　　遯廬叢著

釋穀四卷
　　(清)劉寶楠撰
　　廣雅書局叢書·小學
　　皇清經解續編(南菁書院本、蜚英館石
　　印本)

親屬記二卷
　　(清)鄭珍撰
　　廣雅書局叢書·雜著
　　巢經巢全集

說俞一卷
　　(清)俞樾撰
　　春在堂全書·俞樓雜纂

春秋名字解詁補義一卷
　　(清)俞樾撰
　　皇清經解續編(南菁書院本、蜚英館石
　　印本)
　　春在堂全書·第一樓叢書

胲春秋名字解詁一卷
　　(清)胡元玉撰
　　皇清經解續編(南菁書院本、蜚英館石
　　印本)
　　鏡珠齋彙刻

辨名小記一卷
　　(清)錢保塘撰
　　清風室叢書

周秦名字解故補一卷
　　(清)王萱齡撰
　　聚學軒叢書第五集

周秦名字解故附錄一卷
　　畿輔叢書

廣釋親一卷附錄一卷
　　(清)梁口撰　(清)張愼儀補輯　附錄(民
　　國)張驤撰
　　籛園叢書

釋范一卷
　　(民國)廖平撰
　　新訂六譯館叢書·春秋類

釋史一卷
　　(民國)王國維撰
　　廣倉學宭叢書甲類第一集

釋幣二卷
　　(民國)王國維撰
　　雪堂叢刻
　　海寧王忠慤公遺書二集
　　海寧王靜安先生遺書

說林一卷
　　(民國)邵瑞彭撰
　　邵次公遺著

釋小一卷
　　(民國)徐昂撰
　　徐氏全書

　　字　詁

雜字指一卷
　　(漢)郭訓撰　　(清)馬國翰輯
　　　　玉函山房輯佚書（嫏嬛館本、重印本、
　　　　楚南書局本）·經編小學類
古今字詁
　　(魏)張揖撰　　(清)任大椿輯　　(清)王念孫
　　校
　　　　小學鉤沈（汪廷珍本、龍氏本、崇文書
　　　　局本）
　　　　小學類編附編·小學鉤沈
　　　　翠琅玕館叢書(馮兆年輯)第二集·小
　　　　學鉤沈
　　　　芋園叢書·經部·小學鉤沈
古今字詁一卷
　　(魏)張揖撰　　(清)馬國翰輯
　　　　玉函山房輯佚書（嫏嬛館本、重印本、
　　　　楚南書局本）·經編小學類
古今字詁一卷
　　(魏)張揖撰　　(清)黃奭輯
　　　　漢學堂叢書·經解小學類
　　　　黃氏逸書考（民國修補本、民國補刊
　　　　本）·漢學堂經解
古今字詁
　　(魏)張揖撰　　(清)顧震福輯
　　　　小學鉤沈續編
古今字詁一卷
　　(魏)張揖撰　　(民國)龍璋輯
　　　　小學蒐佚上編
雜字
　　(魏)張揖撰　　(清)任大椿輯　　(清)王念孫
　　校
　　　　小學鉤沈（汪廷珍本、龍氏本、崇文書
　　　　局本）
　　　　小學類編附編·小學鉤沈
　　　　翠琅玕館叢書(馮兆年輯)第二集·小
　　　　學鉤沈
　　　　芋園叢書·經部·小學鉤沈
雜字一卷
　　(魏)張揖撰　　(清)馬國翰輯
　　　　玉函山房輯佚書（嫏嬛館本、重印本、
　　　　楚南書局本）·經編小學類
雜字一卷
　　(魏)張揖撰　　(民國)龍璋輯
　　　　小學蒐佚上編
周成難字
　　(魏)周成撰　　(清)任大椿輯　　(清)王念孫
　　校
　　　　小學鉤沈（汪廷珍本、龍氏本、崇文書

局本）
　　　　小學類編附編·小學鉤沈
　　　　翠琅玕館叢書(馮兆年輯)第二集·小
　　　　學鉤沈
　　　　芋園叢書·經部·小學鉤沈
周成難字
　　(魏)周成撰　　(清)顧震福輯
　　　　小學鉤沈續編
周成難字一卷
　　(魏)周成撰　　(民國)龍璋輯
　　　　小學蒐佚上編
雜字解詁
　　(魏)周成撰　　(清)任大椿輯　　(清)王念孫
　　校
　　　　小學鉤沈（汪廷珍本、龍氏本、崇文書
　　　　局本）
　　　　小學類編附編·小學鉤沈
　　　　翠琅玕館叢書(馮兆年輯)第二集·小
　　　　學鉤沈
　　　　芋園叢書·經部·小學鉤沈
雜字解詁一卷
　　(魏)周成撰　　(清)馬國翰輯
　　　　玉函山房輯佚書（嫏嬛館本、重印本、
　　　　楚南書局本）·經編小學類
雜字解詁
　　(魏)周成撰　　(清)顧震福輯
　　　　小學鉤沈續編
雜字解詁一卷
　　(魏)周成撰　　(民國)龍璋輯
　　　　小學蒐佚上編
異字一卷
　　(吳)朱育撰　　(清)馬國翰輯
　　　　玉函山房輯佚書（嫏嬛館本、重印本、
　　　　楚南書局本）·經編小學類
異字一卷
　　(吳)朱育撰　　(民國)龍璋輯
　　　　小學蒐佚上編
字指
　　(晉)李彤撰　　(清)任大椿輯　　(清)王念孫
　　校
　　　　小學鉤沈（汪廷珍本、龍氏本、崇文書
　　　　局本）
　　　　小學類編附編·小學鉤沈
　　　　翠琅玕館叢書(馮兆年輯)第二集·小
　　　　學鉤沈
　　　　芋園叢書·經部·小學鉤沈
字指一卷
　　(晉)李彤撰　　(清)馬國翰輯

玉函山房輯佚書（嫏嬛館本、重印本、
　　楚南書局本）・經編小學類

字指一卷
　（晉）李彤撰　（清）黃奭輯
　　漢學堂叢書・經解小學類
　　黃氏逸書考（民國修補本、民國補刊
　　　本）・漢學堂經解

字指
　（晉）李彤撰　（清）顧震福輯
　　小學鉤沈續編

字指一卷
　（晉）李彤撰　（民國）龍璋輯
　　小學蒐佚上編

字訓一卷
　（晉）殷仲堪撰　（民國）龍璋輯
　　小學蒐佚上編

小學篇
　（晉）王義撰　（清）任大椿輯　（清）王念孫
　校
　　小學鉤沈（汪廷珍本、龍氏本、崇文書
　　　局本）
　　小學類編附編・小學鉤沈
　　翠琅玕館叢書（馮兆年輯）第二集・小
　　　學鉤沈
　　芋園叢書・經部・小學鉤沈

小學篇
　（晉）王義撰　（清）顧震福輯
　　小學鉤沈續編

小學篇一卷
　（晉）王義撰　（民國）龍璋輯
　　小學蒐佚上編

異字音
　（清）任大椿輯　（清）王念孫校
　　小學鉤沈（汪廷珍本、龍氏本、崇文書
　　　局本）
　　小學類編附編・小學鉤沈
　　翠琅玕館叢書（馮兆年輯）第二集・小
　　　學鉤沈
　　芋園叢書・經部・小學鉤沈

異字音一卷
　（民國）龍璋輯
　　小學蒐佚下編

文字釋訓一卷
　（梁）釋寶誌撰　（民國）龍璋輯
　　小學蒐佚上編

考聲五卷
　（唐）張戩撰　（民國）龍璋輯
　　小學蒐佚下編

匡謬正俗八卷
　（唐）顏師古撰
　　雅雨堂藏書
　　四庫全書・經部小學類
　　藝海珠塵革集（庚集）
　　反約篇
　　古經解彙函（粵東書局本、蜚英館石印
　　　本、湘南書局本）附・小學彙函
　　關中叢書第二集
　　叢書集成初編・語文學類

刊謬正俗八卷
　　崇文書局彙刻書

古今正字二卷
　（唐）張戩撰　（民國）龍璋輯
　　小學蒐佚上編

集訓一卷
　（唐）張戩撰　（民國）龍璋輯
　　小學蒐佚上編

文字典說一卷
　（唐）張戩撰　（民國）龍璋輯
　　小學蒐佚上編

文字釋要一卷
　（唐）張戩撰　（民國）龍璋輯
　　小學蒐佚上編

音隱一卷
　（唐）□□撰　（民國）龍璋輯
　　小學蒐佚下編

訓文一卷
　（民國）龍璋輯
　　小學蒐佚上編補

字訓一卷
　（民國）龍璋輯
　　小學蒐佚上編補

異苑一卷
　（民國）龍璋輯
　　小學蒐佚上編補

羣書字要一卷
　（民國）龍璋輯
　　小學蒐佚上編

字誥一卷
　（民國）龍璋輯
　　小學蒐佚上編

字譜一卷
　（民國）龍璋輯
　　小學蒐佚上編

字鏡一卷
　（民國）龍璋輯
　　小學蒐佚上編

新字解訓一卷
　　（民國）龍璋輯
　　　　小學蒐佚上編
正字辨惑一卷
　　（民國）龍璋輯
　　　　小學蒐佚上編
字書音義一卷
　　（民國）龍璋輯
　　　　小學蒐佚下編
音訓一卷
　　（民國）龍璋輯
　　　　小學蒐佚下編
小學一卷
　　（清）黃奭輯
　　　　漢學堂叢書・經解小學類
　　　　黃氏逸書考（民國修補本、民國補刊
　　　　　本）・漢學堂經解
班馬字類五卷
　　（宋）婁機撰
　　　　四庫全書・經部小學類
班馬字類二卷
　　　　後知不足齋叢書第二函
　　　　玲瓏山館叢刻
班馬字類五卷附補遺
　　（宋）婁機撰　補遺（宋）李曾伯撰
　　　　涉聞梓舊（咸豐本、商務印書館景咸豐
　　　　　本、竹簡齋景咸豐本）
　　　　叢書集成初編・語文學類
班馬字類五卷附補遺又附校勘記一卷
　　（宋）婁機撰　補遺（宋）李曾伯撰　校勘記
　　張元濟撰
　　　　四部叢刊三編・經部
金壺字考一卷
　　（宋）釋適之撰
　　　　說郛（宛委山堂本）弓八十五
　　　　同文考證
　　　　書三味樓叢書・同文考證
　　　　青照堂叢書摘三編第四函
語助一卷
　　（元）盧以緯撰
　　　　奚囊廣要
古語訓略一卷
　　（明）王光魯撰
　　　　閱史約書
虛字考一卷
　　（清）張文炳撰
　　　　如不及齋叢書
虛字說一卷

（清）袁仁林撰
　　　　惜陰軒叢書（道光本、光緒本）第一函
　　　　叢書集成初編・語文學類
助語小品一卷
　　（清）朱元英撰
　　　　春雨堂集
字詁一卷
　　（清）黃生撰
　　　　四庫全書・經部小學類
　　　　指海（道光本、景道光本）第五集
字詁一卷
　　（清）黃生撰　（清）黃承吉按
　　　　夢陔堂全集
　　　　增注字詁義府合按
　　　　安徽叢書第三期
承吉兄字說一卷
　　（清）黃承吉撰
　　　　夢陔堂全集・字詁附
　　　　增注字詁義府合按・字詁附
　　　　安徽叢書第三期・字詁附
小學說一卷
　　（清）吳㤈雲撰
　　　　廣雅書局叢書・雜箸・吳氏遺箸
廉泉先生字學一得一卷
　　（清）單為鏓撰
　　　　單氏全書・奉萱草堂文鈔附
訓詁珠塵二卷
　　（清）江含春撰
　　　　楞園仙書
助字辨略五卷
　　（清）劉淇撰
　　　　海源閣叢書
字義鏡新一卷
　　（清）王廷鼎撰
　　　　紫薇花館集・紫薇花館小學編
字義補十二卷
　　（清）周天益撰
　　　　六書存
釋字一卷
　　（清）王煥奎撰
　　　　景紫堂全書第一冊・述朱質疑附

　　　　　　　　方　言

輶軒絕代語一卷
　　（漢）揚雄撰
　　　　增訂漢魏叢書（三餘堂本、大通書局石
　　　　　印本）・載籍
　　　　說郛（宛委山堂本）弓十一

五朝小說・魏晉小說雜志家
五朝小說大觀・魏晉小說雜志家
龍威祕書五集
古今說部叢書二集

方言佚文一卷
（漢）揚雄撰 （清）王仁俊輯
經籍佚文

輶軒使者絕代語釋別國方言十三卷
（漢）揚雄撰 （晉）郭璞注
古今逸史・逸志
漢魏叢書（萬曆本、景萬曆本）・經籍
武英殿聚珍版書（武英殿木活字本、福建本、廣雅書局本）・經部
叢書集成初編・語文學類
景印元明善本叢書十種・古今逸史・逸志

方言十三卷
廣漢魏叢書（萬曆本、嘉慶本）・經翼
增訂漢魏叢書（乾隆本、紅杏山房本、三餘堂本、大通書局石印本）・經翼
四庫全書・經部小學類
子書百家・儒家類
百子全書・儒家類
四部叢刊（初次印本、二次印本、縮印二次印本）・經部
叢書集成初編・語文學類

絕代語釋別國方言十三卷
格致叢書

輶軒使者絕代語釋別國方言十三卷校正補遺一卷
（漢）揚雄撰 （晉）郭璞注 （清）丁杰（清）盧文弨校
抱經堂叢書（乾隆本、景乾隆本）
古經解彙函（粵東書局本・蜚英館石印本、湘南書局本）附・小學彙函
叢書集成初編・語文學類

方言疏證十三卷
（清）戴震撰
微波榭叢書・戴氏遺書
安徽叢書第六期・戴東原先生全集
四部備要（排印本、縮印本）・經部小學

輶軒使者絕代語釋別國方言疏證補一卷
（清）王念孫撰
高郵王氏遺書

續方言疏證二卷
（清）沈齡撰
木犀軒叢書

輶軒使者絕代語釋別國方言箋疏十三卷
（清）錢繹撰
積學齋叢書

輶軒使者絕代語釋別國方言箋疏十三卷附校勘記一卷
（清）錢繹撰 校勘記（清）何翰章撰
廣雅書局叢書・小學

方言補校一卷
（清）劉台拱撰
劉端臨先生遺書（道光本）
廣雅書局叢書・雜著・劉氏遺書

揚雄方言存沒考一卷
（民國）葉瀚撰
晚學廬叢稿

釋常談三卷
（宋）□□撰
百川學海（咸淳本、景刊咸淳本）甲集
百川學海（弘治本、景刊咸淳本據弘治目次編印本、景弘治本）甲集
格致叢書
說郛（宛委山堂本）弓十二
五朝小說・宋人百家小說偏錄家
叢書集成初編・總類

釋常談
居家必備・藝學
說郛（商務印書館本）卷六十八

續釋常談三卷
（宋）龔頤正撰
唐宋叢書・子餘

續釋常談一卷
說郛（宛委山堂本）弓十二
五朝小說・宋人百家小說偏錄家
五朝小說大觀・宋人百家小說偏錄家
叢書集成初編・總類

續釋常談
說郛（商務印書館本）卷三十五

俗呼小錄
（明）李翊撰
居家必備・藝學

俗呼小錄一卷
說郛續弓二十一

詢芻錄一卷
（明）陳沂撰
今獻彙言
說郛續弓十六
叢書集成初編・語文學類
景印元明善本叢書十種・今獻彙言

方言據二卷續錄一卷
　　（明）岳元聲撰
　　　　學海類編（道光本、景道光本）·集餘
　　　　五
　　　　叢書集成初編·語文學類
蜀語一卷
　　（明）李實撰
　　　　函海（乾隆本、道光本）第十九函
　　　　函海（光緒本）第十三函
　　　　叢書集成初編·語文學類
俗言一卷
　　（明）楊慎撰
　　　　函海（乾隆本、道光本）第十六函
　　　　函海（光緒本）第二十二函
　　　　叢書集成初編·總類
越語肯綮錄一卷
　　（清）毛奇齡撰
　　　　西河合集（康熙本、乾隆修補本）·文
　　　　集
續方言二卷
　　（清）杭世駿撰
　　　　四庫全書·經部小學類
　　　　杭大宗七種叢書（乾隆本、咸豐本）
　　　　道古堂外集（光緒本）
　　　　藝海珠塵金集（甲集）
　　　　明辨齋叢書外集
　　　　食舊堂叢書·道古堂外集
　　　　叢書集成初編·語文學類
　續方言一卷
　　　　昭代叢書（道光本）壬集補編
通俗編十五卷
　　（清）翟灝撰
　　　　函海（乾隆本、道光本）第二十三函
通俗編二十五卷
　　　　函海（光緒本）第二十八函
　　　　叢書集成初編·語文學類
續方言二卷
　　（清）戴震撰
　　　　安徽叢書第六期·戴東原先生全集
直語補證一卷
　　（清）梁同書撰
　　　　頻羅庵遺集
　　　　昭代叢書（道光本）癸集萃編
恆言錄六卷
　　（清）錢大昕撰
　　　　文選樓叢書（阮亨輯）
　　　　嘉定錢氏潛研堂全書·子

叢書集成初編·語文學類
方言藻二卷
　　（清）李調元撰
　　　　函海（乾隆本、道光本）第二十八函
　　　　函海（光緒本）第二十九函
　　　　叢書集成初編·語文學類
方音一卷
　　（清）戚學標撰
　　　　古語遺錄
邇言六卷
　　（清）錢大昭撰
　　　　玉雨堂叢書第一集
續方言補正二卷
　　（清）程際盛撰
　　　　藝海珠塵金集（甲集）
　　　　叢書集成初編·語文學類
　　（清程炎撰）
　　　　稻香樓雜著
燕說四卷
　　（清）史夢蘭撰
　　　　止園叢書（史氏撰）
操風瑣錄四卷
　　（清）劉家謀撰
　　　　廣倉學宭叢書甲類第二集
小繁露一卷
　　（清）俞樾撰
　　　　春在堂全書·曲園雜纂
新方言眉語一卷
　　（清）于鬯撰
　　　　于香草遺著叢輯
續方言新校補二卷
　　（民國）張慎儀撰
　　　　蜺園叢書
方言別錄四卷
　　（民國）張慎儀撰
　　　　蜺園叢書
蜀方言二卷
　　（民國）張慎儀撰
　　　　蜺園叢書
新方言十一卷
　　（民國）章炳麟撰
　　　　章氏叢書（浙江圖書館本、景浙江圖書
　　　　館本、右文社排印本）
嶺外三州語一卷
　　（民國）章炳麟撰
　　　　章氏叢書（浙江圖書館本、景浙江圖書
　　　　館本、右文社排印本）·新方言附

續方言又補二卷
　　(民國)徐乃昌撰
　　　　鄦齋叢書
　　　　隨盦所著書
番禺隱語解一卷
　　鄔慶時撰
　　　　半帆樓叢書

譯　文

華夷譯語不分卷
　　(明)火源潔撰
　　　　涵芬樓祕笈第四集
欽定西域同文志二十四卷
　　(清)傅恆等撰
　　　　四庫全書·經部小學類
　　　　摛藻堂四庫全書薈要·史部
御定清文鑑三十二卷補編四卷總綱八卷
　　補總綱二卷
　　(清)傅恆等撰
　　　　四庫全書·經部小學類
　　　　摛藻堂四庫全書薈要·經部
欽定繙譯五經五十八卷四書二十九卷
　　清乾隆中敕譯
　　　　四庫全書·經部五經總義類
御定滿洲蒙古漢字三合切音清文鑑三十
　　三卷
　　(清)阿桂等撰
　　　　四庫全書·經部小學類
西番譯語一卷
　　　　龍威祕書九集
　　　　叢書集成初編·語文學類
番漢合時掌中珠殘卷一卷
　　　　嘉草軒叢書
漢蕃對音千字文殘卷
　　　　敦煌遺書第一集
日本寄語一卷
　　(明)薛俊撰
　　　　說郛續弓十一
譯雅一卷附泰西君臣名號歸一圖一卷
　　(清)唐詠裳撰
　　　　特健藥齋外編
英字入門一卷
　　(清)曹驤撰
　　　　申報館叢書續集·繙譯類
英文不規則動字分類表一卷
　　(民國)徐昂撰
　　　　徐氏全書

讖　緯　類

總錄之屬

古微書存考一卷
　　(清)喬松年輯
　　　　喬勤恪公全集·緯攟
　　　　山右叢書初編·緯攟
古微書訂誤一卷
　　(清)喬松年輯
　　　　喬勤恪公全集·緯攟
　　　　山右叢書初編·緯攟
河圖洛書解
　　(明)袁黃撰
　　　　了凡雜著
河圖洛書原舛編一卷
　　(清)毛奇齡撰
　　　　西河合集(康熙本、乾隆修補本)·經
　　　　集
河圖洛書同異考一卷
　　(清)冉覲祖撰
　　　　昭代叢書(道光本)戊集續編
緯學原流興廢考三卷
　　(清)蔣清翊撰
　　　　會稽徐氏初學堂叢書輯錄
七緯敘錄敘目一卷
　　(清)趙在翰輯
　　　　七緯
說緯一卷
　　(清)王崧撰
　　　　皇清經解(道光本、咸豐補刊本、鴻寶
　　　　齋石印本、點石齋石印本)
　　　　雲南叢書初編·子部

河圖之屬

河圖一卷
　　(清)黃奭輯
　　　　黃氏逸書考(民國修補本、民國補刊
　　　　本)·通緯
河圖一卷
　　(清)殷元正原輯　(清)陸明睿增訂
　　　　緯書
河圖帝系譜一卷
　　(清)殷元正原輯　(清)陸明睿增訂

　　緯書
河圖括地象一卷
　　　　說郛（宛委山堂本）弓五
河圖括地象
　　（明）孫毂輯
　　　　古微書（嘉慶本、光緒刊本、光緒石印
　　　　本）·河圖緯
　　　　墨海金壺（嘉慶本、景嘉慶本）·經部
　　　　·古微書·河圖緯
　　　　守山閣叢書（道光本、鴻文書局景道光
　　　　本、博古齋景道光本）·經部·古微
　　　　書·河圖緯
　　　　叢書集成初編·哲學類·古微書·河
　　　　圖緯
河圖括地象一卷
　　（清）王謨輯
　　　　重訂漢唐地理書鈔（鈔本、嘉慶本）
河圖括地象
　　（清）劉學寵輯
　　　　青照堂叢書摘夾編第二函·諸經緯遺
河圖括地象
　　（清）喬松年輯
　　　　喬勤恪公全集·緯攟·河圖緯
　　　　山右叢書初編·緯攟·河圖緯
河圖括地象一卷附括地圖
　　（清）黃奭輯
　　　　漢學堂叢書·通緯河圖類
　　　　黃氏逸書考（民國修補本、民國補刊
　　　　本）·通緯
河圖括地象一卷
　　（清）殷元正原輯　　（清）陸明睿增訂
　　　　緯書
河圖始開圖一卷
　　　　說郛（宛委山堂本）弓五
河圖始開圖
　　（明）孫毂輯
　　　　古微書（嘉慶本、光緒刊本、光緒石印
　　　　本）·河圖緯
　　　　墨海金壺（嘉慶本、景嘉慶本）·經部
　　　　·古微書·河圖緯
　　　　守山閣叢書（道光本、鴻文書局景道光
　　　　本、博古齋景道光本）·經部·古微
　　　　書·河圖緯
　　　　叢書集成初編·哲學類·古微書·河
　　　　圖緯
河圖始開圖
　　（清）劉學寵輯
　　　　青照堂叢書摘夾編第二函·諸經緯遺

河圖始開圖
　　（清）喬松年輯
　　　　喬勤恪公全集·緯攟·河圖緯
　　　　山右叢書初編·緯攟·河圖緯
河圖始開圖一卷
　　（清）黃奭輯
　　　　漢學堂叢書·通緯河圖類
　　　　黃氏逸書考（民國修補本、民國補刊
　　　　本）·通緯
河圖始開圖一卷
　　（清）殷元正原輯　　（清）陸明睿增訂
　　　　緯書
河圖挺佐輔
　　（明）孫毂輯
　　　　古微書（嘉慶本、光緒刊本、光緒石印
　　　　本）·河圖緯
　　　　墨海金壺（嘉慶本、景嘉慶本）·經部
　　　　·古微書·河圖緯
　　　　守山閣叢書（道光本、鴻文書局景道光
　　　　本、博古齋景道光本）·經部·古微
　　　　書·河圖緯
　　　　叢書集成初編·哲學類·古微書·河
　　　　圖緯
河圖挺佐輔
　　（清）喬松年輯
　　　　喬勤恪公全集·緯攟·河圖緯
　　　　山右叢書初編·緯攟·河圖緯
河圖挺佐輔一卷
　　（清）黃奭輯
　　　　黃氏逸書考（民國修補本、民國補刊
　　　　本）通緯
河圖挺佐輔一卷
　　（清）殷元正原輯　　（清）陸明睿增訂
　　　　緯書
河圖稽燿鉤一卷
　　　　說郛（宛委山堂本）弓五
河圖稽燿鉤
　　（明）孫毂輯
　　　　古微書（嘉慶本、光緒刊本、光緒石印
　　　　本）·河圖緯
　　　　墨海金壺（嘉慶本、景嘉慶本）·經部
　　　　·古微書·河圖緯
　　　　守山閣叢書（道光本、鴻文書局景道光
　　　　本、博古齋景道光本）·經部·古微
　　　　書·河圖緯
　　　　叢書集成初編·哲學類·古微書·河
　　　　圖緯
河圖稽燿鉤

（清）劉學寵輯
　　青照堂叢書摘次編第二函・諸經緯遺

河圖稽耀鉤
　（清）喬松年輯
　　　喬勤恪公全集・緯攟・河圖緯
　　　山右叢書初編・緯攟・河圖緯

河圖稽耀鉤一卷
　（清）黃奭輯
　　　漢學堂叢書・通緯河圖類
　　　黃氏逸書考（民國修補本、民國補刊
　　　　本）・通緯

河圖稽耀鉤一卷
　（清）殷元正原輯　（清）陸明睿增訂
　　　緯書

河圖帝覽禧
　（明）孫瑴輯
　　　古微書（嘉慶本、光緒刊本、光緒石印
　　　　本）・河圖緯
　　　墨海金壺（嘉慶本、景嘉慶本）・經部
　　　　・古微書・河圖緯
　　　守山閣叢書(道光本、鴻文書局景道光
　　　　本、博古齋景道光本)・經部・古微
　　　　書・河圖緯
　　　叢書集成初編・哲學類・古微書・河
　　　　圖緯

河圖帝覽禧
　（清）喬松年輯
　　　喬勤恪公全集・緯攟・河圖緯
　　　山右叢書初編・緯攟・河圖緯

河圖帝覽嬉一卷
　（清）黃奭輯
　　　漢學堂叢書・通緯河圖類
　　　黃氏逸書考（民國修補本、民國補刊
　　　　本）・通緯

河圖帝覽嬉一卷
　（清）殷元正原輯　（清）陸明睿增訂
　　　緯書

河圖握矩記
　（明）孫瑴輯
　　　古微書（嘉慶本、光緒刊本、光緒石印
　　　　本）・河圖緯
　　　墨海金壺（嘉慶本、景嘉慶本）・經部
　　　　・古微書・河圖緯
　　　守山閣叢書(道光本、鴻文書局景道光
　　　　本、博古齋景道光本)・經部・古微
　　　　書・河圖緯
　　　叢書集成初編・哲學類・古微書・河
　　　　圖緯

河圖握矩起
　（清）喬松年輯
　　　喬勤恪公全集・緯攟・河圖緯
　　　山右叢書初編・緯攟・河圖緯

河圖握矩記一卷
　（清）黃奭輯
　　　黃氏逸書考（民國修補本、民國補刊
　　　　本）・通緯

河圖握矩紀一卷
　（清）殷元正原輯　（清）陸明睿增訂
　　　緯書

河圖玉版
　（明）孫瑴輯
　　　古微書（嘉慶本、光緒刊本、光緒石印
　　　　本）・河圖緯
　　　墨海金壺（嘉慶本、景嘉慶本）・經部
　　　　・古微書・河圖緯
　　　守山閣叢書（道光本、鴻文書局景道光
　　　　本、博古齋景道光本）・經部・古微
　　　　書・河圖緯
　　　叢書集成初編・哲學類・古微書・河
　　　　圖緯

河圖玉版
　（清）喬松年輯
　　　喬勤恪公全集・緯攟・河圖緯
　　　山右叢書初編・緯攟・河圖緯

河圖玉版一卷
　（清）黃奭輯
　　　黃氏逸書考（民國修補本、民國補刊
　　　　本）・通緯

河圖玉版一卷
　（清）殷元正原輯　（清）陸明睿增訂
　　　緯書

龍魚河圖一卷
　　　說郛（宛委山堂本）弓五

龍魚河圖
　（明）孫瑴輯
　　　古微書（嘉慶本、光緒刊本、光緒石印
　　　　本）・河圖緯
　　　墨海金壺（嘉慶本、景嘉慶本）・經部
　　　　・古微書・河圖緯
　　　守山閣叢書（道光本、鴻文書局景道光
　　　　本、博古齋景道光本）・經部・古微
　　　　書・河圖緯
　　　叢書集成初編・哲學類・古微書・河
　　　　圖緯

龍魚河圖
　（清）劉學寵輯

　　　　　　靑照堂叢書摘次編第二函・諸經緯遺

龍魚河圖
　　（清）喬松年輯
　　　　喬勤恪公全集・緯攟・河圖緯
　　　　山右叢書初編・緯攟・河圖緯

龍魚河圖一卷
　　（清）黃奭輯
　　　　漢學堂叢書・通緯河圖類
　　　　黃氏逸書考（民國修補本、民國補刊
　　　　　本）・通緯

龍魚河圖一卷
　　（清）殷元正原輯　（清）陸明睿增訂
　　　　緯書

泛引河圖
　　（清）喬松年輯
　　　　喬勤恪公全集・緯攟・河圖緯
　　　　山右叢書初編・緯攟・河圖緯

河圖合古篇
　　（清）喬松年輯
　　　　喬勤恪公全集・緯攟・河圖緯・河圖
　　　　　雜篇
　　　　山右叢書初編・緯攟・河圖緯・河圖
　　　　　雜篇

河圖合古篇
　　（清）黃奭輯
　　　　漢學堂叢書・通緯・河圖緯
　　　　黃氏逸書考（民國修補本、民國補刊
　　　　　本）・通緯・河圖緯

河圖合古篇（一名河圖令占篇）一卷
　　（清）殷元正原輯　（清）陸明睿增訂
　　　　緯書

河圖今占篇
　　（清）喬松年輯
　　　　喬勤恪公全集・緯攟・河圖緯・河圖
　　　　　雜篇
　　　　山右叢書初編・緯攟・河圖緯・河圖
　　　　　雜篇

河圖赤伏符
　　（清）喬松年輯
　　　　喬勤恪公全集・緯攟・河圖緯・河圖
　　　　　雜篇
　　　　山右叢書初編・緯攟・河圖緯・河圖
　　　　　雜篇

河圖赤伏符
　　（清）黃奭輯
　　　　漢學堂叢書・通緯・河圖緯
　　　　黃氏逸書考（民國修補本、民國補刊
　　　　　本）・通緯・河圖緯

河圖赤伏符一卷
　　（清）殷元正原輯　（清）陸明睿增訂
　　　　緯書

河圖闓苞受
　　（清）喬松年輯
　　　　喬勤恪公全集・緯攟・河圖緯・河圖
　　　　　雜篇
　　　　山右叢書初編・緯攟・河圖緯・河圖
　　　　　雜篇

河圖闓苞授
　　（清）黃奭輯
　　　　漢學堂叢書・通緯・河圖緯
　　　　黃氏逸書考（民國修補本、民國補刊
　　　　　本）・通緯・河圖緯

河圖闓苞受一卷
　　（清）殷元正原輯　（清）陸明睿增訂
　　　　緯書

河圖扶光篇
　　（清）喬松年輯
　　　　喬勤恪公全集・緯攟・河圖緯・河圖
　　　　　雜篇
　　　　山右叢書初編・緯攟・河圖緯・河圖
　　　　　雜篇

河圖龍文
　　（清）喬松年輯
　　　　喬勤恪公全集・緯攟・河圖緯・河圖
　　　　　雜篇
　　　　山右叢書初編・緯攟・河圖緯・河圖
　　　　　雜篇

河圖龍文一卷
　　（清）殷元正原輯　（清）陸明睿增訂
　　　　緯書

河圖錄運法
　　（清）喬松年輯
　　　　喬勤恪公全集・緯攟・河圖緯・河圖
　　　　　雜篇
　　　　山右叢書初編・緯攟・河圖緯・河圖
　　　　　雜篇

河圖祿運法一卷
　　（清）黃奭輯
　　　　黃氏逸書考（民國修補本、民國補刊
　　　　　本）・通緯

河圖錄運法一卷
　　（清）殷元正原輯　（清）陸明睿增訂
　　　　緯書

河圖說徵
　　（清）喬松年輯
　　　　喬勤恪公全集・緯攟・河圖緯・河圖

雜篇

山右叢書初編・緯攟・河圖緯・河圖
雜篇

河圖說徵

(清)黃奭輯

漢學堂叢書・通緯・河圖緯

黃氏逸書考(民國修補本、民國補刊
本)・通緯・河圖緯

河圖說徵祥

(清)喬松年輯

喬勤恪公全集・緯攟・河圖緯・河圖
雜篇

山右叢書初編・緯攟・河圖緯・河圖
雜篇

河圖說命徵宋注一卷

(魏)宋均撰 (清)王仁俊輯

玉函山房輯佚書續編・經編緯書類

河圖會昌符

(明)孫瑴輯

古微書(嘉慶本、光緒刊本、光緒石印
本)・河圖緯・河圖雜緯篇

墨海金壺(嘉慶本、景嘉慶本)・經部
・古微書・河圖緯・河圖雜緯篇

守山閣叢書(道光本、鴻文書局景道光
本、博古齋景道光本)・經部・古微
書・河圖緯・河圖雜緯篇

叢書集成初編・哲學類・古微書・河
圖緯・河圖雜緯篇

河圖會昌符

(清)喬松年輯

喬勤恪公全集・緯攟・河圖緯・河圖
雜篇

山右叢書初編・緯攟・河圖緯・河圖
雜篇

河圖會昌符

(清)黃奭輯

漢學堂叢書・通緯・河圖緯

黃氏逸書考(民國修補本、民國補刊
本)・通緯・河圖緯

河圖會昌符一卷

(清)殷元正原輯 (清)陸明睿增訂

緯書

河圖帝通紀

(明)孫瑴輯

古微書(嘉慶本、光緒刊本、光緒石印
本)・河圖緯・河圖雜緯篇

墨海金壺(嘉慶本、景嘉慶本)・經部
・古微書・河圖緯・河圖雜緯篇

守山閣叢書(道光本、鴻文書局景道光

本、博古齋景道光本)・經部・古微
書・河圖緯・河圖雜緯篇

叢書集成初編・哲學類・古微書・河
圖緯・河圖雜緯篇

河圖帝通紀

(清)喬松年輯

喬勤恪公全集・緯攟・河圖緯・河圖
雜篇

山右叢書初編・緯攟・河圖緯・河圖
雜篇

河圖帝通紀

(清)黃奭輯

漢學堂叢書・通緯・河圖緯

黃氏逸書考(民國修補本、民國補刊
本)・通緯・河圖緯

河圖帝通紀一卷

(清)殷元正原輯 (清)陸明睿增訂

緯書

河圖真紀鈎

(明)孫瑴輯

古微書(嘉慶本、光緒刊本、光緒石印
本)・河圖緯・河圖雜緯篇

墨海金壺(嘉慶本、景嘉慶本)・經部
・古微書・河圖緯・河圖雜緯篇

守山閣叢書(道光本、鴻文書局景道光
本、博古齋景道光本)・經部・古微
書・河圖緯・河圖雜緯篇

叢書集成初編・哲學類・古微書・河
圖緯・河圖雜緯篇

河圖真紀鈎

(清)喬松年輯

喬勤恪公全集・緯攟・河圖緯・河圖
雜篇

山右叢書初編・緯攟・河圖緯・河圖
雜篇

河圖真鈎

(清)黃奭輯

漢學堂叢書・通緯・河圖緯

黃氏逸書考(民國修補本、民國補刊
本)・通緯・河圖緯

河圖真紀鈎一卷

(清)殷元正原輯 (清)陸明睿增訂

緯書

河圖考鈎

(清)喬松年輯

喬勤恪公全集・緯攟・河圖緯・河圖
雜篇

山右叢書初編・緯攟・河圖緯・河圖
雜篇

河圖考鉤一卷
　　(清)殷元正原輯　(清)陸明睿增訂
　　　　緯書
河圖八丈一卷
　　(清)殷元正原輯　(清)陸明睿增訂
　　　　緯書
河圖祕徵
　　(明)孫瑴輯
　　　　古微書（嘉慶本、光緒刊本、光緒石印
　　　　　本）‧河圖緯‧河圖雜緯篇
　　　　墨海金壺（嘉慶本、景嘉慶本）‧經部
　　　　　‧古微書‧河圖緯‧河圖雜緯篇
　　　　守山閣叢書（道光本、鴻文書局景道光
　　　　　本、博古齋景道光本）‧經部‧古微
　　　　　書‧河圖緯‧河圖雜緯篇
　　　　叢書集成初編‧哲學類‧古微書‧河
　　　　　圖緯‧河圖雜緯篇
河圖祕徵
　　(清)喬松年輯
　　　　喬勤恪公全集‧緯攟‧河圖緯‧河圖
　　　　　雜篇
　　　　山右叢書初編‧緯攟‧河圖緯‧河圖
　　　　　雜篇
河圖祕徵
　　(清)黃奭輯
　　　　漢學堂叢書‧通緯‧河圖緯
　　　　黃氏逸書考（民國修補本、民國補刊
　　　　　本）‧通緯‧河圖緯
河圖祕徵篇一卷
　　(清)殷元正原輯　(清)陸明睿增訂
　　　　緯書
河圖稽命徵一卷
　　　　說郛（宛委山堂本）弓五
河圖稽命徵
　　(明)孫瑴輯
　　　　古微書（嘉慶本、光緒刊本、光緒石印
　　　　　本）‧河圖緯‧河圖雜緯篇
　　　　墨海金壺（嘉慶本、景嘉慶本）‧經部
　　　　　‧古微書‧河圖緯‧河圖雜緯篇
　　　　守山閣叢書（道光本、鴻文書局景道光
　　　　　本、博古齋景道光本）‧經部‧古微
　　　　　書‧河圖緯‧河圖雜緯篇
　　　　叢書集成初編‧哲學類‧古微書‧河
　　　　　圖緯‧河圖雜緯篇
河圖稽命徵
　　(清)劉學寵輯
　　　　青照堂叢書摘奕編第二函‧諸經緯遺
河圖稽命徵

(清)喬松年輯
　　　　喬勤恪公全集‧緯攟‧河圖緯‧河圖
　　　　　雜篇
　　　　山右叢書初編‧緯攟‧河圖緯‧河圖
　　　　　雜篇
河圖稽命徵一卷
　　(清)黃奭輯
　　　　漢學堂叢書‧通緯‧河圖類
　　　　黃氏逸書考‧（民國修補本、民國補刊
　　　　　本）‧通緯
河圖稽命徵一卷
　　(清)殷元正原輯　(清)陸明睿增訂
　　　　緯書
河圖揆命篇
　　(清)喬松年輯
　　　　喬勤恪公全集‧緯攟‧河圖緯‧河圖
　　　　　雜篇
　　　　山右叢書初編‧緯攟‧河圖緯‧河圖
　　　　　雜篇
河圖要元篇
　　(明)孫瑴輯
　　　　古微書（嘉慶本、光緒刊本、光緒石印
　　　　　本）‧河圖緯‧河圖雜緯篇
　　　　墨海金壺（嘉慶本、景嘉慶本）‧經部
　　　　　‧古微書‧河圖緯‧河圖雜緯篇
　　　　守山閣叢書（道光本、鴻文書局景道光
　　　　　本、博古齋景道光本）‧經部‧古微
　　　　　書‧河圖緯‧河圖雜緯篇
　　　　叢書集成初編‧哲學類‧古微書‧河
　　　　　圖緯‧河圖雜緯篇
河圖要元篇
　　(清)喬松年輯
　　　　喬勤恪公全集‧緯攟‧河圖緯‧河圖
　　　　　雜篇
　　　　山右叢書初編‧緯攟‧河圖緯‧河圖
　　　　　雜篇
河圖要元
　　(清)黃奭輯
　　　　漢學堂叢書‧通緯‧河圖緯
　　　　黃氏逸書考（民國修補本、民國補刊
　　　　　本）‧通緯‧河圖緯
河圖要元篇一卷
　　(清)殷元正原輯　(清)陸明睿增訂
　　　　緯書
河圖考靈曜
　　(明)孫瑴輯
　　　　古微書（嘉慶本、光緒刊本、光緒石印
　　　　　本）‧河圖緯‧河圖雜緯篇
　　　　墨海金壺（嘉慶本、景嘉慶本）‧經部

・古微書・河圖緯・河圖雜緯篇
　　守山閣叢書（道光本、鴻文書局景道光
　　　本、博古齋景道光本）・經部・古微
　　　書・河圖緯・河圖雜緯篇
　　叢書集成初編・哲學類・古微書・河
　　　圖緯・河圖雜緯篇

河圖考靈曜
　　（清）黃奭輯
　　漢學堂叢書・通緯・河圖緯
　　黃氏逸書考（民國修補本、民國補刊
　　　本）・通緯・河圖緯

河圖考靈曜一卷
　　（清）殷元正原輯　（清）陸明睿增訂
　　緯書

河圖叶光紀
　　（清）黃奭輯
　　漢學堂叢書・通緯・河圖緯
　　黃氏逸書考（民國修補本、民國補刊
　　　本）・通緯・河圖緯

河圖叶光篇一卷
　　（清）殷元正原輯　（清）陸明睿增訂
　　緯書

河圖天靈
　　（清）喬松年輯
　　喬勤恪公全集・緯攟・河圖緯・河圖
　　　雜篇
　　山右叢書初編・緯攟・河圖緯・河圖
　　　雜篇

河圖天靈
　　（清）黃奭輯
　　漢學堂叢書・通緯・河圖緯
　　黃氏逸書考（民國修補本、民國補刊
　　　本）・通緯・河圖緯

河圖聖洽符一卷
　　（清）黃奭輯
　　漢學堂叢書・通緯附讖
　　黃氏逸書考（民國修補本、民國補刊
　　　本）・通緯附讖

河圖聖洽一卷
　　（清）殷元正原輯　（清）陸明睿增訂
　　緯書

河圖提劉篇
　　（明）孫瑴輯
　　古微書（嘉慶本、光緒刊本、光緒石印
　　　本）・河圖緯・河圖雜緯篇
　　墨海金壺（嘉慶本、景嘉慶本）・經部
　　　・古微書・河圖緯・河圖雜緯篇
　　守山閣叢書（道光本、鴻文書局景道光

本、博古齋景道光本）・經部・古微
　　　書・河圖緯・河圖雜緯篇
　　叢書集成初編・哲學類・古微書・河
　　　圖緯・河圖雜緯篇

河圖提劉篇
　　（清）喬松年輯
　　喬勤恪公全集・緯攟・河圖緯・河圖
　　　雜篇
　　山右叢書初編・緯攟・河圖緯・河圖
　　　雜篇

河圖提劉
　　（清）黃奭輯
　　漢學堂叢書・通緯・河圖緯
　　黃氏逸書考（民國修補本、民國補刊
　　　本）・通緯・河圖緯

河圖提劉一卷
　　（清）殷元正原輯　（清）陸明睿增訂
　　緯書

河圖絳象
　　（明）孫瑴輯
　　古微書（嘉慶本、光緒刊本、光緒石印
　　　本）・河圖緯
　　墨海金壺（嘉慶本、景嘉慶本）・經部
　　　・古微書　河圖緯
　　守山閣叢書（道光本、鴻文書局景道光
　　　本、博古齋景道光本）・經部・古微
　　　書・河圖緯
　　叢書集成初編・哲學類・古微書・河
　　　圖緯

圖緯絳象
　　（清）喬松年輯
　　喬勤恪公全集・緯攟・河圖緯・河圖
　　　雜篇
　　山右叢書初編・緯攟・河圖緯・河圖
　　　雜篇

河圖絳象
　　（清）黃奭輯
　　漢學堂叢書・通緯・河圖緯
　　黃氏逸書考（民國修補本、民國補刊
　　　本）・通緯・河圖緯

河圖絳象（一名河圖緯象）一卷
　　（清）殷元正原輯　（清）陸明睿增訂
　　緯書

河圖著命
　　（明）孫瑴輯
　　古微書（嘉慶本、光緒刊本、光緒石印
　　　本）・河圖緯・河圖雜緯篇
　　墨海金壺（嘉慶本、景嘉慶本）・經部
　　　・古微書・河圖緯・河圖雜緯篇

守山閣叢書（道光本、鴻文書局景道光
本、博古齋景道光本）·經部·古微
書·河圖緯·河圖雜緯篇
叢書集成初編·哲學類·古微書·河
圖緯·河圖雜緯篇

河圖著命
　(清)喬松年輯
　　　喬勤恪公全集·緯攟·河圖緯·河圖
　　　雜篇
　　　山右叢書初編·緯攟·河圖緯·河圖
　　　雜篇

河圖著命
　(清)黃奭輯
　　　漢學堂叢書·通緯·河圖緯
　　　黃氏逸書考（民國修補本、民國補刊
　　　本）·通緯·河圖緯

河圖皇參待
　(清)喬松年輯
　　　喬勤恪公全集·緯攟·河圖緯·河圖
　　　雜篇
　　　山右叢書初編·緯攟·河圖緯·河圖
　　　雜篇

河圖皇參持
　(清)黃奭輯
　　　漢學堂叢書·通緯·河圖緯
　　　黃氏逸書考（民國修補本、民國補刊
　　　本）·通緯·河圖緯

河圖皇參持一卷
　(清)殷元正原輯　(清)陸明睿增訂
　　　緯書

河圖帝視萌
　(清)喬松年輯
　　　喬勤恪公全集·緯攟·河圖緯·河圖
　　　雜篇
　　　山右叢書初編·緯攟·河圖緯·河圖
　　　雜篇

河圖帝視萌一卷
　(清)殷元正原輯　(清)陸明睿增訂
　　　緯書

洛書之屬

雒書一卷
　(清)黃奭輯
　　　漢學堂叢書·通緯雒書類
　　　黃氏逸書考（民國修補本、民國補刊
　　　本）·通緯

雒書一卷

(清)殷元正原輯　(清)陸明睿增訂
　　　緯書

洛書鄭注一卷
　(漢)鄭玄撰　(清)王仁俊輯
　　　玉函山房輯佚書續編·經編緯書類

雒書靈准聽一卷
　(明)孫瑴輯
　　　古微書（嘉慶本、光緒刊本、光緒石印
　　　本）·雒書緯
　　　墨海金壺（嘉慶本、景嘉慶本）·經部
　　　·古微書·洛書緯
　　　守山閣叢書（道光本、鴻文書局景道光
　　　本、博古齋景道光本）·經部·古微
　　　書·洛書緯
　　　叢書集成初編·哲學類·古微書·洛
　　　書緯

雒書靈準聽
　(清)喬松年輯
　　　喬勤恪公全集·緯攟·雒書緯
　　　山右叢書初編·緯攟·雒書緯

雒書靈准聽一卷
　(清)黃奭輯
　　　漢學堂叢書·通緯雒書類
　　　黃氏逸書考(民國修補本、民國補刊本)

雒書靈準聽一卷
　(清)殷正元原輯　(清)陸明睿增訂
　　　緯書

洛書甄耀度一卷
　　　說郛(宛委山堂本)弓五

洛書甄曜度
　(明)孫瑴輯
　　　古微書（嘉慶本、光緒刊本、光緒石印
　　　本）·雒書緯
　　　墨海金壺（嘉慶本、景嘉慶本）·經部
　　　·古微書·洛書緯
　　　守山閣叢書(道光本、鴻文書局景道光
　　　本、博古齋景道光本)·經部·古微
　　　書·洛書緯
　　　叢書集成初編·哲學類·古微書·洛
　　　書緯

洛書甄耀度
　(清)劉學寵輯
　　　青照堂叢書摘夭編第二函·諸經緯遺

雒書甄曜度
　(清)喬松年輯
　　　喬勤恪公全集·緯攟·雒書緯
　　　山右叢書初編·緯攟·雒書緯

雒書甄曜度一卷

(清)黃奭輯
　　漢學堂叢書‧通緯雜書類
　　黃氏逸書考（民國修補本、民國補刊
　　　本）‧通緯

雜書甄曜度一卷
　(清)殷元正原輯　(清)陸明睿增訂
　　緯書

洛書甄曜度一卷
　(清)王仁俊輯
　　玉函山房輯佚書續編‧經編緯書類

洛書摘六辟
　(明)孫瑴輯
　　古微書（嘉慶本、光緒刊本、光緒石印
　　　本）‧雜書緯
　　墨海金壺（嘉慶本、景嘉慶本）‧經部
　　　‧古微書‧洛書緯
　　守山閣叢書（道光本、鴻文書局景道光
　　　本、博古齋景道光本）‧經部‧古微
　　　書‧洛書緯
　　叢書集成初編‧哲學類‧古微書‧洛
　　　書緯

雜書摘六辟
　(清)喬松年輯
　　喬勤恪公全集‧緯攟‧雜書緯
　　山右叢書初編‧緯攟‧雜書緯

雜書摘六辟一卷
　(清)黃奭輯
　　漢學堂叢書‧通緯雜書類
　　黃氏逸書考（民國修補本、民國補刊
　　　本）‧通緯

雜書摘六辟一卷
　(清)殷元正原輯　(清)陸明睿增訂
　　緯書

雜書寶號命
　(清)喬松年輯
　　喬勤恪公全集‧緯攟‧雜書緯雜篇
　　山右叢書初編‧緯攟‧雜書緯雜篇

雜書寶予命一卷
　(清)殷元正原輯　(清)陸明睿增訂
　　緯書

雜書說禾
　(清)喬松年輯
　　喬勤恪公全集‧緯攟‧雜書緯雜篇
　　山右叢書初編‧緯攟‧雜書緯雜篇

雜書說禾(一名洛書說河)一卷
　(清)殷元正原輯　(清)陸明睿增訂
　　緯書

雜書兵鈐一卷

(清)殷元正原輯　(清)陸明睿增訂
　　緯書

洛書錄運法
　(清)孫瑴輯
　　古微書（嘉慶本、光緒刊本、光緒石印
　　　本）‧雜書緯
　　墨海金壺（嘉慶本、景嘉慶本）‧經部
　　　‧古微書‧洛書緯
　　守山閣叢書(道光本、鴻文書局景道光
　　　本、博古齋景道光本)經部‧古微書
　　　‧洛書緯
　　叢書集成初編‧哲學類‧古微書‧洛
　　　書緯

雜書錄運法
　(清)喬松年輯
　　喬勤恪公全集‧緯攟‧雜書緯雜篇
　　山右叢書初編‧緯攟‧雜書緯雜篇

泛引雜書
　(清)喬松年輯
　　喬勤恪公全集‧緯攟‧雜書緯
　　山右叢書初編‧緯攟‧雜書緯

讖 之 屬

孔子河洛讖
　(明)孫瑴輯
　　古微書（嘉慶本、光緒刊本、光緒石印
　　　本）‧河洛讖
　　墨海金壺（嘉慶本、景嘉慶本）‧經部
　　　‧古微書‧河洛讖
　　守山閣叢書(道光本、鴻文書局景道光
　　　本、博古齋景道光本)‧經部‧古微
　　　書‧河洛讖
　　叢書集成初編‧哲學類‧古微書‧河
　　　洛讖

錄運期讖
　(明)孫瑴輯
　　古微書（嘉慶本、光緒刊本、光緒石印
　　　本）‧河洛讖
　　墨海金壺（嘉慶本、景嘉慶本）‧經部
　　　‧古微書‧河洛讖
　　守山閣叢書(道光本、鴻文書局景道光
　　　本、博古齋景道光本)‧經部‧古微
　　　書‧河洛讖
　　叢書集成初編‧哲學類‧古微書‧河
　　　洛讖

雜書錄運期
　(清)喬松年輯
　　喬勤恪公全集‧緯攟‧雜書緯雜篇

　　　　　山右叢書初編·緯攟·雜書緯雜篇
雜書錄運期一卷
　　　(清)殷元正原輯　　(清)陸明睿增訂
　　　緯書
甄曜度讖
　　　(明)孫瑴輯
　　　　　古微書（嘉慶本、光緒刊本、光緒石印
　　　　　　本)·河洛讖
　　　　　墨海金壺（嘉慶本、景嘉慶本)·經部
　　　　　　·古微書·河洛讖
　　　　　守山閣叢書（道光本、鴻文書局景道光
　　　　　　本、博古齋景道光本)·經部·古微
　　　　　　書·河洛讖
　　　　　叢書集成初編·哲學類·古微書·河
　　　　　　洛讖

易緯之屬

易緯一卷
　　　(清)黃奭輯
　　　　　漢學堂叢書·通緯易類
　　　　　黃氏逸書考（民國修補本、民國補刊
　　　　　　本)·通緯
易緯一卷
　　　(清)殷元正原輯　　(清)陸明睿增訂
　　　緯書
易緯略義三卷
　　　(清)張惠言撰
　　　　　張臯文箋易詮全集
　　　　　廣雅書局叢書·經類
乾鑿度二卷
　　　　　說郛(宛委山堂本)弓二
周易乾鑿度一卷
　　　(清)任兆麟選輯
　　　　　述記(乾隆本、嘉慶本)
易乾鑿度
　　　(清)喬松年輯
　　　　　喬勤恪公全集·緯攟·易緯
　　　　　山右叢書初編·緯攟·易緯
易乾鑿度佚文一卷
　　　(清)王仁俊輯
　　　　　經籍佚文
周易乾坤鑿度二卷
　　　(漢)鄭玄注
　　　　　范氏奇書·乾坤鑿度附
周易乾鑿度二卷
　　　(漢)鄭玄注
　　　　　雅雨堂藏書·

　　　　　四庫全書·經部易類
易緯乾鑿度二卷
　　　　　武英殿聚珍版書（武英殿本、浙江本、
　　　　　　江西書局本、福建本、廣雅書局本)
　　　　　　·經部·易緯
　　　　　反約篇
　　　　　古經解彙函(粵東書局本、蜚英館石印
　　　　　　本、湘南書局本)·易緯八種
　　　　　鄭學彙函
　　　　　叢書集成初編·哲學類
易乾鑿度鄭氏注一卷
　　　(漢)鄭玄撰　　(清)黃奭輯
　　　　　漢學堂叢書·通緯易類
　　　　　黃氏逸書考（民國修補本、民國補刊
　　　　　　本)·通緯
易乾鑿度一卷
　　　(漢)鄭玄注　　(清)趙在翰輯
　　　　　七緯·易緯
乾坤鑿度二卷
　　　　　范氏奇書
　　　乾坤鑿度一卷
　　　　　增定漢魏六朝別解·經部
乾坤鑿度
　　　(清)喬松年輯
　　　　　喬勤恪公全集·緯攟·易緯
　　　　　山右叢書初編·緯攟·易緯
易乾坤鑿度一卷
　　　(清)趙在翰輯
　　　　　七緯·易緯
周易乾坤鑿度二卷
　　　(漢)鄭玄注
　　　　　范氏奇書·乾坤鑿度附
　　　　　四庫全書·經部易類
　　　易緯乾坤鑿度二卷
　　　　　武英殿聚珍版書（武英殿本、浙江本、
　　　　　　江西書局本、福建本、廣雅書局本)
　　　　　　·經部·易緯
　　　　　藝海珠塵土集(己集)
　　　　　反約篇
　　　　　古經解彙函(粵東書局本、蜚英館石印
　　　　　　本、湘南書局本)·易緯八種
　　　　　叢書集成初編·哲學類
易乾坤鑿度鄭氏注一卷
　　　(漢)鄭玄撰　　(清)黃奭輯
　　　　　漢學堂叢書·通緯易類
　　　　　黃氏逸書考（民國修補本、民國補刊
　　　　　　本)·通緯
易通卦驗一卷

說郛(宛委山堂本)弓五

易通卦驗

(明)孫瑴輯

古微書（嘉慶本、光緒刊本、光緒石印本）·易緯

墨海金壺（嘉慶本、景嘉慶本）·經部·古微書·易緯

守山閣叢書(道光本、鴻文書局景道光本、博古齋景道光本)·經部·古微書·易緯

叢書集成初編·哲學類·古微書·易緯

易通卦驗

(清)劉學寵輯

青照堂叢書摘次編第二函·諸經緯遺

易通卦驗

(清)喬松年輯

喬勤恪公全集·緯攟·易緯

山右叢書初編·緯攟·易緯

易緯通卦驗一卷

(清)殷元正原輯　(清)陸明睿增訂

緯書

易緯通卦驗二卷

(漢)鄭玄注

四庫全書·經部易類

武英殿聚珍版書(武英殿本、浙江本、江西書局本、福建本、廣雅書局本)·經部·易緯

古經解彙函(粵東書局本、蜚英館石印本、湘南書局本)·易緯八種

鄭學彙函

易通卦驗鄭氏注一卷

(漢)鄭玄撰　(清)黃奭輯

黃氏逸書考（民國修補本、民國補刊本）·通緯

易通卦驗一卷

(漢)鄭玄注　(清)趙在翰輯

七緯·易緯

易緯通卦驗鄭注佚文一卷

(漢)鄭玄撰　(清)王仁俊輯

經籍佚文

易巛靈圖一卷

說郛(宛委山堂本)弓五

易坤靈圖

(明)孫瑴輯

古微書（嘉慶本、光緒刊本、光緒石印本）·易緯

墨海金壺（嘉慶本、景嘉慶本）·經部

·古微書·易緯

守山閣叢書(道光本、鴻文書局景道光本、博古齋景道光本)·經部·古微書·易緯

叢書集成初編·哲學類·古微書·易緯

易巛靈圖

(清)劉學寵輯

青照堂叢書摘次編第二函·諸經緯遺

易緯坤靈圖一卷

(清)殷元正原輯　(清)陸明睿增訂

緯書

易坤靈圖一卷

(清)王仁俊輯

玉函山房輯佚書續編·經編緯書類

易緯坤靈圖一卷

(漢)鄭玄注

四庫全書·經部易類

武英殿聚珍版書(武英殿本、浙江本、江西書局本、福建本、廣雅書局本)·經部·易緯

古經解彙函(粵東書局本、蜚英館石印本、湘南書局本)·易緯八種

鄭學彙函

叢書集成初編·哲學類

易坤靈圖鄭氏注一卷

(漢)鄭玄撰　(清)黃奭輯

漢學堂叢書·通緯易類

黃氏逸書考（民國修補本、民國補刊本）·通緯

易坤靈圖一卷

(漢)鄭玄注　(清)趙在翰輯

七緯·易緯

易稽覽圖一卷

說郛(宛委山堂本)弓五

易稽覽圖

(明)孫瑴輯

古微書（嘉慶本、光緒刊本、光緒石印本）·易緯

墨海金壺（嘉慶本、景嘉慶本）·經部·古微書·易緯

守山閣叢書(道光本、鴻文書局景道光本、博古齋景道光本)·經部·古微書·易緯

叢書集成初編·哲學類·古微書·易緯

易稽覽圖

(清)喬松年輯

喬勤恪公全集・緯攟・易緯
山右叢書初編・緯攟・易緯

易緯稽覽圖一卷
　　（清）殷元正原輯　　（清）陸明睿增訂
　　　　緯書

易緯稽覽圖二卷
　　（漢）鄭玄注
　　　　四庫全書・經部易類
　　　　武英殿聚珍版書（武英殿本、浙江本、
　　　　　江西書局本、福建本、廣雅書局本）
　　　　　・經部・易緯
　　　　藝海珠塵革集（庚集）
　　　　反約篇
　　　　古經解彙函（粵東書局本、蜚英館石印
　　　　　本、湘南書局本）・易緯八種

易稽覽圖鄭氏注一卷
　　（漢）鄭玄撰　　（清）黄奭輯
　　　　黄氏逸書考（民國修補本、民國補刊
　　　　　本）・通緯

易稽覽圖一卷
　　（漢）鄭玄注　　（清）趙在翰輯
　　　　七緯・易緯

易河圖數
　　（明）孫瑴輯
　　　　古微書（嘉慶本、光緒刊本、光緒石印
　　　　　本）・易緯
　　　　墨海金壺（嘉慶本、景嘉慶本）・經部
　　　　　・古微書・易緯
　　　　守山閣叢書（道光本、鴻文書局景道光
　　　　　本、博古齋景道光本）・經部・古微
　　　　　書・易緯
　　　　叢書集成初編・哲學類・古微書・易
　　　　　緯

易筮類謀
　　（明）孫瑴輯
　　　　古微書（嘉慶本、光緒刊本、光緒石印
　　　　　本）・易緯
　　　　墨海金壺（嘉慶本、景嘉慶本）・經部
　　　　　・古微書・易緯
　　　　守山閣叢書（道光本、鴻文書局景道光
　　　　　本、博古齋景道光本）・經部・古微
　　　　　書・易緯
　　　　叢書集成初編・哲學類・古微書・易
　　　　　緯

易是類謀
　　（清）喬松年輯
　　　　喬勤恪公全集・緯攟・易緯
　　　　山右叢書初編・緯攟・易緯

易緯是類謀（一名易緯筮謀類）一卷

（清）殷元正原輯　　（清）陸明睿增訂
　　緯書

易緯是類謀一卷
　　（漢）鄭玄注
　　　　四庫全書・經部易類
　　　　武英殿聚珍版書（武英殿本、浙江本、
　　　　　江西書局本、福建本、廣雅書局本）
　　　　　・經部・易緯
　　　　藝海珠塵土集（己集）
　　　　反約篇
　　　　古經解彙函（粵東書局本、蜚英館石印
　　　　　本、湘南書局本）・易緯八種
　　　　鄭學彙函
　　　　叢書集成初編・哲學類

易是類謀鄭氏注一卷
　　（漢）鄭玄撰　　（清）黄奭輯
　　　　漢學堂叢書・通緯易類
　　　　黄氏逸書考（民國修補本、民國補刊
　　　　　本）・通緯

易是類謀一卷
　　（漢）鄭玄注　　（清）趙在翰輯
　　　　七緯・易緯

易九厄讖
　　（明）孫瑴輯
　　　　古微書（嘉慶本、光緒刊本、光緒石印
　　　　　本）・易緯
　　　　墨海金壺（嘉慶本、景嘉慶本）・經部
　　　　　・古微書・易緯
　　　　守山閣叢書（道光本、鴻文書局景道光
　　　　　本、博古齋景道光本）・經部・古微
　　　　　書・易緯
　　　　叢書集成初編・哲學類・古微書・易
　　　　　緯

易辨終備
　　（明）孫瑴輯
　　　　古微書（嘉慶本、光緒刊本、光緒石印
　　　　　本）・易緯・易雜緯
　　　　墨海金壺（嘉慶本、景嘉慶本）・經部
　　　　　・古微書・易緯・易雜緯
　　　　守山閣叢書（道光本、鴻文書局景道光
　　　　　本、博古齋景道光本）・經部・古微
　　　　　書・易緯・易雜緯
　　　　叢書集成初編・哲學類・古微書・易
　　　　　緯・易雜緯

易辨終備
　　（清）喬松年輯
　　　　喬勤恪公全集・緯攟・易緯
　　　　山右叢書初編・緯攟・易緯

易緯辨終備一卷

（清）殷元正原輯　（清）陸明睿增訂
　　緯書

易經備一卷

（清）王仁俊輯
　　玉函山房輯佚書續編·經編緯書類

易緯辨終備一卷

（漢）鄭玄注
　　四庫全書·經部易類
　　武英殿聚珍版書（武英殿本、浙江本、
　　　江西書局本、福建本、廣雅書局本）
　　　·經部·易緯
　　鄭學彙函
　　古經解彙函（粵東書局本、蜚英館石印
　　　本、湘南書局本）·易緯八種

易辨終備鄭氏注一卷

（漢）鄭玄撰　（清）黃奭輯
　　黃氏逸書考（民國修補本、民國補刊
　　　本）·通緯

易辨終備一卷

（漢）鄭玄注　（清）趙在翰輯
　　七緯·易緯

易中孚傳

（明）孫瑴輯
　　古微書（嘉慶本、光緒刊本、光緒石印
　　　本）·易緯·易雜緯
　　墨海金壺（嘉慶本、景嘉慶本）·經部
　　　·古微書·易緯·易雜緯
　　守山閣叢書（道光本、鴻文書局景道光
　　　本、博古齋景道光本）·經部·古微
　　　書·易緯·易雜緯
　　叢書集成初編·哲學類·古微書·易
　　　緯·易雜緯

易中孚傳

（清）喬松年輯
　　喬勤恪公全集·緯攟·易緯
　　山右叢書初編·緯攟·易緯

易天人應

（清）喬松年輯
　　喬勤恪公全集·緯攟·易緯
　　山右叢書初編·緯攟·易緯

易緯天人應一卷

（清）殷元正原輯　（清）陸明睿增訂
　　緯書

易通統圖

（明）孫瑴輯
　　古微書（嘉慶本、光緒刊本、光緒石印
　　　本）·易緯·易雜緯
　　墨海金壺（嘉慶本、景嘉慶本）·經部
　　　·古微書·易緯·易雜緯

守山閣叢書（道光本、鴻文書局景道光
　本、博古齋景道光本）·經部·古微
　書·易緯·易雜緯
叢書集成初編·哲學類·古微書·易
　緯·易雜緯

易通統圖

（清）喬松年輯
　　喬勤恪公全集·緯攟·易緯
　　山右叢書初編·緯攟·易緯

易統驗玄圖

（明）孫瑴輯
　　古微書（嘉慶本、光緒刊本、光緒石印
　　　本）·易緯·易雜緯
　　墨海金壺（嘉慶本、景嘉慶本）·經部
　　　·古微書·易緯·易雜緯
　　守山閣叢書（道光本、鴻文書局景道光
　　　本、博古齋景道光本）·經部·古微
　　　書·易緯·易雜緯
　　叢書集成初編·哲學類·古微書·易
　　　緯·易雜緯

易運期

（明）孫瑴輯
　　古微書（嘉慶本、光緒刊本、光緒石印
　　　本）·易緯·易雜緯
　　墨海金壺（嘉慶本、景嘉慶本）·經部
　　　·古微書·易緯·易雜緯
　　守山閣叢書（道光本、鴻文書局景道光
　　　本、博古齋景道光本）·經部·古微
　　　書·易緯·易雜緯
　　叢書集成初編·哲學類·古微書·易
　　　緯·易雜緯

易運期

（清）喬松年輯
　　喬勤恪公全集·緯攟·易緯
　　山右叢書初編·緯攟·易緯

易內傳

（清）喬松年輯
　　喬勤恪公全集·緯攟·易緯
　　山右叢書初編·緯攟·易緯

易萌氣樞

（明）孫瑴輯
　　古微書（嘉慶本、光緒刊本、光緒石印
　　　本）·易緯·易雜緯
　　墨海金壺（嘉慶本、景嘉慶本）·經部
　　　·古微書·易緯·易雜緯
　　守山閣叢書（道光本、鴻文書局景道光
　　　本、博古齋景道光本）·經部·古微
　　　書·易緯·易雜緯
　　叢書集成初編·哲學類·古微書·易

緯·易雜緯

易萌氣樞
　（清）喬松年輯
　　　喬勤恪公全集·緯攟·易緯
　　　山右叢書初編·緯攟·易緯

易緯萌氣樞一卷
　（清）殷元正原輯　　（清）陸明睿增訂
　　　緯書

易內篇
　（清）喬松年輯
　　　喬勤恪公全集·緯攟·易緯
　　　山右叢書初編·緯攟·易緯

易傳太初篇
　（清）喬松年輯
　　　喬勤恪公全集·緯攟·易緯
　　　山右叢書初編·緯攟·易緯

易緯乾元序制記一卷
　（清）殷元正原輯　　（清）陸明睿增訂
　　　緯書

易緯乾元序制記一卷
　（漢）鄭玄注
　　　四庫全書·經部易類
　　　武英殿聚珍版書（武英殿本、浙江本、
　　　　江西書局本、福建本、廣雅書局本）
　　　　·經部·易緯
　　　古經解彙函（粵東書局本、蜚英館石印
　　　　本、湘南書局本）·易緯八種
　　　鄭學彙函
　　　叢書集成初編·哲學類

易乾元序制記鄭氏注一卷
　（漢）鄭玄撰　　（清）黃奭輯
　　　漢學堂叢書·通緯易類
　　　黃氏逸書考（民國修補本、民國補刊
　　　　本）·通緯

易乾元序制記一卷
　（漢）鄭玄注　　（清）趙在翰輯
　　　七緯·易緯

泛引易緯
　（清）喬松年輯
　　　喬勤恪公全集·緯攟·易緯
　　　山右叢書初編·緯攟·易緯

尙書緯之屬

尙書緯一卷
　（清）黃奭輯
　　　黃氏逸書考（民國修補本、民國補刊
　　　　本）·通緯

尙書緯一卷
　（清）殷元正原輯　　（清）陸明睿增訂
　　　緯書

尙書考靈耀一卷
　　　說郛（宛委山堂本）弓五

尙書考靈耀
　（清）劉學寵輯
　　　靑照堂叢書摘次編第二函·諸經緯遺

尙書攷靈曜一卷
　（清）黃奭輯
　　　黃氏逸書考（民國修補本、民國補刊
　　　　本）·通緯

尙書攷靈曜一卷附補遺
　（清）趙在翰輯
　　　七緯·尙書緯

尙書考靈耀一卷
　（清）殷元正原輯　　（清）陸明睿增訂
　　　緯書

尙書考靈曜二卷
　（漢）鄭玄注　　（明）孫瑴輯
　　　古微書（嘉慶本、光緒刊本、光緒石印
　　　　本）·尙書緯
　　　墨海金壺（嘉慶本、景嘉慶本）·經部
　　　　·古微書·尙書緯
　　　守山閣叢書（道光本、鴻文書局景道光
　　　　本、博古齋景道光本）·經部·古微
　　　　書·尙書緯
　　　叢書集成初編·哲學類·古微書·尙
　　　　書緯

尙書緯考靈曜一卷
　（漢）鄭玄注　　（清）馬國翰輯
　　　玉函山房輯佚書（嫏嬛館本、重印本、
　　　　楚南書局本）·經編緯書類
　　　玲瓏山館叢書·經編緯書類

尙書考靈曜
　（漢）鄭玄注　　（清）喬松年輯
　　　喬勤恪公全集·緯攟·尙書緯
　　　山右叢書初編·緯攟·尙書緯

尙書緯考靈曜一卷
　（漢）鄭玄注　　（清）王仁俊輯
　　　玉函山房輯佚書續編·經編緯書類

尙書帝命驗一卷
　（明）孫瑴輯
　　　古微書（嘉慶本、光緒刊本、光緒石印
　　　　本）·尙書緯
　　　墨海金壺（嘉慶本、景嘉慶本）·經部
　　　　·古微書·尙書緯
　　　守山閣叢書（道光本、鴻文書局景道光

本、博古齋景道光本）・經部・古微
書・尚書緯

叢書集成初編・哲學類・古微書・尚
書緯

尚書帝命驗
（清）喬松年輯
喬勤恪公全集・緯攟・尚書緯
山右叢書初編・緯攟・尚書緯

尚書帝命驗一卷
（清）趙在翰輯
七緯・尚書緯

尚書帝命驗（一名尚書帝命期又名尚書
帝驗期又名尚書帝命驗期又名尚書令
命驗）一卷
（清）殷元正原輯　（清）陸明睿增訂
緯書

尚書緯帝命驗一卷
（漢）鄭玄注　（清）馬國翰輯
玉函山房輯佚書（娜嬛館本、重印本、
楚南書局本）・經編緯書類
玲瓏山館叢書・經編緯書類

尚書帝命驗一卷
（漢）鄭玄注　（清）黃奭輯
漢學堂叢書・通緯書類
黃氏逸書考（民國修補本、民國補刊
本）・通緯

尚書帝命驗宋注一卷
（魏）宋均撰　（清）王仁俊輯
玉函山房輯佚書續編・經編緯書類

尚書旋璣鈐一卷
說郛（宛委山堂本）弓五

尚書璇璣鈐
（明）孫瑴輯
古微書（嘉慶本、光緒刊本、光緒石印
本）・尚書緯
墨海金壺（嘉慶本、景嘉慶本）・經部
・古微書・尚書緯
守山閣叢書（道光本、鴻文書局景道光
本、博古齋景道光本）・經部・古微
書・尚書緯
叢書集成初編・哲學類・古微書・尚
書緯

尚書璇璣鈐
（清）劉學寵輯
青照堂叢書摘奧編第二函・諸經緯遺

尚書璇璣鈐
（清）喬松年輯
喬勤恪公全集・緯攟・尚書緯

山右叢書初編・緯攟・尚書緯

尚書璇機鈐一卷附補遺
（清）趙在翰輯
七緯・尚書緯

尚書璇璣鈐一卷
（清）殷元正原輯　（清）陸明睿增訂
緯書

尚書璇機鈐
（漢）鄭玄注
說郛（商務印書館本）卷二・古典錄略

尚書緯璇機鈐一卷
（漢）鄭玄注　（清）馬國翰輯
玉函山房輯佚書（娜嬛館本、重印本、
楚南書局本）・經編緯書類
玲瓏山館叢書・經編緯書類

尚書璇璣鈐一卷
（漢）鄭玄注　（清）黃奭輯
漢學堂叢書・通緯書類
黃氏逸書考（民國修補本、民國補刊
本）・通緯

尚書刑德放
（明）孫瑴輯
古微書（嘉慶本、光緒刊本、光緒石印
本）・尚書緯
墨海金壺（嘉慶本、景嘉慶本）・經部
・古微書・尚書緯
守山閣叢書（道光本、鴻文書局景道光
本、博古齋景道光本）・經部・古微
書・尚書緯
叢書集成初編・哲學類・古微書・尚
書緯

尚書刑德放
（清）喬松年輯
喬勤恪公全集・緯攟・尚書緯
山右叢書初編・緯攟・尚書緯

尚書刑德放一卷附補遺
（清）趙在翰輯
七緯・尚書緯

尚書刑德放一卷
（清）殷元正原輯　（清）陸明睿增訂
緯書

尚書緯刑德放一卷
（漢）鄭玄注　（清）馬國翰輯
玉函山房輯佚書（娜嬛館本、重印本、
楚南書局本）・經編緯書類
玲瓏山館叢書・經編緯書類

尚書刑德放一卷
（漢）鄭玄注　（清）黃奭輯

漢學堂叢書・通緯書類
黃氏逸書考（民國修補本、民國補刊
本）・通緯

尚書緯刑德放一卷
（漢）鄭玄注　（清）王仁俊輯
玉函山房輯佚書續編・經編緯書類

尚書運期授
（明）孫瑴輯
古微書（嘉慶本、光緒刊本、光緒石印
本）・尚書緯
墨海金壺（嘉慶本、景嘉慶本）・經部
・古微書・尚書緯
守山閣叢書（道光本、鴻文書局景道光
本、博古齋景道光本）・經部・古微
書・尚書緯
叢書集成初編・哲學類・古微書・尚
書緯

尚書運期授
（清）喬松年輯
喬勤恪公全集・緯攟・尚書緯
山右叢書初編・緯攟・尚書緯

尚書運期授附補遺
（清）趙在翰輯
七緯・尚書緯

尚書運期授一卷
（清）殷元正原輯　（清）陸明睿增訂
緯書

尚書緯運期授一卷
（漢）鄭玄注　（清）馬國翰輯
玉函山房輯佚書（嫏嬛館本、重印本、
楚南書局本）・經編緯書類
玲瓏山館叢書・經編緯書類

尚書運期授一卷
（漢）鄭玄注　（清）黃奭輯
漢學堂叢書・通緯書類
黃氏逸書考（民國修補本、民國補刊
本）・通緯

尚書帝命期一卷
說郛（宛委山堂本）弓五

尚書帝驗期
（明）孫瑴輯
古微書（嘉慶本、光緒刊本、光緒石印
本）・尚書緯
墨海金壺（嘉慶本、景嘉慶本）・經部
・古微書・尚書緯
守山閣叢書（道光本、鴻文書局景道光
本、博古齋景道光本）・經部・古微
書・尚書緯
叢書集成初編・哲學類・古微書・尚

書緯

尚書帝命期
（清）劉學寵輯
青照堂叢書次編第二函・諸經緯遺

尚書帝驗期
（清）喬松年輯
喬勤恪公全集・緯攟・尚書緯
山右叢書初編・緯攟・尚書緯

洪範緯
（明）孫瑴輯
古微書（嘉慶本、光緒刊本、光緒石印
本）・尚書緯・中候雜篇附
墨海金壺（嘉慶本、景嘉慶本）・經部
・古微書・尚書緯・中候雜篇附
守山閣叢書（道光本、鴻文書局景道光
本、博古齋景道光本）・經部・古微
書・尚書緯・中候雜篇附
叢書集成初編・哲學類・古微書・尚
書緯・中候雜篇附

尚書洪範記
（清）喬松年輯
喬勤恪公全集・緯攟・尚書緯
山右叢書初編・緯攟・尚書緯

泛引尚書緯
（清）喬松年輯
喬勤恪公全集・緯攟・尚書緯
山右叢書初編・緯攟・尚書緯

尚書中候一卷
說郛（宛委山堂本）弓五

尚書中候一卷
（明）孫瑴輯
古微書（嘉慶本、光緒刊本、光緒石印
本）・尚書緯
墨海金壺（嘉慶本、景嘉慶本）・經部
・古微書・尚書緯
守山閣叢書（道光本、鴻文書局景道光
本、博古齋景道光本）・經部・古微
書・尚書緯
叢書集成初編・哲學類・古微書・尚
書緯

尚書中候
（清）劉學寵輯
青照堂叢書摘次編第二函・諸經緯遺

尚書中候
（清）喬松年輯
喬勤恪公全集・緯攟・尚書緯
山右叢書初編・緯攟・尚書緯

尚書中候一卷

(清)黃奭輯
　　黃氏逸書考（民國修補本、民國補刊
　　　本）・通緯

尚書中候一卷
　（清)王仁俊輯
　　玉函山房輯佚書續編・經編緯書類

尚書中候馬注一卷
　（漢)馬融撰　(清)王仁俊輯
　　玉函山房輯佚書續編・經編緯書類

尚書中候一卷
　（漢)鄭玄注　(清)王謨輯
　　漢魏遺書鈔・經翼第一冊

尚書中候注一卷
　（漢)鄭玄撰　(清)袁鈞輯
　　鄭氏佚書（浙江書局本、觀稼樓本）

尚書中候鄭注五卷
　（漢)鄭玄撰　(清)孔廣林輯
　　學津討原（嘉慶本、景嘉慶本）第二集

尚書中候注六卷
　　通德遺書所見錄

尚書中候三卷
　（漢)鄭玄注　(清)馬國翰輯
　　玉函山房輯佚書（嫏嬛館本、重印本、
　　　楚南書局本）・經編緯書類
　　玲瓏山館叢書・經編緯書類

尚書中候鄭注一卷
　（漢)鄭玄撰　(清)王仁俊輯
　　玉函山房輯佚書續編・經編緯書類

尚書中候疏證一卷
　（清)皮錫瑞撰
　　師伏堂叢書
　　皮氏經學叢書

書中候弘道篇一卷
　（民國)廖平撰　(民國)黃鎔筆述
　　新訂六譯館叢書・尚書類

尚書五行傳
　（明)孫瑴輯
　　古微書（嘉慶本、光緒刊本、光緒石印
　　　本）・尚書緯
　　墨海金壺（嘉慶本、景嘉慶本）・經部
　　　・古微書・尚書緯
　　守山閣叢書（道光本、鴻文書局景道光
　　　本、博古齋景道光本）・經部・古微
　　　書・尚書緯
　　叢書集成初編・哲學類・古微書・尚
　　　書緯

尚書五行傳注一卷
　（漢)鄭玄撰　(清)袁鈞輯　(清)袁堯年校

補
　　鄭氏佚書（浙江書局本）

中候握河紀
　（明)孫瑴輯
　　古微書（嘉慶本、光緒刊本、光緒石印
　　　本）・尚書緯
　　墨海金壺（嘉慶本、景嘉慶本）・經部
　　　・古微書・尚書緯
　　守山閣叢書（道光本、鴻文書局景道光
　　　本、博古齋景道光本）・經部・古微
　　　書・尚書緯
　　叢書集成初編・哲學類・古微書・尚
　　　書緯

中候握河紀
　（清)喬松年輯
　　喬勤恪公全集・緯攟・尚書緯
　　山右叢書初編・緯攟・尚書緯

中候我應
　（清)喬松年輯
　　喬勤恪公全集・緯攟・尚書緯
　　山右叢書初編・緯攟・尚書緯

中候考河命
　（明)孫瑴輯
　　古微書（嘉慶本、光緒刊本、光緒石印
　　　本）・尚書緯
　　墨海金壺（嘉慶本、景嘉慶本）・經部
　　　・古微書・尚書緯
　　守山閣叢書（道光本、鴻文書局景道光
　　　本、博古齋景道光本）・經部・古微
　　　書・尚書緯
　　叢書集成初編・哲學類・古微書・尚
　　　書緯

中候考河命
　（清)喬松年輯
　　喬勤恪公全集・緯攟・尚書緯
　　山右叢書初編・緯攟・尚書緯

中候洛予命
　（明)孫瑴輯
　　古微書（嘉慶本、光緒刊本、光緒石印
　　　本）・尚書緯・中候雜篇
　　墨海金壺（嘉慶本、景嘉慶本）・經部
　　　・古微書・尚書緯・中候雜篇
　　守山閣叢書（道光本、鴻文書局景道光
　　　本、博古齋景道光本）・經部・古微
　　　書・尚書緯・中候雜篇
　　叢書集成初編・哲學類・古微書・尚
　　　書緯・中候雜篇

中候雒予命
　（清)喬松年輯

喬勤恪公全集·緯攟·尙書緯
山右叢書初編·緯攟·尙書緯

中候雒師謀
　(清)喬松年輯
　　　喬勤恪公全集·緯攟·尙書緯
　　　山右叢書初編·緯攟·尙書緯

中候摘洛戒
　(明)孫瑴輯
　　　古微書(嘉慶本、光緒刊本、光緒石印
　　　　本)·尙書緯
　　　墨海金壺（嘉慶本、景嘉慶本）·經部
　　　　·古微書·尙書緯
　　　守山閣叢書(道光本、鴻文書局景道光
　　　　本、博古齋景道光本)·經部·古微
　　　　書·尙書緯
　　　叢書集成初編·哲學類·古微書·尙
　　　　書緯

中候摘雒貳
　(清)喬松年輯
　　　喬勤恪公全集·緯攟·尙書緯
　　　山右叢書初編·緯攟·尙書緯

中候擿洛戒
　(明)孫瑴輯
　　　古微書(嘉慶本、光緒刊本、光緒石印
　　　　本)·尙書緯·中候雜篇
　　　墨海金壺（嘉慶本、景嘉慶本）·經部
　　　　·古微書·尙書緯·中候雜篇
　　　守山閣叢書(道光本、鴻文書局景道光
　　　　本、博古齋景道光本)·經部·古微
　　　　書·尙書緯·中候雜篇
　　　叢書集成初編·哲學類·古微書·尙
　　　　書緯·中候雜篇

中候儀明篇
　(明)孫瑴輯
　　　古微書（嘉慶本、光緒刊本、光緒石印
　　　　本)·尙書緯·中候雜篇

中候義明
　　　墨海金壺（嘉慶本、景嘉慶本）·經部
　　　　·古微書·尙書緯·中候雜篇
　　　守山閣叢書(道光本、鴻文書局景道光
　　　　本、博古齋景道光本)·經部·古微
　　　　書·尙書緯·中候雜篇
　　　叢書集成初編·哲學類·古微書·尙
　　　　書緯·中候雜篇

中候儀明
　(清)喬松年輯
　　　喬勤恪公全集·緯攟·尙書緯
　　　山右叢書初編·緯攟·尙書緯

中候敕省圖

中候敕省圖
　(明)孫瑴輯
　　　古微書(嘉慶本、光緒刊本、光緒石印
　　　　本)·尙書緯·中候雜篇
　　　墨海金壺（嘉慶本、景嘉慶本）·經部
　　　　·古微書·尙書緯·中候雜篇
　　　守山閣叢書(道光本、鴻文書局景道光
　　　　本、博古齋景道光本)·經部·古微
　　　　書·尙書緯·中候雜篇
　　　叢書集成初編·哲學類·古微書·尙
　　　　書緯·中候雜篇

中候敕省圖
　(清)喬松年輯
　　　喬勤恪公全集·緯攟·尙書緯
　　　山右叢書初編·緯攟·尙書緯

中候稷起
　(明)孫瑴輯
　　　古微書(嘉慶本、光緒刊本、光緒石印
　　　　本)·尙書緯·中候雜篇
　　　墨海金壺（嘉慶本、景嘉慶本）·經部
　　　　·古微書·尙書緯·中候雜篇
　　　守山閣叢書(道光本、鴻文書局景道光
　　　　本、博古齋景道光本)·經部·古微
　　　　書·尙書緯·中候雜篇
　　　叢書集成初編·哲學類·古微書·尙
　　　　書緯·中候雜篇

中候稷起
　(清)喬松年輯
　　　喬勤恪公全集·緯攟·尙書緯
　　　山右叢書初編·緯攟·尙書緯

中候準讖哲
　(明)孫瑴輯
　　　古微書(嘉慶本、光緒刊本、光緒石印
　　　　本)·尙書緯·中候雜篇
　　　墨海金壺（嘉慶本、景嘉慶本）·經部
　　　　·古微書·尙書緯·中候雜篇
　　　守山閣叢書(道光本、鴻文書局景道光
　　　　本、博古齋景道光本)·經部·古微
　　　　書·尙書緯·中候雜篇
　　　叢書集成初編·哲學類·古微書·尙
　　　　書緯·中候雜篇

中候準讖哲
　(清)喬松年輯
　　　喬勤恪公全集·緯攟·尙書緯
　　　山右叢書初編·緯攟·尙書緯

中候合符后
　(清)喬松年輯
　　　喬勤恪公全集·緯攟·尙書緯
　　　山右叢書初編·緯攟·尙書緯

中候運行

(明)孫瑴輯
  　　古微書(嘉慶本、光緒刊本、光緒石印
  　　　本)・尚書緯・中候雜篇
  　　墨海金壺(嘉慶本、景嘉慶本)・經部
  　　　・古微書　尚書緯・中候雜篇
  　　守山閣叢書(道光本、鴻文書局景道光
  　　　本、博古齋景道光本)・經部・古微
  　　　書・尚書緯・中候雜篇
  　　叢書集成初編・哲學類・古微書・尚
  　　　書緯・中候雜篇

中候運衡
  (清)喬松年輯
  　　喬勤恪公全集・緯攟・尚書緯
  　　山右叢書初編・緯攟・尚書緯

中候契握
  (清)喬松年輯
  　　喬勤恪公全集・緯攟・尚書緯
  　　山右叢書初編・緯攟・尚書緯

中候苗興
  (清)喬松年輯
  　　喬勤恪公全集・緯攟・尚書緯
  　　山右叢書初編・緯攟・尚書緯

尚書緯附錄附補遺
  (清)趙在翰輯
  　　七緯・尚書緯

詩緯之屬

詩緯一卷
  (清)黃奭輯
  　　漢學堂叢書・通緯詩類
  　　黃氏逸書考(民國修補本、民國補刊
  　　　本)・通緯

詩緯一卷
  (清)殷元正原輯　(清)陸明睿增訂
  　　緯書

詩緯一卷
  (魏)宋均注　(清)王仁俊輯
  　　玉函山房輯佚書續編・經編緯書類

詩緯集證四卷附錄一卷
  (清)陳喬樅撰
  　　左海續集

詩緯新解一卷
  (民國)廖平撰　(民國)黃鎔補證
  　　新訂六譯館叢書・詩經類

詩含神霧一卷
  　　說郛(宛委山堂本)弓五
  　詩含神霧

說郛(商務印書館本)卷二・古典錄略

詩含神霧一卷
  (明)孫瑴輯
  　　古微書(嘉慶本、光緒刊本、光緒石印
  　　　本)・詩緯
  　　墨海金壺(嘉慶本、景嘉慶本)・經部
  　　　・古微書・詩緯
  　　守山閣叢書(道光本、鴻文書局景道光
  　　　本、博古齋景道光本)・經部・古微
  　　　書:詩緯
  　　叢書集成初編・哲學類・古微書・詩
  　　　緯

詩含神霧
  (清)劉學寵輯
  　　靑照堂叢書摘次編第二函・諸經緯遺

詩含神霧
  (清)喬松年輯
  　　喬勤恪公全集・緯攟・詩緯
  　　山右叢書初編・緯攟・詩緯

詩含神霧附補遺
  (清)趙在翰輯
  　　七緯・詩緯

詩緯含神霧一卷
  (清)殷元正原輯　(清)陸明睿增訂
  　　緯書

詩緯含神霧一卷
  (魏)宋均注　(清)馬國翰輯
  　　玉函山房輯佚書(嬛媛館本、重印本、
  　　　楚南書局本)・經編緯書類
  　　玲瓏山館叢書・經編緯書類

詩含神霧一卷
  (魏)宋均注　(清)黃奭輯
  　　漢學堂叢書・通緯詩類
  　　黃氏逸書考(民國修補本、民國補刊
  　　　本)・通緯

詩緯含神霧一卷
  (魏)宋均注　(清)王仁俊輯
  　　玉函山房輯佚書續編・經編緯書類

詩緯含神霧訓纂一卷
  (清)胡薇元撰
  　　玉津閣叢書甲集

詩緯含文候一卷
  (清)殷元正原輯　(清)陸明睿增訂
  　　緯書

詩推度災
  (明)孫瑴輯
  　　古微書(嘉慶本、光緒刊本、光緒石印
  　　　本)・詩緯

墨海金壺（嘉慶本、景嘉慶本）‧經部
　‧古微書‧詩緯
守山閣叢書（道光本、鴻文書局景道光
本、博古齋景道光本）‧經部‧古微
書‧詩緯
叢書集成初編‧哲學類‧古微書‧詩
緯

詩推度災
　　（清）喬松年輯
　　　喬勤恪公全集‧緯攟‧詩緯
　　　山右叢書初編‧緯攟‧詩緯

詩推度災一卷附補遺
　　（清）趙在翰輯
　　　七緯‧詩緯

詩緯推度災一卷
　　（清）殷元正原輯　　（清）陸明睿增訂
　　　緯書

詩緯推度災一卷
　　（魏）宋均注　　（清）馬國翰輯
　　　玉函山房輯佚書（嫏嬛館本、重印本、
　　　　楚南書局本）‧經編緯書類
　　　玲瓏山館叢書‧經編緯書類

詩推度災一卷
　　（魏）宋均注　　（清）黃奭輯
　　　漢學堂叢書‧通緯詩類
　　　黃氏逸書考（民國修補本、民國補刊
　　　　本）‧通緯

詩緯推度災一卷
　　（魏）宋均注　　（清）王仁俊輯
　　　玉函山房輯佚書續編‧經編緯書類

詩緯推度災訓纂一卷
　　（清）胡薇元撰
　　　玉津閣叢書甲集

詩紀曆樞一卷
　　　說郛（宛委山堂本）弖五

詩汎歷樞
　　（明）孫瑴輯
　　　古微書（嘉慶本、光緒刊本、光緒石印
　　　　本）‧詩緯
　　　墨海金壺（嘉慶本、景嘉慶本）‧經部
　　　　‧古微書‧詩緯
　　　守山閣叢書（道光本、鴻文書局景道光
　　　　本、博古齋景道光本）‧經部‧古微
　　　　書‧詩緯
　　　叢書集成初編‧哲學類‧古微書‧詩
　　　　緯

詩汎歷樞
　　（清）喬松年輯

喬勤恪公全集‧緯攟‧詩緯
山右叢書初編‧緯攟‧詩緯

詩汎歷樞一卷
　　（清）黃奭輯
　　　黃氏逸書考（民國修補本、民國補刊
　　　　本）‧通緯

詩汎歷樞一卷附補遺
　　（清）趙在翰輯
　　　七緯‧詩緯

詩緯紀歷樞（一名詩緯汎歷樞又名詩緯
　汜歷樞又名詩緯記歷樞）一卷
　　（清）殷元正原輯　　（清）陸明睿增訂
　　　緯書

詩緯汜歷樞一卷
　　（魏）宋均注　　（清）馬國翰輯
　　　玉函山房輯佚書（嫏嬛館本、重印本、
　　　　楚南書局本）‧經編緯書類
　　　玲瓏山館叢書‧經編緯書類

詩緯汜歷樞一卷
　　（魏）宋均注　　（清）王仁俊輯
　　　玉函山房輯佚書續編‧經編緯書類

詩緯汜歷樞訓纂一卷
　　（清）胡薇元撰
　　　玉津閣叢書甲集

詩紀歷圖
　　（清）劉學寵輯
　　　青照堂叢書摘次編第二函‧諸經緯遺

泛引詩緯
　　（清）喬松年輯
　　　喬勤恪公全集‧緯攟‧詩緯
　　　山右叢書初編‧緯攟‧詩緯

詩緯附錄附補遺
　　（清）趙在翰輯
　　　七緯‧詩緯

禮緯之屬

禮緯一卷
　　（清）黃奭輯
　　　漢學堂叢書‧通緯禮類
　　　黃氏逸書考（民國修補本、民國補刊
　　　　本）‧通緯

禮緯一卷
　　（清）殷元正原輯　　（清）陸明睿增訂
　　　緯書

禮含文嘉一卷
　　　說郛（宛委山堂本）弖五

禮含文嘉

說郛(商務印書館本)卷二・古典錄略

禮含文嘉一卷
　(明)孫瑴輯
　　　古微書(嘉慶本、光緒刊本、光緒石印
　　　　本)・禮緯
　　　墨海金壺(嘉慶本、景嘉慶本)・經部
　　　　・古微書・禮緯
　　　守山閣叢書(道光本、鴻文書局景道光
　　　　本、博古齋景道光本)・經部・古微
　　　　書・禮緯
　　　叢書集成初編・哲學類・古微書・禮
　　　　緯

禮含文嘉
　(清)劉學寵輯
　　　青照堂叢書次編第二函・諸經緯遺

禮含文嘉
　(清)喬松年輯
　　　喬勤恪公全集・緯攟・禮緯
　　　山右叢書初編・緯攟・禮緯

禮含文嘉一卷附補遺
　(清)趙在翰輯
　　　七緯・禮緯

禮緯含文嘉一卷
　(清)殷元正原輯　　(清)陸明睿增訂
　　　緯書

禮緯含文嘉一卷
　(魏)宋均注　　(清)馬國翰輯
　　　玉函山房輯佚書(嫏嬛館本、重印本、
　　　　楚南書局本)・經編緯書類
　　　玲瓏山館叢書・經編緯書類

禮含文嘉一卷
　(魏)宋均注　　(清)黃奭輯
　　　漢學堂叢書・通緯禮類
　　　黃氏逸書考（民國修補本、民國補刊
　　　　本)・通緯

禮緯含文嘉一卷
　(魏)宋均注　　(清)王仁俊輯
　　　玉函山房輯佚書續編・經編緯書類

禮稽命徵一卷
　　　說郛(宛委山堂本)弓五

禮稽命徵一卷
　(明)孫瑴輯
　　　古微書(嘉慶本、光緒刊本、光緒石印
　　　　本)・禮緯
　　　墨海金壺(嘉慶本、景嘉慶本)・經部
　　　　・古微書・禮緯
　　　守山閣叢書(道光本、鴻文書局景道光
　　　　本、博古齋景道光本)・經部・古微

書・禮緯
　　　叢書集成初編・哲學類・古微書・禮
　　　　緯

禮稽命徵
　(清)劉學寵輯
　　　青照堂叢書摘次編第二函・諸經緯遺

禮稽命徵
　(清)喬松年輯
　　　喬勤恪公全集・緯攟・禮緯
　　　山右叢書初編　緯攟・禮緯

禮稽命徵一卷附補遺
　(清)趙在翰輯
　　　七緯・禮緯

禮緯稽命徵一卷
　(清)殷元正原輯　　(清)陸明睿增訂
　　　緯書

禮緯稽命徵一卷
　(魏)宋均注　　(清)馬國翰輯
　　　玉函山房輯佚書(嫏嬛館本、重印本、
　　　　楚南書局本)・經編緯書類
　　　玲瓏山館叢書・經編緯書類

禮稽命徵一卷
　(魏)宋均注　　(清)黃奭輯
　　　漢學堂叢書・通緯禮類
　　　黃氏逸書考（民國修補本、民國補刊
　　　　本)・通緯

禮緯稽命徵一卷
　(魏)宋均注　　(清)王仁俊輯
　　　玉函山房輯佚書續編・經編緯書類

禮斗威儀一卷
　　　說郛(宛委山堂本)弓五

禮斗威儀一卷
　(明)孫瑴輯
　　　古微書(嘉慶本、光緒刊本、光緒石印
　　　　本)・禮緯
　　　墨海金壺(嘉慶本、景嘉慶本)・經部
　　　　・古微書・禮緯
　　　守山閣叢書(道光本、鴻文書局景道光
　　　　本、博古齋景道光本)・經部・古微
　　　　書・禮緯
　　　叢書集成初編・哲學類・古微書・禮
　　　　緯

禮斗威儀
　(清)劉學寵輯
　　　青照堂叢書摘次編第二函・諸經緯遺

禮斗威儀
　(清)喬松年輯
　　　喬勤恪公全集・緯攟・禮緯

山右叢書初編・緯攟・禮緯

禮斗威儀一卷
　　（清）黃奭輯
　　　　黃氏逸書考（民國修補本、民國補刊
　　　　　本）・通緯

禮斗威儀附補遺
　　（清）趙在翰輯
　　　　七緯・禮緯

禮緯斗威儀一卷
　　（清）殷元正原輯　　（清）陸明睿增訂
　　　　緯書

禮緯斗威儀一卷
　　（魏）宋均注　　（清）馬國翰輯
　　　　玉函山房輯佚書（嫏嬛館本、重印本、
　　　　　楚南書局本）・經編緯書類
　　　　玲瓏山館叢書・經編緯書類

禮緯斗威儀一卷
　　（魏）宋均注　　（清）王仁俊輯
　　　　玉函山房輯佚書續編・經編緯書類

泛引禮緯
　　（清）喬松年輯
　　　　喬勤恪公全集・緯攟・禮緯
　　　　山右叢書初編・緯攟・禮緯

禮緯附錄附補遺
　　（清）趙在翰輯
　　　　七緯・禮緯

樂緯之屬

樂緯一卷
　　（清）黃奭輯
　　　　漢學堂叢書・通緯樂類
　　　　黃氏逸書考（民國修補本、民國補刊
　　　　　本）・通緯

樂緯一卷
　　（清）殷元正原輯　　（清）陸明睿增訂
　　　　緯書

樂緯一卷
　　（清）王仁俊輯
　　　　玉函山房輯佚書續編・經編緯書類

樂動聲儀一卷
　　（明）孫瑴輯
　　　　古微書（嘉慶本、光緒刊本、光緒石印
　　　　　本）・樂緯
　　　　墨海金壺（嘉慶本、景嘉慶本）・經部
　　　　　・古微書・樂緯
　　　　守山閣叢書（道光本、鴻文書局景道光
　　　　　本、博古齋景道光本）・經部・古微

書・樂緯
　　　　叢書集成初編・哲學類・古微書・樂
　　　　　緯

樂動聲儀
　　（清）喬松年輯
　　　　喬勤恪公全集・緯攟・樂緯
　　　　山右叢書初編・緯攟・樂緯

樂動聲儀一卷附補遺
　　（清）趙在翰輯
　　　　七緯・樂緯

樂緯動聲儀一卷
　　（清）殷元正原輯　　（清）陸明睿增訂
　　　　緯書

樂緯動聲儀一卷
　　（魏）宋均注　　（清）馬國翰輯
　　　　玉函山房輯佚書（嫏嬛館本、重印本、
　　　　　楚南書局本）・經編緯書類
　　　　玲瓏山館叢書・經編緯書類

樂動聲儀一卷
　　（魏）宋均注　　（清）黃奭輯
　　　　黃氏逸書考（民國修補本、民國補刊
　　　　　本）・通緯

樂緯動聲儀一卷
　　（魏）宋均注　　（清）王仁俊輯
　　　　玉函山房輯佚書續編・經編緯書類

樂稽耀嘉一卷
　　　　說郛（宛委山堂本）弓五

樂稽耀嘉一卷
　　（明）孫瑴輯
　　　　古微書（嘉慶本、光緒刊本、光緒石印
　　　　　本）・樂緯
　　　　墨海金壺（嘉慶本、景嘉慶本）・經部
　　　　　・古微書・樂緯
　　　　守山閣叢書（道光本、鴻文書局景道光
　　　　　本、博古齋景道光本）・經部・古微
　　　　　書・樂緯
　　　　叢書集成初編・哲學類・古微書・樂
　　　　　緯

樂稽耀嘉
　　（清）劉學寵輯
　　　　青照堂叢書摘次編第二函・諸經緯遺

樂稽耀嘉
　　（清）喬松年輯
　　　　喬勤恪公全集・緯攟・樂緯
　　　　山右叢書初編・緯攟・樂緯

樂稽耀嘉一卷
　　（清）黃奭輯
　　　　黃氏逸書考（民國修補本、民國補刊

本）・通緯

樂稽耀嘉一卷附補遺
　　（清）趙在翰輯
　　　　七緯・樂緯

樂緯稽耀嘉一卷
　　（清）殷元正原輯　（清）陸明睿增訂
　　　　緯書

樂緯稽耀嘉一卷
　　（魏）宋均注　（清）馬國翰輯
　　　　玉函山房輯佚書（嫏嬛館本、重印本、
　　　　　楚南書局本）・經編緯書類
　　　　玲瓏山館叢書・經編緯書類

樂叶圖徵一卷
　　（明）孫轂輯
　　　　古微書（嘉慶本、光緒刊本、光緒石印
　　　　　本）・樂緯
　　　　墨海金壺（嘉慶本、景嘉慶本）・經部
　　　　　・古微書・樂緯
　　　　守山閣叢書（道光本、鴻文書局景道光
　　　　　本、博古齋景道光本）・經部・古微
　　　　　書・樂緯
　　　　叢書集成初編・哲學類・古微書・樂
　　　　　緯

樂叶圖徵
　　（清）喬松年輯
　　　　喬勤恪公全集・緯攟・樂緯
　　　　山右叢書初編・緯攟・樂緯

樂叶圖徵附補遺
　　（清）趙在翰輯
　　　　七緯・樂緯

樂緯叶圖徵一卷
　　（清）殷元正原輯　（清）陸明睿增訂
　　　　緯書

樂緯叶圖徵一卷
　　（魏）宋均注　（清）馬國翰輯
　　　　玉函山房輯佚書（嫏嬛館本、重印本、
　　　　　楚南書局本）・經編緯書類
　　　　玲瓏山館叢書・經編緯書類

樂協圖徵一卷
　　（魏）宋均注　（清）黃奭輯
　　　　漢學堂叢書・通緯樂類
　　　　黃氏逸書考（民國修補本、民國補刊
　　　　　本）・通緯

樂緯叶圖徵一卷
　　（魏）宋均注　（清）王仁俊輯
　　　　玉函山房輯佚書續編・經編緯書類

泛引樂緯
　　（清）喬松年輯

喬勤恪公全集・緯攟・樂緯
山右叢書初編・緯攟・樂緯

樂緯附錄附補遺
　　（清）趙在翰輯
　　　　七緯・樂緯

春秋緯之屬

春秋緯一卷
　　　　說郛（宛委山堂本）弓五
　春秋緯
　　　　說郛（商務印書館本）卷二・古典錄略

春秋緯
　　（清）劉學寵輯
　　　　靑照堂叢書摘次編第二函・諸經緯遺

春秋一卷
　　（清）黃奭輯
　　　　漢學堂叢書・通緯春秋類
　　　　黃氏逸書考（民國修補本、民國補刊
　　　　　本）・通緯

春秋緯一卷
　　（魏）宋均注　（清）王仁俊輯
　　　　玉函山房輯佚書續編・經編緯書類

春秋孔演圖一卷
　　　　說郛（宛委山堂本）弓五

春秋演孔圖
　　（明）孫轂輯
　　　　古微書（嘉慶本、光緒刊本、光緒石印
　　　　　本）・春秋緯
　　　　墨海金壺（嘉慶本、景嘉慶本）・經部
　　　　　・古微書・春秋緯
　　　　守山閣叢書（道光本、鴻文書局景道光
　　　　　本、博古齋景道光本）・經部・古微
　　　　　書・春秋緯
　　　　叢書集成初編・哲學類・古微書・春
　　　　　秋緯

春秋孔演圖
　　（清）劉學寵輯
　　　　靑照堂叢書摘次編第二函・諸經緯遺

春秋演孔圖
　　（清）喬松年輯
　　　　喬勤恪公全集・緯攟・春秋緯
　　　　山右叢書初編・緯攟・春秋緯

春秋演孔圖一卷附補遺
　　（清）趙在翰輯
　　　　七緯・春秋緯

春秋孔演圖一卷
　　（清）殷元正原輯　（清）陸明睿增訂

　　　緯書
春秋緯演孔圖一卷
　　（魏）宋均注　（清）馬國翰輯
　　　玉函山房輯佚書（嫏嬛館本、重印本、
　　　　楚南書局本）·經編緯書類
　　　玲瓏山館叢書·經編緯書類
春秋演孔圖一卷
　　（魏）宋均注　（清）黃奭輯
　　　漢學堂叢書·通緯春秋類
　　　黃氏逸書考（民國修補本、民國補刊
　　　　本）·通緯
春秋緯演孔圖一卷
　　（魏）宋均注　（清）王仁俊輯
　　　玉函山房輯佚書續編·經編緯書類
春秋元命苞一卷
　　　說郛（宛委山堂本）弓五
　春秋元命苞
　　　說郛（商務印書館本）卷二·古典錄略
春秋元命包二卷
　　（明）孫瑴輯
　　　古微書（嘉慶本、光緒刊本、光緒石印
　　　　本）·春秋緯
　　　墨海金壺（嘉慶本、景嘉慶本）·經部
　　　　·古微書·春秋緯
　　　守山閣叢書（道光本、鴻文書局景道光
　　　　本、博古齋景道光本）·經部·古微
　　　　書·春秋緯
　　　叢書集成初編·哲學類·古微書·春
　　　　秋緯
春秋元命苞
　　（清）劉學寵輯
　　　青照堂叢書摘次編第二函·諸經緯遺
春秋元命包
　　（清）喬松年輯
　　　喬勤恪公全集·緯攟·春秋緯
　　　山右叢書初編·緯攟·春秋緯
春秋元命苞一卷附補遺
　　（清）趙在翰輯
　　　七緯·春秋緯
春秋元命苞一卷
　　（清）殷元正原輯　（清）陸明睿增訂
　　　緯書
　禮緯元命包一卷
　　　緯書
春秋緯元命苞二卷
　　（魏）宋均注　（清）馬國翰輯
　　　玉函山房輯佚書（嫏嬛館本、重印本、
　　　　楚南書局本）·經編緯書類

玲瓏山館叢書·經編緯書類
春秋元命苞一卷
　　（魏）宋均注　（清）黃奭輯
　　　漢學堂叢書·通緯春秋類
　　　黃氏逸書考（民國修補本、民國補刊
　　　　本）·通緯
春秋緯元命苞一卷
　　（魏）宋均注　（清）王仁俊輯
　　　玉函山房輯佚書續編·經編緯書類
春秋文曜鉤一卷
　　　說郛（宛委山堂本）弓五
春秋文耀鉤
　　（明）孫瑴輯
　　　古微書（嘉慶本、光緒刊本、光緒石印
　　　　本）·春秋緯
　　　墨海金壺（嘉慶本、景嘉慶本）·經部
　　　　·古微書·春秋緯
　　　守山閣叢書（道光本、鴻文書局景道光
　　　　本、博古齋景道光本）·經部·古微
　　　　書·春秋緯
　　　叢書集成初編·哲學類·古微書·春
　　　　秋緯
春秋文曜鉤
　　（清）劉學寵輯
　　　青照堂叢書摘次編第二函·諸經緯遺
春秋文曜鉤
　　（清）喬松年輯
　　　喬勤恪公全集·緯攟·春秋緯
　　　山右叢書初編·緯攟·春秋緯
春秋文耀鉤一卷附補遺
　　（清）趙在翰輯
　　　七緯·春秋緯
春秋緯文耀鉤一卷
　　（魏）宋均注　（清）馬國翰輯
　　　玉函山房輯佚書（嫏嬛館本、重印本、
　　　　楚南書局本）·經編緯書類
　　　玲瓏山館叢書·經書緯書類
春秋文耀鉤一卷
　　（魏）宋均注　（清）黃奭輯
　　　漢學堂叢書·通緯春秋類
　　　黃氏逸書考（民國修補本、民國補刊
　　　　本）·通緯
春秋緯文耀鉤一卷
　　（魏）宋均注　（清）王仁俊輯
　　　玉函山房輯佚書續編·經編緯書類
春秋運斗樞一卷
　　　說郛（宛委山堂本）弓五
　春秋運斗樞

說郛（商務印書館本）卷二·古典錄略

春秋運斗樞

   （明）孫瑴輯

      古微書（嘉慶本、光緒刊本、光緒石印
      本）·春秋緯

      墨海金壺（嘉慶本、景嘉慶本）·經部
      ·古微書·春秋緯

      守山閣叢書（道光本、鴻文書局景道光
      本、博古齋景道光本）·經部·古微
      書·春秋緯

      叢書集成初編·哲學類·古微書·春
      秋緯

春秋運斗樞

   （清）劉學寵輯

      青照堂叢書亥編第二函·諸經緯遺

春秋運斗樞

   （清）喬松年輯

      喬勤恪公全集·緯攟·春秋緯

      山右叢書初編·緯攟·春秋緯

春秋運斗樞一卷附補遺

   （清）趙在翰輯

      七緯·春秋緯

春秋緯運斗樞一卷

   （魏）宋均注　（清）馬國翰輯

      玉函山房輯佚書（嫏嬛館本、重印本、
      楚南書局本）·經編緯書類

      玲瓏山館叢書·經編緯書類

春秋運斗樞一卷

   （魏）宋均注　（清）黃奭輯

      漢學堂叢書·通緯春秋類

      黃氏逸書考（民國修補本、民國補刊
      本）·通緯

春秋緯運斗樞一卷

   （魏）宋均注　（清）王仁俊輯

      玉函山房輯佚書續編·經編緯書類

春秋感精符一卷

      說郛（宛委山堂本）弓五

  春秋感精符

      說郛（商務印書館本）卷二·古典錄略

春秋感精符

   （明）孫瑴輯

      古微書（嘉慶本、光緒刊本、光緒石印
      本）·春秋緯

      墨海金壺（嘉慶本、景嘉慶本）·經部
      ·古微書·春秋緯

      守山閣叢書（道光本、鴻文書局景道光
      本、博古齋景道光本）·經部·古微
      書·春秋緯

      叢書集成初編·哲學類·古微書·春
      秋緯

春秋感精符

   （清）劉學寵輯

      青照堂叢書摘亥編第二函·諸經緯遺

春秋感精符

   （清）喬松年輯

      喬勤恪公全集·緯攟·春秋緯

      山右叢書初編·緯攟·春秋緯

春秋感精符一卷附補遺

   （清）趙在翰輯

      七緯·春秋緯

春秋緯感精符一卷

   （魏）宋均注　（清）馬國翰輯

      玉函山房輯佚書（嫏嬛館本、重印本、
      楚南書局本）·經編緯書類

      玲瓏山館叢書·經編緯書類

春秋感精符一卷

   （魏）宋均注　（清）黃奭輯

      漢學堂叢書·通緯春秋類

      黃氏逸書考（民國修補本、民國補刊
      本）·通緯

春秋緯感精符一卷

   （魏）宋均注　（清）王仁俊輯

      玉函山房輯佚書續編·經編緯書類

春秋合誠圖一卷

      說郛（宛委山堂本）弓五

春秋合誠圖

   （明）孫瑴輯

      古微書（嘉慶本、光緒刊本、光緒石印
      本）·春秋緯

      墨海金壺（嘉慶本、景嘉慶本）·經部
      ·古微書·春秋緯

      守山閣叢書（道光本、鴻文書局景道光
      本、博古齋景道光本）·經部·古微
      書·春秋緯

      叢書集成初編·哲學類·古微書·春
      秋緯

春秋合誠圖

   （清）劉學寵輯

      青照堂叢書摘亥編第二函·諸經緯遺

春秋合誠圖

   （清）喬松年輯

      喬勤恪公全集·緯攟·春秋緯

      山右叢書初編·緯攟·春秋緯

春秋合誠圖一卷附補遺

   （清）趙在翰輯

      七緯·春秋緯

春秋緯合誠圖一卷
　　（魏）宋均注　　（清）馬國翰輯
　　　　玉函山房輯佚書（嫏嬛館本、重印本、
　　　　楚南書局本）·經編緯書類
　　　　玲瓏山館叢書·經編緯書類
春秋合誠圖一卷
　　（魏）宋均注　　（清）黃奭輯
　　　　漢學堂叢書·通緯春秋類
　　　　黃氏逸書考（民國修補本、民國補刊
　　　　本）·通緯
春秋緯合誠圖（一名合讖圖）一卷
　　（魏）宋均注　　（清）王仁俊輯
　　　　玉函山房輯佚書續編·經編緯書類
春秋考異
　　　　說郛（商務印書館本）卷二·古典錄略
春秋考異郵
　　（明）孫穀輯
　　　　古微書（嘉慶本、光緒刊本、光緒石印
　　　　本）·春秋緯
　　　　墨海金壺（嘉慶本、景嘉慶本）·經部
　　　　·古微書·春秋緯
　　　　守山閣叢書（道光本、鴻文書局景道光
　　　　本、博古齋景道光本）·經部·古微
　　　　書·春秋緯
　　　　叢書集成初編·哲學類·古微書·春
　　　　秋緯
春秋考異郵
　　（清）喬松年輯
　　　　喬勤恪公全集·緯攟·春秋緯
　　　　山右叢書初編·緯攟·春秋緯
春秋攷異郵一卷附補遺
　　（清）趙在翰輯
　　　　七緯·春秋緯
春秋緯考異郵一卷
　　（魏）宋均注　　（清）馬國翰輯
　　　　玉函山房輯佚書（嫏嬛館本、重印本、
　　　　楚南書局本）·經編緯書類
　　　　玲瓏山館叢書·經編緯書類
春秋攷異郵一卷
　　（魏）宋均注　　（清）黃奭輯
　　　　漢學堂叢書·通緯春秋類
　　　　黃氏逸書考（民國修補本、民國補刊
　　　　本）·通緯
春秋緯考異郵一卷
　　（魏）宋均注　　（清）王仁俊輯
　　　　玉函山房輯佚書續編·經編緯書類
春秋保乾圖
　　（明）孫穀輯

古微書（嘉慶本、光緒刊本、光緒石印
本）·春秋緯
墨海金壺（嘉慶本、景嘉慶本）·經部
·古微書·春秋緯
守山閣叢書（道光本、鴻文書局景道光
本、博古齋景道光本）·經部·古微
書·春秋緯
叢書集成初編·哲學類·古微書·春
秋緯
春秋保乾圖
　　（清）喬松年輯
　　　　喬勤恪公全集·緯攟·春秋緯
　　　　山右叢書初編·緯攟·春秋緯
春秋保乾圖一卷附補遺
　　（清）趙在翰輯
　　　　七緯·春秋緯
春秋緯保乾圖一卷
　　（魏）宋均注　　（清）馬國翰輯
　　　　玉函山房輯佚書（嫏嬛館本、重印本、
　　　　楚南書局本）·經編緯書類
　　　　玲瓏山館叢書·經編緯書類
春秋保乾圖一卷
　　（魏）宋均注　　（清）黃奭輯
　　　　漢學堂叢書·通緯春秋類
　　　　黃氏逸書考（民國修補本、民國補刊
　　　　本）·通緯
春秋緯保乾圖一卷
　　（魏）宋均注　　（清）王仁俊輯
　　　　玉函山房輯佚書續編·經編緯書類
春秋漢含
　　　　說郛（商務印書館本）卷二·古典錄略
春秋漢含孳
　　（明）孫穀輯
　　　　古微書（嘉慶本、光緒刊本、光緒石印
　　　　本）·春秋緯
　　　　墨海金壺（嘉慶本、景嘉慶本）·經部
　　　　·古微書·春秋緯
　　　　守山閣叢書（道光本、鴻文書局景道光
　　　　本、博古齋景道光本）·經部·古微
　　　　書·春秋緯
　　　　叢書集成初編·哲學類·古微書·春
　　　　秋緯
春秋漢含孳
　　（清）喬松年輯
　　　　喬勤恪公全集·緯攟·春秋緯
　　　　山右叢書初編·緯攟·春秋緯
春秋漢含孳一卷附補遺
　　（清）趙在翰輯
　　　　七緯·春秋緯

春秋緯漢含孳一卷
　　(魏)宋均注　(清)馬國翰輯
　　　　玉函山房輯佚書(嫏嬛館本、重印本、
　　　　楚南書局本)·經編緯書類
　　　　玲瓏山館叢書·經編緯書類

春秋佐助期一卷
　　　　說郛(宛委山堂本)弓五

春秋佐助期
　　(明)孫瑴輯
　　　　古微書(嘉慶本、光緒刊本、光緒石印
　　　　本)·春秋緯
　　　　墨海金壺(嘉慶本、景嘉慶本)·經部
　　　　·古微書·春秋緯
　　　　守山閣叢書(道光本、鴻文書局景道光
　　　　本、博古齋景道光本)·經部·古微
　　　　書·春秋緯
　　　　叢書集成初編·哲學類·古微書·春
　　　　秋緯

春秋佐助期
　　(清)劉學寵輯
　　　　青照堂叢書摘夾編第二函·諸經緯遺

春秋佐助期
　　(清)喬松年輯
　　　　喬勤恪公全集·緯攟·春秋緯
　　　　山右叢書初編·緯攟·春秋緯

春秋佐助期一卷附補遺
　　(清)趙在翰輯
　　　　七緯·春秋緯

春秋緯佐助期一卷
　　(魏)宋均注　(清)馬國翰輯
　　　　玉函山房輯佚書(嫏嬛館本、重印本、
　　　　楚南書局本)·經編緯書類
　　　　玲瓏山館叢書·經編緯書類

春秋佐助期一卷
　　(魏)宋均注　(清)黃奭輯
　　　　漢學堂叢書·通緯春秋類
　　　　黃氏逸書考(民國修補本、民國補刊
　　　　本)·通緯

春秋緯佐助期一卷
　　(魏)宋均注　(清)王仁俊輯
　　　　玉函山房輯佚書續編·經編緯書類

春秋握誠圖
　　(明)孫瑴輯
　　　　古微書(嘉慶本、光緒刊本、光緒石印
　　　　本)·春秋緯
　　　　墨海金壺(嘉慶本、景嘉慶本)·經部
　　　　·古微書·春秋緯
　　　　守山閣叢書(道光本、鴻文書局景道光

本、博古齋景道光本)·經部·古微
書·春秋緯
　　　　叢書集成初編·哲學類·古微書·春
　　　　秋緯

春秋握誠圖
　　(清)喬松年輯
　　　　喬勤恪公全集·緯攟·春秋緯
　　　　山右叢書初編·緯攟·春秋緯

春秋握誠圖一卷
　　(清)趙在翰輯
　　　　七緯·春秋緯

春秋緯握誠圖一卷
　　(魏)宋均注　(清)馬國翰輯
　　　　玉函山房輯佚書(嫏嬛館本、重印本、
　　　　楚南書局本)·經編緯書類
　　　　玲瓏山館叢書·經編緯書類

春秋握誠圖一卷
　　(魏)宋均注　(清)黃奭輯
　　　　漢學堂叢書·通緯春秋類
　　　　黃氏逸書考(民國修補本、民國補刊
　　　　本)·通緯

春秋潛潭巴一卷
　　　　說郛(宛委山堂本)弓五

春秋潛澤巴
　　　　說郛(商務印書館本)卷二·古典錄略

春秋潛潭巴
　　(明)孫瑴輯
　　　　古微書(嘉慶本、光緒刊本、光緒石印
　　　　本)·春秋緯
　　　　墨海金壺(嘉慶本、景嘉慶本)·經部
　　　　·古微書·春秋緯
　　　　守山閣叢書(道光本、鴻文書局景道光
　　　　本、博古齋景道光本)·經部·古微
　　　　書·春秋緯
　　　　叢書集成初編·哲學類·古微書·春
　　　　秋緯

春秋潛潭巴
　　(清)劉學寵輯
　　　　青照堂叢書摘夾編第二函·諸經緯遺

春秋潛潭巴
　　(清)喬松年輯
　　　　喬勤恪公全集·緯攟·春秋緯
　　　　山右叢書初編·緯攟·春秋緯

春秋潛潭巴一卷附補遺
　　(清)趙在翰輯
　　　　七緯·春秋緯

春秋緯潛潭巴一卷
　　(魏)宋均注　(清)馬國翰輯

玉函山房輯佚書（嫏嬛館本、重印本、
　楚南書局本）・經編緯書類
玲瓏山館叢書・經編緯書類

春秋潛潭巴一卷
　　（魏）宋均注　（清）黃奭輯
　　　　漢學堂叢書・通緯春秋類
　　　　黃氏逸書考（民國修補本、民國補刊
　　　　　本）・通緯

春秋緯潛潭巴一卷
　　（魏）宋均注　（清）王仁俊輯
　　　　玉函山房輯佚書續編・經編緯書類

春秋說題辭一卷
　　　　說郛（宛委山堂本）弓五

　春秋說題
　　　　說郛（商務印書館本）卷二・古典錄略

春秋說題辭
　　（明）孫瑴輯
　　　　古微書（嘉慶本、光緒刊本、光緒石印
　　　　　本）・春秋緯
　　　　墨海金壺（嘉慶本、景嘉慶本）・經部
　　　　　・古微書・春秋緯
　　　　守山閣叢書（道光本、鴻文書局景道光
　　　　　本、博古齋景道光本）・經部・古微
　　　　　書・春秋緯
　　　　叢書集成初編・哲學類・古微書・春
　　　　　秋緯

春秋說題辭
　　（清）劉學寵輯
　　　　青照堂叢書摘次編第二函・諸經緯遺

春秋說題辭
　　（清）喬松年輯
　　　　喬勤恪公全集・緯攟・春秋緯
　　　　山右叢書初編・緯攟・春秋緯

春秋說題辭附補遺
　　（清）趙在翰輯
　　　　七緯・春秋緯

春秋緯說題辭一卷
　　（魏）宋均注　（清）馬國翰輯
　　　　玉函山房輯佚書（嫏嬛館本、重印本、
　　　　　楚南書局本）・經編緯書類
　　　　玲瓏山館叢書・經編緯書類

春秋緯說題辭一卷
　　（魏）宋均注　（清）黃奭輯
　　　　漢學堂叢書・通緯春秋類
　　　　黃氏逸書考（民國修補本、民國補刊
　　　　　本）・通緯

春秋緯說題辭一卷
　　（魏）宋均注　（清）王仁俊輯

玉函山房輯佚書續編・經編緯書類

春秋命歷序一卷
　　（明）孫瑴輯
　　　　古微書（嘉慶本、光緒刊本、光緒石印
　　　　　本）・春秋緯
　　　　墨海金壺（嘉慶本、景嘉慶本）・經部
　　　　　・古微書・春秋緯
　　　　守山閣叢書（道光本、鴻文書局景道光
　　　　　本、博古齋景道光本）・經部・古微
　　　　　書・春秋緯
　　　　叢書集成初編・哲學類・古微書・春
　　　　　秋緯

春秋命歷序
　　（清）喬松年輯
　　　　喬勤恪公全集・緯攟・春秋緯
　　　　山右叢書初編・緯攟・春秋緯

春秋命歷序一卷
　　（魏）宋均注　（清）馬國翰輯
　　　　玉函山房輯佚書（嫏嬛館本、重印本、
　　　　　楚南書局本）・經編緯書類
　　　　玲瓏山館叢書・經編緯書類

春秋命厤序一卷
　　（魏）宋均注　（清）黃奭輯
　　　　漢學堂叢書・通緯春秋類
　　　　黃氏逸書考（民國修補本、民國補刊
　　　　　本）・通緯

春秋命歷序一卷
　　（魏）宋均注　（清）王仁俊輯
　　　　玉函山房輯佚書續編・經編緯書類

春秋內事
　　（明）孫瑴輯
　　　　古微書（嘉慶本、光緒刊本、光緒石印
　　　　　本）・春秋緯
　　　　墨海金壺（嘉慶本、景嘉慶本）・經部
　　　　　・古微書・春秋緯
　　　　守山閣叢書（道光本、鴻文書局景道光
　　　　　本、博古齋景道光本）・經部・古微
　　　　　書・春秋緯
　　　　叢書集成初編・哲學類・古微書・春
　　　　　秋緯

春秋內事
　　（清）喬松年輯
　　　　喬勤恪公全集・緯攟・春秋緯
　　　　山右叢書初編・緯攟・春秋緯

春秋內事一卷
　　（魏）宋均注　（清）馬國翰輯
　　　　玉函山房輯佚書（嫏嬛館本、重印本、
　　　　　楚南書局本）・經編緯書類
　　　　玲瓏山館叢書・經編緯書類

春秋內事一卷
　　(魏)宋均注　(清)黃奭輯
　　　漢學堂叢書・通緯春秋類
　　　黃氏逸書考（民國修補本、民國補刊
　　　本）・通緯
春秋錄圖
　　(清)喬松年輯
　　　喬勤恪公全集・緯攟・春秋緯・春秋
　　　緯雜篇
　　　山右叢書初編・緯攟・春秋緯・春秋
　　　緯雜篇
春秋錄運法
　　(清)喬松年輯
　　　喬勤恪公全集・緯攟・春秋緯・春秋
　　　緯雜篇
　　　山右叢書初編・緯攟・春秋緯・春秋
　　　緯雜篇
春秋孔錄法
　　(清)喬松年輯
　　　喬勤恪公全集・緯攟・春秋緯・春秋
　　　緯雜篇
　　　山右叢書初編・緯攟・春秋緯・春秋
　　　緯雜篇
春秋璇璣樞
　　(清)喬松年輯
　　　喬勤恪公全集・緯攟・春秋緯・春秋
　　　緯雜篇
　　　山右叢書初編・緯攟・春秋緯・春秋
　　　緯雜篇
春秋揆命篇
　　(清)喬松年輯
　　　喬勤恪公全集・緯攟・春秋緯・春秋
　　　緯雜篇
　　　山右叢書初編・緯攟・春秋緯・春秋
　　　緯雜篇
春秋河圖揆命篇
　　(清)喬松年輯
　　　喬勤恪公全集・緯攟・春秋緯・春秋
　　　緯雜篇
　　　山右叢書初編・緯攟・春秋緯・春秋
　　　緯雜篇
春秋玉版
　　(清)喬松年輯
　　　喬勤恪公全集・緯攟・春秋緯・春秋
　　　緯雜篇
　　　山右叢書初編・緯攟・春秋緯・春秋
　　　緯雜篇
春秋玉版讖一卷
　　(清)王仁俊輯

　　　玉函山房輯佚書續編・經編緯書類
春秋瑞應傳
　　(清)喬松年輯
　　　喬勤恪公全集・緯攟・春秋緯・春秋
　　　緯雜篇
　　　山右叢書初編・緯攟・春秋緯・春秋
　　　緯雜篇
春秋說命徵一卷
　　(清)王仁俊輯
　　　玉函山房輯佚書續編・經編緯書類
春秋符
　　　說郛(商務印書館本)卷二・古典錄略
泛引春秋緯
　　(清)喬松年輯
　　　喬勤恪公全集・緯攟・春秋緯
　　　山右叢書初編・緯攟・春秋緯
春秋緯附錄附補遺
　　(清)趙在翰輯
　　　七緯・春秋緯

論語緯之屬

論語讖
　　(魏)宋均注　(清)黃奭輯
　　　漢學堂叢書・通緯附讖
論語讖一卷
　　(魏)宋均注　(清)王仁俊輯
　　　玉函山房輯佚書續編・經編緯書類
論語比考讖
　　(明)孫瑴輯
　　　古微書(嘉慶本、光緒刊本、光緒石印
　　　本)・論語緯
　　　墨海金壺（嘉慶本、景嘉慶本)・經部
　　　・古微書・論語緯
　　　守山閣叢書(道光本、鴻文書局景道光
　　　本、博古齋景道光本)・經部・古微
　　　書・論語緯
　　　叢書集成初編・哲學類・古微書・論
　　　語緯
論語比考
　　(清)喬松年輯
　　　喬勤恪公全集・緯攟・論語緯
　　　山右叢書初編・緯攟・論語緯
論語比考讖一卷
　　(魏)宋均注　(清)馬國翰輯
　　　玉函山房輯佚書(嫏嬛館本、重印本、
　　　楚南書局本)・經編緯書類・論語
　　　讖

　　　　玲瓏山館叢書·經編緯書類·論語讖
論語比考讖一卷
　　(魏)宋均注　　(淸)黃奭輯
　　　　漢學堂叢書·通緯附讖
　　　　黃氏逸書考（民國修補本、民國補刊
　　　　本）·通緯附讖
論語譔考
　　(明)孫㲄輯
　　　　古微書(嘉慶本、光緒刊本、光緒石印
　　　　本)·論語緯
　　　　叢書集成初編·哲學類·古微書·論
　　　　語緯
　　　論語譔考讖
　　　　墨海金壺（嘉慶本、景嘉慶本）·經部
　　　　·古微書·論語緯
　　　　守山閣叢書(道光本、鴻文書局景道光
　　　　本、博古齋景道光本)·經部·古微
　　　　書·論語緯
論語譔考
　　(淸)喬松年輯
　　　　喬勤恪公全集·緯攟·論語緯
　　　　山右叢書初編·緯攟·論語緯
論語撰考讖一卷
　　(魏)宋均注　　(淸)馬國翰輯
　　　　玉函山房輯佚書(嫏嬛館本、重印本、
　　　　楚南書局本)·經編緯書類·論語
　　　　讖
　　　　玲瓏山館叢書·經編緯書類·論語讖
論語撰考讖
　　(魏)宋均注　　(淸)黃奭輯
　　　　漢學堂叢書·通緯附讖
　　　　黃氏逸書考（民國修補本、民國補刊
　　　　本）·通緯附讖
論語摘輔象
　　(明)孫㲄輯
　　　　古微書(嘉慶本、光緒刊本、光緒石印
　　　　本)·論語緯
　　　　墨海金壺（嘉慶本、景嘉慶本）·經部
　　　　·古微書·論語緯
　　　　守山閣叢書(道光本、鴻文書局景道光
　　　　本、博古齋景道光本)·經部·古微
　　　　書·論語緯
　　　　叢書集成初編·哲學類·古微書·論
　　　　語緯
論語摘輔象
　　(淸)喬松年輯
　　　　喬勤恪公全集·緯攟·論語緯
　　　　山右叢書初編·緯攟·論語緯
論語摘輔象一卷

　　(魏)宋均注　　(淸)馬國翰輯
　　　　玉函山房輯佚書(嫏嬛館本、重印本、
　　　　楚南書局本)·經編緯書類·論語
　　　　讖
　　　　玲瓏山館叢書·經編緯書類·論語讖
論語摘輔象一卷
　　(魏)宋均注　　(淸)黃奭輯
　　　　漢學堂叢書·通緯論語類
　　　　黃氏逸書考（民國修補本、民國補刊
　　　　本）·通緯
論語摘衰聖
　　(明)孫㲄輯
　　　　古微書(嘉慶本、光緒刊本、光緒石印
　　　　本)·論語緯
　　　　墨海金壺（嘉慶本、景嘉慶本）·經部
　　　　·古微書·論語緯
　　　　守山閣叢書(道光本、鴻文書局景道光
　　　　本、博古齋景道光本)·經部·古微
　　　　書·論語緯
　　　　叢書集成初編·哲學類·古微書·論
　　　　語緯
論語摘衰聖
　　(淸)喬松年輯
　　　　喬勤恪公全集·緯攟·論語緯
　　　　山右叢書初編·緯攟·論語緯
論語摘衰聖承進讖一卷
　　(魏)宋均注　　(淸)馬國翰輯
　　　　玉函山房輯佚書(嫏嬛館本、重印本、
　　　　楚南書局本)·經編緯書類·論語
　　　　讖
　　　　玲瓏山館叢書·經編緯書類·論語讖
論語摘衰聖一卷
　　(魏)宋均注　　(淸)黃奭輯
　　　　漢學堂叢書·通緯論語類
　　　　黃氏逸書考（民國修補本、民國補刊
　　　　本）·通緯
論語素王受命讖
　　(淸)喬松年輯
　　　　喬勤恪公全集·緯攟·論語緯·論語
　　　　緯雜篇
　　　　山右叢書初編·緯攟·論語緯·論語
　　　　緯雜篇
論語素王受命讖
　　(淸)黃奭輯
　　　　漢學堂叢書·通緯附讖
論語素王受命讖一卷
　　(魏)宋均注　　(淸)馬國翰輯
　　　　玉函山房輯佚書(嫏嬛館本、重印本、
　　　　楚南書局本)·經編緯書類·論語

讖
　　玲瓏山館叢書・經編緯書類・論語讖
論語崇爵讖
　（清）喬松年輯
　　喬勤恪公全集・緯攟・論語緯・論語
　　　緯雜篇
　　山右叢書初編・緯攟・論語緯・論語
　　　緯雜篇
論語崇爵讖
　（清）黃奭輯
　　漢學堂叢書・通緯附讖
論語崇爵讖一卷
　（魏）宋均注　（清）馬國翰輯
　　玉函山房輯佚書（嫏嬛館本、重印本、
　　　楚南書局本）・經編緯書類・論語
　　　讖
　　玲瓏山館叢書・經編緯書類・論語讖
論語糾滑讖
　（清）喬松年輯
　　喬勤恪公全集・緯攟・論語緯・論語
　　　緯雜篇
　　山右叢書初編・緯攟・論語緯・論語
　　　緯雜篇
論語紀滑讖
　（清）黃奭輯
　　漢學堂叢書・通緯附讖
論語糾滑讖一卷
　（魏）宋均注　（清）馬國翰輯
　　玉函山房輯佚書（嫏嬛館本、重印本、
　　　楚南書局本）・經編緯書類・論語
　　　讖
　　玲瓏山館叢書・經編緯書類・論語讖
論語陰嬉讖
　（明）孫瑴輯
　　古微書（嘉慶本、光緒刊本、光緒石印
　　　本）・論語緯
　　墨海金壺（嘉慶本、景嘉慶本）・經部
　　　・古微書・論語緯
　　守山閣叢書（道光本、鴻文書局景道光
　　　本、博古齋景道光本）・經部・古微
　　　書・論語緯
　　叢書集成初編・哲學類・古微書・論
　　　語緯
論語陰嬉讖
　（清）喬松年輯
　　喬勤恪公全集・緯攟・論語緯・論語
　　　緯雜篇
　　山右叢書初編・緯攟・論語緯・論語
　　　緯雜篇

論語陰嬉讖一卷
　（魏）宋均注　（清）馬國翰輯
　　玉函山房輯佚書（嫏嬛館本、重印本、
　　　楚南書局本）・經編緯書類・論語
　　　讖
　　玲瓏山館叢書・經編緯書類・論語讖
論語陰嬉讖
　（魏）宋均注　（清）黃奭輯
　　漢學堂叢書・通緯附讖
泛引論語讖
　（清）喬松年輯
　　喬勤恪公全集・緯攟・論語緯
　　山右叢書初編・緯攟・論語緯

孝經緯之屬

孝經緯
　　說郛（商務印書館本）卷二・古典錄略
孝經一卷
　（清）黃奭輯
　　漢學堂叢書・通緯孝經類
　　黃氏逸書考（民國修補本、民國補刊
　　　本）・通緯
孝經援神契一卷
　　說郛（宛委山堂本）弓五
　孝經援神契
　　說郛（商務印書館本）卷二・古典錄略
孝經援神契三卷
　（明）孫瑴輯
　　古微書（嘉慶本、光緒刊本、光緒石印
　　　本）・孝經緯
　　墨海金壺（嘉慶本、景嘉慶本）・經部
　　　・古微書・孝經緯
　　守山閣叢書（道光本、鴻文書局景道光
　　　本、博古齋景道光本）・經部・古微
　　　書・孝經緯
　　叢書集成初編・哲學類・古微書・孝
　　　經緯
孝經援神契
　（清）劉學寵輯
　　青照堂叢書摘爻編第二函・諸經緯遺
孝經援神契
　（清）喬松年輯
　　喬勤恪公全集・緯攟・孝經緯
　　山右叢書初編・緯攟・孝經緯
孝經援神契一卷附補遺
　（清）趙在翰輯
　　七緯・孝經緯

孝經緯援神契二卷
　　（魏）宋均注　（清）馬國翰輯
　　　　玉函山房輯佚書（嫏嬛館本、重印本、
　　　　　楚南書局本）·經編緯書類
　　　　玲瓏山館叢書·經編緯書類
孝經援神契一卷
　　（魏）宋均注　（清）黃奭輯
　　　　漢學堂叢書·通緯孝經類
　　　　黃氏逸書考（民國修補本、民國補刊
　　　　　本）·通緯
孝經緯援神契一卷
　　（魏）宋均注　（清）王仁俊輯
　　　　玉函山房輯佚書續編·經編緯書類
孝經中契
　　（明）孫瑴輯
　　　　古微書（嘉慶本、光緒刊本、光緒石印
　　　　　本）·孝經緯
　　　　墨海金壺（嘉慶本、景嘉慶本）·經部
　　　　　·古微書·孝經緯
　　　　守山閣叢書（道光本、鴻文書局景道光
　　　　　本、博古齋景道光本）·經部·古微
　　　　　書·孝經緯
　　　　叢書集成初編·哲學類·古微書·孝
　　　　　經緯
孝經中契
　　（清）喬松年輯
　　　　喬勤恪公全集·緯攟·孝經緯
　　　　山右叢書初編·緯攟·孝經緯
孝經中契一卷
　　（魏）宋均注　（清）馬國翰輯
　　　　玉函山房輯佚書（嫏嬛館本、重印本、
　　　　　楚南書局本）·經編緯書類
　　　　玲瓏山館叢書·經編緯書類
孝經中契一卷
　　（魏）宋均注　（清）黃奭輯
　　　　漢學堂叢書·通緯孝經類·孝經緯
　　　　黃氏逸書考（民國修補本、民國補刊
　　　　　本）·通緯·孝經緯
孝經左契一卷
　　　　說郛（宛委山堂本）弓五
孝經左契
　　（明）孫瑴輯
　　　　古微書（嘉慶本、光緒刊本、光緒石印
　　　　　本）·孝經緯
　　　　墨海金壺（嘉慶本、景嘉慶本）·經部
　　　　　·古微書·孝經緯
　　　　守山閣叢書（道光本、鴻文書局景道光
　　　　　本、博古齋景道光本）·經部·古微
　　　　　書·孝經緯

叢書集成初編·哲學類·古微書·孝
　經緯
孝經左契
　　（清）劉學寵輯
　　　　青照堂叢書摘次編第二函·諸經緯遺
孝經左契
　　（清）喬松年輯
　　　　喬勤恪公全集·緯攟·孝經緯
　　　　山右叢書初編·緯攟·孝經緯
孝經左契一卷
　　（魏）宋均注　（清）馬國翰輯
　　　　玉函山房輯佚書（嫏嬛館本、重印本、
　　　　　楚南書局本）·經編緯書類
　　　　玲瓏山館叢書·經編緯書類
孝經左契
　　（魏）宋均注　（清）黃奭輯
　　　　漢學堂叢書·通緯孝經類·孝經緯
　　　　黃氏逸書考（民國修補本、民國補刊
　　　　　本）·通緯·孝經緯
孝經右契一卷
　　　　說郛（宛委山堂本）弓五
孝經右契
　　（明）孫瑴輯
　　　　古微書（嘉慶本、光緒刊本、光緒石印
　　　　　本）·孝經緯
　　　　墨海金壺（嘉慶本、景嘉慶本）·經部
　　　　　·古微書·孝經緯
　　　　守山閣叢書（道光本、鴻文書局景道光
　　　　　本、博古齋景道光本）·經部·古微
　　　　　書·孝經緯
　　　　叢書集成初編·哲學類·古微書·孝
　　　　　經緯
孝經右契
　　（清）劉學寵輯
　　　　青照堂叢書摘次編第二函·諸經緯遺
孝經右契
　　（清）喬松年輯
　　　　喬勤恪公全集·緯攟·孝經緯
　　　　山右叢書初編·緯攟·孝經緯
孝經右契一卷
　　（魏）宋均注　（清）馬國翰輯
　　　　玉函山房輯佚書（嫏嬛館本、重印本、
　　　　　楚南書局本）·經編緯書類
　　　　玲瓏山館叢書·經編緯書類
孝經右契
　　（魏）宋均注　（清）黃奭輯
　　　　漢學堂叢書·通緯孝經類·孝經緯
　　　　黃氏逸書考（民國修補本、民國補刊

本)・通緯・孝經緯

孝經契
　（魏）宋均注　（清）黃奭輯
　　　漢學堂叢書・通緯孝經類・孝經緯
　　　黃氏逸書考（民國修補本、民國補刊
　　　　本）・通緯・孝經緯

孝經鉤命決一卷
　　　說郛(宛委山堂本)弓五

孝經鉤命訣
　（明）孫瑴輯
　　　古微書(嘉慶本、光緒刊本、光緒石印
　　　　本)・孝經緯
　　　墨海金壺(嘉慶本、景嘉慶本)・經部
　　　　・古微書・孝經緯
　　　守山閣叢書(道光本、鴻文書局景道光
　　　　本、博古齋景道光本)・經部・古微
　　　　書・孝經緯
　　　叢書集成初編・哲學類・古微書・孝
　　　　經緯

孝經鉤命決
　（清）劉學寵輯
　　　青照堂叢書摘次編第二函・諸經緯遺

孝經鉤命決
　（清）喬松年輯
　　　喬勤恪公全集・緯攟・孝經緯
　　　山右叢書初編・緯攟・孝經緯

孝經鉤命決附補遺
　（清）趙在翰輯
　　　七緯・孝經緯

孝經緯鉤命訣一卷
　（魏）宋均注　（清）馬國翰輯
　　　玉函山房輯佚書(嫏嬛館本、重印本、
　　　　楚南書局本)・經編緯書類
　　　玲瓏山館叢書・經編緯書類

孝經鉤命決一卷
　（魏）宋均注　（清）黃奭輯
　　　漢學堂叢書・通緯孝經類
　　　黃氏逸書考（民國修補本、民國補刊
　　　　本)・通緯

孝經緯鉤命訣一卷
　（魏）宋均注　（清）王仁俊輯
　　　玉函山房輯佚書續編・經編緯書類

孝經內事一卷
　　　說郛(宛委山堂本)弓五

孝經內事圖一卷
　（明）孫瑴輯
　　　古微書(嘉慶本、光緒刊本、光緒石印
　　　　本)・孝經緯

墨海金壺(嘉慶本、景嘉慶本)・經部
　・古微書・孝經緯
守山閣叢書(道光本、鴻文書局景道光
　本、博古齋景道光本)・經部・古微
　書・孝經緯
叢書集成初編・哲學類・古微書・孝
　經緯

孝經內事
　（清）劉學寵輯
　　　青照堂叢書摘次編第二函・諸經緯遺

孝經內事
　（清）喬松年輯
　　　喬勤恪公全集・緯攟・孝經緯
　　　山右叢書初編・緯攟・孝經緯

孝經內事一卷
　（魏）宋均注　（清）王謨輯
　　　漢魏遺書鈔・經翼第四冊

孝經內事圖一卷
　（魏）宋均注　（清）馬國翰輯
　　　玉函山房輯佚書(嫏嬛館本、重印本、
　　　　楚南書局本)・經編緯書類
　　　玲瓏山館叢書・經編緯書類

孝經內記圖一卷
　（魏）宋均注　（清）黃奭輯
　　　漢學堂叢書・通緯孝經類
　　　黃氏逸書考（民國修補本、民國補刊
　　　　本)・通緯

孝經河圖
　（清）喬松年輯
　　　喬勤恪公全集・緯攟・孝經緯・孝經
　　　　緯雜篇
　　　山右叢書初編・緯攟・孝經緯・孝經
　　　　緯雜篇

孝經中黃
　（清）喬松年輯
　　　喬勤恪公全集・緯攟・孝經緯・孝經
　　　　緯雜篇
　　　山右叢書初編・緯攟・孝經緯・孝經
　　　　緯雜篇

孝經中黃讖一卷
　（清）王仁俊輯
　　　玉函山房輯佚書續編・經編緯書類

孝經威嬉拒
　（明）孫瑴輯
　　　古微書(嘉慶本、光緒刊本、光緒石印
　　　　本)・孝經緯
　　　墨海金壺(嘉慶本、景嘉慶本)・經部
　　　　・古微書・孝經緯
　　　守山閣叢書(道光本、鴻文書局景道光

本、博古齋景道光本）·經部·古微
書·孝經緯

叢書集成初編·哲學類·古微書·孝
經緯

孝經威嬉拒
　　（清）喬松年輯
　　　　喬勤恪公全集·緯攟·孝經緯·孝經
　　　　緯雜篇
　　　　山右叢書初編·緯攟·孝經緯·孝經
　　　　緯雜篇

孝經威嬉拒
　　（魏）宋均注　　（清）黃奭輯
　　　　漢學堂叢書·通緯孝經類·孝經緯
　　　　黃氏逸書考（民國修補本、民國補刊
　　　　本）·通緯·孝經緯

泛引孝經緯
　　（清）喬松年輯
　　　　喬勤恪公全集·緯攟·孝經緯
　　　　山右叢書初編·緯攟·孝經緯

孝經緯附錄附補遺
　　（清）趙在翰輯
　　　　七緯·孝經緯

孝經古祕一卷
　　（清）馬國翰輯
　　　　玉函山房輯佚書（嫏嬛館本、重印本、
　　　　楚南書局本）·經編緯書類
　　　　玲瓏山館叢書·經編緯書類

孝經古祕
　　（魏）宋均注　　（清）黃奭輯
　　　　漢學堂叢書·通緯孝經類·孝經緯
　　　　黃氏逸書考（民國修補本、民國補刊
　　　　本）·通緯·孝經緯

孝經雌雄圖一卷
　　（清）馬國翰輯
　　　　玉函山房輯佚書（嫏嬛館本、重印本、
　　　　楚南書局本）·經編緯書類
　　　　玲瓏山館叢書·經編緯書類

孝經雌雄圖一卷
　　（魏）宋均注　　（清）黃奭輯
　　　　漢學堂叢書·通緯附讖
　　　　黃氏逸書考（民國修補本、民國補刊
　　　　本）·通緯附讖

孝經章句一卷
　　（清）馬國翰輯
　　　　玉函山房輯佚書（嫏嬛館本、重印本、
　　　　楚南書局本）·經編緯書類
　　　　玲瓏山館叢書·經編緯書類

孝經章句
　　（魏）宋均注　　（清）黃奭輯

漢學堂叢書·通緯孝經類·孝經緯
黃氏逸書考（民國修補本、民國補刊
本）·通緯·孝經緯

中國叢書綜錄

子目分類目錄

史　部

史　部

正　史　類

史記佚文一卷
　　（漢）司馬遷撰　（清）王仁俊輯
　　　經籍佚文
史記一百三十卷
　　（漢）司馬遷撰　（劉宋）裴駰集解
　　　十七史
　　　四史（劉承幹輯）
史記集解一百三十卷
　　（劉宋）裴駰撰
　　　四庫全書・史部正史類
史記殘一卷（存卷三）
　　　吉石盦叢書四集
史記殘一卷（存卷二十九）
　　　容安軒舊書四種
史記殘三卷（存卷三十四、卷三十五、卷
六十一）
　　　敦煌祕籍留眞新編上卷
史記一百三十卷索隱二卷
　　（漢）司馬遷撰　（劉宋）裴駰集解　索隱
　　（唐）司馬貞撰
　　　二十四史（五省官書局本）
史記一百三十卷
　　（漢）司馬遷撰　（劉宋）裴駰集解　（唐）司
　　馬貞索隱　（唐）張守節正義
　　　二十一史（南監本、北監本）
　　　古香齋袖珍十種（內府本、南海孔氏
　　　　本）
　　　四庫全書・史部正史類
　　　摛藻堂四庫全書薈要・史部
　　　百衲本二十四史（商務印書館景印本、
　　　　1958年商務印書館縮印本）・
史記一百三十卷附考證
　　　二十四史（武英殿本、同文書局景武英
　　　　殿本、五洲同文書局景武英殿本、中

　　　　國圖書集成局排印本、竹簡齋景武
　　　　英殿本、涵芬樓景武英殿本）
　　　四史（成都書局本、世界書局景武英殿
　　　　本）
　　　袖珍古書讀本
　　　二十五史
　　　四部備要（排印本、縮印本）・史部二
　　　　十四史
史記索隱三十卷
　　（唐）司馬貞撰
　　　四庫全書・史部正史類
　　　廣雅書局叢書・史學
史記正義一百三十卷
　　（唐）張守節撰
　　　四庫全書・史部正史類
訂正史記眞本一卷
　　（宋）洪遵撰
　　　學海類編（道光本、景道光本）・史參
　　　遜敏堂叢書
史記法語
　　（宋）洪邁輯
　　　說郛（商務印書館本）卷五十九
批點史記瑣瑣二卷
　　（明）郝敬撰
　　　山草堂集外編
史記評林一百三十卷
　　（明）淩稚隆輯
　　　史漢評林
史記紀疑二卷
　　（清）劉青芝撰
　　　劉氏傳家集
史記注補正一卷
　　（清）方苞撰
　　　抗希堂十六種
　　　廣雅書局叢書・史學
史記考證七卷
　　（清）杭世駿撰
　　　補史亭賸稿
　　　道古堂外集（乾隆本、光緒本）

食舊堂叢書・道古堂外集

史記疑問一卷
　　（清）邵泰衢撰
　　　　四庫全書・史部正史類

史記讀法二卷
　　（清）王又樸撰
　　　　詩禮堂全集

讀史記劄記一卷
　　（清）潘永季撰
　　　　昭代叢書（道光本）丁集新篇補

史記勸說四卷
　　（清）史珥撰
　　　　四史勸說

史記志疑三十六卷附錄三卷
　　（清）梁玉繩撰
　　　　廣雅書局叢書・史學
　　　　叢書集成初編・總類

　　史記志疑三十六卷
　　　　史學叢書（文瀾書局本、煥文書局本、
　　　　點石齋本）

史記蠡測一卷
　　（清）林伯桐撰
　　　　脩本堂叢書

讀史諍言四卷
　　（清）章詒燕撰
　　　　江陰先哲遺書

史記辨證十卷
　　（清）尚鎔撰
　　　　持雅堂全集（同治本、光緒本）

史記毛本正誤一卷
　　（清）丁晏撰
　　　　廣雅書局叢書・史學
　　　　叢書集成初編・總類

讀史記一卷
　　（清）許玉瑑撰
　　　　詩契齋十種・日知小錄

史記札記二卷
　　（清）李慈銘撰
　　　　越縵堂讀史札記

讀史記日記一卷
　　（清）查德基撰
　　　　學古堂日記

讀史記日記一卷
　　（清）朱錦綬撰
　　　　學古堂日記

史記散筆二卷
　　（清）于鬯撰
　　　　于香草遺著叢輯

史記瑣言三卷
　　（民國）沈家本撰
　　　　沈寄簃先生遺書乙編・諸史瑣言

讀史記蠡述三卷
　　李澄宇撰
　　　　未晚樓全集・讀春秋國語四史蠡述

史記正譌三卷
　　（清）王元啓撰
　　　　惺齋先生雜著

　　史記三書正譌三卷
　　　　廣雅書局叢書・史學
　　　　叢書集成初編・總類
　　　　二十五史補編（開明書店排印本、中華
　　　　書局重印本）・史記部分

史記釋疑三卷
　　（清）錢塘撰
　　　　邃雅齋叢書

　　史記三書釋疑三卷
　　　　二十五史補編（開明書店排印本、中華
　　　　書局重印本）・史記部分

讀史記十表十卷
　　（清）汪越撰　　（清）徐克范補
　　　　四庫全書・史部正史類
　　　　南陵先哲遺書
　　　　二十五史補編（開明書店排印本、中華
　　　　書局重印本）・史記部分

史記月表正譌一卷
　　（清）王元啓撰
　　　　廣雅書局叢書・史學
　　　　二十五史補編（開明書店排印本、中華
　　　　書局重印本）・史記部分

史表功比說一卷
　　（清）張錫瑜撰
　　　　廣雅書局叢書・史學
　　　　史學叢書（文瀾書局本、煥文書局本、
　　　　點石齋本）
　　　　叢書集成初編・總類

史記惠景間侯者年表校補一卷
　　（清）盧文弨撰
　　　　抱經堂叢書（乾隆本、景乾隆本）・羣
　　　　書拾補初編
　　　　紹興先正遺書第二集・羣書拾補初編
　　　　叢書集成初編・總類・羣書拾補
　　　　二十五史補編（開明書店排印本、中華
　　　　書局重印本）・史記部分

漢書殘一卷（存匡衡張禹孔光傳）
　　（漢）班固撰
　　　　東方學會叢書初集・敦煌石室碎金

漢書佚文一卷
　　(漢)班固撰　(清)王仁俊輯
　　　經籍佚文
漢書一百卷
　　(漢)班固撰　(唐)顏師古注
　　　二十一史(南監本)
　　　十七史
　　　四庫全書・史部正史類
　　　摛藻堂四庫全書薈要・史部
　　　二十四史(五省官書局本)
　　　四史(劉承幹輯)
　　　百衲本二十四史(商務印書館景印本、
　　　　1958年商務印書館縮印本)
　　前漢書一百卷
　　　二十一史(北監本)
　　前漢書一百卷附考證
　　　二十四史(武英殿本、同文書局景武英
　　　　殿本、五洲同文書局景武英殿本、中
　　　　國圖書集成局排印本、竹簡齋景武
　　　　英殿本、涵芬樓景武英殿本)
　　　四史(成都書局本、世界書局景武英殿
　　　　本)
　　　二十五史
　　　四部備要(排印本、縮印本)・史部二
　　　　十四史
漢書殘一卷(存列傳第五十七上)
　　　京都帝國大學文學部景印唐鈔本第二
　　　集
　　漢書殘一卷(存王莽傳篇末)
　　　鳴沙石室古籍叢殘・羣書叢殘
漢書許義一卷
　　(漢)許慎撰　(清)王仁俊輯
　　　玉函山房輯佚書續編・史編正史類
漢書音義三卷敍錄一卷
　　(隋)蕭該撰　(清)臧庸輯
　　　拜經堂叢書(同述觀本、景同述觀本)
　　漢書音義三卷補遺一卷
　　　木犀軒叢書
　　漢書音義一卷
　　(隋)蕭該撰　(清)王仁俊輯
　　　玉函山房輯佚書續編・史編正史類
漢書舊注一卷
　　(清)王仁俊輯
　　　玉函山房輯佚書續編・史編正史類
批點前漢書瑣瑣四卷
　　(明)郝敬撰
　　　山草堂集外編
漢書評林一百卷

　　(明)凌稚隆輯
　　　史漢評林
校定前漢書自序一卷
　　(清)虞兆潗撰
　　　虞虹升雜著
漢書勦說四卷
　　(清)史珥撰
　　　四史勦說
漢書正譌二卷
　　(清)王元啓撰
　　　惺齋先生雜著
漢書古字一卷音義異同一卷
　　(清)王念孫撰
　　　稷香館叢書・說文疑附
漢書辨疑二十二卷
　　(清)錢大昭撰
　　　廣雅書局叢書・史學
　　　史學叢書(文瀾書局本、煥文書局本、
　　　　點石齋本)
　　　叢書集成初編・總類
漢學拾遺一卷
　　(清)劉台拱撰
　　　劉端臨先生遺書(嘉慶本、道光本)
　　　廣雅書局叢書・雜著・劉氏遺書
漢書刊誤一卷
　　(清)石韞玉撰
　　　獨學廬全稿
漢書引經劄記一卷
　　(清)朱爲弼撰
　　　朱茮堂家藏稿
前漢書注考證一卷
　　(清)何若瑤撰
　　　何宮贊遺書
　　　廣雅書局叢書・史學
漢書注校補五十六卷
　　(清)周壽昌撰
　　　思益堂史學三種
　　　廣雅書局叢書・史學
　　　史學叢書(文瀾書局本、煥文書局本、
　　　　點石齋本)
　　　叢書集成初編・史地類
讀漢書(一名校讀漢書札記)一卷
　　(清)許玉璂撰
　　　詩契齋十種・日知小錄
漢書讀十二卷首一卷辨字二卷常談二卷
　　(清)張恕撰
　　　四明叢書第七集
漢書管見四卷

　　　(清)朱一新撰
　　　　抽盦叢稿
漢書古字類一卷
　　　(清)郭夢星撰
　　　　寶樹堂遺書
漢書札記七卷
　　　(清)李慈銘撰
　　　　越縵堂讀史札記
讀漢書日記一卷
　　　(清)王肇釗撰
　　　　學古堂日記
讀漢書日記一卷
　　　(清)鳳曾敍撰
　　　　學古堂日記
讀漢書日記一卷
　　　(清)徐鴻鈞撰
　　　　學古堂日記
讀漢書日記一卷
　　　(清)朱錦綬撰
　　　　學古堂日記
漢書瑣言五卷
　　　(民國)沈家本撰
　　　　沈寄簃先生遺書乙編
讀漢書劄記一卷
　　　(民國)甯調元撰
　　　　太一遺書續刊
漢書箋遺十二卷
　　　(民國)楊昭儁撰
　　　　淨樂宧叢著
讀漢書蠡述三卷
　　　李澄宇撰
　　　　未晚樓全集·讀春秋國語四史蠡述
漢志志疑一卷
　　　(清)汪士鐸撰
　　　　二十五史補編(開明書店排印本、中華
　　　　書局重印本)·漢書部分
校漢書八表八卷
　　　(清)夏燮撰
　　　　文淵樓叢書
　　　　二十五史補編(開明書店排印本、中華
　　　　書局重印本)·漢書部分
班馬異同三十五卷
　　　(宋)倪思撰
　　　　四庫全書·史部正史類
史漢愚按八卷
　　　(明)郝敬撰
　　　　山草堂集內編
史漢異同是非四卷

　　　(清)劉靑芝撰
　　　　劉氏傳家集
史漢箋論十卷
　　　(清)楊于果撰
　　　　楊氏家集
史漢駢枝一卷
　　　(清成孺撰)
　　　　廣雅書局叢書·史學
　　　　史學叢書(文瀾書局本、煥文書局本、
　　　　點石齋本)
　　　(清)成蓉鏡撰
　　　　南菁書院叢書第六集
　　　　成氏遺書
續漢書佚文一卷
　　　(清)王仁俊輯
　　　　經籍佚文
後漢書一百二十卷
　　　(劉宋)范曄撰　(唐)李賢注　續志(晉)司
　　　馬彪撰　(梁)劉昭注
　　　　二十一史(南監本、北監本)
　　　　十七史
　　　　四庫全書·史部正史類
　　　　摛藻堂四庫全書薈要·史部
　　　　二十四史(五省官書局本)
　　　　四史(劉承幹輯)
　　　　百衲本二十四史(商務印書館景印本、
　　　　1958年商務印書館縮印本)
　後漢書一百二十卷附考證
　　　　二十四史(武英殿本、同文書局景武英
　　　　殿本、五洲同文書局景武英殿本、中
　　　　國圖書集成局排印本、竹簡齋景武
　　　　英殿本、涵芬樓景武英殿本)
　　　　四史(成都書局本、世界書局景武英殿
　　　　本)
　　　　二十五史
　　　　四部備要(排印本、縮印本)·史部二
　　　　十四史
東漢書刊誤四卷
　　　(宋)劉攽撰
　　　　宸翰樓叢書(重編本)
批點後漢書瑣瑣六卷
　　　(明)郝敬撰
　　　　山草堂集外編
後漢書補注二十四卷
　　　(清)惠棟撰
　　　　粵雅堂叢書初編第十集
　　　　廣雅書局叢書·史學
　　　　叢書集成初編·史地類
後漢書補注續一卷

（清）侯康撰
　　廣雅書局叢書・史部
　　史學叢書（文瀾書局本、煥文書局本、
　　點石齋本）
　　叢書集成初編・史地類

後漢書勦說四卷
　（清）史珥撰
　　四史勦說

後漢書辨疑十一卷
　（清）錢大昭撰
　　廣雅書局叢書・史學
　　史學叢書（文瀾書局本、煥文書局本、
　　點石齋本）
　　叢書集成初編・總類

後漢書注又補一卷
　（清）沈銘彝撰
　　廣雅書局叢書・史學
　　史學叢書（文瀾書局本、煥文書局本、
　　點石齋本）
　　叢書集成初編・史地類

後漢書注考證一卷
　（清）何若瑤撰
　　何宮贊遺書
　　廣雅書局叢書・史學

後漢書注補正八卷
　（清）周壽昌撰
　　思益堂史學三種
　　廣雅書局叢書・史學
　　史學叢書（文瀾書局本、煥文書局本、
　　點石齋本）
　　叢書集成初編・史地類

後漢書注刊誤
　（清）練恕撰
　　多識錄

後漢書札記一卷
　（清）趙濤撰
　　東萊趙氏楹書叢刊

後漢書札記七卷
　（清）李慈銘撰
　　越縵堂讀史札記

後漢書瑣言三卷
　（民國）沈家本撰
　　沈寄簃先生遺書乙編

讀後漢書蠡述三卷
　　李澄宇撰
　　未晚樓全集・讀春秋國語四史蠡述

續漢志補注二卷
　（清）惠棟撰

歷代地理志彙編乙編・後漢書郡國志
　附

續漢書志注補校正一卷
　（清）盧文弨撰
　　抱經堂叢書（乾隆本、景乾隆本）・羣
　　書拾補初編
　　紹興先正遺書第二集・羣書拾補初編
　　叢書集成初編・總類・羣書拾補

續漢書志注補一卷
　　二十五史補編（開明書店排印本、中華
　　書局重印本）・後漢書部分

續漢書辨疑九卷
　（清）錢大昭撰
　　廣雅書局叢書・史學
　　史學叢書（文瀾書局本、煥文書局本、
　　點石齋本）
　　叢書集成初編・總類

續漢書志瑣言一卷
　（民國）沈家本撰
　　沈寄簃先生遺書乙編

兩漢刊誤補遺十卷
　（宋）吳仁傑撰
　　四庫全書・史部正史類
　　武英殿聚珍版書（武英殿木活字本）・
　　史部
　　反約篇
　　翠琅玕館叢書（馮兆年輯）第四集
　　芋園叢書・史部

兩漢刊誤補遺十卷附錄一卷
　　知不足齋叢書（乾隆至道光本、景乾隆
　　至道光本）第一集
　　榕園叢書乙集

兩漢刊誤補遺十卷附校勘記一卷
　（宋）吳仁傑撰　校勘記（清）孫星華撰
　　武英殿聚珍版書（福建本、廣雅書局
　　本）・史部

兩漢訂誤四卷
　（清）陳景雲撰
　　丙子叢編
　　萬潔齋叢刊附

兩漢書舊本攷二卷
　（清）范公偁撰　（民國）黃任恆校補
　　信古閣小叢書

三史拾遺五卷
　（清）錢大昕撰
　　潛研堂全書・史
　　嘉定錢氏潛研堂全書・史
　　史學叢書（文瀾書局本、煥文書局本、

點石齋本）

三國志佚文一卷
  （晉）陳壽撰　（清）王仁俊輯
    經籍佚文

三國志六十五卷
  （晉）陳壽撰　（劉宋）裴松之注
    二十一史（南監本、北監本）
    十七史
    四庫全書·史部正史類
    摛藻堂四庫全書薈要·史部
    二十四史（五省官書局本）
    四史（劉承幹輯）
    百衲本二十四史（商務印書館景印本、
      1958年商務印書館縮印本）

  三國志六十五卷附考證
    二十四史（武英殿本、同文書局景武英
      殿本、五洲同文書局景武英殿本、中
      國圖書集成局排印本、竹簡齋景武
      英殿本、涵芬樓景武英殿本）
    四史（成都書局本、世界書局景武英殿
      本）
    二十五史
    四部備要（排印本、縮印本）·史部二
      十四史

三國志注鈔八卷
  （明）鍾惺輯
    三注鈔

三國志辨誤三卷
  （宋）□□撰
    四庫全書·史部正史類
    武英殿聚珍版書（武英殿木活字本、福
      建本、廣雅書局本）·史部
    桐華館史翼
    墨海金壺（嘉慶本、景嘉慶本）·史部
    守山閣叢書（道光本、鴻文書局景道光
      本、博古齋景道光本）·史部
    叢書集成初編·史地類

  三國志辨誤一卷
    增訂漢魏叢書（大通書局石印本）·別
      史

批點三國志瑣瑣四卷
  （明）郝敬撰
    山草堂集外編

三國志補注六卷
  （清）杭世駿撰
    四庫全書·史部正史類
    補史亭賸稿
    道古堂外集（乾隆本、光緒本）
    粵雅堂叢書三編第二十五集

食舊堂叢書·道古堂外集
叢書集成初編·史地類

三國志補注續一卷
  （清）侯康撰
    廣雅書局叢書·史學
    史學叢書（文瀾書局本、煥文書局本、
      點石齋本）
    叢書集成初編·史地類

三國志勘說四卷
  （清）史珥撰
    四史勘說

三國志辨疑三卷
  （清）錢大昭撰
    廣雅書局叢書·史學
    史學叢書（文瀾書局本、煥文書局本、
      點石齋本）
    正覺樓叢刻
    叢書集成初編·總類

國志蒙拾二卷
  （清）郭麐撰
    靈芬館集
    聚學軒叢書第一集

三國志攷證一卷
  （清）潘眉撰
    昭代叢書（道光本）癸集萃編

  三國志攷證八卷
    廣雅書局叢書·史學
    史學叢書（文瀾書局本、煥文書局本、
      點石齋本）
    叢書集成初編·史地類

三國志旁證三十卷
  （清）梁章鉅撰
    廣雅書局叢書·史學
    史學叢書（文瀾書局本、煥文書局本、
      點石齋本）
    叢書集成初編·史地類

三國志注證遺四卷補四卷
  （清）周壽昌撰
    思益堂史學三種
    廣雅書局叢書·史學
    叢書集成初編·史地類

三國志補義十三卷
  （清）康發祥撰
    伯山全集

三國志偶辨一卷
  （清）鄒樹榮撰
    南昌鄒氏一粟園叢書

三國志札記一卷

（清）李慈銘撰
　　越縵堂讀史札記

三國志質疑六卷
　　（民國）徐紹楨撰
　　　學壽堂叢書

三國志平議二卷
　　（民國）李寶洤撰
　　　漢堂類稿

三國志證聞校勘記一卷
　　（民國）羅振玉撰
　　　雪堂叢刻

三國志瑣言四卷
　　（民國）沈家本撰
　　　沈寄簃先生遺書乙編

三國志札記一卷
　　（民國）楊晨撰
　　　崇雅堂叢書

讀三國志蠡述三卷
　　李澄宇撰
　　　未晚樓全集·讀春秋國語四史蠡述

晉書一百三十卷
　　唐太宗撰
　　　十七史
　　　百衲本二十四史（商務印書館景印本、
　　　　1958 年商務印書館縮印本）

晉書佚文一卷
　　唐太宗撰　（清）王仁俊輯
　　　經籍佚文

晉書一百三十卷附音義三卷
　　唐太宗撰　音義（唐）何超撰
　　　二十一史（南監本、北監本）
　　　四庫全書·史部正史類
　　　摛藻堂四庫全書薈要·史部
　　　二十四史（五省官書局本）

晉書一百三十卷音義三卷附考證
　　　二十四史（武英殿本、同文書局景武英
　　　　殿本、五洲同文書局景武英殿本、中
　　　　國圖書集成局排印本、竹簡齋景武
　　　　英殿本、涵芬樓景武英殿本）
　　　二十五史
　　　四部備要（排印本、縮印本）·史部二
　　　　十四史

批點晉書瑣瑣六卷
　　（明）郝敬撰
　　　山草堂集外編

晉書校正一卷
　　（清）盧文弨撰
　　　抱經堂叢書（乾隆本、景乾隆本）·羣

書拾補初編
　　　紹興先正遺書第二集·羣書拾補初編
　　　叢書集成初編·總類·羣書拾補

晉書校勘記三卷
　　（清）勞格撰
　　　廣雅書局叢書·史學
　　　叢書集成初編·總類

晉書札記五卷
　　（清）李慈銘撰
　　　越縵堂讀史札記

晉書校勘記五卷
　　（清）周家祿撰
　　　廣雅書局叢書·史學
　　　史學叢書（文瀾書局本、煥文書局本、
　　　　點石齋本）
　　　叢書集成初編·總類

晉書校文五卷
　　（民國）丁國鈞撰
　　　常熟丁氏叢書

宋書一百卷
　　（梁）沈約撰
　　　七史
　　　二十一史（南監本、北監本）
　　　十七史
　　　四庫全書·史部正史類
　　　摛藻堂四庫全書薈要·史部
　　　二十四史（五省官書局本）
　　　百衲本二十四史（商務印書館景印本、
　　　　1958 年商務印書館縮印本）

宋書一百卷附考證
　　　二十四史（武英殿本、同文書局景武英
　　　　殿本、五洲同文書局景武英殿本、中
　　　　國圖書集成局排印本、竹簡齋景武
　　　　英殿本、涵芬樓景武英殿本）
　　　二十五史
　　　四部備要（排印本、縮印本）·史部二
　　　　十四史

宋瑣語不分卷
　　（清）郝懿行撰
　　　郝氏遺書

宋瑣語二卷
　　　筆記小說大觀第六輯

宋書札記一卷
　　（清）李慈銘撰
　　　越縵堂讀史札記

南齊書五十九卷
　　（梁）蕭子顯撰
　　　七史

二十一史（南監本、北監本）
十七史
四庫全書・史部正史類
摛藻堂四庫全書薈要・史部
二十四史（五省官書局本）
百衲本二十四史（商務印書館景印本、
　1958 年商務印書館縮印本）
南齊書五十九卷附考證
　　二十四史（武英殿本、同文書局景武英
　　殿本、五洲同文書局景武英殿本、中
　　國圖書集成局排印本、竹簡齋景武
　　英殿本、涵芬樓景武英殿本）
　　二十五史
　　四部備要（排印本、縮印本）・史部二
　　十四史
梁書五十六卷
　（唐）姚思廉撰
　　七史
　　二十一史（南監本、北監本）
　　十七史
　　四庫全書・史部正史類
　　摛藻堂四庫全書薈要・史部
　　二十四史（五省官書局本）
　　百衲本二十四史（商務印書館景印本、
　　　1958 年商務印書館縮印本）
梁書五十六卷附考證
　　二十四史（武英殿本、同文書局景武英
　　殿本、五洲同文書局景武英殿本、中
　　國圖書集成局排印本、竹簡齋景武
　　英殿本、涵芬樓景武英殿本）
　　二十五史
　　四部備要（排印本、縮印本）・史部二
　　十四史
梁書佚文一卷
　（唐）姚思廉撰　（清）王仁俊輯
　　經籍佚文
毛本梁書校議一卷
　（清）陳澧撰　（民國）黃任恆錄
　　信古閣小叢書
梁書札記一卷
　（清）李慈銘撰
　　越縵堂讀史札記
梁書斠議一卷
　（民國）羅振玉撰
　　五史斠議
陳書三十六卷
　（唐）姚思廉撰
　　七史
　　二十一史（南監本、北監本）

十七史
四庫全書・史部正史類
摛藻堂四庫全書薈要・史部
二十四史（五省官書局本）
百衲本二十四史（商務印書館景印本、
　1958 年商務印書館縮印本）
陳書三十六卷附考證
　　二十四史（武英殿本、同文書局景武英
　　殿本、五洲同文書局景武英殿本、中
　　國圖書集成局排印本、竹簡齋景武
　　英殿本、涵芬樓景武英殿本）
　　二十五史
　　四部備要（排印本、縮印本）・史部二
　　十四史
陳書斠議一卷
　（民國）羅振玉撰
　　五史斠議
魏書一百十四卷
　（北齊）魏收撰
　　七史
　　二十一史（南監本、北監本）
　　十七史
　　四庫全書・史部正史類
　　摛藻堂四庫全書薈要・史部
　　二十四史（五省官書局本）
　　百衲本二十四史（商務印書館景印本、
　　　1958 年商務印書館縮印本）
魏書一百十四卷附考證
　　二十四史（武英殿本、同文書局景武英
　　殿本、五洲同文書局景武英殿本、中
　　國圖書集成局排印本、竹簡齋景武
　　英殿本、涵芬樓景武英殿本）
　　二十五史
　　四部備要（排印本、縮印本）・史部二
　　十四史
魏書校勘記一卷
　（民國）王先謙輯
　　王益吾所刻書
　　廣雅書局叢書・史學
　　史學叢書（文瀾書局本、煥文書局本、
　　　點石齋本）
　　叢書集成初編・總類
魏書校補一卷
　（清）盧文弨撰
　　抱經堂叢書（乾隆本、景乾隆本）・羣
　　書拾補初編
　　紹興先正遺書第二集・羣書拾補初編
　　叢書集成初編・總類・羣書拾補
魏書札記一卷

（清）李慈銘撰
　越縵堂讀史札記
魏書平議三卷
　（民國）李寶洤撰
　　漢堂類稿
北齊書五十卷
　（唐）李百藥撰
　　七史
　　二十一史（南監本、北監本）
　　十七史
　　四庫全書·史部正史類
　　摛藻堂四庫全書薈要·史部
　　二十四史（五省官書局本）
　　百衲本二十四史（商務印書館景印本、
　　　1958年商務印書館縮印本）
　　北齊書五十卷附考證
　　　二十四史（武英殿本、同文書局景武英
　　　殿本、五洲同文書局景武英殿本、中
　　　國圖書集成局排印本、竹簡齋景武
　　　英殿本、涵芬樓景武英殿本）
　　　二十五史
　　　四部備要（排印本、縮印本）·史部二
　　　十四史
北齊書佚文一卷
　（唐）李百藥撰　（清）王仁俊輯
　　經籍佚文
北齊書平議二卷
　（民國）李寶洤撰
　　漢堂類稿
北齊書斠議一卷
　（民國）羅振玉撰
　　五史斠議
周書五十卷
　（唐）令狐德棻等撰
　　二十一史（南監本、北監本）
　　十七史
　　四庫全書·史部正史類
　　摛藻堂四庫全書薈要·史部
　　二十四史（五省官書局本）
　　百衲本二十四史（商務印書館景印本、
　　　1958年商務印書館縮印本）
　　周書五十卷附考證
　　　二十四史（武英殿本、同文書局景武英
　　　殿本、五洲同文書局景武英殿本、中
　　　國圖書集成局排印本、竹簡齋景武
　　　英殿本、涵芬樓景武英殿本）
　　　二十五史
　　　四部備要（排印本、縮印本）·史部二
　　　十四史

周書平議二卷
　（民國）李寶洤撰
　　漢堂類稿
周書斠議一卷
　（民國）羅振玉撰
　　五史斠議
隋書八十五卷
　（唐）魏徵（唐）長孫無忌等撰
　　二十一史（南監本、北監本）
　　十七史
　　四庫全書·史部正史類
　　摛藻堂四庫全書薈要·史部
　　百衲本二十四史（商務印書館景印本、
　　　1958年商務印書館縮印本）
　　隋書八十五卷附考證
　　　二十四史（武英殿本、同文書局景武英
　　　殿本、五洲同文書局景武英殿本、中
　　　國圖書集成局排印本、竹簡齋景武
　　　英殿本、涵芬樓景武英殿本）
　　　二十五史
　　　四部備要（排印本、縮印本）·史部二
　　　十四史
隋書八十五卷附考異
　（唐）魏徵（唐）長孫無忌等撰　考異（清）薛
　　壽撰
　　二十四史（五省官書局本）
隋書札記一卷
　（清）李慈銘撰
　　越縵堂讀史札記
隋書斠議一卷
　（民國）羅振玉撰
　　五史斠議
南史八十卷
　（唐）李延壽撰
　　二十一史（南監本、北監本）
　　十七史
　　四庫全書·史部正史類
　　摛藻堂四庫全書薈要·史部
　　二十四史（五省官書局本）
　　百衲本二十四史（商務印書館景印本、
　　　1958年商務印書館縮印本）
　　南史八十卷附考證
　　　二十四史（武英殿本、同文書局景武英
　　　殿本、五洲同文書局景武英殿本、中
　　　國圖書集成局排印本、竹簡齋景武
　　　英殿本、涵芬樓景武英殿本）
　　　二十五史
　　　四部備要（排印本、縮印本）·史部二
　　　十四史

南史佚文一卷
　　(唐)李延壽撰　　(清)王仁俊輯
　　　經籍佚文
批點南史瑣瑣四卷
　　(明)郝敬撰
　　　山草堂集外編
南史札記一卷
　　(清)李慈銘撰
　　　越縵堂讀史札記
北史一百卷
　　(唐)李延壽撰
　　　二十一史(南監本、北監本)
　　　十七史
　　　四庫全書・史部正史類
　　　摛藻堂四庫全書薈要・史部
　　　二十四史(五省官書局本)
　　　百衲本二十四史(商務印書館景印本、
　　　　1958年商務印書館縮印本)
　北史一百卷附考證
　　　二十四史(武英殿本、同文書局景武英
　　　　殿本、五洲同文書局景武英殿本、中
　　　　國圖書集成局排印本、竹簡齋景武
　　　　英殿本、涵芬樓景武英殿本)
　　　二十五史
　　　四部備要（排印本、縮印本）・史部二
　　　　十四史
北史佚文一卷
　　(唐)李延壽撰　　(清)王仁俊輯
　　　經籍佚文
批點北史瑣瑣四卷
　　(明)郝敬撰
　　　山草堂集外編
北史札記一卷
　　(清)李慈銘撰
　　　越縵堂讀史札記
舊唐書二百卷
　　(後晉)劉昫等撰
　　　四庫全書・史部正史類
　　　摛藻堂四庫全書薈要・史部
　　　二十四史(五省官書局本)
　　　百衲本二十四史(商務印書館景印本、
　　　　1958年商務印書館縮印本)
　舊唐書二百卷附考證
　　　二十四史(武英殿本、同文書局景武英
　　　　殿本、五洲同文書局景武英殿本、中
　　　　國圖書集成局排印本、竹簡齋景武
　　　　英殿本、涵芬樓景武英殿本)
　　　二十五史

　　　四部備要（排印本、縮印本）・史部二
　　　　十四史
批點舊唐書瑣瑣四卷
　　(明)郝敬撰
　　　山草堂集外編
讀劉昫書隨筆一卷
　　(清)蔡世鈸撰
　　　昧蕉小寮集
　讀舊唐書隨筆一卷
　　　豫章叢書(陶福履輯)第一集
　　　叢書集成初編・史地類
舊唐書疑義四卷
　　(清)張道撰
　　　漁浦草堂遺稿
　　　正覺樓叢刻
舊唐書勘同一卷
　　(清)張道撰
　　　漁浦草堂遺稿
唐書二百二十五卷
　　(宋)歐陽修(宋)宋祁等撰
　　　十七史
　　　二十四史(五省官書局本)
　　　百衲本二十四史(商務印書館景印本、
　　　　1958年商務印書館縮印本)
　新唐書二百二十五卷
　　　四庫全書・史部正史類
唐書二百二十五卷附釋音二十五卷
　　(宋)歐陽修(宋)宋祁等撰　釋音(宋)董衝
　　　撰
　　　二十一史(南監本、北監本)
　　　摛藻堂四庫全書薈要・史部
　唐書二百二十五卷釋音二十五卷附考
　　證
　　　二十四史(武英殿本、同文書局景武英
　　　　殿本、五洲同文書局景武英殿本、中
　　　　國圖書集成局排印本、竹簡齋景武
　　　　英殿本、涵芬樓景武英殿本)
　　　二十五史
　　　四部備要（排印本、縮印本）・史部二
　　　　十四史
修唐書史臣表一卷
　　(清)錢大昕撰
　　　知不足齋叢書(乾隆至道光本、景乾隆
　　　　至道光本)第十五集・新唐書糾繆
　　　　附
　　　叢書集成初編・新唐書糾謬附
唐書糾繆一卷
　　(宋)吳縝撰

唐宋叢書·載籍

新唐書糾謬一卷
說郛(宛委山堂本)弓十

新唐書糾謬二十卷
四庫全書·史部正史類
摛藻堂四庫全書薈要·子部
四部叢刊三編·史部

新唐書糾繆二十卷錢校補遺一卷附錄一卷
(宋)吳縝撰　(清)錢大昕校併撰補遺附錄
知不足齋叢書(乾隆至道光本、景乾隆
至道光本)第十五集
叢書集成初編·史地類

新唐書糾謬二十卷校勘記二卷
(宋)吳縝撰　校勘記(清)孫星華撰
武英殿聚珍版書(福建本、廣雅書局
本)·史部

新唐書糾謬校補一卷
(清)盧文弨撰
抱經堂叢書(乾隆本、景乾隆)·羣
書拾補初編
紹興先正遺書第二集·羣書拾補初編
叢書集成初編·總類·羣書拾補

新唐書辯議一卷
(民國)羅振常撰
蟫隱廬叢書

新舊唐書互證二十卷
(清)趙紹祖撰
古墨齋集
廣雅書局叢書·史學
史學叢書(文瀾書局本、煥文書局本、
點石齋本)
叢書集成初編·史地類

舊五代史一百五十卷
(宋)薛居正等撰
四庫全書·史部正史類
摛藻堂四庫全書薈要·史部
百衲本二十四史(商務印書館景印本、
1958 年商務印書館縮印本)

舊五代史一百五十卷附考證
二十四史(武英殿本、同文書局景武英
殿本、五洲同文書局景武英殿本、中
國圖書集成局排印本、竹簡齋景武
英殿本、涵芬樓景武英殿本)
二十四史(五省官書局本)
二十五史
四部備要(排印本、縮印本)·史部二
十四史

舊五代史輯本發覆三卷
陳垣撰
勵耘書屋叢刻第二集

薛史輯本避諱例一卷
陳垣撰
勵耘書屋叢刻第二集·舊五代史輯本
發覆附

五代史記七十四卷
(宋)歐陽修撰　(宋)徐無黨注
二十一史(南監本、北監本)
百衲本二十四史(商務印書館景印本、
1958 年商務印書館縮印本)

五代史七十四卷
十七史
摛藻堂四庫全書薈要·史部
二十四史(五省官書局本)

新五代史記七十四卷
四庫全書·史部正史類

五代史七十四卷附考證
二十四史(武英殿本、同文書局景武英
殿本、五洲同文書局景武英殿本、中
國圖書集成局排印本、竹簡齋景武
英殿本、涵芬樓景武英殿本)
二十五史
四部備要(排印本、縮印本)·史部二
十四史

五代史記纂誤三卷
(宋)吳縝撰
四庫全書·史部正史類

五代史纂誤三卷
知不足齋叢書(乾隆至道光本、景乾隆
至道光本)第十七集
武英殿聚珍版書(武英殿木活字本、江
西書局本、福建本、廣雅書局本)·
史部
叢書集成初編·史地類

五代史記纂誤補四卷
(清)吳蘭庭撰
知不足齋叢書(乾隆至道光本、景乾隆
至道光本)第二十集
吳興叢書
叢書集成初編·史地類

五代史志疑四卷
(清)楊陸榮撰
楊潭西先生遺書

五代史記補考二十四卷
(清)徐炯撰
適園叢書第六集

讀五代史隨筆一卷
　　（民國）王元稺撰
　　　　無暇逸齋叢書
宋史四百九十六卷
　　（元）脫脫等撰
　　　　二十一史（南監本、北監本）
　　　　二十四史（五省官書局本）
　　　　百衲本二十四史（商務印書館景印本、
　　　　　1958 年商務印書館縮印本）
　　（元托克托等撰）
　　　　四庫全書・史部正史類
　　　　摛藻堂四庫全書薈要・史部
　　宋史四百九十六卷附考證
　　　　二十四史（武英殿本、同文書局景武英
　　　　　殿本、五洲同文書局景武英殿本、中
　　　　　國圖書集成局排印本、竹簡齋景武
　　　　　英殿本、涵芬樓景武英殿本）
　　　　二十五史
　　　　四部備要（排印本、縮印本）・史部二
　　　　　十四史
　　宋史孝宗紀補脫一卷
　　　　（清）盧文弨撰
　　　　　抱經堂叢書（乾隆本、景乾隆本）・羣
　　　　　書拾補初編
　　　　　紹興先正遺書第二集・羣書拾補初編
　　　　　叢書集成初編・總類・羣書拾補
遼史一百十六卷
　　　　（元）脫脫等撰
　　　　二十一史（南監本、北監本）
　　　　百衲本二十四史（商務印書館景印本、
　　　　　1958 年商務印書館縮印本）
　　　　（元托克托等撰）
　　　　四庫全書・史部正史類
　　　　摛藻堂四庫全書薈要・史部
　　遼史一百十六卷附考證
　　　　二十四史（武英殿本、同文書局景武英
　　　　　殿本、五洲同文書局景武英殿本、中
　　　　　國圖書集成局排印本、竹簡齋景武
　　　　　英殿本、涵芬樓景武英殿本）
　　　　二十四史（五省官書局本）
　　　　二十五史
　　　　四部備要（排印本、縮印本）・史部二
　　　　　十四史
　　遼史拾遺二十四卷
　　　　（清）厲鶚撰
　　　　　四庫全書・史部正史類
　　　　　廣雅書局叢書・史學
　　　　　二十四史（五省官書局本）・遼史附
　　　　　叢書集成初編・史地類

遼史拾遺補五卷
　　（清）楊復吉撰
　　　　廣雅書局叢書・史學・遼史拾遺附
　　　　叢書集成初編・史地類
欽定遼史語解十卷
　　清乾隆四十六年敕撰
　　　　四庫全書・史部正史類
　　　　遼金元三史語解（道光本、光緒本）
遼史索隱八卷
　　（民國）陳漢章撰
　　　　綴學堂叢稿初集
金史一百三十五卷
　　（元）脫脫等撰
　　　　二十一史（南監本、北監本）
　　　　百衲本二十四史（商務印書館景印本、
　　　　　1958 年商務印書館縮印本）
　　（元托克托等撰）
　　　　四庫全書・史部正史類
　　　　摛藻堂四庫全書薈要・史部
　　金史一百三十五卷附考證
　　　　二十四史（武英殿本、同文書局景武英
　　　　　殿本、五洲同文書局景武英殿本、中
　　　　　國圖書集成局排印本、竹簡齋景武
　　　　　英殿本、涵芬樓景武英殿本）
　　　　二十四史（五省官書局本）
　　　　二十五史
　　　　四部備要（排印本、縮印本）・史部二
　　　　　十四史
　　金史補脫一卷
　　　　（清）盧文弨撰
　　　　　抱經堂叢書（乾隆本、景乾隆本）・羣
　　　　　書拾補初編
　　　　　紹興先正遺書第二集・羣書拾補初編
　　　　　叢書集成初編・總類・羣書拾補
欽定金史語解十二卷
　　清乾隆四十六年敕撰
　　　　四庫全書・史部正史類
　　　　遼金元三史語解（道光本、光緒本）
　　欽定金國語解一卷
　　　　二十四史（五省官書局本）・金史附
　　　　四部備要（排印本、縮印本）・史部二
　　　　　十四史・金史附
金史詳校十卷末一卷
　　（清）施國祁撰
　　　　廣雅書局叢書・史學
金源劄記二卷
　　（清）施國祁撰
　　　　仰視千七百二十九鶴齋叢書（光緒本、

別 史 類

通 紀

帝王世紀一卷
　　（晉）皇甫謐撰　（清）顧觀光輯
　　　　指海（道光本、景道光本）第六集
　　　　叢書集成初編・史地類
帝王世紀一卷
　　（晉）皇甫謐撰　（清）王仁俊輯
　　　　玉函山房輯佚書續編・史編總類
帝王世紀續補一卷考異一卷
　　（清）錢保塘輯併撰考異
　　　　訓纂堂叢書
帝王世家一卷
　　（清）王仁俊輯
　　　　玉函山房輯佚書續編・史編總類
建康實錄二十卷
　　（唐）許嵩撰
　　　　四庫全書・史部別史類

先　秦

世本十卷
　　（漢）應劭（漢）宋衷（魏）宋均注　（清）秦嘉
　　謨輯補
　　　　世本八種
世本二卷
　　（漢）宋衷注　（清）王謨輯
　　　　漢魏遺書鈔・經翼第三冊
　世本一卷
　　　　世本八種
世本一卷
　　（漢）宋衷注　（清）孫馮翼輯
　　　　增訂漢魏叢書（三餘堂本、大通書局石
　　　　　印本）・載籍
　　　　問經堂叢書
　　　　叢書集成初編・史地類
　　　　世本八種
世本二卷
　　（漢）宋衷注　（清）孫馮翼輯　（清）陳其榮
　　　增訂
　　　　槐廬叢書初編
　　　　世本八種
世本五卷
　　（漢）宋衷注　（清）張澍輯併補注
　　　　二酉堂叢書
　　　　叢書集成初編・史地類
　　　　世本八種
世本二卷附考證一卷
　　（漢）宋衷注　（清）雷學淇輯併撰考證
　　　　畿輔叢書
　　　　叢書集成初編・史地類

　世本八種
世本一卷
　　（漢）宋衷注　（清）茆泮林輯
　　　　十種古逸書
　　　　龍谿精舍叢書・史部
　　　　叢書集成初編・史地類
　　　　世本八種
世本一卷
　　（漢）宋衷注　（清）王仁俊輯
　　　　玉函山房輯佚書續編・史編總類
世本集覽一卷
　　（清）王梓材撰
　　　　四明叢書第四集
　　　　世本八種
古史六十卷
　　（宋）蘇轍撰
　　　　四庫全書・史部別史類
路史一卷
　　（宋）羅泌撰
　　　　歷代小史
　　　　叢書集成初編・史地類
　　　　景印元明善本叢書十種・歷代小史
路史前紀九卷後紀十三卷餘論十卷發揮
　　六卷國名紀七卷
　　（宋）羅泌撰　（宋）羅苹注
　　　　四庫全書・史部別史類
　　　　四部備要（排印本、縮印本）・史部雜史
尚史一百七卷
　　（清）李鍇撰
　　　　四庫全書・史部別史類
汲冢周書一卷
　　　　增定漢魏六朝別解・經部
逸周書一卷
　　（清）任兆麟選輯
　　　　述記（乾隆本、嘉慶本）
周書時訓一卷
　　（清）陶濬宣輯
　　　　稷山館輯補書
周書佚文一卷
　　（清）王仁俊輯
　　　　經籍佚文
汲冢周書輯要一卷逸書一卷
　　（清）郝懿行輯
　　　　郝氏遺書
汲冢周書十卷
　　（晉）孔晁注
　　　　古今逸史・逸記
　　　　廣漢魏叢書（萬曆本）・別史

七家後漢書

後漢書一卷
　　（吳）謝承撰　　（清）黃奭輯
　　　黃氏逸書考（民國補刊本）・子史鉤沈

後漢書一卷
　　（吳）謝承撰　　（清）王仁俊輯
　　　玉函山房輯佚書補編

後漢書一卷
　　（晉）薛瑩撰　　（清）汪文臺輯
　　　七家後漢書

漢後記一卷
　　（晉）薛瑩撰　　（清）黃奭輯
　　　知足齋叢書

　漢後書一卷
　　　漢學堂叢書・子史鉤沈・史部正史類
　　　黃氏逸書考（民國修補本、民國補刊
　　　　本）・子史鉤沈

續漢書五卷
　　（晉）司馬彪撰　　（清）汪文臺輯
　　　七家後漢書

後漢書二卷
　　（晉）華嶠撰　　（清）汪文臺輯
　　　七家後漢書

後漢書一卷
　　（晉）華嶠撰　　（清）黃奭輯
　　　知足齋叢書

　後漢書注一卷
　　　漢學堂叢書・子史鉤沈・史部正史類
　　　黃氏逸書考（民國修補本、民國補刊
　　　　本）・子史鉤沈

後漢書一卷
　　（晉）華嶠撰　　（清）王仁俊輯
　　　玉函山房輯佚書補編

後漢書一卷
　　（晉）謝沈撰　　（清）汪文臺輯
　　　七家後漢書

後漢書一卷
　　（晉）謝沈撰　　（清）黃奭輯
　　　知足齋叢書
　　　漢學堂叢書・子史鉤沈・史部正史類
　　　黃氏逸書考（民國修補本、民國補刊
　　　　本）・子史鉤沈

後漢書一卷
　　（晉）袁山松撰　　（清）汪文臺輯
　　　七家後漢書

後漢書一卷
　　（晉）袁山松撰　　（清）黃奭輯
　　　知足齋叢書

　　漢學堂叢書・子史鉤沈・史部正史類
　　黃氏逸書考（民國修補本、民國補刊
　　　本）・子史鉤沈

後漢書一卷
　　（晉）袁山松撰　　（清）王仁俊輯
　　　玉函山房輯佚書補編

失氏名後漢書一卷
　　（清）汪文臺輯
　　　七家後漢書附

三　國

續後漢書四十二卷義例一卷音義四卷
　　（宋）蕭常撰
　　　四庫全書・史部別史類
　　　墨海金壺（嘉慶本、景嘉慶本）・史部
　　　叢書集成初編・史地類

續後漢書四十二卷義例一卷音義四卷附
　札記一卷
　　（宋）蕭常撰　　札記（清）郁松年撰
　　　宜稼堂叢書

續後漢書札記一卷
　　（清）郁松年撰
　　　叢書集成初編・史地類

續後漢書九十卷
　　（元）郝經撰　　（元）苟宗道注
　　　四庫全書・史部別史類
　　　叢書集成初編・史地類

續後漢書九十卷附札記四卷
　　（元）郝經撰　　（元）苟宗道注　　札記（清）郁
　　松年撰
　　　宜稼堂叢書

續後漢書札記四卷
　　（清）郁松年撰
　　　叢書集成初編・史地類

擬更季漢書昭烈皇帝本紀一卷
　　（清）黃中堅撰
　　　昭代叢書（道光本）辛集別編

吳書抄一卷
　　（清）王仁俊輯
　　　玉函山房輯佚書補編

吳錄一卷
　　（晉）張勃撰
　　　說郛（宛委山堂本）弓五十九

　吳錄
　　　說郛（商務印書館本）卷三

吳錄一卷
　　（晉）張勃撰　　（清）王仁俊輯
　　　玉函山房輯佚書補編

吳錄一卷
　　(晉)張勃撰　(民國)葉昌熾輯
　　　　觀淡廬叢稾
吳錄一卷
　　(淸)王仁俊輯
　　　　玉函山房輯佚書補編

晉

晉書一卷
　　(晉)王隱撰　(淸)黃奭輯
　　　　黃氏逸書考(民國修補本、民國補刊
　　　　本)·子史鉤沈
晉書十一卷
　　(晉)王隱撰　(淸)湯球輯
　　　　廣雅書局叢書·史學·晉書輯本
　　　　叢書集成初編·史地類·九家舊晉書
　　　　輯本
晉書一卷
　　(晉)王隱撰　(淸)王仁俊輯
　　　　玉函山房輯佚書補編
王隱晉書二卷
　　(晉)王隱撰　陶棟輯
　　　　輯佚叢刊
晉書一卷
　　(晉)虞預撰　(淸)黃奭輯
　　　　漢學堂叢書·子史鉤沈·史部正史類
　　　　黃氏逸書考(民國修補本、民國補刊
　　　　本)·子史鉤沈
晉書一卷
　　(晉)虞預撰　(淸)湯球輯
　　　　廣雅書局叢書·史學·晉書輯本
　　　　四明叢書第八集
　　　　叢書集成初編·史地類·九家舊晉書
　　　　輯本
晉書一卷
　　(晉)朱鳳撰　(淸)黃奭輯
　　　　漢學堂叢書·子史鉤沈·史部正史類
　　　　黃氏逸書考(民國修補本、民國補刊
　　　　本)·子史鉤沈
晉書一卷
　　(晉)朱鳳撰　(淸)湯球輯
　　　　廣雅書局叢書·史學·晉書輯本
　　　　叢書集成初編·史地類·九家舊晉書
　　　　輯本
晉紀一卷
　　(晉)徐廣撰　(淸)黃奭輯
　　　　漢學堂叢書·子史鉤沈·史部別史類
　　　　黃氏逸書考(民國修補本、民國補刊

本)·子史鉤沈
晉中興書一卷
　　(劉宋)何法盛撰
　　　　說郛(宛委山堂本)弓五十九
　　　　古今說部叢書一集
晉中興書一卷附徵祥說
　　(劉宋)何法盛撰　(淸)黃奭輯
　　　　漢學堂叢書·子史鉤沈·史部正史類
　　　　黃氏逸書考(民國修補本、民國補刊
　　　　本)·子史鉤沈
晉中興書七卷
　　(劉宋)何法盛撰　(淸)湯球輯
　　　　廣雅書局叢書·史學·晉書輯本
　　　　叢書集成初編·史地類·九家舊晉書
　　　　輯本
晉中興書一卷
　　(劉宋)何法盛撰　(淸)王仁俊輯
　　　　玉函山房輯佚書補編
何法盛晉中興書二卷
　　(劉宋)何法盛撰　陶棟輯
　　　　輯佚叢刊
晉中興徵祥說一卷
　　(劉宋)何法盛撰　(淸)王仁俊輯
　　　　玉函山房輯佚書補編
晉書一卷
　　(劉宋)謝靈運撰　(淸)黃奭輯
　　　　漢學堂叢書·子史鉤沈·史部正史類
　　　　黃氏逸書考(民國修補本、民國補刊
　　　　本)·子史鉤沈
晉書一卷
　　(劉宋)謝靈運撰　(淸)湯球輯
　　　　廣雅書局叢書·史學·晉書輯本
　　　　叢書集成初編·史地類·九家舊晉書
　　　　輯本
晉書一卷
　　(南齊)臧榮緒撰　(淸)黃奭輯
　　　　漢學堂叢書·子史鉤沈·史部正史類
　　　　黃氏逸書考(民國修補本、民國補刊
　　　　本)·子史鉤沈
晉書十七卷補遺一卷
　　(南齊)臧榮緒撰　(淸)湯球輯
　　　　廣雅書局叢書·史學·晉書輯本
　　　　叢書集成初編·史地類·九家舊晉書
　　　　輯本
晉書一卷
　　(南齊)臧榮緒撰　(淸)王仁俊輯
　　　　玉函山房輯佚書補編
臧榮緒晉書二卷

（南齊）臧榮緒撰　　陶棟輯
　　輯佚叢刊
晉書
　　（梁）沈約撰　　（清）黃奭輯
　　　　漢學堂叢書·子史鉤沈·史部別史類
　　　　·衆家晉史
　　　　黃氏逸書考（民國修補本、民國補刊
　　　　本）·子史鉤沈·衆家晉史
晉書一卷
　　（梁）沈約撰　　（清）湯球輯
　　　　廣雅書局叢書·史學·晉書輯本
　　　　叢書集成初編·史地類·九家舊晉書
　　　　輯本
晉書
　　（梁）蕭子雲撰　　（清）黃奭輯
　　　　漢學堂叢書·子史鉤沈·史部別史類
　　　　·衆家晉史
　　　　黃氏逸書考（民國修補本、民國補刊
　　　　本）·子史鉤沈·衆家晉史
晉書一卷
　　（梁）蕭子雲撰　　（清）湯球輯
　　　　廣雅書局叢書·史學·晉書輯本
　　　　叢書集成初編·史地類·九家舊晉書
　　　　輯本
晉書（三國志注引）
　　（清）黃奭輯
　　　　漢學堂叢書·子史鉤沈·史部別史類
　　　　·衆家晉史
　　　　黃氏逸書考（民國修補本、民國補刊
　　　　本）·子史鉤沈·衆家晉史
晉書（世說注引）
　　（清）黃奭輯
　　　　漢學堂叢書·子史鉤沈·史部別史類
　　　　·衆家晉史
　　　　黃氏逸書考（民國修補本、民國補刊
　　　　本）·子史鉤沈·衆家晉史
晉紀（文選注引）
　　（清）黃奭輯
　　　　漢學堂叢書·子史鉤沈·史部別史類
　　　　·衆家晉史
　　　　黃氏逸書考（民國修補本、民國補刊
　　　　本）·子史鉤沈·衆家晉史
晉紀（北堂書鈔引）
　　（清）黃奭輯
　　　　漢學堂叢書·子史鉤沈·史部別史類
　　　　·衆家晉史
　　　　黃氏逸書考（民國修補本、民國補刊
　　　　本）·子史鉤沈·衆家晉史
晉紀（初學記引）

（清）黃奭輯
　　漢學堂叢書·子史鉤沈·史部別史類
　　·衆家晉史
　　黃氏逸書考（民國修補本、民國補刊
　　本）·子史鉤沈·衆家晉史
晉書（羣書治要所載）
　　（清）黃奭輯
　　　　漢學堂叢書·子史鉤沈·史部別史類
　　　　·衆家晉史
　　　　黃氏逸書考（民國修補本、民國補刊
　　　　本）·子史鉤沈·衆家晉史
晉紀（白帖引）
　　（清）黃奭輯
　　　　漢學堂叢書·子史鉤沈·史部別史類
　　　　·衆家晉史
　　　　黃氏逸書考（民國修補本、民國補刊
　　　　本）·子史鉤沈·衆家晉史
晉紀（御覽引）
　　（清）黃奭輯
　　　　漢學堂叢書·子史鉤沈·史部別史類
　　　　·衆家晉史
　　　　黃氏逸書考（民國修補本、民國補刊
　　　　本）·子史鉤沈·衆家晉史
晉諸公別傳一卷
　　（清）湯球輯
　　　　廣雅書局叢書·史學·晉書輯本
　　　　叢書集成初編·史地類·九家舊晉書
　　　　輯本
晉抄一卷
　　（清）王仁俊輯
　　　　玉函山房輯佚書補編
晉略六十六卷
　　（清）周濟撰
　　　　四部備要（排印本、縮印本）·史部別
　　　　史
晉書補傳贊一卷
　　（清）杭世駿撰
　　　　杭大宗七種叢書（乾隆本、咸豐本）
　　　　道古堂外集（乾隆本、光緒本）
　　　　明辨齋叢書外集
　　　　食舊堂叢書·道古堂外集

南 北 朝

宋書一卷
　　（劉宋）王智深撰　　（清）王仁俊輯
　　　　玉函山房輯佚書補編
劉璠梁典一卷
　　（北周）劉璠撰　　陶棟輯
　　　　輯佚叢刊

西魏書二十四卷
　　（清）謝啓昆撰
　　　樹經堂集
　　西魏書二十四卷附錄一卷
　　　廣雅書局叢書·史學
　　　叢書集成初編·史地類

唐

脩史試筆二卷
　　（清）藍鼎元撰
　　　鹿洲全集（雍正本、同治本、光緒本）

五　代

續唐書七十卷
　　（清）陳鱣撰
　　　廣雅書局叢書·史學
　　　叢書集成初編·史地類

宋

隆平集二十卷
　　（宋）曾鞏撰
　　　四庫全書·史部別史類
東都事略一百三十卷
　　（宋）王偁撰
　　　四庫全書·史部別史類
　　　宋遼金元別史
東都事略校勘記一卷
　　（清）錢綺撰
　　　適園叢書第五集
東都事略校記一卷
　　（民國）繆荃孫撰
　　　適園叢書第五集
東都事略跋三卷
　　（清）汪琬撰
　　　鈍翁全集·鈍翁類藁外藁
戊辰修史傳一卷
　　（宋）黃震撰
　　　四明叢書第一集
南宋書六十八卷
　　（明）錢士升撰
　　　宋遼金元別史
宋史翼四十卷
　　（清）陸心源輯
　　　潛園總集

遼

遼志一卷
　　（宋）葉隆禮撰

古今說海（嘉靖本、道光本、宣統排印
　　本、民國石印本）·說選部偏記家
歷代小史
古今逸史·逸記
說郛（宛委山堂本）弓五十五
叢書集成初編·史地類
景印元明善本叢書十種·歷代小史
景印元明善本叢書十種·古今逸史·
　　逸記
契丹國志二十七卷
　　四庫全書·史部別史類
　　宋遼金元別史
遼志
　　說郛（商務印書館本）卷八十六

金

金志一卷
　　（宋）宇文懋昭撰
　　　古今說海（嘉靖本、道光本、宣統排印
　　　本、民國石印本）·說選部偏記家
　　　歷代小史
　　　古今逸史·逸記
　　　說郛（宛委山堂本）弓五十五
　　　叢書集成初編·史地類
　　　景印元明善本叢書十種·歷代小史
　　　景印元明善本叢書十種·古今逸史·
　　　　逸記
大金國志四十卷
　　四庫全書·史部別史類
　　宋遼金元別史
金國志
　　說郛（商務印書館本）卷八十六

元

元史類編四十二卷
　　（清）邵遠平撰
　　　宋遼金元別史

明

弇山堂別集一百卷
　　（明）王世貞撰
　　　四庫全書·史部雜史類
罪惟錄九十卷
　　（清）查繼佐撰
　　　四部叢刊三編·史部
東山國語不分卷
　　（清）查繼佐撰　（清）沈仲方補述
　　　四部叢刊三編·史部

明書一百七十一卷
　　(清)傅維鱗撰
　　　　畿輔叢書
　　　　叢書集成初編・史地類
明史鈔略殘七卷
　　(清)莊廷鑨撰
　　　　四部叢刊三編・史部
明史擬稿六卷外國傳八卷藝文志五卷
　　(清)尤侗撰
　　　　西堂全集(康熙本)・西堂餘集
擬明史列傳二十四卷
　　(清)汪琬撰
　　　　鈍翁全集・鈍翁續藁別藁
潛庵先生擬明史稿二十卷
　　(清)湯斌撰
　　　　湯文正公遺書
　　　　湯文正公全集
史館彙傳一卷
　　(清)朱彝尊撰
　　　　風雨樓祕笈留眞
明史分稿殘編二卷
　　(清)方象瑛撰
　　　　振綺堂叢書二集

清

國史列傳八十卷
　　(清)□□撰
　　　　六經堪叢書二集

編　年　類

通　鑑

資治通鑑二百九十四卷
　　(宋)司馬光撰
　　　　四部叢刊(初次印本、二次印本、縮印
　　　　二次印本)・史部
資治通鑑二百九十四卷
　　(宋)司馬光撰　(元)胡三省音注
　　　　資治通鑑大全
　　　　四庫全書・史部編年類
　　　　摛藻堂四庫全書薈要・史部
　　　　資治通鑑彙刻
　　　　校刊資治通鑑全書
資治通鑑二百九十四卷附表一卷
　　　　四部備要(排印本、縮印本)・史部編
　　　　年

資治通鑑序補逸一卷
　　(清)盧文弨撰
　　　　抱經堂叢書(乾隆本、景乾隆本)・羣
　　　　書拾補初編
　　　　紹興先正遺書第二集・羣書拾補初編
　　　　叢書集成初編・總類・羣書拾補
資治通鑑考異三十卷
　　(宋)司馬光撰
　　　　四庫全書・史部編年類
　　　　校刊資治通鑑全書
　　　　四部叢刊(初次印本、二次印本、縮印
　　　　二次印本)・史部
資治通鑑目錄三十卷
　　(宋)司馬光撰
　　　　資治通鑑大全
　　　　四庫全書・史部編年類
　　　　校刊資治通鑑全書
　　　　四部叢刊(初次印本、二次印本、縮印
　　　　二次印本)・史部
　　　　四部備要(排印本、縮印本)・史部編
　　　　年
　通鑑目錄三十卷
　　　　資治通鑑彙刻
資治通鑑釋例圖譜一卷
　　(宋)司馬光撰
　　　　資治通鑑大全
　通鑑釋例一卷
　　　　四庫全書・史部編年類
　資治通鑑釋例一卷
　　　　校刊資治通鑑全書
資治通鑑刊本識誤三卷
　　(清)張敦仁撰
　　　　獨抱廬叢刻
　　　　新陽趙氏叢刊
通鑑宋本校勘記五卷元本校勘記二卷
　　(清)張瑛撰
　　　　資治通鑑彙刻
資治通鑑問疑一卷
　　(宋)劉羲仲撰
　　　　資治通鑑大全
　　　　校刊資治通鑑全書
　　　　豫章叢書(胡思敬輯)
　通鑑問疑一卷
　　　　津逮祕書(汲古閣本、景汲古閣本)第
　　　　三集
　　　　四庫全書・史部史評類
　　　　學津討原(嘉慶本、景嘉慶本)第八集
資治通鑑釋文三十卷

　　(宋)史炤撰
　　　宛委別藏
　　　十萬卷樓叢書初編
　　　校刊資治通鑑全書
　　　四部叢刊（初次印本、二次印本、縮印
　　　　二次印本）・史部
　　　叢書集成初編・史地類
通鑑釋文辯誤十二卷
　　(元)胡三省撰
　　　資治通鑑大全
　　　資治通鑑釋文辨誤十二卷
　　　　四庫全書・史部編年類
　　　　資治通鑑彙刻
　　　　校刊資治通鑑全書
通鑑答問五卷
　　(宋)王應麟撰
　　　玉海(元刊明修清康熙補刊本、浙江書
　　　　局本、成都志古堂本)附刻
　　　四庫全書・史部史評類
通鑑地理通釋十四卷
　　(宋)王應麟撰
　　　玉海(元刊明修清康熙補刊本、浙江書
　　　　局本、成都志古堂本)附刻
　　　津逮祕書（汲古閣本、景汲古閣本）第
　　　　三集
　　　四庫全書・史部編年類
　　　學津討原(嘉慶本、景嘉慶本)第五集
　　　叢書集成初編・史地類
嚴永思先生通鑑補正略三卷
　　(明)嚴衍撰　　(清)張敦仁輯錄
　　　獨抱廬叢刻
　　　峭帆樓叢書
通鑑胡注舉正一卷
　　(清)陳景雲撰
　　　文道十書
　　　四庫全書・史部編年類
通鑑注辯正二卷
　　(清)錢大昕撰
　　　潛研堂全書・史
　　　嘉定錢氏潛研堂全書・史
通鑑注商十八卷
　　(清)趙紹祖撰
　　　古墨齋集
　　　安徽叢書第一期
新校資治通鑑攷錄三卷
　　(清)胡元常輯
　　　校刊資治通鑑全書
讀通鑑日記一卷

　　(清)徐德森撰
　　　學古堂日記
資治通鑑綱目五十九卷首一卷
　　(宋)朱熹撰
　　　通鑑綱目全書
　　　資治通鑑綱目四編合刻
御批通鑑綱目五十九卷
　　清聖祖撰
　　　四庫全書・史部史評類
　　　摛藻堂四庫全書薈要・史部
資治通鑑綱目五十九卷凡例一卷附重刊
　　朱子通鑑綱目原本改字備考一卷
　　(宋)朱熹撰　重刊綱目原本改字備考(清)
　　　賀瑞麟撰
　　　西京清麓叢書正編
　　　劉氏傳經堂叢書
資治通鑑綱目校勘記五十九卷首一卷
　　(清)溫嘉鈺撰
　　　資治通鑑綱目四編合刻
綱目疑誤一卷
　　(宋)周密撰
　　　說郛(宛委山堂本)弓十
綱目分注補遺四卷
　　(清)芮長恤撰
　　　四庫全書・史部編年類
綱目訂誤四卷
　　(清)陳景雲撰
　　　文道十書
　　　四庫全書・史部編年類
通鑑綱目釋地補注六卷
　　(清)張庚撰
　　　藏修堂叢書第二集
　　　芋園叢書・史部
通鑑綱目釋地糾繆六卷
　　(清)張庚撰
　　　藏修堂叢書第二集
　　　芋園叢書・史部
綱目志疑一卷
　　(清)華湛恩撰
　　　昭代叢書(道光本)癸集萃編
資治通鑑綱目正編正誤補三卷
　　(清)萬斛泉撰
　　　萬青軒全書
綱目隨筆一卷
　　(清)鄒樹榮撰
　　　南昌鄒氏一粟園叢書
資治通鑑綱目前編十八卷舉要三卷
　　(宋)金履祥撰

　　通鑑綱目全書
　通鑑前編十八卷舉要三卷
　　　四庫全書・史部編年類
　通鑑前編十八卷舉要二卷首一卷
　　　資治通鑑大全
　資治通鑑前編十八卷舉要三卷首一卷
　　　牽祖堂叢書
　資治通鑑綱目前編十八卷舉要三卷 首
　　一卷
　　　資治通鑑綱目四編合刻
　御批通鑑綱目前編十八卷舉要三卷首 一
　　卷
　　　清聖祖撰
　　　　四庫全書・史部史評類・御批通鑑綱
　　　　目附
　　　　擠藻堂四庫全書薈要・史部
　資治通鑑綱目前編外紀一卷
　　　(明)陳桱撰
　　　　通鑑綱目全書
　資治通鑑綱目前編辨誤二卷
　　　(清)萬斛泉撰
　　　　萬青軒全書
　通鑑續編二十四卷
　　　(明)陳桱撰
　　　　四庫全書・史部編年類
　續資治通鑑綱目二十七卷
　　　(明)商輅等撰
　　　　通鑑綱目全書
　　　　資治通鑑綱目四編合刻
　續資治通鑑綱目校勘記二十七卷
　　　(清)溫嘉鈺撰
　　　　資治通鑑綱目四編合刻
　御批通鑑綱目續編二十七卷
　　　清聖祖撰
　　　　四庫全書・史部史評類・御批通鑑綱
　　　　目附
　　　　擠藻堂四庫全書薈要・史部
　綱目續麟二十卷校正凡例一卷附錄一卷
　　彙覽三卷
　　　(明)張自勳撰
　　　　四庫全書・史部編年類
　綱目續麟彙覽三卷附案一卷
　　　(明)張自勳撰
　　　　豫章叢書(胡思敬輯)・宜春張氏所著
　　　　書二種
　資治通鑑綱目三編二十卷
　　　清乾隆十一年敕撰
　　　　古香齋袖珍十種(內府本、南海孔氏

　　本)
　　培遠堂全集
　御定通鑑綱目三編四十卷
　　　清乾隆四十年敕撰
　　　　四庫全書・史部編年類
　　　　擠藻堂四庫全書薈要・史部
　御撰資治通鑑綱目三編四十卷
　　　　資治通鑑綱目四編合刻
　御批通鑑輯覽一百十六卷明唐桂二王 本
　　末四卷
　　　清乾隆三十二年敕撰
　　　　四庫全書・史部編年類
　　　　擠藻堂四庫全書薈要・史部
　通鑑外紀十卷目錄五卷
　　　(宋)劉恕撰
　　　　四庫全書・史部編年類
　資治通鑑外紀十卷目錄五卷
　　　　四部叢刊(初次印本、二次印本、縮印
　　　　二次印本)・史部
　通鑑外紀十卷目錄五卷
　　　(宋)劉恕撰　(清)胡克家注補
　　　　資治通鑑彙刻
　續資治通鑑長編五百二十卷
　　　(宋)李燾撰
　　　　四庫全書・史部編年類
　續宋編年資治通鑑十五卷
　　　(宋)劉時舉撰
　　　　四庫全書・史部編年類
　　　　學津討原(嘉慶本、景嘉慶本)第五集
　　　　叢書集成初編・史地類
　續宋中興編年資治通鑑十五卷佚文一
　　卷
　　　六經堪叢書初集
　續宋中興編年資治通鑑校一卷
　　　(清)許光治撰
　　　　涉聞梓舊(咸豐本、商務印書館景咸豐
　　　　本、竹簡齋景咸豐本)・斠補隅錄
　　　　叢書集成初編・總類・斠補隅錄
　續宋中興編年資治通鑑校記一卷
　　　(民國)羅振玉撰
　　　　六經堪叢書初集・續宋中興編年資治
　　　　通鑑附
　宋元資治通鑑六十四卷
　　　(明)王宗沐撰
　　　　資治通鑑大全
　資治通鑑後編一百八十四卷
　　　(清)徐乾學撰
　　　　四庫全書・史部編年類

續資治通鑑二百二十卷
　　（清）畢沅撰
　　　　資治通鑑彙刻
　　　　四部備要（排印本、縮印本）・史部編
　　　　年

通　代

元經傳一卷
　　（隋）王通撰　（唐）薛收傳
　　　　增定漢魏六朝別解・史部
元經薛氏傳十卷
　　（隋）王通撰　（唐）薛收傳　（宋）阮逸注
　　　　漢魏叢書（萬曆本、景萬曆本）・史籍
　　　　廣漢魏叢書（萬曆本、嘉慶本）・別史
　　　　增訂漢魏叢書（乾隆本、紅杏山房本、
　　　　　三餘堂本、大通書局石印本）・別史
　元經十卷
　　　　四庫全書・史部
通紀（一名通歷）二十卷（原缺卷一至三、
卷十六至二十）
　　（唐）馬總撰　（宋）孫光憲續
　　　　宛委別藏
稽古錄二十卷
　　（宋）司馬光撰
　　　　四庫全書・史部編年類
　　　　學津討原（嘉慶本、景嘉慶本）第五集
　司馬温公稽古錄二十卷
　　　　四部叢刊（初次印本、二次印本、縮印
　　　　　二次印本）・史部
稽古錄二十卷附校勘記一卷
　　（宋）司馬光撰　校勘記（清）□□撰
　　　　資治通鑑彙刻
大事記一卷
　　（宋）呂祖謙撰
　　　　說郛（宛委山堂本）弓四十九
　大事記十二卷通釋三卷解題十二卷
　　　　四庫全書・史部編年類
　　　　金華叢書（同治光緒本、民國補刊本）
　　　　　・史部
　大事記
　　　　說郛（商務印書館本）卷七十四
大事記續編七十七卷
　　（明）王褘撰
　　　　四庫全書・史部編年類
編年通載殘四卷（存卷一至四）
　　（宋）章衡撰
　　　　宛委別藏
　　　　四部叢刊三編・史部

皇綱錄六卷
　　（明）趙士喆撰
　　　　東萊趙氏楹書叢刊
綱鑑正史約三十六卷
　　（明）顧錫疇撰　（清）陳弘謀增訂
　　　　培遠堂全集
史存三十卷
　　（清）劉沅撰
　　　　槐軒全書

先　秦

竹書紀年一卷
　　（清）黃奭輯
　　　　漢學堂叢書・子史鉤沈・史部編年類
　　　　黃氏逸書考（民國修補本、民國補刊
　　　　　本）・子史鉤沈
竹書佚文一卷
　　（清）王仁俊輯
　　　　經籍佚文
竹書紀年二卷
　　（梁）沈約注
　　　　范氏奇書
　　　　古今逸史・逸記
　　　　廣漢魏叢書（萬曆本、嘉慶本）・別史
　　　　三代遺書
　　　　祕書廿一種（康熙本、嘉慶本）
　　　　四庫全書・史部編年類
　　　　增訂漢魏叢書（乾隆本、紅杏山房本、
　　　　　三餘堂本、大通書局石印本）・別史
　　　　四部叢刊（初次印本、二次印本、縮印
　　　　　二次印本）・史部
　　　　景印元明善本叢書十種・古今逸史・
　　　　　逸記
竹書紀年二卷
　　（梁）沈約注　（清）洪頤煊校
　　　　平津館叢書（嘉慶本、光緒本）
　　　　叢書集成初編・史地類
　　　　四部備要（排印本、縮印本）・史部古
　　　　　史
竹書紀年一卷
　　（梁）沈約注　（清）任兆麟選輯
　　　　述記續
竹書紀年二卷
　　（清）張宗泰校補
　　　　聚學軒叢書第三集
考定竹書十三卷
　　（清）孫之騄撰
　　　　晴川八識

竹書紀年統箋十二卷前編一卷雜述一卷
　　（清）徐文靖撰
　　　　徐位山六種（志寧堂本、光緒本）
　　　　二十二子
　　　　二十五子彙函
　　　　子書二十二種
　　　　子書二十八種
　　　　子書四十八種
　　竹書統箋十二卷
　　　　四庫全書・史部編年類
竹書紀年辨證二卷補遺辨證一卷
　　（清）董豐垣撰
　　　　吳興叢書
竹書紀年考證一卷
　　（清）張九鐔撰
　　　　笙雅堂全集
竹書紀年校補二卷
　　（清）趙紹祖撰
　　　　古墨齋集
竹書紀年校正十四卷通考一卷
　　（清）郝懿行撰
　　　　郝氏遺書
竹書紀年補證四卷本末一卷後案一卷
　　（清）林春溥撰
　　　　竹柏山房十五種
竹書紀年集證五十卷首一卷
　　（清）陳逢衡撰
　　　　江都陳氏叢書
古本竹書紀年輯校一卷
　　（清）朱右曾輯　（民國）王國維補
　　　　廣倉學窘叢書甲類第二集
　　　　海寧王忠慤公遺書三集
　　　　海寧王靜安先生遺書
今本竹書紀年疏證二卷
　　（民國）王國維撰
　　　　廣倉學窘叢書甲類第二集
　　　　海寧王忠慤公遺書三集
　　　　海寧王靜安先生遺書
竹書紀年雋句一卷
　　（清）王曰睿輯
　　　　小瑯嬛山館彙刊類書十二種
　　　　瑯嬛獺祭十二種
皇王大紀八十卷
　　（宋）胡宏撰
　　　　四庫全書・史部編年類
古史紀年十四卷
　　（清）林春溥撰
　　　　竹柏山房十五種

古史考年異同表二卷後說一卷
　　（清）林春溥撰
　　　　竹柏山房十五種
春秋別典十五卷
　　（明）薛虞畿撰
　　　　四庫全書・史部別史類
　　　　墨海金壺（嘉慶本、景嘉慶本）・史部
　　　　嶺南遺書第一集
　　　　守山閣叢書（道光本、鴻文書局景道光
　　　　　本、博古齋景道光本）・史部
春秋戰國異辭五十五卷通表二卷
　　（清）陳厚耀撰
　　　　四庫全書・史部別史類
　　　　四庫全書珍本初集・史部別史類
戰國紀年六卷地輿一卷年表一卷
　　（清）林春溥撰
　　　　竹柏山房十五種
周季編略九卷
　　（清）黃式三撰
　　　　儆居遺書

漢

前漢紀三十卷
　　（漢）荀悅撰
　　　　兩漢紀（黃姬水本、南監本、樂三堂本、
　　　　　學海堂本、三餘書屋本）
　　　　摛藻堂四庫全書薈要・史部
　　　　龍谿精舍叢書・史部
　　　　四部叢刊（初次印本、二次印本、縮印
　　　　　二次印本）・史部
　　漢紀三十卷
　　　　四庫全書・史部編年類
漢紀一卷
　　（漢）荀悅撰　（清）任兆麟選輯
　　　　述記（乾隆本、嘉慶本）
前漢紀校釋三卷
　　（民國）鈕永建撰
　　　　南菁札記
西漢年紀三十卷
　　（宋）王益之撰
　　　　四庫全書・史部編年類
　　　　金華叢書（同治光緒本、民國補刊本）
　　　　　・史部
　　　　叢書集成初編・史地類
經世策一卷
　　（明）魏校撰
　　　　莊渠先生遺書
漢記一卷

（晉）張璠撰　（清）汪文臺輯
　　七家後漢書

漢記一卷
　（晉）張璠撰　（清）黃奭輯
　　知足齋叢書

　後漢記一卷
　　漢學堂叢書·子史鉤沈·史部別史類
　　黃氏逸書考（民國修補本、民國補刊
　　　本）·子史鉤沈

後漢紀三十卷
　（晉）袁宏撰
　　兩漢紀（黃姬水本、南監本、樂三堂本、
　　　學海堂本、三餘書屋本）
　　四庫全書·史部編年類
　　摛藻堂四庫全書薈要·史部
　　龍谿精舍叢書·史部
　　四部叢刊（初次印本、二次印本、縮印
　　　二次印本）·史部

後漢紀校釋三卷
　（民國）鈕永建撰
　　南菁札記

兩漢紀字句異同考一卷
　（清）蔣國祚撰
　　兩漢紀（樂三堂本）附
　　龍谿精舍叢書·史部
　　遼海叢書第六集

兩漢紀校記二卷
　（清）陳璞撰
　　兩漢紀（學海堂本）附

三　國

魏氏春秋一卷
　（晉）孫盛撰
　　增定漢魏六朝別解·史部

　魏春秋一卷
　　說郛（宛委山堂本）弓五十九
　　古今說部叢書一集

晉

晉書一卷
　（晉）陸機撰　（清）黃奭輯
　　漢學堂叢書·子史鉤沈·史部別史類
　　黃氏逸書考（民國修補本、民國補刊
　　　本）·子史鉤沈

晉紀一卷
　（晉）陸機撰　（清）湯球輯
　　廣雅書局叢書·史學·晉紀輯本
　　叢書集成初編·史地類·晉紀輯本

晉紀一卷
　（晉）干寶撰　（清）黃奭輯
　　漢學堂叢書·子史鉤沈·史部別史類
　　黃氏逸書考（民國修補本、民國補刊
　　　本）·子史鉤沈

晉紀一卷
　（晉）干寶撰　（清）湯球輯
　　廣雅書局叢書·史學·晉紀輯本
　　叢書集成初編·史地類·晉紀輯本

干寶晉紀二卷
　（晉）干寶撰　陶棟輯
　　輯佚叢刊

晉陽秋一卷
　（晉）庚翼撰
　　續百川學海乙集
　　說郛（宛委山堂本）弓五十九
　　古今說部叢書一集

　晉春秋
　　說郛（商務印書館本）卷二·古典錄略

漢晉春秋一卷
　（晉）習鑿齒撰　（清）黃奭輯
　　漢學堂叢書·子史鉤沈·史部別史類
　　黃氏逸書考（民國修補本、民國補刊
　　　本）·子史鉤沈

漢晉春秋三卷
　（晉）習鑿齒撰　（清）湯球輯
　　廣雅書局叢書·史學·漢晉春秋

漢晉春秋一卷
　（晉）習鑿齒撰　（清）王仁俊輯
　　玉函山房輯佚書續編·史編總類

晉陽秋一卷
　（晉）孫盛撰　（清）黃奭輯
　　漢學堂叢書·子史鉤沈·史部別史類
　　黃氏逸書考（民國修補本、民國補刊
　　　本）·子史鉤沈

晉陽秋三卷
　（晉）孫盛撰　（清）湯球輯
　　廣雅書局叢書·史學·晉陽秋輯本

晉陽秋一卷
　（晉）孫盛撰　（清）王仁俊輯
　　玉函山房輯佚書補編

續晉陽秋一卷
　（劉宋）檀道鸞撰
　　說郛（宛委山堂本）弓五十九
　　古今說部叢書一集

續晉陽秋一卷
　（劉宋）檀道鸞撰　（清）黃奭輯
　　漢學堂叢書·子史鉤沈·史部別史類

黃氏逸書考（民國修補本、民國補刊
本）·子史鈎沈

續晉陽秋二卷
　（劉宋）檀道鸞撰　　（清）湯球輯
　　　廣雅書局叢書·史學·晉陽秋輯本

晉紀一卷
　（晉）鄧粲撰　　（清）黃奭輯
　　　漢學堂叢書·子史鈎沈·史部別史類
　　　黃氏逸書考（民國修補本、民國補刊
本）·子史鈎沈

晉紀一卷
　（晉）鄧粲撰　　（清）湯球輯
　　　廣雅書局叢書·史學·晉紀輯本
　　　叢書集成初編·史地類·晉紀輯本

晉紀一卷
　（晉）鄧粲撰　　（清）陳運溶集證
　　　麓山精舍叢書第一集

晉紀一卷
　（晉）曹嘉之撰　　（清）黃奭輯
　　　黃氏逸書考（民國補刊本）·子史鈎沈

晉紀一卷
　（晉）曹嘉之撰　　（清）湯球輯
　　　廣雅書局叢書·史學·晉紀輯本
　　　叢書集成初編·史地類·晉紀輯本

晉世譜
　（清）黃奭輯
　　　漢學堂叢書·子史鈎沈·史部別史類
·衆家晉史
　　　黃氏逸書考（民國修補本、民國補刊
本）·子史鈎沈·衆家晉史

晉紀一卷
　（劉宋）劉謙之撰　　（清）黃奭輯
　　　漢學堂叢書·子史鈎沈·史部別史類
　　　黃氏逸書考（民國修補本、民國補刊
本）·子史鈎沈

晉紀一卷
　（劉宋）劉謙之撰　　（清）湯球輯
　　　廣雅書局叢書·史學·晉紀輯本
　　　叢書集成初編·史地類·晉紀輯本

晉紀一卷
　（劉宋）劉謙之撰　　（清）王仁俊輯
　　　玉函山房輯佚書補編

晉紀
　（劉宋）裴松之撰　　（清）黃奭輯
　　　漢學堂叢書·子史鈎沈·史部別史類
·衆家晉史
　　　黃氏逸書考（民國修補本、民國補刊
本）·子史鈎沈·衆家晉史

晉紀一卷
　（劉宋）裴松之撰　　（清）湯球輯
　　　廣雅書局叢書·史學·晉紀輯本
　　　叢書集成初編·史地類·晉紀輯本

晉安帝紀一卷
　（劉宋）王韶之撰　　（清）黃奭輯
　　　漢學堂叢書·子史鈎沈·史部別史類
　　　黃氏逸書考（民國修補本、民國補刊
本）·子史鈎沈

晉起居注一卷
　（劉宋）劉道薈撰　　（清）黃奭輯
　　　漢學堂叢書·子史鈎沈·史部別史類
　　　黃氏逸書考（民國修補本、民國補刊
本）·子史鈎沈

晉史草
　（梁）蕭子顯撰　　（清）黃奭輯
　　　漢學堂叢書·子史鈎沈·史部別史類
·衆家晉史
　　　黃氏逸書考（民國修補本、民國補刊
本）·子史鈎沈·衆家晉史

晉史草一卷
　（梁）蕭子顯撰　　（清）湯球輯
　　　廣雅書局叢書·史學·晉書輯本
　　　叢書集成初編·史地類·九家舊晉書
輯本

晉錄
　（清）黃奭輯
　　　漢學堂叢書·子史鈎沈·史部別史類
·衆家晉史
　　　黃氏逸書考（民國修補本、民國補刊
本）·子史鈎沈·衆家晉史

晉錄一卷
　（清）王仁俊輯
　　　玉函山房輯佚書補編

晉紀殘一卷
　　　鳴沙石室佚書初編

晉武帝起居注
　（晉）□□撰　　（清）黃奭輯
　　　漢學堂叢書·子史鈎沈·史部別史類
·衆家晉史
　　　黃氏逸書考（民國修補本、民國補刊
本）·子史鈎沈·衆家晉史

晉泰始起居注
　（晉）李軌撰　　（清）黃奭輯
　　　漢學堂叢書·子史鈎沈·史部別史類
·衆家晉史
　　　黃氏逸書考（民國修補本、民國補刊
本）·子史鈎沈·衆家晉史

晉咸寧起居注
　　(晉)李軌撰　(清)黃奭輯
　　　　漢學堂叢書・子史鉤沈・史部別史類
　　　　・衆家晉史
　　　　黃氏逸書考(民國修補本、民國補刊
　　　　本)・子史鉤沈・衆家晉史
晉泰康起居注
　　(晉)李軌撰　(清)黃奭輯
　　　　漢學堂叢書・子史鉤沈・史部別史類
　　　　・衆家晉史
　　　　黃氏逸書考(民國修補本、民國補刊
　　　　本)・子史鉤沈・衆家晉史
惠帝起居注一卷
　　(晉)陸機撰　(清)黃奭輯
　　　　漢學堂叢書・子史鉤沈・史部別史類
　　　　・晉書附
　　　　黃氏逸書考(民國修補本、民國補刊
　　　　本)・子史鉤沈・晉書附
惠帝起居注一卷
　　(晉)陸機撰　(清)湯球輯
　　　　廣雅書局叢書・史學・晉紀輯本
　　　　叢書集成初編・史地類・晉紀輯本
晉永安起居注
　　(晉)□□撰　(清)黃奭輯
　　　　漢學堂叢書・子史鉤沈・史部別史類
　　　　・衆家晉史
　　　　黃氏逸書考(民國修補本、民國補刊
　　　　本)・子史鉤沈・衆家晉史
晉建武起居注
　　(晉)□□撰　(清)黃奭輯
　　　　漢學堂叢書・子史鉤沈・史部別史類
　　　　・衆家晉史
　　　　黃氏逸書考(民國修補本、民國補刊
　　　　本)・子史鉤沈・衆家晉史
晉太興起居注
　　(晉)□□撰　(清)黃奭輯
　　　　漢學堂叢書・子史鉤沈・史部別史類
　　　　・衆家晉史
　　　　黃氏逸書考(民國修補本、民國補刊
　　　　本)・子史鉤沈・衆家晉史
晉咸和起居注
　　(晉)李軌撰　(清)黃奭輯
　　　　漢學堂叢書・子史鉤沈・史部別史類
　　　　・衆家晉史
　　　　黃氏逸書考(民國修補本、民國補刊
　　　　本)・子史鉤沈・衆家晉史
晉咸康起居注
　　(晉)□□撰　(清)黃奭輯
　　　　漢學堂叢書・子史鉤沈・史部別史類

　　　　・衆家晉史
　　　　黃氏逸書考(民國修補本、民國補刊
　　　　本)・子史鉤沈・衆家晉史
晉康帝起居注
　　(晉)□□撰　(清)黃奭輯
　　　　漢學堂叢書・子史鉤沈・史部別史類
　　　　・衆家晉史
　　　　黃氏逸書考(民國修補本、民國補刊
　　　　本)・子史鉤沈・衆家晉史
晉永和起居注
　　(晉)□□撰　(清)黃奭輯
　　　　漢學堂叢書・子史鉤沈・史部別史類
　　　　・衆家晉史
　　　　黃氏逸書考(民國修補本、民國補刊
　　　　本)・子史鉤沈・衆家晉史
晉孝武帝起居注
　　(晉)□□撰　(清)黃奭輯
　　　　漢學堂叢書・子史鉤沈・史部別史類
　　　　・衆家晉史
　　　　黃氏逸書考(民國修補本、民國補刊
　　　　本)・子史鉤沈・衆家晉史
晉太元起居注
　　(晉)□□撰　(清)黃奭輯
　　　　漢學堂叢書・子史鉤沈・史部別史類
　　　　・衆家晉史
　　　　黃氏逸書考(民國修補本、民國補刊
　　　　本)・子史鉤沈・衆家晉史
晉隆安起居注
　　(晉)□□撰　(清)黃奭輯
　　　　漢學堂叢書・子史鉤沈・史部別史類
　　　　・衆家晉史
　　　　黃氏逸書考(民國修補本、民國補刊
　　　　本)・子史鉤沈・衆家晉史
晉起居注一卷
　　(清)王仁俊輯
　　　　玉函山房輯佚書補編
晉義熙起居注
　　(晉)□□撰　(清)黃奭輯
　　　　漢學堂叢書・子史鉤沈・史部別史類
　　　　・衆家晉史
　　　　黃氏逸書考(民國修補本、民國補刊
　　　　本)・子史鉤沈・衆家晉史

南　北　朝

宋紀一卷
　　(清)王仁俊輯
　　　　玉函山房輯佚書補編
宋起居注一卷
　　(清)王仁俊輯

　　　　玉函山房輯佚書補編

元嘉起居注一卷
　　　　說郛（宛委山堂本）弓五十九

齊春秋一卷
　　（梁）吳均撰
　　　　說郛（宛委山堂本）弓五十九

　齊春秋
　　　　說郛（商務印書館本）卷二・古典錄略

梁起居注一卷
　　（清）王仁俊輯
　　　　玉函山房輯佚書補編

梁天監起居注一卷
　　（清）王仁俊輯
　　　　玉函山房輯佚書補編

梁大同起居注一卷
　　（清）王仁俊輯
　　　　玉函山房輯佚書補編

唐

唐鑑二十四卷
　　（宋）范祖禹撰
　　　　四庫全書・史部史評類
　　　　摛藻堂四庫全書薈要・史部

唐鑑二十四卷附音注考異一卷
　　（宋）范祖禹撰　（宋）呂祖謙音注　音注考
　　異（清）胡鳳丹撰
　　　　金華叢書（同治光緒本、民國補刊本）
　　　　・史部
　　　　叢書集成初編・史地類

東萊先生音註唐鑑二十四卷附音註考異
　一卷
　　（宋）范祖禹撰　（宋）呂祖謙音注　音註考
　　異（清）楊鳳詔撰
　　　　西京清麓叢書續編

大唐創業起居注三卷
　　（唐）溫大雅撰
　　　　祕册彙函
　　　　津逮祕書（汲古閣本、景汲古閣本）第
　　　　十集
　　　　唐宋叢書・別史
　　　　說郛（宛委山堂本）弓四十二
　　　　四庫全書・史部編年類
　　　　學津討原（嘉慶本、景嘉慶本）第六集
　　　　藕香零拾
　　　　山右叢書初編
　　　　叢書集成初編・史地類

順宗實錄五卷
　　（唐）韓愈撰

　　　　海山仙館叢書
　　　　叢書集成初編・史地類

五　代

三唐傳國編年五卷
　　（清）吳非撰
　　　　貴池先哲遺書

五代春秋二卷
　　（宋）尹洙撰
　　　　紫藤書屋叢刻
　　　　讀畫齋叢書丁集
　　　　學海類編（道光本、景道光本）・史參
　　　　懺花盦叢書
　　　　叢書集成初編・史地類

五代春秋志疑一卷
　　（清）華湛恩撰
　　　　昭代叢書（道光本）癸集萃編

周世宗實錄一卷
　　　　煙畫東堂小品

宋

宋史全文三十六卷
　　（元）□□撰
　　　　四庫全書・史部編年類

宋九朝編年備要三十卷
　　（宋）陳均撰
　　　　四庫全書・史部編年類

皇宋十朝綱要二十五卷
　　（宋）李埴編
　　　　六經堪叢書初集

太宗皇帝實錄殘八卷（存卷二十六至三
　十、卷七十六、卷七十九至八十）
　　（宋）錢若水等撰
　　　　古學彙刊第一集・史學類

　太宗皇帝實錄殘二十卷（存卷二十六
　　至三十五、卷四十一至四十五、卷七
　　十六至八十）
　　　　四部叢刊三編・史部

靖康要錄十六卷
　　（宋）□□撰
　　　　四庫全書・史部編年類
　　　　十萬卷樓叢書三編
　　　　叢書集成初編・史地類

中興小紀四十卷
　　（宋）熊克撰
　　　　四庫全書・史部編年類
　　　　廣雅書局叢書・史學
　　　　叢書集成初編・史地類

建炎以來繫年要錄二百卷
　　　(宋)李心傳撰
　　　　　四庫全書·史部編年類
　　　　　廣雅書局叢書·史學
　　　　　叢書集成初編·史地類
增入名儒講義皇宋中興兩朝聖政六十四
卷 (原缺卷三十至四十五) 分類事目一
卷
　　　(宋)留正等撰
　　　　　宛委別藏
　　　　　選印宛委別藏
玉牒初草二卷
　　　(宋)劉克莊撰
　　　　　藕香零拾
乾淳起居注一卷
　　　(宋)周密撰
　　　　　說郛(宛委山堂本)弓四十二
兩朝綱目備要十六卷
　　　　　四庫全書·史部編年類
　　　　　四庫全書珍本初集·史部編年類
宋季三朝政要六卷
　　　(宋)□□撰
　　　　　四庫全書·史部編年類
　　　　　學津討原(嘉慶本、景嘉慶本)第五集
　　　　　守山閣叢書(道光本、鴻文書局景道光
　　　　　本、博古齋景道光本)·史部
　　　　　宸翰樓叢書(宣統本、重編本)
　　　　　叢書集成初編·史地類
宋季三朝政要五卷附錄一卷
　　　　　粵雅堂叢書二編第十三集
　　　　　筆記小說大觀第八輯

元

元史續編十六卷
　　　(明)胡粹中撰
　　　　　四庫全書·史部編年類
元史弼違二卷
　　　(明)周復俊撰
　　　　　對樹書屋叢刻

明

大政記十卷
　　　(明)鄭曉撰
　　　　　鄭端簡公全集·吾學編
皇明大政記三十六卷
　　　(明)朱國楨輯
　　　　　皇明史概
明紀六十卷

　　　(清)陳鶴撰
　　　　　四部備要(排印本、縮印本)·史部編
　　　　　年
明通鑑九十卷目錄二十卷前編四卷附編
六卷
　　　(清)夏燮撰
　　　　　資治通鑑彙刻
明鑑前紀二卷
　　　(清)齊召南撰
　　　　　金峨山館叢書

清

東華錄綴言六卷
　　　(清)奕賡撰
　　　　　佳夢軒叢著(稿本、民國排印本)
大清太祖承天廣運聖德神功肇紀立極仁
孝睿武弘文定業高皇帝實錄殘卷
　　　清康熙中敕修
　　　　　太祖高皇帝實錄稿本三種
大清太祖承天廣運聖德神功肇紀立極仁
孝睿武弘文定業高皇帝實錄殘卷
　　　清康熙中再修
　　　　　太祖高皇帝實錄橐本三種
大清太祖承天廣運聖德神功肇紀立極仁
孝睿武弘文定業高皇帝實錄殘二卷(存
卷一、卷三)
　　　清康熙中三修
　　　　　太祖高皇帝實錄橐本三種
太宗文皇帝日錄殘二卷
　　　　　史料叢刊初編
聖祖仁皇帝起居注十卷
　　　　　史料叢刊初編
聖祖仁皇帝起居注殘稿二卷(康熙十九
年十月一卷、康熙二十一年十一月一
卷)
　　　　　史料叢編初集
聖祖仁皇帝起居注殘稿一卷(康熙二十
四年二月)
　　　　　史料叢編二集
高宗純皇帝起居注殘稿一卷(乾隆五十
三年十月)
　　　　　史料叢編初集

紀事本末類

通鑑紀事本末四十二卷

（宋）袁樞撰
　　四庫全書・史部紀事本末類
　　摘藻堂四庫全書薈要・史部
　　四部叢刊（初次印本、二次印本、縮印
　　　二次印本）・史部

通鑑紀事本末二百三十九卷
（宋）袁樞撰　（明）張溥論正
　　紀事本末五種（同治本、光緒本）
　　紀事本末彙刻
　　歷朝紀事本末（書業公所排印本、慎記
　　　書莊石印本、文盛書局石印本）

繹史一百六十卷
（清）馬驌撰
　　四庫全書・史部紀事本末類

左傳紀事本末五十三卷
（清）高士奇撰
　　四庫全書・史部紀事本末類
　　紀事本末五種（同治本、光緒本）
　　紀事本末彙刻
　　歷朝紀事本末（書業公所排印本、慎記
　　　書莊石印本、文盛書局石印本）

蜀鑑十卷
（宋）郭允蹈撰
　　四庫全書・史部紀事本末類
　　守山閣叢書（道光本、鴻文書局景道光
　　　本、博古齋景道光本）・史部
　　叢書集成初編・史地類

御批通鑑輯覽五季紀事本末二十一卷
（民國）劉聲木撰
　　直介堂叢刻續編

皇宋通鑑長編紀事本末一百五十卷（原缺卷六至七、卷一百十四至十九）
（宋）楊仲良撰
　　宛委別藏
　通鑑長編紀事本末一百五十卷（原缺
　　卷六至七、卷一百十四至十九）
　　　紀事本末彙刻

宋史紀事本末二十六卷
（明）馮琦撰　（明）陳邦瞻增訂
　　四庫全書・史部紀事本末類

宋史紀事本末二十八卷
　　摘藻堂四庫全書薈要・史部

宋史紀事本末一百九卷
（明）馮琦撰　（明）陳邦瞻增訂　（明）張溥
　論正
　　紀事本末五種（同治本、光緒本）
　　紀事本末彙刻
　　歷朝紀事本末（書業公所排印本、慎記

書莊石印本、文盛書局石印本）

三朝北盟會編二百五十卷
（宋）徐夢莘撰
　　四庫全書・史部紀事本末類

遼史紀事本末四十卷
（清）李有棠撰
　　紀事本末彙刻
　　歷朝紀事本末（文盛書局石印本）

金史紀事本末五十二卷
（清）李有棠撰
　　紀事本末彙刻
　　歷朝紀事本末（文盛書局石印本）

西夏紀事本末三十六卷首二卷
（清）張鑑撰
　　牛厂叢書初編
　　歷朝紀事本末（書業公所排印本、慎記
　　　書莊石印本、文盛書局石印本）

元史紀事本末四卷
（明）陳邦瞻撰
　　四庫全書・史部紀事本末類
　　摘藻堂四庫全書薈要・史部

元史紀事本末二十七卷
（明）陳邦瞻撰　（明）張溥論正
　　紀事本末五種（同治本、光緒本）
　　紀事本末彙刻
　　歷朝紀事本末（書業公所排印本、慎記
　　　書莊石印本、文盛書局石印本）

明史紀事本末八十卷
（清）谷應泰撰
　　四庫全書・史部紀事本末類
　　摘藻堂四庫全書薈要・史部
　　紀事本末五種（同治本、光緒本）
　　畿輔叢書
　　紀事本末彙刻
　　歷朝紀事本末（書業公所排印本、慎記
　　　書莊石印本、文盛書局石印本）
　　叢書集成初編・史地類

明朝紀事本末補編五卷
（清）彭孫貽撰
　　涵芬樓祕笈第五集

鴻猷錄十六卷
（明）高岱撰
　　紀錄彙編
　　叢書集成初編・史地類
　　景印元明善本叢書十種・紀錄彙編

皇明大事記五十卷
（明）朱國楨輯
　　皇明史概

雜　史　類

事實之屬

先　秦

三墳書一卷
　　(元)陶宗儀訂
　　　　說郛(宛委山堂本)弓五
　三墳書
　　　　說郛(商務印書館本)卷二・古典錄略
三墳補逸二卷
　　(明)胡應麟撰
　　　　少室山房四集・筆叢
　　　　廣雅書局叢書・雜著・少室山房集・
　　　　　少室山房筆叢
　　　　明清筆記叢刊・少室山房筆叢
武王踐阼記一卷
　　(清)任兆麟選輯
　　　　述記(乾隆本、嘉慶本)
武王克殷日記一卷
　　(清)林春溥撰
　　　　竹柏山房十五種
　　　　閩竹居叢書
漢志武成日月表一卷
　　(清)陳昌綱撰
　　　　玉簡齋叢書
國語佚文一卷
　　(清)王仁俊輯
　　　　經籍佚文
國語選四卷
　　(清)孫琭輯
　　　　山曉閣文選
國語二十一卷
　　(吳)韋昭注
　　　　四庫全書・史部雜史類
　　　　摛藻堂四庫全書薈要・史部
　　　　四部叢刊（初次印本、二次印本、縮印
　　　　　二次印本）・史部
國語二十一卷附札記一卷
　　(吳)韋昭注　札記(清)黃丕烈撰
　　　　士禮居黃氏叢書(黃氏本、蜚英館景黃
　　　　　氏本、石竹山房景黃氏本、博古齋景
　　　　　黃氏本)
　　　　叢書集成初編・史地類
國語二十一卷附札記一卷攷異四卷
　　(吳)韋昭注　札記(清)黃丕烈撰　攷異
　　(清)汪遠孫撰
　　　　袖珍古書讀本
　　　　四部備要（排印本、縮印本）・史部古
　　　　　史
國語鈔二卷
　　(清)高嵣集評
　　　　高梅亭讀書叢鈔

外傳精語一卷
　　(清)徐經輯
　　　　雅歌堂全集・雅歌堂外集
國語章句一卷
　　(漢)鄭衆撰　(清)馬國翰輯
　　　　玉函山房輯佚書（嫏嬛館本、重印本、
　　　　　楚南書局本)補遺・經編春秋類
國語解詁一卷
　　(漢)鄭衆撰　(清)黃奭輯
　　　　漢學堂叢書・子史鉤沈・史部雜史類
　　　　黃氏逸書考（民國修補本、民國補刊
　　　　　本)・子史鉤沈
國語註一卷
　　(漢)賈逵撰　(清)王謨輯
　　　　漢魏遺書鈔・經翼第三冊
國語解詁二卷
　　(漢)賈逵撰　(清)馬國翰輯
　　　　玉函山房輯佚書（嫏嬛館本、重印本、
　　　　　楚南書局本)補遺・經編春秋類
國語注一卷
　　(漢)賈逵撰　(清)黃奭輯
　　　　漢學堂叢書・子史鉤沈・史部雜史類
　　　　黃氏逸書考（民國修補本、民國補刊
　　　　　本)・子史鉤沈
國語賈景伯注一卷
　　(漢)賈逵撰　(清)蔣曰豫輯
　　　　蔣侑石遺書・滂喜齋學錄
國語賈氏注一卷
　　(漢)賈逵撰　(清)王仁俊輯
　　　　玉函山房輯佚書續編・經編春秋類
國語章句一卷
　　(魏)王肅撰　(清)黃奭輯
　　　　漢學堂叢書・子史鉤沈・史部雜史類
　　　　黃氏逸書考（民國修補本、民國補刊
　　　　　本)・子史鉤沈
春秋外傳國語虞氏注一卷
　　(吳)虞翻撰　(清)馬國翰輯
　　　　玉函山房輯佚書（嫏嬛館本、重印本、
　　　　　楚南書局本)補遺・經編春秋類
國語注一卷
　　(吳)虞翻撰　(清)黃奭輯
　　　　黃氏逸書考（民國修補本、民國補刊
　　　　　本)・子史鉤沈
國語虞氏注一卷
　　(吳)虞翻撰　(清)王仁俊輯
　　　　玉函山房輯佚書續編・經編春秋類
春秋外傳國語唐氏注一卷
　　(吳)唐固撰　(清)馬國翰輯

玉函山房輯佚書（嫏嬛館本、重印本、
楚南書局本）補遺・經編春秋類

國語注一卷
(吳)唐固撰　(清)黃奭輯
漢學堂叢書・子史鉤沈・史部雜史類
黃氏逸書考（民國修補本、民國補刊
本）・子史鉤沈

春秋外傳國語孔氏注一卷
(晉)孔晁撰　(清)馬國翰輯
玉函山房輯佚書（嫏嬛館本、重印本、
楚南書局本）補遺・經編春秋類

國語注一卷
(晉)孔晁撰　(清)黃奭輯
漢學堂叢書・子史鉤沈・史部雜史類
黃氏逸書考（民國修補本、民國補刊
本）・子史鉤沈

國語音一卷
(清)馬國翰輯
玉函山房輯佚書（嫏嬛館本、重印本、
楚南書局本）補遺・經編春秋類

國語補音三卷
(宋)宋庠撰
四庫全書・史部雜史類
微波榭叢書
湖北先正遺書・史部

國語補注一卷
(清)姚鼐撰
惜抱軒全集（同治本、光緒本、民國本）
南菁書院叢書第二集

國語校文一卷
(清)汪中撰
靈鶼閣叢書第五集
重印江都汪氏叢書

國語補校一卷
(清)劉台拱撰
劉端臨先生遺書（道光本）
廣雅書局叢書・雜著・劉氏遺書
皇清經解續編（南菁書院本、蜚英館石
印本）

國語明道本考異四卷
(清)汪遠孫撰
振綺堂遺書・國語校注本三種

國語三君注輯存四卷
(清)汪遠孫撰
振綺堂遺書・國語校注本三種

國語發正二十一卷
(清)汪遠孫撰
振綺堂遺書・國語校注本三種

皇清經解續編（南菁書院本、蜚英館石
印本）

國語翼解六卷
(清)陳瑑撰
廣雅書局叢書・史學

春秋外傳國語平議二卷
(清)俞樾撰
皇清經解續編（南菁書院本、蜚英館石
印本）・羣經平議
春在堂全書・羣經平議

讀國語劄記一卷
(清)董燆撰
萬潔齋叢刊

國語釋地三卷
(清)譚澐撰
味義根齋全書

讀國語蠡述一卷
李澄宇撰
未晚樓全集・讀春秋國語四史蠡述

戰國策佚文一卷
(清)王仁俊輯
經籍佚文

戰國策約選四卷
(清)劉曾騄撰
祥符劉氏叢書・夢園史學

戰國策三十三卷
(漢)高誘注
雅雨堂藏書
四庫全書・史部雜史類
畿輔叢書

戰國策三十三卷附札記三卷
(漢)高誘注　札記(清)黃丕烈撰
士禮居黃氏叢書（黃氏本、蜚英館景黃
氏本、石竹山房景黃氏本、博古齋景
黃氏本）
袖珍古書讀本
叢書集成初編・史地類
四部備要（排印本、縮印本）・史部古
史

鮑氏戰國策注十卷
(宋)鮑彪撰
四庫全書・史部雜史類

戰國策十卷
(宋)鮑彪注
摛藻堂四庫全書薈要・子部

戰國策校注十卷
(元)吳師道撰
四庫全書・史部雜史類

戰國策十卷
　　(宋)鮑彪校注　　(元)吳師道重校
　　　　惜陰軒叢書(道光本、光緒本)第二函
　　　　四部叢刊(初次印本、二次印本、縮印
　　　　二次印本)‧史部
戰國策注三十三卷序錄一卷年表一卷
　　(清)于鬯撰
　　　　于香草遺著叢輯
國策鈔二卷
　　(清)高塘集評
　　　　高梅亭讀書叢鈔
國策精語一卷
　　(清)徐經輯
　　　　雅歌堂全集‧雅歌堂外集
戰國策去毒二卷首一卷
　　(清)陸隴其撰
　　　　陸子全書
讀戰國策隨筆一卷
　　(清)張尚瑗撰
　　　　昭代叢書(道光本)戊集續編
戰國策釋地二卷
　　(清)張琦撰
　　　　宛鄰書屋叢書
　　　　式訓堂叢書三集
　　　　新陽趙氏叢刊
　　　　廣雅書局叢書‧史學
　　　　叢書集成初編‧史地類
國策地名考二十卷首一卷
　　(清)程恩澤撰　　(清)狄子奇箋
　　　　粵雅堂叢書二編第十七集
國策紀年一卷
　　(清)顧觀光撰
　　　　武陵山人遺書(民國本)
春秋後語一卷
　　(晉)孔衍撰
　　　　說郛(宛委山堂本)弓五
　　春秋後國語殘四卷(存卷五至八)
　　　　鳴沙石室佚書初編
春秋後語一卷
　　(晉)孔衍撰　　(清)王謨輯
　　　　漢魏遺書鈔‧經翼第三冊
春秋後語
　　(晉)孔衍撰　　(清)劉學寵輯
　　　　青照堂叢書次編第二函‧諸經緯遺
春秋後語一卷
　　(晉)孔衍撰　　(清)黃奭輯
　　　　漢學堂叢書‧子史鈎沈‧史部雜史類
　　　　黃氏逸書考(民國修補本、民國補刊

本)‧子史鈎沈
春秋後語一卷
　　(清)王仁俊輯
　　　　玉函山房輯佚書續編‧史編總類
春秋前傳一卷
　　(清)王仁俊輯
　　　　玉函山房輯佚書續編‧史編總類
春秋後傳一卷
　　(晉)樂資撰　　(清)王謨輯
　　　　漢魏遺書鈔‧經翼第三冊
春秋後傳一卷
　　(晉)樂資撰　　(清)黃奭輯
　　　　漢學堂叢書‧經解春秋類
　　　　黃氏逸書考(民國修補本、民國補刊
　　　　本)‧漢學堂經解

漢

史記短長說二卷
　　(明)凌迪知　(明)凌稚隆訂正
　　　　凌氏傳經堂叢書
　　　　海山仙館叢書
楚漢春秋一卷
　　(漢)陸賈撰　　(清)洪頤煊輯
　　　　問經堂叢書‧經典集林
　　　　經典集林
楚漢春秋一卷附疑義一卷
　　(漢)陸賈撰　　(清)茆泮林輯
　　　　十種古逸書
　　　　後知不足齋叢書第七函
　　　　龍谿精舍叢書‧史部
楚漢春秋一卷附疑義一卷攷證一卷
　　(漢)陸賈撰　　(清)茆泮林輯　攷證(清)陳
　　其榮輯
　　　　槐廬叢書初編
楚漢春秋一卷
　　(漢)陸賈撰　　(清)黃奭輯
　　　　漢學堂叢書‧子史鈎沈‧史部雜史類
　　　　黃氏逸書考(民國修補本、民國補刊
　　　　本)‧子史鈎沈
項羽都江都考一卷
　　(清)劉文淇撰
　　　　揚州叢刻
漢初年月日表一卷
　　(清)姚文田撰
　　　　邃雅堂全書‧邃雅堂學古錄
漢皇德傳一卷
　　(漢)侯瑾撰　　(清)張澍輯
　　　　二酉堂叢書

叢書集成初編·史地類

獻帝春秋一卷
　　　說郛(宛委山堂本)弓五十九
　　　古今說部叢書一集

三　國

三國典略一卷
　　(晉)魚豢撰
　　　說郛(宛委山堂本)弓五十九
　　　五朝小說·魏晉小說訓誡家
　　　五朝小說大觀·魏晉小說訓誡家
　　　古今說部叢書一集

魏略一卷
　　(晉)魚豢撰　(清)王仁俊輯
　　　玉函山房輯佚書補編

江表傳一卷
　　(晉)虞溥撰　(清)王仁俊輯
　　　玉函山房輯佚書補編

晉

九州春秋一卷
　　(晉)司馬彪撰
　　　說郛(宛委山堂本)弓五十九
　　　古今說部叢書一集

　九州春秋
　　　說郛(商務印書館本)卷二·古典錄略

九州春秋一卷
　　(晉)司馬彪撰　(清)黃奭輯
　　　漢學堂叢書·子史鉤沈·史部雜史類
　　　黃氏逸書考(民國修補本、民國補刊
　　　　本)·子史鉤沈

晉後略一卷
　　(晉)荀綽撰　(清)黃奭輯
　　　漢學堂叢書·子史鉤沈·史部雜史類
　　　黃氏逸書考(民國修補本、民國補刊
　　　　本)·子史鉤沈

八王故事一卷
　　(晉)盧綝撰
　　　說郛(宛委山堂本)弓五十九

晉八王故事一卷
　　(晉)盧綝撰　(清)黃奭輯
　　　漢學堂叢書·子史鉤沈·史部雜史類
　　　黃氏逸書考(民國修補本、民國補刊
　　　　本)·子史鉤沈

晉四王遺事一卷
　　(晉)盧綝撰　(清)黃奭輯
　　　漢學堂叢書·子史鉤沈·史部雜史類
　　　黃氏逸書考(民國修補本、民國補刊

本)·子史鉤沈

晉春秋一卷
　　(唐)杜延業撰　(清)湯球輯
　　　廣雅書局叢書·史學·漢晉春秋

南北朝

南北朝襍記一卷
　　(宋)劉敞撰
　　　學海類編(道光本、景道光本)·史參

隋

平陳記
　　(宋)□□撰
　　　說郛(商務印書館本)卷四十五

大業雜記一卷
　　(唐)杜寶撰
　　　歷代小史
　　　說郛(宛委山堂本)弓一百十
　　　五朝小說·魏晉小說偏錄家
　　　五朝小說大觀·魏晉小說偏錄家
　　　指海(道光本、景道光本)第三集
　　　景印元明善本叢書十種·歷代小史
　　(題劉宋劉義慶撰)
　　　唐宋叢書·別史

　大業雜記
　　　粵雅堂叢書三編第二十三集·續談助
　　　十萬卷樓叢書三編·續談助
　　　說郛(商務印書館本)卷五十七
　　　叢書集成初編·總類·續談助

大業拾遺錄一卷
　　(唐)杜寶撰
　　　說郛(宛委山堂本)弓五十九

大業拾遺記一卷
　　(唐)顏師古撰
　　　說郛(宛委山堂本)弓一百十
　　　香豔叢書第三集

唐

貞觀政要十卷
　　(唐)吳兢撰
　　　四庫全書·史部雜史類
　　　摛藻堂四庫全書薈要·史部

古寫本貞觀政要殘二卷(存卷五至六)佚
篇一卷附校記一卷
　　(唐)吳兢撰　佚篇(民國)羅振玉輯併撰校
　　　記
　　　東方學會叢書初集

貞觀政要十卷

（唐）吳兢撰　　（元）戈直集論
　　四部叢刊續編・史部
　　四部備要（排印本、縮印本）・史部雜
　　　史
安祿山事蹟三卷
　　（唐）姚汝能撰
　　　學海類編（道光本、景道光本）・史參
　　　藕香零拾
安祿山事跡三卷附校記一卷
　　（唐）姚汝能撰　校記（民國）繆荃孫撰
　　　唐開元小說六種
　　　郎園先生全書
奉天錄四卷
　　（唐）趙元一撰
　　　石研齋四種
　　　指海（道光本、景道光本）第一集
　　　粵雅堂叢書初編第二集
　　　叢書集成初編・史地類
　奉天錄四卷附一卷
　　　雲自在龕叢書第一集
新城錄一卷
　　（唐）沈亞之撰
　　　說郛（宛委山堂本）弓五十二
文武兩朝獻替記
　　（唐）李德裕撰
　　　粵雅堂叢書三編第二十三集・續談助
　　　十萬卷樓叢書三編・續談助
　　　叢書集成初編・總類・續談助
牛羊日曆一卷
　　（唐）劉軻撰
　　　閭丘辯囿
　　　藕香零拾
　牛羊日曆
　　　粵雅堂叢書三編第二十三集・續談助
　　　十萬卷樓叢書三編・續談助
　　　叢書集成初編・總類・續談助
大中遺事一卷
　　（唐）令狐澄撰
　　　說郛（宛委山堂本）弓四十九
　　　五朝小說大觀・宋人百家小說偏錄家
　大中遺事
　　　說郛（商務印書館本）卷七十四
廣陵妖亂志
　　（唐）羅隱撰
　　　虞初志（明本、民國本）卷四
　廣陵妖亂志一卷
　　　合刻三志・志異類
　　　唐人說薈（乾隆本、道光本、宣統石印

本、民國石印本）四集
　　　唐代叢書四集
　　　說庫
　（題唐鄭廷誨撰）
　　　說郛（宛委山堂本）弓四十四
　　　五朝小說・唐人百家小說紀載家
　　　五朝小說大觀・唐人百家小說紀載家
　廣陵妖亂志一卷逸文一卷
　　　藕香零拾
平巢事蹟考一卷
　　（宋）□□撰
　　　奇晉齋叢書（乾隆本、景乾隆本）
　　　學海類編（道光本、景道光本）・史參
　　　叢書集成初編・史地類
東觀奏記三卷
　　（唐）裴庭裕撰
　　　續百川學海丙集
　　　稗海（萬曆本、康熙重編補刊本、乾隆
　　　　修補重訂本）第二函
　　　唐宋叢書・載籍
　　　說郛（宛委山堂本）弓四十三
　　　四庫全書・史部雜史類
　　　小石山房叢書第五冊
　　　藕香零拾
　　　筆記小說大觀第七輯
　　　叢書集成初編・史地類
　東觀奏記
　　　說郛（商務印書館本）卷四
　　　說郛（商務印書館本）卷七十五

五　代

五代史補五卷
　　（宋）陶岳撰
　　　四庫全書・史部雜史類
　　　紫藤書屋叢刻
　　　懺花盦叢書
五代史補五卷附校勘記一卷
　　（宋）陶岳撰　校勘記（民國）胡思敬撰
　　　豫章叢書（胡思敬輯）・宋人小史三種
五代史闕文一卷
　　（宋）王禹偁撰
　　　四庫全書・史部雜史類
　　　紫藤書屋叢刻
　　　懺花盦叢書
　　　養素軒叢錄第一集

宋

玉堂逢辰錄一卷
　　（宋）錢惟演撰

說郛（宛委山堂本）弓四十四
五朝小說・宋人百家小說偏錄家
五朝小說大觀・宋人百家小說偏錄家

玉堂逢辰錄
說郛（商務印書館本）卷二十九

孫威敏征南錄一卷
（宋）滕元發撰
四庫全書・史部傳記類
續金華叢書・史部

征南錄一卷
藝海珠塵壬集
墨海金壺（嘉慶本、景嘉慶本）・史部

御試備官日記一卷
（宋）趙抃撰
學海類編（道光本、景道光本）・集餘
二
叢書集成初編・文學類

神宗皇帝即位使遼語錄一卷
（宋）陳襄撰
遼海叢書第八集

曾公遺錄殘三卷（存卷七至九）
（宋）曾布撰
藕香零拾

太清樓侍宴記一卷
（宋）蔡京撰
說郛（宛委山堂本）弓一百十四
五朝小說・宋人百家小說偏錄家
五朝小說大觀・宋人百家小說偏錄家

保和殿曲宴記一卷
（宋）蔡京撰
說郛（宛委山堂本）弓一百十四

青溪寇軌一卷
（宋）方勺撰
續百川學海戊集
古今說海（嘉靖本、道光本、宣統排印
本、民國石印本）・說纂部逸事家
說郛（宛委山堂本）弓三十九
學海類編（道光本、景道光本）・集餘
二
金華叢書（同治光緒本、民國補刊本）
・史部

青溪弄兵錄一卷
（宋）王彌大輯
函海（乾隆本、道光本）第六函
函海（光緒本）第八函

延福宮曲宴記一卷
（宋）李邦彥撰
說郛（宛委山堂本）弓一百十四

宣靖備史四卷
（明）陳霆撰
豫恕堂叢書
問影樓叢刻初編

宣和乙巳奉使金國行程錄一卷
（宋）□□撰
靖康稗史
己卯叢編・靖康稗史

避戎夜話二卷
（宋）石茂良撰
顧氏明朝四十家小說（正德嘉靖本、宣
統排印本、民國石印本）
廣四十家小說
說庫
中國內亂外禍歷史叢書第九輯

避戎嘉話一卷
歷代小史
說郛（宛委山堂本）弓三十七
景印元明善本叢書十種・歷代小史

避戎夜話一卷
瓌探

靖康朝野僉言一卷
（宋）□□撰
古今說海（嘉靖本、道光本、宣統排印
本、民國石印本）・說略部雜記家
叢書集成初編・史地類

朝野僉言一卷
歷代小史
說郛（宛委山堂本）弓四十九
景印元明善本叢書十種・歷代小史

靖康朝野僉言
說郛（商務印書館本）卷四十四

甕中人語一卷
（宋）章承撰
靖康稗史
己卯叢編・靖康稗史

北狩行錄一卷
（宋）蔡鞗撰
學海類編（道光本、景道光本）・史參
叢書集成初編・史地類

北狩見聞錄一卷
（宋）曹勛撰
四庫全書・史部雜史類
學津討原（嘉慶本、景嘉慶本）第六集
學海類編（道光本、景道光本）・史參
叢書集成初編・史地類

開封府狀一卷
（宋）□□撰

靖康稗史
　　己卯叢編・靖康稗史
呻吟語一卷
　（宋）□□撰
　　靖康稗史
　　己卯叢編・靖康稗史
張邦昌事略一卷
　（宋）王偁撰
　　學海類編（道光本、景道光本）・史參
靖康傳信錄一卷
　（宋）李綱撰
　　宋三大臣彙志・宋丞相李忠定公別集
　靖康傳信錄三卷
　　函海（乾隆本、道光本）第六函
　　海山仙館叢書
　　函海（光緒本）第八函
　　邵武徐氏叢書初刻・李忠定公別集
　　吉林探源書舫叢書初編・李忠定公別
　　集
　　叢書集成初編・史地類
　　四部備要（排印本、縮印本）・史部雜
　　史
建炎進退志一卷
　（宋）李綱撰
　　宋三大臣彙志・宋丞相李忠定公別集
　建炎進退志四卷
　　邵武徐氏叢書初刻・李忠定公別集
　　吉林探源書舫叢書初編・李忠定公別
　　集
建炎時政記一卷
　（宋）李綱撰
　　宋三大臣彙志・宋丞相李忠定公別集
　建炎時政記三卷
　　邵武徐氏叢書初刻・李忠定公別集
　　吉林探源書舫叢書初編・李忠定公別
　　集
靖康紀聞一卷拾遺一卷
　（宋）丁特起撰
　　學津討原（嘉慶本、景嘉慶本）第六集
　　學海類編（道光本、景道光本）・史參
　　叢書集成初編・史地類
　靖康孤臣泣血錄二卷
　　國粹叢書第二集
靖炎兩朝見聞錄二卷
　（宋）陳東撰
　　碧琳瑯館叢書乙部
　　芋園叢書・史部
建炎復辟記一卷

　（宋）□□撰
　　學津討原（嘉慶本、景嘉慶本）第六集
　　武林掌故叢編第二十二集
　　叢書集成初編・史地類
東巡記一卷
　（宋）趙彥衞撰
　　說郛（宛委山堂本）弓三十九
　　五朝小說・宋人百家小說偏錄家
　　五朝小說大觀・宋人百家小說偏錄家
建炎維揚遺錄一卷
　（宋）□□撰
　　學津討原（嘉慶本、景嘉慶本）第六集
　　叢書集成初編・史地類
避亂錄一卷
　（宋）王明清撰
　　說郛（宛委山堂本）弓三十八
熙豐日曆一卷
　（宋）王明清撰
　　說郛（宛委山堂本）弓四十二
　　五朝小說・宋人百家小說偏錄家
　　五朝小說大觀・宋人百家小說偏錄家
己酉避亂錄一卷附校勘記一卷
　（宋）胡舜申撰　校勘記（民國）陳懋恆撰
　　京口掌故叢編初集
建炎筆錄三卷
　（宋）趙鼎撰
　　函海（乾隆本、道光本）第六函
　　函海（光緒本）第八函
　　叢書集成初編・史地類
辯誣筆錄一卷
　（宋）趙鼎撰
　　函海（乾隆本、道光本）第六函
　　函海（光緒本）第八函
建炎德安守禦錄二卷
　（宋）湯璹撰
　　明辨齋叢書二集
南渡錄一卷
　（宋）辛棄疾撰
　　國難叢書第一輯
南渡錄大略一卷
　（宋）辛棄疾撰
　　叢書集成初編・史地類
南燼紀聞錄一卷
　（宋）辛棄疾撰
　　學海類編（道光本、景道光本）・史參
　南燼紀聞錄二卷
　　國粹叢書第三集・南渡錄
　　中國內亂外禍歷史叢書第九輯・南渡

守山閣叢書（道光本、鴻文書局景道光
本、博古齋景道光本）・史部
粵雅堂叢書初編第二集

厓山集不分卷
（明）□□撰
函芬樓祕笈第四集

遼

焚椒錄一卷
（遼）王鼎撰
續百川學海乙集
寶顏堂祕笈（萬曆本、民國石印本）正
集
津逮祕書（汲古閣本、景汲古閣本）第
十集
說郛（宛委山堂本）弓一百十
無一是齋叢鈔
香豔叢書第三集

遼小史一卷
（明）楊循吉撰
遼海叢書第一集

金

大金弔伐錄四卷
（金）□□撰
四庫全書・史部雜史類
守山閣叢書（道光本、鴻文書局景道光
本、博古齋景道光本）・史部
叢書集成初編・史地類
中國內亂外禍歷史叢書第九輯

大金弔伐錄二卷
墨海金壺（嘉慶本、景嘉慶本）・史部

弔伐錄二卷
四部叢刊三編・史部

南征錄彙一卷
（金）李天民輯
靖康稗史
己卯叢編・靖康稗史

青宮譯語節本一卷
（金）王成棣撰
靖康稗史
己卯叢編・靖康稗史

宋俘記一卷
（金）可恭撰
靖康稗史
己卯叢編・靖康稗史

虜廷事實一卷
（宋）文惟簡撰

說郛（宛委山堂本）弓五十五

虜廷事實
說郛（商務印書館本）卷八

北風揚沙錄一卷
（宋）陳準撰
說郛（宛委山堂本）弓五十五

北風揚沙錄
說郛（商務印書館本）卷二十五

松漠紀聞二卷補遺一卷
（宋）洪皓撰
顧氏文房小說（嘉靖本、景嘉靖本）
遼海叢書第一集
叢書集成初編・史地類

松漠紀聞一卷
歷代小史
古今逸史・逸記
說郛（宛委山堂本）弓五十五
景印元明善本叢書十種・歷代小史
景印元明善本叢書十種・古今逸史・
逸記

松漠紀聞一卷續一卷
四庫全書・史部雜史類

松漠紀聞一卷續一卷補遺一卷
學津討原（嘉慶本、景嘉慶本）第六集

松漠紀聞
說郛（商務印書館本）卷八

松漠紀聞五則
舊小說（民國本、1957年本）丁集

松漠紀聞一卷續一卷補遺一卷附考 異一
卷
（宋）洪皓撰　考異（清）洪佩聲撰
洪氏晦木齋叢書

松漠紀聞一卷續一卷補遺一卷附考 異一
卷校勘記一卷
（宋）洪皓撰　考異（清）洪佩聲撰　校勘記
（民國）胡思敬撰
豫章叢書（胡思敬輯）・宋人小史三種

南遷錄一卷
（金）張師顏撰
學海類編（道光本、景道光本）・史參
叢書集成初編・史地類

汝南遺事四卷
（元）王鶚撰
四庫全書・史部雜史類
指海（道光本、景道光本）第九集
畿輔叢書
叢書集成初編・史地類

歸潛志十四卷

(元)劉祁撰
　　四庫全書·子部小說家類
　　武英殿聚珍版書(武英殿木活字本、福
　　建本、廣雅書局本)·子部
歸潛志十四卷附錄一卷
　　知不足齋叢書(乾隆至道光本、景乾隆
　　至道光本)第五集
　　筆記小說大觀第五輯
歸潛志八卷
　　學海類編(道光本、景道光本)·集餘
　　四
金小史八卷
　　(明)楊循吉撰
　　遼海叢書第一集

元

蒙韃備錄一卷
　　(宋)孟珙撰
　　古今說海(嘉靖本、道光本、宣統排印
　　本、民國石印本)·說選部偏記家
　　歷代小史
　　說郛(宛委山堂本)寫五十六
　　叢書集成初編·史地類
　　景印元明善本叢書十種·歷代小史
蒙韃備錄
　　說郛(商務印書館本)卷五十四
蒙韃備錄箋證一卷
　　(民國)王國維撰
　　蒙古史料校注
　　海寧王忠愨公遺書三集
　　海寧王靜安先生遺書
黑韃事略一卷
　　(宋)彭大雅撰　(宋)徐霆疏證
　　藜照廬叢書
黑韃事略一卷附校記一卷
　　(宋)彭大雅撰　(宋)徐霆疏證　校記(民
　　國)章鈺撰
　　六經堪叢書初集
黑韃事略一卷附校勘記一卷
　　(宋)彭大雅撰　(宋)徐霆疏證　校勘記
　　(民國)胡思敬撰
　　問影樓輿地叢書第一集
　　叢書集成初編·史地類
黑韃事略箋證一卷
　　(民國)王國維撰
　　蒙古史料校注
　　海寧王忠愨公遺書三集
　　海寧王靜安先生遺書

元朝祕史十五卷
　　(元)□□撰
　　連筠簃叢書
元朝祕史十卷續集二卷
　　四部叢刊三編·史部
　　郋園先生全書
元祕史略一卷
　　(元)□□撰　(清)萬光泰節錄
　　昭代叢書(道光本)戊集續編
元朝祕史十五卷
　　(元)□□撰　(清)李文田注
　　漸西村舍彙刊
　　皇朝藩屬輿地叢書第五集
　　叢書集成初編·史地類
元祕史山川地名攷十二卷
　　(清)施世杰撰
　　鄦鄭學廬地理叢刊
　　皇朝藩屬輿地叢書第六集
元祕史地理攷證十五卷元祕史作者人名
攷一卷元太祖成吉思汗編年大事記一
卷元初漠北大勢論一卷元史特薛禪曷
思麥里速不台郭寶玉等傳地理攷一卷
郭侃傳辨一卷
　　(清)丁謙撰
　　浙江圖書館叢書第二集
聖武親征錄
　　(元)□□撰
　　說郛(商務印書館本)卷五十五
校正元親征錄一卷
　　(元)□□撰　(清)何秋濤校正
　　漸西村舍彙刊
　　叢書集成初編·史地類
元親征錄一卷
　　(元)□□撰　(清)何秋濤校正　(清)李文
　　田(民國)沈曾植校注
　　知服齋叢書第三集
聖武親征錄校注一卷
　　(民國)王國維撰
　　蒙古史料校注
　　海寧王忠愨公遺書三集
　　海寧王靜安先生遺書
元聖武親征錄地理攷證一卷
　　(清)丁謙撰
　　浙江圖書館叢書第二集
欽定蒙古源流八卷
　　(清)小徹辰薩囊台吉撰
　　四庫全書·史部雜史類
韃靼考一卷

（民國）王國維撰
　　蒙古史料校注附
遼金時蒙古考一卷
　　（民國）王國維撰
　　　蒙古史料校注附
平宋錄三卷
　　（元）劉敏中撰
　　　四庫全書・史部雜史類
　　　墨海金壺（嘉慶本、景嘉慶本）・史部
　　　守山閣叢書（道光本、鴻文書局景道光
　　　　本、博古齋景道光本）・史部
　　　碧琳瑯館叢書乙部
　　　芋園叢書・史部
　　　叢書集成初編・史地類
　　　中國內亂外禍歷史叢書第九輯
元代征倭記一卷
　　（民國）石榮暲輯
　　　蓉城仙館叢書
皇元征緬錄一卷
　　（元）□□撰
　　　宛委別藏
　元朝征緬錄一卷
　　　守山閣叢書（道光本、鴻文書局景道光
　　　　本，博古齋景道光本）・史部
　　　皇朝藩屬輿地叢書第五集
　　　叢書集成初編・史地類
中堂事記三卷
　　（元）王惲撰
　　　玉雨堂叢書第一集
招捕總錄一卷
　　（元）□□撰
　　　宛委別藏
　　　守山閣叢書（道光本、鴻文書局景道光
　　　　本、博古齋景道光本）・史部
　　　端溪叢書二集
　　　叢書集成初編・史地類
北巡私記一卷
　　（元）劉佶撰
　　　雲窗叢刻
庚申外史二卷
　　（明）權衡撰
　　　寶顏堂祕笈（萬曆本、民國石印本）廣
　　　　集
　　　學海類編（道光本、景道光本）・史參
　　　海山仙館叢書
　庚申外史一卷
　　　學津討原（嘉慶本、景嘉慶本）第六集
　　　叢書集成初編・史地類

庚申外史二卷附校勘記一卷
　　（明）權衡撰　校勘記（民國）胡思敬撰
　　　豫章叢書（胡思敬輯）・明人小史八種
庚申君遺事一卷
　　（清）萬斯同輯
　　　昭代叢書（道光本）己集廣編
隆平紀事一卷
　　（清）史冊撰
　　　昭代叢書（道光本）壬集補編
保越錄一卷
　　（元）徐勉之撰
　　　郭子式先生校刻書・古越書附
　　　四庫全書・史部傳記類
　　　藝海珠塵壬集
　　　學海類編（道光本、景道光本）・集餘
　　　　二
　　　十萬卷樓叢書二編
　　　叢書集成初編・史地類
方國珍寇溫始末一卷
　　（清）葉嘉綸撰　（民國）劉紹寬增訂
　　　惜硯樓叢刊

明

洪　武

逐鹿記一卷
　　（明）王褘撰
　　　廣百川學海甲集
　　　稗乘
　　　說郛續弓五
　　　五朝小說大觀・皇明百家小說
洞庭集四卷
　　（明）孫宜撰
　　　玄覽堂叢書續集
皇朝本記一卷
　　（明）□□撰
　　　紀錄彙編
　　　紀錄彙編選刊
　　　叢書集成初編・史地類
　　　景印元明善本叢書十種・紀錄彙編
　皇明本紀一卷
　　　玄覽堂叢書續集
竊勝野聞一卷
　　（明）徐禎卿撰
　　　廣百川學海丙集
　　　顧氏明朝四十家小說（正德嘉靖本、宣
　　　　統排印本、民國石印本）
　　　歷代小史

紀錄彙編
　說郛續弓十二
　五朝小說·皇明百家小說
　五朝小說大觀·皇明百家小說
　說庫
　景印元明善本叢書十種·歷代小史
　景印元明善本叢書十種·紀錄彙編
　窮勝野聞
　　勝朝遺事初編
青玉館集一卷
　　(清)淩遂知撰　(清)淩景晙注
　　淩氏傳經堂叢書
御製皇陵碑一卷
　　明太祖撰
　　紀錄彙編
　　紀錄彙編選刊
　　叢書集成初編·文學類
　　景印元明善本叢書十種·紀錄彙編
御製紀夢一卷
　　明太祖撰
　　紀錄彙編
　　紀錄彙編選刊
　　景印元明善本叢書十種·紀錄彙編
天潢玉牒一卷
　　(明)解縉撰
　　金聲玉振集·皇覽
　　紀錄彙編
　　叢書集成初編·史地類
　　景印元明善本叢書十種·紀錄彙編
　天潢玉牒
　　勝朝遺事初編
在田錄一卷
　　(明)張定撰
　　廣百川學海甲集
　　稗乘
　　說郛續弓五
龍興慈記一卷
　　(明)王文祿撰
　　廣百川學海甲集
　　百陵學山
　　鹽邑志林
　　紀錄彙編
　　說郛續弓五
　　叢書集成初編·史地類
　　景印元明善本叢書十種·百陵學山
　　景印元明善本叢書十種·鹽邑志林
　　景印元明善本叢書十種·紀錄彙編
　龍興慈記
　　勝朝遺事初編

一統肇基錄一卷
　　(明)夏原吉撰
　　廣百川學海甲集
　　稗乘
　　說郛續弓五
國初禮賢錄一卷
　　(明)□□撰
　　金聲玉振集·考文
　　紀錄彙編
　　景印元明善本叢書十種·紀錄彙編
　明初禮賢錄
　　勝朝遺事初編
皇明平吳錄一卷
　　(明)吳寬撰
　　金聲玉振集·皇覽
　平吳錄一卷
　　紀錄彙編
　　今獻彙言
　　借月山房彙鈔(嘉慶本、景嘉慶本)第
　　　五集
　　澤古齋重鈔第四集
　　叢書集成初編·史地類
　　景印元明善本叢書十種·紀錄彙編
　　景印元明善本叢書十種·今獻彙言
　平吳錄
　　勝朝遺事初編
御製西征記一卷
　　明太祖撰
　　紀錄彙編
　　紀錄彙編選刊
　　叢書集成初編·文學類
　　景印元明善本叢書十種·紀錄彙編
平漢錄一卷
　　(明)童承敍撰
　　金聲玉振集·皇覽
　　借月山房彙鈔(嘉慶本、景嘉慶本)第
　　　五集
　　澤古齋重鈔第四集
　　叢書集成初編·史地類
　　(題明宋濂撰)
　　紀錄彙編
　　景印元明善本叢書十種·紀錄彙編
　平漢錄
　　(題明宋濂撰)
　　勝朝遺事初編
平胡錄一卷
　　(明)陸深撰
　　儼山外集

金聲玉振集・叢聚
紀錄彙編
今獻彙言
叢書集成初編・史地類
景印元明善本叢書十種・紀錄彙編
景印元明善本叢書十種・今獻彙言

平胡錄
　　勝朝遺事初編

北平錄一卷
　　(明)□□撰
　　　　金聲玉振集・征討
　　　　紀錄彙編
　　　　今獻彙言
　　　　叢書集成初編・史地類
　　　　景印元明善本叢書十種・紀錄彙編
　　　　景印元明善本叢書十種・今獻彙言

北平錄
　　勝朝遺事初編

御製平西蜀文一卷
　　明太祖撰
　　　　紀錄彙編
　　　　紀錄彙編選刊
　　　　叢書集成初編・文學類
　　　　景印元明善本叢書十種・紀錄彙編

平夏錄一卷
　　(明)黃標撰
　　　　廣百川學海乙集
　　　　古今說海（嘉靖本、道光本、宣統排印
　　　　　本、民國石印本）・說選部偏記家
　　　　歷代小史
　　　　紀錄彙編
　　　　今獻彙言
　　　　說郛續弓十一
　　　　借月山房彙鈔（嘉慶本、景嘉慶本）第
　　　　　五集
　　　　澤古齋重鈔第四集
　　　　叢書集成初編・史地類
　　　　景印元明善本叢書十種・歷代小史
　　　　景印元明善本叢書十種・紀錄彙編
　　　　景印元明善本叢書十種・今獻彙言

平夏錄
　　勝朝遺事初編

平蜀記一卷
　　(明)□□撰
　　　　金聲玉振集・征討
　　　　紀錄彙編
　　　　借月山房彙鈔（嘉慶本、景嘉慶本）第
　　　　　五集
　　　　澤古齋重鈔第四集

叢書集成初編・史地類
景印元明善本叢書十種・紀錄彙編

雲南機務抄黃一卷
　　(明)張紞輯
　　　　金聲玉振集・皇覽
　　　　紀錄彙編
　　　　惜陰軒叢書（道光本、光緒本）第三函
　　　　叢書集成初編・史地類
　　　　景印元明善本叢書十種・紀錄彙編

洪武聖政記一卷
　　(明)宋濂撰
　　　　金聲玉振集・考文
　　　　借月山房彙鈔（嘉慶本、景嘉慶本）第
　　　　　五集
　　　　指海（道光本、景道光本）第十四集
　　　　澤古齋重鈔第四集

洪武聖政記二卷
　　金華叢書（同治光緒本、民國補刊本）
　　　・史部

洪武聖政記
　　勝朝遺事初編

渤泥入貢記一卷
　　(明)宋濂撰
　　　　說郛續弓十一

聖君初政記一卷
　　(明)沈文撰
　　　　廣百川學海甲集
　　　　稗乘
　　　　說郛續弓五

國初事蹟一卷
　　(明)劉辰撰
　　　　金聲玉振集・考文
　　　　借月山房彙鈔（嘉慶本、景嘉慶本）第
　　　　　五集
　　　　澤古齋重鈔第四集

明朝國初事蹟一卷
　　金華叢書（同治光緒本、民國補刊本）
　　　・史部

建　文

革除遺事六卷
　　(明)黃佐撰
　　　　金聲玉振集・紀變
　　　　澤古齋重鈔第四集

革除遺事節本六卷
　　　　借月山房彙鈔（嘉慶本、景嘉慶本）第
　　　　　五集
　　　　嶺南遺書第一集

革除遺事一卷
　　說郛續弓七
姜氏祕史五卷附校勘記一卷
　　(明)姜清撰　校勘記(民國)胡思敬撰
　　豫章叢書(胡思敬輯)‧明人小史八種
革除逸史二卷
　　(明)朱睦㮮撰
　　四庫全書‧史部雜史類
　　指海(道光本、景道光本)第五集
東朝紀一卷
　　(明)王泌撰
　　廣百川學海甲集
　　稗乘
　　說郛續弓五
革除建文皇帝紀一卷
　　(明)徐德英撰
　　古今說部叢書五集‧然脂百一編
皇明遜國記一卷
　　(明)鄭曉撰
　　鄭端簡公全集‧吾學編
建文年譜二卷附甲申秋杪山僧問答
　　(明)趙士喆撰
　　東萊趙氏楹書叢刊
建譜誌餘一卷
　　(清)趙宿膺撰
　　東萊趙氏楹書叢刊
建文帝後紀一卷
　　(清)邵遠平撰
　　昭代叢書(道光本)丁集新編
致身錄一卷
　　(明)史仲彬撰
　　廣百川學海乙集
　　遜國逸書
　　說郛續弓六
　　學海類編(道光本、景道光本)‧集餘
　　　一
　　遜敏堂叢書
　　乾坤正氣集
從亡隨筆一卷
　　(明)程濟撰
　　遜國逸書
　　遜敏堂叢書
遜國記一卷
　　(明)□□撰
　　說郛續弓七
　　五朝小說大觀‧皇明百家小說
黃陳報宛錄一卷
　　遜國逸書

擁絮迂談一卷
　　(明)朱鷺撰
　　說郛續弓七
　　五朝小說‧皇明百家小說
　　五朝小說大觀‧皇明百家小說

永　樂

奉天刑賞錄一卷
　　(明)袁褧撰
　　金聲玉振集‧紀變
北征錄一卷
　　(明)金幼孜撰
　　廣百川學海乙集
　　古今說海(嘉靖本、道光本、宣統排印
　　　本、民國石印本)‧說選部小錄家
　　歷代小史
　　說郛續弓十
　　滿蒙叢書第二卷
　　景印元明善本叢書十種‧歷代小史
前北征錄一卷
　　金聲玉振集‧征討
　　紀錄彙編
　　景印元明善本叢書十種‧紀錄彙編
金文靖公前北征錄一卷
　　六經堪叢書初集
北征錄
　　勝朝遺事初編
北征後錄一卷
　　(明)金幼孜撰
　　廣百川學海乙集
　　古今說海(嘉靖本、道光本、宣統排印
　　　本、民國石印本)‧說選部小錄家
　　說郛續弓十
　　滿蒙叢書第二卷
後北征錄一卷
　　金聲玉振集‧征討
　　紀錄彙編
　　六經堪叢書初集
　　景印元明善本叢書十種‧紀錄彙編
北征後錄
　　勝朝遺事初編
北征錄一卷後錄一卷附校勘記一卷
　　(明)金幼孜撰　校勘記(民國)胡思敬撰
　　豫章叢書(胡思敬輯)‧明人小史八種
北征記一卷
　　(明)楊榮撰
　　廣百川學海乙集
　　古今說海(嘉靖本、道光本、宣統排印

本、民國石印本）・說選部小錄家
歷代小史
紀錄彙編
說郛續弓十
滿蒙叢書第二卷
六經堪叢書初集
景印元明善本叢書十種・歷代小史
景印元明善本叢書十種・紀錄彙編
北征記
勝朝遺事初編
平定交南錄一卷
（明）丘濬撰
紀錄彙編
今獻彙言
說郛續弓十一
五朝小說・皇明百家小說
五朝小說大觀・皇明百家小說
龍威祕書五集・說郛雜著
借月山房彙鈔（嘉慶本、景嘉慶本）第
五集
澤古齋重鈔第四集
嶺南遺書第二集
景印元明善本叢書十種・紀錄彙編
景印元明善本叢書十種・今獻彙言
平定交南錄
勝朝遺事初編

洪　熙

仁廟聖政記二卷
（明）□□撰
晨風閣叢書

宣　德

三朝聖諭錄
（明）楊士奇撰
勝朝遺事二編

正　統

正統臨戎錄一卷
（明）□□撰
紀錄彙編
紀錄彙編選刊
叢書集成初編・史地類
景印元明善本叢書十種・紀錄彙編
否泰錄一卷
（明）劉定之撰
顧氏明朝四十家小說（正德嘉靖本、宣
統排印本、民國石印本）
歷代小史

紀錄彙編
說郛續弓十二
廣四十家小說
說庫
豫章叢書（胡思敬輯）・明人小史八種
叢書集成初編・史地類
景印元明善本叢書十種・歷代小史
景印元明善本叢書十種・紀錄彙編
否泰錄
勝朝遺事初編
北征事蹟一卷
（明）袁彬撰　（明）尹直錄
金聲玉振集・紀變
紀錄彙編
說郛續弓十
借月山房彙鈔（嘉慶本、景嘉慶本）第
五集
澤古齋重鈔第四集
豫章叢書（胡思敬輯）・明人小史八種
叢書集成初編・史地類
景印元明善本叢書十種・紀錄彙編
正統北狩事蹟一卷
（明）□□撰
紀錄彙編
叢書集成初編・史地類
景印元明善本叢書十種・紀錄彙編
正統北狩事蹟
勝朝遺事初編

景　泰

北使錄一卷
（明）李實撰
紀錄彙編
說郛續弓十
叢書集成初編・史地類
景印元明善本叢書十種・紀錄彙編
北使錄
勝朝遺事初編

天　順

復辟錄一卷
（明）楊瑄撰
廣百川學海乙集
古今說海（嘉靖本、道光本、宣統排印
本、民國石印本）・說纂部雜纂家
歷代小史
紀錄彙編
說郛續弓五
學津討原（嘉慶本、景嘉慶本）第六集

豫章叢書(胡思敬輯)・明人小史八種
景印元明善本叢書十種・歷代小史
景印元明善本叢書十種・紀錄彙編

天順日錄一卷
　(明)李賢撰
　　　紀錄彙編
　　　說郛續弓七
　　　五朝小說・皇明百家小說
　　　五朝小說大觀・皇明百家小說
　　　叢書集成初編・史地類
　　　景印元明善本叢書十種・紀錄彙編

天順日錄
　　　勝朝遺事初編

成　化

西征石城記一卷
　(明)馬文升撰
　　　金聲玉振集・馬端肅公三記
　　　歷代小史
　　　紀錄彙編・馬端肅公三記
　　　今獻彙言
　　　廣四十家小說
　　　景印元明善本叢書十種・歷代小史
　　　景印元明善本叢書十種・紀錄彙編・
　　　　馬端肅公三記
　　　景印元明善本叢書十種・今獻彙言

平夷賦一卷
　(明)趙輔撰
　　　紀錄彙編
　　　景印元明善本叢書十種・紀錄彙編

平夷錄一卷
　　　今獻彙言
　　　說郛續弓十一
　　　景印元明善本叢書十種・今獻彙言

撫安東夷記一卷
　(明)馬文升撰
　　　金聲玉振集・馬端肅公三記
　　　紀錄彙編・馬端肅公三記
　　　今獻彙言
　　　說郛續弓十一
　　　清初史料四種
　　　景印元明善本叢書十種・紀錄彙編・
　　　　馬端肅公三記
　　　景印元明善本叢書十種・今獻彙言

東征紀行錄一卷
　(明)□□撰
　　　今獻彙言
　　　叢書集成初編・史地類
　　　景印元明善本叢書十種・今獻彙言

弘　治

治世餘聞錄八卷
　(明)陳洪謨(箸陂)撰
　　　紀錄彙編
　　　叢書集成初編・文學類
　　　景印元明善本叢書十種・紀錄彙編

興復哈密記一卷
　(明)馬文升撰
　　　金聲玉振集・馬端肅公三記
　　　歷代小史
　　　今獻彙言
　　　景印元明善本叢書十種・歷代小史
　　　景印元明善本叢書十種・今獻彙言

興復哈密國王記一卷
　　　紀錄彙編・馬端肅公三記
　　　學海類編(道光本、景道光本)・集餘
　　　　八
　　　廣四十家小說
　　　景印元明善本叢書十種・紀錄彙編・
　　　　馬端肅公三記

哈密國王記一卷
　　　說郛續弓十一

土魯番侵掠哈密事蹟一卷
　(明)□□撰
　　　端溪叢書二集

平番始末一卷
　(明)許進撰
　　　金聲玉振集・水衡

平番始末二卷
　　　紀錄彙編
　　　景印元明善本叢書十種・紀錄彙編

平蠻錄一卷
　(明)王軾撰
　　　紀錄彙編
　　　叢書集成初編・史地類
　　　景印元明善本叢書十種・紀錄彙編

正　德

繼世紀聞一卷
　(明)陳洪謨撰
　　　歷代小史
　　　景印元明善本叢書十種・歷代小史

繼世紀聞六卷
　(明箸陂撰)
　　　紀錄彙編
　　　叢書集成初編・文學類
　　　景印元明善本叢書十種・紀錄彙編

祕錄一卷
　　（明）李夢陽撰
　　　　說郛續弓五
　　　　五朝小說大觀・皇明百家小說
武宗外紀一卷
　　（清）毛奇齡撰
　　　　西河合集（康熙本、乾隆修補本）・文
　　　　集
　　　　藝海珠塵絲集（丙集）
　　　　香豔叢書第十一集
　明武宗外紀一卷
　　　　中國內亂外禍歷史叢書第七輯
　武宗外紀
　　　　勝朝遺事初編
西征日錄一卷
　　（明）楊一清撰
　　　　紀錄彙編
　　　　橫山草堂叢書第一集
　　　　雲南叢書二編・子部
　　　　叢書集成初編・史地類
　　　　景印元明善本叢書十種・紀錄彙編
刑部問寧王案一卷
　　（明）□□輯
　　　　玄覽堂叢書
平濠記一卷
　　（明）錢德洪撰
　　　　學海類編（道光本、景道光本）・集餘
　　　　二
　　　　叢書集成初編・史地類
江海殲渠記一卷
　　（明）祝允明撰
　　　　歷代小史
　　　　今獻彙言
　　　　廣四十家小說
　　　　叢書集成初編・史地類
　　　　景印元明善本叢書十種・歷代小史
　　　　景印元明善本叢書十種・今獻彙言

嘉　靖

炎徼紀聞一卷
　　（明）田汝成撰
　　　　歷代小史
　　　　景印元明善本叢書十種・歷代小史
　行邊紀聞一卷
　　　　國立北平圖書館善本叢書第一集
　炎徼紀聞四卷
　　　　紀錄彙編
　　　　四庫全書・史部紀事本末類

借月山房彙鈔（嘉慶本、景嘉慶本）第
　四集
指海（道光本、景道光本）第一集
澤古齋重鈔第五集
式古居彙鈔
嘉業堂叢書・史部
叢書集成初編・史地類
景印元明善本叢書十種・紀錄彙編
廣右戰功一卷
　　（明）唐順之撰
　　　　金聲玉振集・水衡
　廣右戰功錄一卷
　　　　借月山房彙鈔（嘉慶本、景嘉慶本）第
　　　　五集
　　　　澤古齋重鈔第四集
　　　　叢書集成初編・史地類
西番事蹟一卷
　　（明）王瓊撰
　　　　金聲玉振集・水衡
　　　　豫恕堂叢書・獨寤園叢鈔
北虜事蹟一卷
　　（明）王瓊撰
　　　　金聲玉振集・水衡
　　　　豫恕堂叢書・獨寤園叢鈔
雲中事記一卷
　　（明）蘇祐撰
　　　　紀錄彙編
　　　　說郛續弓十
　　　　五朝小說・皇明百家小說
　　　　五朝小說大觀・皇明百家小說
　　　　叢書集成初編・史地類
　　　　景印元明善本叢書十種・紀錄彙編
茂邊紀事一卷
　　（明）朱紈撰
　　　　金聲玉振集・水衡
遼紀一卷
　　（明）田汝成撰
　　　　遼海叢書第八集
北虜紀略一卷
　　（明）汪道昆撰
　　　　廣百川學海乙集
　　　　說郛續弓十
聖駕南巡日錄一卷
　　（明）陸深撰
　　　　儼山外集
　　　　紀錄彙編
　　　　景印元明善本叢書十種・紀錄彙編
　南巡日錄一卷

說郛續弓十
五朝小說・皇明百家小說
五朝小說大觀・皇明百家小說
大駕北還錄一卷
(明)陸深撰
儼山外集
紀錄彙編
景印元明善本叢書十種・紀錄彙編
北還錄一卷
說郛續弓十
兵部問寧夏案一卷
(明)□□輯
玄覽堂叢書
安南來威圖冊三卷輯略三卷
(明)梁天錫輯
玄覽堂叢書
交黎勦平事略四卷
(明)歐陽必進撰　(明)方民悅輯
玄覽堂叢書
平粵錄一卷
(明)談愷撰
玄覽堂叢書三集
西征記一卷
(明)宗臣撰
說郛續弓十
天水冰山錄不分卷附錄一卷
(明)□□撰
知不足齋叢書(乾隆至道光本、景乾隆
至道光本)第十四集
叢書集成初編・應用科學類
中國內亂外禍歷史叢書第七輯
明倭寇始末一卷
(清)谷應泰撰
學海類編(道光本、景道光本)・集餘
二
叢書集成初編・史地類
嘉靖東南平倭通錄一卷
(明)□□撰
中國內亂外禍歷史叢書第十六輯
倭志一卷
(明)□□輯
玄覽堂叢書續集
倭變事略四卷
(明)朵九德撰
鹽邑志林
叢書集成初編・史地類
景印元明善本叢書十種・鹽邑志林
倭變事略

勝朝遺事初編
倭變事略一卷
中國內亂外禍歷史叢書第十六輯
明禦倭軍制一卷
(明)李遂撰
邈園叢書
汪直傳一卷
(明)□□撰
借月山房彙鈔(嘉慶本、景嘉慶本)第
六集
澤古齋重鈔第七集
徐海本末一卷
(明)茅坤撰
借月山房彙鈔(嘉慶本、景嘉慶本)第
四集
澤古齋重鈔第七集
紀勦除徐海本末一卷
中國內亂外禍歷史叢書第十六輯
倭奴遺事一卷
(明)鍾薇撰
玄覽堂叢書續集
備倭事略一卷
(明)歸有光撰
說郛續弓十
靖海紀略一卷
(明)鄭茂撰
鹽邑志林
叢書集成初編・史地類
景印元明善本叢書十種・鹽邑志林
中國內亂外禍歷史叢書第十六輯
靖海紀略
勝朝遺事初編
崔鳴吾紀事一卷
(明)崔嘉祥撰
鹽邑志林
叢書集成初編・文學類
景印元明善本叢書十種・鹽邑志林
鍾秉文烏槎幕府記一卷
(明)鍾兆斗撰
鹽邑志林
叢書集成初編・史地類
景印元明善本叢書十種・鹽邑志林
海寇議一卷
(明)萬表撰
金聲玉振集・紀亂
借月山房彙鈔(嘉慶本、景嘉慶本)第
十一集
澤古齋重鈔第七集

海寇後編一卷
　　(明)茅坤撰
　　　　金聲玉振集・紀亂
吳淞甲乙倭變志二卷
　　(明)張鼐撰
　　　　上海掌故叢書第一集
金山倭變小志一卷
　　(清)玉壘山人撰
　　　　中國內亂外禍歷史叢書第十六輯
倭情屯田議一卷
　　(明)趙士禎撰
　　　　中國內亂外禍歷史叢書第十六輯
橋李記一卷
　　(明)王樵撰
　　　　鹽邑志林
　　　　景印元明善本叢書十種・鹽邑志林
虔臺倭纂二卷
　　(明)謝杰撰
　　　　玄覽堂叢書續集

隆　慶

防邊紀事一卷
　　(明)高拱撰
　　　　邊略(萬曆本、民國排印本)
　　　　紀錄彙編
　　　　玉簡齋叢書・邊略
　　　　景印元明善本叢書十種・紀錄彙編
伏戎紀事一卷
　　(明)高拱撰
　　　　邊略(萬曆本、民國排印本)
　　　　寶顏堂祕笈(萬曆本、民國石印本)續
　　　　集
　　　　紀錄彙編
　　　　聞情小品
　　　　滿蒙叢書第二卷
　　　　景印元明善本叢書十種・紀錄彙編
　伏西紀事一卷
　　　　玉簡齋叢書・邊略
撻虜紀事一卷
　　(明)高拱撰
　　　　邊略(萬曆本、民國排印本)
　　　　紀錄彙編
　　　　景印元明善本叢書十種・紀錄彙編
　安邊紀事一卷
　　　　玉簡齋叢書・邊略
靖夷紀事一卷
　　(明)高拱撰
　　　　邊略(萬曆本、民國排印本)

　　　　紀錄彙編
　　　　黔南叢書第五集
　　　　叢書集成初編・史地類
　　　　景印元明善本叢書十種・紀錄彙編
靖南紀事一卷
　　　　玉簡齋叢書・邊略
綏廣紀事一卷
　　(明)高拱撰
　　　　邊略(萬曆本、民國排印本)
　　　　紀錄彙編
　　　　玉簡齋叢書・邊略
　　　　叢書集成初編・史地類
　　　　景印元明善本叢書十種・紀錄彙編
病榻遺言一卷
　　(明)高拱撰
　　　　紀錄彙編
　　　　叢書集成初編・史地類
　　　　景印元明善本叢書十種・紀錄彙編
病榻遺言四卷
　　　　高文襄公集
病榻遺言
　　　　勝朝遺事初編
北狄順義王俺答謝表一卷
　　(明)俺答撰
　　　　玄覽堂叢書
遼邸記聞一卷
　　(明)錢希言撰
　　　　說郛續弓十八
　　　　五朝小說・皇明百家小說
　　　　五朝小說大觀・皇明百家小說

萬　曆

星變志一卷
　　(明)抱甕外史撰
　　　　紀錄彙編
　　　　景印元明善本叢書十種・紀錄彙編
星變志
　　　　勝朝遺事初編
張司馬定浙二亂志一卷
　　(明)王世貞撰
　　　　紀錄彙編
　　　　叢書集成初編・史地類
　　　　景印元明善本叢書十種・紀錄彙編
江陵紀事一卷
　　(明)□□撰
　　　　荊駝逸史(宣統石印本)
　　　　海甸野史
召對錄一卷

(明)申時行撰
　　　寶顏堂祕笈（萬曆本、民國石印本）普
　　　集
　　　叢書集成初編・史地類

平播全書十五卷
　　(明)李化龍撰
　　　畿輔叢書
　　　叢書集成初編・史地類

征東實紀一卷
　　(明)錢世楨撰
　　　觀自得齋叢書

倭情考略一卷
　　(明)郭光復撰　　(明)郭師古校正
　　　乙亥叢編

郘事紀略一卷
　　(明)王禹聲撰
　　　震澤先生別集（萬曆本、民國本）

勦奴議撮一卷
　　(明)于燕芳撰
　　　寶顏堂祕笈（萬曆本）普集

遼籌二卷遼夷略一卷陳謠雜詠一卷
　　(明)張鼐撰
　　　玄覽堂叢書

存是錄一卷
　　(明)姚宗典撰
　　　借月山房彙鈔（嘉慶本、景嘉慶本）第
　　　四集
　　　指海（道光本、景道光本）第十一集
　　　澤古齋重鈔第五集
　　　申報館叢書續集・紀麗類・屑玉叢譚
　　　三集

梃擊始末一卷
　　　明季野史彙編・酌中志餘

天　啓

天變邸抄一卷
　　(明)□□撰
　　　借月山房彙鈔（嘉慶本、景嘉慶本）第
　　　六集・詔獄慘言附
　　　指海（道光本、景道光本）第五集・詔
　　　獄慘言附
　　　澤古齋重鈔第六集・詔獄慘言附

遼廣實錄二卷
　　(明)傅國撰
　　　丁丑叢編

東事書一卷
　　(明)郭淳撰
　　　玄覽堂叢書

攻渝紀事一卷
　　(明)徐如珂撰
　　　荆駝逸史（道光本、宣統石印本）
　　　中國內亂外禍歷史叢書第十四輯

念陽徐公定蜀記一卷
　　(明)文震孟撰
　　　荆駝逸史（道光本、宣統石印本）

定蜀記一卷
　　　中國內亂外禍歷史叢書第十四輯

平蜀記事一卷
　　(清)錢謙益(虞山逸民)撰
　　　荆駝逸史（道光本、宣統石印本）
　　　中國內亂外禍歷史叢書第十四輯

水西紀略一卷
　　(清)李珍撰
　　　賜硯堂叢書新編甲集

輶軒紀事一卷
　　(明)姜曰廣撰
　　　豫章叢書(陶福履輯)第二集
　　　三異詞錄
　　　叢書集成初編・史地類

庚申紀事一卷
　　(明)張溥撰
　　　借月山房彙鈔（嘉慶本、景嘉慶本）第
　　　四集
　　　澤古齋重鈔第五集
　　　叢書集成初編・史地類

魏忠賢始末一卷
　　(清)趙吉士撰
　　　遜敏堂叢書

邊事小紀四卷
　　(明)周文郁撰
　　　玄覽堂叢書續集

清流摘鏡六卷
　　(明)吳嶽撰
　　　甲申野史紀事彙鈔

詔獄慘言一卷
　　(明)燕客撰
　　　借月山房彙鈔（嘉慶本、景嘉慶本）第
　　　六集
　　　指海（道光本、景道光本）第五集
　　　澤古齋重鈔第六集

丙寅北行日譜一卷
　　(明)朱祖文撰
　　　知不足齋叢書(乾隆至道光本、景乾隆
　　　至道光本)第二十一集
　　　叢書集成初編・史地類

北行日譜一卷附錄一卷

筆記小說大觀第五輯

乙丙紀事一卷
　　（清）孫奇逢撰
　　　　賜硯堂叢書新編甲集
　　　　昭代叢書（道光本）己集廣編

全吳紀略一卷
　　（明）楊廷樞撰
　　　　荊駝逸史（道光本、宣統石印本）
　　　　中國內亂外禍歷史叢書第十輯

徐巡按揭帖一卷
　　（明）徐吉撰
　　　　又滿樓叢書

人變述略一卷
　　（明）黃煜撰
　　　　荊駝逸史（宣統石印本）

李仲達被逮紀略一卷
　　（明）蔡士順撰
　　　　江陰叢書
　　　　粟香室叢書
　　　　荊駝逸史（宣統石印本）

隨筆漫記一卷
　　（明）唐昌世撰
　　　　指海（道光本、景道光本）第十七集

周端孝先生血疏貼黃冊一卷
　　（明）周茂蘭撰
　　　　知不足齋叢書（乾隆至道光本、景乾隆
　　　　　至道光本）第十三集・碧血錄附
　　　　筆記小說大觀第五輯・碧血錄附
　　　　叢書集成初編・碧血錄附

明周端孝先生血疏貼黃真蹟一卷附錄
　　一卷
　　　　百川書屋叢書

明周端孝先生血疏題跋一卷
　　（清）萬福康輯
　　　　吳中文獻小叢書

東林本末三卷
　　（明）吳應箕撰
　　　　荊駝逸史（道光本）
　　　　樓山堂遺書
　　　　貴池先哲遺書
　　　　中國內亂外禍歷史叢書第十三輯

東林事略三卷
　　　　荊駝逸史（宣統石印本）

東林事略一卷
　　　　海甸野史

東林紀事本末論一卷
　　（明）吳應箕撰
　　　　海甸野史

東林始末一卷
　　（明）蔣平階撰
　　　　學海類編（道光本、景道光本）・集餘
　　　　　一
　　　　中國內亂外禍歷史叢書第十三輯

復社紀事一卷
　　（清）吳偉業撰
　　　　借月山房彙鈔（嘉慶本、景嘉慶本）第
　　　　　四集
　　　　澤古齋重鈔第五集
　　　　賜硯堂叢書新編甲集
　　　　昭代叢書（道光本）戊集續編
　　　　申報館叢書續集・紀麗類・屑玉叢譚
　　　　　三集
　　　　國粹叢書第三集・明季復社紀略附
　　　　中國內亂外禍歷史叢書第十三輯

復社紀事
　　　　勝朝紀事二編

社事始末一卷
　　（清）杜登春撰
　　　　藝海珠塵革集（庚集）
　　　　昭代叢書（道光本）戊集續編

明季復社紀略四卷
　　（清）陸世儀（眉史氏）撰
　　　　國粹叢書第三集

復社紀略四卷
　　　　中國內亂外禍歷史叢書第十三輯

南都防亂公揭一卷
　　（明）吳應箕撰
　　　　花近樓叢書補遺

崇　禎

今史九卷
　　（明）□□輯
　　　　玄覽堂叢書三集

崇禎遺錄一卷
　　（清）王世德撰
　　　　豫恕堂叢書

烈皇小識六卷
　　（明）文秉撰
　　　　明季野史彙編

烈皇小識八卷
　　　　明季稗史彙編（琉璃廠本、圖書集成局
　　　　　排印本）
　　　　中國內亂外禍歷史叢書第十七輯

崇禎長編二卷
　　（明）□□撰
　　　　痛史（宣統本、民國本）

中國內亂外禍歷史叢書第十輯

思陵勤政紀(一名烈皇勤政記)一卷
　　(清)孫承澤撰
　　　　借月山房彙鈔（嘉慶本、景嘉慶本）第
　　　　　五集
　　　　指海（道光本、景道光本）第二集
　　　　澤古齋重鈔第四集
　　　　式古居彙鈔
　　　　叢書集成初編・史地類

燼宮遺錄二卷
　　(明)□□撰
　　　　適園叢書第一集
　　　　說庫

欽定逆案一卷
　　(明)□□撰
　　　　明季野史彙編・酌中志餘
　　　　正覺樓叢刻・酌中志餘

靖海紀略四卷
　　(明)曹履泰撰
　　　　別下齋叢書（道光本、商務印書館景道
　　　　　光本、竹簡齋景道光本）
　　　　叢書集成初編・史地類

東江始末一卷
　　(明)柏起宗撰
　　　　借月山房彙鈔（嘉慶本、景嘉慶本）第
　　　　　四集
　　　　澤古齋重鈔第五集
　　　　國粹叢書第三集
　　　　中國內亂外禍歷史叢書第三輯

東江遺事二卷
　　(清)吳騫輯
　　　　明季遼事叢刊

袁督師計斬毛文龍始末一卷
　　(清)李清撰
　　　　荊駝逸史（道光本、宣統石印本）

督師袁崇煥計斬毛文龍始末一卷
　　　　海甸野史

平叛記二卷
　　(清)毛霦撰
　　　　甲申野史紀事彙鈔

平叛記一卷
　　　　殷禮在斯堂叢書

東陽兵變一卷
　　(明)□□撰
　　　　荊駝逸史（宣統石印本）
　　　　海甸野史
　　　　中國內亂外禍歷史叢書第十輯

永城紀略一卷

　　(明)馬士英撰
　　　　黔南叢書別集

永牘一卷
　　(明)馬士英撰
　　　　黔南叢書別集

召對紀實一卷
　　(清)楊山松撰
　　　　遯盦叢編甲集

被難紀略一卷
　　(清)楊山松撰
　　　　遯盦叢編甲集

將亡妖孽一卷
　　(清)戴笠撰
　　　　玄覽堂叢書續集・懷陵流寇始終錄附

延綏鎮志李自成傳一卷
　　(清)譚吉璁撰
　　　　玄覽堂叢書續集・懷陵流寇始終錄附

流賊傳一卷
　　(清)張廷玉等撰
　　　　崇正叢書

綏寇紀略十二卷
　　(清)吳偉業撰
　　　　四庫全書・史部紀事本末類

綏寇紀略十二卷補遺三卷
　　　　學津討原（嘉慶本、景嘉慶本）第六集
　　　　申報館叢書續集・掌故類
　　　　叢書集成初編・史地類

續編綏寇紀略五卷
　　(清)葉夢珠撰
　　　　申報館叢書餘集

平寇志十二卷
　　(清)彭孫貽撰
　　　　甲申野史紀事彙鈔

懷陵流寇始終錄十八卷
　　(清)戴笠撰　(清)吳殳輯
　　　　玄覽堂叢書續集

甲申剩事一卷
　　(清)戴笠撰
　　　　玄覽堂叢書續集・懷陵流寇始終錄附

綏史三卷
　　(清)□□撰　(清)葉騰驤刪節
　　　　崇正叢書

流寇瑣記二卷
　　(清)趙吉士撰
　　　　崇正叢書

流寇瑣聞二卷
　　(清)□□撰
　　　　明末稗史鈔四種

虎口餘生記一卷
　　(明)邊大綬撰
　　　　知不足齋叢書（乾隆至道光本、景乾隆
　　　　　至道光本）第五集
　　　　龍威祕書五集
　　　　昭代叢書（道光本）庚集埤編
　　　　崇正叢書
　　　　筆記小說大觀第七輯
　　　　中國內亂外禍歷史叢書第十四輯
　虎口餘生記一卷附塘報稿一卷
　　　　花近樓叢書
崇禎癸未楡林城守紀略一卷
　　(清)戴名世撰
　　　　荊駝逸史（道光本）
　楡林城守紀略一卷
　　　　中國內亂外禍歷史叢書第三輯
從戎始末一卷兵燹瑣記一卷
　　(明)張道濬撰
　　　　山右叢書初編
守汴日志一卷
　　(清)李光壂撰
　　　　說鈴（康熙本、道光本）前集
　　　　昭代叢書（道光本）壬集補編
　　　　崇正叢書
汴圍濕襟錄二卷
　　(明)白愚撰
　　　　荊駝逸史（道光本）
　汴圍濕襟錄一卷
　　　　荊駝逸史（宣統石印本）
　　　　古今說部叢書三集
　　　　中國內亂外禍歷史叢書第十四輯
攻口紀略一卷
　　(清)周在浚撰
　　　　明末稗史鈔四種
　大梁守城記一卷
　　　　痛史（宣統本、民國本）·守鄖記略附
豫變紀略八卷
　　(清)鄭廉撰
　　　　三怡堂叢書
竹中記一卷
　　(清)魏晉封撰
　　　　漢陽魏氏遺書
寓楚雜著一卷
　　(明)羅明祖撰
　　　　羅紋山先生全集
存漢錄一卷
　　(明)高斗樞撰
　　　　仰視千七百二十九鶴齋叢書（光緒本、

景光緒本）第四集
　守鄖紀略一卷
　　　　痛史（宣統本、民國本）
　　　　中國內亂外禍歷史叢書第十四輯
歷年城守記一卷
　　(清)王庹撰
　　　　荊駝逸史（道光本、宣統石印本）
僞官據城記一卷
　　(清)王庹撰
　　　　荊駝逸史（道光本、宣統石印本）
淮城日記一卷
　　(清)張天民撰
　　　　小方壺齋叢書二集
淮城紀事一卷
　　(明)□□撰
　　　　痛史（宣統本、民國本）
　　　　中國內亂外禍歷史叢書第三輯
荒書一卷
　　(清)費密撰
　　　　渭南嚴氏孝義家塾叢書·費氏遺書三
　　　　　種
荒書一卷附校記一卷
　　(清)費密撰　校記(民國)唐鴻學撰
　　　　怡蘭堂叢書·費氏遺書三種
蜀難敍略一卷
　　(清)沈荀蔚撰
　　　　知不足齋叢書（乾隆至道光本、景乾隆
　　　　　至道光本）第十八集
　　　　昭代叢書（道光本）己集廣編
　　　　筆記小說大觀第四輯
　　　　叢書集成初編·史地類
蜀碧四卷
　　(清)彭遵泗撰
　　　　借月山房彙鈔（嘉慶本、景嘉慶本）第
　　　　　七集
　　　　指海（道光本、景道光本）第九集
　　　　澤古齋重鈔第五集
　　　　崇正叢書
　　　　式古居彙鈔
　　　　申報館叢書正集·古事紀實類
　　　　筆記小說大觀第三輯
　　　　叢書集成初編·史地類
　　　　中國內亂外禍歷史叢書第十五輯
蜀記一卷
　　(清)□□撰
　　　　痛史（宣統本、民國本）
蜀破鏡三卷
　　(清)孫鉽撰

古棠書屋叢書 · 史部

客滇述一卷
(明)顧山貞撰
痛史(宣統本、民國本)
中國內亂外禍歷史叢書第十四輯

流寇陷巢記(原名沈存仲再生紀異錄)一卷
(明)沈常撰
蟫隱廬叢書

墨楯一卷
(清)熊文舉撰
豫章叢書(陶福履輯)第三集

孑遺錄一卷
(清)戴名世撰
荊駝逸史(道光本)
國粹叢書第三集

甲申紀事十三卷
(明)馮夢龍輯
玄覽堂叢書

燕都日記一卷
(明)馮夢龍撰　(清)莫釐山人增補
申報館叢書續集 · 掌故類 · 紀載彙編

再生記略一卷
(清)陳濟生撰
賜硯堂叢書新編丙集
昭代叢書(道光本)丁集新編補

再生記略二卷
長恩閣叢書

遇變紀略一卷
(明)徐應芬撰
賜硯堂叢書新編丙集
(明聾道人撰)
荊駝逸史(道光本、宣統石印本)

燕都識餘一卷
(明聾道人撰)
昭代叢書(道光本)辛集別編補

定思小記一卷
(清)劉尚友撰
明季史料叢書
丁丑叢編

甲申紀變錄一卷
(明)錢邦芑撰
荊駝逸史(道光本)

甲申紀變實錄一卷
荊駝逸史(宣統石印本)

崇禎甲申燕京紀變實錄一卷
海甸野史

崇禎甲申燕都紀變實錄一卷

痛史(宣統本、民國本) · 國變難臣鈔附

甲申忠佞記事一卷
(明)錢邦芑撰
荊駝逸史(道光本、宣統石印本)

甲申三月忠逆諸臣紀事一卷
海甸野史
痛史(宣統本、民國本) · 國變難臣鈔附

國變難臣鈔一卷
(明)□□撰
痛史(宣統本、民國本)
中國內亂外禍歷史叢書第一輯

忠貞軼記一卷
(清)徐懋賢撰
崇正叢書

甲申紀事一卷
(清)□□撰
崇正叢書

甲申核真略一卷附錄一卷
(明)楊士聰撰
長恩閣叢書

甲申核真略一卷
明季史料叢書

南行日記一卷
(明)楊士聰撰
長恩閣叢書

甲申傳信錄十卷
(明)錢䒫撰
申報館叢書正集 · 古事紀實類
國粹叢書第三集
國難叢書第一輯
中國內亂外禍歷史叢書第八輯

甲申傳信錄
勝朝遺事初編

滄州紀事一卷
(清)程正揆撰
荊駝逸史(道光本、宣統石印本)

甲申紀事一卷
荊駝逸史(宣統石印本)

崇禎甲申保定城守紀略一卷
(清)戴名世撰
荊駝逸史(道光本)

保定城守紀略一卷
中國內亂外禍歷史叢書第三輯

董心葵事記一卷
(明)□□撰
申報館叢書續集 · 掌故類 · 紀載彙編

中國內亂外禍歷史叢書第七輯

馘闖小史六卷

　　（清）胡蘆道人撰
　　　玄覽堂叢書

戴褐夫集紀略一卷

　　（清）戴名世撰
　　　國粹叢書第二集・戴褐夫集附

晚 明 通 記

山中聞見錄十一卷（原缺卷三至五）

　　（清）彭孫貽撰
　　　玉簡齋叢書

先撥志始二卷

　　（明）文秉撰
　　　借月山房彙鈔（嘉慶本、景嘉慶本）第
　　　　五集
　　　指海（道光本、景道光本）第十三集
　　　澤古齋重鈔第四集
　　　式古居彙鈔
　　　叢書集成初編・史地類
　　　中國內亂外禍歷史叢書第十五輯

說略一卷

　　（明）黃尊素撰
　　　涵芬樓祕笈第二集

酌中志二十三卷

　　（明）劉若愚撰
　　　明季野史彙編

酌中志二十四卷

　　　海山仙館叢書
　　　叢書集成初編・史地類

啓禎兩朝剝復錄三卷

　　（明）吳應箕撰
　　　荊駝逸史（道光本、宣統石印本）

兩朝剝復錄六卷

　　　甲申野史紀事彙鈔

兩朝剝復錄六卷

　　（明）吳應箕撰　　（清）夏燮校證
　　　樓山堂遺書

啓禎兩朝剝復錄十卷附札記一卷

　　（明）吳應箕撰　　札記（民國）劉世珩撰
　　　貴池先哲遺書

三朝野紀七卷

　　（明）李遜之撰
　　　荊駝逸史（道光本）

三朝野紀七卷（原缺卷五至六）

　　　荊駝逸史（宣統石印本）
　　　中國內亂外禍歷史叢書第一輯

三朝野紀三卷（卷一至三）

常州先哲遺書後編補遺

崇禎朝紀略四卷（即三朝野記卷四至七）

　　　明季野史彙編

崇禎朝記事四卷（即三朝野記卷四至七）

　　　常州先哲遺書第一集・史類

啓禎記聞錄八卷

　　（明）葉紹袁撰
　　　痛史（宣統本、民國本）

鹿樵紀聞三卷

　　（清梅村野史撰）
　　　痛史（宣統本、民國本）
　　（清）吳偉業撰
　　　中國內亂外禍歷史叢書第二輯

小腆紀敍六卷

　　（清）王源魯撰
　　　明季史料叢書

三垣筆記四卷

　　（清）李清撰
　　　明季野史彙編

三垣筆記三卷補遺三卷

　　　古學彙刊第一集・史學類

三垣筆記三卷補遺三卷附識三卷補遺一卷

　　　嘉業堂叢書・史部

幸存錄一卷

　　（明）夏允彝撰
　　　明末稗史鈔四種
　　　三異詞錄

幸存錄二卷

　　　明季野史彙編
　　　明季稗史彙編（琉璃廠本、圖書集成局排印本）
　　　中國內亂外禍歷史叢書第二輯

幸存錄

　　　勝朝遺事二編

續幸存錄三卷

　　（明）夏完淳撰
　　　明末稗史鈔四種

續幸存錄一卷

　　　明季野史彙編
　　　明季稗史彙編（琉璃廠本、圖書集成局排印本）
　　　中國內亂外禍歷史叢書第二輯

汰存錄一卷

　　（清）黃宗羲撰
　　　昭代叢書（道光本）丁集新編

　　　　　長恩閣叢書
　　　　　仰視千七百二十九鶴齋叢書（光緒本、
　　　　　　景光緒本）第一集
　　　　　梨洲遺著彙刊
　　汰存錄紀辨一卷
　　　　中國內亂外禍歷史叢書第十三輯
明季實錄一卷
　　　（清）顧炎武撰
　　　　　昭代叢書（道光本）癸集萃編
　　　　　槐廬叢書四編
明季遺聞四卷
　　　（清）鄒漪撰
　　　　　明季野史彙編
　　明季遺聞一卷
　　　　昭代叢書（道光本）壬集補編
明季遺聞拾遺一卷
　　　（清）鄒漪撰
　　　　　長恩閣叢書
明紀編年三卷
　　　（清）王汝南撰
　　　　　明季野史彙編
明亡述略二卷
　　　（清）鎖綠山人撰
　　　　　荊駝逸史（道光本、宣統石印本）
　　　　　中國內亂外禍歷史叢書第十輯
熠火錄三十四卷
　　　（清）李天根撰
　　　　　明季史料叢書
小腆紀年附攷二十卷
　　　（清）徐鼒撰
　　　　　敬帝齋遺書

南　明

行朝錄六卷
　　　（清）黃宗羲撰
　　　　　荊駝逸史（道光本）
　　　　　國粹叢書第三集
　　行朝錄十一卷末一卷
　　　　紹興先正遺書第四集
東南紀事十二卷
　　　（清）邵廷采撰
　　　　　邵武徐氏叢書初刻
　　　　　中國內亂外禍歷史叢書第三輯
西南紀事十二卷
　　　（清）邵廷采撰
　　　　　邵武徐氏叢書初刻
所知錄三卷
　　　（清）錢澄之撰

　　　　　荊駝逸史（道光本、宣統石印本）
聖安紀事二卷
　　　（清）顧炎武撰
　　　　　顧亭林先生遺書補遺
聖安皇帝本紀二卷
　　　　　明季野史彙編
　　　　　明季稗史彙編（琉璃廠本、圖書集成局
　　　　　排印本）
聖安本紀六卷
　　　　　荊駝逸史（道光本、宣統石印本）
弘光實錄鈔四卷
　　　（清）黃宗羲（古藏室史臣）撰
　　　　　痛史（宣統本、民國本）
　　　　　中國內亂外禍歷史叢書第八輯
福王登極實錄一卷
　　　（明）文震亨撰
　　　　　痛史（宣統本、民國本）
金陵紀略一卷附南征記一卷
　　　（清）□□撰
　　　　　痛史（宣統本、民國本）・福王登極實
　　　　　錄附
金陵野鈔一卷
　　　（清）顧苓撰
　　　　　殷禮在斯堂叢書
弘光朝偽東宮偽后及黨禍紀略一卷
　　　（清）戴名世撰
　　　　　荊駝逸史（道光本）
　　　（清眉史氏撰）
　　　　　中國內亂外禍歷史叢書第十三輯
使臣碧血一卷
　　　（明）錢駅撰
　　　　　適園叢書第一集・魯春秋附
北使紀略一卷
　　　（明）陳洪範撰
　　　　　荊駝逸史（道光本、宣統石印本）
　　　　　海甸野史
　　　　　滿清野史續編
　　　　　中國內亂外禍歷史叢書第十輯
揚州變略一卷
　　　（明）□□撰
　　　　　痛史（宣統本、民國本）・淮城紀事附
　　　　　中國內亂外禍歷史叢書第三輯
京口變略一卷
　　　（明）□□撰
　　　　　痛史（宣統本、民國本）・淮城紀事附
潯陽紀事一卷
　　　（明）袁繼咸撰
　　　　　豫章叢書（胡思敬輯）・明季逸史

青燐屑二卷
　　（明應喜臣撰）
　　　　明季野史彙編
　　　　中國內亂外禍歷史叢書第十輯
　　（明）應廷吉撰
　　　　明季稗史彙編（琉璃廠本、圖書集成局
　　　　　排印本）
揚州十日記一卷
　　（清）王秀楚撰
　　　　明季野史彙編
　　　　荊駝逸史（道光本、宣統石印本）
　　　　明季稗史彙編（琉璃廠本、圖書集成局
　　　　　排印本）
　　　　陸沈叢書
　　　　揚州叢刻
　　　　中國內亂外禍歷史叢書第二輯
　揚州十日屠殺記一卷
　　　　國難叢書第一輯
滿清入關暴政之三一卷
　　　　滿清野史五編
弘光乙酉揚州城守紀略一卷
　　（清）戴名世撰
　　　　荊駝逸史（道光本）
　揚州城守紀略一卷
　　　　揚州叢刻
　乙酉揚州城守紀略一卷
　　　　中國內亂外禍歷史叢書第三輯
江南聞見錄一卷
　　（明）□□撰
　　　　明季野史彙編
　　　　明季稗史彙編（琉璃廠本、圖書集成
　　　　　排印本）
　　　　中國內亂外禍歷史叢書第三輯
江陰守城記一卷
　　（清）許重熙撰
　　　　荊駝逸史（道光本、宣統石印本）
　江陰城守紀事一卷
　　　　海甸野史
　江陰城守後紀一卷
　　　　中國內亂外禍歷史叢書第三輯
江陰城守記二卷
　　（清）韓菼撰
　　　　荊駝逸史（道光本、宣統石印本）
　　　　中國內亂外禍歷史叢書第三輯
　滿清入關暴政之一一卷
　　　　滿清野史五編
江上孤忠錄一卷
　　（清）黃明曦撰　　（清）黃懷孝（清）龔丙吉重

　　　訂
　　　藝海珠塵癸集
　　　江陰叢書
　　　粟香室叢書
　　　叢書集成初編・史地類
　　（題明趙巘明撰）
　　　痛史（宣統本、民國本）
江上遺聞一卷
　　（清）沈濤撰
　　　　申報館叢書續集・掌故類・紀載彙編
　　　　江陰叢書
　　　　粟香室叢書
　　　　中國內亂外禍歷史叢書第三輯
蘇城紀變一卷
　　（清）□□撰
　　　　國粹叢書第三集
　　　　明季史料叢書
平吳事略一卷
　　（清）南園嘯客撰
　　　　荊駝逸史（道光本）
　　　　中國內亂外禍歷史叢書第十四輯
　開國平吳事略一卷
　　　　荊駝逸史（宣統石印本）
海角遺編一卷
　　（清）漫遊野史撰
　　　　虞陽說苑甲編
七峯遺編二卷
　　（清）七峯樵道人撰
　　　　虞陽說苑甲編
海虞被兵記一卷
　　（清）王孫蘭撰
　　　　虞陽說苑甲編
　乙酉海虞被兵記一卷
　　　　國難叢書第一輯
虞邑紀變略二卷
　　（清）黃廷鑑（琴溪拙叟）撰
　　　　琴川黃氏三集・第六絃溪文鈔附
嘉定屠城紀略一卷
　　（清）朱子素撰
　　　　明季野史彙編
　　　　明季稗史彙編（琉璃廠本、圖書集成局
　　　　　排印本）
　　　　陸沈叢書
　　　　中國內亂外禍歷史叢書第二輯
　東塘日劄一卷
　　　　申報館叢書續集・掌故類・紀載彙編
嘉定縣乙酉紀事一卷
　　　　痛史（宣統本、民國本）

國粹叢書第三集

做指南錄一卷
　　(明)康范生撰
　　　　荊駝逸史(道光本、宣統石印本)
　　　　海甸野史
　　　　中國內亂外禍歷史叢書第十四輯
贛州失事紀一卷
　　(清)黃宗羲撰
　　　　梨洲遺著彙刊·行朝錄
紹武爭立紀一卷
　　(清)黃宗羲撰
　　　　梨洲遺著彙刊·行朝錄
永曆實錄二十六卷(原缺卷十六)
　　(清)王夫之撰
　　　　船山遺書(同治本、民國本)
劫灰錄一卷
　　(清)珠江寅舫撰
　　　　國粹叢書第三集
劫灰錄六卷
　　　　明季史料叢書
見聞隨筆二卷
　　(清)馮甦撰
　　　　台州叢書甲集
永曆紀年一卷
　　(清)黃宗羲撰
　　　　梨洲遺著彙刊·行朝錄
　　　　中國內亂外禍歷史叢書第十輯
沙定洲紀亂一卷
　　(清)黃宗羲撰
　　　　梨洲遺著彙刊·行朝錄
滇攷一卷
　　(清)黃宗羲撰
　　　　梨洲遺著彙刊
行在陽秋二卷
　　(清)戴笠撰
　　　　明季野史彙編
　　　　中國內亂外禍歷史叢書第一輯
　　(題明劉湘客撰)
　　　　明季稗史彙編(琉璃廠本、圖書集成局
　　　　　排印本)
殘明紀事一卷
　　(清)□□撰
　　　　三異詞錄
　　　　張氏適園叢書初集
安龍逸史二卷
　　(清)屈大均撰
　　　　嘉業堂叢書·史部
　　　　黔南叢書第五集

三湘從事紀一卷
　　(明)蒙正發撰
　　　　申報館叢書續集·紀麗類·屑玉叢譚
　　　　四集
三湘從事錄一卷
　　(明)蒙正發撰　　(清)金永森注
　　　　中國內亂外禍歷史叢書第四輯
江變紀略二卷
　　(清)徐世溥撰
　　　　荊駝逸史(道光本、宣統石印本)
　　　　中國內亂外禍歷史叢書第三輯
江變紀略一卷
　　　　豫章叢書(陶福履輯)第二集
　　　　海甸野史
江右紀變一卷
　　(清)陸世儀撰
　　　　紹興先正遺書
永曆紀事一卷
　　(清)丁大任撰
　　　　荊駝逸史(宣統石印本)
　　　　海甸野史
入長沙記一卷
　　(清)丁大任撰
　　　　荊駝逸史(道光本、宣統石印本)
癸巳小春入長沙記一卷
　　　　海甸野史
粵中偶記一卷
　　(明)華復蠡撰
　　　　荊駝逸史(道光本、宣統石印本)
粵游見聞一卷
　　(明)瞿共美撰
　　　　明季野史彙編
　　　　明季稗史彙編(琉璃廠本、圖書集成局
　　　　　排印本)
東明聞見錄二卷
　　(明)瞿共美撰
　　　　明季野史彙編
東明聞見錄一卷
　　　　明季稗史彙編(琉璃廠本、圖書集成局
　　　　　排印本)
粵行紀事三卷
　　(清)瞿昌文撰
　　　　知不足齋叢書(乾隆至道光本、景乾隆
　　　　　至道光本)第二十一集
　　　　筆記小說大觀第四輯
　　　　叢書集成初編·史地類
粵行小紀三卷
　　　　長恩閣叢書

兩粵夢遊記一卷
  （明）馬光撰
    荆駝逸史（道光本、宣統石印本）
兩廣紀略一卷
  （明）華復蠡撰
    明季野史彙編
    明季稗史彙編（琉璃廠本、圖書集成局
     排印本）
    海甸野史
兩粵新書一卷
  （清）方以智撰
    海甸野史
    明季史料叢書
風倒梧桐記二卷
  （明）何是非撰
    荆駝逸史（道光本、宣統石印本）
 風倒梧桐記一卷
    海甸野史
桂林田海記一卷
  （清）雷亮功撰
    明季史料叢書
庚寅十一月初五日始安事略一卷
  （清）瞿玄錫撰
    荆駝逸史（道光本、宣統石印本）
    明季史料叢書
 庚寅始安事略一卷
    中國內亂外禍歷史叢書第十輯
滇南外史一卷
  （清）□□撰
    明季史料叢書
黔記一卷
  （明）文安之撰
    長恩閣叢書
安龍紀事一卷
  （明）江之春撰
    申報館叢書續集・掌故類・紀載彙編
    黔南叢書第五集
    中國內亂外禍歷史叢書第十四輯
滇緬錄一卷
  （清）□□撰
    長恩閣叢書
楊監筆記一卷
  （明）楊德澤撰
    玉簡齋叢書
也是錄（一名永曆帝入緬本末）一卷
  （明自非逸史撰）
    明季野史彙編
    明季稗史彙編（琉璃廠本、圖書集成局

     排印本）
  （明自非和尚撰）
    三異詞錄
  （明）鄧凱撰
    中國內亂外禍歷史叢書第十輯
求野錄一卷
  （明客溪樵隱撰）
    明季野史彙編
    明季稗史彙編（琉璃廠本、圖書集成局
     排印本）
  （明）鄧凱撰
    中國內亂外禍歷史叢書第十輯
 求野錄三卷
  （明客溪樵隱撰）
    三異詞錄
賜姓始末一卷
  （清）黃宗羲撰
    明季野史彙編
    明季稗史彙編（琉璃廠本、圖書集成局
     排印本）
    黃梨洲遺書
    梨洲遺著彙刊
臺灣外記三十卷
  （清）江日昇撰
    申報館叢書續集・小說類
    筆記小說大觀第四輯
台灣鄭氏始末六卷
  （清）沈雲撰　（清）沈垚注
    淩氏傳經堂叢書
    吳興叢書
北征紀略一卷
  （明）張煌言撰
    適園叢書第一集・魯春秋附
海上見聞錄二卷
  （清）夢葊輯
    痛史（宣統本、民國本）
僞鄭逸事一卷
  （清）郁永河撰
    申報館叢書續集・紀麗類・屑玉叢譚
     三集
海寇記一卷
  （清）洪若皋撰
    昭代叢書（道光本）戊集續編

清

前　紀

清朝前紀一卷

滿淸野史三編
女直考一卷
　　（明）天都山臣撰
　　　廣百川學海乙集
　　建州女眞考一卷
　　　　寶顏堂祕笈（萬曆本、民國石印本）彙
　　　　集
　　建州女直考一卷
　　　　說郛續弓十一
　　　　陸沈叢書
建州私志三卷
　　（淸）海濱野史撰
　　　清初史料四種
能一編二卷首一卷
　　（淸）金安淸撰
　　　暢園叢書甲函
盛京崇謨閣滿文老檔譯本一卷
　　文□譯述　金毓黻錄
　　　東北文獻叢書
開國龍興記一卷
　　（淸）魏源撰
　　　　小方壺齋叢鈔卷三
　　　　小方壺齋輿地叢鈔第一帙
綏服內蒙古記一卷
　　（淸）魏源撰
　　　　小方壺齋叢鈔卷四
　　　　小方壺齋輿地叢鈔第二帙
綏服外蒙古記一卷
　　（淸）魏源撰
　　　　小方壺齋叢鈔卷四
　　　　小方壺齋輿地叢鈔第二帙
征撫朝鮮記一卷
　　（淸）魏源撰
　　　　小方壺齋輿地叢鈔第十帙
太宗文皇帝致朝鮮國王書一卷
　　　史料叢刊初編
淸開國史料考訂論訂補篇一卷
　　　謝國楨撰
　　　清初史料四種附

順　治

經略洪承疇奏對筆記二卷
　　（淸）洪承疇撰
　　　新刻奏對合編
　　　喜咏軒叢書丁編
投順提督張天祿呈報功績冊一卷
　　　史料叢刊初編
江南按察司審土國寶招擬文冊一卷

史料叢編二集
科場案一卷
　　（民國）孟森撰
　　　心史叢刊一集
順天闈一卷
　　（民國）孟森撰
　　　心史叢刊一集
大獄記略綴餘一卷
　　（民國）孟森撰
　　　心史叢刊一集
江南闈一卷
　　（民國）孟森撰
　　　心史叢刊一集
河南山東山西闈一卷
　　（民國）孟森撰
　　　心史叢刊一集
丁酉北闈大獄記略一卷
　　（淸）信天翁撰
　　　痛史（宣統本、民國本）
書老生蒙難事一卷
　　（淸）□□撰
　　　虞陽說苑甲編
辛丑紀聞一卷
　　（淸）□□撰
　　　申報館叢書續集·掌故類·紀載彙編
　　　又滿樓叢書
哭廟記略一卷
　　（淸）□□撰
　　　痛史（宣統本、民國本）
雅園居士自敍一卷
　　（淸）顧予咸撰
　　　戊寅叢編
金壇獄案一卷
　　（淸）計六奇撰
　　　申報館叢書續集·掌故類·紀載彙編
奏銷案一卷
　　（民國）孟森撰
　　　心史叢刊一集
莊氏史案一卷
　　（淸）□□撰
　　　痛史（宣統本、民國本）
秋思草堂遺集雲遊始末記一卷
　　（淸）陸莘行撰
　　　花近樓叢書
　　老父雲遊始末一卷
　　　　古今說部叢書五集
　　秋思草堂遺集一卷
　　　　痛史（宣統本、民國本）·莊氏史案附

陸麗京雪罪雲遊記一卷
　　　古學彙刊第一集・雜記類
　　　滿清野史四編
書湖州莊氏史獄一卷
　　(清)翁廣平撰
　　　嘉業堂叢書・史部・查東山年譜附
范氏記私史事一卷
　　(清)范韓撰
　　　南林叢刊次集
指嚴筆記一卷
　　(民國)許國英撰
　　　滿清野史四編

康　　熙

交山平寇詳文一卷
　　(清)趙吉士撰
　　　萬青閣全集
交山平寇書牘一卷
　　(清)趙吉士撰
　　　萬青閣全集
交山平寇本末三卷
　　(清)夏駟撰
　　　萬青閣全集
　　　明季史料叢書
庭聞錄六卷
　　(清)劉健撰
　　　杜藕山房叢書
　　　申報館叢書續集・掌故類
庭聞錄六卷附錄一卷附校勘記一卷校勘
續記一卷
　　(清)劉健撰　校勘記(民國)魏元曠撰　續
　　記(民國)胡思敬撰
　　　豫章叢書(胡思敬輯)・明季逸史
平吳錄一卷
　　(清)孫旭撰
　　　長恩閣叢書
　　　辛巳叢編
吳逆取亡錄一卷
　　(清)蒼弁山樵撰
　　　長恩閣叢書
　　　說庫
　　　清人說薈初集
吳三桂紀略一卷
　　(清)□□撰
　　　長恩閣叢書
　　　辛巳叢編
吳逆始末記一卷
　　(清)□□撰

辛巳叢編
平滇始末一卷
　　(清)□□撰
　　　長恩閣叢書
　　　辛巳叢編
桂藩事略一卷
　　　滿清野史四編
征西紀略一卷
　　(清)陸楣撰
　　　昭代叢書(道光本)丁集新編補
閩中紀略一卷
　　(清)許旭撰
　　　昭代叢書(道光本)癸集萃編
閩幕紀略二卷
　　　花近樓叢書
平定耿逆記一卷
　　(清)李之芳撰
　　　荊駝逸史(道光本、宣統石印本)
閩難記一卷
　　(清)洪若皋撰
　　　賜硯堂叢書新編丙集
　　　昭代叢書(道光本)戊集續編
朱方旦案一卷
　　(民國)孟森撰
　　　心史叢刊一集
大獄記一卷附龍川先生詩鈔一卷私史獄
一卷
　　(清)黃人輯
　　　說庫
康雍乾間文字之獄一卷
　　　滿清野史續編
記桐城方戴兩家書案一卷
　　(清)□□撰
　　　古學彙刊第一集・雜記類
　　　滿清野史四編
平定羅剎方略四卷
　　(清)□□撰
　　　功順堂叢書
平定羅剎方略一卷
　　　皇朝藩屬輿地叢書第五集
綏服紀略一卷
　　(清)松筠撰
　　　西招五種
　　　小方壺齋輿地叢鈔第三峽
綏服紀略
　　　北徼彙編
綏服紀略圖詩一卷
　　(清)松筠撰

伊犂三種

平苗記一卷
　　(清)劉應中撰
　　　　小方壺齋輿地叢鈔第八帙

鄂渚紀事一卷附錄一卷
　　(清)查昇撰
　　　　賜硯堂叢書新編丙集

聖駕親征噶爾旦方略一卷
　　(清)敖福合譯
　　　　邊疆五種

聖祖親征朔漠日錄一卷
　　　　史料叢編初集

塞北紀聞一卷
　　(清)馬思哈撰
　　　　舟車所至

　　塞北紀程一卷
　　　　小方壺齋叢鈔卷四
　　　　小方壺齋輿地叢鈔第二帙

征準噶爾記一卷
　　(清)魏源撰
　　　　小方壺齋叢鈔卷四
　　　　小方壺齋輿地叢鈔第二帙

北征日記一卷
　　(清)宋大業撰
　　　　邊疆叢書續編

西征紀略一卷
　　(清)殷化行撰
　　　　說鈴(康熙本、道光本)前集
　　　　昭代叢書(道光本)戊集續編
　　　　小方壺齋叢鈔卷四
　　　　小方壺齋輿地叢鈔第二帙
　　　　滿蒙叢書第二卷

　　從西紀略一卷
　　(清)范昭逵撰
　　　　昭代叢書(道光本)辛集別編
　　　　小方壺齋輿地叢鈔第二帙
　　　　滿蒙叢書第二卷

苗防論一卷
　　(清)魏源撰
　　　　小方壺齋輿地叢鈔第八帙

撫綏西藏記一卷
　　(清)魏源撰
　　　　小方壺齋輿地叢鈔第三帙

西藏後記一卷
　　(清)魏源撰
　　　　小方壺齋輿地叢鈔第三帙

聖祖西巡日錄一卷
　　　　史料叢編初集

聖祖五幸江南恭錄一卷
　　(清)□□撰
　　　　振綺堂叢書初集

東征集六卷
　　(清)藍鼎元撰
　　　　鹿洲全集(雍正本、同治本、光緒本)
　　　　四庫全書・史部紀事本末類・平臺紀
　　　　略附
　　　　申報館叢書續集・掌故類

平臺灣生番論一卷
　　(清)藍鼎元撰
　　　　小方壺齋輿地叢鈔第九帙

記朱一貴之亂一卷
　　　　滿清野史續編

雍　正

永憲錄一卷
　　(清)蕭奭齡撰
　　　　古學彙刊第一集・掌故類

綏服厄魯特蒙古記一卷
　　(清)魏源撰
　　　　小方壺齋叢鈔卷四
　　　　小方壺齋輿地叢鈔第二帙

兩征厄魯特記一卷
　　(清)魏源撰
　　　　小方壺齋叢鈔卷四
　　　　小方壺齋輿地叢鈔第二帙

西征記一卷
　　(清)毛振翧撰
　　　　小方壺齋輿地叢鈔第三帙

西南夷改流記一卷
　　(清)魏源撰
　　　　小方壺齋輿地叢鈔第八帙

烏蒙祕聞一卷
　　　　滿清野史三編

乾　隆

平定兩金川述略一卷
　　(清)趙翼撰
　　　　小方壺齋輿地叢鈔第八帙

蜀徼紀聞一卷
　　(清)王昶撰
　　　　春融堂集(嘉慶本、光緒本)・春融堂
　　　　雜記八種
　　　　昭代叢書(道光本)辛集別編
　　　　申報館叢書續集・掌故類・春融堂雜
　　　　記八種
　　　　小方壺齋輿地叢鈔第八帙

　　　　古今說部叢書四集

征烏梁海述略一卷
　　(清)何秋濤撰
　　　　小方壺齋輿地叢鈔第三帙
蕩平準部記一卷
　　(清)魏源撰
　　　　小方壺齋叢鈔卷四
　　　　小方壺齋輿地叢鈔第二帙
勘定回疆記一卷
　　(清)魏源撰
　　　　小方壺齋叢鈔卷五
　　　　小方壺齋輿地叢鈔第二帙
綏服西屬國記一卷
　　(清)魏源撰
　　　　小方壺齋輿地叢鈔第三帙
哈薩克述略一卷
　　(清)何秋濤撰
　　　　小方壺齋輿地叢鈔第三帙
新疆後事記一卷
　　(清)魏源撰
　　　　小方壺齋叢鈔卷五
　　　　小方壺齋輿地叢鈔第二帙
閒閒錄案一卷
　　(民國)孟森撰
　　　　心史叢刊三集
從征緬甸日記一卷
　　(清)周裕撰
　　　　借月山房彙鈔(嘉慶本、景嘉慶本)第
　　　　七集
　　　　指海(道光本、景道光本)第十七集
　　　　澤古齋重鈔第七集
征緬紀略一卷
　　(清)王昶撰
　　　　春融堂集(嘉慶本、光緒本)・春融堂
　　　　雜記八種
　　　　昭代叢書(道光本)辛集別編
　　　　申報館叢書續集・掌故類・春融堂雜
　　　　記八種
　　　　小方壺齋輿地叢鈔第十帙
　　　　古今說部叢書五集
征緬紀聞一卷
　　(清)王昶撰
　　　　春融堂集(嘉慶本、光緒本)・春融
　　　　雜記八種
　　　　申報館叢書續集・掌故類・春融堂雜
　　　　記八種
　　　　小方壺齋輿地叢鈔第十帙
　　　　古今說部叢書四集

征緬甸記一卷
　　(清)魏源撰
　　　　小方壺齋輿地叢鈔第十帙
臨清寇略一卷
　　(清)俞蛟撰
　　　　昭代叢書(道光本)辛集別編
　　　　花近樓叢書補遺
　　　　夢厂雜著
字貫案一卷
　　(民國)孟森撰
　　　　心史叢刊三集
平回紀略一卷
　　(清)□□撰
　　　　荊駝逸史(宣統石印本)
　　　　中國內亂外禍歷史叢書第十四輯
苗疆指掌一卷
　　(清)吳文溥撰
　　　　南野堂全集・南野堂續筆記
平定臺灣述略一卷
　　(清)趙翼撰
　　　　小方壺齋輿地叢鈔第九帙
東瀛紀事一卷
　　(清)楊廷理撰
　　　　史料叢刊初編
征撫安南記一卷
　　(清)魏源撰
　　　　小方壺齋輿地叢鈔第十帙
安南軍營紀略一卷
　　(清)陳元燮撰
　　　　軍營紀略
從征安南記一卷
　　(清)□□撰
　　　　小方壺齋輿地叢鈔第十帙
征安南紀略一卷
　　(清)師範撰
　　　　小方壺齋輿地叢鈔第十帙
巴勒布紀略二十六卷附錄一卷
　　(清)□□輯
　　　　邊疆叢書續編
征廓爾喀記一卷
　　(清)魏源撰
　　　　小方壺齋輿地叢鈔第三帙

　　　　　　嘉　慶

湖南軍營紀略一卷
　　(清)陳元燮撰
　　　　軍營紀略
苗疆師旅考一卷

(清)嚴如熤撰
　　小方壺齋輿地叢鈔第八帙
黔粤軍營紀略一卷
　(清)陳元燮撰
　　軍營紀略
妖婦齊王氏傳一卷
　(清)□□撰
　　香豔叢書第三集
于役迤南記二卷
　(清)江濬源撰
　　介亭全集
甌玭誌略一卷
　(清)□□撰
　　國朝稗乘
　　清人說薈初集
　　滿清野史三編
　　中國內亂外禍歷史叢書第七輯
查抄和珅家產清單一卷
　(清)□□撰
　　中國內亂外禍歷史叢書第七輯
嘉慶東巡紀事三卷
　(清)□□撰
　　遼海叢書第八集
平海紀略一卷
　(清)溫承志撰
　　昭代叢書(道光本)癸集萃編

道　光

除氛錄一卷
　(清)沈汝瀚撰
　　戎馬風濤集
　　平臺除氛錄一卷
　　　清隱山房叢書續編
中西紀事二十四卷
　(清)夏燮(江上蹇叟)撰
　　申報館叢書餘集
信及錄一卷
　(清)林則徐撰
　　中國內亂外禍歷史叢書第十二輯
雅片事略二卷
　(清)李圭撰
　　中國內亂外禍歷史叢書第十二輯
京口僨城錄一卷
　(清)法芝瑞撰
　　京口掌故叢編初集
鎮城竹枝詞一卷
　(清)□□撰
　　京口掌故叢編初集

草間日記一卷
　(清)朱士雲撰
　　京口掌故叢編初集
庚辛日記一卷
　(清)陸獻撰
　　遜敏堂叢書
十三日備嘗記一卷
　(清)曹晟撰
　　申報館叢書正集・近事雜誌類
夷患備嘗記一卷事略附記一卷
　　上海掌故叢書第一集
出圍城記一卷
　(清)楊棨撰
　　遜敏堂叢書
　(清甦菴道人撰)
　　京口掌故叢編初集
　　晨風閣叢書
牛營奕營記略一卷
　(清)姚承輿撰
　　姚正父集
咄咄吟二卷附錄一卷
　(清)貝青喬撰
　　嘉業堂叢書・集部
襄理軍務紀略四卷
　(清)□□撰
　　雪堂叢刻
英吉利廣東入城始末一卷
　(清)七弦河上釣叟撰
　　仰視千七百二十九鶴齋叢書(光緒本、
　　　景光緒本)第一集
　　叢書集成初編・史地類
葉名琛廣州之變一卷
　　滿清野史續編

咸豐　同治

徵信錄二卷
　(清)汪篯撰
　　叢睦汪氏遺書
畿輔紀聞一卷
　(清)沈元溥撰
　　吳氏叢書襄丙編
咸同將相瑣聞一卷
　　滿清野史續編
和碩親王致戈登劄
　(清)奕訢撰
　　太平天國有趣文件十六種
張遇春致戈登書
　(清)張遇春撰

太平天國有趣文件十六種

庚辛記事一卷
　　（清）□□撰
　　　　國朝稗乘

申江避寇雜感詩一卷
　　（清）陳春曉撰
　　　　綠石山房雜感詩

紅亂紀事草一卷
　　（清）曹晟撰
　　　　上海掌故叢書第一集

覺夢錄一卷
　　（清）曹晟撰
　　　　上海掌故叢書第一集

梟林小史一卷
　　（清）黃本銓撰
　　　　申報館叢書正集·近事雜誌類
　　　　上海掌故叢書第一集

淮軍平捻記十二卷
　　（清）周世澄撰
　　　　申報館叢書續集·掌故類

東牟守城紀略一卷東牟守城詩一卷
　　（清）戴燮元撰
　　　　丹徒戴氏叢刻

山東軍興紀略二十二卷
　　（清）管晏等撰
　　　　申報館叢書續集·掌故類

豫軍紀略十二卷
　　（清）尹耕雲等撰
　　　　申報館叢書續集·掌故類

桼盦先生惠蜀書二卷補遺一卷
　　（清）蔡壽祺撰
　　　　魚梟彙刻

桼盦先生籌蜀記一卷附錄一卷
　　（清）蔡壽祺撰
　　　　魚梟彙刻

漢安徵信錄一卷
　　（清）徐灼撰
　　　　魚梟彙刻

蜀亂述聞一卷
　　（清）祝介撰
　　　　滿清野史續編

平黔紀略二十卷
　　（清）羅文彬（民國）王秉恩撰
　　　　黔南叢書第五集

黔亂紀實一卷
　　（清）劉書年撰
　　　　黔南叢書別集·劉貴陽遺稿
　　　　清芬叢鈔·滌濫軒雜著

獨山平匪記一卷
　　（清）韓超撰
　　　　振綺堂叢書初集·韓南溪四種

遵義平匪日記一卷
　　（清）韓超撰
　　　　振綺堂叢書初集·韓南溪四種

苗變記事一卷
　　（清）韓超撰
　　　　振綺堂叢書初集·韓南溪四種

騰越杜亂紀實一卷
　　（民國）曹琨撰
　　　　曲石叢書

三朝紀略一卷
　　（清）□□撰
　　　　宣威叢書

咸同宣威大事記一卷
　　（清）繆濟齋撰
　　　　宣威叢書

祺祥故事一卷
　　（民國）王闓運撰
　　　　舊聞零拾

張汶祥記一卷
　　　　滿清野史續編

光　緒

光緒大事彙鑑十二卷
　　（民國）趙炳麟撰
　　　　趙柏巖集

光宣僉載一卷
　　（民國）魏元曠撰
　　　　熊刻四種
　　　　魏氏全書·潛園統編雜編

德宗承統私記一卷
　　（民國）羅惇曧撰
　　　　滿清野史續編

清光緒帝外傳（原名崇陵傳信錄）一卷
　　（民國）惲毓鼎撰
　　　　滿清野史三編

醇親王巡閱北洋海防日記一卷
　　（民國）周馥錄
　　　　周氏師古堂所編書

西行瑣錄一卷
　　（德國）福克撰
　　　　小方壺齋輿地叢鈔第六帙

清宮禁二年記不分卷
　　　　德菱撰
　　　　滿清野史續編

克復諒山大略一卷

（清）□□撰
　　振綺堂叢書初集
　　振綺堂叢書二集
浙東籌防錄四卷
　（清）薛福成撰
　　庸庵全集
中法兵事本末一卷
　　滿清野史初編
中東戰紀輯要一卷
　　袁青萍選輯
　　國難叢書第一輯
甲午戰爭電報錄三卷
　（清）李鴻章撰
　　中國內亂外禍歷史叢書第五輯
馬關議和中日談話錄一卷
　（清）李鴻章撰
　　中國內亂外禍歷史叢書第五輯
盾墨拾餘十四卷
　（民國）易順鼎撰
　　琴志樓叢書
中日兵事本末一卷
　（民國）羅惇曧撰
　　滿清野史初編
借箸集一卷
　（民國）王元穉撰
　　無暇逸齋叢書
割臺記一卷
　（民國）羅惇曧撰
　　滿清野史初編
覺迷要錄四卷
　（民國）葉德輝輯
　　觀古堂所著書（光緒本）第二集
戊戌履霜錄四卷
　（民國）胡思敬撰
　　熊刻四種
　（民國退廬居士撰）
　　退廬全書
戊壬錄二卷
　（民國）宋玉卿撰
　　滿清稗史
戊壬錄一卷
　　滿清野史初編
戊戌政變始末一卷
　　滿清野史三編
景善日記一卷
　（清）景善撰
　　滿清野史三編
拳匪聞見錄一卷

（清）管鶴撰
　　振綺堂叢書初集
　　清人說薈二集
庚子拳變始末紀一卷
　　滿清野史三編
都門紀變百詠一卷
　（清）復儂氏（清）杞廬氏撰
　　清人說薈初集
　　滿清野史四編
西巡回鑾始末記六卷
　（清）□□撰
　　中國內亂外禍歷史叢書第六輯
義和拳教門源流考一卷
　（民國）勞乃宣撰
　　桐鄉勞先生遺書·拳案三種
庚子奉禁義和拳彙錄一卷
　（民國）勞乃宣撰
　　桐鄉勞先生遺書·拳案三種
拳案雜存三卷
　（民國）勞乃宣撰
　　桐鄉勞先生遺書·拳案三種
庚子西行記事一卷
　（民國）震鈞（唐晏）撰
　　求恕齋叢書
驢背集四卷
　（民國）胡思敬撰
　　問影樓叢刻初編
　（民國退廬居士撰）
　　退廬全書
庚子交涉隅錄一卷
　（民國）程德全撰
　　程中丞全集
庚子國變記一卷
　（民國）羅惇曧撰
　　滿清野史初編
　　中國內亂外禍歷史叢書第六輯
拳變餘聞一卷
　（民國）羅惇曧撰
　　滿清野史初編
　　中國內亂外禍歷史叢書第六輯
東平教案記二卷
　（清）柳堂撰
　　筆諫堂全集下函
張文襄幕府紀聞二卷
　（民國）辜鴻銘（漢濱讀易者）撰
　　清人說薈初集
張文襄公事略一卷
　　滿清野史四編

張文襄公治鄂記一卷
　　張繼煦撰
　　　鄂故叢書
慈禧及光緒賓天厄一卷
　　滿清野史三編
慶親王外傳一卷
　　（清）□□譯
　　　滿清野史初編
新燕語二卷
　　（民國）雷震撰
　　　滿清稗史

宣　統

宣統大事鑑一卷
　　（民國）趙炳麟撰
　　　趙柏巖集
清末實錄一卷
　　（民國）□□撰
　　　滿清稗史
　　　滿清野史初編
暗殺史一卷
　　（民國）一厂撰
　　　滿清稗史附
華僑革命史一卷
　　（民國）陳文圖撰
　　　陳新政遺集
汪兆銘庚戌被逮供詞一卷
　　（民國）張伯楨錄
　　　滄海叢書第二輯
北京庚戌橋史考一卷
　　張江裁撰
　　　中國史蹟風土叢書
辛亥四川路事紀略一卷
　　（民國）誦清堂主人輯
　　　滿清野史四編
鐵路國有案一卷
　　（民國）□□撰
　　　滿清野史四編
蜀辛一卷
　　秦柟撰
　　　四休堂叢書
辛亥武昌首義紀二卷
　　李廉方撰
　　　鄂故叢書
武漢戰紀一卷蟄炎七篇一卷
　　（民國）王樹柟撰
　　　陶廬叢刻
湘漢百事二卷

　　（民國）金城撰
　　　滿清稗史
三江筆記二卷
　　（民國）三江遊客撰
　　　滿清稗史
中國革命日記二卷
　　（民國）□□撰
　　　滿清稗史
各省獨立史別裁一卷
　　（民國）曹榮撰
　　　滿清稗史
南北春秋二卷
　　（民國）天骹撰
　　　滿清稗史

太平天国

官　書

旨准頒行詔書總目
　　　太平天國有趣文件十六種
天父上帝言題皇詔一卷
　　　太平天國叢書第一集
天父下凡詔書〔一〕一卷
　　　太平天國史料第一集
天父下凡詔書〔二〕一卷
　　　太平天國史料第一集
天命詔旨書一卷
　　　太平天國史料第一集
舊新遺詔聖書樣本一卷
　　　太平天國叢書第一集
天條書一卷附改正本天條書序言
　　　太平天國叢書第一集
原道救世歌一卷百正歌一卷
　　　太平天國史料第一集
　原道救世詔一卷
　　　太平天國叢書第一集・太平詔書
原道醒世訓一卷
　　　太平天國史料第一集
　原道醒世詔一卷
　　　太平天國叢書第一集・太平詔書
原道覺世訓一卷
　　　太平天國史料第一集
　原道覺世詔一卷
　　　太平天國叢書第一集・太平詔書
太平禮制一卷
　　　太平天國叢書第一集
　　　廣東叢書第三集・太平天國官書十種

太平軍目一卷
　　　　太平天國叢書第一集
太平條規一卷
　　　　太平天國叢書第一集
　太平條規
　　　　太平天國有趣文件十六種
行營規矩
　　　　太平天國有趣文件十六種
頒行詔書一卷
　　　　太平天國史料第一集
太平天國癸好三年新曆一卷
　　　　太平天國叢書第一集
太平天國甲寅四年新曆一卷
　　　廣東叢書第三集・太平天國官書十種
太平天國戊午八年新曆一卷
　　　廣東叢書第三集・太平天國官書十種
太平天國辛酉十一年新曆一卷
　　　　太平天國叢書第一集
太平天國辛酉十一年新曆封面式樣 並 造
　歷人銜名
　　　　太平天國有趣文件十六種
請頒新曆奏
　　　　太平天國有趣文件十六種
天王詔旨〔一〕
　　　　太平天國有趣文件十六種
天王詔旨〔二〕
　　　　太平天國有趣文件十六種
辛酉十一年正月分曆書
　　　　太平天國有趣文件十六種
庚申十年正月萌芽月令
　　　　太平天國有趣文件十六種
三字經一卷
　　　　太平天國書兩種
幼學詩一卷
　　　　太平天國叢書第一集
太平救世歌一卷
　　　　太平天國叢書第一集
建天京於金陵論一卷
　　　（太平天国）何震川等撰
　　　　太平天國史料第一集
貶妖穴爲罪隸論一卷
　　　（太平天国）何震川等撰
　　　　太平天國史料第一集
詔書蓋璽頒行論一卷
　　　（太平天国）吳容寬等撰
　　　　太平天國叢書第一集
天朝田畝制度一卷

太平天國史料第一集
　　　　太平天國叢書第一集
天理要論一卷
　　　廣東叢書第三集・太平天國官書十種
天情道理書一卷
　　　　太平天國叢書第一集
御製千字詔一卷
　　　　太平天國叢書第一集
行軍總要一卷
　　　　太平天國叢書第一集
天父詩五卷
　　　　太平天國叢書第一集
醒世文一卷
　　　　太平天國叢書第一集
王長次兄親目親耳共證福音書一卷
　　　　太平天國叢書第一集
幼主詔書一卷
　　　　太平天國叢書第一集
資政新篇一卷
　　　（太平天国）洪仁玕撰
　　　廣東叢書第三集・太平天國官書十種
欽定士階條例一卷
　　　　太平天國叢書第一集
欽定英傑歸眞一卷
　　　（太平天国）洪仁玕撰
　　　　太平天國叢書第一集
　英傑歸眞一卷
　　　　邀圃叢書
欽定軍次實錄一卷
　　　（太平天国）洪仁玕撰
　　　廣東叢書第三集・太平天國官書十種
欽命文衡正總裁精忠軍師干王寶製 一卷
　　　（太平天国）洪仁玕撰
　　　廣東叢書第三集・太平天國官書十種
天父天兄天王太平天國九年會試題 一卷
　　　（太平天国）洪仁玕撰
　　　廣東叢書第三集・太平天國官書十種
誅妖檄文一卷
　　　（太平天国）洪仁玕撰
　　　廣東叢書第三集・太平天國官書十種
太平天日一卷
　　　（太平天国）洪仁玕撰
　　　廣東叢書第三集・太平天國官書十種

文 書 雜 件

干王洪仁玕等口供一卷
　　　（太平天国）洪仁玕等撰

太平天國叢書第二輯

干王書福字碑拓本
　　　　太平天國有趣文件十六種

干王印
　　　　太平天國有趣文件十六種

忠王致護王書
　　（太平天国）李秀成撰
　　　　太平天國有趣文件十六種

忠王致潮王書
　　（太平天国）李秀成撰
　　　　太平天國有趣文件十六種

俚歌一首
　　　　太平天國有趣文件十六種

起事來歷眞傳一卷
　　　　太平天國書兩種

清方記載

平定粵寇紀略十八卷附記四卷
　　（清）杜文瀾撰
　　　　曼陀羅華閣叢書
平定粵匪紀略十八卷附記四卷
　　　　申報館叢書餘集

太平天國別史（原名賊情彙纂）一卷
　　（清）張德堅輯
　　　　明清珍本小說集

軍興紀略一卷
　　（清）謝蘭生撰
　　　　詠梅軒叢書

逆黨姓名紀略一卷
　　（清）潘鍾瑞撰
　　　　香禪精舍集·蘇臺麋鹿記附

湘軍志十六卷
　　（民國）王闓運撰
　　　　湘綺樓全書

霆軍紀略十六卷
　　（清）陳昌撰
　　　　申報館叢書餘集

從戎紀略一卷附錄一卷
　　（清）朱洪章撰
　　　　念劬廬叢刊初編

弢園筆乘一卷
　　（清）王韜撰
　　　　滿清野史五編

劫夢淚談一卷
　　（清）吳紹箕撰
　　　　申報館叢書餘集·四夢彙譚

轉徙餘生記一卷
　　（清）許奉恩述　（清）方濬頤記

振綺堂叢書二集

劫餘小紀一卷
　　（清）朱景昭撰
　　　　無夢軒遺書

蒙難追筆一卷
　　（清）柳堂撰
　　　　筆諫堂全集下函

洪楊軼聞一卷
　　　　滿清野史四編

洪福異聞一卷
　　　　滿清野史三編

太平詩史一卷
　　謝五知輯
　　　　太平天國叢書第三輯

武昌紀事二卷附錄一卷
　　（清）陳徽言撰
　　　　陳烱齋著述

武昌紀事一卷
　　　　雲南叢書初編·史部
　　　　滿清野史五編

癸丑中州糧兵紀略一卷
　　（清）陳善鈞撰
　　　　太平天國叢書第二輯

勝營記略一卷
　　（清）姚承輿撰
　　　　姚正父集

金陵癸甲紀事略二卷粵逆名目略一卷
　　（清）謝介鶴撰
　　　　太平天國叢書第二輯

金陵癸甲摭談一卷
　　　　國粹叢書第三集

金陵癸甲摭談補一卷
　　（清）沈懋曦撰
　　　　太平天國叢書第二輯·金陵癸甲紀事
　　　　略附

金陵紀事雜詠一卷
　　（清）吳家楨撰
　　　　清人說薈初集

和營記略一卷
　　（清）姚承輿撰
　　　　姚正父集

克復金陵勳德記一卷
　　（清）劉毓崧撰
　　　　曼陀羅華閣叢書

遭亂紀略一卷
　　（清）解璉撰
　　　　橫山草堂叢書第二集

焦東閣日記一卷

（清）周伯義撰
　　橫山草堂叢書第二集

從軍紀事一卷
　（清）卞乃龍撰
　　京口掌故叢編初集

揚州禦寇錄三卷
　（清）倪在田撰
　　揚州叢刻

赴營記略一卷
　（清）姚承輿撰
　　姚正父集

金壇見聞記二卷
　（清）強汝詢撰
　　求益齋全集

金壇圍城紀事詩一卷
　（清）于桓撰
　　太平天國叢書第三輯

庚申避亂實錄（一名庚申日記）一卷
　（清）趙烈文撰
　　太平天國叢書第二輯

庚申噩夢記二卷
　（清）潘鍾瑞撰
　　香禪精舍集

東南紀略一卷
　（清）□□撰
　　大亭山館叢書・史類

吳中平寇記八卷
　（清）錢勗撰
　　申報館叢書正集・近事紀實類

蘇臺麋鹿記二卷
　（清）潘鍾瑞撰
　　香禪精舍集

劫餘雜識一卷
　（清）李光霽撰
　　南林叢刊正集

常熟紀變始末二卷
　（清）譚文壽撰
　　申報館叢書續集・紀麗類・屑玉叢譚
　　初集
　　虞陽說苑甲編

守虞日記一卷
　（清）譚文壽撰
　　申報館叢書續集・紀麗類・屑玉叢譚
　　初集
　　虞陽說苑甲編

星周紀事二卷
　（清）王萃元撰
　　三公難記

上海掌故叢書第一集

難情雜記二卷
　（清）薛鳳九撰
　　三公難記

兵災紀略二卷
　（清）蔣恩撰
　　三公難記

平浙紀略十六卷
　（清）秦緗業（清）陳鍾英撰
　　申報館叢書正集・近事紀實類

杭湖防塔記略一卷
　（清）姚承輿撰
　　姚正父集

欽定勘平粵匪方略二卷
　（清）朱學勤等撰　（清）丁丙節錄
　　武林掌故叢編第十八集・庚辛泣杭錄

兩浙庚辛紀略一卷
　（清）陳學繩撰
　　武林掌故叢編第十八集・庚辛泣杭錄

庚申浙變記一卷
　（清）繆德葇撰
　　武林掌故叢編第十八集・庚辛泣杭錄

轉徙餘生記一卷
　（清）許奉恩述　（清）方濬頤記　（清）丁丙
　　節錄
　　武林掌故叢編第十八集・庚辛泣杭錄

杭城再陷紀實一卷
　（清）華學烈撰
　　武林掌故叢編第十八集・庚辛泣杭錄

思痛記一卷
　（清）李圭撰　（清）丁丙節錄
　　武林掌故叢編第十八集・庚辛泣杭錄

難中記
　（清）張爾嘉撰
　　武林掌故叢編第十八集・庚辛泣杭錄

殉烈記
　（清）張光烈撰　（清）丁丙節錄
　　武林掌故叢編第十八集・庚辛泣杭錄

平浙紀略一卷
　（清）秦緗業（清）陳鍾英撰　（清）丁丙節錄
　　武林掌故叢編第十八集・庚辛泣杭錄

湘軍記一卷
　（清）王定安撰　（清）丁丙節錄
　　武林掌故叢編第十八集・庚辛泣杭錄

杭城紀難詩
　（清）陸以湉撰
　　武林掌故叢編第十八集・庚辛泣杭錄

蒿目集

玉函山房輯佚書補編

漢

後漢抄一卷
　　（清）王仁俊輯
　　　玉函山房輯佚書補編

三 國

魏文帝雜事一卷
　　（清）王仁俊輯
　　　玉函山房輯佚書補編

晉

晉要事
　　（清）黃奭輯
　　　漢學堂叢書・子史鉤沈・史部別史類
　　　　・衆家晉史
　　　黃氏逸書考（民國修補本、民國補刊
　　　　本）・子史鉤沈・衆家晉史
晉朝雜事
　　（清）黃奭輯
　　　漢學堂叢書・子史鉤沈・史部別史類
　　　　・衆家晉史
　　　黃氏逸書考（民國修補本、民國補刊
　　　　本）・子史鉤沈・衆家晉史
建武故事
　　（清）黃奭輯
　　　漢學堂叢書・子史鉤沈・史部別史類
　　　　・衆家晉史
　　　黃氏逸書考（民國修補本、民國補刊
　　　　本）・子史鉤沈・衆家晉史
晉山陵故事
　　（清）黃奭輯
　　　漢學堂叢書・子史鉤沈・史部別史類
　　　　・衆家晉史
　　　黃氏逸書考（民國修補本、民國補刊
　　　　本）・子史鉤沈・衆家晉史
晉陽抄一卷
　　（清）王仁俊輯
　　　玉函山房輯佚書補編

南 北 朝

宋拾遺錄一卷
　　（梁）謝綽撰
　　　說郛（宛委山堂本）弓五十九
　　　古今說部叢書一集
五代新說一卷
　　（唐）徐炫撰
　　　說郛（宛委山堂本）弓五十四

五代新說
　　　說郛（商務印書館本）卷六十

唐

景龍文館記一卷
　　（唐）武平一撰
　　　說郛（宛委山堂本）弓四十六
景龍文館記
　　　說郛（商務印書館本）卷七十七
隋唐嘉話一卷
　　（唐）劉餗撰
　　　續百川學海丙集
　　　歷代小史
　　　說郛（宛委山堂本）弓三十六
　　　五朝小說・唐人百家小說紀載家
　　　唐人說薈（乾隆本、道光本、宣統石印
　　　　本、民國石印本）初集
　　　唐代叢書初集
　　　說庫
　　　景印元明善本叢書十種・歷代小史
傳載一卷
　　　說郛（宛委山堂本）弓三十二
隋唐嘉話三卷
　　　顧氏文房小說（嘉靖本、景嘉靖本）
　　　稽古堂叢刻
　　　中國文學參考資料小叢書第一輯
隋唐嘉話
　　　說郛（商務印書館本）卷二十一
傳載
　　　說郛（商務印書館本）卷三十八
大唐新語十三卷
　　（唐）劉肅撰
　　　稗海（萬曆本、康熙重編補刊本、乾隆
　　　　修補重訂本）第二函
　　　四庫全書・子部小說家類
　　　筆記小說大觀第五輯
　　　叢書集成初編・文學類
　　　中國文學參考資料小叢書第一輯
大唐新語一卷
　　　說郛（宛委山堂本）弓四十八
　　　唐人說薈（乾隆本、道光本、宣統石印
　　　　本、民國石印本）初集
　　　唐代叢書初集
大唐新語七則
　　　舊小說（民國本、1957年本）乙集
次柳氏舊聞一卷
　　（唐）李德裕撰
　　　百川學海（重輯本）丙集

顧氏文房小說（嘉靖本、景嘉靖本）
歷代小史
寶顏堂祕笈（萬曆本、民國石印本）續
　集
說郛（宛委山堂本）弓三十六
五朝小說・唐人百家小說偏錄家
五朝小說大觀・唐人百家小說偏錄家
四庫全書・子部小說家類
唐人說薈（乾隆本、道光本、宣統石印
　本、民國石印本）初集
唐代叢書初集
古今說部叢書一集
說庫
叢書集成初編・史地類
景印元明善本叢書十種・歷代小史

明皇十七事一卷
　稗乘
　說郛（宛委山堂本）弓五十二
　五朝小說・唐人百家小說紀載家
　五朝小說大觀・唐人百家小說紀載家
　學海類編（道光本、景道光本）・集餘
　七
　廣四十家小說

次柳氏舊聞
　說郛（商務印書館本）卷四十四

次柳氏舊聞八則
　舊小說（民國本、1957年本）乙集

次柳氏舊聞一卷考異一卷
　（唐）李德裕撰　考異（民國）葉德輝撰
　唐開元小說六種
　郋園先生全書

卓異記一卷
　（唐）李翺撰
　百川學海（重輯本）丙集
　顧氏文房小說（嘉靖本、景嘉靖本）
　歷代小史
　寶顏堂祕笈（萬曆本、民國石印本）普
　集
　說郛（宛委山堂本）弓五十一
　五朝小說・唐人百家小說紀載家
　五朝小說大觀・唐人百家小說紀載家
　四庫全書・史部傳記類
　唐人說薈（乾隆本、道光本、宣統石印
　本、民國石印本）五集
　唐代叢書五集
　遜敏堂叢書
　叢書集成初編・史地類
　景印元明善本叢書十種・歷代小史
卓異記

說郛（商務印書館本）卷二十五

卓異記一卷
　（唐）李翺撰　（清）王仁俊輯
　玉函山房輯佚書補編

常侍言旨一卷
　（唐）柳珵撰
　說郛（宛委山堂本）弓四十九
　五朝小說・唐人百家小說紀載家
　五朝小說大觀・唐人百家小說紀載家
　唐人說薈（乾隆本、道光本、宣統石印
　本、民國石印本）初集
　唐代叢書初集

常侍言旨
　說郛（商務印書館本）卷五

常侍言旨一則
　舊小說（民國本、1957年本）乙集

明皇雜錄二卷別錄一卷
　（唐）鄭處誨撰
　四庫全書・子部小說家類

明皇雜錄一卷
　唐人說薈（乾隆本、道光本、宣統石印
　本、民國石印本）初集
　唐代叢書初集

明皇雜錄二卷補遺一卷
　墨海金壺（嘉慶本、景嘉慶本）・子部

明皇雜錄
　說郛（商務印書館本）卷三
　說郛（商務印書館本）卷三十二

明皇雜錄十七則
　舊小說（民國本、1957年本）乙集

明皇雜錄二卷補遺一卷附校勘記逸文一
卷
　（唐）鄭處誨撰　校勘記（清）錢熙祚撰併輯
　逸文
　守山閣叢書（道光本、鴻文書局景道光
　本、博古齋景道光本）・子部
　叢書集成初編・史地類

因話錄一卷
　（唐）趙璘撰
　百川學海（重輯本）乙集
　唐宋叢書・載籍
　說郛（宛委山堂本）弓二十三
　唐人說薈（乾隆本、道光本、宣統石印
　本、民國石印本）二集
　唐代叢書二集

因話錄三卷
　稗乘

因話錄六卷

（南唐）尉遲偓撰
　　歷代小史
　　說郛（宛委山堂本）弓四十六
　　五朝小說・唐人百家小說紀載家
　　五朝小說大觀・唐人百家小說紀載家
　　唐人說薈（乾隆本、道光本、宣統石印
　　　本、民國石印本）初集
　　唐代叢書初集
　　隨盦徐氏叢書
　　叢書集成初編・文學類
　　景印元明善本叢書十種・歷代小史
中朝故事二卷
　　四庫全書・子部小說家類
　　廣四十家小說
中朝故事
　　說郛（商務印書館本）卷九
中朝故事六則
　　舊小說（民國本、1957 年本）丙集
耳目記一卷
　　（唐）張鷟撰
　　廣百川學海丁集
　　說郛（宛委山堂本）弓三十二
　　五朝小說・唐人百家小說紀載家
　　五朝小說大觀・唐人百家小說紀載家
　　唐人說薈（乾隆本、道光本、宣統石印
　　　本、民國石印本）二集
　　唐代叢書二集
耳目記
　　說郛（商務印書館本）卷三十四
燈下閒談一卷
　　（宋）江洵撰
　　說郛（宛委山堂本）弓三十七
　　古今說部叢書一集
燈下閒談二卷
　　宋人小說
燈下閒談
　　說郛（商務印書館本）卷十一
北夢瑣言一卷
　　（宋）孫光憲撰
　　歷代小史
　　說郛（宛委山堂本）弓四十六
　　無一是齋叢鈔
　　說庫
　　景印元明善本叢書十種・歷代小史
北夢瑣言二十卷
　　稗海（萬曆本、康熙重編補刊本、乾
　　　隆修補重訂本）第二函
　　雅雨堂藏書

四庫全書・子部小說家類
摛藻堂四庫全書薈要・子部
叢書集成初編・文學類
北夢瑣言二十卷逸文四卷附錄一卷
　　雲自在龕叢書第二集
北夢瑣言
　　說郛（商務印書館本）卷四十八
北夢瑣言四十八則
　　舊小說（民國本、1957 年本）丁集
北夢瑣言佚文一卷
　　（唐）孫光憲撰　（清）王仁俊輯
　　經籍佚文
賈氏談錄一卷
　　（宋）張洎撰
　　說郛（宛委山堂本）弓三十七
　　四庫全書・子部小說家類
　　守山閣叢書（道光本、鴻文書局景道光
　　　本、博古齋景道光本）・子部
　　廣四十家小說
賈氏談錄
　　說郛（商務印書館本）卷九
南部新書十卷
　　（宋）錢易撰
　　稽古堂叢刻
　　四庫全書・子部小說家類
　　學津討原（嘉慶本、景嘉慶本）第十七
　　　集
　　粵雅堂叢書初編第一集
　　說庫
　　叢書集成初編・文學類
南部新書一卷
　　說郛（宛委山堂本）弓二十六
　　古今說部叢書二集
南部新書三則
　　舊小說（民國本、1957 年本）丁集
唐語林一卷
　　（宋）王讜撰
　　歷代小史
　　說郛（宛委山堂本）弓四十八
　　景印元明善本叢書十種・歷代小史
唐語林八卷
　　四庫全書・子部小說家類
　　武英殿聚珍版書（武英殿木活字本）・
　　　子部
　　墨海金壺（嘉慶本、景嘉慶本）・子部
　　惜陰軒叢書（道光本、光緒本）第十三
　　　函
　　中國文學參考資料小叢書第一輯

唐語林八卷拾遺一卷附校勘記二卷
　　(宋)王讜撰　拾遺(清)陸心源輯目(清)孫
　　星華錄文併撰校勘記
　　　武英殿聚珍版書（福建本、廣雅書局
　　　本）·子部
唐語林八卷附校勘記一卷
　　(宋)王讜撰　校勘記(清)錢熙祚撰
　　　守山閣叢書（道光本、鴻文書局景道光
　　　本、博古齋景道光本）·子部
　　　說庫
　　　叢書集成初編·文學類
唐語林補
　　(清)陸心源輯
　　　潛園總集·羣書校補
語林佚文一卷
　　(宋)王讜撰　(清)王仁俊輯
　　　經籍佚文

五　代

洛陽搢紳舊聞記一卷
　　(宋)張齊賢撰
　　　說郛(宛委山堂本)弓四十四
　洛陽搢紳舊聞記五卷
　　　四庫全書·子部小說家類
　　　知不足齋叢書(乾隆至道光本、景乾隆
　　　至道光本)第四集
　　　筆記小說大觀第四輯
　　　叢書集成初編·文學類
　洛陽搢紳舊聞記
　　　說郛(商務印書館本)卷五十一
　洛陽搢紳舊聞記八則
　　　舊小說(民國本、1957年本)丁集

宋

丁晉公談錄一卷
　　(宋)丁謂撰
　　　百川學海(咸淳本、景刊咸淳本)癸集
　　　百川學海(弘治本、景刊咸淳本據弘治
　　　目次編印本、景弘治本)乙集
　　　百川學海(重輯本)丙集
　　　說郛(宛委山堂本)弓十六
　晉公談錄一卷
　　　歷代小史
　　　景印元明善本叢書十種·歷代小史
　談錄
　　　說郛(商務印書館本)卷九十八
聖宋掇遺
　　(宋)□□撰

粵雅堂叢書三編第二十三集·續談助
十萬卷樓叢書三編·續談助
叢書集成初編·總類·續談助
王文正公筆錄一卷
　　(宋)王曾撰
　　　百川學海(咸淳本、景刊咸淳本)己集
　　　百川學海(弘治本、景刊咸淳本據弘治
　　　目次編印本、景弘治本)乙集
　王文正筆錄一卷
　　　百川學海(重輯本)丙集
　　　歷代小史
　　　說郛(宛委山堂本)弓十六
　　　四庫全書·子部小說家類
　　　學津討原(嘉慶本、景嘉慶本)第十七
　　　集
　　　反約篇
　　　榕園叢書丙集
　　　古今說部叢書六集
　　　說庫
　　　景印元明善本叢書十種·歷代小史
　沂公筆錄
　　　粵雅堂叢書三編第二十三集·續談助
　　　十萬卷樓叢書三編·續談助
　　　叢書集成初編·總類·續談助
閒談錄一卷
　　(宋)蘇耆撰
　　　說郛(宛委山堂本)弓三十二
　閒談錄
　　　說郛(商務印書館本)卷十四
碧雲騢一卷
　　(宋)梅堯臣撰
　　　百川學海(重輯本)戊集
　　　顧氏文房小說(嘉靖本、景嘉靖本)
　　　說郛(宛委山堂本)弓三十八
　　　五朝小說·宋人百家小說偏錄家
　　　五朝小說大觀·宋人百家小說偏錄家
　　　叢書集成初編·文學類
　碧雲騢錄
　　　說郛(商務印書館本)卷二十四
儒林公議二卷
　　(宋)田況撰
　　　稗海(萬曆本、康熙重編補刊本、乾隆
　　　修補重訂本)第八函
　　　四庫全書·子部小說家類
　　　筆記小說大觀第七輯
　　　叢書集成初編·文學類
　儒林公議一卷
　　　說郛(宛委山堂本)弓三十七

五朝小說·宋人百家小說偏錄家
五朝小說大觀·宋人百家小說偏錄家
儒林公議
　　說郛(商務印書館本)卷二十
儒林公議一則
　　舊小說(民國本、1957 年本)丁集
歸田錄二卷
　(宋)歐陽修撰
　　歐陽文忠公全集（天順本、嘉靖本、康
　　　熙本、嘉慶本、光緒本）
　　稗海（萬曆本、康熙重編補刊本、乾隆
　　　修補重訂本）第五函
　　說郛(宛委山堂本)弓四十
　　四庫全書·子部小說家類
　　學津討原（嘉慶本、景嘉慶本）第十七
　　　集
　　四部叢刊（初次印本、二次印本、縮印
　　　二次印本）·集部·歐陽文忠公集
　　筆記小說大觀第七輯
　　四部備要（排印本、縮印本）·集部宋
　　　別集·歐陽文忠全集
　　宋廬陵四忠集·歐陽文忠公全集
歸田錄二卷補遺一卷
　　宋人小說
歸田錄
　　說郛(商務印書館本)卷三
　　說郛(商務印書館本)卷二十三
歸田錄十一則
　　舊小說(民國本、1957 年本)丁集
東齋記事五卷補遺一卷
　(宋)范鎮撰
　　四庫全書·子部小說家類
　　墨海金壺(嘉慶本、景嘉慶本)·子部
　　守山閣叢書(道光本、鴻文書局景道光
　　　本、博古齋景道光本)·子部
　　叢書集成初編·文學類
東齋記事
　　說郛(商務印書館本)卷三十一
錢氏私誌一卷
　(宋)錢愐撰
　　百川學海(重輯本)丙集
　　古今說海（嘉靖本、道光本、宣統排印
　　　本、民國石印本）·說略部雜記家
　　歷代小史
　　說郛(宛委山堂本)弓四十五
　　五朝小說·宋人百家小說偏錄家
　　五朝小說大觀·宋人百家小說偏錄家
　　四庫全書·子部小說家類

學海類編（道光本、景道光本）·集餘
　　一
說庫
景印元明善本叢書十種·歷代小史
錢氏私誌
　　說郛(商務印書館本)卷四十五
錢氏私志七則
　　舊小說(民國本、1957 年本)丁集
聞見雜錄一卷
　(宋)蘇舜欽撰
　　續百川學海戊集
　　古今說海（嘉靖本、道光本、宣統排印
　　　本、民國石印本）·說略部雜記家
　　歷代小史
　　說郛(宛委山堂本)弓四十七
　　五朝小說大觀·宋人百家小說偏錄家
　　景印元明善本叢書十種·歷代小史
聞見雜錄三則
　　舊小說(民國本、1957 年本)丁集
涑水紀聞一卷
　(宋)司馬光撰
　　說郛(宛委山堂本)弓四十九
涑水記聞十六卷
　　四庫全書·子部小說家類
　　武英殿聚珍版書(武英殿木活字本、江
　　　西書局本、福建本、廣雅書局本)·
　　　子部
　　學津討原（嘉慶本、景嘉慶本）第十七
　　　集
　　有諸己齋格言叢書
　　清芬堂叢書·子部
　　叢書集成初編·文學類
涑水記聞十六卷補遺一卷
　　學海類編(道光本、景道光本)·史參
　　崇文書局彙刻書
涑水紀聞十六卷逸文一卷
　　宋人小說
涑水紀聞
　　說郛(商務印書館本)卷九
溫公瑣語一卷
　(宋)司馬光撰
　　說郛(宛委山堂本)弓三十一
瑣語
　　說郛(商務印書館本)卷六十四
湘山野錄三卷續錄一卷
　(宋)釋文瑩撰
　　津逮祕書（汲古閣本、景汲古閣本）第
　　　十五集

<table>
<tr><td>

四庫全書・子部小說家類
學津討原（嘉慶本、景嘉慶本）第十七
　　集
說庫
重雕改正湘山野錄三卷續一卷
古書叢刊第一輯甲集
改正湘山野錄三卷續一卷
擇是居叢書初集
湘山錄一卷
說郛（宛委山堂本）弓六十
湘山野錄三卷
學海類編（道光本、景道光本）集餘四
湘山野錄
說郛（商務印書館本）卷二十四
玉壺清話一卷
（宋）釋文瑩撰
說郛（宛委山堂本）弓四十五
五朝小說・宋人百家小說偏錄家
五朝小說大觀・宋人百家小說偏錄家
玉壺野史十卷
四庫全書・子部小說家類
墨海金壺（嘉慶本、景嘉慶本）・子部
守山閣叢書（道光本、鴻文書局景道光
　　本、博古齋景道光本）・子部
玉壺清話十卷
知不足齋叢書（乾隆至道光本、景乾隆
　　至道光本）第六集
筆記小說大觀第四輯
玉壺清話
說郛（商務印書館本）卷八
玉壺清話十九則
舊小說（民國本、1957年本）丁集
蘇黃門龍川別志二卷
（宋）蘇轍撰
稗海（萬曆本、康熙重編補刊本、乾隆
　　修補重訂本）第五函
宋人小說
叢書集成初編・史地類
龍川別志二卷
四庫全書・子部小說家類・龍川略志
　　附
筆記小說大觀
龍川別志一卷
說郛（宛委山堂本）弓二十一
龍川別志十則
舊小說（民國本、1957年本）丁集
談淵一卷
（宋）王陶撰

</td><td>

歷代小史
說郛（宛委山堂本）弓三十五
五朝小說・宋人百家小說偏錄家
五朝小說大觀・宋人百家小說偏錄家
說庫
景印元明善本叢書十種・歷代小史
談淵
說郛（商務印書館本）卷三十四
澠水燕談錄十卷
（宋）王闢之撰
稗海（萬曆本、康熙重編補刊本、乾隆
　　修補重訂本）第五函
四庫全書・子部小說家類
知不足齋叢書（乾隆至道光本、景乾隆
　　至道光本）第二十三集
筆記小說大觀第四輯
叢書集成初編・總類
澠水燕談錄十卷補遺一卷
宋人小說
澠水燕談錄一卷
說郛（宛委山堂本）弓四十一
五朝小說・宋人百家小說偏錄家
五朝小說大觀・宋人百家小說偏錄家
澠水燕談錄
說郛（商務印書館本）卷二
澠水燕談錄十五則
舊小說（民國本、1957年本）丁集
東軒筆錄十五卷
（宋）魏泰撰
稗海（萬曆本、康熙重編補刊本、乾隆
　　修補重訂本）第三函
四庫全書・子部小說家類
筆記小說大觀第八輯
湖北先正遺書・子部
叢書集成初編・文學類
東軒筆錄一卷
說郛（宛委山堂本）弓四十
五朝小說・宋人百家小說偏錄家
五朝小說大觀・宋人百家小說偏錄家
東軒筆錄
說郛（商務印書館本）卷三
說郛（商務印書館本）卷十二
東軒筆錄三十七則
舊小說（民國本、1957年本）丁集
孫公談圃三卷
（宋）孫升述　（宋）劉延世錄
百川學海（咸淳本、景刊咸淳本）丁集
百川學海（弘治本、景刊咸淳本據弘治

</td></tr>
</table>

目次編印本、景弘治本)戊集
續百川學海丁集
稗海（萬曆本、康熙重編補刊本、乾隆修補重訂本)第九函
說郛(宛委山堂本)弓十五
四庫全書・子部小說家類
學津討原（嘉慶本、景嘉慶本)第十七集
古今說部叢書七集
說庫

孫公談圃一卷
歷代小史
景印元明善本叢書十種・歷代小史

孫公談圃
說郛(商務印書館本)卷六十七

孫公談圃五則
舊小說（民國本、1957年本)丁集

甲申雜記一卷
（宋)王鞏撰
說郛(宛委山堂本)弓五十
四庫全書・子部小說家類
知不足齋叢書(乾隆至道光本、景乾隆至道光本)第五集・清虛雜著
筆記小說大觀第四輯

甲申雜錄一卷
學海類編（道光本、景道光本)・集餘四・王氏三錄

甲申雜記
說郛(商務印書館本)卷七十五

甲申雜記三則
舊小說（民國本、1957年本)丁集

聞見近錄一卷
（宋)王鞏撰
唐宋叢書・別史
四庫全書・子部小說家類・甲申雜記附
知不足齋叢書(乾隆至道光本、景乾隆至道光本)第五集・清虛雜著
學海類編（道光本、景道光本)・集餘四・王氏三錄
筆記小說大觀第二輯

聞見近錄一卷續一卷
說郛(宛委山堂本)弓五十

聞見近錄
說郛(商務印書館本)卷七十五

聞見近錄一則
舊小說（民國本、1957年本)丁集

隨手雜錄一卷

（宋)王鞏撰
說郛(宛委山堂本)弓五十
四庫全書・子部小說家類・甲申雜記附
知不足齋叢書(乾隆至道光本、景乾隆至道光本)第五集・清虛雜著
學海類編（道光本、景道光本)・集餘四・王氏三錄
筆記小說大觀第四輯

隨手雜錄
說郛(商務印書館本)卷七十五

隨手雜錄三則
舊小說（民國本、1957年本)丁集

西朝寶訓一卷
（宋)□□撰
說郛(宛委山堂本)弓四十九

三朝聖政錄一卷
（宋)石承進撰
說郛(宛委山堂本)弓四十九

三朝聖政錄
說郛(商務印書館本)卷三

輶軒雜錄一卷
（宋)王襄撰
說郛(宛委山堂本)弓三十一

道山清話一卷
（宋)王□撰
百川學海（咸淳本、景刊咸淳本)癸集
百川學海（弘治本、景刊咸淳本據弘治目次編印本、景弘治本)丙集
續百川學海丁集
說郛(宛委山堂本)弓四十五
五朝小說・宋人百家小說偏錄家
五朝小說大觀・宋人百家小說偏錄家
四庫全書・子部小說家類
學津討原（嘉慶本、景嘉慶本)第十七集
古今說部叢書七集
說庫
叢書集成初編・文學類

道山清話
（宋道山先生撰)
說郛(商務印書館本)卷八十二

珍席放談二卷
（宋)高晦叟撰
四庫全書・子部小說家類
函海(乾隆本、道光本)第六函
反約篇
榕園叢書丙集
函海(光緒本)第八函

　　　　叢書集成初編・文學類
河南邵氏聞見前錄二十卷
　　(宋)邵伯溫撰
　　　　津逮祕書（汲古閣本、景汲古閣本）第
　　　　　十五集
　　　　學津討原（嘉慶本、景嘉慶本）第十八
　　　　　集
　　　　叢書集成初編・文學類
　　聞見前錄二十卷
　　　　四庫全書・子部小說家類
河南邵氏聞見錄二十卷
　　　　宋人小說
河南邵氏聞見後錄三十卷
　　(宋)邵博撰
　　　　津逮祕書（汲古閣本、景汲古閣本）第
　　　　　十五集
　　　　學津討原（嘉慶本、景嘉慶本）第十八
　　　　　集
　　　　叢書集成初編・文學類
　　聞見後錄三十卷
　　　　四庫全書・子部小說家類
　　邵氏聞見後錄三十卷
　　　　宋人小說
曲洧舊聞四卷
　　(宋)朱弁撰
　　　　寶顏堂祕笈（萬曆本、民國石印本）普
　　　　　集
　　曲洧舊聞一卷
　　　　說郛（宛委山堂本）弓三十七
　　　　五朝小說・宋人百家小說偏錄家
　　　　五朝小說大觀・宋人百家小說偏錄家
　　　　古今說部叢書一集
　　曲洧舊聞十卷
　　　　四庫全書・子部雜家類
　　　　摛藻堂四庫全書薈要・子部
　　　　知不足齋叢書（乾隆至道光本、景乾隆
　　　　　至道光本）第二十七集
　　　　學津討原（嘉慶本、景嘉慶本）第十四
　　　　　集
　　　　筆記小說大觀第七輯
　　　　叢書集成初編・文學類
　　曲洧舊聞二卷
　　　　敬修堂叢書
　　曲洧舊聞
　　　　說郛（商務印書館本）卷四十一
　　曲洧舊聞十七則
　　　　舊小說（民國本、1957年本）丁集
鐵圍山叢談一卷

　　(宋)蔡絛撰
　　　　續百川學海戊集
　　　　古今說海（嘉靖本、道光本、宣統排印
　　　　　本、民國石印本）・說略部雜記家
　　　　歷代小史
　　　　說郛（宛委山堂本）弓四十九
　　　　五朝小說・宋人百家小說偏錄家
　　　　無一是齋叢鈔
　　　　說庫
　　　　景印元明善本叢書十種・歷代小史
　　鐵圍山叢談六卷
　　　　四庫全書・子部小說家類
　　　　知不足齋叢書（乾隆至道光本、景乾隆
　　　　　至道光本）第九集
　　　　學海類編（道光本、景道光本）集餘四
　　鐵圍山叢談
　　　　說郛（商務印書館本）卷十九
　　鐵圍山叢談十一則
　　　　舊小說（民國本、1957年本）丁集
南遊記舊一卷
　　(宋)曾紆撰
　　　　說郛（宛委山堂本）弓五十
　　南遊記舊
　　　　說郛（商務印書館本）卷四十九
國老談苑二卷
　　(宋)王君玉撰
　　　　百川學海（咸淳本、景刊咸淳本）己集
　　　　百川學海（弘治本、景刊咸淳本據弘治
　　　　　目次編印本、景弘治本）丙集
　　　　續百川學海丁集
　　　　說郛（宛委山堂本）弓四十三
　　　　四庫全書・子部小說家類
　　　　學津討原（嘉慶本、景嘉慶本）第十七
　　　　　集
　　　　叢書集成初編・文學類
　　國老談苑一卷
　　　　歷代小史
　　　　景印元明善本叢書十種・歷代小史
　　國老談苑
　　　　說郛（商務印書館本）卷九十三
硯崗筆志一卷
　　(宋)唐稷撰
　　　　說郛（宛委山堂本）弓三十一
却掃編三卷
　　(宋)徐度撰
　　　　津逮祕書（汲古閣本、景汲古閣本）第
　　　　　九集
　　　　四庫全書・子部雜家類

學津討原（嘉慶本、景嘉慶本）第十八
集
四部叢刊續編・子部
叢書集成初編・文學類

揮麈錄一卷餘話一卷
說郛（宛委山堂本）弓三十九

揮麈錄揮塵餘話
說郛（商務印書館本）卷三十七

玉照新志六卷
（宋）王明清撰
寶顏堂祕笈（萬曆本、民國石印本）正
集
說郛（宛委山堂本）弓三十三
四庫全書・子部小說家類

玉照新志四卷
唐宋叢書・載籍
古今說部叢書六集
說庫

玉照新志五卷
學津討原（嘉慶本、景嘉慶本）第十八
集
宋人小說
叢書集成初編・文學類

四朝聞見錄一卷
（宋）葉紹翁撰
說郛（宛委山堂本）弓四十九

四朝聞見錄五卷
四庫全書・子部小說家類
浦城遺書

四朝聞見錄五卷附錄一卷
知不足齋叢書（乾隆至道光本、景乾隆
至道光本）第四集
叢書集成初編・文學類

四朝聞見錄
說郛（商務印書館本）卷三（二本）
說郛（商務印書館本）卷五十三

四朝聞見錄十二則
舊小說（民國本、1957 年本）丁集

行營雜錄一卷
（宋）趙葵撰
續百川學海戊集
古今說海（嘉靖本、道光本、宣統排印
本、民國石印本）・說纂部散錄家
歷代小史
說郛（宛委山堂本）弓四十七
說庫
景印元明善本叢書十種・歷代小史

後村雜記一卷

（宋）劉克莊撰
煙畫東堂小品

朝野遺記一卷
（宋）□□撰
古今說海（嘉靖本、道光本、宣統排印
本、民國石印本）・說略部雜記家
歷代小史
說郛（宛委山堂本）弓四十九
學海類編（道光本、景道光本）・史參
遜敏堂叢書
說庫
景印元明善本叢書十種・歷代小史

朝野遺記
說郛（商務印書館本）卷二十九

朝野遺紀七則
舊小說（民國本、1957 年本）丁集

白獺髓一卷
（宋）張仲文撰
歷代小史
說郛（宛委山堂本）弓三十八
五朝小說・宋人百家小說偏錄家
五朝小說大觀・宋人百家小說偏錄家
廣四十家小說
叢書集成初編・文學類
景印元明善本叢書十種・歷代小史

白獺髓
說郛（商務印書館本）卷二十五

退齋筆錄一卷
（宋）侯延慶撰
歷代小史
說郛（宛委山堂本）弓三十七
叢書集成初編・文學類
景印元明善本叢書十種・歷代小史

退齋筆錄
說郛（商務印書館本）卷四十八

從駕記一卷
（宋）陳世崇撰
說郛（宛委山堂本）弓三十九
五朝小說・宋人百家小說偏錄家
五朝小說大觀・宋人百家小說偏錄家

錢塘遺事一卷
（元）劉一清撰
說郛（宛委山堂本）弓四十七
古今說部叢書四集

錢塘遺事十卷
四庫全書・史部雜史類
武林掌故叢編第十二集

錢唐遺事

説郛（商務印書館本）卷七

錢塘遺事校一卷
　（清）蔣光煦撰
　　　涉聞梓舊（咸豐本、商務印書館景咸豐
　　　本、竹簡齋景咸豐本）・斟補隅錄
　　　叢書集成初編・總類・斟補隅錄

三朝野史一卷
　（元）吳萊撰
　　　廣百川學海丙集
　　　古今説海（嘉靖本、道光本、宣統排印
　　　本、民國石印本）・説略部雜記家
　　　説郛（宛委山堂本）弓四十九
　　　學海類編（道光本、景道光本）・史參
　　　遜敏堂叢書
　　　古今説部叢書二集
　　　説庫

三朝野史
　　　説郛（商務印書館本）卷二十七

三朝野史一則
　　　舊小説（民國本、1957年本）丁集

爐餘錄二卷
　（元城北遺民撰）
　　　望炊樓叢書
　（元）徐大焯撰
　　　國粹叢書第三集

史餘萃覽四卷
　（清）楊家驎撰
　　　申報館叢書續集・掌故類

遼

燕北雜記一卷
　（宋）武珪撰
　　　説郛（宛委山堂本）弓五十

燕北雜記
　　　説郛（商務印書館本）卷四

燕北錄一卷
　（宋）王易撰
　　　説郛（宛委山堂本）弓五十六

重編燕北錄
　　　説郛（商務印書館本）卷三十八

元

山居新語一卷
　（元）楊瑀撰
　　　説郛（宛委山堂本）弓五十
　　　武林往哲遺箸

山居新話一卷
　　　知不足齋叢書（乾隆至道光本、景乾隆

至道光本）第十二集
　　　筆記小説大觀第六輯

山居新語四卷
　　　四庫全書・子部小説家類

遂昌雜錄一卷
　（元）鄭元祐撰
　　　續百川學海戊集
　　　稗海（萬曆本、康熙重編補刊本、乾隆
　　　修補重訂本）第六函
　　　説郛（宛委山堂本）弓四十七
　　　四庫全書・子部小説家類
　　　筆記小説大觀第八輯

遂昌山樵雜錄一卷
　　　古今説海（嘉靖本、道光本、宣統排印
　　　本、民國石印本）・説略部雜記家
　　　歷代小史
　　　學海類編（道光本、景道光本）・集餘
　　　四
　　　説庫
　　　景印元明善本叢書十種・歷代小史

遂昌山人雜錄一卷
　　　讀畫齋叢書丁集

遂昌山樵雜錄
　　　説郛（商務印書館本）卷十九

解酲語一卷
　（元）李材撰
　　　廣百川學海丁集
　　　稗乘
　　　説郛（宛委山堂本）弓三十二

元氏掖庭記一卷
　（元）陶宗儀撰
　　　續百川學海乙集
　　　説郛（宛委山堂本）弓一百十
　　　香豔叢書第三集

元氏掖庭侈政一卷
　　　稗乘

樂郊私語一卷
　（元）姚桐壽撰
　　　續百川學海丁集
　　　鹽邑志林
　　　寶顏堂祕笈（萬曆本、民國石印本）正
　　　集
　　　説郛（宛委山堂本）弓十八
　　　四庫全書・子部小説家類
　　　學海類編（道光本、景道光本）・集餘
　　　八
　　　景印元明善本叢書十種・鹽邑志林

明

翊運錄一卷
　　(明)劉基撰
　　　　說郛續弓七
遇恩錄一卷
　　(明)劉仲璟撰
　　　　紀錄彙編
　　　　說郛續弓十二
　　　　五朝小說・皇明百家小說
　　　　五朝小說大觀・皇明百家小說
　　　　景印元明善本叢書十種・紀錄彙編
鳳凰臺記事一卷
　　(明)馬生龍撰
　　　　稗乘
　　　　說郛續弓二十
　　　　叢書集成初編・文學類
古穰雜錄(一名莘野纂聞)一卷
　　(明)李賢撰
　　　　歷代小史
　　　　古今名賢彙語
　　　　說郛續弓十三
　　　　五朝小說・皇明百家小說
　　　　五朝小說大觀・皇明百家小說
　　　　景印元明善本叢書十種・歷代小史
　古穰雜錄摘抄一卷
　　　　紀錄彙編
　　　　叢書集成初編・史地類
　　　　景印元明善本叢書十種・紀錄彙編
水東日記一卷
　　(明)葉盛撰
　　　　金聲玉振集・叢聚
　水東記略一卷
　　　　說郛續弓八
　水東日記摘鈔七卷
　　　　紀錄彙編
　　　　景印元明善本叢書十種・紀錄彙編
　水東日記三十八卷
　　　　四庫全書・子部小說家類
　水東日記
　　　　勝朝遺事二編
彭文憲公筆記二卷
　　(明)彭時撰
　　　　顧氏明朝四十家小說(正德嘉靖本、宣
　　　　　統排印本、民國石印本)
　　　　說庫
　可齋雜記一卷
　　　　歷代小史
　　　　古今名賢彙語
　　　　景印元明善本叢書十種・歷代小史

彭文憲公筆記一卷
　　　　紀錄彙編
　　　　借月山房彙鈔（嘉慶本、景嘉慶本）第
　　　　　十三集
　　　　指海(道光本、景道光本)第九集
　　　　澤古齋重鈔第十一集
　　　　叢書集成初編・文學類
　　　　景印元明善本叢書十種・紀錄彙編
　彭公筆記一卷
　　　　說郛續弓十二
　　　　五朝小說・皇明百家小說
　　　　五朝小說大觀・皇明百家小說
　彭文憲公筆記
　　　　勝朝遺事二編
謇齋瑣綴錄一卷
　　(明)尹直撰
　　　　歷代小史
　　　　說庫
　　　　景印元明善本叢書十種・歷代小史
　瑣綴錄一卷
　　　　說郛續弓八
遵聞錄一卷
　　(明)梁億撰
　　　　今獻彙言
　　　　說郛續弓五
　　　　景印元明善本叢書十種・今獻彙言
皇明紀略一卷
　　(明)皇甫錄撰
　　　　歷代小史
　　　　叢書集成初編・史地類
　　　　景印元明善本叢書十種・歷代小史
近峯記略一卷
　　(誤題明皇甫庸撰)
　　　　百陵學山
　　　　說郛續弓十八
　　　　學海類編(道光本、景道光本)子類
　　　　叢書集成初編・文學類
　　　　景印元明善本叢書十種・百陵學山
　近峯記略摘鈔一卷
　　(誤題明皇甫庸撰)
　　　　紀錄彙編
　　　　景印元明善本叢書十種・紀錄彙編
　近峯記略
　　(明)皇甫錄撰
　　　　勝朝遺事二編
兩湖塵談錄一卷
　　(明)許浩撰
　　　　歷代小史

叢書集成初編·史地類
景印元明善本叢書十種·歷代小史

復齋日記一卷
(明)許浩撰
歷代小史
叢書集成初編·文學類
景印元明善本叢書十種·歷代小史

復齋日記二卷
涵芬樓祕笈第一集

雙槐歲鈔一卷
(明)黃瑜撰
說郛續弓十三

雙槐歲鈔十卷
嶺南遺書第一集
叢書集成初編·文學類

賢識錄一卷
(明)陸釴撰
今獻彙言
說郛續弓五
叢書集成初編·史地類
景印元明善本叢書十種·今獻彙言

青溪暇筆一卷
(明)姚福撰
顧氏明朝四十家小說(正德嘉靖本、宣
統排印本、民國石印本)
紀錄彙編
今獻彙言
說郛續弓十八
五朝小說·皇明百家小說
五朝小說大觀·皇明百家小說
說庫
景印元明善本叢書十種·紀錄彙編
景印元明善本叢書十種·今獻彙言

清溪暇筆一卷
歷代小史
景印元明善本叢書十種·歷代小史

篷窗類記五卷
(明)黃暐撰
涵芬樓祕笈第二集

醫閭漫記一卷
(明)賀欽撰
紀錄彙編
今獻彙言
說郛續弓九
五朝小說·皇明百家小說
五朝小說大觀·皇明百家小說
景印元明善本叢書十種·紀錄彙編
景印元明善本叢書十種·今獻彙言

震澤紀聞一卷
(明)王鏊撰
金聲玉振集·叢聚
歷代小史
說郛續弓十三
五朝小說·皇明百家小說
五朝小說大觀·皇明百家小說
敬修堂叢書
學海類編(道光本、景道光本)·集餘
四
廣四十家小說
景印元明善本叢書十種·歷代小史

守溪筆記一卷
紀錄彙編
景印元明善本叢書十種·紀錄彙編

守溪長語一卷
今獻彙言
景印元明善本叢書十種·今獻彙言

震澤紀聞二卷
震澤先生別集(萬曆本、民國本)
借月山房彙鈔(嘉慶本、景嘉慶本)第
十三集
指海(道光本、景道光本)第十五集
澤古齋重鈔第十一集
式古居彙鈔

續震澤紀聞一卷
(明)王禹聲撰
震澤先生別集(萬曆本、民國本)

郊外農談一卷
(明)□□撰
說郛續弓七

野記一卷
(明)祝允明撰
歷代小史
叢書集成初編·文學類
景印元明善本叢書十種·歷代小史

九朝野記一卷
說郛續弓七

野記四卷
申報館叢書續集·掌故類

枝山前聞一卷
(明)祝允明撰
古今名賢彙語
說郛續弓十三
五朝小說·皇明百家小說
五朝小說大觀·皇明百家小說

延休堂漫錄一卷
(明)□□撰

説郛續弓八
征藩功次一卷
　　（明）王守仁撰
　　　説郛續弓九
寓圃雜記一卷
　　（明）王錡撰
　　　金聲玉振集・叢聚
　　　古今名賢彙語
　　　説郛續弓十八
　　　五朝小説・皇明百家小説
　　　五朝小説大觀・皇明百家小説
　寓圃雜記二卷
　　　紀錄彙編
　　　叢書集成初編・文學類
　　　景印元明善本叢書十種・紀錄彙編
　寓圃雜記十卷
　　　玄寶堂叢書三集
漫記一卷
　　（明）崔銑撰
　　　紀錄彙編
　　　景印元明善本叢書十種・紀錄彙編
　後渠漫記一卷
　　　説郛續弓三
　　　五朝小説・皇明百家小説
　　　五朝小説大觀・皇明百家小説
後渠雜識一卷
　　（明）崔銑撰
　　　説郛續弓十三
洹詞記事鈔一卷續鈔一卷
　　（明）崔銑撰
　　　藏説小萃
沂陽日記一卷
　　（明）□□撰
　　　説郛續弓七
玉池談屑一卷
　　（明）□□撰
　　　説郛續弓七
西園雜記二卷
　　（明）徐成撰
　　　鹽邑志林
　　　叢書集成初編・文學類
　　　景印元明善本叢書十種・鹽邑志林
徵吾錄二卷
　　（明）鄭曉撰
　　　鄭端簡公全集
吾學編餘一卷
　　（明）鄭曉撰
　　　鹽邑志林

叢書集成初編・文學類
　　　景印元明善本叢書十種・鹽邑志林
談錄一卷
　　（明）王詔撰
　　　龍潭精舍叢刻
孤樹裒談一卷
　　（明）李默撰
　　　説郛續弓七
磯園稗史三卷
　　（明）孫繼芳撰
　　　涵芬樓祕笈第九集
明良記四卷
　　（明）楊儀撰
　　　藏説小萃
　明良記一卷
　　　説郛續弓六
　　　硯雲甲編
　　　申報館叢書續集・紀麗類・硯雲甲編
　　　古今説部叢書四集
　　　叢書集成初編・文學類
庭聞述略一卷
　　（明）王文祿撰
　　　百陵學山
　　　説郛續弓十二
　　　叢書集成初編・史地類
　　　景印元明善本叢書十種・百陵學山
兼葭堂雜著摘抄一卷
　　（明）陸楫撰
　　　紀錄彙編
　　　叢書集成初編・文學類
　　　景印元明善本叢書十種・紀錄彙編
　兼葭堂雜抄一卷
　　　説郛續弓二十
　　　五朝小説・皇明百家小説
　　　五朝小説大觀・皇明百家小説
窺天外乘一卷
　　（明）王世懋撰
　　　王奉常雜著
　　　紀錄彙編
　　　説郛續弓十八
　　　叢書集成初編・文學類
　　　景印元明善本叢書十種・紀錄彙編
滄江野史一卷
　　（明）□□撰
　　　説郛續弓七
賓退錄四卷
　　（明）趙善政撰
　　　涇川叢書（道光本、景道光本）

叢書集成初編·文學類

留青日札一卷
　(明)田藝蘅撰
　　中國內亂外禍歷史叢書第七輯

時事漫紀三卷
　(明)支允堅撰
　　梅花渡異林

見聞錄八卷
　(明)陳繼儒撰
　　寶顏堂祕笈(萬曆本、民國石印本)祕
　　集
　　眉公見聞錄四卷
　　　眉公十種藏書

萬曆野獲編三十卷補遺四卷
　(明)沈德符撰
　　元明史料筆記叢刊

民抄董宦事實一卷
　(明)□□撰
　　又滿樓叢書
　　中國內亂外禍歷史叢書第七輯

國朝當機錄三卷
　(明)黃正賓撰
　　玄覽堂叢書續集

拙政編一卷
　(明)盛萬年撰
　　豫恕堂叢書

霜猿集二卷
　(明華陽道隱撰)
　　申報館叢書續集·紀麗類·屑玉叢譚
　　初集
　　霜猨集一卷
　　(明)周同谷撰
　　　遜齋叢編甲集

霜猨集一卷附校譌一卷
　(明)周同谷撰　校譌(清)胡珽撰
　　琳琅祕室叢書(咸豐本)第四集

霜猨集一卷附校譌一卷續校一卷
　(明)周同谷撰　校譌(清)胡珽撰　續校
　　(清)董金鑑撰
　　琳琅祕室叢書(光緒本)第四集
　　叢書集成初編·文學類

霜猿集四卷附校記一卷
　(明)周同谷撰　校記(民國)丁祖蔭撰
　　虞山叢刻

西庫隨筆一卷
　(明)方孔炤撰
　　桐城方氏七代遺書

明朝小史十八卷

　(明)呂毖輯
　　玄覽堂叢書

丙申日記一卷
　(明)顧偉南撰
　　三異詞錄

玉堂薈記二卷
　(明)楊士聰撰
　　借月山房彙鈔(嘉慶本、景嘉慶本)第
　　十四集
　　指海(道光本、景道光本)第十五集
　　澤古齋重鈔第十二集
　　叢書集成初編·文學類
　　玉堂薈記四卷
　　　嘉業堂叢書·子部

痛餘雜錄一卷
　(明)史惇撰
　　花近樓叢書
　　續知不足齋叢書第二集

天香閣隨筆二卷
　(明)李介撰
　　粵雅堂叢書初編第二集
　　筆記小說大觀第五輯
　　叢書集成初編·文學類

欠庵避亂小記一卷
　(明)朱一是撰
　　花近樓叢書

說夢二卷
　(清)曹家駒撰
　　說庫
　　清人說薈初集

嗒史一卷
　(清)王煒撰
　　昭代叢書(道光本)戊集續編

書事七則一卷
　(清)陳貞慧撰
　　昭代叢書(道光本)戊集續編
　　常州先哲遺書第一集·史類·陳定生
　　先生遺書三種
　　陳處士遺書
　　說庫

過江七事一卷
　(清)陳貞慧撰
　　痛史(宣統本、民國本)·福王登極實
　　錄附
　　中國內亂外禍歷史叢書第一輯

謏聞續筆四卷
　(清)□□撰
　　筆記小說大觀第八輯

纖言三卷
　　(清)陸圻撰
　　　　古學彙刊第二集・雜記類
　　　　中國內亂外禍歷史叢書第四輯
秋鐙錄一卷
　　(清)沈元欽撰
　　　　昭代叢書(道光本)癸集萃編
談往一卷
　　(清)花村看行侍者撰
　　　　說鈴(康熙本、道光本)後集
　談往二卷
　　　　崇正叢書
　花村談往二卷補遺一卷
　　　　適園叢書第十一集
研堂見聞雜記一卷
　　(清)王家禎撰
　　　　痛史(宣統本、民國本)
　研堂見聞雜錄一卷
　　　　中國內亂外禍歷史叢書第十七輯
愓齋見聞錄一卷
　　(清)蘇淵撰
　　　　明季史料叢書
　　　　丁丑叢編
嶺上紀行二卷
　　(清)彭孫貽撰
　　　　國粹叢書第三集
瑣聞錄一卷別錄一卷
　　(清)宋徵輿撰
　　　　三異詞錄
　　　　明季史料叢書
東村記事一卷
　　(清)宋徵輿撰
　　　　三異詞錄
　　　　明季史料叢書
西廬漫筆一卷
　　(清)梁清遠撰
　　　　雕丘雜錄
後鑒錄七卷
　　(清)毛奇齡撰
　　　　西河合集(康熙本、乾隆修補本)・文
　　　　集
　後鑒錄一卷
　　　　勝朝遺事二編
明語林十四卷補遺一卷
　　(清)吳肅公撰
　　　　碧琳瑯館叢書丙部
　明語林十四卷
　　　　芋園叢書・子部

二申野錄八卷
　　(清)孫之騄撰
　　　　晴川八識
勝國文徵四卷
　　(清)楊家麟輯
　　　　申報館叢書續集・掌故類
銅仙殘淚一卷
　　(清)魏秀仁撰
　　　　晨風閣叢書第一集

清

瀋陽日記六卷
　　(朝鮮)□□撰
　　　　滿蒙叢書第九卷
瀋館錄七卷
　　(朝鮮)□□撰
　　　　遼海叢書第八集
瀋陽日記一卷附錄一卷
　　(朝鮮)宜若海撰
　　　　遼海叢書第八集・瀋館錄附
陽九述略一卷
　　(明)朱之瑜撰
　　　　舜水遺書(日本本、民國本)
海濱外史三卷
　　(清)陳維安撰
　　　　涵芬樓祕笈第五集
水西紀略一卷
　　(清)王鉞撰
　　　　世德堂遺書附
平圃雜記一卷
　　(清)張宸撰
　　　　庚辰叢編
癸亥紀事一卷
　　(清)陳道撰
　　　　豫章叢書(陶福履輯)第三集
昭代舊聞四卷
　　(清)屠元淳撰
　　　　屠氏三種
西清筆記二卷
　　(清)沈初撰
　　　　功順堂叢書
　　　　筆記小說大觀第三輯
　　　　叢書集成初編・文學類
管見所及一卷補遺一卷
　　(清)奕賡撰
　　　　佳夢軒叢著(稿本、民國排印本)
燕臺再游錄一卷
　　(朝鮮)柳得恭撰

遼海叢書第一集

嘯亭雜錄十卷續錄三卷
 （清）昭槤撰
  申報館叢書續集·掌故類
  說庫
  筆記小說大觀外集

舟車聞見錄二卷雜錄續集一卷續錄 三 集 一卷
 （清）江藩撰
  合眾圖書館叢書第二集·炳燭齋雜著

熙朝新語十六卷
 （清）徐錫麟（清）錢泳撰
  清代筆記叢刊
  筆記小說大觀第五輯

紙園筆記皇朝故事二卷
 （清）易本烺撰
  紙園叢書

龍山紀載四卷
 （清）江合春撰
  楞園仙書

借巢筆記一卷
 （清）沈守之撰
  吳中文獻小叢書

金壺浪墨八卷
 （清）黃鈞宰撰
  金壺七墨（同治本、民國本）
  清代筆記叢刊·金壺七墨
  筆記小說大觀第一輯·金壺七墨

金壺遯墨四卷
 （清）黃鈞宰撰
  金壺七墨（同治本、民國本）

金壺遯墨五卷
  清代筆記叢刊·金壺七墨
  筆記小說大觀第一輯·金壺七墨

宦游偶錄二卷
 （清）孫雲錦撰
  孫先生遺書

甲癸夢痕記六卷補遺二卷
 （清）李桓撰
  寶韋齋類稿

賓退紀談七卷
 （清）李桓撰
  寶韋齋類稿

甕牖餘談八卷
 （清）王韜撰
  申報館叢書正集·近事雜誌類
  清代筆記叢刊
  筆記小說大觀第三輯

庸庵文九則一卷
 （清）薛福成撰
  滿清野史四編

竹窗筆記一卷
 （清）奕譞撰
  樸庵四稿

歸廬談往錄二卷
 （清）徐宗亮撰
  善思齋集
  徐茉芩先生著述

歸廬談往錄一卷
  滿清野史三編

荔村隨筆一卷
 （清）譚宗浚撰
  辛巳叢編

鵝山文摘鈔一卷
 （清）趙增瑀撰
  滿清野史五編

知過軒隨錄一卷
 （清）文廷式撰
  滿清野史五編

滿清紀事一卷
 （民國）□□撰
  滿清野史續編

蕉窗雨話九則一卷
  滿清野史四編

清代名人趣史一卷
  滿清野史四編

棲霞閣野乘二卷
  滿清野史五編

悔逸齋筆乘一卷
  滿清野史五編

慧因室雜綴一卷
  滿清野史五編

陽秋賸筆一卷
  滿清野史五編

啁啾漫記一卷
  滿清野史五編

圓明園總管世家一卷
  滿清野史三編

春冰室野乘三卷
 （民國）李岳瑞撰
  關中叢書第八集

春冰室野乘不分卷
  滿清野史三編

春明夢錄二卷
 （民國）何剛德撰

平齋家言

黨目記一卷
　　（民國）魏元曠撰
　　　魏氏全書·潛園統編雜編

匪目記一卷
　　（民國）魏元曠撰
　　　魏氏全書·潛園統編雜編

堅冰志一卷
　　（民國）魏元曠撰
　　　熊刻四種
　　　魏氏全書·潛園統編雜編

九朝新語十六卷十朝新語外編一卷
　　（民國）胡思敬（退廬居士）撰
　　　退廬全書

國聞備乘四卷
　　（民國）胡思敬撰
　　　退廬全書

謇醉雜記三卷
　　（民國）徐沅撰
　　　雲在山房叢書

滿清外史二卷
　　（民國）天嘏撰
　　　滿清稗史

滿清外史一卷
　　　滿清野史初編

變異錄一卷
　　（民國）天嘏撰
　　　滿清稗史

所聞錄一卷
　　（民國）蘇民撰
　　　滿清稗史
　　　滿清野史初編

都門識小錄一卷
　　（民國）蔣芷儕撰
　　　滿清野史初編

沭庵祕錄一卷
　　（民國）王无生撰
　　　滿清野史初編

漢人不服滿人表一卷
　　（民國）胡樸安（蘊玉）撰
　　　滿清野史初編

髮史一卷
　　（民國）胡樸安（蘊玉）撰
　　　滿清野史初編

異辭錄四卷
　　（民國）劉體仁撰
　　　辟園史學四種

清宮瑣聞一卷

（民國）□□輯
　　滿清野史續編

名人軼事一卷
　　（民國）□□撰
　　　滿清野史四編

檮杌近志一卷
　　（民國）□□撰
　　　滿清野史四編

秦鬟樓談錄一卷
　　（民國）□□撰
　　　滿清野史五編

小奢摩館脞錄一卷
　　（民國）□□撰
　　　滿清野史五編

清代之竹頭木屑一卷
　　（民國）□□輯
　　　滿清野史五編

清稗瑣綴一卷
　　（民國）□□輯
　　　滿清野史五編

民　國

西江贅語一卷
　　（民國）何剛德撰
　　　平齋家言

載　記　類

先　秦

晉史乘一卷
　　　古今逸史·逸記
　　　說郛（宛委山堂本）弓五十四
　　　祕書廿一種（康熙本、嘉慶本）
　　　景印元明善本叢書十種·古今逸史·
　　　　逸記

晉文春秋一卷
　　　稗乘
　　　叢書集成初編·史地類

晉史乘一卷
　　（清）任兆麟選輯
　　　述記續

楚史檮杌一卷
　　　古今逸史·逸記
　　　說郛（宛委山堂本）弓五十四
　　　祕書廿一種（康熙本、嘉慶本）
　　　叢書集成初編·史地類

景印元明善本叢書十種・古今逸史・
逸記

楚史檮杌
說郛(商務印書館本)卷十四

楚史檮杌一卷
(清)任兆麟選輯
迻記續

吳越春秋一卷
(漢)趙曄撰
增定漢魏六朝別解・史部

吳越春秋十卷
會稽徐氏初學堂叢書輯錄

吳越春秋
說郛(商務印書館本)卷二・古典錄略

吳越春秋一卷
(漢)趙曄撰　(清)任兆麟選輯
迻記續

吳越春秋佚文一卷
(漢)趙曄撰　(清)王仁俊輯
經籍佚文

吳越春秋六卷
(漢)趙曄撰　(宋)徐天祜音注
古今逸史・逸記
廣漢魏叢書(萬曆本、嘉慶本)・別史
祕書廿一種(康熙本、嘉慶本)
摛藻堂四庫全書薈要・史部
增訂漢魏叢書（乾隆本、紅杏山房本、
三餘堂本、大通書局石印本)・別史
叢書集成初編・史地類
景印元明善本叢書十種・古今逸史・
逸記

吳越春秋十卷
四庫全書・史部載記類
四部叢刊(初次印本)・史部
四部叢刊（二次印本、縮印二次印本)
・史部
四部備要（排印本、縮印本)・史部古
史

吳越春秋十卷附札記一卷逸文一卷
(漢)趙曄撰　(宋)徐天祜音注　札記(民
國)徐乃昌撰併輯逸文
隨盦徐氏叢書
龍谿精舍叢書・史部

吳越春秋校一卷
(清)蔣光煦撰
涉聞梓舊(咸豐本、商務印書館景咸豐
本、竹簡齋景咸豐本)・斠補隅錄
叢書集成初編・總類・斠補隅錄

吳越春秋校勘記一卷
(清)顧觀光撰
武陵山人遺書(光緒本、民國本)

讀吳越春秋一卷
(清)俞樾撰
春在堂全書・曲園雜纂

吳越春秋平議補錄
(清)俞樾撰
諸子平議補錄(李念劬堂本、中華書局
排印本)

吳越春秋札記一卷
(民國)邵瑞彭撰
邵次公遺著

吳疆域圖說三卷
(清)范本禮撰
南菁書院叢書第四集

越絕書十五卷
(漢)袁康撰
古今逸史・逸記
廣漢魏叢書(萬曆本、嘉慶本)・別史
四庫全書・史部載記類
增訂漢魏叢書（乾隆本、紅杏山房本、
三餘堂本、大通書局石印本)・別史
四部叢刊(初次印本)・史部
四部叢刊（二次印本、縮印二次印本)
・史部
四部備要（排印本、縮印本)・史部古
史
景印元明善本叢書十種・古今逸史・
逸記

越絕書一卷
增定漢魏六朝別解・史部

越絕書十五卷附札記一卷
(漢)袁康撰　札記(清)錢培名撰
小萬卷樓叢書(咸豐本、光緒本)
龍谿精舍叢書・史部
叢書集成初編・史地類

越絕書佚文一卷
(漢)袁康撰　(清)王仁俊輯
經籍佚文

讀越絕書一卷
(清)俞樾撰
春在堂全書・曲園雜纂

越絕書平議補錄
(清)俞樾撰
諸子平議補錄(李念劬堂本、中華書局
排印本)

徐偃王志六卷

（清）徐時棟輯
　　四明叢書第八集
小國春秋一卷
　　（清）焦袁熹撰
　　藝海珠塵木集（辛集）
蜀王本紀一卷
　　（漢）揚雄撰　（清）洪頤煊輯
　　問經堂叢書・經典集林
　　經典集林
蜀王本紀一卷
　　（漢）揚雄撰　（清）王仁俊輯
　　玉函山房輯佚書補編

漢

南越五主傳三卷
　　（清）梁廷枏撰
　　藤花亭十七種
　　自明誠慶叢書
南越叢錄二卷
　　（清）梁廷枏撰
　　藤花亭十七種
　　自明誠慶叢書

晉

總記

三十國春秋一卷
　　（劉宋）武敏之撰　（清）湯球輯
　　廣雅書局叢書・史學・三十國春秋輯
　　　本
　　叢書集成初編・史地類・三十國春秋
　　　輯本
三十國春秋一卷
　　（梁）蕭方等撰　（清）湯球輯
　　廣雅書局叢書・史學・三十國春秋輯
　　　本
　　叢書集成初編・史地類・三十國春秋
　　　輯本
三十國春秋一卷
　　（清）王仁俊輯
　　玉函山房輯佚書補編
十六國春秋十六卷
　　（後魏）崔鴻撰
　　廣漢魏叢書（萬曆本、嘉慶本）・別史
　　增訂漢魏叢書（乾隆本、紅杏山房本、
　　　三餘堂本、大通書局石印本）・別史
　　叢書集成初編・史地類
　　四部備要（排印本、縮印本）・史部載

記
別本十六國春秋十六卷
　　四庫全書・史部載記類
十六國春秋一百卷
　　四庫全書・史部載記類
　　摛藻堂四庫全書薈要・史部
十六國春秋佚文一卷
　　（後魏）崔鴻撰　（清）王仁俊輯
　　經籍佚文
十六國春秋纂錄校本十卷附校勘記一卷
　　（後魏）崔鴻撰　（清）湯球輯　校勘記（清）
　　　吳翊寅撰
　　廣雅書局叢書・史學
　　叢書集成初編・史地類
十六國春秋輯補一百卷年表一卷
　　（清）湯球輯
　　廣雅書局叢書・史學
　　叢書集成初編・史地類
五胡十六國考鏡一卷
　　（宋）石延年撰
　　學海類編（道光本、景道光本）・**史參**
　　叢書集成初編・總類
晉五胡指掌六卷
　　（明）張大齡撰
　　玄羽外編・晉唐指掌
晉五胡指掌二卷
　　峭帆樓叢書

前趙

漢趙記一卷
　　（前趙）和苞撰　（清）湯球輯
　　廣雅書局叢書・史學・三十國春秋輯
　　　本
　　叢書集成初編・史地類・三十國春秋
　　　輯本
前趙錄一卷
　　（後魏）崔鴻撰　（清）王仁俊輯
　　玉函山房輯佚書補編

後趙

二石傳一卷
　　（晉）王度撰　（清）湯球輯
　　廣雅書局叢書・史學・三十國春秋輯
　　　本
　　叢書集成初編・史地類・三十國春秋
　　　輯本
趙書一卷
　　（□燕）田融撰　（清）湯球撰

廣雅書局叢書·史學·三十國春秋輯
本
叢書集成初編·史地類·三十國春秋
輯本

趙書一卷
　　(淸)王仁俊輯
　　　玉函山房輯佚書補編

趙書一卷
　　(□)吳篤撰　(淸)湯球輯
　　　廣雅書局叢書·史學·三十國春秋輯
　　　本
　　　叢書集成初編·史地類·三十國春秋
　　　輯本

後趙錄一卷
　　(後魏)崔鴻撰　(淸)王仁俊輯
　　　玉函山房輯佚書補編

成　漢

蜀李書一卷
　　(晉)常璩撰　(淸)湯球輯
　　　廣雅書局叢書·史學·三十國春秋輯
　　　本
　　　叢書集成初編·史地類·三十國春秋
　　　輯本

蜀錄一卷
　　(後魏)崔鴻撰　(淸)王仁俊輯
　　　玉函山房輯佚書補編

後蜀錄一卷
　　(後魏)崔鴻撰　(淸)王仁俊輯
　　　玉函山房輯佚書補編

前　燕

燕書一卷
　　(□燕)范亨撰　(淸)湯球輯
　　　廣雅書局叢書·史學·三十國春秋輯
　　　本
　　　叢書集成初編·史地類·三十國春秋
　　　輯本

前燕錄一卷
　　(後魏)崔鴻撰　(淸)王仁俊輯
　　　玉函山房輯佚書補編

後　燕

燕志一卷
　　(後魏)高閭撰　(淸)湯球輯
　　　廣雅書局叢書·史學·三十國春秋輯
　　　本
　　　叢書集成初編·史地類·三十國春秋

輯本

後燕錄一卷
　　(後魏)崔鴻撰　(淸)王仁俊輯
　　　玉函山房輯佚書補編

北　燕

北燕錄一卷
　　(後魏)崔鴻撰　(淸)王仁俊輯
　　　玉函山房輯佚書補編

南　燕

南燕書一卷
　　(□燕)張詮撰　(淸)湯球輯
　　　廣雅書局叢書·史學·三十國春秋輯
　　　本
　　　叢書集成初編·史地類·三十國春秋
　　　輯本

南燕書一卷
　　(□燕)王景暉撰　(淸)湯球輯
　　　廣雅書局叢書·史學·三十國春秋輯
　　　本
　　　叢書集成初編·史地類·三十國春秋
　　　輯本

南燕錄一卷
　　(後魏)崔鴻撰　(淸)王仁俊輯
　　　玉函山房輯佚書補編

前　涼

涼記一卷
　　(□燕)張諮撰　(淸)湯球輯
　　　廣雅書局叢書·史學·三十國春秋輯
　　　本
　　　叢書集成初編·史地類·三十國春秋
　　　輯本

前涼錄一卷
　　(後魏)崔鴻撰　(淸)王仁俊輯
　　　玉函山房輯佚書補編

後　涼

涼州記一卷
　　(北涼)段龜龍撰
　　　說郛(宛委山堂本)弓六十一

涼州記
　　　說郛(商務印書館本)卷四·墨娥漫錄

涼州記一卷
　　(北涼)段龜龍撰　(淸)張澍輯
　　　二酉堂叢書
　　　叢書集成初編·史地類

涼記一卷
　　（北涼）段龜龍撰　（清）湯球輯
　　　　廣雅書局叢書・史學・三十國春秋輯
　　　　本
　　　　叢書集成初編・史地類・三十國春秋
　　　　輯本

西　涼

西河記一卷
　　（晉）喻歸撰　（清）張澍輯
　　　　二酉堂叢書
　　　　叢書集成初編・史地類
西河記一卷
　　（晉）喻歸撰　（清）湯球輯
　　　　廣雅書局叢書・史學・三十國春秋輯
　　　　本
　　　　叢書集成初編・史地類・三十國春秋
　　　　輯本
燉煌新錄一卷
　　（後魏）劉昞撰
　　　　說郛（宛委山堂本）弓六十
燉煌實錄一卷
　　（後魏）劉昞撰　（清）湯球輯
　　　　廣雅書局叢書・史學・三十國春秋輯
　　　　本
　　　　叢書集成初編・史地類・三十國春秋
　　　　輯本

前　秦

秦書一卷
　　（前秦）車頻撰　（清）湯球輯
　　　　廣雅書局叢書・史學・三十國春秋輯
　　　　本
　　　　叢書集成初編・史地類・三十國春秋
　　　　輯本
秦書一卷
　　（清）王仁俊輯
　　　　玉函山房輯佚書補編
秦記一卷
　　（劉宋）裴景仁撰　（清）湯球輯
　　　　廣雅書局叢書・史學・三十國春秋輯
　　　　本
　　　　叢書集成初編・史地類・三十國春秋
　　　　輯本
前秦錄一卷
　　（後魏）崔鴻撰　（清）王仁俊輯
　　　　玉函山房輯佚書補編

後　秦

後秦記一卷
　　（後魏）姚和都撰　（清）湯球輯
　　　　廣雅書局叢書・史學・三十國春秋輯
　　　　本
　　　　叢書集成初編・史地類・三十國春秋
　　　　輯本
後秦錄一卷
　　（後魏）崔鴻撰　（清）王仁俊輯
　　　　玉函山房輯佚書補編

西　秦

西秦錄一卷
　　（後魏）崔鴻撰　（清）王仁俊輯
　　　　玉函山房輯佚書補編

南北朝

後梁春秋二卷
　　（明）姚士粦撰
　　　　問影樓叢刻初編

隋　唐

毒關錄一卷
　　（唐）太行山人撰
　　　　說郛（宛委山堂本）弓三十九
毒關錄
　　　　說郛（商務印書館本）卷三十五
渤海疆域考二卷
　　（清）徐相雨撰
　　　　求恕齋叢書
渤海國志四卷
　　（民國）震鈞（唐晏）撰
　　　　求恕齋叢書
渤海國記三卷附校錄一卷
　　（民國）黃維翰撰　校錄金毓黻撰
　　　　遼海叢書第一集
蠻書十卷
　　（唐）樊綽撰
　　　　四庫全書・史部載記類
　　　　武英殿聚珍版書（武英殿木活字本、福
　　　　建本、廣雅書局本）・史部
　　　　漸西村舍彙刊
蠻書十卷附校譌一卷
　　（唐）樊綽撰　校譌（清）胡珽撰
　　　　琳琅祕室叢書（咸豐本）第三集
蠻書十卷附校譌一卷續校一卷
　　（唐）樊綽撰　校譌（清）胡珽撰　續校（清）
　　　　董金鑑撰
　　　　琳琅祕室叢書（光緒本）第三集

南唐近事一卷
　　(宋)鄭文寶撰
　　　　續百川學海丙集
　　　　寶顏堂祕笈（萬曆本、民國石印本）續
　　　　　集
　　　　唐宋叢書・別史
　　　　說郛（宛委山堂本）弓三十九
　　　　四庫全書・子部小說家類
　　　　叢書集成初編・史地類
　　南唐近事三卷
　　　　滎陽雜俎八種
　　南唐近事
　　　　說郛（商務印書館本）卷二十
南唐近事佚文一卷
　　(宋)鄭文寶撰　　(清)王仁俊輯
　　　　經籍佚文
江表志一卷
　　(宋)鄭文寶撰
　　　　說郛（宛委山堂本）弓三十九
　　江表志三卷
　　　　四庫全書・史部載記類
　　　　藝海珠塵壬集
　　　　墨海金壺（嘉慶本、景嘉慶本）・史部
　　　　學海類編（道光本、景道光本）・史參
　　江表志
　　　　說郛（商務印書館本）卷五十八
江南餘載二卷
　　(宋)鄭文寶撰
　　　　四庫全書・史部載記類
　　　　知不足齋叢書（乾隆至道光本、景乾隆
　　　　　至道光本）第十一集
　　　　函海（乾隆本、道光本）第六函
　　　　龍威祕書二集
　　　　函海（光緒本）第八函
　　　　說庫
　　　　叢書集成初編・史地類
　　江南餘載一則
　　　　舊小說（民國本、1957年本）丁集
南唐書三十卷
　　(宋)馬令撰
　　　　四庫全書・史部載記類
　　　　墨海金壺（嘉慶本、景嘉慶本）・史部
　　　　逃古叢鈔第三集
　　　　南唐書合刻
　　　　藏修堂叢書第二集・南唐書合刻
　　　　翠琅玕館叢書（黃任恆輯）・史部・南
　　　　　唐書合刻
　　　　芋園叢書・史部

　　　　叢書集成初編・史地類
南唐書三十卷附攷勘記一卷
　　(宋)馬令撰　　攷勘記張元濟撰
　　　　四部叢刊續編・史部
南唐書十八卷附音釋一卷
　　(宋)陸游撰　　音釋(元)戚光撰
　　　　祕冊彙函
　　　　陸放翁全集
　　　　四庫全書・史部載記類
　　　　逃古叢鈔第三集
　　　　南唐書合刻
　　　　藏修堂叢書第二集・南唐書合刻
　　　　翠琅玕館叢書（黃任恆輯）・史部・南
　　　　　唐書合刻
　　　　芋園叢書・史部
　　　　叢書集成初編・史地類
　　　　四部備要（排印本、縮印本）集部宋別
　　　　　集・陸放翁全集
南唐書十八卷附音釋一卷校勘記一卷
　　(宋)陸游撰　　音釋(元)戚光撰　　校勘記張
　　　元濟撰
　　　　四部叢刊續編・史部
南唐書注十八卷附錄一卷
　　(清)周在浚撰
　　　　嘉業堂叢書・史部
南唐書補注十八卷
　　　劉承幹撰
　　　　嘉業堂叢書・史部
南唐拾遺記一卷
　　(清)毛先舒撰
　　　　學海類編（道光本、景道光本）・史參
　　　　昭代叢書（道光本）巳集廣編
　　　　叢書集成初編・史地類

前後蜀

幸蜀記一卷
　　(唐)宋居白撰
　　　　說郛（宛委山堂本）弓五十四
　　　　古今說部叢書七集
　　幸蜀記
　　　　說郛（商務印書館本）卷四十五
野人閒話一卷
　　(宋)景煥撰
　　　　說郛（宛委山堂本）弓二十八
　　　　五朝小說・宋人百家小說偏錄家
　　　　五朝小說大觀・宋人百家小說偏錄家
　　野人閒話
　　　　說郛（商務印書館本）卷十七

野人閒話八則
 舊小說(民國本、1957 年本)丁集
錦里耆舊傳(一名成都理亂記)八卷(原缺卷一至四)
 (宋)句延慶撰
  四庫全書·史部載記類
  讀畫齋叢書乙集
  叢書集成初編·史地類
蜀檮杌一卷
 (宋)張唐英撰
  續百川學海乙集
  歷代小史
  說郛(宛委山堂本)弓五十四
  景印元明善本叢書十種·歷代小史
蜀檮杌二卷
  四庫全書·史部載記類
  函海(乾隆本、道光本)第四函
  藝海珠塵絲集(丙集)
  學海類編(道光本、景道光本)·史參
  函海(光緒本)第三函
  叢書集成初編·史地類
蜀檮杌
  說郛(商務印書館本)卷四十五

吳　越

家王故事一卷
 (宋)錢惟演撰
  說郛(宛委山堂本)弓四十五
  五朝小說·宋人百家小說偏錄家
  五朝小說大觀·宋人百家小說偏錄家
家王故事
  說郛(商務印書館本)卷二十九
傳載略一卷
 (宋)釋贊寧撰
  說郛(宛委山堂本)弓三十二
  五朝小說·宋人百家小說偏錄家
  五朝小說大觀·宋人百家小說偏錄家
傳載
  說郛(商務印書館本)卷五
吳越備史四卷補遺一卷
 (宋)范坰(宋)林禹撰
  四庫全書·史部載記類
  學津討原(嘉慶本、景嘉慶本)第六集
吳越備史四卷補遺一卷雜考一卷
 (宋)范坰(宋)林禹撰　雜考(清)錢受徵撰
  武林掌故叢編第十九集
吳越備史四卷附校勘記一卷
 (宋)范坰(宋)林禹撰　校勘記張元濟撰

  四部叢刊續編·史部

楚

三楚新錄一卷
 (宋)周羽翀撰
  續百川學海乙集
  歷代小史
  說郛(宛委山堂本)弓五十四
  景印元明善本叢書十種·歷代小史
三楚新錄三卷
  古今說海(嘉靖本、道光本、宣統排印本、民國石印本)·說選部偏記家
  四庫全書·史部載記類
  藝海珠塵壬集
  墨海金壺(嘉慶本、景嘉慶本)·史部
  學海類編(道光本、景道光本)·史參
三楚新錄
  說郛(商務印書館本)卷四十

南　漢

南漢書十八卷
 (清)梁廷枏撰
  藤花亭十七種
南漢書考異十八卷
 (清)梁廷枏撰
  藤花亭十七種
南漢叢錄二卷
 (清)梁廷枏撰
  藤花亭十七種
南漢文字略四卷
 (清)梁廷枏撰
  藤花亭十七種
南漢紀五卷
 (清)吳蘭修撰
  嶺南遺書第五集
  叢書集成初編·史地類

宋

西夏事略一卷
 (宋)王偁撰
  學海類編(道光本、景道光本)·史參
  叢書集成初編·史地類
宋史夏國傳集註十四卷系表一卷
 (民國)羅福萇撰　羅福頤補
  待時軒叢刊
西夏國書略說一卷
 (民國)羅福萇撰
  待時軒叢刊

西遼立國本末考一卷 疆域考一卷 都城考
一卷
　　（清）丁謙撰
　　　　古學彙刊第一集・史學類

元　明

堇起雜事一卷
　　（明）楊儀撰
　　　　廣百川學海甲集
　　　　說郛續弓五
　　（題明劉泌撰）
　　　　稗乘
國初羣雄事略十二卷
　　（清）錢謙益撰
　　　　適園叢書第三集
陳張事略一卷
　　（明）吳國倫撰
　　　　學海類編（道光本、景道光本）・史參
　　　　借月山房彙鈔（嘉慶本、景嘉慶本）第
　　　　　六集
　　　　澤古齋重鈔第七集
明氏實錄一卷
　　（明）楊學可撰
　　　　學海類編（道光本、景道光本）・史參
明氏實錄一卷
　　（明）楊學可撰　　（清）徐松校補
　　　　仰視千七百二十九鶴齋叢書（光緒本、
　　　　　景光緒本）第五集

史　表　類

通　代

帝王紀年纂要一卷
　　（元）察罕撰　　（明）黃諫訂
　　　　金聲玉振集
重訂帝王紀年纂要一卷
　　　　借月山房彙鈔（嘉慶本、景嘉慶本）第
　　　　　十集
甲子會紀五卷
　　（明）薛應旂撰
　　　　資治通鑑大全
歷代事變圖譜一卷附古今官制沿革圖
　　（明）王光魯撰
　　　　閱史約書
歷代史表五十三卷
　　（清）萬斯同撰

　　　　四庫全書・史部別史類
歷代史表五十九卷
　　　　廣雅書局叢書・史學
　　　　叢書集成初編・史地類
　　　　四部備要（排印本、縮印本）・史部表
　　　　　譜考證
補歷代史表十四卷
　　（清）萬斯同撰
　　　　四明叢書第七集
欽定歷代紀事年表一百卷
　　（清）王之樞撰
　　　　四庫全書・史部別史類
廿一史四譜五十四卷
　　（清）沈炳震撰
　　　　廣雅書局叢書・史學
歷代世系紀年編一卷
　　（清）沈炳震撰
　　　　半畝園叢書
　　　　翠琅玕館叢書（馮兆年輯）第二集・小
　　　　　學鉤沈
歷代帝王年表不分卷
　　（清）齊召南撰　　（清）阮福續
　　　　文選樓叢書（阮亨輯）
　　　　叢書集成本初編・史地類
　　　　四部備要（排印本、縮印本）・史部表
　　　　　譜考證
歷代帝王年表三卷
　　　　粵雅堂叢書二編第十二集
帝王廟諡年諱譜一卷
　　（清）陸費墀撰
　　　　文選樓叢書（阮亨輯）・歷代帝王年表
　　　　　附
歷代帝王廟諡年諱譜一卷
　　　　四部備要（排印本、縮印本）・史部表
　　　　　譜考證
歷代統紀表十三卷
　　（清）段長基撰　　（清）段搢書編注
　　　　二十四史三表（嘉慶本、光緒本）
　　　　四部備要（排印本、縮印本）・史部表
　　　　　譜考證
歷代統系錄六卷
　　（清）黃本驥撰
　　　　三長物齋叢書
　　　　古今史學萃珍
歷代編年大事表一卷
　　（清）施彥士撰
　　　　求己堂八種
紀元考一卷

（清）陳夔齡輯
　　江陰季氏叢刻

歷代帝王世次紀一卷

（清）□□撰
　　牛畝園叢書

帝賊譜二卷

（民國）張相文撰
　　南園叢稿

先　秦

五國執政表一卷

（清）觀頷道人輯
　　閩竹居叢書

漢

楚漢帝月表一卷

（清）吳非撰
　　貴池先哲遺書
　　二十五史補編（開明書店排印本、中華
　　　書局重印本）・史記部分

漢將相大臣年表一卷

（清）萬斯同撰
　　二十五史補編（開明書店排印本、中華
　　　書局重印本）・漢書部分

前漢匈奴表三卷附錄一卷

（民國）沈惟賢撰
　　學古堂日記・讀史日記
　　二十五史補編（開明書店排印本、中華
　　　書局重印本）・漢書部分

新莽大臣年表一卷

（清）萬斯同撰
　　二十五史補編（開明書店排印本、中華
　　　書局重印本）・漢書部分

補後漢書年表十卷

（宋）熊方撰
　　四庫全書・史部正史類
　　二十五史補編（開明書店排印本、中華
　　　書局重印本）・後漢書部分

後漢書年表十卷

　　桐華館史翼

熊氏後漢書年表校補五卷補遺一卷續補一卷

（清）諸以敦撰
　　二十五史補編（開明書店排印本、中華
　　　書局重印本）・後漢書部分

後漢書補表八卷

（清）錢大昭撰
　　汗筠齋叢書第一集

粵雅堂叢書初編第十集
後知不足齋叢書第七函
廣雅書局叢書・史學
史學叢書（文瀾書局本、煥文書局本、
　點石齋本）
二十五史補編（開明書店排印本、中華
　書局重印本）・後漢書部分

後漢書補表校錄一卷

（民國）陳漢章撰
　　綴學堂叢稿初集

東漢諸帝統系圖一卷

（清）萬斯同撰
　　二十五史補編（開明書店排印本、中華
　　　書局重印本）・後漢書部分

東漢諸王世表一卷

（清）萬斯同撰
　　二十五史補編（開明書店排印本、中華
　　　書局重印本）・後漢書部分

東漢皇子王世系表一卷

（民國）黃大華撰
　　二十五史補編（開明書店排印本、中華
　　　書局重印本）・後漢書部分

東漢雲臺功臣侯表一卷

（清）萬斯同撰
　　二十五史補編（開明書店排印本、中華
　　　書局重印本）・後漢書部分

東漢中興功臣侯世系表一卷

（民國）黃大華撰
　　二十五史補編（開明書店排印本、中華
　　　書局重印本）・後漢書部分

東漢外戚侯表一卷

（清）萬斯同撰
　　二十五史補編（開明書店排印本、中華
　　　書局重印本）・後漢書部分

東漢宦者侯表一卷

（清）萬斯同撰
　　二十五史補編（開明書店排印本、中華
　　　書局重印本）・後漢書部分

東漢將相大臣年表一卷

（清）萬斯同撰
　　二十五史補編（開明書店排印本、中華
　　　書局重印本）・後漢書部分

後漢三公年表一卷

（清）華湛恩撰
　　昭代叢書（道光本）癸集萃編
　　廣雅書局叢書・史學
　　叢書集成初編・史地類
　　二十五史補編（開明書店排印本、中華

書局重印本)·後漢書部分

東漢三公年表一卷
　(民國)黃大華撰
　　二十五史補編(開明書店排印本、中華
　　書局重印本)·後漢書部分

後漢公卿表一卷
　(清)練恕撰
　　多識錄
　　二十五史補編(開明書店排印本、中華
　　書局重印本)·後漢書部分

東漢九卿年表一卷
　(清)萬斯同撰
　　二十五史補編(開明書店排印本、中華
　　書局重印本)·後漢書部分

後漢郡國令長考一卷
　(清)錢大昭撰
　　廣雅書局叢書·史學
　　積學齋叢書
　　史學叢書(文瀾書局本、煥文書局本、
　　點石齋本)
　　正覺樓叢刻
　　二十五史補編(開明書店排印本、中華
　　書局重印本)·後漢書部分

後漢郡國令長考補一卷
　(民國)丁錫田撰
　　稼民雜著
　　二十五史補編(開明書店排印本、中華
　　書局重印本)·後漢書部分

後漢匈奴表二卷
　(民國)沈惟賢撰
　　學古堂日記·讀史日記
　　二十五史補編(開明書店排印本、中華
　　書局重印本)·後漢書部分

三　國

三國大事年表一卷
　(清)萬斯同撰
　　二十五史補編(開明書店排印本、中華
　　書局重印本)·三國志部分

三國紀年表一卷
　(清)周嘉猷撰
　　廣雅書局叢書·史學
　　正覺樓叢刻
　　叢書集成初編·史地類
　　二十五史補編(開明書店排印本、中華
　　書局重印本)·三國志部分

三國大事表一卷
　(清)謝鍾英撰
　　二十五史補編(開明書店排印本、中華

書局重印本)·三國志部分

三國志世系表一卷
　周明泰撰
　　二十五史補編(開明書店排印本、中華
　　書局重印本)·三國志部分

三國志世系表補遺附訂譌一卷
　陶元珍撰
　　二十五史補編(開明書店排印本、中華
　　書局重印本)·三國志部分

三國漢季方鎮年表一卷
　(清)萬斯同撰
　　二十五史補編(開明書店排印本、中華
　　書局重印本)·三國志部分

三國諸王世表一卷
　(清)萬斯同撰
　　二十五史補編(開明書店排印本、中華
　　書局重印本)·三國志部分

三國志三公宰輔年表三卷
　(民國)黃大華撰
　　二十五史補編(開明書店排印本、中華
　　書局重印本)·三國志部分

三國職官表三卷
　(清)洪飴孫撰
　　廣雅書局叢書·史學
　　史學叢書(文瀾書局本、煥文書局本、
　　點石齋本)
　　正覺樓叢刻
　　叢書集成初編·社會科學類
　　二十五史補編(開明書店排印本、中華
　　書局重印本)·三國志部分

魏國將相大臣年表一卷
　(清)萬斯同撰
　　二十五史補編(開明書店排印本、中華
　　書局重印本)·三國志部分

魏將相大臣年表一卷
　(清)萬斯同撰
　　二十五史補編(開明書店排印本、中華
　　書局重印本)·三國志部分

魏方鎮年表一卷
　(清)萬斯同撰
　　二十五史補編(開明書店排印本、中華
　　書局重印本)·三國志部分

漢將相大臣年表一卷
　(清)萬斯同撰
　　二十五史補編(開明書店排印本、中華
　　書局重印本)·三國志部分

吳將相大臣年表一卷
　(清)萬斯同撰

二十五史補編(開明書店排印本、中華
書局重印本)・三國志部分

晉

兩晉諸帝統系圖一卷
　(清)萬斯同撰
　　　二十五史補編(開明書店排印本、中華
　　　書局重印本)・晉書部分

晉諸王世表一卷
　(清)萬斯同撰
　　　二十五史補編(開明書店排印本、中華
　　　書局重印本)・晉書部分

晉八王易知略一卷
　(清)王廷釗撰
　　　如諫果室叢刊

補晉宗室王侯表一卷
　(民國)秦錫田撰
　　　二十五史補編(開明書店排印本、中華
　　　書局重印本)・晉書部分

補晉異姓封爵表一卷
　(民國)秦錫田撰
　　　二十五史補編(開明書店排印本、中華
　　　書局重印本)・晉書部分

晉功臣世表一卷
　(清)萬斯同撰
　　　二十五史補編(開明書店排印本、中華
　　　書局重印本)・晉書部分

晉將相大臣年表一卷
　(清)萬斯同撰
　　　二十五史補編(開明書店排印本、中華
　　　書局重印本)・晉書部分

東晉將相大臣年表一卷
　(清)萬斯同撰
　　　二十五史補編(開明書店排印本、中華
　　　書局重印本)・晉書部分

補晉執政表一卷
　(民國)秦錫圭撰
　　　二十五史補編(開明書店排印本、中華
　　　書局重印本)・晉書部分

晉方鎮年表一卷
　(清)萬斯同撰
　　　二十五史補編(開明書店排印本、中華
　　　書局重印本)・晉書部分

補晉方鎮表一卷
　(民國)秦錫圭撰
　　　二十五史補編(開明書店排印本、中華
　　　書局重印本)・晉書部分

晉方鎮年表一卷

(民國)吳廷燮撰
　　　二十五史補編(開明書店排印本、中華
　　　書局重印本)・晉書部分

東晉方鎮年表一卷
　(清)萬斯同撰
　　　二十五史補編(開明書店排印本、中華
　　　書局重印本)・晉書部分

東晉方鎮年表一卷
　(民國)吳廷燮撰
　　　二十五史補編(開明書店排印本、中華
　　　書局重印本)・晉書部分

晉僭偽諸國世表一卷
　(清)萬斯同撰
　　　二十五史補編(開明書店排印本、中華
　　　書局重印本)・晉書部分

晉僭偽諸國年表一卷
　(清)萬斯同撰
　　　二十五史補編(開明書店排印本、中華
　　　書局重印本)・晉書部分

補晉僭國年表一卷
　(民國)秦錫田撰
　　　二十五史補編(開明書店排印本、中華
　　　書局重印本)・晉書部分

十六國年表一卷
　(清)張愔曾撰
　　　昭代叢書(康熙本)乙集第一帙
　　　昭代叢書(道光本)乙集第一帙
　　　二十五史補編(開明書店排印本、中華
　　　書局重印本)・晉書部分

晉五胡表一卷
　(民國)沈惟賢撰
　　　學古堂日記・讀史日記
　　　二十五史補編(開明書店排印本、中華
　　　書局重印本)・晉書部分

偽漢將相大臣年表一卷
　(清)萬斯同撰
　　　二十五史補編(開明書店排印本、中華
　　　書局重印本)・晉書部分

偽趙將相大臣年表一卷
　(清)萬斯同撰
　　　二十五史補編(開明書店排印本、中華
　　　書局重印本)・晉書部分

偽成將相大臣年表一卷
　(清)萬斯同撰
　　　二十五史補編(開明書店排印本、中華
　　　書局重印本)・晉書部分

偽燕將相大臣年表一卷
　(清)萬斯同撰

二十五史補編(開明書店排印本、中華
書局重印本)‧晉書部分

僞後燕將相大臣年表一卷
　　(清)萬斯同撰
　　　　二十五史補編(開明書店排印本、中華
　　　　書局重印本)‧晉書部分

北燕百官表一卷
　　(民國)繆荃孫撰
　　　　二十五史補編(開明書店排印本、中華
　　　　書局重印本)‧晉書部分

僞南燕將相大臣年表一卷
　　(清)萬斯同撰
　　　　二十五史補編(開明書店排印本、中華
　　　　書局重印本)‧晉書部分

後涼百官表一卷
　　(民國)繆荃孫撰
　　　　二十五史補編(開明書店排印本、中華
　　　　書局重印本)‧晉書部分

北涼百官表一卷
　　(民國)繆荃孫撰
　　　　二十五史補編(開明書店排印本、中華
　　　　書局重印本)‧晉書部分

南涼百官表一卷
　　(民國)繆荃孫撰
　　　　二十五史補編(開明書店排印本、中華
　　　　書局重印本)‧晉書部分

西涼百官表一卷
　　(民國)繆荃孫撰
　　　　二十五史補編(開明書店排印本、中華
　　　　書局重印本)‧晉書部分

僞秦將相大臣年表一卷
　　(清)萬斯同撰
　　　　二十五史補編(開明書店排印本、中華
　　　　書局重印本)‧晉書部分

僞後秦將相大臣年表一卷
　　(清)萬斯同撰
　　　　二十五史補編(開明書店排印本、中華
　　　　書局重印本)‧晉書部分

西秦百官表
　　(清)練恕撰
　　　　多識錄

西秦百官表一卷
　　　　二十五史補編(開明書店排印本、中華
　　　　書局重印本)‧晉書部分

夏百官表一卷
　　(民國)繆荃孫撰
　　　　二十五史補編(開明書店排印本、中華
　　　　書局重印本)‧晉書部分

南　北　朝

南北史年表一卷
　　(清)周嘉猷撰
　　　　廣雅書局叢書‧史學
　　　　叢書集成初編‧史地類‧南北史表
　　　　二十五史補編(開明書店排印本、中華
　　　　書局重印本)‧南北史部分

南北史世系表五卷
　　(清)周嘉猷撰
　　　　廣雅書局叢書
　　　　叢書集成初編‧史地類‧南北史表
　　　　二十五史補編(開明書店排印本、中華
　　　　書局重印本)‧南北史部分

南北史帝王世系表一卷
　　(清)周嘉猷撰
　　　　廣雅書局叢書‧史學
　　　　叢書集成初編‧史地類‧南北史表
　　　　二十五史補編(開明書店排印本、中華
　　　　書局重印本)‧南北史部分

宋書補表四卷
　　(清)盛大士撰
　　　　二十五史補編(開明書店排印本、中華
　　　　書局重印本)‧宋書部分

宋諸王世表一卷
　　(清)萬斯同撰
　　　　二十五史補編(開明書店排印本、中華
　　　　書局重印本)‧宋書部分

補宋書宗室世系表一卷
　　(民國)羅振玉撰
　　　　永豐鄉人雜著續編
　　　　二十五史補編(開明書店排印本、中華
　　　　書局重印本)‧宋書部分

宋將相大臣年表一卷
　　(清)萬斯同撰
　　　　二十五史補編(開明書店排印本、中華
　　　　書局重印本)‧宋書部分

宋方鎮年表一卷
　　(清)萬斯同撰
　　　　二十五史補編(開明書店排印本、中華
　　　　書局重印本)‧宋書部分

齊諸王世表一卷
　　(清)萬斯同撰
　　　　二十五史補編(開明書店排印本、中華
　　　　書局重印本)‧南齊書部分

齊將相大臣年表一卷
　　(清)萬斯同撰
　　　　二十五史補編(開明書店排印本、中華

書局重印本)·南齊書部分

齊方鎮年表一卷
　　(清)萬斯同撰
　　　　二十五史補編(開明書店排印本、中華
　　　　書局重印本)·南齊書部分

梁諸王世表一卷
　　(清)萬斯同撰
　　　　二十五史補編(開明書店排印本、中華
　　　　書局重印本)·梁書部分

梁將相大臣年表一卷
　　(清)萬斯同撰
　　　　二十五史補編(開明書店排印本、中華
　　　　書局重印本)·梁書部分

陳諸王世表一卷
　　(清)萬斯同撰
　　　　二十五史補編(開明書店排印本、中華
　　　　書局重印本)·陳書部分

陳將相大臣年表一卷
　　(清)萬斯同撰
　　　　二十五史補編(開明書店排印本、中華
　　　　書局重印本)·陳書部分

魏諸帝統系圖一卷
　　(清)萬斯同撰
　　　　二十五史補編(開明書店排印本、中華
　　　　書局重印本)·魏書部分

魏諸王世表一卷
　　(清)萬斯同撰
　　　　二十五史補編(開明書店排印本、中華
　　　　書局重印本)·魏書部分

魏異姓諸王世表一卷
　　(清)萬斯同撰
　　　　二十五史補編(開明書店排印本、中華
　　　　書局重印本)·魏書部分

魏外戚諸王世表一卷
　　(清)萬斯同撰
　　　　二十五史補編(開明書店排印本、中華
　　　　書局重印本)·魏書部分

魏將相大臣年表一卷
　　(清)萬斯同撰
　　　　二十五史補編(開明書店排印本、中華
　　　　書局重印本)·魏書部分

東魏將相大臣年表一卷
　　(清)萬斯同撰
　　　　二十五史補編(開明書店排印本、中華
　　　　書局重印本)·魏書部分

西魏將相大臣年表一卷
　　(清)萬斯同撰
　　　　二十五史補編(開明書店排印本、中華

書局重印本)·魏書部分

元魏方鎮年表二卷
　　(民國)吳廷燮撰
　　　　二十五史補編(開明書店排印本、中華
　　　　書局重印本)·魏書部分

北齊諸王世表一卷
　　(清)萬斯同撰
　　　　二十五史補編(開明書店排印本、中華
　　　　書局重印本)·北齊書部分

北齊異姓諸王世表一卷
　　(清)萬斯同撰
　　　　二十五史補編(開明書店排印本、中華
　　　　書局重印本)·北齊書部分

北齊將相大臣年表一卷
　　(清)萬斯同撰
　　　　二十五史補編(開明書店排印本、中華
　　　　書局重印本)·北齊書部分

周諸王世表一卷
　　(清)萬斯同撰
　　　　二十五史補編(開明書店排印本、中華
　　　　書局重印本)·周書部分

周公卿年表一卷
　　(清)萬斯同撰
　　　　二十五史補編(開明書店排印本、中華
　　　　書局重印本)·周書部分

北周公卿表
　　(清)練恕撰
　　　　多識錄

北周公卿表一卷
　　　　二十五史補編(開明書店排印本、中華
　　　　書局重印本)·周書部分

隋

隋諸王世表一卷
　　(清)萬斯同撰
　　　　二十五史補編(開明書店排印本、中華
　　　　書局重印本)·隋書部分

隋將相大臣年表一卷
　　(清)萬斯同撰
　　　　二十五史補編(開明書店排印本、中華
　　　　書局重印本)·隋書部分

唐

隋唐之際月表一卷
　　(民國)黃大華撰
　　　　二十五史補編(開明書店排印本、中華
　　　　書局重印本)·隋書部分

唐功臣世表一卷

（清）萬斯同撰
　　　二十五史補編（開明書店排印本、中華
　　　　書局重印本）・兩唐書部分

唐將相大臣年表三卷
　　（清）萬斯同撰
　　　二十五史補編（開明書店排印本、中華
　　　　書局重印本）・兩唐書部分

唐書宰相世系表訂譌十二卷
　　（清）沈炳震撰
　　　二十五史補編（開明書店排印本、中華
　　　　書局重印本）・兩唐書部分

唐書宰相世系表補正二卷
　　（民國）羅振玉撰
　　　七經堪叢刊

武氏諸王表一卷
　　（清）萬斯同撰
　　　二十五史補編（開明書店排印本、中華
　　　　書局重印本）・兩唐書部分

唐宦官封爵表一卷
　　（清）萬斯同撰
　　　二十五史補編（開明書店排印本、中華
　　　　書局重印本）・兩唐書部分

唐藩鎮指掌六卷
　　（明）張大齡撰
　　　玄羽外編・晉唐指掌

唐藩鎮指掌二卷
　　　峭帆樓叢書

唐鎮十道節度使表一卷
　　（清）萬斯同撰
　　　二十五史補編（開明書店排印本、中華
　　　　書局重印本）・兩唐書部分

唐邊鎮年表一卷
　　（清）萬斯同撰
　　　二十五史補編（開明書店排印本、中華
　　　　書局重印本）・兩唐書部分

唐藩鎮年表一卷
　　（民國）黃大華撰
　　　二十五史補編（開明書店排印本、中華
　　　　書局重印本）・兩唐書部分

唐方鎮年表八卷考證二卷
　　（民國）吳廷燮撰
　　　二十五史補編（開明書店排印本、中華
　　　　書局重印本）・兩唐書部分

瓜沙曹氏年表一卷
　　（民國）羅振玉撰
　　　雪堂叢刻
　　　七經堪叢刊

高昌麴氏年表一卷

（民國）羅振玉撰
　　　雪堂叢刻
　　　永豐鄉人雜著
　　　遼居雜箸乙編

唐諸蕃君長世表一卷
　　（清）萬斯同撰
　　　二十五史補編（開明書店排印本、中華
　　　　書局重印本）・兩唐書部分

五　代

五代紀年表一卷
　　（清）周嘉猷撰
　　　廣雅書局叢書・史學
　　　正覺樓叢刻
　　　二十五史補編（開明書店排印本、中華
　　　　書局重印本）・兩五代史部分

五代諸王世表一卷
　　（清）萬斯同撰
　　　二十五史補編（開明書店排印本、中華
　　　　書局重印本）・兩五代史部分

五代諸國世表一卷
　　（清）萬斯同撰
　　　二十五史補編（開明書店排印本、中華
　　　　書局重印本）・兩五代史部分

五代諸國年表一卷
　　（清）萬斯同撰
　　　二十五史補編（開明書店排印本、中華
　　　　書局重印本）・兩五代史部分

五代諸鎮年表一卷
　　（清）萬斯同撰
　　　二十五史補編（開明書店排印本、中華
　　　　書局重印本）・兩五代史部分

五代將相大臣年表一卷
　　（清）萬斯同撰
　　　二十五史補編（開明書店排印本、中華
　　　　書局重印本）・兩五代史部分

吳將相大臣年表一卷
　　（清）萬斯同撰
　　　二十五史補編（開明書店排印本、中華
　　　　書局重印本）・兩五代史部分

南唐將相大臣年表一卷
　　（清）萬斯同撰
　　　二十五史補編（開明書店排印本、中華
　　　　書局重印本）・兩五代史部分

蜀將相大臣年表一卷
　　（清）萬斯同撰
　　　二十五史補編（開明書店排印本、中華
　　　　書局重印本）・兩五代史部分

後蜀將相大臣年表一卷
  (清)萬斯同撰
    二十五史補編(開明書店排印本、中華
    書局重印本)・兩五代史部分
吳越將相大臣年表一卷
  (清)萬斯同撰
    二十五史補編(開明書店排印本、中華
    書局重印本)・兩五代史部分
吳越將相州鎮年表一卷
  (清)萬斯同撰
    二十五史補編(開明書店排印本、中華
    書局重印本)・兩五代史部分
南漢將相大臣年表一卷
  (清)萬斯同撰
    二十五史補編(開明書店排印本、中華
    書局重印本)・兩五代史部分
北漢將相大臣年表一卷
  (清)萬斯同撰
    二十五史補編(開明書店排印本、中華
    書局重印本)・兩五代史部分

宋

宋中興三公年表一卷
  (宋)何異撰
    二十五史補編(開明書店排印本、中華
    書局重印本)・宋史部分
宋大臣年表二卷
  (清)萬斯同撰
    二十五史補編(開明書店排印本、中華
    書局重印本)・宋史部分
北宋經撫年表五卷
  (民國)吳廷燮撰
    二十五史補編(開明書店排印本、中華
    書局重印本)・宋史部分
南宋制撫年表二卷
  (民國)吳廷燮撰
    二十五史補編(開明書店排印本、中華
    書局重印本)・宋史部分

遼

遼諸帝統系圖一卷
  (清)萬斯同撰
    二十五史補編(開明書店排印本、中華
    書局重印本)・遼史部分
遼史紀年表一卷
  (清)汪遠孫撰
    二十四史(五省官書局本)・遼史附
    二十五史補編(開明書店排印本、中

書局重印本)・遼史部分
遼代年表一卷
  (民國)黃任恆撰
    述篹雜纂・遼痕五種
補遼史交聘表五卷
  張亮朵撰
    東北文獻叢書
遼大臣年表一卷
  (清)萬斯同撰
    二十五史補編(開明書店排印本、中華
    書局重印本)・遼史部分
遼方鎮年表一卷
  (民國)吳廷燮撰
    遼海叢書第一集
    二十五史補編(開明書店排印本、中華
    書局重印本)・遼史部分
遼漢臣世系表一卷
  羅繼祖撰
    願學齋叢刊
西遼紀年表一卷
  (清)汪遠孫撰
    二十四史(五省官書局本)・遼史附
    二十五史補編(開明書店排印本、中華
    書局重印本)・遼史部分

金

金諸帝統系圖一卷
  (清)萬斯同撰
    二十五史補編(開明書店排印本、中華
    書局重印本)・金史部分
金將相大臣年表一卷
  (清)萬斯同撰
    二十五史補編(開明書店排印本、中華
    書局重印本)・金史部分
金宰輔年表一卷
  (民國)黃大華撰
    二十五史補編(開明書店排印本、中華
    書局重印本)・金史部分
金方鎮年表二卷
  (民國)吳廷燮撰
    遼海叢書第一集
金方鎮年表一卷
    二十五史補編(開明書店排印本、中華
    書局重印本)・金史部分
金衍慶宮功臣錄一卷
  (清)萬斯同撰
    二十五史補編(開明書店排印本、中華

書局重印本）·金史部分

宋金交聘表一卷
　　石經閣叢書

元

元分藩諸王世表一卷
　　（民國）黃大華撰
　　　　二十五史補編（開明書店排印本、中華
　　　　書局重印本）·元史部分

元西域三藩年表一卷
　　（民國）黃大華撰
　　　　二十五史補編（開明書店排印本、中華
　　　　書局重印本）·元史部分

元行省丞相平章政事年表一卷
　　（民國）吳廷燮撰
　　　　二十五史補編（開明書店排印本、中華
　　　　書局重印本）·元史部分

元史氏族表三卷
　　（清）錢大昕撰
　　　　潛研堂全書·史
　　　　嘉定錢氏潛研堂全書·史
　　　　二十四史（五省官書局本）·元史附
　　　　廣雅書局叢書·史學
　　　　二十五史補編（開明書店排印本、中華
　　　　書局重印本）·元史部分

明

建文遜國之際月表二卷
　　（清）劉廷鑾撰
　　　　貴池先哲遺書續刊
　　　　二十五史補編（開明書店排印本、中華
　　　　書局重印本）·明史部分

明宰輔考略一卷
　　（民國）黃大華撰
　　　　二十五史補編（開明書店排印本、中華
　　　　書局重印本）·明史部分

明七卿考略一卷
　　（民國）黃大華撰
　　　　二十五史補編（開明書店排印本、中華
　　　　書局重印本）·明史部分

明督撫年表六卷
　　（民國）吳廷燮撰
　　　　二十五史補編（開明書店排印本、中華
　　　　書局重印本）·明史部分

殘明宰輔年表一卷
　　（清）傅以禮撰
　　　　二十五史補編（開明書店排印本、中華
　　　　書局重印本）·明史部分

清

續歷代紀事年表十卷
　　（民國）劉體仁撰
　　　　辟園史學四種

本朝王公封號一卷
　　（清）奕賡撰
　　　　佳夢軒叢著（稿本、民國排印本）

封諡繙清一卷
　　（清）奕賡撰
　　　　佳夢軒叢著（稿本、民國排印本）

清代宰輔年表二卷續補一卷附錄一卷
　　（民國）嚴懋功撰
　　　　清代徵獻類編

清代八卿年表四卷附錄一卷
　　（民國）嚴懋功撰
　　　　清代徵獻類編

**清代總督年表三卷續補一卷附錄一卷首
一卷**
　　（民國）嚴懋功撰
　　　　清代徵獻類編

清代巡撫年表四卷附錄一卷
　　（民國）嚴懋功撰
　　　　清代徵獻類編

史 鈔 類

古今紀要十九卷
　　（宋）黃震撰
　　　　四庫全書·史部別史類

黃氏日抄古今紀要逸編一卷
　　（宋）黃震撰
　　　　知不足齋叢書（乾隆至道光本、景乾隆
　　　　至道光本）第二十一集
　　　　叢書集成初編·文學類

古今紀要逸編一卷
　　　　筆記小說大觀第八輯
　　　　四明叢書第一集

廿一史約編八卷首一卷
　　（清）鄭元慶述
　　　　墉葉山房叢鈔

史鑑撮要四卷
　　（清）曠敏本撰
　　　　古今史學盍珍

二十四史序錄八卷
　　（漢）司馬遷等撰
　　　　經史百家序錄

古史輯要六卷首一卷
　　(清)□□撰
　　　海山仙館叢書
　　　叢書集成初編·史地類
東萊先生史記詳節二十卷
　　(宋)呂祖謙輯
　　　十七史詳節(元本、明本)
史記選八卷
　　(清)孫琮輯
　　　山曉閣文選
史記鈔四卷
　　(清)高嵣集評
　　　高梅亭讀書叢鈔
史記菁華錄六卷
　　(清)姚苧田摘錄
　　　趙氏藏書十五種
東萊先生西漢書詳節三十卷
　　(宋)呂祖謙輯
　　　十七史詳節(元本、明本)
正心會前漢書抄二卷
　　(明)趙南星輯
　　　味檗齋遺書
前漢書鈔四卷
　　(清)高嵣集評
　　　高梅亭讀書叢鈔
東萊先生東漢書詳節三十卷
　　(宋)呂祖謙輯
　　　十七史詳節(元本、明本)
正心會後漢書抄一卷
　　(明)趙南星輯
　　　味檗齋遺書
後漢書鈔二卷附蜀漢文鈔
　　(清)高嵣集評
　　　高梅亭讀書叢鈔
東萊先生三國志詳節二十卷
　　(宋)呂祖謙輯
　　　十七史詳節(元本、明本)
東萊先生晉書詳節三十卷
　　(宋)呂祖謙輯
　　　十七史詳節(元本、明本)
東萊先生南史詳節二十五卷
　　(宋)呂祖謙輯
　　　十七史詳節(元本、明本)
東萊先生北史詳節二十八卷
　　(宋)呂祖謙輯
　　　十七史詳節(元本、明本)

東萊先生隋書詳節二十卷
　　(宋)呂祖謙輯
　　　十七史詳節(元本、明本)
東萊先生唐書詳節六十卷
　　(宋)呂祖謙輯
　　　十七史詳節(元本、明本)
東萊先生五代史詳節十卷
　　(宋)呂祖謙輯
　　　十七史詳節(元本、明本)
通鑑總類二十卷
　　(宋)沈樞撰
　　　四庫全書·史部史鈔類
歷代史腴二卷
　　(清)周金壇輯
　　　琅環瀨祭十二種
　　　小嫏嬛山館彙刊類書十二種
讀史探驪錄五卷
　　(清)姚芝生撰
　　　申報館叢書餘集
廿二史發蒙一卷附錄一卷
　　(清)馬承昭輯
　　　申報館叢書續集·紀麗類·屑玉叢談
　　　二集
左國腴詞八卷
　　(明)淩迪知輯
　　　文林綺繡(淩迪知輯)
　　　融經館叢書
　　　文林綺繡(鴻寶齋書局輯)
太史華句八卷
　　(明)淩迪知輯
　　　文林綺繡(淩迪知輯)
　　　融經館叢書
　　　文林綺繡(鴻寶齋書局輯)
兩漢博聞十二卷
　　(宋)楊侃撰
　　　四庫全書·史部史鈔類
　　　粵雅堂叢書三編第二十一集
　　　申報館叢書餘集
　　　叢書集成初編·史地類
漢雋十卷
　　(宋)林越鉞撰
　　　續古逸叢書
兩漢雋言前集十卷後集六卷
　　前集(宋)林越輯　後集(明)淩迪知輯
　　　文林綺繡(淩迪知輯)
　　　融經館叢書
　　　文林綺繡(鴻寶齋書局輯)

漢書蒙拾三卷
　　（清）杭世駿撰
　　　　杭大宗七種叢書（乾隆本、咸豐本）
　　　　道古堂外集（光緒本）
　　　　融經館叢書
　　　　文林綺繡（鴻寶齋書局輯）
　　　　食舊堂叢書・道古堂外集
漢書蒙拾一卷
　　　　明辨齋叢書外集
漢書彙鈔二卷
　　（清）蕭光遠撰
　　　　遵義蕭氏遺書
後漢書蒙拾二卷
　　（清）杭世駿撰
　　　　杭大宗七種叢書（乾隆本、咸豐本）
　　　　道古堂外集（光緒本）
　　　　融經館叢書
　　　　文林綺繡（鴻寶齋書局輯）・漢書蒙拾
　　　　　附
　　　　食舊堂叢書・道古堂外集
後漢書蒙拾一卷
　　　　明辨齋叢書外集
遠春樓四史筆存四卷
　　（清）汪科爵撰
　　　　叢睦汪氏遺書
南朝史精語十卷附札記一卷
　　（宋）洪邁撰　札記（民國）繆荃孫撰
　　　　對雨樓叢書
　　　　擇是居叢書初集
南史識小錄八卷北史識小錄八卷
　　（清）沈名蓀（清）朱昆田輯
　　　　四庫全書・史部史鈔類
史學提要二卷
　　（宋）黃繼善撰
　　　　小四書
編年歌括
　　（元）許衡撰
　　　　許文正公遺書
　　　　西京清麓叢書正編・許文正公遺書
　　　　洪氏唐石經館叢書・許文正公遺書
歷代蒙求一卷
　　（元）陳櫟撰
　　　　小四書
歷代蒙求纂注一卷
　　（元）王芮撰　（元）鄭鎮孫注
　　　　宛委別藏
韻史二卷補一卷

（清）許邏翁撰　補（清）朱玉岑撰
　　　　牛畝園叢書
韻史一卷
　　（清）金諾撰
　　　　檀几叢書第一帙
歷代姓系歌訣一卷
　　（清）李鍾倫撰
　　　　李文貞公全集
　　　　榕村全書附
岣嶁鑑撮四卷
　　（清）曠敏本撰
　　　　岣嶁叢書
歷代國號總括歌一卷
　　（清）鮑東里撰
　　　　釀齋訓蒙雜編
史鑑節要便讀六卷
　　（清）鮑東里撰
　　　　吉林探源書舫叢書初編
史筌五卷首一卷
　　（清）楊銘柱撰
　　　　雲南叢書初編・史部
史學纂要二卷
　　（清）黃傳驥撰
　　　　遜敏堂叢書
帝王甲子記一卷
　　（清）王在鎬輯
　　　　西京清麓叢書外編・蒙養書十三種
中國歷史教科書
　　（民國）劉師培撰
　　　　劉申叔先生遺書
上古史殘二卷
　　（民國）葉瀚撰
　　　　晚學廬叢稿
中國通史一卷
　　（民國）葉瀚撰
　　　　晚學廬叢稿
元史講義一卷
　　（民國）葉瀚撰
　　　　晚學廬叢稿
元史札記一卷
　　（民國）葉瀚撰
　　　　晚學廬叢稿
滿清興亡史二卷
　　（民國）漢史氏撰
　　　　滿清稗史
滿清興亡史一卷
　　　　滿清野史初編

史 評 類

義法之屬

史通二十卷
　　(唐)劉知幾撰
　　　　四庫全書・史部史評類

史通二十卷附札記一卷
　　(唐)劉知幾撰　札記(民國)孫毓修輯
　　　　四部叢刊(初次印本)・史部

史通二十卷附札記一卷札記補一卷
　　(唐)劉知幾撰　札記(民國)孫毓修輯　札
　　記補姜殿揚輯
　　　　四部叢刊(二次印本、縮印二次印本)
　　　　・史部

史通會要三卷
　　(明)陸深撰
　　　　儼山外集

史通通釋二十卷
　　(清)浦起龍撰
　　　　四庫全書・史部史評類
　　　　袖珍古書讀本
　　　　四部備要(排印本、縮印本)・史部史
　　　　評

史通校正一卷
　　(清)盧文弨撰
　　　　抱經堂叢書(乾隆本、景乾隆本)・羣
　　　　書拾補初編
　　　　紹興先正遺書第二集・羣書拾補初編
　　　　叢書集成初編・總類・羣書拾補

唐書直筆四卷
　　(宋)呂夏卿撰
　　　　四庫全書・史部史評類
　　　　武英殿聚珍版書(武英殿木活字本、福
　　　　建本、廣雅書局本)・史部
　　　　桐華館史翼
　　　　小萬卷樓叢書(咸豐本、光緒本)
　　　　兩湖書院重校史論叢編
　　　　叢書集成初編・史地類

唐書直筆新例四卷 新例須知一卷 附校記
　一卷
　　(宋)呂夏卿撰　校記(民國)張鈞衡撰
　　　　擇是居叢書初集

救文格論一卷
　　(清)顧炎武撰

顧亭林先生遺書補遺
說鈴(康熙本、道光本)前集
國朝名人著述叢編
古今說部叢書十集

二十一史徵一卷
　　(清)徐汾撰
　　　　檀几叢書第一帙
　　　　花近樓叢書補遺

黜朱梁紀年論一卷
　　(清)宋實穎撰
　　　　檀几叢書第一帙

讀史糾謬十五卷
　　(清)牛運震撰
　　　　空山堂全集

空山堂史記評註十二卷
　　(清)牛運震撰
　　　　空山堂全集

文史通義八卷
　　(清)章學誠撰
　　　　章氏遺書(道光本)
　　　　粵雅堂叢書初編第五集
　　　　寶墨齋叢書
　　　　叢書集成初編・總類
　　　　四部備要(排印本、縮印本)・史部史
　　　　評

文史通義九卷
　　　　章氏遺書(嘉業堂本、商務印書館排印
　　　　本)

文史通義補編一卷 附鈔本目一卷 刊本所
　有鈔本所無目一卷
　　(清)章學誠撰　附(清)□□撰
　　　　靈鶼閣叢書
　　　　叢書集成初編・總類

論修史籍考要略一卷
　　(清)章學誠撰
　　　　豫恕堂叢書・章氏遺書三種

廿三史評口訣一卷
　　(清)鮑東里撰
　　　　釀齋訓蒙雜編

史目表二卷
　　(清)洪飴孫撰
　　　　洪北江全集
　　　　續刻北江遺書

增補史目表一卷
　　二十五史刊行委員會輯
　　　　二十五史補編(開明書店排印本、中華
　　　　書局重印本)附

讀史管見三卷

（清）李晚芳撰
　　　周氏師古堂所編書·李荼㺜女史全書
史記達旨一卷
　　（民國）魏元曠撰
　　　魏氏全書·潛園統編類編　述古錄
太史公書義法二卷
　　（民國）孫德謙撰
　　　孫隘堪所著書
漢書藝文志舉例一卷
　　（民國）孫德謙撰
　　　孫隘堪所著書
　　　二十五史補編（開明書店排印本、中華
　　　書局重印本）·漢書部分
史學述林不分卷
　　（民國）劉咸炘撰
　　　推十書
治史緒論一卷
　　（民國）劉咸炘撰
　　　推十書
史記評議四卷
　　　李景星撰
　　　四史評議
漢書評議四卷
　　　李景星撰
　　　四史評議
後漢書評議四卷
　　　李景星撰
　　　四史評議
三國志評議四卷
　　　李景星撰
　　　四史評議

議論之屬

帝王略論殘一卷
　　（唐）虞世南撰
　　　敦煌祕籍留眞新編上卷
史剡一卷
　　（宋）司馬光撰
　　　說郛（宛委山堂本）号十
　　　稽古堂叢刻
致堂讀史管見三十卷
　　（宋）胡寅撰
　　　宛委別藏
六朝通鑑博議十卷
　　（宋）李燾撰
　　　四庫全書·史部史評類
　　　四庫全書珍本初集·史部史評類

江東十鑑十卷
　　（宋）李舜臣撰
　　　杜藕山房叢書
涉史隨筆一卷
　　（宋）葛洪撰
　　　四庫全書·史部史評類
　　　知不足齋叢書（乾隆至道光本、景乾隆
　　　至道光本）第一集
　　　得月簃叢書初刻
　　　筆記小說大觀第四輯
　　　叢書集成初編·史地類
涉史隨筆一卷附錄一卷
　　　兩湖書院重校史論叢編
涉史隨筆二卷
　　　金華叢書（同治光緒本、民國補刊本）
　　　·史部
歷代名賢確論一百卷
　　（宋）□□撰
　　　四庫全書·史部史評類
十七史纂古今通要十七卷
　　（元）胡一桂撰
　　　四庫全書·史部史評類
歷朝通略四卷
　　（元）陳櫟撰
　　　四庫全書·史部史評類
蕉山筆塵一卷
　　（明）商輅撰
　　　學海類編（道光本、景道光本）·集餘
　　　四
　　　叢書集成初編·文學類
讀史錄四卷
　　（明）張寧撰
　　　四庫全書·集部別集類·方洲集附
明斷編一卷
　　（明）程楷撰
　　　今獻彙言
　　　景印元明善本叢書十種·今獻彙言
學史十三卷
　　（明）邵寶撰
　　　四庫全書·史部史評類
責備餘談二卷附錄一卷
　　（明）方鵬撰
　　　知不足齋叢書（乾隆至道光本、景乾隆
　　　至道光本）第九集
　　　筆記小說大觀第五輯
　　　叢書集成初編·史地類
證道篇二卷
　　（明）唐樞撰

木鐘臺全集再集

通史佗石三卷
(明)仇俊卿撰
鹽邑志林
叢書集成初編・史地類
景印元明善本叢書十種・鹽邑志林

鷩筵辨一卷
(明)張虞侯撰
快書

鑑古瑣譚一卷
(明)徐以清撰
快書

月鏡(一名滄漚集)一卷
(明)□□撰
快書

味檗齋遺筆一卷
(明)趙南星撰
味檗齋遺書

狂言紀略一卷
(明)黃汝亨撰
說郛續弓三十一

史疑一卷
(明)張應泰撰
涇川叢書(道光本、景道光本)

續史疑二卷
(明)張一卿撰
涇川叢書(道光本、景道光本)

讀史漫筆一卷
(明)陳懿典撰
學海類編(道光本、景道光本)・史參
遜敏堂叢書

軼史隨筆二卷
(明)支允堅撰
梅花渡異林

史論四卷
(明)張大齡撰
玄羽外編

說史雋言十八卷
(明)張大齡撰
玄羽外編

隨筆八卷
(明)張大齡撰
玄羽外編

支雜漫語四卷
(明)張大齡撰
玄羽外編

史懷二十卷
(明)鍾惺撰

湖北叢書
叢書集成初編・史地類

讀史雜記二卷
(明)鄒維璉撰
豫章叢書(胡思敬輯)・達觀樓遺著二
種

自儆錄一卷
(明)鄒維璉撰
豫章叢書(胡思敬輯)・達觀樓遺著二
種

正法眼(一名偶記)一卷
(明)佘翹撰
廣快書

病中抽史一卷附反絕交論
(明)鄧予垣撰
廣快書

史旁一卷
(明)羅明祖撰
羅紋山先生全集

三峯史論一卷
(明)萬應隆撰
涇川叢書(道光本、景道光本)

山居隨筆一卷
(清)孫承澤撰
風雨樓祕笈留眞

史輪一卷
(清)吳穎撰
廣快書

史會大綱一卷
(清)原良撰
三山存業十編

友古特評一卷
(清)原良撰
三山存業十編

羣古對觀一卷
(清)原良撰
三山存業十編

讀史
(清)張履祥撰
重訂楊園先生全集

看鑑偶評五卷
(清)尤侗撰
西堂全集(康熙本)・西堂餘集

讀通鑑論三十卷末一卷
(清)王夫之撰
船山遺書(同治本、民國本)
四部備要(排印本、縮印本)・史部史
評

王船山讀通鑑論辨正二卷
　　（民國）胡思敬撰
　　　　問影樓叢刻初編
　　　　退廬叢書
閒評一卷
　　（清）吳莊撰
　　　　延陵合璧・非庵雜著
通鑑評語五卷
　　（清）申涵煜撰
　　　　畿輔叢書・永年申氏遺書
茗香堂史論四卷
　　（清）彭孫貽撰
　　　　碧琳瑯館叢書乙部
中山史論二卷
　　（清）郝浴撰
　　　　中山集
一草亭讀史漫筆二卷
　　（清）吳孟堅撰
　　　　貴池先哲遺書
讀史小識一卷
　　（清）陸鑰撰
　　　　陸氏傳家集
商邱史記十卷
　　（清）郭善鄰輯評　（清）孫澍贅論
　　　　古棠書屋叢書・史部
劉嘯林史論四卷
　　（清）劉青霞撰
　　　　劉氏傳家集
澂景堂史測十四卷
　　（清）施鴻撰
　　　　邵武徐氏叢書二集
史見二卷
　　（清）陳遇夫撰
　　　　嶺南遺書第三集
　　　　叢書集成初編・史地類
讀史管見一卷
　　（清）王轂撰
　　　　昭代叢書（道光本）丙集第二帙
逸樓論史一卷
　　（清）李中黄撰
　　　　崇雅堂叢書初編
閱史郄視四卷續一卷
　　（清）李塨撰
　　　　畿輔叢書・李恕谷遺書
　　　　顏李叢書
　　　　叢書集成初編・史地類
史弋二卷
　　（清）汪楨撰

南陵先哲遺書
讀史論略一卷
　　（清）杜詔撰
　　　　藝海珠塵絲集（丙集）
　　　　曼陀羅華閣叢書・初學史論合編
　　　　古今史學薈珍
　　　　冠悔堂雜錄
　　　　江陰季氏叢刻
讀史自娛一卷
　　（清）金門詔撰
　　　　金太史全集
史評一卷
　　（清）謝濟世撰
　　　　梅莊雜著
星閣史論一卷
　　（清）趙青藜撰
　　　　涇川叢書（道光本、景道光本）
　　　　叢書集成初編・史地類
九畹史論一卷
　　（清）翟瀠撰
　　　　涇川叢書（道光本、景道光本）
　　　　叢書集成初編・史地類
御製評鑑闡要十二卷
　　清高宗撰　（清）劉統勳等輯
　　　　四庫全書・史部史評類
　　　　摛藻堂四庫全書薈要・史部
欽定古今儲貳金鑑六卷
　　清乾隆四十八年敕撰
　　　　四庫全書・史部史評類
綱目通論一卷
　　（清）任兆麟撰
　　　　心齋十種
　歷代通論一卷
　　　　古今史學萃珍
史略一卷
　　（清）蕭震撰
　　　　昭代叢書（道光本）辛集別編
史繹二卷
　　（清）馮至撰
　　　　諸暨馮氏叢刻・森齋彙稿
味雋齋史義二卷
　　（清）周濟撰
　　　　求志堂存橐彙編
史說五卷
　　（清）黄式三撰
　　　　儆居遺書・儆居集
讀史論略一卷
　　（清）鄒均撰

十二樹梅花書屋叢著

數往錄一卷
　　(清)方潛撰
　　　　毋不敬齋全書

讀史雜記一卷
　　(清)方宗誠撰
　　　　柏堂遺書·柏堂讀書筆記

史鑑理話一卷
　　(清)張楚鍾撰
　　　　務實勝窩彙稿

史鑑理畫一卷
　　(清)張楚鍾撰
　　　　務實勝窩彙稿

讀史尚論一卷
　　(清)趙蓮城撰
　　　　豹隱堂集

讀史贊要一卷
　　(清)王亮功撰
　　　　雪華館叢編·史類

紀事約言二卷
　　(清)夏勤塘撰
　　　　正覺樓叢刻

讀史提要錄評一卷
　　(清)郭階撰
　　　　春暉雜稿

志遠齋史話六卷
　　(清)楊以貞撰
　　　　暢園叢書甲函

讀史膡言四卷
　　(清)秦篤輝撰
　　　　湖北叢書
　　　　叢書集成初編·史地類

鏡古錄四卷
　　(清)俞壽滄撰
　　　　周氏師古堂所編書

酌酌古論四卷
　　(民國)魏元曠撰
　　　　魏氏全書·潛園統編類編

白門日札一卷
　　(民國)章嶔撰
　　　　天行草堂主人遺橐叢刊

十七史說四卷
　　(民國)劉體仁撰
　　　　辟園史學四種

通鑑劄記十六卷
　　(民國)劉體仁撰
　　　　辟園史學四種

古史序論一卷

　　(清)馮至撰
　　　　諸暨馮氏叢刻·森齋彙稿

補尚史論贊二卷
　　(清)李祖陶撰
　　　　史論五種

左國補議一卷
　　(清)原良撰
　　　　三山存業十編

秦事通徵二卷
　　(民國)章嶔撰
　　　　天行草堂主人遺橐叢刊

史記論略一卷
　　(明)黃淳耀撰
　　　　陶菴集

讀史記
　　(清)張履祥撰
　　　　重訂楊園先生全集

兩漢博議二十卷
　　(宋)陳季雅撰
　　　　敬鄉樓叢書第四輯

兩漢筆記十二卷
　　(宋)錢時撰
　　　　四庫全書·史部史評類
　　　　四庫全書珍本初集·史部史評類

兩漢解疑二卷
　　(明)唐順之撰
　　　　借月山房彙鈔(嘉慶本、景嘉慶本)第
　　　　　十集
　　　　學海類編(道光本、景道光本)·史參
　　　　懺花盦叢書
　兩漢解疑一卷
　　　　武進唐氏所著書

漢史億二卷
　　(清)孫廷銓撰
　　　　孫文定公全集

西漢節義傳論二卷
　　(清)李鄴嗣撰
　　　　金峨山館叢書
　　　　四明叢書第八集

前漢書細讀四卷
　　(清)李祖陶撰
　　　　史論五種

讀漢摘腴一卷
　　　　(清)張桂林撰
　　　　張氏雜著

後漢書贅語三卷
　　(清)李祖陶撰
　　　　史論五種

徐松龕批後漢書殘本不分卷
　　(清)徐繼畬撰
　　　　辛勤廬叢刊第一輯
三國雜事二卷
　　(宋)唐庚撰
　　　　四庫全書・史部史評類
　　　　函海(乾隆本、道光本)第九函
　　　　函海(光緒本)第十一函
　　　　兩湖書院重校史論叢編
　　　　叢書集成初編・史地類
　　三國雜事一卷
　　　　學海類編(道光本、景道光本)・史參
三國紀年一卷
　　(宋)陳亮撰
　　　　函海(乾隆本、道光本)第九函
　　　　函海(光緒本)第十一函
　　　　叢書集成初編・史地類
讀三國志書後一卷
　　(清)李祖陶撰
　　　　史論五種
兩晉解疑一卷
　　(明)唐順之撰
　　　　借月山房彙鈔(嘉慶本、景嘉慶本)第
　　　　　十集
　　　　學海類編(道光本、景道光本)・史參
　　　　懺花盦叢書
　　　　武進唐氏所著書
北史論略一卷
　　(清)王筠撰
　　　　習盦叢刊第一輯
隋史斷一卷
　　(宋)南宮靖一撰
　　　　學海類編(道光本、景道光本)・史參
唐史論斷三卷
　　(宋)孫甫撰
　　　　四庫全書・史部史評類
　　　　函海(乾隆本、道光本)第四函
　　　　藝海珠塵竹集(丁集)
　　　　粵雅堂叢書初編第三集
　　　　函海(光緒本)第五函
　　　　兩湖書院重校史論叢編
　　唐史論斷三卷附錄一卷
　　　　學津討原(嘉慶本、景嘉慶本)第八集
　　　　學海類編(道光本、景道光本)・史參
　　　　叢書集成初編・史地類
　　孫諫議唐史記論三卷
　　　　擇是居叢書初集
唐史論斷三卷附校勘記一卷

　　(宋)孫甫撰　校勘記(清)傅以禮撰
　　　　武英殿聚珍版書（福建本、廣雅書局
　　　　　本)・史部
新舊唐書雜論一卷
　　(明)李東陽撰
　　　　借月山房彙鈔（嘉慶本、景嘉慶本)第
　　　　　十集
　　　　學海類編(道光本、景道光本)・史參
　　　　史學彙鈔三種
　　　　叢書集成初編・史地類
貞觀小斷一卷
　　(明)張吉撰
　　　　張古城先生文集
讀唐論略一卷
　　(清)張桂林撰
　　　　張氏雜著
經幄管見四卷
　　(宋)曹彥約撰
　　　　四庫全書・史部史評類
經幄管見四卷附校勘記一卷
　　(宋)曹彥約撰　校勘記(民國)胡思敬撰
　　　　豫章叢書(胡思敬輯)
大事記講義二十三卷
　　(宋)呂中撰
　　　　四庫全書・史部史評類
續編宋史辯一卷
　　(明)陳棐撰
　　　　顧氏明朝四十家小說(正德嘉靖本、宣
　　　　　統排印本、民國石印本)
宋史論三卷
　　(明)劉定之撰
　　　　劉文安公全集
宋論十五卷
　　(清)王夫之撰
　　　　船山遺書(同治本、民國本)
　　　　四部備要（排印本、縮印本)・史部史
　　　　　評
讀宋鑑論三卷
　　(清)方宗誠撰
　　　　柏堂遺書・柏堂讀書筆記
明事斷略一卷
　　(明)□□撰
　　　　借月山房彙鈔（嘉慶本、景嘉慶本)第
　　　　　十集
　　　　史學彙鈔三種
　　　　叢書集成初編・史地類
明史傳總論一卷
　　(清)金門詔撰

金太史全集

明史十二論一卷
　　(清)段玉裁撰
　　　　昭代叢書(道光本)庚集埤編補

讀明史雜著一卷
　　(清)李祖陶撰
　　　　史論五種

明論四卷
　　(清)李桓撰
　　　　寶韋齋類稿

興亡彙鑑一卷
　　(民國)趙炳麟撰
　　　　趙柏巖集

考訂之屬

史書佔畢六卷
　　(明)胡應麟撰
　　　　少室山房四集筆叢
　　　　廣雅書局叢書・雜著・少室山房集・
　　　　　少室山房筆叢
　　　　明清筆記叢刊・少室山房筆叢

讀史訂疑一卷
　　(明)王世懋撰
　　　　王奉常雜著
　　　　說郛續弓一

史糾六卷
　　(明)朱明鎬撰
　　　　四庫全書・史部史評類
　　　　指海(道光本,景道光本)第五集

盧長公史陳六卷續史陳一卷
　　(清)盧士元撰
　　　　青照堂叢書摘次編第二函

日知錄史評一卷
　　(清)顧炎武撰
　　　　青照堂叢書摘次編第二函

諸史然疑一卷
　　(清)杭世駿撰
　　　　四庫全書・史部正史類・三國志補注
　　　　　附
　　　　知不足齋叢書(乾隆至道光本、景乾隆
　　　　　至道光本)第二集
　　　　杭大宗七種叢書(乾隆本、咸豐本)
　　　　道古堂外集(乾隆本、光緒本)
　　　　昭代叢書(道光本)己集廣編
　　　　明辨齋叢書外集
　　　　食舊堂叢書・道古堂外集
　　　　叢書集成初編・總類

讀史舉正八卷
　　(清)張燧撰
　　　　仰視千七百二十九鶴齋叢書(光緒本、
　　　　　景光緒本)第三集
　　　　史學叢書(文瀾書局本、煥文書局本、
　　　　　點石齋本)
　　　　叢書集成初編・史地類

摘纂隨園史論一卷
　　(清)袁枚撰
　　　　青照堂叢書摘次編第二函

讀史札記一卷
　　(清)盧文弨撰
　　　　聚學軒叢書第二集

十七史商榷一百卷
　　(清)王鳴盛撰
　　　　廣雅書局叢書・史學
　　　　叢書集成初編・史地類

廿二史劄記三十六卷補遺一卷
　　(清)趙翼撰
　　　　甌北全集(乾隆嘉慶本、光緒本)
　　　　廣雅書局叢書・史學
　　　　叢書集成初編・史地類
　　　　四部備要(排印本、縮印本)・史部表
　　　　　譜考證

廿二史攷異一百卷
　　(清)錢大昕撰
　　　　潛研堂全書・史
　　　　嘉定錢氏潛研堂全書・史
　　　　廣雅書局叢書・史學
　　　　叢書集成初編・史地類

諸史拾遺五卷
　　(清)錢大昕撰
　　　　潛研堂全書・史
　　　　嘉定錢氏潛研堂全書・史
　　　　史學叢書(文瀾書局本、煥文書局本、
　　　　　點石齋本)

炳燭偶鈔一卷
　　(清)陸錫熊撰
　　　　藝海珠塵絲集(丙集)
　　　　叢書集成初編・總類

諸史考異十八卷
　　(清)洪頤煊撰
　　　　廣雅書局叢書・史學
　　　　史學叢書(文瀾書局本、煥文書局本、
　　　　　點石齋本)

諸史簡論十五卷
　　(清)李元春撰
　　　　桐閣全書

讀史雜記一卷
　　(清)沈豫撰
　　　　蛾術堂集(道光本、景道光本)
讀史粹言一卷
　　(清)丁晏輯
　　　　頤志齋叢書·子史粹言
紙園筆記史略二卷
　　(清)易本烺撰
　　　　紙園叢書
史說略四卷
　　(清)黃以周撰
　　　　儆季雜著
讀史拾瀋二卷
　　(清)平步青撰
　　　　香雪崦叢書
螢蟬叢考一卷
　　(清)李龍石撰
　　　　李龍集
東白日鈔一卷
　　(清)李龍石撰
　　　　李龍集
中東古今和戰端委考一卷
　　(清)蔡爾康撰
　　　　中國內亂外禍歷史叢書第十六輯
三五歷記一卷
　　(吳)徐整撰　　(清)馬國翰輯
　　　　玉函山房輯佚書(娜嬛館本、重印本、
　　　　　楚南書局本)·史編雜史類
三五歷記一卷
　　(吳)徐整撰　　(清)王仁俊輯
　　　　玉函山房輯佚書補編
譙周古史考一卷
　　(蜀)譙周撰　　(清)章宗源輯
　　　　平津館叢書(嘉慶本、光緒本)
　　　　訓纂堂叢書
　　　　龍谿精舍叢書·史部
古史考一卷
　　(蜀)譙周撰　　(清)黃奭輯
　　　　黃氏逸書考(民國修補本、民國補刊
　　　　　本)·子史鉤沈
開闢傳疑二卷
　　(清)林春溥撰
　　　　竹柏山房十五種
考信錄提要二卷
　　(清)崔述撰
　　　　畿輔叢書·崔東壁遺書
　　　　崔東壁遺書(道光本、景道光本、亞東
　　　　　圖書館排印本)·考信錄

叢書集成初編·總類
補上古考信錄二卷
　　(清)崔述撰
　　　　畿輔叢書·崔東壁遺書
　　　　崔東壁遺書(道光本、景道光本、亞東
　　　　　圖書館排印本)·考信錄
　　　　叢書集成初編·總類
唐虞考信錄四卷
　　(清)崔述撰
　　　　畿輔叢書·崔東壁遺書
　　　　崔東壁遺書(道光本、景道光本、亞東
　　　　　圖書館排印本)·考信錄
　　　　叢書集成初編·總類
三代紀年考一卷
　　(清)呂調陽撰
　　　　觀象廬叢書·志學編
夏考信錄二卷
　　(清)崔述撰
　　　　畿輔叢書·崔東壁遺書
　　　　崔東壁遺書(道光本、景道光本、亞東
　　　　　圖書館排印本)·考信錄
　　　　叢書集成初編·總類
商考信錄二卷
　　(清)崔述撰
　　　　畿輔叢書·崔東壁遺書
　　　　崔東壁遺書(道光本、景道光本、亞東
　　　　　圖書館排印本)·考信錄
　　　　叢書集成初編·總類
豐鎬考信錄八卷
　　(清)崔述撰
　　　　畿輔叢書·崔東壁遺書
　　　　崔東壁遺書(道光本、景道光本、亞東
　　　　　圖書館排印本)·考信錄
　　　　叢書集成初編·總類
豐鎬考信別錄三卷
　　(清)崔述撰
　　　　畿輔叢書·崔東壁遺書
　　　　崔東壁遺書(道光本、景道光本、亞東
　　　　　圖書館排印本)·考信錄
　　　　叢書集成初編·總類·豐鎬考信錄附
封建考一卷
　　(明)盛敬撰
　　　　婁東雜著絲集
滅國五十考一卷
　　(清)林春溥撰
　　　　竹柏山房十五種
鬼方昆夷玁狁考一卷
　　(民國)王國維撰

雪堂叢刻

考古續說二卷
(清)崔述撰
畿輔叢書・崔東壁遺書
崔東壁遺書(道光本、景道光本、亞東
圖書館排印本)・考信錄
叢書集成初編・總類

三代經界通考一卷
(清)崔述撰
崔東壁遺書(道光本、景道光本、亞東
圖書館排印本)・王政三大典考

古胡服考一卷
(民國)王國維撰
雪堂叢刻

晉宋書故一卷
(清)郝懿行撰
郝氏遺書
粵雅堂叢書三編第二十九集
廣雅書局叢書・史學
史學叢書(文瀾書局本、煥文書局本、
點石齋本)

舊聞證誤四卷
(宋)李心傳撰
四庫全書・史部史評類
函海(乾隆本、道光本)第六函
反約篇
榕園叢書乙集
函海(光緒本)第八函
叢書集成初編・史地類

舊聞證誤四卷補遺一卷
藕香零拾

元西域人華化考八卷
陳垣撰
勵耘書屋叢刻第一集

國史考異六卷
(清)潘檉章撰 (清)吳炎訂
功順堂叢書
叢書集成初編・史地類

史亭識小錄一卷
(民國)奭良撰
野棠軒全集

詠史之屬

詠史詩二卷
(唐)胡曾撰 (宋)□□注
四庫全書・集部別集類

新雕注胡曾詠史詩三卷
(唐)胡曾撰 (□)陳蓋注 (□)米崇吉評
注
四部叢刊三編・集部

經進周曇詠史詩三卷
(唐)周曇撰
唐百家詩・晚唐四十二家

史詠集二卷
(宋)徐鈞撰
宛委別藏

史詠詩集二卷
續金華叢書・集部

鐵厓詠史八卷
(元)楊維楨撰
懺花盦叢書・四家詠史樂府

鐵厓詠史注八卷
(元)楊維楨撰 (清)樓卜瀍注
四部備要(排印本、縮印本)・集部金
元別集

鐵厓小樂府一卷
(元)楊維楨撰
懺花盦叢書・四家詠史樂府

李西崖擬古樂府一卷
(明)李東陽撰
清風室叢書

西涯樂府二卷
懺花盦叢書・四家詠史樂府

擬古樂府二卷
(明)李東陽撰 (明)何孟春注
何燕泉三種

擬古樂府二卷
(明)李東陽撰 (明)陳建通考
聚德堂叢書

詠史樂府一卷
(明)黃淳耀撰
陶菴集

讀史吟評一卷
(清)黃鵬揚撰
說鈴(康熙本、道光本)後集

荻存小詠史一卷
(清)陸鑰撰
陸氏傳家集

韻史一卷
(清)吳鎮撰
松花庵全集

松花庵韻史一卷
嘯園叢書第一函

樹經堂詠史詩二卷

　　　（清）謝啓昆撰
　　　　　國朝五家詠史詩鈔
附鮚軒外集唐宋小樂府一卷
　　　（清）洪亮吉撰
　　　　　續刻北江遺書
　　　　　洪北江全集
　唐宋小樂府一卷
　　　　　懺花盦叢書・四家詠史樂府
話雲軒詠史詩一卷
　　　（清）曹振鏞撰
　　　　　國朝五家詠史詩鈔
覺生詠史詩二卷
　　　（清）鮑桂星撰
　　　　　國朝五家詠史詩鈔
冬青館古宮詞三卷
　　　（清）張鑑撰　　（清）桂榮注
　　　　　功順堂叢書
　　　　　香豔叢書第十三集
　　　　　叢書集成初編・文學類
　秋水文叢外集三卷
　　　　　適園叢書第十二集
澹香齋詠史詩一卷
　　　（清）王廷紹撰
　　　　　國朝五家詠史詩鈔
讀史樂府一卷
　　　（清）鄒均撰
　　　　　十二樹梅花書屋叢著
集義軒詠史詩四卷
　　　（清）羅惇衍撰
　　　　　國朝五家詠史詩鈔
全史宮詞二十卷
　　　（清）史夢蘭撰
　　　　　止園叢書（史氏撰）
如不及齋詠史詩一卷
　　　（清）陳坤撰
　　　　　如不及齋叢書
念二史詠史詩註二卷
　　　（清）□□撰
　　　　　趙氏藏書
邵村詠史詩鈔十八卷
　　　（民國）張其淦撰
　　　　　寅園叢書
春秋樂府一卷
　　　（清）袁學瀾撰
　　　　　適園叢稿
春秋后妃本事詩一卷
　　　（清）李步青撰

　　　　　雲在山房叢書
三國志小樂府箋注一卷
　　　（清）熊寶泰撰　　（清）熊象授注
　　　　　賜墨堂家集合編附
六朝遺事雜詠一卷
　　　（宋）楊修撰
　　　　　兩宋名賢小集
擬兩晉南北史樂府二卷
　　　（清）洪亮吉撰
　　　　　續刻北江遺書
　　　　　洪北江全集
　　　　　四部叢刊（初次印本、二次印本、縮印
　　　　　　二次印本）
　兩晉南北史樂府二卷
　　　　　懺花盦叢書・四家詠史樂府
五代宮詞一卷
　　　（清）吳省蘭撰　　（清）范重槃注
　　　　　藝海珠塵癸集
十國雜詠一卷
　　　（清）邵士洤撰
　　　　　婁東雜著續刊
十國詞箋略一卷
　　　（清）錢載撰
　　　　　昭代叢書（道光本）甲集補
十國宮詞一卷
　　　（清）孟彬撰
　　　　　昭代叢書（道光本）壬集補編
　　　　　香豔叢書第二集
十國宮詞一卷
　　　（清）吳省蘭撰
　　　　　藝海珠塵癸集
　　　　　昭代叢書（道光本）壬集補編
十國宮詞一卷
　　　（清）袁學瀾撰
　　　　　適園叢稿
十國宮詞一卷
　　　（清）秦雲撰
　　　　　香豔叢書第六集
吳越雜事詩錄三卷
　　　（清）錢保塘撰
　　　　　清風室叢書
南宋雜事詩七卷
　　　（清）沈嘉轍等撰
　　　　　四庫全書・集部總集類
南宋宮閨雜詠一卷
　　　（清）趙棻撰
　　　　　武林掌故叢編第二十五集

香豔叢書第十九集

昭忠逸詠一卷
　　（元）劉麟瑞撰
　　　　元詩選二集甲集

遼宮詞一卷
　　（清）陸長春撰
　　　　吳興叢書・三朝宮詞

金宮詞一卷
　　（清）陸長春撰
　　　　吳興叢書・三朝宮詞

元宮詞
　　（明）朱有燉撰
　　　　借月山房彙鈔（嘉慶本、景嘉慶本）第
　　　　十六集・宮詞小纂
　　　　叢書集成初編・文學類・宮詞小纂

元宮詞一卷
　　（明）蘭雪軒主人撰
　　　　詩詞雜俎（汲古閣本、木松堂本、景汲
　　　　古閣本）

元宮詞一卷
　　（清）陸長春撰
　　　　吳興叢書・三朝宮詞

擬明史樂府一卷
　　（清）尤侗撰　　（清）尤珍注
　　　　西堂全集（康熙本、文瑞樓石印本）

　明史樂府一卷
　　　　懺花盦叢書・四家詠史樂府

續尤西堂擬明史樂府一卷
　　（清）張晉撰　　（清）楊履道注
　　　　山右叢書初編

今樂府二卷
　　上卷（清）吳炎撰　下卷（清）潘檉章撰
　　　　殷禮在斯堂叢書

今樂府二卷
　　（清）吳炎撰　　（清）潘檉章評
　　　　古學彙刊第一集・詩文類

今樂府一卷
　　（清）潘檉章撰　　（清）吳炎評
　　　　古學彙刊第一集・詩文類

新樂府二卷
　　（清）萬斯同撰
　　　　又滿樓叢書

今樂府（一名九九樂府）一卷
　　（清）陳梓撰
　　　　申報館叢書續集・紀麗類・屑玉叢譚
　　　　四集

詠史偶稿一卷
　　（清）靳榮藩撰
　　　　綠溪全集

史外韻語書後八卷
　　（清）柳堂撰
　　　　筆諫堂全集上函

明事雜詠一卷
　　（民國）丁傳靖撰
　　　　雲在山房叢書

明宮詞一卷
　　（清）程嗣章撰
　　　　觀自得齋叢書
　　　　香豔叢書第十六集

洪武宮詞
　　（明）黃省曾撰
　　　　借月山房彙鈔（嘉慶本、景嘉慶本）第
　　　　十六集・宮詞小纂
　　　　叢書集成初編・文學類・宮詞小纂

啓禎宮詞一卷
　　（清）劉城撰
　　　　香豔叢書第二集

啓禎宮詞一卷
　　（清）高兆撰
　　　　昭代叢書（道光本）癸集萃編
　　　　香豔叢書第三集

天啓宮詞一卷
　　（明）秦蘭徵撰
　　　　啓禎宮詞合刻
　　（題明陳悰撰）
　　　　昭代叢書（道光本）丁集新編

　天啓宮中詞一卷
　　（題明陳悰撰）
　　　　明季野史彙編・酌中志餘

　天啓宮詞
　　　　借月山房彙鈔（嘉慶本、景嘉慶本）第
　　　　十六集・宮詞小纂
　　　　叢書集成初編・文學類・宮詞小纂
　　（題明陳悰撰）
　　　　正覺樓叢刻・酌中志餘

天啓宮詞一卷附校語一卷
　　（明）秦蘭徵撰　　校語（民國）丁祖蔭撰
　　　　虞山叢刻

天啓宮詞一卷
　　（明）蔣之翹撰
　　　　學海類編（道光本、景道光本）・史參
　　　　昭代叢書（道光本）己集廣編
　　　　香豔叢書第三集

天啓宮詞
　　借月山房彙鈔（嘉慶本、景嘉慶本）第
　　　十六集・宮詞小纂
　　叢書集成初編・文學類・宮詞小纂
崇禎宮詞一卷
　　（清）王譽昌撰
　　啓禎宮詞合刻
崇禎宮詞一卷
　　（清）王譽昌撰　（清）吳理注
　　借月山房彙鈔（嘉慶本、景嘉慶本）第
　　　十六集・宮詞小纂
　　昭代叢書（道光本）戊集續編
　　叢書集成初編・文學類・宮詞小纂
崇禎宮詞二卷附校記一卷
　　（清）王譽昌撰　（清）吳理注　校記（民國）
　　丁祖蔭撰
　　虞山叢刻
擬故宮詞
　　（清）唐宇昭撰
　　借月山房彙鈔（嘉慶本、景嘉慶本）第
　　　十六集・宮詞小纂
明季詠史百一詩一卷
　　（清）張篤慶撰
　　古今說部叢書八集
御製嗣統述聖詩二卷
　　（清）余正煥錄
　　古今史學萃珍
皇清開國方略書成聯句一卷
　　（清）余正煥錄
　　古今史學萃珍
清宮詞本事一卷
　　（民國）黃榮康撰
　　芋園叢書・集部
清宮詞一卷
　　（民國九鐘主人撰）
　　清人說薈初集
　　滿清野史三編
　　（民國）吳士鑑撰
　　滿清野史續編
長安宮詞一卷
　　（清）胡延撰
　　清人說薈初集
　　滿清野史五編
　　舊聞零拾
方家園雜詠紀事一卷附雜記一卷
　　（民國）王照撰
　　水東集初編

傳　記　類

通錄之屬

歷　代

通　代

先賢傳一卷
　　（清）王仁俊輯
　　玉函山房輯佚書補編
羣輔錄一卷
　　（晉）陶潛撰
　　廣漢魏叢書（萬曆本、嘉慶本）・別史
　　說郛（宛委山堂本）弓五十七
　　五朝小說・魏晉小說雜傳家
　　五朝小說大觀・魏晉小說雜傳家
　　增訂漢魏叢書（乾隆本、紅杏山房本、
　　　三餘堂本、大通書局石印本）・別史
　　龍威祕書一集
　　藝苑捃華
　　古今說部叢書一集
　　漢魏小說探珍
集聖賢羣輔錄一卷
　　（晉）陶潛撰　（清）觀頮道人輯
　　閏竹居叢書
懷舊志序一卷
　　梁元帝撰　（清）王仁俊輯
　　玉函山房輯佚書續編・史編總類
全德志論一卷
　　梁元帝撰　（清）王仁俊輯
　　玉函山房輯佚書續編・史編總類
名賢氏族言行類稿六十卷
　　（宋）章定撰
　　四庫全書・子部類書類
　　四庫全書珍本初集・子部類書類
事賢錄一卷
　　（清）謝丕振撰
　　青雲洞遺書初刻
俎豆集三十卷
　　（清）潘承燨撰
　　潘相所著書附
古品節錄六卷
　　（清）松筠撰
　　正誼齋叢書

志節編二卷
　　(清)李棠階撰
　　　　李文清公遺書附

先　秦

聖傳論一卷附錄一卷
　　(宋)劉子翬撰
　　　　復性書院叢刊・儒林典要第一輯

皇朝聖師考七卷
　　(清)鄭曉如撰
　　　　鄭氏四種

春秋公子譜一卷
　　(清)王仁俊輯
　　　　玉函山房輯佚書續編・史編總類

春秋列國諸臣傳三十卷
　　(宋)王當撰
　　　　四庫全書・史部傳記類
　　　　摛藻堂四庫全書薈要・經部

周列士傳一卷
　　(清)顧壽楨撰
　　　　顧氏家集

漢

漢事會最人物志三卷
　　(清)惠棟輯
　　　　靈鶼閣叢書第一集
　　　　叢書集成初編・史地類

雲臺二十八將圖像一卷
　　(清)張士保繪
　　　　喜咏軒叢書丁編

海內先賢傳一卷
　　(魏)□□撰　(清)王仁俊輯
　　　　玉函山房輯佚書補編

英雄記鈔一卷
　　(漢)王粲撰
　　　　廣漢魏叢書(萬曆本、嘉慶本)・別史
　　　　說郛(宛委山堂本)弓五十七
　　　　五朝小說・魏晉小說雜傳家
　　　　增訂漢魏叢書(乾隆本、紅杏山房本、
　　　　　三餘堂本、大通書局石印本)・別史

英雄記一卷
　　(漢)王粲撰　(清)黃奭輯
　　　　漢學堂叢書・子史鉤沈・史部雜史類
　　　　黃氏逸書考(民國修補本、民國補刊
　　　　　本)・子史鉤沈

三　國

明良志略一卷

　　(清)劉沅撰
　　　　槐軒全書

晉

晉諸公讚一卷
　　(晉)傅暢撰　(清)黃奭輯
　　　　漢學堂叢書・子史鉤沈・史部雜史類
　　　　黃氏逸書考(民國修補本、民國補刊
　　　　　本)・子史鉤沈

晉諸公敍讚二卷
　　(晉)傅暢撰　(清)傅以禮輯
　　　　傅氏家書

晉先賢傳一卷
　　(清)王仁俊輯
　　　　玉函山房輯佚書補編

唐

淩烟閣功臣圖像一卷附錄一卷
　　(清)劉源繪　(清)朱圭刻
　　　　喜咏軒叢書丁編・朱上如木刻四種

先友記一卷
　　(唐)柳宗元撰
　　　　說郛(宛委山堂本)弓四十八

宋

言行龜鑑八卷
　　(元)張光祖輯
　　　　四庫全書・子部雜家類
　　　　四庫全書珍本初集・子部雜家類

淳熙薦士錄一卷
　　(宋)楊萬里撰
　　　　函海(乾隆本、道光本)第六函
　　　　遜敏堂叢書
　　　　函海(光緒本)第八函
　　　　叢書集成初編・史地類

慶元黨禁一卷
　　(宋)樵川樵叟撰
　　　　四庫全書・史部傳記類
　　　　知不足齋叢書(乾隆至道光本、景乾隆
　　　　　至道光本)第十二集
　　　　筆記小說大觀第七輯
　　　　叢書集成初編・社會科學類

昭忠錄一卷
　　(宋)□□撰
　　　　四庫全書・史部傳記類
　　　　墨海金壺(嘉慶本、景嘉慶本)・史部
　　　　守山閣叢書(道光本、鴻文書局景道光
　　　　　本、博古齋景道光本)・史部

粤雅堂叢書初編第二集
　　叢書集成初編・史地類
宋季昭忠錄一卷
　　明辨齋叢書二集
宋季忠義錄十六卷附錄一卷補錄一卷
　　(清)萬斯同撰　補錄(民國)張壽鏞撰
　　四明叢書第二集
宋遺民錄十五卷
　　(明)程敏政輯
　　　　知不足齋叢書(乾隆至道光本、景乾隆
　　　　至道光本)第二十四集
　　　　筆記小說大觀第七輯

元

草莽私乘一卷
　　(元)陶宗儀輯
　　　　國粹叢書第三集
　　　　託跋廛叢刻
草莽私乘一卷附刻一卷
　　　　對樹書屋叢刻

明

皇明帝后紀略一卷附藩封一卷
　　(明)鄭汝璧撰
　　　　遜園叢書
　　　　玄覽堂叢書
七太子傳一卷
　　(明)陳懿典撰
　　　　明季野史彙編
同姓諸王表二卷傳三卷附異姓三王孔氏
世家
　　(明)鄭曉撰
　　　　鄭端簡公全集・吾學編
藩獻記一卷
　　(明)朱謀㙔撰
　　　　說郛續弓八
廟祔十五王傳一卷
　　(明)陳懿典撰
　　　　明季野史彙編
異姓諸侯表一卷傳二卷
　　(明)鄭曉撰
　　　　鄭端簡公全集・吾學編
國琛集二卷
　　(明)唐樞撰
　　　　紀錄彙編
　　　　叢書集成初編・史地類
　　　　景印元明善本叢書十種・紀錄彙編
　國琛集一卷

木鐘臺全集再集
仰山脞錄一卷
　　(明)閔文振撰
　　　　古今名賢彙語
　　　　說郛續弓二十二
　　　　五朝小說　皇明百家小說
　　　　五朝小說六觀・皇明百家小說
擬明代人物志十卷
　　(清)劉青芝撰
　　　　劉氏傳家集
拊膝錄四卷
　　(明)劉琳撰
　　　　遜國逸書
畜德錄一卷
　　(明)陳沂撰
　　　　紀錄彙編
　　　　古今名賢彙語
　　　　說郛續弓二十二
　　　　叢書集成初編・社会科學類
　　　　景印元明善本叢書十種・紀錄彙編
明臣十節一卷
　　(明)崔銑撰
　　　　說郛續弓六
成化間蘇材小纂一卷
　　(明)□□撰
　　　　金聲玉振集・組繡
名公像記一卷
　　(明)顧起元(遯園居士)撰
　　　　說郛續弓二十一
荊川弟子考一卷
　　(民國)唐鼎元等輯
　　　　武進唐氏所著書
荊川學脈一卷
　　(民國)唐鼎元等輯
　　　　武進唐氏所著書
山陽錄一卷
　　(清)陳貞慧撰
　　　　昭代叢書(道光本)戊集續編
　　　　常州先哲遺書第一集・史類・陳定生
　　　　先生遺書三種
　　　　陳處士遺書
　　　　說庫
望社姓氏考一卷
　　(清)李元庚輯
　　　　小方壺齋叢書二集
煙艇永懷三卷
　　(明)龔立本撰
　　　　借月山房彙鈔(嘉慶本、景嘉慶本)第

六集
　澤古齋重鈔第六集
煙艇永懷三卷附錄一卷
　　虞山叢刻
三峯傳稿一卷
　（明）萬應隆撰
　　涇川叢書（道光本、景道光本）
　　叢書集成初編·史地類

清

欽定八旗滿洲氏族通譜八十卷
　　清乾隆九年敕撰
　　　四庫全書·史部傳記類
儒林瑣記三卷附一卷
　（清）朱克敬撰
　　挹秀山房叢書
　儒林瑣記一卷
　　說庫
　　清人說薈初集
　　滿清野史三編
思舊錄一卷
　（清）黃宗羲撰
　　昭代叢書（道光本）己集廣編
　　長恩閣叢書
　　小方壺齋叢書二集
　　梨洲遺著彙刊
思舊錄一卷
　（清）靳治荆撰
　　昭代叢書（道光本）丙集第八帙
此木軒泉下錄一卷
　（清）焦袁熹撰
　　此木軒全集
昭代名人尺牘小傳二十四卷
　（清）吳修撰
　　述古叢鈔第一集
　　藏修堂叢書第三集
　　翠琅玕館叢書（黃任恆輯）　史部
　　芋園叢書·史部
知我錄一卷
　（清）梅庚撰
　　昭代叢書（道光本）丙集第八帙
鶴徵前錄一卷
　（清）李集撰　（清）李富孫（清）李遇孫續
　　昭代叢書（道光本）壬集補編
鶴徵後錄一卷
　（清）李富孫撰
　　昭代叢書（道光本）壬集補編
公車徵士小錄一卷

（清）全祖望撰
　煙畫東堂小品
三朝實錄館館員功過等第冊一卷
　（清）三朝實錄館編
　　史料叢編二集
師友淵源錄六卷
　（清）嚴長明撰
　　申報館叢書續集·掌故類
尙友記不分卷
　（清）汪喜孫輯
　　遂雅齋叢書
交遊錄二卷續一卷
　（清）曹肅孫（小亭山人）撰
　　洛陽曹氏叢書
懷舊雜記三卷
　（清）張文虎撰
　　覆瓿集

民國

黃花岡十傑紀實一卷
　（民國）天嘯生撰
　　滿清稗史
當代名人事略二卷
　（民國）□□撰
　　滿清稗史

郡　邑

上　海

空明子崇川獨行傳一卷
　（清）張榮撰
　　空明子全集
崇川書香錄不分卷
　（清）袁景星（清）劉長華撰
　　崇川劉氏叢書

河　北

畿輔人物考八卷
　（清）孫奇逢撰
　　孫夏峯全集

山　西

三立閣史鈔二卷
　（清）李鐵經撰
　　雪華館叢編·史類
晉哲會歸一卷
　（清）張桂林撰
　　張氏雜著

陝　西	江　蘇

陝　西

三輔決錄一卷
　　(漢)趙岐撰
　　　　說郛(宛委山堂本)弓五十九
　　　　五朝小說·魏晉小說訓誡家
　　　　五朝小說大觀·魏晉小說訓誡家
　　　　古今說部叢書一集
　三輔決錄
　　　　說郛(商務印書館本)卷三
三輔決錄二卷
　　(漢)趙岐撰　(晉)摯虞注　(清)張澍輯
　　　　二酉堂叢書
　　　　知服齋叢書第二集
　　　　關中叢書第一集
　三輔決錄一卷
　　　　龍谿精舍叢書·史部
三輔決錄一卷
　　(漢)趙岐撰　(晉)摯虞注　(清)黃奭輯
　　　　漢學堂叢書·子史鉤沈·史部傳記類
　　　　黃氏逸書考(民國修補本、民國補刊
　　　　　本)·子史鉤沈
三輔決錄一卷補遺一卷
　　(漢)趙岐撰　(晉)摯虞注　(清)茆泮林輯
　　　　十種古逸書
三輔決錄注一卷
　　(晉)摯虞撰　(清)王仁俊輯
　　　　玉函山房輯佚書續編·史編總類
漢中士女志一卷
　　(晉)常璩撰
　　　　說郛(宛委山堂本)弓五十八
　　　　五朝小說·魏晉小說外乘家
　　　　五朝小說大觀·魏晉小說外乘家
　　　　鮑紅葉叢書
　漢中士女志十三則
　　　　舊小說(民國本、1957年本)甲集

山　東

魯國先賢傳一卷
　　(清)王仁俊輯
　　　　玉函山房輯佚書補編
魯國先賢志一卷
　　(清)王仁俊輯
　　　　玉函山房輯佚書補編
青州先賢傳一卷
　　(清)王仁俊輯
　　　　玉函山房輯佚書補編

江　蘇

紀善錄一卷
　　(明)杜瓊撰
　　　　煙霞小說第二帙
　　　　古學彙刊第二集·雜記類
吳中往哲記一卷
　　(明)楊循吉撰
　　　　顧氏明朝四十家小說(正德嘉靖本、宣
　　　　　統排印本、民國石印本)
　　　　五朝小說·皇明百家小說
　　　　五朝小說大觀·皇明百家小說
　往哲錄一卷
　　　　璩探
吳郡二科志一卷
　　(明)閻秀卿撰
　　　　顧氏明朝四十家小說(正德嘉靖本、宣
　　　　　統排印本、民國石印本)
　　　　紀錄彙編
　　　　叢書集成初編·史地類
　　　　景印元明善本叢書十種·紀錄彙編
　二科志一卷
　　　　璩探
東吳名賢記二卷
　　(明)周復俊撰
　　　　崑東周氏叢刊
續吳先賢讚十五卷
　　(明)劉鳳撰
　　　　紀錄彙編
　　　　叢書集成初編·史地類
　　　　景印元明善本叢書十種·紀錄彙編
姑蘇名賢小記二卷
　　(明)文震孟撰
　　　　心矩齋叢書
姑蘇名賢續紀一卷
　　(明)文秉撰
　　　　甲戌叢編
姑蘇名賢後紀一卷
　　(清)褚亨奭撰
　　　　乙亥叢編
續名賢小記一卷
　　(清)徐晟撰
　　　　涵芬樓祕笈第七集
吳門耆舊記一卷
　　(清)顧承撰
　　　　小石山房叢書第六冊
太常遺著常州府志人物志一卷
　　(明)唐鶴徵纂修

武進唐氏所著書

晉陵先賢傳四卷
　　(明)歐陽東鳳撰
　　　　崇雅堂叢書初編

淸代毘陵名人小傳十卷
　　(民國)張惟驤撰
　　　　小雙寂庵叢書(稿本)

江陰節義略一卷
　　(明)張佳圖撰
　　　　名山全集

壬癸志槀二十八卷
　　(淸)錢寶琛撰
　　　　錢頤壽中丞全集續編

京口耆舊傳九卷
　　(宋)□□撰
　　　　四庫全書·史部傳記類
　　　　守山閣叢書(道光本、鴻文書局景道光
　　　　　本、博古齋景道光本)·史部
　　　　粵雅堂叢書三編第二十四集

廣陵儲王趙朱景蔣曾桑朱宗列傳一·卷
　　(明)歐大任撰
　　　　歐虞部集
　　　　遜敏堂叢書
　　　　明季野史彙編

江都鄉賢錄一卷
　　(淸)金門詔撰
　　　　金太史全集

揚城殉難續錄二卷
　　(淸)鄭章雲撰
　　　　揚州叢刻

發幽錄一卷
　　(淸)沈默撰
　　　　海陵叢刻

海門先正鄉諡表一卷
　　(淸)周應庚輯
　　　　冀東周氏叢刊四種

浙　江

錢塘先賢傳贊一卷
　　(宋)袁韶撰
　　　　四庫全書·史部傳記類

錢塘先賢傳贊一·卷附錄一卷
　　　　知不足齋叢書(乾隆至道光本、景乾隆
　　　　　至道光本)第十六集
　　　　武林掌故叢編第一集

嘉禾徵獻錄五十卷外紀六卷
　　(淸)盛楓撰
　　　　檇李叢書

駕湖求舊錄四卷
　　(淸)朱福淸撰
　　　　最樂亭三種

求舊續錄四卷
　　(淸)朱福淸撰
　　　　最樂亭三種

苕谿漁隱詩藂(一名湖錄紀事詩)二卷
　　(淸)范鍇撰
　　　　范白舫所刊書

前徽錄一卷
　　(淸)姚世錫撰
　　　　咫進齋叢書第二集
　　　　筆記小說大觀第八輯
　　　　叢書集成初編·史地類

四明人鑑三卷
　　(淸)劉慈孚輯　(淸)虞琴繪圖
　　　　四明叢書第六集

會稽先賢傳一卷
　　(吳)謝承撰
　　　　說郛(宛委山堂本)弓五十八
　　　　五朝小說·魏晉小說雜傳家
　　　　五朝小說大觀·魏晉小說雜傳家

會稽先賢傳一卷
　　(吳)謝承撰　魯迅(周樹人)輯
　　　　會稽郡故書雜集

會稽典錄一卷
　　(晉)虞預撰
　　　　說郛(宛委山堂本)弓五十九
　　　　古今說部叢書一集

　會稽典錄
　　　　說郛(商務印書館本)卷三

會稽典錄一卷
　　(晉)虞預撰　(淸)王仁俊輯
　　　　玉函山房輯佚書續編·史編總類

會稽典錄二卷存疑一卷
　　(晉)虞預撰　魯迅(周樹人)輯
　　　　會稽郡故書雜集
　　　　四明叢書第七集

會稽後賢傳記一卷
　　(□)鍾離岫撰　魯迅(周樹人)輯
　　　　會稽郡故書雜集

會稽先賢像讚一卷
　　(□)賀氏撰　魯迅(周樹人)輯
　　　　會稽郡故書雜集

古永興往哲記二卷
　　(淸)蔡大績撰
　　　　蕭山叢書

越中觀感錄一卷

（清）陳錦撰
　　會稽徐氏鑄學齋叢書
蕭山茂材錄一卷
　（清）魯燮光輯
　　蕭山叢書
尊鄉錄節要四卷
　（明）王鈖撰
　　台州叢書後集
台州札記一卷
　（清）童賡年撰
　　慈谿童柘叟遺著
金華賢達傳十二卷
　（明）鄭柏撰
　　續金華叢書・史部
金華先民傳十卷
　（明）應廷育撰
　　續金華叢書・史部
金華徵獻略二十卷
　（清）王崇炳撰
　　牽祖堂叢書附
義烏人物記二卷
　（明）金江撰
　　續金華叢書・史部
浦陽人物記二卷
　（明）宋濂撰
　　四庫全書・史部傳記類
　　知不足齋叢書（乾隆至道光本、景乾隆
　　　至道光本）第十七集
　　金華叢書（同治光緒本、民國補刊本）
　　　・史部
　　筆記小說大觀第八輯
　　叢書集成初編・史地類

福　建

閩川名士傳一卷
　（唐）黃璞撰
　　說郛（宛委山堂本）弓五十八

河　南

中州人物考八卷
　（清）孫奇逢撰
　　孫夏峯全集
　　四庫全書・史部傳記類
輶軒博記續編四卷
　（民國）邵松年撰
　　三怡堂叢書
祥符耆舊傳十卷
　（清）劉曾騄撰

祥符劉氏叢書・夢園史學
陳留耆舊傳一卷
　（魏）蘇林撰
　　說郛（宛委山堂本）弓五十八
　陳留耆舊傳
　　說郛（商務印書館本）卷七・諸傳摘玄
陳留耆舊傳佚文一卷
　（魏）蘇林撰　（清）王仁俊輯
　　經籍佚文
汝南先賢傳一卷
　（晉）周斐撰
　　說郛（宛委山堂本）弓五十八
　　五朝小說・魏晉小說雜傳家
　　五朝小說大觀・魏晉小說雜傳家
　汝南先賢傳
　　說郛（商務印書館本）卷七・諸傳摘玄
　汝南先賢傳五則
　　舊小說（民國本、1957年本）甲集
汝南先賢傳一卷
　（晉）周斐撰　（清）王仁俊輯
　　玉函山房輯佚書補編

兩　湖

楚國先賢傳一卷
　（晉）張方撰
　　說郛（宛委山堂本）弓五十八
　　五朝小說・魏晉小說雜傳家
　　五朝小說大觀・魏晉小說雜傳家
　楚國先賢傳二則
　　舊小說（民國本、1957年本）甲集
楚國先賢傳一卷
　（晉）張方撰　（清）陳運溶輯
　　麓山精舍叢書第一集・歷朝傳記九種
楚國先賢傳一卷
　（晉）張方撰　（清）王仁俊輯
　　玉函山房輯佚書補編
楚師儒傳八卷
　（民國）甘鵬雲撰
　　崇雅堂叢書初編
襄陽耆舊傳一卷
　（晉）習鑿齒撰
　　說郛（宛委山堂本）弓五十八
　　五朝小說・魏晉小說雜傳家
　　五朝小說大觀・魏晉小說雜傳家
　　廣四十家小說
　襄陽記
　　說郛（商務印書館本）卷四・墨娥漫錄
襄陽耆舊傳五則

舊小說(民國本、1957年本)甲集

襄陽耆舊記三卷
　　(晉)習鑿齒撰　　(清)任兆麟訂
　　　　心齋十種

襄陽耆舊傳一卷
　　(晉)習鑿齒撰　　(清)王仁俊輯
　　　　玉函山房輯佚書補編

　襄陽記一卷
　　　　玉函山房輯佚書補編(二本)

襄陽耆舊記佚文一卷
　　(晉)習鑿齒撰　　(清)王仁俊輯
　　　　經籍佚文

長沙耆舊傳一卷
　　(晉)劉彧撰
　　　　說郛(宛委山堂本)弓五十八

　長沙耆舊傳
　　　　說郛(商務印書館本)卷七·諸傳摘玄

長沙耆舊傳一卷
　　(晉)劉彧撰　　(清)陳運溶輯
　　　　麓山精舍叢書第一集·歷朝傳記九種

巴陵人物志十五卷
　　(清)杜貴墀撰
　　　　桐華閣叢書
　　　　郋園先生全書附

武陵先賢傳一卷
　　(清)陳運溶輯
　　　　麓山精舍叢書第一集·歷朝傳記九種

零陵先賢傳一卷
　　(晉)司馬彪撰
　　　　說郛(宛委山堂本)弓五十八
　　　　五朝小說·魏晉小說雜傳家
　　　　五朝小說大觀·魏晉小說雜傳家

零陵先賢傳一卷
　　(晉)司馬彪撰　　(清)陳運溶輯
　　　　麓山精舍叢書第一集·歷朝傳記九種

桂陽先賢傳一卷
　　(吳)張勝撰　　(清)陳運溶輯
　　　　麓山精舍叢書第一集·歷朝傳記九種

江　西

竹岡同學錄一卷
　　(清)趙敬襄撰
　　　　竹岡齋九種附

廣　東

廣州先賢傳一卷
　　(□)鄒閎甫撰
　　　　說郛(宛委山堂本)弓五十八

廣州先賢傳
　　　　說郛(商務印書館本)卷七·諸傳摘玄

廣州人物傳二十四卷
　　(明)黃佐撰
　　　　嶺南遺書第一集
　　　　叢書集成初編·史地類

百越先賢志四卷
　　(明)歐大任撰
　　　　歐虞部集
　　　　四庫全書·史部傳記類
　　　　嶺南遺書第一集
　　　　叢書集成初編·史地類

粵臺徵雅錄一卷
　　(清)羅元煥撰　　(清)陳仲鴻注
　　　　嶺南遺書第四集
　　　　叢書集成初編·文學類

宋東莞遺民錄二卷詩文補遺一卷
　　　　陳伯陶(九龍眞逸)撰
　　　　聚德堂叢書

勝朝粵東遺民錄四卷補遺一卷附一卷
　　　　陳伯陶(九龍眞逸)撰
　　　　聚德堂叢書

四　川

益都耆舊傳一卷
　　(晉)陳壽撰
　　　　說郛(宛委山堂本)弓五十八
　　　　五朝小說·魏晉小說雜傳家
　　　　五朝小說大觀·魏晉小說雜傳家

　益都耆舊傳
　　　　說郛(商務印書館本)卷七·諸傳摘玄

益都耆舊傳二則
　　　　舊小說(民國本、1957年本)甲集

益都耆舊傳一卷
　　(晉)陳壽撰　　(清)王仁俊輯
　　　　玉函山房輯佚書補編

西州後賢志一卷
　　(晉)常璩撰
　　　　說郛(宛委山堂本)弓五十八
　　　　五朝小說·魏晉小說外乘家
　　　　五朝小說大觀·魏晉小說外乘家

華陽國志巴郡士女逸文一卷
　　(晉)常璩撰　　(民國)繆荃孫輯
　　　　藝風堂讀書志

梓潼士女志一卷
　　(晉)常璩撰
　　　　說郛(宛委山堂本)弓五十八
　　　　五朝小說·魏晉小說外乘家

五朝小說大觀·魏晉小說外乘家
　　　鮑紅葉叢書
梓潼士女志二則
　　　舊小說（民國本、1957 年本）甲集

域　外

泰西人物志一卷
　　　（民國）顧鳴鳳撰
　　　　訥盦叢稿
希臘學案四卷
　　　（民國）王樹枬撰
　　　　陶廬叢刻

家　乘

古譜纂例六卷
　　　（民國）黃任恆撰
　　　　述篑雜纂
江左王謝世系考一卷
　　　（清）劉書年撰
　　　　清芬叢鈔·滌濫軒雜著
悚齋家傳一卷
　　　（清）于蔭霖撰
　　　　于中丞遺書
萬柳溪邊舊話一卷
　　　（元）尤玘撰
　　　　知不足齋叢書（乾隆至道光本、景乾隆
　　　　　至道光本）第十集
　　　　學海類編（道光本、景道光本）·集餘
　　　　　一
　　　　常州先哲遺書第一集·子類
　　　　錫山尤氏叢刊甲集
　　　　叢書集成初編·文學類
　　萬柳溪邊舊話一則
　　　　舊小說（民國本、1957 年本）丁集
萬柳溪邊近話一卷
　　　（明）尤鏛撰
、　　　錫山尤氏叢刊甲集
文氏族譜續集一卷
　　　（清）文含撰
　　　　曲石叢書
水氏傳經世系表一卷
　　　（清）水嘉穀撰
　　　　四明水氏留碩稿附
王文成公世德記二卷
　　　（明）錢德洪（明）王畿輯
　　　　王文成公全書（隆慶本、同治光緒本）
　　王文成公世德紀一卷附錄一卷
　　　　四部叢刊（二次印本、縮印二次印本）

　　　·集部·王文成公全書
　世德紀一卷附錄一卷
　　　四部備要（排印本、縮印本）·子部儒
　　　　家·王文成公全書
石家池王氏譜錄一卷
　　　（清）王績銘撰
　　　　越中文獻輯存書十種
高郵王氏六葉傳狀碑誌集六卷
　　　（民國）羅振玉輯
　　　　高郵王氏遺書
昔夢錄二卷
　　　（清）王文思撰
　　　　先澤殘存
外家紀聞一卷
　　　（民國）汪曾武撰
　　　　雲在山房叢書
皮子世錄一卷
　　　（唐）皮日休撰
　　　　說郛（宛委山堂本）弓四十八
平湖朱氏家譜錄要一卷
　　　（清）朱爲弼撰
　　　　朱茮堂家藏稿
胥山朱氏述德錄二卷
　　　　朱景彝撰
　　　　寶彝室集刊
御書徵言一卷
　　　　江鍾秀輯
　　　　江氏著書七種
羊氏家傳一卷
　　　（清）王仁俊輯
　　　　玉函山房輯佚書補編
廬江郡何氏家記一卷
　　　（明）何崇祖撰
　　　　玄覽堂叢書續集
先世事略一卷
　　　（清）何若瑤撰
　　　　何宮贊遺書
族譜誌略一卷
　　　（清）吳莊撰
　　　　延陵合璧·非庵雜著
成氏先德傳一卷
　　　（清）成蓉鏡撰
　　　　成氏遺書
蘇州汪氏族譜一卷
　　　（清）汪琬撰
　　　　鈍翁全集·鈍翁續藁別藁
孤兒編三卷
　　　（清）汪喜孫撰

重印江都汪氏叢書

汪氏學行記六卷附壽母小記一卷
　　(清)汪喜孫輯
　　　　重印江都汪氏叢書

趨庭聞見迹一卷
　　(清)汪之昌撰
　　　　青學齋五種

汪祠譜序一卷
　　(民國)汪定執輯
　　　　慕雲集存

誦芬錄一卷
　　(民國)汪兆鏞撰
　　　　微尙齋叢刻

邵陽車氏一家集補錄一卷
　　(民國)劉達武輯
　　　　邵陽車氏一家集

先德小識一卷
　　(清)周騰虎撰
　　　　毘陵周氏三種
　　　　毗陵周氏五世詩集附

外家紀聞一卷
　　冒廣生撰
　　　　如皋冒氏叢書附

邵氏家錄二卷
　　(清)□□輯
　　　　常州先哲遺書第一集・邵靑門全集附

思源錄一卷
　　(清)邵廷烈撰
　　　　崿東雜著木集

金氏世德紀二卷
　　(清)金應麟輯
　　　　武林掌故叢編第二十二集

姚氏先德傳六卷
　　(清)姚瑩撰
　　　　中復堂全集(道光本、同治本)

見貽雜錄一卷附錄一卷
　　姚永年輯
　　　　周浦南蔭堂姚氏叢刊

施氏家風迹略一卷續編一卷
　　(清)施閏章撰　(清)施彥恪續
　　　　施愚山先生全集

分湖柳氏重修家譜十二卷
　　(清)柳樹芳撰
　　　　養餘齋全集

息園舊德錄一卷
　　(清)胡念萱輯
　　　　刻鵠齋叢書

胡氏家乘一卷

(民國)胡樸安撰
　　樸學齋叢書第一集

唐氏家乘誌傳擷華不分卷
　　(民國)唐鼎元輯
　　　　武進唐氏所著書

孫氏世錄一卷
　　(清)王仁俊輯
　　　　玉函山房輯佚書補編

家兒私語一卷
　　(明)徐復祚撰
　　　　丙子叢編

徐氏本支敍傳一卷
　　(清)徐繼畬撰
　　　　松龕先生全集

家傳一卷
　　(清)徐崑撰
　　　　毘陵徐氏家集

管溪徐氏宗譜一卷
　　　　會稽徐氏初學堂彙書輯錄

祖氏家傳一卷
　　(清)王仁俊輯
　　　　玉函山房輯佚書補編

翁氏家事略記一卷
　　(清)翁方綱撰
　　　　蘇齋叢書(乾隆嘉慶本)

關西馬氏世行錄七卷 後錄三卷 續錄一卷
　　又續錄一卷又續錄之餘一卷
　　(清)馬先登輯
　　　　馬氏叢刻

東里高氏世恩錄五卷
　　(明)高拱撰
　　　　高文襄公集

恫誦一卷
　　(清)高心夔撰
　　　　高陶堂遺集

哀烈錄一卷
　　(民國)康有爲輯
　　　　滄海叢書第二輯

張氏風范一卷
　　(明)張承撰
　　　　張伊嗣全集

篁溪家譜一卷附錄二卷
　　(民國)張伯楨撰
　　　　滄海叢書第二輯

莊氏族譜一卷
　　(明)莊元臣撰
　　　　莊忠甫雜著

本支世系記略一卷

（清）許兆熊撰
　　許氏巾箱集
先世遺事紀略一卷
　（清）陳確撰
　　乾初先生遺集別集
十五福堂筆記一卷
　（清）陳元祿撰
　　娟鏡樓叢刻乙帙
瀫河陳氏誦芬錄一卷
　（清）陳錦撰
　　橘蔭軒全集
家世舊聞一卷
　（宋）陸游撰
　　百川學海(重輯本)丙集
　　稗乘
　　陸放翁全集
　　說郛(宛委山堂本)弓四十五
　　五朝小說・宋人百家小說偏錄家
　　五朝小說大觀・宋人百家小說偏錄家
　　叢書集成初編・文學類
　　家世舊聞
　　　說郛(商務印書館本)卷五
陸氏先德錄一卷
　（清）陸乃普輯
　　陸氏傳家集附
閩中郭氏支派大略一卷
　（清）郭柏蒼撰
　　郭氏叢刻
彭氏舊聞錄一卷
　（清）彭孫貽撰
　　涵芬樓祕笈第三集
潁川棗氏文士傳一卷
　（清）王仁俊輯
　　玉函山房輯佚書補編
秣陵盛氏族譜一卷
　（明）□□輯
　　百爵齋叢刊
家世舊事一卷
　（宋）程頤撰
　　續百川學海辛集
　　說郛(宛委山堂本)弓五十
先德記三卷
　（清）程鴻詔撰
　　有恆心齋集
馮氏族譜一卷
　（明）馮從吾撰
　　馮少墟集(萬曆本、康熙本)
馮氏家乘一卷

（明）馮從吾撰
　　馮少墟集(萬曆本、康熙本)
金汀拾遺二卷
　（清）馮至撰
　　諸暨馮氏叢刻・森齋彙稿
黃氏家錄一卷
　（清）黃宗羲撰
　　藜照廬叢書
黃氏家錄一卷續錄五卷
　（清）黃宗羲撰　續錄（清）黃炳垕輯
　　黃氏攟殘集(康熙本、嘉慶本)附
黃氏世德傳贊一卷附竹橋黃氏誥敕一卷
　新建竹橋黃氏忠獻義塾記一卷
　（清）黃炳垕撰輯
　　留書種閣集
歙潭渡黃氏先德錄一卷
　黃濱虹撰
　　濱虹雜著
先德錄一卷
　（清）楊翰撰
　　息柯居士全集
西埜楊氏壬申譜十卷
　（清）楊樹椿撰
　　損齋全書
河西楊氏家譜一卷
　（民國）楊晨撰
　　崇雅堂叢書
東萊趙氏先世學行記二卷
　（民國）趙瑞泉輯
　　東萊趙氏楹書叢刊
歷代綸音一卷
　（民國）趙瑞泉輯
　　東萊趙氏楹書叢刊
高風集二卷續集一卷
　（清）劉曾騄輯
　　祥符劉氏叢書
清芬錄二卷
　（民國）劉聲木輯
　　直介堂叢刻初編
獻縣劉氏懿行錄二卷
　（民國）劉修鑑輯
　　清芬叢鈔
奉思錄四卷
　（清）潘鍾瑞撰
　　香禪精舍集
外家紀聞一卷
　（清）洪亮吉撰
　　續刻北江遺書

　　　　　本、博古齋景道光本)・子部
　　　　　　叢書集成初編・史地類
姓氏急就篇二卷
　　(宋)王應麟撰
　　　　　玉海(元刊明修清康熙補刊本、浙江書
　　　　　局本、成都志古堂本)附刻
　　　　　四庫全書・子部類書類
成都氏族譜一卷
　　(元)費著撰
　　　　　適園叢書第十二集
希姓錄五卷
　　(明)楊愼撰
　　　　　函海(乾隆本、道光本)第十四函
　　　　　函海(光緒本)第十八函
　　　　　叢書集成初編・史地類
姓匯四卷
　　(明)陳士元撰
　　　　　歸雲別集(萬曆本、道光本)
姓觽十卷
　　(明)陳士元撰
　　　　　歸雲別集(萬曆本、道光本)
姓觽十卷附錄一卷劄記一卷
　　(明)陳士元撰・劄記(清)丁兆松撰
　　　　　湖北叢書
　　　　　叢書集成初編・史地類
姓觽刊誤一卷劄記一卷
　　(清)易本烺撰　劄記(清)丁兆松撰
　　　　　湖北叢書
　　　　　叢書集成初編・史地類
萬姓統譜一百四十六卷附氏族博攷十四
卷
　　(明)凌迪知撰
　　　　　四庫全書・子部類書類
奇姓通十四卷
　　(明)夏樹芳撰
　　　　　江陰先哲遺書
姓氏譜纂七卷
　　(明)李日華撰
　　　　　四六全書
姓氏考略一卷
　　(清)陳廷煒撰
　　　　　學海類編(道光本、景道光本)・集餘
　　　　　五
　　　　　遜敏堂叢書
　　　　　叢書集成初編・史地類
姓氏解紛十卷
　　(清)黃本驥撰
　　　　　三長物齋叢書

百家姓新箋一卷
　　(清)黃周星撰
　　　　　夏爲堂集
百家姓考略一卷
　　(清)王相箋注
　　　　　重刻徐氏三種
康熙御製百家姓一卷
　　清聖祖撰
　　　　　藜照廬叢書
百家姓廋辭一卷
　　(清)王鑣撰
　　　　　斐東雜著續刊
百家姓三編一卷
　　(清)丁晏撰　(清)丁壽辰注
　　　　　頤志齋叢書
魏氏補證六卷
　　(清)萬光泰撰
　　　　　藝海珠塵癸集
　　　　　叢書集成初編・史地類
代北姓譜二卷
　　(清)周春撰
　　　　　松靄初刻
　　　　　周松靄先生遺書
代北姓譜一卷
　　　　　昭代叢書(道光本)己集廣編
魏書官氏志疏證一卷
　　(民國)陳毅撰
　　　　　二十五史補編(開明書店排印本、中華
　　　　　書局重印本)・魏書部分
西夏姓氏錄一卷
　　(清)張澍撰
　　　　　雪堂叢刻
遼金元姓譜一卷
　　(清)周春撰
　　　　　松靄初刻
　　　　　周松靄先生遺書
　　　　　昭代叢書(道光本)己集廣編

同 姓 名

古今同姓名錄二卷
　　梁元帝撰　(唐)陸善經續　(元)葉森補
　　　　　四庫全書・子部類書類
　　　　　函海(乾隆本、道光本)第一函
　　　　　函海(光緒本)第二函
　　　　　叢書集成初編・史地類
同姓名錄十二卷錄補一卷
　　(明)余寅撰　(明)周應賓補
　　　　　四庫全書・子部類書類

歷代同姓名錄二十三卷
　　(清)劉長華撰
　　　崇川劉氏叢書
九史同姓名略七十二卷補遺四卷
　　(清)汪輝祖撰
　　　廣雅書局叢書·史學
　　　叢書集成初編·史地類
三史同名錄四十卷
　　(清)汪輝祖撰　(清)汪繼培補
　　　廣雅書局叢書·史學
　　　叢書集成初編·史地類
清代名人同姓名略一卷
　　(民國)張惟驤撰
　　　小雙寂庵叢書(稿本)

名

小名錄一卷
　　(唐)陸龜蒙撰
　　　續百川學海辛集
　　　說郛(宛委山堂本)弓七十七
　　　五朝小說·唐人百家小說瑣記家
　　　五朝小說大觀·唐人百家小說瑣記家
　　　唐人說薈(乾隆本、道光本、宣統石印
　　　　本、民國石印本)四集
　　　唐代叢書四集
　小名錄二卷
　　　稗海(萬曆本、康熙重編補刊本、乾隆
　　　　修補重訂本)第一函
　　　四庫全書·子部類書類
　　　叢書集成初編·史地類
謔名錄一卷
　　(宋)吳淑撰
　　　說郛(宛委山堂本)弓三十四
小字錄一卷
　　(宋)陳思撰
　　　四庫全書·子部類書類
　　　四部叢刊三編·子部
名疑集四卷
　　(明)陳士元撰
　　　歸雲別集(萬曆本、道光本)
　　　湖北叢書
　名疑四卷
　　　四庫全書·子部類書類
　　　借月山房彙鈔(嘉慶本、景嘉慶本)第
　　　　十四集
　　　指海(道光本、景道光本)第十六集
　　　澤古齋重鈔第十二集
　　　式古居彙鈔

男子雙名記一卷
　　(明)陶涵中撰
　　　學海類編(道光本、景道光本)·集餘
　　　　五
婦女雙名記一卷
　　(明)李肇亨撰
　　　學海類編(道光本、景道光本)·集餘
　　　　五
雙名錄一卷
　　(清)史夢蘭撰
　　　止園叢書(史氏撰)
曰若編七卷
　　(清)呂調陽撰
　　　觀象廬叢書
清語人名譯漢二卷
　　(清)奕賡撰
　　　佳夢軒叢著(稿本、民國排印本)
清代名人小名錄一卷
　　(民國)張惟驤撰
　　　小雙寂庵叢書(稿本)
侍兒小名錄一卷
　　(宋)洪遹撰
　　　續百川學海辛集
　　　說郛(宛委山堂本)弓七十七
　　　五朝小說·宋人百家小說瑣記家
　　　五朝小說大觀·宋人百家小說瑣記家
　三續侍兒小名錄一卷
　　　綠窗女史·妾婢部名呼
補侍兒小名錄一卷
　　(宋)王銍撰
　　　稗海(萬曆本、康熙重編補刊本、乾隆
　　　　修補重訂本)第四函
　　　香豔叢書第一集
　　　叢書集成初編·史地類
　四續侍兒小名錄一卷
　　　綠窗女史·妾婢部名呼
侍兒小名錄一卷
　　　說郛(宛委山堂本)弓七十七
　　　五朝小說·宋人百家小說瑣記家
　　　五朝小說大觀·宋人百家小說瑣記家
補侍兒小名錄五則
　　　舊小說(民國本、1957年本)丁集
續補侍兒小名錄一卷
　　(宋)溫豫撰
　　　稗海(萬曆本、康熙重編補刊本、乾隆
　　　　修補重訂本)第四函
　　　香豔叢書第一集
　　　叢書集成初編·史地類

侍兒小名録一卷
　　　綠窗女史・妾婢部名呼
　　　說郛(宛委山堂本)弓七十七
　　　五朝小說・宋人百家小說瑣記家
　　　五朝小說大觀・宋人百家小說瑣記家
續補侍兒小名録三則
　　　舊小說(民國本、1957 年本)丁集
侍兒小名録拾遺一卷
　　(宋)張邦幾撰
　　　稗海(萬曆本、康熙重編補刊本、乾隆
　　　　修補重訂本)第四函
　　　香豔叢書第一集
　　　叢書集成初編・史地類
續侍兒小名録一卷
　　　綠窗女史・妾婢部名呼
侍兒小名録一卷
　　　說郛(宛委山堂本)弓七十七
　　　五朝小說・宋人百家小說瑣記家
　　　五朝小說大觀・宋人百家小說瑣記家
侍兒小名録一則
　　　舊小說(民國本、1957 年本)丁集
宮閨小名録五卷
　　(清)尤侗撰
　　　西堂全集(康熙本)・西堂餘集
樂府侍兒小名二卷
　　(清)李調元撰
　　　函海(乾隆本、道光本)第二十六函
　　　叢書集成初編・史地類
樂府侍兒小名録二卷
　　　函海(光緒本)第二十九函

別　　號

自號録一卷
　　(宋)徐光溥撰
　　　宛委別藏
　　　十萬卷樓叢書二編
　　　叢書集成初編・史地類
別號録九卷
　　(清)葛萬里撰
　　　四庫全書・子部類書類
文苑異稱一卷
　　(清)王晫撰
　　　昭代叢書(道光本)丙集第八帙
異號類編二十卷
　　(清)史夢蘭撰
　　　止園叢書(史氏撰)

人　　表

校正古今人表九卷
　　(漢)班固撰　〔唐〕顏師古注　(清)翟云升
　　校
　　　五經歲徧齋校書
　　　二十五史補編(開明書店排印本、中華
　　　　書局重印本)・漢書部分
人表考九卷
　　(清)梁玉繩撰
　　　清白士集
　　　史學叢書(文瀾書局本、煥文書局本、
　　　　點石齋本)
人表考九卷補一卷附録一卷
　　　廣雅書局叢書・史學
　　　叢書集成初編・史地類
　　　二十五史補編(開明書店排印本、中華
　　　　書局重印本)・漢書部分
漢書人表考校補一卷
　　(清)蔡雲撰
　　　元和蔡氏所著書・清白士集校補
　　　廣雅書局叢書・史學
　　　聚學軒叢書第一集・清白士集校補
　　　叢書集成初編・史地類
　　　二十五史補編(開明書店排印本、中華
　　　　書局重印本)・漢書部分
續人表考校補一卷
　　(清)蔡雲撰
　　　元和蔡氏所著書・清白士集校補
　　　聚學軒叢書第一集・清白士集校補
續漢書人表考校補一卷
　　　二十五史補編(開明書店排印本、中華
　　　　書局重印本)・漢書部分・漢書人
　　　　表考校補附
漢書人表略校一卷
　　(清)孫國仁撰
　　　砭愚堂叢書
疑年録四卷
　　(清)錢大昕撰
　　　粵雅堂叢書二編第十四集
　　　天壤閣叢書
　　　小石山房叢書第八册
　　　嘉定錢氏潛研堂全書・史
續疑年録四卷
　　(清)吳修撰
　　　粵雅堂叢書二編第十四集
　　　天壤閣叢書
　　　小石山房叢書第八册
補疑年録四卷
　　(清)錢椒撰

潛園總集

疑年賡錄二卷
　　(清)張鳴珂撰
　　寒松閣集

三續疑年錄十卷附補遺
　　(清)陸心源撰
　　潛園總集

三續疑年錄補正一卷
　　(民國)楊寶鏞撰
　　龍淵爐齋金石叢書

疑年錄彙編十六卷附分韻人表一卷
　　(民國)張惟驤撰
　　小雙寂庵叢書(稿本、刊本)

疑年錄彙編補遺十卷附分韻人表一卷
　　(民國)張惟驤撰
　　小雙寂庵叢書(稿本)

疑年錄外編八卷附分韻人表一卷
　　(民國)張惟驤撰
　　小雙寂庵叢書(稿本)

歷代名人生卒錄八卷
　　(清)錢保塘輯
　　清風室叢刊

歷代帝王疑年錄一卷
　　(民國)張惟驤撰
　　小雙寂庵叢書(稿本、刊本)

漢書疑年錄一卷
　　(清)阮劉文如撰
　　四史疑年錄(嘉慶本、宣統本)

後漢書疑年錄一卷
　　(清)阮劉文如撰
　　四史疑年錄(嘉慶本、宣統本)

三國魏志疑年錄一卷蜀志疑年錄一卷吳
　志疑年錄一卷
　　(清)阮劉文如撰
　　四史疑年錄(嘉慶本、宣統本)

晉書疑年錄二卷
　　(清)阮劉文如撰
　　四史疑年錄(嘉慶本、宣統本)

毘陵名人疑年錄六卷
　　(民國)張惟驤撰
　　小雙寂庵叢書(稿本)

名人生日表一卷
　　(民國)孫雄撰　(民國)張惟驤補
　　小雙寂庵叢書(稿本、刊本)

續名人生日表一卷
　　(民國)張惟驤撰
　　小雙寂庵叢書(稿本)

重訂名人生日表一卷附分韻人表一卷

　　(民國)張惟驤撰
　　小雙寂庵叢書(稿本)

名人忌日表一卷
　　(民國)張惟驤撰
　　小雙寂庵叢書(稿本)

專錄之屬

仕　宦

名臣傳
　　說郛(商務印書館本)卷七·諸傳摘玄

忠臣傳序一卷
　　梁元帝撰　(清)王仁俊輯
　　玉函山房輯佚書續編·史編總類

丹陽尹傳序一卷
　　梁元帝撰　(清)王仁俊輯
　　玉函山房輯佚書續編·史編總類

忠傳二卷
　　(明)□□撰
　　涵芬樓祕笈第一集

重訂懿畜編三卷
　　(明)黃道周原輯　(清)李元春訂
　　青照堂叢書摘次編第三函

大臣法則八卷
　　(清)謝文洊撰
　　謝程山全書

歷代名臣傳三十五卷續編五卷
　　(清)朱軾(清)蔡世遠輯
　　朱文端公藏書(康熙至乾隆本、光緒
　　本)
　　高安三傳合編

歷代壽考名臣錄不分卷
　　(清)洪梧等輯
　　江氏聚珍版叢書三集

史文肇要一卷
　　(清)□□輯
　　明辨齋叢書初集·漢丞相諸葛忠武侯
　　傳附

唐浙中長官考一卷附錄一卷
　　(清)張道撰
　　漁浦草堂遺稿

宋朱晦庵先生名臣言行錄前集十卷
　　(宋)朱熹撰
　　宋名臣言行錄(萬曆本、崇禎本、道光
　　洪氏本、道光劉氏本)

名臣言行錄前集十卷
　　四庫全書·史部傳記類

宋名臣言行錄前集十卷
　　西京清麓叢書續編
五朝名臣言行錄十卷
　　四部叢刊（初次印本、二次印本、縮印
　　二次印本）・史部
宋朱晦庵先生名臣言行錄後集十四卷
　　（宋）朱熹撰
　　宋名臣言行錄（萬曆本、崇禎本、道光
　　洪氏本、道光劉氏本）
名臣言行錄後集十四卷
　　四庫全書・史部傳記類
宋名臣言行錄後集十四卷
　　西京清麓叢書續編
三朝名臣言行錄十四卷
　　四部叢刊（初次印本、二次印本、縮印
　　二次印本）・史部
宋名臣言行錄續集（一名皇朝名臣言行
續錄）八卷
　　（宋）李幼武撰
　　宋名臣言行錄（萬曆本、崇禎本、道光
　　洪氏本、道光劉氏本）
　　西京清麓叢書續編
名臣言行錄續集八卷
　　四庫全書・史部傳記類
宋名臣言行錄別集（一名四朝名臣言行
錄）二十六卷
　　（宋）李幼武撰
　　宋名臣言行錄（萬曆本、崇禎本、道光
　　洪氏本、道光劉氏本）
　　西京清麓叢書續編
名臣言行錄別集二十六卷
　　四庫全書・史部傳記類
名臣碑傳琬琰集一百七卷
　　（宋）杜大珪輯
　　四庫全書・史部傳記類
元祐黨籍碑考一卷慶元僞學逆黨籍一卷
　　（明）海瑞撰
　　學海類編（道光本、景道光本）・集餘
　　一
　　嶺南遺書第二集
　　懷花盦叢書
　　叢書集成初編・社會科學類
元祐黨人傳十卷
　　（清）陸心源撰
　　潛園總集
文丞相督府忠義傳一卷
　　（宋）鄧光薦撰
　　宋三大臣彙志附

元朝名臣事略十五卷
　　（元）蘇天爵撰
　　四庫全書・史部傳記類
　　武英殿聚珍版書（武英殿木活字本）・
　　史部
　　畿輔叢書
元朝名臣事略十五卷附校勘記一卷
　　（元）蘇天爵撰　校勘記（清）傅以禮撰
　　武英殿聚珍版書（福建本、廣雅書局
　　本）・史部
　　叢書集成初編・史地類
國朝名臣事略校四卷
　　（清）陸心源輯
　　潛園總集・羣書校補
明名臣琬琰錄二十四卷續錄二十二卷
　　（明）徐紘撰
　　四庫全書・史部傳記類
皇明名臣琬琰錄二十四卷後錄二十二
卷續錄八卷
　　常州先哲遺書後編・史類
今獻備遺四十二卷
　　（明）項篤壽撰
　　四庫全書・史部傳記類
名臣記三十卷
　　（明）鄭曉撰
　　鄭端簡公全集・吾學編
先進遺風二卷
　　（明）耿定向撰　（明）毛在增補
　　寶顏堂祕笈（萬曆本、民國石印本）彙
　　集
　　四庫全書・子部小說家類
　　湖北先正遺書・子部
　　叢書集成初編・文學類
先進遺風一卷
　　說郛續弓二十二
　　五朝小說・皇明百家小說
　　五朝小說大觀・皇明百家小說
皇明輔世編六卷
　　（明）唐鶴徵撰
　　武進唐氏所著書
明輔起家考一卷
　　（明）徐儀世撰
　　說郛續弖六
明邊鎮題名考一卷
　　（清）□□撰
　　花近樓叢書
簪纓盛事錄一卷
　　（清）萬斯同輯

拜梅山房几上書

前明忠義別傳三十二卷
(清)汪有典撰
明季野史彙編

造邦賢勳錄略一卷
(明)王禕撰
廣百川學海甲集
稗乘
說郛續弓六

殉身錄一卷
(明)裘玉撰
廣百川學海乙集
稗乘
說郛續弓六
叢書集成初編·史地類

明良錄略一卷
(明)沈士謙撰
廣百川學海甲集
稗乘
說郛續弓六

掾曹名臣錄一卷
(明)王鴻儒撰
廣百川學海甲集
煙霞小說第二帙
說郛續弓六

皇明開國臣傳十三卷
(明)朱國楨輯
皇明史概

備遺錄一卷
(明)張芹撰
廣百川學海乙集
古今說海(嘉靖本、道光本、宣統排印
本、民國石印本)·說纂部雜纂家
歷代小史
說郛續弓六
借月山房彙鈔(嘉慶本、景嘉慶本)第
六集
澤古齋重鈔第六集
說庫
叢書集成初編·史地類
景印元明善本叢書十種·歷代小史

建文忠節錄一卷
學海類編(道光本、景道光本)·集餘
一

備遺錄
勝朝遺事初編

備遺錄一卷附校勘記一卷
(明)張芹撰　校勘記(民國)胡思敬撰

豫章叢書(胡思敬輯)·明人小史八種

遜國臣記八卷
(明)鄭曉撰
鄭端簡公全集·吾學編

皇明遜國臣傳五卷首一卷
(明)朱國楨輯
皇明史概

靖難功臣錄一卷
(明)朱當㴐撰
古今說海(嘉靖本、道光本、宣統排印
本、民國石印本)·說纂部雜纂家
歷代小史
紀錄彙編
景印元明善本叢書十種·歷代小史
景印元明善本叢書十種·紀錄彙編

靖難功臣錄
勝朝遺事初編

琬琰錄一卷
(明)楊廉撰
說郛續弓八

名卿續記四卷
(明)王世貞撰
紀錄彙編
景印元明善本叢書十種·紀錄彙編

嘉靖以來首輔傳八卷
(明)王世貞撰
四庫全書·史部傳記類
螺樹山房叢書

嘉靖以來內閣首輔傳八卷
借月山房彙鈔(嘉慶本、景嘉慶本)第
六集
指海(道光本、景道光本)第十四集
澤古齋重鈔第六集
式古居彙鈔

夥壞封疆錄一卷
(明)魏應嘉撰
明季野史彙編·酌中志餘

夥壞封疆錄
正覺樓叢刻·酌中志餘

東林點將錄一卷
(明)王紹徽撰
明季野史彙編·酌中志餘
雙楳景闇叢書·乾嘉詩壇點將錄附
郋園先生全書·乾嘉詩壇點將錄附

東林點將錄
正覺樓叢刻·酌中志餘

東林籍貫錄一卷
(明)□□撰

明季野史彙編・酌中志餘

東林籍貫
　　正覺樓叢刻・酌中志餘
東林同志錄一卷
　　（明）□□撰
　　　明季野史彙編・酌中志餘
　東林同志錄
　　正覺樓叢刻・酌中志餘
東林朋黨錄一卷
　　（明）□□撰
　　　明季野史彙編・酌中志餘
　東林朋黨錄
　　正覺樓叢刻・酌中志餘
天鑒錄一卷
　　（明）□□撰
　　　明季野史彙編・酌中志餘
　天鑒錄
　　正覺樓叢刻・酌中志餘
盜柄東林夥一卷
　　（明）□□撰
　　　明季野史彙編・酌中志餘
　盜柄東林夥
　　正覺樓叢刻・酌中志餘
恩恤諸公志略二卷
　　（明）孫慎行撰
　　　荊駝逸史（道光本、宣統石印本）
　恩卹諸公志略一卷
　　海甸野史
　　常州先哲遺書後編・史類
熹朝忠節死臣列傳一卷
　　（明）吳應箕撰
　　　荊駝逸史（道光本、宣統石印本）
　　樓山堂遺書・樓山堂集附
　　中國內亂外禍歷史叢書第十三輯
碧血錄二卷
　　（明）黃煜輯
　　　知不足齋叢書（乾隆至道光本、景乾隆
　　　　至道光本）第十三集
　　筆記小說大觀第五輯
　　叢書集成初編・史地類
　碧血錄
　　勝朝遺事初編
　碧血錄一卷
　　中國內亂外禍歷史叢書第十三輯
東林列傳二十四卷
　　（清）陳鼎撰
　　　四庫全書・史部傳記類
留溪外傳十八卷

（清）陳鼎撰
　　常州先哲遺書第一集附
東林同難錄一卷同難列傳一卷同難附傳
　　一卷
　　（清）繆敬持撰
　　　煙畫東堂小品
崇禎內閣行略一卷閣臣年表一卷
　　（明）陳盟撰
　　　明季野史彙編
　　知服齋叢書第五集
崇禎五十宰相傳一卷
　　（清）曹溶撰
　　　明季野史彙編
　　知服齋叢書第五集
　　問影樓叢刻初編
皇明四朝成仁錄十二卷
　　（清）屈大均撰　葉恭綽校訂
　　　廣東叢書第二集
愍忠錄二卷
　　（清）□□撰
　　　崇正叢書
甲申以後亡臣表三卷
　　（清）彭孫貽撰
　　　明季野史彙編
南都死難紀略一卷
　　（清）顧苓撰
　　　殷禮在斯堂叢書
雪交亭正氣錄十二卷
　　（明）高宇泰撰　（清）何樹崙附注　（民國）
　　　張壽鏞　馮貞群補注
　　四明叢書第二集
明季殉國諸臣錄一卷
　　（清）盛禾撰
　　　甲申野史紀事彙鈔
殷頑錄六卷
　　（清）楊陸榮撰
　　　楊潭西先生遺書
　　甲申野史紀事彙鈔
欽定勝朝殉節諸臣錄十二卷
　　清乾隆四十一年敕撰
　　　四庫全書・史部傳記類
明宰相世臣傳一卷
　　羅繼祖撰
　　　願學齋叢刊
欽定宗室王公功績表傳十二卷
　　清乾隆四十六年敕撰
　　　四庫全書・史部傳記類
欽定蒙古王公功績表傳十二卷

清乾隆四十四年敕撰
四庫全書・史部傳記類

國史武臣傳表一卷
清乾隆五十六年官撰
煙畫東堂小品

國朝先正事略六十卷
(清)李元度撰
四部備要(排印本、縮印本)・史部傳
記

國朝名臣言行錄十六卷
(清)王炳燮撰
津河廣仁堂所刻書

咸豐以來功臣別傳三十卷
(清)朱孔彰撰
漸學廬叢書第一集

中興將帥別傳三十卷
四部備要(排印本、縮印本)・史部傳
記

貪官汚吏傳一卷
(民國)老吏撰
滿清稗史
滿清野史初編

奴才小史一卷
(民國)老吏撰
滿清稗史
滿清野史續編

國朝河臣記一卷
(民國)周馥撰
周慤愼公全集・河防雜著

清代河臣傳四卷補遺一卷附錄一卷
汪胡楨 吳慰祖輯
中國水利珍本叢書第二輯

良吏述一卷
(清)彭紹升撰
昭代叢書(道光本)戊集續編補

詠梅軒思忠錄二卷
(清)謝蘭生撰
詠梅軒叢書

江表忠略二十卷
(民國)陳澹然撰
陳澹然三種

蜀斃死事者略傳一卷
(清)余鴻觀撰 (清)□□節輯
滿清野史五編

可鑒編稿存一卷
(清)□□撰
宣威叢書

吳玖尙孔四王合傳一卷
(清)□□撰
明季野史彙編
明季稗史彙編(琉璃廠本、圖書集成局
排印本)

四王合傳一卷
荊駝逸史(道光本、宣統石印本)

五藩橋乘二卷
(清)巫峽逸人撰
天蘇閣叢刊二集

三臣傳一卷
(民國)魏元曠撰
魏氏全書・潛園統編雜編

十七史百將傳十卷
(宋)張預輯
武學經傳三種

百將傳續編
(明)何喬新輯
武學經傳三種

廣名將傳二十卷
(明)黃道周撰
海山仙館叢書
叢書集成初編・史地類

宋朝南渡十將傳十卷
(宋)章穎撰
碧琳瑯館叢書乙部

宋南渡十將傳十卷
芋園叢書・史部

廉吏傳二卷
(宋)費樞撰
四庫全書・史部傳記類
四庫全書珍本初集・史部傳記類

循吏傳四卷
(明)邵潛撰
邵潛夫別集

歷代循吏傳八卷
(清)朱軾(清)蔡世遠輯
朱文端公藏書(康熙至乾隆本、光緒
本)
高安三傳合編

循吏補傳四卷
(清)劉曾騄撰
祥符劉氏叢書・夢園史學

周公年表一卷
(清)牟庭撰
天壤閣叢書增刊
聚學軒叢書第四集

燕太子傳一卷
(清)王仁俊輯

玉函山房輯佚書續編・史編總類

鍾離意別傳一卷
　　　（清）王仁俊輯
　　　　玉函山房輯佚書續編・史編總類

桓階別傳一卷
　　　（清）陳運溶輯
　　　　麓山精舍叢書第一集・歷朝傳記九種

關聖帝君（羽）本傳年譜一卷
　　　　重刊道藏輯要星集

諸葛武侯（亮）傳一卷
　　　（宋）張栻撰
　　　　宛委別藏

　漢丞相諸葛忠武侯（亮）列傳一卷
　　　　明辨齋叢書初集
　　　　十萬卷樓叢書二編
　　　　續古逸叢書

漢丞相諸葛忠武侯（亮）傳一卷附校勘記
　一卷
　　　（宋）張栻撰　校勘記張元濟撰
　　　　四部叢刊續編・史部

諸葛忠武（亮）書十卷
　　　（明）楊時偉輯
　　　　合刻忠武靖節二編
　　　　四庫全書・史部傳記類
　　　　明辨齋叢書初集

漢諸葛忠武侯（亮）年譜一卷
　　　（清）楊希閔撰
　　　　四朝先賢六家年譜
　　　　十五家年譜叢書

諸葛忠武侯（亮）年譜一卷
　　　　古直撰
　　　　層冰草堂叢書

洪廬江（矩）祀典徵實二卷
　　　（清）章世溶等輯
　　　　洪氏晦木齋叢書

懷古錄三卷
　　　（元）謝應芳撰
　　　　酌古準今

陶侃別傳一卷
　　　（清）王仁俊輯
　　　　玉函山房輯佚書補編

羅含別傳一卷
　　　（清）陳運溶輯
　　　　麓山精舍叢書第一集・歷朝傳記九種

魏鄭公（徵）諫錄五卷
　　　（唐）王方慶輯
　　　　閻丘辯囿
　　　　四庫全書・史部傳記類

畿輔叢書
　　　　叢書集成初編・社會科學類

魏鄭公（徵）諫錄五卷
　　　（唐）王方慶輯　（清）王先恭校注
　　　　王益吾所刻書

魏鄭公（徵）諫續錄二卷
　　　（元）翟思忠輯
　　　　四庫全書・史部傳記類
　　　　武英殿聚珍版書（武英殿木活字本、浙
　　　　　江本、江西書局本、福建本、廣雅書
　　　　　局本）・史部
　　　　王益吾所刻書
　　　　清芬堂叢書・史部

　魏鄭公（徵）諫續錄一卷
　　　　畿輔叢書
　　　　叢書集成初編・社會科學類

魏文貞公（徵）故事拾遺三卷
　　　（清）王先恭輯
　　　　王益吾所刻書

魏文貞公（徵）年譜一卷
　　　（清）王先恭撰
　　　　王益吾所刻書

新舊唐書合注魏徵列傳一卷
　　　（民國）王先謙撰
　　　　王益吾所刻書

昭忠錄五卷附錄一卷
　　　（明）周璟撰
　　　　武林掌故叢編第二十一集

裴伷先別傳一卷
　　　（唐）□□撰
　　　　古今說海（嘉靖本、道光本、宣統排印
　　　　　本、民國石印本）・說淵部別傳家

　裴伷先別傳
　　　　舊小說（民國本、1957年本）乙集

曲江（張九齡）年譜一卷
　　　（清）溫汝适撰
　　　　廣東叢書第一集・唐丞相曲江張文獻
　　　　　公集附

顏魯公（眞卿）年譜一卷
　　　（宋）留元剛撰
　　　　四部叢刊（初次印本、二次印本、縮印
　　　　　二次印本）・集部・歐陽文忠公集

顏魯公（眞卿）年譜一卷
　　　（清）黃本驥撰
　　　　三長物齋叢書・顏魯公文集附
　　　　四部備要（排印本、縮印本）・集部唐
　　　　　別集・顏魯公文集附

段太尉（秀實）逸事狀

宋忠獻韓魏王(琦)君臣相遇遺事一卷
　　　　宋三大臣彙志・宋丞相韓忠獻公家傳
宋韓忠獻公(琦)年譜一卷
　　　(清)楊希閔撰
　　　　　　四朝先賢六家年譜
　　　　　　十五家年譜叢書
司馬文正公(光)年譜一卷
　　　(清)陳弘謀輯
　　　　　　培遠堂全集
司馬溫國文正公(光)年譜八卷末一卷遺
　　事一卷
　　　(清)顧棟高撰
　　　　　　求恕齋叢書
王荊國文公(安石)年譜三卷末一卷遺事
　　一卷
　　　(清)顧棟高撰
　　　　　　求恕齋叢書
　　王安石年譜四卷附遺事一卷
　　　　　　王安石全集
王文公(安石)年譜考略節要四卷附存二
　　卷
　　　(清)蔡上翔撰　(清)楊希閔節鈔併輯附存
　　　　　　豫章先賢九家年譜
　　　　　　十五家年譜叢書
曾子宣(布)年譜稿一卷
　　　　　　周明泰撰
　　　　　　三曾年譜
曾子開(肇)年譜稿一卷
　　　　　　周明泰撰
　　　　　　三曾年譜
豐清敏公(稷)遺事一卷附錄一卷
　　　(宋)李朴撰
　　　　　　小萬卷樓叢書(咸豐本、光緒本)
　　　　　　叢書集成初編・史地類
豐清敏公(稷)遺事一卷附錄一卷新增附
　　錄一卷續增附錄一卷校勘記一卷
　　　(宋)李朴撰　新增附錄(明)豐慶輯　續增
　　　附錄(民國)張壽鏞輯併撰校勘記
　　　　　　四明叢書第一集
宋史忠義傳王稟補傳一卷
　　　(民國)王國維撰
　　　　　　廣倉學宭叢書甲類第二集
宋丞相李忠定公(綱)輔政本末一卷
　　　(宋)□□撰
　　　　　　明辨齋叢書二集・建炎德安守禦錄附
　　　　　　子書百家・兵家類
　　　　　　百子全書・兵家類

李忠定公(綱)年譜一卷附錄一卷
　　　(清)楊希閔撰
　　　　　　四朝先賢六家年譜
　　　　　　十五家年譜叢書
洪忠宣公(皓)年譜一卷
　　　(清)洪汝奎撰
　　　　　　洪氏晦木齋叢書
宋少保岳鄂王(飛)行實編年二卷
　　　(宋)岳珂撰
　　　　　　明辨齋叢書二集
金陀粹編二十八卷續編三十卷
　　　(宋)岳珂撰
　　　　　　四庫全書・史部傳記類
岳忠武王(飛)年譜一卷
　　　(清)黃邦寧撰
　　　　　　遜敏堂叢書
岳忠武王(飛)遺事一卷
　　　(清)黃邦寧撰
　　　　　　遜敏堂叢書
宋忠定趙周王(汝愚)別錄八卷
　　　(民國)葉德輝輯
　　　　　　郋園先生全書
鄭忠肅公(興裔)年譜一卷
　　　(宋)鄭埰撰
　　　　　　鄭氏六名家集・鄭忠肅公奏議遺集附
崔清獻公(與之)言行錄三卷
　　　(宋)李肖龍撰
　　　　　　嶺南遺書第三集
　　　　　　叢書集成初編・史地類
象臺首末五卷
　　　(宋)胡知柔輯
　　　　　　四庫全書・史部傳記類
　　象臺首末五卷附錄一卷
　　　　　　指海(道光本、景道光本)第十集
　　　　　　叢書集成初編・史地類
徐清正公(鹿卿)年譜一卷
　　　(明)徐鑑撰
　　　　　　豫章叢書(胡思敬輯)・宋宗伯徐清正
　　　　　　公存稿附
思忠錄不分卷
　　　(民國)金武祥輯
　　　　　　粟香室叢書
表忠錄一卷附錄一卷
　　　(民國)金武祥輯
　　　　　　粟香室叢書
忠義錄一卷
　　　(清)王韜輯
　　　　　　弢園叢書

陸右丞(秀夫)蹈海錄一卷附錄一卷
　　(明)丁元吉輯
　　　　橫山草堂叢書第一集
　　　　國粹叢書第三集
文山先生紀年錄一卷
　　(宋)文天祥自撰
　　　　宋三大臣彙志·宋丞相文山先生別集
　紀年錄一卷附一卷
　　　　文山別集
文山(文天祥)傳信錄十二卷
　　許浩基撰
　　　　杏蔭堂彙刻
文文山(天祥)年譜一卷
　　許浩基撰
　　　　杏蔭堂彙刻
表忠錄一卷
　　(清)吳嵩梁輯
　　　　香蘇山館全集
湛然居士(耶律楚材)年譜一卷
　　(民國)張相文撰
　　　　南園叢稿
耶律文正公(楚材)年譜一卷餘記一卷
　　(民國)王國維撰
　　　　海寧王忠慤公遺書二集
　　　　海寧王靜安先生遺書
編類運使復齋郭公(郁)敏行錄不分卷
　　(元)徐東輯
　　　　宛委別藏
　　　　選印宛委別藏
運使復齋郭公(郁)言行錄一卷
　　(元)徐東撰
　　　　宛委別藏
　　　　選印宛委別藏
擴廓帖木兒列傳一卷
　　(清)趙士喆撰
　　　　東萊趙氏楹書叢刊·逸史三傳
滇南慟哭記一卷
　　(明)王紳撰
　　　　說郛續弓十一
明翰林學士當塗陶主敬先生(安)年譜一
卷
　　(清)夏炘撰
　　　　景紫堂全書第四冊
忠貞錄三卷附錄一卷
　　(明)李維樾(明)林增志輯
　　　　四庫全書·史部傳記類
　　　　四庫全書珍本初集·史部傳記類
顯忠錄二卷

　　(明)程樞輯
　　　　四庫全書·集部別集類·貞白遺稿附
皇明天全先生(徐有貞)遺事一卷
　　(明)徐子陽撰
　　　　顧氏明朝四十家小說(正德嘉靖本、宣
　　　　統排印本、民國石印本)
天全先生(徐有貞)遺事一卷
　　　　說庫
章恭毅公(綸)年譜一卷
　　(明)章玄應撰
　　　　敬鄉樓叢書第四輯
楊公(繼宗)政績紀一卷
　　(清)黃家遴撰
　　　　學海類編(道光本、景道光本)·集餘
　　　　二
　　　　叢書集成初編·史地類
重葺楊文襄公(一清)事略一卷
　　(明)謝純撰
　　　　雲南叢書二編·史部
端嚴公年譜一卷
　　(明)張文麟自撰
　　　　借月山房彙鈔(嘉慶本、景嘉慶本)第
　　　　六集
訥溪年譜一卷
　　(明)周怡自撰
　　　　周恭節集
青霞(沈鍊)年譜一卷
　　(明)沈襄撰
　　　　四庫全書·集部別集類·青霞集附
名宦錄一卷
　　　　葉潤山輯著全書
鄉賢錄一卷
　　　　葉潤山輯著全書
善教名臣忠介先生(海瑞)言行錄一卷
　　(清)謝丕振輯
　　　　青雲洞遺書·善教名臣言行錄
歷仕錄一卷
　　(明)王之垣撰
　　　　王漁洋遺書
茶史一卷
　　(明)朱賡撰
　　　　殷禮在斯堂叢書
王氏父子卻金傳一卷
　　(明)王世懋撰
　　　　王奉常雜著
鎮沅懷德錄一卷
　　(明)□□輯
　　　　瑞陽阿集

撫黔紀別錄一卷
　　（明）□□輯
　　　　瑞陽阿集
論定錄一卷
　　（明）江爾松輯
　　　　瑞陽阿集
顧端文公（憲成）年譜四卷
　　（明）顧與沐撰　（清）顧樞編　（清）顧貞觀
　　補
　　　　顧端文公遺書（康熙本、光緒本）
先君冢宰忠毅公（南星）行述一卷
　　（明）趙清衡撰
　　　　味檗齋遺書
事定錄三卷
　　（明）顧允成撰
　　　　四庫全書・集部別集類・小辨齋偶存
　　　　附
高忠憲公（攀龍）年譜一卷
　　（清）華允誠撰
　　　　錫山先哲叢刊第三輯
文貞公（繆昌期）年譜一卷
　　（清）繆之鎔撰
　　　　常州先哲遺書第一集・集類・從野堂
　　　　存稿附
明贈光祿寺卿路南楊公（以成）忠節錄二
卷
　　（民國）袁嘉穀輯
　　　　雲南叢書二編・史部
楊大洪先生（漣）忠烈實錄一卷附錄一卷
　　（明）胡繼先輯
　　　　百爵齋叢刊
左忠毅公（光斗）年譜二卷
　　（清）左宰撰
　　　　龍眠叢書
左忠毅公（光斗）年譜定本二卷
　　（民國）馬其昶撰
　　　　馬氏家刻集
　　　　集虛草堂叢書
黃忠端公（尊素）年譜二卷
　　（清）黃炳垕撰
　　　　留書種閣集
都督劉將軍（綎）傳一卷
　　（明）王在晉撰
　　　　玄覽堂叢書
孫高陽（承宗）前後督師略跋一卷
　　（明）蔡鼎撰
　　　　荊駝逸史（道光本、宣統石印本）
孫高陽先生（承宗）前後督師略跋一卷

　　　　海甸野史
孫愷陽先生（承宗）殉城論一卷
　　（明）蔡鼎撰
　　　　荊駝逸史（道光本、宣統石印本）
　　　　海甸野史
鹿忠節公（善繼）年譜二卷
　　（清）陳鈜撰
　　　　畿輔叢書
　　　　叢書集成初編・史地類
畢少保公（自嚴）傳一卷
　　（明）蔣平階撰
　　　　明季遼事叢刊
毛文龍孔有德列傳一卷
　　（清）趙士喆撰
　　　　東萊趙氏楹書叢刊・逸史三傳
袁督師（崇煥）事蹟一卷
　　（清）□□撰
　　　　嶺南遺書第五集
　　　　叢書集成初編・史地類
東莞袁督師（崇煥）遺事一卷
　　　　張江裁輯
　　　　燕都風土叢書
東莞袁督師（崇煥）後裔考一卷
　　　　張江裁撰
　　　　京津風土叢書
向若水公（佳胤）年譜一卷
　　（清）水寶瑢撰
　　　　四明水氏留碩稿前編
向若水公（佳胤）政蹟行述崇祀錄一卷
　　（清）水寶瑢輯
　　　　四明水氏留碩稿後編
明范文忠公（景文）畫像宦蹟圖題詞一卷
　　（清）黃彭年撰
　　　　陶樓雜著
小寒山自序年譜（一名孤忠遺稿）一卷
　　（明）陳函輝撰
　　　　台州叢書後集
冒嵩少憲副（起宗）年譜三卷
　　　　冒廣生撰
　　　　如皋冒氏叢書
天山自訂年譜一卷
　　（明）鄭鄤撰
　　　　常州先哲遺書後編・史類
鄭鄤事蹟五卷
　　（清）湯猊石輯
　　　　古學彙刊第一集・雜記類
鄭峚陽（鄤）冤獄辨一卷
　　（清）湯參業撰

甲戌叢編

不朽錄一卷清溪公題詞一卷
　（清）錢廉輯
　　　四明叢書第二集

表忠錄一卷續錄一卷附錄一卷
　（清）胡長新輯
　　　三忠合刻

荊溪盧司馬（象昇）殉忠錄一卷
　（明）許德士撰
　　　荊駝逸史（道光本）

荊溪盧司馬（象昇）殉忠實錄一卷
　　　荊駝逸史（宣統石印本）

荊溪盧司馬九台公（象昇）殉忠實錄一卷
　　　海甸野史
　　　明季史料叢書

蓮花山紀略一卷
　（清）陳文政輯
　　　三忠合刻

大廷尉茗柯淩公（義渠）殉節紀略一卷
　（清）茅曦蔚撰
　　　玄覽堂叢書・甲申紀事附

金忠潔（鉉）年譜一卷
　（清）金鏡撰
　　　畿輔叢書・金忠潔集附

維揚殉節紀略一卷首一卷
　（明）史得威撰
　　　借月山房彙鈔（嘉慶本、景嘉慶本）第
　　　　六集
　　　澤古齋重鈔第六集
　　　式古居彙鈔

忠節吳次尾先生（應箕）年譜一卷樓山遺事一卷
　（清）夏燮輯
　　　樓山堂遺書

閣典史（應元）傳一卷
　（清）邵長蘅撰
　　　無一是齋叢鈔

忠文靖節編一卷
　（清）張方湛撰
　　　昭代叢書（道光本）辛集別編補
　　　陸沈叢書

戴重事錄一卷
　（清）章學誠撰
　　　申報館叢書續集・掌故類・紀載彙編

劉公旦先生（曙）死義記一卷
　（明）吳下逸民撰
　　　荊駝逸史（道光本、宣統石印本）

太僕（彭期生）行略一卷
　（清）彭孫貽撰
　　　涵芬樓祕笈第三集

忠烈編四卷
　（清）胡長新輯
　　　三忠合刻

半生自紀二卷
　（清）吳晉錫撰
　　　吳氏叢書叢甲編

錢忠介公（肅樂）年譜一卷
　馮貞羣撰
　　　四明叢書第二集

俍東餓夫傳一卷
　（明）章正宸自撰
　　　越中文獻輯存書十種

六經堂遺事一卷附錄一卷
　（民國）屠用錫輯
　　　四明叢書第二集

張元箸先生（煌言）事略一卷
　（清）黃宗羲撰
　　　梨洲遺著彙刊

張忠烈公（煌言）年譜一卷
　（清）趙之謙撰
　　　仰視千七百二十九鶴齋叢書（光緒本、
　　　　景光緒本）第四集
　　　叢書集成初編・史地類

鄭成功傳一卷
　（清）黃宗羲撰
　　　梨洲遺著彙刊

鄭延平（成功）年譜一卷
　許浩基撰
　　　杏蔭堂彙刻

平南敬親王尙可喜事實冊一卷
　　　史料叢刊初編

文康公（宋權）年譜一卷
　（清）宋犖撰
　　　商丘宋氏三世遺集・文康公遺集附

豫通親王（多鐸）事實冊一卷
　　　史料叢刊初編

易齋馮公（溥）年譜一卷
　（清）毛奇齡撰
　　　西河合集（康熙本、乾隆修補本）・文
　　　集

魏貞庵先生（裔介）年譜一卷
　（清）魏荔彤撰
　　　畿輔叢書
　　　叢書集成初編・史地類

魏敏果公（象樞）年譜一卷

(清)魏象樞述　　(清)魏學誠等錄
　　畿輔叢書
甯海將軍固山貝子(富喇塔)功績錄一卷
(清)□□撰
　　四庫全書・史部傳記類
　　借月山房彙鈔(嘉慶本、景嘉慶本)第
　　　七集
　　指海(道光本、景道光本)第十一集
　　澤古齋重鈔第六集
湯文正公(斌)年譜定本一卷
　　(清)方苞撰　　(清)楊椿重輯
　　趙氏藏書・潛庵先生全集附
振武將軍陝甘提督孫公思克行述一卷
　　(清)俞益謨撰
　　　史料叢刊初編
廣西巡撫謚文毅馬雄鎮事實册一卷
　　　史料叢刊初編
于公(宗堯)德政錄一卷
　　(清)戴兆祚撰
　　　借月山房彙鈔(嘉慶本、景嘉慶本)第
　　　　七集
　　　指海(道光本、景道光本)第十集
　　　澤古齋重鈔第七集
　　　式古居彙鈔
　邑侯于公(宗堯)政績紀略一卷
　　　虞陽說苑甲編
文貞公(李光地)年譜二卷
　　(清)李清植撰
　　　榕村全書附
田文端公(從典)行述一卷
　　(清)田懋等撰
　　　史料叢編二集
舊威將軍左都督王忠勇公(進寶)事實一
卷
　　　史料叢刊初編
張清恪公(伯行)年譜二卷
　　(清)張師栻(清)張師載撰
　　　三賢政書・正誼堂集附
趙客亭先生(于京)年譜紀略一卷
　　(清)呂元亮撰
　　　百爵齋叢刊
求可堂自記一卷
　　(清)廖冀亨撰
　　　求可堂兩世遺書
定海遺愛錄一卷附錄一卷
　　(清)□□撰
　　　雲自在龕叢書第五集
朱文端公(軾)年譜一卷

(清)朱紟撰
　　津河廣仁堂所刻書
清大司馬薊門唐公(執玉)年譜一卷
　　(民國)唐鼎元撰
　　　武進唐氏所著書
崧臺最錄一卷
　　(清)景日昣輯
　　　崧臺書
沈端恪公(近思)年譜二卷
　　(清)沈曰富撰
　　　沈余遺書
澄懷老人自訂年譜六卷
　　(清)張廷玉撰
　　　澄懷園全集
果毅親王(允禮)恩榮錄一卷
　　　史料叢刊初編
先考徵齋府君(姜東毓)家傳一卷
　　(清)姜國翰撰
　　　會稽姜氏家集
先文恭公(陳弘謀)年譜十二卷
　　(清)陳鍾珂撰
　　　培遠堂全集
陳榕門先生(弘謀)年譜一卷
　　(清)□□撰
　　　陳榕門先生遺書
雙丰公輓詩一卷
　　(清)舒夢蘭撰
　　　天香全集
病榻夢痕錄二卷錄餘一卷
　　(清)汪輝祖撰
　　　龍莊遺書
病榻夢痕錄節要二卷
　　(清)汪輝祖撰　　(清)方宗誠輯
　　　津河廣仁堂所刻書
尹楚珍先生年譜一卷
　　(清)尹壯圖自撰
　　　雲南叢書二編・史部
自記年譜一卷
　　(清)孫玉庭撰
　　　延釐堂集
景廉堂(劉廷楠)年譜一卷
　　(清)徒青撰
　　　清芬叢鈔
林文忠公(則徐)傳略一卷
　　(清)李元度撰
　　　楚疆三文忠傳
頤壽老人年譜二卷
　　(清)錢實琛自撰　　(清)錢鼎銘續

錢頤壽中丞全集正編

枕干錄一卷附錄一卷
　（清）冒沅輯
　　　如皋冒氏叢書

詒穀老人自訂年譜一卷
　（清）彭蘊章撰
　　　長洲彭氏家集

李文恭公（星沅）行述一卷
　（清）李桄撰
　　　李文恭公遺集附

黃輔相行狀一卷
　（清）黃彭年撰
　　　楓林黃氏家乘

周文忠公（天爵）傳略一卷
　（清）李元度撰
　　　楚疆三文忠傳

循良錄一卷
　（清）黃彭年輯
　　　楓林黃氏家乘

崇祀鄉賢錄一卷
　（清）□□輯
　　　楓林黃氏家乘

南溪韓公（超）年譜一卷
　（清）陳昌運撰
　　　振綺堂叢書初集·韓南溪四種

羅忠節公（澤南）年譜二卷
　（清）□□撰
　　　羅忠節公遺集

曾文正公（國藩）年譜十二卷
　（清）黎庶昌撰
　　　曾文正公全集
　　　申報館叢書正集附錄

曾文正公（國藩）大事記四卷
　（清）王定安撰
　　　申報館叢書正集·近事紀實類

曾文正公（國藩）大事記二卷
　　　曾文正公六種彙刻

胡文忠公（林翼）傳略一卷
　（清）李元度撰
　　　楚疆三文忠傳

胡林翼年譜三卷
　（清）梅英杰撰
　　　胡林翼全集

石民府君（徐豐玉）行狀一卷
　（清）徐宗亮撰
　　　善思齋集

徐勇烈公（豐玉）行狀一卷
　　　徐荼笒先生著述

中議公（袁保慶）事實紀略一卷
　（清）袁世傳輯
　　　項城袁氏家集

金剛愨公（光筋）表忠錄一卷
　（清）金頤增輯　（民國）金鉞重輯
　　　屏廬叢刻

劉武愼公（長佑）行狀一卷
　（清）王定安撰
　　　劉武愼公遺書附

劉果敏公從戎識實一卷
　（清）劉典自撰
　　　劉果敏公全集

合肥相國（李鴻章）壽言一卷
　（清）袁昶撰
　　　漸西村舍彙刊
　　　叢書集成初編·文學類

李文忠公（鴻章）事略一卷
　（民國）梁啟超撰
　　　滿清野史四編

曾忠襄公（國荃）年譜四卷
　（清）王定安撰　（清）蕭榮爵增訂
　　　曾忠襄公全集附

曾忠襄公（國荃）榮哀錄二卷
　（清）蕭榮爵輯
　　　曾忠襄公全集附

竹閒道人自述年譜一卷
　（清）黎培敬撰
　　　黎文肅公遺書

于鍾岳別傳一卷
　邢端撰
　　　黔南叢書別集

抱冰堂（張之洞）弟子記一卷
　　　張文襄公全集

香嚴老人（張之洞）壽言一卷
　（清）袁昶撰
　　　漸西村舍彙刊

香嚴尚書（張之洞）壽言一卷
　　　叢書集成初編·文學類

先考侍御公（寶廷）年譜一卷
　（清）壽富撰
　　　嘉定長白二先生奏議·長白先生奏議
　　　附

周愨愼公自著年譜二卷
　（民國）周馥撰
　　　周愨愼公全集

壽考附錄一卷
　徐建生輯
　　　彊本堂彙編

南海康先生(有爲)傳一卷
　　(民國)張伯楨撰
　　　　滄海叢書第二輯
止園自記一卷
　　(民國)尹昌衡撰
　　　　止園叢書(尹氏撰)第二集

學　林

理學宗傳二十六卷
　　(清)孫奇逢撰
　　　　孫夏峯全集
理學宗傳辨正十六卷
　　(清)劉廷詔撰
　　　　洪氏唐石經館叢書
宗譜纂要一卷
　　(清)王鈜撰
　　　　昭代叢書(道光本)庚集埤編
儒林宗派十六卷
　　(清)萬斯同撰
　　　　四庫全書・史部傳記類
儒林宗派十六卷
　　(清)萬斯同撰　(清)王梓材增注
　　　　四明叢書第三集
學統五十三卷
　　(清)熊賜履撰
　　　　湖北叢書
　　　　叢書集成初編・史地類
正學續四卷
　　(清)陳遇夫撰
　　　　嶺南遺書第三集
　　　　叢書集成初編・史地類
道統錄二卷附錄一卷
　　(清)張伯行撰
　　　　正誼齋叢書
　　　　正誼堂全書
　　　　叢書集成初編・史地類
歷代名儒傳八卷
　　(清)朱軾(清)蔡世遠輯
　　　　朱文端公藏書(康熙至乾隆本、光緒
　　　　　本)
　　　　高安三傳合編
文廟從祀先賢先儒考一卷
　　(清)郎廷極撰
　　　　學海類編(道光本、景道光本)・集餘
　　　　　二
　　　　叢書集成初編・社會科學類
道學世系二卷
　　(清)馮至撰

諸暨馮氏叢刻・森齋彙稿
風燭學鈔四卷
　　(清)馬時芳撰
　　　　平泉遺書
孔庭學裔五卷
　　(清)傅壽彤撰
　　　　澹勤室著述
文廟圖像檢校一卷
　　(民國)王元穉撰
　　　　無眼逸齋叢書
宋元學案一百卷首一卷攷略一卷
　　(清)黃宗羲撰　(清)全祖望修定　(清)王
　　　　梓材(清)馮雲濠校併輯攷略
　　　　四部備要(排印本、縮印本)・子部儒
　　　　　家
宋元學案補遺一百卷首一卷別附三卷序
　　錄一卷
　　(清)王梓材(清)馮雲濠輯
　　　　四明叢書第五集
兩漢三國學案十一卷
　　(民國)震鈞(唐晏)撰
　　　　龍谿精舍叢書附
漢魏博士考三卷
　　(民國)王國維撰
　　　　廣倉學宭叢書甲類第一集
　　漢魏博士題名考二卷
　　　　海寧王忠慤公遺書二集
　　　　海寧王靜安先生遺書
兩漢五經博士考三卷
　　(清)張金吾撰
　　　　花雨樓叢鈔續鈔・各經承師立學考四
　　　　　編
　　　　叢書集成初編・社會科學類
漢西京博士考二卷
　　(清)胡秉虔撰
　　　　藝海珠塵壬集
　　　　叢書集成初編・史地類
後漢儒林傳補逸一卷附續增一卷
　　(清)田普光撰　續增(民國)徐乃昌輯
　　　　鄦齋叢書
續後漢儒林傳補逸一卷
　　(民國)徐乃昌撰
　　　　隨盦所著書
伊維淵源錄十四卷
　　(宋)朱熹撰
　　　　朱子遺書
　　　　四庫全書・史部傳記類
　　伊洛淵源錄十四卷

　　　正誼堂全書
　　　西京清麓叢書正編·朱子遺書重刻合
　　編
　　　叢書集成初編·史地類
伊洛淵源續錄六卷
　　(明)謝鐸撰
　　　續台州叢書
宋名臣言行錄外集（一名皇朝道學名臣
言行外錄）十七卷
　　(宋)李幼武撰
　　　宋名臣言行錄（萬曆本、崇禎本、道光
　　洪氏本、道光劉氏本）
　名臣言行錄外集十七卷
　　　四庫全書·史部傳記類
　宋名臣言行錄外集十七卷附一卷
　　　西京清麓叢書續編
道南書院錄五卷
　　(明)金賁亨撰
　　　台州叢書
友仁錄一卷
　　(清)謝丕振撰
　　　青雲洞遺書初刻
朱子師友傳一卷
　　(清)謝丕振撰
　　　青雲洞遺書初刻
東萊呂紫微師友雜志一卷
　　(宋)呂本中撰
　　　十萬卷樓叢書初編
　　　叢書集成初編·哲學類
元儒考略四卷
　　(明)馮從吾撰
　　　四庫全書·史部傳記類
　　　知服齋叢書第二集
明儒學案六十二卷
　　(清)黃宗羲撰
　　　四庫全書·史部傳記類
　　　四部備要（排印本、縮印本）·子部儒
　　家
　明儒學案八卷
　　　黃黎洲遺書
皇明理學名臣言行錄三卷
　　(明)崔銑撰
　　　崔洹野集
明儒言行錄十卷續錄二卷
　　(清)沈佳撰
　　　四庫全書·史部傳記類
觀感錄一卷
　　(清)李顒撰

　　　昭代叢書（道光本）戊集續編補
明賢蒙正錄二卷
　　(清)彭定求輯　(清)汪與圖參評
　　　長洲彭氏家集·南畇全集
　　　津河廣仁堂所刻書
儒行述一卷
　　(清)彭紹升撰
　　　昭代叢書（道光本）戊集續編補
保舉經學名單一卷
　　(清)□□輯
　　　煙畫東堂小品
國朝漢學師承記八卷
　　(清)江藩撰
　　　節甫老人雜著
　　　江氏叢書
　　　粵雅堂叢書二編第十八集
　　　玲瓏山館叢書·經編經學類
　　　四部備要（排印本、縮印本）·子部儒
　　家
　漢學師承記八卷
　　　叢書集成初編·史地類
國朝經師經義目錄一卷
　　(清)江藩撰
　　　節甫老人雜著
　　　江氏叢書
　　　粵雅堂叢書二編第十八集·國朝漢學
　　師承記附
　　　叢書集成初編·總類
　　　四部備要（排印本、縮印本）·子部儒
　　家·國朝漢學師承記附
　經師經義目錄一卷
　　　玲瓏山館叢書·經編經學類
　　　叢書集成初編·史地類·漢學師承記
　　附
國朝宋學淵源記二卷附記一卷
　　(清)江藩撰
　　　節甫老人雜著
　　　江氏叢書
　　　粵雅堂叢書二編第十八集·國朝漢學
　　師承記附
　　　玲瓏山館叢書·經編經學類
　　　四部備要（排印本、縮印本）·子部儒
　　家·國朝漢學師承記附
　宋學淵源記二卷附記一卷
　　　叢書集成初編·史地類
儒林傳稿四卷
　　(清)阮元撰
　　　知足齋叢書

榕園叢書續刻

學案小識十四卷末一卷
　　（清）唐鑑撰
　　　　四部備要（排印本、縮印本）·子部儒
　　　　家

國史儒林傳二卷
　　（民國）繆荃孫撰
　　　　古學彙刊第一集·經學類

國朝學案目錄一卷
　　（民國）易順鼎撰
　　　　琴志樓叢書

顏李師承記九卷
　　（民國）徐世昌輯
　　　　顏李學

師友淵源記一卷
　　（清）陳奐撰
　　　　蓬雅齋叢書

河汾淵源一卷
　　（清）謝丕振撰
　　　　青雲洞遺書初刻

關學編二卷
　　（明）馮從吾撰
　　　　馮少墟集（萬曆本、康熙本）

馮少墟關學編五卷首一卷
　　（明）馮從吾撰　（清）李元春訂
　　　　桐閣全書·關中道脈四種書

關學原編四卷首一卷續編三卷
　　（明）馮從吾撰　續編（口）王爾緝等撰
　　　　西京清麓叢書附

寶應儒林事略一卷
　　（清）成蓉鏡撰
　　　　成氏遺書

新安學繫錄十六卷
　　（明）程曈撰
　　　　安徽叢書第一期

台學源流七卷
　　（明）金賁亨撰
　　　　台州叢書

道南源委六卷
　　（明）朱衡撰
　　　　正誼堂全書
　　　　叢書集成初編·史地類

閩中理學淵源考九十二卷
　　（清）李清馥撰
　　　　四庫全書·史部傳記類

東越儒林後傳一卷
　　（清）陳壽祺撰
　　　　左海全集

洛學編五卷
　　（清）湯斌撰
　　　　湯文正公遺書
　　　　湯文正公全集

洛學拾遺補編二卷
　　（清）曹肅孫撰
　　　　洛陽曹氏叢書

中洲道學存真錄四卷
　　（清）劉宗泗輯
　　　　劉氏傳家集

金石學錄四卷
　　（清）李遇孫撰
　　　　古學彙刊第二集·金石類
　　　　遜齋叢編乙集
　　　　遜齋金石叢書
　　　　百爵齋叢刊

金石學錄補三卷
　　（清）陸心源撰
　　　　潛園總集

疇人傳九卷
　　（清）阮元撰
　　　　皇清經解（道光本、咸豐補刊本、鴻寶
　　　　　齋石印本、點石齋石印本）

疇人傳五十二卷
　　（清）阮元撰　（清）羅士琳續
　　　　文選樓叢書（阮亨輯）
　　　　測海山房中西算學叢刻初編

疇人傳三編七卷
　　（清）諸可寶撰
　　　　南菁書院叢書第三集

　　疇人傳三編七卷附著述記一卷
　　　　測海山房中西算學叢刻初編

孔孟志略三卷
　　（清）張承燮撰
　　　　東聽雨堂刊書

孔孟圖歌一卷
　　　江鍾秀撰
　　　　江氏著書七種

孔子編年五卷
　　（宋）胡仔撰
　　　　四庫全書·史部傳記類

孔子論語年譜一卷
　　（元）程復心撰
　　　　學海類編（道光本、景道光本）·經翼
　　　　叢書集成初編·史地類

孔子年譜輯注一卷
　　（清）江永撰　（清）黃定宜輯注
　　　　孔孟編年（道光本、光緒本）

聖節會約一卷
　　(清)郭存會撰
　　　　昭代叢書(道光本)丙集第四帙
洙泗考信錄四卷
　　(清)崔述撰
　　　　崔東壁遺書（道光本、景道光本、亞東
　　　　　圖書館排印本)・考信錄
　　　　畿輔叢書・崔東壁遺書
　　　　叢書集成初編・總類
洙泗考信餘錄三卷
　　(清)崔述撰
　　　　崔東壁遺書（道光本、景道光本、亞東
　　　　　圖書館排印本、)・考信錄
　　　　畿輔叢書・崔東壁遺書
　　　　叢書集成初編・總類
孔子編年四卷
　　(清)狄子奇撰
　　　　孔孟編年(道光本、光緒本)
孔子世家補訂一卷
　　(清)林春溥撰
　　　　竹柏山房十五種
孔子世家箋注一卷
　　(民國)葉瀚撰
　　　　晚學廬叢稿
先聖生卒年月日攷二卷
　　(清)孔廣牧撰
　　　　廣雅書局叢書・雜著
　　　　皇清經解續編(南菁書院本、蜚英館石
　　　　　印本)
衡波傳一卷
　　(清)王仁俊輯
　　　　玉函山房輯佚書補編
孔氏三出辯一卷
　　(清)沈畏堂撰
　　　　申報館叢書續集・紀麗類・屑玉叢譚
　　　　　初集
三出辨誤一卷
　　(清)周式庚撰
　　　　披海叢書
孔子藝事考一卷
　　(民國)李遷義撰
　　　　樵隱集
東家雜記二卷
　　(宋)孔傳撰
　　　　四庫全書・史部傳記類
東家雜記二卷首一卷附校譌一卷
　　(宋)孔傳撰　校譌(清)胡珽撰
　　　　琳琅祕室叢書(咸豐本)第一集

東家雜記二卷首一卷附校譌一卷 續校一
　卷補校一卷
　　(宋)孔傳撰　校譌(清)胡珽撰　續校補校
　　　(清)董金鑑撰
　　　　琳琅祕室叢書(光緒本)第一集
　　　　叢書集成初編・史地類
孔氏祖庭廣記十二卷
　　(金)孔元措撰
　　　　四部叢刊續編・史部
　　　　續古逸叢書
孔氏祖庭廣記十二卷附校譌一卷
　　(金)孔元措撰　校譌(清)胡珽撰
　　　　琳琅祕室叢書(咸豐本)第一集
孔氏祖庭廣記十二卷 附校譌一卷 續補校
　一卷
　　(金)孔元措撰　校譌(清)胡珽撰　續補校
　　　(清)董金鑑撰
　　　　琳琅祕室叢書(光緒本)第一集
　　　　叢書集成初編・史地類
聖門志五卷
　　(明)呂元善撰
　　　　鹽邑志林附
　　　　叢書集成初編・史地類
　　　　景印元明善本叢書十種・鹽邑志林附
聖域述聞二十八卷
　　(清)龍光甸修　(清)黃本驥輯
　　　　三長物齋叢書
聖域述聞二十八卷續編一卷
　　(清)龍光甸修　(清)黃本驥輯　續編(清)
　　　范迪襄輯
　　　　周氏師古堂所編書
學宮輯略六卷
　　(清)余丙捷撰　(清)李元春增輯
　　　　青照堂叢書摘初編第一函
闕里述聞十四卷補一卷
　　(清)鄭曉如撰
　　　　鄭氏四種
孔子弟子目錄一卷
　　(漢)鄭玄撰　(清)袁鈞輯
　　　　鄭氏佚書(浙江書局本)
論語篇目弟子一卷
　　(漢)鄭玄撰　(清)孔廣林輯
　　　　通德遺書所見錄
孔子弟子目錄一卷
　　(漢)鄭玄撰　(清)王謨輯
　　　　漢魏遺書鈔・經翼第四冊
論語孔子弟子目錄一卷
　　(漢)鄭玄撰　(清)宋翔鳳輯

浮谿精舍叢書

食舊堂叢書

論語孔子弟子目錄一卷

　　（漢）鄭玄撰　　（清）馬國翰輯

　　　　玉函山房輯佚書（瑯嬛館本、重印本、

　　　　楚南書局本）·經編論語類

論語篇目弟子一卷

　　（漢）鄭玄撰　　（清）黃奭輯

　　　　漢學堂叢書·高密遺書

　　　　黃氏逸書考（民國修補本、民國補刊

　　　　本）·通德堂經解

孔子弟子考一卷

　　（清）朱彝尊撰

　　　　學海類編（道光本、景道光本）·集餘

　　　　五

　　　　叢書集成初編·史地類

孔門師弟年表一卷後說一卷

　　（清）林春溥撰

　　　　竹柏山房十五種

文廟從祀弟子贊一卷

　　（清）盧存心撰

　　　　昭代叢書（道光本）己集廣編

聖門諸賢述略一卷

　　（清）鮑東里撰

　　　　釀齋訓蒙雜編

孔門弟子攷一卷

　　（清）觀頰道人輯

　　　　閱竹居叢書

史記弟子傳名字齒居攷一卷

　　（清）孫國仁撰

　　　　砭愚堂叢書

孔子門人考一卷

　　（清）朱彝尊撰

　　　　學海類編（道光本、景道光本）·集餘

　　　　五

　　　　叢書集成初編·史地類

門人攷一卷

　　（清）觀頰道人輯

　　　　閱竹居叢書

卜子（商）年譜二卷

　　（清）陳玉澍撰

　　　　雪堂叢刻

孟子年譜一卷

　　（元）程復心撰

　　　　學海類編（道光本、景道光本）·經翼

　　　　叢書集成初編·史地類

孟子生卒年月考一卷

　　（清）閻若璩撰

皇清經解（道光本、咸豐補刊本、鴻寶

　　齋石印本、點石齋石印本）

孟子遊歷考一卷

　　（清）潘眉撰

　　　　昭代叢書（道光本）壬集補編

孟子出處時地考一卷

　　（清）周廣業撰

　　　　孟子四考

　　　　皇清經解續編（南菁書院本、蜚英館石

　　　　印本）

孟子事實錄二卷

　　（清）崔述撰

　　　　崔東壁遺書（道光本、景道光本、亞東

　　　　圖書館排印本）·考信錄

　　　　畿輔叢書·崔東壁遺書

　　　　叢書集成初編·哲學類

孟子時事略一卷

　　（清）任兆麟撰

　　　　心齋十種

　　　　有竹居集·雜著

　　　　槐廬叢書五編

　　　　孫谿朱氏經學叢書初編

孟子列傳纂一卷

　　（清）林春溥撰

　　　　竹柏山房十五種

孟子時事年表一卷後說一卷

　　（清）林春溥撰

　　　　竹柏山房一五種·孔門師弟年表附

孟子編年四卷

　　（清）狄子奇撰

　　　　孔孟編年（道光本、光緒本）

孟子年譜一卷

　　（清）黃玉蟾撰

　　　　賜硯堂叢書新編丙集

孟子年譜一卷

　　（清）馬徵慶撰

　　　　馬鍾山遺書

孟志編略一卷

　　（清）孫葆田撰

　　　　孫氏山淵閣叢刊

孟子弟子考一卷

　　（清）朱彝尊撰

　　　　學海類編（道光本、景道光本）·集餘

　　　　五

　　　　遜敏堂叢書

　　　　叢書集成初編·史地類

孟子弟子考補正一卷

　　（民國）陳矩撰

　　　　　靈峯草堂叢書
孟子弟子攷一卷
　　（清）觀頮道人輯
　　　　閩竹居叢書
孟子弟子門人攷一卷
　　（清）孫國仁撰
　　　　砭愚堂叢書
墨子傳一卷
　　（清）王仁俊輯
　　　　玉函山房輯佚書補編
莊子年表一卷
　　　　馬敍倫撰
　　　　天馬山房叢箸
鶡子考一卷
　　（民國）邵瑞彭撰
　　　　邵次公遺著
建立伏博士始末二卷
　　（清）孫星衍撰
　　　　平津館叢書（嘉慶本、光緒本）
　　　　叢書集成初編·社會科學類
史記太史公（司馬遷）自序注一卷
　　（清）劉光蕡撰
　　　　煙霞草堂遺書
太史公（司馬遷）繫年考略一卷
　　（民國）王國維撰
　　　　廣倉學宭叢書甲類第二集
太史公（司馬遷）疑年考一卷
　　（民國）張惟驤撰
　　　　小雙寂庵叢書（稿本、刊本）
劉更生（向）年表一卷
　　（清）梅毓撰
　　　　積學齋叢書
許君（愼）年表攷一卷許君年表一卷附錄
　　一卷
　　（清）陶方琦撰
　　　　許學叢書第一集
許君（愼）疑年錄一卷
　　（清）諸可寶輯
　　　　許學四種
鄭玄別傳一卷
　　（清）洪頤煊輯
　　　　問經堂叢書·經典集林
　　　　經典集林
鄭君（玄）別傳一卷
　　（清）王仁俊輯
　　　　玉函山房輯佚書續編·史編總類
鄭康成（玄）年譜一卷
　　（清）沈可培撰

　　　　昭代叢書（道光本）壬集補編
鄭君（玄）紀年一卷
　　（清）陳鱣撰　（清）袁鈞訂正
　　　　鄭氏佚書（浙江書局本）
鄭司農（玄）年譜一卷
　　（清）孫星衍撰　（清）阮元補訂　（清）黃奭
　　案
　　　　漢學堂叢書·高密遺書
　　　　黃氏逸書考（民國修補本、民國補刊
　　　　本）·通德堂經解附
漢鄭君（玄）年譜一卷
　　（清）丁晏撰
　　　　頤志齋叢書·頤志齋四譜
北海三攷六卷
　　（清）胡元儀撰
　　　　湖南叢書
鄭學錄四卷
　　（清）鄭珍撰
　　　　鄭子尹遺書
　　　　巢經巢全集
申范一卷
　　（清）陳澧撰
　　　　古學彙刊第二集·史學類
善教名臣安定先生（胡瑗）言行錄一卷
　　（宋）朱熹輯
　　　　青雲洞遺書·善教名臣言行錄
安定（胡瑗）言行錄二卷
　　（清）許正綬輯
　　　　月河精舍叢鈔
邵康節先生（雍）外紀四卷
　　（明）陳繼儒撰
　　　　寶顏堂祕笈（萬曆本、民國石印本）廣
　　　　集
　　　　叢書集成初編·史地類
周子（敦頤）年譜一卷
　　（清）董榕撰
　　　　周子全書
周子（敦頤）遺事一卷
　　（清）董榕輯
　　　　周子全書
列代褒崇一卷
　　（清）董榕輯
　　　　周子全書
張子（載）年譜一卷
　　（清）武澄撰
　　　　西京清麓叢書正編
徐節孝先生（積）年譜一卷
　　（民國）段朝端撰

楚州叢書第一集
程明道先生(顥)行狀一卷
　　(宋)程頤撰
　　　西京清麓叢書正編・程朱行狀
明道先生(程顥)年譜五卷
　　(清)池生春(清)諸星杓撰
　　　程子年譜
伊川先生(程頤)年譜七卷
　　(清)池生春(清)諸星杓撰
　　　程子年譜
宋儒龜山楊先生(時)年譜一卷
　　(清)毛念恃撰
　　　延平四先生年譜
楊龜山先生(時)年譜考證一卷
　　(清)黃璋輯
　　　蔾照廬叢書
豫章羅先生(從彥)年譜一卷
　　(清)毛念恃撰
　　　延平四先生年譜
延平李先生(侗)年譜一卷
　　(清)毛念恃撰
　　　延平四先生年譜
郎氏(曄)事輯一卷
　　(民國)羅振常輯
　　　經進三蘇文集事略
朱先生(熹)行狀一卷附刻一卷
　　(宋)黃榦撰
　　　明辨齋叢書四集
朱子(熹)行狀一卷
　　　西京清麓叢書正編・程朱行狀
道命錄十卷
　　(宋)李心傳輯
　　　知不足齋叢書(乾隆至道光本、景乾隆
　　　　至道光本)第二十七集
　　　叢書集成初編・史地類
道命錄一卷
　　　冠悔堂雜錄
朱子(熹)年譜四卷考異四卷
　　(清)王懋竑撰
　　　四庫全書・史部傳記類
　　　粵雅堂叢書二編第十四集
　　　叢書集成初編・史地類
子朱子(熹)爲學次第考三卷
　　(清)童能靈撰
　　　冠豸山堂全集
朱子(熹)爲學次第考二卷
　　　西京清麓叢書續編・辨學七種
紫陽朱先生(熹)年譜一卷

(清)毛念恃撰
　延平四先生年譜
朱子(熹)事彙纂略一卷
　　(清)徐經輯
　　　雅歌堂全集・雅歌堂外集
補宋潛溪唐仲友補傳一卷
　　(清)張作楠撰
　　　金華唐氏遺書附
陸文安公(九淵)年譜二卷
　　(清)楊希閔撰
　　　豫章先賢九家年譜
　　　十五家年譜叢書
陳文節公(傅良)年譜一卷
　　(清)孫鏘鳴撰
　　　敬鄉樓叢書第二輯
慈湖先生(楊簡)年譜二卷
　　(清)馮可鏞(清)葉意深撰
　　　四明叢書第四集
西山眞文忠公(德秀)年譜一卷
　　(清)口口撰
　　　眞西山全集附
深寧先生(王應麟)年譜一卷
　　(清)錢大昕撰
　　　潛研堂全書・史
　　　嘉定錢氏潛研堂全書・史
　　　孱守齋所編年譜五種
　　　四明叢書第一集
王深寧先生(應麟)年譜一卷
　　(清)陳僅撰
　　　四明叢書第一集
王深寧先生(應麟)年譜一卷
　　(清)張大昌撰
　　　玉海(浙江書局本、成都志古堂本)附
　　　　刻
　　　四明叢書第一集
宋仁山金先生(履祥)年譜一卷
　　(明)徐袍撰
　　　牽祖堂叢書
曹月川先生(端)年譜一卷
　　(明)張信民撰
　　　曹月川先生遺書
明儒曹月川先生(端)從祀錄一卷
　　(清)周尙冕輯
　　　曹月川先生遺書
頌言一卷
　　(清)口口輯
　　　曹月川先生遺書
吳聘君(與弼)年譜一卷

（清）楊希閔撰
　　豫章先賢九家年譜
　　十五家年譜叢書
胡文敬公（居仁）年譜一卷
　（清）楊希閔撰
　　豫章先賢九家年譜
　　十五家年譜叢書
楓山章先生（懋）年譜二卷
　（明）阮鶚撰
　　金華叢書（同治光緒本、民國補刊本）
　　・集部・楓山章先生集附
楓山（章懋）實紀八卷
　（明）章接輯
　　金華叢書（同治光緒本、民國補刊本）
　　・集部・楓山章先生集附
邵文莊（寶）公年譜一卷
　（明）邵黌（明）吳道成撰
　　錫山先哲叢刊第三輯
粵洲公（黃畿）年譜一卷
　（清）黃佛頤撰
　　先三鄉賢年譜
王文成公（守仁）年譜三卷附錄二卷
　（明）錢德洪撰　附錄（明）王畿輯
　　王文成公全書（隆慶本、同治光緒本）
　　附
　　四部叢刊（二次印本、縮印二次印本）
　　・集部・王文成公全書
　　四部備要（排印本、縮印本）・子部儒
　　家・王文成公全書
明王文成公（守仁）年譜節鈔二卷
　（明）錢德洪撰　（清）楊希閔節鈔
　　四朝先賢六家年譜
　　十五家年譜叢書
陽明先生（王守仁）年譜一卷
　（明）施邦曜撰
　　四部叢刊（初次印本）・集部・陽明先
　　生集要
王文成（守仁）傳本二卷
　（清）毛奇齡撰
　　西河合集（康熙本、乾隆修補本）・文
　　集
明新建伯王文成公（守仁）傳本二卷
　　明辨齋叢書
陽明先生（王守仁）年譜一卷
　（清）劉原道撰
　　陽明先生集要三種
文裕公（黃佐）年譜一卷
　（清）黃佛頤撰

　　先三鄉賢年譜
唐一庵先生（樞）年譜一卷
　（□）李樂撰
　　木鐘臺全集・雜集
鄭端簡公（曉）年譜九卷
　（明）鄭履淳撰
　　鄭端簡公全集・吾學編
梅墟先生（周履靖）別錄二卷
　（明）李日華（明）鄭琰撰
　　夷門廣牘・招隱
　　景印元明善本叢書十種・夷門廣牘・
　　招隱
李溫陵（贄）外紀五卷
　（明）魯紘昭輯
　　李氏全書
新吾呂君墓誌銘一卷
　（明）呂坤自撰
　　呂新吾全集
袁了凡（黃）斬蛟記考一卷
　（民國）孟森撰
　　心史叢刊三集
一齋陳先生（第）考終錄一卷附雜文一卷
　　一齋集
從祀鄉賢錄一卷
　　西郭草堂合刊附
陳祠部公（龍正）家傳二卷
　（清）陳揆撰
　　幾亭全書附
倪文正公（元璐）年譜四卷
　（清）倪會鼎撰
　　粵雅堂叢書二編第十九集
　　叢書集成初編・史地類
徵君孫先生（奇逢）年譜二卷
　（清）湯斌等撰
　　孫夏峯全集
孫夏峯先生（奇逢）年譜二卷
　　畿輔叢書・孫夏峯遺書
　　叢書集成初編・史地類
李厓園先生（天植）年譜一卷附錄一卷
　　羅繼祖撰
　　願學齋叢刊
鄭桐菴先生（敷教）年譜二卷
　　上卷（明）徐雲祥（明）盧涇材撰　下卷（明）
　　鄭敷教自撰
　　甲戌叢編
查東山（繼佐）年譜一卷
　（清）沈起撰　（清）張濤（清）查燮注
　　嘉業堂叢書・史部

東山(查繼佐)外紀二卷
　　(清)劉振麟(清)周驤撰
　　　　嘉業堂叢書・史部
陳乾初先生(確)年譜二卷
　　(清)吳騫撰
　　　　雪堂叢刻
胡承諾年譜一卷
　　(清)□□撰
　　　　湖北叢書・讀書說附
　　　　叢書集成初編・哲學類・讀書說附
黃梨洲先生(宗羲)年譜三卷
　　(清)黃炳垕撰
　　　　留書種閣集
　　　　黃黎洲遺書
　　　　黎洲遺著彙刊附
尊道先生(陸世儀)年譜一卷
　　(清)凌錫祺輯
　　　　陸桴亭先生遺書
張楊園先生(履祥)年譜一卷附錄一卷
　　(清)蘇惇元撰
　　　　當歸草堂叢書
　張楊園先生(履祥)年譜一卷
　　　　重訂楊園先生全集附
安道公(陳瑚)年譜二卷
　　(清)陳溥撰
　　　　東倉書庫叢刻初編
顧亭林先生(炎武)年譜一卷附一卷
　　(清)吳映奎撰
　　　　歸顧朱三先生年譜合刻
　　　　顧亭林先生遺書補遺
顧亭林先生(炎武)年譜一卷
　　(清)吳映奎(清)車持謙撰　(清)錢邦彥校
　補
　　　　四部叢刊三編・史部・天下郡國利病
　　　　書附
顧亭林先生(炎武)年譜四卷附錄一卷
　　(清)張穆撰
　　　　粵雅堂叢書二編第十八集
　　　　叢書集成初編・史地類
顧亭林先生(炎武)年譜一卷附校補一卷
　　(清)張穆撰　校補(民國)繆荃孫撰
　　　　嘉業堂叢書・史部
同志贈言一卷
　　(清)沈岱瞻輯
　　　　顧亭林先生遺書補遺
程山謝明學先生(文洊)年譜一卷
　　(清)謝鳴謙輯
　　　　謝程山全書

劉獻廷
　　文字改革出版社輯
　　　　拼音文字史料叢書
船山(王夫之)學譜六卷
　　(民國)王永祥撰
　　　　孝魚叢著
毛西河(奇齡)傳贊
　　(清)王錫撰
　　　　借月山房彙鈔(嘉慶本、景嘉慶本)第
　　　　三集・千字文萃
　　　　澤古齋重鈔第三集・千字文萃
張力臣先生(弨)年譜一卷
　　(民國)段朝端撰
　　　　楚州叢書第一集
朱柏廬先生(用純)編年毋欺錄三卷補遺
　一卷附一卷
　　(清)朱用純撰　(清)金吳瀾輯
　　　　歸顧朱三先生年譜合刻
崇祀錄一卷
　　　　張蒼山三種
呂用晦先生(留良)行略一卷
　　(清)呂公忠撰
　　　　邁園叢書
二曲(李顒)歷年紀略一卷
　　(清)惠罷嗣撰
　　　　李二曲先生全集(同治本、光緒本)
潛確錄一卷
　　(清)李愼言撰
　　　　李二曲先生全集(同治本、光緒本)
二曲先生(李顒)年譜二卷附錄二卷
　　(民國)吳懷清撰
　　　　關中三李年譜
　　　　關中叢書第五集・關中三李年譜
東行述一卷
　　(清)趙之俊撰
　　　　昭代叢書(道光本)丁集新編補
南行述一卷
　　(清)王心敬撰
　　　　昭代叢書(道光本)丁集新編補
竹坨府君(朱彝尊)行述一卷
　　(清)朱桂孫(清)朱稻孫撰
　　　　丙子叢編
雪木先生(李柏)年譜一卷
　　(民國)吳懷清撰
　　　　關中三李年譜
　　　　關中叢書第五集・關中三李年譜
稼書先生(陸隴其)年譜一卷
　　(清)陸宸徵(清)李鉉撰

小石山房叢書第九冊

陸清獻公(隴其)年譜原本一卷
　　(清)楊履基撰
　　　書三味樓叢書

陸清獻公(隴其)年譜一卷補遺一卷
　　(清)吳光酉撰　補遺(清)賀瑞麟輯
　　　西京清麓叢書正編

　陸清獻公(隴其)年譜定本二卷附錄一
　　卷
　　　津河廣仁堂所刻書

莅嘉遺蹟三卷首一卷
　　(清)黃維玉撰
　　　陸子全書

天生先生(李因篤)年譜二卷附錄一卷
　　(民國)吳懷淸撰
　　　關中三李年譜
　　　關中叢書第五集・關中三李年譜

王貞文先生(弘撰)遺事一卷
　　(清)康乃心述
　　　王山史五種

顏習齋先生(元)年譜二卷
　　(清)李塨撰
　　　畿輔叢書・顏習齋遺書
　　　國粹叢書第一集
　　　顏李叢書
　　　叢書集成初編・史地類

閻潛邱先生(若璩)年譜四卷
　　(清)張穆撰
　　　粵雅堂叢書二編第十八集
　　　叢書集成初編・史地類

榕村(李光地)譜錄合考二卷
　　(清)李清馥撰
　　　榕村全書

莘野先生(康乃心)年譜一卷
　　(清)康緯撰
　　　關中叢書第三集

南昀老人自訂年譜一卷
　　(清)彭定求撰　(清)彭祖賢輯
　　　長洲彭氏家集

不諼錄一卷
　　(清)彭定求撰　(清)彭紹升輯
　　　長洲彭氏家集・南昀全集

尋樂堂日錄二十五卷附錄一卷
　　(清)竇克勤自撰
　　　竇靜庵先生遺書

崇祀鄉賢名宦錄二卷
　　(清)竇容莊等輯
　　　竇靜庵先生遺書

李恕谷先生(塨)年譜五卷
　　(清)馮辰撰
　　　畿輔叢書・李恕谷遺書
　　　國粹叢書第一集
　　　顏李叢書

懷舫自述一卷
　　(清)魏荔彤撰
　　　懷舫集

黃崑圃先生(叔琳)年譜三卷
　　(清)顧鎮撰
　　　畿輔叢書
　　　叢書集成初編・史地類

介山自訂年譜一卷
　　(清)王又樸撰
　　　詩禮堂全集

　介山自定年譜一卷
　　　屏廬叢刻

尹健餘先生(會一)年譜三卷
　　(清)呂熾撰
　　　畿輔叢書・尹健餘先生全集
　　　叢書集成初編・史地類

雙池先生(汪紱)年譜四卷
　　(清)余龍光撰
　　　汪雙池先生叢書

憶往編一卷
　　(清)宋在詩自撰
　　　埶柏先生類稿

吳山夫先生(玉搢)年譜一卷
　　(清)丁晏撰
　　　雪堂叢刻

吳山夫先生(玉搢)年譜一卷
　　(民國)段朝端撰
　　　楚州叢書第一集

全謝山先生(祖望)年譜一卷
　　(清)董秉純撰
　　　四部叢刊(初次印本、二次印本、縮印
　　　　二次印本)・集部・鮚埼亭集附

戴東原先生(震)年譜一卷
　　(清)段玉裁撰
　　　經韻樓叢書・戴東原集附
　　　花雨樓叢鈔續鈔
　　　四部叢刊(初次印本、二次印本、縮印
　　　　二次印本)・集部・戴東原集附
　　　安徽叢書第六期・戴東原先生全集
　　　四部備要(排印本、縮印本)・集部清
　　　　別集・戴東原集

逑庵先生(王昶)年譜二卷
　　(清)嚴榮撰

春融堂集（嘉慶本、光緒本）

程易疇先生（瑤田）年譜一卷
　　　羅繼祖撰
　　　　　願學齋叢刊

朱笥河先生（筠）年譜一卷
　　　羅繼祖撰
　　　　　願學齋叢刊

韓理堂先生（夢周）年譜一卷
　　　（民國）丁錫田撰
　　　　　稼民雜著

段玉裁先生年譜一卷
　　　劉盼遂編
　　　　　段王學五種

段懋堂先生（玉裁）年譜一卷
　　　羅繼祖撰
　　　　　願學齋叢刊

考信附錄二卷
　　　（清）崔述撰
　　　　　崔東壁遺書（道光本、景道光本、亞東
　　　　　圖書館排印本）・考信錄
　　　　　畿輔叢書・崔東壁遺書
　　　　　叢書集成初編・總類

崔東壁（述）評論一卷續輯一卷
　　　顧頡剛輯
　　　　　崔東壁遺書（亞東圖書館排印本）後編

崔東壁先生（述）親友事文彙輯
　　　顧頡剛　趙貞信輯
　　　　　崔東壁遺書（亞東圖書館排印本）後編

容甫先生（汪中）年譜一卷
　　　（清）汪喜孫撰
　　　　　重印江都汪氏叢書

先君（汪中）年表一卷
　　　（清）汪喜孫撰
　　　　　重印江都汪氏叢書

高郵王氏父子（念孫、引之）年譜一卷
　　　劉盼遂撰
　　　　　段王學五種

洪北江先生（亮吉）年譜一卷
　　　（清）呂培等撰
　　　　　北江全集・卷施閣文附
　　　　　洪北江全集
　　　　　四部叢刊（初次印本、二次印本、縮印
　　　　　二次印本）・集部・洪北江詩文集
　　　　　附
　　　　　四部備要（排印本、縮印本）・集部清
　　　　　別集

紀愼齋先生（大奎）崇祀錄一卷
　　　（清）□□輯

紀愼齋先生全集

兩世鄉賢錄一卷崇祀名宦錄一卷
　　　（清）□□輯
　　　　　劉端臨先生遺書（道光本）

鶴皋年譜一卷
　　　（清）祁韻士自撰
　　　　　山右叢書初編

長山公自書年譜一卷
　　　（清）黎安理撰
　　　　　黎氏家集

孫淵如先生（星衍）年譜一卷
　　　（清）張紹南撰　（清）王德福續
　　　　　藕香零拾

竹岡鴻爪錄一卷
　　　（清）趙敬襄自撰
　　　　　竹岡齋九種附

淩次仲先生（廷堪）年譜四卷
　　　（清）張其錦撰
　　　　　校禮堂全集
　　　　　安徽叢書第四期・淩次仲先生遺書附

先府君（焦循）事略一卷
　　　（清）焦廷琥撰
　　　　　焦氏叢書（嘉慶道光本、光緒本）

焦里堂先生（循）年譜一卷
　　　（民國）王永祥撰
　　　　　孝魚叢著・焦學三種

黃蕘圃先生（丕烈）年譜二卷
　　　（清）江標撰
　　　　　靈鶼閣叢書第六集
　　　　　叢書集成初編・史地類

王文簡公（引之）行狀一卷
　　　（清）王壽昌等撰
　　　　　雪堂叢刻

顧千里先生（廣圻）年譜二卷
　　　（民國）趙詒琛撰
　　　　　對樹書屋叢刻

武進李先生（兆洛）年譜三卷附先師小德
錄一卷
　　　（清）蔣彤撰
　　　　　嘉業堂叢書・史部

瞿木夫先生自訂年譜一卷
　　　（清）瞿中溶撰　（民國）繆荃孫校定
　　　　　嘉業堂叢書・史部

書農府君（胡敬）年譜一卷
　　　（清）胡珵撰
　　　　　崇雅堂集

蕚君府君（童槐）年譜一卷
　　　（清）童恩撰

今白華堂集附

俞理初先生(正燮)年譜一卷
　　(民國)王立中撰
　　　安徽叢書第三期·癸巳類稿附

退菴自訂年譜一卷
　　(清)梁章鉅撰
　　　二思堂叢書
　　　筆記小說大觀第四輯·退庵隨筆附

歲貢士壽臧府君(徐同柏)年譜一卷
　　(清)徐士燕撰
　　　古學彙刊第二集·史學類
　　　嘉業堂叢書·史部

包愼伯先生(世臣)年譜一卷
　　(民國)胡樸安(韞玉)撰
　　　樸學齋叢刊

徵君陳先生(奐)年譜一卷附錄一卷
　　(清)管慶祺撰
　　　戊寅叢編

言舊錄一卷
　　(清)張金吾自撰
　　　嘉業堂叢書·史部

石隱山人自訂年譜一卷
　　(清)朱駿聲撰　朱師轍補注
　　　吳中文獻小叢書

帥公子文(方蔚)重與鹿鳴筵宴錄一卷崇
祀鄉賢錄一卷附行述一卷贈詩一卷
　　(清)帥之憲輯
　　　帥氏清芬集

羽琌山民(龔自珍)逸事一卷
　　(清)魏季子(民國)繆荃孫撰
　　　古學彙刊第一集·雜記類

定盦先生(龔自珍)年譜外記二卷
　　張祖廉撰
　　　娟鏡樓叢刻丁帙

吳竹如先生(廷棟)年譜一卷
　　(清)方宗誠撰
　　　柏堂遺書

遲悔齋年譜一卷
　　(清)曹肅孫自撰
　　　洛陽曹氏叢書

敬亭先生(陳心一)年譜一卷
　　(清)王檢心撰
　　　復性齋叢書

石州(張穆)年譜一卷
　　(清)張繼文撰
　　　山右叢書初編·月齋文集附

鄭子尹先生(珍)年譜一卷
　　趙愷撰

巢經巢全集

府君(王源通)年譜二卷
　　(清)王廷鼎撰
　　　紫薇花館集·裕德堂一家言

萬青軒先生(斛泉)年譜一卷
　　(清)張鼎元撰
　　　萬青軒全書

損齋先生(楊樹椿)全書附錄一卷
　　(清)楊玉清輯
　　　損齋全書

儆帬齋主人(徐鼒)年譜一卷
　　(清)□□撰　(清)徐承禧等注
　　　儆帬齋遺書

記過齋贈言一卷附言行略一卷崇祀鄉賢
錄一卷
　　(清)□□輯
　　　記過齋藏書

開封府君(孫雲錦)年譜二卷
　　(民國)孫孟平輯
　　　孫先生遺書

補勤幼學錄一卷
　　(清)陳錦自撰
　　　橘蔭軒全集·學廬自鏡語附

春在堂輟言一卷
　　(清)□□輯
　　　春在堂全書

賀復齋先生(瑞麟)行狀一卷
　　(清)馬鑒源撰
　　　西京清麓叢書正編·清麓文集附

清麓(賀瑞麟)年譜二卷
　　(民國)張元勳撰
　　　西京清麓叢書附

姚海槎先生(振宗)年譜一卷
　　陶存煦撰
　　　快閣師石山房叢書(浙江圖書館本、開
　　　明書店本)

天均卮言一卷
　　(清)郭階自撰
　　　春暉雜稿

王文貞先生(祖畲)學案一卷
　　唐文治撰
　　　王文貞集附

煙霞草堂(劉光蕡)從學記一卷
　　(民國)張熾章撰
　　　煙霞草堂遺書續刻附

先考皓庭府君(桂文燦)事略一卷
　　(清)桂壇等撰
　　　南海桂氏經學

王先謙自定年譜三卷
　　（民國）王先謙撰
　　　王葵園四種
夜雨燈前錄一卷續錄一卷
　　（民國）王元稺自撰
　　　無暇逸齋叢書
韌叜自訂年譜一卷
　　（民國）勞乃宣撰
　　　蟫隱廬叢書
　　　桐鄉勞先生遺稿
邵村（張其淦）壽言二集十卷
　　祁正輯
　　　寅園叢書
疢存齋自訂年譜一卷
　　（民國）周宗麟撰
　　　疢存齋集
先考幼山府君（羅師揚）年譜一卷
　　羅香林撰
　　　希山叢著附
泗陽張沱谷居士（相文）年譜一卷榮哀錄
　　一卷
　　張星烺撰併輯
　　　南園叢稿
天行草堂主人自訂年譜一卷
　　（民國）章嶔撰
　　　天行草堂主人遺棄叢刊
左盦（劉師培）年表一卷著述繫年一卷
　　（民國）錢玄同撰
　　　劉申叔先生遺書附

文　苑

文士傳一卷
　　（晉）張隱撰
　　　說郛（宛委山堂本）弓五十八
　　　古今說部叢書二集
　　　五朝小說大觀・魏晉小說雜傳家
文士傳二則
　　　舊小說（民國本、1957 年本）甲集
文士傳佚文一卷
　　（晉）張隱撰　（清）王仁俊輯
　　　經籍佚文
唐才子傳八卷
　　（元）辛文房撰
　　　四庫全書・史部傳記類
唐才子傳十卷
　　　佚存叢書（日本本、光緒木活字本、景
　　　　日本本）第三帙
　　　指海（道光本、景道光本）第八集

　　　粵雅堂叢書三編第二十八集
　　　江氏聚珍版叢書初集
　　　中國文學參考資料小叢書第一輯
直講李先生門人錄一卷
　　　四部叢刊（初次印本、二次印本、縮印
　　　　二次印本）・集部・直講李先生文
　　　集附
稗史集傳一卷
　　（元）徐顯撰
　　　顧氏明朝四十家小說（正德嘉靖本、宣
　　　　統排印本、民國石印本）
　　　歷代小史
　　　說庫
　　　叢書集成初編・史地類
　　　景印元明善本叢書十種・歷代小史
　稗傳一卷
　　　璅探
列朝詩集小傳不分卷
　　（清）錢謙益撰
　　　中國文學參考資料小叢書第二輯
殿閣詞林記二十二卷
　　（明）廖道南撰
　　　四庫全書・史部傳記類
　　　湖北先正遺書・史部
金石契一卷
　　（明）祝鑾撰
　　　廣百川學海已集
　　　顧氏明朝四十家小說（正德嘉靖本、宣
　　　　統排印本、民國石印本）
　　　紀錄彙編
　　　水邊林下
　　　說郛續弓二十二
　　　景印元明善本叢書十種・紀錄彙編
國寶新編一卷
　　（明）顧璘撰
　　　顧氏明朝四十家小說（正德嘉靖本、宣
　　　　統排印本、民國石印本）
　　　金聲玉振集・撰述
　　　紀錄彙編
　　　說郛續弓二十二
　　　五朝小說・皇明百家小說
　　　五朝小說大觀・皇明百家小說
　　　叢書集成初編・史地類
　　　景印元明善本叢書十種・紀錄彙編
新倩籍一卷
　　（明）徐禎卿撰
　　　顧氏明朝四十家小說（正德嘉靖本、宣
　　　　統排印本、民國石印本）
　　　紀錄彙編

說郛續弓二十二
　五朝小說‧皇明百家小說
　五朝小說大觀‧皇明百家小說
　叢書集成初編‧史地類
　景印元明善本叢書十種‧紀錄彙編
三袁先生(宗道、宏道、中道)年表一卷
　(清)葛萬里撰
　葛萬里雜著
傷逝記一卷
　(明)顧起元(遯園居士)撰
　說郛續弓二十一
西州合譜一卷
　(明)張鴻磐撰
　說郛續弓二十三
　五朝小說‧皇明百家小說
　五朝小說大觀‧皇明百家小說
屺雁哀一卷
　(明)葉紹袁輯
　午夢堂集(崇禎本、民國本)
　郎園先生全書
　中國文學珍本叢書第一輯‧午夢堂全
　集十二種
國朝詩人徵略初稿六十卷
　(清)張維屏撰
　張南山全集
續詩人徵略後集二卷
　(清)吳仲撰
　晨風閣叢書第一集
國朝文苑傳一卷
　(民國)易順鼎輯
　琴志樓叢書
鈔詩姓氏一卷
　(清)葛萬里撰
　葛萬里雜著
吾炙集小傳一卷
　(民國)鄧實撰
　古學彙刊第二集‧詩文類
漁洋感舊集小傳四卷補遺一卷
　(清)盧見曾撰
　古今說部叢書三集
漁洋山人感舊集小傳一卷
　(清)盧見曾撰　(民國)陳衍補遺
　晨風閣叢書第一集
感舊集小傳拾遺四卷
　(民國)陳衍撰
　石遺室叢書
積山雜記一卷
　(清)汪惟憲撰

昭代叢書(道光本)戊集續編
本朝名家詩鈔小傳四卷
　(清)鄭方坤撰
　龍威祕書三集
　本朝詩鈔小傳三卷
　藝苑捃華
桐城文學淵源考十三卷引用書目一卷名
　氏目錄一卷補遺十三卷
　(民國)劉聲木撰
　直介堂叢刻初編
乾嘉全閩詩傳小傳十二卷
　(清)梁章鉅撰
　崇齋叢書
摶沙錄一卷
　(清)戴延年撰
　昭代叢書(道光本)癸集萃編
白雲僑侶傳一卷
　(清)查奕慶撰
　查蔚湖先生雜著
林氏弟子表一卷
　朱羲胄撰
　林畏廬先生學行譜記四種
寶應文苑事略一卷
　(清)成蓉鏡撰
　成氏遺書
東越文苑後傳一卷
　(清)陳壽祺撰
　左海全集
魏陳思王(曹植)年譜一卷
　(清)丁晏撰
　頤志齋叢書‧頤志齋四譜
　漢魏六朝名家集初刻‧曹子建集附
曹子建(植)年譜一卷
　古直撰
　層冰草堂叢書
五柳傳一卷
　(晉)陶潛自撰
　水邊林下
陶靖節先生(潛)年譜一卷
　(宋)吳仁傑撰
　合刻忠武靖節二編‧陶靖節集附
晉陶靖節(潛)年譜一卷
　(清)丁晏撰
　頤志齋叢書‧頤志齋四譜
晉陶徵士(潛)年譜一卷
　(清)楊希閔撰
　豫章先賢九家年譜
　十五家年譜叢書

陶靖節(潛)年譜一卷
　　古直撰
　　　　隅樓叢書
　　　　層冰堂五種
陶靖節(潛)年歲考證一卷
　　古直撰
　　　　層冰草堂叢書
庾子山(信)年譜一卷
　　(清)倪璠撰
　　　　四庫全書·集部別集類·庾子山集注
　　　　附
　　　　摘藻堂四庫全書薈要·集部·庾子山
　　　　集注附
　　　　湖北先正遺書·集部·庾子山集附
　　　　四部備要（排印本、縮印本）·集部·
　　　　漢魏六朝別集·庾子山集附
賀祕監(知章)外紀三卷
　　馮貞羣(民國)張壽鏞輯
　　　　四明叢書第一集·賀祕監集附
孟浩然傳一卷
　　(唐)王士源撰
　　　　水邊林下
太白(李白)國籍問題一卷
　　(民國)胡懷琛撰
　　　　樸學齋叢書第一集
杜工部(甫)年譜一卷
　　(宋)呂大防(宋)蔡興宗(宋)魯訔撰
　　　　四部叢刊（初次印本、二次印本、縮印
　　　　二次印本）·集部·分門集注杜工
　　　　部詩附
杜工部(甫)年譜一卷
　　(宋)趙子櫟撰
　　　　四庫全書·史部傳記類
杜工部詩年譜一卷
　　(宋)魯訔撰
　　　　四庫全書·史部傳記類
李氏(益)事蹟考一卷
　　(清)張澍輯
　　　　二酉堂叢書·李尚書詩集附
　　　　叢書集成初編·文學類·李尚書詩集
　　　　附
韓吏部文公(愈)集年譜一卷
　　(宋)呂大防撰
　　　　宋本韓柳二先生年譜（雍正本、光緒
　　　　本）·韓文類譜
　　　　粵雅堂叢書二編第十四集·韓柳年譜
　　　　·韓文類譜
　　　　洪氏公善堂叢書·韓柳年譜·韓文類

譜
韓文公(愈)歷官記一卷
　　(宋)程俱撰
　　　　宋本韓柳二先生年譜（雍正本、光緒
　　　　本）·韓文類譜
　　　　粵雅堂叢書二編第十四集·韓柳年譜
　　　　·韓文類譜
　　　　洪氏公善堂叢書·韓柳年譜·韓文類
　　　　譜
韓子(愈)年譜五卷
　　(宋)洪興祖撰
　　　　宋本韓柳二先生年譜（雍正本、光緒
　　　　本）·韓文類譜
　　　　粵雅堂叢書二編第十四集·韓柳年譜
　　　　·韓文類譜
　　　　洪氏公善堂叢書·韓柳年譜·韓文類
　　　　譜
柳先生(宗元)年譜一卷
　　(宋)文安禮撰
　　　　宋本韓柳二先生年譜（雍正本、光緒
　　　　本）
　　　　粵雅堂叢書二編第十四集·韓柳年譜
　　　　洪氏公善堂叢書·韓柳年譜
李賀小傳
　　(唐)李商隱撰
　　　　舊小說（民國本、1957年本）乙集
白香山(居易)年譜二卷
　　(清)汪立名撰
　　　　四庫全書·集部別集類·白香山詩集
　　　　附
　　白香山（居易）年譜一卷年譜舊本一卷
　　　　四部備要（排印本、縮印本）·集部唐
　　　　別集
玉谿生(李商隱)年譜一卷
　　(清)馮浩撰
　　　　四部備要（排印本、縮印本）·集部唐
　　　　別集·玉谿生詩箋註附
玉谿生(李商隱)年譜訂誤一卷
　　(清)錢振倫撰
　　　　四部備要（排印本、縮印本）·集部唐
　　　　別集·樊南文集補編
玉溪生(李商隱)年譜會箋四卷
　　(民國)張爾田撰
　　　　求恕齋叢書
孫拾遺(郃)外紀一卷
　　張壽鏞輯
　　　　四明叢書第二集·孫拾遺文纂附
穆參軍(修)遺事一卷

(宋)□□輯
　四庫全書・集部別集類・穆參軍集附
　三宋人集・穆參軍集附
　枕碧樓叢書・河南集附
　四部叢刊（初次印本、二次印本、縮印
　　二次印本）・集部・河南穆公集附

六一居士傳
　(宋)歐陽修自撰
　　舊小說(民國本、1957年本)丁集

盧陵歐陽文忠公(修)年譜一卷
　(宋)胡柯撰
　　歐陽文忠公全集（天順本、嘉靖本、康
　　　熙本、嘉慶本、光緒本)附
　　四部叢刊（初次印本、二次印本、縮印
　　　二次印本）・集部・歐陽文忠公集
　　附
　　四部備要（排印本、縮印本）・集部宋
　　　別集・歐陽文忠全集附
　　宋盧陵四忠集・歐陽文忠公全集附

增訂歐陽文忠公(修)年譜一卷
　(清)華孳亨撰
　　昭代叢書(道光本)丙集補

歐陽文忠公(修)年譜一卷
　(清)楊希閔撰
　　豫章先賢九家年譜
　　十五家年譜叢書

盱江(李覯)年譜一卷
　(宋)□□撰
　　四庫全書・集部別集類・盱江集附

直講李先生(覯)年譜一卷
　　四部叢刊（初次印本、二次印本、縮印
　　　二次印本）・集部・直講李先生文
　　集附

丹淵(文同)年譜一卷
　(宋)家誠之撰
　　四庫全書・集部別集類・丹淵集附

石室先生(文同)年譜一卷
　　四部叢刊（初次印本、二次印本、縮印
　　　二次印本）・集部・陳眉公先生訂
　　正丹淵集附

曾文定公(鞏)年譜一卷
　(清)楊希閔撰
　　豫章先賢九家年譜
　　十五家年譜叢書

曾子固(鞏)年譜稿一卷
　周明泰撰
　　三曾年譜

孫少述(侔)傳

(宋)林希撰
　　舊小說(民國本、1957年本)丁集

東坡(蘇軾)年譜一卷
　(宋)王宗稷撰
　　四庫全書・集部別集類・施註蘇詩
　　三蘇全集・東坡全集附

東坡先生(蘇軾)年譜一卷
　　四部備要（排印本、縮印本）・集部宋
　　　別集・東坡集附

東坡先生(蘇軾)年譜一卷
　(宋)王宗稷撰　(清)邵長蘅訂
　　古香齋袖珍十種（內府本、南海孔氏
　　　本）・施註蘇詩附

東坡(蘇軾)紀年錄一卷
　(宋)傅藻撰
　　四部叢刊（初次印本、二次印本、縮印
　　　二次印本）・集部・增刊校正王狀
　　　元集註分類東坡先生詩附

烏臺詩案一卷
　(宋)朋九萬撰
　　說郛(宛委山堂本)弓八十三

東坡烏臺詩案一卷
　　函海(乾隆本、道光本)第四函
　　函海(光緒本)第六函
　　叢書集成初編・社會科學類

烏臺詩案一卷附雜記一卷
　(宋)朋九萬撰　雜記(清)宋澤元輯
　　懺花盦叢書

詩讞(一名烏臺詩案)一卷
　(宋)周紫芝撰
　　學海類編（道光本、景道光本）・集餘
　　三
　　叢書集成初編・社會科學類

東坡事類二十二卷
　(清)梁廷枏撰
　　藤花亭十七種

蘇潁濱(轍)年表一卷
　(宋)孫汝聽撰
　　藕香零拾

山谷(黃庭堅)年譜三卷
　(宋)黃𥐫撰
　　四庫全書・集部別集類・山谷內集附
　　摛藻堂四庫全書薈要・集部・山谷內
　　集附

山谷先生(黃庭堅)年譜三十卷
　　適園叢書第七集

黃文節公(庭堅)年譜一卷
　(清)楊希閔撰

豫章先賢九家年譜

十五家年譜叢書

重編淮海先生（秦觀）年譜節要一卷

　（清）秦瀛撰

　　　四部備要（排印本、縮印本）・集部宋
　　　別集・淮海集附

清眞先生（周邦彥）遺事一卷

　（民國）王國維撰

　　　廣倉學宭叢書甲類第二集

　　　海寧王忠愨公遺書二集

　　　海寧王靜安先生遺書

清眞居士（周邦彥）年譜一卷附校記一卷

　（民國）陳思撰　校記（民國）鄭文焯撰

　　　遼海叢書第六集

石林（葉夢得）遺事三卷附錄一卷

　（民國）葉德輝輯

　　　石林遺書

　　　郋園先生全書

簡齋先生（陳與義）年譜一卷

　（宋）胡稚撰

　　　四部叢刊（初次印本、二次印本、縮印
　　　二次印本）・集部・增廣箋註簡齋
　　　詩集附

　　　四部備要（排印本、縮印本）・集部宋
　　　別集・增廣箋註簡齋詩集附

洪文惠公（适）年譜一卷

　（清）錢大昕撰

　　　潛研堂全書・史

　　　嘉定錢氏潛研堂全書・史

　　　屛守齋所編年譜五種

洪文惠公（适）年譜一卷

　（清）錢大昕撰　（清）洪汝奎增訂

　　　洪氏晦木齋叢書

洪文安公（遵）年譜一卷

　（清）洪汝奎撰

　　　洪氏晦木齋叢書

洪文敏公（邁）年譜一卷

　（清）錢大昕撰

　　　潛研堂全書・史

　　　嘉定錢氏潛研堂全書・史

　　　屛守齋所編年譜五種

洪文敏公（邁）年譜一卷

　（清）錢大昕撰　（清）洪汝奎增訂

　　　洪氏晦木齋叢書

陸放翁先生（游）年譜一卷

　（清）錢大昕撰

　　　潛研堂全書・史

　　　嘉定錢氏潛研堂全書・史

屛守齋所編年譜五種

稼軒先生（辛棄疾）年譜一卷

　（民國）陳思撰

　　　遼海叢書第六集

懷賢錄一卷

　（明）沈愚輯　（民國）羅振常訂補

　　　蟫隱廬叢書・龍洲詞附

白石道人（姜夔）逸事一卷逸事補遺一卷

　（清）□□輯

　　　白石道人四種（乾隆本、同治本）

　　　楡園叢刻・白石道人歌曲附

　　　四部備要（排印本、縮印本）・集部宋
　　　別集・白石道人詩集附

白石道人（姜夔）年譜一卷

　（民國）陳思撰

　　　遼海叢書第六集

西園康範先生（汪晫）實錄一卷續錄一卷
附錄外集一卷

　　　環谷杏山二先生詩稿

楊文節公（萬里）年譜一卷

　（清）鄒樹榮撰

　　　南昌鄒氏一粟園叢書

山屋許先生（月卿）事錄一卷

　　　四部叢刊續編・集部・先天集附

謝皋羽（翺）年譜一卷

　（清）徐沁撰

　　　昭代叢書（康熙本）甲集第三帙

　　　昭代叢書（道光本）甲集第三帙

謝皋羽先生（翺）年譜一卷

　　　國粹叢書第二集

閑閑老人（趙秉文）年譜二卷

　（民國）王樹枏撰

　　　陶廬叢刻・閑閑老人詩集附

元遺山先生（好問）年譜一卷

　（清）翁方綱撰

　　　蘇齋叢書（乾隆嘉慶本、景乾隆嘉慶
　　　本）

　　　元遺山先生全集

　　　石蓮盦彙刻九金人集・元遺山先生集
　　　附

元遺山先生（好問）年譜三卷附墓圖記
略一卷

　　　粵雅堂叢書二編第十四集

遺山先生（元好問）年譜略一卷

　（清）余集撰

　　　得月簃叢書初刻・續夷堅志附

　　　筆記小說大觀第四輯・續夷堅志附

　　　叢書集成初編・文學類・續夷堅志附

元遺山先生(好問)年譜一卷
　　(清)施國祁撰
　　　　元遺山先生全集
　　　　石蓮盦彙刻九金人集・元遺山先生集
　　　　附
　　元遺山(好問)年譜一卷
　　　　四部備要(排印本、縮印本)・集部金
　　　　元別集・元遺山詩集箋注附
元遺山先生(好問)年譜二卷
　　(清)凌廷堪撰
　　　　校禮堂全集
　　　　元遺山先生全集
　　　　石蓮盦彙刻九金人集・元遺山先生集
　　　　附
　　　　安徽叢書第四期・凌次仲先生遺書
廣元遺山(好問)年譜二卷
　　(清)李光廷撰
　　　　適園叢書第十一集
金稷山段氏二妙(成己、克己)年譜二卷
　　(民國)孫德謙撰
　　　　求恕齋叢書
牧庵(姚燧)年譜一卷
　　(元)劉致撰
　　　　武英殿聚珍版書(福建本、廣雅書局
　　　　本)・集部
　　　　叢書集成初編・文學類・牧庵集附
　　姚牧庵(燧)年譜一卷
　　　　四部叢刊(初次印本、二次印本、縮印
　　　　二次印本)・集部・牧庵集附
宋文清公(褧)年譜一卷
　　(清)鄒樹榮撰
　　　　南昌鄒氏一粟園叢書
危太樸(素)年譜一卷
　　(清)鄒樹榮撰
　　　　南昌鄒氏一粟園叢書
青邱高季迪先生(啓)年譜一卷
　　(清)金壇撰
　　　　四部備要(排印本、縮印本)・集部明
　　　　別集
龔安節先生(詡)年譜一卷
　　(明)龔紱撰
　　　　又滿樓叢書
杜東原先生(瓊)年譜一卷
　　(明)沈周撰
　　　　雪堂叢刻
先桂軒府君(顧恂)年譜一卷
　　(明)顧易撰
　　　　玉峯雍里顧氏六世詩文集・桂軒先生

全集附
先自如府君(顧左)年譜一卷
　　(明)顧易撰
　　　　玉峯雍里顧氏六世詩文集・朋壽圖詩
　　　　附
雲東逸史(姚綬)年譜一卷
　　(清)沈銘彝撰
　　　　雲窗叢刻
雙槐公(黃瑜)年譜一卷
　　(清)黃佛頤撰
　　　　先三鄉賢年譜
冒得庵參議(鸞)年譜一卷
　　冒廣生撰
　　　　如皐冒氏叢書
何大復先生(景明)年譜一卷附錄三卷
　　劉海涵輯
　　　　龍潭精舍叢刻
楊文憲公(愼)年譜一卷
　　(明)簡紹芳編　(清)程封改輯　(清)孫鑅
　　補訂
　　　　古棠書屋叢書・子部
升庵先生(楊愼)年譜一卷
　　(明)□□撰
　　　　函海(乾隆本、道光本)第十八函
　　　　函海(光緒本)第二十二函
歸震川先生(有光)年譜一卷
　　(清)孫岱撰
　　　　歸顧朱三先生年譜合刻
描寫人生斷片之歸有光
　　(民國)胡懷琛撰
　　　　文藝小叢書第一輯
徐文長自著畸譜一卷
　　(明)徐渭撰
　　　　中國文學珍本叢書第一輯・徐文長逸
　　　　稿附
弇州山人(王世貞)年譜一卷
　　(清)錢大昕撰
　　　　潛研堂全書・史
　　　　嘉定錢氏潛研堂全書・史
　　　　孱守齋所編年譜五種
瑯琊鳳麟兩公(王世貞、王世懋)年譜一卷
　　(清)王瑞國撰
　　　　東倉書庫叢刻初編
王師竹先生(祖嫡)年譜一卷附錄一卷
　　劉海涵撰
　　　　龍潭精舍叢刻
葉天寥自撰年譜一卷續一卷
　　(明)葉紹袁撰

國粹叢書第二集

天寥道人自撰年譜一卷續一卷
　　嘉業堂叢書·史部

葉天寥自撰年譜一卷續一卷
　　　中國文學珍本叢書第一輯·葉天寥四
　　　種

**天寥年譜別記(一名牛不軒留事)一卷附
錄一卷**
　　(明)葉紹袁撰
　　　國粹叢書第二集·葉天寥自撰年譜

天寥年譜別記一卷
　　　嘉業堂叢書·史部·天寥道人自撰年
　　　譜附
　　　中國文學珍本叢書第一輯·葉天寥四
　　　種

以介編二卷
　　(清)張宗芝(清)王瀉輯
　　　虞山叢刻

紀錢牧齋(謙益)遺事一卷
　　(清)□□撰
　　　痛史(宣統本、民國本)·國變雜臣鈔
　　　附

牧齋遺事一卷
　　　古學彙刊第一集·雜記類
　　　虞陽說苑甲編
　　　滿清野史四編

虞山妖亂志二卷附後一卷
　　(清)馮舒撰
　　　說庫

虞山妖亂志三卷
　　　虞陽說苑甲編

閣訟記略一卷
　　(明)□□撰
　　　虞陽說苑甲編

牧翁先生(錢謙益)年譜一卷
　　(清)葛萬里撰
　　　葛萬里雜著
　　　清人說薈二集

牧齋先生(錢謙益)年譜一卷
　　　虞陽說苑甲編

金聖歎考一卷附羅隱秀才一卷
　　(民國)孟森撰
　　　心史叢刊二集

劉先生(城)年譜一卷
　　(民國)劉世珩撰
　　　貴池先哲遺書·貴池二妙集附

萬年少先生(壽祺)年譜一卷附錄一卷
　　(民國)羅振玉撰

永豐鄉人雜著

白耷山人(閻爾梅)年譜一卷
　　(清)魯一同撰
　　　小方壺齋叢書二集
　　　嘉業堂叢書·史部

寅賓錄一卷
　　(清)魯一同輯
　　　小方壺齋叢書二集
　　　嘉業堂叢書·白耷山人年譜附

先府君(汪賡)事略一卷
　　(清)汪琬撰
　　　鈍翁全集·鈍翁續藁別藁

龍南老人自述一卷
　　(清)姜廷枚撰
　　　會稽姜氏家集

先考調庵府君(姜廷枚)行實一卷
　　(清)姜兆禎撰
　　　會稽姜氏家集

梅村先生(吳偉業)年譜四卷世系一卷
　　(清)顧師軾撰
　　　誦芬室叢刊初編·梅村家藏藁附
　　　四部叢刊(初次印本、二次印本、縮印
　　　二次印本)·集部·梅村家藏藁附

復姓紀事一卷
　　(清)黃周星撰
　　　夏為堂集

冒巢民徵君(襄)年譜一卷補一卷
　　冒廣生撰
　　　如皋冒氏叢書

歸玄恭先生(莊)年譜一卷
　　(民國)趙經達撰
　　　又滿樓叢書

苧菴壽言一卷
　　(清)吳懋謙自輯
　　　吳苧菴遺稿

侯方域年譜一卷
　　(清)侯洵撰
　　　四部備要(排印本、縮印本)·集部清
　　　別集·壯悔堂文集附

施愚山先生(閏章)年譜四卷
　　(清)施念曾撰
　　　施愚山先生全集

悔庵年譜二卷
　　(清)尤侗自撰
　　　西堂全集(康熙本、文瑞樓石印本)·
　　　西堂餘集

申鳧盟先生(涵光)年譜略一卷
　　(清)申涵煜(清)申涵盼撰

聰山集

申鳧盟先生(涵光)年譜一卷
畿輔叢書・永年申氏遺書

春酒堂(周容)外紀一卷
馮貞羣輯
四明叢書第一集・春酒堂文存附

花甲自譜一卷
(清)吳莊撰
延陵合璧・非庵雜著

汪堯峯先生(琬)年譜一卷
(民國)趙經達撰
又滿樓叢書

王巢松年譜一卷
(清)王抃自撰
吳中文獻小叢書

螿音一卷
(清)安致遠自撰
安靜子集

翁鐵庵年譜一卷
(清)翁叔元自撰
借月山房彙鈔(嘉慶本、景嘉慶本)第
七集
澤古齋重鈔第六集

漁洋山人自撰年譜二卷
(清)王士禎撰　(清)惠棟注補
四部備要(排印本、縮印本)・集部清
別集・漁洋山人精華錄訓纂附

蒙齋年譜一卷續一卷附補一卷
(清)田雯自撰　補(清)田肇麗撰
德州田氏叢書

蓮洋吳徵君(雯)年譜一卷
(清)翁方綱撰
四部備要(排印本、縮印本)・集部清
別集・蓮洋集附

查他山先生(愼行)年譜一卷補遺一卷
(清)陳敬璋撰
嘉業堂叢書・史部

戴名世年譜一卷
(清)戴鈞衡撰
國粹叢書第二集・戴褐夫集附

方望溪先生(苞)年譜一卷附錄一卷
(清)蘇惇元撰
四部叢刊(初次印本、二次印本、縮印
二次印本)・集部・望溪先生文集
附
四部備要(排印本、縮印本)・集部清
別集・望溪先生文集

閻邱先生自訂年譜一卷

(清)顧嗣立撰
丙子叢編

沈德潛自訂年譜一卷
(清)沈德潛撰
沈歸愚詩文全集

八秩壽序壽詩一卷
(清)尹繼善等撰
沈歸愚詩文全集

九秩壽序壽詩一卷
(清)顧鎮等撰
沈歸愚詩文全集

厲樊榭先生(鶚)年譜一卷附錄一卷
(清)朱文藻撰　(民國)繆荃孫補訂
嘉業堂叢書・史部

隨園八十壽言六卷
(清)袁枚自輯
隨園三十種(乾隆嘉慶本、同治本)
隨園三十八種

黃勤敏公(鉽)年譜一卷
(清)黃富民撰
黃勤敏公全集附

兩朝恩賚記一卷
(清)黃鉽撰
黃勤敏公全集

明發錄一卷
(清)張曜孫輯
宛鄰書屋叢書
酌古準今

馮春暉年譜一卷
(清)王心照撰
椿影集附

旭林府君(馮春暉)行述一卷
(清)馮喜廣撰
椿影集

濟北頌言一卷
(清)馮喜廣輯
椿影集附

方植之先生(東樹)年譜一卷
(清)鄭福照撰
方植之全集

太鶴山人(端木國瑚)年譜一卷
(清)端木百祿撰　(民國)陳謐補輯
惜硯樓叢刊

宋湘颿先生(其沅)行述一卷
(清)宋成橞述
宋湘颿先生遺著附

花甲閒談十六卷
(清)張維屏自撰

　　　　　　張南山全集

恩怨錄一卷
　　（清）謝堃自撰
　　　　春草堂集

中復堂（姚瑩）年譜一卷
　　（清）姚濬昌撰
　　　　中復堂全集（道光本、同治本）

啖蔗軒自訂年譜一卷
　　（清）方士淦撰
　　　　啖蔗軒全集

陳徵君（世鎔）行述一卷
　　　　求志居全集附

夢盦居士自編年譜一卷
　　（清）程庭鷺撰
　　　　乙亥叢編

乘化遺安一卷
　　（清）湯森仙自撰
　　　　湯氏叢書

逸珊王公（甲曾）行略一卷
　　（清）桂邦傑撰
　　　　黃氏逸書考（民國補刊本）附

紀時略一卷
　　（清）彭慰高自撰
　　　　仙心閣集

蒯公子範（德模）歷任治所崇祀錄一卷
　　（清）程先甲輯
　　　　蒯氏家集

薕叟年譜一卷續一卷
　　（清）楊峴自撰　續（民國）劉繼增撰
　　　　吳興叢書

賭棋山莊八十壽言一卷
　　（清）謝章鋌自輯
　　　　賭棋山莊全集

顧齋（王軒）簡譜一卷
　　（民國）楊恩灃撰
　　　　山右叢書初編・顧齋遺集附

周甲錄六卷
　　（清）柳堂自撰
　　　　筆諫堂全集下函

六十壽言四卷
　　（清）李鳳岡輯
　　　　筆諫堂全集上函附

惠民頌言五卷
　　（清）陳銘等輯
　　　　筆諫堂全集上函附

鞠笙年譜一卷附日記
　　（清）邢崇先自撰
　　　　雪華館叢編・雜著類

味吾廬（江仁徵）外紀一卷
　　（民國）張壽鏞撰
　　　　四明叢書第八集・味吾廬詩存附

丘逢甲傳一卷
　　（民國）□□撰
　　　　滿清野史王編

夢湘囈語一卷
　　（民國）徐珂撰
　　　　康居筆記彙函

柘湖宦游錄一卷
　　（民國）蔣清瑞自輯
　　　　月河草堂叢書

貞文先生（林紓）年譜二卷
　　　　朱羲胄撰
　　　　林畏廬先生學行譜記四種

貞文先生（林紓）學行記三卷
　　　　朱羲胄撰
　　　　林畏廬先生學行譜記四種

阮南自述一卷
　　（民國）王守恂撰
　　　　杭州所著書三種

　仁安自述一卷
　　　　王仁安集附・杭州雜著

塵影一卷
　　（民國）蔡卓勳撰
　　　　小瀛壺仙館叢刊

延陵挂劍集一卷
　　（民國）謝鼎鎔輯
　　　　陶社叢編丙集

勤補拙齋漫錄一卷
　　（民國）顧鳴鳳自撰
　　　　訥盦叢稿

李希白先生（學詩）年譜一卷
　　　　李根源撰
　　　　曲石叢書・羅生山館詩集附

病亡始末紀一卷
　　（民國）張翼廷輯
　　　　寄寄山房全集附・庸菴遺集

名　醫

歷代名醫蒙求二卷釋音一卷
　　（宋）周守忠撰
　　　　天祿琳琅叢書第一集

左氏秦和傳補注一卷
　　（民國）張驥撰
　　　　醫古微

史記扁鵲倉公傳補注三卷
　　（民國）張驥撰

四庫全書・子部藝術類
繪事備考八卷
（清）王毓賢撰
四庫全書・子部藝術類
歷代畫史彙傳七十二卷附錄二卷
（清）彭蘊璨輯
埽葉山房叢鈔
書畫家齊名錄一卷
（民國）楊寶鏞撰
龍淵爐齋金石叢書
玉臺畫史五卷別錄一卷
（清）湯漱玉輯
述古叢鈔第三集
振綺堂遺書
藏修堂叢書第四集
翠琅玕館叢書（黃任恆輯）・子部
藝術叢書・畫學
芋園叢書・子部
美術叢書四集第三輯
玉臺畫史一卷
香豔叢書第十集
說庫
畫禪一卷
（明）釋蓮儒撰
廣百川學海壬集
重訂欣賞編
寶顏堂祕笈（萬曆本、民國石印本）普
集
水邊林下
說郛續弓三十五
叢書集成初編・藝術類
美術叢書四集第二輯
美術叢書四集第十輯
五代名畫補遺一卷
（宋）劉道醇撰
王氏書畫苑（明本、景明本）・畫苑
四庫全書・子部藝術類
畫錄廣遺一卷
（宋）張澂撰
美術叢書四集第二輯
聖朝名畫評三卷
（宋）劉道醇撰
王氏書畫苑（明本、景明本）・畫苑
宋朝名畫評三卷
四庫全書・子部藝術類
南宋院畫錄八卷
（清）厲鶚撰
四庫全書・子部藝術類

武林掌故叢編第九集
美術叢書四集第四輯
南宋院畫錄補遺一卷
（清）厲鶚撰
美術叢書四集第五輯
丹青志一卷
（明）王穉登撰
廣百川學海壬集
說郛續弓三十五
叢書集成初編・藝術類
皇朝吳郡丹青志一卷
寶顏堂祕笈（萬曆本、民國石印本）續
集
吳郡丹青志一卷
閒情小品
王百穀全集
國朝吳郡丹青志一卷
美術叢書二集第二輯
無聲詩史七卷
（清）姜紹書撰
述古叢鈔第二集
藏修堂叢書第四集
翠琅玕館叢書（黃任恆輯）・子部
藝術叢書・畫學
芋園叢書・子部
明畫錄八卷
（清）徐沁撰
讀畫齋叢書乙集
叢書集成初編・藝術類
明畫錄一卷
美術叢書三集第七輯
讀畫錄四卷
（清）周亮工撰
讀畫齋叢書辛集
海山仙館叢書
風雨樓叢書
叢書集成初編・藝術類
畫友錄一卷
（清）黃鉞撰
黃勤敏公全集
美術叢書初集第四輯
國朝院畫錄二卷
（清）胡敬撰
胡氏書畫攷三種（嘉慶本、景嘉慶本）
崇雅堂集
竹里畫者詩一卷
（清）張廷濟撰
桂馨堂集

美術叢書三集第一輯

墨林今話十八卷續編一卷
    (清)蔣寶齡撰　續編(清)蔣茝生撰
      埽葉山房叢鈔

墨緣小錄一卷
    (清)潘曾瑩撰
      江氏聚珍版叢書初集

畫友詩一卷
    (清)趙彥修撰
      靈鶼閣叢書第二集
      叢書集成初編・藝術類

國朝書畫家筆錄四卷
    (清)竇鎮輯
      江氏聚珍版叢書二集

益州名畫錄三卷
    (宋)黃休復撰
      王氏畫苑(明本、景明本)・畫苑
      唐宋叢書・載籍
      說郛(宛委山堂本)弓九十
      函海(乾隆本、道光本)第四函
      函海(光緒本)第六函
      湖北先正遺書・子部

 益州名畫錄二卷
      四庫全書・子部藝術類

劉湄書畫記二卷
    (清)王禮撰
      畫苑祕笈二編

虞山畫志四卷
    (清)郟掄逵撰
      吳中文獻小叢書

海虞畫苑略一卷補遺一卷
    (清)魚翼撰
      小石山房叢書第七冊
      美術叢書三集第四輯

越畫見聞三卷
    (清)陶元藻撰
      遜盦叢編乙集
      美術叢書三集第五輯

閩中書畫錄十六卷首一卷
    (清)黃錫蕃撰
      黃椒升遺書
      合眾圖書館叢書第一集

墨梅人名錄一卷
    (清)童翼駒輯
      得月簃叢書初刻
      叢書集成初編・藝術類

右軍(王羲之)年譜一卷
    (清)魯一同撰

魯氏遺著
    美術叢書四集第九輯

米襄陽(芾)志林十三卷
    (明)毛晉(鳳苞)輯
      米襄陽志林

 海嶽志林一卷
      得月簃叢書初刻
      筆記小說大觀第四輯
      叢書集成初編・藝術類

米海岳(芾)年譜一卷
    (清)翁方綱撰
      蘇齋叢書(乾隆嘉慶本)
      粵雅堂叢書二編第十四集

六如居士(唐寅)外集一卷
    (清)唐仲冕輯
      昭代叢書(道光本)癸集萃編

 六如居士(唐寅)外集六卷
      六如居士全集

六如居士(唐寅)外集五卷
    (清)唐仲冕輯　(清)唐贊袞重輯
      鄂不齋叢書

紀唐六如(寅)軼事一卷
    (清)□□輯
      香豔叢書第二十集

王雅宜(寵)年譜一卷
    (清)翁方綱撰
      吳中文獻小叢書

吳漁山先生(歷)年譜二卷
    陳垣撰
      勵耘書屋叢刻第二集

餘冬璨錄二卷
    (清)徐堅自撰
      合眾圖書館叢書第一集

金粟逸人(張燕昌)逸事一卷
    (清)朱琰撰
      古學彙刊第一集・雜記類

印 人

印人傳三卷
    (清)周亮工撰
      篆學瑣著
      風雨樓叢書

 周櫟園印人傳三卷
      翠琅玕館叢書(馮兆年輯)第三集
      翠琅玕館叢書(黃任恆輯)・子部
      藝術叢書・雜技
      芋園叢書・子部

續印人傳八卷

（清）汪啓淑撰
　篆學瑣著
飛鴻堂印人傳八卷
　　翠琅玕館叢書(馮兆年輯)第一集
　　翠琅玕館叢書(黃任恆輯)‧子部
　　藝術叢書‧雜技
　　芋園叢書‧子部
歷朝印識四卷
　　（清）馮承輝撰
　　遯盦印學叢書

音　樂

師曠紀一卷
　　（清）王仁俊輯
　　　玉函山房輯佚書續編‧史編總類

伶　人

青樓集一卷
　　（元雪蓑漁隱撰）
　　　續百川學海辛集
　　　雙楳景闇叢書
　　　郋園先生全書
　　（元雪蓑釣隱撰）
　　　古今說海(嘉靖本、道光本、宣統排印
　　　　本、民國石印本)‧說纂部雜纂家
　　　叢書集成初編‧文學類
　　（元黃雪蓑撰）
　　　綠窗女史‧青樓部平康
　　　說郛(宛委山堂本)弓七十八
　　　香豔叢書第五集
　　（元）夏庭芝撰
　　　中國文學參考資料小叢書第一輯
秦雲擷英小譜一卷
　　（清）王昶撰
　　　昭代叢書(道光本)別集
　　　雙楳景闇叢書
燕蘭小譜五卷
　　（清）吳長元(安樂山樵)撰
　　　雙楳景闇叢書
　　　郋園先生全書
　　（清西湖安樂山樵撰）
　　　清代燕都梨園史料
消寒新詠一卷
　　（清）鐵橋山人(清)間津漁者(清)石坪居士
　　撰
　　　清代燕都梨園史料續編
日下看花記四卷
　　（清）小鐵篴道人撰
　　　清代燕都梨園史料

眾香國一卷
　　（清）眾香主人撰
　　　清代燕都梨園史料續編
聽春新詠三卷
　　（清）留春閣小史輯
　　　清代燕都梨園史料
辛壬癸甲錄一卷
　　（清蘂珠舊史撰）
　　　京塵雜錄
　　　清代燕都梨園史料
　　（清）楊懋建撰
　　　清人說薈二集
長安看花記一卷
　　（清蘂珠舊史撰）
　　　京塵雜錄
　　　清代燕都梨園史料
　　（清）楊懋建撰
　　　清人說薈二集
丁年玉筍志一卷
　　（清蘂珠舊史撰）
　　　京塵雜錄
　　　清代燕都梨園史料
　　（清）楊懋建撰
　　　清人說薈二集
曇波一卷
　　（清）四不頭陀撰
　　　清代燕都梨園史料
法嬰祕笈一卷
　　（清）雙影盦生撰
　　　清代燕都梨園史料
明僮小錄一卷續錄一卷
　　（清）餘不釣徒撰　　（清）殿春生續
　　　清代燕都梨園史料
評花新譜一卷
　　（清）藝蘭生錄
　　　申報館叢書餘集‧鴻雪軒紀豔
　　　清代燕都梨園史料
菊部羣英一卷
　　（清）邗江小遊仙客撰
　　　清代燕都梨園史料
增補菊部羣英(一名羣芳小集)一卷
　　（清）譚獻(廉月樓主)撰
　　　清代燕都梨園史料
羣英續集(一名羣芳小集續集)一卷
　　（清）譚獻(廉月樓主)撰
　　　清代燕都梨園史料
擷華小錄一卷
　　（清）余嵩慶(沅浦癡漁)撰

　　　　　清代燕都梨園史料

懷芳記一卷
　　（清）蘿摩庵老人撰　（清）譚獻（廌月樓主）
　　注
　　　　　香豔叢書第十八集
　　　　　清代燕都梨園史料
　　　　　國學珍本文庫第一集·青樓韻語附

　懷芳記一卷補遺一卷
　　　　　古今說部叢書十集

燕臺花事錄三卷
　　（清）王增祺（蜀西樵也）撰
　　　　　申報館叢書正集·古今紀麗類
　　　　　香豔叢書第十二集
　　　　　清代燕都梨園史料
　　　　　國學珍本文庫第一集·青樓韻語附

瑤臺小錄一卷
　　（清）王韜撰
　　　　　清代燕都梨園史料

菊臺集秀錄一卷
　　（清）□□撰
　　　　　清代燕都梨園史料

新刊鞠臺集秀錄一卷
　　（清）□□撰
　　　　　清代燕都梨園史料

情天外史正冊一卷續冊一卷
　　（清）□□撰
　　　　　清代燕都梨園史料

鞠部明僮選勝錄一卷
　　（清）李毓如撰
　　　　　清代燕都梨園史料續編

杏林擷秀一卷
　　（民國）謝素聲撰
　　　　　清代燕都梨園史料續編

異伶傳一卷
　　（民國）陳澹然撰
　　　　　晨風閣叢書第一集
　　　　　清代燕都梨園史料

燕塵菊影錄不分卷
　　　　張肖傖撰
　　　　　菊部叢譚

燕都名伶傳一卷
　　　　張江裁撰
　　　　　清代燕都梨園史料續編

王紫稼考一卷
　　（民國）孟森撰
　　　　　心史叢刊二集

雲郎（徐紫雲）小史一卷
　　　　冒廣生撰

　　　　　雲在山房叢書
　　　　　清代燕都梨園史料續編

列　女

列女傳四則
　　（漢）劉向撰
　　　　　舊小說（民國本、1957年本）甲集

列女傳一卷
　　（漢）劉向撰　（清）任兆麟選輯
　　　　　述記（乾隆本、嘉慶本）

列女傳佚文一卷
　　（漢）劉向撰　（清）王仁俊輯
　　　　　經籍佚文

古列女傳七卷續列女傳一卷
　　（漢）劉向撰　續（□）□□撰
　　　　　四庫全書·史部傳記類
　　　　　四部叢刊（初次印本、二次印本、縮印
　　　　　　二次印本）·史部
　　　　　叢書集成初編·史地類

　新刊古列女傳七卷續列女傳一卷
　　　　　文選樓叢書（阮亨輯）
　　　　　古書叢刊第二輯丙集

劉向古列女傳七卷續列女傳一卷
　　（漢）劉向撰　續（□）□□撰　（明）黃魯曾
　　贊
　　　　　漢唐三傳
　　　　　崇文書局彙刻書

列女傳七卷續列女傳一卷
　　（漢）劉向撰　續（□）□□撰　（清）梁端校
　　注
　　　　　振綺堂遺書
　　　　　四部備要（排印本、縮印本）·史部古
　　　　　　史

列女傳補注八卷敍錄一卷校正一卷
　　（清）王照圓撰
　　　　　郝氏遺書
　　　　　龍谿精舍叢書·史部

列女傳補注正譌一卷
　　（清）王紹蘭撰
　　　　　雩堂叢刻

列女傳集注八卷補遺一卷
　　（清）蕭道管撰
　　　　　石遺室叢書

列女傳一卷
　　（晉）皇甫謐撰
　　　　　綠窗女史·節俠部節烈
　　　　　說郛（宛委山堂本）弓五十八
　　　　　五朝小說·魏晉小說雜傳家

五朝小說大觀・魏晉小說雜傳家

列女傳二則
　　　舊小說（民國本、1957年本）甲集

古今列女傳三卷
　　（明）解縉等撰
　　　四庫全書・史部傳記類

重集列女傳例一卷
　　（清）魏于雲撰
　　　昭代叢書（道光本）丁集新編

列女詩拜序一卷
　　（清）黃紹鳳撰
　　　問經堂叢書

廣列女傳二十卷附錄一卷
　　（清）劉開輯
　　　牟畝園叢書

列女補傳五卷
　　（清）劉曾騄撰
　　　祥符劉氏叢書・夢園史學

姝聯（一名姬侍類偶）一卷
　　（宋）周守忠撰
　　　快書

婦人集一卷
　　（清）陳維崧撰　　（清）冒褒注
　　　賜硯堂叢書新編丁集
　　　昭代叢書（道光本）己集廣編
　　　海山仙館叢書
　　　如皋冒氏叢書
　　　香豔叢書第一集
　　　叢書集成初編・史地類

婦人集補一卷
　　（清）冒丹書撰
　　　賜硯堂叢書新編丁集
　　　昭代叢書（道光本）己集廣編
　　　海山仙館叢書
　　　如皋冒氏叢書
　　　香豔叢書第一集
　　　叢書集成初編・史地類

烈女傳一卷
　　（清）汪憲撰
　　　振綺堂叢書二集

蘭因集二卷
　　（清）陳文述（頤道居士）輯
　　　武林掌故叢編第八集

賢母錄四卷旌節錄一卷
　　（清）黃本騏撰　　（清）黃本驥續
　　　三長物齋叢書

宮閨聯名譜二十二卷
　　（清）董恂撰　　（清）陸繼輝補輯・

申報館叢書正集・古今紀麗類

母德錄一卷
　　（清）袁世傳（清）袁世威撰
　　　項城袁氏家集

女英傳四卷
　　（清）錢保塘輯
　　　清風室叢刊

古女考六卷補考一卷
　　（清）于嵋撰
　　　于香草遺著叢輯

元書后妃公主列傳一卷
　　（清）毛嶽生撰
　　　漸學廬叢書第一集

七姬詠林一卷
　　（清）貝墉輯
　　　吳中文獻小叢書

淩溪丁氏雙烈卷遺蹟一卷
　　（清）魯燮光輯
　　　蕭山叢書

勝朝彤史拾遺記六卷
　　（清）毛奇齡撰
　　　西河合集（康熙本、乾隆修補本）・文
　　　　集
　　　藝海珠塵絲集（丙集）
　　　香豔叢書第四集
　　　說庫

彤史拾遺記
　　　勝朝遺事二編

女官傳一卷
　　（清）屈大均撰
　　　香豔叢書第八集

今列女傳一卷附錄一卷
　　（清）□□撰
　　　香豔叢書第二集

勇烈節孝彙編一卷
　　（清）牛振聲撰
　　　涇陽文獻叢書・牛涇村遺著三種

詞媛姓氏錄一卷
　　（清）不羈生撰
　　　申報館叢書續集・紀麗類

八旗詩媛小傳一卷
　　（民國）震鈞撰
　　　清人說薈二集

空明子崇川節婦傳三卷
　　（清）張榮撰
　　　空明子全集

越女表徵錄六卷
　　（清）汪輝祖撰

汪龍莊遺書

春陵襄貞錄一卷
　　（清）汪輝祖撰
　　　　汪龍莊遺書

九保節孝錄略一卷
　　李根澐輯
　　　　曲石叢書

史說一卷
　　（清）王仁俊輯
　　　　玉函山房輯佚書續編·史編總類

王昭君傳一卷
　　（劉宋）范曄撰
　　　　綠窗女史·宮闈部遺放

漢元后本紀補一卷
　　（清）王廷釗撰
　　　　如諫果室叢刊

姚江曹娥碑一卷
　　（魏）邯鄲淳撰
　　　　綠窗女史·節俠部義烈

蔡琰別傳一卷
　　（清）王仁俊輯
　　　　玉函山房輯佚書補編

上元皇后誄表
　　（晉）左芬撰
　　　　綠窗女史·著撰部表疏

南岳魏夫人傳一卷
　　（唐）顏真卿撰
　　　　顧氏文房小說（嘉靖本、景嘉靖本）
　　　　叢書集成初編·史地類

　魏夫人傳一卷
　　（題唐蔡偉撰）
　　　　綠窗女史·神仙部仙姬
　　　　說郛（宛委山堂本）另一百十三

　南岳魏夫人傳
　　　　虞初志（明本、民國本）卷四

蘇小小考一卷
　　（清）梁紹壬撰
　　　　香豔叢書第九集

潘妃傳一卷
　　（唐）李延壽撰
　　　　綠窗女史·宮闈部蠱惑

陳張貴妃傳一卷
　　　　香豔叢書第十七集

馮淑妃傳一卷
　　（唐）李延壽撰
　　　　綠窗女史·宮闈部寵遇

高愍女傳
　　（唐）李翱撰

舊小說（民國本、1957 年本）乙集

楊烈婦傳
　　（唐）李翱撰
　　　　舊小說（民國本、1957 年本）乙集

竇烈女傳
　　（唐）杜牧撰
　　　　舊小說（民國本、1957 年本）乙集

薛濤傳一卷
　　（唐）李瓊撰
　　　　綠窗女史·青樓部才名

銀瓶徵一卷
　　（清）俞樾撰
　　　　武林掌故叢編第四集
　　　　堵葉山房叢鈔
　　　　春在堂全書·曲園雜纂
　　　　香豔叢書第十六集

宋詞媛朱淑真事略一卷
　　（清）□□輯
　　　　香豔叢書第七集

北虜三娘子列傳一卷
　　（清）趙士喆撰
　　　　東萊趙氏楹書叢刊·逸史三傳

王翠翹傳一卷
　　（清）余懷撰
　　　　香豔叢書第五集

周節婦志姜詩遺蹟一卷
　　（清）魯變光輯
　　　　蕭山叢書

馬湘蘭傳一卷
　　（明）王穉登撰
　　　　綠窗女史·青樓部才名

貞婦屠印姑傳一卷
　　（清）羅有高撰
　　　　香豔叢書第八集

懿安事略一卷
　　（清）賀宿撰
　　　　荊駝逸史（道光本、宣統石印本）

明懿安皇后外傳一卷
　　（清）紀昀撰
　　　　峭帆樓叢書

彤奩續些二卷
　　（明）葉紹袁輯
　　　　午夢堂集（崇禎本、民國本）
　　·郋園先生全書
　　　　中國文學珍本叢書第一輯·午夢堂全
　　　　集十二種

彤奩續些選二卷附二卷
　　　　硯緣集錄第三冊

疏香閣附集一卷
　　（明）葉紹袁輯
　　　　硯緣集錄第三冊
疏香閣遺錄四卷
　　（民國）葉德輝撰
　　　　郋園先生全書
費宮人傳一卷
　　（清）陸次雲撰
　　　　無一是齋叢鈔
先妣吳太君行實一卷
　　（清）姜兆禎撰
　　　　會稽姜氏家集
董小宛別傳一卷
　　　　滿清野史三編
董小宛考一卷
　　（民國）孟森撰
　　　　心史叢刊三集
河東君傳一卷
　　（清）陳玉璂撰
　　　　香豔叢書第七集
錢氏家變錄一卷
　　（清）錢孫愛撰
　　　　荊駝逸史（道光本、宣統石印本）
　河東君殉家難事實一卷
　　　　虞陽說苑甲編
蘿蕪紀聞二卷
　　　　葛昌楣輯
　　　　吳中文獻小叢書
橫波夫人考一卷
　　（民國）孟森撰
　　　　心史叢刊二集
孝獻莊和至德宣仁溫惠端敬皇后行狀一
卷附傳一卷
　　　清世祖撰　傳（清）金之俊撰
　　　　松鄰叢書甲編
董妃行狀一卷
　　　清世祖撰
　　　　滿清野史續編
圓圓傳一卷
　　（清）陸次雲撰
　　　　香豔叢書第九集
孔四貞事考一卷
　　（民國）孟森撰
　　　　心史叢刊二集
吳絳雪（宗愛）年譜一卷
　　（清）俞樾撰
　　　　春在堂全書·曲園雜纂
　　　　香豔叢書第十六集

毛西河先生曼殊留視圖冊遺蹟一卷
　　（清）魯變光輯
　　　　蕭山叢書
愨思錄一卷
　　（清）樊立本撰
　　　　屏廬叢刻
繼配馮恭人實錄一卷
　　（清）王又樸撰
　　　　詩禮堂全集
花仙小志一卷
　　（清）許元淮輯
　　　　天香全集
紫姬小傳一卷
　　（清）陳裴之撰
　　　　湘煙小錄（道光本、光緒本）
福慧雙修庵小記一卷
　　（民國）丁傳靖撰
　　　　雲在山房叢書
壽萱集一卷
　　（清）陸日愛輯
　　　　松陵陸氏叢著
貞壽堂贈言一卷
　　（清）蘇源生輯
　　　　記過齋藏書
纓義樓金香錄一卷
　　（清）吳鳳昌輯
　　　　苦岑叢書
蕙庭壽言一卷
　　（清）史夢蘭輯
　　　　止園叢書（史氏撰）
賢母錄一卷
　　（清）黃彭年輯
　　　　楓林黃氏家乘
松筠閣貞孝錄不分卷附錄一卷
　　（民國）金武祥輯
　　　　江陰叢書
　　　　粟香室叢書
貞烈編一卷
　　（清）潘鍾瑞撰
　　　　香禪精舍集附
百哀篇一卷
　　（清）俞樾撰
　　　　春在堂全書·俞樓雜纂
吳太夫人年譜三卷續一卷
　　（清）董金鑑撰
　　　　董氏叢書
寸草廬贈言十卷
　　（清）張嘉祿輯

四明叢書第二集

大清孝定景皇后事略一卷
    (清)紹英撰
        松鄰叢書甲編

毛太君徽音集一卷
    (民國)榮善昌(民國)榮棣輝輯
        錫山榮氏繩武樓叢刊

觀貞老人壽序錄一卷
    李根源輯
        曲石叢書

觀貞老人哀輓錄二卷
    孫光庭輯
        曲石叢書

凋芳錄一卷
    (民國)榮金聲輯
        錫山榮氏繩武樓叢刊

隱　逸

高士傳一卷
    (魏)嵇康撰　(清)王仁俊輯
        玉函山房輯佚書補編

聖賢高士傳一卷
    (魏)嵇康撰　(劉宋)周續之注　(清)馬國
    翰輯
        玉函山房輯佚書(娜嬛館本、重印本、
        楚南書局本)·史編雜傳類

聖賢高士傳贊一卷
    (魏)嵇康撰　(清)嚴可均輯　(民國)唐鴻
    學補輯
        怡蘭堂叢書
        私立北泉圖書館叢書

高士傳三卷
    (晉)皇甫謐撰
        古今逸史·逸記
        廣漢魏叢書(萬曆本、嘉慶本)·別史
        祕書廿一種(康熙本、嘉慶本)
        四庫全書·史部傳記類
        增訂漢魏叢書(乾隆本、紅杏山房本、
        三餘堂本、大通書局石印本)·別史
        崇文書局彙刻書
        龍谿精舍叢書·史部
        叢書集成初編·史地類
        四部備要(排印本、縮印本)史部傳記
        景印元明善本叢書十種·古今逸史·
        逸記

高士傳一卷
        說郛(宛委山堂本)弓五十七

高士傳
        說郛(商務印書館本)卷七·諸傳摘玄

高士傳十則
        舊小說(民國本、1957年本)甲集

高士傳三卷附逸文一卷
    (晉)皇甫謐撰　逸文(清)錢熙祚輯
        指海(道光本、景道光本)第十五集

高士傳一卷
    (晉)皇甫謐撰　(清)任兆麟選輯
        述記續

高士傳佚文一卷
    (晉)皇甫謐撰　(清)王仁俊輯
        經籍佚文

高士傳一卷
    (晉)皇甫謐撰　(民國)羅振玉輯
        雪堂叢刻

高士傳三卷
    (晉)皇甫謐撰　(明)黃省曾頌
        漢唐三傳

達士傳一卷
    (晉)皇甫謐撰　(清)王仁俊輯
        玉函山房輯佚書補編

逸士傳一卷
    (清)王仁俊輯
        玉函山房輯佚書補編

列士傳一卷
    (清)王仁俊輯
        玉函山房輯佚書補編

紹陶錄一卷
    (宋)王質撰
        說郛(宛委山堂本)弓三十二

紹陶錄二卷
        四庫全書·史部傳記類
        十萬卷樓叢書二編
        湖北先正遺書·史部

紹陶錄
        說郛(商務印書館本)卷三

景仰撮書一卷
    (明)王達撰
        顧氏明朝四十家小說(正德嘉靖本、宣
        統排印本、民國石印本)
        說郛續弓二十二
        常州先哲遺書第一集·子類
        廣四十家小說

貧士傳二卷
    (明)黃姬水撰
        廣百川學海已集
        寶顏堂祕笈(萬曆本、民國石印本)正
        集

說郛續弓二十三
　叢書集成初編・史地類

小隱書全帖一卷
　(明)敬虛子撰
　　硯雲乙編
　　申報館叢書續集・紀麗類・硯雲乙編
　　古今說部叢書三集
　　叢書集成初編・史地類

山棲志一卷
　(明)愼蒙撰
　　廣百川學海庚集
　　說郛續弓二十七

逸民傳二卷
　(明)皇甫涍撰　(明)劉鳳補遺
　　夷門廣牘・招隱
　　叢書集成初編・史地類
　　景印元明善本叢書十種・夷門廣牘・
　　　招隱

古懽錄八卷
　(清)王士禛撰
　　王漁洋遺書

續高士傳五卷
　(清)高兆撰
　　觀自得齋叢書

漢徐徵士(穉)年譜一卷
　(清)楊希閔撰
　　豫章先賢九家年譜
　　十五家年譜叢書

漢管處士(寧)年譜一卷
　(清)管世駿撰
　　求恕齋叢書

寒山誌傳一卷
　(明)趙宧光等撰
　　乙亥叢編

寒山留緒一卷
　(清)趙耀輯
　　吳中文獻小叢書

吳少君(孺子)遺事一卷
　(明)姚士粦撰
　　鹽邑志林
　　景印元明善本叢書十種・鹽邑志林

徐俟齋先生(枋)年譜一卷附錄二卷
　(民國)羅振玉撰
　　永豐鄉人雜著

孝　友

孝子傳
　(漢)劉向撰　(清)茆泮林輯

十種古逸書・古孝子傳
龍谿精舍叢書・史部・古孝子傳
叢書集成初編・史地類・古孝子傳

孝子傳一卷
　(漢)劉向撰　(清)黃奭輯
　　漢學堂叢書・子史鈎沈・史部傳記類
　　黃氏逸書考(民國修補本、民國補刊
　　　本)・子史鈎沈

孝子傳一卷
　(漢)劉向撰　(清)王仁俊輯
　　玉函山房輯佚書續編・史編總類

孝子傳
　(晉)蕭廣濟撰　(清)茆泮林輯
　　十種古逸書・古孝子傳
　　龍谿精舍叢書・史部・古孝子傳
　　叢書集成初編・史地類・古孝子傳

孝子傳一卷
　(晉)蕭廣濟撰　(清)黃奭輯
　　漢學堂叢書・子史鈎沈・史部傳記類
　　黃氏逸書考(民國修補本、民國補刊
　　　本)・子史鈎沈

孝子傳輯本一卷
　(晉)蕭廣濟撰　(清)陶方琦輯
　　漢孳室遺著

孝傳一卷
　(晉)陶潛撰
　　廣漢魏叢書(萬曆本、嘉慶本)・經翼
　　增訂漢魏叢書(乾隆本、紅杏山房本、
　　　三餘堂本、大通書局石印本)・經翼
　　鮑紅葉叢書
　　叢書集成初編・史地類

孝子傳一卷
　(晉)徐廣撰
　　說郛(宛委山堂本)弓五十八

孝子傳
　　說郛(商務印書館本)卷七・諸傳摘玄

孝子傳
　(□)王歆撰　(清)茆泮林輯
　　十種古逸書・古孝子傳
　　龍谿精舍叢書・史部・古孝子傳
　　叢書集成初編・史地類・古孝子傳

孝子傳
　(劉宋)王韶之撰　(清)茆泮林輯
　　十種古逸書・古孝子傳
　　龍谿精舍叢書・史部・古孝子傳
　　叢書集成初編・史地類・古孝子傳

孝子傳
　(□)周景式撰　(清)茆泮林輯

十種古逸書・古孝子傳
龍谿精舍叢書・史部・古孝子傳
叢書集成初編・史地類・古孝子傳

孝子傳
　　(劉宋)師覺授撰　　(清)茆泮林輯
十種古逸書・古孝子傳
龍谿精舍叢書・史部・古孝子傳
叢書集成初編・史地類・古孝子傳

孝子傳一卷
　　(劉宋)師覺授撰　　(清)黃奭輯
漢學堂叢書・子史鉤沈・史部傳記類
黃氏逸書考(民國修補本、民國補刊
　本)・子史鉤沈

孝子傳
　　(□)宋躬撰　　(清)茆泮林輯
十種古逸書・古孝子傳
龍谿精舍叢書・史部・古孝子傳
叢書集成初編・史地類・古孝子傳

孝子傳一卷
　　(□)宋躬撰　　(清)王仁俊輯
玉函山房輯佚書續編・史編總類

孝子傳
　　(□)虞盤佑撰　　(清)茆泮林輯
十種古逸書・古孝子傳
龍谿精舍叢書・史部・古孝子傳
叢書集成初編・史地類・古孝子傳

孝子傳
　　(劉宋)鄭緝之撰　　(清)茆泮林輯
十種古逸書・古孝子傳
龍谿精舍叢書・史部・古孝子傳
叢書集成初編・史地類・古孝子傳

孝子傳一卷
　　(劉宋)鄭緝之撰　　(清)王仁俊輯
玉函山房輯佚書續編・史編總類

孝子傳
　　(清)茆泮林輯
十種古逸書・古孝子傳
龍谿精舍叢書・史部・古孝子傳
叢書集成初編・史地類・古孝子傳

孝子傳一卷
　　(清)王仁俊輯
玉函山房輯佚書續編・史編總類

孝子傳補遺
　　(清)茆泮林輯
十種古逸書・古孝子傳
龍谿精舍叢書・史部・古孝子傳
叢書集成初編・史地類・古孝子傳

孝德傳序一卷

梁元帝撰　　(清)王仁俊輯
玉函山房輯佚書續編・史編總類

二十四孝原編一卷
　　(宋)朱熹撰
三餘堂叢刻

孝詩一卷
　　(宋)林同撰
四庫全書・集部別集類
學海類編(道光本、景道光本)・集餘
　一
兩宋名賢小集
叢書集成初編・文學類

林同孝詩一卷
南宋羣賢小集

古今孝友傳十五卷
　　(清)劉青蓮撰
劉氏傳家集

古今孝友傳補遺三卷
　　(清)劉青芝撰
劉氏傳家集

孝弟錄二卷
　　(清)李文耕撰
雲南叢書初編・子部

諸史孝友傳八卷
　　(清)李元春撰
桐閣全書

二十四孝別集一卷
　　(清)高月槎撰
三餘堂叢刻

古孝彙傳二卷
　　(民國)黃任恆撰
逑篪雜纂

國朝孝子小傳一卷
　　(民國)易順鼎輯
琴志樓叢書

純德彙編七卷首一卷續刻一卷
　　(清)董華鈞輯
四明叢書第六集

史系一卷
　　(清)王仁俊輯
玉函山房輯佚書補編

范運吉傳一卷
　　(明)徐養正撰
藜照廬叢書

餘姚兩孝子萬里尋親記一卷
　　(清)翁廣平撰
知不足齋叢書(乾隆至道光本、景乾隆
　至道光本)第三十集

叢書集成初編·文學類

桑孝子旌門錄一卷
　　(清)桑調元輯
　　　武林掌故叢編第十九集

雜　傳

川主五神合傳一卷
　　(清)陳懷仁撰　(清)向時鳴續補
　　　灌江四種
歷代都江堰功小傳二卷
　　(民國)王人文等輯
　　　四休堂叢書
史記貨殖列傳注一卷
　　(清)劉光蕡撰
　　　煙霞草堂遺書
白白齋貨殖傳評二卷
　　(清)姚康撰
　　　龍眠叢書
烈士傳
　　　說郛(商務印書館本)卷七·諸傳摘
　　　玄
義貞事跡一卷
　　(清)程鍾輯
　　　小方壺齋叢書三集
壽者傳三卷
　　(明)陳懋仁撰　(清)任兆麟訂
　　　心齋十種
鶴齡錄一卷
　　(清)李清撰
　　　檀几叢書第四帙
人瑞錄一卷
　　(清)孔尙任撰
　　　昭代叢書(康熙本)乙集第三帙
　　　昭代叢書(道光本)乙集第二帙
國朝耆老錄一卷
　　(清)涂慶瀾撰
　　　荔隱山房集
幼童傳一卷
　　(梁)劉劭撰
　　　說郛(宛委山堂本)弓五十八
記外大父祝公遺事
　　(宋)朱熹撰
　　　舊小說(民國本、1957年本)丁集
筆夢一卷
　　(清)據梧子撰
　　　虞陽說苑甲編
筆夢敍一卷附顧仲恭討錢岱檄一卷
　　(清)據梧子撰　附(明)顧大韶撰

香豔叢書第二集
　　說庫
朱參軍畫象題詞一卷
　　(民國)葉昌熾輯
　　　合衆圖書館叢書第一集
前型紀略一卷
　　(清)陰振猷撰
　　　止園叢書(史氏撰)
崇祀鄉賢祠錄一卷
　　　馬氏叢刻
鏡亭軼事一卷
　　(清)程世基自撰
　　　申報館叢書續集·紀麗類·獨悟庵叢
　　　鈔
興學創聞一卷
　　　江鍾秀撰
　　　江氏著書七種
先公徐印香(恩綬)先生先妣陸太淑人傳
志一卷
　　(民國)徐珂輯
　　　心園叢刻一集
自述錄一卷
　　(民國)鈕澤晨撰
　　　鈕寅身先生遺著
新政先生(文圖)哀思錄一卷
　　　陳新政先生追悼會輯
　　　陳新政遺集附
壬申輓言錄二卷補遺一卷
　　(民國)榮金聲輯
　　　錫山榮氏繩武樓叢刊

釋　道

禪玄顯敎編一卷
　　(明)楊溥撰
　　　稗乘
　　　叢書集成初編·史地類
東林蓮社十八高賢傳一卷
　　(晉)□□撰
　　　唐宋叢書·別史
　　　說郛(宛委山堂本)弓五十七
　　　五朝小說·魏晉小說雜傳家
　　　五朝小說大觀·魏晉小說雜傳家
蓮社高賢傳一卷
　　　增訂漢魏叢書(乾隆本、紅杏山房本、
　　　　三餘堂本、大通書局石印本)·別史
蓮社高賢傳四則
　　　舊小說(民國本、1957年本)甲集
高僧傳十三卷

綠窗女史・著撰部序傳

列仙傳二卷
　　（漢）劉向撰
　　　　道藏（正統本、景正統本）・洞眞部記
　　　　　傳類
　　　　古今逸史・逸記
　　　　祕書廿一種（康熙本、嘉慶本）
　　　　四庫全書・子部道家類
　　　　指海（道光本、景道光本）第十七集
　　　　道藏舉要第七類
　　　　景印元明善本叢書十種・古今逸史・
　　　　　逸記
　　列仙傳一卷
　　　　夷門廣牘・招隱
　　　　說郛（宛委山堂本）弓五十八
　　　　五朝小說・魏晉小說雜傳家
　　　　五朝小說大觀・魏晉小說雜傳家
　　　　古今說部叢書二集
　　　　景印元明善本叢書十種・夷門廣牘・
　　　　　招隱
　　列仙傳
　　　　說郛（商務印書館本）卷七・諸傳摘玄
　　　　說郛（商務印書館本）卷四十三
　　列仙傳十八則
　　　　舊小說（民國本、1957年本）甲集
列仙傳
　　（漢）劉向撰　　（明）黄省曾贊
　　　　漢唐三傳
列仙傳校正本二卷讚一卷
　　（漢）劉向撰　　（清）王照圓校
　　　　郝氏遺書
　　　　龍谿精舍叢書・史部
　　列仙傳校正本二卷
　　　　道藏精華錄第九集
列仙傳二卷附校譌一卷
　　（漢）劉向撰　校譌（清）胡珽撰
　　　　琳琅祕室叢書（咸豐本）第二集
列仙傳二卷附校譌一卷補校一卷
　　（漢）劉向撰　校譌（清）胡珽撰　續校（清）
　　　董金鑑撰
　　　　琳琅祕室叢書（光緒本）第二集
　　　　叢書集成初編・史地類
列仙傳一卷
　　（清）王仁俊輯
　　　　玉函山房輯佚書補編
神仙傳十卷
　　（晉）葛洪撰
　　　　廣漢魏叢書（萬曆本、嘉慶本）・別史

四庫全書・子部道家類
增訂漢魏叢書（乾隆本、紅杏山房本、
　三餘堂本、大通書局石印本）・別史
龍威祕書一集
說庫
道藏精華錄第九集
神仙傳一卷
　　夷門廣牘・招隱
　　說郛（宛委山堂本）弓五十八
　　五朝小說・魏晉小說雜傳家
　　五朝小說大觀・魏晉小說雜傳家
　　漢魏小說采珍
　　景印元明善本叢書十種・夷門廣牘・
　　　招隱
神仙傳五卷
　　藝苑捃華
神仙傳
　　說郛（商務印書館本）卷七・諸傳摘玄
　　說郛（商務印書館本）卷四十三
神仙傳四十五則
　　舊小說（民國本、1957年本）甲集
神仙傳一卷
　　（晉）葛洪撰　（清）王仁俊輯
　　　玉函山房輯佚書續編・史編總類
列仙傳佚文一卷
　　（晉）葛洪撰　（清）王仁俊輯
　　　經籍佚文
續仙傳三卷
　　（南唐）沈汾撰
　　　道藏（正統本、景正統本）・洞眞部記
　　　　傳類
　　　四庫全書・子部道家類
　　　道藏舉要第七類
續神仙傳三卷
　　　道藏精華錄第九集
續神仙傳一卷
　　　夷門廣牘・招隱
　　　說郛（宛委山堂本）弓五十八
　　　叢書集成初編・史地類
　　　景印元明善本叢書十種・夷門廣牘・
　　　　招隱
續仙傳
　　　說郛（商務印書館本）卷七・諸傳摘玄
　　　說郛（商務印書館本）卷四十三
續仙傳七則
　　　舊小說（民國本、1957年本）丙集
續仙傳
　　（南唐）沈汾撰　（明）黄省曾贊

漢唐三傳

洞玄靈寶三師記一卷
　　（唐）劉處靜撰
　　　　道藏（正統本、景正統本）・洞玄部譜
　　　　籙類

方外志一卷
　　　　說郛（宛委山堂本）弓五十八

方外志
　　　　說郛（商務印書館本）卷六・廣知

疑仙傳一卷
　　（題宋王簡撰）
　　　　寶顏堂祕笈（萬曆本、民國石印本）續
　　　　集

疑仙傳三卷
　　（宋）隱夫玉簡撰
　　　　道藏精華錄第十集

疑仙傳八則
　　　　舊小說（民國本、1957 年本）丁集

疑仙傳三卷附校譌一卷
　　（宋）隱夫玉簡撰　校譌（清）胡珽撰
　　　　琳瑯祕室叢書（咸豐本）第二集

疑仙傳三卷附校譌一卷續校一卷
　　（宋）隱夫玉簡撰　校譌（清）胡珽撰　續校
　　（清）董金鑑撰
　　　　琳瑯祕室叢書（光緒本）第二集
　　　　叢書集成初編・史地類

高道傳一卷
　　（宋）賈善翔撰
　　　　說郛（宛委山堂本）弓五十八

高道傳
　　　　說郛（商務印書館本）卷七・諸傳摘玄

集仙傳一卷
　　（宋）曾慥撰
　　　　說郛（宛委山堂本）弓五十八

集仙傳
　　　　說郛（商務印書館本）卷四十三

玉隆集六卷
　　（宋）白玉蟾撰
　　　　道藏（正統本、景正統本）・洞眞部方
　　　　法類・修眞十書

金蓮正宗記五卷
　　（元）秦志安（樗櫟道人）撰
　　　　道藏（正統本、景正統本）・洞眞部譜
　　　　籙類

金蓮正宗記一卷
　　　　重刊道藏輯要翼集
　　　　道藏精華錄第十集

歷世眞仙體道通鑑五十三卷 續編五卷 後

集六卷
　　（元）趙道一編修
　　　　道藏（正統本、景正統本）・洞眞部記
　　　　傳類

玄品錄五卷
　　（元）張雨撰
　　　　道藏（正統本、景正統本）・洞神部譜
　　　　籙類

三聖記一卷
　　（唐）李德裕撰
　　　　說郛（宛委山堂本）弓四十八

玄元十子圖一卷
　　（元）趙孟頫撰
　　　　道藏（正統本、景正統本）・洞眞部靈
　　　　圖類
　　　　重刊道藏輯要翼集

上陽子金丹大要列仙誌一卷
　　（元）陳致虛撰
　　　　道藏（正統本、景正統本）・太玄部

金蓮正宗仙源像傳一卷
　　（元）劉志玄等撰
　　　　道藏（正統本、景正統本）・洞眞部
　　　　籙類
　　　　重刊道藏輯要翼集

甘水仙源錄十卷
　　（元）李道謙輯
　　　　道藏（正統本、景正統本）・洞神部記
　　　　傳類
　　　　重刊道藏輯要翼集

七眞年譜一卷
　　（元）李道謙撰
　　　　道藏（正統本、景正統本）・洞眞部譜
　　　　籙類
　　　　重刊道藏輯要翼集

長春道敎源流八卷
　　（清）陳銘珪撰
　　　　聚德堂叢書

仙苑編珠三卷
　　（唐）王松年撰
　　　　道藏（正統本、景正統本）・洞玄部記
　　　　傳類

墉城集仙錄六卷
　　（前蜀）杜光庭撰
　　　　道藏（正統本、景正統本）・洞神部譜
　　　　籙類

墉城集仙錄三則
　　　　舊小說（民國本、1957 年本）丙集

王氏神仙傳

（前蜀）杜光庭撰
　　　說郛（商務印書館本）卷七・諸傳摘玄
三洞羣仙錄二十卷
　　（宋）陳葆光撰
　　　道藏（正統本、景正統本）・正乙部
　三洞羣仙錄不分卷
　　　重刊道藏輯要翼集
玉壺遐覽四卷
　　（明）胡應麟撰
　　　少室山房四集・筆叢
　　　廣雅書局叢書・雜著・少室山房集・
　　　　少室山房筆叢
　　　明清筆記叢刊・少室山房筆叢
　玉壺遐覽一卷
　　　說郛續弓八
西華仙籙一卷
　　（清）王言撰
　　　昭代叢書（康熙本）甲集第三帙
　　　昭代叢書（道光本）甲集第三帙
終南山說經臺歷代眞仙碑記一卷
　　（元）朱象先撰
　　　道藏（正統本、景正統本）・洞神部記
　　　　傳類
　　　重刊道藏輯要翼集
終南山祖庭仙眞內傳三卷
　　（元）李道謙撰
　　　道藏（正統本、景正統本）・洞神部記
　　　　傳類
　終南山祖庭仙眞內傳一卷
　　　重刊道藏輯要翼集
良常仙系記一卷
　　（明）鄒迪光撰
　　　說郛續弓八
海陵三仙傳一卷
　　（宋）□□撰
　　　古今說海（嘉靖本、道光本、宣統排印
　　　　本、民國石印本）・說淵部別傳家
　　　叢書集成初編・史地類
　海陵三仙傳
　　　舊小說（民國本、1957年本）丁集
南嶽九眞人傳一卷
　　（宋）廖侁撰
　　　道藏（正統本、景正統本）・洞玄部譜
　　　　籙類
武陵十仙傳一卷
　　（清）陳運溶輯
　　　麓山精舍叢書第一集・歷朝傳記九種
桂陽列仙傳一卷

（清）陳運溶輯
　　　麓山精舍叢書第一集・歷朝傳記九種
廬山太平興國宮採訪眞君事實七卷
　　（元）□□輯
　　　道藏（正統本、景正統本）・正乙部
華蓋山浮丘王郭三眞君事實六卷
　　（宋）沈庭瑞撰
　　　道藏（正統本、景正統本）・洞神部譜
　　　　籙類
　華蓋山浮丘王郭三眞君事實一卷
　　　重刊道藏輯要翼集
廣黃帝本行記一卷
　　（唐）王瓘撰
　　　道藏（正統本、景正統本）・洞眞部記
　　　　傳類
　　　道藏舉要・第七類
　廣黃帝本行記殘一卷
　　　宛委別藏
　廣黃帝本行記一卷
　　（宋）王瓘撰　（清）孫星衍校
　　　平津館叢書（嘉慶本、光緒本）
軒轅黃帝傳一卷
　　　宛委別藏
　軒轅黃帝傳一卷
　　（清）孫星衍校
　　　平津館叢書（嘉慶本、光緒本）
猶龍傳六卷
　　（宋）賈善翔撰
　　　道藏（正統本、景正統本）・洞神部譜
　　　　籙類
　猶龍傳一卷
　　　重刊道藏輯要尾集
混元聖紀九卷
　　（宋）謝守灝撰
　　　道藏（正統本、景正統本）・洞神部譜
　　　　籙類
　太上混元聖紀九卷
　　　重刊道藏輯要尾集
太上老君年譜要略一卷
　　（宋）謝守灝撰
　　　道藏（正統本、景正統本）・洞神部譜
　　　　籙類
　　　重刊道藏輯要尾集
太上混元老子史略三卷
　　（宋）謝守灝撰
　　　道藏（正統本、景正統本）・洞神部譜
　　　　籙類
太上老君金書內序一卷

　　　道藏（正統本、景正統本）·洞神部譜
　　　籙類
太上混元眞錄一卷
　　（明）張鋮校
　　　道藏（正統本、景正統本）·洞神部記
　　　傳類
紫陽眞人內傳一卷
　　　道藏（正統本、景正統本）·洞眞部記
　　　傳類
漢天師世家三卷序一卷
　　（明）張鋮校
　　　續道藏（萬曆本、景萬曆本）
漢天師世家九卷
　　（明）□□撰
　　　重刊道藏輯要翼集
太極葛仙公傳一卷
　　（明）譚嗣先撰
　　　道藏（正統本、景正統本）·洞玄部譜
　　　籙類
　　　重刊道藏輯要女集
侍帝晨東華上佐司命楊君傳記一卷
　　　道藏（正統本、景正統本）·正乙部
孝道吳許二眞君傳一卷
　　　道藏（正統本、景正統本）·洞玄部譜
　　　籙類
許太史眞君圖傳二卷
　　　道藏（正統本、景正統本）·洞玄部靈
　　　圖類
許眞君仙傳一卷
　　　道藏（正統本、景正統本）·洞玄部譜
　　　籙類
西山許眞君八十五化錄三卷
　　（宋）施岑編
　　　道藏（正統本、景正統本）·洞玄部譜
　　　籙類
桓眞人升仙記一卷
　　（梁）□□撰
　　　道藏（正統本、景正統本）·洞眞部記
　　　傳類
華陽陶隱居內傳三卷
　　（宋）賈嵩撰
　　　道藏（正統本、景正統本）·洞眞部記
　　　傳類
　　　觀古堂所刊書
　　　觀古堂彙刻書（重編本）第一集
　　　道藏精華錄第十集
　　　郋園先生全書
周氏冥通記四卷
　　（梁）陶弘景撰

　　　道藏（正統本、景正統本）·洞眞部記
　　　傳類
唐王屋山中巖臺正一先生廟碣一卷
　　（唐）衛阰撰
　　　道藏（正統本、景正統本）·洞神部記
　　　傳類
雲阜山申仙翁傳一卷
　　（元）□□撰
　　　道藏（正統本、景正統本）·洞玄部譜
　　　籙類
唐鴻臚卿越國公靈虛見素眞人傳一卷
　　（宋）張□撰
　　　道藏（正統本、景正統本）·洞神部譜
　　　籙類
地祇上將溫太保傳一卷補遺一卷
　　（□）黃公瑾校正併纂集補遺
　　　道藏（正統本、景正統本）·洞神部譜
　　　籙類
韓仙傳一卷
　　（唐）韓若雲撰
　　　寶顏堂祕笈（萬曆本、民國石印本）彙
　　　集
　　　說郛（宛委山堂本）弓一百十二
鍾呂二仙傳一卷
　　（明）黃魯曾撰
　　　寶顏堂祕笈（萬曆本、民國石印本）彙
　　　集
　　　叢書集成初編·史地類
呂祖本傳一卷
　　（□）劉體恕撰
　　　重刊道藏輯要室集
純陽帝君神化妙通紀七卷
　　（元）苗善時輯
　　　道藏（正統本、景正統本）·洞眞部記
　　　傳類
徐仙眞錄五卷
　　（明）方文照等輯
　　　續道藏（萬曆本、景萬曆本）
洪恩靈濟眞君事實一卷
　　（明）□□輯
　　　道藏（正統本、景正統本）·洞玄部威
　　　儀類
大華希夷志二卷
　　（元）張輅撰
　　　道藏（正統本、景正統本）·洞眞部記
　　　傳類
虛靜沖和先生徐神翁語錄二卷
　　（宋）徐守信述　（宋）苗希頤輯

道藏（正統本、景正統本）·正乙部
虛靜沖和先生徐神翁語錄一卷
　　重刊道藏輯要昴集
凝陽董眞人遇仙記一卷
　　（金）祿昭聞撰
　　　　道藏（正統本、景正統本）·洞眞部記
　　　　傳類
體玄眞人顯異錄一卷
　　（金）□□撰
　　　　道藏（正統本、景正統本）·洞玄部記
　　　　傳類
隨機應化錄二卷
　　（元）何道全述　（元）賈道玄編集
　　　　道藏（正統本、景正統本）·太玄部
周顚仙傳一卷
　　明太祖撰
　　　　金聲玉振集·皇覽
御製周顚仙人傳一卷
　　　　紀錄彙編
　　　　叢書集成初編·史地類
　　　　景印元明善本叢書·紀錄彙編
周顚仙人傳一卷
　　　　說郛續弓四十三
　　　　五朝小說·皇明百家小說
　　　　五朝小說大觀·皇明百家小說
玄天上帝啓聖錄八卷
　　（宋）□□撰
　　　　道藏（正統本、景正統本）·洞神部記
　　　　傳類
大明玄天上帝瑞應圖錄一卷
　　（明）□□撰
　　　　道藏（正統本、景正統本）·洞神部記
　　　　傳類
玄天上帝啓聖靈異錄一卷
　　（明）□□撰
　　　　道藏（正統本、景正統本）·洞神部記
　　　　傳類
文昌帝君本傳一卷
　　　　重刊道藏輯要星集
翊聖保德傳三卷
　　（宋）王欽若編集
　　　　道藏（正統本、景正統本）·正乙部

雜錄之屬

日　記

宜州乙酉家乘一卷

（宋）黃庭堅撰
　　　　知不足齋叢書（乾隆至道光本、景乾隆
　　　　　至道光本）第十八集
　　　　叢書集成初編·文學類
宜州家乘一卷
　　　　筆記小說大觀第八輯
閒居錄一卷
　　（宋）周必大撰
　　　　廬陵周益國文忠公集·雜著述
　　　　宋廬陵四忠集·周文忠公全集·雜著
　　　　　述
汎舟錄二卷
　　（宋）周必大撰
　　　　說郛（宛委山堂本）弓六十五
泛舟遊山錄三卷
　　　　.廬陵周益國文忠公集·雜著述
　　　　宋廬陵四忠集·周文忠公全集·雜著
　　　　　述
客杭日記一卷
　　（元）郭畀撰
　　　　知不足齋叢書（乾隆至道光本、景乾隆
　　　　　至道光本）第一集
　　　　武林掌故叢編第五集
　　　　筆記小說大觀第六輯
　　　　叢書集成初編·文學類
雲山日記二卷
　　　　橫山草堂叢書第一集
元郭天錫手書日記真迹四卷附錄一卷
　　　　古學彙刊第二集·雜記類
袁小修日記(一名珂雪齋外集又名遊居柿
　　錄)十三卷
　　（明）袁中道撰
　　　　中國文學珍本叢書第一輯
味水軒日記八卷
　　（明）李日華撰
　　　　嘯園叢書第四函
　　　　嘉業堂叢書·史部
涉志一卷
　　.（明）王若之撰
　　　　佚笈姑存六種
春浮園偶錄二卷
　　（清）蕭士瑋撰
　　　　春浮園集（蕭作梅本、康熙本）
深牧菴日涉錄一卷
　　（清）蕭士瑋撰
　　　　春浮園集（蕭作梅本、康熙本）
蕭齋日紀一卷
　　（清）蕭士瑋撰

春浮園集(蕭作梅本、康熙本)

黃忠節公甲申日記一卷
　　(明)黃淳耀撰
　　　留餘草堂叢書
甲行日注八卷
　　(明釋木拂撰)
　　　荊駝逸史(道光本、宣統石印本)
　　(明)葉紹袁撰
　　　嘉業堂叢書·史部·天寥道人自撰年
　　　譜附
　　　中國文學珍本叢書第一輯·葉天寥四
　　　種
南潯日記二卷
　　(明)董說撰
　　　南林叢刊次集
孫徵君日譜錄存三十六卷
　　(清)孫奇逢撰
　　　孫夏峯全集
遊譜一卷
　　(清)孫奇逢撰
　　　孫夏峯全集
志學錄一卷
　　(清)陸世儀撰
　　　陸桴亭先生遺書
三魚堂日記二卷
　　(清)陸隴其撰
　　　指海(道光本、景道光本)第十集
　　　叢書集成初編·文學類
　三魚堂日記十卷首一卷
　　　陸子全書
錢竹汀日記一卷
　　(清)錢大昕撰
　　　藕香零拾
吳兔牀日記一卷
　　(清)吳騫撰
　　　古學彙刊第一集·雜記類
有正味齋日記六卷
　　(清)吳錫麒撰
　　　申報館叢書正集·投報尺牘類
蓼莪子雜識一卷
　　(清)俞興瑞撰
　　　海昌俞氏叢刻
伯山日記一卷
　　(清)姚柬之撰
　　　姚伯山先生全集
馥芬居日記一卷
　　(清)王汝潤撰
　　　先澤殘存續編

牛巖廬日記五卷
　　(清)邵懿辰撰
　　　半巖廬所箸書
湖樓校書記一卷餘記一卷
　　(清)張文虎(華谷里民)撰
　　　覆瓿集
體微齋日記錄存七卷
　　(清)祝墫撰
　　　體微齋遺編
俞曲園先生日記殘稿一卷
　　(清)俞樾撰
　　　吳中文獻小叢書
鷗堂日記三卷
　　(清)周星譽撰
　　　粟香室叢書
蘇常日記一卷
　　(清)瞿元霖撰
　　　長沙瞿氏叢刊
復堂日記八卷
　　(清)譚獻撰
　　　半厂叢書初編·復堂類集附
復堂日記補錄二卷
　　(清)譚獻撰
　　　念劬廬叢刊初編
復堂日記續錄一卷
　　(清)譚獻撰
　　　念劬廬叢刊初編
窳櫎日記鈔三卷
　　(清)周星詒撰
　　　乙亥叢編
請纓日記十卷
　　(清)唐景崧撰
　　　得一山房四種
悚齋日記八卷
　　(清)于蔭霖撰
　　　于中丞遺書
許文肅公日記一卷
　　(清)許景澄撰
　　　許文肅公集
侍疾日記一卷
　　(清)梁濟撰
　　　桂林梁先生遺書
邴廬日記二卷
　　(民國)郭曾炘撰
　　　侯官郭氏家集彙刊
散溪遺書日記二卷
　　(民國)蔡克猷撰
　　　散溪遺書

南幽筆記一卷
　　(民國)甯調元撰
　　　　太一遺書續刊
栩栩盦日記二卷
　　(民國)王同愈撰
　　　　栩栩盦遺箸
遯廬日記一卷
　　(民國)余重耀撰
　　　　遯廬叢著

瑣　記

蘇黃門龍川略志十卷
　　(宋)蘇轍撰
　　　　百川學海(咸淳本、景刊咸淳本)庚
　　　　　集
　　　　百川學海(弘治本、景刊咸淳本據弘治
　　　　　目次編印本、景弘治本)戊集
　　　　宋人小說
　　　　叢書集成初編・史地類
　　龍川略志十卷
　　　　四庫全書・子部小說家類
經筵玉音問答一卷
　　(宋)胡銓撰
　　　　知不足齋叢書(乾隆至道光本、景乾隆
　　　　　至道光本)第二集
　　　　筆記小說大觀第八輯
李贄一卷
　　(清)胡文學撰
　　　　胡氏三書
迎駕紀恩錄一卷
　　(清)王士禛撰
　　　　昭代叢書(康熙本)乙集第三帙
　　　　昭代叢書(道光本)乙集第二帙
　　　　小方壺齋叢鈔卷二
　　　　小方壺齋輿地叢鈔第一帙
恩賜御書記一卷
　　(清)董文驥撰
　　　　昭代叢書(康熙本)乙集第三帙
　　　　昭代叢書(道光本)乙集第二帙
迎駕記一卷
　　(清)楊捷撰
　　　　小方壺齋叢鈔卷二
　　　　小方壺齋輿地叢鈔第一帙
迎駕紀恩一卷
　　(清)楊捷撰
　　　　小方壺齋輿地叢鈔第一帙
恭迎大駕記一卷
　　(清)徐秉義撰

　　　　昭代叢書(康熙本)乙集第三帙
　　　　昭代叢書(道光本)乙集第二帙
迎駕始末一卷
　　(清)汪琬撰
　　　　小方壺齋輿地叢鈔第一帙
乾淸門奏對記一卷
　　(清)湯斌撰
　　　　昭代叢書(道光本)丙集第三帙
出山異數記一卷
　　(清)孔尚任撰
　　　　昭代叢書(康熙本)乙集第三帙
　　　　昭代叢書(道光本)乙集第二帙
蓬山密記一卷
　　(清)高士奇撰
　　　　古學彙刊第一集・雜記類
　　　　滿清野史四編
隨鑾紀恩一卷
　　(清)汪灝撰
　　　　舟車所至
　　　　小方壺齋叢鈔卷二
　　　　小方壺齋輿地叢鈔第一帙
扈從賜遊記一卷
　　(清)張玉書撰
　　　　小方壺齋輿地叢鈔第一帙
恩旨彙紀一卷
　　(清)允禮撰
　　　　春和堂全集
侍疾日記一卷
　　(清)周驥撰
　　　　許松濱先生全集
當差紀略一卷
　　(清)李輈撰
　　　　自得廬集
惠泉鴻爪一卷
　　(清)任艾生撰
　　　　吳氏襲書襄甲編
兩宦江南紀略一卷
　　(清)海霈撰
　　　　侯園叢書
從扈隆福寺小記一卷
　　(清)沈桂撰
　　　　申報館叢書續集・紀麗類・屑玉叢譚
　　　　　初集
平安室雜記一卷
　　(清)蕭道管撰
　　　　石遺室叢書
別竹辭花記一卷
　　(清)梁濟撰

桂林梁先生遺書
賜福樓筆記一卷
　　(民國)程德全撰
　　　程中丞全集
郡齋影事二卷
　　(民國)何剛德撰
　　　平齋家言
燕居修史圖志一卷
　　張江裁輯
　　　京津風土叢書
九峯采蘭記一卷
　　鄔慶時撰
　　　牛帆樓叢書

政 書 類

通制之屬

通典二百卷
　　(唐)杜佑撰
　　　　三通(武英殿本、謝氏本、學海堂本)
　　　　四庫全書·史部政書類
　　　　摛藻堂四庫全書薈要·史部
通典二百卷附考證一卷
　　　　九通（浙江書局本、圖書集成局排印
　　　　本、鴻寶書局石印本)
　　　　十通
續通典一百四十四卷
　　清乾隆三十二年敕撰
　　　　四庫全書·史部政書類
續通典一百五十卷
　　　　九通（浙江書局本、圖書集成局排印
　　　　本、鴻寶書局石印本)
　　　　十通
皇朝通典一百卷
　　清乾隆三十二年敕撰
　　　　四庫全書·史部政書類
　　　　九通（浙江書局本、圖書集成局排印
　　　　本、鴻寶書局石印本)
　　　　十通
通志二百卷
　　(宋)鄭樵撰
　　　　三通(武英殿本、謝氏本、學海堂本)
　　　　四庫全書·史部別史類
　　　　摛藻堂四庫全書薈要·史部
通志二百卷附考證三卷

　　　　九通（浙江書局本、圖書集成局排印
　　　　本、鴻寶書局石印本)
　　　　十通
通志略五十二卷
　　(宋)鄭樵撰
　　　　袖珍古書讀本
　　　　四部備要（排印本、縮印本)·史部政
　　　　書
續通志五百二十七卷
　　清乾隆三十二年敕撰
　　　　四庫全書·史部別史類
續通志六百四十卷
　　　　九通（浙江書局本、圖書集成局排印
　　　　本、鴻寶書局石印本)
　　　　十通
皇朝通志二百卷
　　清乾隆三十二年敕撰
　　　　四庫全書·史部政書類
皇朝通志一百二十六卷
　　　　九通（浙江書局本、圖書集成局排印
　　　　本、鴻寶書局石印本)
　　　　十通
文獻通考三百四十八卷
　　(元)馬端臨撰
　　　　三通（武英殿本、謝氏本、學海堂
　　　　本)
　　　　四庫全書·史部政書類
　　　　摛藻堂四庫全書薈要·史部
文獻通考三百四十八卷附考證三卷
　　　　九通（浙江書局本、圖書集成局排印
　　　　本、鴻寶書局石印本)
　　　　十通
讀通考二卷
　　(清)黃式三撰
　　　　儆居遺書·儆居集
續文獻通考二百五十卷
　　清乾隆十二年敕撰
　　　　四庫全書·史部政書類
　　　　九通（浙江書局本、圖書集成局排印
　　　　本、鴻寶書局石印本)
　　　　十通
皇朝文獻通考二百六十六卷
　　清乾隆十二年敕撰
　　　　四庫全書·史部政書類
皇朝文獻通考三百卷
　　　　九通（浙江書局本、圖書集成局排印
　　　　本、鴻寶書局石印本)
　　　　十通

皇朝續文獻通考四百卷
 (民國)劉錦藻撰
  十通
三通序一卷
 (清)蔣德鈞錄
  求實齋叢書
三通序一卷
 (民國)盧靖錄
  慎始基齋叢書
三通序目一卷
 (清)陳弘謀錄
  培遠堂全集
九通序錄四卷
 (唐)杜佑等撰
  經史百家序錄
歷代制度詳說十二卷
 (宋)呂祖謙撰
  四庫全書・子部類書類
歷代制度詳說十五卷
  續金華叢書・子部
漢唐事箋前集十二卷後集八卷
 (元)朱禮撰
  宛委別藏
  粵雅堂叢書三編第二十五集
三代正朔通考一卷
 (清)崔述撰
  崔東壁遺書(道光本、景道光本、亞東
   圖書館排印本)・王政三大典考
七國考十四卷
 (明)董說撰
  四庫全書・史部政書類
  守山閣叢書(道光本、鴻文書局景道光
   本、博古齋景道光本)・史部
  吳興叢書
  叢書集成初編・社會科學類
漢制考四卷
 (宋)王應麟撰
  玉海(元刊明修清康熙補刊本、浙江書
   局本、成都志古堂本)附刻
  津逮祕書(汲古閣本、景汲古閣本)第
   三集
  四庫全書・史部政書類
  學津討原(嘉慶本、景嘉慶本)第八集
西漢會要七十卷
 (宋)徐天麟撰
  四庫全書・史部政書類
  武英殿聚珍版書(武英殿木活字本、福
   建本、廣雅書局本)・史部

  叢書集成初編・社會科學類
東漢會要四十卷
 (宋)徐天麟撰
  四庫全書・史部政書類
  武英殿聚珍版書(武英殿木活字本、福
   建本、廣雅書局本)・史部
 東漢會要四卷(卷三十六至三十九)
  涉聞梓舊(咸豐本、商務印書館景咸豐
   本、竹簡齋景咸豐本)・斠補隅錄
  叢書集成初編・總類・斠補隅錄
三國會要二十二卷
 (民國)楊晨撰
  台州叢書後集
  崇雅堂叢書
南北史補志十四卷
 (清)汪士鐸撰
  二十五史補編(開明書店排印本、中華
   書局重印本)・南北史部分
南北史補志未刊稿十三卷
 (清)汪士鐸撰
  二十五史補編(開明書店排印本、中華
   書局重印本)・南北史部分
唐會要一百卷
 (宋)王溥撰
  四庫全書・史部政書類
  武英殿聚珍版書(武英殿木活字本、福
   建本、廣雅書局本)・史部
  叢書集成初編・社會科學類
五代會要三十卷
 (宋)王溥撰
  四庫全書・史部政書類
  武英殿聚珍版書(武英殿木活字本)・
   史部
  墨海金壺(嘉慶本、景嘉慶本)・史部
  叢書集成初編・社會科學類
五代會要三十卷附校勘記一卷
 (宋)王溥撰 校勘記(清)沈鎮(清)朱福泰
 撰
  武英殿聚珍版書(福建本、廣雅書局
   本)・史部
吏部條法殘二卷
 (宋)□□中官撰
  吉石盦叢書四集
宋朝事實二十卷
 (宋)李攸撰
  四庫全書・史部政書類
  武英殿聚珍版書(武英殿木活字本、江
   西書局本、福建本、廣雅書局本)・

史部
墨海金壺(嘉慶本、景嘉慶本)・史部
叢書集成初編・社會科學類

建炎以來朝野雜記 甲集二十卷 乙集二十卷
(宋)李心傳撰
四庫全書・史部政書類
函海(乾隆本、道光本)第七函至第八函
武英殿聚珍版書(武英殿木活字本)・史部
函海(光緒本)第九函至第十函

建炎以來朝野雜記
說郛(商務印書館本)卷四

建炎以來朝野雜記 甲集二十卷 乙集二十卷附校勘記五卷
(宋)李心傳撰 校勘記(清)孫星華撰
武英殿聚珍版書(福建本、廣雅書局本)・史部
叢書集成初編・社會科學類

建炎以來朝野雜記 甲集二十卷 乙集二十卷逸文一卷
(宋)李心傳撰 逸文(民國)張鈞衡輯
適園叢書第五集

建炎以來朝野雜記逸文一卷
(宋)李心傳撰 (民國)繆荃孫錄
藝風堂讀書志

朝野雜記校一卷
(清)陸心源撰
潛園總集・羣書校補

太平治迹統類前集三十卷
(宋)彭百川撰
四庫全書・史部雜史類

太平治蹟統類三十卷
適園叢書第十集

遼會要作法一卷
金毓黻撰
東北文獻叢書附

大元聖政國朝典章 六十卷 新集至治條例不分卷
(元)□□撰
誦芬室叢刊初編

元典章校補十卷
陳垣撰
勵耘書屋叢刻第一集

元典章校補釋例六卷
陳垣撰
勵耘書屋叢刻第一集

元朝典故編年考十卷
(清)孫承澤撰
四庫全書・史部政書類
蝶樹山房叢書

大明令一卷
皇明制書

明會典一百八十卷
(明)徐溥等撰 (明)李東陽重修
四庫全書・史部政書類

昭代王章五卷首一卷名例一卷
(明)熊鳴岐輯
玄覽堂叢書

嘉隆新例三卷
(明)□□輯
玄覽堂叢書續集

工部新刊事例一卷
明工部撰
玄覽堂叢書

欽定大清會典一百卷
清乾隆二十九年敕撰
四庫全書・史部政書類
摛藻堂四庫全書薈要・史部

欽定大清會典則例一百八十卷
清乾隆二十九年敕撰
四庫全書・史部政書類

會典簡明錄一卷
(清)張祥河輯
小重山房叢書
漸西村舍彙刊
叢書集成初編・社會科學類

光緒會典(一名周禮今證)四卷會典學十要一卷內閣要義一卷 六部總義一卷欽定職官總目一卷 職官增減裁併及堂屬簡明表一卷
清光緒中敕撰
新訂六譯館叢書・尚書類

吾學錄初編二十四卷
(清)吳榮光撰
四部備要(排印本、縮印本)・史部政書

公餘手存十六卷
(清)李揚華撰
瀞紅山館四種

簡明限期表一卷
(清)瞿懷亭輯
懷潞園叢刊

儀制之屬

典　禮

歷代郊祀志一卷
　　(清)□□撰
　　　　學海類編（道光本、景道光本）・集餘
　　　　二
釋奠考一卷
　　(清)洪若皋撰
　　　　檀几叢書第一帙
　　　　花近樓叢書補遺
大雲山房十二章圖說二卷
　　(清)惲敬撰
　　　　咫進齋叢書第一集
漢禮器制度一卷
　　(漢)叔孫通撰　(清)王謨輯
　　　　漢魏遺書鈔・經翼第二冊
漢禮器制度一卷
　　(漢)叔孫通撰　(清)孫星衍輯
　　　　平津館叢書（嘉慶本、光緒本）
　　　　後知不足齋叢書第七函
　　　　知服齋叢書第一集
　　　　叢書集成初編・社會科學類
漢禮器制度一卷
　　(漢)叔孫通撰　(清)王仁俊輯
　　　　玉函山房輯佚書續編・經編通禮類
　　　　玉函山房輯佚書續編・史編總類
封禪儀記一卷
　　(漢)馬第伯撰
　　　　說郛（宛委山堂本）弓五十一
南北郊冕服議一卷
　　(漢)劉蒼撰　(清)王仁俊輯
　　　　玉函山房輯佚書續編・經編通禮類
胡廣漢制度一卷
　　(漢)胡廣撰　(清)王謨輯
　　　　漢魏遺書鈔・經翼第二冊・漢禮器制
　　　　度附
朝會儀記一卷
　　(漢)蔡質撰
　　　　說郛（宛委山堂本）弓五十一
晉書禮志校正一卷
　　(清)盧文弨撰
　　　　二十五史補編（開明書店排印本、中華
　　　　書局重印本）・晉書部分
決疑要注一卷
　　(晉)摯虞撰

決疑要注一卷
　　(晉)摯虞撰　(民國)張鵬一輯
　　　　關隴叢書
　　　　關中叢書第四集・摯太常遺書
宗議一卷
　　(晉)賀循撰　(清)王仁俊輯
　　　　玉函山房輯佚書續編・經編通禮類
答庾亮問宗議一卷
　　(晉)賀循撰　(清)王仁俊輯
　　　　玉函山房輯佚書續編・經編通禮類
東宮舊事一卷
　　(晉)張敞撰
　　　　說郛（宛委山堂本）弓五十九
　　　　五朝小說・魏晉小說偏錄家
　　　　五朝小說大觀・魏晉小說偏錄家
梁雜儀注一卷
　　(唐)段成式撰
　　　　說郛（宛委山堂本）弓五十一
魏書禮志校補一卷
　　(清)盧文弨撰
　　　　二十五史補編（開明書店排印本、中華
　　　　書局重印本）・魏書部分
魏尚書奏王侯在喪襲爵議一卷
　　(清)王仁俊輯
　　　　玉函山房輯佚書續編・經編通禮類
大唐開元禮一百五十卷
　　(唐)蕭嵩等撰
　　　　四庫全書・史部政書類
　　　　洪氏唐石經館叢書
大唐郊祀錄十卷末一卷附錄一卷
　　(唐)王涇撰
　　　　指海（道光本、景道光本）第十八集
大唐郊祀錄十卷
　　　　適園叢書第一集
太常因革禮一百卷（原缺卷五十一至六
十七）
　　(宋)歐陽修等撰
　　　　宛委別藏
　　　　廣雅書局叢書・史學
　　　　叢書集戎初編・社會科學類
太常因革禮校識二卷
　　(清)廖廷相撰
　　　　廣雅書局叢書・史學・太常因革禮附
　　　　叢書集成初編・社會科學類
濮議四卷
　　(宋)歐陽修撰
　　　　歐陽文忠公全集（天順本、嘉靖本、康

　　　　　熙本、嘉慶本、光緒本)
　　　　四部叢刊(初次印本、二次印本、縮印
　　　　　二次印本)・集部・歐陽文忠公集
　　　　四部備要(排印本、縮印本)・集部宋
　　　　　別集・歐陽文忠全集
　　　　宋廬陵四忠集・歐陽文忠公全集
政和五禮新儀二百二十卷(原缺卷七十
　四、卷八十八至九十、卷一百八至一百
　十二、卷一百二十八至一百三十七、卷
　二百)首一卷御製冠禮十卷
　　(宋)鄭居中等撰
　　　　四庫全書・史部政書類
　　　　四庫全書珍本初集・史部政書類
紹熙州縣釋奠儀圖一卷
　　(宋)朱熹撰
　　　　四庫全書・史部政書類
　　　　指海(道光本、景道光本)第二集
　　　　影印四庫全書四種
　　　　叢書集成初編・社會科學類
明禮儀注一卷
　　(宋)王儀撰
　　　　說郛(宛委山堂本)弓五十一
上壽拜舞記一卷
　　(宋)陳世崇撰
　　　　說郛(宛委山堂本)弓五十一
　　　　五朝小說・宋人百家小說偏錄家
　　　　五朝小說大觀・宋人百家小說偏錄家
南渡宮禁典儀一卷
　　(宋)周密撰
　　　　說郛(宛委山堂本)弓五十三
高宗幸張府節次略一卷
　　(宋)周密撰
　　　　說郛(宛委山堂本)弓五十三
　　　　五朝小說・宋人百家小說偏錄家
　　　　五朝小說大觀・宋人百家小說偏錄家
乾淳御教記一卷
　　(宋)周密撰
　　　　說郛(宛委山堂本)弓五十三
燕射記一卷
　　(宋)周密撰
　　　　說郛(宛委山堂本)弓五十三
遼帝后哀冊文錄一卷附錄一卷
　　(民國)羅振玉輯
　　　　遼居雜箸乙編
金史禮志補脫一卷
　　(清)盧文弨撰
　　　　二十五史補編(開明書店排印本、中華
　　　　　書局重印本)・金史部分

大金集禮四十卷
　　(金)張瑋等撰
　　　　四庫全書・史部政書類
大金集禮四十卷附校刊識語一卷校勘記
　一卷
　　(金)張瑋等撰　校刊識語(清)廖廷相撰
　　　　校勘記(民國)繆荃孫撰
　　　　廣雅書局叢書・史學
　　　　叢書集成初編・社會科學類
大金德運圖說一卷
　　金貞祐中官撰
　　　　四庫全書・史部政書類
　金德運圖說一卷
　　　　碧琳瑯館叢書乙部
　　　　芋園叢書・史部
元婚禮貢舉考一卷
　　(元)口口撰
　　　　古學彙刊第一集・掌故類
廟學典禮六卷
　　(元)口口撰
　　　　四庫全書・史部政書類
　　　　四庫全書珍本初集・史部政書類
明集禮五十三卷
　　(明)徐一夔等撰
　　　　四庫全書・史部政書類
洪武禮制一卷
　　　　皇明制書
稽古定制一卷
　　　　皇明制書
禮儀定式一卷
　　　　皇明制書
聖駕臨雍錄
　　(明)周洪謨撰
　　　　勝朝遺事初編
三禮述二卷
　　(明)鄭曉撰
　　　　鄭端簡公全集・吾學編
辨定嘉靖大禮議二卷
　　(清)毛奇齡撰
　　　　西河合集(康熙本、乾隆修補本)・經
　　　　　集
　　　　藝海珠塵土集(己集)
　　　　叢書集成初編・社會科學類
辨定嘉靖大禮議
　　　　勝朝遺事初編
明景恭王之國事宜一卷
　　(明)口口撰
　　　　邈園叢書

頖宮禮樂疏十卷
　　(明)李之藻撰
　　　　四庫全書・史部政書類
三朝大議錄一卷
　　(清)顧苓撰
　　　　殷禮在斯堂叢書
容臺佐議一卷
　　(清)水佳胤撰
　　　　四明水氏留碩稿前編
思陵典禮紀四卷
　　(清)孫承澤撰
　　　　借月山房彙鈔（嘉慶本、景嘉慶本）第
　　　　　五集
　　　　指海（道光本、景道光本）第十五集
　　　　澤古齋重鈔第四集
　　　　式古居彙鈔
　　　　叢書集成初編・史地類
改定釋奠儀注一卷
　　(明)朱之瑜撰
　　　　舜水遺書（日本本、民國本）
明宮史五卷
　　(明)劉若愚撰　(明)呂毖輯
　　　　四庫全書・史部政書類
　　　　學津討原（嘉慶本、景嘉慶本）第八集
宮庭睹記一卷
　　(明)愍融上人撰
　　　　三異詞錄
　　　　明季史料叢書
明內廷規制考三卷
　　　　借月山房彙鈔（嘉慶本、景嘉慶本）第
　　　　　十集
明制女官考
　　(清)黃百家撰
　　　　檀几叢書餘集
　　　　香豔叢書第十一集
本學指南一卷附奏摺款式一卷
　　(明)□□撰　附(清)□□撰
　　　　遯園叢書
招擬假如行移體式四卷
　　(明)胡文煥撰
　　　　格致叢書
北郊配位尊西向議一卷
　　(清)毛奇齡撰
　　　　西河合集（康熙本、乾隆修補本）・經
　　　　　集
　　　　藝海珠塵匏集（戊集）
　　　　叢書集成初編・社會科學類
　　北郊配位議一卷

四庫全書・史部政書類
紀琉球入太學始末一卷
　　(清)王士禎撰
　　　　昭代叢書（康熙本）乙集第二帙
　　　　學海類編（道光本、景道光本）・集餘
　　　　　二
　　琉球入太學始末一卷
　　　　昭代叢書（道光本）乙集第二帙
昭代樂章恭紀一卷
　　(清)張玉書撰
　　　　昭代叢書（道光本）丁集新編補
幸魯盛典四十卷
　　(清)孔毓圻等撰
　　　　四庫全書・史部政書類
　　　　武英殿聚珍版書（福建本、廣雅書局
　　　　　本）・史部
萬壽盛典一百二十卷
　　(清)□□輯
　　　　四庫全書・史部政書類
欽定大清通禮五十卷
　　(清)來保等撰
　　　　四庫全書・史部政書類
　　　　摛藻堂四庫全書薈要・史部
南巡盛典一百二十卷
　　(清)高晉等撰
　　　　四庫全書・史部政書類
欽定皇朝禮器圖式二十八卷
　　清乾隆二十四年敕撰
　　　　四庫全書・史部政書類
　　　　摛藻堂四庫全書薈要・史部
欽定滿洲祭神祭天典禮六卷
　　清乾隆十二年敕撰
　　　　四庫全書・史部政書類
　　　　遼海叢書第九集
盛京通鑑八卷
　　(清)□□撰
　　　　滿蒙叢書第三卷
八旬萬壽盛典一百二十卷
　　(清)阿桂等撰
　　　　四庫全書・史部政書類
東朝崇養錄四卷
　　(清)徐松撰
　　　　松鄰叢書甲編
西巡舊典等劄記一卷
　　(清)朱爲弼撰
　　　　朱茮堂家藏稿
學宮禮器圖一卷
　　(清)□□輯

雜　禮

說郛（宛委山堂本）弓五十一
　　綠窗女史・閨閣部容儀
書儀斷片
　　貞松堂藏西陲祕籍叢殘第一集
書儀殘葉
　　貞松堂藏西陲祕籍叢殘第一集
書儀十卷
　　（宋）司馬光撰
　　　四庫全書・經部禮類
　司馬氏書儀十卷
　　　學津討原（嘉慶本、景嘉慶本）第三集
　　　端溪叢書三集
　　　叢書集成初編・社會科學類
家禮雜儀一卷
　　（宋）朱熹輯
　　　鄭氏叢刻・四禮初稿附
家禮五卷附錄一卷
　　（宋）朱熹撰
　　　四庫全書・經部禮類
　　　西京清麓叢書外編
　　　洪氏公善堂叢書
通禮一卷
　　（宋）朱熹輯
　　　鄭氏叢刻・四禮初稿附
酬酢事變
　　　說郛（商務印書館本）卷四十三
五服圖解一卷
　　（元）龔端禮撰
　　　宛委別藏
　　　選印宛委別藏
孝慈錄一卷
　　明太祖撰
　　　皇明制書
　御製孝慈錄一卷
　　　紀錄彙編
　　　紀錄彙編選刊
　　　景印元明善本叢書十種・紀錄彙編
慮得集四卷附錄二卷
　　（明）華宗韡撰
　　　託跋盦叢刻
喪禮備纂二卷
　　（明）王廷相撰
　　　王浚川所著書
禮問二卷
　　（明）呂柟撰
　　　呂涇野五經說（嘉靖本、道光本）
　　　惜陰軒叢書（道光本、光緒本）續編・
　　　　呂涇野經說

涇野先生禮問二卷
　　　叢書集成初編・社會科學類
鄉射直節一卷
　　（明）何景明撰
　　　說郛續弓三十六
泰泉鄉禮七卷
　　（明）黃佐撰
　　　四庫全書・經部禮類
　泰泉鄉禮七卷首一卷
　　　嶺南叢書
葬度一卷
　　（明）王文祿撰
　　　百陵學山
　　　說郛續弓三十
　　　景印元明善本叢書十種・百陵學山
　葬度
　　　居家必備・奉養
家禮摘要一卷
　　（明）葛引生撰
　　　東山葛氏遺書
四禮翼八卷
　　（明）呂坤撰
　　　呂新吾全集
　四禮翼一卷
　　　鄭氏叢刻
　　　青照堂叢書摘次編第三函
　　　西京清薆叢書續編・養正叢編
　呂仲子先生四禮翼四卷
　　　書三味樓叢書
　四禮翼四卷
　　　津河廣仁堂所刻書
　呂氏四禮翼四卷
　　（明）呂坤撰　（清）朱軾評點
　　　朱文端公藏書（康熙至乾隆本、光緒
　　　　本）
四禮疑五卷喪禮餘言一卷
　　（明）呂坤撰
　　　呂新吾全集
居家儀禮
　　（口）張一楨撰
　　　居家必備・家儀
欽定服色肩輿永例一卷
　　　清順治九年敕撰
　　　史料叢刊初編
楊園先生喪葬雜錄一卷
　　（清）張履祥輯
　　　楊園張先生全集
　喪葬雜錄一卷

重訂楊園先生全集
讀禮叢鈔

楊園先生喪祭雜說一卷
張楊園先生集

喪祭雜說一卷
讀禮叢鈔

葬親社約一卷
　(清)唐灝儒撰　(清)張履祥輯
　　楊園張先生全集・楊園先生喪葬雜錄
　　附
　　張楊園先生集・楊園先生喪祭雜說附
　　重訂楊園先生全集・喪葬雜錄附

家祭禮一卷
　(清)陸世儀撰
　　陸桴亭先生遺書

喪禮雜說一卷
　(清)毛先舒撰
　　檀几叢書第二帙
　　讀禮叢鈔

常禮雜說一卷
　(清)毛先舒撰
　　檀几叢書第二帙・喪禮雜說附
　　讀禮叢鈔・喪禮雜說附

家禮辨說十六卷
　(清)毛奇齡撰
　　明辨齋叢書三集

古禮今律無繼嗣文一卷
　(清)毛奇齡撰
　　西河合集(康熙本、乾隆修補本)・文
　　集

古今無慶生日文一卷
　(清)毛奇齡撰
　　西河合集(康熙本、乾隆修補本)・文
　　集

禁室女守志殉死文一卷
　(清)毛奇齡撰
　　西河合集(康熙本、乾隆修補本)・文
　　集

三年服制考一卷
　(清)毛奇齡撰
　　讀禮叢鈔

師友行輩議一卷
　(清)魏禧撰
　　昭代叢書(康熙本)乙集第二帙
　　昭代叢書(道光本)乙集第一帙

古今五服考異八卷
　(清)汪琬撰
　　鈍翁全集・鈍翁類槀外槀

廣祀典議一卷
　(清)吳鼎公撰
　　昭代叢書(道光本)乙集第一帙

禮文手鈔五卷
　(清)顏元撰
　　顏李叢書

俗砭一卷
　(清)方象瑛撰
　　檀几叢書二集第二帙

吳下喪禮辨一卷
　(清)顧湄撰
　　婁東雜著竹集

四禮寧儉編一卷
　(清)王心敬撰
　　關中叢書第三集・豐川雜著

家禮拾遺五卷附錄一卷
　(清)李文炤撰
　　李氏成書

家禮喪祭拾遺一卷
　(清)李文炤撰
　　讀禮叢鈔

六禮或問十二卷首一卷末一卷
　(清)汪紱撰
　　汪雙池先生叢書

大風集四卷
　(清)汪紱撰
　　汪雙池先生叢書・浙刻雙池遺書十二
　　種

慎始集一卷
　(清)北谷撰
　　滿洲四禮集

祭法記疑二卷
　(清)王元啓撰
　　惺齋先生雜著

律服考古錄二卷
　(清)楊峒撰
　　聖譯樓叢書

喪禮輯要二卷
　(清)孟超然撰
　　亦園亭全集・孟氏八錄

滿洲祭天祭神儀注一卷
　(清)索寧安撰
　　滿洲四禮集

滿洲婚禮儀注一卷
　(清)索寧安撰
　　滿洲四禮集

追遠論四十則一卷
　(清)索寧安撰

滿洲四禮集
滿洲家祠祭祀儀注一卷
　　（清）索寧安撰
　　　滿洲四禮集
挂楣菹記六卷
　　（清）凌揚藻撰
　　　海雅堂全集
四禮辨俗一卷
　　（清）李元春撰
　　　青照堂叢書摘次編第三函
士人家儀考四卷
　　（清）林伯桐撰
　　　脩本堂叢書・冠昏喪祭儀考
品官家儀考四卷
　　（清）林伯桐撰
　　　脩本堂叢書・冠昏喪祭儀考
人家冠昏喪祭考四卷
　　（清）林伯桐撰
　　　脩本堂叢書・冠昏喪祭儀考
讀禮小事記一卷
　　（清）唐鑑撰
　　　讀禮叢鈔
來復堂家禮一卷
　　（清）丁大椿撰
　　　來復堂全書
考禮一卷
　　（清）高巘雲撰
　　　漱琴室存藁
喪服今制表一卷
　　（清）張華理撰
　　　讀禮叢鈔
喪服雜說一卷
　　（清）張華理撰
　　　讀禮叢鈔
制服表一卷
　　（清）周保珪撰
　　　讀禮叢鈔
制服成誦篇一卷
　　（清）周保珪撰
　　　讀禮叢鈔
喪服通釋一卷
　　（清）周保珪撰
　　　讀禮叢鈔
典禮質疑六卷
　　（清）杜貴墀撰
　　　桐華閣叢書
　　　郎園先生全書
花燭閒談一卷

（清）于昹撰
　　于香草遺著叢輯
　　香豔叢書第十五集
　　說庫
經世家禮鈔一卷
　　（清）劉光蕡撰
　　　西京清麓叢書續編・養正叢編
庶人禮略類編一卷
　　江鍾秀撰
　　　江氏著書七種
劉氏家禮二卷
　　（清）劉曾騄撰
　　　祥符劉氏叢書・夢園二集
婚啓一卷
　　（清）陳著撰
　　　香豔叢書第十一集
喪禮通俗編一卷
　　（民國）蔡克猷撰
　　　散溪遺書
松俗處喪非禮辨一卷
　　（民國）蔡克猷撰
　　　散溪遺書

專　志
紀　元

歷代紀元彙考八卷附續編一卷
　　（清）萬斯同撰　（清）孫銔校補　續編（清）
　　李哲濬撰
　　　四明叢書第四集
改元考同一卷
　　（清）吳鼎公撰
　　　昭代叢書（康熙本）甲集第一帙
　　　昭代叢書（道光本）甲集第一帙
　　　學海類編（道光本、景道光本）・集餘
　　　五
　　　叢書集成初編・史地類
改元考同三卷
　　　花近樓叢書
紀元要略二卷附補一卷
　　（清）陳景雲撰　補（清）陳黃中撰
　　　文道十書
　　　藝海珠塵匏集（戊集）
歷代建元考十卷
　　（清）鍾淵映撰
　　　四庫全書・史部政書類
　　　墨海金壺（嘉慶本、景嘉慶本）・史部
　　　守山閣叢書（道光本、鴻文書局景道光

本、博古齋景道光本)·史部
　　叢書集成初編·史地類
朝代紀元表一卷
　　(清)萬廷蘭撰
　　　趙氏藏書·大清一統志表附
甲子紀元一卷
　　(清)陳弘謀輯
　　　培遠堂全集
綱鑑紀年一卷
　　(清)郝玶撰
　　　一齋溫溪叢刻
元號略四卷補遺一卷
　　(清)梁玉繩撰
　　　清白士集
元號略補遺一卷
　　(清)蔡雲撰
　　　元和蔡氏所著書·清白士集校補
　　　聚學軒叢書第一集·清白士集校補
元號略續校補
　　(清)蔡雲撰
　　　元和蔡氏所著書·清白士集校補附
　　　聚學軒叢書第一集·清白士集校補附
歷代建元重號一卷
　　(清)姚文田撰
　　　牛畝園叢書
紀元編三卷末一卷
　　(清)李兆洛撰　(清)六承如集錄
　　　粵雅堂叢書二編第十二集
　　　李氏五種(李鴻章本、馬楨楡本、掃葉
　　　山房刊本、掃葉山房石印本)
　　　叢書集成初編·史地類
　　　四部備要(排印本、縮印本)·史部表
　　　譜考證
紀元編三卷
　　(清)李兆洛撰　(民國)羅振玉校訂
　　　東方學會叢書初集
歷代紀元表一卷
　　(清)黃本驥撰
　　　三長物齋叢書
　　　古今史學萃珍
年號分韻錄一卷
　　(清)黃本驥撰
　　　三長物齋叢書·歷代紀元表附
　　　古今史學萃珍
歷代年號重襲考一卷
　　(清)夏荃撰
　　　海陵叢刻·退庵錢譜附
歷代帝王紀年考一卷

(清)王檢心輯
　　復性齋叢書
甲子紀年表一卷
　　(清)徐壽基撰
　　　志學齋集

謚 諱

周公謚法一卷
　　(清)任兆麟選輯
　　　述記(乾隆本、嘉慶本)
謚法三卷
　　(漢)劉熙(晉)孔晁注　(清)孫馮翼輯
　　　問經堂叢書
謚法劉熙注一卷補遺一卷
　　(漢)劉熙撰　(清)王仁俊輯
　　　玉函山房輯佚書續編·經編儀禮類
謚法一卷
　　(梁)賀琛撰　(清)王謨輯
　　　漢魏遺書鈔·經翼第二冊
謚法四卷
　　(宋)蘇洵撰
　　　四庫全書·史部政書類
　　　墨海金壺(嘉慶本、景嘉慶本)·史部
　　　珠叢別錄(道光本、景道光本)
　　　叢書集成初編·社會科學類
謚法考一卷
　　(清)沈蕙纕錄
　　　學海類編(道光本、景道光本)·集餘
　　　五
　　　叢書集成初編·社會科學類
謚法續考一卷
　　(清)奕賡撰
　　　佳夢軒叢著(稿本、民國排印本)
漢晉迄明謚彙攷十卷皇朝謚彙攷五卷
　　(清)劉長華撰
　　　崇川劉氏叢書
明臣謚彙考二卷
　　(明)鮑應鰲撰
　　　四庫全書·史部政書類
明謚記彙編二十五卷
　　(明)郭良翰撰
　　　四庫全書·史部政書類
明謚法攷一卷
　　(清)練恕撰
　　　多識錄
謚法攷一卷
　　(清)王士禛撰
　　　王漁洋遺書

國朝諡法考一卷
　　　　昭代叢書（康熙本）乙集第二帙
　　　　昭代叢書（道光本）乙集第二帙
歷代諱名考一卷
　　（清）劉錫信撰
　　　　畿輔叢書
避諱錄五卷
　　（清）黃本驥撰
　　　　三長物齋叢書
廿二史諱略一卷
　　（清）周榘撰
　　　　嘯園叢書第一函
歷代諱字譜二卷
　　（民國）張惟驤撰
　　　　小雙寂庵叢書（稿本、刊本）
家諱考一卷
　　（民國）張惟驤撰
　　　　小雙寂庵叢書（稿本、刊本）
史諱舉例八卷
　　　　陳垣撰
　　　　勵耘書屋叢刻第二集

科舉學校

貢舉敍略一卷
　　（宋）陳彭年撰
　　　　學海類編（道光本、景道光本）·集餘
　　　　二
　　　　叢書集成初編·社會科學類
學科考略一卷
　　（明）董其昌撰
　　　　學海類編（道光本、景道光本）·集餘
　　　　二
　　　　叢書集成初編·社會科學類
歷代貢舉志一卷
　　（明）馮夢禎撰
　　　　學海類編（道光本、景道光本）·集餘
　　　　二
　　　　叢書集成初編·社會科學類
登科記考三十卷
　　（清）徐松撰
　　　　南菁書院叢書第一集
常談一卷
　　（清）陶福履撰
　　　　豫章叢書（陶福履輯）第一集
　　　　叢書集成初編·社會科學類
摭言一卷
　　（南漢）王定保撰
　　　　稗海（萬曆本、康熙重編補刊本、乾隆

修補重訂本）第一函
　　　　五朝小說·唐人百家小說瑣記家
　　　　五朝小說大觀·唐人百家小說瑣記家
　　　　唐人說薈（乾隆本、道光本、宣統石印
　　　　本、民國石印本）二集
　　　　唐代叢書二集
　　　　說庫
　　（題唐何晦撰）
　　　　說郛（宛委山堂本）弓三十四
摭言十五卷
　　　　雅雨堂藏書
唐摭言十五卷
　　　　四庫全書·子部小說家類
　　　　摛藻堂四庫全書薈要·子部
　　　　學津討原（嘉慶本、景嘉慶本）第十七
　　　　集
　　　　嘯園叢書第三函
　　　　叢書集成初編·文學類
　　　　四部備要（排印本、縮印本）·史部雜
　　　　史
　　　　中國文學參考資料小叢書第一輯
唐摭言二十三則
　　　　舊小說（民國本、1957 年本）丙集
唐摭言校一卷
　　（清）蔣光煦撰
　　　　涉聞梓舊（咸豐本、商務印書館景咸豐
　　　　本、竹簡齋景咸豐本）·斠補隅錄
　　　　叢書集成初編·總類·斠補隅錄
唐科名記一卷
　　（宋）高似孫撰
　　　　說郛（宛委山堂本）弓五十一
五代登科記一卷
　　（宋）韓思撰
　　　　說郛（宛委山堂本）弓五十一
上庠錄一卷
　　（宋）呂榮義撰
　　　　說郛（宛委山堂本）弓五十一
唱名記一卷
　　（宋）周密撰
　　　　說郛（宛委山堂本）弓五十三
科場條貫一卷
　　（明）陸深撰
　　　　儼山外集
　　　　紀錄彙編
　　　　叢書集成初編·社會科學類
　　　　景印元明善本叢書十種·紀錄彙編
制科議一卷
　　（清）陸世儀撰

陸桴亭先生遺書

制科雜錄一卷
　　（清）毛奇齡撰
　　　　西河合集（康熙本、乾隆修補本）·文
　　　　集
　　　　昭代叢書（道光本）戊集續編

臚傳紀事一卷
　　（清）繆彤撰
　　　　檀几叢書第一帙
　　　　學海類編（道光本、景道光本）·集餘
　　　　二
　　　　叢書集成初編·社會科學類

乙丑禮闈分校日記一卷
　　（清）王喆生撰
　　　　津河廣仁堂所刻書·謏言日錄附

恭紀御試一卷
　　（清）陶貞一撰
　　　　虞陽說苑甲編

制義科瑣記四卷
　　（清）李調元撰
　　　　函海（乾隆本、道光本）第二十八函
　　　　函海（光緒本）第三十函
　　　　叢書集成初編·社會科學類

淡墨錄十六卷
　　（清）李調元撰
　　　　函海（乾隆本、道光本）第三十九函
　　　　函海（光緒本）第三十二函
　　　　叢書集成初編·史地類

科場則例一卷
　　（清）福申補輯
　　　　拜梅山房几上書

策學例言一卷
　　（清）侯鳳苞撰
　　　　遜敏堂叢書

公車見聞錄一卷
　　（清）林伯桐撰
　　　　脩本堂叢書

同治乙丑補試彙案二卷
　　（清）管庭芬錄
　　　　花近樓叢書附存

己丑恩科鄉試監臨紀事一卷附武鄉試監
　　臨紀事一卷
　　（清）潘祖蔭撰
　　　　崦崑樓叢刊甲集

紫泥日記一卷
　　（清）黃彭年撰
　　　　陶樓雜著

山邑先後加復學額志一卷

（清）何其傑撰
　　　景袁齋叢書

南官舊事一卷
　　（民國）魏元曠撰
　　　　魏氏全書·潛園統編雜編

癸卯大科記一卷
　　冒廣生撰
　　　　如皋冒氏叢書·疚齋小品

歷代鼎甲錄一卷
　　（清）楊慶之輯
　　　　小方壺齋叢書三集

高科考一卷
　　（明）□□輯
　　　　玄覽堂叢書

紹興十八年同年小錄一卷
　　　四庫全書·史部傳記類
　　　宋元科舉三錄

　紹興題名錄一卷
　　　粵雅堂叢書三編第二十四集
　　　叢書集成初編·史地類

寶祐四年登科錄一卷
　　　四庫全書·史部傳記類
　　　宋元科舉三錄

　寶祐登科錄一卷
　　　粵雅堂叢書三編第二十四集
　　　叢書集成初編·史地類

元統元年進士錄一卷
　　　宋元科舉三錄

明清巍科姓氏錄二卷
　　（民國）張惟驤撰
　　　　小雙寂庵叢書（稿本、刊本）

明季國初進士履歷跋後一卷
　　（清）邵懿辰撰
　　　　半巖廬所箸書

明洪武四年進士登科錄一卷
　　　藝海珠塵革集（庚集）

萬曆丁酉同年攷一卷
　　（清）葛萬里撰
　　　　葛萬里雜著

皇朝鼎甲錄一卷
　　（清）陳鍾原輯
　　　　拜梅山房几上書

杭府仁錢三學灑埽職一卷附錄一卷
　　（清）□□撰
　　　　武林掌故叢編第十二集附

改設學堂私議一卷附勸設學綴言一卷
　　（清）劉光蕡撰
　　　　煙霞草堂遺書

繼述堂中西教育合纂一卷
　　（民國）王毓英撰
　　　　繼述堂全集
日本華族女學校規則一卷
　　（清）□□譯
　　　　靈鶼閣叢書第六集

職官之屬

官　　制

通　　制

歷代銓政要略一卷
　　（宋）楊億撰
　　　　學海類編（道光本、景道光本）·集餘
　　　　二
職官分紀五十卷
　　（宋）孫逢吉撰
　　　　四庫全書·子部類書類
　　　　四庫全書珍本初集·子部類書類
歷代職源撮要一卷
　　（宋）王益之撰
　　　　適園叢書第五集
　職源撮要一卷
　　　　續金華叢書·史部
歷代銓選志一卷
　　（清）袁定遠撰
　　　　學海類編（道光本、景道光本）·集餘
　　　　二
欽定歷代職官表六十三卷
　　清乾隆四十五年敕撰
　　　　四庫全書·史部職官類
　歷代職官表六卷
　　　　三長物齋叢書
　　　　西京清麓叢書外編
　　　　螫雲雷齋叢書
　欽定歷代職官表七十二卷
　　　　廣雅書局叢書·史學
　　　　四部備要（排印本、縮印本）·史部政
　　　　書
　歷代職官表七十二卷
　　　　叢書集成初編·社會科學類
官制沿革表四卷
　　（清）馬徵慶撰
　　　　馬鍾山遺書
選舉沿革表一卷
　　（清）馬徵慶撰

　　　　馬鍾山遺書
漢官一卷
　　（漢）□□撰　（清）孫星衍輯
　　　　平津館叢書（嘉慶本、光緒本）
　　　　後知不足齋叢書第七函
　　　　知服齋叢書第一集
　　　　叢書集成初編·社會科學類
　　　　四部備要（排印本、縮印本）·史部政
　　　　書·漢官六種
漢官一卷
　　（漢）□□撰　（清）黄奭輯
　　　　漢學堂叢書·子史鉤沈·史部職官類
　　　　黄氏逸書考（民國修補本、民國補刊
　　　　本）·子史鉤沈
漢官解詁一卷
　　（漢）王隆撰　（漢）胡廣注　（清）孫星衍輯
　　　　平津館叢書（嘉慶本、光緒本）
　　　　後知不足齋叢書第七函
　　　　知服齋叢書第一集
　　　　叢書集成初編·社會科學類
　　　　四部備要（排印本、縮印本）·史部政
　　　　書·漢官六種
漢官解詁一卷
　　（漢）王隆撰　（漢）胡廣注　（清）黄奭輯
　　　　漢學堂叢書·子史鉤沈·史部職官類
　　　　黄氏逸書考（民國修補本、民國補刊
　　　　本）·子史鉤沈
漢官舊儀一卷補遺一卷
　　（漢）衞宏撰
　　　　四庫全書·史部政書類
　漢官舊儀二卷補遺一卷
　　　　武英殿聚珍版書（武英殿木活字本、浙
　　　　江本、江西書局本、福建本、廣雅書
　　　　局本）·史部
　　　　反約篇
　　　　榕園叢書乙集
　　　　清芬堂叢書·史部
　　　　勵志齋叢書
　　　　叢書集成初編·社會科學類
　漢舊儀二卷補遺二卷
　　（漢）衞宏撰　（清）孫星衍校併輯補遺
　　　　平津館叢書（嘉慶本、光緒本）
　　　　後知不足齋叢書第七函
　　　　知服齋叢書第一集
　　　　叢書集成初編·社會科學類
　　　　四部備要（排印本、縮印本）·史部政
　　　　書·漢官六種
漢舊儀一卷
　　（漢）衞宏撰　（清）黄奭輯

漢學堂叢書・子史鉤沈・史部政書類
黄氏逸書考（民國修補本、民國補刊
本）・子史鉤沈

漢官儀一卷
（漢）蕭宏撰 （清）王仁俊輯
玉函山房輯佚書續編・史編總類

漢官儀一卷
（漢）應劭撰
說郛（宛委山堂本）弓五十九
古今說部叢書一集

漢官儀二卷
（漢）應劭撰 （清）孫星衍輯
平津館叢書（嘉慶本、光緒本）
後知不足齋叢書第七函
知服齋叢書第一集
叢書集成初編・社會科學類
四部備要（排印本、縮印本）・史部政
書・漢官六種

漢官儀一卷
（漢）應劭撰 （清）黄奭輯
漢學堂叢書・子史鉤沈・史部職官類
黄氏逸書考（民國修補本、民國補刊
本）・子史鉤沈

漢官儀佚文一卷
（漢）應劭撰 （清）王仁俊輯
經籍佚文

漢官典職儀式選用一卷
（漢）蔡質撰 （清）孫星衍輯
平津館叢書（嘉慶本、光緒本）
後知不足齋叢書第七函
知服齋叢書第一集
叢書集成初編・社會科學類
四部備要（排印本、縮印本）・史部政
書・漢官六種

漢官典儀一卷
（漢）蔡質撰 （清）黄奭輯
漢學堂叢書・子史鉤沈・史部職官類
黄氏逸書考（民國修補本、民國補刊
本）・子史鉤沈

漢儀一卷
（吳）丁孚撰 （清）孫星衍輯
平津館叢書（嘉慶本、光緒本）
後知不足齋叢書第七函
知服齋叢書第一集
叢書集成初編・社會科學類
四部備要（排印本、縮印本）・史部政
書・漢官六種

漢儀一卷
（吳）丁孚撰 （清）黄奭輯

漢學堂叢書・子史鉤沈・史部職官類
黄氏逸書考（民國修補本、民國補刊
本）・子史鉤沈

漢官答問五卷
（清）陳樹鏞撰
振綺堂叢書初集
端溪叢書二集

漢州郡縣吏制考二卷
（清）強汝詢撰
求益齋全集

晉官品令
（清）黄奭輯
漢學堂叢書・子史鉤沈・史部別史類
・衆家晉史
黄氏逸書考（民國修補本、民國補刊
本）・子史鉤沈・衆家晉史

王朝目錄
（清）黄奭輯
漢學堂叢書・子史鉤沈・史部別史類
・衆家晉史
黄氏逸書考（民國修補本、民國補刊
本）・子史鉤沈・衆家晉史

晉百官名一卷
（清）黄奭輯
漢學堂叢書・子史鉤沈・史部職官類
黄氏逸書考（民國修補本、民國補刊
本）・子史鉤沈

晉公卿禮秩一卷附晉故事一卷
（晉）傅暢撰 （清）黄奭輯
漢學堂叢書・子史鉤沈・史部職官類
黄氏逸書考（民國修補本、民國補刊
本）・子史鉤沈

晉公卿禮秩故事一卷
（晉）傅暢撰 （清）傅以禮輯
傅氏家書・晉諸公敍讚附

晉公卿禮秩一卷
（晉）傅暢撰 （清）王仁俊輯
玉函山房輯佚書續編・史編總類

晉百官表注一卷
（晉）荀綽撰 （清）黄奭輯
漢學堂叢書・子史鉤沈・史部職官類
黄氏逸書考（民國修補本、民國補刊
本）・子史鉤沈

唐六典三十卷
唐玄宗撰 （唐）李林甫注
四庫全書・史部職官類

殘職官書一卷
（唐）□□撰

東方學會叢書初集 · 敦煌石室碎金

趨朝事類一卷
　　（宋）□□撰
　　　　說郛（宛委山堂本）弓五十一
　　趨朝事類
　　　　說郛（商務印書館本）卷三十四

大元官制雜記一卷
　　（元）□□撰
　　　　廣倉學宭叢書甲類第二集

諸司職掌十卷
　　明洪武中敕輯
　　　　玄覽堂叢書

官職會通二卷
　　（明）魏校撰
　　　　莊渠先生遺書

百官述二卷
　　（明）鄭曉撰
　　　　鄭端簡公全集 · 吾學編

官制備攷二卷
　　（明）李日華撰
　　　　四六全書

官禮制攷一卷
　　（明）胡文煥撰
　　　　格致叢書

官級由陞二卷
　　（明）□□撰
　　　　格致叢書

官爵志三卷
　　（明）徐石麒撰
　　　　學海類編（道光本、景道光本）· 集餘
　　　　二
　　　　叢書集成初編 · 社會科學類

客牕偶談一卷
　　（清）陳僖璵
　　　　昭代叢書（道光本）丁集新編

國初品級考一卷
　　（清）□□撰
　　　　花近樓叢書附存
　　　　清人說薈二集
　　康熙朝品級考一卷
　　　　煙畫東堂小品
　　　　房山山房叢書

丙午釐定官制芻論二卷附錄一卷
　　（民國）胡思敬撰
　　　　退廬全書

專　志

宋宰輔編年錄二十卷

　　（宋）徐自明撰
　　　　四庫全書 · 史部職官類
　　　　敬鄉樓叢書第二輯

直文淵閣諸臣表一卷
　　（明）鄭曉撰
　　　　鄭端簡公全集 · 吾學編

內閣志一卷
　　（清）席吳鼇撰
　　　　借月山房彙鈔（嘉慶本、景嘉慶本）第
　　　　十集
　　　　叢書集成初編 · 社會科學類

內閣小志一卷內閣故事一卷
　　（清）葉鳳毛撰
　　　　指海（道光本、景道光本）第一集
　　　　玉簡齋叢書
　　　　天蘇閣叢刊二集
　　　　叢書集成初編 · 社會科學類

中書典故彙記八卷
　　（清）王正功撰　（清）趙輯寧校補
　　　　嘉業堂叢書 · 史部

兩京典銓表一卷
　　（明）鄭曉撰
　　　　鄭端簡公全集 · 吾學編

禮部志稿一百卷
　　（明）俞汝楫等纂
　　　　四庫全書 · 史部職官類
　　　　四庫全書珍本初集 · 史部職官類

南省公餘錄八卷
　　（清）梁章鉅撰
　　　　二思堂叢書
　　　　筆記小說大觀第四輯

太常續考八卷
　　（明）□□撰
　　　　四庫全書 · 史部職官類
　　　　四庫全書珍本初集 · 史部職官類

欽定國子監志六十二卷
　　（清）梁國治等撰
　　　　四庫全書 · 史部職官類

綿蕞餘紀一卷
　　（民國）桑宣撰
　　　　鐵研齋叢書

歷代刑官考二卷
　　（民國）沈家本撰
　　　　沈寄簃先生遺書甲編

西曹舊事一卷
　　（民國）魏元曠撰
　　　　魏氏全書 · 潛園統編雜編

錦衣志一卷

(明)王世貞撰
　　紀錄彙編
　　說郛續弓九
　　叢書集成初編・社會科學類
　　景印元明善本叢書十種・紀錄彙編
　錦衣志
　　勝朝遺事二編
工部廠庫須知十二卷
　(明)何士晉撰
　　玄覽堂叢書續集
翰林志一卷
　(唐)李肇撰
　　百川學海(咸淳本、景刊咸淳本)乙集
　　百川學海(弘治本、景刊咸淳本據弘治
　　　目次編印本、景弘治本)乙集
　　百川學海(重輯本)乙集
　　歷代小史
　　說郛(宛委山堂本)弓五十一
　　四庫全書・史部職官類
　　知不足齋叢書(乾隆至道光本、景乾隆
　　　至道光本)第十三集・翰苑羣書
　　反約篇
　　榕園叢書乙集
　　景印元明善本叢書十種・歷代小史
　翰林志
　　說郛(商務印書館本)卷六・廣知
　　說郛(商務印書館本)卷九十
續翰林志一卷
　(宋)蘇易簡撰
　　說郛(宛委山堂本)弓五十一
　續翰林志二卷
　　知不足齋叢書(乾隆至道光本、景乾隆
　　　至道光本)第十三集・翰苑羣書
　　反約篇
　　榕園叢書乙集
　續翰林志
　　說郛(商務印書館本)卷六・廣知
次續翰林志一卷
　(宋)蘇耆撰
　　知不足齋叢書(乾隆至道光本、景乾隆
　　　至道光本)第十三集・翰苑羣書
承旨學士院記一卷
　(唐)元稹撰
　　知不足齋叢書(乾隆至道光本、景乾隆
　　　至道光本)第十三集・翰苑羣書
翰林學士記一卷
　(唐)韋處厚撰
　　知不足齋叢書(乾隆至道光本、景乾隆

　　　至道光本)第十三集・翰苑羣書
翰林院故事一卷
　(唐)韋執誼撰
　　知不足齋叢書(乾隆至道光本、景乾隆
　　　至道光本)第十三集・翰苑羣書
翰林學士院舊規一卷
　(唐)楊鉅撰
　　知不足齋叢書(乾隆至道光本、景乾隆
　　　至道光本)第十三集・翰苑羣書
翰林壁記一卷
　(唐)丁居晦撰
　　說郛(宛委山堂本)弓五十一
　重修承旨學士壁記一卷
　　知不足齋叢書(乾隆至道光本、景乾隆
　　　至道光本)第十三集・翰苑羣書
金坡遺事
　(宋)錢惟演撰
　　說郛(商務印書館本)卷七十七
禁林讌會集一卷
　(宋)李昉等撰
　　知不足齋叢書(乾隆至道光本、景乾隆
　　　至道光本)第十三集・翰苑羣書
學士年表一卷
　(宋)□□撰
　　知不足齋叢書(乾隆至道光本、景乾隆
　　　至道光本)第十三集・翰苑羣書
翰苑題名一卷
　(宋)□□撰
　　知不足齋叢書(乾隆至道光本、景乾隆
　　　至道光本)第十三集・翰苑羣書
麟臺故事一卷
　(宋)程俱撰
　　說郛(宛委山堂本)弓十七
　麟臺故事五卷
　　四庫全書・史部職官類
　　武英殿聚珍版書(武英殿木活字本、浙
　　　江本、江西書局本)・史部
　　反約篇
　　榕園叢書乙集
　麟臺故事四卷補遺一卷
　　十萬卷樓叢書三編
　麟臺故事
　　說郛(商務印書館本)卷三十四
麟臺故事五卷拾遺二卷附考異一卷
　(宋)程俱撰　拾遺(清)孫星華輯併撰考
　異
　　武英殿聚珍版書（福建本、廣雅書局
　　　本）・史部

麟臺故事五卷（原缺卷四至五）附校記一
卷
　（宋）程俱撰　校記張元濟撰
　　四部叢刊續編・史部
翰苑遺事一卷
　（宋）洪遵撰
　　知不足齋叢書（乾隆至道光本、景乾隆
　　　至道光本）第十三集・翰苑羣書
　　學海類編（道光本、景道光本）・集餘
　　　二
　　反約篇
　　榕園叢書乙集
淳熙玉堂雜紀三卷
　（宋）周必大撰
　　百川學海（咸淳本、景刊咸淳本）己集
　　百川學海（弘治本、景刊咸淳本據弘治
　　　目次編印本、景弘治本）乙集
　　津逮祕書（汲古閣本、景汲古閣本）第
　　　十集
　　學津討原（嘉慶本、景嘉慶本）第八集
　玉堂雜記三卷
　　說郛（宛委山堂本）弓四十五
　　四庫全書・史部職官類
　　盧陵周益國文忠公集・雜著述
　　宋盧陵四忠集・周文忠公全集・雜著
　　　述
　玉堂雜記一卷
　　歷代小史
　　景印元明善本叢書十種・歷代小史
　玉堂雜記
　　說郛（商務印書館本）卷七十九
宋中興學士院題名一卷
　（宋）何異撰
　　武林掌故叢編第十集
宋中興學士院題名一卷東宮官寮題名一
卷行在雜買務雜賣場提轄官題名一卷
三公年表一卷
　（宋）何異撰
　　藕香零拾
翰林記二十卷
　（明）黃佐撰
　　四庫全書・史部職官類
　　嶺南遺書第一集
　　叢書集成初編・社會科學類
舊京詞林志六卷
　（明）周應賓撰
　　玄覽堂叢書
暢春苑御試恭紀一卷

（清）狄億撰
　　昭代叢書（康熙本）甲集第二帙
　　昭代叢書（道光本）乙集第二帙
詞林典故八卷
　　清乾隆九年敕撰
　　四庫全書・史部職官類
詞垣日記一卷
　（清）帥方蔚撰
　　帥氏清芬集
清代館選分韻彙編十二卷
　（民國）嚴懋功撰
　　清代徵獻類編
御史臺記一卷
　（唐）韓琬撰
　　說郛（宛委山堂本）弓五十一
　御史臺記十一則
　　舊小說（民國本、1957年本）乙集
御史臺記佚文一卷
　（唐）韓琬撰　（清）王仁俊輯
　　經籍佚文
御史臺精舍碑題名一卷
　（清）趙魏錄
　　讀畫齋叢書己集
唐御史臺精舍題名考三卷
　（清）趙鉞（清）勞格撰
　　月河精舍叢鈔
四夷館考二卷
　（明）□□撰
　　東方學會叢書初集
四譯館增定館則二十卷新增館則一卷
　（明）呂維祺輯　（清）曹溶增　（清）錢綎補
　　玄覽堂叢書三集
兩漢五經博士考三卷
　（清）張金吾撰
　　後知不足齋叢書第三函
郎官石柱題名一卷
　（清）趙魏錄
　　讀畫齋叢書己集
　　叢書集成初編・史地類
唐尚書省郎官石柱題名考二十六卷首一
卷附錄一卷
　（清）勞格（清）趙鉞撰
　　月河精舍叢鈔
南宋館閣錄十卷（原缺卷一）續錄十卷
　（宋）陳騤撰　續錄（宋）□□撰
　　四庫全書・史部職官類
　　武林掌故叢編第十集
祕書監志十一卷

（元）王士點（元）商企翁撰
　　四庫全書・史部職官類
　　廣倉學宭叢書甲類第一集
內翰林弘文院職官錄一卷
　　史料叢刊初編
內弘文院職官錄一卷
　　史料叢刊初編
光祿寺進康熙六十一·年四月分內用豬鴨
果品等項錢糧數目黃冊一卷
　　（清）三喜寶等撰
　　史料叢編二集
呂梁洪志一卷
　　（明）馮世雍撰
　　金聲玉振集・水衡
北直河南山東山西職官名籍一卷（順治
元年）
　　史料叢刊初編
蘇松常鎮總兵將領清冊一卷（順治四年）
　　史料叢刊初編
徽寧池太安慶廣德總兵將領清冊一卷
（順治四年）
　　史料叢刊初編
土官底簿二卷
　　（明）□□撰
　　四庫全書・史部職官類
　　四庫全書珍本初集・史部職官類

官　箴

十二州箴一卷
　　（漢）揚雄撰　（清）王謨輯
　　重訂漢唐地理書鈔（鈔本、嘉慶本）
州縣提綱四卷
　　（宋）陳襄撰
　　四庫全書・史部職官類
　　函海（乾隆本、道光本）第九函
　　學津討原（嘉慶本、景嘉慶本）第八集
　　長恩書室叢書乙集
　　牛畝園叢書
　　函海（光緒本）第十一函
　　後知不足齋叢書第八函
　　叢書集成初編・社會科學類
作邑自箴十卷
　　（宋）李元弼撰
　　四部叢刊續編・史部
官箴一卷
　　（宋）呂本中撰
　　百川學海（咸淳本、景刊咸淳本）甲集
　　百川學海（弘治本、景刊咸淳本據弘治

目次編印本、景弘治本）丁集
　　百川學海（重輯本）丁集
　　說郛（宛委山堂本）弓七十
　　四庫全書・史部職官類
　　學津討原（嘉慶本、景嘉慶本）第八集
　　叢書集成初編・社會科學類
呂氏官箴一卷
　　格致叢書
呂榮公官箴一卷
　　青照堂叢書次編第三函
呂舍人官箴一卷附雜說
　　東聽雨堂刊書
官箴
　　說郛（商務印書館本）卷六十九
朱文公政訓一卷
　　（宋）朱熹撰
　　寶顏堂祕笈（萬曆本、民國石印本）續
　　　集
　　叢書集成初編・社會科學類
朱文公政訓摘要一卷
　　（明）葉廷秀纂評
　　葉潤山輯著全書
政經一卷
　　（宋）眞德秀撰
　　說郛（宛委山堂本）弓七十
　　四庫全書・子部儒家類
　　西京淸麓叢書續編
眞文忠公政經一卷
　　眞西山全集
西山政訓一卷
　　（宋）眞德秀撰
　　寶顏堂祕笈（萬曆本、民國石印本）續
　　　集
　　叢書集成初編・社會科學類
諭僚屬文一卷
　　學海類編（道光本、景道光本）・集餘
　　　一
眞西山政訓摘要一卷
　　（明）葉廷秀纂評
　　葉潤山輯著全書
晝簾緒論一卷
　　（宋）胡太初撰
　　百川學海（咸淳本、景刊咸淳本）乙集
　　百川學海（弘治本、景刊咸淳本據弘治
　　　目次編印本、景弘治本）丁集
　　百川學海（重輯本）丁集
　　格致叢書
　　說郛（宛委山堂本）弓七十

四庫全書·史部職官類
學津討原（嘉慶本、景嘉慶本）第八集
青照堂叢書摘次編第三函
赤城遺書彙刊
叢書集成初編·社會科學類

書簾緒論
說郛（商務印書館本）卷八十九

百官箴六卷
（宋）許月卿撰
四庫全書·史部職官類
新安許氏先集

牧民忠告二卷
（元）張養浩撰
貸園叢書初集·三事忠告
爲政忠告
如不及齋叢書·爲政忠告
牧令全書（江蘇書局本、羊城書局本）
四部叢刊三編·史部·爲政忠告
叢書集成初編·社會科學類·三事忠告

風憲忠告一卷
（元）張養浩撰
貸園叢書初集·三事忠告
如不及齋叢書·爲政忠告
叢書集成初編·社會科學類·三事忠
告

經進風憲忠告一卷
爲政忠告
四部叢刊三編·史部·爲政忠告

廟堂忠告一卷
（元）張養浩撰
貸園叢書初集·三事忠告
爲政忠告
如不及齋叢書·爲政忠告
四部叢刊三編·史部·爲政忠告
叢書集成初編·社會科學類·三事忠
告

爲政善報事類十卷
（元）葉留撰　（元）陳相注
宛委別藏
選印宛委別藏

從政錄一卷
（明）薛瑄撰
廣百川學海乙集
說郛續弓三

薛文清公從政錄一卷
寶顏堂祕笈（萬曆本、民國石印本）廣
集
叢書集成初編·社會科學類

牧鑑十卷

（明）楊昱輯
得月簃叢書次刻
叢書集成初編·社會科學類

呂新吾先生實政錄七卷
（明）呂坤撰
呂新吾全集

撫黔紀略一卷
（明）江東之撰
瑞陽阿臬

宦遊日記一卷
（明）徐榜撰
涇川叢書（道光本、景道光本）
叢書集成初編·哲學類

御製人臣儆心錄一卷
清世祖撰
四庫全書·史部職官類

已畦瑣語一卷
（清）葉燮撰
昭代叢書（道光本）戊集續編補

司牧寶鑑一卷
（清）李顒輯
遜敏堂叢書

莅政摘要二卷
（清）陸隴其撰
津河廣仁堂所刻書

莅政摘要二卷首一卷
陸子全書

政學錄五卷
（清）鄭端撰
畿輔叢書
叢書集成初編·社會科學類

仕的一卷
（清）吳儀一撰
檀几叢書二集第一帙

欽頒州縣事宜一卷
（清）田文鏡（清）李衛撰
宦海指南
牧令全書（江蘇書局本、羊城書局本）
附

健餘先生撫豫條教四卷
（清）尹會一撰　（清）張受長輯
畿輔叢書·尹健餘先生全集
叢書集成初編·社會科學類

從政遺規二卷
（清）陳弘謀撰
五種遺規（乾隆本、同治本、光緒本）
培遠堂全集
四部備要（排印本、縮印本）·子部儒

家·五種遺規
陳榕門先生遺書

從政遺規四卷
五種遺規(振華堂本)

學仕遺規四卷補篇四卷
(清)陳弘謀撰
培遠堂全集
五種遺規(振華堂本)
陳榕門先生遺書

在官法戒錄四卷
(清)陳弘謀撰
五種遺規(乾隆本、同治本、光緒本)
培遠堂全集
四部備要(排印本、縮印本)·子部儒
家·五種遺規
陳榕門先生遺書

幕學舉要一卷
(清)萬維翰撰
入幕須知

筮仕金鑑二卷
(清)邵嗣宗撰
冀東雜著土集

佐治藥言一卷
(清)汪輝祖撰
知不足齋叢書(乾隆至道光本、景乾隆
至道光本)第十二集
汪龍莊遺書
宦海指南
牧令書四種
龍莊遺書
入幕須知
叢書集成初編·社會科學類

佐治藥言二卷
牧民寶鑑

續佐治藥言一卷
(清)汪輝祖撰
知不足齋叢書(乾隆至道光本、景乾隆
至道光本)第十二集
汪龍莊遺書
宦海指南
牧令書四種
龍莊遺書
入幕須知
叢書集成初編·社會科學類

學治臆說二卷
(清)汪輝祖撰
讀畫齋叢書庚集
宦海指南
龍莊遺書

入幕須知
牧民寶鑑
叢書集成初編·社會科學類

學治續說一卷
(清)汪輝祖撰
讀畫齋叢書庚集
宦海指南
龍莊遺書
入幕須知
叢書集成初編·社會科學類

學治說贅一卷
(清)汪輝祖撰
讀畫齋叢書庚集
龍莊遺書
入幕須知
叢書集成初編·社會科學類

宦游紀略二卷
(清)高廷瑤撰
牧民寶鑑

共城從政錄一卷 海陵從政錄一卷 廣陵從
政錄一卷
(清)周際華撰
家蔭堂彙刻

州縣須知一卷
(清)劉衡撰
宦海指南

庸吏庸言二卷
(清)劉衡撰
牧令全書(江蘇書局本、羊城書局本)
·劉簾舫先生吏治三書
牧令書四種
牧民寶鑑

蜀僚問答一卷
(清)劉衡撰
牧令全書(江蘇書局本、羊城書局本)
·劉簾舫先生吏治三書
牧民寶鑑

牧令要訣一卷
(清)壁昌撰
壁勤襄公遺書

居官臆測一卷
(清)余潛士撰
耕邨全集

宦遊紀略六卷續一卷
(清)桂超萬撰
惇裕堂全集

潤經堂自治官書六卷
(清)李彥章撰

榕園全集
夢談隨錄二卷
　　（清）厲秀芳撰
　　　　申報館叢書續集·紀麗類·屑玉叢譚
　　　　初集
牧民贅語一卷
　　（清）王景賢撰
　　　　羲停山館集
牧令書鈔一卷
　　（清）徐棟輯　（清）蔣德鈞鈔
　　　　求實齋叢書
牧令書輯要十卷
　　（清）徐棟輯　（清）丁日昌重編
　　　　牧令全書（江蘇書局本、羊城書局本）
　　　　牧令書四種
嚴陵紀略一卷裁嚴郡九姓漁課錄一卷
　　（清）戴槃撰
　　　　兩浙宦游紀略
東甌紀略一卷東甌留別和章三卷
　　（清）戴槃撰
　　　　兩浙宦游紀略
桐溪紀略一卷
　　（清）戴槃撰
　　　　兩浙宦游紀略
求治管見一卷續增一卷
　　（清）戴肇辰撰
　　　　丹徒戴氏叢刻
平平言四卷
　　（清）方大湜撰
　　　　牧民寶鑑
石成金官紳約一卷十反說一卷
　　（清）石天基撰
　　　　有福讀書堂叢刻四種
出使須知一卷
　　（清）蔡鈞撰
　　　　小方壺齋輿地叢鈔第十一帙
出洋須知一卷
　　（清）袁祖志撰
　　　　談瀛錄
　　　　小方壺齋輿地叢鈔第十一帙
貢愚錄一卷
　　（清）王晉之撰
　　　　龍泉師友遺稿合編
　　　　問青園集
贅言十則一卷
　　（清）張廷驤撰
　　　　入幕須知附
宰惠紀略五卷

　　（清）柳堂撰
　　　　筆諫堂全集下函
牧沔紀略二卷
　　（清）李輈撰
　　　　自得廬集
言官錄二卷
　　（清）李輈撰
　　　　自得廬集
公門懲勸錄一卷
　　（清）周炳麟撰
　　　　有福讀書堂叢刻四種
公門不費錢功德錄一卷
　　（清）□□撰
　　　　天壤閣叢書·明刑弼教錄
　　　　叢書集成初編·社會科學類
宦游偶記二卷
　　（民國）陳惟彥撰
　　　　彊本堂彙編
從政瑣記一卷
　　（民國）王守恂撰
　　　　杭州所著書三種
　　　　王仁安集附·杭州雜著
合河政記二卷
　　（民國）石榮暲撰
　　　　蓉城仙館叢書

邦計之屬

通　紀

漢書食貨志一卷
　　（漢）班固撰　（唐）顏師古注
　　　　古逸叢書
　　　　叢書集成初編·社會科學類
前漢書食貨志注二卷
　　（清）劉光蕡撰
　　　　煙霞草堂遺書
　　　　二十五史補編（開明書店排印本、中華
　　　　　書局重印本）·漢書部分
補宋書食貨志一卷
　　（清）郝懿行撰
　　　　郝氏遺書
　　　　粵雅堂叢書三編第二十九集
　　　　廣雅書局叢書·史學
　　　　史學叢書（文瀾書局本、煥文書局本、
　　　　　點石齋本）
　　　　叢書集成初編·社會科學類
　　　　二十五史補編（開明書店排印本、中華

書局重印本)·宋書部分

邦計彙編一卷
　　(宋)李維撰
　　　　學海類編（道光本、景道光本)·集餘
　　　　二
　　　　叢書集成初編·社會科學類

拙齋十議一卷
　　(明)蕭良榦撰
　　　　涇川叢書（道光本、景道光本)
　　　　叢書集成初編·社會科學類

己庚編二卷
　　(清)祁韻士撰
　　　　振綺堂叢書二集

中衢一勺三卷附錄四卷
　　(清)包世臣撰　(清)包世榮(清)包慎言注
　　　　藝海珠塵癸集
　　　　安吳四種（道光木活字本、咸豐本、同
　　　　治本)
　　　　叢書集成初編·文學類

營　田

井田計畝一卷
　　(清)毛應觀撰
　　　　經圖彙考

改定井田溝洫圖說一卷
　　(清)楊𤏡撰
　　　　楊氏家集

九家嶺屯工記一卷
　　(清)童華撰
　　　　童氏雜著

營田輯要內篇二卷外篇一卷首一卷
　　(清)黃輔辰撰
　　　　楓林黃氏家乘

賦　稅

熙寧酒課一卷
　　(宋)趙珣撰
　　　　說郛（宛委山堂本)弓九十四

蘇松浮賦議一卷
　　(明)鄭若曾撰
　　　　鄭開陽雜著（康熙本、景康熙本)

天日一卷
　　(明)呂坤撰
　　　　呂新吾全集

國賦紀略一卷
　　(明)倪元璐撰
　　　　學海類編（道光本、景道光本)·集餘
　　　　二

叢書集成初編·社會科學類

江南總督洪承疇詳查舊額解南本折錢糧
　及酌定支用起解事宜冊一卷
　　(清)洪承疇撰
　　　　史料叢編二集

江南額解舊南京民糧屯糧本色數目冊一
　卷（順治四年七月)
　　　　史料叢編初集

蘇松浮糧考一卷
　　(清)陸世儀撰
　　　　婁東雜著絲集
　　　　陸桴亭先生遺書

治病說一卷
　　(清)陳瑚撰
　　　　婁東雜著石集

田賦考辨一卷
　　(清)李塨撰
　　　　顏李叢書·四考辨

均賦策一卷
　　(清)曹扶蒼撰
　　　　花近樓叢書

奉天等省民數穀數彙總黃冊一卷（乾隆
　六年)
　　　　清戶部編
　　　　史料叢編初集

杭嘉湖三府減漕紀略一卷奏稿一卷
　　(清)戴槃撰
　　　　兩浙宦游紀略

吳中財賦考一卷
　　(清)王韜輯
　　　　弢園叢書

謹擬籌設全國國稅局條議一卷
　　(民國)陳濤撰
　　　　審安齋遺稿

崇德嶺捐牘存一卷
　　(民國)陳慶年撰
　　　　橫山草堂叢書第二集

籌餉厄言一卷
　　(清)唐夢賚撰
　　　　昭代叢書（道光本)丁集新編補

貿　易

歷代關市征稅記一卷
　　(清)彭寧求撰
　　　　學海類編（道光本、景道光本)·集餘
　　　　二
　　　　叢書集成初編·社會科學類

粵東市舶論一卷

　　（清）蕭令裕撰
　　　　小方壺齋輿地叢鈔再補編第九帙
陝境漢江流域貿易稽核表二卷
　　（清）仇繼恆撰
　　　　關中叢書第四集

俸　餉

內閣典籍廳關支康熙廿八年秋冬二季俸米黃冊一卷
　　　　清內閣典籍廳編
　　　　史料叢編二集
乾隆三年在京文職漢官俸米及職名黃冊二卷
　　　　清吏部稽俸廳編
　　　　史料叢編初集
吏部進道光廿三年春夏二季在京文職漢官領過俸米及職名黃冊一卷
　　　　清吏部稽俸廳編
　　　　史料叢編二集
吏部進道光廿三年秋冬二季在京文職漢官領過俸米及職名黃冊一卷
　　　　清吏部稽俸廳編
　　　　史料叢編二集

漕　運

大元海運記二卷
　　元天歷中官撰　　（清）胡敬輯
　　　　雪堂叢刻
元海運志一卷
　　（明）危素撰
　　　　學海類編（道光本、景道光本）·集餘
　　　　二
　　　　叢書集成初編·社會科學類
漕船志八卷
　　（明）席書輯　　（明）朱家相增修
　　　　玄覽堂叢書
海運編二卷
　　（明）崔旦撰
　　　　金聲玉振集·水衡
　　　　借月山房彙鈔（嘉慶本、景嘉慶本）第
　　　　十集
　　　　叢書集成初編·社會科學類
海運圖說一卷
　　（明）鄭若曾撰
　　　　鄭開陽雜著（康熙本、景康熙本）
海運新考三卷
　　（明）梁夢龍撰
　　　　玄覽堂叢書

海運說一卷
　　（明）華乾龍撰
　　　　蓂東雜著石集
海運摘鈔八卷
　　（明）□□撰
　　　　明季遼事叢刊
明漕運志一卷
　　（清）曹溶撰
　　　　學海類編（道光本、景道光本）·集餘
　　　　二
　　　　叢書集成初編·社會科學類
海運芻言一卷
　　（清）施彥士撰
　　　　求己堂八種

鹽　法

鹽法考略一卷
　　（明）丘濬撰
　　　　學海類編（道光本、景道光本）·集餘
　　　　二
　　　　叢書集成初編·社會科學類
浙鹺紀事一卷
　　（明）葉永盛撰
　　　　涇川叢書（道光本、景道光本）
　　　　叢書集成初編·社會科學類
浙鹺紀事一卷附錄一卷
　　　　武林掌故叢編第十五集
福建運司志十六卷
　　（明）江大鯤等修
　　　　玄覽堂叢書
淮鹺本論二卷
　　（清）胡文學撰
　　　　胡氏三書
鹽法隅說一卷
　　（清）孫玉庭撰
　　　　延釐堂集
淮鹺問畣一卷
　　（清）周濟撰
　　　　求志堂存棄彙編
鹽法議略一卷
　　（清）王守基撰
　　　　滂喜齋叢書第二函
閩鹽正告書不分卷
　　（清）陳瀚撰
　　　　寂園叢書
福建鹽務公牘不分卷
　　（清）陳瀚撰
　　　　寂園叢書

鹽乘十六卷
　　（民國）胡思敬撰
　　　　退廬叢書
兩淮案牘鈔存不分卷
　　（民國）程德全輯
　　　　程中丞全集

貨　幣

錢幣譜一卷
　　（元）費著撰
　　　　閬丘辯囿
錢法纂要一卷
　　（明）丘濬撰
　　　　學海類編（道光本、景道光本）・集餘
　　　　　二
　　　　叢書集成初編・社會科學類
錢通三十二卷
　　（明）胡我琨撰
　　　　四庫全書・史部政書類
廣錢譜一卷
　　（清）張延世撰
　　　　賜硯堂叢書新編丁集
　　廣田水月錢譜一卷
　　　　昭代叢書（道光本）別集
錢幣考二卷
　　（清）□□撰
　　　　藝海珠塵癸集
　　　　叢書集成初編・社會科學類
銀幣考一卷
　　（民國）李遹義撰
　　　　樵隱集

戶　籍

開元殘牒一卷
　　　　貞松堂藏西陲祕籍叢殘第一集
先天大順等戶籍四種一卷
　　　　貞松堂藏西陲祕籍叢殘第一集

權　量

三器圖義一卷
　　（宋）程迥撰
　　　　說郛（宛委山堂本）弓九十七
　　三器圖義
　　　　說郛（商務印書館本）卷十六
中西度量權衡表一卷
　　（清）□□撰
　　　　靈鶼閣叢書第二集
　　　　測海山房中西算學叢刻初編

叢書集成初編・自然科學類

荒　政

救荒活民書三卷
　　（宋）董煟撰
　　　　四庫全書・史部政書類
救荒活民書三卷拾遺一卷
　　　　墨海金壺（嘉慶本、景嘉慶本）・史部
　　　　珠叢別錄（道光本、景道光本）
　　　　長恩書室叢書甲集
　　　　牛畝園叢書
　　　　叢書集成初編・社會科學類
　救荒全書一卷
　　　　墨海金壺（嘉慶本、景嘉慶本）・史部
　　　　　・荒政叢書
　　　　守山閣叢書（道光本、鴻文書局景道光
　　　　　本、博古齋景道光本）・史部・荒政
　　　　　叢書
　　　　瓶華書屋叢書・荒政叢書
拯荒事略一卷
　　（元）歐陽玄撰
　　　　學海類編（道光本、景道光本）・集餘
　　　　　二
大元倉庫記一卷
　　（元）□□撰
　　　　廣倉學宭叢書甲類第二集
救荒事宜一卷
　　（明）張陛撰
　　　　學海類編（道光本、景道光本）・集餘
　　　　　二
荒政叢言一卷
　　（明）林希元撰
　　　　墨海金壺（嘉慶本、景嘉慶本）・史部
　　　　　・荒政叢書
　　　　守山閣叢書（道光本、鴻文書局景道光
　　　　　本、博古齋景道光本）・史部・荒政
　　　　　叢書
　　　　瓶華書屋叢書・荒政叢書
荒政考一卷
　　（明）屠隆撰
　　　　墨海金壺（嘉慶本、景嘉慶本）・史部
　　　　　・荒政叢書
　　　　守山閣叢書（道光本、鴻文書局景道光
　　　　　本、博古齋景道光本）・史部・荒政
　　　　　叢書
　　　　水利荒政合刻
　　　　瓶華書屋叢書・荒政叢書
荒政議一卷
　　（明）周孔教撰

墨海金壺（嘉慶本、景嘉慶本）·史部
·荒政叢書
守山閣叢書(道光本、鴻文書局景道光
本、博古齋景道光本)·史部·荒政
叢書
瓶華書屋叢書·荒政叢書

賑豫紀略一卷
（明）鍾化民撰
墨海金壺（嘉慶本、景嘉慶本）·史部
·荒政叢書
守山閣叢書(道光本、鴻文書局景道光
本、博古齋景道光本)·史部·荒政
叢書
瓶華書屋叢書·荒政叢書
叢書集成初編·社會科學類

荒箸略一卷
（明）劉世教撰
鹽邑志林
墨海金壺（嘉慶本、景嘉慶本）·史部
·荒政叢書
守山閣叢書(道光本、鴻文書局景道光
本、博古齋景道光本)·史部·荒政
叢書
瓶華書屋叢書·荒政叢書
景印元明善本叢書十種·鹽邑志林

煮粥條議一卷
（明）陳繼儒撰
學海類編（道光本、景道光本）·集餘
二

常平權法一卷
（清）陸世儀撰
陸桴亭先生遺書

救荒定議一卷
（清）陳瑚撰
蒦東雜著石集

救荒策一卷
（清）魏禧撰
墨海金壺（嘉慶本、景嘉慶本）·史部
·荒政叢書
守山閣叢書(道光本、鴻文書局景道光
本、博古齋景道光本)·史部·荒政
叢書
瓶華書屋叢書·荒政叢書
海粟樓叢書
叢書集成初編·社會科學類

常平倉考一卷
（清）俞森撰
墨海金壺（嘉慶本、景嘉慶本）·史部
·荒政叢書

守山閣叢書(道光本、鴻文書局景道光
本、博古齋景道光本)·史部·荒政
叢書
瓶華書屋叢書·荒政叢書
叢書集成初編·社會科學類

義倉考一卷
（清）俞森撰
墨海金壺（嘉慶本、景嘉慶本）·史部
·荒政叢書
守山閣叢書(道光本、鴻文書局景道光
本、博古齋景道光本)·史部·荒政
叢書
瓶華書屋叢書·荒政叢書
叢書集成初編·社會科學類

社倉考一卷
（清）俞森撰
墨海金壺（嘉慶本、景嘉慶本）·史部
·荒政叢書
守山閣叢書(道光本、鴻文書局景道光
本、博古齋景道光本)·史部·荒政
叢書
瓶華書屋叢書·荒政叢書
叢書集成初編·社會科學類

郎襄賑濟事宜一卷
（清）俞森撰
墨海金壺（嘉慶本、景嘉慶本）·史部
·荒政叢書附
守山閣叢書(道光本、鴻文書局景道光
本、博古齋景道光本)·史部·荒政
叢書附
瓶華書屋叢書·荒政叢書附
叢書集成初編·社會科學類

荒政考一卷
（清）王心敬撰
關中叢書第三集·豐川雜著

廣惠編二卷
（清）朱軾撰
救荒輯要初編

欽定康濟錄六卷
（清）倪國璉撰
四庫全書·史部政書類

欽定康濟錄四卷
瓶華書屋叢書

救荒備覽四卷附錄二卷
（清）勞潼撰
嶺南遺書第四集
叢書集成初編·社會科學類

救荒備覽四卷附錄一卷
救荒輯要初編

荒政輯要九卷首一卷
 （清）汪志伊撰
  致用叢書
  敏果齋七種
飼鳩記略一卷
 （清）邵廷烈撰
  婁東雜著木集
使足編（原名備荒通論）一卷
 （清）章謙存撰
  強恕齋四臘稿・文臘
籌賑事略一卷
 （清）章謙存撰
  強恕齋四臘稿・筆臘
眞州救荒錄八卷
 （清）王檢心撰
  復性齋叢書
賑粥議一卷
 （清）□□撰
  花近樓叢書
民天敬述一卷
 （清）王恂撰
  召杜心聲
災賑日記十五卷
 （清）柳堂撰
  筆諫堂全集下函
粥賑說一卷
 （清）一得愚人撰
  救荒輯要初編
義賑芻言一卷
 （民國）王敬銘撰
  救荒輯要初編
辦賑芻言一卷
 （民國）王敬銘撰
  救荒輯要初編
救荒一得錄一卷
 （民國）馮嘉錫（民國）朱祖蔭輯
  救荒輯要初編

邦交之屬

國初成案二卷
 （清）謝家福輯
  柔遠全書
道咸成案十卷
 （清）謝家福輯
  柔遠全書
和約彙編六卷首一卷附一卷
 （清）謝家福輯

柔遠全書
善後襍鈔十卷
 （清）謝家福輯
  柔遠全書
中外紀事本末十一卷
 （清）謝家福輯
  柔遠全書
備錄一卷
 （清）謝家福輯
  柔遠全書
出使公牘十卷
 （清）薛福成撰
  庸庵全集
和約彙抄六卷首一卷
 （清）謝□□輯
  申報館叢書續集・掌故類
中東和約一卷附中英南京舊約一卷
  申報館叢書正集・近事紀實類
淸代割地談一卷
 （民國）程善之撰
  滿淸野史續編
外交小史一卷
  滿淸野史四編
閱裴副總稅務司和議草約第十一款致江
 海關道節略一卷附加贅言
 （民國）陳濤撰
  審安齋遺稿
外交餘勢一卷
 （日本）膝安芳撰
  漸學廬叢書第一集
中西關繫略論一卷
 （美國）林樂知撰
  小方壺齋輿地叢鈔第十一帙
元高麗紀事一卷
 （元）□□撰
  廣倉學宭叢書甲類第二集
朝鮮紀事一卷
 （明）倪謙撰
  紀錄彙編
  說郛續弓十一
  五朝小說・皇明百家小說
  五朝小說大觀・皇明百家小說
  玉簡齋叢書
  叢書集成初編・史地類
  景印元明善本叢書十種・紀錄彙編
接護越南貢使日記一卷
 （清）賈臻撰
  賈氏叢書甲集

護送越南貢使日記一卷
　　（清）馬先登撰
　　　　馬氏叢刻
再送越南貢使日記一卷
　　（清）馬先登撰
　　　　馬氏叢刻
日本犯華考一卷
　　（明）殷都撰
　　　　中國內亂外禍歷史叢書第十六輯
善隣國寶記三卷
　　（日本）釋周鳳撰
　　　　殷禮在斯堂叢書
使緬錄一卷
　　（明）張洪撰
　　　　萬東雜著金集
康熙乾隆俄羅斯盟聘記
　　（清）魏源撰
　　　　北徼彙編
　　俄羅斯盟聘記一卷
　　　　小方壺齋輿地叢鈔第三帙
俄羅斯附記一卷
　　（清）魏源撰
　　　　小方壺齋輿地叢鈔第三帙
聘盟日記一卷
　　（俄國）雅蘭布撰
　　　　小方壺齋輿地叢鈔第三帙
俄羅斯互市始末一卷
　　（清）何秋濤撰
　　　　小方壺齋輿地叢鈔第三帙
海隅從事錄一卷
　　（清）丁壽祺撰
　　　　小方壺齋輿地叢鈔第三帙
金軺籌筆四卷附和約二卷陸路通商章程
　一卷鄂商前往中國貿易過界卡倫單一
　卷
　　（清）□□撰
　　　　挹秀山房叢書
　　金軺籌筆四卷
　　　　游記彙刊
　　金軺籌筆一卷
　　　　小方壺齋輿地叢鈔第三帙
伊犁定約中俄談話錄一卷
　　（清）□□撰
　　　　中國內亂外禍歷史叢書第十一輯
使俄日記一卷
　　（清）張德彝撰
　　　　小方壺齋輿地叢鈔第三帙

使俄草一卷
　　（清）王之春撰
　　　　小方壺齋輿地叢鈔再補編第三帙
皇華紀程一卷
　　（清）吳大澂撰
　　　　殷禮在斯堂叢書
吉林勘界記一卷
　　（清）吳大澂撰
　　　　小方壺齋輿地叢鈔第一帙
珲牘偶存一卷
　　（清）李金鏞撰
　　　　漸學廬叢書第一集
海參崴埠通商論一卷
　　（清）□□撰
　　　　小方壺齋輿地叢鈔第三帙
中俄和約一卷
　　（清）□□輯
　　　　申報館叢書餘集
第一次中俄密約一卷
　　　　滿清野只續編
中俄伊犁交涉始末一卷
　　（民國）羅惇曧撰
　　　　滿清野史續編
使法事略一卷
　　（美國）林樂知撰
　　　　小方壺齋輿地叢鈔第十一帙
記嘆咭唎求澳始末一卷
　　（清）蕭枚生撰
　　　　凌氏傳經堂叢書
中英和約一卷附燕臺條約一卷
　　　　申報館叢書正集・近事紀實類
澳門公牘錄存一卷
　　（清）□□輯
　　　　振綺堂叢書初集

軍政之屬

兵　制

歷代兵制八卷
　　（宋）陳傅良撰
　　　　四庫全書・史部政書類
　　　　墨海金壺（嘉慶本、景嘉慶本）・史部
　　　　守山閣叢書（道光本、鴻文書局景道光
　　　　　本、博古齋景道光本）・史部
　　　　瓶華書屋叢書
　　　　長恩書室叢書甲集
　　　　半畝園叢書・兵法彙編

歷代武舉考一卷
　　（清）譚吉璁撰
　　　　學海類編（道光本、景道光本）・集餘
　　　　二
　　　　嘉興譚氏遺書
　　　　叢書集成初編・社會科學類
魯軍制九問一卷
　　（宋）唐仲友撰
　　　　金華唐氏遺書
　　　　續金華叢書・集部・金華唐氏遺書
補漢兵志一卷
　　（宋）錢文子撰
　　　　四庫全書・史部政書類
　　　　柚堂全集
　　　　知不足齋叢書（乾隆至道光本、景乾隆
　　　　至道光本）第五集
　　　　桐華館史翼
　　　　筆記小說大觀第八輯
　　　　叢書集成初編・社會科學類
　　　　二十五史補編（開明書店排印本、中華
　　　　書局重印本）・漢書部分
補漢兵志一卷附札記一卷
　　（宋）錢文子撰　札記（民國）徐乃昌撰
　　　　隨盦徐氏叢書續編
補晉兵志一卷
　　（清）錢儀吉撰
　　　　花近樓叢書
　　　　訓纂堂叢書
　　　　廣雅書局叢書・史學
　　　　史學叢書（文瀾書局本、煥文書局本、
　　　　點石齋本）
　　　　叢書集成初編・社會科學類
　　　　二十五史補編（開明書店排印本、中華
　　　　書局重印本）・晉書部分
補魏書兵志一卷
　　　　谷霽光撰
　　　　二十五史補編（開明書店排印本、中華
　　　　書局重印本）・魏書部分
唐折衝府考四卷
　　（清）勞經原撰
　　　　鄝齋叢書
　　　　二十五史補編（開明書店排印本、中華
　　　　書局重印本）・兩唐書部分
唐折衝府考四卷附錄一卷拾遺一卷
　　（清）勞經原撰　（民國）羅振玉校補併撰拾
　　遺
　　　　百爵齋叢刊
唐折衝府考補一卷
　　（民國）羅振玉撰

廣倉學宭叢書甲類第二集
　　永豐鄉人雜著
　　遯居雜箸乙編
　　二十五史補編（開明書店排印本、中華
　　書局重印本）・兩唐書部分
三補唐折衝府考補一卷
　　（民國）羅振玉撰
　　　　東方學會叢書初集
唐折衝府考補拾遺一卷
　　（民國）羅振玉撰
　　　　遯居雜箸丙編
　　　　二十五史補編（開明書店排印本、中華
　　　　書局重印本）・兩唐書部分
唐折衝府考校補一卷
　　　　谷霽光撰
　　　　二十五史補編（開明書店排印本、中華
　　　　書局重印本）・兩唐書部分
旗軍志一卷
　　（清）金德純撰
　　　　昭代叢書（康熙本）乙集第二帙
　　　　學海類編（道光本、景道光本）・集餘
　　　　二
　　　　昭代叢書（道光本）乙集第二帙
　　　　遼海叢書第八集
本朝八旗軍志一卷
　　（清）溫睿臨撰
　　　　花近樓叢書
八旗通志初集二百五十卷
　　　　清雍正五年敕撰
　　　　四庫全書・史部政書類
彭剛直公長江百條（錄三十四條）
　　（清）杜俞節錄
　　　　海嶽軒叢刻・江口巡船章程附
吳船日記一卷
　　（清）杜俞撰
　　　　海嶽軒叢刻
江口巡船章程一卷
　　（清）杜俞撰
　　　　海嶽軒叢刻
水師說略四條
　　（清）杜俞撰
　　　　海嶽軒叢刻・江口巡船章程附

馬　政

歷代馬政志一卷
　　（清）蔡方炳撰
　　　　學海類編（道光本、景道光本）・集餘
　　　　二

大元馬政記一卷
　　（元）□□撰
　　　　廣倉學宭叢書甲類第一集
馬政志一卷
　　（明）歸有光撰
　　　　說郛續弓九
馬政紀十二卷
　　（明）楊時喬撰
　　　　四庫全書·史部政書類
皇朝馬政記十二卷
　　　　玄覽堂叢書

保甲　團練

教民榜文一卷
　　　　皇明制書
十家牌法一卷
　　（明）王守仁撰
　　　　說郛續弓九
陽明先生保甲法一卷
　　（明）王守仁撰　（明）陳龍正錄
　　　　學海類編（道光本、景道光本）·集餘
　　　　二
　　　　叢書集成初編·社會科學類
陽明先生鄉約法一卷
　　（明）王守仁撰　（明）陳龍正錄
　　　　學海類編（道光本、景道光本）·集餘
　　　　二
　　　　叢書集成初編·社會科學類
保民訓要一卷
　　（明）劉宗周撰
　　　　說郛續弓九
保甲書輯要四卷
　　（清）徐棟原輯
　　　　牧令全書（江蘇書局本、羊城書局本）
保甲團練事宜一卷
　　（清）黃秩模等撰
　　　　遜敏堂叢書
蒲江縣練團規約一卷
　　（清）華日來撰
　　　　昆明華氏叢刻
團練私議一卷
　　（清）劉光蕡撰
　　　　煙霞草堂遺書

江防　海防

備倭圖記一卷
　　（明）卜大同撰
　　　　寶顏堂祕笈（萬曆本、民國石印本）普

集
備倭記二卷
　　　　學海類編（道光本、景道光本）·集餘
　　　　二
籌海圖編十三卷
　　（明）胡宗憲撰
　　　　四庫全書·史部地理類
海防圖論一卷
　　（明）鄭若曾撰
　　　　兵垣四編附
　　　　鄭開陽雜著（康熙本、景康熙本）
　　（題明胡宗憲撰）
　　　　長恩書室叢書乙集
　　　　後知不足齋叢書第八函
海防圖論一卷補輯一卷
　　（題明胡宗憲撰）
　　　　半畝園叢書·兵法彙編
海防圖論補一卷
　　（明）萬世德撰
　　　　兵垣四編附
萬里海防二卷
　　（明）鄭若曾撰
　　　　鄭開陽雜著（康熙本、景康熙本）
海議一卷
　　（明）唐樞撰
　　　　木鐘臺全集雜集
海防集要一卷
　　（清）韓奕撰
　　　　學海類編（道光本、景道光本）·集餘
　　　　二
海防述略一卷
　　（清）杜臻撰
　　　　學海類編（道光本、景道光本）·集餘
　　　　二
海防篇一卷
　　（清）蔡方炳撰
　　　　小方壺齋輿地叢鈔第九帙
海防總論一卷
　　（清）姜宸英撰
　　　　學海類編（道光本、景道光本）·集餘
　　　　二
　　　　小方壺齋輿地叢鈔第九帙
潮州海防記一卷
　　（清）藍鼎元撰
　　　　小方壺齋輿地叢鈔第九帙
沿海形勢錄一卷
　　（清）陳倫炯撰
　　　　小方壺齋輿地叢鈔第九帙

偵探記二卷
　　(民國)姚文棟撰
　　　　滇南四種
集思廣益編二卷
　　(民國)姚文棟撰
　　　　滇南四種
中越東西定議全界約文一卷
　　(清)孫傳鳳錄
　　　　漸學廬叢書第一集
西南邊防議一卷
　　(清)□□撰
　　　　小方壺齋輿地叢鈔再補編第七帙
滇西兵要界務圖注三卷
　　李根源撰
　　　　曲石叢書
秦邊紀略六卷
　　(清)□□撰
　　　　半畝園叢書
　　　　關中叢書第七集
外藩列傳二卷
　　(清)七十一撰
　　　　西域聞見錄(乾隆本、嘉慶本)
　外藩列傳一卷
　　　　小方壺齋輿地叢鈔第三帙
守邊輯要一卷
　　(清)璧昌撰
　　　　璧勤襄公遺書
西域置行省議一卷
　　(清)龔自珍撰
　　　　小方壺齋叢鈔卷五
　　　　小方壺齋輿地叢鈔第二帙
西北邊域考一卷
　　(清)魏源撰
　　　　小方壺齋輿地叢鈔第三帙
西域設行省議一卷
　　(清)朱逢甲撰
　　　　小方壺齋輿地叢鈔第二帙
新疆設行省議一卷
　　(清)□□撰
　　　　小方壺齋輿地叢鈔第二帙
新疆勘界公牘彙鈔一卷
　　　　西域輿地三種彙刻
帕米爾圖說一卷
　　(清)許景澄撰
　　　　游記彙刊附
　　　　漸學廬叢書第一集
　　　　皇朝藩屬輿地叢書第二集
帕米爾輯略一卷

　　(清)胡祥鑅撰
　　　　漸學廬叢書第一集
　　　　皇朝藩屬輿地叢書第二集
帕米爾山水形勢風土人情說一卷
　　　　西域輿地三種彙刻
巴馬紀略一卷
　　(清)王錫祺撰
　　　　小方壺齋輿地叢鈔補編第二帙
坎巨提帕米爾疏片略一卷
　　(清)王錫祺錄
　　　　小方壺齋輿地叢鈔再補編第二帙
西域帕米爾輿地攷一卷
　　(清)許克勤撰
　　　　小方壺齋輿地叢鈔再補編第二帙
帕米爾屬中國考一卷
　　(清)□□撰
　　　　小方壺齋輿地叢鈔再補編第二帙
帕米爾分界私議一卷
　　(民國)錢恂撰
　　　　小方壺齋輿地叢鈔補編第二帙
西域帕米爾輿地攷一卷
　　(民國)葉瀚撰
　　　　小方壺齋輿地叢鈔再補編第二帙
北邊備對一卷
　　(宋)程大昌撰
　　　　古今說海(嘉靖本、道光本、宣統排印
　　　　　本、民國石印本)·說選部偏記家
　　　　歷代小史
　　　　古今逸史·逸志
　　　　說郛(宛委山堂本)弓五十六
　　　　景印元明善本叢書十種·歷代小史
　　　　景印元明善本叢書十種·古今逸史·
　　　　　逸志
　北邊備對
　　　　說郛(商務印書館本)卷五十二
邊紀略一卷
　　(明)鄭曉撰
　　　　百陵學山
　　　　說郛續弓九
　　　　叢書集成初編·史地類
　　　　景印元明善本叢書十種·百陵學山
九邊圖論一卷
　　(明)許論撰
　　　　兵垣四編附
　　　　長恩書室叢書乙集
　　　　半畝園叢書·兵法彙編
　　　　後知不足齋叢書第八函
明九邊考四卷

問影樓輿地叢書第一集
　　叢書集成初編・史地類
朝俄交界考一卷
　　(清)馬建忠撰
　　　　小方壺齋輿地叢鈔再補編第十帙

刑法之屬

刑　　制

刑法敍略一卷
　　(宋)劉筠撰
　　　　學海類編（道光本、景道光本）・集餘
　　　　二
　　　　叢書集成初編・社會科學類
續刑法敍略一卷
　　(清)譚瑄撰
　　　　學海類編（道光本、景道光本）・集餘
　　　　二
　　　　嘉興譚氏遺書
　　　　叢書集成初編・社會科學類
刑書釋名一卷
　　(宋)王鍵撰
　　　　說郛(宛委山堂本)弓十二
　　　　學海類編（道光本、景道光本）・集餘
　　　　七
　　　　叢書集成初編・社會科學類
刑制總考四卷
　　(民國)沈家本撰
　　　　沈寄簃先生遺書甲編・歷代刑法考
刑制分考十七卷
　　(民國)沈家本撰
　　　　沈寄簃先生遺書甲編・歷代刑法考
赦考十二卷
　　(民國)沈家本撰
　　　　沈寄簃先生遺書甲編・歷代刑法考
律令九卷
　　(民國)沈家本撰
　　　　沈寄簃先生遺書甲編・歷代刑法考
獄考一卷
　　(民國)沈家本撰
　　　　沈寄簃先生遺書甲編・歷代刑法考
刑具考一卷
　　(民國)沈家本撰
　　　　沈寄簃先生遺書甲編・歷代刑法考
行刑之制考一卷
　　(民國)沈家本撰
　　　　沈寄簃先生遺書甲編・歷代刑法考

死刑之數一卷
　　(民國)沈家本撰
　　　　沈寄簃先生遺書甲編・歷代刑法考
充軍考一卷
　　(民國)沈家本撰
　　　　沈寄簃先生遺書甲編・歷代刑法考
鹽法私礬私茶同居酒禁丁年考一卷
　　(民國)沈家本撰
　　　　沈寄簃先生遺書甲編・歷代刑法考
律目考一卷
　　(民國)沈家本撰
　　　　沈寄簃先生遺書甲編・歷代刑法考
五刑考略一卷
　　(民國)徐珂撰
　　　　天蘇閣叢刊二集
原灋一卷
　　(民國)金兆蕃撰
　　　　陟岡集
補宋書刑法志一卷
　　(清)郝懿行撰
　　　　郝氏遺書
　　　　粵雅堂叢書三編第二十九集
　　　　廣雅書局叢書・史學
　　　　史學叢書（文瀾書局本、煥文書局本、
　　　　點石齋本）
　　　　叢書集成初編・社會科學類
　　　　二十五史補編(開明書店排印本、中華
　　　　書局重印本)・宋書部分
唐死罪總類一卷
　　(民國)沈家本撰
　　　　沈寄簃先生遺書甲編・歷代刑法考
慎刑便覽一卷
　　(清)王有孚輯
　　　　不礙軒讀律六種

律　　例

漢律輯證六卷
　　(清)杜貴墀撰
　　　　桐華閣叢書
　　　　郋園先生全書附
漢律摭遺二十二卷
　　(民國)沈家本撰
　　　　沈寄簃先生遺書甲編・歷代刑法考
唐律疏議殘二卷(存名例及雜律下篇)
　　(唐)長孫無忌等撰
　　　　東方學會叢書初集・敦煌石室碎金
唐律疏義三十卷附釋文纂例

（唐）長孫無忌等撰　釋文纂例（元）王元亮
撰
　　　四庫全書・史部政書類
　　故唐律疏議三十卷附釋文纂例
　　　　岱南閣叢書（乾隆嘉慶本、景乾隆嘉慶
　　　　本）
　　　　叢書集成初編・社會科學類
　　故唐律疏義三十卷附律音義一卷校勘記
一卷
　　（唐）長孫無忌等撰　音義（宋）孫奭等撰
　　　　校勘記張元濟撰
　　　　四部叢刊三編・史部
律音義一卷
　　（宋）孫奭等撰
　　　　吉石盦叢書初集
散頒刑部格殘一卷
　　（唐）蘇瓌等删定
　　　　百爵齋叢刊
重詳定刑統三十卷附錄一卷校勘記一卷
　　（宋）竇儀等撰　校勘記劉承幹撰
　　　　嘉業堂叢書・史部
刑統賦一卷
　　（宋）傅霖撰
　　　　藕香零拾
刑統賦一卷
　　（宋）傅霖撰　（元）郊口韻釋
　　　　格致叢書
刑統賦解二卷
　　（宋）傅霖撰　（元）郊口韻釋　（元）王亮增
　　　　注
　　　　枕碧樓叢書
別本刑統賦解一卷
　　（元）□□撰
　　　　枕碧樓叢書
粗解刑統賦一卷
　　（宋）傅霖撰　（元）孟奎解
　　　　枕碧樓叢書
刑統賦疏一卷
　　（元）沈仲緯撰
　　　　枕碧樓叢書
律文十二卷音義一卷
　　　音義（宋）孫奭撰
　　　　宛委別藏
大明律附例三十卷附錄一卷
　　　明洪武三十年敕編　（明）舒化等纂例
　　　　玄覽堂叢書三集
嘉靖新例一卷
　　（明）蕭世延（明）楊本仁（明）范欽編

　　　　玄覽堂叢書三集
法綴一卷
　　（明）唐樞撰
　　　　木鐘臺全集雜集
大明律圖一卷
　　（明）□□撰
　　　　格致叢書
讀律歌一卷
　　（明）胡文煥等輯
　　　　格致叢書
名例律一卷
　　（明）□□輯
　　　　格致叢書
律例類鈔六卷
　　（明）□□輯
　　　　格致叢書
問刑條例七卷
　　（明）舒化等輯
　　　　格致叢書
瑣言摘附一卷
　　（明）胡文煥輯
　　　　格致叢書
明律目箋三卷
　　（民國）沈家本撰
　　　　沈寄簃先生遺書甲編・歷代刑法考
明大誥峻令考一卷
　　（民國）沈家本撰
　　　　沈寄簃先生遺書甲編・歷代刑法考
大清律例四十七卷
　　（清）三泰等撰
　　　　四庫全書・史部政書類
秋審指掌一卷
　　（清）王有孚輯
　　　　不礙軒讀律六種
刺字會鈔一卷
　　（清）王有孚輯
　　　　不礙軒讀律六種
讀律心得三卷
　　（清）劉衡撰
　　　　天壤閣叢書・明刑弼教錄
　　　　牧令全書（江蘇書局本、羊城書局本）
　　　　・劉簾舫先生吏治三書
　　　　牧民寶鑑
　　　　叢書集成初編・社會科學類
秋審實緩五卷章程一卷直省附錄一卷
　　（清）黃奭校
　　　　知足齋叢書
律綱六卷

（清）黃奭校
　　　知足齋叢書
讀律提綱一卷
　　（清）楊榮緒撰
　　　學海堂叢刻第一函
讀律琯朗一卷
　　（清）梁他山撰
　　　嘯園叢書第六函
新刑律修正案匯錄一卷
　　（民國）勞乃宣撰
　　　桐鄉勞先生遺書

檢　驗

宋提刑洗冤集錄五卷附聖朝頒降新例一
卷
　　（宋）宋慈撰　新例（元）口口輯
　　　宋元檢驗三錄
　　　岱南閣叢書（乾隆嘉慶本、景乾隆嘉慶
　　　　本）
　　　叢書集成初編·應用科學類
平冤錄一卷
　　　宋元檢驗三錄
無冤錄二卷
　　（元）王與撰
　　　宋元檢驗三錄
　　　枕碧樓叢書
　　　敬鄉樓叢書第二輯
無冤錄一卷
　　　玉雨堂叢書第一集
洗冤外編一卷續錄一卷
　　（清）吳家桂輯　續錄（清）王有孚輯
　　　不礙軒讀律六種
雙棍歌一卷
　　（清）陳盛韶撰
　　　遜敏堂叢書

治　獄

疑獄集四卷
　　（後晉）和凝（宋）和㠓撰
　　　四庫全書·子部法家類
補疑獄集六卷
　　（明）張景撰
　　　四庫全書·子部法家類·疑獄集附
晰獄龜鑑一卷
　　（宋）鄭克撰
　　　說郛（宛委山堂本）弓二十
　　　龍威祕書五集
折獄龜鑑八卷

四庫全書·子部法家類
　　　墨海金壺（嘉慶本、景嘉慶本）·子部
　　　守山閣叢書（道光本、鴻文書局景道光
　　　　本、博古齋景道光本）·子部
　　　明辨齋叢書三集
　　　叢書集成初編·社會科學類
折獄龜鑑八卷首一卷
　　　致用叢書
　　　瓶華書屋叢書
折獄龜鑑
　　　說郛（商務印書館本）卷九十八
折獄龜鑑補
　　（宋）鄭克撰　（清）陸心源輯
　　　潛園總集·羣書校補
棠陰比事二卷
　　（宋）桂萬榮撰
　　　四部叢刊續編·子部
棠陰比事一卷
　　　四明叢書第三集
棠陰比事一卷
　　（宋）桂萬榮撰　（明）吳訥刪正
　　　四庫全書·子部法家類
棠陰比事原編一卷
　　　學海類編（道光本、景道光本）·集餘
　　　　二
　　　叢書集成初編·社會科學類
棠陰比事續編一卷補編一卷
　　（明）吳訥撰
　　　四庫全書·子部法家類·棠陰比事附
　　　學海類編（道光本、景道光本）·集餘
　　　　二·棠陰比事原編附
　　　叢書集成初編·社會科學類
折獄卮言一卷
　　（清）陳士鑛撰
　　　學海類編（道光本、景道光本）·集餘
　　　　二
　　　遜敏堂叢書
　　　叢書集成初編·社會科學類
鹿洲公案二卷
　　（清）藍鼎元撰
　　　鹿洲全集（雍正本、同治本、光緒本）
辦案要略一卷
　　（清）王又槐撰
　　　入幕須知
甲癸議一卷
　　（清）嚴可均撰
　　　香豔叢書第九集
折獄金鍼一卷

(清)吳家桂輯
不礙軒讀律六種

三案始末一卷
(清)包世臣撰
小方壺齋叢書三集

學治一得編一卷
(清)何耿繩撰
牧令書四種
學治一得編一卷附錄一卷
嘯園叢書第六函

明刑管見錄一卷
(清)穆翰撰
俟園叢書
嘯園叢書第六函
懷豳園叢刊

爽鳩要錄二卷
(清)蔣超伯輯
天壤閣叢書・明刑弼教錄
叢書集成初編・社會科學類

刑幕要略一卷
(清)□□撰
入幕須知

折獄便覽一卷
(清)□□撰
宦海指南

吏覷九卷
(清)劉曾騄輯
祥符劉氏叢書・夢園史學

提牢瑣記一卷
(清)濮文暹撰
清人說薈初集

判　牘

名公書判清明集不分卷
續古逸叢書

浚川駁稿集二卷
(明)王廷相撰
王浚川所著書

折獄新語十卷
(清)李清撰
國學珍本文庫第一集

徐雨峯中丞勘語四卷
(清)徐士林撰
聖譯樓叢書

吳中判牘一卷
(清)蒯德模撰
嘯園叢書第六函
清人說薈二集

蒯氏家集

汝東判語六卷
(清)萱沛撰
正誼堂全集

審判稿一卷
(民國)魏元曠撰
魏氏全書・潛園統編雜編

考工之屬

營　造

木經一卷
(宋)李誡撰
說郛(宛委山堂本)弓一百九

營造法式三十四卷
四庫全書・史部政書類

營造法式
粵雅堂叢書三編第二十三集・續談助
十萬卷樓叢書三編・續談助
叢書集成初編・總類・續談助

稽古定制一卷
說郛(宛委山堂本)弓五十一

稽古定制
說郛(商務印書館本)卷九十七

修城一卷
(明)呂坤撰
呂新吾全集

展城或問一卷
(明)呂坤撰
呂新吾全集

冬官紀事一卷
(明)賀仲軾撰
寶顏堂祕笈(萬曆本、民國石印本)普
集
(題明項夢原撰)
叢書集成初編・應用科學類

兩宮鼎建記三卷
學海類編(道光本、景道光本)・集餘
二
叢書集成初編・應用科學類

雜　志

大元氈罽工物記一卷
(元)□□撰
廣倉學宭叢書甲類第二集

元代畫塑記一卷
(元)□□撰

廣倉學宭叢書甲類第二集
工部進乾隆三十年六月分用過銀錢數目
　黃冊一卷
　　(清)託恩多等撰
　　　史料叢編二集
工部進乾隆四十三年七月分用過雜項銀
　錢數目黃冊一卷
　　(清)秬璸等撰
　　　史料叢編二集
工部進乾隆四十九年分用過緞匹顏料數
　目黃冊一卷
　　(清)金簡等撰
　　　史料叢編二集
銅政條議一卷
　　(清)童華撰
　　　童氏雜著
滇南銅政考一卷
　　(清)王韜輯
　　　弢園叢書
龍江船廠志八卷
　　(明)李昭祥撰
　　　玄覽堂叢書續集
試造氣行輪船始末一卷
　　(清)董毓琦撰
　　　星算補遺·梅心集附
交通芻議一卷
　　(民國)王鎮璽撰
　　　任齋遺稿

掌故瑣記之屬

漢

伏侯古今注一卷
　　(漢)伏無忌撰　(清)馬國翰輯
　　　玉函山房輯佚書(嬭媛館本、重印本、
　　　楚南書局本)·子編雜家類
伏侯古今注三卷補遺一卷又補遺一卷
　　(漢)伏無忌撰　(清)茆泮林輯
　　　十種古逸書
　　　龍谿精舍叢書·史部
　　　叢書集成初編·社會科學類
伏侯古今注一卷
　　(漢)伏無忌撰　(清)黃奭輯
　　　漢學堂叢書·子史鈎沈·史部雜史類
　　　黃氏逸書考(民國修補本、民國補刊
　　　本)·子史鈎沈
獨斷二卷

(漢)蔡邕撰
　百川學海(咸淳本、景刊咸淳本)已集
　百川學海(弘治本、景刊咸淳本據弘治
　　目次編印本、景弘治本)甲集
　漢魏叢書(萬曆本、景萬曆本)·經籍
　四庫全書·子部雜家類
　叢書集成初編·社會科學類
獨斷一卷
　古今逸史·逸志
　廣漢魏叢書(萬曆本、嘉慶本)·經翼
　格致叢書
　增定漢魏六朝別解·子部
　唐宋叢書·載籍
　說郛(宛委山堂本)弓十一
　增訂漢魏叢書(乾隆本、紅杏山房本、
　　三餘堂本、大通書局石印本)·經翼
　子書百家·雜家類
　百子全書·雜家類
　子書四十八種
　景印元明善本叢書十種·古今逸史·
　　逸志
獨斷
　說郛(商務印書館本)卷七十六
獨斷二卷
　　(漢)蔡邕撰　(清)盧文弨校
　抱經堂叢書(乾隆本、景乾隆本)
　龍谿精舍叢書·史部
獨斷二卷附校勘記一卷
　　(漢)蔡邕撰　校勘記張元濟撰
　四部叢刊三編·子部
獨斷佚文一卷
　　(漢)蔡邕撰　(清)王仁俊輯
　經籍佚文
茂陵書一卷
　　(漢)□□撰　(清)洪頤煊輯
　問經堂叢書·經典集林
　經典集林
帝王要略一卷
　　(吳)環濟撰　(清)馬國翰輯
　玉函山房輯佚書(嬭媛館本、重印本、
　　楚南書局本)·史編雜史類

宋

近事會元五卷
　　(宋)李上交撰
　四庫全書·子部雜家類
近事會元五卷附校勘記一卷
　　(宋)李上交撰　校勘記(清)錢熙祚撰
　守山閣叢書(道光本、鴻文書局景道光

本、博古齋景道光本）・子部

近事會元五卷附校勘記一卷考證一卷
　　（宋）李上交撰　校勘記（清）錢熙祚撰　考
　　　證（民國）王樹枏等撰
　　　畿輔叢書
春明退朝錄三卷
　　（宋）宋敏求撰
　　　百川學海（咸淳本、景刊咸淳本）戊集
　　　百川學海（弘治本、景刊咸淳本據弘治
　　　　目次編印本、景弘治本）乙集
　　　說郛（宛委山堂本）弓四十一
　　　四庫全書・子部雜家類
　　　學津討原（嘉慶本、景嘉慶本）第十四
　　　　集
　　　學海類編（道光本、景道光本）・史參
　　　　反約篇
　　　榕園叢書丙集
　　　畿輔叢書
　　　叢書集成初編・文學類
　　春明退朝錄一卷
　　　歷代小史
　　　唐宋叢書・別史
　　　景印元明善本叢書十種・歷代小史
　　春明退朝錄
　　　說郛（商務印書館本）卷三十四
文昌雜錄一卷
　　（宋）龐元英撰
　　　續百川學海戊集
　　　古今說海（嘉靖本、道光本、宣統排印
　　　　本、民國石印本）・說略部雜記家
　　　學海類編（道光本、景道光本）・集餘
　　　　五
　　　說庫
　　（題宋陳襄撰）
　　　說郛（宛委山堂本）弓四十七
　　文昌雜錄六卷補遺一卷
　　　雅雨堂藏書
　　　四庫全書・子部雜家類
　　　學津討原（嘉慶本、景嘉慶本）第十三
　　　　集
　　　叢書集成初編・文學類
　　文昌雜錄
　　　說郛（商務印書館本）卷三十一
　　文昌雜錄二則
　　　舊小說（民國本、1957年本）丁集
石林燕語十卷
　　（宋）葉夢得撰
　　　稗海（萬曆本、康熙重編補刊本、乾隆
　　　　修補重訂本）第六函

筆記小說大觀第七輯
　　　叢書集成初編・文學類
石林燕語一卷
　　　說郛（宛委山堂本）弓二十
　　　五朝小說・宋人百家小說偏錄家
　　　五朝小說大觀・宋人百家小說偏錄家
　　　敬修堂叢書
石林燕語十四則
　　　舊小說（民國本、1957年本）丁集
石林燕語十卷考異一卷
　　（宋）葉夢得撰　考異（宋）宇文紹奕撰
　　　四庫全書・子部雜家類
　　石林燕語
　　（宋）葉夢得撰　（宋）宇文紹奕考異
　　　說郛（商務印書館本）卷六
石林燕語十卷附校一卷
　　（宋）葉夢得撰　（宋）宇文紹奕考異　校
　　　（民國）葉德輝撰
　　　石林遺書
　　　郋園先生全書
石林燕語辨十卷
　　（宋）汪應辰撰
　　　石林遺書
　　　儒學警悟
　　　叢書集成初編・總類
　　　郋園先生全書
愧郯錄一卷
　　（宋）岳珂撰
　　　說郛（宛委山堂本）弓五十二
　　愧郯錄十五卷
　　　四庫全書・子部雜家類
　　　知不足齋叢書（乾隆至道光本、景乾隆
　　　　至道光本）第六集
　　　學海類編（道光本、景道光本）・集餘
　　　　二
　　　四部叢刊續編・子部
　　　筆記小說大觀第七輯
　　愧郯錄十五卷 校勘記一卷 闕文補錄一
　　　卷
　　　叢書集成初編・社會科學類
宋朝燕翼詒謀錄五卷
　　（宋）王栐撰
　　　百川學海（咸淳本、景刊咸淳本）丁集
　　　百川學海（弘治本、景刊咸淳本據弘治
　　　　目次編印本、景弘治本）乙集
　　　叢書集成初編・史地類
　　燕翼詒謀錄五卷
　　　唐宋叢書・別史

說郛（宛委山堂本）弓四十四
四庫全書・史部雜史類
學津討原（嘉慶本、景嘉慶本）第六集
反約篇
榕園叢書乙集
　燕翼貽謀錄一卷
歷代小史
說庫
景印元明善本叢書十種・歷代小史
　燕翼詒謀錄
說郛（商務印書館本）卷九十六
朝野類要五卷
　（宋）趙升撰
四庫全書・子部雜家類
知不足齋叢書（乾隆至道光本、景乾隆
至道光本）第十三集
武英殿聚珍版書（武英殿木活字本、福
建本、廣雅書局本）・子部
反約篇
榕園叢書丙集
筆記小說大觀第五輯
叢書集成初編・社會科學類

元

玉堂嘉話八卷
　（元）王惲撰
四庫全書・子部雜家類
墨海金壺（嘉慶本、景嘉慶本）・子部
守山閣叢書（道光本、鴻文書局景道光
本、博古齋景道光本）・子部
叢書集成初編・總類
玉堂嘉話佚文一卷
　（元）王惲撰　（清）王仁俊輯
經籍佚文

明

椒宮舊事一卷
　（明）王達撰
廣百川學海甲集
稗乘
說郛續弓五
病逸漫記一卷
　（明）陸釴撰
顧氏明朝四十家小說（正德嘉靖本、宣
統排印本、民國石印本）
歷代小史
明鈔五種
紀錄彙編
說郛續弓十七

五朝小說・皇明百家小說
五朝小說六觀・皇明百家小說
奕東雜著仝集
說庫
叢書集成初編・文學類
景印元明善本叢書十種・歷代小史
景印元明善本叢書十種・紀錄彙編
病逸漫紀
勝朝遺事二編
雙溪雜記一卷
　（明）王瓊撰
今獻彙言
說郛續弓十八
叢書集成初編・文學類
景印元明善本叢書十種・今獻彙言
今言四卷
　（明）鄭曉撰
鄭端簡公全集
紀錄彙編
碧琳瑯館叢書乙部
芋園叢書・史部
景印元明善本叢書十種・紀錄彙編
鄭端簡公今言類編六卷
鹽邑志林
叢書集成初編・文學類
景印元明善本叢書十種・鹽邑志林
今言一卷
說郛續弓十二
五朝小說・皇明百家小說
五朝小說大觀・皇明百家小說
今言類編二卷
勝朝遺事二編
皇明盛事一卷
　（明）王世貞撰
說郛續弓十三
五朝小說・皇明百家小說
五朝小說大觀・皇明百家小說
列朝盛事一卷
借月山房彙鈔（嘉慶本、景嘉慶本）第
十四集
指海（道光本、景道光本）第三集
澤古齋重鈔第十一集
叢書集成初編・文學類
觚不觚錄一卷
　（明）王世貞撰
廣百川學海丙集
寶顏堂祕笈（萬曆本、民國石印本）續
集
說郛續弓十二

五朝小說・皇明百家小說
四庫全書・子部小說家類
借月山房彙鈔（嘉慶本、景嘉慶本）第
　十四集
指海（道光本、景道光本）第九集
澤古齋重鈔第十一集
式古居彙鈔
古今說部叢書六集
說庫
叢書集成初編・文學類

觚不觚錄
　勝朝遺事二編

鳳洲雜編六卷
　（明）王世貞撰
　紀錄彙編
　叢書集成初編・文學類
　景印元明善本叢書十種・紀錄彙編

鳳洲筆記
　勝朝遺事二編

識小編一卷
　（明）周賓所撰
　廣快書
　說郛續弓十五
　五朝小說・皇明百家小說
　五朝小說大觀・皇明百家小說

昭代事始一卷
　（明）莊元臣撰
　莊忠甫雜著

朝綱變例一卷
　（明）莊元臣撰
　莊忠甫雜著

典故紀聞十八卷
　（明）余繼登撰
　畿輔叢書
　叢書集成初編・文學類

清

識小錄一卷
　（清）王夫之撰
　船山遺書（同治本、民國本）

澹餘筆記一卷
　（清）曹申吉撰
　藕香零拾

侍衛瑣言一卷補一卷
　（清）奕賡撰
　佳夢軒叢著（稿本、民國排印本）

煨柮閒談一卷
　（清）奕賡撰

佳夢軒叢著（稿本、民國排印本）

石渠紀餘六卷
　（清）王慶雲撰
　碧琳瑯館叢書乙部
　芋園叢書・史部

吳平贅言八卷
　（清）董沛撰
　正誼堂全集

國朝政令紀要四卷
　（清）童賡年撰
　慈谿童柘叟遺著

詔令之屬

西漢詔令十二卷
　（宋）林虙輯
　兩漢詔令

東漢詔令十一卷
　（宋）樓昉輯
　兩漢詔令

不封外戚詔
　（漢）馬皇后撰
　綠窗女史・著撰部詔令

又報章帝詔
　（漢）馬皇后撰
　綠窗女史・著撰部詔令

教鄧子弟詔
　（漢）鄧皇后撰
　綠窗女史・著撰部詔令

下田益宗令
　（後魏）胡皇后撰
　綠窗女史・著撰部詔令

賜崔亮璽書
　（後魏）胡皇后撰
　綠窗女史・著撰部詔令

唐大詔令集一百三十卷（原缺卷十四至
　二十四、卷八十七至九十八）
　（宋）宋敏求輯
　四庫全書・史部詔令奏議類
　適園叢書第四集

皇明大訓記十六卷
　（明）朱國楨輯
　皇明史概

大誥武臣一卷
　皇明制書

勅議或問一卷
　明世宗撰
　紀錄彙編

紀錄彙編選刊
　　叢書集成初編・文學類
　　景印元明善本叢書十種・紀錄彙編
東井詒勅一卷
　　（明）左鑅撰
　　涇川叢書（道光本、景道光本）續
　　叢書集成初編・社會科學類
諭對錄一卷
　　（明）張孚敬撰
　　紀錄彙編
　　叢書集成初編・社會科學類
　　景印元明善本叢書十種・紀錄彙編
諭對錄
　　勝朝遺事初編
太祖高皇帝聖訓四卷
　　清康熙二十五年敕修
　　四庫全書・史部詔令奏議類
　　摛藻堂四庫全書薈要・史部
太宗文皇帝聖訓六卷
　　清順治中敕修
　　四庫全書・史部詔令奏議類
　　摛藻堂四庫全書薈要・史部
太宗文皇帝招撫皮島諸將諭帖一卷
　　史料叢刊初編
世祖章皇帝聖訓六卷
　　清康熙二十六年敕修
　　四庫全書・史部詔令奏議類
　　摛藻堂四庫全書薈要・史部
聖祖仁皇帝聖訓六十卷
　　清雍正九年敕修
　　四庫全書・史部詔令奏議類
　　摛藻堂四庫全書薈要・史部
世宗憲皇帝聖訓三十六卷
　　清乾隆五年敕修
　　四庫全書・史部詔令奏議類
　　摛藻堂四庫全書薈要・史部
世宗憲皇帝上諭內閣一百五十九卷
　　清世宗撰
　　四庫全書・史部詔令奏議類
世宗憲皇帝上諭八旗十三卷上諭旗務議
　覆十二卷諭行旗務奏議十三卷
　　（清）允祿輯
　　四庫全書・史部詔令奏議類
世宗憲皇帝硃批諭旨三百六十卷
　　清世宗撰
　　四庫全書・史部詔令奏議類
　　摛藻堂四庫全書薈要・史部
雍正朝上諭檔四卷

史料叢編初集

奏議之屬

通　代

歷代名臣奏議三百五十卷
　　（明）黃淮（明）楊士奇等輯
　　四庫全書・史部詔令奏議類
歷代名臣奏議選三十卷
　　（清）趙承恩輯
　　趙氏藏書

先　秦

秦書疏三卷
　　（明）徐紳輯
　　秦漢書疏

漢

西漢書疏六卷
　　（明）徐紳輯
　　秦漢書疏
東漢書疏九卷
　　（明）徐紳輯
　　秦漢書疏
漢賈誼政事疏攷補一卷
　　（清）夏炘撰
　　景紫堂全書第四冊
為父上書
　　（漢）緹縈撰
　　綠窗女史・著撰部上書
上宣帝書
　　（漢）烏孫公主撰
　　綠窗女史・著撰部上書
報漢元帝
　　（漢）王嬙撰
　　綠窗女史・著撰部牋奏
奏牋成帝
　　（漢）趙皇后撰
　　綠窗女史・著撰部牋奏
為兄上書
　　（漢）班昭撰
　　綠窗女史・著撰部上書

三　國

讓長秋宮表
　　（魏）甄皇后撰
　　綠窗女史・著撰部表疏

晉

山公啓事一卷
　　（晉）山濤撰
　　　　說郛（宛委山堂本）弓五十九
山公啓事一卷佚事一卷
　　（晉）山濤撰　（民國）葉德輝輯
　　　　觀古堂所著書（光緒本）第一集
　　　　觀古堂所著書（民國重編本）第二集
　　　　郋園先生全書

唐

唐陸宣公奏議註十五卷
　　（唐）陸贄撰　（宋）郎曄注
　　　　宛委別藏
　　註陸宣公奏議十五卷
　　　　十萬卷樓叢書初編

宋

諸臣奏議一百五十卷
　　（宋）趙汝愚輯
　　　　四庫全書 · 史部詔令奏議類
政府奏議二卷
　　（宋）范仲淹撰
　　　　四庫全書 · 史部詔令奏議類
　　　　四部叢刊（初次印本、二次印本、縮印
　　　　二次印本）· 集部 · 范文正公集附
　　范文正公政府奏議二卷
　　　　擇是居叢書初集
孝肅包公奏議十卷
　　（宋）包拯撰
　　　　五名臣遺集
　　　　粵雅堂叢書三編第二十二集
　　　　叢書集成初編 · 社會科學類
　　包孝肅奏議十卷
　　　　四庫全書 · 史部詔令奏議類
　　包孝肅奏議十卷附錄一卷
　　　　廬陽三賢集
余襄公奏議二卷
　　（宋）余靖撰
　　　　廣東叢書第一集
歐陽文忠公奏議十八卷
　　（宋）歐陽修撰
　　　　歐陽文忠公全集（天順本、嘉靖本、康
　　　　熙本、嘉慶本、光緒本）
　　　　四部叢刊（初次印本、二次印本、縮印
　　　　二次印本）· 集部 · 歐陽文忠公集
　　　　宋廬陵四忠集 · 歐陽文忠公全集

奏議集十八卷
　　　　四部備要（排印本、縮印本）· 集部宋
　　　　別集 · 歐陽文忠全集
河東奉使奏草二卷
　　（宋）歐陽修撰
　　　　歐陽文忠公全集（天順本、嘉靖本、康
　　　　熙本、嘉慶本、光緒本）
　　　　四部叢刊（初次印本、二次印本、縮印
　　　　二次印本）· 集部 · 歐陽文忠公集
　　　　四部備要（排印本、縮印本）· 集部宋
　　　　別集 · 歐陽文忠全集
　　　　宋廬陵四忠集 · 歐陽文忠公全集
河北奉使奏草二卷
　　（宋）歐陽修撰
　　　　歐陽文忠公全集（天順本、嘉靖本、康
　　　　熙本、嘉慶本、光緒本）
　　　　四部叢刊（初次印本、二次印本、縮印
　　　　二次印本）· 集部 · 歐陽文忠公集
　　　　四部備要（排印本、縮印本）· 集部宋
　　　　別集 · 歐陽文忠全集
　　　　宋廬陵四忠集 · 歐陽文忠公全集
奏事錄一卷
　　（宋）歐陽修撰
　　　　歐陽文忠公全集（天順本、嘉靖本、康
　　　　熙本、嘉慶本、光緒本）
　　　　四部叢刊（初次印本、二次印本、縮印
　　　　二次印本）· 集部 · 歐陽文忠公集
　　　　四部備要（排印本、縮印本）· 集部宋
　　　　別集 · 歐陽文忠全集
　　　　宋廬陵四忠集 · 歐陽文忠公全集
芻蕘奧論二卷
　　（宋）張方平撰
　　　　粵雅堂叢書初編第三集
范忠宣奏議二卷
　　（宋）范純仁撰
　　　　四庫全書 · 集部別集類 · 忠宣文集附
孫莘老先生奏議事略一卷奏議補遺一卷
　　（宋）孫覺撰
　　　　宋二孫先生奏議事略
孫傳師先生奏議事略一卷
　　（宋）孫覽撰
　　　　宋二孫先生奏議事略 · 孫莘老先生奏
　　　　議事略附
讜論集五卷
　　（宋）陳次升撰
　　　　四庫全書 · 史部詔令奏議類
　　　　四庫全書珍本初集 · 史部詔令奏議類
盡言集十三卷
　　（宋）劉安世撰

四庫全書・史部詔令奏議類
畿輔叢書
四部叢刊續編・史部
叢書集成初編・社會科學類

孫君孚先生奏議事略三卷
　　（宋）孫升撰
　　　宋二孫先生奏議事略

豐清敏公奏疏輯存一卷
　　（宋）豐稷撰
　　　四明叢書第一集・豐清敏公詩文存附

中興備覽三卷
　　（宋）張淏撰
　　　涉聞梓舊（咸豐本、商務印書館景咸豐
　　　本、竹簡齋景咸豐本）
　　　叢書集成初編・社會科學類

梅溪先生廷試策奏議五卷
　　（宋）王十朋撰
　　　四部叢刊（初次印本、二次印本、縮印
　　　二次印本）・集部

鄭忠肅公奏議遺集一卷
　　（宋）鄭興裔撰
　　　鄭氏六名家集

周文忠公奏議十二卷
　　（宋）周必大撰
　　　廬陵周益國文忠公集
　　　宋廬陵四忠集・周文忠公全集

歷官表奏十二卷
　　（宋）周必大撰
　　　廬陵周益國文忠公集
　　　宋廬陵四忠集・周文忠公全集

奉詔錄七卷
　　（宋）周必大撰
　　　廬陵周益國文忠公集
　　　宋廬陵四忠集・周文忠公全集

宋趙忠定奏議四卷
　　（宋）趙汝愚撰　（民國）葉德輝輯
　　　郋園先生全書

彙呈朱子論治本各疏一卷
　　（宋）朱熹撰　（民國）趙炳麟輯
　　　趙柏巖集

許國公奏議四卷
　　（宋）吳潛撰
　　　十萬卷樓叢書二編
　　　叢書集成初編・社會科學類

左史諫草一卷
　　（宋）呂午撰
　　　四庫全書・史部詔令奏議類
　　　四庫全書珍本初集・史部詔令奏議類

格庵奏稿一卷
　　（宋）趙順孫撰
　　　指海（道光本、景道光本）第十九集

元

許文正公奏疏一卷
　　（元）許衡撰
　　　許文正公遺書
　　　西京清麓叢書正編・許文正公遺書
　　　洪氏唐石經館叢書・許文正公遺書

明

名臣經濟錄五一三卷
　　（明）黃訓輯
　　　四庫全書・史部詔令奏議類

籌遼碩畫四十六卷
　　（明）程開祜輯
　　　國立北平圖書館善本叢書第一集
　　　滿蒙叢書第十七卷

明臣奏議二十卷
　　　清乾隆四十六年敕輯
　　　四庫全書・史部詔令奏議類

御選明臣奏議四十卷
　　　武英殿聚珍版書（武英殿木活字本、福
　　　建本、廣雅書局本）・史部

明臣奏議四十卷
　　　叢書集成初編・社會科學類

少保于公奏議十卷
　　（明）于謙撰
　　　武林往哲遺箸後編

姚文敏公奏議補缺一卷
　　（明）姚夔撰
　　　漸西村舍彙刊・姚文敏公遺稿附

商文毅疏藁略一卷
　　（明）商輅撰
　　　四庫全書・史部詔令奏議類

王端毅公奏議十五卷
　　（明）王恕撰
　　　四庫全書・史部詔令奏議類

馬端肅奏議十二卷
　　（明）馬文升撰
　　　四庫全書・史部詔令奏議類

勘處播州事情疏一卷
　　（明）何喬新撰
　　　紀錄彙編
　　　叢書集成初編・史地類
　　　景印元明善本叢書十種・紀錄彙編

三朝奏議一卷

（明）張吉撰
　　張古城先生文集

見素奏疏七卷
（明）林俊撰
　　四庫全書・集部別集類・見素文集附

關中奏議十卷
（明）楊一清撰
　　四庫全書・史部詔令奏議類

關中奏議全集十八卷
　　雲南叢書初編・史部

五城奏疏一卷
（明）董傑撰
　　涇川叢書（道光本、景道光本）
　　叢書集成初編・社會科學類

楊文忠公三錄七卷
（明）楊廷和撰
　　四庫全書・史部詔令奏議類

重刻西洮吳先生蠢遇錄（一名西洮奏議）十五卷附二卷
（明）吳世忠撰
　　趙氏藏書

何文簡疏議十卷
（明）何孟春撰
　　四庫全書・史部詔令奏議類

廬陽周忠愍公垂光集二卷
（明）周璽撰
　　五名臣遺集

垂光集二卷
　　四庫全書・史部詔令奏議類

周忠愍公垂光集二卷
　　乾坤正氣集

垂光集一卷附錄一卷
　　廬陽三賢集

胡端敏奏議十卷
（明）胡世寧撰
　　四庫全書・史部詔令奏議類

經濟集七卷
（明）王守仁撰　（明）施邦曜評輯
　　陽明先生集要

經濟編七卷
　　四部叢刊（初次印本、二次印本、縮印二次印本）・集部・陽明先生集要

浚川奏議十卷
（明）王廷相撰
　　王浚川所著書

張文忠公奏疏八卷
（明）張孚敬撰
　　敬鄉樓叢書第四輯

竹澗奏議四卷
（明）潘希曾撰
　　四庫全書・集部別集類・竹澗集附
　　續金華叢書・集部・竹澗先生文集附

孫毅菴奏議二卷
（明）孫懋撰
　　四庫全書・史部詔令奏議類

玉坡奏議五卷
（明）張原撰
　　四庫全書・史部詔令奏議類

南宮奏槀五卷
（明）夏言撰
　　四庫全書・史部詔令奏議類

鄭端簡公奏議十四卷
（明）鄭曉撰
　　鄭端簡公全集

訥谿奏疏一卷
（明）周怡撰
　　四庫全書・史部詔令奏議類
　　指海（道光本、景道光本）第十集
　　周恭節集
　　叢書集成初編・社會科學類

南宮奏牘二卷
（明）高拱撰
　　高文襄公集

掌銓題藁三十四卷
（明）高拱撰
　　高文襄公集

毅齋奏疏一卷
（明）查鐸撰
　　涇川叢書（道光本、景道光本）
　　叢書集成初編・社會科學類

譚襄敏奏議十卷
（明）譚綸撰
　　四庫全書・史部詔令奏議類

譚襄敏公奏議十卷
　　宜黃叢書第一輯

潘司空奏疏六卷
（明）潘季馴撰
　　四庫全書・史部詔令奏議類

伯仲諫臺疏草二卷
（明）鄭欽（明）鄭銳撰
　　涇川叢書（道光本、景道光本）
　　叢書集成初編・社會科學類

玉城奏疏一卷
（明）葉永盛撰
　　涇川叢書（道光本、景道光本）
　　叢書集成初編・社會科學類

總督四鎮奏議十卷
　　(明)王一鶚撰
　　　玄覽堂叢書續集
制府疏草二卷
　　(明)蕭彥撰
　　　涇川叢書(道光本、景道光本)
　　　叢書集成初編‧社會科學類
臺中疏草一卷
　　(明)江東之撰
　　　瑞陽阿集
廷中疏草一卷
　　(明)江東之撰
　　　瑞陽阿集
黔中疏草一卷
　　(明)江東之撰
　　　瑞陽阿集
蘭臺奏疏三卷
　　(明)馬從聘撰
　　　畿輔叢書
　　　叢書集成初編‧社會科學類
諫草二卷
　　(明)郝敬撰
　　　山草堂集內編
兩垣奏議一卷
　　(明)逯中立撰
　　　四庫全書‧史部詔令奏議類
　　　借月山房彙鈔(嘉慶本、景嘉慶本)第
　　　　六集
　　　指海(道光本、景道光本)第二集
　　　澤古齋重鈔第五集
　　　式古居彙鈔
　　　叢書集成初編‧社會科學類
寧澹居奏議一卷
　　(明)方大鎮撰
　　　桐城方氏七代遺書
諫垣七疏一卷
　　(明)周洪謨撰
　　　暢園叢書甲函
桐城馬太僕奏略四卷
　　(清)馬孟禎撰
　　　馬氏家刻集
　馬太僕奏略二卷
　　　龍眠叢書
周忠愍奏疏二卷
　　(明)周起元撰
　　　四庫全書‧史部詔令奏議類
　　　乾坤正氣集
郭給諫疏稿二卷

　　(明)郭尚賓撰
　　　嶺南遺書第二集
　　　叢書集成初編‧社會科學類
西臺摘疏一卷
　　(明)吳尚默撰
　　　涇川叢書(道光本、景道光本)
　　　叢書集成初編‧社會科學類
王少司馬奏疏二卷
　　(明)王家楨撰
　　　乾坤正氣集
　　　畿輔叢書
　　　叢書集成初編‧社會科學類
劉蕺山奏疏五卷
　　(明)劉宗周撰
　　　劉蕺山先生集
葉潤山疏稿一卷
　　(明)葉廷秀撰
　　　葉潤山輯著全書
葉潤山奏疏一卷
　　(明)葉廷秀撰
　　　葉潤山輯著全書
周忠毅公奏議四卷
　　(明)周宗建撰
　　　乾坤正氣集
蘭臺奏疏一卷
　　(清)水佳胤撰
　　　四明水氏留硯稿前編
倪文貞奏疏十二卷
　　(明)倪元璐撰
　　　四庫全書‧集部別集類‧倪文貞集附
諫垣奏議一卷補遺一卷
　　(明)李維樾撰
　　　敬鄉樓叢書第一輯
諫垣奏議補遺一卷
　　(明)李維樾撰
　　　敬鄉樓叢書第四輯
三垣疏稿三卷
　　(明)許譽卿撰
　　　藝海珠塵竹集(丁集)
　　　叢書集成初編‧社會科學類
職方舊草二卷
　　(明)方孔炤撰
　　　桐城方氏七代遺書
撫楚疏稿一卷
　　(明)方孔炤撰
　　　桐城方氏七代遺書
王若之疏稿一卷
　　(明)王若之撰

佚笈姑存

張漢儒疏稿一卷
　　（明）張漢儒撰
　　　　虞陽說苑甲編

野獲一卷
　　（清）楊光先撰
　　　　明季史料叢書

陳節愍公奏稿二卷附錄一卷
　　（明）陳泰來撰
　　　　豫章叢書（胡思敬輯）

敬修堂釣業一卷
　　（清）查繼佐撰
　　　　仰視千七百二十九鶴齋叢書（光緒本、
　　　　　景光緒本）第四集
　　　　叢書集成初編・社會科學類

嶺海焚餘三卷
　　（明）金堡撰
　　　　適園叢書第七集

清

天聰朝臣工奏議三卷
　　　　史料叢刊初編

吏曹章奏一卷（順治元年八月份）
　　　　史料叢編初集

禮曹章奏日錄一卷（順治元年）
　　　　史料叢刊初編

工曹章奏一卷
　　（清）王無咎（清）章雲鷥輯
　　　　史料叢刊初編

洪文襄公呈報吳勝兆叛案揭帖一卷
　　　　史料叢刊初編

龍源夜話一卷
　　（清）王夫之撰
　　　　船山遺書（民國本）

魏文毅公奏議三卷
　　（清）魏裔介撰
　　　　畿輔叢書
　　　　叢書集成初編・社會科學類

胡氏疏稿一卷
　　（清）胡文學撰
　　　　胡氏三書

張襄壯奏疏六卷
　　（清）張勇撰
　　　　四庫全書・史部詔令奏議類

中山奏議四卷
　　（清）郝浴撰
　　　　中山集

湯子遺書四卷首一卷

（清）湯斌撰
　　　　三賢政書

潛庵先生疏稿一卷
　　（清）湯斌撰
　　　　湯文正公遺書
　　　　趙氏藏書

入告編三卷遺編一卷
　　（清）張惟赤撰
　　　　海鹽張氏涉園叢刻

條奏疏稿一卷續刊一卷
　　（清）蔣伊撰
　　　　借月山房彙鈔（嘉慶本、景嘉慶本）第
　　　　　六集
　　　　指海（道光本、景道光本）第二集
　　　　澤古齋重鈔第五集
　　　　式古居彙鈔
　　　　叢書集成初編・社會科學類

靳文襄奏疏八卷
　　（清）靳輔撰
　　　　四庫全書・史部詔令奏議類

西陂類稿三卷
　　（清）宋犖撰
　　　　三賢政書

華野疏槀五卷
　　（清）郭琇撰
　　　　四庫全書・史部詔令奏議類

正誼堂集五卷
　　（清）張伯行撰
　　　　三賢政書

望溪奏議二卷
　　（清）方苞撰
　　　　龍眠叢書

切時政要一卷
　　（清）韓學渾撰
　　　　二餘堂叢書

鹿洲奏疏一卷
　　（清）藍鼎元撰
　　　　鹿洲全集（雍正本、同治本、光緒本）

尹少宰奏議十卷
　　（清）尹會一撰
　　　　畿輔叢書・尹健餘先生全集
　　　　叢書集成初編・社會科學類

延釐堂奏疏三卷補遺一卷
　　（清）孫玉庭撰
　　　　延釐堂集

朱茶堂奏稿一卷
　　（清）朱爲弼撰
　　　　朱茶堂家藏稿

林文忠公政書三集三十七卷蒐遺一卷
　　（清）林則徐撰
　　　　林文忠公遺集
林文忠公奏議六卷
　　（清）林則徐撰
　　　　三公奏議
林文忠公政書二卷
　　（清）林則徐撰
　　　　四家奏議合鈔
東溟奏稿四卷
　　（清）姚瑩撰
　　　　中復堂全集（道光本、同治本）
存素堂奏疏四卷
　　（清）錢寶琛撰
　　　　錢頤壽中丞全集續編
晚聞齋稿待焚錄一卷
　　（清）竇㙉撰
　　　　雲南叢書二編·史部
李文恭公奏議二十二卷
　　（清）李星沅撰
　　　　李文恭公遺集
陸文節公奏議五卷附錄一卷
　　（清）陸建瀛撰
　　　　沔陽叢書
松龕先生奏疏二卷
　　（清）徐繼畬撰
　　　　松龕先生全集
　松龕奏疏二卷
　　　　山右叢書初編
李文清公奏疏一卷
　　（清）李棠階撰
　　　　李文清公遺書
端敏公集奏議二十卷函牘二卷首二卷
　　（清）袁甲三撰
　　　　項城袁氏家集
駱文忠公奏稿十卷
　　（清）駱秉章撰
　　　　左文襄公全集附
駱文忠公奏議二卷
　　（清）駱秉章撰
　　　　四家奏議合鈔
斯未信齋奏疏二卷
　　（清）徐宗幹撰
　　　　斯未信齋集·斯未信齋文編
張大司馬奏稿四卷
　　（清）張亮基撰
　　　　左文襄公全集附
曾文正公奏稿三十六卷

　　（清）曾國藩撰
　　　　曾文正公全集（楊仲蕃刻字本）
曾文正公奏稿三十卷
　　　　曾文正公全集（湯炳南刻字本）
曾文正公奏議八卷補遺一卷
　　（清）曾國藩撰
　　　　三公奏議
曾文正公奏議二卷
　　（清）曾國藩撰
　　　　四家奏議合鈔
胡林翼奏議五十一卷
　　（清）胡林翼撰
　　　　胡林翼全集
胡文忠公奏議六卷
　　（清）胡林翼撰
　　　　三公奏議
胡文忠公遺集二卷
　　（清）胡林翼撰
　　　　四家奏議合鈔
諫垣存稿一卷
　　（清）陳潛撰
　　　　求在我齋全集
左文襄公奏稿六十四卷
　　（清）左宗棠撰
　　　　左文襄公全集
左文襄公謝摺二卷
　　（清）左宗棠撰
　　　　左文襄公全集
喬勤恪公奏議十六卷
　　（清）喬松年撰
　　　　喬勤恪公全集
郭侍郎洋務文鈔四卷
　　（清）郭嵩燾撰　（清）余廷諧輯
　　　　寶墨齋叢書
罪言存略一卷
　　（清）郭嵩燾撰
　　　　鐵香室叢刻初集
劉武慎公奏稿二十一卷
　　（清）劉長佑撰
　　　　劉武慎公遺書
劉果敏公奏稿八卷
　　（清）劉典撰
　　　　劉果敏公全集
丁文誠公奏稿二十六卷
　　（清）丁寶楨撰
　　　　丁文誠公遺集
西征籌筆二卷
　　（清）李揚華撰

瀚紅山館四種

曾忠襄公奏議三十二卷
　　(清)曾國荃撰
　　　曾忠襄公全集

文誠公奏議六卷函牘二卷首一卷
　　(清)袁保恆撰
　　　項城袁氏家集

郘鄩山房疏艸二卷
　　(清)趙樹吉撰
　　　郘鄩山房集

黎文肅公奏議十六卷
　　(清)黎培敬撰
　　　黎文肅公遺書

寶章齋奏疏四卷
　　(清)李桓撰
　　　寶章齋類稿

劉中丞奏稿四卷
　　(清)劉瑞芬撰
　　　養雲山莊遺稿

華胥赤子奏章一卷
　　(民國)方鑄撰
　　　華胥赤子遺集

張文襄公奏議七十二卷
　　(清)張之洞撰
　　　張文襄公全集

張文襄公電奏十三卷
　　(清)張之洞撰
　　　張文襄公全集

出使奏疏二卷
　　(清)薛福成撰
　　　庸庵全集

嘉定先生奏議二卷
　　(清)徐致祥撰
　　　嘉定長白二先生奏議

悚齋奏議十卷
　　(清)于蔭霖撰
　　　于中丞遺書

曾惠敏公奏疏六卷
　　(清)曾紀澤撰
　　　曾惠敏公遺集

長白先生奏議二卷
　　(清)寶廷撰
　　　嘉定長白二先生奏議

寸草廬奏稿二卷
　　(清)張嘉祿撰
　　　四明叢書第七集

楊漪春侍御奏稿一卷
　　(清)楊深秀撰

戊戌六君子遺集

周愨慎公奏稿五卷電稿一卷
　　(民國)周馥撰
　　　周愨慎公全集

郭文安公奏疏一卷
　　(民國)郭曾炘撰
　　　侯官郭氏家集彙刊

退廬疏稿四卷
　　(民國)胡思敬撰
　　　問影樓叢刻初編

退廬疏稿四卷補遺一卷
　　　退廬全書

程中丞奏稿十九卷附錄一卷
　　(民國)程德全撰
　　　程中丞全集

諫院奏事錄六卷
　　(民國)趙炳麟撰
　　　趙柏巖集

公牘之屬

浚川公移集三卷
　　(明)王廷相撰
　　　王浚川所著書

鎮沅紀略一卷
　　(明)江東之撰
　　　瑞陽阿集

寶坻政書四卷
　　(明)袁黃撰
　　　了凡雜著

孔邇錄五卷
　　(明)文翔鳳撰
　　　皇極篇

太微堂日錄五卷
　　(明)文翔鳳撰
　　　皇極篇

撫楚公牘一卷
　　(明)方孔炤撰
　　　桐城方氏七代遺書

襄邑實錄一卷
　　(明)羅明祖撰
　　　羅紋山先生全集

政書八卷
　　(清)于成龍撰
　　　四庫全書·集部別集類

萬青閣自訂詳案不分卷
　　(清)趙吉士撰
　　　萬青閣全集

崧臺學製書九卷附攝篆半月錄一卷薦後
　　錄三卷
　　　（清）景日昣撰
　　　　崧臺書
培遠堂偶存稿四十八卷
　　　（清）陳弘謀撰
　　　　培遠堂全集
　　培遠堂文檄四十八卷
　　　　陳榕門先生遺書
上谷存牘一卷
　　　（清）李象鵾撰
　　　　棣懷堂隨筆
中州存牘一卷
　　　（清）李象鵾撰
　　　　棣懷堂隨筆
虔南存牘二卷
　　　（清）李象鵾撰
　　　　棣懷堂隨筆
黔臬存牘二卷
　　　（清）李象鵾撰
　　　　棣懷堂隨筆
黔藩存牘三卷
　　　（清）李象鵾撰
　　　　棣懷堂隨筆
學治錄初編一卷二編二卷
　　　（清）沈汝瀚撰
　　　　戎馬風濤集
臺防學治錄一卷
　　　（清）沈汝瀚撰
　　　　清隱山房叢書續編
泉務學治錄一卷
　　　（清）沈汝瀚撰
　　　　清隱山房叢書續編
退厓公牘文字三卷
　　　（清）賈臻撰
　　　　賈氏叢書甲集
壓線錄三卷
　　　（清）龔禮撰
　　　　橙園四種
斯未信齋官牘七卷
　　　（清）徐宗幹撰
　　　　斯未信齋集・斯未信齋文編
斯未信齋軍書四卷
　　　（清）徐宗幹撰
　　　　斯未信齋集・斯未信齋文編
曾文正公批牘六卷
　　　（清）曾國藩撰
　　　　曾文正公全集

胡林翼批札三卷
　　　（清）胡林翼撰
　　　　胡林翼全集
劉武愼公稟牘四卷
　　　（清）劉長佑撰
　　　　劉武愼公遺書
劉武愼公官書一卷
　　　（清）劉長佑撰
　　　　劉武愼公遺書
左文襄公批札七卷
　　　（清）左宗棠撰
　　　　左文襄公全集
左文襄公咨札一卷告示一卷
　　　（清）左宗棠撰
　　　　左文襄公全集
劉果敏公批牘六卷
　　　（清）劉典撰
　　　　劉果敏公全集
曾忠襄公批牘五卷
　　　（清）曾國荃撰
　　　　曾忠襄公全集
黎文肅公公牘十卷
　　　（清）黎培敬撰
　　　　黎文肅公遺書
寶韋齋官書二十四卷
　　　（清）李桓撰
　　　　寶韋齋類稿
閣學公公牘十卷
　　　（清）袁保齡撰
　　　　項城袁氏家集
張文襄公電牘八十卷
　　　（清）張之洞撰
　　　　張文襄公全集
晦闇齋筆語六卷
　　　（清）董沛撰
　　　　正誼堂全集
南屏贅語八卷
　　　（清）董沛撰
　　　　正誼堂全集
石船居公牘賸稿一卷
　　　（清）李超瓊撰
　　　　石船居賸稿
夢園公牘文集十八卷
　　　（清）劉曾騄撰
　　　　祥符劉氏叢書・夢園初集正編
夢園公牘文臺一卷
　　　（清）劉曾騄撰
　　　　祥符劉氏叢書・夢園二集

黃氏逸書考（民國修補本、民國補刊
本）·子史鉤沈

唐月令續考一卷
　　（清）茆泮林撰　　（清）成蓉鏡增訂
　　　鶴壽堂叢書

唐月令注續補遺一卷
　　（清）茆泮林撰　　（清）成蓉鏡增訂
　　　鶴壽堂叢書

唐月令注跋一卷
　　（清）成蓉鏡撰
　　　鶴壽堂叢書

歲華紀麗四卷
　　（唐）韓鄂撰
　　　祕册彙函
　　　津逮祕書（汲古閣本、景汲古閣本）第
　　　　八集
　　　唐宋叢書·別史
　　　說郛（宛委山堂本）弓六十九
　　　學津討原（嘉慶本、景嘉慶本）第十九
　　　　集
　　　叢書集成初編·總類

四時寶鏡一卷
　　　說郛（宛委山堂本）弓六十九

歲時雜記一卷
　　（宋）呂原明撰
　　　說郛（宛委山堂本）弓六十九

賞心樂事一卷
　　（宋）張鑑撰
　　　重訂欣賞編
　　　水邊林下
　　　說郛續弓二十八
　　　學海類編（道光本、景道光本）·集餘
　　　　七
　　　叢書集成初編·自然科學類

歲時廣記四卷圖說一卷
　　（宋）陳元靚撰
　　　格致叢書

歲時廣記四卷
　　　四庫全書·史部時令類
　　　學海類編（道光本、景道光本）·集餘
　　　　五

歲時廣記四十卷圖說一卷總載一卷
　　　十萬卷樓叢書二編
　　　叢書集成初編·總類

乾淳歲時記一卷
　　（宋）周密撰
　　　說郛（宛委山堂本）弓六十九

月令七十二候集解一卷

（元）吳澄撰
　　　學海類編（道光本、景道光本）·經翼
　　　碧琳琅館叢書甲部
　　　芋園叢書·經部
　　　叢書集成初編·自然科學類

四時宜忌
　　（明）瞿佑撰
　　　居家必備·趨避

四時宜忌一卷
　　　學海類編（道光本、景道光本）·集餘
　　　　七
　　　叢書集成初編·自然科學類

一歲芳華
　　（明）程羽文撰
　　　檀几叢書餘集

一歲芳華一卷
　　　香豔叢書第十一集
　　　娛萱室小品

月令演一卷
　　（明）程羽文撰
　　　水邊林下

月令演一卷
　　（清）徐士俊撰
　　　檀几叢書第一帙
　　　閩竹居叢書

錦帶連珠一卷
　　（清）王嗣槐撰
　　　檀几叢書第二帙

水月令一卷
　　（清）王士禛撰
　　　檀几叢書二集第三帙

御定月令輯要二十四卷圖說一卷
　　（清）李光地等撰
　　　四庫全書·史部時令類
　　　摛藻堂四庫全書薈要·史部

七十二候考一卷
　　（清）曹仁虎撰
　　　藝海珠塵金集（甲集）
　　　昭代叢書（道光本）庚集埤編
　　　叢書集成初編·自然科學類

月令氣候圖說一卷
　　（清）李調元撰
　　　函海（乾隆本、道光本）第十九函
　　　函海（光緒本）第二十五函
　　　叢書集成初編·自然科學類

月令七十二候詩四卷
　　（清）馬國翰撰
　　　玉函山房全集

七十二候考一卷
　　（清）俞樾撰
　　　　春在堂全書·曲園雜纂
古今夏時表一卷附易通卦驗節候校文一
卷
　　（民國）葉德輝撰
　　　　觀古堂所著書（光緒本、民國重編本）
　　　　第一集
　　　　郋園先生全書

地　理　類

總志之屬

通　代

地理書抄一卷
　　（南齊）陸澄輯　（清）王謨輯
　　　　重訂漢唐地理書鈔（鈔本、嘉慶本）
地理書抄一卷
　　（梁）任昉輯　（清）王謨輯
　　　　重訂漢唐地理書鈔（鈔本、嘉慶本）
歷代地圖一卷附歷代竊據圖
　　（明）王光魯撰
　　　　閱史約書
歷代地理直音二卷
　　（明）王光魯撰
　　　　閱史約書
歷代地理沿革表四十七卷
　　（清）陳芳績撰
　　　　廣雅書局叢書·史學
　　　　叢書集成初編·史地類
古國都今郡縣合考一卷
　　（清）閔麟嗣撰
　　　　昭代叢書（道光本）丙集第五帙
歷代疆域表三卷
　　（清）段長基撰　（清）段揓書參注
　　　　二十四史三表（嘉慶本、光緒本）
　　　　四部備要（排印本、縮印本）·史部表
　　　　譜考證
歷代沿革表三卷
　　（清）段長基撰　（清）段揓書編次
　　　　二十四史三表（嘉慶本、光緒本）
　　　　四部備要（排印本、縮印本）·史部表
　　　　譜考證
歷代地理志韻編今釋二十卷

　　（清）李兆洛撰
　　　　李氏五種（李鴻章本、馬貞榆本、掃葉
　　　　山房刊本、掃葉山房石印本）
　　　　四部備要（排印本、縮印本）·史部表
　　　　譜考證
歷代地理沿革圖一卷
　　（清）六嚴撰　（清）馬徵慶增輯
　　　　李氏五種（李鴻章本、馬貞榆本、掃葉
　　　　山房刊本、掃葉山房石印本）
輿地沿革表四十卷
　　（清）楊丕復撰
　　　　楊愚齋先生全集
中國歷代都邑考一卷
　　（清）龔柴撰
　　　　小方壺齋輿地叢鈔第一帙
輿地今古圖考二十二卷
　　（清）呂調陽撰
　　　　觀象廬叢書
各史地志同名錄二卷
　　（清）孫國仁撰
　　　　砭愚堂叢書
三番志略六卷
　　（清）□□撰
　　　　邊疆五種
中國地理沿革史二卷
　　（民國）張相文撰
　　　　南園叢稿

先　秦

帝王經界紀一卷
　　（晉）皇甫謐撰　（清）王謨輯
　　　　重訂漢唐地理書鈔（鈔本、嘉慶本）
古史釋地三卷
　　（清）呂調陽撰
　　　　觀象廬叢書·釋地三種
三代地理小記一卷
　　（民國）王國維撰
　　　　雪堂叢刻
禹受地記一卷
　　（清）王謨輯
　　　　重訂漢唐地理書鈔（鈔本、嘉慶本）
四方令一卷
　　（清）王謨輯
　　　　重訂漢唐地理書鈔（鈔本、嘉慶本）
周公城名錄一卷
　　（清）王謨輯
　　　　重訂漢唐地理書鈔（鈔本、嘉慶本）
地理徵今二卷

(清)毛應觀撰
　　經圖彙考
周末列國有今郡縣考一卷
　(清)閔麟嗣撰
　　昭代叢書(道光本)丙集第五帙
　　鶴壽堂叢書
周末列國有今郡縣考補一卷
　(清)王士濂輯
　　鶴壽堂叢書
戰國七雄圖說一卷
　(清)觀頮道人輯
　　閬竹居叢書
七國地理考七卷
　(清)顧觀光撰
　　武陵山人遺書(民國本)
奏上論一卷
　(周)唐勒撰　(清)王謨輯
　　重訂漢唐地理書鈔(鈔本、嘉慶本)
鮮虞中山國事表疆域圖說一卷
　(民國)王先謙撰
　　王益吾所刻書
括地圖一卷
　(清)王謨輯
　　重訂漢唐地理書鈔(鈔本、嘉慶本)
括地圖一卷
　(清)王仁俊輯
　　玉函山房輯佚書補編
秦地圖一卷
　(清)王謨輯
　　重訂漢唐地理書鈔(鈔本、嘉慶本)
秦漢郡考一卷
　(民國)王國維撰
　　雪堂叢刻

漢

楚漢諸侯疆域志三卷
　(清)劉文淇撰
　　螢雲雷齋叢書
　　槐廬叢書初編
　　廣雅書局叢書·史學
　　史學叢書(文瀾書局本、煥文書局本、
　　　點石齋本)
　　叢書集成初編·史地類
　　二十五史補編(開明書店排印本、中華
　　　書局重印本)·史記部分
史表號名通釋三卷
　(清)呂調陽撰
　　觀象廬叢書

漢書地理志二卷附考證
　(漢)班固撰　(唐)顏師古注
　　歷代地理志彙編甲編
漢書地理志稽疑六卷
　(清)全祖望撰
　　粵雅堂叢書二編第十七集
　　歷代地理志彙編甲編·漢書地理志附
　　四明叢書第一集
　　叢書集成初編·史地類
　　二十五史補編(開明書店排印本、中華
　　　書局重印本)·漢書部分
十七史商榷八卷(漢書)
　(清)王鳴盛撰
　　歷代地理志彙編甲編·漢書地理志附
廿二史考異一卷(漢書)
　(清)錢大昕撰
　　歷代地理志彙編甲編·漢書地理志附
漢書辨疑二卷(地理志)
　(清)錢大昭撰
　　歷代地理志彙編甲編·漢書地理志附
新斠注地理志十六卷
　(清)錢坫撰　(清)徐松集釋
　　歷代地理志彙編甲編·漢書地理志附
新斠注地里志集釋十六卷
　　二十五史補編(開明書店排印本、中華
　　　書局重印本)·漢書部分
漢書地理志補注一百三卷
　(清)吳卓信撰
　　二十五史補編(開明書店排印本、中華
　　　書局重印本)·漢書部分
漢書地理志校注二卷
　(清)王紹蘭撰
　　二十五史補編(開明書店排印本、中華
　　　書局重印本)·漢書部分
漢書地理志考證一卷
　(清)朱爲弼撰
　　朱茉堂家藏稿
漢書地理志校本二卷
　(清)汪遠孫撰
　　振綺堂遺書
　　歷代地理志彙編甲編·漢書地理志附
　　二十五史補編(開明書店排印本、中華
　　　書局重印本)·漢書部分
漢志釋地略一卷
　(清)汪士鐸撰
　　二十五史補編(開明書店排印本、中華
　　　書局重印本)·漢書部分
漢書注校補二卷(地理志)

三　國

歷代地理志彙編丙編
史學叢書（文瀾書局本、煥文書局本、
　點石齋本）
叢書集成初編・史地類

補三國疆域志補注十五卷
　　（清）謝鍾英撰
　　　二十五史補編（開明書店排印本、中華
　　　書局重印本）・三國志部分

三國郡縣表附考證八卷
　　（清）吳增僅撰　（民國）楊守敬補正
　　　二十五史補編（開明書店排印本、中華
　　　書局重印本）・三國志部分

三國疆域表二卷
　　（清）謝鍾英撰
　　　二十五史補編（開明書店排印本、中華
　　　書局重印本）・三國志部分

三國疆域志疑一卷
　　（清）謝鍾英撰
　　　二十五史補編（開明書店排印本、中華
　　　書局重印本）・三國志部分

吳地理志一卷
　　（晉）張勃撰　（清）王謨輯
　　　重訂漢唐地理書鈔（鈔本、嘉慶本）

晉

東晉南北朝輿地表二十八卷
　　（清）徐文范撰
　　　廣雅書局叢書・史學
　　　叢書集成初編・史地類
　　　二十五史補編（開明書店排印本、中華
　　　書局重印本）・南北史部分

晉書地理志二卷附考證
　　　唐太宗撰
　　　歷代地理志彙編丁編

晉書校勘記一卷
　　（清）勞格撰
　　　歷代地理志彙編丁編・晉書地理志附

新校晉書地理志一卷
　　（清）方愷撰
　　　廣雅書局叢書・史學
　　　歷代地理志彙編丁編・晉書地理志附
　　　叢書集成初編・史地類
　　　二十五史補編（開明書店排印本、中華
　　　書局重印本）・晉書部分

晉書地理志證今一卷
　　（清）程廷祚撰
　　　春秋識小錄初刻三書（乾隆本、光緒
　　　本）・春秋地名辨異附

藝海珠塵金集（甲集）・春秋識小錄・
　春秋地名辨異附
金陵叢刻・春秋識小錄・春秋地名辨
　異附
金陵叢書甲集・春秋識小錄・地名辨
　異附

十七史商榷一卷（晉書）
　　（清）王鳴盛撰
　　　歷代地理志彙編丁編・晉書地理志附

廿二史考異一卷（晉書）
　　（清）錢大昕撰
　　　歷代地理志彙編丁編・晉書地理志附

晉書地理志新補正五卷
　　（清）畢沅撰
　　　經訓堂叢書（乾隆本、景乾隆本）
　　　式訓堂叢書初集
　　　校經山房叢書
　　　廣雅書局叢書・史學
　　　歷代地理志彙編丁編・晉書地理志附
　　　叢書集成初編・史地類
　　　二十五史補編（開明書店排印本、中華
　　　書局重印本）・晉書部分

東晉疆域志四卷
　　（清）洪亮吉撰
　　　北江全集
　　　洪北江全集
　　　廣雅書局叢書・史學
　　　歷代地理志彙編丁編・晉書地理志附
　　　史學叢書（文瀾書局本、煥文書局本、
　　　點石齋本）
　　　叢書集成初編・史地類
　　　二十五史補編（開明書店排印本、中華
　　　書局重印本）・晉書部分

晉地道記一卷
　　（晉）王隱撰　（清）王謨輯
　　　重訂漢唐地理書鈔（鈔本、嘉慶本）

晉書地道記一卷
　　（晉）王隱撰　（清）畢沅輯
　　　經訓堂叢書（乾隆本、景乾隆本）
　　　廣雅書局叢書・史學
　　　叢書集成初編・史地類

晉書地道記一卷
　　（晉）王隱撰　（清）黃奭輯
　　　漢學堂叢書・子史鉤沈・史部地理類
　　　黃氏逸書考（民國修補本、民國補刊
　　　本）子史鉤沈・晉書附

太康地記一卷
　　（晉）□□撰
　　　說郛（宛委山堂本）弓六十

太康地記
　　　　說郛(商務印書館本)卷四・墨娥漫錄
太康地記一卷
　　(晉)□□撰　(清)王謨輯
　　　　重訂漢唐地理書鈔(鈔本、嘉慶本)
晉太康三年地記一卷
　　(晉)□□撰　(清)畢沅輯
　　　　經訓堂叢書(乾隆本、景乾隆本)
　　　　廣雅書局叢書・史學
　　　　叢書集成初編・史地類
晉太康三年地記一卷
　　(晉)□□撰　(清)黃奭輯
　　　　漢學堂叢書・子史鈎沈・史部地理類
　　　　黃氏逸書考(民國修補本、民國補刊
　　　　本)・子史鈎沈
太康地志一卷
　　(晉)□□撰　(清)王仁俊輯
　　　　玉函山房輯佚書補編
十三州記一卷
　　(晉)黃義仲撰
　　　　說郛(宛委山堂本)弓六十
十四州記一卷
　　(晉)黃恭撰　(清)王謨輯
　　　　重訂漢唐地理書鈔(鈔本、嘉慶本)
畿服經一卷
　　(晉)摯虞撰　(清)王謨輯
　　　　重訂漢唐地理書鈔(鈔本、嘉慶本)
九州要記一卷
　　(晉)樂資撰　(清)王謨輯
　　　　重訂漢唐地理書鈔(鈔本、嘉慶本)
九州記一卷
　　(清)王仁俊輯
　　　　玉函山房輯佚書補編
十六國疆域志十六卷
　　(清)洪亮吉撰
　　　　北江全集
　　　　洪北江全集
　　　　廣雅書局叢書・史學
　　　　史學叢書（文瀾書局本、煥文書局本、
　　　　點石齋本)
　　　　叢書集成初編・史地類
　　　　二十五史補編(開明書店排印本、中華
　　　　書局重印本)・晉書部分

南 北 朝

宋書州郡志四卷附考證
　　(梁)沈約撰
　　　　歷代地理志彙編戊編

宋州郡志校勘記一卷
　　(清)成蓉鏡撰
　　　　南菁書院叢書第六集
　　　　成氏遺書
　　(清成孺撰)
　　　　廣雅書局叢書・史學
　　　　歷代地理志彙編戊編・宋書州郡志附
　　　　史學叢書（文瀾書局本、煥文書局本、
　　　　點石齋本)
　　　　叢書集成初編・總類
　　　　二十五史補編(開明書店排印本、中華
　　　　書局重印本)・宋書部分
十七史商榷 一卷(宋書)
　　(清)王鳴盛撰
　　　　歷代地理志彙編戊編・宋書州郡志附
廿二史考異一卷(宋書)
　　(清)錢大昕撰
　　　　歷代地理志彙編戊編・宋書州郡志附
永初山川記一卷
　　(南齊)劉澄之撰　(清)王謨輯
　　　　重訂漢唐地理書鈔(鈔本、嘉慶本)
宋永初山川記一卷
　　(南齊)劉澄之撰　(清)王仁俊輯
　　　　玉函山房輯佚書補編
永初山川古今記一卷
　　(南齊)劉澄之撰　(民國)葉昌熾輯
　　　　穀淡廬叢薰
山川記一卷
　　(清)王仁俊輯
　　　　玉函山房輯佚書補編
南齊書州郡志二卷附考證
　　(梁)蕭子顯撰
　　　　歷代地理志彙編己編
十七史商榷一卷(南齊書)
　　(清)王鳴盛撰
　　　　歷代地理志彙編己編・南齊書州郡志
　　　　附
廿二史考異一卷(南齊書)
　　(清)錢大昕撰
　　　　歷代地理志彙編己編・南齊書州郡志
　　　　附
補梁疆域志四卷
　　(清)洪齮孫撰
　　　　廣雅書局叢書・史學
　　　　歷代地理志彙編庚編
　　　　史學叢書（文瀾書局本、煥文書局本、
　　　　點石齋本)
　　　　叢書集成初編・史地類

二十五史補編(開明書店排印本、中華
　　書局重印本)・梁書部分
輿地志一卷
　　(梁)顧野王撰　　(清)王謨輯
　　　　重訂漢唐地理書鈔(鈔本、嘉慶本)
輿地志一卷
　　(梁)顧野王撰　　(清)王仁俊輯
　　　　玉函山房輯佚書補編
補陳疆域志四卷
　　(民國)臧勵龢撰
　　　　二十五史補編(開明書店排印本、中華
　　　　　書局重印本)・陳書部分
魏書地形志三卷附考證
　　(北齊)魏收撰
　　　　歷代地理志彙編辛編
十七史商榷一卷(魏書)
　　(清)王鳴盛撰
　　　　歷代地理志彙編辛編・魏書地形志附
廿二史考異一卷(魏書)
　　(清)錢大昕撰
　　　　歷代地理志彙編辛編・魏書地形志附
讀魏書地形志隨筆一卷
　　(清)溫曰鑑撰
　　　　花近樓叢書補遺
魏書地形志校錄三卷
　　　　適園叢書第一集
　　　　二十五史補編(開明書店排印本、中華
　　　　　書局重印本)・魏書部分
十三州志一卷
　　(後魏)闞駰撰　　(清)王謨輯
　　　　重訂漢唐地理書鈔(鈔本、嘉慶本)
十三州志一卷
　　(後魏)闞駰撰　　(清)張澍輯
　　　　二酉堂叢書
　　　　知服齋叢書第二集
　　　　關中叢書第一集
　　　　叢書集成初編・史地類
十三州志一卷
　　(後魏)闞駰撰　　(清)王仁俊輯
　　　　玉函山房輯佚書補編
十三州志一卷
　　(後魏)闞駰撰　　(民國)葉昌熾輯
　　　　瓠淡廬叢藁
大魏諸州記一卷
　　(後魏)□□撰　　(清)王謨輯
　　　　重訂漢唐地理書鈔(鈔本、嘉慶本)
周地圖記一卷
　　(北周)□□撰　　(清)王謨輯

重訂漢唐地理書鈔(鈔本、嘉慶本)

隋

隋書地理志三卷附考證
　　(唐)魏徵(唐)長孫無忌等撰
　　　　歷代地理志彙編壬編
十七史商榷一卷(隋書)
　　(清)王鳴盛撰
　　　　歷代地理志彙編壬編・隋書地理志附
廿二史考異一卷(隋書)
　　(清)錢大昕撰
　　　　歷代地理志彙編壬編・隋書地理志附
隋書地理志考證九卷附補遺
　　(民國)楊守敬撰
　　　　二十五史補編(開明書店排印本、中華
　　　　　書局重印本)・隋書部分
隋區宇圖志一卷
　　(隋)虞茂撰　　(清)王謨輯
　　　　重訂漢唐地理書鈔(鈔本、嘉慶本)
隋州郡圖經一卷
　　(隋)郎蔚之撰　　(清)王謨輯
　　　　重訂漢唐地理書鈔(鈔本、嘉慶本)

唐

舊唐書地理志四卷附考證
　　(後晉)劉昫等撰
　　　　歷代地理志彙編癸編
唐書地理志七卷附考證
　　(宋)歐陽修(宋)宋祁等撰
　　　　歷代地理志彙編癸編
十七史商榷二卷(新舊唐書)
　　(清)王鳴盛撰
　　　　歷代地理志彙編癸編・唐書地理志附
廿二史考異一卷(新舊唐書)
　　(清)錢大昕撰
　　　　歷代地理志彙編癸編・唐書地理志附
魏王泰括地志二卷
　　(唐)李泰等撰　　(清)王謨輯
　　　　重訂漢唐地理書鈔(鈔本、嘉慶本)
括地志八卷
　　(唐)李泰等撰　　(清)孫星衍輯
　　　　岱南閣叢書(乾隆嘉慶本、景乾隆嘉慶
　　　　　本)
　　　　正覺樓叢刻
括地志八卷補遺一卷
　　(唐)李泰等撰　　(清)孫星衍輯　　(清)陳其
　　榮重訂
　　　　槐廬叢書初編

括地志一卷
　　(唐)李泰等撰　(清)黃奭輯
　　　漢學堂叢書·子史鈎沈·史部地理類
　　　黃氏逸書考(民國修補本、民國補刊
　　　本)·子史鈎沈
括地志一卷
　　(唐)李泰等撰　(清)王仁俊輯
　　　玉函山房輯佚書補編
括地志一卷
　　(唐)李泰等撰　(民國)曹元忠輯
　　　南菁札記
十道志二卷
　　(唐)梁載言撰　(清)王謨輯
　　　重訂漢唐地理書鈔(鈔本、嘉慶本)
十道志佚文一卷
　　(唐)梁載言撰　(清)王仁俊輯
　　　經籍佚文
殘地志一卷
　　(唐)賈耽撰
　　　鳴沙石室佚書初編
貞元十道錄一卷
　　(唐)賈耽撰　(清)王謨輯
　　　重訂漢唐地理書鈔(鈔本、嘉慶本)
十道記一卷
　　(唐)賈耽撰　(清)王仁俊輯
　　　玉函山房輯佚書補編
郡國縣道記一卷
　　(唐)賈耽撰　(清)王謨輯
　　　重訂漢唐地理書鈔(鈔本、嘉慶本)
郡國縣道記一卷
　　(唐)賈耽撰　(清)王仁俊輯
　　　玉函山房輯佚書補編
唐賈耽記邊州入四夷道里考實五卷
　　(清)吳承志撰
　　　求恕齋叢書
元和郡縣志四十卷
　　(唐)李吉甫撰
　　　四庫全書·史部地理類
　　　武英殿聚珍版書(武英殿木活字本、福
　　　建本、廣雅書局本)·史部
元和郡縣圖志四十卷(原缺卷十九至二
　　十、卷二十三至二十四、卷三十五至三
　　十六)闕卷逸文一卷
　　　(唐)李吉甫撰　逸文(清)孫星衍輯
　　　岱南閣叢書(乾隆嘉慶本、景乾隆嘉慶
　　　本)
元和郡縣圖志四十卷(原缺卷十九至二
　　十、卷二十三至二十四、卷三十五至三

十六)闕卷逸文一卷附攷證三十四卷
　　(唐)李吉甫撰　逸文(清)孫星衍輯　攷證
　　(清)張駒賢撰
　　　畿輔叢書
　　　叢書集成初編·史地類
元和郡縣志闕卷逸文三卷
　　(唐)李吉甫撰　(民國)繆荃孫輯
　　　雲自在龕叢書第一集
十道志一卷
　　(唐)李吉甫撰
　　　說郛(宛委山堂本)弓六十
諸道山河地名要略殘一卷(存卷二)
　　(唐)韋澳撰
　　　鳴沙石室佚書初編
古今地名一卷
　　(唐)□□撰　(清)王謨輯
　　　重訂漢唐地理書鈔(鈔本、嘉慶本)

五　代

舊五代史郡縣志一卷附考證
　　(宋)薛居正等撰
　　　歷代地理志彙編子編
五代史職方考一卷附考證
　　(宋)歐陽修撰
　　　歷代地理志彙編子編
十七史商榷一卷(五代史)
　　(清)王鳴盛撰
　　　歷代地理志彙編子編·五代史職方考
　　　附
廿二史考異一卷(五代史)
　　(清)錢大昕撰
　　　歷代地理志彙編子編·五代史職方考
　　　附
五代地理攷一卷
　　(清)練恕撰
　　　多識錄
　　　二十五史補編(開明書店排印本、中華
　　　書局重印本)·兩五代史部分
南漢地理志一卷
　　(清)吳蘭修撰
　　　嶺南遺書第五集
　　　叢書集成初編·史地類

宋

宋史地理志六卷附考證
　　(元)脫脫等撰
　　　歷代地理志彙編丑編
廿二史考異一卷(宋史)

(清)錢大昕撰
歷代地理志彙編丑編‧宋史地理志附

宋史地理志考異一卷
聶崇岐撰
二十五史補編(開明書店排印本、中華書局重印本)‧宋史部分

寰宇記一卷
(宋)樂史撰
說郛(宛委山堂本)号六十

太平寰宇記二百卷(原缺卷一百十三至一百十九)
四庫全書‧史部地理類

太平寰宇記殘六卷(存卷一百十三至一百十八)
古逸叢書
叢書集成初編‧史地類

太平寰宇記二百卷(原缺卷一百十三至一百十九)補闕七卷
(宋)樂史撰 補闕(清)陳蘭森輯
趙氏藏書

太平寰宇記拾遺七卷
(宋)樂史撰 (清)陳運溶輯
麓山精舍叢書第一集

太平寰宇記佚文一卷
(宋)樂史撰 (清)王仁俊輯
經籍佚文

太平寰宇記辨僞六卷
(清)陳運溶撰
麓山精舍叢書第一集

北道刊誤誌一卷
(宋)王璠撰
守山閣叢書(道光本、鴻文書局景道光本、博古齋景道光本)‧史部

北道刊誤志
粵雅堂叢書三編第二十三集‧續談助
十萬卷樓叢書三編‧續談助
叢書集成初編‧總類‧續談助

元豐九域志十卷
(宋)王存等撰
四庫全書‧史部地理類
武英殿聚珍版書(武英殿木活字本、福建本、廣雅書局本)‧史部
叢書集成初編‧史地類

九域志一卷
(宋)李昉撰
說郛(宛委山堂本)号六十

九域志
說郛(商務印書館本)卷六‧廣知

輿地廣記三十八卷
(宋)歐陽忞撰
四庫全書‧史部地理類
武英殿聚珍版書(武英殿木活字本)‧史部

輿地廣記三十八卷附校勘記二卷
(宋)歐陽忞撰 校勘記(清)孫星華撰
武英殿聚珍版書(福建本、廣雅書局本)‧史部

輿地廣記三十八卷附札記二卷
(宋)歐陽忞撰 札記(清)黃丕烈撰
士禮居黃氏叢書(黃氏本、蜚英館景黃氏本、石竹山房景黃氏本、博古齋景黃氏本)
叢書集成初編‧史地類

方輿勝覽七十卷
(宋)祝穆撰
四庫全書‧史部地理類

遼

遼史地理志五卷
(元)脫脫等撰
歷代地理志彙編寅編

廿二史考異一卷(遼史)
(清)錢大昕撰
歷代地理志彙編寅編‧遼史地理志附

遼史地理志考五卷
(清)李愼儒撰
二十五史補編(開明書店排印本、中華書局重印本)‧遼史部分

金

金史地理志三卷
(元)脫脫等撰
歷代地理志彙編寅編

廿二史考異一卷(金史)
(清)錢大昕撰
歷代地理志彙編寅編‧金史地理志附

金史詳校三卷(地理志)
(清)施國祁撰
歷代地理志彙編寅編‧金史地理志附

御塞行程一卷
(宋)趙彥衛撰
說郛(宛委山堂本)号四十二
五朝小說‧宋人百家小說偏錄家
五朝小說大觀‧宋人百家小說偏錄家

元

元史地理志六卷
　　(明)宋濂(明)王褘等撰
　　　　歷代地理志彙編寅編
廿二史考異一卷(元史)
　　(清)錢大昕撰
　　　　歷代地理志彙編寅編・元史地理志附
大元大一統志一千三百卷(存卷一百二十
　　二至一百二十三、卷二百八十二至二百
　　八十三、卷三百五十六至三百五十七、
　　卷三百六十至三百六十一、卷三百六十
　　五、卷三百六十七至三百六十八、卷三
　　百八十三至三百八十六、卷四百七十二
　　至四百七十四、卷五百三十七至五百三
　　十八、卷五百四十二至五百四十五、卷
　　五百四十八至五百五十、卷五百八十四
　　至五百八十七、卷七百六十三、卷九百
　　五十六至九百五十八)
　　(元)孛蘭肹等撰
　　　　玄覽堂叢書續集
大元大一統志一千三百卷(存卷□、卷□、
　　卷五百四十四至五百四十五、卷五百四
　　十八至五百五十、卷六百三十四、卷七
　　百三十至七百三十一、卷□、卷□、卷七
　　百九十至七百九十二)輯本四卷附考證
　　一卷附錄一卷
　　(元)孛蘭肹等撰　輯本金毓黻　安文溥輯
　　　考證金毓黻輯撰
　　　　遼海叢書第十集
元經世大典圖地理攷證三卷附元史地理
　　志西北地一卷
　　(清)丁謙撰
　　　　浙江圖書館叢書第二集

明

明史地理志六卷
　　(清)張廷玉等撰
　　　　歷代地理志彙編卯編
寰宇通志一百十九卷
　　(明)陳循等撰
　　　　玄覽堂叢書續集
明一統志九十卷
　　(明)李賢等撰
　　　　四庫全書・史部地理類
草廬經略輿圖總論一卷
　　(明)黃之瑞撰
　　　　蓉城仙館叢書・明代祕籍三種
地理述二卷

　　(明)鄭曉撰
　　　　鄭端簡公全集・吾學編
皇輿考十二卷
　　(明)張天復撰
　　　　玄覽堂叢書
輿圖摘要十五卷
　　(明)李日華撰
　　　　四六全書
新刻水陸路程便覽八卷
　　(明)黃汴撰
　　　　士商必要
皇明職方地圖表二卷
　　(明)陳祖綬撰
　　　　玄覽堂叢書三集

清

天下郡國利病書不分卷
　　(清)顧炎武撰
　　　　四部叢刊三編・史部
大地山河圖說一卷
　　(清)孫蘭撰
　　　　蟄園叢刻
方輿紀要形勢論略二卷
　　(清)顧祖禹撰　(清)杜文瀾錄
　　　　曼陀羅華閣叢書
方輿紀要序錄一卷
　　(清)顧祖禹撰
　　　　經史百家序錄
讀史方輿紀要統論一卷
　　(清)朱棠撰
　　　　曼陀羅華閣叢書
輿地全覽一卷
　　(清)蔡方炳撰
　　　　小方壺齋叢鈔卷一
　　　　小方壺齋輿地叢鈔第一帙
廣輿記提要一卷
　　(清)蔡方炳撰
　　　　冠悔堂雜錄
天下山河兩戒考十四卷圖一卷
　　(清)徐文靖撰
　　　　徐位山六種(志寧堂本、光緒本)
大清一統志表不分卷
　　清乾隆九年敕撰
　　　　趙氏藏書
大清一統志五百卷
　　清乾隆二十九年敕撰
　　　　四庫全書・史部地理類
大清一統志五百六十卷附索引

清嘉慶二十五年敕撰　　索引(民國)□□撰
　　　四部叢刊續編·史部
乾隆府廳州縣圖志五十卷
　　(清)洪亮吉撰
　　　北江全集
　　　洪北江全集
皇朝一統輿圖一卷
　　(清)李兆洛撰
　　　李氏五種(李鴻章本、馬貞榆本、掃葉
　　　山房刊本、掃葉山房石印本)
皇朝輿地韻編二卷
　　(清)李兆洛撰
　　　李氏五種(李鴻章本、馬貞榆本、掃葉
　　　山房刊本、掃葉山房石印本)
　　　四部備要(排印本、縮印本)·史部表
　　　譜考證·歷代地理志韻編今釋附
陳資齋天下沿海形勢錄一卷圖一卷
　　(清)陳□撰
　　　水陸攻守戰略祕書七種
直省府名歌訣一卷
　　(清)鮑東里撰
　　　釀齋訓蒙雜編
郡縣分韻考十卷
　　(清)黃本驥撰
　　　三長物齋叢書
輿圖論略一卷
　　(清)鄒均撰
　　　十二樹梅花書屋叢著
方輿纂要十五卷首一卷
　　(清)鄒均撰
　　　十二樹梅花書屋叢著
輿圖總論注釋一卷
　　(清)謝蘭生撰
　　　酌古準今
輿地形勢論一卷
　　(清)鮑振方撰
　　　後知不足齋叢書第八函
天下形勢考一卷
　　(清)華湛恩撰
　　　小方壺齋輿地叢鈔第一帙
方輿紀要簡覽一卷
　　(清)潘鐸撰
　　　小方壺齋輿地叢鈔第一帙
輿地略一卷
　　(清)馮煥光撰
　　　小方壺齋叢鈔卷一
　　　小方壺齋輿地叢鈔第一帙
府州廳縣異名錄一卷

（清）管斯駿撰
　　　小方壺齋輿地叢鈔第一帙
中國方域考一卷
　　(清)龔柴撰
　　　小方壺齋輿地叢鈔第一帙
中國形勢考略一卷
　　(清)龔柴撰
　　　小方壺齋輿地叢鈔第一帙
中國物產考略一卷
　　(清)龔柴撰
　　　小方壺齋輿地叢鈔第一帙
中國海島考略一卷
　　(清)龔柴撰
　　　小方壺齋輿地叢鈔第九帙
輿覽一卷
　　(清)何炳撰
　　　小方壺齋輿地叢鈔第一帙
光緒輿地韻編一卷
　　(清)錢保塘撰
　　　清風室叢書
驛站路程〔一〕一卷
　　(清)□□撰
　　　小方壺齋輿地叢鈔第一帙
驛站路程〔二〕一卷
　　(清)□□撰
　　　小方壺齋輿地叢鈔再補編第一帙

民　　國

中國地理教科書
　　(民國)劉師培撰
　　　劉申叔先生遺書
中國民族志一卷
　　(民國)劉師培撰
　　　劉申叔先生遺書

方志之屬

義　　例

方志略例二卷
　　(清)章學誠撰
　　　章氏遺書(嘉業堂本、商務印書館排印
　　　本)
新會修志條例一卷
　　(清)黃培芳撰
　　　信古閣小叢書
肇慶修志章程一卷
　　(清)陳澧撰

信古閣小叢書

上　海

雲間志三卷
　　（宋）楊潛撰
　　　　宛委別藏
　雲間志三卷續入一卷
　　　　觀自得齋叢書
松江府志摘要一卷
　　（清）閔山葰輯
　　　　申報館叢書續集·紀麗類·屑玉叢譚
　　　　初集
嘉靖上海縣志八卷
　　（明）鄭洛書修
　　　　松江府屬舊志二種
正德金山衞志六卷
　　（明）張奎修
　　　　松江府屬舊志二種
校補叢殘一卷
　　（清）章謙存撰
　　　　強恕齋四賸稿·筆賸

河　北

畿輔通志一百二十卷
　　（清）李衞等修
　　　　四庫全書·史部地理類
永清縣志七卷
　　（清）章學誠撰
　　　　章氏遺書（嘉業堂本、商務印書館排印
　　　　本）外編
天啓本東安縣志殘五卷（存卷二至六）
　　（明）鄭之城修　（明）馮泰運纂
　　　　安次縣舊志四種合刊
康熙本東安縣志十卷
　　（清）李大章等修　（清）張墀等纂
　　　　安次縣舊志四種合刊
乾隆本東安縣志二十二卷
　　（清）李光昭纂修
　　　　安次縣舊志四種合刊
民國三年本安次縣志十二卷
　　　　劉鍾英纂修
　　　　安次縣舊志四種合刊
保定府祁州束鹿縣志十卷
　　（清）劉崑等修
　　　　束鹿五志合栞
乾隆束鹿縣志十二卷
　　（清）李文耀等修　（清）張鍾秀纂
　　　　束鹿五志合栞

嘉慶束鹿縣志十卷
　　（清）沈樂善等修
　　　　束鹿五志合栞
同治束鹿縣志八卷
　　（清）宋陳壽修
　　　　束鹿五志合栞
光緒束鹿鄉土志十二卷
　　（清）李中桂等纂修
　　　　束鹿五志合栞
靈壽陸志節本三卷
　　（清）陸隴其撰
　　　　三長物齋叢書
藁城縣嘉靖志十卷
　　（明）李正儒纂
　　　　藁城縣志四種
藁城縣康熙志十二卷
　　（清）賴于宣重輯
　　　　藁城縣志四種
藁城縣光緒志十卷
　　（清）汪度修　（清）張轆溫纂
　　　　藁城縣志四種
續修藁城縣志十二卷
　　（民國）任傳藻修　（民國）于籤纂
　　　　藁城縣志四種
口北三廳志十六卷首一卷
　　（清）黃可潤纂修
　　　　滿蒙叢書第一卷
欽定熱河志八十卷
　　　　清乾隆四十六年敕撰
　　　　四庫全書·史部地理類

山　西

山西通志二百三十卷
　　（清）石麟等修
　　　　四庫全書·史部地理類

內蒙古

和林格爾廳志略一卷
　　（清）陳寶晉撰
　　　　邊疆五種

遼　寧

遼東志九卷附解題一卷校勘記一卷
　　（明）畢恭等修　（明）任洛等重修　解題
　　（日本）稻葉嵒吉撰　校勘記高鳳樓　許
　　麟英撰
　　　　遼海叢書第二集
全遼志六卷附校勘記一卷

(明)李輔等修　校勘記高鳳樓　許麟英撰
　　遼海叢書第二集

欽定盛京通志一百二十卷
　　清乾隆四十四年敕撰
　　　四庫全書・史部地理類

遼陽州志二十八卷
　　(清)楊鑣纂修
　　　遼海叢書第三集

蓋平縣志二卷
　　(清)駱雲纂修
　　　遼海叢書第七集

開原縣志二卷
　　(清)劉起凡等纂修
　　　遼海叢書第七集

鐵嶺縣志二卷
　　(清)賈弘文修　(清)董國祥纂
　　　遼海叢書第三集

鐵嶺縣志二卷
　　(清)賈弘文修　(清)李廷榮補輯
　　　遼海叢書第三集

錦州府志十卷
　　(清)劉源溥(清)孫成纂修
　　　遼海叢書第三集

錦縣志八卷
　　(清)王奕曾等修　(清)范勳等纂
　　　遼海叢書第七集

寧遠州志八卷
　　(清)馮昌奕等修　(清)范勳纂
　　　遼海叢書第七集

廣寧縣志八卷(原缺卷七至八)
　　(清)項蕙修　(清)范勳纂
　　　遼海叢書第七集

岫巖志略十卷
　　(清)台隆阿修　(清)李翰穎纂
　　　遼海叢書第三集

陝　西

陝西通志一百卷
　　(清)劉於義等修
　　　四庫全書・史部地理類

鄠縣鄉土志三卷
　　(清)□□輯
　　　鄉土志叢編第一集

甘泉縣鄉土志一卷
　　(清)□□輯
　　　鄉土志叢編第一集

宜川鄉土志一卷
　　(清)□□輯

鄉土志叢編第一集

岐山縣鄉土志三卷
　　(清)□□輯
　　　鄉土志叢編第一集

城固縣鄉土志一卷
　　(清)□□輯
　　　鄉土志叢編第一集

寧羌州鄉土志一卷
　　(清)□□輯
　　　鄉土志叢編第一集

神木鄉土志四卷
　　(清)□□輯
　　　鄉土志叢編第一集

朝邑縣志二卷
　　(明)韓邦靖撰
　　　四庫全書・史部地理類
　　　遜敏堂叢書

朝邑志二卷
　　　安樂延年室叢書

朝邑韓志一卷
　　　三長物齋叢書

校正朝邑志一卷
　　(明)韓邦靖撰　(清)王元啓校訂
　　　惺齋先生雜著
　　　小石山房叢書第六冊
　　　清芬堂叢書・史部

校正韓汝慶先生朝邑志一卷
　　　得月簃叢書次刻

朝邑縣鄉土志一卷
　　(清)□□輯
　　　鄉土志叢編第一集

華州志二十四卷
　　(明)李可久修　(明)張光孝纂
　　　合刻華州志

續華州志四卷
　　(清)馮昌奕修　(清)劉遇奇纂
　　　合刻華州志

再續華州志十二卷
　　(清)汪以誠修　(清)史蕚纂
　　　合刻華州志

三續華州志十二卷
　　(清)吳炳南修　(清)劉域纂
　　　合刻華州志

華州鄉土志一卷
　　(清)□□輯
　　　鄉土志叢編第一集

武功縣志三卷
　　(明)康海撰

四庫全書·史部地理類

清芬堂叢書·史部

武功康志三卷

三長物齋叢書

校正康對山先生武功縣志三卷

(明)康海撰　(清)孫景烈校注

得月簃叢書次刻

叢書集成初編·史地類

中部縣鄉土志一卷

(清)□□輯

鄉土志叢編第一集

甘　肅

甘肅通志五十卷

(清)許容等修

四庫全書·史部地理類

武威縣誌一卷

(清)張之浚(清)張珆美等修　(清)曾鈞等
纂

五涼考治六德集全誌

鎮番縣誌一卷

(清)張之浚(清)張珆美等修　(清)曾鈞等
纂

五涼考治六德集全誌

永昌縣誌一卷

(清)張之浚(清)張珆美等修　(清)沈紹祖
等纂

五涼考治六德集全誌

古浪縣誌一卷

(清)張之浚(清)張珆美等修　(清)趙璘等
纂

五涼考治六德集全誌

平番縣誌一卷

(清)張之浚(清)張珆美等修　(清)曾鈞等
纂

五涼考治六德集全誌

新　疆

欽定皇輿西域圖志五十二卷

(清)劉統勳撰

四庫全書·史部地理類

新疆回部志四卷首一卷

(清)蘇爾德輯

邊疆叢書續編

新疆志稿三卷

(民國)鍾廣生撰

湖濱補讀廬叢刻

烏魯木齊事宜一卷

(清)永保修　(清)達林(清)龍鐸纂

新疆事宜三種

邊疆叢書續編

阜康縣鄉土志一卷

(清)□□撰

新疆鄉土志稿

孚遠縣鄉土志一卷附圖說

(清)□□撰

新疆鄉土志稿

昌吉縣呼圖壁鄉土志一卷

(清)□□撰

新疆鄉土志稿

鄯善縣鄉土志一卷

(清)陳光煒撰

新疆鄉土志稿

哈密志五十一卷

(清)鍾方撰

邊疆叢書甲集

哈密直隸廳鄉土志一卷

(清)劉潤道撰

新疆鄉土志稿

伊犂府鄉土志一卷

(清)許國楨撰

新疆鄉土志稿

綏定縣鄉土志一卷

(清)蕭然奎撰

新疆鄉土志稿

寧遠縣鄉土志一卷

(清)李方犖撰

新疆鄉土志稿

塔爾巴哈台事宜一卷伊犂事宜一卷

(清)永保纂修

新疆事宜三種

塔爾巴哈臺事宜四卷

(清)永保纂修　(清)興肇增補

邊疆叢書續編

精河廳鄉土志一卷

(清)曹淩漢撰

新疆鄉土志稿

溫宿府鄉土志一卷

(清)□□撰

新疆鄉土志稿

溫宿縣鄉土志一卷

(清)□□撰

新疆鄉土志稿

溫宿縣分防柯坪鄉土志一卷

(清)潘宗岳撰

新疆鄉土志稿

拜城縣鄉土志一卷
　　(清)□□撰
　　　　新疆鄉土志稿
焉耆府鄉土志一卷
　　(清)□□撰
　　　　新疆鄉土志稿
輪臺縣鄉土志一卷
　　(清)顧桂芬撰
　　　　新疆鄉土志稿
婼羌縣鄉土志圖一卷
　　(清)瑞山撰
　　　　新疆鄉土志稿
婼羌縣鄉土志一卷
　　(清)唐光樟撰
　　　　新疆鄉土志稿
庫車州鄉土志一卷
　　(清)□□撰
　　　　新疆鄉土志稿
沙雅縣鄉土志一卷
　　(清)張紹伯撰
　　　　新疆鄉土志稿
烏什直隸廳鄉土志一卷
　　(清)□□撰
　　　　新疆鄉土志稿
疏勒府鄉土志一卷
　　(清)蔣光陛撰
　　　　新疆鄉土志稿
伽師縣鄉土志一卷
　　(清)高生嶽撰
　　　　新疆鄉土志稿
莎車府鄉土志一卷
　　(清)甘曜湘撰
　　　　新疆鄉土志稿
蒲犁廳鄉土志一卷
　　(清)江文波撰
　　　　新疆鄉土志稿
巴楚州鄉土志一卷
　　(清)張璪光撰
　　　　新疆鄉土志稿
皮山縣鄉土志一卷
　　(清)□□撰
　　　　新疆鄉土志稿
和闐直隸州鄉土志一卷
　　(清)謝維興撰
　　　　新疆鄉土志稿
洛浦縣鄉土志一卷
　　(清)楊丕灼撰
　　　　新疆鄉土志稿

英吉沙爾廳鄉土志一卷
　　(清)黎炳元撰
　　　　新疆鄉土志稿

山　東

山東通志三十六卷
　　(清)岳濬等修
　　　　四庫全書·史部地理類
黃縣志稿五卷
　　(清)尹繼美撰
　　　　鼎吉堂全集

江　蘇

江南通志二百卷
　　(清)趙宏恩等修
　　　　四庫全書·史部地理類
景定建康志五十卷
　　(宋)周應合撰
　　　　四庫全書·史部地理類
至大金陵新志十五卷
　　(元)張鉉撰
　　　　四庫全書·史部地理類
吳郡圖經續記三卷
　　(宋)朱長文撰
　　　　四庫全書·史部地理類
　　　　學津討原(嘉慶本、景嘉慶本)第七集
　　　　得月簃叢書次刻
　　　　反約篇
　　　　榕園叢書乙集
　　　　密韻樓景宋本七種
吳郡圖經續記三卷附校勘記一卷
　　(宋)朱長文撰　校勘記(清)胡珽撰
　　　　琳琅祕室叢書(咸豐本)第二集
吳郡圖經續記三卷附校勘記一卷續校一
卷
　　(宋)朱長文撰　校勘記(清)胡珽撰　續校
　　(清)董金鑑撰
　　　　琳琅祕室叢書(光緒本)第二集
　　　　叢書集成初編·史地類
吳郡志五十卷
　　(宋)范成大撰
　　　　四庫全書·史部地理類
　　　　墨海金壺(嘉慶本、景嘉慶本)·史部
吳郡志五十卷附校勘記一卷
　　(宋)范成大撰　校勘記(清)錢熙祚撰
　　　　守山閣叢書(道光本、鴻文書局景道光
　　　　本、博古齋景道光本)·史部
　　　　叢書集成初編·史地類

吳郡志五十卷附校勘記一卷
　　(宋)范成大撰　校勘記(民國)張鈞衡撰
　　　　擇是居叢書初集
續吳郡志二卷
　　(明)李詡撰
　　　　適園叢書第五集
姑蘇志六十卷
　　(明)王鏊撰
　　　　四庫全書・史部地理類
重修琴川志十五卷
　　(元)盧鎮撰
　　　　宛委別藏
崑山郡志六卷
　　(元)楊譓撰
　　　　宛委別藏
　　　　觀自得齋叢書
　　　　彙刻太倉舊志五種
玉峯志三卷
　　(宋)凌萬頃撰
　　　　宛委別藏
玉峯志三卷附校勘記
　　(宋)凌萬頃撰　校勘記(清)繆朝荃撰
　　　　彙刻太倉舊志五種、
玉峯續志一卷
　　(宋)邊實撰
　　　　宛委別藏・玉峯志附
玉峯續志一卷附校勘記
　　(宋)邊實撰　校勘記(清)繆朝荃撰
　　　　彙刻太倉舊志五種
分湖小識六卷
　　(清)柳樹芳撰
　　　　養餘齋全集
庉村志一卷
　　(清)曹煒撰
　　　　甲戌叢編
無錫縣志四卷
　　(明)□□撰
　　　　四庫全書・史部地理類
　　　　錫山先哲叢刊第一輯
錫山補誌一卷
　　(清)錢泳撰
　　　　錫山先哲叢刊第四輯
重刊宜興縣舊志十卷首一卷末一卷
　　(明)鄒旦等修　(明)危山等纂
　　　　宜興荊溪舊志五種
重刊宜興縣志四卷首一卷
　　(清)阮升基等修　(清)甯楷纂
　　　　宜興荊溪舊志五種

重刊荊溪縣志四卷首一卷
　　(清)唐仲冕等修　(清)甯楷纂
　　　　宜興荊溪舊志五種
重刊續纂宜荊縣志十卷首一卷
　　(清)顧名等修　(清)吳德旋纂
　　　　宜興荊溪舊志五種
宜興荊溪縣新志十卷首一卷末一卷
　　(清)施惠等修　(清)吳景牆纂
　　　　宜興荊溪舊志五種
嘉定鎮江志二十二卷
　　(宋)盧憲撰
　　　　宛委別藏
嘉定鎮江志二十二卷附錄一卷校勘記二
　　卷首一卷
　　(宋)盧憲撰　校勘記(清)劉文淇撰
　　　　橫山草堂叢書第一集
至順鎮江志二十一卷
　　(元)俞希魯撰
　　　　宛委別藏
山陽志遺四卷
　　(清)吳玉搢撰
　　　　楚州叢書第一集
太倉州志十卷附校勘記一卷
　　(明)桑悅撰　校勘記(清)繆朝荃撰
　　　　彙刻太倉舊志五種

安　徽

新安志十卷
　　(宋)羅願撰
　　　　四庫全書・史部地理類
和州志三卷
　　(清)章學誠撰
　　　　章氏遺書(嘉業堂本、商務印書館排印
　　　　本)外編

浙　江

浙江通志二百八十卷
　　(清)嵇曾筠等修
　　　　四庫全書・史部地理類
乾隆浙江通志考異殘稿四卷
　　(民國)王國維撰
　　　　海寧王忠慤公遺書三集
　　　　海寧王靜安先生遺書
乾道臨安志十五卷(原缺卷四至十五)
　　(宋)周淙撰
　　　　四庫全書・史部地理類
　　　　粵雅堂叢書三編第二十四集
　　　　武林掌故叢編第一集

乾道臨安志十五卷（原缺卷四至十五）附
　　札記一卷
　　　（宋）周淙撰　　札記（清）錢保塘撰
　　　　　式訓堂叢書初集
　　　　　校經山房叢書
　　　　　清芬堂叢書·史部
　　　　　叢書集成初編·史地類
淳祐臨安志殘六卷（存卷五至十）
　　　（宋）施諤撰
　　　　　宛委別藏
　　　　　武林掌故叢編第四集
淳祐臨安志輯逸八卷
　　　（宋）施諤撰　（清）胡敬輯
　　　　　武林掌故叢編第二十四集
咸淳臨安志九十三卷
　　　（元）潛說友撰
　　　　　四庫全書·史部地理類
萬歷錢塘縣志不分卷
　　　（明）聶心湯撰
　　　　　武林掌故叢編第十六集
嘉靖仁和縣志十四卷
　　　（明）沈朝宣撰
　　　　　武林掌故叢編第十七集
杭志三詰三誤辨一卷
　　　（清）毛奇齡撰
　　　　　西河合集（康熙本、乾隆修補本）·文
　　　　　集
　　　　　武林掌故叢編第十七集
海寧縣志略一卷附錄一卷
　　　（清）范驤撰
　　　　　清風室叢書
至元嘉禾志三十二卷
　　　（元）徐碩撰
　　　　　四庫全書·史部地理類
海鹽澉水志二卷
　　　（宋）常棠撰
　　　　　鹽邑志林
　　　　　叢書集成初編·史地類
　　　　　景印元明善本叢書十種·鹽邑志林
澉水志八卷
　　　　　四庫全書·史部地理類
常棠澉水誌八卷
　　　　　澉水志彙編
續澉水誌九卷
　　　（明）董穀修
　　　　　澉水志彙編
澉水新誌十二卷
　　　（明）方溶修

澉水志彙編
澉誌補錄二卷
　　　（民國）程煦元㕘
　　　　　澉水志彙編
乍浦志六卷首一卷末一卷續纂二卷
　　　（清）宋景關撰
　　　　　乍川文獻
吳興志二十卷
　　　（宋）談鑰撰
　　　　　吳興叢書
吳興志續編一卷
　　　（宋）周世南等撰　（清）范鍇輯
　　　　　范白舫所刊書
　　　　　范聲山雜著（道光本、景道光本）
吳興備志三十二卷
　　　（明）董斯張譔
　　　　　四庫全書·史部地理類
　　　　　吳興叢書
歸安縣志五十二卷
　　　（清）李昱等修　（清）陸心源纂
　　　　　潛園總集
南潯鎮志十卷
　　　（清）范來庚撰
　　　　　南林叢刊正集
寶前兩溪志略十二卷
　　　（清）吳玉樹撰
　　　　　吳興叢書
乾道四明圖經十二卷
　　　（宋）張津等撰
　　　　　宋元四明六志
寶慶四明志二十一卷
　　　（宋）羅濬譔
　　　　　四庫全書·史部地理類
　　　　　宋元四明六志
開慶四明續志十二卷
　　　（宋）梅應發（宋）劉錫撰
　　　　　四庫全書·史部地理類·寶慶四明志
　　　　　附
　　　　　宋元四明六志
延祐四明志二十卷（原缺卷九至十一）
　　　（元）袁桷撰
　　　　　四庫全書·史部地理類
　　　　　宋元四明六志
至正四明續志十二卷
　　　（元）王元恭撰
　　　　　宋元四明六志
寧波府簡要志五卷
　　　（明）黃潤玉撰

　　　　四明叢書第三集
鄞志稿二十卷
　　(清)蔣學鏞撰
　　　　四明叢書第三集
大德昌國州圖志七卷
　　(元)馮福京等撰
　　　　四庫全書·史部地理類
　　　　宋元四明六志
宋元四明六志校勘記九卷
　　(清)徐時棟撰
　　　　宋元四明六志
嘉泰會稽志二十卷寶慶續志八卷
　　(宋)施宿等撰　續志(宋)張淏撰
　　　　四庫全書·史部地理類
嘉慶山陰縣志三十卷首一卷
　　(清)徐元梅等修　(清)朱文翰等纂
　　　　紹興縣志四種合刊
康熙會稽縣志二十八卷首一卷
　　(清)王元臣等修　(清)董欽德等纂
　　　　紹興縣志四種合刊
道光會稽縣志彙二十五卷首一卷(原缺卷
二至五、卷十至十三、卷二十至二十二)
　　(清)王藩(清)沈元泰纂
　　　　紹興縣志四種合刊
紹興縣志資料第一輯不分卷
　　(民國)紹興縣修志委員會輯
　　　　紹興縣志四種合刊
蕭山縣志刊誤三卷
　　(清)毛奇齡撰
　　　　西河合集(康熙本、乾隆修補本)·文
　　　　集
嵊縣志序一卷
　　(民國)余重耀撰
　　　　遯廬叢書·遯廬文稿
嘉定赤城志四十卷
　　(宋)陳耆卿撰
　　　　四庫全書·史部地理類
赤城志四十卷
　　　　台州叢書乙集
赤城新志二十三卷
　　(明)謝鐸修
　　　　續台州叢書
路橋志略六卷
　　(民國)楊晨撰
　　　　崇雅堂叢書
萬曆仙居縣志十二卷
　　(明)顧震宇修纂
　　　　仙居叢書第一集

嚴州圖經三卷附校字記一卷
　　(宋)陳公亮撰　校字記(清)袁昶撰
　　　　漸西村舍彙刊
　　　　叢書集成初編·史地類
景定嚴州續志十卷
　　(宋)鄭瑤等撰
　　　　四庫全書·史部地理類
　　　　漸西村舍彙刊
　　　　叢書集成初編·史地類

福　建

福建通志七十八卷
　　(清)郝玉麟等修
　　　　四庫全書·史部地理類
淳熙三山志四十二卷
　　(宋)梁克家撰
　　　　四庫全書·史部地理類

河　南

河南通志八十卷
　　(清)王士俊等修
　　　　四庫全書·史部地理類
古汜城志十卷
　　(清)劉青芝撰
　　　　劉氏傳家集

湖　北

湖廣通志一百二十卷
　　(清)邁柱等修
　　　　四庫全書·史部地理類
湖北通志檢存稿四卷
　　(清)章學誠撰
　　　　章氏遺書(嘉業堂本、商務印書館排印
　　　　本)
湖北通志未成稿一卷
　　(清)章學誠撰
　　　　章氏遺書(嘉業堂本、商務印書館排印
　　　　本)
沔陽州志十八卷
　　(明)童承敍撰
　　　　沔陽叢書
江陵縣志刊誤六卷
　　(清)劉士璋撰
　　　　劉氏三種

湖　南

澧志舉要三卷
　　(清)潘相撰

潘相所著書

江　西

江西通志一百六十二卷
　　（清）謝旻等修
　　　　四庫全書・史部地理類
志乘刪補一卷
　　（清）鄒樹榮撰
　　　　南昌鄒氏一棻園叢書
康熙弋陽縣志節本二卷
　　（清）譚瑄撰　（民國）譚新嘉節錄
　　　　嘉興譚氏遺書

廣　東

廣東通志六十四卷
　　（清）郝玉麟等修
　　　　四庫全書・史部地理類
連山綏猺廳志一卷
　　（清）姚柬之撰
　　　　嶺海異聞錄

廣　西

廣西通志一百二十八卷
　　（清）金鉷等修
　　　　四庫全書・史部地理類

四　川

四川通志四十七卷
　　（清）黃廷桂等修
　　　　四庫全書・史部地理類
羅江縣志十卷
　　（清）李調元撰
　　　　函海（乾隆本、道光本）第四十函
　　　　函海（光緒本）第四十函
　　　　叢書集成初編・史地類

貴　州

貴州通志四十六卷
　　（清）鄂爾泰等修
　　　　四庫全書・史部地理類

雲　南

雲南通志三十卷
　　（清）鄂爾泰等修
　　　　四庫全書・史部地理類
大理縣鄉土志一卷
　　（民國）周宗麟撰
　　　　疢存齋集

重訂疢存齋集
臨安府志序言一卷
　　（清）江濬源撰
　　　　介亭全集
乾隆宣威州志殘一卷（存卷二）
　　（清）饒夢銘纂修
　　　　宣威叢書

西　藏

衛藏通志十六卷首一卷附校字記一卷
　　（清）□□撰　校字記（清）袁昶撰
　　　　漸西村舍彙刊
　　　　叢書集成初編・史地類

雜志之屬

北　京

京師五城坊巷衚衕集一卷
　　（明）張爵撰
　　　　求恕齋叢書
　　　　北平凡蹟叢書
長安客話一卷
　　（明）蔣一葵撰
　　　　說郛續弓十四
　　　　五朝小說・皇明百家小說
　　　　五朝小說大觀・皇明百家小說
　長安客話八卷
　　　　常州先哲遺書後編・史類
萬松閣記客言一卷
　　（明）陳吳才撰
　　　　稗乘
帝城景物略一卷
　　（明）劉侗（明）于奕正撰
　　　　說郛續弓二十八
　帝京景物略八卷
　　　　中國文學參考資料小叢書第二輯
燕都名勝志稿一卷
　　（明）曹學佺撰
　　　　京津風土叢書
舊京遺事一卷
　　（明）史玄撰
　　　　京津風土叢書
春明夢餘錄七十卷
　　（清）孫承澤撰
　　　　古香齋袖珍十種（內府本、南海孔氏本）
　　　　四庫全書・子部雜家類

摛藻堂四庫全書薈要・史部

燕臺筆錄一卷
　　（清）項維貞輯
　　　　學海類編（道光本、景道光本）・集餘
　　　　八
　　　　叢書集成初編・史地類
大興歲時志稿一卷
　　（清）張茂節（清）李開泰輯
　　　　京津風土叢書
宛平歲時志稿一卷
　　（清）王養濂（清）李開泰輯
　　　　京津風土叢書
京師偶記一卷
　　（清）柴桑撰
　　　　小方壺齋輿地叢鈔第六帙
　　　　北京歷史風土叢書第一集
北京形勢大略一卷
　　（清）楊從清撰
　　　　京津風土叢書
燕京記一卷
　　（清）顧森撰
　　　　燕都風土叢書
帝京歲時紀勝一卷
　　（清）潘榮陛撰
　　　　北平史蹟叢書
欽定日下舊聞考一百二十卷
　　清乾隆三十九年敕撰
　　　　四庫全書・史部地理類
燕京雜記一卷
　　（清）□□撰
　　　　申報館叢書續集・紀麗類・屑玉叢譚
　　　　初集
　　　　小方壺齋叢鈔卷三
　　　　小方壺齋輿地叢鈔第六帙
　　　　北京歷史風土叢書第一集
藤陰雜記十二卷
　　（清）戴璐撰
　　　　說庫
　　藤陰雜記一卷
　　　　北京歷史風土叢書第一集
宸垣識餘一卷
　　（清）吳長元撰
　　　　昭代叢書（道光本）庚集埠編
日下尊聞錄一卷
　　（清）□□撰
　　　　北京歷史風土叢書第一集
京師坊巷志稿二卷
　　（清）朱一新撰

拙盦叢稿

京師坊巷志十卷附考證一卷
　　（清）朱一新（民國）繆荃孫撰
　　　　求恕齋叢書
燕都雜詠一卷
　　（清）樊彬撰
　　　　燕都風土叢書
歷代舊聞二卷
　　（清）樊彬撰
　　　　燕都雜詠
熙朝嘉話一卷
　　（清）樊彬撰
　　　　燕都雜詠
都城瑣記一卷
　　（清）樊彬撰
　　　　燕都雜詠
燕城勝蹟志一卷
　　（民國）蔡繩格（聞園鞠農）撰
　　　　中國史蹟風土叢書
北京歲時志一卷
　　（民國）蔡繩格（聞園鞠農）撰
　　　　中國史蹟風土叢書
燕城花木志一卷
　　（民國）蔡繩格（聞園鞠農）撰
　　　　中國史蹟風土叢書
北京禮俗小志一卷
　　（民國）蔡繩格撰
　　　　中國史蹟風土叢書
燕市商標薈錄一卷
　　（民國）蔡繩格（聞園鞠農）撰
　　　　中國史蹟風土叢書
燕市貨聲一卷
　　（民國）蔡繩格（聞園鞠農）撰
　　　　京津風土叢書
都門瑣記一卷
　　（民國）魏元曠撰
　　　　魏氏全書・潛園統編雜編
都門懷舊記一卷
　　（民國）魏元曠撰
　　　　魏氏全書・潛園統編雜編
燕市賈販瑣錄一卷
　　（民國）張大都撰
　　　　中國史蹟風土叢書
舊京秋詞一卷
　　（民國）夏仁虎撰
　　　　燕都風土叢書
春明歲時瑣記一卷
　　　　讓廉撰

京津風土叢書

北京建置談薈一卷
　瞿宣穎撰
　　北京歷史風土叢書第一集

燕市負販瑣記一卷
　張江裁（燕歸來簃主人）撰
　　京津風土叢書

北京天橋志一卷
　張江裁撰
　　中國史蹟風土叢書

燕京訪古錄一卷
　張江裁撰
　　京津風土叢書

北京崇效寺訓雞圖志一卷
　張江裁輯
　　京津風土叢書

燕市百怪歌一卷
　　京津風土叢書

順天地略一卷
　（清）馬冠羣撰
　　小方壺齋輿地叢鈔再補編第一帙

昌平州說一卷
　（清）龔自珍撰
　　小方壺齋輿地叢鈔第六帙

居庸關說一卷
　（清）龔自珍撰
　　小方壺齋輿地叢鈔第六帙

潞城考古錄二卷
　（清）劉錫信撰
　　畿輔叢書
　　叢書集成初編・史地類

灄陰志略一卷
　（清）管庭芬撰
　　花近樓叢書

養恬齋筆記一卷
　（清）高驤雲撰
　　漱琴室存藁

上　海

淞故述一卷
　（明）楊樞撰
　　藝海珠塵革集（庚集）
　　叢書集成初編・史地類

集課記一卷
　（清）毛奇齡撰
　　西河合集（康熙本、乾隆修補本）・文集

閱世編十卷

（清）葉夢珠輯
　　上海掌故叢書第一集

滬城備考六卷
　（清）稽華撰
　　申報館叢書續集・掌故類
　　上海掌故叢書第一集

淞南樂府一卷
　（清）楊光輔撰
　　藝海珠塵木集（辛集）
　　上海掌故叢書第一集

滬城歲事衢歌一卷
　（清）張春華撰
　　上海掌故叢書第一集

瀛壖雜誌一卷
　（清）王韜撰
　　小方壺齋輿地叢鈔第九帙

瀛壖雜志六卷
　　筆記小說大觀第三輯

洋涇雜事詩一卷
　（清）孫瀜撰
　　花近樓叢書附存

淞南夢影錄一卷
　（清）黃協塤（睆香留夢室主）撰
　　小方壺齋輿地叢鈔第九帙

淞南夢影錄四卷
　　筆記小說大觀第二輯

華亭百詠一卷
　（宋）許尚撰
　　四庫全書・集部別集類
　　宋人集丙編

雲間據目抄五卷
　（明）范濂撰
　　申報館叢書續集・掌故類
　　筆記小說大觀第三輯
　　稽氏所刻書

雲間雜誌三卷
　（明）□□撰
　　奇晉齋叢書（乾隆本、景乾隆本）
　　稽氏所刻書

空明子茸城賦注一卷
　（清）張榮巽併注
　　空明子全集

松江衢歌一卷
　（清）陳金浩撰
　　藝海珠塵木集（辛集）

天馬山房詩別錄（一名雲間百詠）一卷
　（清）汪巽東撰
　　滂喜齋叢書第三函

寓瞗雜詠一卷
　　(清)顧張思撰
　　　　婁東雜著革集
嘉定物產表二卷
　　(清)黃世榮撰
　　　　文惠全書
寓崇雜記一卷
　　(清)宗廷輔撰
　　　　宗月鋤先生遺著

河　北

燕魏雜記一卷
　　(宋)呂頤浩撰
　　　　函海(乾隆本、道光本)第九函
　　　　藝海珠塵革集(庚集)
　　　　函海(光緒本)第十一函
　　　　叢書集成初編・史地類
直隸考略一卷
　　(清)龔柴撰
　　　　小方壺齋輿地叢鈔第一帙
直隸地略一卷
　　(清)馬冠羣撰
　　　　小方壺齋輿地叢鈔再補編第一帙
津門百詠一卷
　　(清)崔旭撰
　　　　京津風土叢書
津門雜記一卷
　　(清)張燾撰
　　　　小方壺齋輿地叢鈔第九帙
　津門雜記三卷
　　　　筆記小說大觀第三輯
津門小令一卷
　　(清)樊彬撰
　　　　中國史蹟風土叢書
天津楊柳青小志一卷
　　　　張江裁撰
　　　　京津風土叢書
營平二州地名記一卷
　　(清)顧炎武撰
　　　　四庫全書・史部地理類
　　　　槐廬叢書四編
京東考古錄一卷
　　(清)顧炎武撰
　　　　顧亭林先生遺書補遺
　　　　說鈴(康熙本、道光本)前集
　　　　龍威祕書七集
　　　　學海類編(道光本、景道光本)・集餘
　　　　八

藝苑捃華・說鈴
　　　　叢書集成初編・史地類
銀山鐵壁謾談一卷
　　(明)李元陽撰
　　　　說郛續弓二十六
可也簡廬筆記一卷
　　(清)高驤雲撰
　　　　漱琴室存藁
熱河小記一卷
　　(清)吳錫麒撰
　　　　小方壺齋叢鈔卷三
　　　　小方壺齋輿地叢鈔第六帙
塔子溝紀略十二卷
　　(清)哈達清格撰
　　　　遼海叢書第三集

山　西

晉問一卷
　　(唐)柳宗元撰
　　　　說郛(宛委山堂本)弓二十五
晉錄一卷
　　(明)沈思孝撰
　　　　學海類編(道光本、景道光本)・集餘
　　　　八
　　　　叢書集成初編・史地類
三晉見聞錄一卷
　　(清)齊翀撰
　　　　雨峯全集
晉風一卷
　　(清)彭湘撰
　　　　安樂延年室叢書
山西考略一卷
　　(清)龔柴撰
　　　　小方壺齋輿地叢鈔第一帙
山西地略一卷
　　(清)馬冠羣撰
　　　　小方壺齋輿地叢鈔再補編第一帙
三雲籌俎考四卷
　　(明)王士琦撰
　　　　國立北平圖書館善本叢書第一集
保德風土記一卷
　　(清)陸燿撰
　　　　小方壺齋輿地叢鈔第六帙

內蒙古

夷俗記一卷
　　(明)蕭大亨撰
　　　　廣百川學海乙集

寶顏堂祕笈（萬曆本、民國石印本）續
　　集
　　　　說郛續弓十一
譯語一卷
　　　（明）尹畊（岷峨山人）撰
　　　　紀錄彙編
　　　　叢書集成初編・史地類
　　　　景印元明善本叢書十種・紀錄彙編
蒙古五十一旗考一卷
　　　（清）齊召南撰
　　　　小方壺齋叢鈔卷四
　　　　小方壺齋輿地叢鈔第二帙
蒙古游牧記一卷
　　　（清）張穆撰
　　　　小方壺齋輿地叢鈔再補編第二帙
蒙古游牧記十六卷
　　　（清）張穆撰　（清）何秋濤補
　　　　皇朝藩屬輿地叢書第三集
蒙古吉林土風記一卷
　　　（清）阮葵生撰
　　　　小方壺齋輿地叢鈔第二帙
東蒙古形勢考一卷
　　　（清）林道原撰
　　　　小方壺齋輿地叢鈔第二帙
蒙古沿革考一卷
　　　（清）□□撰
　　　　小方壺齋輿地叢鈔第二帙
蒙古考略一卷
　　　（清）龔柴撰
　　　　小方壺齋輿地叢鈔第二帙
蒙古地略一卷
　　　（清）馬冠羣撰
　　　　小方壺齋輿地叢鈔再補編第二帙
察哈爾地略一卷
　　　（清）馬冠羣撰
　　　　小方壺齋輿地叢鈔再補編第二帙
灤京雜詠一卷
　　　（元）楊允孚撰
　　　　四庫全書・集部別集類
　　　　元詩選初集庚集
灤京雜詠二卷
　　　　知不足齋叢書（乾隆至道光本、景乾隆
　　　　至道光本）第二十三集
　　　　叢書集成初編・史地類
河套志略一卷
　　　（清）儲大文撰
　　　　小方壺齋叢鈔卷四
河套略一卷

小方壺齋輿地叢鈔第二帙

東　北

遼東行部志一卷
　　　（金）王寂撰
　　　　藕香零拾
　　　　晨風閣叢書第一集
　　　　遼海叢書第八集
鴨江行部志節本一卷
　　　（金）王寂撰　〔民國〕朱希祖考證
　　　　遼海叢書第八集・遼東行部志附
遼東志略一卷
　　　（元）戚輔之撰
　　　　說郛（宛委山堂本）弓六十二
遼東志略
　　　　說郛（商務印書館本）卷九十七
東夷考略一卷
　　　（明）茅瑞徵（吉上愚公）撰
　　　　清初史料四種
東夷考略三卷附圖一卷東事答問一卷
　　　　玄覽堂叢書
遼夷略一卷
　　　（明）張𧮾撰
　　　　清初史料四種
柳邊紀略一卷
　　　（清）楊賓撰
　　　　昭代叢書（道光本）壬集補編
　　　　小方壺齋輿地叢鈔第一帙
柳邊紀略五卷
　　　　仰視千七百二十九鶴齋叢書（光緒本、
　　　　　景光緒本）第五集
　　　　遼海叢書第一集
　　　　叢書集成初編・史地類
欽定滿洲源流考二十卷
　　　（清）阿桂等撰
　　　　四庫全書・史部地理類
東三省輿地圖說一卷附錄一卷
　　　（清）曹廷杰撰
　　　　皇朝藩屬輿地叢書第五集
　　　　遼海叢書第七集
東三省輿圖說一卷
　　　　問影樓輿地叢書第一集
滿洲考略一卷
　　　（清）龔柴撰
　　　　小方壺齋輿地叢鈔第一帙
東北輿地釋略四卷
　　　（民國）景方昶撰
　　　　遼海叢書第三集

塞上雜記一卷
　（清）徐蘭撰
　　　小方壺齋輿地叢鈔第二帙
艮維窩集考一卷
　（清）何秋濤撰
　　　小方壺齋輿地叢鈔第一帙
居東記一卷
　（民國）魏元曠撰
　　　魏氏全書・潛園統編雜編
韓邊外志一卷
　（民國）張相文撰
　　　南園叢稿
東北文獻零拾六卷
　金毓黻撰
　　　東北文獻叢書

遼　寧

遼陽圖記一卷
　（明）□□撰
　　　寶顏堂祕笈(萬曆本)普集
全遼備考二卷
　（清）林佶撰
　　　遼海叢書第七集
　　　邊疆五種
奉天形勢論一卷
　（清）張尙賢撰
　　　小方壺齋叢鈔卷三
　奉天形勢一卷
　　　小方壺齋輿地叢鈔第一帙
鳳城瑣錄一卷
　（清）博明撰
　　　西齋三種
　　　遼海叢書第一集
盛京疆域考六卷
　（清）楊同桂（清）孫宗翰輯
　　　聚學軒叢書第五集
　　　遼海叢書第七集
盛京典制備考八卷
　（清）特愼菴撰　（清）崇厚增輯
　　　滿蒙叢書第三卷
盛京考略一卷
　（清）龔柴撰
　　　小方壺齋輿地叢鈔第一帙
奉天地略一卷
　（清）馬冠羣撰
　　　小方壺齋輿地叢鈔再補編第一帙
瀋故四卷
　（清）楊同桂撰

遼海叢書第一集
遼陽聞見錄二卷
　（清）顧雲撰
　　　遼海叢書第八集
營口雜記一卷
　（清）諸仁安撰
　　　申報館叢書續集・紀麗類・屑玉叢譚
　　　初集
　　　小方壺齋叢鈔卷三
　　　小方壺齋輿地叢鈔第九帙
營口雜誌一卷
　（清）□□撰
　　　小方壺齋輿地叢鈔第九帙
開原圖說二卷
　（明）馮瑗撰
　　　玄覽堂叢書
牧廠地略一卷
　（清）馬冠羣撰
　　　小方壺齋輿地叢鈔再補編第一帙

吉　林

吉林外記十卷
　（清）薩英額撰
　　　廣雅書局叢書・史學
　　　漸西村舍彙刊
　　　皇朝藩屬輿地叢書第二集
　　　叢書集成初編・史地類
　吉林外記一卷
　　　小方壺齋輿地叢鈔再補編第一帙
吉林形勢一卷
　（清）朱一新撰
　　　小方壺齋輿地叢鈔再補編第一帙
吉林地略一卷
　（清）馬冠羣撰
　　　小方壺齋輿地叢鈔再補編第一帙
絕域紀略一卷
　（清）方拱乾撰
　　　說鈴(康熙本、道光本)前集
　　　小方壺齋叢鈔卷三
　　　小方壺齋輿地叢鈔第一帙
　寧古塔志一卷
　　　昭代叢書(道光本)丙集第五帙
寧古塔紀略一卷
　（清）吳振臣撰
　　　賜硯堂叢書新編丙集
　　　昭代叢書(道光本)庚集埤編
　　　小方壺齋叢鈔卷三
　　　知服齋叢書第二集

漸西村舍彙刊
小方壺齋輿地叢鈔第一帙
皇朝藩屬輿地叢書第二集
叢書集成初編·史地類
寧古塔紀略一卷
　　（清）吳桭臣撰　　（清）鄭光祖評
　　　舟車所至
寧古塔紀略一卷
　　（清）吳桭臣撰　　（清）李文田注
　　　漸學廬叢書第一集
琿春瑣記一卷
　　（清）□□撰
　　　小方壺齋輿地叢鈔第三帙

黑龍江

黑龍江外記八卷
　　（清）西清撰
　　　廣雅書局叢書·史學
　　　漸西村舍彙刊
　　　皇朝藩屬輿地叢書第二集
　　　滿蒙叢書第五卷
　　　叢書集成初編·史地類
黑龍江外紀一卷
　　　小方壺齋輿地叢鈔第一帙
　　　小方壺齋輿地叢鈔再補編第一帙
黑龍江述略六卷
　　（清）徐宗亮撰
　　　觀自得齋叢書
　　　善思齋集
　　　徐荼芩先生著述
　　　滿蒙叢書第五卷
黑龍江述略一卷
　　　小方壺齋輿地叢鈔補編第一帙
黑龍江輿地圖一卷輿圖說一卷
　　（清）屠寄撰
　　　遼海叢書第三集
黑龍江地略一卷
　　（清）馬冠羣撰
　　　小方壺齋輿地叢鈔再補編第一帙
龍沙紀略一卷
　　（清）方式濟撰
　　　四庫全書·史部地理類
　　　述本堂詩集（乾隆本、嘉慶本）
　　　借月山房彙鈔（嘉慶本、景嘉慶本）第
　　　　九集
　　　指海（道光本、景道光本）第十八集
　　　澤古齋重鈔第八集
　　　昭代叢書（道光本）己集廣編

式古居彙鈔
小方壺齋叢鈔卷三
小方壺齋輿地叢鈔第一帙
滿蒙叢書第五卷
卜魁風土記一卷
　　（清）方觀承撰
　　　小方壺齋輿地叢鈔第一帙
卜魁紀略一卷
　　（清）英和撰
　　　小方壺齋輿地叢鈔第一帙
卜魁城賦一卷
　　（清）英和撰
　　　滿蒙叢書第五卷
布特哈志略一卷
　　（民國）孟定恭撰
　　　遼海叢書第七集

陝　西

關中記一卷
　　（晉）潘岳撰
　　　說郛（宛委山堂本）弓六十一
　關中記
　　　說郛（商務印書館本）卷四·墨娥漫錄
關中記一卷
　　（晉）潘岳撰　　（民國）葉昌熾輯
　　　藼淡廬叢藁
三秦記一卷
　　（□）辛□撰
　　　說郛（宛委山堂本）弓六十一
　三秦記
　　　說郛（商務印書館本）卷四·墨娥漫錄
三秦記一卷
　　（□）辛□撰　　（清）張澍輯
　　　二酉堂叢書
　　　知服齋叢書第二集
　　　龍谿精合叢書·史部
三秦記佚文一卷
　　（□）辛□撰　　（清）王仁俊輯
　　　經籍佚文
辛氏三秦記一卷
　　（□）辛□撰　　（民國）葉昌熾輯
　　　藼淡廬叢藁
梁州記一卷
　　（南齊）劉澄之撰
　　　說郛（宛委山堂本）弓六十一
　梁州記
　　　說郛（商務印書館本）卷四·墨娥漫錄
三輔舊事一卷

三輔舊事一卷
　　(唐)袁郊撰
　　　　說郛(宛委山堂本)弓六十

三輔舊事一卷
　　(清)張澍輯
　　　　二酉堂叢書
　　　　龍谿精舍叢書・史部
　　　　叢書集成初編・史地類

三輔故事一卷
　　(清)張澍輯
　　　　二酉堂叢書
　　　　龍谿精舍叢書・史部
　　　　叢書集成初編・史地類

西河舊事一卷
　　(清)張澍輯
　　　　二酉堂叢書
　　　　叢書集成初編・史地類

秦中歲時記一卷
　　(唐)李淖撰
　　　　說郛(宛委山堂本)弓六十九

　秦中歲時記
　　　　說郛(商務印書館本)卷七十四

輦下歲時記一卷
　　(唐)□□撰
　　　　說郛(宛委山堂本)弓六十九

雍錄十卷
　　(宋)程大昌撰
　　　　古今逸史・逸志
　　　　四庫全書・史部地理類
　　　　關中叢書第三集
　　　　景印元明善本叢書十種・古今逸史・
　　　　逸志

秦錄一卷
　　(明)沈思孝撰
　　　　學海類編(道光本、景道光本)・集餘
　　　　八

關中勝蹟圖誌三十二卷
　　(清)畢沅撰
　　　　四庫全書・史部地理類

　關中勝蹟圖志三十卷
　　　　關中叢書第八集

陝西考略一卷
　　(清)龔柴撰
　　　　小方壺齋輿地叢鈔第一帙

陝西地略一卷
　　(清)馬冠群撰
　　　　小方壺齋輿地叢鈔再補編第一帙

西都雜記一卷
　　(唐)韋述撰
　　　　說郛(宛委山堂本)弓六十

兩京新記殘一卷(存卷三)
　　　　佚存叢書(日本本、光緒木活字本、景
　　　　日本本)第一帙
　　　　粵雅堂叢書二編第十二集
　　　　正覺樓叢刻
　　　　叢書集成初編・史地類

兩京記一卷
　　(唐)韋述撰　(清)王仁俊輯
　　　　玉函山房輯佚書補編

兩京新記二卷
　　(唐)韋述撰　(民國)曹元忠輯
　　　　南菁札記

西京雜記
　　(唐)□□撰
　　　　說郛(商務印書館本)卷四

唐兩京城坊考五卷
　　(清)徐松撰　(清)張穆校補
　　　　連筠簃叢書
　　　　畿輔叢書
　　　　叢書集成初編・史地類

唐兩京城坊考補記一卷
　　(清)程鴻詔撰
　　　　藕香零拾

長安志一卷
　　(宋)宋敏求撰
　　　　說郛(宛委山堂本)弓六十一

　長安志二十卷
　　　　四庫全書・史部地理類

　長安志
　　　　說郛(商務印書館本)卷六・廣知

長安志二十卷附圖三卷
　　(宋)宋敏求撰　圖(元)(李好文)河濱漁者
　　撰　(清)畢沅校
　　　　經訓堂叢書(乾隆本、景乾隆本)

長安志圖三卷
　　(元)李好文撰
　　　　四庫全書・史部地理類

汧陽述古編二卷
　　(清)李嘉績輯
　　　　懷潞園叢刊
　　　　代耕堂全集

華原風土詞一卷附邠陽雜詠一卷
　　(清)顧曾烜撰　邠陽雜詠(清)黨湜注
　　　　關中叢書第五集

楡塞紀行錄四卷
　　(清潞河漁者撰)
　　　　懷潞園叢刊

　(清)李嘉績撰
　　代耕堂全集

甘　肅

甘肅考略一卷
　(清)龔柴撰
　　小方壺齋輿地叢鈔第一帙
甘肅地略一卷
　(清)馬冠羣撰
　　小方壺齋輿地叢鈔再補編第一帙
皐蘭截筆一卷
　(清)陳奕禧撰
　　小方壺齋輿地叢鈔第六帙
蘭州風土記一卷
　(清)□□撰
　　小方壺齋輿地叢鈔第六帙
河州景忠錄一卷附記二卷
　(清)胡秉虔撰
　　藝海珠塵癸集
秦州記
　　說郛(商務印書館本)卷四・墨娥漫錄
秦州記一卷
　(民國)葉昌熾輯
　　穀淡廬叢槁
西陲聞見錄一卷
　(清)黎士宏撰
　　學海類編(道光本、景道光本)・集餘
　　八
　　叢書集成初編・史地類
涼州異物志一卷
　(清)張澍輯
　　二酉堂叢書
　　叢書集成初編・史地類
沙州記一卷
　(劉宋)段國撰
　　說郛(宛委山堂本)弓六十一
沙州記一卷附錄一卷
　(劉宋)段國撰　(清)張澍輯
　　二酉堂叢書
　　叢書集成初編・史地類
沙州志殘一卷附校錄札記一卷
　(唐)□□撰　校錄札記(民國)羅振玉撰
　　敦煌石室遺書
沙州圖經殘一卷
　(唐)□□撰
　　鳴沙石室佚書初編
燉煌錄殘一卷
　　東方學會叢書初集・敦煌石室碎金

敦煌雜鈔二卷
　(清)常鈞撰
　　邊疆叢書甲集
敦煌隨筆二卷
　(清)常鈞撰
　　邊疆叢書甲集

寧　夏

西套厄魯特地略一卷
　(清)馬冠羣撰
　　小方壺齋輿地叢鈔再補編第二帙
賀蘭山口記一卷
　(清)儲大文撰
　　小方壺齋輿地叢鈔第六帙

青　海

青海事宜論一卷
　(清)龔自珍撰
　　小方壺齋輿地叢鈔第二帙
青海考略一卷
　(清)龔柴撰
　　小方壺齋輿地叢鈔第二帙
青海地略一卷
　(清)馬冠羣撰
　　小方壺齋輿地叢鈔再補編第二帙
湟中雜記一卷
　(清)□□撰
　　玉簡齋叢書

新　疆

西州志殘一卷
　(唐)□□撰
　　敦煌石室遺書
西州圖經殘一卷
　(唐)□□撰
　　鳴沙石室佚書初編
青塘錄
　(唐)李遠撰
　　說郛(商務印書館本)卷三十五
烏魯木齊雜詩一卷
　(清)紀昀撰
　　借月山房彙鈔(嘉慶本、景嘉慶本)第
　　十六集
　　舟車所至
　　叢書集成初編・文學類
烏魯木齊雜記一卷
　(清)紀昀撰
　　小方壺齋叢鈔卷六

小方壺齋輿地叢鈔第二帙

新疆紀略二卷
　（清）七十一撰
　　西域聞見錄（乾隆本、嘉慶本）
　新疆紀略一卷
　　小方壺齋叢鈔卷五
　　小方壺齋輿地叢鈔第二帙

回疆風土記一卷
　（清）七十一撰
　　西域聞見錄（乾隆本、嘉慶本）
　　小方壺齋叢鈔卷五
　　小方壺齋輿地叢鈔第二帙

軍臺道里表一卷
　（清）七十一撰
　　西域聞見錄（乾隆本、嘉慶本）
　　小方壺齋輿地叢鈔第二帙

新疆疆域總敍一卷
　（清）松筠撰
　　小方壺齋輿地叢鈔補編第二帙

異域竹枝詞三卷
　（清）福慶撰
　　藝海珠塵竹集（丁集）
　　叢書集成初編·史地類

回疆雜詠一卷
　（清）王曾翼撰
　　昭代叢書（道光本）癸集萃編

回疆雜記一卷
　（清）王曾翼撰
　　小方壺齋輿地叢鈔第二帙

天山客話一卷
　（清）洪亮吉撰
　　續刻北江遺書
　　洪北江全集
　　小方壺齋叢鈔卷六
　　小方壺齋輿地叢鈔第二帙
　　古今說部叢書五集

西陲總統事略十二卷
　（清）松筠纂定　（清）汪廷楷原輯　（清）祁
　韻士編纂
　　伊犂三種

西陲要略四卷
　（清）祁韻士撰
　　粵雅堂叢書三編第二十二集
　　山右叢書初編
　　叢書集成初編·史地類
　新疆要略四卷
　　皇朝藩屬輿地叢書第三集
　西陲要略一卷

小方壺齋叢鈔卷五
小方壺齋輿地叢鈔第二帙

西陲竹枝詞一卷
　（清）祁韻士撰
　　伊犂三種
　　山右叢書初編

西域釋地一卷
　（清）祁韻士撰
　　粵雅堂叢書三編第二十二集
　　小方壺齋輿地叢鈔第二帙
　　叢書集成初編·史地類

輪臺雜記二卷
　（清）史善長撰
　　味根山房全集

新疆賦一卷
　（清）徐松撰
　　大興徐氏三種（道光本、景道光本）
　　皇朝藩屬輿地叢書第四集

西域瑣記一卷附西域詩一卷
　（清）曹德馨撰
　　花近樓叢書

西域舊聞一卷
　（清）鄭光祖輯
　　舟車所至

天山南北路考略一卷
　（清）龔柴撰
　　小方壺齋輿地叢鈔第二帙

聽園西疆雜述詩四卷
　（清）蕭雄撰
　　靈鶼閣叢書第三集
　　關中叢書第二集
　　叢書集成初編·史地類

新疆地略一卷
　（清）馬冠羣撰
　　小方壺齋輿地叢鈔再續編第二帙

新疆建置志四卷
　（清）宋伯魯撰
　　關中叢書第四集

回部政俗論一卷
　（清）口口撰
　　小方壺齋輿地叢鈔第二帙

西域南八城紀要一卷
　（清）王文錦撰
　　小方壺齋輿地叢鈔再補編第二帙

庫爾喀喇烏蘇沿革攷一卷
　（清）李光廷撰
　　小方壺齋輿地叢鈔補編第二帙

塔爾巴哈臺沿革考一卷

（清）李光廷撰
　　小方壺齋輿地叢鈔補編第二帙
喀什噶爾赴墨克道里記一卷
　　西域輿地三種彙刻
喀什噶爾略論一卷
　（美國）林樂知撰
　　小方壺齋輿地叢鈔第二帙

山　東

三齊略記一卷
　（晉）伏琛撰
　　說郛（宛委山堂本）弓六十一
　　五朝小說・魏晉小說外乘家
　　五朝小說大觀・魏晉小說外乘家
　三齊略記
　　說郛（商務印書館本）卷四・墨娥漫錄
三齊略記一卷
　（晉）伏琛撰　（清）王仁俊輯
　　玉函山房輯佚書補編
　三齊記佚文一卷
　　經籍佚文
三齊略記一卷
　（晉）伏琛撰　（民國）葉昌熾輯
　　鼓淡廬叢藁
齊地記
　（南燕）晏謨撰
　　說郛（商務印書館本）卷四・墨娥漫錄
齊乘六卷
　（元）于欽撰
　　四庫全書・史部地理類
山左筆談一卷
　（明）黃淳耀撰
　　學海類編（道光本、景道光本）・集餘
　　八
　　叢書集成初編・史地類
山東考古錄一卷
　（清）顧炎武撰
　　顧亭林先生遺書補遺
　　說鈴（康熙本、道光本）前集
　　龍威祕書七集
　　藝苑捃華・說鈴
　山東考古錄二卷
　　學海類編（道光本、景道光本）・集餘
　　八
　　叢書集成初編・史地類
山東考略一卷
　（清）龔柴撰
　　小方壺齋輿地叢鈔第一帙

山東地略一卷
　（清）馬冠羣撰
　　小方壺齋輿地叢鈔再補編第一帙
山東縣名湖原一卷
　（民國）丁錫田撰
　　稼民雜著
濟南竹枝詞一卷
　（清）王初桐撰
　　古香堂叢書・詩集
長河志籍考十卷
　（清）田雯撰
　　德州田氏叢書
　　四庫全書・集部別集類・古懽堂集附
　　問影樓輿地叢書第一集
　　叢書集成初編・史地類
　長河志籍考一卷
　　小方壺齋輿地叢鈔第六帙
顏山雜記四卷
　（清）孫廷銓撰
　　孫文定公全集
　　四庫全書・史部地理類
西海徵二卷
　（清）丁愷曾撰
　　望奎樓遺稿
濰縣竹枝詞自註二卷
　（清）郭麐撰
　　習盦叢刊第三輯
萊史一卷
　（明）趙士喆輯
　　東萊趙氏盈書叢刊
掖乘十六卷（缺卷一至二）
　（清）侯登岸撰
　　掖海叢書

江　蘇

丹陽記一卷
　（劉宋）山謙之撰
　　說郛（宛委山堂本）弓六十一
　丹陽記
　　說郛（商務印書館本）卷四・墨娥漫錄
南徐州記一卷
　（劉宋）山謙之撰　（民國）葉昌熾輯
　　鼓淡廬叢藁
南兗州記一卷
　（□）阮敍之撰　（民國）葉昌熾輯
　　鼓淡廬叢藁
吳地記一卷
　（唐）陸廣微撰

續百川學海己集
鹽邑志林
唐宋叢書·別史
說郛(宛委山堂本)弓六十三
五朝小說·唐人百家小說瑣記家
五朝小說大觀·唐人百家小說瑣記家
唐人說薈(乾隆本、道光本、宣統石印
　　本、民國石印本)三集
唐代叢書三集
學海類編(道光本、景道光本)·集餘
　　八
景印元明善本叢書十種·鹽邑志林

吳地記一卷附後集一卷
　　(唐)陸廣微撰　後集(宋)□□輯
　　　　古今逸史·逸志
　　　　四庫全書·史部地理類
　　　　學津討原(嘉慶本、景嘉慶本)第七集
　　　　叢書集成初編·史地類
　　　　景印元明善本叢書十種·古今逸史·
　　　　　逸志

吳地記佚文一卷
　　(清)王仁俊輯
　　　　經籍佚文

江南星野辨一卷
　　(清)葉燮撰
　　　　昭代叢書(康熙本)乙集第二帙
　　　　昭代叢書(道光本)乙集第一帙

江蘇考略一卷
　　(清)龔柴撰
　　　　小方壺齋輿地叢鈔第一帙

江蘇地略一卷
　　(清)馬冠羣撰
　　　　小方壺齋輿地叢鈔再補編第一帙

六朝事迹編類二卷
　　(宋)張敦頤撰
　　　　古今逸史·逸記
　　　　四庫全書·史部地理類
　　　　叢書集成初編·史地類
　　　　景印元明善本叢書十種·古今逸史·
　　　　　逸記

六朝事迹一卷
　　　　說郛(宛委山堂本)弓六十八
　　　　五朝小說·宋人百家小說瑣記家
　　　　五朝小說大觀·宋人百家小說瑣記家

六朝事迹二則
　　　　舊小說(民國本、1957年本)丁集

金陵百詠一卷
　　(宋)曾極撰
　　　　四庫全書·集部別集類

觀古堂所刊書
觀古堂彙刻書第二集
郋園先生全書

金陵瑣事二卷
　　(明)周暉撰
　　　　國學珍本文庫第一集

客座贅語十卷
　　(明)顧起元撰
　　　　金陵叢刻

留都見聞錄二卷
　　(明)吳應箕撰
　　　　樓山堂遺書
　　　　國粹叢書第三集
　　　　貴池先哲遺書

金陵志地錄一卷
　　(清)金鰲撰
　　　　小方壺齋輿地叢鈔第六帙

金陵百四十八景一卷
　　(清)湯蠡仙撰
　　　　湯氏叢書

江南好詞一卷
　　(清)張子和撰
　　　　中國史蹟風土叢書

金陵歷代建置表一卷
　　(清)傅春官撰
　　　　金陵叢刻
　　　　叢書集成初編·史地類

金陵賦一卷
　　(清)程先甲撰
　　　　金陵叢刻
　　　　叢書集成初編·史地類

金陵物產風土志一卷
　　(民國)陳作霖撰
　　　　金陵瑣志五種

東城志略一卷
　　(民國)陳作霖撰
　　　　金陵瑣志五種

鳳麓小志四卷
　　(民國)陳作霖撰
　　　　金陵瑣志五種

鍾南淮北區域志一卷
　　(民國)陳作霖撰
　　　　金陵瑣志五種續刊

金陵山水街道叢考一卷
　　張江裁撰
　　　　中國史蹟風土叢書

浦鐸不分卷
　　(清)陳澍撰

　　　　　　寂園叢書
江上雜疏一卷
　　（明）彭宗孟撰
　　　　鹽邑志林
　　　　叢書集成初編・史地類
　　　　景印元明善本叢書十種・鹽邑志林
開沙志二卷
　　（清）王錫極纂　（清）丁時需增修
　　　　橫山草堂叢書第一集
風土記一卷
　　（晉）周處撰
　　　　說郛（宛委山堂本）弓六十
　　　　五朝小說・魏晉小說外乘家
　　　　五朝小說大觀・魏晉小說外乘家
　　　風土記
　　　　說郛（商務印書館本）卷四・墨娥漫錄
陽羨風土記一卷附校刊記一卷補輯一卷
　續補輯一卷考證一卷
　　（晉）周處撰　（清）王謨輯　校刊記補輯
　　（民國）金武祥撰　考證（清）章宗源撰
　　　　粟香室叢書
荊溪疏一卷
　　（明）王穉登撰
　　　　廣百川學海庚集
　　　　說郛續弓二十四
桃溪客語五卷
　　（清）吳騫撰
　　　　拜經樓叢書（乾隆嘉慶本、景乾隆嘉慶
　　　　　本）
　　　　重刊拜經樓叢書七種
　　　　重校拜經樓叢書十種
　　　　叢書集成初編・史地類
荊南小志一卷
　　（清）陳經撰
　　　　陳景辰遺書・墨莊雜著
中吳紀聞一卷
　　（宋）龔明之撰
　　　　說郛（宛委山堂本）弓二十四
　　　中吳紀聞六卷
　　　　四庫全書・史部地理類
　　　　知不足齋叢書（乾隆至道光本、景乾隆
　　　　　至道光本）第三十集
　　　　墨海金壺（嘉慶本、景嘉慶本）・史部
　　　　珠叢別錄（道光本、景道光本）
　　　　學海類編（道光本、景道光本）・集餘
　　　　　八
　　　　粵雅堂叢書初編第一集
　　　　槐廬叢書四編

　　　　　　誦芬室叢刊初編
　　　　　　筆記小說大觀第七輯
　　　　　　叢書集成初編・史地類
　　中吳紀聞
　　　　說郛（商務印書館本）卷十九
　　中吳紀聞三則
　　　　舊小說（民國本、1957年本）丁集
　　中吳紀聞六卷附校勘記一卷
　　（宋）龔明之撰　校勘記（民國）繆荃孫撰
　　　　彙刻太倉舊志五種
吳中舊事一卷
　　（元）陸友仁撰
　　　　四庫全書・史部地理類
　　　　函海（乾隆本、道光本）第十函
　　　　墨海金壺（嘉慶本、景嘉慶本）・史部
　　　　函海（光緒本）第十三函
　　　　望炊樓叢書
　　　　廣四十家小說
　　　　叢書集成初編・史地類
平江記事一卷
　　（元）高德基撰
　　　　稽古堂叢刻
　　　　說郛續弓十三
　　　　四庫全書・史部地理類
　　　　墨海金壺（嘉慶本、景嘉慶本）・史部
　　　　望炊樓叢書
　　　　廣四十家小說
　　　　叢書集成初編・史地類
蘇談一卷
　　（明）楊循吉撰
　　　　顧氏明朝四十家小說（正德嘉靖本、宣
　　　　　統排印本、民國石印本）
　　　　紀錄彙編
　　　　古今名賢彙語
　　　　說郛續弓十四
　　　　五朝小說・皇明百家小說
　　　　五朝小說大觀・皇明百家小說
　　　　學海類編（道光本、景道光本）・集餘
　　　　　八
　　　　古今說部叢書二集
　　　　廣四十家小說
　　　　說庫
　　　　叢書集成初編・文學類
　　　　景印元明善本叢書十種・紀錄彙編
吳中故語一卷
　　（明）楊循吉譔
　　　　廣百川學海丙集
　　　　煙霞小說第一帙
　　　　說郛續弓十四

五朝小說・皇明百家小說
五朝小說大觀・皇明百家小說
古今說部叢書五集
蓬軒吳記二卷
　(題明黃暐撰)
　　煙霞小說第一帙
　(明)楊循吉撰
　　古今說部叢書五集
吳中勝記一卷
　(明)華鑰撰
　　廣百川學海辛集
　　說郛續弓二十五
吳風錄一卷
　(明)黃省曾撰
　　百陵學山
　　五朝小說・皇明百家小說
　　五朝小說大觀・皇明百家小說
　　學海類編(道光本、景道光本)・集餘
　　八
　　景印元明善本叢書十種・百陵學山
吳祉編一卷
　(明)王穉登撰
　　廣百川學海庚集
　　重訂欣賞編
　　寶顏堂祕笈(萬曆本、民國石印本)續
　　集
　　王百穀全集
　　說郛續弓二十八
吳乘竊筆一卷
　(明)許元溥撰
　　指海(道光本、景道光本)第八集
　　乙亥叢編
　　叢書集成初編・史地類
三吳舊語一卷
　(清)顧苓撰
　　風雨樓祕笈留眞
吳語一卷
　(清)戴延年撰
　　昭代叢書(道光本)丁集新編
　　小方壺齋輿地叢鈔第六帙
清嘉錄十二卷
　(清)顧祿撰
　　嘯園叢書第三函
　　清代筆記叢刊
　　筆記小說大觀第二輯
　吳趨風土錄一卷
　　小方壺齋輿地叢鈔第六帙
蘇臺攬勝詞二卷
　(清)袁學瀾撰

適園叢稿
姑蘇竹枝詞二卷
　(清)袁學瀾撰
　　適園叢稿
吳都新年雜詠
　(清)袁學瀾撰
　　適園叢稿
吳門歲暮雜詠
　(清)袁學瀾撰
　　適園叢稿
吳俗諷喻詩
　(清)袁學瀾撰
　　適園叢稿
姑蘇采風類記一卷
　(清)張大純撰
　　小方壺齋輿地叢鈔第六帙
紅蘭逸乘一卷
　(清)張紫琳撰
　　吳中文獻小叢書
西神叢語一卷
　(清)黃蛟起撰
　　昭代叢書(道光本)癸集萃編
崑山雜詠三卷
　(宋)龔昱輯
　　峭帆樓叢書
玉山名勝集八卷外集一卷
　(元)顧瑛輯
　　四庫全書・集部總集類
志料一卷
　(清)葛萬里撰
　　葛萬里雜著
太倉州名考一卷
　(清)程穆衡撰
　　婁東雜著匏集
太倉風俗記一卷
　(清)程穆衡撰
　　婁東雜著匏集
婁江雜詞一卷
　(清)邵廷烈輯
　　婁東雜著木集
閶史瑣言一卷
　(清)趙以鋘撰
　　婁東雜著木集
松窗快筆一卷
　(明)龔立本撰
　　小石山房叢書第七冊
松窗快筆十卷補一卷補註一卷
　　虞山叢刻

虞鄉雜記三卷
　　（明）毛晉撰
　　　　借月山房彙鈔（嘉慶本、景嘉慶本）第
　　　　八集
　　　　澤古齋重鈔第七集
　　虞鄉雜記不分卷
　　　　虞山叢刻
虞山雜志一卷
　　（明）□□撰
　　　　虞陽說苑乙編
虞書一卷
　　（清）劉本沛撰
　　　　虞陽說苑乙編
後虞書一卷
　　（清）劉本沛撰
　　　　虞陽說苑乙編
潮災紀略一卷
　　（清）古虞野史氏撰
　　　　虞陽說苑甲編
虞山勝地紀略一卷
　　（清）張應遴撰
　　　　虞陽說苑甲編
三風十愆記二卷
　　（清）澏若氏撰
　　　　香豔叢書第二集
　　　　說庫
　　琴川三風十愆記一卷
　　　　虞陽說苑甲編
湖隱外史一卷
　　（明）葉紹袁撰
　　　　國粹叢書第三集
勝溪竹枝詞一卷
　　（清）柳樹芳撰
　　　　養餘齋全集
同川紀事百詠一卷
　　（清）任艾生撰
　　　　吳氏叢書襄乙編
揚州鼓吹詞序一卷
　　（清）吳綺撰
　　　　說鈴（康熙本、道光本）前集
　　　　龍威祕書七集
　　　　藝苑捃華・說鈴
　　　　揚州叢刻
　　　　叢書集成初編・史地類
揚州畫舫錄十八卷
　　（清）李斗撰
　　　　永報堂集
　　　　申報館叢書正集　古今紀麗類

揚州名勝錄一卷
　　（清）李斗撰
　　　　小方壺齋輿地叢鈔第六帙
　揚州名勝錄四卷
　　　　揚州叢刻
揚州竹枝詞一卷
　　（清）董偉業撰
　　　　樂府小令
　　　　揚州叢刻
廣陵通典十卷
　　（清）汪中撰
　　　　重印江都汪氏叢書
廣陵事略七卷
　　（清）姚文田撰
　　　　邃雅堂全書
邗記六卷
　　（清）焦循撰
　　　　傳硯齋叢書
　　　　揚州叢刻
揚州畫舫詞一卷
　　（清）韓日華撰
　　　　玉雨堂叢書第一集
揚州輿地沿革表一卷
　　（清）楊丕復撰
　　　　揚州叢刻
揚州蜀岡勝覽一卷
　　（清）釋源印輯
　　　　揚州叢刻
廣陵小正一卷
　　　　揚州叢刻
眞州風土記一卷
　　（清）厲秀芳撰
　　　　小方壺齋輿地叢鈔第六帙
微尚錄存六卷
　　（清）宮偉鏐撰
　　　　海陵叢刻
梓里舊聞八卷
　　（清）夏荃輯
　　　　海陵叢刻
海安考古錄四卷
　　（清）王叶衢撰
　　　　海陵叢刻
海曲方域小志一卷
　　（清）金榜撰
　　　　小方壺齋輿地叢鈔第六帙
石亭記事一卷續編一卷
　　（清）丁晏撰
　　　　頤志齋叢書

山陽風俗物産志一卷
　　(清)吳昆田撰
　　　　小方壺齋輿地叢鈔第六帙
清河風俗物産志一卷
　　(清)魯一同撰
　　　　小方壺齋輿地叢鈔第六帙
徐州輿地考一卷
　　(清)方駿謨撰
　　　　小方壺齋輿地叢鈔第六帙

安　徽

壽陽記一卷
　　(劉宋)王元謨撰　(民國)葉昌熾輯
　　　　觳淡廬叢藁
安徽考略一卷
　　(清)龔柴撰
　　　　小方壺齋輿地叢鈔第一帙
安徽地略一卷
　　(清)馬冠羣撰
　　　　小方壺齋輿地叢鈔再補編第一帙
皖詞紀勝一卷
　　(民國)徐乃昌輯
　　　　隨盦所著書
廬陽客記一卷
　　(明)楊循吉撰
　　　　說郛續弓二十六
懷遠偶記一卷
　　(清)柴桑撰
　　　　小方壺齋輿地叢鈔第六帙
泗州大水記
　　(唐)呂周任撰
　　　　舊小說(民國本、1957年本)乙集
讀志隨筆一卷
　　(清)鄭福照撰
　　　　潔園遺著
食貨書一卷
　　(清)馬徵慶撰
　　　　馬鍾山遺書
歙問一卷
　　(清)洪玉圖撰
　　　　昭代叢書(康熙本)甲集第三帙
　　　　昭代叢書(道光本)甲集第三帙
宣城記一卷
　　(清)王仁俊輯
　　　　玉函山房輯佚書補編
西干記一卷
　　(清)宋和撰
　　　　小方壺齋輿地叢鈔第六帙

杏花村志十二卷首一卷末一卷
　　(清)郎遂輯
　　　　貴池先哲遺書
南陵縣建置沿革表一卷
　　(民國)徐乃昌撰
　　　　積學齋叢書
　　　　隨盦所著書

浙　江

越問一卷
　　(清)王修玉撰
　　　　檀几叢書第四帙
浙江通省志圖說一卷
　　(清)沈德潛撰
　　　　沈歸愚詩文全集
浙程備覽五卷
　　(清)于敏中撰
　　　　觀自得齋叢書
廣陵曲江復對一卷
　　(清)張大昌撰
　　　　武林掌故叢編第十九集
浙江考略一卷
　　(清)龔柴撰
　　　　小方壺齋輿地叢鈔第一帙
浙江地略一卷
　　(清)馬冠羣撰
　　　　小方壺齋輿地叢鈔再補編第一帙
神州古史考殘一卷
　　(清)倪璠撰
　　　　武林掌故叢編第十四集
錢塘記一卷
　　(劉宋)劉道眞撰　(清)王仁俊輯
　　　　玉函山房輯佚書續編・史編總類
七述一卷
　　(宋)晁補之撰
　　　　武林掌故叢編第三集
聖宋錢塘賦一卷
　　(宋)葛澧撰
　　　　武林掌故叢編第九集
西湖老人繁勝錄一卷
　　(宋)□□撰
　　　　函芬樓祕笈第三集
古杭夢遊錄一卷
　　(宋)趙□(耐得翁)撰
　　　　說郛(宛委山堂本)弓六十八
　　　　五朝小說・宋人百家小說瑣記家
　　　　五朝小說大觀・宋人百家小說瑣記家
都城紀勝一卷

棟亭藏書十二種(康熙本、景康熙本)
四庫全書・史部地理類
武林掌故叢編第一集

古杭夢游錄
說郛(商務印書館本)卷三

夢粱錄二十卷
(宋)吳自牧撰
四庫全書・史部地理類
知不足齋叢書(乾隆至道光本、景乾隆
至道光本)第二十八集
學津討原(嘉慶本、景嘉慶本)第七集
學海類編(道光本、景道光本)・集餘
八
武林掌故叢編第十四集
筆記小說大觀第四輯
叢書集成初編・史地類

夢粱錄一卷
香豔叢書第十二集

武林舊事六卷後集五卷
(宋泗水潛夫撰)
寶顏堂祕笈(萬曆本、民國石印本)廣
集

武林舊事十卷
(宋)周密撰
四庫全書・史部地理類

武林舊事十卷附錄一卷
(宋四水潛夫撰)
知不足齋叢書(乾隆至道光本、景乾隆
至道光本)第十六集
武林掌故叢編第二集
(宋)周密撰
筆記小說大觀第四輯

南宋市肆紀一卷
(宋)周密(泗水潛夫)撰
說郛(宛委山堂本)弓六十

錢塘瑣記一卷
(宋)于肇撰
說郛(宛委山堂本)弓六十八
五朝小說・宋人百家小說瑣記家
五朝小說大觀・宋人百家小說瑣記家

南宋古蹟考二卷
(清)朱彭撰
指海(道光本、景道光本)第九集
武林掌故叢編第三集
叢書集成初編・史地類

古杭雜記一卷
(元)李有撰
古今說海(嘉靖本、道光本、宣統排印
本、民國石印本)・說略部雜記家

歷代小史
說郛(宛委山堂本)弓四十七
學海類編(道光本、景道光本)・集餘
八
武林掌故叢編第一集
叢書集成初編・史地類
景印元明善本叢書十種・歷代小史

古杭雜記
說郛(商務印書館本)卷四

新刻古杭雜記詩集四卷
(元)口口撰
武林掌故叢編第一集

委巷叢談一卷
(明)田汝成撰
廣百川學海丙集
說郛續弓十八
五朝小說・皇明百家小說
五朝小說大觀・皇明百家小說

熙朝樂事一卷
(明)田汝成撰
廣百川學海丙集
重訂欣賞編
稗乘
說郛續弓二十八

杭城治火議一卷附錄一卷
(清)毛奇齡撰
武林掌故叢編第十八集

玉几山房聽雨錄二卷
(清)陳撰撰
古學彙刊第二集・雜記類

臨平記四卷附錄一卷
(清)沈謙撰
武林掌故叢編第十集

臨平記補遺四卷續一卷
(清)張大昌撰
武林掌故叢編第十集

湖壖雜記一卷
(清)陸次雲撰
陸雲士雜著
說鈴(康熙本、道光本)後集
龍威祕書七集
藝苑捃華・說鈴
武林掌故叢編第八集
古今說部叢書六集
叢書集成初編・史地類

清波小志二卷
(清)徐逢吉撰
讀畫齋叢書丁集
武林掌故叢編第四集

武林丁氏家集

之江濤聲一卷
　　(民國)周慶雲撰
　　　　晨風廬叢刊

嘉禾百詠一卷
　　(宋)張堯同撰
　　　　四庫全書・集部別集類
　　　　學海類編(道光本、景道光本)・集餘
　　　　　八
　　　　兩宋名賢小集
　　　　觀古堂所刊書
　　　　觀古堂彙刻書第二集
　　　　宋人集甲編
　　　　郋園先生全書
　　　　叢書集成初編・史地類

古禾雜識四卷
　　(清)項映薇撰　　(清)王壽補　　(民國)吳受
　　福續補
　　　　檇李叢書

禾中災異錄一卷
　　(清)陶越撰
　　　　花近樓叢書

蠡塘漁乃一卷續一卷
　　(清)吳騫撰
　　　　重校拜經樓叢書十種

蠡塘漁乃一卷
　　　　叢書集成初編・文學類

新坂土風一卷
　　(清)陳鱣撰
　　　　海昌叢載

峽川志略一卷
　　(清)蔣宏任撰
　　　　昭代叢書(道光本)辛集別編
　　　　小方壺齋輿地叢鈔第六帙

海昌觀潮集
　　(清)袁學瀾撰
　　　　適園叢稿

東湖乘二卷
　　(清)盧生甫撰
　　　　戊寅叢編

吳興山墟名一卷
　　(劉宋)張玄之撰　　(清)范鍇輯
　　　　范白舫所刊書
　　　　范聲山雜著(道光本、景道光本)

吳興山墟名一卷
　　(劉宋)張玄之撰　　(民國)繆荃孫輯
　　　　雲自在龕叢書第一集

吳興記一卷

吳興記一卷
　　(劉宋)山謙之撰　　(清)范鍇輯
　　　　范白舫所刊書
　　　　范聲山雜著(道光本、景道光本)

吳興記一卷
　　(劉宋)山謙之撰　　(民國)繆荃孫輯
　　　　雲自在龕叢書第一集

吳興入東記一卷
　　(梁)吳均撰　　(清)范鍇輯
　　　　范白舫所刊書
　　　　范聲山雜著(道光本、景道光本)

吳興統紀一卷
　　(宋)左文質撰　　(清)范鍇輯
　　　　范白舫所刊書
　　　　范聲山雜著(道光本、景道光本)

西吳里語四卷
　　(明)宋雷撰
　　　　適園叢書第六集

西吳枝乘一卷
　　(明)謝肇淛撰
　　　　說郛續弓二十六

西吳枝乘佚文一卷
　　(明)謝肇淛撰　　(清)王仁俊輯
　　　　經籍佚文

吳興掌故集十七卷
　　(明)徐獻忠輯
　　　　吳興叢書

石柱記箋釋五卷
　　(清)鄭元慶撰
　　　　四庫全書・史部地理類
　　　　粤雅堂叢書初編第九集
　　　　叢書集成初編・史地類

溪谿紀事詩二卷
　　(清)范鍇撰
　　　　范白舫所刊書
　　　　南林叢刊正集

句餘土音補注六卷
　　(清)全祖望撰　　(清)陳銘海補注
　　　　嘉業堂叢書・集部

四明古蹟四卷
　　(清)陳之綱輯
　　　　四明叢書第四集

四明摭餘錄六卷
　　(清)童槤年撰
　　　　慈谿童栝叟遺著

四明餘話不分卷
　　(清)童槤年撰
　　　　慈谿童栝叟遺著

明州札記二卷

（清）童廣年撰
　　慈谿童柘叟遺著

谿上遺聞集錄十卷別錄二卷
　　（清）尹元煒撰
　　　筆記小說大觀第三輯

梓里遺聞一卷
　　（清）童廣年撰
　　　慈谿童柘叟遺著

昌國典詠十卷
　　（清）朱緒曾撰
　　　金陵叢書丙集
　　　四明叢書第七集

會稽記
　　　說郛（商務印書館本）卷四・墨娥漫錄

會稽土地記一卷
　　（吳）朱育撰　魯迅（周樹人）輯
　　　會稽郡故書雜集

會稽記一卷
　　（晉）賀循撰　魯迅（周樹人）輯
　　　會稽郡故書雜集

會稽記一卷
　　（劉宋）孔靈符（題晉孔曄）撰
　　　說郛（宛委山堂本）弓六十一

會稽記一卷
　　（劉宋）孔靈符撰　魯迅（周樹人）輯
　　　會稽郡故書雜集

會稽記佚文一卷
　　（劉宋）孔靈符（題晉孔曄）撰　（清）王仁俊
　　輯
　　　經籍佚文

會稽地志一卷
　　（□）夏侯曾先撰　魯迅（周樹人）輯
　　　會稽郡故書雜集

會稽三賦三卷
　　（宋）王十朋撰
　　　四庫全書・史部地理類

會稽三賦一卷
　　（宋）王十朋撰　（宋）周世則注　（宋）史鑄
　　增注
　　　湖海樓叢書
　　　託跋塵叢刻

會稽三賦註四卷
　　（宋）王十朋撰　（明）南逢吉注　（明）尹壇
　　補注
　　　惜陰軒叢書（道光本、光緒本）第四函

會稽懷古詩一卷
　　（明）唐之淳撰
　　　四庫全書・集部別集類・唐愚士詩附

古越書四卷
　　（明）郭鈺輯
　　　郭子式先生校刻書

紹興考一卷
　　（明）郭鈺撰
　　　郭子式先生校刻書・古越書附

武備志一卷
　　（明）郭鈺訂評
　　　郭子式先生校刻書・古越書附

固陵雜錄三卷
　　（清）魯變光輯
　　　蕭山叢書

竹橋十詠一卷
　　（明）黃海（明）倪宗正等撰
　　　黃氏攟殘集（康熙本、嘉慶本）

剡錄十卷
　　（宋）高似孫撰
　　　四庫全書・史部地理類
　　　邵武徐氏叢書二集

允都名教錄八卷
　　（清）馮至撰
　　　諸暨馮氏叢刻

臨海異物志一卷
　　（吳）沈瑩撰
　　　說郛（宛委山堂本）弓六十二

臨海異物志
　　　說郛（商務印書館本）卷六・廣知

臨海異物志一卷
　　（吳）沈瑩撰　（清）王仁俊輯
　　　玉函山房輯佚書補編

臨海異物志佚文一卷
　　　經籍佚文

臨海異物志一卷
　　（吳）沈瑩撰　（民國）楊晨輯
　　　台州叢書後集
　　　崇雅堂叢書

臨海記一卷
　　（清）洪頤煊輯
　　　問經堂叢書・經典集林
　　　台州叢書後集
　　　經典集林

臨海水土記一卷
　　　說郛（宛委山堂本）弓六十二

台州外書二十卷
　　（清）戚學標輯
　　　戚鶴泉所著書

台事隨筆一卷
　　（清）戚學標撰

古語遺錄
台州札記十二卷
　(清)洪頤煊撰
　　傳經堂叢書
天台前集三卷前集別編一卷拾遺一卷 續
集三卷續集拾遺一卷續集別編六卷
　(宋)李庚 (宋)林思蔵輯　別編(宋)林表民
輯
　　四庫全書・集部總集類
　　續台州叢書
　　四庫全書珍本初集・集部總集類
天台風俗志一卷
　(清)□□撰
　　小方壺齋輿地叢鈔第六帙
南田志略一卷
　(民國)陳漢章撰
　　綴學堂叢稿初集
永嘉郡記一卷
　(劉宋)鄭緝之撰
　　說郛(宛委山堂本)弓六十一
甌江逸志一卷
　(清)勞大與撰
　　說鈴(康熙本、道光本)前集
　　龍威祕書七集
　　藝苑捃華・說鈴
　　小方壺齋輿地叢鈔第九帙
永嘉三百詠三卷
　(清)丁立誠撰
　　武林丁氏家集
睦州古蹟記一卷
　(宋)謝翱撰
　　說郛(宛委山堂本)弓六十七

福　建

閩部疏一卷
　(明)王世懋撰
　　廣百川學海辛集
　　王奉常雜著
　　寶顏堂祕笈 (萬曆本、民國石印本) 廣
　　集
　　紀錄彙編
　　說郛續弓二十四
　　借月山房彙鈔 (嘉慶本、景嘉慶本) 第
　　八集
　　指海(道光本、景道光本)第十一集
　　澤古齋重鈔第七集
　　叢書集成初編・史地類
　　景印元明善本叢書十種・紀錄彙編

閩小紀二卷
　(清)周亮工撰
　　說鈴(康熙本、道光本)前集
　　龍威祕書七集
　　古今說部叢書八集
　　說庫
　　叢書集成初編・史地類
閩小記一卷
　　小方壺齋輿地叢鈔第九帙
閩瑣紀一卷
　(清)彭光斗撰
　　峕齋叢書
閩雜記十二卷
　(清)稭華撰
　　申報館叢書續集・掌故類
閩雜記二卷
　(清)黃錫蕃撰
　　黃椒升遺書
閩產錄異六卷
　(清)郭柏蒼撰
　　郭氏叢刻
竹閒十日話六卷
　(清)郭柏蒼撰
　　郭氏叢刻
閩雜記一卷
　(清)施鴻保撰
　　小方壺齋輿地叢鈔第九帙
談閩錄一卷
　(清)楊浚輯
　　冠悔堂雜錄
福建考略一卷
　(清)龔柴撰
　　小方壺齋輿地叢鈔第一帙
福建地略一卷
　(清)馬冠羣撰
　　小方壺齋輿地叢鈔再補編第一帙
榕城隨筆一卷
　(明)凌登名撰
　　說郛續弓二十六
鶴場漫志二卷
　(清)劉家謀撰
　　芑川先生合集
莆陽比事七卷
　(宋)李俊甫撰
　　宛委別藏
　　選印宛委別藏
泉南雜志一卷
　(明)陳懋仁撰

廣百川學海辛集
說郛續弓二十五
泉南雜志二卷
寶顏堂祕笈（萬曆本、民國石印本）彙集
學海類編（道光本、景道光本）・集餘八
叢書集成初編・史地類
長溪瑣語一卷
（明）謝肇淛撰
古學彙刊第二集・輿地類
寧化風俗志一卷
（清）李□撰
小方壺齋輿地叢鈔第六帙

臺　灣

臺灣隨筆一卷
（清）徐懷祖撰
學海類編（道光本、景道光本）・集餘八
昭代叢書（道光本）丙集第五帙
小方壺齋輿地叢鈔第九帙
叢書集成初編・史地類
採硫日記一卷
（清）郁永河撰
舟車所至
采硫日記三卷
粵雅堂叢書二編第十五集
叢書集成初編・史地類
番境補遺一卷
（清）郁永河撰
舟車所至・採硫日記附
申報館叢書續集・紀麗類・屑玉叢譚三集
小方壺齋輿地叢鈔第九帙
臺灣紀略一卷
（清）林謙光撰
說鈴（康熙本、道光本）前集
龍威祕書七集
小方壺齋輿地叢鈔第九帙
叢書集成初編・史地類
臺灣雜記一卷
（清）季麒光撰
說鈴（康熙本、道光本）前集
龍威祕書七集
小方壺齋輿地叢鈔第九帙
叢書集成初編・史地類
東征雜記一卷
（清）藍鼎元撰

小方壺齋輿地叢鈔第九帙
臺海使槎錄八卷
（清）黃叔璥撰
四庫全書・史部地理類
畿輔叢書
叢書集成初編・史地類
臺灣使槎錄一卷
舟車所至
小方壺齋輿地叢鈔第九帙
番社采風圖考一卷
（清）六十七撰
藝海珠塵石集（乙集）
昭代叢書（道光本）庚集埤編
小方壺齋輿地叢鈔第九帙
叢書集成初編・史地類
番社采風圖考摘略一卷
域外叢書
蠡測彙鈔一卷
（清）鄧傳安撰
豫章叢書（陶福履輯）第一集
叢書集成初編・史地類
臺灣番社考一卷
（清）酈其照撰
小方壺齋輿地叢鈔第九帙
東槎紀略一卷
（清）姚瑩撰
昭代叢書（道光本）壬集補編
東槎紀略五卷
中復堂全集（道光本、同治本）
申報館叢書續集・掌故類
臺北道里記一卷
（清）姚瑩撰
小方壺齋輿地叢鈔第九帙
噶瑪蘭紀略一卷
（清）姚瑩撰
小方壺齋輿地叢鈔第九帙
埔裏社紀略一卷
（清）姚瑩撰
小方壺齋輿地叢鈔第九帙
東西勢社番記一卷
（清）姚瑩撰
小方壺齋輿地叢鈔第九帙
臺灣地輿圖說一卷
（清）夏獻綸撰
小方壺齋輿地叢鈔補編第九帙
臺灣雜詠一卷
（清）王凱泰撰
臺灣雜詠合刻

臺陽雜詠一卷
　　(清)何澂撰
　　　　臺灣雜詠合刻
臺陽雜興一卷
　　(清)馬清樞撰
　　　　臺灣雜詠合刻
臺灣小志一卷
　　(清)龔柴撰
　　　　小方壺齋輿地叢鈔第九帙
臺陽見聞錄不分卷
　　(清)唐贊袞撰
　　　　鄂不齋叢書
臺灣近事末議一卷
　　(清)王錫祺撰
　　　　小方壺齋輿地叢鈔再補編第九帙
澎湖紀略一卷
　　(清)林謙光撰
　　　　小方壺齋輿地叢鈔第九帙
亞哥書馬島記一卷
　　(清)□□撰
　　　　小方壺齋輿地叢鈔第九帙

河　南

豫志一卷
　　(明)王士性撰
　　　　學海類編(道光本、景道光本)·集餘
　　　　　八
　　　　叢書集成初編·史地類
河南考略一卷
　　(清)龔柴撰
　　　　小方壺齋輿地叢鈔第一帙
河南地略一卷
　　(清)馬冠羣撰
　　　　小方壺齋輿地叢鈔再補編第一帙
河南關塞形勝說一卷
　　(清)朱雲錦撰
　　　　小方壺齋輿地叢鈔第六帙
汴都賦一卷附錄一卷
　　(宋)周邦彥撰　附錄(清)汪汝謙(明)陳繼
　　儒輯
　　　　武林往哲遺箸後編
東京夢華錄十卷
　　(宋)孟元老撰
　　　　祕册彙函
　　　　津逮祕書(汲古閣本、景汲古閣本)第
　　　　　十集
　　　　四庫全書·史部地理類
　　　　學津討原(嘉慶本、景嘉慶本)第七集

三怡堂叢書
　　　　叢書集成初編·史地類
東京夢華錄一卷
　　　　唐宋叢書·別史
　　　　說郛(宛委山堂本)弓六十八
夢華錄
　　　　說郛(商務印書館本)卷九十一
汴京遺蹟志二十四卷
　　(明)李濂撰
　　　　四庫全書·史部地理類
　　　　三怡堂叢書
如夢錄一卷
　　(明)□□撰
　　　　三怡堂叢書
汴宋竹枝詞二卷
　　(清)李于潢撰
　　　　三怡堂叢書
祥符風土記六卷
　　(清)劉曾騄撰
　　　　祥符劉氏叢書·夢園史學
陳留風俗傳一卷
　　(□)圈稱(題晉江微)撰
　　　　說郛(宛委山堂本)弓六十二
陳留風俗傳
　　　　說郛(商務印書館本)卷七·諸傳摘玄
陳留志
　　(□)圈稱(題晉江啟)撰
　　　　說郛(商務印書館本)卷六·廣知
陳留風俗傳一卷
　　(□)圈稱撰　(清)王仁俊輯
　　　　玉函山房輯佚書補編
遊瀨鄉記一卷
　　(清)朱書撰
　　　　小方壺齋輿地叢鈔第四帙
洛陽記一卷
　　(民國)葉昌熾輯
　　　　齲淡廬叢藁
洛陽記一卷
　　(晉)陸機撰
　　　　說郛(宛委山堂本)弓六十一
洛陽記一卷
　　(晉)陸機撰　(民國)葉昌熾輯
　　　　齲淡廬叢藁
影燈記一卷
　　　　說郛(宛委山堂本)弓六十九
元河南志四卷
　　(元)□□撰　(清)徐松輯
　　　　藕香零拾

汝南遺事二卷
　　（明）李本固撰
　　　　借月山房彙鈔（嘉慶本、景嘉慶本）第
　　　　　十四集
　　　　澤古齋重鈔第八集
　　　　龍潭精舍叢刻
　　　　叢書集成初編・史地類
鄴中記一卷
　　（晉）陸翽撰
　　　　續百川學海乙集
　　　　說郛（宛委山堂本）弓五十九
　　　　五朝小說・魏晉小說偏錄家
　　　　五朝小說大觀・魏晉小說偏錄家
　　　　四庫全書・史部載記類
　　　　武英殿聚珍版書（武英殿木活字本、浙
　　　　　江本、江西書局本、福建本、廣雅書
　　　　　局本）・史部
　　　　增訂漢魏叢書（三餘堂本、大通書局石
　　　　　印本）・載籍
　　　　廣漢魏叢書（嘉慶本）・載籍
　　　　反約篇
　　　　榕園叢書乙集
　　　　清芬堂叢書・史部
　　　　古今說部叢書一集
　　　　龍谿精舍叢書・史部
　　　　叢書集成初編・史地類
　鄴中記
　　　　說郛（商務印書館本）卷四・墨娥漫錄
　　　　說郛（商務印書館本）卷七十三
湯陰風俗志一卷
　　（清）口口撰
　　　　小方壺齋輿地叢鈔第六帙

湖　北

荊州記一卷
　　（晉）范汪撰　（清）陳運溶輯
　　　　麓山精舍叢書第一集・荊湘地記二十
　　　　　九種
荊州記一卷
　　（劉宋）庾仲雍撰　（清）陳運溶輯
　　　　麓山精舍叢書第一集・荊湘地記二十
　　　　　九種
荊州記一卷
　　（劉宋）庾仲雍撰　（清）王仁俊輯
　　　　玉函山房輯佚書補編
荊州記一卷
　　（劉宋）郭仲產撰　（清）陳運溶輯
　　　　麓山精舍叢書第一集・荊湘地記二十
　　　　　九種

荊州記一卷
　　（劉宋）盛弘之撰
　　　　說郛（宛委山堂本）弓六十一
　　　　五朝小說・魏晉小說外乘家
　　　　五朝小說大觀・魏晉小說外乘家
　荊州記
　　　　說郛（商務印書館本）卷四・墨娥漫錄
　　　　　（二本）
　　　　說郛（商務印書館本）卷七十三
荊州記三卷附錄一卷
　　（劉宋）盛弘之撰　（清）陳運溶輯併集證
　　　　麓山精舍叢書第一集
荊州記一卷
　　（劉宋）盛弘之撰　（清）王仁俊輯
　　　　玉函山房輯佚書補編
荊州記一卷
　　（劉宋）盛弘之撰　（民國）葉昌熾輯
　　　　毅溪廬叢藁
荊州記三卷
　　（劉宋）盛弘之撰　（民國）曹元忠輯
　　　　箋經室叢書
荊州記一卷
　　（南齊）劉澄之撰　（清）陳運溶輯
　　　　麓山精舍叢書第一集・荊湘地記二十
　　　　　九種
荊州記一卷
　　（清）陳運溶輯
　　　　麓山精舍叢書第一集・荊湘地記二十
　　　　　九種
荊州記一卷
　　（清）王仁俊輯
　　　　玉函山房輯佚書補編
荊州圖記一卷
　　（清）陳運溶輯
　　　　麓山精舍叢書第一集・荊湘地記二十
　　　　　九種
荊州圖副一卷
　　（清）陳運溶輯
　　　　麓山精舍叢書第一集・荊湘地記二十
　　　　　九種
荊州圖經一卷
　　（清）陳運溶輯
　　　　麓山精舍叢書第一集・荊湘地記二十
　　　　　九種
荊州圖經一卷
　　（清）王仁俊輯
　　　　玉函山房輯佚書補編
荊州土地記一卷

（清）陳運溶輯
　　麓山精舍叢書第一集・荆湘地記二十
　　九種
荆楚歲時記一卷
　（梁）宗懍撰
　　廣漢魏叢書(萬曆本、嘉慶本)・載籍
　　寶顏堂祕笈(萬曆本、民國石印本)廣
　　集
　　說郛(宛委山堂本)弓六十九
　　五朝小說・魏晉小說雜志家
　　五朝小說大觀・魏晉小說雜志家
　　四庫全書・史部地理類
　　增訂漢魏叢書(乾隆本、紅杏山房本、
　　　三餘堂本、大通書局石印本)・載籍
　　湖北先正遺書・史部
　　四部備要(排印本、縮印本)・史部地
　　理
　荆楚歲時記
　　說郛(商務印書館本)卷二十五
　　舊小說(民國本、1957年本)甲集
荆楚歲時記一卷
　（梁）宗懍撰　（清）陳運溶輯
　　麓山精舍叢書第一集
渚宮故事一卷
　（唐）余知古撰
　　說郛(宛委山堂本)弓十七
　渚宮舊事五卷補遺一卷
　　四庫全書・史部雜史類
　　墨海金壺(嘉慶本、景嘉慶本)・史部
　　吉石盦叢書四集
渚宮舊事五卷附補遺一卷
　（唐）余知古撰　（清）孫星衍校併輯補遺
　　平津館叢書(嘉慶本、光緒本)
　　叢書集成初編・史地類
渚宮舊事一卷
　（唐）余知古撰　（清）黃奭輯
　　黃氏逸書考(民國修補本、民國補刊
　　　本)・子書鉤沈
江漢叢談一卷
　（明）陳士元撰
　　說郛續弓十七
　江漢叢談二卷
　　四庫全書・史部地理類
　　藝海珠塵金集(甲集)
　　湖北叢書
　　叢書集成初編・史地類
楚小志一卷
　（明）錢希言撰
　　說郛續弓二十六

湖北考略一卷
　（清）龔柴撰
　　小方壺齋輿地叢鈔第一帙
湖北地略一卷
　（清）馬冠羣撰
　　小方壺齋輿地叢鈔再補編第一帙
漢陽郡圖經一卷
　（清）王仁俊輯
　　玉函山房輯佚書補編
潛江舊聞八卷
　（民國）甘鵬雲撰
　　崇雅堂叢書初編
監利風土志一卷
　（清）王柏心撰
　　小方壺齋輿地叢鈔第六帙
輿軍國圖經一卷
　（清）王仁俊輯
　　玉函山房輯佚書補編
南雍州記一卷
　（劉宋）王韶之撰
　　說郛(宛委山堂本)弓六十一
襄陽沿革略一卷
　（清）吳慶燾撰
　　襄陽四略
襄陽兵事略六卷
　（清）吳慶燾撰
　　襄陽四略
隨志二卷
　（明）□□撰
　　廣倉學宭叢書甲類第一集
春陵志一卷
　（宋）章穎撰　（清）陳運溶輯
　　麓山精舍叢書第一集・荆湘圖經三十
　　六種
春陵舊圖經一卷
　（宋）□□撰　（清）陳運溶輯
　　麓山精舍叢書第一集・荆湘圖經三十
　　六種
漢南記一卷
　（□）張瑩撰
　　說郛(宛委山堂本)弓六十一
荆南地志一卷
　梁元帝撰　（清）陳運溶輯
　　麓山精合叢書第一集・荆湘地記二十
　　九種
荆南志一卷
　梁元帝撰　（清）王仁俊輯
　　玉函山房輯佚書補編

宜都記一卷
　　（晉）袁山松撰
　　　　說郛（宛委山堂本）弓六十一
　　　　五朝小說・魏晉小說外乘家
　　　　五朝小說大觀・魏晉小說外乘家
　宜都記
　　　　說郛（商務印書館本）卷四・墨娥漫錄
宜都山川記一卷
　　（□）李□撰　　（民國）葉昌熾輯
　　　　縠淡廬叢藁

湖　南

湘中記一卷
　　（晉）羅含撰
　　　　說郛（宛委山堂本）弓六十一
　　　　五朝小說・魏晉小說外乘家
　　　　五朝小說大觀・魏晉小說外乘家
　湘中記
　　　　說郛（商務印書館本）卷四・墨娥漫錄
湘中記一卷
　　（晉）羅含撰　　（清）陳運溶輯
　　　　麓山精舍叢書第一集・荊湘地記二十
　　　　九種
湘中記一卷
　　（晉）羅含撰　　（清）王仁俊輯
　　　　玉函山房輯佚書補編
湘中記一卷
　　（劉宋）庾仲雍撰　　（清）陳運溶輯
　　　　麓山精舍叢書第一集・荊湘地記二十
　　　　九種
湘州記一卷
　　（劉宋）庾仲雍撰　　（清）陳運溶輯
　　　　麓山精舍叢書第一集・荊湘地記二十
　　　　九種
湘州記一卷
　　（劉宋）庾仲雍撰　　（清）王仁俊輯
　　　　玉函山房輯佚書補編
湘州記一卷
　　（劉宋）郭仲產撰　　（清）陳運溶輯
　　　　麓山精舍叢書第一集・荊湘地記二十
　　　　九種
湘州記一卷
　　（劉宋）郭仲產撰　　（清）王仁俊輯
　　　　玉函山房輯佚書補編
湘州記一卷
　　（劉宋）甄烈撰　　（清）陳運溶輯
　　　　麓山精舍叢書第一集・荊湘地記二十
　　　　九種

湘州記一卷
　　（劉宋）甄烈撰　　（清）王仁俊輯
　　　　玉函山房輯佚書補編
湘州記一卷
　　（清）陳運溶輯
　　　　麓山精舍叢書第一集・荊湘地記二十
　　　　九種
湘州記一卷
　　（清）王仁俊輯
　　　　玉函山房輯佚書補編
湘中記一卷
　　（清）陳運溶輯
　　　　麓山精舍叢書第一集・荊湘地記二十
　　　　九種
湘中記一卷
　　（清）王仁俊輯
　　　　玉函山房輯佚書補編
楚地記一卷
　　（清）王仁俊輯
　　　　玉函山房輯佚書補編
湘水記一卷
　　（清）王仁俊輯
　　　　玉函山房輯佚書補編
五溪記一卷
　　（清）陳運溶輯
　　　　麓山精舍叢書第一集・荊湘地記二十
　　　　九種
湖南風土記一卷
　　（清）陳運溶輯
　　　　麓山精舍叢書第一集・荊湘圖經三十
　　　　六種
湖南風土記一卷
　　（清）王仁俊輯
　　　　玉函山房輯佚書補編
楚書一卷
　　（明）陶晉英撰
　　　　學海類編（道光本、景道光本）・集餘
　　　　八
楚南小紀一卷
　　（清）吳省蘭撰
　　　　藝海珠塵癸集
湖南方物志八卷
　　（清）黃本驥撰
　　　　三長物齋叢書
　湖南方物志一卷
　　　　小方壺齋輿地叢鈔第六帙
湖南考略一卷
　　（清）龔柴撰

小方壺齋輿地叢鈔第一帙

湖南地略一卷
　　(清)馬冠羣撰
　　　　小方壺齋輿地叢鈔再補編第一帙

長沙圖經一卷
　　(清)陳運溶輯
　　　　麓山精舍叢書第一集・荆湘圖經三十
　　　　六種

紹熙長沙志一卷
　　(宋)耟孝錫撰　　(清)陳運溶輯
　　　　麓山精舍叢書第一集・荆湘圖經三十
　　　　六種

岳陽風土記一卷
　　(宋)范致明撰
　　　　百川學海(重輯本)癸集
　　　　古今逸史・逸志
　　　　說郛(宛委山堂本)弓六十二
　　　　四庫全書・史部地理類
　　　　小石山房叢書第六册
　　　　碧琳瑯館叢書乙部
　　　　芋園叢書・史部
　　　　景印元明善本叢書十種・古今逸史・
　　　　逸志

　岳陽風土記二則
　　　　舊小說(民國本、1957 年本)丁集

岳州圖經一卷
　　(宋)□□撰　　(清)陳運溶輯
　　　　麓山精舍叢書第一集・荆湘圖經三十
　　　　六種

岳陽甲志一卷
　　(宋)馬子嚴撰　　(清)陳運溶輯
　　　　麓山精舍叢書第一集・荆湘圖經三十
　　　　六種

岳陽乙志一卷
　　(宋)張聲道撰　　(清)陳運溶輯
　　　　麓山精舍叢書第一集・荆湘圖經三十
　　　　六種

岳陽紀勝彙編四卷
　　(明)梅淳輯
　　　　碧琳瑯館叢書乙部
　　　　芋園叢書・史部

祥符茶陵圖經一卷
　　(宋)□□撰　　(清)陳運溶輯
　　　　麓山精舍叢書第一集・荆湘圖經三十
　　　　六種

乾道茶陵圖經一卷
　　(宋)□□撰　　(清)陳運溶輯
　　　　麓山精舍叢書第一集・荆湘圖經三十

六種

衡州圖經一卷
　　(清)陳運溶輯
　　　　麓山精舍叢書第一集・荆湘圖經三十
　　　　六種

衡州圖經一卷
　　(清)王仁俊輯
　　　　玉函山房輯佚書補編

祥符衡州圖經一卷
　　(宋)□□撰　　(清)陳運溶輯
　　　　麓山精舍叢書第一集・荆湘圖經三十
　　　　六種

衡陽志一卷
　　(宋)宋剛中撰　　(清)陳運溶輯
　　　　麓山精舍叢書第一集・荆湘圖經三十
　　　　六種

湘州滎陽郡記一卷
　　(清)陳運溶輯
　　　　麓山精舍叢書第一集・荆湘地記二十
　　　　九種

道州圖經一卷
　　(清)陳運溶輯
　　　　麓山精舍叢書第一集・荆湘圖經三十
　　　　六種

道州風俗記一卷
　　(宋)□□撰　　(清)陳運溶輯
　　　　麓山精舍叢書第一集・荆湘圖經三十
　　　　六種

永州風土記一卷
　　(宋)柳拱辰撰　　(清)陳運溶輯
　　　　麓山精舍叢書第一集・荆湘圖經三十
　　　　六種

永州圖經一卷
　　(宋)□□撰　　(清)陳運溶輯
　　　　麓山精舍叢書第一集・荆湘圖經三十
　　　　六種

零陵總記一卷
　　(宋)陶岳撰　　(清)陳運溶輯
　　　　麓山精舍叢書第一集・荆湘圖經三十
　　　　六種

零陵志一卷
　　(宋)張埏撰　　(清)陳運溶輯
　　　　麓山精舍叢書第一集・荆湘圖經三十
　　　　六種

永州紀勝一卷
　　(清)王岱撰
　　　　小方壺齋輿地叢鈔第六帙

桂陽記一卷

（清）陳運溶輯
　　　麓山精舍叢書第一集・荆湘地記二十
　　九種

桂陽記一卷
　　（清）王仁俊輯
　　　玉函山房輯佚書補編

桂陽圖經一卷
　　（宋）□□撰　（清）陳運溶輯
　　　麓山精舍叢書第一集・荆湘圖經三十
　　六種

桂陽志一卷
　　（宋）鄭伸撰　（清）陳運溶輯
　　　麓山精舍叢書第一集・荆湘圖經三十
　　六種

桂陽風俗記一卷
　　（清）□□撰
　　　小方壺齋輿地叢鈔第六帙

郴東桂陽小記一卷
　　（清）彭而述撰
　　　小方壺齋輿地叢鈔第六帙

郴州圖經一卷
　　（宋）□□撰　（清）陳運溶輯
　　　麓山精舍叢書第一集・荆湘圖經三十
　　六種

邵州圖經一卷
　　（宋）□□撰　（清）陳運溶輯
　　　麓山精舍叢書第一集・荆湘圖經三十
　　六種

邵陽志一卷
　　（宋）李韋之撰　（清）陳運溶輯
　　　麓山精舍叢書第一集・荆湘圖經三十
　　六種

武岡志一卷
　　（宋）□□撰　（清）陳運溶輯
　　　麓山精舍叢書第一集・荆湘圖經三十
　　六種

都梁志一卷
　　（宋）鄭昉撰　（清）陳運溶輯
　　　麓山精舍叢書第一集・荆湘圖經三十
　　六種

辰州圖經一卷
　　（宋）□□撰　（清）陳運溶輯
　　　麓山精舍叢書第一集・荆湘圖經三十
　　六種

辰州風土記一卷
　　（宋）田渭撰　（清）陳運溶輯
　　　麓山精舍叢書第一集・荆湘圖經三十
　　六種

荆南苗俗記一卷
　　（清）魏祝亭撰
　　　小方壺齋輿地叢鈔再補編第八帙

沅陵記一卷
　　（清）陳運溶輯
　　　麓山精舍叢書第一集・荆湘地記二十
　　九種

沅州記一卷
　　（清）王仁俊輯
　　　玉函山房輯佚書補編

沅州圖經一卷
　　（宋）□□撰　（清）陳運溶輯
　　　麓山精舍叢書第一集・荆湘圖經三十
　　六種

靖州圖經一卷
　　（宋）□□撰　（清）陳運溶輯
　　　麓山精舍叢書第一集・荆湘圖經三十
　　六種

武陵記一卷
　　（南齊）黃閔（題□鮑堅）撰
　　　說郛（宛委山堂本）弓六十一

武陵記一卷
　　（南齊）黃閔撰　（清）陳運溶輯
　　　麓山精舍叢書第一集・荆湘地記二十
　　九種

武陵源記一卷
　　（南齊）黃閔撰　（清）王仁俊輯
　　　玉函山房輯佚書補編

武陵記一卷
　　（梁）伍安貧撰　（清）陳運溶輯
　　　麓山精舍叢書第一集・荆湘地記二十
　　九種

朗州圖經一卷
　　（清）陳運溶輯
　　　麓山精舍叢書第一集・荆湘圖經三十
　　六種

朗州圖經一卷
　　（清）王仁俊輯
　　　玉函山房輯佚書補編

常德圖經一卷
　　（宋）胡介撰　（清）陳運溶輯
　　　麓山精舍叢書第一集・荆湘圖經三十
　　六種

澧州圖經一卷
　　（清）陳運溶輯
　　　麓山精舍叢書第一集・荆湘圖經三十
　　六種

澧州續圖經一卷

（宋）□□撰　　（清）陳運溶輯
　　　麓山精舍叢書第一集・荊湘圖經三十
　　　　六種
溪蠻叢笑一卷
　（宋）朱輔撰
　　　續百川學海戊集
　　　古今說海（嘉靖本、道光本、宣統排印
　　　　本、民國石印本）・說選部偏記家
　　　格致叢書
　　　夷門廣牘・博雅
　　　說郛（宛委山堂本）弓六十七
　　　四庫全書・史部地理類
　　　學海類編（道光本、景道光本）・集餘
　　　　八
　　　養素軒叢錄第一集
　　　古今說部叢書一集
　　　說庫
　　　景印元明善本叢書十種・夷門廣牘・
　　　　博雅
　　溪蠻叢笑
　　　說郛（商務印書館本）卷五
乾州小志一卷
　（清）吳高增撰
　　　昭代叢書（道光本）己集廣編
　　　小方壺齋輿地叢鈔第六帙
永順小志一卷
　（清）張天如撰
　　　小方壺齋輿地叢鈔第六帙
苗俗紀聞一卷
　（清）方亨咸撰
　　　檀几叢書二集第三帙
　　　小方壺齋輿地叢鈔第八帙
楚峒志略一卷
　（清）吳省蘭撰
　　　藝海珠塵癸集
　　　叢書集成初編・史地類

江　西

江西輿地圖說一卷
　（明）趙秉忠撰
　　　紀錄彙編
　　　叢書集成初編・史地類
　　　景印元明善本叢書十種・紀錄彙編
江西考略一卷
　（清）龔柴撰
　　　小方壺齋輿地叢鈔第一帙
江西地略一卷
　（清）馬冠羣撰
　　　小方壺齋輿地叢鈔再補編第一帙

三郡圖說一卷
　（明）王世懋撰
　　　王奉常雜著
　　饒南九三府圖說一卷
　　　紀錄彙編
　　　叢書集成初編・史地類
　　　景印元明善本叢書十種・紀錄彙編
豫章古今記一卷
　（劉宋）雷次宗撰
　　　說郛（宛委山堂本）弓六十七
　　　五朝小說・魏晉小說外乘家
　　　五朝小說大觀・魏晉小說外乘家
　　豫章記
　　　說郛（商務印書館本）卷四・墨娥漫錄
　　豫章古今記
　　　說郛（商務印書館本）卷五十一
豫章記一卷
　（劉宋）雷次宗撰　　（清）王仁俊輯
　　　玉函山房輯佚書補編
豫章記一卷
　（劉宋）雷次宗撰　　（民國）葉昌熾輯
　　　穀淡廬叢蕖
豫章漫抄四卷
　（明）陸深撰
　　　儼山外集
　　豫章漫抄摘錄一卷
　　　紀錄彙編
　　　景印元明善本叢書十種・紀錄彙編
　　豫章漫抄一卷
　　　五朝小說・皇明百家小說
　　　五朝小說大觀・皇明百家小說
江城名蹟二卷
　（清）陳宏緒撰
　　　四庫全書・史部地理類
宜春傳信錄一卷
　（宋）羅誘撰
　　　說郛（宛委山堂本）弓四十四
　　　古今說部叢書四集
　　宜春傳信錄
　　　說郛（商務印書館本）卷三十三
九江志一卷
　（魏）何晏撰
　　　說郛（宛委山堂本）弓六十一
　　九江記三則
　　　舊小說（民國本、1957年本）甲集
南康記一卷
　（晉）鄧德明撰
　　　說郛（宛委山堂本）弓六十一

南康記
　　說郛(商務印書館本)卷四・墨娥漫錄

潯陽記一卷
　　(晉)張僧鑒撰
　　說郛(宛委山堂本)弓六十一

潯陽記
　　說郛(商務印書館本)卷四・墨娥漫錄

鄡陽記一卷
　　(南齊)劉澄之撰
　　說郛(宛委山堂本)弓六十一

中洲野錄一卷
　　(明)程文憲撰
　　古今名賢彙語
　　說郛續弓十四
　　五朝小說・皇明百家小說
　　五朝小說大觀・皇明百家小說

樂平械鬥記一卷
　　(民國)余重耀撰
　　遯廬叢書・遯廬文稿

東鄉風土記一卷
　　(清)吳嵩梁撰
　　香蘇山館全集

南豐風俗物產志一卷
　　(清)魯琪光撰
　　小方壺齋輿地叢鈔第六帙

宜黃竹枝詞一卷
　　(清)謝階樹撰
　　遜敏堂叢書

安城記一卷
　　(口)王孚撰
　　說郛(宛委山堂本)弓六十一

雩都行記一卷
　　(清)劉開撰
　　小方壺齋輿地叢鈔第六帙

廣　東

楊議郎著書一卷
　　(漢)楊孚撰　(清)曾釗輯
　　嶺南遺書第五集

異物志一卷
　　(漢)楊孚撰　(清)曾釗輯
　　嶺南遺書第五集
　　叢書集成初編・史地類

南方草木狀三卷
　　(晉)嵇含撰
　　百川學海(咸淳本、景刊咸淳本)辛集
　　百川學海(弘治本、景刊咸淳本據弘治
　　　目次編印本、景弘治本)癸集

百川學海(重輯本)辛集
廣漢魏叢書(萬曆本、嘉慶本)・載籍
格致叢書
山居雜志
說郛(宛委山堂本)弓一百四
五朝小說・魏晉小說雜志家
五朝小說大觀・魏晉小說雜志家
四庫全書・史部地理類
增訂漢魏叢書（乾隆本、紅杏山房本、
　　三餘堂本、大通書局石印本)・載籍
龍威祕書一集
藝苑捃華
湖北先正遺書・史部
叢書集成初編・自然科學類

南方草木狀
　　說郛(商務印書館本)卷八十七

南方草木狀一卷
　　漢魏小說探珍

南方草木狀佚文一卷
　　(晉)嵇含撰　(清)王仁俊輯
　　經籍佚文

續南方草木狀一卷
　　(清)江藩撰
　　合眾圖書館叢書第二集・炳燭齋雜著

交州記一卷
　　(晉)劉欣期撰
　　說郛(宛委山堂本)弓六十一

交州記二卷
　　(晉)劉欣期撰　(清)曾釗輯
　　嶺南遺書第五集
　　叢書集成初編・史地類

廣州記一卷
　　(晉)顧微撰
　　說郛(宛委山堂本)弓六十一
　　五朝小說・魏晉小說外乘家
　　五朝小說大觀・魏晉小說外乘家

廣州記
　　說郛(商務印書館本)卷四・墨娥漫錄

廣州記一卷
　　(晉)顧微撰　(清)王仁俊輯
　　玉函山房輯佚書補編

始興記一卷
　　(劉宋)王韶之撰
　　說郛(宛委山堂本)弓六十一

始興記
　　說郛(商務印書館本)卷四・墨娥漫錄

始興記一卷
　　(劉宋)王韶之撰　(清)曾釗輯

嶺南遺書第五集
叢書集成初編·史地類
始興記一卷
　　(劉宋)王韶之撰　　(清)王仁俊輯
　　　玉函山房輯佚書補編
南越志一卷
　　(□)沈懷遠撰
　　　說郛(宛委山堂本)号六十一
　　　五朝小說·魏晉小說外乘家
　　　五朝小說大觀·魏晉小說外乘家
　南越志
　　　說郛(商務印書館本)卷六·廣知
南越記一則
　　舊小說(民國本、1957 年本)甲集
南越志一卷
　　(□)沈懷遠撰　　(清)王仁俊輯
　　　玉函山房輯佚書補編
　南越志佚文一卷
　　　經籍佚文
南越志一卷
　　(□)沈懷遠撰　　(民國)葉昌熾輯
　　　鴅淡廬叢藁
投荒雜錄一卷
　　(唐)房千里撰
　　　說郛(宛委山堂本)号二十三
　　　古今說部叢書四集
北戶錄一卷
　　(唐)段公路撰
　　　續百川學海戊集
　　　古今說海（嘉靖本、道光本、宣統排印
　　　　本、民國石印本)·說選部偏記家
　　　說郛(宛委山堂本)号六十三
　　　五朝小說·唐人百家小說瑣記家
　　　五朝小說大觀·唐人百家小說瑣記家
　　　唐人說薈（乾隆本、道光本、宣統石印
　　　　本、民國石印本)三集
　　　唐代叢書三集
　　　學海類編（道光本、景道光本)·集餘
　　　　五
　　　古今說部叢書一集
　　　說庫
　北戶錄三卷
　　　四庫全書·史部地理類
　北戶錄
　　　說郛(商務印書館本)卷二
　　　說郛(商務印書館本)卷三
北戶錄三卷附校勘記一卷
　　(唐)段公路撰　　(唐)崔龜圖注　　校勘記

　　(清)陸心源撰
　　　十萬卷樓叢書二編
　　　湖北先正遺書·史部
　　　叢書集成初編·史地類
嶺表錄異記一卷
　　(唐)劉恂撰
　　　說郛(宛委山堂本)号六十七
　　　五朝小記·唐人百家小說瑣記家
　　　五朝小記大觀·唐人百家小說瑣記家
　嶺表錄異一卷
　　　唐人說薈（乾隆本、道光本、宣統石印
　　　　本、民國石印本)三集
　　　唐代叢書三集
　　　說庫
　嶺表錄異三卷
　　　四庫全書·史部地理類
　　　武英殿聚珍版書(武英殿木活字本、浙
　　　　江本、江西書局本、福建本、廣雅書
　　　　局本)·史部
　　　反約篇
　　　榕園叢書乙集
　　　叢書集成初編·史地類
　嶺表錄異記
　　　說郛(商務印書館本)卷三十四
　嶺表錄異三則
　　　舊小說(民國本、1957 年本)乙集
嶺表錄異記佚文一卷
　　(唐)劉恂撰　　(清)王仁俊輯
　　　經籍佚文
嶺外代答十卷
　　(宋)周去非撰
　　　四庫全書·史部地理類
　　　知不足齋叢書(乾隆至道光本、景乾隆
　　　　至道光本)第十七集
　　　筆記小說大觀第四輯
　　　叢書集成初編·史地類
　嶺外代答七則
　　　舊小說(民國本、1957 年本)丁集
南海百詠一卷
　　(宋)方信孺撰
　　　宛委別藏
　　　嶺南叢書
南海百詠一卷附校譌一卷
　　(宋)方信孺撰　　校譌(清)胡珽撰
　　　琳琅祕室叢書(咸豐本)第三集
南海百詠一卷附校譌一卷續校一卷
　　(宋)方信孺撰　　校譌(清)胡珽撰　　續校
　　　(清)董金鑑撰

琳琅祕室叢書(光緒本)第三集
叢書集成初編・史地類

南海百詠續編四卷
　(清)樊封撰
　　翠琅玕館叢書(馮兆年輯)第二集
　　翠琅玕館叢書(黃任恆輯)・集部
　　芋園叢書・史部

南海古蹟記一卷
　(元)吳萊撰
　　續百川學海戊集
　　說郛(宛委山堂本)弓六十七
　南海山水人物古蹟記一卷
　　閻丘辯囿
　　信古閣小叢書

嶺海輿圖一卷
　(明)姚虞撰
　　四庫全書・史部地理類
　　嶺南叢書
　　守山閣叢書(道光本、鴻文書局景道光
　　　本、博古齋景道光本)・史部
　　叢書集成初編・史地類

粵劍編四卷
　(明)王臨亨撰
　　玄覽堂叢書續集

嶺南風物紀一卷
　(清)吳綺撰
　　四庫全書・史部地理類

廣東月令
　(清)鈕琇撰
　　檀几叢書餘集
　廣東月令一卷
　　古今說部叢書一集

嶺南雜記二卷
　(清)吳震方撰
　　說鈴(康熙本、道光本)前集
　嶺南雜記一卷
　　龍威祕書七集
　　小方壺齋輿地叢鈔第九帙
　　叢書集成初編・史地類

粵囊一卷
　(清)檀萃撰
　　小方壺齋輿地叢鈔第九帙

南越筆記十六卷
　(清)李調元撰
　　函海(乾隆本、道光本)第二十四函
　　函海(光緒本)第二十七函
　　叢書集成初編・史地類
　南越筆記一卷

小方壺齋輿地叢鈔第九帙

嶺外雜言一卷
　(清)黃桐孫撰
　　黃氏家集初編(光緒本、民國本)

粵屑四卷
　(清)劉世馨撰
　　申報館叢書續集・掌故類

兩粵猺俗記一卷
　(清)魏祝亭撰
　　小方壺齋輿地叢鈔再補編第八帙

嶺南雜事詩鈔八卷
　(清)陳坤撰
　　如不及齋叢書

廣東考略一卷
　(清)龔柴撰
　　小方壺齋輿地叢鈔第一帙

廣東地略一卷
　(清)馬冠羣撰
　　小方壺齋輿地叢鈔再補編第一帙

客人對二卷
　古直撰
　　客人叢書

番禺雜記一卷
　(唐)鄭熊撰
　　說郛(宛委山堂本)弓六十一
　番禺雜記
　　說郛(商務印書館本)卷四

五山志林八卷
　(清)羅天尺撰
　　嶺南遺書第五集
　　叢書集成初編・文學類

廣州城坊志六卷
　(清)黃佛頤撰
　　廣東叢書第三集

番禺末業志四卷
　鄔慶時撰
　　牛帆樓叢書

南村草堂筆記四卷
　鄔慶時撰
　　牛帆樓叢書

虎門記一卷
　(清)薛蘊撰
　　小方壺齋輿地叢鈔第九帙

赤溪雜志二卷
　(民國)金武祥撰
　　江陰叢書
　　粟香室叢書
　赤溪雜志一卷

　　　　　小方壺齋輿地叢鈔第九帙

治潮芻言一卷
　　(清)陳坤撰
　　　　如不及齋叢書
寧東羅譜禮俗譜一卷
　　(民國)羅師揚撰
　　　　希山叢著
崧臺隨筆二卷
　　(清)景日昣撰
　　　　崧臺書
鮓話一卷
　　(清)佟世思撰
　　　　仰視千七百二十九鶴齋叢書(光緒本、
　　　　　景光緒本)第二集
　　　　遼海叢書第八集
　　　　叢書集成初編・文學類
白鵞洲小志一卷
　　鄔慶時撰
　　　　牛帆樓叢書
連陽八排風土記八卷
　　(清)李來章撰
　　　　禮山園全集
八排風土記一卷
　　　　小方壺齋輿地叢鈔第八帙
海槎餘錄一卷
　　(明)顧岕撰
　　　　廣百川學海辛集
　　　　顧氏明朝四十家小說(正德嘉靖本、宣
　　　　　統排印本、民國石印本)
　　　　寶顏堂祕笈(萬曆本、民國石印本)廣
　　　　　集
　　　　紀錄彙編
　　　　說郛續弓二十五
　　　　說庫
　　　　景印元明善本叢書十種・紀錄彙編
瓊州記一卷
　　(清)藍鼎元撰
　　　　小方壺齋輿地叢鈔第九帙
黎岐紀聞一卷
　　(清)張慶長撰
　　　　昭代叢書(道光本)己集廣編
　　　　嶺海異聞錄
　　　　小方壺齋輿地叢鈔第九帙
瓊臺紀事錄一卷
　　(清)戴肇辰撰
　　　　丹徒戴氏叢刻
治黎輯要六卷
　　(清)陳坤輯

　　　　嶺海異聞錄
瓊州雜事詩一卷
　　(清)程秉釗撰
　　　　靈鶼閣叢書第三集
　　　　叢書集成初編・史地類
澳門記略一卷
　　(清)印光任(清)張汝霖撰
　　　　昭代叢書(道光本)癸集萃編
　澳門紀略二卷
　　　　嶺海異聞錄
　　　　筆記小說大觀第六輯
澳門形勢篇一卷
　　(清)張汝霖撰
　　　　小方壺齋輿地叢鈔第九帙
澳蕃篇一卷
　　(清)張汝霖撰
　　　　小方壺齋輿地叢鈔第九帙
澳門圖說一卷
　　(清)張甄陶撰
　　　　小方壺齋輿地叢鈔第九帙
澳門形勢論一卷
　　(清)張甄陶撰
　　　　小方壺齋輿地叢鈔第九帙
制馭澳夷論一卷
　　(清)張甄陶撰
　　　　小方壺齋輿地叢鈔第九帙
澳門記一卷
　　(清)薛馧撰
　　　　小方壺齋輿地叢鈔第九帙
澳門形勢論一卷
　　(清)李受彤撰
　　　　小方壺齋輿地叢鈔第九帙

廣　西

桂林風土記一卷
　　(唐)莫休符撰
　　　　四庫全書・史部地理類
　　　　學海類編(道光本、景道光本)・集餘
　　　　　八
　　　　叢書集成初編・史地類
桂海虞衡志一卷
　　(宋)范成大撰
　　　　百川學海(重輯本)癸集
　　　　古今說海(嘉靖本、道光本、宣統排印
　　　　　本、民國石印本)・說選部偏記家
　　　　古今逸史・逸志
　　　　唐宋叢書・載籍
　　　　說郛(宛委山堂本)弓六十二

祕書廿一種（康熙本、嘉慶本）
四庫全書·史部地理類
知不足齋叢書（乾隆至道光本、景乾隆
　至道光本）第二十三集·石湖紀行
　三錄附
學海類編（道光本、景道光本）·集餘
　八
說庫
景印元明善本叢書十種·古今逸史·
　逸志

桂海虞衡志
　　說郛（商務印書館本）卷五十
桂海虞衡志佚文一卷
　　（宋）范成大撰　（清）王仁俊輯
　　經籍佚文
桂海雜志一卷
　　（宋）范成大撰
　　唐宋叢書·載籍
　　古今說部叢書四集
桂海蠻志一卷
　　（宋）范成大撰
　　唐宋叢書·載籍
赤雅三卷
　　（明）鄺露撰
　　四庫全書·史部地理類
　　知不足齋叢書（乾隆至道光本、景乾隆
　　　至道光本）第二集
　　龍威祕書二集
　　嘯園叢書第三函
　　說庫
　　叢書集成初編·史地類
粵述一卷
　　（清）閔敘撰
　　說鈴（康熙本、道光本）前集
　　龍威祕書七集
　　小方壺齋輿地叢鈔第七帙
　　叢書集成初編·史地類
粵西偶記一卷
　　（清）陸祚蕃撰
　　說鈴（康熙本、道光本）前集
　　龍威祕書七集
　　小方壺齋輿地叢鈔第七帙
　　叢書集成初編·史地類
粵西叢載三十卷
　　（清）汪森撰
　　四庫全書·集部總集類·粵西詩載附
　　筆記小說大觀第八輯
粵西瑣記一卷
　　（清）沈日霖撰

昭代叢書（道光本）丁集新編
小方壺齋輿地叢鈔第七帙
粵西筆述一卷
　　（清）張祥河輯
　　小重山房叢書
廣西考略一卷
　　（清）冀柴撰
　　小方壺齋輿地叢鈔第一帙
廣西地略一卷
　　（清）馬冠羣撰
　　小方壺齋輿地叢鈔再補編第一帙
猺獞傳一卷
　　（清）諸匡鼎撰
　　小方壺齋輿地叢鈔第八帙
粵西種人圖說一卷
　　（清）□□撰
　　小方壺齋輿地叢鈔再補編第八帙
灕江雜記一卷
　　（民國）金武祥撰
　　江陰叢書
　　粟香室叢書
　　小方壺齋輿地叢鈔第七帙
嶠南瑣記二卷
　　（明）魏濬撰
　　硯雲乙編
　　申報館叢書續集·紀麗類·硯雲乙編
　　古今說部叢書三集
　　叢書集成初編·史地類
君子堂日詢手鏡一卷
　　（明）王濟撰
　　顧氏明朝四十家小說（正德嘉靖本、宣
　　　統排印本、民國石印本）
　　紀錄彙編
　　說庫
　　叢書集成初編·史地類
　　景印元明善本叢書十種·紀錄彙編
君子堂日詢手鏡二卷
　　明鈔五種
百色志略一卷
　　（清）華本松撰
　　小方壺齋輿地叢鈔補編第七帙

四　川

益州記一卷
　　（晉）任豫撰
　　說郛（宛委山堂本）弓六十一
益州記
　　說郛（商務印書館本）卷四·墨娥漫錄

華陽國志十二卷
　　(晉)常璩撰
　　　　古今逸史‧逸記
　　　　函海(乾隆本、道光本)第一函
　　　　函海(光緒本)第一函
　　　　四部叢刊（初次印本、二次印本、縮印
　　　　　二次印本)‧史部
　　　　叢書集成初編‧史地類
　　　　景印元明善本叢書十種‧古今逸史‧
　　　　　逸記
華陽國志十四卷
　　　　廣漢魏叢書(萬曆本、嘉慶本)‧載籍
　　　　增訂漢魏叢書（乾隆本、紅杏山房本、
　　　　　大通書局石印本)‧別史
華陽國志十二卷附錄一卷
　　　　四庫全書‧史部載記類
華陽國志
　　　　說郛(商務印書館本)卷六‧廣知
華陽國志佚文一卷補遺一卷
　　(晉)常璩撰　　(清)王仁俊輯
　　　　經籍佚文
華陽國志十二卷附補華陽國志三州郡縣
　　目錄一卷
　　(晉)常璩撰　補郡縣目錄(清)廖寅撰
　　　　四部備要(排印本、縮印本)‧史部載記
華陽國志十二卷附補華陽國志三州郡縣
　　目錄一卷校勘記一卷
　　(晉)常璩撰　補郡縣目錄(清)廖寅撰　校
　　　勘記(清)顧觀光撰
　　　　龍谿精舍叢書‧史部
華陽國志校勘記一卷
　　(清)顧觀光撰
　　　　武陵山人遺書(光緒本、民國本)
茅亭客話十卷
　　(宋)黃休復撰
　　　　津逮祕書（汲古閣本、景汲古閣本)第
　　　　　十五集
　　　　四庫全書‧子部小說家類
　　　　學津討原（嘉慶本、景嘉慶本)第十七
　　　　　集
　　　　對雨樓叢書
　　　　說庫
　　　　湖北先正遺書‧子部
　　　　擇是居叢書初集
茅亭客話一卷
　　　　說郛(宛委山堂本)弓三十七
　　　　五朝小說‧宋人百家小說偏錄家
　　　　五朝小說大觀‧宋人百家小說偏錄家

茅亭客話
　　　　說郛(商務印書館本)卷十四
茅亭客話十八則
　　　　舊小說(民國本、1957年本)丁集
茅亭客話十卷附校勘記一卷
　　(宋)黃休復撰　校勘記(清)胡珽撰
　　　　琳琅祕室叢書(咸豐本)第二集
茅亭客話十卷附校勘記一卷續校一卷
　　(宋)黃休復撰　校勘記(清)胡珽撰　續校
　　　(清)董金鑑撰
　　　　琳琅祕室叢書(光緒本)第二集
益部方物略記一卷
　　(宋)宋祁撰
　　　　祕冊彙函
　　　　津逮祕書（汲古閣本、景汲古閣本)第
　　　　　八集
　　　　說郛(宛委山堂本)弓六十七
　　　　四庫全書‧史部地理類
　　　　學津討原（嘉慶本、景嘉慶本)第七集
　　　　湖北先正遺書‧史部
　　　　叢書集成初編‧自然科學類
歲華紀麗譜一卷
　　(元)費著撰
　　　　續百川學海辛集
　　　　寶顏堂祕笈（萬曆本、民國石印本)廣
　　　　　集
　　　　說郛(宛委山堂本)弓六十九
　　　　閩丘辯囿
　　　　四庫全書‧史部地理類
　　　　墨海金壺(嘉慶本、景嘉慶本)‧史部
入蜀紀見一卷
　　(明)郝郊撰
　　　　說郛續弓二十四
益部談資三卷
　　(明)何宇度撰
　　　　四庫全書‧史部地理類
　　　　學海類編（道光本、景道光本)‧集餘
　　　　　八
　　　　湖北先正遺書‧史部
　　　　叢書集成初編‧史地類
蜀中廣記一百八卷
　　(明)曹學佺撰
　　　　四庫全書‧史部地理類
　　　　四庫全書珍本初集‧史部地理類
蜀中名勝記三十卷
　　(明)曹學佺撰
　　　　粵雅堂叢書三編第二十九集
　　　　叢書集成初編‧史地類

隴蜀餘聞一卷
　　(清)王士禛撰
　　　　王漁洋遺書
　　　　昭代叢書(康熙本)乙集第四帙
　　　　說鈴(康熙本、道光本)前集
　　　　龍威祕書七集
　　　　昭代叢書(道光本)乙集第三帙
　　　　藝苑捃華・說鈴
　　　　小方壺齋輿地叢鈔第七帙
　　　　古今說部叢書四集
　　　　說庫
　　　　叢書集成初編・史地類
蜀都碎事四卷藝文補遺二卷
　　(清)陳祥裔撰
　　　　筆記小說大觀第八輯
井蛙雜記十卷
　　(清)李調元撰
　　　　函海(光緒本)第三十三函
蜀產吟一卷
　　(清)范鍇撰
　　　　范白舫所刊書
川中雜識一卷
　　(清)吳燾撰
　　　　小方壺齋輿地叢鈔第七帙
四川考略一卷
　　(清)龔柴撰
　　　　小方壺齋輿地叢鈔第一帙
四川地略一卷
　　(清)馬冠羣撰
　　　　小方壺齋輿地叢鈔再補編第一帙
成都古今記一卷
　　(宋)趙抃撰
　　　　說郛(宛委山堂本)弓六十二
　　成都古今記
　　　　說郛(商務印書館本)卷四
錦里新聞一卷
　　(宋)□□撰
　　　　說郛(宛委山堂本)弓三十三
成都遊宴記一卷
　　(元)費著撰
　　　　學海類編(道光本、景道光本)・集餘
　　　　　八
蜀都雜抄一卷
　　(明)陸深撰
　　　　廣百川學海辛集
　　　　儼山外集
　　　　寶顏堂祕笈(萬曆本、民國石印本)續
　　　　　集

叢書集成初編・史地類
漁通問俗一卷
　　(清)□□撰
　　　　小方壺齋輿地叢鈔補編第三帙
蜀九種夷記一卷
　　(清)魏祝亭撰
　　　　小方壺齋輿地叢鈔再補編第八帙
金川瑣記六卷
　　(清)李心衡撰
　　　　藝海珠塵石集(乙集)
　　　　叢書集成初編・史地類
　　金川瑣記一卷
　　　　小方壺齋輿地叢鈔第八帙
金川舊事一卷
　　(清)鄭光祖輯
　　　　舟車所至
應差蠻族一卷
　　(清)徐瀛撰
　　　　申報館叢書續集・紀麗類・屑玉叢譚
　　　　　三集
寧藏七十九族番民考一卷
　　(清)□□撰
　　　　小方壺齋輿地叢鈔第三帙
章谷屯志略一卷
　　(清)吳德熙撰
　　　　振綺堂叢書二集

貴　州

黔志一卷
　　(明)王士性撰
　　　　學海類編(道光本、景道光本)・集餘
　　　　　八
　　　　黔南叢書第二集
　　　　叢書集成初編・史地類
黔中雜記一卷
　　(清)黃元治撰
　　　　檀几叢書二集第三帙
　　　　小方壺齋輿地叢鈔第七帙
黔書二卷
　　(清)田雯撰
　　　　德州田氏叢書
　　　　四庫全書・集部別集類・古懽堂集附
　　　　黔志四種
　　　　黔南叢書第二集
　　黔書四卷
　　　　粵雅堂叢書三編第二十五集
　　　　叢書集成初編・史地類
續黔書八卷

（清）張澍撰
　　粤雅堂叢書三編第二十五集
　　黔志四種
　　黔南叢書第二集
　　叢書集成初編・史地類
苗俗記一卷
　（清）田雯撰
　　昭代叢書（道光本）丁集新編
黔苗聲記一卷
　（清）田雯撰
　　小方壺齋輿地叢鈔第八帙
黔囊一卷
　（清）檀萃撰
　　小方壺齋輿地叢鈔第七帙
　　黔南叢書第五集
黔史四卷
　（清）猶法賢撰
　　黔志四種
黔苗竹枝詞一卷
　（清）舒位撰
　　昭代叢書（道光本）癸集萃編
　　香豔叢書第五集
黔記四卷
　（清）李宗昉撰
　　黔志四種
　　問影樓輿地叢書第一集
　　黔南叢書第二集
　　叢書集成初編・史地類
黔記一卷
　　小方壺齋輿地叢鈔第七帙
黔中紀聞一卷
　（清）張澍撰
　　小方壺齋輿地叢鈔第七帙
西垣黔苗竹枝詞一卷
　（清）毛貴銘撰
　　王益吾所刻書
黔苗竹枝詞一卷
　　古今文藝叢書第二集
黔語二卷
　（清）吳振棫撰
　　黔南叢書第二集
貴州考略一卷
　（清）龔柴撰
　　小方壺齋輿地叢鈔第一帙
貴州地略一卷
　（清）馬冠羣撰
　　小方壺齋輿地叢鈔再補編第一帙

牂柯客談七卷
　（清）曾廉撰
　　邵陽曾氏三種
黔西古蹟考
　（清）錢鼐撰
　　檀几叢書餘集
黔西古蹟考一卷
　　小方壺齋輿地叢鈔第七帙
　　古今說部叢書一集
古州雜記一卷
　（清）林溥撰
　　花近樓叢書
　　小方壺齋輿地叢鈔第七帙
　　黔南叢書第五集
苗疆聞見錄一卷
　（清）徐家榦撰
　　黔南叢書第五集
都濡備乘二卷
　（清）楊宗瀛撰
　　黔南叢書第五集

雲　南

雲南志略一卷
　（元）李京撰
　　說郛（宛委山堂本）弓六十二
雲南志略
　　說郛（商務印書館本）卷三十六
紀古滇說原集一卷
　（元）張道宗撰
　　玄覽堂叢書
六詔紀聞二卷（前卷一名會戡夷情 後卷
一名南荒振玉）
　（明）彭汝實輯
　　金聲玉振集・水衡
滇載記一卷
　（明）楊慎撰
　　廣百川 學海辛集
　　古今說海（嘉靖本、道光本、宣統排印
　　　本、民國石印本）・說選部偏記家
　　歷代小史
　　紀錄彙編
　　函海（乾隆本、道光本）第十七函
　　藝海珠塵竹集（丁集）
　　函海（光緒本）第二十二函
　　叢書集成初編・史地類
　　景印元明善本叢書十種・歷代小史
　　景印元明善本叢書十種・紀錄彙編
滇記一卷

學海類編（道光本、景道光本）・集餘
八

南詔野史四卷
　（明）倪輅集
　　　古今文藝叢書第一集

炎徼瑣言二卷
　（明）郭棐撰
　　　玄覽堂叢書續集

滇略十卷
　（明）謝肇淛撰
　　　四庫全書・史部地理類

滇考二卷
　（清）馮甦撰
　　　四庫全書・史部紀事本末類
　　　台州叢書乙集

南中雜說一卷
　（清）劉崑撰
　　　豫章叢書（陶福履輯）第二集
　　　叢書集成初編・史地類

洱海叢談一卷
　（清）釋同揆撰
　　　昭代叢書（道光本）戊集續編
　　　小方壺齋輿地叢鈔第七帙

滇南通考一卷
　（清）王思訓撰
　　　小方壺齋輿地叢鈔第七帙

全滇形勢論一卷
　（清）劉彬撰
　　　小方壺齋輿地叢鈔第七帙

滇南憶舊錄一卷
　（清）張泓撰
　　　藝海珠塵木集（辛集）
　　　叢書集成初編・文學類

滇南新語一卷
　（清）張泓撰
　　　藝海珠塵木集（辛集）
　　　小方壺齋輿地叢鈔第七帙
　　　叢書集成初編・史地類

滇雲歷年傳十二卷
　（清）倪蛻撰
　　　雲南叢書初編・史部

滇小紀一卷
　（清）倪蛻撰
　　　雲南叢書初編・史部

滇海虞衡記十三卷
　（清）檀萃撰
　　　二餘堂叢書

滇海虞衡志十三卷附校勘記一卷

　（清）檀萃撰　校勘記（民國）胡思敬撰
　　　問影樓輿地叢書第一集
　　　叢書集成初編・史地類

滇繫不分卷
　（清）師範輯
　　　雲南叢書初編・史部

入滇陸程考一卷
　（清）師範撰
　　　小方壺齋輿地叢鈔第七帙

入滇江路考一卷
　（清）師範撰
　　　小方壺齋輿地叢鈔第七帙

滇南雜記一卷
　（清）吳應枚撰
　　　小方壺齋輿地叢鈔第七帙

雲南備徵志二十一卷
　（清）王崧輯
　　　雲南叢書初編・史部

滇南雜志二十四卷
　（清）曹樹翹撰
　　　申報館叢書餘集

滇南雜志一卷
　　　小方壺齋輿地叢鈔第七帙

雲南風土紀事詩一卷
　（清）彭崧毓撰
　　　求是齋雜存

雲南風土記一卷
　（清）張詠撰
　　　小方壺齋輿地叢鈔第七帙

雲南考略一卷
　（清）龔柴撰
　　　小方壺齋輿地叢鈔第一帙

雲南地略一卷
　（清）馬冠羣撰
　　　小方壺齋輿地叢鈔再補編第一帙

西南夷風土記一卷
　（明）朱孟震撰
　　　學海類編（道光本、景道光本）・集餘
　　　八
　　　叢書集成初編・史地類

永昌土司論一卷
　（清）劉彬撰
　　　小方壺齋輿地叢鈔第八帙

金廠行記一卷
　（清）余慶長撰
　　　小方壺齋輿地叢鈔第八帙

順寧雜著一卷
　（清）劉靖撰

小方壺齋輿地叢鈔第七帙

維西見聞紀一卷
　　（清）余慶遠撰
　　　　藝海珠塵石集（乙集）
　　　　昭代叢書（道光本）庚集埤編
　　　　小方壺齋輿地叢鈔第八帙
　　　　叢書集成初編・史地類
　維西見聞一卷
　　　　舟車所至
猛烏烏得記一卷
　　（清）王錫祺撰
　　　　小方壺齋輿地叢鈔再補編第七帙

西　藏

藏行紀程一卷
　　（清）杜昌丁撰
　　　　昭代叢書（道光本）辛集別編
　　　　小方壺齋輿地叢鈔第三帙
西藏攷一卷
　　（清）□□撰
　　　　仰視千七百二十九鶴齋叢書（光緖本、
　　　　　景光緖本）第二集
　　　　叢書集成初編・史地類
藏鑪總記一卷
　　（清）王我師撰
　　　　小方壺齋輿地叢鈔第三帙
藏鑪述異記一卷
　　（清）王我師撰
　　　　小方壺齋輿地叢鈔第三帙
墨竹工卡記一卷
　　（清）王我師撰
　　　　小方壺齋輿地叢鈔第三帙
得慶記一卷
　　（清）王我師撰
　　　　小方壺齋輿地叢鈔第三帙
進藏紀程一卷
　　（清）王世睿撰
　　　　昭代叢書（道光本）丁集新編
　　　　小方壺齋輿地叢鈔第三帙
西藏日記二卷
　　（清）允禮撰
　　　　邊疆叢書甲集
西藏記二卷
　　（清）□□撰
　　　　龍威祕書九集
　　　　叢書集成初編・史地類
西域遺聞一卷
　　（清）陳克繩撰

邊疆叢書甲集

西藏紀述一卷
　　（清）張海撰
　　　　振綺堂叢書二集
衞藏識略一卷
　　（清）盛繩祖撰
　　　　小方壺齋輿地叢鈔第三帙
入藏程站一卷
　　（清）盛繩祖撰
　　　　小方壺齋輿地叢鈔第三帙
前後藏考一卷
　　（清）姚鼐撰
　　　　小方壺齋輿地叢鈔第三帙
由藏歸程記一卷
　　（清）林儁撰
　　　　小方壺齋輿地叢鈔第三帙
西招圖略一卷
　　（清）松筠撰
　　　　西招五種
　　　　皇朝藩屬輿地叢書第一集
西藏圖說一卷附自成都府至後藏路程一
　卷
　　（清）松筠撰
　　　　西招五種
西藏巡邊記一卷
　　（清）松筠撰
　　　　小方壺齋輿地叢鈔第三帙
藏寧路程一卷
　　（清）松筠撰
　　　　小方壺齋輿地叢鈔第三帙
西招審隘篇一卷
　　（清）松筠撰
　　　　小方壺齋輿地叢鈔第三帙
西招紀行詩一卷
　　（清）松筠撰
　　　　西招五種
西招紀行一卷
　　（清）松筠撰
　　　　小方壺齋輿地叢鈔再補編第三帙
丁巳秋閱吟一卷
　　（清）松筠撰
　　　　西招五種
招西秋閱紀一卷
　　（清）松筠撰
　　　　小方壺齋輿地叢鈔再補編第三帙
西藏賦一卷
　　（清）和寧撰
　　　　反約篇

亭林遺書
顧亭林先生遺書
譎觚一卷
　借月山房彙鈔（嘉慶本、景嘉慶本）第
　八集
　指海（道光本、景道光本）第一集
　澤古齋重鈔第七集
　式古居彙鈔
　叢書集成初編・總類
歷代帝王宅京記二十卷
（清）顧炎武撰
　四庫全書・史部地理類
　槐廬叢書三編
歷代宅京記二十卷
　碧琳瑯館叢書乙部
　芋園叢書・史部
雪泥鴻爪錄四卷
（清）鮑鉁撰
　道腴堂集
憩遊偶考一卷
（清）華湛恩撰
　昭代叢書（道光本）辛集別編補
覆瓿叢談二卷
（清）吳曾英撰
　東倉書庫叢刻初編
風土雜錄一卷
（清）孫兆溎撰
　小方壺齋輿地叢鈔第五帙
出塞圖畫山川記一卷
（清）溫睿臨撰
　花近樓叢書
　適園叢書第七集
塞外雜識一卷
（清）馮一鵬撰
　借月山房彙鈔（嘉慶本、景嘉慶本）第
　九集
　指海（道光本、景道光本）第十八集
　澤古齋重鈔第八集
　叢書集成初編・史地類
函潼關要志一卷
（宋）程大昌撰
　說郛（宛委山堂本）弓六十七
西北域記一卷
（清）謝濟世撰
　龍威祕書五集・說郛雜著
　梅莊雜著
　漸學廬叢書第一集
　皇朝藩屬輿地叢書第二集

叢書集成初編・史地類
河套圖考一卷
（清）楊江撰
　關中叢書第二集
三省山內風土雜識一卷
（清）嚴如熤撰
　問影樓輿地叢書第一集
　關中叢書第三集
　叢書集成初編・史地類
三省邊防形勢錄一卷
（清）嚴如熤撰
　小方壺齋輿地叢鈔第六帙
老林說一卷
（清）嚴如熤撰
　小方壺齋輿地叢鈔第六帙
南巡名勝圖說一卷
（清）高晉撰
　小方壺齋輿地叢鈔第一帙
西浮籍一卷
（明）錢希言撰
　說郛續弓二十六
自湖廣武陵至貴州水旱路程記一卷
　敬修堂叢書
虔鎮圖
（清）陳坤輯
　嶺海異聞錄
南中紀聞一卷
（明）包汝楫撰
　硯雲甲編
　申報館叢書續集・紀麗類・硯雲甲編
　古今說部叢書四集
　叢書集成初編・史地類
蠻司合誌十五卷
（清）毛奇齡撰
　西河合集（康熙本、乾隆修補本）・文
　集
　紹興先正遺書第三集
滇黔紀遊一卷
（清）陳鼎撰
　說鈴（秉熙本、道光本）前集
　知不足齋叢書（乾隆至道光本、景乾隆
　至道光本）第二十一集
　龍威祕書七集
滇黔土司婚禮記一卷
（清）陳鼎撰
　昭代叢書（道光本）丙集第五帙
　小方壺齋輿地叢鈔第八帙
　香豔叢書第二集

筆記小說大觀第八輯·西洋朝貢典錄
附
叢書集成初編·社會科學類

峒谿纖志三卷

(清)陸次雲撰
陸雲士雜著·八紘譯史
問影樓輿地叢書第一集
叢書集成初編·史地類

峒谿纖志一卷
說鈴(康熙本、道光本)前集
龍威祕書七集
藝苑捃華·說鈴
小方壺齋輿地叢鈔第八帙

邊省苗蠻事宜論一卷

(清)藍鼎元撰
小方壺齋輿地叢鈔第八帙

改土歸流說一卷

(清)王履階撰
小方壺齋輿地叢鈔第八帙

說蠻一卷

(清)檀萃撰
昭代叢書(道光本)己集廣編
小方壺齋輿地叢鈔第八帙

苗疆城堡考一卷

(清)嚴如熤撰
小方壺齋輿地叢鈔第八帙

苗疆村寨考一卷

(清)嚴如熤撰
小方壺齋輿地叢鈔第八帙

苗疆險要考一卷

(清)嚴如熤撰
小方壺齋輿地叢鈔第八帙

苗疆道路考一卷

(清)嚴如熤撰
小方壺齋輿地叢鈔第八帙

苗疆風俗考一卷

(清)嚴如熤撰
小方壺齋輿地叢鈔第八帙

苗俗記一卷

(清)貝青喬撰
小方壺齋輿地叢鈔第八帙

苗民考一卷

(清)龔柴撰
小方壺齋輿地叢鈔第八帙

粵滇雜記一卷

(清)趙翼撰
小方壺齋輿地叢鈔第七帙

黔粵接壤里數考一卷

(清)劉書年撰
清芬叢鈔·滌濫軒雜著

專志之屬

宮 殿

禁扁五卷

(元)王士點撰
棟亭藏書十二種(康熙本、景康熙本)
四庫全書·史部地理類

三輔黃圖六卷

(漢)□□撰
古今逸史·逸志
廣漢魏叢書(萬曆本)·載籍
秦漢圖記
四庫全書·史部地理類
增訂漢魏叢書(乾隆本、紅杏山房本、
三餘堂本、大通書局石印本)·載籍
宸翰樓叢書(重編本)
景印元明善本叢書十種·古今逸史·
逸志

三輔黃圖二卷
寶顏堂祕笈(萬曆本、民國石印本)普
集
關中叢書第一集

三輔黃圖一卷
說郛(宛委山堂本)弓六十

三輔黃圖
說郛(商務印書館本)卷九十一

三輔黃圖六卷補遺一卷

(漢)□□撰 (清)畢沅校
經訓堂叢書(乾隆本、景乾隆本)
廣漢魏叢書(嘉慶本)·載籍
龍谿精舍叢書·史部
叢書集成初編·史地類

三輔黃圖一卷
(漢)□□撰 (清)孫星衍(清)莊逵吉校
平津館叢書(嘉慶本、光緒本)
叢書集成初編·史地類

三輔黃圖六卷附校勘記一卷

(漢)□□撰 校勘記張元濟撰
四部叢刊三編·史部

三輔黃圖佚文一卷
(漢)□□撰 (清)王仁俊輯
經籍佚文

晉宮閣銘一卷

(民國)葉昌熾輯

縠淡廬叢藥

建康宮殿簿一卷
　　（唐）張著撰
　　　　說郛（宛委山堂本）弓五十九
艮嶽記一卷
　　（宋）張淏撰
　　　　百川學海（重輯本）丙集
　　　　古今說海（嘉靖本、道光本、宣統排印
　　　　本、民國石印本）・說纂部逸事家
　　　　歷代小史
　　　　說郛（宛委山堂本）弓六十八
　　　　五朝小說・宋人百家小說瑣記家
　　　　五朝小說大觀・宋人百家小說瑣記家
　　　　無一是齋叢鈔
　　　　叢書集成初編・藝術類
　　　　景印元明善本叢書十種・歷代小史
　　　　中國內亂外禍歷史叢書第七輯
華陽宮紀事一卷
　　（宋）釋祖秀撰
　　　　芝園祕錄初刻
　　　　學海類編（道光本、景道光本）・集餘
　　　　八
汴故宮記一卷
　　（元）楊奐撰
　　　　說郛（宛委山堂本）弓六十八
南宋故都宮殿一卷
　　（宋）周密（泗水潛夫）撰
　　　　說郛（宛委山堂本）弓六十七
故宮遺錄一卷
　　（明）蕭洵撰
　　　　知不足齋叢書（乾隆至道光本、景乾隆
　　　　至道光本）第十一集
　　　　龍威祕書二集
　　　　豫章叢書（胡思敬輯）・明人小史八種
　　　　叢書集成初編・史地類
元故宮遺錄一卷
　　　　藝海珠塵癸集
御製廣寒殿記一卷
　　　　明宣宗撰
　　　　紀錄彙編
　　　　紀錄彙編選刊
　　　　叢書集成初編・文學類
　　　　景印元明善本叢書十種・紀錄彙編
廣寒殿記一卷
　　　　說郛續弓四十三
　　　　五朝小說・皇明百家小說
　　　　五朝小說大觀・皇明百家小說
賜遊西苑記一卷
　　（明）李賢撰

說郛續弓八
金鰲退食筆記二卷
　　（清）高士奇撰
　　　　說鈴（康熙本、道光本）前集
　　・四庫全書・史部地理類
　　　　龍威祕書七集
　　　　藝苑捃華・說鈴
　　　　叢書集成初編・史地類
圓明園記一卷
　　（清）黃凱鈞撰
　　　　花近樓叢書
　　　　滿清野史續編
　　　　煙畫東堂小品
圓明園恭紀一卷
　　　　清人說薈二集
圓明園詞序一卷
　　（清）徐樹鈞（民國）王闓運撰
　　　　清人說薈初集
故宮漫載一卷
　　（民國）柴栗崟撰
　　　　滿清野只初編
遊奉天行宮記一卷
　　（民國）胡文田撰
　　　　古今遊記叢鈔
奉天行宮游記一卷
　　　　滿清野史續編

園　亭

終南十志一卷
　　（唐）盧鴻撰
　　　　說郛（宛委山堂本）弓六十八
　　　　五朝小說・唐人百家小說瑣記家
　　　　五朝小說大觀・唐人百家小說瑣記家
　　　　唐人說薈（乾隆本、道光本、宣統石印
　　　　本、民國石印本）三集
　　　　唐代叢書三集
愚公谷乘一卷
　　（明）鄒迪光撰
　　　　錫山先哲叢刊第一輯
吳下名園記一卷
　　僞江蘇省蘇州圖書館編纂委員會輯
　　　　吳中文獻小叢書
五畝園小志一卷志餘一卷題咏一卷
　　（清）謝家福輯　志餘（清）凌泗（清）謝家福
　　輯
　　　　望炊樓叢書
桃隖百詠一卷
　　（清）凌泗撰　（清）謝家福注

望炊樓叢書附

五畝園懷古一卷
　　（清）□□輯
　　　　望炊樓叢書附

雲間第宅志一卷
　　（清）王澐撰
　　　　藝海珠塵土集（己集）
　　　　叢書集成初編・史地類

山陽河下園亭記一卷
　　（清）李元庚撰
　　　　小方壺齋叢書三集

武林第宅考一卷
　　（清）柯汝霖撰
　　　　武林掌故叢編第十二集附

流芳亭記一卷
　　（清）□□撰
　　　　武林掌故叢編第十六集

春草園小景分記一卷
　　（清）趙昱撰
　　　　花近樓叢書附存

　春草園小記一卷
　　　　武林掌故叢編第八集

文瀾閣志二卷首一卷附錄一卷
　　（清）孫樹禮（清）孫峻撰
　　　　武林掌故叢編第二十六集

俞樓經始一卷
　　（清）俞樾撰
　　　　春在堂全書・俞樓雜纂

俞樓詩記一卷
　　（清）俞樾撰
　　　　武林掌故叢編第九集
　　　　香海盦叢書

竹垞小志五卷
　　（清）阮元訂　（清）楊蟠等編錄
　　　　靜園叢書
　　　　古今說部叢書八集

陳氏安瀾園記一卷
　　（清）陳璂卿撰
　　　　花近樓叢書・圓明園記附
　　　　清人說薈二集
　　　　煙畫東堂小品・圓明園記附

江邨草堂紀一卷附詩
　　（清）高士奇撰
　　　　昭代叢書（道光本）乙集第六帙

如是觀園記一卷
　　（清）張金圻撰
　　　　申報館叢書續集・紀麗類・屑玉叢譚
　　　　　三集

吳興園林記一卷
　　（宋）周密撰
　　　　說郛（宛委山堂本）弓六十八

重建羅星亭紀略一卷
　　（明）陳維新撰
　　　　文園集

越中園亭記六卷
　　（明）祁彪佳撰
　　　　越中文獻輯存書

周荊山志雪堂贈言遺蹟一卷
　　（清）魯變光輯
　　　　蕭山叢書

平泉山居草木記一卷
　　（唐）李德裕撰
　　　　說郛（宛委山堂本）弓六十八
　　　　五朝小說・唐人百家小說瑣記家
　　　　五朝小說大觀・唐人百家小說瑣記家
　　　　唐人說薈（乾隆本、道光本、宣統石印
　　　　　本、民國石印本）三集
　　　　唐代叢書三集

　平泉山居記
　　　　說郛（商務印書館本）卷六十七

洛陽名園記一卷
　　（題宋李廌撰）
　　　　百川學海（重輯本）癸集
　　　　寶顏堂祕笈（萬曆本、民國石印本）普
　　　　　集
　　　　津逮祕書（汲古閣本、景汲古閣本）第
　　　　　十集
　　　　說郛（宛委山堂本）弓六十八
　　　　叢書集成初編・藝術類
　　（宋）李格非撰
　　　　顧氏文房小說（嘉靖本、景嘉靖本）
　　　　古今逸史・逸志
　　　　四庫全書・史部地理類
　　　　學津討原（嘉慶本、景嘉慶本）第七集
　　　　海山仙館叢書
　　　　景印元明善本叢書十種・古今逸史・
　　　　　逸志

　洛陽名園記
　　（題宋李廌撰）
　　　　說郛（商務印書館本）卷二十六

廬山草堂記一卷
　　（唐）白居易撰
　　　　水邊林下
　　　　說郛（宛委山堂本）弓六十八

草堂三謠一卷
　　（唐）白居易撰

說郛（宛委山堂本）弓六十八・廬山草
堂記附

佛　寺

北京廟宇徵存錄一卷
　　張江裁撰
　　　　中國史蹟風土叢書
靜安八詠集一卷
　　（元）釋壽寧輯
　　　　藝海珠塵癸集
　　　　叢書集成初編・文學類
寺塔記一卷
　　（唐）段成式撰
　　　　說郛（宛委山堂本）弓六十七
西番各寺記一卷
　　（清）阮葵生撰
　　　　小方壺齋輿地叢鈔第六帙
梁京寺紀一卷
　　　　說郛（宛委山堂本）弓六十一
　　　　五朝小說・魏晉小說外乘家
　　　　五朝小說大觀・魏晉小說外乘家
諸寺奇物記一卷
　　（明）顧起元（遯園居士）撰
　　　　說郛續弓二十六
南朝梵剎志二卷
　　（民國）陳作霖撰
　　　　金陵瑣志五種
貫華叢錄一卷
　　（民國）楊壽枏撰
　　　　雲在山房叢書
半塘小志一卷
　　（明）潘之恆撰
　　　　說郛續弓二十六
西干十寺記一卷
　　（明）謝廷讚撰
　　　　說郛續弓二十六
武林梵志十二卷
　　（明）吳之鯨撰
　　　　四庫全書・史部地理類
慧因寺志十二卷附錄一卷
　　（明）李翥撰
　　　　武林掌故叢編第二集
杭州上天竺講寺志十五卷
　　（明）釋廣賓撰
　　　　武林掌故叢編第二十五集
西谿梵隱志四卷
　　（清）吳本泰撰
　　　　武林掌故叢編第三集

鳳皇山聖果寺志一卷
　　（清）釋超乾撰
　　　　武林掌故叢編第六集
武林靈隱寺誌八卷
　　（清）孫治撰　（清）徐增重編
　　　　武林掌故叢編第十一集
孝慈庵集一卷
　　（清）□□輯
　　　　武林掌故叢編第七集
流香一覽一卷
　　（清）釋明開撰
　　　　武林掌故叢編第一集
增修雲林寺志八卷
　　（清）厲鶚撰
　　　　武林掌故叢編第十一集
續修雲林寺誌八卷
　　（清）沈鑅彪撰
　　　　武林掌故叢編第十一集
武林理安寺志八卷
　　（清）釋實月撰
　　　　武林掌故叢編第一集
雲居聖水寺志六卷補遺一卷
　　（清）釋明倫撰　（清）釋實懿重纂
　　　　武林掌故叢編第十六集
大昭慶律寺志十卷
　　（清）釋篆玉撰
　　　　武林掌故叢編第四集
崇福寺志四卷續崇福寺志一卷
　　（清）朱文藻撰　續志（清）章庭棫撰
　　　　武林掌故叢編第三集
敕建淨慈寺志三十卷首二卷末一卷
　　（清）釋際祥撰
　　　　武林掌故叢編第十三集
孝義無礙庵錄一卷
　　（明）釋袾宏撰
　　　　武林掌故叢編第三集
雲棲紀事一卷
　　（清）□□輯
　　　　武林掌故叢編第三集
龍興祥符戒壇寺志十二卷
　　（清）張大昌撰
　　　　武林掌故叢編第十五集
西溪秋雪庵志四卷
　　（民國）周慶雲輯
　　　　晨風廬叢刊
雪竇寺志略一卷附圖
　　（明）釋履平撰
　　　　玄覽堂叢書三集

洛陽伽藍記五卷
　　(後魏)楊衒之撰
　　　　古今逸史・逸志
　　　　津逮祕書(汲古閣本、景汲古閣本)第
　　　　　十集
　　　　四庫全書・史部地理類
　　　　學津討原(嘉慶本、景嘉慶本)第七集
　　　　眞意堂三種
　　　　玉簡齋叢書
　　　　景印元明善本叢書十種・古今逸史・
　　　　　逸志
伽藍記五卷
　　　　廣漢魏叢書(萬曆本、嘉慶本)・載籍
　　　　增訂漢魏叢書(乾隆本、紅杏山房本、
　　　　　三餘堂本、大通書局石印本)・載籍
洛陽伽藍記一卷
　　　　說郛(宛委山堂本)弓六十七
　　　　五朝小說・魏晉小說外乘家
　　　　五朝小說大觀・魏晉小說外乘家
洛陽伽藍記
　　　　說郛(商務印書館本)卷四
洛陽伽藍記十二則
　　　　舊小說(民國本、1957年本)甲集
洛陽伽藍記五卷附集證一卷
　　(後魏)楊衒之撰　集證(淸)吳若準撰
　　　　古書叢刊第二輯丙集
　　　　四部備要(排印本、縮印本)・史部地
　　　　　理
洛陽伽藍記五卷附校勘記一卷
　　(後魏)楊衒之撰　校勘記張元濟撰
　　　　四部叢刊三編・史部
洛陽迦藍記鉤沈五卷
　　(民國)震鈞(唐晏)撰
　　　　龍谿精舍叢書・史部

道　觀

宮觀碑誌一卷
　　(元)□□輯
　　　　道藏(正統本、景正統本)・洞神部記
　　　　　傳類
龍角山記一卷
　　(金)□□輯
　　　　道藏(正統本、景正統本)・洞神部記
　　　　　傳類
古樓觀紫雲衍慶集三卷
　　(元)朱象先輯
　　　　道藏(正統本、景正統本)・洞神部記
　　　　　傳類

洞霄圖志六卷
　　(宋)鄧牧撰
　　　　四庫全書・史部地理類
　　　　知不足齋叢書(乾隆至道光本、景乾隆
　　　　　至道光本)第十五集
　　　　筆記小說大觀第八輯
　　　　叢書集成初編・史地類
大滌洞天記三卷
　　(宋)鄧牧撰
　　　　道藏(正統本、景正統本)・洞神部譜
　　　　　籙類
　　　　道藏舉要第七類
洞霄詩集十四卷
　　(元)孟宗寶輯
　　　　宛委別藏
　　　　知不足齋叢書(乾隆至道光本、景乾隆
　　　　　至道光本)第十一集
　　　　叢書集成初編・文學類
重陽庵集一卷附刻一卷附錄一卷
　　(明)梅志遹輯　　(明)俞大彰重輯
　　　　武林掌故叢編第二集
金鼓洞志八卷首一卷
　　(淸)朱文藻撰
　　　　武林掌故叢編第七集
武林元妙觀志四卷
　　(淸)仲藋撰
　　　　武林掌故叢編第五集
城北天后宮志一卷
　　(淸)丁午撰
　　　　武林掌故叢編第七集
　　　　田園雜著
紫陽庵集一卷
　　(淸)丁午輯
　　　　武林掌故叢編第八集
　　　　田園雜著
龍瑞觀禹穴陽明洞天圖經一卷
　　(宋)葉樞撰　　(宋)李宗諤修定
　　　　道藏(正統本、景正統本)・洞玄部記
　　　　　傳類
　　　　玉簡齋叢書
　　　　道藏舉要第七類
宋東太一宮碑銘一卷
　　(宋)扈蒙撰
　　　　道藏(正統本、景正統本)・洞神部記
　　　　　傳類
宋西太乙宮碑銘一卷
　　(宋)宋綬撰
　　　　道藏(正統本、景正統本)・洞神部記

傳類

宋中太乙宮碑銘一卷
　　（宋）呂惠卿撰
　　　　道藏（正統本、景正統本）·洞神部記
　　傳類

唐嵩高山啓母廟碑銘一卷
　　（唐）崔融撰
　　　　道藏（正統本、景正統本）·洞神部記
　　傳類

天壇王屋山聖迹記一卷
　　（前蜀）杜光庭撰
　　　　道藏（正統本、景正統本）·洞神部記
　　傳類

梅仙觀記一卷
　　（宋）楊智遠撰
　　　　道藏（正統本、景正統本）·洞玄部記
　　傳類
　　　　重刊道藏輯要翼集
　　　　道藏舉要第七類

西川青羊宮碑銘一卷
　　（唐）樂朋龜撰
　　　　道藏（正統本、景正統本）·洞神部記
　　傳類
　　　　重刊道藏輯要翼集

青羊宮二仙菴碑記一卷
　　（清）閣永和輯
　　　　重刊道藏輯要翼集

祠　墓

山陵雜記一卷
　　（元）楊奐撰
　　　　說郛（宛委山堂本）弓二十七
　　　　古今說部叢書四集

歷代山陵考二卷
　　（明）王在晉撰
　　　　借月山房彙鈔（嘉慶本、景嘉慶本）第
　　　　八集
　　　　澤古齋重鈔第七集
　　　　式古居彙鈔

歷代山陵考一卷
　　　　殷禮在斯堂叢書

歷代陵寢備考五十卷歷代宗廟附考八卷
　　（清）朱孔陽撰
　　　　申報館叢書續集·掌故類

蕭松錄一卷
　　（清）譚吉璁撰
　　　　嘉興譚氏遺書

于役東陵記一卷

冒廣生撰
　　　　如皋冒氏叢書·疢齋小品

越中先賢祠目序列一卷
　　（清）李慈銘撰
　　　　越縵堂所著書

青冢志十二卷
　　（清）胡鳳丹輯
　　　　香豔叢書第十八集

成吉思汗陵寢辨證書一卷
　　（民國）張相文撰
　　　　南園叢稿

黃帝祠額解一卷
　　（明）李維楨撰
　　　　寶顏堂祕笈（萬曆本、民國石印本）彙
　　　　集

東觀錄一卷
　　（明）舒芬撰
　　　　梓溪文鈔·內集

闕里問答一卷
　　（明）舒芬撰
　　　　百陵學山
　　　　景印元明善本叢書十種·百陵學山

先聖廟林記一卷
　　（清）屈大均撰
　　　　學海類編（道光本、景道光本）·集餘
　　　　八
　　　　遜敏堂叢書
　　　　叢書集成初編·社會科學類

貞娘墓詩一卷
　　（唐）□□輯
　　　　唐人說薈（乾隆本、道光本、宣統石印
　　　　本、民國石印本）三集
　　　　唐代叢書三集

虎邱弔眞娘墓文一卷
　　（清）姚鑾撰
　　　　香豔叢書第八集
　　　　娛萱室小品

墨亭新賦一卷
　　（清）唐仲冕輯
　　　　六如居二全集

澗上草堂紀略二卷續編一卷拾遺一卷附
明孝廉李巢二先生圖詠一卷
　　（清）徐達源輯　續編（清）毛慶善輯　拾遺
　　（民國）羅振常輯　圖詠（清）張廷濟輯
　　　　邃園叢書

家居小適一卷
　　（明）江東之撰
　　　　瑞陽阿集

南宋六陵遺事一卷
(清)萬斯同輯
昭代叢書(道光本)己集廣編
照膽臺志略一卷
(清)鄭在寅撰
武林掌故叢編第二十二集
崔府君祠錄一卷
(清)鄭烺撰
武林掌故叢編第二集
懷豳雜俎
龍井顯應胡公墓錄一卷
(清)丁午撰
武林掌故叢編第四集
田園雜著
直閣朱公祠墓錄二卷附刻一卷
(清)朱文懋撰
武林掌故叢編第十九集
陳忠肅公墓錄一卷
(清)孫峻撰
武林掌故叢編第二十二集
廣福廟志一卷
(清)唐垣九撰
武林掌故叢編第一集
金龍四大王祠墓錄四卷首一卷末一卷
(清)仲學輅撰
武林掌故叢編第二十一集
孫花翁墓徵一卷
(清)張爾嘉撰
武林掌故叢編第十九集
樊公祠錄二卷
(清)孫樹禮撰
武林掌故叢編第二十四集
揚清祠志一卷
(清)丁午撰
武林掌故叢編第五集
田園雜著
同仁祠錄二卷
(清)孫炳奎撰
武林掌故叢編第二十一集
于公祠墓錄十卷首一卷末一卷
(清)丁丙撰
武林掌故叢編第二十三集
郭孝童墓記略一卷
(清)丁立志撰
武林掌故叢編第十九集
昭忠祠志一卷
(清)范承堃撰
武林掌故叢編第十八集・庚辛泣杭錄
崇義祠志一卷
(清)陸楨撰
武林掌故叢編第十八集・庚辛泣杭錄
義烈墓錄一卷
(清)孫樹禮撰
武林掌故叢編第十八集・庚辛泣杭錄
白洋里墓田丙舍錄二卷附錄二卷
(清)馬國偉輯
小峨嵋山館五種
馮王兩侍郎墓錄一卷
馮貞羣輯
四明叢書第二集
修復宋理學二徐先生祠墓錄一卷
(民國)楊晨輯
台州叢書後集
二徐祠墓錄一卷
崇雅堂叢書
謝皐羽墓錄一卷
(清)丁立輯
國粹叢書第二集・謝皐羽先生年譜附
譚節婦祠堂記一卷
(明)烏斯道撰
香豔叢書第六集
杜主開明前志(一名望帝杜宇叢帝鼈令前志)四卷岷陽古帝墓祠後志八卷
前志(清)孫澍輯　後志(清)孫錤輯
古棠書屋叢書・史部

書院

陝甘味經書院志一卷
(清)劉光蕡撰
煙霞草堂遺書續刻
關中叢書第六集
敕賜紫雲書院志不分卷
(清)李來章撰
禮山園全集
增修鶩湖書田志四卷
(清)吳嵩梁撰
香蘇山館全集
學海堂志一卷
(清)林伯桐撰　(清)陳澧續
脩本堂叢書
端溪書院志一卷
(清)趙敬襄撰
竹岡齋九種
連山書院志六卷
(清)李來章撰
禮山園全集

四川省城尊經書院記一卷
　　（清）張之洞撰
　　　　慎始基齋叢書
興民學校小史一卷
　　（民國）羅師揚撰
　　　　希山叢著

山水之屬

合　志

古岳瀆經一卷
　　（清）王謨輯
　　　　重訂漢唐地理書鈔（鈔本、嘉慶本）
山水同名錄二卷
　　（清）湯盦仙撰
　　　　湯氏叢書
山川考一卷
　　（清）□□撰
　　　　小方壺齋輿地叢鈔第四帙
昌平山水記二卷
　　（清）顧炎武撰
　　　　顧亭林先生遺書
績溪山水記一卷
　　（清）汪士鐸撰
　　　　小方壺齋輿地叢鈔第四帙
黟縣山水記一卷
　　（清）俞正燮撰
　　　　小方壺齋輿地叢鈔第四帙
峽石山水志一卷
　　（清）蔣宏任撰
　　　　別下齋叢書（道光本、商務印書館景道
　　　　　光本、竹簡齋景道光本）
　　　　叢書集成初編・史地類
桂勝十六卷附桂故八卷
　　（明）張鳴鳳撰
　　　　四庫全書・史部地理類
　桂勝四卷
　　　　古學彙刊第二集・輿地類
貴陽山泉志一卷
　　（明）慎蒙撰
　　　　說郛續弓二十五
雲南山川志一卷
　　（明）楊慎撰
　　　　說郛續弓二十五
　　　　奇晉齋叢書（乾隆本、景乾隆本）
　　　　函海（乾隆本、道光本）第十七函
　　　　函海（光緒本）第二十二函

滇南山水綱目二卷
　　（清）趙元祚撰
　　　　雲南叢書初編・史部
雲緬山川志一卷
　　（清）李榮陛撰
　　　　問影樓輿地叢書第一集

山

總　志

丹壺名山記一卷
　　（清）王謨輯
　　　　重訂漢唐地理書鈔（鈔本、嘉慶本）
山書--卷
　　（清）王謨輯
　　　　重訂漢唐地理書鈔（鈔本、嘉慶本）
名山志
　　　　說郛（商務印書館本）卷六・廣知
名山洞天福地記一卷
　　（前蜀）杜光庭撰
　　　　百川學海（咸淳本、景刊咸淳本）庚集
　　　　百川學海（弘治本、景刊咸淳本據弘治
　　　　　目次編印本、景弘治本）癸集
　　　　叢書集成初編・史地類
　洞天福地嶽瀆名山記一卷
　　　　道藏（正統本、景正統本）洞玄部記傳
　　　　　類
　　　　重刊道藏輯要翼集
　　　　道藏舉要第七類
　洞天福地記一卷
　　　　百川學海（重輯本）癸集
　　　　水邊林下
　　　　說郛（宛委山堂本）弓六十六
　　　　五朝小說・唐人百家小說瑣記家
　　　　五朝小說大觀・唐人百家小說瑣記家
　　　　唐人說薈（乾隆本、道光本、宣統石印
　　　　　本、民國石印本）三集
　　　　唐代叢書三集
　　　　道藏精華錄第十集
　洞天福地記
　　　　說郛（商務印書館本）卷八十六
方輿諸山考一卷
　　（清）王錫祺撰
　　　　小方壺齋輿地叢鈔第四帙
五嶽約
　　（清）韓則愈撰
　　　　檀几叢書餘集
　五嶽約一卷

　　　　小方壺齋輿地叢鈔第四帙
　　　　古今說部叢書一集
五嶽說一卷
　　（清）姚鼐撰
　　　　小方壺齋輿地叢鈔第四帙
五嶽考一卷
　　（清）張崇德撰
　　　　小方壺齋輿地叢鈔再補編第四帙
北嶽中嶽論一卷
　　（清）閻若璩撰
　　　　小方壺齋輿地叢鈔第四帙
崑崙釋一卷
　　（清）魏源撰
　　　　小方壺齋輿地叢鈔再補編第四帙
崑崙說一卷
　　（清）李光廷撰
　　　　小方壺齋輿地叢鈔補編第四帙
崑崙異同考一卷
　　（清）張穆撰
　　　　小方壺齋輿地叢鈔第四帙
岡底斯山考一卷
　　（清）魏源撰
　　　　小方壺齋輿地叢鈔第四帙
葱嶺三幹考一卷
　　（清）魏源撰
　　　　小方壺齋輿地叢鈔第四帙
北幹考一卷
　　（清）魏源撰
　　　　小方壺齋輿地叢鈔第四帙

北　京

兔兒山記一卷
　　（清）□□撰
　　　　小方壺齋輿地叢鈔再補編第四帙
翠微山說一卷
　　（清）龔自珍撰
　　　　小方壺齋輿地叢鈔補編第四帙
翠微山記一卷
　　（清）張際亮撰
　　　　小方壺齋輿地叢鈔第四帙
天壽山說一卷
　　（清）龔自珍撰
　　　　小方壺齋輿地叢鈔第四帙

河　北

欽定盤山志二十一卷
　　（清）蔣溥撰
　　　　四庫全書・史部地理類

石門諸山記一卷
　　（清）陸舜撰
　　　　小方壺齋輿地叢鈔第四帙

山　西

五臺山記一卷
　　（清）顧炎武撰
　　　　小方壺齋輿地叢鈔第四帙
北嶽辨一卷
　　（清）顧炎武撰
　　　　小方壺齋輿地叢鈔第四帙
恆山記一卷
　　（清）□□撰
　　　　小方壺齋輿地叢鈔第四帙
恆嶽記一卷
　　（清）王錫祺撰
　　　　小方壺齋輿地叢鈔第四帙
恆山蹟志一卷
　　（清）□□撰
　　　　小方壺齋輿地叢鈔再補編第四帙
王屋山志二卷
　　（明）□□撰
　　　　高昌祕笈甲集

吉　林

長白山記一卷
　　（清）阮葵生撰
　　　　小方壺齋輿地叢鈔第四帙

陝　西

陝甘諸山考一卷
　　（清）戴祖啓撰
　　　　小方壺齋輿地叢鈔第四帙
嵯峨山記一卷
　　（清）劉紹攽撰
　　　　小方壺齋輿地叢鈔第四帙
華山記
　　　　說郛（商務印書館本）卷四
西嶽華山誌一卷
　　（金）王處一撰
　　　　道藏（正統本、景正統本）・洞眞部記
　　　　傳類
　　　　道藏舉要第七類
華山志槪一卷
　　（清）王弘嘉撰
　　　　小方壺齋輿地叢鈔第四帙
華山經一卷
　　（清）東蔭商撰

　　　　檀几叢書二集第三帙
　　　　小方壺齋輿地叢鈔第四帙
　　　　關中叢書第三集
華嶽圖經一卷校勘記一卷
　　（清）蔣湘南撰　校勘記（民國）資益館主人
　　撰
　　　　蔣子遺書
陝西南山谷口考一卷
　　（清）毛鳳枝撰
　　　　問影樓輿地叢書第一集
　　　　關中叢書第一集

甘　肅

首陽山記一卷
　　（清）蔣薰撰
　　　　小方壺齋輿地叢鈔第四帙

山　東

岱史十八卷
　　（明）查志隆撰
　　　　續道藏（萬曆本、景萬曆本）
　　　　道藏舉要第七類
泰山圖說一卷
　　（清）金簡撰
　　　　泰山叢書第一集
泰山脈絡紀一卷
　　（清）李光地撰
　　　　小方壺齋輿地叢鈔第四帙
岱宗大觀一卷
　　（清）朱雲燝撰
　　　　泰山叢書第一集
泰山道里記一卷
　　（清）聶鈫撰
　　　　藝海珠塵壬集
　　　　小方壺齋輿地叢鈔第四帙
　　　　叢書集成初編・史地類
五峯山志二卷
　　（清）李桐輯　（清）邵承照詳纂
　　　　安樂延年室叢書
長白山錄一卷補遺一卷
　　（清）王士禛撰
　　　　王漁洋遺書
　　　長白山錄一卷
　　　　檀几叢書二集第三帙
　　　　小方壺齋輿地叢鈔第四帙
敖山記一卷
　　（清）趙佑撰
　　　　小方壺齋輿地叢鈔第四帙

江　蘇

石城山志一卷
　　（民國）陳作霖撰
　　　　金陵瑣志五種續刊
棲霞小志一卷
　　（明）盛時泰撰
　　　　藕香零拾
茅山志三十三卷
　　（元）劉大彬撰
　　　　道藏（正統本、景正統本）・洞眞部記
　　　　傳類
　　　　道藏舉要第七類
茅山記一卷
　　（清）馬世俊撰
　　　　小方壺齋輿地叢鈔第四帙
吳郡諸山錄一卷
　　（宋）周必大撰
　　　　續百川學海己集
　　　　說郛（宛委山堂本）弓六十四
陽山志三卷
　　（明）岳岱撰
　　　　峭帆樓叢書
金山雜志一卷
　　（明）楊循吉撰
　　　　廣百川學海辛集
　　居山雜志一卷
　　　　說郛續弓二十六
西洞庭誌一卷
　　（清）王廷瑚撰
　　　　小方壺齋輿地叢鈔第四帙
馬鞍山志一卷
　　（明）周復俊撰
　　　　婁東周氏叢刊
毗陵諸山記一卷
　　（清）邵長蘅撰
　　　　小方壺齋輿地叢鈔第四帙
京口三山志十卷
　　（明）張萊撰
　　　　橫山草堂叢書第一集
金山志
　　（宋）釋惠凱撰
　　　　說郛（商務印書館本）卷九十七
金山志二十卷首二卷
　　（清）周伯義撰
　　　　京口三山志
焦山志二十六卷首一卷
　　（清）吳雲輯

焦山續志八卷
　　（清）陳任暘輯
　　　　京口三山志

象山記一卷
　　（清）何槩撰
　　　　小方壺齋輿地叢鈔第四帙

北固山志十四卷首一卷
　　（清）周伯義撰
　　　　京口三山志

方山記一卷
　　（清）馬世俊撰
　　　　小方壺齋輿地叢鈔第四帙

五山志略一卷
　　（清）劉名芳撰
　　　　小方壺齋輿地叢鈔第四帙

五狼山記一卷
　　（清）王宜亨撰
　　　　小方壺齋輿地叢鈔第四帙

穿山小識一卷
　　（清）邵廷烈輯
　　　　小方壺齋輿地叢鈔補編第四帙

穿山記一卷
　　（清）錢溙撰
　　　　小方壺齋輿地叢鈔補編第四帙

鉢池山志六卷志餘一卷
　　冒廣生撰
　　　　如皐冒氏叢書

雲臺山記一卷
　　（清）姚陶撰
　　　　小方壺齋輿地叢鈔第四帙

安徽

天柱刊崖記一卷
　　（清）李雲麟撰
　　　　小方壺齋輿地叢鈔補編第四帙

山居小適一卷
　　（明）江東之撰
　　　　瑞陽阿集

黃山圖經一卷
　　（宋）□□撰
　　　　吉石盦叢書四集
　　　　黃山叢刊

　黃山圖經一卷圖一卷
　　　　安徽叢書第五期

黃山行六頌一卷
　　（明）吳士權撰
　　　　說郛續弓二十四

黃山叢刊

黃山圖一卷
　　（清）釋雪莊繪
　　　　吉石盦叢書四集
　　　　黃山叢刊

黃山圖一卷
　　（清）釋弘仁繪
　　　　黃山叢刊

黃山領要錄二卷
　　（清）汪洪度撰
　　　　知不足齋叢書（乾隆至道光本、景乾隆
　　　　　至道光本）第十九集
　　　　筆記小說大觀第七輯
　　　　黃山叢刊
　　　　叢書集成初編·史地類

黃山志定本七卷圖一卷
　　（清）閔麟嗣撰
　　　　安徽叢書第五期

黃山志續集八卷圖一卷
　　（清）汪士鋐等撰
　　　　安徽叢書第五期

黃山志定本校記一卷黃山志續集校記一
　卷
　　　程演生撰
　　　　安徽叢書第五期附

黃山賦一卷
　　（清）釋海岳撰
　　　　黃山叢刊

黃山史概一卷
　　（清）陳鼎撰
　　　　昭代叢書（道光本）丙集第五帙
　　　　小方壺齋輿地叢鈔第四帙
　　　　黃山叢刊

九華山錄一卷
　　（宋）周必大撰
　　　　續百川學海己集
　　　　說郛（宛委山堂本）弓六十四

齊山巖洞志一卷
　　（清）陳蔚撰
　　　　昭代叢書（道光本）丙集補
　　　　小方壺齋輿地叢鈔第四帙

齊山巖洞志二十六卷首一卷
　　　　貴池先哲遺書附刻

梅村山水記一卷
　　（清）桂超萬撰
　　　　小方壺齋輿地叢鈔第四帙

秀山志十八卷
　　（清）陳竑纂　（清）釋方略重輯

貴池先哲遺書

浙　江

吳山遺事詩一卷
　　(清)朱彭撰
　　　　武林掌故叢編第二集
飛來峯記一卷
　　(清)邵長蘅撰
　　　　小方壺齋輿地叢鈔第四帙
東南諸山記一卷
　　(清)查奕慶撰
　　　　查蒞湖先生雜著
莫干山志十三卷
　　(民國)周慶雲輯
　　　　晨風廬叢刊
蠹山記一卷
　　(清)徐倬撰
　　　　小方壺齋輿地叢鈔第四帙
四明洞天丹山圖詠集一卷
　　(元)曾堅輯
　　　　道藏(正統本、景正統本)·洞玄部記
　　　　傳類
　　　　道藏舉要第七類
四明山志九卷
　　(清)黃宗羲撰
　　　　四明叢書第四集
柯山小志三卷
　　(清)周銘鼎撰
　　　　越中文獻輯存書
天台山記一卷
　　(唐)徐靈府撰
　　　　古逸叢書
　　　　叢書集成初編·史地類
天台山志一卷
　　(明)□□撰
　　　　道藏(正統本、景正統本)·洞玄部記
　　　　傳類
　　　　道藏舉要第七類
天台山記一卷
　　(清)蔣薰撰
　　　　小方壺齋輿地叢鈔第四帙
雁山十記一卷
　　(元)李孝光撰
　　　　閭丘辯囿
雁山雜記一卷
　　(清)韓則愈撰
　　　　檀几叢書第四帙
　　　　小方壺齋輿地叢鈔第四帙

鴈山便覽記一卷
　　(清)釋道融撰
　　　　小方壺齋輿地叢鈔第四帙
桃花隖諸山記一卷
　　(清)蔣薰撰
　　　　小方壺齋輿地叢鈔第四帙
芙蓉嶂諸山記一卷
　　(清)蔣薰撰
　　　　小方壺齋輿地叢鈔第四帙
仙都志二卷
　　(元)陳性定撰
　　　　道藏(正統本、景正統本)·洞玄部記
　　　　傳類
　　　　道藏舉要第七類
小仙都諸山記一卷
　　(清)蔣薰撰
　　　　小方壺齋輿地叢鈔第四帙
黃龍山記一卷
　　(清)蔣薰撰
　　　　小方壺齋輿地叢鈔第四帙
三巖洞記一卷
　　(清)蔣薰撰
　　　　小方壺齋輿地叢鈔第四帙
金華赤松山志一卷
　　(宋)倪守約撰
　　　　道藏(正統本、景正統本)·洞玄部記
　　　　傳類
　　　　知服齋叢書第二集
　　　　道藏舉要第七類
　　　　續金華叢書·史部
　赤松山志一卷
　　　　四庫全書·史部地理類
橫山記一卷
　　(清)王崇炳撰
　　　　小方壺齋輿地叢鈔第四帙
禹山記一卷
　　(清)王崇炳撰
　　　　小方壺齋輿地叢鈔第四帙
爛柯山記一卷
　　(清)□□撰
　　　　小方壺齋輿地叢鈔再補編第四帙

河　南

嵩高山記
　　　　說郛(商務印書館本)卷四
嵩嶽考一卷
　　(清)田雯撰
　　　　小方壺齋輿地叢鈔第四帙

嵩山說一卷
　　（清）朱雲錦撰
　　　　小方壺齋輿地叢鈔第四帙
賢首紀聞二卷
　　　　劉海涵輯
　　　　龍潭精舍叢刻

湖　北

黃鵠山記一卷
　　（清）陳本立撰
　　　　小方壺齋輿地叢鈔第四帙
武當福地總眞集三卷
　　（元）劉道明撰
　　　　道藏（正統本、景正統本）・洞神部記
　　　　　傳類
　　　　道藏舉要第七類
武當紀勝集一卷
　　（元）羅霆震撰
　　　　道藏（正統本、景正統本）・洞神部記
　　　　　傳類
大嶽志一卷
　　（明）方升撰
　　　　廣百川學海庚集
　　　　說郛（宛委山堂本）弓六十四
武當山記一卷
　　（清）王錫祺撰
　　　　小方壺齋輿地叢鈔第四帙
卯峒記一卷
　　（清）林翼池撰
　　　　小方壺齋輿地叢鈔第四帙

湖　南

羅山記一卷
　　（清）羅澤南撰
　　　　小方壺齋輿地叢鈔第四帙
南嶽記
　　（劉宋）徐靈期撰
　　　　說郛（商務印書館本）卷四・墨娥漫錄
南嶽記一卷
　　（劉宋）徐靈期撰　　（清）陳運溶輯
　　　　麓山精舍叢書第一集・荊湘地記二十
　　　　　九種
南嶽記一卷
　　（劉宋）徐靈期撰　　（清）王仁俊輯
　　　　玉函山房輯佚書補編
衡山記一卷
　　（南齊）宗測撰　　（清）陳運溶輯
　　　　麓山精舍叢書第一集・荊湘地記二十

　　　　　九種
麓山記一卷
　　（□）宋淵撰　　（清）陳運溶輯
　　　　麓山精舍叢書第一集・荊湘地記二十
　　　　　九種
麓山記一卷
　　（□）宋淵撰　　（清）王仁俊輯
　　　　玉函山房輯佚書補編
南嶽小錄一卷
　　（唐）李沖昭撰
　　　　道藏（正統本、景正統本）・洞玄部譜
　　　　　籙類
　　　　四庫全書・史部地理類
　　　　藝海珠塵壬集
　　　　玉雨堂叢書第一集
　　　　知服齋叢書第二集
　　　　叢書集成初編・史地類
衡山圖經一卷
　　（唐）□□撰　　（清）陳運溶輯
　　　　麓山精舍叢書第一集・荊湘圖經三十
　　　　　六種
南岳總勝集一卷
　　（宋）陳田夫撰
　　　　道藏（正統本、景正統本）・洞玄部記
　　　　　傳類
　　　　重刊道藏輯要翼集
　　　　道藏舉要第七類
　南嶽總勝集三卷
　　　　宛委別藏
　　　　麗廔叢書
　　　　郎園先生全書
蓮峯志五卷
　　（清）王夫之撰
　　　　船山遺書（同治本、民國本）
神境記一卷
　　（劉宋）王韶之撰
　　　　說郛（宛委山堂本）弓六十
神境記一卷
　　（劉宋）王韶之撰　　（清）陳運溶輯
　　　　麓山精舍叢書第一集・荊湘地記二十
　　　　　九種
神境記一卷
　　（劉宋）王韶之撰　　（清）王仁俊輯
　　　　玉函山房輯佚書補編
桂陽石洞記一卷
　　（清）彭而述撰
　　　　小方壺齋輿地叢鈔第四帙
乾溪洞記一卷

　　　（清）張九鉞撰
　　　　　小方壺齋輿地叢鈔第四帙

江　西

西山志略六卷
　　　（民國）魏元曠撰
　　　　　魏氏全書・潛園總編續編
軍陽山記一卷
　　　（清）鄭日奎撰
　　　　　小方壺齋輿地叢鈔第四帙
東山嚴記一卷
　　　（清）鄭日奎撰
　　　　　小方壺齋輿地叢鈔第四帙
從姑山記一卷
　　　（清）涂瑞撰
　　　　　小方壺齋輿地叢鈔第四帙
軍峯山小記一卷
　　　（清）曾鴻麟撰
　　　　　小方壺齋輿地叢鈔第四帙
軍峯記一卷
　　　（清）應昇撰
　　　　　小方壺齋輿地叢鈔第四帙
鳳凰山記一卷
　　　（清）謝階樹撰
　　　　　小方壺齋輿地叢鈔第四帙
廬山記略一卷
　　　（晉）釋慧遠撰
　　　　　四庫全書・史部地理類・廬山記附
　　　　　守山閣叢書（道光本、鴻文書局景道光
　　　　　本、博古齋景道光本）・史部・廬山
　　　　　記附
　　　　　叢書集成初編・史地類
廬山記三卷
　　　（宋）陳舜俞撰
　　　　　四庫全書・史部地理類
　　　　　守山閣叢書（道光本、鴻文書局景道光
　　　　　本、博古齋景道光本）・史部
　　　　　叢書集成初編・史地類
廬山記五卷
　　　　　吉石盦叢書二集
　　　　　殷禮在斯堂叢書
廬山記
　　　　　說郛（商務印書館本）卷四
廬山記校勘記一卷
　　　（民國）羅振玉撰
　　　　　貞松老人遺稿甲集
廬山錄一卷後錄一卷
　　　（宋）周必大撰

　　　　　續百川學海己集
　　　　　說郛（宛委山堂本）弓六十四
廬山紀事十二卷
　　　（明）桑喬撰
　　　　　豫章叢書（胡思敬輯）
玉山遺響六卷
　　　（清）張貞生撰
　　　　　張簣山三種
翠微峯記一卷
　　　（清）彭士望撰
　　　　　小方壺齋輿地叢鈔第四帙

廣　東

羅浮山記
　　　　　說郛（商務印書館本）卷四
羅浮志十卷
　　　（明）陳槤撰
　　　　　嶺南遺書第三集
　　　　　叢書集成初編・史地類
浮山志五卷
　　　（清）陳銘珪（酥醪洞主）撰
　　　　　聚德堂叢書
七星巖記〔一〕一卷
　　　（清）□□撰
　　　　　小方壺齋輿地叢鈔第四帙
七星巖記〔二〕一卷
　　　（清）□□撰
　　　　　小方壺齋輿地叢鈔第四帙

廣　西

桂海巖洞志一卷
　　　（宋）范成大撰
　　　　　唐宋叢書・載籍
桂鬱巖洞記一卷
　　　（清）賈敦臨撰
　　　　　昭代叢書（道光本）癸集萃編
　　　　　小方壺齋輿地叢鈔第四帙

四　川

寶圖山記一卷
　　　（清）王侃撰
　　　　　小方壺齋輿地叢鈔第四帙
莘龍山記一卷
　　　（清）彭端淑撰
　　　　　小方壺齋輿地叢鈔第四帙
蔓頤山記一卷
　　　（清）王侃撰
　　　　　小方壺齋輿地叢鈔第四帙

青城山記
　　　　說郛（商務印書館本）卷四
續刊青城山記二卷
　　　（清）彭洵撰
　　　　重刊道藏輯要翼集
木耳占記一卷
　　　（清）王昶撰
　　　　小方壺齋輿地叢鈔第四帙

貴　州

雲巖小志八卷
　　　（清）李焜祿撰
　　　　雲巖叢書
靈巖小志一卷
　　　（清）李焜祿撰
　　　　雲巖叢書

雲　南

盤龍山紀要四卷
　　　（清）方秉孝撰
　　　　雲南叢書二編·史部

水

總　志

水經二卷
　　　（漢）桑欽撰
　　　　廣漢魏叢書（萬曆本、嘉慶本）·載籍
　　　　說郛（宛委山堂本）弓一百八
　　　　五朝小說·魏晉小說藝術家
　　　　增訂漢魏叢書（乾隆本、紅杏山房本、
　　　　　三餘堂本、大通書局石印本）·載籍
水經注四十卷
　　　（後魏）酈道元撰
　　　　山水二經合刻（嘉靖本、乾隆本）
　　　　四庫全書·史部地理類
　　　　摘藻堂四庫全書薈要·史部
　　　　武英殿聚珍版書（武英殿木活字本、浙
　　　　　江本、江西書局本、福建本、廣雅書
　　　　　局本）·史部
　　　　崇文書局彙刻書
　　　　四部叢刊（初次印本、二次印本、縮印
　　　　　二次印本）·史部
　　水經注十五卷
　　　　續古逸叢書
水經注四十卷首一卷附錄二卷
　　　（後魏）酈道元撰　（民國）王先謙合校　附
　　　　錄（清）趙一清撰

　　　　四部備要（排印本、縮印本）·史部地
　　　　理
水經注佚文一卷
　　　（後魏）酈道元撰　（清）王仁俊輯
　　　　經籍佚文
水經注鈔六卷
　　　（明）鍾惺輯
　　　　三注鈔
水經序補逸一卷
　　　（清）盧文弨撰
　　　　抱經堂叢書（乾隆本、景乾隆本）·羣
　　　　　書拾補初編
　　　　紹興先正遺書第二集·羣書拾補初編
　　　　叢書集成初編·總類·羣書拾補
水經注集釋訂訛四十卷
　　　（清）沈炳巽撰
　　　　四庫全書·史部地理類
　　　　四庫全書珍本初集·史部地理類
水經注釋四十卷刊誤十二卷
　　　（清）趙一清撰
　　　　四庫全書·史部地理類
水經釋地八卷
　　　（清）孔繼涵撰
　　　　微波榭叢書
　　　　積學齋叢書
水經注圖說殘棄四卷
　　　（清）董祐誠撰
　　　　董方立遺書
全校水經酈注水道表四十卷
　　　（清）王楚材輯
　　　　四明叢書第六集
讀水經注一卷
　　　（清）許玉琢撰
　　　　詩契齋十種·日知小錄
水經注西南諸水考三卷
　　　（清）陳澧撰
　　　　求實齋叢書
　　　　廣雅書局叢書·雜著·東塾遺書
補水經注洛水涇水武陵五溪考一卷
　　　（清）謝鍾英撰
　　　　南菁書院叢書第四集
水經注正誤舉例五卷
　　　（清）丁謙撰
　　　　求恕齋叢書
林水錄一卷
　　　（明）彭年撰
　　　　廣百川學海庚集
　　　　水邊林下

　　　　說郛續号二十七
今水經一卷表一卷
　　（清）黃宗羲撰
　　　　知不足齋叢書（乾隆至道光本、景乾隆
　　　　　至道光本）第十二集
　　　　明辨齋叢書初集
　　　　崇文書局彙刻書
　　　　黃梨洲遺書
　　　　梨洲遺著彙刊
　　　　叢書集成初編・史地類
今水經注四卷
　　（清）吳承志撰
　　　　求恕齋叢書
水道提綱二十八卷
　　（清）齊召南撰
　　　　四庫全書・史部地理類
水地記一卷
　　（清）戴震撰
　　　　微波榭叢書・戴氏遺書
　　　　昭代叢書（道光本）壬集補編
　　　　問影樓輿地叢書第一集
　　　　安徽叢書第六期・戴東原先生全集
　　　　叢書集成初編・史地類
水道總考一卷
　　（清）華湛恩撰
　　　　小方壺齋輿地叢鈔第四帙
水經要覽一卷
　　（清）黃錫齡撰
　　　　小方壺齋輿地叢鈔第四帙
蠡仙泉譜一卷
　　（清）湯蠡仙撰
　　　　湯氏叢書
各省水道圖說一卷
　　（清）□□撰
　　　　小方壺齋叢鈔卷一
　　　　小方壺齋輿地叢鈔第四帙
水部式殘一卷
　　（唐）□□撰
　　　　鳴沙石室佚書初編
問水集一卷
　　（明）劉天和撰
　　　　金聲玉振集・水衡
問水集六卷黃河圖說一卷
　　　　中國水利珍本叢書第一輯
築圍說一卷
　　（清）陳瑚撰
　　　　婁東雜著石集
行水金鑑一百七十五卷

　　（清）傅澤洪撰
　　　　四庫全書・史部地理類
定齋河工書牘一卷
　　（清）陳法撰
　　　　黔南叢書引集
五省溝洫圖說一卷補錄一卷
　　（清）沈夢蘭撰
　　　　淩湖沈氏叢書
溝洫私議一卷圖說一卷
　　（清）王晉之撰
　　　　龍泉師友遺稿合編・問青園集
　　　　問青園集
治水迷要十卷
　　（民國）周馥撰
　　　　周慤慎公全集
清史河渠志四卷
　　（民國）趙爾巽等纂
　　　　中國水利珍本叢書第一輯

黃河　運河

周譜一卷
　　（清）王謨輯
　　　　重訂漢唐地理書鈔（鈔本、嘉慶本）
河源志一卷
　　（元）潘昂霄撰
　　　　說郛（宛委山堂本）号六十五
　　河源記一卷
　　　　學海類編（道光本、景道光本）・集餘
　　　　　二
　　　　邇敏堂叢書
　　　　叢書集成初編・史地類
　　河源志
　　　　說郛（商務印書館本）卷三十七
崑崙河源考一卷
　　（清）萬斯同撰
　　　　四庫全書・史部地理類
　　　　借月山房彙鈔（嘉慶本、景嘉慶本）第
　　　　　九集
　　　　指海（道光本、景道光本）第四集
　　　　澤古齋重鈔第八集
　　　　式古居彙鈔
　　　　叢書集成初編・史地類・
全河備考一卷
　　（清）葉方恆撰
　　　　小方壺齋輿地叢鈔第四帙
河源記一卷
　　（清）舒蘭撰
　　　　小方壺齋叢鈔卷四

小方壺齋輿地叢鈔第四帙

黃河編一卷
　（清）齊召南撰
　　小方壺齋輿地叢鈔第四帙

入河巨川編一卷
　（清）齊召南撰
　　小方壺齋輿地叢鈔第四帙

欽定河源紀略三十六卷
　清乾隆四十七年敕撰
　　四庫全書 · 史部地理類

河源紀略承修稿六卷
　（清）吳省蘭撰
　　藝海珠塵壬集
　　叢書集成初編 · 史地類

河源圖說一卷
　　小方壺齋輿地叢鈔第四帙

二渠九河考一卷圖一卷
　（清）孫馮翼撰
　　問經堂叢書

河賦一卷
　（清）江藩撰 　（清）錢坤注
　　藕香零拾

黃河說一卷
　（清）朱雲錦撰
　　小方壺齋輿地叢鈔第四帙

河源異同辨一卷
　（清）范本禮撰
　　小方壺齋輿地叢鈔第四帙

三省黃河圖說一卷
　（清）劉鶚撰
　　小方壺齋輿地叢鈔補編第四帙

黃河源流考一卷
　（民國）周馥撰
　　周慤慎公全集 · 河防雜著

河防通議二卷
　（元）贍思（沙克什）撰
　　四庫全書 · 史部地理類
　　守山閣叢書（道光本、鴻文書局景道光
　　　本、博古齋景道光本）· 史部
　　叢書集成初編 · 應用科學類
　　中國水利珍本叢書第一輯

重訂河防通議一卷
　　明辨齋叢書初集

河防記一卷
　（元）歐陽玄撰
　　學海類編（道光本、景道光本）· 集餘
　　　二
　　叢書集成初編 · 應用科學類

至正河防記一卷
　　中國水利珍本叢書第一輯

治河圖略一卷
　（元）王喜撰
　　四庫全書 · 史部地理類
　　墨海金壺（嘉慶本、景嘉慶本）· 史部
　　叢書集成初編 · 應用科學類

黃河圖議一卷
　（明）鄭若曾撰
　　鄭開陽雜著（康熙本、景康熙本）

河防一覽十四卷
　（明）潘季馴撰
　　四庫全書 · 史部地理類

河防一覽十四卷附存一卷
　　中國水利珍本叢書第一輯

兩河經略四卷
　（明）潘季馴撰
　　四庫全書 · 史部詔令奏議類

河工書一卷
　（明）呂坤撰
　　呂新吾全集

北河紀八卷紀餘四卷
　（明）謝肇淛撰
　　四庫全書 · 史部地理類

兩河清彙八卷
　（清）薛鳳祚撰
　　四庫全書 · 史部地理類

治河奏績書四卷
　（清）靳輔撰
　　四庫全書 · 史部地理類

靳文襄公治河方略十卷首一卷附錄一卷
　（清）靳輔撰
　　中國水利珍本叢書第二輯

河防述言一卷
　（清）張藹生撰
　　四庫全書 · 史部地理類 · 治河奏績書
　　　附

居濟一得八卷
　（清）張伯行撰
　　四庫全書 · 史部地理類
　　正誼堂全書
　　叢書集成初編 · 應用科學類

罪言一卷
　（清）溫睿臨撰
　　花近樓叢書

治河要語一卷
　（清）丁愷曾撰
　　望奎樓遺稿

河干問答一卷
　　（清）陳法撰
　　　　黔南叢書別集
疏河心鏡一卷
　　（清）淩鳴喈撰
　　　　淩氏傳經堂叢書
　　　　昭代叢書（道光本）壬集補編
安瀾紀要二卷
　　（清）徐端撰
　　　　敏果齋七種
迴瀾紀要二卷
　　（清）徐端撰
　　　　敏果齋七種
安東改河議三卷
　　（清）范玉琨撰
　　　　小靈蘭館家乘
佐治芻言一卷
　　（清）范玉琨撰
　　　　小靈蘭館家乘
河防紀略四卷
　　（清）孫鼎臣撰
　　　　蒼莨集
修防瑣志二十六卷（原缺卷八至十一）
　　（清）李世祿撰
　　　　中國水利珍本叢書第二輯
河務所聞集六卷
　　（清）李大鏞撰
　　　　中國水利珍本叢書第二輯
治河議一卷
　　（清）陳虬撰
　　　　小方壺齋輿地叢鈔再補編第四帙
黃河工段文武兵夫記略一卷
　　（民國）周馥撰
　　　　周愨慎公全集・河防雜著
運河水道編一卷
　　（清）齊召南撰
　　　　小方壺齋輿地叢鈔第四帙
　　　　揚州叢刻
籌運篇一卷
　　（清）殷自芳撰
　　　　小方壺齋輿地叢鈔再補編第四帙
會通河水道記一卷
　　（清）俞正燮撰
　　　　小方壺齋輿地叢鈔第四帙
黃淮安瀾編二卷
　　（清）龔元玠撰
　　　　十三經客難附

長　江

江源記一卷
　　（清）王仁俊輯
　　　　玉函山房輯佚書補編
江源記一卷
　　（清）查拉吳隆撰
　　　　昭代叢書（道光本）己集廣編
　　　　小方壺齋輿地叢鈔第四帙
江源考一卷
　　（清）張文蔭撰
　　　　小方壺齋輿地叢鈔第四帙
江源考證一卷附校勘記
　　（清）李榮陛撰　校勘記（民國）胡思敬撰
　　　　豫章叢書（胡思敬輯）・萬載李氏遺書
　　　　　四種
江道編一卷
　　（清）齊召南撰
　　　　小方壺齋輿地叢鈔第四帙
入江巨川編一卷
　　（清）齊召南撰
　　　　小方壺齋輿地叢鈔第四帙
峽程記一卷
　　（前蜀）韋莊撰
　　　　說郛（宛委山堂本）弓六十五
峽船志一卷
　　（南唐）王周撰
　　　　說郛（宛委山堂本）弓一百八
出峽記一卷
　　（清）張洲撰
　　　　小方壺齋輿地叢鈔第四帙
過蜀峽記一卷
　　（美國）艾約瑟撰
　　　　小方壺齋輿地叢鈔再補編第四帙
修防事宜二卷首一卷
　　（清）胡祖翮撰
　　　　荊楚修疏指要
導江三議一卷
　　（清）王柏心撰
　　　　湖北叢書
　　　　叢書集成初編・史地類

淮　河

尋淮源記一卷
　　（清）沈彤撰
　　　　小方壺齋輿地叢鈔第四帙
淮水編一卷
　　（清）齊召南撰

小方壺齋輿地叢鈔第四帙

入淮巨川編一卷
　　(清)齊召南撰
　　　　小方壺齋輿地叢鈔第四帙
復淮故道圖說一卷附請復河運芻言一卷
　　(清)丁顯撰
　　　　中國水利珍本叢書第一輯
淮水考一卷
　　(清)郭起元撰
　　　　小方壺齋輿地叢鈔第四帙
淮水說一卷
　　(清)朱雲錦撰
　　　　小方壺齋輿地叢鈔第四帙

北京　河北

京畿諸水編一卷
　　(清)齊召南撰
　　　　小方壺齋輿地叢鈔第四帙
畿南河渠通論一卷
　　(清)□□撰
　　　　小方壺齋輿地叢鈔第四帙
畿東河渠通論一卷
　　(清)□□撰
　　　　小方壺齋輿地叢鈔第四帙
通惠河志二卷
　　(明)吳仲撰
　　　　玄覽堂叢書
永定河源考一卷
　　(清)蔡錫齡撰
　　　　小方壺齋輿地叢鈔第四帙
大陸澤圖說一卷
　　(清)王原祁撰
　　　　小方壺齋輿地叢鈔第四帙
漳河源流考一卷
　　(清)賀應旌撰
　　　　小方壺齋輿地叢鈔第四帙
熱河源記一卷
　　(清)阮葵生撰
　　　　小方壺齋輿地叢鈔第四帙
潞水客談一卷
　　(明)徐貞明撰
　　　　畿輔河道水利叢書
　　　　筆記小說大觀第五輯
　潞水客談一卷附錄一卷
　　　　粵雅堂叢書初編第二集
　　　　叢書集成初編・史地類
皇都水利一卷
　　(明)袁黃撰

了凡雜著

水利雜記一卷
　　(清)鄭日奎撰
　　　　小方壺齋輿地叢鈔第四帙
直隸河渠志一卷
　　(清)陳儀撰
　　　　四庫全書・史部地理類
　　　　畿輔河道水利叢書
陳學士文鈔一卷
　　(清)陳儀撰
　　　　畿輔河道水利叢書
怡賢親王疏鈔一卷
　　(清)允祥撰
　　　　畿輔河道水利叢書
　怡賢親王奏議一卷附一卷
　　　　津河廣仁堂所刻書
畿輔安瀾志五十六卷
　　(清)王履泰撰
　　　　武英殿聚珍版書（福建本、廣雅書局
　　　　本）・史部
畿輔水利議一卷
　　(清)林則徐撰
　　　　林文忠公遺集
　　　　海粟樓叢書
水利營田圖說一卷
　　(清)吳邦慶撰
　　　　畿輔河道水利叢書
畿輔水利輯覽一卷
　　(清)吳邦慶撰
　　　　畿輔河道水利叢書
畿輔水道管見一卷畿輔水利私議一卷
　　(清)吳邦慶撰
　　　　畿輔河道水利叢書

山　西

東湖記一卷
　　(清)儲方慶撰
　　　　小方壺齋輿地叢鈔第四帙
猩猩灘記一卷
　　(清)徐文駒撰
　　　　小方壺齋輿地叢鈔第四帙

內蒙古

塞北漠南諸水彙編一卷
　　(清)齊召南撰
　　　　小方壺齋輿地叢鈔第四帙
蒙古水道略一卷
　　(清)龔自珍撰

小方壺齋叢鈔卷四
小方壺齋輿地叢鈔第四帙

東　北

盛京諸水編一卷
　　（清）齊召南撰
　　　　小方壺齋輿地叢鈔第四帙
十三道嘎牙河紀略一卷
　　（清）胡傳撰
　　　　小方壺齋輿地叢鈔第四帙
黑龍江水道編一卷
　　（清）齊召南撰
　　　　小方壺齋輿地叢鈔第四帙
東北海諸水編一卷
　　（清）齊召南撰
　　　　小方壺齋輿地叢鈔第四帙

西　北

西北諸水編一卷
　　（清）齊召南撰
　　　　小方壺齋輿地叢鈔第四帙
西北水利議一卷
　　（明）徐貞明撰
　　　　水利荒政合刻
西北水利議一卷
　　（清）許承宣撰
　　　　昭代叢書（康熙本）乙集第四帙
　　　　學海類編（道光本、景道光本）・集餘
　　　　　二
　　　　昭代叢書（道光本）乙集第三帙
　　　　叢書集成初編・史地類

陝　西

關中水道記四卷
　　（清）孫馮翼（彤）撰
　　　　問經堂叢書
　　　　問影樓輿地叢書第一集
　　　　叢書集成初編・史地類
後涇渠志三卷
　　（清）蔣湘南撰
　　　　涇陽文獻叢書
關中水利議一卷
　　（清）張鵬飛撰
　　　　關中叢書第六集

甘　肅

甘肅諸水編一卷
　　（清）齊召南撰

小方壺齋輿地叢鈔第四帙

新　疆

西域諸水編一卷
　　（清）齊召南撰
　　　　小方壺齋輿地叢鈔第四帙
西域水道記五卷
　　（清）徐松撰
　　　　大興徐氏三種（道光本、景道光本）
　　　　皇朝藩屬輿地叢書第四集
西域水道記一卷
　　　　小方壺齋輿地叢鈔第四帙
西域水道記校補一卷
　　（清）徐松撰
　　　　晨風閣叢書
額爾齊斯河源流考一卷
　　（清）何秋濤撰
　　　　小方壺齋輿地叢鈔第四帙

山　東

山東諸水編一卷
　　（清）齊召南撰
　　　　小方壺齋輿地叢鈔第四帙
濟瀆考一卷
　　（清）田雯撰
　　　　小方壺齋輿地叢鈔第四帙
濬小清河議一卷
　　（清）張鵬撰
　　　　小方壺齋輿地叢鈔第四帙

江　蘇

三江考一卷
　　（清）毛奇齡撰
　　　　檀几叢書二集第三帙
　　　　小方壺齋輿地叢鈔第四帙
三江考一卷
　　（清）王廷瑚撰
　　　　小方壺齋輿地叢鈔第四帙
中江考一卷
　　（清）顧觀光撰
　　　　小方壺齋輿地叢鈔第四帙
南江考一卷
　　（清）顧觀光撰
　　　　小方壺齋輿地叢鈔第四帙
運瀆橋道小志一卷
　　（民國）陳作霖撰
　　　　金陵瑣志五種
毘陵諸水記一卷

（清）邵長蘅撰
　　小方壺齋輿地叢鈔第四帙

婁江志二卷
　　（清）顧士璉等輯
　　　　吳中開江書

新劉河志正集一卷附集一卷
　　（清）顧士璉輯
　　　　吳中開江書

赤山湖志六卷
　　（清）佝兆山撰
　　　　金陵叢書丙集

太湖泉志一卷
　　（明）潘之恆撰
　　　　說郛續弓二十六

太湖源流編一卷
　　（清）齊召南撰
　　　　小方壺齋輿地叢鈔第四帙

淮郡文渠志二卷
　　（清）何其傑撰
　　　　景袁齋叢書

北湖小志六卷首一卷
　　（清）焦循撰
　　　　焦氏叢書（嘉慶道光本、光緒本）

揚州北湖續志六卷
　　（清）阮先撰
　　　　揚州叢刻

明江南治水記一卷
　　（清）陳士鑛撰
　　　　學海類編（道光本、景道光本）·集餘
　　　　　二
　　　　叢書集成初編·史地類

水利五論一卷
　　（清）顧士璉撰
　　　　婁東雜著竹集

吳中水利書一卷
　　（宋）單鍔撰
　　　　四庫全書·史部地理類
　　　　墨海金壺（嘉慶本、景嘉慶本）·史部
　　　　守山閣叢書（道光本、鴻文書局景道光
　　　　　本、博古齋景道光本）·史部
　　　　常州先哲遺書第一集·史類
　　　　叢書集成初編·史地類

三吳水利錄四卷
　　（明）歸有光撰
　　　　四庫全書·史部地理類

三吳水利錄四卷續錄一卷附錄一卷
　　（明）歸有光撰　附錄（明）歸子寧撰
　　　　涉聞梓舊（咸豐本、商務印書館景咸豐

本、竹簡齋景成豐本）
　　　　叢書集成初編·史地類

三吳水利論一卷
　　（明）伍餘福撰
　　　　金聲玉振集·水衡
　　　　借月山房彙鈔（嘉慶本、景嘉慶本）第
　　　　　八集
　　　　澤古齋重鈔第七集
　　　　叢書集成初編·史地類

三吳水考十六卷
　　（明）張內蘊（明）周大韶撰
　　　　四庫全書·史部地理類

吳中水利書二十八卷
　　（明）張國維撰
　　　　四庫全書·史部地理類

三吳水利條議一卷
　　（清）錢中諧撰
　　　　昭代叢書（道光本）壬集補編

常熟水論一卷
　　（明）薛尚質撰
　　　　學海類編（道光本、景道光本）·集餘
　　　　　二
　　　　叢書集成初編·史地類

婁江條議一卷
　　（清）陸世儀撰
　　　　婁東雜著絲集
　　　　陸桴亭先生遺書

治水要法一卷
　　（清）顧廷鏽輯
　　　　吳中開江書

濬吳淞江議一卷
　　（清）張世友撰
　　　　小方壺齋輿地叢鈔第四帙

觀水雜記一卷
　　（清）田雯撰
　　　　小方壺齋輿地叢鈔第四帙

揚州水利論一卷
　　（清）口口撰
　　　　小方壺齋輿地叢鈔第四帙
　　　　揚州叢刻

治下河論一卷
　　（清）張鵬翮撰
　　　　小方壺齋輿地叢鈔第四帙

治下河水論一卷
　　　　揚州叢刻

洩湖入江議一卷
　　（清）葉機撰
　　　　小方壺齋輿地叢鈔第四帙

演湖水入江議一卷
　　揚州叢刻
高家堰記一卷
　　（清）俞正燮撰
　　　　小方壺齋輿地叢鈔第四帙
　　揚州叢刻
馬棚灣漫工始末一卷
　　（清）范玉琨撰
　　　　小靈蘭館家乘
敬止集四卷
　　（明）陳應芳撰
　　　　四庫全書・史部地理類
泰州緯堤說略一卷
　　（清）王又樸撰
　　　　詩禮堂全集
淮北水利說一卷
　　（清）丁顯撰
　　　　小方壺齋輿地叢鈔第四帙

安　徽

宛陵二水評一卷
　　（明）潘之恆撰
　　　　說郛續写二十八
泛潁記一卷
　　（清）彭兆蓀撰
　　　　小方壺齋輿地叢鈔第四帙

浙　江

浙江諸水編一卷
　　（清）齊召南撰
　　　　小方壺齋輿地叢鈔第四帙
東河櫂歌一卷
　　（清）姚思勤撰
　　　　武林掌故叢編第十七集
續東河櫂歌一卷
　　（清）丁丙撰
　　　　武林掌故叢編第二十一集
東河新櫂歌一卷續一卷
　　（清）丁立誠撰
　　　　武林丁氏家集
駕央湖櫂歌二卷
　　（清）朱彝尊（清）譚吉璁撰
　　　　橋李遺書
鴛鴦湖櫂歌一卷續一卷
　　（清）譚吉璁撰
　　　　嘉興譚氏遺書
賴業齋續鴛鴦湖櫂歌一卷
　　（清）朱麟應撰

橋李遺書
荻塘櫂歌一卷
　　（清）鍾鼎撰　〔清〕鍾祖孝注
　　　　吳氏叢書纂丙編
浦陽江記一卷
　　（清）全祖望撰
　　　　小方壺齋輿地叢鈔第四帙
兩浙水利詳考一卷
　　（清）口口撰
　　　　小方壺齋輿地叢鈔第四帙
浙西水利書三卷
　　（明）姚文灝撰
　　　　四庫全書・史部地理類
　　　　豫章叢書（胡思敬輯）
西湖水利考一卷
　　（清）吳農祥撰
　　　　武林掌故叢編第二十三集
橫橋堰水利紀事一卷
　　（清）王純撰
　　　　花近樓叢書
湘湖水利志三卷
　　（清）毛奇齡撰
　　　　西河合集（康熙本、乾隆修補本）・文
　　　　集
　　　　蕭山叢書
股堰備攷一卷
　　（清）魯變光輯
　　　　蕭山叢書
四明它山水利備覽二卷
　　（宋）魏峴撰
　　　　四庫全書・史部地理類
　　　　守山閣叢書（道光本、鴻文書局景道光
　　　　本、博古齋景道光本）・史部
　　　　叢書集成初編・史地類
四明它山水利備覽二卷附釋文一卷
　　（宋）魏峴撰　釋文（清）徐時棟撰
　　　　宋元四明六志
四明它山水利備覽二卷附校勘記一卷
　　（宋）魏峴撰　校勘記（清）徐時棟撰
　　　　四明叢書第三集
甬上水利志六卷
　　（清）周道遵撰
　　　　四明叢書第三集
捍海塘志一卷
　　（清）錢文翰撰
　　　　武林掌故叢編第九集
海塘說一卷
　　（清）高晉撰

　　　（清）陳坤撰
　　　　　廣東叢書第三集
鼉渚迴瀾記八卷
　　　（清）陳坤撰
　　　　　如不及齋叢書

廣　西

廣西三江源流考一卷
　　　（清）高輯撰
　　　　　小方壺齋輿地叢鈔第四帙
烏蠻瀧夜談記一卷
　　　（明）董傳策撰
　　　　　說郛續弖二十六

四　川

灌江備考一卷
　　　（清）王廷珏輯
　　　　　灌江四種
彙集實錄一卷
　　　（清）王來通輯
　　　　　灌江四種
灌江定考一卷
　　　（清）王來通輯
　　　　　灌江四種

貴　州

黔中水道記一卷
　　　（清）晏斯盛撰
　　　　　小方壺齋輿地叢鈔第四帙
苗疆水道考一卷
　　　（清）嚴如熤撰
　　　　　小方壺齋輿地叢鈔第四帙

雲　南

雲南諸水編一卷
　　　（清）齊召南撰
　　　　　小方壺齋輿地叢鈔第四帙
雲南三江水道考一卷
　　　（清）張機南撰
　　　　　小方壺齋輿地叢鈔第四帙
雲南水道考五卷滇南山川辨誤一卷
　　　（清）李誠撰
　　　　　嘉業堂叢書・史部
黑水考證四卷
　　　（清）李榮陛撰
　　　　　豫章叢書（胡思敬輯）・萬載李氏遺書
　　　　　四種
三黑水考一卷

　　　（清）張邦伸撰
　　　　　小方壺齋輿地叢鈔第四帙
黑水考一卷
　　　（清）陶澍撰
　　　　　小方壺齋輿地叢鈔第四帙
開金沙江議一卷
　　　（清）師範撰
　　　　　小方壺齋輿地叢鈔第四帙
大金沙江考一卷
　　　（清）魏源撰
　　　　　小方壺齋輿地叢鈔第四帙
富良江源流考一卷
　　　（清）范本禮撰
　　　　　小方壺齋輿地叢鈔第四帙

西　藏

西藏諸水編一卷
　　　（清）齊召南撰
　　　　　小方壺齋輿地叢鈔第四帙
西徼水道一卷
　　　（清）黃楙材撰
　　　　　新陽趙氏叢刊・得一齋雜著
　　　　　小方壺齋輿地叢鈔第四帙

海　道

海道經一卷附錄一卷
　　　（明）□□撰
　　　　　金聲玉振集・水衡
　　　　　借月山房彙鈔（嘉慶本、景嘉慶本）第
　　　　　　八集
　　　　　指海（道光本、景道光本）第十五集
　　　　　澤古齋重鈔第七集
　　　　　式古居彙鈔
　　　　　叢書集成初編・史地類
海道編一卷
　　　（清）齊召南撰
　　　　　小方壺齋輿地叢鈔第九帙
航海圖說一卷
　　　（清）胡鳳丹撰
　　　　　小方壺齋輿地叢鈔第九帙
黑水洋考一卷
　　　（清）梁□撰
　　　　　小方壺齋輿地叢鈔第九帙
大洋海大西洋海印度海北冰海南冰海玫
　　　一卷
　　　（清）楊毓煇撰
　　　　　小方壺齋輿地叢鈔再補編第九帙
大洋海大西洋海印度海北冰海南冰海玫

一卷
　　（清）陶師韓撰
　　　　小方壺齋輿地叢鈔再補編第九帙
大洋海大西洋海印度海北冰海南冰海致
　一卷
　　（清）胡永吉撰
　　　　小方壺齋輿地叢鈔再補編第九帙
大清一統輿圖海道集釋七卷
　　（清）陳運溶撰
　　　　麓山精舍叢書第二集
亞歐兩洲沿岸海道紀要二卷末一卷
　　（清）陳運溶撰
　　　　麓山精舍叢書第二集

遊記之屬

紀　勝

總　志

遊志續編二卷
　　（元）陶宗儀撰
　　　　宛委別藏
　遊志續編一卷
　　　　新陽趙氏叢刊
遊名山記四卷
　　（明）都穆撰
　　　　寶顏堂祕笈（萬曆本、民國石印本）普
　集
游名山錄四卷
　　（明）陳沂撰
　　　　四明叢書第四集
南陸志一卷
　　（明）崔銑撰
　　　　說郛續弓二十五
遊錄一卷
　　（明）唐樞撰
　　　　木鐘臺全集雜集
奇游漫記八卷附錄一卷
　　（明）董傳策撰
　　　　董幼海先生全集
關洛紀游稿二卷
　　（明）王世懋撰
　　　　王奉常雜著
五嶽遊草七卷
　　（明）陳第撰
　　　　一齋集
兩粵遊草一卷
　　（明）陳第撰
　　　　一齋集
五嶽臥遊一卷
　　（明）俞思沖撰
　　　　快書
五岳遊記一卷
　　（明）王士性撰
　　　　古今文藝叢書第四集
華嵩遊草二卷
　　（明）袁宏道撰
　　　　袁中郎集
紀遊一卷
　　（明）陸雲龍輯
　　　　翠娛閣評選行笈必攜
徐霞客遊記十二卷
　　（明）徐宏祖撰
　　　　四庫全書・史部地理類
歷遊紀一卷
　　（明）王思任撰
　　　　王季重九種集
　　　　中國文學珍本叢書第一輯・王季重十
　種
漫遊記略（一名瓠園集）四卷
　　（清）王澐撰
　　　　申報館叢書餘集
　　　　筆記小說大觀第二輯
尋花日記二卷
　　（清）歸莊撰
　　　　小石山房叢書第十二冊
九山遊草一卷
　　（清）李天植（確）撰
　　　　明季三孝廉集・梅花百詠附
淮遊紀略一卷
　　（清）沈堡撰
　　　　嘉會堂集
三吳遊覽志一卷
　　（清）余懷撰
　　　　筆記小說大觀第八輯
天下名山記不分卷
　　（清）吳秋士輯　（清）汪立名校訂
　　　　重刊道藏輯要軫集
　天下名山遊記不分卷
　　　　國學珍本文庫第一集
粵遊日記一卷
　　（清）王鍼撰
　　　　世德堂遺書
遊歷記存一卷
　　（清）朱書撰

問影樓輿地叢書第一集
叢書集成初編·史地類

孫文定公南遊記一卷
　(清)孫嘉淦撰
　　牛畝園叢書

　南遊記一卷
　　申報館叢書續集·紀麗類·屑玉叢譚
　　　二集
　　小方壺齋輿地叢鈔第五帙
　　暢園叢書甲函
　　古今遊記叢鈔
　　山右叢書初編

　南遊記
　　文藝小叢書第一輯

杭州遊記一卷
　(清)鄒方鍔撰
　　小方壺齋輿地叢鈔第六帙

遊踪選勝一卷
　(清)俞蛟撰
　　夢厂雜著
　　小方壺齋輿地叢鈔第五帙

浪遊記快一卷
　(清)沈復撰
　　小方壺齋輿地叢鈔第五帙

名勝雜記一卷
　(清)王光彥撰
　　小方壺齋輿地叢鈔第五帙

泛漿錄二卷
　(清)黃鉞撰
　　黃勤敏公全集

　泛漿錄一卷
　　小方壺齋輿地叢鈔第五帙

壹齋集游記一卷
　(清)黃鉞撰
　　黃勤敏公全集

蜀游手記一卷
　(清)高士魁撰
　　小方壺齋叢書三集

蘿庵游賞小志一卷
　(清)李慈銘撰
　　越縵堂所著書
　　筆記小說大觀第三輯
　　晨風閣叢書第一集

香禪精舍游記三卷
　(清)潘鍾瑞撰
　　香禪精舍集

紀游草四卷
　(清)潘鍾瑞撰

香禪精舍集附

南遊日記一卷
　(清)王錫祺撰
　　小方壺齋輿地叢鈔第五帙

邗江遊記一卷
　(民國)南邨居士撰
　　古今遊記叢鈔

南園遊記一卷
　(民國)張相文撰
　　南園叢稿

默齋泊虛孤徂齋游記一卷
　(民國)張其煌撰
　　獨志堂叢稿

恆代遊記一卷
　(民國)許同莘撰
　　石步山人游記

旬日紀游一卷
　(民國)周慶雲撰
　　晨風廬叢刊

觀光紀遊一卷
　(日本)岡千仞撰
　　小方壺齋輿地叢鈔第五帙

甫斯基游記
　　游記彙刊附

英人戈登游記
　　游記彙刊附

英人楊哈思班游記
　　游記彙刊附

北　京

北京遊記彙鈔一卷
　(民國)□□輯
　　滿清野史四編

山行雜記一卷
　(明)宋彥撰
　　寶顏堂祕笈（萬曆本、民國石印本）普
　　　集

遊西山記一卷
　(清)懷應騁撰
　　小方壺齋輿地叢鈔第四帙

西山遊記一卷
　(清)王顓槐撰
　　小方壺齋輿地叢鈔第四帙

遊西山記一卷
　(清)常安撰
　　小方壺齋輿地叢鈔第四帙

遊西山記一卷
　(清)吳錫麒撰

小方壺齋輿地叢鈔第四帙

遊西山記一卷
　（清）李宗昉撰
　　　小方壺齋輿地叢鈔第四帙
西山遊記一卷
　（清）黃鈞宰撰
　　　小方壺齋輿地叢鈔補編第四帙
西山遊記一卷
　（清）洪良品撰
　　　小方壺齋輿地叢鈔再補編第四帙
遊太行山記一卷
　（清）劉心源撰
　　　小方壺齋輿地叢鈔再補編第四帙
遊翠微山記一卷
　（清）馮志沂撰
　　　小方壺齋輿地叢鈔第四帙
遊翠微山記一卷
　（清）尹耕雲撰
　　　小方壺齋輿地叢鈔再補編第四帙
遊滴水巖記一卷
　（清）王崇簡撰
　　　小方壺齋輿地叢鈔第四帙
遊潭柘寺記一卷
　（清）張永銓撰
　　　小方壺齋輿地叢鈔第四帙
遊寶藏寺記一卷
　（清）郭沛霖撰
　　　小方壺齋輿地叢鈔第四帙
龍泉寺記一卷
　（清）劉嗣綰撰
　　　小方壺齋輿地叢鈔第四帙
泛大通橋記一卷
　（清）吳錫麒撰
　　　小方壺齋輿地叢鈔第四帙
泛通河記一卷
　（清）梅曾亮撰
　　　小方壺齋輿地叢鈔第四帙
游上方山記一卷
　（清）謝振定撰
　　　小方壺齋輿地叢鈔第四帙
愬題上方二山紀游集一卷
　（清）查禮撰
　　　昭代叢書（道光本）癸集萃編
　　愬題上方二山紀游一卷
　　　小方壺齋輿地叢鈔第四帙

上　海

滬游脞記一卷

（清）黃楙材撰
　　鐵香室叢刻續集
滬游雜記一卷
　（清）葛元煦撰
　　　小方壺齋輿地叢鈔第九帙
重修滬游雜記四卷
　（清）葛元煦（西泠嘯翁）撰　（清）袁祖志
　（倉山舊主）重修
　　申報館叢書餘集
寶山記遊一卷
　（清）管同撰
　　　小方壺齋輿地叢鈔第六帙
遊軍山記一卷
　（清）張廷珪撰
　　　小方壺齋輿地叢鈔第四帙
紫琅遊記一卷
　（清）李聯琇撰
　　　小方壺齋輿地叢鈔第四帙

河　北

遊盤山記一卷
　（清）高士奇撰
　　　小方壺齋輿地叢鈔第四帙
游盤山記一卷
　（清）常安撰
　　　小方壺齋輿地叢鈔第四帙
盤山遊記一卷
　（民國）許同莘撰
　　　石步山人游記
浴溫泉記一卷
　（清）常安撰
　　　小方壺齋輿地叢鈔第四帙
直隸口外遊記一卷
　（英國）希得利撰　（清）銘恕譯
　　　古今遊記叢鈔

山　西

遊晉祠記一卷
　（清）朱彝尊撰
　　　小方壺齋輿地叢鈔第四帙
遊晉祠記一卷
　（清）劉大櫆撰
　　　小方壺齋輿地叢鈔第四帙
遊卦山記一卷
　（清）趙吉士撰
　　　小方壺齋輿地叢鈔第四帙
老姥掌遊記一卷
　（清）陳廷敬撰

小方壺齋輿地叢鈔第四帙

遊北岳記一卷
　　（清）李雲麟撰
　　　小方壺齋輿地叢鈔補編第四帙
遊石崆庵記一卷
　　（清）許楚撰
　　　小方壺齋輿地叢鈔第四帙
天池記一卷
　　（清）彭兆蓀撰
　　　小方壺齋輿地叢鈔第四帙
遊五姓湖記一卷
　　（清）牛運震撰
　　　小方壺齋輿地叢鈔第四帙
龍母洞記一卷
　　（清）胡天游撰
　　　小方壺齋輿地叢鈔第四帙

內蒙古

蒙古郭爾羅斯後旗旅行記一卷
　　（民國）孟森（心史氏）撰
　　　古今遊記叢鈔

遼　寧

封長白山記一卷
　　（清）方象瑛撰
　　　說鈴（康熙本、道光本）前集
　　　昭代叢書（康熙本）乙集第二帙
　　　龍威祕書七集
　　　學海類編（道光本、景道光本）·集餘
　　　　八
　　　昭代叢書（道光本）乙集第二帙
　　　小方壺齋叢鈔卷三
　　　小方壺齋輿地叢鈔第四帙
　　　叢書集成初編·史地類
遊千頂山記一卷
　　（清）張玉書撰
　　　小方壺齋輿地叢鈔第四帙

吉　林

遊寧古塔記一卷
　　（清）□□撰
　　　小方壺齋輿地叢鈔第一帙

陝　西

遊城南記一卷
　　（宋）張禮撰
　　　秦漢圖記
　　　寶顏堂祕笈（萬曆本、民國石印本）廣
　　　　集

四庫全書·史部地理類
　　　學海類編（道光本、景道光本）·集餘
　　　　八
　　　藕香零拾
　　　關中叢書第四集
　　　叢書集成初編·史地類
遊城南注一卷
　　　說郛（宛委山堂本）弓六十三
遊牛頭山記一卷
　　（清）董祐誠撰
　　　小方壺齋輿地叢鈔第四帙
遊喜雨亭記一卷
　　（清）徐文駒撰
　　　小方壺齋輿地叢鈔第四帙
遊磻溪記一卷
　　（清）喬光烈撰
　　　小方壺齋輿地叢鈔第四帙
遊釣臺記一卷
　　（清）董詔撰
　　　小方壺齋輿地叢鈔第四帙
太華太白紀游略一卷
　　（清）趙嘉肇撰
　　　關中叢書第四集
太白山行紀一卷
　　（清）汪皋鶴撰
　　　花近樓叢書
太白紀遊略一卷
　　（清）趙嘉肇撰
　　　小方壺齋輿地叢鈔第四帙
探靈巖記一卷
　　（清）張洲撰
　　　小方壺齋輿地叢鈔第四帙
遊龍門記一卷
　　（清）喬光烈撰
　　　小方壺齋輿地叢鈔第四帙
登華記一卷
　　（清）屈大均撰
　　　說鈴（康熙本、道光本）前集
　　　小方壺齋輿地叢鈔第四帙
登華山記一卷
　　（清）喬光烈撰
　　　小方壺齋輿地叢鈔第四帙
登太華山記一卷
　　（清）謝振定撰
　　　小方壺齋輿地叢鈔第四帙
太華紀遊略一卷
　　（清）趙嘉肇撰
　　　小方壺齋輿地叢鈔第四帙

甘　肅

流沙訪古記一卷
　　(民國)羅振玉撰
　　　　敦煌石室遺書

新　疆

淨海記一卷
　　(清)洪亮吉撰
　　　　小方壺齋輿地叢鈔第四帙
新疆旅行記二卷
　　(民國)單騎撰
　　　　古今遊記叢鈔

山　東

齊魯遊紀略一卷
　　(清)王澐撰
　　　　小方壺齋輿地叢鈔第六帙
行山路記一卷
　　(清)李慎傳撰
　　　　小方壺齋輿地叢鈔第六帙
歷下志遊四卷外編四卷
　　(清師史氏撰)
　　　　申報館叢書餘集
歷下志遊一卷
　　(清)孫點撰
　　　　小方壺齋輿地叢鈔第六帙
遊歷山記一卷
　　(清)黃鉞撰
　　　　小方壺齋輿地叢鈔第四帙
遊華不注記一卷
　　(清)全祖望撰
　　　　小方壺齋輿地叢鈔第四帙
登千佛山記一卷
　　(清)方宗誠撰
　　　　小方壺齋輿地叢鈔第四帙
遊龍洞山記一卷
　　(清)施閏章撰
　　　　小方壺齋輿地叢鈔第四帙
遊佛峪龍洞記一卷
　　(清)黃鉞撰
　　　　小方壺齋輿地叢鈔第四帙
遊珍珠泉記一卷
　　(清)王昶撰
　　　　小方壺齋輿地叢鈔第四帙
遊南池記一卷
　　(清)管同撰
　　　　小方壺齋輿地叢鈔第四帙

遊大明湖記一卷
　　(清)姚光鼐撰
　　　　小方壺齋輿地叢鈔第四帙
遊趵突泉記一卷
　　(清)懷應聘撰
　　　　小方壺齋輿地叢鈔第四帙
登嶧山記一卷
　　(清)朱彝尊撰
　　　　小方壺齋輿地叢鈔第四帙
遊蒙山記一卷
　　(清)朱澤澐撰
　　　　小方壺齋輿地叢鈔第四帙
登峴山記一卷
　　(清)安致遠撰
　　　　小方壺齋輿地叢鈔第四帙
遊仰天記一卷
　　(清)安致遠撰
　　　　小方壺齋輿地叢鈔第四帙
冶源紀遊一卷
　　(清)王莘撰
　　　　小方壺齋輿地叢鈔第四帙
遊石門記一卷
　　(清)安致遠撰
　　　　小方壺齋輿地叢鈔第四帙
遊五蓮記一卷
　　(清)安致遠撰
　　　　小方壺齋輿地叢鈔第四帙
遊九仙記一卷
　　(清)安致遠撰
　　　　小方壺齋輿地叢鈔第四帙
遊黃紅峪記一卷
　　(清)趙進美撰
　　　　小方壺齋輿地叢鈔第四帙
遊峀嵋院諸山記一卷
　　(清)周正撰
　　　　小方壺齋輿地叢鈔第四帙
遊煙霞洞記一卷
　　(清)周正撰
　　　　小方壺齋輿地叢鈔第四帙
遊乾陽洞紀略一卷
　　(清)張端亮撰
　　　　小方壺齋輿地叢鈔第四帙
遊方山記一卷
　　(清)郝懿行撰
　　　　小方壺齋輿地叢鈔第四帙
洪花洞記一卷
　　(清)郝懿行撰
　　　　小方壺齋輿地叢鈔第四帙

遊程符山記一卷
　　（清）閻循觀撰
　　　　小方壺齋輿地叢鈔第四帙
遊孤山記一卷
　　（清）韓夢周撰
　　　　小方壺齋輿地叢鈔再補編第四帙
遊勞山記一卷
　　（清）張道浚撰
　　　　學海類編（道光本、景道光本）・集餘
　　　　八
　　　　叢書集成初編・史地類
遊勞山記一卷
　　（清）李雲麟撰
　　　　小方壺齋輿地叢鈔補編第四帙
東游記一卷
　　（明）王世懋撰
　　　　王奉常雜著・名山游記八種
泰山紀勝一卷
　　（清）孔貞瑄撰
　　　　說鈴（康熙本、道光本）前集
　　　　龍威祕書七集
　　　　藝苑捃華・說鈴
　　　　小方壺齋輿地叢鈔第四帙
　　　　古今說部叢書七集
　　　　叢書集成初編・史地類
　　　　泰山叢書第一集
登岱記一卷
　　（清）余縉撰
　　　　小方壺齋輿地叢鈔第四帙
登泰山記一卷
　　（清）沈彤撰
　　　　小方壺齋輿地叢鈔第四帙
登泰山記一卷
　　（清）姚鼐撰
　　　　小方壺齋輿地叢鈔第四帙
遊泰山記一卷
　　（清）吳錫麒撰
　　　　小方壺齋輿地叢鈔第四帙
遊靈巖記一卷
　　（清）姚鼐撰
　　　　小方壺齋輿地叢鈔第四帙
遊徂徠記一卷
　　（清）朱鍾撰
　　　　小方壺齋輿地叢鈔第四帙

江　蘇

金陵冬遊紀略一卷
　　（明）羅洪先撰

說郛續弓二十五
金陵遊草一卷
　　（清）袁學瀾撰
　　　　適園叢稿
建康同遊記一卷
　　（民國）馮煦撰
　　　　晨風閣叢書第一集
金陵紀遊一卷
　　（民國）馮煦撰
　　　　古今遊記叢鈔
遊鍾山記一卷
　　（清）洪若皋撰
　　　　小方壺齋輿地叢鈔第四帙
遊鍾山記一卷
　　（清）顧宗泰撰
　　　　小方壺齋輿地叢鈔第四帙
遊幕府山泛舟江口記一卷
　　（清）洪亮吉撰
　　　　小方壺齋輿地叢鈔第四帙
遊小盤谷記一卷
　　（清）梅曾亮撰
　　　　小方壺齋輿地叢鈔第四帙
遊清涼山記一卷
　　（清）洪亮吉撰
　　　　小方壺齋輿地叢鈔第四帙
遊後湖記一卷
　　（清）曾國藩撰
　　　　小方壺齋輿地叢鈔第四帙
遊鷄鳴寺記一卷
　　（清）李懿曾撰
　　　　小方壺齋輿地叢鈔第四帙
登燕子磯記一卷
　　（清）王士禛撰
　　　　小方壺齋輿地叢鈔第四帙
遊燕子磯沿山諸洞記一卷
　　（清）阮宗瑗撰
　　　　小方壺齋輿地叢鈔第四帙
登燕子磯記一卷
　　（清）王錫祺撰
　　　　小方壺齋輿地叢鈔第四帙
遊觀音門譙樵記一卷
　　（清）阮宗瑗撰
　　　　小方壺齋輿地叢鈔第四帙
花山遊記一卷
　　（清）陸求可撰
　　　　小方壺齋輿地叢鈔第四帙
遊攝山記一卷
　　（清）王士禛撰

小方壺齋輿地叢鈔第四帙

攝山紀遊集一卷
　　(清)□□輯
　　　煙畫東堂小品

攝山紀遊一卷
　　(清)朱綬撰
　　　小方壺齋輿地叢鈔第四帙

棲霞山攬勝記一卷
　　(清)汪錫祺撰
　　　小方壺齋輿地叢鈔第四帙

遊雨花臺記一卷
　　(清)林雲銘撰
　　　小方壺齋輿地叢鈔第四帙

遊金陵城南諸刹記一卷
　　(清)王士禛撰
　　　小方壺齋輿地叢鈔第四帙

遊三龍潭記一卷
　　(清)吳進撰
　　　小方壺齋輿地叢鈔第四帙

遊寶華山記一卷
　　(清)王士禛撰
　　　小方壺齋輿地叢鈔第四帙

茅山紀遊一卷
　　(清)于克襄撰
　　　花近樓叢書

遊瓜步山記一卷
　　(清)梅曾亮撰
　　　小方壺齋輿地叢鈔第四帙

吳下尋山記一卷
　　(清)黃安濤撰
　　　吳中文獻小叢書

遊滄浪亭記一卷
　　(清)□□撰
　　　小方壺齋輿地叢鈔第四帙

遊獅子林記一卷
　　(清)黃金臺撰
　　　小方壺齋輿地叢鈔第四帙

彌羅閣望山記一卷
　　(清)李聯琇撰
　　　小方壺齋輿地叢鈔第四帙

遊吳山記一卷
　　(清)湯傳楹撰
　　　小方壺齋輿地叢鈔第四帙

遊虎邱記一卷
　　(清)湯傳楹撰
　　　小方壺齋輿地叢鈔第四帙

虎邱往還記一卷
　　(清)湯傳楹撰

小方壺齋輿地叢鈔第四帙

虎邱雜事詩一卷
　　(清)袁學瀾撰
　　　適園叢稿

遊姑蘇臺記一卷
　　(清)宋犖撰
　　　小方壺齋輿地叢鈔第四帙

遊姑蘇臺記一卷
　　(清)汪琬撰
　　　小方壺齋輿地叢鈔第四帙

遊西山記一卷
　　(清)彭績撰
　　　小方壺齋輿地叢鈔第四帙

遊牛頭隝記一卷
　　(清)沈德潛撰
　　　小方壺齋輿地叢鈔第四帙

遊靈巖山記一卷
　　(清)王恪撰
　　　小方壺齋輿地叢鈔第四帙

遊靈巖記一卷
　　(清)尤侗撰
　　　小方壺齋輿地叢鈔第四帙

靈巖懷舊記一卷
　　(清)湯傳楹撰
　　　小方壺齋輿地叢鈔第四帙

遊支硎中峯記一卷
　　(清)李果撰
　　　小方壺齋輿地叢鈔第四帙

遊寒山記一卷
　　(清)王恪撰
　　　小方壺齋輿地叢鈔第四帙

遊茶山記一卷
　　(清)顧宗泰撰
　　　小方壺齋輿地叢鈔第四帙

遊馬駕山記一卷
　　(清)汪琬撰
　　　小方壺齋輿地叢鈔第四帙

彈山吾家山遊記一卷
　　(清)邵長蘅撰
　　　小方壺齋輿地叢鈔第四帙

鄧尉探梅詩四卷
　　(清)謝家福輯
　　　望炊樓叢書

遊虎山橋記一卷
　　(清)顧宗泰撰
　　　小方壺齋輿地叢鈔第四帙

遊馬鞍山記一卷
　　(清)朱瑋撰

　　　　　　小方壺齋輿地叢鈔第四帙
玉峯遊記一卷
　　（清）蔡錫齡撰
　　　　　　小方壺齋輿地叢鈔第四帙
遊虞山記一卷
　　（清）尤侗撰
　　　　　　小方壺齋輿地叢鈔第四帙
遊虞山記一卷
　　（清）沈德潛撰
　　　　　　小方壺齋輿地叢鈔第四帙
遊虞山記一卷
　　（清）黃金臺撰
　　　　　　小方壺齋輿地叢鈔第四帙
趙園觀梅記一卷
　　（清）宗廷輔撰
　　　　　　宗月鋤先生遺著
芙蓉莊紅豆錄一卷
　　（民國）徐兆瑋輯
　　　　　　晨風閣叢書第一集
遊劍門記一卷
　　（清）盛大士撰
　　　　　　小方壺齋輿地叢鈔第四帙
遊鵓鴿峯記一卷
　　（清）黃廷鑑撰
　　　　　　小方壺齋輿地叢鈔第四帙
遊平波臺記一卷
　　（清）黃金臺撰
　　　　　　小方壺齋輿地叢鈔第四帙
遊洞庭西山記一卷
　　（清）金之俊撰
　　　　　　小方壺齋輿地叢鈔第四帙
遊洞庭西山記一卷
　　（清）繆彤撰
　　　　　　小方壺齋輿地叢鈔第四帙
遊西洞庭記一卷
　　（清）潘耒撰
　　　　　　小方壺齋輿地叢鈔第四帙
遊包山記一卷
　　（清）沈彤撰
　　　　　　小方壺齋輿地叢鈔第四帙
遊石公山記一卷
　　（清）葉廷琯撰
　　　　　　小方壺齋輿地叢鈔第四帙
登洞庭兩山記一卷
　　（清）懷應聘撰
　　　　　　小方壺齋輿地叢鈔第四帙
遊洞庭兩山記一卷
　　（清）趙懷玉撰

　　　　　　小方壺齋輿地叢鈔第四帙
遊消夏灣記一卷
　　（清）洪亮吉撰
　　　　　　小方壺齋輿地叢鈔第四帙
遊漁洋山記一卷
　　（清）沈德潛撰
　　　　　　小方壺齋輿地叢鈔第四帙
玉山紀遊一卷
　　（元）顧瑛等撰　　（明）袁華輯
　　　　　　四庫全書·集部總集類
　　　　　　四庫全書珍本初集·集部總集類
遊細林山記一卷
　　（清）黃金臺撰
　　　　　　小方壺齋輿地叢鈔第四帙
遊橫雲山記一卷
　　（清）黃金臺撰
　　　　　　小方壺齋輿地叢鈔第四帙
遊橫山記一卷
　　（清）曹堉撰
　　　　　　小方壺齋輿地叢鈔第四帙
遊黃公澗記一卷
　　（清）孫爾準撰
　　　　　　小方壺齋輿地叢鈔第四帙
遊秦園記一卷
　　（清）邵長蘅撰
　　　　　　小方壺齋輿地叢鈔第四帙
荊南遊草一卷
　　（清）吳騫撰
　　　　　　古學彙刊第一集·金石類·陽羨摩厓
　　　　　　紀錄附
游溧陽彭氏園記一卷
　　（明）王世懋撰
　　　　　　王奉常雜著·名山游記八種
遊蜀山記一卷
　　（清）史承豫撰
　　　　　　小方壺齋輿地叢鈔第四帙
遊善卷洞記一卷
　　（清）史承豫撰
　　　　　　小方壺齋輿地叢鈔第四帙
遊張公洞記一卷
　　（清）邵長蘅撰
　　　　　　小方壺齋輿地叢鈔第四帙
遊張公洞記一卷
　　（清）吳騫撰
　　　　　　小方壺齋輿地叢鈔第四帙
遊龍池山記一卷
　　（清）吳騫撰
　　　　　　小方壺齋輿地叢鈔第四帙

遊龍池山記一卷
　　(清)陳經撰
　　　　小方壺齋輿地叢鈔第四帙
鎮揚遊記一卷
　　李根源撰
　　　　曲石叢書
遊焦山記一卷
　　(清)冷士嵋撰
　　　　小方壺齋輿地叢鈔第四帙
遊焦山記一卷
　　(清)劉體仁撰
　　　　小方壺齋輿地叢鈔第四帙
焦山紀遊集一卷
　　(清)馬曰琯等輯
　　　　粵雅堂叢書初編第九集
　　　　叢書集成初編・文學類
遊焦山記一卷
　　(清)顧宗泰撰
　　　　小方壺齋輿地叢鈔第四帙
遊焦山記一卷
　　(清)吳錫麒撰
　　　　小方壺齋輿地叢鈔第四帙
遊焦山記一卷
　　(清)謝振定撰
　　　　小方壺齋輿地叢鈔第四帙
遊焦山記一卷
　　(清)湯金釗撰
　　　　小方壺齋輿地叢鈔第四帙
遊焦山記一卷
　　(清)黃金臺撰
　　　　小方壺齋輿地叢鈔第四帙
遊海嶽庵記一卷
　　(清)儲在文撰
　　　　小方壺齋輿地叢鈔第四帙
遊蒜山記一卷
　　(清)沈德潛撰
　　　　小方壺齋輿地叢鈔第四帙
遊北固山記一卷
　　(清)周鎬撰
　　　　小方壺齋輿地叢鈔第四帙
遊北固山記一卷
　　(清)阮宗瑗撰
　　　　小方壺齋輿地叢鈔第四帙
遊金焦北固山記一卷
　　(清)李元度撰
　　　　小方壺齋輿地叢鈔第四帙
京口遊山記一卷
　　(明)王世懋撰

　　　　王奉常雜著・名山游記八種
遊江上諸山記一卷
　　(清)汪縉撰
　　　　小方壺齋輿地叢鈔第四帙
遊京口南山記一卷
　　(清)洪亮吉撰
　　　　小方壺齋輿地叢鈔第四帙
登燕山記一卷
　　(清)馬世俊撰
　　　　小方壺齋輿地叢鈔第四帙
遊萬柳池記一卷
　　(清)任瑗撰
　　　　小方壺齋輿地叢鈔第四帙
劉伶臺記一卷
　　(清)阮晉撰
　　　　小方壺齋輿地叢鈔第四帙
蕭湖遊覽記一卷
　　(清)程鍾撰
　　　　小方壺齋輿地叢鈔再補編第四帙
誥屏山記一卷
　　(清)陸求可撰
　　　　小方壺齋輿地叢鈔第四帙
韓侯釣臺記一卷
　　(清)劉培元撰
　　　　小方壺齋輿地叢鈔第四帙
遊愛蓮亭記一卷
　　(清)丘兢撰
　　　　小方壺齋輿地叢鈔第四帙
郭家池記一卷
　　(清)許汝衡撰
　　　　小方壺齋輿地叢鈔再補編第四帙
平山堂記一卷
　　(清)全祖望撰
　　　　小方壺齋輿地叢鈔第四帙
遊雲龍山記一卷
　　(清)張貞撰
　　　　小方壺齋輿地叢鈔第四帙
遊睢寧諸山記一卷
　　(清)丁顯撰
　　　　小方壺齋輿地叢鈔第四帙
遊雲臺山記一卷
　　(清)常安撰
　　　　小方壺齋輿地叢鈔第四帙
遊雲臺山北記一卷
　　(清)吳進撰
　　　　小方壺齋輿地叢鈔第四帙
遊象山麓記一卷
　　(清)丁腹松撰

小方壺齋輿地叢鈔第四帙

遊周橋記一卷
　　(清)程廷祚撰
　　　　小方壺齋輿地叢鈔第四帙

靈谷紀遊稿一卷
　　(民國)鄧實輯
　　　　古學彙刊第二集・詩文類

安　徽

龍眠遊記一卷
　　(清)何永紹撰
　　　　小方壺齋輿地叢鈔第六帙

遊浮山記一卷
　　(清)何永紹撰
　　　　小方壺齋輿地叢鈔第四帙

遊浮山記一卷
　　(清)李兆洛撰
　　　　小方壺齋輿地叢鈔第四帙

遊浮山記一卷
　　(清)□□撰
　　　　小方壺齋輿地叢鈔再補編第四帙

遊白鶴峯記一卷
　　(清)姚瑩撰
　　　　小方壺齋輿地叢鈔第四帙

遊雙谿記一卷
　　(清)姚鼐撰
　　　　小方壺齋輿地叢鈔第四帙

遊媚筆泉記一卷
　　(清)姚鼐撰
　　　　小方壺齋輿地叢鈔第四帙

黃山遊記一卷
　　(清)錢謙益撰
　　　　花近樓叢書補遺

遊黃山記一卷
　　(清)楊補撰
　　　　甲戌叢編

黃山遊記一卷
　　(清)王煒撰
　　　　小方壺齋輿地叢鈔第四帙

黃山松石譜一卷
　　(清)閔麟嗣撰
　　　　昭代叢書(康熙本)甲集第三帙
　　　　昭代叢書(道光本)甲集第三帙
　　　　黃山叢刊

黃山紀日一卷
　　(清)吳邦治撰
　　　　鶴關全集

黃山遊草一卷

(清)沈德潛撰
　　　　沈歸愚詩文全集

鶯嘯集三卷
　　(清)沈德潛撰
　　　　黃山導

幻影集三卷首一卷
　　(清)汪瑃輯
　　　　黃山導

珠璧集三卷首一卷
　　(清)汪瑃輯
　　　　黃山導

遊黃山記一卷
　　(清)袁枚撰
　　　　小方壺齋輿地叢鈔第四帙

遊黃山記一卷
　　(清)曹文埴撰
　　　　小方壺齋輿地叢鈔第四帙

黃山紀勝四卷
　　(清)徐璈撰
　　　　龍眠叢書

遊黃山記一卷
　　(清)黃鉞撰
　　　　小方壺齋輿地叢鈔第四帙

黃山紀遊一卷
　　(清)王灼撰
　　　　小方壺齋輿地叢鈔第四帙

黃山紀遊一卷
　　(清)黃肇敏撰
　　　　申報館叢書續集・紀麗類・屑玉叢譚
　　　　二集
　　　　小方壺齋輿地叢鈔第四帙

遊黃嶽記一卷
　　(清)南園外史撰
　　　　古今遊記叢鈔

黃山遊記四卷
　　蘇宗仁輯
　　　　黃山叢刊

白嶽遊記一卷
　　(清)施閏章撰
　　　　小方壺齋輿地叢鈔第四帙

披雲山記一卷
　　(清)許楚撰
　　　　小方壺齋輿地叢鈔第四帙

遊靈山記一卷
　　(清)許楚撰
　　　　小方壺齋輿地叢鈔第四帙

黟山紀遊一卷
　　(清)汪淮撰

昭代叢書(道光本)癸集萃編
　　小方壺齋輿地叢鈔第四帙
黟山紀游一卷
　　甲戌叢編
遊敬亭山記一卷
　　(清)李天植(確)撰
　　小方壺齋輿地叢鈔第四帙
遊敬亭山記一卷
　　(清)王慶麟撰
　　小方壺齋輿地叢鈔第四帙
遊南湖記一卷
　　(清)洪亮吉撰
　　小方壺齋輿地叢鈔第四帙
雲山洞紀遊一卷
　　(清)曹鈞撰
　　小方壺齋輿地叢鈔再補編第四帙
山門遊記一卷
　　(清)施閏章撰
　　小方壺齋輿地叢鈔第四帙
遊石柱山記一卷
　　(清)儲大文撰
　　小方壺齋輿地叢鈔第四帙
橫山遊記一卷
　　(清)吳銘道撰
　　小方壺齋輿地叢鈔第四帙
遊九華記一卷
　　(清)懷應聘撰
　　小方壺齋輿地叢鈔第四帙
遊九華記一卷
　　(清)施閏章撰
　　小方壺齋輿地叢鈔第四帙
九華日錄一卷
　　(清)周天度撰
　　昭代叢書(道光本)已集廣編
　　小方壺齋輿地叢鈔第四帙
九子山行記一卷
　　(清)陳經撰
　　陳景辰遺書·墨莊雜著
遊九華山記一卷
　　(清)洪亮吉撰
　　小方壺齋輿地叢鈔第四帙
遊青山記一卷
　　(清)朱筠撰
　　小方壺齋輿地叢鈔第四帙
遊龍亭記一卷
　　(清)方承之撰
　　小方壺齋輿地叢鈔第四帙
塗山紀遊一卷

(清)林之芬撰
　　小方壺齋輿地叢鈔再補編第四帙
遊荊山記一卷
　　(清)林之芬撰
　　小方壺齋輿地叢鈔再補編第四帙
遊禪窟寺記一卷
　　(清)項樟撰
　　小方壺齋輿地叢鈔第四帙
過關山記一卷
　　(清)管同撰
　　小方壺齋輿地叢鈔第四帙
樅江遊記一卷
　　(清)劉開撰
　　小方壺齋輿地叢鈔第六帙

浙　江

南遊筆記一卷
　　(清)曹鈞撰
　　小方壺齋輿地叢鈔第五帙
錢唐西湖百咏一卷附楊公濟原唱一卷
　　(宋)郭祥正撰　附(宋)楊蟠撰
　　西湖集覽
西湖百詠二卷
　　(宋)董嗣杲撰　(明)陳贄和韻
　　四庫全書·集部別集類
　　武林掌故叢編第五集
　　西湖集覽
湖山勝槩一卷
　　(宋)周密(泗水潛夫)撰
　　說郛(宛委山堂本)弓六十三
錢塘湖山勝槩詩文二卷
　　(明)夏時撰
　　武林掌故叢編第三集
　　西湖集覽
西村十記一卷附錄一卷
　　(明)史鑑撰
　　武林掌故叢編第六集
西湖冶興二卷
　　(明)王瀛撰
　　武林掌故叢編第十九集
西湖遊覽志二十四卷志餘二十六卷
　　(明)田汝成撰
　　四庫全書·史部地理類
　　武林掌故叢編第二十集
四時幽賞錄一卷
　　(明)高濂撰
　　武林掌故叢編第十五集
武林遊記一卷

（明）高攀龍撰
　　武林掌故叢編第十六集
西泠遊記一卷
　（明）王紹傳撰
　　武林掌故叢編第二十二集
西湖紀述一卷
　（明）袁宏道撰
　　武林掌故叢編第二集
　　西湖集覽
西湖月觀一卷
　（明）陳仁錫撰
　　杜藕山房叢書
　西湖月觀紀一卷
　　武林掌故叢編第七集
　　西湖集覽
募種兩堤桃柳議一卷
　（明）聞啓祥撰
　　說郛續弓四十
橫山遊記一卷
　（明）馬元調撰
　　武林掌故叢編第七集
西子湖拾翠餘談三卷
　（明）汪砢玉撰
　　武林掌故叢編第十七集
西湖手鏡一卷
　（明）季嬰撰
　　借月山房彙鈔（嘉慶本、景嘉慶本）第
　　九集
　　澤古齋重鈔第八集
　　式古居彙鈔
西湖雜記一卷
　（明）黎遂球撰
　　武林掌故叢編第九集
遊明聖湖日記一卷
　（明）浦祊撰
　　武林掌故叢編第四集
　　西湖集覽
　　古今遊記叢鈔
西湖韻事一卷
　（清）汪汝謙撰
　　武林掌故叢編第一集
　　西湖集覽
　　叢睦汪氏遺書·春星堂詩集
西湖夢尋五卷
　（明）張岱撰
　　武林掌故叢編第六集
　　西湖集覽
　　中國文學珍本叢書第一輯

湖山敍遊一卷
　（明）劉遷撰
　　武林掌故叢編第五集
　　西湖集覽
西湖六橋桃評
　（清）曹之璜撰
　　檀几叢書餘集
　西湖六橋桃評一卷
　　香豔叢書第十一集
西湖考一卷
　（清）王晫撰
　　小方壺齋輿地叢鈔第四帙
西湖遊記一卷
　（清）陸求可撰
　　小方壺齋輿地叢鈔第四帙
西湖小史一卷
　（清）李鼎撰
　　昭代叢書（道光本）別集
　　武林掌故叢編第十五集
　　香豔叢書第二集
錢塘懷古詩一卷附錄一卷
　（清）王德璘撰
　　武林掌故叢編第十九集
西湖志纂十二卷
　（清）梁詩正等撰
　　四庫全書·史部地理類
湖山便覽一卷
　（清）翟灝撰
　　小方壺齋輿地叢鈔第四帙
湖山雜詠一卷附錄一卷
　（清）王緯撰
　　武林掌故叢編第十四集
雪莊西湖漁唱七卷
　（清）許承祖撰
　　武林掌故叢編第十二集
西湖遺事詩一卷
　（清）朱彭撰
　　武林掌故叢編第二十二集
西湖紀遊一卷
　（清）張仁美撰
　　借月山房彙鈔（嘉慶本、景嘉慶本）第
　　九集
　　式古居彙鈔
　　武林掌故叢編第九集
　　小方壺齋輿地叢鈔第四帙
　　叢書集成初編·史地類
西湖雜咏一卷
　（清）秦武域撰

山右叢書初編	西泠遊草一卷
西湖雜詠一卷	（清）袁學瀾撰
（清）陳若蓮撰	適園叢稿
武林掌故叢編第十四集	西湖吟一卷
西湖竹枝詞一卷	（清）陸璣撰
（清）陳璨撰	花近樓叢書附存
武林掌故叢編第十七集	南屏百詠一卷
西湖百詠一卷	（清）張炳輯
（清）柴杰撰	武林掌故叢編第二集
武林掌故叢編第八集	西湖集覽
西湖集覽	夢西湖絕句一卷
西湖詩一卷	（清）曹金籀（籀）撰
（清）汪志伊撰	花近樓叢書附存
武林掌故叢編第十六集	西湖記游草一卷
湖山懷古集一卷	（清）楊夔撰
（清）陳時撰	楊子卓先生遺集
武林掌故叢編第十二集附	西湖新舊夢一卷
湖上青山集一卷	（民國）金病鶴撰
（清）陳時撰	西湖合記
武林掌故叢編第十四集	西湖一月記一卷
金牛湖漁唱一卷	楊元愷撰
（清）張雲璈撰	西湖合記
三影閣叢書	癸亥續遊記一卷
武林掌故叢編第四集	楊元愷（挈雲主人）撰
西湖集覽	西湖合記
西泠懷古集十卷	西湖遊記一卷
（清）陳文述撰	金鶴翀（箬帽山人）撰
武林掌故叢編第十五集	西湖合記
西泠閨詠十六卷	杭州城南古蹟記一卷
（清）陳文述撰	（清）趙坦撰
武林掌故叢編第九集	小方壺齋輿地叢鈔第六帙
西泠仙詠三卷	吳山紀遊一卷
（清）陳文述（圓嶠真逸）撰	（清）毛際可撰
武林掌故叢編第五集	小方壺齋輿地叢鈔第四帙
西湖遊記一卷	龍井遊記一卷
（清）查人渶撰	（清）呂星垣撰
花近樓叢書	小方壺齋輿地叢鈔第四帙
武林掌故叢編第四集	煙霞嶺遊記一卷
西湖集覽	（清）趙坦撰
埽葉山房叢鈔	小方壺齋輿地叢鈔第四帙
小方壺齋輿地叢鈔第四帙	韜光庵紀遊集一卷
西湖雜詩一卷	（清）釋山止輯
（清）蔣坦撰	武林掌故叢編第六集
武林掌故叢編第五集	遊韜光庵記一卷
西湖集覽	（清）朱殿芬撰
浙遊日記一卷	小方壺齋輿地叢鈔再補編第四帙
（清）張汝南撰	遊湖心寺記一卷
小方壺齋輿地叢鈔補編第六帙	（清）阮宗瑗撰

　　　　小方壺齋輿地叢鈔第四帙
御覽孤山志一卷
　　（清）王復禮撰
　　　　武林掌故叢編第三集
遊孤山記一卷
　　（清）邵長蘅撰
　　　　小方壺齋輿地叢鈔第四帙
西溪百詠二卷
　　（明）釋大善撰
　　　　武林掌故叢編第十集、
西溪雜詠一卷
　　（清）陳文述撰
　　　　武林掌故叢編第二十一集
西谿聯吟一卷
　　（清）吳祖枚（清）陳如松撰
　　　　武林掌故叢編第二十五集
徑山遊草一卷
　　（清）吳焯撰
　　　　松鄰叢書甲編
遊兩尖山記一卷
　　（清）趙懷玉撰
　　　　小方壺齋輿地叢鈔第四帙
遊硤石兩山記一卷
　　（清）黃金臺撰
　　　　小方壺齋輿地叢鈔第四帙
天目遊記一卷
　　（明）黃汝亨撰
　　　　寶顏堂祕笈（萬曆本、民國石印本）彙
　　　　集
遊天目山記一卷
　　（清）金之俊撰
　　　　小方壺齋輿地叢鈔第四帙
天目游記一卷
　　（民國）周慶雲撰
　　　　晨風廬叢刊
遊鴛鴦湖記一卷
　　（清）方象瑛撰
　　　　小方壺齋輿地叢鈔第四帙
雲岫山遊記一卷
　　（清）李天植（確）撰
　　　　小方壺齋輿地叢鈔第四帙
遊鷹巢頂記一卷
　　（清）黃之雋撰
　　　　小方壺齋輿地叢鈔第四帙
遊陳山記一卷
　　（清）李天植（確）撰
　　　　小方壺齋輿地叢鈔第四帙
吳興遊草一卷

　　（清）陸烜撰
　　　　梅谷十種書
遊白鵠山記一卷
　　（清）欽善撰
　　　　小方壺齋輿地叢鈔第四帙
道場山遊記一卷
　　（清）呂星垣撰
　　　　小方壺齋輿地叢鈔第四帙
登道場山記一卷
　　（清）欽善撰
　　　　小方壺齋輿地叢鈔第四帙
遊道場白雀諸山記一卷
　　（清）黃金臺撰
　　　　小方壺齋輿地叢鈔第四帙
遊大小玲瓏山記一卷
　　（清）楊鳳苞撰
　　　　小方壺齋輿地叢鈔第四帙
遊雲巖記一卷
　　（清）欽善撰
　　　　小方壺齊輿地叢鈔第四帙
遊碧巖記一卷
　　（清）欽善撰
　　　　小方壺齊輿地叢鈔第四帙
浙東紀遊草一卷
　　（清）沈錫爵撰
　　　　養餘齋叁集附
遊甬東山水古蹟記一卷
　　（元）吳萊撰
　　　　說郛（宛委山堂本）弓六十七
四明山遊錄一卷
　　（清）黃宗會撰
　　　　黎照廬叢書
遊天窗巖記一卷
　　（清）郭傳璞撰
　　　　小方壺齋輿地叢鈔第四帙
遊智門寺記一卷
　　（清）郭傳璞撰
　　　　小方壺齋輿地叢鈔第四帙
普陀紀勝一卷
　　（清）許琰撰
　　　　小方壺齋輿地叢鈔第四帙
海岸梵音一卷
　　（民國）周慶雲撰
　　　　晨風廬叢刊
入越記一卷
　　（宋）呂祖謙撰
　　　　續百川學海己集
　　　　說郛（宛委山堂本）弓六十四

越展紀遊一卷
　　(明)陳維新撰
　　　　文園集
越游小錄一卷
　　(清)管庭芬撰
　　　　花近樓叢書
遊柯山記一卷
　　(清)吳高增撰
　　　　小方壺齋輿地叢鈔第四帙
遊吼山記一卷
　　(清)吳高增撰
　　　　小方壺齋輿地叢鈔第四帙
遊吼山記一卷
　　(清)李宗昉撰
　　　　小方壺齋輿地叢鈔第四帙
遊吼山記一卷
　　(清)□□撰
　　　　小方壺齋輿地叢鈔再補編第四帙
香鑪峯紀遊一卷
　　(清)朱緓撰
　　　　小方壺齋輿地叢鈔第四帙
虞展紀遊一卷
　　(明)陳維新撰
　　　　文園集
遊天台山記一卷
　　(清)潘耒撰
　　　　小方壺齋輿地叢鈔第四帙
台山遊草一卷
　　(清)沈德潛撰
　　　　沈歸愚詩文全集
遊天台山記一卷
　　(清)洪亮吉撰
　　　　小方壺齋輿地叢鈔第四帙
遊天台山記一卷
　　(清)□□撰
　　　　小方壺齋輿地叢鈔再補編第四帙
天台遊記一卷
　　(清)顧鶴慶撰
　　　　小方壺齋輿地叢鈔再補編第四帙
天台遊記一卷
　　(清)楊葆光撰
　　　　小方壺齋輿地叢鈔第四帙
遊仙居諸山記一卷
　　(清)潘耒撰
　　　　小方壺齋輿地叢鈔第四帙
金華游錄一卷
　　(題宋方鳳撰)
　　　　續百川學海己集

說郛(宛委山堂本)弓六十四
學海類編(道光本、景道光本)・集餘
八
叢書集成初編・史地類
　　(宋)謝翱撰
　　　　寶顏堂祕笈(萬曆本、民國石印本)晉
　　　　集
金華遊錄注二卷
　　(清)徐沁撰
　　　　國粹叢書第二集・謝皋羽先生年譜附
遊金華洞記一卷
　　(清)曹宗璠撰
　　　　小方壺齋輿地叢鈔第四帙
遊釣臺記一卷
　　(清)鄭日奎撰
　　　　小方壺齋輿地叢鈔第四帙
遊仙巖記一卷
　　(清)潘耒撰
　　　　小方壺齋輿地叢鈔第四帙
遊鴈蕩山記一卷
　　(清)潘耒撰
　　　　小方壺齋輿地叢鈔第四帙
游雁蕩山記一卷
　　(清)周清原撰
　　　　說鈴(康熙本、道光本)前集
　　　　龍威祕書七集
　　　　藝苑捃華・說鈴
　　　　小方壺齋輿地叢鈔第四帙
　　　　古今說部叢書八集
　　　　叢書集成初編・史地類
遊鴈蕩記一卷
　　(清)方苞撰
　　　　小方壺齋輿地叢鈔第四帙
遊鴈蕩日記一卷
　　(清)梁章鉅撰
　　　　小方壺齋輿地叢鈔第四帙
遊雁蕩山日記一卷
　　　　古今遊記叢鈔
北鴈蕩紀遊一卷
　　(清)郭鍾岳撰
　　　　小方壺齋輿地叢鈔第四帙
遊南鴈蕩記一卷
　　(清)潘耒撰
　　　　小方壺齋輿地叢鈔第四帙
南鴈蕩紀遊一卷
　　(清)張盛藻撰
　　　　小方壺齋輿地叢鈔第四帙
南鴈蕩紀遊一卷

（清）郭鍾岳撰
　　小方壺齋輿地叢鈔第四帙

中鴈蕩紀遊一卷
　（清）張盛藻撰
　　小方壺齋輿地叢鈔第四帙

遊玉甑峯記一卷
　（清）潘耒撰
　　小方壺齋輿地叢鈔第四帙

遊黃龍山記一卷
　（清）袁枚撰
　　小方壺齋輿地叢鈔第四帙

遊仙都峯記一卷
　（清）袁枚撰
　　小方壺齋輿地叢鈔第四帙

游台宕路程一卷
　（明）陶望齡撰
　　說郛續弓二十六

天台鴈蕩紀游一卷
　（清）金玉岡撰
　　屏廬叢刻

遊喚一卷
　（明）王思任撰
　　寶顏堂祕笈（萬曆本、民國石印本）彙集
　　王季重九種集
　　中國文學珍本叢書第一輯・王季重十種

福　建

閩遊紀略一卷
　（清）王澐撰
　　小方壺齋輿地叢鈔第九帙

閩遊偶記一卷
　（清）吳桭臣撰
　　小方壺齋輿地叢鈔補編第九帙

遊鼓山記一卷
　（明）王世懋撰
　　王奉常雜著・名山游記八種

遊鼓山記一卷
　（清）洪若皐撰
　　小方壺齋輿地叢鈔第四帙

遊鼓山記一卷
　（清）徐釚撰
　　小方壺齋輿地叢鈔第四帙

遊鼓山記一卷
　（清）潘耒撰
　　小方壺齋輿地叢鈔第四帙

遊鼓山記一卷

（清）朱仕琇撰
　　小方壺齋輿地叢鈔第四帙

遊水尾巖記一卷
　（清）林佶撰
　　小方壺齋輿地叢鈔第四帙

游石竹山記一卷
　（明）王世懋撰
　　王奉常雜著・名山游記八種

游九鯉湖記一卷
　（明）王世懋撰
　　王奉常雜著・名山游記八種

東北閩遊記一卷
　（民國）余重耀撰
　　遯廬叢著

武夷櫂歌一卷
　（宋）朱熹撰　（宋）陳普注
　　佚存叢書（日本本、光緒木活字本、景日本本）第二帙・文公朱先生感興詩附
　　西京淸麓叢書續編・蒙養書九種附
　　叢書集成初編・文學類

武夷雜記一卷
　（明）吳拭撰
　　廣百川學海辛集

武夷游記一卷
　　說郛續弓二十六

武夷紀勝一卷
　（清）□□撰
　　小方壺齋輿地叢鈔第四帙

武夷山遊記一卷
　（清）鄭恭撰
　　小方壺齋輿地叢鈔第四帙

武夷遊記一卷
　（清）陳朝儀撰
　　小方壺齋輿地叢鈔第四帙

武夷遊記一卷
　（清）林霍撰
　　小方壺齋輿地叢鈔第四帙

武夷導遊記一卷
　（清）釋如疾奘
　　小方壺齋輿地叢鈔第四帙

遊武夷山記一卷
　（清）袁枚撰
　　小方壺齋輿地叢鈔第四帙

遊武夷山記一卷
　（清）洪亮吉撰
　　小方壺齋輿地叢鈔第四帙

武夷紀游圖詠一卷

（清）吳嵩梁撰
　　香蘇山館全集
九曲遊記一卷
　　（清）陸茇撰
　　　　小方壺齋輿地叢鈔第四帙
重遊靈應峯記一卷
　　（清）朱仕琇撰
　　　　小方壺齋輿地叢鈔第四帙
登大王峯記一卷
　　（清）李卷撰
　　　　小方壺齋輿地叢鈔第四帙
遊普陀峯記一卷
　　（清）徐乾學撰
　　　　小方壺齋輿地叢鈔第四帙

臺　灣

裨海紀遊一卷
　　（清）郁永河撰
　　　　昭代叢書（道光本）戊集續編
　　　　申報館叢書續集・紀麗類・屑玉叢譚
　　　　三集
　　　　小方壺齋輿地叢鈔第九帙
臺遊日記四卷
　　（清）蔣師轍撰
　　　　金陵叢書丙集
臺遊筆記一卷
　　（清）□□撰
　　　　小方壺齋輿地叢鈔第九帙
全臺遊記一卷
　　（民國）池志澂撰
　　　　惜硯樓叢刊

河　南

嵩洛游記一卷附錄一卷
　　（民國）許同莘撰
　　　　石步山人游記
遊林廬山記一卷
　　（清）潘耒撰
　　　　小方壺齋輿地叢鈔第四帙
遊林廬記一卷
　　（清）李雲麟撰
　　　　小方壺齋輿地叢鈔補編第四帙
遊天平山記一卷
　　（清）呂星垣撰
　　　　小方壺齋輿地叢鈔第四帙
遊唐王山記一卷
　　（清）宋世犖撰
　　　　小方壺齋輿地叢鈔第四帙

共城遊記一卷
　　（清）余縉撰
　　　　小方壺齋輿地叢鈔第六帙
泛百門泉記一卷
　　（清）呂星垣撰
　　　　小方壺齋輿地叢鈔第四帙
遊百門泉記一卷
　　（清）劉大櫆撰
　　　　小方壺齋輿地叢鈔第四帙
蘇門游記一卷
　　（民國）樊增祥撰
　　　　古今文藝叢書第一集
遊大伾山記一卷
　　（清）尹耕雲撰
　　　　小方壺齋輿地叢鈔再補編第四帙
遊少林寺記一卷
　　（清）田雯撰
　　　　小方壺齋輿地叢鈔第四帙
遊太室記一卷
　　（清）田雯撰
　　　　小方壺齋輿地叢鈔第四帙
遊中嶽記一卷
　　（清）潘耒撰
　　　　小方壺齋輿地叢鈔第四帙
遊中岳記一卷
　　（清）李雲麟撰
　　　　小方壺齋輿地叢鈔補編第四帙
遊豐山記一卷
　　（清）沈彤撰
　　　　小方壺齋輿地叢鈔第四帙
遊桐柏山記一卷
　　（清）田雯撰
　　　　小方壺齋輿地叢鈔第四帙
遊風穴山記一卷
　　（清）尹耕雲撰
　　　　小方壺齋輿地叢鈔再補編第四帙
黃婆洞記一卷
　　（清）盛謨撰
　　　　小方壺齋輿地叢鈔第四帙

湖　北

遊赤壁記一卷
　　（清）邵長蘅撰
　　　　小方壺齋輿地叢鈔第四帙
遊五腦山記一卷
　　（清）洪良品撰
　　　　小方壺齋輿地叢鈔第四帙
遊麻姑洞記一卷

　　　（清）洪良品撰
　　　　　小方壺齋輿地叢鈔第四帙
遊襄城山水記一卷
　　　（清）周準撰
　　　　　小方壺齋輿地叢鈔第四帙
遊龍泉記一卷
　　　（清）王昶撰
　　　　　小方壺齋輿地叢鈔第四帙
遊三遊洞記一卷
　　　（清）劉大櫆撰
　　　　　小方壺齋輿地叢鈔第四帙
伏牛洞記一卷
　　　（清）史承豫撰
　　　　　小方壺齋輿地叢鈔第四帙
容美紀游一卷
　　　（清）顧彩撰
　　　　　舟車所至
　　　　　小方壺齋輿地叢鈔第六帙

湖　南

楚遊紀略一卷
　　　（清）王澐撰
　　　　　小方壺齋輿地叢鈔第六帙
遊龍山記一卷
　　　（清）羅澤南撰
　　　　　小方壺齋輿地叢鈔第四帙
遊天井峯記一卷
　　　（清）羅澤南撰
　　　　　小方壺齋輿地叢鈔第四帙
遊石門記一卷
　　　（清）羅澤南撰
　　　　　小方壺齋輿地叢鈔第四帙
登君山記一卷
　　　（清）陶澍撰
　　　　　小方壺齋輿地叢鈔第四帙
遊連雲山記一卷
　　　（清）李元度撰
　　　　　小方壺齋輿地叢鈔第四帙
登天嶽山記一卷
　　　（清）李元度撰
　　　　　小方壺齋輿地叢鈔第四帙
遊大雲山記一卷
　　　（清）吳敏樹撰
　　　　　小方壺齋輿地叢鈔第四帙
大圍山遊紀略一卷
　　　（清）李榮陛撰
　　　　　小方壺齋輿地叢鈔第四帙
遊桃源山記一卷

　　　（清）李澄中撰
　　　　　小方壺齋輿地叢鈔第四帙
前遊桃花源記一卷
　　　（清）陳廷慶撰
　　　　　小方壺齋輿地叢鈔第四帙
後遊桃花源記一卷
　　　（清）陳廷慶撰
　　　　　小方壺齋輿地叢鈔第四帙
三灘記一卷
　　　（清）陸次雲撰
　　　　　小方壺齋輿地叢鈔第四帙
遊金牛山記一卷
　　　（清）潘耒撰
　　　　　小方壺齋輿地叢鈔第四帙
遊靜谷衝記一卷
　　　（清）羅辰撰
　　　　　小方壺齋輿地叢鈔第四帙
衡嶽遊記一卷
　　　（清）黃周星撰
　　　　　昭代叢書（道光本）戊集續編
　　　　　小方壺齋輿地叢鈔第四帙
遊南嶽記一卷
　　　（清）金之俊撰
　　　　　小方壺齋輿地叢鈔第四帙
遊南嶽記一卷
　　　（清）潘耒撰
　　　　　小方壺齋輿地叢鈔第四帙
登南嶽記一卷
　　　（清）唐仲冕撰
　　　　　小方壺齋輿地叢鈔第四帙
遊南嶽記一卷
　　　（清）羅澤南撰
　　　　　小方壺齋輿地叢鈔第四帙
重遊嶽麓記一卷
　　　（清）李元度撰
　　　　　小方壺齋輿地叢鈔第四帙
遊永州近治山水記一卷
　　　（清）喬萊撰
　　　　　小方壺齋輿地叢鈔第四帙
遊永州三巖記一卷
　　　（清）潘耒撰
　　　　　小方壺齋輿地叢鈔第四帙
泛瀟湘記一卷
　　　（清）黃之雋撰
　　　　　小方壺齋輿地叢鈔第四帙
遊浯溪記一卷
　　　（清）彭而述撰
　　　　　小方壺齋輿地叢鈔第四帙

浯溪記一卷
  （清）黃之雋撰
    小方壺齋輿地叢鈔第四帙
浯溪紀遊詩一卷
  （清）楊翰撰
    息柯居士全集

江 西

豫章遊稿四卷
  （清）吳懋謙撰
    吳芋莊遺稿
西山遊記一卷
  （清）徐世溥撰
    小方壺齋輿地叢鈔第四帙
遊懷玉山記一卷
  （清）趙佑撰
    小方壺齋輿地叢鈔第四帙
遊龜峯山記一卷
  （清）李宗昉撰
    小方壺齋輿地叢鈔第四帙
遊鵝湖山記一卷
  （清）口口撰
    小方壺齋輿地叢鈔第四帙
游匡廬山記一卷
  （明）王世懋撰
    王奉常雜著・名山游記八種
游二泉記一卷
  （明）王世懋撰
    王奉常雜著・名山游記八種
遊廬山記一卷
  （明）王思任撰
    王季重九種集
    中國文學珍本叢書第一輯・王季重十
      種
廬遊雜詠一卷
  （明）王思任撰
    王季重九種集
    中國文學珍本叢書第一輯・王季重十
      種
匡廬遊錄一卷
  （清）黃宗羲撰
    昭代叢書（道光本）己集廣編
    小方壺齋輿地叢鈔第四帙
    梨洲遺著彙刊
匡廬紀游一卷
  （清）吳闌思撰
    說鈴（康熙本、道光本）前集
    龍威祕書七集

藝苑捃華・說鈴
    小方壺齋輿地叢鈔第四帙
    古今說部叢書六集
    叢書集成初編・史地類
遊廬山記一卷
  （清）潘耒撰
    小方壺齋輿地叢鈔第四帙
廬山紀遊一卷
  （清）查慎行撰
    昭代叢書（道光本）癸集萃編
    小方壺齋輿地叢鈔第四帙
遊廬山記一卷
  （清）袁枚撰
    小方壺齋輿地叢鈔第四帙
遊廬山記一卷
  （清）洪亮吉撰
    小方壺齋輿地叢鈔第四帙
遊廬山記一卷
  （清）惲敬撰
    小方壺齋輿地叢鈔第四帙
遊廬山後記一卷
  （清）惲敬撰
    小方壺齋輿地叢鈔第四帙
遊山日記十二卷
  （清）舒夢蘭撰
    天香全集
廬山紀游圖詠一卷
  （清）吳嵩梁撰
    香蘇山館全集
廬山紀遊一卷
  （清）蔣湘南撰
    春暉閣雜著
遊廬山天池記一卷
  （清）李宗昉撰
    小方壺齋輿地叢鈔第四帙
遊玉簾泉記一卷
  （清）黃永年撰
    小方壺齋輿地叢鈔第四帙
遊大孤山記一卷
  （清）張際亮撰
    小方壺齋輿地叢鈔第四帙
登小孤山記一卷
  （清）方宗誠撰
    小方壺齋輿地叢鈔第四帙
遊石鐘山記一卷
  （清）周準撰
    小方壺齋輿地叢鈔第四帙
盱江諸山遊記一卷

（清）施閏章撰
　　　小方壺齋輿地叢鈔第四帙
遊麻姑山記一卷
　　（清）曾國藩撰
　　　小方壺齋輿地叢鈔第四帙
遊福山記一卷
　　（清）涂瑞撰
　　　小方壺齋輿地叢鈔第四帙
葛壇遊記一卷
　　（清）李聯琇撰
　　　小方壺齋輿地叢鈔第四帙
遊西陽山記一卷
　　（清）彭士望撰
　　　小方壺齋輿地叢鈔第四帙
遊青原山記一卷
　　（清）李祖陶撰
　　　小方壺齋輿地叢鈔第四帙
遊梅田洞記一卷
　　（清）李敏撰
　　　小方壺齋輿地叢鈔第四帙
鄧公嶺經行記一卷
　　（清）李榮陛撰
　　　小方壺齋輿地叢鈔第四帙
黃皮山遊紀略一卷
　　（清）李榮陛撰
　　　小方壺齋輿地叢鈔第四帙
大陽山遊紀略一卷
　　（清）李榮陛撰
　　　小方壺齋輿地叢鈔第四帙
遊通天巖記一卷
　　（清）惲敬撰
　　　小方壺齋輿地叢鈔第四帙
遊翠微峯記一卷
　　（清）惲敬撰
　　　小方壺齋輿地叢鈔第四帙
遊羅漢巖記一卷
　　（清）惲敬撰
　　　小方壺齋輿地叢鈔第四帙
遊罏山記一卷
　　（清）羅有高撰
　　　小方壺齋輿地叢鈔第四帙

廣　東

南越遊記三卷
　　（清）陳徽言撰
　　　雲南叢書初編・史部
粵遊小志一卷
　　（清）張心泰撰

小方壺齋輿地叢鈔第九帙
廣州游覽小志一卷
　　（清）王士禛撰
　　　王漁洋遺書・粵行三志
　　　昭代叢書（康熙本）乙集第四帙
　　　學海類編（道光本、景道光本）・集餘
　　　　八
　　　昭代叢書（道光本）乙集第三帙
　　　小方壺齋輿地叢鈔第九帙
　　　叢書集成初編・史地類
遊白雲山記一卷
　　（清）陸荽撰
　　　小方壺齋輿地叢鈔第四帙
遊白雲山記一卷
　　（清）陳夢照撰
　　　小方壺齋輿地叢鈔第四帙
遊羅浮記一卷
　　（清）潘耒撰
　　　學海類編（道光本、景道光本）・集餘
　　　　八
　　　小方壺齋輿地叢鈔第四帙
　　　叢書集成初編・史地類
遊羅浮山記一卷
　　（清）惲敬撰
　　　小方壺齋輿地叢鈔第四帙
羅浮紀游一卷
　　（民國）潘飛聲撰
　　　晨風閣叢書第一集
浮山紀勝一卷
　　（清）黃培芳撰
　　　小方壺齋輿地叢鈔第四帙
遊欖山記一卷
　　（清）姚瑩撰
　　　小方壺齋輿地叢鈔第四帙
遊丹霞記一卷
　　（清）袁枚撰
　　　小方壺齋輿地叢鈔第四帙
經丹霞山記一卷
　　（清）惲敬撰
　　　小方壺齋輿地叢鈔第四帙
滇水紀行一卷
　　（清）鄭獻甫撰
　　　小方壺齋輿地叢鈔第四帙
遊碧落洞記一卷
　　（清）廖燕撰
　　　小方壺齋輿地叢鈔第四帙
遊潮水巖記一卷
　　（清）廖燕撰

小方壺齋輿地叢鈔第四帙

遊楊歷巖記一卷
　　（清）張九鉞撰
　　　　小方壺齋輿地叢鈔第四帙

遊惠州西湖記一卷
　　（清）□□撰
　　　　小方壺齋輿地叢鈔第四帙

遊爛柯山記一卷
　　（清）□□撰
　　　　小方壺齋輿地叢鈔第四帙

遊峽山寺記一卷
　　（清）吳育撰
　　　　小方壺齋輿地叢鈔第四帙

遊金粟泉記一卷
　　（清）吳育撰
　　　　小方壺齋輿地叢鈔第四帙

訪蘇泉記一卷
　　（清）吳育撰
　　　　小方壺齋輿地叢鈔第四帙

廣　西

桂遊日記三卷
　　（清）張維屏撰
　　　　張南山全集

遊桂林諸山記一卷
　　（清）袁枚撰
　　　　小方壺齋輿地叢鈔第四帙

桂林諸山別記一卷
　　（清）鄭獻甫撰
　　　　小方壺齋輿地叢鈔第四帙

棲霞山遊記一卷
　　（清）吳□撰
　　　　小方壺齋輿地叢鈔第四帙

遊隱山記一卷
　　（清）黃之雋撰
　　　　小方壺齋輿地叢鈔第四帙

遊隱山六洞記一卷
　　（清）羅辰撰
　　　　小方壺齋輿地叢鈔第四帙

遊七星巖記一卷
　　（清）喬萊撰
　　　　小方壺齋輿地叢鈔第四帙

遊伏波巖記一卷
　　（清）喬萊撰
　　　　小方壺齋輿地叢鈔第四帙

象州沸泉記一卷
　　（清）鄭獻甫撰
　　　　小方壺齋輿地叢鈔第四帙

遊鐵城記一卷
　　（清）鄭獻甫撰
　　　　小方壺齋輿地叢鈔第四帙

遊白龍洞記一卷
　　（清）鄭獻甫撰
　　　　小方壺齋輿地叢鈔第四帙

遊丹霞巖九龍洞記一卷
　　（清）鄭獻甫撰
　　　　小方壺齋輿地叢鈔第四帙

四　川

蜀遊紀略一卷
　　（清）王澐撰
　　　　小方壺齋輿地叢鈔第七帙
　　　　古今遊記叢鈔

蜀遊記一卷
　　（清）沈鎬撰
　　　　二餘堂叢書

青城山行記一卷
　　（清）江錫齡撰
　　　　小方壺齋輿地叢鈔第四帙

遊峨眉山記一卷
　　（清）簀綱撰
　　　　小方壺齋輿地叢鈔第四帙

遊章山記一卷
　　（清）劉紹攽撰
　　　　小方壺齋輿地叢鈔第四帙

遊凌雲記一卷
　　（清）張洲撰
　　　　小方壺齋輿地叢鈔第四帙

貴　州

黔遊日記二卷
　　（明）徐宏祖撰
　　　　黔南叢書第二集

黔遊記一卷
　　（清）陳鼎撰
　　　　學海類編（道光本、景道光本）·集餘
　　　　　八
　　　　小方壺齋輿地叢鈔第七帙
　　　　黔南叢書第二集
　　　　叢書集成初編·史地類

牟珠洞記一卷
　　（清）黃安濤撰
　　　　小方壺齋輿地叢鈔第四帙

飛雲洞記一卷
　　（清）彭而述撰
　　　　小方壺齋輿地叢鈔第四帙

飛雲洞記一卷
　　（清）許元仲撰
　　　　小方壺齋輿地叢鈔第四帙
少寨洞記一卷
　　（清）洪亮吉撰
　　　　小方壺齋輿地叢鈔第四帙
獅子崖記一卷
　　（清）洪亮吉撰
　　　　小方壺齋輿地叢鈔第四帙
遊龍巖記一卷
　　（清）梁玉繩撰
　　　　小方壺齋輿地叢鈔第四帙

雲　南

滇遊記一卷
　　（清）陳鼎撰
　　　　學海類編（道光本、景道光本）・集餘
　　　　八
　　　　小方壺齋輿地叢鈔第七帙
　　　　叢書集成初編・史地類
遊燕子洞記一卷
　　（清）尤維熊撰
　　　　小方壺齋輿地叢鈔第四帙
遊太華寺記一卷
　　（清）李澄中撰
　　　　小方壺齋輿地叢鈔第四帙
遊銅瓦寺記一卷
　　（清）張九鉞撰
　　　　小方壺齋輿地叢鈔第四帙
遊雞足山記一卷
　　（清）王昶撰
　　　　小方壺齋輿地叢鈔第四帙

紀　行
晉

述征記一卷
　　（晉）郭緣生撰　（民國）葉昌熾輯
　　　　觳淡廬叢藁
西征記一卷
　　（晉）戴祚撰
　　　　說郛（宛委山堂本）弓六十
　　　　五朝小說・皇明百家小說
　　　　五朝小說大觀・皇明百家小說
西征記
　　　　說郛（商務印書館本）卷四
西征記一卷
　　（晉）戴祚撰　（民國）葉昌熾輯

　　　　觳淡廬叢藁
北征記
　　　　說郛（商務印書館本）卷四

後　魏

魏宋雲釋惠生西域求經記地理攷證一卷
　　（清）丁謙撰
　　　　橫山草堂叢書第二集附・佛地考證三
　　　　種
　　　　浙江圖書館叢書第二集

唐

慧超往五天竺傳殘卷一卷
　　（唐）釋慧超撰
　　　　雲窗叢刻
　　　　敦煌遺書第一集
慧超往五天竺國傳殘卷一卷附校錄札記
　一卷
　　（唐）釋慧超撰　校錄札記（民國）羅振玉撰
　　　　敦煌石室遺書
經行記一卷
　　（唐）杜環撰
　　　　麓山精舍叢書第二集・古海國遺書鈔
經行記
　　（唐）杜環撰　（民國）王國維校
　　　　海寧王忠慤公遺書三集・古行記校錄
　　　　海寧王靜安先生遺書・古行記校錄
唐杜環經行記地理攷證一卷
　　（清）丁謙撰
　　　　浙江圖書館叢書第二集
來南錄一卷
　　（唐）李翺撰
　　　　說郛（宛委山堂本）弓六十五
　　　　五朝小說・唐人百家小說瑣記家
　　　　五朝小說大觀・唐人百家小說瑣記家
　　　　唐人說薈（乾隆本、道光本、宣統石印
　　　　本、民國石印本）三集
　　　　唐代叢書三集

五　代

于闐記
　　（五代）高居誨撰
　　　　舊小說（民國本、1957年本）丙集
陷虜記一卷
　　（五代）胡嶠撰
　　　　說郛（宛委山堂本）弓五十六
陷北記
　　　　舊小說（民國本、1957年本）丙集

宋

高昌行記一卷
　　(宋)王延德撰
　　　　說郛(宛委山堂本)弓五十六

使高昌記
　　(宋)王延德撰　(民國)王國維校
　　　　海寧王忠慤公遺書三集・古行記校錄
　　　　海寧王靜安先生遺書・古行記校錄

乘軺錄一卷
　　(宋)路振撰
　　　　指海(道光本、景道光本)第九集
　　乘軺錄
　　　　粵雅堂叢書三編第二十三集・續談助
　　　　十萬卷樓叢書三編・續談助
　　　　叢書集成初編・總類・續談助

乘軺錄一卷
　　(宋)路振撰　羅繼祖輯
　　　　願學齋叢刊

于役志一卷
　　(宋)歐陽修撰
　　　　歐陽文忠公全集(天順本、嘉靖本、康
　　　　　熙本、嘉慶本、光緒本)
　　　　說郛(宛委山堂本)弓六十五
　　　　五朝小說・宋人百家小說瑣記家
　　　　五朝小說大觀・宋人百家小說瑣記家
　　　　四部叢刊(初次印本、二次印本、縮印
　　　　　二次印本)・集部・歐陽文忠公集
　　　　四部備要(排印本、縮印本)・集部宋
　　　　　別集・歐陽文忠全集
　　　　宋廬陵四忠集・歐陽文忠公全集

西征記一卷
　　(宋)盧襄撰
　　　　顧氏明朝四十家小說(正德嘉靖本、宣
　　　　　統排印本、民國石印本)
　　　　璅探
　　西征記
　　　　說郛(商務印書館本)卷二十四

使遼錄
　　(宋)□□撰
　　　　說郛(商務印書館本)卷三

西征道里記一卷
　　(宋)鄭剛中撰
　　　　金華叢書(同治光緒本、民國補刊本)
　　　　　・史部
　　　　叢書集成初編・史地類

入蜀記一卷
　　(宋)陸游撰

續百川學海己集
　　　　說郛(宛委山堂本)弓六十五

入蜀記四卷
　　　　寶顏堂祕笈(萬曆本、民國石印本)廣
　　　　　集
　　　　詁經堂藏書

入蜀記六卷
　　　　四庫全書・史部傳記類
　　　　知不足齋叢書(乾隆至道光本、景乾隆
　　　　　至道光本)第三集
　　　　筆記小說大觀第四輯
　　　　叢書集成初編・史地類

攬轡錄一卷
　　(宋)范成大撰
　　　　續百川學海己集
　　　　寶顏堂祕笈(萬曆本、民國石印本)普
　　　　　集
　　　　稗乘
　　　　說郛(宛委山堂本)弓六十五
　　　　知不足齋叢書(乾隆至道光本、景乾隆
　　　　　至道光本)第二十三集・石湖紀行
　　　　　三錄
　　　　叢書集成初編・史地類

攬轡錄
　　　　說郛(商務印書館本)卷四十一

驂鸞錄一卷
　　(宋)范成大撰
　　　　續百川學海己集
　　　　寶顏堂祕笈(萬曆本、民國石印本)普
　　　　　集
　　　　稗乘
　　　　說郛(宛委山堂本)弓六十五
　　　　四庫全書・史部傳記類
　　　　知不足齋叢書(乾隆至道光本、景乾隆
　　　　　至道光本)第二十三集・石湖紀行
　　　　　三錄
　　　　小重山房叢書
　　　　古今說部叢書八集
　　　　古今遊記叢鈔
　　　　叢書集成初編・史地類

驂鸞錄
　　　　說郛(商務印書館本)卷四十一

吳船錄一卷
　　(宋)范成大撰
　　　　續百川學海己集
　　　　稗乘
　　　　說郛(宛委山堂本)弓六十五

吳船錄二卷

寶顏堂祕笈(萬曆本、民國石印本)廣
　　集
四庫全書・史部傳記類
知不足齋叢書(乾隆至道光本、景乾隆
　　至道光本)第十八集
筆記小說大觀第八輯
叢書集成初編・史地類
　吳船錄
說郛(商務印書館本)卷四十一
癸未歸廬陵日記一卷
　　(宋)周必大撰
廬陵周益國文忠公集・雜著述
宋廬陵四忠集・周文忠公全集・雜著
　　述
乾道庚寅奏事錄一卷
　　(宋)周必大撰
說郛(宛委山堂本)弓六十五
五朝小說・宋人百家小說瑣記家
五朝小說大觀・宋人百家小說瑣記家
　　庚寅奏事錄一卷
廬陵周益國文忠公集・雜著述
宋廬陵四忠集・周文忠公全集・雜著
　　述
　壬辰南歸錄一卷
　　(宋)周必大撰
廬陵周益國文忠公集・雜著述
宋廬陵四忠集・周文忠公全集・雜著
　　述
北行日錄二卷
　　(宋)樓鑰撰
知不足齋叢書(乾隆至道光本、景乾隆
　　至道光本)第二十三集
北轅錄一卷
　　(宋)周煇撰
續百川學海乙集
古今說海(嘉靖本、道光本、宣統排印
　　本、民國石印本)・說選部偏記家
歷代小史
說郛(宛委山堂本)弓五十六
景印元明善本叢書十種・歷代小史
　北轅錄
說郛(商務印書館本)卷五十四
亞愚江浙紀行集句詩七卷
　　(宋)釋紹嵩撰
南宋羣賢小集

元

北使記
　　(元)劉祁撰　(民國)王國維校

海寧王忠慤公遺書三集・古行記校錄
海寧王靜安先生遺書・古行記校錄
西遊錄一卷
　　(元)耶律楚材撰
六經堪叢書初集
西遊錄注一卷
　　(清)李文田撰
靈鶼閣叢書第四集
鄦鄭學廬地理叢刊
順德李氏遺書
玉簡齋叢書
煙畫東堂小品・順德師著述
叢書集成初編・史地類
元耶律文正公西游錄略注補一卷
　　(清)李文田注　(清)范壽金補
聚學軒叢書第四集
元耶律楚材西游錄地理攷證一卷
　　(清)丁謙撰
浙江圖書館叢書第二集
耶律楚材西遊錄今釋一卷
　　(民國)張相文撰
南園叢稿
長春眞人西遊記二卷
　　(元)李志常撰
道藏(正統本、景正統本)・正乙部
指海(道光本、景道光本)第十三集
連筠簃叢書
皇朝藩屬輿地叢書第三集
道藏舉要第七類
道藏精華錄第十集
叢書集成初編・史地類
　長春子遊記二卷
宛委別藏
　長春眞人西游記一卷附錄一卷
反約篇
榕園叢書乙集
重刊道藏輯要胃集
　長春眞人西遊記二卷附錄一卷
四部備要(排印本、縮印本)・史部雜
　　史
長春眞人西遊記注二卷
　　(民國)王國維撰
蒙古史料校注
海寧王忠慤公遺書三集
海寧王靜安先生遺書
元長春眞人西游記地理攷證一卷
　　(清)丁謙撰
浙江圖書館叢書第二集

西游記金山以東釋一卷
　　(清)沈垚撰
　　　　指海 (道光本、景道光本) 第十三集・
　　　　　長春眞人西遊記附
　　　　漸學廬叢書第一集
　　　　皇朝藩屬輿地叢書第二集
邊堠紀行一卷
　　(元)張德輝撰
　　　　說郛續弓二十六
塞北紀行一卷
　　　　漸學廬叢書第一集
　　　　皇朝藩屬輿地叢書第二集
元張參議耀卿紀行地理攷證一卷
　　(清)丁謙撰
　　　　浙江圖書館叢書第二集
西使記一卷
　　(元)劉郁撰
　　　　續百川學海乙集
　　　　古今說海 (嘉靖本、道光本、宣統排印
　　　　　本、民國石印本)・說選部偏記家
　　　　歷代小史
　　　　說郛(宛委山堂本)弓五十六
　　　　四庫全書・史部傳記類
　　　　學津討原(嘉慶本、景嘉慶本)第六集
　　　　學海類編 (道光本、景道光本)・集餘
　　　　　八
　　　　反約篇
　　　　榕園叢書乙集
　　　　畿輔叢書
　　　　叢書集成初編・史地類
　　　　景印元明善本叢書十種・歷代小史
西使記
　　(元)劉郁撰　　(民國)王國維校
　　　　海寧王忠慤公遺書三集・古行記校錄
　　　　海寧王靜安先生遺書・古行記校錄
元劉郁西使記地理攷證一卷
　　(清)丁謙撰
　　　　浙江圖書館叢書第二集
天南行記一卷
　　(元)徐明善撰
　　　　說郛(宛委山堂本)弓五十六
安南行記
　　　　說郛(商務印書館本)卷五十一
河朔訪古記二卷
　　(元)迺賢(納新)撰
　　　　四庫全書・史部地理類
河朔訪古記三卷
　　　　武英殿聚珍版書(福建本、廣雅書局

　　　　　本)・史部
　　　　眞意堂三種
　　　　守山閣叢書(道光本、鴻文書局景道光
　　　　　本、博古齋景道光本)・史部
　　　　粵雅堂叢書三編第二十四集
大理行記一卷
　　(元)郭松年撰
　　　　奇晉齋叢書(乾隆本、景乾隆本)
　　　　叢書集成初編・史地類

明

奉使安南水程日記一卷
　　(明)黃福撰
　　　　紀錄彙編
　　　　叢書集成初編・史地類
　　　　景印元明善本叢書十種・紀錄彙編
淮封日記一卷
　　(明)陸深撰
　　　　儼山外集
南遷日記一卷
　　(明)陸深撰
　　　　儼山外集
汴遊錄一卷
　　(明)徐充撰
　　　　藏說小萃
報慶紀行一卷
　　(明)王祖嫡撰
　　　　龍潭精舍叢刻
客越志一卷
　　(明)王穉登撰
　　　　廣百川學海庚集
　　　　說郛續弓二十四
客越志略一卷
　　　　武林掌故叢編第四集
客越志二卷
　　　　戊寅叢編
朔雪北征記一卷
　　(明)屠隆撰
　　　　說郛續弓二十六
廣志繹五卷
　　(明)王士性撰
　　　　台州叢書甲集
滇行紀略一卷
　　(明)馮時可撰
　　　　說郛續弓二十六
禮白嶽記一卷
　　(明)李日華撰
　　　　李竹嬾先生說部全書

說郛續弓二十六
　　國學珍本文庫第一集・紫桃軒雜綴附
篷櫳夜話一卷
　　(明)李日華撰
　　李竹嬾先生說部全書
　　五朝小說・皇明百家小說
　　五朝小說大觀・皇明百家小說
　　國學珍本文庫第一集・紫桃軒雜綴附
璽召錄一卷
　　(明)李日華撰
　　李竹嬾先生說部全書
　　國學珍本文庫第一集・竹嬾畫賸附
薊旋錄一卷
　　(明)李日華撰
　　李竹嬾先生說部全書
　　國學珍本文庫第一集・竹嬾畫賸附
浙行偶記一卷
　　(明)程嘉燧撰
　　花近樓叢書
水程日記一卷
　　(明)莊元臣撰
　　莊忠甫雜著
東歸紀事一卷
　　(明)王鳳嫻撰
　　古今說部叢書五集・然脂百一編
追述黔塗略一卷
　　(明)邢慈靜撰
　　古今說部叢書五集・然脂百一編
　黔塗略一卷
　　黔南叢書第二集
魯鄒游記一卷
　　(明)葉廷秀撰
　　葉潤山輯著全書

清　前　期

南歸日錄一卷
　　(清)蕭士瑋撰
　　春浮園集(蕭作梅本、康熙本)
汴遊錄一卷
　　(清)蕭士瑋撰
　　春浮園集(蕭作梅本、康熙本)
尋親紀程一卷
　　(清)黃向堅撰
　　知不足齋叢書(乾隆至道光本、景乾隆
　　　至道光本)第五集・黃孝子紀程
　　小方壺齋輿地叢鈔第七帙
　　叢書集成初編・文學類・黃孝子紀程
　黃孝子尋親紀程一卷

　　筆記小說大觀第七輯
滇還日記一卷
　　(清)黃向堅撰
　　知不足齋叢書(乾隆至道光本、景乾隆
　　　至道光本)第五集・黃孝子紀程
　　小方壺齋輿地叢書第七帙
　　筆記小說大觀第七輯
　　叢書集成初編・文學類・黃孝子紀程
湘行記一卷
　　(清)彭而述撰
　　小方壺齋輿地叢鈔第四帙
南征紀略二卷
　　(清)孫廷銓撰
　　孫文定公全集
粵槎日記一卷
　　(清)馮如京撰
　　秋水集
北征紀略二卷
　　(清)馮如京撰
　　秋水集
北游日記一卷
　　(清)陸嘉淑撰
　　花近樓叢書
閩行隨筆一卷
　　(清)范光文撰
　　適園叢書第七集
滇行紀程一卷
　　(清)許纘曾撰
　　說鈴(康熙本)前集
　滇行紀程摘鈔一卷
　　黔南叢書第二集
　滇行紀程一卷續鈔一卷
　　龍威祕書七集
　　說鈴(道光本)前集
　　小方壺齋輿地叢鈔第七帙
　　叢書集成初編・史地類
東還紀程一卷
　　(清)許纘曾撰
　　說鈴(康熙本)前集
　東還紀程一卷續鈔一卷
　　龍威祕書七集
　　說鈴(道光本)前集
　　小方壺齋輿地叢鈔第七帙
　　叢書集成初編・史地類
閩粵巡視紀略六卷
　　(清)杜臻撰
　　四庫全書・史部傳記類
舟行日記一卷

（清）姚文然撰
　　　小方壺齋輿地叢鈔第五帙

滇行日記二卷
　　（清）李澄中撰
　　　白雲村全集

使蜀日記一卷
　　（清）方象瑛撰
　　　昭代叢書（道光本）丁集新編補
　　　小方壺齋輿地叢鈔第七帙

蜀道驛程記二卷
　　（清）王士禛撰
　　　王漁洋遺書

蜀道驛程記一卷
　　　小方壺齋輿地叢鈔第七帙

皇華紀聞四卷
　　（清）王士禛撰
　　　王漁洋遺書

南來志一卷
　　（清）王士禛撰
　　　王漁洋遺書・粵行三志
　　　小方壺齋輿地叢鈔第九帙

北歸志一卷
　　（清）王士禛撰
　　　王漁洋遺書・粵行三志
　　　小方壺齋輿地叢鈔第九帙

秦蜀驛程後記二卷
　　（清）王士禛撰
　　　王漁洋遺書

秦蜀驛程記一卷
　　　小方壺齋輿地叢鈔第七帙

行役日記一卷
　　（清）王晫撰
　　　雜著十種

南巡扈從紀略一卷
　　（清）張英撰
　　　昭代叢書（道光本）戊集續編
　　　小方壺齋輿地叢鈔第一帙

塞程別紀一卷
　　（清）余宷撰
　　　昭代叢書（康熙本）乙集第四帙
　　　昭代叢書（道光本）乙集第三帙
　　　小方壺齋叢鈔卷四
　　　小方壺齋輿地叢鈔第二帙

松亭行紀二卷
　　（清）高士奇撰
　　　說鈴（康熙本、道光本）前集
　　　四庫全書・史部傳記類
　　　古今說部叢書二集

松亭行紀一卷
　　　昭代叢書（道光本）丙集第三帙
　　　小方壺齋叢鈔卷二
　　　小方壺齋輿地叢鈔第一帙
　　　滿蒙叢書第二卷

扈從東巡日錄一卷附錄一卷
　　（清）高士奇撰
　　　小方壺齋輿地叢鈔第一帙

扈從東巡日錄二卷附錄一卷
　　　遼海叢書第一集

扈從西巡日錄一卷
　　（清）高士奇撰
　　　說鈴（康熙本、道光本）前集
　　　四庫全書・史部傳記類
　　　昭代叢書（道光本）丙集第三帙
　　　小方壺齋叢鈔卷二
　　　小方壺齋輿地叢鈔第一帙

塞北小鈔一卷
　　（清）高士奇撰
　　　說鈴（康熙本、道光本）前集
　　　昭代叢書（道光本）丙集第三帙
　　　小方壺齋叢鈔卷二
　　　小方壺齋輿地叢鈔第一帙
　　　滿蒙叢書第二卷

扈從紀程一卷
　　（清）高士奇撰
　　　小方壺齋輿地叢鈔第一帙

出塞紀略一卷
　　（清）錢良擇撰
　　　借月山房彙鈔（嘉慶本、景嘉慶本）第
　　　　九集
　　　指海（道光本、景道光本）第五集
　　　澤古齋重鈔第八集
　　　昭代叢書（道光本）辛集別編
　　　式古居彙鈔
　　　舟車所至
　　　小方壺齋輿地叢鈔第三帙
　　　滿蒙叢書第二卷

益州于役記一卷
　　（清）陳奕禧撰
　　　小方壺齋輿地叢鈔第七帙

奉使倭羅斯日記一卷
　　（清）張鵬翮撰
　　　說鈴（康熙本、道光本）前集

奉使俄羅斯行程錄一卷
　　　藝海珠塵竹集（丁集）
　　　滿蒙叢書第二卷

奉使俄羅斯日記一卷

　　　　　小方壺齋輿地叢鈔第三帙
　　　　　中國內亂外禍歷史叢書第十一輯
奉使俄羅斯行程錄
　　　　　北徼彙編
海外紀事六卷
　　（清）大汕厂翁撰
　　　　　筆記小說大觀第六輯
閩行日記一卷
　　（清）魏麟徵撰
　　　　　石函三種
後出塞錄一卷
　　（清）龔之鑰撰
　　　　　小方壺齋輿地叢鈔補編第二帙
戴褐夫集紀行一卷
　　（清）戴名世撰
　　　　　國粹叢書第二集·戴褐夫集附
南還記一卷
　　（清）戴名世撰
　　　　　古今遊記叢鈔
雲中紀程二卷
　　（清）高懋功撰
　　　　　粤雅堂叢書三編第二十四集
　　　　　叢書集成初編·史地類
　　雲中紀程一卷
　　　　　小方壺齋輿地叢鈔第六帙
停驂隨筆一卷
　　（清）程庭撰
　　　　　若菴集
　　　　　小方壺齋輿地叢鈔第五帙
春帆紀程一卷
　　（清）程庭撰
　　　　　若菴集
　　　　　小方壺齋輿地叢鈔第五帙
秉蘭錄一卷
　　（清）安篔撰
　　　　　古今文藝叢書第四集
西征賦一卷
　　（清）李祖惠撰
　　　　　昭代叢書（道光本）甲集補
自滇入都程記一卷
　　（清）楊名時撰
　　　　　昭代叢書（道光本）丁集新編補
　　　　　小方壺齋輿地叢鈔第七帙
遊秦偶記一卷
　　（清）柴桑撰
　　　　　小方壺齋輿地叢鈔第六帙
塞外紀程一卷
　　（清）陳法撰

　　　　　黔南叢書別集
從軍雜記一卷
　　（清）方觀承撰
　　　　　小方壺齋輿地叢鈔第二帙
奉使紀行詩一卷奉使行紀一卷
　　（清）尤禮撰
　　　　　春和堂全集
舟行記一卷
　　（清）張必剛撰
　　　　　小方壺齋輿地叢鈔第五帙
據鞍錄一卷
　　（清）楊應琚撰
　　　　　藕香零拾
舊鄉行紀一卷
　　（清）邵嗣宗撰
　　　　　奠東雜著土集
　　　　　小方壺齋輿地叢鈔第五帙
西征記一卷
　　（清）劉紹攽撰
　　　　　小方壺齋輿地叢鈔第七帙
高平行紀一卷
　　（清）王太岳撰
　　　　　小方壺齋輿地叢鈔第二帙
滇行日錄一卷
　　（清）王昶撰
　　　　　春融堂集（嘉慶本、光緒本）·春融堂
　　　　　雜記八種
　　　　　申報館叢書續集·掌故類·春融堂雜
　　　　　記八種
　　　　　小方壺齋輿地叢鈔第七帙
　　　　　古今說部叢書三集
雅州道中小記一卷
　　（清）王昶撰
　　　　　小方壺齋輿地叢鈔第七帙
商洛行程記一卷
　　（清）王昶撰
　　　　　春融堂集（嘉慶本、光緒本）·春融堂
　　　　　雜記八種
　　　　　申報館叢書續集·掌故類·春融堂雜
　　　　　記八種
　　　　　小方壺齋輿地叢鈔第六帙
雪鴻再錄一卷
　　（清）王昶撰
　　　　　春融堂集（嘉慶本、光緒本）·春融堂
　　　　　雜記八種
　　　　　申報館叢書續集·掌故類·春融堂雜
　　　　　記八種
　　　　　小方壺齋輿地叢鈔第五帙

古今說部叢書四集
古今遊記叢鈔

使楚叢譚一卷
　　（清）王昶撰
　　　　春融堂集（嘉慶本、光緒本）·春融堂
　　　　　雜記八種
　　　　申報館叢書續集·掌故類·春融堂雜
　　　　　記八種
　　　　小方壺齋輿地叢鈔第六帙
　　　　古今說部叢書四集

臺懷隨筆一卷
　　（清）王昶撰
　　　　春融堂集（嘉慶本、光緒本）·春融堂
　　　　　雜記八種
　　　　申報館叢書續集·掌故類·春融堂雜
　　　　　記八種
　　　　小方壺齋叢鈔卷二
　　　　小方壺齋輿地叢鈔第一帙
　　　　古今說部叢書四集

河汾旅話四卷
　　（清）朱維魚撰
　　　　枕碧樓叢書

扈從木蘭行程日記一卷
　　（清）胡季堂撰
　　　　培蔭軒全集

北游日記四卷
　　（清）王初桐撰
　　　　古香堂叢書·雜著

使粵日記二卷
　　（清）孟超然撰
　　　　亦園亭全集

使蜀日記五卷
　　（清）孟超然撰
　　　　亦園亭全集

可懷錄一卷續錄一卷
　　（清）吳騫撰
　　　　花近樓叢書補遺

冬集紀程一卷
　　（清）周廣業撰
　　　　古今說部叢書九集
　　　　古今遊記叢鈔

出口程記一卷
　　（清）李調元撰
　　　　函海（乾隆本、道光本）第二十八函
　　　　函海（光緒本）第二十六函
　　　　小方壺齋輿地叢鈔第六帙
　　　　叢書集成初編·史地類

西行日記三卷

（清）趙鈞彤撰
　　　　邊疆叢書續編

解脫紀行錄一卷行吟雜錄一卷
　　（清）金科豫撰
　　　　遼海叢書第四集

夔行紀程一卷
　　（清）陳明申撰
　　　　小方壺齋輿地叢鈔第七帙

伊犂日記一卷
　　（清）洪亮吉撰
　　　　舟車所至
　　　　小方壺齋叢鈔卷六
　　　　小方壺齋輿地叢鈔第二帙

遣戍伊犂日記一卷
　　　　洪北江全集
　　　　續刻北江遺書
　　　　古今說部叢書五集

還京日記一卷
　　（清）吳錫麒撰
　　　　小方壺齋輿地叢鈔第五帙

南歸記一卷
　　（清）吳錫麒撰
　　　　小方壺齋輿地叢鈔第五帙

灤陽錄二卷
　　（朝鮮）柳得恭撰
　　　　遼海叢書第一集

萬里行程記一卷
　　（清）祁韻士撰
　　　　問影樓輿地叢書第一集
　　　　山右叢書初編
　　　　叢書集成初編·史地類

濛池行稿一卷
　　（清）祁韻士撰
　　　　山右叢書初編

東路記一卷
　　（清）惲敬撰
　　　　小方壺齋輿地叢鈔第五帙

途中記一卷
　　（清）程含章撰
　　　　小方壺齋輿地叢鈔第九帙

使滇紀程一卷
　　（清）楊懌曾撰
　　　　小方壺齋輿地叢鈔第七帙

百四十齋記一卷
　　（清）陳經撰
　　　　陳景辰遺書·墨莊雜著

黔軺紀行集一卷
　　（清）蔣攸銛撰

黔南叢書第二集

粵游日記一卷
　（清）吳嵩梁撰
　　　香蘇山館全集

奉使紀勝一卷
　（清）陳階平撰
　　　小方壺齋輿地叢鈔第六帙

江行日記一卷
　（清）郭麐撰
　　　靈芬館集
　　　小方壺齋輿地叢鈔第五帙

北征日記一卷
　（清）顧廷綸撰
　　　顧氏家集

東還紀略一卷
　（清）史善長撰
　　　味根山房全集

使滇日記一卷
　（清）潘世恩撰
　　　陟岡樓叢刊甲集

蜀輶日記四卷
　（清）陶澍撰
　　　陶黄江先生全集

蜀輶日記一卷
　　　小方壺齋輿地叢鈔第七帙

貴州道中記一卷
　（清）謝階樹撰
　　　小方壺齋輿地叢鈔第七帙

瀋陽紀程一卷
　（清）何汝霖撰
　　　遼海叢書第三集

清 後 期

滇軺紀程一卷
　（清）林則徐撰
　　　林文忠公遺集
　　　小方壺齋輿地叢鈔第七帙

荷戈紀程一卷
　（清）林則徐撰
　　　林文忠公遺集
　　　小方壺齋叢鈔卷六
　　　小方壺齋輿地叢鈔第二帙

續驂鸞錄一卷
　（清）張祥河撰
　　　小重山房叢書
　　　古今說部叢書八集

東歸日記一卷
　（清）方士淦撰

啖蔗軒全集
　　　小方壺齋叢鈔卷六
　　　小方壺齋輿地叢鈔第二帙

鄉程日記一卷
　（清）王相撰
　　　繡水王氏家藏集（咸豐本、光緒本）附
　　　刻
　　　小方壺齋輿地叢鈔第五帙

南行紀程一卷
　（清）蔣超伯撰
　　　通齋全集

省闈日記一卷
　（清）顧祿撰
　　　小方壺齋輿地叢鈔第五帙

鴻雪因緣圖記一卷
　（清）麟慶撰
　　　小方壺齋輿地叢鈔第五帙

蜀遊日記一卷
　（清）黄勤業撰
　　　小方壺齋輿地叢鈔第七帙

西征述一卷後西征述一卷
　（清）蔣湘南撰
　　　春暉閣雜著
　　　小方壺齋輿地叢鈔第六帙

西征述一卷
　　　蔣子遺書

轉漕日記一卷
　（清）李鈞撰
　　　小方壺齋輿地叢鈔第五帙

浮海前記一卷
　（清）徐宗幹撰
　　　小方壺齋輿地叢鈔第九帙

渡海後記一卷
　（清）徐宗幹撰
　　　小方壺齋輿地叢鈔第九帙

莎車行紀一卷
　（清）倭仁撰
　　　小方壺齋輿地叢鈔第二帙

何蝯叟日記一卷
　（清）何紹基撰
　　　古學彙刊第一集·雜記類

丙午使滇日記一卷
　（清）潘曾瑩撰
　　　陟岡樓叢刊甲集

西泠續記一卷
　（清）張文虎（華谷里民）撰
　　　覆瓿集

蓮龕尋夢記一卷

（清）張文虎（華谷里民）撰
覆瓿集

夢因錄一卷
（清）張文虎（華谷里民）撰
覆瓿集

南征日記一卷
（清）謝綸撰
謝亭集

度隴記一卷
（清）董恂撰
小方壺齋輿地叢鈔第六帙

鳳臺祇謁筆記一卷
（清）董恂撰
小方壺齋輿地叢鈔第一帙

永寧祇謁筆記一卷
（清）董恂撰
小方壺齋輿地叢鈔第一帙

粵游紀程一卷
（清）晏端書撰
晏彤甫大中丞程記三種

使滇紀程一卷
（清）晏端書撰
晏彤甫大中丞程記三種

西江軺程記一卷
（清）晏端書撰
晏彤甫大中丞程記三種

黔行日記一卷
（清）劉書年撰
黔南叢書別集・劉貴陽遺稿
清芬叢鈔

歸程日記一卷
（清）劉書年撰
黔南叢書別集・劉貴陽遺稿
清芬叢鈔

南行日記一卷
（清）黃鈞宰撰
小方壺齋輿地叢鈔第五帙

北行日錄一卷
（清）黃鈞宰撰
小方壺齋輿地叢鈔第五帙

歸化行程記一卷
（清）韋坦撰
小方壺齋輿地叢鈔第六帙

閩遊記略一卷
（清）尹繼美撰
鼎吉堂全集

宦蜀紀程四卷
（清）張香海撰

牟子全集

蜀軺紀程一卷
（清）文祥撰
遼海叢書第八集

巴林紀程一卷
（清）文祥撰
遼海叢書第八集

南歸記一卷
（清）方宗誠撰
小方壺齋輿地叢鈔第五帙

岷江紀程一卷
（清）陳鍾祥撰
趣園初集

說夢錄一卷
（清）方炳奎撰
中隱堂雜著

驂鸞小記一卷
（清）方炳奎撰
中隱堂雜著

南行日記一卷
（清）楊慶之撰
小方壺齋輿地叢鈔再補編第六帙

續鄉程日記一卷
（清）王棻之撰
繡水王氏家藏集（咸豐本、光緒本）附
刻

度嶺日記一卷
（清）任棟撰
小方壺齋輿地叢鈔再補編第六帙

西行日記一卷
（清）丁壽祺撰
小方壺齋輿地叢鈔再補編第六帙

西行日紀一卷
（清）海霑撰
佚園叢書

粵遊錄一卷
（清）戴燮元撰
小方壺齋輿地叢鈔第九帙

北轅錄一卷
（清）戴燮元撰
小方壺齋輿地叢鈔第九帙

閩行日記一卷
（清）俞樾撰
小方壺齋輿地叢鈔第五帙
春在堂全書・曲園雜纂

北遊紀程一卷
（清）高延第撰
小方壺齋輿地叢鈔第七帙

鄂行日記二卷
　　(清)潘鍾瑞撰
　　　　香禪精舍集
歡行日記二卷
　　(清)潘鍾瑞撰
　　　　香禪精舍集
壬子秋試行記一卷
　　(清)宗廷輔撰
　　　　宗月鋤先生遺著
黔軺紀程一卷
　　(清)黎培敬撰
　　　　黎文肅公遺書
入都日記一卷
　　(清)周星譽撰
　　　　小方壺齋輿地叢鈔第五帙
巴船紀程一卷
　　(清)洪良品撰
　　　　小方壺齋輿地叢鈔第七帙
東歸錄一卷
　　(清)洪良品撰
　　　　小方壺齋輿地叢鈔第七帙
北征日記一卷
　　(清)洪良品撰
　　　　小方壺齋輿地叢鈔第五帙
蜀游存稿一卷
　　(清)陸汝衡撰
　　　　武原先哲遺書初編
北征日記一卷
　　(清)王廷鼎撰
　　　　紫薇花館集·紫薇花館雜纂
南浦駐雲錄一卷
　　(清)王廷鼎撰
　　　　紫薇花館集·紫薇花館雜纂
瀋陽紀程一卷
　　(清)潘祖蔭撰
　　　　遼海叢書第三集
曼陀羅館紀程一卷
　　(清)恩錫撰
　　　　小方壺齋叢鈔卷三
　　出邊紀程一卷
　　　　小方壺齋輿地叢鈔第一帙
遊蜀日記一卷
　　(清)吳燾撰
　　　　小方壺齋輿地叢鈔第七帙
遊蜀後記一卷
　　(清)吳燾撰
　　　　小方壺齋輿地叢鈔第七帙
西征日記一卷東歸日記一卷

　　(清)吳恢傑撰
　　　　吳氏囊書囊丙編
滇遊日記一卷
　　(清)包家吉撰
　　　　小方壺齋輿地叢鈔第七帙
北行日記一卷
　　(清)陳炳泰撰
　　　　小方壺齋輿地叢鈔第五帙
使閩日記一卷
　　(清)費延釐撰
　　　　吳氏囊書囊乙編
丁亥入都紀程二卷
　　(清)黎庶昌撰
　　　　黎氏家集
荔隱居日記偶存三卷
　　(清)涂慶瀾撰
　　　　荔隱山房集
郵程日記二卷
　　(清)奕譞撰
　　　　樸庵四禍
北行紀程一卷
　　(清)張預撰
　　　　崇蘭堂遺稿·崇蘭堂日記
赴津日識一卷
　　(清)張預撰
　　　　崇蘭堂遺稿·崇蘭堂日記
勘旅順記一卷
　　(清)馬建忠撰
　　　　小方壺齋輿地叢鈔再補編第一帙
西江幕遊記二卷
　　(清)王樹人撰
　　　　吳氏囊書囊甲編
西征日記一卷
　　(清)黃家鼎撰
　　　　補不足齋雜著
歸程紀略一卷
　　(清)黃家鼎撰
　　　　補不足齋雜著
使陝記三卷
　　(清)周錫恩撰
　　　　是園遺書
北行日記一卷
　　(清)王錫祺撰
　　　　小方壺齋輿地叢鈔第五帙
鴻鷗瑣錄一卷
　　(清)張桂林撰
　　　　張氏雜著
燕趙同軌一卷

（清）張桂林撰
　　　張氏雜著

秦晉連程一卷
　　（清）張桂林撰
　　　張氏雜著

蠶叢計陸一卷
　　（清）張桂林撰
　　　張氏雜著

東明紀行一卷
　　（清）張諧之撰
　　　爲已精舍藏書

張家口至烏里雅蘇台竹枝詞一卷
　　（清）志銳撰
　　　懷豳雜俎
　　　滿蒙叢書第二卷

使西紀程二卷
　　（清）郭嵩燾撰
　　　鐵香室叢刻續集
　　　游記彙刊附

使西紀程一卷
　　　小方壺齋輿地叢鈔第十一帙

乘槎筆記二卷
　　（清）斌椿撰
　　　鐵香室叢刻續集

乘槎筆記一卷
　　　小方壺齋輿地叢鈔第十一帙

西輶紀略一卷
　　（清）劉瑞芬撰
　　　養雲山莊遺稿

漫遊隨錄一卷
　　（清）王韜撰
　　　小方壺齋輿地叢鈔第十一帙

奉使朝鮮日記一卷
　　（清）崇禮撰
　　　小方壺齋輿地叢鈔補編第十帙

初使泰西記一卷
　　（清）宜垕撰
　　　小方壺齋輿地叢鈔第十一帙

使西書略一卷
　　（清）孫家穀撰
　　　小方壺齋輿地叢鈔第十一帙

奉使倫敦記一卷
　　（清）黎庶昌撰
　　　小方壺齋輿地叢鈔再補編第十一帙

奉使英倫記一卷
　　　振綺堂叢書二集

出使英法義比四國日記六卷
　　（清）薛福成撰

庸庵全集

出使英法義比四國日記一卷
　　　小方壺齋輿地叢鈔第十一帙

出使日記續刻十卷
　　（清）薛福成撰
　　　庸庵全集

歸國日記一卷
　　（清）王詠霓撰
　　　小方壺齋輿地叢鈔第十一帙

曾侯日記一卷
　　（清）曾紀澤撰
　　　申報館叢書餘集

出使英法日記一卷
　　　小方壺齋輿地叢鈔第十一帙
　　　游記彙刊

使西日記一卷
　　（清）曾紀澤撰
　　　小方壺齋輿地叢鈔再補編第十一帙

曾惠敏公使西日記二卷
　　　曾惠敏公遺集

東行日記一卷
　　（清）李圭撰
　　　小方壺齋輿地叢鈔第十二帙

南行記一卷
　　（清）馬建忠撰
　　　小方壺齋輿地叢鈔再補編第十帙

東行初錄一卷續錄一卷三錄一卷
　　（清）馬建忠撰
　　　小方壺齋輿地叢鈔再補編第十帙
　　　中國內亂外禍歷史叢書第五輯

歐遊雜錄一卷
　　（清）徐建寅撰
　　　小方壺齋輿地叢鈔第十一帙

航海述奇一卷
　　（清）張德彝撰
　　　小方壺齋輿地叢鈔第十一帙

隨使日記一卷
　　（清）張德彝撰
　　　小方壺齋輿地叢鈔第十一帙

使還日記一卷
　　（清）張德彝撰
　　　小方壺齋輿地叢鈔第十一帙

南行日記一卷
　　（清）吳廣霈撰
　　　小方壺齋輿地叢鈔再補編第十帙
　　　古今說部叢書九集
　　　古今遊記叢鈔

使東詩錄一卷

　　　　　（清）張斯桂撰
　　　　　　　小方壺齋叢書四集
歐遊隨筆一卷
　　　　　（清）錢德培撰
　　　　　　　小方壺齋輿地叢鈔第十一帙
西輶日記四卷
　　　　　（清）黃楙材撰
　　　　　　　新陽趙氏叢刊·得一齋雜著
　西輶日記一卷
　　　　　　　小方壺齋輿地叢鈔第十帙
　　　　　　　游記彙刊
使德日記一卷
　　　　　（清）李鳳苞撰
　　　　　　　小方壺齋輿地叢鈔第十一帙
　　　　　　　靈鶼閣叢書第二集
　　　　　　　游記彙刊
　　　　　　　叢書集成初編·史地類
使美紀略一卷
　　　　　（清）陳蘭彬撰
　　　　　　　小方壺齋輿地叢鈔第十二帙
出洋瑣記一卷
　　　　　（清）蔡鈞撰
　　　　　　　鐵香室叢刻續集
　　　　　　　小方壺齋輿地叢鈔第十一帙
中外述遊一卷
　　　　　（清）田嵩岳撰
　　　　　　　小方壺齋輿地叢鈔第九帙
西征紀程一卷
　　　　　（清）鄒代鈞撰
　　　　　　　小方壺齋輿地叢鈔第十一帙
　西征紀程四卷
　　　　　　　游記彙刊
出使美日祕國日記一卷
　　　　　（清）崔國因撰
　　　　　　　小方壺齋輿地叢鈔再補編第十二帙
北遊紀略一卷
　　　　　（清）吳□撰
　　　　　　　小方壺齋輿地叢鈔第三帙
三洲遊記一卷
　　　　　（清）□□撰
　　　　　　　小方壺齋輿地叢鈔第十二帙
舟行紀略一卷
　　　　　（清）□□撰
　　　　　　　小方壺齋輿地叢鈔第十二帙
遊歷筆記一卷
　　　　　（清）□□撰
　　　　　　　小方壺齋輿地叢鈔第十一帙
探路日記一卷

　　　　　（英國）密斯彌撰
　　　　　　　小方壺齋輿地叢鈔第十帙
探路日記一卷
　　　　　（英國）□□撰
　　　　　　　小方壺齋輿地叢鈔第七帙

民　國

入廣記一卷
　　　　　（民國）王闓運撰
　　　　　　　小方壺齋輿地叢鈔第九帙
使豫日記一卷
　　　　　（民國）瞿鴻禨撰
　　　　　　　長沙瞿氏叢刊
使閩日記一卷
　　　　　（民國）瞿鴻禨撰
　　　　　　　長沙瞿氏叢刊
入蜀日記一卷
　　　　　（民國）陳濤撰
　　　　　　　審安齋遺稿
東華塵夢一卷
　　　　　（民國）周慶雲撰
　　　　　　　晨風廬叢刊
湯山修禊日記一卷
　　　　　（民國）周慶雲撰
　　　　　　　晨風廬叢刊
京遊雜記一卷附記官迹一卷
　　　　　（民國）鈕澤晟撰
　　　　　　　鈕寅身先生遺著
解餉隨筆一卷
　　　　　（民國）鈕澤晟撰
　　　　　　　鈕寅身先生遺著
五十日夢痕錄一卷
　　　　　（民國）羅振玉撰
　　　　　　　雪堂叢刻
還桂日記一卷
　　　　　（民國）張其煌撰
　　　　　　　獨志堂叢稿
西海紀行卷一卷
　　　　　（民國）潘飛聲撰
　　　　　　　小方壺齋輿地叢鈔再補編第十一帙
　　　　　　　說劍堂著書
　　　　　　　古今文藝叢書第三集
遊薩克遜日記一卷
　　　　　（民國）潘飛聲撰
　　　　　　　說劍堂著書
天外歸槎錄一卷
　　　　　（民國）潘飛聲撰
　　　　　　　小方壺齋輿地叢鈔再補編第十一帙

說劍堂著書
古今文藝叢書第三集

今　人

瑞龍展墓日記一卷
　　朱景彝撰
　　　寶彝室集刊

中外雜紀之屬

總　志

列史外夷傳徵一卷
　　(清)唐詠裳撰
　　　特健藥齋外編
古海國沿革考一卷沿革表一卷
　　(清)陳運溶撰
　　　麓山精舍叢書第二集・古海國遺書鈔
　　　附
漢書匈奴傳地理攷證二卷西南夷兩粵朝
　鮮傳地理攷證一卷西域傳地理攷證一
　卷
　　(清)丁謙撰
　　　浙江圖書館叢書第一集
漢書西域傳補注二卷
　　(清)徐松撰
　　　指海(道光本、景道光本)第十二集
　　　大興徐氏三種(道光本、景道光本)
　　　式訓堂叢書初集
　　　校經山房叢書
　　　畿輔叢書
　　　廣雅書局叢書・史學
　　　皇朝藩屬輿地叢書第四集
　　　叢書集成初編・史地類
漢西域圖攷七卷首一卷
　　(清)李光廷撰
　　　皇朝藩屬輿地叢書第四集
後漢書大秦國傳補注一卷
　　(清)陳運溶撰
　　　麓山精舍叢書第二集
後漢書東夷列傳地理攷證一卷南蠻西南
　夷列傳地理攷證一卷西羌傳地理攷證
　一卷西域傳地理攷證一卷南匈奴傳地
　理攷證一卷烏桓鮮卑傳地理攷證一卷
　　(清)丁謙撰
　　　浙江圖書館叢書第一集
三國志烏丸鮮卑東夷傳附魚豢魏略西戎
　傳地理攷證一卷

　　(清)丁謙撰
　　　浙江圖書館叢書第一集
南州異物志一卷
　　(吳)萬震撰　(清)陳運溶輯
　　　麓山精舍叢書第二集・古海國遺書鈔
扶南異物志一卷
　　(吳)朱應撰　(清)陳運溶輯
　　　麓山精舍叢書第二集・古海國遺書鈔
扶南土俗一卷
　　(吳)康泰撰
　　　說郛(宛委山堂本)弓六十
扶南土俗傳一卷
　　(吳)康泰撰　(清)陳運溶輯
　　　麓山精舍叢書第二集・古海國遺書鈔
吳時外國傳一卷
　　(吳)康泰撰　(清)陳運溶輯
　　　麓山精舍叢書第二集・古海國遺書鈔
外國圖一卷
　　(吳)□□撰　(清)陳運溶輯
　　　麓山精舍叢書第二集・古海國遺書鈔
交州以南外國傳一卷
　　(清)陳運溶輯
　　　麓山精舍叢書第二集・古海國遺書鈔
外國事一卷
　　(清)陳運溶輯
　　　麓山精舍叢書第二集・古海國遺書鈔
西域諸國志一卷
　　(清)陳運溶輯
　　　麓山精舍叢書第二集・古海國遺書鈔
扶南記一卷
　　(□)竺芝撰　(清)陳運溶輯
　　　麓山精舍叢書第二集・古海國遺書鈔
扶南傳
　　　說郛(商務印書館本)卷七・諸傳摘玄
扶南傳一卷
　　(清)陳運溶輯
　　　麓山精舍叢書第二集・古海國遺書鈔
西域志
　　(晉)釋道安撰
　　　說郛(商務印書館本)卷六・廣知
　　　說郛(商務印書館本)卷七十七
西域志一卷
　　(晉)釋道安撰　(清)陳運溶輯
　　　麓山精舍叢書第二集・古海國遺書鈔
晉書四夷傳地理攷證一卷
　　(清)丁謙撰
　　　浙江圖書館叢書第一集
佛國記一卷

　　　(晉)釋法顯撰
　　　　　祕册彙函
　　　　　津逮祕書(汲古閣本、景汲古閣本)第
　　　　　　十集
　　　　　唐宋叢書·別史
　　　　　說郛(宛委山堂本)弓六十六
　　　　　五朝小說·魏晉小說外乘家
　　　　　五朝小說大觀·魏晉小說外乘家
　　　　　四庫全書·史部地理類
　　　　　增訂漢魏叢書(乾隆本、紅杏山房本、
　　　　　　三餘堂本、大通書局石印本)·載籍
　　　　　學津討原(嘉慶本、景嘉慶本)第七集
　　　　　龍谿精舍叢書·史部
　　三十國記二卷
　　　　　稗乘
　　法顯記
　　　　　說郛(商務印書館本)卷四
　　晉釋法顯佛國記地理攷證一卷
　　　　(清)丁謙撰
　　　　　橫山草堂叢書第二集附·佛地考證三
　　　　　　種
　　　　　浙江圖書館叢書第二集
　　宋書夷貊傳地理攷證一卷
　　　　(清)丁謙撰
　　　　　浙江圖書館叢書第一集
　　南齊書夷貊傳地理攷證一卷
　　　　(清)丁謙撰
　　　　　浙江圖書館叢書第一集
　　梁書夷貊傳地理攷證一卷
　　　　(清)丁謙撰
　　　　　浙江圖書館叢書第一集
　　職貢圖一卷
　　　　梁元帝撰　　(清)王謨輯
　　　　　重訂漢唐地理書鈔(鈔本、嘉慶本)
　　職貢圖序一卷
　　　　梁元帝撰　　(清)王仁俊輯
　　　　　玉函山房輯佚書續編·史編總類
　　魏書外國傳地理攷證一卷西域傳地理攷
　　　證一卷外國傳補地理攷證一卷
　　　　(清)丁謙撰
　　　　　浙江圖書館叢書第一集
　　周書異域傳地理攷證一卷
　　　　(清)丁謙撰
　　　　　浙江圖書館叢書第一集
　　林邑記一卷
　　　　　說郛(宛委山堂本)弓六十一
　　隋書四夷傳地理攷證一卷
　　　　(清)丁謙撰

　　　　　浙江圖書館叢書第一集
　　新唐書突厥傳地理攷證一卷吐蕃傳地理
　　　攷證一卷回紇等國傳地理攷證一卷沙
　　　陀傳地理攷證一卷北狄列傳地理攷證
　　　一卷東夷列傳地理攷證一卷南蠻列傳
　　　地理攷證一卷新舊唐書西域傳地理攷
　　　證一卷
　　　　(清)丁謙撰
　　　　　浙江圖書館叢書第一集
　　大唐西域記十二卷
　　　　(唐)釋玄奘譯　　(唐)釋辯機撰
　　　　　四庫全書·史部地理類
　　　　　墨海金壼(嘉慶本、景嘉慶本)·史部
　　　　　守山閣叢書(道光本、鴻文書局景道光
　　　　　　本、博古齋景道光本)·史部
　　　　　四部叢刊(初次印本、二次印本、縮印
　　　　　　二次印本)·史部
　　釋辯機大唐西域記地理攷證二卷五印度
　　　疆域風俗制度攷略一卷
　　　　(清)丁謙撰
　　　　　橫山草堂叢書第二集附·佛地考證三
　　　　　　種
　　大唐西域記地理攷證一卷附錄一卷印
　　　度風俗總記一卷
　　　　　浙江圖書館叢書第二集
　　新五代史四夷附錄地理攷證一卷
　　　　(清)丁謙撰
　　　　　浙江圖書館叢書第一集
　　宋史外國傳地理攷證一卷
　　　　(清)丁謙撰
　　　　　浙江圖書館叢書第一集
　　諸蕃志二卷
　　　　(宋)趙汝适撰
　　　　　四庫全書·史部地理類
　　　　　函海(乾隆本、道光本)第九函
　　　　　學津討原(嘉慶本、景嘉慶本)第七集
　　　　　函海(光緒本)第十一函
　　　　　叢書集成初編·史地類
　　夷俗考一卷
　　　　(宋)方鳳撰
　　　　　寶顏堂祕笈(萬曆本、民國石印本)彙
　　　　　　集
　　　　　說郛(宛委山堂本)弓五十五
　　遼史各外國地理攷證一卷
　　　　(清)丁謙撰
　　　　　浙江圖書館叢書第一集
　　金史外國傳地理攷證一卷
　　　　(清)丁謙撰

浙江圖書館叢書第一集
元史外夷傳地理攷證一卷
　　（清）丁謙撰
　　　　浙江圖書館叢書第一集
島夷志略一卷
　　（元）汪大淵撰
　　　　四庫全書・史部地理類
　　　　知服齋叢書第二集
島夷志略廣證二卷
　　（民國）沈曾植撰
　　　　古學彙刊第一集・輿地類
島夷誌略校注一卷
　　（日本）藤田豐八撰
　　　　雪堂叢刻
異域志二卷
　　（元）周致中輯
　　　　夷門廣牘・博雅
　　　　說庫
　　　　叢書集成初編・史地類
　　　　景印元明善本叢書十種・夷門廣牘・
　　　　博雅
明史外國傳地理攷證一卷西域傳地理攷
證一卷
　　（清）丁謙撰
　　　　浙江圖書館叢書第一集
瀛涯勝覽一卷
　　（明）馬歡撰
　　　　廣百川學海辛集
　　　　寶顏堂祕笈（萬曆本、民國石印本）彙
　　　　集
　　　　紀錄彙編
　　　　說郛續弓二十五
　　　　叢書集成初編・史地類
　　　　景印元明善本叢書十種・紀錄彙編
瀛涯勝覽
　　　　勝朝遺事二編
瀛涯勝覽集一卷
　　（明）張昇撰
　　　　紀錄彙編
　　　　景印元明善本叢書十種・紀錄彙編
星槎勝覽四卷
　　（明）費信撰
　　　　古今說海（嘉靖本、道光本、宣統排印
　　　　本、民國石印本）・說選部偏記家
　　　　借月山房彙鈔（嘉慶本、景嘉慶本）第
　　　　八集
　　　　澤古齋重鈔第七集
　　　　學海類編（道光本、景道光本）・集餘
　　　　八

遜敏堂叢書
星槎勝覽一卷
　　　　歷代小史
　　　　紀錄彙編
　　　　格致叢書
　　　　景印元明善本叢書十種・歷代小史
　　　　景印元明善本叢書十種・紀錄彙編
星槎勝覽前集一卷後集一卷
　　　　六經堪叢書初集
海語三卷
　　（明）黃衷撰
　　　　寶顏堂祕笈（萬曆本、民國石印本）彙
　　　　集
　　　　四庫全書・史部地理類
　　　　學津討原（嘉慶本、景嘉慶本）第七集
　　　　嶺南叢書
　　　　嶺南遺書第二集
　　　　紛欣閣叢書
西洋朝貢典錄三卷
　　（明）黃省曾撰
　　　　借月山房彙鈔（嘉慶本、景嘉慶本）第
　　　　八集
　　　　指海（道光本、景道光本）第三集
　　　　澤古齋重鈔第七集
　　　　別下齋叢書（道光本、商務印書館景道
　　　　光本、竹簡齋景道光本）
　　　　式古居彙鈔
　　　　粵雅堂叢書初編第三集
　　　　筆記小說大觀第八輯
四夷考二卷
　　（明）鄭曉撰
　　　　鄭端簡公全集・吾學編
四夷考八卷
　　（明）葉向高撰
　　　　寶顏堂祕笈（萬曆本、民國石印本）續
　　　　集
咸賓錄八卷附校勘記二卷校勘續記一卷
　　（明）羅曰褧撰　　校勘記（民國）魏元曠撰
　　　　校勘續記（民國）胡思敬撰
　　　　豫章叢書（胡思敬輯）
裔乘八卷
　　（明）楊一葵撰
　　　　玄覽堂叢書
荒徼通考一卷
　　（明）□□撰
　　　　玄覽堂叢書續集
華夷風土志四卷
　　（明）胡文煥撰
　　　　格致叢書

新刻華夷風土志四卷
　　崇齋叢書
東西洋考十二卷
　　(明)張燮撰
　　　　四庫全書・史部地理類
　　　　惜陰軒叢書(道光本、光緒本)第三函
　　　　叢書集成初編・史地類
四夷廣記一卷
　　(明)慎懋賞撰
　　　　玄覽堂叢書續集
皇明象胥錄八卷
　　(明)茅瑞徵撰
　　　　國立北平圖書館善本叢書第一集
職方外紀五卷
　　(明西洋)艾儒略撰
　　　　天學初函・理編
　　　　四庫全書・史部地理類
職方外紀五卷首一卷
　　　　墨海金壺(嘉慶本、景嘉慶本)・史部
　　　　守山閣叢書(道光本、鴻文書局景道光
　　　　　本、博古齋景道光本)・史部
　　　　皇朝藩屬輿地叢書第六集
　　　　叢書集成初編・史地類
職方外紀
　　　　北徼彙編
坤輿外紀一卷
　　(清西洋)南懷仁撰
　　　　說鈴(康熙本、道光本)前集
　　　　龍威祕書七集
　　　　藝苑捃華・說鈴
　　　　叢書集成初編・史地類
坤輿圖說二卷
　　　　四庫全書・史部地理類
　　　　指海(道光本、景道光本)第十二集
　　　　叢書集成初編・史地類
外國竹枝詞一卷
　　(清)尤侗撰　　(清)尤珍注
　　　　西堂全集(康熙本、文瑞樓石印本)
　　　　昭代叢書(康熙本)甲集第四帙
　　　　龍威祕書九集
　　　　藝海珠塵竹集(丁集)
　　　　昭代叢書(道光本)甲集第四帙
譯史四卷
　　(清)陸次雲撰
　　　　陸雲士雜著
八紘譯史四卷
　　　　龍威祕書九集
　　　　說庫

　　　　叢書集成初編・史地類
八紘譯史三卷
　　　　藝苑捃華
譯史紀餘四卷
　　(清)陸次雲撰
　　　　陸雲士雜著・八紘譯史
　　　　龍威祕書九集
　　　　叢書集成初編・史地類
譯史紀餘一卷
　　　　昭代叢書(道光本)丁集新編
八紘荒史一卷
　　(清)陸次雲撰
　　　　陸雲士雜著・八紘譯史
　　　　龍威祕書九集
　　　　說庫
　　　　叢書集成初編・史地類
古今外國名考
　　(清)孫蘭撰
　　　　檀几叢書餘集
外國紀一卷
　　(清)張玉書撰
　　　　昭代叢書(道光本)辛集別編補
海上紀略一卷
　　(清)郁永河撰
　　　　舟車所至・採硫日記附
　　　　申報館叢書續集・紀麗類・屑玉叢譚
　　　　　三集
　　　　小方壺齋輿地叢鈔第九帙
海國聞見錄二卷
　　(清)陳倫炯撰
　　　　四庫全書・史部地理類
海國聞見錄一卷附圖一卷
　　　　藝海珠塵石集(乙集)
海國聞見錄一卷
　　　　昭代叢書(道光本)戊集續編
　　　　明辨齋叢書初集
海國聞見一卷
　　(清)陳倫炯撰　　(清)鄭光祖評
　　　　舟車所至
大西洋記一卷
　　(清)陳倫炯撰
　　　　小方壺齋輿地叢鈔第十一帙
小西洋記一卷
　　(清)陳倫炯撰
　　　　小方壺齋輿地叢鈔第十二帙
異域錄一卷
　　(清)圖理琛撰
　　　　四庫全書・史部地理類

通商諸國記一卷
　　(清)朱克敬撰
　　　　小方壺齋輿地叢鈔第十一帙
遊歷聞見拾遺一卷
　　(清)洪勳撰
　　　　小方壺齋輿地叢鈔再補編第十一帙
遊歷芻言一卷
　　(清)黃楙材撰
　　　　新陽趙氏叢刊·得一齋雜著
　　　　小方壺齋輿地叢鈔第十帙
　　　　游記彙刊
英藩政概一卷
　　(清)劉啓彤撰
　　　　小方壺齋輿地叢鈔補編第十一帙
國地異名錄一卷
　　(清)林謙撰
　　　　小方壺齋輿地叢鈔第一帙
五大洲輿地戶口物產表一卷
　　(清)鄺其照撰
　　　　小方壺齋輿地叢鈔第一帙
地球韻言四卷
　　(清)張士瀛撰
　　　　西京清麓叢書外編
寰宇瑣紀十二卷
　　申報館輯
　　　　申報館叢書正集·叢殘彙刻類
瀛寰瑣紀二十八卷
　　申報館輯
　　　　申報館叢書正集·叢殘彙刻類
天下大勢通論一卷
　　(清)吳廣霈撰
　　　　小方壺齋輿地叢鈔再補編第十一帙
瀛環志略訂誤一卷
　　(清)□毅撰
　　　　小方壺齋輿地叢鈔再補編第十二帙
每月統紀傳一卷
　　(清)□□撰
　　　　小方壺齋輿地叢鈔再補編第十二帙
萬國地理全圖集一卷
　　(清)□□撰
　　　　小方壺齋輿地叢鈔再補編第十二帙
括地略一卷
　　(清)□□撰
　　　　小方壺齋叢鈔卷一
　　　　小方壺齋輿地叢鈔第一帙
貿易通志一卷
　　(清)□□撰
　　　　小方壺齋輿地叢鈔再補編第十二帙

萬國風俗考略一卷
　　(清)鄒弢撰
　　　　小方壺齋輿地叢鈔再補編第十二帙
地球方域考略一卷
　　(清)鄒弢撰
　　　　小方壺齋輿地叢鈔再補編第一帙
泰西各國采風記一卷
　　(民國)宋育仁撰
　　　　小方壺齋輿地叢鈔再補編第十一帙
萬國史記二十卷
　　(日本)岡本監輔撰
　　　　申報館叢書餘集
宇內高山大河考一卷
　　(日本)木村杏卿撰
　　　　小方壺齋輿地叢鈔第四帙
外國史略一卷
　　(英國)馬禮遜撰
　　　　小方壺齋輿地叢鈔再補編第十二帙
地理全志一卷
　　(英國)慕維廉撰
　　　　小方壺齋輿地叢鈔再補編第十二帙
三十一國志要一卷
　　(英國)李提摩太撰
　　　　小方壺齋輿地叢鈔再補編第十二帙
地理淺說一卷
　　(美國)林樂知撰
　　　　小方壺齋叢鈔卷一
　　　　小方壺齋輿地叢鈔第一帙
地球說略一卷
　　(美國)禕理哲撰
　　　　小方壺齋輿地叢鈔再補編第十二帙
地理志略一卷
　　(美國)戴德江撰
　　　　小方壺齋輿地叢鈔再補編第十二帙
新釋地理備考全書十卷
　　(葡國)瑪吉士撰
　　　　海山仙館叢書
佛學地理志三卷
　　(民國)張相文撰
　　　　南園叢稿

亞　洲

使高麗錄一卷
　　(宋)徐兢撰
　　　　廣百川學海乙集
　　　　說郛(宛委山堂本)弓五十六
宣和奉使高麗圖經四十卷
　　　　四庫全書·史部地理類

　　　　(明)鄭若曾撰
　　　　　　鄭開陽雜著(康熙本、景康熙本)
安南圖誌一卷
　　　　(明)鄧鍾撰
　　　　　　國立北平圖書館善本叢書第一集
使西域記一卷
　　　　(明)陳誠(明)李暹撰
　　　　　　學海類編(道光本、景道光本)・集餘
　　　　　　八
　　　　　　叢書集成初編・史地類
西域番國志一卷
　　　　(明)陳誠(明)李暹撰
　　　　　　豫恕堂叢書・獨寤園叢鈔
　　　　　　國立北平圖書館善本叢書第一集
西域行程記一卷
　　　　(明)陳誠(明)李暹撰
　　　　　　豫恕堂叢書・獨寤園叢鈔
　　　　　　國立北平圖書館善本叢書第一集
東南三國記一卷
　　　　(清)江登雲撰
　　　　　　小方壺齋輿地叢鈔第十帙
北徼山脈考一卷
　　　　(清)何秋濤撰
　　　　　　小方壺齋輿地叢鈔第四帙
色楞格河源流考一卷
　　　　(清)何秋濤撰
　　　　　　小方壺齋輿地叢鈔第四帙
喀爾喀風土記一卷
　　　　(清)李德撰
　　　　　　小方壺齋叢鈔卷四
　　　　　　小方壺齋輿地叢鈔第二帙
佩蘅詩鈔二卷
　　　　(清)寶鋆撰
　　　　　　滿蒙叢書第二卷
喀爾喀地略一卷
　　　　(清)馬冠羣撰
　　　　　　小方壺齋輿地叢鈔再補編第二帙
庫倫記一卷
　　　　(清)姚瑩撰
　　　　　　小方壺齋輿地叢鈔第二帙
庫倫蒙俄卡倫對照表一卷
　　　　(清)三多撰
　　　　　　滿蒙叢書第四卷
和林考一卷
　　　　(清)黃楙材撰
　　　　　　靈鶼閣叢書第四集・和林金石錄附
　　　　　　叢書集成初編・史地類
和林詩一卷

　　　　(清)李文田撰
　　　　　　順德李氏遺書
　　　　　　鄦鄭學廬地理叢刊
　　　　　　叢書集成初編・史地類
科布多政務總冊一卷
　　　　(清)富俊撰
　　　　　　新疆事宜三種
　　　　　　邊疆叢書甲集
烏里雅蘇臺志略一卷
　　　　(清)□□撰
　　　　　　邊疆五種
朝鮮軼事一卷
　　　　(清)博明撰
　　　　　　遼海叢書第一集
高麗論略一卷
　　　　(清)朱逢甲撰
　　　　　　小方壺齋輿地叢鈔第十帙
高麗風俗記一卷
　　　　(清)□□撰
　　　　　　小方壺齋輿地叢鈔第十帙
朝鮮考略一卷
　　　　(清)龔柴撰
　　　　　　小方壺齋輿地叢鈔第十帙
高麗形勢一卷
　　　　(清)吳鍾史撰
　　　　　　小方壺齋輿地叢鈔第十帙
朝鮮風土略述一卷
　　　　(清)吳鍾史撰
　　　　　　小方壺齋輿地叢鈔第十帙
東遊記一卷
　　　　(清)吳鍾史撰
　　　　　　小方壺齋輿地叢鈔第十帙
遊高麗王城記一卷
　　　　(清)吳鍾史撰
　　　　　　小方壺齋輿地叢鈔第十帙
東藩紀要十二卷補錄一卷
　　　　(清)薛培榕輯
　　　　　　申報館叢書餘集
朝鮮輿地說一卷
　　　　(清)薛培榕撰
　　　　　　小方壺齋輿地叢鈔第十帙
朝鮮風俗記一卷
　　　　(清)薛培榕撰
　　　　　　小方壺齋輿地叢鈔第十帙
朝鮮會通條例一卷
　　　　(清)薛培榕撰
　　　　　　小方壺齋輿地叢鈔第十帙
朝鮮八道紀要一卷

　　　(清)薛培榕撰
　　　　小方壺齋輿地叢鈔第十帙
朝鮮風土記一卷
　　　(清)□□撰
　　　　小方壺齋輿地叢鈔第十帙
高麗瑣記一卷
　　　(清)□□撰
　　　　小方壺齋輿地叢鈔第十帙
朝鮮疆域紀略一卷
　　　(清)□□撰
　　　　小方壺齋輿地叢鈔第十帙
朝鮮雜述一卷
　　　(清)許午撰
　　　　小方壺齋輿地叢鈔第十帙
入高紀程一卷
　　　(清)□□撰
　　　　小方壺齋輿地叢鈔第十帙
巨文島形勢一卷
　　　(清)□□撰
　　　　小方壺齋輿地叢鈔第十帙
朝鮮諸水編一卷
　　　(清)齊召南撰
　　　　小方壺齋輿地叢鈔第十帙
高麗水道考一卷
　　　(清)□□撰
　　　　小方壺齋輿地叢鈔第十帙
東洋記一卷
　　　(清)陳倫炯撰
　　　　小方壺齋輿地叢鈔第十帙
日本風土記一卷
　　　(清)戴名世撰
　　　　小方壺齋輿地叢鈔再補編第十帙
袖海編一卷
　　　(清)汪鵬撰
　　　　昭代叢書(道光本)戊集續編
　　　　小方壺齋輿地叢鈔第十帙
日本雜詩一卷
　　　(清)沙起雲撰
　　　　藝海珠塵竹集(丁集)·外國竹枝詞附
東倭表一卷
　　　(清)金安清撰
　　　　小方壺齋叢書二集
東倭考一卷
　　　(清)金安清撰
　　　　小方壺齋叢書
　　　　小方壺齋輿地叢鈔再補編第十帙
　　　　中國內亂外禍歷史叢書第十六輯
日本近事記一卷

　　　(清)陳其元撰
　　　　小方壺齋輿地叢鈔第十帙
日本通中國考一卷
　　　(清)王韜撰
　　　　小方壺齋輿地叢鈔第十帙
扶桑遊記一卷
　　　(清)王韜撰
　　　　小方壺齋輿地叢鈔第十帙
使東述略一卷
　　　(清)何如璋撰
　　　　鐵香室叢刻續集
　　　　小方壺齋輿地叢鈔第十帙
使東雜記一卷
　　　(清)何如璋撰
　　　　鐵香室叢刻續集·使東述略附
　　　　小方壺齋輿地叢鈔第十帙
日本雜事一卷
　　　(清)黃遵憲撰
　　　　小方壺齋輿地叢鈔第十帙
日本國志序例一卷
　　　(清)黃遵憲撰
　　　　會稽徐氏鑄學齋叢書
東遊日記一卷
　　　(清)王之春撰
　　　　小方壺齋輿地叢鈔第十帙
東洋瑣記一卷
　　　(清)王之春撰
　　　　小方壺齋輿地叢鈔第十帙
日本記遊一卷
　　　(清)□□撰
　　　　鐵香室叢刻續集
　　　　小方壺齋輿地叢鈔第十帙
日本雜記一卷
　　　(清)□□撰
　　　　鐵香室叢刻續集·日本記遊附
　　　　小方壺齋輿地叢鈔第十帙
日本考略一卷
　　　(清)冀柴撰
　　　　小方壺齋輿地叢鈔第十帙
日本沿革一卷
　　　(清)傅雲龍撰
　　　　小方壺齋輿地叢鈔第十帙
日本風俗一卷
　　　(清)傅雲龍撰
　　　　小方壺齋輿地叢鈔再補編第十帙
日本疆域險要一卷
　　　(清)傅雲龍撰
　　　　小方壺齋輿地叢鈔第十帙

日本山表說一卷
　　（清）傅雲龍撰
　　　　小方壺齋輿地叢鈔第十帙
日本河渠志一卷
　　（清）傅雲龍撰
　　　　小方壺齋輿地叢鈔第十帙
東槎聞見錄一卷
　　（清）陳家麟撰
　　　　小方壺齋輿地叢鈔第十帙
東遊日記一卷
　　（清）黃慶澄撰
　　　　小方壺齋輿地叢鈔再補編第十帙
東遊紀盛一卷
　　（清）□□撰
　　　　小方壺齋輿地叢鈔第十帙
日本瑣誌一卷
　　（清）□□撰
　　　　小方壺齋輿地叢鈔第十帙
長崎紀聞一卷
　　（清）童華撰
　　　　童氏雜著
對馬島考一卷
　　（清）顧厚焜撰
　　　　小方壺齋輿地叢鈔再補編第十帙
遊鹽原記一卷
　　（清）黎庶昌撰
　　　　小方壺齋輿地叢鈔再補編第十帙
遊日光山記一卷
　　（清）黎庶昌撰
　　　　小方壺齋輿地叢鈔第十帙
訪徐福墓記一卷
　　（清）黎庶昌撰
　　　　小方壺齋輿地叢鈔再補編第十帙
遊扶桑本牧記一卷
　　（清）□□撰
　　　　小方壺齋輿地叢鈔再補編第十帙
使琉球紀一卷
　　（清）張學禮撰
　　　　說鈴（康熙本、道光本）前集
　　　　龍威祕書七集
　　　　小方壺齋輿地叢鈔第十帙
　　　　叢書集成初編・史地類
中山紀略一卷
　　（清）張學禮撰
　　　　小方壺齋輿地叢鈔第十帙
中山沿革志二卷
　　（清）汪楫撰
　　　　梅齋集

使琉球雜錄五卷
　　（清）汪楫撰
　　　　梅齋集
冊封琉球疏鈔一卷
　　（清）汪楫撰
　　　　梅齋集
中山傳信錄一卷
　　（清）徐葆光撰
　　　　舟車所至
　　　　小方壺齋輿地叢鈔第十帙
遊山南記一卷
　　（清）徐葆光撰
　　　　小方壺齋輿地叢鈔再補編第十帙
琉球國志略十六卷首一卷
　　（清）周煌撰
　　　　武英殿聚珍版書（武英殿木活字本、福
　　　　　建本、廣雅書局本）・史部
　　　　叢書集成初編・史地類
續琉球國志略二卷首一卷
　　（清）趙新撰
　　　　還硯齋全集
琉球入學見聞錄四卷
　　（清）潘相撰
　　　　潘相所著書
使琉球記六卷
　　（清）李鼎元撰
　　　　申報館叢書餘集
使琉球記一卷
　　　　小方壺齋輿地叢鈔第十帙
琉球朝貢考一卷
　　（清）王韜撰
　　　　小方壺齋輿地叢鈔第十帙
琉球向歸日本辨一卷
　　（清）王韜撰
　　　　小方壺齋輿地叢鈔第十帙
中山見聞辨異一卷
　　（清）黃景福撰
　　　　小方壺齋輿地叢鈔第十帙
琉球實錄一卷
　　（清）錢□撰
　　　　小方壺齋輿地叢鈔第十帙
安南雜記一卷
　　（清）李仙根撰
　　　　昭代叢書（康熙本）甲集第四帙
　　　　說鈴（康熙本、道光本）前集
　　　　學海類編（道光本、景道光本）・集餘
　　　　　八
　　　　昭代叢書（道光本）甲集第四帙

小方壺齋輿地叢鈔第十帙
　　叢書集成初編・史地類
安南紀遊一卷
　（清）潘鼎珪撰
　　說鈴（康熙本、道光本）前集
　　龍威祕書七集
　　小方壺齋輿地叢鈔第十帙
　　古今說部叢書六集
　　叢書集成初編・史地類
越南疆域考一卷
　（清）魏源撰
　　小方壺齋輿地叢鈔第十帙
重訂越南圖說六卷
　（清）盛慶紱撰
　　觀象廬叢書
　越南地輿圖說一卷
　　小方壺齋輿地叢鈔第十帙
越南世系沿革略一卷
　（清）徐延旭撰
　　小方壺齋輿地叢鈔第十帙
越南山川略一卷
　（清）徐延旭撰
　　小方壺齋輿地叢鈔第十帙
越南道路略一卷
　（清）徐延旭撰
　　小方壺齋輿地叢鈔第十帙
越南考略一卷
　（清）龔柴撰
　　小方壺齋輿地叢鈔第十帙
越南遊記一卷
　（清）陳口撰
　　小方壺齋輿地叢鈔第十帙
遊越南記一卷
　（清）□□撰
　　小方壺齋輿地叢鈔再補編第十帙
黑河紀略一卷
　（清）□□撰
　　小方壺齋輿地叢鈔第十帙
金邊國記一卷
　（清）□□撰
　　小方壺齋輿地叢鈔第十帙
暹羅別記一卷
　（清）季麒光撰
　　小方壺齋輿地叢鈔第十帙
暹羅考一卷
　（清）□□撰
　　小方壺齋輿地叢鈔第十帙
暹羅考略一卷

　（清）龔柴撰
　　小方壺齋輿地叢鈔第十帙
暹羅政要一卷
　（清）鄭昌棪撰
　　小方壺齋輿地叢鈔補編第十帙
暹羅近事末議一卷
　（清）王錫祺撰
　　小方壺齋輿地叢鈔再補編第十帙
新嘉坡風土記一卷
　（清）李鍾珏撰
　　靈鶼閣叢書第二集
　　叢書集成初編・史地類
緬事述略一卷
　（清）師範撰
　　小方壺齋輿地叢鈔第十帙
入緬路程一卷
　（清）師範撰
　　小方壺齋輿地叢鈔第十帙
緬述一卷
　（清）彭崧毓撰
　　求是齋雜存
　　問影樓輿地叢書第一集
　　叢書集成初編・史地類
緬甸風土詩一卷
　（清）王家璧撰
　　求是齋雜存・緬述附
緬甸瑣記一卷
　（清）傅顯撰
　　小方壺齋輿地叢鈔第十帙
緬甸考略一卷
　（清）龔柴撰
　　小方壺齋輿地叢鈔第十帙
緬藩新紀一卷
　（清）□□撰
　　小方壺齋輿地叢鈔第十帙
緬甸圖說一卷
　（清）吳其禎撰
　　小方壺齋輿地叢鈔再補編第十帙
廓爾喀不丹合考一卷
　（清）龔柴撰
　　小方壺齋輿地叢鈔第三帙
錫金考略一卷
　（清）□□撰
　　小方壺齋輿地叢鈔第三帙
五印度論一卷
　（清）徐繼畬撰
　　小方壺齋輿地叢鈔第十帙
印度劄記四卷

（清）黃楙材撰
　　新陽趙氏叢刊・得一齋雜著
印度劄記一卷
　　小方壺齋輿地叢鈔第十帙
　　游記彙刊
印度考略一卷
　（清）龔柴撰
　　小方壺齋輿地叢鈔第十帙
北印度以外疆域考一卷
　（清）魏源撰
　　小方壺齋輿地叢鈔再補編第十帙
中亞細亞圖說略一卷
　（清）蔡錫齡撰
　　小方壺齋輿地叢鈔第十帙
鹹海紀略一卷
　（清）蔡錫齡撰
　　小方壺齋輿地叢鈔第十帙
波斯考略一卷
　（清）龔柴撰
　　小方壺齋輿地叢鈔第十帙
阿剌伯考略一卷
　（清）龔柴撰
　　小方壺齋輿地叢鈔第十帙
亞剌伯沿革考一卷
　（清）李光廷撰
　　小方壺齋輿地叢鈔補編第十帙
俾路芝考略一卷
　（清）龔柴撰
　　小方壺齋輿地叢鈔第十帙
俾路芝沿革考一卷
　（清）李光廷撰
　　小方壺齋輿地叢鈔補編第十帙
阿富汗考略一卷
　（清）龔柴撰
　　小方壺齋輿地叢鈔第十帙
東土耳其考略一卷
　（清）龔柴撰
　　小方壺齋輿地叢鈔第十帙
木剌夷補傳稿一卷
　（清）□□撰
　　振綺堂叢書二集
亞洲俄屬考略一卷
　（清）龔柴撰
　　小方壺齋輿地叢鈔第三帙
西伯利東偏紀要一卷
　（清）曹廷杰撰
　　遼海叢書第七集
伯利探路記一卷

（清）曹廷杰撰
　　小方壺齋輿地叢鈔第三帙
　　游記彙刊
俄屬海口記一卷
　（清）□□撰
　　小方壺齋輿地叢鈔第三帙
庫葉附近諸島考一卷
　（清）何秋濤撰
　　小方壺齋輿地叢鈔第一帙
蝦夷紀略一卷
　（清）姚棻撰
　　小方壺齋輿地叢鈔第三帙
東南洋記一卷
　（清）陳倫炯撰
　　小方壺齋輿地叢鈔第十帙
南洋記一卷
　（清）陳倫炯撰
　　小方壺齋輿地叢鈔第十帙
南澳氣記一卷
　（清）陳倫炯撰
　　小方壺齋輿地叢鈔第十帙
崑崙記一卷
　（清）陳倫炯撰
　　小方壺齋輿地叢鈔第十帙
崑崙一卷
　（清）□□撰
　　域外叢書
南洋事宜論一卷
　（清）藍鼎元撰
　　小方壺齋輿地叢鈔第十帙
薄海番域錄一卷
　（清）邵太緯撰
　　小方壺齋輿地叢鈔再補編第十一帙
海島逸誌摘略一卷
　（清）王大海撰
　　域外叢書
海島逸志一卷
　　小方壺齋輿地叢鈔第十帙
海島逸志一卷
　（清）王大海撰　　（清）鄭光祖評
　　舟車所至
南洋各島國論一卷
　（清）吳曾英撰
　　小方壺齋輿地叢鈔第十帙
東南洋鍼路一卷
　（清）呂調陽撰
　　小方壺齋輿地叢鈔第十帙
海外羣島記一卷

（清）□□撰
　　小方壺齋輿地叢鈔第十帙

南洋述遇一卷
　　（清）□□撰
　　小方壺齋輿地叢鈔第十帙

南洋蠡測一卷
　　（清）顏斯綜撰
　　小方壺齋輿地叢鈔再補編第十帙

呂宋紀略一卷
　　（清）黃可垂撰
　　域外叢書
　　小方壺齋輿地叢鈔第十帙

呂宋記略一卷
　　（清）葉羌鏞撰
　　小方壺齋輿地叢鈔再補編第十帙

蘇祿記略一卷
　　（清）葉羌鏞撰
　　小方壺齋輿地叢鈔再補編第十帙

蘇祿考一卷
　　（清）王錫祺輯
　　小方壺齋輿地叢鈔再補編第十帙

噶喇吧紀略一卷拾遺一卷
　　（清）程遜我撰
　　遜敏堂叢書

葛剌巴傳一卷
　　（清）□□撰
　　小方壺齋輿地叢鈔第十帙

爪亞風土拾遺一卷
　　（清）□□撰
　　域外叢書

三寶壠一卷
　　（清）□□撰
　　域外叢書

柔佛略述一卷
　　（清）□□撰
　　小方壺齋輿地叢鈔第十帙

檳榔嶼遊記一卷
　　（清）□□撰
　　小方壺齋輿地叢鈔第十帙

遊婆羅洲記一卷
　　（清）□□撰
　　小方壺齋輿地叢鈔第十帙

白蠟遊記一卷
　　（清）□□撰
　　小方壺齋輿地叢鈔第十帙

義火可提國記一卷
　　（清）□□撰
　　小方壺齋輿地叢鈔再補編第十帙

亞洲史二卷
　　（民國）羅師揚撰
　　希山叢著

東槎雜著一卷
　　（民國）姚文棟撰
　　小方壺齋輿地叢鈔第十帙

扶桑百八吟一卷
　　（民國）姚鵬圖撰
　　雲在山房叢書

大正博覽會參觀記一卷
　　（民國）王維亮撰
　　房山山房叢書

琉球說略一卷
　　（民國）姚文棟譯
　　小方壺齋輿地叢鈔第十帙

安南小志一卷
　　（民國）姚文棟撰
　　小方壺齋輿地叢鈔第十帙

庫頁島志略四卷
　　（民國）石榮曒撰
　　蓉城仙館叢書

朝鮮志二卷
　　（朝鮮）□□撰
　　四庫全書・史部地理類
　　藝海珠塵石集（乙集）
　　叢書集成初編・史地類

朝鮮志一卷
　　舟車所至

朝鮮史略六卷
　　（朝鮮）□□撰
　　四庫全書・史部載記類
　　國立北平圖書館善本叢書第一集

箕田攷一卷
　　（朝鮮）韓百謙撰　（朝鮮）李家漁（朝鮮）李
　　義慶輯
　　別下齋叢書（道光本、商務印書館景道
　　光本、竹簡齋景道光本）
　　叢書集成初編・社會科學類

東籬耦談四卷
　　（朝鮮）金正喜撰　（朝鮮）金敬淵記
　　仰視千七百二十九鶴齋叢書（光緒本、
　　景光緒本）第一集

東國名勝記一卷
　　（朝鮮）金敬淵撰
　　小方壺齋輿地叢鈔第十帙

朝鮮小記一卷
　　（朝鮮）李韶九撰
　　小方壺齋輿地叢鈔第十帙

二十一都懷古詩一卷
　　（朝鮮）柳得恭撰
　　　　仰視千七百二十九鶴齋叢書（光緒本、
　　　　　景光緒本）第一集
　　　　叢書集成初編・文學類
安南志略十九卷
　　（越南）黎崱撰
　　　　四庫全書・史部載記類
越史略三卷
　　（越南）□□撰
　　　　四庫全書・史部載記類
　　　　守山閣叢書（道光本、鴻文書局景道光
　　　　　本、博古齋景道光本）・史部
　　　　皇朝藩屬輿地叢書第一集
　　　　叢書集成初編・史地類
南翁夢錄一卷
　　（越南）黎澄撰
　　　　紀錄彙編
　　　　說郛續弓十四
　　　　五朝小說・皇明百家小說
　　　　五朝小說大觀・皇明百家小說
　　　　涵芬樓祕笈第九集
　　　　叢書集成初編・史地類
　　　　景印元明善本叢書十種・紀錄彙編
鎮南浦開埠記一卷
　　（日本）古城貞吉譯
　　　　小方壺齋輿地叢鈔再補編第十帙
豈止快錄一卷
　　（日本）林長孺撰
　　　　小方壺齋輿地叢鈔第十帙
禹于日錄一卷
　　（日本）岡千仞撰
　　　　小方壺齋輿地叢鈔第十帙
熱海遊記一卷
　　（日本）岡千仞撰
　　　　小方壺齋輿地叢鈔第十帙
使會津記一卷
　　（日本）岡千仞撰
　　　　小方壺齋輿地叢鈔第十帙
登富嶽記一卷
　　（日本）太宰純撰
　　　　小方壺齋輿地叢鈔第十帙
登富士山記一卷
　　（日本）澤元愷撰
　　　　小方壺齋輿地叢鈔第十帙
鹿門宕嶽諸遊記一卷
　　（日本）釋紹岷撰
　　　　小方壺齋輿地叢鈔第十帙

遊嵐峽記一卷
　　（日本）源之熙撰
　　　　小方壺齋輿地叢鈔第十帙
遊石山記一卷
　　（日本）釋大典撰
　　　　小方壺齋輿地叢鈔第十帙
登金華山記一卷
　　（日本）澤元愷撰
　　　　小方壺齋輿地叢鈔第十帙
遊松連高雄二山記一卷
　　（日本）安積信撰
　　　　小方壺齋輿地叢鈔第十帙
霧島山記一卷
　　（日本）橘南溪撰
　　　　小方壺齋輿地叢鈔第十帙
遊天王山記一卷
　　（日本）市村謙撰
　　　　小方壺齋輿地叢鈔第十帙
瀧溪紀遊一卷
　　（日本）鈴木恭撰
　　　　小方壺齋輿地叢鈔第十帙
遊綿溪記一卷
　　（日本）豐後廣瀨達撰
　　　　小方壺齋輿地叢鈔第十帙
遊保津川記一卷
　　（日本）山田敬直撰
　　　　小方壺齋輿地叢鈔第十帙
斷腸記一卷
　　（日本）勝安芳撰
　　　　漸學廬叢書第一集
琉球形勢略一卷
　　（日本）中根淑撰
　　　　小方壺齋輿地叢鈔第十帙
印度風俗記一卷
　　（日本）岡本監輔撰
　　　　小方壺齋輿地叢鈔第十帙
西伯利記一卷
　　（日本）岡本監輔撰
　　　　小方壺齋輿地叢鈔第三帙
阿塞亞尼亞羣島記一卷
　　（日本）岡本監輔撰
　　　　小方壺齋輿地叢鈔第十帙
日本載筆一卷
　　（英國）章廉臣撰
　　　　小方壺齋輿地叢鈔第十帙
安南論一卷
　　（英國）李提摩太撰
　　　　小方壺齋輿地叢鈔再補編第十帙

（清）張穆撰
　　北徼彙編
俄羅斯國總記
　（清）林則徐撰
　　北徼彙編
俄羅斯國紀要一卷
　（清）林則徐撰
　　俄國疆界風俗誌
俄羅斯方域
　（清）姚瑩撰
　　北徼彙編
　俄羅斯方域一卷
　　俄國疆界風俗誌
俄羅斯國志略
　（清）徐繼畬撰
　　北徼彙編
俄羅斯形勢考一卷
　（清）何秋濤撰
　　小方壺齋輿地叢鈔第三帙
俄羅斯諸路疆域考一卷
　（清）何秋濤撰
　　小方壺齋輿地叢鈔第三帙
俄羅斯分部說一卷
　（清）何秋濤撰
　　小方壺齋輿地叢鈔第三帙
俄羅斯叢記一卷
　（清）何秋濤撰
　　小方壺齋輿地叢鈔第三帙
北徼城邑考一卷
　（清）何秋濤撰
　　小方壺齋輿地叢鈔第三帙
北徼方物考一卷
　（清）何秋濤撰
　　小方壺齋輿地叢鈔第三帙
俄羅斯源流考一卷
　（清）繆祐孫撰
　　小方壺齋輿地叢鈔第三帙
俄羅斯疆域編一卷
　（清）繆祐孫撰
　　小方壺齋輿地叢鈔第三帙
俄羅斯水道記一卷
　（清）繆祐孫撰
　　小方壺齋輿地叢鈔第四帙
俄羅斯山形志一卷
　（清）繆祐孫撰
　　小方壺齋輿地叢鈔第四帙
俄羅斯戶口略一卷
　（清）繆祐孫撰

　　小方壺齋輿地叢鈔第三帙
取悉畢爾始末記一卷
　（清）繆祐孫譯
　　小方壺齋輿地叢鈔第三帙
取中亞細亞始末記一卷
　（清）繆祐孫譯
　　小方壺齋輿地叢鈔第三帙
俄遊日記一卷
　（清）繆祐孫撰
　　小方壺齋輿地叢鈔第三帙
俄羅斯國志略一卷
　（清）沈敦和撰
　　小方壺齋輿地叢鈔補編第三帙
俄疆客述一卷
　（清）管斯駿撰
　　小方壺齋輿地叢鈔再補編第三帙
紅毛番嘆咭唎考略一卷
　（清）汪文泰輯
　　域外叢書
英吉利地圖說一卷
　（清）姚瑩撰
　　小方壺齋輿地叢鈔第十一帙
英吉利小記一卷
　（清）魏源撰
　　小方壺齋輿地叢鈔再補編第十一帙
蘭崙偶說四卷
　（清）梁廷枏撰
　　海國四說
英夷說一卷
　（清）何大庚撰
　　小方壺齋輿地叢鈔再補編第十一帙
英國論略一卷
　（清）□□撰
　　小方壺齋輿地叢鈔再補編第十一帙
英吉利記一卷
　（清）蕭令裕撰
　　小方壺齋輿地叢鈔再補編第十一帙
英吉利國夷情紀略一卷
　（清）葉鍾進撰
　　小方壺齋輿地叢鈔再補編第十一帙
英軺日記一卷
　（清）劉錫鴻撰
　　小方壺齋輿地叢鈔第十一帙
英軺私記一卷
　（清）劉錫鴻撰
　　靈鶼閣叢書第二集
　　叢書集成初編・史地類
使英雜記一卷

（清）張德彝撰
　　小方壺齋輿地叢鈔第十一帙
英吉利國志略一卷
　（清）沈敦和撰
　　小方壺齋輿地叢鈔補編第十一帙
英政概一卷
　（清）劉啓彤撰
　　小方壺齋輿地叢鈔補編第十一帙
倫敦竹枝詞一卷
　（清）局中門外漢撰
　　觀自得齋叢書別集
倫敦風土記一卷
　（清）張祖翼撰
　　小方壺齋輿地叢鈔再補編第十一帙
遊英京記一卷
　（清）□□撰
　　小方壺齋輿地叢鈔第十一帙
卜來敦記一卷
　（清）黎庶昌撰
　　小方壺齋輿地叢鈔再補編第十一帙
白雷登避暑記一卷
　（清）薛福成撰
　　小方壺齋輿地叢鈔再補編第十一帙
使法雜記一卷
　（清）張德彝撰
　　小方壺齋輿地叢鈔第十一帙
法蘭西國志略一卷
　（清）沈敦和撰
　　小方壺齋輿地叢鈔補編第十一帙
法政概一卷
　（清）劉啓彤撰
　　小方壺齋輿地叢鈔補編第十一帙
巴黎賽會紀略一卷
　（清）黎庶昌撰
　　小方壺齋輿地叢鈔再補編第十一帙
德意志國志略一卷
　（清）沈敦和撰
　　小方壺齋輿地叢鈔補編第十一帙
德國議院章程一卷
　（清）徐建寅譯
　　靈鶼閣叢書第二集
　　叢書集成初編·社會科學類
博子墩遊記一卷
　（清）□□撰
　　小方壺齋輿地叢鈔再補編第十一帙
過波蘭記一卷
　（清）□□撰
　　小方壺齋輿地叢鈔再補編第十一帙

塞爾維羅馬尼蒲加利三國合考一卷
　（清）鄒弢撰
　　小方壺齋輿地叢鈔再補編第十一帙
遊歷瑞典那威聞見錄一卷
　（清）洪勳撰
　　小方壺齋輿地叢鈔再補編第十一帙
彈丸小記一卷
　（清）龔柴撰
　　小方壺齋輿地叢鈔第十一帙
革雷得志略一卷
　（清）郭家驥撰
　　小方壺齋輿地叢鈔再補編第十一帙
遊歷意大利聞見錄一卷
　（清）洪勳撰
　　小方壺齋輿地叢鈔再補編第十一帙
遊歷西班牙聞見錄一卷
　（清）洪勳撰
　　小方壺齋輿地叢鈔再補編第十一帙
遊歷葡萄牙聞見錄一卷
　（清）洪勳撰
　　小方壺齋輿地叢鈔再補編第十一帙
歐洲族類源流略五卷
　（民國）王樹枏撰
　　陶廬叢刻
歐洲列國戰事本末二十二卷
　（民國）王樹枏撰
　　陶廬叢刻
彼得興俄記一卷
　（民國）王樹枏撰
　　陶廬叢刻
柏林竹枝詞一卷
　（民國）潘飛聲撰
　　說劍堂著書
歐羅巴各國總敍一卷
　（葡國）瑪吉士撰
　　小方壺齋輿地叢鈔再補編第十一帙
泰西城鎮記一卷
　（美國）丁韙良撰
　　小方壺齋輿地叢鈔第十一帙

非　洲

探地記一卷
　（清）王韜撰
　　小方壺齋輿地叢鈔第十二帙
埃及碑釋一卷
　（清）陳其鑲譯錄
　　振綺堂叢書二集
摩洛哥政要一卷

（清）鄭昌棪撰
　　小方壺齋輿地叢鈔補編第十二帙

奈搭勒政要一卷
　（清）鄭昌棪撰
　　小方壺齋輿地叢鈔補編第十二帙

庚哥國略說一卷
　（清）王錫祺輯
　　小方壺齋輿地叢鈔再補編第十二帙

地蘭士華路考一卷
　（清）□□撰
　　小方壺齋輿地叢鈔第十二帙

亞非理駕諸國記一卷
　（日本）岡本監輔撰
　　小方壺齋輿地叢鈔第十二帙

埃及國記一卷
　（日本）岡本監輔撰
　　小方壺齋輿地叢鈔第十二帙

黑蠻風土記一卷
　（英國）立溫斯敦撰
　　小方壺齋輿地叢鈔第十二帙

歐洲各國開闢非洲考一卷
　（英國）李提摩太撰
　　小方壺齋輿地叢鈔再補編第十二帙

埃及紀略一卷
　（英國）韋廉臣撰
　　小方壺齋輿地叢鈔第十二帙

阿比西尼亞國述略一卷
　（美國）林樂知撰
　　小方壺齋輿地叢鈔第十二帙

新開地中河記一卷
　（美國）丁韙良撰
　　小方壺齋輿地叢鈔第十二帙

阿利未加洲各國志一卷
　（西洋）□□撰
　　小方壺齋輿地叢鈔第十二帙

美　洲

墨洲雜記一卷
　（清）□□撰
　　小方壺齋輿地叢鈔第十二帙

合省國說三卷
　（清）梁廷枏撰
　　海國四說

紅苗紀略一卷
　（清）蔡錫齡撰
　　小方壺齋輿地叢鈔第十二帙

美會紀略一卷
　（清）李圭撰

小方壺齋輿地叢鈔第十二帙

美國地理兵要一卷
　（清）顧厚焜撰
　　小方壺齋輿地叢鈔補編第十二帙

美利加英屬地小志一卷
　（清）顧厚焜撰
　　漸學廬叢書第一集

巴西地理兵要一卷
　（清）顧厚焜撰
　　小方壺齋輿地叢鈔補編第十二帙

巴西政治攷一卷
　（清）顧厚焜撰
　　小方壺齋輿地叢鈔補編第十二帙

古巴雜記一卷
　（清）譚乾初撰
　　小方壺齋輿地叢鈔第十二帙

古巴節略一卷
　（清）余思詒撰
　　小方壺齋輿地叢鈔補編第十二帙

喀納塔政要一卷
　（清）鄭昌棪撰
　　小方壺齋輿地叢鈔補編第十二帙

海帶政要一卷
　（清）鄭昌棪撰
　　小方壺齋輿地叢鈔補編第十二帙

山度明哥政要一卷
　（清）鄭昌棪撰
　　小方壺齋輿地叢鈔補編第十二帙

中亞美利加五國政要一卷
　（清）鄭昌棪撰
　　小方壺齋輿地叢鈔補編第十二帙

委內瑞辣政要一卷
　（清）鄭昌棪撰
　　小方壺齋輿地叢鈔補編第十二帙

科侖比亞政要一卷
　（清）鄭昌棪撰
　　小方壺齋輿地叢鈔補編第十二帙

唵嗹道政要一卷
　（清）鄭昌棪撰
　　小方壺齋輿地叢鈔補編第十二帙

玻利非亞政要一卷
　（清）鄭昌棪撰
　　小方壺齋輿地叢鈔補編第十二帙

巴來蒯政要一卷
　（清）鄭昌棪撰
　　小方壺齋輿地叢鈔補編第十二帙

烏拉乖政要一卷
　（清）鄭昌棪撰

小方壺齋輿地叢鈔補編第十二帙

阿根廷政要一卷
(清)鄭昌棪撰
小方壺齋輿地叢鈔補編第十二帙

智利政要一卷
(清)鄭昌棪撰
小方壺齋輿地叢鈔補編第十二帙

祕魯形勢錄一卷
(清)□□撰
小方壺齋輿地叢鈔第十二帙

亞美理駕諸國記一卷
(日本)岡本監輔撰
小方壺齋輿地叢鈔第十二帙

美國記一卷
(日本)岡本監輔撰
小方壺齋輿地叢鈔第十二帙

墨西哥記一卷
(日本)岡本監輔撰
小方壺齋輿地叢鈔第十二帙

古巴述略一卷
(日本)村田□撰
小方壺齋輿地叢鈔再補編第十二帙

美理哥國志略一卷
(美國)高理文撰
小方壺齋輿地叢鈔再補編第十二帙

舊金山紀一卷
(美國)丁韙良撰
小方壺齋輿地叢鈔第十二帙

澳 洲

澳大利亞可自強說一卷
(清)薛福成撰
小方壺齋輿地叢鈔再補編第十帙

澳大利亞洲新志一卷
(清)吳宗濂(清)趙元益譯
靈鶼閣叢書第四集
叢書集成初編·史地類

新金山記一卷
(清)□□撰
小方壺齋輿地叢鈔第十帙

澳洲紀遊一卷
(清)□□撰
小方壺齋輿地叢鈔第十帙

他士文尼亞島考略一卷
(清)□□撰
小方壺齋輿地叢鈔第十帙

牛西蘭島紀略一卷
(清)□□撰

小方壺齋輿地叢鈔第十帙

澳大利亞洲志譯本一卷
(民國)沈恩孚輯
漸學廬叢書第一集
皇朝藩屬輿地叢書第二集

南 北 極

南極新地辨一卷
(清)金惟賢撰
小方壺齋輿地叢鈔第十帙

冰洋事蹟述略一卷
(美國)艾約瑟撰
小方壺齋輿地叢鈔第十一帙

目 錄 類

通論之屬

義 例

崇文總目敍釋一卷
(宋)歐陽修撰
歐陽文忠公全集（天順本、嘉靖本、康
熙本、嘉慶本、光緒本）
四部叢刊（初次印本、二次印本、縮印
二次印本）·集部·歐陽文忠公集
四部備要（排印本、縮印本）·集部宋
別集·歐陽文忠全集
宋廬陵四忠集·歐陽文忠公全集

崇文總目輯釋補正四卷
(民國)陳漢章撰
綴學堂叢稿初集

經籍會通四卷
(明)胡應麟撰
少室山房四集·筆叢
廣雅書局叢書·雜著·少室山房集·
少室山房筆叢
明清筆記叢刊·少室山房筆叢

四庫全書序一卷
清乾隆四十九年敕撰
慎始基齋叢書

欽定四庫全書總目提要四部類敍一卷
(清)江標輯
靈鶼閣叢書第一集

四庫全書表文箋釋四卷
(清)林鶴年撰
求恕齋叢書

校讐通義三卷
　　（清）章學誠撰
　　　　章氏遺書（道光本）
　　　　粵雅堂叢書初編第五集
　　　　寶墨齋叢書
　　　　叢書集成初編・總類
　　　　四部備要（排印本、縮印本）・史部史
　　　　　評
　　　校讐通義四卷
　　　　章氏遺書（嘉業堂本、商務印書館排印
　　　　　本）
書林揚觶二卷
　　（清）方東樹撰
　　　　方植之全集
　　　　寶墨齋叢書
　　書林揚觶一卷
　　　　江氏聚珍版叢書四集
論書目唱和集一卷
　　（清）馬玉堂（清）蔣光煦撰
　　　　花近樓叢書
賁園書庫目錄輯略一卷
　　（清）張森楷撰
　　　　渭南嚴氏孝義家塾叢書
劉向校讎學纂微一卷
　　（民國）孫德謙撰
　　　　孫隘堪所著書
續校讐通義不分卷
　　（民國）劉咸炘撰
　　　　推十書
校讐述林一卷
　　（民國）劉咸炘撰
　　　　推十書

考訂辨偽

四部正譌三卷
　　（明）胡應麟撰
　　　　少室山房四集・筆叢
　　　　廣雅書局叢書・雜著・少室山房集・
　　　　　少室山房筆叢
　　　　明清筆記叢刊・少室山房筆叢
古今偽書考一卷
　　（清）姚際恆撰
　　　　知不足齋叢書（乾隆至道光本、景乾隆
　　　　　至道光本）第二十三集
　　　　晉石厂叢書
　　　　慎始基齋叢書
　　　　江氏聚珍版叢書初集
　　　　叢書集成初編・總類

古今偽書考書後一卷
　　（民國）程大璋撰
　　　　牛帆樓叢書
　　　　白堅堂叢書第一集

瑣記掌故

吳興藏書錄一卷
　　（清）鄭元慶撰　　（清）范鍇輯
　　　　范白舫所刊書
　　　　范聲山雜著（道光本、景道光本）
　　　　晉石厂叢書
竹汀先生日記鈔三卷
　　（清）錢大昕撰　　（清）何元錫輯
　　　　式訓堂叢書初集
　　　　校經山房叢書
　　　　叢書集成初編・總類
　　竹汀先生日記鈔一卷
　　　　晉石厂叢書
　　竹汀先生日記鈔二卷
　　　　潘刻五種
琉璃廠書肆記一卷
　　（清）李文藻撰
　　　　京津風土叢書
簡莊隨筆一卷
　　（清）陳鱣撰
　　　　煙畫東堂小品
非石日記鈔一卷雜文一卷
　　（清）鈕樹玉撰　　（清）王頌蔚輯
　　　　湁喜齋叢書第三函
　　　　叢書集成初編・總類
　　非石日記鈔一卷
　　　　晉石厂叢書
曝書雜記二卷
　　（清）錢泰吉撰
　　　　別下齋叢書（道光本、商務印書館景道
　　　　　光本、竹簡齋景道光本）
　　曝書雜記三卷
　　　　式訓堂叢書初集
　　　　校經山房叢書
　　　　叢書集成初編・總類
俄羅斯進呈書籍記附目錄
　　（清）何秋濤撰
　　　　北徼彙編
　　俄羅斯進呈書籍記附目錄一卷
　　　　中國內亂外禍歷史叢書第十一輯
武林藏書錄三卷首一卷末一卷
　　（清）丁申撰
　　　　武林掌牧叢編第二十四集

靈隱書藏紀事一卷
　　（清）潘衍桐輯
　　　　武林掌故叢編第二十一集
藏書絕句一卷
　　（民國）楊守敬撰
　　　　蟬隱廬叢書
藏書紀事詩六卷
　　（民國）葉昌熾撰
　　　　靈鶼閣叢書第五集
書林清話十卷
　　（民國）葉德輝撰
　　　　郋園先生全書

藏書約

貯書小譜一卷
　　　　聞情小品
澹生堂藏書約一卷
　　（明）祁承㸁撰
　　　　知不足齋叢書（乾隆至道光本、景乾隆
　　　　　至道光本）第五集
　　　　筆記小說大觀第八輯
澹生堂藏書約四卷
　　　　藕香零拾
流通古書約一卷
　　（清）曹溶撰
　　　　知不足齋叢書（乾隆至道光本、景乾隆
　　　　　至道光本）第五集・澹生堂藏書約
　　　　　附
　　　　楡園叢刻附・娛園叢刻・藏書記要附
　　　　藕香零拾
藏書記要一卷
　　（清）孫從添撰
　　　　士禮居黃氏叢書（黃氏本、蜚英館景黃
　　　　　氏本、石竹山房景黃氏本、博古齋景
　　　　　黃氏本）
　　　　昭代叢書（道光本）辛集別編
　　　　花近樓叢書
　　　　述古叢鈔第一集
　　　　楡園叢刻附・娛園叢刻
　　　　藏修堂叢書第四集
　　　　藕香零拾
　　　　潘刻五種
　　　　翠琅玕館叢書（黃任恆輯）・子部
　　　　藝術叢書・雜品
　　　　芋園叢書・子部
儒藏說一卷
　　（清）周永年撰
　　　　松鄰叢書甲編

尊經閣募捐藏書章程一卷祀典錄一卷
　　（清）袁昶撰
　　　　漸西村舍彙刊
　　　　叢書集成初編・尊經閣藏書目
藏書十約一卷
　　（民國）葉德輝撰
　　　　觀古堂所著書（民國重編本）第二集
　　　　郋園先生全書

總錄之屬

史　志

文獻通考經籍校補一卷
　　（清）盧文弨撰
　　　　抱經堂叢書（乾隆本、景乾隆本）・羣
　　　　　書拾補初編
　　　　紹興先正遺書第二集・羣書拾補初編
　　　　叢書集成初編・總類・羣書拾補
歷代載籍足徵錄一卷
　　（清）莊述祖撰
　　　　珍埶宧遺書
　　　　訓纂堂叢書
前漢書藝文志一卷
　　（漢）班固撰　　（唐）顏師古注
　　　　八史經籍志
　　　　叢書集成初編・總類
漢藝文志考證十卷
　　（宋）王應麟撰
　　　　玉海（元刊明修清康熙補刊本、浙江書
　　　　　局本、成都志古堂本）附刻
　　　　四庫全書・史部目錄類
　　　　二十五史補編（開明書店排印本、中華
　　　　　書局重印本）・漢書部分
漢書藝文志條理八卷首一卷
　　（清）姚振宗撰
　　　　快閣師石山房叢書（浙江圖書館本、開
　　　　　明書店本）
　　　　二十五史補編（開明書店排印本、中華
　　　　　書局重印本）・漢書部分
前漢書藝文志注一卷
　　（清）劉光蕡撰
　　　　煙霞草堂遺書
　　　　二十五史補編（開明書店排印本、中華
　　　　　書局重印本）・漢書部分
漢書藝文志拾補六卷
　　（清）姚振宗撰
　　　　快閣師石山房叢書（浙江圖書館本、開
　　　　　明書店本）

二十五史補編(開明書店排印本、中華
書局重印本)・漢書部分

漢書藝文志攷證校補十卷
　　(清)王仁俊撰
　　　籀鄦䜋雜著

補後漢書藝文志三十一卷
　　(清)顧櫰三撰
　　　小方壺齋叢書二集
　　補後漢書藝文志十卷
　　　金陵叢書甲集
　　　二十五史補編(開明書店排印本、中華
　　　書局重印本)・後漢書部分

補後漢書藝文志四卷
　　(清)侯康撰
　　　嶺南遺書第五集
　　　廣雅書局叢書・史學
　　　叢書集成初編・總類
　　　二十五史補編(開明書店排印本、中華
　　　書局重印本)・後漢書部分

後漢藝文志四卷
　　(清)姚振宗撰
　　　適園叢書第十一集
　　　快閣師石山房叢書(浙江圖書館本、開
　　　明書店本)
　　　二十五史補編(開明書店排印本、中華
　　　書局重印本)・後漢書部分

補後漢書藝文志一卷考十卷
　　(民國)曾樸撰
　　　二十五史補編(開明書店排印本、中華
　　　書局重印本)・後漢書部分

補續漢書藝文志一卷
　　(清)錢大昭撰
　　　昭代叢書(道光本)・壬集補編
　　　廣雅書局叢書・史學
　　　史學叢書 (文瀾書局本、煥文書局本、
　　　點石齋本)
　　　叢書集成初編・總類
　　　二十五史補編(開明書店排印本、中華
　　　書局重印本)・後漢書部分
　　補續漢書藝文志二卷
　　　積學齋叢書

補三國藝文志四卷
　　(清)侯康撰
　　　嶺南遺書第五集
　　　廣雅書局叢書・史學
　　　史學叢書 (文瀾書局本、煥文書局本、
　　　點石齋本)
　　　叢書集成初編・總類

二十五史補編(開明書店排印本、中華
書局重印本)・三國志部分

三國藝文志四卷
　　(清)姚振宗撰
　　　適園叢書第十二集
　　　快閣師石山房叢書(浙江圖書館本、開
　　　明書店本)
　　　二十五史補編(開明書店排印本、中華
　　　書局重印本)・三國志部分

補晉書藝文志四卷
　　(清)秦榮光撰
　　　二十五史補編(開明書店排印本、中華
　　　書局重印本)・晉書部分

補晉書藝文志六卷
　　(清)文廷式撰
　　　二十五史補編(開明書店排印本、中華
　　　書局重印本)・晉書部分

補晉書藝文志四卷附錄一卷
　　(民國)丁國鈞撰　 (清)丁辰注
　　　常熟丁氏叢書

補晉書藝文志四卷 補遺一卷附錄一卷附
　刊誤一卷
　　(民國)丁國鈞撰　 (清)丁辰注併撰刊誤
　　　廣雅書局叢書・史學
　　　叢書集成初編・總類
　　　二十五史補編(開明書店排印本、中華
　　　書局重印本)・晉書部分

補晉書藝文志四卷
　　(民國)黃逢元撰
　　　二十五史補編(開明書店排印本、中華
　　　書局重印本)・晉書部分

補晉書經籍志四卷
　　(民國)吳士鑑撰
　　　二十五史補編(開明書店排印本、中華
　　　書局重印本)・晉書部分

補南北史藝文志三卷
　　(民國)徐崇撰
　　　二十五史補編(開明書店排印本、中華
　　　書局重印本)・南北史部分

補宋書藝文志一卷
　　(清)王仁俊撰
　　　籀鄦䜋雜著

補宋書藝文志一卷
　　聶崇岐撰
　　　二十五史補編(開明書店排印本、中華
　　　書局重印本)・宋書部分

補南齊書藝文志四卷
　　(民國)陳述撰

二十五史補編(開明書店排印本、中華
書局重印本)·南齊書部分

補梁書藝文志一卷
　　(清)王仁俊撰
　　　籀鄦詧雜著

隋書經籍志四卷
　　(唐)魏徵(唐)長孫無忌等撰
　　　八史經籍志
　　　叢書集成初編·總類

隋經籍志考證十三卷
　　(清)章宗源撰
　　　崇文書局彙刻書

隋書經籍志考證十三卷
　　　二十五史補編(開明書店排印本、中華
　　　書局重印本)·隋書部分

隋經籍志考證一卷
　　　稷山館輯補書

隋書經籍志考證五十二卷首一卷
　　(清)姚振宗撰
　　　快閣師石山房叢書(浙江圖書館本、開
　　　明書店本)
　　　二十五史補編(開明書店排印本、中華
　　　書局重印本)·隋書部分

隋書經籍志補二卷
　　(民國)張鵬一撰
　　　二十五史補編(開明書店排印本、中華
　　　書局重印本)·隋書部分

舊唐書經籍志二卷
　　(後晉)劉昫等撰
　　　八史經籍志
　　　叢書集成初編·總類

唐書藝文志四卷
　　(宋)歐陽修(宋)宋祁等撰
　　　八史經籍志
　　　擇是居叢書初集
　　　叢書集成初編·總類

補五代史藝文志一卷
　　(清)顧櫰三撰
　　　仰視千七百二十九鶴齋叢書(光緒本、
　　　景光緒本)第二集
　　　廣雅書局叢書·史學
　　　金陵叢刻
　　　史學叢書(文瀾書局本、煥文書局本、
　　　點石齋本)
　　　金陵叢書乙集
　　　叢書集成初編·總類
　　　二十五史補編(開明書店排印本、中華
　　　書局重印本)·兩五代史部分

補五代史藝文志一卷
　　(清)宋祖駿撰
　　　樸學廬叢刻

宋史藝文志八卷
　　(元)脫脫等撰
　　　八史經籍志
　　　叢書集成初編·總類

宋史藝文志補一卷
　　(清)黃虞稷(清)倪燦撰　(清)盧文弨錄
　　　抱經堂叢書（乾隆本、景乾隆本)·羣
　　　書拾補初編·明史藝文志
　　　八史經籍志
　　　紹興先正遺書第二集·羣書拾補補遺
　　　·明史藝文志
　　　廣雅書局叢書·史學
　　　金陵叢刻
　　　史學叢書（文瀾書局本、煥文書局本、
　　　點石齋本)
　　　叢書集成初編·總類
　　　二十五史補編(開明書店排印本、中華
　　　書局重印本)·宋史部分

西夏藝文志一卷
　　(清)王仁俊撰
　　　二十五史補編(開明書店排印本、中華
　　　書局重印本)·宋史部分

補遼金元藝文志一卷
　　(清)倪燦撰　(清)盧文弨錄
　　　抱經堂叢書（乾隆本、景乾隆本)·羣
　　　書拾補初編·明史藝文志
　　　八史經籍志
　　　紹興先正遺書第二集·羣書拾補補遺
　　　·明史藝文志
　　　廣雅書局叢書·史學
　　　史學叢書（文瀾書局本、煥文書局本、
　　　點石齋本)
　　　叢書集成初編·總類
　　　二十五史補編(開明書店排印本、中華
　　　書局重印本)·宋遼金元四史部分

補三史藝文志一卷
　　(清)金門詔撰
　　　金太史全集
　　　昭代叢書(道光本)庚集埤編
　　　八史經籍志
　　　廣雅書局叢書·史學
　　　史學叢書（文瀾書局本、煥文書局本、
　　　點石齋本)
　　　叢書集成初編·總類
　　　二十五史補編(開明書店排印本、中華
　　　書局重印本)·宋遼金元四史部分

遼史藝文志補證一卷
　　(清)王仁俊撰
　　　　遼海叢書第六集・遼文萃附
　　　　二十五史補編(開明書店排印本、中華
　　　　書局重印本)・遼史部分
遼藝文志一卷
　　(民國)繆荃孫撰
　　　　二十五史補編(開明書店排印本、中華
　　　　書局重印本)・遼史部分
補遼史藝文志一卷
　　(民國)黃任恆撰
　　　　逃窠雜纂・遼痕五種
　　　　二十五史補編(開明書店排印本、中華
　　　　書局重印本)・遼史部分
元史藝文志四卷
　　(清)錢大昕撰
　　　　潛研堂全書・史
　　　　嘉定錢氏潛研堂全書・史
　　　　八史經籍志
　　　　二十四史(五省官書局本)・元史附
　　補元史藝文志四卷
　　　　廣雅書局叢書・史學
　　　　叢書集成初編・總類
　　　　二十五史補編(開明書店排印本、中華
　　　　書局重印本)・元史部分
國史經籍志五卷附錄一卷
　　(明)焦竑撰
　　　　粵雅堂叢書初編第五集
　　　　叢書集成初編・總類
千頃堂書目三十二卷
　　(清)黃虞稷撰
　　　　四庫全書・史部目錄類
　　　　適園叢書第二集
明史藝文志四卷
　　(清)張廷玉等撰
　　　　八史經籍志
　　　　叢書集成初編・總類
明史經籍志一卷
　　(清)金門詔撰
　　　　金太史全集
皇朝經籍志六卷
　　(清)黃本驥撰
　　　　三長物齋叢書
日本國見在書目錄一卷
　　(日本)藤原佐世撰
　　　　古逸叢書

公　藏

別錄一卷
　　(漢)劉向撰　(清)洪頤煊輯
　　　　問經堂叢書・經典集林
　　　　經典集林
別錄一卷
　　(漢)劉向撰　(清)陶濬宣輯
　　　　稷山館輯補書
七略別錄一卷
　　(漢)劉向撰　(清)馬國翰輯
　　　　玉函山房輯佚書(嫏嬛館本、重印本、
　　　　楚南書局本)・史編目錄類
七略別錄一卷
　　(漢)劉向撰　(清)王仁俊輯
　　　　玉函山房輯佚書續編・史編總類
七略別錄二十卷
　　(漢)劉向撰　(清)陶濬宣輯
　　　　稷山館輯補書
七略別錄佚文一卷
　　(漢)劉向撰　(清)姚振宗輯
　　　　快閣師石山房叢書(浙江圖書館本、開
　　　　明書店本)
別錄補遺一卷
　　(漢)劉向撰　(清)王仁俊輯
　　　　玉函山房輯佚書續編・史編總類
七略一卷
　　(漢)劉歆撰　(清)洪頤煊輯
　　　　問經堂叢書・經典集林
　　　　經典集林
七略一卷
　　(漢)劉歆撰　(清)陶濬宣輯
　　　　稷山館輯補書
七略佚文一卷
　　(漢)劉歆撰　(清)姚振宗輯
　　　　快閣師石山房叢書(浙江圖書館本、開
　　　　明書店本)
中經簿一卷
　　(晉)荀勖撰　(清)王仁俊輯
　　　　玉函山房輯佚書補編
崇文總目二十卷
　　(宋)王堯臣等編次
　　　　四庫全書・史部目錄類
崇文總目五卷補遺一卷附錄一卷
　　(宋)王堯臣等編次　(清)錢東垣等輯釋
　　　　補遺附錄(清)錢侗輯
　　　　汗筠齋叢書第一集
　　　　粵雅堂叢書二編第十五集
　　　　後知不足齋叢書第四函
　　　　叢書集成初編・總類

祕書省續編到四庫闕書目二卷
　　宋紹興中改定　（民國）葉德輝考證
　　　　觀古堂所著書（光緒本）第一集
　　　　觀古堂書目叢刊
　　　　郎園先生全書
元西湖書院重整書目一卷
　　（元）胡師安等撰
　　　　松鄰叢書甲編
文淵閣書目四卷
　　（明）楊士奇等撰
　　　　四庫全書・史部目錄類
　文淵閣書目二十卷
　　　　讀畫齋叢書戊集
　　　　叢書集成初編・總類
永樂大典目錄六十卷
　　（明）姚廣孝等撰
　　　　連筠簃叢書
四庫全書輯永樂大典本書目一卷
　　（清）孫馮翼撰
　　　　遼海叢書第八集
永樂大典書目考四卷
　　郝慶柏撰
　　　　遼海叢書第八集・四庫全書輯永樂大
　　　　典本書目附
南雝志經籍考二卷
　　（明）梅鷟撰
　　　　觀古堂所刊書
　　　　觀古堂書目叢刊
　　　　松鄰叢書甲編
　　　　郎園先生全書
明太學經籍志一卷
　　（明）郭磐撰
　　　　蟫隱廬叢書
內閣藏書目錄八卷
　　（明）孫能傳（明）張萱等撰
　　　　適園叢書第一集
昭仁殿天祿琳瑯前編目錄一卷續編目錄
　一卷
　　（民國）陶湘撰
　　　　武進陶氏書目叢刊
四庫簡明目錄標注二十卷
　　（清）邵懿辰撰
　　　　半巖廬所箸書
欽定文淵閣四庫全書目錄一卷
　　（民國）陶湘輯
　　　　武進陶氏書目叢刊
各省進呈書目不分卷
　　清乾隆中敕撰

　　　　函芬樓祕笈第十集
四庫全書薈要目一卷
　　清乾隆中敕撰
　　　　松鄰叢書甲編
摛藻堂四庫全書薈要目錄一卷
　　（民國）陶湘輯
　　　　武進陶氏書目叢刊
內閣大庫檔冊一卷
　　（清）□□撰
　　　　玉簡齋叢書
內府寫本書目一卷
　　（民國）陶湘輯
　　　　武進陶氏書目叢刊
中江尊經閣藏書目一卷
　　（清）袁昶撰
　　　　漸西村舍彙刊
　　　　叢書集成初編・尊經閣藏書目
陝甘味經書院藏書目錄一卷
　　（清）劉光蕡撰
　　　　煙霞草堂遺書續刻・陝甘味經書院志
　　　　附
清學部圖書館善本書目五卷
　　（民國）繆荃孫撰
　　　　古學彙刊第一集・目錄類

家　藏

續文章志一卷
　　（劉宋）傅亮撰　（清）傅以禮輯
　　　　傅氏家書
金樓子藏書攷一卷
　　梁元帝撰　（清）王仁俊輯
　　　　玉函山房輯佚書續編・史編總類
七錄序目一卷
　　（梁）阮孝緒撰
　　　　晉石厂叢書
七錄一卷
　　（梁）阮孝緒撰　（清）王仁俊輯
　　　　玉函山房輯佚書續編・史編總類
遂初堂書目一卷
　　（宋）尤袤撰
　　　　說郛（宛委山堂本）弓十
　　　　四庫全書・史部目錄類
　　　　海山仙館叢書
　　　　常州先哲遺書第一集・史類
　　　　錫山尤氏叢刊甲集
　　　　叢書集成初編・總類
遂初堂書目
　　　　說郛（商務印書館本）卷二十八

菉竹堂書目六卷
　　(明)葉盛撰
　　　　粵雅堂叢書二編第十五集
　　　　叢書集成初編·總類
濮陽蒲汀李先生家藏目錄一卷
　　(明)李廷相撰
　　　　玉簡齋叢書二集
四明天一閣藏書目錄一卷
　　(清)□□撰
　　　　玉簡齋叢書二集
百川書志二十卷
　　(明)高儒撰
　　　　觀古堂書目叢刊
　　　　郋園先生全書
萬卷堂書目四卷
　　(明)朱睦㮮撰
　　　　觀古堂所刊書
　　　　觀古堂書目叢刊
　　　　玉簡齋叢書二集
　　　　郋園先生全書
脈望館書目一卷
　　(明)趙琦美撰
　　　　玉簡齋叢書二集
脈望館書目不分卷
　　　　函芬樓祕笈第六集
世善堂藏書目錄二卷
　　(明)陳第撰
　　　　知不足齋叢書(乾隆至道光本、景乾隆
　　　　　至道光本)第十九集
　　　　叢書集成初編·總類
澹生堂藏書目十四卷
　　(明)祁承㸁撰
　　　　紹興先正遺書第三集
江陰李氏得月樓書目摘錄一卷
　　(明)李鶚翀撰
　　　　江陰叢書
　　　　粟香室叢書
　　　　常州先哲遺書第一集·史類
汲古閣珍藏祕本書目一卷
　　(清)毛扆撰
　　　　士禮居黃氏叢書(黃氏本、蜚英館景黃
　　　　　氏本、石竹山房景黃氏本、博古齋景
　　　　　黃氏本)
　　　　叢書集成初編·總類
近古堂書目二卷
　　(明)□□撰
　　　　玉簡齋叢書二集
絳雲樓書目四卷

　　(清)錢謙益撰　　(清)陳景雲注
　　　　粵雅堂叢書初編第九集
　　　　叢書集成初編·總類
絳雲樓書目補遺一卷
　　(清)錢謙益撰　　·
　　　　觀古堂所刊書
　　　　觀古堂書目叢刊
　　　　郋園先生全書
述古堂藏書目四卷宋板書目一卷
　　(清)錢曾撰
　　　　粵雅堂叢書初編第九集
　　　　叢書集成初編·總類
也是園藏書目十卷
　　(清)錢曾撰
　　　　玉簡齋叢書二集
竹垞行笈書目一卷
　　(清)朱彝尊撰
　　　　晨風閣叢書·潛采堂書目四種
延令宋版書目(一名季滄葦藏書目)一卷
　　(清)季振宜撰
　　　　士禮居黃氏叢書(黃氏本、蜚英館景黃
　　　　　氏本、石竹山房景黃氏本、博古齋景
　　　　　黃氏本)
　　　　粵雅堂叢書三編第二十八集
　　　　叢書集成初編·總類
傳是樓宋元板書目一卷
　　(清)徐乾學撰
　　　　傳硯齋叢書
傳是樓宋元本書目一卷
　　　　玉簡齋叢書二集
傳是樓書目不分卷附馬氏玉堂鈔藏傳是
樓足本書目殘卷
　　(清)徐乾學撰
　　　　二徐書目合刻
培林堂書目不分卷
　　(清)徐秉義撰
　　　　二徐書目合刻
佳趣堂書目不分卷
　　(清)陸漻撰
　　　　觀古堂書目叢刊
　　　　郋園先生全書
楝亭書目四卷
　　(清)曹寅撰
　　　　遼海叢書第八集
清綺齋藏書目一卷
　　(清)張宗松撰
　　　　豫恕堂叢書
文瑞樓藏書目錄十二卷

(清)金檀撰
　　讀畫齋叢書庚集
　　叢書集成初編・總類
孝慈堂書目不分卷
　　(清)王聞遠撰
　　　觀古堂書目叢刊
　　　郋園先生全書
繡谷亭薰習錄經部一卷集部二卷
　　(清)吳焯撰
　　　松鄰叢書乙編
所見古書述一卷
　　(清)金農撰
　　　花近樓叢書
上善堂宋元板精鈔舊鈔書目一卷
　　(清)孫從添撰
　　　湫漻齋叢書
知聖道齋書目四卷
　　(清)彭元瑞撰
　　　玉簡齋叢書二集
竹盦盒傳鈔書目一卷
　　(清)趙魏撰
　　　觀古堂所刊書
　　　觀古堂書目叢刊
　　　郋園先生全書
孫氏祠堂書目內編四卷外編三卷
　　(清)孫星衍撰
　　　木犀軒叢書
　　　叢書集成初編・總類
求古居宋本書一卷附考證一卷
　　(清)黃丕烈撰　考證(民國)雷愷撰
　　　觀古堂書目叢刊
　　　郋園先生全書
稽瑞樓書目四卷
　　(清)陳揆撰
　　　滂喜齋叢書第三函
　　　叢書集成初編・總類
藝芸書舍宋元本書目二卷
　　(清)汪士鐘撰
　　　滂喜齋叢書第二函
　　　江氏聚珍版叢書初集
　　　叢書集成初編・總類
　藝芸書舍宋元本書目一卷
　　　晨風閣叢書
帶經堂書目四卷
　　(清)陳樹杓撰
　　　風雨樓叢書
海源閣藏書目一卷
　　(清)楊紹和撰

江刻書目三種
寶書閣著錄一卷
　　(清)丁丙撰
　　　松鄰叢書乙編
清吟閣書目四卷
　　(清)瞿世瑛撰
　　　松鄰叢書乙編
鐵琴銅劍樓宋元本書目四卷
　　(清)瞿鏞撰
　　　江刻書目三種
豐順丁氏持靜齋書目五卷
　　(清)丁日昌撰
　　　江刻書目三種
結一廬書目四卷宋元本書目一卷
　　(清)朱學勤撰
　　　觀古堂所刊書
　　　觀古堂書目叢刊
　　　郋園先生全書
　結一廬書目四卷
　　　晨風閣叢書
別本結一廬書目一卷
　　(清)朱學勤撰
　　　觀古堂書目叢刊
　　　郋園先生全書
滂喜齋宋元本書目一卷
　　(清)□□撰
　　　晨風閣叢書
萇楚齋書目二十二卷
　　(民國)劉聲木撰
　　　直介堂叢刻續編
書目二編一卷
　　(民國)邵瑞彭撰
　　　邵次公遺著
瑞安黃氏蔘綏閣舊本書目初編一卷
　　(民國)楊嘉撰
　　　墨香簃叢編

獨　　撰

金樓子著書攷一卷
　　梁元帝撰　(清)王仁俊輯
　　　玉函山房輯佚書續編・史編總類
萬木草堂叢書目錄一卷
　　(民國)康有為撰
　　　滄海叢書第一輯

氏　　族

王氏藝文目一卷
　　(民國)王其康撰

先澤殘存

袁氏藝文志一卷文錄一卷詩錄一卷金石
　錄一卷附錄一卷
　　(清)袁寶璜等撰　(清)袁昶輯
　　　漸西村舍彙刊
　　　叢書集成初編·總類

張少南先生喬梓著述目錄一卷
　　(清)□□撰
　　　漁浦草堂遺稿

上海曹氏書存目錄不分卷
　　(清)曹驤編
　　　上海掌故叢書第一集

武陵著作譚一卷
　　(民國)顧鳴鳳撰
　　　訒盫叢稿

郡　邑

清代毘陵書目八卷
　　(民國)張惟驤撰
　　　小雙寂庵叢書(稿本)

江陰藝文志二卷校補一卷
　　(民國)金武祥輯
　　　江陰叢書
　　　粟香室叢書

貴池先哲遺書待訪目一卷
　　(民國)劉世珩撰
　　　貴池先哲遺書續刊附

台州藝文略一卷
　　(民國)楊晨撰
　　　台州叢書後集
　　　崇雅堂叢書

襄陽藝文略五卷附錄一卷
　　(清)吳慶燾撰
　　　襄陽四略

四庫著錄江西先哲遺書鈔目四卷
　　(民國)豫章叢書編刻局輯
　　　豫章叢書(胡思敬輯)附

八旗人著述存目一卷
　　(民國)震鈞撰
　　　清人說薈初集

彙　刻　治　學

續補彙刻書目三十卷再續補十六卷三續
　補十五卷
　　(民國)劉聲木撰
　　　直介堂叢刻初編

經籍舉要一卷附錄一卷
　　(清)龍啓瑞撰　(清)袁昶增訂

漸西村舍彙刊
　　叢書集成初編·總類

書目答問不分卷
　　(清)張之洞撰
　　　張文襄公全集

書目答問不分卷附校勘記一卷
　　(清)張之洞撰　附(民國)趙祖銘撰
　　　慎始基齋叢書

徵　訪

徵刻唐宋祕本書目一卷
　　(清)黃虞稷(靑)周在浚撰
　　　昭代叢書(道光本)辛集別編

徵刻唐宋祕本書目一卷附考證一卷徵刻
　書啓五先生事略一卷
　　(清)黃虞稷(靑)周在浚撰　附(民國)葉德
　　輝撰
　　　觀古堂書目叢刊
　　　郋園先生全書

江南徵書文牘一卷附司鐸箴言一卷
　　(清)黃體芳撰
　　　敬鄉樓叢書第三輯

直介堂徵訪書目一卷
　　(民國)劉聲木撰
　　　直介堂叢刻續編

國朝未桸遺書志略一卷
　　(清)朱記榮撰
　　　觀自得齋叢書

禁　毀

銷燬抽燬書目一卷
　　清乾隆四十七年敕撰
　　　咫進齋叢書第三集
　　　國粹叢書第二集·禁書目錄

全燬書目一卷抽燬書目一卷
　　清乾隆四十七年敕撰
　　　叢書集成初編·總類

禁書總目一卷
　　清乾隆五十三年敕撰
　　　咫進齋叢書第三集
　　　國粹叢書第二集·禁書目錄
　　　叢書集成初編·總類

奏繳咨禁書目一卷
　　清乾隆四十三年敕撰
　　　國粹叢書第二集·禁書目錄

違礙書目一卷
　　清乾隆四十三年敕撰
　　　咫進齋叢書第三集

　　(清)翁方綱撰
　　　　蘇齋叢書(乾隆嘉慶本、景乾隆嘉慶本)
　　　　粵雅堂叢書二編第十五集
　　　　花近樓叢書
　　　　叢書集成初編・總類
皇清經解提要二卷續編一卷
　　(清)沈豫撰
　　　　蛾術堂集(道光本、景道光本)
古歡堂經籍舉要一卷
　　(清)吳翌鳳撰
　　　　庚辰叢編
漢人經解輯存序目一卷
　　(清)孫葆田撰
　　　　歲餘偶錄
史略六卷
　　(宋)高似孫撰
　　　　古逸叢書
　　　　後知不足齋叢書第七函
　　　　四明叢書第一集
　　　　叢書集成初編・總類
子略四卷目一卷
　　(宋)高似孫撰
　　　　百川學海（咸淳本、景刊咸淳本)辛集
　　　　百川學海(弘治本、景刊咸淳本據弘治
　　　　　目次編印本、景弘治本)已集
　　　　四庫全書・史部目錄類
　　　　學津討原(嘉慶本、景嘉慶本)第八集
　　　　袖珍古書讀本
　　　　四明叢書第一集
　　　　叢書集成初編・總類
　　　　四部備要(排印本、縮印本)・子部
子敍一卷
　　(清)黃以周撰
　　　　儆季雜著
周秦諸子書目一卷
　　(民國)胡樸安(韞玉)撰
　　　　樸學齋叢刊
醫學讀書志二卷附志一卷
　　(清)曹禾撰
　　　　雙梧書屋醫書
勿菴曆算書記一卷
　　(清)梅文鼎撰
　　　　四庫全書・子部天文算法類
　　勿菴曆算書目一卷
　　　　知不足齋叢書(乾隆至道光本、景乾隆
　　　　　至道光本)第十九集
　　　　叢書集成初編・總類
書畫書錄解題補編一卷

　　吳辟疆撰
　　　　畫苑祕笈初編
書畫書錄解題補乙編一卷
　　吳辟疆撰
　　　　畫苑祕笈二編
印譜考四卷
　　羅福頤撰
　　　　待時軒叢刊
道藏目錄詳註四卷
　　(明)白雲霽撰
　　　　四庫全書・子部道家類
道藏目錄詳註四卷
　　(明)李杰撰
　　　　道藏精華錄第一集
道門一切經總目四卷
　　(清)賀龍驤輯
　　　　重刊道藏輯要
開元釋敎錄二十卷
　　(唐)釋智昇撰
　　　　四庫全書・子部釋家類
景刊宋金元明本詞敍錄一卷
　　(民國)陶湘撰
　　　　景刊宋金元明本詞四十種
重訂曲海總目一卷
　　(清)黃文暘撰
　　　　銷夏錄舊(稿本、攝影本)
古今雜劇敍錄一卷
　　(民國)王國維撰
　　　　古今雜劇
孤本元明雜劇提要一卷
　　王季烈撰
　　　　孤本元明雜劇附
鄭氏書目考一卷
　　(清)王昶撰
　　　　花近樓叢書
鄭學書目一卷
　　(清)鄭珍撰
　　　　晉石厂叢書
河間劉氏書目考一卷
　　(清)陳熙晉撰
　　　　廣雅書局叢書・經類・春秋述義拾遺
　　　　　附
慈湖箸述攷一卷
　　(民國)張壽鏞撰
　　　　四明叢書第四集
南山箸作考一卷
　　(民國)張壽鏞撰
　　　　四明叢書第三集・寧波府簡要錄附

唐荊川公著述考一卷
　　(民國)唐鼎元等撰
　　　　武進唐氏所著書
戴先生所著書攷一卷
　　(民國)胡樸安撰
　　　　安徽叢書第六期・戴東原先生全集附
春在堂全書錄要一卷
　　(清)俞樾撰
　　　　春在堂全書
周愨愼公全集提要一卷
　　(民國)孫雄輯
　　　　周氏師古堂所編書
家學樹坊一卷
　　(民國)廖師愼撰
　　　　新訂六譯館叢書・孝經類
春覺齋箸述記三卷
　　朱羲冑撰
　　　　林畏廬先生學行譜記四種
唐氏先世著述考一卷
　　(民國)唐鼎元撰
　　　　武進唐氏所著書
皇清經解淵源錄一卷外編一卷
　　(清)沈豫撰
　　　　蛾術堂集(道光本、景道光本)
遼海書徵六卷
　　金毓黻撰
　　　　東北文獻叢書
湖錄經籍考六卷
　　(清)鄭元慶撰
　　　　吳興叢書
金華叢書書目提要八卷
　　(清)胡鳳丹撰
　　　　金華叢書(同治光緒本、民國補刊本)
沙州石室文字記一卷
　　(民國)曹元忠撰
　　　　敦煌石室遺書
敦煌新出唐寫本提要一卷
　　(民國)劉師培撰
　　　　劉申叔先生遺書

題　識

欽定天祿琳琅書目十卷
　　清乾隆四十年敕撰
　　　　四庫全書・史部目錄類
　　　　摛藻堂四庫全書薈要・史部
重編紅雨樓題跋二卷
　　(明)徐㶿撰　(民國)繆荃孫重輯
　　　　峭帆樓叢書

隱湖題跋二卷
　　(明)毛晉撰
　　　　虞山叢刻
漁洋書籍跋尾二卷
　　(清)王士禛撰
　　　　嘯園叢書第五函
藕船題跋二卷
　　(清)劉靑蓮撰
　　　　劉氏傳家集
知聖道齋讀書跋尾一卷附金石跋尾
　　(清)彭元瑞撰
　　　　花近樓叢書
知聖道齋讀書跋二卷
　　　　式訓堂叢書二集
　　　　校經山房叢書
　　　　江氏聚珍版叢書三集
　　　　叢書集成初編・總類
藏書題識二卷
　　(清)汪璐輯
　　　　戊寅叢編
經籍跋文一卷
　　(清)陳鱣撰
　　　　涉聞梓舊
　　　　式訓堂叢書初集
　　　　校經山房叢書
　　　　晉石厂叢書
　　　　叢書集成初編・總類
平津館鑒藏記書籍三卷補遺一卷續編一
卷
　　(清)孫星衍撰
　　　　獨抱廬叢刻
　　　　式訓堂叢書二集
　　　　校經山房叢書
　　　　木犀軒叢書
　　　　叢書集成初編・總類
廉石居藏書記二卷
　　(清)孫星衍撰
　　　　獨抱廬叢刻
　　　　式訓堂叢書二集
　　　　校經山房叢書
　　　　木犀軒叢書
　　　　叢書集成初編・總類
百宋一廛書錄一卷
　　(清)黃丕烈撰
　　　　適園叢書第一集
百宋一廛賦一卷
　　(清)顧廣圻撰　(清)黃丕烈注
　　　　士禮居黃氏叢書

潘刻五種
　　叢書集成初編・總類
士禮居藏書題跋記續二卷
　　（清）黄丕烈撰　（民國）繆荃孫輯
　　　靈鶼閣叢書
　　　叢書集成初編・總類
士禮居藏書題跋再續記二卷
　　（清）黄丕烈撰　（民國）繆荃孫輯
　　　古學彙刊第一集　目錄類
蕘圃藏書題識續錄四卷蕘圃雜著一卷蕘
　圃藏書題識再續錄三卷
　　（清）黄丕烈撰　王大隆輯
　　　黄顧遺書
墨莊書跋三卷
　　（清）陳經撰
　　　陳景辰遺書
思適齋書跋四卷補遺一卷
　　（清）顧廣圻撰　王大隆輯
　　　黄顧遺書
古泉山館題跋二卷
　　（清）瞿中溶撰
　　　藕香零拾
勞氏碎金三卷附錄一卷
　　（清）勞經原等撰　（民國）吳昌綬輯　王大
　　隆　瞿熙邦補輯
　　　丁丑叢編
拜經樓藏書題跋記五卷附錄一卷
　　（清）吳壽暘撰
　　　別下齋叢書
　　　式訓堂叢書初集
　　　校經山房叢書
　　　拜經樓叢書（景乾隆嘉慶本）
　　　江氏聚珍版叢書二集
　　　叢書集成初編・總類
五萬卷閣書目記四卷
　　（清）李嘉績撰
　　　代耕堂全集
文村書跋一卷
　　（清）王振聲撰
　　　王文村遺著
持靜齋藏書紀要二卷
　　（清）莫友芝撰
　　　江氏聚珍版叢書初集
自怡悅齋藏書目一卷
　　（清）□□撰　（民國）羅振常訂
　　　遯園叢書
傳忠堂書目四卷附錄一卷
　　（清）周星詒撰

遯園叢書
儀顧堂題跋十六卷續跋十六卷
　　（清）陸心源撰
　　　潛園總集
宋元舊本書經眼錄三卷附錄二卷
　　（清）莫友芝撰
　　　影山草堂六種
古書經眼錄一卷
　　（清）王頌蔚撰
　　　寫禮廎遺箸
雁影齋讀書記一卷
　　（清）李希聖撰
　　　蟬隱廬叢書
箋經室所見宋元書題跋一卷
　　（民國）曹元忠撰
　　　吳中文獻小叢書
霜厓曲跋三卷
　　（民國）吳梅撰
　　　新曲苑
大雲書庫藏書題識四卷
　　（民國）羅振玉撰
　　　貞松老人遺稿乙集
曝書隨筆一卷
　　（民國）楊嘉巽
　　　墨香簃叢編

專錄之屬

讀易別錄三卷
　　（清）全祖望撰
　　　知不足齋叢書（乾隆至道光本、景乾隆
　　　至道光本）第二十三集
　　　四明叢書第四集
　　　叢書集成初編・總類
欽定校正補刻通志堂經解目錄一卷
　　（民國）陶湘輯
　　　武進陶氏書目叢刊
欽定石經目錄一卷
　　（民國）陶湘輯
　　　武進陶氏書目叢刊
五經萃室藏宋板五經目錄一卷
　　（民國）陶湘輯
　　　武進陶氏書目叢刊
小學考補目一卷
　　　羅福頤撰
　　　待時軒叢刊
說文書目一卷補遺一卷附說文統系圖題
　跋一卷

潛采堂宋人集目錄一卷元人集目錄一卷
　　(清)朱彝尊撰
　　　　觀古堂書目叢刊
　　　　郋園先生全書
　　潛采堂宋金元人集目一卷
　　　　古學彙刊第二集·目錄類
全唐詩未備書目一卷
　　(清)朱彝尊輯
　　　　石經閣叢書
　　　　晨風閣叢書·潛采堂書目四種
明詩綜采輯書目一卷
　　(清)朱彝尊輯
　　　　石經閣叢書
　　明詩綜采撼書目一卷
　　　　晨風閣叢書·潛采堂書目四種
新編錄鬼簿二卷
　　(元)鍾嗣成撰
　　　　楝亭藏書十二種(康熙本、景康熙本)
　　　　誦芬室叢刊二編·讀曲叢刊
　　　　彙刻傳劇附刊
　　　　重訂曲苑
新編錄鬼簿二卷
　　(元)鍾嗣成撰　　(民國)王國維校注
　　　　海寧王忠慤公遺書四集
　　　　增補曲苑金集
　　　　海寧王靜安先生遺書
曲目表一卷
　　(清)支豐宜撰
　　　　曲苑
　　　　重訂曲苑
曲錄六卷
　　(民國)王國維撰
　　　　晨風閣叢書
　　　　海寧王忠慤公遺書四集
　　　　海寧王靜安先生遺書
　　　　重訂曲苑
　　　　增補曲苑木集
　　曲錄二卷
　　　　曲苑
曲目韻編二卷
　　(民國)董康撰
　　　　重訂曲苑
　　　　增補曲苑石集

版刻之屬

官　刻

五代兩宋監本考三卷
　　(民國)王國維撰
　　　　海寧王忠慤公遺書二集
　　　　海寧王靜安先生遺書
古今書刻二卷
　　(明)周弘祖撰
　　　　觀古堂所刊書
　　　　觀古堂書目叢刊
　　　　麗廔叢書
　　　　郋園先生全書
行人司重刻書目不分卷
　　(明)徐圖等撰
　　　　己卯叢編
內板經書紀略一卷
　　(明)劉若愚撰
　　　　松鄰叢書甲編
明代內府經廠本書目一卷
　　(民國)陶湘輯
　　　　武進陶氏書目叢刊
清代殿板書目一卷
　　(民國)陶湘輯
　　　　武進陶氏書目叢刊
武英殿聚珍板書目一卷
　　(民國)陶湘輯
　　　　武進陶氏書目叢刊
武英殿袖珍板書目一卷
　　(民國)陶湘輯
　　　　武進陶氏書目叢刊
武英殿造辦處寫刻刷印工價併顏料紙張
　　定例一卷
　　(民國)陶湘輯
　　　　武進陶氏書目叢刊
清代殿板書始末記一卷
　　(民國)陶湘輯
　　　　武進陶氏書目叢刊

家　刻

兩浙古刊本考二卷
　　(民國)王國維撰
　　　　海寧王忠慤公遺書二集
　　　　海寧王靜安先生遺書
宋元釋藏刊本考一卷
　　(民國)羅振玉撰
　　　　永豐鄉人雜著
汲古閣校刻書目一卷補遺一卷刻板存亡
考一卷
　　(清)鄭德懋輯

金 石 類

總志之屬

目　錄

　　　　食舊堂叢書
金石萃編補目三卷
　　（清）黄本驥撰
　　　　聚學軒叢書第三集
遜國遺文攷一卷
　　（民國）楊寶鏞撰
　　　　龍淵爐齋金石叢書
雪堂藏古器物目一卷
　　（民國）羅振玉撰
　　　　東方學會叢書初集

圖　象

金石經眼錄一卷
　　（清）稽嶺摹圖　（清）牛運震補說
　　　　四庫全書・史部目錄類
雙玉銃齋金石圖錄一卷
　　（民國）鄒安輯
　　　　藝術叢編
雪堂所藏古器物圖說一卷
　　（民國）羅振玉撰
　　　　遼居雜筆乙編
古器物范圖錄三卷附說一卷
　　（民國）羅振玉撰
　　　　楚雨樓叢書初集
　　　　藝術叢編
集古虎符魚符考一卷
　　（清）瞿中溶撰
　　　　百一廬金石叢書
歷代符牌圖錄二卷
　　（民國）羅振玉輯
　　　　眷古叢編
歷代符牌圖錄後編一卷
　　（民國）羅振玉輯
　　　　眷古叢編

文　字

秦金石刻辭三卷
　　（民國）羅振玉輯
　　　　永慕園叢書
　　　　楚雨樓叢書初集
金泥石屑二卷附說一卷
　　（民國）羅振玉撰
　　　　楚雨樓叢書初集
　　　　藝術叢編
地券徵存一卷
　　（民國）羅振玉撰
　　　　雪堂專錄四種
　　　　嘉草軒叢書

蒿里遺珍一卷考釋一卷
　　（民國）羅振玉輯併撰考釋
　　　　永慕園叢書
　　　　楚雨樓叢書初集
蒿里遺珍拾補一卷
　　（民國）鄒安輯
　　　　藝術叢編
金石古文十四卷
　　（明）楊慎輯
　　　　函海（乾隆本、道光本）第十六函
　　　　函海（光緒本）第二十一函
　　　　學古齋金石叢書第四集
　　　　叢書集成初編・藝術類
求古錄一卷
　　（清）顧炎武撰
　　　　四庫全書・史部目錄類
　　　　行素草堂金石叢書
　　　　槐廬叢書三編
金石存十卷
　　（清）吳玉搢（鈍根老人）輯
　　　　函海（乾隆本）第二十二函
　金石存十五卷
　　　　函海（道光本）第二十二函
　　　　函海（光緒本）第二十三函
　　　　叢書集成初編・藝術類
金石萃編未刻槀三卷
　　（清）王昶撰
　　　　嘉草軒叢書
讀金石萃編條記一卷
　　（清）沈欽韓撰
　　　　煙畫東堂小品
金石萃編統補槀一卷
　　（清）王仁俊撰
　　　　籇鄹庼雜著
兩漢金石記二十二卷
　　（清）翁方綱撰
　　　　蘇齋叢書（乾隆嘉慶本、景乾隆嘉慶本）
南漢金石志二卷
　　（清）吳蘭修撰
　　　　嶺南遺書第五集
　　　　翠琅玕館叢書（馮兆年輯）第一集
　　　　翠琅玕館叢書（黃任恆輯）・史部
　　　　芋園叢書・史部
　　　　叢書集成初編・藝術類
金石文鈔八卷續鈔二卷
　　（清）趙紹祖撰
　　　　古墨齋集

平津館金石萃編二十卷
　　(清)嚴可均輯
　　　　萬潔齋叢刊
函青閣金石記四卷
　　(清)楊鐸撰
　　　　淋潀齋叢書
希古樓金石萃編十卷
　　　劉承幹輯
　　　　嘉業堂金石叢書

通　考

權衡度量實驗攷一卷
　　(清)吳大澂撰
　　　　永慕園叢書
兩周金石文韻讀一卷
　　(民國)王國維撰
　　　　廣倉學窘叢書甲類第二集
　　　　海寧王忠慤公遺書初集
　　　　海寧王靜安先生遺書

題　跋

集古錄跋尾十卷
　　(宋)歐陽修撰
　　　　歐陽文忠公全集(天順本、嘉靖本、康
　　　　　熙本、嘉慶本、光緒本)
　　　　三長物齋叢書
　　　　行素草堂金石叢書
　　　　四部叢刊(初次印本、二次印本、縮印
　　　　　二次印本)·集部·歐陽文忠公集
　　　　四部備要(排印本、縮印本)·集部宋
　　　　　別集·歐陽文忠全集
　　　　宋廬陵四忠集·歐陽文忠公全集
　　集古錄十卷
　　　　四庫全書·史部目錄類
　　集古錄一卷
　　　　說郛(宛委山堂本)弓八十九
　　　　青照堂叢書摘三編第三函
　　集古目錄
　　　　說郛(商務印書館本)卷三
籀史二卷(原缺卷下)
　　(宋)翟耆年撰
　　　　四庫全書·史部目錄類
　　　　守山閣叢書(道光本、鴻文書局景道光
　　　　　本、博古齋景道光本)·史部
　　　　靜園叢書
　　　　叢書集成初編·藝術類
金石文字記六卷
　　(清)顧炎武撰　(清)潘耒補遺

　　　　亭林遺書
　　　　顧亭林先生遺書
　　　　四庫全書·史部目錄類
　　　　借月山房彙鈔(嘉慶本、景嘉慶本)第
　　　　　三集
　　　　指海(道光本、景道光本)第十二集
　　　　澤古齋重鈔第三集
　　　　式古居彙鈔
金石錄補二十七卷續跋七卷
　　(清)葉奕苞撰
　　　　涉聞梓舊(咸豐本、商務印書館景咸豐
　　　　　本、竹簡齋景咸豐本)
　　　　行素草堂金石叢書
　　　　槐廬叢書五編
　　　　叢書集成初編·藝術類
　　金石小箋一卷
　　　　昭代叢書(道光本)癸集萃編
來齋金石考三卷
　　(清)林侗撰
　　　　四庫全書·史部目錄類
　　來齋金石刻考略三卷
　　　　春暉堂叢書
金石文字跋尾六卷
　　(清)朱彝尊撰
　　　　藏修堂叢書第四集
　　　　翠琅玕館叢書(黃任恆輯)·史部
　　　　芋園叢書·史部
金石續錄四卷
　　(清)劉青藜撰
　　　　劉氏傳家集
觀妙齋金石文考略十六卷
　　(清)李光暎撰
　　　　四庫全書·史部目錄類
潛研堂金石文跋尾六卷 續七卷 又續六卷
　三續六卷
　　(清)錢大昕撰
　　　　潛研堂全書·史
　　潛研堂金石文跋尾二十卷
　　　　嘉定錢氏潛研堂全書·史
金石一跋四卷二跋四卷三跋二卷
　　(清)武億撰
　　　　授堂遺書(乾隆本、道光本)
授堂金石文字續跋十四卷
　　(清)武億撰
　　　　授堂遺書(乾隆本、道光本)
古墨齋金石跋六卷
　　(清)趙紹祖撰
　　　　涇川叢書(道光本、景道光本)續

聚學軒叢書第二集
　　叢書集成初編・藝術類
鐵橋金石跋四卷
　　（清）嚴可均撰
　　　聚學軒叢書第三集
清儀閣金石題識四卷
　　（清）張廷濟撰　（清）陳其榮輯
　　　觀自得齋叢書
古泉山館金石文編殘稿四卷
　　（清）瞿中溶撰
　　　適園叢書第一集
石經閣金石跋文一卷
　　（清）馮登府撰
　　　行素草堂金石叢書
　　　金石全例・金石三例再續編・金石綜
　　　例附
　　　槐廬叢書四編
宜祿堂收藏金石記六卷補編一卷
　　（清）朱士端撰
　　　春雨樓叢書
　宜祿堂收藏金石記六卷
　　　遯盦金石叢書
寶鐵齋金石文跋尾三卷
　　（清）韓崇撰
　　　滂喜齋叢書第四函
　　　叢書集成初編・藝術類
東洲艸堂金石跋五卷
　　（清）何紹基撰
　　　遯盦叢編乙集
　　　湖南叢書
　　　遯盦金石叢書
陶齋金石文字跋尾一卷
　　（清）翁大年撰
　　　雪堂叢刻
古兵符考略殘稿一卷
　　（清）翁大年撰
　　　眘古叢編
石泉書屋金石題跋一卷
　　（清）李佐賢撰
　　　房山山房叢書
簠齋金石文考釋一卷
　　（清）陳介祺撰
　　　雲窗叢刻
枕經堂金石跋三卷
　　（清）方朔撰
　　　遯盦金石叢書
金石文字跋尾二卷
　　（清）潘鍾瑞撰

香禪精舍集
廣雅堂論金石札五卷
　　（清）張之洞撰
　　　廣雅堂匹種
懷珉精舍金石跋一卷
　　（清）李宗蓮撰
　　　晨風閣叢書第一集
　懷岷精舍金石跋尾一卷
　　　六經堪叢書初集
循園金石文字跋尾二卷
　　（民國）范壽銘撰
　　　范鼎卿先生所著書三種
雪堂金石文字跋尾四卷
　　（民國）羅振玉撰
　　　永豐鄉人稿丙稿
遼代金石錄四卷
　　（民國）黃任恆撰
　　　述篹雜纂・遼痕五種

雜　著

字原徵古四卷
　　（清）曾廷枚撰
　　　蒳嶼裒書
金石餘論一卷
　　（清）李遇孫撰
　　　古學彙刊第二集・金石類
清儀閣雜詠一卷
　　（清）張廷濟撰
　　　桂馨堂集
　　　靜園叢書
　　　美術叢書三集第一輯
金玉瑣碎二卷
　　（清）謝堃撰
　　　春草堂集
　　　埽葉山房叢鈔
　　　美術叢書三集第八輯
雜錄不分卷
　　（清）劉喜海輯
　　　金石苑
東洲艸堂金石詩一卷
　　（清）何紹基撰
　　　遯盦金石叢書
鮑臆園丈手札一卷
　　（清）鮑康撰
　　　滂喜齋叢書第四函
　鮑臆園手札一卷
　　　叢書集成初編・藝術類
陳簠齋丈筆記一卷手札一卷

(清)陳介祺撰
滂喜齋叢書第四函
陳簠齋筆記一卷手札一卷
叢書集成初編・藝術類
天壤閣雜記一卷
(清)王懿榮撰
靈鶼閣叢書第二集
叢書集成初編・藝術類
美術叢書初集第六輯
翠墨園語一卷
(清)王懿榮輯
古學彙刊第一集・金石類
潔盦金石言一卷
(清)范公詥撰
信古閣小叢書
怡松軒金石偶記一卷
(民國)陳洙輯
對樹書屋叢刻
俑廬日札一卷
(民國)羅振玉撰
七經堪叢刊

金之屬

目 錄

梅花草盦藏器目一卷
　　(清)丁彥臣撰
　　　　靈鶼閣叢書第二集
　　　　叢書集成初編・藝術類
選青閣藏器目一卷
　　(清)王錫棨撰
　　　　靈鶼閣叢書第五集
　　　　叢書集成初編・藝術類
愙齋藏器目一卷
　　(清)吳大澂撰
　　　　靈鶼閣叢書第二集
　　　　叢書集成初編・藝術類
日照丁氏藏器目一卷
　　(民國)丁麟年輯　(民國)陳邦福輯補
　　　　湫漻齋叢書
裦殘守缺齋藏器目一卷
　　　　鮑鼎撰
　　　　蟫隱廬叢書・默厂金石三書

圖　象

亦政堂重修考古圖十卷
　　(宋)呂大臨撰
　　　　三古圖
考古圖十卷
　　　　四庫全書・子部譜錄類
續考古圖五卷
　　(宋)□□撰
　　　　四庫全書・子部譜錄類・考古圖附
　　　　十萬卷樓叢書三編
　　　　叢書集成初編・藝術類
考古圖釋文一卷
　　(宋)趙九成撰
　　　　四庫全書・子部譜錄類・考古圖附
　　　　十萬卷樓叢書三編・續考古圖附
　　　　叢書集成初編・藝術類
亦政堂重修宣和博古圖三十卷
　　(宋)王黼等撰
　　　　三古圖
宣和博古圖三十卷
　　　　四庫全書・子部譜錄類
博古圖十卷
　　(宋)王黼等撰　(明)章斐然訂
　　　　格致叢書
西清古鑑四十卷
　　　　清乾隆十四年敕撰
　　　　四庫全書・子部譜錄類
　　　　摛藻堂四庫全書薈要・史部
焦山古鼎考一卷

　　(清)王士祿撰
　　　　昭代叢書(康熙本)乙集第六帙
焦山鼎銘考一卷
　　(清)翁方綱撰
　　　　蘇齋叢書(乾隆嘉慶本)
　　　　昭代叢書(道光本)乙集第五帙
　　　　百一廬金石叢書
宣德鼎彝譜八卷
　　(明)呂震等撰
　　　　四庫全書・子部譜錄類
　　　　墨海金壺(嘉慶本、景嘉慶本)・子部
　　　　珠叢別錄(道光本、景道光本)
　　　　喜詠軒叢書丙編
　　　　叢書集成初編・藝術類
　　　　美術叢書二集第四輯
宣德彝器圖譜二十卷
　　(明)呂震等撰
　　　　喜詠軒叢書丙編
宣德彝器譜三卷附錄一卷
　　(明)呂棠輯　附錄(清)杭世駿撰
　　　　喜詠軒叢書丙編
宣鑪博論一卷
　　(明)項元汴撰
　　　　珠叢別錄(道光本、景道光本)・宣德
　　　　　鼎彝譜附
　　　　喜詠軒叢書丙編・宣德鼎彝譜附
　　　　美術叢書二集第四輯
浣花拜石軒鏡銘集錄二卷
　　(清)錢坫撰
　　　　百一廬金石叢書
藤花亭鏡譜八卷
　　(清)梁廷枏撰
　　　　自明誠廔叢書
古鏡圖錄三卷
　　(民國)羅振玉撰
　　　　楚雨樓叢書初集
兩龍潭主人藏鏡圖一卷題詞一卷
　　　　劉海滙輯
　　　　龍潭精舍叢刻
金塗銅塔攷一卷
　　(清)錢泳輯
　　　　吳氏羣書襄丙編・錢氏三種
鐵券攷一卷
　　(清)錢泳輯
　　　　吳氏羣書襄丙編・錢氏三種
銀簡攷一卷
　　(清)錢泳輯
　　　　吳氏羣書襄丙編・錢氏三種

文 字

嘯堂集古錄二卷
　　(宋)王俅撰
　　　　四庫全書·子部譜錄類
　　　　四部叢刊續編·子部
　　　　百一廬金石叢書
　　　　續古逸叢書

嘯堂集古錄校補一卷
　　(清)盧文弨撰
　　　　抱經堂叢書(乾隆本、景乾隆本)·羣
　　　　書拾補初編
　　　　紹興先正遺書第二集·羣書拾補初編
　　　　叢書集成初編·總類·羣書拾補

歷代鐘鼎彝器款識法帖二十卷
　　(宋)薛尚功撰
　　　　四庫全書·經部小學類

王復齋鐘鼎款識一卷
　　(宋)王厚之撰
　　　　百一廬金石叢書

積古齋鐘鼎彝器款識十卷
　　(清)阮元撰
　　　　文選樓叢書(阮亨輯)
　　　　後知不足齋叢書第三函
　　　　叢書集成初編·藝術類

積古齋鐘鼎彝器款識二卷
　　　　皇清經解(道光本、咸豐補刊本、鴻寶
　　　　齋石印本、點石齋石印本)

積古齋鐘鼎彝器款識補遺一卷
　　(清)王仁俊撰
　　　　籀鄦邨諸雜著

從古堂款識學一卷
　　(清)徐同柏撰
　　　　仰視千七百二十九鶴齋叢書(光緒本、
　　　　景光緒本)第一集
　　　　叢書集成初編·藝術類

鼎堂金石錄二卷
　　(清)吳樹聲撰
　　　　雲南叢書初編·史部

商周彝器釋銘六卷
　　(清)呂調陽撰
　　　　觀象廬叢書

慤齋集古錄校勘記二卷
　　鮑鼎撰
　　　　蟫隱廬叢書·默厂金石三書

殷文存二卷
　　(民國)羅振玉輯
　　　　楚雨樓叢書初集

　　　　藝術叢編

周金文存六卷補遺六卷
　　(民國)鄒安輯
　　　　藝術叢編

毛公鼎銘考釋一卷
　　(民國)王國維撰
　　　　廣倉學窘叢書甲類第一集
　　　　海寧王忠慤公遺書初集·觀堂古金文
　　　　考釋
　　　　海寧王靜安先生遺書·觀堂古金文考
　　　　釋

散氏盤考釋一卷
　　(民國)王國維撰
　　　　海寧王忠慤公遺書初集·觀堂古金文
　　　　考釋
　　　　海寧王靜安先生遺書·觀堂古金文考
　　　　釋

不嬰敦蓋銘考釋一卷
　　(民國)王國維撰
　　　　雪堂叢刻
　　　　海寧王忠慤公遺書初集·觀堂古金文
　　　　考釋
　　　　海寧王靜安先生遺書·觀堂古金文考
　　　　釋

盂鼎銘考釋一卷
　　(民國)王國維撰
　　　　海寧王忠慤公遺書初集·觀堂古金文
　　　　考釋
　　　　海寧王靜安先生遺書·觀堂古金文考
　　　　釋

克鼎銘考釋一卷
　　(民國)王國維撰
　　　　海寧王忠慤公遺書初集·觀堂古金文
　　　　考釋
　　　　海寧王靜安先生遺書·觀堂古金文考
　　　　釋

周無專鼎銘考一卷
　　(清)羅士琳撰
　　　　文選樓叢書(阮亨輯)
　　　　觀我生室彙稿
　　　　叢書集成初編·藝術類

矢彝考釋一卷
　　(民國)羅振玉撰
　　　　松翁居遼後所箸書·遼居雜箸

書餘一卷
　　(清)梁廷枬撰
　　　　藤花亭十七種

金文續考一卷

郭沫若撰
　　　古代銘刻彙考四種
銅僊傳一卷
　　（清）徐元潤撰
　　　蛻學翁遺集
　　　甲戌叢編
　　　美術叢書四集第六輯
漢兩京以來鏡銘集錄一卷
　　（民國）羅振玉撰
　　　松翁居遼後所箸書・遼居雜箸
淮安北門城樓金天德年大鐘款識一卷附
　一卷
　　（清）丁晏撰
　　　頤志齋叢書

通　考

古禮器略說一卷
　　（民國）王國維撰
　　　雪堂叢刻
秦敦考釋一卷
　　（民國）葉瀚撰
　　　晚學廬叢稿

題　跋

紹興內府古器評二卷
　　（宋）張掄撰
　　　津逮祕書（汲古閣本、景汲古閣本）第
　　　　十四集
　　　叢書集成初編・藝術類
籀經堂鐘鼎文釋題跋尾一卷
　　（清）陳慶鏞撰
　　　遜盦金石叢書
韡華閣集古錄跋尾十五卷
　　（民國）柯昌濟撰
　　　餘園叢刻
莽鏡釋文一卷
　　　冒廣生撰
　　　如皋冒氏叢書・疚齋小品

雜　著

古今刀劍錄一卷
　　（梁）陶弘景撰
　　　百川學海（咸淳本、景刊咸淳本）庚集
　　　百川學海（弘治本、景刊咸淳本據弘治
　　　　目次編印本、景弘治本）壬集
　　　漢魏叢書（萬曆本、景萬曆本）・子籍
　　　廣漢魏叢書（萬曆本、嘉慶本）・載籍
　　　四庫全書・子部譜錄類

增訂漢魏叢書（乾隆本、紅杏山房本、
　　三餘堂本、大通書局石印本）・載籍
龍威祕書一集
指海（道光本、景道光本）第十三集
漢魏小說探珍
刀劍錄一卷
　　山居小玩
　　羣芳清玩
　　說郛（宛委山堂本）弓九十五
　　五朝小說・魏晉小說雜志家
　　五朝小說大觀・魏晉小說雜志家
　　國學珍本文庫第一集・羣芳清玩
　　美術叢書四集第四輯
刀劍錄
　　說郛（商務印書館本）卷七十三
鼎錄一卷
　　（梁）虞荔撰
　　　續百川學海癸集
　　　顧氏文房小說（嘉靖本、景嘉靖本）
　　　廣漢魏叢書（萬曆本、嘉慶本）・載籍
　　　寶顏堂祕笈（萬曆本、民國石印本）續
　　　　集
　　　山居小玩
　　　羣芳清玩
　　　說郛（宛委山堂本）弓九十七
　　　五朝小說・唐人百家小說偏錄家
　　　五朝小說大觀・唐人百家小說偏錄家
　　　四庫全書・子部譜錄類
　　　增訂漢魏叢書（乾隆本、紅杏山房本、
　　　　三餘堂本、大通書局石印本）・載籍
　　　龍威祕書一集
　　　四明叢書第六集
　　　國學珍本文庫第一集・羣芳清玩
　　　叢書集成初編・藝術類
　　　美術叢書四集第三輯
　　　漢魏小說探珍
宣爐歌注一卷
　　（清）冒襄撰
　　　昭代叢書（康熙本）甲集第六帙
　　　昭代叢書（道光本）甲集第六帙
　　　如皋冒氏叢書
　　　美術叢書二集第四輯
宣爐注
　　　勝朝遺事初編
宣爐小志一卷
　　（□）沈□撰
　　　喜詠軒叢書丙編
簠齋傳古別錄一卷
　　（清）陳介祺撰

天壤閣叢書增刊
滂喜齋叢書第四函
叢書集成初編·藝術類
傳古別錄一卷
美術叢書二集第二輯
傳古別錄一卷
（清）陳介祺撰　（民國）葉銘校訂
葉氏存古叢書
古器物識小錄一卷
（民國）羅振玉撰
遼居雜箸丙編
鏡話一卷
（民國）羅振玉撰
松翁居遼後所箸書·遼居雜箸

錢幣之屬

圖　象

泉志十五卷
（宋）洪遵撰
祕册彙函
津逮祕書（汲古閣本、景汲古閣本）第
八集
學津討原（嘉慶本、景嘉慶本）第八集
洪氏晦木齋叢書
叢書集成初編·社會科學類
泉志一卷
說郛（宛委山堂本）弓九十七
泉志校誤四卷
（清）金嘉采撰
觀自得齋叢書
錢錄十六卷
清乾隆十五年敕撰
四庫全書·子部譜錄類
摛藻堂四庫全書薈要·史部
墨海金壺（嘉慶本、景嘉慶本）子部
叢書集成初編·社會科學類
古金待問錄四卷 錄餘一卷 補遺一卷 續錄
一卷
（清）朱楓撰
朱近漪所箸書
後知不足齋叢書第七函
古金待問錄一卷
昭代叢書（道光本）丙集補
錢式圖四卷
（清）謝堃撰
春草堂集

古泉叢話三卷
（清）戴熙撰
潘刻五種
古泉匯首集四卷元集十四卷亨集十四卷
利集十八卷貞集十四卷
（清）李佐賢撰
石泉書屋全集
虞夏贖金釋文一卷
（清）劉師陸撰
觀古閣叢刻
大錢圖錄一卷
（清）鮑康撰
觀古閣叢刻
四朝鈔幣圖錄一卷考釋一卷
（民國）羅振玉輯併撰考釋
永慕園叢書

文　字

錢譜一卷
（題宋董逌撰）
說郛（宛委山堂本）弓九十七
翠琅玕館叢書（馮兆年輯）第一集
翠琅玕館叢書（黃任恆輯）·子部
藝術叢書·物譜
芋園叢書·子部
錢譜
（明）董遹撰
說郛（商務印書館本）卷八十四
退庵錢譜八卷
（清）夏荃撰
海陵叢刻
蒙古西域諸國錢譜四卷
（清）陳其鑣譯　（清）張美翊定
振綺堂叢書初集

雜　著

癖談六卷
（清）蔡雲撰
元和蔡氏所著書
式訓堂叢書二集
校經山房叢書
叢書集成初編·社會科學類
嘉蔭簃論泉截句二卷
（清）劉喜海撰
觀古閣叢刻
觀古閣泉說一卷
（清）鮑康撰
觀古閣叢刻

(明)陳鑑撰
　　邃園叢書
古今碑帖攷一卷
　　(明)朱晨撰
　　　格致叢書
寰宇訪碑錄十二卷
　　(清)孫星衍(清)邢澍撰
　　　平津館叢書(嘉慶本)
　　　叢書集成初編‧藝術類
寰宇訪碑錄十二卷刊謬一卷
　　(清)孫星衍(清)邢澍撰　刊謬(民國)羅振
　　玉撰
　　　行素草堂金石叢書
　　　平津館叢書(光緒本)
寰宇訪碑錄校勘記十一卷
　　(民國)劉聲木撰
　　　直介堂叢刻初編
補寰宇訪碑錄五卷失編一卷附刊誤一卷
　　(清)趙之謙輯　刊誤(民國)羅振玉撰
　　　行素草堂金石叢書
　　　槐廬叢書三編
補寰宇訪碑錄校勘記二卷
　　(民國)劉聲木撰
　　　直介堂叢刻初編
孫趙寰宇訪碑錄刊誤補遺一卷
　　(民國)楊寶鏞撰
　　　龍淵廬齋金石叢書
再續寰宇訪碑錄校勘記一卷
　　(民國)劉聲木撰
　　　直介堂叢刻初編
續補寰宇訪碑錄二十五卷
　　(民國)劉聲木撰
　　　直介堂叢刻初編
碑石像目一卷
　　(民國)葉瀚撰
　　　晚學廬叢稿
蒿里遺文目錄六卷補遺一卷
　　(民國)羅振玉撰
　　　東方學會叢書初集
蒿里遺文目錄續編一卷補遺一卷
　　(民國)羅振玉撰
　　　松翁居遼後所著書‧遼居雜著
墓誌徵存目錄四卷
　　(民國)羅振玉撰
　　　貞松老人遺稿乙集
古誌彙目初集六卷
　　(民國)顧燮光撰
　　　非儒非俠齋金石叢著

古誌新目初編四卷
　　(民國)顧燮光撰
　　　非儒非俠齋金石叢著
漢隸今存錄一卷
　　(清)王琛撰
　　　小方壺齋叢書三集
漢石存目二卷
　　(清)王懿榮撰
　　　斠經室集初刻
漢石存目二卷
　　(清)王懿榮撰　(民國)羅振玉校補
　　　雪堂叢刻
漢唐石刻目錄一卷
　　(清)吳文溥撰
　　　南野堂全集‧南野堂續筆記
魏晉石存目一卷
　　(清)尹彭壽撰　(民國)羅振玉校補
　　　雪堂叢刻
非見齋審定六朝正書碑目一卷
　　(清)譚獻評
　　　牛广叢書初編
湖北沔陽陸氏舊藏北齊造象攷一卷
　　(民國)葉瀚撰
　　　晚學廬叢稿
元碑存目一卷
　　(清)黃本驥撰
　　　聚學軒叢書第三集
元氏誌錄一卷補遺目錄一卷
　　(民國)范壽銘撰
　　　范鼎卿先生所著書三種
海外貞珉錄一卷
　　(民國)羅振玉撰
　　　雪堂叢刻
　　　永豐鄉人雜著
菉竹堂碑目六卷
　　(明)葉盛撰
　　　粵雅堂叢書二編第十五集
葉氏菉竹堂碑目六卷
　　　叢書集成初編‧藝術類
話雨樓碑帖目錄四卷
　　(清)王鯤撰
　　　東方學會叢書初集
晚學廬藏碑象目存一卷
　　(民國)葉瀚撰
　　　晚學廬叢稿

圖　象

漢武梁祠堂石刻畫像考六卷附圖一卷

（清）瞿中溶撰
　　嘉業堂金石叢書
昭陵六駿贊辯一卷
　　（清）張弨撰
　　　　昭代叢書（康熙本）乙集第六帙
　　　　昭代叢書（道光本）乙集第五帙
　　唐昭陵六駿贊辨一卷
　　　　張巫齋遺集

文　字

漢晉石刻墨影一卷
　　（民國）羅振玉輯
　　　　貞松堂集古遺文
古石抱守錄一卷
　　姬佛陀輯
　　　　藝術叢編
隸釋二十七卷
　　（宋）洪适撰
　　　　四庫全書・史部目錄類
　　　　洪氏晦木齋叢書
隸釋二十七卷附校勘記一卷
　　（宋）洪适撰　校勘記張元濟撰
　　　　四部叢刊三編・史部
汪本隸釋刊誤一卷
　　（清）黃丕烈撰
　　　　士禮居黃氏叢書（黃氏本、蜚英館景黃
　　　　　氏本、石竹山房景黃氏本、博古齋景
　　　　　黃氏本）
　　　　洪氏晦木齋叢書
　　　　叢書集成初編・總類
隸續二十一卷
　　（宋）洪适撰
　　　　四庫全書・史部目錄類
　　　　洪氏晦木齋叢書
周秦刻石釋音一卷
　　（元）吾丘衍撰
　　　　四庫全書・經部小學類
　　　　十萬卷樓叢書二編
　　　　叢書集成初編・藝術類
古刻叢鈔一卷
　　（元）陶宗儀撰
　　　　四庫全書・史部目錄類
　　　　知不足齋叢書（乾隆至道光本、景乾隆
　　　　　至道光本）第二十六集
　　　　筆記小說大觀第七輯
　　　　叢書集成初編・藝術類
古刻叢鈔一卷
　　（元）陶宗儀撰　（清）孫星衍重輯

平津館叢書（嘉慶本、光緒本）
學古齋金石叢書第三集
叢書集成初編・藝術類
名蹟錄六卷附錄一卷
　　（明）朱珪輯
　　　　四庫全書・史部目錄類
彙堂摘奇一卷
　　（明）王佐撰
　　　　百陵學山
　　　　叢書集成初編・藝術類
　　　　景印元明善本叢書十種・百陵學山
金薤琳琅二十卷
　　（明）都穆撰
　　　　四庫全書・史部目錄類
金薤琳琅二十卷附補遺一卷
　　（明）都穆撰　補遺（清）宋振譽輯
　　　　學古齋金石叢書第三集
古誌石華三十卷
　　（清）黃本驥輯
　　　　三長物齋叢書
蒐古彙編七十卷
　　（清）劉喜海輯
　　　　金石苑
績語堂碑錄不分卷
　　（清）魏錫曾撰
　　　　魏稼孫全集
雪屐尋碑錄十六卷首一卷附人名通檢
　　（清）盛昱輯
　　　　遼海叢書第九集
奇觚室樂石文述二卷
　　（清）劉心源撰
　　　　靈峯草堂叢書
古碑證文選本一卷
　　（民國）楊寶鏞撰
　　　　龍淵盦齋金石叢書
吳季公碑一卷
　　　　薈古介書前集
漢滕公石椁銘一卷
　　　　薈古介書前集
楚衡嶽神禹碑文一卷
　　　　薈古介書前集
漢延熹西嶽垂山碑考四卷
　　（清）阮元撰
　　　　文選樓叢書（阮亨輯）
　　　　叢書集成初編・藝術類
漢劉熊碑攷二卷
　　（民國）顧燮光撰
　　　　非儒非俠齋金石叢著

漢賈夫人馬姜墓石刻考釋一卷
　　鮑鼎撰
　　　　蟫隱廬叢書・默厂金石三書
龜茲刻石
　　郭沫若撰
　　　　古代銘刻彙考四種・漢代石刻二種
國山碑考一卷
　　（清）吳騫撰
　　　　拜經樓叢書（乾隆嘉慶本、景乾隆嘉慶
　　　　本）
　　　　重刊拜經樓叢書七種
　　　　重校拜經樓叢書十種
　　　　叢書集成初編・藝術類
爨龍顏碑考釋一卷
　　（民國）趙詒琛輯
　　　　對樹書屋叢刻
高麗國永樂好大王碑釋文纂攷一卷
　　（民國）鄭文焯撰
　　　　大鶴山房全書
瘞鶴銘考一卷
　　（明）顧元慶撰
　　　　顧氏明朝四十家小說（正德嘉靖本、宣
　　　　統排印本、民國石印本）
瘞鶴銘辯一卷
　　（清）張弨撰
　　　　昭代叢書（康熙本）乙集第六帙
　　　　昭代叢書（道光本）乙集第五帙
　　　　張亟齋遺集
瘞鶴銘考一卷
　　（清）汪士鋐撰
　　　　粵雅堂叢書三編第二十四集
　　　　咫進齋叢書第一集
　　　　百一廬金石叢書
瘞鶴銘考一卷
　　（清）翁方綱撰
　　　　蘇齋叢書（乾隆嘉慶本、景乾隆嘉慶
　　　　本）
山樵書外紀一卷
　　（清）張開福撰
　　　　昭代叢書（道光本）乙集補
　　　　遜盦金石叢書
瘞鶴銘考一卷
　　（清）吳東發撰
　　　　涉聞梓舊（咸豐本、商務印書館景咸豐
　　　　本、竹簡齋景咸豐本）
溫泉銘殘卷
　　唐太宗撰
　　　　敦煌石室遺書

孔子廟堂碑唐本存字一卷
　　（清）翁方綱輯
　　　　百一廬金石叢書
舊館壇碑考一卷
　　（清）翁大年撰
　　　　淞瀞齋叢書
紅崖刻石釋文一卷
　　（清）鄒漢勛撰
　　　　新化鄒氏斅藝齋遺書
石鼓文音釋三卷
　　（明）楊慎撰
　　　　函海（乾隆本、道光本）第十六函
　　　　函海（光緒本）第十五函
　　　　叢書集成初編・藝術類
石鼓文集釋一卷
　　（清）任兆麟撰
　　　　心齋十種
石鼓釋文考異一卷
　　（清）吳東發撰
　　　　石鼓讀（乾隆本、景乾隆本）
石鼓文章句一卷
　　（清）吳東發撰
　　　　石鼓讀（乾隆本、景乾隆本）
石鼓辨一卷
　　（清）吳東發撰
　　　　石鼓讀（乾隆本、景乾隆本）
石鼓鑑一卷
　　（清）吳東發撰
　　　　石鼓讀（乾隆本、景乾隆本）
石鼓釋文考異或問一卷
　　（清）吳東發撰
　　　　石鼓（乾隆本、景乾隆本）
石鼓爾雅一卷
　　（清）吳東發撰
　　　　石鼓讀（乾隆本、景乾隆本）
攷鼓一卷
　　（清）吳東發撰
　　　　石鼓讀（乾隆本、景乾隆本）
石鼓然疑一卷
　　（清）莊述祖撰
　　　　珍埶宧遺書
　　　　浮谿精舍叢書
　　　　食舊堂叢書
石鼓文匯一卷
　　（清）尹彭壽撰
　　　　斠經室集初刻
石鼓文考證一卷
　　（清）吳廣霈撰

湫漻齋叢書
石鼓文考釋三卷
　　（民國）羅振玉撰
　　　　楚雨樓叢書初集
石鼓文音釋一卷
　　（民國）徐昂撰
　　　　徐氏全書
石鼓文研究一卷
　　郭沫若撰
　　　　古代銘刻彙考四種

通　考

石刻鋪敍二卷
　　（宋）曾宏父撰
　　　　四庫全書・史部目錄類
　　　　貸園叢書初集
　　石刻鋪敍二卷附錄一卷
　　　　知不足齋叢書（乾隆至道光本、景乾隆
　　　　　至道光本）第十集
　　　　叢書集成初編・藝術類
漢魏碑考一卷
　　（清）萬經撰
　　　　房山山房叢書
石墨考異二卷
　　（清）嚴蔚撰
　　　　遯園叢書
　　　　庚辰叢編
石交錄四卷
　　（民國）羅振玉撰
　　　　貞松老人遺稿甲集
校碑隨筆不分卷
　　（民國）方若撰
　　　　遯盦叢編乙集
　　　　遯盦金石叢書
漢碑徵經一卷
　　（清）朱百度撰
　　　　廣雅書局叢書・小學
漢碑引經攷六卷
　　（清）皮錫瑞撰
　　　　師伏堂叢書
漢碑引緯攷一卷
　　（清）皮錫瑞撰
　　　　師伏堂叢書・漢碑引經考附
漢碑徵經補一卷
　　（清）王仁俊撰
　　　　籒鄦簃雜著

題　跋

元豐金石跋尾一卷
　　（宋）曾鞏撰
　　　　學古齋金石叢書第三集
寶刻叢編二十卷
　　（宋）陳思撰
　　　　四庫全書・史部目錄類
　　　　十萬卷樓叢書三編
　　　　叢書集成初編・藝術類
碑帖紀證一卷
　　（明）范大澈撰
　　　　蟫隱廬叢書
　　　　四明叢書第八集
蒼潤軒碑跋一卷
　　（明）盛時泰撰
　　　　風雨樓祕笈留眞
石墨鐫華八卷
　　（明）趙崡撰
　　　　四庫全書・史部目錄類
　　　　知不足齋叢書（乾隆至道光本、景乾隆
　　　　　至道光本）第三集
　　　　學古齋金石叢書第四集
　　　　叢書集成初編・藝術類
金石史二卷
　　（明）郭宗昌撰
　　　　四庫全書・史部目錄類
　　　　知不足齋叢書（乾隆至道光本、景乾隆
　　　　　至道光本）第四集
　　　　靑照堂叢書摘三編第三函
　　　　學古齋金石叢書第四集
　金石史一卷
　　　　昭代叢書（道光本）辛集別編
庚子消夏錄碑帖攷一卷
　　（清）孫承澤撰
　　　　綠滿書怱
砥齋題跋一卷
　　（清）王弘撰撰
　　　　涉聞梓舊（咸豐本、商務印書館景咸豐
　　　　　本、竹簡齋景咸豐本）
　　　　小石山房叢書第十冊
鐵函齋書跋六卷
　　（清）楊賓撰
　　　　涉聞梓舊（咸豐本、商務印書館景咸豐
　　　　　本、竹簡齋景咸豐本）
　　　　叢書集成初編・藝術類
鐵函齋書跋一卷
　　　　昭代叢書（道光本）壬集補編
鐵函齋書跋四卷
　　　　江氏聚珍版叢書二集

隱綠軒題識一卷
　　(清)陳奕禧撰
　　　　涉聞梓舊(咸豐本、商務印書館景咸豐
　　　　本、竹簡齋景咸豐本)
　　　　小石山房叢書第十册
　　　　叢書集成初編・藝術類
義門題跋一卷
　　(清)何焯撰
　　　　涉聞梓舊(咸豐本、商務印書館景咸豐
　　　　本、竹簡齋景咸豐本)
　　　　昭代叢書(道光本)壬集補編
　　　　小石山房叢書第十册
竹雲題跋四卷
　　(清)王澍撰
　　　　四庫全書・史部目錄類
　　　　王翁林先生題跋
　　　　海山仙館叢書
　　　　懺花盦叢書
虛舟題跋十卷
　　(清)王澍撰
　　　　王翁林先生題跋
　　　　懺花盦叢書
虛舟題跋原三卷
　　(清)王澍撰
　　　　懺花盦叢書
拙存堂題跋一卷
　　(清)蔣衡撰
　　　　房山山房叢書
　　　　美術叢書四集第三輯
拙存堂碑帖題跋一卷
　　　　古今文藝叢書第四集
蘇齋題跋二卷
　　(清)翁方綱撰
　　　　涉聞梓舊(咸豐本、商務印書館景咸豐
　　　　本、竹簡齋景咸豐本)
　　　　叢書集成初編・藝術類
蘇齋金石題跋一卷
　　　　遯盦金石叢書
平津讀碑記八卷 續記一卷 再續一卷 三續
二卷
　　(清)洪頤煊撰
　　　　傳經堂叢書
　　　　木犀軒叢書
平津讀碑記八卷續記一卷
　　　　行素草堂金石叢書
　　　　槐廬叢書二編
有萬憙齋石刻跋一卷
　　(清)傅以禮撰

　　　　遯盦金石叢書
求是齋碑跋四卷
　　(清)丁紹基撰
　　　　適園叢書第十集
寫禮廎讀碑記一卷
　　(清)王頌蔚撰
　　　　寫禮廎遺箸
循園古冢遺文跋尾六卷
　　(民國)范壽銘撰
　　　　范鼎卿先生所著書三種
綴學堂河朔碑刻跋尾一卷
　　(民國)陳漢章撰
　　　　范鼎卿先生所著書三種・循園金石文
　　　　字跋尾附
漢射陽石門畫象彙考一卷
　　(清)張寶德輯
　　　　金陵叢刻
　　　　叢書集成初編・藝術類
元魏滎陽鄭文公摩崖碑跋一卷
　　(清)諸可寶撰
　　　　式訓堂叢書二集
　　　　校經山房叢書
　　　　叢書集成初編・藝術類

義　例

金石例十卷
　　(元)潘昂霄撰
　　　　金石三例(乾隆本、道光本)
　　　　四庫全書・集部詩文評類
　　　　校補金石例四種
　　　　反約篇
　　　　式訓堂叢書三集
　　　　金石全例・金石三例
蒼崖先生金石例十卷附札記一卷
　　(元)潘昂霄撰　札記(民國)繆荃孫撰
　　　　隨盦徐氏叢書
墓銘舉例四卷
　　(明)王行撰
　　　　金石三例(乾隆本、道光本)
　　　　四庫全書・集部詩文評類
　　　　校補金石例四種
　　　　式訓堂叢書三集
　　　　金石全例・金石三例
金石要例一卷
　　(清)黃宗羲撰
　　　　金石三例(乾隆本、道光本)
　　　　四庫全書・集部詩文評類
　　　　借月山房彙鈔(嘉慶本、景嘉慶本)第

十六集
校補金石例四種
式訓堂叢書三集
國朝名人著述叢編
金石全例・金石三例
古今說部叢書十集
梨洲遺著彙刊
叢書集成初編・文學類
金石要例一卷附論文管見
昭代叢書(道光本)已集廣編
誌銘廣例二卷
(清)梁玉繩撰
清白士集
行素草堂金石叢書・金石三例續編
槐廬叢書初編・金石三例續編
式訓堂叢書初集
校經山房叢書
金石全例・金石三例續編
叢書集成初編・文學類
碑版文廣例十卷
(清)王芑孫撰
行素草堂金石叢書
金石全例
漢魏六朝墓銘纂例四卷
(清)李富孫撰
別下齋叢書(道光本、商務印書館景道
光本、竹簡齋景道光本)
行素草堂金石叢書
槐廬叢書三編
金石全例・金石三例再續編
叢書集成初編・文學類
金石例補二卷
(清)郭麐撰
靈芬館集
校補金石例四種
姚氏叢刻
行素草堂金石叢書・金石三例續編
槐廬叢書初編・金石三例續編
式訓堂叢書初集
校經山房叢書
金石全例・金石三例續編
叢書集成初編・文學類
漢魏六朝志墓金石例三卷唐人志墓諸例
一卷
(清)吳鎬撰
玲瓏山館叢刻
後知不足齋叢書第三函
叢書集成初編・文學類
金石綜例四卷

(清)馮登府撰
行素草堂金石叢書
槐廬叢書四編
金石全例・金石三例再續編
金石訂例四卷
(清)鮑振方撰
後知不足齋叢書第三函
叢書集成初編・文學類
漢石例六卷
(清)劉寶楠撰
連筠簃叢書
行素草堂金石叢書・金石三例續編
槐廬叢書初編・金石三例續編
金石全例・金石三例續編
叢書集成初編・文學類
金石稱例四卷
(清)梁廷枏撰
藤花亭十七種
行素草堂金石叢書
槐廬叢書四編
金石全例・金石三例再續編
續金石稱例一卷
(清)梁廷枏撰
藤花亭十七種
行素草堂金石叢書・金石稱例附
槐廬叢書四編・金石稱例附
金石全例・金石三例再續編・金石稱
例附

字　書

漢隸字原校本一卷
(清)張弨撰
張亟齋遺集
金石文字辨異十二卷
(清)邢澍撰
聚學軒叢書第一集
碑文摘奇一卷
(清)梁廷枏撰
藤花亭十七種

雜　著

蘇齋唐碑選一卷
(清)翁方綱撰
咫進齋叢書第一集
吉林探源書舫叢書二集
叢書集成初編・藝術類
訪碑圖題記一卷附修武氏祠堂記
(清)黃易撰
花近樓叢書

刻碑姓名錄三卷
　　（清）黃錫蕃撰
　　　咫園叢書
杭郡庠得表忠觀碑記事一卷
　　（清）余懋棣輯
　　　武林掌故叢編第二集
翠微亭題名考一卷
　　（清）蔡名衡輯
　　　武林掌故叢編第九集
訪碑拓碑筆札一卷
　　（清）陳介祺撰
　　　習盫叢刊第二輯
讀漢碑一卷
　　（清）俞樾撰
　　　春在堂全書·俞樓雜纂
碑版叢錄一卷
　　（清）王仁俊撰
　　　籀鄦詼雜著
雲麾碑陰先翰詩一卷
　　（民國）徐琪撰
　　　香海盫叢書·九芝仙館行卷
漢畫偶譚一卷
　　（民國）葉瀚撰
　　　晚學廬叢稿
羣碑舊拓本辨一卷
　　（民國）楊寶鏞撰
　　　龍淵爐齋金石叢書
古碑孤本錄一卷
　　（民國）楊寶鏞撰
　　　龍淵爐齋金石叢書
僞刻重橅碑記一卷
　　（民國）楊寶鏞撰
　　　龍淵爐齋金石叢書
漢墓闕神道攷一卷
　　（民國）楊寶鏞撰
　　　龍淵爐齋金石叢書
續隸篇所據碑目一卷
　　（民國）楊寶鏞撰
　　　龍淵爐齋金石叢書
夢碧簃石言六卷
　　（民國）顧變光撰
　　　非儒非俠齋金石叢著

玉之屬

目　錄

玉社古玉所見錄一卷

（民國）嶺南玉社輯
　　嶺南玉社叢書第一集

圖　象

古玉圖攷一卷
　　（元）朱德潤撰
　　　說郛（宛委山堂本）弓九十九
亦政堂重修古玉圖二卷
　　　三古圖
寶古堂重考古玉圖二卷
　　　得月簃叢書初刻
古玉圖考補正一卷
　　（民國）鄭文焯撰
　　　藝海一勺
　　　吳中文獻小叢書
古玉圖一卷
　　（民國）嶺南玉社輯
　　　嶺南玉社叢書第一集

通　考

瓊琚譜三卷
　　（清）姜紹書撰
　　　懷嫗雜俎
玉紀一卷
　　（清）陳性撰
　　　曼陀羅華閣叢書
　　　江陰叢書
　　　粟香室叢書
　　　靜園叢書
　　　嶺南玉社叢書第一集
　　　玉說薈刊
　　　美術叢書初集第二輯
玉紀補一卷
　　（清）劉心瑤撰
　　　江陰叢書
　　　粟香室叢書
　　　嶺南玉社叢書第一集
　　　玉說薈刊
　　　美術叢書初集第二輯
玉紀正誤一卷
　　　李鳳廷撰
　　　嶺南玉社叢書第一集
古玉考一卷
　　（民國）劉子芬撰
　　　美術叢書四集第十輯

題　跋

奕載堂古玉圖錄六卷

（清）瞿中溶撰
　　泉潊齋叢書

雜　著

志雅堂雜抄摘抄一卷
　（宋）周密撰
　　　玉說薈刊
齊東野語摘抄一卷
　（宋）周密撰
　　　玉說薈刊
雲煙過眼錄摘抄一卷
　（宋）周密撰
　　　玉說薈刊
雲煙過眼錄續集摘抄一卷
　（元）湯允謨撰
　　　玉說薈刊
清祕藏摘抄一卷
　　（明）張應文（被褐先生）撰
　　　玉說薈刊
文房器具箋摘抄一卷
　（明）屠隆撰
　　　玉說薈刊
燕閒清賞箋摘抄一卷
　（明）高濂撰
　　　玉說薈刊
韻石齋筆談摘抄一卷
　（清）姜紹書撰
　　　玉說薈刊
享金簿摘抄一卷
　（清）孔尙任撰
　　　玉說薈刊
古玉器一卷
　（清）陳元龍輯
　　　嶺南玉社叢書第一集
清宮交泰殿寶譜摘抄一卷
　　　玉說薈刊
閱微草堂筆記摘抄一卷
　（清）紀昀撰
　　　玉說薈刊
清儀閣所藏古器物文一卷
　（清）張廷濟撰
　　　玉說薈刊
金玉瑣碎摘抄一卷
　（清）謝堃撰
　　　玉說薈刊
前塵夢影錄摘抄一卷
　（清）徐康撰
　　　玉說薈刊

論古雜識一卷
　（清）吳大澂撰
　　　吳中文獻小叢書
玩古一卷
　（清）徐壽基撰
　　　嶺南玉社叢書第一集
記羊城玉猪一卷
　（民國）□□撰
　　　玉說薈刊
欣如談玉摘抄一卷
　　　玉說薈刊

甲骨之屬

圖　象

殷虛古器物圖錄一卷附說一卷
　（民國）羅振玉輯
　　　藝術叢編

文　字

鐵雲藏龜之餘一卷
　（民國）羅振玉輯
　　　眘古叢編
殷墟書契後編二卷
　（民國）羅振玉輯
　　　藝術叢編
戩壽堂所藏殷墟文字一卷附考釋一卷
　　姬佛陀輯　考釋（民國）王國維撰
　　　藝術叢編

通　考

殷商貞卜文字考一卷
　（民國）羅振玉撰
　　　蟬隱廬叢書
殷卜辭中所見先公先王考一卷
　（民國）王國維撰
　　　廣倉學宭叢書甲類第二集
殷卜辭中所見先公先王續考一卷
　（民國）王國維撰
　　　廣倉學宭叢書甲類第二集
殷禮徵文一卷
　（民國）王國維撰
　　　海寧王忠慤公遺書二集
　　　海寧王靜安先生遺書
殷契餘論一卷附錄一卷
　　郭沫若撰
　　　古代銘刻彙考四種

義 例

契文舉例二卷
 （清）孫詒讓撰
  吉石盦叢書三集

字 書

殷虛書契待問編一卷
 （民國）羅振玉輯
  眘古叢編

匋之屬

圖 象

秦漢瓦圖記四卷補遺一卷
 （清）朱楓撰
  朱近漪所箋書
秦漢瓦當文字五卷
 （民國）羅振玉輯
  永慕園叢書
漢甘泉宮瓦記一卷
 （清）林佶撰
  昭代叢書（康熙本）乙集第六帙
  昭代叢書（道光本）乙集第五帙
千甓亭古塼圖釋二十卷
 （清）陸心源撰
  潛園總集
專門名家一集一卷二集一卷三集一卷
  姬佛陀輯
  藝術叢編
古明器圖錄四卷
 （民國）羅振玉輯
  藝術叢編

文 字

古埴攷釋一卷
 （清）潘祖蔭輯
  陟岡樓叢刊甲集
百塼考一卷
 （清）呂佺孫撰
  滂喜齋叢書第四函
  叢書集成初編·藝術類
瓵文考略四卷餘一卷
 （清）宋經畬撰
  廣倉學窘叢書甲類第一集
千甓亭磚錄六卷續錄四卷
 （清）陸心源撰

潛園總集
恆農專錄一卷
 （民國）羅振玉撰
  雪堂專錄四種
  嘉草軒叢書
楚州城磚錄一卷
 （民國）羅振玉撰
  雪堂專錄四種
  嘉草軒叢書
專誌徵存一卷
 （民國）羅振玉撰
  雪堂專錄四種
  嘉草軒叢書
高昌專錄一卷
 （民國）羅振玉撰
  遼居雜箸乙編

竹木之屬

流沙墜簡一卷考釋三卷補遺一卷補遺考
 釋一卷
 （民國）羅振玉輯　考釋（民國）羅振玉（民
  國）王國維撰
  永慕園叢書
流沙墜簡考釋補正一卷
 （民國）王國維撰
  廣倉學窘叢書甲類第一集

郡邑之屬

目 錄

河南陝西省造象叢錄一卷
 （民國）葉瀚撰
  晚學廬叢稿
浙江四川直隸造象目叢錄一卷
 （民國）葉瀚撰
  晚學廬叢稿
京畿金石考二卷
 （清）孫星衍撰
  惜陰軒叢書（道光本、光緒本）第四函
  滂喜齋叢書第一函
  行素草堂金石叢書
  槐廬叢書二編
  後知不足齋叢書第六函
  叢書集成初編·藝術類
常山貞石志造象目一卷
 （民國）葉瀚撰

晚學廬叢稿

山右金石錄一卷
　（清）夏寶晉撰
　　顧氏金石輿地叢書第一集

山右訪碑記一卷
　（清）魯燮光撰
　　顧氏金石輿地叢書第一集

石門碑刻見存目攷一卷
　（民國）楊寶鏞撰
　　龍淵爐齋金石叢書

山左碑目四卷
　（清）段松苓撰
　　聖譯樓叢書

山左南北朝石刻存目一卷
　（清）尹彭壽撰
　　靈鶼閣叢書第二集

山左訪碑錄十三卷
　（清）法偉堂撰
　　顧氏金石輿地叢書第一集

鄒縣四山摩厓目一卷
　（民國）楊寶鏞撰
　　龍淵爐齋金石叢書

金陵古金石攷目一卷
　（明）顧起元撰
　　歸鴻館雜著
　　咫園叢書

江寧金石待訪錄四卷
　（清）孫馮翼撰
　　問經堂叢書

江寧金石待訪目二卷
　（清）嚴觀撰
　　靈鶼閣叢書第二集
　　叢書集成初編・藝術類

江寧蕭梁石刻見存目一卷
　（民國）楊寶鏞撰
　　龍淵爐齋金石叢書

荊南石刻錄一卷
　（清）陳經撰
　　陳景辰遺書・墨莊雜著

吳郡金石目一卷
　（清）程祖慶撰
　　滂喜齋叢書第三函
　　叢書集成初編・藝術類

兩浙金石別錄二卷
　（民國）顧燮光撰
　　非儒非俠齋金石叢著

浙江杭州西湖石屋洞摩崖像一卷
　（民國）葉瀚撰

晚學廬叢稿

台州金石略一卷
　（民國）楊晨撰
　　台州叢書後集
　　崇雅堂叢書

中州金石攷八卷
　（清）黃叔璥撰
　　顧氏金石輿地叢書第一集

中州金石目四卷補遺一卷
　（清）姚晏撰
　　咫進齋叢書第二集
　　叢書集成初編・藝術類

中州金石目錄八卷
　（清）楊鐸撰
　　鄦齋叢書

河朔金石目十卷待訪目一卷
　（民國）顧燮光撰
　　非儒非俠齋金石叢著

河朔新碑目三卷
　（民國）顧燮光撰
　　非儒非俠齋金石叢著

河南古物調查表證誤一卷
　（民國）顧燮光撰
　　非儒非俠齋金石叢著・河朔新碑目附

洛陽石刻錄一卷
　（清）常茂徠撰
　　雪堂叢刻

龍門有年月造象錄初稿一卷
　（民國）葉瀚撰
　　晚學廬叢稿

龍門有年月造象錄一卷
　（民國）葉瀚撰
　　晚學廬叢稿

龍門山魏刻目一卷
　（民國）楊寶鏞撰
　　龍淵爐齋金石叢書

洛陽存古閣藏石目一卷
　（民國）羅振玉撰
　　雪堂叢刻

江西金石目一卷
　（民國）繆荃孫撰
　　顧氏金石輿地叢書第一集

蜀碑記十卷
　（宋）王象之撰
　　函海（乾隆本、道光本）第十九函
　　函海（光緒本）第二十六函

蜀碑記十卷首一卷附辨誤考異二卷
　（宋）王象之撰　辨誤考異（清）胡鳳丹撰
　　金華叢書（同治光緒本、民國補刊本）

四庫全書珍本初集・史部目錄類

虎阜石刻僅存錄一卷附舊佚錄一卷 舊存
今佚錄一卷
　　（清）潘鍾瑞撰
　　　香禪精舍集
虎阜金石經眼錄一卷補一卷
　　李根源撰
　　　曲石叢書
洞庭山金石二卷
　　李根源撰
　　　曲石叢書
闕塋石刻錄一卷 補錄一卷 嶽峙山石刻一
卷
　　李根源撰
　　　曲石叢書
淮陰金石僅存錄一卷附編一卷補遺一卷
　　（民國）羅振玉輯
　　　小方壺齋叢書三集
楚州金石錄一卷存目一卷
　　（民國）羅振玉錄
　　　嘉草軒叢書
雲臺金石記一卷
　　（清）□□撰
　　　古學彙刊第一集・金石類
安徽金石略十卷
　　（清）趙紹祖撰
　　　古墨齋集
　　　聚學軒叢書第二集
武林金石記十卷
　　（清）丁敬撰
　　　遯盫叢編乙集
　　　遯盫金石叢書
吳興金石記十六卷
　　（清）陸心源撰
　　　潛園總集
墨妙亭碑目攷四卷附考一卷
　　（清）張鑑撰
　　　仰視千七百二十九鶴齋叢書（光緒本、
　　　景光緒本）第六集
金石志存一卷
　　（清）魯燮光輯
　　　蕭山叢書
台州金石錄十三卷 甎錄五卷 金石甎文闕
訪目四卷
　　（清）黃瑞撰　　（民國）王棻校正
　　　嘉業堂叢書・史部
括蒼金石志補遺四卷
　　（清）鄒柏森撰

聚學軒叢書第四集

閩中金石志十四卷
　　（清）馮登府輯
　　　嘉業堂金石叢書
閩中金石略十王卷
　　（清）陳棨仁撰
　　　菽莊叢書
閩中金石略考證五卷
　　林爾嘉撰
　　　菽莊叢書
中州金石記五卷
　　（清）畢沅撰
　　　經訓堂叢書（乾隆本、景乾隆本）
　　　叢書集成初編・藝術類
洛陽存古錄三一二卷
　　（清）劉喜海輯
　　　金石苑
芒洛冢墓遺文三卷
　　（民國）羅振玉撰
　　　雲窗叢刻
嵩陽石刻集記二卷
　　（清）葉封撰
　　　四庫全書・史部目錄類
　　　湖北先正遺書・史部
襄陽金石略十二卷
　　（清）吳慶燾撰
　　　襄陽四略
湘城訪古錄一卷
　　（清）陳運溶撰
　　　顧氏金石輿地叢書第一集
袁州石刻記一卷
　　（民國）顧燮光撰
　　　非儒非夾齋金石叢著
粵東金石略九卷首一卷
　　（清）翁方綱撰
　　　蘇齋叢書（乾隆嘉慶本、景乾隆嘉慶
　　　本）
九曜石考二卷
　　（清）翁方綱撰
　　　蘇齋叢書（乾隆嘉慶本、景乾隆嘉慶
　　　本）
九曜石刻錄一卷
　　（清）周中孚撰
　　　翠琅玕館叢書（馮兆年輯）第一集
　　　翠琅玕館叢書（黃任恆輯）・史部
　　　芋園叢書・史部
粵西得碑記一卷
　　（清）楊翰撰

息柯居士全集
東方學會叢書初集
四川摩崖像一卷
　　(民國)葉瀚撰
　　　晚學廬叢稿
涪州石魚文字所見錄二卷
　　(清)姚覲元(清)錢保塘撰
　　　古學彙刊第一集·金石類
涪州石魚題名記一卷
　　(清)錢保塘輯
　　　清風室叢書
萬邑西南山石刻記二卷附南浦郡報善寺
　　兩唐碑釋文一卷
　　(民國)況周頤撰
　　　蕙風叢書
滇南古金石錄一卷
　　(清)阮福撰
　　　文選樓叢書(阮亨輯)·小琅嬛叢記
　　　叢書集成初編·藝術類
九保金石文存一卷
　　李根源輯
　　　曲石叢書
和林金石錄一卷
　　(清)李文田撰
　　　靈鶼閣叢書第四集
和林金石錄一卷
　　(清)李文田撰　(民國)羅振玉校定
　　　松翁居遼後所箸書·遼居雜箸
和林金石攷一卷
　　(清)李文田撰
　　　順德李氏遺書
　　　煙畫東堂小品·順德師著述
海東金石苑一卷
　　(清)劉喜海撰
　　　觀古閣叢刻
海東金石苑八卷補遺六卷附錄二卷
　　(清)劉喜海輯　劉承幹補
　　　嘉業堂金石叢書

題　跋

關中金石記八卷
　　(清)畢沅撰
　　　經訓堂叢書(乾隆本、景乾隆本)
　　　叢書集成初編·藝術類
涇川金石記一卷
　　(清)趙紹祖撰
　　　涇川叢書(道光本、景道光本)續
　　　聚學軒叢書第二集

叢書集成初編·藝術類
嚴州金石錄三卷
　　(清)鄒柏森撰
　　　嘉業堂叢書·史部

雜　著

岱巖訪古日記一卷
　　(清)黃易撰
　　　遯盦金石叢書
吳郡西山訪古記五卷
　　李根源撰
　　　曲石叢書
永嘉金石百詠一卷
　　(清)丁立誠撰
　　　武林丁氏家集
龍門象種略考
　　(民國)葉瀚撰
　　　晚學廬叢稿·龍門有年月造象錄附
題嵩洛訪碑圖一卷
　　(清)翁方綱撰
　　　煙畫東堂小品
嵩洛訪碑日記一卷
　　(清)黃易撰
　　　粵雅堂叢書二編第十五集
　　　叢書集成初編·藝術類
河朔訪古新錄十四卷
　　(民國)顧燮光撰
　　　非儒非俠齋金石叢著
河朔訪古隨筆二卷
　　(民國)顧燮光撰
　　　非儒非俠齋金石叢著
淇泉摹古錄一卷
　　(清)趙希璜撰
　　　昭代叢書(道光本)甲集補
湖北金石詩一卷
　　(清)嚴觀撰
　　　連筠簃叢書
　　　叢書集成初編·藝術類
桂海金石志一卷
　　(宋)范成大撰
　　　唐宋叢書·載籍

中國叢書綜錄

子目分類目錄

子 部

子 部

周秦諸子類

總論之屬

史公論六家要指篇釋一卷
　　(民國)方元撰
　　　國學別錄
諸子斠淑一卷
　　(明)朱君復撰
　　　快書
周秦諸子學略一卷
　　(民國)胡樸安(韞玉)撰
　　　樸學齋叢刊
諸子詹詹錄二卷
　　(清)袁樹撰
　　　隨園三十八種
諸子釋地一卷
　　(清)呂調陽撰
　　　觀象廬叢書·釋地三種

儒家之屬

家語佚文一卷
　　(清)王仁俊輯
　　　經籍佚文
孔子家語十卷
　　(魏)王肅注
　　　四庫全書·子部儒家類
　　　摛藻堂四庫全書薈要·子部
　　　子書百家·儒家類
　　　百子全書·儒家類
　　　四部叢刊(初次印本、二次印本、縮印
　　　二次印本)·子部
　　　四部備要(排印本、縮印本)·子部周
　　　秦諸子
家語一卷

　　(魏)王肅注　(清)任兆麟選輯
　　　述記(乾隆本、嘉慶本)
家語證偽十一卷
　　(清)范家相撰
　　　會稽徐氏鑄學齋叢書
　　　江氏聚珍版叢書四集
家語疏證六卷
　　(清)孫志祖撰
　　　式訓堂叢書二集
　　　校經山房叢書
孔子家語疏證十卷
　　(清)陳士珂撰
　　　湖北叢書
　　　叢書集成初編·哲學類
孔子家語十卷
　　(清)姜國伊正本併補注
　　　守中正齋叢書
孔子集語二卷
　　(宋)薛據輯
　　　范氏奇書
孔子集語三卷
　　　四庫全書·子部儒家類
孔子集語一卷
　　　子書百家·儒家類
　　　百子全書·儒家類
孔子集語十七卷
　　(清)孫星衍輯
　　　平津館叢書(嘉慶本、光緒本)
　　　二十二子
　　　二十五子彙函
　　　子書二十二種
　　　子書二十八種
　　　子書四十八種
冉子書五卷首一卷
　　(周)冉耕撰
　　　聖門十六子書
仲子書六卷首一卷
　　(周)仲由撰
　　　聖門十六子書

漆雕子一卷
  (周)漆雕□撰　(清)馬國翰輯
    玉函山房輯佚書(嫏嬛館本、重印本、
    楚南書局本)・子編儒家類
有子書六卷首一卷
  (周)有若撰
    聖門十六子書
閔子書六卷首一卷
  (周)閔損撰
    聖門十六子書
冉子書五卷首一卷
  (周)冉求撰
    聖門十六子書
冉子書四卷首一卷
  (周)冉雍撰
    聖門十六子書
宰子書七卷首一卷
  (周)宰予撰
    聖門十六子書
顏子書七卷首一卷
  (周)顏回撰
    聖門十六子書
  顏子
    說郛(商務印書館本)卷七十二
端木子書七卷首一卷
  (周)端木賜撰
    聖門十六子書
卜子書五卷首一卷
  (周)卜商撰
    聖門十六子書
言子書三卷首一卷
  (周)言偃撰
    聖門十六子書
曾子書八卷首一卷
  (周)曾參撰
    聖門十六子書
  曾子
    說郛(商務印書館本)卷四十六
曾子全書一卷
  (周)曾參撰　(宋)汪晫輯
    曾思二子全書
  曾子一卷
    四庫全書・子部儒家類
重輯曾子遺書十四卷
    嚴式誨輯
    曾子四種
曾子一卷
  (周)曾參撰　(清)任兆麟選輯

述記(乾隆本、嘉慶本)
曾子十二篇讀本一卷
  (北周)盧辯注　(清)孔廣森補注
    曾子四種
曾子問講錄四卷
  (清)毛奇齡撰
    西河合集(康熙本、乾隆修補本)・經
    集
    曾子四種
曾子注釋四卷敍錄一卷
  (清)阮元撰
    文選樓叢書(阮亨輯)
  曾子十篇四卷敍錄一卷
    叢書集成初編・哲學類
  曾子注釋四卷
    皇清經解(道光本、咸豐補刊本、鴻寶
    齋石印本、點石齋石印本)
  曾子十篇注釋一卷
    曾子四種
曾子古本輯注五卷
  (清)顧宗伊輯注
    曲臺四書輯注
曾子點註二卷
  (清)雷柱撰
    西京清麓叢書續編・養正叢編
曾子大孝編注一卷
  (清)邵懿辰撰
    半巖廬所著書
顓孫子書六卷首一卷
  (周)顓孫師撰
    聖門十六子書
宓子一卷
  (周)宓不齊撰　(清)馬國翰輯
    玉函山房輯佚書(嫏嬛館本、重印本、
    楚南書局本)・子編儒家類
晏子春秋四卷
  (周)晏嬰撰
    二十子
  晏子春秋八卷
    先秦諸子合編・儒家
    四庫全書・史部傳記類
    摛藻堂四庫全書薈要・子部
    韓晏合編
    子書百家・法家類
    百子全書・法家類
    四部叢刊(初次印本、二次印本、縮印
    二次印本)・史部
    古書叢刊第一輯乙集

晏子春秋
　　　　說郛（商務印書館本）卷二・古典錄略
晏子春秋七卷
　　　　（周）晏嬰撰　　（清）孫星衍校
　　　　經訓堂叢書（乾隆本、景乾隆本）
　　　　叢書集成初編・哲學類
晏子春秋音義二卷
　　　　（清）孫星衍撰
　　　　經訓堂叢書（乾隆本、景乾隆本）・晏
　　　　　子春秋附
　　　　叢書集成初編・語文學類
晏子春秋七卷附音義二卷校勘記二卷
　　　　（周）晏嬰撰　　（清）孫星衍校併撰音義　校
　　　　　勘記（清）黃以周撰
　　　　　二十二子
　　　　　二十五子彙函
　　　　　子書二十二種
　　　　　子書二十八種
　　　　　子書四十八種
　　　　　四部備要（排印本、縮印本）・史部古
　　　　　史
晏子春秋七卷
　　　　（周）晏嬰撰　　（清）錢熙祚校
　　　　指海（道光本、景道光本）第十七集
晏子春秋一卷
　　　　（周）晏嬰撰　　（清）任兆麟選輯
　　　　述記（乾隆本、嘉慶本）
晏子佚文一卷
　　　　（周）晏嬰撰　　（清）王仁俊輯
　　　　經籍佚文
晏子春秋六卷
　　　　（周）晏嬰撰　　（明）楊慎評點
　　　　合諸名家批點諸子全書
晏子
　　　　（周）晏嬰撰　　（明）歸有光輯評
　　　　諸子彙函
晏子二卷
　　　　（周）晏嬰撰　　（明）馬權奇删評
　　　　且且菴初笺十六子
晏子春秋校正一卷
　　　　（清）盧文弨撰
　　　　抱經堂叢書（乾隆本、景乾隆本）・羣
　　　　　書拾補初編
　　　　紹興先正遺書第二集・羣書拾補初編
　　　　叢書集成初編・總類・羣書拾補
晏子春秋平議一卷
　　　　（清）俞樾撰
　　　　春在堂全書・諸子平議

晏子春秋斠補定本一卷
　　　　（民國）劉師培撰
　　　　劉申叔先生遺書
晏子春秋斠補二卷附佚文輯補一卷黃之
寀本校記一卷
　　　　（民國）劉師培撰
　　　　劉申叔先生遺書
晏子春秋補釋一卷
　　　　（民國）劉師培撰
　　　　劉申叔先生遺書
晏子春秋校注八卷
　　　　（民國）張純一撰
　　　　諸子集成（世界書局本、中華書局本）
　　　　　第四冊
晏子春秋一卷
　　　　（周）晏嬰撰　　（民國）張之純評注
　　　　評註諸子菁華錄・儒家五種
晏子春秋內篇二卷
　　　　（周）晏嬰撰　　（明）周子義注
　　　　子彙
　　　　景印元明善本叢書十種・子彙
公孫尼子一卷
　　　　（周）公孫尼撰　　（清）洪頤煊輯
　　　　問經堂叢書・經典集林
　　　　經典集林
公孫尼子一卷
　　　　（周）公孫尼撰　　（清）馬國翰輯
　　　　玉函山房輯佚書（嫏嬛館本、重印本、
　　　　　楚南書局本）・子編儒家類
子思子書六卷首一卷
　　　　（周）孔伋撰
　　　　聖門十六子書
子思子全書一卷
　　　　（周）孔伋撰　　（宋）汪晫輯
　　　　曾思二子全書
子思子一卷
　　　　四庫全書・子部儒家類
子思子一卷
　　　　（周）孔伋撰　　（清）洪頤煊輯
　　　　問經堂叢書・經典集林
　　　　經典集林
子思子遺編輯注三卷
　　　　（清）顧宗伊輯注
　　　　曲臺四書輯注
景子一卷
　　　　（周）景口撰　　（清）馬國翰輯
　　　　玉函山房輯佚書（嫏嬛館本、重印本、
　　　　　楚南書局本）・子編儒家類

世子一卷
　　（周）世碩撰　　（清）馬國翰輯
　　　　玉函山房輯佚書（嫏嬛館本、重印本、
　　　　楚南書局本）·子編儒家類

魏文侯書一卷
　　（周）魏文侯撰　　（清）馬國翰輯
　　　　玉函山房輯佚書（嫏嬛館本、重印本、
　　　　楚南書局本）·子編儒家類

李克書一卷
　　（周）李克撰　　（清）馬國翰輯
　　　　玉函山房輯佚書（嫏嬛館本、重印本、
　　　　楚南書局本）·子編儒家類

子家子
　　（周）孔求撰　　（明）歸有光輯評
　　　　諸子彙函

荀子二十卷
　　（周）荀況撰
　　　　六子書（許宗魯輯：樊川別業本、耶山
　　　　精舍本）
　　　　六子全書（□□輯）
　　　　二十子

　　荀子三卷
　　　　子書百家·儒家類
　　　　百子全書·儒家類

荀卿子一卷
　　（周）荀況撰　　（清）任兆麟選輯
　　　　述記（乾隆本、嘉慶本）

荀子佚文一卷
　　（周）荀況撰　　（清）王仁俊輯
　　　　經籍佚文

纂圖互注荀子二十卷
　　（周）荀況撰　　（唐）楊倞注
　　　　纂圖互注五子

荀子二十卷
　　（周）荀況撰　　（唐）楊倞注
　　　　六子全書（顧春輯：世德堂本、景世德
　　　　堂本、桐陰書屋本）
　　　　四庫全書·子部儒家類
　　　　摛藻堂四庫全書薈要·子部
　　　　古逸叢書
　　　　四部叢刊（初次印本、二次印本、縮印
　　　　二次印本）·子部

荀子二十卷附校勘補遺一卷
　　（周）荀況撰　　（唐）楊倞注　　（清）盧文弨
　　（清）謝墉校
　　　　抱經堂叢書（乾隆本、景乾隆本）
　　　　十子全書
　　　　二十二子

畿輔叢書
二十五子彙函
子書二十二種
子書二十八種
子書四十八種
袖珍古書讀本
叢書集成初編·哲學類
四部備要（排印本、縮印本）·子部周
　　秦諸子

荀子二十卷
　　（周）荀況撰　　（唐）楊倞注　　（明）孫鑛（明）
　　鍾惺評選
　　　　祕書九種

荀子考異一卷
　　（宋）錢佃撰
　　　　對雨樓叢書
　　　　擇是居叢書初集
　　　　周秦諸子斠注十種

荀子一卷
　　（宋）錢佃考異　　（清）顧廣圻校
　　　　涉聞梓舊（咸豐本、商務印書館景咸豐
　　　　本、竹簡齋景咸豐本）·斠補隅錄
　　　　叢書集成初編·總類·斠補隅錄

荀子一卷
　　（周）荀況撰　　（明）歸有光輯評
　　　　諸子彙函

荀子三卷
　　（周）荀況撰　　（明）焦竑注釋　　（明）翁正春
　　評林
　　　　注釋九子全書

荀子三卷
　　（周）荀況撰　　（明）謝汝韶注
　　　　二十家子書

刪定荀子一卷
　　（清）方苞撰
　　　　抗希堂十六種

荀子補注一卷
　　（清）劉台拱撰
　　　　劉端臨先生遺書（嘉慶本、道光本）
　　　　廣雅書局叢書·雜著·劉氏遺書
　　　　周秦諸子斠注十種

荀子補注二卷
　　（清）郝懿行撰
　　　　郝氏遺書
　　　　周秦諸子斠注十種

荀子新書輯注四卷
　　（清）顧宗伊輯注
　　　　曲臺四書輯注

荀子平議四卷
　　（清）俞樾撰
　　　　春在堂全書・諸子平議
荀子二十卷
　　（周）荀況撰　（清）吳汝綸點勘
　　　　桐城吳先生點勘諸子七種
荀子大義錄一卷
　　（□）薛炳撰
　　　　會稽徐氏初學堂叢書輯錄
荀子斠補四卷附佚文輯補一卷
　　（民國）劉師培撰
　　　　劉申叔先生遺書
荀子補釋一卷
　　（民國）劉師培撰
　　　　劉申叔先生遺書
荀子詞例舉要一卷
　　（民國）劉師培撰
　　　　劉申叔先生遺書
荀子集解二十卷
　　（民國）王先謙撰
　　　　諸子集成（世界書局本、中華書局本）
　　　　第二冊
荀子一卷
　　（周）荀況撰　（民國）張之純評注
　　　　評註諸子菁華錄・儒家五種
荀子非十二子篇釋一卷
　　（民國）方元撰
　　　　國學別錄
荀子議兵篇節評一卷
　　（清）劉光蕡撰
　　　　煙霞草堂遺書
讕言一卷
　　（周）孔穿撰　（清）馬國翰輯
　　　　玉函山房輯佚書（娜嬛館本、重印本、
　　　　楚南書局本）・子編儒家類
甯子一卷
　　（周）甯越撰　（清）馬國翰輯
　　　　玉函山房輯佚書（娜嬛館本、重印本、
　　　　楚南書局本）・子編儒家類
王孫子一卷
　　（周）王孫撰　（清）馬國翰輯
　　　　玉函山房輯佚書（娜嬛館本、重印本、
　　　　楚南書局本）・子編儒家類
王孫子一卷
　　（周）王孫撰　（清）王仁俊輯
　　　　玉函山房輯佚書續編・子編儒家類
李氏春秋一卷
　　（清）馬國翰輯

　　　　玉函山房輯佚書（娜嬛館本、重印本、
　　　　楚南書局本）・子編儒家類
董子一卷
　　（周）董無心撰　（清）馬國翰輯
　　　　玉函山房輯佚書（娜嬛館本、重印本、
　　　　楚南書局本）・子編儒家類
徐子一卷
　　（周）徐□撰　（清）馬國翰輯
　　　　玉函山房輯佚書（娜嬛館本、重印本、
　　　　楚南書局本）・子編儒家類
魯連子一卷
　　（周）魯仲連撰　（清）洪頤煊輯
　　　　問經堂叢書・經典集林
　　　　經典集林
魯連子一卷
　　（周）魯仲連撰　（清）馬國翰輯
　　　　玉函山房輯佚書（娜嬛館本、重印本、
　　　　楚南書局本）・子編儒家類
三柱子
　　（周）魯仲連撰　（明）歸有光輯評
　　　　諸子彙函
虞氏春秋一卷
　　（周）虞卿撰　（清）馬國翰輯
　　　　玉函山房輯佚書（娜嬛館本、重印本、
　　　　楚南書局本）・子編儒家類

道家之屬

伊尹書一卷
　　（商）伊摯撰　（清）馬國翰輯
　　　　玉函山房輯佚書（娜嬛館本、重印本、
　　　　楚南書局本）・子編道家類
田子一卷
　　（周）田駢撰　（清）馬國翰輯
　　　　玉函山房輯佚書（娜嬛館本、重印本、
　　　　楚南書局本）・子編道家類
鶡子一卷
　　（周）鶡熊撰
　　　　先秦諸子合編・道家
鶡子一卷補一卷
　　（周）鶡熊撰　補（明）楊之森輯
　　　　養素軒叢錄第三集
鶡子二卷
　　（周）鶡熊撰　（民國）葉德輝校輯
　　　　觀古堂所著書（光緒本、民國重編本）
　　　　第二集
　　　　郋園先生全書
鶡子一卷

（周）鶡熊撰　　（清）任兆麟選輯
　　述記(乾隆本、嘉慶本)

鶡子二卷
　　（周）鶡熊撰　　（唐）逢行珪注
　　　道藏(正統本、景正統本)·太清部
　　　道藏舉要第五類

　鶡子一卷
　　　十二子
　　　五子書
　　　子彙
　　　諸子褒異
　　　四庫全書·子部雜家類
　　　墨海金壺(嘉慶本、景嘉慶本)·子部
　　　湖北先正遺書·子部
　　　景印元明善本叢書十種·子彙

　鶡子
　　　說郛(商務印書館本)卷四十七

鶡子一卷補一卷
　　（周）鶡熊撰　　（唐）逢行珪注　補（明）楊之
　　森輯
　　　廿二子全書
　　　子書百家·雜家類
　　　百子全書·雜家類

鶡子一卷附校勘記逸文一卷
　　（周）鶡熊撰　　（唐）逢行珪注　　校勘記（清）
　　錢熙祚撰并輯逸文
　　　守山閣叢書(道光本、鴻文書局景道光
　　　本、博古齋景道光本)·子部

鶡子
　　（周）鶡熊撰　　（唐）逢行珪注　　（明）楊慎評
　　注　　（明）歸有光輯評
　　　諸子彙函

鶡子一卷
　　（周）鶡熊撰　　（明）楊慎評注
　　　楊升菴先生評注先秦五子全書

鶡子一卷
　　（周）鶡熊撰　　（明）謝汝韶注
　　　二十家子書

鶡子平議補錄
　　（清）俞樾撰
　　　諸子平議補錄(李念劬堂本、中華書局
　　　排印本)

辛甲書一卷
　　（周）辛甲撰　　（清）馬國翰輯
　　　玉函山房輯佚書(嫏嬛館本、重印本、
　　　楚南書局本)·子編道家類

道德眞經二卷
　　（周）李耳撰

道藏(正統本、景正統本)·洞神部本
　　文類
　紫薇堂四子
　四子書
　三子
　道藏舉要第一類

老子道德經二卷
　　老莊合刻
　　二十子

老子四卷
　　六子書(許宗魯輯: 樊川別業本、耶山
　　精舍本)
　　六子全書(□□輯)

道德眞經一卷
　　四子全書

老子
　　說郛(商務印書館本)卷七十二

老子殘卷六種
　　貞松堂藏西陲祕籍叢殘第一集

老子上篇道經殘一卷
　　敦煌祕籍留眞新編下卷

老子下篇德經一卷
　　敦煌祕籍留眞新編下卷

老子下篇德經殘一卷
　　敦煌祕籍留眞新編下卷

道德經古本篇二卷
　　（周）李耳撰　　（唐）傅奕校定
　　　道藏(正統本、景正統本)·洞神部本
　　　文類
　　　道藏舉要第一類

老子一卷
　　（周）李耳撰　　（清）任兆麟選輯
　　　述記(乾隆本、嘉慶本)

老子佚文一卷
　　（周）李耳撰　　（清）王仁俊輯
　　　經籍佚文

道德眞經註四卷
　　（漢）河上公譔
　　　道藏(正統本、景正統本)·洞神部玉
　　　訣類
　　　道藏舉要第一類

老子註二卷
　　　四庫全書·子部道家類

老子道德經二卷
　　（周）李耳撰　　（漢）河上公章句
　　　六子全書(顧春輯: 世德堂本、景世德
　　　堂本、桐陰書屋本)
　　　中都四子集

四部叢刊(初次印本、二次印本、縮印
二次印本)·子部

道德經評注二卷
　(漢)河上公章句
　　　增訂漢魏叢書(三餘堂本、大通書局石
　　　印本)·子餘
　　　十子全書

纂圖互注老子章句二卷
　(漢)河上公撰
　　　纂圖互注五子

音註河上公老子道德經二卷
　(漢)河上公章句　(宋)呂祖謙校正
　　　天祿琳琅叢書第一集

道德指歸論六卷
　(漢)嚴遵撰
　　　祕册彙函
　　　津逮祕書(汲古閣本、景汲古閣本)第
　　　四集
　　　四庫全書·子部道家類
　　　學津討原(嘉慶本、景嘉慶本)第二十
　　　集
　　　叢書集成初編·哲學類

道德眞經指歸校補三卷
　(清)陸心源撰
　　　潛園總集·羣書校補

道德眞經指歸十三卷(原缺卷一至六)
　(漢)嚴遵撰　(唐)鄭還古(谷神子)注
　　　道藏(正統本、景正統本)·洞神部玉
　　　訣類
　　　道藏舉要第一類

道德眞經指歸十三卷(原缺卷一至六)
　附錄一卷
　　　怡蘭堂叢書

老子鍾氏注一卷
　(魏)鍾會撰　(清)王仁俊輯
　　　玉函山房輯佚書續編·子編道家類

道德眞經註四卷
　(魏)王弼撰
　　　道藏(正統本、景正統本)·洞神部玉
　　　訣類
　　　道藏舉要第一類

老子註二卷
　　　四庫全書·子部道家類

道德經二卷
　(周)李耳撰　(魏)王弼注
　　　摛藻堂四庫全書薈要·子部

老子道德真經二卷
　(周)李耳撰　(魏)王弼注

合刻周秦經書十種
三經晉註

老子道德經二卷
　(周)李耳撰　(魏)王弼注
　　　武英殿聚珍版書(武英殿木活字本、浙
　　　江本、江西書局本、福建本、廣雅書
　　　局本)·子部
　　　子書百家·道家類
　　　百子全書·道家類
　　　古逸叢書
　　　叢書集成初編·哲學類

老子道德眞經二卷附音義一卷
　(周)李耳撰　(魏)王弼注　音義(唐)陸德
　明撰
　　　三子合刊
　　　二十二子
　　　二十五子彙函
　　　子書二十二種
　　　子書二十八種
　　　袖珍古書讀本
　　　子書四十八種
　　　諸子集成(世界書局本、中華書局本)
　　　第三册
　　　四部備要(排印本、縮印本)·子部周
　　　秦諸子

老子道德經注二卷
　(魏)王弼撰　(民國)嚴復評點
　　　私立北泉圖書館叢書

道德眞經注疏八卷
　(南齊)顧歡撰
　　　道藏(正統本、景正統本)·洞神部玉
　　　訣類
　　　嘉業堂叢書·子部
　　　道藏舉要第一類

老子義殘一卷
　　　敦煌石室遺書三種
　　　東方學會叢書初集·敦煌石室碎金
　　　貞松堂藏西陲祕籍叢殘第一集

贊道德經義疏殘一卷(存卷五)
　　　鳴沙石室古籍叢殘·羣書叢殘

老子開題殘一卷
　(唐)成玄英撰
　　　敦煌祕籍留眞新編下卷

道德眞經集解八卷
　(唐)張君相撰
　　　宛委別藏

道德眞經註四卷
　(唐)李榮撰
　　　道藏(正統本、景正統本)·洞神部玉

　　訣類
　　道藏舉要第一類
唐玄宗御註道德眞經四卷
　　唐玄宗撰
　　　　道藏（正統本、景正統本）·洞神部玉
　　　　訣類
　　　　道藏舉要第一類
唐玄宗御製道德眞經疏十卷
　　唐玄宗撰
　　　　道藏（正統本、景正統本）·洞神部玉
　　　　訣類
　　　　道藏舉要第一類
唐玄宗御製道德眞經疏四卷外傳一卷
　　　　道藏（正統本、景正統本）·洞神部玉
　　　　訣類
　　　　道藏舉要第一類
道德經論兵要義述四卷
　　（唐）王眞撰
　　　　道藏（正統本、景正統本）·洞神部玉
　　　　訣類
　　　　宛委別藏
　　　　指海（道光本、景道光本）第十九集
　　　　道藏舉要第一類
太上玄元道德經解一卷
　　（唐）呂嵒闡義
　　　　重刊道藏輯要心集
道德眞經新註四卷
　　（唐）李約撰
　　　　道藏（正統本、景正統本）·洞神部玉
　　　　訣類
　　　　道藏舉要第一類
道德眞經傳四卷
　　（唐）陸希聲撰
　　　　道藏（正統本、景正統本）·洞神部玉
　　　　訣類
　　　　宛委別藏
　　　　指海（道光本、景道光本）第二十集
　　　　道藏舉要第一類
道德眞經廣聖義五十卷
　　（前蜀）杜光庭撰
　　　　道藏（正統本、景正統本）·洞神部玉
　　　　訣類
　　　　道藏舉要第一類
道德眞經玄德纂疏二十卷
　　（前蜀）強思齊撰
　　　　道藏（正統本、景正統本）·洞神部玉
　　　　訣類
　　　　道藏舉要第一類
道德眞經論四卷

　　（宋）司馬光撰
　　　　道藏（正統本、景正統本）·洞神部玉
　　　　訣類
　　　　道藏舉要第一類
道德眞經藏室纂微篇十卷開題一卷
　　（宋）陳景元撰
　　　　道藏（正統本、景正統本）·洞神部玉
　　　　訣類
　　　　道藏舉要第一類
道德眞經傳四卷
　　（宋）呂惠卿撰
　　　　道藏（正統本、景正統本）·洞神部玉
　　　　訣類
　　　　道藏舉要第一類
道德眞經註四卷
　　（宋）蘇轍撰
　　　　道藏（正統本、景正統本）·洞神部玉
　　　　訣類
　　　　道藏舉要第一類
　老子解四卷
　　　　寶顔堂祕笈（萬曆本、民國石印本）廣
　　　　集
　　　　叢書集成初編·哲學類
　穎濱先生道德經解二卷
　　　　兩蘇經解
　道德經解二卷
　　　　四庫全書·子部道家類
道德眞經集註十卷附釋音
　　（宋）王雱等撰
　　　　道藏（正統本、景正統本）·洞神部玉
　　　　訣類
　　　　道藏舉要第一類
道德眞經解二卷
　　（宋）陳象古撰
　　　　道藏（正統本、景正統本）·洞神部玉
　　　　訣類
　　　　道藏舉要第一類
老子解二卷
　　（宋）葉夢得撰
　　　　石林遺書
　　　　郘園先生全書
宋徽宗御解道德眞經四卷
　　宋徽宗撰
　　　　道藏（正統本、景正統本）·洞神部玉
　　　　訣類
　　　　道藏舉要第一類
道德眞經直解四卷
　　（宋）邵若愚撰

道藏（正統本、景正統本）・洞神部玉
訣類
道藏舉要第一類
道德眞經取善集十二卷
　(宋)李霖撰
道藏（正統本、景正統本）・洞神部玉
訣類
道藏舉要第一類
蟾仙解老一卷
　(宋)白玉蟾撰
寶顏堂祕笈（萬曆本、民國石印本）彙
集
叢書集成初編・哲學類
道德寶章一卷
　(宋葛長庚撰)
四庫全書・子部道家類
太上道德寶章翼二卷
　(宋)白玉蟾章句　(明)程以寧闡疏
重刊道藏輯要心集
道德眞經集註十八卷釋文一卷雜說二卷
　(宋)彭耜撰
道藏（正統本、景正統本）・洞神部玉
訣類
道藏舉要第一類
太上道德眞經集注不分卷釋文一卷雜
說一卷
重刊道藏輯要心集
道德眞經集注釋文一卷
　(宋)彭耜撰
璜川吳氏經學叢書
道德眞經義解四卷
　(宋)李嘉謀(息齋道人)撰
道藏（正統本、景正統本）・洞神部玉
訣類
道藏舉要第一類
道德眞經集解四卷序說一卷
　(宋)董思靖撰
道藏（正統本、景正統本）・洞神部玉
訣類
道藏舉要第一類
太上老子道德經集解二卷
十萬卷樓叢書初編
叢書集成初編・哲學類
道德眞經口義四卷
　(宋)林希逸撰
道藏（正統本、景正統本）・洞神部玉
訣類
道藏舉要第一類

鬳齋老子口義二卷
鬳齋三子口義
老子道德經古本集注二卷
　(宋)范應元撰
續古逸叢書
道德眞經疏義十四卷
　(宋)江澂撰
道藏（正統本、景正統本）・洞神部玉
訣類
道藏舉要第一類
宋徽宗道德眞經解義十卷
　(宋)章安撰
道藏（正統本、景正統本）・洞神部玉
訣類
道藏舉要第一類
道德經解義十卷
宛委別藏
道德眞經疏義六卷（原缺卷一至三）
　(宋)趙志堅撰
道藏（正統本、景正統本）・洞神部玉
訣類
道藏舉要第一類
道德眞經全解二卷
　(金)時雍撰
道藏（正統本、景正統本）・洞神部玉
訣類
道藏舉要第一類
道德眞經四子古道集解十卷
　(金)寇才質輯
道藏（正統本、景正統本）・洞神部玉
訣類
道藏舉要第一類
太上道德眞經四子古道集解一卷
重刊道藏輯要心集
道德眞經集解四卷
　(金)趙秉文撰
道藏（正統本、景正統本）・洞神部玉
訣類
小萬卷樓叢書（咸豐本、光緒本）
道藏舉要第一類
叢書集成初編・哲學類
道德眞經藏室纂微開題科文疏五卷纂微
手鈔二卷（原缺卷上）
　(元)薛致玄撰
道藏（正統本、景正統本）・洞神部玉
訣類
道藏舉要第一類
道德眞經衍義手鈔二十卷（原缺卷一至

二）
　（元）王守正撰
　　　道藏（正統本、景正統本）·洞神部玉
　　　訣類
　　　道藏舉要第一類
道德會元二卷序例一卷
　（元）李道純撰
　　　道藏（正統本、景正統本）·洞神部玉
　　　訣類
　　　道藏舉要第一類
道德眞經三解四卷
　（元）鄧錡撰
　　　道藏（正統本、景正統本）·洞神部玉
　　　訣類
　　　道藏舉要第一類
道德眞經集義十七卷大旨三卷
　（元）劉惟永撰
　　　道藏（正統本、景正統本）·洞神部玉
　　　訣類
　　　道藏舉要第一類
道德玄經原旨四卷
　（元）杜道堅撰
　　　道藏（正統本、景正統本）·洞神部玉
　　　訣類
　　　道藏舉要第一類
玄經原旨發揮二卷
　（元）杜道堅撰
　　　道藏（正統本、景正統本）·洞神部玉
　　　訣類
　　　道藏舉要第一類
道德眞經註四卷
　（元）吳澄撰
　　　道藏（正統本、景正統本）·洞神部玉
　　　訣類
　　　四庫全書·子部道家類
　　　粵雅堂叢書二編第十二集
　　　子書百家·道家類
　　　百子全書·道家類
　　　重刊道藏輯要心集
　　　道藏舉要第一類
道德眞經章句訓頌二卷
　（元）張嗣成撰
　　　道藏（正統本、景正統本）·洞神部玉
　　　訣類
　　　道藏舉要第一類
太上道德眞經章句訓頌一卷
　　　重刊道藏輯要心集
道德眞經註二卷

　（元）林志堅撰
　　　道藏（正統本、景正統本）·洞神部玉
　　　訣類
　　　道藏舉要第一類
大明太祖高皇帝御註道德眞經二卷
　　明太祖撰
　　　道藏（正統本、景正統本）·洞神部玉
　　　訣類
　　　道藏舉要第一類
道德眞經集義十卷
　（明）危大有撰
　　　道藏（正統本、景正統本）·洞神部玉
　　　訣類
　　　道藏舉要第一類
道德眞經解三卷
　（明）□□撰
　　　道藏（正統本、景正統本）·洞神部玉
　　　訣類
　　　道藏舉要第一類
道德眞經次解二卷道經異同字一卷德經
　異同字一卷
　（明）□□撰
　　　道藏（正統本、景正統本）·洞神部玉
　　　訣類
　　　道藏舉要第一類
老子集解二卷考異一卷
　（明）薛蕙撰
　　　惜陰軒叢書（道光本、光緒本）第十四
　　　函
　　　叢書集成初編·哲學類
老子通義二卷
　（明）朱得之撰
　　　三子通義
老子
　（周）李耳撰　（明）歸有光輯評
　　　諸子彙函
老子道德經二卷
　（周）李耳撰　（明）謝汝韶注
　　　二十家子書
老子道德經玄覽
　（明）陸西星撰
　　　方壺外史卷二
道德經註二卷
　（明）張位撰
　　　道書全集
道德經註一卷
　　　黎照廬叢書
老子翼六卷

(明)焦竑撰
　　續道藏(萬曆本、景萬曆本)
老子翼三卷老子考異一卷
　　四庫全書·子部道家類
老子翼八卷
　　金陵叢書甲集
　　叢書集成初編·哲學類
老子一卷
　　(周)李耳撰　(明)焦竑注釋　(明)翁正春評林
　　注釋九子全書
老子翼評點一卷
　　(明)董懋策撰
　　董氏叢書
道德經釋辭二卷
　　(明)王一清撰
　　四經
　　重刊道藏輯要心集
老子說略二卷
　　(清)張爾岐撰
　　四庫全書·子部道家類
老子衍一卷
　　(清)王夫之撰
　　船山遺書(同治本、民國本)
御註道德經二卷
　　清世祖撰
　　四庫全書·子部道家類
　　摛藻堂四庫全書薈要·子部
老子附證一卷
　　(清)吳震生撰
　　笠閣叢書
老子道德經攷異二卷
　　(清)畢沅撰
　　經訓堂叢書(乾隆本、景乾隆本)
　　叢書集成初編·哲學類
道德經註二卷
　　(清)徐大椿撰
　　四庫全書·子部道家類
　　徐氏醫書八種附·雜著
　　徐氏雜著
老子道德經二卷
　　(周)李耳撰　(清)徐大椿注
　　徐靈胎十二種全集
老子約說四卷
　　(清)紀大奎撰
　　紀慎齋先生全集
老子解一卷
　　(清)吳鼐撰

昭代叢書(道光本)壬集補編
老子道德經本義二卷
　　(清)董德寧撰
　　道貫眞源
老子本義二卷
　　(清)魏源撰
　　漸西村舍彙刊
　　諸子集成(世界書局本、中華書局本)第三冊
　　叢書集成初編·哲學類
老子參註四卷
　　(清)倪元坦撰
　　讀易樓合刻
老子平議一卷
　　(清)俞樾撰
　　春在堂全書·諸子平議·
老子證義二卷
　　(清)高延第撰
　　涌翠山房集
　　老莊正義合編
老子識小一卷
　　(清)郭階撰
　　春暉雜稿
老子一卷
　　(周)李耳撰　(清)吳汝綸點勘
　　桐城吳先生點勘諸子七種
道德經達詁一卷
　　(清)胡薇元撰
　　玉津閣叢書甲集
讀老札記二卷補遺一卷
　　(民國)易順鼎撰
　　琴志樓叢書
道德經考異二卷補遺一卷
　　(民國)羅振玉撰
　　永豐鄉人雜著續編
老子斠補一卷
　　(民國)劉師培撰
　　劉申叔先生遺書
老子補註一卷
　　(民國)胡懷琛撰
　　樸學齋叢書第一集
老子二卷
　　(周)李耳撰　(民國)張之純評注
　　評註諸子菁華錄·道家五種
道德經箋釋二卷
　　(民國)丁惟魯撰
　　丁惟魯遺著
老子微旨例略一卷

道藏（正統本、景正統本）·正乙部

老子別錄一卷
　　（清）吳鼒撰
　　　昭代叢書（道光本）癸集萃編

非老一卷
　　（清）吳鼒撰
　　　昭代叢書（道光本）癸集萃編

老子學派考一卷
　　（民國）葉瀚撰
　　　晚學廬叢稿

老子學辨一卷
　　（民國）胡懷琛撰
　　　樸學齋叢書第一集

道德經儒詮一卷
　　（民國）徐昂撰
　　　徐氏全書

文子二卷
　　（周）辛鈃撰
　　　子彙
　　　二十子
　　　先秦諸子合編·道家
　　　四庫全書·子部道家類
　　　摛藻堂四庫全書薈要·子部
　　　墨海金壺（嘉慶本、景嘉慶本）·子部
　　　景印元明善本叢書十種·子彙

文子
　　　說郛（商務印書館本）卷六·讀子隨識

文子通玄真經
　　　說郛（商務印書館本）卷五十四

文子二卷附校勘記一卷
　　（周）辛鈃撰　校勘記（清）錢熙祚撰
　　　守山閣叢書（道光本、鴻文書局景道光
　　　本、博古齋景道光本）·子部
　　　四部備要（排印本、縮印本）·子部周
　　　秦諸子

通玄真經註十二卷
　　（唐）默希子撰
　　　道藏（正統本、景正統本）·洞神部玉
　　　訣類
　　　道藏舉要第六類
　　（唐）徐靈府撰
　　　宛委別藏

通玄真經十二卷
　　（周）辛鈃撰　（唐）徐靈府注
　　　鐵華館叢書
　　　續古逸叢書
　　　叢書集成初編·哲學類

通玄真經不分卷

（周）辛鈃撰　（唐）默希子注
　　重刊道藏輯要女集

通玄真經十二卷附校勘記一卷
　　（周）辛鈃撰　（唐）徐靈府注　校勘記張元
　　濟撰
　　　四部叢刊三編·子部

通玄真經註七卷
　　（宋）朱弁撰
　　　道藏（正統本、景正統本）·洞神部玉
　　　訣類
　　　道藏舉要第六類

通玄真經纘義十二卷釋音一卷
　　（元）杜道堅撰
　　　道藏（正統本、景正統本）·洞神部玉
　　　訣類
　　　道藏舉要第六類

文子纘義十二卷
　　　四庫全書·子部道家類
　　　武英殿聚珍版書（武英殿木活字本、福
　　　建本、廣雅書局本）·子部
　　　二十二子
　　　二十五子彙函
　　　子書二十二種
　　　子書二十八種
　　　子書四十八種
　　　叢書集成初編·哲學類
　　　四部備要（排印本、縮印本）·子部周
　　　秦諸子

道言十二卷
　　（周）辛鈃撰　（唐）徐靈府（宋）朱弁（元）
　　　杜道堅注　（明）鍾惺輯評
　　　合刻五家言

文子
　　（周）辛鈃撰　（明）歸有光輯評
　　　諸子彙函

通玄真經一卷
　　（周）辛鈃撰　（明）謝汝韶注
　　　二十家子書

讀文子一卷
　　（清）俞樾撰
　　　春在堂全書·俞樓雜纂

文子平議補錄
　　（清）俞樾撰
　　　諸子平議補錄（李念劬堂本、中華書局
　　　排印本）

文子一卷
　　（周）辛鈃撰　（民國）張之純評注
　　　評註諸子菁華錄·道家五種

無上妙道文始眞經一卷
　　(周)尹喜撰
　　　　道藏（正統本、景正統本）・洞神部本
　　　　　文類
　　　　道藏舉要第六類
　　關尹子一卷
　　　　十二子
　　　　子彙
　　　　先秦諸子合編・道家
　　　　四庫全書・子部道家類
　　　　摛藻堂四庫全書薈要・子部
　　　　墨海金壺(嘉慶本、景嘉慶本)・子部
　　　　珠叢別錄(道光本、景道光本)
　　　　子書百家・道家類
　　　　百子全書・道家類
　　　　子書二十八種
　　　　子書四十八種
　　　　叢書集成初編・哲學類
　　　　四部備要（排印本、縮印本）・子部周
　　　　　秦諸子
　　　　景印元明善本叢書十種・子彙
　　關尹子文始真經一卷
　　　　四子全書
　　　　二十子
　　文始經一卷
　　　　道藏初編
　　文始真經三卷
　　　　紫薇堂四子
　　　　四子書
　　　　三子
　　關尹子
　　　　說郛(商務印書館本)卷七十一
　　文始眞經三卷附校勘記一卷
　　　　(周)尹喜撰　校勘記張元濟撰
　　　　四部叢刊三編・子部
　　文始眞經言外旨九卷
　　　　(宋)陳顯微撰
　　　　道藏（正統本、景正統本）・洞神部玉
　　　　　訣類
　　　　道藏舉要第六類
　　文始真經言外經旨二卷
　　　　道書全集
　　關尹子言外經旨三卷
　　　　宛委別藏
　　文始真經言外經旨三卷
　　　　守山閣叢書(道光本、鴻文書局景道光
　　　　　本、博古齋景道光本)・子部
　　　　叢書集成初編・哲學類

文始真經不分卷
　　(周)尹喜撰　(宋)陳顯微解
　　　　重刊道藏輯要女集
關尹子二卷
　　(周)尹喜撰　(宋)陳顯微注　(明)楊慎等
　　　批點　(明)朱蔚然校
　　　　合諸名家批點諸子全書
文始眞經註九卷
　　(元)牛道淳直解
　　　　道藏（正統本、景正統本）・洞神部玉
　　　　　訣類
　　　　道藏舉要第六類
關尹子一卷
　　(周)尹喜撰　(明)楊慎評注
　　　　楊升菴先生評注先秦五子全書
關尹子
　　(周)尹喜撰　(明)歸有光輯評
　　　　諸子彙函
關尹子文始眞經一卷
　　(周)尹喜撰　(明)謝汝韶注
　　　　二十家子書
文始經釋辭九卷
　　(明)王一清撰
　　　　四經
南華眞經五卷
　　(周)莊周撰
　　　　道藏（正統本、景正統本）・洞神部本
　　　　　文類
　　　　道藏舉要第二類
莊子南華眞經五卷
　　　　四子全書
莊子十卷
　　　　六子書(許宗魯輯: 樊川別業本、耶山
　　　　　精舍本)
　　　　六子全書(□□輯)
南華眞經十卷
　　　　紫薇堂四子
　　　　四子書
莊子南華眞經十卷
　　　　莊騷合刻
莊子南華真經八卷
　　　　老莊合刻
莊子南華眞經三卷
　　　　二十子
莊子南華眞經四卷附音義
　　(周)莊周撰　音義(唐)陸德明撰
　　　　三子合刊
南華眞經三卷附札記一卷

(周)莊周撰　札記(清)郭嵩燾撰
　　子書百家·道家類
　　百子全書·道家類
莊子一卷
　　(周)莊周撰　(清)任兆麟選輯
　　述記(乾隆本、嘉慶本)
南華眞經不分卷
　　(周)莊周撰　(民國)丁惟魯錄
　　丁惟魯遺著
南華逸篇一卷
　　　甕古介書前集
逸莊子一卷
　　(周)莊周撰　(清)黃奭輯
　　漢學堂叢書·子史鉤沈·子部道家類
　　黃氏逸書考(民國修補本、民國補刊
　　　本)·子史鉤沈
莊子佚文一卷
　　(周)莊周撰　(清)王仁俊輯
　　經籍佚文
莊子佚文一卷
　　(周)莊周撰　馬敍倫輯
　　天馬山房叢箸
莊子注一卷莊子注考逸一卷
　　(晉)司馬彪撰　(清)孫馮翼輯
　　問經堂叢書·逸子書
莊子注一卷補遺一卷音一卷逸篇一卷逸
　語一卷逸篇注補遺一卷音補遺一卷注
　又補遺一卷疑義一卷
　　(晉)司馬彪撰　(清)茆泮林輯
　　十種古逸書
莊子注一卷
　　(晉)司馬彪撰　(清)黃奭輯
　　漢學堂叢書·子史鉤沈·子部道家類
　　黃氏逸書考(民國修補本、民國補刊
　　　本)·子史鉤沈
莊子注一卷
　　(晉)司馬彪撰　(清)王仁俊輯
　　玉函山房輯佚書續編·子編道家類
莊子南華眞經十卷
　　(周)莊周撰　(晉)郭象注
　　三經晉註
　莊子註十卷
　　(晉)郭象撰
　　四庫全書·子部道家類
　　摛藻堂四庫全書薈要·子部
　南華真經殘一卷(存刻意篇)
　　　鳴沙石室古籍叢殘·羣書叢殘
　莊子殘一卷(存山木篇)

鳴沙石室古籍叢殘·羣書叢殘
莊子殘一卷(存徐無鬼篇)
　　　鳴沙石室古籍叢殘·羣書叢殘
南華眞經殘一卷(存田子方品)
　　　敦煌石室遺書三種
　　　東方學會叢書初集·敦煌石室碎金
　　　貞松堂藏西陲祕籍叢殘第一集
　莊子殘一卷(存卷三)
　　　敦煌祕籍留眞新編下卷
　莊子殘一卷(存卷九)
　　　敦煌祕籍留眞新編下卷
纂圖互注南華眞經十卷
　　(周)莊周撰　(晉)郭象注　(唐)陸德明音
　義
　　　纂圖互注五子
南華眞經十卷
　　(周)莊周撰　(晉)郭象注　(唐)陸德明音
　義
　　　六子全書(顧春輯:世德堂本、景世德
　　　堂本·桐陰書屋本)
　　　十子全書
　　　續古逸叢書
　莊子南華真經十卷
　　　中都四子集
　莊子十卷
　　　二十二子
　　　二十五子彙函
　　　子書二十二種
　　　子書二十八種
　　　子書四十八種
　　　袖珍古書讀本
　　　四部備要(排印本、縮印本)·子部周
　　　　秦諸子
南華眞經十卷附札記一卷
　　(周)莊周撰　(晉)郭象注　(唐)陸德明音
　義　札記(民國)孫毓修撰
　　　四部叢刊(初次印本、二次印本、縮印
　　　二次印本)·子部
南華眞經注疏三十五卷
　　(晉)郭象注　(唐)成玄英疏
　　　道藏(正統本、景正統本)·洞神部玉
　　　訣類
　　　道藏舉要第二類
　南華眞經注疏十卷
　　　古逸叢書
　南華真經不分卷
　　　重刊道藏輯要牛集
南華眞經章句音義十四卷章句餘事一卷

餘事雜錄二卷
　　(宋碧虛子撰)
　　　　道藏（正統本、景正統本）・洞神部玉
　　　　訣類
　　　　道藏舉要第二類
　　(宋)陳景元撰
　　　　指海(道光本、景道光本)第十四集

莊子闕誤一卷
　　(宋)陳景元撰
　　　　說郛續弓一
　　　　四庫全書・子部・道家類・莊子翼附
　　　　金陵叢書甲集・莊子翼附
　　(題明楊愼撰)
　　　　函海(乾隆本、道光本)第十一函
　　　　子書百家・道家類
　　　　百子全書・道家類
　　　　函海(光緒本)第十五函

南華眞經新傳二十卷拾遺一卷
　　(宋)王雱撰
　　　　道藏（正統本、景正統本）・洞神部玉
　　　　訣類
　　　　四庫全書・子部道家類
　　　　道藏舉要第二類

南華眞經直音一卷南華邈一卷
　　(宋)賈善翔撰
　　　　道藏（正統本、景正統本）・洞神部玉
　　　　訣類
　　　　道藏舉要第二類

南華眞經口義三十二卷
　　(宋)林希逸撰
　　　　道藏（正統本、景正統本）・洞神部玉
　　　　訣類
　　　　道藏舉要第二類

鬳齋莊子口義十卷
　　　　鬳齋三子口義

莊子口義十卷
　　　　四庫全書・子部道家類

南華眞經義海纂微一百六卷
　　(宋)褚伯秀撰
　　　　道藏（正統本、景正統本）・洞神部玉
　　　　訣類
　　　　四庫全書・子部道家類
　　　　道藏舉要第二類

南華眞經循本三十卷
　　(口)羅勉道撰
　　　　道藏（正統本、景正統本）・洞神部玉
　　　　訣類
　　　　道藏舉要第二類

莊子通義十卷
　　(明)朱得之撰
　　　　三子通義

莊子
　　(周)莊周撰　　(明)歸有光輯評
　　　　諸子彙函

莊子南華眞經內篇一卷外篇二卷雜篇一
卷
　　(周)莊周撰　　(明)謝汝韶注
　　　　二十家子書

莊子翼八卷附錄一卷
　　(明)焦竑撰
　　　　續道藏(萬曆本、景萬曆本)
　　　　四庫全書・子部道家類
　　　　金陵叢書甲集

莊子翼評點八卷附錄一卷
　　(明)董懋策撰
　　　　董氏叢書

莊子五卷
　　(周)莊周撰　　(明)焦竑注釋　　(明)翁正春
　　評林
　　　　注釋九子全書

南華眞經影史九卷
　　(明)周拱辰撰
　　　　周孟侯先生全書

南華眞經不分卷
　　(周)莊周撰　　(明)程以寧注疏
　　　　重刊道藏輯要牛集

莊子解三十三卷
　　(清)王夫之撰　　(清)王敔增注
　　　　船山遺書(同治本、民國本)

莊子通一卷
　　(清)王夫之撰
　　　　船山遺書(同治本、民國本)

南華泚筆二卷
　　(清)曹宗璠撰
　　　　金壇曹氏集

讀莊子法一卷
　　(清)林雲銘撰
　　　　昭代叢書(康熙本)甲集第三帙
　　　　昭代叢書(道光本)甲集第三帙

南華經傳釋一卷
　　(清)周金然撰
　　　　藝海珠塵革集(庚集)

南華經解三十三卷
　　(清)宣穎撰
　　　　半畝園叢書

南華經解選讀二卷
　　(清)宣穎撰　　(民國)周學熙選

周氏師古堂所編書

莊子解十二卷
　　（清）吳世尚撰
　　　貴池先哲遺書

莊子章義五卷附錄一卷
　　（清）姚鼐撰
　　　惜抱軒遺書

南華通七卷
　　（清）屈復撰
　　　青照堂叢書摘次編第二函

莊子解一卷
　　（清）吳峻撰
　　　昭代叢書（道光本）壬集補編

南華瀝滴萃一卷
　　（清）馬魯撰
　　　馬氏叢刻

讀莊劄記一卷
　　（清）朱景昭撰
　　　無夢軒遺書

莊子約解四卷外附一卷
　　（清）劉鴻典撰
　　　槐軒全書附

莊子平議三卷
　　（清）俞樾撰
　　　春在堂全書・諸子平議

莊子識小一卷
　　（清）郭階撰
　　　春暉雜稿

莊子集釋十卷
　　（清）郭慶藩撰
　　　諸子集成（世界書局本、中華書局本）
　　　　第三冊

莊子十卷
　　（周）莊周撰　（清）吳汝綸點勘
　　　桐城吳先生點勘諸子七種

南華眞經正義不分卷南華眞經識餘一卷
　　（清）陳壽昌撰
　　　老莊正義合編

莊子注二卷
　　（民國）王闓運撰
　　　湘綺樓全書

莊子集解八卷
　　（民國）王先謙撰
　　　諸子集成（世界書局本、中華書局本）
　　　　第三冊

莊子新解一卷
　　（民國）廖平撰
　　　新訂六譯館叢書・尊孔類

莊子經說斂意一卷
　　（民國）廖平撰
　　　新訂六譯館叢書・尊孔類

莊子解故一卷
　　（民國）章炳麟撰
　　　章氏叢書（浙江圖書館本、景浙江圖書
　　　　館本、右文社排印本）

南華眞經殘卷校記一卷
　　（民國）羅振玉撰
　　　永豐鄉人雜著續編

莊子補釋一卷
　　（民國）甯調元撰
　　　太一遺書續刊

莊子斠補一卷
　　（民國）劉師培撰
　　　劉申叔先生遺書

莊子集解補正一卷
　　（民國）胡懷琛撰
　　　樸學齋叢書第一集

莊子故八卷
　　（民國）馬其昶撰
　　　馬氏家刻集
　　　集虛草堂叢書甲集

莊子三卷
　　（周）莊周撰　（民國）張之純評注
　　　評註諸子菁華錄・道家五種

莊子音義摘錄不分卷
　　（唐）陸德明撰　（民國）丁惟魯輯
　　　丁惟魯遺著

莊子內篇訂正二卷
　　（元）吳澄撰
　　　道藏（正統本、景正統本）・洞神部玉
　　　　訣類
　　　道藏舉要第二類

遯居士批莊子內篇一卷
　　（明）顧起元撰
　　　歸鴻館雜著

莊子內篇一卷
　　（周）莊周撰　（清）錢澄之注
　　　桐城錢飲光先生全書・莊屈合詁

廣成子解一卷
　　（宋）蘇軾撰
　　　范氏奇書
　　　說郛續弓二
　　　函海（乾隆本、道光本）第三函
　　　藝海珠塵竹集（丁集）
　　　子書百家・雜家類
　　　百子全書・雜家類

函海(光緒本)第三函
道藏精華錄第四集

廣成子註一卷

合刻周秦經書十種

廣成子一卷

(宋)蘇軾注
稗乘
諸子褒異

廣成子一卷

(宋)蘇軾注　(明)盧之頤校
合諸名家批點諸子全書

廣成子疏略一卷

(明)王文祿撰
百陵學山
景印元明善本叢書十種 · 百陵學山

逍遙遊釋一卷

(清)徐潤第撰
敦艮齋遺書

齊物論釋一卷重定本一卷

(民國)章炳麟撰
章氏叢書(浙江圖書館本、景浙江圖書
館本、右文社排印本)

郭子翼莊一卷

(晉)郭象撰　(明)高第輯
范氏奇書
函海(乾隆本、道光本)第一函
函海(光緒本)第二函

翼莊一卷

說郛(宛委山堂本)弓三

廣莊一卷

(明)袁宏道撰
廣百川學海己集
袁中郎集
寶顏堂祕笈(萬曆本、民國石印本)正
集
說郛續弓一

南華雅言一卷重言一卷

(明)莊元臣撰
莊忠甫雜著

莊子達言一卷

(明)莊元臣撰
莊忠甫雜著

測莊一卷

(明)石人隱士撰
快書

唱莊一卷

(清)沈堡撰
嘉會堂集

莊子人名考一卷

(清)俞樾撰
春在堂全書 · 俞樓雜纂

沖虛至德真經三卷

(周)列禦寇撰
道藏(正統本、景正統本) · 洞神部本
文類
道藏舉要第三類

列子八卷

六子書(許宗魯輯: 樊川別業本、耶山
精舍本)
六子全書(□□輯)
四庫全書 · 子部道家類
摛藻堂四庫全書薈要 · 子部

沖虛真經八卷

紫薇堂四子
四子書
三子

列子沖虛真經八卷

二十子

列子沖虛至德真經二卷

四子全書

列子二卷

子書百家 · 道家類
百子全書 · 道家類

列子沖虛真經一卷附音義

(周)列禦寇撰　音義(唐)陸德明撰
三子合刊

列子一卷

(周)列禦寇撰　(清)任兆麟選輯
述記續

沖虛至德真經八卷

(周)列禦寇撰　(晉)張湛注
六子全書(顧春輯: 世德堂本、景世德
堂本、桐陰書屋本)
鐵華館叢書
四部叢刊(初次印本、二次印本、縮印
二次印本) · 子部

列子八卷

增訂漢魏叢書(三餘堂本、大通書局
石印本) · 子餘
湖海樓叢書
諸子集成(世界書局本、中華書局本)
第六冊
叢書集成初編 · 哲學類

列子沖虛至德真經註八卷

(晉)張湛撰
合刻周秦經書十種

沖虛至德眞經八卷
　　（周）列禦寇撰　　（晉）張湛注　（唐）殷敬順
　　　釋文
　　　　十子全書
　　列子八卷
　　　　二十二子
　　　　二十五子彙函
　　　　子書二十二種
　　　　子書二十八種
　　　　子書四十八種
　　　　袖珍古書讀本
　　　　四部備要（排印本、縮印本）・子部周
　　　　秦諸子
列子張湛注校正一卷
　　（清）盧文弨撰
　　　　抱經堂叢書（乾隆本、景乾隆本）・羣
　　　　書拾補初編
　　　　紹興先正遺書第二集・羣書拾補初編
　　　　叢書集成初編・總類・羣書拾補
列子張湛註補正一卷
　　（民國）胡懷琛撰
　　　　樸學齋叢書第一集
列子注八卷
　　（唐）盧重元撰
　　　　宛委別藏
列子八卷附盧注攷證一卷
　　（周）列禦寇撰　　（唐）盧重元注　附（清）秦
　　恩復撰
　　　　石研齋四種
沖虛至德眞經釋文二卷
　　（唐）殷敬順撰　　（宋）陳景元補遺
　　　　道藏（正統本、景正統本）・洞神部玉
　　　　訣類
　　　　湖海樓叢書
　　　　道藏舉要第三類
　　　　叢書集成初編・哲學類
　　列子釋文二卷
　　　　燕禧堂五種
　　　　周秦諸子斠注十種
列子釋文考異一卷
　　（清）任大椿撰
　　　　燕禧堂五種
　　　　周秦諸子斠注十種
沖虛至德眞經義解六卷
　　　宋徽宗撰
　　　　道藏（正統本、景正統本）・洞神部玉
　　　　訣類
　　　　道藏舉要第三類

沖虛至德眞經解二十卷
　　（宋）江遹撰
　　　　道藏（正統本、景正統本）・洞神部玉
　　　　訣類
　　　　道藏舉要第三類
沖虛至德眞經解八卷
　　　　四庫全書・子部道家類
沖虛至德真經不分卷
　　（周）列禦寇撰　　（宋）江遹解
　　　　重刊道藏輯要女集
沖虛至德眞經鬳齋口義八卷
　　（宋）林希逸撰
　　　　道藏（正統本、景正統本）・洞神部玉
　　　　訣類
　　　　道藏舉要第三類
鬳齋列子口義八卷
　　　　鬳齋三子口義
沖虛至德眞經四解二十卷
　　（金）高守元輯
　　　　道藏（正統本、景正統本）・洞神部玉
　　　　訣類
　　　　道藏舉要第三類
列子
　　（周）列禦寇撰　　（明）歸有光輯評
　　　　諸子彙函
列子通義八卷
　　（明）朱得之撰
　　　　三子通義
列子沖虛眞經二卷
　　（周）列禦寇撰　　（明）謝汝韶注
　　　　二十家子書
列子一卷
　　（周）列禦寇撰　　（明）焦竑注釋　（明）翁正
　　春評林
　　　　注釋九子全書
列子纂要一卷
　　（明）史起欽輯
　　　　史進士新鐫諸子纂要
列子平議一卷
　　（清）俞樾撰
　　　　春在堂全書・諸子平議
列子一卷
　　（周）列禦寇撰　　（民國）張之純評注
　　　　評註諸子菁華錄・道家五種
列子僞書考一卷
　　　馬敍倫撰
　　　　天馬山房叢箸
莊列十論一卷

（宋）李元卓撰
　　道藏（正統本、景正統本）·正乙部
　　指海（道光本、景道光本）第十四集

公子牟子一卷
　　（周）魏公子牟撰　　（清）馬國翰輯
　　玉函山房輯佚書（嫏嬛館本、重印本、
　　楚南書局本）·子編道家類

老萊子一卷
　　（周）老萊子撰　　（清）馬國翰輯
　　玉函山房輯佚書（嫏嬛館本、重印本、
　　楚南書局本）·子編道家類

黔婁子一卷
　　（周）黔婁先生撰　　（清）馬國翰輯
　　玉函山房輯佚書（嫏嬛館本、重印本、
　　楚南書局本）·子編道家類

洞靈眞經一卷
　　（周）庚桑楚撰
　　道藏（正統本、景正統本）·洞神部本
　　文類
　　道藏舉要第六類

　亢倉子一卷
　　十二子
　　子彙
　　先秦諸子合編·道家
　　且且菴初筆十六子
　　四庫全書·子部道家類
　　墨海金壺（嘉慶本、景嘉慶本）·子部
　　珠叢別錄（道光本、景道光本）
　　子書百家·道家類
　　百子全書·道家類
　　湖北先正遺書·子部
　　叢書集成初編·哲學類
　　景印元明善本叢書十種·子彙

　洞靈經一卷
　　道藏初編

　庚桑子
　　說郛（商務印書館本）卷六·讀子隨識

　亢倉子
　　說郛（商務印書館本）卷七十一

洞靈眞經註三卷
　　（宋）何粲撰
　　道藏（正統本、景正統本）·洞神部玉
　　訣類
　　道藏舉要第六類

　亢倉子註九卷
　　四庫全書·子部道家類

洞靈眞經不分卷
　　（周）庚桑楚撰　　（宋）何粲注

　　重刊道藏輯要女集

洞靈眞經五卷
　　（周）庚桑楚撰　　（宋）何粲注
　　續古逸叢書

新雕洞靈眞經五卷附校勘記一卷
　　（周）庚桑楚撰　　（宋）何粲注　校勘記張元
　　濟撰
　　四部叢刊三編·子部

亢倉子一卷
　　（周）庚桑楚撰　　（明）楊慎評　（明）張懋冢
　　校
　　合諸名家批點諸子全書

亢倉子
　　（周）庚桑楚撰　　（明）歸有光輯評
　　諸子彙函

亢倉子洞靈眞經一卷
　　（周）庚桑楚撰　　（明）謝汝韶注
　　二十家子書

鶡冠子二卷
　　先秦諸子合編·道家

鶡冠子佚文一卷
　　（清）王仁俊輯
　　經籍佚文

鶡冠子三卷
　　（宋）陸佃解
　　道藏（正統本、景正統本）·太清部
　　五子書
　　四庫全書·子部雜家類
　　摛藻堂四庫全書薈要·子部
　　武英殿聚珍版書（武英殿木活字本、福
　　建本、廣雅書局本）·子部
　　十子全書
　　學津討原（嘉慶本、景嘉慶本）第十二
　　集
　　反約篇
　　榕園叢書丙集
　　子書百家·雜家類
　　百子全書·雜家類
　　二十五子彙函
　　子書二十八種
　　道藏本五子
　　四部叢刊（初次印本、二次印本、縮印
　　二次印本）·子部
　　子書四十八種
　　道藏舉要第五類
　　湖北先正遺書·子部
　　四部備要（排印本、縮印本）·子部周
　　秦諸子

鶡冠子一卷

子彙
　　叢書集成初編・哲學類
　　景印元明善本叢書十種・子彙
鶡冠子三卷
　　(宋)陸佃解　(明)王宇評
　　子書二十二種
鶡冠子
　　(明)歸有光輯評
　　諸子彙函
讀鶡冠子一卷
　　(清)俞樾撰
　　春在堂全書・曲園雜纂
鶡冠子平議補錄
　　(清)俞樾撰
　　諸子平議補錄(李念劬堂本、中華書局排印本)
鶡冠子一卷
　　(民國)王闓運錄
　　湘綺樓全書
鶡冠子一卷
　　(民國)張之純評注
　　評註諸子菁華錄・道家五種
鄭長者書一卷
　　(周)鄭長者撰　(清)馬國翰輯
　　玉函山房輯佚書(嫏嬛館本、重印本、楚南書局本)・子編道家類
蘇子一卷
　　(□)蘇淳撰　(清)王仁俊輯
　　玉函山房輯佚書續編・子編道家類

法家之屬

管子二十四卷
　　(周)管仲撰
　　二十子
　　子書百家・法家類
　　百子全書・法家類
　　管子
　　說郛(商務印書館本)卷六・讀子隨識
管子一卷
　　(周)管仲撰　(清)任兆麟選輯
　　述記(乾隆本、嘉慶本)
管子二十四卷
　　(周)管仲撰　(唐)房玄齡注
　　四庫全書・子部法家類
　　摛藻堂四庫全書薈要・子部
　　四部叢刊(初次印本、二次印本、縮印二次印本)・子部

管子二十四卷
　　(周)管仲撰　(唐)房玄齡注　(明)劉績補注
　　中都四子集
　　管韓合刻
　　子書二十二種
　　二十二子
　　二十五子彙函
　　子書二十八種
　　子書四十八種
　　湖北先正遺書・子部
　　袖珍古書讀本
　　四部備要(排印本、縮印本)・子部周秦諸子
管子補註二十四卷
　　(明)劉績撰
　　四庫全書　子部法家類
管子二十四卷
　　(周)管仲撰　(唐)房玄齡注　(明)劉績補注　(明)朱長春通演
　　十子全書
管子二十四卷附校正二十四卷
　　(周)管仲撰　(唐)尹知章注　校正(清)戴望撰
　　諸子集成(世界書局本、中華書局本)第五冊
管子二卷
　　(周)管仲撰　(明)歸有光輯評
　　諸子彙函
刪定管子一卷
　　(清)方苞撰
　　抗希堂十六種
管子義證八卷
　　(清)洪頤煊撰
　　傳經堂叢書
　　積學齋叢書
管子識誤一卷
　　(清)宋翔鳳撰
　　周秦諸子斠注十種
管子校一卷
　　(清)許光清撰
　　涉聞梓舊(咸豐本、商務印書館景咸豐本、竹簡齋景咸豐本)・斠補隅錄
　　叢書集成初編・總類・斠補隅錄
管子平議六卷
　　(清)俞樾撰
　　春在堂全書・諸子平議
讀管子一卷

(清)許玉璥撰
　　詩契齋十種·日知小錄

管子校正二十四卷
(清)戴望撰
　　吳興叢書
　　清代學術叢書第一集

管子二十四卷
(周)管仲撰　(清)吳汝綸點勘
　　桐城吳先生點勘諸子七種

管子餘義一卷
(民國)章炳麟撰
　　章氏叢書(浙江圖書館本、景浙江圖書
　　館本、右文社排印本)

管子斠補一卷
(民國)劉師培撰
　　劉申叔先生遺書

管子隱義一卷
(民國)邵瑞彭撰
　　邵次公遺著

管子一卷
(周)管仲撰　(民國)張之純評注
　　評註諸子菁華錄·法家三種

管子小匡篇節評一卷
(清)劉光蕡撰
　　煙霞草堂遺書

內業一卷
(周)管仲撰　(清)馬國翰輯
　　玉函山房輯佚書(嫏嬛館本、重印本、
　　楚南書局本)·子編儒家類

弟子職一卷
(周)管仲撰　(清)任兆麟選輯
　　述記(乾隆本、嘉慶本)

弟子職箋釋一卷
(清)洪亮吉撰
　　洪北江全集

弟子職集解一卷
(清)莊述祖撰
　　珍埶宧遺書
　　槐廬叢書初編
　　式訓堂叢書初集
　　校經山房叢書
　　孫谿朱氏經學叢書初編
　　端溪叢書一集
　　叢書集成初編·社會科學類

弟子職古本考注一卷
(清)王紹蘭輯
　　蕭山王氏十萬卷樓輯佚七種

弟子職正音一卷

(清)王筠撰
　　王菉友九種
　　天壤閣叢書
　　式訓堂叢書三集
　　叢書集成初編·社會科學類

弟子職一卷
(周)管仲撰　(清)許瀚音
　　天壤閣叢書
　　叢書集成初編·社會科學類

弟子職注一卷
(清)孫同元撰
　　仰視千七百二十九鶴齋叢書(光緒本、
　　景光緒本)第三集
　　叢書集成初編·社會科學類

弟子職解詁一卷
(清)桂文燦撰
　　南海桂氏經學

弟子職一卷
(清)王元啟補注
　　惺齋先生雜著

弟子職詁一卷
(清)王貞撰
　　百本書齋藏書

弟子職章句訓纂一卷
(清)邵承照輯
　　安樂延年室叢書

管子弟子職說例一卷
(民國)宋育仁撰
　　問琴閣叢書

弟子職音誼一卷
(民國)楊鍾羲(鍾廣)撰
　　周秦諸子斠注十種
　　留垞叢刻

法經一卷
(周)李悝撰　(清)黃奭輯
　　漢學堂叢書·子史鉤沈·子部法家類
　　黃氏逸書考(民國修補本、民國補刊
　　本)·子史鉤沈

商子五卷
(周)商鞅撰
　　范氏奇書
　　漢魏叢書(萬曆本、景萬曆本)·子籍
　　二十子
　　先秦諸子合編·法家
　　四庫全書·子部法家類
　　指海(道光本、景道光本)第七集
　　子書百家·法家類
　　百子全書·法家類

　　　　四部叢刊（初次印本、二次印本、縮印
　　　　　二次印本）·子部
　　　　叢書集成初編·社會科學類
　　商子一卷
　　　　諸子褒異
　　　　且且菴初筧十六子
商子五卷
　　（周）商鞅撰　（清）孫星衍(清)孫馮翼校
　　　　問經堂叢書
商君書五卷附考一卷
　　（周）商鞅撰　（清）嚴可均(萬里)校
　　　　二十二子
　　　　二十五子彙函
　　　　子書二十二種
　　　　子書二十八種
　　　　子書四十八種
　　　　諸子集成（世界書局本、中華書局本）
　　　　　第五冊
　　　　四部備要（排印本、縮印本）·子部周
　　　　　秦諸子
商子二卷
　　（周）商鞅撰　（明）楊慎評　（明）顧起元釋
　　（明）朱蔚然訂
　　　　合諸名家批點諸子全書
商子
　　（周）商鞅撰　（明）歸有光輯評
　　　　諸子彙函
商子平議一卷
　　（清）俞樾撰
　　　　春在堂全書·諸子平議
商君書一卷
　　（周）商鞅撰　（民國）張之純評注
　　　　評注諸子菁華錄·法家三種
慎子一卷
　　（周）慎到撰
　　　　子彙
　　　　先秦諸子合編·法家
　　　　且且菴初筧十六子
　　　　四庫全書·子部雜家類
　　　　墨海金壺（嘉慶本、景嘉慶本）·子部
　　　　廿二子全書
　　　　子書百家·雜家類
　　　　百子全書·雜家類
　　　　養素軒叢錄第三集
　　　　慎子三種合帙(據子彙本景印)
　　　　慎子三種合帙(據守山閣叢書本景印)
　　　　景印元明善本叢書十種·子彙
　　慎子
　　　　說郛(商務印書館本)卷六·讀子隨識

慎子一卷附逸文一卷
　　（周）慎到撰　（清）錢熙祚校併輯逸文
　　　　守山閣叢書（道光本、鴻文書局景道光
　　　　　本、博古齋景道光本）·子部
　　　　諸子集成（世界書局本、中華書局本）
　　　　　第五冊
　　　　叢書集成初編·哲學類
　　　　四部備要（排印本、縮印本）·子部周
　　　　　秦諸子
慎子二卷補遺一卷逸文一卷附內篇校文
　　一卷
　　（周）慎到撰　補遺逸文(民國)繆荃孫輯校
　　文(民國)孫毓修撰
　　　　四部叢刊（初次印本、二次印本、縮印
　　　　　二次印本）·子部
慎子佚文一卷
　　（周）慎到撰　（清）王仁俊輯
　　　　經籍佚文
慎子
　　（周）慎到撰　（□）滕輔注
　　　　說郛(商務印書館本)卷四十
慎子
　　（周）慎到撰　（明）歸有光輯評
　　　　諸子彙函
慎子二卷
　　（周）慎到撰　（明）慎懋賞解
　　　　慎子三種合帙(據明萬曆本景印)
申子
　　（周）申不害撰
　　　　說郛(商務印書館本)卷六·讀子隨識
申子一卷
　　（周）申不害撰　（清）馬國翰輯
　　　　玉函山房輯佚書（嫏嬛館本、重印本、
　　　　　楚南書局本）·子編法家類
申子一卷
　　（周）申不害撰　（清）王仁俊輯
　　　　玉函山房輯佚書續編·子編法家類
韓非子二十卷
　　（周）韓非撰
　　　　二十子
　　韓非子
　　　　說郛(商務印書館本)卷四十七
韓非子一卷
　　（周）韓非撰　（清）任兆麟選輯
　　　　述記續
韓非子佚文一卷
　　（周）韓非撰　（清）王仁俊輯
　　　　經籍佚文

韓非子二十卷
　　（周）韓非撰　　（宋）謝希深注
　　　　道藏（正統本、景正統本）・太清部
　　　　道藏舉要第五類
韓非子二十卷
　　（周）韓非撰　　（□）□□注
　　　　管韓合刻
　　　　四庫全書・子部法家類
　　　　摛藻堂四庫全書薈要・子部
　　　　十子全書
　　　　子書百家・法家類
　　　　百子全書・法家類
　　　　四部叢刊（初次印本、二次印本、縮印
　　　　　　二次印本）・子部
韓非子二十卷附識誤三卷
　　（周）韓非撰　　（□）□□注　識誤（清）顧廣
　　圻撰
　　　　韓晏合編
　　　　二十二子
　　　　二十五子彙函
　　　　子書二十二種
　　　　子書二十八種
　　　　子書四十八種
　　　　古書叢刊第一輯甲集
　　　　袖珍古書讀本
　　　　四部備要（排印本、縮印本）・子部周
　　　　　　秦諸子
韓非子二卷
　　（周）韓非撰　　（明）歸有光輯評
　　　　諸子彙函
韓非子一卷
　　（周）韓非撰　　（明）焦竑注釋　　（明）翁正春
　　評林
　　　　注釋九子全書
韓非子錄要一卷
　　（清）沈保靖撰
　　　　怡雲堂全集
韓非子校正一卷
　　（清）盧文弨撰
　　　　抱經堂叢書（乾隆本、景乾隆本）・羣
　　　　　　書拾補初編
　　　　紹興先正遺書第二集・羣書拾補初編
　　　　叢書集成初編・總類・羣書拾補
韓非子平議一卷
　　（清）俞樾撰
　　　　春在堂全書・諸子平議
韓非子二十卷
　　（周）韓非撰　　（清）吳汝綸點勘
　　　　桐城吳先生點勘諸子七種

韓非子集解二十卷
　　（清）王先愼撰
　　　　諸子集成（世界書局本、中華書局本）
　　　　　　第五册
韓非子斠補一卷
　　（民國）劉師培撰
　　　　劉申叔先生遺書
韓非子一卷
　　（周）韓非撰　　（民國）張之純評注
　　　　評註諸子菁華錄・法家三種

名家之屬

鄧析子一卷
　　（周）鄧析撰
　　　　十二子
　　　　子彙
　　　　先秦諸子合編・名家
　　　　四庫全書・子部法家類
　　　　指海（道光本、景道光本）第七集
　　　　子書百家・法家類
　　　　百子全書・法家類
　　　　鄧析子五種合帙（據明睢陽朱氏本景
　　　　　　印）
　　　　鄧析子五種合帙（據明嘉靖本景印）
　　　　鄧析子五種合帙（據子彙本景印）
　　　　鄧析子五種合帙（據指海本景印）
　　　　四部備要（排印本、縮印本）・子部周
　　　　　　秦諸子
　　　　景印元明善本叢書十種・子彙
　　鄧子一卷
　　　　且且菴初箋十六子
　　　　廿二子全書
　　　　子書四十八種
　　鄧析子二卷
　　　　四部叢刊（初次印本、二次印本、縮印
　　　　　　二次印本）・子部
　　　　鄧析子五種合帙（據江山劉氏覆宋本
　　　　　　景印）
　　鄧析子
　　　　說郛（商務印書館本）卷四十七
　　鄧子一卷
　　　　（周）鄧析撰　　（明）楊愼評注
　　　　　　楊升菴先生評注先秦五子全書
鄧析子
　　（周）鄧析撰　　（明）歸有光輯評
　　　　諸子彙函
鄧析子平議補錄
　　（清）俞樾撰

諸子平議補錄（李念劬堂本、中華書局
　排印本）
鄧析子校錄二卷補遺一卷
　　馬叙倫撰
　　　　天馬山房叢箸
尹文子二卷
　　（周）尹文撰
　　　　道藏（正統本、景正統本）・太清部
　　　　且且菴初箋十六子
　　　　佚漢齋叢書
　　　　道藏本五子
　　　　道藏舉要第五類
　　尹文子一卷
　　　　十二子
　　　　五子書
　　　　子彙
　　　　二十家子書
　　　　先秦諸子合編・名家
　　　　四庫全書・子部雜家類
　　　　墨海金壺（嘉慶本、景嘉慶本）・子部
　　　　廿二子全書
　　　　子書百家・雜家類
　　　　百子全書・雜家類
　　　　四部叢刊（初次印本、二次印本、縮印
　　　　　二次印本）・子部
　　　　景印元明善本叢書十種・子彙
　　尹文子
　　　　說郛（商務印書館本）卷六・讀子隨識
　　　　說郛（商務印書館本）卷四十六
尹文子一卷
　　（周）尹文撰　　（清）汪繼培校
　　　　湖海樓叢書
　　　　清芬堂叢書・子部
尹文子一卷附校勘記逸文一卷
　　（周）尹文撰　校勘記（清）錢熙祚撰併輯逸
　　文
　　　　守山閣叢書（道光本、鴻文書局景道光
　　　　　本、博古齋景道光本）・子部
　　　　袖珍古書讀本
　　　　諸子集成（世界書局本、中華書局本）
　　　　　第六册
　　　　四部備要（排印本、縮印本）・子部周
　　　　　秦諸子
尹文子佚文一卷補遺一卷
　　（周）尹文撰　　（清）王仁俊輯
　　　　經籍佚文
尹文子
　　（周）尹文撰　　（明）歸有光輯評
　　　　諸子彙函

公孫龍子一卷
　　（周）公孫龍撰
　　　　十二子
　　　　五子書
　　　　先秦諸子合編・名家
　　　　且且菴初箋十六子
　　　　子書四十八種
　　公孫龍子
　　　　說郛（商務印書館本）卷四十七
公孫龍子三卷
　　（周）公孫龍撰　　（宋）謝希深注
　　　　道藏（正統本、景正統本）・太清部
　　　　四庫全書・子部雜家類
　　　　守山閣叢書（道光本、鴻文書局景道光
　　　　　本、博古齋景道光本）・子部
　　　　佚漢齋叢書
　　　　道藏本五子
　　　　道藏舉要第五類
　　公孫龍子一卷
　　　　子彙
　　　　二十家子書
　　　　墨海金壺（嘉慶本、景嘉慶本）・子部
　　　　廿二子全書
　　　　子書百家・雜家類
　　　　百子全書・雜家類
　　　　四部備要（排印本、縮印本）・子部周
　　　　　秦諸子
　　　　景印元明善本叢書十種・子彙
公孫龍子一卷
　　（周）公孫龍撰　　（明）楊慎評注
　　　　楊升菴先生評注先秦五子全書
公孫龍子一卷
　　（周）公孫龍撰　　（明）楊慎評　（明）姜午生
　　訂
　　　　合諸名家批點諸子全書
公孫龍子
　　（周）公孫龍撰　　（明）歸有光輯評
　　　　諸子彙函
辨言三卷
　　（周）公孫龍撰　　（明）鍾惺輯評
　　　　合刻五家言
公孫龍子注一卷
　　（清）辛從益撰
　　　　豫章叢書（陶福履輯）第二集
讀公孫龍子一卷
　　（清）俞樾撰
　　　　春在堂全書・俞樓雜纂
公孫龍子平議補錄

（清）俞樾撰

　　諸子平議補錄（李念劬堂本、中華書局
　　排印本）

惠子一卷

　　（周）惠施撰　（清）馬國翰輯

　　　玉函山房輯佚書（嫏嬛館本、重印本、
　　　楚南書局本）·子編名家類

惠子

　　（周）惠施撰　（明）歸有光輯評

　　　諸子彙函

惠施詭辯新解一卷

　　（民國）胡懷琛撰

　　　樸學齋叢書第一集

墨家之屬

史佚書一卷

　　（周）尹佚撰　（清）馬國翰輯

　　　玉函山房輯佚書（嫏嬛館本、重印本、
　　　楚南書局本）·子編墨家類

田俅子一卷

　　（周）田俅撰　（清）馬國翰輯

　　　玉函山房輯佚書（嫏嬛館本、重印本、
　　　楚南書局本）·子編墨家類

田俅子一卷

　　（周）田俅撰　（清）王仁俊輯

　　　玉函山房輯佚書續編·子編墨家類

隨巢子一卷

　　（周）隨巢子撰　（清）馬國翰輯

　　　玉函山房輯佚書（嫏嬛館本、重印本、
　　　楚南書局本）·子編墨家類

隨巢子一卷

　　（周）隨巢子撰　（清）王仁俊輯

　　　玉函山房輯佚書續編·子編墨家類

隨巢子

　　（周）隨巢子撰　（明）歸有光輯評

　　　諸子彙函

胡非子一卷

　　（周）胡非子撰　（清）馬國翰輯

　　　玉函山房輯佚書（嫏嬛館本、重印本、
　　　楚南書局本）·子編墨家類

胡非子

　　（周）胡非子撰　（明）歸有光輯評

　　　諸子彙函

纏子一卷

　　（周）纏子撰　（清）馬國翰輯

　　　玉函山房輯佚書（嫏嬛館本、重印本、
　　　楚南書局本）·子編墨家類

墨子十五卷

　　（周）墨翟撰

　　　道藏（正統本、景正統本）·太清部

　　　四庫全書·子部雜家類

　　　摛藻堂四庫全書薈要·子部

　　　四部叢刊（初次印本、二次印本、縮印
　　　二次印本）·子部

　　　道藏舉要第五類

墨子一卷

　　　子彙

　　　景印元明善本叢書十種·子彙

墨子四卷

　　　先秦諸子合編·墨家

墨子

　　　說郛（商務印書館本）卷六·讀子隨識
　　　說郛（商務印書館本）卷四十六

墨子佚文一卷

　　（周）墨翟撰　（清）王仁俊輯

　　　經籍佚文

墨子

　　（周）墨翟撰　（明）歸有光輯評

　　　諸子彙函

墨子十五卷

　　（周）墨翟撰　（明）郎兆玉評

　　　且且菴初箋十六子

墨子十六卷附篇目考一卷

　　（周）墨翟撰　（清）畢沅校注

　　　經訓堂叢書（乾隆本、景乾隆本）
　　　子書百家·雜家類
　　　百子全書·雜家類
　　　二十二子
　　　二十五子彙函
　　　子書二十二種
　　　子書二十八種
　　　子書四十八種
　　　袖珍古書讀本
　　　叢書集成初編·哲學類
　　　四部備要（排印本、縮印本）·子部周
　　　秦諸子

墨商三卷補遺一卷

　　（清）王景羲撰

　　　敬鄉樓叢書第二輯

墨子刊誤二卷

　　（清）蘇時學撰

　　　端溪叢書三集
　　　周秦諸子斠注十種

墨子平議三卷

　　（清）俞樾撰

　　　　春在堂全書・諸子平議
墨子十六卷
　　（周）墨翟撰　（清）吳汝綸點勘
　　　　桐城吳先生點勘諸子七種
墨子閒詁十五卷附錄一卷後語二卷
　　（清）孫詒讓撰
　　　　諸子集成（世界書局本、中華書局本）
　　　　第四册
墨子注七卷
　　（民國）王闓運撰
　　　　湘綺樓全書
墨子斠注補正二卷
　　（民國）王樹枏撰
　　　　陶廬叢刻
墨辯解故序一卷
　　（民國）廖平撰
　　　　新訂六譯館叢書・四益易說附
墨子拾補二卷
　　（民國）劉師培撰
　　　　劉申叔先生遺書
墨子一卷
　　（周）墨翟撰　（民國）張之純評注
　　　　評註諸子菁華錄・墨家一種
墨子經說解二卷
　　（清）張惠言撰
　　　　風雨樓祕笈留眞
墨經詁義二卷
　　（民國）葉瀚撰
　　　　晚學廬叢稿
墨經詁義初稿一卷
　　（民國）葉瀚撰
　　　　晚學廬叢稿
墨辨斠注一卷
　　（民國）葉瀚撰
　　　　晚學廬叢稿
墨辨斠注初稿一卷
　　（民國）葉瀚撰
　　　　晚學廬叢稿
墨辨斠注殘稿一卷
　　（民國）葉瀚撰
　　　　晚學廬叢稿
墨辯釋要札記一卷附墨辯釋詞擬目
　　（民國）葉瀚撰
　　　　晚學廬叢稿
墨守要義一卷
　　（民國）葉瀚撰
　　　　晚學廬叢稿
詁墨一卷

　　（漢）孔鮒撰
　　　　廣漢魏叢書（萬曆本、嘉慶本）・子餘
　　　　・孔叢附
　　　　說郛（宛委山堂本）弓三
　　　　增訂漢魏叢書（乾隆本、紅杏山房本、
　　　　三餘堂本、大通書局本）・子餘・孔
　　　　叢附
　　　　子書百家・儒家類・孔叢子附
　　　　百子全書・儒家類・孔叢子附
墨子引書說一卷
　　（清）孫國仁撰
　　　　砭愚堂叢書
墨學派衍攷證一卷
　　（民國）葉瀚撰
　　　　晚學廬叢稿
墨說要指一卷
　　（民國）葉瀚撰
　　　　晚學廬叢稿

縱橫家之屬

鬼谷子一卷外篇一卷
　　　　十二子
　　　　子彙
　　　　景印元明善本叢書十種・子彙
鬼谷子一卷
　　　　二十子
　　　　先秦諸子合編・墨家
　　　　諸子裒異
　　　　且且菴初笺十六子
　　　　四庫全書・子部雜家類
　　　　子書百家・雜家類
　　　　百子全書・雜家類
　　　　二十五子彙函
　　　　子書二十八種
　　　　子書四十八種
鬼谷子
　　　　說郛（商務印書館本）卷七十一
鬼谷子佚文一卷
　　（清）王仁俊輯
　　　　經籍佚文
鬼谷子三卷
　　（梁）陶弘景注
　　　　道藏（正統本、景正統本）・太玄部
　　　　道藏舉要第五類
鬼谷子一卷
　　　　二十家子書
鬼谷子三卷附錄一卷
　　　　四部叢刊（初次印本）・子部

四部叢刊（二次印本、縮印二次印本）
　　・子部

鬼谷子三卷附錄一卷篇目考一卷
　（梁）陶弘景注　（清）秦恩復校併撰篇目考
　　石研齋四種
　　湖北先正遺書・子部
　　四部備要（排印本、縮印本）・子部周
　　　秦諸子

鬼谷子三卷附錄一卷校記一卷
　（梁）陶弘景注　校記陳乃乾輯
　　古書叢刊第二輯丙集

鬼谷子一卷
　（明）楊愼評注
　　楊升菴先生評注先秦五子全書

鬼谷子一卷
　（明）楊愼評注　（明）張懋忞校
　　合諸名家批點諸子全書

鬼谷子
　（明）歸有光輯評
　　諸子彙函

術言一卷
　（周）鬼谷子撰　（明）鍾惺輯評
　　合刻五家言

鬼谷子平議補錄
　（清）俞樾撰
　　諸子平議補錄（李念劬堂本、中華書局
　　　排印本）

陰符七篇一卷
　　續知不足齋叢書第一集

太公陰符經一卷
　　重刊道藏輯要冑集・立教十五論附

蘇子一卷
　（周）蘇秦撰　（清）馬國翰輯
　　玉函山房輯佚書（嫏嬛館本、重印本、
　　　楚南書局本）・子編縱橫家類

闕子一卷
　（周）闕口撰　（清）馬國翰輯
　　玉函山房輯佚書（嫏嬛館本、重印本、
　　　楚南書局本）・子編縱橫家類

雜家之屬

由余書一卷
　（周）由余撰　（清）馬國翰輯
　　玉函山房輯佚書（嫏嬛館本、重印本、
　　　楚南書局本）・子編雜家類

尸子
　（周）尸佼撰

說郛（商務印書館本）卷六・讀子隨識

尸子三卷附錄一卷
　（周）尸佼撰　附錄（清）惠棟輯　（清）任兆
　　麟補遺
　　心齋十種

尸子二卷
　（周）尸佼撰　（清）孫星衍輯
　　問經堂叢書
　　平津館叢書（嘉慶本、光緒本）
　　子書百家・法家類
　　百子全書・法家類
　　求實齋叢書
　　四部備要（排印本、縮印本）・子部周
　　　秦諸子

尸子二卷存疑一卷
　（周）尸佼撰　（清）汪繼培輯
　　湖海樓叢書
　　二十二子
　　二十五子彙函
　　子書二十二種
　　子書二十八種
　　子書四十八種

尸子一卷
　（周）尸佼撰　（清）任兆麟選輯
　　述記（乾隆本、嘉慶本）

尸子
　（周）尸佼撰　（明）歸有光輯評
　　諸子彙函

尸子一卷
　（周）尸佼撰　（民國）張之純評注
　　評註諸子菁華錄・雜家三種

子華子十卷
　（周）程本撰
　　道藏（正統本、景正統本）・太清部
　　道藏本五子
　　道藏舉要第五類

子華子二卷
　　五子書
　　子彙
　　先秦諸子合編・儒家
　　四庫全書・子部雜家類
　　墨海金壺（嘉慶本、景嘉慶本）・子部
　　珠叢別錄（道光本、景道光本）
　　廿二子全書
　　子書百家・雜家類
　　百子全書・雜家類
　　叢書集成初編・哲學類
　　景印元明善本叢書十種・子彙

子華子

說郛（商務印書館本）卷四十六

子華子
　　（周）程本撰　　（明）歸有光輯評
　　　　諸子彙函

子華子二卷
　　（周）程本撰　　（明）謝汝韶注
　　　　二十家子書

子華子二卷
　　（周）程本撰　　（明）郎兆玉評
　　　　合諸名家批點諸子全書
　　　　諸子褒異
　　　　且且菴初箋十六子

於陵子一卷
　　（周）陳仲子撰
　　　　祕册彙函
　　　　廿二子全書
　　　　子書百家・雜家類
　　　　百子全書・雜家類
　　　　子書四十八種
　　　　叢書集成初編・哲學類

汗子
　　（周）汗明撰　　（明）歸有光輯評
　　　　諸子彙函

囂囂子
　　（周）江乙撰　　（明）歸有光輯評
　　　　諸子彙函

波弄子
　　（周）淳于髠撰　　（明）歸有光輯評
　　　　諸子彙函

希子
　　（周）希寫撰　　（明）歸有光輯評
　　　　諸子彙函

薛子
　　（周）薛燭撰　　（明）歸有光輯評
　　　　諸子彙函

風胡子
　　（周）風胡撰　　（明）歸有光輯評
　　　　諸子彙函

歲寒子
　　（周）張孟同撰　　（明）歸有光輯評
　　　　諸子彙函

呂氏春秋二十六卷
　　（秦）呂不韋撰
　　　　子書百家・雜家類
　　　　百子全書・雜家類

呂覽一卷
　　（秦）呂不韋撰　　（清）任兆麟選輯
　　　　述記續

呂氏春秋佚文一卷
　　（秦）呂不韋撰　　（清）王仁俊輯
　　　　經籍佚文

呂氏春秋二十六卷
　　（秦）呂不韋撰　　（漢）高誘注
　　　　二十子
　　　　四庫全書・子部雜家類
　　　　四部叢刊（初次印本、二次印本、縮印
　　　　　二次印本）・子部

呂氏春秋二十六卷附攷一卷
　　（秦）呂不韋撰　　（漢）高誘注　　（清）畢沅輯
　　校
　　　　經訓堂叢書（乾隆本、景乾隆本）
　　　　二十二子
　　　　二十五子彙函
　　　　子書二十二種
　　　　子書二十八種
　　　　子書四十八種
　　　　諸子集成（世界書局本、中華書局本）
　　　　　第六册
　　　　四部備要（排印本、縮印本）・子部周
　　　　　秦諸子

呂子
　　（秦）呂不韋撰　　（漢）高誘注　　（明）歸有光
　　輯評
　　　　諸子彙函

呂氏春秋高注補正一卷
　　（民國）李寶洤撰
　　　　漢堂類稿

呂氏春秋一卷
　　（秦）呂不韋撰　　（明）焦竑注釋　　（明）翁正
　　春評林
　　　　注釋九子全書

呂氏纂要一卷
　　（明）史起欽輯
　　　　史進士新鐫諸子纂要

呂子校補二卷
　　（清）梁玉繩撰
　　　　清白士集
　　　　式訓堂叢書初集
　　　　校經山房叢書

呂子校補二卷續補一卷
　　　　槐廬叢書二編
　　　　周秦諸子斠注十種

呂氏春秋正誤一卷
　　（清）陳昌齊撰
　　　　賜書堂全集
　　　　嶺南遺書第五集

周秦諸子斠注十種

呂子校補獻疑一卷
　（清）蔡雲撰
　　　元和蔡氏所著書·清白士集校補
　　　聚學軒叢書第一集·清白士集校補
　　　周秦諸子斠注十種

續呂子校補獻疑
　（清）蔡雲撰
　　　元和蔡氏所著書·清白士集校補
　　　聚學軒叢書第一集·清白士集校補附

呂氏春秋補校一卷
　（清）茆泮林撰
　　　鶴壽堂叢書

呂氏春秋平議三卷
　（清）俞樾撰
　　　春在堂全書·諸子平議

呂氏春秋補注一卷
　（民國）楊昭儁撰
　　　淨樂宦叢著

呂氏春秋一卷
　（秦）呂不韋撰　（民國）張之純評注
　　　評註諸子菁華錄·雜家三種

韓呂弋腴四卷
　（明）莊元臣撰
　　　莊忠甫雜著

首山子
　（秦）頓弱撰　（明）歸有光輯評
　　　諸子彙函

潼山子
　（秦）甘羅撰　（明）歸有光輯評
　　　諸子彙函

雲晃子
　（秦）齊辯貌撰　（明）歸有光輯評
　　　諸子彙函

農家之屬

神農書一卷
　（清）馬國翰輯
　　　玉函山房輯佚書（嫏嬛館本、重印本、
　　　楚南書局本）·子編農家類

野老書一卷
　（周）□□撰　（清）馬國翰輯
　　　玉函山房輯佚書（嫏嬛館本、重印本、
　　　楚南書局本）·子編農家類

計倪子一卷
　（周）計然撰
　　　子書百家·雜家類

百子全書·雜家類
續知不足齋叢書第一集
子書四十八種

計然萬物錄一卷補遺一卷
　（周）辛文撰　（清）茆泮林輯
　　　十種古逸書
　　　龍谿精舍叢書·子部
　　　叢書集成初編·總類

范子計然一卷
　（清）洪頤煊輯
　　　問經堂叢書·經典集林
　　　經典集林

范子計然三卷
　（清）馬國翰輯
　　　玉函山房輯佚書（嫏嬛館本、重印本、
　　　楚南書局本）·子編農家類

范子計然一卷
　（清）黃奭輯
　　　漢學堂叢書·子史鉤沈·子部農家類
　　　黃氏逸書考（民國修補本、民國補刊
　　　本）·子史鉤沈

小說家之屬

山海經佚文一卷
　（清）王仁俊輯
　　　經籍佚文

山海經十八卷（原缺卷十四至十五）
　（晉）郭璞傳
　　　道藏（正統本、景正統本）·太玄部
　　　道藏舉要第七類

　山海經十八卷
　　　山水二經合刻（嘉靖本、乾隆本）
　　　古今逸史·逸志
　　　格致叢書
　　　祕書廿一種（康熙本、嘉慶本）
　　　四庫全書·子部小說家類
　　　摛藻堂四庫全書薈要·史部
　　　子書百家·小說家異聞類
　　　百子全書·小說家異聞類
　　　四部叢刊（初次印本）·子部
　　　景印元明善本叢書十種·古今逸史·
　　　逸志

山海經十八卷
　（晉）郭璞傳　（清）畢沅校
　　　經訓堂叢書（乾隆本、景乾隆本）
　　　二十二子
　　　二十五子彙函
　　　子書二十二種

　　　　子書二十八種
　　　　子書四十八種
　　　　叢書集成初編・史地類
山海經十八卷附校勘記一卷
　　（晉）郭璞傳　校勘記（清）黃丕烈撰
　　　　四部叢刊（二次印本、縮印二次印本）
　　　　　・子部
山海經圖讚二卷補遺一卷
　　（晉）郭璞撰
　　　　祕冊彙函
　山海經圖讚一卷
　　　　覽古介書前集
　　　　子書百家・小說家異聞類
　　　　百子全書・小說家異聞類
　山海經圖讚一卷補遺一卷
　　　　藝海珠塵革集（庚集）
山海經圖讚一卷
　　（晉）郭璞撰　（清）王謨輯
　　　　重訂漢唐地理書鈔（鈔本、嘉慶本）
山海經圖贊一卷
　　（晉）郭璞撰　（清）錢熙祚輯
　　　　指海（道光本、景道光本）第十八集
山海經圖贊二卷
　　（晉）郭璞撰　（清）嚴可均輯
　　　　觀古堂所刊書
　　　　觀古堂彙刻書第一集
　　　　郋園先生全書
山海經圖贊補逸一卷
　　（清）盧文弨撰
　　　　抱經堂叢書（乾隆本、景乾隆本）・羣
　　　　　書拾補初編
　　　　紹興先正遺書第二集・羣書拾補初編
　　　　叢書集成初編・總類・羣書拾補
山海經腴詞一卷
　　（明）朱鉽輯
　　　　小嬾嬝山館彙刊類書十二種
　　　　琅環獺祭十二種
山海經補註一卷
　　（明）楊愼撰
　　　　函海（乾隆本、道光本）第十一函
　　　　藝海珠塵匏集（戊集）
　　　　子書百家・小說家異聞類
　　　　百子全書・小說家異聞類
　　　　函海（光緒本）第十五函
山海經廣註十八卷
　　（清）吳任臣撰
　　　　四庫全書・子部小說家類
山海經存九卷首一卷

　　（清）汪紱釋
　　　　汪雙池先生叢書
山海經箋疏十八卷圖讚一卷訂譌一卷敍
　　錄一卷
　　（清）郝懿行撰
　　　　郝氏遺書
　　　　龍谿精舍叢書・史部
　　　　四部備要（排印本、縮印本）・史部古
　　　　　史
山海經表目二卷
　　（清）馮桂芬撰
　　　　校邠廬逸箋
五藏山經傳五卷海內經附傳一卷
　　（清）呂調陽撰
　　　　觀象廬叢書
讀山海經一卷
　　（清）俞樾撰
　　　　春在堂全書・俞樓雜纂
山海經平議補錄
　　（清）俞樾撰
　　　　諸子平議補錄（李念劬堂本、中華書局
　　　　　排印本）
山海經地理今釋六卷
　　（清）吳承志撰
　　　　求恕齋叢書
穆天子傳六卷
　　（晉）郭璞注
　　　　道藏（正統本、景正統本）・洞眞部記
　　　　　傳類
　　　　范氏奇書
　　　　古今逸史・逸記
　　　　漢魏叢書（萬曆本、景萬曆本）・史籍
　　　　廣漢魏叢書（萬曆本、嘉慶本）・別史
　　　　三代遺書
　　　　快閣藏書
　　　　四庫全書・子部小說家類
　　　　增訂漢魏叢書（乾隆本、紅杏山房本、
　　　　　三餘堂本、大通書局石印本）・別史
　　　　龍威祕書一集
　　　　子書百家・小說家異聞類
　　　　百子全書・小說家異聞類
　　　　四部叢刊（初次印本、二次印本、縮印
　　　　　二次印本）・子部
　　　　道藏舉要第七類
　　　　景印元明善本叢書十種・古今逸史・
　　　　　逸記
　穆天子傳一卷
　　　　覽古介書前集
　　　　說郛（宛委山堂本）弓一百十三

　　　　五朝小說・魏晉小說傳奇家
　　　　五朝小說大觀・魏晉小說傳奇家
　　　　漢魏小說探珍
穆天子傳六卷附錄一卷
　　(晉)郭璞注　(清)洪頤煊校
　　　　平津館叢書(嘉慶本、光緒本)
　　　　叢書集成初編・史地類
　　　　四部備要（排印本、縮印本）・史部古
　　　　　史
　穆天子傳六卷
　　　　龍谿精舍叢書・史部
覆校穆天子傳六卷補遺一卷
　　(晉)郭璞注　(清)翟云升校
　　　　五經歲徧齋校書
穆天子傳注疏六卷首一卷末一卷
　　(晉)郭璞注　(清)檀萃疏
　　　　碧琳瑯館叢書乙部
　　　　芋園叢書・史部
穆天子傳注補正六卷首一卷
　　(清)陳逢衡撰
　　　　江都陳氏叢書
穆天子傳釋一卷
　　(清)呂調陽撰
　　　　觀象廬叢書
穆天子傳地理攷證六卷中國人種所從來
　攷一卷穆天子傳紀日干支表一卷
　　(清)丁謙撰
　　　　浙江圖書館叢書第二集
穆天子傳補釋一卷
　　(民國)劉師培撰
　　　　劉申叔先生遺書
青史子一卷
　　(清)馬國翰輯
　　　　玉函山房輯佚書（嫏嬛館本、重印本、
　　　　　楚南書局本）・子編小說家類
青史子一卷
　　(清)王仁俊輯
　　　　玉函山房輯佚書續編・子編小說家類
青史子一卷
　　魯迅輯
　　　　古小說鉤沈
宋子一卷
　　(周)宋鈃撰　(清)馬國翰輯
　　　　玉函山房輯佚書（嫏嬛館本、重印本、
　　　　　楚南書局本）・子編小說家類
燕丹子三卷
　　(清)孫星衍校輯
　　　　問經堂叢書・逸子書

　　　　岱南閣叢書(乾隆嘉慶本、景乾隆嘉慶
　　　　　本)
　　　　平津館叢書(嘉慶本、光緒本)
　　　　子書百家・小說家雜事類
　　　　百子全書・小說家雜事類
　　　　子書四十八種
　　　　叢書集成初編・文學類
　　　　四部備要（排印本、縮印本）・子部周
　　　　　秦諸子

儒　學　類

經濟之屬

漢

孔叢子三卷
　　(漢)孔鮒撰
　　　　子彙
　　　　漢魏叢書(萬曆本、景萬曆本)・子籍
　　　　先秦諸子合編・儒家
　　　　四庫全書・子部儒家類
　　　　摛藻堂四庫全書薈要・子部
　　　　龍谿精舍叢書・子部
　　　　叢書集成初編・哲學類
　　　　景印元明善本叢書十種・子彙
　孔叢二卷
　　　　廣漢魏叢書(萬曆本、嘉慶本)・子餘
　　　　增訂漢魏叢書（乾隆本、紅杏山房本、
　　　　　三餘堂本、大通書局石印本）・子餘
　孔叢子二卷
　　　　子書百家・儒家類
　　　　百子全書・儒家類
　孔叢子一卷
　　　　增定漢魏六朝別解・子部
　孔叢子
　　　　說郛(商務印書館本)卷四十六
孔叢子七卷附釋文一卷
　　(漢)孔鮒撰
　　　　四部叢刊（初次印本、二次印本、縮印
　　　　　二次印本）・子部
　　　　四部備要（排印本、縮印本）・子部周
　　　　　秦諸子
　孔叢子七卷
　　(漢)孔鮒撰　(宋)宋咸注
　　　　宛委別藏
　　　　指海(道光本、景道光本)第十四集

孔叢子
　　（漢）孔鮒撰　（明）歸有光輯評
　　　　諸子彙函
平原君書一卷
　　（漢）朱建撰　（清）馬國翰輯
　　　　玉函山房輯佚書（嫏嬛館本、重印本、
　　　　　楚南書局本）・子編儒家類

陸子一卷
　　（漢）陸賈撰
　　　　子彙
　　　　叢書集成初編・哲學類
　　　　景印元明善本叢書十種・子彙
　　陸子新語一卷
　　　　諸子褒異
　　　　且且菴初箋十六子
　　新語一卷
　　　　增定漢魏六朝別解・子部
　　新語二卷
　　　　漢魏叢書（萬曆本、景萬曆本）・子籍
　　　　廣漢魏叢書（萬曆本、嘉慶本）・子餘
　　　　兩京遺編
　　　　四庫全書・子部儒家類
　　　　增訂漢魏叢書（乾隆本、紅杏山房本、
　　　　　三餘堂本、大通書局石印本）・子餘
　　　　子書百家・儒家類
　　　　百子全書・儒家類
　　　　四部叢刊（初次印本、二次印本、縮印
　　　　　二次印本）・子部
　　　　子書四十八種
　　　　湖北先正遺書・子部
　　　　四部備要（排印本、縮印本）・子部儒
　　　　　家
　　　　景印元明善本叢書十種・兩京遺編
　　新語三卷
　　　　諸子集成（世界書局本、中華書局本）
　　　　　第七冊
雲陽子
　　（漢）陸賈撰　（明）歸有光輯評
　　　　諸子彙函
新語平議補錄
　　（清）俞樾撰
　　　　諸子平議補錄（李念劬堂本、中華書局
　　　　　排印本）
陸子新語校注二卷
　　（民國）震鈞（唐晏）撰
　　　　龍谿精舍叢書・子部
劉敬書一卷
　　（漢）劉敬撰　（清）馬國翰輯

　　　　玉函山房輯佚書（嫏嬛館本、重印本、
　　　　　楚南書局本）・子編儒家類
至言一卷
　　（漢）賈山撰　（清）馬國翰輯
　　　　玉函山房輯佚書（嫏嬛館本、重印本、
　　　　　楚南書局本）・子編儒家類
新書二卷
　　（漢）賈誼撰
　　　　子彙
　　　　景印元明善本叢書十種・子彙
　　新書十卷附錄一卷
　　　　漢魏叢書（萬曆本、景萬曆本）・子籍
　　　　快閣藏書
　　新書十卷
　　　　廣漢魏叢書（萬曆本、嘉慶本）・子餘
　　　　四庫全書・子部儒家類
　　　　增訂漢魏叢書（乾隆本、紅杏山房本、
　　　　　三餘堂本、大通書局石印本）・子餘
　　　　子書百家・儒家類
　　　　百子全書・儒家類
　　　　龍谿精舍叢書・子部
　　　　四部叢刊（初次印本、二次印本、縮印
　　　　　二次印本）・子部
　　賈子十卷
　　　　兩京遺編
　　　　景印元明善本叢書十種・兩京遺編
　　新書一卷
　　　　增定漢魏六朝別解・子部
新書十卷
　　（漢）賈誼撰　（清）盧文弨校
　　　　抱經堂叢書（乾隆本、景乾隆本）
　　　　二十二子
　　　　屈賈文合編・賈太傅文附
　　　　二十五子彙函
　　　　子書二十二種
　　　　子書二十八種
　　　　子書四十八種
　　　　叢書集成初編・哲學類
　　　　四部備要（排印本、縮印本）・子部儒
　　　　　家
新書一卷
　　（漢）賈誼撰　（清）任兆麟選輯
　　　　述記（乾隆本、嘉慶本）
金門子
　　（漢）賈誼撰　（明）歸有光輯評
　　　　諸子彙函
賈子平議二卷
　　（清）俞樾撰

春在堂全書·諸子平議

賈子新書斠補二卷附佚文輯補一卷羣書
治要引賈子新書校文一卷
　　（民國）劉師培撰
　　　　劉申叔先生遺書

新書一卷
　　（漢）賈誼撰　（民國）張之純評注
　　　　評註諸子菁華錄·儒家五種

河間獻王書一卷
　　（漢）劉德撰　（清）馬國翰輯
　　　　玉函山房輯佚書（嫏嬛館本、重印本、
　　　　楚南書局本）·子編儒家類

兒寬書一卷
　　（漢）兒寬撰　（清）馬國翰輯
　　　　玉函山房輯佚書（嫏嬛館本、重印本、
　　　　楚南書局本）·子編儒家類

公孫弘書一卷
　　（漢）公孫弘撰　（清）馬國翰輯
　　　　玉函山房輯佚書（嫏嬛館本、重印本、
　　　　楚南書局本）·子編儒家類

吾丘壽王書一卷
　　（漢）吾丘壽王撰　（清）馬國翰輯
　　　　玉函山房輯佚書（嫏嬛館本、重印本、
　　　　楚南書局本）·子編儒家類

嚴助書一卷
　　（漢）嚴助撰　（清）馬國翰輯
　　　　玉函山房輯佚書（嫏嬛館本、重印本、
　　　　楚南書局本）補遺·子編儒家類

鹽鐵論十卷
　　（漢）桓寬撰
　　　　兩京遺編
　　　　四部叢刊（初次印本、二次印本、縮印
　　　　二次印本）·子部
　　　　景印元明善本叢書十種·兩京遺編
　　鹽鐵論一卷
　　　　增定漢魏六朝別解·子部
　　鹽鐵論二卷
　　　　子書百家·儒家類
　　　　百子全書·儒家類

鹽鐵論十卷附考證一卷
　　（漢）桓寬撰　考證（清）張敦仁撰
　　　　紛欣閣叢書
　　　　龍谿精舍叢書·子部
　　　　古書叢刊第一輯乙集
　　　　諸子集成（世界書局本、中華書局本）
　　　　第七冊

鹽鐵論十卷附校勘小識一卷
　　（漢）桓寬撰　校勘小識（民國）王先謙撰

　　　　四部備要（排印本、縮印本）·子部儒
　　　　家

鹽鐵論十二卷
　　（漢）桓寬撰　（明）張之象注
　　　　廣漢魏叢書（萬曆本、嘉慶本）·載籍
　　　　四庫全書·子部儒家類
　　　　摘藻堂四庫全書薈要·子部
　　　　增訂漢魏叢書（乾隆本、紅杏山房本、
　　　　三餘堂本、大通書局石印本）·子餘

鹽鐵論十二卷
　　（漢）桓寬撰　（明）張之象注　（明）鍾惺評
　　　　祕書九種

貞山子
　　（漢）桓寬撰　（明）歸有光輯評
　　　　諸子彙函

鹽鐵論校補一卷
　　（清）盧文弨撰
　　　　抱經堂叢書（乾隆本、景乾隆本）·羣
　　　　書拾補初編
　　　　紹興先正遺書第二集·羣書拾補初編
　　　　叢書集成初編·總類·羣書拾補

讀鹽鐵論一卷
　　（清）俞樾撰
　　　　春在堂全書·曲園雜纂

鹽鐵論平議補錄
　　（清）俞樾撰
　　　　諸子平議補錄（李念劬堂本、中華書局
　　　　排印本）

諸子雜記二卷
　　（民國）邵瑞彭撰
　　　　邵次公遺著

新序十卷
　　（漢）劉向撰
　　　　劉氏二書（嘉靖本、萬曆本）
　　　　漢魏叢書（萬曆本、景萬曆本）·子籍
　　　　廣漢魏叢書（萬曆本、嘉慶本）·子餘
　　　　祕書九種
　　　　四庫全書·子部儒家類
　　　　摘藻堂四庫全書薈要·子部
　　　　增訂漢魏叢書（乾隆本、紅杏山房本、
　　　　三餘堂本、大通書局石印本）·子餘
　　　　子書百家·儒家類
　　　　百子全書·儒家類
　　　　鐵華館叢書
　　　　龍谿精舍叢書·子部
　　　　四部叢刊（初次印本、二次印本、縮印
　　　　二次印本）·子部
　　　　叢書集成初編·哲學類

新序一卷

　　　　　增定漢魏六朝別解・子部
新序一卷
　　（漢）劉向撰　（清）任兆麟選輯
　　　　述記（乾隆本、嘉慶本）
新序佚文一卷
　　（漢）劉向撰　（清）王仁俊輯
　　　　經籍佚文
新序校補一卷
　　（清）盧文弨撰
　　　　抱經堂叢書（乾隆本、景乾隆本）・羣
　　　　　書拾補初編
　　　　紹興先正遺書第二集・羣書拾補初編
　　　　叢書集成初編・總類・羣書拾補
說苑二十卷　・
　　（漢）劉向撰
　　　　劉氏二書（嘉靖本、萬曆本）
　　　　漢魏叢書（萬曆本、景萬曆本）・子籍
　　　　廣漢魏叢書（萬曆本、嘉慶本）・子餘
　　　　四庫全書・子部儒家類
　　　　摛藻堂四庫全書薈要・子部
　　　　增訂漢魏叢書（乾隆本、紅杏山房本、
　　　　　三餘堂本、大通書局石印本）・子餘
　　　　子書百家・儒家類
　　　　百子全書・儒家類
　　　　龍谿精舍叢書・子部
　　　　四部叢刊（初次印本、二次印本、縮印
　　　　　二次印本）・子部
　　　　叢書集成初編・哲學類
　　　　四部備要（排印本、縮印本）・史部古
　　　　　史
　說苑一卷
　　　　增定漢魏六朝別解・子部
說苑一卷
　　（漢）劉向撰　（清）任兆麟選輯
　　　　述記（乾隆本、嘉慶本）
說苑佚文一卷
　　（漢）劉向撰　（清）王仁俊輯
　　　　經籍佚文
說苑校補一卷
　　（清）盧文弨撰
　　　　抱經堂叢書（乾隆本、景乾隆本）・羣
　　　　　書拾補初編
　　　　紹興先正遺書第二集・羣書拾補初編
　　　　叢書集成初編・總類・羣書拾補
說苑平議補錄
　　（清）俞樾撰
　　　　諸子平議補錄（李念劬堂本、中華書局
　　　　　排印本）
青藜子

　　（漢）劉向撰　（明）歸有光輯評
　　　　諸子彙函
揚子十卷
　　（漢）揚雄撰
　　　　六子書（許宗魯輯：樊川別業本、耶山
　　　　　精舍本）
　　　　六子全書（□□輯）
揚子法言十卷
　　　　二十子
法言一卷
　　　　增定漢魏六朝別解・子部
揚子法言一卷
　　　　子書百家・儒家類
　　　　百子全書・儒家類
揚子
　　　　說郛（商務印書館本）卷七十一
揚子法言一卷
　　（漢）揚雄撰　（清）任兆麟選輯
　　　　述記（乾隆本、嘉慶本）
揚子法言十三卷附音義一卷
　　（漢）揚雄撰　（晉）李軌注　音義（宋）□□
　　　撰
　　　　二十二子
　　　　二十五子彙函
　　　　子書二十二種
　　　　子書二十八種
　　　　四部叢刊（初次印本、二次印本、縮印
　　　　　二次印本）・子部
　　　　子書四十八種
　　　　湖北先正遺書・子部
　　　　諸子集成（世界書局本、中華書局本）
　　　　　第七冊
　　　　四部備要（排印本、縮印本）・子部儒
　　　　　家
揚子新注一卷
　　（唐）柳宗元撰
　　　　說郛（宛委山堂本）弓十
法言十卷
　　（漢）揚雄撰　（宋）宋咸注
　　　　漢魏叢書（萬曆本、景萬曆本）・子籍
　　　　廣漢魏叢書（萬曆本、嘉慶本）・子餘
　　　　增訂漢魏叢書（乾隆本、紅杏山房本、
　　　　　三餘堂本、大通書局石印本）・子餘
　　　　叢書集成初編・哲學類
纂圖互注揚子法言十卷
　　（漢）揚雄撰　（晉）李軌（唐）柳宗元（宋）宋
　　　咸（宋）吳祕（末）司馬光注
　　　　纂圖互注五子

新纂門目五臣音註揚子法言十卷
　　　　六子全書（顧春輯：世德堂本、景世德
　　　　堂本、桐陰書屋本）
　　　　十子全書
法言集註十卷
　　（宋）司馬光撰
　　　　四庫全書・子部儒家類
　法言十卷
　　（漢）揚雄撰　（宋）司馬光集注
　　　　摛藻堂四庫全書薈要・子部
揚子
　　（漢）揚雄撰　（明）歸有光輯評
　　　　諸子彙函
揚子法言一卷
　　（漢）揚雄撰　（明）謝汝韶注
　　　　二十家子書
揚子一卷
　　（漢）揚雄撰　（明）焦竑注釋　（明）翁正春
　　　評林
　　　　注釋九子全書
揚子法言平議二卷
　　（清）俞樾撰
　　　　春在堂全書・諸子平議
揚子法言斠補一卷附佚文一卷
　　（民國）劉師培撰
　　　　劉申叔先生遺書
法言補釋一卷
　　（民國）劉師培撰
　　　　劉申叔先生遺書
揚子法言一卷
　　（漢）揚雄撰　（民國）張之純評注
　　　　評註諸子菁華錄・儒家五種
新論一卷
　　（漢）桓譚撰
　　　　說郛（宛委山堂本）弓五十九
　　　　古今說部叢書一集
新論一卷
　　（漢）桓譚撰　（清）孫馮翼輯
　　　　問經堂叢書・逸子書
　　　　龍谿精舍叢書・子部
　　　　叢書集成初編・哲學類
　　　　四部備要（排印本、縮印本）・子部儒
　　　　家
新論一卷
　　（漢）桓譚撰　（清）□□輯
　　　　指海（道光本、景道光本）第十三集
荊山子
　　（漢）桓譚撰　（明）歸有光輯評

　　　　諸子彙函
新論校正一卷
　　（清）盧文弨撰
　　　　抱經堂叢書（乾隆本、景乾隆本）・羣
　　　　書拾補初編
　　　　紹興先正遺書第二集・羣書拾補初編
　　　　叢書集成初編・總類・羣書拾補
忠經一卷
　　（漢）馬融撰
　　　　漢魏叢書（萬曆本、景萬曆本）・經籍
　　　　廣漢魏叢書（萬曆本、嘉慶本）・經翼
　　　　格致叢書
　　　　增定漢魏六朝別解・經部
　　　　說郛（宛委山堂本）弓七十
　　　　增訂漢魏叢書（乾隆本、紅杏山房本、
　　　　三餘堂本、大通書局石印本）・經翼
　　　　鮑紅葉叢書
　　　　子書四十八種
忠經一卷
　　（漢）馬融撰　（漢）鄭玄注
　　　　小十三經
　　　　津逮祕書（汲古閣本、景汲古閣本）第
　　　　四集
　　　　學津討原（嘉慶本、景嘉慶本）第十二
　　　　集
　　　　廿二子全書
　　　　子書百家・儒家類
　　　　百子全書・儒家類
　　　　叢書集成初編・社會科學類
潛夫論十卷
　　（漢）王符撰
　　　　漢魏叢書（萬曆本、景萬曆本）・子籍
　　　　廣漢魏叢書（萬曆本、嘉慶本）・子餘
　　　　兩京遺編
　　　　四庫全書・子部儒家類
　　　　摛藻堂四庫全書薈要・子部
　　　　增訂漢魏叢書（乾隆本、紅杏山房本、
　　　　三餘堂本、大通書局石印本）・子餘
　　　　子書百家・儒家類
　　　　百子全書・儒家類
　　　　四部叢刊（初次印本、二次印本、縮印
　　　　二次印本）・子部
　　　　景印元明善本叢書十種・兩京遺編
潛夫論一卷
　　　　增定漢魏六朝別解・子部
潛夫論佚文一卷
　　（漢）王符撰　（清）王仁俊輯
　　　　經籍佚文
回中子

（漢）王符撰　（明）歸有光輯評
　　諸子彙函

潛夫論十卷
　　（漢）王符撰　（清）汪繼培箋
　　　湖海樓叢書
　　　諸子集成（世界書局本、中華書局本）
　　　　第八冊
　　　叢書集成初編・哲學類
　　　四部備要（排印本、縮印本）・子部儒
　　　　家

讀潛夫論一卷
　　（清）俞樾撰
　　　春在堂全書・曲園雜纂

潛夫論平議補錄
　　（清）俞樾撰
　　　諸子平議補錄（李念劬堂本、中華書局
　　　　排印本）

正部論一卷
　　（漢）王逸撰　（清）馬國翰輯
　　　玉函山房輯佚書（嫏嬛館本、重印本、
　　　　楚南書局本）・子編儒家類

魏子一卷
　　（漢）魏朗撰　（清）馬國翰輯
　　　玉函山房輯佚書（嫏嬛館本、重印本、
　　　　楚南書局本）・子編儒家類

鄭君粹言三卷
　　（清）潘任輯
　　　希鄭堂叢書

鄭君粹言一卷
　　（清）黃式三輯
　　　儆居遺書

小荀子一卷
　　（漢）荀悅撰
　　　十二子
　　　子彙
　　　景印元明善本叢書十種・子彙

申鑒一卷
　　　增定漢魏六朝別解・子部

申鑒五卷附札記一卷
　　（漢）荀悅撰　札記（清）錢培名撰
　　　小萬卷樓叢書（咸豐本、光緒本）
　　　叢書集成初編・哲學類

申鑒五卷
　　（漢）荀悅撰　（明）黃省曾注
　　　漢魏叢書（萬曆本、景萬曆本）・子籍
　　　廣漢魏叢書（萬曆本、嘉慶本）・子餘
　　　兩京遺編
　　　四庫全書・子部儒家類

　　　增訂漢魏叢書（乾隆本、紅杏山房本、
　　　　三餘堂本、大通書局石印本）・子餘
　　　子書百家・儒家類
　　　百子全書・儒家類
　　　四部叢刊（初次印本、二次印本、縮印
　　　　二次印本）・子部
　　　子書四十八種
　　　諸子集成（世界書局本、中華書局本）
　　　　第八冊
　　　四部備要（排印本、縮印本）・子部儒
　　　　家
　　　景印元明善本叢書十種・兩京遺編

申鑒五卷附錄一卷
　　　龍谿精舍叢書・子部

小荀子
　　（漢）荀悅撰　（明）歸有光輯評
　　　諸子彙函

申鑒校正一卷
　　（清）盧文弨撰
　　　抱經堂叢書（乾隆本、景乾隆本）・羣
　　　　書拾補初編
　　　紹興先正遺書第二集・羣書拾補初編
　　　叢書集成初編・總類・羣書拾補

典論一卷
　　（漢）荀悅撰　（清）王仁俊輯
　　　玉函山房輯佚書續編・子編道家類

中論二卷
　　（漢）徐幹撰
　　　漢魏叢書（萬曆本、景萬曆本）・子籍
　　　廣漢魏叢書（萬曆本、嘉慶本）・子餘
　　　兩京遺編
　　　四庫全書・子部儒家類
　　　摛藻堂四庫全書薈要・子部
　　　增訂漢魏叢書（乾隆本、紅杏山房本、
　　　　三餘堂本、大通書局石印本）・子餘
　　　子書百家・儒家類
　　　百子全書・儒家類
　　　四部叢刊（初次印本、二次印本、縮印
　　　　二次印本）・子部
　　　景印元明善本叢書十種・兩京遺編

中論一卷
　　　增定漢魏六朝別解・子部

中論纂一卷
　　　且且菴初箋十六子

中論二卷附札記二卷逸文一卷
　　（漢）徐幹撰　札記（清）陳鱣撰併輯逸文
　　　小萬卷樓叢書（咸豐本、光緒本）
　　　龍谿精舍叢書・子部
　　　叢書集成初編・哲學類

中論佚文一卷
　　（漢）徐幹撰　（清）王仁俊輯
　　　經籍佚文
徐子
　　（漢）徐幹撰　（明）歸有光輯評
　　　諸子彙函
讀中論一卷
　　（清）俞樾撰
　　　春在堂全書·曲園雜纂
中論平議補錄
　　（清）俞樾撰
　　　諸子平議補錄（李念劬堂本、中華書局
　　　排印本）
仲長統論一卷
　　（漢）仲長統撰
　　　兩京遺編
　　　叢書集成初編·哲學類
　　　景印元明善本叢書十種·兩京遺編
　昌言一卷
　　　增定漢魏六朝別解·子部
仲長子昌言二卷
　　（漢）仲長統撰　（清）馬國翰輯
　　　玉函山房輯佚書（嫏嬛館本、重印本、
　　　楚南書局本）·子編儒家類
仲長子昌言一卷
　　（漢）仲長統撰　（清）王仁俊輯
　　　玉函山房輯佚書續編·子編儒家類
鬻山子
　　（漢）仲長統撰　（明）歸有光輯評
　　　諸子彙函
漢儒通義七卷
　　（清）陳澧輯
　　　番禺陳氏東塾叢書

三　國

典論一卷
　　魏文帝撰
　　　問經堂叢書·逸子書
　　　叢書集成初編·文學類
典論一卷
　　魏文帝撰　（清）黃奭輯
　　　漢學堂叢書·子史鉤沈·子部儒家類
　　　龍谿精舍叢書·子部
　　　黃氏逸書考（民國修補本、民國補刊
　　　本）·子史鉤沈
典論（一名典略）一卷補遺一卷
　　魏文帝撰　（清）王仁俊輯
　　　玉函山房輯佚書續編·子編道家類

周生烈子一卷
　　（魏）周生烈撰　（清）張澍輯
　　　二酉堂叢書
　　　叢書集成初編·哲學類
周生子要論一卷
　　（魏）周生烈撰　（清）馬國翰輯
　　　玉函山房輯佚書（嫏嬛館本、重印本、
　　　楚南書局本）·子編儒家類
周生子要論一卷
　　（魏）周生烈撰　（清）王仁俊輯
　　　玉函山房輯佚書續編·子編儒家類
王氏新書一卷
　　（魏）王基撰　（清）馬國翰輯
　　　玉函山房輯佚書（嫏嬛館本、重印本、
　　　楚南書局本）·子編儒家類
法訓一卷
　　（蜀）譙周撰
　　　說郛（宛委山堂本）弓五十九
　　　古今說部叢書一集
法訓一卷
　　（蜀）譙周撰　（清）馬國翰輯
　　　玉函山房輯佚書（嫏嬛館本、重印本、
　　　楚南書局本）·子編儒家類
法訓一卷
　　（蜀）譙周撰　（清）黃奭輯
　　　黃氏逸書考（民國修補本、民國補刊
　　　本）·子史鉤沈
法訓一卷
　　（蜀）譙周撰　（清）王仁俊輯
　　　玉函山房輯佚書續編·子編儒家類
周子一卷
　　（吳）周昭撰　（清）馬國翰輯
　　　玉函山房輯佚書（嫏嬛館本、重印本、
　　　楚南書局本）·子編儒家類
顧子新言一卷
　　（吳）顧譚撰　（清）馬國翰輯
　　　玉函山房輯佚書（嫏嬛館本、重印本、
　　　楚南書局本）·子編儒家類
顧子新言一卷
　　（吳）顧譚撰　（清）王仁俊輯
　　　玉函山房輯佚書續編·子編儒家類
典語一卷
　　（吳）陸景撰　（清）嚴可均輯
　　　適園叢書第五集
典語一卷
　　（吳）陸景撰　（清）馬國翰輯
　　　玉函山房輯佚書（嫏嬛館本、重印本、
　　　楚南書局本）·子編儒家類

典語一卷
　　(吳)陸景撰　(清)王仁俊輯
　　　　玉函山房輯佚書續編・子編儒家類
通語一卷
　　(吳)殷基撰　(清)馬國翰輯
　　　　玉函山房輯佚書（嫏嬛館本、重印本、
　　　　楚南書局本）・子編儒家類

　　　　晉

傅子一卷
　　(晉)傅玄撰
　　　　四庫全書・子部儒家類
　　　　摛藻堂四庫全書薈要・子部
　　　　武英殿聚珍版書(武英殿木活字本、浙
　　　　江本、江西書局本、福建本、廣雅書
　　　　局本)・子部
　　　　子書百家・儒家類
　　　　百子全書・儒家類
　　　　增訂漢魏叢書(三餘堂本、大通書局石
　　　　印本)・子餘
　　　　子書四十八種
傅子一卷補遺一卷
　　　　反約篇
傅子
　　　　說郛(商務印書館本)卷六・讀子隨識
傅子三卷
　　(晉)傅玄撰　(清)錢熙祚輯
　　　　指海(道光本、景道光本)第十七集
傅子五卷
　　(晉)傅玄撰　(清)嚴可均輯　(清)孫星華
　　重輯
　　　　武英殿聚珍版書（福建本、廣雅書局
　　　　本）・子部
　　　　叢書集成初編・哲學類
傅子二卷附錄一卷
　　(晉)傅玄撰　(清)錢保塘輯
　　　　清風室叢書
傅子五卷
　　(晉)傅玄撰　(清)傅以禮輯
　　　　傅氏家書
傅子一卷
　　(晉)傅玄撰　(清)王仁俊輯
　　　　玉函山房輯佚書續編・子編道家類
傅子三卷附訂譌一卷
　　(晉)傅玄撰　(民國)葉德輝輯併撰訂譌
　　　　觀古堂所著書(光緒本、民國重編本)
　　　　第二集
　　　　郋園先生全書

傅子一卷方本傅子校勘記一卷
　　(晉)傅玄撰　(民國)張鵬一輯　校勘記郭
　　毓璋撰
　　　　關隴叢書・北地傅氏遺書
傅子校補一卷
　　(民國)張鵬一輯
　　　　關隴叢書・北地傅氏遺書
袁子正書一卷
　　(晉)袁準撰　(清)馬國翰輯
　　　　玉函山房輯佚書（嫏嬛館本、重印本、
　　　　楚南書局本）・子編儒家類
袁子正書一卷
　　(晉)袁準撰　(清)王仁俊輯
　　　　玉函山房輯佚書續編・子編儒家類
孫氏成敗志一卷
　　(晉)孫毓撰　(清)馬國翰輯
　　　　玉函山房輯佚書（嫏嬛館本、重印本、
　　　　楚南書局本）・子編儒家類
孫氏成敗志一卷
　　(晉)孫毓撰　(清)王仁俊輯
　　　　玉函山房輯佚書續編・子編儒家類
夏侯子新論一卷
　　(晉)夏侯湛撰　(清)馬國翰輯
　　　　玉函山房輯佚書（嫏嬛館本、重印本、
　　　　楚南書局本）・子編儒家類
夏侯子新論一卷
　　(晉)夏侯湛撰　(清)王仁俊輯
　　　　玉函山房輯佚書續編・子編儒家類
華氏新論一卷
　　(晉)華譚撰　(清)馬國翰輯
　　　　玉函山房輯佚書（嫏嬛館本、重印本、
　　　　楚南書局本）・子編儒家類
華氏新論一卷
　　(晉)華譚撰　(清)王仁俊輯
　　　　玉函山房輯佚書續編・子編儒家類
去伐論一卷
　　(晉)袁宏撰　(清)馬國翰輯
　　　　玉函山房輯佚書（嫏嬛館本、重印本、
　　　　楚南書局本）・子編儒家類
梅子新論一卷
　　(晉)梅□撰　(清)馬國翰輯
　　　　玉函山房輯佚書（嫏嬛館本、重印本、
　　　　楚南書局本）・子編儒家類
顧子義訓一卷
　　(晉)顧夷撰　(清)馬國翰輯
　　　　玉函山房輯佚書（嫏嬛館本、重印本、
　　　　楚南書局本）・子編儒家類
義記一卷

（晉）顧夷撰　（清）王仁俊輯
　　玉函山房輯佚書續編·子編儒家類

隋

文中子十卷
　　（隋）王通撰
　　　　六子書（許宗魯輯：樊川別業本、耶山
　　　　　精舍本）
　　　　六子全書（□□輯）
　　　　二十子
　中說二卷
　　　　廣漢魏叢書（萬曆本、嘉慶本）·子餘
　　　　增訂漢魏叢書（乾隆本、紅杏山房本、
　　　　　三餘堂本、大通書局石印本）·子餘
　　　　叢書集成初編·哲學類
　文中子中說一卷
　　　　增定漢魏六朝別解·子部
　　　　二十家子書
　　　　子書百家·儒家類
　　　　百子全書·儒家類
　文中子
　　　　說郛（商務印書館本）卷七十一
中說十卷
　　（隋）王通撰　（宋）阮逸注
　　　　纂圖互注五子
　　　　六子全書（顧春輯：世德堂本、景世德
　　　　　堂本、桐陰書屋本）
　　　　四庫全書·子部儒家類
　　　　摛藻堂四庫全書薈要·子部
　　　　十子全書
　　　　貴陽陳氏所刊書
　　　　四部叢刊（初次印本、二次印本、縮印
　　　　　二次印本）·子部
　　　　續古逸叢書
　　　　四部備要（排印本、縮印本）·子部儒
　　　　　家
　文中子中說十卷
　　　　二十二子
　　　　二十五子彙函
　　　　子書二十二種
　　　　子書二十八種
　　　　子書四十八種
文中子
　　（隋）王通撰　（明）歸有光輯評
　　　　諸子彙函
文中子一卷
　　（隋）王通撰　（明）焦竑注釋　（明）翁正春
　　　評林
　　　　注釋九子全書

讀文中子一卷
　　（清）俞樾撰
　　　　春在堂全書·曲園雜纂
文中子平議補錄
　　（清）俞樾撰
　　　　諸子平議補錄（李念劬堂本、中華書局
　　　　　排印本）

唐

千秋金鑑五卷
　　（唐）張九齡撰
　　　　四部備要（排印本、縮印本）·集部唐
　　　　　別集·唐丞相曲江張文獻公集附
續孟子二卷
　　（唐）林慎思撰
　　　　四庫全書·子部儒家類
　　　　知不足齋叢書（乾隆至道光本、景乾隆
　　　　　至道光本）第十集
　　　　函海（乾隆本、道光本）第三函
　　　　子書百家·儒家類
　　　　百子全書·儒家類
　　　　函海（光緒本）第三函
　　　　子書四十八種
伸蒙子三卷
　　（唐）林慎思撰
　　　　四庫全書·子部儒家類
　　　　知不足齋叢書（乾隆至道光本、景乾隆
　　　　　至道光本）第十集
　　　　函海（乾隆本、道光本）第三函
　　　　藝海珠塵竹集（丁集）
　　　　子書百家·儒家類
　　　　百子全書·儒家類
　　　　函海（光緒本）第三函
　　　　子書四十八種
　　　　叢書集成初編·哲學類
素履子三卷
　　（唐）張弧撰
　　　　道藏（正統本、景正統本）·太玄部
　　　　范氏奇書
　　　　四庫全書·子部儒家類
　　　　函海（乾隆本、道光本）第一函
　　　　廿二子全書
　　　　子書百家·儒家類
　　　　百子全書·儒家類
　　　　函海（光緒本）第三函
　　　　子書四十八種
　　　　道藏舉要第五類
　　　　叢書集成初編·哲學類
素履子三卷

　　　　藝海珠塵土集（己集）
　　素履子二卷
　　　　養素軒叢錄第三集

宋

儒志編一卷
　　（宋）王開祖撰
　　　　四庫全書・子部儒家類
　　　　永嘉詩人祠堂叢刻
節孝語錄一卷
　　（宋）徐積撰
　　　　四庫全書・子部儒家類
　節孝先生語錄一卷事實一卷
　　　　楚州叢書第一集・節孝先生集附
愚書一卷
　　（宋）唐仲友撰
　　　　金華唐氏遺書
　　　　續金華叢書・集部・金華唐氏遺書
大學衍義四十三卷
　　（宋）眞德秀撰
　　　　眞西山全集
　　　　四庫全書・子部儒家類
　　　　摛藻堂四庫全書薈要・經部
　　　　西京清麓叢書續編
大學衍義輯要六卷
　　（清）陳弘謀輯
　　　　培遠堂全集
大學衍義補一百六十卷
　　（明）丘濬撰
　　　　四庫全書・子部儒家類
　　　　摛藻堂四庫全書薈要・經部
大學衍義補輯要十二卷
　　（清）陳弘謀輯
　　　　培遠堂全集
研幾集略三卷
　　（明）丘濬纂補　（明）葉廷秀點增
　　　　葉潤山輯著全書
翠微先生北征錄十二卷
　　（宋）華岳撰
　　　　貴池先哲遺書
西疇老人常言一卷
　　（宋）何坦撰
　　　　百川學海（咸淳本、景刊咸淳本）癸集
　　　　百川學海（弘治本、景刊咸淳本據弘治
　　　　　目次編印本、景弘治本）戊集
　　　　百川學海（重輯本）丁集
　　　　說郛（宛委山堂本）弓八
　　　　叢書集成初編・總類

西疇常言
　　　　說郛（商務印書館本）卷七十九

元

治世龜鑑一卷
　　（元）蘇天爵撰
　　　　四庫全書・子部儒家類
　　　　瓶華書屋叢書

明

侯城雜誡一卷
　　（明）方孝孺撰
　　　　百陵學山
　　　　說郛續弓四
　　　　學海類編（道光本、景道光本）・子類
　　　　叢書集成初編・哲學類
　　　　景印元明善本叢書十種・百陵學山
八士辯一卷
　　（明）董傑撰
　　　　涇川叢書（道光本、景道光本）
聞見漫錄二卷
　　（明）陳槐撰
　　　　四明叢書第四集
仕意篇一卷
　　（明）黄省曾撰
　　　　百陵學山
　　　　景印元明善本叢書十種・百陵學山
世緯一卷
　　（明）袁衮撰
　　　　四庫全書・子部儒家類
　世緯二卷附錄一卷
　　　　知不足齋叢書（乾隆至道光本、景乾隆
　　　　　至道光本）第十五集
　　　　叢書集成初編・社會科學類
海石子一卷
　　（明）錢薇撰
　　　　百陵學山
　　　　景印元明善本叢書十種・百陵學山
　海石子內篇一卷外篇一卷
　　　　鹽邑志林
　　　　叢書集成初編・哲學類
　　　　景印元明善本叢書十種・鹽邑志林
弘道錄五十六卷
　　（明）邵經邦撰
　　　　續道藏（萬曆本、景萬曆本）
治安要議六卷
　　（明）陳建撰
　　　　聚德堂叢書

政問錄一卷
　　(明)唐樞撰
　　　　木鐘臺全集雜集
列流測一卷
　　(明)唐樞撰
　　　　木鐘臺全集雜集
偶客談一卷
　　(明)唐樞撰
　　　　木鐘臺全集雜集
質言七卷
　　(明)馮柯撰
　　　　四明叢書第六集
求志編一卷
　　(明)王文祿撰
　　　　百陵學山
　　　　說郛續弓三
　　　　叢書集成初編・社會科學類
　　　　景印元明善本叢書十種・百陵學山
策樞五卷
　　(明)王文祿撰
　　　　百陵學山
　　　　叢書集成初編・社會科學類
　　　　景印元明善本叢書十種・百陵學山
泰熙錄一卷
　　(明)王文祿撰
　　　　百陵學山
　　　　叢書集成初編・社會科學類
　　　　景印元明善本叢書十種・百陵學山
書牘二卷
　　(明)王文祿撰
　　　　百陵學山
　　　　叢書集成初編・社會科學類
　　　　景印元明善本叢書十種・百陵學山
九十九籌十卷
　　(明)顏季亨撰
　　　　玄賞堂叢書
幾亭政書二十卷
　　(明)陳龍正撰
　　　　幾亭全書
昭代經濟言十四卷
　　(明)陳子壯輯
　　　　嶺南遺書第三集
　　　　叢書集成初編・社會科學類
無黨論一卷
　　　　葉潤山輯著全書
衡門芹一卷
　　(明)辛全撰
　　　　西京清麓叢書外編・蒙養書十三種

清

嚮言一卷
　　(清)方以智撰
　　　　桐城方氏七代遺書
繹志十九卷附劄記一卷
　　(清)胡承諾撰
　　　　湖北叢書
　　　　叢書集成初編・哲學類
讀書說四卷
　　(清)胡承諾撰
　　　　湖北叢書
　　　　叢書集成初編・哲學類
明夷待訪錄一卷
　　(清)黃宗羲撰
　　　　指海(道光本、景道光本)第十二集
　　　　海山仙館叢書
　　　　小石山房叢書第五冊
　　　　海粟樓叢書
　　　　鐵香室叢刻初集
　　　　黃黎洲遺書
　　　　黎洲遺著彙刊
　　　　叢書集成初編・社會科學類
　　　　四部備要(排印本、縮印本)・子部儒
　　　　　家
破邪論一卷
　　(清)黃宗羲撰
　　　　昭代叢書(道光本)已集廣編
　　　　黎洲遺著彙刊
七怪一卷
　　(清)黃宗羲撰
　　　　檀几叢書二集第二帙
甲申臆議一卷
　　(清)陸世儀撰
　　　　陸桴亭先生遺書
噩夢一卷
　　(清)王夫之撰
　　　　海粟樓叢書
　　　　船山遺書(同治本、民國本)
　　　　王船山先生四種
　　　　寶墨齋叢書
黃書一卷
　　(清)王夫之撰
　　　　海粟樓叢書
　　　　船山遺書(同治本、民國本)
　　　　王船山先生四種
　　　　寶墨齋叢書
弘道書三卷

（清）費密撰
　　怡蘭堂叢書·費氏遺書三種
　　渭南嚴氏孝義家塾叢書·費氏遺書三
　　種

辨聖學非道學文一卷
（清）毛奇齡撰
　　西河合集（康熙本、乾隆修補本）·文
　　集

山野窘言一卷
（清）原良撰
　　三山存業十編

山林經濟策
（清）陸次雲撰
　　樿几叢書餘集

山林經濟策一卷
　　古今說部叢書一集

環書一卷
（清）方殿元撰
　　昭代叢書（道光本）丁集新編

存治編一卷
（清）顏元撰
　　畿輔叢書·顏習齋遺書·四存編
　　顏李叢書·四存編
　　叢書集成初編·社會科學類

資政要覽三卷後序一卷
清世祖撰
　　四庫全書·子部儒家類
　　摛藻堂四庫全書薈要·子部

擬太平策七卷
（清）李塨撰
　　畿輔叢書·李恕谷遺書
　　顏李叢書
　　叢書集成初編·社會科學類

平書訂十四卷
（清）李塨撰
　　畿輔叢書·李恕谷遺書
　　顏李叢書
　　叢書集成初編·社會科學類

瘳忘編一卷
（清）李塨撰
　　顏李叢書

策略六卷
（清）汪紱撰
　　汪雙池先生叢書

圖民錄四卷
（清）袁守定撰
　　吉林探源書舫叢書初編

治平大略四卷

（清）張秉直撰
　　西京清麓叢書續編

御覽經史講義三十卷首一卷
（清）蔣溥等輯
　　四庫全書·子部儒家類
　　摛藻堂四庫全書薈要·集部

供冀小言一卷
（清）林伯桐撰
　　脩本堂叢書
　　學海堂叢刻第一函

齊民四術農三卷禮三卷刑二卷兵四卷
（清）包世臣撰
　　安吳四種（道光木活字本、咸豐本、同
　　治本）

經世文選要八卷
（清）李元春評輯
　　桐閣全書

芻蕘私語一卷
（清）李元春撰
　　桐閣全書·桐窗雜著

經世文粹八卷續編八卷
（清）賀長齡輯　續（清）盛康輯　（清）俞壽
滄節錄
　　周氏師古堂所編書

來復堂私說二卷
（清）丁大椿撰
　　來復堂全書

立本趣時說一卷
（清）方潛撰
　　毋不敬齋全書

胡林翼語錄八卷通論一卷
（清）胡林翼撰　崔龍輯
　　胡林翼全集

借箸錄三卷
（清）龔禮撰
　　橙園四種

春塘芻論二卷
（清）孫鼎臣撰
　　蒼茛集

治安八議一卷
（清）王韜輯
　　弢園叢書

籌洋芻議一卷
（清）薛福成撰
　　庸庵全集
　　鐵香室叢刻初集

時學正衡一卷
（清）雷廷珍撰

叢書集成初編·哲學類	成氏遺書
太極圖說二卷	濂溪通書一卷
（宋）周敦頤撰	（宋）周敦頤撰
周子全書	諸儒鳴道
太極圖說一卷	通書一卷
吉林探源書舫叢書初編·性理易讀	吉林探源書舫叢書初編·性理易讀
太極圖說一卷	周子通書一卷
（宋）周敦頤撰　（民國）周馥節錄	四部備要（排印本、縮印本）·子部儒
周氏師古堂所編書·宋五子節要	家
太極圖解一卷	通書四卷
（宋）周敦頤撰　（宋）朱熹注	周子全書
朱子三書	通書解一卷
李文貞公全集	（宋）朱熹撰
太極圖說一卷	朱子三書
重刊道藏輯要星集	通書一卷
太極圖說發明四卷	（宋）周敦頤撰　（宋）朱熹注
（宋）周敦頤撰	李文貞公全集
周子全書	重刊道藏輯要星集
太極圖說通書發明六卷	通書述解一卷
（宋）周敦頤撰	（明）曹端撰
周子全書	四庫全書·子部儒家類
太極圖說述解一卷	復性書院叢刊·儒林典要第一輯
（明）曹端撰	通書述解二卷
四庫全書·子部儒家類	曹月川先生遺書
曹月川先生遺書	通書繹義一卷
復性書院叢刊·儒林典要第一輯	（明）舒芬撰
太極繹義一卷	梓溪文鈔·內集
（明）舒芬撰	榕村通書篇一卷
梓溪文鈔·內集	（清）李光地撰
太極後圖說一卷	四部備要（排印本、縮印本）·子部儒
（明）左輔撰	家
涇川叢書（道光本、景道光本）	周子通書講義一卷
太極枝辭一卷	（清）方宗誠撰
（明）唐樞撰	柏堂遺書
木鐘臺全集初集	周子全書四卷
太極圖說遺議一卷	（宋）周敦頤撰
（清）毛奇齡撰	西京清麓叢書正編
西河合集（康熙本、乾隆修補本）·經	周子抄釋三卷
集	（明）呂柟撰
太極明辯三卷	宋四子抄釋
（清）高奣映撰	四庫全書·子部儒家類
雲南叢書二編·經部	惜陰軒叢書（道光本、光緒本）第六函
太極圖集解一卷	·宋四子抄釋
（清）王建常撰	叢書集成初編·哲學類·宋四子抄釋
西京清麓叢書續編·養正叢編	周子書注劄記一卷
劉氏傳經堂叢書	（清）方潛撰
太極衍義一卷	毋不敬齋全書
（清）成蓉鏡撰	周子大義二卷

唐文治撰
　性理學大義
西銘一卷
　(宋)張載撰　　(宋)朱熹注
　　朱文端公藏書(康熙至乾隆本、光緒本)・張子全書
　　李文貞公全集
　　張子全書(嘉慶本、光緒本)
　　西京清麓叢書正編・張子全書
　　洪氏唐石經館叢書・張子全書
　　吉林探源書舫叢書初編・性理易讀
　　四部備要(排印本、縮印本)・子部儒家・張子全書
　西銘解一卷
　　(宋)朱熹撰
　　　朱子三書
西銘述解一卷
　　(明)曹端撰
　　　四庫全書・子部儒家類
　　　曹月川先生遺書
　　　復性書院叢刊・儒林典要第一輯
西銘講義一卷
　　(清)羅澤南撰
　　　羅忠節公遺集
　　　西京清麓叢書續編・養正叢編
東銘一卷
　　(宋)張載撰
　　　張子全書(嘉慶本、光緒本)
橫渠正蒙八卷
　　(宋)張載撰
　　　諸儒鳴道
　正蒙一卷
　　　吉林探源書舫叢書初編・性理易讀
正蒙二卷
　　(宋)張載撰　　(宋)朱熹注
　　　朱文端公藏書(康熙至乾隆本、光緒本)・張子全書
　　　張子全書(嘉慶本、光緒本)
　　　西京清麓叢書正編・張子全書
　　　洪氏唐石經館叢書・張子全書
　　　四部備要(排印本、縮印本)・子部儒家・張子全書
正蒙會稿四卷
　　(明)劉璣撰
　　　惜陰軒叢書(道光本、光緒本)第五函
　　　叢書集成初編・哲學類
張子正蒙注九卷
　　(清)王夫之撰

船山遺書(同治本、民國本)
正蒙註二卷
　　(清)李光地撰
　　　李文貞公全集
　　　榕村全書
　註解正蒙二卷
　　　四庫全書・子部儒家類
　正蒙注解二卷
　　　復性書院叢刊・儒林典要第一輯
正蒙初義十七卷
　　(清)王植撰
　　　四庫全書・子部儒家類
正蒙集說十七卷
　　(清)楊方達撰
　　　楊符蒼七種
正蒙分目解按一卷
　　(清)方潛撰
　　　毋不敬齋全書
張子全書拾遺一卷
　　(宋)張載撰
　　　朱文端公藏書(康熙至乾隆本、光緒本)・張子全書
　　　張子全書(嘉慶本、光緒本)
　　　西京清麓叢書正編・張子全書
　　　洪氏唐石經館叢書・張子全書
　　　四部備要(排印本、縮印本)・子部儒家・張子全書
張子全書附錄一卷
　　(宋)張載撰
　　　朱文端公藏書(康熙至乾隆本、光緒本)・張子全書
　　　張子全書(嘉慶本、光緒本)
　　　西京清麓叢書正編・張子全書
　　　洪氏唐石經館叢書・張子全書
　　　四部備要(排印本、縮印本)・子部儒家・張子全書
橫渠經學理窟五卷
　　(宋)張載撰
　　　諸儒鳴道
　經學理窟五卷
　　　朱文端公藏書(康熙至乾隆本、光緒本)・張子全書
　　　張子全書(嘉慶本、光緒本)
　　　西京清麓叢書正編・張子全書
　　　洪氏唐石經館叢書・張子全書
　　　四部備要(排印本、縮印本)・子部儒家・張子全書
橫渠語錄三卷

(宋)張載撰
　　　諸儒鳴道

張子語錄三卷後錄二卷
　　　續古逸叢書

張子語錄三卷後錄二卷附校勘記一卷
　　(宋)張載撰　校勘記張元濟撰
　　　四部叢刊續編·子部

語錄抄一卷
　　(宋)張載撰
　　　朱文端公藏書(康熙至乾隆本、光緒
　　　　本)·張子全書
　　　張子全書(嘉慶本、光緒本)
　　　西京清麓叢書正編·張子全書
　　　洪氏唐石經館叢書·張子全書
　　　四部備要(排印本、縮印本)·子部儒
　　　　家·張子全書

事天謨一卷
　　(宋)張載撰
　　　留餘草堂叢書

橫渠張子抄釋六卷
　　(明)呂柟撰
　　　宋四子抄釋

張子抄釋六卷
　　　四庫全書·子部儒家類
　　　惜陰軒叢書(道光本、光緒本)第六函
　　　　·宋四子抄釋
　　　叢書集成初編·哲學類·宋四子抄釋

張橫渠文集一卷
　　(宋)張載撰　(民國)周馥節錄
　　　周氏師古堂所編書·宋五子節要

橫渠子
　　(宋)張載撰　(明)歸有光輯評
　　　諸子彙函

張子釋要三卷
　　(清)李元春撰
　　　桐閣全書·關中道脈四種書

張子大義四卷
　　　唐文治撰
　　　性理學大義

論定性書一卷
　　(宋)程顥撰
　　　李文貞公全集

顏子所好何學論一卷
　　(宋)程頤撰
　　　李文貞公全集

錄二程先生語一卷
　　(宋)游酢輯
　　　游定夫先生集

河南程氏粹言二卷
　　(宋)楊時輯
　　　河南程氏全書(成化本、萬曆本、康熙
　　　　本)
　　　洪氏唐石經館叢書·河南程氏全書

二程粹言二卷
　　　四庫全書·子部儒家類
　　　西京清麓叢書正編·二程全書
　　　正誼堂全書
　　　叢書集成初編·哲學類
　　　四部備要(排印本、縮印本)·子部儒
　　　　家·二程全書

河南程氏遺書二十五卷附錄一卷
　　(宋)程顥(宋)程頤撰　(宋)朱熹輯
　　　河南程氏全書(成化本、萬曆本、康熙
　　　　本)
　　　西京清麓叢書正編·二程全書
　　　洪氏唐石經館叢書·河南程氏全書
　　　四部備要(排印本、縮印本)·子部儒
　　　　家·二程全書

二程遺書二十五卷附錄一卷
　　　四庫全書·子部儒家類

河南程氏外書十二卷
　　(宋)程顥(宋)程頤撰　(宋)朱熹輯
　　　河南程氏全書(成化本、萬曆本、康熙
　　　　本)
　　　西京清麓叢書正編·二程全書
　　　洪氏唐石經館叢書·河南程氏全書
　　　四部備要(排印本、縮印本)·子部儒
　　　　家·二程全書

二程外書十二卷
　　　四庫全書·子部儒家類

二程語錄二十七卷
　　(宋)程顥(宋)程頤撰
　　　諸儒鳴道

二程語錄十八卷
　　(宋)朱熹輯
　　　正誼堂全書
　　　叢書集成初編·哲學類

二程語錄二卷文集一卷
　　(宋)程顥(宋)程頤撰　(民國)周馥節錄
　　　周氏師古堂所編書·宋五子節要

程志十卷
　　(明)崔銑撰
　　　崔洹野集

二程子抄釋十卷
　　(明)呂柟撰
　　　宋四子抄釋

四庫全書・子部儒家類
　　惜陰軒叢書（道光本、光緒本）第六函
　　・宋四子抄釋
　　叢書集成初編・哲學類・宋四子抄釋

程子節錄四卷文集抄一卷
　　（明）高攀龍撰
　　高子全書

二程子遺書纂二卷外書纂一卷
　　（清）李光地輯
　　李文貞公全集
　　榕村全書

二程子大義二卷
　　唐文治撰
　　性理學大義

洛學傳授大義一卷
　　唐文治撰
　　性理學大義

周程張子合鈔一卷
　　（清）潘世璜輯
　　不遠復齋遺書（道光本、光緒本）

劉先生譚錄一卷
　　（宋）劉安世撰
　　諸儒鳴道

劉先生道護錄一卷
　　（宋）劉安世撰
　　諸儒鳴道

上蔡語錄一卷
　　（宋）謝良佐撰　（宋）曾恬輯
　　羅卷彙編

上蔡先生語錄三卷
　　（宋）謝良佐撰　（宋）朱熹輯
　　諸儒鳴道
　　朱子遺書
　　西京清麓叢書正編・朱子遺書重刻合
　　編
　　正誼堂全書
　　叢書集成初編・哲學類

上蔡語錄三卷
　　四庫全書・子部儒家類

上蔡語錄三卷校記一卷
　　（宋）謝良佐撰　（宋）朱熹輯　校記張立民
　　劉錫碬撰
　　復性書院叢刊・儒林典要第一輯

龜山語錄四卷
　　（宋）楊時撰
　　諸儒鳴道

龜山先生語錄四卷後錄二卷
　　續古逸叢書

龜山先生語錄四卷後錄二卷附校勘記一卷
　　（宋）楊時撰　校勘記張元濟撰
　　四部叢刊續編・子部

儒言一卷
　　（宋）晁說之撰
　　四庫全書・子部儒家類

晁氏儒言一卷
　　學海類編（道光本、景道光本）・子類
　　叢書集成初編・哲學類

省心雜言一卷
　　（宋）李邦獻撰
　　四庫全書・子部儒家類
　　函海（乾隆本、道光本）第九函
　　函海（光緒本）第十一函

劉屏山先生聖傳論一卷
　　（宋）劉子翬撰
　　南園叢書

知言六卷附錄一卷
　　（宋）胡宏撰
　　四庫全書・子部儒家類

胡子知言六卷疑義一卷附錄一卷
　　粵雅堂叢書初編第十集
　　子書百家・儒家類
　　百子全書・儒家類
　　復性書院叢刊・儒林典要第一輯

性理吟一卷
　　（宋）朱熹撰
　　西堂全集（康熙本）・西堂餘集
　　槐軒全書附

性理吟二卷
　　兩宋名賢小集

續性理吟一卷
　　（清）劉鴻典撰
　　槐軒全書附

後性理吟一卷
　　（清）尤侗撰
　　西堂全集（康熙本）・西堂餘集
　　槐軒全書附

近思錄十四卷
　　（宋）朱熹（宋）呂祖謙輯
　　朱子遺書
　　四庫全書・子部儒家類
　　西京清麓叢書正編・朱子遺書重刻合
　　編
　　端溪叢書三集

近思錄十四卷附考異
　　西京清麓叢書正編

　　　　劉氏傳經堂叢書
近思錄集解十四卷
　　（宋）葉采撰
　　　　津河廣仁堂所刻書
近思錄十四卷
　　（宋）朱熹（宋）呂祖謙輯　（清）張伯行集解
　　　　正誼堂全書
　　　　叢書集成初編・哲學類
近思錄集註十四卷附說一卷
　　（清）茅星來撰
　　　　四庫全書・子部儒家類
　　　　四庫全書珍本初集・子部儒家類
近思錄集註十四卷
　　（清）江永撰
　　　　四庫全書・子部儒家類
　朱子原訂近思錄十四卷
　　（宋）朱熹（宋）呂祖謙輯　（清）江永集注
　　　　四部備要（排印本、縮印本）・子部儒
　　　　家
近思錄十四卷
　　（宋）朱熹（宋）呂祖謙輯　（清）江永集注
　　（民國）周學熙節錄
　　　　周氏師古堂所編書・古訓粹編
讀近思錄一卷
　　（清）汪紱撰
　　　　汪雙池先生叢書・浙刻雙池遺書十二
　　　　種
近思續錄十四卷
　　（宋）蔡模輯
　　　　西京清麓叢書續編
延平李先生師弟子答問一卷後錄一卷
　　（宋）朱熹輯
　　　　朱子遺書
　　　　西京清麓叢書正編・朱子遺書重刻合
　　　　編
　延平答問一卷附錄一卷
　　　　四庫全書・子部儒家類
　延平答問一卷後錄一卷補錄一卷
　　　　復性書院叢刊・儒林典要第一輯
雜學辨一卷附錄一卷
　　（宋）朱熹撰
　　　　朱子遺書
　　　　四庫全書・子部儒家類
　　　　西京清麓叢書正編・朱子遺書重刻合
　　　　編
御纂朱子全書六十六卷
　　（宋）朱熹撰　（清）李光地等輯
　　　　古香齋袖珍十種（內府本、南海孔氏

　　　　本）
　　　　四庫全書・子部儒家類
　　　　摛藻堂四庫全書薈要・子部
朱子五書二卷
　　（宋）朱熹撰
　　　　西京清麓叢書正編
朱子書三卷首一卷
　　（宋）朱熹撰
　　　　聖門十六子書
經濟文衡前集二十五卷後集二十五卷續
　集二十二卷
　　（宋）朱熹撰　（宋）滕珙輯
　　　　四庫全書・子部儒家類
朱子語類一百四十卷
　　（宋）朱熹撰　（宋）黎靖德輯
　　　　四庫全書・子部儒家類
朱子語類一百四十卷附正譌一卷記疑一
　卷
　　（宋）朱熹撰　（宋）黎靖德輯　附（清）賀瑞
　　麟輯
　　　　西京清麓叢書正編
　　　　劉氏傳經堂叢書
朱子語類一卷文集二卷
　　（宋）朱熹撰　（民國）周馥節錄
　　　　周氏師古堂所編書・宋五子節要
朱子語類評一卷
　　（清）顏元撰
　　　　顏李叢書
朱子語類纂十三卷
　　（宋）朱熹撰　（清）王鉞輯
　　　　世德堂遺書
朱子語類四纂五卷
　　（宋）朱熹撰　（清）李光地輯
　　　　李文貞公全集
　　　　榕村全書
朱子語類輯略八卷
　　（清）張伯行輯
　　　　正誼堂全書
　　　　叢書集成初編・哲學類
朱子語類日鈔五卷
　　（清）陳澧輯
　　　　廣雅書局叢書・雜著
　　　　有諸己齋格言叢書
朱子語類日鈔一卷
　　（清）陳澧輯　（民國）周學熙選
　　　　周氏師古堂所編書・中學正宗
朱子學的二卷
　　（明）丘濬輯

正誼堂全書
　　叢書集成初編·哲學類
朱子抄釋二卷
　　(明)呂柟撰
　　　　宋四子抄釋
　　　　四庫全書·子部儒家類
　　　　惜陰軒叢書(道光本、光緒本)第六函
　　　　　·宋四子抄釋
　　　　叢書集成初編·哲學類·宋四子抄釋
朱子節要十四卷
　　(明)高攀龍撰
　　　　高子全書
抄朱子劄言四卷
　　(明)葉廷秀纂評
　　　　葉潤山輯著全書
朱子節要鈔六卷
　　(清)潘世璜輯
　　　　不遠復齋遺書(道光本、光緒本)
讀朱隨筆四卷
　　(清)陸隴其撰
　　　　四庫全書·子部儒家類
　　　　正誼堂全書
　　　　陸子全書
朱子學歸二十三卷
　　(清)鄭端輯
　　　　畿輔叢書
　　　　叢書集成初編·哲學類
考亭遺矩一卷
　　(清)謝丕振撰
　　　　青雲洞遺書初刻
朱子遺書重刻記疑一卷
　　(清)賀瑞麟撰
　　　　西京清麓叢書正編·朱子遺書重刻合
　　　　編
朱子大義八卷
　　唐文治撰
　　　　性理學大義
程朱粹言一卷
　　　　吉林探源書舫叢書初編·性理易讀
明本釋三卷
　　(宋)劉荀撰
　　　　四庫全書·子部儒家類
　　　　武英殿聚珍版書(武英殿木活字本、浙
　　　　江本、江西書局本、福建本、廣雅書
　　　　局本)·子部
　　　　畿輔叢書
　　　　清芬堂叢書·子部
　　　　叢書集成初編·哲學類

　　　　復性書院叢刊·儒林典要第一輯
聖門事業圖一卷
　　(宋)李元綱撰
　　　　百川學海(咸淳本、景刊咸淳本)丙集
　　　　百川學海(弘治本、景刊咸淳本據弘治
　　　　目次編印本、景弘治本)甲集
　　　　百川學海(重輯本)甲集
　　　　說郛(宛委山堂本)弓六
麗澤論說集錄十卷
　　(宋)呂祖謙撰　(宋)呂喬年輯
　　　　四庫全書·子部儒家類
　　　　續金華叢書·子部
金華呂東萊先生正學編一卷
　　(宋)呂祖謙撰　(明)趙鶴輯
　　　　牽祖堂叢書附
象山先生要語三卷
　　(宋)陸九淵撰　(明)耿定向輯
　　　　陸王二先生要語類抄
陸學訂疑一卷
　　(明)張吉撰
　　　　張古城先生文集
先聖大訓六卷
　　(宋)楊簡撰
　　　　四庫全書·子部儒家類
　　　　四明叢書第三集
　　　　復性書院叢刊·儒林典要第二輯
程蒙齋性理字訓一卷
　　(宋)程端蒙撰
　　　　西京清麓叢書續編·養蒙書九種
北溪先生講義四卷
　　(宋)陳淳撰
　　　　北溪先生全集(乾隆本、光緒本)
北溪先生書問四卷
　　(宋)陳淳撰
　　　　北溪先生全集(乾隆本、光緒本)
北溪先生答問八卷
　　(宋)陳淳撰
　　　　北溪先生全集(乾隆本、光緒本)
北溪字義二卷補遺一卷
　　(宋)陳淳撰
　　　　四庫全書·子部儒家類
　　　　惜陰軒叢書(道光本、光緒本)第五函
　　　　西京清麓叢書正編
　　　　吉林探源書舫叢書初編
　　　　叢書集成初編·哲學類
北溪先生字義二卷補遺一卷
　　　　津河廣仁堂所刻書
北溪先生字義二卷

北溪先生全集(乾隆本、光緒本)

北溪先生四書字義二卷首一卷附錄一卷

明辨齋叢書外集

嚴陵講義一卷

(宋)陳淳撰

四庫全書·子部儒家類·北溪字義附
惜陰軒叢書(道光本、光緒本)第五函
記過齋藏書·記過齋叢書
明辨齋叢書外集·北溪先生四書字義
　　附
西京清麓叢書正編
津河廣仁堂所刻書
吉林探源書舫叢書初編·北溪字義附
叢書集成初編·哲學類·北溪字義附

道學二辨一卷

(宋)陳淳撰

明辨齋叢書外集·北溪先生四書字義
　　附

準齋雜記二卷

(宋)吳如愚撰

四庫全書·子部儒家類

準齋雜說二卷

墨海金壺(嘉慶本、景嘉慶本)·子部
珠叢別錄(道光本、景道光本)
叢書集成初編·哲學類

準齋雜說二卷附錄一卷

武林往哲遺箸

至書一卷

(宋)蔡沈撰

十萬卷樓叢書三編
叢書集成初編·哲學類

木鐘集十一卷

(宋)陳埴撰

四庫全書·子部儒家類

西山先生眞文忠公讀書記四十卷

(宋)眞德秀撰

眞西山全集

讀書記六十一卷

四庫全書·子部儒家類

眞文忠公心經一卷

(宋)眞德秀撰

眞西山全集
西京清麓叢書續編

心經一卷

四庫全書·子部儒家類

性理羣書句解二十三卷

(宋)熊節輯　(宋)熊綱大注

四庫全書·子部儒家類

金華何北山先生正學編一卷

(宋)何基撰　(明)趙鶴輯

牽祖堂叢書附

研幾圖一卷

(宋)王柏撰

金華叢書(民國補刊本)·子部
叢書集成初編·哲學類

金華王魯齋先生傳集二卷

(宋)王柏撰　(明)趙鶴輯

牽祖堂叢書附

程氏性理字訓一卷

(宋)程若庸撰

津河廣仁堂所刻書

性理字訓一卷

小四書

理學簡言一卷

(宋)區仕衡撰

嶺南遺書第二集

讀書錄存遺一卷

(宋)潘晉撰

學海類編(道光本、景道光本)·子類
薛玉閣五種

崇安聖傳論二卷

諸儒鳴道

安正忘筌集十卷

諸儒鳴道

江民表心性說一卷

諸儒鳴道

宋學商求一卷

(明)唐樞撰

木鐘臺全集初集

濂洛關閩書十九卷

(清)張伯行輯幷注

正誼堂全書
叢書集成初編·哲學類

元

許文正公語錄二卷

(元)許衡撰

許文正公遺書
西京清麓叢書正編·許文正公遺書
洪氏唐石經館叢書·許文正公遺書

大學要略

(元)許衡撰

許文正公遺書
西京清麓叢書正編·許文正公遺書
洪氏唐石經館叢書·許文正公遺書

讀許魯齋心法偶記
　　(清)張履祥撰
　　　　重訂楊園先生全集
艸盧子
　　(元)吳澄撰　(明)歸有光輯評
　　　　諸子彙函
集慶路江東書院講義一卷
　　(元)程端禮撰
　　　　學海類編(道光本、景道光本)·集餘一
　　　　遯敏堂叢書
道園子
　　(元)虞集撰　(明)歸有光輯評
　　　　諸子彙函

明

理學類編八卷
　　(明)張九韶撰
　　　　四庫全書·子部儒家類
理學類編八卷附校勘記一卷
　　(明)張九韶撰　校勘記(民國)胡思敬撰
　　　　豫章叢書(胡思敬輯)
曼先生語錄一卷
　　(明)程晳撰
　　　　大亭山館叢書·子類
性理大全書七十卷
　　(明)胡廣等撰
　　　　四庫全書·子部儒家類
夜行燭一卷
　　(明)曹端撰
　　　　曹月川先生遺書
　　　　津河廣仁堂所刻書
曹月川先生錄粹一卷
　　(明)孟化鯉輯
　　　　曹月川先生遺書
曹月川先生語錄一卷
　　(明)趙邦清輯
　　　　曹月川先生遺書
薛子道論一卷
　　(明)薛瑄撰
　　　　百陵學山
　　　　叢書集成初編·哲學類
　　　　景印元明善本叢書十種·百陵學山
　　薛子道論三卷
　　　　學海類編(道光本、景道光本)·子類
　　　　子書百家·儒家類
　　　　百子全書·儒家類
　　　　叢書集成初編·哲學類
薛公讀書錄一卷

　　(明)薛瑄撰
　　　　金聲玉振集·撰述
讀書錄十一卷續錄十二卷
　　　　四庫全書·子部儒家類
　　　　西京清麓叢書正編
薛文清公讀書錄八卷
　　　　記過齋藏書·記過齋叢書
　　　　正誼堂全書
　　　　叢書集成初編·哲學類
薛文清公讀書錄鈔四卷
　　(明)薛瑄撰　(清)陸緯輯
　　　　嘯園叢書第二函
薛文清公讀書錄鈔一卷讀書續錄鈔一卷
　　(明)薛瑄撰　(清)紀大奎輯
　　　　紀慎齋先生全集
薛子讀書錄鈔四卷
　　(明)薛瑄撰　(清)潘世璜輯
　　　　不遠復齋遺書(道光本、光緒本)
讀讀書錄二卷
　　(清)汪紱撰
　　　　汪雙池先生叢書
白沙要語一卷
　　(明)陳獻章撰
　　　　百陵學山
　　　　景印元明善本叢書十種·百陵學山
　白沙語要一卷
　　　　學海類編(道光本、景道光本)·子類
　　　　嶺南遺書第二集
　　　　叢書集成初編·哲學類
白沙先生語錄二卷
　　(明)陳獻章撰　(明)楊起元輯
　　　　楊貞復六種
居業錄八卷
　　(明)胡居仁撰
　　　　四庫全書·子部儒家類
　　　　正誼堂全書
　　　　叢書集成初編·哲學類
胡敬齋先生居業錄四卷
　　　　西京清麓叢書正編
胡敬齋先生居業錄十二卷
　　　　洪氏唐石經館叢書
思菴野錄三卷
　　(明)薛敬之撰
　　　　關中叢書第四集
楓山語錄一卷
　　(明)章懋撰
　　　　四庫全書·子部儒家類
　　　　借月山房彙鈔(嘉慶本、景嘉慶本)第

十一集
指海(道光本、景道光本)第六集
澤古齋重鈔第九集
楓山章先生語錄一卷附考異一卷
　　(明)章懋撰　考異(清)胡鳳丹撰
　　　金華叢書(同治光緒本、民國補刊本)
　　　・子部
　　　叢書集成初編・哲學類
金華章楓山先生正學編一卷
　　(明)章懋撰　(明)趙鶴輯
　　　牽祖堂叢書附
豫章語錄一卷
　　(明)雷獅撰
　　　雷刻八種續刻
南山素言一卷
　　(明)潘府撰
　　　今獻彙言
　　　說郛續弓四
　　　景印元明善本叢書十種・今獻彙言
東溪日談錄十八卷
　　(明)周琦撰
　　　四庫全書・子部儒家類
羅整庵先生困知記一卷
　　(明)羅欽順撰
　　　六子書(于孔兼輯)
　困知記一卷
　　　葉潤山輯著全書
　困知記二卷續記二卷附錄一卷
　　　四庫全書・子部儒家類
　困知記二卷續二卷三續一卷四續一卷
　續補一卷外編一卷附錄一卷
　　　申報館叢書餘集
羅整庵先生困知記四卷
　　　正誼堂全書
　困知記四卷
　　　叢書集成初編・哲學類
讀困知記三卷
　　(清)汪紱撰
　　　汪雙池先生叢書・浙刻雙池遺書十二
　　　種
新論一卷
　　(明)湛若水撰
　　　百陵學山
　　　景印元明善本叢書十種・百陵學山
　甘泉新論一卷
　　　學海類編(道光本、景道光本)・子類
　　　嶺南遺書第二集
格物通一百卷

(明)湛若水撰
　　四庫全書・子部儒家類
聖學格物通一百卷
　　甘泉全集
閑闢錄十卷
　　(明)程瞳輯
　　　西京清麓叢書續編・辨學七種
傳習則言一卷
　　(明)王守仁撰
　　　百陵學山
　　　學海類編(道光本、景道光本)・子類
　　　景印元明善本叢書十種・百陵學山
陽明先生要語三卷
　　(明)王守仁撰　(明)蕭廩輯
　　　陸王二先生要語類抄
王陽明先生傳習錄五卷
　　(明)王守仁撰
　　　國粹叢書第一集
傳習錄三卷附朱子晚年定論
　　(明)王守仁撰
　　　王文成公全書(隆慶本、同治光緒本)
　　　四部叢刊(二次印本、縮印二次印本)
　　　・集部・王文成公全書
　　　四部備要(排印本、縮印本)・子部儒
　　　家・王文成公全書
理學集四卷
　　(明)王守仁撰　(明)施邦曜評輯
　　　陽明先生眞要
　理學編四卷
　　　四部叢刊(初次印本)・集部・陽明先
　　　生集要
陽明理學集三卷
　　(明)王守仁撰　(民國)周學熙節錄
　　　周氏師古堂所編書・古訓粹編
心齋約言一卷
　　(明)王艮撰
　　　學海類編(道光本、景道光本)　子類
正學編一卷
　　(明)陳琛撰
　　　今獻彙言
　　　說郛續弓一
　　　景印元明善本叢書十種・今獻彙言
讀書劄記八卷
　　(明)徐問撰
　　　四庫全書・子部儒家類
　　　得月簃叢書次刻
　　　叢書集成初編・總類
後渠子四卷

(明)崔銑撰
　　六子書(于孔兼輯)

士翼三卷
　(明)崔銑撰
　　崔洹野集

　士翼四卷
　　四庫全書・子部儒家類

松窗寤言一卷
　(明)崔銑撰
　　金聲玉振集・撰述
　　今獻彙言
　　說郛續弓三
　　借月山房彙鈔(嘉慶本、景嘉慶本)第
　　　十一集
　　澤古齋重鈔第九集
　　叢書集成初編・總類
　　景印元明善本叢書十種・今獻彙言

　松窗寤言摘錄一卷
　　紀錄彙編
　　景印元明善本叢書十種・紀錄彙編

涇野集四卷
　(明)呂柟撰
　　六子書(于孔兼輯)

涇野子內篇二十七卷
　(明)呂柟撰
　　四庫全書・子部儒家類

呂先生語錄一卷
　(明)呂柟撰　(明)葉廷秀輯評
　　葉潤山輯著全書

三近齋語錄一卷
　(明)毛憲撰　(清)謝珍錄
　　酌古準今・踵息廬稿

約言一卷
　(明)薛蕙撰
　　百陵學山
　　景印元明善本叢書十種・百陵學山
　　叢書集成初編・哲學類

　西原約言一卷
　　說郛續弓四

宵練匣一卷
　(明)朱得之撰
　　百陵學山
　　說郛續弓三
　　景印元明善本叢書十種・百陵學山

禮元剩語一卷
　(明)唐樞撰
　　百陵學山
　　木鐘臺全集初集

　　景印元明善本叢書十種・百陵學山

一菴語錄一卷
　(明)唐樞撰
　　木鐘臺全集初集

疑誼偶述一卷
　(明)唐樞撰
　　木鐘臺全集再集

酬物難一卷
　(明)唐樞撰
　　木鐘臺全集初集

積承錄一卷
　(明)唐樞撰
　　木鐘臺全集再集

因領錄一卷
　(明)唐樞撰
　　木鐘臺全集再集

六咨言一卷
　(明)唐樞撰
　　木鐘臺全集再集

病榻答言一卷
　(明)唐樞撰
　　木鐘臺全集雜集

感學篇一卷
　(明)唐樞撰
　　木鐘臺全集初集

三一測一卷
　(明)唐樞撰
　　木鐘臺全集初集

嘉禾問錄一卷
　(明)唐樞撰
　　木鐘臺全集再集

眞談一卷
　(明)唐樞撰
　　木鐘臺全集初集

景行館論一卷
　(明)唐樞撰
　　木鐘臺全集初集

一庵雜問錄一卷
　(明)唐樞撰
　　寶顏堂祕笈(萬曆本、民國石印本)彙
　　　集

洨濱語錄二十卷
　(明)蔡靉撰
　　畿輔叢書

紀述一卷
　(明)薛應旂撰
　　百陵學山
　　景印元明善本叢書十種・百陵學山

薛方山紀述一卷
　　寶顔堂祕笈（萬曆本、民國石印本）普
　　集
　　叢書集成初編・總類
照心犀一卷
　　廣快書
方山紀述一卷
　　說郛續弓四
方山紀述四卷
　　學海類編（道光本、景道光本）・子類
學則辯一卷
　　（明）徐階撰
　　四部備要（排印本、縮印本）・子部儒
　　家・陸象山先生全集附
樗菴日録一卷
　　（明）王煒撰
　　碧琳琅館叢書丙部
　　芋園叢書・子部
二谷讀書記三卷
　　（明）侯一元撰
　　學海類編（道光本、景道光本）・子類
　　叢書集成初編・哲學類
陳清瀾先生學蔀通辯十二卷
　　（明）陳建撰
　　正誼堂全書
學蔀通辯十二卷
　　西京清麓叢書續編・辨學七種
　　聚德堂叢書
　　叢書集成初編・哲學類
咸述録六卷續録四卷
　　（明）趙維新撰
　　茌邑三先生合刻
念庵子二卷
　　（明）羅洪先撰
　　六子書（于孔兼輯）
訥溪雜録三卷
　　（明）周怡撰
　　周恭節集
遵巖子二卷
　　（明）王慎中撰
　　六子書（于孔兼輯）
胡子衡齊八卷
　　（明）胡直撰
　　豫章叢書（胡思敬輯）
惜陰書院緒言一卷
　　（明）翟台撰
　　涇川叢書（道光本、景道光本）
　　叢書集成初編・哲學類

水西答問一卷
　　（明）翟台撰
　　涇川叢書（道光本、景道光本）
　　叢書集成初編・哲學類
楚中會條一卷
　　（明）查鐸撰
　　涇川叢書（道光本、景道光本）
　　叢書集成初編・哲學類
水西會條一卷
　　（明）查鐸撰
　　涇川叢書（道光本、景道光本）
　　叢書集成初編・哲學類
水西會語一卷
　　（明）查鐸撰
　　涇川叢書（道光本、景道光本）
　　叢書集成初編・哲學類
梅峯語録二卷
　　（明）趙仲全撰
　　涇川叢書（道光本、景道光本）
　　叢書集成初編・哲學類
稽山會約一卷
　　（明）蕭良榦撰
　　涇川叢書（道光本、景道光本）
　　叢書集成初編・哲學類
拙齋學測一卷
　　（明）蕭良榦撰
　　涇川叢書（道光本、景道光本）
　　叢書集成初編・哲學類
省心紀一卷
　　（明）呂坤撰
　　呂新吾全集
　　記過齋藏書・記過齋叢書
呻吟語六卷
　　（明）呂坤撰
　　呂新吾全集
呻吟語摘二卷
　　四庫全書・子部儒家類
呻吟語節録二卷
　　有諸己齋格言叢書
呂子節録四卷續四卷
　　（明）呂坤撰
　　三益集續集
呻吟語一卷
　　（明）呂坤撰　（明）葉廷秀輯評
　　葉潤山輯著全書
呂子節録四卷補遺二卷
　　（明）呂坤撰　（清）陳弘謀輯
　　培遠堂全集

呂子節錄四卷
　　　津河廣仁堂所刻書
呻吟語四卷
　　　吉林探源書舫叢書初編
呻吟語選二卷
　　（明）呂坤撰　（清）阮承信選
　　　文選樓叢書（阮亨輯）
　　　叢書集成初編·總類
呻吟語一卷
　　（明）呂坤撰　（民國）周學熙節錄
　　　周氏師古堂所編書·古訓粹編
呻吟語質疑一卷
　　（清）陸隴其撰
　　　陸子全書
呂語集粹四卷
　　（清）尹會一撰
　　　畿輔叢書·尹健餘先生全集
　　　叢書集成初編·總類
九諦解疏一卷
　　（明）許孚遠撰　（清）周汝登解　（清）王煒
　　疏
　　　昭代叢書（道光本）丁集新編
黔中語錄一卷續語錄一卷
　　（明）馮時可撰
　　　馮元成雜著
東溟粹言一卷
　　（明）管志道撰
　　　復性書院叢刊·儒林典要第二輯
桃溪札記一卷
　　（明）唐鶴徵撰
　　　武進唐氏所著書
性善繹一卷
　　（明）方學漸撰
　　　桐城方氏七代遺書
東遊紀三卷
　　（明）方學漸撰
　　　桐城方氏七代遺書
庸言一卷
　　（明）方學漸撰
　　　桐城方氏七代遺書
心學宗二卷
　　（明）方學漸撰
　　　龍眠叢書
貞復楊先生學解一卷
　　（明）楊起元撰
　　　楊貞復六種
楊先生冬日記一卷
　　（明）楊起元撰

　　　楊貞復六種
歸善楊先生證學編二卷
　　（明）楊起元撰
　　　楊貞復六種
小心齋劄記十八卷
　　（明）顧憲成撰
　　　顧端文公遺書（康熙本、光緒本）
東林會約一卷
　　（明）顧憲成撰
　　　顧端文公遺書（康熙本、光緒本）
證性編八卷（原缺徵信或問二卷）
　　（明）顧憲成撰
　　　顧端文公遺書（康熙本、光緒本）
東林商語二卷
　　（明）顧憲成撰
　　　顧端文公遺書（康熙本、光緒本）
虞山商語三卷
　　（明）顧憲成撰
　　　顧端文公遺書（康熙本、光緒本）
經正堂商語一卷
　　（明）顧憲成撰
　　　顧端文公遺書（康熙本、光緒本）
志矩堂商語一卷
　　（明）顧憲成撰
　　　顧端文公遺書（康熙本、光緒本）
仁文商語一卷
　　（明）顧憲成撰
　　　顧端文公遺書（康熙本、光緒本）
南岳商語一卷
　　（明）顧憲成撰
　　　顧端文公遺書（康熙本、光緒本）
當下繹一卷
　　（明）顧憲成撰
　　　顧端文公遺書（康熙本、光緒本）
還經錄一卷
　　（明）顧憲成撰
　　　顧端文公遺書（康熙本、光緒本）
自反錄一卷
　　（明）顧憲成撰
　　　顧端文公遺書（康熙本、光緒本）
辨學錄一卷
　　（明）馮從吾撰
　　　馮少墟集（萬曆本、康熙本）·語錄
疑思錄二卷
　　（明）馮從吾撰
　　　馮少墟集（萬曆本、康熙本）·語錄
訂士編一卷
　　（明）馮從吾撰

馮少墟集（萬曆本、康熙本）·語錄

寶慶語錄一卷
　　（明）馮從吾撰
　　　　馮少墟集（萬曆本、熙本）·語錄

善利圖說一卷
　　（明）馮從吾撰
　　　　馮少墟集（萬曆本、康熙本）·語錄

太華書院會語二卷
　　（明）馮從吾撰
　　　　馮少墟集（萬曆本、康熙本）·語錄

池陽語錄一卷
　　（明）馮從吾撰
　　　　馮少墟集（萬曆本、康熙本）·語錄

關中書院語錄一卷
　　（明）馮從吾撰
　　　　馮少墟集（萬曆本、康熙本）·語錄

馮少墟關中四先生要語錄四卷
　　（明）馮從吾錄
　　　　桐閣全書·關中道脈四種書

時習新知六卷
　　（明）郝敬撰
　　　　山草堂集內編

閑邪記二卷
　　（明）郝敬撰
　　　　山草堂集內編

就正錄一卷
　　（明）高攀龍撰
　　　　高子全書

東林書院會語一卷
　　（明）高攀龍撰
　　　　高子全書

高子講義一卷
　　（清）潘世璜輯
　　　　不遠復齋遺書（道光本、光緒本）

寧澹語二卷
　　（明）方大鎮撰
　　　　桐城方氏七代遺書

聖學範圍圖說一卷
　　（明）岳元聲撰
　　　　廣百川學海甲集
　　　　寶顏堂祕笈（萬曆本、民國石印本）普
　　　　　集
　　　　說郛續弓一

白水質問一卷
　　（明）徐榜撰
　　　　涇川叢書（道光本、景道光本）
　　　　叢書集成初編·哲學類

赤山會約一卷

　　（明）蕭雍撰
　　　　涇川叢書（道光本、景道光本）
　　　　叢書集成初編·哲學類

赤山會語一卷
　　（明）蕭雍撰
　　　　涇川叢書（道光本、景道光本）
　　　　叢書集成初編·哲學類

艾雲蒼語錄一卷
　　（明）艾自新撰
　　　　雲南叢書初編·子部·二艾遺書

艾雪蒼語錄一卷
　　（明）艾自修撰
　　　　雲南叢書初編·子部·二艾遺書

致曲言一卷
　　（明）張舜典撰
　　　　關中叢書第三集·雜山語要

明德集大旨總論一卷
　　（明）張舜典撰
　　　　關中叢書第三集·雜山語要

盱壇真詮二卷
　　（明）曹胤儒撰
　　　　復性書院叢刊·儒林典要第二輯

恥言二卷
　　（明）徐禎稷撰
　　　　藝海珠塵土集（己集）
　　　　叢書集成初編·總類

　恥言一卷
　　　　西京清麓叢書外編
　　　　有諸己齋格言叢書

人極圖一卷
　　（明）劉宗周撰
　　　　葉潤山輯著全書

原旨
　　（明）劉宗周撰
　　　　劉蕺山先生集

會語一卷
　　（明）劉宗周撰
　　　　劉蕺山先生集

證學解
　　（明）劉宗周撰
　　　　劉蕺山先生集

學言二卷
　　（明）劉宗周撰
　　　　劉蕺山先生集

　學言三卷
　　　　四庫全書·子部儒家類

聖學宗要一卷
　　（明）劉宗周撰

四庫全書・子部儒家類

四大恩論一卷
　　(明)顏茂猷撰　(明)葉廷秀評
　　　葉潤山輯著全書

榕壇問業十八卷
　　(明)黃道周撰
　　　四庫全書・子部儒家類

學言三卷
　　(明)陳龍正撰
　　　幾亭全書

續學言三卷
　　(明)陳龍正撰
　　　幾亭再集

學言詳記十七卷
　　(明)陳龍正撰
　　　幾亭全書

隨時問學再集八卷
　　(明)陳龍正撰
　　　幾亭再集

蔡忠恪公語錄一卷
　　(明)蔡懋德撰
　　　乾坤正氣集

知生或問一卷
　　(明)方孔炤撰
　　　桐城方氏七代遺書

吾師錄一卷
　　(明)黃淳耀撰
　　　藝海珠塵匏集(戊集)
　　　陶菴集
　　　南園叢書
　　　叢書集成初編・哲學類

繇己錄二卷
　　(明)黃淳耀撰
　　　陶菴集
　　　南園叢書

講學大義一卷
　　(明)葉廷秀撰
　　　葉潤山輯著全書

偶言四卷
　　(明)葉廷秀撰
　　　葉潤山輯著全書

葉先生偶言一卷
　　(明)葉廷秀撰　(明)張瑋參　(明)巢子梁
　　　訂
　　　葉潤山輯著全書

南國講錄三卷
　　(明)文翔鳳撰
　　　皇極篇

枕餘一卷
　　(明)徐汝廉撰
　　　快書

玉振一卷
　　(明)昌巘撰
　　　快書

讀書些子會心一卷
　　(明)朱苞撰
　　　涇川叢書(道光本、景道光本)
　　　叢書集成初編・哲學類

存誠錄三卷
　　(明)黃淵耀撰
　　　谷簾先生遺書

省身錄一卷
　　(明)郁法撰
　　　婁東雜著絲集

迴瀾正論一卷
　　(明)馮柯撰
　　　四明叢書第六集

求是編四卷
　　(明)馮柯撰
　　　四明叢書第六集

東林粹語三卷
　　(清)凌鳴喈撰
　　　凌氏傳經堂叢書

清 前 期 上

鏡譚一卷
　　(清)張錦蘊撰
　　　雲南叢書初編・子部

學言二卷續一卷
　　(清)白胤謙撰
　　　東谷全集

夏峯先生語錄二卷
　　(清)孫奇逢撰
　　　畿輔叢書・孫夏峯遺書

夏峯答問一卷
　　(清)孫奇逢撰
　　　孫夏峯全集

孫鍾元先生答問一卷
　　　南園叢書

夏峯答問二卷
　　　畿輔叢書・孫夏峯遺書

遜園語商一卷
　　(清)賈開宗撰
　　　遜園全集

身世要則一卷
　　(清)原良撰

三山存業十編

明宗正學一卷
　　（清）原良撰
　　　　三山存業十編

潛室劄記二卷
　　（清）刁包撰
　　　　用六居士所著書
　　　　畿輔叢書
　　　　叢書集成初編・哲學類

斯文正統十二卷
　　（清）刁包輯
　　　　用六居士所著書

思辨錄輯要三十五卷
　　（清）陸世儀撰
　　　　四庫全書・子部儒家類

陸桴亭思辨錄輯要二十二卷
　　　　正誼堂全書
　　　　叢書集成初編・哲學類

論學酬答四卷
　　（清）陸世儀撰
　　　　小石山房叢書第二冊
　　　　陸桴亭先生遺書

五子緒言一卷
　　（清）陸世儀撰
　　　　太崑先哲遺書

性善圖說一卷
　　（清）陸世儀撰
　　　　婁東雜著續刊
　　　　陸桴亭先生遺書

虛齋格致傳補註一卷
　　（清）陸世儀撰
　　　　陸桴亭先生遺書

初學備忘二卷
　　（清）張履祥撰
　　　　學海類編（道光本、景道光本）・集餘
　　　　一
　　　　楊園張先生全集
　　　　重訂楊園先生全集
　　　　叢書集成初編・社會科學類

初學備忘一卷
　　　　張楊園先生集

張楊園初學備忘一卷
　　　　有諸己齋格言叢書

楊園先生備忘四卷錄遺一卷
　　　　楊園張先生全集
　　　　張楊園先生集

備忘錄四卷
　　　　重訂楊園先生全集

楊園先生言行見聞錄二卷
　　（清）張履祥撰
　　　　張楊園先生集

楊園先生訓門人語三卷
　　（清）張履祥撰
　　　　楊園張先生全集

楊園先生門人所記一卷
　　　　張楊園先生集

訓門人語三卷
　　　　重訂楊園先生全集

願學記一卷
　　（清）張履祥撰
　　　　張楊園先生集

願學記三卷
　　　　重訂楊園先生全集

問目一卷
　　（清）張履祥撰
　　・　張楊園先生集
　　　　重訂楊園先生全集

答問一卷
　　（清）張履祥撰
　　　　張楊園先生集

讀厚語偶記
　　（清）張履祥撰
　　　　重訂楊園先生全集

淑艾錄一卷
　　（清）張履祥撰　（清）祝洤輯
　　　　昭代叢書（道光本）壬集補編
　　　　周氏師古堂所編書

蝶庵自藥一卷
　　（清）邱志廣撰
　　　　柴村全集

淮雲問答一卷
　　（清）陳瑚撰
　　　　婁東雜著石集

淮雲問答一卷續編一卷
　　　　小石山房叢書第一冊

淮雲問答輯存一卷
　　（清）陸世儀撰
　　　　陸桴亭先生遺書

講義條約一卷
　　（清）陳瑚撰
　　　　婁東雜著續刊

朱陸異同書一卷
　　（清）鄔成撰
　　　　鄔冰壑先生全書

鄔冰壑先生雜著一卷
　　（清）鄔成撰

邰冰壑先生全書

辯陸書一卷
　　（清）邰成撰
　　　邰冰壑先生全書

天德王道說一卷
　　（清）邰成撰
　　　邰冰壑先生全書

仰思記一卷
　　（清）邰成撰
　　　邰冰壑先生全書

三訓俚說一卷
　　（清）邰成撰
　　　邰冰壑先生全書

致知階略一卷
　　（清）邰成撰
　　　邰冰壑先生全書

儒者十知略一卷
　　（清）邰成撰
　　　邰冰壑先生全書

日知錄一卷
　　（清）邰成撰
　　　邰冰壑先生全書

復齋錄六卷
　　（清）王建常撰
　　　西京淸麓叢書正編

正學偶見述一卷
　　（清）王弘撰撰
　　　四庫全書・子部儒家類
　　　王山史五種

程門主敬錄一卷
　　（清）謝文洊撰
　　　謝程山全書

程山先生日錄三卷
　　（清）謝文洊撰
　　　留餘草堂叢書

瓊琚珮語一卷
　　（清）魏裔介撰
　　　畿輔叢書
　　　叢書集成初編・總類

論性書二卷
　　（清）魏裔介撰
　　　魏貞菴遺書

庸言一卷
　　（清）魏象樞撰
　　　說鈴續集（康熙本）
　　　昭代叢書（道光本）庚集埤編

毋欺錄一卷
　　（清）朱用純撰

小石山房叢書第四册

荊園進語一卷
　　（清）申涵光撰
　　　聰山集
　　　借月山房彙鈔（嘉慶本、景嘉慶本）第
　　　　十一集
　　　澤古齋重鈔第九集
　　　昭代叢書（道光本）丙集第四帙
　　　式古居彙鈔
　　　畿輔叢書・永年申氏遺書
　　　有諸己齋格言叢書
　　　留餘草堂叢書
　　　叢書集成初編・總類

荊園進語一卷
　　（清）申涵光撰　（民國）周學熙節錄
　　　周氏師古堂所編書・古訓粹編

荊園小語一卷
　　（清）申涵光撰
　　　聰山集
　　　借月山房彙鈔（嘉慶本、景嘉慶本）第
　　　　十一集
　　　澤古齋重鈔第九集
　　　昭代叢書（道光本）丙集第四帙
　　　式古居彙鈔
　　　花近樓叢書
　　　葛園叢書
　　　畿輔叢書・永年申氏遺書
　　　有諸己齋格言叢書
　　　留餘草堂叢書
　　　叢書集成初編・總類

荊園小語一卷
　　（清）申涵光撰　（民國）周學熙節錄
　　　周氏師古堂所編書・古訓新編

荊園語錄二卷
　　（清）申涵光撰
　　　嘯園叢書第二函

思問錄內篇一卷外篇一卷
　　（清）王夫之撰
　　　船山遺書（同治本、民國本）
　　　王船山先生四種

俟解一卷
　　（清）王夫之撰
　　　船山遺書（同治本、民國本）
　　　王船山先生四種

夙興語二卷
　　（清）甘京撰
　　　昭代叢書（康熙本）甲集第二帙

夙興語一卷
　　　昭代叢書（道光本）甲集第二帙

遜敏堂叢書
勤齋考道日錄一卷續錄一卷
　　(清)諸士儼撰
　　　　太崑先哲遺書
螺峯說錄二卷附稚黃子文洴一卷
　　(清)毛先舒撰
　　　　思古堂十四種書
聖學眞語二卷首一卷
　　(清)毛先舒撰
　　　　思古堂十四種書
格物問答三卷首一卷
　　(清)毛先舒撰
　　　　思古堂十四種書
語小一卷
　　(清)毛先舒撰
　　　　昭代叢書(康熙本)甲集第二帙
　　　　昭代叢書(道光本)甲集第二帙
慈湖家記十卷
　　(明)秦鉞撰
　　　　復性書院叢刊·儒林典要第二輯
唾居隨錄四卷
　　(清)張貞生撰
　　　　張篑山三種
王學質疑五卷附錄一卷
　　(清)張烈撰　附錄(清)陸隴其輯
　　　　正誼堂全書
　　　　西京淸麓叢書續編·辨學七種
　　　　叢書集成初編·哲學類
郝雪海先生筆記三卷
　　(清)郝浴撰
　　　　畿輔叢書
　　　　叢書集成初編·哲學類
逸講箋三卷
　　(清)毛奇齡撰
　　　　西河合集(康熙本、乾隆修補本)·經
　　　　集
折客辨學文一卷
　　(清)毛奇齡撰
　　　　西河合集(康熙本、乾隆修補本)·文
　　　　集
正學矩一卷
　　(清)蔡方炳輯
　　　　息關三述
憤助編一卷
　　(清)蔡方炳輯
　　　　息關三述
困學錄一卷
　　(清)湯斌撰

湯文正公遺書
　　　　趙氏藏書
潛庵先生志學會約一卷
　　(清)湯斌撰
　　　　湯文正公遺書
志學會約一卷
　　　　昭代叢書(道光本)庚集埤編
　　　　趙氏藏書
常語筆存一卷
　　(清)湯斌撰
　　　　學海類編(道光本、景道光本)·子類
　　　　叢書集成初編·哲學類
湯文正公遺書擇鈔一卷
　　(清)湯斌撰
　　　　吉林探源書舫叢書初編
二曲集錄要四卷附錄一卷
　　(清)李顒撰　　(清)倪元坦選
　　　　讀易樓合刻
恕谷語要二卷
　　(清)李塨撰　　(民國)徐世昌輯
　　　　顏李學
省心短語一卷
　　(清)申涵煜撰
　　　　畿輔叢書·永年申氏遺書
　　　　叢書集成初編·總類
道統中一經一卷
　　(清)中萯子撰
　　　　息齋藏書
四子丹元三卷
　　(清)中萯子撰
　　　　息齋藏書
學鏡約一卷
　　(清)中萯子撰
　　　　息齋藏書
心聖直指一卷
　　(清)中萯子撰
　　　　息齋藏書
嘉言存略三卷
　　(清)中萯子撰
　　　　息齋藏書
公餘證可一卷
　　(清)中萯子撰
　　　　息齋藏書
塵譚摘一卷
　　(清)中萯子撰
　　　　息齋藏書
修慝餘編一卷
　　(清)陳藎撰

藝海珠塵土集(己集)
　　叢書集成初編·總類
論學俚言一卷
　　(清)蕭繼炳撰
　　　涇川叢書(道光本、景道光本)
　　　叢書集成初編·哲學類
陸稼書先生問學錄四卷
　　(清)陸隴其撰
　　　正誼堂全書
　問學錄四卷
　　　叢書集成初編·哲學類
　問學錄四卷首一卷
　　　陸子全書
學術辨一卷
　　(清)陸隴其撰
　　　學海類編(道光本、景道光本)·子類
　　　陸子全書
　　　叢書集成初編·哲學類
松陽鈔存二卷
　　(清)陸隴其撰
　　　四庫全書·子部儒家類
　　　當歸草堂叢書
　　　西京清麓叢書續編
　陸稼書先生松陽鈔存一卷
　　　正誼堂全書
　松陽鈔存一卷
　　　叢書集成初編·哲學類
　松陽鈔存二卷首一卷
　　　陸子全書
三魚堂賸言十二卷
　　(清)陸隴其撰
　　　四庫全書·子部儒家類
　　　檇李遺書
　三魚堂賸言十二卷首一卷
　　　陸子全書
卷石齋語錄二卷
　　(清)馬樞土撰
　　　馬氏叢刻
省心雜錄一卷
　　(清)鄭起泓撰
　　　滎陽雜俎
存學編四卷
　　(清)顏元撰
　　　畿輔叢書·顏習齋遺書·四存編
　　　顏李叢書·四存編
　　　叢書集成初編·哲學類
存性編二卷
　　(清)顏元撰

畿輔叢書·顏習齋遺書·四存編
　顏李叢書·四存編
　叢書集成初編·哲學類
顏習齋先生言行錄二卷
　　(清)鍾錂輯
　　　畿輔叢書·顏習齋遺書
　　　顏李叢書
　　　叢書集成初編·哲學類
顏習齋先生闢異錄二卷
　　(清)鍾錂輯
　　　畿輔叢書·顏習齋遺書
　　　顏李叢書
　　　叢書集成初編·社會科學類
習齋語要二卷
　　(清)顏元撰　　(民國)徐世昌輯
　　　顏李學
顏氏學記十卷
　　(清)戴望撰
　　　國粹叢書第一集
　　　吳興叢書
　　　清代學術叢書第一集
邇語一卷
　　(清)熊賜履撰
　　　說鈴(康熙本)續集
　　　昭代叢書(道光本)癸集萃編
畜德錄選二卷
　　(清)席啓圖輯　　(民國)周學熙節錄
　　　周氏師古堂所編書
北游日錄一卷
　　(清)楊甲仁撰
　　　愧庵遺集
憂患日錄一卷
　　(清)楊甲仁撰
　　　愧庵遺集
自驗錄二卷(存卷上)
　　(清)楊甲仁撰
　　　愧庵遺集
下學錄二卷
　　(清)楊甲仁撰
　　　愧庵遺集
芙城錄一卷
　　(清)楊甲仁撰
　　　愧庵遺集
性理一卷
　　(清)李光地輯
　　　榕村全書
榕村講授三卷
　　(清)李光地輯

李文貞公全集
榕村全書

榕村語錄三十卷
　　（清）李光地撰
　　　李文貞公全集
　　　四庫全書·子部儒家類
　　　榕村全書

御纂性理精義十二卷
　　（清）李光地等輯
　　　四庫全書·子部儒家類
　　　摛藻堂四庫全書薈要·子部
　　　西京淸麓叢書續編
　　　四部備要（排印本、縮印本）·子部儒
　　　家

理學備考正編二卷副編一卷
　　（清）范鄗鼎撰　（清）李元春增輯
　　　青照堂叢書摘初編第一函

業儒臆說一卷
　　（清）陶圻撰
　　　學海類編（道光本、景道光本）·子類
　　　叢書集成初編·哲學類

敬學錄一卷
　　（清）陳遜撰
　　　婁東雜著竹集

河東先儒遺訓一卷
　　（清）謝丕振輯
　　　青雲洞遺書初刻

河東先儒醒世文一卷
　　（清）謝丕振輯
　　　青雲洞遺書初刻

儒門法語一卷
　　（清）彭定求輯
　　　記過齋藏書·記過齋叢書

儒門法語輯要一卷
　　（清）彭定求輯　（清）湯金釗輯要
　　　長洲彭氏家集·南畇全集

密證錄一卷
　　（清）彭定求撰
　　　長洲彭氏家集·南畇全集

姚江釋毀錄一卷
　　（清）彭定求撰
　　　長洲彭氏家集·南畇全集

困學錄集粹八卷
　　（清）張伯行撰
　　　正誼堂全書
　　　叢書集成初編·哲學類

廣近思錄十四卷
　　（清）張伯行輯

正誼堂全書
　　　叢書集成初編·哲學類

續近思錄十四卷
　　（清）張伯行集解
　　　正誼堂全書續刻
　　　叢書集成初編·哲學類

事親庸言二十卷
　　（清）竇克勤撰
　　　竇靜庵先生遺書

理學正宗十五卷
　　（清）竇克勤撰
　　　竇靜庵先生遺書
　　　吉林探源書舫叢書初編

達天錄二卷
　　（清）李來章撰
　　　禮山園全集

書紳語略一卷
　　（清）李來章撰
　　　禮山園全集

邇言一卷
　　（清）勞史撰
　　　昭代叢書（道光本）己集廣編

質孔說二卷附校譌一卷
　　（清）周夢顏撰　校譌（清）胡珽撰
　　　琳琅祕室叢書（咸豐本）第一集

質孔說二卷附校譌一卷續校一卷
　　（清）周夢顏撰　校譌（清）胡珽撰　續校
　　（清）董金鑑撰
　　　琳琅祕室叢書（光緒本）第一集
　　　叢書集成初編·哲學類

小天集二卷
　　（清）秦鐥宗撰
　　　四明叢書第六集

此木軒枝葉錄三卷
　　（清）焦袁熹撰
　　　此木軒全集

此木軒尙志錄二卷
　　（清）焦袁熹撰
　　　此木軒全集

經書言學指要一卷
　　（清）楊名時撰
　　　楊氏全書
　　　江陰叢書
　　　粟香室叢書

程功錄四卷
　　（清）楊名時撰
　　　楊氏全書

心經二卷

(清)程作舟撰
　　藏書五種
學案一卷
　(清)王澍輯
　　積書巖六種
勵志錄二卷
　(清)沈近思撰
　　沈余遺書
聖經學規纂二卷
　(清)李塨撰
　　畿輔叢書・李恕谷遺書
　　顏李叢書
　　叢書集成初編・哲學類
論學二卷
　(清)李塨撰
　　畿輔叢書・李恕谷遺書
　　顏李叢書
　　叢書集成初編・哲學類
訟過則例一卷
　(清)李塨撰
　　顏李叢書
棉陽學準五卷
　(清)藍鼎元撰
　　鹿洲全集(雍正本、同治本、光緒本)
國學講義二卷
　(清)王蘭生撰
　　西京清麓叢書外編
明辨錄一卷
　(清)陳法撰
　　西京清麓叢書續編・辨學七種
四書講習錄八卷
　(清)陶成撰
　　五廬遺書
日程四卷
　(清)陶成撰
　　五廬遺書

清 前 期 下

湔唉存愚二卷
　(清)李清植撰
　　李文貞公全集
　　榕村全書
健餘劄記四卷
　(清)尹會一撰
　　畿輔叢書・尹健餘先生全集
　　叢書集成初編・哲學類
理學逢源十二卷
　(清)汪紱撰

汪雙池先生叢書
讀問學錄一卷
　(清)汪紱撰
　　汪雙池先生叢書・浙刻雙池遺書十二
　　種
切近編一卷
　(清)桑調元(清)沈廷芳輯
　　當歸草堂叢書
勵志雜錄一卷
　(清)雷鋐撰
　　留垞叢刻
讀書偶記三卷
　(清)雷鋐撰
　　四庫全書・子部儒家類
靜子日記一卷
　(清)黃永年撰
　　黃靜山所著書
道南講授十三卷
　(清)李清馥撰
　　榕村全書
西巖贅語一卷
　(清)申居鄖撰
　　畿輔叢書・永年申氏遺書
　　叢書集成初編・總類
道南錄初稿一卷
　(清)遲祚永撰
　　雲南叢書初編・子部
紫陽書院題解一卷
　(清)廖鴻章撰
　　求可堂兩世遺書
星閣正論一卷
　(清)趙青藜撰
　　涇川叢書(道光本、景道光本)
　　叢書集成初編・哲學類
箴友言一卷
　(清)趙青藜撰
　　涇川叢書(道光本、景道光本)
　　叢書集成初編・總類
翊翊齋筆記二卷
　(清)馬翮飛撰
　　馬氏家刻集
衛道編二卷
　(清)劉紹攽輯注
　　西京清麓叢書續編
　　津河廣仁堂所刻書
洗心錄一卷
　(清)邵嗣宗撰
　　蔞東雜著土集

明儒考一卷
(清)范爾梅撰
讀書小記
語錄一卷
(清)范爾梅撰
讀書小記
立學先基條說一卷
(清)周纛華撰
婁東雜著土集
王勉軒查山問答一卷
(清)王道升撰
書三味樓叢書
日省錄一卷
(清)周宗濂撰
書三味樓叢書
原善三卷
(清)戴震撰
微波榭叢書・戴氏遺書
國粹叢書第一集
戴氏三種
安徽叢書第六期・戴東原先生全集
原善一卷
昭代叢書(道光本)戊集續編補
緒言三卷
(清)戴震撰
粤雅堂叢書初編第四集
戴氏三種
安徽叢書第六期・戴東原先生全集
叢書集成初編・哲學類
里堂思想與戴東原一卷附雕菰樓集選錄一卷
(民國)王永祥撰
孝魚叢著・焦學三種
困勉齋私記四卷
(清)閻循觀撰
西澗草堂全集
庸言四卷
(清)余元遴撰
沈余遺書
論學小記三卷
(清)程瑤田撰
通藝錄
安徽叢書第二期・通藝錄
論學外篇二卷
(清)程瑤田撰
通藝錄
安徽叢書第二期・通藝錄
一齋書繹說一卷
(清)楊國杰撰
一齋溫溪叢刻
勸學淺說二卷
(清)楊國杰撰
一齋溫溪叢刻
退閒錄一卷
(清)楊國杰撰
一齋溫溪叢刻
郝正陽語錄一卷
(清)郝玶紀
一齋溫溪叢刻
一齋劄記一卷
(清)郝玶撰
一齋溫溪叢刻
愼餘編一卷
(清)吳文溥撰
南野堂全集・南野堂續筆記
晚聞錄一卷
(清)孟超然撰
亦園亭全集・孟氏八錄
焚香錄一卷
(清)孟超然撰
亦園亭全集・孟氏八錄
求復錄四卷
(清)孟超然撰
亦園亭全集・孟氏八錄
絅齋隨筆一卷
(清)孔毓焞撰
求恕齋叢書・心矩往齋詩文集附
深省堂自箴錄三卷
(清)景安撰
深省堂集
深省堂自箴續錄四卷
(清)景安撰
深省堂集
箴銘錄要一卷
(清)倪元坦輯
讀易樓合刻
儒學入門一卷
(清)倪元坦撰
讀易樓合刻
儒門語要六卷
(清)倪元坦輯
讀易樓合刻
莊嶽談二卷
(清)陳庚煥撰
惕園全集
童子摭談一卷

（清）陳庚煥撰
　　惕園全集

認言意言附識一卷
　（清）陳庚煥撰
　　　惕園全集

日記僅存一卷
　（清）陳庚煥撰
　　　惕園全集

蕉窗日記二卷
　（清）王豫撰
　　　讀畫齋叢書庚集
　　　叢書集成初編・總類

　蕉窗日記一卷
　　　昭代叢書（道光本）辛集別編

馬氏心書四卷
　（清）馬時芳撰
　　　平泉遺書

來學纂言一卷
　（清）馬時芳撰
　　　平泉遺書

得心編一卷
　（清）潘世璜輯
　　　不遠復齋遺書（道光本、光緒本）

一得錄四卷
　（清）潘世璜撰
　　　不遠復齋遺書（道光本、光緒本）

懺摩錄一卷
　（清）彭兆蓀撰
　　　書三味樓叢書
　　　裴東雜著革集
　　　小謨觴館全集（同治本、光緒本）
　　　小石山房叢書第四冊
　　　嘯園叢書第二函
　　　東倉書庫叢刻初編
　　　刻鵠齋叢書
　　　南園叢書
　　　喜咏軒叢書甲編

臆說二卷
　（清）徐潤第撰
　　　敦艮齋遺書

雜言一卷
　（清）徐潤第撰
　　　敦艮齋遺書

敦艮齋劄記六卷
　（清）徐潤第撰
　　　敦艮齋遺書

敦艮齋雜篇二卷
　（清）徐潤第撰

　　　敦艮齋遺書

開知錄十四卷
　（清）張秉直撰
　　　西京清麓叢書續編

淺近錄六卷
　（清）張鑑輯
　　　周氏師古堂所編書

子問二卷又問一卷
　（清）劉沅撰
　　　槐軒全書

閑居鏡語一卷
　（清）李元春撰
　　　桐閣全書

正學文要八卷
　（清）李元春評輯
　　　桐閣全書

夕照編一卷
　（清）李元春撰
　　　桐閣全書・桐窗雜著

餘生錄一卷
　（清）李元春撰
　　　桐閣全書・桐窗雜著

桐閣性理十三論一卷
　（清）李元春撰
　　　西京清麓叢書續編・養正叢編

桐閣關中三先生語要四卷
　（清）李元春錄
　　　桐閣全書・關中道脈四種書

漢學商兌三卷
　（清）方東樹撰
　　　西京清麓叢書續編・辨學七種
　　　槐廬叢書五編
　　　方植之全集

跋南雷文定一卷
　（清）方東樹撰
　　　方植之全集
　　　房山山房叢書

未能錄二卷
　（清）方東樹撰
　　　方植之全集

進修譜一卷
　（清）方東樹撰
　　　方植之全集

山天衣聞一卷
　（清）方東樹撰
　　　方植之全集

向果微言二卷述怡一卷
　（清）方東樹撰

方植之全集

大意尊聞一卷
　（清）方東樹撰
　　有諸己齋格言叢書

大意尊聞三卷
　　方植之全集

恆言一卷
　（清）劉沅撰
　　槐軒全書·拾餘四種

媵言一卷
　（清）劉沅撰
　　槐軒全書·拾餘四種

家言一卷
　（清）劉沅撰
　　槐軒全書·拾餘四種

雜問一卷
　（清）劉沅撰
　　槐軒全書·拾餘四種

槐軒約言一卷
　（清）劉沅撰
　　槐軒全書

槐軒俗言一卷
　（清）劉沅撰
　　槐軒全書

下學梯航一卷
　（清）劉沅撰
　　槐軒全書

正譌八卷
　（清）劉沅撰
　　槐軒全書

踵息廬粹語一卷
　（清）謝珍撰
　　酌古準今·踵息廬稿

藝語偶存一卷
　（清）錢敬堂撰
　　太崑先哲遺書

正念齋語二卷
　（清）梁夈撰
　　月山遺書

近思齋答問一卷
　（清）梁夈撰
　　月山遺書

榕蔭書屋筆記一卷
　（清）周因培撰
　　桂林周氏家集

求己筆記一卷
　（清）宋其沅撰
　　宋湘颿先生遺著

困知長語一卷
　（清）徐元潤撰
　　蛻學翁遺集

困學邇言初編一卷續編一卷三編一卷
　（清）余潛士撰
　　耕邨全集

藥言一卷藥言賸稿一卷
　（清）李惺撰
　　西漚全集外集
　　南園叢書
　（清拙修主人龔）
　　格言彙編

冰言一卷補一卷
　（清）李惺撰
　　西漚全集外集
　　南園叢書
　（清蓼花庵主人撰）
　　格言彙編

從學劄記一卷
　（清）朱文烑撰
　　朱慎甫先生遺集

五子見心錄三卷
　（清）朱文烑撰
　　朱慎甫先生遺集

生齋日識一卷續一卷
　（清）方坰撰
　　方學博全集

生齋自知錄三卷
　（清）方坰撰
　　方學博全集

來復堂學內篇四卷外篇六卷
　（清）丁大椿撰
　　來復堂全書

清　後　期

朱呂問答一卷
　（清）黃式三譔
　　儆居遺書

述朱質疑十六卷
　（清）夏炘撰
　　景紫堂全書第一册

漢唐諸儒與聞錄六卷
　（清）夏炘撰
　　景紫堂全書第四册·養痾三編

傳心要語一卷
　（清）王檢心輯
　　復性齋叢書

惺齋答問二卷

（清）王檢心撰
　　復性齋叢書

心學小印一卷
　（清）王檢心輯
　　復性齋叢書

闇修記四卷
　（清）王檢心撰
　　復性齋叢書
　　津河廣仁堂所刻書

學道粹言一卷
　（清）黃秩模輯
　　遜敏堂叢書

說性一卷
　（清）高鑲雲撰
　　漱琴室存藁

我師錄二卷
　（清）沈汝瀚撰
　　戎馬風濤集

語錄二卷
　（清）李棠階撰
　　李文清公遺書

悔過齋劄記一卷
　（清）顧廣譽撰
　　平湖顧氏遺書

性學圖說一卷
　（清）王景賢撰
　　羲停山館集

困學瑣言一卷
　（清）王景賢撰
　　羲停山館集

知陋軒迂談一卷
　（清）楊鳳昌撰
　　雲南叢書初編·楊劉周三先生語錄合
　　鈔

人極衍義一卷
　（清）羅澤南撰
　　羅忠節公遺集
　　周氏師古堂所編書

姚江學辨二卷
　（清）羅澤南撰
　　羅忠節公遺集
　　西京清麓叢書續編·辨學七種

銖寸錄二卷
　（清）饗埰撰
　　津河廣仁堂所刻書

　銖寸錄八卷
　　雲南叢書初編·子部

訓士瑣言一卷

（清）牛振聲撰
　　涇陽文獻叢書·牛涇村遺著三種

省克捷訣一卷
　（清）牛振聲撰
　　涇陽文獻叢書·牛涇村遺著三種

鶴巢老人語錄一卷
　（清）顧淳慶撰
　　顧氏家集

衍洛圖說一卷
　（清）顧淳慶撰
　　顧氏家集

釋命一卷
　（清）馬先登撰
　　馬氏叢刻

養正錄一卷復性圖一卷
　（清）王景洙輯
　　太崑先哲遺書

沈氏遺書二卷
　（清）沈汝瀚撰
　　清隱山房叢書續編

十家語錄摘要二卷
　（清）謝蘭生輯
　　酌古準今

詠梅軒劄記一卷詠梅軒劄記增訂一卷賸
稿一卷存要一卷
　（清）謝蘭生撰
　　酌古準今

詠梅軒雜記一卷補遺一卷
　（清）謝蘭生撰
　　詠梅軒叢書

性述八卷
　（清）方潛撰
　　毋不敬齋全書

心述三卷
　（清）方潛撰
　　毋不敬齋全書

膠西講義一卷
　（清）方潛撰
　　毋不敬齋全書

毋不敬齋劄記一卷
　（清）方潛撰
　　毋不敬齋全書

辨心性書二卷
　（清）方潛撰
　　毋不敬齋全書

省身錄十卷
　（清）蘇源生撰
　　記過齋藏書

忧行錄一卷
　　（清）邵懿辰撰
　　　　當歸草堂叢書
課心錄一卷
　　（清）王希人撰
　　　　復性齋叢書
性理淺說一卷
　　（清）郭長清撰
　　　　津河廣仁堂所刻書
　　　　種樹軒遺集
寅甫日記一卷
　　（清）方金彪撰
　　　　方學博全集·生齋文彙附
持志塾言二卷
　　（清）劉熙載撰
　　　　古桐書屋六種
古桐書屋劄記一卷
　　（清）劉熙載撰
　　　　古桐書屋六種附·續刻三種
仙源礦士參語一卷
　　（清）馬徵麐撰
　　　　淡園全集
　　　　馬鍾山遺書
我師錄一卷
　　（清）成蓉鏡撰
　　　　成氏遺書
必自錄二卷
　　（清）成蓉鏡撰
　　　　成氏遺書
庸德錄一卷
　　（清）成蓉鏡撰
　　　　成氏遺書
心巢困勉記一卷
　　（清）成蓉鏡撰
　　　　成氏遺書
校經堂學程一卷附勸約一卷學議一卷
　　（清）成蓉鏡撰
　　　　成氏遺書
國朝師儒論略一卷
　　（清）成蓉鏡撰
　　　　成氏遺書
續理學正宗四卷
　　（清）何桂珍撰
　　　　雲南叢書初編·子部
性理闡說二卷
　　（清）陳澧撰
　　　　求在我齋全集
讀諸子諸儒書雜記一卷

　　（清）方宗誠撰
　　　　柏堂遺書·柏堂讀書筆記
志學錄八卷續錄三卷
　　（清）方宗誠撰
　　　　柏堂遺書
俟命錄十卷
　　（清）方宗誠撰
　　　　柏堂遺書
輔仁錄四卷
　　（清）方宗誠撰
　　　　柏堂遺書
學旨要略一卷
　　（清）楊樹椿撰
　　　　西京清麓叢書續編·養正叢編
損齋語錄鈔三卷
　　（清）楊樹椿撰
　　　　損齋全書
窹言三十卷附質疑一卷
　　（清）許錫祺撰　附（清）夏震武撰
　　　　許松濱先生全集
許松濱先生條箚四卷附評
　　（清）許錫祺撰　附（清）葉裕仁撰
　　　　許松濱先生全集
初學入門一卷
　　（清）許錫祺撰
　　　　許松濱先生全集
小學近思理話一卷
　　（清）張楚鍾撰
　　　　務實勝窩彙稿
小學近思理畫一卷
　　（清）張楚鍾撰
　　　　務實勝窩彙稿
性理理話一卷
　　（清）張楚鍾撰
　　　　務實勝窩彙稿
性理理畫一卷
　　（清）張楚鍾撰
　　　　務實勝窩彙稿
管見理話二卷
　　（清）張楚鍾撰
　　　　務實勝窩彙稿
管見理畫二卷
　　（清）張楚鍾撰
　　　　務實勝窩彙稿
理畫括例四卷
　　（清）張楚鍾撰
　　　　務實勝窩彙稿
學廬自鏡語一卷

（清）陳錦撰
　　　橘蔭軒全集
退思錄一卷
　　（清）方炳奎撰
　　　中隱堂雜著
耄學齋晬語一卷
　　（清）楊光儀撰
　　　屏廬叢刻
清麓日記五卷
　　（清）賀瑞麟撰
　　　西京清麓叢書正編・清麓文集附
信好錄四卷
　　（清）賀瑞麟輯
　　　西京清麓叢書正編
修齊直指評一卷
　　（清）劉光蕡撰
　　　煙霞草堂遺書續刻
　　　關中叢書第三集
體微齋遺編語錄一卷附詩一卷
　　（清）祝塏撰
　　　體微齋遺編
蜀記一卷賸說一卷補說一卷
　　（清）姜國伊撰
　　　守中正齋叢書
讀書記疑四卷
　　（清）張諧之撰
　　　爲己精舍藏書
困學錄四卷
　　（清）張諧之撰
　　　爲己精舍藏書
誨爾錄二卷
　　（清）陳偉撰
　　　耐安類稿
居求錄一卷
　　（清）陳偉撰
　　　耐安類稿
南陽商學偶存一卷
　　（清）于蔭霖撰
　　　于中丞遺書
庭聞憶略二卷附竹坡先生遺文一卷
　　（清）寶廷撰　（清）夏鼎武輯
　　　富陽夏氏叢刻
論學諸篇一卷
　　（清）李輈撰
　　　自得廬集
道學內篇註釋一卷
　　（清）李輈撰
　　　自得廬集

言學書一卷
　　（清）李輈撰
　　　自得廬集
自得廬雜著一卷
　　（清）李輈撰
　　　自得廬集
順甫遺書四卷
　　（清）劉象豫撰
　　　雪華館叢編・雜著類
藏拙居遺文一卷
　　（清）劉誼撰
　　　雲南叢書初編・楊劉周三先生語錄合
　　　　鈔
郁雲語錄一卷
　　（清）周文龍撰
　　　雲南叢書初編・楊劉周三先生語錄合
　　　　鈔
反身要語一卷
　　（清）鄒澤撰
　　　雲南叢書初編・子部
存眞錄一卷
　　（清）吳昌南撰
　　　雲南叢書初編・子部
恆齋日記二卷
　　（清）于弼清撰
　　　津河廣仁堂所刻書
三州學錄二卷
　　（清）胡薇元撰
　　　玉津閣叢書甲集
悔言六卷
　　（清）夏震武撰
　　　富陽夏氏叢刻
悔言辨正六卷首一卷附記一卷
　　（清）夏震武撰　附記（清）夏鼎武撰
　　　富陽夏氏叢刻
寱言質疑一卷
　　（清）夏震武撰
　　　富陽夏氏叢刻
尚志齋愼思記一卷訟過記一卷
　　（清）呂存德撰
　　　雲南叢書初編・子部
清麓答問四卷遺語四卷遺事一卷
　　（清）謝化南輯
　　　西京清麓叢書正編

民　國

觀省錄二卷
　　（民國）周馥輯

周氏師古堂所編書
理學字義通釋一卷
　　（民國）劉師培撰
　　　　劉申叔先生遺書
歷代聖哲學粹十八卷後編二十六卷
　　（民國）姚永樸輯　後編（民國）陳朝爵（民
　　國）李大防輯
　　　　周氏師古堂所編書
先正嘉言約鈔二卷
　　（民國）姚永樸編
　　　　周氏師古堂所編書
邇言二卷
　　（民國）姚永樸輯
　　　　周氏師古堂所編書
性理精言一卷
　　（民國）周學熙選錄
　　　　周氏師古堂所編書
聖學淵源詮證二卷
　　（民國）尹昌衡撰
　　　　止園叢書（尹氏撰）第一集
良心書一卷
　　（民國）錢振鍠撰
　　　　名山全集

今　人

性理說一卷
　　（民國）虞銘新撰
　　　　和欽全集
復性書院講錄六卷
　　馬浮講
　　　　復性書院叢刊・儒林典要第三輯
爾雅臺答問一卷續編六卷
　　王培德　劉錫嘏輯　續編王培德　張立民
　　輯
　　　　復性書院叢刊・儒林典要第三輯

禮敎之屬

鑑　戒

帝範四卷
　　唐太宗撰　（□）□□注
　　　　四庫全書・子部儒家類
　　　　摛藻堂四庫全書薈要・子部
　　　　武英殿聚珍版書（武英殿木活字本、浙
　　　　江本、江西書局本、福建本、廣雅書
　　　　局本）・子部
　　　　清芬堂叢書・子部

叢書集成初編・社會科學類
帝範二卷
　　　　粵雅堂叢書三編第二十六集
帝範二卷附校記一卷
　　唐太宗撰　校記（民國）羅振玉撰
　　　　東方學會叢書初集
帝範校補一卷
　　（民國）羅振玉撰
　　　　松翁居遼後所箸書・遼居雜箸
帝學八卷
　　（宋）范祖禹撰
　　　　四庫全書・子部儒家類
　　　　摛藻堂四庫全書薈要・子部
東宮備覽六卷
　　（宋）陳模撰
　　　　四庫全書・子部儒家類
　　　　學海類編（道光本、景道光本）・集餘
　　　　二
　　　　叢書集成初編・哲學類
承華事略一卷
　　（元）王惲撰
　　　　小石山房叢書第五冊
庭訓格言一卷
　　清世宗述
　　　　四庫全書・子部儒家類
　　　　摛藻堂四庫全書薈要・史部
　　　　津河廣仁堂所刻書
　　　　吉林探源書舫叢書初編
　　　　格言彙編
聖祖仁皇帝庭訓格言一卷
　　　　西京清麓叢書外編
　　　　有諸己齋格言叢書
　　　　留餘草堂叢書
庭訓格言一卷
　　清世宗述　（民國）周學熙節錄
　　　　周氏師古堂所編書・古訓粹編
執中成憲八卷
　　清雍正六年敕撰
　　　　四庫全書・子部儒家類
　　　　摛藻堂四庫全書薈要・子部
日知薈說四卷
　　清高宗撰
　　　　四庫全書・子部儒家類
　　　　摛藻堂四庫全書薈要・子部
君鑑錄四卷
　　（清）尹會一撰
　　　　畿輔叢書・尹健餘先生全集・四鑑錄
　　　　叢書集成初編・總類・四鑑錄

臣軌二卷
　　唐武后撰　（唐）□□注
　　　　佚存叢書（日本本、光緒木活字本、景
　　　　　日本本）第一帙
　　　　宛委別藏
　　　　粵雅堂叢書三編第二十六集
　　　　叢書集成初編・社會科學類
臣軌二卷附校記一卷
　　唐武后撰　（唐）□□注　校記（民國）羅振
　　　玉撰
　　　　東方學會叢書初集
臣鑑錄四卷
　　（清）尹會一撰
　　　　畿輔叢書・尹健餘先生全集・四鑑錄
　　　　叢書集成初編・總類・四鑑錄

家　訓

南　北　朝

顏氏家訓二卷
　　（北齊）顏之推撰
　　　　漢魏叢書（萬曆本、景萬曆本）・子籍
　　　　廣漢魏叢書（萬曆本）・載籍
　　　　格致叢書
　　　　四庫全書・子部雜家類
　　　　摛藻堂四庫全書薈要・子部
　　　　增訂漢魏叢書（乾隆本、紅杏山房本、
　　　　　三餘堂本、大通書局石印本）・子餘
　　　　子書百家・雜家類
　　　　百子全書・雜家類
　　　　四部叢刊（初次印本、二次印本、縮印
　　　　　二次印本）・子部
　　　　關中叢書第三集
　　顏氏家訓一卷
　　　　增定漢魏六朝別解・子部
　　　　說郛（宛委山堂本）弓七十一
　　　　五朝小說・魏晉小說訓誡家
　　　　五朝小說大觀・魏晉小說訓誡家
　　顏氏家訓
　　　　居家必備・家儀
　　顏氏家訓七卷附攷證一卷
　　　　（北齊）顏之推撰　攷證（宋）沈揆撰
　　　　　知不足齋叢書（乾隆至道光本、景乾隆
　　　　　至道光本）第十一集
　　　　　諸子集成（世界書局本、中華書局本）
　　　　　第八冊
　　顏氏家訓二卷附考證一卷
　　　　廣漢魏叢書（嘉慶本）・載籍
　顏氏家訓二卷

　　（北齊）顏之推撰　（清）朱軾評點
　　　　朱文端公藏書（康熙至乾隆本、光緒
　　　　　本）
顏氏家訓七卷附注補併重校一卷注補正
　一卷壬子年重校一卷
　　（北齊）顏之推撰　（清）趙曦明注　（清）盧
　　　文弨校併撰注補　注補正（清）錢大昕撰
　　　　抱經堂叢書（乾隆本、景乾隆本）
　　　　龍谿精舍叢書・子部
　　　　叢書集成初編・社會科學類
　　　　四部備要（排印本、縮印本）・子部雜
　　　　　家
顏氏家訓七卷附補校注一卷
　　（北齊）顏之推撰　（清）趙曦明注　（清）盧
　　　文弨補注　嚴式誨校注
　　　　渭南嚴氏孝義家塾叢書
顏氏家訓斠記一卷
　　（清）郝懿行撰
　　　　戊寅叢編

唐

百行章殘一卷
　　　　貞松堂藏西陲祕籍叢殘第一集
太公家教殘一卷
　　（唐）□□撰
　　　　鳴沙石室佚書初編

宋

蘇氏族譜一卷
　　（宋）蘇洵撰
　　　　說郛（宛委山堂本）弓七十一
真西山先生教子齋規一卷
　　（宋）真德秀撰
　　　　西京清麓叢書續編・養蒙書九種
家範十卷
　　（宋）司馬光撰
　　　　由醇錄
　　　　四庫全書・子部儒家類
　　　　留餘草堂叢書
家範十卷
　　（宋）司馬光撰　（清）朱軾評點
　　　　朱文端公藏書（康熙至乾隆本、光緒
　　　　　本）
　　　　洪氏唐石經館叢書
涑水家儀
　　（宋）司馬光撰
　　　　居家必備・家儀
　涑水家儀一卷

　　　　　　說郛(宛委山堂本)弓七十一
　　居家雜儀一卷
　　　　　　楊園張先生全集・楊園先生經正錄
　　　　　　張楊園先生集・楊園先生經正錄
　　　　　　重訂楊園先生全集・經正錄
　　司馬温公居家雜儀一卷
　　　　　　東聽雨堂刊書・儒先訓要十四種
　家訓筆錄一卷
　　　(宋)趙鼎撰
　　　　　　函海(乾隆本、道光本)第六函
　　　　　　函海(光緒本)第八函
　　　　　　叢書集成初編・社會科學類
　緒訓一卷
　　　(宋)陸游撰
　　　　　　說郛(宛委山堂本)弓七十一
　　放翁家訓一卷
　　　　　　知不足齋叢書(乾隆至道光本、景乾隆
　　　　　　　至道光本)第二十三集
　　　　　　嘯園叢書第五函
　　　　　　叢書集成初編・社會科學類
　　緒訓
　　　　　　說郛(商務印書館本)卷四十三
　家山圖書一卷
　　　(宋)□□撰
　　　　　　四庫全書・子部儒家類
　　　　　　四庫全書珍本初集・子部儒家類
　　　　　　影印四庫全書四種
　朱子訓子帖一卷
　　　(宋)朱熹撰
　　　　　　西京清麓叢書續編・養蒙書
　　訓子從學帖一卷
　　　　　　津河廣仁堂所刻書・朱子訓蒙詩百首
　　　　　　　附
　戒子通錄八卷
　　　(宋)劉清之撰
　　　　　　四庫全書・子部儒家類
　　　　　　四庫全書珍本初集・子部儒家類
　世範三卷
　　　(宋)袁采撰
　　　　　　由醇錄
　　　　　　寶顏堂祕笈(萬曆本、民國石印本)彙
　　　　　　　集
　　袁氏世範三卷
　　　　　　四庫全書・子部儒家類
　　　　　　知不足齋叢書(乾隆至道光本、景乾隆
　　　　　　　至道光本)第十四集
　　　　　　西京清麓叢書續編・養正叢編
　　　　　　津河廣仁堂所刻書

　　　　　　叢書集成初編・社會科學類
　　世範一卷
　　　　　　唐宋叢書・載籍
　　　　　　說郛(宛委山堂本)弓七十一
　　袁氏世範一卷
　　　　　　靑照堂叢書摘次編第三函
　集事詩鑒一卷
　　　(宋)方昕撰
　　　　　　知不足齋叢書(乾隆至道光本、景乾隆
　　　　　　　至道光本)第十四集・袁氏世範附
　　　　　　叢書集成初編・哲學類
　石林家訓一卷
　　　(宋)葉夢得撰
　　　　　　說郛(宛委山堂本)弓七十一
　　　　　　石林遺書
　　　　　　郋園先生全書
　石林治生家訓要略一卷
　　　(宋)葉夢得撰
　　　　　　石林遺書
　　　　　　郋園先生全書
　　石林家訓
　　　　　　說郛(商務印書館本)卷七十五
　訓兒錄二卷
　　　(宋)曹淇撰
　　　　　　曹氏傳芳錄

元

　許魯齋先生訓子詩一卷
　　　(元)許衡撰
　　　　　　東聽雨堂刊書・儒先訓要
　鄭氏家範
　　　(元)鄭太和撰
　　　　　　居家必備・家儀
　　鄭氏家範一卷
　　　　　　說郛(宛委山堂本)弓七十一
　　　　　　滎陽雜俎
　　鄭氏規範一卷
　　　　　　學海類編(道光本、景道光本)・集餘
　　　　　　　一
　　　　　　叢書集成初編・社會科學類
　金華鄭氏家範一卷
　　　　　　靑照堂叢書摘次編第三函
　旌義編二卷
　　　(元)鄭濤撰
　　　　　　金華叢書(同治光緒本、民國補刊本)
　　　　　　　・史部
　義門鄭氏家儀一卷
　　　(元)鄭泳撰

續金華叢書·經部

居家制用
　　(元)陸梳山撰
　　　居家必備·懿訓
　　居家制用一卷
　　　說郛續弓二十七

明

宗儀一卷附家人箴一卷
　　(明)方孝孺撰
　　　由醇錄
曹月川先生家規輯略一卷
　　(明)曹端撰
　　　曹月川先生遺書
家訓一卷
　　(明)霍韜撰
　　　涵芬樓祕笈第二集
許氏貽謀四則一卷
　　(明)許相卿撰
　　　由醇錄
　許雲邨貽謀一卷
　　　鹽邑志林
　　　叢書集成初編·社會科學類
　　　景印元明善本叢書十種·鹽邑志林
敎家要略二卷
　　(明)姚儒撰
　　　由醇錄
陸氏家訓一卷
　　(明)陸樹聲撰
　　　陸學士襍著
椒山遺囑一卷
　　(明)楊繼盛撰
　　　借月山房彙鈔(嘉慶本、景嘉慶本)第
　　　十六集
　楊忠愍公遺筆一卷
　　　學海類編(道光本、景道光本)·集餘
　　　一
　　　叢書集成初編·社會科學類
　楊忠愍傳家寶訓一卷
　　　百川書屋叢書
　楊椒山先生遺訓一卷
　　　東聽雨堂刊書·儒先訓要十四種
燕貽法錄(一名家訓)一卷
　　(明)方宏靜撰
　　　廣快書
龐氏家訓一卷
　　(明)龐尙鵬撰
　　　嶺南遺書第三集

叢書集成初編·社會科學類

家庭庸言二卷
　　(明)王祖嫡撰
　　　王司業雜著
姚氏藥言一卷
　　(明)姚舜牧撰
　　　思進齋叢書第一集
　藥言一卷
　　　叢書集成初編·社會科學類
訓兒俗說一卷
　　(明)袁黃撰
　　　了凡雜著
　訓子言一卷
　　　稗乘
　　　叢書集成初編·社會科學類
治家條約一卷
　　(明)莊元臣撰
　　　莊忠甫雜著
溫氏母訓一卷
　　(明)溫璜述
　　　四庫全書·子部儒家類
　　　當歸草堂叢書
　　　闔門必讀
　　(明溫以介述)
　　　學海類編(道光本、景道光本)·集餘
　　　一
　　　叢書集成初編·社會科學類
家矩一卷
　　(明)陳龍正撰
　　　檇李遺書·幾亭外書
　　　南園叢書
奉常家訓一卷
　　(清)王時敏撰
　　　婁東雜著金集
　奉常公遺訓一卷
　　　王烟客先生集
家誡要言一卷
　　(明)吳麟徵撰
　　　學海類編(道光本、景道光本)·集餘
　　　一
　　　遜敏堂叢書
　　　叢書集成初編·社會科學類
蘇氏家語
　　(明)蘇士潛撰
　　　居家必備·家儀
　蘇氏家語一卷
　　　說郛續弓二十九
法楷一卷

　　　(明)閔景賢輯
　　　　快書
五經孝語一卷
　　　(明)朱鴻輯
　　　　孝經大全巳集
四書孝語一卷
　　　(明)朱鴻輯
　　　　孝經大全巳集
宗傳圖考
　　　(明)江元祚撰
　　　　孝經大全子集
全孝圖說
　　　(明)江元祚撰
　　　　孝經大全子集
孝字釋
　　　(明)江元祚撰
　　　　孝經大全子集
全孝心法
　　　(明)江元祚撰
　　　　孝經大全子集
誦經威儀
　　　(明)江元祚撰
　　　　孝經大全子集
曾子孝實附錄一卷
　　　(明)江元祚刪注
　　　　孝經大全午集
孝經彙目一卷
　　　(明)江元祚撰
　　　　孝經大全午集

清

孝友堂家規一卷
　　　(清)孫奇逢撰
　　　　孫夏峯全集
　　　　教學五書
　　　　畿輔叢書・孫夏峯遺書
　　　　叢書集成初編・社會科學類
孝友堂家訓一卷
　　　(清)孫奇逢撰
　　　　孫夏峯全集
　　　　畿輔叢書・孫夏峯遺書
　　　　叢書集成初編・社會科學類
叢桂堂家約一卷
　　　(清)陳確撰
　　　　乾初先生遺集・別集
家訓一卷
　　　(清)張習孔撰
　　　　檀几叢書第三帙

　　　　檀几叢書錄要
霜紅龕家訓一卷
　　　(清)傅山撰
　　　　昭代叢書(道光本)戊集續編
楊園訓子語一卷
　　　(清)張履祥撰
　　　　西京清麓叢書續編・養正叢編
張楊園訓子語一卷
　　　　有諸已齋格言叢書
張楊園先生訓子語一卷
　　　　東聽雨堂刊書・儒先訓要十四種
楊園先生訓子語二卷
　　　　楊園張先生全集
　　　　張楊園先生集
訓子語二卷
　　　　重訂楊園先生全集
　　　　津河廣仁堂所刻書
楊園先生近古錄四卷
　　　(清)張履祥撰
　　　　楊園張先生全集
　　　　張楊園先生集
近古錄四卷
　　　　重訂楊園先生全集
聖人家門喻一卷
　　　(清)魏象樞撰
　　　　禮山園全集
朱柏廬先生勸言一卷
　　　(清)朱用純撰
　　　　東聽雨堂刊書・儒先訓要續四種
朱柏廬先生治家格言一卷
　　　(清)朱用純撰
　　　　東聽雨堂刊書・儒先訓要十四種
湯文正公家書一卷
　　　(清)湯斌撰
　　　　教學五書
于清端公家規範一卷
　　　　東聽雨堂刊書・儒先訓要十四種
王氏宗規一卷
　　　　東聽雨堂刊書・儒先訓要十四種
范魯公訓從子詩一卷
　　　　東聽雨堂刊書・儒先訓要十四種
王中書勸孝歌一卷附八反歌
　　　　東聽雨堂刊書・儒先訓要十四種
治家格言繹義二卷
　　　(清)戴翊清撰
　　　　有福讀書堂叢刻
家政須知一卷
　　　(清)丁耀亢撰

丁野鶴先生詩詞稿

治家格言詩一卷
(清)馬國翰撰
玉函山房全集

高氏塾鐸一卷
(清)高拱京撰
檀几叢書第三帙
檀几叢書錄要

燕翼篇一卷
(清)李淦撰
檀几叢書二集第二帙

宗規一卷
(清)鍾于序撰
昭代叢書(道光本)丙集第四帙

蔣氏家訓一卷
(清)蔣伊撰
借月山房彙鈔(嘉慶本、景嘉慶本)第
十一集
澤古齋重鈔第九集
叢書集成初編·社會科學類

忍園先生家訓一卷
(清)鄭起泓撰
滎陽雜組·鄭氏家範附

御定孝經衍義一百卷
(清)葉方藹(清)張英等撰
四庫全書·子部儒家類
摛藻堂四庫全書薈要·集部

聰訓齋語二卷
(清)張英撰
藝海珠塵宛集(戊集)
嘯園叢書第二函
求實齋叢書·篤素堂集鈔
格言彙編
志古堂叢書
叢書集成初編·社會科學類

聰訓齋語一卷
遜敏堂叢書
津河廣仁堂所刻書
有諸己齋格言叢書

聰訓齋語一卷
(清)張英撰　(民國)周學熙節錄
周氏師古堂所編書·古訓粹編

恆產瑣言一卷
(清)張英撰
藝海珠塵宛集(戊集)
昭代叢書(道光本)戊集續編
津河廣仁堂所刻書
求實齋叢書·篤素堂集鈔

志古堂叢書·聰訓齋語附
叢書集成初編·社會科學類

張文端公恆產瑣言一卷
東聽雨堂刊書·儒先訓要續四種

德星堂家訂一卷
(清)許汝霖撰
別下齋叢書(道光本、商務印書館景道
光本、竹簡齋景道光本)
花近樓叢書
叢書集成初編·社會科學類

求可堂家訓一卷
(清)廖冀亨撰
求可堂兩世遺書

尋樂堂家規一卷
(清)竇克勤撰
竇靜庵先生遺書

澄懷園語四卷
(清)張廷玉撰
澄懷園全集
申報館叢書餘集
嘯園叢書第二函
玉雞苗館叢書
格言彙編
志古堂叢書

澄懷園語一卷
(清)張廷玉撰　(民國)周學熙節錄
周氏師古堂所編書·古訓粹編

寒燈絮語一卷
(清)汪惟憲撰
昭代叢書(道光本)庚集埤編

一齋家規一卷
(清)郝玶撰
一齋溫溪叢刻

雙節堂庸訓六卷
(清)汪輝祖撰
龍莊遺書
有諸己齋格言叢書

梅叟閒評四卷
(清)郝培元撰　(清)郝懿行注
郝氏遺書

強恕堂傳家集四卷
(清)夏錫疇撰
記過齋藏書·記過齋叢書

家誡錄二卷
(清)孟超然撰
亦園亭全集·孟氏八錄

傳經堂家規一卷
(清)董國英撰

勉不足齋四種

枕上銘一卷
　　(清)紀大奎撰
　　　　紀愼齋先生全集・敬義堂家訓

紀氏敬義堂家訓述錄一卷
　　(清)紀大奎撰
　　　　紀愼齋先生全集・敬義堂家訓

書紳錄一卷
　　(清)紀大奎撰
　　　　紀愼齋先生全集・敬義堂家訓

家規二卷
　　(清)倪元坦撰
　　　　讀易樓合刻

里堂家訓二卷
　　(清)焦循撰
　　　　傳硯齋叢書
　　　　合衆圖書館叢書第一集

山窗覺夢節要一卷
　　(清)葉舟撰
　　　　蔭玉閣五種

教家約言一卷
　　(清)李元春撰
　　　　桐閣全書・桐窗雜著

尋常語一卷
　　(清)劉沅撰
　　　　槐軒全書

示兒長語一卷
　　(清)潘德輿撰
　　　　小方壺齋叢書三集
　　(清艮庭居士撰)
　　　　養素軒叢錄第一集

庭訓筆記一卷
　　(清)陰振猷撰
　　　　止園叢書(史氏撰)

來復堂家規一卷
　　(清)丁大椿撰
　　　　來復堂全書

資敬堂家訓二卷
　　(清)王師晉撰
　　　　丙子叢編

曾文正公家訓二卷
　　(清)曾國藩撰
　　　　曾文正公全集
　　　　玉雞苗館叢書
　　　　曾文正公六種彙刻

省身雜錄一卷
　　(清)彭尉高(鈍舫老人)撰

仙心閣集

成人篇一卷
　　(清)張壽榮(書隱老人)撰
　　　　花雨樓叢鈔

水北家訓一卷
　　(清)沈夢蘭撰
　　　　淩湖沈氏叢書附

姚氏家俗記一卷
　　(清)姚晉圻撰
　　　　姚氏遺書

遺訓存略二卷
　　(清)顏續輯
　　　　槐軒全書附

福永堂彙鈔二卷
　　(清)賀瑞麟輯
　　　　西京淸麓叢書外編

復堂諭子書一卷
　　(清)譚獻撰
　　　　念劬廬叢刊初編

資政公遺訓一卷
　　(清)汪之昌撰
　　　　靑學齋五種

與壻遺言一卷
　　(清)黃保康撰
　　　　霄鵬先生遺著

問靑園遺囑一卷
　　(清)王晉之撰
　　　　龍泉師友遺稿合編
　　　　問靑園集

吉祥錄一卷
　　(清)鄔寶珍撰
　　　　鄔家初集

竹廬家聒
　　(清)胡翔瀛撰
　　　　胡嶧陽先生遺書

民　國

甘氏家訓二卷
　　(民國)甘樹椿撰
　　　　花隱老人遺著

治家要義一卷附錄一卷
　　(民國)屈鳳竹撰
　　　　鄔家初集
　　　　半帆樓叢書

庭訓錄一卷
　　(民國)趙炳麟輯
　　　　趙柏嚴集

今　人

齊家淺說一卷
　　鄔慶時撰
　　　半帆樓叢書

婦　女

女誡一卷
　　(漢)班昭撰
　　　綠窗女史・閨閣部懿範
　　　說郛(宛委山堂本)弓七十
　　　東聽雨堂刊書・女兒書輯八種
　曹大家女誡一卷
　　　閨門必讀
　　　女四書(李光明莊本、江左書林本)
　女誡
　　　居家必備・家儀
曹大家女誡直解一卷
　　(明)趙南星撰
　　　味檗齋遺書
女孝經一卷
　　(唐)鄭口撰
　　　續百川學海癸集
　　　小十三經
　　　格致叢書
　　　津逮祕書(汲古閣本、景汲古閣本)第
　　　　四集
　　　綠窗女史・閨閣部懿範
　　　說郛(宛委山堂本)弓七十
　　　廿二子全書
　　　東聽雨堂刊書・女兒書輯八種
　鄭氏女孝經一卷
　　　閨門必讀
女論語一卷
　　(唐)宋若昭撰
　　　綠窗女史・閨閣部懿範
　　　說郛(宛委山堂本)弓七十
　　　閨門必讀
　　　女四書(李光明莊本、江左書林本)
　　　東聽雨堂刊書・女兒書輯八種
　宋尚宮女論語一卷
　　　西京清麓叢書外編・女學七種
內訓一卷
　　(明)仁孝文皇后撰
　　　四庫全書・子部儒家類
　　　墨海金壺(嘉慶本、景嘉慶本)・子部
　　　珠叢別錄(道光本、景道光本)
　仁孝文皇后內訓一卷

閨門必讀
　　女四書(李光明莊本、江左書林本)
王節婦女範捷錄一卷
　　(明)劉口撰
　　　女四書(李光明莊本、江左書林本)
女小兒語一卷
　　(明)呂得勝撰
　　　呂新吾全集
　　　東聽雨堂刊書・女兒書輯八種
　呂近溪女兒語一卷
　　　西京清麓叢書外編・女學七種
呂新吾先生閨範圖說四卷
　　(明)呂坤注
　　　呂新吾全集
　閨範四卷
　　　周氏師古堂所編書
女兒經註一卷
　　(明)趙南星撰
　　　味檗齋遺書・教家二書
視履約
　　(明)屠本畯撰
　　　居家必備・慈訓
女範一卷
　　(口)胡口撰
　　　綠窗女史・閨閣部懿範
　女範
　　　居家必備・家儀
婦德四箴
　　(清)徐士俊撰
　　　檀几叢書餘集附政
　婦德四箴一卷
　　　香豔叢書第十二集
新婦譜一卷
　　(清)陸圻撰
　　　檀几叢書第四帙
　　　香豔叢書第三集
補新婦譜一卷
　　(清)陳確撰
　　　乾初先生遺集・別集
　新婦譜補一卷
　　　檀几叢書第四帙
　　　香豔叢書第三集
新婦譜補一卷
　　(清)查琪撰
　　　檀几叢書第四帙
　　　香豔叢書第三集
內則衍義十六卷
　　　清世祖撰

四庫全書・子部儒家類

女學六卷
　　（清）藍鼎元撰
　　　　鹿洲全集（雍正本、同治本）
　　　　津河廣仁堂所刻書

女鑑錄四卷
　　（清）尹會一撰
　　　　畿輔叢書・尹健餘先生全集・四鑑錄
　　　　叢書集成初編・總類・四鑑錄

女學言行纂三卷
　　（清）李晚芳撰
　　　　周氏師古堂所編書・李茇猗女史全書

敎女遺規三卷
　　（清）陳弘謀撰
　　　　五種遺規（乾隆本、同治本、光緒本）
　　　　培遠堂全集
　　　　五種遺規（振華堂本）
　　　　周氏師古堂所編書
　　　　四部備要（排印本、縮印本）・子部儒
　　　　　家・五種遺規
　　　　陳榕門先生遺書

女訓約言一卷
　　（清）陳弘謀撰
　　　　西京清麓叢書外編・女學七種

女訓約言一卷
　　　　東聽雨堂刊書・女兒書輯八種

婦學一卷
　　（清）章學誠撰
　　　　藝海珠塵石集（乙集）
　　　　昭代叢書（道光本）庚集埤編
　　　　香豔叢書第二集

婦學一卷
　　（清）錢保塘輯
　　　　清風室叢書

母敎錄一卷
　　（清）鄭珍撰
　　　　巢經巢全集

敎女彝訓一卷
　　（清）方宗誠撰
　　　　津河廣仁堂所刻書

女三字經一卷
　　（清）朱浩文撰
　　　　東聽雨堂刊書・女兒書輯八種

訓女三字文一卷
　　（清）賀瑞麟書
　　　　西京清麓叢書外編・女學七種

女學篇一卷
　　（清）曾懿撰

古歡室全集

四言閨鑑二卷
　　（清）馮樹森輯
　　　　西京清麓叢書外編・女學七種

女兒經一卷
　　　　西京清麓叢書外編・女學七種

張氏母訓二卷
　　（清）張承燮撰
　　　　東聽雨堂刊書・女兒書輯八種

女閑
　　（清）胡翔瀛撰
　　　　胡嶧陽先生遺書

女千字文一卷
　　（清）□□撰
　　　　周氏師古堂所編書

女不費錢功德一卷
　　　　東聽雨堂刊書・女兒書輯八種

國語敬姜論勞逸說例一卷
　　（民國）宋育仁撰
　　　　問琴閣叢書

蒙　　學

童蒙訓三卷
　　（宋）呂本中撰
　　　　四庫全書・子部儒家類
　　　　當歸草堂叢書
　　　　保赤彙編
　　　　託跋塵叢刻

小學六卷附考異
　　（宋）朱熹撰
　　　　西京清麓叢書正編
　　　　劉氏傳經堂叢書
　　　　津河廣仁堂所刻書

小學詩禮一卷
　　（宋）陳淳撰
　　　　東聽雨堂刊書・小兒書輯八種

小學大義
　　（元）許衡撰
　　　　許文正公遺書
　　　　西京清麓叢書正編・許文正公遺書
　　　　洪氏唐石經館叢書・許文正公遺書

小學集註六卷
　　（明）陳選撰
　　　　四庫全書・子部儒家類
　　　　摛藻堂四庫全書薈要・子部
　　　　四部備要（排印本、縮印本）・子部儒
　　　　　家

小學古訓一卷

(明)黃佐撰
　　嶺南遺書第三集

小學句讀記六卷首一卷
　(清)王建常撰
　　西京清麓叢書續編
　　劉氏傳經堂叢書

小學集解六卷
　(清)張伯行撰
　　正誼堂全書
　　廣雅書局叢書・雜箸
　　叢書集成初編・社會科學類

楊鐵齋小學劄記一卷
　(清)楊履甚撰
　　書三味樓叢書

小學或問一卷
　(清)郝玶撰
　　一齋溫溪叢刻

小學義疏六卷
　(清)尹嘉銓撰
　　尹氏小學大全

小學或問四卷
　(清)尹嘉銓撰
　　尹氏小學大全

小學後編二卷
　(清)尹嘉銓撰
　　尹氏小學大全

小學考證一卷
　(清)尹嘉銓撰
　　尹氏小學大全

小學釋文二卷
　(清)尹嘉銓撰
　　尹氏小學大全

小學韻語一卷
　(清)羅澤南撰
　　羅忠節公遺集
　　西京清麓叢書續編・養正叢編
　　吉林探源書舫叢書初編
　　東聽雨堂刊書・小兒書輯八種

小學淺說一卷
　(清)郭長清撰
　　種樹軒遺集
　　津河廣仁堂所刻書

小學補一卷
　(明)馮柯撰
　　四明叢書第六集・貞白五書

訓學齋規
　(宋)朱熹撰
　　居家必備・家儀

訓學齋規一卷
　　說郛(宛委山堂本)弓七十一
　　靑照堂叢書摘次編第三函
　　楊園張先生全集・楊園先生經正錄
　　張楊園先生集・楊園先生經正錄
　　重訂楊園先生全集・經正錄

朱子童蒙須知一卷
　(宋)朱熹撰
　　西京清麓叢書續編・養蒙書九種
　　東聽雨堂刊書・儒先訓要十四種

童蒙須知一卷
　　津河廣仁堂所刻書・朱子訓蒙詩百首
　　附
　　周氏師古堂所編書

朱子訓蒙詩百首一卷
　(宋)朱熹撰
　　西京清麓叢書續編・養蒙書九種
　　津河廣仁堂所刻書

敬齋箴一卷
　(宋)朱熹撰
　　西京清麓叢書續編・養蒙書九種

少儀外傳二卷
　(宋)呂祖謙撰
　　四庫全書・子部儒家類
　　墨海金壺(嘉慶本、景嘉慶本)・子部
　　守山閣叢書(道光本、鴻文書局景道光
　　　本、博古齋景道光本)・子部
　　金華叢書(同治光緒本、民國補刊本)
　　　・子部
　　叢書集成初編・社會科學類

六藝綱目二卷
　(元)舒天民撰　(元)舒恭注　(明)趙宜中
　附注
　　四庫全書・經部小學類

六藝綱目二卷附錄二卷
　　指海(道光本、景道光本)第二集
　　海源閣叢書
　　文選樓叢書(甃林山房輯)
　　玲瓏山館叢叢・六藝編
　　叢書集成初編・總類

六藝綱目二卷附錄二卷附校勘記一卷
　(元)舒天民撰　(元)舒恭注　(明)趙宜中
　附注　校勘記(民國)張壽鏞撰
　　四明叢書第三集

養蒙大訓一卷
　(元)熊大年輯
　　碧琳瑯館叢書丙部
　　芋園叢書・子部

方正學先生幼儀雜箴一卷
　　(明)方孝孺撰
　　　　東聽雨堂刊書‧儒先訓要續四種
小兒語一卷
　　(明)呂得勝撰
　　　　呂新吾全集
　　　　藝海珠塵木集(辛集)
　　　　津河廣仁堂所刻書
　　　　東聽雨堂刊書‧小兒書輯八種
　　　　叢書集成初編‧社會科學類
　明呂近溪先生小兒語一卷
　　　　西京清麓叢書外編‧蒙養書十三種
　呂近溪小兒語
　　　　西京清麓叢書外編‧蒙養書十三種‧
　　　　　二語合編
續小兒語三卷
　　(明)呂坤撰
　　　　呂新吾全集
　　　　藝海珠塵木集(辛集)
　　　　津河廣仁堂所刻書‧小兒語附
　　　　叢書集成初編‧社會科學類
　呂新吾續小兒語
　　　　西京清麓叢書外編‧蒙養書十三種‧
　　　　　二語合編
演小兒語一卷
　　(明)呂坤撰
　　　　呂新吾全集
　呂新吾先生演小兒語一卷
　　　　西京清麓叢書外編‧蒙養書十三種
天谷老人小兒語補
　　(□)天谷老人撰
　　　　西京清麓叢書外編‧蒙養書十三種‧
　　　　　二語合編
呂新吾訓子詞
　　(明)呂坤撰
　　　　西京清麓叢書外編‧蒙養書十三種‧
　　　　　二語合編
養正圖解二卷
　　(明)焦竑撰
　　　　宛委別藏
養蒙圖說一卷
　　(明)壟時相撰
　　　　雲南叢書初編‧子部
幼訓一卷
　　(清)崔學古撰
　　　　檀几叢書二集第二帙
　　　　如不及齋叢書
　　　　檀几叢書錄要

少學一卷
　　(清)崔學古撰
　　　　檀几叢書二集第二帙
　　　　檀几叢書錄要
訓蒙條例一卷
　　(清)陳芳生撰
　　　　檀几叢書二集第二帙
　　　　檀几叢書錄要
蒙養詩教一卷
　　(清)胡鼎撰
　　　　昭代叢書(康熙本)甲集第三帙
　　　　昭代叢書(道光本)別集
　　　　遜敏堂叢書
養正篇一卷
　　(清)謝文洊撰
　　　　謝程山全書
初學先言二卷
　　(清)謝文洊撰
　　　　謝程山全書
養正類編十三卷
　　(清)張伯行撰
　　　　正誼堂全書
　　　　叢書集成初編‧社會科學類
小學稽業五卷
　　(清)李塨撰
　　　　畿輔叢書‧李恕谷遺書
　　　　顏李叢書
　　　　叢書集成初編‧社會科學類
課子隨筆二卷續編一卷
　　(清)張師載輯　續編(清)徐桐輯
　　　　有諸己齋格言叢書
課子隨筆一卷
　　(清)張師載撰　(民國)周學熙節錄
　　　　周氏師古堂所編書‧古訓粹編
養正遺規二卷補編一卷
　　(清)陳弘謀撰
　　　　五種遺規(乾隆本、同治本、光緒本)
　　　　培遠堂全集
　　　　五種遺規(振華堂本)
　　　　周氏師古堂所編書
　　　　四部備要(排印本、縮印本)‧子部儒
　　　　　家‧五種遺規
　養正遺規三卷
　　　　陳榕門先生遺書
養正遺規一卷
　　(清)陳弘謀撰　(民國)周學熙選
　　　　周氏師古堂所編書‧中學正宗
弟子規一卷

（清）李毓秀撰
　　西京清麓叢書續編·養蒙書九種
　　西京清麓叢書外編·蒙養書十三種
　　津河廣仁堂所刻書
　　東聽雨堂刊書·小兒書輯八種
　　周氏師古堂所編書

弟子規一卷
　　（清）李毓秀撰　（清）王檢心增訂
　　復性齋叢書

養正編一卷
　　（清）蔣勱常撰
　　全州蔣氏叢刻

槐軒蒙訓一卷
　　（清）劉沅撰
　　槐軒全書

人範六卷
　　（清）蔣元撰
　　廣雅書局叢書·雜著
　　志古堂叢書
　　南園叢書

訓蒙條要四卷
　　（清）計良撰
　　不自是齋叢書附

教童子法一卷
　　（清）王筠撰
　　王菉友九種
　　雲自在龕叢書第二集
　　靈鶼閣叢書第一集
　　叢書集成初編·社會科學類

村學究語一卷
　　（清）稻香齋村學究撰
　　槐軒全書附

李西漚老學究語
　　（清）李惺撰
　　西京清麓叢書外編·蒙養書十三種·
　　二語合編

　老學究語一卷
　　西漚全集·外集·銅鉋館氄書附
　　南園叢書·銅鉋館氄書附

來復堂小學補一卷
　　（清）丁大椿撰
　　來復堂全書

家常語一卷
　　（清）管湗撰
　　東聽雨堂刊書·小兒書輯八種

童蒙須知韻語一卷
　　（清）萬斛泉撰
　　津河廣仁堂所刻書

東聽雨堂刊書·小兒書輯八種

觀瀾講義一卷
　　（清）陸慶頤撰
　　津河廣仁堂所刻書

誨兒編二卷
　　（清）賀瑞麟輯
　　西京清麓叢書續編·養正叢編

清麓訓詞一卷
　　（清）賀瑞麟撰
　　西京清麓叢書續編·養正叢編

蕉窗訓蒙錄一卷附詩文一卷
　　（清）耿保遐撰
　　耿氏家集彙鈔

父師善誘法二卷
　　（清）唐彪撰
　　西京清麓叢書外編·蒙養書十三種

訓蒙詩輯解一卷
　　（民國）張元勳撰
　　西京清麓叢書續編·養正叢編

家塾瑣語一卷
　　（清）汪之昌撰
　　青學齋五種

彪蒙語錄一卷
　　（清）王廷鼎撰
　　紫薇花館集·紫薇花館雜纂

夢園蒙訓十八卷
　　（清）劉曾騄撰
　　祥符劉氏叢書

慈幼編一卷
　　（民國）香山慈幼院輯
　　救荒輯要初編

蒙學韻語一卷
　　（民國）周宗麟撰
　　涘存齋集
　　重訂涘存齋集

開蒙要訓
　　貞松堂藏西陲祕籍叢殘第一集

課兒讀書錄一卷
　　（民國）徐昂撰
　　徐氏全書

增訂發蒙三字經一卷
　　（宋）王應麟撰　（清）許印芳增訂
　　雲南叢書初編·子部

三字經註一卷
　　（明）趙南星撰
　　味檗齋遺書·教家二書

三字經訓詁一卷
　　（清）王相撰

　　　　　重刻徐氏三種
廣三字經一卷
　　　（清）蕉軒氏撰　（清）王晉之（清）張諧之重
　　　　訂
　　　　　津河廣仁堂所刻書
廣三字經一卷
　　　（清）□□增輯
　　　　　西京清麓叢書外編・蒙養書十三種
名物蒙求一卷
　　　（宋）方逢辰撰
　　　　　小四書
　　　　　東聽雨堂刊書・小兒書輯八種
純正蒙求三卷
　　　（元）胡炳文撰
　　　　　四庫全書・子部類書類
　　純正蒙求一卷
　　　　　三餘書屋叢書

勸　學

厲學一卷
　　　（晉）虞溥撰　（清）馬國翰輯
　　　　　玉函山房輯佚書（嫏嬛館本、重印本、
　　　　　　楚南書局本）補遺・子編儒家類
朱子白鹿洞規條二十卷
　　　（宋）朱熹撰
　　　　　積書巖六種
　　白鹿洞揭示一卷
　　　　　西京清麓叢書續編・養蒙書九種
　　朱子白鹿洞書院揭示一卷
　　　　　東聽雨堂刊書・儒先訓要十四種
　　白鹿洞書院學規一卷
　　　　　楊園張先生全集・楊園先生經正錄
　　　　　張楊園先生集・楊園先生經正錄
　　　　　重訂楊園先生全集・經正錄
　　白鹿書院敎規一卷
　　　（宋）朱熹撰　（宋）饒魯輯
　　　　　學海類編（道光本、景道光本）・集餘
　　　　　一
　　　　　叢書集成初編・社會科學類
朱文公白鹿洞書院揭示集解一卷
　　　（清）王檢心輯
　　　　　復性齋叢書
朱子讀書法四卷
　　　（宋）張洪（宋）齊熙輯
　　　　　四庫全書・子部儒家類
　　　　　復性書院叢刊・儒林典要第三輯
朱子學訓三卷
　　　（明）葉廷秀鈔評

葉潤山輯著全書
朱子論學切要語二卷
　　　（清）王懋竑輯
　　　　　四庫全書・史部傳記類・朱子年譜附
　　　　　粵雅堂叢書第十四集・朱子年譜附
　　　　　叢書集成初編・史地類・朱子年譜附
程董二先生學則一卷
　　　（宋）程端蒙（宋）董銖撰　（宋）饒魯輯
　　　　　學海類編（道光本、景道光本）・集餘
　　　　　一
　　　　　西京清麓叢書續編・養蒙書九種
　　　　　叢書集成初編・社會科學類
讀書分年日程三卷綱領一卷
　　　（元）程端禮撰
　　　　　四庫全書・子部儒家類
　　　　　敎學五書
　　程氏家塾讀書分年日程三卷綱領一卷
　　　　　當歸草堂叢書
　　　　　西京清麓叢書外編
　　　　　正誼堂全集
　　　　　津河廣仁堂所刻書
　　　　　吉林探源書舫叢書初編
　　　　　四部叢刊讀編・子部
　　　　　叢書集成初編・總類
學約書程一卷
　　　（明）何景明撰
　　　　　龍潭精舍叢刻
國學訓諸生十二條一卷
　　　（明）陸樹聲撰
　　　　　陸學士襍著・汲古叢語附
敎秦緖言一卷
　　　（明）孫應鼇撰
　　　　　孫文恭公遺書（光緒本、宣統排印本）
呂新吾先生社學要略一卷
　　　（明）呂坤撰
　　　　　東聽雨堂刊書・儒先訓要續四種
關中士夫會約一卷
　　　（明）馮從吾撰
　　　　　馮少墟集（萬曆本、康熙本）・語錄
學會約
　　　（明）馮從吾撰
　　　　　馮少墟集（萬曆本、康熙本）・語錄
士戒
　　　（明）馮從吾撰
　　　　　馮少墟集（萬曆本、康熙本）・語錄
士範一卷
　　　　　格致叢書
讀書十六觀一卷

（明）陳繼儒撰
水邊林下
說郛續弓三十二

讀書十六觀補一卷
（明）吳愷撰
涇川叢書（道光本、景道光本）
叢書集成初編·社會科學類

誠邑淺言一卷
（明）傅新德撰
雪華館叢編·雜著類

明經會約一卷
（明）林希恩撰
說郛續弓二十九

讀書社約一卷
（明）丁奇遇撰
說郛續弓二十九
武林掌故叢編第十集

證人社約一卷
（明）劉宗周撰
葉潤山輯著全書
劉蕺山先生集
學海類編（道光本、景道光本）·集餘
一
叢書集成初編·哲學類

續證人社約誠一卷
（清）惲日初撰
檀几叢書第三帙

蕈溪自課一卷
（明）馮京第撰
檀几叢書二集第四帙
四明叢書第二集·馮侍郎遺書

讀書通一卷
（明）孫伯觀撰
快書

雅俗辨一卷
（明）黃孟威撰
快書

論學三說一卷
（清）黃與堅撰
學海類編（道光本、景道光本）·集餘
三
婁東雜著竹集
國朝名人著述叢編
吉林探源書舫叢書二集
叢書集成初編·總類

廣論學三說一卷
（清）黃與堅撰
婁東雜著竹集

聖學入門書一卷
（清）陳瑚撰
記過齋藏書·記過齋叢書
西京清麓叢書續編·養正義編
津河廣仁堂所刻書
周氏師古堂所編書

聖學入門書三卷
東倉書庫叢刻初編
留餘草堂叢書

讀書法
（清）魏際瑞撰
檀几叢書餘集

讀書法一卷
古今說部叢書一集

根心堂學規
（清）宋瑾撰
檀几叢書餘集

家塾座右銘
（清）宋起鳳撰
檀几叢書餘集

讀書法一卷
（清）蔡方炳輯
息關三述

塾講規約一卷
（清）施璜撰
昭代叢書（康熙本）甲集第一帙
昭代叢書（道光本）甲集第一帙

教習堂條約一卷
（清）徐乾學撰
學海類編（道光本、景道光本）·集餘
一
叢書集成初編·社會科學類

學規類編二十七卷
（清）張伯行撰
正誼堂全書
叢書集成初編·哲學類

泌陽學條規一卷
（清）竇克勤撰
竇靜庵先生遺書

尋樂堂學規一卷
（清）竇克勤撰
竇靜庵先生遺書

告先師文一卷
（清）竇克勤撰
竇靜庵先生遺書

學要八箴一卷
（清）李來章撰
禮山園全集

紫雲書院讀史偶譚一卷
　　（清）李來章撰
　　　　禮山園全集
聖諭圖象衍義二卷
　　（清）李來章撰
　　　　禮山園全集
聖諭衍義三字歌俗解一卷
　　（清）李來章撰
　　　　禮山園全集
御製訓飭士子文淺解一卷宣講儀注一卷
　　宣講條約一卷
　　（清）李來章撰
　　　　禮山園全集
南陽書院學規二卷首一卷
　　（清）李來章撰
　　　　禮山園全集
鍾山書院規約一卷
　　（清）楊繩武撰
　　　　昭代叢書（道光本）辛集別編
集程朱格物法一卷集朱子讀書法一卷
　　（清）王澍輯
　　　　積書巖六種
課士條言一卷
　　（清）沈起元撰
　　　　敬東雜著宛集
學規一卷
　　（清）陶成撰
　　　　五廬遺書
士鑑錄四卷
　　（清）尹會一撰
　　　　畿輔叢書・尹健餘先生全集・四鑑錄
　　　　叢書集成初編・總類・四鑑錄
濂溪書院興學編一卷
　　（清）□□輯
　　　　鄭氏叢刻
濂溪書院勸學編六卷首一卷
　　（清）鄭之僑輯
　　　　鄭氏叢刻
先正讀書訣一卷
　　（清）周永年輯
　　　　靈鶼閣叢書第一集
　　　　叢書集成初編・總類
湯文正公志學會規一卷
　　（清）倪元坦訂
　　　　讀易樓合刻
敎諭語四卷補一卷
　　（清）謝金鑾撰
　　　　津河廣仁堂所刻書

敎諭語四卷
　　　　有諸己齋格言叢書
演敎諭語一卷
　　（清）高繼衍撰
　　　　培根堂全稿
　　　　津河廣仁堂所刻書
梅溪先生勸學質言一卷
　　（清）葉舟撰
　　　　蔭玉閣五種
華原書院志一卷
　　（清）李元春撰
　　　　桐閣全書・桐窗雜著
授徒閒筆一卷
　　（清）李元春撰
　　　　桐閣全書・桐窗雜著
滝川書院志一卷
　　（清）李元春撰
　　　　桐閣全書・桐窗雜著
敎學編一卷
　　（清）余潛士撰
　　　　耕邸全集
勵學篇一卷
　　（清）王寶仁撰
　　　　敬東雜著木集
黃氏塾課（一名經外緒言）三卷
　　（清）黃式三撰
　　　　儆居遺書
弟子箴言十六卷
　　（清）胡達源撰
　　　　津河廣仁堂所刻書
　　　　周氏師古堂所編書
弟子箴言二卷
　　　　有諸己齋格言叢書
敎士彙編二卷
　　（清）蔣啓敭撰
　　　　全州蔣氏叢刻
山館學規一卷
　　（清）華日來撰
　　　　昆明華氏叢刻
勸學贅言四卷
　　（清）劉存仁撰
　　　　屺雲樓集
家塾課程一卷
　　（清）龍啓瑞撰
　　　　漸西村舍彙刊・經籍舉要附
爲學大指一卷
　　（清）倭仁撰
　　　　津河廣仁堂所刻書

為學大指一卷
　　(清)倭仁撰　(民國)周學熙選
　　　　周氏師古堂所編書・中學正宗
鄉塾正誤二卷
　　(清)李江撰
　　　　津河廣仁堂所刻書
　　　　龍泉師友遺稿合編
讀書舉要二卷
　　(清)楊希閔撰
　　　　津河廣仁堂所刻書
靈峽學則一卷
　　(清)薛于瑛撰
　　　　津河廣仁堂所刻書
讀書法彙一卷
　　(清)杜貴墀撰
　　　　桐華閣叢書
　　　　郋園先生全書附
輶軒語一卷
　　(清)張之洞撰
　　　　有諸己齋格言叢書
　　　　慎始基齋叢書
　輶軒語二卷
　　　　張文襄公全集
勸學篇二卷
　　(清)張之洞撰
　　　　漸西村舍彙刊
　　　　張文襄公全集
書張尚書之洞勸學篇後一卷
　　(清)鄭杲撰
　　　　集虛草堂叢書甲集・鄭東父遺書
張香濤學使學究語一卷
　　(清)張之洞撰
　　　　求實齋叢書
觀書例一卷
　　(清)姚晉圻撰
　　　　慎始基齋叢書
東安日程一卷
　　(清)姚晉圻撰
　　　　姚氏遺書
問青園課程一卷附雜儀學規條規
　　(清)王晉之撰
　　　　問青園集
　　　　龍泉師友遺稿合編・問青園集
勸學淺語一卷
　　(清)沈源深撰
　　　　賭棋山莊全集
觀書後例一卷
　　(清)田明昶撰

　　　　慎始基齋叢書
蔣丹林學使義學規條一卷
　　(清)蔣丹林撰
　　　　求實齋叢書
中江講院建立經誼治事兩齋章程一卷
　　(清)袁昶撰
　　　　漸西村舍彙刊
　　　　叢書集成初編・總類・尊經閣藏書目
河北致用精舍學規一卷
　　(清)杜俞撰
　　　　海嶽軒叢刻
潛園讀書法一卷
　　(民國)魏元曠撰
　　　　魏氏全書・潛園統編類編

俗　訓

義莊規矩一卷
　　(宋)范仲淹撰
　　　　說郛(宛委山堂本)弓七十一
　范氏義莊規矩一卷
　　　　青照堂叢書摘次編第三函
呂氏鄉約
　　(宋)呂大忠撰
　　　　居家必備・家儀
　　　　說郛(商務印書館本)卷八十
　呂氏鄉約一卷
　　　　說郛(宛委山堂本)弓七十一
　　　　青照堂叢書摘次編第三函
　藍田呂氏鄉約一卷
　　　　楊園張先生全集・楊園先生經正錄
　　　　張楊園先生集・楊園先生經正錄
　　　　重訂楊園先生全集・經正錄
　呂氏鄉約一卷鄉儀一卷
　　　　隨盦徐氏叢書續編
　鄉約一卷
　　　　關中叢書第一集
增損呂氏鄉約一卷
　　(宋)呂大忠撰　(宋)朱熹訂
　　　　由醇錄
　朱子增損呂氏鄉約一卷
　　　　東聽雨堂刊書・儒先訓要十四種
增修藍田鄉約四卷
　　(宋)呂大忠撰　(明)□□增修
　　　　由醇錄
諭俗文一卷
　　(宋)真德秀撰
　　　　學海類編(道光本、景道光本)・集餘
　　　　一

叢書集成初編・社會科學類

琴堂諭俗編二卷
　　(宋)鄭玉道(宋)彭仲剛撰　　(宋)應俊輯補
　　(元)左群續增
　　　　四庫全書・子部雜家類
　　　　四庫全書珍本初集・子部雜家類

自警篇一卷
　　(宋)趙善璙撰
　　　　歷代小史
　　　　叢書集成初編・社會科學類
　　　　景印元明善本叢書十種・歷代小史

自警編九卷
　　　　四庫全書・子部雜家類

禮範
　　(宋)□□撰
　　　　說郛(商務印書館本)卷四十四

辨惑論
　　(元)謝應芳撰
　　　　居家必備・懿訓
　　　　說郛(商務印書館本)卷七十四

辨惑論一卷
　　　　說郛(宛委山堂本)弓七十三
　　　　青照堂叢書摘三編第四函

辨惑編四卷附錄一卷
　　　　四庫全書・子部儒家類
　　　　酌古準今
　　　　守山閣叢書(道光本、鴻文書局景道光
　　　　　本、博古齋景道光本)・子部
　　　　叢書集成初編・社會科學類

景行錄
　　(元)史弼撰
　　　　說郛(商務印書館本)卷六十四

勸忍百箴考註四卷
　　(元)許名奎撰　　(明)釋覺澄考注
　　　　四明叢書第六集

善俗裨議一卷
　　(明)陸樹聲撰
　　　　陸學士襍著

從先維俗議五卷
　　(明)管志道撰
　　　　太崑先哲遺書

諭俗
　　(明)馮從吾撰
　　　　馮少墟集(萬曆本、康熙本)・語錄

密箴一卷
　　(明)蔡清撰
　　　　百陵學山
　　　　叢書集成初編・總類

景印元明善本叢書十種・百陵學山

四箴雜言一卷
　　(明)何大復撰
　　　　百陵學山
　　　　叢書集成初編・總類
　　　　景印元明善本叢書十種・百陵學山

慎言十三卷
　　(明)王廷相撰
　　　　王浚川所著書

慎言集訓二卷
　　(明)敖英輯
　　　　格致叢書
　　　　寶顏堂祕笈(萬曆本、民國石印本)續
　　　　　集
　　　　當歸草堂叢書
　　　　豫章叢書(胡思敬輯)
　　　　叢書集成初編・總類

廉矩一卷
　　(明)王文祿撰
　　　　百陵學山
　　　　學海類編(道光本、景道光本)・集餘
　　　　　一
　　　　叢書集成初編・哲學類
　　　　景印元明善本叢書十種・百陵學山

語言談一卷
　　(明)張獻翼撰
　　　　說郛續弓十五

人譜一卷
　　(明)劉宗周撰
　　　　劉蕺山先生集
　　　　四庫全書・子部儒家類
　　　　教學五書
　　　　志古堂叢書

人譜二卷
　　　　書三味樓叢書

人譜正篇一卷續篇一卷三篇一卷
　　　　學海類編(道光本、景道光本)・集餘
　　　　　一
　　　　崇文書局彙刻書

人譜類記二卷
　　(明)劉宗周撰
　　　　四庫全書・子部儒家類

人譜類記增訂六卷
　　　　教學五書
　　　　崇文書局彙刻書
　　　　志古堂叢書

人譜補圖一卷
　　(清)宋瑾撰

檀几叢書二集第一帙

治鄉三約一卷
　（清）陸世儀撰
　　陸桴亭先生遺書

蔚村三約一卷
　（清）陳瑚撰
　　冀東雜著石集
　　津河廣仁堂所刻書・聖學入門書附

家人子語一卷
　（清）毛先舒撰
　　昭代叢書（康熙本）甲集第二帙
　　昭代叢書（道光本）甲集第二帙
　　遜敏堂叢書

聖室錄感一卷
　（清）李顒撰
　　西京清麓叢書外編・蒙養書十三種

治嘉格言一卷
　（清）陸隴其撰
　　陸子全書

　陸清獻公治嘉格言一卷
　　吉林探源書舫叢書初編

　宰嘉訓俗一卷
　　有諸己齋格言叢書

存人編四卷
　（清）顏元撰
　　畿輔叢書・顏習齋遺書・四存編
　　顏李叢書・四存編
　　叢書集成初編・社會科學類

聖諭廣訓一卷
　清世宗撰
　　四庫全書・子部儒家類
　　摘藻堂四庫全書薈要・史部
　　津河廣仁堂所刻書
　　詩禮堂全集

聖諭廣訓衍一卷
　（清）王又樸撰
　　詩禮堂全集

聖諭宣講鄉保約一卷儀注一卷
　（清）李來章撰
　　禮山園全集

續一鄉雅言一卷
　（清）劉青蓮撰
　　劉氏傳家集

訓俗遺規四卷
　（清）陳弘謀撰
　　五種遺規（乾隆本、同治本、光緒本）
　　四部備要（排印本、縮印本）・子部儒
　　　家・五種遺規

訓俗遺規四卷補編二卷
　　五種遺規（振華堂本）
　　培遠堂全集

訓俗遺規四卷補編四卷
　　陳榕門先生遺書

猶見篇一卷
　（清）傅麟昭撰
　　檀几叢書第三帙

敦孝編一卷
　（清）姚廷傑撰
　　檀几叢書二集第一帙
　　檀几叢書錄要
　　粟香室叢書
　　峭帆樓叢書

古人居家居鄉法一卷
　（清）丁雄飛撰
　　檀几叢書二集第一帙

心病說一卷
　（清）甘京撰
　　昭代叢書（康熙本）甲集第二帙
　　昭代叢書（道光本）別集

艮堂十戒
　（清）方象瑛撰
　　檀几叢書餘集

　艮堂十戒一卷
　　古今說部叢書一集

日省錄三卷
　（清）梁文科撰
　　如不及齋叢書

餘慶堂十二戒一卷
　（清）劉德新撰
　　檀几叢書第三帙
　　檀几叢書錄要

六事箴言一卷
　（清）王鼎撰
　　有福讀書堂叢刻四種

訓俗邇言一卷
　（清）蔣啓敭撰
　　全州蔣氏叢刻

高淳義學義倉輯略一卷
　（清）王檢心撰
　　復性齋叢書

曾文正公雜箸二卷
　（清）曾國藩撰
　　曾文正公全集
　　曾文正公六種彙刻

曾文正公雜著鈔一卷
　（清）曾國藩撰　（清）蔣德鈞鈔

求實齋叢書

醒世要言
　(□)宮南莊撰
　　西京清麓叢書外編・蒙養書十三種・
　　二語合編

友義
　(清)胡翔瀛撰
　　胡嶧陽先生遺書

訓俗簡編一卷
　　西京清麓叢書外編・蒙養書十三種

訓俗常談一卷
　(民國)金蓉鏡撰
　　潛廬全集

尊宗贅議一卷
　　江鍾秀撰
　　江氏著書七種

仁德莊義田舊問一卷
　　黃濱虹撰
　　濱虹雜著

任耕感言一卷
　　黃濱虹撰
　　濱虹雜著

兵　書　類

兵法之屬

先　秦

**風后握奇經一卷附握奇經續圖一卷八陣
總述一卷**
　(漢)公孫弘解　續圖(□)□□撰　八陣總
　　述(晉)馬隆述
　　續百川學海癸集
　　小十三經
　　津逮祕書(汲古閣本、景汲古閣本)第
　　四集
　　唐宋叢書・載籍
　　說郛(宛委山堂本)弓一百八
　　五朝小說・魏晉小說藝術家・
　　五朝小說大觀・魏晉小說藝術家
　　增訂漢魏叢書(乾隆本、紅杏山房本、
　　　三餘堂本、大通書局石印本)・子餘
　　子書百家・兵家類
　　百子全書・兵家類
　　鮑紅葉叢書

　　子書四十八種

**握奇經一卷附握奇經續圖一卷八陣總
述一卷**
　　夷門廣牘・雜占
　　覆古介書後集
　　四庫全書　子部兵家類
　　景印元明善本叢書十種・夷門廣牘・
　　雜占

**握奇經解一卷附握奇經續圖一卷八陣
總述一卷**
　(漢)公孫弘撰　續圖(□)□□撰　八陣總
　　述(晉)馬隆述
　　藝海珠塵二集(己集)
　　凌氏傳經堂叢書

古握機經三卷緯五卷
　(明)曹胤儒注
　　快閣藏書

握奇經訂本一卷
　(清)李光地注
　　李文貞公全集

握奇經註一卷
　(清)李光地撰
　　榕村全書

握奇經訂本一卷
　(清)李光地注　(清)劉紹攽訂
　　西京清麓叢書外編・蒙養書十三種

握奇經定本一卷正義一卷圖一卷
　(清)張惠言撰
　　大亭山館叢書・子類

黃帝問玄女兵法一卷
　(清)洪頤煊輯
　　問經堂叢書・經典集林
　　經典集林

六韜六卷
　(周)呂望撰
　　武經七書(景宋鈔本、明刊本、清刊本)
　　武學經傳三種
　　三代遺書
　　四庫全書・子部兵家類
　　四部叢刊(初次印本、二次印本、縮印
　　　二次印本)・子部
　　續古逸叢書
　　重刻武經七書

六韜三卷
　　子書百家・兵家類
　　百子全書・兵家類
　　子書二十八種
　　子書四十八種

六韜六卷逸文一卷
　　(周)呂望撰　(清)孫星衍校　逸文(清)孫
　　　同元輯
　　　　平津館叢書(嘉慶本、光緒本)
　　　　長恩書室叢書乙集
　　　　牛畝園叢書·兵法彙編
　　　　兵書七種
六韜一卷
　　(周)呂望撰　(清)黃奭輯
　　　　漢學堂叢書·子史鈎沈·子部兵家類
　　　　黃氏逸書考(民國修補本、民國補刊
　　　　　本)·子史鈎沈
六韜佚文一卷
　　(周)呂望撰　(清)王仁俊輯
　　　　經籍佚文
六韜六卷
　　(周)呂望撰　(宋)施子美講義
　　　　施氏七書講義
六韜直解六卷
　　(明)劉寅撰
　　　　景印明本武經七書直解
子牙子
　　(周)呂望撰　(明)歸有光輯評
　　　　諸子彙函
太公金匱一卷
　　(周)呂望撰　(清)洪頤煊輯
　　　　問經堂叢書·經典集林
　　　　經典集林
太公兵法逸文一卷
　　(清)汪宗沂輯
　　　　漸西村舍彙刊·汪氏兵學三書
孫子三卷
　　(周)孫武撰
　　　　武學經傳三種
　　　　子書百家·兵家類
　　　　百子全書·兵家類
　　　　續古逸叢書
　　　　重刻武經七書
孫子一卷
　　　　二十子
　　　　四庫全書·子部兵家類
　　　　武經三子全書
孫子一卷
　　(周)孫武撰　(清)任兆麟選輯
　　　　述記(乾隆本、嘉慶本)
孫子佚文一卷
　　(周)孫武撰　(清)王仁俊輯
　　　　經籍佚文

孫子三卷
　　(周)孫武撰　魏武帝注
　　　　武經七書(景宋鈔本、明刊本、清刊本)
　　　　平津館叢書(嘉慶本、光緒本)
　　　　長恩書室叢書乙集
　　　　牛畝園叢書·兵法彙編
　　　　孫吳司馬法
　　　　兵書七種
　　　　叢書集成初編·社會科學類
孫子二卷
　　　　廣漢魏叢書(嘉慶本)·子餘
　　　　增訂漢魏叢書(大通書局石印本)·子
　　　　　餘
孫子三卷
　　(周)孫武撰　魏武帝注　(清)凌堃增注
　　　　凌氏傳經堂叢書
孫子集注十三卷
　　(宋)吉天保輯
　　　　四部叢刊(初次印本、二次印本、縮印
　　　　　二次印本)·子部
孫子註解十三卷附遺說一卷
　　(宋)吉天保輯　遺說(宋)鄭友賢撰
　　　　道藏(正統本、景正統本)·太清部
　　　　道藏舉要第五類
孫子十家註十三卷附遺說一卷
　　(宋)吉天保輯　(清)孫星衍(清)吳人驥校
　　　　遺說(宋)鄭友賢撰
　　　　宛委別藏
　　　　子書二十八種
孫子十家註十三卷附敍錄一卷遺說一卷
　　(宋)吉天保輯　(清)孫星衍(清)吳人驥校
　　　　敍錄(清)畢以珣撰　遺說(宋)鄭友賢撰
　　　　岱南閣叢書(乾隆嘉慶本、景乾隆嘉慶
　　　　　本)
　　　　二十二子
　　　　二十五子彙函
　　　　子書二十二種
　　　　子書四十八種
　　　　袖珍古書讀本
　　　　諸子集成(世界書局本、中華書局本)
　　　　　第六冊
　　　　叢書集成初編·社會科學類
　　　　四部備要(排印本、縮印本)·子部周
　　　　　秦諸子
孫子十一卷
　　(周)孫武撰　(宋)施子美講義
　　　　施氏七書講義
孫武子直解三卷
　　(明)劉寅撰

景印明本武經七書直解

孫武子
    （周）孫武撰 　（明）歸有光輯評
        諸子彙函

孫子一卷
    （周）孫武撰 　（明）王世貞評釋
        兵垣四編

孫子集註一卷
    （周）孫武撰 　（清）鄧廷羅注
        兵鏡

孫子一卷
    （周）孫武撰 　（民國）張之純評注
        評註諸子菁華錄·兵家一種

孫子平議補錄
    （清）俞樾撰
        諸子平議補錄（李念劬堂本、中華書局
        排印本）

孫吳兵訣一卷
    （清）徐經輯
        雅歌堂全集·雅歌堂外集

吳子二卷
    （周）吳起撰
        武經七書（景宋鈔本、明刊本、清刊本）
        武學經傳三種
        平津館叢書（嘉慶本、光緒本）
        長恩書室叢書乙集
        牛畝園叢書·兵法彙編
        孫吳司馬法
        子書百家·兵家類
        百子全書·兵家類
        子書二十八種
        兵書七種
        四部叢刊（初次印本、二次印本、縮印
        二次印本）·子部
        子書四十八種
        重刻武經七書
        叢書集成初編·社會科學類
        四部備要（排印本、縮印本）·子部周
        秦諸子

吳子一卷
        二十子
        四庫全書·子部兵家類
        武經三子全書

吳子三卷
        續古逸叢書

吳子六卷
    （周）吳起撰 　（清）孫星衍校
        諸子集成（世界書局本、中華書局本）

第六冊

吳子五卷
    （周）吳起撰 　（宋）施子美講義
        施氏七書講義

吳子直解二卷
    （明）劉寅撰
        景印明本武經七書直解

吳子二卷
    （周）吳起撰 　（明）劉寅注 　（明）沈尤含
    （明）王克安訂
        合諸名家批點諸子全書

吳子
    （周）吳起撰 　（明）歸有光輯評
        諸子彙函

吳子一卷
    （周）吳起撰 　（明）王士騏評釋
        兵垣四編

吳子二卷
    （周）吳起撰 　（清）凌堃評校
        凌氏傳經堂叢書

司馬法三卷
    （周）司馬穰苴撰
        武經七書（景宋鈔本、明刊本、清刊本）
        武學經傳三種
        平津館叢書（嘉慶本、光緒本）
        長恩書室叢書乙集
        牛畝園叢書·兵法彙編
        孫吳司馬法
        兵書七種
        四部叢刊（初次印本、二次印本、縮印
        二次印本）·子部
        續古逸叢書
        重刻武經七書
        四部備要（排印本、縮印本）·子部周
        秦諸子

    司馬法一卷
        四庫全書·子部兵家類
        子書百家·兵家類
        百子全書·兵家類
        武經三子全書

司馬法三卷逸文一卷
    （周）司馬穰苴撰 　逸文（清）錢熙祚輯
        指海（道光本、景道光本）第七集

司馬法一卷
    （周）司馬穰苴撰 　（清）任兆麟選輯
        述記（乾隆本、嘉慶本）

司馬兵法一卷
    （周）司馬穰苴撰 　（清）王仁俊輯

玉函山房輯佚書續編・子編兵家類

司馬法佚文一卷
經籍佚文

司馬法一卷逸文一卷
(周)司馬穰苴撰　(□)□□注　(清)張澍
輯
二酉堂叢書

司馬法五卷
(周)司馬穰苴撰　(宋)施子美講義
施氏七書講義

司馬法直解一卷
(明)劉寅撰
宛委別藏

司馬法直解三卷
景印明本武經七書直解

司馬子
(周)司馬穰苴撰　(明)歸有光輯評
諸子彙函

評註司馬法一卷
(清)陳玖撰
子書四十八種

司馬法三卷
(周)司馬穰苴撰　(清)凌堃注
凌氏傳經堂叢書

司馬法古注三卷附音義一卷
(民國)曹元忠輯併撰音義
箋經室叢書

尉繚子五卷
(周)尉繚撰
武經七書(景宋鈔本、明刊本、清刊本)
武學經傳三種
四庫全書・子部兵家類
重刻武經七書
續古逸叢書
叢書集成初編・社會科學類

尉繚子二卷
子書百家・兵家類
百子全書・兵家類
清芬堂叢書・子部
二十五子彙函
子書二十八種
子書四十八種

尉繚子一卷
(周)尉繚撰　(清)任兆麟選輯
述記續

尉繚子九卷
(周)尉繚撰　(宋)施子美講義
施氏七書講義

尉繚子直解五卷
(明)劉寅撰
宛委別藏
景印明本武經七書直解

尉繚子
(周)尉繚撰　(明)歸有光輯評
諸子彙函

漢

黃石公素書一卷
(漢)黃石公撰
子彙
二十子
先秦諸子合編・道家
且且菴初筆十六子
景印元明善本叢書十種・子彙

素書一卷
快閣藏書
增定漢魏六朝別解・子部
說郛(宛委山堂本)弓七
重刊道藏輯要危集
鮑紅葉叢書
子書四十八種

素書
說郛(商務印書館本)卷九十

黃石公記一卷
(漢)黃石公撰　(清)王仁俊輯
玉函山房輯佚書續編・子編兵家類

黃石公素書一卷
(漢)黃石公撰　(漢)魏魯注
道藏(正統本、景正統本)・太清部
道藏本五子
道藏舉要第五類

黃石公素書一卷
(漢)黃石公撰　(宋)張商英注
道藏(正統本、景正統本)・太清部
格致叢書
道藏舉要第五類

素書一卷
漢魏叢書(萬曆本、景萬曆本)・子籍
廣漢魏叢書(萬曆本、嘉慶本)・子餘
兵垣四編
四庫全書・子部兵家類
增訂漢魏叢書(乾隆本、紅杏山房本、
三餘堂本、大通書局石印本)・子餘
廿二子全書
子書百家・兵家類
百子全書・兵家類
叢書集成初編・社會科學類

黄石公素書一卷
　　（漢）黄石公撰　　（宋）張商英注　　（明）楊愼
　　　　評
　　　　　　合刻周秦經書十種
黄石公素書一卷
　　（漢）黄石公撰　　（宋）張商英注　　（明）楊愼
　　　　評　　（明）盧之頤訂
　　　　　　合諸名家批點諸子全書
黄石公一卷
　　（漢）黄石公撰　　（明）謝汝韶注
　　　　　　二十家子書
素書輯註一卷
　　（清）吳勤邦撰
　　　　　　秋芸館全集
黄石公三略三卷
　　（漢）黄石公撰
　　　　　　武經七書（景宋鈔本、明刊本、清刊本）
　　　　　　四庫全書・子部兵家類
　　　　　　續古逸叢書
　　　　　　重刻武經七書
　　　　　　叢書集成初編・社會科學類
　　太公三略三卷
　　　　　　杜藕山房叢書
　　黄石公三略二卷
　　　　　　武學經傳三種
三略一卷
　　（漢）黄石公撰　　（清）王仁俊輯
　　　　　　玉函山房輯佚書續編・子編兵家類
三略三卷
　　（漢）黄石公撰　　（宋）施子美講義
　　　　　　施氏七書講義
三略直解三卷
　　（明）劉寅撰
　　　　　　四庫全書・子部兵家類
　　　　　　景印明本武經七書直解
黄石子
　　（漢）黄石公撰　　（明）歸有光輯評
　　　　　　諸子彙函
評註三略一卷
　　（清）陳玖撰
　　　　　　子書四十八種

三　國

心書一卷
　　（蜀）諸葛亮撰
　　　　　　廣漢魏叢書（萬曆本、嘉慶本）・子餘
　　　　　　增訂漢魏叢書（乾隆本、紅杏山房本、
　　　　　　　三餘堂本、大通書局石印本）・子餘

　　　　　　子書百家・兵家類
　　　　　　百子全書・兵家類
　　　　　　兵書七種
　　　　　　鮑紅葉叢書
　　　　　　子書四十八種
新書一卷
　　　　　　增定漢魏六朝別解・子部
　　　　　　唐宋叢書・子餘
　　　　　　學海類編（道光本、景道光本）・集餘
　　　　　　　七
　　　　　　叢書集成初編・社會科學類
武侯新書一卷
　　　　　　說郛（宛委山堂本）弓九
武侯心書
　　　　　　說郛（商務印書館本）卷九十一
兵要一卷
　　（蜀）諸葛亮撰　　（清）王仁俊輯
　　　　　　玉函山房輯佚書續編・子編兵家類
劉伯溫先生重纂諸葛忠武侯兵法心要內
　集二卷外集三卷
　　（明）劉基撰
　　　　　　水陸攻守戰略祕書七種
武侯八陣兵法輯略一卷附用陣雜錄一卷
　　（清）汪宗沂（韜廬子）撰
　　　　　　漸西村舍彙刊・汪氏兵學三書
　　　　　　叢書集成初編・社會科學類
兵書接要一卷
　　　　魏武帝撰　　（清）王仁俊輯
　　　　　　玉函山房輯佚書續編・子編兵家類

晉

戰略一卷
　　（晉）司馬彪撰　　（清）黃奭輯
　　　　　　漢學堂叢書・子史鉤沈・史部雜史類
　　　　　　黃氏逸書考（民國修補本、民國補刊
　　　　　　　本）・子史鉤沈

唐

衛公兵法輯本三卷附舊唐書李靖傳攷證
　一卷
　　（清）汪宗沂輯
　　　　　　漸西村舍彙刊・汪氏兵學三書
　　　　　　叢書集成初編・社會科學類
唐太宗李衛公問對三卷
　　（唐）李靖撰
　　　　　　武經七書（景宋鈔本、明刊本、清刊本）
　　　　　　武學經傳三種
　　　　　　續古逸叢書

學津討原（嘉慶本、景嘉慶本）第十集
叢書集成初編・社會科學類

未學學引一卷
（明）唐樞撰
木鐘臺全集・雜集

武編十卷
（明）唐順之撰
四庫全書・子部兵家類

江南經略八卷
（明）鄭若曾撰
四庫全書・子部兵家類

陣紀四卷
（明）何良臣撰
四庫全書・子部兵家類
墨海金壺（嘉慶本、景嘉慶本）・子部
珠叢別錄（道光本、景道光本）
惜陰軒叢書（道光本、光緒本）第七函
瓶華書屋叢書
長恩書室叢書甲集
半畝園叢書・兵法彙編
叢書集成初編・社會科學類

鄉約一卷
（明）尹畊撰
畿輔叢書
叢書集成初編・史地類

塞語一卷
（明）尹畊撰
畿輔叢書
叢書集成初編・史地類

練兵實紀九卷雜集六卷
（明）戚繼光撰
四庫全書・子部兵家類
墨海金壺（嘉慶本、景嘉慶本）・子部
敏果齋七種
三書寶鑑
守山閣叢書（道光本、鴻文書局景道光
本、博古齋景道光本）・子部
瓶華書屋叢書
叢書集成初編・社會科學類

練兵紀實九卷雜集六卷
戚大將軍練兵紀效合刻

紀效新書十八卷首一卷
（明）戚繼光撰
四庫全書・子部兵家類
學津討原（嘉慶本、景嘉慶本）第十集
敏果齋七種
三書寶鑑
戚大將軍練兵紀效合刻

莅戎要略一卷

（明）戚繼光撰
學海類編（道光本、景道光本）・集餘
二
遜敏堂叢書
叢書集成初編・社會科學類

陳法直指一卷
（明）鄧子龍撰
遜敏堂叢書

救命書一卷
（明）呂坤撰
呂新吾全集
記過齋藏書・記過齋叢書

救命書二卷
借月山房彙鈔（嘉慶本、景嘉慶本）第
十一集
指海（道光本、景道光本）第七集
澤古齋重鈔第九集
式古居彙鈔
瓶華書屋叢書
叢書集成初編・社會科學類

劍氣
（明）程羽文撰
檀几叢書餘集

劍氣一卷
古今說部叢書一集

車營百八叩二卷
（明）孫承宗撰
荊駝逸史（道光本）・孫高陽前後督師
略跋附

車營百八叩一卷
畿輔叢書

火攻挈要三卷圖一卷
（清西洋）湯若望授　（明）焦勗述
海山仙館叢書
叢書集成初編・應用科學類

愼守要錄九卷
（明）韓霖撰
海山仙館叢書

井福錄一卷
（明）羅明祖撰
羅紋山先生全集

草廬經略十二卷
（明）□□撰
粵雅堂叢書初編第七集
申報館叢書續集・講武類
叢書集成初編・社會科學類

李盤金湯十二籌十二卷圖式一卷
（明）李盤撰

水陸攻守戰略祕書七種

清

八陣發明一卷
　　(清)陸世儀撰
　　　陸桴亭先生遺書
桑梓五防一卷
　　(清)陸世儀撰
　　　婁東雜著絲集
　　　陸桴亭先生遺書
支更說一卷
　　(清)陸世儀撰
　　　婁東雜著絲集
　　　陸桴亭先生遺書
歷代車戰敍略一卷
　　(清)張泰交撰
　　　學海類編(道光本、景道光本)·集餘
　　　二
乾坤大略十卷補遺一卷
　　(清)王餘佑撰
　　　畿輔叢書
　　　叢書集成初編·社會科學類
兵法類案十三卷
　　(清)謝文洊撰
　　　謝程山全書
兵謀一卷
　　(清)魏禧撰
　　　昭代叢書(道光本)丁集新編補
兵法一卷
　　(清)魏禧撰
　　　昭代叢書(道光本)丁集新編補
兵跡十二卷附校勘記一卷
　　(清)魏禧撰　校勘記(民國)劉家立撰
　　　豫章叢書(胡思敬輯)
兵鏡備考十三卷
　　(清)鄧廷羅撰
　　　兵鏡
兵鏡或問二卷
　　(清)鄧廷羅撰
　　　兵鏡
戊笈談兵十卷(原缺卷十)首一卷補校錄
　　一卷
　　(清)汪紱撰　補校錄(清)戴彭撰
　　　汪雙池先生叢書
洴澼百金方十四卷
　　(清)袁宮桂(惠麓酒民)輯
　　　三書寶鑑
塞外行軍指掌一卷

(清)□□撰
　　　水陸攻守戰略祕書七種
施山公兵法心略二卷附心略火攻圖式一
　　卷
　　　水陸攻守戰略祕書七種
師貞備覽一卷
　　(清)吳文溥撰
　　　南野堂全集·南野堂續筆記
武備輯要六卷
　　(清)許學范撰
　　　敏果齋七種
武備輯要續編十卷
　　(清)許乃釗撰
　　　敏果齋七種
兩淵一卷
　　(清)包世臣撰
　　　淩氏傳經堂叢書
雌雄淵一卷
　　　暢園叢書甲函
禦侮備覽二卷附江海備覽外編一卷
　　(清)陸嵩齡撰
　　　陸氏六種合刻
訏謨成竹一卷
　　(清)夏炘撰
　　　景紫堂全書第四冊·養痾三編
固圉錄一卷
　　(清)沈汝瀚撰
　　　戎馬風濤集
武備固圉錄一卷
　　　清隱山房叢書續編
武備圖繪一卷
　　(清)沈汝瀚撰
　　　清隱山房叢書續編
治平要術一卷
　　(清)王侃撰
　　　巴山七種
讀史兵略二十八卷
　　(清)胡林翼撰
　　　胡林翼全集
兵武聞見錄一卷
　　(清)壁昌撰
　　　壁勤襄公遺書
金湯輯略一卷
　　(清)劉觀成撰
　　　掖海叢書
東溟校伍錄二卷
　　(清)陳錦撰
　　　橘蔭軒全集

郷兵管見三卷
　　（清）李敬之撰
　　　　兵書七種
練勇芻言五卷
　　（清）王鑫撰
　　　　兵書三種
　　　　端溪叢書二集
濠塹私議一卷
　　（清）劉光蕡撰
　　　　煙霞草堂遺書
四翼附編四卷
　　（清）戴彭撰
　　　　汪雙池先生叢書·戊笈談兵附

民　國

權制八卷
　　（民國）陳澹然撰
　　　　陳澹然三種
歷代車戰考一卷
　　（民國）陳漢章撰
　　　　戊寅叢編

技巧之屬

武　術

尤射一卷
　　（魏）繆襲撰
　　　　續百川學海辛集
　　　　唐宋叢書·載籍
　　　　說郛（宛委山堂本）弓一百一
　　　　五朝小說·唐人百家小說偏錄家
　　　　五朝小說大觀·唐人百家小說偏錄家
　　　　增訂漢魏叢書（乾隆本、紅杏山房本、
　　　　　　三餘堂本、大通書局石印本）·載籍
射經一卷
　　（唐）王琚撰
　　　　說郛（宛委山堂本）弓一百一
射經一卷
　　（明）李呈芬撰
　　　　說郛續弓三十六
九射格一卷
　　（宋）歐陽修撰
　　　　說郛（宛委山堂本）弓一百一
征南射法
　　（清）黃百家撰
　　　　檀几叢書餘集
　　征南射法一卷

古今說部叢書一集
貫虱心傳一卷
　　（清）紀鑑撰
　　　　昭代叢書（道光本）丙集第七帙
學射錄二卷
　　（清）李塨撰
　　　　畿輔叢書·李恕谷遺書
　　　　顏李叢書
　　　　叢書集成初編·藝術類
射訣集益一卷
　　（清）陳王謨撰
　　　　遜敏堂叢書
易筋經義二卷
　　（唐）釋般剌密帝譯
　　　　埽葉山房叢鈔
蹶張心法一卷
　　（明）程冲斗撰
　　　　耕餘剩技
　　　　百川書屋叢書續編·程氏心法三種
長鎗法選一卷
　　（明）程冲斗撰
　　　　耕餘剩技
　　　　百川書屋叢書續編·程氏心法三種
單刀法選一卷
　　（明）程冲斗撰
　　　　耕餘剩技
　　　　百川書屋叢書續編·程氏心法三種
少林棍法闡宗三卷
　　（明）程冲斗撰
　　　　耕餘剩技
八段錦一卷
　　（明）高濂撰
　　　　重訂欣賞編
太極連環刀法一卷
　　（清）王餘佑撰
　　　　蟫隱廬叢書
峨嵋鎗法一卷
　　（清）釋普恩立法　（清）程真如達意
　　　　借月山房彙鈔（嘉慶本、景嘉慶本）第
　　　　　　十一集·手臂錄附
　　　　指海（道光本、景道光本）第五集·手
　　　　　　臂錄附
　　　　澤古齋重鈔第九集·手臂錄附
　　　　式古居彙鈔·手臂錄附
　　　　瓶華書屋叢書·手臂錄附
　　　　埽葉山房叢鈔
　　　　叢書集成初編·藝術類·手臂錄附
夢綠堂鎗法一卷

子書百家・農家類
百子全書・農家類
觀象廬叢書
漸西村舍彙刊
龍谿精舍叢書・子部
四部叢刊（初次印本、二次印本、縮印二次印本）・子部
叢書集成初編・應用科學類
四部備要（排印本、縮印本）・子部農家

齊民要術
居家必備・治生
齊民要術一卷
說郛（宛委山堂本）弓七十五
五朝小說・魏晉小說訓誡家
五朝小說大觀・魏晉小說訓誡家
齊民要術殘二卷（存卷五、卷八）
吉石盦叢書初集
要術佚文一卷
（後魏）賈思勰撰　（清）王仁俊輯
經籍佚文
齊民要術校二卷
（清）陸心源撰
潛園總集・羣書校補
農書三卷
（宋）陳旉撰
四庫全書・子部農家類
知不足齋叢書（乾隆至道光本、景乾隆至道光本）第九集
函海（乾隆本、道光本）第五函
龍威祕書二集
藝苑捃華
函海（光緒本）第七函
津河廣仁堂所刻書
叢書集成初編・應用科學類
於潛令樓公進耕織二圖詩一卷附錄一卷
（宋）樓璹撰
知不足齋叢書（乾隆至道光本、景乾隆至道光本）第九集
龍威祕書二集
藝苑捃華
叢書集成初編・應用科學類
農桑輯要七卷
元司農司撰
格致叢書
四庫全書・子部農家類
摛藻堂四庫全書薈要・子部
武英殿聚珍版書（武英殿木活字本、浙江本、江西書局本、福建本、廣雅書

局本）・子部
漸西村舍彙刊
叢書集成初編・應用科學類
四部備要（排印本、縮印本）・子部農家
農書二十二卷
（元）王禎撰
四庫全書・子部農家類
武英殿聚珍版書（武英殿木活字本）・子部
農書三十六卷
武英殿聚珍版書（福建本、廣雅書局本）・子部
農桑撮要一卷
（元）魯明善撰
夷門廣牘・草木・種樹書附
叢書集成初編・應用科學類・種樹書附
景印元明善本叢書十種・夷門廣牘・草木・種樹書附
農桑衣食撮要二卷
四庫全書・子部農家類
墨海金壺（嘉慶本、景嘉慶本）・子部
珠叢別錄（道光本、景道光本）
長恩書室叢書甲集
半畝園叢書
清風室叢書
清芬堂叢書・子部
叢書集成初編・應用科學類
農桑衣食撮要佚文一卷
（元）魯明善撰　（清）王仁俊輯
經籍佚文
種樹書三卷
（元）俞宗本撰
廣百川學海癸集
（題唐郭橐駝撰）
夷門廣牘・草木
叢書集成初編・應用科學類
景印元明善本叢書十種・夷門廣牘・草木
種樹書一卷
格致叢書
奚囊廣要
漸西村舍彙刊
叢書集成初編・應用科學類
（題唐郭橐駝撰）
說郛（宛委山堂本）弓一百六
種樹書
（題唐郭橐駝撰）

時序之屬

說郛(宛委山堂本)弓一百八
漸西村舍彙刊
叢書集成初編·哲學類

相雨書一卷
　　(唐)黃子發撰　　(清)王仁俊輯
　　　玉函山房輯佚書續編·子編藝術類

紀曆撮要
　　(唐)鹿門老人撰
　　　居家必備·治生

吳下田家志一卷
　　(元)陸泳撰
　　　說郛(宛委山堂本)弓七十五

　吳下田家志
　　　說郛(商務印書館本)卷八十七

田家五行志佚文一卷
　　(元)陸泳撰　　(清)王仁俊輯
　　　經籍佚文

田家五行二卷
　　(明)婁元禮撰
　　　廣百川學海辛集
　　　奕裘廣要

　田家五行
　　　居家必備·治生

　田家五行一卷
　　　說郛續弓三十
　　　申報館叢書續集·紀麗類·屑玉叢譚
　　　四集

田家曆
　　(明)程羽文撰
　　　居家必備·治生

　田家曆一卷
　　　說郛續弓二十八
　　(題元俞宗本撰)
　　　水邊林下

天文占驗一卷
　　(明)周履靖校
　　　夷門廣牘·雜占
　　　叢書集成初編·哲學類
　　　景印元明善本叢書十種·夷門廣牘·
　　　雜占

占候一卷
　　(明)徐光啟撰
　　　江陰季氏叢刻

農候雜占四卷
　　(清)梁章鉅撰
　　　二思堂叢書

耕作土壤之屬

農說一卷
　　(明)馬一龍撰
　　　廣百川學海庚集
　　　寶顏堂祕笈(萬曆本、民國石印本)普
　　　集
　　　說郛續弓三十
　　　廿二子全書
　　　叢書集成初編·應用科學類

國脈民天一卷
　　(明)耿蔭樓撰
　　　蓮池四種附
　　　區種十種

農丹一卷
　　(清)張標撰
　　　藕香零拾

論區田一卷
　　(清)陸世儀撰
　　　區種十種

教稼書(一名區田圖說)一卷
　　(清)孫宅揆撰
　　　蓮池四種·區種五種
　　　區種十種

教稼書二卷
　　(清)孫宅揆撰　　(清)盛百二增訂
　　　柚堂全集

增訂教稼書一卷
　　(清)盛百二撰
　　　區種十種

梭山農譜三卷
　　(清)劉應棠撰
　　　半畝園叢書

區田法一卷
　　(清)王心敬撰
　　　關中叢書第三集·豐川雜著
　　　區種十種

區田編一卷
　　(清)帥念祖撰
　　　蓮池四種·區種五種

區田編一卷
　　(清)帥念祖撰　　(清)許汝濟注
　　　區種十種

區田圖說一卷
　　(清)淩霄撰
　　　鄦齋叢書　漢氾勝之遺書附

澤農要錄六卷

　　　　(清)吳邦慶撰
　　　　　畿輔河道水利叢書
加庶編一卷
　　　　(清)許嘉猷(拙政老人)撰
　　　　　蓮池四種·區種五種
　　　　　區種十種
豐豫莊本書一卷
　　　　(清)潘曾沂撰
　　　　　蓮池四種·區種五種
　　　潘豐豫莊本書一卷
　　　　　津河廣仁堂所刻書
　　　區種法一卷
　　　　　區種十種
多稼集二卷
　　　　(清)奚子明(田道人)撰
　　　　　區種十種
農事直說一卷
　　　　(清)王韜輯
　　　　　弢園叢書
區田圖說一卷
　　　　(清)□□撰
　　　　　大亭山館叢書·子類

農具之屬

耒耜經一卷
　　　　(唐)陸龜蒙撰
　　　　　百川學海(重輯本)癸集
　　　　　小十三經
　　　　　夷門廣牘·草木
　　　　　津逮祕書(汲古閣本、景汲古閣本)第
　　　　　　四集
　　　　　說郛(宛委山堂本)号一百九
　　　　　五朝小說·唐人百家小說瑣記家
　　　　　五朝小說大觀·唐人百家小說瑣記家
　　　　　唐人說薈(乾隆本、道光本、宣統石印
　　　　　　本、民國石印本)四集
　　　　　唐代叢書四集
　　　　　學津討原(嘉慶本、景嘉慶本)第十集
　　　　　叢書集成初編·應用科學類
　　　　　景印元明善本叢書十種·夷門廣牘·
　　　　　　草木
　　　耒耜經
　　　　　居家必備·治生
農具記一卷
　　　　(清)陳玉璲撰
　　　　　檀几叢書第五帙

災害防治之屬

捕蝗考一卷
　　　　(清)陳芳生撰
　　　　　四庫全書·史部政書類
　　　　　蓻海珠塵木集(辛集)
　　　　　借月山房彙鈔(嘉慶本、景嘉慶本)第
　　　　　　十集
　　　　　學海類編(道光本、景道光本)·集餘
　　　　　　二
　　　　　昭代叢書(道光本)丙集第七帙
　　　　　瓶華書屋叢書
　　　　　長恩書室叢書乙集
捕蝗集要一卷
　　　　(清)俞森輯
　　　　　墨海金壺(嘉慶本、景嘉慶本)·史部
　　　　　　·荒政叢書附
　　　　　守山閣叢書(道光本、鴻文書局景道光
　　　　　　本、博古齋景道光本)·史部·荒政
　　　　　　叢書附
　　　　　瓶華書屋叢書·荒政叢書附
治蝗書一卷
　　　　(清)陳崇砥撰
　　　　　蓮池四種
伐蛟說一卷
　　　　(清)魏廷珍撰
　　　　　借月山房彙鈔(嘉慶本、景嘉慶本)第
　　　　　　十集
　　　　　瓶華書屋叢書

作物之屬

稻

五穀考一卷
　　　　(民國)余重耀撰
　　　　　遜廬叢著
稻品一卷
　　　　(明)黃省曾撰
　　　　　廣百川學海癸集
　　　理生玉鏡稻品一卷
　　　　　百陵學山
　　　　　夷門廣牘·草木
　　　　　叢書集成初編·應用科學類
　　　　　景印元明善本叢書十種·百陵學山
　　　　　景印元明善本叢書十種·夷門廣牘·
　　　　　　草木
　　稻品

居家必備・治生
江南催耕課稻編一卷
　　（清）李彥章撰
　　　榕園全集

甘藷

甘藷錄一卷
　　（清）陸耀撰
　　　賜硯堂叢書新編丁集
　　　昭代叢書（道光本）壬集補編
　　　海粟樓叢書
種薯經證一卷
　　（民國）李遵義撰
　　　樵隱集

棉

木棉譜一卷
　　（清）褚華撰
　　　藝海珠塵苑集（戊集）
　　　昭代叢書（道光本）庚集埤編
　　　叢書集成初編・應用科學類
　　　上海掌故叢書第一集
欽定授衣廣訓二卷
　　清嘉慶十三年敕撰
　　　喜咏軒叢書甲編

桐

桐譜一卷
　　（宋）陳翥撰
　　　唐宋叢書・載籍
　　　說郛（宛委山堂本）弓一百五
　　　叢書集成初編・自然科學類
桐譜二卷
　　　適園叢書第十二集
桐譜
　　　說郛（商務印書館本）卷二十五

竹

竹譜一卷
　　（晉）戴凱之撰
　　　百川學海（咸淳本、景刊咸淳本）乙集
　　　百川學海（弘治本、景刊咸淳本據弘治
　　　　目次編印本、景弘治本）癸集
　　　百川學海（重輯本）辛集
　　　廣漢魏叢書（萬曆本、嘉慶本）・載籍
　　　山居雜志
　　　說郛（宛委山堂本）弓一百五
　　　五朝小說・唐人百家小說紀載家
　　　五朝小說大觀・唐人百家小說紀載家

四庫全書・子部譜錄類
增訂漢魏叢書（乾隆本、紅杏山房本、
　三餘堂本、大通書局石印本）・載
　籍
龍威祕書一集
湖北先正遺書・子部
叢書集成初編・自然科學類
漢魏小說采珍
　竹譜
　　　粵雅堂叢書三編第二十三集・續談助
　　　十萬卷樓叢書三編・續談助
　　　說郛（商務印書館本）卷六十六
　　　叢書集成初編・總類・續談助
續竹譜一卷
　　（元）劉美之撰
　　　唐宋叢書・載籍
　　　說郛（宛委山堂本）弓一百五
　續竹譜
　　　說郛（商務印書館本）卷六十六
竹譜一卷
　　（清）陳鼎撰
　　　昭代叢書（道光本）乙集第六帙

茶

茶經三卷
　　（唐）陸羽撰
　　　百川學海（咸淳本、景刊咸淳本）乙集
　　　百川學海（弘治本、景刊咸淳本據弘治
　　　　目次編印本、景弘治本）壬集
　　　百川學海（重輯本）辛集
　　　重訂欣賞編
　　　格致叢書
　　　山居雜志
　　　唐宋叢書・載籍
　　　說郛（宛委山堂本）弓九十三
　　　五朝小說・唐人百家小說瑣記家
　　　五朝小說大觀・唐人百家小說瑣記家
　　　四庫全書・子部譜錄類
　　　唐人說薈（乾隆本、道光本、宣統石印
　　　　本、民國石印本）三集
　　　唐代叢書三集
　　　學津討原（嘉慶本、景嘉慶本）第十五
　　　　集
　　　湖北先正遺書・子部
　茶經
　　　說郛（商務印書館本）卷八十三
茶經外集一卷
　　（明）孫大綬撰
　　　山居雜志

續茶經三卷附錄一卷
　　(清)陸廷燦撰
　　　　四庫全書·子部譜錄類
茶錄一卷
　　(宋)蔡襄撰
　　　　百川學海(咸淳本、景刊咸淳本)辛集
　　　　百川學海(弘治本、景刊咸淳本據弘治
　　　　目次編印本、景弘治本)壬集
　　　　百川學海(重輯本)辛集
　　　　格致叢書
　　　　說郛(宛委山堂本)弓九十三
　　　　五朝小說·宋人百家小說瑣記家
　　　　五朝小說大觀·宋人百家小說瑣記家
　　　　叢書集成初編·應用科學類
　　茶錄二卷
　　　　四庫全書·子部譜錄類
　　茶錄
　　　　說郛(商務印書館本)卷八十一
東溪試茶錄一卷
　　(宋)宋子安撰
　　　　百川學海(咸淳本、景刊咸淳本)戊集
　　　　百川學海(弘治本、景刊咸淳本據弘治
　　　　目次編印本、景弘治本)壬集
　　　　格致叢書
　　　　四庫全書·子部譜錄類
　　　　叢書集成初編·應用科學類
　　試茶錄一卷
　　　　百川學海(重輯本)辛集
　　　　說郛(宛委山堂本)弓九十三
品茶要錄一卷
　　(宋)黃儒撰
　　　　程氏叢刻
　　　　說郛(宛委山堂本)弓九十三
　　　　五朝小說·宋人百家小說瑣記家
　　　　五朝小說大觀·宋人百家小說瑣記家
　　　　四庫全書·子部譜錄類
　　茶品要錄一卷
　　　　夷門廣牘·食品
　　　　景印元明善本叢書十種·夷門廣牘·
　　　　食品
　　品茶要錄
　　　　說郛(商務印書館本)卷六十
品茶要錄補一卷
　　(明)程百二撰
　　　　程氏叢刻
本朝茶法一卷
　　(宋)沈括撰
　　　　說郛(宛委山堂本)弓九十三

五朝小說·宋人百家小說瑣記家
　　　五朝小說大觀·宋人百家小說瑣記家
大觀茶論一卷
　　宋徽宗撰
　　　　說郛(宛委山堂本)弓九十三
　　大觀茶論
　　　　說郛(商務印書館本)卷五十二
宣和北苑貢茶錄一卷
　　(宋)熊蕃撰
　　　　說郛(宛委山堂本)弓九十三
　　　　五朝小說·宋人百家小說瑣記家
　　　　五朝小說大觀·宋人百家小說瑣記家
　　　　四庫全書·子部譜錄類
　　宣和北苑貢茶錄
　　　　說郛(商務印書館本)卷六十
宣和北苑貢茶錄一卷
　　(宋)熊蕃撰　(清)汪繼壕校
　　　　讀畫齋叢書辛集
北苑別錄一卷
　　(宋)趙汝礪撰
　　　　說郛(宛委山堂本)弓九十三
　　　　五朝小說·宋人百家小說瑣記家
　　　　五朝小說大觀·宋人百家小說瑣記家
　　　　四庫全書·子部譜錄類·宣和北苑貢
　　　　茶錄附
　　　　讀畫齋叢書辛集·宣和北苑貢茶錄附
　　　　叢書集成初編·應用科學類
　　北苑別錄
　　　　說郛(商務印書館本)卷六十
茶譜一卷
　　(明)顧元慶撰
　　　　顧氏明朝四十家小說(正德嘉靖本、宣
　　　　統排印本、民國石印本)
　　　　格致叢書
　　　　山居雜志
　　　　說郛續弓三十七
茶譜外集一卷
　　(明)孫大綬撰
　　　　山居雜志
茶經一卷
　　(明)張丑撰
　　　　美術叢書二集第十輯
茶箋
　　(明)屠隆撰
　　　　居家必備·飲饌
　　茶箋一卷
　　　　美術叢書二集第九輯
茶說一卷

茶董二卷
　　（明）黃龍德撰
　　　　程氏叢刻

茶董二卷
　　（明）夏樹芳撰　（明）陳繼儒補
　　　　古今說部叢書九集

茶董補二卷
　　（明）陳繼儒輯
　　　　海山仙館叢書
　　　　叢書集成初編・應用科學類

茶疏一卷
　　（明）許次紓撰
　　　　廣百川學海癸集
　　　　重訂欣賞編
　　　　說郛續弓三十七
　　　　古今說部叢書二集

許然明先生茶疏一卷
　　　　寶顏堂祕笈（萬曆本、民國石印本）普
　　　　集
　　　　叢書集成初編・應用科學類

茶解一卷
　　（明）羅廪撰
　　　　說郛續弓三十七

茶箋一卷
　　（明）聞龍撰
　　　　說郛續弓三十七

茶錄一卷
　　（明）馮時可撰
　　　　說郛續弓三十七

羅岕茶記一卷
　　（明）熊明遇撰
　　　　說郛續弓三十七

岕茶牋一卷
　　（明）馮可賓撰
　　　　廣百川學海癸集
　　　　重訂欣賞編
　　　　水邊林下
　　　　說郛續弓三十七
　　　　昭代叢書（道光本）辛集別編

洞山岕茶系一卷
　　（明）周高起撰
　　　　檀几叢書二集第五帙
　　　　江陰叢書
　　　　翠琅玕館叢書（馮兆年輯）第一集
　　　　粟香室叢書
　　　　翠琅玕館叢書（黃任恆輯）・子部
　　　　藝術叢書・物譜
　　　　芋園叢書・子部

岕茶彙鈔一卷

　　（清）冒襄撰
　　　　昭代叢書（康熙本）甲集第五帙
　　　　昭代叢書（道光本）甲集第五帙
　　　　如皋冒氏叢書
　　　　香豔小品・冒氏小品

虎丘茶經注補一卷
　　（清）陳鑑撰
　　　　檀几叢書第五帙

茶史補一卷
　　（清）余懷撰
　　　　昭代叢書（道光本）辛集別編

藥　材

種藥疏
　　（元）俞宗本撰
　　　　居家必備・治生

種藥疏一卷
　　　　水邊林下

何首烏錄一卷
　　（唐）李翱撰
　　　　說郛（宛委山堂本）弓一百六

彰明附子記一卷
　　（宋）楊天惠撰
　　　　說郛（宛委山堂本）弓一百六

人葠譜四卷
　　（清）陸烜撰
　　　　梅谷十種書

人葠譜一卷
　　　　昭代叢書（道光本）辛集別編

參譜一卷
　　（清）黃叔燦撰
　　　　借月山房彙鈔（嘉慶本、景嘉慶本）第
　　　　十二集
　　　　澤古齋重鈔第十集

人參考一卷
　　（清）唐秉鈞撰
　　　　靈鶼閣叢書第二集
　　　　醫藥叢書

桂考一卷續一卷
　　（清）張光裕撰　（民國）黃任恆校併輯續
　　　　逃窠雜纂

菸

烟譜一卷
　　（清）陸燿撰
　　　　昭代叢書（道光本）丁集新編

煙譜一卷
　　（清）蔡家琬撰

　　　　拜梅山房几上書
金絲錄一卷
　　　(清)汪師韓撰
　　　　叢睦汪氏遺書
勇盧閒詰一卷
　　　(清)趙之謙撰
　　　　仰視千七百二十九鶴齋叢書(光緒本、
　　　　　景光緒本)第一集
　　　　古今文藝叢書第三集
　　　　直介堂叢刻附・鼻烟叢刻
　　　　叢書集成初編・應用科學類
　　　　美術叢書初集第三輯
勇盧閒詰評語一卷
　　　(清)周繼煦撰
　　　　粟香室叢書
　　　　桐陰山房叢刻
　　　　直介堂叢刻附・鼻烟叢刻
勇盧閒詰摘錄一卷
　　　(清)唐贊袞撰
　　　　直介堂叢刻附・鼻烟叢刻
士那補釋一卷
　　　(清)張義澍撰
　　　　直介堂叢刻附・鼻烟叢刻
　　　　美術叢書初集第三輯

蠶桑之屬

蠶經一卷
　　　(漢)劉安撰　　(清)王仁俊輯
　　　　玉函山房輯佚書續編・子編藝術類
蠶書一卷
　　　(宋)秦觀撰
　　　　百陵學山
　　　　夷門廣牘・禽獸
　　　　說郛(宛委山堂本)弓一百七
　　　　知不足齋叢書(乾隆至道光本、景乾隆
　　　　　至道光本)第九集
　　　　龍威祕書二集
　　　　藝苑捃華
　　　　津河廣仁堂所刻書
　　　　叢書集成初編・應用科學類
　　　　景印元明善本叢書十種・百陵學山
　　　　景印元明善本叢書十種・夷門廣牘・
　　　　　禽獸
　　　(題宋秦湛撰)
　　　　四庫全書・子部農家類
蠶經一卷
　　　(明)黃省曾撰
　　　　廣百川學海癸集

　　　　百陵學山
　　　　綠窗女史・閨閣部女紅
　　　　叢書集成初編・應用科學類
　　　　景印元明善本叢書十種・百陵學山
　　養蠶經
　　　　居家必備・治生
樹桑養蠶要略一卷附樹藝要略一卷
　　　(清)□□撰
　　　　蓮池四種
廣蠶桑說輯補二卷
　　　(清)沈練撰　　(清)仲學輅輯補
　　　　漸西村舍彙刊
　　　　叢書集成初編・應用科學類
蠶桑說一卷
　　　(清)趙敬如撰
　　　　漸西村舍彙刊
蠶事要略一卷
　　　(清)張行孚撰
　　　　漸西村舍彙刊
　　　　四部備要(排印本、縮印本)・子部農
　　　　　家・農桑輯要附
養蠶歌括一卷
　　　(清)劉光蕡撰
　　　　煙霞草堂遺書續刻
蠶桑實濟六卷
　　　(清)□□撰
　　　　津河廣仁堂所刻書
蠶桑摘要一卷圖說一卷
　　　(清)羊復禮撰
　　　　海昌叢載
蠶桑說略一卷
　　　(清)宗星藩撰
　　　　鍾氏二種附
東省養蠶成法一卷附錄一卷
　　　(清)韓夢周撰
　　　　花近樓叢書
樗繭譜一卷
　　　(清)鄭珍撰
　　　　巢經巢全集
橺蠶通說一卷
　　　　秦枬撰
　　　　四休堂叢書

園藝之屬

總　志

學圃雜疏一卷

（明）王世懋撰
　　廣百川學海癸集
　　寶顏堂祕笈（萬曆本、民國石印本）廣
　　　集
　　叢書集成初編·自然科學類
學圃雜疏三卷
　　說郛續弓四十一
老圃良言一卷
　　（清）巢鳴盛撰
　　學海類編（道光本、景道光本）·集餘
　　　六
　　叢書集成初編·應用科學類
花傭月令一卷
　　（清）徐石麒撰
　　傳硯齋叢書
北墅抱甕錄一卷
　　（清）高士奇撰
　　學海類編（道光本、景道光本）·集餘
　　　六
　　昭代叢書（道光本）庚集埤編
　　叢書集成初編·自然科學類

蔬　菜

種蔬疏一卷
　　（元）俞宗本撰
　　水邊林下
瓜蔬疏
　　（明）王世懋撰
　　居家必備·治生
種芋法一卷
　　（明）黃省曾撰
　　百陵學山
　　說郛續弓四十一
　　叢書集成初編·應用科學類
　　景印元明善本叢書十種·百陵學山
　芋經一卷
　　夷門廣牘·草木
　　景印元明善本叢書十種·夷門廣牘·
　　　草木
筍譜一卷
　　（宋）釋贊寧撰
　　百川學海（咸淳本、景刊咸淳本）己集
　　百川學海（弘治本、景刊咸淳本據弘治
　　　目次編印本、景弘治本）壬集
　　山居雜志
　　四庫全書·子部譜錄類
　筍譜二卷
　　唐宋叢書·載籍

說郛（宛委山堂本）弓一百五
　筍譜
　　粵雅堂叢書三編第二十三集·續談助
　　十萬卷樓叢書三編·續談助
　　說郛（商務印書館本）卷七十
　　叢書集成初編·總類·續談助
菌譜一卷
　　（宋）陳仁玉撰
　　百川學海（咸淳本、景刊咸淳本）己集
　　百川學海（弘治本、景刊咸淳本據弘治
　　　目次編印本、景弘治本）壬集
　　山居雜志
　　說郛（宛委山堂本）弓一百六
　　四庫全書·子部譜錄類
　　墨海金壺（嘉慶本、景嘉慶本）·子部
　　珠叢別錄（道光本、景道光本）
　　仙居叢書第一集
　菌譜
　　說郛（商務印書館本）卷七十
廣菌譜一卷
　　（明）潘之恆撰
　　說郛續弓四十一
吳蕈譜一卷
　　（清）吳林撰
　　賜硯堂叢書新編乙集
　　昭代叢書（道光本）丙集第八帙
茹草紀事一卷
　　（宋）林洪撰
　　說郛（宛委山堂本）弓一百六
救荒本草二卷
　　（明）朱橚撰
　　四庫全書　子部農家類
　　中國古代科技圖錄叢編初集
野菜譜一卷
　　（明）王磐撰
　　山居雜志
　　說郛（宛委山堂本）弓一百六
茹草編四卷
　　（明）周履靖輯
　　夷門廣牘·食品
　　景印元明善本叢書十種·夷門廣牘·
　　　食品
野蔌品一卷
　　（明）高濂撰
　　廣百川學海癸集
　　水邊林下
　　說郛續弓四十一
野菜箋一卷

　　　　(唐)王方慶撰
　　　　　　說郛(宛委山堂本)弓一百四
花九錫一卷
　　　(唐)羅虬撰
　　　　　　說郛(宛委山堂本)弓一百四
　　　　　　五朝小說・唐人百家小說瑣記家
　　　　　　五朝小說大觀・唐人百家小說瑣記家
　　　　　　唐人說薈（乾隆本、道光本、宣統石印
　　　　　　　本、民國石印本）四集
　　　　　　唐代叢書四集
　　　　　　香豔叢書第四集
洛陽花木記一卷
　　　(宋)周師厚撰
　　　　　　說郛(宛委山堂本)弓一百四
　　　洛陽花木記
　　　　　　說郛(商務印書館本)卷二十六
花經一卷
　　　(宋)張翊撰
　　　　　　說郛(宛委山堂本)弓一百四
　　　　　　五朝小說・宋人百家小說瑣記家
　　　　　　五朝小說大觀・宋人百家小說瑣記家
　　　　　　香豔叢書第四集
桂海花志一卷
　　　(宋)范成大撰
　　　　　　唐宋叢書・載籍
桂海草木志一卷
　　　(宋)范成大撰
　　　　　　唐宋叢書・載籍
桂海花木志一卷
　　　(宋)范成大撰
　　　　　　唐宋叢書・載籍
　　　　　　香豔叢書第五集
學圃雜疏(花疏)一卷
　　　(明)王世懋撰
　　　　　　王奉常雜著
藝花譜一卷
　　　(明)高濂撰
　　　　　　廣百川學海癸集
　　　草花譜一卷
　　　　　　說郛續弓四十
花曆一卷
　　　(明)程羽文撰
　　　　　　重訂欣賞編
　　　　　　水邊林下
　　　　　　說郛續弓四十
花小名一卷
　　　(明)程羽文輯
　　　　　　水邊林下

　　　　　　說郛續弓四十
蓺圃同春一卷
　　　(明)夏旦撰
　　　　　　說郛續弓四十
箋卉一卷
　　　(清)吳菼撰
　　　　　　昭代叢書(道光本)乙集第六帙
　　　卉箋一卷
　　　　　　黃山叢刊
徐園秋花譜一卷
　　　(清)吳儀一撰
　　　　　　賜硯堂叢書新編乙集
　　　　　　昭代叢書(道光本)丙集第八帙
花木小志一卷
　　　(清)謝堃撰
　　　　　　春草堂集
花信平章二卷
　　　(清)王廷鼎撰
　　　　　　紫薇花館集・紫薇花館雜纂
品芳錄一卷
　　　(清)徐壽基撰
　　　　　　志學齋集
梅譜一卷
　　　(宋)范成大撰
　　　　　　百川學海(咸淳本、景刊咸淳本)甲集
　　　　　　百川學海(弘治本、景刊咸淳本據弘治
　　　　　　　目次編印本、景弘治本)癸集
　　　　　　百川學海(重輯本)辛集
　　　　　　山居雜志
　　　　　　說郛(宛委山堂本)弓一百四
　　　　　　香豔叢書第十集
　　　　　　古今文藝叢書第五集
　　　　　　國學珍本文庫第一集・羣芳清玩
　　　　　　叢書集成初編・自然科學類
　　　范村梅譜一卷
　　　　　　四庫全書・子部譜錄類
　　　　　　墨海金壺(嘉慶本、景嘉慶本)・子部
　　　　　　珠叢別錄(道光本、景道光本)
　　　范村梅譜
　　　　　　說郛(商務印書館本)卷七十
梅品一卷
　　　(宋)張鎡撰
　　　　　　百川學海(重輯本)壬集
　　　　　　夷門廣牘・草木
　　　　　　說郛(宛委山堂本)弓一百四
　　　　　　香豔叢書第十集
　　　　　　叢書集成初編・應用科學類
　　　　　　景印元明善本叢書十種・夷門廣牘・

草木
菊譜一卷
　　（宋）劉蒙撰
　　　　百川學海（咸淳本、景刊咸淳本）戊集
　　　　百川學海（弘治本、景刊咸淳本據弘治
　　　　　目次編印本、景弘治本）癸集
　　　　百川學海（重輯本）壬集
　　　　說郛（宛委山堂本）弓一百三
　　　　香豔叢書第七集
　　　　叢書集成初編·自然科學類
　　劉氏菊譜一卷
　　　　四庫全書·子部譜錄類
　　菊譜
　　　　說郛（商務印書館本）卷七十
菊譜一卷
　　（宋）史正志撰
　　　　百川學海（咸淳本、景刊咸淳本）丁集
　　　　百川學海（弘治本、景刊咸淳本據弘治
　　　　　目次編印本、景弘治本）癸集
　　　　百川學海（重輯本）壬集
　　　　說郛（宛委山堂本）弓一百三
　　　　香豔叢書第七集
　　　　古今文藝叢書第五集
　　　　叢書集成初編·自然科學類
　　史氏菊譜一卷
　　　　四庫全書·子部譜錄類
　　史老圃菊譜
　　　　說郛（商務印書館本）卷七十
菊譜一卷
　　（宋）范成大撰
　　　　百川學海（咸淳本、景刊咸淳本）丙集
　　　　百川學海（弘治本、景刊咸淳本據弘治
　　　　　目次編印本、景弘治本）癸集
　　　　說郛（宛委山堂本）弓一百三
　　　　香豔叢書第十六集
　　　　國學珍本文庫第一集·羣芳淸玩
　　　　叢書集成初編·自然科學類
　　范村菊譜一卷
　　　　四庫全書·子部譜錄類
　　石湖菊譜
　　　　說郛（商務印書館本）卷七十
百菊集譜六卷菊史補遺一卷諸菊品目一
卷
　　（宋）史鑄撰
　　　　山居雜志
　　百菊集譜六卷菊史補遺一卷
　　　　四庫全書·子部譜錄類
藝菊一卷

　　（明）黃省曾撰
　　　　廣百川學海癸集
　藝菊書一卷
　　　　百陵學山
　　　　古今文藝叢書第三集
　　　　景印元明善本叢書十種·百陵學山
　藝菊訣一卷
　　　　水邊林下
采菊襍咏一卷
　　（明）馬弘僩撰
　　　　羣芳淸玩
　　　　國學珍本文庫第一集·羣芳淸玩
菊譜二卷
　　（明）周履靖撰　下卷（明）黃省曾撰
　　　　夷門廣牘·草木
　　　　叢書集成初編·應用科學類
　　　　景印元明善本叢書十種·夷門廣牘·
　　　　　草木
種菊法一卷
　　（明）陳繼儒撰
　　　　古今文藝叢書第三集
藝菊簡易一卷
　　（清）徐京撰
　　　　藝海一勺
菊說一卷
　　（清）計楠撰
　　　　昭代叢書（道光本）辛集別編
九華新譜一卷
　　（清）吳昇撰
　　　　古今說部叢書七集
藝菊新編一卷
　　（清）蕭淸泰撰
　　　　甲戌叢編
藝菊須知二卷
　　（清）顧祿撰
　　　　藝海一勺
養菊法一卷
　　（清）閔廷楷撰
　　　　藝海一勺
洋菊譜一卷
　　（清）鄒一桂撰
　　　　昭代叢書（道光本）丁集新編
　　　　賜硯堂叢書未刻稿
金漳蘭譜一卷
　　（宋）趙時庚撰
　　　　百川學海（重輯本）辛集
　　　　說郛（宛委山堂本）弓一百三
　　　　香豔叢書第九集

　　　國學珍本文庫第一集·羣芳清玩
金漳蘭譜三卷
　　　四庫全書·子部譜錄類
金漳蘭譜
　　　說郛(商務印書館本)卷六十三
蘭譜奧法一卷
　　(宋)趙時庚撰
　　　夷門廣牘·草木
　　　叢書集成初編·應用科學類
　　　景印元明善本叢書十種·夷門廣牘·
　　　　草木
蘭譜奧法
　　　說郛(商務印書館本)卷六十三
王氏蘭譜一卷
　　(宋)王貴學撰
　　　山居小玩
　　　說郛(宛委山堂本)另一百三
　　　香豔叢書第九集
　　　國學珍本文庫第一集·羣芳清玩
　蘭譜一卷
　　　羣芳清玩
王氏蘭譜
　　　說郛(商務印書館本)卷六十二
羅鍾齋蘭譜一卷
　　(明)張應文撰
　　　美術叢書四集第十輯
蘭譜一卷
　　(明)高濂撰
　　　廣百川學海癸集
種蘭訣一卷
　　(明)李奎撰
　　　廣百川學海癸集
　　　水邊林下
蘭易二卷
　　(宋)鹿亭翁撰　下卷(明)馮京第(簟溪子)
　　撰
　　　四明叢書第二集·馮侍郎遺書
　　　藝海一勺
蘭史一卷
　　(明)馮京第(簟溪子)撰
　　　四明叢書第二集·馮侍郎遺書
　　　藝海一勺
蘭言一卷
　　(清)冒襄撰
　　　昭代叢書(康熙本)甲集第六帙
　　　昭代叢書(道光本)甲集第六帙
　　　如皋冒氏叢書
　　　香豔小品·冒氏小品

蘭蕙鏡一卷
　　(清)屠用寧撰
　　　藝海一勺
樹蕙編一卷
　　(清)方時軒撰
　　　邀園叢書
藝蘭記一卷
　　(清)劉文淇撰
　　　美術叢書初集第一輯
藝蘭四說一卷
　　(清)杜文瀾撰
　　　曼陀羅華閣叢書
　　　清人說薈二集
藝蘭要訣一卷
　　(清)吳傳澐撰
　　　藝海一勺
藝譜叢談一卷
　　(清)口繼光撰
　　　美術叢書四集第四輯
蓺蘭說一卷
　　(清)王璧撰
　　　養素軒叢錄第三集
藝蘭瑣言一卷
　　(民國)楊鹿鳴撰
　　　蘭言四種
評蘭瑣言一卷
　　(民國)楊鹿鳴撰
　　　蘭言四種
洛陽牡丹記一卷
　　(宋)歐陽修撰
　　　百川學海(咸淳本、景刊咸淳本)丁集
　　　百川學海(弘治本、景刊咸淳本據弘治
　　　　目次編印本、景弘治本)癸集
　　　百川學海(重輯本)壬集
　　　山居雜志
　　　說郛(宛委山堂本)另一百四
　　　四庫全書·子部譜錄類
　　　墨海金壺(嘉慶本、景嘉慶本)·子部
　　　珠叢別錄(道光本、景道光本)
　　　雲自在龕叢書第二集
　　　香豔叢書第八集
　　　國學珍本文庫第一集·羣芳清玩
　　　叢書集成初編·自然科學類
洛陽牡丹記一卷
　　(宋)周師厚撰
　　　說郛(宛委山堂本)另一百四
　　　香豔叢書第十集
陳州牡丹記一卷

（宋）張邦基撰
　　說郛（宛委山堂本）弓一百四
　　香豔叢書第十集
天彭牡丹譜一卷
　（宋）陸游撰
　　百川學海（重輯本）壬集
　　山居雜志
　　說郛（宛委山堂本）弓一百四
　　雲自在龕叢書第二集
　　香豔叢書第十集
牡丹榮辱志一卷
　（宋）丘璿撰
　　百川學海（咸淳本、景刊咸淳本）壬集
　　百川學海（弘治本、景刊咸淳本據弘治
　　　目次編印本、景弘治本）癸集
　　百川學海（重輯本）壬集
　　山居雜志
　　說郛（宛委山堂本）弓一百四
　　香豔叢書第四集
　　叢書集成初編・自然科學類
　牡丹榮辱志
　　說郛（商務印書館本）卷七十
亳州牡丹志一卷
　（明）□□撰
　　山居雜志
亳州牡丹表一卷
　（明）薛鳳翔撰
　　說郛續弓四十
牡丹八書一卷
　（明）薛鳳翔撰
　　說郛續弓四十
　亳州牡丹說一卷
　　花近樓叢書
曹州牡丹譜一卷附記一卷
　（清）余鵬年撰
　　仰視千七百二十九鶴齋叢書（光緒本、
　　　景光緒本）第五集
　　喜咏軒叢書甲編
　　叢書集成初編・自然科學類
亳州牡丹述一卷
　（清）鈕琇撰
　　昭代叢書（道光本）辛集別編
牡丹譜一卷
　（清）計楠撰
　　昭代叢書（道光本）辛集別編
揚州芍藥譜一卷
　（宋）王觀撰
　　百川學海（咸淳本、景刊咸淳本）癸集

百川學海（弘治本、景刊咸淳本據弘治
　目次編印本、景弘治本）癸集
百川學海（重輯本）壬集
說郛（宛委山堂本）弓一百四
四庫全書・子部譜錄類
墨海金壺（嘉慶本、景嘉慶本）・子部
珠叢別錄（道光本、景道光本）
揚州叢刻
叢書集成初編・自然科學類
　芍藥譜一卷
　　山居雜志
　　香豔叢書第四集
　　國學珍本文庫第一集・羣芳清玩
　芍藥譜
　　說郛（商務印書館本）卷七十
海棠譜三卷
　（宋）陳思撰
　　百川學海（咸淳本、景刊咸淳本）辛集
　　百川學海（弘治本、景刊咸淳本據弘治
　　　目次編印本、景弘治本）癸集
　　百川學海（重輯本）壬集
　　山居雜志
　　四庫全書・子部譜錄類
　　武林往哲遺箸
　　叢書集成初編・自然科學類
　海棠譜一卷海棠譜詩二卷
　　說郛（宛委山堂本）弓一百三
　海棠譜一卷
　　香豔叢書第十集
　　國學珍本文庫第一集・羣芳清玩
　海棠譜
　　說郛（商務印書館本）卷七十
茺荷譜一卷
　（清）楊鍾寶撰
　　藝海一勺
月季花譜一卷
　（清）評花館主撰
　　吳氏叢書蕘丙編
　　藝海一勺
鳳仙譜一卷
　（清）趙學敏撰
　　昭代叢書（道光本）別集
玉藥辨證一卷
　（宋）周必大撰
　　津逮祕書（汲古閣本、景汲古閣本）第
　　　八集
　　叢書集成初編・自然科學類
　唐昌玉蕊辨證一卷

　　　　　廬陵周益國文忠公集・雜著述
　　　　　宋廬陵四忠集・周文忠公全集・雜著
　　　　　　述
瓊花集五卷
　　(明)曹璿輯
　　　　　別下齋叢書(道光本、商務印書館景道
　　　　　　光本、竹簡齋景道光本)
　　　　　香艷叢書第十一集
　　　　　揚州叢刻
　　　　　叢書集成初編・文學類
瓊花志一卷
　　(清)朱顯祖撰
　　　　　昭代叢書(道光本)丙集第八帙
瓊英小錄一卷附錄一卷
　　(清)俞樾撰
　　　　　武林掌故叢編第十九集
　瓊英小錄一卷
　　　　　春在堂全書

畜牧之屬

田牧志
　　(元)俞宗本撰
　　　　　居家必備・治生
相馬經一卷
　　(清)王仁俊輯
　　　　　玉函山房輯佚書續編・子編藝術類
相馬經一卷
　　　　　陶棟輯
　　　　　輯佚叢刊
相馬書一卷
　　(宋)徐咸撰
　　　　　說郛(宛委山堂本)弓一百七
蝨衣生馬記一卷
　　(明)郭子章撰
　　　　　寶顏堂祕笈(萬曆本、民國石印本) 廣
　　　　　　集
　　　　　叢書集成初編・自然科學類
名馬記一卷
　　(明)李翰撰
　　　　　說郛續弓四十二
相牛經一卷
　　(周)甯戚撰
　　　　　百川學海(重輯本)癸集
　　　　　水邊林下
　　　　　說郛(宛委山堂本)弓一百七
　　　　　五朝小說・魏晉小說藝術家
　　　　　五朝小說大觀・魏晉小說藝術家

相牛經一卷
　　(周)甯戚撰　(清)王仁俊輯
　　　　　玉函山房輯佚書續編・子編藝術類
養羊法一卷
　　(漢)卜式撰　(清)馬國翰輯
　　　　　玉函山房輯佚書(娜嬛館本、重印本、
　　　　　　楚南書局本)・子編農家類
牧羊指引一卷
　　(日本)下總種畜場撰
　　　　　會稽徐氏初學堂叢書輯錄
山羊全書一卷
　　(日本)內藤菊造撰
　　　　　會稽徐氏初學堂叢書輯錄
駱駝經一卷
　　(清)童華撰
　　　　　童氏雜著
哺記一卷
　　(清)黃百家撰
　　　　　昭代叢書(道光本)別集
　　　　　賜硯堂叢書未刻稿
蜂衙小記一卷
　　(清)郝懿行撰
　　　　　郝氏遺書

水產之屬

養魚經一卷
　　(周)范蠡撰
　　　　　說郛(宛委山堂本)弓一百七
　　　　　古今說部叢書一集
　養魚經
　　　　　說郛(商務印書館本)卷十五
養魚經一卷
　　(周)范蠡撰　(清)馬國翰輯
　　　　　玉函山房輯佚書・子編農家類
漁具詠一卷
　　(唐)陸龜蒙撰
　　　　　水邊林下
　　　　　說郛(宛委山堂本)弓一百七
養魚經一卷
　　(明)黃省曾撰
　　　　　廣百川學海癸集
　　　　　百陵學山
　　　　　景印元明善本叢書十種・百陵學山
　魚經一卷
　　　　　夷門廣牘・禽獸
　　　　　叢書集成初編・自然科學類
　　　　　景印元明善本叢書十種・夷門廣牘・

禽獸

養魚經
　　居家必備·治生

異魚圖贊四卷
　　(明)楊慎撰
　　　寶顏堂祕笈(萬曆本、民國石印本)彙
　　　集
　　　四庫全書·子部譜錄類
　　　函海(乾隆本、道光本)第十八函
　　　藝海珠塵絲集(丙集)
　　　函海(光緒本)第二十二函
　　　養素軒叢錄第一集
　　　叢書集成初編·自然科學類

楊升菴先生異魚圖贊四卷
　　　紛欣閣叢書

異魚圖贊箋四卷
　　(清)胡世安撰
　　　四庫全書·子部譜錄類

異魚圖贊補三卷
　　(清)胡世安撰
　　　四庫全書·子部譜錄類
　　　函海(乾隆本、道光本)第十八函
　　　函海(光緒本)第二十二函
　　　叢書集成初編·自然科學類

異魚贊閏集一卷
　　(清)胡世安撰
　　　四庫全書·子部譜錄類·異魚圖贊附
　　　函海(乾隆本、道光本)第十八函·異
　　　魚圖贊附
　　　函海(光緒本)第二十二函·異魚圖贊
　　　附
　　　叢書集成初編·自然科學類

閩中海錯疏三卷
　　(明)屠本畯撰　(明)徐㶿補疏
　　　四庫全書·史部地理類
　　　藝海珠塵竹集(丁集)
　　　學津討原(嘉慶本、景嘉慶本)第七集
　　　叢書集成初編·自然科學類

閩中海錯疏一卷
　　　明辨齋叢書初集

海味索隱一卷
　　(明)屠本畯撰
　　　廣快書
　　　說郛續弓四十二
　　　五朝小說·皇明百家小說
　　　五朝小說大觀·皇明百家小說

魚品一卷
　　(明)顧起元(遯園居士)撰

說郛續弓四十二

江南魚鮮品一卷
　　(清)陳鑑撰
　　　檀几叢書第五帙

記海錯一卷
　　(清)郝懿行撰
　　　郝氏遺書

然犀志二卷
　　(清)李調元撰
　　　函海(乾隆本、道光本)第二十八函
　　　函海(光緒本)第二十六函
　　　叢書集成初編·自然科學類

海錯百一錄五卷
　　(清)郭柏蒼撰
　　　郭氏叢刻

硃砂魚譜一卷
　　(明)張丑撰
　　　美術叢書二集第十輯

金魚品一卷
　　(明)屠隆撰
　　　水邊林下

相貝經一卷
　　(漢)朱仲撰
　　　說郛(宛委山堂本)弓九十七
　　　五朝小說·魏晉小說藝術家
　　　五朝小說大觀·魏晉小說藝術家*
　　　古今說部叢書二集

相貝經
　　　說郛(商務印書館本)卷十五

相貝經一卷
　　(漢)朱仲(題嚴助)撰　(清)王仁俊輯
　　　玉函山房輯佚書續編·子編藝術類

蟹譜二卷
　　(宋)傅肱撰
　　　百川學海(咸淳本、景刊咸淳本)辛集
　　　百川學海(弘治本、景刊咸淳本據弘治
　　　目次編印本、景弘治本)壬集
　　　百川學海(重輯本)癸集
　　　山居雜志
　　　四庫全書·子部譜錄類
　　　叢書集成初編·自然科學類

蟹譜一卷
　　　說郛(宛委山堂本)弓一百七

續蟹譜一卷
　　(清)褚人穫撰
　　　賜硯堂叢書新編乙集
　　　昭代叢書(道光本)丙集第八帙

蟹略四卷

（宋）高似孫撰
　　四庫全書・子部譜錄類
蟹略
　　說郛（商務印書館本）卷三十六
晴川蟹錄四卷後錄四卷續錄一卷
（清）孫之騄撰
　　晴川八識

生物之屬

總　志

林泉結契五卷
（宋）王質撰
　　學海類編（道光本、景道光本）・集餘
　　七
　　兩宋名賢小集
　　叢書集成初編・文學類
神州異產志一卷後志一卷
（民國）胡懷琛輯　後志（民國）蔣瑞藻撰
　　古今文藝叢書第一集
枝語二卷
（清）孫之騄撰
　　晴川八識
禽獸決錄一卷
（南齊）卞彬撰
　　說郛（宛委山堂本）弓一百七
桂海蟲魚志一卷
（宋）范成大撰
　　唐宋叢書・載籍
　　古今說部叢書四集
見物五卷
（明）李蘇撰
　　惜陰軒叢書（道光本、光緒本）第十函
辨物小志一卷
（明）陳絳撰
　　學海類編（道光本、景道光本）・集餘
　　五
　　叢書集成初編・自然科學類
識物一卷
（清）陳僖撰
　　昭代叢書（道光本）丁集新編
　　賜硯堂叢書未刻稿
蠕範八卷
（清）李元撰
　　湖北叢書
　　叢書集成初編・自然科學類
蟲薈五卷

（清）方旭撰
　　刻鵠齋叢書
廣南禽蟲述一卷附獸述一卷
（清）江藩撰
　　合衆圖書館叢書第二集・炳燭齋雜著

鳥

師曠禽經一卷
（周）師曠撰　（晉）張華注
　　百川學海（咸淳本、景刊咸淳本）壬集
　　百川學海（弘治本、景刊咸淳本據弘治
　　目次編印本、景弘治本）癸集
禽經一卷
　　百川學海（重輯本）癸集
　　格致叢書
　　夷門廣牘・禽獸
　　唐宋叢書・載籍
　　說郛（宛委山堂本）弓一百七
　　五朝小說・魏晉小說藝術家
　　五朝小說大觀・魏晉小說藝術家
　　四庫全書・子部譜錄類
　　增訂漢魏叢書（乾隆本、紅杏山房本、
　　　三餘堂本、大通書局石印本）・載籍
　　古今說部叢書二集
　　景印元明善本叢書十種・夷門廣牘・
　　　禽獸
師曠禽經
　　說郛（商務印書館本）卷十五
禽經一卷
（周）師曠撰　（晉）張華注　（清）王仁俊輯
　　玉函山房輯佚書續編・子編藝術類
解鳥語經一卷
（口）和菟撰
　　說郛（宛委山堂本）弓一百七
桂海禽志一卷
（宋）范成大撰
　　唐宋叢書・載籍
相鶴經一卷
（口）浮丘公撰
　　百川學海（重輯本）癸集
　　夷門廣牘・禽獸
　　水邊林下
　　說郛（宛委山堂本）弓一百七
　　五朝小說・魏晉小說藝術家
　　五朝小說大觀・魏晉小說藝術家
　　景印元明善本叢書十種・夷門廣牘・
　　　禽獸
相鶴經
　　說郛（商務印書館本）卷十五

八公相鶴經一卷
   (□)浮丘公(題漢淮南八公)撰　(清)王仁
   俊輯
      玉函山房輯佚書續編·子編藝術類

相鶴經一卷
   (□)浮丘公撰　陶棟輯
      輯佚叢刊

肉攫部一卷
   (唐)段成式撰
      說郛(宛委山堂本)弓一百七
      五朝小說·唐人百家小說瑣記家
      五朝小說大觀·唐人百家小說瑣記家
      唐人說薈（乾隆本、道光本、宣統石印
      本、民國石印本)四集
      唐代叢書四集

蓳經一卷
   (明)蔣德璟撰
      說郛續弓四十二

燕子春秋一卷
   (清)郝懿行撰
      郝氏遺書

進呈鷹論一卷
   (清西洋)利類思譯
      弢園叢書

鴿經一卷
   (清)張萬鍾撰
      檀几叢書二集第五帙

鵪鶉譜一卷
   (清)程石鄰撰
      昭代叢書(道光本)別集

鵪鶉論一卷
   (清)金文錦撰
      四生譜(同文堂本、文經堂本)

黃頭誌一卷
   (清)金文錦撰
      四生譜(同文堂本、文經堂本)

畫眉筆談一卷
   (清)陳均撰
      昭代叢書(道光本)別集

畫眉解一卷
   (清)金文錦撰
      四生譜(同文堂本、文經堂本)

獸

桂海獸志一卷
   (宋)范成大撰
      唐宋叢書·載籍

獸經一卷

   (明)黃省曾撰
      廣百川學海癸集
      格致叢書
      奚囊廣要
      說郛續弓四十二
      述古叢鈔第一集
      翠琅玕館叢書(馮兆年輯)第一集
      倣知不足齋叢書
      翠琅玕館叢書(黃任恆輯)·子部
      藝術叢書·物譜
      芋園叢書·子部
      叢書集成初編·自然科學類

獸經一卷
   (明)黃省曾撰　(明)周履靖增補
      夷門廣牘·禽獸
      景印元明善本叢書十種·夷門廣牘·
      禽獸

獸經一卷
   (清)張綱孫撰
      檀几叢書第五帙

虎苑二卷
   (明)王穉登撰
      廣百川學海癸集
      述古叢鈔第一集
      翠琅玕館叢書(馮兆年輯)第一集
      倣知不足齋叢書
      翠琅玕館叢書(黃任恆輯)·子部
      藝術叢書·物譜
      芋園叢書·子部

虎苑一卷
      說郛續弓四十二

虎薈六卷
   (明)陳繼儒撰
      寶顏堂祕笈（萬曆本、民國石印本)續
      集
      叢書集成初編·自然科學類

談虎一卷
   (清)趙彪詔撰
      昭代叢書(道光本)戊集續編

納貓經
   (元)俞宗本撰
      居家必備·治生

貓乘一卷
   (清)王初桐撰
      昭代叢書(道光本)別集
      古香堂叢書·雜著

貓苑二卷
   (清)黃漢撰
      筆記小說大觀第三輯

蟲

蟬史一卷
　　　說郛（宛委山堂本）弓一百七
禽蟲述一卷
　　（明）袁達德撰
　　　山居雜志
譚子雕蟲二卷校補闕文一卷附錄一卷
　　（明）譚貞默撰
　　　嘉興譚氏遺書
遯廬古今註一卷
　　（民國）余重耀撰
　　　遯廬叢著
蛇譜一卷
　　（清）陳鼎撰
　　　昭代叢書（道光本）別集
說蛇一卷
　　（清）趙彪詔撰
　　　昭代叢書（道光本）別集
　　　賜硯堂叢書未刻稿
促織經二卷
　　（宋）賈似道撰　（明）周履靖續增
　　　夷門廣牘・禽獸
　　　景印元明善本叢書十種・夷門廣牘・
　　　禽獸
促織志一卷
　　（明）袁宏道撰
　　　說郛續弓四十二
促織志一卷
　　（明）劉侗撰
　　　說郛續弓四十二
促織經一卷
　　（清）金文錦撰
　　　四生譜（同文堂本、文經堂本）
龍經一卷
　　（清）王晫撰
　　　雜著十種
　　　昭代叢書（康熙本）甲集第六帙
　　　昭代叢書（道光本）甲集第六帙

工　藝　類

日用器物之屬

陶　瓷

陽羨茗壺系一卷

　　（明）周高起撰
　　　檀几叢書二集第五帙
　　　江陰叢書
　　　翠琅玕館叢書（馮兆年輯）第一集
　　　粟香室叢書
　　　常州先哲遺書第一集・子類
　　　翠琅玕館叢書（黃任恆輯）・子部
　　　藝術叢書・物譜
　　　芋園叢書・子部
南窰筆記一卷
　　（清）□□撰
　　　美術叢書四集第一輯
浮梁陶政志一卷景鎮舊事一卷
　　（清）吳允嘉撰
　　　學海類編（道光本、景道光本）・集餘
　　　二
　　　遜敏堂叢書
　　　叢書集成初編・應用科學類
匋雅（一名瓷學）三卷（原缺卷下）
　　（清）陳瀏撰
　　　寂園叢書
　　（清寂園叟撰）
　　　靜園叢書
杯史一卷
　　（清）陳瀏撰
　　　寂園叢書
陽羨名陶錄二卷續一卷
　　（清）吳騫撰
　　　拜經樓叢書（乾隆嘉慶本、景乾隆嘉慶
　　　本）
　　　重刊拜經樓叢書七種
陽羨名陶錄二卷
　　　楡園叢刻附・娛園叢刻
　　　重校拜經樓叢書十種
　　　美術叢書初集第三輯
陽羨名陶錄一卷續一卷
　　　昭代叢書（道光本）己集廣編
陶說六卷
　　（清）朱琰撰
　　　龍威祕書五集
　　　翠琅玕館叢書（馮兆年輯）第一集
　　　說庫
　　　翠琅玕館叢書（黃任恆輯）・子部
　　　藝術叢書・物譜
　　　芋園叢書・子部
　　　美術叢書二集第七輯
窰器說一卷
　　（清）程哲撰
　　　昭代叢書（道光本）辛集別編

美術叢書初集第三輯

景德鎮陶錄十卷
　　(清)藍浦撰　(清)鄭廷桂補輯
　　　　美術叢書二集第八輯
中國學術史長編不分卷
　　(民國)葉瀚撰
　　　　晚學廬叢稿
中國美術史(陶瓷編)一卷
　　(民國)葉瀚撰
　　　　晚學廬叢稿
唐陶史札記一卷
　　(民國)葉瀚撰
　　　　晚學廬叢稿
瓷史札記一卷
　　(民國)葉瀚撰
　　　　晚學廬叢稿
茗壺圖錄一卷
　　(日本)奧玄寶撰
　　　　美術叢書三集第三輯
飲流齋說瓷一卷
　　(民國)許之衡撰
　　　　美術叢書三集第六輯
竹園陶說一卷
　　(民國)劉子芬撰
　　　　美術叢書四集第十輯
哥窯譜一卷
　　冒廣生撰
　　　　如皋冒氏叢書·疚齋小品

飲　具

觚記注一卷
　　(宋)鄭獬撰
　　　　說郛(宛委山堂本)弖九十四
茶具圖贊一卷
　　(明)茅一相撰
　　　　重訂欣賞編
　　　　格致叢書
　　　　山居雜志·茶經附
　　　　叢書集成初編·應用科學類
蒵房心語一卷
　　(清)楊中訥撰
　　　　昭代叢書(道光本)庚集埤編

几

燕几圖一卷
　　(宋)黃伯思撰
　　　　重訂欣賞編
　　　　說郛(宛委山堂本)弖九十九

存素堂校寫几譜三種
　　　　叢書集成初編·應用科學類
蝶几譜一卷
　　(明)戈汕撰
　　　　山居小玩
　　　　羣芳清玩
　　　　存素堂校寫几譜三種
匡几圖一卷
　　朱啓鈐撰
　　　　存素堂校寫几譜三種

錦

蜀錦譜一卷
　　(元)費著撰
　　　　續百川學海癸集
　　　　寶顏堂祕笈(萬曆本、民國石印本)廣
　　　　　集·歲華紀麗譜附
　　　　說郛(宛委山堂本)弖九十八
　　　　閭丘辯囿
　　　　四庫全書·史部地理類·歲華記麗譜
　　　　　附
　　　　墨海金壺(嘉慶本、景嘉慶本)·史部
　　　　　·歲華紀麗譜附
　　　　香艷叢書第四集
　　　　美術叢書三集第五輯

繡

刺繡圖一卷
　　(口)張淑嫫撰
　　　　綠窗女史·閨閣部女紅
繡譜二卷
　　(清)陳丁佩撰
　　　　拜梅山房几上書
　繡譜一卷
　　　　喜咏軒叢書甲編
　　　　美術叢書二集第七輯
雪宦繡譜一卷
　　(民國)沈壽述　(民國)張謇錄
　　　　喜咏軒叢書甲編
織繡史札記一卷
　　(民國)葉瀚撰
　　　　晚學廬叢稿
絲繡筆記二卷
　　朱啓鈐輯
　　　　絲繡叢刊
　　　　美術叢書四集第二輯
清內府藏刻絲書畫錄一卷
　　朱啓鈐輯

絲繡叢刊
清內府藏刻絲書畫錄七卷
美術叢書四集第一輯
清內府藏繡線書畫錄一卷
朱啓鈐輯
絲繡叢刊
刺繡書畫錄七卷
美術叢書四集第六輯
女紅傳徵略一卷
朱啓鈐輯
絲繡叢刊
美術叢書四集第五輯
存素堂絲繡錄二卷
朱啓鈐輯
絲繡叢刊

衣　服

新室志一卷
（唐）褚遂良撰
方氏叢鈔
記錦裙一卷
（唐）陸龜蒙撰
說郛（宛委山堂本）弓一百十四
五朝小說・唐人百家小說瑣記家
五朝小說大觀・唐人百家小說瑣記家
錦裙記一卷
唐人說薈（乾隆本、道光本、宣統石印
本、民國石印本）六集
唐代叢書六集
香閨韵事一卷
（唐）夏侯審撰
方氏叢鈔
熙寧新定時服式一卷
宋熙寧中定
方氏叢鈔
宋人遺稿雜抄一卷
方氏叢鈔
宣和冊禮圖一卷
方氏叢鈔
野服考一卷
（宋）方鳳撰
學海類編（道光本、景道光本）・集餘
五
續金華叢書・子部
美術叢書二集第十輯
帶格一卷
（宋）陳世崇撰
說郛（宛委山堂本）弓九十七

婦人鞋襪考一卷
（清）余懷撰
檀几叢書第四帙
香豔叢書第二集

香

漢宮香方鄭注一卷
（漢）鄭玄撰　（清）王仁俊輯
玉函山房輯佚書補編
香譜二卷
（宋）洪芻撰
百川學海（咸淳本、景刊咸淳本）丁集
百川學海（弘治本、景刊咸淳本據弘治
目次編印本、景弘治本）壬集
格致叢書
四庫全書・子部譜錄類
學津討原（嘉慶本、景嘉慶本）第十五
集
洪氏晦木齋叢書
叢書集成初編・應用科學類
香譜一卷
百川學海（重輯本）辛集
唐宋叢書・載籍
說郛（宛委山堂本）弓九十八
香譜
說郛（商務印書館本）卷六十五
名香譜一卷
（宋）葉廷珪撰
說郛（宛委山堂本）弓九十八
香豔叢書第四集
國學珍本文庫第一集・羣芳清玩
桂海香志一卷
（宋）范成大撰
唐宋叢書・載籍
香譜四卷
（宋）陳敬撰
四庫全書・子部譜錄類
新纂香譜二卷
適園叢書第十二集
焚香七要一卷
（明）朱權（臞仙）撰
說郛續弓三十七
香錄一卷
（明）項元汴撰
學海類編（道光本、景道光本）・集餘
六・蕉窗九錄
蕉窗九錄
叢書集成初編・藝術類・蕉窗九錄

香箋一卷
　(明)屠隆撰
　　　水邊林下
　　　美術叢書二集第九輯
香本紀一卷
　(明)吳從先撰
　　　香豔叢書第五集
香韻一卷
　　　閒情小品
香乘二十八卷
　(清)周嘉冑撰
　　　四庫全書・子部譜錄類
　　　筆記小說大觀第七輯
香國二卷
　(明)毛晉撰
　　　山居小玩
　　　靈芳清玩
　　　國學珍本文庫第一集・靈芳清玩
　　　美術叢書四集第十輯
黃熟香考
　(清)萬泰撰
　　　檀几叢書餘集
非烟香法一卷
　(明)董說撰
　　　昭代叢書(道光本)別集
　　　美術叢書二集第四輯

遊　具

忘懷錄一卷
　(宋)沈括撰
　　　說郛(宛委山堂本)弓七十四
　　　五朝小說・宋人百家小說偏錄家
　　　五朝小說大觀・宋人百家小說偏錄家
忘懷錄
　　　說郛(商務印書館本)卷十九
遊具雅編一卷
　(明)屠隆撰
　　　學海類編(道光本、景道光本)・集餘
　　　八
　　　叢書集成初編・應用科學類
遊具箋一卷
　　　美術叢書二集第九輯
起居器服箋一卷
　(明)屠隆撰
　　　美術叢書二集第九輯

船

南陔六舟記一卷

　(明)潘之恆撰
　　　說郛續弓二十八
湖船錄一卷
　(清)厲鶚撰
　　　昭代叢書(道光本)別集
　　　武林掌故叢編第六集
　　　西湖集覽
　　　晨風閣叢書第一集
川船記一卷
　(清)謝鳴篁撰
　　　賜硯堂叢書新編丁集
湖船續錄一卷首一卷
　(清)丁午撰
　　　武林掌故叢編第六集
　　　田園雜著
　　　西湖集覽

琉　璃

琉璃誌一卷
　(清)孫廷銓撰
　　　昭代叢書(道光本)別集
　　　美術叢書初集第九輯

髹　飾

髹飾錄二卷附箋證二卷
　(明)黃成撰　(明)楊明注　箋證(民國)闞
　鐸撰
　　　託跋廛叢刻

雕　刻

竹人錄二卷
　(清)金元鈺撰
　　　美術叢書二集第五輯
塑壁殘影改定稿一卷
　(日本)大村西崖撰　(民國)葉瀚譯
　　　晚學廬叢稿
中國美術史雕刻編一卷
　(民國)葉瀚撰
　　　晚學廬叢稿
角工雕刻札記一卷
　(民國)葉瀚撰
　　　晚學廬叢稿

叢　錄

銅劍讚一卷
　(梁)江淹撰
　　　祕冊彙函
名劍記一卷

（明）李承勛撰
　　說郛續弓三十六
蟬衣生劍記一卷
　（明）郭子章撰
　　寶顏堂祕笈（萬曆本、民國石印本）廣
　　　集
羽扇譜一卷
　（清）張燕昌撰
　　昭代叢書（道光本）別集
杖扇新錄一卷補錄一卷
　（清）王廷鼎撰
　　紫薇花館集・紫薇花館雜纂
　杖扇新錄一卷
　　美術叢書二集第八輯
桂海器志一卷
　（宋）范成大撰
　　唐宋叢書・載籍
詠物十詞一卷
　（清）曹貞吉撰
　　昭代叢書（道光本）辛集別編

文房器物之屬

筆

筆經一卷
　（晉）王羲之撰
　　說郛（宛委山堂本）弓九十八
　　五朝小說・魏晉小說品藻家
　　五朝小說大觀・魏晉小說品藻家
　　古今說部叢書三集
筆錄一卷
　（明）項元汴撰
　　學海類編（道光本、景道光本）・集餘
　　　六・蕉窗九錄
　　蕉窗九錄
　　叢書集成初編・藝術類・蕉窗九錄
筆史一卷
　（清）梁同書撰
　　頻羅庵遺集
　　楡園叢刻附・娛園叢刻
　　古今文藝叢書第二集
　　叢書集成初編・應用科學類
　　美術叢書初集第五輯
筆志一卷
　（民國）胡樸安（韞玉）撰
　　樸學齋叢刊
　　古今文藝叢書第二集

墨

墨譜法式三卷
　（宋）李孝美撰
　　四庫全書・子部譜錄類
　　涉園墨萃
墨經一卷
　（宋）晁貫之撰
　　續百川學海癸集
　　小十三經
　　重訂欣賞編
　　夷門廣牘・博雅
　　津逮祕書（汲古閣本、景汲古閣本）第
　　　四集
　　唐宋叢書・載籍
　　說郛（宛委山堂本）弓九十八
　　棟亭藏書十二種（康熙本、景康熙本）
　　四庫全書・子部譜錄類
　　學津討原（嘉慶本、景嘉慶本）第十五
　　　集
　　涉園墨萃
　　叢書集成初編・應用科學類
　　美術叢書初集第一輯
　　景印元明善本叢書十種・夷門廣牘・
　　　博雅
墨記一卷
　（宋）何薳撰
　　說郛（宛委山堂本）弓九十八
　　學海類編（道光本、景道光本）　集餘
　　　六
　　叢書集成初編・應用科學類
　　美術叢書三集第二輯
　春渚記墨一卷
　　十六家墨說上册
疇齋墨譜一卷
　（元）張仲壽撰
　　武林往哲遺箸
　　十六家墨說上册
墨史三卷
　（元）陸友撰
　　四庫全書・子部譜錄類
　　知不足齋叢書（乾隆至道光本、景乾隆
　　　至道光本）第十二集
　　古今文藝叢書第五集
　　涉園墨萃
　　叢書集成初編・應用科學類
墨法集要一卷
　（明）沈繼孫撰
　　四庫全書・子部譜錄類

十六家墨說下冊

百十二家墨錄一卷
 （清）邱學譄撰
  十六家墨說下冊
借軒墨存一卷
 （清）借軒居士撰
  十六家墨說下冊
墨餘贅稿一卷
 （清）計楠撰
  美術叢書三集第七輯
墨訣一卷
 （清）費庚吉撰
  遜敏堂叢書・登瀛寶筏
崶叟墨錄一卷
 （清）徐康撰
  十六家墨說下冊
內務府墨作則例一卷
  涉園墨萃
中州墨錄三卷
 （民國）袁勵準撰
  涉園墨萃
南學製墨劄記一卷
 （民國）謝崧岱撰
  涉園墨萃

紙

評紙帖一卷
 （宋）米芾撰
  美術叢書二集第二輯
紙箋譜一卷
 （元）鮮于樞撰
  說郛續弓三十六
蜀箋譜一卷
 （元）費著撰
  續百川學海癸集
  說郛（宛委山堂本）弓九十八
  墨海金壺（嘉慶本、景嘉慶本）・史部
   ・歲華紀麗譜附
  美術叢書三集第五輯
箋紙譜一卷
  寶顏堂祕笈（萬曆本、民國石印本）廣
   集・歲華紀麗譜附
  閭丘辯囿
  四庫全書・史部地理類
  叢書集成初編・應用科學類
紙錄一卷
 （明）項元汴撰
  學海類編（道光本、景道光本）・集餘

六・煮窗九錄
 煮窗九錄
  叢書集成初編・藝術類・蕉窗九錄
箋譜銘一卷
 （明）屠隆撰
  說郛續弓三十六
金粟箋說一卷
 （清）張燕昌撰
  昭代叢書（道光本）癸集萃編
  榆園叢刻附・娛園叢刻
  叢書集成初編・應用科學類
  美術叢書二集第六輯
紙說一卷
 （民國）胡樸安（韞玉）撰
  樸學齋叢刊

硯

硯譜一卷
 （宋）蘇易簡撰
  說郛（宛委山堂本）弓九十六
硯錄
 （宋）唐詢撰
  粵雅堂叢書三編第二十三集・續談助
  十萬卷樓叢書三編・續談助
  叢書集成初編・總類・續談助
歙州硯譜一卷
 （宋）唐積撰
  百川學海（咸淳本、景刊咸淳本）辛集
  百川學海（弘治本、景刊咸淳本據弘治
   目次編印本、景弘治本）壬集
  四庫全書・子部譜錄類
  學津討原（嘉慶本、景嘉慶本）第十五
   集
  叢書集成初編・應用科學類
  美術叢書二集第十輯
 （題宋洪适撰）
  說郛（宛委山堂本）弓九十六
硯史一卷
 （宋）米芾撰
  百川學海（咸淳本、景刊咸淳本）庚集
  百川學海（弘治本、景刊咸淳本據弘治
   目次編印本、景弘治本）壬集
  百川學海（重輯本）辛集
  說郛（宛委山堂本）弓九十六
  四庫全書・子部譜錄類
  學津討原（嘉慶本、景嘉慶本）第十五
   集
  湖北先正遺書・子部
  叢書集成初編・應用科學類

美術叢書二集第十輯
　研史一卷
　　　米襄陽志林
　　　山居小玩
　　　蠆芳清玩
　　　國學珍本文庫第一集·蠆芳清玩
　　　美術叢書四集第三輯
　研史
　　　說郛(商務印書館本)卷七十八
硯譜一卷
　(宋)李之彥撰
　　　百川學海(咸淳本、景刊咸淳本)癸集
　　　百川學海(弘治本、景刊咸淳本據弘治
　　　　目次編印本、景弘治本)壬集
　　　百川學海(重輯本)辛集
　　　說郛(宛委山堂本)弓九十六
　　　四庫全書·子部譜錄類
　研譜
　　　說郛(商務印書館本)卷七十八
端溪硯譜一卷
　(宋)□□撰　(宋)葉樾訂
　　　百川學海(咸淳本、景刊咸淳本)壬集
　　　百川學海(弘治本、景刊咸淳本據弘治
　　　　目次編印本、景弘治本)壬集
　　　百川學海(重輯本)辛集
　　　說郛(宛委山堂本)弓九十六
　　　硯北偶鈔
　　　四庫全書·子部譜錄類
　　　詩觸·續文章緣起附
　　　學津討原(嘉慶本、景嘉慶本)第十五
　　　　集
　　　叢書集成初編·應用科學類
　　　美術叢書二集第十輯
　端溪硯譜
　　(題宋范纂撰)
　　　說郛(商務印書館本)卷七十八
硯箋四卷
　(宋)高似孫撰
　　　楝亭藏書十二種(康熙本、景康熙本)
　　　四庫全書·子部譜錄類
硯箋校
　(清)陸心源撰
　　　潛園總集·蠆書校補
歙硯說一卷辨歙石說一卷
　(元)曹紹撰
　　　百川學海(咸淳本、景刊咸淳本)辛集
　　　百川學海(弘治本、景刊咸淳本據弘治
　　　　目次編印本、景弘治本)壬集
　　　百川學海(重輯本)辛集

說郛(宛委山堂本)弓九十六
　　　四庫全書·子部譜錄類
　　　學津討原(嘉慶本、景嘉慶本)第十五
　　　　集
　　　叢書集成初編·應用科學類
　　　美術叢書三集第三輯
硯譜一卷
　(明)沈仕撰
　　　廣百川學海壬集
　　　說郛續弓三十六
　研譜一卷
　　　水邊林下
硯錄一卷
　(明)項元汴撰
　　　學海類編(道光本、景道光本)·集餘
　　　　六·蕉窗九錄
　　　叢書集成初編·藝術類·蕉窗九錄
　研錄一卷
　　　蕉窗九錄
硯譜一卷
　(明)高濂撰
　　　重訂欣賞編
端石考一卷
　　　遯園叢書
水坑石記一卷
　(清)錢朝鼎撰
　　　檀几叢書二集第五帙
　　　拜梅山房几上書
　　　翠琅玕館叢書(馮兆年輯)第一集
　　　翠琅玕館叢書(黃任恆輯)·子部
　　　藝術叢書·物譜
　　　芋園叢書·子部
　　　美術叢書四集第六輯
硯錄一卷
　(清)曹溶撰
　　　借月山房彙鈔(嘉慶本、景嘉慶本)第
　　　　十二集
　　　澤古齋重鈔第十集
　　　學海類編(道光本、景道光本)·集餘
　　　　六
　　　美術叢書初集第六輯
硯林一卷
　(清)余懷撰
　　　昭代叢書(康熙本)甲集第六帙
　　　昭代叢書(道光本)甲集第六帙
硯林拾遺一卷
　(清)施閏章撰
　　　玉簡齋叢書

美術叢書二集第一輯

說硯一卷
　（清）朱彝尊撰
　　借月山房彙鈔（嘉慶本、景嘉慶本）第
　　　十二集
　　澤古齋重鈔第十集
　　學海類編（道光本、景道光本）・集餘
　　　六
　　美術叢書初集第九輯
端溪硯石考一卷
　（清）高兆撰
　　檀几叢書第五帙
　　美術叢書初集第七輯
硯銘一卷
　（清）潘耒撰
　　花近樓叢書
冬心齋硯銘一卷
　（清）金農撰
　　花近樓叢書
　　古今文藝叢書第一集
　冬心齋硯銘一卷
　　西泠五布衣遺著・冬心雜著
　冬心硯銘一卷
　　巾箱小品
端石擬三卷附藜閣十硯銘一卷
　（清）陳齡撰
　　靜園叢書
欽定西清硯譜二十四卷
　　清乾隆四十三年敕撰
　　　四庫全書・子部藝術類
　　　四庫全書珍本初集・子部藝術類
紀硯一卷
　（清）程瑤田撰
　　美術叢書四集第一輯
淄硯錄一卷
　（清）盛百二撰
　　昭代叢書（道光本）癸集萃編
端溪硯譜記一卷
　（清）袁樹撰
　　昭代叢書（道光本）庚集埤編
重訂唐說硯考二卷
　（清）曾興仁撰
　　羅卷彙編
輯硯瑣言一卷
　（清）張在辛撰
　　瑣言
端研記一卷
　（清）江藩撰

合衆圖書館叢書第二集・炳燭齋雜著

端溪研坑考一卷
　（清）計楠撰
　　美術叢書三集第七輯
石隱硯談一卷
　（清）計楠撰
　　美術叢書三集第七輯
端溪硯坑記一卷
　（清）李兆洛撰
　　花近樓叢書
　　粟香室叢書
　　美術叢書初集第二輯
　端溪研坑記一卷
　　遯園叢書
寶硯堂硯辨一卷
　（清）何傳瑤撰
　　喜咏軒叢書甲編
端溪硯史三卷
　（清）吳蘭修撰
　　嶺南遺書第五集
　　楡園叢刻附・娛園叢刻
硯緣記一卷後記一卷附眉子硯圖
　（清）王壽邁撰
　　硯緣集錄第一冊
硯辨一卷
　（清）孫森撰
　　碧聲吟館叢書附
醉盦硯銘一卷
　（清）王繼香撰
　　嘯園叢書第五函

裝　潢

裝潢志一卷
　（清）周嘉胄撰
　　昭代叢書（康熙本）甲集第六帙
　　學海類編（道光本、景道光本）・集餘
　　　六
　　昭代叢書（道光本）甲集第六帙
　　述古叢鈔第一集
　　藏修堂叢書第四集
　　翠琅玕館叢書（黃任恆輯）・子部
　　藝術叢書・雜技
　　芋園叢書・子部
　　叢書集成初編・藝術類
　　美術叢書初集第二輯
　　畫論叢刊附
賞延素心錄一卷
　（清）周二學撰

昭代叢書(道光本)戊集續編
楡園叢刻附·娛園叢刻
松鄰叢書乙編
叢書集成初編·藝術類
美術叢書初集第九輯
畫論叢刊附

叢　錄

文房四譜五卷
　　(宋)蘇易簡撰
　　　　四庫全書·子部譜錄類
　　　　學海類編(道光本，景道光本)·集餘
　　　　六
　　　　十萬卷樓叢書二編
　　　　叢書集成初編·應用科學類
文房圖贊一卷
　　(宋)林洪撰
　　　　重訂欣賞編
　　　　格致叢書
　　　　說郛(宛委山堂本)弓九十九
文房圖贊續一卷
　　(元)羅先登撰
　　　　重訂欣賞編
　　　　說郛(宛委山堂本)弓九十九
　　續文房圖贊一卷
　　　　格致叢書
大石山房十友譜一卷
　　(明)顧元慶撰
　　　　顧氏明朝四十家小說(正德嘉靖本、宣
　　　　統排印本、民國石印本)
　　十友圖贊一卷
　　　　重訂欣賞編
　　　　說郛續弓三十六
　　山房十友圖贊一卷
　　　　格致叢書
文房清事一卷
　　　　格致叢書
紙墨筆硯箋一卷
　　(明)屠隆撰
　　　　美術叢書二集第九輯
文具雅編一卷
　　(明)屠隆撰
　　　　學海類編(道光本，景道光本)·集餘
　　　　六
　　　　叢書集成初編·應用科學類
　　文房器具箋一卷
　　　　美術叢書二集第九輯
文苑四史一卷

　　(明)鍾泰華撰
　　　　快書
今文房四譜一卷
　　(清)謝崧梁撰
　　　　藝海一勺
十友名言一卷
　　(民國)鄒安輯
　　　　藝術叢編

食品製造之屬

鹽

熬波圖一卷
　　(元)陳椿撰
　　　　四庫全書·史部政書類
　　　　吉石盦叢書初集
　　　　雪堂叢刻
　　　　上海掌故叢書第一集

糖

糖霜譜一卷
　　(宋)洪邁撰
　　　　說郛(宛委山堂本)弓九十五
頤堂先生糖霜譜一卷
　　(宋)王灼撰
　　　　棟亭藏書十二種(康熙本，景康熙本)
　　　　美術叢書三集第五輯
　　糖霜譜一卷
　　　　四庫全書·子部譜錄類
　　　　學津討原(嘉慶本，景嘉慶本)第十五
　　　　集
　　　　叢書集成初編·應用科學類

酒

麴本草一卷
　　(宋)田錫撰
　　　　說郛(宛委山堂本)弓九十四
酒譜一卷
　　(宋)竇苹撰
　　　　百川學海(咸淳本、景刊咸淳本)乙集
　　　　百川學海(弘治本、景刊咸淳本據弘治
　　　　　目次編印本、景弘治本)壬集
　　　　唐宋叢書·載籍
　　　　說郛(宛委山堂本)弓九十四
　　　　四庫全書·子部譜錄類
　　酒譜
　　　　說郛(商務印書館本)卷六十六
酒經一卷

(宋)蘇軾撰
　　重訂欣賞編
　　　說郛(宛委山堂本)弓九十四
東坡酒經
　　　舊小說(民國本、1957 年本)丁集
酒經三卷
　　(宋)朱肱撰
　　　程氏叢刻
　　　知不足齋叢書(乾隆至道光本、景乾隆
　　　　至道光本)第十二集
　　(宋大隱翁撰)
　　　隨盦徐氏叢書續編
　　　續古逸叢書
北山酒經三卷
　　　四庫全書·子部譜錄類
酒經一卷附一卷
　　　夷門廣牘·食品
　　　景印元明善本叢書十種·夷門廣牘·
　　　　食品
酒經一卷
　　　說郛(宛委山堂本)弓九十四
酒經
　　　說郛(商務印書館本)卷四十四
續北山酒經一卷
　　(宋)李保撰
　　　說郛(宛委山堂本)弓九十四
讀北山酒經
　　　說郛(商務印書館本)卷四十四
桂海酒志一卷
　　(宋)范成大撰
　　　唐宋叢書·載籍
新豐酒法一卷
　　(宋)林洪撰
　　　說郛(宛委山堂本)弓九十四
酒小史一卷
　　(宋)宋伯仁撰
　　　說郛(宛委山堂本)弓九十四
酒爾雅一卷
　　(宋)何剡撰
　　　說郛(宛委山堂本)弓九十四
酒名記一卷
　　(宋)張能臣撰
　　　說郛(宛委山堂本)弓九十四
　　　五朝小說·宋人百家小說瑣記家
　　　五朝小說大觀·宋人百家小說瑣記家
酒乘一卷
　　(元)韋孟撰
　　　說郛(宛委山堂本)弓九十四

酒史二卷
　　(明無懷山人撰)
　　　寶顏堂祕笈(萬曆本、民國石印本)普
　　　　集
　　(明)馮時化撰
　　　叢書集成初編·應用科學類
酒譜一卷
　　(明)徐炬撰
　　　山居雜志
狂夫酒語二卷
　　(明)周履靖撰
　　　夷門廣牘·觴咏
　　　叢書集成初編·文學類
　　　景印元明善本叢書十種·夷門廣牘·
　　　　觴咏
醞造品
　　(明)高濂撰
　　　居家必備·飲饌
酒顛二卷
　　(明)夏樹芳撰　(明)陳繼儒增
　　　古今說部叢書九集
酒顛補三卷
　　(明)陳繼儒輯
　　　海山仙館叢書
酒考一卷
　　　閒情小品
勝飲編十八卷
　　(清)郎廷極撰
　　　粵雅堂叢書二編第十五集
　　　筆記小說大觀第五輯
酒史一卷
　　(□)胡光岱撰
　　　古今文藝叢書第三集

格致之屬

總　論

天工開物三卷
　　(明)宋應星撰
　　　喜咏軒叢書甲編
　　　中國古代科技圖錄叢編初集
格物須知不分卷
　　(清)朱本中撰
　　　四種須知
物詮八卷附一卷
　　(清)汪紱撰
　　　汪雙池先生叢書·浙刻雙池遺書十二

種

格致彙編不分卷
  （英國）傅蘭雅輯
    申報館叢書正集・叢殘彙刻類
西學課程彙編一卷
  清出洋肄業局譯
    蟄雲雷齋叢書續集
自然略說四卷
  鄒慶時撰
    半帆樓叢書

物　理

遠鏡說一卷
  （清西洋）湯若望撰
    西洋新法曆書
    藝海珠塵木集（辛集）
    叢書集成初編・自然科學類
鏡鏡詅癡五卷
  （清）鄭復光撰　（清）楊伯文繪圖　（清）張
  穆編校
    連筠簃叢書
    叢書集成初編・自然科學類
光論一卷
  （清）張福僖譯
    靈鶼閣叢書第二集
    叢書集成初編・自然科學類

地　學

地震說一卷
  （清）蔡仲光撰
    花近樓叢書
地球圖說一卷附補圖一卷
  （清西洋）蔣友仁譯　（清）何國宗（清）錢大
  昕潤色　（清）阮元補圖
    文選樓叢書（阮亨輯）
    叢書集成初編・自然科學類
海潮說三卷
  （清）周春撰
    拜經樓叢書（景乾隆嘉慶本）
    叢書集成初編・自然科學類
海潮說一卷
    藝海珠塵竹集（丁集）
海潮輯說二卷
  （清）俞思謙撰
    藝海珠塵匏集（戊集）
    叢書集成初編・自然科學類
蓋地論一卷
  （清）俞正燮撰

小方壺齋輿地叢鈔第一帙
地球總論一卷
  （葡國）瑪吉士撰
    小方壺齋叢鈔卷一
    小方壺齋輿地叢鈔第一帙
地理說略一卷
  （清）吳鍾史撰
    小方壺齋叢鈔卷一
    小方壺齋輿地叢鈔第一帙
地球推方圖說一卷
  （美國）培端撰
    小方壺齋輿地叢鈔再補編第一帙
地圖經緯說一卷
  （清）傅雲龍撰
    小方壺齋輿地叢鈔再補編第一帙
地橢圓說一卷
  （清）傅雲龍撰
    小方壺齋輿地叢鈔再補編第一帙
地球寒熱各帶論一卷
  （清）歐□撰
    小方壺齋輿地叢鈔再補編第一帙
亞歐兩洲熱度論一卷
  （清）歐伯苓撰
    小方壺齋輿地叢鈔再補編第一帙
地輿總說一卷
  （清）鄒弢撰
    小方壺齋輿地叢鈔再補編第一帙
地學歌略一卷
  （民國）葉瀚（民國）葉瀾撰
    慎始基齋叢書

器　械

全真坐鉢捷法一卷
    道藏（正統本、景正統本）正乙部
泰西水法六卷
  （明西洋）熊三拔口譯　（明）徐光啓筆錄
    天學初函・器編
    四庫全書・子部農家類
遠西奇器圖說錄最三卷
  （明西洋）鄧玉函口授　（明）王徵譯繪
    四庫全書・子部譜錄類
    守山閣叢書（道光本、鴻文書局景道光
    本、博古齋景道光本）・子部
    中西算學集要三種
    叢書集成初編・應用科學類
新製諸器圖說一卷
  （明）王徵撰
    四庫全書・子部譜錄類

守山閣叢書（道光本、鴻文書局景道光
　本、博古齋景道光本）・子部・遠西
　奇器圖說錄最附
叢書集成初編・應用科學類

自鳴鐘表圖說一卷
　（清）徐朝俊撰
　　高厚蒙求三集（嘉慶本、同治本、光緒
　　排印本）

醫　家　類

內經之屬

素問佚文一卷
　（清）王仁俊輯
　　經籍佚文
黃帝素問二十四卷
　（唐）王冰注
　　四庫全書・子部醫家類
　素問二十四卷
　　攟藻堂四庫全書薈要・子部
黃帝內經素問補註釋文五十卷
　（唐）王冰（啓玄子）注　　（宋）林億等校正
　（宋）孫兆重改誤
　　道藏（正統本、景正統本）・太玄部
　　道藏舉要第八類
重廣補註黃帝內經素問二十四卷
　　四部叢刊（初次印本、二次印本、縮印
　　二次印本）・子部
**重廣補註黃帝內經素問二十四卷遺篇一
卷**
　（唐）王冰（啓玄子）注　　（宋）林億等校正
　（宋）孫兆重改誤　　遺篇（宋）劉溫舒原本
　　古今醫統正脈全書（吳勉學本、朱文震
　　本、京師醫局本）
　　醫統正脈全書
**補註黃帝內經素問二十四卷素問遺篇
一卷**
　　二十二子・補注黃帝內經附
　　二十五子彙函・補注黃帝內經附
　　子書二十二種・補注黃帝內經附
　　子書二十八種・補注黃帝內經附
　　四部備要（排印本、縮印本）・子部醫
　　家
黃帝素問靈樞經十二卷
　　古今醫統正脈全書（吳勉學本、朱文震

　　本、京師醫局本）
　醫統正脈全書
　四部叢刊（初次印本、二次印本、縮印
　　二次印本）・子部
靈樞經十二卷
　（唐）王冰注
　　四庫全書・子部醫家類
　黃帝內經靈樞十二卷
　　四部備要（排印本、縮印本）・子部醫
　　家
黃帝內經靈樞十二卷
　（唐）王冰（啓玄子）注　　（宋）林億校正
　（宋）孫兆重改誤　　遺篇（宋）劉溫舒原本
　　二十二子
　　二十五子彙函
　　子書二十二種
　　子書二十八種
黃帝內經靈樞略一卷
　（宋）史崧撰
　　道藏（正統本、景正統本）・太玄部
　　道藏舉要第八類
黃帝素問靈樞集註二十三卷
　（宋）史崧撰
　　道藏（正統本、景正統本）・太玄部
　　道藏舉要第八類
**內經評文素問二十四卷遺篇一卷靈樞十
二卷**
　（清）周學海評注
　　周氏醫學叢書（宣統本、景宣統本）二
　　集
　　周澂之評注醫書
**黃帝內經太素三十卷（原缺卷一、卷四、
卷七、卷十六、卷十八、卷二十至二十
一）遺文一卷**
　（隋）楊上善撰注
　　漸西村舍彙刊
　　叢書集成初編・應用科學類
黃帝內經太素篇目一卷
　（民國）廖宗澤輯錄
　　新訂六譯館叢書・醫類
素問入式運氣論奧三卷
　（宋）劉溫舒撰
　　道藏（正統本、景正統本）・太玄部
　　四庫全書・子部醫家類
　　碧琳瑯館叢書丙部
　　道藏舉要第八類
　　芋園叢書・子部
黃帝內經素問遺篇五卷

內經素問校義一卷
　　　珍本醫書集成·醫經類
內經運氣病釋九卷附內經遺篇病釋一卷
　　（清）陸懋修撰　　（清）陸潤庠參校
　　　　世補齋醫書（光緒本、山左書局本、茂
　　　　記書局石印本）前集
內經運氣表一卷
　　（清）陸懋修撰
　　　　世補齋醫書（光緒本、山左書局本、茂
　　　　記書局石印本）前集
內經難字音義一卷
　　（清）陸懋修撰
　　　　世補齋醫書（光緒本、山左書局本、茂
　　　　記書局石印本）前集
內經辨言一卷
　　（清）俞樾撰
　　　　三三醫書第一集
黃帝內經明堂敍一卷舊鈔太素經校本敍
　一卷黃帝內經九卷集注敍一卷黃帝內
　經素問重校正敍一卷
　　（清）黃以周撰　　（民國）廖平識
　　　　新訂六譯館叢書·醫類
靈素五解篇一卷附素問靈臺祕典論篇新
　解一卷瘧解補證一卷
　　（民國）廖宗澤撰　附（民國）廖平撰
　　　　新訂六譯館叢書·醫類
素問隋楊氏太素注本目錄一卷
　　（民國）廖平撰
　　　　新訂六譯館叢書·醫類
靈樞隋楊氏太素注本目錄一卷
　　（民國）廖平撰
　　　　新訂六譯館叢書·醫類
營衞運行楊注補證一卷
　　（民國）廖平撰
　　　　新訂六譯館叢書·醫類
靈樞識六卷
　　（日本）丹波元簡撰
　　　　中國醫學大成第一集

難經之屬

難經一卷
　　　醫要集覽
黃帝八十一難經纂圖句解七卷註義圖序
　論一卷
　　（宋）李駉撰
　　　　道藏（正統本、景正統本）·太玄部
　　　　道藏舉要第八類

難經本義二卷
　　（元）滑壽撰
　　　　薛氏醫按二十四種（萬曆本、嘉慶本、
　　　　民國石印本）·內科
　　　　古今醫統正脈全書（吳勉學本、朱文震
　　　　本、京師醫局本）
　　　　醫統正脈全書
　　　　四庫全書·子部醫家類
　　　　摛藻堂四庫全書薈要·子部
增輯難經本義二卷
　　（元）滑壽撰　　（清）周學海增輯
　　　　周氏醫學叢書（宣統本、景宣統本）初
　　　　集
　　　　周澂之校刻醫學叢書
王翰林集註黃帝八十一難經五卷
　　（明）王九思等撰
　　　　佚存叢書（日本本、光緒木活字本、景
　　　　日本本）第三帙
　　　　四部叢刊（初次印本、二次印本、縮印
　　　　二次印本）·子部
難經集注五卷
　　　宛委別藏
　　　守山閣叢書（道光本、鴻文書局景道光
　　　本、博古齋景道光本）·子部
　　　四部備要（排印本、縮印本）·子部醫
　　　家
難經懸解二卷
　　（清）黃元御撰
　　　　黃氏遺書三種
　　　　影印古本醫學叢書第二集
難經經釋二卷
　　（清）徐大椿撰
　　　　徐氏醫書六種（乾隆本、同治本）
　　　　徐靈胎十二種全集
　　　　徐氏醫書八種
　　　　徐靈胎醫學全書（六藝書局石印本、錦
　　　　文堂石印本、廣益書局排印本）前集
古本難經闡注二卷
　　（清）丁錦撰
　　　　影印古本醫學叢書第一集
　　　　珍本醫書集成·醫經類
難經正義六卷
　　（清）葉霖撰
　　　　珍本醫書集成·醫經類
難經章句三卷
　　　孫鼎宜撰
　　　　孫氏醫學叢書
難經古義二卷

（日本）滕萬卿撰
　　珍本醫書集成·醫經類

傷寒之屬

傷寒論十卷
　　（漢）張機撰　（晉）王叔和編
　　　仲景全書（萬曆本）
　　　武昌醫學館叢書
注解傷寒論十卷
　　（漢）張機撰　（晉）王叔和編　（金）成無已
　　注
　　　仲景全書（萬曆本）
　　　古今醫統正脈全書（吳勉學本、朱文震
　　　　本、京師醫局本）
　　　醫統正脈全書
　　　四部叢刊（初次印本、二次印本、縮印
　　　　二次印本）·子部
　　　四部備要（排印本、縮印本）·子部醫
　　　　家
　　傷寒論註十卷
　　　四庫全書·子部醫家類
集注傷寒論十卷
　　（漢）張機撰　（金）成無已注　（明）張遂辰
　　參注
　　　仲景全書（光緒本、民國本）
　　　張仲景醫學全書
傷寒論章節一卷
　　（民國）包識生編
　　　包氏醫宗
傷寒論校勘記一卷
　　　秦又安撰
　　　國醫小叢書
傷寒論條辨八卷附本草鈔一卷或問一卷
　　痙書一卷
　　（明）方有執撰
　　　四庫全書·子部醫家類
　　傷寒論條辨八卷或問一卷痙書一卷痙
　　書或問一卷本草鈔一卷
　　　渭南嚴氏孝義家塾叢書
張卿子傷寒論七卷
　　（明）張遂辰撰
　　　中國醫學大成第六集·傷寒叢刊
尚論篇四卷首一卷後篇四卷
　　（清）喩昌撰
　　　喩氏醫書三種
　　尚論篇八卷
　　　四庫全書·子部醫家類

尚論張仲景傷寒論四卷首一卷後篇四卷
　附校勘記一卷校勘續記一卷
　　（清）喩昌撰　校勘記（民國）魏元曠撰　續
　　記（民國）盧耿撰
　　　豫章叢書（胡思敬輯）·喩氏遺書三種
傷寒纘論二卷
　　（清）張璐撰
　　　張氏醫書七種（康熙本、乾隆嘉慶本、
　　　　日本本、圖書集成局排印本、浙江書
　　　　局重印日本思得堂刊本、上海書局
　　　　石印本、廣益書局石印本）
　　　傷寒大成
傷寒緒論二卷
　　（清）張璐撰
　　　張氏醫書七種（康熙本、乾隆嘉慶本、
　　　　日本本、圖書集成局排印本、浙江書
　　　　局重印日本思得堂刊本、上海書局
　　　　石印本、廣益書局石印本）
　　　傷寒大成
傷寒論註四卷
　　（清）柯琴撰
　　　中國醫學大成第六集·傷寒來蘇集
傷寒論翼二卷
　　（清）柯琴撰
　　　藝海珠塵癸集
　　　叢書集成初編·應用科學類
　　　中國醫學大成第六集·傷寒來蘇集
傷寒附翼二卷
　　（清）柯琴撰
　　　中國醫學大成第六集·傷寒來蘇集
傷寒六經辨證治法八卷
　　（清）沈明宗撰
　　　中國醫學大成第六集·傷寒叢刊
傷寒六經纂註八卷
　　（清）沈明宗撰
　　　醫徵五種
傷寒貫珠集八卷
　　（清）尤怡撰
　　　中國醫學大成第六集·傷寒叢刊
傷寒論讀一卷
　　（清）沈又彭輯
　　　三三醫書第三集
訂正仲景全書傷寒論註十七卷
　　（清）吳謙等輯
　　　御纂醫宗金鑑（武英殿本、江西書局
　　　　本、掃葉山房本、上海圖書集成印書
　　　　局排印本、經香閣石印本、商務印書
　　　　館排印本、鴻寶齋石印本、廣益書局

排印本、錦章書局排印本）

傷寒論注四卷
　　（清）朱音恬撰
　　　　醫理元樞
傷寒懸解十四卷首一卷末一卷
　　（清）黃元御撰
　　　　黃氏醫書八種（變和精舍本、成都本、
　　　　江左書林石印本、鑄記書局石印本、
　　　　錦章書局石印本）
傷寒論綱目十六卷首二卷
　　（清）沈金鰲撰
　　　　沈氏尊生書（乾隆本、同治本、宣統本、
　　　　民國本）
傷寒論注六卷
　　（清）王丙撰　（清）陸懋修校
　　　　世補齋醫書（光緒本、山左書局本、茂
　　　　記書局石印本）後集
傷寒論附餘二卷
　　（清）王丙撰　（清）陸懋修校
　　　　世補齋醫書（光緒本、山左書局本、茂
　　　　記書局石印本）後集·傷寒論注附
傷寒例新注一卷
　　（清）王丙撰　（清）陸懋修校
　　　　世補齋醫書（光緒本、山左書局本、茂
　　　　記書局石印本）後集·傷寒論注附
讀傷寒論心法一卷
　　（清）王丙撰　（清）陸懋修校
　　　　世補齋醫書（光緒本、山左書局本、茂
　　　　記書局石印本）後集·傷寒論注附
張仲景傷寒論原文淺註六卷
　　（清）陳念祖撰
　　　　南雅堂醫書全集
　　　　陳修園醫書五十種
　　　　陳修園醫書全集六十種
　　　　陳修園醫書四十八種
　　　　陳修園廿三種
傷寒論淺註方論合編六卷
　　　　醫學初階（民國嚴氏校補印本、四川人
　　　　民出版社重印嚴氏本）
傷寒雜病論補注一卷
　　（清）顧觀光撰
　　　　武陵山人遺書（光緒本、民國本）
傷寒讀本二卷
　　（清）□□輯
　　　　醫學便覽
傷寒論淺注補正七卷首一卷
　　（清）唐宗海撰
　　　　中西醫學勸讀十二種

中西匯通醫書五種
傷寒論講義一卷
　　（民國）包識生撰
　　　　包氏醫宗
傷寒雜病論古本一卷
　　（民國）廖平輯
　　　　新訂六譯館叢書·醫類
補傷寒古本一卷
　　（民國）廖平撰
　　　　新訂六譯館叢書·醫類
傷寒古本攷不分卷
　　（民國）廖平撰
　　　　新訂六譯館叢書·醫類
傷寒講義一卷附桂枝湯講義一卷
　　（民國）廖平撰
　　　　新訂六譯館叢書·醫類
傷寒論輯義按六卷
　　（民國）惲鐵樵撰
　　　　藥盦醫學叢書（新中醫藥出版社排印
　　　　本、千頃堂書局石印本）第七輯
傷寒新義不分卷
　　　　祝味菊撰
　　　　祝氏醫學叢書
傷寒雜病論讀本三卷
　　　　孫鼎宜撰
　　　　孫氏醫學叢書
傷寒雜病論章句十六卷
　　　　孫鼎宜撰
　　　　孫氏醫學叢書
南陽藥證彙解六卷
　　　　吳槐綬撰
　　　　吳氏醫學叢刊
傷寒微旨二卷
　　（宋）韓祇和撰
　　　　四庫全書·子部醫家類
傷寒微旨論二卷
　　　　墨海金壺（嘉慶本、景嘉慶本）·子部
　　　　珠叢別錄（道光本、景道光本）
　　　　長恩書室叢書甲集
　　　　半畝園叢書
　　　　豫恕堂叢書
　　　　叢書集成初編·應用科學類
傷寒總病論六卷附音訓一卷修治藥 法 一
卷
　　（宋）龐安時撰
　　　　四庫全書·子部醫家類
傷寒總病論六卷
　　　　武昌醫學館叢書

傷寒總病論六卷附札記一卷
　　(宋)龐安時撰　札記(清)黃丕烈撰
　　　　士禮居黃氏叢書(黃氏本、蟄英館景黃
　　　　　氏本、石竹山房景黃氏本、博古齋景
　　　　　黃氏本)
　　　　叢書集成初編・應用科學類
增注類證活人書二十二卷
　　(宋無求子撰)
　　　　古今醫統正脈全書(吳勉學本、朱文震
　　　　　本、京師醫局本)
　　　　醫統正脈全書
　類證活人書二十二卷附釋音一卷辨誤
　　一卷傷寒藥性一卷
　　(宋)朱肱撰
　　　　叢書集成初編・應用科學類
傷寒百證歌五卷
　　(宋)許叔微撰
　　　　述古叢鈔第一集
　新編張仲景註解傷寒百證歌五卷
　　　　十萬卷樓叢書二編
　張仲景注解傷寒百證歌五卷
　　　　藏修堂叢書第五集
　　　　翠琅玕館叢書(黃任恆輯)・子部
　　　　芋園叢書・子部
　　　　叢書集成初編・應用科學類
　　　　許叔微傷寒論著三種
　新編張仲景註解傷寒發微論二卷
　　(宋)許叔微撰
　　　　十萬卷樓叢書二編
　　　　叢書集成初編・應用科學類
　　　　許叔微傷寒論著三種
傷寒九十論一卷
　　(宋)許叔微撰
　　　　中國醫學大成第六集・傷寒叢刊
傷寒九十論一卷附校譌一卷
　　(宋)許叔微撰　校譌(清)胡珽撰
　　　　琳琅祕室叢書(咸豐本)第二集
傷寒九十論一卷附校譌一卷續校一卷
　　(宋)許叔微撰　校譌(清)胡珽撰　續校
　　(清)董金鑑撰
　　　　琳琅祕室叢書(光緒本)第二集
　　　　叢書集成初編・應用科學類
　　　　許叔微傷寒論著三種
類證增注傷寒百問歌四卷
　　(宋)錢聞禮撰
　　　　武昌醫學館叢書
傷寒補亡論二十卷
　　(宋)郭雍撰
　　　　武昌醫學館叢書
　　　　豫醫雙璧
傷寒類書活人總括七卷
　　(宋)楊士瀛撰　(明)朱崇正附遺
　　　　鮑氏彙校醫書四種
傷寒明理論三卷
　　(金)成無已撰
　　　　仲景全書(光緒本、民國本)
　　　　張仲景醫學全書
　　　　中國醫學大成第六集・傷寒叢刊
　傷寒明理論四卷
　　　　古今醫統正脈全書(吳勉學本、朱文震
　　　　　本、京師醫局本)
　　　　醫統正脈全書
　　　　叢書集成初編・應用科學類
　傷寒明理論三卷論方一卷
　　　　四庫全書・子部醫家類・傷寒論註附
　傷寒明理論三卷後集一卷
　　　　宛委別藏
傷寒類證三卷
　　(金)宋雲公撰
　　　　仲景全書(萬曆本)
　　　　仲景全書(光緒本、民國本)
　　　　張仲景醫學全書
劉河間傷寒直格論方三卷
　　(金)劉完素撰　(金)葛雍編
　　　　古今醫統正脈全書(吳勉學本、朱文震
　　　　　本、京師醫局本)
　　　　醫統正脈全書
　　　　劉河間傷寒六書
　傷寒直格方三卷
　　　　四庫全書・子部醫家類
　傷寒直格論三卷
　　　　叢書集成初編・應用科學類
傷寒標本心法類萃二卷
　　(金)劉完素撰
　　　　古今醫統正脈全書(吳勉學本、朱文震
　　　　　本、京師醫局本)
　　　　醫統正脈全書
　　　　四庫全書・子部醫家類
　　　　劉河間傷寒六書
　　　　叢書集成初編・應用科學類
傷寒鈐法一卷
　　(漢)張機撰
　　　　薛氏醫按二十四種(萬曆本、嘉慶本、
　　　　　民國石印本)・內科
蘭室祕藏一卷
　　(金)李杲撰

濟生拔粹方
　景印元明善本叢書十種・濟生拔粹方
　蘭室祕藏三卷
　　東垣十書（正德本、梅南書屋本、文奎
　　堂本、文盛書局石印本、肇經堂本、
　　受古書店石印本）
　　醫學十書
　　古今醫統正脈全書（吳勉學本、朱文震
　　本、京師醫局本）
　　醫統正脈全書
　　四庫全書・子部醫家類
　　叢書集成初編・應用科學類
劉河間傷寒醫鑒一卷
　（元）馬宗素撰
　　古今醫統正脈全書（吳勉學本、朱文震
　　本、京師醫局本）
　　醫統正脈全書
　　劉河間傷寒六書
　　叢書集成初編・應用科學類
河間傷寒心要一卷
　（□）鎦洪編
　　　古今醫統正脈全書（吳勉學本、朱文震
　　　本、京師醫局本）
　　　醫統正脈全書
　　　劉河間傷寒六書
　傷寒心要一卷
　　　叢書集成初編・應用科學類
雲岐子保命集論類要二卷
　（元）張璧撰
　　濟生拔粹方
　　叢書集成初編・應用科學類
　　景印元明善本叢書十種・濟生拔粹方
張子和心鏡別集一卷
　（元）常德編
　　　古今醫統正脈全書（吳勉學本、朱文震
　　　本、京師醫局本）
　　醫統正脈全書
　　劉河間傷寒六書
海藏老人陰證略例一卷
　（元）王好古撰
　　濟生拔粹方
　　景印元明善本叢書十種・濟生拔粹方
　陰證略例一卷
　　　十萬卷樓叢書初編
　　　三三醫書第三集
　　　叢書集成初編・應用科學類
　　　中國醫學大成第六集・瘟疫叢刊
傷寒活人指掌一卷
　（元）吳恕撰

醫要集覽
傷寒瑣言一卷
　（明）陶華撰
　　傷寒六書
　　古今醫統正脈全書（吳勉學本、朱文震
　　本、京師醫局本）
　　醫統正脈全書
　　叢書集成初編・應用科學類
傷寒家祕的本一卷
　（明）陶華撰
　　傷寒六書
　　古今醫統正脈全書（吳勉學本、朱文震
　　本、京師醫局本）
　　醫統正脈全書
　　叢書集成初編・應用科學類
傷寒家祕殺車槌法方一卷
　（明）陶華撰
　　傷寒六書
　殺車槌法一卷
　　　古今醫統正脈全書（吳勉學本、朱文震
　　　本、京師醫局本）
　　　醫統正脈全書
　　　叢書集成初編・應用科學類
傷寒一提金一卷
　（明）陶華撰
　　傷寒六書
　　古今醫統正脈全書（吳勉學本、朱文震
　　本、京師醫局本）
　　醫統正脈全書
　　叢書集成初編・應用科學類
傷寒證脈藥截江網一卷
　（明）陶華撰
　　傷寒六書
　　古今醫統正脈全書（吳勉學本、朱文震
　　本、京師醫局本）
　　醫統正脈全書
　　叢書集成初編・應用科學類
傷寒明理續論五卷
　（明）陶華撰
　　傷寒六書
　　古今醫統正脈全書（吳勉學本、朱文震
　　本、京師醫局本）
　　醫統正脈全書
　　叢書集成初編・應用科學類
萬氏家傳傷寒摘錦二卷
　（明）萬全撰
　　萬密齋書
傷寒證治準繩八卷
　（明）王肯堂輯

醫述

傷寒析疑一卷
　　(清)程文囿撰
　　　　醫述

切總傷寒一卷
　　(清)廖雲溪撰
　　　　醫學五則(同治本、光緒本)

傷寒尋源三卷
　　(清)呂震名撰
　　　　影印古本醫學叢書第二集
　　　　珍本醫書集成·傷寒類

傷寒論陽明病釋四卷
　　(清)陸懋修撰
　　　　世補齋醫書（光緒本、山左書局本、茂
　　　　記書局石印本）前集

傷寒方法一卷
　　(清)包育華撰
　　　　包氏醫宗

傷寒方經解一卷
　　(清)姜國伊撰
　　　　守中正齋叢書

傷寒補例二卷
　　(清)周學海撰
　　　　周氏醫學叢書（宣統本、景宣統本）三
　　　　集
　　　　中國醫學大成第六集·傷寒義刊

傷寒證辨一卷
　　(清)慶恕撰
　　　　醫學摘粹(光緒本、民國本)

傷寒十六證類方二卷
　　(清)慶恕撰
　　　　醫學摘粹(光緒本、民國本)

傷寒捷訣一卷
　　(清)嚴宮方撰
　　　　珍本醫書集成·傷寒類

傷寒表一卷
　　(民國)包識生撰
　　　　包氏醫宗

傷寒方講義一卷
　　(民國)包識生撰
　　　　包氏醫宗

傷寒總論一卷
　　(民國)廖平撰
　　　　新訂六譯館叢書·醫類

太素內經傷寒總論補證一卷太素四時病
　補證一卷
　　(民國)廖平撰
　　　　新訂六譯館叢書·醫類

傷寒平議不分卷附瘟疫平議一卷
　　(民國)廖平撰
　　　　新訂六譯館叢書·醫類

傷寒論研究四卷
　　(民國)惲鐵樵撰
　　　　藥盦醫學叢書（新中醫藥出版社排印
　　　　本、千頃堂書局石印本）第二輯

傷寒捷徑一卷
　　羅東生述
　　　　國醫小叢書

傷寒方解不分卷
　　祝味菊撰
　　　　祝氏醫學叢書

傷寒理解十二卷首一卷
　　吳槐綬撰
　　　　吳氏醫學叢刊

傷寒金匱方易解二卷
　　何舒編
　　　　壽康之路

傷風約言一卷
　　(日本)後藤省撰
　　　　三三醫書第三集

金匱之屬

金匱要略方論三卷
　　(漢)張機撰　(晉)王叔和集　(宋)林億等
　　詮次
　　　　仲景全書(萬曆本)
　　　　仲景全書(光緒本、民國本)
　　　　張仲景醫學全書

新編金匱要略方論三卷
　　　　古今醫統正脈全書(吳勉學本、朱文震
　　　　本、京師醫局本)
　　　　醫統正脈全書
　　　　四部叢刊(初次印本)·子部
　　　　四部叢刊（二次印本、縮印二次印本）
　　　　·子部
　　　　叢書集成初編·應用科學類

金匱玉函要略方論三卷
　　　　四部備要（排印本、縮印本）·子部醫
　　　　家

重刊金匱玉函經二註二十二卷補方一卷
　　(宋)趙以德衍義　(清)周揚俊補注
　　　　中國醫學大成第七集

金匱要略論註二十四卷
　　(清)徐彬撰
　　　　四庫全書·子部醫家類

總論之屬

（清）陸心源撰
　　潛園總集・羣書校補

宋徽宗聖濟經十卷

宋徽宗撰　（宋）吳禔注
　　十萬卷樓叢書三編
　　叢書集成初編・應用科學類

扁鵲心書三卷神方一卷

（宋）竇材重集　（清）胡珏參論
　　醫林指月（乾隆本、光緒排印本）
　　中西醫學勸讀十二種

醫經正本書一卷

（宋）程迥撰
　　十萬卷樓叢書初編

醫經正本書一卷附札記一卷

（宋）程迥撰　札記（清）錢培名撰
　　小萬卷樓叢書（咸豐本、光緒本）
　　叢書集成初編・應用科學類

黃帝素問宣明論方十五卷

（金）劉完素撰
　　劉河間傷寒三書（宣德本、萬曆本、宣
　　統石印本）
　　古今醫統正脈全書（吳勉學本、朱文震
　　本、京師醫局本）
　　醫統正脈全書
　　劉河間傷寒六書

　宣明論方十五卷

　　四庫全書　子部醫家類

潔古家珍一卷

（金）張元素撰
　　濟生拔粹方
　　景印元明善本叢書十種　濟生拔粹方

儒門事親十五卷

（金）張從正撰
　　古今醫統正脈全書（吳勉學本、朱文震
　　本、京師醫局本）
　　醫統正脈全書
　　四庫全書・子部醫家類
　　豫醫雙璧
　　中國醫學大成第五集

內外傷辨惑論三卷

（金）李杲撰
　　東垣十書（正德本、梅南書屋本、文奎
　　堂本、文盛書局石印本、肇經堂本、
　　受古書店石印本）
　　醫學十書
　　四庫全書・子部醫家類

　內外傷辨三卷

　　古今醫統正脈全書（吳勉學本、朱文震

本、京師醫局本）
　　醫統正脈全書
　　叢書集成初編・應用科學類

脾胃論一卷

（金）李杲撰
　　濟生拔粹方
　　景印元明善本叢書十種・濟生拔粹方

　脾胃論三卷

　　東垣十書（正德本、梅南書屋本、文奎
　　堂本、文盛書局石印本、肇經堂本、
　　受古書店石印本）
　　醫學十書
　　古今醫統正脈全書（吳勉學本、朱文震
　　本、京師醫局本）
　　醫統正脈全書
　　四庫全書・子部醫家類
　　叢書集成初編・應用科學類

衛生寶鑑一卷

（元）羅天益撰
　　濟生拔粹方
　　景印元明善本叢書十種・濟生拔粹方

　衛生寶鑑二十四卷補遺一卷

　　惜陰軒叢書（道光本、光緒本）第七函
　　第八函

海藏類編醫壘元戎一卷

（元）王好古撰
　　濟生拔粹方
　　景印元明善本叢書十種・濟生拔粹方

　醫壘元戎一卷

　　東垣十書（文盛書局石印本、肇古堂
　　本、受古書店石印本）
　　醫學十書
　　古今醫統正脈全書（吳勉學本、朱文震
　　本、京師醫局本）
　　醫統正脈全書
　　陳修園醫書五十種
　　陳修園醫書全集六十種
　　陳修園醫書四十八種

　醫壘元戎十二卷

　　四庫全書・子部醫家類

海藏老人此事難知一卷

（元）王好古撰
　　濟生拔粹方
　　景印元明善本叢書十種・濟生拔粹方

東垣先生此事難知集二卷

　　東垣十書（正德本、梅南書屋本、文奎
　　堂本、文盛書局石印本、肇經堂本、
　　受古書店石印本）
　　醫學十書

古今醫統正脈全書(吳勉學本、朱文震
本、京師醫局本)
醫統正脈全書
　此事難知二卷
四庫全書·子部醫家類
醫學發明一卷
　(元)朱震亨撰
濟生拔粹方
古今醫統正脈全書(吳勉學本、朱文震
本、京師醫局本)
醫統正脈全書
景印元明善本叢書十種·濟生拔粹方
丹溪朱氏脈因證治二卷
　(元)朱震亨撰
翠琅玕館叢書(馮兆年輯)第三集
翠琅玕館叢書(黃任恆輯)·子部
芋園叢書·子部
　脈因證治四卷
周氏醫學叢書(宣統本、景宣統本)初
集
周澂之校刻醫學叢書
中國醫學大成第七集
平治會萃三卷
　(元)朱震亨撰
薛氏醫按二十四種(萬曆本、嘉慶本、
民國石印本)·內科
　丹溪先生金匱鉤玄三卷
古今醫統正脈全書(吳勉學本、朱文震
本、京師醫局本)
醫統正脈全書
續金華叢書·子部
金匱鉤玄三卷
四庫全書·子部醫家類
影印古本醫學叢書第二集
金匱鉤玄三卷
　(元)朱震亨撰　(清)周學海評注
周氏醫學叢書(宣統本、景宣統本)二
集
周澂之評注醫書
中西醫學羣書國粹部第一集
古今醫學會通十一種
格致餘論一卷
　(元)朱震亨撰
東垣十書(正德本、梅南書屋本、文奎
堂本、文盛書局石印本、肇經堂本、
受古書店石印本)
醫學十書
古今醫統正脈全書(吳勉學本、朱文震
本、京師醫局本)

醫統正脈全書
四庫全書·子部醫家類
續金華叢書·子部
叢書集成初編·應用科學類
丹溪先生心法五卷附錄一卷
　(元)朱震亨撰
古今醫統正脈全書(吳勉學本、朱文震
本、京師醫局本)
醫統正脈全書
叢書集成初編·應用科學類
活法機要一卷
　(元)朱震亨撰
濟生拔粹方
古今醫統正脈全書(吳勉學本、朱文震
本、京師醫局本)
醫統正脈全書
叢書集成初編·應用科學類
景印元明善本叢書十種·濟生拔粹方
醫經溯洄集一卷
　(元)王履撰
東垣十書(正德本、梅南書屋本、文奎
堂本、文盛書局石印本、肇經堂本、
受古書店石印本)
醫學十書
古今醫統正脈全書(吳勉學本、朱文震
本、京師醫局本)
醫統正脈全書
叢書集成初編·應用科學類
醫經溯洄集二卷
四庫全書·子部醫家類
玉機微義(一名醫學折衷)五十卷
　(明)徐用誠撰　(明)劉純續增
合刻二種醫書
四庫全書·子部醫家類
推求師意二卷
　(明)戴原禮撰
石山醫案(明刊本、民國本)
四庫全書·子部醫家類
祕傳證治要訣十二卷
　(明)戴原禮撰
古今醫統正脈全書(吳勉學本、朱文震
本、京師醫局本)
醫統正脈全書
叢書集成初編·應用科學類
醫經小學六卷
　(明)劉純撰
珍本醫書集成·通治類
醫經祕旨二卷
　(明)盛寅撰

三三醫書第一集
明醫雜著六卷
　　(明)王綸撰　(明)薛己注
　　　　薛氏醫按二十四種(萬曆本、嘉慶本、
　　　　　民國石印本)‧內科
　　　　薛氏醫按十六種
松厓醫徑二卷
　　(明)程玠撰
　　　　珍本醫書集成‧通治類
醫學正傳八卷
　　(明)虞摶撰
　　　　合刻二種醫書
諸病論一卷
　　　　醫要集覽
韓氏醫通二卷
　　(明)韓㦬撰
　　　　六醴齋醫書(乾隆本、光緒本)
　　　　周氏醫學叢書(宣統本、景宣統本)三
　　　　　集
　　　　中國醫學大成第七集
周慎齋先生三書三卷
　　(明)周子幹撰
　　　　醫學粹精
明周慎齋先生醫家秘奧三書三卷
　　　　醫家祕奧
慎齋遺書十卷
　　(明)周子幹撰
　　　　中國醫學大成第七集
萬氏家傳保命歌括三十五卷
　　(明)萬全撰
　　　　萬密齋書
病機部二卷
　　(明)張三錫撰
　　　　醫學準繩六要
治法彙八卷
　　(明)張三錫撰
　　　　醫學準繩六要
赤水玄珠三十卷
　　(明)孫一奎撰
　　　　四庫全書‧子部醫家類
醫旨緒餘二卷
　　(明)孫一奎撰
　　　　四庫全書‧子部醫家類
證治準繩八卷
　　(明)王肯堂撰
　　　　六科證治準繩
重訂靈蘭要覽二卷
　　(明)王肯堂撰　(清)顧金壽訂

三三醫書第一集
　　　　中國醫學大成第十三集‧醫論叢刊
肯堂醫論三卷
　　(明)王肯堂撰
　　　　三三醫書第二集
　　　　中國醫學大成第十三集‧醫論叢刊
查了吾先生正陽篇選錄一卷
　　(明)查萬合撰
　　　　醫學粹精
　　　　醫家祕奧
質疑錄一卷
　　(明)張介賓撰
　　　　醫林指月(乾隆本、光緒排印本)
傳忠錄三卷
　　(明)張介賓撰
　　　　景岳全書(康熙本、乾隆本、嘉慶本、光
　　　　　緒本)
雜證謨二十九卷
　　(明)張介賓撰
　　　　景岳全書(康熙本、乾隆本、嘉慶本、光
　　　　　緒本)
先醒齋廣筆記四卷
　　(明)繆希雍撰
　　　　四庫全書‧子部醫家類
證治心傳一卷
　　(明)袁班撰
　　　　三三醫書第二集
　　　　國醫小叢書
症因脈治四卷首一卷
　　(明)秦昌遇撰
　　　　中國醫學大成第七集
增補病機沙篆二卷
　　(明)李中梓撰
　　　　士材三書
葉選醫衡二卷
　　(明)沈時譽撰　(清)葉桂輯
　　　　中國醫學大成第十三集‧醫論叢刊
醫門法律二十四卷
　　(清)喩昌撰
　　　　喩氏醫書三種
　　醫門法律十二卷
　　　　四庫全書‧子部醫家類
**醫門法律六卷附校勘記一卷校勘續記一
卷**
　　(清)喩昌撰　校勘記(民國)魏元曠撰　續
　　　記(民國)盧耿撰
　　　　豫章叢書(胡思敬輯)‧喩氏遺書三種
醫家心法一卷

（清）高斗魁撰　（清）胡珏評
　醫林指月（乾隆本、光緒排印本）

四明心法三卷
　　醫宗己任編（呴山堂本、涵古堂本、有
　　鴻齋本、李光明莊本、上海衛生出版
　　社排印本）

張氏醫通十六卷
　（清）張璐撰
　　張氏醫書七種（康熙本、乾隆嘉慶本、
　　日本本、圖書集成局排印本、浙江書
　　局重印日本思得堂刊本、上海書局
　　石印本、廣益書局石印本、錦章圖書
　　局石印本）

行醫八事圖一卷
　（清）丁雄飛撰
　　檀几叢書二集第四帙

症方發明八卷
　（清）顧靖遠撰
　　顧氏醫鏡

雜症大小合參十四卷
　（清）馮兆張撰
　　馮氏錦囊祕錄（康熙本、嘉慶本）

筆談一卷
　（清）陳嘉璐撰
　　醫學粹精

醫家秘奧筆談摘要一卷
　　醫家祕奧

醫學真傳一卷
　（清）高世栻輯
　　醫林指月（乾隆本、光緒排印本）

陳氏醫學近編二十卷
　（清）陳治撰
　　證治大還

醫權初編二卷
　（清）王三尊撰
　　珍本醫書集成・雜著類

金匱翼八卷
　（清）尤怡撰
　　中國醫學大成第七集

金匱翼方選按五卷
　（民國）惲鐵樵撰
　　藥盦醫學叢書（新中醫藥出版社排印
　　本、千頃堂書局石印本）第四輯

編輯雜病心法要訣五卷
　（清）吳謙等輯
　　御纂醫宗金鑑（武英殿本、江西書局
　　本、掃葉山房本、上海圖書集成印書
　　局排印本、經香閣石印本、商務印書

館排印本、鴻寶齋石印本、廣益書局
排印本、錦章書局排印本）

何氏醫碥七卷
　（清）何夢瑤撰
　　醫方全書

四聖心源十卷
　（清）黃元御撰
　　黃氏醫書八種（燮和精舍本、成都本、
　　江左書林石印本、鑄記書局石印本、
　　錦章書局石印本）

天人解一卷六氣解一卷
　（清）黃元御撰
　　醫學摘粹（光緒本、民國本）附

四聖懸樞五卷
　（清）黃元御撰
　　黃氏醫書八種（燮和精舍本、成都本、
　　江左書林石印本、鑄記書局石印本、
　　錦章書局石印本）

醫林纂要探源十卷附錄一卷
　（清）汪紱撰
　　汪雙池先生叢書

赤泉元筌一卷
　（清）任瑗撰
　　楚州叢書第一集

醫學源流論二卷
　（清）徐大椿撰
　　四庫全書・子部醫家類
　　徐氏醫書六種（乾隆本、同治本）
　　徐靈胎十二種全集
　　徐氏醫書八種
　　徐靈胎醫學全書（六藝書局石印本、錦
　　文堂石印本、廣益書局排印本）前集
　　中國醫學大成第十三集・醫論叢刊

慎疾芻言一卷
　（清）徐大椿撰
　　徐靈胎十二種全集
　　靈芝益壽草（同治本、光緒本）
　　荔牆叢刻
　　醫學三書合刊
　　馣花盦叢書
　　嘯園叢書第六函
　　心進齋叢書第三集
　　蓺園叢書
　　徐氏醫書八種
　　徐靈胎醫學全書（六藝書局石印本、錦
　　文堂石印本、廣益書局排印本）前集
　　迴瀾社醫書第一輯
　　叢書集成初編・應用科學類
　　中國醫學大成第十三集・醫論叢刊

醫砭(原名愼疾芻言)一卷
　　(清)徐大椿撰　　(清)張鴻補輯　　(清)王士
　　雄參訂
　　　　潛齋醫學叢書八種
　　　　潛齋醫學叢書十四種(集古閣本、大東
　　　　　書局本)
六經病解一卷
　　(清)徐大椿撰
　　　　徐靈胎醫學全書(六藝書局石印本、錦
　　　　　文堂石印本、廣益書局排印本)後集
雜病源一卷
　　(清)徐大椿撰
　　　　徐靈胎醫學全書(六藝書局石印本、錦
　　　　　文堂石印本、廣益書局排印本)後集
醫貫砭二卷
　　(清)徐大椿撰
　　　　徐氏醫書六種(乾隆本、同治本)
　　　　徐靈胎十二種全集
　　　　徐氏醫書八種
　　　　徐靈胎醫學全書(六藝書局石印本、錦
　　　　　文堂石印本、廣益書局排印本)前集
雜病源流犀燭三十卷首二卷
　　(清)沈金鰲撰
　　　　沈氏尊生書(乾隆本、同治本、宣統本、
　　　　　民國本)
醫宗備要三卷
　　(清)曾鼎撰
　　　　曾氏醫書四種
時節氣候決病法一卷
　　(清)王丙撰　　(清)陸懋修校
　　　　世補齋醫書(光緒本、山左書局本、茂
　　　　　記書局石印本)後集·傷寒論注附
醫學從衆錄八卷
　　(清)陳念祖撰
　　　　南雅堂醫書全集
　　　　陳修園醫書五十種
　　　　陳修園醫書全集六十種
　　　　陳修園醫書四十八種
　　　　陳修園廿三種
醫學實在易八卷
　　(清)陳念祖撰
　　　　南雅堂醫書全集
　　　　陳修園醫書五十種
　　　　陳修園醫書全集六十種
　　　　陳修園醫書四十八種
　　　　陳修園廿三種
醫學實在易一卷
　　　　醫學便覽

醫學三字經四卷
　　(清)陳念祖撰
　　　　南雅堂醫書全集
　　　　陳修園醫書五十種
　　　　陳修園醫書全集六十種
　　　　陳修園醫書四十八種
　　　　陳修園廿三種
醫學三字經一卷
　　　　醫學便覽
醫學三字經二卷
　　　　三字經合編
醫學金鍼八卷
　　(清)陳念祖撰　　(清)潘霨增輯
　　　　韡園醫學六種
醫學溯源二卷
　　(清)程文囿撰
　　　　醫述
雜症匯參八卷
　　(清)程文囿撰
　　　　醫述
古今醫徹四卷
　　(清)懷遠撰
　　　　珍本醫書集成·通治類
傷燥論一卷
　　(清)張節撰
　　　　張氏醫參七種
橘旁雜論二卷
　　(清)黃凱鈞撰
　　　　友漁齋醫話六種
　　　　中國醫學大成第十三集·醫話叢刊·
　　　　　友漁齋醫話六種
證治指要一卷
　　(清)黃凱鈞撰
　　　　友漁齋醫話六種
　　　　中國醫學大成第十三集·醫話叢刊·
　　　　　友漁齋醫話六種
履霜集三卷
　　(清)臧達德撰
　　　　珍本醫書集成·雜著類
古今醫論一卷
　　(清)□□輯
　　　　陳修園醫書全集六十種
　　　　陳修園醫書四十八種
醫學妙諦三卷
　　(清)何其偉輯
　　　　三三醫書第二集
醫門初步一卷
　　(清)廖雲溪撰

醫學五則(同治本、光緒本)

筆花醫鏡四卷
　　(清)江涵暾撰
　　　　三益集續集

醫學一統一卷
　　(清)黃爲良撰
　　　　醫學切要全集附

醫學切要一卷
　　(清)王文選撰
　　　　醫學切要全集

知醫必辨一卷
　　(清)李文榮撰
　　　　醫藥叢書
　　　　中國醫學大成第十三集・醫論叢刊

醫病簡要一卷
　　(清)張畹香撰
　　　　三三醫書第一集

醫宗寶笈一卷
　　(清)淩塈撰
　　　　淩氏傳經堂叢書

醫法心傳一卷
　　(清)程芝田撰
　　　　醫學三書(養鶴山房本、叢易堂本)
　　　　陳修園醫書五十種
　　　　陳修園醫書全集六十種
　　　　陳修園醫書四十八種

醫原三卷
　　(清)石壽棠撰
　　　　中國醫學大成第七集

分類主治一卷
　　(清)屠道和輯
　　　　醫學六種

醫醇賸義四卷
　　(清)費伯雄撰
　　　　費氏全集(同治本、光緒本、民國本)

奇證祕錄一卷
　　(清)黃秩模撰
　　　　遜敏堂叢書

醫學舉要六卷
　　(清)徐鏞輯
　　　　中國醫學大成第七集

世補齋文十六卷
　　(清)陸懋修撰
　　　　世補齋醫書(光緒本、山左書局本、茂
　　　　記書局石印本)前集

研經言四卷
　　(清)莫枚士撰
　　　　醫藥叢書

中國醫學大成第一集

病機約論一卷
　　(清)程曦(清)江誠(清)雷大震撰
　　　　醫學三書(養鶴山房本、叢易堂本)・
　　　　醫家四要

醫林獵要一卷
　　(清)黃保康撰
　　　　霄鵬先生遺著・醫學三書

中西匯通醫經精義二卷
　　(清)唐宗海撰
　　　　中西醫學勸讀十二種
　　　　中西匯通醫書五種

中西醫解二卷
　　(清)唐宗海撰
　　　　中外醫書八種合刻

中西匯參醫學二卷
　　(清)□□撰
　　　　中西醫學勸讀十二種

實風虛風圖一卷
　　(清)姜國伊撰
　　　　守中正齋叢書・醫學六種

經說二卷
　　(清)姜國伊撰
　　　　守中正齋叢書・醫學六種

醫經玉屑二卷
　　(清)傅松元撰
　　　　太倉傅氏醫學三書

雜證要法三卷
　　(清)慶恕撰
　　　　醫學摘粹(光緒本、民國本)

醫門補要三卷
　　(清)趙濂撰
　　　　影印古本醫學叢書第二集
　　　　珍本醫書集成・雜著類

六氣感證要義一卷
　　(清)周巖撰
　　　　珍本醫書集成・內科類

醫學篇四卷
　　(清)曾懿撰
　　　　古歡室全集

寒溫指南四卷
　　(清)曾懿撰
　　　　曾女士醫學全書

醫書捷鈔七卷
　　(清)王鴻驥輯
　　　　利溥集

養生鏡一卷
　　(清)陸樂山撰

陳修園醫書五十種
陳修園醫書全集六十種
醫學折衷勸讀篇三卷
　(清)黃傳祁撰
　　中西醫學勸讀十二種
薛案辨疏二卷
　(清)徐蓮塘撰
　　國醫百家
醫醫醫三卷
　(清)孟今氏撰
　　三三醫書第二集
醫脈摘要二卷
　(清)蕭渙唐輯
　　三三醫書第二集
醫學說約一卷
　(清)秋田散人撰
　　三三醫書第二集
鱠殘篇一卷
　(清)沈萍如撰
　　三三醫書第三集
醫原一卷
　(清)芬餘氏撰　(民國)盧育和錄
　　三三醫書第一集
醫學一得四卷補遺一卷
　(民國)榮汝棻撰　補遺(民國)榮善昌
　(民國)榮棣輝輯
　　錫山榮氏繩武樓叢刊
市隱廬醫學雜著一卷
　(民國)王德森撰
　　醫藥叢書
　　病鏡
市隱廬醫學雜著一卷
　(民國)王德森撰　(民國)曹炳章評
　　中國醫學大成第十三集·醫論叢刊
分方治宜篇一卷
　(民國)廖平撰
　　新訂六譯館叢書·醫類
經歷雜論一卷
　(民國)劉恆瑞撰
　　三三醫書第二集
羣經見知錄三卷
　(民國)惲鐵樵撰
　　藥盦醫學叢書(新中醫藥出版社排印
　　本、千頃堂書局石印本)第二輯
生理新語五卷
　(民國)惲鐵樵撰
　　藥盦醫學叢書(新中醫藥出版社排印
　　本、千頃堂書局石印本)第三輯

病理概論一卷
　(民國)惲鐵樵撰
　　藥盦醫學叢書(新中醫藥出版社排印
　　本、千頃堂書局石印本)第三輯
十二經穴病候撮要一卷
　(民國)惲鐵樵撰
　　藥盦醫學叢書(新中醫藥出版社排印
　　本、千頃堂書局石印本)第六輯
至眞要大論闡義一卷
　(民國)余重耀撰
　　遯廬叢著
六氣病考一卷
　(民國)余重耀撰
　　遯廬叢著
宗營衛貫解一卷
　(民國)余重耀撰
　　遯廬叢著
醫學體用三卷
　王普耀撰
　　三三醫書第三集
讀陳修園十五卷
　余斌撰
　　余氏醫書三種
中華醫學十六卷
　余斌撰
　　余氏醫書三種
退思廬感證輯要四卷
　嚴鴻志撰
　　退思廬醫書四種合刻(汲綆書莊本、千
　　頃堂本)
病理發揮不分卷
　祝味菊撰
　　祝氏醫學叢書
醫學三言一卷
　孫鼎宜撰
　　孫氏醫學叢書
病因證治問答二卷
　何舒編
　　壽康之路
天人要義表一卷
　何舒撰
　　靈蘭醫書六種
醫門法律續編一卷
　何舒編
　　壽康之路
病理方藥匯參二卷
　何舒編
　　壽康之路

維摩醫室問答二卷附陰陽大法表一卷暑
　門症治要略一卷
　　何舒撰
　　　靈蘭醫書六種
萬病皆鬱論一卷
　　(日本)源通魏撰
　　　國醫小叢書
長沙正經證彙一卷
　　(日本)田中榮信輯
　　　三三醫書第二集
素問六氣玄珠密語十七卷
　　(唐)王冰(啓玄子)撰
　　　道藏(正統本、景正統本)・太玄部
　　　道藏舉要第八類
運氣易覽三卷
　　(明)汪機撰
　　　石山醫案(明本、民國本)
運氣略一卷
　　(明)張三錫撰
　　　醫學準繩六要
編輯運氣要訣一卷
　　(清)吳謙等輯
　　　御纂醫宗金鑑(武英殿本、江西書局
　　　本、掃葉山房本、上海圖書集成印書
　　　局排印本、經香閣石印本、商務印書
　　　館排印本、鴻寶齋石印本、廣益書局
　　　排印本、錦章書局排印本)
運氣要略一卷
　　(清)朱晉恬撰
　　　醫理元樞
運氣辯不分卷
　　(清)陸儋辰撰
　　　海陵叢刻
運氣掌訣錄一卷
　　(清)曹樂齋撰
　　　仲景全書(光緒本、民國本)
　　　張仲景醫學全書
五運六氣圖表詮註一卷
　　(民國)余重耀撰
　　　遯廬叢著
運氣指掌一卷
　　　高思敬撰
　　　高憩雲外科全書十種

內科之屬

通論

內科摘要二卷

(明)薛己撰
　　薛氏醫按二十四種(萬曆本、嘉慶本、
　　民國石印本)・內科
　　薛氏醫按十六種
西塘感症三卷
　　(清)董廢翁撰
　　　醫宗己任編(卿山堂本、涵古堂本、有
　　　鴻齋本、李光明莊本、上海衛生出版
　　　社排印本)
醫學傳燈二卷
　　(清)陳岐撰
　　　珍本醫書集成・通治類
醫學心悟六卷
　　(清)程國彭撰
　　　中國醫學大成第七集
雜症會心錄二卷
　　(清)汪文綺撰
　　　珍本醫書集成・通治類
四時病機十四卷
　　(清)邵登瀛撰
　　　邵氏醫書三種
陸筦泉醫書六卷
　　(清)陸儋辰撰
　　　海陵叢刻
醫略十三篇十三卷列方一卷附關絡考一
　卷人迎辨一卷
　　(清)蔣寶素撰
　　　珍本醫書集成・通治類
內科摘錄四卷首一卷
　　(清)文晟輯
　　　萍鄉文氏所刻醫書六種
內科簡效方一卷
　　(清)王士雄撰
　　　陳修園醫書全集六十種
時病論八卷
　　(清)雷豐撰
　　　醫學三書(養鶴山房本、叢易堂本)
雜症祕笈一卷
　　(清)曾懿撰
　　　曾女士醫學全書
通俗內科學一卷
　　(民國)張拯滋撰
　　　珍本醫書集成・通治類
熱病學一卷
　　(民國)惲鐵樵撰
　　　藥盦醫學叢書(新中醫藥出版社排印
　　　本、千頃堂書局石印本)第二輯
病理各論一卷

（清）何焯撰
　　　槐廬叢書五編
何氏虛勞心傳一卷
　　　中國醫學大成第七集
欬論經旨四卷
　　（清）淩德撰
　　　三三醫書第一集
血證論八卷
　　（清）唐宗海撰
　　　中西醫學勸讀十二種
　　　中西匯通醫書五種
癆病指南一卷
　　　秦伯未撰
　　　國醫小叢書

溫　疫

增訂傷暑全書二卷
　　（明）張鶴騰撰　（清）葉霖訂
　　　珍本醫書集成・內科類
增訂葉評傷暑全書二卷
　　　中國醫學大成第六集・溫暑叢刊
溫疫論二卷補遺一卷
　　（明）吳有性撰
　　　四庫全書・子部醫家類
　　　中國醫學大成第六集・瘟疫叢刊
重訂醫門普度瘟疫論二卷
　　（明）吳有性撰　（清）李硯莊訂
　　　中國醫學大成第六集・瘟疫叢刊
瘟疫論一卷
　　（明）吳有性撰　（清）張節摘鈔
　　　張氏醫參七種
瘟疫明辨四卷
　　（清）鄭奠一撰
　　　陳修園醫書五十種
　　　陳修園醫書全集六十種
溫熱暑疫全書四卷
　　（清）周揚俊撰
　　　中國醫學大成第六集・溫暑叢刊
溫熱病論二卷
　　（清）沈明宗撰
　　　醫徵五種
廣溫熱論四卷方一卷
　　（清）戴天章撰　（清）陸懋修校訂
　　　世補齋醫書（光緒本、山左書局本、茂
　　　記書局石印本）後集
瘟疫明辨四卷方一卷
　　（清）戴天章撰　（民國）曹炳章評
　　　中國醫學大成第六集・瘟疫叢刊

指南摘要一卷
　　（清）葉桂撰
　　　醫學便覽
溫熱論一卷
　　（清）葉桂撰　（清）周學海注
　　　周氏醫學叢書（宣統本、景宣統本）二
　　　集
　　　周澂之評注醫書
　　　中西醫學羣書國粹部第一集
　　　古今醫學會通十一種
葉天士溫熱論一卷
　　（清）葉桂撰　（清）章楠釋
　　　中西醫學勸讀十二種
溫熱論箋正一卷
　　（清）陳光淞撰
　　　珍本醫書集成・內科類
南病別鑑三卷續集一卷
　　（清）宋兆淇輯併撰續集
　　　三三醫書第一集
　　　中國醫學大成第六集・溫暑叢刊
溼熱條辯一卷
　　（清）薛雪撰
　　　經史祕彙
　　　陳修園醫書五十種
　　　陳修園醫書全集六十種
　　　陳修園醫書四十八種
薛生白溼熱條辨一卷
　　（清）薛雪撰　（清）章楠釋
　　　中西醫學勸讀十二種
薛氏溼熱論歌訣一卷
　　（清）王泰林撰
　　　王旭高醫書六種
治疫全書六卷
　　（清）熊立品撰
　　　傳症彙編
羊毛溫證論一卷
　　（清）隨霖撰
　　　三三醫書第二集
羊毛瘟論二卷
　　　中國醫學大成第六集・瘟疫叢刊
溫證指歸四卷
　　（清）周魁撰
　　　三三醫書第二集
　　　中國醫學大成第六集・溫暑叢刊
溫毒病論一卷
　　（清）邵登瀛撰
　　　邵氏醫書三種
辨疫瑣言一卷

　　(清)李炳撰
　　　　珍本醫書集成・內科類
溫病條辨六卷首一卷
　　(清)吳瑭撰
　　　　醫學初階(民國嚴氏校補印本、四川人
　　　　民出版社重印嚴氏本)
增補評註溫病條辨六卷首一卷
　　(清)吳瑭撰　　(清)王士雄(清)葉霖(民國)
　　　曹炳章評注
　　　　中國醫學大成第六集・溫暑叢刊
溫病條辨歌括二卷
　　(清)顏芝馨撰
　　　　中國醫學大成第六集・溫暑叢刊・增
　　　　補評注溫病條辨附
輯補溫熱諸方一卷
　　　方內散人輯
　　　　中國醫學大成第六集・溫暑叢刊・增
　　　　補評注溫病條辨附
輯溫病條辨論一卷
　　　恆齋輯
　　　　中國醫學大成第六集・溫暑叢刊・增
　　　　補評注溫病條辨附
溫病醫方撮要一卷
　　(清)楊璿撰
　　　　中國醫學大成第六集・溫暑叢刊・增
　　　　補評注溫病條辨附
增補評注治溫提要一卷
　　(清)曹華峯撰
　　　　中國醫學大成第六集・溫暑叢刊・增
　　　　補評注溫病條辨附
溫熱病指南集一卷
　　(清)陳祖恭撰
　　　　中國醫學大成第六集・溫暑叢刊
溫熱贅言一卷
　　(清)寄瓢子撰
　　　　陳修園醫書五十種
　　　　陳修園醫書全集六十種
　　　　陳修園醫書四十八種
張氏溫暑醫旨一卷
　　(清)張畹香撰
　　　　中國醫學大成第六集・溫暑叢刊
溫熱經緯五卷
　　(清)王士雄撰
　　　　荔牆叢刻
　　　　潛玉醫書五種(醉六堂本、圖書集成局
　　　　排印本)
六因條辨三卷
　　(清)陸廷珍撰

　　　　珍本醫書集成・內科類
重訂時行伏陰芻言一卷
　　(清)田宗漢撰
　　　　三三醫書第一集
　醫寄伏陰論二卷
　　　　珍本醫書集成・內科類
　伏陰論二卷
　　　　中國醫學大成第六集・瘟疫叢刊
春溫三字訣一卷
　　(清)張子培撰
　　　　陳修園醫書五十種
　　　　陳修園醫書全集六十種
　　　　陳修園醫書四十八種
　　　　三字經合編
　溫病三字經一卷
　　　　中國醫學大成第六集・溫暑叢刊・增
　　　　補評注溫病條辨附
春溫三字訣方歌一卷
　　(民國)張驥輯
　　　　三字經合編
溫熱逢源三卷
　　(清)柳寶詒撰
　　　　三三醫書第一集
　　　　中國醫學大成第六集・溫暑叢刊
葉氏伏氣解一卷
　　(清)葉霖撰
　　　　國醫百家
　伏氣解一卷
　　　　中國醫學大成第六集・溫暑叢刊
經驗痧子症良方一卷經驗痧子症方一卷
　　(清)□□撰
　　　　海昌叢載
伏邪新書一卷
　　(民國)劉恆瑞撰
　　　　三三醫書第二集
　　　　國醫小叢書
　　　　中國醫學大成第六集・溫暑叢刊
溫病明理五卷
　　(民國)惲鐵樵撰
　　　　藥盦醫學叢書 (新中醫藥出版社排印
　　　　本、千頃堂書局石印本)第二輯
溫熱經解一卷
　　(民國)沈麟撰
　　　　珍本醫書集成・內科類
　　　　中國醫學大成第六集・溫暑叢刊・增
　　　　補評注溫病條辨附
溼溫時疫治療法一卷
　　(民國)紹興醫學會輯

珍本醫書集成·內科類
中國醫學大成第六集·溫暑叢刊

溫症金壺錄一卷
謝搢元撰
姚江謝氏醫書

伏溫症治實驗談一卷
蔣樹杞撰
三三醫書第二集

暑症發源一卷
李識侯參訂
三三醫書第三集

時病精要便讀一卷
何舒編
壽康之路

鼠　疫

鼠疫約編一卷
(清)吳宣崇撰　(清)羅汝蘭增輯　(清)鄭
奮揚參訂
珍本醫書集成·內科類

鼠疫抉微四卷
(清)余德壎撰
中國醫學大成第六集·瘟疫叢刊

寄寄山房鼠疫雜誌一卷
(民國)張翼廷輯
寄寄山房全集

黑熱病證治指南一卷
(民國)宋翼撰
珍本醫書集成·內科類·瘴瘧指南附

痧　症

痧症全書三卷
(明)林森撰　(清)王凱輯
潘刻醫書四種

痧脹玉衡書三卷後一卷
(清)郭志邃撰
三餘堂叢刻
中國醫學大成第六集·瘟疫叢刊

急痧方論一卷
(清)徐緘撰
花近樓叢書

弔腳痧方論一卷
陳修園醫書五十種
陳修園醫書全集六十種
陳修園醫書四十八種
國醫小叢書

嘉與徐子默先生弔腳痧論一卷
三餘堂叢刻

急救異痧奇方一卷
(清)□□輯
陳修園醫書五十種
陳修園醫書全集六十種
陳修園醫書四十八種

神授急救異痧奇方一卷
陳修園廿三種·修園七種合刊

痧疫指迷一卷
(清)費養莊撰
國醫小叢書

重訂痧疫指迷一卷
(清)費養莊撰　(清)顧金壽評
三三醫書第一集

疫痧草一卷
(清)陳耕道撰
三餘堂叢刻
國醫小叢書

霍　亂

霍亂論二卷
(清)王士雄撰
陳修園醫書五十種
陳修園醫書全集六十種
陳修園醫書四十八種
陳修園廿三種·修園七種合刊
潛齋醫學叢書八種
潛齋醫學叢書十四種(集古閣本、大東
書局本)

隨息居霍亂論二卷
中國醫學大成第六集·瘟疫叢刊

隨息居重訂霍亂論四卷霍亂括要一卷
(清)王士雄撰
潛壺醫書五種(醉六堂本、圖書集成局
排印本)

急救腹痛暴卒病解一卷
(清)華嶽撰　(清)金德鑑增刪
小耕石齋醫書

霍亂吐瀉方論一卷
韓園醫學六種·十藥神書附
中國醫學大成第六集·瘟疫叢刊·霍
亂審證舉要附

霍亂燃犀說二卷
(清)許起撰
珍本醫書集成·內科類

瘟疫霍亂答問一卷附利濟瘟疫錄驗方一卷
(清)陳虬撰
中國醫學大成第六集·瘟疫叢刊

霍亂審證舉要一卷
　　(清)連文沖撰
　　　　中國醫學大成第六集·瘟疫叢刊
霍亂新論一卷
　　(民國)惲鐵樵撰
　　　　藥盦醫學叢書(新中醫藥出版社排印
　　　　本、千頃堂書局石印本)第六輯·鱗
　　　　爪集
霍亂寒熱辨正一卷
　　(民國)曹炳章撰
　　　　中國醫學大成第六集·瘟疫叢刊·霍
　　　　亂審證舉要附
霍亂平議一卷
　　凌禹聲撰
　　　　國醫小叢書

痢瘧

痢瘧纂要八卷
　　(清)熊立品撰
　　　　傳症彙編
瘴瘧指南二卷
　　(明)鄭全望撰
　　　　珍本醫書集成·內科類
痎瘧論疏一卷
　　(明)盧之頤撰
　　　　四庫全書·子部醫家類
　　　　醫林指月(乾隆本、光緒排印本)
　　　　當歸草堂醫學叢書初編
　　　　中西醫學羣書國粹部第一集
　　　　古今醫學會通十一種
溫瘧論一卷
　　(清)薛雪撰
　　　　經史祕彙
瘧疾論三卷
　　(清)韓善徵撰
　　　　陳修園醫書五十種
　　　　陳修園醫書全集六十種
　　　　陳修園醫書四十八種
瘧疾論一卷
　　　　中國醫學大成第六集·瘟暑叢刊
秋瘧指南二卷
　　林天佑撰
　　　　三三醫書第一集
痢症三字訣一卷
　　(清)唐宗海撰
　　　　陳修園醫書五十種
　　　　陳修園醫書全集六十種
　　　　陳修園醫書四十八種

　　　　三字經合編
痢疾三字訣歌括一卷
　　(民國)張驥輯
　　　　三字經合編
痢疾明辨一卷
　　(清)吳士瑛撰
　　　　三三醫書第二集
治痢捷要新書一卷
　　丁國瑞輯
　　　　三三醫書第二集

蟲蠱

金笥玄玄一卷
　　(明)周履靖校
　　　　夷門廣牘·尊生
　　　　景印元明善本叢書十種·夷門廣牘·
　　　　尊生
閩海蟲毒記一卷
　　(宋)楊胐撰
　　　　五朝小說·宋人百家小說傳奇家
　　　　五朝小說大觀·宋人百家小說傳奇家
治蠱新方一卷
　　(清)路順德撰　(清)繆福照重訂
　　　　藝海珠塵壬集
　　　　叢書集成初編·應用科學類
毆蠱燃犀錄一卷
　　(清)燃犀道人撰
　　　　三三醫書第一集

其他

療服石醫方殘一卷
　　　　貞松堂藏西陲祕籍叢殘第一集

外科之屬

通論

劉涓子鬼遺方五卷
　　(南齊)龔慶宣撰
　　　　讀畫齋叢書辛集
　　　　隨盦徐氏叢書續編
　　　　叢書集成初編·應用科學類
　　　　中國醫學大成第四集
鬼遺方五卷
　　　　三三醫書第二集
神仙遺論補一卷
　　　　潛園總集·羣書校補
仙傳外科祕方十一卷

(明)趙宜眞撰
　　道藏(正統本、景正統本)・太平部
　　道藏舉要第八類

外科集驗一卷
　　靑囊雜纂

祕傳外科方一卷
　　靑囊雜纂

外科樞要四卷
　　(明)薛己撰
　　　薛氏醫按二十四種(萬曆本、嘉慶本、
　　　　民國石印本)・外科
　　　薛氏醫按十六種

外科心法七卷
　　(明)薛己撰
　　　薛氏醫按二十四種(萬曆本、嘉慶本、
　　　　民國石印本)・外科

外科經驗方一卷
　　(明)薛己撰
　　　薛氏醫按二十四種(萬曆本、嘉慶本、
　　　　民國石印本)・外科

解百毒方
　　(明)高濂撰
　　　居家必備・奉養

外科正宗十二卷附錄一卷
　　(明)陳實功撰　(清)徐大椿評
　　　徐氏醫書八種附

徐評外科正宗十二卷
　　中國醫學大成第八集・外科叢刊

外科鈐二卷
　　(明)張介賓撰
　　　景岳全書(康熙本、乾隆本、嘉慶本、光
　　　　緒本)

外科鈐古方一卷
　　(明)張介賓撰
　　　景岳全書(康熙本、乾隆本、嘉慶本、光
　　　　緒本)

外科精要一卷
　　(清)馮兆張撰
　　　馮氏錦囊祕錄(康熙本、嘉慶本)

編輯外科心法要訣十六卷
　　(清)吳謙等輯
　　　御纂醫宗金鑑(武英殿本、江西書局
　　　　本、掃葉山房本、上海圖書集成印書
　　　　局排印本、經香閣石印本、商務印書
　　　　館排印本、鴻寶齋石印本、廣益書局
　　　　排印本、錦章書局排印本)

外科圖形脈證六卷附醫方便攷二卷
　　(清)鄭玉壇撰

鄭氏彤園醫書

解毒編一卷
　　(清)汪汲撰
　　　古愚老人消夏錄

急救方補遺一卷
　　(清)王有孚輯
　　　不礙軒讀律六種

救急經驗良方一卷
　　(清)竹梅居士撰
　　　陳修園醫書全集六十種
　　　陳修園醫書四十八種

外科切要一卷
　　(清)王文選撰
　　　醫學切要全集

外科簡效方一卷
　　(清)王士雄撰
　　　陳修園醫書全集六十種

外科方外奇方四卷
　　(清)凌奐輯
　　　三三醫書第一集
　　　珍本醫書集成・外科類

外科傳薪集一卷
　　(清)馬文植撰
　　　珍本醫書集成・外科類

外科醫鏡十二卷
　　高思敬撰
　　　高憩雲外科全書十種

外科三字經一卷
　　高思敬撰
　　　高憩雲外科全書十種

六氣感證一卷
　　高思敬撰
　　　高憩雲外科全書十種

外科問答一卷
　　高思敬撰
　　　高憩雲外科全書十種

逆證彙錄一卷
　　高思敬撰
　　　高憩雲外科全書十種

癰瘍

衞濟寶書二卷
　　(宋)東軒居士撰
　　　四庫全書・子部醫家類
　　　當歸草堂醫學叢書初編
　　　中西醫學羣書國粹部第一集
　　　古今醫學會通十一種

集驗背疽方一卷

（宋）李迅撰
　　四庫全書・子部醫家類
　　三三醫書第二集
　　國醫小叢書
　　四庫全書珍本初集・子部醫家類

外科精要三卷
（宋）陳自明撰　　（明）薛己注
　　薛氏醫按二十四種（萬曆本、嘉慶本、
　　民國石印本）・外科
　　薛氏醫按十六種

外科精義二卷
（元）齊德之撰
　　東垣十書（正德本、梅南書屋本、文奎
　　堂本、文盛書局石印本、肇經堂本、
　　受古書店石印本）
　　醫學十書
　　古今醫統正脈全書（吳勉學本、朱文震
　　本、京師醫局本）
　　醫統正脈全書
　　四庫全書・子部醫家類
　　叢書集成初編・應用科學類

癰疽神祕驗方一卷
（明）陶華撰
　　薛氏醫按二十四種（萬曆本、嘉慶本、
　　民國石印本）・外科

外科理例七卷補遺一卷附方一卷
（明）汪機撰
　　石山醫案（明本、民國本）
外科理例七卷附方一卷
　　四庫全書・子部醫家類

立齋外科發揮八卷
（明）薛己撰
　　薛氏醫按二十四種（萬曆本、嘉慶本、
　　民國石印本）・外科

瘍醫準繩六卷
（明）王肯堂輯
　　六科證治準繩

外科證治全生集五卷首一卷
（清）王維德撰
　　瓶花書屋醫書
外科全生集
　　申報館叢書正集附
外科證治全生集四卷
　　韓園醫學六種
　　潘刻醫書四種
外科證治全生集一卷
　　陳修園醫書五十種
　　陳修園醫書全集六十種

馬評陶批外科全生集四卷附新增馬氏試
驗祕方一卷
（清）王維德撰　　（清）馬文植評　　（清）陶祥
忻批
　　中國醫學大成第八集・外科叢刊

外科選要二卷補遺方一卷
（清）唐黌輯
　　中國醫學大成第八集・外科叢刊

發背對口治訣論一卷
（清）謝應材撰
　　三三醫書第二集
發背對口治訣一卷附外科秘法
　　國醫小叢書

外科摘錄二卷補遺一卷附急效便方一卷
（清）文晟輯
　　萍鄉文氏所刻醫書六種

瘍醫雅言十三卷
（清）曹禾撰
　　雙梧書屋醫書

瘍科淺說一卷
（清）管賓信撰
　　花近樓叢書補遺

外科醫鏡一卷
（清）張正撰
　　中國醫學大成第八集・外科叢刊

馬培之先生醫案一卷
（清）馬文植撰
　　三三醫書第一集

外科纂要一卷
（清）曾懿撰
　　曾女士醫學全書

外科學講義一卷
（民國）劉恆瑞撰
　　三三醫書第三集

梅瘡見垣錄一卷
（民國）惲鐵樵撰
　　藥盦醫學叢書（新中醫藥出版社排印
　　本、千頃堂書局石印本）第六輯・鱗
　　爪集

楊梅驗方一卷
李慶申撰
　　中國醫學大成第八集・外科叢刊・痰
　　癧法門附

瘍科綱要一卷
張壽頤撰
　　三三醫書第三集

皮膚新編一卷
（美國）嘉約翰口譯　　（清）林湘東筆述

中西醫書八種合刻

瘋　癩

解圍元藪四卷
　　(明)沈之問輯
　　　　三三醫書第三集
癘瘍機要三卷
　　(明)薛己撰
　　　　薛氏醫按二十四種 (萬曆本、嘉慶本、
　　　　　民國石印本)·外科
　　　　薛氏醫按十六種
瘋門全書一卷
　　(清)蕭曉亭撰
　　　　珍本醫書集成·內科類
瘋門辨症一卷
　　(清)侯敬菴(清)鄭鳳山輯
　　　　珍本醫書集成·內科類·瘋門全書附
祕傳大麻瘋方一卷
　　　　珍本醫書集成·方書類

瘰　癧

瘰科全書一卷
　　(清)梁希曾撰
　　　　三三醫書第一集
　　　　國醫小叢書
　　　　中國醫學大成第八集·外科叢刊
痰癧法門一卷
　　李慶申撰
　　　　中國醫學大成第八集·外科叢刊

疔

刺疔捷法一卷
　　(清)張鏡撰
　　　　陳修園醫書全集六十種
　　　　陳修園醫書四十八種
　　　　國醫小叢書
治疔錄要一卷
　　九一老人輯
　　　　國醫小叢書
七十四種疔瘡圖說一卷
　　(□)葉□傳
　　　　國醫小叢書

傷科之屬

仙授理傷續斷方一卷
　　　　青囊雜纂
外傷金鏡錄一卷

　　(明)薛己撰
　　　　薛氏醫按二十四種 (萬曆本、嘉慶本、
　　　　　民國石印本)·內科
正體類要二卷
　　(明)薛己撰
　　　　薛氏醫按二十四種 (萬曆本、嘉慶本、
　　　　　民國石印本)·外科
　　　　薛氏醫按十六種
　　　　中國醫學大成第八集·傷科叢刊
編輯正骨心法要旨四卷
　　(清)吳謙等輯
　　　　御纂醫宗金鑑 (武英殿本、江西書局
　　　　　本、掃葉山房本、上海圖書集成印書
　　　　　局排印本、經香閣石印本、商務印書
　　　　　館排印本、鴻寶齋石印本、廣益書局
　　　　　排印本、錦章書局排印本)
傷科方書一卷
　　(清)江考卿撰
　　　　三三醫書第二集
　　　　珍本醫書集成·外科類
　江氏傷科學一卷
　　　　國醫小叢書

五官科之屬

眼　科

銀海精微二卷
　　(唐)孫思邈撰
　　　　四庫全書·子部醫家類
原機啓微二卷附錄一卷
　　(明)倪維德撰　　附錄(明)薛己撰
　　　　薛氏醫按二十四種 (萬曆本、嘉慶本、
　　　　　民國石印本)·內科
　　　　薛氏醫按十六種
簡明眼科學一卷
　　(明)程玠撰　　(民國)王桂林增注
　　　　國醫百家
一草亭目科全書一卷
　　(明)鄧苑撰
　　　　藝海珠塵革集(庚集)
　　　　申報館叢書餘集·啓蒙眞諦
　　　　叢書集成初編·應用科學類
　一草亭目科全書一卷附薛氏選方一卷
　　　　中國醫學大成第八集·眼科叢刊
異授眼科一卷
　　　　潘刻醫書四種
　　　　申報館叢書餘集·啓蒙眞諦

中國醫學大成第八集・眼科叢刊

編輯眼科心法要訣二卷
　　（清）吳謙等輯
　　　　御纂醫宗金鑑（武英殿本、江西書局
　　　　　本、掃葉山房本、上海圖書集成印書
　　　　　局排印本、經香閣石印本、商務印書
　　　　　館排印本、鴻寶齋石印本、廣益書局
　　　　　排印本、錦章書局排印本）

葉氏眼科方一卷
　　（清）葉桂撰
　　　　荔牆叢刻

銀海指南四卷
　　（清）顧錫撰
　　　　中國醫學大成第八集・眼科叢刊

眼科切要一卷
　　（清）王文選撰
　　　　醫學切要全集

目方一卷
　　（清）姜國伊撰
　　　　守中正齋叢書・醫學六種

眼科捷徑一卷
　　　　陳修園醫書五十種
　　　　陳修園醫書全集六十種
　　　　陳修園醫書四十八種

喉　科

咽喉脈證通論一卷
　　　　咫進齋叢書第一集
　　　　吉林探源書紡叢書二集
　　　　陳修園醫書五十種
　　　　陳修園醫書全集六十種
　　　　陳修園醫書四十八種
　　　　叢書集成初編・應用科學類

重刊咽喉脈證通論一卷
　　　　中國醫學大成第八集・喉科叢刊

喉科祕本一卷喉科附方一卷
　　（清）尤乘撰　附方（清）吳口輯
　　　　借月山房彙鈔（嘉慶本、景嘉慶本）第
　　　　　十一集
　　　　澤古齋重鈔第九集

尤氏喉科秘本一卷喉科附方一卷
　　　　叢書集成初編・應用科學類

尤氏喉科秘書一卷
　　　　中國醫學大成第八集・喉科叢刊

重樓玉鑰續編一卷
　　（清）鄭宏綱撰
　　　　三三醫書第三集

急治喉痧要法一卷

（清）口口輯
　　　　陳修園醫書五十種
　　　　陳修園醫書全集六十種
　　　　陳修園醫書四十八種

咽喉祕集二卷
　　　　潘刻醫書四種

焦氏喉科枕祕二卷
　　（清）金德鑑輯訂
　　　　小耕石齋醫書

爛喉痧痧輯要一卷
　　（清）金德鑑撰
　　　　小耕石齋醫書
　　　　陳修園醫書五十種
　　　　陳修園醫書全集六十種
　　　　陳修園醫書四十八種

重訂囊祕喉書二卷附錄驗方一卷增錄一
　　卷
　　（清）楊龍九撰　附錄（清）王景華輯　增錄
　　（清）浦石師撰
　　　　中國醫學大成第八集・喉科叢刊

時疫白喉捷要一卷
　　（清）張紹修撰
　　　　壽世彙編（楊鍾琛本、聯吟簃本）
　　　　三餘堂叢刻
　　　　國醫小叢書

痧喉正義一卷附錄一卷
　　（清）張振鋆撰
　　　　述古齋幼科新書（張氏本、思求闕齋
　　　　　本）

喉痧正的一卷
　　（清）曹心怡撰
　　　　陳修園醫書五十種
　　　　陳修園醫書全集六十種
　　　　陳修園醫書四十八種

洞主仙師白喉治法忌表抉微一卷
　　（清）耐修子錄
　　　　陳修園醫書五十種
　　　　陳修園醫書全集六十種
　　　　陳修園醫書四十八種

白喉治法忌表抉微一卷
　　　　國醫小叢書

喉證要旨一卷
　　（清）陳光淞撰
　　　　陳修園醫書全集六十種

喉科十八證一卷
　　（清）蔡鈞撰
　　　　國醫小叢書

包氏喉證家寶一卷附方一卷附咽喉 七十

二證考一卷
　　(清)包三鏸撰
　　　　中國醫學大成第八集・喉科叢刊
喉科祕訣二卷
　　(□)黃眞人撰　(民國)何光編錄
　　　　三三醫書第一集
　　　　國醫小叢書
喉舌備要祕旨一卷附錄一卷
　　　　中國醫學大成第八集・喉科叢刊
白喉辨症一卷
　　(民國)黃維翰撰
　　　　國醫小叢書
白喉證治通考一卷
　　(民國)張爾田(采田)撰
　　　　醫藥叢書
喉蛾捷訣一卷
　　李慶申撰
　　　　中國醫學大成第八集・外科叢刊・痰
　　　　癧法門附
喉科家訓四卷
　　刁步忠撰　刁質明輯
　　　　三三醫書第三集

口　齒

走馬急疳眞方一卷
　　(宋)滕伯祥輯
　　　　三三醫書第二集
口齒類要一卷
　　(明)薛己撰
　　　　薛氏醫按二十四種(萬曆本、嘉慶本、
　　　　民國石印本)・外科
　　　　薛氏醫按十六種
　　　　中國醫學大成第八集・喉科叢刊
醫學論十種一卷
　　　　陳修園醫書全集六十種

婦產科之屬

經效產寶三卷續編一卷
　　(唐)咎殷撰　續編(□)□□輯
　　　　中國醫學大成第九集
產育寶慶方二卷
　　(宋)郭稽中纂
　　　　四庫全書・子部醫家類
　　　　產育寶慶集二卷
　　　　函海(乾隆本、道光本)第四函
　　　　函海(光緒本)第六函
　　　　叢書集成初編・應用科學類

產育寶慶集方二卷
　　　　當歸草堂醫學叢書初編
產寶諸方一卷
　　(宋)□□撰
　　　　四庫全書・子部醫家類
　　　　鮑氏彙校醫書四種
　　　　當歸草堂醫學叢書初編
衛生家寶產科備要八卷
　　(宋)朱端章撰
　　　　十萬卷樓叢書三編
　　　　叢書集成初編・應用科學類
女科百問二卷
　　(宋)齊仲甫撰
　　　　珍本醫書集成・婦科類
婦人良方二十四卷
　　(宋)陳自明撰　(明)薛己注
　　　　四庫全書・子部醫家類
　　　　薛氏醫按二十四種(萬曆本、嘉慶本、
　　　　民國石印本)・女科
　　　　薛氏醫按十六種
　　校註婦人良方二十四卷
　　　　中國醫學大成第九集
徐氏胎產方一卷
　　　　青囊雜纂
廣嗣要語一卷
　　(明)俞橋撰
　　　　珍本醫書集成・雜著類
閨門寶鑑一卷
　　(明)□□輯
　　　　二難寶鑑
萬氏家傳廣嗣紀要十六卷
　　(明)萬全撰
　　　　萬密齋書
萬氏家傳婦人祕科(一名內科要訣)三卷
　　(明)萬全撰
　　　　萬密齋書
女科撮要二卷
　　(明)薛己撰
　　　　薛氏醫按二十四種(萬曆本、嘉慶本、
　　　　民國石印本)・女科
　　　　薛氏醫按十六種
保產育嬰錄一卷
　　　　奚囊廣要
祈嗣眞詮一卷
　　(明)袁黃撰
　　　　了凡雜著
　　　　寶顏堂祕笈(萬曆本、民國石印本)普
　　　　集

叢書集成初編・文學類

女科證治準繩五卷
　　（明）王肯堂輯
　　　六科證治準繩

婦人規二卷
　　（明）張介賓撰
　　　景岳全書（康熙本、乾隆本、嘉慶本、光緒本）

婦人規古方一卷
　　（明）張介賓撰
　　　景岳全書（康熙本、乾隆本、嘉慶本、光緒本）

宜麟策一卷續集一卷
　　（明）張介賓撰　續集（□）□□輯
　　　毓芝堂醫書四種
　　　珍本醫書集成・雜著類

景岳十機摘要一卷
　　（明）張介賓撰
　　　經史祕彙

胎產護生篇一卷補遺一卷
　　（明）李長科輯
　　　曼陀羅華閣叢書

女科二卷
　　（清）傅山撰
　　　海山仙館叢書
　　　叢書集成初編・應用科學類

女科三卷
　　（清）傅山撰　（清）陸懋修校訂
　　　世補齋醫書（光緒本、山左書局本、茂記書局石印本）後集

產後編二卷
　　（清）傅山撰
　　　海山仙館叢書・女科附
　　　叢書集成初編・應用科學類

胎產指南七卷首一卷末一卷
　　（清）單南山撰
　　　國醫百家
　　胎產指南八卷首一卷
　　　中國醫學大成第九集

女科經綸八卷
　　（清）蕭壎撰
　　　中國醫學大成第九集

女科附翼一卷
　　（清）沈明宗撰
　　　醫徵五種

女科精要三卷
　　（清）馮兆張撰
　　　馮氏錦囊祕錄（康熙本、嘉慶本）

濟陰近編五卷
　　（清）陳治撰
　　　證治大還

達生篇一卷
　　（清）亟齋居士撰
　　　醫林指月（乾隆本、光緒排印本）
　　　慈幼新書三種
　　　壽世彙編（雨梅書屋本、楊鍾琛本、聯吟簃本）
　　　陳修園醫書五十種
　　　陳修園醫書全集六十種
　　　陳修園醫書四十八種
　　達生篇二卷
　　　毓芝堂醫書四種
　　　保赤彙編
　　　達生保赤合編

達生篇一卷
　　（清）亟齋居士撰　（清）三農老人注
　　　壽世編（何氏本、聚芳齋本）

達生篇四卷
　　（清）亟齋居士撰　（清）三農老人注　（清）拜松居士增訂
　　　婦嬰至寶（同治本、民國本）

增訂達生編二卷附婦科雜症一卷
　　（清）文晟輯
　　　萍鄉文氏所刻醫書六種

女科輯要二卷
　　（清）沈又彭撰　（清）徐政杰注　（清）王士雄評
　　　潛齋醫學叢書八種
　　　潛齋醫學叢書十四種（集古閣本、大東書局本）

沈氏女科輯要箋疏三卷
　　　張壽頤撰
　　　三三醫書第三集

編輯婦科心法要訣六卷
　　（清）吳謙等輯
　　　御纂醫宗金鑑（武英殿本、江西書局本、掃葉山房本、上海圖書集成印書局排印本、經香閣石印本、商務印書館排印本、鴻寶齋石印本、廣益書局排印本、錦章書局排印本）

婦科良方不分卷
　　（清）何夢瑤撰
　　　醫方全書

婦科輯要一卷
　　（清）朱晉恬撰
　　　醫理元樞附

女科醫案一卷
　　（淸）徐大椿撰
　　　　徐靈胎醫學全書（六藝書局石印本、錦
　　　　文堂石印本、廣益書局排印本）後集
盤珠集胎產症治三卷
　　（淸）施雯（淸）嚴潔（淸）洪煒纂
　　　　中國醫學大成第九集
女科切要八卷
　　（淸）吳道源撰
　　　　中國醫學大成第九集
婦科玉尺六卷
　　（淸）沈金鰲撰
　　　　沈氏尊生書（乾隆本、同治本、宣統本、
　　　　民國本）
評注產科心法二卷
　　（淸）汪喆撰　　（民國）徐召南評
　　　　三三醫書第一集
婦科指歸四卷
　　（淸）曾鼎撰
　　　　曾氏醫書四種
彤園婦科六卷
　　（淸）鄭玉壇撰
　　　　鄭氏彤園醫書
毓麟策一卷
　　（淸）沈錦桐輯
　　　　經史祕彙
女科歌訣一卷
　　（淸）邵登瀛撰
　　　　邵氏醫書三種
女科要旨四卷
　　（淸）陳念祖撰
　　　　南雅堂醫書全集
　　　　陳修園醫書五十種
　　　　陳修園醫書全集六十種
　　　　陳修園醫書四十八種
　　　　陳修園廿三種
女科原旨一卷
　　（淸）程文囿撰
　　　　醫述
女科祕要八卷
　　（淸）釋輪應考定
　　　　珍本醫書集成・婦科類・胎產新書
女科祕旨八卷
　　（淸）釋輪應撰
　　　　影印古本醫學叢書第一集
　　　　珍本醫書集成・婦科類・胎產新書
女科旨要四卷
　　（淸）釋雪嚴增廣

　　　　珍本醫書集成・婦科類・胎產新書
產孕集二卷
　　（淸）張曜孫撰
　　　　珍本醫書集成・婦科類
重訂產孕集二卷補遺一卷
　　（淸）張曜孫撰　補遺（淸）包誠撰
　　　　中國醫學大成第九集
婦科祕方一卷
　　　　曼陀羅華閣叢書
產寶一卷
　　（淸）倪枝維撰
　　　　保赤彙編
　　　　珍本醫書集成・婦科類
產寶一卷
　　（淸）倪枝維撰　（淸）潘霨增輯
　　　　韡園醫學六種・女科要略附
婦科雜症一卷
　　（淸）文晟輯
　　　　陳修園醫書五十種
　　　　陳修園醫書全集六十種
　　　　陳修園醫書四十八種
女科簡效方一卷
　　（淸）王士雄撰
　　　　陳修園醫書全集六十種
錫麟寶訓摘要四卷
　　（淸）金玉相輯
　　　　保赤彙編
婦嬰良方二卷
　　（淸）屠道和輯
　　　　醫學六種
女科折衷纂要一卷
　　（淸）淩德輯
　　　　三三醫書第二集
女科要略一卷
　　（淸）潘霨輯
　　　　韡園醫學六種
保生胎養良方一卷
　　　　嘯園叢書第六函
婦科良方一卷
　　（淸）曾懿撰
　　　　曾女士醫學全書
婦科大略一卷
　　（民國）惲鐵樵撰
　　　　藥盦醫學叢書（新中醫藥出版社排印
　　　　本、千頃堂書局石印本）第五輯
退思廬女科精華三卷
　　　　嚴鴻志撰
　　　　退思廬醫書四種合刻（汲綆書莊本、千

頤堂本）

退思廬女科證治約旨四卷
　　嚴鴻志撰
　　　　退思廬醫書四種合刻（汲綆書莊本、千
　　　　頃堂本）

退思廬古今女科醫案選粹四卷
　　嚴鴻志撰
　　　　退思廬醫書四種合刻（汲綆書莊本、千
　　　　頃堂本）

兒科之屬

顱顖經二卷
　　（宋）□□撰
　　　　四庫全書・子部醫家類
　　　　當歸草堂醫學叢書初編
　　　　陳修園醫書全集六十種
　　　　中西醫學羣書國粹部第一集
　　　　古今醫學會通十一種
　　　　國醫小叢書
　　　顱顖經一卷
　　　　函海（乾隆本、道光本）第四函
　　　　函海（光緒本）第六函
　　　　叢書集成初編・應用科學類

小兒藥證眞訣三卷
　　（宋）錢乙撰
　　　　武英殿聚珍版書（武英殿木活字本、福
　　　　建本、廣雅書局本）・子部
　　　　惜陰軒叢書（道光本、光緒本）第七函
　　　　叢書集成初編・應用科學類
　　小兒藥證直訣三卷
　　　　保赤彙編
　　小兒藥證直訣三卷附方一卷
　　　　周氏醫學叢書（宣統本、景宣統本）初
　　　　集
　　　　周澂之校刻醫學叢書

錢氏小兒直訣四卷
　　（宋）錢乙撰　（明）薛鎧注
　　　　薛氏醫按二十四種（萬曆本、嘉慶本、
　　　　民國石印本）・幼科
　　　　薛氏醫按十六種

類證注釋錢氏小兒方訣十卷
　　（宋）錢乙撰　（明）熊宗立注
　　　　痘疹大全

閻氏小兒方論一卷
　　（宋）閻孝忠撰
　　　　周氏醫學叢書（宣統本、景宣統本）初
　　　　集

周澂之校刻醫學叢書

小兒衛生總微論方二十卷
　　　　四庫全書・子部醫家類
　　　　中國醫學大成第十集・兒科叢刊

陳氏小兒病源方論四卷
　　（宋）陳文中撰
　　　　宛委別藏
　　　　選印宛委別藏

活幼心書三卷
　　（元）曾世榮撰
　　　　武昌醫學館叢書
　　　　中國醫學大成第十集・兒科叢刊

田氏保嬰集一卷
　　　　濟生拔粹方
　　　　叢書集成初編・應用科學類
　　　　景印元明善本叢書十種・濟生拔粹方

保嬰撮要二十卷
　　（明）薛鎧撰
　　　　薛氏醫按二十四種（萬曆本、嘉慶本、
　　　　民國石印本）・幼科
　　　　薛氏醫按十六種

保嬰粹要一卷
　　（明）薛己撰
　　　　薛氏醫按十六種

保嬰金鏡錄一卷
　　（明）薛己撰
　　　　薛氏醫按二十四種（萬曆本、嘉慶本、
　　　　民國石印本）・幼科
　　　　薛氏醫按十六種

萬氏祕傳片玉心書五卷
　　（明）萬全撰
　　　　萬密齋書

新刊萬氏家傳幼科發揮二卷
　　（明）萬全撰
　　　　萬密齋書
　　幼科發揮二卷
　　　　古本醫學叢刊

萬氏家藏育嬰家祕四卷
　　（明）萬全撰
　　　　萬密齋書

幼科證治準繩九卷
　　（明）王肯堂輯
　　　　六科證治準繩

小兒則二卷
　　（明）張介賓撰
　　　　景岳全書（康熙本、乾隆本、嘉慶本、光
　　　　緒本）

小兒則古方一卷

（清）芝嶼樵客撰
　　珍本醫書集成・兒科類

幼科簡效方一卷
　　（清）王士雄撰
　　　　陳修園醫書全集六十種

治驗錄一卷
　　（清）秦霖熙輯
　　　　驚風辨證必讀書

鶿嬰提要說一卷
　　（清）張振鋆撰
　　　　述古齋幼科新書（張氏本、思求闕齋
　　　　本）

嬰兒一卷
　　（清）姜國伊撰
　　　　守中正齋叢書・醫學六種

幼科指迷一卷
　　（清）曾懿撰
　　　　曾女士醫學全書

陳氏幼科祕訣一卷
　　　　三三醫書第一集

保赤新書四卷
　　（民國）惲鐵樵撰
　　　　藥盦醫學叢書（新中醫藥出版社排印
　　　　本、千頃堂書局石印本）第五輯

神經系病理治療一卷
　　（民國）惲鐵樵撰
　　　　藥盦醫學叢書（新中醫藥出版社排印
　　　　本、千頃堂書局石印本）第六輯

小兒病叢談一卷
　　　　聶子因撰
　　　　國醫小叢書

痘疹之屬

小兒斑疹備急方論一卷
　　（宋）董汲撰
　　　　周氏醫學叢書（宣統本、景宣統本）初
　　　　集
　　　　周澂之校刻醫學叢書

痘疹論二卷
　　（宋）聞人規撰
　　　　痘疹大全

小兒痘疹方論一卷
　　（宋）陳文中撰
　　　　痘疹大全

陳氏小兒痘疹方論一卷
　　（宋）陳文中撰　（明）薛己注
　　　　薛氏醫按二十四種（萬曆本、嘉慶本、

民國石印本）・幼科
　　薛氏醫按十六種

陳蔡二先生合併痘疹方一卷
　　（宋）陳文中（明）蔡維藩撰
　　　　痘疹大全

海藏癍論萃英一卷
　　（元）王好古撰
　　　　濟生拔粹方
　　　　東垣十書（文盛書局石印本、肇古堂
　　　　本、受古書局石印本）
　　　　醫學十書
　　　　古今醫統正脈全書（吳勉學本、朱文震
　　　　本、京師醫局本）
　　　　醫統正脈全書
　　　　叢書集成初編・應用科學類
　　　　景印元明善本叢書十種・濟生拔粹方

丹溪治痘要法一卷
　　（元）朱震亨撰　（明）侯鈵輯
　　　　奚囊廣要

新刊小兒痘疹證治一卷
　　（明）許榮撰
　　　　青囊雜纂

痘疹方論一卷
　　（明）蔡維藩撰
　　　　痘疹大全

博愛心鑑二卷
　　（明）魏直撰
　　　　痘疹大全

博愛心鑑撮要一卷
　　　　二難寶鑑

仁端錄十六卷
　　（明）徐謙撰
　　　　四庫全書・子部醫家類

痘治理辨一卷附方一卷
　　（明）汪機撰
　　　　石山醫案（明本、民國本）

萬氏家傳痘疹心法二十三卷
　　（明）萬全撰
　　　　萬密齋書

萬氏祕傳片玉痘疹十三卷
　　（明）萬全撰
　　　　萬密齋書

痘疹寶鑑二卷
　　　　痘疹大全

博集稀痘方論二卷
　　（明）郭子章撰
　　　　痘疹大全

痘疹傳心錄十八卷附種痘一卷

（明）朱惠明撰　附（清）朱純嘏輯
　　六禮齋醫書（乾隆本、光緒本）

增補痘疹玉髓金鏡錄四卷
　　（明）翁仲仁撰
　　　幼科三種

翁仲仁先生痘疹金鏡錄二卷
　　（明）翁仲仁撰　（清）許豫和注解
　　　許氏幼科七種

疹科一卷
　　（明）呂坤輯
　　　呂新吾全集

痘疹詮四卷
　　（明）張介賓撰
　　　景岳全書（康熙本、乾隆本、嘉慶本、光
　　　　緒本）

痘疹詮古方一卷
　　（明）張介賓撰
　　　景岳全書（康熙本、乾隆本、嘉慶本、光
　　　　緒本）

痘疹全集十五卷
　　（清）馮兆張撰
　　　馮氏錦囊秘錄（康熙本、嘉慶本）

編輯痘疹心法要訣六卷
　　（清）吳謙等輯
　　　御纂醫宗金鑑（武英殿本、江西書局
　　　　本、掃葉山房本、上海圖書集成印書
　　　　局排印本、經香閣石印本、商務印書
　　　　館排印本、鴻寶齋石印本、廣益書局
　　　　排印本、錦章書局排印本）

編輯幼科種痘心法要旨一卷
　　（清）吳謙等輯
　　　御纂醫宗金鑑（武英殿本、江西書局
　　　　本、掃葉山房本、上海圖書集成印書
　　　　局排印本、經香閣石印本、商務印書
　　　　館排印本、鴻寶齋石印本、廣益書局
　　　　排印本、錦章書局排印本）

痘疹良方不分卷
　　（清）何夢瑤撰
　　　醫方全書

遂生編一卷
　　（清）莊一夔撰
　　　慈幼新書三種
　　　保赤全編
　　　壽世彙編（雨梅書屋本、楊鍾琛本、聯
　　　　吟簃本）
　　　婦嬰至寶（同治本、民國本）
　　　國醫小叢書

痘麻紺珠六卷

（清）熊立品撰
　　傳症彙編

種痘心法一卷
　　（清）朱奕梁撰
　　　借月山房彙鈔（嘉慶本、景嘉慶本）第
　　　　十一集
　　　澤古齋重鈔第九集
　　　叢書集成初編・應用科學類

種痘指掌一卷
　　（清）□□撰
　　　借月山房彙鈔（嘉慶本、景嘉慶本）第
　　　　十一集
　　　澤古齋重鈔第九集
　　　式古居彙鈔
　　　叢書集成初編・應用科學類

保嬰篇一卷
　　（清）毓蘭居士撰
　　　壽世編（何氏本、聚芳齋本）

保嬰要旨一卷
　　（清）毓蘭居士撰　（清）拜松居士增訂
　　　陳修園醫書五十種
　　　陳修園醫書全集六十種

種痘法一卷
　　　婦嬰至寶（同治本、民國本）

橡村痘訣二卷餘義一卷
　　（清）許豫和撰
　　　許氏幼科七種

痘疹會通四卷
　　（清）曾鼎撰
　　　曾氏醫書四種

痘疹精華一卷
　　（清）程文囿撰
　　　醫述

原瘄要論一卷
　　（清）袁□撰
　　　中國醫學大成第十集・痘疹叢刊

痘源論一卷附諸家論痘
　　（清）張節撰
　　　張氏醫參七種

引痘略一卷
　　（清）邱熺撰
　　　陳修園醫書五十種
　　　陳修園醫書全集六十種
　　　陳修園醫書四十八種

麻疹闡注四卷
　　（清）張廉撰
　　　珍本醫書集成・兒科類

痘論一卷

(清)范培蘭傳　(清)杜文瀾訂定
　曼陀羅華閣叢書
　陳修園醫書五十種
　陳修園醫書全集六十種
　陳修園醫書四十八種

經　絡

十四經發揮三卷
　(元)滑壽撰
　　薛氏醫按二十四種(萬曆本、嘉慶本、
　　民國石印本)·內科
經絡考一卷
　(明)張三錫撰
　　醫學準繩六要
析骨分經一卷
　(明)甯一玉撰
　　說郛續弓三十
經絡歌訣一卷
　(清)汪昂撰
　　述古叢鈔第一集
　　脈草經絡五種會編
　　藏修堂叢書第五集
十二經脈歌一卷
　(清)□□輯
　　醫學便覽
經絡起止歌一卷附井滎俞經合歌一卷
　高思敬撰
　　高憩雲外科全書十種

俞　穴

經穴釋名一卷
　(民國)余重耀撰
　　遜廬叢著
三百六十穴歌一卷
　高思敬撰
　　高憩雲外科全書十種·五臟六腑圖說
明堂孔穴鍼灸治要二卷
　孫鼎宜撰
　　孫氏醫學叢書
腧穴折衷二卷
　(日本)安井元越撰
　　古本醫學叢刊

按摩導引之屬

按　摩

按摩導引訣

(明)高濂撰
　居家必備·奉養
小兒推拿廣意三卷
　(清)熊應雄輯　(清)陳世凱訂
　　幼科三種
推拿摘要辨證指南一卷
　(清)王兆鼇輯
　　婦嬰至寶(同治本、民國本)
釐正按摩要術四卷
　(清)張振鋆撰
　　述古齋幼科新書(張氏本、思求闕齋
　　本)

導引氣功

靈劍子一卷
　(晉)許遜述
　　道藏(正統本、景正統本)·洞玄部衆
　　術類
靈劍子引導子午記一卷
　(晉)許遜述
　　道藏(正統本、景正統本)·洞玄部衆
　　術類
攝養枕中方一卷
　(唐)孫思邈撰
　　三三醫書第三集
　　道藏精華錄第三集
修眞精義雜論一卷
　(唐)司馬承禎(白雲子)述
　　道藏(正統本、景正統本)·洞眞部衆
　　術類
服氣精義論一卷
　(唐)司馬承禎(白雲子)述
　　道藏(正統本、景正統本)·洞神部方
　　法類
神仙食炁金櫃妙錄一卷
　(□)京黑先生撰
　　道藏(正統本、景正統本)·洞神部方
　　法類
胎息經註一卷
　(□)幻眞先生撰
　　道藏(正統本、景正統本)·洞眞部玉
　　訣類
　　道書全集
　　重刊道藏輯要箕集
　　道藏精華錄第七集
胎息經一卷
　(□)幻眞先生注
　　小十三經

夷門廣牘・尊生
津逮祕書(汲古閣本、景汲古閣本)第四集
學津討原(嘉慶本、景嘉慶)第二十集
子書百家・道家類
百子全書・道家類
叢書集成初編・哲學類
景印元明善本叢書十種・夷門廣牘・尊生

胎息經疏略一卷
　(明)王文祿撰
　　百陵學山
　　叢書集成初編・哲學類
　　景印元明善本叢書十種・百陵學山

胎息經疏一卷
　　說郛續弓三十
　　廿二子全書
　　子書百家・道家類
　　百子全書・道家類
　　道藏精華錄第七集

延陵先生集新舊服氣經一卷
　(□)桑榆子評
　　道藏(正統本、景正統本)・洞神部方法類

長生胎元神用經一卷
　(□)郎鼇注
　　道藏(正統本、景正統本)・正乙部
　　重刊道藏輯要斗集

胎息祕要歌訣一卷
　　道藏(正統本、景正統本)・洞眞部玉訣類

攝生纂錄一卷
　　道藏(正統本、景正統本)・洞玄部衆術類

四氣攝生圖一卷
　　道藏(正統本、景正統本)・洞神部靈圖類
　　道藏舉要第八類

太清調氣經一卷
　　道藏(正統本、景正統本)・洞神部方法類

太清服氣口訣一卷
　　道藏(正統本、景正統本)・洞神部方法類

嵩山太无先生氣經二卷
　　道藏(正統本、景正統本)・洞神部方法類

幼眞先生服內元炁訣一卷
　　道藏(正統本、景正統本)・洞神部方法類

氣法要妙至訣一卷
　　道藏(正統本、景正統本)・洞神部方法類

上清司命茅眞君修行指迷訣一卷
　　道藏(正統本、景正統本)・洞神部方法類

三洞樞機雜說一卷
　　道藏(正統本、景正統本)・洞神部方法類

正一法文修眞旨要一卷
　　道藏(正統本、景正統本)・正乙部

上清太極眞人撰所施行祕要經一卷
　　道藏(正統本、景正統本)・正乙部

上清黃庭五藏六府眞人玉軸經一卷
　　道藏(正統本、景正統本)・正乙部

太初元氣接要保生之論一卷
　　續道藏(萬曆本、景萬曆本)

陳希夷坐功圖一卷
　(宋)陳摶撰　(明)茅一相補閱
　　重訂欣賞編

保生心鑒一卷
　(明)鐵峯居士輯
　　格致叢書

治萬病坐功訣
　(明)高濂撰
　　居家必備・奉養

逍遙子導引訣一卷
　(□)逍遙子撰
　　夷門廣牘・尊生
　　叢書集成初編・哲學類
　　景印元明善本叢書十種・夷門廣牘・尊生

赤鳳髓三卷
　(明)周履靖輯
　　夷門廣牘・尊生
　　叢書集成初編・哲學類
　　景印元明善本叢書十種・夷門廣牘・尊生

錦身機要指源篇一卷附大道修眞捷要選仙指源篇一卷
　(明)混沌子撰
　　格致叢書

瑣言續一卷
　(清)閔一得撰
　　古書隱樓藏書

道藏續編第一集

十二段錦一卷
　　（清）潘霨增删
　　　陳氏志學齋叢刊

內功圖說一卷
　　（清）潘霨撰
　　　天壤閣叢書
　　　叢書集成初編・社會科學類

服氣圖說一卷
　　　埽葉山房叢鈔

巢氏病源補養宣導法二卷
　　（民國）廖平輯
　　　中國醫學大成第十一集・按摩叢刊

服氣長生辟穀法一卷
　　　道藏精華錄第二集

古仙導引按摩法一卷
　　　道藏精華錄第三集

養生之屬

淮南枕中記一卷
　　（漢）劉安撰　（清）王仁俊輯
　　　玉函山房輯佚書續編・子編藝術類

養性延命錄二卷
　　（梁）陶弘景集
　　　道藏（正統本、景正統本）・洞神部方
　　　法類
　　　道藏舉要第八類

養性延命錄一卷
　　　道藏精華錄第二集

神仙服食靈草菖蒲丸方傳一卷
　　　道藏（正統本・景正統本）・洞神部方
　　　法類

保生月錄一卷
　　（唐）韋行規撰
　　　說郛（宛委山堂本）弓七十五

養生辯疑訣一卷
　　（唐）施肩吾述
　　　道藏（正統本、景正統本）・洞神部方
　　　法類

修眞祕錄一卷
　　（□）符度仁纂
　　　道藏（正統本、景正統本）・洞神部方
　　　法類

混俗頤生錄二卷
　　（□）劉詞集
　　　道藏（正統本、景正統本）・洞神部方
　　　法類

道藏舉要第八類

養生祕錄一卷
　　　道藏（正統本、景正統本）・洞玄部衆
　　　術類

太上保眞養生論一卷
　　　道藏（正統本、景正統本）・洞神部方
　　　法類

太清道林攝生論一卷
　　　道藏（正統本、景正統本）・正乙部

顯道經一卷
　　　道藏（正統本、景正統本）・洞神部方
　　　法類

太上老君養生訣一卷
　　　道藏（正統本、景正統本）・洞神部方
　　　法類

枕中記一卷
　　　道藏（正統本、景正統本）・洞神部方
　　　法類

彭祖攝生養性論一卷
　　　道藏（正統本、景正統本）・洞神部方
　　　法類

孫眞人攝養論一卷
　　　道藏（正統本、景正統本）・洞神部方
　　　法類

抱朴子養生論一卷
　　　道藏（正統本、景正統本）・洞神部方
　　　法類

攝生月令一卷
　　（宋）姚稱撰
　　　道藏精華錄第二集

壽親養老書一卷
　　（宋）陳直撰
　　　格致叢書

壽親養老新書四卷
　　（宋）陳直撰　（元）鄒鉉續
　　　四庫全書・子部醫家類
　　　藏修堂叢書第五集
　　　琜琅嬛館叢書（黃任恆輯）・子部
　　　芋園叢書・子部

養生類纂二卷
　　（宋）周守忠輯
　　　格致叢書

養生月覽二卷
　　（宋）周守忠輯
　　　格致叢書

保生要錄一卷
　　（宋）蒲虔貫撰
　　　道藏（正統本、景正統本）・洞神部方

法類
　秤乘
　　說郛（宛委山堂本）弓七十五
　保生要錄
　　居家必備・奉養
　　說郛（商務印書館本）卷八十四
養生月錄一卷
　（宋）姜蛻撰
　　說郛（宛委山堂本）弓七十五
延壽第一紳言一卷
　（宋）愚谷老人撰
　　學海類編（道光本、景道光本）・集餘
　　七
　　叢書集成初編・應用科學類
攝生消息論一卷
　（金）丘處機撰
　　學海類編（道光本、景道光本）・集餘
　　七
　　道藏精華錄第二集
　　叢書集成初編・應用科學類
三元延壽參贊書五卷
　（元）李鵬飛集
　　道藏（正統本、景正統本）・洞神部方
　　法類
修齡要指一卷
　（明）冷謙撰
　　學海類編（道光本、景道光本）・集餘
　　七
　　道藏精華錄第三集
攝生要錄
　（明）沈仕撰
　　居家必備・奉養
　攝生要錄一卷
　　說郛（宛委山堂本）弓七十五
　　古今說部叢書三集
新刊萬氏家傳養生四要五卷
　（明）萬全撰
　　萬密齋書
醫先一卷
　（明）王文祿撰
　　百陵學山
　　說郛續弓三十
　　叢書集成初編・應用科學類
　　景印元明善本叢書十種・百陵學山
　醫先
　　居家必備・奉養
推蓬寤語一卷
　（明）李豫亨撰　　（民國）王蘭遠節錄

三三醫書第一集
養生醒醐一卷
　（明）李贄撰
　　大雅堂訂正枕中書
　　李卓吾先生祕書八種
攝生三要一卷
　（明）袁黃撰
　　學海類編（道光本、景道光本）・集餘
　　七
　　道藏精華錄第二集
遵生寶訓
　（明）高濂輯
　　居家必備・懿訓
四時攝生消息論
　（明）高濂撰
　　居家必備・奉養
服食方
　（明）高濂撰
　　居家必備・奉養
仙靈衛生歌一卷
　（明）高濂撰
　　水邊林下
攝生要義一卷
　（明）河濱丈人撰
　　格致叢書
攝生集覽一卷
　　格致叢書
唐宋衛生歌一卷
　（明）周履靖輯
　　夷門廣牘・尊生
　　景印元明善本叢書十種・夷門廣牘・
　　尊生
益齡單一卷
　（明）周履靖輯
　　夷門廣牘・尊生
　　景印元明善本叢書十種・夷門廣牘・
　　尊生
養生膚語一卷
　（明）陳繼儒撰
　　學海類編（道光本、景道光本）・集餘
　　七
　　道藏精華錄第二集
長生詮經一卷
　　續道藏（萬曆本、景萬曆本）
引年錄二卷
　（明）邵潛撰
　　邵潛夫別集
二六功課一卷

（明）程羽文撰
水邊林下
（明石室道人撰）
學海類編（道光本、景道光本）·集餘
七
攝生要語一卷
（明）息齋居士撰
學海類編（道光本、景道光本）　集餘
七
調燮類編四卷
海山仙館叢書
叢書集成初編·總類
壽世正編二卷
（清）尤乘輯
士材三書附
壽世青編二卷附病後調理服食法一卷
珍本醫書集成·雜著類
勿藥須知一卷
（清）尤乘撰
小石山房叢書第十一冊
修養須知不分卷
（清）朱本中撰
四種須知
老老恆言五卷
（清）曹庭棟撰
橋李遺書
侍疾要語一卷
（清）錢襄撰
娶東雜著木集
一覽延齡一卷
（清）黃凱鈞撰
友漁齋醫話六種
中國醫學大成第十三集·醫話叢刊·
友漁齋醫話六種
養生十三則闡微一卷
（清）閔一得纂
古書隱樓藏書
古法養生十三則闡微一卷
道藏續編第一集
溫清錄一卷
（清）彭崧毓撰
求是齋雜存·養親須知
枕上三字訣一卷
（清）俞樾撰
春在堂全書·俞樓雜纂
廢醫論一卷
（清）俞樾撰
春在堂全書·俞樓雜纂

荔隱居衛生集語三卷
（清）涂慶瀾撰
荔隱山房集
禁忌篇一卷
道藏精華錄第一集
將攝保命篇一卷
道藏精華錄第二集
至言總養生篇一卷
道藏精華錄第二集
食養療法一卷
費子彬撰
費氏食養三種
素女經一卷
雙楳景闇叢書
素女方一卷
平津館叢書（嘉慶本、光緒本）
雙楳景闇叢書
叢書集成初編·應用科學類
玉房祕訣一卷指要一卷
雙楳景闇叢書
洞玄子一卷
雙楳景闇叢書
既濟眞經一卷
夷門廣牘·尊生
修眞演義一卷
夷門廣牘·尊生
玄女房中經一卷
（唐）孫思邈撰
說郛（宛委山堂本）弓一百九
天地陰陽交歡大樂賦一卷
（唐）白行簡撰
雙楳景闇叢書

診法之屬

經　脈

脈經十卷
（晉）王叔和撰
古今醫統正脈全書（吳勉學本、朱文震
本、京師醫局本）
醫統正脈全書
宛委別藏
守山閣叢書（道光本、鴻文書局景道光
本、博古齋景道光本）·子部
周氏醫學叢書（宣統本、景宣統本）初
集
周澂之校刻醫學叢書

中國醫學大成第三集
新刊王氏脈經十卷
　　四部叢刊(初次印本、二次印本、縮印
　　二次印本)・子部
脈經一卷
　　說郛(宛委山堂本)弓一百九
脈經眞本十卷
　　(晉)王叔和撰　　(清)張柏校正
　　守中正齋叢書
脈經鈔二卷末一卷
　　孫鼎宜輯
　　孫氏醫學叢書
脈經考證一卷
　　(民國)廖平撰
　　新訂六譯館叢書・醫類
王叔和脈訣一卷
　　醫要集覽
脈訣刊誤集解二卷附錄一卷
　　(元)戴啓宗撰　　附錄(明)汪機輯
　　石山醫案(明本、民國本)
　　周氏醫學叢書(宣統本、景宣統本)初
　　集
　　周澂之校刻醫學叢書
脈訣刊誤二卷附錄一卷
　　指海(道光本、景道光本)第十一集
　　叢書集成初編・應用科學類
脈訣刊誤二卷附錄二卷
　　四庫全書・子部醫家類
新刻校定脈訣指掌病式圖說一卷
　　(元)朱震亨撰
　　古今醫統正脈全書(吳勉學本、朱文震
　　本、京師醫局本)
　　醫統正脈全書
丹溪脈訣指掌一卷
　　三三醫書第三集
脈訣祕傳一卷
　　(清)沈李龍撰
　　國醫小叢書
脈訣纂要一卷
　　(清)馮兆張撰
　　馮氏錦囊祕錄(康熙本、嘉慶本)
脈訣啓悟注釋一卷
　　(清)徐大椿撰
　　徐靈胎醫學全書(六藝書局石印本、錦
　　文堂石印本、廣益書局排印本)後集
增補脈訣一卷
　　(清)廖雲溪撰
　　醫學五則(同治本、光緒本)

脈訣匯纂二卷
　　(清)屠道和輯
　　醫學六種
脈訣入門一卷
　　(清)程曦(清)江誠(清)雷大震撰
　　醫學三書(養鶴山房本、叢易堂本)・
　　醫家四要
脈訣乳海六卷
　　(清)王邦傅撰
　　珍本醫書集成・脈學類
脈訣采眞三卷
　　(清)王鴻驥輯
　　利溥集
脈訣參同契一卷
　　(民國)余重耀撰
　　遯廬叢著
玉函經一卷
　　(前蜀)杜光庭撰
　　宛委別藏
廣成先生玉函經一卷
　　隨盦徐氏叢書續編
廣成先生玉函經三卷
　　關中叢書第五集
玉函經三卷
　　(前蜀)杜光庭撰　　(宋)崔嘉彥注
　　中國醫學大成第三集
脈訣一卷
　　(宋)崔嘉彥撰
　　東垣十書(正德本、梅南書屋本、文奎
　　堂本、文盛書局石印本、肇經堂本、
　　受古書店石印本)
　　醫學十書
　　古今醫統正脈全書(吳勉學本、朱文震
　　本、京師醫局本)
　　醫統正脈全書
復眞劉三點先生脈訣一卷
　　(宋)劉開撰
　　醫要集覽
雲岐子七表八裏九道脈訣論弁治法一卷
　　(元)張璧撰
　　濟生拔粹方
　　景印元明善本叢書十種・濟生拔粹方
診家樞要一卷
　　(元)滑壽撰　　(清)周學海注
　　周氏醫學叢書(宣統本、景宣統本)二
　　集
　　周澂之評注醫書
　　中西醫學羣書國粹部第一集

古今醫學會通十一種

脈賦一卷
　　醫要集覽

周愼齋先生脈法解二卷
　　(明)周子幹撰　(清)陳嘉璨注
　　醫學粹精

明周愼齋先生醫家祕奧脈法二卷
　　醫家祕奧

瀕湖脈學一卷
　　(明)李時珍撰
　　四庫全書·子部醫家類

奇經八脈考一卷
　　(明)李時珍撰
　　四庫全書·子部醫家類

瀕湖二十七脈歌一卷
　　(清)汪昂撰
　　脈草經絡五種會編

脈語二卷
　　(明)吳崑撰
　　中國醫學大成第四集·醫方考附

脈賦訓解一卷
　　(明)劉浴德撰
　　壺隱子醫書四種
　　脈學三書

脈訣正譌一卷
　　(明)劉浴德撰
　　壺隱子醫書四種
　　脈學三書

壺隱子應手錄一卷
　　(明)劉浴德撰
　　壺隱子醫書四種
　　脈學三書

脈神章三卷
　　(明)張介賓撰
　　景岳全書(康熙本、乾隆本、嘉慶本、光
　　　緒本)

診脈三十二辨三卷
　　(明)管玉衡輯
　　三三醫書第一集
　　珍本醫書集成·脈學類

學古診則四卷
　　(明)盧之頤撰
　　醫林指月(乾隆本、光緒排印本)

診家正眼二卷
　　(明)李中梓撰
　　士材三書

醫燈續燄二十一卷
　　(明)潘楫撰

中國醫學大成第三集

診宗三昧一卷
　　(清)張璐撰　(清)張登輯
　　張氏醫書七種(康熙本、乾隆嘉慶本、
　　　日本本、圖書集成局排印本、浙江書
　　　局重印日本思得堂刊本、上海書局
　　　石印本、廣益書局石印本)
　　傷寒大成

脈法删繁一卷
　　(清)顧靖遠撰
　　顧氏醫鏡

脈法心參一卷
　　(清)朱晉恬撰
　　醫理元樞

洄溪脈學一卷
　　(清)徐大椿撰
　　徐靈胎醫學全書(六藝書局石印本、錦
　　　文堂石印本、廣益書局排印本)後集

脈藥聯珠四卷
　　(清)龍柏撰
　　翠琅玕館叢書(馮兆年輯)第四集
　　翠琅玕館叢書(黃任恆輯)·子部
　　芋園叢書·子部

諸脈條辨一卷
　　(清)程文囿撰　(清)周學海注
　　周氏醫學叢書二集(宣統本、景宣統
　　　本)·診家樞要附
　　周澂之評注醫書·診家樞要附
　　中西醫學羣書國粹部第一集·診家樞
　　　要附
　　古今醫學會通十一種·診家樞要附

持脈大法一卷
　　(清)張節撰
　　張氏醫參七種

平辨脈法歌括一卷
　　(清)黃鈺撰
　　陳修園醫書五十種
　　陳修園醫書全集六十種
　　陳修園醫書四十八種

內經脈學部位考一卷
　　(清)姜國伊撰
　　守中正齋叢書·醫學六種

脈義簡摩八卷
　　(清)周學海撰
　　周氏醫學叢書(宣統本、景宣統本)二
　　　集·脈學四種
　　周澂之所著醫書·脈學四種

脈簡補義二卷

（清）周學海撰
　　周氏醫學叢書（宣統本、景宣統本）二
　　集・脈學四種
　　周澂之所著醫書・脈學四種

診家直訣二卷
　　（清）周學海撰
　　　周氏醫學叢書（宣統本、景宣統本）二
　　　集・脈學四種
　　　周澂之所著醫書・脈學四種

重訂診家直訣二卷
　　（清）周學海撰
　　　周氏醫學叢書（宣統本、景宣統本）三
　　　集
　　　中國醫學大成第三集

辨脈法篇一卷平脈法篇一卷
　　（漢）張機撰　（清）周學海章句
　　　周氏醫學叢書（宣統本、景宣統本）二
　　　集・脈學四種
　　　周澂之所著醫書・脈學四種

　辨脈平脈章句二卷
　　（清）周學海撰
　　　影印古本醫學叢書第一集

四診要訣一卷
　　（清）慶恕撰
　　　醫學摘粹（光緒本、民國本）

脈說二卷
　　（清）葉霖撰
　　　中國醫學大成第三集

平脈攷一卷內經平脈攷一卷
　　（民國）廖平撰
　　　新訂六譯館叢書・醫類

黃帝內經太素診皮篇補證一卷古經診皮
名詞一卷
　　（民國）廖平撰
　　　新訂六譯館叢書・醫類

診筋篇補證一卷附十二筋病表一卷
　　（民國）廖平撰
　　　新訂六譯館叢書・醫類

診骨篇補證一卷
　　（民國）廖平撰
　　　新訂六譯館叢書・醫類

楊氏太素診絡篇補證三卷病表一卷名詞
一卷
　　（民國）廖平撰
　　　新訂六譯館叢書・醫類

黃帝太素人迎脈口診補證（一名人寸診
補證）二卷
　　（民國）廖平撰

新訂六譯館叢書・醫類

楊氏太素三部診法補證一卷九候篇診法
　補證一卷附十二經動脈表一卷
　　（民國）廖平撰
　　　新訂六譯館叢書・醫類

經脈分圖四卷
　　（民國）吳之英撰
　　　壽櫟廬叢書

十二經脈考一卷
　　（民國）葉瀚撰
　　　晚學廬叢稿

脈學發微五卷
　　（民國）惲鐵樵撰
　　　藥盦醫學叢書（新中醫藥出版社排印
　　　本、千頃堂書局石印本）第三輯

脈經一卷
　　（民國）余重耀撰
　　　遜廬叢著

脈法考一卷
　　（民國）余重耀撰
　　　遜廬叢著

經脈陰陽原理考一卷
　　（民國）余重耀撰
　　　遜廬叢著

經絡總說一卷
　　（民國）余重耀撰
　　　遜廬叢著

曉坪脈學三卷
　　余斌撰
　　　余氏醫書三種

脈學綱要三卷
　　何舒編
　　　壽康之路

脈學輯要三卷
　　（日本）丹波元簡撰
　　　中外醫書八種合刻

脈學輯要評三卷
　　（民國）廖平撰
　　　新訂六譯館叢書・醫類
　　　中國醫學大成第三集

太　素　脈

訂正太素脈祕訣二卷
　　（□）張太素述　（□）劉伯祥注
　　　珍本醫書集成・脈學類

　太素脈秘訣二卷
　　　中國醫學大成第三集

四　診

察病指南三卷
　　(宋)施發撰
　　　三三醫書第二集
醫門擥要二卷
　　(明)蘭茂撰
　　　雲南叢書初編・子部
四診法二卷
　　(明)張三錫撰
　　　醫學準繩六要
陳氏診視近纂(一名經絡診視)二卷
　　(清)陳治撰
　　　證治大還
編輯四診心法要訣一卷
　　(清)吳謙等輯
　　　御纂醫宗金鑑(武英殿本、江西書局
　　　本、掃葉山房本、上海圖書集成印書
　　　局排印本、經香閣石印本、商務印書
　　　館排印本、鴻寶齋石印本、廣益書局
　　　排印本、錦章書局排印本)
醫學輯要四卷
　　(清)吳燨輯
　　　三三醫書第三集
診病要訣一卷
　　(清)曾懿撰
　　　曾女士醫學全書
診斷提綱不分卷
　　祝味菊撰
　　　祝氏醫學叢書
問診實在易一卷
　　何舒撰
　　　靈蘭醫書六種

望　色

望診遵經二卷
　　(清)汪宏撰
　　　中國醫學大成第三集
形色外診簡摩二卷
　　(清)周學海撰
　　　周氏醫學叢書(宣統本、景宣統本)三
　　　集

察　舌

傷寒金鏡錄一卷
　　(元)敖口撰　(元)杜本增定
　　　醫林指月(乾隆本、光緒排印本)
敖氏傷寒金鏡錄一卷

　　(元)敖口撰　(元)杜本增定　(明)薛己校
　　　薛氏醫按十六種
傷寒舌鑑一卷
　　(清)張登撰
　　　張氏醫書七種(康熙本、乾隆嘉慶本、
　　　日本本、圖書集成局排印本、浙江書
　　　局重印日本思得堂刊本、上海書局
　　　石印本、廣益書局石印本)
　　　四庫全書・子部醫家類
　　　傷寒大成
　　　陳修園醫書五十種
　　　陳修園醫書全集六十種
　　　陳修園醫書四十八種
臨症驗舌法二卷
　　(清)楊雲峯撰
　　　三三醫書第一集
　　　中國醫學大成第三集
舌鑑總論一卷
　　(清)徐大椿撰
　　　徐靈胎醫學全書(六藝書局石印本、錦
　　　文堂石印本、廣益書局排印本)後集
舌胎統志一卷附課藝芻議析疑
　　(清)傅松元撰
　　　太倉傅氏醫學三書
察舌辨症新法一卷
　　(民國)劉恆瑞撰
　　　中國醫學大成第三集
舌診問答一卷
　　何舒撰
　　　靈蘭醫書六種

臟象之屬

內照法一卷
　　(漢)華佗撰
　　　周氏醫學叢書(宣統本、景宣統本)初
　　　集
　　　周澂之校刻醫學叢書
黃帝內經明堂一卷
　　(隋)楊上善注
　　　新訂六譯館叢書・醫類
黃帝內經明堂一卷附錄一卷
　　(隋)楊上善注　附錄(清)黃以周撰
　　　漸西村舍彙刊
　　　叢書集成初編・應用科學類
黃庭內景五藏六府圖一卷
　　(唐)胡愔撰
　　　道藏(正統本、景正統本)・洞眞部方
　　　法類・修眞十書

黃庭內景五臟六腑圖說一卷
　　道書全集
黃庭內景五臟六腑補瀉圖一卷
　　（唐）胡愔撰
　　　　道藏（正統本、景正統本）・洞玄部靈
　　　　圖類
改正內景五臟六腑經絡圖說一卷
　　（清）汪昂撰
　　　　脈草經絡五種會編
內景圖解一卷
　　（清）顧靖遠撰
　　　　顧氏醫鏡
上池涓滴一卷
　　（清）黃凱鈞撰
　　　　友漁齋醫話六種
　　　　中國醫學大成第十三集・醫話叢刊・
　　　　　友漁齋醫話六種
醫林改錯二卷
　　（清）王清任撰
　　　　中國醫學大成第五集
臟腑圖說症治要言合璧三卷
　　（清）羅定昌撰
　　　　中西醫粹
　　　　中外醫書八種合刻
醫意內景圖說二卷
　　（清）徐延祚撰
　　　　鐵如意軒醫書四種
中西骨格辯正一卷
　　（清）劉廷楨撰
　　　　新訂六譯館叢書・醫類・診骨篇補證
　　　　附
醫易一理一卷
　　（清）邵同珍撰
　　　　三三醫書第三集
靈樞解剖學述大旨一卷
　　（民國）葉瀚撰
　　　　晚學廬叢稿
靈素解剖學一卷
　　（民國）葉瀚撰
　　　　晚學廬叢稿
靈素解剖學初稿一卷
　　　　晚學廬叢稿
藏象通論一卷
　　（民國）余重耀撰
　　　　遯廬叢著
藏象篇一卷
　　（民國）余重耀撰
　　　　遯廬叢著

臟腑圖說一卷
　　高思敬撰
　　　　高憩雲外科全書十種・五臟六腑圖說
全體新論十卷
　　（西洋）合信氏撰
　　　　海山仙館叢書

本草之屬

神農本草經三卷
　　（魏）吳普等述　（清）孫星衍（清）孫馮翼輯
　　　　問經堂叢書
　　　　叢書集成初編・應用科學類
　　　　中國醫學大成第二集
　本草經三卷
　　　　周氏醫學叢書（宣統本、景宣統本）初
　　　　集
　　　　周澂之校刻醫學叢書
　　　　四部備要（排印本、縮印本）・子部醫
　　　　家
神農本草經四卷
　　（魏）吳普等述　（清）顧觀光輯
　　　　武陵山人遺書（光緒本、民國本）
神農本草經三卷
　　（魏）吳普等述　（清）黃奭輯
　　　　漢學堂叢書・子史鉤沈・子部醫家類
　　　　黃氏逸書考（民國修補本、民國補刊
　　　　本）・子史鉤沈
神農本草經三卷
　　（魏）吳普等述　（清）姜國伊輯
　　　　守中正齋叢書
神農本草一卷
　　（魏）吳普等述　（清）王仁俊輯
　　　　玉函山房輯佚書續編・子編醫家類
神農本草經疏三十卷
　　（明）繆希雍撰
　　　　四庫全書・子部醫家類
　本草經疏三十卷
　　　　周氏醫學叢書（宣統本、景宣統本）初
　　　　集
　　　　周澂之校刻醫學叢書
本草崇原三卷
　　（清）張志聰注釋　（清）高世栻纂集
　　　　醫林指月（乾隆本、光緒排印本）
神農本草經百種錄一卷
　　（清）徐大椿撰
　　　　四庫全書・子部醫家類
　　　　徐氏醫書六種（乾隆本、同治本）

受古書店石印本)

醫學十書

古今醫統正脈全書(吳勉學本、朱文震
本、京師醫局本)

醫統正脈全書

四庫全書・子部醫家類

本草發揮四卷

(明)徐用誠撰

薛氏醫按二十四種(萬曆本、嘉慶本、
民國石印本)・內科

滇南本草三卷

(明)蘭茂撰

雲南叢書初編・子部

珍珠囊一卷

醫要集覽

本草綱目五十二卷

(明)李時珍撰

四庫全書・子部醫家類

本草綱目正誤一卷

(清)趙學敏撰

遜敏堂叢書

本草綱目輯注札記一卷

(民國)葉瀚撰

晚學廬叢稿

本草選六卷

(明)張三錫撰

醫學準繩六要

本草正二卷

(明)張介賓撰

景岳全書(康熙本、乾隆本、嘉慶本、光
緒本)

藥症忌宜一卷

(明)陳澈撰

述古叢鈔第一集

藏修堂叢書第五集

翠琅玕館叢書(黃任恆輯)・子部

芋園叢書・子部

珍本醫書集成・雜著類

本草乘雅半偈十卷

(明)盧之頤撰

四庫全書・子部醫家類

本草通元二卷

(明)李中梓撰

士材三書

雷公泡製藥性解六卷

(明)李中梓撰

中國藥學大成第二集

本草擇要綱目一卷

(清)蔣居祉輯

珍本醫書集成・本草類

本經逢原四卷

(清)張璐撰

張氏醫書七種(康熙本、乾隆嘉慶本、
日本本、圖書集成局排印本、浙江書
局重印日本思得堂刊本、上海書局
石印本、廣益書局石印本、錦章圖書
局石印本)

醫學初階(民國嚴氏校補印本、四川人
民出版社重印嚴氏本)

本草備要八卷首一卷

(清)汪昂撰

瓶花書屋醫書

增訂本草備要四卷

(清)汪昂撰

脈草經絡五種會編

本草必用二卷

(清)顧靖遠撰

顧氏醫鏡

雜症痘疹藥性主治合參十二卷

(清)馮兆張撰

馮氏錦囊祕錄(康熙本、嘉慶本)

陳氏藥理近考二卷

(清)陳治撰

證治大還

得宜本草一卷

(清)王子接撰

四庫全書・子部醫家類・絳雪園古方
選註附

本草求眞四卷

(清)黃宮繡撰   (清)□□節鈔

醫學便覽

長沙藥解四卷

(清)黃元御撰

黃氏醫書八種(燮和精舍本、成都本、
江左書林石印本、鑄記書局石印本、
錦章書局石印本)

玉揪藥解八卷

(清)黃元御撰

黃氏醫書八種(燮和精舍本、成都本、
江左書林石印本、鑄記書局石印本、
錦章書局石印本)

本草從新十八卷首一卷

(清)吳儀洛撰

瓶花書屋醫書

要藥分劑十卷

(清)沈金鰲撰

（清）朱本中撰
　　四種須知

隨息居飲食譜一卷
（清）王士雄撰
　　潛㪍醫書五種（醉六堂本、圖書集成局
　　排印本）

食鑑本草一卷
（清）費伯雄撰
　　珍本醫書集成・本草類
　　費氏食養三種

本草飲食譜一卷
（清）費伯雄輯
　　費氏食養三種

增補食物祕書一卷
　　陳修園醫書五十種
　　陳修園醫書全集六十種
　　陳修園醫書四十八種

服鹽藥法一卷
（清）孫星衍撰
　　叢書集成初編・應用科學類

方劑之屬

晉

葛仙翁肘後備急方八卷
（晉）葛洪撰
　　道藏（正統本、景正統本）・正乙部
　　六醴齋醫書（乾隆本、光緒本）
　　重刊道藏輯要虛集
　　道藏舉要第八類
肘後備急方八卷
　　四庫全書・子部醫家類
　　瓶華書屋叢書

唐

千金要方九十三卷
（唐）孫思邈撰
　　四庫全書・子部醫家類

孫眞人備急千金要方九十三卷目錄 二卷
（唐）孫思邈撰　（宋）林億等校正
　　道藏（正統本、景正統本）・太平部
　　道藏舉要第八類
孫眞人備急千金要方五卷
　　重刊道藏輯要虛集

千金寶要六卷
（唐）孫思邈撰　（宋）郭思輯
　　宛委別藏

平津館叢書（嘉慶本、光緒本）
叢書集成初編・應用科學類

備急海上仙方一卷
（唐）孫思邈撰
　　奚囊廣要
孫眞人海上方一卷
　　珍本醫書集成・方書類

外臺祕要四十卷
（唐）王燾撰
　　四庫全書・子部醫家類

外臺祕要校九卷
（清）陸心源撰
　　潛園總集・羣書校補

元和紀用經一卷
（唐）王冰撰
　　六醴齋醫書（乾隆本、光緒本）

宋

博濟方五卷
（宋）王袞撰
　　四庫全書・子部醫家類
　　墨海金壺（嘉慶本、景嘉慶本）・子部
　　珠叢別錄（道光本、景道光本）

蘇沈良方八卷
（宋）蘇軾（宋）沈括撰
　　四庫全書・子部醫家類
　　武英殿聚珍版書（武英殿木活字本）・
　　子部
　　醫海珠塵萃集（庚集）
蘇沈內翰良方十卷
　　六醴齋醫書（乾隆本、光緒本）
　　知不足齋叢書（乾隆至道光本、景乾隆
　　至道光本）第十七集
蘇沈良方八卷拾遺二卷
　　叢書集成初編・應用科學類
蘇沈良方八卷拾遺二卷附校勘記一卷
（宋）蘇軾（宋）沈括撰　校勘記（清）孫星華
撰
　　武英殿聚珍版書（福建本、廣雅書局
　　本）・子部

旅舍備要方一卷
（宋）董汲撰
　　四庫全書・子部醫家類
　　墨海金壺（嘉慶本、景嘉慶本）・子部
　　珠叢別錄（道光本、景道光本）
　　長恩書室叢書甲集
　　牛㪚園叢書
　　叢書集成初編・應用科學類

太平惠民和劑局方十卷指南總論三卷
　　（宋）陳師文等編
　　　　四庫全書・子部醫家類
　增廣太平惠民和劑局方十卷用藥總論
　三卷
　　　　學津討原（嘉慶本、景嘉慶本）・第十
　　　　集
　　　　續知不足齋叢書第一集
　　　　叢書集成初編・應用科學類
局方發揮一卷
　　（元）朱震亨撰
　　　　東垣十書（正德本、梅南書屋本、文奎
　　　　堂本、文盛書局石印本、肇經堂本、
　　　　受古書店石印本）
　　　　醫學十書
　　　　古今醫統正脈全書（吳勉學本、朱文震
　　　　本、京師醫局本）
　　　　醫統正脈全書
　　　　四庫全書・子部醫家類
　　　　陳修園醫書五十種
　　　　陳修園醫書全集六十種
　　　　陳修園醫書四十八種
　　　　續金華叢書・子部
　　　　叢書集成初編・應用科學類
聖濟總錄纂要二十六卷
　　宋政和中敕編　（清）程林刪訂
　　　　四庫全書・子部醫家類
　　　　中國醫學大成第四集
全生指迷方四卷
　　（宋）王貺撰
　　　　四庫全書・子部醫家類
　　　　墨海金壺（嘉慶本、景嘉慶本）・子部
　　　　珠叢別錄（道光本、景道光本）
　　　　長恩書室叢書甲集
　　　　半畝園叢書
　　　　叢書集成初編・應用科學類
　　　　宋人醫方三種
史載之方二卷
　　（宋）史堪撰
　　　　宛委別藏
　　　　十萬卷樓叢書初編
　　　　叢書集成初編・應用科學類
　　　　宋人醫方三種
評注史載之方二卷
　　（宋）史堪撰　（清）周學海注
　　　　周氏醫學叢書（宣統本、景宣統本）三
　　　　集
類證普濟本事方十卷
　　（宋）許叔微撰

四庫全書・子部醫家類
類證普濟本事方續集十卷
　　（宋）許叔微撰
　　　　三三醫書第一集
三因極一病證方論十八卷
　　（宋）陳言撰
　　　　四庫全書・子部醫家類
洪氏集驗方五卷
　　（宋）洪遵撰
　　　　士禮居黃氏叢書（黃氏本、蜚英館景黃
　　　　氏本、石竹山房景黃氏本、博古齋景
　　　　黃氏本）
　　　　洪氏晦木齋叢書
　　　　鐵琴銅劍樓叢書
　　　　叢書集成初編・應用科學類
　　　　宋人醫方三種
衛生十全方三卷奇疾方一卷
　　（宋）夏德撰
　　　　四庫全書・子部醫家類
傳信適用方二卷
　　（宋）吳彥夔撰
　　　　四庫全書・子部醫家類
　傳信適用方四卷
　　　　鮑氏彙校醫書四種
　　　　當歸草堂醫學叢書初編
濟生方八卷
　　（宋）嚴用和撰
　　　　四庫全書・子部醫家類
　　　　當歸草堂醫學叢書初編
仁齋直指二十六卷附傷寒類書活人總括
　七卷
　　（宋）楊士瀛撰　（明）朱崇正附遺
　　　　四庫全書・子部醫家類
類編朱氏集驗醫方十五卷
　　（宋）朱佐撰
　　　　宛委別藏
　　　　選印宛委別藏
急救仙方十一卷
　　（宋）□□撰
　　　　道藏（正統本、景正統本）・太平部
　　　　道藏舉要第八類
　急救仙方六卷
　　　　四庫全書・子部醫家類
　　　　鮑氏彙校醫書四種
　　　　當歸草堂醫學叢書初編

元

雜類名方一卷

(元)杜思敬輯
　　　濟生拔萃方
　　　叢書集成初編・應用科學類
　　　景印元明善本叢書十種・濟生拔萃方
瑞竹堂經驗方五卷
　　(元)薩理彌實(沙圖穆蘇)撰
　　　四庫全書・子部醫家類
　　瑞竹堂經驗方五卷補遺一卷
　　　當歸草堂醫學叢書初編
世醫得效方二十卷
　　(元)危亦林撰
　　　四庫全書・子部醫家類

明

證治要訣類方四卷
　　(明)戴原禮輯
　　　古今醫統正脈全書(吳勉學本、朱文震
　　　本、京師醫局本)
　　　醫統正脈全書
　　　叢書集成初編・應用科學類
普濟方四百二十六卷
　　(明)朱橚撰
　　　四庫全書・子部醫家類
用藥歌訣一卷
　　　醫要集覽
經驗方一卷
　　　靑囊雜纂
濟急仙方一卷
　　　靑囊雜纂
石雲先生濟汪談一卷
　　(明)孫楨撰
　　　石雲先生遺稿
扶壽精方一卷
　　(明)吳旻輯
　　　珍本醫書集成・方書類
加減靈祕十八方一卷
　　(明)胡嗣廉輯
　　　六醴齋醫書(乾隆本、光緒本)
攝生衆妙方十一卷
　　(明)張時徹撰
　　　四明叢書第八集
魯府禁方四卷
　　(明)龔廷賢輯
　　　珍本醫書集成・方書類
醫便五卷
　　(明)王三才輯
　　　珍本醫書集成・方書類
醫方考六卷

(明)吳崑撰
　　　中國醫學大成第四集
雜病證治類方八卷
　　(明)王肯堂輯
　　　六科證治準繩
痘後方一卷
　　(明)喩政輯
　　　三三醫書第三集
古方八陣九卷
　　(明)張介賓撰
　　　景岳全書(康熙本、乾隆本、嘉慶本、光
　　　緒本)
新方八陣一卷
　　(明)張介賓撰
　　　景岳全書(康熙本、乾隆本、嘉慶本、光
　　　緒本)
新方八略一卷
　　(明)張介賓撰
　　　景岳全書(康熙本、乾隆本、嘉慶本、光
　　　緒本)
景岳新方砭四卷
　　(清)陳念祖撰
　　　南雅堂醫書全集
　　　嘯園叢書第六函
　　　陳修園醫書五十種
　　　陳修園醫書全集六十種
　　　陳修園醫書四十八種
　　　陳修園廿三種

清

喩選古方試驗四卷
　　(清)喩昌輯
　　　珍本醫書集成・方書類
醫方集解二十一卷附急救良方一卷
　　(清)汪昂撰
　　　瓶花書屋醫書
醫方湯頭歌訣一卷
　　(清)汪昂撰
　　　脈草經絡五種會編
急救須知不分卷
　　(清)朱本中撰
　　　四種須知
村居救急方七卷附餘一卷
　　(清)魏祖淸輯
　　　三三醫書第一集
靈藥祕方二卷
　　(清)師成子撰
　　　三三醫書第三集

絳雪園古方選註三卷
　　（清）王子接撰
　　　　四庫全書·子部醫家類
惠直堂經驗方四卷
　　（清）陶承熹輯
　　　　珍本醫書集成·方書類
絳囊撮要一卷
　　（清）雲川道人輯
　　　　珍本醫書集成·方書類
刪補名醫方論八卷
　　（清）吳謙等輯
　　　　御纂醫宗金鑑（武英殿本、江西書局
　　　　　本、掃葉山房本、上海圖書集成印書
　　　　　局排印本、經香閣石印本、商務印書
　　　　　館排印本、鴻寶齋石印本、廣益書局
　　　　　排印本、錦章書局排印本）
經驗方一卷
　　（清）葉桂撰
　　　　醫學三書合刊
醫方捷徑四卷
　　（清）朱嵩恬撰
　　　　醫理元樞
蘭臺軌範八卷
　　（清）徐大椿撰
　　　　四庫全書·子部醫家類
　　　　徐氏醫書六種（乾隆本、同治本）
　　　　徐靈胎十二種全集
　　　　徐氏醫書八種
　　　　徐靈胎醫學全書（六藝書局石印本、錦
　　　　　文堂石印本、廣益書局排印本）前集
洄溪祕方一卷
　　（清）徐大椿撰　（清）余嘯松錄
　　　　國醫小叢書
成方切用二十六卷首一卷
　　（清）吳儀洛撰
　　　　瓶花書屋醫書
沈氏經驗方一卷
　　（清）沈維基撰
　　　　三三醫書第一集
回生集二卷
　　（清）陳杰輯
　　　　珍本醫書集成·方書類
脈藥聯珠古方考四卷
　　（清）龍柏撰
　　　　翠琅玕館叢書（馮兆年輯）第四集
　　　　翠琅玕館叢書（黃任恆輯）·子部
　　　　芋園叢書·子部
救急篇一卷

　　（清）顧蘭圃撰
　　　　壽世編（何氏本、聚芳齋本）
祕授清寧丸方一卷
　　（清）孫星衍輯
　　　　平津館叢書（嘉慶本、光緒本）·千金
　　　　　寶要附
祕製大黃清寧丸方一卷
　　　　叢書集成初編·應用科學類
彙集經驗方一卷
　　（清）汪汲撰
　　　　古愚老人消夏錄
怪疾奇方一卷
　　（清）汪汲撰
　　　　古愚老人消夏錄
時方歌括二卷
　　（清）陳念祖撰
　　　　南雅堂醫書全集
　　　　陳修園醫書五十種
　　　　陳修園醫書全集六十種
　　　　陳修園醫書四十八種
　　　　陳修園廿三種
時方妙用六卷
　　（清）陳念祖撰
　　　　南雅堂醫書全集
時方妙用四卷
　　　　陳修園醫書五十種
　　　　陳修園醫書全集六十種
　　　　陳修園醫書四十八種
　　　　陳修園廿三種
方藥備考一卷
　　（清）程文囿撰
　　　　醫述
古方彙精五卷
　　（清）愛虛老人輯
　　　　珍本醫書集成·方書類
叢桂堂集驗良方一卷
　　（清）□□輯
　　　　毓芝堂醫書四種
法古宜今一卷
　　（清）沈錦桐輯
　　　　經史祕彙
救迷良方一卷
　　（清）何其偉撰
　　　　陳修園醫書五十種
　　　　陳修園醫書全集六十種
　　　　陳修園醫書四十八種
經驗百病內外方一卷
　　（清）□□輯

陳修園醫書五十種
陳修園醫書全集六十種
湯頭歌括一卷
　　（清）廖雲溪撰
　　　　醫學五則（同治本、光緒本）
經驗良方一卷
　　（清）程沈輯
　　　　小堂四種
退思集類方歌註一卷
　　（清）王泰林撰
　　　　王旭高醫書六種
增訂醫方歌訣一卷
　　（清）王泰林撰
　　　　王旭高醫書六種
醫方證治彙編歌訣一卷
　　（清）王泰林撰
　　　　王旭高醫書六種
王旭高先生醫方歌括一卷
　　（清）王泰林撰
　　　　王旭高醫書六種
春脚集四卷
　　（清）孟文瑞輯
　　　　珍本醫書集成·方書類
奇方纂要一卷
　　（清）王文選撰
　　　　醫學切要全集
偏方補遺七卷
　　（清）文晟輯
　　　　萍鄉文氏所刻醫書六種
軍中醫方備要二卷
　　　　水陸攻守戰略祕書七種
四科簡效方四卷
　　（清）王士雄撰
　　　　會稽徐氏鑄學齋叢書
　　　　潛齋醫學叢書十四種（集古閣本、大東
　　　　　書局本）
潛齋簡效方一卷附醫話
　　（清）王士雄撰
　　　　潛齋醫學叢書八種
　　　　潛齋醫學叢書十四種（集古閣本、大東
　　　　　書局本）
雞鳴錄一卷
　　（清）王士雄（野雲氏）輯
　　　　珍本醫書集成·通治類
隨山宇方鈔一卷
　　（清）汪曰楨（荔牆蟄士）撰
　　　　荔牆叢刻
精選集驗良方二卷

　　（清）關梓撰
　　　　會稽徐氏鑄學齋叢書
雜證良方二卷
　　（清）屠道和輯
　　　　醫學六種
理瀹外治方要一卷
　　（清）吳尚先撰　　（清）潘霨輯
　　　　韓園醫學六種
理瀹駢文摘要二卷
　　（清）吳尚先撰　　（清）□□節鈔
　　　　會稽徐氏鑄學齋叢書
醫方論四卷
　　（清）費伯雄撰
　　　　費氏全集（同治本、光緒本、民國本）
普濟應驗良方八卷
　　（清）祝韻梅輯
　　　　壽世彙編（雨梅書屋本、楊鍾琛本、聯
　　　　　吟簃本）
不知醫必要四卷
　　（清）梁廉夫撰
　　　　珍本醫書集成·方書類
世補齋不謝方一卷
　　（清）陸懋修撰
　　　　靈芝益壽草（同治本、光緒本）
　　　　世補齋醫書（光緒本、山左書局本、茂
　　　　　記書局石印本）前集
外治壽世方四卷
　　（清）鄒存淦輯
　　　　珍本醫書集成·方書類
經驗方一卷
　　（清）邵炳揚輯
　　　　邵氏醫書三種附
飼鶴亭集方一卷
　　（清）凌奐撰
　　　　吳興凌氏二種
醫方簡義六卷
　　（清）王清源撰
　　　　珍本醫書集成·方書類
方歌別類一卷
　　（清）程曦（清）江誠（清）雷大震撰
　　　　醫學三書（養鶴山房本、叢易堂本）·
　　　　　醫家四要
陳修園方歌一卷首一卷
　　（清）黃保康撰　　（民國）黃任恆注
　　　　霄鵬先生遺著·醫學三書
吳鞠通方歌一卷首一卷
　　（清）黃保康撰　　（民國）黃任恆注
　　　　霄鵬先生遺著·醫學三書

經驗方一卷
　　（清）姜國伊撰
　　　　守中正齋叢書·醫學六種
疑難急症簡方四卷
　　（清）羅越峯輯
　　　　珍本醫書集成·方書類
經驗奇方二卷
　　（清）周子灝輯
　　　　珍本醫書集成·方書類
文堂集驗方四卷
　　（清）何京輯
　　　　珍本醫書集成·方書類
行軍方便便方三卷
　　（清）羅世瑤輯
　　　　三三醫書第三集

民　國

衛生易簡方一卷
　　（民國）周憬輯
　　　　醫藥叢書
周氏集驗方一卷
　　（民國）周憬輯
　　　　醫藥叢書
周氏集驗方續編一卷
　　（民國）周憬輯
　　　　醫藥叢書
三字經湯方歌括二卷
　　（民國）張驥增輯
　　　　三字經合編
驗方新按一卷
　　（民國）惲鐵樵撰
　　　　藥盦醫學叢書（新中醫藥出版社排印
　　　　本、千頃堂書局石印本）第六輯·鱗
　　　　爪集

今　人

歷驗再壽編一卷
　　童月軒輯
　　　　三三醫書第三集
雜症名方一卷
　　謝掄元撰
　　　　姚江謝氏醫書
研方必讀三卷
　　何舒編
　　　　壽康之路
方藥實在易二卷
　　何舒撰
　　　　靈蘭醫書六種

國　外

吐方考一卷
　　（日本）永富鳳撰
　　　　國醫小叢書

醫案之屬

總　案

名醫類案十二卷
　　（明）江瓘撰　（明）江應宿增補
　　　　四庫全書·子部醫家類
續名醫類案六十卷
　　（清）魏之琇撰
　　　　四庫全書·子部醫家類
古今醫案按選四卷
　　（清）俞震撰　（清）王士雄選
　　　　潛齋醫學叢書十四種（集古閣本、大桑
　　　　書局本）
　　　　珍本醫書集成·醫案類
龍砂八家醫案一卷
　　（清）姜成之輯
　　　　珍本醫書集成·醫案類

元

羅謙甫治驗案二卷
　　（元）羅天益撰
　　　　醫藥叢書
怪疴單一卷
　　（元）朱震亨撰
　　　　夷門廣牘·尊生
　　　　叢書集成初編·應用科學類
　　　　景印元明善本叢書十種·夷門廣牘·
　　　　尊生

明

石山醫案三卷附錄一卷
　　（明）汪機撰　（明）陳桷編
　　　　石山醫案（明本、民國本）
　　　　四庫全書·子部醫家類
孫文垣醫案五卷
　　（明）孫一奎撰　（明）孫泰來等輯
　　　　中國醫學大成第十二集
芷園臆草存案一卷
　　（明）盧復撰
　　　　醫林指月（乾隆本、光緒排印本）
易氏醫案一卷

（明）易大艮撰
　　醫林指月（乾隆本、光緒排印本）

清

寓意草一卷
　　（清）喩昌撰
　　　　喩氏醫書三種
　寓意草四卷
　　　　四庫全書·子部醫家類·醫門法律附
寓意草四卷附校勘記一卷校勘續記一卷
　　（清）喩昌撰　校勘記（民國）魏元曠撰　校
　　勘續記（民國）盧耿撰
　　　　豫章叢書（胡思敬輯）·喩氏遺書三種
四明醫案一卷
　　（清）高斗魁撰
　　　　醫宗己任編（啣山堂本、涵古堂本、有
　　　　鴻齋本、李光明莊本、上海衛生出版
　　　　社排印本）
東莊醫案一卷
　　（清）呂留良撰
　　　　醫宗己任編（啣山堂本、涵古堂本、有
　　　　鴻齋本、李光明莊本、上海衛生出版
　　　　社排印本）
舊德堂醫案一卷
　　（清）李用粹撰
　　　　三三醫書第一集
評點馬氏醫案印機草一卷
　　（清）馬俶撰　（清）周學海評注
　　　　周氏醫學叢書（宣統本、景宣統本）二
　　　　集
　　　　周澂之評注醫書
素圃醫案四卷
　　（清）鄭重光撰
　　　　珍本醫書集成·醫案類
沈氏醫案一卷
　　（清）沈瑤撰
　　　　珍本醫書集成·醫案類
何澹安醫案一卷
　　（清）何游撰
　　　　中國醫學大成第十二集
靜香樓醫案一卷
　　（清）尤怡撰
　　　　槐廬叢書五編·醫學讀書記附
　　　　中國醫學大成第十三集·醫論叢刊·
　　　　醫學讀書記附
葉天士醫案一卷
　　（清）葉桂撰
　　　　三家醫案合刻

中國醫學大成第十二集
葉天士家傳祕訣一卷
　　（清）葉桂撰
　　　　迴瀾社醫書第一輯
徐批葉天士晚年方案眞本二卷
　　（清）葉桂撰　（清）徐大椿評
　　　　醫藥叢書
評點葉案存眞類編二卷
　　（清）葉桂撰　（清）周學海類評
　　　　周氏醫學叢書（宣統本、景宣統本）二
　　　　集
　　　　周澂之評注醫書
眉壽堂方案選存二卷
　　（清）葉桂撰　郭維濬輯
　　　　中國醫學大成第十二集
薛生白醫案一卷
　　（清）薛雪撰
　　　　三家醫案合刻
　　　　中國醫學大成第十二集
掃葉莊一瓢老人醫案四卷
　　（清）薛雪撰
　　　　珍本醫書集成·醫案類
繆宜亭醫案一卷
　　（清）繆遵義撰
　　　　三家醫案合刻
　　　　中國醫學大成第十二集
洄溪醫案一卷
　　（清）徐大椿撰
　　　　醫學三書合刊
　　　　徐靈胎十二種全集
　　　　徐氏醫書八種
　　　　徐靈胎醫學全書（六藝書局石印本、錦
　　　　文堂石印本、廣益書局排印本）前集
　洄溪醫案一卷附一卷
　　　　嘯園叢書第六函
李翁醫記二卷
　　（清）焦循撰
　　　　迴瀾社醫書第一輯
　李翁醫記一卷
　　　　珍本醫書集成·內科類·辨疫瑣言附
杏軒醫案初集一卷續錄一卷輯錄一卷
　　（清）程文囿撰
　　　　珍本醫書集成·醫案類
　程杏軒醫案初集一卷續錄一卷輯錄一
　　卷
　　　　中國醫學大成第十二集
肘後偶鈔二卷
　　（清）黃凱鈞撰

友漁齋醫話六種
中國醫學大成第十三集·醫話叢刊·
友漁齋醫話六種

吳鞠通先生醫案四卷
(清)吳瑭撰
醫藥叢書

吳鞠通醫案五卷
中國醫學大成第十二集

千里醫案五卷
(清)張千里撰
三三醫書第二集

王旭高臨證醫案四卷
(清)王泰林撰
珍本醫書集成·醫案類

仿寓意草二卷
(清)李文榮撰
三三醫書第三集

花韻樓醫案一卷
(清)顧德華撰
珍本醫書集成·醫案類

張畹香醫案二卷
(清)張畹香撰
中國醫學大成第十二集

王氏醫案(一名回春錄)二卷
(清)王士雄撰
潛齋醫書五種(醉六堂本、圖書集成局
排印本)

王氏醫案初編二卷
潛齋醫學叢書十四種(集古閣本、大東
書局本)

王氏醫案續編(一名仁術志)八卷
(清)王士雄撰
潛齋醫書五種(醉六堂本、圖書集成局
排印本)
潛齋醫學叢書十四種(集古閣本、大東
書局本)

王氏醫案三編三卷
(清)王士雄撰
潛齋醫學叢書十四種(集古閣本、大東
書局本)

曹仁伯醫案論一卷
(清)曹存心撰
三三醫書第一集

過庭錄存一卷
(清)曹存心撰
三三醫書第二集

延陵弟子紀要一卷
(清)曹存心撰 (清)吳元善錄

三三醫書第二集

得心集醫案六卷
(清)謝星煥撰
珍本醫書集成·醫案類

凌臨靈方一卷
(清)凌奐撰
三三醫書第一集

醫案類錄一卷
(清)羅定昌撰
中西醫粹
中外醫書八種合刻

一得集三卷
(清)釋心禪撰
珍本醫書集成·雜著類

許氏醫案一卷
(清)許恩普撰
三三醫書第三集

醫案摘奇四卷
(清)傅松元撰
太倉傅氏醫學三書

診餘舉隅錄二卷
(清)陳廷儒撰
珍本醫書集成·醫案類

崇實堂醫案一卷
(清)姚龍光撰
三三醫書第二集

雪雅堂醫案二卷附類中祕旨一卷
(清)張士驤撰
國醫百家

青霞醫案一卷
(清)沈登階撰
珍本醫書集成·醫案類

邵氏醫案一卷
(清)邵蘭蓀撰
珍本醫書集成·醫案類

邵蘭蓀醫案四卷
(清)邵蘭蓀撰 (清)史久華評注
中國醫學大成第十二集

醫驗隨筆一卷
(清)沈祖復撰
三三醫書第三集

也是山人醫案一卷
(口)也是山人撰 (民國)周鎮訂正
珍本醫書集成·醫案類

民 國

金氏門診方案一卷
(民國)金子久撰

三三醫書第二集

和緩遺風二卷
　(民國)金子久撰
　　　三三醫書第二集

惜分陰軒醫案四卷
　(民國)周鎮撰
　　　醫藥叢書

藥盦醫案七卷
　(民國)惲鐵樵撰
　　　藥盦醫學叢書（新中醫藥出版社排印
　　　本、千頃堂書局石印本）第八輯

臨證筆記一卷
　(民國)惲鐵樵撰
　　　藥盦醫學叢書（新中醫藥出版社排印
　　　本、千頃堂書局石印本）第四輯

今　人

叢桂草堂醫案四卷
　　袁焯撰
　　　珍本醫書集成・醫案類

复青廬醫案一卷
　　謝掄元撰
　　　姚江謝氏醫書

黃澹翁醫案四卷
　　黃述寧撰
　　　珍本醫書集成・醫案類

徐渡漁先生醫案一卷
　　徐渡漁撰
　　　三三醫書第三集

醫話之屬

上池雜說一卷
　(明)馮時可撰
　　　學海類編（道光本、景道光本）・集餘
　　　六
　　　三三醫書第三集

上池雜說一卷附經目屢驗良方
　　　國醫小叢書

壺隱子醫譚一得一卷
　(明)劉浴德撰
　　　壺隱子醫書四種
　　　脈學三書

折肱漫錄七卷
　(明)黃承昊撰
　　　六醴齋醫書（乾隆本、光緒本）

言醫一卷
　(清)裴一中撰　　(清)王士雄評選

潛齋醫學叢書八種
　　　潛齋醫學叢書十四種（集古閣本、大東
　　　書局本）

醫暇卮言二卷
　(清)程林撰
　　　中國醫學大成第十三集・醫話叢刊

格言彙纂二卷
　(清)顧靖遠撰
　　　顧氏醫鏡

客窗偶談一卷
　(清)沈明宗撰
　　　醫徵五種附

藥按一卷
　(清)馮兆張撰
　　　馮氏錦囊祕錄（康熙本、嘉慶本）

醫學讀書記三卷續記一卷
　(清)尤怡撰
　　　槐廬叢書五編
　　　中國醫學大成第十三集・醫論叢刊

柳洲醫話一卷
　(清)魏之琇撰　　(清)王士雄輯
　　　潛齋醫學叢書八種
　　　潛齋醫學叢書十四種（集古閣本、大東
　　　書局本）
　　　中國醫學大成第十三集・醫話叢刊

顧體醫話一卷
　(清)史典撰　　(清)俞世貴補　　(清)王士雄
　評
　　　潛齋醫學叢書八種
　　　潛齋醫學叢書十四種（集古閣本、大東
　　　書局本）

怡堂散記二卷續編一卷
　(清)許豫和撰
　　　許氏幼科七種

醫醫偶錄二卷
　(清)陳念祖撰
　　　珍本醫書集成・雜著類

重慶堂隨筆二卷
　(清)王學權撰　　(清)王國祥注
　　　潛齋醫學叢書八種
　　　潛齋醫學叢書十四種（集古閣本、大東
　　　書局本）

客塵醫話三卷
　(清)計楠撰
　　　中西醫學羣書國粹部第一集
　　　古今醫學會通十一種
　　　中國醫學大成第十三集・醫話叢刊

學醫一得一卷

雜著之屬

　　　　　五朝小說・宋人百家小說傳奇家
　　　　　五朝小說大觀・宋人百家小說傳奇家
學醫隨筆一卷
　　（宋）魏了翁撰
　　　　　學海類編（道光本、景道光本）・集餘
　　　　　　六
　　　　　叢書集成初編・應用科學類
醫說十卷
　　（宋）張杲撰
　　　　　四庫全書・子部醫家類
侶仙堂類辯二卷
　　（清）張志聰撰
　　　　　醫林指月（乾隆本、光緒排印本）
琉球百問一卷
　　（清）曹存心撰
　　　　　國醫百家
琉球問答奇病論一卷
　　（清）曹存心撰
　　　　　三三醫書第二集
醫學課兒策一卷
　　（清）高鼎汾撰
　　　　　三三醫書第二集
夏令施診簡明歌訣一卷
　　　　　韓園醫學六種・十藥神書附
官藥局示諭一卷
　　　　　韓園醫學六種・十藥神書附
醫階辨證一卷
　　（清）汪必昌撰
　　　　　三三醫書第一集
醫故二卷附錄一卷
　　（民國）鄭文焯撰
　　　　　大鶴山房全書
論醫集一卷
　　（民國）惲鐵樵撰
　　　　　藥盦醫學叢書（新中醫藥出版社排印
　　　　　　本、千頃堂書局石印本）第一輯
醫學雜編一卷
　　（民國）余重耀撰
　　　　　遯廬叢著
醫事啓源一卷
　　（日本）今村亮撰
　　　　　三三醫書第一集
　　　　　迴瀾社醫書第一輯
醫餘三卷
　　（日本）尾臺逸撰
　　　　　三三醫書第三集

曆　算　類

天文之屬

先　秦

周髀算經二卷附音義一卷
　　（漢）趙爽注　（北周）甄鸞重述　（唐）李淳
　　風等注釋　音義（唐）李籍撰
　　　　　祕冊彙函
　　　　　津逮祕書（汲古閣本、景汲古閣本）四集
　　　　　四庫全書・子部天文算法類
　　　　　摛藻堂四庫全書薈要・子部
　　　　　微波榭叢書・算經十書
　　　　　武英殿聚珍版書（武英殿木活字本、福
　　　　　　建本、廣雅書局本）・子部
　　　　　學津討原（嘉慶本、景嘉慶本）第九集
　　　　　四部叢刊（初次印本、二次印本、縮印
　　　　　　二次印本）・子部
　　　　　天祿琳琅叢書第一集
　　　　　叢書集成初編・自然科學類
　　　　　四部備要（排印本、縮印本）・子部算法
周髀算經二卷附音義一卷校勘記一卷
　　（漢）趙爽注　（北周）甄鸞重述　（唐）李淳
　　風等注釋　音義（宋）李籍撰　校勘記
　　（清）顧觀光撰
　　　　　槐廬叢書二編
周髀算經述一卷
　　（清）馮經撰
　　　　　嶺南遺書第四集
　　　　　叢書集成初編・自然科學類
周髀算經校勘記一卷
　　（清）顧觀光撰
　　　　　武陵山人遺書（光緒本、民國本）
蓋天說一卷
　　（□）周髀撰　（清）王仁俊輯
　　　　　玉函山房輯佚書續編・子編天文類

漢

律曆逸文一卷
　　（清）王仁俊輯
　　　　　經籍佚文
三統術衍三卷鈐一卷
　　（清）錢大昕撰
　　　　　潛研堂全書・子
　　　　　嘉定錢氏潛研堂全書・子

三統術衍補一卷
　　(清)董祐誠撰
　　　董方立遺書
　　　測海山房中西算學叢刻初編
三統術詳說四卷
　　(清)陳澧撰
　　　廣雅書局叢書・雜著・東塾遺書
　　　中西算學叢書初編
三統術補衍一卷
　　(清)成蓉鏡撰
　　　南菁書院叢書第六集
　　　成氏遺書
漢志三統曆表一卷
　　(民國)廖平撰
　　　新訂六譯館叢書・地理類
漢三統術三卷
　　(清)李銳撰
　　　李氏遺書(道光本、光緒本)
漢太初曆考一卷
　　(清)成蓉鏡撰
　　　南菁書院叢書第六集
難蓋天一卷
　　(漢)揚雄撰　(清)王仁俊輯
　　　玉函山房輯佚書續編・子編天文類
漢四分術三卷
　　(清)李銳撰
　　　李氏遺書(道光本、光緒本)
靈憲注一卷
　　(漢)張衡撰
　　　說郛(宛委山堂本)弓六十
靈憲一卷
　　(漢)張衡撰　(清)王謨輯
　　　重訂漢唐地理書鈔(鈔本、嘉慶本)
靈憲一卷
　　(漢)張衡撰　(清)洪頤煊輯
　　　問經堂叢書・經典集林
　　　經典集林
靈憲一卷
　　(漢)張衡撰　(清)馬國翰輯
　　　玉函山房輯佚書(嫏嬛館本、重印本、
　　　　楚南書局本)・子編天文類
渾天儀一卷
　　(漢)張衡撰　(清)洪頤煊輯
　　　問經堂叢書・經典集林
　　　經典集林
渾儀一卷
　　(漢)張衡撰　(清)馬國翰輯
　　　玉函山房輯佚書(嫏嬛館本、重印本、

楚南書局本)・子編天文類
乾象術一卷
　　(漢)劉洪撰　(清)黃奭輯
　　　漢學堂叢書・子史鉤沈・子部天文類
　　　黃氏逸書考(民國修補本、民國補刊
　　　　本)・子史鉤沈
漢乾象術二卷
　　(清)李銳撰
　　　李氏遺書(道光本、光緒本)
宣夜說一卷
　　(漢)郗萌撰　(清)王仁俊輯
　　　玉函山房輯佚書續編・子編天文類
史記天官書補目一卷
　　(清)孫星衍撰
　　　昭代叢書(道光本)壬集補編
　　　廣雅書局叢書・史學
　　　史學叢書(文瀾書局本、煥文書局本、
　　　　點石齋本)
　　　叢書集成初編・自然科學類
　　　二十五史補編(開明書店排印本、中華
　　　　書局重印本)・史記部分
漢書律曆志正譌一卷
　　(清)王元啓撰
　　　二十五史補編(開明書店排印本、中華
　　　　書局重印本)・漢書部分

三　國

昕天論一卷
　　(吳)姚信撰　(清)馬國翰輯
　　　玉函山房輯佚書(嫏嬛館本、重印本、
　　　　楚南書局本)・子編天文類
長曆一卷
　　(吳)徐整撰
　　　說郛(宛委山堂本)弓六十
渾天象說一卷
　　(吳)王蕃撰　(清)王仁俊輯
　　　玉函山房輯佚書續編・子編天文類

晉

年曆一卷
　　(晉)皇甫謐撰　(清)馬國翰輯
　　　玉函山房輯佚書(嫏嬛館本、重印本、
　　　　楚南書局本)・史編雜史類
年曆考二卷附校勘記一卷
　　(清)李榮陛撰　校勘記(民國)胡思敬撰
　　　豫章叢書(胡思敬輯)・萬載李氏遺書
　　　　四種
穹天論一卷

（晉）虞聳撰　（清）馬國翰輯
　　玉函山房輯佚書（嫏嬛館本、重印本、
　　楚南書局本）·子編天文類
　　四明叢書第六集

安天論一卷
　（晉）虞喜撰　（清）馬國翰輯
　　玉函山房輯佚書（嫏嬛館本、重印本、
　　楚南書局本）·子編天文類
　　四明叢書第六集

論天一卷
　（晉）劉智撰　（清）王仁俊輯
　　玉函山房輯佚書續編·子編天文類

晉書天文志校正一卷
　（清）盧文弨撰
　　二十五史補編（開明書店排印本、中華
　　書局重印本）·晉書部分

南北朝

渾天論一卷
　（梁）祖暅撰　（清）王仁俊輯
　　玉函山房輯佚書續編·子編天文類

渾天論答難一卷
　（後秦）姜岌撰　（清）王仁俊輯
　　玉函山房輯佚書續編·子編天文類

漏刻經一卷
　　說郛（宛委山堂本）弓一百九

隋

大象賦一卷
　（隋）李播撰　（唐）苗爲注
　　淩氏傳經堂叢書

宋

新儀象法要三卷
　（宋）蘇頌撰
　　四庫全書·子部天文算法類
　　摛藻堂四庫全書薈要·子部
　　守山閣叢書（道光本、鴻文書局景道光
　　本、博古齋景道光本）·子部
　　中西算學叢書初編
　　叢書集成初編·自然科學類

補修宋奉元術一卷
　（清）李銳撰
　　李氏遺書（道光本、光緒本）

補修宋占天術一卷
　（清）李銳撰
　　李氏遺書（道光本、光緒本）

星象考一卷

（宋）鄒淮撰
　　學海類編（道光本、景道光本）·集餘六
　　叢書集成初編·自然科學類

正朔考一卷
　（宋）魏了翁撰
　　廣百川學海甲集
　　寶顏堂祕笈（萬曆本、民國石印本）廣
　　集
　　說郛（宛委山堂本）弓十
　　詒經堂藏書
　　叢書集成初編·自然科學類

駁正朔考一卷
　（清）陳鍾英撰
　　欖香小品

元

授時歷經一卷
　（元）許衡撰
　　許文正公遺書
　　西京淸麓叢書正編·許文正公遺書
　　洪氏唐石經館叢書·許文正公遺書

革象新書五卷
　（元）趙友欽撰
　　四庫全書·子部天文算法類
　　四庫全書珍本初集·子部天文算法類

重修革象新書二卷
　（元）趙友欽撰　（明）王褘刪定
　　四庫全書·子部天文算法類

重修革象新書五卷
　　續金華叢書·子部

天文精義賦五卷
　（元）岳熙載撰
　　碧琳瑯館叢書丙部

天文精義五卷
　　芋園叢書·子部

明

天文書四卷
　（明）海達兒等譯
　　涵芬樓祕笈第三集

七政推步七卷
　（明）貝琳撰
　　四庫全書·子部天文算法類
　　四庫全書珍本初集·子部天文算法類

天文述一卷
　（明）鄭曉撰
　　鄭端簡公全集·吾學編

聖壽萬年歷二卷

(明)朱載堉撰
　　樂律全書・曆書
聖壽萬年曆八卷
　　四庫全書・子部天文算法類
律曆融通四卷附音義一卷
　　(明)朱載堉撰
　　樂律全書・曆書
　律曆融通四卷
　　四庫全書・子部天文算法類
萬年曆備攷三卷
　　(明)朱載堉撰
　　樂律全書・曆書
古今律曆考七十二卷
　　(明)邢雲路撰
　　四庫全書・子部天文算法類
　　畿輔叢書
　　叢書集成初編・自然科學類
戊申立春考證一卷
　　(明)邢雲路撰
　　廣百川學海甲集
　　寶顏堂祕笈（萬曆本、民國石印本）廣
　　　集
　　說郛續弓一
　　畿輔叢書
　　叢書集成初編・自然科學類
曆法新書五卷
　　(明)袁黃撰
　　了凡雜著
經天該一卷
　　(明西洋)利瑪竇撰
　　藝海珠塵革集(庚集)
　　凌氏傳經堂叢書
　　花近樓叢書附存
　　叢書集成初編・自然科學類
乾坤體義二卷
　　(明西洋)利瑪竇撰
　　四庫全書・子部天文算法類
渾蓋通憲圖說二卷首一卷
　　(明)李之藻撰
　　天學初函・器編
　　守山閣叢書（道光本、鴻文書局景道光
　　　本、博古齋景道光本）・子部
　　叢書集成初編・自然科學類
　渾蓋通憲圖說二卷
　　四庫全書・子部天文算法類
　　中西算學叢書初編
簡平儀說一卷
　　(明西洋)熊三拔口譯　(明)徐光啓劄記

天學初函・器編
四庫全書・子部天文算法類
守山閣叢書（道光本、鴻文書局景道光
　本、博古齋景道光本）・子部
中西算學叢書初編
叢書集成初編・自然科學類
表度說一卷
　　(明西洋)熊三拔口譯　(明)周子愚(明)卓
　　爾康筆錄
　　天學初函・器編
　　四庫全書・子部天文算法類
測天約說二卷
　　(明西洋)鄧玉函撰　(淸西洋)湯若望訂
　　西洋新法曆書
大測二卷
　　(明西洋)鄧玉函撰　(淸西洋)湯若望訂
　　西洋新法曆書
黃赤道距度表一卷
　　(明西洋)鄧玉函撰　(明西洋)龍華民訂
　　西洋新法曆書
天問略一卷
　　(明西洋)陽瑪諾撰
　　天學初函・器編
　　四庫全書・子部天文算法類
　　藝海珠塵石集(乙集)
　　叢書集成初編・自然科學類
日躔表二卷
　　(明西洋)羅雅谷撰　(淸西洋)湯若望訂
　　西洋新法曆書
日躔曆指一卷
　　(明西洋)羅雅谷撰　(淸西洋)湯若望訂
　　西洋新法曆書
月離表四卷
　　(明西洋)羅雅谷撰　(淸西洋)湯若望訂
　　西洋新法曆書
月離曆指四卷
　　(明西洋)羅雅谷撰　(淸西洋)湯若望訂
　　西洋新法曆書
五緯表十卷首一卷
　　(明西洋)羅雅谷撰　(淸西洋)湯若望訂
　　西洋新法曆書
五緯曆指九卷
　　(明西洋)羅雅谷撰　(淸西洋)湯若望訂
　　西洋新法曆書
學曆小辯一卷
　　(明)徐光啓撰
　　西洋新法曆書
曆體略三卷

（明）王英明撰
　　四庫全書・子部天文算法類

天官書一卷
　　罨古介書前集

天文樞會一卷
　　天文彙鈔

占日月虧食一卷
　　天文彙鈔

交食經二卷附日食一貫歌一卷月食一貫
歌一卷
　　（明）張寀臣指授　（清）歐陽斌元著法
　　豫章叢書（陶福履輯）第一集
　　叢書集成初編・自然科學類

清　前　期

渾天儀說五卷
　　（清西洋）湯若望撰　（明西洋）羅雅谷訂
　　西洋新法曆書

測食二卷
　　（清西洋）湯若望撰
　　西洋新法曆書

新法曆引一卷
　　（清西洋）湯若望刪定
　　西洋新法曆書

曆法西傳一卷
　　（清西洋）湯若望撰
　　西洋新法曆書

新法表異二卷
　　（清西洋）湯若望撰
　　西洋新法曆書

古今交食考一卷
　　（清西洋）湯若望撰　（明西洋）羅雅谷訂
　　西洋新法曆書

交食曆指七卷
　　（清西洋）湯若望撰　（明西洋）羅雅谷訂
　　西洋新法曆書

交食表九卷
　　（清西洋）湯若望撰　（明西洋）羅雅谷訂
　　西洋新法曆書

新曆曉或一卷
　　（清西洋）湯若望撰
　　西洋新法曆書
　　昭代叢書（道光本）庚集埰編

新歷曉惑一卷
　　秝誌彙編

新法表異一卷
　　（清西洋）湯若望撰
　　昭代叢書（道光本）壬集補編

歷代甲子考一卷
　　（清）黃宗羲撰
　　檀几叢書第一帙
　　學海類編（道光本、景道光本）・集餘
　　五
　　黎洲遺著彙刊
　　叢書集成初編・史地類

授時厤故四卷
　　（清）黃宗羲撰
　　嘉業堂叢書・子部

分野說一卷
　　（清）陸世儀撰
　　婁東雜著絲集
　　陸桴亭先生遺書

月道疏一卷附月行九道圖併解
　　（清）陸世儀撰
　　婁東雜著續刊
　　陸桴亭先生遺書

天官考異一卷
　　（清）吳肅公撰
　　昭代叢書（康熙本）甲集第一帙
　　昭代叢書（道光本）甲集第一帙

天經或問前集四卷
　　（清）游藝撰
　　四庫全書・子部天文算法類

中星譜一卷
　　（清）胡亶撰
　　四庫全書・子部天文算法類

天步眞原一卷
　　（清西洋）穆尼閣撰　（清）薛鳳祚譯
　　四庫全書・子部天文算法類
　　指海（道光本、景道光本）第一集
　　叢書集成初編・自然科學類

天學會通一卷
　　（清）薛鳳祚撰
　　四庫全書・子部天文算法類

五星行度解一卷
　　（清）王錫闡撰
　　守山閣叢書（道光本、鴻文書局景道光
　　本、博古齋景道光本）・子部
　　中西算學叢書初編
　　叢書集成初編・自然科學類

曉菴新法六卷
　　（清）王錫闡撰
　　四庫全書・子部天文算法類
　　守山閣叢書（道光本、鴻文書局景道光
　　本、博古齋景道光本）・子部
　　翠琅玕館叢書（馮兆年輯）第四集

中西算學叢書初編
　　翠琅玕館叢書(黃任恆輯)·子部
　　叢書集成初編·自然科學類

秝法六卷
　　(清)王錫闡撰
　　木犀軒叢書·曉菴遺書

秝法表三卷
　　(清)王錫闡撰
　　木犀軒叢書·曉菴遺書

大統秝法啓蒙五卷
　　(清)王錫闡撰
　　木犀軒叢書·曉菴遺書

曉菴雜著一卷
　　(清)王錫闡撰
　　木犀軒叢書·曉菴遺書

璇璣遺述六卷圖一卷
　　(清)揭暄撰
　　刻鵠齋叢書

仰儀簡儀二銘補註一卷
　　(清)梅文鼎撰
　　兼濟堂纂刻梅勿菴先生曆算全書（雍
　　正本、光緒本）

二儀銘補注一卷
　　藝海珠塵竹集(丁集)
　　叢書集成初編·自然科學類

中西經星同異考一卷
　　(清)梅文鼎撰
　　四庫全書·子部天文算法類
　　指海(道光本、景道光本)第三集
　　叢書集成初編·自然科學類

恆星紀要一卷
　　(清)梅文鼎撰
　　梅氏叢書輯要(乾隆本、同治本、光緒
　　石印本)

五星紀要一卷
　　(清)梅文鼎撰
　　兼濟堂纂刻梅勿菴先生曆算全書（雍
　　正本、光緒本）

五星管見
　　(清)梅文鼎撰
　　梅氏叢書輯要(乾隆本、同治本、光緒
　　石印本)·七政

南極諸星考
　　(清)梅文鼎撰
　　檀几叢書餘集

火星本法一卷
　　(清)梅文鼎撰
　　兼濟堂纂刻梅勿菴先生曆算全書（雍

正本、光緒本）

火星本法圖說
　　(清)梅文鼎撰
　　梅氏叢書輯要(乾隆本、同治本、光緒
　　石印本)·七政

七政細草補註一卷
　　(清)梅文鼎撰
　　兼濟堂纂刻梅勿菴先生曆算全書（雍
　　正本、光緒本）

細草補注一卷
　　梅氏叢書輯要(乾隆本、同治本、光緒
　　石印本)·七政

上三星軌迹成繞日圓象
　　(清)梅文鼎撰
　　梅氏叢書輯要(乾隆本、同治本、光緒
　　石印本)·七政

雜著一卷
　　(清)梅文鼎撰
　　梅氏叢書輯要(乾隆本、同治本、光緒
　　石印本)

揆日紀要一卷
　　(清)梅文鼎撰
　　梅氏叢書輯要(乾隆本、同治本、光緒
　　石印本)

七政前均簡法
　　(清)梅文鼎撰
　　梅氏叢書輯要(乾隆本、同治本、光緒
　　石印本)·七政

操縵巵言一卷
　　(清)梅瑴成撰
　　梅氏叢書輯要(乾隆本、同治本、光緒
　　石印本)附

揆日候星紀要一卷
　　(清)梅文鼎撰
　　兼濟堂纂刻梅勿菴先生曆算全書（雍
　　正本、光緒本）

學歷說一卷
　　(清)梅文鼎撰
　　昭代叢書(康熙本)甲集第一帙
　　昭代叢書(道光本)甲集第一帙

曆學疑問三卷
　　(清)梅文鼎撰
　　兼濟堂纂刻梅勿菴先生曆算全書（雍
　　正本、光緒本）
　　梅氏叢書輯要(乾隆本、同治本、光緒
　　石印本)

歷學疑問補二卷
　　(清)梅文鼎撰

兼濟堂纂刻梅勿菴先生曆算全書（雍
正本、光緒本）
梅氏叢書輯要（乾隆本、同治本、光緒
石印本）
藝海珠塵絲集（丙集）
叢書集成初編・自然科學類

曆學駢枝四卷
（清）梅文鼎撰
兼濟堂纂刻梅勿菴先生曆算全書（雍
正本、光緒本）

歷學駢枝五卷
梅氏叢書輯要（乾隆本、同治本、光緒
石印本）

歲周地度合攷一卷
（清）梅文鼎撰
兼濟堂纂刻梅勿菴先生曆算全書（雍
正本、光緒本）

授時平立定三差詳說一卷
（清）梅文鼎撰
兼濟堂纂刻梅勿菴先生曆算全書（雍
正本、光緒本）

曆學答問一卷
（清）梅文鼎撰
兼濟堂纂刻梅勿菴先生曆算全書（雍
正本、光緒本）
梅氏叢書輯要（乾隆本、同治本、光緒
石印本）
藝海珠塵竹集（丁集）
叢書集成初編・自然科學類

交食管見一卷
（清）梅文鼎撰
兼濟堂纂刻梅勿菴先生曆算全書（雍
正本、光緒本）
梅氏叢書輯要（乾隆本、同治本、光緒
石印本）・交食

諸方節氣加時日軌高度表一卷
（清）梅文鼎撰
兼濟堂纂刻梅勿菴先生曆算全書（雍
正本、光緒本）

冬至攷一卷
（清）梅文鼎撰
兼濟堂纂刻梅勿菴先生曆算全書（雍
正本、光緒本）

交食蒙求三卷
（清）梅文鼎撰
兼濟堂纂刻梅勿菴先生曆算全書（雍
正本、光緒本）

月食蒙求一卷
（清）梅文鼎撰

梅氏叢書輯要（乾隆本、同治本、光緒
石印本）・交食

日食蒙求一卷附說一卷
（清）梅文鼎撰
梅氏叢書輯要（乾隆本、同治本、光緒
石印本）・交食

大統曆志八卷附錄一卷
（清）梅文鼎撰
四庫全書・子部天文算法類

天文說一卷
（清）董以寧撰
昭代叢書（道光本）戊集續編
秝祘彙編

歷象本要一卷
（清）李光地撰
榕村全書

曆算合要一卷
（清）李光地撰
潘龍庵全書

曆象考成四十二卷
清聖祖撰
律曆淵源
四庫全書・子部天文算法類
摛藻堂四庫全書薈要・子部

歷象考成後編十卷
清乾隆二年敕撰
四庫全書・子部天文算法類
摛藻堂四庫全書薈要・子部

御定儀象考成三十二卷首二卷
清乾隆九年敕撰
四庫全書・子部天文算法類
摛藻堂四庫全書薈要・子部

天道偶測一卷
（清）李塨撰
顏李叢書

天文考略一卷
（清）徐文靖撰
賜硯堂叢書新編丁集

推步法解五卷
（清）江永撰
守山閣叢書（道光本、鴻文書局景道光
本、博古齋景道光本）・子部
中西算學叢書初編
叢書集成初編・自然科學類

測北極出地簡法一卷
（清）梅瑴成撰
秝祘彙編

曆法問答一卷

（清）莊亨陽撰

    秋水堂遺集

全史日至源流三十二卷

  （清）許伯政撰

    四庫全書·子部天文算法類

全史日至源流三十卷首三卷

    碧琳瑯館叢書乙部

    芋園叢書·史部

恆星說一卷

  （清）江聲撰

    昭代叢書（道光本）癸集萃編

    秫秫彙編

原象一卷

  （清）戴震撰

    微波榭叢書·戴氏遺書

    昭代叢書（道光本）戊集續編補

    安徽叢書第六期·戴東原先生全集

續天文略二卷

  （清）戴震撰

    微波榭叢書·戴氏遺書

    安徽叢書第六期·戴東原先生全集

數度小記一卷

  （清）程瑤田撰

    通藝錄

    安徽叢書第二期·通藝錄

算術問答一卷

  （清）錢大昕撰

    昭代叢書（道光本）壬集補編

宋遼金元四史朔閏考二卷

  （清）錢大昕撰　（清）錢侗增補

    粵雅堂叢書初編第四集

    嘉定錢氏潛研堂全書·史

    廣雅書局叢書·史學

    史學叢書（文瀾書局本、煥文書局本、

     點石齋本）

    二十五史補編（開明書店排印本、中華

     書局重印本）·宋遼金元四史部分

躔離法推一卷

  （清）陳道新撰

    陳氏六書

氣候備考一卷

  （清）陳際新撰

    陳氏六書

北極高度表一卷

  （清）陳啓運撰

    陳氏六書

交食論義二卷

  （清）陳道新撰

    陳氏六書

測天約術一卷

  （清）陳昌齊撰

    嶺南遺書第五集

    賜書堂全集

顓頊厤術一卷

  （清）姚文田撰

    邃雅堂全書·邃雅堂學古錄

夏殷厤章蔀合表一卷

  （清）姚文田撰

    邃雅堂全書·邃雅堂學古錄

恆星餘論二卷

  （清）張景江撰

    婁東雜著革集

清後期

一綫表用六卷

  （清）安清翹撰

    數學五書

推步惟是四卷

  （清）安清翹撰

    數學五書

談天緒言一卷

  （清）倪榮桂輯

    中西星要（嘉慶本、光緒本）

天文管窺三卷

  （清）倪榮桂輯

    中西星要（嘉慶本、光緒本）

日法朔餘彊弱攷一卷

  （清）李銳撰

    李氏遺書（道光本、光緒本）

召誥日名攷一卷

  （清）李銳撰

    李氏遺書（道光本、光緒本）

覆載通幾一卷附四邊形算法

  （清）汪萊撰

    衡齋算學遺書合刻（咸豐本、光緒本）

    ·衡齋遺書

高弧細草一卷

  （清）張作楠撰

    翠薇山房數學（嘉慶道光本、光緒石印

     本）

新測恆星圖表一卷

  （清）張作楠撰

    翠薇山房數學（嘉慶道光本、光緒石印

     本）

新測中星圖表一卷

  （清）張作楠撰

翠薇山房數學(嘉慶道光本、光緒石印
本)

新測更漏中星表三卷
　(清)張作楠撰
　　　翠薇山房數學(嘉慶道光本、光緒石印
　　　本)

金華晷漏中星表二卷
　(清)張作楠撰
　　　翠薇山房數學(嘉慶道光本、光緒石印
　　　本)

交食細草二卷首一卷
　(清)張作楠撰
　　　翠薇山房數學(嘉慶道光本、光緒石印
　　　本)

揣籥小錄一卷續錄三卷
　(清)張作楠撰
　　　翠薇山房數學(嘉慶道光本、光緒石印
　　　本)

尺算日晷新義二卷
　(清)劉衡撰
　　　六九軒算書

古經天象考十二卷圖說一卷緒說一卷
　(清)雷學淇撰
　　　聚學軒叢書第一集

中星表一卷
　(清)徐朝俊撰
　　　藝海珠塵匏集(戊集)
　　　高厚蒙求(嘉慶本、同治本、光緒排印
　　　本)三集

揆日正方圖表二卷
　(清)徐朝俊撰
　　　高厚蒙求(嘉慶本、同治本、光緒排印
　　　本)四集

日晷圖法一卷
　(清)徐朝俊撰
　　　高厚蒙求(嘉慶本、同治本、光緒排印
　　　本)三集

天地圖儀一卷
　(清)徐朝俊撰
　　　高厚蒙求(嘉慶本、同治本、光緒排印
　　　本)四集

測夜時晷一卷
　(清)徐朝俊撰
　　　高厚蒙求(嘉慶本、同治本、光緒排印
　　　本)三集

海域大觀一卷
　(清)徐朝俊撰
　　　高厚蒙求(嘉慶本、同治本、光緒排印

本)二集

高厚蒙求摘略一卷
　(清)徐朝俊撰
　　　域外叢書

天學入門一卷
　(清)徐朝俊撰
　　　高厚蒙求(嘉慶本、同治本、光緒排印
　　　本)初集

歲星表一卷
　(清)朱駿聲撰
　　　聚學軒叢書第一集

仰止編三卷
　(清)高鼎雲撰
　　　漱琴室存藳

古今朔實考校補一卷
　(清)黃汝成撰
　　　袖海樓雜箸(道光本、景道光本)

古今歲實考校補一卷
　(清)黃汝成撰
　　　袖海樓雜箸(道光本、景道光本)

西日月攷補遺一卷
　(清)顧觀光撰
　　　秫祘彙編

甲子元術簡法一卷
　(清)顧觀光撰
　　·顧氏推步簡法三種

癸卯元術簡法一卷
　(清)顧觀光撰
　　　顧氏推步簡法三種

五星簡法一卷
　(清)顧觀光撰
　　　顧氏推步簡法三種

七國正朔不同攷一卷
　(清)顧觀光撰
　　　秫祘彙編

回回秫解一卷
　(清)顧觀光撰
　　　武陵山人遺書(光緒本、民國本)

九執秫解一卷
　(清)顧觀光撰
　　　武陵山人遺書(光緒本、民國本)

六秫通考一卷
　(清)顧觀光撰
　　　武陵山人遺書(光緒本、民國本)

秫學巵言一卷
　(清)顧觀光撰
　　　秫祘彙編

用表推日食三差一卷

大初厤譜一卷
　　（清）成蓉鏡撰
　　　　成氏遺書
推步迪蒙記一卷
　　（清）成蓉鏡撰
　　　　南菁書院叢書第六集
笠寫壺金一卷
　　（清）董毓琦撰
　　　　星算補遺
交食南車一卷
　　（清）董毓琦撰
　　　　星算補遺
生霸死霸考一卷
　　（清）俞樾撰
　　　　春在堂全書·曲園雜纂
古今冬至表四卷
　　（清）譚濬撰
　　　　昧義根齋全書
步天歌圖註一卷
　　（清）江含春撰
　　　　楞園仙書
釋天一卷
　　（清）呂調陽撰
　　　　觀象廬叢書·志學編
重訂談天正義一卷
　　（清）呂調陽撰
　　　　觀象廬叢書·志學編
七政算學八卷
　　（清）周毓英撰
　　　　中西算學集要三種
天文管窺三卷
　　（清）李泗撰
　　　　游藝錄
壿離引蒙二卷
　　（清）賈步緯撰
　　　　測海山房中西算學叢刻初編
談天集證一卷
　　　　秝祘彙編
談天十八卷附一卷
　　（英國）侯失勒約翰撰　（英國）偉烈亞力口
　　譯　（清）李善蘭刪述　（清）徐建寅續述
　　　　測海山房中西算學叢刻初編
　　　　天學大成
測候叢談四卷
　　（美國）金楷里口譯　（清）華蘅芳筆述
　　　　天學大成

民　國

天文圖攷四卷
　　（民國）吳之英撰
　　　　壽櫟廬叢書
後漢書朔閏攷五卷
　　（民國）徐紹楨撰
　　　　學壽堂叢書
　　　　二十五史補編（開明書店排印本、中華
　　　　書局重印本）·後漢書部分
古曆管窺二卷
　　（民國）劉師培撰
　　　　劉申叔先生遺書
天文歌略一卷
　　（民國）葉瀾撰
　　　　愼始基齋叢書
生霸死霸考一卷
　　（民國）王國維撰
　　　　雪堂叢刻
地冪古義一卷
　　（民國）邵瑞彭撰
　　　　邵次公遺著
天部全表一卷
　　（民國）邵瑞彭撰
　　　　邵次公遺著
日食表一卷
　　（民國）邵瑞彭撰
　　　　邵次公遺著
三統曆置閏表一卷
　　（民國）邵瑞彭撰
　　　　邵次公遺著
三統超辰表一卷
　　（民國）邵瑞彭撰
　　　　邵次公遺著
三統中小餘表一卷
　　（民國）邵瑞彭撰
　　　　邵次公遺著
三統曆簡表一卷
　　（民國）邵瑞彭撰
　　　　邵次公遺著
曆法表二卷
　　（民國）邵瑞彭撰
　　　　邵次公遺著
古曆表一卷
　　（民國）邵瑞彭撰
　　　　邵次公遺著
周殷曆表一卷
　　（民國）邵瑞彭撰
　　　　邵次公遺著
古曆鉤沈五卷

叢書集成初編・自然科學類

南 北 朝

五曹算經五卷
　　(北周)甄鸞注　(唐)李淳風等注釋
　　　　四庫全書・子部天文算法類
　　　　知不足齋叢書(乾隆至道光本、景乾隆
　　　　　至道光本)第四集
　　　　微波榭叢書・算經十書
　　　　武英殿聚珍版書(武英殿木活字本、江
　　　　　西書局本、福建本、廣雅書局本)・
　　　　　子部
　　　　天祿琳琅叢書第一集
　　　　叢書集成初編・自然科學類

夏侯陽算經三卷
　　(□)夏侯陽撰
　　　　四庫全書・子部天文算法類
　　　　微波榭叢書・算經十書
　　　　武英殿聚珍版書(武英殿木活字本、浙
　　　　　江本、江西書局本、福建本、廣雅書
　　　　　局本)・子部
　　　　清芬堂叢書・子部
　　　　天祿琳琅叢書第一集
　　　　叢書集成初編・自然科學類

張丘建算經三卷
　　(□)張丘建撰　(北周)甄鸞注　(唐)李淳
　　　風等注釋　(唐)劉孝孫細草
　　　　四庫全書・子部天文算法類
　　　　知不足齋叢書(乾隆至道光本、景乾隆
　　　　　至道光本)第八集
　　　　微波榭叢書・算經十書
　　　　天祿琳琅叢書第一集
　　　　叢書集成初編・自然科學類

五經算術二卷
　　(北周)甄鸞撰　(唐)李淳風等注釋
　　　　四庫全書・子部天文算法類
　　　　摘藻堂四庫全書薈要・子部
　　　　武英殿聚珍版書(武英殿木活字本、浙
　　　　　江本、江西書局本、福建本、廣雅書
　　　　　局本)・子部
　　　　文選樓叢書(荻林山房輯)
　　　　叢書集成初編・自然科學類

五經算術二卷附考證一卷
　　(北周)甄鸞撰　(唐)李淳風等注釋　考證
　　　(清)戴震撰
　　　　微波榭叢書・算經十書
　　　　玲瓏山館叢書・術數編
　　　　清芬堂叢書・子部

唐

緝古算經一卷
　　(唐)王孝通撰併注
　　　　四庫全書・子部天文算法類
　　　　知不足齋叢書(乾隆至道光本、景乾隆
　　　　　至道光本)第八集
　　　　函海(乾隆本、道光本)第二函
　　　　微波榭叢書・算經十書
　　　　函海(光緒本)第三函
　　　　天祿琳琅叢書第一集

緝古算經三卷
　　(唐)王孝通撰併注　(清)張敦仁細草
　　　　知不足齋叢書(乾隆至道光本、景乾隆
　　　　　至道光本)第二十七集
　　　　白芙堂算學叢書(同治本、龍文書局石
　　　　　印本、文瀾書局石印本)
　　　　叢書集成初編・自然科學類

輯古算經補注一卷
　　(清)劉衡撰
　　　　遜敏堂叢書
　　　　六九軒籌書

宋

算經(一名周髀算經)一卷
　　(宋)謝察微撰
　　　　唐宋叢書・載籍
　　　　說郛(宛委山堂本)弓一百八

數學九章十八卷
　　(宋)秦九韶撰
　　　　四庫全書・子部天文算法類

數書九章十八卷附札記四卷
　　(宋)秦九韶撰　札記(清)宋景昌撰
　　　　宜稼堂叢書
　　　　叢書集成初編・自然科學類

楊氏算法三卷
　　(宋)楊輝撰
　　　　宛委別藏

楊輝算法六卷
　　　　宜稼堂叢書

田畝比類乘除捷法二卷
　　(宋)楊輝撰
　　　　叢書集成初編・自然科學類

算法通變本末一卷
　　(宋)楊輝撰
　　　　叢書集成初編・自然科學類

乘除通變算寶一卷
　　(宋)楊輝撰

叢書集成初編・自然科學類

法算取用本末一卷
　　（宋）楊輝（宋）史仲榮撰
　　　　叢書集成初編・自然科學類

續古摘奇算法一卷
　　（宋）楊輝撰
　　　　知不足齋叢書（乾隆至道光本、景乾隆
　　　　至道光本）第二十七集
　　　　叢書集成初編・自然科學類

楊輝算法札記一卷
　　（清）宋景昌撰
　　　　宜稼堂叢書・楊輝算法附
　　　　叢書集成初編・自然科學類

透簾細草一卷
　　　　知不足齋叢書（乾隆至道光本、景乾隆
　　　　至道光本）第二十七集
　　　　叢書集成初編・自然科學類

元

測圓海鏡十二卷
　　（元）李冶撰
　　　　四庫全書・子部天文算法類

　測圓海鏡細草十二卷
　　　　知不足齋叢書（乾隆至道光本、景乾隆
　　　　至道光本）第二十集
　　　　白芙堂算學叢書（同治本、龍文書局石
　　　　印本、文瀾書局石印本）
　　　　叢書集成初編・自然科學類

測圓海鏡分類釋術十卷
　　（明）顧應祥撰
　　　　四庫全書・子部天文算法類
　　　　摛藻堂四庫全書薈要・子部

測圓海鏡識別詳解一卷
　　（清）張楚鍾撰
　　　　求是齋算學四種

益古演段三卷
　　（元）李冶撰
　　　　四庫全書・子部天文算法類
　　　　知不足齋叢書（乾隆至道光本、景乾隆
　　　　至道光本）第二十一集
　　　　白芙堂算學叢書（同治本、龍文書局石
　　　　印本、文瀾書局石印本）
　　　　叢書集成初編・自然科學類

算學啓蒙三卷
　　（元）朱世傑撰
　　　　測海山房中西算學叢刻初編

新編算學啓蒙三卷附識誤一卷
　　（元）朱世傑撰　　識誤（清）羅士琳撰

觀我生室彙稿附

四元玉鑑三卷
　　（元）朱世傑撰
　　　　宛委別藏
　　　　白芙堂算學叢書（同治本、龍文書局石
　　　　印本、文瀾書局石印本）

四元玉鑑細草三卷
　　（清）羅士琳撰
　　　　觀我生室彙稿
　　　　測海山房中西算學叢刻初編

四元釋例一卷
　　（清）易之瀚撰
　　　　觀我生室彙稿附
　　　　測海山房中西算學叢刻初編

讀四元玉鑑記一卷
　　（民國）崔朝慶撰
　　　　蟄雲雷齋叢書
　　　　南菁札記

丁巨算法一卷
　　（元）丁巨撰
　　　　知不足齋叢書（乾隆至道光本、景乾隆
　　　　至道光本）第二十七集
　　　　叢書集成初編・自然科學類

明

算法全能集二卷
　　（明）賈亨輯
　　　　玄覽堂叢書三集

弧矢算術一卷
　　（明）顧應祥撰
　　　　四庫全書・子部天文算法類

增刪算法統宗十一卷
　　（清）程大位撰　　（清）梅瑴成增刪
　　　　測海山房中西算學叢刻初編

嘉量算經三卷問答一卷凡例一卷
　　（明）朱載堉撰
　　　　宛委別藏
　　　　選印宛委別藏

算學新說一卷
　　（明）朱載堉撰
　　　　樂律全書

幾何原本六卷首六卷
　　（西洋）歐幾里得撰　　（明西洋）利瑪竇口譯
　　（明）徐光啓筆錄
　　　　天學初函・器編
　　　　四庫全書・子部天文算法類
　　　　海山仙館叢書
　　　　叢書集成初編・自然科學類

同文算指前編二卷通編八卷
　　(明西洋)利瑪竇授　(明)李之藻演
　　　　天學初函・器編
　　　　四庫全書・子部天文算法類
　　　　海山仙館叢書
　　　　中西算學叢書初編
　　　　叢書集成初編・自然科學類
圜容較義一卷
　　(明西洋)利瑪竇授　(明)李之藻演
　　　　天學初函・器編
　　　　四庫全書・子部天文算法類
　　　　守山閣叢書(道光本、鴻文書局景道光
　　　　　本、博古齋景道光本)・子部
　　　　海山仙館叢書
　　　　埽葉山房叢鈔・中西算學四種
　　　　中西算學叢書初編
測量法義一卷
　　(明西洋)利瑪竇口譯　(明)徐光啓筆錄
　　　　天學初函・器編
　　　　四庫全書・子部天文算法類
　　　　指海(道光本、景道光本)第七集
　　　　海山仙館叢書
　　　　埽葉山房叢鈔・中西算學四種
　　　　中西算學叢書初編
　　　　叢書集成初編・自然科學類
幾何要法四卷
　　(明西洋)艾儒略口述　(明)瞿式穀筆受
　　　　西洋新法曆書
比例規解一卷
　　(明西洋)羅雅谷撰　(清西洋)湯若望訂
　　　　西洋新法曆書
測量全義十卷
　　(明西洋)羅雅谷撰　(清西洋)湯若望訂
　　　　西洋新法曆書
割圓八線表一卷
　　(明西洋)羅雅谷(明西洋)鄧玉函(清西
　　　　洋)湯若望撰
　　　　西洋新法曆書
籌算一卷
　　(明西洋)羅雅谷撰　(清西洋)湯若望訂
　　　　西洋新法曆書
測量異同一卷
　　(明)徐光啓撰
　　　　天學初函・器編・測量法義附
　　　　四庫全書・子部天文算法類
　　　　指海(道光本、景道光本)第七集・測
　　　　　量法義附
　　　　海山仙館叢書
　　　　埽葉山房叢鈔・中西算學四種

中西算學叢書初編
　　　　叢書集成初編・自然科學類
句股義一卷
　　(明)徐光啓撰
　　　　天學初函・器編
　　　　四庫全書・子部天文算法類
　　　　指海(道光本、景道光本)第七集・測
　　　　　量法義附
　　　　海山仙館叢書
　　　　埽葉山房叢鈔・中西算學四種
　　　　中西算學叢書初編
　　　　叢書集成初編・自然科學類

清　前　期

三角法舉要五卷
　　(清)梅文鼎撰
　　　　兼濟堂纂刻梅勿菴先生曆算全書(雍
　　　　　正本、光緒本)
句股闡微四卷
　　(清)梅文鼎撰　(清)楊作枚補
　　　　兼濟堂纂刻梅勿菴先生曆算全書(雍
　　　　　正本、光緒本)
弧三角舉要五卷
　　(清)梅文鼎撰
　　　　兼濟堂纂刻梅勿菴先生曆算全書(雍
　　　　　正本、光緒本)
　　　　梅氏叢書輯要(乾隆本、同治本、光緒
　　　　　石印本)
環中黍尺六卷
　　(清)梅文鼎撰
　　　　兼濟堂纂刻梅勿菴先生曆算全書(雍
　　　　　正本、光緒本)
環中黍尺五卷
　　　　梅氏叢書輯要(乾隆本、同治本、光緒
　　　　　石印本)
塹堵測量二卷
　　(清)梅文鼎撰
　　　　兼濟堂纂刻梅勿菴先生曆算全書(雍
　　　　　正本、光緒本)
　　　　梅氏叢書輯要(乾隆本、同治本、光緒
　　　　　石印本)
方圓冪積一卷
　　(清)梅文鼎撰
　　　　兼濟堂纂刻梅勿菴先生曆算全書(雍
　　　　　正本、光緒本)
　　　　梅氏叢書輯要(乾隆本、同治本、光緒
　　　　　石印本)
幾何補編四卷補遺一卷
　　(清)梅文鼎撰

兼濟堂纂刻梅勿菴先生曆算全書（雍
正本、光緒本）

幾何補編四卷
梅氏叢書輯要（乾隆本、同治本、光緒
石印本）

解八線割圓之根一卷
（清）梅文鼎撰
兼濟堂纂刻梅勿菴先生曆算全書（雍
正本、光緒本）

筆算五卷
（清）梅文鼎撰
兼濟堂纂刻梅勿菴先生曆算全書（雍
正本、光緒本）
梅氏叢書輯要（乾隆本、同治本、光緒
石印本）

古算衍略一卷
（清）梅文鼎撰
兼濟堂纂刻梅勿菴先生曆算全書（雍
正本、光緒本）

籌算七卷
（清）梅文鼎撰
兼濟堂纂刻梅勿菴先生曆算全書（雍
正本、光緒本）

籌算二卷
梅氏叢書輯要（乾隆本、同治本、光緒
石印本）

度算釋例二卷
（清）梅文鼎撰
兼濟堂纂刻梅勿菴先生曆算全書（雍
正本、光緒本）
梅氏叢書輯要（乾隆本、同治本、光緒
石印本）

方程論六卷
（清）梅文鼎撰
兼濟堂纂刻梅勿菴先生曆算全書（雍
正本、光緒本）
梅氏叢書輯要（乾隆本、同治本、光緒
石印本）

少廣拾遺一卷
（清）梅文鼎撰
兼濟堂纂刻梅勿菴先生曆算全書（雍
正本、光緒本）
梅氏叢書輯要（乾隆本、同治本、光緒
石印本）

句股舉隅一卷
（清）梅文鼎撰
梅氏叢書輯要（乾隆本、同治本、光緒
石印本）

幾何通解一卷
（清）梅文鼎撰
梅氏叢書輯要（乾隆本、同治本、光緒
石印本）

平三角舉要五卷
（清）梅文鼎撰
梅氏叢書輯要（乾隆本、同治本、光緒
石印本）

古算器考一卷
（清）梅文鼎撰
藝海珠塵絲集（丙集）

數度衍二十四卷附錄一卷
（清）方中通撰
四庫全書・子部天文算法類

幾何論約七卷
（清）杜知耕撰
四庫全書・子部天文算法類

數學鑰六卷
（清）杜知耕撰
四庫全書・子部天文算法類

幾何易簡集四卷
（清）李子金撰
隱山鄙事

句股引蒙五卷
（清）陳訏撰
四庫全書・子部天文算法類

句股矩測解原二卷
（清）黃百家撰
四庫全書・子部天文算法類

數理精蘊五十三卷
清聖祖撰
律曆淵源
四庫全書・子部天文算法類
摛藻堂四庫全書薈要・子部

少廣補遺一卷
（清）陳世仁撰
四庫全書・子部天文算法類

算學八卷續一卷
（清）江永撰
四庫全書・子部天文算法類

數學八卷續一卷
守山閣叢書（道光本、鴻文書局景道光
本、博古齋景道光本）・子部
中西算學叢書初編
叢書集成初編・自然科學類

翼梅八卷
海山仙館叢書

赤水遺珍一卷

(清)梅瑴成撰
　　梅氏叢書輯要（乾隆本、同治本、光緒
　　　石印本）附
方田度里一卷
　　(清)梅瑴成撰
　　　秝祘彙編
莊氏算學八卷
　　(清)莊亨陽撰
　　　四庫全書・子部天文算法類
　　　秋水堂遺集
　　　四庫全書珍本初集・子部天文算法類
九章錄要十二卷
　　(清)屠文漪撰
　　　四庫全書・子部天文算法類
算迪八卷
　　(清)何夢瑤撰
　　　嶺南遺書第二集
　　　叢書集成初編・自然科學類
割圜密率捷法四卷
　　(清)明安圖撰　(清)陳際新等續
　　　觀我生室彙稿
綴術釋明二卷
　　(清)明安圖原本　(清)左潛釋
　　　白芙堂算學叢書(同治本、龍文書局石
　　　印本、文瀾書局石印本)
句股割圜記三卷
　　(清)戴震撰　(清)吳思孝注
　　　微波榭叢書・算經十書
　　　安徽叢書第六期・戴東原先生全集
策算一卷
　　(清)戴震撰
　　　微波榭叢書・算經十書　九章算術附
　　　安徽叢書第六期・戴東原先生全集
同度記一卷
　　(清)孔繼涵撰
　　　微波榭叢書
　　　積學齋叢書
算略一卷
　　(清)馮經撰
　　　嶺南遺書第四集・周易略解附
　　　叢書集成初編・自然科學類
句股斜要四卷
　　(清)陳道新撰
　　　陳氏六書
數理摘要四卷
　　(清)陳道新撰
　　　陳氏六書
筆算便覽五卷

(清)紀大奎撰
　　紀慎齋先生全集
　　測海山房中西算學叢刻初編
少廣正負術內篇三卷外篇三卷
　　(清)孔廣森撰
　　　指海(道光本、景道光本)第十八集
　　　𢽾軒孔氏所著書
　　　藏修堂叢書第五集
　　　翠琅玕館叢書(黃任恆輯)・子部
周初年月日歲星考一卷
　　(清)姚文田撰
　　　邃雅堂全書・邃雅堂學古錄
矩綫原本四卷
　　(清)安清翹撰
　　　數學五書
學算存略三卷
　　(清)安清翹撰
　　　數學五書
算術述一卷
　　(清)方本恭撰
　　　春水船易學
釋輪二卷
　　(清)焦循撰
　　　焦氏叢書(嘉慶道光本、光緒本)・里
　　　堂學算記
　　　中西算學叢書初編・里堂學算記
釋橢一卷
　　(清)焦循撰
　　　焦氏叢書(嘉慶道光本、光緒本)・里
　　　堂學算記
　　　中西算學叢書初編・里堂學算記
加減乘除釋八卷
　　(清)焦循撰
　　　焦氏叢書(嘉慶道光本、光緒本)・里
　　　堂學算記
　　　中西算學叢書初編・里堂學算記
釋弧三卷
　　(清)焦循撰
　　　焦氏叢書(嘉慶道光本、光緒本)・里
　　　堂學算記
　　　中西算學叢書初編・里堂學算記
天元一釋二卷
　　(清)焦循撰
　　　焦氏叢書(嘉慶道光本、光緒本)・里
　　　堂學算記
　　　中西算學叢書初編・里堂學算記
　　　測海山房中西算學叢刻初編
開方通釋一卷

（清）焦循撰
木犀軒叢書

衡齋算學七卷
（清）汪萊撰
衡齋算學遺書合刻（咸豐本、光緒本）
聚學軒叢書第二集

考定磬氏倨句令鼓旁線中縣而縣居線右
解一卷
（清）汪萊撰
衡齋算學遺書合刻（咸豐本、光緒本）
·衡齋遺書

參兩算經一卷
（清）汪萊撰
衡齋算學遺書合刻（咸豐本、光緒本）
·衡齋遺書

方程新術草一卷
（清）李銳撰
李氏遺書（道光本、光緒本）

句股算術細草一卷
（清）李銳撰
李氏遺書（道光本、光緒本）
白芙堂算學叢書（同治本、龍文書局石
印本、文瀾書局石印本）

弧矢算術細草一卷
（清）李銳撰
知不足齋叢書（乾隆至道光本、景乾隆
至道光本）第二十一集
李氏遺書（道光本、光緒本）
叢書集成初編·自然科學類

弧矢算術細草圖解一卷
（清）李銳撰　（清）馮桂芬解
昭代叢書（道光本）附
聚學軒叢書第三集

開方說三卷
（清）李銳撰　下卷（清）黎應南補
李氏遺書（道光本、光緒本）
白芙堂算學叢書（同治本、龍文書局石
印本、文瀾書局石印本）

量倉通法五卷
（清）張作楠撰　（清）江臨泰補圖
翠微山房數學（嘉慶道光本、光緒石印
本）·倉田通法

方田通法補例六卷
（清）張作楠撰　（清）江臨泰補圖
翠微山房數學（嘉慶道光本、光緒石印
本）·倉田通法

倉田通法續編三卷
（清）張作楠撰　（清）江臨泰補圖

翠微山房數學（嘉慶道光本、光緒石印
本）·倉田通法

弧角設如三卷
（清）張作楠撰　（清）江臨泰補對數
翠微山房數學（嘉慶道光本、光緒石印
本）

弧三角舉隅一卷
（清）張作楠撰　（清）江臨泰補圖
翠微山房數學（嘉慶道光本、光緒石印
本）

八線類編三卷
（清）張作楠撰
翠微山房數學（嘉慶道光本、光緒石印
本）

八線對數類編二卷
（清）張作楠撰
翠微山房數學（嘉慶道光本、光緒石印
本）

八線對數類編三卷
（清）張作楠撰　（清）黃宗憲校正
白芙堂算學叢書（同治本、龍文書局石
印本、文瀾書局石印本）·算書廿一
種附

句股尺測量新法一卷
（清）劉衡撰
六九軒籌書

籌表開諸乘方捷法二卷
（清）劉衡撰
六九軒籌書

借根方法淺說一卷
（清）劉衡撰
六九軒籌書

四率淺說一卷
（清）劉衡撰
遜敏堂叢書
六九軒籌書

斜弧三邊求角補術一卷
（清）董祐誠撰
董方立遺書
測海山房中西算學叢刻初編·董方立
遺書

堆垜求積術一卷
（清）董祐誠撰
董方立遺書
測海山房中西算學叢刻初編·董方立
遺書

割圓連比例術圖解三卷
（清）董祐誠撰

董方立遺書
　　測海山房中西算學叢刻初編·董方立
　　遺書
橢圓求周術一卷
　　(清)董祐誠撰
　　董方立遺書
　　測海山房中西算學叢刻初編·董方立
　　遺書

清 後 期

高弧句股合表一卷
　　(清)徐朝俊撰
　　高厚蒙求(嘉慶本、同治本、光緒排印
　　本)五集
比例匯通四卷
　　(清)羅士琳撰
　　洪氏唐石經館叢書
增廣新術二卷
　　(清)羅士琳撰
　　積學齋叢書
句股容三事拾遺三卷附存一卷
　　(清)羅士琳撰
　　觀我生室彙稿
演元九式一卷
　　(清)羅士琳撰
　　觀我生室彙稿
句股截積和較算術二卷
　　(清)羅士琳撰
　　連筠簃叢書
　　叢書集成初編·自然科學類
臺錐積演一卷
　　(清)羅士琳撰
　　觀我生室彙稿
三角和較算例一卷
　　(清)羅士琳撰
　　觀我生室彙稿
弧矢算術補一卷
　　(清)羅士琳撰
　　觀我生室彙稿
四象細草假令之圖一卷
　　(清)羅士琳撰
　　觀我生室彙稿·四元玉鑑細草附
橢圓術一卷
　　(清)項名達撰
　　連筠簃叢書
　　叢書集成初編·自然科學類
下學菴句股六術一卷
　　(清)項名達撰

下學菴算術三種
句股六術一卷
　　測海山房中西算學叢刻初編
下學菴句股六術一卷
　　(清)項名達撰　(清)賈步緯注
　　觀象廬叢書
平三角和較術一卷
　　(清)項名達撰
　　下學菴算術三種
開諸乘方捷術一卷
　　(清)項名達撰
　　下學菴算術三種
算賸初編一卷續編一卷餘槀二卷
　　(清)顧觀光撰
　　武陵山人遺書(光緒本、民國本)
九數外錄一卷
　　(清)顧觀光撰
　　槐廬叢書二編
　　武陵山人遺書(光緒本、民國本)
　　測海山房中西算學叢刻初編
測圓密率三卷
　　(清)徐有壬撰
　　白芙堂算學叢書(同治本、龍文書局石
　　印本、文瀾書局石印本)·務民義齋
　　算學
　　咫進齋叢書第一集·務民義齋算學
　　叢書集成初編·自然科學類·務民義
　　齋算學
橢圓正術一卷
　　(清)徐有壬撰
　　白芙堂算學叢書(同治本、龍文書局石
　　印本、文瀾書局石印本)·務民義齋
　　算學
　　咫進齋叢書第一集·務民義齋算學
　　叢書集成初編·自然科學類·務民義
　　齋算學
造各表簡法(一名垛積招差)一卷
　　(清)徐有壬撰
　　鄒徵君遺書附·徐氏算學
　　白芙堂算學叢書(同治本、龍文書局石
　　印本、文瀾書局石印本)·務民義齋
　　算學
　　螢雲雷齋叢書附
　　咫進齋叢書第一集·務民義齋算學
　　中西算學叢書初編·鄒徵君遺書附·
　　徐氏算學
　　叢書集成初編·自然科學類·務民義
　　齋算學
截球解義一卷

(清)徐有壬撰
　　鄒徵君遺書附·徐氏算學
　　白芙堂算學叢書(同治本、龍文書局石
　　　印本、文瀾書局石印本)·務民義齋
　　　算學
　　蟄雲雷齋叢書附
　　咫進齋叢書第一集·務民義齋算學
　　中西算學叢書初編·鄒徵君遺書附·
　　　徐氏算學
　　叢書集成初編·自然科學類·務民義
　　　齋算學

弧三角拾遺一卷
　(清)徐有壬撰
　　白芙堂算學叢書(同治本、龍文書局石
　　　印本、文瀾書局石印本)·務民義齋
　　　算學
　　咫進齋叢書第一集·務民義齋算學
　　叢書集成初編·自然科學類·務民義
　　　齋算學

弧角拾遺一卷
　(清)徐有壬撰　(清)賈步緯注
　　觀象廬叢書
　　測海山房中西算學叢刻初編

橢圓求周術一卷
　(清)徐有壬撰
　　鄒徵君遺書附·徐氏算學
　　白芙堂算學叢書(同治本、龍文書局石
　　　印本、文瀾書局石印本)·務民義齋
　　　算學
　　蟄雲雷齋叢書附
　　中西算學叢書初編·鄒徵君遺書附·
　　　徐氏算學

割圜八線綴術四卷
　(清)徐有壬撰　(清)吳嘉善述草　(清)左
　潛補草
　　白芙堂算學叢書(同治本、龍文書局石
　　　印本、文瀾書局石印本)

衍元要義一卷
　(清)謝家禾撰
　　測海山房中西算學叢刻初編

弧田問率一卷
　(清)謝家禾撰
　　測海山房中西算學叢刻初編

直積回求一卷
　(清)謝家禾撰
　　測海山房中西算學叢刻初編

開方之分還原術一卷
　(清)宋景昌補草　(清)鄒安鬯補圖
　　江陰叢書

　　粟香室叢書
　　聚學軒叢書第五集

粟布演草二卷補一卷
　(清)鄒伯奇撰　(清)吳嘉善(清)李善蘭(清)
　曾紀鴻演　(清)丁取忠(清)左潛述
　　白芙堂算學叢書(同治本、龍文書局石
　　　印本、文瀾書局石印本)

對數詳解五卷
　(清)丁取忠撰
　　白芙堂算學叢書(同治本、龍文書局石
　　　印本、文瀾書局石印本)

數學拾遺一卷
　(清)丁取忠撰
　　白芙堂算學叢書(同治本、龍文書局石
　　　印本、文瀾書局石印本)

四象假令細草一卷
　(清)丁取忠撰
　　白芙堂算學叢書(同治本、龍文書局石
　　　印本、文瀾書局石印本)·四元玉鑑
　　　附

外切密率四卷
　(清)戴煦撰
　　求表捷術三種
　　粵雅堂叢書三編第二十三集·求表捷
　　　術
　　叢書集成初編·自然科學類

假數測圜二卷
　(清)戴煦撰
　　求表捷術三種
　　粵雅堂叢書三編第二十三集·求表捷
　　　術
　　叢書集成初編·自然科學類

對數簡法二卷續一卷
　(清)戴煦撰
　　求表捷術三種
　　粵雅堂叢書三編第二十三集·求表捷
　　　術
　　小萬卷樓叢書(咸豐本、光緒本)
　　中西算學叢書初編
　　叢書集成初編·自然科學類

綴術釋戴一卷
　(清)戴煦原本　(清)左潛釋
　　白芙堂算學叢書(同治本、龍文書局石
　　　印本、文瀾書局石印本)

百雞術衍二卷
　(清)時曰醇撰
　　白芙堂算學叢書(同治本、龍文書局石
　　　印本、文瀾書局石印本)

方圜闡幽一卷

(清)李善蘭撰
　　藝海珠塵壬集
　　　則古昔齋算學(同治本、光緒石印本)

弧矢啓祕二卷
　　(清)李善蘭撰
　　　藝海珠塵壬集
　　　則古昔齋算學(同治本、光緒石印本)

對數探原二卷
　　(清)李善蘭撰
　　　指海(道光本、景道光本)第十九集
　　　則古昔齋算學(同治本、光緒石印本)

垛積比類四卷
　　(清)李善蘭撰
　　　則古昔齋算學(同治本、光緒石印本)

橢圜新術一卷
　　(清)李善蘭撰
　　　則古昔齋算學(同治本、光緒石印本)

橢圜正術解二卷
　　(清)李善蘭撰
　　　則古昔齋算學(同治本、光緒石印本)

橢圜拾遺三卷
　　(清)李善蘭撰
　　　則古昔齋算學(同治本、光緒石印本)

對數尖錐變法釋一卷
　　(清)李善蘭撰
　　　則古昔齋算學(同治本、光緒石印本)

級數回求一卷
　　(清)李善蘭撰
　　　則古昔齋算學(同治本、光緒石印本)

四元解二卷
　　(清)李善蘭撰
　　　則古昔齋算學(同治本、光緒石印本)

數學心得十二卷
　　(清)石仁鏡撰
　　　半畝園叢書

測地志要四卷
　　(清)黃炳垕撰
　　　留書種閣集

天元一術圖說一卷
　　(清)葉棠撰
　　　玲瓏山館叢書·術數編
　　　文選樓叢書(萩林山房輯)

學計一得二卷
　　(清)鄒伯奇撰
　　　鄒徵君遺書
　　　中西算學叢書初編·鄒徵君遺書

格術補一卷
　　(清)鄒伯奇撰

鄒徵君遺書
　　中西算學叢書初編·鄒徵君遺書

格術補一卷
　　(清)鄒伯奇撰　　(清)殷家儁箋
　　　白芙堂算學叢書(同治本、龍文書局石
　　　印本、文瀾書局石印本)

對數尺記一卷
　　(清)鄒伯奇撰
　　　鄒徵君遺書
　　　蟄雲雷齋叢書附
　　　中西算學叢書初編·鄒徵君遺書

乘方捷算三卷
　　(清)鄒伯奇撰
　　　鄒徵君遺書

補小爾雅釋度量衡一卷
　　(清)鄒伯奇撰
　　　中西算學叢書初編·鄒徵君遺書

鄒徵君存稿一卷
　　(清)鄒伯奇撰
　　　中西算學叢書初編·鄒徵君遺書

乘方捷術三卷
　　(清)鄒伯奇撰
　　　中西算學叢書初編·鄒徵君遺書

算學心悟一卷
　　(清)張楚鍾撰
　　　求是齋算學四種

珠算金鍼一卷
　　(清)張楚鍾撰
　　　求是齋算學四種

算學瑣解五卷
　　(清)張楚鍾撰
　　　務實勝窩彙稿

算學演圖一卷
　　(清)張楚鍾撰
　　　務實勝窩彙稿

筆算一卷
　　(清)吳嘉善撰
　　　白芙堂算學叢書(同治本、龍文書局石
　　　印本、文瀾書局石印本)·算書廿一
　　　種

今有術一卷
　　(清)吳嘉善撰
　　　白芙堂算學叢書(同治本、龍文書局石
　　　印本、文瀾書局石印本)·算書廿一
　　　種·九章翼

分法一卷
　　(清)吳嘉善撰
　　　白芙堂算學叢書(同治本、龍文書局石

印本、文瀾書局石印本)·算書廿一
種·九章翼

開方一卷
　　(清)吳嘉善撰
　　　　白芙堂算學叢書(同治本、龍文書局石
　　　　印本、文瀾書局石印本)·算書廿一
　　　　種·九章翼

平方各形術一卷
　　(清)吳嘉善撰
　　　　白芙堂算學叢書(同治本、龍文書局石
　　　　印本、文瀾書局石印本)·算書廿一
　　　　種·九章翼

平圓各形圖一卷
　　(清)吳嘉善撰
　　　　白芙堂算學叢書(同治本、龍文書局石
　　　　印本、文瀾書局石印本)·算書廿一
　　　　種·九章翼

立方立圓術一卷
　　(清)吳嘉善撰
　　　　白芙堂算學叢書(同治本、龍文書局石
　　　　印本、文瀾書局石印本)·算書廿一
　　　　種·九章翼

句股一卷
　　(清)吳嘉善撰
　　　　白芙堂算學叢書(同治本、龍文書局石
　　　　印本、文瀾書局石印本)·算書廿一
　　　　種·九章翼

衰分一卷
　　(清)吳嘉善撰
　　　　白芙堂算學叢書(同治本、龍文書局石
　　　　印本、文瀾書局石印本)·算書廿一
　　　　種·九章翼

盈不足一卷
　　(清)吳嘉善撰
　　　　白芙堂算學叢書(同治本、龍文書局石
　　　　印本、文瀾書局石印本)·算書廿一
　　　　種·九章翼

方程一卷
　　(清)吳嘉善撰
　　　　白芙堂算學叢書(同治本、龍文書局石
　　　　印本、文瀾書局石印本)·算書廿一
　　　　種·九章翼

平三角邊角互求術一卷
　　(清)吳嘉善撰
　　　　白芙堂算學叢書(同治本、龍文書局石
　　　　印本、文瀾書局石印本)·算書廿一
　　　　種

弧三角術一卷

　　(清)吳嘉善撰
　　　　白芙堂算學叢書(同治本、龍文書局石
　　　　印本、文瀾書局石印本)·算書廿一
　　　　種

測量高遠術一卷
　　(清)吳嘉善撰
　　　　白芙堂算學叢書(同治本、龍文書局石
　　　　印本、文瀾書局石印本)·算書廿一
　　　　種

天元一術釋例一卷
　　(清)吳嘉善撰
　　　　白芙堂算學叢書(同治本、龍文書局石
　　　　印本、文瀾書局石印本)·算書廿一
　　　　種

天元名式釋例一卷
　　(清)吳嘉善撰
　　　　白芙堂算學叢書(同治本、龍文書局石
　　　　印本、文瀾書局石印本)·算書廿一
　　　　種

天元一草一卷
　　(清)吳嘉善撰
　　　　白芙堂算學叢書(同治本、龍文書局石
　　　　印本、文瀾書局石印本)·算書廿一
　　　　種

天元問答一卷
　　(清)吳嘉善撰
　　　　白芙堂算學叢書(同治本、龍文書局石
　　　　印本、文瀾書局石印本)·算書廿一
　　　　種

方程天元合釋一卷
　　(清)吳嘉善撰
　　　　白芙堂算學叢書(同治本、龍文書局石
　　　　印本、文瀾書局石印本)·算書廿一
　　　　種

四元名式釋例一卷
　　(清)吳嘉善撰
　　　　白芙堂算學叢書(同治本、龍文書局石
　　　　印本、文瀾書局石印本)·算書廿一
　　　　種

四元草一卷四元加減乘除釋一卷
　　(清)吳嘉善撰
　　　　白芙堂算學叢書(同治本、龍文書局石
　　　　印本、文瀾書局石印本)·算書廿一
　　　　種

全輿分野釋略一卷
　　(清)董毓琦撰
　　　　星算補遺

髀矩測營一卷

（清）董祐誠撰
　　星算補遺
天代蒙泉細草一卷附天元加減乘除釋例
　　一卷天元晰理衍草一卷算學闢邪崇正
　　說一卷
　　（清）董祐誠撰
　　星算補遺
籌算補編一卷
　　（清）董祐誠撰
　　星算補遺
籌筆初梯一卷
　　（清）董祐誠撰
　　星算補遺
盛世參苓一卷附九章補例一卷
　　（清）董祐誠撰
　　星算補遺
胡氏宕田算稿一卷
　　（清）董祐誠撰
　　星算補遺
九環西解一卷
　　（清）董祐誠撰
　　星算補遺
視徑舉隅一卷
　　（清）董祐誠撰
　　星算補遺
少廣縋鑿一卷
　　（清）夏鸞翔撰
　　鄒徵君遺書附・夏氏算學
　　白芙堂算學叢書（同治本、龍文書局石
　　　印本、文瀾書局石印本）
　　中西算學叢書初編・鄒徵君遺書附・
　　　夏氏算學
洞方術圖解二卷
　　（清）夏鸞翔撰
　　鄒徵君遺書附　夏氏算學
　　中西算學叢書初編・鄒徵君遺書附・
　　　夏氏算學
致曲術一卷
　　（清）夏鸞翔撰
　　鄒徵君遺書附・夏氏算學
　　蟄雲雷齋叢書
　　蟄雲雷齋叢書續集
　　中西算學叢書初編・鄒徵君遺書附・
　　　夏氏算學
致曲圖解一卷
　　（清）夏鸞翔撰
　　鄒徵君遺書附・夏氏算學
　　中西算學叢書初編・鄒徵君遺書附・

　　　夏氏算學
萬象一原九卷首一卷
　　（清）夏鸞翔撰
　　振綺堂叢書二集
借根方句股細草一卷
　　（清）李錫蕃撰
　　白芙堂算學叢書（同治本、龍文書局石
　　　印本、文瀾書局石印本）
垛積衍術四卷
　　（清）強汝詢撰
　　求恕齋叢書
開方表一卷
　　（清）賈步緯述
　　測海山房中西算學叢刻初編
句股演代二卷
　　（清）江衡撰
　　南菁書院叢書第五集
　　溉齋算學五種
學計韻言一卷
　　（清）江衡撰
　　溉齋算學五種
垛積解義二卷
　　（清）江衡撰
　　溉齋算學五種
對數淺釋一卷
　　（清）江衡撰
　　溉齋算學五種
縱方備證一卷
　　（清）江衡撰
　　溉齋算學五種
圜率攷眞圖解一卷
　　（清）左潛（清）曾紀鴻（清）黃宗憲撰
　　白芙堂算學叢書（同治本、龍文書局石
　　　印本、文瀾書局石印本）
信古齋句股一貫述四卷雜述一卷
　　（清）宋演撰
　　雲南叢書初編・子部
求一術通解二卷
　　（清）黃宗憲撰　　（清）左潛參定
　　白芙堂算學叢書（同治本、龍文書局石
　　　印本、文瀾書局石印本）
爨桐廬算賸二卷
　　（清）方貞元撰
　　吳興叢書
學算筆談十二卷
　　（清）華蘅芳撰
　　行素軒算稿（梁谿華氏本、重刊本、文
　　　瑞樓石印本）

　　　　　　行素軒筆談
　　　　　　測海山房中西算學叢刻初編
　　　　　　金匱華氏行素軒學算全書
盈朒廣義一卷
　　（清）華蘅芳撰
　　　　　　金匱華氏行素軒學算全書
代數初學一卷
　　（清）華蘅芳撰
　　　　　　金匱華氏行素軒學算全書
垛積演較一卷
　　（清）華蘅芳撰
　　　　　　金匱華氏行素軒學算全書
青朱出入圖說一卷
　　（清）華蘅芳撰
　　　　　　金匱華氏行素軒學算全書
拋物線說一卷
　　（清）華蘅芳撰
　　　　　　金匱華氏行素軒學算全書
臺積術解一卷
　　（清）華蘅芳撰
　　　　　　金匱華氏行素軒學算全書
連分數學一卷
　　（清）華蘅芳撰
　　　　　　行素軒算稿（重刊本）附・恆河沙館草
決疑數學二卷
　　（清）華蘅芳撰
　　　　　　金匱華氏行素軒學算全書
測量法一卷
　　（清）華蘅芳撰
　　　　　　金匱華氏行素軒學算全書
微積初學一卷
　　（清）華蘅芳撰
　　　　　　金匱華氏行素軒學算全書
積較客難一卷
　　（清）華蘅芳撰
　　　　　　金匱華氏行素軒學算全書
積較術三卷
　　（清）華蘅芳撰
　　　　　　行素軒算稿（梁谿華氏本、重刊本、文
　　　　　　　瑞樓石印本）
　　　　　　行素軒筆談
　　　　　　金匱華氏行素軒學算全書
　　　　　　測海山房中西算學叢刻初編
諸乘方變式一卷
　　（清）華蘅芳撰
　　　　　　金匱華氏行素軒學算全書
數根術解一卷
　　（清）華蘅芳撰

　　　　　　行素軒算稿（梁谿華氏本、重刊本、文
　　　　　　　瑞樓石印本）
　　　　　　行素軒筆談
　　　　　　金匱華氏行素軒學算全書
　　　　　　測海山房中西算學叢刻初編
開方古義二卷
　　（清）華蘅芳撰
　　　　　　行素軒算稿（梁谿華氏本、重刊本、文
　　　　　　　瑞樓石印本）
　　　　　　行素軒筆談
　　　　　　金匱華氏行素軒學算全書
　　　　　　測海山房中西算學叢刻初編
開方別術一卷
　　（清）華蘅芳撰
　　　　　　行素軒算稿（梁谿華氏本、重刊本、文
　　　　　　　瑞樓石印本）
　　　　　　行素軒筆談
　　　　　　金匱華氏行素軒學算全書
　　　　　　測海山房中西算學叢刻初編
算法須知一卷
　　（清）華蘅芳撰
　　　　　　行素軒筆談
　　　　　　測海山房中西算學叢刻初編
算草叢存四卷
　　（清）華蘅芳撰
　　　　　　行素軒算稿（梁谿華氏本、文瑞樓石印
　　　　　　　本）
　算草叢存八卷
　　　　　　行素軒算稿（重刊本）
答數界限一卷
　　（清）華蘅芳撰
　　　　　　行素軒算稿（重刊本）附・恆河沙館草
算學各法引蒙一卷
　　（清）周毓英（清）李炳章（清）徐世倫撰
　　　　　　中西算學集要三種
籌算津梁三卷
　　（清）李泅撰
　　　　　　游藝錄
代數句股術四卷
　　（清）張茂浧撰
　　　　　　中西算學叢書初編
數學九章後記一卷
　　（清）陳崧撰
　　　　　　東溪算學八種
垛積比類後記一卷
　　（清）陳崧撰
　　　　　　東溪算學八種
借根代數會通五卷

(清)陳崧撰
　　　東溪算學八種
截塿發微三卷
　　(清)陳崧撰
　　　東溪算學八種
玉鑑塿題闡幽三卷
　　(清)陳崧撰
　　　東溪算學八種
引鍬錄三卷
　　(清)陳崧撰
　　　東溪算學八種
弧角平儀簡法三卷
　　(清)陳崧撰
　　　東溪算學八種
橢圓盈縮簡法二卷
　　(清)陳崧撰
　　　東溪算學八種
有不爲齋算學四卷
　　(清)傅九淵撰
　　　木犀軒叢書續刻
籌算法一卷
　　(清)李濾撰
　　　雲南叢書初編・子部
天算捷表一卷
　　(清)蔡家駒撰
　　　端溪叢書三集
須曼精廬算學二十四卷
　　(清)楊兆鋆撰
　　　吳興叢書
開方用表簡術一卷
　　(清)程之驥撰
　　　南菁書院叢書第四集
學一齋句股代數草二卷
　　(清)嚴杏林等撰
　　　學壽堂叢書
算學報三卷
　　(清)朱憲章輯
　　　學壽堂叢書
垂綫互求術一卷
　　(清)吳壽萱撰
　　　學古堂日記・治算學日記
平方和較術一卷
　　(清)吳壽萱撰
　　　學古堂日記・治算學日記
疊徵比例術一卷
　　(清)吳壽萱撰
　　　學古堂日記・治算學日記
立方奇法一卷求一捷術一卷

(清)龔傑撰
　　　漸學廬叢書第一集
數學理九卷附一卷
　　(英國)棣麾甘撰　(英國)傅蘭雅口譯
　　(清)趙元益筆述
　　　測海山房中西算學叢刻初編
算式集要四卷
　　(英國)哈司韋撰　(英國)傅蘭雅口譯
　　(清)江衡筆述
　　　測海山房中西算學叢刻初編
三角數理十二卷
　　(英國)海麻士撰　(英國)傅蘭雅筆述
　　(清)華蘅芳筆述
　　　測海山房中西算學叢刻初編
代數術二十五卷首一卷
　　(英國)華里司撰　(英國)傅蘭雅口譯
　　(清)華蘅芳筆述
　　　測海山房中西算學叢刻初編
微積溯源八卷
　　(英國)華里司撰　(英國)傅蘭雅口譯
　　(清)華蘅芳筆述
　　　測海山房中西算學叢刻初編
代數難題解法十六卷
　　(英國)倫德撰　(英國)傅蘭雅口譯　(清)
　　　華蘅芳筆述
　　　測海山房中西算學叢刻初編
中西度量權衡表一卷
　　(清)□□撰
　　　蟄雲雷齋叢書續集
算法圓理括囊一卷
　　(日本)加悅傅一郎撰
　　　白芙堂算學叢書(同治本、龍文書局石
　　　印本、文瀾書局石印本)

民　　國

句股通義三卷
　　(民國)徐紹楨撰
　　　學壽堂叢書
學一齋算課草四卷
　　(民國)徐紹楨輯
　　　學壽堂叢書
學一齋算學問答一卷
　　(民國)徐紹楨輯
　　　學壽堂叢書
句股演代一卷
　　(民國)王元穉撰
　　　無暇逸齋叢書・算學四種
說算一卷

（民國）王元稺撰
　　無暇逸齋叢書

衰分演代一卷
　　（民國）王元稺撰
　　　無暇逸齋叢書·算學四種

方程演代一卷
　　（民國）王元稺撰
　　　無暇逸齋叢書·算學四種

盈朒演代一卷
　　（民國）王元稺撰
　　　無暇逸齋叢書·算學四種

古籌算考釋六卷
　　（民國）勞乃宣撰
　　　矩齋籌算六種

古籌算考釋續編八卷
　　（民國）勞乃宣撰
　　　矩齋籌算六種

籌算淺識二卷
　　（民國）勞乃宣撰
　　　矩齋籌算六種

籌算分法淺識一卷
　　（民國）勞乃宣撰
　　　矩齋籌算六種

籌算蒙課一卷
　　（民國）勞乃宣撰
　　　矩齋籌算六種

垛積籌法二卷
　　（民國）勞乃宣撰　（民國）勞紉章演
　　　矩齋籌算六種

衍元小草二卷
　　（清）孔慶霁（清）孔慶蟲（民國）勞紉章撰
　　　矩齋籌算六種附

天元草五卷
　　（民國）王樹楠撰
　　　陶廬叢刻

體撰錄一卷
　　（民國）章炳麟撰
　　　章氏叢書續編

讀代數術記一卷
　　（民國）崔朝慶撰
　　　蟄雲雷齋叢書
　　　南菁札記

盈朒演代一卷
　　（民國）韓保徵撰
　　　蟄雲雷齋叢書
　　　南菁札記

代數盈朒細草一卷
　　（民國）張東烈撰

蟄雲雷齋叢書
　　南菁札記

循環餘羃二卷
　　（民國）王積沂撰
　　　澹寧齋算稿

詳函廣術一卷
　　（民國）王積沂撰
　　　澹寧齋算稿

反函詳級一卷
　　（民國）王積沂撰
　　　澹寧齋算稿

限一較數二卷
　　（民國）王積沂撰
　　　澹寧齋算稿

臺體截積術一卷
　　（民國）胡樸安（韞玉）撰
　　　樸學齋算學四種

代數助變術一卷
　　（民國）胡樸安（韞玉）撰
　　　樸學齋算學四種

圓理拾遺一卷
　　（民國）胡樸安（韞玉）撰
　　　樸學齋算學四種

衍元略法一卷
　　（民國）胡樸安（韞玉）撰
　　　樸學齋算學四種

術　數　類

數法之屬

揚子太玄經一卷
　　（漢）揚雄撰
　　　諸子褒異

太玄經一卷
　　　增定漢魏六朝別解·經部

太玄佚文一卷
　　（漢）揚雄撰　（清）王仁俊輯
　　　經籍佚文

太玄宋氏注一卷
　　（漢）宋衷撰　（清）王仁俊輯
　　　玉函山房輯佚書續編·子編雜占類

太玄經十卷
　　（漢）揚雄撰　（晉）范望注
　　　四庫全書·子部術數類
　　　摛藻堂四庫全書薈要·子部

太玄經十卷附說玄一卷釋文一卷
　　(漢)揚雄撰　(晉)范望注　說玄(唐)王涯
　　撰　釋文(宋)林瑀撰
　　　　四部叢刊(初次印本、二次印本、縮印
　　　　二次印本)・子部

集註太玄經六卷
　　(宋)司馬光撰
　　　　道藏(正統本、景正統本)・太清部
　　　　子書百家・術數類
　　　　百子全書・術數類
　　　　道藏舉要第九類
　　　　四部備要(排印本、縮印本)・子部算
　　　　法術數

　增補太玄集注四卷
　　　　古棠書屋叢書・經部

翼玄十二卷
　　(宋)張行成撰
　　　　函海(乾隆本、道光本)第五函
　　　　函海(光緒本)第七函
　　　　叢書集成初編・哲學類

太玄本旨九卷
　　(明)葉子奇撰
　　　　四庫全書・子部術數類

揚雄太玄經校正一卷
　　(清)倪燦撰　(清)盧文弨錄
　　　　紹興先正遺書第二集・羣書拾補補遺

太玄解一卷
　　(清)焦袁熹撰
　　　　藝海珠塵土集(己集)

太玄闡祕十卷附編一卷外編一卷首一卷
　　(清)陳本禮撰
　　　　聚學軒叢書第四集

揚子太玄平議一卷
　　(清)俞樾撰
　　　　春在堂全書・諸子平議

太玄十卷
　　(漢)揚雄撰　(清)吳汝綸點勘
　　　　桐城吳先生點勘諸子七種

太玄經一卷
　　(晉)楊泉撰　(清)馬國翰輯
　　　　玉函山房輯佚書(嫏嬛館本、重印本、
　　　　楚南書局本)・子編儒家類

元包一卷
　　(北周)衞元嵩撰
　　　　覆古介書前集
　　　　說郛(宛委山堂本)弓二

元包一卷
　　(北周)衞元嵩撰　(清)王謨輯

漢魏遺書鈔・經翼第一册

元包經傳五卷
　　(北周)衞元嵩撰　(唐)蘇源明傳　(唐)李
　　江注　(宋)韋漢卿音釋
　　　　范氏奇書
　　　　津逮祕書(汲古閣本、景汲古閣本)第
　　　　二集
　　　　學津討原(嘉慶本、景嘉慶本)第九集
　　　　反約篇
　　　　榕園叢書丙集
　　　　叢書集成初編・哲學類

　元包五卷
　　　　四庫全書・子部術數類

易元包一卷
　　(北周)衞元嵩撰　(唐)蘇源明傳　(唐)李
　　江注　(清)黃奭輯
　　　　漢學堂叢書・子史鈎沈・子部術數類
　　　　黃氏逸書考(民國修補本、民國補刊
　　　　本)・子史鈎沈

元包數總義二卷
　　(宋)張行成撰
　　　　范氏奇書
　　　　津逮祕書(汲古閣本、景汲古閣本)第
　　　　二集
　　　　四庫全書・子部術數類・元包附
　　　　學津討原(嘉慶本、景嘉慶本)第九集
　　　　反約篇・元包經傳附
　　　　榕園叢書丙集・元包經傳附
　　　　叢書集成初編・哲學類

　元包數義一卷
　　　　說郛(宛委山堂本)弓三

潛虛一卷
　　(宋)司馬光撰
　　　　范氏奇書
　　　　唐宋叢書・經翼
　　　　說郛(宛委山堂本)弓二
　　　　四庫全書・子部術數類
　　　　知不足齋叢書(乾隆至道光本、景乾隆
　　　　至道光本)第十四集
　　　　四部叢刊三編・子部
　　　　叢書集成初編・哲學類

潛虛校正
　　(清)盧文弨撰
　　　　抱經堂叢書(乾隆本、景乾隆本)・羣
　　　　書拾補初編
　　　　紹興先正遺書第二集・羣書拾補初編
　　　　叢書集成初編・總類・羣書拾補

潛虛發微論一卷
　　(宋)張敦實撰

范氏奇書・潛虛附
　　四庫全書・子部術數類・潛虛附
　　知不足齋叢書(乾隆至道光本、景乾隆
　　　至道光本)第十四集・潛虛附
　　四部叢刊三編・子部・潛虛附
　　叢書集成初編・哲學類・潛虛附

潛虛述義四卷附考異一卷
　　(清)蘇天木撰
　　　嶺南遺書第五集
　　　叢書集成初編・哲學類

潛虛解一卷
　　(清)焦袁熹撰
　　　藝海珠塵土集(己集)
　　　叢書集成初編・哲學類

皇極經世十二卷
　　(宋)邵雍撰
　　　道藏(正統本、景正統本)・太玄部
　　皇極經世書十二卷
　　　四庫全書・子部術數類
　　皇極經世書一卷
　　　吉林探源書舫叢書初編
　　　重刊道藏輯要星集

皇極經世索隱二卷
　　(宋)張行成撰
　　　四庫全書・子部術數類
　　　四庫全書珍本初集・子部術數類

皇極經世觀物外篇衍義九卷
　　(宋)張行成撰
　　　四庫全書・子部術數類
　　　四庫全書珍本初集・子部術數類

觀物篇解五卷附皇極經世解起數訣 三卷
　　(宋)祝泌撰
　　　四庫全書・子部術數類
　　　四庫全書珍本初集・子部術數類

皇極經世觀物外篇釋義四卷
　　(明)余本撰
　　　四明叢書第四集

皇極經世心易發微八卷 (原缺卷七至八)
　　首一卷末一卷附補遺一卷
　　(明)楊體仁撰
　　　雲南叢書初編・子部

皇極經世書解十四卷
　　(清)王植撰
　　　四庫全書・子部術數類

皇極經世書緒言九卷首一卷
　　(清)劉斯組輯　(清)包燿復增圖注
　　　四部備要(排印本、縮印本)・子部算
　　　　法術數

皇極書一卷皇極外書一卷
　　(清)程作舟撰
　　　藏書五種

洪範皇極內篇五卷
　　(宋)蔡沈撰
　　　四庫全書・子部術數類

易通變四十卷
　　(宋)張行成撰
　　　四庫全書・子部術數類
　　　四庫全書珍本初集・子部術數類

天原發微十八卷
　　(宋)鮑雲龍撰
　　　道藏(正統本、景正統本)・太清部
　　　道藏舉要第九類
　　天原發微五卷
　　　四庫全書・子部術數類

大衍索隱三卷
　　(宋)丁易東撰
　　　四庫全書・子部術數類
　　　四庫全書珍本初集・子部術數類

陰陽消長論
　　(元)許衡撰
　　　許文正公遺書
　　　西京清麓叢書正編・許文正公遺書
　　　洪氏唐石經館叢書・許文正公遺書

大衍新法一卷
　　(□)孔傳游撰
　　　安樂延年室叢書

三極通二卷
　　(明)馮柯撰
　　　四明叢書第六集・貞白五書

啓蒙意見五卷
　　(明)韓邦奇撰
　　　性理三解(嘉靖本、乾隆本)

于邁錄一卷
　　(明)文翔鳳撰
　　　皇極篇

于役錄一卷
　　(明)文翔鳳撰
　　　皇極篇

說疇一卷
　　(明)喬中和撰
　　　跻新堂集
　　　西郭草堂合刊

大九數一卷
　　(明)喬中和撰
　　　跻新堂集
　　　西郭草堂合刊

圖書衍五卷
　　（明）喬中和撰
　　　　躋新堂集
　　　　西郭草堂合刊
漢上末言一卷
　　（明）羅明祖撰
　　　　羅紋山先生全集
三易洞璣十六卷
　　（明）黃道周撰
　　　　石齋先生經傳九種
　　　　四庫全書・子部術數類
考訂河洛理數便覽一卷
　　（清）紀大奎撰
　　　　紀慎齋先生全集
九宮衍數一卷
　　（清）俞樾撰
　　　　春在堂全書・俞樓雜纂
演玄一卷
　　（民國）徐昂撰
　　　　徐氏全書
河洛數釋二卷
　　（民國）徐昂撰
　　　　徐氏全書

占候之屬

泰階六符經一卷
　　（清）馬國翰輯
　　　　玉函山房輯佚書（嫏嬛館本、重印本、
　　　　楚南書局本）・子編天文類
五殘雜變星書一卷
　　（清）馬國翰輯
　　　　玉函山房輯佚書（嫏嬛館本、重印本、
　　　　楚南書局本）・子編天文類
未央術一卷
　　（清）馬國翰輯
　　　　玉函山房輯佚書（嫏嬛館本、重印本、
　　　　楚南書局本）・子編天文類
占書殘葉
　　　　貞松堂藏西陲祕籍叢殘第一集
通占大象曆星經二卷
　　（漢）甘公（漢）石申撰
　　　　道藏（正統本、景正統本）・洞眞部衆
　　　　術類
　　　　小十三經
　　　　漢魏叢書（萬曆本、景萬曆本）・子籍
　　　　津逮祕書（汲古閣本、景汲古閣本）第
　　　　四集

　　　　叢書集成初編・哲學類
星經二卷
　　　　廣漢魏叢書（萬曆本、嘉慶本）・載籍
　　　　說郛（宛委山堂本）弓一百八
　　　　五朝小說・魏晉小說偏錄家
　　　　增訂漢魏叢書（乾隆本、紅杏山房本、
　　　　三餘堂本、大通書局石印本）・載籍
　　　　叢書集成初編・自然科學類
星經一卷
　　（漢）甘公（漢）石申撰　　（清）王謨輯
　　　　重訂漢唐地理書鈔（鈔本、嘉慶本）
靈臺祕苑十五卷
　　（北周）庾季才撰
　　　　四庫全書・子部術數類
　　　　湖北先正遺書・子部
唐開元占經一百二十卷
　　（唐）瞿曇悉達撰
　　　　四庫全書・子部術數類
乙巳占十卷
　　（唐）李淳風撰
　　　　十萬卷樓叢書初編
　　　　叢書集成初編・哲學類
玉曆通政經一卷
　　（唐）李淳風撰
　　　　天文彙鈔
起世經一卷
　　　　說郛（宛委山堂本）弓一百九
大衍十二次分野圖一卷
　　（唐）釋一行撰　　（清）王謨輯
　　　　重訂漢唐地理書鈔（鈔本、嘉慶本）
望氣經一卷
　　（唐）邵諤撰
　　　　說郛（宛委山堂本）弓一百八
星占殘一卷
　　（唐）□□撰
　　　　鳴沙石室佚書初編
天星祕竅圖書一卷
　　（明）甘霖撰
　　　　五種祕竅全書
玉函眞義天元歌一卷
　　（□）無極子授　（明）蔣平階述
　　　　四祕全書（嘉慶本、同治本）
天文星總一卷
　　　　天文彙鈔
天文星纂一卷
　　　　天文彙鈔
天元玉曆十二卷
　　　　天文彙鈔

三垣列舍入宿去極集一卷
　　　天文彙鈔
星說一卷
　　　天文彙鈔
天文玉曆精異賦一卷
　　　天文彙鈔
天文風雨賦一卷
　　　天文彙鈔
欽天監監正元統一卷
　　　天文彙鈔
靈信經旨一卷
　　　道藏(正統本、景正統本)・正乙部
菊逸山房天學一卷
　　(題清江萬川撰)
　　　文選樓叢書(荻林山房輯)
　　(清)寇宗撰
　　　玲瓏山館叢書・術數編
　　　清芬堂叢書・經部・春秋春王正月考附
天象災祥分類攷一卷
　　(清)石仁鏡撰
　　　牛畝園叢書
雨暘氣候親機一卷
　　　道藏(正統本、景正統本)・正乙部
請雨止雨書一卷
　　(清)馬國翰輯
　　　玉函山房輯佚書(嫏嬛館本、重印本、
　　　　楚南書局本)・子編雜占類
求雨法一卷
　　(清)王仁俊輯
　　　玉函山房輯佚書續編・子編藝術類
禱雨雜記一卷
　　(明)錢琦撰
　　　百陵學山
　　　叢書集成初編・宗教類
　　　景印元明善本叢書十種・百陵學山
風角一覽占一卷
　　　天文彙鈔
風角書八卷
　　(清)張爾岐撰
　　　正覺樓叢刻
詠梅軒仰觀錄二卷
　　(清)謝蘭生撰
　　　酌古準今
雲氣占候二卷
　　(清)汪宗沂(韜廬子)撰
　　　漸西村舍彙刊
　　　叢書集成初編・哲學類
紀慎齋求雨全書二卷

　　(清)紀大奎撰
　　　刻鵠齋叢書
重刊紀慎齋先生祈雨全書二卷
　　　蓮池四種
求雨篇一卷
　　　天壤閣叢書
　　　叢書集成初編・宗教類

易占之屬

周公卜法殘一卷
　　　貞松堂藏西陲祕籍叢殘第一集
　　　東方學會叢書初集・敦煌石室碎金
周易分野一卷
　　(漢)費直撰　(清)馬國翰輯
　　　玉函山房輯佚書(嫏嬛館本、重印本、
　　　　楚南書局本)・經編易類
費氏易林一卷
　　(漢)費直撰　(清)馬國翰輯
　　　玉函山房輯佚書(嫏嬛館本、重印本、
　　　　楚南書局本)・經編易類
易飛候一卷
　　(漢)京房撰
　　　說郛(宛委山堂本)弓五
　易飛候
　　　說郛(商務印書館本)卷二・古典錄略
易飛候一卷
　　(漢)京房撰　(清)王謨輯
　　　漢魏遺書鈔・經翼第一冊
　易飛候
　　(漢)京房撰　(清)劉學寵輯
　　　青照堂叢書摘次編第二函・諸經緯遺
易雜占條例法一卷
　　(漢)京房撰　(清)黃奭輯
　　　黃氏逸書考(民國修補本、民國補刊
　　　　本)・子史鉤沈
京氏易占一卷
　　(漢)京房撰　(清)王仁俊輯
　　　玉函山房輯佚書續編・子編雜占類
易林十卷
　　(漢)焦贛撰
　　　續道藏(萬曆本、景萬曆本)
　　　道藏舉要第九類
　焦氏易林四卷
　　　廣漢魏叢書(萬曆本、嘉慶本)・經翼
　　　津逮祕書(汲古閣本、景汲古閣本)第
　　　　二集
　　　增訂漢魏叢書(乾隆本、紅杏山房本、

　　　　　三餘堂本、大通書局石印本）・經翼
　　　　子書百家・術數類
　　　　百子全書・術數類
　　　　叢書集成初編・哲學類
　　易林四卷首一卷
　　　　學津討原（嘉慶本、景嘉慶本）第九集
　　焦氏易林一卷
　　　　增定漢魏六朝别解・經部
　易林十六卷
　　（漢）焦贛撰　　（□）□□注
　　　　四庫全書・子部術數類
　　　　四部叢刊（初次印本、二次印本、縮印
　　　　　二次印本）・子部
　　　　四部備要（排印本、縮印本）・子部算
　　　　　法術數
　　焦氏易林十六卷
　　　　士禮居黃氏叢書（黃氏本、蜚英館景黃
　　　　　氏本、石竹山房景黃氏本、博古齋景
　　　　　黃氏本）
　　　　龍谿精舍叢書・子部
　焦氏易林校略十六卷
　　（清）翟云升撰
　　　　五經歲徧齋校書
　易林釋文二卷
　　（清）丁晏撰
　　　　廣雅書局叢書・經類
　　　　南菁書院叢書第三集
　焦氏易林吉語一卷
　　（清）觀頰道人輯
　　　　閣竹居叢書
　易林勘複一卷
　　（民國）徐昂撰
　　　　徐氏全書
　易林二卷
　　（清）凌堃撰
　　　　凌氏傳經堂叢書
　易洞林一卷
　　（晉）郭璞撰
　　　　說郛（宛委山堂本）弓五
　周易洞林一卷
　　（晉）郭璞撰　　（清）王謨輯
　　　　漢魏遺書鈔・經翼第一册
　易洞林
　　（晉）郭璞撰　　（清）劉學寵輯
　　　　青照堂叢書摘次編第二函・諸經緯遺
　易洞林三卷補遺一卷
　　（晉）郭璞撰　　（清）馬國翰輯
　　　　玉函山房輯佚書（嫏嬛館本、重印本、

　　　　楚南書局本）・子編雜占類
　易洞林一卷
　　（晉）郭璞撰　　（清）黃奭輯
　　　　黃氏逸書考（民國修補本、民國補刊
　　　　　本）・子史鉤沈
　郭氏易占一卷
　　（晉）郭璞撰　　（清）王仁俊輯
　　　　玉函山房輯佚書續編・子編雜占類
　卜筮書殘一卷（存卷二十三）
　　　　吉石盦叢書初集
　麻衣道者正易心法一卷
　　（宋）陳摶受併消息
　　　　范氏奇書
　　　　津逮祕書（汲古閣本、景汲古閣本）第
　　　　　二集
　　（宋希夷先生受併消息）
　　　　學津討原（嘉慶本、景嘉慶本）第一集
　　　　叢書集成初編・哲學類
　　正易心法一卷
　　　　藝海珠塵木集（辛集）
　易筮通變三卷
　　（宋）雷思齊撰
　　　　道藏（正統本、景正統本）・太玄部
　　　　四庫全書・經部易類
　周易古占法二卷（下卷又題古周易章句
　外編）
　　（宋）程迥撰
　　　　范氏奇書
　　　　四庫全書・經部易類
　　周易古占一卷
　　　　說郛（宛委山堂本）弓二
　撰著說
　　（元）許衡撰
　　　　許文正公遺書
　　　　西京清麓叢書正編・許文正公遺書
　　　　洪氏唐石經館叢書・許文正公遺書
　檟著記一卷
　　（元）劉因撰
　　　　說郛（宛委山堂本）弓三
　周易尚占三卷
　　（元）李道純撰
　　　　寶顏堂祕笈（萬曆本、民國石印本）彙
　　　　　集
　周易會占一卷
　　（明）程鴻烈撰
　　　　說郛續弓一
　火珠林一卷
　　（□）麻衣道者撰　　（清）吳芝雲校正

百二漢鏡齋祕書四種
文選樓叢書(荔林山房輯)

周易筮述八卷
　　(清)王弘撰撰
　　　　四庫全書・經部易類

春秋占筮書三卷
　　(清)毛奇齡撰
　　　　西河合集（康熙本、乾隆修補本)・經
　　　　　集
　　　　四庫全書・經部易類
　　　　龍威祕書八集
　　　　皇清經解續編(南菁書院本、蜚英館石
　　　　　印本)
　　　　叢書集成初編・哲學類

卜法詳考四卷
　　(清)胡煦撰
　　　　四庫全書・子部術數類

占法訂誤一卷
　　(清)程廷祚撰
　　　　易通殘稿三種

周易考占一卷
　　(清)金榜撰
　　　　積學齋叢書

周易辯占一卷
　　(清)王甗撰
　　　　學易五種

圖南齋著卜二卷
　　(清)鞏懿修撰
　　　　雪華館叢編・經類

易筮遺占一卷
　　(清)李道平撰
　　　　湖北叢書

大衍筮法直解一卷
　　(清)馬徵慶撰
　　　　淡園全集
　　　　馬鍾山遺書

沈氏改正揲蓍法一卷
　　(清)沈善登撰　(民國)杭辛齋輯
　　　　易藏叢書

六壬之屬

黃帝金匱玉衡經一卷
　　　　道藏（正統本、景正統本)・洞眞部衆
　　　　　術類
　　　　道藏舉要第九類
黃帝金匱玉衡經一卷
　　(清)孫星衍校

平津館叢書(嘉慶本、光緒本)

六壬神定經二卷
　　(宋)楊惟德撰
　　　　仰視千七百二十九鶴齋叢書(光緒本、
　　　　　景光緒本)第二集
　　　　叢書集成初編・哲學類

六壬大占一卷
　　(宋)祝泌撰
　　　　宛委別藏

六壬大全十二卷
　　　　四庫全書・子部術數類

六壬類聚四卷
　　(清)紀大奎撰
　　　　紀愼齋先生全集

大六壬苗公射覆鬼撮脚三卷
　　　　續知不足齋叢書第二集
　　　　叢書集成初編・哲學類

六壬摘要六卷
　　(清)李泗撰
　　　　游藝錄

六壬卦課一卷
　　(民國)徐昂撰
　　　　徐氏全書

雜占之屬

黃帝龍首經二卷
　　　　道藏（正統本、景正統本)・洞眞部衆
　　　　　術類
　　　　道藏舉要第九類
黃帝龍首經二卷
　　(清)孫星衍校
　　　　平津館叢書(嘉慶本、光緒本)
師曠占一卷
　　(清)洪頤煊輯
　　　　問經堂叢書・經典集林
　　　　經典集林
黃帝授三子玄女經一卷
　　　　道藏（正統本、景正統本)・洞眞部衆
　　　　　術類
　　　　小十三經
　　　　夷門廣牘・雜占
　　　　津逮祕書(汲古閣本、景汲古閣本)第
　　　　　四集
　　　　藝海珠塵土集(己集)
　　　　道藏舉要第九類
　　　　景印元明善本叢書十種・夷門廣牘・
　　　　　雜占

黃帝授三子玄女經一卷
　　（清）孫星衍校
　　　　平津館叢書（嘉慶本、光緒本）
太乙經
　　　　居家必備・趨避
　太乙經一卷
　　　　說郛（宛委山堂本）弓一百九
靈棋經殘一卷
　　（漢）東方朔撰　（晉）顏幼明（劉宋）何承天注
　　　　東方學會叢書初集・敦煌石室碎金
靈棊本章正經二卷
　　（漢）東方朔撰　（晉）顏幼明（劉宋）何承天注　（元）陳世凱（明）劉基解
　　　　道藏（正統本、景正統本）・太玄部
　　　　道藏舉要第九類
　靈棋經二卷
　　　　四庫全書・子部術數類
　　　　墨海金壺（嘉慶本、景嘉慶本）・子部
　　　　珠叢別錄（道光本、景道光本）
　　　　長恩書室叢書乙集
　　　　述古叢鈔第一集
　　　　藏修堂叢書第五集
　　　　倣知不足齋叢書
　　　　翠琅玕館叢書（黃任恆輯）・子部
　　　　芋園叢書・子部
　　　　叢書集成初編・哲學類
　靈棋經一卷
　　　　百二漢鏡齋祕書四種
　　　　文選樓叢書（萩林山房輯）
明誠意伯溫靈棋經解一卷
　　（明）劉基撰
　　　　得月簃叢書初刻
出行寶鏡一卷圖一卷
　　（漢）□□撰
　　　　函海（乾隆本、道光本）第四函
　　　　函海（光緒本）第六函
　　　　叢書集成初編・哲學類
太乙金鏡式經十卷
　　（唐）王希明撰
　　　　四庫全書・子部術數類
　　　　四庫全書珍本初集・子部術數類
龜經一卷
　　　　說郛（宛委山堂本）弓一百九
　　　　五朝小說・魏晉小說藝術家
　　　　五朝小說大觀・魏晉小說藝術家
　　　　藝海珠塵絲集（丙集）
質龜論一卷

　　（唐）李淳風撰
　　　　夷門廣牘・雜占
　　　　景印元明善本叢書十種・夷門廣牘・雜占
　質龜論
　　　　說郛（商務印書館本）卷十五
箕龜論一卷
　　（宋）陳師道撰
　　　　說郛（宛委山堂本）弓一百九
百怪斷經
　　（宋）俞誨撰
　　　　居家必備・趨避
　百怪斷經一卷
　　　　說郛（宛委山堂本）弓一百九
卜記一卷
　　（宋）王宏撰
　　　　說郛（宛委山堂本）弓一百九
占驗錄一卷
　　（明）周履靖輯
　　　　夷門廣牘・雜占
　　　　叢書集成初編・哲學類
　　　　景印元明善本叢書十種・夷門廣牘・雜占
占驗書一卷
　　（明）江湖散人輯
　　　　士商必要
戚少保軍中占書一卷
　　　　冠悔堂雜錄
黃石公望空四字數一卷
　　（明）□□撰
　　　　夷門廣牘・雜占
　　　　景印元明善本叢書十種・夷門廣牘・雜占
燈花占一卷
　　（明）王□撰
　　　　古今說部叢書五集・然脂百一編
栻玫經一卷
　　（清）吳璵（郁離子）撰
　　　　大亨山館叢書・集類
字觸六卷
　　（清櫟下老人撰）
　　　　粵雅堂叢書初編第七集
　　（清）周亮工撰
　　　　筆記小說大觀第八輯
　　　　叢書集成初編・哲學類
新定牙牌數一卷
　　（清）俞樾撰
　　　　春在堂全書

梅花神數一卷
　　三餘堂叢刻

堪輿之屬

陰陽寶海三元玉鏡奇書（一名三白寶海）
　三卷
　　（明）釋目講（幕講）撰
　　選擇叢書集要
陽明按索五卷
　　（明）陳復心撰　（明）陳漢卿補注
　　選擇叢書集要
陽明按索五卷
　　（明）陳復心撰　（明）陳漢卿補注　（清）顧
　　滄籌旁注
　　陰陽五要奇書
羅經祕竅圖書十卷
　　（明）甘霖撰
　　五種祕竅全書
羅盤解一卷
　　（清）趙楡森撰
　　三餘堂叢刻·江氏百問目講禪師地理
　　書附
徵驗圖考一卷
　　（清）尹有本撰
　　四祕全書（嘉慶本、同治本）
玄空祕旨通釋一卷
　　沈祖緜撰
　　玄空古義四種通釋
玄機賦通釋一卷
　　沈祖緜撰
　　玄空古義四種通釋
飛星賦通釋一卷
　　沈祖緜撰
　　玄空古義四種通釋
紫白訣通釋二卷
　　沈祖緜撰
　　玄空古義四種通釋
黃帝宅經二卷
　　（□）□□注
　　道藏（正統本、景正統本）·洞眞部衆
　　術類
　　小十三經
　　夷門廣牘·雜占
　　津逮祕書（汲古閣本、景汲古閣本）第
　　四集
　　崇文書局彙刻書
　　道藏舉要第九類

景印元明善本叢書十種·夷門廣牘·
　雜占
宅經二卷
　　四庫全書·子部術數類
　　學津討原（嘉慶本、景嘉慶本）第九集
宅經
　　居家必備·趨避
宅經一卷
　　說郛（宛委山堂本）弓一百九
陽宅論
　　（□）空靑先生撰
　　居家必備·懿訓
相宅要說
　　（明）高濂撰
　　居家必備·趨避
陽宅指南一卷
　　（明）蔣平階撰　（淸）尹有本發義
　　四祕全書（嘉慶本、同治本）
陽宅三格辨一卷
　　（明）蔣平階撰
　　四祕全書（嘉慶本、同治本）
陽基部一卷
　　（明）黃復初撰
　　地理眞訣卷二
紫微斗數三卷
　　續道藏
谿落斗一卷
　　（□）劉紫芝傳
　　安樂延年室叢書
八宅明鏡二卷
　　（清）箬冠道人撰
　　陰陽五要奇書
宅譜指要四卷
　　（清）魏靑江撰
　　陽宅大成
宅譜邇言二卷
　　（清）魏靑江撰
　　陽宅大成
選時造命四卷
　　（清）魏靑江撰
　　陽宅大成
宅譜修方五卷
　　（清）魏靑江撰
　　陽宅大成
陽宅撮要二卷
　　（清）吳鼒撰
　　借月山房彙鈔（嘉慶本、景嘉慶本）第
　　十二集

澤古齋重鈔第十集

陽宅闢謬一卷
　　（清）姚文田（梅漪老人）撰
　　　　榕園叢書續刻
　　　　咫進齋叢書第三集
　　　　叢書集成初編・社會科學類
傳家陽宅得一錄一卷
　　　　四祕全書（嘉慶本、同治本）
相地骨經
　　（漢）青烏子授
　　　　居家必備・趨避
　　相地骨經一卷
　　　　說郛（宛委山堂本）弓一百九
青烏先生葬經一卷
　　（漢）青烏子撰　（金）兀欽仄注
　　　　小十三經
　　　　津逮祕書（汲古閣本、景汲古閣本）第
　　　　四集
　　　　學津討原（嘉慶本、景嘉慶本）第九集
　　　　廿二子全書
　　葬經一卷
　　　　夷門廣牘・雜占
　　　　景印元明善本叢書十種・夷門廣牘・
　　　　雜占
葬經二卷
　　（晉）郭璞撰
　　　　地理大全一集
　　葬書一卷
　　　　四庫全書・子部術數類
　　葬經一卷
　　　　廿二子全書
郭氏葬經刪定一卷
　　（晉）郭璞撰　（明）黃復初輯
　　　　地理眞訣卷一
古本葬經一卷
　　（晉）郭璞撰　（□）□□注
　　　　津逮祕書（汲古閣本、景汲古閣本）第
　　　　四集
　　古本葬書一卷
　　　　學津討原（嘉慶本、景嘉慶本）第九集
　　葬經內篇一卷
　　　　崇文書局彙刻書
劉江東家藏善本葬書一卷附校譌一卷
　　（晉）郭璞撰　（元）吳澄刪　（元）鄭謐注
　　　校譌（清）胡珽撰
　　　　琳琅祕室叢書（咸豐本）第二集
劉江東家藏善本葬書一卷附校譌一卷 續
　　校一卷

　　（晉）郭璞撰　（元）吳澄刪　（元）鄭謐注
　　校譌（清）胡珽撰　續校（清）董金鑑撰
　　　　琳琅祕室叢書（光緒本）第二集
葬經翼一卷難解二十四篇一卷圖一卷
　　（明）繆希雍撰
　　　　津逮祕書（汲古閣本、景汲古閣本）四集
　　　　學津討原（嘉慶本、景嘉慶本）第九集
葬經箋註一卷圖說一卷
　　（清）吳元音撰
　　　　借月山房彙鈔（嘉慶本、景嘉慶本）第
　　　　十二集
　　　　澤古齋重鈔第十集
玄女海角經纂一卷
　　　　地理眞訣卷一
撼龍十卷
　　（唐）楊益撰
　　　　菊逸山房地理正書
疑龍三卷
　　（唐）楊益撰
　　　　菊逸山房地理正書
撼龍經二卷疑龍經一卷
　　（唐）楊益撰
　　　　地理大全一集
　　撼龍經一卷疑龍經一卷
　　　　四庫全書・子部術數類
　　龍經疑龍三卷撼龍統說一卷
　　　　正覺樓叢刻
撼龍經傳訂本注一卷
　　（民國）廖平撰　（民國）黃鎔筆述
　　　　新訂六譯館叢書・地理類
葬法倒杖十二法一卷
　　（唐）楊益撰
　　　　地理大全一集
　　　　四庫全書・子部術數類・撼龍經附
楊公金函經刪定一卷
　　（唐）楊益撰　（明）黃復初輯
　　　　地理眞訣卷一
青囊奧語一卷
　　（唐）楊益撰
　　　　地理大全二集
　　　　四庫全書・子部術數類
青囊奧語一卷
　　（唐）楊益撰　（清）端木國瑚注
　　　　楊曾地理元文四種
堪輿正經（一名青囊經）一卷
　　　　地理眞訣卷一
三字青囊經一卷
　　　　四祕全書（嘉慶本、同治本）

青囊序一卷
 (唐)曾文迪撰
  地理大全二集
  四庫全書・子部術數類
曾氏水龍經校(一名青囊經序)一卷
 (唐)曾文迪撰 (明)黃復初輯
  地理真訣卷一
青囊敘一卷
 (唐)曾文迪撰 (清)端木國瑚注
  楊曾地理元文四種
祕傳水龍經五卷
 (明)□□撰 (明)蔣平階輯
  借月山房彙鈔(嘉慶本、景嘉慶本)第
   十二集
  指海(道光本、景道光本)第十六集
  澤古齋重鈔第十集
  式古居彙鈔
  叢書集成初編・哲學類
天玉經內傳三卷外編一卷
 (唐)楊益撰
  地理大全二集
  四庫全書・子部術數類
天玉經一卷
 (唐)楊益撰 (清)端木國瑚注
  楊曾地理元文四種
吳公敎子書(一名天玉經外傳)一卷附四
 十八局圖說一卷
 (宋)吳克誠撰
  地理大全二集
都天寶照經一卷
 (唐)楊益撰 (清)端木國瑚注
  楊曾地理元文四種
都天寶照經一卷
 (唐)楊益撰 (民國)廖平注
  新訂六譯館叢書・地理類・地理辨正
   補正附
青囊天玉通義五卷
 (清)張惠言輯
  大亭山館叢書・子類
天機素書四卷
 (唐)丘延翰撰
  地理大全一集
卜氏雪心賦刪定一卷
 (唐)卜則巍撰 (明)黃復初輯
  地理真訣卷一
靈城精義二卷
 (南唐)何溥撰 (明)劉基注
  四庫全書・子部術數類

玉尺經四卷附原經圖式一卷
 (宋)陳摶撰 (元)劉秉忠集
  地理大全二集
催官評龍篇二卷附理氣穴法一卷
 (宋)賴文俊撰
  地理大全二集
催官篇二卷
  四庫全書・子部術數類
催官篇四卷
 (宋)賴文俊撰 (清)尹有本注
  四祕全書(嘉慶本、同治本)
七十二葬法一卷
 (宋)賴文俊撰 (清)尹有本發義
  四祕全書(嘉慶本、同治本)
賴公天星篇校一卷
 (宋)賴文俊撰
  地理真訣卷二
發微論一卷
 (宋)蔡元定撰
  地理大全一集
  四庫全書・子部術數類
蔡氏發微論校一卷附穴情賦一卷
  地理真訣卷二
九星穴法四卷
 (宋)廖瑀撰
  地理大全一集
廖公四法心鏡一卷附全局安墳立宅入式
 歌一卷
 (宋)廖瑀撰
  地理真訣卷一
司馬頭陀達僧問答一卷附水法一卷
 (宋)劉潛撰
  地理真訣卷二
達僧問答一卷
 (宋)劉潛撰 (清)尹有本注
  四祕全書(嘉慶本、同治本)
地理葬書集註一卷
 (元)鄭謐撰
  十萬卷樓叢書初編
  續金華叢書・子部
葬書問對一卷
 (元)趙汸撰
  十萬卷樓叢書初編・地理葬書集註附
  續金華叢書・子部・地理葬書集注附
風水問答一卷
 (元)朱震亨撰
  奚囊廣要
披肝露膽經一卷

(明)劉基撰
　　地理大全一集
地理正言一卷
　　(明)朱權(涵虛子)撰
　　　奚囊廣要
青烏緒言一卷
　　(明)李豫亨撰
　　　學海類編(道光本、景道光本)·集餘
　　　六
新鐫唐氏壽域一卷
　　(明)王福賢撰
　　　五種祕竅全書·羅經祕竅圖書附
心得要旨一卷
　　(明)金星橋撰
　　　木犀軒叢書
山水忠肝集摘要一卷
　　(明)蕭克撰
　　　續知不足齋叢書第二集
石函平砂玉尺經纂一卷
　　(明)賴從謙輯
　　　地理眞訣卷二
地理辨正補義五卷
　　(明)蔣平階補傳　(明)姜垚辨正　(清)尹
　　有本補義
　　　四祕全書(嘉慶本、同治本)
玉函眞義古鏡歌三卷
　　(明)蔣平階撰　(清)尹有本發義
　　　四祕全書(嘉慶本、同治本)
地理古鏡歌一卷
　　(明)蔣平階撰
　　　藝海珠塵革集(庚集)
相地指迷十卷
　　(明)蔣平階(大鴻)撰　(清)淩堃輯
　　　淩氏傳經堂叢書
地理微緒一卷
　　(明)羅明祖撰
　　　羅紋山先生全集
龍部一卷
　　(明)黃復初撰
　　　地理眞訣卷二
穴部一卷
　　(明)黃復初撰
　　　地理眞訣卷二
作用部一卷
　　(明)黃復初撰
　　　地理眞訣卷二
警世要言一卷
　　(明)黃復初撰

地理眞訣附
理氣部一卷
　　(明)黃復初撰
　　　地理眞訣卷二
水部一卷
　　(明)黃復初撰
　　　地理眞訣卷二
砂部一卷
　　(明)黃復初撰
　　　地理眞訣卷二
搜玄曠覽十四卷
　　(明)李國木輯
　　　地理大全一集
索隱玄宗九卷
　　(明)李國木輯
　　　地理大全二集
地理祕竅一卷
　　(明)甘霖撰
　　　五種祕竅全書
儒門崇理折衷堪輿完孝錄八卷
　　　續道藏(萬曆本、景萬曆本)
江氏百問目講禪師地理書一卷地理索隱
　　一卷
　　(明)釋目講撰
　　　三餘堂叢刻
草木幽微經一卷
　　　格致叢書
　　　奚囊廣要
平洋論
　　(明)□□撰
　　　地理大全一集·披肝露膽經附
潮水論
　　(明)□□撰
　　　地理大全一集·披肝露膽經附
葬書二卷
　　(清)陳確撰
　　　乾初先生遺集·別集
　葬書二卷附錄一卷
　　　葬書五種
地理矖珠一卷
　　(清)張澧撰
　　　檀几叢書第四帙
翻卦挨星圖訣考著一卷
　　(清)戴鴻撰
　　　藝海珠塵革集(庚集)
葬考一卷
　　(清)邵嗣宗輯
　　　婁東雜著土集

地理末學六卷
　　（清）紀大奎撰
　　　　紀慎齋先生全集
地理水法要訣五卷
　　（清）紀大奎撰
　　　　紀慎齋先生全集
周易葬說一卷
　　（清）端木國瑚撰
　　　　楊曾地理元文四種附
地理眞蹤一卷附錄一卷
　　（清）黃錫紱撰
　　　　遜敏堂叢書
風水祛惑一卷
　　（清）丁芮樸撰
　　　　月河精舍叢鈔
愼終錄要一卷
　　（清）王載宣撰　　（清）吳騫校訂
　　　　葬書五種
菊逸山房山法備收一卷
　　（清）寇宗輯
　　　　菊逸山房地理正書
堪輿譜槩一卷
　　（清）張桂林撰
　　　　張氏雜著
地理精語四卷
　　（清）尹有本撰
　　　　四祕全書（嘉慶本、同治本）
誠是錄一卷
　　（清）孟超然撰
　　　　亦園亭全集・孟氏八錄
罔極錄二卷附記一卷
　　（清）許楹撰
　　　　葬書五種
蜀山葬書二卷
　　（清）范鯤撰
　　　　葬書五種
喪葬雜說一卷
　　（清）張朝晉撰
　　　　葬書五種
地理枝言
　　（清）洪枰撰
　　　　赤城遺書彙刊
地理辨正圖說一卷
　　（清）徐迪惠撰
　　　　楊曾地理元文四種附
珠神眞經二卷
　　（□）李德鴻撰
　　　　木犀軒叢書續刻

水盤八針法一卷
　　（清）□□撰
　　　　遜敏堂叢書
地學答問一卷
　　（民國）廖平撰
　　　　新訂六譯館叢書・地理類
地理辨正補正三卷
　　（民國）廖平撰　　（民國）黃鎔筆述
　　　　新訂六譯館叢書・地理類

命相之屬

李虛中命書三卷
　　（周）鬼谷子撰　　（唐）李虛中注
　　　　四庫全書・子部術數類
　　　　墨海金壺（嘉慶本、景嘉慶本）・子部
　　　　守山閣叢書（道光本、鴻文書局景道光
　　　　　本、博古齋景道光本）・子部
　　　　叢書集成初編・哲學類
玉照定眞經一卷
　　（晉）郭璞撰　　（晉）張顒注
　　　　四庫全書・子部術數類
　　　　四庫全書珍本初集・子部術數類
璇璣經一卷
　　（晉）趙載撰
　　　　選擇叢書集要
璇璣經一卷
　　（晉）趙載撰　　（清）顧滄籌旁注
　　　　陰陽五要奇書
四字經一卷
　　（唐）釋德行撰
　　　　夷門廣牘・雜占
　　　　叢書集成初編・哲學類
　　　　景印元明善本叢書十種・夷門廣牘・
　　　　　雜占
星命溯源五卷
　　　　四庫全書・子部術數類
　　　　四庫全書珍本初集・子部術數類
珞琭子三命消息賦註二卷
　　（宋）徐子平撰
　　　　四庫全書・子部術數類
　　　　墨海金壺（嘉慶本、景嘉慶本）・子部
　　　　守山閣叢書（道光本、鴻文書局景道光
　　　　　本、博古齋景道光本）・子部
　　　　叢書集成初編・哲學類
珞琭子三命消息賦三卷附新雕李燕陰陽
　三命二卷
　　（宋）李仝注　　（宋）東方明疏　附（□）□□撰

續古逸叢書

珞琭子賦註二卷
  (宋)釋曇瑩撰
    四庫全書·子部術數類
    墨海金壺(嘉慶本、景嘉慶本)·子部
    守山閣叢書(道光本、鴻文書局景道光
      本、博古齋景道光本)·子部
    叢書集成初編·哲學類

三命指迷賦一卷
  (□)珞琭子撰　(宋)岳珂補注
    四庫全書·子部術數類
    叢書集成初編·哲學類

新刊秘訣三命指迷賦一卷
    讀畫齋叢書己集

滴天髓二卷
  (□)京圖撰　(明)劉基注
    百二漢鏡齋秘書四種
    文選樓叢書(萩林山房輯)

星命總括三卷
  (遼)耶律純撰
    四庫全書·子部術數類
    四庫全書珍本初集·子部術數類

演禽通纂二卷
    四庫全書·子部術數類
    四庫全書珍本初集·子部術數類

佐玄直指圖解九卷
  (明)劉基撰
    選擇叢書集要
    陰陽五要奇書

星學大成十卷
  (明)萬民英撰
    四庫全書·子部術數類

三命通會十二卷
  (明)萬民英撰
    四庫全書·子部術數類

乾元祕旨一卷
  (清)舒繼英撰
    讀畫齋叢書己集
    叢書集成初編·哲學類

天步眞原人命部三卷
  (西洋)穆尼閣撰　(清)薛鳳祚譯
    守山閣叢書(道光本、鴻文書局景道光
      本、博古齋景道光本)·子部
    叢書集成初編·哲學類

西法命盤圖說一卷
  (清)倪榮桂輯
    中西星要(嘉慶本、光緒本)

祿命要覽四卷

(清)倪榮桂輯
    中西星要(嘉慶本、光緒本)

命理支中藏干釋例一卷
  (民國)廖平撰
    新訂六譯館叢書·地理類

相法十六篇一卷
  (漢)許負撰
    夷門廣牘·雜占
    景印元明善本叢書十種·夷門廣牘·
      雜占

相笏經一卷
  (清)王仁俊輯
    玉函山房輯佚書續編·子編藝術類

相經一卷
  (清)王仁俊輯
    玉函山房輯佚書續編·子編藝術類

相兒經一卷
  (漢)嚴助撰
    說郛(宛委山堂本)弓一百九
    五朝小說·魏晉小說藝術家
    五朝小說大觀·魏晉小說藝術家

相手版經一卷
    說郛(宛委山堂本)弓九十七
    五朝小說·魏晉小說藝術家
    五朝小說大觀·魏晉小說藝術家

月波洞中記二卷
  (吳)張仲遠傳本
    四庫全書·子部術數類

月波洞中記一卷
    函海(乾隆本、道光本)第四函
    函海(光緒本)第六函
    述古叢鈔第四集
    藏修堂叢書第五集
    翠琅玕館叢書(黃任恆輯)·子部
    芋園叢書·子部

太清神鑑六卷
  (後周)王朴撰
    四庫全書·子部術數類
    墨海金壺(嘉慶本、景嘉慶本)·子部
    守山閣叢書(道光本、鴻文書局景道光
      本、博古齋景道光本)·子部
    粵雅堂叢書三編第二十四集
    叢書集成初編·哲學類

玉管照神局三卷
  (南唐)宋齊邱撰
    四庫全書·子部術數類
    十萬卷樓叢書三編

論相

（宋）吳處厚撰
居家必備·懿訓

人倫大統賦一卷
（金）張行簡撰　（元）薛延年注
四庫全書·子部術數類

人倫大統賦二卷
玲瓏山館叢書·術數編
十萬卷樓叢書初編
叢書集成初編·哲學類

古觀人法一卷
（清）宋瑾撰
檀几叢書二集第一帙

太乙照神經三卷神相證驗百條二卷
（清）劉學誠輯
述古叢鈔第四集

受正玄機神光經一卷
（□）□□撰
經史祕彙
遜敏堂叢書

鑑辨小言一卷
（清）趙聯元撰
雲南叢書二編·子部

遁甲之屬

遁甲經一卷
（清）王仁俊輯
玉函山房輯佚書補編

遁甲開山圖一卷
說郛（宛委山堂本）弓五

遁甲開山圖一卷
（清）王謨輯
重訂漢唐地理書鈔（鈔本、嘉慶本）

遁甲開山圖
（清）劉學寵輯
青照堂叢書摘次編第二函·諸經緯遺

遁甲開山圖一卷
（□）榮□解　（清）黃奭輯
漢學堂叢書·通緯附讖
黃氏逸書考（民國修補本、民國補刊
本）·通緯附讖

遁甲符應經三卷
（宋）楊維德等撰
宛委別藏
選印宛委別藏

新鐫煙波釣徒奇門定局一卷
（明）劉基撰
寶顏堂祕笈（萬曆本、民國石印本）彙

集

煙波釣叟歌直解一卷
（清）丁愷曾撰
望奎樓遺稿

奇門遁甲祕要二卷
（明）甘霖撰
五種祕竅全書

遁甲演義四卷
（明）程道生撰
四庫全書·子部術數類
四庫全書珍本初集·子部術數類

奇門賦專征一卷附奇門數略一卷
礱古介書後集

奇門臆解一卷
（清）史易撰
豫恕堂叢書

奇門占驗一卷
（清）丁愷曾撰
望奎樓遺稿

十八活盤詳註一卷
（清）丁愷曾撰
望奎樓遺稿

奇門遁甲啓悟一卷
（清）朱榮璪輯
汪雙池先生叢書·戊笈談兵附

奇門金章一卷
仰視千七百二十九鶴齋叢書（光緒本、
景光緒本）第六集

遁甲釋要四卷
（民國）徐昂撰
徐氏全書

雜術之屬

淮南萬畢術一卷
（漢）劉安撰
說郛（宛委山堂本）弓五

淮南萬畢術一卷
（漢）劉安撰　（清）孫馮翼輯
問經堂叢書·逸子書
叢書集成初編·哲學類

淮南萬畢術一卷
（漢）劉安撰　（清）丁晏輯
南菁書院叢書第三集

淮南萬畢術一卷補遺一卷再補遺一卷
（漢）劉安撰　（清）茆泮林輯
十種古逸書
龍谿精舍叢書·子部

叢書集成初編·哲學類

淮南王萬畢術一卷
　　（漢）劉安撰　　（清）黃奭輯
　　　　漢學堂叢書·子史鉤沈·子部藝術類
　　　　黃氏逸書考（民國修補本、民國補刊
　　　　本）·子史鉤沈

淮南萬畢術一卷補遺一卷附錄一卷
　　（漢）劉安撰　　（清）王仁俊輯
　　　　玉函山房輯佚書續編·子編藝術類

淮南萬畢術二卷
　　（漢）劉安撰　　（民國）葉德輝輯
　　　　觀古堂所著書（光緒本、民國重編本）
　　　　第二集
　　　　郋園先生全書

張子房赤霆經一卷
　　（清）王謨輯
　　　　重訂漢唐地理書鈔（鈔本、嘉慶本）

夢雋一卷
　　（唐）柳燦撰　　（清）馬國翰輯
　　　　玉函山房輯佚書（嫏嬛館本、重印本、
　　　　楚南書局本）·子編五行類

夢書一卷
　　　　說郛（宛委山堂本）弓一百九
　　　　五朝小說·唐人百家小說偏錄家
　　　　五朝小說大觀·唐人百家小說偏錄家

夢書一卷
　　（清）王照圓輯
　　　　郝氏遺書
　　　　龍谿精舍叢書·子部

夢書一卷
　　（清）洪頤煊輯
　　　　問經堂叢書·經典集林
　　　　經典集林

夢占逸旨八卷
　　（明）陳士元撰
　　　　歸雲別集（萬曆本、道光本）
　　　　藝海珠塵石集（乙集）
　　　　叢書集成初編·哲學類

居家宜忌一卷
　　（明）瞿佑撰
　　　　說郛續弓三十

居家宜忌一卷附錄一卷續錄一卷又續
錄一卷三續錄一卷
　　　　遜敏堂叢書

三才避忌
　　（明）高濂撰
　　　　居家必備·趨避

測字祕牒一卷
　　（清）程省撰
　　　　百二漢鏡齋祕書四種

相字祕牒一卷
　　　　文選樓叢書（蕅林山房輯）

武陵競渡略一卷
　　（明）楊嗣昌（清陵亭長）撰
　　　　說郛續弓二十八

游藝錄六卷
　　（清）俞樾撰
　　　　春在堂全書

陰陽五行之屬

宋司星子韋書一卷
　　（周）司星子韋撰　　（清）馬國翰輯
　　　　玉函山房輯佚書（嫏嬛館本、重印本、
　　　　楚南書局本）·子編陰陽類

鄒子一卷
　　（周）鄒衍撰　　（清）馬國翰輯
　　　　玉函山房輯佚書（嫏嬛館本、重印本、
　　　　楚南書局本）·子編陰陽類

鄒子書一卷
　　（周）鄒衍撰　　（清）王仁俊輯
　　　　玉函山房輯佚書續編·子編陰陽類

太史公素王妙論一卷
　　（漢）司馬遷撰　　（清）馬國翰輯
　　　　玉函山房輯佚書（嫏嬛館本、重印本、
　　　　楚南書局本）·子編五行類

元經十卷
　　（晉）郭璞撰　　（晉）趙載注
　　　　選擇叢書集要
　　　　陰陽五要奇書

玉符瑞圖一卷
　　（梁）顧野王撰
　　　　說郛（宛委山堂本）弓六十

孫氏瑞應圖一卷
　　（梁）孫柔之撰
　　　　說郛（宛委山堂本）弓六十

瑞應圖一卷
　　（梁）孫柔之撰　　（清）馬國翰輯
　　　　玉函山房輯佚書（嫏嬛館本、重印本、
　　　　楚南書局本）·子編五行類

瑞應圖一卷
　　（梁）孫柔之撰　　（清）王仁俊輯
　　　　玉函山房輯佚書續編·子編五行類

瑞應圖記一卷
　　（梁）孫柔之撰　　（民國）葉德輝輯
　　　　觀古堂所著書（光緒本）第一集

觀古堂所著書(民國重編本)第二集
郎園先生全書

白澤圖一卷
　　（清）洪頤煊輯
　　　　問經堂叢書・經典集林
　　　　經典集林

白澤圖一卷
　　（清）馬國翰輯
　　　　玉函山房輯佚書（嫏嬛館本、重印本、
　　　　楚南書局本）・子編五行類

白澤圖佚文一卷
　　（清）王仁俊輯
　　　　經籍佚文

天鏡一卷
　　（清）馬國翰輯
　　　　玉函山房輯佚書（嫏嬛館本、重印本、
　　　　楚南書局本）・子編五行類

天鏡一卷
　　（清）王仁俊輯
　　　　玉函山房輯佚書續編・子編五行類

地鏡一卷
　　（清）馬國翰輯
　　　　玉函山房輯佚書（嫏嬛館本、重印本、
　　　　楚南書局本）・子編五行類

地鏡一卷
　　（清）王仁俊輯
　　　　玉函山房輯佚書續編・子編五行類

地鏡圖一卷
　　　　說郛(宛委山堂本)弓六十

地鏡圖一卷
　　（清）王謨輯
　　　　重訂漢唐地理書鈔(鈔本、嘉慶本)

地鏡圖一卷
　　（清）洪頤煊輯
　　　　問經堂叢書・經典集林
　　　　經典集林

地鏡圖一卷
　　（清）馬國翰輯
　　　　玉函山房輯佚書（嫏嬛館本、重印本、
　　　　楚南書局本）・子編五行類

雜五行書一卷
　　（清）馬國翰輯
　　　　玉函山房輯佚書（嫏嬛館本、重印本、
　　　　楚南書局本）・子編五行類

五行大義五卷
　　（隋）蕭吉撰
　　　　知不足齋叢書(乾隆至道光本、景乾隆
　　　　至道光本)第二十六集

佚存叢書（日本本、光緒木活字本、景
日本本）第一帙
宛委別藏
常州先哲遺書第一集・子類
叢書集成初編・哲學類

陰陽書殘一卷(存卷十三)
　　　　鳴沙石室佚書初編

陰陽書一卷
　　（唐）呂才撰　　（清）馬國翰輯
　　　　玉函山房輯佚書（嫏嬛館本、重印本、
　　　　楚南書局本）・子編陰陽類

靈臺經一卷
　　　　道藏（正統本、景正統本）・洞眞部衆
　　　　術類
　　　　道藏舉要第九類

秤星靈臺祕要經一卷
　　　　道藏（正統本、景正統本）・洞眞部衆
　　　　術類

稽瑞一卷
　　（唐）劉賡撰
　　　　玲瓏山館叢刻
　　　　後知不足齋叢書第四函
　　　　叢書集成初編・哲學類

隨筆兆一卷
　　（宋）洪邁撰
　　　　百陵學山
　　　　叢書集成初編・哲學類
　　　　景印元明善本叢書十種・百陵學山

丙丁龜鑑五卷
　　（宋）柴望輯
　　　　寶顏堂祕笈（萬曆本、民國石印本）廣
　　　　集・丙丁龜鑑附
　　　　詒經堂藏書
　　　　叢書集成初編・哲學類・丙丁龜鑑附

丙丁龜鑑續錄一卷
　　（元）□□輯
　　　　寶顏堂祕笈（萬曆本、民國石印本）廣
　　　　集・丙丁龜鑑附
　　　　詒經堂藏書・丙丁龜鑑附
　　　　叢書集成初編・哲學類・丙丁龜鑑附

續丙丁龜鑑一卷
　　（明）□□輯
　　　　寶顏堂祕笈（萬曆本、民國石印本）廣
　　　　集・丙丁龜鑑附
　　　　詒經堂藏書・丙丁龜鑑附
　　　　叢書集成初編・哲學類・丙丁龜鑑附

復續丙丁龜鑑一卷
　　（□）春華子輯
　　　　詒經堂藏書・丙丁龜鑑附

土牛經一卷
　　（宋）向孟撰
　　　　夷門廣牘・雜占
　　　　說郛（宛委山堂本）弓一百九
　　　　五朝小說・宋人百家小說瑣記家
　　　　五朝小說大觀・宋人百家小說瑣記家
　　　　叢書集成初編・哲學類
　　　　景印元明善本叢書十種・夷門廣牘・
　　　　雜占
　土牛經
　　　　說郛（商務印書館本）卷十五
三術撮要一卷
　　（宋）□□撰
　　　　宛委別藏
　三厤撮要一卷
　　　　十萬卷樓叢書三編
　　　　隨盦徐氏叢書續編
禽星易見一卷
　　（明）池本理撰
　　　　四庫全書・子部術數類
　　　　四庫全書珍本初集・子部術數類
選擇曆說
　　（明）高濂撰
　　　　居家必備・趨避
諏吉新書一卷
　　（明）董潛撰
　　　　江陰季氏叢刻
長歷鉤玄（一名綈裘寶書）一卷
　　（明）董銀峯撰
　　　　惟惠堂五種
擇日便覽二卷附錄一卷
　　（明）周於德撰　　（明）萬邦孚增補
　　　　士商必要
選擇通書祕竅三卷
　　（明）甘霖撰
　　　　五種祕竅全書
尅擇部一卷附奇聞口訣
　　（明）黃復初撰
　　　　地理眞訣卷二
附厤合覽二卷
　　（明）胡文煥撰
　　　　格致叢書
金符經一卷
　　　　格致叢書
連珠厤一卷
　　　　格致叢書
趨避檢三卷
　　（明）胡泰撰

　　　　格致叢書
星歷考原六卷
　　（清）李光地等撰
　　　　四庫全書・子部術數類
協紀辨方書三十六卷
　　（清）允祿等撰
　　　　四庫全書・子部術數類
仕學備餘六卷
　　（清）紀大奎撰
　　　　紀慎齋先生全集
五行問一卷
　　（清）吳肅公撰
　　　　昭代叢書（康熙本）甲集第一帙
　　　　昭代叢書（道光本）甲集第一帙
五行雜說一卷
　　（清）張楚鍾撰
　　　　務實勝窩彙稿
五行占一卷
　　（清）俞樾撰
　　　　春在堂全書・曲園雜纂
選擇當知三卷
　　（清）倪榮桂輯
　　　　中西星要（嘉慶本、光緒本）
陰陽五行古義鉤沈一卷
　　（民國）余重耀撰
　　　　遯廬叢著

藝　術　類

總論之屬

東觀餘論二卷附錄一卷
　　（宋）黃伯思撰
　　　　王氏書畫苑（明本、景明本）・書苑
　　　　津逮祕書（汲古閣本、景汲古閣本）第
　　　　六集
　　　　四庫全書・子部雜家類
　　　　學津討原（嘉慶本、景嘉慶本）第十三
　　　　集
　　　　邵武徐氏叢書初刻
東觀餘論校一卷
　　（清）陸心源撰
　　　　潛園總集・羣書校補
負暄野錄二卷
　　（宋）陳槱撰
　　　　四庫全書・子部雜家類

知不足齋叢書(乾隆至道光本、景乾隆
至道光本)第二十六集
吉石盦叢書四集
叢書集成初編・藝術類
美術叢書初集第三輯

負暄野錄一卷
養素軒叢錄第三集

雲煙過眼錄四卷
(宋)周密撰
寶顏堂祕笈(萬曆本、民國石印本)正
集
四庫全書・子部雜家類

雲煙過眼錄二卷
十萬卷樓叢書三編
叢書集成初編・藝術類
美術叢書二集第二輯

雲煙過眼續錄一卷
(元)湯允謨撰
寶顏堂祕笈(萬曆本、民國石印本)正
集
四庫全書・子部雜家類
奇晉齋叢書(乾隆本、景乾隆本)

雲煙過眼錄續集一卷
十萬卷樓叢書三編・雲煙過眼錄附
叢書集成初編・藝術類
美術叢書二集第二輯

格古要論三卷
(明)曹昭撰
格致叢書
夷門廣牘・博雅
四庫全書・子部雜家類
景印元明善本叢書十種・夷門廣牘・
博雅

格古論
說郛(商務印書館本)卷八十七

新增格古要論十三卷
(明)曹昭撰　(明)舒敏編　(明)王佐增
惜陰軒叢書(道光本、光緒本)第九函
叢書集成初編・藝術類

清祕藏二卷
(明)張應文撰
四庫全書・子部雜家類
述古叢鈔第一集
藏修堂叢書第三集
翠琅玕館叢書(黃任恆輯)・子部
藝術叢書・雜品
芋園叢書・子部
美術叢書初集第八輯

妮古錄四卷

(明)陳繼儒撰
寶顏堂祕笈(萬曆本、民國石印本)祕
集
叢書集成初編・藝術類
美術叢書初集第十輯

韻石齋筆談二卷
(清)姜紹書撰
四庫全書・子部雜家類
知不足齋叢書(乾隆至道光本、景乾隆
至道光本)第一集
嘯園叢書第四函
常州先哲遺書後編・子類
古今文藝叢書第五集
筆記小說大觀第四輯
叢書集成初編・藝術類
美術叢書二集第十輯

笠翁偶集摘錄一卷
(清)李漁撰
香豔叢書第二十集

書影擇錄一卷
(清)周亮工撰
美術叢書初集第四輯

七頌堂識小錄一卷
(清)劉體仁撰
知不足齋叢書(乾隆至道光本、景乾隆
至道光本)第一集
四庫全書・子部雜家類
昭代叢書(道光本)庚集埤編
漱六編
筆記小說大觀第八輯
叢書集成初編・藝術類
美術叢書初集第一輯

享金簿一卷
(清)孔尙任撰
美術叢書初集第七輯

研山齋雜記四卷
(清)孫承澤撰
四庫全書・子部雜家類
四庫全書珍本初集・子部雜家類

藝能編一卷
(清)錢泳輯
古今文藝叢書第一集

潛吉堂雜著一卷
(清)楊秉桂撰
甲戌叢編

寶素室金石書畫編年錄二卷
(清)釋達受撰
古學彙刊第二集・金石類

破鐵網二卷

（清）胡爾滎撰
　　　花近樓叢書補遺
　　　藕香零拾
前塵夢影錄二卷
　　（清）徐康撰
　　　靈鶼閣叢書第四集
　　　叢書集成初編・藝術類
　　　美術叢書初集第二輯
淨樂宧談藝一卷
　　（民國）楊昭儁撰
　　　淨樂宧叢著
中國美術史定稿一卷
　　（民國）葉瀚撰
　　　晚學廬叢稿
藝術類徵八卷
　　（民國）鄒安輯
　　　藝術叢編
談藝錄一卷
　　（民國）鄧實輯
　　　美術叢書三集第十輯

書畫之屬

總　錄

思陵書畫記一卷
　　（宋）周密撰
　　　說郛（宛委山堂本）弓八十八
　　　五朝小說・宋人百家小說瑣記家
　　　五朝小說大觀・宋人百家小說瑣記家
趙蘭坡所藏書畫目錄一卷
　　（宋）口口撰
　　　美術叢書四集第十輯
悅生所藏書畫別錄一卷
　　（宋）口口撰
　　　美術叢書四集第十輯
書畫目錄一卷
　　（元）王惲撰
　　　美術叢書四集第六輯
趙氏鐵網珊瑚十六卷
　　（明）朱存理撰
　　　四庫全書・子部藝術類
寓意編一卷
　　（明）都穆撰
　　　顧氏明朝四十家小說（正德嘉靖本、宣
　　　　統排印本、民國石印本）
　　　四庫全書・子部藝術類
　　　奇晉齋叢書（乾隆本、景乾隆本）

學海類編（道光本、景道光本）・集餘
　　六
　　漱六編
　　叢書集成初編・藝術類
　　美術叢書二集第一輯
眞賞齋賦一卷
　　（明）豐坊撰
　　　藕香零拾
鈐山堂書畫記一卷
　　（明）文嘉撰
　　　知不足齋叢書（乾隆至道光本、景乾隆
　　　　至道光本）第十四集・天水冰山錄
　　　　附
　　　叢書集成初編・藝術類
　　　美術叢書二集第六輯
　　　中國內亂外禍歷史叢書第七輯
鈐山堂書畫記
　　　勝朝遺事初編
孫氏書畫鈔二卷
　　（明）孫鳳撰
　　　涵芬樓祕笈第三集
畫禪室隨筆四卷
　　（明）董其昌撰
　　　四庫全書・子部雜家類
　　　筆記小說大觀第五輯
畫禪室隨筆
　　　清瘦閣讀畫十八種
畫禪室隨筆不分卷
　　　藝林名著叢刊
董華亭書畫錄一卷
　　（明）董其昌撰　　（清）青浮山人輯
　　　靈鶼閣叢書第二集
　　　叢書集成初編・藝術類
書畫史一卷
　　（明）陳繼儒撰
　　　廣百川學海壬集
　　　寶顏堂祕笈（萬曆本、民國石印本）祕
　　　　集
　　　說郛續弓三十五
　　　叢書集成初編・藝術類
　　　美術叢書初集第十輯
書畫金湯一卷
　　（明）陳繼儒撰
　　　說郛續弓三十五
　　　美術叢書初集第十輯
清河書畫舫十二卷
　　（明）張丑撰
　　　四庫全書・子部藝術類

埽葉山房叢鈔

眞蹟日錄五卷二集一卷三集一卷
　　(明)張丑撰
　　　　四庫全書‧子部藝術類

清河祕篋書畫表一卷
　　(明)張丑撰
　　　　四庫全書‧子部藝術類
　　　　迷古叢鈔第一集
　　　　藏修堂叢書第四集‧張氏四種
　　　　翠琅玕館叢書(黃任恆輯)‧子部‧張
　　　　　氏四種
　　　　藝術叢書‧書學‧張氏四種
　　　　芋園叢書‧子部‧張氏四種

法書名畫見聞表一卷
　　(明)張丑撰
　　　　四庫全書‧子部藝術類
　　　　迷古叢鈔第一集
　　　　藏修堂叢書第四集‧張氏四種
　　　　翠琅玕館叢書(黃任恆輯)‧子部‧張
　　　　　氏四種
　　　　藝術叢書‧書學‧張氏四種
　　　　芋園叢書‧子部‧張氏四種

米庵鑒古百一詩一卷
　　(明)張丑撰
　　　　美術叢書三集第一輯

朱臥菴藏書畫目一卷
　　(明)朱之赤撰
　　　　美術叢書二集第六輯

庚子消夏記八卷
　　(清)孫承澤撰
　　　　四庫全書‧子部藝術類
　　　　學古齋金石叢書第二集
　　　　風雨樓叢書

庚子銷夏記校文一卷
　　(清)何焯撰
　　　　藝海珠塵癸集

庚子消夏記校文一卷附校勘記一卷
　　(清)何焯撰　校勘記(清)魏錫曾撰
　　　　古學彙刊第二集‧目錄類

江村銷夏錄三卷
　　(清)高士奇撰
　　　　四庫全書‧子部藝術類
　　　　風雨樓叢書

江邨書畫目一卷
　　(清)高士奇撰
　　　　東方學會叢書初集

式古堂書畫彙考六十卷
　　(清)卞永譽撰

四庫全書‧子部藝術類

好古堂家藏書畫記二卷續收書畫奇物記
　　一卷
　　(清)姚際恆撰
　　　　讀畫齋叢書乙集
　　　　叢書集成初編‧藝術類
　　　　美術叢書三集第八輯

佩文齋書畫譜一百卷
　　(清)孫岳頒等撰
　　　　四庫全書‧子部藝術類
　　　　摛藻堂四庫全書薈要‧子部

寓意錄四卷
　　(清)繆曰藻撰
　　　　春暉堂叢書

墨緣彙觀錄四卷
　　(清)安岐(松泉居士)錄
　　　　粵雅堂叢書三編第二十八集
　　　　叢書集成初編‧藝術類

祕殿珠林二十四卷
　　清乾隆九年敕撰
　　　　四庫全書‧子部藝術類

石渠寶笈四十四卷
　　清乾隆十九年敕撰
　　　　四庫全書‧子部藝術類

欽定石渠寶笈三編總目不分卷
　　清嘉慶四年敕撰
　　　　嘉草軒叢書

賞鑑雜說一卷
　　(清)陸時化撰
　　　　花近樓叢書

吳越所見書畫錄六卷
　　(清)陸時化撰
　　　　風雨樓叢書

書畫說鈴一卷
　　(清)陸時化撰
　　　　楡園叢刻附‧娛園叢刻
　　　　風雨樓叢書
　　　　叢書集成初編‧藝術類

湘管齋寓賞編六卷
　　(清)陳焯撰
　　　　美術叢書四集第八輯

聽颿樓書畫記五卷續刻二卷
　　(清)潘正煒撰
　　　　美術叢書四集第七輯

平津館鑒藏書畫記一卷
　　(清)孫星衍撰
　　　　獨抱廬叢刻

石渠隨筆八卷

津逮祕書（汲古閣本、景汲古閣本）第
十三集
叢書集成初編・藝術類

元豐題跋一卷
（宋）曾鞏撰
津逮祕書（汲古閣本、景汲古閣本）第
十三集
叢書集成初編・藝術類

魏公題跋一卷
（宋）蘇頌撰
津逮祕書（汲古閣本、景汲古閣本）第
十三集
叢書集成初編・藝術類

東坡題跋六卷
（宋）蘇軾撰
津逮祕書（汲古閣本、景汲古閣本）第
十二集
叢書集成初編・藝術類

山谷題跋九卷
（宋）黃庭堅撰
津逮祕書（汲古閣本、景汲古閣本）第
十二集
叢書集成初編・藝術類

淮海題跋一卷
（宋）秦觀撰
津逮祕書（汲古閣本、景汲古閣本）第
十二集
叢書集成初編・藝術類

海岳題跋一卷
（宋）米芾撰
津逮祕書（汲古閣本、景汲古閣本）第
十三集
湖北先正遺書・子部
叢書集成初編・藝術類

姑溪題跋二卷
（宋）李之儀撰
津逮祕書（汲古閣本、景汲古閣本）第
十二集
畿輔叢書
叢書集成初編・藝術類

无咎題跋一卷
（宋）晁補之撰
津逮祕書（汲古閣本、景汲古閣本）第
十二集
叢書集成初編・藝術類

石門題跋二卷
（宋）釋惠洪（德洪）撰
津逮祕書（汲古閣本、景汲古閣本）第
十二集

叢書集成初編・藝術類

廣川書跋十卷
（宋）董逌撰
王氏書畫苑（明本、景明本）・書苑補
益
津逮祕書（汲古閣本、景汲古閣本）第
六集
四庫全書・子部藝術類
行素草堂金石叢書
槐廬叢書四編
適園叢書第五集
叢書集成初編・藝術類

廣川書跋一卷
（宋）董逌撰　（清）徐維則輯
會稽徐氏初學堂叢書輯錄

廣川畫跋六卷
（宋）董逌撰
王氏書畫苑（明本、景明本）・畫苑補
益
四庫全書・子部藝術類
十萬卷樓叢書二編
藏修堂叢書第四集
適園叢書第五集
翠琅玕館叢書（黃任恆輯）・子部
藝術叢書・畫學
芋園叢書・子部
叢書集成初編・藝術類

廣川畫跋校勘記六卷
（清）劉晚榮撰
藏修堂叢書第四集

放翁題跋六卷
（宋）陸游撰
津逮祕書（汲古閣本、景汲古閣本）第
十二集
嘯園叢書第五函
叢書集成初編・藝術類

益公題跋十二卷
（宋）周必大撰
津逮祕書（汲古閣本、景汲古閣本）第
十三集
叢書集成初編・藝術類

晦菴題跋三卷
（宋）朱熹撰
津逮祕書（汲古閣本、景汲古閣本）第
十三集
叢書集成初編・藝術類

攻媿題跋十卷
（宋）樓鑰撰
適園叢書第三集

止齋題跋二卷
　　（宋）陳傅良撰
　　　　津逮祕書（汲古閣本、景汲古閣本）第
　　　　十三集
　　　　叢書集成初編・藝術類
水心題跋一卷
　　（宋）葉適撰
　　　　津逮祕書（汲古閣本、景汲古閣本）第
　　　　十三集
　　　　叢書集成初編・藝術類
西山題跋三卷
　　（宋）眞德秀撰
　　　　津逮祕書（汲古閣本、景汲古閣本）第
　　　　十二集
　　　　叢書集成初編・藝術類
後村題跋四卷
　　（宋）劉克莊撰
　　　　津逮祕書（汲古閣本、景汲古閣本）第
　　　　十三集
　　　　叢書集成初編・藝術類
　後村先生題跋十三卷
　　　　適園叢書第三集
鶴山題跋七卷
　　（宋）魏了翁撰
　　　　津逮祕書（汲古閣本、景汲古閣本）第
　　　　十二集
　　　　叢書集成初編・藝術類
珊瑚木難八卷
　　（明）朱存理撰
　　　　四庫全書・子部藝術類
　　　　適園叢書第九集
南濠居士文跋四卷
　　（明）都穆撰
　　　　江氏聚珍版叢書二集
文待詔題跋二卷
　　（明）文徵明撰
　　　　學海類編（道光本、景道光本）・集餘
　　　　五
　　　　叢書集成初編・藝術類
書畫跋跋三卷續三卷
　　（明）孫鑛撰
　　　　四庫全書・子部藝術類
石雲先生題跋一卷
　　（明）孫楨撰
　　　　石雲先生遺稿
陸學士題跋二卷
　　（明）陸樹聲撰
　　　　陸學士雜著

書畫題跋記十二卷續題跋記十二卷
　　（明）郁逢慶撰
　　　　四庫全書・子部藝術類
書畫題跋記十二卷
　　　　風雨樓叢書
珊瑚網四十八卷
　　（明）汪砢玉撰
　　　　四庫全書・子部藝術類
　　　　適園叢書第八集
墨君題語一卷
　　（明）李霖亨撰
　　　　李竹嬾先生說部全書
　　　　國學珍本文庫第一集・竹嬾畫賸附
醉鷗墨君題語一卷
　　　　美術叢書二集第二輯
墨君題語一卷
　　（明）李日華撰
　　　　李竹嬾先生說部全書
　　　　國學珍本文庫第一集・竹嬾畫賸附
　竹嬾墨君題語一卷
　　　　美術叢書二集第二輯
西湖臥遊圖題跋一卷
　　（明）李流芳輯
　　　　西湖集覽
　　　　武林掌故叢編第三集
　　　　美術叢書初集第十輯
大滌子題畫詩跋一卷
　　（清）釋道濟撰
　　　　論畫輯要
　　　　美術叢書三集第十輯
清湘老人題記一卷附錄一卷
　　（清）釋道濟撰　（清）汪鋆輯
　　　　十二硯齋三種
　　　　畫苑祕笈初編
墨井畫跋一卷
　　（清）吳歷撰
　　　　昭代叢書（道光本）己集廣編
　　　　論畫輯要
　墨井題跋一卷
　　　　小石山房叢書第十三冊
畫跋一卷
　　（清）惲格撰
　　　　借月山房彙鈔（嘉慶本、景嘉慶本）第
　　　　十二集
　　　　澤古齋重鈔第十集
　　　　叢書集成初編・藝術類
　南田畫跋一卷
　　　　㗊園叢書第五函

　　　　　古今文藝叢書第四集
　　　　　畫論叢刊
　　南田畫跋四卷
　　　　　翠琅玕館叢書(馮兆年輯)第三集
　　　　　翠琅玕館叢書(黃任恆輯)・子部
　　　　　藝術叢書・畫學
　　　　　芋園叢書・子部
　　　　　美術叢書四集第六輯
　題畫詩一卷
　　　(清)惲格撰
　　　　　借月山房彙鈔(嘉慶本、景嘉慶本)第
　　　　　　十二集
　　　　　澤古齋重鈔第十集
　　　　　叢書集成初編・藝術類
　王司農題畫錄二卷
　　　(清)王原祁撰　　(民國)王保譓輯校
　　　　　甲戌叢編
　賴古堂書畫跋一卷
　　　(清)周亮工撰
　　　　　美術叢書初集第四輯
　曝書亭書畫跋一卷
　　　(清)朱彝尊撰
　　　　　美術叢書初集第九輯
　漫堂書畫跋一卷
　　　(清)宋犖撰
　　　　　美術叢書初集第五輯
　湛園題跋一卷
　　　(清)姜宸英撰
　　　　　昭代叢書(道光本)壬集補編
　　　　　涉聞梓舊(咸豐本、商務印書館景咸豐
　　　　　　本、竹簡齋景咸豐本)
　　　　　小石山房叢書第十冊
　　　　　姜先生全集
　　　　　叢書集成初編・藝術類
　　　　　美術叢書四集第二輯
　冬心先生畫竹題記一卷
　　　(清)金農撰
　　　　　花近樓叢書
　　　　　西泠五布衣遺著・冬心雜著
　　　　　小石山房叢書第十二冊
　　　　　翠琅玕館叢書(馮兆年輯)第一集・冬
　　　　　　心畫題記
　　　　　巾箱小品
　　　　　古今文藝叢書第五集
　　　　　翠琅玕館叢書(黃任恆輯)・子部・冬
　　　　　　心畫題記
　　　　　藝術叢書・畫學・冬心題畫
　　　　　芋園叢書・子部・冬心畫題記
　　　　　美術叢書初集第三輯

冬心畫梅題記一卷
　　(清)金農撰
　　　　花近樓叢書
　　　　西泠五布衣遺著・冬心雜著
　　　　翠琅玕館叢書(馮兆年輯)第一集・冬
　　　　　心畫題記
　　　　巾箱小品
　　　　古今文藝叢書第五集
　　　　翠琅玕館叢書(黃任恆輯)・子部・冬
　　　　　心畫題記
　　　　藝術叢書・畫學・冬心題畫
　　　　芋園叢書・子部・冬心畫題記
　　　　美術叢書初集第三輯
冬心畫馬題記一卷
　　(清)金農撰
　　　　花近樓叢書
　　　　西泠五布衣遺著・冬心雜著
　　　　翠琅玕館叢書(馮兆年輯)第一集・冬
　　　　　心畫題記
　　　　巾箱小品
　　　　古今文藝叢書第五集
　　　　翠琅玕館叢書(黃任恆輯)・子部・冬
　　　　　心畫題記
　　　　藝術叢書・畫學・冬心題畫
　　　　芋園叢書・子部・冬心畫題記
　　　　美術叢書初集第三輯
冬心畫佛題記一卷
　　(清)金農撰
　　　　花近樓叢書
　　　　西泠五布衣遺著・冬心雜著
　　　　翠琅玕館叢書(馮兆年輯)第一集・冬
　　　　　心畫題記
　　　　巾箱小品
　　　　古今文藝叢書第五集
　　　　翠琅玕館叢書(黃任恆輯)・子部・冬
　　　　　心畫題記
　　　　藝術叢書・畫學・冬心題畫
　　　　芋園叢書・子部・冬心畫題記
　　　　美術叢書初集第三輯
冬心自寫真題記一卷
　　(清)金農撰
　　　　花近樓叢書
　　　　西泠五布衣遺著・冬心雜著
　　　　翠琅玕館叢書(馮兆年輯)第一集・冬
　　　　　心畫題記
　　　　巾箱小品
　　　　古今文藝叢書第五集
　　　　翠琅玕館叢書(黃任恆輯)・子部・冬
　　　　　心畫題記
　　　　藝術叢書・畫學・冬心題畫

芋園叢書・子部・冬心畫題記
美術叢書初集第三輯

冬心先生雜畫題記一卷補遺一卷
　(清)金農撰
　　美術叢書三集第一輯

板橋題畫一卷
　(清)鄭燮撰
　　板橋集
　　花近樓叢書
　　翠琅玕館叢書(馮兆年輯)第四集
　　巾箱小品
　　古今文藝叢書第一集
　　翠琅玕館叢書(黃任恆輯)・子部
　　藝術叢書・畫學
　　芋園叢書・子部
　　美術叢書四集第二輯

葦間老人題畫集一卷
　(清)邊壽民撰　(民國)羅振玉等輯
　　楚州叢書第一集

天瓶齋書畫題跋二卷
　(清)張照撰
　　小重山房叢書
　　美術叢書四集第十輯
　　丙子叢編

天瓶齋書畫題跋補輯一卷
　(清)張照撰　(清)張興載補輯
　　丙子叢編

天慵菴筆記二卷
　(清)方士庶撰
　　仰視千七百二十九鶴齋叢書(光緒本、
　　　景光緒本)第五集
　　叢書集成初編・藝術類

畫梅題跋一卷
　(清)查禮撰
　　花近樓叢書補遺
　　美術叢書二集第五輯

畫梅題記一卷
　　屛廬叢刻

題畫梅一卷
　　畫論叢刊

畫蘭題句一卷
　(清)曹庭棟撰
　　花近樓叢書補遺

畫梅題記一卷
　(清)朱方藹撰
　　知不足齋叢書(乾隆至道光本、景乾隆
　　　至道光本)第三十集
　　叢書集成初編・藝術類

頻羅庵題跋四卷
　(清)梁同書撰
　　頻羅庵遺集・頻羅庵詩附

頻羅庵書畫跋一卷
　　美術叢書初集第五輯

惜抱軒法帖題跋三卷
　(清)姚鼐撰
　　惜抱軒全集(同治本、光緒本、民國本)

法帖題跋三卷
　　四部備要(排印本、縮印本)・集部清
　　　別集・惜抱軒文集附

滋蕙堂法帖題跋一卷
　(清)曾恆德撰
　　昭代叢書(道光本)丁集新編

題畫詩鈔一卷
　(清)王懌撰
　　畫苑祕笈二編
　　樸廬遺稿

冬花庵題畫絕句一卷
　(清)奚岡撰
　　美術叢書三集第五輯

我川寓賞編一卷
　(清)□□撰
　　美術叢書三集第二輯

芳堅館題跋四卷
　(清)郭尙先撰
　　述古叢鈔第四集
　　藏修堂叢書第四集
　　翠琅玕館叢書(黃任恆輯)・史部
　　芋園叢書・子部

芳堅館題跋三卷
　　吉雨山房全集附

小松圓閣書畫跋一卷附錄一卷
　(清)程庭鷺撰
　　美術叢書初集第四輯

賜硯齋題畫偶錄一卷
　(清)戴熙撰
　　春暉堂叢書
　　嘯園叢書第五函
　　古今說部叢書七集
　　美術叢書初集第一輯

髠舟詔柄一卷
　(清)許兆熊撰
　　合衆圖書館叢書第一集

藤花亭書畫跋四卷
　(清)梁廷枏撰
　　自明誠廔叢書

西圃題畫詩一卷

（清）潘遵祁撰
　　江氏聚珍版叢書四集
月壺題畫詩一卷
　（清）瞿應紹撰
　　喜咏軒叢書甲編
息柯雜著六卷
　（清）楊翰撰
　　息柯居士全集
蓮鄉題畫偶存一卷
　（清）孔繼堯撰
　　藝海一勺
今夕盦題畫詩一卷
　（清）居巢撰
　　美術叢書二集第三輯
自題所畫一卷
　（清）傅金銓撰
　　濟一子道書
畫蘭題記一卷附錄一卷
　（清）楊秉桂撰
　　花近樓叢書
題畫雜言一卷
　（清）湯貽汾撰
　　湯氏叢書
栩栩園題畫一卷
　（清）湯貽汾撰
　　湯氏叢書
眼福編初集十四卷二集十五卷三集七卷
　（清）楊恩壽撰
　　坦園全集
金谿題跋一卷
　（清）魏綗撰
　　邵陽魏先生遺集
續語堂題跋一卷
　（清）魏錫曾撰
　　魏稼孫全集
寒松閣題跋一卷
　（清）張鳴珂撰
　　藝海一勺
　　合衆圖書館叢書第一集
三邕翠墨簃題跋四卷
　（民國）李葆恂撰
　　義州李氏叢刻
雪堂書畫跋尾一卷
　（民國）羅振玉撰
　　永豐鄉人稿丁稿
澹廬讀畫詩一卷
　（民國）徐鋆撰
　　古今文藝叢書第四集

霜厓讀畫錄一卷
　（民國）吳梅撰
　　乙亥叢編

書

秦

用筆法一卷
　（秦）李斯撰　（清）王仁俊輯
　　玉函山房輯佚書續編・經編小學類

漢

篆勢一卷
　（漢）蔡邕撰　（清）王仁俊輯
　　玉函山房輯佚書續編・經編小學類
非草書一卷
　（漢）趙壹撰　（清）王仁俊輯
　　玉函山房輯佚書續編・經編小學類

魏

筆墨法一卷
　（魏）韋誕撰　（清）王仁俊輯
　　玉函山房輯佚書續編・經編小學類

晉

草書狀一卷
　（晉）索靖撰　（清）馬國翰輯
　　玉函山房輯佚書（嬛嬛館本、重印本、
　　楚南書局本）・經編小學類
四體書勢一卷
　（晉）衛恆撰
　　說郛（宛委山堂本）弓八十六
　　五朝小說・魏晉小說品藻家
　　五朝小說大觀・魏晉小說品藻家
四體書勢一卷
　（晉）衛恆撰　（清）馬國翰輯
　　玉函山房輯佚書（嬛嬛館本、重印本、
　　楚南書局本）・經編小學類
筆陣圖一卷
　（晉）衛鑠撰
　　續百川學海壬集
　　說郛（宛委山堂本）弓八十六
衛夫人筆陣圖一卷
　　天都閣藏書
筆陣圖
　　綠窗女史・著撰部雜錄
筆勢論略一卷
　（晉）王羲之撰

說郛(宛委山堂本)弓八十六

書論一卷
 (晉)王羲之撰 (清)王仁俊輯
  玉函山房輯佚書續編·經編小學類

梁

書評一卷
 (梁)袁昂撰
  百川學海(重輯本)庚集
  說郛(宛委山堂本)弓八十六

古今書評一卷
  天都閣藏書

書評一卷
 梁武帝撰
  說郛(宛委山堂本)弓八十七
  五朝小說·魏晉小說品藻家
  五朝小說大觀·魏晉小說品藻家

書品一卷
 (梁)庾肩吾撰
  續百川學海壬集
  廣漢魏叢書(萬曆本、嘉慶本)·載籍
  寶顏堂祕笈(萬曆本、民國石印本)正
   集
  天都閣藏書
  說郛(宛委山堂本)弓八十七
  五朝小說·魏晉小說品藻家
  五朝小說大觀·魏晉小說品藻家
  硯北偶鈔
  四庫全書·子部藝術類
  增訂漢魏叢書(乾隆本、紅杏山房本、
   三餘堂本、大通書局石印本)·載籍
  四品彙鈔
  湖北先正遺書·子部

唐

書法一卷
 (唐)歐陽詢撰 (明)王道焜注
  續百川學海壬集
  說郛(宛委山堂本)弓八十六
  五朝小說·唐人百家小說瑣記家
  五朝小說大觀·唐人百家小說瑣記家
  唐人說薈(乾隆本、道光本、宣統石印
   本、民國石印本)三集
  唐代叢書三集

書法
  居家必備·藝學

筆髓論一卷
 (唐)虞世南撰
  說郛(宛委山堂本)弓八十六

拜梅山房几上書

後書品一卷
 (唐)李嗣眞撰
  說郛(宛委山堂本)弓八十七

書譜一卷
 (唐)孫過庭撰
  百川學海(咸淳本、景刊咸淳本)丙集
  百川學海(弘治本、景刊咸淳本據弘治
   目次編印本、景弘治本)辛集
  百川學海(重輯本)庚集
  王氏書畫苑(明本、景明本)·書苑補
   益
  說郛(宛委山堂本)弓八十七
  四庫全書·子部藝術類
  叢書集成初編·藝術類

書斷四卷
 (唐)張懷瓘撰
  百川學海(咸淳本、景刊咸淳本)庚集
  百川學海(弘治本、景刊咸淳本據弘治
   目次編印本、景弘治本)辛集
  百川學海(重輯本)庚集
  格致叢書
  天都閣藏書
  說郛(宛委山堂本)弓八十七
  四庫全書·子部藝術類

書斷
  說郛(商務印書館本)卷九十二

字格一卷
 (唐)寶臮撰
  說郛(宛委山堂本)弓八十五

述書賦二卷
 (唐)寶臮撰 (唐)寶蒙注
  四庫全書·子部藝術類
  反約篇
  榕園叢書丙集

述書賦一卷
  美術叢書四集第二輯

張長史十二意筆法(一名顏公筆法)一卷
 (唐)顏眞卿撰
  說郛(宛委山堂本)弓八十六

陽冰筆法
 (唐)李陽冰撰
  居家必備·藝學

陽冰(誤題冰陽)筆訣一卷
  說郛(宛委山堂本)弓八十六

法書要錄十卷
 (唐)張彥遠輯
  王氏書畫苑(明本、景明本)·書苑

津逮祕書（汲古閣本、景汲古閣本）第
　六集
四庫全書·子部藝術類
學津討原（嘉慶本、景嘉慶）第十一
　集
叢書集成初編·藝術類

五十六種書法一卷
　　（唐）韋續撰
　　　　說郛（宛委山堂本）弓八十六
　　　　篆學瑣著

九品書一卷
　　（唐）韋續撰
　　　　說郛（宛委山堂本）弓八十六

書品優劣一卷
　　（唐）韋續撰
　　　　說郛（宛委山堂本）弓八十六

續書品一卷
　　（唐）韋續撰
　　　　說郛（宛委山堂本）弓八十六

書評一卷
　　（唐）韋續撰
　　　　說郛（宛委山堂本）弓八十六

墨藪二卷
　　（唐）韋續撰
　　　　四庫全書·子部藝術類

墨藪一卷
　　　　十萬卷樓叢書三編
　　　　叢書集成初編·藝術類

書訣墨藪
　　　　說郛（商務印書館本）卷七十三

宋

法書苑一卷
　　（宋）周越撰
　　　　說郛（宛委山堂本）弓八十六
　　　　五朝小說·魏晉小說品藻家
　　　　五朝小說大觀·魏晉小說品藻家

法書苑
　　　　說郛（商務印書館本）卷七十八

墨池編六卷
　　（宋）朱長文撰
　　　　四庫全書·子部藝術類

米元章書史一卷
　　（宋）米芾撰
　　　　百川學海（咸淳本、景刊咸淳本）已集
　　　　百川學海（弘治本、景刊咸淳本據弘治
　　　　　目次編印本、景弘治本）辛集

米海嶽書史一卷

王氏書畫苑（明本、景明本）·書苑

書史一卷
　　　　四庫全書·子部藝術類
　　　　叢書集成初編·藝術類
　　　　美術叢書二集第一輯

書史二卷
　　　　百川學海（重輯本）庚集
　　　　說郛（宛委山堂本）弓八十八
　　　　湖北先正遺書·子部

寶章待訪錄一卷
　　（宋）米芾撰
　　　　百川學海（咸淳本、景刊咸淳本）辛集
　　　　百川學海（弘治本、景刊咸淳本據弘治
　　　　　目次編印本、景弘治本）辛集
　　　　百川學海（重輯本）庚集
　　　　王氏書畫苑（明本、景明本）·書苑補
　　　　　益
　　　　米襄陽志林
　　　　說郛（宛委山堂本）弓八十九
　　　　四庫全書·子部藝術類
　　　　湖北先正遺書·子部
　　　　美術叢書初集第八輯

海岳名言一卷
　　（宋）米芾撰
　　　　百川學海（咸淳本、景刊咸淳本）癸集
　　　　百川學海（弘治本、景刊咸淳本據弘治
　　　　　目次編印本、景弘治本）辛集
　　　　百川學海（重輯本）庚集
　　　　說郛（宛委山堂本）弓八十八
　　　　四庫全書·子部藝術類
　　　　橫山草堂叢書第一集
　　　　湖北先正遺書·子部
　　　　叢書集成初編·藝術類
　　　　美術叢書初集第八輯

海嶽名言一卷
　　　　米襄陽志林

海岳名言
　　　　說郛（商務印書館本）卷七十九

高宗皇帝御製翰墨志一卷
　　宋高宗撰
　　　　百川學海（咸淳本、景刊咸淳本）甲集
　　　　百川學海（弘治本、景刊咸淳本據弘治
　　　　　目次編印本、景弘治本）辛集
　　　　王氏書畫苑（明本、景明本）·書苑補
　　　　　益

翰墨志一卷
　　　　百川學海（重輯本）庚集
　　　　說郛（宛委山堂本）弓八十八
　　　　四庫全書·子部藝術類

叢書集成初編・藝術類

翰墨志
　說郛(商務印書館本)卷六十九

續書譜一卷
　(宋)姜夔撰
　　百川學海(咸淳本、景刊咸淳本)丁集
　　百川學海(弘治本、景刊咸淳本據弘治
　　　目次編印本、景弘治本)辛集
　　百川學海(重輯本)庚集
　　王氏書畫苑(明本、景明本)・書苑補
　　　益
　　格致叢書
　　說郛(宛委山堂本)弓八十七
　　四庫全書・子部藝術類
　　叢書集成初編・藝術類

白石道人續書譜一卷
　　白石道人四種(乾隆本、同治本)
　　吉林探源書舫叢書二集

續書譜
　　居家必備・藝學
　　說郛(商務印書館本)卷七十六

御覽書苑菁華二十卷
　(宋)陳思撰
　　四庫全書・子部藝術類
　　述古叢鈔第二集
　　藏修堂叢書第三集
　　翠琅玕館叢書(黃任恆輯)・子部
　　藝術叢書・書學
　　芋園叢書・子部

元

雪庵字要一卷
　(元)李溥光撰
　　涵芬樓祕笈第九集

衍極一卷
　(元)鄭杓撰
　　續百川學海壬集
　　寶顏堂祕笈(萬曆本、民國石印本)彙
　　　集
　　說郛(宛委山堂本)弓八十六

衍極二卷
　(元)鄭杓撰　(元)劉有定釋
　　四庫全書・子部藝術類

衍極五卷
　　十萬卷樓叢書二編
　　美術叢書四集第九輯

書法三昧一卷
　(元)□□撰
　　格致叢書

翰林要訣一卷
　(元)陳繹曾撰
　　格致叢書
　　美術叢書三集第五輯

法書考八卷
　(元)盛熙明撰
　　楝亭藏書十二種(康熙本、景康熙本)
　　四庫全書・子部藝術類
　　四部叢刊續編・子部

書法鉤玄四卷
　(元)蘇霖撰
　　王氏書畫苑(明本、景明本)・書苑

書經補遺五卷
　(元)呂宗傑撰
　　宛委別藏

字學新書摘鈔一卷
　(元)劉惟志輯
　　王氏書畫苑(明本、景明本)・書苑補
　　　益

明

法書通釋二卷
　(明)張紳撰
　　夷門廣牘・書法
　　叢書集成初編・藝術類
　　景印元明善本叢書十種・夷門廣牘・
　　　書法

春雨雜述一卷
　(明)解縉撰
　　廣百川學海丙集
　　寶顏堂祕笈(萬曆本、民國石印本)彙
　　　集
　　說郛續弓十六
　　古今說部叢書三集
　　叢書集成初編・藝術類

書品一卷
　(明)楊慎撰
　　函海(乾隆本、道光本)第十六函
　　函海(光緒本)第二十函
　　養素軒叢錄第三集

墨池瑣錄四卷
　(明)楊慎撰
　　格致叢書
　　四庫全書・子部藝術類

墨池瑣錄一卷
　　說郛續弓三十四

墨池瑣錄二卷
　　函海(乾隆本、道光本)第十六函

函海(光緒本)第二十函
童學書程 一卷
  (明)豐坊撰
    碧琳瑯館叢書丙部
    芋園叢書·子部
書訣一卷
  (明)豐坊撰
    四庫全書·子部藝術類
    四明叢書第四集
    美術叢書三集第六輯
四友齋書論一卷
  (明)何良俊撰
    美術叢書三集第三輯
大書長語二卷
  (明)費瀍撰
    高昌祕笈甲集
書錄一卷
  (明)項元汴撰
    學海類編(道光本、景道光本)·集餘
      六·蕉窗九錄
    蕉窗九錄
    叢書集成初編·藝術類·蕉窗九錄
篆法辨訣一卷
  (□)應在止撰
    格致叢書
書箋一卷
  (明)屠隆撰
    美術叢書初集第六輯
書法雅言一卷
  (明)項穆撰
    四庫全書·子部藝術類
    藝海珠塵癸集
    叢書集成初編·藝術類
    美術叢書二集第四輯
青鏤管夢一卷
  (明)項穆撰
    廣快書
寒山帚談二卷拾遺一卷附錄一卷
  (明)趙宧光撰
    四庫全書·子部藝術類
    美術叢書二集第五輯
南陽法書表一卷
  (明)張丑撰
    四庫全書·子部藝術類
    迷古叢鈔第一集
    藏修堂叢書第四集·張氏四種
    翠琅玕館叢書(黃任恆輯)·子部·張
      氏四種

    藝術叢書·書學·張氏四種
    芋園叢書·子部·張氏四種
書法離鉤十卷
  (明)潘之淙撰
    四庫全書·子部藝術類
    惜陰軒叢書(道光本、光緒本)第八函
    叢書集成初編·藝術類
書法粹言一卷
  (明)汪挺撰
    學海類編(道光本、景道光本)·集餘
      六
    叢書集成初編·藝術類
    美術叢書二集第十輯

清

書法約言一卷
  (清)宋曹撰
    昭代叢書(康熙本)甲集第五帙
    昭代叢書(道光本)甲集第五帙
    楚州叢書第一集
    美術叢書初集第三輯
鈍吟書要一卷
  (清)馮班撰
    昭代叢書(道光本)辛集別編
    美術叢書初集第四輯
倪氏雜記筆法一卷
  (清)□□撰
    花近樓叢書
書筏一卷
  (清)笪重光撰
    昭代叢書(道光本)庚集坤編
    美術叢書初集第一輯
書法正傳十卷
  (清)馮武撰
    四庫全書·子部藝術類
隸法瑣言一卷
  (清)張在辛撰
    瑣言
侯氏書品一卷
  (清)侯仁朔撰
    懺花盦叢書
玉燕樓書法一卷
  (清)魯一貞(清)張廷相撰
    美術叢書三集第九輯
書法偶集一卷
  (清)陳玠撰
    屛廬叢刻
六藝之一錄四百六卷續編十四卷

（清）倪濤撰
四庫全書・子部藝術類
四庫全書珍本初集・子部藝術類

書法碎語一卷
（清）丁一焯撰
衡堂堂叢書初稿

分隸偶存二卷
（清）萬經撰
四庫全書・史部目錄類
吉林探源書舫叢書二集
四明叢書第四集

書法論一卷
（清）蔣衡撰
蔣氏游藝祕錄

續書法論一卷
（清）蔣驥撰
蔣氏游藝祕錄
古今文藝叢書第五集
美術叢書四集第二輯

九宮新式一卷
（清）蔣驥撰
蔣氏游藝祕錄
古今文藝叢書第四集

論書十則一卷
（清）鄒方鍔撰
藝海一勺

頻羅庵論書一卷
（清）梁同書撰
楡園叢刻附・娛園叢刻
叢書集成初編・藝術類
美術叢書初集第五輯

九勢碎事一卷
（清）程瑤田撰
通藝錄
安徽叢書第二期・通藝錄

書勢一卷
美術叢書四集第六輯

學書雜論一卷
（清）蔣和撰
蔣氏游藝祕錄
古今文藝叢書第四集

國朝隸品一卷
（清）桂馥撰
雪堂叢刻

梁聞山先生評書帖一卷
（清）梁巘撰
啖蔗全集附

評書帖一卷

念劬廬叢刊初編
美術叢書初集第十輯

諸家藏書簿十卷
（清）李調元撰
函海（乾隆本、道光本）第二十一函
函海（光緒本）第三十函
叢書集成初編・藝術類

臨池瑣語一卷
（清）陳昌齊撰
賜書堂全集

翰墨巵言四卷
（清）胡自治撰　（清）楊燾輯
楊氏家集

論書法一卷
（清）王宗炎撰
美術叢書三集第四輯

書學捷要二卷
（清）朱履貞撰
知不足齋叢書（乾隆至道光本、景乾隆
至道光本）第二十四集
叢書集成初編・藝術類

初月樓論書隨筆一卷
（清）吳德旋撰
別下齋叢書（道光本、商務印書館景道
光本、竹簡齋景道光本）
常州先哲遺書後編・集類
美術叢書初集第二輯

國朝人書評一卷
（清）陳墉輯
小方壺齋叢書三集

八法筌蹄一卷
（清）沈道寬撰
話山草堂遺集・話山草堂雜著

藝舟雙楫六卷附錄三卷
（清）包世臣撰
安吳四種（道光木活字本、咸豐本、同
治本）
玉雞苗館叢書

藝舟雙楫六卷
翠琅玕館叢書（馮兆年輯）第二集
翠琅玕館叢書（黃任恆輯）・子部
藝術叢書・書學
芋園叢書・子部

藝舟雙楫不分卷
藝林名著叢刊

安吳論書一卷
（清）包世臣撰
咫進齋叢書第二集

（明）顧從義撰
　　四庫全書・史部目錄類

淳化閣帖跋一卷
　　（清）沈蘭先撰
　　　　昭代叢書（道光本）辛集別編

淳化祕閣法帖考正十二卷
　　（清）王澍撰
　　　　四庫全書・史部目錄類
　　　　後知不足齋叢書第八函
　　　　四部叢刊三編・史部

淳化閣帖釋文十卷
　　清乾隆三十四年敕撰
　　　　四庫全書・史部目錄類
　　　　摛藻堂四庫全書薈要・子部
　　　　武英殿聚珍版書（武英殿木活字本、福
　　　　　建本、廣雅書局本）・史部
　　　　遯盦金石叢書
　　　　叢書集成初編・藝術類

淳化祕閣法帖源流考一卷
　　（清）周行仁撰
　　　　昭代叢書（道光本）癸集萃編

絳帖平六卷
　　（宋）姜夔撰
　　　　四庫全書・史部目錄類
　　　　武英殿聚珍版書（武英殿木活字本）・
　　　　　史部
　　絳帖平六卷總錄一卷
　　　　武英殿聚珍版書（福建本、廣雅書局
　　　　　本）・史部
　　　　叢書集成初編・藝術類

蘭亭博議
　　（宋）桑世昌撰
　　　　說郛（商務印書館本）卷六十二

蘭亭考十二卷
　　（宋）桑世昌撰　（宋）高似孫刪定
　　　　四庫全書・史部目錄類
　　蘭亭考十二卷附羣公帖跋一卷
　　　　知不足齋叢書（乾隆至道光本、景乾隆
　　　　　至道光本）第十集
　　　　叢書集成初編・藝術類

蘭亭續考二卷
　　（宋）俞松撰
　　　　四庫全書・史部目錄類
　　　　知不足齋叢書（乾隆至道光本、景乾隆
　　　　　至道光本）第十集
　　　　叢書集成初編・藝術類

蘇米齋蘭亭考八卷
　　（清）翁方綱撰

蘇齋叢書（乾隆嘉慶本、景乾隆嘉慶
　　本）
　　粵雅堂叢書二編第十五集
　　後知不足齋叢書第八函
　　叢書集成初編・藝術類
　　美術叢書四集第五輯

二王帖評釋三卷
　　（宋）許開撰
　　　　橫山草堂叢書第一集

書輯三卷
　　（明）陸深撰
　　　　儼山外集

法帖神品目一卷
　　（明）楊愼撰
　　　　函海（乾隆本、道光本）第十六函
　　　　函海（光緒本）第二十函
　　　　叢書集成初編・藝術類

帖錄一卷
　　（明）項元汴撰
　　　　學海類編（道光本、景道光本）・集餘
　　　　　六・蕉窗九錄
　　　　蕉窗九錄
　　　　叢書集成初編・藝術類・蕉窗九錄

帖箋一卷
　　（明）屠隆撰
　　　　美術叢書初集第六輯

東坡遺意二卷
　　（明）顧杲（明）鄒德□書
　　　　賞奇軒合編

閒者軒帖考一卷
　　（清）孫承澤撰
　　　　知不足齋叢書（乾隆至道光本、景乾隆
　　　　　至道光本）第四集
　　　　楡園叢刻附・娛園叢刻
　　　　風雨樓叢書
　　　　古今文藝叢書第五集
　　　　叢書集成初編・藝術類

十七帖述一卷
　　（清）王弘撰撰
　　　　檀几叢書第二帙

鳳墅殘帖釋文二卷
　　（清）錢大昕撰
　　　　箕園叢書初集
　　　　叢書集成初編・藝術類

王夢樓先生墨蹟
　　（清）王文治書
　　　　申報館叢書續集・法帖類

天際烏雲帖攷二卷

（清）翁方綱撰
美術叢書初集第十輯

稧帖緒餘四卷
（清）曾廷枚撰
薌嶼裒書

補瘞鶴銘考二卷
（清）汪鋆撰
十二硯齋三種

南邨帖攷四卷
（清）程文榮撰
聚學軒叢書第五集

彙帖舉要二卷
（民國）鄭裕孚輯
辛勤廬叢刊第一輯

寶賢堂集古法帖校語一卷考正十二卷
（民國）鄭裕孚輯
辛勤廬叢刊第一輯

函雅廬碑跋一卷
（民國）余重耀撰
遯廬叢著

畫

南齊

古畫品錄一卷
（南齊）謝赫撰
百川學海（重輯本）庚集
王氏書畫苑（明本、景明本）・畫苑
津逮祕書（汲古閣本、景汲古閣本）第
七集
說郛（宛委山堂本）弓九十
五朝小說・魏晉小說品藻家
五朝小說大觀・魏晉小說品藻家
硯北偶鈔
四庫全書・子部藝術類
叢書集成初編・藝術類
美術叢書三集第六輯

梁

梁元帝山水松石格一卷
梁元帝撰
王氏書畫苑（明本、景明本）・畫苑補
益
美術叢書三集第九輯
山水松石格一卷
畫論叢刊

陳

後畫品錄一卷

（陳）姚最撰
百川學海（重輯本）庚集
說郛（宛委山堂本）弓九十
五朝小說・魏晉小說品藻家
五朝小說大觀・魏晉小說品藻家
硯北偶鈔

續畫品一卷
王氏書畫苑（明本、景明本）・畫苑
津逮祕書（汲古閣本、景汲古閣本）第
七集
四庫全書・子部藝術類
叢書集成初編・藝術類
美術叢書三集第六輯

唐

貞觀公私畫史一卷
（唐）裴孝源撰
續百川學海壬集
王氏書畫苑（明本、景明本）・畫苑
說郛（宛委山堂本）弓九十一
四庫全書・子部藝術類
唐人說薈（乾隆本、道光本、宣統石印
本、民國石印本）三集
唐代叢書三集
美術叢書二集第三輯

後畫錄一卷
（唐）釋彥悰撰
王氏書畫苑（明本、景明本）・畫苑
津逮祕書（汲古閣本、景汲古閣本）第
七集
叢書集成初編・藝術類
美術叢書三集第六輯

續畫品錄一卷
（唐）李嗣眞撰
續百川學海壬集
王氏書畫苑（明本、景明本）・畫苑
津逮祕書（汲古閣本、景汲古閣本）第
七集
說郛（宛委山堂本）弓九十
五朝小說・唐人百家小說瑣記家
五朝小說大觀・唐人百家小說瑣記家
唐人說薈（乾隆本、道光本、宣統石印
本、民國石印本）三集
唐代叢書三集
叢書集成初編・藝術類
美術叢書三集第六輯

畫學祕訣一卷
（唐）王維撰
王氏書畫苑（明本、景明本）・畫苑補

　　　　益
　　　　說郛(宛委山堂本)弓九十一
　　　　五朝小說・唐人百家小說瑣記家
　　　　五朝小說大觀・唐人百家小說瑣記家
　　　　唐人說薈(乾隆本、道光本、宣統石印
　　　　本、民國石印本)三集
　　　　唐代叢書三集
　王維山水論一卷
　　(唐)王維撰
　　　　王氏書畫苑(明本、景明本)・畫苑
　山水論一卷
　　　　畫論叢刊
　輞川畫訣
　　(唐)王維撰
　　　　清瘦閣讀畫十八種
　山水訣一卷
　　　　畫論叢刊
　名畫記一卷
　　(唐)張彦遠撰
　　　　續百川學海壬集
　　　　說郛(宛委山堂本)弓九十
　歷代名畫記十卷
　　　　王氏書畫苑(明本、景明本)・畫苑
　　　　津逮祕書(汲古閣本、景汲古閣本)第
　　　　七集
　　　　四庫全書・子部藝術類
　　　　學津討原(嘉慶本、景嘉慶本)第十一
　　　　集
　　　　叢書集成初編・藝術類
　名畫獵精一卷
　　(唐)張彦遠撰
　　　　說郛(宛委山堂本)弓九十
　名畫獵精錄三卷
　　　　碧琳瑯館叢書丙部
　　　　芋園叢書・子部
　唐朝名畫錄一卷
　　(唐)朱景玄撰
　　　　王氏書畫苑(明本、景明本)・畫苑
　　　　四庫全書・子部藝術類
　　　　美術叢書二集第六輯

五　代

豫章先生論畫山水賦一卷
　　(後梁)荊浩撰
　　　　王氏書畫苑(明本、景明本)・畫苑補
　　　　益
畫山水賦一卷
　　　　四庫全書・子部藝術類

筆記法(一名畫山水錄)一卷
　　(後梁)荊浩撰
　　　　王氏書畫苑(明本、景明本)・畫苑
　　　　四庫全書・子部藝術類・畫山水賦附
　　　　美術叢書四集第六輯
　　　　畫論叢刊

宋

李成山水訣一卷
　　(宋)李成撰
　　　　王氏書畫苑(明本、景明本)・畫苑補
　　　　益
　山水訣一卷
　　　　畫論叢刊
林泉高致一卷
　　(宋)郭熙撰
　　　　百川學海(重輯本)庚集
　　　　王氏書畫苑(明本、景明本)・畫苑補
　　　　益
　　　　說郛(宛委山堂本)弓九十
　　　　四庫全書・子部藝術類
　　　　美術叢書二集第七輯
　　　　畫論叢刊
　郭氏畫訓
　　　　清瘦閣讀畫十八種
圖畫見聞誌六卷
　　(宋)郭若虛撰
　　　　津逮祕書(汲古閣本、景汲古閣本)第
　　　　七集
　　　　四庫全書・子部藝術類
　　　　學津討原(嘉慶本、景嘉慶本)第十一
　　　　集
　　　　四部叢刊續編・子部
　　　　叢書集成初編・藝術類
　畫論一卷
　　(誤題宋郭思撰)
　　　　百川學海(重輯本)庚集
　　　　說郛(宛委山堂本)弓九十一
　　　　叢書集成初編・藝術類
　郭若虛畫論一卷
　　　　王氏書畫苑(明本、景明本)・畫苑補
　　　　益
　紀藝一卷
　　　　百川學海(重輯本)庚集
　　　　王氏書畫苑(明本、景明本)・畫苑補
　　　　益
　　　　說郛(宛委山堂本)弓九十一
沈存中圖畫歌一卷

美術叢書二集第五輯

廣畫錄一卷
　　（□）釋仁顯撰
　　　　說郛（宛委山堂本）弓九十

元

畫竹譜一卷
　　（元）李衎撰
　　　　續百川學海壬集
　　　　說郛（宛委山堂本）弓九十一
　　竹譜詳錄一卷
　　　　王氏書畫苑（明本、景明本）・畫苑補益
　　竹譜一卷
　　　　美術叢書二集第五輯
　　　　畫論叢刊
　　竹譜十卷附圖
　　　　四庫全書・子部藝術類
　　竹譜詳錄七卷附圖
　　　　知不足齋叢書（乾隆至道光本、景乾隆
　　　　　至道光本）第二十四集
　　　　叢書集成初編・藝術類
趙氏家法筆記一卷
　　（元）□□撰
　　　　函芬樓祕笈第四集
墨竹譜一卷
　　（元）管道昇撰
　　　　續百川學海壬集
　　　　說郛（宛委山堂本）弓九十一
　　　　畫論叢刊
　　墨竹譜
　　　　綠窗女史・著撰部雜錄
寫山水訣一卷
　　（元）黃公望撰
　　　　畫論叢刊
大癡畫訣
　　（元）黃公望撰
　　　　清瘦閣讀畫十八種.
竹派一卷
　　（題明釋蓮儒撰）
　　　　廣百川學海壬集
　　　　說郛續弓三十五
　　文湖州竹派一卷
　　（題明釋蓮儒撰）
　　　　寶顏堂祕笈（萬曆本、民國石印本）彙
　　　　　集
　　（元）吳鎮撰
　　　　學海類編（道光本、景道光本）・集餘

六
　　　　叢書集成初編・藝術類
　　　　美術叢書三集第四輯
畫論一卷
　　（元）湯垕撰
　　　　百川學海（重輯本）庚集
　　　　唐宋叢書・載籍
　　　　說郛（宛委山堂本）弓九十二
　　　　美術叢書三集第七輯
　　　　畫論叢刊
畫鑒一卷
　　（元）湯垕撰
　　　　程氏叢刻
　　　　羣芳清玩
　　　　唐宋叢書・載籍
　　　　說郛（宛委山堂本）弓九十二
　　　　四庫全書・子部藝術類
　　　　楚州叢書第一集
　　　　國學珍本文庫第一集・羣芳清玩
　　古今畫鑑一卷
　　　　學海類編（道光本、景道光本）・集餘
六
　　　　湖北先正遺書・子部
　　　　叢書集成初編・藝術類
　　　　美術叢書三集第二輯
　　畫鑒
　　　　說郛（商務印書館本）卷十三
繪宗十二忌一卷
　　（元）饒自然撰
　　　　畫論叢刊
圖畫攷七卷
　　（元）盛熙明撰
　　　　四部叢刊三編・子部
寫像祕訣一卷
　　（元）王繹撰
　　　　畫論叢刊
畫山水歌一卷
　　　　王氏書畫苑（明本、景明本）・畫苑補
　　　　　益

明

六如居士畫譜三卷
　　（明）唐寅輯
　　　　六如居士全集
　　　　嘯園叢書第一函
　　　　美術叢書二集第九輯
　　六如畫譜三卷
　　　　惜陰軒叢書（道光本、光緒本）第九函
　　　　叢書集成初編・藝術類

畫品一卷
　　（明）楊愼撰
　　　　函海（乾隆本、道光本）第十六函
　　　　函海（光緒本）第二十函
　　　　叢書集成初編・藝術類
名畫神品目一卷
　　（明）楊愼撰
　　　　函海（乾隆本、道光本）第十六函
　　　　函海（光緒本）第二十函
　　　　叢書集成初編・藝術類
中麓畫品一卷
　　（明）李開先撰
　　　　函海（乾隆本、道光本）第十九函
　　　　函海（光緒本）第十三函
　　　　叢書集成初編・藝術類
　　　　美術叢書二集第十輯
四友齋畫論一卷
　　（明）何良俊撰
　　　　美術叢書三集第三輯
畫錄一卷附畫訣十則
　　（明）項元汴撰
　　　　學海類編（道光本、景道光本）・集餘
　　　　　六・蕉窗九錄
　　　　蕉窗九錄
　　　　叢書集成初編・藝術類・蕉窗九錄
傳眞祕要一卷
　　（明）翁昂撰
　　　　格致叢書
畫評會海二卷附唐名公山水訣一卷
　　（明）周履靖撰
　　　　夷門廣牘・畫藪
　　　　景印元明善本叢書十種・夷門廣牘・
　　　　　畫藪
天形道貌一卷
　　（明）周履靖撰
　　　　夷門廣牘・畫藪
　　　　叢書集成初編・藝術類
　　　　景印元明善本叢書十種・夷門廣牘・
　　　　　畫藪
湛園肖影二卷
　　（明）周履靖輯
　　　　夷門廣牘・畫藪
　　　　叢書集成初編・藝術類
　　　　景印元明善本叢書十種・夷門廣牘・
　　　　　畫藪
羅浮幻質一卷
　　（明）周履靖撰
　　　　夷門廣牘・畫藪

　　　　叢書集成初編・藝術類
　　　　景印元明善本叢書十種・夷門廣牘・
　　　　　畫藪
九畹遺容一卷
　　（明）周履靖撰
　　　　夷門廣牘・畫藪
　　　　叢書集成初編・藝術類
　　　　景印元明善本叢書十種・夷門廣牘・
　　　　　畫藪
春谷嚶翔一卷
　　（明）周履靖撰
　　　　夷門廣牘・畫藪
　　　　叢書集成初編・藝術類
　　　　景印元明善本叢書十種・夷門廣牘・
　　　　　畫藪
繪林題識一卷
　　（明）汪顯節輯
　　　　夷門廣牘・畫藪
　　　　叢書集成初編・藝術類
　　　　景印元明善本叢書十種・夷門廣牘・
　　　　　畫藪
畫說一卷
　　（明）莫是龍撰
　　　　廣百川學海壬集
　　　　寶顏堂祕笈（萬曆本、民國石印本）續
　　　　　集
　　　　閒情小品
　　　　說郛續弓三十五
　　　　叢書集成初編・藝術類
　　　　美術叢書四集第一輯
　　　　畫論叢刊
畫箋一卷
　　（明）屠隆撰
　　　　美術叢書初集第六輯
論畫瑣言一卷
　　（明）董其昌撰
　　　　說郛續弓三十五
　畫眼一卷
　　　　美術叢書初集第三輯
　畫旨一卷
　　　　畫論叢刊
繪事微言二卷
　　（明）唐志契撰
　　　　四庫全書・子部藝術類
　　　　四庫全書珍本初集・子部藝術類
繪事微言四卷
　　　　海陵叢刻
繪事微言一卷

畫論叢刊

竹嬾畫賸一卷續畫賸一卷
　　(明)李日華撰
　　　李竹嬾先生説部全書
　　　國學珍本文庫第一集

竹嬾畫賸一卷續畫賸一卷附錄一卷
　　(明)李日華撰　附錄(民國)鄧實輯
　　　美術叢書二集第二輯

繪妙一卷
　　(明)茅一相撰
　　　天都閣藏書
　　　説郛續弓三十五
　　　叢書集成初編・藝術類

南陽名畫表一卷
　　(明)張丑撰
　　　四庫全書・子部藝術類
　　　逑古叢鈔第一集
　　　藏修堂叢書第四集・張氏四種
　　　翠琅玕館叢書(黃任恆輯)・子部・張
　　　　氏四種
　　　藝術叢書・書學・張氏四種
　　　芋園叢書・子部・張氏四種

汪氏珊瑚網畫繼一卷畫據一卷畫法一卷
　　(明)汪砢玉撰
　　　美術叢書二集第一輯

畫引一卷
　　(明)顧凝遠撰
　　　美術叢書初集第四輯
　　　畫論叢刊

　畫引三卷
　　　畫苑祕笈二編

畫偈一卷
　　(清)釋弘仁撰
　　　安徽叢書第一期

畫塵一卷
　　(明)沈顥撰
　　　廣百川學海壬集
　　　重訂欣賞編
　　　快書
　　　説郛續弓三十五
　　　昭代叢書(道光本)辛集別編
　　　美術叢書初集第六輯
　　　畫論叢刊

雜評一卷
　　(明)□□撰
　　　天都閣藏書
　　　叢書集成初編・藝術類

清　前　期

苦瓜和尚畫語錄一卷
　　(清)釋道濟撰
　　　知不足齋叢書(乾隆至道光本、景乾隆
　　　　至道光本)第五集
　　　十二硯齋三種
　　　翠琅玕館叢書(馮兆年輯)第一集
　　　四銅鼓齋論畫集刻(道光本、宣統本)
　　　翠琅玕館叢書(黃任恆輯)・子部
　　　藝術叢書・畫學
　　　筆記小説大觀第八輯
　　　芋園叢書・子部
　　　美術叢書初集第一輯
　　　畫論叢刊

　畫語錄一卷
　　　昭代叢書(道光本)戊集續編
　　　論畫輯要

苦瓜和尚畫語
　　　清瘦閣讀畫十八種

畫筌一卷
　　(清)笪重光撰　(清)王翬(清)惲格評
　　　知不足齋叢書(乾隆至道光本、景乾隆
　　　　至道光本)第十二集
　　　賜硯堂叢書新編丙集
　　　昭代叢書(道光本)戊集續編
　　　四銅鼓齋論畫集刻(道光本、宣統本)
　　　論畫輯要
　　　美術叢書初集第一輯
　　　藝林名著叢刊
　　　畫論叢刊

　畫筌
　　　清瘦閣讀畫十八種

畫訣一卷
　　(清)龔賢撰
　　　知不足齋叢書(乾隆至道光本、景乾隆
　　　　至道光本)第十二集
　　　昭代叢書(道光本)辛集別編
　　　翠琅玕館叢書(馮兆年輯)第四集
　　　四銅鼓齋論畫集刻(道光本、宣統本)
　　　翠琅玕館叢書(黃任恆輯)・子部
　　　藝術叢書・畫學
　　　論畫輯要
　　　芋園叢書・子部
　　　藝林名著叢刊

龔安節先生畫訣一卷
　　　花近樓叢書補遺
　　　美術叢書初集第一輯
　　　畫論叢刊

柴丈人畫訣一卷
　　　畫苑祕笈初編

（清）鄒一桂撰

四庫全書・子部藝術類

借月山房彙鈔（嘉慶本、景嘉慶本）第
十二集

指海（道光本、景道光本）第十六集

澤古齋重鈔第十集

式古居彙鈔

粵雅堂叢書三編第二十四集

嘯園叢書第一函

翠琅玕館叢書（馮兆年輯）第一集

四銅鼓齋論畫集刻（道光本、宣統本）

翠琅玕館叢書（黃任恆輯）・子部

藝術叢書・畫學

芋園叢書・子部

叢書集成初編・藝術類

美術叢書初集第九輯

畫論叢刊

小山畫譜一卷

昭代叢書（道光本）丁集新編

小山畫譜

清瘦閣讀畫十八種

論畫雜詩一卷

（清）金農撰

美術叢書三集第三輯

畫學心法問答一卷

（清）布顏圖撰

澱園叢書

畫論叢刊

傳神祕要一卷

（清）蔣驥撰

四庫全書・子部藝術類

蔣氏游藝祕錄

借月山房彙鈔（嘉慶本、景嘉慶本）第
十二集

指海（道光本、景道光本）第十七集

澤古齋重鈔第十集

遜敏堂叢書

式古居彙鈔

四銅鼓齋論畫集刻（道光本、宣統本）

美術叢書二集第七輯

畫論叢刊

讀畫紀聞一卷

（清）蔣驥撰

蔣氏游藝祕錄

古今文藝叢書第五集

畫論叢刊

畫苑祕笈初編

南薰殿尊藏圖像目一卷

清乾隆中敕撰

松鄰叢書甲編

茶庫藏貯圖像目一卷

清乾隆中敕撰

松鄰叢書甲編

畫訣一卷

（清）孔衍栻撰

昭代叢書（康熙本）乙集第六帙

昭代叢書（道光本）乙集第四帙

翠琅玕館叢書（馮兆年輯）第四集

翠琅玕館叢書（黃任恆輯）・子部

藝術叢書・畫學

芋園叢書・子部

美術叢書初集第三輯

畫論叢刊

論畫正則一卷

（清）王愫撰

樸廬遺稿

指頭畫說一卷

（清）高秉撰

昭代叢書（道光本）壬集補編

遼海叢書第六集

美術叢書初集第八輯

寫竹雜記一卷

（清）蔣和撰

翠琅玕館叢書（馮兆年輯）第四集

翠琅玕館叢書（黃任恆輯）・子部

藝術叢書・畫學

芋園叢書・子部

畫論叢刊

學畫雜論一卷

（清）蔣和撰

蔣氏游藝祕錄

古今文藝叢書第四集

畫論叢刊

畫苑祕笈初編

諸家藏畫簿十卷

（清）李調元輯

函海（光緒本）第三十函

山靜居畫論二卷

（清）方薰撰

知不足齋叢書（乾隆至道光本、景乾隆
至道光本）第二十集

橋李遺書

四銅鼓齋論畫集刻（道光本、宣統本）

叢書集成初編・藝術類

畫論叢刊

山靜居論畫

清瘦閣讀畫十八種

山靜居畫論一卷

美術叢書三集第三輯

三萬六千頃湖中畫船錄一卷
    (清)迮朗撰
        昭代叢書(道光本)癸集萃編
        美術叢書初集第十輯
二十四畫品一卷
    (清)黃鉞撰
        詩畫書三品
        黃勤敏公全集
        花近樓叢書
        翠琅玕館叢書(馮兆年輯)第三集
        申報館叢書續集・紀麗類・屑玉叢譚
          三集
        四銅鼓齋論畫集刻(道光本、宣統本)
        翠琅玕館叢書(黃任恆輯)・子部
        藝術叢書・畫學
        娛萱室小品
        論畫輯要
        芋園叢書・子部
        美術叢書初集第四輯
  畫品一卷
        古今文藝叢書第三集
  二十四畫品
        清瘦閣讀畫十八種
解畫瑣言一卷
    (清)張在辛撰
        瑣言
讀畫閒評一卷
    (清)俞蛟撰
        夢厂雜著
        畫苑祕笈二編
山南論畫一卷
    (清)王學浩撰
        翠琅玕館叢書(馮兆年輯)第四集
        四銅鼓齋論畫集刻(道光本、宣統本)
        翠琅玕館叢書(黃任恆輯)・子部
        藝術叢書・畫學
        芋園叢書・子部
        畫論叢刊
  山南論畫
        清瘦閣讀畫十八種
履園畫學一卷
    (清)錢泳撰
        美術叢書初集第一輯
松壺畫贅二卷
    (清)錢杜撰
        楡園叢刻
        湖墅錢氏家集

叢書集成初編・藝術類
        美術叢書三集第五輯
松壺畫憶二卷
    (清)錢杜撰
        楡園叢刻
        湖墅錢氏家集
        叢書集成初編・藝術類
        美術叢書三集第四輯
  松壺畫憶一卷
        畫論叢刊
青霞館論畫絕句一卷
    (清)吳修撰
        美術叢書二集第六輯
南薰殿圖像攷二卷
    (清)胡敬撰
        胡氏書畫攷三種(嘉慶本、景嘉慶本)
        崇雅堂集
芥舟學畫編四卷
    (清)沈宗騫撰
        畫論叢刊
谿山臥游錄四卷
    (清)盛大士撰
        東倉書庫叢刻初編
        美術叢書三集第一輯
  谿山臥遊錄二卷
        畫論叢刊
畫筌析覽一卷
    (清)湯貽汾撰
        花近樓叢書
        述古叢鈔第一集
        藏修堂叢書第四集
        翠琅玕館叢書(黃任恆輯)・子部
        藝術叢書・畫學
        芋園叢書・子部
        畫論叢刊
夢幻居畫學簡明五卷
    (清)鄭績撰
        畫論叢刊
讀畫錄一卷
    (清)屠倬輯
        是程堂倡和投贈集
折肱錄一卷
    (清)周濟撰
        求志堂存槀彙編
養素居畫學鉤深一卷
    (清)董棨撰
        荔牆叢刻
        畫論叢刊

養素居畫學
　　　　清瘦閣讀畫十八種
南宗抉祕一卷
　　（清）華琳撰
　　　　屏廬叢刻
　　　　畫論叢刊

清 後 期

今夕盦讀畫絕句一卷
　　（清）居巢撰
　　　　美術叢書二集第三輯
小鷗波館畫識三卷畫寄一卷
　　（清）潘曾瑩撰
　　　　江氏聚珍版叢書二集
歸石軒畫談十卷
　　（清）楊翰撰
　　　　息柯居士全集
畫譚一卷
　　（清）張式撰
　　　　藝海一勺
　　　　畫論叢刊
揚州畫苑錄四卷
　　（清）汪鋆撰
　　　　揚州叢刻
玉尺樓畫說二卷
　　（清）金恭撰
　　　　藝海一勺
畫說一卷
　　（清）華翼綸撰
　　　　美術叢書三集第十輯
過雲廬畫論
　　（清）范璣撰
　　　　清瘦閣讀畫十八種
過雲廬畫論一卷
　　　　畫論叢刊
醉蘇齋畫訣一卷
　　（清）戴以恆撰
　　　　畫論叢刊
寒松閣談藝瑣錄六卷
　　（清）張鳴珂撰
　　　　橋李叢書
草心樓讀畫集一卷
　　（清）黃崇惺撰
　　　　美術叢書初集第一輯
繪事津梁一卷
　　（清）秦祖永撰
　　　　翠琅玕館叢書（馮兆年輯）第三集
　　　　翠琅玕館叢書（黃任恆輯）・子部

藝術叢書・畫學
芋園叢書・子部
美術叢書初集第六輯
桐陰畫訣一卷
　　　　藝林名著叢刊
桐陰畫訣
　　　　清瘦閣讀畫十八種
桐陰論畫二卷首一卷附錄一卷
　　（清）秦祖永撰
　　　　藝林名著叢刊
頤園論畫一卷
　　（清）松年撰
　　　　畫論叢刊
畫話一卷
　　（清）于喾撰
　　　　于香草遺著叢輯・閒書四種

民 國

春覺齋論畫一卷
　　（民國）林紓撰
　　　　畫論叢刊
無益有益齋論畫詩二卷
　　（民國）李葆恂撰
　　　　懷颺雜俎
　　　　義州李氏叢刻
淨樂窟論畫一卷
　　（民國）楊昭儁撰
　　　　淨樂窟叢著
觀畫百詠四卷
　　（民國）葉德輝撰
　　　　郋園先生全書
畫蘭瑣言一卷
　　（民國）楊鹿鳴撰
　　　　蘭言四種
文人畫之價值一卷
　　（民國）陳衡恪撰
　　　　畫論叢刊
畫學講義二卷
　　（民國）金紹城撰
　　　　畫論叢刊
八旗畫錄前編三卷後編三卷
　　（民國）李放撰
　　　　雲在山房叢書
畫家知希錄九卷
　　（民國）李放撰
　　　　遼海叢書第五集
明清五百年畫派概論一卷
　　（民國）陳蛻撰

逸志
中國文學參考資料小叢書第一輯
樂府雜錄
說郛（商務印書館本）卷三
樂府雜錄一則
舊小說（民國本、1957年本）乙集
管絃記一卷
（□）淩秀撰
說郛（宛委山堂本）弓一百
歌學譜一卷
（明）林希恩撰
說郛續弓三十二
含少論略一卷
（明）葛見堯撰
快書
難光錄一卷
（清）吳喬撰
指海（道光本、景道光本）第十六集
香研居詞麈五卷
（清）方成培撰
讀畫齋叢書乙集
嘯園叢書第六函
叢書集成初編·藝術類

琴　學

雅琴名錄一卷
（劉宋）謝莊撰
說郛（宛委山堂本）弓一百
琴歷一卷
（清）馬國翰輯
玉函山房輯佚書（瑯嬛館本、重印本、
楚南書局本）·經編樂類
琴書一卷
（唐）趙惟暕撰　（清）馬國翰輯
玉函山房輯佚書（瑯嬛館本、重印本、
楚南書局本）·經編樂類
雜書琴事一卷
（宋）蘇軾撰
說郛（宛委山堂本）弓一百
琴史六卷
（宋）朱長文撰
楝亭藏書十二種（康熙本、景康熙本）
四庫全書·子部藝術類
琴聲經緯一卷
（宋）陳暘撰
說郛（宛委山堂本）弓一百
古琴疏一卷
（宋）虞汝明撰

說郛（宛委山堂本）弓一百
琴書類集
（宋）釋居月撰
說郛（商務印書館本）卷三十七
琴言十則一卷附指法譜一卷
（元）吳澄撰
學海類編（道光本、景道光本）·集餘
六
叢書集成初編·藝術類
琴箋圖式一卷
（元）陶宗儀撰
說郛（宛委山堂本）弓一百
琴錄一卷附冷仙琴聲十六法
（明）項元汴撰　附（明）冷謙撰
學海類編（道光本、景道光本）·集餘
六·蕉窗九錄
蕉窗九錄
叢書集成初編·藝術類·蕉窗九錄
琴箋一卷
（明）屠隆撰
美術叢書初集第六輯
琴學八則一卷
（清）程雄撰
檀几叢書二集第五帙
翠琅玕館叢書（馮兆年輯）第一集
翠琅玕館叢書（黃任恆輯）·子部
藝術叢書·雜技
芋園叢書·子部
美術叢書初集第一輯
琴聲十六法一卷
（清）莊臻鳳撰
檀几叢書第三帙
琴旨二卷
（清）王坦撰
四庫全書·經部樂類
琴況一卷
（清）徐祺撰
昭代叢書（道光本）丁集新編
琴律考一卷
（清）范爾梅撰
讀書小記
一經廬琴學二卷琴操題解一卷
（清）姚配中撰
一經廬叢書
操縵易知一卷
（清）沈道寬撰
話山草堂遺集·話山草堂雜著
琴音標準四卷

（清）戴大昌撰
　　補餘堂集
古琴考一卷
　　（民國）楊宗稷輯
　　琴學叢書・琴粹
琴話四卷
　　（民國）楊宗稷撰
　　琴學叢書
琴學隨筆二卷
　　（民國）楊宗稷撰
　　琴學叢書
琴餘漫錄二卷
　　（民國）楊宗稷撰
　　琴學叢書
琴鏡九卷首一卷
　　（民國）楊宗稷撰
　　琴學叢書

樂　譜

琴操二卷
　　（漢）蔡邕撰
　　宛委別藏
　琴操二卷補一卷
　　讀畫齋叢書己集
　　邵武徐氏叢書初刻
琴操二卷附補遺一卷
　　（漢）蔡邕撰　（清）孫星衍校併輯補遺
　　平津館叢書（嘉慶本、光緒本）
　　琴學叢書・琴粹
　　叢書集成初編・藝術類
琴操一卷
　　（漢）蔡邕撰　（清）王謨輯
　　漢魏遺書鈔・經翼第二冊
琴操一卷
　　（漢）蔡邕撰　（清）黃奭輯
　　漢學堂叢書・子史鈎沈・子部藝術類
　　黃氏逸書考（民國修補本、民國補刊
　　　本）・子史鈎沈
琴操一卷
　　（漢）蔡邕撰　（清）王仁俊輯
　　玉函山房輯佚書續編・經編樂類
　琴操佚文一卷
　　經籍佚文
琴操補釋一卷
　　（民國）劉師培撰
　　劉申叔先生遺書
歌錄一卷
　　（清）王謨輯

漢魏遺書鈔・經翼第二冊
碣石調幽蘭一卷
　　（陳）丘公明撰
　　古逸叢書
　　琴學叢書・琴粹
　　叢書集成初編・藝術類
樂府解題一卷
　　（唐）吳兢撰
　　說郛（宛委山堂本）弓一百
琴曲譜錄一卷
　　（宋）釋居月撰
　　說郛（宛委山堂本）弓一百
　　五朝小說・宋人百家小說瑣記家
　　五朝小說大觀・宋人百家小說瑣記家
疇齋琴譜一卷
　　（元）張仲壽撰
　　武林往哲遺箸
三百篇聲譜一卷
　　（明）張蔚然撰
　　說郛續弓三十二
操縵古樂譜一卷
　　（明）朱載堉撰
　　樂律全書
松絃館琴譜二卷
　　（明）嚴澂撰
　　四庫全書・子部藝術類
綠綺新聲三卷（存卷一至二）
　　（明）徐時琪撰
　　夷門廣牘・娛志
　　叢書集成初編・藝術類
　　景印元明善本叢書十種・夷門廣牘・
　　　娛志
松風閣琴譜二卷抒懷操一卷
　　（清）程雄撰
　　四庫全書・子部藝術類
琴譜合璧十八卷
　　（清）和素撰
　　四庫全書・子部藝術類
琴譜指法省文一卷
　　（清）孫廷銓撰
　　孫文定公全集
立雪齋琴譜二卷首一卷
　　（清）汪紱撰
　　汪雙池先生叢書・浙刻雙池遺書十二
　　　種
琴曲萃覽一卷
　　（清）汪汲撰
　　古愚老人消夏錄

弦哥古樂譜一卷
　　(清)任兆麟撰
　　　　心齋十種‧心齋集詩藁附
琴譜序一卷
　　(清)王錦撰
　　　　香豔叢書第六集
琴譜三卷
　　(民國)楊宗稷撰
　　　　琴學叢書
瑟譜六卷
　　(元)熊朋來撰
　　　　四庫全書‧經部樂類
　　　　指海(道光本、景道光本)第四集
　　　　墨海金壺(嘉慶本、景嘉慶本)‧經部
　　　　經苑(大梁書院本、民國補刊本)
　　　　粵雅堂叢書初編第八集
　　　　叢書集成初編‧藝術類
瑟譜十卷
　　(明)朱載堉(酒狂仙客)撰
　　　　百川書屋叢書
重訂擬瑟譜一卷
　　(清)邵嗣堯撰　(清)段仔文(清)張懋賞輯
　　　　正覺樓叢刻
簫譜一卷
　　(清)任兆麟撰
　　　　吳中女士詩鈔附

雅　樂

驪國樂頌一卷
　　(唐)□□撰
　　　　說郛(宛委山堂本)弓一百
　　驪國樂頌
　　　　說郛(商務印書館本)卷六十七
皇祐新樂圖記三卷
　　(宋)阮逸(宋)胡瑗撰
　　　　四庫全書‧經部樂類
　　　　學津討原(嘉慶本、景嘉慶本)第三集
　　　　影印四庫全書四種
　　　　叢書集成初編‧藝術類
天基聖節排當樂次一卷
　　(宋)周密撰
　　　　說郛(宛委山堂本)弓五十三
皇明青宮樂調三卷附圖
　　(明)李文察撰
　　　　李氏樂書四種

燕　樂

唐樂曲譜一卷

　　(宋)高似孫撰
　　　　說郛(宛委山堂本)弓一百
乾淳教坊樂部一卷
　　(宋)周密(泗水潛夫)撰
　　　　說郛(宛委山堂本)弓五十三
陽關三疊圖譜一卷
　　(明)田藝蘅撰
　　　　廣百川學海壬集
　　　　重訂欣賞編
　　　　說郛續弓三十二
宋樂類編二卷
　　(清)汪汲撰
　　　　古愚老人消夏錄
燕樂考原六卷
　　(清)淩廷堪撰
　　　　指海(道光本、景道光本)第十九集
　　　　校禮堂全集
　　　　粵雅堂叢書初編第八集
　　　　安徽叢書第四期‧淩次仲先生遺書
　　　　叢書集成初編‧藝術類

雜　樂

琵琶錄一卷
　　(唐)段安節撰
　　　　說郛(宛委山堂本)弓一百二
　　　　香豔叢書第五集
　　琵琶錄
　　　　粵雅堂叢書三編第二十三集‧續談助
　　　　十萬卷樓叢書三編‧續談助
　　　　叢書集成初編‧總類‧續談助
　　琵琶錄
　　　　說郛(商務印書館本)卷二十
觱篥格一卷
　　(唐)段成式撰
　　　　說郛(宛委山堂本)弓一百
鼓吹格一卷
　　　　說郛(宛委山堂本)弓一百
羯鼓錄一卷
　　(唐)南卓撰
　　　　續百川學海癸集
　　　　重訂欣賞編
　　　　寶顏堂祕笈(萬曆本、民國石印本) 廣
　　　　　集
　　　　說郛(宛委山堂本)弓一百二
　　　　五朝小說‧唐人百家小說瑣記家
　　　　五朝小說大觀‧唐人百家小說瑣記家
　　　　四庫全書‧子部藝術類
　　　　唐人說薈(乾隆本、道光本、宣統石印

六
叢書集成初編·藝術類

印史一卷
　　(明)文彭撰
　　　　遯盦印學叢書

古今印史一卷
　　(明)徐官撰
　　　　廣百川學海壬集
　　　　重訂欣賞編
　　　　寶顏堂祕笈（萬曆本、民國石印本）普
　　　　集
　　　　說郛續弓三十六
　　　　篆學瑣著
　　　　叢書集成初編·藝術類

石雲先生印譜釋考三卷
　　(明)孫楨撰
　　　　石雲先生遺稿

印章集說一卷
　　(明)甘暘撰
　　　　篆學瑣著
　　　　美術叢書初集第八輯

印母一卷
　　(明)楊士修撰
　　　　藝海一勺

周公謹印說刪一卷
　　(明)楊士修節錄
　　　　藝海一勺

篆學指南一卷
　　(明)趙宧光撰
　　　　學海類編（道光本、景道光本）·集餘
　　　　六
　　　　篆學瑣著
　　　　叢書集成初編·藝術類
　　　　美術叢書三集第一輯

秦璽始末一卷
　　(明)沈德符撰
　　　　學海類編（道光本、景道光本）·集餘
　　　　五
　　　　叢書集成初編·藝術類

印談一卷
　　(明)沈野撰
　　　　遯盦印學叢書

印說一卷
　　(清)萬壽祺撰
　　　　遯盦印學叢書
　　　　美術叢書二集第一輯

印章考一卷
　　(清)方以智撰

篆學瑣著

摹印祕論一卷
　　(清)汪維堂輯
　　　　遯盦印學叢書

說篆一卷
　　(清)許容撰
　　　　篆學瑣著

紅朮軒紫泥法定本一卷
　　(清)汪鎬京撰
　　　　檀几叢書二集第五帙
　　　　翠琅玕館叢書（馮兆年輯）第一集
　　　　翠琅玕館叢書（黃任恆輯）·子部
　　　　藝術叢書·雜技
　　　　芋園叢書·子部
　　　　美術叢書二集第十輯

紅朮軒紫泥法一卷
　　　　借月山房彙鈔（嘉慶本、景嘉慶本）第
　　　　十二集
　　　　澤古齋重鈔第十集

篆刻十三略一卷
　　(清)袁三俊撰
　　　　篆學瑣著
　　　　後知不足齋叢書第六函

篆印心法一卷
　　(清)張在辛撰
　　　　瑣言

印典八卷
　　(清)朱象賢撰
　　　　四庫全書·子部藝術類
　　　　遯盦印學叢書

寂園說印一卷
　　(清)陳澧撰
　　　　寂園叢書

論印絕句一卷
　　(清)丁敬撰
　　　　漱六編

硯林印款一卷
　　(清)丁敬撰
　　　　西泠五布衣遺著·硯林詩集附
　　　　美術叢書三集第一輯

印箋說一卷
　　(清)徐堅撰
　　　　篆學瑣著

多野齋印說一卷
　　(清)董洵撰
　　　　遯盦印學叢書

印言一卷
　　(清)陳鍊撰

篆學瑣著

秋水園印說一卷
　　（清）陳鍊撰
　　　　昭代叢書（道光本）辛集別編
　　　　美術叢書初集第四輯
　印說一卷
　　　　篆學瑣著
續三十五舉一卷再續一卷
　　（清）桂馥撰
　　　　昭代叢書（道光本）己集廣編
　　　　篆學瑣著
　續三十五舉一卷
　　　　借月山房彙鈔（嘉慶本、景嘉慶本）第
　　　　十二集
　　　　指海（道光本、景道光本）第十七集
　　　　澤古齋重鈔第十集
　　　　嘯園叢書第二函
　　　　式古居彙鈔
續三十五舉一卷（乙巳更定本）
　　（清）桂馥撰
　　　　篆學瑣著
　　　　海山仙館叢書
　　　　咫進齋叢書第二集
　　　　吉林探源書舫叢書二集
　　　　叢書集成初編・藝術類
　　　　美術叢書初集第七輯
論印絕句一卷續編一卷
　　（清）吳騫輯
　　　　拜經樓叢書（景乾隆嘉慶本）
　　　　嘯園叢書第五函
　論印絕句一卷
　　　　篆學瑣著
　　　　美術叢書二集第九輯
篆刻針度八卷
　　（清）陳克恕撰
　　　　嘯園叢書第二函
　　　　遯盦印學叢書
印鐙箋一卷
　　（清）尹樹民撰
　　　　沈篁村選鈔印學四種
印說一卷
　　（清）□□撰
　　　　沈篁村選鈔印學四種
印譜摘要一卷
　　（清）□□撰
　　　　沈篁村選鈔印學四種
古今印說補一卷
　　（清）□□撰

　　　　沈篁村選鈔印學四種
印學集成一卷
　　（清）馬泌撰
　　　　遯盦印學叢書
雲莊印話一卷
　　（清）阮充輯
　　　　遯盦印學叢書
印旨一卷
　　（清）程遠撰
　　　　篆學瑣著
印經一卷
　　（清）朱簡撰
　　　　篆學瑣著
印章要論一卷
　　（清）朱簡撰
　　　　篆學瑣著
敦好堂論印一卷
　　（清）吳先聲撰
　　　　篆學瑣著
印辨一卷
　　（清）高積厚撰
　　　　篆學瑣著
印述一卷
　　（清）高積厚撰
　　　　篆學瑣著
六書緣起一卷
　　（清）孫光祖撰
　　　　篆學瑣著
古今印制一卷
　　（清）孫光祖撰
　　　　篆學瑣著
篆印發微一卷
　　（清）孫光祖撰
　　　　篆學瑣著
印文考略一卷
　　（清）鞠履厚撰
　　　　昭代叢書（道光本）庚集埤編
嘯月樓印賞一卷
　　（清）戴啓偉撰
　　　　美術叢書三集第八輯
再續三十五舉一卷
　　（清）姚晏撰
　　　　咫進齋叢書第二集
　　　　吉林探源書舫叢書二集
　　　　叢書集成初編・藝術類
　　　　美術叢書初集第七輯
印學管見一卷
　　（清）馮承輝撰

篆學瑣著

續三十五舉一卷
　　(清)黃子高撰
　　　　學海堂叢刻第一函
　　　　美術叢書初集第七輯

摹印述一卷
　　(清)陳澧撰
　　　　求實齋叢書
　　　　廣雅書局叢書·雜著·東塾遺書
　　　　遯盦印學叢書
　　　　美術叢書初集第一輯

摹印傳燈二卷
　　(清)葉爾寬撰
　　　　翠琅玕館叢書(馮兆年輯)第三集
　　　　翠琅玕館叢書(黃任恆輯)·子部
　　　　藝術叢書·雜技
　　　　遯盦印學叢書
　　　　芋園叢書·子部
　　　　美術叢書初集第六輯

績語堂論印彙錄一卷
　　(清)魏錫曾撰
　　　　遯盦印學叢書
　　　　美術叢書三集第二輯

七家印跋不分卷
　　(清)秦祖永輯
　　　　美術叢書二集第三輯

治印雜說一卷
　　(民國)王世撰
　　　　遯盦印學叢書

清寧館治印雜說一卷
　　(民國)張可中撰
　　　　寄寄山房全集附·庸菴選集

青田石考一卷
　　冒廣生撰
　　　　如皋冒氏叢書·疚齋小品

印　譜

吳氏印譜(一名漢晉印章圖譜)一卷
　　(宋)吳孟思刻　(宋)王厚之致
　　　　說郛(宛委山堂本)弓九十七

介庵印譜一卷
　　(清)釋湛福刻
　　　　雲南叢書初編·子部

澹一齋章譜一卷
　　(清)孫瑠刻
　　　　雲南叢書初編·子部

丁敬身先生印譜一卷
　　(清)丁敬刻

西泠五家印譜

硯林印存一卷
　　(清)丁敬刻
　　　　西泠八家印選

乾隆寶譜一卷附錄一卷
　　清乾隆十三年敕輯
　　　　百川書屋叢書續編

吉羅盦印存一卷
　　(清)蔣仁刻
　　　　西泠八家印選

書學印譜二卷
　　(清)王綧刻
　　　　雲南叢書初編·子部

十瓶齋石言不分卷
　　(清)孫鑄刻
　　　　雲南叢書初編·子部

黃小松先生印譜一卷
　　(清)黃易刻
　　　　西泠五家印譜

小蓬萊閣印存一卷
　　(清)黃易刻
　　　　西泠八家印選

奚鐵生先生印譜一卷
　　(清)奚岡刻
　　　　西泠五家印譜

冬花庵印存一卷
　　(清)奚岡刻
　　　　西泠八家印選

繩齋印橐一卷
　　(清)陳繼德刻
　　　　古今文藝叢書第一集

求是齋印存一卷
　　(清)陳豫鍾刻
　　　　西泠八家印選

種榆僊館印存一卷
　　(清)陳鴻壽刻
　　　　西泠八家印選

趙次閑先生印譜一卷
　　(清)趙之琛刻
　　　　西泠五家印譜

萍寄室印存一卷
　　(清)趙之琛刻
　　　　西泠八家印選

錢叔蓋先生印譜一卷
　　(清)錢松刻
　　　　西泠五家印譜

鐵廬印存一卷
　　(清)錢松刻

西泠八家印選

屠琴隖印譜一卷
　　（清）屠倬刻
　　　　浙西四家印譜

趙懿子印譜一卷
　　（清）趙懿刻
　　　　浙西四家印譜

味秋吟館紅書一卷
　　（清）谷清刻
　　　　雲南叢書初編・子部

江西谷印譜一卷
　　（清）江尊刻
　　　　浙西四家印譜

徐問渠印譜一卷
　　（清）徐楙刻
　　　　浙西四家印譜

隋唐以來官印集存一卷補遺一卷附錄一
卷
　　（民國）羅振玉輯
　　　　楚雨樓叢書初集

對螺山館印存一卷
　　（民國）章嶔刻
　　　　天行草堂主人遺棄叢刊

游藝之屬

棋

儒棋格一卷
　　（魏）□肇撰
　　　　說郛（宛委山堂本）弓一百二
　　　　五朝小說・唐人百家小說偏錄家
　　　　五朝小說大觀・唐人百家小說偏錄家

棋手勢一卷
　　（□）徐泓撰
　　　　說郛（宛委山堂本）弓一百二

棋品一卷
　　（梁）沈約撰
　　　　說郛（宛委山堂本）弓一百二

圍棋義例一卷
　　（宋）徐鉉撰
　　　　說郛（宛委山堂本）弓一百二

棋經一卷
　　（宋）張儗撰
　　　　續百川學海癸集
　　　　說郛（宛委山堂本）弓一百二
　　　　守山閣叢書（道光本、鴻文書局景道光
　　　　　本、博古齋景道光本）・子部

（題宋晏天章撰）
　　　　墨海金壺（嘉慶本、景嘉慶本）・子部

元元棋經一卷
　　（題宋晏天章撰）
　　　　四庫全書・子部藝術類

棋經一卷附錄一卷
　　（宋）張儗撰　（元）晏天章（元）嚴德甫注
　　　　高昌祕笈甲集

古局象棋圖一卷
　　（宋）司馬光撰
　　　　說郛（宛委山堂本）弓一百二
　　　　麗廔叢書
　　　　郎園先生全書

棋訣一卷
　　（宋）劉仲甫撰
　　　　說郛（宛委山堂本）弓一百二
　　　　四庫全書・子部藝術類
　　　　墨海金壺（嘉慶本、景嘉慶本）・子部
　　　　珠叢別錄（道光本、景道光本）
　　　　高昌祕笈甲集・棋經附

棋訣一卷附錄一卷
　　　　武林往哲遺箸

忘憂清樂集一卷
　　（宋）李逸民輯
　　　　隨盦徐氏叢書續編

局勢圖譜一卷
　　　　高昌祕笈甲集・棋經附

弈問一卷
　　（明）王世貞撰
　　　　說郛續弓三十八

弈史一卷
　　（明）王穉登撰
　　　　學海類編（道光本、景道光本）・集餘
　　　　六

玉局鉤玄一卷
　　（明）項世芳輯
　　　　夷門廣牘・娛志
　　　　景印元明善本叢書十種・夷門廣牘・
　　　　娛志

坐隱先生訂碁譜二卷題贈三卷
　　（明）汪廷訥撰
　　　　坐隱先生全集

弈旦評一卷
　　（明）馮元仲撰
　　　　說郛續弓三十八

三友棋譜一卷
　　（清）鄭晉德撰
　　　　昭代叢書（康熙本）甲集第六帙

　　　　昭代叢書（道光本）別集
蝸角棋譜一卷
　　（清）童叶庚撰
　　　　睫巢鏡影
官子譜一卷
　　（清）□□撰
　　　　賞奇軒合編
爛柯神機一卷
　　（清）于國柱撰
　　　　三餘堂叢刻

聯　語

聲律啓蒙三卷新增發蒙古今巧對一卷
　　（明）崔銑撰　　（明）崔士槃增
　　　　崔洹野集附
罔措齋聯集一卷
　　（清）釋普荷撰
　　　　曲石叢書附
聯莊一卷聯騷一卷
　　（清）張潮撰
　　　　檀几叢書第三帙
　　　　閬竹居叢書
春秋左傳類聯一卷
　　（清）陸桂森撰
　　　　昭代叢書（道光本）別集
對語六卷
　　（清）章慶輯
　　　　三餘書屋叢書
集篆隸屏聯稿一卷
　　（清）朱爲弼撰
　　　　朱茮堂家藏稿
楹聯遊戲一卷楹聯續刻一卷楹聯聚寶一
卷
　　（清）湯雝仙撰
　　　　湯氏叢書
撰聯偶記一卷
　　（清）張文虎（天目山樵）撰
　　　　覆瓿集
俗語集對一卷
　　（清）張文虎撰
　　　　覆瓿集·舒藝室雜存
集語溪碑字聯語一卷
　　（清）於益撰
　　　　息柯居士全集
楹帖偶存一卷
　　（清）陳鍾祥撰
　　　　趣園初集
眉綠樓詞聯一卷

　　（清）顧文彬撰
　　　　吳中文獻小叢書
集唐楹聯一卷
　　（清）蔣琦齡撰
　　　　娛萱室小品
樂府雅聯一卷
　　（清）蓼園主人撰
　　　　娛萱室小品
爭坐位帖集字聯一卷
　　（清）何紹基撰
　　　　娛萱室小品
蘭亭序帖集字聯一卷
　　　　娛萱室小品
醴泉銘集字聯一卷
　　　　娛萱室小品
聖教序集字聯一卷
　　　　娛萱室小品
石鼓文集字聯一卷
　　（清）吳受福撰
　　　　娛萱室小品
易林集聯一卷
　　　　娛萱室小品
詩品集聯一卷
　　　　娛萱室小品
四書對一卷
　　　　娛萱室小品
俗語對一卷
　　　　娛萱室小品
衲蘇集（一名悔餘菴集句楹聯）二卷
　　（清）何栻撰
　　　　悔餘菴集
藤香館小品二卷
　　（清）薛時雨撰
　　　　埽葉山房叢鈔
春秋人地名對一卷
　　（清）俞樾撰
　　　　春在堂全書·曲園雜纂
楹聯錄存五卷附錄一卷
　　（清）俞樾撰
　　　　春在堂全書
嶧山碑集字聯一卷
　　（清）俞樾撰
　　　　娛萱室小品
校官碑集字聯一卷
　　（清）俞樾撰
　　　　娛萱室小品
曹全碑集字聯一卷
　　（清）俞樾撰

娱萱室小品

魯峻碑集字聯一卷
　　(清)俞樾撰
　　　娱萱室小品
樊敏碑集字聯一卷
　　(清)俞樾撰
　　　娱萱室小品
紀太山銘集字聯一卷
　　(清)俞樾撰
　　　娱萱室小品
金剛經集字聯一卷
　　(清)俞樾撰
　　　娱萱室小品
各種聯語一卷
　　(清)鄒樹榮撰
　　　南昌鄒氏一粟園叢書
干支春帖子一卷
　　(清)鄒樹榮撰
　　　南昌鄒氏一粟園叢書
楹聯集錦八卷
　　(清)胡鳳丹輯
　　　堵葉山房叢鈔
友竹草堂楹聯一卷
　　(清)蔣慶第撰
　　　謙受益齋文友竹草堂集合刻
雕玉雙聯一卷
　　(清)童叶庚撰
　　　睫巢鏡影
花間楹帖一卷
　　(清)鳳篁嘯隱撰
　　　閒情小錄初集
　　　娱萱室小品
竹山堂聯語一卷
　　(清)潘祖同撰
　　　陟岡樓叢刊甲集
坦園四書對聯一卷
　　(清)楊恩壽(清)楊逢辰撰
　　　坦園全集
形景盦三漢碑扴一卷
　　(清)高心夔撰
　　　高陶堂遺集
荔隱居楹聯偶存一卷
　　(清)涂慶瀾撰
　　　荔隱山房集
聯語錄存一卷首一卷
　　(清)袁保齡撰
　　　項城袁氏家集・闇學公公牘附
集四書對一卷

　　(清)楊瓊撰
　　　楊子卓先生遺集
甕珠室集聯一卷
　　(清)張開模撰
　　　蟫隱廬叢書
廣春秋人地名對一卷
　　(清)黃朝桂撰
　　　西圃讀書記
齎志長懷聯語一卷
　　(清)蕭誠齋撰
　　　二蕭集・齎志長懷詩集附
小槐簃聯存一卷
　　(清)丁立誠撰
　　　武林丁氏家集
甓湖草堂楹聯彙存二卷
　　(民國)左楨撰
　　　甓湖草堂集
梡鞠錄二卷
　　(民國朱孝臧撰)
　　　懷豳雜俎
　　(民國)朱祖謀撰
　　　娱萱室小品
聯語彙錄一卷
　　(民國)周宗麟撰
　　　狹存齋集
　　　重訂狹存齋集
諧聯漫錄一卷
　　(民國)周宗麟撰
　　　狹存齋集
悔晦堂對聯三卷
　　(民國)吳恭亨撰
　　　悔晦堂叢刻
成思室聯語一卷
　　(民國)榮善昌撰
　　　錫山榮氏繩武樓叢刊・成思室遺稿附
蝸巢聯語一卷
　　(民國)顧鳴鳳撰
　　　訥盦叢稿
五五語一卷
　　(民國)林金相撰
　　　林氏五種
名山聯語一卷
　　(民國)錢振鍠撰
　　　名山全集・名山叢書
摘星對聯一卷
　　(民國)錢振鍠撰
　　　陽湖錢氏家集
柏巖聯語偶存一卷

（民國）趙炳麟撰
　　趙柏巖集

蕭齋聯語一卷
　（民國）蕭有作撰
　　二蕭集・蕭齋詩集附

歷史人名對一卷
　（民國）彭作楨撰
　　翹勤軒叢稿

歷史地名對附物名對一卷
　（民國）彭作楨撰
　　翹勤軒叢稿

翹勤軒集聯一卷
　（民國）彭作楨撰
　　翹勤軒叢稿

豔體集聯一卷
　（民國）彭作楨撰
　　翹勤軒叢稿

楹聯拾存一卷
　（民國）余重耀撰
　　遯廬叢著

未晚樓聯稿六卷
　　李澄宇撰
　　未晚樓全集

詩　鐘

選輯駢珠小草一卷
　（清）海霈輯
　　俟園叢書

詩鐘一卷
　（清）戴穗孫撰
　　聞情小錄初集

雪鴻吟社詩鐘二卷
　（清）袁保齡撰
　　項城袁氏家集・閣學公公牘附

鵲華行館詩鐘一卷
　（清）趙國華輯
　　古今文藝叢書第三集

百衲琴一卷
　（清）秦雲（清）秦敏樹撰
　　江陰季氏叢刻
　　娛萱室小品

百衲琴二卷
　　古今文藝叢書第三集

湘煙閣詩鐘一卷
　（清）王以慜輯　（清）李盛基選
　　古今文藝叢書第一集

詩夢鐘聲錄一卷
　（清）□□輯

娛萱室小品

樊園戰詩續記一卷
　（民國）樊增祥輯
　　古今文藝叢書第二集

吳社詩鐘一卷
　（民國）易順鼎輯
　　古今文藝叢書第二集

絜園詩鐘一卷
　（民國）蔡乃煌輯
　　古今文藝叢書第二集
　　娛萱室小品

絜園詩鐘續錄一卷
　（民國）蔡乃煌輯
　　古今文藝叢書第三集

陶社詩鐘選一卷
　　陳名珂輯
　　陶社叢編丙集

謎　語

廋詞一卷
　（清）黃周星撰
　　昭代叢書（康熙本）甲集第五帙
　　昭代叢書（道光本）別集

燈謎
　（清）毛際可撰
　　檀几叢書餘集

孟子人名廋詞一卷
　　娛萱室小品

四書人名廋辭一卷
　（清）徐楚畹撰
　　娛萱室小品

日河新燈錄一卷
　（清）姚福奎等撰
　　娛萱室小品

廋辭偶存一卷
　（清）張文虎撰
　　覆瓿集・舒藝室雜存

隱書一卷
　（清）俞樾撰
　　春在堂全書・曲園雜纂

醉月隱語一卷
　（清）童叶庚撰
　　睫巢鏡影

文虎二卷
　（清）鳳簹嘲隱撰
　　聞情小錄初集

燈社嬉春集二卷
　（清）楊恩壽（蓬道人）撰

坦園全集

竹笈軒謎存一卷
　　（清）戚逢年撰
　　　　跬園謎栞・商舊社友謎存

謎話二卷
　　（清）古銘猷撰
　　　　晨風閣叢書第一集

謎拾二卷
　　（清）唐景崧（南注生）撰
　　　　得一山房四種

一經廬謎存一卷
　　（清）韋宗海撰
　　　　跬園謎栞・商舊社友謎存

四子殽音初編八卷續編二卷三編二卷四
　編五卷連語二卷
　　（清）章祖泰撰
　　　　章氏全書

謎學一卷
　　（清）唐運溥撰
　　　　得一山房四種附

燈謎源流攷一卷
　　（清）竊名撰
　　　　古今文藝叢書第三集

慧觀室謎話一卷
　　（民國）周效璘撰
　　　　古今文藝叢書第一集

凡民謎存二卷
　　（民國）薛宜興撰
　　　　跬園謎栞

逍遙齋謎存一卷
　　（民國）韋宗泗撰
　　　　跬園謎栞・商舊社友謎存

時得佳趣軒謎存一卷
　　（民國）徐鍾恂撰
　　　　跬園謎栞・商舊社友謎存

蹇盦謎存一卷
　　（民國）葉爾齡撰
　　　　跬園謎栞・商舊社友謎存

跬園謎稿六卷
　　（清）顧震福撰
　　　　跬園謎栞

壺隱謎存一卷
　　（民國）季逢元撰
　　　　跬園謎栞・商舊社友謎存

魁勳軒謎語一卷
　　（民國）彭作楨撰
　　　　魁勳軒叢稿

容園謎存一卷

　　（民國）亢榕門撰
　　　　跬園謎栞・商舊社友謎存

劇　藝

雜劇段數一卷
　　（宋）周密撰
　　　　說郛（宛委山堂本）弓五十三

偏安藝流一卷
　　（宋）周密（泗水潛夫）撰
　　　　重訂欣賞編

藝流供奉志一卷
　　　　說郛（宛委山堂本）弓五十三

演伎細事一卷
　　（明）趙文華撰
　　　　方氏叢鈔

劇評一卷
　　（明）潘之恆撰
　　　　說郛續弓四十四

片羽集一卷
　　（清）來青閣主人輯
　　　　清代燕都梨園史料

劇說六卷
　　（清）焦循撰
　　　　誦芬室叢刊二編・讀曲叢刊
　　　　曲苑
　　　　重訂曲苑
　　　　增補曲苑芻集
　　　　中國文學參考資料小叢書第二輯

花部農譚一卷
　　（清）焦循撰
　　　　懷齔雜俎

鶯花小譜一卷
　　（清）半標子撰
　　　　清代燕都梨園史料

燕臺集豔二十四花品一卷
　　（清）播花居士輯
　　　　清代燕都梨園史料續編

金臺殘淚記三卷
　　（清）張際亮撰
　　　　清人說薈二集
　　（清華胥大夫撰）
　　　　清代燕都梨園史料

燕臺鴻爪集一卷
　　（清）粟海庵居士撰
　　　　清代燕都梨園史料

夢華瑣簿一卷
　　（清藝珠舊史撰）
　　　　京塵雜錄

清代燕都梨園史料
(清)楊懋建撰
清人說薈二集
京塵劇錄一卷
(清)楊懋建撰
新曲苑
燕臺花史一卷
(清)蜃橋逸客(清)兜率宮侍者(清)寄齋寄
生撰
清代燕都梨園史料續編
宣南雜俎一卷
(清)藝蘭生輯
申報館叢書餘集・鴻雪軒紀豔
清代燕都梨園史料
側帽餘談一卷
(清)藝蘭生撰
申報館叢書餘集・鴻雪軒紀豔
清代燕都梨園史料
鳳城品花記一卷
(清)香溪漁隱撰 (清)賦豔詞人(清)藝蘭
生注
申報館叢書餘集・鴻雪軒紀豔
清代燕都梨園史料
粉墨叢談二卷附錄一卷
(清)黃協塤(夢畹生)撰
申報館叢書餘集
香豔叢書第十七集
越縵堂菊話一卷
(清)李慈銘撰
清代燕都梨園史料
梨園舊話一卷
(清)吳燾(倦遊逸叟)撰
清代燕都梨園史料
宣南零夢錄一卷
(民國)沈宗畸撰
清代燕都梨園史料
哭庵賞菊詩一卷附錄一卷
(民國)易順鼎撰
清代燕都梨園史料
古劇脚色考一卷
(民國)王國維撰
海寧王忠慤公遺書四集
增補曲苑土集
海寧王靜安先生遺書
優語錄一卷
(民國)王國維輯
海寧王忠慤公遺書四集
增補曲苑土集

海寧王靜安先生遺書
鞠部叢譚一卷
(民國)羅惇曧撰
清代燕都梨園史料
梨園軼聞一卷
(民國)許九埜撰
清代燕都梨園史料
舊劇叢談一卷
(民國)陳彥衡撰
清代燕都梨園史料
聞歌述憶一卷
(民國)嗚晦廬主人撰
清代燕都梨園史料續編
戲言一卷
冒廣生撰
如皋冒氏叢書・疚齋小品
歌臺撫舊錄不分卷
張肖傖撰
菊部叢譚
蒨蒨室劇話不分卷
張肖傖撰
菊部叢譚
北京梨園掌故長編一卷
張江裁輯
清代燕都梨園史料
北京梨園金石文字錄一卷
張江裁輯
清代燕都梨園史料
北平梨園竹枝詞舊編一卷
張江裁輯
清代燕都梨園史料續編
燕歸來簃隨筆一卷
張江裁撰
清代燕都梨園史料續編

投　壺

投壺變一卷
(晉)虞潭撰 (清)馬國翰輯
玉函山房輯佚書（嫏嬛館本、重印本、
楚南書局本）・子編藝術類
投壺格一卷
(宋)司馬光撰
重訂欣賞編
投壺新格一卷
說郛(宛委山堂本)弓一百一
麗廔叢書
郋園先生全書
投壺儀節一卷

（宋）司馬光撰
　　　說郛（宛委山堂本）弓一百一
投壺儀節一卷
　　（明）汪禔輯
　　　夷門廣牘・娛志
　　　游藝四種
　　　觀自得齋叢書別集
　　　叢書集成初編・藝術類
　　　景印元明善本叢書十種・夷門廣牘・
　　　　娛志
壺矢銘一卷
　　（明）袁九齡撰
　　　說郛續弓三十八
投壺考原一卷
　　（清）丁晏撰
　　　南菁書院叢書第三集

蹴踘

蹴踘圖譜一卷
　　（□）汪雲程撰
　　　說郛（宛委山堂本）弓一百一
蹴踘譜一卷
　　（明）□□撰
　　　玄覽堂叢書三集

捶丸

丸經二卷
　　（元）□□撰
　　　續百川學海癸集
　　　小十三經
　　　重訂欣賞編
　　　夷門廣牘・娛志
　　　津逮祕書（汲古閣本、景汲古閣本）第
　　　　四集
　　　說郛（宛委山堂本）弓一百一
　　　學津討原（嘉慶本、景嘉慶本）第十五
　　　　集
　　　叢書集成初編・藝術類
　　　景印元明善本叢書十種・夷門廣牘・
　　　　娛志

煙火

火戲略一卷
　　（清）趙學敏撰
　　　昭代叢書（道光本）別集

角力

角力記一卷附校譌一卷

（宋）調露子撰　　校譌（清）胡珽撰
　　　琳琅祕室叢書（咸豐本）第四集
角力記一卷附校譌一卷續校一卷
　　（宋）調露子撰　　校譌（清）胡珽撰　　續校
　　（清）董金鑑撰
　　　琳琅祕室叢書（光緒本）第四集
　　　叢書集成初編・藝術類

酒令

醉鄉日月一卷
　　（唐）皇甫松撰
　　　水邊林下
　　　說郛（宛委山堂本）弓九十四
　　　五朝小說・唐人百家小說瑣記家
　　　五朝小說大觀・唐人百家小說瑣記家
　　　唐人說薈（乾隆本、道光本、宣統石印
　　　　本、民國石印本）四集
　　　唐代叢書四集
　　　古今說部叢書四集
　醉鄉日月
　　　說郛（商務印書館本）卷五十八
罰爵典故一卷
　　（宋）李鷹撰
　　　說郛（宛委山堂本）弓九十四
觴政述一卷
　　（宋）趙與峕撰
　　　說郛（宛委山堂本）弓九十四
安雅堂觥律一卷
　　（元）曹紹撰
　　　重訂欣賞編
　　　說郛（宛委山堂本）弓九十四
　安雅堂酒令
　　　說郛（商務印書館本）卷五十六
嘉賓心令一卷
　　（明）巢玉菴撰
　　　說郛續弓三十九
楚騷品一卷
　　（明）汪道昆撰
　　　說郛續弓三十九
醉鄉律令一卷
　　（明）田藝蘅撰
　　　說郛續弓三十八
小酒令一卷
　　（明）田藝蘅撰
　　　說郛續弓三十八
文字飲一卷
　　（明）屠本畯撰
　　　說郛續弓三十八

觴政一卷
 (明)袁宏道撰
  廣百川學海癸集
  袁中郎集
  重訂欣賞編
  寶顏堂祕笈(萬曆本、民國石印本)續
   集
  程氏叢刻
  說郛續弓三十八

韻史一卷
 (明)陳梁撰
  說郛續弓二十九

引勝小約
 (明)張陛撰
  檀几叢書餘集

貫月查一卷
 (清)方絢撰
  香豔叢書第八集
  說庫
  國學珍本文庫第一集·羣芳清玩

采蓮船一卷
 (清)方絢撰
  香豔叢書第八集
  說庫
  國學珍本文庫第一集·羣芳清玩

酒箴一卷
 (清)金昭鑑撰
  檀几叢書第五帙
  聞情小錄初集

觴政一卷
 (清)沈中楹撰
  檀几叢書第五帙
  聞情小錄初集

廣抑戒錄一卷
 (清)朱曉撰
  檀几叢書第五帙

酒警
 (清)程弘毅撰
  檀几叢書餘集

彷園酒評
 (清)張藎撰
  檀几叢書餘集

彷園酒評一卷
  古今說部叢書一集

攬勝圖
 (清)吳陳琰撰
  檀几叢書餘集

攬勝圖譜一卷

 (清)高兆撰
  昭代叢書(道光本)別集

酒政六則
 (清)吳彬撰
  檀几叢書餘集

南村觴政一卷
 (清)張惣撰
  檀几叢書二集第五帙
  翠琅玕館叢書(馮兆年輯)第一集
  翠琅玕館叢書(黃任恆輯)·子部
  藝術叢書·雜技
  芋園叢書·子部

嫻園觴政一卷
 (清)蔡祖庚撰
  昭代叢書(康熙本)甲集第五帙
  昭代叢書(道光本)別集

醉鄉約法一卷
 (清)葉奕苞撰
  昭代叢書(道光本)丙集第七帙

飲中八仙令
 (清)張潮撰
  檀几叢書餘集

暢敘譜一卷
 (清)沈德潛撰
  觀自得齋叢書別集

集西廂酒籌一卷
 (清)汪兆麒撰
  聞情小錄初集
  娛萱室小品

西廂記酒令一卷
 (清)□□撰
  巾箱小品

西廂酒令一卷
  娛萱室小品

唐詩酒籌一卷
 (清)□□撰
  巾箱小品

唐詩酒令一卷
  娛萱室小品

改字詩酒令一卷
  娛萱室小品

月夜鐘聲一卷
 (清)童叶庚撰
  睫巢鏡影

六十四卦令一卷
 (清)童叶庚撰
  睫巢鏡影

七十二候令一卷

　　　　香豔叢書第八集
　　　　說庫・方氏五種
　　　　國學珍本文庫第一集・羣芳清玩
醉綠圖一卷
　　（□）張光撰
　　　　說郛（宛委山堂本）弓一百二
六博譜一卷
　　（明）潘之恆撰
　　　　重訂欣賞編
　　　　說郛續弓三十九
彙三圖一卷
　　（明）屠隆叟撰
　　　　說郛續弓三十九
彩選百官鐸一卷
　　（明）□□撰
　　　　說郛續弓三十八
牡丹亭骰譜一卷
　　（清）徐震撰
　　　　昭代叢書（道光本）別集
牧豬閒話一卷
　　（清）金學詩撰
　　　　昭代叢書（道光本）別集
五星聯珠一卷
　　（清）童叶庚撰
　　　　睫巢鏡影
數錢葉譜一卷
　　（明）汪道昆撰
　　　　說郛續弓三十九
葉子譜一卷續一卷
　　（明）潘之恆撰
　　　　廣百川學海癸集
　　　　說郛續弓三十九
　葉子譜一卷
　　　　重訂欣賞編
牌經一卷馬吊脚例一卷
　　（明）馮夢龍（龍子猶）撰
　　　　重訂欣賞編
　　　　說郛續弓三十九
詩牌譜一卷
　　（明）王良樞輯　（明）周履靖校續
　　　　夷門廣牘・娛志
　　　　游藝四種
　　　　說郛續弓三十八
　　　　觀自得齋叢書別集
　　　　景印元明善本叢書十種・夷門廣牘・
　　　　　娛志
穎譜一卷
　　（明）郭樵叟撰

　　　　說郛續弓三十九
運掌經一卷
　　（明）黎遂球撰
　　　　說郛續弓三十九
　桐埍副墨一卷
　　　　檀几叢書二集第五帙
　　　　翠琅玕館叢書（馮兆年輯）第一集
　　　　翠琅玕館叢書（黃任恆輯）・子部
　　　　藝術叢書・雜技
　　　　芋園叢書・子部
宣和牌譜一卷
　　（明）瞿佑撰
　　　　重訂欣賞編
　　　　說郛續弓三十八
博古頁子一卷
　　（清）陳洪綬繪
　　　　蟫隱廬叢書
牌譜一卷
　　（清）鄭旭旦撰
　　　　昭代叢書（康熙本）甲集第六帙
　混同天牌譜一卷
　　　　昭代叢書（道光本）別集
四十張紙牌說
　　（清）李式玉撰
　　　　檀几叢書餘集
　四十張紙牌說一卷
　　　　古今說部叢書一集
馬吊說一卷
　　（清）李鄴嗣撰
　　　　昭代叢書（道光本）別集
花甲數譜一卷
　　（清）俞長城撰
　　　　昭代叢書（道光本）別集
葉戲原起一卷
　　（清）汪師韓撰
　　　　叢睦汪氏遺書
牙牌參禪圖譜一卷
　　（清）劉遵陸撰
　　　　觀自得齋叢書別集
曲園三耍一卷
　　（清）俞樾撰
　　　　春在堂全書
鬥花籌譜一卷
　　（清）童叶庚撰
　　　　睫巢鏡影
紅樓葉戲譜一卷
　　（清）徐畹蘭（曼華室女史）撰
　　　　香豔叢書第三集

雜 藝

藝經一卷
    (魏)邯鄲淳撰
        說郛(宛委山堂本)弓一百二
藝經一卷
    (魏)邯鄲淳撰　(清)馬國翰輯
        玉函山房輯佚書(嫏嬛館本、重印本、
            楚南書局本)·子編藝術類
水飾一卷
    (唐)杜寶撰　(清)馬國翰輯
        玉函山房輯佚書(嫏嬛館本、重印本、
            楚南書局本)·子編小說家類
水飾一卷
    (唐)杜寶撰　魯迅輯
        古小說鉤沈
嘯旨一卷
    (唐)孫廣撰
        續百川學海癸集
        顧氏文房小說(嘉靖本、景嘉靖本)
        重訂欣賞編
        夷門廣牘·藝苑
        水邊林下
        說郛(宛委山堂本)弓一百
        五朝小說·唐人百家小說瑣記家
        五朝小說大觀·唐人百家小說瑣記家
        唐人說薈(乾隆本、道光本、宣統石印
            本、民國石印本)三集
        唐代叢書三集
        叢書集成初編·藝術類
        景印元明善本叢書十種·夷門廣牘·
            藝苑
    玉川子嘯旨一卷
        嘯餘譜
坐隱園戲墨一卷
    (明)汪廷訥撰
        坐隱先生全集
曲園墨戲一卷
    (清)俞樾撰
        春在堂全書

飲食之屬

烹 調

食珍錄一卷
    (劉宋)虞悰撰
        說郛(宛委山堂本)弓九十五
        古今說部叢書一集

食譜一卷
    (唐)韋巨源撰
        說郛(宛委山堂本)弓九十五
        五朝小說·唐人百家小說瑣記家
        五朝小說大觀·唐人百家小說瑣記家
        唐人說薈(乾隆本、道光本、宣統石印
            本、民國石印本)三集
        唐代叢書三集
        遜敏堂叢書
膳夫經一卷
    (唐)楊曄撰
        閭丘辯囿
        宛委別藏
        芋園叢書·子部
    膳夫經手錄一卷
        碧琳瑯館叢書丙部
    膳夫經手錄
        粵雅堂叢書三編第二十三集·續談助
        十萬卷樓叢書三編·續談助
        叢書集成初編·總類·續談助
膳夫錄一卷
    (唐)鄭望之撰
        說郛(宛委山堂本)弓九十五
        古今說部叢書三集
食經一卷
    (□)謝諷撰
        說郛(宛委山堂本)弓九十五
本心齋疏食譜一卷
    (宋)陳達叟撰
        百川學海(咸淳本、景刊咸淳本)已集
        百川學海(弘治本、景刊咸淳本據弘治
            目次編印本、景弘治本)壬集
        叢書集成初編·應用科學類
    疏食譜一卷
        百川學海(重輯本)辛集
        說郛(宛委山堂本)弓一百六
        五朝小說·宋人百家小說瑣記家
        五朝小說大觀·宋人百家小說瑣記家
        古今說部叢書四集
    疏食譜一卷
        山居雜志
    本心齋疏食譜一卷
        借月山房彙鈔(嘉慶本、景嘉慶本)第
            十二集
    疏食譜
        說郛(商務印書館本)卷七十
山家清供二卷
    (宋)林洪撰

夷門廣牘・食品
叢書集成初編・應用科學類
景印元明善本叢書十種・夷門廣牘・
　食品

山家清供一卷
　　說郛（宛委山堂本）弓七十四
　　小石山房叢書第十一册

山家清供
　　說郛（商務印書館本）卷二十二

玉食批一卷
　　（宋）司膳內人撰
　　　說郛（宛委山堂本）弓九十五

飲膳正要三卷
　　（元）忽思慧撰
　　　四部叢刊續編・子部

飲食須知八卷
　　（元）賈銘撰
　　　學海類編（道光本、景道光本）・集餘
　　　七
　　　叢書集成初編・應用科學類

雲林堂飲食製度集一卷
　　（元）倪瓚撰
　　　碧琳瑯館叢書丙部
　　　芋園叢書・子部

饌史一卷
　　（元）□□撰
　　　學海類編（道光本、景道光本）・集餘
　　　七

易牙遺意二卷
　　（明）韓奕撰
　　　夷門廣牘・食品
　　　景印元明善本叢書十種・夷門廣牘・
　　　食品

中饋錄一卷
　　（□）吳□撰
　　　綠窗女史・閨閣部懿範
　　　說郛（宛委山堂本）弓九十五

法製品
　　（明）高濂撰
　　　居家必備・飲饌

脯鮓品
　　（明）高濂撰
　　　居家必備・飲饌

甜食品
　　（明）高濂撰
　　　居家必備・飲饌

粉麵品
　　（明）高濂撰

　　居家必備・飲饌

粥麋品
　　（明）高濂撰
　　　居家必備・飲饌

蔬製品
　　（明）高濂撰
　　　居家必備・飲饌

飯有十二合說一卷
　　（清）張英撰
　　　昭代叢書（康熙本）乙集第六帙
　　　昭代叢書（道光本）乙集第五帙
　　　志古堂叢書・聰訓齋語附

養小錄三卷
　　（清）顧仲撰
　　　學海類編（道光本、景道光本）・集餘
　　　七
　　　叢書集成初編・應用科學類

醒園錄二卷
　　（清）李化楠撰
　　　函海（乾隆本、道光本）第三十函
　　　函海（光緒本）第四十函

隨園食單一卷
　　（清）袁枚撰
　　　隨園三十種（乾隆嘉慶本、同治本）
　　　隨園三十八種

中饋錄一卷
　　（清）彭崧毓撰
　　　求是齋雜存・養親須知

品　茶

煎茶水記一卷
　　（唐）張又新撰
　　　百川學海（咸淳本、景刊咸淳本）己集
　　　百川學海（弘治本、景刊咸淳本據弘治
　　　目次編印本、景弘治本）壬集
　　　續百川學海辛集
　　　說郛（宛委山堂本）弓九十三
　　　五朝小說・唐人百家小說瑣記家
　　　五朝小說大觀・唐人百家小說瑣記家
　　　四庫全書・子部譜錄類
　　　唐人說薈（乾隆本、道光本、宣統石印
　　　本、民國石印本）三集
　　　唐代叢書三集

煎茶水記
　　　說郛（商務印書館本）卷八十一

採茶錄一卷
　　（唐）溫庭筠撰
　　　說郛（宛委山堂本）弓九十三

觀賞之屬

庭　園

瓶　花

瓶史一卷
　　（明）袁宏道撰
　　　　廣百川學海癸集
　　　　袁中郎集
　　　　重訂欣賞編
　　　　寶顏堂祕笈（萬曆本、民國石印本）正
　　　　　集
　　　　說郛續弓四十
　瓶史二卷
　　　　山居小玩
　　　　羣芳清玩
　　　　借月山房彙鈔（嘉慶本、景嘉慶本）第
　　　　　十二集
　　　　澤古齋重鈔第十集
　　　　國學珍本文庫第一集·羣芳清玩
　　　　叢書集成初編·藝術類
　　　　美術叢書初集第六輯
餠花譜一卷
　　（明）張丑撰
　　　　廣百川學海癸集
　　　　重訂欣賞編
　　　　寶顏堂祕笈（萬曆本、民國石印本）廣
　　　　　集
　　　　說郛續弓四十
　　　　古今說部叢書三集
　　　　叢書集成初編·藝術類
　　　　美術叢書二集第十輯
花間碎事一卷
　　　　聞情小品

石

雲林石譜三卷
　　（宋）杜綰撰
　　　　程氏叢刻
　　　　唐宋叢書·載籍
　　　　說郛（宛委山堂本）弓九十六
　　　　四庫全書·子部譜錄類
　　　　知不足齋叢書（乾隆至道光本、景乾隆
　　　　　至道光本）第二十八集
　　　　學津討原（嘉慶本、景嘉慶本）第十五
　　　　　集
　　　　叢書集成初編·應用科學類
　　　　美術叢書三集第九輯
　石譜一卷
　　　　山居小玩
　　　　羣芳清玩
　　　　國學珍本文庫第一集·羣芳清玩
　雲林石譜
　　　　說郛（商務印書館本）卷十六

太湖石志一卷
　　（宋）范成大撰
　　　　說郛（宛委山堂本）弓九十六
宣和石譜一卷
　　（宋）常懋撰
　　　　說郛（宛委山堂本）弓九十六
　宣和石譜
　　　　（題五代釋祖考撰）
　　　　說郛（商務印書館本）卷十六
石譜一卷
　　（宋）漁陽公撰
　　　　說郛（宛委山堂本）弓九十六
　石譜
　　　　說郛（商務印書館本）卷十六
石譜一卷
　　（清）諸九鼎撰
　　　　檀几叢書第五帙
　　　　借月山房彙鈔（嘉慶本、景嘉慶本）第
　　　　　十二集
　　　　澤古齋重鈔第十集
　　　　叢書集成初編·應用科學類
　　　　美術叢書初集第六輯
選石記
　　（清）成性撰
　　　　檀几叢書餘集
　選石記一卷
　　　　古今說部叢書一集
觀石錄一卷
　　（清）高兆撰
　　　　檀几叢書二集第五帙
　　　　借月山房彙鈔（嘉慶本、景嘉慶本）第
　　　　　十二集
　　　　澤古齋重鈔第十集
　　　　翠琅玕館叢書（馮兆年輯）第一集
　　　　翠琅玕館叢書（黃任恆輯）·子部
　　　　藝術叢書·物譜
　　　　藝海一勺
　　　　芋園叢書·子部
　　　　叢書集成初編·應用科學類
　　　　美術叢書初集第一輯
後觀石錄一卷
　　（清）毛奇齡撰
　　　　西河合集（康熙本、乾隆修補本）·文
　　　　　集
　　　　昭代叢書（道光本）乙集第六帙
　　　　藝海一勺
　　　　美術叢書初集第三輯
怪石贊一卷

說郛（商務印書館本）卷二十二

洞天清錄一卷
　　（宋）趙希鵠撰
　　　　格致叢書
　　　　唐宋叢書・載籍
　　　　奚囊廣要
　　　　說郛（宛委山堂本）弓九十五
　　　　四庫全書・子部雜家類
　　洞天清祿集一卷
　　　　讀畫齋叢書丁集
　　　　海山仙館叢書
　　　　叢書集成初編・藝術類
　　　　美術叢書初集第九輯
　　洞天清祿集
　　　　說郛（商務印書館本）卷十二

四拼集一卷
　　（宋）張鎡撰
　　　　古今文藝叢書第五集

壺中贅錄一卷
　　　　說郛（宛委山堂本）弓二十二

林下清錄一卷
　　（明）沈仕撰
　　　　說郛（宛委山堂本）弓七十五
　　　　古今說部叢書三集

林下盟一卷
　　（明）沈仕撰
　　　　水邊林下
　　　　說郛續弓二十八
　　　　古今說部叢書三集

博識一卷
　　（明）李贄撰
　　　　大雅堂訂正枕中書
　　　　李卓吾先生祕書八種

考槃餘事十七卷
　　（明）屠隆撰
　　　　廣百川學海庚集
　　　　懺花盦叢書
　　考槃餘事四卷
　　　　寶顏堂祕笈（萬曆本、民國石印本）正
　　　　集
　　　　龍威祕書五集
　　　　說庫
　　　　叢書集成初編・藝術類

山齋清供箋一卷
　　（明）屠隆撰
　　　　美術叢書二集第九輯

燕閒清賞箋一卷
　　（明）高濂撰

美術叢書三集第十輯

筠軒清閟錄三卷
　　（明）董其昌撰
　　　　學海類編（道光本、景道光本）・集餘
　　　　六
　　　　叢書集成初編・藝術類

巖棲幽事一卷
　　（明）陳繼儒撰
　　　　廣百川學海庚集
　　　　寶顏堂祕笈（萬曆本、民國石印本）祕
　　　　集
　　　　眉公十種藏書
　　　　說郛續弓二十七
　　　　叢書集成初編・哲學類

太平清話四卷
　　（明）陳繼儒撰
　　　　寶顏堂祕笈（萬曆本、民國石印本）祕
　　　　集
　　　　叢書集成初編・文學類
　　太平清話二卷
　　　　眉公十種藏書
　　　　說庫

清寤齋心賞編一卷
　　（明）王象晉撰
　　　　王漁洋遺書

飛鳧語略一卷
　　（明）沈德符撰
　　　　學海類編（道光本、景道光本）・集餘
　　　　六
　　　　叢書集成初編・藝術類

長物志十二卷
　　（明）文震亨撰
　　　　四庫全書・子部雜家類
　　　　硯雲乙編
　　　　粵雅堂叢書三編第二十四集
　　　　申報館叢書續集・紀麗類・硯雲乙編
　　　　古今說部叢書一集
　　　　說庫
　　　　叢書集成初編・藝術類
　　　　美術叢書三集第九輯

清齋位置一卷
　　（明）文震亨撰
　　　　說郛續弓二十七

屏居十二課一卷
　　（明）黃景昉撰
　　　　硯雲甲編
　　　　申報館叢書續集・紀麗類・硯雲甲編
　　　　叢書集成初編・哲學類

書齋清事一卷
　　　閑情小品
清閑供一卷
　　(明)程羽文撰
　　　水邊林下
　　　說郛續弓二十八
　　　昭代叢書(道光本)別集
　　　香豔叢書第三集
四時歡一卷
　　(明)程羽文撰
　　　水邊林下
讀書燈一卷
　　(明)馮京第撰
　　　檀几叢書二集第四帙
　　　四明叢書第二集・馮侍郎遺書
秋園雜佩一卷
　　(清)陳貞慧撰
　　　昭代叢書(道光本)戊集續編
　　　粵雅堂叢書二編第十九集
　　　賜硯堂叢書未刻稿
　　　常州先哲遺書第一集・史類・陳定生
　　　　先生遺書三種
　　　陳處士遺書
　　　說庫
　　　叢書集成初編・文學類
　　　美術叢書初集第五輯
九喜榻記一卷
　　(清)丁雄飛撰
　　　檀几叢書二集第四帙
彷園清語一卷
　　(清)張薑撰
　　　檀几叢書二集第四帙
　　　古今說部叢書七集
洗塵法
　　(清)馬文燦撰
　　　檀几叢書餘集
灌園十二師
　　(清)徐沁撰
　　　檀几叢書餘集
　灌園十二師一卷
　　　古今說部叢書一集
香雪齋樂事
　　(清)江之蘭撰
　　　檀几叢書餘集
　香雪齋樂事一卷
　　　古今說部叢書一集
芸窗雅事
　　(清)施清撰

檀几叢書餘集
　芸窗雅事一卷
　　　古今說部叢書一集
書齋快事
　　(清)沈元琨撰
　　　檀几叢書餘集
　書齋快事一卷
　　　古今說部叢書一集
紀草堂十六宜
　　(清)王晫撰
　　　檀几叢書餘集
　紀草堂十六宜一卷
　　　古今說部叢書一集
南宋方爐題咏一卷
　　(清)吳騫輯
　　　拜經樓叢書(乾隆嘉慶本、景乾隆嘉慶
　　　　本)
夢盦壺盧銘一卷
　　(清)葉金壽撰　　(清)郭傳璞注
　　　嘯園叢書第五函
　　　美術叢書三集第四輯
紀聽松菴竹鑪始末一卷
　　(清)鄒炳泰撰
　　　藝海珠塵木集(辛集)
　　　昭代叢書(道光本)辛集別編
　　　叢書集成初編・應用科學類

雜　約

勝蓮社約一卷
　　(明)虞淳熙撰
　　　說郛續弓二十九
　　　武林掌故叢編第十集
紅雲社約一卷
　　(明)徐𤊶撰
　　　說郛續弓二十九
紅雲續約一卷
　　(明)謝肇淛撰
　　　說郛續弓二十九
浣俗約一卷
　　(明)李日華撰
　　　說郛續弓二十九
月會約一卷
　　(明)嚴武順撰
　　　說郛續弓二十九
　　　武林掌故叢編第十集
饌客約
　　(明)王道焜撰
　　　居家必備・飲饌

饌客約一卷
　　水邊林下
頌酒雜約一卷
　　閒情小品
生日會約
　　（明）高兆麟撰
　　　居家必備・家儀
　生日會約一卷
　　說郛續弓二十九
牽豆社約一卷
　　（明）陳函煇撰
　　　小寒山子集・紀遊合刻・年評社集附
畫舫記一卷
　　（清）汪汝謙撰
　　　重訂欣賞編
　畫舫約一卷
　　水邊林下
　　　說郛續弓二十八
眞率會約一卷
　　（清）尤侗撰
　　　檀几叢書第五帙
簋貳約
　　（清）尤侗撰
　　　檀几叢書餘集
文房約一卷
　　（清）江之蘭撰
　　　檀几叢書二集第四帙
賓告一卷
　　（清）葉奕苞撰
　　　昭代叢書（道光本）丙集第七帙
古歡社約一卷
　　（清）丁雄飛撰
　　　檀几叢書二集第四帙
　　　藕香零拾
菊社約
　　（清）狄億撰
　　　檀几叢書餘集
友約
　　（清）顧有孝撰
　　　檀几叢書餘集
酒約
　　（清）吳肅公撰
　　　檀几叢書餘集
　酒約一卷
　　古今說部叢書一集
玩月約
　　（清）張潮撰
　　　檀几叢書餘集

玩月約一卷
　　古今說部叢書一集
放生會約一卷
　　（清）吳陳琰撰
　　　昭代叢書（道光本）別集

雜　學　類

雜論之屬

漢

蒯子一卷
　　（漢）蒯通撰　（清）馬國翰輯
　　　玉函山房輯佚書（嫏嬛館本、重印本、
　　　　楚南書局本）・子編縱橫家類
鼂氏新書一卷
　　（漢）鼂錯撰　（清）馬國翰輯
　　　玉函山房輯佚書（嫏嬛館本、重印本、
　　　　楚南書局本）・子編法家類
鄒陽書一卷
　　（漢）鄒陽撰　（清）馬國翰輯
　　　玉函山房輯佚書（嫏嬛館本、重印本、
　　　　楚南書局本）・子編縱橫家類
終軍書一卷
　　（漢）終軍撰　（清）馬國翰輯
　　　玉函山房輯佚書（嫏嬛館本、重印本、
　　　　楚南書局本）・子編儒家類
淮南子二十一卷
　　（漢）劉安撰
　　　二十子
　淮南子二卷
　　增定漢魏六朝別解・子部
　淮南子
　　說郛（商務印書館本）卷六・讀子隨識
　淮南子一卷
　　（漢）劉安撰　（清）任兆麟選輯
　　　述記續
淮南子佚文一卷
　　（漢）劉安撰　（清）王仁俊輯
　　　經籍佚文
淮南鴻烈解二十八卷
　　（漢）劉安撰　（漢）許慎注
　　　道藏（正統本、景正統本）・太清部
　　　道藏舉要第五類
　淮南鴻烈解不分卷

重刊道藏輯要虛集

淮南鴻烈解二十一卷
四部叢刊（初次印本、二次印本、縮印
二次印本）・子部

許愼淮南子注一卷
（漢）許愼撰　（清）孫馮翼輯
問經堂叢書・逸子書
叢書集成初編・哲學類

許叔重淮南子注一卷
（漢）許愼撰　（清）蔣曰豫輯
蔣侑石遺書・湾喜齋學錄

淮南子注一卷
（漢）許愼撰　（清）黃奭輯
黃氏逸書考（民國修補本、民國補刊
本）・子史鈎沈

淮南鴻烈閒詁二卷
（漢）許愼撰　（民國）葉德輝輯
觀古堂所著書（光緒本、民國重編本）
第二集
郋園先生全書

淮南鴻烈解二十八卷
（漢）劉安撰　（漢）許愼注　（漢）高誘釋
中都四子集

淮南許注鈎沈一卷
（民國）易順鼎撰
琴志樓叢書

淮南鴻烈解二十一卷
（漢）劉安撰　（漢）高誘注
廣漢魏叢書（萬曆本、嘉慶本）・子餘
摛藻堂四庫全書薈要・子部
增訂漢魏叢書（乾隆本、紅杏山房本、
三餘堂本、大通書局石印本）・子餘
子書百家・雜家類
百子全書・雜家類
叢書集成初編・哲學類

淮南子二十一卷
四庫全書・子部雜家類

淮南子二十一卷
（漢）劉安撰　（漢）高誘注　（清）莊逵吉校
・十子全書
二十二子
二十五子彙函
子書二十二種
子書二十八種
子書四十八種
袖珍古書讀本
諸子集成（世界書局本、中華書局本）
第七册

四部備要（排印本、縮印本）・子部雜
家

淮南子二卷
（漢）劉安撰　（明）歸有光輯評
諸子彙函

淮南子一卷
（漢）劉安撰　（明）焦竑注釋　（明）翁正春
評林
注釋九子全書

淮南子一卷
（漢）劉安撰　（民國）張之純評注
評註諸子菁華錄・雜家三種

淮南子補校一卷
（清）劉台拱撰
劉端臨先生遺書（道光本）
廣雅書局叢書・雜著・劉氏遺書

淮南子正誤十二卷
（清）陳昌齊撰
賜書堂全集

淮南集解補正一卷
（民國）胡懷琛撰
樸學齋叢書第一集

淮南內篇平議四卷
（清）俞樾撰
春在堂全書・諸子平議

淮南天文訓補註二卷
（清）錢塘撰
指海（道光本、景道光本）第九集
崇文書局彙刻書

淮南子要略篇釋一卷
（民國）方元撰
國學別錄

主父偃書一卷
（漢）主父偃撰　（清）馬國翰輯
玉函山房輯佚書（嫏嬛館本、重印本、
楚南書局本）・子編縱橫家類

徐樂書一卷
（漢）徐樂撰　（清）馬國翰輯
玉函山房輯佚書（嫏嬛館本、重印本、
楚南書局本）・子編縱橫家類

嚴安書一卷
（漢）嚴安撰　（清）馬國翰輯
玉函山房輯佚書（嫏嬛館本、重印本、
楚南書局本）・子編縱橫家類

論衡三十卷
（漢）王充撰
漢魏叢書（萬曆本、景萬曆本）・子籍
廣漢魏叢書（萬曆本、嘉慶本）・子餘

　　　　四庫全書・子部雜家類
　　　　摛藻堂四庫全書薈要・子部
　　　　增訂漢魏叢書（乾隆本、紅杏山房本、
　　　　　大通書局石印本）・子餘
　　　　子書百家・雜家類
　　　　百子全書・雜家類
　　　　龍谿精舍叢書・子部
　　　　四部叢刊（初次印本、二次印本、縮印
　　　　　二次印本）・子部
　　　　諸子集成（世界書局本、中華書局本）
　　　　　第七册
　　　　叢書集成初編・哲學類
　　　　四部備要（排印本、縮印本）・子部儒
　　　　　家
　　論衡一卷
　　　　增定漢魏六朝別解・子部
　　論衡
　　　　說郛（商務印書館本）卷一百
　論衡佚文一卷
　　（漢）王充撰　（清）王仁俊輯
　　　　經籍佚文
　讀論衡一卷
　　（清）俞樾撰
　　　　春在堂全書・曲園雜纂
　論衡平議補錄
　　（清）俞樾撰
　　　　諸子平議補錄（李念劬堂本、中華書局
　　　　　排印本）
　論衡校
　　（清）陸心源撰
　　　　潛園總集・羣書校補
　委宛子
　　（漢）王充撰　（明）歸有光輯評
　　　　諸子彙函
　天祿閣外史八卷
　　（漢）黃憲撰
　　　　廣漢魏叢書（萬曆本、嘉慶本）・子餘
　　　　祕書九種
　　　　增訂漢魏叢書（乾隆本、紅杏山房本、
　　　　　大通書局石印本）・載籍
　　　　叢書集成初編・文學類
　　天祿閣外史一卷
　　　　增定漢魏六朝別解・史部
　愼陽子
　　（漢）黃憲撰　（明）歸有光輯評
　　　　諸子彙函
　反論一卷
　　（漢）張升撰　（清）王仁俊輯

　　　　玉函山房輯佚書續編・子編雜家類
　崔氏政論一卷
　　（漢）崔寔撰　（清）馬國翰輯
　　　　玉函山房輯佚書（嫏嬛館本、重印本、
　　　　　楚南書局本）・子編法家類
　崔寔正論一卷
　　（漢）崔寔撰　（清）王仁俊輯
　　　　玉函山房輯佚書續編・子編儒家類
　嵇岈子
　　（漢）崔寔撰　（明）歸有光輯評
　　　　諸子彙函
　任子一卷
　　（漢）任奕撰
　　　　四明叢書第一集
　符子
　　（漢）符□撰　（明）歸有光輯評
　　　　諸子彙函

三　國

　蔣子萬機論一卷
　　（魏）蔣濟撰　（清）嚴可均輯
　　　　適園叢書第五集
　蔣子萬機論一卷
　　（魏）蔣濟撰　（清）馬國翰輯
　　　　玉函山房輯佚書（嫏嬛館本、重印本、
　　　　　楚南書局本）・子編雜家類
　蔣子萬機論一卷
　　（魏）蔣濟撰　（清）王仁俊輯
　　　　玉函山房輯佚書續編・子編雜家類
　人物志一卷
　　（魏）劉邵撰
　　　　增定漢魏六朝別解・子部
　人物志三卷
　　（魏）劉邵撰　（後魏）劉昞注
　　　　漢魏叢書（萬曆本、景萬曆本）・子籍
　　　　廣漢魏叢書（萬曆本、嘉慶本）・載籍
　　　　兩京遺編
　　　　四庫全書・子部雜家類
　　　　增訂漢魏叢書（乾隆本、紅杏山房本、
　　　　　三餘堂本、大通書局石印本）・子餘
　　　　墨海金壺（嘉慶本、景嘉慶本）・子部
　　　　守山閣叢書（道光本、鴻文書局景道光
　　　　　本、博古齋景道光本）・子部
　　　　畿輔叢書
　　　　玲瓏山館叢書・術數編
　　　　龍谿精舍叢書・子部
　　　　四部叢刊（初次印本、二次印本、縮印
　　　　　二次印本）・子部

四部備要（排印本、縮印本）・子部儒家

景印元明善本叢書十種・兩京遺編

任子道論一卷
　　（魏）任嘏撰　　（清）馬國翰輯
　　　玉函山房輯佚書（嫏嬛館本、重印本、
　　　楚南書局本）・子編道家類

劉氏政論一卷
　　（魏）劉廙撰　　（清）嚴可均輯
　　　適園叢書第五集

劉氏政論一卷
　　（魏）劉廙撰　　（清）馬國翰輯
　　　玉函山房輯佚書（嫏嬛館本、重印本、
　　　楚南書局本）・子編法家類

劉氏政論一卷
　　（魏）劉廙撰　　（清）王仁俊輯
　　　玉函山房輯佚書續編・子編法家類

阮子政論一卷
　　（魏）阮武撰　　（清）馬國翰輯
　　　玉函山房輯佚書（嫏嬛館本、重印本、
　　　楚南書局本）・子編法家類

魏臺訪議一卷
　　（魏）王肅撰
　　　說郛（宛委山堂本）弓五十九

桓氏世要論一卷
　　（魏）桓範撰　　（清）嚴可均輯
　　　適園叢書第五集

世要論一卷
　　（魏）桓範撰　　（清）馬國翰輯
　　　玉函山房輯佚書（嫏嬛館本、重印本、
　　　楚南書局本）・子編法家類

世要論一卷
　　（魏）桓範撰　　（清）王仁俊輯
　　　玉函山房輯佚書續編・子編法家類

杜氏體論一卷
　　（魏）杜恕撰　　（清）馬國翰輯
　　　玉函山房輯佚書（嫏嬛館本、重印本、
　　　楚南書局本）・子編儒家類

體論一卷
　　（魏）杜恕撰　　（清）王仁俊輯
　　　玉函山房輯佚書續編・子編儒家類

杜氏篤論一卷
　　（魏）杜恕撰　　（清）嚴可均輯
　　　適園叢書第五集

篤論一卷
　　（魏）杜恕撰　　（清）馬國翰輯
　　　玉函山房輯佚書（嫏嬛館本、重印本、
　　　楚南書局本）・子編雜家類

鍾子芻蕘一卷
　　（魏）鍾會撰　　（清）王仁俊輯
　　　玉函山房輯佚書續編・子編儒家類

諸葛子一卷
　　（蜀）諸葛亮撰　　（清）王仁俊輯
　　　玉函山房輯佚書續編・子編儒家類

諸葛子一卷
　　（吳）諸葛恪撰　　（清）馬國翰輯
　　　玉函山房輯佚書（嫏嬛館本、重印本、
　　　楚南書局本）・子編雜家類

裴氏新言一卷
　　（吳）裴玄撰　　（清）馬國翰輯
　　　玉函山房輯佚書（嫏嬛館本、重印本、
　　　楚南書局本）・子編雜家類

裴氏新言一卷
　　（吳）裴玄撰　　（清）王仁俊輯
　　　玉函山房輯佚書續編・子編雜家類

默記一卷
　　（吳）張儼撰　　（清）馬國翰輯
　　　玉函山房輯佚書（嫏嬛館本、重印本、
　　　楚南書局本）・子編雜家類

默記一卷
　　（吳）張儼撰　　（清）王仁俊輯
　　　玉函山房輯佚書續編・子編雜家類

士緯一卷
　　（吳）姚信撰　　（清）馬國翰輯
　　　玉函山房輯佚書（嫏嬛館本、重印本、
　　　楚南書局本）・子編名家類

新義一卷
　　（吳）劉廞撰　　（清）馬國翰輯
　　　玉函山房輯佚書（嫏嬛館本、重印本、
　　　楚南書局本）・子編雜家類

秦子一卷
　　（吳）秦菁撰　　（清）馬國翰輯
　　　玉函山房輯佚書（嫏嬛館本、重印本、
　　　楚南書局本）・子編雜家類

陳子要言一卷
　　（吳）陳融撰　　（清）馬國翰輯
　　　玉函山房輯佚書（嫏嬛館本、重印本、
　　　楚南書局本）・子編法家類

陳子要言一卷
　　（吳）陳融撰　　（清）王仁俊輯
　　　玉函山房輯佚書續編・子編法家類

唐子一卷
　　（吳）唐滂撰　　（清）馬國翰輯
　　　玉函山房輯佚書（嫏嬛館本、重印本、
　　　楚南書局本）・子編道家類

晉

時務論一卷
　　(晉)楊偉撰　　(清)馬國翰輯
　　　　玉函山房輯佚書（嫏嬛館本、重印本、
　　　　楚南書局本）・子編雜家類

化清經一卷
　　(晉)蔡洪撰　　(清)馬國翰輯
　　　　玉函山房輯佚書（嫏嬛館本、重印本、
　　　　楚南書局本）・子編儒家類

蔡氏化清經一卷
　　(晉)蔡洪撰　　(清)王仁俊輯
　　　　玉函山房輯佚書續編・子編儒家類

鄒子一卷
　　(晉)鄒口撰　　(清)馬國翰輯
　　　　玉函山房輯佚書（嫏嬛館本、重印本、
　　　　楚南書局本）・子編雜家類

蘇子一卷
　　(晉)蘇彦撰　　(清)馬國翰輯
　　　　玉函山房輯佚書（嫏嬛館本、重印本、
　　　　楚南書局本）・子編道家類

陸機要覽一卷
　　(晉)陸機撰
　　　　說郛(宛委山堂本)弓五十九
　　　　五朝小說・魏晉小說訓誠家
　　　　五朝小說大觀・魏晉小說訓誠家
　　　　古今說部叢書一集

陸氏要覽一卷
　　(晉)陸機撰　　(清)馬國翰輯
　　　　玉函山房輯佚書（嫏嬛館本、重印本、
　　　　楚南書局本）・子編雜家類

陸子一卷
　　(晉)陸雲撰　　(清)馬國翰輯
　　　　玉函山房輯佚書（嫏嬛館本、重印本、
　　　　楚南書局本）・子編道家類

陸子一卷
　　(晉)陸雲撰　　(清)王仁俊輯
　　　　玉函山房輯佚書續編・子編道家類

杜氏幽求新書一卷
　　(晉)杜夷撰　　(清)馬國翰輯
　　　　玉函山房輯佚書（嫏嬛館本、重印本、
　　　　楚南書局本）・子編道家類

幽求子一卷
　　(晉)杜夷撰　　(清)王仁俊輯
　　　　玉函山房輯佚書續編・子編道家類

干子一卷
　　(晉)干寶撰　　(清)馬國翰輯
　　　　玉函山房輯佚書（嫏嬛館本、重印本、

楚南書局本）・子編儒家類

干子一卷
　　(晉)干寶撰　　(清)王仁俊輯
　　　　玉函山房輯佚書續編・子編儒家類

物理論一卷
　　(晉)楊泉撰　　(清)孫星衍集校
　　　　平津館叢書(嘉慶本、光緒本)
　　　　龍谿精舍叢書・子部
　　　　叢書集成初編・哲學類

物理論一卷
　　(晉)楊泉撰　　(清)孫星衍集校　　(清)錢保
　　塘重校
　　　　清風室叢書

物理論一卷
　　(晉)楊泉撰　　(清)黃奭輯
　　　　漢學堂叢書・子史鉤沈・子部儒家類
　　　　黃氏逸書考（民國修補本、民國補刊
　　　　本）・子史鉤沈

物理論一卷補遺一卷
　　(晉)楊泉撰　　(清)王仁俊輯
　　　　玉函山房輯佚書續編・子編儒家類

析言論一卷附古今訓
　　(晉)張顯撰　　(清)馬國翰輯
　　　　玉函山房輯佚書（嫏嬛館本、重印本、
　　　　楚南書局本）・子編雜家類

析言論一卷
　　(晉)張顯撰　　(清)王仁俊輯
　　　　玉函山房輯佚書續編・子編雜家類

廣志一卷
　　(晉)郭義恭撰
　　　　說郛(宛委山堂本)弓六十一

　廣志
　　　　說郛(商務印書館本)卷六・廣知

廣志二卷
　　(晉)郭義恭撰　　(清)馬國翰輯
　　　　玉函山房輯佚書（嫏嬛館本、重印本、
　　　　楚南書局本）・子編雜家類

孫子一卷
　　(晉)孫綽撰　　(清)馬國翰輯
　　　　玉函山房輯佚書（嫏嬛館本、重印本、
　　　　楚南書局本）・子編道家類

孫綽子一卷補遺一卷
　　(晉)孫綽撰　　(清)王仁俊輯
　　　　玉函山房輯佚書續編・子編道家類

苻子一卷
　　(晉)苻朗撰　　(清)馬國翰輯
　　　　玉函山房輯佚書（嫏嬛館本、重印本、
　　　　楚南書局本）・子編道家類

符子一卷
　　(晉)符朗撰　(清)王仁俊輯
　　　玉函山房輯佚書續編・子編道家類

南 北 朝

文釋一卷
　　(劉宋)江遹撰　(清)馬國翰輯
　　　玉函山房輯佚書 (娜嬛館本、重印本、
　　　　楚南書局本)・子編雜家類

少子一卷
　　(南齊)張融撰　(清)馬國翰輯
　　　玉函山房輯佚書 (娜嬛館本、重印本、
　　　　楚南書局本)・子編道家類

金樓子一卷
　　梁元帝撰
　　　說郛(宛委山堂本)弓二十三
　　　五朝小說・魏晉小說雜志家
　　　五朝小說大觀・魏晉小說雜志家
　　　龍威祕書五集・說郛雜著

　金樓子六卷
　　　四庫全書・子部雜家類
　　　知不足齋叢書(乾隆至道光本、景乾隆
　　　　至道光本)第九集
　　　子書百家・雜家類
　　　百子全書・雜家類
　　　龍谿精舍叢書・子部
　　　叢書集成初編・哲學類

金樓子
　　梁元帝撰　(明)歸有光輯評
　　　諸子彙函

洞極眞經一卷
　　(後魏)關朗撰　(清)馬國翰輯
　　　玉函山房輯佚書 (娜嬛館本、重印本、
　　　　楚南書局本)・子編道家類

劉子一卷
　　(北齊)劉畫撰
　　　二十家子書
　　　重刊道藏輯要危集

　劉子新論一卷
　　　增定漢魏六朝別解・子部

　新論十卷
　　　廣漢魏叢書(萬曆本、嘉慶本)・子餘
　　　增訂漢魏叢書 (乾隆本、紅杏山房本、
　　　　三餘堂本、大通書局石印本)・子餘

　劉子二卷
　　　子書百家・雜家類
　　　百子全書・雜家類

劉子殘一卷

東方學會叢書初集・敦煌石室碎金

新論佚文一卷
　　(北齊)劉畫撰　(清)王仁俊輯
　　　經籍佚文

劉子十卷
　　(北齊)劉畫撰　(唐)袁孝政注
　　　道藏(正統本、景正統本)・太玄部
　　　四庫全書・子部雜家類
　　　畿輔叢書
　　　道藏舉要第五類
　　　叢書集成初編・哲學類

　劉子新論十卷
　　　漢魏叢書(萬曆本、景萬曆本)・子籍

　劉子二卷
　　　子彙
　　　景印元明善本叢書十種・子彙

　新論二卷
　　　龍谿精舍叢書・子部

　劉子
　　　說郛(商務印書館本)卷六・讀子隨識

劉子二卷
　　(北齊)劉畫撰　(唐)袁孝政注　(明)孫鑛
　　評
　　　合諸名家批點諸子全書

德言二卷
　　(北齊)劉畫撰　(唐)袁孝政注　(明)鍾惺
　　輯評
　　　合刻五家言

石匏子
　　(北齊)劉畫撰　(明)歸有光輯評
　　　諸子彙函

劉子纂要一卷
　　(明)史起欽輯
　　　史進士新鐫諸子纂要

新論正誤一卷
　　(清)陳昌齊撰
　　　賜書堂全集

劉子校記一卷
　　(民國)羅振玉撰
　　　永豐鄉人雜著續編

唐

長短經九卷
　　(唐)趙蕤撰
　　　四庫全書・子部雜家類
　　　函海(光緒本)第二函

長短經九卷
　　(唐)趙蕤撰　(清)周廣業校

　　　讀盡齋叢書己集
　　　叢書集成初編・哲學類
道體論一卷
　　(唐)張果(通玄先生)述
　　　道藏(正統本、景正統本)・太玄部
君臣政理論一卷
　　(唐)楊相如撰　　(清)王仁俊輯
　　　玉函山房輯佚書續編・子編雜家類
因論一卷
　　(唐)劉禹錫撰
　　　百川學海(咸淳本、景刊咸淳本)戊集
　　　百川學海(弘治本、景刊咸淳本據弘治
　　　　目次編印本、景弘治本)丁集
　　　說郛(宛委山堂本)弓二十五
　　　叢書集成初編・哲學類
三敎論衡一卷
　　(唐)白居易撰
　　　說郛(宛委山堂本)弓八
窮愁志一卷
　　(唐)李德裕撰
　　　說郛(宛委山堂本)弓二十五
　　　古今說部叢書一集
山書一卷
　　(唐)劉蛻撰
　　　諸子褒異附
　　　說郛(宛委山堂本)弓九
兩同書一卷
　　(唐)羅隱撰
　　　續百川學海甲集
　　　說郛(宛委山堂本)弓九
　　兩同書二卷
　　　寶顏堂祕笈(萬曆本、民國石印本)廣
　　　　集
　　　四庫全書・子部雜家類
　　　廿二子全書
　　　式訓堂叢書三集
　　　叢書集成初編・哲學類
靈壁子
　　(唐)羅隱撰　　(明)歸有光輯評
　　　諸子彙函
鹿門子一卷
　　(唐)皮日休撰
　　　十二子
　　　子彙
　　　廿二子全書
　　　叢書集成初編・總類
　　　景印元明善本叢書十種・子彙
　　鹿門子隱書一卷

　　　且且菴初笺十六子
　鹿門隱書一卷
　　　說郛(宛委山堂本)弓九
　　　學海類編(道光本、景道光本)・集餘
　　　　七
鹿門子
　　(唐)皮日休撰　　(明)歸有光輯評
　　　諸子彙函
无能子三卷
　　(唐)□□撰
　　　道藏(正統本、景正統本)・太玄部
　　　十二子
　　　子彙
　　　四庫全書・子部道家類
　　　廿二子全書
　　　子書百家・道家類
　　　百子全書・道家類
　　　道藏舉要第五類
　　　叢書集成初編・哲學類
　　　景印元明善本叢書十種・子彙
　无能子一卷
　　　二十家子書
无能子
　　(唐)□□撰　　(明)歸有光輯評
　　　諸子彙函
无能子三卷
　　(唐)□□撰　　(明)孫鑛批點
　　　且且菴初笺十六子
无能子三卷
　　(唐)□□撰　　(明)孫鑛批點　　(明)沈景麟
　　(明)李廷謨訂正
　　　合諸名家批點諸子全書
心目論一卷
　　　道藏(正統本、景正統本)・太玄部

五　代

化書六卷
　　(南唐)譚峭撰
　　　道藏(正統本、景正統本)・太玄部
　　　續道藏(萬曆本、景萬曆本)
　　　寶顏堂祕笈(萬曆本、民國石印本)廣
　　　　集
　　　四庫全書・子部雜家類
　　　墨海金壺(嘉慶本、景嘉慶本)・子部
　　　　反約篇
　　　榕園叢書丙集
　　　正覺樓叢刻
　　　道藏舉要第五類
　譚子化書六卷

居家必備・懿訓

經鉏堂雜誌一卷
　　說郛（宛委山堂本）弓七十五
天地萬物造化論一卷
　　（宋）王柏撰
　　格致叢書
東洲几上語一卷枕上語一卷
　　（宋）施清臣撰
　　涵芬樓祕笈第七集
樵談一卷
　　（宋）許棐撰
　　鹽邑志林
　　學海類編（道光本、景道光本）・子類
　　叢書集成初編・總類
　　景印元明善本叢書十種・鹽邑志林
樵談
　　說郛（商務印書館本）卷八十
東谷所見一卷
　　（宋）李之彥撰
　　百川學海（咸淳本、景刊咸淳本）戊集
　　百川學海（弘治本、景刊咸淳本據弘治
　　　目次編印本、景弘治本）戊集
　　百川學海（重輯本）丁集
　　說郛（宛委山堂本）弓七十三
　　五朝小說・宋人百家小說偏錄家
　　五朝小說大觀・宋人百家小說偏錄家
東谷隨筆一卷
　　學海類編（道光本、景道光本）・集餘
　　一
東谷所見
　　說郛（商務印書館本）卷七十七
田間書一卷
　　（宋）林芳撰
　　說郛（宛委山堂本）弓二十五
　　龍威祕書五集・說郛雜著
　　薩玉閣五種
田間書
　　說郛（商務印書館本）卷四十五

元

三教平心論二卷附校譌一卷
　　（元）劉謐撰　校譌（清）胡珽撰
　　琳琅祕室叢書（咸豐本）第三集
三教平心論二卷附校譌一卷補校一卷
　　（元）劉謐撰　校譌（清）胡珽撰　補校（清）
　　董金鑑撰
　　琳琅祕室叢書（光緒本）第三集
　　叢書集成初編・宗教類

明

潛溪邃言一卷
　　（明）宋濂撰
　　百陵學山
　　說郛續弓二
　　學海類編（道光本、景道光本）・子類
　　叢書集成初編・哲學類
　　景印元明善本叢書十種・百陵學山
蘿山雜言一卷
　　（明）宋濂撰
　　今獻彙言
　　說郛續弓二
　　叢書集成初編・哲學類
　　景印元明善本叢書十種・今獻彙言
燕書一卷
　　（明）宋濂撰
　　說郛續弓三
龍門子凝道記二卷
　　（明）宋濂撰
　　劉宋二子
龍門子凝道記三卷
　　金華叢書（同治光緒本、民國補刊本）
　　・子部
　　叢書集成初編・哲學類
郁離子二卷
　　（明）劉基撰
　　劉宋二子
　　學津討原（嘉慶本、景嘉慶本）第十二
　　集
　　反約篇
　　榕園叢書丙集
重刊郁離子二卷
　　括蒼二子
郁離子微一卷
　　百陵學山
　　說郛續弓二
　　景印元明善本叢書十種・百陵學山
郁離子一卷
　　學海類編（道光本、景道光本）・子類
　　子書百家・雜家類
　　百子全書・雜家類
　　子書四十八種
郁離子
　　（明）劉基撰　（明）歸有光輯評
　　諸子彙函
華川卮辭一卷
　　（明）王禕撰

百陵學山
　說郛續弖二
　學海類編(道光本、景道光本)·子類
　金華叢書（同治光緒本、民國補刊本）
　　·子部
　景印元明善本叢書十種·百陵學山
卮辭一卷
　函海(乾隆本、道光本)第十九函
　函海(光緒本)第十三函
　叢書集成初編·總類
青巖叢錄一卷
　(明)王禕撰
　百陵學山
　說郛續弖二
　五朝小說·皇明百家小說
　五朝小說大觀·皇明百家小說
　藝海珠塵癸集
　學海類編(道光本、景道光本)·子類
　金華叢書（同治光緒本、民國補刊本）
　　·子部
　景印元明善本叢書十種·百陵學山
草木子一卷
　(明)葉子奇撰
　百陵學山
　快書
　說郛續弖二
　景印元明善本叢書十種·百陵學山
重刊草木子四卷
　括蒼二子
草木子四卷
　四庫全書·子部雜家類
道餘錄一卷
　(明)姚廣孝撰
　涵芬樓祕笈第七集
筆疇二卷
　(明)王達撰
　寶顏堂祕笈(萬曆本、民國石印本)正
　集
　叢書集成初編·總類
筆疇一卷
　(題明陳世寶撰)
　說郛續弖三
　(明)王達撰
　喜咏軒叢書甲編
海涵萬象錄一卷
　(明)黃潤玉撰
　百陵學山
　說郛續弖三
　景印元明善本叢書十種·百陵學山

海涵萬象一卷
　學海類編(道光本、景道光本)·子類
海涵萬象錄四卷附考證一卷
　(明)黃潤玉撰　考證馮貞羣撰
　四明叢書第三集
未齋雜言一卷
　(明)黎久撰
　今獻彙言
　說郛續弖四
　景印元明善本叢書十種·今獻彙言
黎子雜釋一卷
　百陵學山
　學海類編(道光本、景道光本)·子類
　景印元明善本叢書十種·百陵學山
蒙泉類博稿一卷
　(明)岳正撰
　金聲玉振集·組繡
類博雜言一卷
　百陵學山
　說郛續弖四
　學海類編(道光本、景道光本)·子類
　景印元明善本叢書十種·百陵學山
蒙泉雜言一卷
　今獻彙言
　說郛續弖三
　叢書集成初編·哲學類
　景印元明善本叢書十種·今獻彙言
思玄庸言一卷
　(明)桑悅撰
　百陵學山
　說郛續弖四
　叢書集成初編·哲學類
　景印元明善本叢書十種·百陵學山
桑子庸言一卷
　學海類編(道光本、景道光本)·子類
　婁東雜著金集
讀書筆記一卷
　(明)祝允明撰
　顧氏明朝四十家小說(正德嘉靖本、宣
　統排印本、民國石印本)
　金聲玉振集·撰述
　寶顏堂祕笈(萬曆本、民國石印本)廣
　集
　說郛續弖四
　學海類編(道光本、景道光本)·子類
　廣四十家小說
　叢書集成初編·總類
浮物一卷

(明)祝允明撰
金聲玉振集・撰述

皇言一卷
(明)馬中錫撰
百陵學山
叢書集成初編・文學類
景印元明善本叢書十種・百陵學山

東田皇言一卷
說郛續弓四

拘虛晤言一卷
(明)陳沂撰
今獻彙言
說郛續弓四
廣四十家小說
叢書集成初編・哲學類
景印元明善本叢書十種・今獻彙言

空同子一卷
(明)李夢陽撰
廣百川學海己集
金聲玉振集・撰述
說郛續弓二
子書百家・雜家類
百子全書・雜家類

空同子纂一卷
百陵學山
學海類編(道光本、景道光本)・子類
叢書集成初編・哲學類
景印元明善本叢書十種・百陵學山

陰陽管見一卷
(明)何瑭撰
百陵學山
學海類編(道光本、景道光本)・子類
景印元明善本叢書十種・百陵學山

近言一卷
(明)顧璘撰
顧氏明朝四十家小說(正德嘉靖本、宣
統排印本、民國石印本)

觀微子一卷
(明)朱衮撰
百陵學山
說郛續弓二
叢書集成初編・哲學類
景印元明善本叢書十種・百陵學山

大復論一卷
(明)何景明撰
金聲玉振集・撰述

何子雜言一卷
(明)何景明撰

說郛續弓二

經世要談一卷
(明)鄭善夫撰
百陵學山
說郛續弓四
學海類編(道光本、景道光本)　子類
叢書集成初編・總類
景印元明善本叢書十種・百陵學山

海樵子一卷
(明)王崇慶撰
百陵學山
廣快書
說郛續弓二
學海類編(道光本、景道光本)・子類
子書百家・儒家類
百子全書・儒家類
養素軒叢錄第一集
子書四十八種
叢書集成初編・哲學類
景印元明善本叢書十種・百陵學山

錢子語測二卷
(明)錢琦撰
百陵學山
叢書集成初編・總類
景印元明善本叢書十種・百陵學山

錢公良測語二卷
(明)錢琦撰
鹽邑志林
叢書集成初編・總類
景印元明善本叢書十種・鹽邑志林

錢子測語二卷
學海類編(道光本、景道光本)・子類

墅談一卷
(明)胡侍撰
百陵學山
叢書集成初編・文學類
景印元明善本叢書十種・百陵學山

叔苴子十卷
(明)莊元臣撰
莊忠甫雜著

叔苴子內篇十三卷拾遺一卷外篇十四卷
(明)莊元臣撰
莊忠甫雜著

叔苴子內篇六卷外篇二卷
粵雅堂叢書初編第三集
子書百家・雜家類
百子全書・雜家類
叢書集成初編・哲學類

太藪外史一卷

（明）蔡羽撰
　　金聲玉振集·撰述
丘隅意見一卷
　　（明）喬世寧撰
　　百陵學山
　　叢書集成初編·文學類
　　景印元明善本叢書十種·百陵學山
海沂子五卷
　　（明）王文祿撰
　　百陵學山
　　學海類編（道光本、景道光本）·子類
　　子書百家·雜家類
　　百子全書·雜家類
　　叢書集成初編·哲學類
　　景印元明善本叢書十種·百陵學山
機警一卷
　　（明）王文祿撰
　　百陵學山
　　說郛續弓三
　　叢書集成初編·文學類
　　景印元明善本叢書十種·百陵學山
文昌旅語一卷
　　（明）王文祿撰
　　百陵學山
　　說郛續弓四
　　叢書集成初編·文學類
　　景印元明善本叢書十種·百陵學山
補衍二卷
　　（明）王文祿撰
　　百陵學山
　　叢書集成初編·哲學類
　　景印元明善本叢書十種·百陵學山
補衍一卷
　　說郛續弓三
客問一卷
　　（明）黃省曾撰
　　百陵學山
　　學海類編（道光本、景道光本）·子類
　　景印元明善本叢書十種·百陵學山
擬詩外傳一卷
　　（明）黃省曾撰
　　百陵學山
　　學海類編（道光本、景道光本）·子類
　　景印元明善本叢書十種·百陵學山
觀心約一卷
　　（明）鄒森撰
　　畿輔叢書
　　叢書集成初編·哲學類
清暑筆談一卷

（明）陸樹聲撰
　　廣百川學海丙集
　　陸學士雜著
　　寶顏堂祕笈（萬曆本、民國石印本）正
　　　集
　　說郛續弓四
　　五朝小說·皇明百家小說
　　五朝小說大觀·皇明百家小說
　　叢書集成初編·文學類
耄餘雜識一卷
　　（明）陸樹聲撰
　　陸學士雜著
　　寶顏堂祕笈（萬曆本、民國石印本）續
　　　集
　　閒情小品
　　叢書集成初編·文學類
病榻寤言一卷
　　（明）陸樹聲撰
　　廣百川學海丙集
　　陸學士雜著
　　寶顏堂祕笈（萬曆本、民國石印本）續
　　　集
　　水邊林下
　　說郛續弓四
　　叢書集成初編·文學類
汲古叢語一卷
　　（明）陸樹聲撰
　　陸學士雜著
　　寶顏堂祕笈（萬曆本、民國石印本）廣
　　　集
　　說郛續弓四
　　叢書集成初編·哲學類
三事遡眞一卷
　　（明）李豫亨撰
　　寶顏堂祕笈（萬曆本、民國石印本）續
　　　集
　　叢書集成初編·哲學類
本語六卷
　　（明）高拱撰
　　高文襄公集
　　四庫全書·子部雜家類
　　指海（道光本、景道光本）第八集
　　叢書集成初編·哲學類
豢龍子一卷
　　（明）董穀撰
　　百陵學山
　　說郛續弓二
　　叢書集成初編·哲學類
　　景印元明善本叢書十種·百陵學山

冥影契一卷
　　(明)董穀撰
　　　　百陵學山
　　　　說郛續弓三
　　　　叢書集成初編・哲學類
　　　　景印元明善本叢書十種・百陵學山
西堂日記一卷
　　(明)楊豫孫撰
　　　　寶顏堂祕笈(萬曆本、民國石印本)續
　　　　集
　　　　叢書集成初編・文學類
仰子遺語一卷
　　(明)胡憲仲撰
　　　　百陵學山
　　　　說郛續弓三
　　　　叢書集成初編・總類
　　　　景印元明善本叢書十種・百陵學山
　仰崖遺語一卷
　　　　鹽邑志林
　　　　景印元明善本叢書十種・鹽邑志林
歸有園麈談一卷
　　(明)徐學謨撰
　　　　廣百川學海己集
　　　　說郛續弓三十一
　　(明太室山人撰)
　　　　寶顏堂祕笈(萬曆本、民國石印本)正
　　　　集
　　　　叢書集成初編・總類
渾然子一卷
　　(明)張翀撰
　　　　寶顏堂祕笈(萬曆本、民國石印本)普
　　　　集
　　　　叢書集成初編・哲學類
脈望八卷
　　(明)趙台鼎撰
　　　　寶顏堂祕笈(萬曆本、民國石印本)續
　　　　集
　　　　叢書集成初編・哲學類
意見一卷
　　(明)陳于陛撰
　　　　寶顏堂祕笈(萬曆本、民國石印本)廣
　　　　集
　　　　說郛續弓十五
　　　　五朝小說・皇明百家小說
　　　　五朝小說大觀・皇明百家小說
　　　　叢書集成初編・文學類
玉笑零音一卷
　　(明)田藝蘅撰
　　　　廣百川學海丙集

寶顏堂祕笈(萬曆本、民國石印本)普
集
廣快書
說郛續弓三十一
古今說部叢書三集
叢書集成初編・總類
澹思子一卷
　　(明)王世懋撰
　　　　王奉常雜著
西學凡一卷
　　(明西洋)艾儒略撰
　　　　天學初函・理編
重刻二十五言一卷
　　(明西洋)利瑪竇撰
　　　　天學初函・理編
友論一卷
　　(明西洋)利瑪竇撰
　　　　廣百川學海庚集
　　　　寶顏堂祕笈(萬曆本、民國石印本)廣
　　　　集
　　　　說郛續弓三十
　　　　叢書集成初編・哲學類
　交友論一卷
　　　　天學初函・理編
支談三卷
　　(明)焦竑撰
　　　　寶顏堂祕笈(萬曆本、民國石印本)彙
　　　　集
意言一卷
　　(明)陳第撰
　　　　一齋集
松軒講義一卷
　　(明)陳第撰
　　　　一齋集
清言一卷
　　(明)屠隆撰
　　　　廣百川學海己集
　　　　水邊林下
　　　　說郛續弓三十一
　娑羅館清言二卷
　　　　寶顏堂祕笈(萬曆本、民國石印本)正
　　　　集
　　　　叢書集成初編・文學類
娑羅館清話一卷
　　(明)屠隆撰　(民國)周學熙節錄
　　　　周氏師古堂所編書・古訓粹編
續清言一卷
　　(明)屠隆撰

　　　周氏師古堂所編書・古訓粹編

鄭敬中摘語一卷
　　（明）鄭心材撰
　　　鹽邑志林
　　　叢書集成初編・總類
　　　景印元明善本叢書十種・鹽邑志林

壺天映語一卷
　　（明）顧起元撰
　　　歸鴻館雜著

玄晏齋困思鈔二卷
　　（明）孫慎行撰
　　　常州先哲遺書後編・子類

惕齋先生放言
　　（明）廖登宸撰
　　　淥江廖氏三代文鈔

管天筆記外編二卷
　　（明）王嗣奭撰
　　　四明叢書第一集

坦庵枕函待問編五卷
　　（清）徐石麒撰
　　　傳硯齋叢書

客齋餘話四卷
　　（清）徐石麒撰
　　　傳硯齋叢書

沆瀣子一卷
　　（明）蔣鑰撰
　　　說郛續弓二

侮莊一卷
　　（明）羅明祖撰
　　　羅紋山先生全集

郎川答問一卷
　　（明）余常吉撰
　　　快書

擬易一卷
　　（明）張武略撰
　　　快書

九發一卷
　　（明）支華平撰
　　　快書

錢罣一卷
　　（明）支華平撰
　　　快書

儒禪一卷
　　（明）吳從先撰
　　　廣快書

松霞館贅言一卷
　　（明）李長卿撰
　　　廣快書

清

元邱素話一卷
　　（清）余紹祉撰
　　　嘯園叢書第二函

世書一卷
　　（清）吳穎撰
　　　廣快書
　　　昭代叢書（道光本）別集

水田居激書二卷
　　（清）賀貽孫撰
　　　水田居全集

激書二卷附校勘記一卷
　　（清）賀貽孫撰　校勘記（民國）胡思敬撰
　　　豫章叢書（胡思敬輯）

瞽言四卷
　　（清）陳確撰
　　　乾初先生遺集・別集

西城風俗記一卷
　　（清）金人瑞撰
　　　昭代叢書（道光本）別集

唱經堂語錄纂二卷
　　（清）金人瑞撰
　　　唱經堂才子書・聖歎內書
　　　風雨樓叢書・貫華堂才子書彙稿・聖
　　　　歎內書

　語錄纂二卷
　　　中國文學珍本叢書第一輯・唱經堂才
　　　　子書彙稿十一種

唱經堂隨手通一卷
　　（清）金人瑞撰
　　　唱經堂才子書・聖歎雜編
　　　風雨樓叢書・貫華堂才子書彙稿・聖
　　　　歎雜篇

　隨手通一卷
　　　中國文學珍本叢書第一輯・唱經堂才
　　　　子書彙稿十一種

旅書一卷
　　（清）陳璜撰
　　　昭代叢書（道光本）辛集別編

五九枝譚一卷
　　（清）尤侗撰
　　　昭代叢書（道光本）丁集新編

偶書一卷
　　（清）魏際瑞撰
　　　昭代叢書（康熙本）乙集第四帙
　　　昭代叢書（道光本）乙集第三帙

漁樵問答一卷

（清）釋成鷲撰
　　昭代叢書（道光本）丁集新編
山中問答一卷
　　（清）楊士美撰
　　昭代叢書（道光本）庚集埤編
釋冰書一卷
　　（清）孫洴如撰
　　昭代叢書（道光本）辛集別編
東江子一卷
　　（清）沈謙撰
　　檀几叢書第二帙
稚黃子一卷
　　（清）毛先舒撰
　　檀几叢書第二帙
日錄三卷
　　（清）魏禧撰
　　海粟樓叢書
日錄裹言一卷
　　（清）魏禧撰
　　昭代叢書（康熙本）乙集第四帙
　　學海類編（道光本、景道光本）・子類
　　昭代叢書（道光本）乙集第三帙
　　格言彙編
　　叢書集成初編・總類
日錄雜說一卷
　　（清）魏禧撰
　　昭代叢書（康熙本）甲集第二帙
　　昭代叢書（道光本）甲集第二帙
賣藝文一卷
　　（清）呂留良撰
　　花近樓叢書
吳鰲放言一卷
　　（清）吳莊撰
　　延陵合璧・非庵雜著
　　昭代叢書（道光本）丁集新編
艾言一卷
　　（清）徐元美撰
　　檀几叢書二集第二帙
拙翁庸語一卷
　　（清）劉芳喆撰
　　檀几叢書二集第二帙
松溪子一卷
　　（清）王暐撰
　　雜著十種
　　昭代叢書（康熙本）甲集第三帙
　　昭代叢書（道光本）甲集第三帙
　　遜敏堂叢書
學語雜篇一卷

（清）沈思倫撰
　　昭代叢書（道光本）丙集第四帙
雜言一卷
　　（清）鈕琇撰
　　昭代叢書（道光本）辛集別編
與林奮千先生書一卷
　　（清）陸世忱撰
　　古書隱樓藏書・清規玄妙附
　　道藏續編第一集
山公九原一卷
　　（清）馮景撰
　　昭代叢書（道光本）己集廣編
尋樂堂劄記一卷
　　（清）竇克勤撰
　　竇靜庵先生遺書
夢航雜說一卷
　　（清）葛萬里撰
　　葛萬里雜著
方齋小言一卷
　　（清）方正瑗撰
　　桐城方氏七代遺書
關西講堂客問一卷
　　（清）方正瑗撰
　　桐城方氏七代遺書
方齋補莊七篇一卷
　　（清）方正瑗撰
　　桐城方氏七代遺書
纂言內篇一卷外篇二卷
　　（清）謝濟世撰
　　梅莊雜著
柳庭輿地隅說三卷
　　（清）孫蘭撰
　　蟄園叢刻
觀物篇一卷
　　（清）石龐撰
　　昭代叢書（道光本）丙集第四帙
悟語一卷
　　（清）石龐撰
　　昭代叢書（道光本）別集
漁談一卷
　　（清）郭欽華撰
　　昭代叢書（道光本）戊集續編
適來子一卷
　　（清）張潤貞撰
　　昭代叢書（道光本）壬集補編
擬摘入藏南華經一卷
　　（清）吳震生撰
　　笠閣叢書

碧幢雜識一卷
　　（清）李模撰
　　　　賜硯堂叢書新編甲集
吾學錄五卷
　　（清）潘相撰
　　　　潘相所著書
牘外餘言一卷
　　（清）袁枚撰
　　　　隨園三十種（乾隆嘉慶本、同治本）
　　　　隨園三十八種
　　　　昭代叢書（道光本）庚集埄編
我信錄三卷
　　（清）羅聘撰
　　　　懷豳雜俎
聞見辮香錄十卷
　　（清）秦武域撰
　　　　山右叢書初編
育書一卷
　　（清）張登瀛撰
　　　　雲南叢書初編·子部
一斑錄五卷附編一卷雜述八卷
　　（清）鄭光祖撰
　　　　舟車所至附
約語追記一卷
　　（清）陳庚煥撰
　　　　惕園全集
約語補錄一卷
　　（清）陳庚煥撰
　　　　惕園全集
德輿子七卷中篇一卷外篇四卷
　　（清）安璿珠等注　中篇（清）鍾奎注　外篇
　　（清）姚鈞培等注
　　　　淩氏傳經堂叢書
蒔古齋隨筆一卷
　　（清）楊城書撰
　　　　蒔古齋輯著
清鑑錄一卷
　　（清）楊城書撰
　　　　蒔古齋輯著
子貫附言一卷
　　（清）胡元暉撰
　　　　涇川叢書（道光本、景道光本）
　　　　叢書集成初編·哲學類
說儲一卷
　　（清）包世臣撰
　　　　國粹叢書第一集
心說一卷
　　（清）姚瑩撰

遜敏堂叢書
放言二卷
　　（清）王侃撰
　　　　巴山七種
衡言四卷
　　（清）王侃撰
　　　　巴山七種
江州筆談二卷
　　（清）王侃撰
　　　　巴山七種
游藝錄二卷別錄一卷
　　（清）蔣湘南撰
　　　　春暉閣雜耇
　　　　蔣子遺書
蒙泉子一卷
　　（清）謝應芝撰
　　　　會稽山齋全集
樞言一卷續一卷
　　（清）王柏心撰
　　　　湖北叢書
　　　　叢書集成初編·社會科學類
　樞言一卷
　　　　鐵香室叢刻初集
暨陽答問四卷
　　（清）蔣彤輯
　　　　常州先哲遺書後編·子類
蠹書三卷
　　（清）尹繼美（鑫測子）著
　　　　鼎吉堂全集
約書十二卷
　　（清）謝階樹撰
　　　　宜黃叢書第一輯
趨庭瑣語八卷
　　（清）史澄撰
　　　　味根山房全集
十室遺語十二卷
　　（清）蔣勳常撰
　　　　全州蔣氏叢刻
冷語一卷質語一卷
　　（清）何家琪撰
　　　　龍潭精舍叢刻
苓子一卷
　　（清）俞樾撰
　　　　春在堂全書·曲園雜纂
篋外錄一卷
　　（清）謝翱撰
　　　　謝亭集
無聞子一卷

郋園論學書札一卷
　　(民國)葉德輝撰
　　　　郋園先生全書
小言一卷
　　(民國)陳淵撰
　　　　養吾齋叢著
繼述堂社會談約編二卷
　　(民國)王毓英撰
　　　　繼述堂全集
孔學發微三卷
　　(民國)江瀚撰
　　　　長汀江先生著書
潛書一卷
　　(民國)金蓉鏡撰
　　　　潛廬全集
文憲例言一卷
　　(民國)陳澹然撰
　　　　原學三種
古棠塾言一卷
　　(民國)陳澹然撰
　　　　原學三種
寱言二卷
　　(民國)陳澹然撰
　　　　陳澹然三種
止園原性論三篇
　　(民國)尹昌衡撰
　　　　止園叢書(尹氏撰)第二集
止心篇一卷
　　(民國)尹昌衡撰
　　　　止園叢書(尹氏撰)第一集
止園經術評時二卷
　　(民國)尹昌衡撰
　　　　止園叢書(尹氏撰)第二集
王道法言三卷
　　(民國)尹昌衡撰
　　　　止園叢書(尹氏撰)第二集
擬言一卷
　　(民國)林金相撰
　　　　林氏五種
鈍安雜著一卷
　　(民國)傅熊湘撰
　　　　鈍安遺集
中國學術史不分卷
　　(民國)葉瀚撰
　　　　晚學廬叢稿
中國學術史定稿(一名續殷代學術史)不
　　分卷
　　(民國)葉瀚撰

晚學廬叢稿
中國學術史不分卷
　　　　晚學廬叢稿
國學通論一卷
　　(民國)葉瀚撰
　　　　晚學廬叢稿
國學研究法一卷
　　(民國)葉瀚撰
　　　　晚學廬叢稿
萬法精理五卷
　　(法國)孟德斯鳩撰　(民國)張相文等譯
　　　　南園叢稿
本朝學術源流概略一卷
　　(民國)羅振玉撰
　　　　遼居雜箸乙編
語類二卷
　　(民國)錢振鍠撰
　　　　名山全集
錢氏家語一卷
　　(民國)錢振鍠撰
　　　　名山全集
謫星筆談三卷
　　(民國)錢振鍠撰
　　　　名山全集
國學商榷記一卷
　　(民國)徐昂撰
　　　　徐氏全書
三教探原一卷
　　(民國)徐昂撰
　　　　徐氏全書

今　人

泰和宜山會語合刻二卷附錄一卷
　　馬浮撰
　　　　復性書院叢刊‧儒林典要第三輯
東齋雜誌一卷
　　鄔慶時撰
　　　　半帆樓叢書
聽雨樓隨筆四卷
　　鄔慶時撰
　　　　半帆樓叢書

雜說之屬

漢

博物記一卷
　　(漢)唐蒙撰　(清)馬國翰輯

玉函山房輯佚書(嫏嬛館本、重印本、
　　楚南書局本)·子編雜家類
風俗通義四卷
　　(漢)應劭撰
　　　古今逸史·逸志
　　　祕書廿一種(康熙本、嘉慶本)
　　　景印元明善本叢書十種·古今逸史·
　　　　逸志
　風俗通義十卷
　　　漢魏叢書(萬曆本、景萬曆本)·子籍
　　　廣漢魏叢書(萬曆本、嘉慶本)·載籍
　　　祕書九種
　　　兩京遺編
　　　合諸名家批點諸子全書
　　　增訂漢魏叢書(乾隆本、紅杏山房本、
　　　　三餘堂本、大通書局石印本)·子餘
　　　子書百家·雜家類
　　　百子全書·雜家類
　　　隨盦徐氏叢書續編
　　　四部叢刊(初次印本、二次印本、縮印
　　　　二次印本)·子部
　　　叢書集成初編·總類
　　　四部備要(排印本、縮印本)·子部儒
　　　　家
　　　景印元明善本叢書十種·兩京遺編
　風俗通十卷
　　　格致叢書
　風俗通義十卷附錄一卷
　　　四庫全書·子部雜家類
　通俗論一卷
　　　增定漢魏六朝別解·子部
　風俗通義十卷
　　(漢)應劭撰　(清)盧文弨校
　　　龍谿精舍叢書·子部
　風俗通佚文一卷
　　(漢)應劭撰　(清)王仁俊輯
　　　經籍佚文
　風俗通逸文一卷
　　(漢)應劭撰　(清)錢大昕輯
　　　嘉定錢氏潛研堂全書·子
　風俗通義佚文一卷
　　(漢)應劭撰　(清)顧櫰三輯
　　　小方壺齋叢書二集
　　　會稽徐氏初學堂叢書輯錄
　補輯風俗通義佚文一卷
　　　金陵叢書丙集
　風俗通義校正逸文一卷
　　(清)盧文弨撰

　　　抱經堂叢書(乾隆本、景乾隆本)·羣
　　　　書拾補初編
　　　紹興先正遺書第二集·羣書拾補初編
　　　叢書集成初編·總類·羣書拾補
　風俗通
　　(漢)應劭撰　(明)歸有光輯評
　　　諸子彙函

晉

錢神論一卷
　　(晉)魯褒撰　(清)王仁俊輯
　　　玉函山房輯佚書補編

唐

封氏聞見記一卷
　　(唐)封演撰
　　　說郛(宛委山堂本)弓四十六
　封氏聞見記十卷
　　　雅雨堂藏書
　　　四庫全書·子部雜家類
　　　石研齋四種
　　　學津討原(嘉慶本、景嘉慶本)第十三
　　　　集
　　　指海(道光本、景道光本)第十九集
　　　學海類編(道光本、景道光本)·集餘
　　　　四
　　　畿輔叢書
　　　叢書集成初編·總類
　封氏聞見記
　　　說郛(商務印書館本)卷四
　封氏聞見記校
　　(清)陸心源撰
　　　潛園總集·羣書校補
　昌黎雜說一卷
　　(唐)韓愈撰
　　　說郛(宛委山堂本)弓二十九
　　　龍威祕書四集
　　　叢書集成初編·文學類
　　　晉唐小說暢觀
　炙轂子錄一卷
　　(唐)王叡(誤題王獻)撰
　　　說郛(宛委山堂本)弓二十三
　　　古今說部叢書二集
　炙轂子雜錄
　　　說郛(商務印書館本)卷四十三
　灌畦暇語一卷
　　(唐)□□撰
　　　稽古堂叢刻

說郛（宛委山堂本）弓二十九
四庫全書・子部雜家類
奇晉齋叢書（乾隆本、景乾隆本）
學海類編（道光本、景道光本）・集餘
四
古今說部叢書三集
灌畦暇語
說郛（商務印書館本）卷六十四
讒書五卷
（唐）羅隱撰
宛委別藏
式訓堂叢書三集
清芬堂叢書・子部
讒書五卷附校一卷
（唐）羅隱撰　附校（清）吳騫撰
拜經樓叢書（乾隆嘉慶本、景乾隆嘉慶
本）
重刊拜經樓叢書七種
重校拜經樓叢書十種
邵武徐氏叢書二集
叢書集成初編・哲學類

北　宋

楊文公談苑一卷
（宋）楊億述　（宋）黃鑑錄　（宋）宋庠重訂
說郛（宛委山堂本）弓十六
五朝小說・宋人百家小說偏錄家
五朝小說大觀・宋人百家小說偏錄家
楊文公談苑
說郛（商務印書館本）卷二十一
宋景文公筆記三卷
（宋）宋祁撰
百川學海（咸淳本、景刊咸淳本）辛集
百川學海（弘治本、景刊咸淳本據弘治
目次編印本、景弘治本）丁集
學津討原（嘉慶本、景嘉慶本）第十三
集
湖北先正遺書・子部
叢書集成初編・總類
筆記三卷
四庫全書・子部雜家類
宋景文筆記三卷
反約篇
榕園叢書丙集
宋景文公筆記一卷
百川學海（重輯本）丁集
唐宋叢書・子餘
說郛（宛委山堂本）弓十六
宋景文筆記二卷

學海類編（道光本、景道光本）・集餘
四
筆記
說郛（商務印書館本）卷四
歐陽文忠公試筆一卷
（宋）歐陽修撰
百川學海（咸淳本、景刊咸淳本）丙集
百川學海（弘治本、景刊咸淳本據弘治
目次編印本、景弘治本）辛集
試筆一卷
歐陽文忠公全集（天順本、嘉靖本、康
熙本、嘉慶本、光緒本）
王氏書畫苑（明本、景明本）・書苑補
益
天都閣藏書
四部叢刊（初次印本、二次印本、縮印
二次印本）・集部・歐陽文忠公集
四部備要（排印本、縮印本）・集部宋
別集・歐陽文忠全集
宋廬陵四忠集・歐陽文忠公全集
歐公試筆一卷
百川學海（重輯本）庚集
說郛（宛委山堂本）弓八十八
試筆
說郛（商務印書館本）卷八十一
筆說一卷
（宋）歐陽修撰
歐陽文忠公全集（天順本、嘉靖本、康
熙本、嘉慶本、光緒本）
四部叢刊（初次印本、二次印本、縮印
二次印本）・集部・歐陽文忠公集
四部備要（排印本、縮印本）・集部宋
別集・歐陽文忠全集
宋廬陵四忠集・歐陽文忠公全集
六一筆說
說郛（商務印書館本）卷七十六
廬陵雜說一卷
（宋）歐陽修撰
說郛（宛委山堂本）弓二十九
龍威祕書五集
東原錄一卷
（宋）龔鼎臣撰
四庫全書・子部雜家類
函海（乾隆本、道光本）第九函
藝海珠塵匏集（戊集）
十萬卷樓叢書初編
函海（光緒本）第十一函
宋人小說
叢書集成初編・總類

青箱雜記十卷
　　(宋)吳處厚撰
　　　　稗海(萬曆本、康熙重編補刊本、乾隆
　　　　　修補重訂本)第三函
　　　　四庫全書・子部小說家類
　　　　筆記小說大觀第五輯
　　　　宋人小說
　青箱雜記一卷
　　　　唐宋叢書・子餘
　　　　說郛(宛委山堂本)弓二十一
　　　　古今說部叢書一集
　青箱雜記
　　　　說郛(商務印書館本)卷七十六
　青箱雜記六則
　　　　舊小說(民國本、1957年本)丁集
　王氏談錄一卷
　　(宋)王欽臣(一題王洙)撰
　　　　百川學海(重輯本)丁集
　　　　寶顏堂祕笈(萬曆本、民國石印本)廣
　　　　　集
　　　　唐宋叢書・子餘
　　　　說郛(宛委山堂本)弓二十四
　　　　四庫全書・子部雜家類
東坡先生志林集一卷
　　(宋)蘇軾撰
　　　　百川學海(咸淳本、景刊咸淳本)丙集
　　　　百川學海(弘治本、景刊咸淳本據弘治
　　　　　目次編印本、景弘治本)戊集
　志林一卷
　　　　說郛(宛委山堂本)弓二十五
　　　　龍威祕書五集・說郛雜著
　東坡先生志林十二卷
　　　　稗海(萬曆本、康熙重編補刊本、乾隆
　　　　　修補重訂本)第五函
　東坡志林十二卷
　　　　筆記小說大觀第五輯
　　　　叢書集成初編・文學類
　東坡志林五卷
　　　　四庫全書・子部雜家類
　　　　學津討原(嘉慶本、景嘉慶本)第十五
　　　　　集
　　　　宋人小說
　志林
　　　　說郛(商務印書館本)卷九十五
　志林五則
　　　　舊小說(民國本、1957年本)丁集
讀東坡志林一卷
　　(清)尤侗撰

昭代叢書(道光本)甲集補
欒城先生遺言一卷
　　(宋)蘇籀記
　　　　百川學海(咸淳本、景刊咸淳本)癸集
　　　　百川學海(弘治本、景刊咸淳本據弘治
　　　　　目次編印本、景弘治本)戊集
　　　　百川學海(重輯本)丁集
　　　　說郛(宛委山堂本)弓十六
　　　　續金華叢書・子部
　　　　叢書集成初編・總類
　欒城遺言一卷
　　　　四庫全書・子部雜家類
　遺言一卷
　　　　粵雅堂叢書初編・雙溪集附
　　　　叢書集成初編・文學類・雙溪集附
　欒城遺言
　　　　說郛(商務印書館本)卷七十八
麈史三卷
　　(宋)王得臣撰
　　　　四庫全書・子部雜家類
　　　　知不足齋叢書(乾隆至道光本、景乾隆
　　　　　至道光本)第三十集
　　　　湖北先正遺書・子部
　　　　宋人小說
　　　　叢書集成初編・總類
　麈史
　　　　說郛(商務印書館本)卷二十四
孔氏雜說一卷
　　(宋)孔平仲撰
　　　　古今說海(嘉靖本、道光本、宣統排印
　　　　　本、民國石印本)・說略部雜記家
　　　　格致叢書
　　　　唐宋叢書・子餘
　　　　說郛(宛委山堂本)弓十三
　　　　說庫
　珩璜新論一卷
　　　　說郛(宛委山堂本)弓三十七
　　　　四庫全書・子部雜家類
　　　　墨海金壺(嘉慶本、景嘉慶本)・子部
　　　　珠叢別錄(道光本、景道光本)
　　　　宋人小說
　孔氏雜說四卷
　　　　寶顏堂祕笈(萬曆本、民國石印本)普
　　　　　集
　珩璜新論四卷
　　　　學海類編(道光本、景道光本)・集餘
　　　　　四
　　　　叢書集成初編・總類

孔氏雜說
　　說郛（商務印書館本）卷二十四
楊公筆錄一卷
　　（宋）楊延齡撰
　　芝園祕錄初刻
　　四庫全書・子部雜家類
　　學海類編（道光本、景道光本）・集餘
　　　四
濟南先生師友談記一卷
　　（宋）李廌撰
　　百川學海（咸淳本、景刊咸淳本）戊集
　　百川學海（弘治本、景刊咸淳本據弘治
　　　目次編印本、景弘治本）丙集
　　豫恕堂叢書
師友談記一卷
　　說郛（宛委山堂本）弓十五
　　四庫全書・子部雜家類
　　學津討原（嘉慶本、景嘉慶本）第十五
　　　集
　　反約篇
　　榕園叢書丙集
　　叢書集成初編・文學類
師友談記
　　說郛（商務印書館本）卷九十
侯鯖錄八卷
　　（宋）趙令時撰
　　稗海（萬曆本、康熙重編補刊本、乾隆
　　　修補重訂本）第八函
　　四庫全書・子部小說家類
　　知不足齋叢書（乾隆至道光本、景乾隆
　　　至道光本）第二十二集
　　筆記小說大觀第六輯
　　叢書集成初編・文學類
侯鯖錄一卷
　　說郛（宛委山堂本）弓十八
侯鯖錄
　　說郛（商務印書館本）卷三十一
　　說郛（商務印書館本）卷三十九
侯鯖錄三則
　　舊小說（民國本、1957年本）丁集
泊宅編三卷
　　（宋）方勺撰
　　稗海（萬曆本、康熙重編補刊本、乾隆
　　　修補重訂本）第三函
　　四庫全書・子部小說家類
　　讀畫齋叢書丁集
　　嘯園叢書第四函
　　金華叢書（民國補刊本）・子部

泊宅編一卷
　　說郛（宛委山堂本）弓二十七
　　五朝小說・宋人百家小說偏錄家
　　五朝小說大觀・宋人百家小說偏錄家
泊宅編十卷
　　讀畫齋叢書丁集
　　金華叢書（同治光緒本、民國補刊本）
　　　・子部
泊宅編
　　說郛（商務印書館本）卷十五
泊宅編十則
　　舊小說（民國本、1957年本）丁集
橫浦日新二卷
　　（宋）張九成撰
　　諸儒鳴道
橫浦語錄
　　（宋）張九成撰
　　說郛（商務印書館本）卷九十八
發明義理一卷
　　（宋）呂希哲撰
　　說郛（宛委山堂本）弓八
發明義理
　　說郛（商務印書館本）卷四十三
傳講雜記一卷
　　（宋）呂希哲撰
　　說郛（宛委山堂本）弓二十四
呂氏雜記二卷
　　四庫全書・子部雜家類
　　指海（道光本、景道光本）第四集
侍講日記
　　說郛（商務印書館本）卷五十一
紀談錄一卷
　　（宋）晁邁撰
　　說郛（宛委山堂本）弓十四
讀書隅見一卷
　　（宋）鄭震撰
　　說郛（宛委山堂本）弓二十五
　　五朝小說・宋人百家小說偏錄家
　　五朝小說大觀・宋人百家小說偏錄家
讀書愚見
　　說郛（商務印書館本）卷二十

南　宋

南窗紀談一卷
　　（宋）□□撰
　　說郛（宛委山堂本）弓二十四
　　四庫全書・子部小說家類
　　知不足齋叢書（乾隆至道光本、景乾隆

　　　　　　至道光本)第十七集
　　　　　墨海金壺(嘉慶本、景嘉慶本)・子部
　　　　　珠叢別錄(道光本、景道光本)
　　　　　學海類編(道光本、景道光本)・集餘
　　　　　四
　　　　　筆記小說大觀第五輯・松窗百說附
　　　　　叢書集成初編・文學類
　　南窗紀談
　　　　　說郛(商務印書館本)卷四十
　丞相魏公譚訓十卷附校勘記一卷
　　　(宋)蘇象先撰　校勘記張元濟撰
　　　　　四部叢刊三編・子部
　玉澗雜書一卷
　　　(宋)葉夢得撰
　　　　　說郛(宛委山堂本)弓二十
　　　　　五朝小說・宋人百家小說偏錄家
　　　　　五朝小說大觀・宋人百家小說偏錄家
　　　　　石林遺書
　　　　　古今說部叢書七集
　　　　　郋園先生全書
　　玉澗雜書
　　　　　說郛(商務印書館本)卷八
　避暑錄話二卷
　　　(宋)葉夢得撰
　　　　　稗海(萬曆本、康熙重編補刊本、乾隆
　　　　　修補重訂本)第六函
　　　　　津逮祕書(汲古閣本、景汲古閣本)第
　　　　　十五集
　　　　　四庫全書・子部雜家類
　　　　　學津討原(嘉慶本、景嘉慶本)第十四
　　　　　集
　　　　　石林遺書
　　　　　郋園先生全書
　　　　　叢書集成初編・文學類
　　避暑錄話一卷
　　　　　說郛(宛委山堂本)弓二十
　　　　　五朝小說・宋人百家小說偏錄家
　　　　　五朝小說大觀・宋人百家小說偏錄家
　　石林避暑錄話四卷
　　　　　宋人小說
　　乙卯避暑錄
　　　　　說郛(商務印書館本)卷八
　　避暑錄話十六則
　　　　　舊小說(民國本、1957年本)丁集
　嚴下放言一卷
　　　(宋)葉夢得撰
　　　　　說郛(宛委山堂本)弓二十
　　　　　五朝小說・宋人百家小說偏錄家

　　　　　五朝小說大觀・宋人百家小說偏錄家
　嚴下放言三卷
　　　　　四庫全書・子部雜家類
　　　　　石林遺書
　　　　　觀古堂所刊書
　　　　　郋園先生全書
　　岩下放言
　　　　　說郛(商務印書館本)卷二十九
　蒙齋筆談(節錄嚴下放言)一卷
　　　(宋)葉夢得(誤題鄭景璧)撰
　　　　　古今說海(嘉靖本、道光本、宣統排印
　　　　　本、民國石印本)・說略部雜記家
　　　　　說郛(宛委山堂本)弓二十九
　　　　　學海類編(道光本、景道光本)・集餘
　　　　　四
　　蒙齋筆談(節錄嚴下放言)二卷
　　　　　稗海(萬曆本、康熙重編補刊本、乾隆
　　　　　修補重訂本)第三函
　　　　　筆記小說大觀第六輯
　　蒙齋筆談(節錄嚴下放言)四則
　　　　　舊小說(民國本、1957年本)丁集
　東園叢說三卷
　　　(宋)李如箎撰
　　　　　四庫全書・子部雜家類
　　　　　指海(道光本、景道光本)第三集
　　　　　叢書集成初編・總類
　元城先生語錄三卷
　　　(宋)馬永卿輯
　　　　　諸儒鳴道
　元城語錄三卷附行錄一卷
　　　(宋)馬永卿輯　行錄(明)崔銑輯
　　　　　四庫全書・子部雜家類
　　　　　畿輔叢書
　　　　　託跋塵叢刻
　元城語錄三卷附錄一卷
　　　(宋)馬永卿輯　脫文(清)錢培名撰
　　　　　小萬卷樓叢書(咸豐本、光緒本)
　元城語錄佚文一卷
　　　(宋)馬永卿輯　(清)王仁俊輯
　　　　　經籍佚文
　元城語錄解三卷附行錄解一卷
　　　(宋)馬永卿輯　(明)王崇慶解　行錄解
　　　(明)崔銑輯　(明)王崇慶解
　　　　　惜陰軒叢書(道光本、光緒本)第十
　　　　　函
　　　　　畿輔叢書
　　　　　叢書集成初編・哲學類
　嬾眞子五卷

（宋）馬永卿撰

　　稗海（萬曆本、康熙重編補刊本、乾隆
　　　修補重訂本）第五函
　　四庫全書・子部雜家類
　　子書百家・雜家類
　　百子全書・雜家類
　　養素軒叢錄第二集
　　筆記小說大觀第五輯
　　叢書集成初編・總類

嬾貞子錄五卷

　　儒學警悟
　　宋人小說

嬾真子錄一卷

　　說郛（宛委山堂本）弓四十
　　五朝小說・宋人百家小說偏錄家
　　五朝小說大觀・宋人百家小說偏錄家

嬾真子錄

　　說郛（商務印書館本）卷九

嬾眞子六則

　　舊小說（民國本、1957 年本）丁集

紫薇雜記一卷

　　（題宋呂祖謙撰）
　　說郛（宛委山堂本）弓十九

　紫微雜說一卷

　　（宋）呂本中撰
　　四庫全書・子部雜家類
　　指海（道光本、景道光本）第六集
　　叢書集成初編・哲學類

　東萊呂紫微雜說一卷

　　十萬卷樓叢書初編

　紫微雜記

　　說郛（商務印書館本）卷三十一

捫蝨新話四卷

　　（宋）陳善撰
　　寶顏堂祕笈（萬曆本、民國石印本）普
　　　集

捫蝨新話十五卷

　　津逮祕書（汲古閣本、景汲古閣本）第
　　　八集

捫蝨新話一卷

　　唐宋叢書・子餘
　　說郛（宛委山堂本）弓二十二

捫蝨新話上集四卷下集四卷

　　儒學警悟
　　叢書集成初編・總類

捫蝨新話十五卷補遺一卷

　　宋人小說

捫蝨新話

　　說郛（商務印書館本）卷八

辨言一卷

　　（宋）員興宗撰
　　四庫全書・子部雜家類
　　藝海珠塵癸集
　　叢書集成初編・總類

寓簡一卷

　　（宋）沈作喆撰
　　說郛（宛委山堂本）弓十九
　　古今說部叢書三集

　寓簡十卷附錄一卷

　　四庫全書・子部雜家類
　　知不足齋叢書（乾隆至道光本、景乾隆
　　　至道光本）第一集
　　叢書集成初編・總類

寓簡五則

　　舊小說（民國本、1957 年本）丁集

兩鈔摘腴一卷

　　（宋）史浩輯
　　稗乘
　　說郛（宛委山堂本）弓十九
　　叢書集成初編・文學類

程氏則古

　　（宋）程大昌撰
　　說郛（商務印書館本）卷四十八

容齋隨筆十六卷續筆十六卷三筆十六卷
　四筆十六卷五筆十卷

　　（宋）洪邁撰
　　四庫全書・子部雜家類
　　洪氏晦木齋叢書
　　四部叢刊續編・子部
　　筆記小說大觀第五輯

　隨筆

　　說郛（商務印書館本）卷一百

容齋五筆四則

　　舊小說（民國本、1957 年本）丁集

搜採異聞錄五卷

　　（宋）永亨撰
　　稗海（萬曆本、康熙重編補刊本、乾隆
　　　修補重訂本）第三函
　　筆記小說大觀第六輯
　　叢書集成初編・文學類

搜採異聞錄一卷

　　敬修堂叢書

老學庵筆記十卷

　　（宋）陸游撰
　　稗海（萬曆本、康熙重編補刊本、乾隆
　　　修補重訂本）第五函

武英殿聚珍版書(武英殿木活字本、福
建本、廣雅書局本)·子部
龍眠叢書
筆記小說大觀第四輯
叢書集成初編·總類
猗覺寮雜記六卷
學海類編(道光本、景道光本)·集餘
五
螢雪叢說二卷
(宋)俞成撰
百川學海(咸淳本、景刊咸淳本)丁集
百川學海(弘治本、景刊咸淳本據弘治
目次編印本、景弘治本)戊集
續百川學海丁集
稗海(萬曆本、康熙重編補刊本、乾隆
修補重訂本)第九函
說郛(宛委山堂本)弓十五
金華叢書(同治光緒本、民國補刊本)
·子部
儒學警悟
叢書集成初編·文學類
螢雪叢說
說郛(商務印書館本)卷六十九
常談一卷
(宋)吳箕撰
四庫全書·子部雜家類
函海(乾隆本、道光本)第五函
函海(光緒本)第七函
叢書集成初編·總類
坦齋通編一卷
(宋)邢凱撰
說郛(宛委山堂本)弓二十八
五朝小說·宋人百家小說偏錄家
五朝小說大觀·宋人百家小說偏錄家
四庫全書·子部雜家類
守山閣叢書(道光本、鴻文書局景道光
本、博古齋景道光本)·子部
叢書集成初編·總類
坦齋通編
說郛(商務印書館本)卷二十九
同話錄一卷
(宋)曾三異撰
說郛(宛委山堂本)弓二十三
因話錄
說郛(商務印書館本)卷十九
邇言一卷
(宋)劉炎撰
百陵學山
叢書集成初編·哲學類

景印元明善本叢書十種·百陵學山
邇言志見一卷
說郛(宛委山堂本)弓二十
邇言十二卷
四庫全書·子部儒家類
瑞桂堂暇錄一卷
(宋)□□撰
說郛(宛委山堂本)弓二十七
瑞桂堂暇錄
說郛(商務印書館本)卷四十六
芥隱筆記一卷
(宋)龔頤正撰
百川學海(重輯本)甲集
顧氏文房小說(嘉靖本、景嘉靖本)
格致叢書
津逮祕書(汲古閣本、景汲古閣本)第
八集
唐宋叢書·戴籍
說郛(宛委山堂本)弓十一
四庫全書·子部雜家類
學津討原(嘉慶本、景嘉慶本)第十三
集
續知不足齋叢書第一集
叢書集成初編·總類
芥隱筆記
說郛(商務印書館本)卷十四
雲麓漫抄四卷
(宋)趙彥衛撰
稗海(萬曆本、康熙重編補刊本、乾隆
修補重訂本)第六函
筆記小說大觀第六輯
雲麓漫抄一卷
說郛(宛委山堂本)弓十九
雲麓漫鈔十五卷
四庫全書·子部雜家類
涉聞梓舊(咸豐本、商務印書館景咸豐
本、竹簡齋景咸豐本)
叢書集成初編·總類
中國文學參考資料小叢書第一輯
雲麓漫抄
說郛(商務印書館本)卷八十
雲麓漫鈔一則
舊小說(民國本、1957年本)丁集
澗泉日記一卷
(宋)韓淲撰
說郛(宛委山堂本)弓二十九
澗泉日記三卷
四庫全書·子部雜家類

武英殿聚珍版書(武英殿木活字本、浙
江本、江西書局本、福建本、廣雅書
局本)・子部
清芬堂叢書・子部
勵志齋叢書
說庫
叢書集成初編・文學類

澗泉日記
說郛(商務印書館本)卷四十四

雲谷雜記一卷
(宋)張淏撰
說郛(宛委山堂本)弓二十八
五朝小說・宋人百家小說偏錄家
五朝小說大觀・宋人百家小說偏錄家

雲谷雜記四卷首一卷末一卷
四庫全書・子部雜家類
武英殿聚珍版書(武英殿木活字本、浙
江本、江西書局本、福建本、廣雅書
局本)・子部
海山仙館叢書
清芬堂叢書・子部

雲谷雜記
說郛(商務印書館本)卷三十

蘆浦筆記十卷
(宋)劉昌詩撰
四庫全書・子部雜家類
知不足齋叢書(乾隆至道光本、景乾隆
至道光本)第二十集
學海類編(道光本、景道光本)・集餘
四
筆記小說大觀第四輯
叢書集成初編・總類

蘆浦筆記二則
舊小說(民國本、1957年本)丁集

蘆浦筆記梭一卷
(清)□□撰
涉閑梓舊(咸豐本、商務印書館景成豐
本、竹簡齋景咸豐本)・斟補隅錄
叢書集成初編・總類・斟補隅錄

希通錄一卷
(宋)蕭參撰
續百川學海甲集
稗乘
說郛(宛委山堂本)弓六

希通錄
說郛(商務印書館本)卷十七

宜齋野乘一卷
(宋)吳枋撰

百川學海(重輯本)甲集
顧氏文房小說(嘉靖本、景嘉靖本)
格致叢書
說郛(宛委山堂本)弓十一
藝海珠塵匏集(戊集)
續知不足齋叢書第二集
江陰叢書
粟香室叢書
養素軒叢錄第二集
常州先哲遺書第一集・子類
古今說部叢書一集
叢書集成初編・總類

緯略一卷
(宋)高似孫撰
說郛(宛委山堂本)弓二十四

緯略十二卷
四庫全書・子部雜家類
墨海金壺(嘉慶本、景嘉慶本)・子部
守山閣叢書(道光本、鴻文書局景道光
本、博古齋景道光本)・子部

緯略
說郛(商務印書館本)卷八

緯略十二卷附錄一卷
叢書集成初編・總類

密齋筆記五卷續記一卷
(宋)謝采伯撰
四庫全書・子部雜家類
養素軒叢錄第一集
赤城遺書彙刊

密齋筆記五卷續記一卷附校譌一卷
(宋)謝采伯撰 校譌(清)胡珽撰
琳琅祕室叢書(咸豐本)第四集

密齋筆記五卷續記一卷附校譌一卷續校
一卷
(宋)謝采伯撰 校譌(清)胡珽撰 續校
(清)董金鑑撰
琳琅祕室叢書(光緒本)第四集
叢書集成初編・文學類

貴耳集一卷
(宋)張端義撰
歷代小史
景印元明善本叢書十種・歷代小史

貴耳錄一卷
說郛(宛委山堂本)弓三十八
五朝小說・宋人百家小說偏錄家

貴耳集二卷
寶顏堂祕笈(萬曆本、民國石印本)廣
集

貴耳集三卷
　　　津逮祕書（汲古閣本、景汲古閣本）第
　　　　十五集
　　　四庫全書・子部雜家類
　　　學津討原（嘉慶本、景嘉慶本）第十五
　　　　集
　　　叢書集成初編・文學類
　貴耳集
　　　說郛（商務印書館本）卷八
吹劍錄一卷
　（宋）俞文豹撰
　　　說郛（宛委山堂本）弓二十七
　　　五朝小說・宋人百家小說偏錄家
　　　五朝小說大觀・宋人百家小說偏錄家
　　　讀畫齋叢書庚集
　　　古今說部叢書二集
　吹劍錄
　　　說郛（商務印書館本）卷九
吹劍續錄
　（宋）俞文豹撰
　　　說郛（商務印書館本）卷二十四
吹劍錄外集一卷
　（宋）俞文豹撰
　　　四庫全書・子部雜家類
　　　知不足齋叢書（乾隆至道光本、景乾隆
　　　　至道光本）第二十四集
　　　筆記小說大觀第四輯
唾玉集一卷
　（宋）俞文豹撰
　　　說郛（宛委山堂本）弓二十三
　唾玉集
　　　說郛（商務印書館本）卷四十九
繼古藂編一卷
　（宋）施青臣撰
　　　說郛（宛委山堂本）弓二十四
鶴林玉露十六卷補遺一卷
　（宋）羅大經撰
　　　稗海（萬曆本、康熙重編補刊本、乾隆
　　　　修補重訂本）第七函
　　　筆記小說大觀第五輯
　　　叢書集成初編・文學類
　鶴林玉露一卷
　　　說郛（宛委山堂本）弓二十一
　鶴林玉露十六卷
　　　四庫全書・子部雜家類
　鶴林玉露十八卷
　　　宋人小說
　鶴林玉露

　　　說郛（商務印書館本）卷五
　鶴林玉露九則
　　　舊小說（民國本、1957年本）丁集
詩譚續集（節錄鶴林玉露）一卷
　（宋）羅大經撰　（明）葉廷秀節評
　　　葉潤山輯著全書
賓退錄一卷
　（宋）趙與時撰
　　　說郛（宛委山堂本）弓十四
　賓退錄十卷
　　　四庫全書・子部雜家類
　　　學海類編（道光本、景道光本）・集餘
　　　　四
　　　對雨樓叢書
　　　古書叢刊第二輯丙集
　　　擇是居叢書初集
　　　叢書集成初編・總類
　賓退錄
　　　說郛（商務印書館本）卷三
　　　說郛（商務印書館本）卷二十三
暘谷謾錄一卷
　（宋）洪巽撰
　　　說郛（宛委山堂本）弓二十九
　　　五朝小說・宋人百家小說偏錄家
　　　五朝小說大觀・宋人百家小說偏錄家
　暘谷漫錄
　　　說郛（商務印書館本）卷七十三
話腴一卷
　（宋）陳郁撰
　　　百川學海（重輯本）戊集
　　　古今說海（嘉靖本、道光本、宣統排印
　　　　本、民國石印本）・說略部雜記家
　　　說郛（宛委山堂本）弓三十五
　　　五朝小說・宋人百家小說偏錄家
　　　五朝小說大觀・宋人百家小說偏錄家
　　　學海類編（道光本、景道光本）・集餘
　　　　四
藏一話腴四卷
　　　四庫全書・子部雜家類
　　　適園叢書第十一集
　藏一話腴
　　　說郛（商務印書館本）卷五
　　　說郛（商務印書館本）卷六十
　藏一話腴一則
　　　舊小說（民國本、1957年本）丁集
藏一話腴內編二卷外編二卷附校勘記一
　卷校勘續記一卷
　（宋）陳郁撰　校勘記（民國）魏元曠撰　續

記(民國)胡思敬撰
　　　豫章叢書(胡思敬輯)

潁川語小二卷
　　(宋)陳昉撰
　　　四庫全書·子部雜家類
　　　守山閣叢書(道光本、鴻文書局景道光
　　　本、博古齋景道光本)·子部
　　　叢書集成初編·總類

脚氣集二卷
　　(宋)車若水撰
　　　寶顏堂祕笈(萬曆本、民國石印本)廣
　　　集
　　　四庫全書·子部雜家類

脚氣集一卷
　　　說郛續弓二十
　　　五朝小說·皇明百家小說
　　　五朝小說大觀·皇明百家小說
　　　宋人小說

玉峯先生脚氣集一卷
　　　抱經樓叢刊

文山題跋一卷
　　(宋)文天祥撰
　　　奇晉齋叢書(乾隆本、景乾隆本)
　　　叢書集成初編·藝術類

就日錄一卷
　　(宋耐得翁撰)
　　　廣百川學海丁集
　　(宋)趙口撰
　　　古今說海(嘉靖本、道光本、宣統排印
　　　本、民國石印本)·說略部雜記家
　　　說郛(宛委山堂本)弓三十四
　　(題元虞集撰)
　　　學海類編(道光本、景道光本)·集餘
　　　五

就日錄
　　(宋灌園耐得翁撰)
　　　說郛(商務印書館本)卷十四

佩韋齋輯聞四卷
　　(宋)俞德鄰撰
　　　四庫全書·子部雜家類
　　　讀畫齋叢書庚集
　　　學海類編(道光本、景道光本)·集餘
　　　四
　　　叢書集成初編·總類

佩韋齋輯聞一則
　　　舊小說(民國本、1957年本)丁集

識遺一卷
　　(宋)羅璧撰

　　　說郛(宛委山堂本)弓十七

識遺十卷
　　　四庫全書·子部雜家類

羅氏識遺十卷
　　　學海類編(道光本、景道光本)·集餘
　　　四
　　　碧琳瑯館叢書丙部
　　　芋園叢書·子部

識遺
　　　說郛(商務印書館本)卷五十

隨隱漫錄一卷
　　(宋)陳世崇撰
　　　稗乘

隨隱漫錄五卷
　　　稗海(萬曆本、康熙重編補刊本、乾隆
　　　修補重訂本)第八函
　　　四庫全書·子部小說家類
　　　古今文藝叢書第五集
　　　筆記小說大觀第六輯
　　　宋人小說

隨隱漫錄
　　　說郛(商務印書館本)卷三

隨隱漫錄一則
　　　舊小說(民國本、1957年本)丁集

浩然齋視聽抄一卷
　　(宋)周密撰
　　　說郛(宛委山堂本)弓二十七
　　　古今說部叢書四集

浩然齋視聽鈔
　　　說郛(商務印書館本)卷二十

浩然齋意抄
　　(宋)周密撰
　　　說郛(商務印書館本)卷二十

齊東野語一卷
　　(宋)周密撰
　　　歷代小史
　　　說郛(宛委山堂本)弓二十
　　　五朝小說·宋人百家小說偏錄家
　　　五朝小說大觀·宋人百家小說偏錄家
　　　無一是齋叢鈔
　　　景印元明善本叢書十種·歷代小史

齊東野語二十卷
　　　稗海(萬曆本、康熙重編補刊本、乾隆
　　　修補重訂本)第十函
　　　津逮祕書(汲古閣本、景汲古閣本)第
　　　十五集
　　　四庫全書·子部雜家類
　　　學津討原(嘉慶本、景嘉慶本)第十四

集
　說庫
　宋人小說
　叢書集成初編‧文學類
齊東野語三十三則
　　舊小說（民國本、1957年本）丁集
志雅堂雜抄一卷
　（宋）周密撰
　　說郛（宛委山堂本）弓二十七
　　古今說部叢書四集
　　美術叢書三集第三輯
　志雅堂雜鈔二卷
　　得月簃叢書次刻
　　粵雅堂叢書初編第一集
　　筆記小說大觀第四輯
　志雅堂雜鈔十卷
　　學海類編（道光本、景道光本）‧集餘
　　四
　志雅堂雜抄
　　說郛（商務印書館本）卷八
　志雅堂雜鈔一則
　　舊小說（民國本、1957年本）丁集
愛日齋叢抄一卷
　（宋）葉□撰
　　唐宋叢書‧子餘
　　說郛（宛委山堂本）弓十七
　愛日齋叢鈔五卷
　　四庫全書‧子部雜家類
　　守山閣叢書（道光本、鴻文書局景道光
　　　本、博古齋景道光本）‧子部
　　叢書集成初編‧總類
　愛日齋叢鈔
　　說郛（商務印書館本）卷十七
負暄雜錄一卷
　（宋）顧文薦撰
　　說郛（宛委山堂本）弓二十四
　負暄雜錄
　　說郛（商務印書館本）卷十八
席上腐談二卷
　（宋）俞琰撰
　　寶顏堂祕笈（萬曆本、民國石印本）廣
　　　集
　　四庫全書‧子部道家類
　　叢書集成初編‧總類
　席上腐談一卷
　　說郛（宛委山堂本）弓二十五
　　五朝小說‧宋人百家小說偏錄家
　　五朝小說大觀‧宋人百家小說偏錄家

　　龍威祕書五集‧說郛雜著
月下偶談一卷
　　學海類編（道光本、景道光本）‧集餘
　　五
席上腐談
　　說郛（商務印書館本）卷七十五
小易一卷
　（宋）邵桂子等撰
　　覆古介書後集
　　塵談拾雅
繙古叢編
　（宋）□□撰
　　說郛（商務印書館本）卷三十六
觀時集
　（宋）□□撰
　　說郛（商務印書館本）卷六十五
諸集拾遺
　（宋）□□輯
　　說郛（商務印書館本）卷八十

金

遺山題跋一卷
　（金）元好問撰
　　奇晉齋叢書（乾隆本、景乾隆本）
　　叢書集成初編‧藝術類

元

隱居通議三十一卷
　（元）劉壎撰
　　四庫全書‧子部雜家類
　　讀畫齋叢書丙集
　　海山仙館叢書
　　叢書集成初編‧總類
庶齋老學叢談三卷
　（元）盛如梓撰
　　四庫全書‧子部雜家類
　　知不足齋叢書（乾隆至道光本、景乾隆
　　　至道光本）第二十三集
　　叢書集成初編‧總類
　庶齋老學叢談四卷
　　筆記小說大觀第四輯
勤有堂隨錄一卷
　（元）陳櫟撰
　　四庫全書‧子部雜家類
　　學海類編（道光本、景道光本）‧子類
　　叢書集成初編‧總類
北軒筆記一卷
　（元）陳世隆撰

四庫全書・子部雜家類
知不足齋叢書(乾隆至道光本、景乾隆
　至道光本)第二十二集
學海類編(道光本、景道光本)・集餘
　四
筆記小說大觀第四輯
叢書集成初編・文學類

湛淵靜語二卷
　(元)白珽撰
　　四庫全書・子部雜家類
　　知不足齋叢書(乾隆至道光本、景乾隆
　　　至道光本)第九集
　　武林往哲遺箸
　　叢書集成初編・總類

學易居筆錄一卷
　(元)俞鎮撰
　　學海類編(道光本、景道光本)・集餘
　　　四
　　叢書集成初編・總類

相學齋雜鈔一卷
　(元)鮮于樞撰
　　說郛(宛委山堂本)弓四十九
　　古今說部叢書四集

困學齋雜錄一卷
　　四庫全書・子部雜家類
　　知不足齋叢書(乾隆至道光本、景乾隆
　　　至道光本)第二十九集
　　畿輔叢書
　　叢書集成初編・文學類

困學齋雜記一卷
　　養素軒叢錄第二集

困學齋雜錄
　　說郛(商務印書館本)卷五十二

閒居錄一卷
　(元)吾丘衍撰
　　四庫全書・子部雜家類
　　吾子行二種
　　學津討原(嘉慶本、景嘉慶本)第十五
　　　集
　　武林往哲遺箸

黃氏筆記一卷
　(元)黃溍撰
　　說郛(宛委山堂本)弓十九

管窺外編二卷
　(元)史伯璿撰
　　四庫全書・子部儒家類
　　敬鄉樓叢書第三輯

雪履齋筆記一卷

(元)郭翼撰
　　四庫全書・子部雜家類
　　函海(乾隆本、道光本)第十函
　　婁東雜著金集
　　函海(光緒本)第十三函

南村輟耕錄一卷
　(元)陶宗儀撰
　　歷代小史
　　景印元明善本叢書十種・歷代小史

輟耕錄一卷
　　無一是齋叢鈔

輟耕錄三十卷
　　津逮祕書(汲古閣本、景汲古閣本)第
　　　九集
　　四庫全書・子部小說家類
　　叢書集成初編・總類

南村輟耕錄三十卷
　　四部叢刊三編・子部
　　元明史料筆記叢刊

策要六卷
　(元)梁寅撰
　　宛委別藏
　　選印宛委別藏

日聞錄一卷
　(元)李翀撰
　　四庫全書・子部雜家類
　　函海(乾隆本、道光本)第十函
　　墨海金壺(嘉慶本、景嘉慶本)・子部
　　守山閣叢書(道光本、鴻文書局景道光
　　　本、博古齋景道光本)・子部
　　函海(光緒本)第十三函
　　叢書集成初編・總類

冀越集一卷
　(元)□□撰
　　廣四十家小說

雋永錄
　(元)□□輯
　　說郛(商務印書館本)卷三十

明

續志林一卷
　(明)王褘撰
　　說郛續弓二
　　五朝小說・皇明百家小說

霏雪錄一卷
　(明)劉績撰
　　百川學海(重輯本)戊集
　　古今說海(嘉靖本、道光本、宣統排印

　　　　　　本、民國石印本) · 說略部雜記家
　　　　　說郛續弓十七
　　　　　學海類編(道光本、景道光本) · 集餘
　　　　五
　　　　　叢書集成初編 · 總類
　　　霏雪錄二卷
　　　　　四庫全書 · 子部雜家類
　　蠡海錄一卷
　　　　(明)王逵撰
　　　　　續百川學海甲集
　　　　　說郛(宛委山堂本)弓二十三
　　　蠡海集一卷
　　　　　稗海(萬曆本、康熙重編補刊本、乾隆
　　　　　修補重訂本)第三函
　　　　　四庫全書 · 子部雜家類
　　　　　叢書集成初編 · 自然科學類
　　造化經綸圖一卷
　　　　(明)趙謙撰
　　　　　閩竹居叢書
　　胡氏雜說一卷
　　　　(明)胡儼撰
　　　　　說郛續弓十五
　　胡文穆雜著一卷
　　　　(明)胡廣撰
　　　　　四庫全書 · 子部雜家類
　　農田餘話二卷
　　　　(明)長谷眞逸撰
　　　　　寶顏堂祕笈(萬曆本、民國石印本)廣
　　　　集
　　　農田餘話一卷
　　　　　說郛續弓十九
　　　　　五朝小說 · 皇明百家小說
　　　　　五朝小說大觀 · 皇明百家小說
　　劉氏雜志一卷
　　　　(明)劉定之撰
　　　　　說郛續弓十五
　　　　　五朝小說 · 皇明百家小說
　　　　　五朝小說大觀 · 皇明百家小說
　　菊坡叢語一卷
　　　　(明)單宇撰
　　　　　說郛續弓十九
　　庭幃雜錄二卷
　　　　(明)袁衷(明)袁襄(明)袁裳(明)袁表(明)
　　　　袁衮等記　(明)錢曉訂
　　　　　學海類編(道光本、景道光本) · 集餘
　　　　一
　　　　　叢書集成初編 · 社會科學類
　　讕言長語二卷

　　　　(明)曹安撰
　　　　　寶顏堂祕笈(萬曆本、民國石印本)彙
　　　　集
　　讕言編一卷
　　　　　今獻彙言
　　　　　景印元明善本叢書十種 · 今獻彙言
　　讕言長語一卷
　　　　　說郛續弓十九
　　　　　四庫全書 · 子部雜家類
　　三餘贅筆一卷
　　　　(明)都卬撰
　　　　　格致叢書
　　　　　古今名賢彙語
　　　　　說郛續弓十四
　　　　　五朝小說 · 皇明百家小說
　　　　　五朝小說大觀 · 皇明百家小說
　　　　　續知不足齋叢書第二集
　　　　　叢書集成初編 · 文學類
　　蟬精雋十六卷
　　　　(明)徐伯齡撰
　　　　　四庫全書 · 子部雜家類
　　菽園雜記摘鈔七卷
　　　　(明)陸容撰
　　　　　紀錄彙編
　　　　　景印元明善本叢書十種 · 紀錄彙編
　　　菽園雜記一卷
　　　　　今獻彙言
　　　　　說郛續弓十三
　　　　　五朝小說 · 皇明百家小說
　　　　　五朝小說大觀 · 皇明百家小說
　　　　　景印元明善本叢書十種 · 今獻彙言
　　　菽園雜記十五卷
　　　　　四庫全書 · 子部小說家類
　　　　　墨海金壺(嘉慶本、景嘉慶本) · 子部
　　　　　守山閣叢書(道光本、鴻文書局景道光
　　　　　本、博古齋景道光本) · 子部
　　　　　叢書集成初編 · 總類
　　瑯琊漫鈔一卷
　　　　(明)文林撰
　　　　　歷代小史
　　　　　明鈔五種
　　　　　顧氏明朝四十家小說(正德嘉靖本、宣
　　　　　統排印本、民國石印本)
　　　　　璅探
　　　　　說郛續弓十七
　　　　　五朝小說 · 皇明百家小說
　　　　　五朝小說大觀 · 皇明百家小說
　　　　　學海類編(道光本、景道光本) · 集餘
　　　　四

紀錄彙編
　　叢書集成初編・總類
　　景印元明善本叢書十種・紀錄彙編
子元案垢一卷
　　說郛續弓十五
何燕泉先生餘冬敘錄內篇三十五卷外
篇三十五卷閏五卷
　　何燕泉三種
傍秋亭雜記二卷
　　(明)顧清撰
　　涵芬樓祕笈第四集
湯廷尉公餘日錄一卷
　　(明)湯沐撰
　　藏說小萃
公餘日錄一卷
　　說郛續弓十四
　　江陰叢書・藏說小萃七種
　　粟香室叢書・藏說小萃七種
夢餘錄一卷
　　(明)唐錦撰
　　說郛續弓十七
近峯聞略一卷
　　(明)皇甫錄(誤題皇甫庸)撰
　　古今名賢彙語
　　說郛續弓十八
　　五朝小說・皇明百家小說
　　五朝小說大觀・皇明百家小說
無用閒談一卷
　　(明)孫緒撰
　　說郛續弓十八
兩山墨談十八卷
　　(明)陳霆撰
　　惜陰軒叢書(道光本、光緖本)第十函
　　吳興叢書
　　叢書集成初編・總類
雅述二卷
　　(明)王廷相撰
　　王浚川所著書
雅述一卷
　　快書
金臺紀聞一卷
　　(明)陸深撰
　　廣百川學海乙集
　　寶顏堂祕笈(萬曆本、民國石印本)續
　　　集
　　說郛續弓十二
　　叢書集成初編・文學類
金臺紀聞摘鈔一卷

紀錄彙編
　　景印元明善本叢書十種・紀錄彙編
金臺紀聞二卷
　　儼山外集
停驂錄一卷續三卷
　　(明)陸深撰
　　儼山外集
停驂錄摘鈔一卷續一卷
　　紀錄彙編
　　叢書集成初編・文學類
　　景印元明善本叢書十種・紀錄彙編
燕閒錄一卷
　　(明)陸深撰
　　寶顏堂祕笈(萬曆本、民國石印本)廣
　　　集
　　說郛續弓二十
　　古今說部叢書三集
　　叢書集成初編・文學類
傳疑錄二卷
　　(明)陸深撰
　　儼山外集
傳疑錄一卷
　　寶顏堂祕笈(萬曆本、民國石印本)廣
　　　集
　　叢書集成初編・總類
玉堂漫筆一卷
　　(明)陸深撰
　　廣百川學海乙集
　　寶顏堂祕笈(萬曆本、民國石印本)續
　　　集
　　說郛續弓十二
　　叢書集成初編・文學類
玉堂漫筆摘鈔一卷
　　紀錄彙編
　　景印元明善本叢書十種・紀錄彙編
玉堂漫筆三卷
　　儼山外集
春風堂隨筆一卷
　　(明)陸深撰
　　儼山外集
　　寶顏堂祕笈(萬曆本、民國石印本)廣
　　　集
　　說郛續弓二十
　　五朝小說・皇明百家小說
　　五朝小說大觀・皇明百家小說
　　古今說部叢書三集
春雨堂隨筆一卷
　　今獻彙言

叢書集成初編·文學類
景印元明善本叢書十種·今獻彙言

中和堂隨筆二卷
　　(明)陸深撰
　　　　儼山外集

春雨堂雜抄一卷
　　(明)陸深撰
　　　　儼山外集

儼山纂錄一卷
　　(明)陸深撰
　　　　百陵學山
　　　　說郛續弓四
　　　　叢書集成初編·總類
　　　　景印元明善本叢書十種·百陵學山

儼山外纂一卷
　　　　學海類編(道光本、景道光本)·子類

谿山餘話一卷
　　(明)陸深撰
　　　　廣百川學海丙集
　　　　儼山外集
　　　　寶顏堂祕笈(萬曆本、民國石印本)續
　　　　集
　　　　閒情小品
　　　　說郛續弓十八
　　　　五朝小說·皇明百家小說
　　　　五朝小說大觀·皇明百家小說
　　　　叢書集成初編·文學類

願豐堂漫書一卷
　　(明)陸深撰
　　　　廣百川學海乙集
　　　　儼山外集
　　　　寶顏堂祕笈(萬曆本、民國石印本)續
　　　　集
　　　　說郛續弓二十
　　　　叢書集成初編·文學類

河汾燕閒錄二卷
　　(明)陸深撰
　　　　儼山外集

后渠庸書一卷
　　(明)崔銑撰
　　　　百陵學山
　　　　學海類編(道光本、景道光本)·子類
　　　　叢書集成初編·哲學類
　　　　景印元明善本叢書十種·百陵學山

庸書一卷
　　　　說郛續弓三

林泉隨筆一卷
　　(明)張綸撰

今獻彙言
說郛續弓十九
叢書集成初編·文學類
景印元明善本叢書十種·今獻彙言

灼艾集二卷續集二卷餘集二卷別集二卷
　　(明)萬表撰
　　　　四明叢書第七集

七修類稿五十一卷七修續稿七卷
　　(明)郎瑛撰
　　　　明清筆記叢刊

議郎一卷
　　(清)俞樾撰
　　　　春在堂全書·曲園雜纂

墐戶錄一卷
　　(明)楊愼撰
　　　　說郛續弓二十一
　　　　函海(乾隆本、道光本)第十七函
　　　　函海(光緒本)第二十一函

璅語編一卷
　　(明)楊愼撰
　　　　今獻彙言
　　　　景印元明善本叢書十種·今獻彙言

蜏簍瓵筆一卷
　　(明)楊愼撰
　　　　說郛續弓二十一

病榻手吹一卷
　　(明)楊愼撰
　　　　說郛續弓二十一

怡情小錄一卷
　　(明)沈仕撰　　(清)馬大年錄
　　　　學海類編(道光本、景道光本)·集餘
　　　　七
　　　　道藏精華錄第二集
　　　　叢書集成初編·哲學類

家塾私言一卷
　　(明)張承撰
　　　　張伊嗣全集

綠雪亭雜言一卷
　　(明)敖英撰
　　　　快書
　　　　古今名賢彙語
　　　　說郛續弓二十
　　　　五朝小說·皇明百家小說
　　　　五朝小說大觀·皇明百家小說

東谷贅言二卷
　　(明)敖英撰
　　　　寶顏堂祕笈(萬曆本、民國石印本)廣
　　　　集

叢書集成初編 · 文學類

東谷贅言一卷
　　說郛續弓十七
　　　五朝小說 · 皇明百家小說
　　　五朝小說大觀 · 皇明百家小說

東谷贅言二卷附校勘記一卷
　（明）敖英撰　校勘記（民國）魏元曠撰
　　豫章叢書（胡思敬輯）

眞珠船八卷
　（明）胡侍撰
　　寶顏堂祕笈（萬曆本、民國石印本）晉
　　集
　　關中叢書第二集
　　叢書集成初編 · 總類

半村野人閒談一卷
　（明）姜南撰
　　藝海珠塵絲集（丙集）
　　養素軒叢錄第二集
　　古今說部叢書五集
　　叢書集成初編 · 文學類

抱璞簡記一卷
　（明）姜南撰
　　說郛續弓十九
　　藝海珠塵絲集（丙集）

投甕隨筆一卷
　（明）姜南撰
　　說郛續弓十七
　　藝海珠塵竹集（丁集）
　　說庫

風月堂雜識一卷
　（明）姜南撰
　　藝海珠塵竹集（丁集）
　　說庫

學圃餘力一卷
　（明）姜南撰
　　藝海珠塵竹集（丁集）
　　說庫

墨畬錢鎛一卷
　（明）姜南撰
　　藝海珠塵匏集（戊集）

瓠里子筆談一卷
　（明）姜南撰
　　藝海珠塵匏集（戊集）
　　古今說部叢書五集

洗硯新錄一卷
　（明）姜南撰
　　說郛續弓十七
　　藝海珠塵匏集（戊集）

蓉塘記聞一卷
　（明）姜南撰
　　藝海珠塵匏集（戊集）
　　古今說部叢書五集

叩舷憑軾錄一卷
　（明）姜南撰
　　藝海珠塵革集（庚集）
　　古今說部叢書四集

大賓辱語一卷
　（明）姜南撰
　　說郛續弓十九

簣齋雜著一卷
　（明）陸邦撰
　　學海類編（道光本、景道光本）· 集餘
　　四
　　叢書集成初編 · 總類

逌旃璅言一卷
　（明）蘇祐撰
　　說郛續弓十九

宙載二卷
　（明）張合撰
　　雲南叢書初編 · 史部

戒庵老人漫筆四卷
　（明）李詡撰
　　藏說小萃

戒菴漫筆一卷
　　說郛續弓十九
　　江陰叢書 · 藏說小萃七種
　　粟香室叢書 · 藏說小萃七種
　　古今說部叢書二集

戒菴老人漫筆八卷
　　常州先哲遺書第一集 · 子類

長水日鈔一卷
　（明）陸樹聲撰
　　陸學士雜著
　　寶顏堂祕笈（萬曆本、民國石印本）續
　　集
　　叢書集成初編 · 文學類

適園語錄一卷
　（明）陸樹聲撰
　　稗乘
　　叢書集成初編 · 哲學類

適園襍著一卷
　（明）陸樹聲撰
　　陸學士雜著

松窗夢語八卷
　（明）張瀚撰
　　武林往哲遺箸

推蓬寤語一卷
(明)李豫亨撰
說郛續弓十九
五朝小說・皇明百家小說
五朝小說大觀・皇明百家小說
墨池浪語一卷
(明)胡維霖撰
說郛續弓十六
敬修堂叢書
四友齋叢說三十八卷
(明)何良俊撰
元明史料筆記叢刊
四友齋叢說摘鈔七卷
紀錄彙編
叢書集成初編・文學類
景印元明善本叢書十種・紀錄彙編
碧里雜存二卷
(明)董穀撰
鹽邑志林
叢書集成初編・文學類
景印元明善本叢書十種・鹽邑志林
碧里雜存一卷
寶顏堂祕笈(萬曆本、民國石印本)彙集
說郛續弓十五
五朝小說・皇明百家小說
五朝小說大觀・皇明百家小說
鶡林子五卷附校譌一卷
(明)趙釴撰　校譌(清)胡珽撰
琳琅祕室叢書(咸豐本)第四集
鶡林子五卷附校譌一卷續校一卷
(明)趙釴撰　校譌(清)胡珽撰　續校(清)董金鑑撰
琳琅祕室叢書(光緒本)第四集
叢書集成初編・文學類
竹下寤言二卷
(明)王文祿撰
百陵學山
叢書集成初編・哲學類
景印元明善本叢書十種・百陵學山
竹下寤言一卷
今獻彙言
景印元明善本叢書十種・今獻彙言
廓然子五述一卷
(明)董傳策撰
百陵學山
叢書集成初編・哲學類
景印元明善本叢書十種・百陵學山

談資二卷
(明)秦鳴雷撰
四休堂叢書
呵凍漫筆二卷
(明)談修撰
藝海珠塵匏集(戊集)
暖姝由筆三卷首一卷
(明)徐充撰
藏說小萃
暖姝由筆一卷
說郛續弓十九
江陰叢書・藏說小萃七種
粟香室叢書・藏說小萃七種
留青日札摘鈔四卷
(明)田藝蘅撰
紀錄彙編
叢書集成初編・文學類
景印元明善本叢書十種・紀錄彙編
留青日札
勝朝遺事二編
春雨逸響一卷
(明)田藝蘅撰
百陵學山
叢書集成初編・文學類
景印元明善本叢書十種・百陵學山
東溟蠡測一卷
(明)李儒烈撰
百陵學山
景印元明善本叢書十種・百陵學山
宛委餘編一卷
(明)王世貞撰
說郛續弓十八
龍湖閒話一卷
(明)李贄撰
敬修堂叢書
李氏續焚書五卷
(明)李贄撰
李氏全書
賢奕選一卷
(明)李贄撰
大雅堂訂正枕中書
李卓吾先生祕書八種
理譚一卷
(明)李贄撰
大雅堂訂正枕中書
李卓吾先生祕書八種
篔窓筆記一卷
(明)李贄撰

　　　　　大雅堂訂正枕中書

精騎錄一卷
　　（明）李贄撰
　　　　　大雅堂訂正枕中書

談輅一卷
　　（明）張鳳翼撰
　　　　　百陵學山
　　　　　叢書集成初編・文學類
　　　　　景印元明善本叢書十種・百陵學山

　譚輅一卷
　　　　　快書
　　　　　說郛續弓二十
　　　　　五朝小說・皇明百家小說
　　　　　五朝小說大觀・皇明百家小說
　　　　　古今說部叢書四集

聞說一卷
　　（明）趙明倫撰
　　　　　百陵學山
　　　　　叢書集成初編・哲學類
　　　　　景印元明善本叢書十種・百陵學山

桑楡漫志一卷
　　（明）陶輔撰
　　　　　今獻彙言
　　　　　說郛續弓十九
　　　　　叢書集成初編・文學類
　　　　　景印元明善本叢書十種・今獻彙言

延州筆記四卷
　　（明）唐覲撰
　　　　　藏說小萃
　　　　　江陰叢書
　　　　　粟香室叢書

　延州筆記一卷
　　　　　說郛續弓十九
　　　　　江陰叢書・藏說小萃七種
　　　　　粟香室叢書・藏說小萃七種
　　　　　古今說部叢書二集

新知錄摘鈔一卷
　　（明）劉仕義撰
　　　　　紀錄彙編
　　　　　叢書集成初編・文學類
　　　　　景印元明善本叢書十種・紀錄彙編

　新知錄一卷
　　　　　說郛續弓十六
　　　　　五朝小說・皇明百家小說
　　　　　五朝小說大觀・皇明百家小說

黃谷譏談四卷
　　（明）李蓘撰
　　　　　三怡堂叢書

幽心瑤草一卷
　　（明）孫應鰲撰
　　　　　孫文恭公遺書（光緒本、宣統本）

筆塵一卷
　　（明）莫是龍撰
　　　　　奇晉齋叢書（乾隆本、景乾隆本）
　　　　　褚氏所刻書
　　　　　叢書集成初編・文學類

筆記一卷
　　（明）蕭良榦撰
　　　　　涇川叢書（道光本、景道光本）

雨航雜錄二卷
　　（明）馮時可撰
　　　　　寶顏堂祕笈（萬曆本、民國石印本）廣
　　　　　　集
　　　　　四庫全書・子部雜家類
　　　　　叢書集成初編・文學類

　雨航雜錄一卷
　　　　　說郛續弓十九
　　　　　五朝小說・皇明百家小說
　　　　　五朝小說大觀・皇明百家小說

蓬窗續錄一卷
　　（明）馮時可撰
　　　　　說郛續弓十七
　　　　　五朝小說・皇明百家小說
　　　　　五朝小說大觀・皇明百家小說

雨航紀一卷
　　（明）王穉登撰
　　　　　廣百川學海庚集
　　　　　說郛續弓二十四

望崖錄內編一卷外編一卷
　　（明）王世懋撰
　　　　　王奉常雜著

　望崖錄一卷
　　　　　說郛續弓二十

璅言一卷附夢語
　　（明）于慎行撰
　　　　　廣快書

雜記一卷
　　（明）于慎行撰
　　　　　廣快書

焦氏筆乘六卷續集八卷
　　（明）焦竑撰
　　　　　粵雅堂叢書初編第一集
　　　　　金陵叢書乙集
　　　　　叢書集成初編・文學類

謬言一卷
　　（明）陳第撰

一齋集

探芹錄四卷
　(明)徐三重撰
　　四庫全書·子部雜家類

清賢記六卷
　(明)尤鐓撰
　　張氏適園叢書初集

趙忠毅公閒居擇言一卷
　(明)趙南星撰
　　味檗齋遺書

華陽博議二卷
　(明)胡應麟撰
　　少室山房四集·筆叢
　　廣雅書局叢書·雜著·少室山房集·
　　　少室山房筆叢
　　明清筆記叢刊·少室山房筆叢

莊嶽委談二卷
　(明)胡應麟撰
　　少室山房四集·筆叢
　　廣雅書局叢書·雜著·少室山房集·
　　　少室山房筆叢
　　明清筆記叢刊·少室山房筆叢

丹甗(一名雜說)一卷
　(明)袁宗道撰
　　廣快書

鬱岡齋筆塵一卷
　(明)王肯堂撰
　　說郛續弓十四

文海披沙八卷
　(明)謝肇淛撰
　　申報館叢書續集·談藝類

　文海披沙摘錄一卷
　　香豔叢書第七集

五雜組十六卷
　(明)謝肇淛撰
　　國學珍本文庫第一集

六研齋筆記四卷二筆四卷三筆四卷
　(明)李日華撰
　　李竹嬾先生說部全書
　　四庫全書·子部雜家類
　　國學珍本文庫第一集

紫桃軒雜綴三卷又綴三卷
　(明)李日華撰
　　李竹嬾先生說部全書
　　檇李遺書

　紫桃軒雜綴四卷又綴三卷
　　國學珍本文庫第一集

湧幢小品三十二卷

　(明)朱國禎撰
　　筆記小說大觀第二輯

偃曝談餘二卷
　(明)陳繼儒撰
　　寶顏堂祕笈(萬曆本、民國石印本)祕
　　　集
　　叢書集成初編·文學類

　偃曝餘談二卷
　　說庫

　偃曝餘談一卷
　　眉公十種藏書

續偃曝談餘一卷
　(明)陳繼儒撰
　　稽古堂叢刻

枕譚一卷
　(明)陳繼儒撰
　　廣百川學海戊集
　　寶顏堂祕笈(萬曆本、民國石印本)祕
　　　集
　　說郛續弓二十一
　　學海類編(道光本、景道光本)·集餘
　　　五
　　古今說部叢書三集
　　說庫
　　叢書集成初編·總類

書蕉二卷
　(明)陳繼儒撰
　　寶顏堂祕笈(萬曆本、民國石印本)祕
　　　集
　　嘯園叢書第四函
　　叢書集成初編·文學類

筆記二卷
　(明)陳繼儒撰
　　寶顏堂祕笈(萬曆本、民國石印本)祕
　　　集
　　叢書集成初編·文學類

讀書鏡十卷
　(明)陳繼儒撰
　　寶顏堂祕笈(萬曆本、民國石印本)祕
　　　集
　　叢書集成初編·文學類

　讀書鏡五卷
　　眉公十種藏書

模世語一卷
　(明)陳繼儒撰
　　水邊林下

小窗幽記十二卷
　(明)陳繼儒撰

因述二卷
　　(明)陳龍正撰
　　　幾亭全書
千百年眼十二卷
　　(明)張燧撰
　　　筆記小說大觀外集
拈屏語一卷
　　(明)王道焜撰
　　　水邊林下
庚辛壬癸錄二卷
　　(明)吳應箕撰
　　　蟬隱廬叢書
博識續箋四卷
　　(明)阮元聲撰
　　　敬修堂叢書
二術編二卷
　　(明)莊元臣撰
　　　莊忠甫雜著
卮言日出一卷
　　(明)莊元臣撰
　　　莊忠甫雜著
涉古記事一卷
　　(明)莊元臣撰
　　　莊忠甫雜著
剪綵二卷
　　(明)莊元臣撰
　　　莊忠甫雜著
雜錄一卷
　　(明)莊元臣撰
　　　莊忠甫雜著
棗林雜俎六卷附錄一卷
　　(明)談遷撰
　　　張氏適園叢書初集
　棗林雜俎六卷
　　　筆記小說大觀外集
棗林藝簀一卷
　　(明)談遷撰
　　　學海類編(道光本、景道光本)・集餘
　　　三
陶菴自監錄四卷
　　(明)黃淳耀撰
　　　陶菴集
槎上老舌一卷
　　(明)陳衎撰
　　　硯雲乙編
　　　申報館叢書續集・紀麗類・硯雲乙編
　　　叢書集成初編・總類
耳新八卷

　　(明)鄭仲夔撰
　　　玉塵新譚
　　　硯雲甲編
　　　申報館叢書續集・紀麗類・硯雲甲編
　　　古今說部叢書二集
　　　說庫
　　　叢書集成初編・文學類
餘菴雜錄三卷
　　(明)陳恂撰
　　　學海類編(道光本、景道光本)・集餘
　　　四
　　　叢書集成初編・總類
識小錄四卷
　　(明)徐樹丕撰
　　　函芬樓祕笈第一集
繡江集一卷
　　(明)范樹鍰撰
　　　三異詞錄
尊俎餘功一卷
　　(明)□□撰
　　　說郛續弓十三
草堂隨筆二卷
　　(明)華淑撰
　　　快書六種
秋濤(一名會心編)一卷
　　(明)王聖俞撰
　　　快書
光明藏(一名醒言)一卷
　　(明)倪允昌撰
　　　快書
晉塵一卷
　　(明)雙清撰
　　　快書
螢燈(一名贅言)一卷
　　(明)無如子撰
　　　快書
白雲梯一卷
　　(明)李何事撰
　　　快書
黃辭一卷
　　(明)黃俞言撰
　　　快書
存論一卷
　　(明)天台野人撰
　　　快書
書憲一卷
　　(明)吳季子撰
　　　快書

有情癡一卷
　　(明)吳季子撰
　　　　廣快書
七幅菴一卷
　　(明)傅遠度撰
　　　　快書
諜誀一卷
　　　　覆古介書後集
碣石宮鬢語一卷
　　(明)阮堅之撰
　　　　廣快書
卽山論一卷
　　(明)沈君烈撰
　　　　廣快書
千一錄客談一卷
　　(明)方弘靜撰
　　　　廣快書
月哌一卷
　　(明)凌仲望撰
　　　　廣快書
秋水鏡(一名臆見)一卷
　　(明)洪月誠撰
　　　　廣快書
審是帙(一名雜言)一卷
　　(明)張靖之撰
　　　　廣快書
弋說一卷
　　(明)沈長慶撰
　　　　廣快書
蒲團上語一卷
　　(明)鮑在齊撰
　　　　廣快書
山遊十六觀一卷
　　(明)沈懋功撰
　　　　廣快書
珠采一卷
　　(明)□□撰
　　　　廣快書
士令(一名學政)一卷
　　(明)郭子章(明)黃寅庸撰
　　　　廣快書
長嘯餘一卷
　　(明)孫燕貽撰
　　　　廣快書
嘔絲(一名別論初本)一卷
　　(明)何偉然撰
　　　　廣快書
雪濤小書二卷

(明)江進之(冰華生)輯
　　國學珍本文庫第一集
石雲先生語錄一卷
　　(明)孫楨撰
　　　　石雲先生遺稿
斯友堂日記一卷
　　(明)王育撰
　　　　婁東雜著續刊
書紳要語一卷
　　　　閒情小品
睡方書一卷
　　　　閒情小品
雨窗隨喜一卷
　　　　閒情小品
清史一卷
　　　　閒情小品
療言一卷
　　　　閒情小品

清 前 期

薔庵手鏡一卷
　　(清)陸文衡撰
　　　　吳氏賸書賸甲編
薔庵手鏡二卷
　　　　陸氏傳家集
寒夜錄三卷
　　(清)陳宏緒撰
　　　　學海類編(道光本、景道光本)・集餘
　　　　四
　　　　叢書集成初編・文學類
寒夜錄二卷附校勘記一卷校勘續記一卷
　　(清)陳宏緒撰　校勘記(民國)魏元曠撰
　　　續記(民國)胡思敬撰
　　　　豫章叢書(胡思敬輯)
曇庵雜迹二卷附一卷
　　(清)朱朝瑛撰
　　　　指海(道光本、景道光本)第二十集
膝寓信筆一卷
　　(清)方以智撰
　　　　桐城方氏七代遺書
清異錄一卷
　　(清)葛萬里撰
　　　　葛萬里雜著
冬夜箋記一卷
　　(清)王崇簡撰
　　　　說鈴(康熙本、道光本)前集
霧堂詹言一卷
　　(清)李楷撰

東齋掌鈔一卷
　　（清）梁清遠撰
　　　　雕丘雜錄
予寧漫筆一卷
　　（清）梁清遠撰
　　　　雕丘雜錄
晏如筆記一卷
　　（清）梁清遠撰
　　　　雕丘雜錄
晏如齋槧史一卷
　　（清）梁清遠撰
　　　　雕丘雜錄
耳順記一卷
　　（清）梁清遠撰
　　　　雕丘雜錄
嗇翁槧史一卷
　　（清）梁清遠撰
　　　　雕丘雜錄
休園語林一卷
　　（清）梁清遠撰
　　　　雕丘雜錄
搔首問一卷
　　（清）王夫之撰
　　　　船山遺書（民國本）
魏伯子雜說一卷
　　（清）魏際瑞撰
　　　　二餘堂叢書
匡林二卷首一卷
　　（清）毛先舒撰
　　　　思古堂十四種書
西河襍箋一卷
　　（清）毛奇齡撰
　　　　昭代叢書（道光本）丁集新編
讀書偶見一卷
　　（清）吳騄撰
　　　　藝海珠塵石集（乙集）
　　　　叢書集成初編·文學類
暑窗臆說二卷
　　（清）王鉞撰
　　　　世德堂遺書
星餘筆記一卷
　　（清）王鉞撰
　　　　世德堂遺書
志壑堂雜記一卷
　　（清）唐夢賚撰
　　　　昭代叢書（道光本）丁集新編補
三岡識略十卷
　　（清）董含撰

　　　　申報館叢書續集·掌故類
無名氏筆記一卷
　　（清）□□撰
　　　　甲戌叢編
分甘餘話四卷
　　（清）王士禛撰
　　　　王漁洋遺書
　　　　四庫全書·子部雜家類
分甘餘話二卷
　　　　說鈴（康熙本）前集
　　　　古今說部叢書四集
古夫于亭雜錄五卷
　　（清）王士禛撰
　　　　王漁洋遺書
古夫于亭雜錄六卷
　　　　四庫全書·子部雜家類
　　　　嘯園叢書第四函
池北偶談二十六卷
　　（清）王士禛撰
　　　　王漁洋遺書
　　　　四庫全書·子部雜家類
　　　　清代筆記叢刊
　　　　筆記小說大觀第三輯
池北偶談三卷
　　　　說鈴（康熙本）續集
居易錄三十四卷
　　（清）王士禛撰
　　　　王漁洋遺書
　　　　四庫全書·子部雜家類
居易錄談三卷續談一卷
　　　　學海類編（道光本、景道光本）·集餘
　　　　　八
　　　　叢書集成初編·文學類
香祖筆記十二卷
　　（清）王士禛撰
　　　　王漁洋遺書
　　　　四庫全書·子部雜家類
　　　　申報館叢書續集·談藝類
　　　　清代筆記叢刊
　　　　筆記小說大觀第一輯
樸學齋小記一卷雜文一卷
　　（清）林佶撰
　　　　峕齋叢書
堅瓠首集四卷二集四卷 三集四卷 四集四
　　卷五集四卷六集四卷 七集四卷八集四
　　卷九集四卷十集四卷 續集四卷 廣集六
　　卷補集六卷祕集六卷 餘集四卷
　　（清）褚人穫撰

清代筆記叢刊
筆記小說大觀第二輯
空明子雜錄二卷
(淸)張榮撰
空明子全集
景船齋雜記二卷
(淸)章有謨撰
申報館叢書續集·掌故類
雙橋隨筆十二卷
(淸)周召撰
四庫全書·子部儒家類
四庫全書珍本初集·子部儒家類
遯翁隨筆二卷
(淸)祁駿佳撰
仰視千七百二十九鶴齋叢書(光緒本、景光緒本)第三集
叢書集成初編·總類
螺江日記八卷續編四卷
(淸)張文虎撰
融經館叢書
竹溪雜述一卷
(淸)殷曙撰
昭代叢書(康熙本)甲集第二帙
昭代叢書(道光本)甲集第二帙
天香樓偶得一卷
(淸)虞兆漋撰
說鈴(康熙本、道光本)後集
古今說部叢書六集
說庫
言鯖二卷
(淸)呂種玉撰
說鈴(康熙本)後集
強聒錄一卷
(淸)彭堯諭撰
昭代叢書(道光本)辛集別編
戊庚隨筆一卷
(淸)陸方濤撰
陸氏傳家集
廣陽雜記五卷
(淸)劉獻廷撰
畿輔叢書
功順堂叢書
清代筆記叢刊
筆記小說大觀第三輯
國粹叢書第一集
叢書集成初編·文學類
懿言日錄一卷
(淸)王喆生撰
津河廣仁堂所刻書
人海記一卷
(淸)查慎行撰
昭代叢書(道光本)壬集補編
人海記二卷
明辨齋叢書四集
正覺樓叢刻
瘳忘編二卷續論一卷附後一卷
(淸)李塨撰
國粹叢書第一集
淥水亭雜識一卷
(淸)性德撰
昭代叢書(道光本)已集廣編
淥水亭雜識四卷
清代筆記叢刊
筆記小說大觀第三輯
此木軒贅語五卷
(淸)焦袁熹撰
此木軒全集
此木軒雜著五卷(存卷一至二)
(淸)焦袁熹撰
此木軒全集
在園雜志二卷
(淸)劉廷璣撰
賜硯堂叢書未刻稿
在園雜志四卷
申報館叢書餘集
遼海叢書第四集
思古齋隨筆五卷
(淸)何澂撰
會稽徐氏初學堂羣書輯錄
梧牕夜話二卷附錄一卷
(淸)屠元淳撰
屠氏三種
詹言一卷
(淸)黄之雋撰
昭代叢書(道光本)已集廣編
讀子史一卷
(淸)方苞撰
方望溪先生經說四種附
思誠錄一卷
(淸)劉一峯撰
劉靜庵祕書三種
鑒古錄二卷
(淸)劉一峯撰
劉靜庵祕書三種
論古錄二卷
(淸)劉一峯撰

　　　　　　劉靜庵祕書三種

偶然欲書一卷
　　(清)方棻如撰
　　　　昭代叢書(道光本)已集廣編

西圃叢辨三十二卷
　　(清)田同之撰
　　　　德州田氏叢書

僬陽雜錄一卷
　　(清)章大來撰
　　　　仰視千七百二十九鶴齋叢書(光緒本、
　　　　　景光緒本)第一集
　　　　叢書集成初編・文學類

權齋老人筆記四卷
　　(清)沈炳巽撰
　　　　吳興叢書

理學疑問四卷
　　(清)童能靈撰
　　　　冠豸山堂全集

冬心先生隨筆一卷
　　(清)金農撰
　　　　西泠五布衣遺著
　　　　美術叢書三集第一輯

亞谷叢書四卷
　　(清)鮑鉁撰
　　　　道腴堂集

蠟談一卷附雜說
　　(清)盧存心撰
　　　　昭代叢書(道光本)已集廣編

遜齋偶筆二卷
　　(清)徐崑撰
　　　　毘陵徐氏家集
　　　　徐遜齋先生全集
　　　　古今說部叢書八集
　　　　說庫

見聞瑣錄三卷
　　(清)宋在詩撰
　　　　埜柏先生類稿

笠夫雜錄一卷
　　(清)蔡景真撰
　　　　申報館叢書續集・紀麗類・屑玉叢譚
　　　　四集

孔堂私學二卷
　　(清)王豫撰
　　　　吳興叢書

蘭舫筆記一卷
　　(清)常輝撰
　　　　吳中文獻小叢書

談書錄一卷

　　(清)汪師韓撰
　　　　上湖遺集
　　　　昭代叢書(道光本)已集廣編
　　　　叢睦汪氏遺書

菽堂分田錄一卷
　　(清)梁煒撰
　　　　周氏師古堂所編書・李菉猗女史全書

事友錄五卷
　　(清)潘相撰
　　　　潘相所著書

隨園隨筆二十八卷
　　(清)袁枚撰
　　　　隨園三十種(乾隆嘉慶本、同治本)
　　　　隨園三十八種

柚堂筆談四卷
　　(清)盛百二撰
　　　　柚堂全集

柚堂續筆談三卷
　　(清)盛百二撰
　　　　橋李遺書

隴頭芻語一卷
　　(清)陸烜撰
　　　　梅谷十種書

梅谷偶筆一卷
　　(清)陸烜撰
　　　　梅谷十種書
　　　　昭代叢書(道光本)戊集續編

蘭室叢談一卷
　　(清)楊際昌撰
　　　　澹寧齋集

象居錄一卷
　　(清)盛大謨撰
　　　　盛于埜遺著

蠶墨一卷
　　(清)盛大謨撰
　　　　盛于埜遺著

思補齋日錄一卷
　　(清)齊㣧撰
　　　　雨峯全集

巾廂說一卷
　　(清)金埴撰
　　　　會稽徐氏初學堂羣書輯錄
　　　　古學彙刊第二集・雜記類

日貫齋塗說一卷
　　(清)梁同書撰
　　　　頻羅庵遺集
　　　　昭代叢書(道光本)壬集補編
　　　　清人說薈初集

說庫

隻塵譚二卷續二卷
　　(淸)胡承譜撰
　　　涇川叢書(道光本、景道光本)
　　　叢書集成初編・文學類

簷曝雜記六卷
　　(淸)趙翼撰
　　　甌北全集(乾隆嘉慶本、光緒本)

南苑一知集叢談二卷
　　(淸)馬魯撰
　　　馬氏叢刻

炙硯瑣談三卷
　　(淸)湯大奎撰
　　　常州先哲遺書後編・子類

培蔭軒雜記一卷
　　(淸)胡季堂撰
　　　培蔭軒全集

閒漁閒閒錄九卷
　　(淸)蔡顯撰
　　　嘉業堂叢書・子部

尖陽叢筆十卷
　　(淸)吳騫撰
　　　張氏適園叢書

北上偶錄三卷
　　(淸)江瀟源撰
　　　介亭全集

居暇邇言二卷
　　(淸)江瀟源撰
　　　介亭全集

介亭筆記八卷
　　(淸)江瀟源撰
　　　介亭全集

讀雪山房雜著一卷
　　(淸)管世銘撰
　　　粟香室叢書

乙卯劄記一卷
　　(淸)章學誠撰
　　　豫恕堂叢書・章氏遺書三種
　　　風雨樓叢書
　　　章氏遺書(嘉業堂本、商務印書館排印
　　　　本)外編

丙辰劄記一卷
　　(淸)章學誠撰
　　　聚學軒叢書第三集
　　　風雨樓叢書
　　　章氏遺書(嘉業堂本、商務印書館排印
　　　　本)外編

知非日札一卷

　　(淸)章學誠撰
　　　豫恕堂叢書・章氏遺書三種
　　　章氏遺書(嘉業堂本、商務印書館排印
　　　　本)外編

一齋雜著三卷
　　(淸)陳梓撰
　　　陳一齋全集

雜窗叢話一卷
　　(淸)蔡澄撰
　　　新陽趙氏叢刊
　　　峭帆樓叢書

午風堂叢談八卷
　　(淸)鄒炳泰撰
　　　午風堂全集
　　　常州先哲遺書後編・子類

東齋脞語一卷
　　(淸)吳翌鳳撰
　　　昭代叢書(道光本)庚集埤編

遜志堂雜鈔十卷
　　(淸)吳翌鳳撰
　　　槐廬叢書五編

鐙窗叢錄五卷補遺一卷
　　(淸)吳翌鳳撰
　　　涵芬樓祕笈第九集

飮淥軒隨筆二卷
　　(淸)伍宇澄撰
　　　常州先哲遺書後編・子類

黃嬭餘話八卷
　　(淸)陳錫路撰
　　　嘯園叢書第四函
　　　古今說部叢書十集

客寓雜錄一卷
　　(淸)戚學標撰
　　　古語遺錄

寒夜叢談三卷
　　(淸)沈赤然撰
　　　五研齋全集
　　　新陽趙氏叢刊
　　　又滿樓叢書

課餘隨錄一卷
　　(淸)師範撰
　　　二餘堂叢書

夢闌瑣筆一卷
　　(淸)楊復吉撰
　　　昭代叢書(道光本)癸集萃編

隨筆雜記一卷
　　(淸)周鎬撰
　　　犢山類藁

讀書雜記一卷
　　（清）周鎬撰
　　　　犢山類稾
大雲山房雜記二卷
　　（清）惲敬撰
　　　　咫進齋叢書第一集
　　　　筆記小說大觀第七輯
故紙隨筆一卷
　　（清）陳庚煥撰
　　　　惕園全集
曬書堂筆記二卷
　　（清）郝懿行撰
　　　　郝氏遺書
曬書堂筆錄六卷
　　（清）郝懿行撰
　　　　郝氏遺書
古南餘話五卷
　　（清）舒夢蘭撰
　　　　天香全集
湘舟漫錄三卷
　　（清）舒夢蘭撰
　　　　天香全集
樸麗子十九卷
　　（清）馬時芳撰
　　　　平泉遺書
求心錄三卷
　　（清）馬時芳撰
　　　　平泉遺書
黃池隨筆二卷
　　（清）馬時芳撰
　　　　平泉遺書
芝田隨筆三卷
　　（清）馬時芳撰
　　　　平泉遺書
敎經堂談藪六卷
　　（清）徐書受撰
　　　　常州先哲遺書後編·子類
易餘籥錄二十卷
　　（清）焦循撰
　　　　木犀軒叢書
緒南筆談一卷
　　（清）許嗣茅撰
　　　　申報館叢書續集·紀麗類·屑玉叢談
　　　　　二集
履園叢話二十四卷
　　（清）錢泳撰
　　　　清代筆記叢刊
　　　　筆記小說大觀第三輯

定香亭筆談四卷
　　（清）阮元撰
　　　　文選樓叢書（阮亨輯）
　　　　花雨樓叢鈔續鈔
　　　　叢書集成初編·文學類
定香亭筆談一卷
　　　　昭代叢書（道光本）庚集埤編
小滄浪筆談四卷
　　（清）阮元撰
　　　　文選樓叢書（阮亨輯）
　　　　叢書集成初編·文學類
聽香館叢錄六卷
　　（清）吳嵩梁輯
　　　　香蘇山館全集
樗園銷夏錄三卷
　　（清）郭麐撰
　　　　靈芬館集
菀園掌錄二卷
　　（清）楊夒生撰
　　　　嘯園叢書第二函
樸學齋筆記八卷
　　（清）盛大士撰
　　　　嘉業堂叢書·子部
過庭記聞一卷
　　（清）錢元熙撰
　　　　婁東雜著萃集
課餘偶筆一卷
　　（清）顧成志撰
　　　　婁東雜著萃集
讀書雜說一卷
　　（清）閔應槐撰
　　　　婁東雜著續刊
迂亭雜說一卷
　　（清）程穆衡撰　　（清）邵廷烈輯
　　　　婁東雜著續刊
蕙櫋雜記一卷
　　（清）嚴元照撰
　　　　新陽趙氏叢刊
　　　　峭帆樓叢書
詁晉齋隨筆一卷
　　（清）永瑆撰
　　　　藏修堂叢書第六集·詁晉齋集附
　　　　翠琅玕館叢書（黃任恆輯）·集部·詁
　　　　　晉齋集附
　　　　芋園叢書·集邻·詁晉齋集附
省心錄一卷
　　（清）周際華撰
　　　　家蔭堂彙刻

感深知己錄一卷
　　　(清)周際華撰
　　　　　家蔭堂彙刻
一瞑錄一卷
　　　(清)周際華撰
　　　　　家蔭堂彙刻
家蔭堂家言一卷
　　　(清)周際華撰
　　　　　家蔭堂彙刻
退菴隨筆二十二卷
　　　(清)梁章鉅撰
　　　　　二思堂叢書
　　　　　清代筆記叢刊
　　　　　筆記小說大觀第四輯
浪蹟叢談十一卷
　　　(清)梁章鉅撰
　　　　　梁氏筆記
　　　　　筆記小說大觀外集
浪蹟續談八卷
　　　(清)梁章鉅撰
　　　　　梁氏筆記
　　　　　筆記小說大觀外集
歸田瑣記八卷
　　　(清)梁章鉅撰
　　　　　梁氏筆記
　　　　　清代筆記叢刊
　　　　　筆記小說大觀第三輯
思問錄一卷
　　　(清)顧道稓撰
　　　　　昭代叢書(道光本)壬集補編
癡學八卷
　　　(清)黃本驥撰
　　　　　三長物齋叢書
仿今言一卷
　　　(清)沈豫撰
　　　　　蛾術堂集(道光本、景道光本)
小坡識小錄四卷
　　　(清)馬騰蛟撰
　　　　　馬氏叢刻
有不爲齋隨筆十卷
　　　(清)光聰諧撰
　　　　　稼墨軒集
松陰快談一卷
　　　(日本)長野碻撰
　　　　　昭代叢書(道光本)癸集萃編
雨窗隨筆二卷
　　　(清)謝堃撰
　　　　　春草堂集

借閒隨筆一卷
　　　(清)汪遠孫撰
　　　　　振綺堂叢書初集
深省堂隨筆一卷
　　　(清)景安撰
　　　　　深省堂集

清 後 期

秋陰雜記一卷
　　　(清)沈豫撰
　　　　　蛾術堂集(道光本、景道光本)
益聞散錄三卷
　　　(清)李元春撰
　　　　　靑照堂叢書摘三編第四函
諸子雜斷一卷
　　　(清)李元春撰
　　　　　桐閣全書·桐窗餘著
桐窗囈說一卷
　　　(清)李元春撰
　　　　　桐閣全書·桐窗雜著
羣書摘旨六卷
　　　(清)李元春撰
　　　　　桐閣全書·桐窗餘著
病牀日札一卷
　　　(清)李元春撰
　　　　　桐閣全書·桐窗雜著
思補齋筆記八卷
　　　(清)潘世恩撰
　　　　　潘刻五種
過庭筆記一卷附錄一卷
　　　(清)童槐撰
　　　　　今白華堂集
論世約編七卷
　　　(清)林春溥撰
　　　　　竹柏山房十五種附刻
閒居雜錄二卷
　　　(清)林春溥撰
　　　　　竹柏山房十五種附刻
識小錄八卷
　　　(清)姚瑩撰
　　　　　中復堂全集(道光本、同治本)
寸陰叢錄四卷
　　　(清)姚瑩撰
　　　　　中復堂全集(道光本、同治本)
蔗餘偶筆一卷
　　　(清)方士淦撰
　　　　　啖蔗軒全集
銅豰館瓻書二卷補二卷

　　　　（清）李惺撰
　　　　　西漚全集外集
　　　　　南園叢書
瑟榭叢談二卷
　　　　（清）沈濤撰
　　　　　聚學軒叢書第五集
交翠軒筆記四卷
　　　　（清）沈濤撰
　　　　　聚學軒叢書第四集
讀子集四卷
　　　　（清）黃式三撰
　　　　　儆居遺書・儆居集
炳燭錄二卷
　　　　（清）黃式三撰
　　　　　儆居遺書
吹網錄六卷
　　　　（清）葉廷琯撰
　　　　　清代筆記叢刊
　　　　　筆記小說大觀第二輯
鷗陂漁話六卷
　　　　（清）葉廷琯撰
　　　　　清代筆記叢刊
　　　　　筆記小說大觀第二輯
平書八卷
　　　　（清）秦篤輝撰
　　　　　湖北叢書
　　　　　叢書集成初編・總類
重論文齋筆錄十二卷
　　　　（清）王端履撰
　　　　　紹興先正遺書第三集
　　　　　清代筆記叢刊
　　　　　筆記小說大觀第四輯
閒處光陰二卷
　　　　（清）搏沙拙老撰
　　　　　說庫
津河客集一卷
　　　　（清）高瀼雲撰
　　　　　漱琴室存藁
斯未信齋雜錄六卷
　　　　（清）徐宗幹撰
　　　　　斯未信齋集
斯未信齋語錄三卷
　　　　（清）徐宗幹撰
　　　　　斯未信齋集・斯未信齋文編
冷廬雜識八卷
　　　　（清）陸以湉撰
　　　　　清代筆記叢刊
　　　　　筆記小說大觀第三輯

冷廬雜識節錄一卷
　　　　　香豔叢書第六集
寒秀艸堂筆記四卷
　　　　（清）姚衡撰
　　　　　咫進齋叢書第二集
　　　　　叢書集成初編・總類
無事爲福齋隨筆二卷
　　　　（清）韓泰華撰
　　　　　功順堂叢書
　　　　　叢書集成初編・文學類
文村筆記一卷
　　　　（清）王振聲撰
　　　　　王文村遺著
退厓日劄四卷
　　　　（清）賈臻撰
　　　　　賈氏叢書甲集
郡齋筆乘六卷
　　　　（清）賈臻撰
　　　　　賈氏叢書甲集
退庵隨筆一卷
　　　　（清）沈映鈐撰
　　　　　會稽徐氏鑄學齋叢書
春暉餘話三卷
　　　　（清）勺洋氏撰）
　　　　　十二筆舫雜錄
　　　　（清）李兆元撰
　　　　　披海叢書・十二筆舫雜錄
梅影叢談三卷
　　　　（清）勺洋氏撰）
　　　　　十二筆舫雜錄
　　　　（清）李兆元撰
　　　　　披海叢書・十二筆舫雜錄
客牕賸語三卷
　　　　（清）勺洋氏撰）
　　　　　十二筆舫雜錄
　　　　（清）李兆元撰
　　　　　披海叢書・十二筆舫雜錄
中州觚餘三卷
　　　　（清）勺洋氏撰）
　　　　　十二筆舫雜錄
　　　　（清）李兆元撰
　　　　　披海叢書・十二筆舫雜錄
漢上叢談四卷
　　　　（清）劉士璋撰
　　　　　劉氏三種
夢竹軒筆記二卷
　　　　（清）劉士璋撰
　　　　　劉氏三種

待園瑣語一卷
　　(清)湯森仙撰
　　　　湯氏叢書
關隴輿中偶憶編一卷
　　(清)張祥河撰
　　　　小重山房叢書
　　　　說庫
　　　　清人說薈初集
天山清辨一卷
　　(清)岃乩參同子撰
　　　　申報館叢書續集・紀麗類・獨悟庵叢
　　　　　鈔
消閒戲墨二卷
　　(清)王棨華(局外散人)撰
　　　　達亭老人遺稿
嘐嘐言六卷續四卷
　　(清)郭柏蔭撰
　　　　侯官郭氏家集彙刊
橋西雜記一卷
　　(清)葉名澧撰
　　　　湉喜齋叢書第一函
　　　　叢書集成初編・文學類
龍泉園語四卷
　　(清)李江撰
　　　　龍泉師友遺稿合編
曾文正公日記二卷
　　(清)曾國藩撰
　　　　曾文正公六種彙刻
求闕齋日記類鈔二卷
　　(清)曾國藩撰
　　　　曾文正公全集
求闕齋日記一卷
　　(清)曾國藩撰　(民國)周學熙節錄
　　　　周氏師古堂所編書・古訓粹編
求闕齋語一卷
　　(清)曾國藩撰
　　　　有諸己齋格言叢書
游藝約言一卷
　　(清)劉熙載撰
　　　　古桐書屋六種附・續刻三種
漁舟紀談二卷續談一卷
　　(清)彭崧毓撰
　　　　求是齋雜存
借箸雜俎四卷
　　(清)沈濤旭撰
　　　　沈氏三代家言
思益堂日札五卷
　　(清)周壽昌撰

申報館叢書餘集
我私錄一卷
　　(清)郭柏蒼撰
　　　　郭氏叢刻
夢園叢說內篇八卷
　　(清)方濬頤撰
　　　　申報館叢書續集・談藝類
十二硯齋隨錄四卷
　　(清)汪鋆撰
　　　　十二硯齋三種
　　　　清人說薈二集
華笑廎襍筆六卷
　　(清)范鍇撰
　　　　范聲山雜著(道光本、景道光本)
圍爐瑣憶一卷
　　(清)謝章鋌撰
　　　　賭棋山莊全集・賭棋山莊筆記
籐陰客贅一卷
　　(清)謝章鋌撰
　　　　賭棋山莊全集・賭棋山莊筆記
稗販雜錄四卷
　　(清)謝章鋌撰
　　　　賭棋山莊全集・賭棋山莊筆記
課餘偶錄四卷續錄五卷
　　(清)謝章鋌撰
　　　　賭棋山莊全集・賭棋山莊筆記
午窗隨筆四卷
　　(清)郭夢星撰
　　　　寶樹堂遺書
雞澤脞錄一卷
　　(清)程鴻詔撰
　　　　有恆心齋集
迎霘筆記二卷
　　(清)程鴻詔撰
　　　　有恆心齋集
河壖贅筆二卷
　　(清)方炳奎撰
　　　　中隱堂雜著
甕天瑣錄一卷
　　(清)趙樹吉撰
　　　　郗鄅山房集
雪煩叢識二卷
　　(清)張道撰
　　　　漁浦草堂遺稿
鷗巢閒筆一卷
　　(清)張道撰
　　　　漁浦草堂遺稿
流離雜記二卷

(清)孫雲錦撰
　　孫先生遺書

春在堂隨筆十卷
　　(清)俞樾撰
　　　春在堂全書
　　　清代筆記叢刊
　　　筆記小說大觀第二輯

茶香室叢鈔二十三卷續鈔二十五卷 三鈔
二十九卷四鈔二十九卷
　　(清)俞樾撰
　　　春在堂全書
　　　筆記小說大觀外集

小浮梅閒話一卷
　　(清)俞樾撰
　　　春在堂全書‧曲園雜纂
　　　清代筆記叢刊‧春在堂隨筆附
　　　筆記小說大觀第二輯‧春在堂隨筆附

壺東漫錄一卷
　　(清)俞樾撰
　　　春在堂全書‧俞樓雜纂

止園筆談八卷
　　(清)史夢蘭撰
　　　止園叢書(史氏撰)

友竹草堂隨筆二卷
　　(清)蔣慶第撰
　　　讓受益齋文友竹草堂集合刻

求益齋隨筆二卷
　　(清)強汝詢撰
　　　求益齋全集

蘭陽養疴雜記一卷
　　(清)李江撰
　　　龍泉師友遺稿合編

見聞錄一卷
　　(清)李江撰
　　　龍泉師友遺稿合編

自乂瑣言二卷
　　(清)袁保慶撰
　　　項城袁氏家集

理學齋導言一卷
　　(清)馬用錫撰
　　　會稽徐氏鑄學齋叢書

退補齋隨筆一卷
　　(清)董廷策撰
　　　勉不足齋四種

隨園瑣記二卷
　　(清)袁祖志撰
　　　隨園三十八種

　　隨園瑣記一卷

申報館叢書續集‧紀麗類‧續異書四
種

珊瑚舌雕談摘鈔一卷
　　(清)許起撰
　　　吳中文獻小叢書

旅譚五卷
　　(清)汪瑔撰
　　　隨山館全集

松煙小錄六卷
　　(清)汪瑔撰
　　　隨山館全集

紙上談十二卷
　　(清)李揚華撰
　　　瀞紅山館四種

尊前話舊一卷
　　(清)陸莘行撰
　　　古今說部叢書五集‧然脂百一編

相在爾室邇言八卷
　　(清)鍾傳益撰
　　　鍾氏二種

鋤經書舍零墨四卷
　　(清)黃協塤撰
　　　申報館叢書續集‧談藝類
　　　古今說部叢書九集
　　　筆記小說大觀第三輯

窮愁錄一卷
　　(清)李慈銘撰
　　　越縵堂所著書

柯山漫錄殘二卷(存卷六至七)
　　(清)李慈銘撰
　　　越縵堂所著書

幽夢影續評一卷
　　(清)周繼煦撰
　　　桐陰山房叢刻

省身藥石一卷
　　(清)吳恢傑撰
　　　吳氏襃書襃丙編

藤軒筆錄一卷
　　(清)李超瓊撰
　　　石船居賸稿

柜軒筆錄一卷
　　(清)李超瓊撰
　　　石船居賸稿

雲山讀書記內學四卷外治四卷
　　(清)鄧繹撰
　　　藻川堂全集

癸甲乙記一卷丙申續記一卷丁酉續記一
卷天道問一卷經問一卷

香雪崦叢書
明清筆記叢刊

石菊影廬筆識二卷
　　(清)譚嗣同撰
　　　　東海褰冥氏三十以前舊學四種

瞻閣集虛一卷
　　(清)胡元儀撰
　　　　胡氏三種

晉雋三卷
　　(清)許玉瑑撰
　　　　詩契齋十種

曠論一卷
　　(清)徐壽基撰
　　　　志學齋集

聞見闡幽錄一卷
　　(清)韋光黻撰
　　　　吳中文獻小叢書

感劬山房日記節鈔一卷
　　(清)梁濟撰
　　　　桂林梁先生遺書

伏卵錄一卷
　　(清)梁濟撰
　　　　桂林梁先生遺書

退息篇二卷
　　(清)陳鍾英撰
　　　　歸禮堂三種

茶餘漫錄二卷
　　(清)杜求煙輯
　　　　申報館叢書續集・紀麗類・屑玉叢譚
　　　　三集

薝露庵雜記六卷
　　(清)施山(皤蕖道人)撰
　　　　申報館叢書餘集

蕉牕聞見錄一卷
　　(清)杏村老農撰
　　　　申報館叢書續集・紀麗類・屑玉叢談
　　　　二集

煙話一卷
　　(清)張昌申撰
　　　　申報館叢書續集・紀麗類・屑玉叢譚
　　　　三集

聞見雜錄五卷
　　(清)柴桑撰
　　　　申報館叢書續集・紀麗類・獨悟庵叢
　　　　鈔

玩石齋隨筆錄二卷
　　(清)路采五撰
　　　　路氏五種

鄂不齋筆記二卷
　　(清)唐贊袞撰
　　　　鄂不齋叢書

侯鯖新錄二卷
　　(清)吳燕蘭撰
　　　　吳氏叢書襄丙編附

談古偶錄二卷
　　(清)陳星瑞撰
　　　　申報館叢書正集・藝林珍賞類

小家語四卷
　　(清)漢鴻氏撰
　　　　申報館叢書正集・近事雜誌類

影談四卷
　　(清)管世灝撰
　　　　申報館叢書正集・新奇說部類

民　國

日南隨筆八卷
　　(民國)沈家本撰
　　　　沈寄簃先生遺書乙編

粟香隨筆八卷二筆八卷三筆八卷四筆八
卷五筆八卷
　　(民國)金武祥撰
　　　　江陰叢書
　　　　粟香室叢書

雲自在堪筆記六卷
　　(民國)繆荃孫撰
　　　　古學彙刊第一集・雜記類

雲自在龕筆記一卷
　　(民國)繆荃孫撰
　　　　古學彙刊第二集・雜記類

屍夌撫筆四卷
　　(民國)張慎儀撰
　　　　夔園叢書

蕉廊脞錄八卷
　　(民國)吳慶坻撰
　　　　求恕齋叢書

舊學盦筆記一卷
　　(民國)李葆恂撰
　　　　義州李氏叢刻

江鄉漁話一卷
　　(民國)丁傳靖撰
　　　　晨風閣叢書第一集

衍微一卷
　　(民國)金蓉鏡撰
　　　　潛廬全集

選菴叢談二卷
　　(民國)況周頤撰

蕙風叢書·阮盦筆記五種

卤底叢談一卷
　(民國)況周頤撰
　　蕙風叢書·阮盦筆記五種

蘭雲菱䆥樓筆記一卷
　(民國)況周頤撰
　　蕙風叢書·阮盦筆記五種

蕙風簃隨筆二卷
　(民國)況周頤撰
　　蕙風叢書·阮盦筆記五種

蕙風簃二筆二卷
　(民國)況周頤撰
　　蕙風叢書·阮盦筆記五種

香東漫筆二卷
　(民國)況周頤撰
　　蕙風叢書

養龢軒隨筆一卷
　(民國)陳作霖撰
　　金陵叢刻
　　叢書集成初編·總類

表章先正正論一卷
　(民國)王照撰
　　水東集初編

椶窗雜記四卷
　(民國)汪兆鏞撰
　　微尙齋叢刻

潛廬隨筆十三卷
　(民國)甘鵬雲撰
　　崇雅堂叢書初編

悔晦堂日記十卷
　(民國)吳恭亨撰
　　悔晦堂叢刻

荷香館瑣言二卷
　(民國)丁國鈞撰
　　丙子叢編

墾餘讀書錄一卷
　(民國)李�義撰
　　樵隱集

杭居雜憶一卷
　(民國)王守恂撰
　　杭州所著書三種
　　王仁安集附·杭州雜著

仁安筆記四卷
　(民國)王守恂撰
　　王仁安集

鄉人社會談一卷
　(民國)王守恂撰
　　杭州所著書三種附

王仁安集附·杭州雜著

三絳隨筆一卷
　(民國)周慶壬撰
　　桂林周氏家集

蕉盦隨筆六卷
　(民國)魏元曠撰
　　魏氏全書·潛園統編雜編

賸言一卷
　(民國)魏元曠撰
　　魏氏全書·潛園統編類編

寄寄山房叢鈔不分卷
　(民國)張翼廷輯
　　寄寄山房全集

寄寄山房叢鈔續集一卷
　(民國)張翼廷撰
　　寄寄山房全集

寄寄山房叢鈔又集一卷
　(民國)張翼廷撰
　　寄寄山房全集

集蓼編一卷
　(民國)羅振玉撰
　　貞松老人遺稿甲集

文藝談二卷
　(民國)孟森撰
　　心史叢刊三集

菿漢微言一卷
　(民國)章炳麟撰　(民國)吳承仕記
　　章氏叢書(浙江圖書館本、景浙江圖書
　　館本、右文社排印本)

菿漢昌言六卷
　(民國)章炳麟撰
　　章氏叢書續編

可言十四卷
　(民國)徐珂撰
　　天蘇閣叢刊二集

聞見日抄一卷
　(民國)徐珂撰
　　康居筆記彙函

雪窗閒筆一卷
　(民國)徐珂撰
　　康居筆記彙函

梅西日錄一卷
　(民國)徐珂撰
　　康居筆記彙函

云爾編一卷
　(民國)徐珂撰
　　康居筆記彙函

天蘇閣筆談二卷

仲可筆記一卷
　　（民國）徐珂撰
　　　　康居筆記彙函

松陰暇筆一卷
　　（民國）徐珂撰
　　　　康居筆記彙函

呻餘放言一卷
　　（民國）徐珂撰
　　　　康居筆記彙函

範園客話一卷
　　（民國）徐珂撰
　　　　康居筆記彙函

雪窗零話一卷
　　（民國）徐珂撰
　　　　康居筆記彙函

雪窗雜話一卷
　　（民國）徐珂撰
　　　　康居筆記彙函

大受堂札記五卷
　　（民國）徐珂撰
　　　　心園叢刻一集

莨楚齋隨筆十卷續筆十卷三筆十卷
　　（民國）劉聲木撰
　　　　直介堂叢刻初編

莨楚齋四筆十卷五筆十卷附引用書目一
卷目錄一卷
　　（民國）劉聲木撰
　　　　直介堂叢刻績編

讀書錄一卷
　　（民國）林金相撰
　　　　林氏五種

察邇言錄一卷
　　（民國）林金相撰
　　　　林氏五種

家庭雜憶一卷
　　（民國）徐鼎康撰
　　　　徐季和先生喬梓遺稿

樓居偶錄一卷
　　（民國）郭曾炘撰
　　　　侯官郭氏家集彙刊

鈍盦脞錄三卷
　　（民國）傅熊湘撰
　　　　鈍安遺集

南幽雜俎二卷
　　（民國）甯調元撰
　　　　太一遺書續刊

彤芬室筆記一卷
　　（民國）徐新華撰
　　　　天蘇閣叢刊一集

問道錄一卷
　　（民國）蔡克猷撰
　　　　散溪遺書

趨庭隨錄一卷
　　（民國）張可中撰
　　　　寄寄山房全集附·庸菴遺集

疢存齋隨筆二卷
　　（民國）周宗麟撰
　　　　疢存齋集

疢存齋隨筆續編一卷
　　（民國）周宗麟撰
　　　　重訂疢存齋集

野棠軒撫言八卷
　　（民國）奭良撰
　　　　野棠軒全集

餘墨一卷
　　（民國）胡樸安（韞玉）撰
　　　　樸學齋叢刊

樸學齋夜談一卷
　　（民國）胡懷琛撰
　　　　古今文藝叢書第四集

隨感錄一卷
　　（民國）胡淵撰
　　　　樸學齋叢書第一集

小雙寂庵瑣談二卷
　　（民國）張惟驤撰
　　　　小雙寂庵叢書（稿本）

名山小言十卷
　　（民國）錢振鍠撰
　　　　名山全集

名山小言一卷
　　（民國）錢振鍠撰
　　　　名山全集·名山七集附

休復齋雜志八卷
　　（民國）徐昂撰
　　　　徐氏全書

今　人

野語一卷
　　秦梆撰
　　　　四休堂叢書

龍潭清話一卷
　　劉海涵撰
　　　　龍潭精舍叢刻

趨庭錄一卷

　　蔣志達撰
　　　謙受益齋文友竹草堂集合刻附
白桃花館雜憶一卷
　　鄔慶時撰
　　　半帆樓叢書
隅樓雜記三卷
　　古直撰
　　　層冰草堂叢書

雜考之屬

晉

王子正論一卷
　　(魏)王肅撰　(清)馬國翰輯
　　　玉函山房輯佚書（嫏嬛館本、重印本、
　　　　楚南書局本）·子編儒家類
袁子正論二卷
　　(晉)袁準撰　(清)馬國翰輯
　　　玉函山房輯佚書（嫏嬛館本、重印本、
　　　　楚南書局本）·子編儒家類
袁子正論一卷
　　(晉)袁準撰　(清)王仁俊輯
　　　玉函山房輯佚書續編·子編儒家類
古今注三卷
　　(晉)崔豹撰
　　　顧氏文房小說（嘉靖本、景嘉靖本）
　　　廣漢魏叢書（萬曆本、嘉慶本）·載籍
　　　古今逸史·逸志
　　　格致叢書
　　　快閣藏書
　　　祕書廿一種（康熙本、嘉慶本）
　　　四庫全書·子部雜家類
　　　增訂漢魏叢書（乾隆本、紅杏山房本、
　　　　三餘堂本、大通書局石印本）·載籍
　　　子書百家·雜家類
　　　百子全書·雜家類
　　　畿輔叢書
　　　怡蘭堂叢書
　　　百川書屋叢書
　　　叢書集成初編·總類
　　　四部備要（排印本、縮印本）·子部儒
　　　　家
　　　景印元明善本叢書十種·古今逸史·
　　　　逸志
　　　私立北泉圖書館叢書
古今註三卷附校記一卷
　　(晉)崔豹撰　校記張元濟撰
　　　四部叢刊三編·子部

古今通論一卷
　　(晉)王嬰撰　(清)馬國翰輯
　　　玉函山房輯佚書（嫏嬛館本、重印本、
　　　　楚南書局本）·子編儒家類
古今通論一卷
　　(晉)王嬰撰　(清)王仁俊輯
　　　玉函山房輯佚書續編·子編儒家類

隋

讀書記一卷
　　(隋)王劭撰　(清)馬國翰輯
　　　玉函山房輯佚書（嫏嬛館本、重印本、
　　　　楚南書局本）·子編儒家類

唐

資暇錄一卷
　　(唐)李匡乂撰
　　　續百川學海甲集
　　　唐宋叢書·子餘
　　　說郛（宛委山堂本）弓十四
　　　古今說部叢書三集
資暇集三卷
　　　顧氏文房小說（嘉靖本、景嘉靖本）
　　　格致叢書
　　　四庫全書·子部雜家類
　　　墨海金壺（嘉慶本、景嘉慶本）·子部
　　　學海類編（道光本、景道光本）·集餘
　　　　五
　　　續知不足齋叢書第一集
　　　叢書集成初編·總類
資暇集
　　　說郛（商務印書館本）卷五十八
資暇錄佚文一卷
　　(唐)李匡乂撰　(清)王仁俊輯
　　　經籍佚文
李涪刊誤二卷
　　(唐)李涪撰
　　　百川學海（咸淳本、景刊咸淳本）戊集
　　　百川學海（弘治本、景刊咸淳本據弘治
　　　　目次編印本、景弘治本）甲集
刊誤二卷
　　　古今逸史·逸志
　　　四庫全書·子部雜家類
　　　反約篇
　　　榕園叢書丙集
　　　景印元明善本叢書十種·古今逸史·
　　　　逸志
李氏刊誤二卷
　　　格致叢書

學津討原（嘉慶本、景嘉慶本）第十二
集
李氏刊誤一卷
百川學海（重輯本）甲集
說郛（宛委山堂本）弓十三
刊誤一卷
青照堂叢書摘三編第四函
蘇氏演義二卷
（唐）蘇鶚撰
四庫全書・子部雜家類
函海（乾隆本、道光本）第二函
藝海珠塵竹集（丁集）
反約篇
榕園叢書丙集
函海（光緒本）第五函
說庫
叢書集成初編・總類
蘇氏演義
說郛（商務印書館本）卷七十五
兼明書五卷
（唐）丘光庭撰
寶顏堂祕笈（萬曆本、民國石印本）彙
集
說郛（宛委山堂本）弓六
四庫全書・子部雜家類
眞意堂三種
叢書集成初編・總類
兼明書
說郛（商務印書館本）卷八

五　代

中華古今注三卷
（後唐）馬縞撰
百川學海（咸淳本、景刊咸淳本）甲集
百川學海（弘治本、景刊咸淳本據弘治
目次編印本、景弘治本）甲集
續百川學海甲集
古今逸史・逸志
說郛（宛委山堂本）弓十二
祕書廿一種（康熙本、嘉慶本）
四庫全書・子部雜家類
增訂漢魏叢書（三餘堂本、大通書局石
印本）・載籍
叢書集成初編・總類
四部備要（排印本、縮印本）子部儒家
景印元明善本叢書十種・古今逸史・
逸志
中華古今註
說郛（商務印書館本）卷九十八

說郛（商務印書館本）卷九十九

宋

靖康緗素雜記十卷
（宋）黃朝英撰
寶顏堂祕笈（萬曆本、民國石印本）彙
集
四庫全書・子部雜家類
墨海金壺（嘉慶本、景嘉慶本）・子部
守山閣叢書（道光本、鴻文書局景道光
本、博古齋景道光本）・子部
叢書集成初編・總類
緗素雜記十卷
學海類編（道光本、景道光本）・集餘
五
緗素雜記一卷
唐宋叢書・子餘
說郛（宛委山堂本）弓二十二
緗素雜記
說郛（商務印書館本）卷九
夢溪筆談二十六卷補筆談一卷續筆談一
卷
（宋）沈括撰
稗海（萬曆本、康熙重編補刊本、乾隆
修補重訂本）第四函
學津討原（嘉慶本、景嘉慶本）第十三
集
叢書集成初編・總類
夢溪筆談二十六卷
津逮祕書（汲古閣本、景汲古閣本）第
十五集
夢溪筆談二十六卷補筆談二卷續筆談
一卷
四庫全書・子部雜家類
夢溪筆談二十六卷補三卷續一卷
說庫
夢溪筆談一卷
無一是齋叢鈔
夢溪筆談
說郛（商務印書館本）卷七
夢溪筆談四十六則
舊小說（民國本、1957年本）丁集
夢溪筆談二十六卷補三卷續一卷附校字
記一卷
（宋）沈括撰　附（淸）陶福祥撰
古書叢刊第二輯丁集
夢溪筆談二十六卷附校勘記一卷
（宋）沈括撰　校勘記張元濟撰

四部叢刊續編・子部
夢溪補筆談二卷
　　(宋)沈括撰
　　　　寶顏堂祕笈(萬曆本、民國石印本)彙
　　　　集
涪翁雜說一卷
　　(宋)黃庭堅撰
　　　　說郛(宛委山堂本)弓十九
　　　　古今說部叢書六集
肯綮錄一卷
　　(宋)趙叔向撰
　　　　函海(乾隆本、道光本)第九函
　　　　藝海珠塵土集(已集)
　　　　學海類編(道光本、景道光本)・集餘
　　　　五
　　　　函海(光緒本)第十一函
　　　　叢書集成初編・總類
　肯綮錄
　　　　說郛(商務印書館本)卷二十四
能改齋漫錄一卷
　　(宋)吳曾撰
　　　　說郛(宛委山堂本)弓十七
能改齋漫錄十八卷
　　　　四庫全書・子部雜家類
　　　　武英殿聚珍版書(武英殿木活字本)・
　　　　子部
　　　　墨海金壺(嘉慶本、景嘉慶本)・子部
　　　　守山閣叢書(道光本、鴻文書局景道光
　　　　本、博古齋景道光本)・子部
　　　　筆記小說大觀第七輯
能改齋漫錄
　　　　說郛(商務印書館本)卷三十五
能改齋漫錄二卷
　　　　詞話叢編
能改齋漫錄十八卷拾遺一卷
　　(宋)吳曾撰　拾遺(清)孫星華輯
　　　　武英殿聚珍版書(福建本、廣雅書局
　　　　本)・子部
　　　　叢書集成初編・總類
辨誤錄三卷
　　(宋)吳曾撰
　　　　學海類編(道光本、景道光本)・集餘
　　　　五
　　　　叢書集成初編・總類
改吳一卷
　　(清)俞樾撰
　　　　春在堂全書・曲園雜纂
西溪叢語二卷

(宋)姚寬撰
　　　　稗海(萬曆本、康熙重編補刊本、乾隆
　　　　修補重訂本)第九函
　　　　津逮祕書(汲古閣本、景汲古閣本)第
　　　　八集
　　　　學津討原(嘉慶本、景嘉慶本)第十二
　　　　集
　　　　嘯園叢書第四函
　　　　函芬樓祕笈第八集
　　　　筆記小說大觀第五輯
　　　　叢書集成初編・總類
西溪叢語一卷
　　　　說郛(宛委山堂本)弓三十三
　　　　五朝小說・宋人百家小說偏錄家
　　　　五朝小說大觀・宋人百家小說偏錄家
西溪叢語三卷
　　　　四庫全書・子部雜家類
西溪叢語
　　　　說郛(商務印書館本)卷九
西溪叢語校
　　(清)陸心源撰
　　　　潛園總集・羣書校補
姚氏殘語一卷
　　(宋)姚寬撰
　　　　說郛(宛委山堂本)弓三十一
學林十卷
　　(宋)王觀國撰
　　　　四庫全書・子部雜家類
　　　　武英殿聚珍版書(武英殿木活字本、福
　　　　建本、廣雅書局本)・子部
　　　　湖海樓叢書
　　　　叢書集成初編・總類
學林十卷附考證一卷
　　(宋)王觀國撰　考證(民國)孫文昱撰
　　　　湖南叢書
讀王觀國學林一卷
　　(清)俞樾撰
　　　　春在堂全書・俞樓雜纂
甕牖閒評八卷
　　(宋)袁文撰
　　　　四庫全書・子部雜家類
　　　　武英殿聚珍版書(武英殿木活字本、浙
　　　　江本、江西書局本、福建本、廣雅書
　　　　局本)・子部
　　　　清芬堂叢書・子部
　　　　勵志齋叢書
　　　　叢書集成初編・總類
評袁一卷

（清）俞樾撰
　　　春在堂全書・曲園雜纂
攷古編十卷
　（宋）程大昌撰
　　　四庫全書・子部雜家類
　　　學津討原（嘉慶本、景嘉慶本）第十二
　　　集
　　　儒學警悟
　　　叢書集成初編・總類
　　程氏考古編十卷
　　　函海（乾隆本、道光本）第三函
　　　函海（光緒本）第五函
　　　江氏聚珍版叢書三集
演繁露一卷
　（宋）程大昌撰
　　　唐宋叢書・子餘
　　　說郛（宛委山堂本）弓十三
演繁露十六卷續演繁露六卷
　　　四庫全書・子部雜家類
　　　學津討原（嘉慶本、景嘉慶本）第十二
　　　集
　　程氏演繁露十卷
　　　續古逸叢書
演繁露六卷
　　　儒學警悟
演繁露
　　　說郛（商務印書館本）卷五十七
俗考
　（宋）洪邁撰
　　　居家必備・藝學
項氏家說十卷附錄二卷
　（宋）項安世撰
　　　四庫全書・子部儒家類
　　　武英殿聚珍版書（福建本、廣雅書局
　　　本）・子部
　　　湖北先正遺書・子部
　　　叢書集成初編・總類
　　項氏家說十卷
　　　武英殿聚珍版書（武英殿木活字本）・
　　　子部
說項一卷
　（清）俞樾撰
　　　春在堂全書・曲園雜纂
示兒編二十三卷
　（宋）孫奕撰
　　　四庫全書・子部雜家類
履齋示兒編二十三卷附重校補一卷
　（宋）孫奕撰　重校補（清）顧廣圻撰

知不足齋叢書（乾隆至道光本、景乾隆
至道光本）第二十五集
　　　叢書集成初編・總類
石魚偶記一卷
　（宋）楊簡撰
　　　四明叢書第八集
習學記言五十卷
　（宋）葉適撰
　　　四庫全書・子部雜家類
　習學記言序目五十卷
　　　敬鄉樓叢書第一輯
野客叢書十二卷
　（宋）王楙撰
　　　寶顏堂祕笈（萬曆本、民國石印本）正
　　　集
　　野客叢書三十卷
　　　稗海（萬曆本、康熙重編補刊本、乾隆
　　　修補重訂本）第九函
　　　四庫全書・子部雜家類
　　　筆記小說大觀第七輯
　　　叢書集成初編・總類
　　野客叢書
　　　說郛（商務印書館本）卷八
野老記聞一卷
　（宋）王囗撰
　　　寶顏堂祕笈（萬曆本、民國石印本）正
　　　集・野客叢書附
　　　稗海（萬曆本、康熙重編補刊本、乾隆
　　　修補重訂本）第九函・野客叢書附
　　　四庫全書・子部雜家類・野客叢書附
　　　筆記小說大觀第七輯・野客叢書附
　　　叢書集成初編・總類・野客叢書附
　（誤題宋孫轂祥撰）
　　　說郛（宛委山堂本）弓二十九
考古質疑六卷
　（宋）葉大慶撰
　　　四庫全書・子部雜家類
　　　武英殿聚珍版書（武英殿木活字本、浙
　　　江本、江西書局本、福建本，廣雅書
　　　局本）・子部
　　　海山仙館叢書
　　　嘯園叢書第一函
　　　清芬堂叢書・子部
　　　倣知不足齋叢書
古今考一卷
　（宋）魏了翁撰
　　　續百川學海甲集
　　　寶顏堂祕笈（萬曆本、民國石印本）廣

　　　（元）李冶撰
　　　　　四庫全書・子部雜家類
　　　　　武英殿聚珍版書（武英殿木活字本、浙
　　　　　　江本、江西書局本、福建本、廣雅書
　　　　　　局本）・子部
　　　　　海山仙館叢書
　　　　　畿輔叢書
　　　　　叢書集成初編・總類
　　敬齋先生古今黈十二卷逸文二卷附錄
　　　一卷
　　　　　藕香零拾
　敬齋古今黈拾遺五卷
　　　（清）陸心源輯
　　　　　武英殿聚珍版書（福建本、廣雅書局
　　　　　　本）・子部・敬齋古今黈附
　　　　　叢書集成初編・總類・敬齋古今黈附
　　敬齋古今黈補五卷
　　　　　潛園總集・羣書校補
　通李一卷
　　　（清）俞樾撰
　　　　　春在堂全書・曲園雜纂
　日損齋筆記一卷
　　　（元）黃溍撰
　　　　　四庫全書・子部雜家類
　　　　　金華叢書（同治光緒本、民國補刊本）
　　　　　　・子部
　　日損齋筆記一卷附錄一卷
　　　　　墨海金壺（嘉慶本、景嘉慶本）・子部
　　　　　守山閣叢書（道光本、鴻文書局景道光
　　　　　　本、博古齋景道光本）・子部
　日損齋筆記一卷附錄一卷
　　　（元）黃溍撰　（清）陳熙晉考證
　　　　　金華叢書（同治光緒本、民國補刊本）
　　　　　　・子部
　　　　　叢書集成初編・總類

明

　丹鉛雜錄一卷
　　　（明）楊愼撰
　　　　　說郛續弓十五
　　丹鉛雜錄十卷
　　　　　函海（乾隆本、道光本）第十八函
　　　　　函海（光緒本）第十七函
　　　　　叢書集成初編・總類
　丹鉛續錄八卷
　　　（明）楊愼撰
　　　　　寶顏堂祕笈（萬曆本、民國石印本）廣
　　　　　　集

　　　　　叢書集成初編・總類
　丹鉛餘錄十七卷續錄十二卷摘錄十三卷
　　　總錄二十七卷
　　　（明）楊愼撰
　　　　　四庫全書・子部雜家類
　譚苑醍醐九卷
　　　（明）楊愼撰
　　　　　四庫全書・子部雜家類
　　譚苑醍醐八卷
　　　　　函海（乾隆本、道光本）第十三函
　　　　　函海（光緒本）第十五函
　　　　　叢書集成初編・總類
　正楊四卷
　　　（明）陳耀文撰
　　　　　四庫全書・子部雜家類
　疑耀七卷
　　　（明）張萱撰
　　　　　四庫全書・子部雜家類
　　　　　嶺南遺書第二集
　　　　　叢書集成初編・總類
　古言二卷
　　　（明）鄭曉撰
　　　　　鄭端簡公全集
　　古言類編二卷
　　　　　鹽邑志林
　　　　　叢書集成初編・總類
　　　　　景印元明善本叢書十種・鹽邑志林
　　學古瑣言二卷
　　　　　學海類編（道光本、景道光本）・子類
　　古言一卷
　　　　　百陵學山
　　　　　說郛續弓三
　　　　　景印元明善本叢書十種・百陵學山
　丹鉛新錄八卷
　　　（明）胡應麟撰
　　　　　少室山房四集・續筆叢
　　　　　廣雅書局叢書・雜著・少室山房集・
　　　　　　少室山房筆叢
　　　　　明清筆記叢刊・少室山房續筆叢
　藝彀三卷彀補一卷
　　　（明）鄧伯羔撰
　　　　　四庫全書・子部雜家類
　軟語考鏡三卷
　　　（明）支允堅撰
　　　　　梅花渡異林
　搜微錄二卷
　　　（明）莊元臣撰
　　　　　莊忠甫雜著

讀書雜錄二卷
　　(明)胡震亨撰
　　　　豫恕堂叢書
類次書肆說鈴二卷
　　(明)葉秉敬撰
　　　　倣知不足齋叢書
譚誤四卷
　　(明)馬朴撰
　　　　青照堂叢書摘三編第四函
　　　　馬氏叢刻
呂錫侯筆記一卷
　　(明)呂兆禧撰
　　　　鹽邑志林
　　　　叢書集成初編・總類
　　　　景印元明善本叢書十種・鹽邑志林
書傳正誤一卷
　　(明)郭孔太撰
　　　　說郛續弓一
名義考十二卷
　　(明)周祈撰
　　　　四庫全書・子部雜家類
　　　　湖北先正遺書・子部
筆精八卷
　　(明)徐㷿撰
　　　　四庫全書・子部雜家類
　　徐氏筆精八卷
　　　　碧琳瑯館叢書丙部
　　　　芋園叢書・子部
楝花磯隨筆二卷
　　(明)董說撰
　　　　豫恕堂叢書
厄林十卷補遺一卷
　　(明)周嬰撰
　　　　四庫全書・子部雜家類
　　　　湖海樓叢書
　　　　叢書集成初編・總類
補闕疑一卷
　　(明)錢可選撰
　　　　斐東雜著石集
拾遺錄一卷
　　(明)胡爌撰
　　　　四庫全書・子部雜家類
拾遺錄一卷附校勘記一卷校勘續記一卷
　　(明)胡爌撰　校勘記(民國)魏元曠撰　續
　　記(民國)胡思敬撰
　　　　豫章叢書(胡思敬輯)
讀五胡載記一卷
　　(明)歐陽于玉撰

　　　　廣快書
窮凡一卷
　　　　覆古介書後集
識餘四卷
　　(明)惠康野叟撰
　　　　筆記小說大觀第七輯

清　前　期

通雅五十二卷
　　(清)方以智撰
　　　　四庫全書・子部雜家類
日知錄三十二卷
　　(清)顧炎武撰
　　　　四庫全書・子部雜家類
日知錄之餘四卷
　　(清)顧炎武撰
　　　　風雨樓叢書
日知錄續補正三卷
　　(清)李遇孫撰
　　　　廣倉學宭叢書甲類第二集
日知錄校正一卷
　　(清)丁晏撰
　　　　小方壺齋叢書三集
日知錄集釋三十二卷刊誤二卷續刊誤 二
　卷
　　(清)黃汝成撰
　　　　塙葉山房叢鈔
　　　　四部備要（排印本、縮印本）・子部儒
　　　　家
日知錄栞誤合刻四卷
　　(清)黃汝成撰
　　　　袖海樓雜箸(道光本、景道光本)
日知錄小箋一卷
　　(清)俞樾撰
　　　　春在堂全書・曲園雜纂
菰中隨筆一卷
　　(清)顧炎武撰
　　　　顧亭林先生遺書補遺
　　　　海山仙館叢書
　　　　海粟樓叢書
　　　　叢書集成初編・總類
亭林雜錄一卷
　　(清)顧炎武撰
　　　　顧亭林先生遺書補遺
　　雜錄一卷
　　　　說鈴(康熙本、道光本)前集
艮齋雜說十卷
　　(清)尤侗撰

　　　　　西堂全集（康熙本）・西堂餘集
學海蠡測一卷
　　（清）沈謙撰
　　　　　昭代叢書（道光本）己集廣編
義府二卷
　　（清）黃生撰
　　　　　四庫全書・子部雜家類
　　　　　指海（道光本、景道光本）第二集
　　　　　叢書集成初編・總類
義府二卷
　　（清）黃生撰　（清）黃承吉按
　　　　　夢陔堂全集
　　　　　增注字詁義府合按
　　　　　安徽叢書第三期
藝林彙攷二十四卷
　　（清）沈自南撰
　　　　　四庫全書・子部雜家類
讀書叢殘一卷
　　（清）王鉞撰
　　　　　世德堂遺書
答三辨文一卷
　　（清）毛奇齡撰
　　　　　西河合集（康熙本、乾隆修補本）・文
　　　　　集
握蘭軒隨筆二卷
　　（清）卜陳彝撰
　　　　　學海類編（道光本、景道光本）・集餘
　　　　　五
　　　　　叢書集成初編・總類
湛園札記四卷
　　（清）姜宸英撰
　　　　　四庫全書・子部雜家類
　　　　　姜先生全集
儀小經一卷
　　（清）李因篤撰
　　　　　西京清麓叢書外編・蒙養書十三種
疑團二卷
　　（清）程作舟撰
　　　　　藏書五種
事文標異一卷
　　（清）陸次雲撰
　　　　　芙蓉城四種書
尚論持平二卷
　　（清）陸次雲撰
　　　　　芙蓉城四種書
析疑待正二卷
　　（清）陸次雲撰
　　　　　芙蓉城四種書

古歡堂集雜著八卷
　　（清）田雯撰
　　　　　筆記小說大觀第八輯
潛邱劄記六卷
　　（清）閻若璩撰
　　　　　四庫全書・子部雜家類
得樹樓雜鈔十五卷
　　（清）查慎行撰
　　　　　適園叢書第七集
讀書質疑二卷
　　（清）吳震方撰
　　　　　說鈴續集（康熙本）
天香樓偶得十卷
　　（清）虞兆湰撰
　　　　　虞虹升雜著
此木軒雜錄彙編一卷
　　（清）焦袁熹撰
　　　　　此木軒全集
義門讀書記五十八卷
　　（清）何焯撰　（清）蔣維鈞輯
　　　　　四庫全書・子部雜家類
畏壘筆記一卷
　　（清）徐昂發撰
　　　　　昭代叢書（道光本）壬集補編
　畏壘筆記四卷
　　　　　殷禮在斯堂叢書
管城碩記三十卷
　　（清）徐文靖撰
　　　　　徐位山六種（志寧堂本、光緒本）
　　　　　四庫全書・子部雜家類
白田雜著八卷
　　（清）王懋竑撰
　　　　　四庫全書・子部雜家類
掌錄二卷
　　（清）陳祖范撰
　　　　　陳司業集
　　　　　廣雅書局叢書・雜著・陳司業遺書
江村隨筆十卷
　　（清）劉青芝撰
　　　　　劉氏傳家集
訂譌雜錄十卷
　　（清）胡鳴玉撰
　　　　　四庫全書・子部雜家類
　　　　　湖海樓叢書
　　　　　申報館叢書續集・談藝類
　　　　　叢書集成初編・總類
　訂譌雜錄一卷
　　　　　昭代叢書（道光本）癸集萃編

訂胡一卷
　　(清)俞樾撰
　　　　春在堂全書·曲園雜纂
叢殘小語一卷
　　(清)江浩然撰
　　　　北田集
儒先晬語二卷
　　(清)汪紱撰
　　　　汪雙池先生叢書·浙刻雙池遺書十二
　　　　　種
樵香小記二卷
　　(清)何琇撰
　　　　四庫全書·子部雜家類
　　　　守山閣叢書(道光本、鴻文書局景道光
　　　　　本、博古齋景道光本)·子部
　　　　畿輔叢書
　　　　叢書集成初編·總類
蛾子時述小記一卷
　　(清)董熜撰
　　　　萬潔齋叢刊
經史質疑一卷
　　(清)杭世駿撰
　　　　補史亭賸稿
　　　　道古堂外集(乾隆本、光緒本)
　　　　食舊堂叢書·道古堂外集
　　質疑二卷
　　　　讀畫齋叢書已集
　　　　叢書集成初編·總類
訂訛類編六卷續補二卷
　　(清)杭世駿撰
　　　　嘉業堂叢書·子部
松崖筆記三卷
　　(清)惠棟撰
　　　　聚學軒叢書第三集
九曜齋筆記三卷
　　(清)惠棟撰
　　　　聚學軒叢書第三集
雪夜錄四卷
　　(清)劉伯梁撰
　　　　劉氏傳家集
學福齋雜著一卷
　　(清)沈大成撰
　　　　藝海珠塵石集(乙集)
　　　　叢書集成初編·總類
雜諍一卷
　　(清)楊名宁撰
　　　　常州先哲遺書後編·史類
經史問答十卷

　　(清)全祖望撰
　　　　四部叢刊(初次印本、二次印本、縮印
　　　　　二次印本)·集部·鮚埼亭集附
經史問答校記一卷
　　(清)孫志祖撰
　　　　會稽徐氏鑄學齋叢書·申鄶軒遺文附
柿葉軒筆記一卷
　　(清)胡虔撰
　　　　峭帆樓叢書
韓門綴學五卷續編一卷
　　(清)汪師韓撰
　　　　上湖遺集
　　　　叢睦汪氏遺書
鍾山札記四卷
　　(清)盧文弨撰
　　　　抱經堂叢書(乾隆本、景乾隆本)
　　　　式訓堂叢書二集
　　　　校經山房叢書
　　　　叢書集成初編·總類
龍城札記三卷
　　(清)盧文弨撰
　　　　抱經堂叢書(乾隆本、景乾隆本)
　　　　式訓堂叢書二集
　　　　校經山房叢書
　　　　叢書集成初編·總類
論學劄說十則一卷
　　(清)盧文弨撰
　　　　聚學軒叢書第二集·讀史札記附
羣書拾補識語一卷
　　(清)徐友蘭撰
　　　　紹興先正遺書第二集
魯齋述得一卷
　　(清)丁傳撰
　　　　藝海珠塵竹集(丁集)
　　　　叢書集成初編·總類
綠溪語一卷
　　(清)靳榮藩撰
　　　　綠溪全集
　　綠溪語二卷
　　　　山右叢書初編
陔餘叢考四十三卷
　　(清)趙翼撰
　　　　甌北全集(乾隆嘉慶本、光緒本)
成語一卷
　　(清)趙翼輯
　　　　江陰季氏叢刻
十駕齋養新錄二十卷餘錄三卷
　　(清)錢大昕撰　餘錄(清)錢師康輯

　　　　　　潛研堂全書・子
　　　　　　嘉定錢氏潛研堂全書・子
　　　　　　四部備要（排印本、縮印本）・子部儒
　　　　　　家

西齋偶得三卷
　　（清）博明撰
　　　　　　西齋三種

西齋偶得三卷附錄一卷
　　（清）博明撰　附錄（民國）楊鍾羲撰集
　　　　　　留垞叢刻

瓜棚避暑錄一卷
　　（清）孟超然撰
　　　　　　亦園亭全集・孟氏八錄

惜抱軒筆記八卷
　　（清）姚鼐撰
　　　　　　惜抱軒全集（同治本、光緒本、民國本）
　　　　　　四部備要（排印本、縮印本）・集部清
　　　　　　別集・惜抱軒文集附

卍齋璅錄十卷
　　（清）李調元撰
　　　　　　函海（乾隆本、道光本）第二十一函
　　　　　　函海（光緒本）第三十一函
　　　　　　叢書集成初編・總類

勦說四卷
　　（清）李調元撰
　　　　　　函海（乾隆本、道光本）第二十六函
　　　　　　函海（光緒本）第三十四函
　　　　　　叢書集成初編・總類

說叩一卷
　　（清）葉抱崧撰
　　　　　　藝海珠塵金集（甲集）
　　　　　　昭代叢書（道光本）己集廣編

讀書脞錄七卷
　　（清）孫志祖撰
　　　　　　江氏聚珍版叢書四集

札樸十卷
　　（清）桂馥撰
　　　　　　心矩齋叢書

韞山堂讀書偶得一卷
　　（清）管世銘撰
　　　　　　花近樓叢書補遺

信摭一卷
　　（清）章學誠撰
　　　　　　會稽徐氏初學堂羣書輯錄
　　　　　　風雨樓叢書
　　　　　　章氏遺書（嘉業堂本、商務印書館排印
　　　　　　本）外編

實齋劄記鈔三卷
　　（清）章學誠撰
　　　　　　葛園叢書

閱書隨劄一卷
　　（清）章學誠撰
　　　　　　章氏遺書（嘉業堂本、商務印書館排印
　　　　　　本）外編

訥庵筆談二卷
　　（清）崔邁撰
　　　　　　崔東壁遺書（亞東圖書館排印本）後編
　　　　　　・崔德皋先生遺書

南江札記四卷
　　（清）邵晉涵撰
　　　　　　式訓堂叢書三集
　　　　　　仰視千七百二十九鶴齋叢書（光緒本、
　　　　　　景光緒本）第六集
　　　　　　紹興先正遺書第一集

南江札記一卷
　　　　　　心矩齋叢書

舊學蓄疑一卷
　　（清）汪中撰
　　　　　　木犀軒叢書
　　　　　　重印江都汪氏叢書

夢航雜綴一卷
　　（清）葛萬里撰
　　　　　　葛萬里雜著

瞥記七卷
　　（清）梁玉繩撰
　　　　　　清白士集
　　　　　　食舊堂叢書

讀瞥記校補
　　（清）蔡雲撰
　　　　　　元和蔡氏所著書・清白士集校補附
　　　　　　聚學軒叢書第一集・清白士集校補附

庭立記聞四卷
　　（清）梁學昌輯
　　　　　　清白士集附

補校庭立記聞
　　（清）蔡雲撰
　　　　　　元和蔡氏所著書・清白士集校補附
　　　　　　聚學軒叢書第一集・清白士集校補附

羣書札記十六卷
　　（清）朱亦棟撰
　　　　　　十三經札記附

小學盫遺書四卷
　　（清）錢馥撰
　　　　　　清風室叢刊

句讀敍述二卷補一卷
　　（清）武億撰

江氏聚珍版叢書四集

寄傲軒讀書隨筆十卷續筆六卷三筆六卷
　　（清）沈赤然撰
　　　　五硏齋全集

曉讀書齋初錄二卷二錄二卷三錄二卷四
　錄二卷
　　（清）洪亮吉撰
　　　　洪北江全集
　　　　續刻北江遺書

四寸學六卷
　　（清）張雲璈撰
　　　　三影閣叢書

攤飯續譚一卷
　　（清）崔應榴撰
　　　　申報館叢書續集・紀麗類・屑玉叢談
　　　　二集

禮耕堂叢說一卷
　　（清）施國祁撰
　　　　湖州叢書

質疑刪存三卷
　　（清）張宗泰撰
　　　　聚學軒叢書第一集

讀書偶記八卷
　　（清）趙紹祖撰
　　　　古墨齋集
　　　　文淵樓叢書

對策六卷
　　（清）陳鱣撰
　　　　式訓堂叢書初集・經籍跋文附
　　　　校經山房叢書・經籍跋文附
　　　　叢書集成初編・總類

炳燭編四卷
　　（清）李賡芸撰
　　　　滂喜齋叢書第一函
　　　　叢書集成初編・總類

讀書解義一卷
　　（清）朱毓楷撰
　　　　春雨樓叢書

蠢勺編四十卷
　　（清）凌揚藻撰
　　　　嶺南遺書第六集
　　　　叢書集成初編・總類

讀書雜記一卷
　　（清）王紹蘭撰
　　　　雪堂叢刻

半氈齋題跋二卷
　　（清）江藩撰
　　　　功順堂叢書

叢書集成初編・總類

需次燕語一卷
　　（清）王朝璩撰
　　　　豫章叢書（陶福履輯）第二集

經史管窺一卷
　　（清）蕭臺撰
　　　　昭代叢書（道光本）壬集補編

舊天錄一卷
　　（清）柯汝鍔撰
　　　　昭代叢書（道光本）癸集萃編

讀書叢錄二十四卷
　　（清）洪頤煊撰
　　　　傳經堂叢書

　讀書叢錄節鈔一卷
　　　　晉石厂叢書

　讀書叢錄七卷
　　　　廣雅書局叢書・史學・諸史考異附
　　　　叢書集成初編・總類

讀書雜志二卷
　　（清）楊城書撰
　　　　蔣古齋輯著

潘瀾筆記二卷
　　（清）彭兆蓀撰
　　　　小謨觴館全集（同治本、光緒本）
　　　　小石山房叢書第四冊
　　　　東倉書庫叢刻初編
　　　　刻鵠齋叢書

鄭堂札記五卷
　　（清）周中孚撰
　　　　仰視千七百二十九鶴齋叢書（光緒本、
　　　　　景光緒本）第三集
　　　　叢書集成初編・總類

娛親雅言六卷
　　（清）嚴元照撰
　　　　湖州叢書

癸巳類稿十五卷附詩文補遺一卷
　　（清）俞正燮撰　詩文補遺（民國）王立中輯
　　　　安徽叢書第三期

癸巳存稿十五卷
　　（清）俞正燮撰
　　　　連筠簃叢書
　　　　叢書集成初編・總類

羣書答問二卷補遺一卷
　　（清）凌曙撰
　　　　木犀軒叢書

讀書小記二卷
　　（清）焦廷琥撰
　　　　鄦齋叢書

經史質疑錄一卷
　　(清)張聰咸撰
　　　　聚學軒叢書第三集
丁戊筆記二卷
　　(清)陳宗起撰
　　　　養志居僅存藁
菉友蛾術編二卷
　　(清)王筠撰
　　　　王菉友九種
菉友肊說一卷附錄一卷
　　(清)王筠撰
　　　　靈鶼閣叢書第一集
　　　　叢書集成初編·總類

清 後 期

開卷偶得十卷
　　(清)林春溥撰
　　　　竹柏山房十五種
雙硯齋筆記六卷
　　(清)鄧廷楨撰
　　　　雙硯齋叢書
過庭錄十六卷
　　(清)宋翔鳳撰
　　　　式訓堂叢書三集
妄談錄一卷
　　(清)王棨華撰
　　　　達亭老人遺稿
羣書雜義一卷
　　(清)沈豫撰
　　　　蛾術堂集(道光本、景道光本)
聚星札記一卷
　　(清)佝鎔撰
　　　　聚學軒叢書第五集
　　　　豫章叢書(陶福履輯)第二集
彊識編四卷續一卷
　　(清)朱士端撰
　　　　春雨樓叢書
音苑隨筆一卷
　　(清)曹楙堅撰
　　　　乙亥叢編
銅熨斗齋隨筆八卷
　　(清)沈濤撰
　　　　式訓堂叢書二集
　　　　校經山房叢書
柴辟亭讀書記一卷
　　(清)沈濤撰
　　　　十經齋遺集
愈愚錄六卷

　　(清)劉寶楠撰
　　　　廣雅書局叢書·雜著
懷小編二十卷
　　(清)沈濂撰
　　　　沈蓮溪全集
唐述山房日錄一卷
　　(清)盛朝勛撰
　　　　昭代叢書辛集刓編補
漱琴室雜著一卷
　　(清)高曠雲撰
　　　　漱琴室存藁
楊氏雜錄一卷
　　(清)楊秉杷撰
　　　　申報館叢書續集·紀麗類·屑玉叢譚
　　　　四集
退庵筆記十六卷附宋石齋筆談一卷 六客
　之廬筆談一卷
　　(清)夏荃撰
　　　　海陵叢刻
消暑錄一卷
　　(清)趙紹祖撰
　　　　古墨齋集
酌史岩撫譚一卷
　　(清)馮登府撰
　　　　石經閣叢書
讀書日記一卷
　　(清)許玉瑑撰
　　　　詩契齋十種·日知小錄
讀書偶識八卷
　　(清)鄒漢勛撰
　　　　新化鄒氏敩薇齋遺書
劉氏遺箸一卷
　　(清)劉禧延撰
　　　　湣喜齋叢書第四函
　　　　叢書集成初編·總類
舒藝室隨筆六卷續筆一卷餘集三卷
　　(清)張文虎撰
　　　　覆瓿集
舒藝室餘筆一卷
　　(清)張文虎撰
　　　　彊村叢書·白石道人歌曲附
漱六山房讀書記一卷
　　(清)吳昆田撰
　　　　小方壺齋叢書三集
讀書雜釋十四卷
　　(清)徐鼒撰
　　　　敝帚齋遺書
　　　　金陵叢書丙集

東塾讀書記二十五卷（原缺卷十三至十
　四、卷十七至二十、卷二十二至二十五）
　　（清）陳澧撰
　　　　海粟樓叢書
　　　　四部備要（排印本、縮印本）·子部儒
　　　　家
東塾讀書記一卷
　　（清）陳澧撰　（民國）周學熙選
　　　　周氏師古堂所編書·中學正宗
求闕齋讀書錄十卷
　　（清）曾國藩撰
　　　　曾文正公全集
東湖叢記六卷
　　（清）蔣光煦撰
　　　　雲自在龕叢書第三集
丁氏遺著殘稿一卷
　　（清）丁壽徵撰
　　　　小方壺齋叢書三集
古柏齋讀書雜識一卷
　　（清）王家文撰
　　　　聚學軒叢書第五集
學古堂日記叢鈔六卷
　　（清）雷浚（清）汪之昌輯
　　　　學古堂日記
蘿藦亭札記八卷
　　（清）喬松年撰
　　　　喬勤恪公全集
　　　　山右叢書初編
駉思室答問一卷
　　（清）成蓉鏡撰
　　　　南菁書院叢書第六集
　　　　成氏遺書
經史駢枝
　　（清）成蓉鏡撰
　　　　成氏遺書
滄芍華館隨筆二卷
　　（清）周騰虎撰
　　　　毘陵周氏三種
乙閏錄二卷
　　（清）鍾文烝撰
　　　　豫恕堂叢書
臨川答問一卷
　　（清）李聯琇撰　（清）劉壽曾錄
　　　　積學齋叢書
靜學廬逸筆二卷
　　（清）施文銓撰
　　　　安吉施氏遺著
讀書雜識十二卷

　　（清）勞格撰
　　　　月河精舍叢鈔
南溆楛語八卷
　　（清）蔣超伯撰
　　　　通齋全集
　　　　筆記小說大觀外集
古書疑義舉例七卷
　　（清）俞樾撰
　　　　皇清經解續編（南菁書院本、蜚英館石
　　　　印本）
　　　　春在堂全書·第一樓叢書
　　　　江氏聚珍版叢書三集
　　　　古書字義用法叢刊
古書疑義舉例補一卷
　　（民國）劉師培撰
　　　　劉申叔先生遺書
　　　　古書字義用法叢刊
古書疑義舉例補附一卷
　　姚雄銳撰
　　　　古書字義用法叢刊
古書疑義舉例續補一卷
　　楊樹達撰
　　　　古書字義用法叢刊
古書疑義舉例校錄七卷
　　馬敘倫撰
　　　　古書字義用法叢刊
讀書餘錄二卷
　　（清）俞樾撰
　　　　春在堂全書·第一樓叢書
湖樓筆談七卷
　　（清）俞樾撰
　　　　春在堂全書·第一樓叢書
達齋叢說一卷
　　（清）俞樾撰
　　　　春在堂全書·曲園雜纂
著書餘料一卷
　　（清）俞樾撰
　　　　春在堂全書·俞樓雜纂
九九銷夏錄十四卷
　　（清）俞樾撰
　　　　春在堂全書
明五忠手蹟孜存一卷
　　（清）黃彭年撰
　　　　陶樓雜著
越縵筆記不分卷
　　（清）李慈銘撰
　　　　會稽徐氏初學堂叢書輯錄
越縵堂筆記一卷

古今文藝叢書第五集

越縵堂日記鈔一卷
　　（清）李慈銘撰
　　　　越中文獻輯存書十種
越縵堂日記鈔二卷
　　（清）李慈銘撰
　　　　古學彙刊第一集·雜記類
述聞瑣記約鈔一卷
　　（清）吳修祜撰
　　　　廳蒔山莊遺著
藻川堂譚藝四卷
　　（清）鄧繹撰
　　　　藻川堂全集
樸齋省愆錄八卷
　　（清）王亮功撰
　　　　雪華館叢編·雜著類
橫陽札記十卷
　　（清）吳承志撰
　　　　求恕齋叢書
退學錄（一名偕寒堂校書記）二卷
　　（清）葉大莊撰
　　　　寫經齋全集
筆耕錄五卷
　　（清）胡鼎撰
　　　　樸學齋叢書第一集
無邪堂答問五卷
　　（清）朱一新撰
　　　　廣雅書局叢書·雜著
　　　　拙盦叢稿
娯藝軒雜著一卷
　　（清）黃家岱撰
　　　　儆季雜著附
筆識二卷
　　（清）譚嗣同撰
　　　　譚瀏陽全集

民　國

敦書呫聞二卷
　　（民國）楊晨撰
　　　　崇雅堂叢書
瀛洲呫聞一卷
　　（民國）楊晨撰
　　　　崇雅堂叢書
讀書隨筆一卷續筆一卷
　　（民國）劉師培撰
　　　　劉申叔先生遺書
國故論衡三卷
　　（民國）章炳麟撰

章氏叢書（浙江圖書館本、景浙江圖書
館本、右文社排印本）
昭疑錄二卷
　　（民國）魏元曠撰
　　　　魏氏全書·潛園統編後編
潛園或問二卷
　　（民國）魏元曠撰
　　　　魏氏全書·潛園統編類編
炳燭隨筆一卷
　　（民國）張錫恭撰
　　　　雲間兩徵君集·茹荼軒續集附
楡廬數典一卷
　　（民國）邵瑞彭撰
　　　　邵次公遺著
梧丘雜札一卷
　　（民國）邵瑞彭撰
　　　　邵次公遺著
萯若渠小記一卷
　　（民國）邵瑞彭撰
　　　　邵次公遺著
護聞錄五卷
　　（民國）邵瑞彭撰
　　　　邵次公遺著
次室讀書記一卷
　　（民國）邵瑞彭撰
　　　　邵次公遺著
中書一卷
　　（民國）劉咸炘撰
　　　　推十書
左書一卷
　　（民國）劉咸炘撰
　　　　推十書
右書一卷
　　（民國）劉咸炘撰
　　　　推十書
內書一卷
　　（民國）劉咸炘撰
　　　　推十書
外書一卷
　　（民國）劉咸炘撰
　　　　推十書
子疏十四卷學變圖贊一卷
　　（民國）劉咸炘撰
　　　　推十書
石翁山房札記九卷
　　（民國）江瀚撰
　　　　長汀江先生著書
晚學廬札記一卷

（民國）葉瀚撰
　　晚學廬叢稿
心史筆粹一卷
　　（民國）孟森撰
　　心史叢刊三集
丁香花一卷
　　（民國）孟森撰
　　心史叢刊三集
畣問一卷
　　（民國）陳祖塽撰
　　越綴
空言一卷
　　（民國）陳祖塽撰
　　越綴
菽園贅談七卷
　　（民國）邱煒萲撰
　　菽園著書
井里日札一卷
　　（民國）章嶔撰
　　天行草堂主人遺棄叢刊
城西日札一卷
　　（民國）章嶔撰
　　天行草堂主人遺棄叢刊
海東日劄一卷
　　（民國）章嶔撰
　　天行草堂主人遺棄叢刊
讀書錄記疑一卷
　　（民國）蔡克猷撰
　　散溪遺書
讀書雜記一卷
　　（民國）胡懷琛撰
　　樸學齋叢書第一集
王念孫讀書雜誌正誤一卷
　　（民國）胡懷琛撰
　　樸學齋叢書第一集
札迻正誤一卷
　　（民國）胡懷琛撰
　　樸學齋叢書第一集
讀書識餘一卷
　　（民國）彭作楨撰
　　翹勤軒叢稿
遯廬雜鈔一卷
　　（民國）余重耀撰
　　遯廬叢著
遯廬備忘一卷
　　（民國）余重耀撰
　　遯廬叢著
遯廬雜考一卷

（民國）余重耀撰
　　遯廬叢著
遯廬叢說一卷
　　（民國）余重耀撰
　　遯廬叢著
遯廬叢鈔一卷
　　（民國）余重耀撰
　　遯廬叢著
雜鈔一卷
　　（民國）余重耀撰
　　遯廬叢著

善書之屬

南北朝

謹案二十五等人圖一卷
　　雪堂叢刻
鑒戒象讚一卷
　　（後魏）常景撰　　（清）馬國翰輯
　　玉函山房輯佚書（嬙嬛館本、重印本、
　　楚南書局本）・史編雜傳類

宋

心相編一卷
　　（宋）陳摶撰
　　拜梅山房几上書
陳希夷心相編一卷
　　惟應堂五種
士大夫食時五觀一卷
　　（宋）黃庭堅撰
　　夷門廣牘・食品
　　說郛（宛委山堂本）号九十五
　　叢書集成初編・文學類
　　景印元明善本叢書十種・夷門廣牘・
　　食品
勸善錄一卷
　　（宋）秦觀撰
　　由醇錄
勸善錄
　　居家必備・懿訓
樂善錄一卷
　　（宋）李昌齡撰
　　續百川學海庚集
　　水邊林下
　　說郛（宛委山堂本）号七十三
樂善錄略一卷
　　稗乘

樂善錄二卷
　　稗海（萬曆本、康熙重編補刊本、乾隆
　　　修補重訂本）第三函
樂善錄十卷
　　續古逸叢書
樂善錄
　　說郛（商務印書館本）卷九十八
樂善錄十六則
　　舊小說（民國本、1957 年本）丁集
積善錄一卷
　　（宋）黃光大撰
　　稗乘
積善錄
　　說郛（商務印書館本）卷六十四
厚德錄四卷
　　（宋）李元綱撰
　　百川學海（咸淳本、景刊咸淳本）乙集
　　百川學海（弘治本、景刊咸淳本據弘治
　　　目次編印本、景弘治本）丙集
　　由醇錄
　　稗海（萬曆本、康熙重編補刊本、乾隆
　　　修補重訂本）第八函
　　筆記小說大觀第五輯
　　叢書集成初編・社會科學類
厚德錄一卷
　　續百川學海庚集
　　歷代小史
　　說郛（宛委山堂本）弓七十
　　靑照堂叢書摘仒編第三函
　　景印元明善本叢書十種・歷代小史
厚德錄
　　說郛（商務印書館本）卷九十四
厚德錄八則
　　舊小說（民國本、1957 年本）丁集
善誘文一卷
　　（宋）陳錄撰
　　百川學海（咸淳本、景刊咸淳本）甲集
　　百川學海（弘治本、景刊咸淳本據弘治
　　　目次編印本、景弘治本）丁集
　　百川學海（重輯本）丁集
　　說郛（宛委山堂本）弓七十三
　　叢書集成初編・文學類
善誘文
　　說郛（商務印書館本）卷六十九
三教源流搜神大全七卷
　　（宋）□□輯
　　麗廔叢書
　　郎園先生全書

元

忍書一卷
　　（元）吳亮輯
　　由醇錄
忍經一卷
　　武林往哲遺著
續積善錄
　　（元）馮夢周撰
　　稗乘・積善錄附
　　說郛（商務印書館本）卷六十四

明

勸善錄
　　（明）仁孝文皇后撰
　　說郛（商務印書館本）卷九十七
食色紳言一卷
　　（明）龍遵敍（皆春居士）撰
　　由醇錄
食色紳言二卷
　　叢書集成初編・應用科學類
飲食紳言一卷
　　（明）龍遵敍（皆春居士）撰
　　寶顏堂祕笈（萬曆本、民國石印本）廣
　　　集
男女紳言一卷
　　（明）龍遵敍（皆春居士）撰
　　寶顏堂祕笈（萬曆本、民國石印本）廣
　　　集
霞外雜俎一卷
　　（明）杜巽才（鐵脚道人）撰
　　顧氏明朝四十家小說（正德嘉靖本、宣
　　　統排印本、民國石印本）
　　說郛續弓二十九
韋弦佩
　　（明）屠本畯撰
　　居家必備・懿訓
韋弦佩一卷
　　說郛續弓二十九
忍書續編三卷
　　（明）沈節甫輯
　　由醇錄
呂新吾先生身家盛衰循環圖說一卷
　　（明）呂坤撰
　　三益集續集
宗約歌一卷
　　（明）呂坤撰
　　呂新吾全集

（清）沈捷撰
　　昭代叢書（康熙本）甲集第二帙
　　昭代叢書（道光本）別集
　　遜敏堂叢書
心相百二十善一卷
　　懷花盦叢書
身世準繩二卷
　　（清）李迪光撰
　　三益集續集
勸善歌一卷
　　（清）寶克勤撰
　　寶靜庵先生遺書
戒淫錄一卷
　　（清）姚廷傑撰
　　昭代叢書（道光本）丙集第四帙
簡通錄二卷
　　（清）馬煇撰
　　畿輔叢書
　　叢書集成初編・總類
耐俗軒新樂府一卷
　　（清）申頲撰
　　畿輔叢書・永年申氏遺書
　　留餘草堂叢書
　　南園叢書
　　叢書集成初編・文學類
善俗書一卷
　　（清）汪輝祖撰
　　汪龍莊遺書
廣愛錄一卷
　　（清）孟超然撰
　　亦園亭全集・孟氏八錄
漱經齋座右銘類編一卷續編一卷
　　（清）汪汲撰
　　古愚老人消夏錄
玉歷鈔傳警世一卷
　　三益集
增訂敬信錄二卷
　　三益集
竈嫗解一卷
　　（清）沈峻撰
　　屏廬叢刻
惜字三宜一卷
　　（清）馮至撰
　　諸暨馮氏叢刻・森齋彙稿
二十二史感應錄三卷
　　（清）彭希涑撰
　　潛園集錄
二十二史感應錄二卷

海山仙館叢書
長洲彭氏家集
叢書集成初編・文學類
正誼錄五卷
　　（清）黃奭輯
　　知足齋叢書
病榻瑣談一卷
　　（清）屠倬撰
　　潛園集錄
潔華錄一卷
　　（清）程沆輯
　　小堂四種
徵麟錄一卷
　　（清）程沆輯
　　小堂四種
脩省格言一卷
　　（清）程沆輯
　　小堂四種
小雲棲放生錄一卷
　　（清）釋與楷輯
　　武林掌故叢編第十集
醒迷錄一卷附一卷
　　（清）醒迷子撰
　　槐軒全書附
戒淫寶訓一卷
　　（清）傅伯辰撰
　　槐軒全書附
易知錄一卷
　　槐軒全書附
苦口藥一卷
　　（清）杜俞撰
　　海嶽軒叢刻・江口巡船章程附
勸諭十二條一卷
　　（清）宋惠人撰
　　俟園叢書
身世金箴一卷
　　（清）蕊崖老人撰　（民國）周馥節錄
　　周氏師古堂所編書・古訓粹編

典　故　類

雜纂之屬

纂　言

古今善言一卷

（劉宋）范泰撰　（清）馬國翰輯
　　玉函山房輯佚書（琅嬛館本、重印本、
　　楚南書局本）·子編雜家類

羣書治要五十卷（原缺卷四、卷十三、卷
　二十）
　　（唐）魏徵等輯
　　　宛委別藏
　　　連筠簃叢書
　　　粵雅堂叢書三編第二十六集
　　　四部叢刊（初次印本、二次印本、縮印
　　　二次印本）·子部
　　　叢書集成初編·總類

治要節鈔五卷附錄一卷
　　（唐）魏徵等輯　（清）李光廷節鈔
　　　反約篇
　　　榕園叢書丙集

羣書治要子鈔二卷
　　（唐）魏徵等輯　（清）蔣德鈞鈔
　　　求實齋叢書

意林五卷
　　（唐）馬總輯
　　　道藏（正統本、景正統本）·正乙部
　　　四庫全書·子部雜家類
　　　學津討原（嘉慶本、景嘉慶本）第十二
　　　集
　　　指海（道光本、景道光本）第十五集
　　　反約篇
　　　榕園叢書丙集
　　　道藏舉要第五類
　　　筆記小說大觀第八輯
　　意林六卷
　　　武英殿聚珍版書(武英殿木活字本)·
　　　子部
　　意林
　　　說郛（商務印書館本）卷十一

意林注五卷逸文一卷附編一卷
　　（清）周廣業撰併輯
　　　聚學軒叢書第五集

意林五卷逸文一卷補二卷
　　（唐）馬總輯　逸文(清)周廣業輯　補(清)
　　李遇孫錄
　　　四部叢刊（初次印本、二次印本、縮印
　　　二次印本）·子部
　　　四部備要（排印本、縮印本）·子部周
　　　秦諸子

意林逸文一卷補二卷
　　（清）周廣業輯　補(清)李遇孫輯
　　　涉聞梓舊（咸豐本、商務印書館景咸豐

本、竹簡齋景咸豐本）·斠補隅錄
　訓纂堂叢書
　叢書集成初編·總類·斠補隅錄

意林六卷拾遺一卷
　　（唐）馬總輯　拾遺(清)孫星華輯
　　　武英殿聚珍版書（福建本、廣雅書局
　　　本）·子部

意林五卷補遺一卷
　　（唐）馬總輯　補遺(清)張海鵬輯
　　　崇文書局彙刻書

談助
　　（宋）晁載之(不語先生)撰
　　　說郛（商務印書館本）卷七十五

鶴山渠陽讀書雜抄二卷
　　（宋）魏了翁撰
　　　寶顏堂祕笈（萬曆本、民國石印本）續
　　　集
　　　叢書集成初編·總類

經子法語二十四卷
　　（宋）洪邁輯
　　　擇是居叢書初集

經子法語
　　　說郛（商務印書館本）卷一

類說六十卷
　　（宋）曾慥輯
　　　四庫全書·子部雜家類

古雋八卷
　　（明）楊慎輯
　　　函海(乾隆本、道光本)第十二函
　　　函海(光緒本)第十五函
　　　叢書集成初編·總類

古今藥石二卷
　　（明）宋纁撰
　　　得月簃叢書初刻
　　　叢書集成初編·總類

田居乙記四卷
　　（明）方大鎮撰
　　　寶顏堂祕笈（萬曆本、民國石印本）彙
　　　集
　　田居乙記一卷
　　　說郛續弓十五
　　　五朝小說·皇明百家小說
　　　五朝小說大觀·皇明百家小說

諸子續要二卷
　　（明）胡文煥纂輯
　　　格致叢書

尊重口一卷
　　（明）李贄撰

大雅堂訂正枕中書
李卓吾先生祕書八種

讀書止觀錄五卷
　　(明)吳應箕輯
　　　貴池先哲遺書

座右箴言
　　(明)高濂輯
　　　居家必備・懿訓

清語部一卷
　　(明)陸雲龍輯
　　　翠娛閣評選行笈必携

格言集一卷
　　(明)陸雲龍輯
　　　翠娛閣評選行笈必携

模世語
　　(明)陳繼儒撰
　　　居家必備・懿訓

格言僅錄一卷
　　(清)王仕雲撰
　　　昭代叢書(康熙本)乙集第三帙
　　　昭代叢書(道光本)丙集第四帙

評乙古文一卷
　　(清)李塨撰
　　　畿輔叢書・李恕谷遺書
　　　顏李叢書
　　　叢書集成初編・文學類

迂言百則一卷
　　(清)陳遇夫撰
　　　嶺南遺書第三集
　　　叢書集成初編・總類

悅心集五卷
　　　清世宗輯
　　　武英殿聚珍版書(武英殿木活字本、福
　　　　建本、廣雅書局本)・集部
　　　叢書集成初編・文學類

秋樵雜錄一卷
　　(清)王璿撰
　　　婁東雜著革集

消暑隨筆四卷附子目二卷
　　(清)潘世恩撰　子目(清)黃奭撰
　　　清頌堂叢書

嘉懿集初鈔四卷續鈔四卷
　　(清)高嵣集評
　　　高梅亭讀書叢鈔

古格言十二卷
　　(清)梁章鉅輯
　　　二思堂叢書

古書拾遺四卷

(清)林春溥撰
　竹柏山房十三種

諸子粹言一卷
　　(清)丁晏輯
　　　頤志齋叢書・子史粹言

躬恥齋格言一卷
　　(清)宗稷辰輯
　　　吳氏囊書囊丙編

先喆格言一卷
　　(清)□□輯
　　　津河廣仁堂所刻書

明珠一卷
　　(清)鄔寶珍輯
　　　鄔家初集

格言聯璧一卷
　　(清)金纓撰　　(民國)周學熙節錄
　　　周氏師古堂所編書・古訓粹編

讀書樂趣約選二卷
　　(清)伍涵芬輯　　(民國)周學熙節錄
　　　周氏師古堂所編書

藥言一卷
　　(民國)周宗麟撰
　　　狹存齋集

纂　事

袖中記一卷
　　(梁)沈約撰
　　　說郛(宛委山堂本)弓十二
　　　五朝小說・魏晉小說雜志家
　　　五朝小說大觀・魏晉小說雜志家
　　　古今說部叢書三集

在窮記一卷
　　(□)孔元舒撰
　　　說郛(宛委山堂本)弓六十

備忘小抄一卷
　　(五代)文谷撰
　　　說郛(宛委山堂本)弓三十一

五色線一卷
　　(宋)□□撰
　　　續百川學海甲集
　　　說郛(宛委山堂本)弓二十三
　　　龍威祕書五集・說郛雜著
　　　古今說部叢書
　　五色線二卷
　　　津逮祕書(汲古閣本、景汲古閣本)・
　　　　第九集
　　　叢書集成初編・語文學類

實賓錄一卷

　　　(宋)馬永易撰
　　　　　說郛(宛委山堂本)弓六
　　實賓錄十四卷
　　　　　四庫全書・子部類書類
　　　　　四庫全書珍本初集・子部類書類
　　實賓錄
　　　　　說郛(商務印書館本)卷三
雞肋一卷
　　　(宋)趙崇絢撰
　　　　　百川學海(咸淳本、景刊咸淳本)甲集
　　　　　百川學海(弘治本、景刊咸淳本據弘治
　　　　　　目次編印本、景弘治本)戊集
　　　　　百川學海(重輯本)丁集
　　　　　說郛(宛委山堂本)弓二十八
　　　　　五朝小說・宋人百家小說偏錄家
　　　　　五朝小說大觀・宋人百家小說偏錄家
　　　　　四庫全書・子部類書類
　　　　　龍威祕書五集
　　　　　墨海金壺(嘉慶本、景嘉慶本)・子部
　　　　　珠叢別錄(道光本、景道光本)
　　　　　古今說部叢書二集
　　　　　說庫
　　　　　叢書集成初編・總類
　　續雞肋
　　　(宋)趙崇絢撰
　　　　　說郛(商務印書館本)卷六十九
玉海祥瑞錄一卷
　　　(宋)王應麟撰　(清)觀頤道人輯
　　　　　閬竹居叢書
袖中錦一卷
　　　(宋)太平老人撰
　　　　　格致叢書
　　　　　學海類編(道光本、景道光本)・集餘
　　　　　　四
　　　　　叢書集成初編・文學類
　　袖中錦
　　　　　居家必備・治生
演連珠編一卷
　　　(明)王禕撰
　　　　　今獻彙言
　　　　　叢書集成初編・文學類
　　　　　景印元明善本叢書十種・今獻彙言
同異錄二卷
　　　(明)陸深撰
　　　　　儼山外集
　　　　　寶顏堂祕笈(萬曆本、民國石印本)普
　　　　　　集
秫林伐山二十卷
　　　(明)楊慎撰

　　　　　函海(乾隆本、道光本)第十二函
　　　　　函海(光緒本)第十六函
　　　　　申報館叢書續集・談藝類
　　　　　叢書集成初編・總類
羣碎錄一卷
　　　(明)陳繼儒撰
　　　　　廣百川學海戊集
　　　　　寶顏堂祕笈(萬曆本、民國石印本)祕
　　　　　　集
　　　　　說郛續弓二十一
　　　　　學海類編(道光本、景道光本)・集餘
　　　　　　五
　　　　　古今說部叢書三集
　　　　　叢書集成初編・總類
　　眉公羣碎錄一卷
　　　　　說庫
祝壽編年一卷
　　　(明)胡文煥輯
　　　　　格致叢書
小窗別紀四卷
　　　(明)吳從先撰
　　　　　小窗四紀
小窗清紀不分卷
　　　(明)吳從先撰
　　　　　小窗四紀
玉芝堂談薈三十六卷
　　　(明)徐應秋輯
　　　　　四庫全書・子部雜家類
　　　　　筆記小說大觀第八輯
明本大字應用碎金二卷
　　　(明)□□編
　　　　　百爵齋叢刊
嚶鳴錄二卷
　　　(明)邵潛撰
　　　　　邵潛夫別集
玄亭涉筆一卷
　　　(明)王志遠撰
　　　　　說郛續弓十九
　　　　　古今說部叢書三集
比事摘錄一卷
　　　(明)□□撰
　　　　　今獻彙言
　　　　　說郛續弓二十一
　　　　　叢書集成初編・總類
　　　　　景印元明善本叢書十種・今獻彙言
昨非庵日纂二十卷
　　　(明)鄭瑄撰
　　　　　筆記小說大觀第四輯

古今青白眼三卷
　　（清）徐石麒撰
　　　　傳硯齋叢書
同書四卷
　　（清）周亮工撰
　　　　碧琳瑯館叢書丙部
　　　　芋園叢書・子部
廣連珠一卷
　　（清）陳濟生撰
　　　　昭代叢書（道光本）庚集埤編
廣事同纂一卷
　　（清）沈廷文撰
　　　　學海類編（道光本、景道光本）・集餘
　　　　五
　　　　叢書集成初編・總類
元明事類鈔四十卷
　　（清）姚之駰撰
　　　　四庫全書・子部雜家類
　　　　四庫全書珍本初集・子部雜家類
月滿樓甄藻錄一卷
　　（清）顧宗泰撰
　　　　昭代叢書（道光本）癸集萃編
榕堂續錄四卷
　　（清）蔣超伯撰
　　　　通齋全集
樂山堂標細新記十六卷
　　（清）曾異仁輯
　　　　羅卷彙編
零金碎玉四卷
　　（清）鄭錫祺撰
　　　　申報館叢書續集・談藝類
稟啓零紈四卷
　　（清）徐紉裳輯
　　　　申報館叢書餘集
蠻史四十八卷
　　（清）王希廉撰
　　　　申報館叢書正集・藝林珍賞類
四溟瑣記十二卷
　　　　申報館叢書正集・叢殘彙刻類
紺珠記事錄一卷
　　（清）鄒樹榮撰
　　　　南昌鄒氏一粟園叢書
軼典僻事便覽一卷
　　（清）鄒樹榮撰
　　　　南昌鄒氏一粟園叢書
呂盦稽古彙編二十四卷
　　（清）章祖泰撰
　　　　章氏全書

養閒草堂隨筆二卷
　　（民國）顧鳴鳳撰
　　　　訥盦叢稿

纂　物

博物志
　　（晉）張華撰
　　　　說郛（商務印書館本）卷二
　博物志九則
　　　　舊小說（民國本、1957年本）甲集
博物志十卷補二卷
　　（晉）張華撰　（清）周心如案併輯補
　　　　紛欣閣叢書
博物記一卷
　　（晉）張華撰　（清）王謨輯
　　　　重訂漢唐地理書鈔（鈔本、嘉慶本）
博物志佚文一卷
　　（晉）張華撰　（清）王仁俊輯
　　　　經籍佚文
博物志十卷
　　（晉）張華撰　（宋）周日用（宋）盧□注
　　　　古今逸史・逸志
　　　　廣漢魏叢書（萬曆本、嘉慶本）・載籍
　　　　格致叢書
　　　　稗海（萬曆本、康熙重編補刊本、乾隆
　　　　修補重訂本）第一函
　　　　快閣藏書
　　　　祕書廿一種（康熙本、嘉慶本）
　　　　四庫全書・子部小說家類
　　　　摘藻堂四庫全書薈要・子部
　　　　增訂漢魏叢書（乾隆本、紅杏山房本、
　　　　三餘堂本、大通書局石印本）・載籍
　　　　士禮居黃氏叢書（黃氏本、蜚英館景黃
　　　　氏本、石竹山房景黃氏本、博古齋景
　　　　黃氏本）
　　　　子書百家・小說家異聞類
　　　　百子全書・小說家異聞類
　　　　龍谿精舍叢書・子部
　　　　四部備要（排印本、縮印本）・子部小
　　　　說家
　　　　景印元明善本叢書十種・古今逸史・
　　　　逸志
　博物志一卷
　　　　無一是齋叢鈔
博物志十卷逸文一卷
　　（晉）張華撰　（宋）周日用（宋）盧□注　逸
　　文（清）錢熙祚輯
　　　　指海（道光本、景道光本）第十集
　　　　叢書集成初編・自然科學類

續博物志十卷
　　(宋)李石撰
　　　　古今逸史・逸志
　　　　格致叢書
　　　　稗海（萬曆本、康熙重編補刊本、乾隆
　　　　　修補重訂本）第一函
　　　　祕書廿一種（康熙本、嘉慶本）
　　　　四庫全書・子部小說家類
　　　　子書百家・小說家異聞類
　　　　百子全書・小說家異聞類
　　　　叢書集成初編・自然科學類
　　　　景印元明善本叢書十種・古今逸史・
　　　　　逸志
　　續博物志
　　　　說郛（商務印書館本）卷二
續博物志
　　(宋)林登撰
　　　　說郛（商務印書館本）卷六・廣知
博物志補二卷
　　(明)游潛撰
　　　　夢蕉三種
續廣博物志十六卷
　　(清)徐壽基撰
　　　　志學齋集
感應類從志一卷
　　(題宋釋贊寧撰)
　　　　說郛（宛委山堂本）弓一百九
　　感應類從志
　　　　(晉)張華撰
　　　　說郛（商務印書館本）卷二十四
格物麤談二卷
　　(宋)蘇軾撰
　　　　學海類編（道光本、景道光本）・集餘
　　　　　五
　　　　叢書集成初編・自然科學類
物類相感志一卷
　　(宋)蘇軾撰
　　　　寶顏堂祕笈（萬曆本、民國石印本）廣
　　　　　集
　　　　唐宋叢書・別史
　　　　奚囊廣要
　　　　說郛（宛委山堂本）弓二十二
　　　　五朝小說・宋人百家小說瑣記家
　　　　五朝小說大觀・宋人百家小說瑣記家
　　　　申報館叢書續集・紀麗類・屑玉叢譚
　　　　　初集
　　　　叢書集成初編・自然科學類
　　物類相感志
　　　　居家必備・治生

說郛（商務印書館本）卷九十一
感應經一卷
　　(元)陳櫟撰
　　　　說郛（宛委山堂本）弓一百九
　　　　五朝小說・宋人百家小說瑣記家
　　　　五朝小說大觀・宋人百家小說瑣記家
　　感應經
　　　　(題唐李淳風撰)
　　　　說郛（商務印書館本）卷九
山居四要五卷
　　(明)汪汝懋撰
　　　　格致叢書
俗事方
　　(明)瞿佑撰
　　　　居家必備・治生
竹嶼山房雜部三十二卷
　　(明)宋詡(明)宋公望撰　(明)宋懋澄輯
　　　　四庫全書・子部雜家類
遵生八牋十九卷
　　(明)高濂撰
　　　　四庫全書・子部雜家類
厚生訓纂六卷
　　(明)周臣輯
　　　　格致叢書
羣物奇制一卷
　　(明)周履靖輯
　　　　夷門廣牘・博雅
　　　　叢書集成初編・自然科學類
　　　　景印元明善本叢書十種・夷門廣牘・
　　　　　博雅
物理小識十二卷
　　(清)方以智撰
　　　　四庫全書・子部雜家類
閒情偶寄十六卷
　　(清)李漁撰
　　　　笠翁一家言全集
　　　　中國文學珍本叢書第一輯
貯香小品九卷
　　(□)萬後賢撰
　　　　古今說部叢書十集
遊戲錄二卷
　　(清)程景沂撰
　　　　續知不足齋叢書第二集
　　　　叢書集成初編・總類
事物溯源一卷
　　(民國)周宗麟撰
　　　　怴存齋集
拉雜叢談一卷

（民國）周宗麟撰
　　狹存齋集

俗說一卷
　　（民國）羅振玉撰
　　貞松老人遺稿甲集

兌鈞六卷
　　方氏叢鈔

菌珠經一卷
　　（□）雲靈子撰　（清）方綬注
　　方氏叢鈔

赫蹏書一卷
　　方氏叢鈔

花裏活三卷補遺一卷
　　（明）陳詩教撰
　　學海類編（道光本、景道光本）・集餘
　　　七
　　叢書集成初編・文學類

花瑣事
　　（明）薛素素撰
　　綠窗女史・著撰部雜錄
　　水邊林下

花寮一卷
　　聞情小品

花案一卷
　　（明）何仙郎撰
　　快書

花拾遺一卷
　　（民國）蔡卓勳撰
　　小瀛壺仙館叢刊

蟲天志一卷
　　（明）沈弘正撰
　　廣快書

春駒小譜二卷
　　（清）陳邦彥輯
　　養和堂叢書

烏衣香牒四卷
　　（清）陳邦彥輯
　　養和堂叢書

類書之屬

彙　考

皇覽一卷
　　（魏）劉劭（魏）王象撰　（清）孫馮翼輯
　　問經堂叢書・逸子書
　　叢書集成初編・總類

魏皇覽一卷

（魏）劉劭（魏）王象撰　（清）黃奭輯
　　漢學堂叢書・子史鈎沈・子部雜家類
　　黃氏逸書考（民國修補本、民國補刊
　　　本）・子史鈎沈

纂要一卷
　　（劉宋）顏延之撰　（清）馬國翰輯
　　玉函山房輯佚書（嫏嬛館本、重印本、
　　　楚南書局本）・經編小學類

纂要一卷
　　（劉宋）顏延之撰　（清）王仁俊輯
　　玉函山房輯佚書續編・經編小學類

要雅一卷
　　（梁）劉杳撰　（清）馬國翰輯
　　玉函山房輯佚書（嫏嬛館本、重印本、
　　　楚南書局本）・子編雜家類

修文殿御覽殘一卷
　　（北齊）祖珽等撰
　　鳴沙石室佚書初編

修文御覽殘一卷
　　龍谿精舍叢書・子部

編珠二卷補遺二卷續編珠二卷
　　（隋）杜公瞻撰　續（清）高士奇撰
　　四庫全書・子部類書類

類書殘卷〔一〕
　　鳴沙石室古籍叢殘・羣書叢殘

類書殘卷〔二〕
　　鳴沙石室古籍叢殘・羣書叢殘

類書殘卷〔三〕
　　鳴沙石室古籍叢殘・羣書叢殘

珊玉集殘二卷（存卷十二、卷十四）
　　古逸叢書
　　叢書集成初編・總類

藝文類聚一百卷
　　（唐）歐陽詢等撰
　　四庫全書・子部類書類

北堂書鈔一百六十卷
　　（唐）虞世南撰
　　四庫全書・子部類書類

兔園策府殘一卷（存序）
　　（唐）杜嗣先撰
　　鳴沙石室佚書初編

事原一卷
　　（宋）劉孝孫撰
　　說郛（宛委山堂本）弓十二
　　五朝小說大觀・宋人百家小說偏錄家
　　學海類編（道光本、景道光本）・集餘
　　　七

事始

　　（唐）劉存撰
　　　　說郛（商務印書館本）卷十
劉馮事始一卷
　　（唐）劉存（前蜀）馮鑑撰
　　　　說郛（宛委山堂本）号二十六
續事始
　　（前蜀）馮鑑撰
　　　　說郛（商務印書館本）卷十
翰苑殘一卷（存卷三十）
　　（唐）張楚金撰　（唐）雍公叡注
　　　　京都帝國大學文學部景印唐鈔本第一
　　　　集
　　　　遼海叢書第八集
判決錄一卷
　　（唐）張鷟撰
　　　　說郛（宛委山堂本）号二十五
龍筋鳳髓判四卷
　　　　四庫全書 · 子部類書類
　　龍筋鳳髓判二卷
　　　　學津討原（嘉慶本、景嘉慶本）第十九
　　　　集
龍筋鳳髓判四卷
　　（唐）張鷟撰　（明）劉允鵬注　（清）陳春補
　　正
　　　　湖海樓叢書
　　　　海山仙館叢書
　　　　叢書集成初編 · 社會科學類
初學記三十卷
　　（唐）徐堅等撰
　　　　古香齋袖珍十種（內府本、南海孔氏
　　　　本）
　　　　四庫全書 · 子部類書類
　　初學記
　　　　說郛（商務印書館本）卷七十五
初學記校八卷
　　（清）陸心源撰
　　　　潛園總集 · 羣書校補
略出鑪金殘二卷（存卷一至二）
　　（唐）李若立撰
　　　　鳴沙石室古籍叢殘 · 羣書叢殘
白孔六帖一百卷
　　（唐）白居易（宋）孔傳撰
　　　　四庫全書 · 子部類書類
六帖補二十卷
　　（宋）楊伯嵒撰
　　　　四庫全書 · 子部類書類
蒙求三卷
　　（後晉）李瀚撰

　　　　佚存叢書（日本本、光緒木活字本、景
　　　　日本本）第四帙
　　　　畿輔叢書
蒙求正文二卷集註二卷
　　（後晉）李瀚撰　集註（宋）徐子光撰
　　　　四庫全書 · 子部類書類
　　　　學津討原（嘉慶本、景嘉慶本）第十九
　　　　集
　　　　叢書集成初編 · 社會科學類
　李氏蒙求六卷
　　（後晉）李瀚撰　（宋）徐子光集注
　　　　明辨齋叢書外集
太平御覽一千卷
　　（宋）李昉等撰
　　　　四庫全書 · 子部類書類
　　　　四部叢刊三編 · 子部
事類賦三十卷
　　（宋）吳淑撰併注
　　　　四庫全書 · 子部類書類
清異錄四卷
　　（宋）陶穀撰
　　　　寶顏堂祕笈（萬曆本、民國石印本）彙
　　　　集
　　　　唐宋叢書 · 載籍
　　　　說郛（宛委山堂本）号一百十九
　　　　四庫全書 · 子部小說家類
　　　　陳刻二種
　清異錄二卷
　　　　惜陰軒叢書（道光本、光緒本）第十三
　　　　函
　清異錄
　　　　說郛（商務印書館本）卷六十一
冊府元龜一千卷
　　（宋）王欽若等撰
　　　　四庫全書 · 子部類書類
十七史蒙求一卷
　　（宋）王令輯
　　　　小嬛嬛山館彙刊類書十二種
　　　　琅環獺祭十二種
事物紀原十卷
　　（宋）高承撰
　　　　四庫全書 · 子部類書類
　　　　惜陰軒叢書（道光本、光緒本）第十一
　　　　函
　　　　叢書集成初編 · 語文學類
事物紀原一卷
　　（宋）高承撰　（清）觀頮道人輯
　　　　閏竹居叢書

書敍指南二十卷
　　(宋)任廣撰
　　　　四庫全書・子部類書類
　　　　墨海金壺(嘉慶本、景嘉慶本)・子部
　　　　珠叢別錄(道光本、景道光本)
　　　　惜陰軒叢書(道光本、光緒本)第十二
　　　　函
　　　　叢書集成初編・文學類
紺珠集十三卷
　　(宋)□□撰
　　　　四庫全書・子部雜家類
事實類苑六十三卷
　　(宋)江少虞輯
　　　　四庫全書・子部雜家類
皇朝類苑一卷
　　(宋)江少虞撰
　　　　說郛(宛委山堂本)号三十七
　　　　古今說部叢書一集
　新雕皇朝類苑七十八卷
　　　　誦芬室叢刊初編
　皇朝類苑
　　　　說郛(商務印書館本)卷九十八
海錄碎事二十二卷
　　(宋)葉廷珪撰
　　　　四庫全書・子部類書類
詩律武庫十五卷後集十五卷
　　(宋)呂祖謙撰
　　　　金華叢書(同治光緒本、民國補刊本)
　　　　・子部
　　　　叢書集成初編・總類
錦繡萬花谷前集四十卷後集四十卷續集
　四十卷
　　(宋)□□撰
　　　　四庫全書・子部類書類
永嘉八面鋒十三卷
　　(宋)陳傅良(一題葉適)撰
　　　　四庫全書・子部類書類
　永嘉先生八面鋒十三卷
　　　　湖海樓叢書
　　　　叢書集成初編・文學類
事文類聚前集六十卷後集五十卷續集二
　十八卷別集三十二卷新集三十六卷外
　集十五卷遺集十五卷
　　(宋)祝穆撰　新集外集(元)富大用撰　遺
　集(元)祝淵撰
　　　　四庫全書・子部類書類
記纂淵海一百卷
　　(宋)潘自牧撰

　　　　四庫全書・子部類書類
羣書會元截江網三十五卷
　　(宋)□□輯
　　　　四庫全書・子部類書類
全芳備祖前集二十七卷後集三十一卷
　　(宋)陳景沂撰
　　　　四庫全書・子部類書類
山堂考索前集六十六卷後集六十五卷續
　集五十六卷別集二十五卷
　　(宋)章如愚撰
　　　　四庫全書・子部類書類
古今合璧事類備要前集六十九卷後集八
　十一卷續集五十六卷別集九十四卷外
　集六十六卷
　　(宋)謝維新撰
　　　　四庫全書・子部類書類
源流至論前集十卷後集十卷續集十卷別
　集十卷
　　(宋)林駉撰　別集(宋)黃履翁撰
　　　　四庫全書・子部類書類
回溪先生史韻四十九卷(原缺卷六至十
　九、卷二十八至三十三、卷四十至四十
　五)
　　(宋)錢諷撰
　　　　宛委別藏
　　　　選印宛委別藏
玉海二百卷
　　(宋)王應麟撰
　　　　玉海(元刊明修清康熙補刊本、浙江書
　　　　局本、成都志古堂本)
　　　　四庫全書・子部類書類
小學紺珠十卷
　　(宋)王應麟撰
　　　　玉海(元刊明修清康熙補刊本、浙江書
　　　　局本、成都志古堂本)附刻
　　　　津逮祕書(汲古閣本、景汲古閣本)第
　　　　三集
　　　　四庫全書・子部類書類
　　　　叢書集成初編・總類
翰苑新書前集七十卷後集三十二卷別集
　十二卷續集四十二卷
　　(宋)□□撰
　　　　四庫全書・子部類書類
重刊增廣分門類林雜說十五卷
　　(金)王朋壽撰
　　　　嘉業堂叢書・子部
韻府羣玉二十卷
　　(元)陰時夫撰　(元)陰中夫注

　　　　　　　　四庫全書·子部類書類

排韻增廣事類氏族大全二十二卷
　　（元）口口撰
　　　　　　　　四庫全書·子部類書類

羣書通要七十三卷
　　（元）口口撰
　　　　　　　　宛委別藏
　　　　　　　　選印宛委別藏

羣書類編故事二十四卷
　　（元）王罃撰
　　　　　　　　宛委別藏
　　　　　　　　選印宛委別藏

物原一卷
　　（明）羅頎撰
　　　　　　　　續知不足齋叢書第二集
　　　　　　　　叢書集成初編·總類

荆川稗編一百二十卷
　　（明）唐順之撰
　　　　　　　　四庫全書·子部類書類

古今事物考八卷
　　（明）王三聘輯
　　　　　　　　格致叢書
　　　　　　　　續知不足齋叢書第二集
　　　　　　　　關中叢書第六集
　　　　　　　　叢書集成初編·語文學類

古今原始十五卷
　　（明）趙釴撰
　　　　　　　　格致叢書

喻林一百二十卷
　　（明）徐元太撰
　　　　　　　　四庫全書·子部類書類

詩學事類二十四卷
　　（明）李攀龍輯
　　　　　　　　格致叢書

經濟類編一百卷
　　（明）馮琦輯
　　　　　　　　四庫全書·子部類書類

圖書編一百二十七卷
　　（明）章潢撰
　　　　　　　　四庫全書·子部類書類

山堂肆考二百二十八卷補遺十二卷
　　（明）彭大翼撰
　　　　　　　　四庫全書·子部類書類

駢語雕龍四卷
　　（明）游日章撰　　（明）林世勤注
　　　　　　　　寶顏堂祕笈（萬曆本、民國石印本）普
　　　　　　　　集
　　　　　　　　叢書集成初編·總類

焦氏類林八卷
　　（明）焦竑撰
　　　　　　　　粤雅堂叢書三編第二十二集
　　　　　　　　叢書集成初編·總類

駢志二十卷
　　（明）陳禹謨撰
　　　　　　　　四庫全書·子部類書類

說略三十卷
　　（明）顧起元撰
　　　　　　　　四庫全書·子部類書類
　　　　　　　　金陵叢書丁集

天中記六十卷
　　（明）陳耀文撰
　　　　　　　　四庫全書·子部類書類

銷夏部四卷
　　（明）陳繼儒撰
　　　　　　　　寶顏堂祕笈（萬曆本、民國石印本）續
　　　　　　　　集
　　　　　　·　叢書集成初編·文學類

辟寒部四卷
　　（明）陳繼儒撰
　　　　　　　　寶顏堂祕笈（萬曆本、民國石印本）續
　　　　　　　　集
　　　　　　　　叢書集成初編·文學類

寰宇雜記二卷
　　　　　　　　格致叢書

名物法言一卷
　　（明）胡文煥輯
　　　　　　　　格致叢書

名物法言一卷
　　　　　　　　奚囊廣要

時物典彙二卷
　　（明）李日華撰
　　　　　　　　四六全書

表異錄二十卷
　　（明）王志堅撰
　　　　　　　　惜陰軒叢書（道光本、光緒本）第十二
　　　　　　　　函
　　　　　　　　申報館叢書續集·談藝類
　　　　　　　　陳刻二種
　　　　　　　　叢書集成初編·總類

古儷府十二卷
　　（明）王志慶撰
　　　　　　　　四庫全書·子部類書類

廣博物志五十卷
　　（明）董斯張撰
　　　　　　　　四庫全書·子部類書類

淵鑑類函四百五十卷

清康熙四十九年敕撰
　　　古香齋袖珍十種（內府本、南海孔氏本）
　　　四庫全書·子部類書類
　　　摛藻堂四庫全書薈要·子部
御定子史精華一百六十卷
　　清康熙六十年敕撰
　　　四庫全書·子部類書類
　　　摛藻堂四庫全書薈要·子部
格致鏡原一百卷
　　（清）陳元龍撰
　　　四庫全書·子部類書類
讀書紀數略五十四卷
　　（清）宮夢仁撰
　　　四庫全書·子部類書類
　　　懺花盦叢書
花木鳥獸集類三卷
　　（清）吳寶芝撰
　　　四庫全書·子部類書類
宋稗類鈔三十六卷
　　（清）潘永因輯
　　　四庫全書·子部類書類
萬花擷繡四卷
　　（清）屠元淳撰
　　　屠氏三種
事物原會四十卷
　　（清）汪汲撰
　　　古愚老人消夏錄
圖書檢要七卷
　　（清）李元春撰
　　　青照堂叢書初編第一函
三才略三卷
　　（清）蔣德鈞輯
　　　求實齋叢書
類藻引注四卷
　　（清）蔣勵常撰
　　　全州蔣氏叢刻
鑄史駢言十二卷
　　（清）孫玉田撰
　　　申報館叢書餘集
靈檀碎金六十八卷附錄一卷
　　（清）郎玉銘撰
　　　申報館叢書餘集

摘　錦

聲律發蒙一卷
　　（明）蘭茂撰
　　　雲南叢書初編·集部

謝華啓秀八卷
　　（明）楊愼撰
　　　函海（乾隆本、道光本）第十二函
　　　函海（光緒本）第十七函
　謝華啓秀四卷
　　　小嫏嬛山館彙刊類書十二種
　　　琅環獺祭十二種
哲匠金桴五卷
　　（明）楊愼撰
　　　函海（乾隆本、道光本）第十三函
　　　函海（光緒本）第十六函
　　　叢書集成初編·總類
均藻四卷
　　（明）楊愼撰
　　　函海（乾隆本、道光本）第十三函
　　　函海（光緒本）第十七函
　均藻五卷
　　　小嫏嬛山館彙刊類書十二種
　　　琅環獺祭十二種
訓蒙駢句一卷
　　（明）司守謙撰
　　　蓉城仙館叢書·明代祕籍三種
伐山語一卷
　　（明）莊元臣撰
　　　莊忠甫雜著
御定佩文韻府四百四十四卷
　　清康熙五十年敕撰
　　　四庫全書·子部類書類
　　　摛藻堂四庫全書薈要·子部
御定韻府拾遺一百十二卷
　　清康熙五十五年敕撰
　　　四庫全書·子部類書類
　御定韻府拾遺一百六卷
　　　摛藻堂四庫全書薈要·子部
御定駢字類編二百四十卷
　　清康熙五十八年敕撰
　　　四庫全書·子部類書類
　　　摛藻堂四庫全書薈要·子部
御定分類字錦六十四卷
　　清康熙六十一年敕撰
　　　四庫全書·子部類書類
　　　摛藻堂四庫全書薈要·子部
韻府紀字一卷
　　（清）汪汲撰
　　　古愚老人消夏錄
駢隸一卷
　　（清）俞樾撰
　　　春在堂全書·俞樓雜纂

讀隸輯詞一卷
　　（清）俞樾撰
　　　　春在堂全書・俞樓雜纂
詩句題解韻編四集十二卷
　　（清）倪承瓚輯
　　　　申報館叢書正集・藝林珍賞類

小　說　類

雜錄之屬

漢

責髯奴辭一卷
　　（漢）黃香撰
　　　　合刻三志・志寅類
雜事祕辛一卷
　　（漢）□□撰
　　　　廣漢魏叢書（萬曆本、嘉慶本）・別史
　　　　增訂漢魏叢書（乾隆本、紅杏山房本、
　　　　　三餘堂本、大通書局石印本）・別史
　　　　龍威祕書一集
　　　　說庫
　　　　漢魏小說採珍
　　漢雜事祕辛一卷
　　　　祕冊彙函
　　　　津逮祕書（汲古閣本、景汲古閣本）第
　　　　　十集
　　　　綠窗女史・宮闈部寵遇
　　　　說郛（宛委山堂本）弓一百十
　　　　五朝小說・魏晉小說偏錄家
　　　　五朝小說大觀・魏晉小說偏錄家
　　　　無一是齋叢鈔
　　　　香豔叢書第三集
　　雜事祕辛
　　　　舊小說（民國本、1957年本）甲集

晉

玄晏春秋一卷
　　（晉）皇甫謐撰
　　　　說郛（宛委山堂本）弓五十九
魏晉世語一卷
　　（晉）郭頒撰
　　　　說郛（宛委山堂本）弓五十九
　　　　五朝小說・魏晉小說訓誡家
　　　　五朝小說大觀・魏晉小說訓誡家
　　魏晉世語一則

　　　　舊小說（民國本、1957年本）甲集
虞喜志林一卷
　　（晉）虞喜撰
　　　　說郛（宛委山堂本）弓五十九
　　　　五朝小說大觀・魏晉小說偏錄家
　　　　古今說部叢書一集
志林新書一卷
　　（晉）虞喜撰　（清）馬國翰輯
　　　　玉函山房輯佚書（嫏嬛館本、重印本、
　　　　　楚南書局本）・子編儒家類
　　　　四明叢書第六集
志林新書一卷
　　（晉）虞喜撰　（清）王仁俊輯
　　　　玉函山房輯佚書續編・子編儒家類
志林佚文一卷
　　　　經籍佚文
西京雜記一卷
　　（題漢劉歆撰）
　　　　歷代小史
　　　　說郛（宛委山堂本）弓六十六
　　　　五朝小說・魏晉小說偏錄家
　　　　五朝小說大觀・魏晉小說偏錄家
　　　　無一是齋叢鈔
　　　　漢魏小說採珍
　　　　景印元明善本叢書十種・歷代小史
西京雜記六卷
　　（題漢劉歆撰）
　　　　古今逸史・逸記
　　　　漢魏叢書（萬曆本、景萬曆本）・史籍
　　　　廣漢魏叢書（萬曆本、嘉慶本）・載籍
　　　　增訂漢魏叢書（乾隆本、紅杏山房本、
　　　　　大通書局石印本）・別史
　　　　龍威祕書一集
　　　　藝苑捃華
　　　　景印元明善本叢書十種・古今逸史・
　　　　　逸記
　　（晉）葛洪撰
　　　　秦漢圖記
　　　　稗海（萬曆本、康熙重編補刊本、乾隆
　　　　　修補重訂本）第一函
　　　　快閣藏書
　　　　津逮祕書（汲古閣本、景汲古閣本）第
　　　　　十集
　　　　四庫全書・子部小說家類
　　　　學津討原（嘉慶本、景嘉慶本）第六集
　　　　四部叢刊（初次印本、二次印本、縮印
　　　　　二次印本）・子部
　　　　筆記小說大觀第六輯
　　西京雜記

說郛(商務印書館本)卷二十

西京雜記八則
　　（題漢劉歆撰）
　　　舊小說(民國本、1957年本)甲集

西京雜記二卷
　　（晉）葛洪(題漢劉歆)撰　　（清）盧文弨校
　　　抱經堂叢書(乾隆本、景乾隆本)
　　　正覺樓叢刻
　　　龍谿精舍叢書・子部
　　　關中叢書第一集

裴啓語林一卷
　　（晉）裴啓撰
　　　說郛(宛委山堂本)弓五十九
　　　五朝小說・魏晉小說訓誡家
　　　五朝小說大觀・魏晉小說訓誡家
　　　古今說部叢書一集

裴子語林十則
　　　舊小說(民國本、1957年本)甲集

裴子語林二卷
　　（晉）裴啓撰　　（清）馬國翰輯
　　　玉函山房輯佚書(嫏嬛館本、重印本、
　　　　楚南書局本)・子編小說家類

裴子語林一卷
　　（晉）裴啓撰　　魯迅輯
　　　古小說鉤沈

語林一卷
　　（宋）王讜撰　　（清）王仁俊輯
　　　玉函山房輯佚書補編

郭子一卷
　　（晉）郭澄之撰
　　　無一是齋叢鈔

郭玄二則
　　　舊小說(民國本、1957年本)甲集

郭子一卷
　　（晉）郭澄之撰　　（清）馬國翰輯
　　　玉函山房輯佚書(嫏嬛館本、重印本、
　　　　楚南書局本)・子編小說家類

郭子一卷
　　（晉）郭澄之撰　　魯迅輯
　　　古小說鉤沈

南北朝

世說新語一卷
　　（劉宋）劉義慶撰
　　　歷代小史
　　　景印元明善本叢書十種・歷代小史

世說
　　　說郛(商務印書館本)卷九十一

世說新語五十七則
　　　舊小說(民國本、1957年本)甲集

世說新語一卷
　　（劉宋）劉義慶撰　　（清）任兆麟選輯
　　　述記續

說苑一卷
　　（劉宋）劉義慶撰　　（清）王仁俊輯
　　　玉函山房輯佚書補編

世說新語三卷
　　（劉宋）劉義慶撰　　（梁）劉孝標注
　　　四庫全書・子部小說家類
　　　摛藻堂四庫全書薈要・子部
　　　惜陰軒叢書(道光本、光緒本)第十四
　　　　函
　　　龍谿精舍叢書・子部
　　　四部備要(排印本、縮印本)・子部小
　　　　說家

世說新語六卷
　　　崇文書局彙刻書
　　　諸子集成(世界書局本、中華書局本)
　　　　第八冊

世說新書殘一卷(存卷六)
　　　容安軒舊書四種

世說新語三卷附校語一卷
　　（劉宋）劉義慶撰　　（梁）劉孝標注　　校語
　　（清）沈巌撰
　　　四部叢刊(初次印本、二次印本、縮印
　　　　二次印本)・子部

世說舊注一卷
　　（梁）劉孝標撰　　（明）楊愼輯
　　　說郛續弓十六
　　　函海(乾隆本、道光本)第十一函
　　　函海(光緒本)第二十一函
　　　叢書集成初編・文學類

世說新語注鈔二卷
　　（明）鍾惺輯
　　　三注鈔

俗說一則
　　（梁）沈約撰
　　　舊小說(民國本、1957年本)甲集

俗說一卷
　　（梁）沈約撰　　（清）馬國翰輯
　　　玉函山房輯佚書(嫏嬛館本、重印本、
　　　　楚南書局本)・子編雜家類

俗說一卷
　　（梁）沈約撰　　魯迅輯
　　　古小說鉤沈

商芸小說一卷

十集
四庫全書・子部小說家類
學津討原（嘉慶本、景嘉慶本）第八集
中國文學參考資料小叢書第一輯
國史補三卷
得月簃叢書初刻
筆記小說大觀外集
唐國史補一卷
唐宋叢書・別史
說郛（宛委山堂本）弓四十八
無一是齋叢鈔
國史補一卷
唐人說薈（乾隆本、道光本、宣統石印本、民國石印本）二集
唐代叢書二集
國史補
說郛（商務印書館本）卷七十五
葆化錄一卷
（唐）陳京撰
說郛（宛委山堂本）弓三十二
五朝小說大觀・唐人百家小說紀載家
古今說部叢書二集
唐年補錄一卷
（唐）馬總撰
說郛（宛委山堂本）弓四十二
河東先生龍城錄二卷
（唐）柳宗元撰
百川學海（咸淳本、景刊咸淳本）乙集
百川學海（弘治本、景刊咸淳本據弘治目次編印本、景弘治本）丙集
稗海（萬曆本、康熙重編補刊本、乾隆修補重訂本）第七函
龍城錄二卷
韓柳二集（世綵堂本、景世綵堂本）・河東先生集附
四庫全書・集部別集類・五百家晉注柳先生集附
四庫全書珍本初集・集部別集類・五百家晉注柳先生集附
龍城錄一卷
歷代小史
說郛（宛委山堂本）弓二十六
五朝小說・唐人百家小說偏錄家
五朝小說大觀・唐人百家小說偏錄家
唐人說薈（乾隆本、道光本、宣統石印本、民國石印本）二集
唐代叢書二集
古今說部叢書一集
說庫

景印元明善本叢書十種・歷代小史
龍城錄
（唐河東先生撰）
說郛（商務印書館本）卷七十二
龍城錄五則
舊小說（民國本、1957年本）乙集
李謩吹笛記一卷
（唐）楊巨源撰
合刻三志・志寅類
唐人說薈（乾隆本、道光本、宣統石印本、民國石印本）三集
唐代叢書三集
李謩吹笛記一則
舊小說（民國本、1957年本）乙集
太湖石記
（唐）白居易撰
舊小說（民國本、1957年本）乙集
小說舊聞記一卷
（唐）柳公權撰
說郛（宛委山堂本）弓四十四
五朝小說・唐人百家小說偏錄家
五朝小說大觀・唐人百家小說偏錄家
唐人說薈（乾隆本、道光本、宣統石印本、民國石印本）二集
唐代叢書二集
小說舊聞記
說郛（商務印書館本）卷四十九
小說舊聞記一則
舊小說（民國本、1957年本）乙集
會昌解頤錄一卷
（唐）包湑撰
說郛（宛委山堂本）弓四十九
會昌解頤錄九則
舊小說（民國本、1957年本）乙集
玉泉子九則
（唐）盧全撰
舊小說（民國本、1957年本）乙集
定命錄十七則
（唐）呂道生撰
舊小說（民國本、1957年本）乙集
續定命錄四則
（唐）溫畬撰
舊小說（民國本、1957年本）乙集
衛公故物記一卷
（唐）韋端符撰
合刻三志・志寅類
說郛（宛委山堂本）弓九十八
五朝小說・唐人百家小說瑣記家

（唐）孫棨撰
　　　續百川學海戊集
　　　說郛（宛委山堂本）弓七十八
　　　五朝小說・唐人百家小說瑣記家
　　　五朝小說大觀・唐人百家小說瑣記家
　　　唐人說薈（乾隆本、道光本、宣統石印
　　　　本、民國石印本）三集
　　　唐代叢書三集
　　　香豔叢書第五集
　　　中國文學參考資料小叢書第一輯
　孫內翰北里誌一卷
　　　古今說海（嘉靖本、道光本、宣統排印
　　　　本、民國石印本）・說纂部雜纂家
　　　叢書集成初編・文學類
　北里志一卷附錄一卷
　　　綠窗女史・青樓部平康
　北里志
　　　說郛（商務印書館本）卷六・廣知
　　　說郛（商務印書館本）卷二十
　北里志十三則
　　　舊小說（民國本、1957 年本）乙集
　三水小牘一卷
　（唐）皇甫枚撰
　　　古今說海（嘉靖本、道光本、宣統排印
　　　　本、民國石印本）・說略部雜記家
　　　說郛（宛委山堂本）弓十八
　三水小牘二卷
　　　抱經堂叢書（乾隆本、景乾隆本）
　　　宛委別藏
　　　養素軒叢錄第三集
　三水小牘
　　　粵雅堂叢書三編第二十三集・續談助
　　　十萬卷樓叢書三編・續談助
　　　說郛（商務印書館本）卷三十三
　　　叢書集成初編・總類・續談助
　三水小牘十五則
　　　舊小說（民國本、1957 年本）乙集
　三水小牘二卷逸文一卷附錄一卷
　　　（唐）皇甫枚撰　（民國）繆荃孫校補
　　　雲自在龕叢書第二集
　三水小牘佚文一卷
　　　（唐）皇甫枚撰　（清）王仁俊輯
　　　經籍佚文
　驚聽錄一卷
　　　（唐）皇甫枚撰
　　　廣百川學海丁集
　杜陽雜編一卷
　　　（唐）蘇鶚撰

歷代小史
　　　景印元明善本叢書十種・歷代小史
　杜陽雜編三卷
　　　稗海（萬曆本、康熙重編補刊本、乾隆
　　　　修補重訂本）第二函
　　　說郛（宛委山堂本）弓四十六
　　　五朝小說・唐人百家小說紀載家
　　　四庫全書・子部小說家類
　　　唐人說薈（乾隆本、道光本、宣統石印
　　　　本、民國石印本）初集
　　　唐代叢書初集
　　　學津討原（嘉慶本、景嘉慶本）第十六
　　　　集
　　　古今說部叢書一集
　　　廣四十家小說
　　　筆記小說大觀第六輯
　　　叢書集成初編・文學類
　杜陽雜編
　　　說郛（商務印書館本）卷六
　杜陽雜編十三則
　　　舊小說（民國本、1957 年本）乙集
　零陵總記一卷
　　　（唐）陸龜蒙撰
　　　說郛（宛委山堂本）弓四十八
　開城錄一卷
　　　（唐）李石撰
　　　說郛（宛委山堂本）弓二十三
　獨異志三卷
　　　（唐）李亢撰
　　　稗海（萬曆本、康熙重編補刊本、乾隆
　　　　修補重訂本）第一函
　　　叢書集成初編・文學類
　獨異志一卷
　　　說郛（宛委山堂本）弓一百十八
　獨異志
　　　說郛（商務印書館本）卷六・廣知
　松窗雜錄一卷
　　　（唐）李濬撰
　　　顧氏文房小說（嘉靖本、景嘉靖本）
　　　歷代小史
　　　四庫全書・子部小說家類
　　　奇晉齋叢書（乾隆本、景乾隆本）
　　　景印元明善本叢書十種・歷代小史
　松窗雜記一卷
　　　（題唐杜荀鶴撰）
　　　說郛（宛委山堂本）弓四十六
　　　五朝小說・唐人百家小說偏錄家
　　　五朝小說大觀・唐人百家小說偏錄家
　　　唐人說薈（乾隆本、道光本、宣統石印

本、民國石印本)初集
　　唐代叢書初集
　　古今說部叢書一集
　　貴池先哲遺書・貴池唐人集
　松窗雜錄
　　說郛(商務印書館本)卷三
　　說郛(商務印書館本)卷四十六
　(題唐杜荀鶴撰)
　　說郛(商務印書館本)卷四
　松窗雜錄二則
　　舊小說(民國本、1957 年本)乙集
撫異記一卷
　(唐)李濬撰
　　合刻三志・志異類
　　說郛(宛委山堂本)弓五十二
　　五朝小說・唐人百家小說紀載家
　　五朝小說大觀・唐人百家小說紀載家
　　唐人說薈(乾隆本、道光本、宣統石印
　　　本、民國石印本)五集
　　唐代叢書五集
逸史
　(唐)盧□撰
　　說郛(商務印書館本)卷二十四
　逸史四十一則
　　舊小說(民國本、1957 年本)乙集
乾𦠢子一卷
　(唐)溫庭筠撰
　　說郛(宛委山堂本)弓二十三
　　龍威祕書五集・說郛雜著
　　古今說部叢書二集
　　叢書集成初編・文學類
　乾𦠢子十七則
　　舊小說(民國本、1957 年本)乙集
乾𦠢子佚文一卷
　(唐)溫庭筠撰　(清)王仁俊輯
　　經籍佚文
劉賓客嘉話錄一卷
　(唐)章絢錄
　　續百川學海丁集
　　顧氏文房小說(嘉靖本、景嘉靖本)
　　稽古堂叢刻
　　說郛(宛委山堂本)弓三十六
　　五朝小說・唐人百家小說紀載家
　　四庫全書・子部小說家類
　　唐人說薈(乾隆本、道光本、宣統石印
　　　本、民國石印本)初集
　　唐代叢書初集
　　學海類編(道光本、景道光本)・集餘
　　　四

　　說庫
　　叢書集成初編・文學類
　劉賓客嘉話錄
　　說郛(商務印書館本)卷二十一
嘉話錄佚文一卷
　(唐)章絢錄　(清)王仁俊輯
　　經籍佚文
戎幕閒談一卷
　(唐)章絢撰
　　說郛(宛委山堂本)弓四十六
　戎幕閒談
　　說郛(商務印書館本)卷七
　戎幕閒談八則
　　舊小說(民國本、1957 年本)乙集
尙書故實一卷
　(唐)李綽撰
　　百川學海(重輯本)丙集
　　寶顏堂祕笈(萬曆本、民國石印本)續
　　　集
　　說郛(宛委山堂本)弓三十六
　　五朝小說・唐人百家小說偏錄家
　　五朝小說大觀・唐人百家小說偏錄家
　　四庫全書・子部雜家類
　　唐人說薈(乾隆本、道光本、宣統石印
　　　本、民國石印本)初集
　　唐代叢書初集
　　畿輔叢書
　　說庫
　　叢書集成初編・文學類
盧氏雜說一卷
　(唐)盧言撰
　　說郛(宛委山堂本)弓四十八
　雜說
　　說郛(商務印書館本)卷七十三
雜說佚文一卷
　(唐)盧言撰　(清)王仁俊輯
　　經籍佚文
負苓者傳
　(唐)王績撰
　　舊小說(民國本、1957 年本)乙集
雲仙散錄十卷
　(唐)馮贄撰
　　稽古堂叢刻
　雲仙雜記十卷
　　說郛(宛委山堂本)弓一百十九
　　四庫全書・子部小說家類
　　嘯園叢書第三函
　　四部叢刊續編・子部

　　　　叢書集成初編·文學類

雲仙雜記九卷
　　　唐宋叢書·載籍

雲仙雜記一卷
　　　龍威祕書二集
　　　說庫

雲仙散錄一卷
　　　藝海珠塵革集(庚集)
　　　廣四十家小說

雲仙散錄
　　　說郛(商務印書館本)卷二十七

雲仙散錄一卷附札記一卷
　　　(唐)馮贄撰　札記(民國)徐乃昌撰
　　　隨盦徐氏叢書

記事珠一卷
　　　(唐)馮贄撰
　　　　水邊林下
　　　　說郛續㐀二十一
　　　　五朝小說·唐人百家小說瑣記家
　　　　五朝小說大觀·唐人百家小說瑣記家
　　　　唐人說薈(乾隆本、道光本、宣統石印
　　　　　本、民國石印本)二集
　　　　唐代叢書二集
　　　　說庫

南部烟花記一卷
　　　(唐)馮贄撰
　　　　說郛(宛委山堂本)㐀六十六
　　　　五朝小說·唐人百家小說瑣記家
　　　　五朝小說大觀·唐人百家小說瑣記家
　　　　唐人說薈(乾隆本、道光本、宣統石印
　　　　　本、民國石印本)三集
　　　　唐代叢書三集

唐闕史一卷
　　　(題唐吳兢撰)
　　　　說郛(宛委山堂本)㐀四十八

闕史二卷
　　　(唐參寥子撰)
　　　　閭丘辯囿
　　　　說庫

唐闕史二卷
　　　(唐)高彥休撰
　　　　四庫全書·子部小說家類
　　　　叢書集成初編·文學類

御覽闕史二卷
　　　知不足齋叢書(乾隆至道光本、景乾隆
　　　　至道光本)第一集
　　　(唐參寥子撰)
　　　　龍威祕書二集

　　　　藝苑捃華
　　　　崇文書局彙刻書

唐闕史十二則
　　　舊小說(民國本、1957 年本)丙集

桂苑叢談一卷
　　　(唐)馮翊撰
　　　　續百川學海丙集
　　　　寶顏堂祕笈(萬曆本、民國石印本)續
　　　　　集
　　　　說郛(宛委山堂本)㐀二十六
　　　　五朝小說·唐人百家小說紀載家
　　　　五朝小說大觀·唐人百家小說紀載家
　　　　四庫全書·子部小說家類
　　　　唐人說薈(乾隆本、道光本、宣統石印
　　　　　本、民國石印本)初集
　　　　唐代叢書初集
　　　　古今說部叢書二集
　　　　廣四十家小說
　　　　說庫
　　　　叢書集成初編·文學類

桂苑叢談
　　　說郛(商務印書館本)卷七

桂苑叢談五則
　　　舊小說(民國本、1957 年本)乙集

南楚新聞一卷
　　　(唐)尉遲樞撰
　　　　說郛(宛委山堂本)㐀四十六
　　　　五朝小說·唐人百家小說紀載家
　　　　五朝小說大觀·唐人百家小說紀載家
　　　　唐人說薈(乾隆本、道光本、宣統石印
　　　　　本、民國石印本)二集
　　　　唐代叢書二集

南楚新聞
　　　說郛(商務印書館本)卷七十三

南楚新聞五則
　　　舊小說(民國本、1957 年本)乙集

國史異纂
　　　(唐)□□撰
　　　　說郛(商務印書館本)卷六十七

建康實錄一卷
　　　說郛(宛委山堂本)㐀五十九

芝田錄一卷
　　　(唐)丁用晦撰
　　　　說郛(宛委山堂本)㐀三十八
　　　　五朝小說·宋人百家小說偏錄家
　　　　五朝小說大觀·宋人百家小說偏錄家

芝田錄
　　　說郛(商務印書館本)卷三

聞奇錄一卷
　　（五代）于逖撰
　　　　合刻三志・志怪類
　　　　說郛（宛委山堂本）弓一百十八
　　　　五朝小說・唐人百家小說瑣記家
　　　　五朝小說大觀・唐人百家小說瑣記家
　　　　唐人說薈（乾隆本、道光本、宣統石印
　　　　本、民國石印本）六集
　　　　唐代叢書六集
　　聞奇錄六則
　　　　舊小說（民國本、1957 年本）乙集
聞奇錄佚文一卷
　　（五代）于逖撰　（清）王仁俊輯
　　　　經籍佚文
玉堂閑話一卷
　　（五代）范資撰
　　　　說郛（宛委山堂本）弓四十八
　　玉堂閒話四十五則
　　　　舊小說（民國本、1957 年本）丙集
玉堂閒話佚文一卷
　　（五代）范資撰　（清）王仁俊輯
　　　　經籍佚文
豪異祕纂
　　（五代）□□輯
　　　　說郛（商務印書館本）卷三十四
玉溪編事一卷
　　（五代）□□撰
　　　　說郛（宛委山堂本）弓十七
　　　　龍威祕書五集
　　　　叢書集成初編・文學類
談賓錄
　　　　說郛（商務印書館本）卷三
　　　　說郛（商務印書館本）卷七十三

北　宋

牧豎閒談一卷
　　（宋）景煥撰
　　　　說郛（宛委山堂本）弓十九
　　牧豎閒談
　　　　說郛（商務印書館本）卷七
玉匣記一卷
　　（宋）皇甫牧撰
　　　　百川學海（重輯本）乙集
　　　　說郛（宛委山堂本）弓三十二
洛中紀異錄一卷
　　（宋）秦再思撰
　　　　說郛（宛委山堂本）弓四十九
　　　　五朝小說・宋人百家小說偏錄家

　　　　五朝小說大觀・宋人百家小說偏錄家
紀異錄
　　　　說郛（商務印書館本）卷三
洛中記異錄
　　　　說郛（商務印書館本）卷二十
太平廣記五百卷
　　（宋）李昉等撰
　　　　四庫全書・子部小說家類
　　　　筆記小說大觀第六輯
廣卓異記二十卷
　　（宋）樂史撰
　　　　遜敏堂叢書
　　　　筆記小說大觀第五輯
郡閣雅言一卷
　　（宋）潘若同撰
　　　　說郛（宛委山堂本）弓十七
該聞錄一卷
　　（宋）李畋撰
　　　　說郛（宛委山堂本）弓三十九
　　　　五朝小說・宋人百家小說偏錄家
　　　　五朝小說大觀・宋人百家小說偏錄家
　　該聞錄
　　　　說郛（商務印書館本）卷三
　　　　說郛（商務印書館本）卷九
友會談叢三卷
　　（宋）上官融撰
　　　　稽古堂叢刻
　　　　宛委別藏
　　　　十萬卷樓叢書二編
　　　　廣四十家小說
　　友會談叢一卷
　　　　說郛（宛委山堂本）弓二十九
　　　　五朝小說・宋人百家小說偏錄家
　　　　五朝小說大觀・宋人百家小說偏錄家
　　友會談叢
　　　　說郛（商務印書館本）卷四十
　　友會談叢十一則
　　　　舊小說（民國本、1957 年本）丁集
雁門野說一卷
　　（宋）邵思撰
　　　　說郛（宛委山堂本）弓二十四
　　野說
　　　　說郛（商務印書館本）卷四十
蒼梧雜志一卷
　　（宋）胡珵撰
　　　　說郛（宛委山堂本）弓二十六
　　　　古今說部叢書一集
見聞錄

　　　　(宋)胡納撰
　　　　　　說郛(商務印書館本)卷三

聞見錄
　　　　(宋)趙槩撰
　　　　　　說郛(商務印書館本)卷三

隣幾雜誌一卷
　　　　(宋)江休復撰
　　　　　　續百川學海丁集
　　　　　　說郛(宛委山堂本)弓三十

　　江隣幾雜志一卷
　　　　　　寶顏堂祕笈(萬曆本、民國石印本)彙
　　　　　　　集
　　　　　　稗海(萬曆本、康熙重編補刊本、乾隆
　　　　　　　修補重訂本)第八函
　　　　　　紛欣閣叢書
　　　　　　古今文藝叢書第四集
　　　　　　筆記小說大觀第七輯

　　嘉祐雜志二卷
　　　　　　四庫全書・子部小說家類

　　醴泉筆錄二卷
　　　　　　學海類編(道光本、景道光本)・集餘
　　　　　　　四

　　雜志
　　　　　　說郛(商務印書館本)卷二

月河所聞集一卷
　　　　(宋)莫君陳撰
　　　　　　吳興叢書

麗情集一卷
　　　　(宋)張君房撰
　　　　　　格致叢書
　　　　　　綠窗女史・妾婢部俊事
　　　　　　說郛(宛委山堂本)弓七十八
　　　　　　五朝小說大觀・宋人百家小說瑣記家
　　　　　　香豔叢書第五集

西齋話記一卷
　　　　(宋)祖士衡撰
　　　　　　說郛(宛委山堂本)弓二十九

　　西齋話記
　　　　　　說郛(商務印書館本)卷四

遯齋閒覽一卷
　　　　(宋)范正敏撰
　　　　　　說郛(宛委山堂本)弓二十五

　　遯齋閒覽
　　　　　　說郛(商務印書館本)卷三十二

韋居聽輿一卷
　　　　(宋)陳直撰
　　　　　　說郛(宛委山堂本)弓二十八
　　　　　　五朝小說・宋人百家小說偏錄家

　　　　　　五朝小說大觀・宋人百家小說偏錄家

　　韋居聽輿
　　　　　　說郛(商務印書館本)卷二十一

無名公傳
　　　　(宋)邵雍撰
　　　　　　說郛(商務印書館本)卷七十三

倦游雜錄一卷
　　　　(宋)張師正撰
　　　　　　說郛(宛委山堂本)弓三十三
　　　　　　五朝小說・宋人百家小說偏錄家
　　　　　　五朝小說大觀・宋人百家小說偏錄家

　　倦游雜錄
　　　　　　說郛(商務印書館本)卷十四

　　倦游錄
　　　　　　說郛(商務印書館本)卷三十七

幙府燕閒錄一卷
　　　　(宋)畢仲詢撰
　　　　　　說郛(宛委山堂本)弓四十一
　　　　　　五朝小說・宋人百家小說偏錄家
　　　　　　五朝小說大觀・宋人百家小說偏錄家

　　幙府燕閒錄
　　　　　　說郛(商務印書館本)卷三
　　　　　　說郛(商務印書館本)卷十四

墨客揮犀一卷
　　　　(宋)彭乘撰
　　　　　　古今說海(嘉靖本、道光本、宣統排印
　　　　　　　本、民國石印本)・說略部雜記家
　　　　　　說郛(宛委山堂本)弓十五

　　墨客揮犀十卷
　　　　　　稗海(萬曆本、康熙重編補刊本、乾隆
　　　　　　　修補重訂本)第六函
　　　　　　四庫全書・子部小說家類
　　　　　　筆記小說大觀第五輯

　　墨客揮犀
　　　　　　說郛(商務印書館本)卷二十四

　　墨客揮犀五則
　　　　　　舊小說(民國本、1957年本)丁集

續墨客揮犀一卷
　　　　(宋)彭乘撰
　　　　　　古今說海(嘉靖本、道光本、宣統排印
　　　　　　　本、民國石印本)・說略部雜記家

　　續墨客揮犀十卷
　　　　　　宛委別藏
　　　　　　弨園叢書
　　　　　　函芬樓祕笈第一集
　　　　　　殷禮在斯堂叢書

　　續墨客揮犀
　　　　　　說郛(商務印書館本)卷二十四

續墨客揮犀二則
　　　　舊小說（民國本、1957 年本）丁集
雜識二首
　　（宋）曾鞏撰
　　　　舊小說（民國本、1957 年本）丁集
敘盜
　　（宋）曾鞏撰
　　　　舊小說（民國本、1957 年本）丁集
鷄跖集一卷
　　（宋）王子韶撰
　　　　說郛（宛委山堂本）弓三十二
　雞跖集
　　　　說郛（商務印書館本）卷七十五
遺史紀聞一卷
　　（宋）詹玠撰
　　　　說郛（宛委山堂本）弓二十六
　　　　龍威祕書五集
　　　　說庫
　　　　叢書集成初編・文學類
書賈偉節廟
　　（宋）傅堯俞撰
　　　　舊小說（民國本、1957 年本）丁集
東坡手澤
　　（宋）蘇軾撰
　　　　說郛（商務印書館本）卷二十九
仇池筆記一卷
　　（宋）蘇軾撰
　　　　唐宋叢書・子餘
　　　　說郛（宛委山堂本）弓二十八
　　　　五朝小說・宋人百家小說偏錄家
　　　　五朝小說大觀・宋人百家小說偏錄家
　　　　龍威祕書五集
　　　　叢書集成初編・文學類
　仇池筆記二卷
　　　　四庫全書・子部雜家類
　　　　宋人小說
東坡先生仇池筆記二卷
　　　　㳂園叢書
仇池筆記
　　　　說郛（商務印書館本）卷四
問答錄一卷
　　（宋）蘇軾撰
　　　　寶顏堂祕笈（萬曆本、民國石印本）普
　　　　集
　　　　叢書集成初編・文學類
漁樵閒話錄一卷
　　（宋）蘇軾撰
　　　　寶顏堂祕笈（萬曆本、民國石印本）普

　集
　　　　叢書集成初編・文學類
漁樵閒話一卷
　　　　說郛（宛委山堂本）弓二十九
　　　　龍威祕書壬集
　　（宋東坡居士撰）
　　　　廣四十家小說
漁樵閒話
　　　　說郛（商務印書館本）卷二十一
天篆記
　　（宋）蘇軾撰
　　　　舊小說（民國本、1957 年本）丁集
子姑神記
　　（宋）蘇軾撰
　　　　舊小說（民國本、1957 年本）丁集
方山子傳
　　（宋）蘇軾撰
　　　　舊小說（民國本、1957 年本）丁集
麟書一卷
　　（宋）汪若海撰
　　　　續百川學海辛集
　　　　寶顏堂祕笈（萬曆本、民國石印本）普
　　　　集
　　　　礱古介書前集
　　　　說郛（宛委山堂本）弓一百七
汴都平康記一卷
　　（宋）張邦基撰
　　　　說郛（宛委山堂本）弓六十八
　　　　五朝小說・宋人百家小說瑣記家
　　　　五朝小說大觀・宋人百家小說瑣記家
漫堂隨筆
　　（宋）吳升撰
　　　　說郛（商務印書館本）卷六十四
靈異小錄一卷
　　（宋）曾忬撰
　　　　說郛（宛委山堂本）弓一百十七
異聞
　　（宋）何光撰
　　　　說郛（商務印書館本）卷三十八
眞率記事
　　（宋）□□撰
　　　　說郛（商務印書館本）卷六十四
眞率筆記一卷
　　（宋）□□撰
　　　　說郛（宛委山堂本）弓三十一
　　　　古今說部叢書三集
青瑣高議一卷
　　（宋）劉斧撰

說郛(宛委山堂本)弓二十六

談苑四卷

　(宋)孔平仲撰

　　　寶顏堂祕笈（萬曆本、民國石印本）續
　　　集

　孔氏談苑四卷

　　　四庫全書·子部小說家類

　孔氏談苑五卷

　　　藝海珠塵石集（乙集）
　　　叢書集成初編·文學類

　孔氏談苑三則

　　　舊小說（民國本、1957年本）丁集

續世說十二卷

　(宋)孔平仲撰

　　　宛委別藏
　　　守山閣叢書（道光本、鴻文書局景道光
　　　　本、博古齋景道光本）·子部
　　　粵雅堂叢書三編第二十二集
　　　選印宛委別藏
　　　叢書集成初編·文學類
　　　四部備要（排印本、縮印本）·子部小
　　　　說家

　續世說二十九則

　　　舊小說（民國本、1957年本）丁集

畫墁錄一卷

　(宋)張舜民撰

　　　百川學海（重輯本）戊集
　　　稗海（萬曆本、康熙重編補刊本、乾隆
　　　　修補重訂本）第三函
　　　唐宋叢書·別史
　　　說郛(宛委山堂本)弓十八
　　　四庫全書·子部小說家類

　畫墁錄六則

　　　舊小說（民國本、1957年本）丁集

書張主客遺事

　(宋)晁詠之撰

　　　舊小說（民國本、1957年本）丁集

書种放事

　(宋)王回撰

　　　舊小說（民國本、1957年本）丁集

書襄城公主事

　(宋)王回撰

　　　舊小說（民國本、1957年本）丁集

後山談叢四卷

　(宋)陳師道撰

　　　寶顏堂祕笈（萬曆本、民國石印本）續
　　　集
　　　四庫全書·子部小說家類

學海類編（道光本、景道光本）·集餘
　　　四
　　　叢書集成初編·文學類

後山談叢一卷

　　　唐宋叢書·子餘
　　　說郛(宛委山堂本)弓二十二

後山談叢佚文一卷

　(宋)陳師道撰　(清)王仁俊輯

　　　經籍佚文

明道雜志一卷

　(宋)張耒撰

　　　續百川學海丙集
　　　顧氏文房小說（嘉靖本、景嘉靖本）
　　　唐宋叢書·載籍
　　　叢書集成初編·文學類

　明道雜志一卷續一卷

　　　說郛(宛委山堂本)弓四十三
　　　學海類編（道光本、景道光本）·集餘
　　　四

　明道雜志

　　　說郛(商務印書館本)卷八

竹夫人傳一卷

　(宋)張耒撰

　　　香豔叢書第六集

暇日記一卷

　(宋)劉跂撰

　　　說郛(宛委山堂本)弓二十七
　　　五朝小說·宋人百家小說偏錄家
　　　五朝小說大觀·宋人百家小說偏錄家

　暇日記

　　　說郛(商務印書館本)卷四

賓朋宴語一卷

　(宋)丘昶撰

　　　說郛(宛委山堂本)弓三十六

青瑣後集

　(宋)□□撰

　　　說郛(商務印書館本)卷七十五

雲齋廣錄一卷

　(宋)李獻民撰

　　　說郛(宛委山堂本)弓二十九
　　　龍威祕書五集·說郛雜著

　雲齋廣錄

　　　說郛(商務印書館本)卷三

釣磯立談一卷

　(宋)費樞撰

　　　說郛(宛委山堂本)弓三十一

士林紀實

　　　說郛(商務印書館本)卷七十五

南　宋

清尊錄一卷
　　（宋）廉布撰
　　　　廣百川學海丁集
　　　　古今說海（嘉靖本、道光本、宣統排印
　　　　　本、民國石印本）・說略部雜記家
　　　　說郛（宛委山堂本）弓三十四
　　　　五朝小說・宋人百家小說偏錄家
　　　　五朝小說大觀・宋人百家小說偏錄家
　　　　香艷叢書第四集
　　　　楚州叢書第一集
　　清尊錄
　　　　說郛（商務印書館本）卷十一
　　清尊錄七則
　　　　舊小說（民國本、1957 年本）丁集
可談一卷
　　（宋）朱彧撰
　　　　百川學海（咸淳本、景刊咸淳本）丁集
　　　　百川學海（弘治本、景刊咸淳本據弘治
　　　　　目次編印本、景弘治本）丙集
　　　　百川學海（重輯本）戊集
　　　　寶顏堂祕笈（萬曆本、民國石印本）續
　　　　　集
　　　　說郛（宛委山堂本）弓三十五
　　　　古今說部叢書一集
　　萍洲可談一卷
　　　　說庫
　　萍洲可談三卷
　　　　四庫全書・子部小說家類
　　　　墨海金壺（嘉慶本、景嘉慶本）・子部
　　萍洲可談三卷附校勘記一卷
　　（宋）朱彧撰　校勘記（清）錢熙祚撰
　　　　守山閣叢書（道光本、鴻文書局景道光
　　　　　本、博古齋景道光本）・子部
　　　　叢書集成初編・文學類
高齋漫錄一卷
　　（宋）曾慥撰
　　　　古今說海（嘉靖本、道光本、宣統排印
　　　　　本、民國石印本）・說略部雜記家
　　　　歷代小史
　　　　四庫全書・子部小說家類
　　　　墨海金壺（嘉慶本、景嘉慶本）・子部
　　　　學海類編（道光本、景道光本）・集餘
　　　　　四
　　　　守山閣叢書（道光本、鴻文書局景道光
　　　　　本、博古齋景道光本）・子部
　　　　說庫
　　　　叢書集成初編・文學類

　　　　景印元明善本叢書十種・歷代小史
高齋漫錄
　　　　說郛（商務印書館本）卷二十七
高齋漫錄二則
　　　　舊小說（民國本、1957 年本）丁集
五總志一卷
　　（宋）吳炯撰
　　　　說郛（宛委山堂本）弓二十三
　　　　四庫全書・子部雜家類
　　　　知不足齋叢書（乾隆至道光本、景乾隆
　　　　　至道光本）第二十一集
　　　　藝海珠塵石集（乙集）
　　　　筆記小說大觀第四輯
　　　　叢書集成初編・總類
五總志
　　　　說郛（商務印書館本）卷四十八
五總志一則
　　　　舊小說（民國本、1957 年本）丁集
東皋雜錄一卷
　　（宋）孫宗鑑撰
　　　　說郛（宛委山堂本）弓四十
　　　　五朝小說・宋人百家小說偏錄家
　　　　五朝小說大觀・宋人百家小說偏錄家
東皋雜錄
　　　　說郛（商務印書館本）卷二
　　　　說郛（商務印書館本）卷三
西畬瑣錄一卷
　　（宋）孫宗鑑撰
　　　　學海類編（道光本、景道光本）・集餘
　　　　　四
植杖聞談一卷
　　（宋）錢康功撰
　　　　說郛（宛委山堂本）弓二十八
　　　　五朝小說・宋人百家小說偏錄家
　　　　五朝小說大觀・宋人百家小說偏錄家
　　植跋簡談
　　（題宋錢康公撰）
　　　　說郛（商務印書館本）卷二十
秀水閒居錄一卷
　　（宋）朱勝非撰
　　　　說郛（宛委山堂本）弓四十一
　　　　古今說部叢書一集
鷄肋編一卷
　　（宋）莊綽撰
　　　　說郛（宛委山堂本）弓二十七
　　　　五朝小說・宋人百家小說偏錄家
　　　　五朝小說大觀・宋人百家小說偏錄家
雞肋編三卷

四庫全書·子部小說家類
　　宋人小說
　雞肋編
　　　說郛(商務印書館本)卷六
　雞肋編十八則
　　　舊小說(民國本、1957年本)丁集
　雞肋編三卷附校勘記一卷
　　(宋)莊綽撰　校勘記(清)胡珽撰
　　　琳琅祕室叢書(咸豐本)第三集
　雞肋編三卷附校勘記一卷續校一卷
　　(宋)莊綽撰　校勘記(清)胡珽撰　續校
　　(清)董金鑑撰
　　　琳琅祕室叢書(光緒本)第三集
　　　叢書集成初編·文學類
　澹山雜識一卷
　　(宋)錢功撰
　　　說郛(宛委山堂本)弓二十八
　　　五朝小說·宋人百家小說偏錄家
　　　五朝小說大觀·宋人百家小說偏錄家
　　澹山雜識
　　(宋淮海野人撰)
　　　說郛(商務印書館本)卷二十九
　春渚紀聞六卷
　　(宋)何薳撰
　　　寶顏堂祕笈(萬曆本、民國石印本)普
　　　集
　　春渚紀聞十卷
　　　津逮祕書(汲古閣本、景汲古閣本)第
　　　十五集
　　　四庫全書·子部雜家類
　　　學津討原(嘉慶本、景嘉慶本)第十五
　　　集
　　　浦城遺書
　　　宋人小說
　　　叢書集成初編·文學類
　　春渚紀聞一卷
　　　說郛(宛委山堂本)弓三十七
　　　五朝小說·宋人百家小說偏錄家
　　　五朝小說大觀·宋人百家小說偏錄家
　　春渚紀聞
　　　說郛(商務印書館本)卷四十二
　春渚紀聞補闕一卷
　　(清)盧文弨撰
　　　抱經堂叢書(乾隆本、景乾隆本)·羣
　　　書拾補初編
　　　紹興先正遺書第二集·羣書拾補初編
　　　叢書集成初編·總類·羣書拾補
　步里客談一卷

　　(宋)陳長方撰
　　　說郛(宛委山堂本)弓二十九
　步里客談二卷
　　　四庫全書·子部小說家類
　　　墨海金壺(嘉慶本、景嘉慶本)·子部
　　　守山閣叢書(道光本、鴻文書局景道光
　　　本、博古齋景道光本)·子部
　步里客談
　　　說郛(商務印書館本)卷九
　陶朱新錄一卷
　　(宋)馬純撰
　　　說郛(宛委山堂本)弓四十
　　　五朝小說·宋人百家小說偏錄家
　　　五朝小說大觀·宋人百家小說偏錄家
　　　四庫全書·子部小說家類
　　　墨海金壺(嘉慶本、景嘉慶本)·子部
　　　珠叢別錄(道光本、景道光本)
　　　廣四十家小說
　　陶朱新錄
　　　說郛(商務印書館本)卷三十九
　宣靖妖化錄
　　(宋)孔偁撰
　　　說郛(商務印書館本)卷四十三
　分門古今類事二十卷
　　(宋)宋□撰
　　　四庫全書·子部小說家類
　新編分門古今類事二十卷
　　　十萬卷樓叢書三編
　　　叢書集成初編·文學類
　過庭錄一卷
　　(宋)范公偁撰
　　　稗海(萬曆本、康熙重編補刊本、乾隆
　　　修補重訂本)第三函
　　　說郛(宛委山堂本)弓十四
　　　四庫全書·子部小說家類
　　　筆記小說大觀第五輯
　　　叢書集成初編·文學類
　　過庭錄十則
　　　舊小說(民國本、1957年本)丁集
　張氏可書一卷
　　(宋)張知甫撰
　　　四庫全書·子部小說家類
　　　函海(乾隆本、道光本)第六函
　　　墨海金壺(嘉慶本、景嘉慶本)·子部
　　　守山閣叢書(道光本、鴻文書局景道光
　　　本、博古齋景道光本)·子部
　　　函海(光緒本)第八函
　　　湖北先正遺書·子部

可書一卷
　　十萬卷樓叢書初編
　　叢書集成初編・文學類
可書一則
　　舊小說(民國本、1957 年本)丁集
北窗炙輠錄一卷
　　(宋)施德操撰
　　四庫全書・子部小說家類
北窗炙輠錄二卷
　　奇晉齋叢書(乾隆本、景乾隆本)
　　學海類編(道光本、景道光本)・集餘
　　　　四
北窗炙輠二卷
　　讀畫齋叢書丁集
　　叢書集成初編・文學類
北窗炙輠十一則
　　舊小說(民國本、1957 年本)丁集
隱窟雜志一卷
　　(宋)溫革撰
　　說郛(宛委山堂本)弓十八
　　五朝小說・宋人百家小說偏錄家
　　五朝小說大觀・宋人百家小說偏錄家
隱窟雜志
　　說郛(商務印書館本)卷二
十友瑣說一卷
　　(宋)溫革撰
　　說郛(宛委山堂本)弓四十
墨莊漫錄十卷
　　(宋)張邦基撰
　　稗海(萬曆本、康熙重編補刊本、乾隆
　　　　修補重訂本)第四函
　　四庫全書・子部雜家類
　　筆記小說大觀第五輯
　　叢書集成初編・文學類
墨莊漫錄一卷
　　說郛(宛委山堂本)弓二十一
　　敬修堂叢書
墨莊漫錄十八則
　　舊小說(民國本、1957 年本)丁集
墨莊漫錄十卷附校勘記一卷
　　(宋)張邦基撰　校勘記張元濟撰
　　四部叢刊三編・子部
視聽抄一卷
　　(宋)吳莘撰
　　說郛(宛委山堂本)弓三十二
視聽抄
　　說郛(商務印書館本)卷二十
蔣氏日錄一卷

(宋)蔣穎叔撰
　　說郛(宛委山堂本)弓三十一
昨夢錄(一名退軒筆錄)一卷
　　(宋)康與之撰
　　廣百川學海丁集
　　古今說海(嘉靖本、道光本、宣統排印
　　　　本、民國石印本)・說略部雜記家
　　說郛(宛委山堂本)弓三十四
　　五朝小說・宋人百家小說偏錄家
　　五朝小說大觀・宋人百家小說偏錄家
　　學海類編(道光本、景道光本)・集餘
　　　　四
　　說庫
昨夢錄
　　說郛(商務印書館本)卷二十一
昨夢錄六則
　　舊小說(民國本、1957 年本)丁集
醉翁寐語一卷
　　(宋)樓璹撰
　　說郛(宛委山堂本)弓三十三
翰墨叢記一卷
　　(宋)滕康撰
　　說郛(宛委山堂本)弓三十一
獨醒雜志十卷附錄一卷
　　(宋)曾敏行撰
　　四庫全書・子部小說家類
　　知不足齋叢書(乾隆至道光本、景乾隆
　　　　至道光本)第二集
　　筆記小說大觀第二輯
　　叢書集成初編・文學類
獨醒雜志十二則
　　舊小說(民國本、1957 年本)丁集
對雨編一卷
　　(宋)洪邁撰
　　水邊林下
　　說郛(宛委山堂本)弓七十四
　　五朝小說・宋人百家小說偏錄家
　　五朝小說大觀・宋人百家小說偏錄家
窗間記聞一卷
　　(宋)陳子蒙撰
　　說郛(宛委山堂本)弓三十一
感知錄
　　(宋)陸游撰
　　說郛(商務印書館本)卷四十三
避暑漫抄一卷
　　(宋)陸游撰
　　續百川學海戊集
　　古今說海(嘉靖本、道光本、宣統排印

聞見錄一卷
　　（宋）羅點撰
　　　　說郛（宛委山堂本）弓三十二
　聞見錄
　　　　說郛（商務印書館本）卷九
桃源手聽一卷
　　（宋）陳賓撰
　　　　說郛（宛委山堂本）弓二十八
　桃源手聽
　　　　說郛（商務印書館本）卷二十九
續骫骳說一卷
　　（題宋朱昻撰）
　　　　說郛（宛委山堂本）弓二十九
　續骫骳說
　　　　（宋）朱弁撰
　　　　說郛（商務印書館本）卷三十八
剡溪野語一卷
　　（宋）程正敏撰
　　　　說郛（宛委山堂本）弓三十一
然藜餘筆一卷
　　（宋）□□撰
　　　　說郛（宛委山堂本）弓三十一
桯史一卷
　　（宋）岳珂撰
　　　　歷代小史
　　　　說郛（宛委山堂本）弓二十八
　　　　五朝小說・宋人百家小說偏錄家
　　　　五朝小說大觀・宋人百家小說偏錄家
　　　　龍威祕書五集
　　　　景印元明善本叢書十種・歷代小史
　桯史十五卷
　　　　稗海（萬曆本、康熙重編補刊本、乾隆
　　　　　修補重訂本）第八函
　　　　四庫全書・子部小說家類
　　　　四部叢刊續編・子部
　　　　筆記小說大觀第六輯
　桯史十五卷附錄一卷
　　　　津逮祕書（汲古閣本、景汲古閣本）第
　　　　　八集
　　　　學津討原（嘉慶本、景嘉慶本）第十九
　　　　　集
　　　　申報館叢書續集・掌故類
　　　　叢書集成初編・文學類
　桯史
　　　　說郛（商務印書館本）卷九十一
玉照堂梅品一卷
　　（宋）張鎡撰
　　　　古今文藝叢書第五集

耆舊續聞十卷
　　（宋）陳鵠撰
　　　　四庫全書・子部小說家類
　西塘集耆舊續聞十卷
　　　　知不足齋叢書（乾隆至道光本、景乾隆
　　　　　至道光本）第十九集
　　　　叢書集成初編・文學類
　耆舊續聞七則
　　　　舊小說（民國本、1957 年本）丁集
醉翁談錄五卷
　　（宋）金盈之撰
　　　　宛委別藏
　醉翁談錄八卷
　　　　碧琳瑯館叢書丙部
　　　　芋園叢書・子部
　新編醉翁談錄八卷
　　　　適園叢書第七集
葦航紀談一卷
　　（宋）蔣津撰
　　　　說郛（宛委山堂本）弓二十
　　　　五朝小說・宋人百家小說偏錄家
　　　　五朝小說大觀・宋人百家小說偏錄家
　葦航紀談
　　　　說郛（商務印書館本）卷七
游宦紀聞十卷
　　（宋）張世南撰
　　　　稗海（萬曆本、康熙重編補刊本、乾隆
　　　　　修補重訂本）第四函
　　　　四庫全書・子部雜家類
　　　　知不足齋叢書（乾隆至道光本、景乾隆
　　　　　至道光本）第七集
　　　　筆記小說大觀第四輯
　　　　抱經樓叢刊
　　　　叢書集成初編・文學類
　游宦紀聞一卷
　　　　說郛（宛委山堂本）弓三十
　　　　五朝小說・宋人百家小說偏錄家
　　　　五朝小說大觀・宋人百家小說偏錄家
　游宦紀聞
　　　　說郛（商務印書館本）卷十四
　游宦紀聞六則
　　　　舊小說（民國本、1957 年本）丁集
野雪鍛排雜說一卷
　　（宋）許景迂撰
　　　　說郛（宛委山堂本）弓三十二
　野雪鍛排雜說
　　　　說郛（商務印書館本）卷十二
清夜錄一卷

（宋）俞文豹撰
 顧氏明朝四十家小說（正德嘉靖本、宣統排印本、民國石印本）
 歷代小史
 說郛（宛委山堂本）弓三十八
 五朝小說・宋人百家小說偏錄家
 五朝小說大觀・宋人百家小說偏錄家
 廣四十家小說
 景印元明善本叢書十種・歷代小史

退齋雅聞錄一卷
（宋）侯延慶撰
 說郛（宛委山堂本）弓十七

退齋雅聞錄
 說郛（商務印書館本）卷四十八

談藪一卷
（宋）龐元英撰
 百川學海（重輯本）戊集
 古今說海（嘉靖本、道光本、宣統排印本、民國石印本）・說略部雜記家
 說郛（宛委山堂本）弓三十五
 五朝小說・宋人百家小說偏錄家
 五朝小說大觀・宋人百家小說偏錄家
 學海類編（道光本、景道光本）・集餘四
 古今說部叢書一集

談藪
 說郛（商務印書館本）卷三十一

談藪十三則
 舊小說（民國本、1957 年本）丁集

宣政雜錄一卷
（宋）江萬里撰
 續百川學海戊集
 古今說海（嘉靖本、道光本、宣統排印本、民國石印本）・說略部雜記家
 歷代小史
 說郛（宛委山堂本）弓四十七
 景印元明善本叢書十種・歷代小史

宣政雜錄
 說郛（商務印書館本）卷二十六

宣政雜錄一則
 舊小說（民國本、1957 年本）丁集

悅生隨抄一卷
（宋）賈似道撰
 說郛（宛委山堂本）弓二十
 五朝小說・宋人百家小說偏錄家
 五朝小說大觀・宋人百家小說偏錄家

悅生隨抄
 說郛（商務印書館本）卷十二

江行雜錄一卷
（宋）廖瑩中撰
 續百川學海戊集
 古今說海（嘉靖本、道光本、宣統排印本、民國石印本）・說纂部散錄家
 歷代小史
 說郛（宛委山堂本）弓四十七
 說庫
 叢書集成初編・文學類
 景印元明善本叢書十種・歷代小史

養疴漫筆一卷
（宋）趙溍撰
 續百川學海戊集
 古今說海（嘉靖本、道光本、宣統排印本、民國石印本）・說纂部散錄家
 說郛（宛委山堂本）弓四十七
 學海類編（道光本、景道光本）・集餘四

姑蘇筆記一卷
（宋）龔志仁撰
 說郛（宛委山堂本）弓二十六

姑蘇筆記
 說郛（商務印書館本）卷五十七

澄懷錄二卷
（宋）周密撰
 榕園叢書丙集

癸辛雜識前集一卷後集一卷續集二卷別集二卷
（宋）周密撰
 稗海（萬曆本、康熙重編補刊本、乾隆修補重訂本）第十函
 津逮祕書（汲古閣本、景汲古閣本）第十四集
 四庫全書・子部小說家類
 學津討原（嘉慶本、景嘉慶本）第十九集

癸辛雜識一卷
 說郛（宛委山堂本）弓二十一
 無一是齋叢鈔

癸辛雜識前集五則後集六則續集十一則別集二則
 舊小說（民國本、1957 年本）丁集

船窗夜話一卷
（宋）顧文薦撰
 說郛（宛委山堂本）弓二十八
 五朝小說・宋人百家小說偏錄家
 五朝小說大觀・宋人百家小說偏錄家

船窗夜話

　　　　　說郛(商務印書館本)卷二十一

耕餘博覽一卷
　　(宋)□□撰
　　　　　說郛(宛委山堂本)弓二十六

咸定錄一卷
　　(宋)□□撰
　　　　　說郛(宛委山堂本)弓三十四

天定錄一卷
　　(宋)□□撰
　　　　　說郛(宛委山堂本)弓三十四

祕閣閑話一卷
　　　　　說郛(宛委山堂本)弓二十六

致虛雜俎一卷
　　　　　說郛(宛委山堂本)弓三十一
　　　　　古今說部叢書三集

玉箱雜記
　　　　　說郛(商務印書館本)卷四

採蘭雜志一卷
　　　　　說郛(宛委山堂本)弓三十一
　　　　　古今說部叢書二集

戊辰雜抄一卷
　　　　　說郛(宛委山堂本)弓三十一

內觀日疏一卷
　　　　　說郛(宛委山堂本)弓三十一

下帷短牒一卷
　　　　　說郛(宛委山堂本)弓三十一
　　　　　古今說部叢書三集

元

雪舟脞語(一名甕天脞語)一卷
　　(題元王仲暉撰)
　　　　　說郛(宛委山堂本)弓二十九

　雪舟脞語
　　(宋)邵桂子撰
　　　　　說郛(商務印書館本)卷五十七

虛谷閒抄一卷
　　(元)方回撰
　　　　　古今說海(嘉靖本、道光本、宣統排印
　　　　　　本、民國石印本)·說纂部散錄家
　　　　　說郛(宛委山堂本)弓三十三
　　　　　五朝小說·宋人百家小說偏錄家
　　　　　五朝小說大觀·宋人百家小說偏錄家
　　　　　古今說部叢書四集
　　　　　說庫

誠齋雜記二卷
　　(元)林坤撰
　　　　　津逮祕書(汲古閣本、景汲古閣本)第
　　　　　　九集

　　　　　說庫

誠齋雜記一卷
　　(題元周達觀撰)
　　　　　說郛(宛委山堂本)弓三十一
　　　　　古今說部叢書四集

重刊湖海新聞夷堅續志前集二卷後集二
卷補遺一卷
　　(元)□□撰
　　　　　適園叢書第十二集

唫囈集一卷
　　(元)宋无撰
　　　　　說郛(宛委山堂本)弓三十八
　　　　　五朝小說·宋人百家小說偏錄家
　　　　　五朝小說六觀·宋人百家小說偏錄家

　唫囈集
　　　　　說郛(商務印書館本)卷三十三

三柳軒雜識一卷
　　(元)程棨撰
　　　　　說郛(宛委山堂本)弓二十四
　　　　　五朝小說·宋人百家小說偏錄家
　　　　　五朝小說六觀·宋人百家小說偏錄家

　三柳軒雜識
　　　　　說郛(商務印書館本)卷二十一

稗史一卷
　　(元)仇遠撰
　　　　　說郛(宛委山堂本)弓二十五
　　　　　武林往哲遺箸

　稗史
　　　　　說郛(商務印書館本)卷二十一

東南紀聞三卷
　　(元)□□撰
　　　　　四庫全書·子部小說家類
　　　　　墨海金壺(嘉慶本、景嘉慶本)·子部
　　　　　守山閣叢書(道光本、鴻文書局景道光
　　　　　　本、博古齋景道光本)·子部
　　　　　養素軒叢錄第二集

鉤玄一卷
　　(元)□□撰
　　　　　說郛(宛委山堂本)弓二十四

　鉤玄
　　　　　說郛(商務印書館本)卷五十三

東園友聞一卷
　　(元)□□撰
　　　　　古今說海(嘉靖本、道光本、宣統排印
　　　　　　本、民國石印本)·說略部雜記家
　　　　　歷代小史
　　　　　說郛(宛委山堂本)弓二十六
　　　　　學海類編(道光本、景道光本)·集餘

　　　　　說庫
　　縣笥瑣探摘鈔一卷
　　　　　紀錄彙編
　　　　　叢書集成初編・文學類
　　　　　景印元明善本叢書十種・紀錄彙編
方洲雜錄一卷
　　（明）張寧撰
　　　　　百陵學山
　　　　　說郛續弓十八
　　　　　景印元明善本叢書十種・百陵學山
　　方洲雜言一卷
　　　　　寶顏堂祕笈（萬曆本、民國石印本）普
　　　　　集
　　　　　學海類編（道光本、景道光本）・集餘
　　　　　四
　　　　　叢書集成初編・文學類
客座新聞一卷
　　（明）沈周撰
　　　　　古今名賢彙語
　　　　　說郛續弓十三
　　　　　五朝小說・皇明百家小說
　　　　　五朝小說大觀・皇明百家小說
石田雜記一卷
　　（明）沈周撰
　　　　　學海類編（道光本、景道光本）・集餘
　　　　　四
　　　　　廣四十家小說
　　　　　叢書集成初編・文學類
湯媼傳一卷
　　（明）吳寬撰
　　　　　香豔叢書第六集
冶城客論一卷
　　（明）陸采撰
　　　　　說郛續弓七
濯纓亭筆記一卷
　　（明）戴冠撰
　　　　　說郛續弓八
對客燕談一卷
　　（明）邵寶撰
　　　　　適園叢書第一集
蓬軒別記一卷
　　（題明黃暐撰）
　　　　　煙霞小說第一帙
　　（明）楊循吉撰
　　　　　說郛續弓十七
　　　　　五朝小說・皇明百家小說
　　　　　五朝小說大觀・皇明百家小說
　　　　　古今說部叢書五集
馬氏日抄一卷

　　　　　（明）馬愈撰
　　　　　煙霞小說第二帙
　　　　　學海類編（道光本、景道光本）・集餘
　　　　　七
　　　　　叢書集成初編・文學類
都公譚纂二卷
　　（明）都穆撰
　　　　　硯雲甲編
　　　　　申報館叢書續集・紀麗類・硯雲甲編
　　　　　叢書集成初編・文學類
玉壺冰一卷
　　（明）都穆撰
　　　　　說郛續弓二十七
猥談一卷
　　（明）祝允明撰
　　　　　廣百川學海戊集
　　　　　煙霞小說第五帙
　　　　　說郛續弓四十六
　　　　　古今說部叢書五集
異林一卷
　　（明）徐禎卿撰
　　　　　廣百川學海戊集
　　　　　煙霞小說第五帙
　　　　　唐宋叢書・載籍
　　　　　合刻三志・志異類
　　　　　說郛續弓四十六
　　　　　五朝小說・皇明百家小說
　　　　　五朝小說大觀・皇明百家小說
知命錄一卷
　　（明）陸深撰
　　　　　儼山外集
　　　　　寶顏堂祕笈（萬曆本、民國石印本）續
　　　　　集
西樵野記一卷
　　（明）侯甸撰
　　　　　古今名賢彙語
　　　　　說郛續弓十六
　　　　　五朝小說・皇明百家小說
　　　　　五朝小說大觀・皇明百家小說
閩中今古錄摘抄一卷
　　（明）黃溥撰
　　　　　紀錄彙編
　　　　　叢書集成初編・文學類
　　　　　景印元明善本叢書十種・紀錄彙編
　　閩中今古錄一卷
　　　　　古今名賢彙語
　　　　　說郛續弓二十
　　　　　五朝小說・皇明百家小說
　　　　　五朝小說大觀・皇明百家小說

古今名賢彙語
　　說郛續弓十四
　　五朝小說・皇明百家小說
　　五朝小說大觀・皇明百家小說
奇聞類紀摘鈔四卷
　　(明)施顯卿撰
　　　紀錄彙編
　　　景印元明善本叢書十種・紀錄彙編
　奇聞類記
　　　勝朝遺事二編
雲林遺事一卷附錄一卷
　　(明)顧元慶撰
　　　顧氏明朝四十家小說(正德嘉靖本、宣
　　　　統排印本、民國石印本)
　雲林遺事一卷
　　　璅探
　　　說郛續弓二十一
　　　五朝小說・皇明百家小說
　　　五朝小說大觀・皇明百家小說
　　　借月山房彙鈔(嘉慶本、景嘉慶本)第
　　　　六集
　　　澤古齋重鈔第六集
綵線貫明珠秋繁錄一卷
　　(明)董穀撰
　　　格致叢書
酒鑒
　　(明)屠本畯撰
　　　居家必備・懿訓
　酒鑒一卷
　　　塵談拾雅
食觀
　　　居家必備・懿訓
安陽張承小說一卷
　　(明)張承撰
　　　張伊嗣全集
何氏語林三十卷
　　(明)何良俊撰
　　　四庫全書・子部小說家類
曲中志一卷
　　(明)潘之恆撰
　　　綠窗女史・青樓部平康
　　　說郛續弓四十四
金陵妓品一卷
　　(明)潘之恆撰
　　　說郛續弓四十四
祐山雜說一卷
　　(明)馮汝弼撰
　　　寶顏堂祕笈(萬曆本、民國石印本)普

集
　　說郛續弓十七
　　叢書集成初編・文學類
北牕瑣語一卷
　　(明)余永麟撰
　　　硯雲甲編
　　　申報館叢書續集・紀麗類・硯雲甲編
　　　古今說部叢書四集
　　　叢書集成初編・文學類
燕都妓品一卷
　　(明)曹大章(冰華梅史)撰
　　　重訂欣賞編
　　　綠窗女史・青樓部品藻
　　　說郛續弓四十四
蓮臺仙會品一卷
　　(明)曹大章撰
　　　綠窗女史・妾婢部俊事
　　　說郛續弓四十四
秦淮士女表一卷
　　(明)曹大章撰
　　　重訂欣賞編
　　　說郛續弓四十四
廣陵女士殿最一卷
　　(明)曹大章(萍鄉花史)撰
　　　綠窗女史・青樓部品藻
　　　說郛續弓四十四
秋粧樓眉判一卷
　　(明)何偉然撰
　　　廣快書
嵩陽雜識一卷
　　(明)□□撰
　　　說郛續弓七
百可漫志一卷
　　(明)陳鼐撰
　　　紀錄彙編
　　　古今名賢彙語
　　　說郛續弓十八
　　　五朝小說・皇明百家小說
　　　五朝小說大觀・皇明百家小說
　　　叢書集成初編・文學類
　　　景印元明善本叢書十種・紀錄彙編
權子一卷
　　(明)耿定向撰
　　　說郛續弓四十五
海上紀聞一卷
　　(明)□□撰
　　　說郛續弓七
異史一卷

（明）李贄撰
　　　　大雅堂訂正枕中書
　　　　李卓吾先生祕書八種
二酉委譚一卷
　　（明）王世懋撰
　　　　王奉常雜著
　　　　說郛續弓十八
　　　　五朝小說・皇明百家小說
　　　　五朝小說大觀・皇明百家小說
　　二酉委譚摘錄一卷
　　　　紀錄彙編
　　　　叢書集成初編・文學類
　　　　景印元明善本叢書十種・紀錄彙編
河上楮談三卷
　　（明）朱孟震撰
　　　　朱秉器全集
汾上續談一卷
　　（明）朱孟震撰
　　　　朱秉器全集
浣水續談一卷
　　（明）朱孟震撰
　　　　朱秉器全集
游宦餘談一卷
　　（明）朱孟震撰
　　　　朱秉器全集
賢奕編四卷
　　（明）劉元卿撰
　　　　寶顏堂祕笈（萬曆本、民國石印本）續
　　　　　集
　　　　叢書集成初編・文學類
譏語二卷
　　（明）郭子章撰
　　　　六語
讔語二卷
　　（明）郭子章撰
　　　　六語
讔語二卷
　　（明）郭子章撰
　　　　六語
快雪堂漫錄一卷
　　（明）馮夢禎撰
　　　　說郛續弓十四
　　　　五朝小說・皇明百家小說
　　　　五朝小說大觀・皇明百家小說
　　　　奇晉齋叢書（乾隆本、景乾隆本）
　　　　說庫
說儲一卷二集一卷
　　（明）陳禹謨撰

敬修堂叢書
甲乙剩言一卷
　　（明）胡應麟撰
　　　　廣百川學海丙集
　　　　寶顏堂祕笈（萬曆本、民國石印本）正
　　　　　集
　　　　說郛續弓十六
　　　　五朝小說・皇明百家小說
　　　　五朝小說大觀・皇明百家小說
　　　　說庫
二酉綴遺三卷
　　（明）胡應麟撰
　　　　少室山房四集・筆叢
　　　　廣雅書局叢書・雜著・少室山房集・
　　　　　少室山房筆叢
　　　　明清筆記叢刊・少室山房筆叢
霞外麈談十卷
　　（明）周應治撰
　　　　筆記小說大觀第八輯
濟南紀政一卷
　　（明）徐榜撰
　　　　涇川叢書（道光本、景道光本）
　　　　叢書集成初編・文學類
聞雁齋筆談一卷
　　（清）張大復撰
　　　　說郛續弓十四
梅花草堂集十四卷
　　（清）張大復撰
　　　　筆記小說大觀外集
　　梅花草堂筆談十四卷
　　　　中國文學珍本叢書第一輯
猶及編一卷
　　（明）朱元弼撰
　　　　鹽邑志林
　　　　叢書集成初編・文學類
　　　　景印元明善本叢書十種・鹽邑志林
涇林續記一卷
　　（明）周玄暐撰
　　　　功順堂叢書
　　　　叢書集成初編・文學類
　　涇林續記不分卷
　　　　函芬樓祕笈第八集
寓林清言一卷
　　（明）黃汝亨撰
　　　　說郛續弓三十一
兒世說一卷
　　（明）趙瑜撰
　　　　說郛續弓二十三

香案牘一卷
　　(明)陳繼儒撰
　　　　廣百川學海己集
　　　　寶顏堂祕笈(萬曆本、民國石印本) 祕
　　　　集
　　　　夷門廣牘・招隱
　　　　說郛續弓二十三
　　　　叢書集成初編・史地類
　　　　景印元明善本叢書十種・夷門廣牘・
　　　　招隱
珍珠船四卷
　　(明)陳繼儒撰
　　　　寶顏堂祕笈 (萬曆本、民國石印本) 祕
　　　　集
　　　　叢書集成初編・文學類
塵餘一卷
　　(明)謝肇淛撰
　　　　說郛續弓二十
蟫采館清課二卷
　　(明)費元祿撰
　　　　寶顏堂祕笈 (萬曆本、民國石印本) 廣
　　　　集
　　　　叢書集成初編・哲學類
　蟫采清課一卷
　　　　說郛續弓二十七
　　　　五朝小說・皇明百家小說
　　　　五朝小說大觀・皇明百家小說
見只編三卷
　　(明)姚士粦撰
　　　　鹽邑志林
　　　　叢書集成初編・史地類
　　　　景印元明善本叢書十種・鹽邑志林
明興雜記一卷
　　(明)陳敬則撰
　　　　說郛續弓八
雲蕉館紀談一卷
　　(明)孔邇撰
　　　　稗乘
　　　　說郛續弓二十
　　　　古今說部叢書三集
　　　　叢書集成初編・文學類
雪濤談叢一卷
　　(明)江盈科撰
　　　　說郛續弓十六
　　　　五朝小說・皇明百家小說
　　　　五朝小說大觀・皇明百家小說
雪濤小說一卷
　　(明)江盈科撰
　　　　說郛續弓四十五

瓶花齋雜錄一卷
　　(明)袁宏道撰
　　　　學海類編 (道光本、景道光本)・集餘
　　　　四
居亭雜記一卷
　　(明)趙士履撰
　　　　虞陽說苑乙編
增廣智囊補二十八卷
　　(明)馮夢龍輯
　　　　筆記小說大觀外集
代醉編一卷
　　(明)張鼎思撰
　　　　說郛續弓八
花當閣叢談(一名村老委談)八卷
　　(明)徐復祚撰
　　　　借月山房彙鈔 (嘉慶本、景嘉慶本) 第
　　　　十五集
敝帚齋餘談一卷
　　(明)沈德符撰
　　　　硯雲乙編
　　　　申報館叢書續集・紀麗類・硯雲乙編
　　　　檇李遺書
　敝帚齋餘談節錄一卷
　　　　香豔叢書第三集
　敝帚軒剩語三卷補遺一卷
　　　　學海類編 (道光本、景道光本)・集餘
　　　　四
　　　　叢書集成初編・文學類
冷賞八卷
　　(明)鄭仲夔撰
　　　　硯雲乙編
　　　　申報館叢書續集・紀麗類・硯雲乙編
清言十卷
　　(明)鄭仲夔撰
　　　　玉麈新譚
偶記八卷
　　(明)鄭仲夔撰
　　　　玉麈新譚
雋區八卷
　　(明)鄭仲夔撰
　　　　玉麈新譚
原李耳載一卷
　　(明)李中馥撰
　　　　說庫
近事叢殘一卷
　　(明)沈瓚撰
　　　　明清珍本小說集
鄭桐菴筆記一卷

(明)鄭敷教撰
　　乙亥叢編

鄭桐庵筆記補逸一卷
　　(明)鄭敷教撰
　　　丁丑叢編

夢憶一卷
　　(明)張岱撰
　　　硯雲甲編
　　　申報館叢書續集·紀麗類·硯雲甲編

陶庵夢憶八卷
　　　粵雅堂叢書初編第二集
　　　說庫
　　　叢書集成初編·文學類

陶菴夢憶一卷附考
　　(明)張岱撰　附朱劍芒撰
　　　美化文學名著叢刊

樂府餘編一卷
　　　閒情小品

揚州夢一卷補一卷
　　　閒情小品

說雋四卷
　　(明)華淑撰
　　　快書六種

談塵二卷
　　(明)華淑撰
　　　快書六種

癖顛小史二卷
　　(明)華淑撰
　　　快書六種

逃名傳一卷
　　(明)華淑撰
　　　快書六種

雙門調(一名睡鄉記)一卷
　　(明)鄭元夫撰
　　　快書

蟫談二卷
　　(明)顧聖之撰
　　　稗乘

藜牀瀋餘一卷
　　(明)陸瀋原撰
　　　說郛續弓十七

十影君傳一卷
　　(明)支廷訓撰
　　　廣快書

一聲鶯一卷
　　(明)張來初撰
　　　廣快書

倉庚集一卷

(明)魏崑陽撰
　　廣快書

綠天胜說二卷
　　(明)王兆雲撰
　　　新刻王氏青箱餘

廣莫野語二卷
　　(明)王兆雲撰
　　　新刻王氏青箱餘

驚座撼遺二卷
　　(明)王兆雲撰
　　　新刻王氏青箱餘

客窗隨筆二卷
　　(明)王兆雲撰
　　　新刻王氏青箱餘

碭石剩譚二卷
　　(明)王兆雲撰
　　　新刻王氏青箱餘

偶記一卷
　　(明)鄭龍如撰
　　　敬修堂叢書

窈聞一卷續一卷
　　(明)葉紹袁撰
　　　午夢堂集(崇禎本、民國本)
　　　硯緣集錄第四冊
　　　郎園先生全書
　　　中國文學珍本叢書第一輯·午夢堂全
　　　集十二種

窈聞一卷續窈聞一卷附考
　　(明)葉紹袁撰　附朱劍芒撰
　　　美化文學名著叢刊

瓊花鏡一卷
　　(明)葉紹袁撰
　　　午夢堂集(崇禎本、民國本)
　　　硯緣集錄第四冊
　　　郎園先生全書
　　　中國文學珍本叢書第一輯·午夢堂全
　　　集十二種

惑溺供一卷
　　(明)林口撰
　　　快書

千古一朋一卷
　　　閒情小品

禪榻夢餘一卷
　　　閒情小品

西皇雜記一卷
　　(明)口口撰
　　　說郛續弓七

清

島居隨錄二卷
　　（清）盧若騰撰
　　　清代筆記叢刊
　　　筆記小說大觀第三輯
談助一卷
　　（清）王崇簡撰
　　　說鈴續集（康熙本）
　　　古今說部叢書七集
　　　說庫
三儂贅人廣自序一卷附考
　　（清）汪价撰　附朱劍芒撰
　　　美化文學名著叢刊
書影十卷
　　（清）周亮工撰
　　　中國文學參考資料小叢書第二輯
閒雲舒卷一卷附互虹日記一卷
　　（清）王樹人撰
　　　吳氏襄書襄乙編
客舍偶聞一卷
　　（清）彭孫貽撰
　　　花近樓叢書
　　　振綺堂叢書初集
影梅庵憶語一卷
　　（清）冒襄撰
　　　賜硯堂叢書新編丁集
　　　昭代叢書（道光本）別集
　　　如臯冒氏叢書
　　　香豔叢書第三集
　　　說庫
　　影梅庵憶語一卷悼亡題咏集一卷
　　　拜鴛樓校刻四種
　　影梅庵憶語一卷附錄一卷
　　　香豔小品
影梅菴憶語一卷附考
　　（清）冒襄撰　附趙苕狂撰
　　　美化文學名著叢刊
板橋雜記三卷
　　（清）余懷撰
　　　說鈴（康熙本、道光本）後集
　　　龍威祕書七集
　　　豔史叢鈔
　　　金陵叢刻
　　　雙楳景闇叢書
　　　香豔叢書第十三集
　　　郋園先生全書
　　　叢書集成初編・文學類

板橋雜記一卷
　　　昭代叢書（道光本）別集
　　　藝苑捃華・說鈴
　　　拜鴛樓校刻四種
板橋雜記一卷附錄一卷
　　　香豔小品
黛史一卷
　　（清）張芳撰
　　　香豔叢書第一集
揚州夢四卷
　　（清）周生撰
　　　說庫
揚州夢一卷附考
　　（清）周生撰　附朱劍芒撰
　　　美化文學名著叢刊
竹西花事小錄一卷
　　（清）芬利它行者撰
　　　申報館叢書正集・古今紀麗類
　　　豔史叢鈔
　　　香豔叢書第十二集
　　　國學珍本文庫第一集・青樓韻語附
十洲春語三卷
　　（清）二石生撰
　　　申報館叢書正集・古今紀麗類
　　　香豔叢書第十五集
　　十洲春語二卷
　　　豔史叢鈔
蘭芷零香錄三卷
　　（清）楊恩壽（蓬道人）撰
　　　坦園全集
　　蘭芷零香錄一卷
　　　清人說薈初集
矩齋雜記二卷
　　（清）施閏章撰
　　　施愚山先生全集
　　矩齋雜記一卷
　　　賜硯堂叢書新編丁集
　　　昭代叢書（道光本）戊集續編
仁恕堂筆記一卷
　　（清）黎士宏撰
　　　昭代叢書（道光本）己集廣編
　　　古學彙刊第一集・輿地類
觚賸一卷
　　（清）鈕琇撰
　　　說鈴（康熙本、道光本）後集
觚賸八卷續編四卷
　　　古今說部叢書五集
　　　清代筆記叢刊

筆記小說大觀第一輯

括談二卷
　　（清）奕賡撰
　　　　佳夢軒叢著（稿本、民國排印本）

寄楮備談一卷
　　（清）奕賡撰
　　　　佳夢軒叢著（稿本、民國排印本）

閒餘筆話一卷
　　（清）湯傳楹撰
　　　　昭代叢書（康熙本）甲集第二帙
　　　　昭代叢書（道光本）別集
　　　　香豔叢書第二集

蓴鄉贅筆三卷
　　（清）董含撰
　　　　說鈴（康熙本、道光本）後集

鄉談一卷
　　（清）田易撰
　　　　會稽徐氏初學堂羣書輯錄
　　　　越中文獻輯存書十種

鵲南雜錄一卷
　　（清）戴東撰
　　　　虞陽說苑乙編

說鈴一卷
　　（清）汪琬撰
　　　　昭代叢書（道光本）辛集別編
　　　　嘯園叢書第二函
　　　　清人說薈二集

　汪氏說鈴一卷
　　　　花近樓叢書

大有奇書二卷
　　（清）陸次雲撰
　　　　芙蓉城四種書

香天談藪一卷
　　（清）吳雷發撰
　　　　昭代叢書（道光本）丁集新編
　　　　香豔叢書第一集

張氏巵言一卷
　　（清）張元賡撰
　　　　昭代叢書（道光本）辛集別編

寄園寄所寄摘錄一卷
　　（清）趙吉士撰
　　　　香豔叢書第二十集

說部精華十二卷
　　（清）王士禎撰　　（清）劉堅類次
　　　　嘯園叢書第五函

筠廊偶筆二卷
　　（清）宋犖撰
　　　　說鈴（康熙本、道光本）前集

古今說部叢書六集
說庫

筠廊二筆
　　（清）宋犖撰
　　　　說鈴續集（康熙本）

今世說八卷
　　（清）王晫撰
　　　　粵雅堂叢書初編第七集
　　　　清代筆記叢刊
　　　　筆記小說大觀第八輯
　　　　叢書集成初編·文學類
　　　　中國文學參考資料小叢書第二輯

快說續紀一卷
　　（清）王晫撰
　　　　雜著十種
　　　　昭代叢書（康熙本）甲集第五帙
　　　　昭代叢書（道光本）別集

寓言一卷
　　（清）王晫撰
　　　　雜著十種

過墟志一卷
　　（清）墅西逸叟撰
　　　　申報館叢書續集·掌故類·紀載彙編

　過墟志感一卷
　　　　香豔叢書第七集

　過墟志感二卷
　　　　虞陽說苑甲編

絳雲樓俊遇一卷
　　（清）□□撰
　　　　香豔叢書第二集

祝趙始末一卷
　　（清）□□撰
　　　　虞陽說苑甲編

續板橋雜記三卷
　　（清）珠泉居士撰
　　　　豔史叢鈔
　　　　香豔叢書第十八集

雪鴻小記一卷補遺一卷
　　（清）珠泉居士撰
　　　　豔史叢鈔
　　　　香豔叢書第十九集
　　　　國學珍本文庫第一集·青樓韻語附

五石瓠一卷
　　（清）劉鑾撰
　　　　昭代叢書（道光本）別集
　　　　申報館叢書續集·紀麗類·屑玉叢譚
　　　　三集

　五石瓠節錄一卷

　　　　香豔叢書第八集
　　五石瓠六卷
　　　　庚辰叢編
六合內外瑣言二十卷
　　　（清）屠紳（黍餘裔孫）撰
　　　　申報館叢書正集・新奇說部類
天祿識餘二卷
　　　（清）高士奇撰
　　　　說鈴（康熙本、道光本）前集
　　　　古今說部叢書七集
　　　　說庫
幽夢影一卷
　　　（清）張潮撰
　　　　昭代叢書（道光本）別集
　　　　晨風閣叢書第一集
　　　　國學珍本文庫第一集
　　幽夢影二卷
　　　　嘯園叢書第二函
　　　　翠琅玕館叢書（馮兆年輯）第一集
　　　　古今說部叢書六集
　　　　翠琅玕館叢書（黃任恆輯）・子部
　　　　藝術叢書・雜品
　　　　芋園叢書・子部
虞初新志二十卷
　　　（清）張潮輯
　　　　清代筆記叢刊
　　　　筆記小說大觀第二輯
虞初續志十二卷
　　　（清）鄭澍若輯
　　　　清代筆記叢刊
　　　　筆記小說大觀第二輯
海鷗小譜一卷
　　　（清）趙執信撰
　　　　昭代叢書（道光本）別集
　　　　花近樓叢書
　　　　拜鵑樓校刻四種
　　　　香豔叢書第二集
　　　　清人說薈二集
　　　（清秋谷老人撰）
　　　　雙棋景闇叢書・燕蘭小譜附
　　　　郎園先生全書・燕蘭小譜附
　　海鷗小譜一卷附錄一卷
　　　　香豔小品
見聞錄一卷
　　　（清）徐岳撰
　　　　說鈴（康熙本、道光本）後集
　　　　潛園集錄
豔囮二則一卷
　　　（清）嚴虞惇撰

　　　　香豔叢書第二集
　　　　說庫
思庵閒筆一卷
　　　　虞陽說苑乙編
　　　　煙畫東堂小品
耳書一卷
　　　（清）佟世思撰
　　　　遼海叢書第八集
志異續編八卷
　　　（清）宋永岳（青城子）撰
　　　　申報館叢書正集・新奇說部類
　　志異續編四卷
　　　　筆記小說大觀第五輯
花史一卷
　　　（清）愛菊主人撰
　　　　申報館叢書續集・紀麗類・屑玉叢譚
　　　　初集
殘籭故事一卷
　　　（清）香谷氏撰
　　　　虞陽說苑乙編
養疴客談一卷
　　　（清）近魯草堂主人撰
　　　　虞陽說苑乙編
熙怡錄一卷
　　　（清）戴柬撰
　　　　虞陽說苑乙編
雲峯偶筆一卷
　　　（清）屈振鏞撰
　　　　虞陽說苑乙編
虞諧志一卷
　　　（清）尚湖漁父撰
　　　　虞陽說苑乙編
春樹閒鈔二卷
　　　（清）顧嗣立撰
　　　　乙亥叢編
過庭記餘三卷
　　　（清）陶樾撰
　　　　碧琳琅館叢書丙部
　　　　芋園叢書・子部
松下雜抄二卷
　　　（清）□□撰
　　　　涵芬樓祕笈第三集
石里雜識一卷
　　　（清）張尚瑗撰
　　　　昭代叢書（道光本）丁集新編
簪雲樓雜說一卷
　　　（清）陳尚古撰
　　　　說鈴（康熙本、道光本）後集

　　　　（清）李調元撰
　　　　　　函海（乾隆本、道光本）第二十六函
　　　　　　函海（光緒本）第三十四函
少見錄一卷
　　　　（清）吳文溥撰
　　　　　　南野堂全集・南野堂續筆記
語新二卷
　　　　（清）錢學綸撰
　　　　　　申報館叢書正集・新奇說部類
　　　　　　古今說部叢書十集
飲漯軒隨筆二卷
　　　　（清）伍宇澄撰
　　　　　　毘陵伍氏合集（嘉慶本）
夢餘筆談一卷
　　　　（清）黎安理撰
　　　　　　黎氏家集
潮嘉風月記一卷
　　　　（清）俞蛟撰
　　　　　　昭代叢書（道光本）別集
　　　　　　香艷叢書第一集
　　潮嘉風月一卷
　　　　　　清人說薈初集
　　　　　　夢厂雜著
鄉曲枝詞二卷
　　　　（清）俞蛟撰
　　　　　　夢厂雜著
春明叢說二卷
　　　　（清）俞蛟撰
　　　　　　夢厂雜著
齊東妄言二卷
　　　　（清）俞蛟撰
　　　　　　夢厂雜著
諧鐸十二卷
　　　　（清）沈起鳳撰
　　　　　　清代筆記叢刊
　　　　　　筆記小說大觀第一輯
續諧鐸一卷
　　　　（清）沈起鳳撰
　　　　　　花近樓叢書
聽雨軒筆記四卷
　　　　（清）徐□（清涼道人）撰
　　　　　　筆記小說大觀第三輯
三異筆談四卷
　　　　（清）許仲元撰
　　　　　　申報館叢書餘集
　　　　　　筆記小說大觀第一輯
小豆棚十六卷
　　　　（清）曾衍東撰

申報館叢書餘集
公餘偶筆一卷
　　　　（清）杜鈞選
　　　　　　杜藕山房叢書
梅溪筆記一卷
　　　　（清）錢泳撰
　　　　　　古今文藝叢書第一集
守一齋筆記四卷客牕二筆一卷
　　　　（清）金捧閶撰
　　　　　　江陰叢書
　　　　　　粟香室叢書
鏡花水月八卷
　　　　（清）夔東羽衣客撰
　　　　　　申報館叢書正集・新奇說部類
楡巢雜識二卷
　　　　（清）趙慎畛撰
　　　　　　筆記小說大觀外集
浮生六記六卷（原缺卷五至六）
　　　　（清）沈復撰
　　　　　　申報館叢書續集・紀麗類・獨悟庵叢
　　　　　　　鈔
　　　　　　說庫
浮生六記六卷附考
　　　　（清）沈復撰　陳趙苕狂撰
　　　　　　美化文學名著叢刊
憶書六卷
　　　　（清）焦循撰
　　　　　　仰視千七百二十九鶴齋叢書（光緒本、
　　　　　　　景光緒本）第五集
　　　　　　叢書集成初編・文學類
忍齋雜識一卷
　　　　（清）李坤元撰
　　　　　　夔東雜著木集
初月樓聞見錄十卷續錄十卷
　　　　（清）吳德旋撰
　　　　　　清代筆記叢刊
　　　　　　筆記小說大觀第三輯
　　初月樓聞見錄五卷
　　　　　　清人說薈二集
明齋小識十二卷
　　　　（清）諸聯撰
　　　　　　筆記小說大觀第四輯
蜨階外史四卷續編二卷
　　　　（清）高繼衍撰
　　　　　　培根堂全稿
　　蜨階外史四卷
　　　　　　筆記小說大觀第八輯
雨牕消意錄甲部四卷

（清）牛應之撰
　　挹秀山房叢書
雨窗消意錄四卷
　　筆記小說大觀第三輯
妙香室叢話十四卷
　（清）張培仁撰
　　申報館叢書餘集
　　筆記小說大觀第八輯
古鏡錄六卷（缺卷三、卷五至六）
　（清）林樹寅撰
　　披海叢書
蕉軒摭錄十二卷
　（清）俞夢蕉撰
　　申報館叢書餘集
賢已編六卷
　（清）黃安濤撰
　　檇李遺書
秦淮畫舫錄二卷
　（清）捧花生撰
　　申報館叢書正集・古今紀麗類
　　豔史叢鈔
　　香豔叢書第十四集
畫舫餘譚一卷
　（清）捧花生撰
　　申報館叢書正集・古今紀麗類・秦淮
　　　畫舫錄附
　　豔史叢鈔
　　香豔叢書第十八集
三十六春小譜一卷
　（清）捧花生撰
　　申報館叢書正集・古今紀麗類・秦淮
　　　畫舫錄附
耳食錄五卷
　（清）樂鈞撰
　　清代筆記叢刊
　　筆記小說大觀第一輯
北東園筆錄初編六卷續編六卷三編六卷
　四編六卷
　（清）梁恭辰撰
　　筆記小說大觀第五輯
廣東火劫記一卷
　（清）梁恭辰撰
　　香豔叢書第十集
雨窗記所記四卷
　（清）謝堃撰
　　春草堂集
　　堞葉山房叢鈔
篷窗附錄二卷

（清）沈兆澐撰
　　屏廬叢刻
客窗閒話二卷
　（清）吳熾符撰
　　海昌俞氏叢刻附
青溪載酒記一卷
　（清）車伯雅撰
　　燈昧軒遺稿
湘煙小錄一卷
　（清）陳裴之撰
　　香豔叢書第十二集
香畹樓憶語一卷
　（清）陳裴之撰
　　湘煙小錄（道光本、光緒本）
　　說庫
香畹樓憶語一卷附考
　（清）陳裴之撰　附朱劍芒撰
　　美化文學名著叢刊
多暇錄二卷
　（清）程庭鷺撰
　　觀自得齋叢書
孤篷聽雨錄一卷
　（清）嚴保庸撰
　　珊影雜識
竹如意二卷
　（清）馬國翰撰
　　玉函山房全集
咫聞錄十二卷
　（清）慵訥居士撰
　　筆記小說大觀第四輯
印雪軒隨筆四卷
　（清）俞鴻漸（三硯蘆圩耕叟）撰
　　申報館叢書正集・新奇說部類
道聽塗說十二卷
　（清）潘綸恩撰
　　申報館叢書餘集
帝城花樣一卷
　（清）□□撰
　　香豔叢書第十五集
　　國學珍本文庫第一集・青樓韻語附
泛湖偶記一卷
　（清）繆艮撰
　　香豔叢書第十九集
　　國學珍本文庫第一集・青樓韻語附
吾廬筆談八卷
　（清）李佐賢撰
　　石泉書屋全集
讕言瑣記一卷

（清）劉因之撰
金陵叢書丁集

玉井山館筆記一卷舊遊日記一卷
（清）許宗衡撰
澇喜齋叢書第二函
叢書集成初編·文學類

祗可自怡一卷
（清）吉珩(退一步居散人)撰
俟園叢書

曼陀羅華閣瑣記二卷
（清）杜文瀾撰
曼陀羅華閣叢書

青氈夢一卷
（清）焦承秀撰
小方壺齋叢書四集

雲杜故事一卷
（清）易本烺撰
湖北叢書
叢書集成初編·文學類

兩般秋雨盦隨筆八卷
（清）梁紹壬撰
清代筆記叢刊
筆記小說大觀第一輯

秋鐙瑣憶一卷
（清）蔣坦撰
美化文學名著叢刊

珠江梅柳記一卷
（清）周友良撰
香豔叢書第十九集
國學珍本文庫第一集·青樓韻語附

金壺戲墨一卷
（清）黃鈞宰撰
金壺七墨(同治本、民國本)
清代筆記叢刊·金壺七墨
筆記小說大觀第一輯·金壺七墨

心影二卷
（清）黃鈞宰撰
金壺七墨(同治本、民國本)
金壺淚墨二卷
清代筆記叢刊·金壺七墨
筆記小說大觀第一輯·金壺七墨

右台仙館筆記十六卷
（清）俞樾撰
春在堂全書

續五九枝譚一卷
（清）俞樾撰
春在堂全書·曲園雜纂

五五一卷

（清）俞樾撰
春在堂全書·俞樓雜纂

廣楊園近鑑一卷
（清）俞樾撰
春在堂全書·俞樓雜纂

薈蕞編二十卷
（清曲園居士撰）
申報館叢書餘集
（清）俞樾撰
清代筆記叢刊
筆記小說大觀第七輯

耳郵四卷
（清）俞樾(羊朱翁)撰
申報館叢書續集·說部類
筆記小說大觀第三輯

埋憂集十卷續集二卷
（清）朱翔清(紅雪山莊外史)撰
清代筆記叢刊
筆記小說大觀第一輯

海陬冶遊錄三卷附錄三卷餘錄一卷
（清）王韜(淞北玉魫生)撰
豔史叢鈔
香豔叢書第二十集
海陬冶遊錄一卷
國學珍本文庫第一集·青樓韻語附

花國劇談二卷
（清）王韜(淞北玉魫生)撰
豔史叢鈔
香豔叢書第十九集

遯窟讕言十二卷
（清）王韜撰
申報館叢書正集·新奇說部類

淞濱瑣話十二卷
（清）王韜撰
筆記小說大觀外集
淞濱瑣話二卷(卷一至二)
香豔叢書第十二集
淞濱瑣話二卷(卷三至四)
香豔叢書第十三集
淞濱瑣話二卷(卷五至六)
香豔叢書第十四集
淞濱瑣話二卷(卷七至八)
香豔叢書第十五集
淞濱瑣話二卷(卷九至十)
香豔叢書第十六集
淞濱瑣話二卷(卷十一至十二)
香豔叢書第十七集

眉珠盦憶語一卷

(清)王韜(華鬘生)撰
　　申報館叢書正集・新奇說部類

小螺盦病榻憶語一卷
　(清)孫道乾輯
　　申報館叢書續集・紀麗類・屑玉叢談
　　　二集
　　香豔叢書第七集

小螺盦病榻憶語一卷附考
　(清)孫道乾輯　附朱劍芒撰
　　美化文學名著叢刊

聞見偶記一卷
　(清)鄒樹榮撰
　　南昌鄒氏一粟園叢書

醒睡錄初集十卷
　(清)鄧文濱輯
　　申報館叢書餘集

墨餘錄四卷
　(清)毛祥麟撰
　　筆記小說大觀第一輯

對山餘墨一卷
　(清)毛祥麟撰
　　香豔叢書第十六集

里乘四卷
　(清)許奉恩撰
　　埽葉山房叢鈔

里乘八卷
　　筆記小說大觀外集

庸閒齋筆記八卷
　(清)陳其元撰
　　申報館叢書正集・新奇說部類

庸閒齋筆記十二卷
　　清代筆記叢刊
　　筆記小說大觀第一輯

庸閒齋筆記摘鈔一卷
　　滿清野史五編

昔柳摭談四卷
　(清)馮□輯　(清)汪人驥重輯
　　申報館叢書餘集

客中異聞錄一卷
　(清)杜晉卿等撰
　　申報館叢書續集・紀麗類・屑玉叢譚
　　　四集

遊梁瑣記一卷
　(清)黃軒祖撰
　　說庫

碧聲吟館談麈四卷
　(清)許善長撰
　　碧聲吟館叢書附

幽夢續影一卷
　(清)炃山草衣撰)
　　　　潧喜齋叢書第四函
　　　　嘯園叢書第二函
　　　　古今說部叢書六集
　　　　叢書集成初編・總類
　(清)朱錫綬撰
　　　　晨風閣叢書第一集

女世說一卷
　(清)嚴蘅撰
　　娟鏡樓叢刻乙帙

北窗囈語一卷
　(清)朱燾撰
　　　　觀自得齋叢書
　　　　古今說部叢書二集

海天餘話一卷
　(清)籛鏗外史撰
　　申報館叢書續集・紀麗類・屑玉叢譚
　　　初集

醉鄉瑣志一卷
　(清)黃體芳撰
　　　　雲在山房叢書
　　　　吳中文獻小叢書

稽古錄一卷
　(清)楊浚輯
　　冠悔堂雜錄

聽雨錄一卷
　(清)楊浚輯
　　　冠悔堂雜錄

碎金錄一卷
　(清)楊浚輯
　　　冠悔堂雜錄

昨非錄一卷
　(清)楊浚輯
　　冠悔堂雜錄

臥遊錄一卷
　(清)楊浚輯
　　　冠悔堂雜錄

白門新柳記一卷
　(清)許豫撰
　　　申報館叢書續集・紀麗類

白門新柳記一卷 補記一卷 白門襄柳附記
　一卷
　(清嬾雲山人撰)　補記(清)楊亨撰
　　　豔史叢鈔
　(清)許豫撰　補記(清曉嵐撰)
　　　香豔叢書第十八集
　(清)許豫撰　補記(清)楊亨撰

國學珍本文庫第一集・靑樓韻語附

潛庵漫筆八卷
　（淸）程畹撰
　　申報館叢書正集・新奇說部類

驚喜集二卷
　（淸）程畹撰
　　申報館叢書續集・紀麗類・續異書四
　　種

庸盦筆記六卷
　（淸）薛福成撰
　　淸代筆記叢刊
　　筆記小說大觀第一輯

香飮樓賓談二卷
　（淸）陸長春撰
　　申報館叢書續集・紀麗類・續異書四
　　種
　　筆記小說大觀第四輯

客窗閒話八卷續八卷
　（淸）吳熾昌撰
　　申報館叢書正集・新奇說部類

客窗閒話初集四卷續集四卷
　　淸代筆記叢刊
　　筆記小說大觀第五輯

女才子十二卷
　（淸）煙水散人撰
　　申報館叢書續集・小說類

璇園寄梗錄一卷
　（淸）□□輯
　　申報館叢書續集・紀麗類・屑玉叢譚
　　四集

羅浮夢記一卷
　（淸）醉石居士撰
　　申報館叢書續集・紀麗類・屑玉叢譚
　　初集

七夕夜遊記一卷
　（淸）沈逢吉撰
　　香豔叢書第七集

老狐談歷代麗人記一卷
　（淸）鵝湖逸士撰
　　香豔叢書第三集

塵夢醒談一卷
　（淸）吳紹箕撰
　　申報館叢書餘集・四夢彙譚

筆夢淸談一卷
　（淸）吳紹箕撰
　　申報館叢書餘集・四夢彙譚

游夢倦談一卷
　（淸）吳紹箕撰

申報館叢書餘集・四夢彙譚

鸝砭軒質言四卷
　（淸）戴蓮芬撰
　　申報館叢書餘集

茶餘談薈二卷
　（淸）見南山人撰
　　申報館叢書餘集

海上羣芳譜四卷
　（淸）顧曲詞人（淸）懺情侍者撰
　　申報館叢書餘集

三借廬贅譚十二卷
　（淸）鄒弢撰
　　申報館叢書餘集

三借廬筆談十二卷
　　淸代筆記叢刊
　　筆記小說大觀第七輯

壺天錄三卷
　（淸）百一居士撰
　　申報館叢書餘集
　　淸代筆記叢刊
　　筆記小說大觀第一輯

解醒語四卷
　（淸）泖濱野客撰
　　申報館叢書餘集

京塵雜錄四卷
　（淸）楊懋建（蕊珠舊史）撰
　　筆記小說大觀第七輯

蟲鳴漫錄二卷
　（淸）宋□（采蘩子）撰
　　申報館叢書正集・新奇說部類
　　筆記小說大觀第二輯

物妖志一卷
　（淸）葆光子輯
　　香豔叢書第十集

今齊諧一卷
　（淸）寋寋輯
　　晨風閣叢書第一集

雲在軒筆談一卷
　（淸）錢希撰
　　陽湖錢氏家集・雲在軒詩集附

宋豔十二卷
　（淸）徐士鑾撰
　　筆記小說大觀第五輯

梁園花影一卷補遺一卷附錄一卷
　（淸）海陵矑仙撰
　　申報館叢書續集・紀麗類・屑玉叢譚
　　四集

酒話一卷

俠女希光傳一卷
　　　　香豔叢書第十二集
金釧記一卷
　　　　香豔叢書第十二集
碧線傳一卷
　　　　香豔叢書第十七集
百花園夢記一卷
　　　　香豔叢書第十二集
娟娟傳一卷
　　　　香豔叢書第十三集
太曼生傳一卷
　　　　香豔叢書第十一集
誌許生奇遇一卷
　　　　香豔叢書第十一集
誌舒生遇異一卷
　　　　香豔叢書第十一集
蘭陵女俠一卷
　　　　滿清野史三編
巫娥志一卷
　　　　香豔叢書第十一集
玄妙洞天記一卷
　　　　香豔叢書第十一集

民　國

桂影軒筆記一卷
　　（民國）談庭梧撰
　　　　桂影軒叢刊
夜譚隨錄四卷
　　（清）和邦額（閑齋氏）撰
　　　　筆記小說大觀第一輯
宣城秋雨錄一卷
　　（民國）馮國鑫撰
　　　　虞祉叢書
南皋筆記四卷
　　（民國）楊鳳徽撰
　　　　筆記小說大觀第五輯
甓湖草堂筆記四卷附錄一卷
　　（民國）左楨撰
　　　　甓湖草堂集
栩緣隨筆一卷
　　（民國）王同愈撰
　　　　栩栩盦遺箸
物猶如此錄一卷
　　（民國）周宗麟撰
　　　　疢存齋集
　　　　重訂疢存齋集
奇聞錄一卷
　　（民國）周宗麟撰

　　　　疢存齋集
古今趣譚一卷
　　（民國）周宗麟撰
　　　　疢存齋集
沌谷筆談四卷
　　（民國）張相文撰
　　　　南園叢稿
胤禎外傳一卷
　　（民國）胡樸安（蘊玉）撰
　　　　滿清野史初編
多鐸妃劉氏外傳一卷
　　（民國）胡樸安（蘊玉）撰
　　　　滿清野史初編
倦雲憶語
　　（民國）程善之撰
　　　　文藝小叢書第一輯
梅花嶺遺事一卷
　　（民國）許國英（指嚴）撰
　　　　滿清野史三編
金川妖姬志一卷
　　（民國）許國英（指嚴）撰
　　　　滿清野史三編
竹素園叢談一卷
　　（民國）顧恩瀚撰
　　　　雲在山房叢書
雲薖漫錄二卷
　　（民國）楊壽枏撰
　　　　雲在山房叢書
菽園贅談節錄一卷
　　（民國）邱煒爰撰
　　　　香豔叢書第八集
揮塵拾遺六卷
　　（民國）邱煒爰撰
　　　　菽園著書
茶餘酒後錄一卷
　　（民國）陳淵撰
　　　　養吾齋叢著
骨董禍一卷
　　　　滿清野史三編

志怪之屬

漢

神異經一卷
　　（漢）東方朔撰
　　　　格致叢書
　　　　四庫全書・子部小說家類

東方朔神異經一卷
  廣四十家小說
神異經十五則
  舊小說(民國本、1957 年本)甲集
神異經佚文一卷
  (漢)東方朔撰　(清)王仁俊輯
  經籍佚文
神異經一卷
  (漢)東方朔撰　(晉)張華注
  漢魏叢書(萬曆本、景萬曆本)・子籍
  廣漢魏叢書(萬曆本、嘉慶本)・載籍
  說郛(宛委山堂本)弓六十六
  五朝小說・魏晉小說雜志家
  五朝小說大觀・魏晉小說雜志家
  增訂漢魏叢書（乾隆本、紅杏山房本、
    三餘堂本、大通書局石印本)・載籍
  龍威祕書一集
  子書百家・小說家異聞類
  百子全書・小說家異聞類
  古今說部叢書二集
  說庫
  漢魏小說探珍
神異記
  說郛(商務印書館本)卷六十五
十洲記一卷
  (漢)東方朔撰
  道藏（正統本、景正統本)・洞玄部記
    傳類
  道藏舉要第七類
海內十洲記一卷
  顧氏文房小說(嘉靖本、景嘉靖本)
  古今逸史・逸志
  廣漢魏叢書(萬曆本、嘉慶本)・載籍
  寶顏堂祕笈（萬曆本、民國石印本)廣
    集
  說郛(宛委山堂本)弓六十六
  五朝小說・魏晉小說外乘家
  五朝小說大觀・魏晉小說外乘家
  四庫全書・子部小說家類
  增訂漢魏叢書（乾隆本、紅杏山房本、
    三餘堂本、大通書局石印本)・載籍
  龍威祕書一集
  藝苑捃華
  子書百家・小說家異聞類
  百子全書・小說家異聞類
  鮑紅葉叢書
  古今說部叢書二集
  說庫
  漢魏小說探珍

景印元明善本叢書十種・古今逸史・
  逸志
海內十洲三島記一卷
  道藏精華錄第十集
十洲記
  粵雅堂叢書三編第二十三集・續談助
  十萬卷樓叢書三編・續談助
  叢書集成初編・總類・續談助
海內十洲記四則
  舊小說(民國本、1957 年本)甲集
漢武帝別國洞冥記四卷
  (漢)郭憲撰
  顧氏文房小說(嘉靖本、景嘉靖本)
別國洞冥記四卷
  古今逸史・逸記
  漢魏叢書(萬曆本、景萬曆本)・子籍
  廣漢魏叢書(萬曆本、嘉慶本)・載籍
  增訂漢魏叢書（乾隆本、紅杏山房本、
    三餘堂本、大通書局石印本)・載籍
  龍威祕書一集
  子書百家・小說家異聞類
  百子全書・小說家異聞類
  道藏精華錄第十集
  景印元明善本叢書十種・古今逸史・
    逸記
漢武洞冥記四卷
  四庫全書・子部小說家類
洞冥記四卷
  說庫
別國洞冥記一卷
  寶顏堂祕笈（萬曆本、民國石印本)普
    集
  說郛(宛委山堂本)弓六十六
  五朝小說・魏晉小說志怪家
  五朝小說大觀・魏晉小說志怪家
  漢魏小說探珍
洞冥記
  粵雅堂叢書三編第二十三集・續談助
  十萬卷樓叢書三編・續談助
  說郛(商務印書館本)卷四
  叢書集成初編・總類・續談助
漢武帝別國洞冥記
  說郛(商務印書館本)卷十五
別國洞冥記一則
  舊小說(民國本、1957 年本)甲集

三　國

列異傳七則

魏文帝(題晉張華)撰
　　　舊小說(民國本、1957年本)甲集
列異傳一卷
　　魏文帝撰　魯迅輯
　　　古小說鉤沈

晉

異聞記一卷
　　魯迅輯
　　　古小說鉤沈
陸氏異林一卷
　　(晉)陸雲撰　魯迅輯
　　　古小說鉤沈
王浮神異記一卷
　　(晉)王浮撰　魯迅輯
　　　古小說鉤沈
搜神記八卷
　　(晉)干寶撰
　　　廣漢魏叢書(萬曆本、嘉慶本)·載籍
　　　稗海（萬曆本、康熙重編補刊本、乾隆
　　　　修補重訂本）第一函
　　　增訂漢魏叢書（乾隆本、紅杏山房本、
　　　　三餘堂本、大通書局石印本）·載籍
　　　龍威祕書一集
　　　藝苑捃華
　　　說庫
　　搜神記二卷
　　　鹽邑志林
　　　景印元明善本叢書十種·鹽邑志林
　　搜神記二十卷
　　　祕冊彙函
　　　津逮祕書（汲古閣本、景汲古閣本）第
　　　　十一集
　　　四庫全書·子部小說家類
　　　學津討原（嘉慶本、景嘉慶本）第十六
　　　　集
　　　子書百家·小說家異聞類
　　　百子全書·小說家異聞類
　　　叢書集成初編·文學類
　　搜神記一卷
　　　說郛(宛委山堂本)另一百十七
　　　五朝小說·魏晉小說志怪家
　　　五朝小說大觀·魏晉小說志怪家
　　　鮑紅葉叢書
　　　無一是齋叢鈔
　　　古今說部叢書二集
　　　漢魏小說採珍
　　搜神記
　　　說郛(商務印書館本)卷四

搜神記二十六則
　　　舊小說(民國本、1957年本)甲集
秦女賣枕記一卷
　　(晉)干寶撰
　　　綠窗女史·妖豔部鬼靈
　　　五朝小說·魏晉小說傳奇家
　　　五朝小說大觀·魏晉小說傳奇家
曹毗志怪一卷
　　(晉)曹毗撰　魯迅輯
　　　古小說鉤沈
志怪錄一卷
　　(晉)祖台之撰
　　　說郛(宛委山堂本)另一百十七
　　　古今說部叢書三集
祖台之志怪一卷
　　(晉)祖台之撰　魯迅輯
　　　古小說鉤沈
甄異記一卷
　　(晉)戴祚撰
　　　說郛(宛委山堂本)另一百十八
　　　龍威祕書五集
　　甄異記二則
　　　舊小說(民國本、1957年本)丁集
戴祚甄異傳一卷
　　(晉)戴祚撰　魯迅輯
　　　古小說鉤沈
搜神後記十卷
　　(晉)陶潛撰
　　　祕冊彙函
　　　津逮祕書（汲古閣本、景汲古閣本）第
　　　　十一集
　　　四庫全書·子部小說家類
　　　學津討原（嘉慶本、景嘉慶本）第十六
　　　　集
　　　子書百家·小說家異聞類
　　　百子全書·小說家異聞類
　　　叢書集成初編·文學類
　　搜神後記一卷
　　　唐宋叢書·載籍
　　　說郛(宛委山堂本)另一百十七
　　　龍威祕書四集
　　　無一是齋叢鈔
　　　古今說部叢書二集
　　　晉唐小說暢觀
　　搜神後記二卷
　　　五朝小說·魏晉小說志怪家
　　　五朝小說大觀·魏晉小說志怪家
　　　增訂漢魏叢書（乾隆本、紅杏山房本、

三餘堂本、大通書局石印本)・載籍

搜神後記
　　鮑紅葉叢書

續搜神記
　　說郛(商務印書館本)卷四

搜神後記十四則
　　舊小說(民國本、1957年本)甲集

靈鬼志一卷
　(晉)荀□撰
　　說郛(宛委山堂本)弓一百十三

荀氏靈鬼志一卷
　(晉)荀□撰　魯迅輯
　　古小說鉤沈

玄中記一卷
　(□)郭□撰
　　說郛(宛委山堂本)弓六十

玄中記
　　說郛(商務印書館本)卷四

玄中記一則
　　舊小說(民國本、1957年本)甲集

玄中記一卷
　(□)郭□撰　(清)馬國翰輯
　　玉函山房輯佚書(嫏嬛館本、重印本、
　　楚南書局本)・子編小說家類

玄中記一卷補遺一卷
　(□)郭□撰　(清)茆泮林輯
　　十種古逸書
　　叢書集成初編・史地類

郭氏玄中記一卷
　(□)郭□撰　(清)黃奭輯
　　黃氏逸書考(民國修補本、民國補刊
　　本)・子史鉤沈

郭氏玄中記一卷
　(□)郭□撰　(民國)葉德輝輯
　　觀古堂所著書(光緒本、民國重編本)
　　第二集
　　郋園先生全書

玄中記一卷
　(□)郭□撰　魯迅輯
　　古小說鉤沈

孔氏志怪一卷
　(晉)孔□撰　魯迅輯
　　古小說鉤沈

謝氏鬼神列傳一卷
　(□)謝□撰　魯迅輯
　　古小說鉤沈

殖氏志怪記一卷
　(晉)殖□撰　魯迅輯

古小說鉤沈

王子年拾遺記一卷
　(前秦)王嘉撰　(梁)蕭綺錄
　　歷代小史
　　景印元明善本叢書十種・歷代小史

拾遺記一卷
　　無一是齋叢鈔

拾遺記十卷
　　古今逸史・逸志
　　廣漢魏叢書(萬曆本、嘉慶本)・載籍
　　祕書廿一種(康熙本、嘉慶本)
　　四庫全書・子部小說家類
　　摛藻堂四庫全書薈要・子部
　　增訂漢魏叢書(乾隆本、紅杏山房本、
　　　三餘堂本、大通書局石印本)・載籍
　　子書百家・小說家異聞類
　　百子全書・小說家異聞類
　　景印元明善本叢書十種・古今逸史・
　　　逸志

王子年拾遺記十卷
　　漢魏叢書(萬曆本、景萬曆本)・子籍
　　稗海(萬曆本、康熙重編補刊本、乾隆
　　　修補重訂本)第一函

拾遺記
　　說郛(商務印書館本)卷三十

王子年拾遺記十九則
　　舊小說(民國本、1957年本)甲集

拾遺名山記一卷
　(前秦)王嘉撰
　　說郛(宛委山堂本)弓六十六
　　五朝小說・魏晉小說外乘家
　　五朝小說大觀・魏晉小說外乘家
　　古今說部叢書一集

拾遺名山記八則
　　舊小說(民國本、1957年本)甲集

南北朝

太清記一卷
　(劉宋)王韶之撰
　　說郛(宛委山堂本)弓一百十八
　　古今說部叢書三集

異苑十卷
　(劉宋)劉敬叔撰
　　祕冊彙函
　　津逮祕書(汲古閣本、景汲古閣本)第
　　　十一集
　　四庫全書・子部小說家類
　　學津討原(嘉慶本、景嘉慶本)第十六
　　　集

古今說部叢書二集
說庫
異苑一卷
　唐宋叢書・載籍
　說郛（宛委山堂本）弓一百十七
　五朝小說・魏晉小說志怪家
　五朝小說大觀・魏晉小說志怪家
異苑七則
　舊小說（民國本、1957 年本）甲集
異苑佚文一卷
　（劉宋）劉敬叔撰　（清）王仁俊輯
　經籍佚文
齊諧記三則
　（劉宋）東陽无疑撰
　舊小說（民國本、1957 年本）甲集
齊諧記一卷
　（劉宋）東陽无疑撰　（清）馬國翰輯
　玉函山房輯佚書（嫏嬛館本、重印本、
　　楚南書局本）・子編小說家類
　續金華叢書・子部
齊諧記一卷
　（劉宋）東陽无疑撰　魯迅輯
　古小說鉤沈
幽明錄一卷
　（劉宋）劉義慶撰
　說郛（宛委山堂本）弓一百十七
　五朝小說・魏晉小說志怪家
　五朝小說大觀・魏晉小說志怪家
幽明錄
　說郛（商務印書館本）卷三
幽明錄十七則
　舊小說（民國本、1957 年本）甲集
幽明錄一卷
　（劉宋）劉義慶撰　（清）王仁俊輯
　玉函山房輯佚書補編
幽明錄一卷
　（劉宋）劉義慶撰　魯迅輯
　古小說鉤沈
幽明錄一卷附校譌一卷
　（劉宋）劉義慶撰　校譌（清）胡珽撰
　琳琅祕室叢書（咸豐本）第三集
幽明錄一卷附校譌一卷續校一卷
　（劉宋）劉義慶撰　校譌（清）胡珽撰　續校
　（清）董金鑑撰
　琳琅祕室叢書（光緒本）第三集
宣驗記一卷
　（劉宋）劉義慶撰
　說郛（宛委山堂本）弓一百十八

五朝小說・魏晉小說志怪家
五朝小說大觀・魏晉小說志怪家
宣驗記一卷
　（劉宋）劉義慶撰　魯迅輯
　古小說鉤沈
古異傳一卷
　（劉宋）袁王壽撰　魯迅輯
　古小說鉤沈
郭季產集異記一卷
　（劉宋）郭季產撰　魯迅輯
　古小說鉤沈
近異錄一卷
　（劉宋）劉質撰
　說郛（宛委山堂本）弓一百十八
　龍威祕書五集
　叢書集成初編・文學類
冥祥記一卷
　（南齊）王琰撰
　說郛（宛委山堂本）弓一百十八
　古今說部叢書二集
冥祥記
　說郛（商務印書館本）卷四
冥祥記五則
　舊小說（民國本、1957 年本）甲集
冥祥記一卷
　（南齊）王琰撰　魯迅輯
　古小說鉤沈
述異記一卷
　（晉）祖沖之撰　魯迅輯
　古小說鉤沈
述異記二卷
　（梁）任昉撰
　漢魏叢書（萬曆本、景萬曆本）・子籍
　廣漢魏叢書（萬曆本、嘉慶本）・載籍
　格致叢書
　稗海（萬曆本、康熙重編補刊本、乾隆
　　修補重訂本）第一函
　四庫全書・子部小說家類
　摛藻堂四庫全書薈要・子部
　增訂漢魏叢書（乾隆本、紅杏山房本、
　　三餘堂本、大通書局石印本）・載籍
　龍威祕書一集
　子書百家・小說家異聞類
　百子全書・小說家異聞類
　隨盦徐氏叢書
　說庫
述異記一卷
　合刻三志・志異類

說郛(宛委山堂本)弓六十五
五朝小說 · 魏晉小說志怪家
五朝小說大觀 · 魏晉小說志怪家
古今說部叢書二集
漢魏小說採珍
逖異記
說郛(商務印書館本)卷四
說郛(商務印書館本)卷二十
逖異記八則
舊小說(民國本、1957年本)甲集
逖異記佚文一卷
(梁)任昉撰　(清)王仁俊輯
經籍佚文
續齊諧記一卷
(梁)吳均撰
顧氏文房小說(嘉靖本、景嘉靖本)
古今逸史 · 逸記
廣漢魏叢書(萬曆本、嘉慶本) · 載籍
說郛(宛委山堂本)弓一百十五
五朝小說 · 魏晉小說志怪家
五朝小說大觀 · 魏晉小說志怪家
祕書廿一種(康熙本、嘉慶本)
四庫全書 · 子部小說家類
增訂漢魏叢書(乾隆本、紅杏山房本、
　三餘堂本、大通書局石印本) · 載籍
景印元明善本叢書十種 · 古今逸史 ·
　逸記
續齊諧記
虞初志(明本、民國本)卷一
說郛(商務印書館本)卷六十五
續齊諧記九則
舊小說(民國本、1957年本)甲集
劉之遴神錄一卷
(梁)劉之遴撰　魯迅輯
古小說鉤沈
集靈記一卷
(北齊)顏之推撰
說郛(宛委山堂本)弓一百十八
古今說部叢書三集
集靈記一卷
(北齊)顏之推撰　魯迅輯
古小說鉤沈
還冤記一卷
(北齊)顏之推撰
續百川學海庚集
唐宋叢書 · 載籍
說郛(宛委山堂本)弓七十二
五朝小說 · 魏晉小說志怪家
五朝小說大觀 · 魏晉小說志怪家

增訂漢魏叢書(乾隆本、紅杏山房本、
　三餘堂本、大通書局石印本) · 載籍
古今說部叢書四集
還冤志一卷
寶顏堂祕笈(萬曆本、民國石印本)廣
　集
詁經堂藏書
還冤志三卷
四庫全書 · 子部小說家類
還冤記二十四則
舊小說(民國本、1957年本)甲集
還冤記殘一卷
敦煌祕籍留眞新編下卷

隋

旌異記一卷
(隋)侯白(君素)撰
說郛(宛委山堂本)弓一百十八
龍威祕書五集
叢書集成初編 · 文學類
旌異記一卷
(隋)侯白(君素)撰　魯迅輯
古小說鉤沈
窮怪錄一卷
說郛(宛委山堂本)弓一百十七
龍威祕書四集
晉唐小說暢觀
神怪錄一卷
魯迅輯
古小說鉤沈
續異記一卷
魯迅輯
古小說鉤沈
錄異傳一卷
魯迅輯
古小說鉤沈
雜鬼神志怪一卷
魯迅輯
古小說鉤沈
祥異記一卷
說郛(宛委山堂本)弓一百十八
古今說部叢書三集
詳異記一卷
魯迅輯
古小說鉤沈

唐

鬼塚志一卷

（唐）褚遂良撰
　　合刻三志·志鬼類
　　唐人說薈（乾隆本、道光本、宣統石印
　　　本、民國石印本）六集
　　唐代叢書六集
　鬼塚志一則
　　舊小說（民國本、1957年本）乙集
壠上記一卷
（唐）蘇頲撰
　　合刻三志·志鬼類
　　說郛（宛委山堂本）弓一百十八
　　唐人說薈（乾隆本、道光本、宣統石印
　　　本、民國石印本）五集
　　唐代叢書五集
續幽明錄一卷
（唐）劉孝孫撰
　　說郛（宛委山堂本）弓一百十七
　　五朝小說·魏晉小說志怪家
　　五朝小說大觀·魏晉小說志怪家
辨疑志一卷
（唐）陸長源撰
　　說郛（宛委山堂本）弓二十三
　辨疑志
　　說郛（商務印書館本）卷三十四
　辨疑志四則
　　舊小說（民國本、1957年本）乙集
洽聞記一卷
（唐）鄭常撰
　　說郛（宛委山堂本）弓三十二
　洽聞記
　　說郛（商務印書館本）卷四
　　說郛（商務印書館本）卷七十五
集異志四卷
（唐）陸勳撰
　　寶顏堂祕笈（萬曆本、民國石印本）續
　　　集
　　叢書集成初編·文學類
　集異志一卷
　　說郛（宛委山堂本）弓一百十六
　　唐人說薈（乾隆本、道光本、宣統石印
　　　本、民國石印本）五集
　　唐代叢書五集
　　說庫
志怪錄一卷
（唐）陸勳撰
　　合刻三志·志怪類
　　說郛（宛委山堂本）弓一百十七
　　五朝小說·唐人百家小說瑣記家

　　五朝小說大觀·唐人百家小說瑣記家
　　唐人說薈（乾隆本、道光本、宣統石印
　　　本、民國石印本）五集
　　唐代叢書五集
志怪三則
　　舊小說（民國本、1957年本）乙集
纂異記一卷
（唐）李玫撰
　　說郛（宛委山堂本）弓一百十八
異聞實錄一卷
（唐）李玫撰
　　說郛（宛委山堂本）弓一百十七
　　古今說部叢書一集
異聞錄一則
（唐）□□撰
　　舊小說（民國本、1957年本）乙集
河東記一卷
　　說郛（宛委山堂本）弓六十
　河東記
　　說郛（商務印書館本）卷四·墨娥漫錄
　河東記十八則
　　舊小說（民國本、1957年本）乙集
河東記佚文一卷
（清）王仁俊輯
　　經籍佚文
玄怪記一卷
（唐）徐炫撰
　　說郛（宛委山堂本）弓一百十七
　　龍威祕書四集
　　叢書集成初編·文學類
　　晉唐小說暢觀
樹萱錄一卷
（唐）劉薰撰
　　說郛（宛委山堂本）弓三十二
　　五朝小說大觀·唐人百家小說紀載家
　樹萱錄
　　說郛（商務印書館本）卷三
諾皋記一卷
（唐）段成式撰
　　合刻三志·志異類
　　說郛（宛委山堂本）弓一百十六
　　唐人說薈（乾隆本、道光本、宣統石印
　　　本、民國石印本）五集
　　唐代叢書五集
　　龍威祕書四集
　　藝苑捃華
　　說庫
　　晉唐小說暢觀

諸皇記八則
　　　　舊小說(民國本、1957 年本)乙集
支諾皐一卷
　　(唐)段成式撰
　　　　唐人說薈（乾隆本、道光本、宣統石印
　　　　　本、民國石印本)五集
　　　　唐代叢書五集
　　　　說庫
　　支諾皐三則
　　　　舊小說(民國本、1957 年本)乙集
異疾志一卷
　　(唐)段成式撰
　　　　合刻三志・志異類
　　　　唐人說薈（乾隆本、道光本、宣統石印
　　　　　本、民國石印本)四集
　　　　唐代叢書四集
　　　　遜敏堂叢書
　　異疾志三則
　　　　舊小說(民國本、1957 年本)乙集
五行記一卷
　　(唐)□□撰
　　　　說郛(宛委山堂本)弓六十
廣異記一卷
　　(唐)戴孚撰
　　　　說郛(宛委山堂本)弓一百十八
　　　　龍威祕書五集
　　　　叢書集成初編・文學類
　　廣異記
　　　　說郛(商務印書館本)卷四
　　廣異記一百三十三則
　　　　舊小說(民國本、1957 年本)乙集
搜神記殘一卷(存卷一)
　　(唐)句道興撰
　　　　六經堪叢書初集・敦煌零拾
冤債志一卷
　　(唐)吳融撰
　　　　合刻三志・志鬼類
靈怪錄
　　(唐)□□撰
　　　　說郛(商務印書館本)卷三
神呪志一卷
　　(唐)雍益堅撰
　　　　合刻三志・志幻類
異物志
　　　　說郛(商務印書館本)卷六・廣知
靈物志一卷
　　(唐)□□撰
　　　　香豔叢書第十一集

原化記一卷
　　(唐)皇甫□撰
　　　　說郛(宛委山堂本)弓二十三
　　　　古今說部叢書二集
　原化記二十三則
　　　　舊小說(民國本、1957 年本)乙集
原仙記三則
　　(唐)□□撰
　　　　舊小說(民國本、1957 年本)乙集
詳異記一則
　　(唐)□□撰
　　　　舊小說(民國本、1957 年本)乙集
廣古今五行記六則
　　(唐)□□撰
　　　　舊小說(民國本、1957 年本)乙集
靈異記三則
　　(唐)□□撰
　　　　舊小說(民國本、1957 年本)乙集
王氏見聞十五則
　　(唐)□□撰
　　　　舊小說(民國本、1957 年本)乙集

五　代

靈應錄一卷
　　(五代)于逖撰
　　　　合刻三志・志寅類
　　　　唐人說薈（乾隆本、道光本、宣統石印
　　　　　本、民國石印本)六集
　　　　唐代叢書六集
　　(題唐傅亮撰)
　　　　說郛(宛委山堂本)弓一百十七
　　　　五朝小說・唐人百家小說瑣記家
　　　　五朝小說大觀・唐人百家小說瑣記家
　靈應錄二則
　　　　舊小說(民國本、1957 年本)乙集
錄異記八卷
　　(前蜀)杜光庭撰
　　　　道藏（正統本、景正統本)・洞玄部記
　　　　　傳類
　　　　祕册彙函
　　　　津逮祕書（汲古閣本、景汲古閣本) 第
　　　　　十一集
　　　　說庫
　　　　道藏舉要第七類
　錄異記一卷
　　　　說郛(宛委山堂本)弓一百十八
　　　　龍威祕書四集
　　　　晉唐小說暢觀

錄異記十三則
　　　舊小說(民國本、1957 年本)丙集
靈怪錄一卷
　　(前蜀)牛嶠撰
　　　合刻三志・志怪類
　　　唐人說薈 (乾隆本、道光本、宣統石印
　　　　本、民國石印本)六集
　　　唐代叢書六集
　靈怪錄四則
　　　舊小說(民國本、1957 年本)乙集

北　宋

稽神錄六卷拾遺一卷
　　(宋)徐鉉撰
　　　津逮祕書(汲古閣本、景汲古閣本)第
　　　　十一集
　　　四庫全書・子部小說家類
　　　學津討原(嘉慶本、景嘉慶本)第十六
　　　　集
　　　叢書集成初編・文學類
　稽神錄一卷
　　(題唐雍陶撰)
　　　合刻三志・志幻類
　　　五朝小說・唐人百家小說傳奇家
　　　五朝小說大觀・唐人百家小說傳奇家
　　(宋)徐鉉撰
　　　說郛(宛委山堂本)弓一百十七
　　　唐人說薈 (乾隆本、道光本、宣統石印
　　　　本、民國石印本)六集
　　　唐代叢書六集
　稽神錄六卷拾遺一卷補遺一卷
　　　宋人小說
　稽神錄
　　　說郛(商務印書館本)卷三
　　　說郛(商務印書館本)卷十四
　稽神錄三十九則
　　　舊小說(民國本、1957 年本)丙集
　稽神錄校補二卷
　　(宋)徐鉉撰　　(清)陸心源輯
　　　潛園總集・羣書校補
洞微志一卷
　　(宋)錢易撰
　　　說郛(宛委山堂本)弓三十九
　　　五朝小說・宋人百家小說偏錄家
　　　五朝小說大觀・宋人百家小說偏錄家
　洞微志
　　　說郛(商務印書館本)卷七十五
乘異錄

　　(宋)□□撰
　　　說郛(商務印書館本)卷四
乘異記一卷
　　(宋)張君房撰
　　　說郛(宛委山堂本)弓一百十八
　　　龍威祕書五集
吉凶影響錄一卷
　　(宋)岑象求撰
　　　說郛(宛委山堂本)弓一百十七
　　　龍威祕書五集
　　　叢書集成初編・文學類
　吉凶影響錄
　　　說郛(商務印書館本)卷三
括異志一卷
　　(宋)張師正撰
　　　說郛(宛委山堂本)弓一百十六
　括異志十卷
　　　四部叢刊續編・子部
　括異志
　　　說郛(商務印書館本)卷六・廣知
　　　說郛(商務印書館本)卷四十四
祖異志
　　　說郛(商務印書館本)卷六・廣知
祖異記一卷
　　(宋)聶田撰
　　　說郛(宛委山堂本)弓一百十八
搜神祕覽一卷
　　(宋)章炳文撰
　　　說郛(宛委山堂本)弓十九
　　　龍威祕書五集
　　　叢書集成初編・文學類
　搜神祕覽三卷
　　　續古逸叢書
　搜神祕覽
　　　說郛(商務印書館本)卷三十三
妖化錄一卷
　　(宋)宣靖撰
　　　說郛(宛委山堂本)弓一百十八
采異記一卷
　　(宋)陳達叟撰
　　　說郛(宛委山堂本)弓一百十八
　采異記
　　(題宋宋汴撰)
　　　說郛(商務印書館本)卷六十五

南　宋

夷堅支志五十卷
　　(宋)洪邁撰

四庫全書・子部小說家類

夷堅志五十卷
筆記小說大觀第三輯

夷堅甲志二十卷乙志二十卷丙志殘十九卷丁志二十卷
宛委別藏

夷堅志甲集二十卷乙集二十卷丙集二十卷丁集二十卷
十萬卷樓叢書初編

叢書集成初編・文學類

夷堅志陰德
說郛(商務印書館本)卷九十七

夷堅志一百八十六則
舊小說(民國本、1957 年本)丁集

睽車志一卷
(宋)郭彖撰

古今說海(嘉靖本、道光本、宣統排印本、民國石印本)・說略部雜記家

說郛(宛委山堂本)弓一百十八

五朝小說・宋人百家小說偏錄家

五朝小說大觀・宋人百家小說偏錄家

龍威祕書五集

睽車志六卷
稗海(萬曆本、康熙重編補刊本、乾隆修補重訂本)第八函

四庫全書・子部小說家類

筆記小說大觀第五輯

叢書集成初編・文學類

睽車志
說郛(商務印書館本)卷三十三

睽車志四則
舊小說(民國本、1957 年本)丁集

括異志一卷
(宋)魯應龍撰

廣百川學海丁集

說郛(宛委山堂本)弓一百十六

五朝小說・宋人百家小說偏錄家

閑窗括異志一卷
鹽邑志林

稗海(萬曆本、康熙重編補刊本、乾隆修補重訂本)第三函

敬修堂叢書

叢書集成初編・文學類

景印元明善本叢書十種・鹽邑志林

閑窗括異志三則
舊小說(民國本、1957 年本)丁集

物異考一卷
(宋)方鳳撰

廣百川學海戊集

寶顏堂祕笈(萬曆本、民國石印本)彙集

合刻三志・志異類

說郛(宛委山堂本)弓一百十八

續金華叢書・子部

叢書集成初編・文學類

纂異記四則
(宋)李玫撰

舊小說(民國本、1957 年本)丁集

客退紀談一卷
說郛(宛委山堂本)弓三十一

異聞錄
說郛(商務印書館本)卷三

舊聞記
說郛(商務印書館本)卷四

漂粟手牘一卷
說郛(宛委山堂本)弓三十一

奚囊橘柚一卷
說郛(宛委山堂本)弓三十一

玄池說林一卷
說郛(宛委山堂本)弓三十一

潛居錄一卷
說郛(宛委山堂本)弓三十二

異聞總錄四卷
(宋)□□撰

稗海(萬曆本、康熙重編補刊本、乾隆修補重訂本)第六函

筆記小說大觀第六輯

叢書集成初編・文學類

異聞總錄二十六則
舊小說(民國本、1957 年本)丁集

廣知
(宋)□□輯

說郛(商務印書館本)卷十五

金

續夷堅志四卷
(金)元好問撰

得月簃叢書初刻

元遺山先生全集

石蓮盦彙刻九金人集

筆記小說大觀第四輯

叢書集成初編・文學類

元

睽車志一卷
(題後蜀歐陽炯撰)

合刻三志・志鬼類
　　（元）歐陽玄撰
　　　　說郛（宛委山堂本）弓一百十八
　　　　五朝小說・宋人百家小說偏錄家
　　　　五朝小說大觀・宋人百家小說偏錄家
　　　　古今說部叢書六集

南墅閒居錄一卷
　　　　說郛（宛委山堂本）弓十七

幽怪錄一卷
　　（元）陶宗儀撰
　　　　合刻三志・志怪類

冥感記一卷
　　（元）羅貫中撰
　　　　合刻三志・志鬼類

明

紀周文襄公見鬼事一卷
　　（明）□□撰
　　　　煙霞小說第五帙

志怪錄一卷
　　（明）祝允明撰
　　　　紀錄彙編
　　　　古今名賢彙語
　　　　景印元明善本叢書十種・紀錄彙編

語怪一卷
　　（明）祝允明撰
　　　　廣百川學海戊集
　　　　合刻三志・志怪類
　　　　說郛續弓四十六
　　　　五朝小說・皇明百家小說
　　　　五朝小說大觀・皇明百家小說

語怪四編一卷
　　　　煙霞小說第五帙

續巳編一卷
　　（明）郎瑛撰
　　　　古今名賢彙語
　　　　說郛續弓十四
　　　　五朝小說・皇明百家小說
　　　　五朝小說大觀・皇明百家小說

汴京勾異記八卷
　　（明）李濂撰
　　　　硯雲乙編
　　　　申報館叢書續集・紀麗類・硯雲乙編
　　　　叢書集成初編・文學類

涉異志一卷
　　（明）閔文振撰
　　　　紀錄彙編
　　　　古今名賢彙語

說郛續弓十六
　　　　五朝小說・皇明百家小說
　　　　五朝小說大觀・皇明百家小說
　　　　叢書集成初編・文學類
　　　　景印元明善本叢書十種・紀錄彙編

說聽四卷
　　（明）陸延枝撰
　　　　煙霞小說第七帙至第八帙

說聽二卷
　　　　古今說部叢書六集
　　　　說庫

寶櫝記一卷
　　（明）滑惟善撰
　　　　顧氏明朝四十家小說（正德嘉靖本、宣
　　　　　統排印本、民國石印本）
　　　　說郛續弓二十
　　　　五朝小說・皇明百家小說
　　　　五朝小說大觀・皇明百家小說
　　　　古今說部叢書二集
　　　　廣四十家小說
　　　　說庫

志幻錄二卷附錄一卷
　　（明）邵潛撰
　　　　邵潛夫別集

清

蚓菴瑣語一卷
　　（清）王逋撰
　　　　說鈴（康熙本、道光本）後集
　　　　古今說部叢書四集

冥報錄二卷
　　（清）陸圻撰
　　　　說鈴（康熙本、道光本）後集
　　　　潛園集鈔

諾皋廣志一卷
　　（清）徐芳撰
　　　　昭代叢書（道光本）丁集新編

果報聞見錄一卷
　　（清）楊式傳撰
　　　　說鈴（康熙本、道光本）後集
　　　　潛園集鈔

山齋客譚一卷
　　（清）景星杓撰
　　　　昭代叢書（道光本）辛集別編補

信徵錄一卷
　　（清）徐慶撰
　　　　說鈴（康熙本、道光本）後集

述異記三卷

（清）東軒主人撰
　　說鈴（康熙本、道光本）後集
　　古今說部叢書一集
　　說庫
曠園雜志二卷
　（清）吳陳琰撰
　　說鈴（康熙本、道光本）後集
新齊諧二十四卷續十卷
　（清）袁枚撰
　　隨園三十種（乾隆嘉慶本、同治本）
　　隨園三十八種
　子不語二十四卷續十卷
　　清代筆記叢刊
　　筆記小說大觀第一輯
閱微草堂筆記六卷
　（清）紀昀撰
　　潛園集錄
閱微草堂筆記約選二卷
　（清）紀昀撰　（民國）周學熙節錄
　　周氏師古堂所編書
灤陽消夏錄六卷
　（清）紀昀（觀弈道人）撰
　　閱微草堂筆記（嘉慶本、道光本）
　　清代筆記叢刊・閱微草堂筆記
　　筆記小說大觀第一輯・閱微草堂筆記
　灤陽消夏錄一卷
　　閱微草堂筆記五種擷鈔
如是我聞四卷
　（清）紀昀（觀弈道人）撰
　　閱微草堂筆記（嘉慶本、道光本）
　　清代筆記叢刊・閱微草堂筆記
　　筆記小說大觀第一輯・閱微草堂筆記
　如是我聞一卷
　　閱微草堂筆記五種擷鈔
槐西雜志四卷
　（清）紀昀（觀弈道人）撰
　　閱微草堂筆記（嘉慶本、道光本）
　　清代筆記叢刊・閱微草堂筆記
　　筆記小說大觀第一輯・閱微草堂筆記
　槐西雜誌一卷
　　閱微草堂筆記五種擷鈔
姑妄聽之四卷
　（清）紀昀（觀弈道人）撰
　　閱微草堂筆記（嘉慶本、道光本）
　　清代筆記叢刊・閱微草堂筆記
　　筆記小說大觀第一輯・閱微草堂筆記
　姑妄聽之一卷
　　閱微草堂筆記五種擷鈔

灤陽續錄六卷
　（清）紀昀（觀弈道人）撰
　　閱微草堂筆記（嘉慶本、道光本）
　　清代筆記叢刊・閱微草堂筆記
　　筆記小說大觀第一輯・閱微草堂筆記
　灤陽續錄一卷
　　閱微草堂筆記五種擷鈔
螢窻異草初編四卷二編四卷三編四卷
　（清）慶蘭（長白浩歌子）撰
　　申報館叢書正集・新奇說部類
　　筆記小說大觀第一輯
城南夜話一卷續話一卷
　（清）沈大本撰
　　吳氏叢書囊甲編
見聞近錄四卷
　（清）俞超撰
　　海昌俞氏叢刻
寶仁堂鹿革囊一卷
　（清）俞鍾雲撰
　　花近樓叢書
閩中錄異二卷
　（清）黃錫蕃撰
　　黃椒升遺書
豐暇筆談一卷
　（清）孟璿樋撰
　　申報館叢書續集・紀麗類・屑玉叢談
　　二集
聞見異辭四卷
　（清）許秋垞撰
　　申報館叢書續集・說部類
　聞見異辭二卷
　　筆記小說大觀第二輯
記夢四則一卷
　（清）張文虎撰
　　覆瓿集・舒藝室雜存
高辛硯齋雜著一卷
　（清）俞承德撰
　　海昌俞氏叢刻
雪煩廬記異二卷
　（清）張道撰
　　漁浦草堂遺稿
雪窗新語二卷
　（清）夏昌祺撰
　　申報館叢書正集・新奇說部類・異書
　　四種
夜雨秋燈錄八卷
　（清）宣鼎撰
　　申報館叢書正集・新奇說部類

夜雨秋燈錄初集四卷續集四卷三集四
卷
　　　　清代筆記叢刊
　　　　筆記小說大觀第一輯
仙壇花雨一卷
　　(清)浮園主人輯
　　　　申報館叢書正集・新奇說部類・異書
　　　　四種
龜臺琬琰一卷
　　(清)張正茂撰
　　　　檀几叢書第二帙
　　　　香豔叢書第一集
四海記一卷
　　(清)虎林醉犀生撰
　　　　申報館叢書續集・紀麗類・屑玉叢譚
　　　　初集
說林(一名馬氏隨筆)二卷
　　(清)錫泰撰
　　　　晨風閣叢書第一集

傳奇之屬

漢

東方朔記
　　　　說郛(商務印書館本)卷四
趙飛燕外傳一卷
　　(漢)伶玄撰
　　　　顧氏文房小說(嘉靖本、景嘉靖本)
　　　　漢魏叢書(萬曆本、景萬曆本)・子籍
　　　　綠窗女史・宮闈部蠱惑
　　　　說郛(宛委山堂本)另一百十一
　　　　五朝小說・魏晉小說傳奇家
　　　　五朝小說大觀・魏晉小說傳奇家
趙后外傳一卷
　　　　古今逸史・逸記
　　　　景印元明善本叢書十種・古今逸史・
　　　　逸記
飛燕外傳一卷
　　　　廣漢魏叢書(萬曆本、嘉慶本)・別史
　　　　增訂漢魏叢書(乾隆本、紅杏山房本、
　　　　三餘堂本、大通書局石印本)・別史
　　　　龍威祕書一集
　　　　鮑紅葉叢書
　　　　無一是齋叢鈔
　　　　漢魏小說採珍
趙飛燕外傳
　　　　說郛(商務印書館本)卷三十二

舊小說(民國本、1957年本)甲集
騶僕傳一卷
　　(漢)王褒撰
　　　　合刻三志・志奇類
東方朔傳一卷
　　(漢)郭憲撰
　　　　說郛(宛委山堂本)另一百十一
　　　　五朝小說・魏晉小說傳奇家
　　　　五朝小說大觀・魏晉小說傳奇家
東方朔傳
　　　　舊小說(民國本、1957年本)甲集
漢武帝內傳一卷外傳一卷
　　(漢)班固撰
　　　　道藏(正統本、景正統本)・洞真部記
　　　　傳類
　　　　道藏舉要第七類
漢武帝內傳一卷
　　　　廣漢魏叢書(萬曆本、嘉慶本)・別史
　　　　說郛(宛委山堂本)另一百十一
　　　　五朝小說・魏晉小說傳奇家
　　　　五朝小說大觀・魏晉小說傳奇家
　　　　四庫全書・子部小說家類
　　　　增訂漢魏叢書(乾隆本、紅杏山房本、
　　　　三餘堂本、大通書局石印本)・別史
　　　　龍威祕書一集
　　　　墨海金壺(嘉慶本、景嘉慶本)・子部
　　　　漢魏小說採珍
武帝內傳一卷
　　　　無一是齋叢鈔
漢孝武內傳
　　　　粵雅堂叢書三編第二十三集・續談助
　　　　十萬卷樓叢書三編・續談助
　　　　叢書集成初編・總類・續談助
漢武內傳
　　　　說郛(商務印書館本)卷七・諸傳摘玄
漢武帝內傳
　　　　舊小說(民國本、1957年本)甲集
漢武帝內傳一卷附錄一卷附校勘記一卷
　　(漢)班固撰　校勘記(清)錢熙祚撰
　　　　守山閣叢書(道光本、鴻文書局景道光
　　　　本、博古齋景道光本)・子部
　　　　叢書集成初編・史地類
漢武故事一卷
　　(漢)班固撰
　　　　古今說海(嘉靖本、道光本、宣統排印
　　　　本、民國石印本)・說纂部逸事家
　　　　歷代小史
　　　　古今逸史・逸記

四庫全書·子部小說家類
說庫
景印元明善本叢書十種·歷代小史
景印元明善本叢書十種·古今逸史·
　逸記

漢武故事
粵雅堂叢書三編第二十三集·續談助
十萬卷樓叢書三編·續談助
叢書集成初編·總類·續談助

漢孝武故事
說郛(商務印書館本)卷五十二

漢武故事二卷
(漢)班固撰　(清)洪頤煊輯
問經堂叢書·經典集林
經典集林

漢武故事一卷
(漢)班固撰　(清)王仁俊輯
玉函山房輯佚書補編

漢武故事一卷
(漢)班固撰　魯迅輯
古小說鉤沈

漢武事略一卷
(漢)班固撰
稗乘

吳女紫玉傳一卷
(漢)趙曄撰
綠窗女史·冥感部幽合
五朝小說·魏晉小說傳奇家
五朝小說大觀·魏晉小說傳奇家

吳女紫玉傳
舊小說(民國本、1957 年本)甲集

楚王鑄劍記一卷
(漢)趙曄撰
五朝小說·魏晉小說傳奇家
五朝小說大觀·魏晉小說傳奇家

楚王鑄劍記
舊小說(民國本、1957 年本)甲集

西王母傳一卷
(漢)桓驎撰
綠窗女史·神仙部仙姬
說郛(宛委山堂本)另一百十三
五朝小說·魏晉小說傳奇家
五朝小說大觀·魏晉小說傳奇家

西王母傳
舊小說(民國本、1957 年本)甲集

三　國

山陽死友傳一卷

(魏)蔣濟撰
五朝小說·魏晉小說傳奇家
五朝小說大觀·魏晉小說傳奇家

山陽死友傳
舊小說(民國本、1957 年本)甲集

太古蠶馬記一卷
(吳)張儼撰
五朝小說·魏晉小說傳奇家
五朝小說大觀·魏晉小說傳奇家

太古蠶馬記
舊小說(民國本、1957 年本)甲集

丁新婦傳一卷
(吳)殷基撰
五朝小說·魏晉小說雜傳家
五朝小說大觀·魏晉小說雜傳家

丁新婦傳
舊小說(民國本、1957 年本)甲集

晉

龐娥親傳一卷
(晉)皇甫謐撰
綠窗女史·節俠部義烈

泰山生令記一卷
(晉)司馬彪撰
五朝小說·魏晉小說傳奇家
五朝小說大觀·魏晉小說傳奇家

泰山生令記
舊小說(民國本、1957 年本)甲集

古墓斑狐記一卷
(晉)郭頒撰
五朝小說·魏晉小說傳奇家
五朝小說大觀·魏晉小說傳奇家

古墓斑狐記
舊小說(民國本、1957 年本)甲集

蘇娥訴冤記一卷
(晉)干寶撰
綠窗女史·節俠部義烈

蘇娥訴冤記一卷
五朝小說·魏晉小說傳奇家
五朝小說大觀·魏晉小說傳奇家

蘇娥訴冤記
舊小說(民國本、1957 年本)甲集

度朔君別傳一卷
(晉)干寶撰
五朝小說·魏晉小說傳奇家
五朝小說大觀·魏晉小說傳奇家

東越祭蛇記一卷
(晉)干寶撰

五朝小說・魏晉小說傳奇家
　　　五朝小說大觀・魏晉小說傳奇家
東越祭蛇記
　　　舊小說（民國本、1957 年本）甲集
烏衣鬼軍記一卷
　　（晉）李朏撰
　　　五朝小說・魏晉小說傳奇家
　　　五朝小說大觀・魏晉小說傳奇家
烏衣鬼軍記
　　　舊小說（民國本、1957 年本）甲集
麻姑傳一卷
　　（晉）葛洪撰
　　　綠窗女史・神仙部仙姬
　　　說郛（宛委山堂本）弓一百十三
　　　五朝小說・魏晉小說雜傳家
　　　五朝小說大觀・魏晉小說雜傳家
杜蘭香傳一卷
　　（晉）曹毗撰
　　　綠窗女史・神仙部仙姬
　　　說郛（宛委山堂本）弓一百十三
杜蘭香別傳
　　　說郛（商務印書館本）卷七・諸傳摘玄
泰嶽府君記一卷
　　（晉）庾翼撰
　　　五朝小說・魏晉小說傳奇家
　　　五朝小說大觀・魏晉小說傳奇家
泰嶽府君記
　　　舊小說（民國本、1957 年本）甲集
桃花源記一卷
　　（晉）陶潛撰
　　　水邊林下
薛靈芸傳一卷
　　（前秦）王嘉撰
　　　綠窗女史・宮闈部寵遇
　　　五朝小說・魏晉小說傳奇家
　　　五朝小說大觀・魏晉小說傳奇家
薛靈芸傳
　　　舊小說（民國本、1957 年本）甲集
麋生瘞岫記一卷
　　（前秦）王嘉撰
　　　五朝小說・魏晉小說傳奇家
　　　五朝小說大觀・魏晉小說傳奇家
麋生瘞岫記
　　　舊小說（民國本、1957 年本）甲集
麗姬傳一卷
　　（前秦）王嘉撰
　　　綠窗女史・宮闈部寵遇
麗姝傳一卷

合刻三志・志奇類
趙夫人傳一卷
　　（前秦）王嘉撰
　　　綠窗女史・宮闈部寵遇
翔風傳一卷
　　（前秦）王嘉撰
　　　綠窗女史・妾婢部逸格

南北朝

夏侯鬼語記一卷
　　（晉）孔曄撰
　　　五朝小說・魏晉小說傳奇家
　　　五朝小說大觀・魏晉小說傳奇家
夏侯鬼語記
　　　舊小說（民國本、1957 年本）甲集
梁清傳一卷
　　（劉宋）劉敬叔撰
　　　說郛（宛委山堂本）弓一百十三
周氏冥通記四卷
　　（梁）陶弘景撰
　　　祕冊彙函
　　　津逮祕書（汲古閣本、景汲古閣本）第
　　　　十一集
　　　叢書集成初編・宗教類
冥通記一卷
　　　唐宋叢書・載籍
　　　合刻三志・志鬼類
　　　說郛（宛委山堂本）弓一百十四
　　　五朝小說・魏晉小說志怪家
　　　五朝小說大觀・魏晉小說志怪家
冥通記
　　　舊小說（民國本、1957 年本）甲集
續齊諧記一卷
　　（梁）吳均撰
　　　合刻三志・志異類

隋

古鏡記
　　（隋）王度撰
　　　虞初志（明本、民國本）卷七
　　　舊小說（民國本、1957 年本）甲集
古鏡記一卷
　　　合刻三志　志幻類
　　　說郛（宛委山堂本）弓一百十四
　　　五朝小說・魏晉小說志怪家
　　　五朝小說大觀・魏晉小說志怪家
　　　龍威祕書四集
　　　香豔叢書第十集

唐宋傳奇集(北新書局本、人民文學出
版社本、文學古籍刊行社本)卷一
晉唐小說暢觀

王子晉別傳一卷
　(清)王仁俊輯
　　玉函山房輯佚書補編

唐

唐人傳奇選
　(民國)胡樸安(民國)胡懷琛選
　　文藝小叢書第一輯

隋遺錄二卷
　(唐)顏師古撰
　　百川學海(咸淳本、景刊咸淳本)庚集
　　百川學海(弘治本、景刊咸淳本據弘治
　　　目次編印本、景弘治本)乙集
　　唐宋傳奇集(北新書局本、人民文學出
　　　版社本、文學古籍刊行社本)卷六

　隋遺錄一卷
　　歷代小史
　　景印元明善本叢書十種·歷代小史
　隋遺錄
　　說郛(商務印書館本)卷七十八

醉鄉記一卷
　(唐)王績撰
　　程氏叢刻

狂奴傳一卷
　(唐)李延壽撰
　　合刻三志·志奇類

白猿傳一卷
　(唐)口口撰
　　顧氏文房小說(嘉靖本、景嘉靖本)
　　綠窗女史·妖豔部猿裝
　　合刻三志·志異類
　　說郛(宛委山堂本)弓一百十三
　　唐人說薈(乾隆本、道光本、宣統石印
　　　本、民國石印本)六集
　　唐代叢書六集
　　龍威祕書四集
　　晉唐小說暢觀

　補江總白猿傳一卷
　　唐宋傳奇集(北新書局本、人民文學出
　　　版社本、文學古籍刊行社本)卷一
　白猿傳
　　虞初志(明本、民國本)卷八
　　舊小說(民國本、1957年本)乙集

鄴侯外傳一卷
　(唐)李繁撰

古今說海 (嘉靖本、道光本、宣統排印
　本、民國石印本)·說淵部別傳家
歷代小史
說郛(宛委山堂本)弓一百十三
五朝小說·唐人百家小說紀載家
五朝小說大觀·唐人百家小說紀載家
景印元明善本叢書十種·歷代小史

李泌傳一卷
　唐人說薈(乾隆本、道光本、宣統石印
　　本、民國石印本)四集
　唐代叢書四集
　龍威祕書四集
　藝苑掃華
　晉唐小說暢觀

鄴侯家傳
　說郛(商務印書館本)卷七·諸傳摘玄
鄴侯外傳
　舊小說(民國本、1957年本)乙集

冥報記三卷
　(唐)唐臨撰
　　涵芬樓祕笈第六集

冥報記七則
　舊小說(民國本、1957年本)乙集

報應記一卷
　(唐)唐臨撰
　　說郛(宛委山堂本)弓七十二

遊仙窟一卷
　(唐)張文成撰
　　古佚小說叢刊初集

梁四公記一卷
　(題梁沈約撰)
　　合刻三志·志奇類
　(唐)張說撰
　　說郛(宛委山堂本)弓一百十三

梁四公記一則
　(題唐梁載言撰)
　　舊小說(民國本、1957年本)乙集

潤玉傳一卷
　(唐)孫頠撰
　　古今說海 (嘉靖本、道光本、宣統排印
　　　本、民國石印本)·說淵部別傳家

神女傳一卷
　合刻三志·志奇類
　唐人說薈(乾隆本、道光本、宣統石印
　　本、民國石印本)五集
　唐代叢書五集
　龍威祕書四集
　藝苑掃華

晉唐小說暢觀

沈警遇神女記一卷
　　　香豔叢書第十三集

神女傳三則
　　　舊小說(民國本、1957 年本)乙集

幻異志一卷
　(唐)孫頠撰
　　　合刻三志・志幻類
　　　唐人說薈 (乾隆本、道光本、宣統石印
　　　　本、民國石印本)六集
　　　唐代叢書六集
　　　龍威祕書四集
　　　晉唐小說暢觀

幻異志二則
　　　舊小說(民國本、1957 年本)乙集

見夢記一卷
　(唐)孫頠撰
　　　綠窗女史・冥感部夢寐

申宗傳一卷
　(唐)孫頠撰
　　　五朝小說・唐人百家小說瑣記家
　　　五朝小說大觀・唐人百家小說瑣記家
　　　唐人說薈 (乾隆本、道光本、宣統石印
　　　　本、民國石印本)四集
　　　唐代叢書四集

申宗傳
　　　舊小說(民國本、1957 年本)乙集

板橋記一卷
　(唐)孫頠撰
　　　古今說海 (嘉靖本、道光本、宣統排印
　　　　本、民國石印本)・說淵部別傳家

賣鬼傳一卷
　(唐)包何撰
　　　合刻三志・志鬼類

高力士外傳一卷
　(唐)郭湜撰
　　　顧氏文房小說(嘉靖本、景嘉靖本)
　　　唐開元小說六種
　　　郎園先生全書・唐人小傳三種

高力士傳一卷
　　　說郛(宛委山堂本)弓一百十一
　　　五朝小說・唐人百家小說紀載家
　　　五朝小說大觀・唐人百家小說紀載家
　　　唐人說薈 (乾隆本、道光本、宣統石印
　　　　本、民國石印本)四集
　　　唐代叢書四集
　　　龍威祕書四集
　　　晉唐小說暢觀

高力士外傳
　　　虞初志(明本、民國本)卷七

高力士傳
　　　舊小說(民國本、1957 年本)乙集

離魂記
　(唐)陳玄祐撰
　　　虞初志(明本、民國本)卷一
　　　舊小說(民國本、1957 年本)乙集

離魂記一卷
　　　綠窗女史・冥感部神魂
　　　唐人說薈 (乾隆本、道光本、宣統石印
　　　　本、民國石印本)六集
　　　唐代叢書六集
　　　龍威祕書四集
　　　唐宋傳奇集(北新書局本、人民文學出
　　　　版社本、文學古籍刊行社本)卷一
　　　晉唐小說暢觀

靈鬼志一卷
　(唐)常沂撰
　　　合刻三志・志鬼類
　　　唐人說薈 (乾隆本、道光本、宣統石印
　　　　本、民國石印本)六集
　　　唐代叢書六集
　　　龍威祕書四集
　　　叢書集成初編・文學類
　　　晉唐小說暢觀

靈鬼志六則
　　　舊小說(民國本、1957 年本)乙集

顏濬傳一卷
　(唐)常沂撰
　　　古今說海 (嘉靖本、道光本、宣統排印
　　　　本、民國石印本)・說淵部別傳家

崔少玄傳
　(唐)王建撰
　　　虞初志(明本、民國本)卷四

枕中記
　(題唐李泌撰)
　　　虞初志(明本、民國本)卷三
　　　舊小說(民國本、1957 年本)乙集

枕中記一卷
　(題唐李泌撰)
　　　唐人說薈 (乾隆本、道光本、宣統石印
　　　　本、民國石印本)五集
　　　唐代叢書五集
　　　龍威祕書四集
　　　無一是齋叢鈔
　　　說庫
　　　晉唐小說暢觀
　(唐)沈旣濟撰

唐宋傳奇集(北新書局本、人民文學出
版社本、文學古籍刊行社本)卷一

任氏傳
　　(唐)沈旣濟撰
　　　虞初志(明本、民國本)卷八
　　　舊小說(民國本、1957 年本)乙集
　　任氏傳一卷
　　　綠窗女史·妖豔部狐粉
　　　合刻三志·志異類
　　　唐人說薈(乾隆本、道光本、宣統石印
　　　　本、民國石印本)六集
　　　唐代叢書六集
　　　龍威祕書四集
　　　唐宋傳奇集(北新書局本、人民文學出
　　　　版社本、文學古籍刊行社本)卷一
　　　晉唐小說暢觀

雷民傳一卷
　　(唐)沈旣濟撰
　　　合刻三志·志幻類
　　　唐人說薈(乾隆本、道光本、宣統石印
　　　　本、民國石印本)五集
　　　唐代叢書五集
　　　龍威祕書四集
　　　叢書集成初編·文學類
　　　晉唐小說暢觀
　　雷民傳一則
　　　舊小說(民國本、1957 年本)乙集

陶峴傳一卷
　　(唐)沈旣濟撰
　　　唐人說薈(乾隆本、道光本、宣統石印
　　　　本、民國石印本)四集
　　　唐代叢書四集
　　陶峴傳
　　　舊小說(民國本、1957 年本)乙集

編次鄭欽悅辨大同古銘論一卷
　　(唐)李吉甫撰
　　　唐宋傳奇集(北新書局本、人民文學出
　　　　版社本、文學古籍刊行社本)卷二

柳氏傳
　　(唐)許堯佐撰
　　　虞初志(明本、民國本)卷六
　　章臺柳傳
　　　舊小說(民國本、1957 年本)乙集
　　章臺柳傳一卷
　　　綠窗女史·妾婢部逸格
　　　五朝小說·唐人百家小說傳奇家
　　　五朝小說大觀·唐人百家小說傳奇家
　　　唐人說薈(乾隆本、道光本、宣統石印

本、民國石印本)五集
　　　唐代叢書五集
　　　龍威祕書四集
　　　藝苑捃華
　　　叢書集成初編·文學類
　　　晉唐小說暢觀
　　柳氏傳一卷
　　　唐宋傳奇集(北新書局本、人民文學出
　　　　版社本、文學古籍刊行社本)卷二

柳毅傳
　　(唐)李朝威撰
　　　虞初志(明本、民國本)卷二
　　柳毅傳一卷
　　　說郛(宛委山堂本)弓一百十三
　　　五朝小說·唐人百家小說傳奇家
　　　五朝小說大觀·唐人百家小說傳奇家
　　　唐人說薈(乾隆本、道光本、宣統石印
　　　　本、民國石印本)四集
　　　唐代叢書四集
　　　龍威祕書四集
　　　藝苑捃華
　　　唐宋傳奇集(北新書局本、人民文學出
　　　　版社本、文學古籍刊行社本)卷二
　　　叢書集成初編·文學類
　　　晉唐小說暢觀

柳參軍傳一卷
　　(唐)李朝威撰
　　　古今說海(嘉靖本、道光本、宣統排印
　　　　本、民國石印本)·說淵部別傳家
　　　綠窗女史·妖豔部鬼靈
　　柳參軍傳
　　　舊小說(民國本、1957 年本)乙集

李章武傳一卷
　　(唐)李景亮撰
　　　古今說海(嘉靖本、道光本、宣統排印
　　　　本、民國石印本)·說淵部別傳家
　　　唐宋傳奇集(北新書局本、人民文學出
　　　　版社本、文學古籍刊行社本)卷二
　　李章武傳
　　　舊小說(民國本、1957 年本)乙集

人虎傳一卷
　　(唐)李景亮撰
　　　古今說海(嘉靖本、道光本、宣統排印
　　　　本、民國石印本)·說淵部別傳家
　　　唐人說薈(乾隆本、道光本、宣統石印
　　　　本、民國石印本)六集
　　　唐代叢書六集
　　人虎傳
　　　舊小說(民國本、1957 年本)乙集

大唐奇事一卷
　　（唐）馬總撰
　　　　說郛（宛委山堂本）弖四十八
　大唐奇事四則
　　　　舊小說（民國本、1957 年本）乙集
怪道士傳一卷
　　（唐）韓愈撰
　　　　合刻三志・志奇類
下邳侯革華傳
　　（唐）韓愈撰
　　　　舊小說（民國本、1957 年本）乙集
毛穎傳
　　（唐）韓愈撰
　　　　舊小說（民國本、1957 年本）乙集
李赤傳
　　（唐）柳宗元撰
　　　　舊小說（民國本、1957 年本）乙集
梓人傳
　　（唐）柳宗元撰
　　　　舊小說（民國本、1957 年本）乙集
種樹郭橐駝傳
　　（唐）柳宗元撰
　　　　舊小說（民國本、1957 年本）乙集
捕蛇者說
　　（唐）柳宗元撰
　　　　舊小說（民國本、1957 年本）乙集
河間傳一卷
　　（唐）柳宗元撰
　　　　綠窗女史・妾婢部徂異
　河間婦傳
　　　　舊小說（民國本、1957 年本）乙集
宋清傳
　　（唐）柳宗元撰
　　　　舊小說（民國本、1957 年本）乙集
霍小玉傳
　　（唐）蔣防撰
　　　　虞初志（明本、民國本）卷六
　　　　舊小說（民國本、1957 年本）乙集
　霍小玉傳一卷
　　　　綠窗女史・緣偶部尤悔
　　　　說郛（宛委山堂本）弖一百十二
　　　　五朝小說・唐人百家小說傳奇家
　　　　五朝小說大觀・唐人百家小說傳奇家
　　　　唐人說薈（乾隆本、道光本、宣統石印
　　　　　本、民國石印本）五集
　　　　唐代叢書五集
　　　　龍威祕書四集
　　　　藝苑捃華

無一是齋叢鈔
　　　　唐宋傳奇集（北新書局本、人民文學出
　　　　　版社本、文學古籍刊行社本）卷二
　　　　晉唐小說暢觀
幻戲志一卷
　　（唐）蔣防撰
　　　　合刻三志・志幻類
　　　　唐人說薈（乾隆本、道光本、宣統石印
　　　　　本、民國石印本）六集
　　　　唐代叢書六集
　　　　龍威祕書四集
　　　　叢書集成初編・文學類
　　　　晉唐小說暢觀
　幻戲志二則
　　　　舊小說（民國本、1957 年本）乙集
馬自然傳一卷
　　（唐）蔣防撰
　　　　古今說海（嘉靖本、道光本、宣統排印
　　　　　本、民國石印本）・說淵部別傳家
　馬自然傳
　　　　舊小說（民國本、1957 年本）乙集
古嶽瀆經一卷
　　（唐）李公佐撰
　　　　唐宋傳奇集（北新書局本、人民文學出
　　　　　版社本、文學古籍刊行社本）卷三
南柯記
　　（唐）李公佐撰
　　　　虞初志（明本、民國本）卷三
　　　　舊小說（民國本、1957 年本）乙集
　南柯記一卷附枕中記一卷
　　　　合刻三志・志夢類
　南柯記一卷
　　　　唐人說薈（乾隆本、道光本、宣統石印
　　　　　本、民國石印本）五集
　　　　唐代叢書五集
　　　　龍威祕書四集
　　　　無一是齋叢鈔
　　　　說庫
　　　　晉唐小說暢觀
　南柯太守傳一卷
　　　　唐宋傳奇集（北新書局本、人民文學出
　　　　　版社本、文學古籍刊行社本）卷三
盧江馮媼傳一卷
　　（唐）李公佐撰
　　　　唐宋傳奇集（北新書局本、人民文學出
　　　　　版社本、文學古籍刊行社本）卷三
謝小娥傳
　　（唐）李公佐撰

虞初志(明本、民國本)卷五

謝小娥傳一卷
　綠窗女史・節俠部義烈
　說郛(宛委山堂本)另一百十二
　唐人說薈（乾隆本、道光本、宣統石印
　　本、民國石印本)五集
　唐代叢書五集
　龍威祕書四集
　藝苑捃華
　唐宋傳奇集(北新書局本、人民文學出
　　版社本、文學古籍刊行社本)卷三
　晉唐小說暢觀

琵琶婦傳一卷
　(唐)白居易撰
　　合刻三志・志寅類

醉吟先生傳一卷
　(唐)白居易撰
　　水邊林下

李娃傳
　(唐)白行簡撰
　　虞初志(明本、民國本)卷五
　　舊小說(民國本、1957 年本)乙集

汧國夫人傳一卷
　綠窗女史・青樓部志節
　說郛(宛委山堂本)另一百十三
　無一是齋叢鈔

李娃傳一卷
　唐人說薈（乾隆本、道光本、宣統石印
　　本、民國石印本)五集
　唐代叢書五集
　龍威祕書四集
　藝苑捃華
　唐宋傳奇集(北新書局本、人民文學出
　　版社本、文學古籍刊行社本)卷三
　晉唐小說暢觀

三夢記一卷
　(唐)白行簡撰
　　說郛(宛委山堂本)另一百十四
　　五朝小說・唐人百家小說紀載家
　　五朝小說大觀・唐人百家小說紀載家
　　唐人說薈（乾隆本、道光本、宣統石印
　　　本、民國石印本)四集
　　唐代叢書四集
　　龍威祕書四集
　　香豔叢書第四集
　　唐宋傳奇集(北新書局本、人民文學出
　　　版社本、文學古籍刊行社本)卷三
　　叢書集成初編・文學類
　　晉唐小說暢觀

三夢記
　說郛(商務印書館本)卷四
　舊小說(民國本、1957 年本)乙集

長恨傳
　(唐)陳鴻撰
　　虞初志(明本、民國本)卷二

長恨歌傳一卷
　綠窗女史・宮闈部怨恨
　說郛(宛委山堂本)另一百十一
　五朝小說・唐人百家小說紀載家
　五朝小說大觀・唐人百家小說紀載家
　龍威祕書四集
　藝苑捃華

長恨傳一卷
　唐宋傳奇集(北新書局本、人民文學出
　　版社本、文學古籍刊行社本)卷三

長恨歌傳一卷
　(唐)陳鴻傳　(唐)白居易撰歌
　唐人說薈（乾隆本、道光本、宣統石印
　　本、民國石印本)四集
　唐代叢書四集
　晉唐小說暢觀

東城老父傳
　(唐)陳鴻撰
　　虞初志(明本、民國本)卷七
　　舊小說(民國本、1957 年本)乙集

東城老父傳一卷
　合刻三志・志寅類
　說郛(宛委山堂本)另一百十四
　五朝小說・唐人百家小說紀載家
　五朝小說大觀・唐人百家小說紀載家
　唐人說薈（乾隆本、道光本、宣統石印
　　本、民國石印本)四集
　唐代叢書四集
　唐宋傳奇集(北新書局本、人民文學出
　　版社本、文學古籍刊行社本)卷三

見鬼傳一卷
　(唐)陳鴻撰
　　合刻三志・志鬼類

睦仁蒨傳一卷
　(唐)陳鴻撰
　　古今說海（嘉靖本、道光本、宣統排印
　　　本、民國石印本)・說淵部別傳家
　　唐人說薈（乾隆本、道光本、宣統石印
　　　本、民國石印本)四集
　　唐代叢書四集

睦仁蒨傳
　舊小說(民國本、1957 年本)乙集

開元升平源
　　（唐）吳兢撰
　　　　唐宋傳奇集（北新書局本、人民文學出
　　　　　版社本、文學古籍刊行社本）卷三
鶯鶯傳
　　（唐）元稹撰
　　　　虞初志（明本、民國本）卷六
會真記
　　　　舊小說（民國本、1957年本）乙集
會真記一卷
　　　　會眞六幻
　　　　說郛（宛委山堂本）号一百十五
　　　　五朝小說・唐人百家小說瑣記家
　　　　五朝小說大觀・唐人百家小說瑣記家
　　　　唐人說薈（乾隆本、道光本、宣統石印
　　　　　本、民國石印本）五集
　　　　唐代叢書五集
　　　　龍威祕書四集
　　　　無一是齋叢鈔
　　　　晉唐小說暢觀
鶯鶯傳一卷
　　　　綠窗女史・綠偶部幽期
　　　　唐宋傳奇集（北新書局本、人民文學出
　　　　　版社本、文學古籍刊行社本）卷四
吳保安傳一卷
　　（唐）牛肅撰
　　　　古今說海（嘉靖本、道光本、宣統排印
　　　　　本、民國石印本）說淵部別傳家
　　　　叢書集成初編・文學類
吳保安傳
　　（題唐許棠撰）
　　　　舊小說（民國本、1957年本）乙集
紀聞四十一則
　　（唐）牛肅撰
　　　　舊小說（民國本、1957年本）乙集
王賈傳一卷
　　（唐）牛肅撰
　　　　古今說海（嘉靖本、道光本、宣統排印
　　　　　本、民國石印本）說淵部別傳家
牛應貞傳
　　（唐）宋若昭撰
　　　　綠窗女史・著撰部序傳
牛應貞傳一卷
　　　　五朝小說・唐人百家小說傳奇家
　　　　五朝小說大觀・唐人百家小說傳奇家
　　　　唐人說薈（乾隆本、道光本、宣統石印
　　　　　本、民國石印本）五集
　　　　唐代叢書五集

龍威祕書四集
藝苑捃華
叢書集成初編・文學類
晉唐小說暢觀
幽怪錄一卷
　　（誤題唐王惲撰）
　　　　說郛（宛委山堂本）号一百十七
　　　　五朝小說・唐人百家小說紀載家
　　　　五朝小說大觀・唐人百家小說紀載家
　　　　唐人說薈（乾隆本、道光本、宣統石印
　　　　　本、民國石印本）六集
　　　　唐代叢書六集
　　　　龍威祕書四集
　　（唐）牛僧孺撰
　　　　說郛（宛委山堂本）号一百十七
　　　　龍威祕書四集
　　　　晉唐小說暢觀
幽怪錄
　　　　說郛（商務印書館本）卷十五
玄怪錄十七則
　　　　舊小說（民國本、1957年本）乙集
周秦行紀一卷
　　（唐）牛僧孺撰
　　　　顧氏文房小說（嘉靖本、景嘉靖本）
　　　　說郛（宛委山堂本）号一百十四
　　　　五朝小說・唐人百家小說紀載家
　　　　五朝小說大觀・唐人百家小說紀載家
　　　　唐人說薈（乾隆本、道光本、宣統石印
　　　　　本、民國石印本）四集
　　　　唐代叢書四集
　　　　唐宋傳奇集（北新書局本、人民文學出
　　　　　版社本、文學古籍刊行社本）卷四
　　　　叢書集成初編・文學類
周秦行紀
　　　　虞初志（明本、民國本）卷三
齊推女傳一卷
　　（唐）牛僧孺撰
　　　　古今說海（嘉靖本、道光本、宣統排印
　　　　　本、民國石印本）・說淵部別傳家
齊推女傳
　　　　舊小說（民國本、1957年本）乙集
冥遇傳一卷
　　（唐）牛僧孺撰
　　　　合刻三志・志鬼類
集異記一卷
　　（唐）薛用弱撰
　　　　續百川學海庚集
　　　　歷代小史
　　　　古今逸史・逸記

唐宋叢書·載籍

合刻三志·志異類

說郛(宛委山堂本)弓一百十五

五朝小說·唐人百家小說紀載家

五朝小說大觀·唐人百家小說紀載家

祕書廿一種(康熙本、嘉慶本)

四庫全書·子部小說家類

唐人說薈(乾隆本、道光本、宣統石印

　　本、民國石印本)五集

唐代叢書五集

說庫

景印元明善本叢書十種·歷代小史

景印元明善本叢書十種·古今逸史·

　　逸記

集異記二卷

顧氏文房小說(嘉靖本、景嘉靖本)

叢書集成初編·文學類

集異記

虞初志(明本、民國本)卷一

說郛(商務印書館本)卷二十五

集異記四十六則

舊小說(民國本、1957年本)乙集

集異記校補四卷

(清)陸心源撰

潛園總集·羣書校補

李清傳一卷

(唐)薛用弱撰

古今說海(嘉靖本、道光本、宣統排印

　　本、民國石印本)·說淵部別傳家

叢書集成初編·史地類

博異記一卷

(唐)鄭還古撰

續百川學海庚集

(唐谷神子撰)

古今逸史·逸記

祕書廿一種(康熙本、嘉慶本)

四庫全書·子部小說家類

增訂漢魏叢書(三餘堂本、大通書局石

　　印本)·載籍

鮑紅葉叢書

景印元明善本叢書十種·古今逸史·

　　逸記

博異志一卷

(唐谷神子撰)

顧氏文房小說(嘉靖本、景嘉靖本)

(唐)鄭還古撰

唐宋叢書·載籍

合刻三志·志異類

說郛(宛委山堂本)弓一百十五

五朝小說·唐人百家小說紀載家

五朝小說大觀·唐人百家小說紀載家

唐人說薈(乾隆本、道光本、宣統石印

　　本、民國石印本)六集

唐代叢書六集

龍威祕書四集

藝苑捃華

說庫

叢書集成初編·文學類

晉唐小說暢觀

博異志

(唐谷神子撰)

說郛(商務印書館本)卷六·廣知

說郛(商務印書館本)卷十四

博異記四十則

舊小說(民國本、1957年本)乙集

張遷言傳一卷

(唐)鄭還古撰

古今說海(嘉靖本、道光本、宣統排印

　　本、民國石印本)·說淵部別傳家

蘇四郎傳一卷

(唐)鄭還古撰

香豔叢書第八集

鬱輪袍傳一卷

(唐)鄭還古撰

綠窗女史·宮闈部寵遇

香豔叢書第九集

杜子春傳一卷

(唐)鄭還古撰

古今說海(嘉靖本、道光本、宣統排印

　　本、民國石印本)·說淵部別傳家

五朝小說·唐人百家小說傳奇家

五朝小說大觀·唐人百家小說傳奇家

唐人說薈(乾隆本、道光本、宣統石印

　　本、民國石印本)四集

唐代叢書四集

龍威祕書四集

藝苑捃華

晉唐小說暢觀

杜子春傳

舊小說(民國本、1957年本)乙集

崔玄微記一卷

綠窗女史·妖豔部鬼靈

湘中怨詞一卷

(唐)沈亞之撰

唐人說薈(乾隆本、道光本、宣統石印

　　本、民國石印本)三集

唐代叢書三集

湘中怨辭一卷

　　　　唐宋傳奇集（北新書局本、人民文學出
　　　　　版社本、文學古籍刊行社本）卷四
異夢錄一卷
　　(唐)沈亞之撰
　　　　唐宋傳奇集（北新書局本、人民文學出
　　　　　版社本、文學古籍刊行社本）卷四
秦夢記一卷
　　(唐)沈亞之撰
　　　　唐宋傳奇集（北新書局本、人民文學出
　　　　　版社本、文學古籍刊行社本）卷四
馮燕傳一卷
　　(唐)沈亞之撰
　　　　唐人說薈（乾隆本、道光本、宣統石印
　　　　　本、民國石印本）四集
　　　　唐代叢書四集
　　　　龍威祕書四集
　　　　藝苑捃華
　　　　香豔叢書第八集
　　　　叢書集成初編・文學類
　　　　晉唐小說暢觀
　　馮燕傳
　　　　舊小說（民國本、1957年本）乙集
李紳傳
　　(唐)沈亞之撰
　　　　舊小說（民國本、1957年本）乙集
歌者葉記一卷
　　(唐)沈亞之撰
　　　　唐人說薈（乾隆本、道光本、宣統石印
　　　　　本、民國石印本）三集
　　　　唐代叢書三集
　　　　香豔叢書第七集
嵩岳嫁女記
　　(唐)施肩吾撰
　　　　虞初志（明本、民國本）卷四
妙女傳一卷
　　(唐)顧非熊撰
　　　　五朝小說・唐人百家小說傳奇家
　　　　五朝小說大觀・唐人百家小說傳奇家
　　　　唐人說薈（乾隆本、道光本、宣統石印
　　　　　本、民國石印本）五集
　　　　唐代叢書五集
　　　　龍威祕書四集
　　　　藝苑捃華
　　　　香豔叢書第九集
　　　　叢書集成初編・文學類
　　　　晉唐小說暢觀
　　妙女傳
　　　　舊小說（民國本、1957年本）乙集
前定錄一卷

　　(唐)鍾輅撰
　　　　百川學海（咸淳本、景刊咸淳本）甲集
　　　　百川學海（弘治本、景刊咸淳本據弘治
　　　　　目次編印本、景弘治本）丙集
　　　　百川學海（重輯本）戊集
　　　　唐宋叢書・載籍
　　　　合刻三志・志寅類
　　　　說郛（宛委山堂本）弓七十二
　　　　五朝小說・唐人百家小說紀載家
　　　　五朝小說大觀・唐人百家小說紀載家
　　　　四庫全書・子部小說家類
　　　　唐人說薈（乾隆本、道光本、宣統石印
　　　　　本、民國石印本）五集
　　　　唐代叢書五集
　　　　學津討原（嘉慶本、景嘉慶本）第十六
　　　　　集
　　　　說庫
前定錄
　　　　說郛（商務印書館本）卷一百
前定錄四十則
　　　　舊小說（民國本、1957年本）乙集
續前定錄一卷
　　(唐)鍾輅撰
　　　　百川學海（咸淳本、景刊咸淳本）甲集
　　　　百川學海（弘治本、景刊咸淳本據弘治
　　　　　目次編印本、景弘治本）丙集
　　　　說郛（宛委山堂本）弓七十二
　　　　四庫全書・子部小說家類
　　　　學津討原（嘉慶本、景嘉慶本）第十六
　　　　　集
　　續前定錄
　　　　說郛（商務印書館本）卷一百
英雄傳一卷
　　(唐)雍陶撰
　　　　合刻三志・志奇類
　　　　唐人說薈（乾隆本、道光本、宣統石印
　　　　　本、民國石印本）四集
　　　　唐代叢書四集
　　　　龍威祕書四集
　　　　藝苑捃華
　　　　晉唐小說暢觀
英雄傳二則
　　　　舊小說（民國本、1957年本）乙集
杜秋傳一卷
　　(唐)杜牧撰
　　　　綠窗女史・宮闈部遺放
　　　　合刻三志・志寅類
　　　　五朝小說・唐人百家小說傳奇家
　　　　五朝小說大觀・唐人百家小說傳奇家

　　　唐人說薈（乾隆本、道光本、宣統石印
　　　　本、民國石印本)五集
　　　唐代叢書五集
　　　香豔叢書第九集
續幽怪錄一卷
　　(唐)李復言撰
　　　說郛(宛委山堂本)弓一百十七
　　　五朝小說・唐人百家小說紀載家
　　　五朝小說大觀・唐人百家小說紀載家
　　　唐人說薈（乾隆本、道光本、宣統石印
　　　　本、民國石印本)六集
　　　唐代叢書六集
　　　龍威祕書四集
　　　晉唐小說暢觀
　續幽怪錄四卷
　　　四部叢刊續編・子部
　　　續古逸叢書
　續幽怪錄
　　　說郛(商務印書館本)卷十五
　續玄怪錄十九則
　　　舊小說(民國本、1957 年本)乙集
續幽怪錄四卷拾遺二卷附校勘記一卷
　　(唐)李復言撰　(清)胡珽輯拾遺併撰校勘
　　　記
　　　琳琅祕室叢書(咸豐本)第二集
續幽怪錄四卷拾遺二卷附校勘記一卷 續
　校一卷
　　(唐)李復言撰　(清)胡珽輯拾遺併撰校勘
　　　記　續校(清)董金鑑輯
　　　琳琅祕室叢書(光緒本)第二集
續幽怪錄四卷附札記一卷佚文一卷
　　(唐)李復言撰　札記(民國)徐乃昌撰併輯
　　　佚文
　　　隨盦徐氏叢書續編
五眞記一卷
　　(唐)李復言撰
　　　古今說海（嘉靖本、道光本、宣統排印
　　　　本、民國石印本)・說淵部別傳家
　五眞記
　　　舊小說(民國本、1957 年本)乙集
魚服記一卷
　　(唐)李復言撰
　　　古今說海（嘉靖本、道光本、宣統排印
　　　　本、民國石印本)・說淵部別傳家
　魚服記
　　　舊小說(民國本、1957 年本)乙集
寶玉傳一卷
　　(唐)李復言撰

　　　古今說海（嘉靖本、道光本、宣統排印
　　　　本、民國石印本)・說淵部別傳家
李衞公別傳一卷
　　(唐)李復言撰
　　　古今說海（嘉靖本、道光本、宣統排印
　　　　本、民國石印本)・說淵部別傳家
　李衞公別傳
　　　舊小說(民國本、1957 年本)乙集
張老傳一卷
　　(唐)李復言撰
　　　香豔叢書第十七集
裴諶傳一卷
　　(唐)李復言撰
　　　綠窗女史・神仙部仙姬
王恭伯傳一卷
　　(唐)李復言撰
　　　古今說海（嘉靖本、道光本、宣統排印
　　　　本、民國石印本)・說淵部別傳家
柳歸舜傳一卷
　　(唐)李復言撰
　　　古今說海（嘉靖本、道光本、宣統排印
　　　　本、民國石印本)・說淵部別傳家
烏將軍記一卷
　　(唐)王惲撰
　　　古今說海（嘉靖本、道光本、宣統排印
　　　　本、民國石印本)・說淵部別傳家
　　　叢書集成初編・文學類
　烏將軍記
　　　舊小說(民國本、1957 年本)乙集
袁天綱外傳一卷
　　(唐)□□撰
　　　古今說海（嘉靖本、道光本、宣統排印
　　　　本、民國石印本)・說淵部別傳家
　袁天綱外傳
　　　舊小說(民國本、1957 年本)乙集
無雙傳
　　(唐)薛調撰
　　　虞初志(明本、民國本)卷五
　劉無雙傳
　　　舊小說(民國本、1957 年本)乙集
　劉無雙傳一卷
　　　綠窗女史・宮闈部遺放
　　　說郛(宛委山堂本)弓一百十二
　　　五朝小說・唐人百家小說傳奇家
　　　五朝小說大觀・唐人百家小說傳奇家
　　　唐人說薈（乾隆本、道光本、宣統石印
　　　　本、民國石印本)五集
　　　唐代叢書五集

龍威祕書四集
藝苑捃華
香豔叢書第六集
叢書集成初編・文學類
晉唐小說暢觀

無雙傳一卷
唐宋傳奇集(北新書局本、人民文學出
版社本、文學古籍刊行社本)卷四

上清傳一卷
(唐)柳珵撰
唐宋傳奇集(北新書局本、人民文學出
版社本、文學古籍刊行社本)卷四

楊娼傳
(唐)房千里撰
虞初志(明本、民國本)卷五

楊娼傳一卷
綠窗女史・青樓部志節

楊娼傳一卷
唐人說薈（乾隆本、道光本、宣統石印
本、民國石印本)五集
唐代叢書五集
龍威祕書四集
唐宋傳奇集(北新書局本、人民文學出
版社本、文學古籍刊行社本)卷四
晉唐小說暢觀

譚賓錄十一則
(唐)胡璩撰
舊小說(民國本、1957 年本)乙集

宜都內人
(唐)李商隱撰
舊小說(民國本、1957 年本)乙集

齊魯二生
(唐)李商隱撰
舊小說(民國本、1957 年本)乙集

震澤龍女傳一卷
(唐)薛瑩撰
古今說海（嘉靖本、道光本、宣統排印
本、民國石印本)・說淵部別傳家

龍女傳一卷
五朝小說・唐人百家小說傳奇家
五朝小說大觀・唐人百家小說傳奇家
唐人說薈（乾隆本、道光本、宣統石印
本、民國石印本)五集
唐代叢書五集
龍威祕書四集
藝苑捃華
叢書集成初編・文學類
晉唐小說暢觀

洛神傳一卷
(唐)薛瑩撰
古今說海（嘉靖本、道光本、宣統排印
本、民國石印本)・說淵部別傳家

洛神傳
舊小說(民國本、1957 年本)乙集

鄭德璘傳一卷
(唐)薛瑩撰
古今說海（嘉靖本、道光本、宣統排印
本、民國石印本)・說淵部別傳家

鄭德璘傳
舊小說(民國本、1957 年本)乙集

夜叉傳一卷
(唐)段成式撰
合刻三志・志異類
唐人說薈（乾隆本、道光本、宣統石印
本、民國石印本)六集
唐代叢書六集

夜叉傳三則
舊小說(民國本、1957 年本)乙集

劍俠傳四卷
(唐)段成式撰
古今逸史・逸記
祕書廿一種(康熙本、嘉慶本)
叢書集成初編・文學類
景印元明善本叢書十種・古今逸史・
逸記

劍俠傳一卷
說郛(宛委山堂本)弓一百十二
五朝小說・唐人百家小說紀載家
五朝小說大觀・唐人百家小說紀載家
唐人說薈（乾隆本、道光本、宣統石印
本、民國石印本)四集
唐代叢書四集
龍威祕書四集
藝苑捃華
說庫
晉唐小說暢觀

聶隱娘傳一卷
(唐)段成式撰
古今說海（嘉靖本、道光本、宣統排印
本、民國石印本)・說淵部別傳家
無一是齋叢鈔
(題唐鄭文寶撰)
綠窗女史・節俠部劍俠

聶隱娘傳
舊小說(民國本、1957 年本)乙集

書何易于

（唐）孫樵撰
　　舊小說(民國本、1957 年本)乙集
瀟湘錄一卷
　（唐）李隱撰
　　廣百川學海丁集
　　古今說海（嘉靖本、道光本、宣統排印
　　　本、民國石印本)・說略部雜記家
　　說郛(宛委山堂本)弓三十二
　　五朝小說・唐人百家小說紀載家
　　五朝小說大觀・唐人百家小說紀載家
　　唐人說薈（乾隆本、道光本、宣統石印
　　　本、民國石印本)二集
　　唐代叢書二集
　　說庫
　　叢書集成初編・文學類
　漱石軒筆記一卷
　　學海類編（道光本、景道光本)・集餘
　　　四
　　遜敏堂叢書
　瀟湘錄
　　說郛(商務印書館本)卷三
　　說郛(商務印書館本)卷三十三
　瀟湘錄二十五則
　　舊小說(民國本、1957 年本)乙集
傳奇十三則
　（唐）裴鉶撰
　　舊小說(民國本、1957 年本)乙集
崔煒傳一卷
　（唐）裴鉶撰
　　古今說海（嘉靖本、道光本、宣統排印
　　　本、民國石印本)・說淵部別傳家
韋自東傳一卷
　（唐）裴鉶撰
　　古今說海（嘉靖本、道光本、宣統排印
　　　本、民國石印本)・說淵部別傳家
　　叢書集成初編・文學類
張無頗傳一卷
　（唐）裴鉶撰
　　古今說海（嘉靖本、道光本、宣統排印
　　　本、民國石印本)・說淵部別傳家
　　叢書集成初編・文學類
山莊夜怪錄一卷
　（唐）裴鉶撰
　　古今說海（嘉靖本、道光本、宣統排印
　　　本、民國石印本)・說淵部別傳家
　山莊夜怪錄
　　舊小說(民國本、1957 年本)乙集
宣室志十卷補遺一卷

（唐）張讀撰
　　稗海（萬曆本、康熙重編補刊本、乾隆
　　　修補重訂本)第七函
　　四庫全書・子部小說家類
　　筆記小說大觀第六輯
　　叢書集成初編・文學類
宣室志一卷
　　說郛(宛委山堂本)弓三十二
　　唐人說薈（乾隆本、道光本、宣統石印
　　　本、民國石印本)二集
　　唐代叢書二集
宣室志
　　說郛(商務印書館本)卷六・廣知
　　說郛(商務印書館本)卷四十一
宣室志八十三則
　　舊小說(民國本、1957 年本)乙集
宣室志佚文一卷
　（唐）張讀撰　（清）王仁俊輯
　　經籍佚文
曾季衡傳一卷
　（唐）□□撰
　　古今說海（嘉靖本、道光本、宣統排印
　　　本、民國石印本)・說淵部別傳家
甘澤謠一卷附錄一卷
　（唐）袁郊撰
　　津逮祕書（汲古閣本、景汲古閣本)第
　　　九集
　　學津討原（嘉慶本、景嘉慶本)第十六
　　　集
　　叢書集成初編・文學類
甘澤謠一卷
　　唐宋叢書・載籍
　　說郛(宛委山堂本)弓一百十五
　　四庫全書・子部小說家類
　　唐人說薈（乾隆本、道光本、宣統石印
　　　本、民國石印本)二集
　　唐代叢書二集
甘澤謠
　　說郛(商務印書館本)卷十九
甘澤謠三則
　　舊小說(民國本、1957 年本)乙集
紅線傳
　（唐）楊巨源撰
　　虞初志(明本、民國本)卷二
　　舊小說(民國本、1957 年本)乙集
紅線傳一卷
　　綠窗女史・節俠部劍俠
　　五朝小說・唐人百家小說傳奇家

　　　　　五朝小說大觀・唐人百家小說傳奇家
　　　　　唐人說薈（乾隆本、道光本、宣統石印
　　　　　　本、民國石印本）五集
　　　　　唐代叢書五集
　　　　　龍威祕書四集
　　　　　藝苑捃華
　　　　　晉唐小說暢觀
　　　　（題唐段成式撰）
　　　　　無一是齋叢鈔
崑崙奴傳一卷
　　　（唐）楊巨源撰
　　　　　古今說海（嘉靖本、道光本、宣統排印
　　　　　　本、民國石印本）・說淵部別傳家
　　　　　綠窗女史・節俠部劍俠
　　　　（題唐段成式撰）
　　　　　無一是齋叢鈔
通幽記十四則
　　　（唐）陳劭撰
　　　　　舊小說(民國本、1957年本)乙集
唐晅手記一卷
　　　（唐）唐晅撰
　　　　　古今說海（嘉靖本、道光本、宣統排印
　　　　　　本、民國石印本）・說淵部別傳家
　　唐晅手記
　　　　　舊小說(民國本、1957年本)乙集
洛京獵記一卷
　　　（唐）孫恂撰
　　　　　古今說海（嘉靖本、道光本、宣統排印
　　　　　　本、民國石印本）・說淵部別傳家
　　獵狐記一卷
　　　　　綠窗女史・妖豔部狐粉
　　　　　合刻三志・志異類
　　　　　唐人說薈（乾隆本、道光本、宣統石印
　　　　　　本、民國石印本）六集
　　　　　唐代叢書六集
　　獵狐記
　　　　　舊小說(民國本、1957年本)乙集
怪男子傳一卷
　　　（唐）許棠撰
　　　　　合刻三志・志奇類
　　奇男子傳一卷
　　　　　五朝小說・唐人百家小說傳奇家
　　　　　五朝小說大觀・唐人百家小說傳奇家
　　　　　唐人說薈（乾隆本、道光本、宣統石印
　　　　　　本、民國石印本）四集
　　　　　唐代叢書四集
非煙傳
　　　（唐）皇甫枚撰
　　　　　虞初志(明本、民國本)卷六

　　　　　舊小說(民國本、1957年本)乙集
非烟傳一卷
　　　　　綠窗女史・緣偶部幽期
　　　　　說郛(宛委山堂本)弓一百十二
　　　　　唐人說薈（乾隆本、道光本、宣統石印
　　　　　　本、民國石印本）五集
　　　　　唐代叢書五集
　　　　　龍威祕書四集
　　　　　藝苑捃華
　　　　　叢書集成初編・文學類
　　　　　晉唐小說暢觀
　　步非烟傳一卷
　　　　　香豔叢書第六集
　　飛烟傳一卷
　　　　　唐宋傳奇集(北新書局本、人民文學出
　　　　　　版社本、文學古籍刊行社本)卷四
却要傳一卷
　　　（唐）皇甫枚撰
　　　　　綠窗女史・妾婢部徂異
侯元傳一卷
　　　（唐）皇甫枚撰
　　　　　古今說海（嘉靖本、道光本、宣統排印
　　　　　　本、民國石印本）・說淵部別傳家
陸顒傳一卷
　　　（唐）張讀撰
　　　　　古今說海（嘉靖本、道光本、宣統排印
　　　　　　本、民國石印本）・說淵部別傳家
求心錄一卷
　　　（唐）張讀撰
　　　　　古今說海（嘉靖本、道光本、宣統排印
　　　　　　本、民國石印本）・說淵部別傳家
　　求心錄
　　　　　舊小說(民國本、1957年本)乙集
劇談錄一卷
　　　（題宋鄭景璧撰）
　　　　　廣百川學海丁集
　　　（唐）康駢撰
　　　　　唐人說薈（乾隆本、道光本、宣統石印
　　　　　　本、民國石印本）二集
　　　　　唐代叢書二集
　　劇談錄二卷
　　　　　津逮祕書（汲古閣本、景汲古閣本）第
　　　　　　九集
　　　　　稽古堂叢刻
　　　　　四庫全書・子部小說家類
　　　　　學津討原（嘉慶本、景嘉慶本）第十六
　　　　　　集
　　　　　嘯園叢書第四函

劇談錄二卷附逸文一卷
　　貴池先哲遺書·貴池唐人集
劇談錄
　　說郛(商務印書館本)卷二
劇談錄十六則
　　舊小說(民國本、1957 年本)乙集
崔護傳一卷
　　(唐)孟棨撰
　　綠窗女史·冥感部重生
樂昌公主傳一卷
　　(唐)孟棨撰
　　綠窗女史·宮闈部怨恨
同昌公主外傳一卷
　　(唐)蘇鶚撰
　　古今說海（嘉靖本、道光本、宣統排印
　　　本、民國石印本）·說淵部別傳家
同昌公主傳一卷
　　綠窗女史·宮闈部寵遇
　　說郛(宛委山堂本)弓一百十三
寶應錄一卷
　　(唐)□□撰
　　古今說海（嘉靖本、道光本、宣統排印
　　　本、民國石印本）·說淵部別傳家
　　叢書集成初編·史地類
寶應錄
　　舊小說(民國本、1957 年本)乙集
三異人傳一卷
　　(唐)陸龜蒙撰
　　合刻三志·志奇類
容成侯傳
　　(唐)司空圖撰
　　舊小說(民國本、1957 年本)乙集
蔣子文傳一卷
　　(唐)羅鄴撰
　　古今說海（嘉靖本、道光本、宣統排印
　　　本、民國石印本）·說淵部別傳家
　　五朝小說·唐人百家小說傳奇家
　　五朝小說大觀·唐人百家小說傳奇家
　　唐人說薈（乾隆本、道光本、宣統石印
　　　本、民國石印本）四集
　　唐代叢書四集
　　龍威祕書四集
　　藝苑捃華
　　晉唐小說暢觀
蔣子文傳
　　舊小說(民國本、1957 年本)乙集
說石烈士
　　(唐)羅隱撰

舊小說(民國本、1957 年本)乙集
拾甲子年事
　　(唐)羅隱撰
　　舊小說(民國本、1957 年本)乙集
煬帝迷樓記一卷
　　(唐)□□撰
　　古今說海（嘉靖本、道光本、宣統排印
　　　本、民國石印本）·說纂部逸事家
　　歷代小史
　　景印元明善本叢書十種·歷代小史
迷樓記一卷
　　古今逸史·逸記
　　說郛(宛委山堂本)弓一百十
　　五朝小說·唐人百家小說紀載家
　　五朝小說大觀·唐人百家小說紀載家
　　香豔叢書第六集
　　唐宋傳奇集(北新書局本、人民文學出
　　　版社本、文學古籍刊行社本)卷六
　　景印元明善本叢書十種·古今逸史·
　　　逸記
　　(題唐韓偓撰)
　　唐人說薈（乾隆本、道光本、宣統石印
　　　本、民國石印本）三集
　　唐代叢書三集
　　無一是齋叢鈔
迷樓記
　　說郛(商務印書館本)卷三十二
　　(題唐韓偓撰)
　　舊小說(民國本、1957 年本)乙集
煬帝海山記一卷
　　(唐)□□撰
　　古今說海（嘉靖本、道光本、宣統排印
　　　本、民國石印本）·說纂部逸事家
　　歷代小史
　　景印元明善本叢書十種·歷代小史
海山記一卷
　　古今逸史·逸記
　　說郛(宛委山堂本)弓一百十
　　五朝小說·唐人百家小說紀載家
　　五朝小說大觀·唐人百家小說紀載家
　　景印元明善本叢書十種·古今逸史·
　　　逸記
　　(題唐韓偓撰)
　　唐人說薈（乾隆本、道光本、宣統石印
　　　本、民國石印本）三集
　　唐代叢書三集
　　無一是齋叢鈔
海山記
　　說郛(商務印書館本)卷三十二

（題唐韓偓撰）

舊小說（民國本、1957 年本）乙集

隋煬帝海山記二卷

唐宋傳奇集（北新書局本、人民文學出
版社本、文學古籍刊行社本）卷六

煬帝開河記一卷

（唐）□□撰

古今說海（嘉靖本、道光本、宣統排印
本、民國石印本）·說纂部逸事家

歷代小史

景印元明善本叢書十種·歷代小史

開河記一卷

古今逸史·逸記

說郛（宛委山堂本）弓一百十

五朝小說·唐人百家小說紀載家

五朝小說大觀·唐人百家小說紀載家

唐宋傳奇集（北新書局本、人民文學出
版社本、文學古籍刊行社本）卷六

景印元明善本叢書十種·古今逸史·
逸記

（題唐韓偓撰）

唐人說薈（乾隆本、道光本、宣統石印
本、民國石印本）三集

唐代叢書三集

無一是齋叢鈔

煬帝開河記

說郛（商務印書館本）卷四十四

開河記

（題唐韓偓撰）

舊小說（民國本、1957 年本）乙集

冤債志一卷

（唐）吳融撰

唐人說薈（乾隆本、道光本、宣統石印
本、民國石印本）六集

唐代叢書六集

異聞集九則

（唐）陳翰撰

舊小說（民國本、1957 年本）乙集

李夫人傳一卷

（唐）陳翰撰

綠窗女史·宮闈部寵遇

揚州夢記一卷

（唐）于鄴撰

合刻三志·志夢類

五朝小說·唐人百家小說傳奇家

五朝小說大觀·唐人百家小說傳奇家

唐人說薈（乾隆本、道光本、宣統石印
本、民國石印本）五集

唐代叢書五集

龍威祕書四集

無一是齋叢鈔

揚州叢刻

叢書集成初編·文學類

晉唐小說暢觀

揚州夢記

舊小說（民國本、1957 年本）乙集

夢遊錄一卷

（唐）任蕃撰

古今說海〔嘉靖本、道光本、宣統排印
本、民國石印本）·說淵部別傳家

唐宋叢書·載籍

合刻三志·志夢類

說郛（宛委山堂本）弓一百十五

五朝小說·唐人百家小說紀載家

五朝小說大觀·唐人百家小說紀載家

唐人說薈〔乾隆本、道光本、宣統石印
本、民國石印本）四集

唐代叢書四集

龍威祕書四集

香豔叢書第七集

叢書集成初編·文學類

晉唐小說暢觀

夢游錄四則

舊小說（民國本、1957 年本）乙集

櫻桃青衣傳一卷

（唐）任蕃撰

綠窗女史·冥感部夢寐

才鬼記一卷

（唐）鄭賁撰

合刻三志·志鬼類

唐人說薈〔乾隆本、道光本、宣統石印
本、民國石印本）六集

唐代叢書六集

龍威祕書四集

晉唐小說暢觀

（題宋張君房撰）

說郛（宛委山堂本）弓一百十三

才鬼記五則

（題唐鄭哲撰）

舊小說（民國本、1957 年本）乙集

才鬼記一卷

（唐）鄭賁撰　（明）梅鼎祚增輯

快書

獨孤穆傳一卷

（唐）□□撰

古今說海（嘉靖本、道光本、宣統排印
本、民國石印本）·說淵部別傳家

冥音錄

（題唐朱慶餘撰）
　　虞初志（明本、民國本）卷七
　　舊小說（民國本、1957 年本）乙集
冥音錄一卷
　（題唐朱慶餘撰）
　　綠窗女史・妖豔部鬼靈
　　說郛（宛委山堂本）弓一百十四
　　唐人說薈（乾隆本、道光本、宣統石印
　　　本、民國石印本）六集
　　唐代叢書六集
　　香豔叢書第四集
　（唐）□□撰
　　唐宋傳奇集（北新書局本、人民文學出
　　　版社本、文學古籍刊行社本）卷五
冥音記一卷
　（題唐朱慶餘撰）
　　合刻三志・志鬼類
東陽夜怪錄
　（題唐王洙撰）
　　虞初志（明本、民國本）卷八
夜怪錄一卷
　（題唐王洙撰）
　　合刻三志・志怪類
東陽夜怪錄一卷
　（題唐王洙撰）
　　說郛（宛委山堂本）弓一百十四
　　唐人說薈（乾隆本、道光本、宣統石印
　　　本、民國石印本）六集
　　唐代叢書六集
　（唐）□□撰
　　唐宋傳奇集（北新書局本、人民文學出
　　　版社本、文學古籍刊行社本）卷五
靈應傳一卷
　（唐）□□撰
　　古今說海（嘉靖本、道光本、宣統排印
　　　本、民國石印本）・說淵部別傳家
　　唐人說薈（乾隆本、道光本、宣統石印
　　　本、民國石印本）四集
　　唐代叢書四集
　　龍威祕書四集
　　香豔叢書第七集
　　唐宋傳奇集（北新書局本、人民文學出
　　　版社本、文學古籍刊行社本）卷五
　　晉唐小說暢觀
靈應傳
　（題唐孫揆撰）
　　舊小說（民國本、1957 年本）乙集
賈午傳一卷
　（唐）王彬撰

綠窗女史・綠偶部幽期
物怪錄一卷
　（唐）徐巖撰
　　合刻三志・志怪類
　　唐人說薈（乾隆本、道光本、宣統石印
　　　本、民國石印本）六集
　　唐代叢書六集
奇鬼傳一卷
　（唐）杜青羮撰
　　合刻三志・志鬼類
　　唐人說薈（乾隆本、道光本、宣統石印
　　　本、民國石印本）六集
　　唐代叢書六集
奇鬼傳一則
　　舊小說（民國本、1957 年本）乙集
仙吏傳一卷
　（唐）太上隱者輯
　　合刻三志・志奇類
　　唐人說薈（乾隆本、道光本、宣統石印
　　　本、民國石印本）四集
　　唐代叢書四集
　　龍威祕書四集
　　藝苑捃華
　　叢書集成初編・史地類
　　晉唐小說暢觀
仙吏傳二則
　　舊小說（民國本、1957 年本）乙集
巴西侯傳一卷
　（唐）□□撰
　　古今說海（嘉靖本、道光本、宣統排印
　　　本、民國石印本）・說淵部別傳家
巴西侯傳
　　舊小說（民國本、1957 年本）乙集
李林甫外傳一卷
　（唐）□□撰
　　古今說海（嘉靖本、道光本、宣統排印
　　　本、民國石印本）・說淵部別傳家
　　說郛（宛委山堂本）弓一百十三
　　五朝小說・唐人百家小說紀載家
　　五朝小說大觀・唐人百家小說紀載家
　　唐人說薈（乾隆本、道光本、宣統石印
　　　本、民國石印本）四集
　　唐代叢書四集
　　唐開元小說六種
　　郋園先生全書
李林甫外傳
　　舊小說（民國本、1957 年本）乙集
小金傳一卷
　（唐）□□撰

古今說海（嘉靖本、道光本、宣統排印
本、民國石印本）·說淵部別傳家

小金傳
　舊小說(民國本、1957 年本)乙集
白蛇記一卷
　(唐)□□撰
　古今說海（嘉靖本、道光本、宣統排印
本、民國石印本）·說淵部別傳家
　五朝小說·唐人百家小說紀載家
　五朝小說大觀·唐人百家小說紀載家
白蛇記
　舊小說(民國本、1957 年本)乙集
玉壺記一卷
　(唐)□□撰
　古今說海（嘉靖本、道光本、宣統排印
本、民國石印本）·說淵部別傳家
玉壺記
　舊小說(民國本、1957 年本)乙集
知命錄一卷
　(唐)□□撰
　古今說海（嘉靖本、道光本、宣統排印
本、民國石印本）·說淵部別傳家
知命錄
　舊小說(民國本、1957 年本)乙集
薛昭傳一卷
　(唐)□□撰
　古今說海（嘉靖本、道光本、宣統排印
本、民國石印本）·說淵部別傳家
　綠窗女史·神仙部仙姬
　叢書集成初編·文學類
薛昭傳
　舊小說(民國本、1957 年本)乙集
少室仙姝傳一卷
　(唐)□□撰
　古今說海（嘉靖本、道光本、宣統排印
本、民國石印本）·說淵部別傳家
少室仙姝傳
　舊小說(民國本、1957 年本)乙集
趙合傳一卷
　(唐)□□撰
　古今說海（嘉靖本、道光本、宣統排印
本、民國石印本）·說淵部別傳家
趙合傳
　舊小說(民國本、1957 年本)乙集
韋鮑二生傳一卷
　(唐)□□撰
　古今說海（嘉靖本、道光本、宣統排印
本、民國石印本）·說淵部別傳家

韋鮑二生傳
　舊小說(民國本、1957 年本)乙集
甘棠靈會錄一卷
　(唐)□□撰
　古今說海（嘉靖本、道光本、宣統排印
本、民國石印本）·說淵部別傳家
甘棠靈會錄
　舊小說(民國本、1957 年本)乙集
姚生傳一卷
　(唐)□□撰
　古今說海（嘉靖本、道光本、宣統排印
本、民國石印本）·說淵部別傳家
姚生傳
　舊小說(民國本、1957 年本)乙集
蚍蜉傳一卷
　(唐)□□撰
　古今說海（嘉靖本、道光本、宣統排印
本、民國石印本）·說淵部別傳家
蚍蜉傳
　舊小說(民國本、1957 年本)乙集
張令傳一卷
　(唐)□□撰
　古今說海（嘉靖本、道光本、宣統排印
本、民國石印本）·說淵部別傳家
續玄怪錄一卷
　說郛(宛委山堂本)号一百十七
　龍威祕書四集
　叢書集成初編·文學類
　晉唐小說暢觀
女仙傳三則
　(唐)□□撰
　舊小說(民國本、1957 年本)乙集
陰德傳二則
　(唐)□□撰
　舊小說(民國本、1957 年本)乙集
十二眞君傳二則
　(唐)□□撰
　舊小說(民國本、1957 年本)乙集
八朝窮怪錄四則
　(唐)□□撰
　舊小說(民國本、1957 年本)乙集

五　代

虯髯客傳一卷
　(前蜀)杜光庭撰
　顧氏文房小說(嘉靖本、景嘉靖本)
　唐宋傳奇集(北新書局本、人民文學出
版社本、文學古籍刊行社本)卷四

（題唐張說撰）

說郛(宛委山堂本)弓一百十二

五朝小說・唐人百家小說傳奇家

五朝小說大觀・唐人百家小說傳奇家

唐人說薈（乾隆本、道光本、宣統石印本、民國石印本)四集

唐代叢書四集

龍威祕書四集

藝苑捃華

無一是齋叢鈔

晉唐小說暢觀

虬髥客傳

（題唐張說撰）

虞初志(明本、民國本)卷二

舊小說(民國本、1957 年本)乙集

豪客傳一卷

（前蜀)杜光庭撰

合刻三志・志奇類

神仙感遇傳五卷

（前蜀)杜光庭撰

道藏（正統本、景正統本)・洞玄部記傳類

道藏舉要第七類

神仙感遇傳十七則

舊小說(民國本、1957 年本)丙集

仙傳拾遺

（前蜀)杜光庭撰

說郛(商務印書館本)卷七・諸傳摘玄

仙傳拾遺二十五則

舊小說(民國本、1957 年本)乙集

幻影傳一卷

（前蜀)薛昭蘊撰

合刻三志・志幻類

唐人說薈（乾隆本、道光本、宣統石印本、民國石印本)六集

唐代叢書六集

幻影傳二則

舊小說(民國本、1957 年本)乙集

織女一卷

（前蜀)牛嶠撰

香豔叢書第八集

妖妄傳一卷

（前蜀)朱希濟撰

合刻三志・志異類

唐人說薈（乾隆本、道光本、宣統石印本、民國石印本)六集

唐代叢書六集

妖妄傳二則

舊小說(民國本、1957 年本)乙集

妖蠱傳一卷

（前蜀)魏承班撰

合刻三志・志異類

妖巫傳一卷

（前蜀)尹鶚撰

合刻三志・志異類

袁氏傳一卷

（後蜀)顧夐撰

古今說海（嘉靖本、道光本、宣統排印本、民國石印本)・說淵部別傳家

綠窗女史・妖豔部猿裝

合刻三志・志異類

唐人說薈（乾隆本、道光本、宣統石印本、民國石印本)六集

唐代叢書六集

龍威祕書四集

晉唐小說暢觀

袁氏傳

舊小說(民國本、1957 年本)乙集

再生記一卷

（後蜀)閭選撰

合刻三志・志鬼類

唐人說薈（乾隆本、道光本、宣統石印本、民國石印本)六集

唐代叢書六集

龍威祕書四集

叢書集成初編・文學類

晉唐小說暢觀

再生記五則

舊小說(民國本、1957 年本)乙集

墨崑崙傳一卷

（南唐)馮延己撰

五朝小說・唐人百家小說傳奇家

五朝小說大觀・唐人百家小說傳奇家

唐人說薈（乾隆本、道光本、宣統石印本、民國石印本)四集

唐代叢書四集

崑崙奴傳

（南唐)馮延己撰

舊小說(民國本、1957 年本)丙集

尸媚傳一卷

（南唐)張泌撰

合刻三志・志鬼類

唐人說薈（乾隆本、道光本、宣統石印本、民國石印本)六集

唐代叢書六集

尸媚傳二則

　　　　　舊小說（民國本、1957 年本）乙集
韋安道傳
　　（南唐）張泌撰
　　　　　虞初志（明本、民國本）卷三
蔣琛傳
　　（南唐）張泌撰
　　　　　虞初志（明本、民國本）卷八
異僧傳一卷
　　（南唐）李中撰
　　　　　合刻三志・志奇類
耳目記六則
　　（五代）劉口撰
　　　　　舊小說（民國本、1957 年本）丙集

宋

楊太眞外傳二卷
　　（宋）樂史撰
　　　　　顧氏文房小說（嘉靖本、景嘉靖本）
　　　　　說郛（宛委山堂本）弓一百十一
　　　　　五朝小說・唐人百家小說紀載家
　　　　　五朝小說大觀・唐人百家小說紀載家
　　　　　唐人說薈（乾隆本、道光本、宣統石印
　　　　　　本、民國石印本）四集
　　　　　唐代叢書四集
　　　　　龍威祕書四集
　　　　　藝苑捃華
　　　　　唐開元小說六種
　　　　　唐宋傳奇集（北新書局本、人民文學出
　　　　　　版社本、文學古籍刊行社本）卷七
　　　　　郎園先生全書・唐人小傳三種
　太眞外傳二卷
　　　　　綠窗女史・宮闈部蠱惑
　楊妃外傳
　　　　　說郛（商務印書館本）卷七・諸傳摘玄
　楊太眞外傳
　　　　　說郛（商務印書館本）卷三十八
　　　　　舊小說（民國本、1957 年本）丁集
　楊太眞外傳一卷
　　　　　晉唐小說暢觀
　綠珠傳一卷
　　（宋）樂史撰
　　　　　綠窗女史・妾婢部逸格
　　　　　說郛（宛委山堂本）弓一百十二
　　　　　唐宋傳奇集（北新書局本、人民文學出
　　　　　　版社本、文學古籍刊行社本）卷七
　綠珠傳一卷附颽風傳一卷
　　　　　香豔叢書第十七集
　綠珠內傳一卷

　　　　　廣四十家小說
　綠珠傳
　　　　　粵雅堂叢書三編第二十三集・續談助
　　　　　十萬卷樓叢書三編・續談助
　　　　　說郛（商務印書館本）卷三十八
　　　　　舊小說（民國本、1957 年本）丁集
　　　　　叢書集成初編・總類・續談助
綠珠傳一卷附校勘記一卷
　　（宋）樂史撰　校勘記（清）胡珽撰
　　　　　琳琅祕室叢書（咸豐本）第四集
綠珠傳一卷附校勘記一卷續校一卷
　　（宋）樂史撰　　校勘記（清）胡珽撰　　續校
　（清）董金鑑撰
　　　　　琳琅祕室叢書（光緒本）第四集
江淮異人錄一卷
　　（宋）吳淑撰
　　　　　道藏（正統本、景正統本）・洞玄部記
　　　　　傳類
　　　　　說郛（宛委山堂本）弓五十八
　　　　　知不足齋叢書（乾隆至道光本、景乾隆
　　　　　　至道光本）第十二集
　　　　　龍威祕書二集
　　　　　藝苑捃華
　　　　　古今說部叢書一集
　　　　　廣四十家小說
　　　　　道藏舉要第七類
　江淮異人錄二卷
　　　　　四庫全書・子部小說家類
　　　　　函海（乾隆本、道光本）第六函
　　　　　函海（光緒本）第八函
　江淮異人錄八則
　　　　　舊小說（民國本、1957 年本）丁集
退士傳
　　（宋）种放撰
　　　　　舊小說（民國本、1957 年本）丁集
織女星傳一卷
　　（宋）張君房撰
　　　　　綠窗女史・神仙部星娥
趙延嗣傳
　　（宋）石介撰
　　　　　舊小說（民國本、1957 年本）丁集
桑懌傳
　　（宋）歐陽修撰
　　　　　舊小說（民國本、1957 年本）丁集
龍壽丹記一卷
　　（宋）蔡襄撰
　　　　　五朝小說・宋人百家小說傳奇家
　　　　　五朝小說大觀・宋人百家小說傳奇家

洪偓傳
　　(宋)曾鞏撰
　　　　舊小說(民國本、1957 年本)丁集
金華神記一卷
　　(宋)崔公度撰
　　　　香豔叢書第十集
鐙下閑談二卷
　　(宋)□□撰
　　　　適園叢書第十二集
飛燕遺事一卷
　　　　說郛(宛委山堂本)弓一百十一
　　　　龍威祕書四集
　　　　晉唐小說暢觀
趙后遺事一卷
　　(宋)秦醇撰
　　　　續百川學海乙集
　　　　綠窗女史・宮闈部蠱惑
　　　　說郛(宛委山堂本)弓一百十一
　　　　龍威祕書四集
　　　　香豔叢書第四集
　　　　晉唐小說暢觀
　趙氏二美遺踪一卷
　　　　稗乘
　趙飛燕別傳一卷
　　　　唐宋傳奇集(北新書局本、人民文學出
　　　　　版社本、文學古籍刊行社本)卷八
　趙飛燕別傳
　　　　說郛(商務印書館本)卷三十二
譚意歌傳一卷
　　(宋)秦醇撰
　　　　唐宋傳奇集(北新書局本、人民文學出
　　　　　版社本、文學古籍刊行社本)卷八
希夷先生傳一卷
　　(宋)龐覺撰
　　　　說郛(宛委山堂本)弓一百十三
流紅記一卷
　　(宋)張實撰
　　　　唐宋傳奇集(北新書局本、人民文學出
　　　　　版社本、文學古籍刊行社本)卷八
王幼玉記一卷
　　(宋)柳師尹撰
　　　　綠窗女史・青樓部志節
　　　　唐宋傳奇集(北新書局本、人民文學出
　　　　　版社本、文學古籍刊行社本)卷八
　王榭傳一卷
　　(宋)□□撰
　　　　唐宋傳奇集(北新書局本、人民文學出
　　　　　版社本、文學古籍刊行社本)卷八

遠烟記一卷
　　(宋)劉斧撰
　　　　綠窗女史・冥感部幽合
小蓮記一卷
　　(宋)劉斧撰
　　　　綠窗女史・妖豔部狐粉
張女郎傳一卷
　　(宋)劉斧撰
　　　　綠窗女史・神仙部神媼
梅妃傳一卷
　　(題唐曹鄴撰)
　　　　顧氏文房小說(嘉靖本、景嘉靖本)
　　　　綠窗女史・宮闈部怨恨
　　　　說郛(宛委山堂本)弓一百十一
　　　　五朝小說・唐人百家小說紀載家
　　　　五朝小說大觀・唐人百家小說紀載家
　　　　唐人說薈 (乾隆本、道光本、宣統石印
　　　　　本、民國石印本)四集
　　　　唐代叢書四集
　　　　龍威祕書四集
　　　　藝苑捃華
　　　　無一是齋叢鈔
　　　　唐開元小說六種
　　　　郋園先生全書・唐人小傳三種
　　　　晉唐小說暢觀
　　(宋)□□撰
　　　　唐宋傳奇集(北新書局本、人民文學出
　　　　　版社本、文學古籍刊行社本)卷八
　梅妃傳
　　(題唐曹鄴撰)
　　　　說郛(商務印書館本)卷三十八
　　　　舊小說(民國本、1957 年本)乙集
天上玉女記一卷
　　(宋)賈善翔撰
　　　　綠窗女史・神仙部仙姬
　　　　五朝小說・魏晉小說傳奇家
　　　　五朝小說大觀・魏晉小說傳奇家
　天上玉女記
　　　　舊小說(民國本、1957 年本)甲集
紫姑神傳一卷
　　(宋)沈括撰
　　　　綠窗女史・神仙部神媼
遊仙夢記一卷
　　(宋)蘇轍撰
　　　　五朝小說・宋人百家小說傳奇家
　　　　五朝小說大觀・宋人百家小說傳奇家
玉友傳
　　(宋)劉跂撰
　　　　舊小說(民國本、1957 年本)丁集

海外怪洋記一卷
　　（宋）洪芻撰
　　　　五朝小說・宋人百家小說傳奇家
　　　　五朝小說大觀・宋人百家小說傳奇家
李師師外傳一卷
　　（宋）□□撰
　　　　香豔叢書第二集
　　　　唐宋傳奇集（北新書局本、人民文學出
　　　　　版社本、文學古籍刊行社本）卷八
李師師外傳
　　　　舊小說（民國本、1957年本）丁集
李師師外傳一卷附錄一卷附校讎一卷
　　（宋）□□撰　校讎（清）胡珽撰
　　　　琳琅祕室叢書（咸豐本）第四集
李師師外傳一卷附錄一卷附校讎一卷 續
　　校一卷
　　（宋）□□撰　校讎（清）胡珽撰　續校（清）
　　　董金鑑撰
　　　　琳琅祕室叢書（光緒本）第四集
狄氏傳一卷
　　（宋）康與之撰
　　　　綠窗女史・妾婢部徂異
韓奉議鸚歌傳一卷
　　（宋）何薳撰
　　　　五朝小說・宋人百家小說傳奇家
　　　　五朝小說大觀・宋人百家小說傳奇家
紅裳女子傳一卷
　　（宋）鄭景璧撰
　　　　綠窗女史・妖豔部幻妄
鬼國記一卷續一卷
　　（宋）洪邁撰
　　　　說郛（宛委山堂本）弓一百十八
　　　　五朝小說・宋人百家小說傳奇家
　　　　五朝小說大觀・宋人百家小說傳奇家
鳴鶴山記一卷
　　（宋）洪邁撰
　　　　五朝小說・宋人百家小說傳奇家
　　　　五朝小說大觀・宋人百家小說傳奇家
福州猴王神記一卷
　　（宋）洪邁撰
　　　　五朝小說・宋人百家小說傳奇家
　　　　五朝小說大觀・宋人百家小說傳奇家
陳氏老傳
　　（宋）陸游撰
　　　　舊小說（民國本、1957年本）丁集
姚平仲小傳
　　（宋）陸游撰
　　　　舊小說（民國本、1957年本）丁集

春娘傳一卷
　　（宋）王明清撰
　　　　香豔叢書第十集
俊婢傳一卷
　　（宋）楊萬里輯
　　　　合刻三志・志奇類
林靈素傳一卷
　　（宋）趙與時撰
　　　　古今說海（嘉靖本、道光本、宣統排印
　　　　　本、民國石印本）・說淵部別傳家
　　　　說郛（宛委山堂本）弓一百十三
　林靈素傳
　　　　舊小說（民國本、1957年本）丁集
一是居士傳
　　（宋）鄭思肖撰
　　　　舊小說（民國本、1957年本）丁集
中山狼傳一卷
　　（宋）謝良撰
　　　　古今說海（嘉靖本、道光本、宣統排印
　　　　　本、民國石印本）・說淵部別傳家
　　　　五朝小說・宋人百家小說偏錄家
　　　　五朝小說大觀・宋人百家小說偏錄家
　　　（題唐姚合撰）
　　　　合刻三志・志寅類
異聞記一卷
　　（宋）何先撰
　　　　說郛（宛委山堂本）弓三十八
　　　　五朝小說・宋人百家小說偏錄家
　　　　五朝小說大觀・宋人百家小說偏錄家
嚴蘂傳一卷
　　（宋）曹嘉撰
　　　　綠窗女史・靑樓部志節
陳盼兒傳一卷
　　（宋）李祉撰
　　　　綠窗女史・宮闈部寵遇
菊部頭傳一卷
　　（宋）陳忠撰
　　　　綠窗女史・宮闈部寵遇
司馬才仲傳一卷
　　（宋）王宇撰
　　　　綠窗女史・冥感部夢寐
桃帕傳一卷
　　（宋）王右撰
　　　　綠窗女史・綠偶部慕戀
燕子樓傳一卷
　　（宋）王揮撰
　　　　綠窗女史・妾婢部逸格
湯賽師傳一卷

（宋）王揮撰

　　綠窗女史・妾婢部俎異

歐陽詹傳一卷

　　（宋）秦玉撰

　　綠窗女史・青樓部才名

蘇小娟傳一卷

　　（宋）王煥撰

　　綠窗女史・青樓部志節

江亭龍女傳一卷

　　（宋）□□撰

　　綠窗女史・妖豔部幻妄

疑仙傳三卷

　　（宋）隱夫玉簡撰

　　道藏（正統本、景正統本）・洞眞部記
　　　傳類

鬼董五卷

　　（宋）沈□撰

　　知不足齋叢書（乾隆至道光本、景乾隆
　　　至道光本）第十二集

　　龍威祕書五集

　　說庫

　鬼董十四則

　　舊小說（民國本、1957 年本）丁集

元

彭蠡小龍記一卷

　　（元）王惲撰

　　五朝小說・宋人百家小說偏錄家

　　五朝小說大觀・宋人百家小說偏錄家

綠衣人傳一卷

　　（元）吾丘衍撰

　　綠窗女史・冥感部幽合

三女星傳一卷

　　（元）吾丘衍撰

　　綠窗女史・神仙部星娥

王魁傳一卷

　　（元）柳貫撰

　　綠窗女史・綠偶部尤悔

金鳳釵記一卷

　　（元）柳貫撰

　　綠窗女史・冥感部幽合

耿聽聲傳一卷

　　（元）吳師直撰

　　綠窗女史・宮闈部寵遇

春夢錄一卷

　　（元）鄭禧撰

　　綠窗女史・綠偶部慕戀

　　說郛（宛委山堂本）弓一百十五

香豔叢書第四集

　春夢錄

　　說郛（商務印書館本）卷四十二

啞倡志一卷

　　（元）楊維楨撰

　　綠窗女史・青樓部志節

南樓美人傳一卷

　　（元）楊維楨撰

　　綠窗女史・妖豔部幻妄

續劍俠傳一卷

　　（元）喬吉撰

　　合刻三志・志奇類

蓮塘二姬傳一卷

　　（元）徐觀撰

　　綠窗女史・妖豔部幻妄

牡丹燈記一卷

　　（元）陳愔撰

　　綠窗女史・冥感部幽合

丹青扇記一卷

　　（元）周士撰

　　綠窗女史・冥感部神魂

明

前定錄補遺一卷

　　（明）朱佐撰

　　百陵學山

　　景印元明善本叢書十種・百陵學山

　前定錄補一卷

　　說郛續弓十六

　　五朝小說・皇明百家小說

　　五朝小說大觀・皇明百家小說

剪燈新話四卷

　　（明）瞿佑撰

　　誦芬室叢刊二編

聯芳樓記一卷

　　（明）瞿佑撰

　　綠窗女史・綠偶部才豔

聚景園記一卷

　　（明）瞿佑撰

　　綠窗女史・妖豔部鬼靈

雙頭牡丹燈記一卷

　　（明）瞿佑撰

　　香豔叢書第八集

西閣寄梅記一卷

　　（明）瞿佑撰

　　綠窗女史・綠偶部才豔

渭塘奇遇傳一卷

　　（明）馬龍撰

綠窗女史・冥感部夢寐

剪燈餘話五卷
　　(明)李昌祺撰
　　　　誦芬室叢刊二編
月夜彈琴記一卷
　　(明)李昌祺撰
　　　　香豔叢書第六集
鞦韆會記一卷
　　(明)李昌祺撰
　　　　綠窗女史・冥感部重生
　　　　香豔叢書第十七集
香車和雪記一卷
　　(明)李昌祺撰
　　　　綠窗女史・緣偶部才豔
賈雲華還魂記一卷
　　(明)李昌祺(誤題宋陳仁玉)撰
　　　　綠窗女史・冥感部神魂
十處士傳一卷
　　(明)支立撰
　　　　快書
王玄之傳一卷
　　(明)陳晉撰
　　　　綠窗女史・妖豔部鬼靈
盧母傳一卷
　　(明)王鏊撰
　　　　香豔叢書第九集
義虎傳一卷
　　(明)祝允明撰
　　　　說郛續弓四十三
　　　　五朝小說・皇明百家小說
　　　　五朝小說大觀・皇明百家小說
夜家決賭記一卷
　　(明)孫緒撰
　　　　綠窗女史・冥感部重生
六烈女傳一卷
　　(明)李夢陽撰
　　　　綠窗女史・節俠部節烈
遼陽海神傳一卷
　　(明)蔡羽述
　　　　古今說海(嘉靖本、道光本、宣統排印
　　　　本、民國石印本)・說淵部別傳家
　　　　香豔叢書第十一集
　　　　叢書集成初編・文學類
倉庚傳一卷
　　(明)楊慎撰
　　　　綠窗女史・宮闈部蠱惑
桃花仕女傳一卷
　　(明)沈仕撰

綠窗女史・妖豔部幻妄

洞簫記一卷
　　(明)陸粲撰
　　　　綠窗女史・緣偶部慕戀
　　　　說郛續弓四十三
　　　　五朝小說・皇明百家小說
　　　　五朝小說大觀・皇明百家小說
　　　　香豔叢書第八集
金姬傳一卷別記一卷
　　(明)楊儀撰
　　　　借月山房彙鈔(嘉慶本、景嘉慶本)第
　　　　　六集
　　　　澤古齋重鈔第六集
金姬小傳一卷別記一卷
　　　　香豔叢書第二集
李姬傳一卷
　　　　說庫
七烈傳一卷
　　(明)汪道昆撰
　　　　綠窗女史・節俠部節烈
幽怪錄一卷
　　(明)田汝成撰
　　　　說郛續弓四十六
阿寄傳一卷
　　(明)田汝成撰
　　　　說郛續弓四十三
　　　　五朝小說大觀・皇明百家小說
義妓傳一卷
　　(明)張獻翼撰
　　　　合刻三志・志奇類
滁婦傳一卷
　　(明)潘之恆撰
　　　　綠窗女史・緣偶部慕戀
李公子傳一卷
　　(明)陳繼儒撰
　　　　說郛續弓四十三
　　　　五朝小說大觀・皇明百家小說
楊幽妍別傳一卷
　　(明)陳繼儒撰
　　　　綠窗女史・青樓部才名
　　　　說郛續弓四十三
桂枝女子傳一卷
　　(明)□□撰
　　　　廣快書
金小品傳一卷
　　(明)吳從先撰
　　　　香豔叢書第五集
徐郎小傳一卷

(明)吳從先撰
香豔叢書第五集

頓子真小傳一卷
(明)吳從先撰
香豔叢書第五集

妓虎傳一卷
(明)吳從先撰
香豔叢書第五集

醉叟傳一卷
(明)袁宏道撰
說郛續弓四十三

拙效傳一卷
(明)袁宏道撰
說郛續弓四十三

一瓢道士傳一卷
(明)袁中道撰
說郛續弓四十三

西玄青鳥記一卷
(明)茅元儀撰
綠窗女史·神仙部仙姬
說郛續弓四十三

小青傳一卷
(明)戔戔居士撰
綠窗女史·青樓部才名

女俠傳一卷
(明)鄒之麟撰
綠窗女史·節俠部義俠
說郛續弓二十三
五朝小說·皇明百家小說
五朝小說大觀·皇明百家小說

一夢緣一卷
(明)王國梓撰
庚辰叢編

陳子高傳一卷
(明)李翊撰
綠窗女史·緣偶部尤悔

崔書生傳一卷
(明)張靈撰
綠窗女史·妖豔部鬼靈

聖琵琶傳一卷
(口)何曾撰
合刻三志·志幻類

五方神傳一卷
(口)柳湖撰
合刻三志·志幻類

玉簫傳一卷
(口)江羣撰

綠窗女史·冥感部重生

蘇小小傳一卷
綠窗女史·青樓部才名

上官昭容傳一卷
綠窗女史·宮闈部寵遇

女冠耿先生傳一卷
綠窗女史·宮闈部寵遇

金縷裙記一卷
綠窗女史·冥感部神魂
香豔叢書第四集

趙喜奴傳一卷
綠窗女史·妖豔部鬼靈

韋十娘傳一卷
綠窗女史·妖豔部鬼靈

華嶽神女記一卷
綠窗女史·神仙部神媼

嵩嶽嫁女記一卷
綠窗女史·神仙部神媼

董漢州女傳一卷
綠窗女史·妾婢部俎異

清

喬復生王再來二姬合傳一卷
(清)李漁撰
香豔叢書第九集

喬王二姬合傳一卷附考
(清)李漁撰 附朱劍芒撰
美化文學名著叢刊

張靈崔瑩合傳一卷
(清)黃周星撰
香豔叢書第七集

書葉氏女事一卷
(清)屈大均撰
香豔叢書第八集

王氏復仇記一卷
(清)口口撰
香豔叢書第三集
說庫

楊娥傳一卷
(清)劉鈞撰
香豔叢書第五集

周櫟園奇緣記一卷
(清)徐忠撰
香豔叢書第六集

姍姍傳一卷
(清)黃永撰
香豔叢書第十集

聊齋志異拾遺一卷
　　(清)蒲松齡撰
　　　　得月簃叢書初刻
　　　　花近樓叢書
　　　　筆記小說大觀第八輯
　　　　叢書集成初編·文學類
看花述異記一卷
　　(清)王晫撰
　　　　雜著十種
　　　　香豔叢書第三集
邵飛飛傳一卷
　　(清)陳鼎撰
　　　　香豔叢書第二集
扶風傳信錄一卷
　　(清)吳騫輯
　　　　拜經樓叢書(乾隆嘉慶本、景乾隆嘉慶
　　　　　本)
　　　　重校拜經樓叢書十種
　　　　叢書集成初編·文學類
王烈婦一卷
　　　　龍威祕書五集·說郛雜著
　　　　叢書集成初編·文學類
黃竹子傳一卷
　　(清)吳蘭修撰
　　　　香豔叢書第十集
鹿城夢憶(原名鹿城紀舊)一卷
　　(清)周健行撰
　　　　吳氏養書養乙編
女俠翠雲孃傳一卷
　　(清)秋星撰
　　　　香豔叢書第五集
女盜俠傳一卷
　　(清)酉陽撰
　　　　香豔叢書第五集
記栗主殺賊事一卷
　　(清)潮聲撰
　　　　香豔叢書第五集
十八娘傳一卷
　　(清)趙古農撰
　　　　香豔叢書第九集
太恨生傳一卷
　　(清)徐瑤撰
　　　　香豔叢書第十集
虞美人傳一卷
　　(清)沈廷桂撰
　　　　香豔叢書第十集

諧謔之屬

魏

笑林十則
　　(魏)邯鄲淳撰
　　　　舊小說(民國本、1957年本)甲集
笑林二十三則
　　　　歷代笑話集
笑林一卷
　　(魏)邯鄲淳撰　(清)馬國翰輯
　　　　玉函山房輯佚書(嫏嬛館本、重印本、
　　　　　楚南書局本)·子編小說家類
笑林一卷
　　(魏)邯鄲淳撰　(清)王仁俊輯
　　　　玉函山房輯佚書補編
笑林一卷
　　(魏)邯鄲淳撰　魯迅輯
　　　　古小說鉤沈

晉

笑林二則
　　(晉)陸雲撰
　　　　歷代笑話集

隋

啓顏錄一卷
　　(隋)侯白撰
　　　　續百川學海庚集
　　　　說郛(宛委山堂本)弓二十三
啓顏錄十六則
　　　　舊小說(民國本、1957年本)乙集
啓顏錄佚文一卷
　　(隋)侯白撰　(清)王仁俊輯
　　　　經籍佚文
啓顏錄敦煌卷子本三十六則
　　(隋)侯白撰
　　　　歷代笑話集
啓顏錄太平廣記引二十五則
　　(隋)侯白撰
　　　　歷代笑話集
啓顏錄類說本十則
　　(隋)侯白撰
　　　　歷代笑話集
啓顏錄續百川學海本九則
　　(隋)侯白撰
　　　　歷代笑話集

宋

開顏集一卷
　　(宋)周文玘撰
　　　　說郛(宛委山堂本)弓三十二
　開顏錄一卷
　　　　歷代笑話集
　開顏集二卷
　　　　廣四十家小說
　開顏錄
　　　　說郛(商務印書館本)卷六十五
善謔集一卷
　　(宋)天和子撰
　　　　說郛(宛委山堂本)弓三十二
　善謔集
　　　　說郛(商務印書館本)卷六十五
　善謔集八則
　　　　歷代笑話集
羣居解頤一卷
　　(宋)高懌撰
　　　　說郛(宛委山堂本)弓二十四
　羣居解頤
　　　　說郛(商務印書館本)卷三十二
　羣居解頤十九則
　　　　歷代笑話集
調謔編一卷
　　(宋)蘇軾撰
　　　　說郛(宛委山堂本)弓三十四
　　　　五朝小說・宋人百家小說偏錄家
　　　　五朝小說大觀・宋人百家小說偏錄家
　調謔編二十八則
　　　　歷代笑話集
艾子雜說一卷
　　(宋)蘇軾撰
　　　　顧氏文房小說(嘉靖本、景嘉靖本)
　　　　說郛(宛委山堂本)弓三十四
　　　　五朝小說・宋人百家小說偏錄家
　　　　五朝小說大觀・宋人百家小說偏錄家
　　　　叢書集成初編・文學類
　　　　歷代笑話集
遯齋閑覽二十八則
　　(宋)范正敏撰
　　　　歷代笑話集
軒渠錄一卷
　　(宋)呂本中撰
　　　　說郛(宛委山堂本)弓三十四
　　　　五朝小說・宋人百家小說偏錄家
　　　　五朝小說大觀・宋人百家小說偏錄家

　　軒渠錄
　　　　說郛(商務印書館本)卷七
漫笑錄一卷
　　(宋)徐慥撰
　　　　說郛(宛委山堂本)弓三十四
　漫笑錄四則
　　　　歷代笑話集
絕倒錄一卷
　　(宋)朱暉撰
　　　　說郛(宛委山堂本)弓二十三
　絕倒錄
　　　　說郛(商務印書館本)卷四十四
　絕倒錄一則
　　　　歷代笑話集
諧史一卷
　　(宋)沈俶撰
　　　　古今說海(嘉靖本、道光本、宣統排印
　　　　　本、民國石印本)・說略部雜記家
　　　　說郛(宛委山堂本)弓三十五
　　　　學海類編(道光本、景道光本)・集餘
　　　　　七
　　　　古今說部叢書二集
　　　　說庫
　諧史
　　　　說郛(商務印書館本)卷二十三
　諧史七則
　　　　舊小說(民國本、1957年本)丁集
　諧史一則
　　　　歷代笑話集
醉翁談錄一卷
　　(宋)羅燁輯
　　　　歷代笑話集
　醉翁談錄二十卷附錄一卷
　　　　中國文學參考資料小叢書第一輯
籍川笑林十則
　　(宋)□□撰
　　　　歷代笑話集
事林廣記二十六則
　　(宋)陳元靚撰
　　　　歷代笑話集
水族加恩簿一卷
　　(宋)毛勝撰
　　　　說郛(宛委山堂本)弓七十六
　　　　五朝小說・宋人百家小說瑣記家
　　　　五朝小說大觀・宋人百家小說瑣記家
文房四友除授集一卷
　　(宋)鄭清之等撰

百川學海(咸淳本、景刊咸淳本)壬集
百川學海(弘治本、景刊咸淳本據弘治
　目次編印本、弘治本)己集
叢書集成初編・文學類

耕祿藁一卷
　　(宋)胡錡撰
　　　　百川學海(咸淳本、景刊咸淳本)丙集
　　　　百川學海(弘治本、景刊咸淳本據弘治
　　　　　目次編印本、弘治本)己集
　　　　稗海(萬曆本、康熙重編補刊本、乾隆
　　　　　修補重訂本)第八函
　　　　說郛(宛委山堂本)弓七十六
　　　　五朝小說・宋人百家小說瑣記家
　　　　五朝小說大觀・宋人百家小說瑣記家
　　　　筆記小說大觀第八輯
　　　　叢書集成初編・文學類

荻樓雜抄一卷
　　　　說郛(宛委山堂本)弓三十一
　　　　香豔叢書第五集

有宋佳話一卷
　　(宋)□□撰
　　　　說郛(宛委山堂本)弓三十一

元

稗史四則
　　(元)仇遠撰
　　　　歷代笑話集

拊掌錄一卷
　　(元)元懷撰
　　　　百川學海(重輯本)戊集
　　　　古今說海(嘉靖本、道光本、宣統排印
　　　　　本、民國石印本)・說略部雜記家
　　　　說郛(宛委山堂本)弓三十四
　　　　五朝小說・宋人百家小說偏錄家
　　　　五朝小說大觀・宋人百家小說偏錄家
　　　　學海類編(道光本、景道光本)・集餘
　　　　　七
　　　　養素軒叢錄第二集
　　　　叢書集成初編・文學類
　　(題宋邢居實撰)
　　　　歷代笑話集
　　拊掌錄
　　(元)輾然子撰)
　　　　說郛(商務印書館本)卷三十二

羣書通要二則
　　(元)□□輯
　　　　歷代笑話集

明

楮記室六則
　　(明)潘塤撰
　　　　歷代笑話集

七修類藁六則
　　(明)郎瑛撰
　　　　歷代笑話集

艾子後語一卷
　　(明)陸灼撰
　　　　煙霞小說第六帙
　　　　說郛續弓四十五
　　　　古今說部叢書五集
　　　　歷代笑話集

諧史五則
　　(明)徐渭撰
　　　　歷代笑話集

權子五則
　　(明)耿定向撰
　　　　歷代笑話集

山中一夕話十則
　　(明)李贄撰
　　　　歷代笑話集

山中一夕話十二卷
　　(明)李贄撰　(清)笑笑先生重輯
　　　　申報館叢書續集・說部類

諧語七卷
　　(明)郭子章撰
　　　　六語

諧語十四則附蘇黃滑稽帖
　　(明)郭子章輯
　　　　歷代笑話集

雅謔一卷
　　(明)浮白齋主人撰
　　　　古今說部叢書八集

　雅謔一百十則
　　　　歷代笑話集

笑林九十四則
　　(明)浮白齋主人輯
　　　　歷代笑話集

迂仙別記二十四則
　　(明)張夷令輯
　　　　歷代笑話集

應諧錄一卷
　　(明)劉元卿撰
　　　　說郛續弓四十五

　應諧錄十八則
　　　　歷代笑話集

笑贊一卷
　　(明)趙南星撰

味蘖齋遺書
明清笑話四種

笑贊五十九則
　歷代笑話集

說頤八卷
　(明)余懋學撰
　　國學珍本文庫第一集

笑禪錄一卷
　(明)潘游龍撰
　　說郛續弓四十五
　　五朝小說・皇明百家小說
　　五朝小說大觀・皇明百家小說
　　歷代笑話集

五雜俎十六則
　(明)謝肇淛撰
　　歷代笑話集

談言一卷
　(明)江盈科撰
　　水邊林下
　　說郛續弓四十五
　　歷代笑話集

雪濤小說八則
　(明)江盈科撰
　　歷代笑話集

雪濤諧史一百三十三則
　(明)江盈科撰
　　歷代笑話集

謔浪十四則
　(明)郁履行輯
　　歷代笑話集

與古人書二卷
　(明)張自烈撰
　　學海類編（道光本、景道光本）・集餘
　　五

邏居士戲墨一卷
　(明)顧起元撰
　　歸鴻館雜著

代少年謝狎妓書一卷
　(明)袁中道撰
　　香豔叢書第六集

諧叢十五則
　(明)鍾惺輯
　　歷代笑話集

笑府五十三則
　(明)馮夢龍撰
　　歷代笑話集

笑府選一卷
　(明)馮夢龍撰

明清笑話四種

廣笑府十三卷附錄一卷
　(明)墨憨齋主人撰
　　國學珍本文庫第一集

廣笑府九十四則
　(明)馮夢龍撰
　　歷代笑話集

古今譚概一百六十四則
　(明)馮夢龍撰
　　歷代笑話集

弈律一卷
　(明)王思任撰
　　廣百川學海癸集
　　快書
　　山居小玩
　　羣芳清玩
　　王季重九種集
　　說郛續弓三十八
　　國學珍本文庫第一集・羣芳清玩
　　中國文學珍本叢書第一輯・王季重十
　　種

舌華錄九卷
　(明)曹臣撰
　　筆記小說大觀第二輯

花錫新命一卷附廣陵女士花殿最
　(明)佘君翼撰
　　廣快書

山椒戲筆（一名腐史）一卷
　(明)陳函輝撰
　　小寒山子集

花底拾遺一卷
　(明)黎遂球撰
　　昭代叢書（康熙本）甲集第四帙
　　昭代叢書（道光本）別集
　　香豔叢書第一集

尋常事一卷
　(明)西韓生輯
　　廣快書

客齋使令一卷
　(明)俞僧蜜撰
　　快書

客齋使令反
　(明)程羽文撰
　　檀几叢書餘集

客齋使令反一卷
　　古今說部叢書一集

駕鴦牒一卷
　(明)程羽文撰

檀几叢書二集第四帙
香豔叢書第一集

石交
(明)程羽文撰
檀几叢書餘集

石交一卷
古今說部叢書一集

詩本事
(明)程羽文撰
檀几叢書餘集

詩本事一卷
古今說部叢書一集

豔體聯珠一卷
(明)葉小鸞撰
檀几叢書二集第四帙
香豔叢書第一集
娛萱室小品

閒情十二憮一卷
(明)蘇士琨撰
快書
昭代叢書(道光本)別集
香豔叢書第一集

新話摭粹六則
(明)起北赤心子輯
歷代笑話集

新話摭粹六則
(明)起北赤心子輯
歷代笑話集(攝世德堂本)

精選雅笑三十四則
(明)醉月子輯
歷代笑話集

諧藪一則
(明)□□撰
歷代笑話集

笑林四則
(明)□□撰
歷代笑話集

續笑林一則
(明)□□撰
歷代笑話集

解頤贅語一則
(明)□□撰
歷代笑話集

胡盧編一則
(明)□□撰
歷代笑話集

笑海千金十三則
(明)□□撰

歷代笑話集

時尚笑談二十三則
(明)□□撰
歷代笑話集

華筵趣樂談笑酒令二十八則
(明)□□撰
歷代笑話集

清

三山笑史一則
(清)□□撰
歷代笑話集

遣愁集五則
(清)張貴勝輯
歷代笑話集

十眉謠一卷
(清)徐士俊撰
昭代叢書(康熙本)甲集第四帙
昭代叢書(道光本)別集
香豔叢書第一集

小牟斤謠
(清)黃周星撰
檀几叢書餘集

小牟斤謠一卷
古今說部叢書一集

酒社芻言一卷
(清)黃周星撰
昭代叢書(康熙本)甲集第五帙
昭代叢書(道光本)別集

鴛鴦譜一卷
(清)衛泳撰
快書

悅容編一卷
綠窗女史・閨閣部容儀
昭代叢書(道光本)別集
香豔叢書第一集

吳評悅容編一卷
(清)衛泳撰 (清)吳燕蘭評
吳氏叢書饕丙編

病約三章
(清)尤侗撰
檀几叢書餘集

病約三章一卷
古今說部叢書一集

負卦
(清)尤侗撰
檀几叢書餘集

美人判一卷

（清）尤侗撰
　　香豔叢書第三集

寄園寄所寄十六則
　　（清）趙吉士撰
　　歷代笑話集

元寶公案一卷
　　（清）謝開寵撰
　　檀几叢書第三帙
　　塵談拾雅

美人譜一卷
　　（清）徐震撰
　　檀几叢書第四帙
　　香豔叢書第一集

襪苑黛史一卷
　　（清）張芳撰
　　檀几叢書二集第四帙

小星志一卷
　　（清）丁雄飛撰
　　檀几叢書二集第四帙
　　香豔叢書第一集

羽族通譜一卷
　　（明）來集之撰
　　檀几叢書第五帙

約言
　　（清）張遹撰
　　檀几叢書餘集
　約言一卷
　　　古今說部叢書一集

半菴笑政
　　（清）陳皋謨撰
　　檀几叢書餘集
　半庵笑政一卷
　　　古今說部叢書一集
　　　歷代笑話集·笑倒附

笑倒三十五則
　　（清）陳皋謨撰
　　歷代笑話集

笑倒選一卷
　　（清）陳皋謨撰
　　明清笑話四種

課婢約
　　（清）王晫撰
　　檀几叢書餘集
　課婢約一卷
　　　香豔叢書第十二集

報謁例言
　　（清）王晫撰
　　檀几叢書餘集

詔卦
　　（清）王晫撰
　　檀几叢書餘集

妬律一卷
　　（清）陳元龍撰
　　昭代叢書（道光本）別集
　　香豔叢書第一集
　　（清廣野居士撰）
　　塵談拾雅
　　申報館叢書續集·紀麗類·續異書四
　　　種

增訂解人頤新集五則
　　（清）趙恬養撰
　　歷代笑話集

笑得好一百六十三則
　　（清）石成金撰
　　歷代笑話集

笑得好選一卷
　　（清）石成金撰
　　明清笑話四種

看山閣閑筆十七則
　　（清）黃圖珌撰
　　歷代笑話集

萬寶全書一則
　　（清）毛煥文輯
　　歷代笑話集

廣談助十二則
　　（清）方飛鴻撰
　　歷代笑話集

嘻談錄三十六則
　　（清）小石道人輯
　　歷代笑話集

笑林廣記四十九則
　　（清）游戲主人輯
　　歷代笑話集

笑林廣記二十四則
　　（清）程世爵撰
　　歷代笑話集

漢林四傳一卷
　　（清）鄭相如撰
　　涇川叢書（道光本、景道光本）
　　叢書集成初編·文學類

貧卦
　　（清）張潮撰
　　檀几叢書餘集

書本草
　　（清）張潮撰
　　檀几叢書餘集

花鳥春秋
　　（清）張潮撰
　　　　檀几叢書餘集
　花鳥春秋一卷
　　　　香豔叢書第十一集
　　　　娛萱室小品

補花底拾遺
　　（清）張潮撰
　　　　檀几叢書餘集
　補花底拾遺一卷
　　　　香豔叢書第一集

酒律一卷
　　（清）張潮撰
　　　　檀几叢書第五帙

鴻文補擬二卷
　　（清）馮至撰
　　　　諸暨馮氏叢刻・森齋彙稿

花品一卷
　　（清）王再咸撰
　　　　娛萱室小品

笑史四卷
　　（清）陳庚撰
　　　　申報館叢書續集・說部類

閨律一卷
　　（清）芙蓉外史撰
　　　　申報館叢書續集・紀麗類・續異書四
　　　　種
　　　　香豔叢書第四集

蜂房春秋一卷
　　（清）胡啓俊撰
　　　　申報館叢書續集・紀麗類・屑玉叢譚
　　　　初集

科場餂口一卷
　　（清）虎林醉犀生撰
　　　　申報館叢書續集・紀麗類・屑玉叢譚
　　　　初集
　　　　娛萱室小品

十美詞紀一卷
　　（清）鄒樞撰
　　　　昭代叢書（道光本）別集
　　　　香豔叢書第一集

胭脂紀事一卷
　　（清）伍瑞隆撰
　　　　昭代叢書（道光本）別集
　　　　香豔叢書第一集

豪譜一卷
　　（清）高承勳撰
　　　　續知不足齋叢書第二集

　　　　叢書集成初編・文學類

一笑一卷
　　（清）俞樾撰
　　　　春在堂全書・俞樓雜纂
　一笑十二則
　　　　歷代笑話集

十二月花神議一卷
　　（清）俞樾撰
　　　　春在堂全書・曲園雜纂
　　　　香豔叢書第十五集

說快又續筆一卷
　　（清）童叶庚撰
　　　　睫巢鏡影

噴飯錄一卷
　　（清）楊浚輯
　　　　冠悔堂雜錄
　噴飯錄四則
　　（題明□□輯）
　　　　歷代笑話集

捧腹集詩鈔一卷
　　（清）郭堯臣撰
　　　　聞情小錄初集

筆花軒一卷
　　（□）宇文材等撰
　　　　塵談拾雅

游戲三昧一卷
　　（□）石杰撰
　　　　塵談拾雅

憨子一卷
　　（□）懶道人錄
　　　　塵談拾雅

粥飯緣二卷
　　　　塵談拾雅

笑笑錄六卷
　　（清）獨逸窩退士輯
　　　　申報館叢書餘集
　　　　筆記小說大觀第二輯
　笑笑錄六十一則
　　　　歷代笑話集

小腳文一卷
　　（清）曠望生撰
　　　　香豔叢書第六集

醋說一卷
　　（清）了緣子撰
　　　　香豔叢書第六集

纏足談一卷
　　（清）袁枚撰
　　　　香豔叢書第二集

香蓮品藻一卷
　　（清）方絢撰
　　　　方氏叢鈔
　　　　香豔叢書第八集
　　　　說庫
金園雜纂一卷
　　（清）方絢撰
　　　　方氏叢鈔
　　　　香豔叢書第八集
　　　　說庫
溫柔鄉記一卷
　　（清）梁國正撰
　　　　香豔叢書第九集
戲擬青年上政府請弛禁早婚書一卷
　　（清）□□撰
　　　　香豔叢書第六集
自由女請禁婚嫁陋俗稟稿一卷
　　（清）□□撰
　　　　香豔叢書第六集
婦女贊成禁止娶妾律之大會議一卷
　　（清）□□撰
　　　　香豔叢書第六集
代某校書謝某狎客饋送局帳啓一卷
　　（清）□□撰
　　　　香豔叢書第六集
懺船娘張潤金疏一卷
　　（清）□□撰
　　　　香豔叢書第六集
冶遊自懺文一卷
　　（清）□□撰
　　　　香豔叢書第六集
懼內供狀一卷
　　（清）□□撰
　　　　香豔叢書第七集

民　國

知足語一卷
　　（民國）徐珂撰
　　　　康居筆記彙函
天足考略一卷
　　（民國）徐珂撰
　　　　天蘇閣叢刊一集
天籟閣諧鈔一卷
　　（民國）張可中撰
　　　　寄寄山房全集附·庸菴遺集

話本之屬

梁公九諫一卷

　　（宋）□□撰
　　　　士禮居黃氏叢書（黃氏本、蜚英館景黃
　　　　　氏本、石竹山房景黃氏本、博古齋景
　　　　　黃氏本）
　　　　叢書集成初編·社會科學類
新編五代史平話殘八卷
　　（宋）□□撰
　　　　誦芬室叢刊二編
新鍥大唐三藏法師取經記殘二卷（存卷
　一、卷三）
　　（宋）□□撰
　　　　吉石盦叢書初集
宣和遺事前集一卷後集一卷
　　（宋）□□撰
　　　　士禮居黃氏叢書（黃氏本、蜚英館景黃
　　　　　氏本、石竹山房景黃氏本、博古齋景
　　　　　黃氏本）
　　　　叢書集成初編·史地類
　　　　四部備要（排印本、縮印本）·史部雜
　　　　　史
　宣和遺事二卷
　　　　說庫
京本通俗小說殘七卷（存卷十至十六）
　　（民國）繆荃孫輯
　　　　煙畫東堂小品
新刊全相平話武王伐紂書三卷
　　　　全相平話五種
新刊全相平話樂毅圖齊七國春秋後集三
　卷
　　　　全相平話五種
新刊全相秦併六國平話三卷
　　　　全相平話五種
新刊全相平話前漢書續集三卷
　　　　全相平話五種
三國志平話三卷
　　（元）□□撰
　　　　古佚小說叢刊初集
　至治新刊全相平話三國志三卷
　　　　全相平話五種
拍案驚奇三十六卷
　　（明）凌濛初撰
　　　　中國文學珍本叢書第一輯
西湖二集三十四卷附西湖秋色一卷
　　（明）周楫撰
　　　　中國文學珍本叢書第一輯
石點頭十四卷
　　（明）天然癡叟撰
　　　　中國文學珍本叢書第一輯

醉醒石十五卷
　　（明）古狂生撰
　　　　誦芬室叢刊二編

照世盃四卷
　　（明）酌元亭主人撰
　　　　古佚小說叢刊初集

今覺樓一卷
　　（清）石成金撰
　　　　新刻揚州近事雨花香

鐵菱角一卷
　　（清）石成金撰
　　　　新刻揚州近事雨花香

雙鸞配一卷
　　（清）石成金撰
　　　　新刻揚州近事雨花香

四命寃一卷
　　（清）石成金撰
　　　　新刻揚州近事雨花香

倒肥寇一卷
　　（清）石成金撰
　　　　新刻揚州近事雨花香

洲老虎一卷
　　（清）石成金撰
　　　　新刻揚州近事雨花香

自害自一卷
　　（清）石成金撰
　　　　新刻揚州近事雨花香

人擡人一卷
　　（清）石成金撰
　　　　新刻揚州近事雨花香

官業債一卷
　　（清）石成金撰
　　　　新刻揚州近事雨花香

錦堂春一卷
　　（清）石成金撰
　　　　新刻揚州近事雨花香

牛丞相一卷
　　（清）石成金撰
　　　　新刻揚州近事雨花香

狗狀元一卷
　　（清）石成金撰
　　　　新刻揚州近事雨花香

說蜣螂一卷
　　（清）石成金撰
　　　　新刻揚州近事雨花香

飛蝴蝶一卷
　　（清）石成金撰
　　　　新刻揚州近事雨花香

村中俏一卷
　　（清）石成金撰
　　　　新刻揚州近事雨花香

關外緣一卷
　　（清）石成金撰
　　　　新刻揚州近事雨花香

假都天一卷
　　（清）石成金撰
　　　　新刻揚州近事雨花香

眞菩薩一卷
　　（清）石成金撰
　　　　新刻揚州近事雨花香

老作孽一卷附求嗣眞銓一卷
　　（清）石成金撰
　　　　新刻揚州近事雨花香

少知非一卷
　　（清）石成金撰
　　　　新刻揚州近事雨花香

刻剝窮一卷
　　（清）石成金撰
　　　　新刻揚州近事雨花香

寬厚富一卷
　　（清）石成金撰
　　　　新刻揚州近事雨花香

斬刑廳一卷
　　（清）石成金撰
　　　　新刻揚州近事雨花香

埋積賊一卷
　　（清）石成金撰
　　　　新刻揚州近事雨花香

擲金杯一卷
　　（清）石成金撰
　　　　新刻揚州近事雨花香

還玉佩一卷
　　（清）石成金撰
　　　　新刻揚州近事雨花香

乩仙偈一卷附往生奇逝傳一卷
　　（清）石成金撰
　　　　新刻揚州近事雨花香

亦佛歌一卷
　　（清）石成金撰
　　　　新刻揚州近事雨花香

枉貪贓一卷
　　（清）石成金撰
　　　　新刻揚州近事雨花香

空爲惡一卷
　　（清）石成金撰
　　　　新刻揚州近事雨花香

三錠窟一卷
　　（清）石成金撰
　　　　新刻揚州近事雨花香
一文碑一卷
　　（清）石成金撰
　　　　新刻揚州近事雨花香
晦氣船一卷
　　（清）石成金撰
　　　　新刻揚州近事雨花香
魂靈帶一卷
　　（清）石成金撰
　　　　新刻揚州近事雨花香
得會銀一卷
　　（清）石成金撰
　　　　新刻揚州近事雨花香
失春酒一卷
　　（清）石成金撰
　　　　新刻揚州近事雨花香
旌烈妻一卷
　　（清）石成金撰
　　　　新刻揚州近事雨花香
剮淫婦一卷
　　（清）石成金撰
　　　　新刻揚州近事雨花香
定死期一卷
　　（清）石成金撰
　　　　新刻揚州近事雨花香
出死期一卷
　　（清）石成金撰
　　　　新刻揚州近事雨花香
長懽悅一卷
　　（清）石成金撰
　　　　新刻揚州近事雨花香附・通天樂
莫焦愁一卷
　　（清）石成金撰
　　　　新刻揚州近事雨花香附・通天樂
沈大漢一卷
　　（清）石成金撰
　　　　新刻揚州近事雨花香附・通天樂
麻小江一卷
　　（清）石成金撰
　　　　新刻揚州近事雨花香附・通天樂
追命鬼一卷
　　（清）石成金撰
　　　　新刻揚州近事雨花香附・通天樂
討債兒一卷
　　（清）石成金撰
　　　　新刻揚州近事雨花香附・通天樂

除魘魅一卷
　　（清）石成金撰
　　　　新刻揚州近事雨花香附・通天樂
打縣官一卷
　　（清）石成金撰
　　　　新刻揚州近事雨花香附・通天樂
下爲上一卷
　　（清）石成金撰
　　　　新刻揚州近事雨花香附・通天樂
尊變卑一卷
　　（清）石成金撰
　　　　新刻揚州近事雨花香附・通天樂
投胎哭一卷附六道因果圖說一卷
　　（清）石成金撰
　　　　新刻揚州近事雨花香附・通天樂
念佛功一卷
　　（清）石成金撰
　　　　新刻揚州近事雨花香附・通天樂
豆棚閒話一卷
　　（清）艾衲居士編
　　　　中國文學珍本叢書第一輯
西湖拾遺四十四卷附一卷
　　（清）陳樹基撰
　　　　申報館叢書餘集

章回之屬

第五才子書水滸傳七十回續四十八回
　　（元）施耐庵撰
　　　　申報館叢書餘集
水滸後傳四十卷
　　（明）陳忱（鴈宕山樵）撰
　　　　申報館叢書正集・章回小說
新刻三寶太監西洋記通俗演義二十卷一
百回
　　（明）羅懋登（二南里人）輯
　　　　申報館叢書餘集
西遊記傳四卷
　　（明）楊至和撰
　　　　繡像四遊合傳
　　　　四遊記
西遊補十六回
　　（明靜嘯齋主人撰）
　　　　申報館叢書正集・章回小說
　西遊補十六回續雜記一卷
　　（明）董說撰
　　　　說庫
後西遊記四十回

（清）□□撰
　　申報館叢書餘集
新刊八仙出處東遊記二卷
　（明）吳元泰撰
　　繡像四遊合傳
　　四遊記
南遊志傳四卷
　（明）余象斗撰
　　繡像四遊合傳
　　四遊記
新用北方眞武祖師玄天上帝出身全傳
（一名北遊記玄帝出身傳）四卷
　（明）余象斗撰
　　繡像四遊合傳
　　四遊記
新刻鍾伯敬先生批評封神演義二十卷
　（明）許仲琳撰
　　申報館叢書餘集
禪眞逸史四十回
　（明）方汝浩（淸溪道人）撰
　　中國文學珍本叢書第一輯
金瓶梅詞話十卷
　（明）笑笑生撰
　　國學珍本文庫第一集
　　中國文學珍本叢書第一輯
昭陽趣史二卷
　（清）豔豔生撰
　　國學珍本文庫第一集
玉嬌梨五卷
　（清）張勻（荑秋散人）撰
　　天花藏合刻七才子書
平山冷燕五卷
　（清）張勻（荑秋散人）撰
　　天花藏合刻七才子書
紅樓復夢一百回
　（清）小和山樵撰
　　申報館叢書餘集
紅樓夢補四十八回
　（清）歸鋤子撰
　　申報館叢書正集・章回小說
兒女英雄傳四十回首一回
　（清）文康（燕北閒人）撰
　　申報館叢書餘集
快心編初集十回二集十回三集十二回
　（清）天花才子輯
　　申報館叢書正集・章回小說
儒林外史五十六回
　（清）吳敬梓撰

申報館叢書正集・章回小說
雪月梅傳五十回
　（清）陳朗撰
　　申報館叢書續集・小說類
蟫史二十卷
　（清）屠紳撰
　　申報館叢書餘集
鏡花緣一百回
　（清）李汝珍撰
　　申報館叢書餘集
何典十回
　（清）張南莊（過路人）撰
　　申報館叢書續集・小說類
小五義一百二十四回續一百二十四回
　（清）石玉崑撰
　　申報館叢書餘集
林蘭香六十四回
　（清）隨緣下士輯
　　申報館叢書正集・章回小說
結水滸全傳七十卷末一卷
　（清）俞萬春撰
　　申報館叢書餘集
風月夢三十二回
　（清）邗上蒙人撰
　　申報館叢書餘集
靑樓夢六十四回
　（清）俞達（慕眞山人）撰
　　申報館叢書續集・小說類
繪芳錄八十回
　（清）西泠野樵撰
　　申報館叢書餘集
玩寇新書
　（清）□□撰
　　振綺堂叢書初集・韓南溪四種附
昕夕閒談三卷
　（清）□□譯
　　申報館叢書正集・章回小說
海底贙一卷
　（清）黎虞孫（清）范公謹譯
　　晨風閣叢書第一集

評論之屬

小說閒話一卷
　（民國）張行撰
　　古今文藝叢書第二集
天籟閣談小說一卷
　（民國）張可中撰

寄寄山房全集附·庸菴遺集
小說考證一卷
(民國)蔣瑞藻輯
古今文藝叢書第一集
小說題跋一卷
(民國)孟森撰
心史叢刊三集
小說叢考不分卷
錢靜方撰
中國文學參考資料小叢書第二輯
稗邊小綴一卷
魯迅撰
唐宋傳奇集(北新書局本、人民文學出版社本、文學古籍刊行社本)卷末
紅樓夢譜一卷
(淸)壽芝撰
閒情小錄初集
紅樓夢精義一卷
(淸)話石山人撰
申報館叢書續集·紀麗類·癡說四種
石頭記評贊序一卷
(淸)沈鍠撰
香豔叢書第十四集
紅樓夢附集十二種
讀紅樓夢雜記一卷
(淸)願爲明鏡室主人撰
香豔叢書第十四集
紅樓夢附集十二種
紅樓夢問答一卷
紅樓夢附集十二種
紅樓夢存疑一卷
紅樓夢附集十二種
紅樓夢賦一卷
(淸)沈謙撰
香豔叢書第十四集
紅樓夢附集十二種
題紅詞一卷
(淸)王芝岑撰
申報館叢書續集·紀麗類·屑玉叢談二集
紅樓夢雜詠一卷
(淸)黃金臺撰
申報館叢書續集·紀麗類·癡說四種
紅樓夢詩一卷
(淸)姜祺撰
紅樓夢詩詞
紅樓夢詞一卷
(淸)凌承樞撰
紅樓夢詩詞
紅樓夢排律一卷
(淸)徐慶治撰
申報館叢書續集·紀麗類·癡說四種
紅樓夢題詞一卷
(淸)周綺撰
香豔叢書第十四集
紅樓夢附集十二種
紅樓百美詩一卷
(淸)潘容卿撰
香豔叢書第二集
紅樓夢附集十二種
紅樓夢竹枝詞一卷
(淸)盧先駱撰
香豔叢書第十四集
紅樓夢附集十二種
紅樓百美詩一卷
(淸)潘孚美撰
娛萱室小品
紅樓百美詩一卷
娛萱室小品
紅樓西廂合錦一卷
娛萱室小品
石頭記論贊二卷
(淸)□□撰
香豔叢書第十九集
紅樓夢附集十二種
石頭記總評一卷
紅樓夢附集十二種
石頭記分評一卷
紅樓夢附集十二種
大觀園圖說一卷
紅樓夢附集十二種
石頭記評花一卷
(淸)□□撰
香豔叢書第十四集

道 教 類

經文之屬

靈寶无量度人上品妙經六十一卷
道藏(正統本、景正統本)·洞眞部本文類
元始无量度人上品妙經六十一卷
重刊道藏輯要角集亢集

元始无量度人上品妙經四注四卷附 釋音
    (宋)陳景元集注
        道藏(正統本、景正統本)・洞眞部玉
        訣類

元始无量度人上品妙經註三卷
    (□)青元眞人注 (□)清河老人頌 (□)
    郭岡鳳參校併贊
        道藏(正統本、景正統本)・洞眞部玉
        訣類

元始无量度人上品妙經內義五卷附 內義
    丹旨綱目舉要一卷
    (宋)蕭應叟述 附錄(宋)林元鼎述
        道藏(正統本、景正統本)・洞眞部玉
        訣類

太上洞玄靈寶无量度人上品經法五卷
    (宋)陳椿榮集注
        道藏(正統本、景正統本)・洞眞部玉
        訣類

  元始无量度人上品經法五卷
        重刊道藏輯要角集亢集

太上洞玄靈寶无量度人上品妙經註 三卷
    (元)陳致虛撰
        道藏(正統本、景正統本)・洞眞部玉
        訣類
        重刊道藏輯要角集亢集

元始无量度人上品妙經註解三卷
    (元)薛季昭撰
        道藏(正統本、景正統本)・洞眞部玉
        訣類

元始无量度人上品妙經通義四卷
    (明)張宇初注
        道藏(正統本、景正統本)・洞眞部玉
        訣類

洞玄靈寶无量度人經訣音義一卷
    (唐)張萬福撰
        道藏(正統本、景正統本)・洞眞部玉
        訣類

洞玄靈寶度人經大梵隱語疏義一卷
        道藏(正統本、景正統本)・洞眞部玉
        訣類

元始无量度人上品妙經直音一卷
        道藏(正統本、景正統本)・洞眞部本
        文類

元始說先天道德經註解五卷
    (宋)李嘉謀撰
        道藏(正統本、景正統本)・洞眞部本
        文類
        重刊道藏輯要氐集

无上內祕眞藏經十卷
        道藏(正統本、景正統本)・洞眞部本
        文類

  元始天尊說无上內秘真藏經一卷
        重刊道藏輯要氐集

眞藏經要訣一卷
        道藏(正統本、景正統本)・洞眞部玉
        訣類

太上无極總眞文昌大洞仙經五卷
        道藏(正統本、景正統本)・洞眞部本
        文類

元始大洞玉經三卷大洞玉經疏要十二義
    一卷大洞玉經壇儀一卷總論一卷
    (□)錢嶸集注 (□)魏華存疏義
        重刊道藏輯要氐集

玉清无極總眞文昌大洞仙經九卷序 圖一
    卷
    (元)衛琪注併撰序圖
        道藏(正統本、景正統本)・洞眞部玉
        訣類

上清大洞眞經六卷
        道藏(正統本、景正統本)・洞眞部本
        文類

上清大洞眞經玉訣音義一卷
    (宋)陳景元撰
        道藏(正統本、景正統本)・洞眞部玉
        訣類

大洞玉經二卷
        道藏(正統本、景正統本)・洞眞部本
        文類

元始大洞玉經三卷大洞仙經觀想要訣一
    卷
        重刊道藏輯要氐集

洞經示讀三卷
        重刊道藏輯要氐集

  文昌帝君救劫開心聰明大洞真經三卷
        道藏精華錄第五集

太上三十六部尊經六卷
        道藏(正統本、景正統本)・洞眞部本
        文類

太上一乘海空智藏經(一名七寶莊嚴)十
    卷
        道藏(正統本、景正統本)・洞眞部本
        文類

高上玉皇本行集經三卷
        道藏(正統本、景正統本)・洞眞部本
        文類
        重刊道藏輯要箕集

高上玉皇本行集經三卷
　　（漢）張良校正
　　　　　道藏（正統本、景正統本）・洞眞部本
　　　　文類
　　　　　重刊道藏輯要箕集
高上玉皇本行經髓一卷
　　　　　道藏（正統本、景正統本）・洞眞部本
　　　　文類
太上洞玄靈寶紫微金格高上玉皇本行集
　經闡微三卷
　　　　　重刊道藏輯要箕集
皇經集註十卷
　　（明）周玄貞集
　　　　　續道藏（萬曆本、景萬曆本）
　　高上玉皇本行集經註解三卷附諸義攷
　目一卷
　　　　　重刊道藏輯要箕集
高上玉皇心印經一卷
　　　　　道藏（正統本、景正統本）・洞眞部本
　　　　文類
高上玉皇心印妙經一卷
　　（漢）鍾離權等注
　　　　　重刊道藏輯要箕集
終南八祖說心印妙經解一卷
　　　　　重刊道藏輯要箕集
高上玉皇心印經一卷
　　（蜀）孚眞子注
　　　　　重刊道藏輯要箕集
　　　　　道藏精華錄第四集
無上玉皇心印經一卷
　　（宋）李簡易撰
　　　　　道書全集・玄宗內典諸經註
玉皇心印經一卷
　　（明）高時明參閱
　　　　　重刊道藏輯要箕集
玉皇心印經一卷
　　（囗）子虛道人注
　　　　　鮑紅葉叢書
無上玉皇心印妙經測疏
　　（明）陸西星撰
　　　　　方壺外史卷一
高上玉皇胎息經一卷
　　　　　道藏（正統本、景正統本）・洞眞部本
　　　　文類
無上九霄玉清大梵紫微玄都雷霆玉經一
　卷
　　　　　道藏（正統本、景正統本）・洞眞部本
　　　　文類

九天應元雷聲普化天尊玉樞寶經一卷
　　　　　道藏（正統本、景正統本）・洞眞部本
　　　　文類
玉樞寶經一卷
　　（唐）呂嵒讚解
　　　　　半畝園叢書
　　　　　重刊道藏輯要斗集
九天應元雷聲普化天尊玉樞寶經集註二
　卷
　　（宋）白玉蟾撰
　　　　　道藏（正統本、景正統本）・洞眞部玉
　　　　訣類
太上說朝天謝雷眞經一卷
　　　　　道藏（正統本、景正統本）・洞眞部本
　　　　文類
太上虛皇天尊四十九章經一卷
　　　　　道藏（正統本、景正統本）・洞眞部本
　　　　文類
太上昇玄消災護命妙經一卷
　　　　　道藏（正統本、景正統本）・洞眞部本
　　　　文類
太上昇玄說消災護命妙經註一卷
　　（元）王玠撰
　　　　　道藏（正統本、景正統本）・洞眞部玉
　　　　訣類
　　（元混然子撰）
　　　　　道書全集・玄宗內典諸經註
　　　　　重刊道藏輯要氐集
太上昇玄消災護命經註一卷
　　（元）李道純撰
　　　　　道藏（正統本、景正統本）・洞眞部玉
　　　　訣類
太上昇玄消災護命妙經頌一卷
　　（唐）司馬承禎撰
　　　　　道藏（正統本、景正統本）・洞眞部讚
　　　　頌類
三光注齡資福延壽妙經一卷
　　　　　道藏（正統本、景正統本）・洞眞部本
　　　　文類
太上長生延壽集福德經一卷
　　　　　道藏（正統本、景正統本）・洞眞部本
　　　　文類
元始五老赤書玉篇眞文天書經三卷
　　　　　道藏（正統本、景正統本）・洞眞部本
　　　　文類
太上諸天靈書度命妙經一卷
　　　　　道藏（正統本、景正統本）・洞眞部本
　　　　文類

諸天靈書度命妙經義疏一卷
　　道藏（正統本、景正統本）・洞眞部玉
　　訣類
　　道書

元始天尊說生天得道經一卷
　　道藏（正統本、景正統本）・洞眞部本
　　文類
　　重刊道藏輯要氐集

生天經頌解一卷
　　（金）王吉昌（超然子）頌
　　道藏（正統本、景正統本）・洞眞部讚
　　頌類

元始天尊說得道了身經一卷
　　道藏（正統本、景正統本）・洞眞部本
　　文類
　　重刊道藏輯要氐集

太上九天延祥滌厄四聖妙經一卷
　　道藏（正統本、景正統本）・洞眞部本
　　文類

元始天尊說北方眞武妙經一卷
　　道藏（正統本、景正統本）・洞眞部本
　　文類

元始天尊說梓潼帝君應驗經一卷
　　道藏（正統本、景正統本）・洞眞部本
　　文類

元始天尊說梓潼帝君本願經一卷
　　道藏（正統本、景正統本）・洞眞部本
　　文類

元始消劫梓潼本願眞經一卷
　　重刊道藏輯要氐集

元始八威龍文經一卷
　　道藏（正統本、景正統本）・洞眞部本
　　文類

混元陽符經一卷
　　道藏（正統本、景正統本）・洞眞部本
　　文類

黃帝陰符經一卷
　　道藏（正統本、景正統本）・洞眞部本
　　文類

黃帝陰符經集註一卷
　　（唐）李筌等注
　　道藏（正統本、景正統本）・洞眞部玉
　　訣類
　　道藏舉要第六類

陰符經一卷
　　廣漢魏叢書（萬曆本、嘉慶本）・子餘
　　說郛（宛委山堂本）号七
　　增訂漢魏叢書（乾隆本、紅杏山房本、

三餘堂本、大通書局石印本）・子餘
　　子書百家・道家類
　　百子全書・道家類
　　鮑紅葉叢書
　　子書四十八種

陰符經解一卷
　　寶顏堂祕笈（萬曆本、民國石印本）續
　　集
　　四庫全書・子部道家類

集註陰符經一卷
　　道藏精華錄第三集

黃帝陰符經一卷
　　（唐）李筌等注　　（明）虞淳熙評點
　　合諸名家批點諸子全書
　　合刻周秦經書十種

黃帝陰符經疏三卷
　　（唐）李筌撰
　　道藏（正統本、景正統本）・洞眞部玉
　　訣類
　　宛委別藏
　　道藏舉要第六類

陰符經疏三卷
　　墨海金壺（嘉慶本、景嘉慶本）・子部
　　珠叢別錄（道光本、景道光本）
　　湖北先正遺書・子部
　　道藏精華錄第三集

黃帝陰符經注一卷
　　（唐）張果撰
　　道藏（正統本、景正統本）・洞眞部玉
　　訣類

黃帝陰符經一卷附錄一卷
　　（唐）張果注
　　道藏精華錄第三集

黃帝陰符經一卷
　　（唐）張果（元）王玠注
　　重刊道藏輯要斗集

朱子陰符經考異一卷
　　（宋）朱熹撰　　（宋）黃瑞節附錄
　　朱子遺書
　　紛欣閣叢書

陰符經考異一卷
　　四庫全書・子部道家類
　　指海（道光本、景道光本）第十一集

黃帝陰符經講義三卷圖說一卷
　　（宋）夏元鼎撰
　　道藏（正統本、景正統本）・洞眞部玉
　　訣類
　　四庫全書・子部道家類

道藏舉要第六類
黃帝陰符經集解三卷
　　（宋）曹道沖等撰
　　　　道藏（正統本、景正統本）・洞眞部玉
　　　　訣類
　黃帝陰符經十眞集解三卷
　　　重刊道藏輯要斗集
黃帝陰符經解一卷
　　（宋）龔昌辰撰
　　　　道藏（正統本、景正統本）・洞眞部玉
　　　　訣類
黃帝陰符經注解一卷
　　（□）任照一撰
　　　　道藏（正統本、景正統本）・洞眞部玉
　　　　訣類
黃帝陰符經注一卷
　　（□）黃居眞撰
　　　　道藏（正統本、景正統本）・洞眞部玉
　　　　訣類
黃帝陰符經注一卷
　　（宋）沈亞夫撰
　　　　道藏（正統本、景正統本）・洞眞部玉
　　　　訣類
　　　　重刊道藏輯要斗集
黃帝陰符經注一卷
　　（□）蔡□撰
　　　　道藏（正統本、景正統本）・洞眞部玉
　　　　訣類
黃帝陰符經解義一卷
　　（宋）蕭眞宰撰
　　　　道藏（正統本、景正統本）・洞眞部玉
　　　　訣類
陰符經三皇玉訣三卷
　　　　道藏（正統本、景正統本）・洞眞部玉
　　　　訣類
　　　　道書全集
黃帝陰符經註解一卷
　　（宋）朱熹（鄒訢）撰
　　　　道藏（正統本、景正統本）・洞眞部玉
　　　　訣類
黃帝陰符經集解三卷
　　（宋）袁淑眞撰
　　　　道藏（正統本、景正統本）・洞眞部玉
　　　　訣類
黃帝陰符經註一卷
　　（宋）俞琰撰
　　　　道藏（正統本、景正統本）・洞眞部玉
　　　　訣類

黃帝陰符經註二卷
　　（金）唐淳撰
　　　　道藏（正統本、景正統本）・洞眞部玉
　　　　訣類
黃帝陰符經註一卷
　　（金）劉處玄撰
　　　　道藏（正統本、景正統本）・洞眞部玉
　　　　訣類
黃帝陰符經註一卷
　　（金）侯善淵撰
　　　　道藏（正統本、景正統本）・洞眞部玉
　　　　訣類
黃帝陰符經心法三卷
　　（元）胥元一注
　　　　道藏（正統本、景正統本）・洞眞部玉
　　　　訣類
黃帝陰符經夾頌解註三卷
　　（元）王玠撰
　　　　道藏（正統本、景正統本）・洞眞部玉
　　　　訣類
黃帝陰符經頌一卷
　　（□）元陽子撰
　　　　道藏（正統本、景正統本）・洞眞部讚
　　　　頌類
　　　　重刊道藏輯要斗集
黃帝陰符經測疏
　　（明）陸西星撰
　　　　方壺外史卷一
陰符經一卷陰符經考一卷
　　（明）唐順之評釋併撰考
　　　　兵垣四編
　　　　武進唐氏所著書
陰符經疏略一卷
　　（明）王文祿撰
　　　　百陵學山
　　　　景印元明善本叢書十種・百陵學山
黃帝陰符經一卷
　　（明）呂坤注
　　　　呂新吾全集
陰符經解一卷
　　（明）焦竑撰
　　　　寶顏堂祕笈（萬曆本、民國石印本）彙
　　　　集
陰符經註一卷
　　（明）張位撰
　　　　道書全集・玄宗內典諸經註
陰符經解一卷
　　（明）湯顯祖撰

說郛續弓三十

陰符經一卷解一卷
　　快閣藏書

陰符經一卷
　　(明)葛含馨點校　(明)葉廷秀重閱
　　葉潤山輯著全書

黃帝陰符經一卷
　　(□)蒼匡氏注
　　重刊道藏輯要斗集

陰符經註一卷
　　(明)喬中和撰
　　西郭草堂合刊附

陰符經註解一卷
　　(明)莊元臣撰
　　莊忠甫雜著

黃帝陰符經竊註二卷圖說一卷首一卷
　　(□)邵穆生撰
　　養和堂叢書

陰符經註一卷
　　(清)李光地撰
　　安溪李文貞公解義三種
　　李文貞公全集
　　榕村全書

陰符經註一卷
　　(清)徐大椿撰
　　四庫全書・子部道家類・道德經註附
　　徐靈胎十二種全集
　　徐氏醫書八種附・雜著
　　徐氏雜著

黃帝陰符經本義二卷
　　(清)董德寧注
　　道貫眞源

陰符經註一卷
　　(清)劉一明撰
　　道書十二種(嘉慶本、民國石印本)

陰符經玄解正義一卷
　　(清)閔一得撰
　　古書隱樓藏書

讀陰符經一卷
　　(清)汪紱撰
　　汪雙池先生叢書・浙刻雙池遺書十二
　　　種

陰符玄解一卷
　　(清)范宜賓注釋
　　重刊道藏輯要斗集

上清黃氣陽精三道順行經(一名藏月隱
日)一卷
　　道藏(正統本、景正統本)・洞眞部本

文類

太上開明天地本眞經一卷
　　道藏(正統本、景正統本)　洞眞部本
　　文類

太上玄都妙本清靜身心經一卷
　　道藏(正統本、景正統本)・洞眞部本
　　文類

太上太玄女青三元品誡拔罪妙經三卷
　　道藏(正統本、景正統本)・洞眞部本
　　文類

元始天尊說變化空洞妙經一卷
　　道藏(正統本、景正統本)・洞眞部本
　　文類

太上昇玄三一融神變化妙經二卷
　　道藏(正統本、景正統本)・洞眞部本
　　文類

太上導引三光九變妙經一卷
　　道藏(正統本、景正統本)・洞眞部本
　　文類

太上導引三光寶眞妙經一卷
　　道藏(正統本、景正統本)・洞眞部本
　　文類

太上修眞體元妙道經一卷
　　(宋)劉元瑞撰
　　道藏(正統本、景正統本)・洞眞部本
　　文類

玉清元始玄黃九光眞經一卷
　　道藏(正統本、景正統本)・洞眞部本
　　文類

元始天尊說十一曜大消災神呪經一卷
　　道藏(正統本、景正統本)・洞眞部本
　　文類

太上洞眞五星祕授經一卷
　　道藏(正統本、景正統本)・洞眞部本
　　文類

太上洞神五星讚一卷
　　(□)張平子撰
　　道藏(正統本、景正統本)・洞神部讚
　　頌類

玉清无上靈寶自然北斗本生眞經一卷
　　道藏(正統本、景正統本)・洞眞部本
　　文類

太乙元眞保命長生經一卷
　　道藏(正統本、景正統本)・洞眞部本
　　文類

太上元始天尊證果眞經一卷
　　道藏(正統本、景正統本)・洞眞部本
　　文類

太上元始天尊説續命妙經一卷
　　　道藏（正統本、景正統本）·洞眞部本
　　文類

洞眞太極北帝紫微神呪妙經一卷
　　　道藏（正統本、景正統本）·洞眞部本
　　文類

太上説六甲直符保胎護命妙經一卷
　　　道藏（正統本、景正統本）·洞眞部本
　　文類

太上元始天尊説大雨龍王經一卷
　　　道藏（正統本、景正統本）·洞眞部本
　　文類

太上護國祈雨消魔經一卷
　　　道藏（正統本、景正統本）·洞眞部本
　　文類

太上洞淵北帝天蓬護命消災神呪妙經一
卷
　　　道藏（正統本、景正統本）·洞眞部本
　　文類

太上洞淵辭瘟神呪妙經一卷
　　　道藏（正統本、景正統本）·洞眞部本
　　文類

高上太霄琅書瓊文帝章經一卷
　　　道藏（正統本、景正統本）·洞眞部本
　　文類

太霄琅書瓊文帝章訣一卷
　　　道藏（正統本、景正統本）·洞眞部玉
　　訣類

洞眞太上太霄琅書十卷（原缺卷二）
　　　道藏（正統本、景正統本）·正乙部

　洞眞太上太霄琅書一卷
　　重刊道藏輯要斗集

太上玉珮金璫太極金書上經一卷
　　　道藏（正統本、景正統本）·洞眞部本
　　文類

上方天尊説眞元通仙道經一卷附釋音
　　　道藏（正統本、景正統本）·洞眞部本
　　文類

無上大乘要訣妙經一卷
　　　道藏（正統本、景正統本）·洞眞部本
　　文類

元始洞眞決疑經一卷
　　　道藏（正統本、景正統本）·洞眞部本
　　文類

元始天尊説玄微妙經一卷
　　　道藏（正統本、景正統本）·洞眞部本
　　文類

太上洞眞賢門經一卷

　　　道藏（正統本、景正統本）·洞眞部本
　　文類
　　重刊道藏輯要尾集

元始天王歡樂經一卷
　　　道藏（正統本、景正統本）·洞眞部本
　　文類

玉清胎元内養眞經一卷
　　　道藏（正統本、景正統本）·洞眞部本
　　文類

玉清无上内景眞經一卷
　　　道藏（正統本、景正統本）·洞眞部本
　　文類

太上眞一報父母恩重經一卷
　　　道藏（正統本、景正統本）·洞眞部本
　　文類

元始洞眞慈善孝子報恩成道經一卷
　　　道藏（正統本、景正統本）·洞眞部本
　　文類

太上元始天尊説消殄蟲蝗經一卷
　　　道藏（正統本、景正統本）·洞眞部本
　　文類

太上安鎮九壘龍神妙經一卷
　　　道藏（正統本、景正統本）·洞眞部本
　　文類

太上洞眞安竈經一卷
　　　道藏（正統本、景正統本）·洞眞部本
　　文類

太上元始天尊説金光明經一卷
　　　道藏（正統本、景正統本）·洞眞部本
　　文類

元始天尊説三官寶號經一卷
　　　道藏（正統本、景正統本）·洞眞部本
　　文類

元始天尊濟度血湖眞經三卷
　　　道藏（正統本、景正統本）·洞眞部本
　　文類

元始天尊説酆都滅罪經一卷
　　　道藏（正統本、景正統本）·洞眞部本
　　文類

太上説九幽拔罪心印妙經一卷
　　　道藏（正統本、景正統本）·洞眞部本
　　文類

元始天尊説甘露昇天神呪妙經一卷
　　　道藏（正統本、景正統本）·洞眞部本
　　文類

元始説功德法食往生經一卷
　　　道藏（正統本、景正統本）·洞眞部本
　　文類

太上玉華洞章拔亡度世昇仙妙經一卷
　　道藏（正統本、景正統本）・洞眞部本
　　文類
太上三洞神呪十二卷
　　道藏（正統本、景正統本）・洞眞部本
　　文類
太上靈寶諸天內音自然玉字四卷
　　道藏（正統本、景正統本）・洞眞部玉
　　訣類
　太上靈寶諸天內音自然玉字四卷（存
　卷四）
　　道書
元始天尊說太古經註一卷
　　（□）長筌子撰
　　道藏（正統本、景正統本）・洞眞部玉
　　訣類
太上赤文洞古經註一卷
　　（□）長筌子撰
　　道藏（正統本、景正統本）・洞眞部玉
　　訣類
　　道書全集・玄宗內典諸經註
　　重刊道藏輯要尾集
　　道藏精華錄第三集
无上赤文洞古眞經註一卷
　　（元）李道純撰
　　道藏（正統本、景正統本）・洞眞部玉
　　訣類
太上求仙定錄尺素眞訣玉文一卷
　　道藏（正統本、景正統本）・洞眞部玉
　　訣類
太淸眞人絡命訣一卷
　　道藏（正統本、景正統本）・洞眞部玉
　　訣類
太上洞房內經註一卷
　　（□）周眞人撰
　　道藏（正統本、景正統本）・洞眞部玉
　　訣類
陰眞君還丹歌注一卷
　　（宋）陳摶撰
　　道藏（正統本、景正統本）・洞眞部玉
　　訣類
崔公入藥鏡註解一卷
　　（元）王玠撰
　　道藏（正統本、景正統本）・洞眞部玉
　　訣類
　　（元混然子撰）
　　道書全集・玄宗內典諸經註
入藥鏡一卷

　　（漢）崔希範撰　（元）王玠（明）李攀龍（明）
　　彭好古注
　　重刊道藏輯要虛集
　　道藏精華錄第六集
崔公入藥鏡測疏
　　（明）陸西星撰
　　方壺外史卷五
入藥鏡一卷
　　（漢）崔希範撰　（淸）傅金銓注
　　悟眞四註篇
呂純陽眞人沁園春丹詞註解一卷
　　（宋）俞琰（全陽子）撰
　　道藏（正統本、景正統本）・洞眞部玉
　　訣類
呂祖沁園春一卷
　　（唐）呂嵒撰　（淸）傅金銓注
　　悟眞四註篇
靑天歌註釋一卷
　　（元）王玠撰
　　道藏（正統本、景正統本）・洞眞部玉
　　訣類
　　（元混然子撰）
　　道書全集・玄宗內典諸經註
邱長春眞人靑天歌測疏
　　（明）陸西星撰
　　方壺外史卷七
學仙辨眞訣一卷
　　道藏（正統本、景正統本）・洞眞部玉
　　訣類
太上洞眞凝神修行經訣一卷
　　道藏（正統本、景正統本）・洞眞部玉
　　訣類
上淸握中訣三卷
　　（梁）陶弘景撰
　　道藏（正統本、景正統本）・洞眞部玉
　　訣類
靈寶天尊說洪恩靈濟眞君妙經一卷
　　道藏（正統本、景正統本）・洞玄部本
　　文類
洞玄靈寶自然九天生神章經一卷
　　道藏（正統本、景正統本）・洞玄部本
　　文類
洞玄靈寶自然九天生神章經解義四卷
　　（宋）董思靖撰
　　道藏（正統本、景正統本）・洞玄部玉
　　訣類
　　重刊道藏輯要房集
洞玄靈寶自然九天生神玉章經解三卷

　　(宋)王希巢撰
　　　　道藏（正統本、景正統本）‧洞玄部玉
　　　　訣類
　　　　重刊道藏輯要房集
洞玄靈寶自然九天生神章經注三卷附音
釋
　　(□)華陽復撰
　　　　道藏（正統本、景正統本）‧洞玄部玉
　　　　訣類
　　　　重刊道藏輯要房集
洞玄靈寶本相運度劫期經一卷
　　　　道藏（正統本、景正統本）‧洞玄部本
　　　　文類
洞玄靈寶丹水飛術運度小劫妙經一卷
　　　　道藏（正統本、景正統本）‧洞玄部本
　　　　文類
洞玄靈寶諸天世界造化經一卷
　　　　道藏（正統本、景正統本）‧洞玄部本
　　　　文類
　　　　重刊道藏輯要房集
太上靈寶天地運度自然妙經一卷
　　　　道藏（正統本、景正統本）‧洞玄部本
　　　　文類
太上洞玄靈寶三元無量壽經一卷
　　　　道藏（正統本、景正統本）‧洞玄部本
　　　　文類
上清五常變通萬化鬱冥經一卷
　　　　道藏（正統本、景正統本）‧洞玄部本
　　　　文類
太上洞玄靈寶智慧定志通微經一卷
　　　　道藏（正統本、景正統本）‧洞玄部本
　　　　文類
太上洞玄靈寶觀妙經一卷
　　　　道藏（正統本、景正統本）‧洞玄部本
　　　　文類
太上洞玄靈寶天尊說大通經一卷
　　　　道藏（正統本、景正統本）‧洞玄部本
　　　　文類
太上大通經註一卷
　　(元)李道純撰
　　　　道藏（正統本、景正統本）‧洞真部玉
　　　　訣類
　　　　道書全集‧玄宗內典諸經註
　　　　重刊道藏輯要尾集
太上洞玄靈寶護諸童子經一卷
　　　　道藏（正統本、景正統本）‧洞玄部本
　　　　文類
太上洞玄靈寶開演祕密藏經一卷

　　　　道藏（正統本、景正統本）‧洞玄部本
　　　　文類
　　　　重刊道藏輯要房集
太上洞玄靈寶真文要解上經一卷
　　　　道藏（正統本、景正統本）‧洞玄部本
　　　　文類
　　　　重刊道藏輯要房集
太上黃庭內景玉經一卷
　　　　道藏（正統本、景正統本）‧洞玄部本
　　　　文類
太上黃庭內景玉經三卷
　　(漢)東方朔等注
　　　　重刊道藏輯要尾集
上清黃庭內景經一卷
　　(□)務成子注
　　　　道藏精華錄第九集
黃庭內景玉經註一卷
　　(金)劉處玄解
　　　　道藏（正統本、景正統本）‧洞玄部玉
　　　　訣類
黃庭內景玉經註三卷
　　(□)梁丘子撰
　　　　道藏（正統本、景正統本）‧洞玄部玉
　　　　訣類
　　　　道藏（正統本、景正統本）‧洞真部方
　　　　法類‧修真十書
太上黃庭內景玉經一卷
　　(□)梁丘子注
　　　　道書全集
　　　　重刊道藏輯要尾集
太上黃庭內景玉經童註二卷圖說一卷
　　(□)邵穆生撰
　　　　養和堂叢書
黃庭內景經一卷
　　(清)蔣國祚注
　　　　重刊道藏輯要尾集
太上黃庭外景玉經三卷
　　　　道藏（正統本、景正統本）‧洞玄部本
　　　　文類
太上黃庭外景經一卷
　　(□)務成子注
　　　　道藏精華錄第九集
黃庭外景玉經註三卷
　　(□)梁丘子撰
　　　　道藏（正統本、景正統本）‧洞真部方
　　　　法類‧修真十書
太上黃庭外景經一卷
　　(□)梁丘子注

道書全集
重刊道藏輯要尾集
道藏精華錄第九集
黃庭外景經三卷
　（清）蔣國祚注
　　　重刊道藏輯要尾集
黃庭內外玉景經解一卷
　（口）蔣慎修撰
　　　道藏（正統本、景正統本）・洞玄部玉
　　　訣類
太上洞玄靈寶眞一勸誠法輪妙經一卷
　　　道藏（正統本、景正統本）・洞玄部本
　　　文類
太上玄一眞人說妙通轉神入定經一卷
　　　道藏（正統本、景正統本）・洞玄部本
　　　文類
太上玄一眞人說勸誠法輪妙經一卷
　　　道藏（正統本、景正統本）・洞玄部本
　　　文類
太上洞玄靈寶法燭經一卷
　　　道藏（正統本、景正統本）・洞玄部本
　　　文類
　　　重刊道藏輯要房集
太上靈寶智慧觀身經一卷
　　　道藏（正統本、景正統本）・洞玄部本
　　　文類
　　　重刊道藏輯要房集
太一救苦護身妙經一卷
　　　道藏（正統本、景正統本）・洞玄部本
　　　文類
　　　重刊道藏輯要房集
太上洞玄靈寶赤書玉訣妙經二卷
　　　道藏（正統本、景正統本）・洞玄部本
　　　文類
上淸金匱玉鏡修眞指玄妙經一卷
　　　道藏（正統本、景正統本）・洞玄部本
　　　文類
　　　重刊道藏輯要房集
上淸三元玉檢三元布經一卷
　　　道藏（正統本、景正統本）・洞玄部本
　　　文類
太上洞玄靈寶福日妙經一卷
　　　道藏（正統本、景正統本）・洞玄部本
　　　文類
　　　重刊道藏輯要房集
洞玄靈寶上師說救護身命經一卷
　　　道藏（正統本、景正統本）・洞玄部本
　　　文類

太上靈寶天尊說禳災度厄經一卷
　　　道藏（正統本、景正統本）・洞玄部本
　　　文類
　　　重刊道藏輯要房集
太上神呪延壽妙經一卷
　　　道藏（正統本、景正統本）・洞玄部本
　　　文類
　　　重刊道藏輯要房集
太上洞玄靈寶消禳火災經一卷
　　　道藏（正統本、景正統本）・洞玄部本
　　　文類
太上黃庭經發微二卷
　（清）董德寧注
　　　道貫眞源
黃庭經解一卷
　（清）劉一淸撰
　　　道書十二種
靈寶天尊說祿庫受生經一卷
　　　道藏（正統本、景正統本）・洞玄部本
　　　文類
太上靈寶元陽妙經十卷
　　　道藏（正統本、景正統本）・洞玄部本
　　　文類
太上洞淵神呪經二十卷
　　　道藏（正統本、景正統本）・洞玄部本
　　　文類
太上洞玄靈寶業報因緣經十卷
　　　道藏（正統本、景正統本）・洞玄部本
　　　文類
　太上洞玄靈寶業報因緣經一卷
　　　重刊道藏輯要房集
太上洞玄靈寶十號功德因緣妙經一卷
　　　道藏（正統本、景正統本）・洞玄部本
　　　文類
　　　重刊道藏輯要房集
太上洞玄靈寶宿命因緣明經一卷
　　　道藏（正統本、景正統本）・洞玄部本
　　　文類
太上洞玄靈寶出家因緣經一卷
　　　道藏（正統本、景正統本）・洞玄部本
　　　文類
　　　重刊道藏輯要房集
太上洞玄靈寶轉神度命經一卷
　　　道藏（正統本、景正統本）・洞玄部本
　　　文類
太上洞玄靈寶十師度人妙經一卷
　　　道藏（正統本、景正統本）・洞玄部本
　　　文類

太上洞玄靈寶太玄普慈勸世經一卷
　　道藏（正統本、景正統本）·洞玄部本
　　文類
太上洞玄靈寶四方大願經一卷
　　道藏（正統本、景正統本）·洞玄部本
　　文類
太上洞玄靈寶智慧本願大戒上品經一卷
　　道藏（正統本、景正統本）·洞玄部本
　　文類
太上洞玄靈寶誡業本行上品妙經一卷
　　道藏（正統本、景正統本）·洞玄部本
　　文類
太上洞玄靈寶天尊說養蠶營種經一卷
　　道藏（正統本、景正統本）·洞玄部本
　　文類
太上洞玄靈寶八威召龍妙經二卷
　　道藏（正統本、景正統本）·洞玄部本
　　文類
太上洞淵說請雨龍王經一卷
　　道藏（正統本、景正統本）·洞玄部本
　　文類
　　重刊道藏輯要房集
太上召諸神龍安鎮墳墓經一卷
　　道藏（正統本、景正統本）·洞玄部本
　　文類
太上靈寶補謝竈王經一卷
　　道藏（正統本、景正統本）·洞玄部本
　　文類
太上說利益蠶王妙經一卷
　　道藏（正統本、景正統本）·洞玄部本
　　文類
太上說牛癀妙經一卷
　　道藏（正統本、景正統本）·洞玄部本
　　文類
上清洞玄明燈上經一卷
　　道藏（正統本、景正統本）·洞玄部本
　　文類
太上洞玄寶元上經（一名自然經）一卷
　　道藏（正統本、景正統本）·洞玄部本
　　文類
　　重刊道藏輯要房集
太上洞玄靈寶滅度五鍊生尸妙經一卷
　　道藏（正統本、景正統本）·洞玄部本
　　文類
太上洞玄靈寶三元玉京玄都大獻經一卷
　　道藏（正統本、景正統本）·洞玄部本
　　文類
太上洞玄靈寶三塗五苦拔度生死妙經一

卷
　　道藏（正統本、景正統本）·洞玄部本
　　文類
太上道君說解冤拔度妙經一卷
　　道藏（正統本、景正統本）·洞玄部本
　　文類
太上洞玄靈寶往生救苦妙經一卷
　　道藏（正統本、景正統本）·洞玄部本
　　文類
太上洞玄靈寶救苦妙經一卷
　　道藏（正統本、景正統本）·洞玄部本
　　文類
太上洞玄靈寶天尊說救苦妙經註解一卷
　（□）呂□（洞陽子）撰
　　道藏（正統本、景正統本）·洞玄部玉
　　訣類
　　重刊道藏輯要房集
太上洞玄靈寶天尊說濟苦經一卷
　　道藏（正統本、景正統本）·洞玄部本
　　文類
太上洞玄靈寶淨供妙經一卷
　　道藏（正統本、景正統本）·洞玄部本
　　文類
　　重刊道藏輯要房集
太上靈寶洪福滅罪像名經一卷
　　道藏（正統本、景正統本）·洞玄部本
　　文類
　　重刊道藏輯要房集
太上救苦天尊說消愆滅罪經一卷
　　道藏（正統本、景正統本）·洞玄部本
　　文類
太上說酆都拔苦愈樂妙經一卷
　　道藏（正統本、景正統本）·洞玄部本
　　文類
洞玄靈寶道要經一卷
　　道藏（正統本、景正統本）·洞玄部本
　　文類
洞玄靈寶飛仙上品妙經一卷
　　道藏（正統本、景正統本）·洞玄部本
　　文類
太上靈寶天尊說延壽妙經一卷
　　道藏（正統本、景正統本）·洞玄部本
　　文類
太上七星神呪經一卷
　　道藏（正統本、景正統本）·洞玄部本
　　文類
太上虛皇保生神呪經一卷
　　道藏（正統本、景正統本）·洞玄部本

文類

太上洞玄三洞開天風雷禹步制魔神呪經
一卷
　　道藏（正統本、景正統本）・洞玄部本
　　文類

太上洞淵三昧帝心光明正印太極紫微伏
魔制鬼拯救惡道集福吉祥神呪一卷
　　道藏（正統本、景正統本）・洞玄部本
　　文類
　　重刊道藏輯要房集

太上三生解寃妙經一卷
　　道藏（正統本、景正統本）・洞玄部本
　　文類

洞玄靈寶定觀經註一卷
　　道藏（正統本、景正統本）・洞玄部玉
　　訣類
　　道書全集・玄宗內典諸經註
　　重刊道藏輯要房集
　　道藏精華錄第四集

上清丹元玉眞帝皇飛仙上經一卷
　　道藏（正統本、景正統本）・洞玄部玉
　　訣類

上清紫精君皇初紫靈道君洞房上經一卷
　　道藏（正統本、景正統本）・洞玄部玉
　　訣類

上清紫微帝君南極元君玉經寶訣一卷
　　道藏（正統本、景正統本）・洞玄部玉
　　訣類

靈寶大鍊內旨行持機要一卷
　　道藏（正統本、景正統本）・洞玄部玉
　　訣類

上清胎精記解結行事訣一卷
　　道藏（正統本、景正統本）・洞玄部玉
　　訣類

上清華晨三奔玉訣一卷
　　道藏（正統本、景正統本）・洞玄部玉
　　訣類

太上洞玄靈寶眾簡文一卷
　　（劉宋）陸修靜撰
　　道藏（正統本、景正統本）・洞玄部玉
　　訣類

太上洞玄靈寶五帝醮祭招眞玉訣一卷
　　道藏（正統本、景正統本）・洞玄部玉
　　訣類

上清佩符文青券訣一卷
　　道藏（正統本、景正統本）・洞玄部玉
　　訣類

上清佩符文白券訣一卷
　　道藏（正統本、景正統本）・洞玄部玉
　　訣類

上清佩符文絳券訣一卷
　　道藏（正統本、景正統本）・洞玄部玉
　　訣類

上清佩符文黑券訣一卷
　　道藏（正統本、景正統本）・洞玄部玉
　　訣類

上清佩符文黃券訣一卷
　　道藏（正統本、景正統本）・洞玄部玉
　　訣類

太上大道三元品誡謝罪上法一卷
　　道藏（正統本、景正統本）・洞玄部玉
　　訣類

固氣還神九轉瓊丹論一卷
　　道藏（正統本、景正統本）・洞玄部玉
　　訣類

靈寶眾眞丹訣一卷
　　道藏（正統本、景正統本）・洞玄部玉
　　訣類

神仙服餌丹石行藥法一卷
　　（□）京里先生撰
　　道藏（正統本、景正統本）・洞玄部玉
　　訣類

登眞隱訣三卷
　　（梁）陶弘景撰
　　道藏（正統本、景正統本）・洞玄部玉
　　訣類

上清三眞旨要玉訣一卷
　　道藏（正統本、景正統本）・洞玄部玉
　　訣類

上清洞眞解過訣一卷
　　道藏（正統本、景正統本）・洞玄部玉
　　訣類

上清明堂元眞經訣一卷
　　道藏（正統本、景正統本）・洞玄部玉
　　訣類

上清太極隱注玉經寶訣一卷
　　道藏（正統本、景正統本）・洞玄部玉
　　訣類

上清太上八素眞經一卷
　　道藏（正統本、景正統本）・洞玄部玉
　　訣類

洞眞太上八素眞經精耀三景妙訣一卷
　　道藏（正統本、景正統本）・正乙部

洞眞太上八素眞經修習功業妙訣一卷
　　道藏（正統本、景正統本）・正乙部

洞眞太上八素眞經三五行化妙訣一卷

道藏（正統本、景正統本）·正乙部

洞眞太上八素眞經服食日月皇華訣 一卷
　　　道藏（正統本、景正統本）·正乙部
洞眞太上八素眞經登壇符札妙訣 一卷
　　　道藏（正統本、景正統本）·正乙部
洞眞太上八素眞經占候入定妙訣 一卷
　　　道藏（正統本、景正統本）·正乙部
上淸修行經訣 一卷
　　　道藏（正統本、景正統本）·洞玄部玉
　　　訣類
太上飛行九晨玉經 一卷
　　　道藏（正統本、景正統本）·洞玄部玉
　　　訣類
太上老君說常淸靜妙經 一卷
　　　道藏（正統本、景正統本）·洞神部本
　　　文類

常淸靜經 一卷
　　　道藏初編
太上老君說常淸靜眞經 一卷
　　（漢）鍾離權等注
　　　重刊道藏輯要尾集
太上老君說常淸靜經註 一卷
　　　道藏（正統本、景正統本）·洞神部玉
　　　訣類
淸靜經註 一卷
　　　道藏（正統本、景正統本）·洞神部玉
　　　訣類
太上老君說常淸靜經註 一卷
　　（前蜀）杜光庭撰
　　　道藏（正統本、景正統本）·洞神部玉
　　　訣類
太上老君說常淸靜經註 一卷
　　（宋）白玉蟾分章正誤　（□）王元暉注
　　　道藏（正統本、景正統本）·洞神部玉
　　　訣類
太上老君說常淸靜經註 一卷
　　（金）侯善淵撰
　　　道藏（正統本、景正統本）·洞神部玉
　　　訣類
太上老君說常淸靜經頌註 一卷
　　（金）劉通微（默然子）撰
　　　道藏（正統本、景正統本）·洞神部讚
　　　頌類
太上老君說常淸靜經註 一卷
　　（元）李道純撰
　　　道藏（正統本、景正統本）·洞神部玉
　　　訣類
　　　道書全集·玄宗內典諸經註

重刊道藏輯要尾集
　　道藏精華錄第四集
太上老君說常淸靜妙經纂圖解註 一卷
　　（元）王玠撰
　　　道藏（正統本、景正統本）·洞神部玉
　　　訣類
常淸靜經 一卷
　　（明）林兆恩釋
　　　稗乘
太上玄靈斗姆大聖元君本命延生心經 一
卷
　　　道藏（正統本、景正統本）·洞神部本
　　　文類
太上玄靈北斗本命延生眞經 一卷
　　　道藏（正統本、景正統本）·洞神部本
　　　文類
　　　重刊道藏輯要斗集
太上玄靈北斗本命延生眞經註 五卷
　　（元）徐道齡撰　（元）徐道玄校正
　　　道藏（正統本、景正統本）·洞神部玉
　　　訣類
太上玄靈北斗本命延生眞經註解 三卷
　　（□）玄元眞人撰
　　　道藏（正統本、景正統本）·洞神部玉
　　　訣類
太上玄靈北斗本命延生眞經註解 一卷
　　　重刊道藏輯要斗集
太上玄靈北斗本命延生經註 三卷
　　（□）傅洞眞撰
　　　道藏（正統本、景正統本）·洞神部玉
　　　訣類
太上玄靈北斗本命長生妙經 一卷
　　　道藏（正統本、景正統本）·洞神部本
　　　文類
太上說南斗六司延壽度人妙經 一卷
　　　道藏（正統本、景正統本）·洞神部本
　　　文類
　　　重刊道藏輯要斗集
太上說東斗主算護命妙經 一卷
　　　道藏（正統本、景正統本）·洞神部本
　　　文類
　　　重刊道藏輯要斗集
太上說西斗記名護身妙經 一卷
　　　道藏（正統本、景正統本）·洞神部本
　　　文類
　　　重刊道藏輯要斗集
太上說中斗大魁保命妙經 一卷
　　　道藏（正統本、景正統本）·洞神部本

文類
重刊道藏輯要斗集

太上說中斗大魁掌算伏魔神呪經一卷
　　　道藏（正統本、景正統本）‧洞神部本
文類

太上北斗二十八章經一卷
　　　道藏（正統本、景正統本）‧洞神部本
文類

太上老君說救生眞經一卷
　　　道藏（正統本、景正統本）‧洞神部本
文類

太上老君說消災經一卷
　　　道藏（正統本、景正統本）‧洞神部本
文類

太上太清天童護命妙經一卷
　　　道藏（正統本、景正統本）‧洞神部本
文類

太上太清天童護命妙經註一卷
　　（金）侯善淵撰
　　　道藏（正統本、景正統本）‧洞神部玉
　　　訣類

太上泰清皇老帝君運雷天童隱梵仙經一
　卷
　　　道藏（正統本、景正統本）‧洞神部本
文類

太上老君說安宅八陽經一卷
　　　道藏（正統本、景正統本）‧洞神部本
文類

太上老君說補謝八陽經一卷
　　　道藏（正統本、景正統本）‧洞神部本
文類

太上說十鍊生神救護經一卷
　　　道藏（正統本、景正統本）‧洞神部本
文類

太上飛步五星經一卷
　　　道藏（正統本、景正統本）‧洞神部本
文類

太上飛步南斗太微玉經一卷
　　　道藏（正統本、景正統本）‧洞神部本
文類

皇天上清金闕帝君靈書紫文上經一卷
　　　道藏（正統本、景正統本）‧洞神部本
文類

洞神八帝妙精經一卷
　　　道藏（正統本、景正統本）‧洞神部本
文類

太上老君內觀經一卷
　　　道藏（正統本、景正統本）‧洞神部本

文類
重刊道藏輯要尾集
道藏精華錄第四集

太上老君說了心經一卷
　　　道藏（正統本、景正統本）‧洞神部本
文類
重刊道藏輯要尾集
道藏精華錄第四集

太上老君內丹經一卷
　　　道藏（正統本、景正統本）‧洞神部本
文類
重刊道藏輯要尾集

太上內丹守一眞定經一卷
　　　道藏（正統本、景正統本）‧洞神部本
文類
重刊道藏輯要尾集

太上老君內日用妙經一卷
　　　道藏（正統本、景正統本）‧洞神部本
文類
重刊道藏輯要尾集
道藏精華錄第五集

太上老君外日用妙經一卷
　　　道藏（正統本、景正統本）‧洞神部本
文類
重刊道藏輯要尾集
道藏精華錄第五集

太上說轉輪五道宿命因緣經一卷
　　　道藏（正統本、景正統本）‧洞神部本
文類
重刊道藏輯要尾集

太上化道度世仙經一卷
　　　道藏（正統本、景正統本）‧洞神部本
文類

太上老君說天妃救苦靈驗經一卷
　　　道藏（正統本、景正統本）‧洞神部本
文類

太上老君說長生益算妙經一卷
　　　道藏（正統本、景正統本）‧洞神部本
文類

太上洞神三元妙本福壽眞經一卷
　　　道藏（正統本、景正統本）‧洞神部本
文類

太上老君說解釋呪詛經一卷
　　　道藏（正統本、景正統本）‧洞神部本
文類

太上老君說五斗金章受生經一卷
　　　道藏（正統本、景正統本）‧洞神部本
文類

太上洞神天公消魔護國經三卷
　　道藏（正統本、景正統本）・洞神部本
　　文類
太上說紫微神兵護國消魔經一卷
　　道藏（正統本、景正統本）・洞神部本
　　文類
太上日月混元經一卷
　　道藏（正統本、景正統本）・洞神部本
　　文類
太上洞神五星諸宿日月混常經一卷
　　道藏（正統本、景正統本）・洞神部本
　　文類
太上妙始經一卷
　　道藏（正統本、景正統本）・洞神部本
　　文類
　　重刊道藏輯要尾集
太上浩元經一卷
　　道藏（正統本、景正統本）・洞神部本
　　文類
　　重刊道藏輯要尾集
混元八景眞經五卷
　　道藏（正統本、景正統本）・洞神部本
　　文類
老子像名經十卷（原缺卷六至八）
　　道藏（正統本、景正統本）・洞神部本
　　文類
太上老君說報父母恩重經一卷
　　道藏（正統本、景正統本）・洞神部本
　　文類
玄天上帝說報父母恩重經一卷
　　道藏（正統本、景正統本）・洞神部本
　　文類
西昇經三卷
　　宋徽宗注
　　道藏（正統本、景正統本）・洞神部本
　　文類
　　道藏舉要第六類
　西昇經一卷
　　重刊道藏輯要尾集
　　道藏初編
西昇經集註六卷
　　（宋）陳景元（碧虛子）撰
　　道藏（正統本、景正統本）・洞神部玉
　　訣類
　　道藏舉要第六類
太上說玄天大聖眞武本傳神呪妙經一卷
　　道藏（正統本、景正統本）・洞神部譜
　　籙類

太上說玄天大聖眞武本傳神呪妙經六卷
　　（□）陳伀集疏
　　道藏（正統本、景正統本）・洞神部玉
　　訣類
老子說五廚經註一卷
　　（唐）尹愔撰
　　道藏（正統本、景正統本）・洞神部玉
　　訣類
　　道書全集・玄宗內典諸經註
　　重刊道藏輯要尾集
　　道藏精華錄第四集
　五廚經一卷
　　（唐）尹愔注
　　道藏初編
玄精碧匣靈寶聚玄經三卷
　　道藏（正統本、景正統本）・太玄部
太上洞玄靈寶三一五氣眞經一卷
　　道藏（正統本、景正統本）・太玄部
太上清靜元洞眞文玉字妙經一卷
　　道藏（正統本、景正統本）・太玄部
太上洞玄靈寶天關經一卷
　　道藏（正統本、景正統本）・太玄部
上清無英眞童合遊內變玉經一卷
　　道藏（正統本、景正統本）・太玄部
上清神寶洞房眞諱上經一卷
　　道藏（正統本、景正統本）・太玄部
洞玄靈寶九眞人五復三歸行道觀門經一
卷
　　道藏（正統本、景正統本）・太玄部
太上長文大洞靈寶幽玄上品妙經一卷
　　道藏（正統本、景正統本）・太玄部
太上長文大洞靈寶幽玄上品妙經發揮一
卷
　　道藏（正統本、景正統本）・太玄部
上清祕道九精回曜合神上眞玉經一卷
　　道藏（正統本、景正統本）・太玄部
上清太淵神龍瓊胎乘景上玄玉章一卷
　　道藏（正統本、景正統本）・太玄部
淵源道妙洞眞繼篇三卷
　　（□）李景元集解
　　道藏（正統本、景正統本）・太玄部
太上修眞玄章一卷
　　道藏（正統本、景正統本）・太玄部
南統大君內丹九章經一卷
　　（唐）吳筠撰
　　道藏（正統本、景正統本）・太玄部
　　四庫全書・集部別集類

太平經一百十九卷（原缺卷十一至三十
　四、卷三十八、卷五十二、卷五十六至
　六十四、卷七十三至八十五、卷八十七、
　卷九十四至九十五、卷一百十五）
　　　道藏（正統本、景正統本）・太平部
太平經聖君祕旨一卷
　　　道藏（正統本、景正統本）・太平部
太上靈寶淨明洞神上品經二卷
　　　道藏（正統本、景正統本）・太平部
　洞神上品經一卷
　　　重刊道藏輯要危集・太上靈寶淨明宗
　　　教錄
太上靈寶淨明玉眞樞眞經一卷
　　　道藏（正統本、景正統本）・太平部
太上靈寶淨明道元正印經一卷
　　　道藏（正統本、景正統本）・太平部
　道元正印經一卷
　　　重刊道藏輯要危集・太上靈寶淨明宗
　　　教錄
太上靈寶淨明天尊說禦殟經一卷
　　　道藏（正統本、景正統本）・太平部
太上靈寶首入淨明四規明鑑經一卷
　　　道藏（正統本、景正統本）・太平部
　四規明鑑經一卷
　　　重刊道藏輯要危集・太上靈寶淨明宗
　　　教錄
太上靈寶淨明九仙水經一卷
　　　道藏（正統本、景正統本）・太平部
太上靈寶淨明中黃八柱經一卷
　　　道藏（正統本、景正統本）・太平部
　中黃八柱經一卷
　　　重刊道藏輯要危集・太上靈寶淨明宗
　　　教錄
太玄眞一本際妙經一卷
　　　道藏（正統本、景正統本）・太平部
　太玄真一本際經殘一卷（存卷五）
　　　雪堂叢刻
　太玄真一本際經殘二卷（存卷二、卷
　　五）
　　　貞松堂藏西陲祕籍叢殘第二集
洞玄靈寶八仙王敎誡經一卷
　　　道藏（正統本、景正統本）・太平部
　　　重刊道藏輯要房集
太上洞玄靈寶國王行道經一卷
　　　道藏（正統本、景正統本）・太平部
　　　重刊道藏輯要房集
太上洞玄靈寶本行宿緣經一卷

道藏（正統本、景正統本）・太平部
太上洞玄靈寶本行因緣經一卷
　　　道藏（正統本、景正統本）・太平部
洞玄靈寶太上眞人問疾經一卷
　　　道藏（正統本、景正統本）・太平部
太極左仙公說神符經一卷
　　　道藏（正統本、景正統本）・太平部
太上洞玄靈寶飛行三界通微內思妙經一
　卷
　　　道藏（正統本、景正統本）・太平部
洞玄靈寶玄一眞人說生死輪轉因緣經一
　卷
　　　道藏（正統本、景正統本）・太平部
太上洞玄靈寶中和經一卷
　　　道藏（正統本、景正統本）・太平部
太上洞玄靈寶三十二天天尊應號經二十
　六卷（原缺卷一至十一、卷十三至二十
　一、卷二十三至二十六）
　　　道藏（正統本、景正統本）・太平部
太上靈寶昇玄內教經中和品述議疏一卷
　　　道藏（正統本、景正統本）・太平部
一切道經音義妙門由起一卷
　（唐）史崇等撰
　　　道藏（正統本、景正統本）・太平部
太上妙法本相經三卷
　　　道藏（正統本、景正統本）・太平部
上方靈寶无極至道開化眞經三卷
　　　道藏（正統本、景正統本）・太平部
上方鈞天演範眞經一卷
　　　道藏（正統本、景正統本）・太平部
太上老君中經二卷
　　　道藏（正統本、景正統本）・太清部
　老子中經（一名珠宮玉曆）一卷
　　　道藏精華錄第八集
太上老君清靜心經一卷
　　　道藏（正統本、景正統本）・太清部
　老君清淨心經一卷
　　　道藏精華錄第四集
太上老君說上七滅罪集福妙經一卷
　　　道藏（正統本、景正統本）・太清部
天機經一卷
　　　道藏（正統本、景正統本）・太清部
　陰符天機經一卷
　　　道藏精華錄第三集
大惠靜慈妙樂天尊說福德五聖經一卷
　　　道藏（正統本、景正統本）・正乙部
太上正一呪鬼經一卷

道藏（正統本、景正統本）·正乙部

太上洞玄靈寶天尊說羅天大醮上品妙經
　一卷
　　　道藏（正統本、景正統本）·正乙部

老君變化無極經一卷
　　　道藏（正統本、景正統本）·正乙部

太上金華天尊救劫護命妙經一卷
　　　道藏（正統本、景正統本）·正乙部

無上三天法師說廕育衆生妙經一卷
　　　道藏（正統本、景正統本）·正乙部

太上說青玄雷令法行因地妙經一卷
　　　道藏（正統本、景正統本）·正乙部

上清太霄隱書元眞洞飛二景經一卷
　　　道藏（正統本、景正統本）·正乙部

洞玄靈寶太上六齋十直聖紀經一卷
　　　道藏（正統本、景正統本）·正乙部

道要靈祇神鬼品經一卷
　　　道藏（正統本、景正統本）·正乙部

洞神八帝元變經一卷
　　　道藏（正統本、景正統本）·正乙部

太上三天正法經一卷
　　　道藏（正統本、景正統本）·正乙部

太上正一法文經一卷
　　　道藏（正統本、景正統本）·正乙部

三天內解經二卷
　　　道藏（正統本、景正統本）·正乙部

上清明鑑要經一卷
　　　道藏（正統本、景正統本）·正乙部

太上明鑑眞經一卷
　　　道藏（正統本、景正統本）·正乙部

天皇太一神律避穢經一卷
　　　道藏（正統本、景正統本）·正乙部

太上大道玉清經十卷
　　　道藏（正統本、景正統本）·正乙部

　太上大道玉清經不分卷
　　　重刊道藏輯要氐集

洞眞高上玉帝大洞雌一玉檢五老寶經一
　卷
　　　道藏（正統本、景正統本）·正乙部

洞眞太上素靈洞元大有妙經一卷
　　　道藏（正統本、景正統本）·正乙部

洞眞上清青要紫書金根衆經二卷
　　　道藏（正統本、景正統本）·正乙部

　洞眞上清青要紫書金根衆經一卷
　　　重刊道藏輯要斗集

洞眞上清太微帝君步天綱飛地紀金簡玉
　字上經一卷

道藏（正統本、景正統本）·正乙部

洞眞上清開天三圖七星移度經二卷
　　　道藏（正統本、景正統本）·正乙部

洞眞太上三元流珠經一卷
　　　道藏（正統本、景正統本）·正乙部
　　　重刊道藏輯要斗集

洞眞西王母寶神起居經一卷
　　　道藏（正統本、景正統本）·正乙部
　　　重刊道藏輯要斗集

洞眞太上八道命籍經二卷
　　　道藏（正統本、景正統本）·正乙部

太上九赤班符五帝內眞經一卷
　　　道藏（正統本、景正統本）·正乙部

洞眞太一帝君太丹隱書洞眞玄經一卷
　　　道藏（正統本、景正統本）·正乙部

洞眞上清神州七轉七變舞天經一卷
　　　道藏（正統本、景正統本）·正乙部

洞眞太上紫度炎光神元變經一卷
　　　道藏（正統本、景正統本）·正乙部

洞眞太上神虎玉經一卷
　　　道藏（正統本、景正統本）·正乙部

洞眞太上金篇虎符眞文經一卷
　　　道藏（正統本、景正統本）·正乙部

洞眞太上說智慧消魔眞經五卷
　　　道藏（正統本、景正統本）·正乙部

洞眞太上道君元丹上經一卷
　　　道藏（正統本、景正統本）·正乙部

洞眞金房度命綠字迴年三華寶曜內眞上
　經一卷
　　　道藏（正統本、景正統本）·正乙部

洞眞太上上清內經一卷
　　　道藏（正統本、景正統本）·正乙部

洞眞太上丹景道精經一卷
　　　道藏（正統本、景正統本）·正乙部

洞眞太上青牙始生經一卷
　　　道藏（正統本、景正統本）·正乙部

洞眞太上飛行羽經九眞昇玄上記（一名
　上清太上迴元九道飛行羽經）一卷
　　　道藏（正統本、景正統本）·正乙部

上清道寶經五卷
　　　道藏（正統本、景正統本）·正乙部

上清太上開天龍蹻經五卷
　　　道藏（正統本、景正統本）·正乙部

上清太上玉清隱書滅魔神慧高玄眞經一
　卷
　　　道藏（正統本、景正統本）·正乙部

上清高上滅魔洞景金元玉清隱書經一卷

道藏（正統本、景正統本）・正乙部	上清黄庭養神經一卷
上清高上金元羽章玉清隱書經一卷	道藏（正統本、景正統本）・正乙部
道藏（正統本、景正統本）・正乙部	太上黄庭中景經一卷
上清丹景道精隱地八術經二卷	（金）李千乘注
道藏（正統本、景正統本）・正乙部	道藏（正統本、景正統本）・正乙部
上清九天上帝祝百神內名經一卷	重刊道藏輯要尾集
道藏（正統本、景正統本）・正乙部	上清儔府瓊林經一卷
上清七聖玄紀經一卷	道藏（正統本、景正統本）・正乙部
道藏（正統本、景正統本）・正乙部	上清太極眞人神仙經一卷
上清太上迴元隱道除罪籍經一卷	道藏（正統本、景正統本）・正乙部
道藏（正統本、景正統本）・正乙部	洞玄靈寶二十四生圖經一卷
上清天關三圖經一卷	道藏（正統本、景正統本）・正乙部
道藏（正統本、景正統本）・正乙部	太上元始天尊說北帝伏魔神呪妙經十卷
上清河圖內玄經二卷	道藏（正統本、景正統本）・正乙部
道藏（正統本、景正統本）・正乙部	北帝說豁落七元經一卷
上清迴神飛霄登空招五星上法經一卷	道藏（正統本、景正統本）・正乙部
道藏（正統本、景正統本）・正乙部	七元眞訣語驅疫祕經一卷
上清化形隱景登昇保仙上經一卷	道藏（正統本、景正統本）・正乙部
道藏（正統本、景正統本）・正乙部	七元璇璣召魔品經一卷
上清迴耀飛光日月精華上經一卷	道藏（正統本、景正統本）・正乙部
道藏（正統本、景正統本）・正乙部	元始說度酆都經一卷
上清高上玉晨鳳臺曲素上經一卷	道藏（正統本、景正統本）・正乙部
道藏（正統本、景正統本）・正乙部	七元召魔伏六天神呪經一卷
上清太上帝君九眞中經二卷	道藏（正統本、景正統本）・正乙部
道藏（正統本、景正統本）・正乙部	太上紫微中天七元眞經一卷
上清太上九眞中經絳生神丹訣一卷	道藏（正統本、景正統本）・正乙部
道藏（正統本、景正統本）・正乙部	重刊道藏輯要斗集
上清金眞玉光八景飛經一卷	枕中經一卷
道藏（正統本、景正統本）・正乙部	道藏（正統本、景正統本）・正乙部
上清玉帝七聖玄紀迴天九霄經一卷	重刊道藏輯要尾集
道藏（正統本、景正統本）・正乙部	道藏精華錄第九集
上清太上黄素四十四方經一卷	太清元道眞經三卷別錄一卷
道藏（正統本、景正統本）・正乙部	道藏（正統本、景正統本）・正乙部
上清明堂玄丹眞經一卷	重刊道藏輯要尾集
道藏（正統本、景正統本）・正乙部	太上老君元道眞經註解一卷
上清九丹上化胎精中記經一卷	（□）隱芝內秀撰
道藏（正統本、景正統本）・正乙部	道藏（正統本、景正統本）・洞神部玉
上清太上元始耀光金虎鳳文章寶經一卷	訣類
道藏（正統本、景正統本）・正乙部	元道經一卷
上清洞天三五金剛玄籙儀經一卷	（□）隱芝內秀注
道藏（正統本、景正統本）・正乙部	道藏初編
大乘妙林經三卷	太上老君太素經一卷
道藏（正統本、景正統本）・正乙部	道藏（正統本、景正統本）・正乙部
大乘妙林經一卷	重刊道藏輯要尾集
重刊道藏輯要氐集	太上中道妙法蓮華經十卷
太上元寶金庭無爲妙經一卷	續道藏（萬曆本、景萬曆本）
道藏（正統本、景正統本）・正乙部	太上中道妙法蓮華經一卷

重刊道藏輯要氐集

太上元始天尊說寶月光皇后聖母天尊孔
　雀明王經一卷聖母孔雀明王尊經啓白
　儀一卷太上元始天尊說孔雀經白文一
　卷
　　　續道藏（萬曆本、景萬曆本）
上清元始變化寶真上經一卷
　　　續道藏（萬曆本、景萬曆本）
太上老君開天經一卷
　　　續道藏（萬曆本、景萬曆本）
太上老君虛無自然本起經一卷
　　　續道藏（萬曆本、景萬曆本）
　老君太上虛無自然本起經一卷
　　　道藏精華錄第三集
洞玄靈寶玉京山步虛經一卷
　　　續道藏（萬曆本、景萬曆本）
元始天尊說東嶽化身濟生度死拔罪解寃
　保命玄範誥咒妙經一卷
　　　續道藏（萬曆本、景萬曆本）
　元始天尊說東嶽化身濟生拔罪保命妙
　　經一卷
　　　重刊道藏輯要氐集
太上三元賜福赦罪解厄消災延生保命妙
　經一卷
　　　續道藏（萬曆本、景萬曆本）
　　　重刊道藏輯要張集
太上元陽上帝無始天尊說火車王靈官真
　經一卷
　　　續道藏（萬曆本、景萬曆本）
元始天尊說藥王救八十一難真經一卷
　　　續道藏（萬曆本、景萬曆本）
　　　重刊道藏輯要氐集
碧霞元君護國庇民普濟保生妙經一卷
　　　續道藏（萬曆本、景萬曆本）
　　　重刊道藏輯要氐集
太上大聖朗靈上將護國妙經一卷
　　　續道藏（萬曆本、景萬曆本）
太上老君說城隍感應消災集福妙經一卷
　　　續道藏（萬曆本、景萬曆本）
太上洞玄靈寶五顯觀華光本行妙經一卷
　　　續道藏（萬曆本、景萬曆本）
太上說通真高皇解寃經一卷
　　　續道藏（萬曆本、景萬曆本）
太微帝君二十四神回元經一卷
　　　續道藏（萬曆本、景萬曆本）
北斗九皇隱諱經一卷
　　　續道藏（萬曆本、景萬曆本）

太上洞玄濟衆經一卷
　　　續道藏（萬曆本、景萬曆本）
消搖墟經二卷
　　　續道藏（萬曆本、景萬曆本）
無生訣經一卷
　　　續道藏（萬曆本、景萬曆本）
元始上帝毘盧遮耶說大洞救劫尊經一卷
　　　重刊道藏輯要氐集
太上道德大天尊說道元一炁經一卷
　　　重刊道藏輯要尾集
先天斗帝敕演無上玄功靈妙真經疏解一
　卷
　　（唐）呂嵒撰
　　　重刊道藏輯要斗集
九皇斗姥戒殺延生真經一卷
　　　重刊道藏輯要斗集
九皇新經註解三卷
　　（唐）呂嵒撰
　　　重刊道藏輯要斗集
十六品經三卷
　　（唐）呂嵒撰
　　　重刊道藏輯要室集
同參經三卷
　　（唐）呂嵒撰
　　　重刊道藏輯要室集
呂帝心經一卷
　　（唐）呂嵒撰
　　　重刊道藏輯要室集・五經合編
先天一炁度人妙經一卷
　　（唐）呂嵒撰
　　　重刊道藏輯要室集・五經合編
延生證聖真經一卷
　　（唐）呂嵒撰
　　　重刊道藏輯要室集・五經合編
金玉寶經一卷
　　（唐）呂嵒撰
　　　重刊道藏輯要室集・五經合編
醒心真經一卷
　　（唐）呂嵒撰
　　　重刊道藏輯要室集・五經合編
文昌孝經一卷
　　（清）朱珪校
　　　重刊道藏輯要星集
元皇大道真君救劫寶經一卷
　　（清）朱珪校
　　　重刊道藏輯要星集
文昌應化元皇大道真君說注生延嗣妙應

眞經一卷
  　(清)朱珪校
　　　　重刊道藏輯要星集
三界伏魔關聖帝君忠孝忠義眞經一卷
　　　　重刊道藏輯要星集
華蓋山三仙眞經一卷
　　　　重刊道藏輯要翼集
雨香天經咒註六卷
  　(清)閔一得撰
　　　　古書隱樓藏書
老子化胡經殘二卷(存卷一、卷十)
  　(晉)王浮撰
　　　　鳴沙石室佚書續編
老子化胡經殘一卷(存卷八)
　　　　敦煌祕籍留眞新編下卷
老子化胡經殘二卷(存卷一、卷十)考一卷
補考一卷校勘記一卷軼文一卷
  　(晉)王浮撰　考(民國)蔣斧撰幷輯佚文
　　補攷校勘記(民國)羅振玉撰
　　　　敦煌石室遺書
老子天應經一卷
　　　　敦煌石室遺書三種
老子玄通經一卷
　　　　東方學會叢書初集・敦煌石室碎金
　　　　貞松堂藏西陲祕籍叢殘第二集
大雲無想經殘一卷(存卷九)
　　　　鳴沙石室佚書續編
太上純陽眞君了三得一經
　　　　道藏精華錄第六集
太上無極混元一炁度人妙經一卷
　　　　道藏精華錄第六集
太上靈寶洗浴身心經
　　　　貞松堂藏西陲祕籍叢殘第二集

神符之屬

三洞神符記一卷
　　　　道藏(正統本、景正統本)・洞眞部神
　　　　符類
雲篆度人妙經一卷
　　　　道藏(正統本、景正統本)・洞眞部神
　　　　符類
洞眞太微黃書天帝君石景金陽素經一卷
　　　　道藏(正統本、景正統本)・洞眞部神
　　　　符類
上清洞眞元經五籍符一卷
　　　　道藏(正統本、景正統本)・洞眞部神

符類
白羽黑翮靈飛玉符一卷
　　　　道藏(正統本、景正統本)・洞眞部神
　　　　符類
上清瓊宮靈飛六甲左右上符一卷
　　　　道藏(正統本、景正統本)・洞眞部神
　　　　符類
太上洞眞經洞章符一卷
　　　　道藏(正統本、景正統本)・洞眞部神
　　　　符類
太上祕法鎮宅靈符一卷
　　　　道藏(正統本、景正統本)・洞眞部神
　　　　符類
太上靈寶五符序三卷
　　　　道藏(正統本、景正統本)・洞玄部神
　　　　符類
太上洞玄靈寶素靈眞符三卷
　　　　道藏(正統本、景正統本)・洞玄部神
　　　　符類
太上洞玄靈寶五嶽神符一卷
　　　　道藏(正統本、景正統本)・洞玄部神
　　　　符類
上清金母求仙上法一卷
  　(口)李玄演
　　　　道藏(正統本、景正統本)・洞玄部神
　　　　符類
上清豁落七元符一卷
　　　　道藏(正統本、景正統本)・洞玄部神
　　　　符類
太上洞玄靈寶大綱鈔一卷
  　(唐)閭丘方遠述
　　　　道藏(正統本、景正統本)・洞玄部神
　　　　符類
上清太一金闕玉璽金眞紀一卷
　　　　道藏(正統本、景正統本)・洞玄部神
　　　　符類
太上洞玄靈寶投簡符文要訣一卷
　　　　道藏(正統本、景正統本)・洞玄部神
　　　　符類
太上無極大道自然眞一五稱符上經二卷
　　　　道藏(正統本、景正統本)・洞神部神
　　　　符類
　　　　重刊道藏輯要尾集
太上老君說益算神符妙經一卷
　　　　道藏(正統本、景正統本)・洞神部神
　　　　符類
太上老君混元三部符三卷
　　　　道藏(正統本、景正統本)・洞神部神

符類
無上三元鎮宅靈籙一卷
　　　　道藏（正統本、景正統本）·洞神部神
　　　　符類
上清·丹天三氣玉皇六辰飛綱司命大籙一
卷
　　　　道藏（正統本、景正統本）·洞神部神
　　　　符類
上清道類事相四卷
　　（唐）王懸河修
　　　　道藏（正統本、景正統本）·太平部
法海遺珠四十六卷
　　　　道藏（正統本、景正統本）·太平部
太上正一解五音呪詛祕籙一卷
　　　　道藏（正統本、景正統本）·正乙部
高上神霄玉清眞王紫書大法十二卷
　　　　道藏（正統本、景正統本）·正乙部
高上神霄玉清眞王紫書大法不分卷
　　　　重刊道藏輯要斗集
道法會元二百六十八卷
　　　　道藏（正統本、景正統本）·正乙部
上清靈寶大法六十六卷
　　（宋）甯全眞授　（□）王契眞纂
　　　　道藏（正統本、景正統本）·正乙部
上清靈寶大法四十四卷目錄一卷
　　（□）金允中編併論義
　　　　道藏（正統本、景正統本）·正乙部
道門定制十卷
　　（宋）呂元素集成
　　　　道藏（正統本、景正統本）·正乙部
太上助國救民總眞祕要十卷
　　（宋）元妙宗編
　　　　道藏（正統本、景正統本）·正乙部
雷法議玄篇一卷
　　（宋）萬宗師撰
　　　　道藏（正統本、景正統本）·正乙部
九天上聖祕傳金符經一卷
　　　　道藏（正統本、景正統本）·正乙部
洞眞上清龍飛九道尺素隱訣一卷
　　　　道藏（正統本、景正統本）·正乙部
洞眞太上神虎隱文一卷
　　　　道藏（正統本、景正統本）·正乙部
洞眞太上紫文丹章一卷
　　　　道藏（正統本、景正統本）·正乙部
洞眞太微金虎眞符一卷
　　　　道藏（正統本、景正統本）·正乙部

洞眞太上太素玉籙一卷
　　　　道藏（正統本、景正統本）·正乙部
洞眞八景玉籙晨圖隱符一卷
　　　　道藏（正統本、景正統本）·正乙部
洞眞太上倉元上錄一卷
　　　　道藏（正統本、景正統本）·正乙部
洞眞太上上皇民籍定眞玉錄一卷
　　　　道藏（正統本、景正統本）·正乙部
洞眞太上紫書籙傳一卷
　　　　道藏（正統本、景正統本）·正乙部
洞眞黃書一卷
　　　　道藏（正統本、景正統本）·正乙部
上清高上滅魔玉帝神慧玉清隱書一卷
　　　　道藏（正統本、景正統本）·正乙部
上清外國放品青童內文二卷
　　　　道藏（正統本、景正統本）·正乙部
上清洞眞天寶大洞三景寶籙二卷
　　　　道藏（正統本、景正統本）·正乙部
上清大洞三景玉清隱書訣籙一卷
　　　　道藏（正統本、景正統本）·正乙部
上清元始高上玉皇九天譜籙一卷
　　　　道藏（正統本、景正統本）·正乙部
上清瓊宮靈飛六甲籙一卷
　　　　道藏（正統本、景正統本）·正乙部
上清曲素訣辭籙（一名九天鳳炁玄丘大
書）一卷
　　　　道藏（正統本、景正統本）·正乙部
上清元始變化寶眞上經九靈大妙龜山玄
籙三卷
　　　　道藏（正統本、景正統本）·正乙部
上清高上龜山玄籙一卷
　　　　道藏（正統本、景正統本）·正乙部
上清大洞九微八道大經妙籙一卷
　　　　道藏（正統本、景正統本）·正乙部
上清河圖寶籙一卷
　　　　道藏（正統本、景正統本）·正乙部
玉清上宮科太眞文一卷
　　　　道藏（正統本、景正統本）·正乙部
七元眞人說神眞靈符經一卷
　　　　道藏（正統本、景正統本）·正乙部
　　　　重刊道藏輯要斗集
登涉符籙一卷
　　（晉）葛洪撰
　　　　說郛（宛委山堂本）弓七十四
　　　　五朝小說·魏晉小說訓誡家
　　　　五朝小說大觀·魏晉小說訓誡家

靈圖之屬

靈寶无量度人上品妙經符圖三卷
　　　　道藏（正統本、景正統本）・洞眞部靈
　　　　圖類

无量度人上品妙經旁通圖三卷（原缺卷
　上）
　　（宋）劉元道編次
　　　　道藏（正統本、景正統本）・洞眞部靈
　　　　圖類

修眞太極混元圖一卷
　　（□）蕭道存撰
　　　　道藏（正統本、景正統本）・洞眞部靈
　　　　圖類

修眞太極混元指玄圖一卷
　　　　道藏（正統本、景正統本）・洞眞部靈
　　　　圖類

金液還丹印證圖一卷
　　（宋）龍眉子撰
　　　　道藏（正統本、景正統本）・洞眞部靈
　　　　圖類

金液還丹印證圖詩一卷
　　（宋）白玉蟾授　（宋）龍眉子述　（□）涵蟾
　　子注
　　　　重刊道藏輯要胃集

龍眉子金丹印證詩測疏
　　（明）陸西星撰
　　　　方壺外史卷七

修眞歷驗鈔圖一卷
　　　　道藏（正統本、景正統本）・洞眞部靈
　　　　圖類

龍虎手鑑圖一卷
　　　　道藏（正統本、景正統本）・洞眞部靈
　　　　圖類

上清太玄九陽圖一卷
　　（金）侯善淵（太玄子）撰
　　　　道藏（正統本、景正統本）・洞眞部靈
　　　　圖類

三才定位圖一卷
　　（宋）張商英撰
　　　　道藏（正統本、景正統本）・洞眞部靈
　　　　圖類

上清洞眞九宮紫房圖一卷
　　　　道藏（正統本、景正統本）・洞眞部靈
　　　　圖類

上清長生寶鑑圖一卷
　　　　道藏（正統本、景正統本）・洞玄部靈

圖類
上清八道祕言圖一卷
　　　　道藏（正統本、景正統本）・洞玄部靈
　　　　圖類

上清舍象劍鑑圖一卷
　　（唐）司馬承禎撰
　　　　道藏（正統本、景正統本）・洞玄部靈
　　　　圖類

七域修眞證品圖一卷
　　　　道藏（正統本、景正統本）・洞玄部靈
　　　　圖類

玄覽人鳥山經圖一卷
　　　　道藏（正統本、景正統本）・洞玄部靈
　　　　圖類

太上玉晨鬱儀結璘奔日月圖一卷
　　　　道藏（正統本、景正統本）・洞玄部靈
　　　　圖類

上方大洞眞元妙經品一卷
　　　　道藏（正統本、景正統本）・洞玄部靈
　　　　圖類

上方大洞眞元妙經圖一卷
　　　　道藏（正統本、景正統本）・洞玄部靈
　　　　圖類

上方大洞眞元陰陽陟降圖書後解一卷
　　　　道藏（正統本、景正統本）・洞玄部靈
　　　　圖類

上方大洞眞元圖書繼說終篇一卷
　　　　道藏（正統本、景正統本）・洞玄部靈
　　　　圖類

洞玄靈寶五嶽古本眞形圖一卷
　　（漢）東方朔編
　　　　道藏（正統本、景正統本）・洞玄部譜
　　　　籙類

太上三元飛星冠禁金書玉籙圖一卷
　　　　道藏（正統本、景正統本）・洞神部靈
　　　　圖類

上清金闕帝君五斗三一圖訣一卷
　　　　道藏（正統本、景正統本）・洞神部靈
　　　　圖類

太上通靈八史聖文眞形圖一卷
　　　　道藏（正統本、景正統本）・洞神部靈
　　　　圖類

道法宗旨圖衍義二卷
　　（□）鄧栟纂圖　（元）章希賢衍義
　　　　道藏（正統本、景正統本）・正乙部

上清太一帝君太丹隱書解胞十二結節圖
　訣一卷
　　　　道藏（正統本、景正統本）・正乙部

太上靈寶芝草品一卷
　　　道藏（正統本、景正統本）·正乙部

心傳述證錄一卷
　　（清）蔣日綸（梅芳老人）撰
　　　重刊道藏輯要鬼集

譜錄之屬

上清三尊譜錄一卷
　　　道藏（正統本、景正統本）·洞眞部譜
　　　錄類
　　　重刊道藏輯要翼集

靈寶自然九天生神三寶大有金書一卷
　　　道藏（正統本、景正統本）·洞眞部譜
　　　錄類

靈寶洞玄自然九天生神章經（一名三
寶大有全書）一卷
　　　道藏精華錄第九集

元始上眞衆仙記一卷
　　（晉）葛洪撰
　　　道藏（正統本、景正統本）·洞眞部譜
　　　錄類

枕中書一卷
　　　寶顏堂祕笈（萬曆本、民國石印本）續
　　　集
　　　唐宋叢書·子餘
　　　說郛（宛委山堂本）弓七
　　　增訂漢魏叢書（乾隆本、紅杏山房本、
　　　　三餘堂本、大通書局石印本）·載籍
　　　龍威祕書一集
　　　廣漢魏叢書（嘉慶本）·子餘
　　　鮑紅葉叢書
　　　漢魏小說採珍

洞玄靈寶眞靈位業圖一卷
　　（梁）陶弘景撰　（唐）閭丘方遠校定
　　　道藏（正統本、景正統本）·洞眞部譜
　　　錄類
　　　重刊道藏輯要觜集

眞靈位業圖一卷
　　　廣百川學海戊集
　　　說郛（宛委山堂本）弓五十七
　　　五朝小說·魏晉小說雜傳家
　　　五朝小說大觀·魏晉小說雜傳家

靈寶眞靈位業圖一卷
　　　祕册彙函
　　　津逮祕書（汲古閣本、景汲古閣本）第
　　　　十集

元始高上玉檢大錄一卷
　　　道藏（正統本、景正統本）·洞眞部譜
　　　錄類

清河內傳一卷
　　　道藏（正統本、景正統本）·洞眞部譜
　　　錄類

梓潼帝君化書四卷
　　　道藏（正統本、景正統本）·洞眞部譜
　　　錄類

清微仙譜一卷
　　　道藏（正統本、景正統本）·洞眞部譜
　　　錄類

三茅眞君加封事典二卷
　　（宋）張大淳編
　　　道藏（正統本、景正統本）·洞眞部譜
　　　錄類

上清後聖道君列紀一卷
　　　道藏（正統本、景正統本）·洞玄部譜
　　　錄類

上清高上玉眞衆道綜監寶諱一卷
　　　道藏（正統本、景正統本）·洞玄部譜
　　　錄類

洞玄靈寶三師名諱形狀居觀方所文一卷
　　（唐）張萬福編錄
　　　道藏（正統本、景正統本）·洞玄部譜
　　　錄類

上清衆經諸眞聖祕八卷
　　　道藏（正統本、景正統本）·洞玄部譜
　　　錄類

眞武靈應眞君增上佑聖尊號册文一卷
　　　道藏（正統本、景正統本）·洞神部譜
　　　錄類

章獻明肅皇后受上清畢法籙記一卷
　　（宋）朱自英撰
　　　道藏（正統本、景正統本）·洞神部譜
　　　錄類

道門經法相承次序三卷
　　　道藏（正統本、景正統本）·太平部

太上三五正一盟威籙六卷
　　　道藏（正統本、景正統本）·正乙部

太上正一盟威法籙一卷
　　　道藏（正統本、景正統本）·正乙部

太上玄天眞武無上將軍籙一卷
　　　道藏（正統本、景正統本）·正乙部

道書援神契一卷
　　（元）□□撰
　　　道藏（正統本、景正統本）·正乙部

高上神霄宗師受經式一卷
　　　道藏（正統本、景正統本）·正乙部

洞眞三天祕諱一卷
　　　道藏（正統本、景正統本）・正乙部
上清高聖太上大道君洞眞金元八景玉籙
　　一卷
　　　道藏（正統本、景正統本）・正乙部
四斗二十八宿天帝大籙一卷
　　　道藏（正統本、景正統本）・正乙部
搜神記六卷
　　　續道藏（萬曆本、景萬曆本）
許眞君玉匣記一卷
　　　（晉）許遜撰
　　　續道藏（萬曆本、景萬曆本）
諸神聖誕日玉匣記等集目錄一卷
　　　續道藏（萬曆本、景萬曆本）・許眞君
　　　玉匣記附
呂祖志六卷
　　　續道藏（萬曆本、景萬曆本）
五百靈官爵位姓氏總錄一卷
　　　重刊道藏輯要斗集
呂帝聖蹟紀要一卷
　　　重刊道藏輯要壁集
文帝化書一卷
　　　重刊道藏輯要星集
仙傳宗源一卷
　　　（清）董德寧撰
　　　道貫眞源・元眞錄
碧落雜誌一卷
　　　（清）白嶽山人錄　（清）金粟庵主重輯
　　　申報館叢書正集・新奇說部類・異書
　　　四種
道譜源流圖一卷
　　　道藏精華錄第一集

戒律之屬

太上洞眞智慧上品大誡一卷
　　　道藏（正統本、景正統本）・洞眞部戒
　　　律類
　　　重刊道藏輯要張集
三洞衆戒文二卷
　　　（唐）張萬福輯
　　　道藏（正統本、景正統本）・洞眞部戒
　　　律類
　　　重刊道藏輯要張集
太微靈書紫文仙忌眞記上經一卷
　　　道藏（正統本、景正統本）・洞眞部戒
　　　律類
　　　重刊道藏輯要張集

虛皇天尊初眞十戒文一卷
　　　道藏（正統本、景正統本）・洞眞部戒
　　　律類
　　　重刊道藏輯要張集
太上九眞妙戒金籙度命拔罪妙經一卷
　　　道藏（正統本、景正統本）・洞眞部戒
　　　律類
　　　重刊道藏輯要張集
太上十二上品飛天法輪勸戒妙經一卷
　　　道藏（正統本、景正統本）・洞眞部戒
　　　律類
　　　重刊道藏輯要張集
太極眞人說二十四門戒經一卷
　　　道藏（正統本、景正統本）・洞眞部戒
　　　律類
　　　重刊道藏輯要張集
太眞玉帝四極明科經五卷
　　　道藏（正統本、景正統本）・洞眞部戒
　　　律類
赤松子中誡經一卷
　　　道藏（正統本、景正統本）・洞眞部戒
　　　律類
　　　格致叢書
太微仙君功過格一卷
　　　道藏（正統本、景正統本）・洞眞部戒
　　　律類
太清五十八願文一卷
　　　道藏（正統本、景正統本）・洞眞部戒
　　　律類
玄都律文一卷
　　　道藏（正統本、景正統本）・洞眞部戒
　　　律類
太上洞玄靈寶上品戒經一卷
　　　道藏（正統本、景正統本）・洞玄部戒
　　　律類
太上玄一眞人說三途五苦勸戒經一卷
　　　道藏（正統本、景正統本）・洞玄部戒
　　　律類
太上洞玄靈寶三元品戒功德輕重經一卷
　　　道藏（正統本、景正統本）・洞玄部戒
　　　律類
太上洞玄靈寶智慧罪根上品大戒經二卷
　　　道藏（正統本、景正統本）・洞玄部戒
　　　律類
上清衆眞敎戒德行經二卷
　　　道藏（正統本、景正統本）・洞玄部戒
　　　律類
洞玄靈寶天尊說十戒經一卷

道藏（正統本、景正統本）・洞玄部戒
律類

十戒經一卷
　　貞松堂藏西陲祕籍叢殘第二集
　　敦煌祕籍留眞新編一卷

太上洞玄靈寶宣戒首悔衆罪保護經 三卷
（原缺卷上）
　　道藏（正統本、景正統本）・洞玄部戒
律類

上清骨髓靈文鬼律三卷
　　(宋)鄧有功撰
　　道藏（正統本、景正統本）・洞玄部戒
律類

太上洞玄靈寶法身製論一卷
　　道藏（正統本、景正統本）・洞玄部戒
律類

要修科儀戒律鈔十六卷
　　(□)朱法滿撰
　　道藏（正統本、景正統本）・洞玄部戒
律類

要修科儀戒律鈔四卷
　　重刊道藏輯要張集

齋戒籙一卷
　　道藏（正統本、景正統本）・洞玄部戒
律類

太上老君戒經一卷
　　道藏（正統本、景正統本）・洞神部戒
律類
　　重刊道藏輯要張集

老君音誦誡經一卷
　　道藏（正統本、景正統本）・洞神部戒
律類

太上老君經律一卷
　　道藏（正統本、景正統本）・洞神部戒
律類

太上經戒一卷
　　道藏（正統本、景正統本）・洞神部戒
律類

三洞法服科戒文一卷
　　(唐)張萬福編錄
　　道藏（正統本、景正統本）・洞神部戒
律類

正一法文天師敎戒科經一卷
　　道藏（正統本、景正統本）・洞神部戒
律類

女青鬼律六卷
　　道藏（正統本、景正統本）・洞神部戒
律類

三論元旨一卷
　　道藏（正統本、景正統本）・太玄部

洞玄靈寶三洞奉道科戒營始六卷
　　道藏（正統本、景正統本）・太平部

陸先生道門科略一卷
　　(劉宋)陸脩靜撰
　　道藏（正統本、景正統本）・太平部

太平兩同書二卷
　　(唐)吳筠撰
　　道藏（正統本、景正統本）・太平部

洞玄靈寶左玄論四卷
　　道藏（正統本、景正統本）・太平部

上清太玄鑑誡論一卷
　　(金)侯善淵(太玄子)撰
　　道藏（正統本、景正統本）・太平部

太上感應篇三十卷
　　(宋)李昌齡傳　　(宋)鄭清之贊
　　道藏（正統本、景正統本）・太清部

太上感應篇集註一卷
　　重刊道藏輯要尾集

太上感應靈篇圖說一卷附錄一卷
　　(元)陳堅撰
　　武林往哲遺箸後編

太上感應篇注二卷
　　(清)惠棟撰
　　粤雅堂叢書二編第十二集

太上感應篇注一卷
　　牛畝園叢書

太上感應篇注一卷首一卷
　　重刊道藏輯要尾集

感應篇註釋四卷
　　(清)□□撰
　　槐軒全書附

感應篇韻語一卷
　　(清)劉鴻典撰
　　槐軒全書附

太上感應篇纘義二卷
　　(清)俞樾撰
　　春在堂全書

太上感應篇纘義一卷
　　道藏精華錄第十集

道門十規一卷
　　(明)張宇初撰
　　道藏（正統本、景正統本）・正乙部

全眞清規一卷
　　(□)陸道和撰
　　道藏（正統本、景正統本）・正乙部

重刊道藏輯要張集

傳授三洞經戒法籙略說二卷
　　　道藏（正統本、景正統本）・正乙部

上清洞眞智慧觀身大成文一卷
　　　道藏（正統本、景正統本）・正乙部

中極戒一卷
　　　重刊道藏輯要張集

太上九眞明科一卷
　　　道藏（正統本、景正統本）・正乙部

洞玄靈寶千眞科一卷
　　　道藏（正統本、景正統本）・正乙部

洞玄靈寶長夜之府九幽玉匱明眞科一卷
　　　道藏（正統本、景正統本）・正乙部

紫皇鍊度玄科一卷
　　　續道藏（萬曆本、景萬曆本）
　　　重刊道藏輯要張集

玉詮五卷
　　　重刊道藏輯要鬼集

陰騭文像註四卷
　　　三益集

陰騭文註一卷
　　（清）朱珪校
　　　重刊道藏輯要星集

陰騭文頌一卷
　　（清）曹學詩撰
　　　昭代叢書（道光本）別集

十戒功過格一卷
　　　重刊道藏輯要張集

警世功過格一卷
　　　重刊道藏輯要張集

三壇圓滿天仙大戒略說一卷
　　（口）柳守元撰
　　　重刊道藏輯要張集

初眞戒律一卷
　　（清）王常月撰
　　　重刊道藏輯要張集

天仙道戒忌須知一卷
　　（清懶雪氏撰）
　　　古書隱樓藏書
　　（清）閔一得撰
　　　道藏續編第一集

清規玄妙二卷
　　（清）閔一得撰
　　　古書隱樓藏書

說戒一卷
　　　道藏精華錄第一集

威儀之屬

太上靈寶朝天謝罪大懺十卷
　　　道藏（正統本、景正統本）・洞眞部威
　　　儀類

太上玉清謝罪登眞寶懺一卷
　　　道藏（正統本、景正統本）・洞眞部威
　　　儀類

太上上清禳災延壽寶懺一卷
　　　道藏（正統本、景正統本）・洞眞部威
　　　儀類

太上泰清拔罪昇天寶懺一卷
　　　道藏（正統本、景正統本）・洞眞部威
　　　儀類

玉皇宥罪錫福寶懺一卷
　　（口）辛漢臣撰
　　　道藏（正統本、景正統本）・洞眞部威
　　　儀類
　　　重刊道藏輯要箕集

高上玉皇滿願寶懺十卷
　　　道藏（正統本、景正統本）・洞眞部威
　　　儀類

九天應元雷聲普化天尊玉樞寶懺一卷
　　　道藏（正統本、景正統本）・洞眞部威
　　　儀類

雷霆玉樞宥罪法懺一卷
　　　道藏（正統本、景正統本）・洞眞部威
　　　儀類

玉皇十七慈光燈儀一卷
　　　道藏（正統本、景正統本）・洞眞部威
　　　儀類
　　　重刊道藏輯要箕集

上清十一大曜燈儀一卷
　　　道藏（正統本、景正統本）・洞眞部威
　　　儀類

南斗延壽燈儀一卷
　　　道藏（正統本、景正統本）・洞眞部威
　　　儀類

北斗七元星燈儀一卷
　　　道藏（正統本、景正統本）・洞眞部威
　　　儀類

北斗本命延壽燈儀一卷
　　　道藏（正統本、景正統本）・洞眞部威
　　　儀類

三官燈儀一卷
　　　道藏（正統本、景正統本）・洞眞部威
　　　儀類

玄帝燈儀一卷
　　　道藏（正統本、景正統本）・洞眞部威
　　　儀類
九天三茅司命仙燈儀一卷
　　　道藏（正統本、景正統本）・洞眞部威
　　　儀類
萬靈燈儀一卷
　　　道藏（正統本、景正統本）・洞眞部威
　　　儀類
五顯靈觀大帝燈儀一卷
　　　道藏（正統本、景正統本）・洞眞部威
　　　儀類
土司燈儀一卷
　　　道藏（正統本、景正統本）・洞眞部威
　　　儀類
東廚司命燈儀一卷
　　　道藏（正統本、景正統本）・洞眞部威
　　　儀類
正一盈司辟毒神燈儀一卷
　　　道藏（正統本、景正統本）・洞眞部威
　　　儀類
離明瑞象燈儀一卷
　　　道藏（正統本、景正統本）・洞眞部威
　　　儀類
黃籙九陽梵炁燈儀一卷
　　　道藏（正統本、景正統本）・洞眞部威
　　　儀類
黃籙九厄燈儀一卷
　　　道藏（正統本、景正統本）・洞眞部威
　　　儀類
黃籙破獄燈儀一卷
　　　道藏（正統本、景正統本）・洞眞部威
　　　儀類
黃籙五苦輪燈儀一卷
　　　道藏（正統本、景正統本）・洞眞部威
　　　儀類
地府十王拔度儀一卷
　　　道藏（正統本、景正統本）・洞眞部威
　　　儀類
上清天寶齋初夜儀一卷
　　　道藏（正統本、景正統本）・洞眞部威
　　　儀類
太乙火府奏告祈禳儀一卷
　　　道藏（正統本、景正統本）・洞眞部威
　　　儀類
清微玄樞奏告儀一卷
　　　道藏（正統本、景正統本）・洞眞部威
　　　儀類

靈寶領敎濟度金書三百二十卷嗣敎錄一
　卷
　　（宋）甯全眞授　（元）林靈眞編　嗣敎籙
　　（元）林天任撰
　　　道藏（正統本、景正統本）・洞玄部威
　　　儀類
大明玄敎立成齋醮儀範一卷
　　（明）宋宗眞等編
　　　道藏（正統本、景正統本）・洞玄部威
　　　儀類
洪恩靈濟眞君自然行道儀一卷
　　　道藏（正統本、景正統本）・洞玄部威
　　　儀類
洪恩靈濟眞君集福宿啓儀一卷
　　　道藏（正統本、景正統本）・洞玄部威
　　　儀類
洪恩靈濟眞君集福早朝儀一卷
　　　道藏（正統本、景正統本）・洞玄部威
　　　儀類
洪恩靈濟眞君集福午朝儀一卷
　　　道藏（正統本、景正統本）・洞玄部威
　　　儀類
洪恩靈濟眞君集福晚朝儀一卷
　　　道藏（正統本、景正統本）・洞玄部威
　　　儀類
洪恩靈濟眞君祈謝設醮科一卷
　　　道藏（正統本、景正統本）・洞玄部威
　　　儀類
洪恩靈濟眞君禮願文一卷
　　　道藏（正統本、景正統本）・洞玄部威
　　　儀類
洪恩靈濟眞君七政星燈儀一卷
　　　道藏（正統本、景正統本）・洞玄部威
　　　儀類
羅天大醮早朝科一卷
　　　道藏（正統本、景正統本）・洞玄部威
　　　儀類
羅天大醮午朝科一卷
　　　道藏（正統本、景正統本）・洞玄部威
　　　儀類
羅天大醮晚朝科一卷
　　　道藏（正統本、景正統本）・洞玄部威
　　　儀類
羅天大醮設醮儀一卷
　　　道藏（正統本、景正統本）・洞玄部威
　　　儀類
玄門報孝追薦儀一卷
　　　道藏（正統本、景正統本）・洞玄部威

儀類

諸師聖誕冲舉酌獻儀一卷
　　道藏（正統本、景正統本）・洞玄部威
儀類

金籙齋啓壇儀一卷
　　（前蜀）杜光庭集
　　道藏（正統本、景正統本）・洞玄部威
儀類

金籙大齋宿啓儀一卷
　　道藏（正統本、景正統本）・洞玄部威
儀類

金籙大齋啓盟儀一卷
　　道藏（正統本、景正統本）・洞玄部威
儀類

金籙大齋補職說戒儀一卷
　　道藏（正統本、景正統本）・洞玄部威
儀類

金籙早朝儀一卷
　　道藏（正統本、景正統本）・洞玄部威
儀類

金籙午朝儀一卷
　　道藏（正統本、景正統本）・洞玄部威
儀類

金籙晚朝儀一卷
　　道藏（正統本、景正統本）・洞玄部威
儀類

金籙齋懺方儀一卷
　　（前蜀）杜光庭集
　　道藏（正統本、景正統本）・洞玄部威
儀類

金籙解壇儀一卷
　　道藏（正統本、景正統本）・洞玄部威
儀類

金籙設醮儀一卷
　　道藏（正統本、景正統本）・洞玄部威
儀類

金籙放生儀一卷
　　道藏（正統本、景正統本）・洞玄部威
儀類

金籙祈壽早朝儀一卷
　　道藏（正統本、景正統本）・洞玄部威
儀類

金籙祈壽午朝儀一卷
　　道藏（正統本、景正統本）・洞玄部威
儀類

金籙祈壽晚朝儀一卷
　　道藏（正統本、景正統本）・洞玄部威
儀類

金籙上壽三獻儀一卷
　　道藏（正統本、景正統本）・洞玄部威
儀類

金籙延壽設醮儀一卷
　　道藏（正統本、景正統本）・洞玄部威
儀類

玄靈轉經早朝行道儀一卷
　　道藏（正統本、景正統本）・洞玄部威
儀類

玄靈轉經午朝行道儀一卷
　　道藏（正統本、景正統本）・洞玄部威
儀類

玄靈轉經晚朝行道儀一卷
　　道藏（正統本、景正統本）・洞玄部威
儀類

金籙十迴度人早朝開收儀一卷
　　道藏（正統本、景正統本）・洞玄部威
儀類

金籙十迴度人午朝開收儀一卷
　　道藏（正統本、景正統本）・洞玄部威
儀類

金籙十迴度人晚朝開收儀一卷
　　道藏（正統本、景正統本）・洞玄部威
儀類

金籙十迴度人早朝轉經儀一卷
　　道藏（正統本、景正統本）・洞玄部威
儀類

金籙十迴度人午朝轉經儀一卷
　　道藏（正統本、景正統本）・洞玄部威
儀類

金籙十迴度人晚朝轉經儀一卷
　　道藏（正統本、景正統本）・洞玄部威
儀類

金籙齋投簡儀一卷
　　（宋）張商英刪
　　道藏（正統本、景正統本）・洞玄部威
儀類

玉籙資度宿啓儀一卷
　　道藏（正統本、景正統本）・洞玄部威
儀類

玉籙資度解壇儀一卷
　　道藏（正統本、景正統本）・洞玄部威
儀類

玉籙資度設醮儀一卷
　　道藏（正統本、景正統本）・洞玄部威
儀類

玉籙資度早朝儀一卷
　　道藏（正統本、景正統本）・洞玄部威

儀類

玉籙資度午朝儀一卷
　　　道藏（正統本、景正統本）・洞玄部威
　　儀類
玉籙資度晚朝儀一卷
　　　道藏（正統本、景正統本）・洞玄部威
　　儀類
玉籙生神資度轉經儀一卷
　　　道藏（正統本、景正統本）・洞玄部威
　　儀類
玉籙生神資度開收儀一卷
　　　道藏（正統本、景正統本）・洞玄部威
　　儀類
玉籙大齋第一日早朝儀一卷
　　　道藏（正統本、景正統本）・洞玄部威
　　儀類
玉籙大齋第一日午朝儀一卷
　　　道藏（正統本、景正統本）・洞玄部威
　　儀類
玉籙大齋第一日晚朝儀一卷
　　　道藏（正統本、景正統本）・洞玄部威
　　儀類
玉籙大齋第二日早朝儀一卷
　　　道藏（正統本、景正統本）・洞玄部威
　　儀類
玉籙大齋第二日午朝儀一卷
　　　道藏（正統本、景正統本）・洞玄部威
　　儀類
玉籙大齋第二日晚朝儀一卷
　　　道藏（正統本、景正統本）・洞玄部威
　　儀類
玉籙大齋第三日早朝儀一卷
　　　道藏（正統本、景正統本）・洞玄部威
　　儀類
玉籙大齋第三日午朝儀一卷
　　　道藏（正統本、景正統本）・洞玄部威
　　儀類
玉籙濟幽判斛儀一卷
　　　道藏（正統本、景正統本）・洞玄部威
　　儀類
太上黃籙齋儀五十八卷
　　（前蜀）杜光庭集
　　　道藏（正統本、景正統本）・洞玄部威
　　儀類
无上黃籙大齋立成儀五十六卷附修書本
末一卷
　　（宋）蔣叔輿編集
　　　道藏（正統本、景正統本）・洞玄部威

儀類

无上黃籙大齋立成儀一卷
　　重刊道藏輯要張集
黃籙救苦十齋轉經儀一卷
　　　道藏（正統本、景正統本）・洞玄部威
　　儀類
　　道書
黃籙十念儀一卷
　　　道藏（正統本、景正統本）・洞玄部威
　　儀類
黃籙十念儀
　　道書
黃籙五老悼亡儀一卷
　　　道藏（正統本、景正統本）・洞玄部威
　　儀類
黃籙五老悼亡儀
　　道書
黃籙齋十天尊儀一卷
　　　道藏（正統本、景正統本）・洞玄部威
　　儀類
黃籙齋十天尊儀
　　道書
黃籙齋十洲三島拔度儀一卷
　　　道藏（正統本、景正統本）・洞玄部威
　　儀類
黃籙齋十洲三島拔度儀
　　道書
黃籙九幽醮無礙夜齋次第儀一卷
　　　道藏（正統本、景正統本）・洞玄部威
　　儀類
　　道書
洞玄靈寶河圖仰謝三十六天齋儀四卷
　　　道藏（正統本、景正統本）・洞玄部威
　　儀類
　　道書
洞玄靈寶河圖仰謝三十六土皇齋儀四卷
　　　道藏（正統本、景正統本）・洞玄部威
　　儀類
　　道書
靈寶半景齋儀一卷
　　　道藏（正統本、景正統本）・洞玄部威
　　儀類
　　道書
神功妙濟眞君禮文一卷
　　　道藏（正統本、景正統本）・洞玄部威
　　儀類
　　道書
　　重刊道藏輯要張集

太上靈寶玉匱明眞齋懺方儀一卷
　（前蜀）杜光庭集
　　　道藏（正統本、景正統本）・洞玄部威
　　　儀類
　太上靈寶玉匱明眞齋懺方儀
　　　道書
太上靈寶玉匱明眞大齋懺方儀一卷
　（前蜀）杜光庭集
　　　道藏（正統本、景正統本）・洞玄部威
　　　儀類
　太上靈寶玉匱明眞大齋懺方儀
　　　道書
太上靈寶玉匱明眞大齋言功儀一卷
　（前蜀）杜光庭集
　　　道藏（正統本、景正統本）・洞玄部威
　　　儀類
　　　道書
洞玄度靈寶自然券儀一卷
　　　道藏（正統本、景正統本）・洞玄部威
　　　儀類
　洞玄度靈寶自然券儀
　　　道書
洞玄靈寶齋說光燭戒罰燈祝願儀一卷
　（劉宋）陸修靜撰
　　　道藏（正統本、景正統本）・洞玄部威
　　　儀類
　　　道書
洞玄靈寶自然齋儀一卷
　　　道藏（正統本、景正統本）・洞玄部威
　　　儀類
　洞玄靈寶自然齋儀
　　　道書
太上洞淵三昧神呪齋懺謝儀一卷
　（前蜀）杜光庭删定
　　　道藏（正統本、景正統本）・洞玄部威
　　　儀類
　　　道書
太上洞淵三昧神呪齋清旦行道儀一卷
　（前蜀）杜光庭删定
　　　道藏（正統本、景正統本）・洞玄部威
　　　儀類
　太上洞淵三昧神呪齋清旦行道儀
　　　道書
太上洞淵三昧神呪齋十方懺儀一卷
　（前蜀）杜光庭删定
　　　道藏（正統本、景正統本）・洞玄部威
　　　儀類
　太上洞淵三昧神呪齋十方懺儀

　　　道書
太上洞玄靈寶授度儀一卷
　（前蜀）杜光庭删定
　　　道藏（正統本、景正統本）・洞玄部威
　　　儀類
　　　道書
靈寶五經提綱一卷
　　　道藏（正統本、景正統本）・洞玄部威
　　　儀類
　靈寶五經提綱
　　　道書
洞玄靈寶玉籙簡文三元威儀自然眞經一
卷
　　　道藏（正統本、景正統本）・洞玄部威
　　　儀類
　洞玄靈寶玉籙簡文三元威儀自然眞經
　　　道書
洞玄靈寶鐘磬威儀經一卷
　　　道藏（正統本、景正統本）・洞玄部威
　　　儀類
　洞玄靈寶鐘磬威儀經
　　　道書
太極眞人敷靈寶齋戒威儀諸經要訣一卷
　　　道藏（正統本、景正統本）・洞玄部威
　　　儀類
　　　道書
太上靈寶上元天官消愆滅罪懺一卷
　　　道藏（正統本、景正統本）・洞玄部威
　　　儀類
　　　道書
太上靈寶中元地官消愆滅罪懺一卷
　　　道藏（正統本、景正統本）・洞玄部威
　　　儀類
太上靈寶下元水官消愆滅罪懺一卷
　　　道藏（正統本、景正統本）・洞玄部威
　　　儀類
太上玄司滅罪紫府消災法懺一卷
　　　道藏（正統本、景正統本）・洞玄部威
　　　儀類
　　　道書
太上消滅地獄昇陟天堂懺一卷
　　　道藏（正統本、景正統本）・洞玄部威
　　　儀類
　　　道書
太上救苦天尊說拔度血湖寶懺一卷
　　　道藏（正統本、景正統本）・洞玄部威
　　　儀類
青玄救苦寶懺一卷

　　　　道藏（正統本、景正統本）．洞玄部威
　　儀類
慈尊昇度寶懺一卷
　　　　道藏（正統本、景正統本）．洞玄部威
　　儀類
東嶽大生寶懺一卷
　　　　道藏（正統本、景正統本）．洞玄部威
　　儀類
太上靈寶十方應號天尊懺十卷（原缺卷
　　一、卷三至九）
　　　　道藏（正統本、景正統本）．洞玄部威
　　儀類
太上慈悲道場消災九幽懺十卷
　　（漢）葛玄纂輯
　　　　道藏（正統本、景正統本）．洞玄部威
　　儀類
太上慈悲九幽拔罪懺十卷
　　　　道藏（正統本、景正統本）．洞玄部威
　　儀類
　　　　道書
太上慈悲道場滅罪水懺三卷
　　　　道藏（正統本、景正統本）．洞玄部威
　　儀類
　　　　道書
正一威儀經一卷
　　　　道藏（正統本、景正統本）．洞神部威
　　儀類
玄門十事威儀一卷
　　　　道藏（正統本、景正統本）．洞神部威
　　儀類
太清道德顯化儀一卷
　　　　道藏（正統本、景正統本）．洞神部威
　　儀類
正一解厄醮儀一卷
　　　　道藏（正統本、景正統本）．洞神部威
　　儀類
正一出官章儀一卷
　　　　道藏（正統本、景正統本）．洞神部威
　　儀類
太上三五正一盟威閱籙醮儀一卷
　　（前蜀）杜光庭刪定
　　　　道藏（正統本、景正統本）．洞神部威
　　儀類
太上正一閱籙儀一卷
　　（前蜀）杜光庭集
　　　　道藏（正統本、景正統本）．洞神部威
　　儀類
正一指教齋儀一卷

　　　　道藏（正統本、景正統本）．洞神部威
　　儀類
正一指教齋清旦行道儀一卷
　　　　道藏（正統本、景正統本）．洞神部威
　　儀類
正一敕壇儀一卷
　　　　道藏（正統本、景正統本）．洞神部威
　　儀類
正一醮宅儀一卷
　　　　道藏（正統本、景正統本）．洞神部威
　　儀類
正一醮墓儀一卷
　　　　道藏（正統本、景正統本）．洞神部威
　　儀類
太上洞神三皇儀一卷
　　　　道藏（正統本、景正統本）．洞神部威
　　儀類
洞神三皇七十二君齋方懺儀一卷
　　（前蜀）杜光庭刪定
　　　　道藏（正統本、景正統本）．洞神部威
　　儀類
太上洞神太元河圖三元仰謝儀一卷
　　（前蜀）杜光庭修
　　　　道藏（正統本、景正統本）．洞神部威
　　儀類
太上金書玉諜寶章儀一卷
　　　　道藏（正統本、景正統本）．洞神部威
　　儀類
天心正法脩真道場設醮儀一卷
　　　　道藏（正統本、景正統本）．洞神部威
　　儀類
太上三洞傳授道德經紫虛籙拜表儀一卷
　　（前蜀）杜光庭集
　　　　道藏（正統本、景正統本）．洞神部威
　　儀類
太上三五傍救醮五帝斷殟儀一卷
　　　　道藏（正統本、景正統本）．洞神部威
　　儀類
太上消災祈福醮儀一卷
　　　　道藏（正統本、景正統本）．洞神部威
　　儀類
太上金櫃玉鏡延生洞玄燭幽懺一卷
　　　　道藏（正統本、景正統本）．洞神部威
　　儀類
太上瑤臺益算寶籍延年懺一卷
　　　　道藏（正統本、景正統本）．洞神部威
　　儀類
太上正一朝天三八謝罪法懺一卷

道藏（正統本、景正統本）・洞神部威
　　　儀類

眞武靈應護世消災減罪寶懺一卷
　　　道藏（正統本、景正統本）・洞神部威
　　　儀類

北極眞武普慈度世法懺十卷
　　　道藏（正統本、景正統本）・洞神部威
　　　儀類

北極眞武佑聖眞君禮文一卷
　　　道藏（正統本、景正統本）・洞神部威
　　　儀類

金鎖流珠引二十九卷
　　（唐）李淳風注
　　　道藏（正統本、景正統本）・太玄部

上陽子金丹大要仙派一卷
　　（元）陳致虛撰
　　　道藏（正統本、景正統本）・太玄部

洞玄靈寶道學科儀二卷
　　　道藏（正統本、景正統本）・太平部

正一法文十籙召儀一卷附正一法文傳都
　　功版儀一卷
　　　道藏（正統本、景正統本）・正乙部

醮三洞眞文五法正一盟威籙立成儀一卷
　　（唐）張萬福撰
　　　道藏（正統本、景正統本）・正乙部

高上大洞文昌司祿紫陽寶籙三卷
　　　道藏（正統本、景正統本）・正乙部

正一法文經章官品四卷
　　　道藏（正統本、景正統本）・正乙部

道門科範大全集八十七卷
　　（前蜀）杜光庭刪定
　　　道藏（正統本、景正統本）・正乙部

道門通敎必用集九卷
　　（宋）呂太古集
　　　道藏（正統本、景正統本）・正乙部

道門通敎必用集八卷（存卷一至四）
　　　道書

正一論一卷
　　　道藏（正統本、景正統本）・正乙部

太上出家傳度儀一卷
　　（宋）賈善翔編集
　　　道藏（正統本、景正統本）・正乙部

三洞修道儀一卷
　　　道藏（正統本、景正統本）・正乙部
　　　重刊道藏輯要張集

傳授經戒儀注訣一卷
　　　道藏（正統本、景正統本）・正乙部

正一修眞略儀一卷
　　　道藏（正統本、景正統本）・正乙部

洞玄靈寶道士受三洞經誡法籙擇日曆一
　　卷
　　（唐）張萬福撰
　　　道藏（正統本、景正統本）・正乙部

正一法文法籙部儀一卷
　　　道藏（正統本、景正統本）・正乙部

正一法文太上外籙儀一卷
　　　道藏（正統本、景正統本）・正乙部

受籙次第法信儀一卷
　　（梁）張辯撰
　　　道藏（正統本、景正統本）・正乙部

玄壇刊誤論一卷
　　（□）張若海撰
　　　道藏（正統本、景正統本）・正乙部

太上洞神行道授度儀一卷
　　　道藏（正統本、景正統本）・正乙部

太上洞神三皇傳授儀一卷
　　　道藏（正統本、景正統本）・正乙部

正一法文經護國醮海品一卷
　　　道藏（正統本、景正統本）・正乙部

元辰章醮立成曆二卷
　　　道藏（正統本、景正統本）・正乙部

靈寶鍊度五仙安靈鎮神黃繒章法一卷
　　　道藏（正統本、景正統本）・正乙部

上淸太微帝君結帶眞文法（一名交帶文）
　　一卷
　　　道藏（正統本、景正統本）・正乙部

上淸黃書過度儀一卷
　　　道藏（正統本、景正統本）・正乙部

太上洞玄靈寶二部傳授儀一卷
　　　道藏（正統本、景正統本）・正乙部

洞玄靈寶八節齋宿啓儀一卷
　　　道藏（正統本、景正統本）・正乙部

四聖眞君靈籤一卷
　　　道藏（正統本、景正統本）・正乙部

玄眞靈應寶籤三卷
　　　道藏（正統本、景正統本）・正乙部

大慈好生九天衞房聖母元君靈應寶籤一
　　卷
　　　道藏（正統本、景正統本）・正乙部

洪恩靈濟眞君靈籤一卷
　　　道藏（正統本、景正統本）・正乙部

靈濟眞君注生堂靈籤一卷
　　　道藏（正統本、景正統本）・正乙部

扶天廣聖如意靈籤一卷

道藏（正統本、景正統本）·正乙部

護國嘉濟江東王靈籤一卷
　　道藏（正統本、景正統本）·正乙部

上清金真玉皇上元九天真靈三百六十五
　部元錄一卷
　　道藏（正統本、景正統本）·正乙部

北帝伏魔經法建壇儀一卷
　（□）盧中荃編
　　道藏（正統本、景正統本）·正乙部

伏魔經壇謝恩醮儀一卷
　　道藏（正統本、景正統本）·正乙部

中天紫微星真寶懺一卷
　　續道藏（萬曆本、景萬曆本）
　　重刊道藏輯要斗集

先天斗母奏告玄科一卷
　　續道藏（萬曆本、景萬曆本）

朝真發願懺悔文一卷
　　續道藏（正統本、景正統本）

靈寶施食法一卷
　　續道藏（萬曆本、景萬曆本）

法師選擇記一卷
　　續道藏（萬曆本、景萬曆本）·許真君
　　玉匣記附

玄天上帝百字聖號一卷
　　續道藏（萬曆本、景萬曆本）

懺法大觀六卷
　（清）張持真輯
　　重刊道藏輯要柳集

三寶萬靈法懺十二卷
　（清）王守上閱
　　重刊道藏輯要柳集

太上靈寶朝天謝罪法懺十卷
　　重刊道藏輯要柳集

道門功課一卷
　（□）柳守元撰
　　重刊道藏輯要張集

太上玄門早壇功課經一卷晚壇功課 經一
　卷
　　重刊道藏輯要張集

說齋一卷
　　道藏精華錄第一集

方法之屬

靈寶无量度人上經大法七十二卷
　　道藏（正統本、景正統本）·洞真部方
　　法類

无上玄元三天玉堂大法三十卷
　　道藏（正統本、景正統本）·洞真部方
　　法類

无上三天玉堂正宗高奔內景玉書二卷
　　道藏（正統本、景正統本）·洞真部方
　　法類

清微神烈祕法二卷
　　道藏（正統本、景正統本）·洞真部方
　　法類

清微元降大法二十五卷
　　道藏（正統本、景正統本）·洞真部方
　　法類

清微齋法二卷
　　道藏（正統本、景正統本）·洞真部方
　　法類

太上九要心印妙經一卷
　　道藏（正統本、景正統本）·洞真部方
　　法類

紫元君授道傳心法一卷
　（漢）陰長生注
　　道藏（正統本、景正統本）·洞真部方
　　法類

真龍虎九仙經一卷
　　道藏（正統本、景正統本）·洞真部方
　　法類

龍虎中丹訣一卷
　　道藏（正統本、景正統本）·洞真部方
　　法類

九還七返龍虎金丹析理真訣一卷
　（□）程昭述
　　道藏（正統本、景正統本）·洞真部方
　　法類

諸真論還丹訣一卷
　　道藏（正統本、景正統本）·洞真部方
　　法類

真一金丹訣一卷
　（宋）王常集
　　道藏（正統本、景正統本）·洞真部方
　　法類

還丹祕訣養赤子神方一卷
　（宋）許明道述
　　道藏（正統本、景正統本）·洞真部方
　　法類

還丹眾仙論一卷
　（宋）楊在集
　　道藏（正統本、景正統本）·洞真部方
　　法類

修丹妙用至理論一卷

法類

陶眞人內丹賦一卷
　　　道藏（正統本、景正統本）·洞眞部方
　　法類
擒玄賦一卷
　　　道藏（正統本、景正統本）·洞眞部方
　　法類
金丹賦一卷
　　（□）馬湆昭注
　　　道藏（正統本、景正統本）·洞眞部方
　　法類
谷神賦一卷
　　（□）大信注
　　　道藏（正統本、景正統本）·洞眞部方
　　法類
雜著指玄篇八卷
　　　道藏（正統本、景正統本）·洞眞部方
　　法類·修眞十書
金丹大成集五卷
　　（元）蕭廷芝撰
　　　道藏（正統本、景正統本）·洞眞部
　　法類·修眞十書
　金丹大成集二卷
　　　道貫眞源·修眞六書
　金丹大成一卷
　　重刊道藏輯要昴集
　金丹大成集一卷
　　道藏精華錄第八集
鍾呂傳道集三卷
　　《唐》施肩吾傳
　　　道藏（正統本、景正統本）·洞眞部方
　　法類·修眞十書
　鍾呂二仙修眞傳道集三卷
　　道書全集
　鍾呂傳道集一卷
　　重刊道藏輯要危集
　　道藏精華錄第六集
雜著捷徑九卷
　　　道藏（正統本、景正統本）·洞眞部
　　法類·修眞十書
悟眞篇五卷
　　（宋）張伯端撰
　　　道藏（正統本、景正統本）·洞眞部方
　　法類·修眞十書
紫陽眞人悟眞篇拾遺一卷
　　　道藏（正統本、景正統本）·洞眞部玉
　　訣類
　悟眞篇拾遺一卷

重刊道藏輯要奎集

悟眞外篇二卷
　　（宋）張伯端撰　　（清）董德寧輯
　　　道貫眞源·修眞六書
　悟眞外篇一卷
　　道藏精華錄第七集
悟眞篇注釋三卷
　　（宋）翁葆光撰
　　　道藏（正統本、景正統本）·洞眞部玉
　　訣類
紫陽眞人悟眞篇註疏八卷
　　（宋）翁葆光注　（宋）陳達靈傳　（元）戴起
　　宗疏
　　　道藏（正統本、景正統本）·洞眞部玉
　　訣類
　　道藏舉要第六類
　悟眞篇註疏三卷
　　道書全集·金丹正理大全
　　四庫全書·子部道家類
紫陽眞人悟眞直指詳說三乘祕要一卷
　　（宋）翁葆光撰
　　　道藏（正統本、景正統本）·洞眞部玉
　　訣類
　　道藏舉要第六類
　悟眞註疏直指詳說三乘祕要一卷
　　道書全集·金丹正理大全
　　四庫全書·子部道家類·悟眞篇註疏
　　附
　悟眞篇直指詳說一卷
　　重刊道藏輯要奎集
紫陽眞人悟眞篇三註五卷
　　（宋）薛道光（□）陸墅（元）陳致虛注
　　　道藏（正統本、景正統本）·洞眞部玉
　　訣類
　悟眞篇三卷
　　重刊道藏輯要奎集
紫陽眞人悟眞篇講義七卷
　　（宋）夏元鼎撰
　　　道藏（正統本、景正統本）·洞眞部玉
　　訣類
悟眞篇闡幽三卷
　　（清）朱元育撰
　　重刊道藏輯要奎集
悟眞篇約註三卷
　　（清）陶素耜撰
　　道言五種
悟眞篇正義一卷
　　（清）董德寧撰

道貫眞源

悟眞篇正義三卷
　　道藏精華錄第七集

悟眞篇三卷
　　（清）紀大奎輯訂
　　紀愼齋先生全集續集

悟眞直指四卷
　　（清）劉一明撰
　　道書十二種（嘉慶本、民國石印本）

眞氣還元銘一卷
　　（□）強名子注解
　　道藏（正統本、景正統本）・洞眞部方
　　法類

還丹歌訣二卷
　　（□）元陽子輯
　　道藏（正統本、景正統本）・洞眞部方
　　法類

金液還丹百問訣一卷
　　（□）李光玄集
　　道藏（正統本、景正統本）・洞眞部方
　　法類

上乘修眞三要二卷
　　（金）高道寬（圓明老人）述
　　道藏（正統本、景正統本）・洞眞部方
　　法類

乾元子三始論一卷
　　道藏（正統本、景正統本）・洞眞部方
　　法類

至眞子龍虎大丹詩一卷
　　（宋）周方撰
　　道藏（正統本、景正統本）・洞眞部方
　　法類

靈寶玉鑑四十三卷
　　道藏（正統本、景正統本）・洞玄部方
　　法類

太極祭鍊內法一卷內法議略二卷
　　（宋）鄭思肖編集
　　道藏（正統本、景正統本）・洞玄部方
　　法類

上清天樞院回車畢道正法三卷
　　道藏（正統本、景正統本）・洞玄部方
　　法類

許眞君受鍊形神上清畢道法要節文一卷
　　道藏（正統本、景正統本）・洞玄部方
　　法類

天樞院都司須知令一卷
　　道藏（正統本、景正統本）・洞玄部方
　　法類

天樞院都司須知格一卷
　　道藏（正統本、景正統本）・洞玄部方
　　法類

靈寶淨明天樞都司法院須知法文一卷
　　道藏（正統本、景正統本）・洞玄部方
　　法類

靈寶淨明院教師周眞公起請畫一一卷
　　道藏（正統本、景正統本）・洞玄部方
　　法類

高上月宮太陰元君孝道仙王靈寶淨明黃
素書十卷序例一卷
　　（□）傳飛卿解
　　道藏（正統本、景正統本）・洞玄部方
　　法類

靈寶淨明黃素書釋義祕訣一卷
　　（□）方文撰
　　道藏（正統本、景正統本）・洞玄部方
　　法類

太上靈寶淨明入道品一卷
　　道藏（正統本、景正統本）・洞玄部方
　　法類

靈寶淨明院眞師密誥一卷
　　道藏（正統本、景正統本）・洞玄部方
　　法類

太上靈寶淨明法印式一卷
　　道藏（正統本、景正統本）・洞玄部方
　　法類

靈寶淨明大法萬道玉章祕訣一卷
　　道藏（正統本、景正統本）・洞玄部方
　　法類

太上靈寶淨明祕法篇二卷
　　道藏（正統本、景正統本）・洞玄部方
　　法類

靈寶淨明新修九老神印伏魔祕法一卷
　　道藏（正統本、景正統本）・洞玄部方
　　法類

太上靈寶淨明飛仙度人經法五卷釋例一
卷
　　（晉）許遜釋
　　道藏（正統本、景正統本）・洞玄部方
　　法類

太上淨明院補奏職局太玄都省須知一卷
　　（晉）許遜釋
　　道藏（正統本、景正統本）・洞玄部方
　　法類

上清天心正法七卷
　　（宋）鄧有功刪定
　　道藏（正統本、景正統本）・洞玄部方

法類

上清北極天心正法一卷
　　道藏（正統本、景正統本）·洞玄部方
　　法類

靈寶歸空訣一卷
　　(明)趙宜眞編述
　　　道藏（正統本、景正統本）·洞玄部方
　　　法類

上清大洞九宮朝修祕訣上道一卷
　　(口)周德大嗣傳
　　　道藏（正統本、景正統本）·洞玄部方
　　　法類

太清中黃眞經二卷
　　道藏（正統本、景正統本）·洞神部方
　　法類

太清中黃眞經一卷
　　重刊道藏輯要尾集
　　道藏精華錄第八集

太清導引養生經一卷
　　道藏（正統本、景正統本）·洞神部方
　　法類

太上養生胎息氣經一卷
　　道藏（正統本、景正統本）·洞神部方
　　法類

莊周氣訣解一卷
　　道藏（正統本、景正統本）·洞神部方
　　法類

諸眞聖胎神用訣一卷
　　道藏（正統本、景正統本）·洞神部方
　　法類

胎息抱一歌一卷
　　道藏（正統本、景正統本）·洞神部方
　　法類

胎息精微論一卷
　　道藏（正統本、景正統本）·洞神部方
　　法類

神氣養形論一卷
　　道藏（正統本、景正統本）·洞神部方
　　法類

存神鍊氣銘一卷
　　(唐)孫思邈述
　　　道藏（正統本、景正統本）·洞神部方
　　　法類

保生銘一卷
　　(唐)孫思邈述
　　　道藏（正統本、景正統本）·洞神部方
　　　法類

養生詠玄集一卷

道藏（正統本、景正統本）·洞神部方
法類

上清經眞丹祕訣一卷
　　道藏（正統本、景正統本）·洞神部方
　　法類

太清經斷穀法一卷
　　道藏（正統本、景正統本）·洞神部方
　　法類

太上肘後玉經方一卷
　　(唐)盧遵元編
　　　道藏（正統本、景正統本）·洞神部方
　　　法類

太上三皇寶齋神仙上錄經一卷
　　道藏（正統本、景正統本）·洞神部方
　　法類

太清金闕玉華仙書八極神章三皇內祕文
三卷
　　道藏（正統本、景正統本）·洞神部方
　　法類

三皇內文遺祕一卷
　　道藏（正統本、景正統本）·洞神部方
　　法類

祕藏通玄變化六陰洞微遁甲眞經三卷
　　道藏（正統本、景正統本）·洞神部方
　　法類

太上洞神玄妙白猿眞經一卷
　　道藏（正統本、景正統本）·洞神部方
　　法類

太上通玄靈印經一卷
　　道藏（正統本、景正統本）·洞神部方
　　法類

上清鎮元榮靈經一卷
　　道藏（正統本、景正統本）·洞神部方
　　法類

太上六壬明鑑符陰經四卷
　　道藏（正統本、景正統本）·洞神部方
　　法類

神仙鍊丹點鑄三元寶照法一卷
　　(唐)歸耕子撰
　　　道藏（正統本、景正統本）·洞神部方
　　　法類

元陽子五假論一卷
　　道藏（正統本、景正統本）·洞神部方
　　法類

太清元極至妙神珠玉顆經一卷
　　道藏（正統本、景正統本）·洞神部方
　　法類

天老神光經一卷

（唐）李靖修
　　道藏（正統本、景正統本）・洞神部方
　　法類

鬼谷子天髓靈文二卷
　　道藏（正統本、景正統本）・洞神部方
　　法類

先天玄妙玉女太上聖母資傳仙道一卷
　　道藏（正統本、景正統本）・洞神部方
　　法類

思印氣訣法一卷
　　道藏（正統本、景正統本）・洞神部方
　　法類

北斗治法武威經一卷
　　道藏（正統本、景正統本）・洞神部方
　　法類

太上除三尸九蟲保生經一卷
　　道藏（正統本、景正統本）・洞神部方
　　法類

太上老君玄妙枕中內德神呪經一卷
　　道藏（正統本、景正統本）・洞神部方
　　法類

黃庭遁甲緣身經一卷
　　道藏（正統本、景正統本）・洞神部方
　　法類
　　道藏精華錄第九集

紫庭內祕訣修行法一卷
　　道藏（正統本、景正統本）・洞神部方
　　法類

太上老君大存思圖注訣一卷
　　道藏（正統本、景正統本）・洞神部方
　　法類

太上五星七元空常訣一卷
　　道藏（正統本、景正統本）・洞神部方
　　法類

上玄高眞延壽赤書一卷
　（唐）裴鉉撰
　　道藏（正統本、景正統本）・洞神部方
　　法類

紫團丹經一卷
　　道藏（正統本、景正統本）・洞神部方
　　法類

上清金書玉字上經一卷
　　道藏（正統本、景正統本）・洞神部方
　　法類

古文龍虎經註疏三卷
　（宋）王道撰　（宋）周眞一印證
　　道藏（正統本、景正統本）・太玄部
　　四庫全書・子部道家類

道藏舉要第六類

金碧古文龍虎上經三卷
　（宋）王道注疏　（宋）周眞一印證
　　道書全集
　　重刊道藏輯要斗集

金碧古文龍虎上經註疏三卷
　　道藏精華錄第六集

古文龍虎上經註一卷附讀龍虎經一卷
　　道藏（正統本、景正統本）・太玄部
　　道藏舉要第六類

金碧古文龍虎上經一卷
　（明）彭好古解
　　重刊道藏輯要斗集・金碧古文龍虎上
　　經附

道樞四十二卷
　（宋）曾慥撰
　　道藏（正統本、景正統本）・太玄部

至游子二卷
　　藝海珠塵石集（乙集）
　　子書百家・道家類
　　百子全書・道家類
　　叢書集成初編・哲學類

道樞不分卷
　　重刊道藏輯要觜集

眞誥篇一卷
　（宋）曾慥撰
　　道藏精華錄第三集

天隱子一卷
　（唐）司馬承禎撰
　　道藏（正統本、景正統本）・太玄部
　　十二子
　　子彙
　　二十家子書
　　夷門廣牘・尊生
　　四庫全書・子部道家類
　　廿二子全書
　　子書百家・道家類
　　百子全書・道家類
　　養素軒叢錄第三集
　　重刊道藏輯要危集
　　廣四十家小說
　　道藏舉要第五類
　　叢書集成初編・哲學類
　　景印元明善本叢書十種・子彙
　　景印元明善本叢書十種・夷門廣牘・
　　尊生

天隱子養生書一卷
　　說郛（宛委山房本）号七十五
　　道藏精華錄第二集

天隱子養生書
　　居家必備・奉養
天隱子
　　說郛（商務印書館本）卷二十一
天隱子
　　（唐）司馬承禎撰　　（明）歸有光輯評
　　諸子彙函
玄眞子外篇三卷
　　（唐）張志和撰
　　道藏（正統本、景正統本）・太玄部
　　道藏舉要第五類
玄眞子三卷
　　且且菴初箋十六子
　　知不足齋叢書（乾隆至道光本、景乾隆
　　　至道光本）第十三集
　　金華叢書（同治光緒本、民國補刊本）
　　　・子部
　　叢書集成初編・哲學類
玄眞子一卷
　　十二子
　　二十家子書
　　四庫全書・子部道家類
　　廿二子全書
　　子書百家・道家類
　　百子全書・道家類
　　重刊道藏輯要危集
玄眞子外篇一卷
　　子彙
　　景印元明善本叢書十種・子彙
玄眞子
　　（唐）張志和撰　　（明）歸有光輯評
　　諸子彙函
至言總五卷
　　（□）范倫然撰
　　道藏（正統本、景正統本）・太玄部
太玄寶典三卷
　　道藏（正統本、景正統本）・太玄部
太玄寶典一卷
　　重刊道藏輯要昴集
坐忘論一卷
　　（唐）司馬承禎撰
　　道藏（正統本、景正統本）・太玄部
　　重刊道藏輯要昴集
　　道藏精華錄第四集
司馬子一卷
　　二十子
海客論一卷
　　道藏（正統本、景正統本）・太玄部

悟玄篇一卷
　　（□）余洞眞撰
　　道藏（正統本、景正統本）・太玄部
　　重刊道藏輯要昴集
　　道藏精華錄第七集
大虛心淵篇一卷
　　道藏（正統本、景正統本）・太玄部
　　重刊道藏輯要昴集
雲宮法語二卷
　　（元）汪可孫纂
　　道藏（正統本、景正統本）・太玄部
宗玄先生玄綱論一卷
　　（唐）吳筠撰
　　道藏（正統本、景正統本）・太玄部
玄綱論一卷
　　四庫全書・集部別集類・宗玄集附
玄敎大公案二卷
　　（元）苗大素舉　　（元）王志道輯
　　道藏（正統本、景正統本）・太玄部
上陽子金丹大要十六卷
　　（元）陳致虛撰
　　道藏（正統本、景正統本）・太玄部
金丹大要十卷
　　（元上陽子撰）
　　道書全集・金丹正理大全
金丹大要三卷
　　重刊道藏輯要昴集
金丹大要一卷
　　（元）陳致虛撰　　（清）陶素耜刪訂
　　道言五種
上陽子金丹大要圖一卷
　　（元）陳致虛撰
　　道藏（正統本、景正統本）・太玄部
原陽子法語二卷
　　（明）趙宜眞撰　　（明）劉淵然編集
　　道藏（正統本、景正統本）・太玄部
金丹直指一卷
　　（宋）周無所住述
　　道藏（正統本、景正統本）・太玄部
還眞集三卷
　　（元）王玠（混然子）撰
　　道藏（正統本、景正統本）・太玄部
道玄篇一卷
　　（元）王玠撰
　　道藏（正統本、景正統本）・太玄部
修鍊須知一卷
　　道藏（正統本、景正統本）・太玄部
玉室經一卷

　　　(口)李成之述
　　　　　道藏（正統本、景正統本）・太玄部
眞人高象先金丹歌一卷
　　　(宋)高先撰
　　　　　道藏（正統本、景正統本）・太玄部
金丹眞一論一卷
　　　(口)百玄子撰
　　　　　道藏（正統本、景正統本）・太玄部
金丹四百字一卷
　　　(宋)張伯端撰　　(宋)黃自如注
　　　　　道藏（正統本、景正統本）・太玄部
金丹四百字注一卷
　　　(明)彭好古撰
　　　　　重刊道藏輯要奎集
金丹四百字注釋一卷
　　　(明)彭好古注　　(清)閔陽林釋
　　　　　古書隱樓藏書
　　　　　道藏續編第一集
紫陽眞人金丹四百字測疏一卷
　　　(明)陸西星撰
　　　　　方壺外史卷七
金丹四百字內外註解一卷附金穀歌註解
　　一卷
　　　　　道書全集・金丹正理大全
金丹四百字解一卷
　　　(明)李文燭撰
　　　　　寶顏堂秘笈（萬曆本、民國石印本）廣
　　　　　集
金丹四百字註解一卷
　　　(明)王一清撰
　　　　　四經
金丹四百字解一卷
　　　(清)劉一明撰
　　　　　道書十二種（嘉慶本、民國石印本）
石橋歌一卷
　　　　　重刊道藏輯要奎集
龍虎元旨一卷
　　　　　道藏（正統本、景正統本）・太玄部
龍虎還丹訣一卷
　　　　　道藏（正統本、景正統本）・太玄部
內丹祕訣一卷
　　　　　道藏（正統本、景正統本）・太玄部
漁莊邂逅錄一卷
　　　(宋)吳悮(自然子)述
　　　　　道藏（正統本、景正統本）・太玄部
金丹正宗一卷
　　　(口)胡混成編
　　　　　道藏（正統本、景正統本）・太玄部

還丹復命篇一卷
　　　(宋)薛道光撰
　　　　　道藏（正統本、景正統本）・太玄部
　　　　　重刊道藏輯要奎集
　復命篇一卷
　　　　　道貫眞源・修眞六書
　　　　　道藏精華錄第八集
爱清子至命篇二卷
　・　(宋)王慶升撰
　　　　　道藏（正統本、景正統本）・太玄部
翠虛篇一卷
　　　(宋)陳楠撰
　　　　　道藏（正統本、景正統本）・太玄部
　　　　　道貫眞源・修眞六書
　　　　　道藏精華錄第八集
　翠虛吟一卷
　　　　　古書隱樓藏書・還原篇闡微附
　泥洹集一卷
　　　　　重刊道藏輯要奎集
還源篇一卷
　　　(宋)石泰撰
　　　　　道藏（正統本、景正統本）・太玄部
　　　　　道貫眞源・修眞六書
　　　　　重刊道藏輯要奎集
　　　　　道藏精華錄第八集
還原篇闡微一卷
　　　(清)閔一得撰
　　　　　古書隱樓藏書
還丹至藥篇一卷
　　　(口)賢芝膺圖述
　　　　　道藏（正統本、景正統本）・太玄部
寶甲集一卷
　　　(口)趙民述
　　　　　道藏（正統本、景正統本）・太玄部
金液大丹詩一卷
　　　　　道藏（正統本、景正統本）・太玄部
證道歌一卷
　　　(口)左掌子撰
　　　　　道藏（正統本、景正統本）・太玄部
內丹訣一卷
　　　(宋)陳朴撰
　　　　　道藏（正統本、景正統本）・太玄部
洞元子內丹訣二卷
　　　　　道藏（正統本、景正統本）・太玄部
內丹還元訣一卷
　　　　　道藏（正統本、景正統本）・太玄部
長生指要篇一卷
　　　(宋)林自然述

　　　　道藏（正統本、景正統本）・太玄部
重陽眞人金闕玉鎖訣一卷
　　（金）王嚞撰
　　　　道藏（正統本、景正統本）・太平部
馬自然金丹口訣一卷
　　　　道藏（正統本、景正統本）・太平部
重陽眞人授丹陽二十四訣一卷
　　（金）王嚞撰
　　　　道藏（正統本、景正統本）・太平部
槀籟子一卷附陰丹內篇一卷
　　　　道藏（正統本、景正統本）・太清部
　　　　重刊道藏輯要昴集
靈寶畢法三卷
　　（漢）鍾離權撰　　（唐）呂嵒傳
　　　　道藏（正統本、景正統本）・太清部
　　　　道藏精華錄第六集
　靈寶畢法一卷
　　　　重刊道藏輯要危集
重陽立教十五論一卷
　　（金）王嚞撰
　　　　道藏（正統本、景正統本）・正乙部
　立教十五論一卷
　　　　重刊道藏輯要胃集
丹陽眞人直言一卷
　　　　道藏（正統本、景正統本）・正乙部
洞玄靈寶課中法一卷
　　　　道藏（正統本、景正統本）・正乙部
太清玉司左院祕要上法一卷
　　（□）霞映撰次
　　　　道藏（正統本、景正統本）・正乙部
靜餘玄問一卷
　　　　道藏（正統本、景正統本）・正乙部
道法心傳一卷
　　（元）王惟一撰
　　　　道藏（正統本、景正統本）・正乙部
　　　　重刊道藏輯要昴集
眞仙眞指語錄二卷
　　（金）玄全子集
　　　　道藏（正統本、景正統本）・正乙部
諸眞內丹集要三卷
　　（金）玄全子輯
　　　　道藏（正統本、景正統本）・正乙部
龍虎精微論一卷
　　　　道藏（正統本、景正統本）・正乙部
三要達道篇一卷
　　　　道藏（正統本、景正統本）・正乙部
六根歸道篇一卷

　　　　道藏（正統本、景正統本）・正乙部
北帝七元紫庭延生祕訣一卷
　　　　道藏（正統本、景正統本）・正乙部
洞玄靈寶眞人修行延年益算法一卷
　　　　道藏（正統本、景正統本）・正乙部
正一天師告趙昇口訣一卷
　　　　道藏（正統本、景正統本）・正乙部
玄和子十二月卦金訣一卷
　　　　道藏（正統本、景正統本）・正乙部
洞玄靈寶五感文一卷
　　（劉宋）陸脩靜撰
　　　　道藏（正統本、景正統本）・正乙部
上清經祕訣一卷
　　　　道藏（正統本、景正統本）・正乙部
海瓊問道集一卷
　　（宋）白玉蟾撰　　（宋）留元長輯
　　　　道藏（正統本、景正統本）・正乙部
傳道集一卷
　　（宋）陳守默（宋）詹繼瑞輯
　　　　道藏（正統本、景正統本）・正乙部
洞眞太上三九素語玉精眞訣一卷
　　　　道藏（正統本、景正統本）・正乙部
上清素靈上篇一卷
　　　　道藏（正統本、景正統本）・正乙部
唐太古妙應孫眞人福壽論一卷
　　　　道藏（正統本、景正統本）・正乙部
高上玉宸憂樂章一卷
　　　　續道藏（萬曆本、景萬曆本）
太上洞眞徊玄章一卷
　　　　續道藏（萬曆本、景萬曆本）
上清金章十二篇一卷
　　　　續道藏（萬曆本、景萬曆本）
水鏡錄一卷
　　　　續道藏（萬曆本、景萬曆本）
玄學正宗二卷
　　　　道書全集・金丹正理大全
諸眞元奧集成九卷
　　（□）涵蟾子輯
　　　　道書全集・金丹正理大全
羣仙珠玉集成四卷
　　　　道書全集・金丹正理大全
類修要訣二卷續附一卷
　　（明）胡文煥輯
　　　　格致叢書
金丹詩訣二卷
　　（唐）呂嵒撰
　　　　寶顏堂祕笈（萬曆本、民國石印本）彙

集

南嶽遇師本末一卷
　　(宋)夏元鼎撰
　　　　寶顏堂祕笈(萬曆本、民國石印本)彙
　　　　集
　　　　叢書集成初編・哲學類

煉形內旨一卷
　　(明)□□撰
　　　　夷門廣牘・尊生
　　　　景印元明善本叢書十種・夷門廣牘・
　　　　尊生

玉函祕典一卷
　　(明)□□撰
　　　　夷門廣牘・尊生
　　　　景印元明善本叢書十種・夷門廣牘・
　　　　尊生

銅符鐵券一卷
　　(晉)許遜撰
　　　　道言外中
　　　　重刊道藏輯要危集

玄宗正旨一卷
　　　　重刊道藏輯要斗集
　　　　道藏精華錄第五集

浮黎鼻祖金華祕訣一卷
　　(漢)葛玄注
　　　　重刊道藏輯要斗集
　　　　道藏精華錄第六集

唱道眞言五卷
　　　　重刊道藏輯要斗集
　　　　道藏精華錄第六集

葛仙翁太極沖玄至道心傳一卷
　　(金)董守志(凝陽子)撰
　　　　重刊道藏輯要危集

金華宗旨一卷金華宗旨闡幽問答一卷
　　(唐)呂嵒撰
　　　　重刊道藏輯要室集

太乙金華宗旨一卷
　　(清)蔣元庭輯　(清)閔一得訂正
　　　　古書隱樓藏書
　　　　道藏續編第一集

三寶心鐙一卷
　　(唐)呂嵒撰
　　　　重刊道藏輯要壁集

天仙金丹心法二卷
　　　　重刊道藏輯要壁集

微言摘要一卷
　　(唐)呂嵒撰
　　　　重刊道藏輯要壁集

至眞歌一卷
　　　　重刊道藏輯要奎集

五篇靈文一卷
　　(金)王嚞注
　　　　重刊道藏輯要胃集・立教十五論附

孫不二元君法語一卷
　　(金)孫不二(清淨散人)撰
　　　　重刊道藏輯要胃集
　　　　道藏精華錄第七集

玉清胎元內養眞經一卷
　　　　重刊道藏輯要胃集・孫不二元君傳述
　　　　丹道祕書
　　　　道藏精華錄第八集・孫不二元君傳述
　　　　丹道祕書

玉清无上內景眞經一卷
　　　　重刊道藏輯要胃集・孫不二元君傳述
　　　　丹道祕書
　　　　道藏精華錄第八集・孫不二元君傳述
　　　　丹道祕書

天仙正理二卷附錄一卷
　　(明)伍守陽撰併注
　　　　豫章叢書(胡思敬輯)

天仙眞理直論增註二卷附一卷
　　　　道藏精華錄第八集

天仙正理直論增註一卷
　　　　重刊道藏輯要畢集

天仙正理直論增註二卷
　　　　陳氏志學齋叢刊

天仙正理讀法點睛一卷
　　(清)傅金銓撰
　　　　證道祕書

金丹要訣一卷
　　(明)伍守陽撰
　　　　重刊道藏輯要畢集
　　　　道藏精華錄第八集

伍眞人丹道九篇一卷
　　(明)伍守陽撰
　　　　重刊道藏輯要畢集
　　　　道藏精華錄第八集

眞詮一卷
　　　　重刊道藏輯要危集・太上靈寶淨明宗
　　　　教錄

眞詮三卷
　　(明)陽道生傳本　(清)彭定求校正
　　　　重刊道藏輯要鬼集

承志錄三卷
　　(清)陶素耜撰
　　　　道言五種

金丹就正篇一卷
　　（明）陸西星撰
　　　道言五種
　金丹就正篇
　　　方壺外史卷八
玄膚論一卷
　　（明）陸西星撰
　　　道言五種
　玄膚論
　　　方壺外史卷八
元丹篇一卷
　　（清）董德寧撰
　　　道貫眞源
元丹篇約注三卷
　　（清）章世乾撰
　　　道貫眞源
紫淸指玄集二卷
　　（宋）白玉蟾撰
　　　道貫眞源・修眞六書
　紫淸指玄集一卷
　　　道藏精華錄第七集
丹道發微一卷
　　（清）董德寧撰
　　　道貫眞源・元眞錄
敲爻歌直解一卷
　　（清）劉一明撰
　　　道書十二種（嘉慶本、民國石印本）
純陽呂公百字碑測疏
　　（明）陸西星撰
　　　方壺外史卷六
百字碑註一卷
　　（清）劉一明撰
　　　道書十二種（嘉慶本、民國石印本）
修眞辨難二卷
　　（清）劉一明撰
　　　道書十二種（嘉慶本、民國石印本）
棲雲山悟元子修眞辯難參證二卷
　　（清）劉一明撰　（清）閔一得參證
　　　古書隱樓藏書
　　　道藏續編第一集
神室八法一卷
　　（清）劉一明撰
　　　道書十二種（嘉慶本、民國石印本）
修眞九要一卷
　　（清）劉一明撰
　　　道書十二種（嘉慶本、民國石印本）
無根樹解一卷
　　（清）劉一明撰

　道書十二種（嘉慶本、民國石印本）
悟道錄二卷
　　（清）劉一明撰
　　　道書十二種（嘉慶本、民國石印本）
爐火監戒錄一卷
　　（宋）俞琰撰
　　　學海類編（道光本、景道光本）・集餘
　　　七
　　　道藏精華錄第一集
性命雙脩慧命正旨一卷
　　（□）柳華陽撰　（清）顧曾壽（楞伽山民）撮
　　　要
　　　惟寙堂五種
金丹悟一卷
　　（清）江舍春撰
　　　楞園仙書
金丹疑一卷
　　（清）江舍春撰
　　　楞園仙書
黃鶴賦一卷
　　（唐）呂嵓撰　（清）傅金銓釋
　　　濟一子道書
百句章一卷
　　（唐）呂嵓撰　（清）傅金銓釋
　　　濟一子道書
眞經歌一卷
　　（唐）呂嵓撰　（清）傅金銓釋
　　　濟一子道書
鼎器歌一卷
　　（唐）呂嵓撰　（清）傅金銓釋
　　　濟一子道書
採金歌一卷
　　（唐）呂嵓撰　（清）傅金銓釋
　　　濟一子道書
新鐫道書五篇註五卷
　　（唐）呂嵓撰　（清）傅金銓釋
　　　濟一子道書
內金丹一卷
　　　證道祕書
丹經示讀一卷
　　（清）傅金銓撰
　　　證道祕書
三丰丹訣一卷
　　（明）張君寶撰
　　　證道祕書
靈寶要略一卷
　　（清）王仁俊輯
　　　玉函山房輯佚書續編・子編釋道類

皇極闔闢證道仙經三卷
　　(清)閔一得訂正
　　　　古書隱樓藏書
　　　　道藏續編第一集
如是我聞一卷
　　(清)閔一得訂
　　　　古書隱樓藏書
　　　　道藏續編第一集
泄天機一卷
　　(清)閔一得撰
　　　　古書隱樓藏書
　　　　道藏續編第一集
上品丹法節次一卷
　　(清)李德洽原述　(清)閔一得續纂
　　　　古書隱樓藏書
　　　　道藏續編第一集
管窺編一卷
　　(清)閔一得撰
　　　　古書隱樓藏書
　　　　道藏續編第一集
天仙心傳三卷附錄一卷
　　(清)閔一得撰
　　　　古書隱樓藏書
　天仙心傳七卷
　　　　道藏續編第一集
天仙道程寶則一卷
　　(清)懶雲氏撰)
　　　　古書隱樓藏書
　　(清)閔一得撰
　　　　道藏續編第一集
西王母女修正途十則一卷
　　(清)閔一得注
　　　　古書隱樓藏書
　　　　道藏續編第一集
泥丸李祖師女宗雙修寶筏一卷
　　(清)閔一得訂
　　　　古書隱樓藏書
　　　　道藏續編第一集
金丹大旨圖
　　(明)陸西星撰
　　　　方壺外史卷八
七破論
　　(明)陸西星撰
　　　　方壺外史卷八
頂批金丹眞傳一卷
　　(明)孫汝忠撰　(清)傅金銓頂批
　　　　悟眞四註篇
道書試金石一卷

　　(清)傅金銓撰
　　　　悟眞四註篇附
試金石二十四詠一卷
　　(清)江舍春撰
　　　　楞園仙書
圭窗集一卷
　　(民國)林金相撰
　　　　林氏五種
神仙可學論一卷
　　(唐)吳筠撰
　　　　道藏精華錄第四集
漁莊錄一卷
　　　　道藏精華錄第七集
性命圭旨一卷
　　　　道藏精華錄第七集
仙籍旨訣一卷
　　　　道藏精華錄第五集

衆術之屬

破迷正道歌一卷
　　(漢)鍾離權述
　　　　道藏(正統本、景正統本)・洞眞部衆
　　　　術類
太玄朗然子進道詩一卷
　　(宋)劉希岳述
　　　　道藏(正統本、景正統本)・洞眞部衆
　　　　術類
了明篇一卷
　　(元)王惟一述
　　　　道藏(正統本、景正統本)・洞眞部衆
　　　　術類
明道篇一卷
　　(元)王惟一撰
　　　　道藏(正統本、景正統本)・洞眞部衆
　　　　術類
眞仙祕傳火候法一卷
　　　　道藏(正統本、景正統本)・洞眞部衆
　　　　術類
三極至命筌蹄一卷
　　(宋)王慶升述
　　　　道藏(正統本、景正統本)・洞眞部衆
　　　　術類
析疑指迷論一卷
　　(元)牛道淳撰
　　　　道藏(正統本、景正統本)・洞眞部衆
　　　　術類
　　　　重刊道藏輯要奎集・泥洹集附

清微丹訣一卷
　　　　道藏（正統本、景正統本）·洞眞部衆
　　　　術類
先天金丹大道玄奧口訣一卷
　　（宋）霍濟之述
　　　　道藏（正統本、景正統本）·洞眞部衆
　　　　術類
金液大丹口訣一卷
　　　　道藏（正統本、景正統本）·洞眞部衆
　　　　術類
抱一子三峯老人丹訣一卷
　　（口）金月巖編　（元）黃公望傳
　　　　道藏（正統本、景正統本）·洞眞部衆
　　　　術類
太上登眞三矯靈應經一卷
　　　　道藏（正統本、景正統本）·洞眞部衆
　　　　術類
養命機關金丹眞訣一卷
　　　　道藏（正統本、景正統本）·洞玄部衆
　　　　術類
玄珠歌一卷
　　（唐）張果（通玄先生）撰
　　　　道藏（正統本、景正統本）·洞玄部衆
　　　　術類
玄珠心鏡註一卷
　　（唐）衡嶽眞子撰
　　　　道藏（正統本、景正統本）·洞玄部衆
　　　　術類
　　大道守一寶章
　　　　重刊道藏輯要胃集·孫不二元君傳述
　　　　丹道祕書
　　　　道藏精華錄第八集·孫不二元君傳述
　　　　丹道祕書
玄珠心鏡註一卷
　　（唐）長孫滋傳　（唐）王損之章句
　　　　道藏（正統本、景正統本）·洞玄部衆
　　　　術類
抱一函三祕訣一卷
　　（口）金月巖編　（元）黃公望傳
　　　　道藏（正統本、景正統本）·洞玄部衆
　　　　術類
存神固氣論一卷
　　　　道藏（正統本、景正統本）·洞玄部衆
　　　　術類
玄圃山靈匜祕籙三卷
　　　　道藏（正統本、景正統本）·洞玄部衆
　　　　術類
靈寶六丁祕法一卷

道藏（正統本、景正統本）·洞玄部衆
　　術類
魁罡六鎖祕法一卷
　　　　道藏（正統本、景正統本）·洞玄部衆
　　　　術類
太上三辟五解祕法一卷
　　　　道藏（正統本、景正統本）·洞玄部衆
　　　　術類
上清六甲祈禱祕法一卷
　　　　道藏（正統本、景正統本）·洞玄部衆
　　　　術類
貫斗忠孝五雷武侯祕法一卷
　　　　道藏（正統本、景正統本）·洞玄部衆
　　　　術類
黃帝太乙八門入式訣三卷
　　　　道藏（正統本、景正統本）·洞玄部衆
　　　　術類
黃帝太一八門入式祕訣一卷
　　　　道藏（正統本、景正統本）·洞玄部衆
　　　　術類
黃帝太一八門逆順生死訣一卷
　　　　道藏（正統本、景正統本）·洞玄部衆
　　　　術類
太上赤文洞神三籙一卷
　　（梁）陶弘景集　（唐）李淳風注
　　　　道藏（正統本、景正統本）·洞玄部衆
　　　　術類
太清金液神丹經三卷
　　　　道藏（正統本、景正統本）·洞神部衆
　　　　術類
太清石壁記三卷
　　（口）楚澤先生編
　　　　道藏（正統本、景正統本）·洞神部衆
　　　　術類
太清金液神氣經三卷
　　　　道藏（正統本、景正統本）·洞神部衆
　　　　術類
太清經天師口訣一卷
　　　　道藏（正統本、景正統本）·洞神部衆
　　　　術類
太清修丹祕訣一卷
　　　　道藏（正統本、景正統本）·洞神部衆
　　　　術類
黃帝九鼎神丹經訣二十卷
　　　　道藏（正統本、景正統本）·洞神部衆
　　　　術類
九轉靈砂大丹資聖玄經一卷
　　　　道藏（正統本、景正統本）·洞神部衆

術類

張眞人金石靈砂論一卷
  （口）張隱居撰
    道藏（正統本、景正統本）・洞神部衆
    術類

魏伯陽七返丹砂訣一卷
    道藏（正統本、景正統本）・洞神部衆
    術類

太極眞人九轉還丹經要訣一卷
    道藏（正統本、景正統本）・洞神部衆
    術類

大洞鍊眞寶經修伏靈砂妙訣一卷
  （元）陳少微撰
    道藏（正統本、景正統本）・洞神部衆
    術類

大洞鍊眞寶經九還金丹妙訣一卷
  （元）陳少微撰
    道藏（正統本、景正統本）・洞神部衆
    術類

太上衞靈神化九轉丹砂法一卷
    道藏（正統本、景正統本）・洞神部衆
    術類

九轉靈砂大丹一卷
    道藏（正統本、景正統本）・洞神部衆
    術類

九轉青金靈砂丹一卷
    道藏（正統本、景正統本）・洞神部衆
    術類

陰陽九轉成紫金點化還丹訣一卷
    道藏（正統本、景正統本）・洞神部衆
    術類

玉洞大神丹砂眞要訣一卷
  （唐）張果纂
    道藏（正統本、景正統本）・洞神部衆
    術類

靈砂大丹祕訣一卷
    道藏（正統本、景正統本）・洞神部衆
    術類

碧玉朱砂寒林玉樹匱一卷
  （口）陳大師述
    道藏（正統本、景正統本）・洞神部衆
    術類

大丹記一卷
    道藏（正統本、景正統本）・洞神部衆
    術類

丹房須知一卷
  （宋）吳悮述
    道藏（正統本、景正統本）・洞神部衆

術類

石藥爾雅二卷
  （唐）梅彪輯
    道藏（正統本、景正統本）・洞神部衆
    術類
    別下齋叢書（道光本、商務印書館景道
    光本、竹簡齋景道光本）
    叢書集成初編・應用科學類

稚川眞人校證術一卷
    道藏（正統本、景正統本）・洞神部衆
    術類

純陽呂眞人藥石製一卷
    道藏（正統本、景正統本）・洞神部衆
    術類

金碧五相類參同契三卷
  （漢）陰長生注
    道藏（正統本、景正統本）・洞神部衆
    術類

參同契五相類祕要一卷
    道藏（正統本、景正統本）・洞神部衆
    術類

陰眞君金石五相類一卷
    道藏（正統本、景正統本）・洞神部衆
    術類

金石簿五九數訣一卷
    道藏（正統本、景正統本）・洞神部衆
    術類

上清九眞中經內訣一卷
    道藏（正統本、景正統本）・洞神部衆
    術類

龍虎還丹訣二卷
  （口）金陵子述
    道藏（正統本、景正統本）・洞神部衆
    術類

金華玉液大丹一卷
    道藏（正統本、景正統本）・洞神部衆
    術類

感氣十六轉金丹一卷
    道藏（正統本、景正統本）・洞神部衆
    術類

修鍊大丹要旨二卷
    道藏（正統本、景正統本）・洞神部衆
    術類

通幽訣一卷
    道藏（正統本、景正統本）・洞神部衆
    術類

金華沖碧丹經祕旨二卷傳一卷
  （宋）白玉蟾授　（宋）彭耜受

　　　　　道藏（正統本、景正統本）· 洞神部衆
　　　　　術類

還丹肘後訣三卷
　　　　　道藏（正統本、景正統本）· 洞神部衆
　　　　　術類

蓬萊山西竈還丹歌二卷
　　（漢）黃玄鍾撰
　　　　　道藏（正統本、景正統本）· 洞神部衆
　　　　　術類

抱朴子神仙金汋經三卷
　　　　　道藏（正統本、景正統本）· 洞神部衆
　　　　　術類

諸家神品丹法六卷
　　（□）孟要甫述
　　　　　道藏（正統本、景正統本）· 洞神部衆
　　　　　術類

鉛汞甲庚至寶集成五卷
　　　　　道藏（正統本、景正統本）· 洞神部衆
　　　　　術類

丹房奧論一卷
　　（宋）程了一撰
　　　　　道藏（正統本、景正統本）· 洞神部衆
　　　　　術類
　　　　　重刊道藏輯要昴集

指歸集一卷
　　（宋）吳悮撰
　　　　　道藏（正統本、景正統本）· 洞神部衆
　　　　　術類

還金述一卷
　　（□）陶埴撰
　　　　　道藏（正統本、景正統本）· 洞神部衆
　　　　　術類

大丹鉛汞論一卷
　　（唐）金竹坡撰
　　　　　道藏（正統本、景正統本）· 洞神部衆
　　　　　術類

眞元妙道要略一卷
　　（晉）鄭思遠撰
　　　　　道藏（正統本、景正統本）· 洞神部衆
　　　　　術類

丹方鑑源三卷
　　（□）獨孤滔撰
　　　　　道藏（正統本、景正統本）· 洞神部衆
　　　　　術類

大還丹照鑑一卷
　　　　　道藏（正統本、景正統本）· 洞神部衆
　　　　　術類

太清玉碑子一卷

　　　　　道藏（正統本、景正統本）· 洞神部衆
　　　　　術類

懸解錄一卷
　　　　　道藏（正統本、景正統本）· 洞神部衆
　　　　　術類

軒轅黃帝水經藥法一卷
　　　　　道藏（正統本、景正統本）· 洞神部衆
　　　　　術類

三十六水法一卷
　　　　　道藏（正統本、景正統本）· 洞神部衆
　　　　　術類

巨勝歌一卷
　　（□）柳沖用撰
　　　　　道藏（正統本、景正統本）· 洞神部衆
　　　　　術類

白雲仙人靈草歌一卷
　　　　　道藏（正統本、景正統本）· 洞神部衆
　　　　　術類

種芝草法一卷
　　　　　道藏（正統本、景正統本）· 洞神部衆
　　　　　術類

太白經一卷
　　　　　道藏（正統本、景正統本）· 洞神部衆
　　　　　術類

丹論訣旨心鑑一卷
　　（□）張元德撰
　　　　　道藏（正統本、景正統本）· 洞神部衆
　　　　　術類

大還心鑑一卷
　　　　　道藏（正統本、景正統本）· 洞神部衆
　　　　　術類

大還丹金虎白龍論一卷
　　（唐）還陽子述
　　　　　道藏（正統本、景正統本）· 洞神部衆
　　　　　術類

大丹篇一卷
　　　　　道藏（正統本、景正統本）· 洞神部衆
　　　　　術類

大丹問答一卷
　　　　　道藏（正統本、景正統本）· 洞神部衆
　　　　　術類

金木萬靈論一卷
　　（晉）葛洪撰
　　　　　道藏（正統本、景正統本）· 洞神部衆
　　　　　術類

紅鉛入黑鉛訣一卷
　　　　　道藏（正統本、景正統本）· 洞神部衆
　　　　　術類

通玄祕術一卷
　　(唐)沈知言集
　　　　道藏（正統本、景正統本）・洞神部衆
　　　　術類

靈飛散傳信錄一卷
　　　　道藏（正統本、景正統本）・洞神部衆
　　　　術類

鴈門公妙解錄一卷
　　　　道藏（正統本、景正統本）・洞神部衆
　　　　術類

玄霜掌上錄一卷
　　　　道藏（正統本、景正統本）・洞神部衆
　　　　術類

太極眞人雜丹藥方一卷
　　　　道藏（正統本、景正統本）・洞神部衆
　　　　術類

玉淸內書一卷
　　　　道藏（正統本、景正統本）・洞神部衆
　　　　術類

神仙養生祕術一卷
　　(口)太白山人傳　(後趙)劉景先受
　　　　道藏（正統本、景正統本）・洞神部衆
　　　　術類

太古土兊經三卷
　　　　道藏（正統本、景正統本）・洞神部衆
　　　　術類

上洞心丹經訣三卷
　　　　道藏（正統本、景正統本）・洞神部衆
　　　　術類

許眞君石函記二卷
　　(晉)許遜撰
　　　　道藏（正統本、景正統本）・洞神部衆
　　　　術類

　石函記一卷
　　　道言外中
　　　重刊道藏輯要危集

九轉流珠神仙九丹經二卷
　　(口)太淸眞人撰
　　　　道藏（正統本、景正統本）・洞神部衆
　　　　術類

庚道集九卷
　　　　道藏（正統本、景正統本）・洞神部衆
　　　　術類

參同契正文二卷
　　(漢)魏伯陽撰
　　　　百陵學山
　　　　叢書集成初編・哲學類
　　　　景印元明善本叢書十種・百陵學山

參同契一卷
　　　　廣漢魏叢書（萬曆本、嘉慶本）・子餘
　　　　說郛(宛委山堂本)弓七
　　　　增訂漢魏叢書（乾隆本、紅杏山房本、
　　　　　三餘堂本、大通書局石印）・子餘

參同契三卷
　　　　靈古介書前集

周易參同契三卷
　　(漢)陰長生注
　　　　道藏（正統本、景正統本）・太玄部
　　　　道藏舉要第四類

周易參同契註三卷
　　　　道藏（正統本、景正統本）・太玄部
　　　　道藏舉要第四類

周易參同契分章通眞義三卷
　　(後蜀)彭曉撰
　　　　道藏（正統本、景正統本）・太玄部
　　　　道藏舉要第四類

周易參同契通眞義三卷
　　　　道書全集・金丹正理大全
　　　　四庫全書・子部道家類
　　　　摘藻堂四庫全書薈要・子部
　　　　續金華叢書・子部

周易參同契鼎器歌明鏡圖一卷
　　(後蜀)彭曉撰
　　　　道藏（正統本、景正統本）・太玄部
　　　　道藏舉要第四類

周易參同契註三卷
　　(宋)朱熹考異　(宋)黃瑞節附錄
　　　　道藏（正統本、景正統本）・太玄部
　　　　道藏舉要第四類

朱子周易參同契考異三卷
　　(宋)朱熹撰　(宋)黃瑞節附錄
　　　　紛欣閣叢書

朱子周易參同契考異一卷
　　(宋)朱熹撰　(宋)黃瑞節附錄
　　　　朱子遺書

周易參同契考異一卷
　　(宋)朱熹撰　(宋)黃瑞節附錄
　　　　四庫全書・子部道家類
　　　　守山閣叢書（道光本、鴻文書局景道光
　　　　　本、博古齋景道光本）・子部
　　　　叢書集成初編・哲學類
　　　　四部備要（排印本、縮印本）・子部釋
　　　　　道家

周易參同契註二卷
　　　　道藏（正統本、景正統本）・太玄部
　　　　道藏舉要第四類

周易參同契解三卷
　　（宋）陳顯微撰
　　　　道藏（正統本、景正統本）・太玄部
　　　　道書全集・金丹正理大全
　　　　四庫全書・子部道家類
　　　　道藏舉要第四類
　參同契三卷
　　（宋）陳顯微注
　　　　重刊道藏輯要虛集
周易參同契發揮九卷釋疑一卷
　　（宋）俞琰撰
　　　　道藏（正統本、景正統本）・太玄部
　　　　道藏舉要第四類
　周易參同契發揮三卷釋疑一卷
　　　　四庫全書・子部道家類
　　　　道藏精華錄第六集
俞氏參同契發揮五言註摘錄一卷
　　（清）紀大奎撰
　　　　紀慎齋先生全集續集
周易參同契三卷
　　（□）儲華谷注
　　　　道藏（正統本、景正統本）・太玄部
　　　　道藏舉要第四類
周易參同契分章註三卷
　　（元上陽子撰）
　　　　道書全集・金丹正理大全
　　（元）陳致虛撰
　　　　四庫全書・子部道家類
　參同契分章注三卷
　　（元上陽子撰）
　　　　重刊道藏輯要虛集
周易參同契測疏
　　（明）陸西星撰
　　　　方壺外史卷三
參同契口義
　　（明）陸西星撰
　　　　方壺外史卷四
古文參同契集解三卷箋註集解三卷三相
類集解二卷
　　（明）蔣一彪輯
　　　　津逮祕書（汲古閣本、景汲古閣本）第
　　　　四集
　　　　四庫全書・子部道家類
　　　　學津討原（嘉慶本、景嘉慶本）第二十
　　　　集
　　　　叢書集成初編・哲學類
參同契經文直指三卷參同契直指箋註三
卷參同契直指三相類二卷

（清）劉一明撰
　　　　道書十二種（嘉慶本、民國石印本）
周易參同契一卷
　　（明）王文祿疏
　　　　百陵學山
　　　　叢書集成初編・哲學類
　　　　景印元明善本叢書十種・百陵學山
參同契闡幽三卷
　　（清）朱元育撰
　　　　重刊道藏輯要虛集
周易參同契脈望三卷
　　（清）陶素耜撰
　　　　道言五種
參同契註一卷
　　（清）李光地撰
　　　　安溪李文貞公解義三種
　　　　李文貞公全集
　　　　榕村全書
古文周易參同契註八卷
　　（清）袁仁林撰
　　　　惜陰軒叢書（道光本、光緒本）第十五
　　　　函
　　　　叢書集成初編・哲學類
周易參同契正義三卷
　　（清）董德寧撰
　　　　道貫眞源
　　　　道藏精華錄第六集
讀參同契三卷
　　（清）汪紱撰
　　　　汪雙池先生叢書・浙刻雙池遺書十二
　　　　種
周易參同契集韻六卷
　　（清）紀大奎撰
　　　　紀慎齋先生全集續集
易外別傳一卷
　　（宋）俞琰撰
　　　　道藏（正統本、景正統本）・太玄部
　　　　四庫全書・子部道家類
無上祕要一百卷（原缺卷一至二、卷十至
十四、卷三十六、卷五十八至六十四、
卷六十七至七十三、卷七十五、卷七十
七、卷七十九至八十二、卷八十五至八
十六、卷八十九至九十）
　　　　道藏（正統本、景正統本）・太平部
无上祕要一卷
　　　　寶顏堂祕笈（萬曆本、民國石印本）續
　　　　集
　　　　叢書集成初編・哲學類

道書

靈寶九幽長夜起尸度亡玄章一卷
　　道藏（正統本、景正統本）·洞玄部讚
　　頌類

靈寶九幽長夜起尸度亡玄章
　　道書

洞玄靈寶六甲玉女上宮歌章一卷
　　道藏（正統本、景正統本）·洞玄部讚
　　頌類

洞玄靈寶六甲玉女上宮歌章
　　道書

上清侍帝晨桐栢眞人眞圖讚一卷
　（唐）司馬承禎錄
　　道藏（正統本、景正統本）·洞玄部讚
　　頌類
　　道書

衆仙讚頌靈章一卷
　　道藏（正統本、景正統本）·洞玄部讚
　　頌類
　　道書

洞玄靈寶昇玄步虛章序疏一卷
　　道藏（正統本、景正統本）·洞玄部讚
　　頌類
　　道書

北斗七元金玄羽章一卷
　　道藏（正統本、景正統本）·洞神部玉
　　訣類·太上玄靈北斗本命延生經註
　　附
　　道藏（正統本、景正統本）·洞神部讚
　　頌類·太上老君說常清靜經頌註附

道德經篇章玄頌二卷
　（□）宋鸞撰
　　道藏（正統本、景正統本）·洞神部讚
　　頌類

道德眞經頌一卷
　（□）蔣融庵撰
　　道藏（正統本、景正統本）·洞神部讚
　　頌類

明眞破妄章頌一卷
　（宋）張繼先撰
　　道藏（正統本、景正統本）·洞神部讚
　　頌類
　　重刊道藏輯要昴集

諸眞歌頌一卷
　　道藏（正統本、景正統本）·洞神部讚
　　頌類

龍虎還丹訣頌一卷
　（唐）鄭還古（谷神子）注

道藏（正統本、景正統本）·太玄部

上清諸眞人授經時頌金眞章一卷
　　道藏（正統本、景正統本）·正乙部

上清無上金元玉清金眞飛元步虛玉章一
卷
　　道藏（正統本、景正統本）·正乙部

宋眞宗御製玉京集六卷
　　宋眞宗撰
　　道藏（正統本、景正統本）·洞眞部表
　　奏類

太上濟度章赦三卷
　　道藏（正統本、景正統本）·洞眞部表
　　奏類
　　重刊道藏輯要張集

赤松子章曆六卷
　　道藏（正統本、景正統本）·洞玄部表
　　奏類

太上宣慈助化章五卷
　（前蜀）杜光庭撰
　　道藏（正統本、景正統本）·洞玄部表
　　奏類

靈寶淨明院行遣式一卷
　（□）周眞人編
　　道藏（正統本、景正統本）·洞玄部表
　　奏類

天樞院都司須知行遣式一卷
　　道藏（正統本、景正統本）·洞玄部表
　　奏類

大明御製玄教樂章一卷
　　道藏（正統本、景正統本）·洞神部表
　　奏類

太上三洞表文三卷
　　道藏（正統本、景正統本）·洞神部表
　　奏類

萃善錄二卷
　　道藏（正統本、景正統本）·洞神部表
　　奏類

皇明恩命世錄九卷
　（明）□□輯
　　續道藏（萬曆本、景萬曆本）

贊靈集四卷
　（元）□□輯
　　續道藏（萬曆本、景萬曆本）

雜著之屬

玄風慶會錄一卷
　（元）耶律楚材撰

　　　　道藏（正統本、景正統本）·洞眞部譜
　　　　　籙類
盤山語錄一卷
　　（元）王志謹述　（元）論志煥輯
　　　　道藏（正統本、景正統本）·洞眞部方
　　　　　法類·修眞十書
道教靈驗記十五卷
　　（前蜀）杜光庭撰
　　　　道藏（正統本、景正統本）·洞玄部記
　　　　　傳類
歷代崇道記一卷
　　（前蜀）杜光庭撰
　　　　道藏（正統本、景正統本）·洞玄部記
　　　　　傳類
道迹靈仙記一卷
　　　　道藏（正統本、景正統本）·洞玄部記
　　　　　傳類
眞誥二十卷
　　（梁）陶弘景撰
　　　　道藏（正統本、景正統本）·太玄部
　　　　四庫全書·子部道家類
　　　　學津討原（嘉慶本、景嘉慶本）第二十
　　　　　集
　　　　金陵叢書乙集
　　　　道藏舉要第六類
　　　　叢書集成初編·哲學類
　眞誥不分卷
　　　　重刊道藏輯要觜集
　眞誥
　　　　說郛（商務印書館本）卷七十三
　眞誥一則
　　　　舊小說（民國本、1957 年本）甲集
雲笈七籤一百二十二卷
　　（宋）張君房撰
　　　　道藏（正統本、景正統本）·太玄部
　　　　四庫全書·子部道家類
　　　　四部叢刊（初次印本）·子部
　　　　四部叢刊（ 二次印本、縮印二次印本）
　　　　　·子部
　　　　道藏舉要第六類
　雲笈七籤不分卷
　　　　重刊道藏輯要參集幷集
大道論一卷
　　（□）周固樸撰
　　　　道藏（正統本、景正統本）·太玄部
玄珠錄二卷
　　（唐）王玄覽口訣
　　　　道藏（正統本、景正統本）·太玄部

晉眞人語錄一卷
　　（金）晉□撰
　　　　道藏（正統本、景正統本）·太玄部
　　　　重刊道藏輯要昴集
丹陽眞人語錄一卷
　　（金）馬鈺述　（金）王頤中集
　　　　道藏（正統本、景正統本）·太玄部
　　　　重刊道藏輯要胃集
　　　　道藏精華錄第五集
無爲淸靜長生眞人至眞語錄一卷
　　（金）劉處玄撰
　　　　道藏（正統本、景正統本）·太玄部
　　　　重刊道藏輯要胃集
盤山棲雲王眞人語錄一卷
　　（元）王志謹述　（元）論志煥輯
　　　　道藏（正統本、景正統本）·太玄部
　　　　重刊道藏輯要昴集
淸庵瑩蟾子語錄六卷
　　（元）李道純述　（元）柴元皋編
　　　　道藏（正統本、景正統本）·太玄部
洞淵集五卷
　　（□）長筌子撰
　　　　道藏（正統本、景正統本）·太玄部
玄宗直指萬法同歸七卷
　　（元）牧常晁撰　（元）黄本仁編
　　　　道藏（正統本、景正統本）·太玄部
道禪集一卷
　　（□）金坡王眞人撰
　　　　道藏（正統本、景正統本）·太玄部
上淸太玄集十卷
　　（金）侯善淵述
　　　　道藏（正統本、景正統本）·太玄部
洞淵集九卷
　　（宋）李思聰撰
　　　　道藏（正統本、景正統本）·太玄部
淨明忠孝全書六卷
　　（元）黄元吉輯　（元）徐慧校正
　　　　道藏（正統本、景正統本）·太平部
洞玄靈寶玄門大義一卷
　　　　道藏（正統本、景正統本）·太平部
道教義樞十卷（原缺卷六）
　　（梁）孟安排撰
　　　　道藏（正統本、景正統本）·太平部
道典論四卷
　　　　道藏（正統本、景正統本）·太平部
三洞珠囊十卷
　　（唐）王懸河撰
　　　　道藏（正統本、景正統本）·太平部

仙樂集五卷
　　(金)劉處玄撰
　　　　道藏(正統本、景正統本)·太平部
仙樂集一卷
　　　　重刊道藏輯要胃集
抱朴子內篇二十卷外篇五十卷
　　(晉)葛洪撰
　　　　道藏(正統本、景正統本)·太淸部
　　　　平津館叢書(嘉慶本)
　　　　四部叢刊 (初次印本、二次印本、縮印
　　　　　二次印本)·子部
　　　　道藏舉要第五類
　　　　諸子集成 (世界書局本、中華書局本)
　　　　　第八冊
　　　　叢書集成初編·哲學類
葛稚川內篇四卷外篇四卷
　　　　寶顏堂祕笈(萬曆本)彙集
抱朴子內篇四卷外篇四卷
　　　　四庫全書·子部道家類
　　　　摛藻堂四庫全書薈要·子部
　　　　廣漢魏叢書(嘉慶本)·子餘
　　　　子書百家·道家類
　　　　百子全書·道家類
抱朴子一卷
　　　　增定漢魏六朝別解·子部
抱朴子不分卷
　　　　重刊道藏輯要虛集
抱朴子
　　　　說郛(商務印書館本)卷八
抱朴子四則
　　　　舊小說(民國本、1957年本)甲集
抱朴子內篇二十卷外篇五十卷附篇 十卷
　　(晉)葛洪撰　附篇(淸)繼昌等撰
　　　　平津館叢書(光緒本)
　　　　四部備要 (排印本、縮印本)·子部雜
　　　　　家
抱朴子佚文一卷
　　(晉)葛洪撰　(淸)王仁俊輯
　　　　經籍佚文
抱朴子
　　(晉)葛洪撰　(明)歸有光輯評
　　　　諸子彙函
抱朴子駢言一卷
　　(晉)葛洪撰　(淸)觀頮道人輯
　　　　閬竹居叢書
讀抱朴子一卷
　　(淸)俞樾撰
　　　　春在堂全書·曲園雜纂

抱朴子平議補錄
　　(淸)俞樾撰
　　　　諸子平議補錄(李念劬堂本、中華書局
　　　　　排印本)
抱朴子校記一卷
　　(民國)羅振玉撰
　　　　永豐鄉人雜著續編
抱朴子外篇二卷
　　(晉)葛洪撰
　　　　二十家子書
太平御覽道部三卷
　　(宋)李昉等撰
　　　　道藏 (正統本、景正統本)·正乙部
三十代天師虛靖眞君語錄七卷
　　(明)張宇初輯
　　　　道藏 (正統本、景正統本)·正乙部
三十代天師虛靖眞君語錄一卷
　　　　重刊道藏輯要翼集
沖虛通妙侍宸王先生家話一卷
　　(口)王長撰
　　　　道藏 (正統本、景正統本)·正乙部
羣仙要語纂集二卷
　　(元)董漢醇編
　　　　道藏 (正統本、景正統本)·正乙部
羣仙要語二卷
　　　　道書全集
五嶽眞形序論一卷
　　　　道藏 (正統本、景正統本)·正乙部
海瓊白眞人語錄四卷
　　(宋)白玉蟾述　(宋)謝顯道等編
　　　　道藏 (正統本、景正統本)·正乙部
海瓊白真君話錄一卷
　　　　重刊道藏輯要夔集
淸和眞人北遊語錄四卷
　　(金)尹志平述　(元)段志堅輯
　　　　道藏 (正統本、景正統本)·正乙部
淸和眞人北遊語錄一卷
　　　　重刊道藏輯要昴集
徐仙翰藻十四卷
　　(元)陳夢根輯
　　　　續道藏(萬曆本、景萬曆本)
天皇至道太淸玉冊八卷
　　(明)朱權(臞仙)撰
　　　　續道藏 (萬曆本、景萬曆本)
長春劉眞人語錄一卷
　　(明)邵以正輯
　　　　格致叢書

天仙眞訣一卷
　　　　百陵學山
　　　　景印元明善本叢書十種・百陵學山
聽心齋客問一卷
　　　（明）萬尙父撰
　　　　寶顏堂祕笈（萬曆本、民國石印本）普
　　　　集
　　　　叢書集成初編・哲學類
孚佑上帝語錄大觀七卷附孚佑帝君正敎
　編一卷
　　　（唐）呂嵓撰
　　　　重刊道藏輯要壁集
東園語錄一卷
　　　（唐）呂嵓撰
　　　　重刊道藏輯要壁集
仙佛合宗語錄不分卷
　　　（明）伍守陽撰　（明）伍守虛校注
　　　　重刊道藏輯要畢集
張三丰先生全集不分卷
　　　（明）張君寶撰
　　　　重刊道藏輯要畢集
養眞集二卷
　　　（清）王士端注
　　　　重刊道藏輯要觜集
玉版錄一卷
　　　（明）黃淵耀撰
　　　　谷簾先生遺書
性學筌蹄一卷
　　　（清）董德寧撰
　　　　道貫眞源・元眞錄
西遊原旨讀法一卷詩結一卷
　　　（清）劉一明撰
　　　　道書十二種（嘉慶本、民國石印本）
夷夏論一卷
　　　（南齊）顧歡撰　（清）馬國翰輯
　　　　玉函山房輯佚書（嫏嬛館本、重印本、
　　　　楚南書局本）・子編道家類
解眞篇一卷
　　　（清）江含春撰
　　　　楞園仙書
道書一貫眞機易簡錄十二卷
　　　（清）傅金銓撰
　　　　濟一子道書
性天正鵠一卷
　　　（清）傅金銓撰
　　　　濟一子道書
新鐫道書樵陽經一卷附集一卷
　　　　附集（清）傅金銓輯

　　　　濟一子道書
心學三卷
　　　（清）傅金銓撰
　　　　濟一子道書
道書杯溪錄三卷
　　　（清）傅金銓撰
　　　　證道祕書
赤水吟一卷
　　　（清）傅金銓撰
　　　　證道祕書
邱祖全書一卷
　　　（金）丘處機撰
　　　　證道祕書
道海津梁一卷
　　　（清）傅金銓撰
　　　　證道祕書
碧苑壇經三卷首一卷末一卷
　　　（清）施守平撰　（清）閔一得訂
　　　　古書隱樓藏書
呂祖師三尼醫世說述一卷
　　　（清）陶太定輯　（清）閔一得疏
　　　　古書隱樓藏書
　　　　道藏續編第一集
讀呂祖師三尼醫世說述管窺一卷
　　　（清）閔一得撰
　　　　古書隱樓藏書
　　　　道藏續編第一集
呂祖師三尼醫世功訣一卷
　　　（清）沈一炳撰　（清）閔一得重述併注
　　　　古書隱樓藏書
　　　　道藏續編第一集
窦陽殿問答編一卷
　　　（清）閔一得訂正
　　　　古書隱樓藏書
　　　　道藏續編第一集
二懶心話一卷
　　　（清）閔一得撰
　　　　古書隱樓藏書
　　　　道藏續編第一集
智慧眞言注一卷
　　　（清）閔一得撰
　　　　古書隱樓藏書
一目眞言注一卷
　　　（清）閔一得撰
　　　　古書隱樓藏書
增智慧眞言注一卷
　　　（清）閔一得撰
　　　　古書隱樓藏書

祭煉心咒註一卷
　　（清）閔一得撰
　　　　古書隱樓藏書
三丰眞人玄譚全集一卷
　　（明）張君寶撰
　　　　古書隱樓藏書
　　　　道藏續編第一集
梅華問答編一卷
　　（清）薛陽桂撰
　　　　古書隱樓藏書
就正錄一卷
　　（清）陸世忱撰
　　　　古書隱樓藏書・清規玄妙附
　　　　道藏續編第一集
康節邵子詩一卷
　　（宋）邵雍撰　（清）傅金銓注
　　　　悟眞四註篇
月旦堂仙佛奇踪八卷
　　（明）洪應明撰
　　　　喜咏軒叢書戊編・還初道人箸書二種
讀道藏記一卷
　　（民國）劉師培撰
　　　　道藏精華錄第一集
　　　　劉申叔先生遺書
戒忌禳災祈善法一卷
　　　　道藏精華錄第一集
道學指南一卷附錄一卷
　　（民國）損損齋主人輯
　　　　道藏精華錄第一集
濟祖師文集一卷
　　（宋）釋道濟撰
　　　　道藏精華錄第十集
諸眞語錄一卷
　　　　道藏精華錄第五集
眞仙要語一卷
　　　　道藏精華錄第五集
七部語要一卷
　　　　道藏精華錄第五集
七部名數要記一卷
　　　　道藏精華錄第五集
殘道家書二種
　　　　貞松堂藏西陲祕籍叢殘第二集
道書殘一卷
　　　　吉石盦叢書初集
道家殘一卷
　　（唐）□□撰
　　　　東方學會叢書初集・敦煌石室碎金
大道通玄要殘一卷（存卷十四）

　　　　貞松堂藏西陲祕籍叢殘第二集
道書殘一卷
　　　　敦煌祕籍留眞新編下卷

佛　教　類

經　之　屬

大方廣圓覺修多羅了義經二卷
　　（唐）釋佛陀多羅譯
　　　　半畝園叢書・新刊釋氏十三經
無量壽經一卷
　　（魏）康僧鎧譯
　　　　半畝園叢書・新刊釋氏十三經
阿彌陀經一卷
　　（姚秦）釋鳩摩羅什譯
　　　　半畝園叢書・新刊釋氏十三經
觀無量壽佛經一卷附校勘記一卷
　　（劉宋）畺良耶舍譯
　　　　半畝園叢書・新刊釋氏十三經
大集經殘一卷（存卷十九）
　　　　貞松堂藏西陲祕籍叢殘第三集
楞伽阿跋多羅寶經四卷
　　（劉宋）釋求那跋陀羅譯
　　　　半畝園叢書・新刊釋氏十三經
維摩詰所說經（一名不可思議解脫經）三
卷
　　（姚秦）釋鳩摩羅什譯
　　　　半畝園叢書・新刊釋氏十三經
摩訶般若波羅蜜經殘一卷（存卷九）
　　　　貞松堂藏西陲祕籍叢殘第三集
摩訶般若波羅蜜殘一卷（存大品第廿四）
　　（姚秦）釋鳩摩羅什譯
　　　　貞松堂藏西陲祕籍叢殘第三集
佛說金剛般若波羅蜜經一卷
　　（姚秦）釋鳩摩羅什譯
　　　　半畝園叢書・新刊釋氏十三經
金剛般若波羅蜜多心經一卷
　　（唐）釋玄奘譯
　　　　半畝園叢書・新刊釋氏十三經
般若波羅蜜多心經一卷
　　　　敦煌石室遺書
妙法蓮華經七卷
　　（姚秦）釋鳩摩羅什譯
　　　　半畝園叢書・新刊釋氏十三經
佛垂般涅槃略說教誡經（一名佛遺教經）

金剛經訂義一卷
　　(清)俞樾撰
　　　　春在堂全書・俞樓雜纂
金剛經易氏本一卷
　　　　琴志樓叢書
摩訶般若波羅蜜多心經一卷
　　(明)林兆恩撰
　　　　稗乘
心經易氏本一卷
　　　　琴志樓叢書
心經懸解一卷
　　(民國)余重耀撰
　　　　遯廬叢著
佛說四十二章經注一卷
　　宋眞宗撰
　　　　郋園先生全書
經義二種
　　　　貞松堂藏西陲祕籍叢殘第三集
唐人行書經義一卷
　　　　貞松堂藏西陲祕籍叢殘第三集

論疏之屬

大乘起信論詮一卷
　　(民國)余重耀撰
　　　　遯廬叢著
大乘起信論綱要一卷
　　(民國)余重耀撰
　　　　遯廬叢著
大乘起信論表一卷
　　(民國)余重耀撰
　　　　遯廬叢書

諸宗之屬

令旨解二諦義一卷
　　(梁)蕭統撰
　　　　續百川學海甲集
　　　　說郛(宛委山堂本)弓八
寶藏論一卷
　　(後秦)釋僧肇撰
　　　　函海(乾隆本、道光本)第二函
　　　　函海(光緒本)第四函
　　　　叢書集成初編・宗教類
肇論中吳集解三卷
　　(宋)釋淨源撰
　　　　宸翰樓叢書(宣統本、重編本)
義學删稿一卷

　　(民國)余重耀撰
　　　　遯廬叢著
八識規矩頌詮解一卷
　　(民國)余重耀撰
　　　　遯廬叢著
相宗絡索一卷
　　(清)王夫之撰
　　　　船山遺書(民國本)
成唯識論詮一卷
　　(民國)余重耀撰
　　　　遯廬叢著
佛乘階位一卷
　　(民國)余重耀撰
　　　　遯廬叢著
法界觀一卷
　　(民國)余重耀撰
　　　　遯廬叢著
止觀輔行傳宏決(一名輔行記)一卷
　　(唐)釋湛然撰　(清)胡澍錄
　　　　滂喜齋叢書第一函
輔行記校注一卷
　　(民國)楊嘉撰
　　　　墨香簃叢編
天台四敎儀節要一卷
　　(民國)余重耀撰
　　　　遯廬叢著
龍舒居士淨土文一卷
　　(宋)王日休撰
　　　　敬修堂叢書
西齋淨土詩三卷附錄一卷附校譌一卷
　　(元)釋梵琦撰　校譌(清)胡珽撰
　　　　琳琅祕室叢書(咸豐本)第三集
西齋淨土詩三卷附錄一卷附校譌一卷補
　校一卷
　　(元)釋梵琦撰　校譌(清)胡珽撰　補校
　　(清)董金鑑撰
　　　　琳琅祕室叢書(光緒本)第三集
　　　　叢書集成初編・宗敎類
淨行別品
　　(明)袁黃撰
　　　　了凡雜著
毘陵天甯普能嵩禪師淨土詩一卷附臨終
　舟楫要語一卷
　　(清)釋普能撰
　　　　三餘堂叢刻
淨土義證一卷
　　(民國)金蓉鏡撰
　　　　潛廬全集附

永嘉集一卷
　　(唐)釋元覺撰
　　　　永嘉詩人祠堂叢刻
永嘉證道歌一卷
　　(唐)釋元覺撰
　　　　永嘉詩人祠堂叢刻
昭覺丈雪醉禪師語錄一卷
　　(清)釋昭覺述　(清)釋徹綱等編
　　　　黎氏家集附
禪學一卷
　　(明)釋袾宏輯
　　　　格致叢書
禪宗指要一卷
　　(明)周滿撰
　　　　格致叢書
無盡燈(一名客邸塵談)一卷
　　(明)來斯行撰
　　　　廣快書
靜坐要訣一卷
　　(明)袁黃撰
　　　　了凡雜著
勝義諦一卷
　　　　覆古介書後集
觀老莊影響論一卷
　　(明)釋德清(憨山道人)撰
　　　　快書
指月錄三十二卷
　　(明)瞿汝稷撰
　　　　牛畝園叢書
唱經堂聖人千案一卷
　　(清)金人瑞撰
　　　　唱經堂才子書・聖歎內書
　　　　風雨樓叢書・貫華堂才子書彙稿・聖
　　　　　歎內書
　聖人千案一卷
　　　　中國文學珍本叢書第一輯・唱經堂才
　　　　　子書彙稿十一種
心燈錄六卷
　　(清)湛愚老人撰
　　　　金陵叢書丙集
報恩論三卷附錄二卷
　　(清)沈善登撰
　　　　沈穀成易學

總錄之屬

概　論

釋氏稽古略四卷

　　(元)釋覺岸撰
　　　　四庫全書・子部釋家類
佛祖通載二十二卷
　　(元)釋念常撰
　　　　四庫全書・子部釋家類
鬱單越頌一卷
　　(清)黃周星撰
　　　　檀几叢書第四帙
象敎皮編六卷
　　(明)陳士元輯
　　　　學津討原(嘉慶本、景嘉慶本)第二十
　　　　　集
　　　　叢書集成初編・宗敎類
釋迦牟尼如來像法滅盡之記一卷
　　(唐)釋法成譯
　　　　敦煌遺書第一集
清初僧諍記三卷表一卷
　　　　陳垣撰
　　　　勵耘書屋叢刻第二集
蘊入處界諸緣義一卷
　　(民國)余重耀撰
　　　　遜盧叢著
法海衍派一卷
　　(民國)余重耀撰
　　　　遜盧叢著

雜　說

牟子(一名理惑論)一卷
　　(漢)牟融撰
　　　　子書百家・雜家類
　　　　百子全書・雜家類
牟子一卷
　　(漢)牟融撰　(清)孫星衍校
　　　　平津館叢書(嘉慶本、光緒本)
牟子校補一卷
　　(民國)邵瑞彭撰
　　　　邵次公遺著
法苑珠林一卷
　　　　說郛(宛委山堂本)弓二十六
　　　　古今說部叢書二集
法苑珠林一百二十卷
　　(唐)釋道世撰
　　　　四庫全書・子部釋家類
　　　　四部叢刊(初次印本、二次印本、縮印
　　　　　二次印本)・子部
　法苑珠林一卷
　　　　唐人說薈(乾隆本、道光本、宣統石印
　　　　　本、民國石印本)二集

唐代叢書二集

法苑珠林二十四則
　　舊小說（民國本、1957 年本）乙集

大藏治病藥
　　（唐）釋靈澈撰
　　　居家必備・懿訓

治病藥一卷
　　　水邊林下

大藏治病藥一卷
　　　五朝小說・唐人百家小說瑣記家
　　　五朝小說大觀・唐人百家小說瑣記家
　　　唐人說薈（乾隆本、道光本、宣統石印
　　　　本、民國石印本）四集
　　　唐代叢書四集
　　　遜敏堂叢書

法藏碎金錄一卷
　　（宋）晁迴撰
　　　說郛（宛委山堂本）弓三十六

法藏碎金錄十卷
　　　四庫全書・子部釋家類

晁文元公道院集要三卷
　　（宋）晁迴撰　（宋）王古刪定
　　　晁氏三先生集

道院集要三卷
　　　四庫全書・子部釋家類

林間錄二卷後集一卷
　　（宋）釋惠洪撰
　　　四庫全書・子部釋家類

羅湖野錄四卷
　　（宋）釋曉瑩撰
　　　寶顏堂祕笈（萬曆本、民國石印本）續
　　　　集
　　　四庫全書・子部釋家類
　　　叢書集成初編・史地類

羅湖野錄一卷
　　　唐宋叢書・子餘
　　　說郛（宛委山堂本）弓二十一

羅湖野錄二卷
　　　豫恕堂叢書

禪本草一卷
　　（宋）釋慧日撰
　　　說郛（宛委山堂本）弓七十六
　　　五朝小說・宋人百家小說瑣記家
　　　五朝小說大觀・宋人百家小說瑣記家

禪門本草補一卷
　　（明）袁中道撰
　　　說郛續弓二十九

北山錄一卷

（宋）口口撰
　　　說郛（宛委山堂本）弓三十二

北山錄
　　　說郛（商務印書館本）卷三

牧牛圖頌一卷又十頌一卷
　　（口）釋普明等撰
　　　喜咏軒叢書甲編

竹窗合筆一卷
　　（明）釋袾宏撰
　　　快書

竹窗隨筆一卷
　　　潛園集錄

證佛名譚一卷
　　（明）江皋撰　（明）釋袾宏輯
　　　格致叢書

雙樹幻鈔三卷
　　（明）胡應麟撰
　　　少室山房四集・筆叢
　　　廣雅書局叢書・雜著・少室山房集・
　　　　少室山房筆叢
　　　明清筆記叢刊・少室山房筆叢

袁生懺法
　　（明）袁黃撰
　　　了凡雜著

拈花錄一卷
　　（明）黃淵耀撰
　　　谷簾先生遺書

頂門針一卷
　　（明）徐𡖖石撰
　　　快書

奏對機緣一卷
　　（清）釋道忞撰
　　　昭代叢書（康熙本）乙集第三帙
　　　昭代叢書（道光本）別集

旅菴奏對錄一卷
　　（清）釋本月撰
　　　會稽徐氏初學堂聚書輯錄

念佛三昧一卷
　　（清）金人瑞撰
　　　檀几叢書二集第三帙

此木軒木食一卷
　　（清）焦袁熹撰
　　　此木軒全集

佛解一卷
　　（清）畢熙暘撰
　　　檀几叢書二集第三帙

讀佛祖四十偈私記一卷
　　（清）汪縉撰

汪子遺書

梵珠一卷
　　(清)俞樾撰
　　　　春在堂全書·曲園雜纂
法海諦塵一卷
　　(民國)余重耀撰
　　　　遯廬叢著
法海溯源一卷
　　(民國)余重耀撰
　　　　遯廬叢著
佛學筆記一卷
　　(民國)徐昂撰
　　　　徐氏全書

感　應

金剛經鳩異一卷
　　(唐)段成式撰
　　　　說郛(宛委山堂本)弜一百十六
　　　　五朝小說·唐人百家小說瑣記家
　　　　五朝小說大觀·唐人百家小說瑣記家
　　　　唐人說薈(乾隆本、道光本、宣統石印
　　　　本、民國石印本)六集
　　　　唐代叢書六集
　　　　潛園集錄
鸚鵡舍利塔記一卷
　　(唐)韋臯撰
　　　　合刻三志·志幻類
　　　　唐人說薈(乾隆本、道光本、宣統石印
　　　　本、民國石印本)六集
　　　　唐代叢書六集
瞻禮舍利記一卷
　　(明)李封若撰
　　　　廣快書
現果隨錄一卷
　　(清)釋戒顯撰
　　　　說鈴(康熙本、道光本)後集
　　　　潛園集錄
佛法靈感記一卷
　　(民國)張伯楨撰
　　　　滄海叢書第三輯

護　敎

弘明集十四卷
　　(梁)釋僧祐撰
　　　　四庫全書·子部釋家類
　　　　四部叢刊(初次印本、二次印本、縮印
　　　　二次印本)·子部
　　　　四部備要(排印本、縮印本)·子部釋

　　　　　　道家
廣弘明集三十卷
　　(唐)釋道宣撰
　　　　四庫全書·子部釋家類
　　　　四部叢刊(初次印本、二次印本、縮印
　　　　二次印本)·子部
　廣弘明集四十卷
　　　　四部備要(排印本、縮印本)·子部釋
　　　　道家
宗禪辯一卷
　　(宋)張商英撰
　　　　稗乘
　　　　叢書集成初編·宗敎類
　護法論
　　　　說郛(商務印書館本)卷八十五
折疑論二卷續增補折疑頌論詩二卷
　　(元)釋子成撰
　　　　高昌祕笈甲集

音　義

一切經音義二十五卷
　　(唐)釋玄應撰
　　　　宛委別藏
　一切經音義殘一卷
　　　　敦煌祕籍留眞新編下卷
一切經音義二十五卷
　　(唐)釋玄應撰　　(淸)莊炘(淸)錢坫(淸)孫
　　星衍校
　　　　海山仙館叢書
　　　　叢書集成初編·宗敎類
一切經音義校勘記一卷
　　(民國)邵瑞彭撰
　　　　邵次公遺著
翻譯名義集七卷
　　(宋)釋法雲撰
　　　　四部叢刊(初次印本、二次印本、縮印
　　　　二次印本)·子部
悉曇字記一卷
　　(唐)釋智廣撰
　　　　蟫隱廬叢書
佛爾雅八卷
　　(清)周春撰
　　　　蟄雲雷齋叢書
新譯大方廣佛華嚴經音義二卷
　　(唐)釋慧苑撰
　　　　獨抱廬叢刻
大方廣佛華嚴經音義四卷
　　　　守山閣叢書(道光本、鴻文書局景道光

本、博古齋景道光本）・子部

新譯大方廣佛華嚴經音義四卷

粤雅堂叢書二編第十二集

新譯大方廣佛華嚴經音義二卷附敍錄一
卷

　（唐）釋慧苑撰　　敍錄（清）臧庸輯

　　拜經堂叢書（同述觀本、景同述觀本）

楞嚴咒校勘記一卷

　（民國）徐昂撰

　　徐氏全書

序　讚

唐人草書經贊一卷

　　貞松堂藏西陲祕籍叢殘第三集

五臺山聖境讚殘卷

　（唐）釋玄本述

　　敦煌石室遺書

佛國禪師文殊指南圖讚一卷

　　吉石盦叢書初集

禪林餘藻一卷

　（明）陸樹聲撰

　　陸學士雜著

護國寺元人諸天畫像讚一卷

　（明）傅巖撰

　　武林掌故叢編第十八集

古寫經尾題錄存一卷附補遺一卷

　（民國）羅福萇輯　補遺羅福葆輯

　　永豐鄉人雜著續編附

圓音一卷

　（民國）余重耀撰

　　遯廬叢著

其他宗教類

回教之屬

天方典禮擇要解二十卷後編一卷

　（清）劉智撰

　　金陵叢書丙集

摩尼教之屬

摩尼經殘卷附摩尼教流行中國考略一卷

　附（民國）蔣斧撰

　　敦煌石室遺書

摩尼教規殘一卷

　　鳴沙石室佚書續編

景教之屬

景教三威蒙度讚一卷

　　敦煌石室遺書

　　鳴沙石室佚書續編

景教流行中國碑頌一卷

　（唐）釋景淨撰

　　天學初函・理編・西學凡附

耶教之屬

天主實義二卷

　（明西洋）利瑪竇撰

　　天學初函・理編

重刻畸人十篇二卷

　（明西洋）利瑪竇撰

　　天學初函・理編

辨學遺牘一卷

　（明西洋）利瑪竇（明）虞淳熙撰

　　天學初函・理編

七克七卷

　（明西洋）龐迪我撰

　　天學初函・理編

靈言蠡勺二卷

　（明西洋）畢方濟口譯　（明）徐光啓筆錄

　　天學初函・理編

耶穌教難入中國說一卷

　（清）梁廷枏撰

　　海國四說

讀新約全書一卷

　（民國）徐昂撰

　　徐氏全書

中國叢書綜錄

子目分類目錄

集　部

集　部

楚　辭　類

楚辭章句十七卷
　　（漢）王逸撰
　　　　四庫全書・集部楚詞類
　　　　湖北叢書
　　　　叢書集成初編・文學類
楚辭章句一卷
　　（漢）王逸撰
　　　　增定漢魏六朝別解・子部
楚詞補註十七卷
　　（宋）洪興祖撰
　　　　四庫全書・集部楚詞類
　　　　摛藻堂四庫全書薈要・集部
　　　　惜陰軒叢書（道光本、光緒本）第十五
　　　　函
　　　　叢書集成初編・文學類
　楚辭十七卷
　　（漢）王逸章句　（宋）洪興祖補注
　　　　四部叢刊（初次印本、二次印本、縮印
　　　　二次印本）・集部
　　　　楚辭四種
　　　　四部備要（排印本、縮印本）・集部楚
　　　　辭
楚辭集註八卷辨證二卷後語六卷
　　（宋）朱熹撰
　　　　四庫全書・集部楚詞類
　　　　古逸叢書
　　　　西京清麓叢書續編
　楚辭集註八卷辯證二卷後語二卷
　　　　洪氏唐石經館叢書
　　　　崇文書局彙刻書
楚辭通釋十四卷末一卷
　　（清）王夫之撰
　　　　船山遺書（同治本、民國本）
山帶閣註楚詞六卷餘論二卷
　　（清）蔣驥撰

　　　　四庫全書・集部楚詞類
楚辭輯解正編六卷外編二卷後語六卷首
　　二卷附錄六卷
　　（清）丁元正撰
　　　　衡望堂叢書初稿
楚辭新注八卷
　　（清）屈復撰
　　　　關中叢書第七集
讀楚辭一卷
　　（清）俞樾撰
　　　　春在堂全書・俞樓雜纂
楚辭平議補錄
　　（清）俞樾撰
　　　　諸子平議補錄（李念劬堂本、中華書局
　　　　排印本）
楚辭釋十一卷
　　（民國）王闓運撰
　　　　湘綺樓全書
楚詞講義一卷
　　（民國）廖平撰
　　　　新訂六譯館叢書・詩經類
楚辭拾遺一卷
　　陳直撰
　　　　楚辭四種
楚辭二卷
　　（周）屈原撰
　　　　莊騷合刻
楚辭五卷
　　（周）屈原撰
　　　　乾坤正氣集
楚辭一卷
　　（周）屈原撰　（清）任兆麟選輯
　　　　述記（乾隆本、嘉慶本）
屈大夫文八卷
　　（周）屈原撰　（宋）朱熹集注
　　　　屈賈文合編
玉虛子
　　（周）屈原撰　（明）歸有光輯評

諸子彙函

屈子楚辭一卷
(周)屈原撰　(清)錢澄之注
桐城錢飲光先生全書·莊屈合詁

屈原賦注初稿三卷
(清)戴震撰
安徽叢書第六期·戴東原先生全集

屈原賦注七卷通釋二卷附音義三卷
(清)戴震撰　音義(清)汪梧鳳撰
廣雅書局叢書·集部
湖北先正遺書·集部
楚辭四種

屈原賦戴氏注七卷通釋二卷附音義三卷
安徽叢書第六期·戴東原先生全集

屈辭精義六卷
(清)陳本禮撰
江都陳氏叢書

楚辭考異一卷
(民國)劉師培撰
劉申叔先生遺書

屈賦微二卷
(民國)馬其昶撰
馬氏家刻集
集虛草堂叢書甲集

離騷集傳一卷
(宋)錢杲之撰
知不足齋叢書(乾隆至道光本、景乾隆
至道光本)第十二集
龍威祕書二集
宛委別藏
藝苑捃華
崇文書局彙刻書
鐵琴銅劍樓叢書
隨盦徐氏叢書

離騷一卷
(周)屈原撰　(宋)錢杲之集傳
古書叢刊第一輯乙集

離騷經訂註一卷
(明)趙南星撰
味檗齋遺書

離騷經一卷
(周)屈原撰　(清)李光地注
安溪李文貞公解義三種
榕村全書

離騷經解一卷
(清)李光地撰
李文貞公全集

離騷經註一卷
榕園叢書丙集

離騷經正義一卷
(清)方苞撰
抗希堂十六種

楚辭達一卷
(清)魯筆撰
二餘堂叢書

屈子離騷彙訂三卷雜文箋略二卷首一卷
(清)王邦采撰
廣雅書局叢書·集部

離騷解一卷
(清)謝濟世撰
梅莊雜著

離騷經章句疏義一卷
(清)張象津撰
白雲山房集

離騷箋二卷
(清)龔景瀚撰
澹靜齋全集
崇文書局彙刻書

離騷賦補注一卷
(清)朱駿聲撰
朱氏羣書

離騷注一卷
(民國)王樹枏撰
陶廬叢刻

離騷逆志一卷
(民國)魏元曠注
魏氏全書·潛園統編類編·述古錄

離騷釋例一卷
(民國)廖平撰
新訂六譯館叢書·詩經類

騷旨詩詮一卷
(民國)余重耀撰
遯廬叢書·遯廬文稿

九歌一卷
(周)屈原撰　(清)李光地注
安溪李文貞公解義三種·離騷經附
榕村全書·離騷經附

九歌注一卷
(清)李光地撰
李文貞公全集
榕園叢書丙集·離騷經註附

九歌解一卷
(清)辛紹業撰
敬堂遺書

天問天對解一卷

　　　　(宋)楊萬里撰
　　　　　豫章叢書(胡思敬輯)
天問補註一卷
　　　　(清)毛奇齡撰
　　　　　西河合集(康熙本、乾隆修補重印本)
　　　　　　・文集
天問校正一卷
　　　　(清)屈復撰
　　　　　昭代叢書(道光本)・辛集別編
楚辭天問箋一卷
　　　　(清)丁晏撰
　　　　　廣雅書局叢書・集部
鹿谿子
　　　　(周)宋玉撰　　(明)歸有光輯評
　　　　　諸子彙函
巫山神女夢一卷
　　　　(周)宋玉撰
　　　　　合刻三志・志夢類
解招魂一卷
　　　　(清)方東樹撰
　　　　　方植之全集・陶詩附考附
高唐賦新釋一卷
　　　　(民國)廖平撰
　　　　　新訂六譯館叢書・詩經類
楚辭音殘一卷
　　　　(隋)釋道騫撰
　　　　　庚辰叢編
　　　　　敦煌祕籍留眞新編下卷
楚辭說韻一卷
　　　　(清)蔣驥撰
　　　　　四庫全書・集部楚辭類・山帶閣注楚
　　　　　辭附
楚詞辨韻一卷
　　　　(清)陳昌齊撰
　　　　　嶺南遺書第五集
　　　　　叢書集成初編・語文學類
楚辭音義一卷
　　　　(清)陳昌齊撰
　　　　　賜書堂全集
離騷釋韻一卷
　　　　(清)蔣曰豫撰
　　　　　蔣侑石遺書・滂喜齋學錄
楚辭音一卷
　　　　(民國)徐昂撰
　　　　　徐氏全書
離騷草木疏四卷
　　　　(宋)吳仁傑撰
　　　　　四庫全書・集部楚詞類

　　　　　知不足齋叢書(乾隆至道光本、景乾隆
　　　　　　至道光本)第七集
　　　　　龍威祕書二集
　　　　　反約篇
　　　　　榕園叢書丙集
　　　　　藝苑捃華
　　　　　崇文書局彙刻書
　　　　　叢書集成初編・自然科學類
楚辭芳草譜一卷
　　　　(宋)謝翱撰
　　　　　說郛(宛委山堂本)另一百四
　　　　　香豔叢書第五集
離騷草木史十卷拾細一卷
　　　　(明)周拱辰撰
　　　　　周孟侯先生全書
楚辭人名考一卷
　　　　(清)俞樾撰
　　　　　春在堂全書・俞樓雜纂
楚騷綺語六卷
　　　　(明)張之象輯
　　　　　文林綺繡(凌迪知輯)
　　　　　融經館叢書
　　　　　文林綺繡(鴻寶齋書局輯)
離騷圖一卷
　　　　(清)蕭雲從繪
　　　　　喜咏軒叢書丙編
　離騷圖經一卷
　　　　　楚辭四種
欽定補繪離騷全圖三卷
　　　　(清)蕭雲從繪　清乾隆四十七年補繪
　　　　　四庫全書・集部楚詞類
　　　　　影印四庫全書四種
　欽定補繪離騷圖三卷
　　　　　喜咏軒叢書戊編
陳老蓮離騷圖像一卷
　　　　(清)陳洪綬繪
　　　　　喜咏軒叢書丙編
反離騷一卷
　　　　(漢)揚雄撰
　　　　　古書叢刊第二輯丁集
　　　　　擇是居叢書初集

別集類

漢

賈長沙集一卷

（漢）賈誼撰
　　漢魏六朝百三名家集（張氏本、壽考堂
　　本、信述堂本、經濟堂本、翰墨山房
　　本、掃葉山房石印本、四川官印局
　　本）

賈太傅文一卷
　　屈賈文合編

賈長沙集
　　（漢）賈誼撰
　　　增定漢魏六朝別解·集部

賈長沙集選一卷
　　（漢）賈誼撰　（清）吳汝綸評選
　　　漢魏六朝百三家集選

枚叔集一卷
　　（漢）枚乘撰　（清）丁晏輯
　　　漢魏六朝名家集初刻
　　　楚州叢書第一集

司馬長卿集一卷
　　（漢）司馬相如撰
　　　漢魏諸名家集

司馬文園集一卷
　　漢魏六朝百三名家集（張氏本、壽考堂
　　本、信述堂本、經濟堂本、翰墨山房
　　本、掃葉山房石印本、四川官印局
　　本）

司馬長卿集二卷
　　（漢）司馬相如撰
　　　漢魏六朝名家集初刻

司馬文園集選一卷
　　（漢）司馬相如撰　（清）吳汝綸評選
　　　漢魏六朝百三家集選

與相如書
　　（漢）卓文君撰
　　　綠窗女史·著撰部啓牘

白頭吟
　　（漢）卓文君撰
　　　綠窗女史·著撰部辭咏

司馬相如誄
　　（漢）卓文君撰
　　　綠窗女史·著撰部誄祭

董仲舒集一卷
　　（漢）董仲舒撰
　　　漢魏諸名家集

董膠西集一卷
　　漢魏六朝百三名家集（張氏本、壽考堂
　　本、信述堂本、經濟堂本、翰墨山房
　　本、掃葉山房石印本、四川官印局
　　本）

董子文集一卷
　　畿輔叢書
　　叢書集成初編·哲學類

董膠西集
　　（漢）董仲舒撰
　　　增定漢魏六朝別解·集部

東方先生集一卷
　　（漢）東方朔撰
　　　漢魏諸名家集

東方大中集一卷
　　漢魏六朝百三名家集（張氏本、壽考堂
　　本、信述堂本、經濟堂本、翰墨山房
　　本、掃葉山房石印本、四川官印局
　　本）

吉雲子
　　（漢）東方朔撰　（明）歸有光輯評
　　　諸子彙函

司馬子長集一卷
　　（漢）司馬遷撰
　　　漢魏六朝名家集初刻

漢劉中壘集一卷
　　（漢）劉向撰
　　　漢魏六朝百三名家集（張氏本、壽考堂
　　本、信述堂本、經濟堂本、翰墨山房
　　本、掃葉山房石印本、四川官印局
　　本）

劉子政集
　　（漢）劉向撰
　　　增定漢魏六朝別解　集部

漢劉子駿集一卷
　　（漢）劉歆撰
　　　漢魏六朝百三名家集（張氏本、壽考堂
　　本、信述堂本、經濟堂本、翰墨山房
　　本、掃葉山房石印本、四川官印局
　　本）

劉子駿集
　　（漢）劉歆撰
　　　增定漢魏六朝別解·集部

劉子駿集選一卷
　　（漢）劉歆撰　（清）吳汝綸評選
　　　漢魏六朝百三家集選

王諫議集一卷
　　（漢）王褒撰
　　　漢魏六朝百三名家集（張氏本、壽考堂
　　本、信述堂本、經濟堂本、翰墨山房
　　本、掃葉山房石印本、四川官印局
　　本）

漢褚先生集一卷

（漢）褚少孫撰
　　漢魏六朝百三名家集（張氏本、壽考堂本、信述堂本、經濟堂本、翰墨山房本、掃葉山房石印本、四川官印局本）

叔皮集一卷
　（漢）班彪撰
　　關隴叢書·扶風班氏佚書

揚子雲集三卷
　（漢）揚雄撰
　　漢魏諸名家集

揚侍郎集一卷
　（漢）揚雄撰
　　漢魏六朝百三名家集（張氏本、壽考堂本、信述堂本、經濟堂本、翰墨山房本、掃葉山房石印本、四川官印局本）

揚侍郎集
　（漢）揚雄撰
　　增定漢魏六朝別解·集部

揚子雲集六卷
　（漢）揚雄撰
　　四庫全書·集部別集類

揚子雲集四卷
　（漢）揚雄撰
　　漢魏六朝名家集初刻

揚侍郎集選一卷
　（漢）揚雄撰　（清）吳汝綸評選
　　漢魏六朝百三家集選

馮曲陽集一卷
　（漢）馮衍撰
　　漢魏六朝百三名家集（張氏本、壽考堂本、信述堂本、經濟堂本、翰墨山房本、掃葉山房石印本、四川官印局本）

馮曲陽集一卷
　（漢）馮衍撰　（民國）張鵬一校補
　　關隴叢書

班蘭臺集一卷
　（漢）班固撰
　　漢魏六朝百三名家集（張氏本、壽考堂本、信述堂本、經濟堂本、翰墨山房本、掃葉山房石印本、四川官印局本）

　蘭臺集一卷
　　關隴叢書·扶風班氏佚書

班蘭臺集
　（漢）班固撰

增定漢魏六朝別解·集部

班孟堅集三卷
　（漢）班固撰
　　漢魏六朝名家集初刻

曹大家集一卷
　（漢）班昭撰
　　關隴叢書·扶風班氏佚書

傅司馬集一卷
　（漢）傅毅撰
　　關隴叢書

傅蘭臺集一卷
　（漢）傅毅撰　（清）傅以禮輯
　　傅氏家書

東漢崔亭伯集一卷
　（漢）崔駰撰
　　漢魏六朝百三名家集（張氏本、壽考堂本、信述堂本、經濟堂本、翰墨山房本、掃葉山房石印本、四川官印局本）

崔亭伯集
　（漢）崔駰撰
　　增定漢魏六朝別解·集部

漢蘭臺令李伯仁集（一名李蘭臺集）一卷
　（漢）李尤撰
　　漢魏六朝百三名家集（張氏本、壽考堂本、信述堂本、經濟堂本、翰墨山房本、掃葉山房石印本、四川官印局本）

張河間集二卷
　（漢）張衡撰
　　漢魏六朝百三名家集（張氏本、壽考堂本、信述堂本、經濟堂本、翰墨山房本、掃葉山房石印本、四川官印局本）

張河澗集
　（漢）張衡撰
　　增定漢魏六朝別解·集部

東漢馬季長集一卷
　（漢）馬融撰
　　漢魏六朝百三名家集（張氏本、壽考堂本、信述堂本、經濟堂本、翰墨山房本、掃葉山房石印本、四川官印局本）

東漢王叔師集一卷
　（漢）王逸撰
　　漢魏六朝百三名家集（張氏本、壽考堂本、信述堂本、經濟堂本、翰墨山房本、掃葉山房石印本、四川官印局本）

　　　　　　本)

　　　王叔師集一卷
　　　　　漢魏六朝名家集初刻

皇甫司農集一卷
　　　(漢)皇甫規撰
　　　　　二酉堂叢書

張太常集一卷
　　　(漢)張奐撰
　　　　　二酉堂叢書

趙太常集一卷
　　　(漢)趙岐撰
　　　　　關隴叢書

段太尉集一卷
　　　(漢)段熲撰
　　　　　二酉堂叢書

鄭司農集一卷
　　　(漢)鄭玄撰
　　　　　雅雨堂藏書

　　　鄭康成集一卷
　　　　　漢魏六朝名家集初刻

蔡中郎集八卷
　　　(漢)蔡邕撰
　　　　　漢魏諸名家集

蔡中郎集二卷
　　　(漢)蔡邕撰
　　　　　漢魏六朝百三名家集(張氏本、壽考堂
　　　　　本、信述堂本、經濟堂本、翰墨山房
　　　　　本、掃葉山房石印本、四川官印局
　　　　　本)

蔡中郎集
　　　(漢)蔡邕撰
　　　　　增定漢魏六朝別觧·集部

蔡中郎集六卷
　　　(漢)蔡邕撰
　　　　　四庫全書·集部別集類

蔡中郎集十卷外紀一卷外集四卷
　　　(漢)蔡邕撰
　　　　　海源閣叢書
　　　　　四部備要(排印本、縮印本)·集部漢
　　　　　魏六朝別集

　　蔡中郎文集十卷外傳一卷
　　　　　十萬卷樓叢書二編
　　　　　四部叢刊(初次印本)·集部
　　　　　四部叢刊(二次印本、縮印二次印本)
　　　　　·集部

蔡中郎集十二卷
　　　(漢)蔡邕撰
　　　　　漢魏六朝名家集初刻

蔡中郎集選一卷
　　　(漢)蔡邕撰　(淸)吳汝綸評選
　　　　　漢魏六朝百三家集選

東漢荀侍中集一卷
　　　(漢)荀悅撰
　　　　　漢魏六朝百三名家集(張氏本、壽考堂
　　　　　本、信述堂本、經濟堂本、翰墨山房
　　　　　本、掃葉山房石印本、四川官印局
　　　　　本)

荀侍中集
　　　(漢)荀悅撰
　　　　　增定漢魏六朝別觧·集部

趙計吏集一卷
　　　(漢)趙壹撰
　　　　　關隴叢書

答夫秦嘉書
　　　(漢)徐淑撰
　　　　　綠窗女史·著撰部啓牘

再答夫秦嘉書
　　　(漢)徐淑撰
　　　　　綠窗女史·著撰部啓牘

胡笳十八拍
　　　(漢)蔡琰撰
　　　　　綠窗女史·著撰部辭咏

徐偉長集六卷
　　　(漢)徐幹撰
　　　　　彙刻建安七子集(崇禎本、乾隆本)

徐偉長集一卷
　　　(漢)徐幹撰
　　　　　建安七子集
　　　　　漢魏六朝名家集初刻

孔少府集一卷
　　　(漢)孔融撰
　　　　　漢魏六朝百三名家集(張氏本、壽考堂
　　　　　本、信述堂本、經濟堂本、翰墨山房
　　　　　本、掃葉山房石印本、四川官印局
　　　　　本)

　　　孔北海集一卷
　　　　　四庫全書·集部別集類
　　　　　乾坤正氣集

　　　孔文舉集一卷
　　　　　建安七子集
　　　　　漢魏六朝名家集初刻

孔少府集
　　　(漢)孔融撰
　　　　　增定漢魏六朝別觧·集部

王侍中集一卷
　　　(漢)王粲撰

漢魏六朝百三名家集(張氏本、壽考堂
　本、信述堂本、經濟堂本、翰墨山房
　本、掃葉山房石印本、四川官印局
　本)

王仲宣集一卷
　　　建安七子集

王侍中集
　(漢)王粲撰
　　　增定漢魏六朝別解・集部

王仲宣集四卷
　(漢)王粲撰
　　　彙刻建安七子集(崇禎本、乾隆本)

王仲宣集三卷
　(漢)王粲撰
　　　漢魏六朝名家集初刻

魏阮元瑜集一卷
　(漢)阮瑀撰
　　　漢魏六朝百三名家集(張氏本、壽考堂
　　　本、信述堂本、經濟堂本、翰墨山房
　　　本、掃葉山房石印本、四川官印局
　　　本)

阮元瑜集一卷
　　　彙刻建安七子集(崇禎本、乾隆本)
　　　建安七子集
　　　漢魏六朝名家集初刻

阮元瑜集
　(漢)阮瑀撰
　　　增定漢魏六朝別解・集部

魏應德璉集一卷
　(漢)應瑒撰
　　　漢魏六朝百三名家集(張氏本、壽考堂
　　　本、信述堂本、經濟堂本、翰墨山房
　　　本、掃葉山房石印本、四川官印局
　　　本)

應德璉集一卷
　　　建安七子集
　　　漢魏六朝名家集初刻

應德璉集二卷
　(漢)應瑒撰
　　　彙刻建安七子集(崇禎本、乾隆本)

陳記室集一卷
　(漢)陳琳撰
　　　漢魏六朝百三名家集(張氏本、壽考堂
　　　本、信述堂本、經濟堂本、翰墨山房
　　　本、掃葉山房石印本、四川官印局
　　　本)

陳孔璋集一卷
　　　建安七子集

漢魏六朝名家集初刻
楚州叢書第一集

陳記室集
　(漢)陳琳撰
　　　增定漢魏六朝別解・集部

陳孔璋集二卷
　(漢)陳琳撰
　　　彙刻建安七子集(崇禎本、乾隆本)

魏劉公幹集一卷
　(漢)劉楨撰
　　　漢魏六朝百三名家集(張氏本、壽考堂
　　　本、信述堂本、經濟堂本、翰墨山房
　　　本、掃葉山房石印本、四川官印局
　　　本)

劉公幹集一卷
　　　建安七子集
　　　漢魏六朝名家集初刻

劉公幹集二卷
　(漢)劉楨撰
　　　彙刻建安七子集(崇禎本、乾隆本)

問上元夫人書
　(□)西王母撰
　　　綠窗女史・著撰部啓牘

答西王母書
　(□)上元夫人撰
　　　綠窗女史・著撰部啓牘

三　國

魏武帝集一卷
　　　魏武帝撰
　　　漢魏六朝百三名家集(張氏本、壽考堂
　　　本、信述堂本、經濟堂本、翰墨山房
　　　本、掃葉山房石印本、四川官印局
　　　本)

魏武帝集
　　　魏武帝撰
　　　增定漢魏六朝別解・集部

魏武帝集四卷
　　　魏武帝撰
　　　漢魏六朝名家集初刻

與楊夫人袁氏書
　(魏)卞夫人撰
　　　綠窗女史・著撰部啓牘

答卞夫人書
　(魏)袁夫人撰
　　　綠窗女史・著撰部啓牘

桓令君集一卷
　(魏)桓階撰

麓山精舍叢書第一集・湘中名賢遺集
　　五種
魏文帝集二卷
　　魏文帝撰
　　　　漢魏六朝百三名家集（張氏本、壽考堂
　　　　本、信述堂本、經濟堂本、翰墨山房
　　　　本、掃葉山房石印本、四川官印局
　　　　本）
魏文帝集
　　魏文帝撰
　　　　增定漢魏六朝別解・集部
魏文帝集六卷
　　魏文帝撰
　　　　漢魏六朝名家集初刻
陳思王集四卷
　　（魏）曹植撰
　　　　六朝詩集
曹子建集十卷
　　（魏）曹植撰
　　　　漢魏諸名家集
　　　　彙刻建安七子集（崇禎本、乾隆本）
　　　　四庫全書・集部別集類
　　　　四部叢刊（初次印本、二次印本、縮印
　　　　　二次印本）・集部
　　　　續古逸叢書
　　　　四部備要（排印本、縮印本）・集部漢
　　　　　魏六朝別集
　曹子建文集十卷
　　　　密韻樓景宋本七種
陳思王集二卷
　　（魏）曹植撰
　　　　漢魏六朝百三名家集（張氏本、壽考堂
　　　　本、信述堂本、經濟堂本、翰墨山房
　　　　本、掃葉山房石印本、四川官印局
　　　　本）
　魏曹子建集二卷
　　　　三家詩
陳思王集
　　（魏）曹植撰
　　　　增定漢魏六朝別解・集部
鏡機子
　　（魏）曹植撰　（明）歸有光輯評
　　　　諸子彙函
曹子建集十卷逸文一卷
　　（魏）曹植撰　（清）丁晏銓評
　　　　漢魏六朝名家集初刻
曹集考異十二卷
　　（魏）曹植撰　（清）朱緒曾考異

金陵叢書丙集
陳思王集選一卷
　　（魏）曹植撰　（清）吳汝綸評選
　　　　漢魏六朝百三家集選
曹子建詩箋二卷
　　（魏）曹植撰　古直箋
　　　　層冰草堂叢書
曹子建詩箋定本四卷
　　（魏）曹植撰　古直箋
　　　　層冰堂五種
洛神賦一卷
　　（魏）曹植撰
　　　　合刻三志・志夢類・巫山神女夢附
阮嗣宗集三卷
　　（魏）阮籍撰
　　　　六朝詩集
阮嗣宗集二卷
　　（魏）阮籍撰
　　　　漢魏諸名家集
阮步兵集一卷
　　（魏）阮籍撰
　　　　漢魏六朝百三名家集（張氏本、壽考堂
　　　　本、信述堂本、經濟堂本、翰墨山房
　　　　本、掃葉山房石印本、四川官印局
　　　　本）
阮步兵集
　　（魏）阮籍撰
　　　　增定漢魏六朝別解・集部
阮嗣宗集四卷
　　（魏）阮籍撰
　　　　漢魏六朝名家集初刻
阮步兵集選一卷
　　（魏）阮籍撰　（清）吳汝綸評選
　　　　漢魏六朝百三家集選
阮嗣宗詠懷詩箋定本一卷
　　（魏）阮籍撰　古直箋
　　　　層冰堂五種
嵇中散集一卷
　　（魏）嵇康撰
　　　　六朝詩集
　　　　漢魏六朝百三名家集（張氏本、壽考堂
　　　　本、信述堂本、經濟堂本、翰墨山房
　　　　本、掃葉山房石印本、四川官印局
　　　　本）
嵇中散集十卷
　　（魏）嵇康撰
　　　　漢魏諸名家集
　　　　四庫全書・集部別集類

四部叢刊（初次印本、二次印本、縮印
二次印本）・集部

四部備要（排印本、縮印本）・集部漢
魏六朝別集

嵇中散集

（魏）嵇康撰
增定漢魏六朝別解・集部

嵇中散集九卷

（魏）嵇康撰
乾坤正氣集

嵇叔夜集七卷

（魏）嵇康撰
漢魏六朝名家集初刻

嵇中散集佚文一卷

（魏）嵇康撰　（清）王仁俊輯
經籍佚文

靈源子

（魏）嵇康撰　（明）歸有光輯評
諸子彙函

嵇中散集選一卷

（魏）嵇康撰　（清）吳汝綸評選
漢魏六朝百三家集選

魏應休璉集一卷

（魏）應璩撰
漢魏六朝百三名家集（張氏本、壽考堂
本、信述堂本、經濟堂本、翰墨山房
本、掃葉山房石印本、四川官印局
本）

應休璉集

（魏）應璩撰
增定漢魏六朝別解・集部

魏鍾司徒集一卷

（魏）鍾會撰
漢魏六朝百三名家集（張氏本、壽考堂
本、信述堂本、經濟堂本、翰墨山房
本、掃葉山房石印本、四川官印局
本）

鍾司徒集選一卷

（魏）鍾會撰　（清）吳汝綸評選
漢魏六朝百三家集選

劉令君集一卷

（蜀）劉巴撰
麓山精舍叢書第一集・湘中名賢遺集
五種

諸葛丞相集一卷

（蜀）諸葛亮撰
漢魏六朝百三名家集（張氏本、壽考堂
本、信述堂本、經濟堂本、翰墨山房

本、掃葉山房石印本、四川官印局
本）

諸葛武侯集

（蜀）諸葛亮撰
增定漢魏六朝別解・集部

諸葛武侯文集四卷

（蜀）諸葛亮撰
正誼堂全書

諸葛武侯集四卷首一卷

四忠遺集

諸葛忠武侯文集六卷首一卷

（蜀）諸葛亮撰
西京清麓叢書續編・四忠集
新刻諸葛宗岳史四公文集

漢丞相諸葛忠武侯集二十一卷

（蜀）諸葛亮撰
重刊道藏輯要星集

蔣恭侯集一卷

（蜀）蔣琬撰
麓山精舍叢書第一集・湘中名賢遺集
五種

晉

傅鶉觚集一卷

（晉）傅玄撰
漢魏六朝百三名家集（張氏本、壽考堂
本、信述堂本、經濟堂本、翰墨山房
本、掃葉山房石印本、四川官印局
本）

鶉觚集二卷

關隴叢書・北地傅氏遺書

晉司隸校尉傅玄集三卷

（晉）傅玄撰
觀古堂所著書（光緒本、民國重編本）
第二集
郋園先生全書

傅鶉觚集四卷

（晉）傅玄撰
傅氏家書

傅鶉觚集選一卷

（晉）傅玄撰　（清）吳汝綸評選
漢魏六朝百三家集選

晉杜征南集一卷

（晉）杜預撰
漢魏六朝百三名家集（張氏本、壽考堂
本、信述堂本、經濟堂本、翰墨山房
本、掃葉山房石印本、四川官印局
本）

杜征南集
　　　（晉）杜預撰
　　　　　增定漢魏六朝別解・集部
杜征南集選一卷
　　　（晉）杜預撰　（清）吳汝綸評選
　　　　　漢魏六朝百三家集選
晉成公子安集一卷
　　　（晉）成公綏撰
　　　　　漢魏六朝百三名家集（張氏本、壽考堂
　　　　　本、信述堂本、經濟堂本、翰墨山房
　　　　　本、掃葉山房石印本、四川官印局
　　　　　本）
成公子安集選一卷
　　　（晉）成公綏撰　（清）吳汝綸評選
　　　　　漢魏六朝百三家集選
授楊羲書
　　　（晉）衞鑠撰
　　　　　綠窗女史・著撰部啓牘
魏荀公曾集一卷
　　　（晉）荀勖撰
　　　　　漢魏六朝百三名家集（張氏本、壽考堂
　　　　　本、信述堂本、經濟堂本、翰墨山房
　　　　　本、掃葉山房石印本、四川官印局
　　　　　本）
荀公曾集選一卷
　　　（晉）荀勖撰　（清）吳汝綸評選
　　　　　漢魏六朝百三家集選
晉張司空集（一名張茂先集）一卷
　　　（晉）張華撰
　　　　　漢魏六朝百三名家集（張氏本、壽考堂
　　　　　本、信述堂本、經濟堂本、翰墨山房
　　　　　本、掃葉山房石印本、四川官印局
　　　　　本）
　　張司空集一卷
　　　　　乾坤正氣集
傅中丞集一卷
　　　（晉）傅咸撰
　　　　　漢魏六朝百三名家集（張氏本、壽考堂
　　　　　本、信述堂本、經濟堂本、翰墨山房
　　　　　本、掃葉山房石印本、四川官印局
　　　　　本）
　　　　　傅氏家書
　　中丞集一卷
　　　　　關隴叢書・北地傅氏遺書
傅中丞集選一卷
　　　（晉）傅咸撰　（清）吳汝綸評選
　　　　　漢魏六朝百三家集選
孫馮翊集一卷

　　　（晉）孫楚撰
　　　　　漢魏六朝百三名家集（張氏本、壽考堂
　　　　　本、信述堂本、經濟堂本、翰墨山房
　　　　　本、掃葉山房石印本、四川官印局
　　　　　本）
夏侯常侍集一卷
　　　（晉）夏侯湛撰
　　　　　漢魏六朝百三名家集（張氏本、壽考堂
　　　　　本、信述堂本、經濟堂本、翰墨山房
　　　　　本、掃葉山房石印本、四川官印局
　　　　　本）
晉摯太常集一卷
　　　（晉）摯虞撰
　　　　　漢魏六朝百三名家集（張氏本、壽考堂
　　　　　本、信述堂本、經濟堂本、翰墨山房
　　　　　本、掃葉山房石印本、四川官印局
　　　　　本）
　摯太常文集一卷
　　　　　關隴叢書・摯太常遺書
　　　　　關中叢書第四集・摯太常遺書
左太沖集一卷
　　　（晉）左思撰
　　　　　漢魏六朝名家集初刻
鬱金頌
　　　（晉）左芬撰
　　　　　綠窗女史・著撰部贊頌
晉張孟陽集一卷
　　　（晉）張載撰
　　　　　漢魏六朝百三名家集（張氏本、壽考堂
　　　　　本、信述堂本、經濟堂本、翰墨山房
　　　　　本、掃葉山房石印本、四川官印局
　　　　　本）
張孟陽集選一卷
　　　（晉）張載撰　（清）吳汝綸評選
　　　　　漢魏六朝百三家集選
晉張景陽集一卷
　　　（晉）張協撰
　　　　　漢魏六朝百三名家集（張氏本、壽考堂
　　　　　本、信述堂本、經濟堂本、翰墨山房
　　　　　本、掃葉山房石印本、四川官印局
　　　　　本）
張景陽集選一卷
　　　（晉）張協撰　（清）吳汝綸評選
　　　　　漢魏六朝百三家集選
晉束廣微集一卷
　　　（晉）束晳撰
　　　　　漢魏六朝百三名家集（張氏本、壽考堂
　　　　　本、信述堂本、經濟堂本、翰墨山房
　　　　　本、掃葉山房石印本、四川官印局

本)

白雲子
　　(晉)束皙撰　(明)歸有光輯評
　　　　諸子彙函

笙詩補亡一卷
　　(晉)束皙撰　(清)觀頠道人輯
　　　　閬竹居叢書

潘黃門集一卷
　　(晉)潘岳撰
　　　　漢魏六朝百三名家集(張氏本、壽考堂
　　　　本、信述堂本、經濟堂本、翰墨山房
　　　　本、掃葉山房石印本、四川官印局
　　　　本)

潘黃門集六卷
　　(晉)潘岳撰
　　　　漢魏諸名家集

潘黃門集
　　(晉)潘岳撰
　　　　增定漢魏六朝別解·集部

潘安仁集五卷
　　(晉)潘岳撰
　　　　漢魏六朝名家集初刻

潘太常集一卷
　　(晉)潘尼撰
　　　　漢魏六朝百三名家集(張氏本、壽考堂
　　　　本、信述堂本、經濟堂本、翰墨山房
　　　　本、掃葉山房石印本、四川官印局
　　　　本)

潘太常集選一卷
　　(晉)潘尼撰　(清)吳汝綸評選
　　　　漢魏六朝百三家集選

陸士衡集十卷
　　(晉)陸機撰
　　　　晉二俊文集(正德本、萬曆本)
　　　　漢魏諸名家集·晉二俊文集
　　　　漢魏六朝名家集初刻
　　　　四部備要 (排印本、縮印本)·集部漢
　　　　魏六朝別集·晉二俊文集

陸士衡文集十卷
　　　　宛委別藏
　　　　四部叢刊(初次印本、二次印本、縮印
　　　　二次印本)·集部

陸士衡文集十卷附札記一卷
　　(晉)陸機撰　札記(清)錢培名撰
　　　　小萬卷樓叢書(咸豐本、光緒本)
　　　　叢書集成初編·文學類

陸士衡集七卷
　　(晉)陸機撰

六朝詩集

陸平原集二卷
　　(晉)陸機撰
　　　　漢魏六朝百三名家集(張氏本、壽考堂
　　　　本、信述堂本、經濟堂本、翰墨山房
　　　　本、掃葉山房石印本、四川官印局
　　　　本)

陸平原集
　　(晉)陸機撰
　　　　增定漢魏六朝別解·集部

陸士衡集佚文一卷
　　(晉)陸機撰　(清)王仁俊輯
　　　　經籍佚文

干山子
　　(晉)陸機撰　(明)歸有光輯評
　　　　諸子彙函

陸平原集選一卷
　　(晉)陸機撰　(清)吳汝綸評選
　　　　漢魏六朝百三家集選

陸士衡集校
　　(清)陸心源撰
　　　　潛園總集·羣書校補

陸士龍文集十卷
　　(晉)陸雲撰
　　　　晉二俊文集(正德本、萬曆本)
　　　　四部叢刊(初次印本、二次印本、縮印
　　　　二次印本)·集部

陸士龍集十卷
　　　　漢魏諸名家集·晉二俊文集
　　　　四庫全書·集部別集類
　　　　漢魏六朝名家集初刻
　　　　四部備要 (排印本、縮印本)·集部漢
　　　　魏六朝別集·晉二俊文集

陸士龍集四卷
　　(晉)陸雲撰
　　　　六朝詩集

陸清河集二卷
　　(晉)陸雲撰
　　　　漢魏六朝百三名家集(張氏本、壽考堂
　　　　本、信述堂本、經濟堂本、翰墨山房
　　　　本、掃葉山房石印本、四川官印局
　　　　本)

陸清河集選一卷
　　(晉)陸雲撰　(清)吳汝綸評選
　　　　漢魏六朝百三家集選

陸士龍集校
　　(清)陸心源撰
　　　　潛園總集·羣書校補

晉劉越石集一卷
　(晉)劉琨撰
　　漢魏六朝百三名家集(張氏本、壽考堂
　　本、信述堂本、經濟堂本、翰墨山房
　　本、掃葉山房石印本、四川官印局
　　本)
劉越石集
　(晉)劉琨撰
　　增定漢魏六朝別解·集部
劉越石集選一卷
　(晉)劉琨撰　(清)吳汝綸評選
　　漢魏六朝百三家集選
郭弘農集二卷
　(晉)郭璞撰
　　漢魏六朝百三名家集(張氏本、壽考堂
　　本、信述堂本、經濟堂本、翰墨山房
　　本、掃葉口房石印本、四川官印局
　　本)
　郭景純集二卷
　　乾坤正氣集
郭弘農集
　(晉)郭璞撰
　　增定漢魏六朝別解·集部
郭弘農集選一卷
　(晉)郭璞撰　(清)吳汝綸評選
　　漢魏六朝百三家集選
谷儉集一卷
　(晉)谷儉撰
　　麓山精舍叢書第一集·湘中名賢遺集
　　五種
支遁集二卷
　(晉)釋支遁撰
　　宛委別藏
支遁集二卷補遺一卷
　(晉)釋支遁撰　補遺(清)蔣清翊輯
　　邵武徐氏叢書初刻
晉王右軍集二卷
　(晉)王羲之撰
　　漢魏六朝百三名家集(張氏本、壽考堂
　　本、信述堂本、經濟堂本、翰墨山房
　　本、掃葉山房石印本、四川官印局
　　本)
王右軍集選一卷
　(晉)王羲之撰　(清)吳汝綸評選
　　漢魏六朝百三家集選
晉王大令集一卷
　(晉)王獻之撰
　　漢魏六朝百三名家集(張氏本、壽考堂

　　本、信述堂本、經濟堂本、翰墨山房
　　本、掃葉山房石印本、四川官印局
　　本)
王大令集選一卷
　(晉)王獻之撰　(清)吳汝綸評選
　　漢魏六朝百三家集選
孫廷尉集一卷
　(晉)孫綽撰
　　漢魏六朝百三名家集(張氏本、壽考堂
　　本、信述堂本、經濟堂本、翰墨山房
　　本、掃葉山房石印本、四川官印局
　　本)
孫廷尉集選一卷
　(晉)孫綽撰　(清)吳汝綸評選
　　漢魏六朝百三家集選
答夫許邁書
　(晉)孫□撰
　　綠窗女史·著撰部啓牘
車太常集一卷
　(晉)車胤撰
　　麓山精舍叢書第一集·湘中名賢遺集
　　五種
陶靖節集十卷
　(晉)陶潛撰
　　漢魏諸名家集
陶彭澤集一卷
　(晉)陶潛撰
　　漢魏六朝百三名家集(張氏本、壽考堂
　　本、信述堂本、經濟堂本、翰墨山房
　　本、掃葉山房石印本、四川官印局
　　本)
　陶淵明詩一卷
　　續古逸叢書
陶淵明全集四卷
　(晉)陶潛撰
　　陶李合刊
　晉陶靖節集四卷
　　三家詩
陶彭澤詩四卷
　(晉)陶潛撰
　　陶謝詩集
陶彭澤集六卷
　(晉)陶潛撰
　　六朝四家全集
陶文殘一卷
　(晉)陶潛撰
　　饕喜廬叢書
陶靖節集八卷

（晉）陶潛撰
合刻忠武靖節二編

陶淵明集八卷
四庫全書・集部別集類

陶淵明集八卷首一卷末一卷
漢魏六朝名家集初刻

陶彭澤集
（晉）陶潛撰
增定漢魏六朝別解・集部

淵明閒適詩選一卷
（晉）陶潛撰　（民國）周學熙輯
周氏師古堂所編書・八家閒適詩選

陶靖節詩註四卷補注一卷附錄一卷
（宋）湯漢撰　（□）□□補注　附錄（元）吳
師道撰
宛委別藏

陶靖節先生詩四卷補注一卷附錄一卷
（晉）陶潛撰　（宋）湯漢注　補注（□）□□
撰　附錄（元）吳師道撰
拜經樓叢書（乾隆嘉慶本、景乾隆嘉慶
本）
重刊拜經樓叢書七種
重校拜經樓叢書十種
叢書集成初編・文學類

箋注陶淵明集十卷
（宋）李公煥撰
四部叢刊（初次印本、二次印本、縮印
二次印本）・集部

李卓吾批選陶淵明集二卷
（晉）陶潛撰　（明）李贄評
李卓吾先生合選陶王集

陶詩彙注四卷首一卷末一卷
（清）吳瞻泰撰　（清）許印芳增訂
雲南叢書初編・集部

靖節先生集十卷首一卷末一卷
（晉）陶潛撰　（清）陶澍注
四部備要（排印本、縮印本）・集部漢
魏六朝別集

陶詩眞詮一卷
（清）方宗誠撰
柏堂遺書・柏堂讀書筆記

陶淵明述酒詩解一卷
（清）張諧之撰
爲己精舍藏書

陶淵明閒情賦注一卷
（清）劉光蕡撰
煙霞草堂遺書

陶詩附考一卷

（清）方東樹撰
方植之全集

陶彭澤集選一卷
（晉）陶潛撰　（清）吳汝綸評選
漢魏六朝百三家集選

陶靖節詩箋四卷餘錄一卷校勘記一卷
（晉）陶潛撰　古直箋
隅樓叢書

陶靖節詩箋定本四卷
（晉）陶潛撰　古直箋
層冰堂五種

織錦璇璣圖一卷
（前秦）蘇蕙撰
綠窗女史・閨閣部女紅
說郛（宛委山堂本）弓七十八

璇璣圖詩讀法一卷
（明）康萬民撰
四庫全書・集部別集類

劉　宋

宋傅光祿集一卷
（劉宋）傅亮撰
漢魏六朝百三名家集（張氏本、壽考堂
本、信述堂本、經濟堂本、翰墨山房
本、掃葉山房石印本、四川官印局
本）

傅光祿集選一卷
（劉宋）傅亮撰　（清）吳汝綸評選
漢魏六朝百三家集選

宋何衡陽集一卷
（劉宋）何承天撰
漢魏六朝百三名家集（張氏本、壽考堂
本、信述堂本、經濟堂本、翰墨山房
本、掃葉山房石印本、四川官印局
本）

何衡陽集
（劉宋）何承天撰
增定漢魏六朝別解・集部

何衡陽集選一卷
（劉宋）何承天撰　（清）吳汝綸評選
漢魏六朝百三家集選

顏延之集一卷
（劉宋）顏延之撰
漢魏諸名家集

顏光祿集一卷
漢魏六朝百三名家集（張氏本、壽考堂
本、信述堂本、經濟堂本、翰墨山房
本、掃葉山房石印本、四川官印局

本）

顏光祿集
　　（劉宋）顏延之撰
　　　　增定漢魏六朝別解・集部

顏延年集四卷
　　（劉宋）顏延之撰
　　　　漢魏六朝名家集初刻

顏光祿集選一卷
　　（劉宋）顏延之撰　　（清）吳汝綸評選
　　　　漢魏六朝百三家集選

謝康樂集一卷
　　（劉宋）謝靈運撰
　　　　六朝詩集

謝康樂集四卷
　　（劉宋）謝靈運撰
　　　　漢魏諸名家集

謝康樂集二卷
　　（劉宋）謝靈運撰
　　　　漢魏六朝百三名家集（張氏本、壽考堂
　　　　本、信述堂本、經濟堂本、翰墨山房
　　　　本、掃葉山房石印本、四川官印局
　　　　本）

　宋謝康樂集二卷
　　　　三家詩

謝康樂集
　　（劉宋）謝靈運撰
　　　　增定漢魏六朝別解・集部

謝康樂詩三卷
　　（劉宋）謝靈運撰
　　　　陶謝詩集

謝康樂集五卷
　　（劉宋）謝靈運撰
　　　　漢魏六朝名家集初刻

謝康樂集拾遺一卷
　　（劉宋）謝靈運撰　　冒廣生輯
　　　　如皋冒氏叢書

謝康樂集選一卷
　　（劉宋）謝靈運撰　　（清）吳汝綸評選
　　　　漢魏六朝百三家集選

謝康樂集校勘記一卷
　　冒廣生撰
　　　　如皋冒氏叢書・謝康樂集拾遺附

謝惠連集一卷
　　（劉宋）謝惠連撰
　　　　六朝詩集
　　　　漢魏諸名家集

　謝法曹集一卷
　　　　漢魏六朝百三名家集（張氏本、壽考堂

本、信述堂本、經濟堂本、翰墨山房
本、掃葉山房石印本、四川官印局
本）

謝法曹詩二卷
　　（劉宋）謝惠連撰
　　　　陶謝詩集

　謝法曹集二卷
　　　　漢魏六朝名家集初刻

謝法曹集選一卷
　　（劉宋）謝惠連撰　　（清）吳汝綸評選
　　　　漢魏六朝百三家集選

宋袁陽源集一卷
　　（劉宋）袁淑撰
　　　　漢魏六朝百三名家集（張氏本、壽考堂
　　　　本、信述堂本、經濟堂本、翰墨山房
　　　　本、掃葉山房石印本、四川官印局
　　　　本）

　袁忠憲集一卷
　　　　乾坤正氣集

袁陽源集選一卷
　　（劉宋）袁淑撰　　（清）吳汝綸評選
　　　　漢魏六朝百三家集選

鮑氏集八卷
　　（劉宋）鮑照撰
　　　　六朝詩集

鮑明遠集十卷
　　（劉宋）鮑照撰
　　　　漢魏諸名家集

　鮑參軍集十卷
　　　　四庫全書・集部別集類

　鮑氏集十卷
　　　　四部叢刊（初次印本、二次印本、縮印
　　　　二次印本）・集部
　　　　四部備要（排印本、縮印本）・集部漢
　　　　魏六朝別集

鮑參軍集二卷
　　（劉宋）鮑照撰
　　　　漢魏六朝百三名家集（張氏本、壽考堂
　　　　本、信述堂本、經濟堂本、翰墨山房
　　　　本、掃葉山房石印本、四川官印局
　　　　本）
　　　　六朝四家全集

鮑參軍集
　　（劉宋）鮑照撰
　　　　增定漢魏六朝別解・集部

鮑明遠集三卷
　　（劉宋）鮑照撰
　　　　漢魏六朝名家集初刻

鮑參軍集選一卷
　　（劉宋）鮑照撰　　（清）吳汝綸評選
　　　　漢魏六朝百三家集選
鮑照集校補一卷
　　（清）盧文弨撰
　　　　抱經堂叢書（乾隆本、景乾隆本）・羣
　　　　書拾補初編
　　　　紹興先正遺書第二集・羣書拾補初編
　　　　叢書集成初編・總類・羣書拾補
謝光祿集一卷
　　（劉宋）謝莊撰
　　　　漢魏六朝百三名家集（張氏本、壽考堂
　　　　本、信述堂本、經濟堂本、翰墨山房
　　　　本、掃葉山房石印本、四川官印局
　　　　本）
謝希逸集三卷
　　（劉宋）謝莊撰
　　　　漢魏六朝名家集初刻
謝光祿集選一卷
　　（劉宋）謝莊撰　　（清）吳汝綸評選
　　　　漢魏六朝百三家集選

南　齊

齊張長史集一卷
　　（南齊）張融撰
　　　　漢魏六朝百三名家集（張氏本、壽考堂
　　　　本、信述堂本、經濟堂本、翰墨山房
　　　　本、掃葉山房石印本、四川官印局
　　　　本）
張長史集選一卷
　　（南齊）張融撰　　（清）吳汝綸評選
　　　　漢魏六朝百三家集選
南齊孔詹事集一卷
　　（南齊）孔稚圭撰
　　　　漢魏六朝百三名家集（張氏本、壽考堂
　　　　本、信述堂本、經濟堂本、翰墨山房
　　　　本、掃葉山房石印本、四川官印局
　　　　本）
孔詹事集
　　（南齊）孔稚圭撰
　　　　增定漢魏六朝別解・集部
孔詹事集選一卷
　　（南齊）孔稚圭撰　　（清）吳汝綸評選
　　　　漢魏六朝百三家集選
王文憲集一卷
　　（南齊）王儉撰
　　　　漢魏六朝百三名家集（張氏本、壽考堂
　　　　本、信述堂本、經濟堂本、翰墨山房

本、掃葉山房石印本、四川官印局
本）
王文憲集選一卷
　　（南齊）王儉撰　　（清）吳汝綸評選
　　　　漢魏六朝百三家集選
南齊竟陵王集二卷
　　（南齊）蕭子良撰
　　　　漢魏六朝百三名家集（張氏本、壽考堂
　　　　本、信述堂本、經濟堂本、翰墨山房
　　　　本、掃葉山房石印本、四川官印局
　　　　本）
竟陵王集選一卷
　　（南齊）蕭子良撰　　（清）吳汝綸評選
　　　　漢魏六朝百三家集選
謝宣城集五卷
　　（南齊）謝朓撰
　　　　六朝詩集
　　　　漢魏諸名家集
　　　　四庫全書・集部別集類
　　　　六朝四家全集
　　　　漢魏六朝名家集初刻
　謝宣城詩集五卷
　　　　拜經樓叢書（乾隆嘉慶本、景乾隆嘉慶
　　　　本）
　　　　重刊拜經樓叢書七種
　　　　重校拜經樓叢書十種
　　　　四部叢刊（初次印本、二次印本、縮印
　　　　二次印本）・集部
　　　　叢書集成初編・文學類
　　　　四部備要（排印本、縮印本）・集部漢
　　　　魏六朝別集
謝宣城集一卷
　　（南齊）謝朓撰
　　　　漢魏六朝百三名家集（張氏本、壽考堂
　　　　本、信述堂本、經濟堂本、翰墨山房
　　　　本、掃葉山房石印本、四川官印局
　　　　本）
謝宣城詩四卷
　　（南齊）謝朓撰
　　　　陶謝詩集
謝宣城集選一卷
　　（南齊）謝朓撰　　（清）吳汝綸評選
　　　　漢魏六朝百三家集選
王寧朔集一卷
　　（南齊）王融撰
　　　　漢魏六朝百三名家集（張氏本、壽考堂
　　　　本、信述堂本、經濟堂本、翰墨山房
　　　　本、掃葉山房石印本、四川官印局
　　　　本）

王寧朔集
　　（南齊）王融撰
　　　　增定漢魏六朝別解・集部
王寧朔集選一卷
　　（南齊）王融撰　（清）吳汝綸評選
　　　　漢魏六朝百三家集選

梁

梁沈約集一卷
　　（梁）沈約撰
　　　　六朝詩集
沈隱侯集二卷
　　（梁）沈約撰
　　　　漢魏六朝百三名家集（張氏本、壽考堂
　　　　本、信述堂本、經濟堂本、翰墨山房
　　　　本、掃葉山房石印本、四川官印局
　　　　本）
沈隱侯集十六卷附錄一卷
　　（梁）沈約撰
　　　　劉沈合集
沈隱侯集
　　（梁）沈約撰
　　　　增定漢魏六朝別解・集部
沈休文集九卷
　　（梁）沈約撰
　　　　漢魏六朝名家集初刻
沈隱侯集選一卷
　　（梁）沈約撰　（清）吳汝綸評選
　　　　漢魏六朝百三家集選
江文通集四卷
　　（梁）江淹撰
　　　　六朝詩集
　　　　四庫全書・集部別集類
　　　　四部備要（排印本、縮印本）・集部漢
　　　　魏六朝別集
江文通文集十卷
　　（梁）江淹撰
　　　　漢魏諸名家集
梁江文通文集十卷附校補一卷
　　（梁）江淹撰　校補（清）葉樹廉輯
　　　　四部叢刊（初次印本、二次印本、縮印
　　　　二次印本）：集部
江醴陵集二卷
　　（梁）江淹撰
　　　　漢魏六朝百三名家集（張氏本、壽考堂
　　　　本、信述堂本、經濟堂本、翰墨山房
　　　　本、掃葉山房石印本、四川官印局
　　　　本）

江文通集
　　（梁）江淹撰
　　　　增定漢魏六朝別解・集部
江文通集八卷
　　（梁）江淹撰
　　　　漢魏六朝名家集初刻
江醴陵集選一卷
　　（梁）江淹撰　（清）吳汝綸評選
　　　　漢魏六朝百三家集選
華陽陶隱居集二卷
　　（梁）陶弘景撰　（□）傅霄輯
　　　　道藏（正統本、景正統本）・太玄部
　　　　宛委別藏
　　　　指海（道光本、景道光本）第二十集
　　　　道藏舉要第十類
陶貞白集二卷
　　　　漢魏諸名家集
華陽陶隱居集二卷
　　（梁）陶弘景撰　（清）嚴可均輯
　　　　觀古堂所刊書
　　　　觀古堂彙刻書（己未重編本）第一集
　　　　郋園先生全書
陶隱居集一卷
　　（梁）陶弘景撰
　　　　漢魏六朝百三名家集（張氏本、壽考堂
　　　　本、信述堂本、經濟堂本、翰墨山房
　　　　本、掃葉山房石印本、四川官印局
　　　　本）
陶貞白集一卷附錄一卷校勘記一卷
　　（梁）陶弘景撰　校勘記（清）汪振之撰
　　　　金陵叢書乙集
陶通明集
　　（梁）陶弘景撰
　　　　增定漢魏六朝別解・集部
陶隱居集選一卷
　　（梁）陶弘景撰　（清）吳汝綸評選
　　　　漢魏六朝百三家集選
任彥升集六卷
　　（梁）任昉撰
　　　　漢魏諸名家集
任中丞集一卷
　　（梁）任昉撰
　　　　漢魏六朝百三名家集（張氏本、壽考堂
　　　　本、信述堂本、經濟堂本、翰墨山房
　　　　本、掃葉山房石印本、四川官印局
　　　　本）
任中丞集
　　（梁）任昉撰

增定漢魏六朝別解・集部

任彥昇集五卷
　　（梁）任昉撰
　　　　漢魏六朝名家集初刻

任中丞集選一卷
　　（梁）任昉撰　　（清）吳汝綸評選
　　　　漢魏六朝百三家集選

劉戶曹集一卷
　　（梁）劉峻撰
　　　　漢魏六朝百三名家集（張氏本、壽考堂
　　　　本、信述堂本、經濟堂本、翰墨山房
　　　　本、掃葉山房石印本、四川官印局
　　　　本）

劉孝標集二卷附錄一卷
　　（梁）劉峻撰
　　　　劉沈合集

劉戶曹集選一卷
　　（梁）劉峻撰　　（清）吳汝綸評選
　　　　漢魏六朝百三家集選

梁武帝集一卷
　　梁武帝撰
　　　　六朝詩集

梁武帝御製集一卷
　　　　漢魏六朝百三名家集（張氏本、壽考堂
　　　　本、信述堂本、經濟堂本、翰墨山房
　　　　本、掃葉山房石印本、四川官印局
　　　　本）

梁武帝集
　　梁武帝撰
　　　　增定漢魏六朝別解・集部

梁武帝集八卷
　　梁武帝撰
　　　　文選遺集
　　　　漢魏六朝名家集初刻

梁武帝集選一卷
　　梁武帝撰　　（清）吳汝綸評選
　　　　漢魏六朝百三家集選

王左丞集一卷
　　（梁）王僧孺撰
　　　　漢魏六朝百三名家集（張氏本、壽考堂
　　　　本、信述堂本、經濟堂本、翰墨山房
　　　　本、掃葉山房石印本、四川官印局
　　　　本）

王左丞集
　　（梁）王僧孺撰
　　　　增定漢魏六朝別解・集部

王左丞集選一卷
　　（梁）王僧孺撰　　（清）吳汝綸評選

漢魏六朝百三家集選

梁丘司空集一卷
　　（梁）丘遲撰
　　　　漢魏六朝百三名家集（張氏本、壽考堂
　　　　本、信述堂本、經濟堂本、翰墨山房
　　　　本、掃葉山房石印本、四川官印局
　　　　本）

丘司空集選一卷
　　（梁）丘遲撰　　（清）吳汝綸評選
　　　　漢魏六朝百三家集選

吳朝請集一卷
　　（梁）吳均撰
　　　　漢魏六朝百三名家集（張氏本、壽考堂
　　　　本、信述堂本、經濟堂本、翰墨山房
　　　　本、掃葉山房石印本、四川官印局
　　　　本）

吳朝請集選一卷
　　（梁）吳均撰　　（清）吳汝綸評選
　　　　漢魏六朝百三家集選

陸太常集一卷
　　（梁）陸倕撰
　　　　漢魏六朝百三名家集（張氏本、壽考堂
　　　　本、信述堂本、經濟堂本、翰墨山房
　　　　本、掃葉山房石印本、四川官印局
　　　　本）

陸太常集選一卷
　　（梁）陸倕撰　　（清）吳汝綸評選
　　　　漢魏六朝百三家集選

何水部集二卷
　　（梁）何遜撰
　　　　六朝詩集

何記室集一卷
　　（梁）何遜撰
　　　　漢魏六朝百三名家集（張氏本、壽考堂
　　　　本、信述堂本、經濟堂本、翰墨山房
　　　　本、掃葉山房石印本、四川官印局
　　　　本）

何水部集一卷
　　　　四庫全書・集部別集類
　　　　四部備要（排印本、縮印本）・集部漢
　　　　魏六朝別集

何記室集選一卷
　　（梁）何遜撰　　（清）吳汝綸評選
　　　　漢魏六朝百三家集選

梁劉孝綽集一卷
　　（梁）劉孝綽撰
　　　　六朝詩集

劉秘書集一卷

漢魏六朝百三名家集（張氏本、壽考堂本、信述堂本、經濟堂本、翰墨山房本、掃葉山房石印本、四川官印局本）

劉祕書集選一卷
　　（梁）劉孝綽撰　　（清）吳汝綸評選
　　　漢魏六朝百三家集選

王詹事集一卷
　　（梁）王筠撰
　　　漢魏六朝百三名家集（張氏本、壽考堂本、信述堂本、經濟堂本、翰墨山房本、掃葉山房石印本、四川官印局本）

王詹事集選一卷
　　（梁）王筠撰　　（清）吳汝綸評選
　　　漢魏六朝百三家集選

劉豫章集一卷
　　（梁）劉潛撰
　　　漢魏六朝百三名家集（張氏本、壽考堂本、信述堂本、經濟堂本、翰墨山房本、掃葉山房石印本、四川官印局本）

劉豫章集選一卷
　　（梁）劉潛撰　　（清）吳汝綸評選
　　　漢魏六朝百三家集選

梁劉孝威集一卷
　　（梁）劉孝威撰
　　　六朝詩集

劉庶子集一卷
　　　漢魏六朝百三名家集（張氏本、壽考堂本、信述堂本、經濟堂本、翰墨山房本、掃葉山房石印本、四川官印局本）

劉庶子集選一卷
　　（梁）劉孝威撰　　（清）吳汝綸評選
　　　漢魏六朝百三家集選

庾度支集一卷
　　（梁）庾肩吾撰
　　　漢魏六朝百三名家集（張氏本、壽考堂本、信述堂本、經濟堂本、翰墨山房本、掃葉山房石印本、四川官印局本）

庾度支集
　　（梁）庾肩吾撰
　　　增定漢魏六朝別解·集部

庾度支集選一卷
　　（梁）庾肩吾撰　　（清）吳汝綸評選
　　　漢魏六朝百三家集選

梁昭明太子集一卷
　　（梁）蕭統撰
　　　漢魏六朝百三名家集（張氏本、壽考堂本、信述堂本、經濟堂本、翰墨山房本、掃葉山房石印本、四川官印局本）

昭明太子集
　　（梁）蕭統撰
　　　增定漢魏六朝別解·集部

昭明太子集六卷
　　（梁）蕭統撰
　　　文選遺集
　　　四庫全書·集部別集類

梁昭明太子集四卷
　　（梁）蕭統撰
　　　漢魏六朝名家集初刻

梁昭明太子集五卷補遺一卷
　　（梁）蕭統撰
　　　常州先哲遺書第一集·集類

梁昭明太子文集五卷
　　　四部叢刊（初次印本、二次印本、縮印二次印本）·集部
　　　四部備要（排印本、縮印本）·集部漢魏六朝別集

梁昭明集選一卷
　　（梁）蕭統撰　　（清）吳汝綸評選
　　　漢魏六朝百三家集選

祭夫徐敬業文
　　（梁）劉令嫻撰
　　　綠窗女史·著撰部誄祭

子夜歌
　　（梁）王金珠撰
　　　綠窗女史·著撰部辭咏

梁簡文帝集二卷
　　　梁簡文帝撰
　　　六朝詩集
　　　文選遺集

梁簡文帝御製集二卷
　　　漢魏六朝百三名家集（張氏本、壽考堂本、信述堂本、經濟堂本、翰墨山房本、掃葉山房石印本、四川官印局本）

梁簡文帝集
　　　梁簡文帝撰
　　　增定漢魏六朝別解·集部

梁簡文帝集八卷
　　　梁簡文帝撰
　　　漢魏六朝名家集初刻

梁簡文帝集選一卷
　　梁簡文帝撰　（清）吳汝綸評選
　　　　漢魏六朝百三家集選

梁元帝集一卷
　　梁元帝撰
　　　　六朝詩集
　　　　漢魏六朝百三名家集（張氏本、壽考堂
　　　　　本、信述堂本、經濟堂本、翰墨山房
　　　　　本、掃葉山房石印本、四川官印局
　　　　　本）

梁元帝集
　　梁元帝撰
　　　　增定漢魏六朝別解・集部

梁元帝集八卷
　　梁元帝撰
　　　　文選遺集

梁元帝集五卷
　　梁元帝撰
　　　　漢魏六朝名家集初刻

梁元帝集選一卷
　　梁元帝撰　（清）吳汝綸評選
　　　　漢魏六朝百三家集選

梁宣帝集一卷
　　梁宣帝撰
　　　　六朝詩集

陳

沈侍中集一卷
　　（陳）沈炯撰
　　　　漢魏六朝百三名家集（張氏本、壽考堂
　　　　　本、信述堂本、經濟堂本、翰墨山房
　　　　　本、掃葉山房石印本、四川官印局
　　　　　本）

沈侍中集選一卷
　　（陳）沈炯撰　（清）吳汝綸評選
　　　　漢魏六朝百三家集選

陰常侍集一卷
　　（陳）陰鏗撰
　　　　六朝詩集

　陰常侍詩集一卷
　　　　二酉堂叢書
　　　　叢書集成初編・文學類

徐僕射集一卷
　　（陳）徐陵撰
　　　　漢魏六朝百三名家集（張氏本、壽考堂
　　　　　本、信述堂本、經濟堂本、翰墨山房
　　　　　本、掃葉山房石印本、四川官印局
　　　　　本）

徐僕射集
　　（陳）徐陵撰
　　　　增定漢魏六朝別解・集部

徐孝穆集十卷
　　（陳）徐陵撰
　　　　文選遺集
　　　　四部叢刊（初次印本、二次印本、縮印
　　　　　二次印本）・集部

徐孝穆集箋註六卷附備考一卷
　　（清）吳兆宜撰　備考（清）徐文炳撰
　　　　四庫全書・集部別集類

徐孝穆集六卷附備考一卷
　　（陳）徐陵撰　（清）吳兆宜注　備考（清）徐
　　　文炳撰
　　　　摛藻堂四庫全書薈要・集部

徐孝穆全集六卷備考一卷
　　（陳）徐陵撰　（清）吳兆宜注　備考（清）徐
　　　文炳撰
　　　　四部備要（排印本、縮印本）・集部漢
　　　　　魏六朝別集

徐僕射集選一卷
　　（陳）徐陵撰　（清）吳汝綸評選
　　　　漢魏六朝百三家集選

陳張散騎集一卷
　　（陳）張正見撰
　　　　漢魏六朝百三名家集（張氏本、壽考堂
　　　　　本、信述堂本、經濟堂本、翰墨山房
　　　　　本、掃葉山房石印本、四川官印局
　　　　　本）

江令君集一卷
　　（陳）江總撰
　　　　漢魏六朝百三名家集（張氏本、壽考堂
　　　　　本、信述堂本、經濟堂本、翰墨山房
　　　　　本、掃葉山房石印本、四川官印局
　　　　　本）

江令君集
　　（陳）江總撰
　　　　增定漢魏六朝別解・集部

江令君集選一卷
　　（陳）江總撰　（清）吳汝綸評選
　　　　漢魏六朝百三家集選

陳後主集一卷
　　陳後主撰
　　　　六朝詩集
　　　　漢魏六朝百三名家集（張氏本、壽考堂
　　　　　本、信述堂本、經濟堂本、翰墨山房
　　　　　本、掃葉山房石印本、四川官印局
　　　　　本）

陳後主集二卷
　　陳後主撰
　　　　漢魏六朝名家集初刻
陳後主集選一卷
　　陳後主撰　（清）吳汝綸評選
　　　　漢魏六朝百三家集選

後　魏

高令公集一卷
　　（後魏）高允撰
　　　　漢魏六朝百三名家集（張氏本、壽考堂
　　　　本、信述堂本、經濟堂本、翰墨山房
　　　　本、掃葉山房石印本、四川官印局
　　　　本）
　　　　畿輔叢書
　　　　叢書集成初編・文學類
高令公集選一卷
　　（後魏）高允撰　（清）吳汝綸評選
　　　　漢魏六朝百三家集選
溫侍讀集一卷
　　（後魏）溫子昇撰
　　　　漢魏六朝百三名家集（張氏本、壽考堂
　　　　本、信述堂本、經濟堂本、翰墨山房
　　　　本、掃葉山房石印本、四川官印局
　　　　本）
溫侍讀集選一卷
　　（後魏）溫子昇撰　（清）吳汝綸評選
　　　　漢魏六朝百三家集選

北　齊

邢特進集一卷
　　（北齊）邢邵撰
　　　　漢魏六朝百三名家集（張氏本、壽考堂
　　　　本、信述堂本、經濟堂本、翰墨山房
　　　　本、掃葉山房石印本、四川官印局
　　　　本）
邢特進集選一卷
　　（北齊）邢邵撰　（清）吳汝綸評選
　　　　漢魏六朝百三家集選
魏特進集一卷
　　（北齊）魏收撰
　　　　漢魏六朝百三名家集（張氏本、壽考堂
　　　　本、信述堂本、經濟堂本、翰墨山房
　　　　本、掃葉山房石印本、四川官印局
　　　　本）
魏特進集選一卷
　　（北齊）魏收撰　（清）吳汝綸評選
　　　　漢魏六朝百三家集選

北　周

王子淵集一卷
　　（北周）王褒撰
　　　　六朝詩集
王司空集一卷
　　　　漢魏六朝百三名家集（張氏本、壽考堂
　　　　本、信述堂本、經濟堂本、翰墨山房
　　　　本、掃葉山房石印本、四川官印局
　　　　本）
王司空集
　　（北周）王褒撰
　　　　增定漢魏六朝別解・集部
王司空集選一卷
　　（北周）王褒撰　（清）吳汝綸評選
　　　　漢魏六朝百三家集選
與子宇文護書
　　（北周）闞姬撰
　　　　綠窗女史・著撰部啓牘
庾開府集二卷
　　（北周）庾信撰
　　　　六朝詩集
　　　　漢魏六朝百三名家集（張氏本、壽考堂
　　　　本、信述堂本、經濟堂本、翰墨山房
　　　　本、掃葉山房石印本、四川官印局
　　　　本）
庾開府集十二卷
　　（北周）庾信撰
　　　　漢魏諸名家集
庾開府集
　　（北周）庾信撰
　　　　增定漢魏六朝別解・集部
庾子山集十六卷
　　（北周）庾信撰
　　　　文選遺集
　　　　四部叢刊（初次印本、二次印本、縮印
　　　　二次印本）・集部
庾開府集四卷
　　（北周）庾信撰
　　　　六朝四家全集
庾開府集箋註十卷
　　（清）吳兆宜撰
　　　　四庫全書・集部別集類
庾子山集註十六卷附總釋一卷
　　（清）倪璠撰
　　　　四庫全書・集部別集類
　　　　摘藻堂四庫全書薈要・集部
　　　　湖北先正遺書・集部

四部備要（排印本、縮印本）・集部漢
魏六朝別集

庾開府集選一卷
（北周）庾信撰 （清）吳汝綸評選
漢魏六朝百三家集選

哀江南賦註一卷
（北周）庾信撰 （清）徐樹穀（清）徐炯輯
昭代叢書・丁集新編

後周明帝集一卷
北周明帝撰
六朝詩集

隋

李懷州集一卷
（隋）李德林撰
漢魏六朝百三名家集（張氏本、壽考堂
本、信述堂本、經濟堂本、翰墨山房
本、掃葉山房石印本、四川官印局
本）

盧武陽集一卷
（隋）盧思道撰
漢魏六朝百三名家集（張氏本、壽考堂
本、信述堂本、經濟堂本、翰墨山房
本、掃葉山房石印本、四川官印局
本）

盧武陽集
（隋）盧思道撰
增定漢魏六朝別解・集部

盧武陽集選一卷
（隋）盧思道撰 （清）吳汝綸評選
漢魏六朝百三家集選

薛司隸集一卷
（隋）薛道衡撰
漢魏六朝百三名家集（張氏本、壽考堂
本、信述堂本、經濟堂本、翰墨山房
本、掃葉山房石印本、四川官印局
本）

薛司隸集
（隋）薛道衡撰
增定漢魏六朝別解・集部

薛司隸集選一卷
（隋）薛道衡撰 （清）吳汝綸評選
漢魏六朝百三家集選

牛奇章集一卷
（隋）牛弘撰
漢魏六朝百三名家集（張氏本、壽考堂
本、信述堂本、經濟堂本、翰墨山房
本、掃葉山房石印本、四川官印局

本）

牛奇章集選一卷
（隋）牛弘撰 （清）吳汝綸評選
漢魏六朝百三家集選

隋煬帝集一卷
隋煬帝撰
六朝詩集
漢魏六朝百三名家集（張氏本、壽考堂
本、信述堂本、經濟堂本、翰墨山房
本、掃葉山房石印本、四川官印局
本）

隋煬帝集五卷
隋煬帝撰
漢魏六朝名家集初刻

隋煬帝集選一卷
隋煬帝撰 （清）吳汝綸評選
漢魏六朝百三家集選

十索
（隋）丁六娘撰
綠窗女史・著撰部辭咏

山公集一卷
（清）王仁俊輯
玉函山房輯佚書補編

初 唐

虞世南集一卷
（唐）虞世南撰
唐人集
唐百家詩・初唐二十一家
唐詩二十六家

虞祕監集四卷
（唐）虞世南撰
四明叢書第一集

東皋子集三卷
（唐）王績撰
四庫全書・集部別集類

王無功集三卷補遺二卷
岱南閣叢書（沈州本）
叢書集成初編・文學類

東皋子集三卷附校勘記一卷
（唐）王績撰 校勘記張元濟撰
四部叢刊續編・集部

盧照鄰集一卷
（唐）盧照鄰撰
唐人集
唐十二名家詩

盧照鄰集二卷
（唐）盧照鄰撰

唐百家詩·初唐二十一家
唐十二家詩
前唐十二家詩
唐人五十家小集

盧照鄰文集二卷
　　初唐四傑文集（同治本、光緒本）
　　四部備要（排印本、縮印本）·集部唐
　　　別集·初唐四傑文集

幽憂子集七卷附錄一卷
　　（唐）盧照鄰撰
　　初唐四子集
　　四部叢刊（初次印本、二次印本、縮印
　　　二次印本）·集部

盧昇之集七卷
　　四庫全書·集部別集類
　　摘藻堂四庫全書薈要·集部
　　初唐四傑集
　　趙氏藏書·初唐四傑集
　　畿輔叢書
　　叢書集成初編·文學類

褚亮集一卷
　　（唐）褚亮撰
　　武林往哲遺箸

李百藥集一卷
　　（唐）李百藥撰
　　唐百家詩·初唐二十一家

魏鄭公詩集一卷文集三卷
　　（唐）魏徵撰
　　畿輔叢書
　　叢書集成初編·文學類

楊炯集二卷
　　（唐）楊炯撰
　　唐人集
　　唐百家詩·初唐二十一家
　　唐十二家詩
　　前唐十二家詩
　　唐人五十家小集

楊炯集一卷
　　（唐）楊炯撰
　　唐十二名家詩

盈川集十卷附錄一卷
　　（唐）楊炯撰
　　四庫全書·集部別集類
　　摘藻堂四庫全書薈要·集部

楊盈川集十卷附錄一卷
　　四部叢刊·集部

楊盈川集十卷
　　初唐四傑集

趙氏藏書·初唐四傑集

楊炯文集七卷
　　（唐）楊炯撰
　　初唐四傑文集（同治本、光緒本）
　　四部備要（排印本、縮印本）·集部唐
　　　別集·初唐四傑文集

楊盈川集十三卷附錄一卷
　　（唐）楊炯撰
　　初唐四子集

宋之問集二卷
　　（唐）宋之問撰
　　唐百家詩·初唐二十一家
　　唐十二家詩
　　前唐十二家詩

宋之問集二卷附校勘記一卷
　　（唐）宋之問撰　校勘記張元濟撰
　　四部叢刊續編·集部

宋之問集一卷
　　（唐）宋之問撰
　　唐十二名家詩

許敬宗集一卷
　　（唐）許敬宗撰
　　唐人集
　　唐百家詩·初唐二十一家
　　唐詩二十六家

褚遂良集一卷
　　（唐）褚遂良撰
　　武林往哲遺箸

楊師道集一卷
　　（唐）楊師道撰
　　唐百家詩·初唐二十一家

大唐三藏玄奘法師表啓一卷
　　（唐）釋玄奘撰
　　吉石盦叢書初集

太宗集二卷
　　唐太宗撰
　　唐人集

唐太宗文皇帝集一卷
　　唐太宗撰
　　唐百家詩·初唐二十一家

李嶠集三卷
　　（唐）李嶠撰
　　唐人集
　　唐百家詩·初唐二十一家
　　唐詩二十六家

李嶠雜詠二卷
　　（唐）李嶠撰
　　佚存叢書（日本本、光緒木活字本、景

　　　　　日本本)第一帙
　　　　　正覺樓叢刻
　　　雜詠二卷
　　　　　藝海珠塵木集(辛集)
　　　　　叢書集成初編・文學類
　杜審言集二卷
　　　(唐)杜審言撰
　　　　　唐人集
　　　　　唐十二家詩
　　　　　前唐十二家詩
　　　　　唐宋三大詩宗集
　杜審言詩集一卷
　　　(唐)杜審言撰
　　　　　唐百家詩・初唐二十一家
　　　杜審言集一卷
　　　　　唐十二名家詩
　董思恭集一卷
　　　(唐)董思恭撰
　　　　　唐百家詩・初唐二十一家
　劉廷芝集一卷
　　　(唐)劉廷芝撰
　　　　　唐百家詩・初唐二十一家
　蘇廷碩集二卷
　　　(唐)蘇頲撰
　　　　　唐人集
　　　　　唐百家詩・初唐二十一家
　　　　　唐詩二十六家
　駱賓王集二卷
　　　(唐)駱賓王撰
　　　　　唐人集
　　　　　唐百家詩・初唐二十一家
　　　　　唐十二家詩
　　　　　前唐十二家詩
　　　　　唐人五十家小集
　駱賓王集一卷
　　　(唐)駱賓王撰
　　　　　唐十二名家詩
　駱丞集八卷附錄一卷
　　　(唐)駱賓王撰
　　　　　初唐四子集
　駱丞集四卷
　　　(唐)駱賓王撰
　　　　　初唐四傑集
　　　　　趙氏藏書・初唐四傑集
　駱丞集四卷附辨譌考異二卷
　　　(唐)駱賓王撰　辨譌考異(清)胡鳳丹撰
　　　　　金華叢書(同治光緒本、民國補刊本)
　　　　　・集部

　　　　　叢書集成初編・文學類
　駱賓王文集三卷
　　　(唐)駱賓王撰
　　　　　初唐四傑文集(同治本、光緒本)
　　　　　四部備要(排印本、縮印本)・集部唐
　　　　　別集・初唐四傑文集
　駱賓王文集十卷
　　　(唐)駱賓王撰
　　　　　四部叢刊(初次印本、二次印本、縮印
　　　　　二次印本)・集部
　駱賓王文集十卷附考異一卷
　　　(唐)駱賓王撰　考異(清)顧廣圻撰
　　　　　唐人三家集(道光本、景道光本)
　駱丞集四卷
　　　(唐)駱賓王撰　(明)顏文選注
　　　　　四庫全書・集部別集類
　　　　　摛藻堂四庫全書薈要・集部
　訪祖越王墳狀
　　　(唐)李玄眞撰
　　　　　綠窗女史・著撰部詔令
　王勃集二卷
　　　(唐)王勃撰
　　　　　唐人集
　　　　　唐百家詩・初唐二十一家
　　　　　唐十二家詩
　　　　　前唐十二家詩
　　　　　唐人五十家小集
　王勃集一卷
　　　(唐)王勃撰
　　　　　唐十二名家詩
　王子安集十六卷
　　　(唐)王勃撰
　　　　　四庫全書・集部別集類
　　　　　摛藻堂四庫全書薈要・集部
　　　　　初唐四傑集
　　　　　趙氏藏書・初唐四傑集
　　　王子安集十六卷附錄一卷
　　　　　初唐四子集
　　　　　四部叢刊(初次印本、二次印本、縮印
　　　　　二次印本)・集部
　王勃文集九卷
　　　(唐)王勃撰
　　　　　初唐四傑文集(同治本、光緒本)
　　　　　四部備要(排印本、縮印本)・集部唐
　　　　　別集・初唐四傑文集
　王子安集殘一卷
　　　(唐)王勃撰
　　　　　容安軒舊書四種

王勃集殘二卷(存卷二十九至三十)
　　(唐)王勃撰
　　　　京都帝國大學文學部景印唐鈔本第一
　　　　集
王子安集佚文一卷附錄一卷校記一卷
　　(唐)王勃撰　(民國)羅振玉輯併撰校記
　　　　永豐鄉人雜著・續編
寒山子詩集一卷
　　(唐)釋寒山撰
　　　　四庫全書・集部別集類
　寒山詩集一卷
　　　　擇是居叢書初集
　寒山詩一卷
　　　　四部叢刊(初次印本)・集部
　　　　四部叢刊(二次印本、縮印二次印本)
　　　　・集部
唐喬知之詩集一卷
　　(唐)喬知之撰
　　　　唐百家詩・初唐二十一家
陳子昂集二卷
　　(唐)陳子昂撰
　　　　唐人集
　　　　唐十二家詩
　　　　前唐十二家詩
　陳伯玉集二卷
　　　　唐百家詩・初唐二十一家
陳子昂集一卷
　　(唐)陳子昂撰
　　　　唐十二名家詩
陳拾遺集十卷
　　(唐)陳子昂撰
　　　　四庫全書・集部別集類
　　　　摛藻堂四庫全書薈要・集部
　陳伯玉文集十卷
　　　　四部叢刊(初次印本、二次印本、縮印
　　　　二次印本)・集部
賀祕監集一卷
　　(唐)賀知章撰
　　　　四明叢書第一集
張說之集八卷
　　(唐)張說撰
　　　　唐人集
　　　　唐百家詩・初唐二十一家
張燕公集二卷
　　(唐)張說撰
　　　　二張集
張燕公集二十五卷
　　(唐)張說撰

四庫全書・集部別集類
　　武英殿聚珍版書(武英殿木活字本、福
　　建本、廣雅書局本)・集部
　　叢書集成初編・文學類
張說之文集二十五卷補遺五卷
　　　　結一廬朱氏髆餘叢書
　　　　嘉業堂叢書・集部
張說之文集二十五卷補一卷
　　　　四部叢刊(初次印本)・集部
張說之文集二十五卷補一卷附校記一
卷
　　　　四部叢刊(二次印本、縮印二次印本)
　　　　・集部
沈佺期集四卷
　　(唐)沈佺期撰
　　　　唐人集
沈雲卿集二卷
　　(唐)沈佺期撰
　　　　唐百家詩・初唐二十一家
　沈佺期集二卷
　　　　唐十二家詩
　　　　前唐十二家詩
沈佺期集一卷
　　(唐)沈佺期撰
　　　　唐十二名家詩
盧僎集一卷
　　(唐)盧僎撰
　　　　唐百家詩・初唐二十一家
張九齡集六卷
　　(唐)張九齡撰
　　　　唐人集
　　　　唐百家詩・初唐二十一家
張曲江集二卷
　　(唐)張九齡撰
　　　　二張集
曲江集二十卷
　　(唐)張九齡撰
　　　　四庫全書・集部別集類
　　　　摛藻堂四庫全書薈要・集部
唐丞相曲江張先生文集二十卷附錄一
卷
　　　　四部叢刊(初次印本、二次印本、縮印
　　　　二次印本)・集部
唐丞相曲江張文獻公集十二卷附錄一卷
　　(唐)張九齡撰
　　　　四部備要(排印本、縮印本)・集部唐
　　　　別集
唐丞相曲江張文獻公集十二卷附錄一卷

曲江集考證二卷
　　(唐)張九齡撰　(清)溫汝适校併撰考證
　　　廣東叢書第一集
李北海集六卷附錄一卷
　　(唐)李邕撰
　　　四庫全書・集部別集類
　李北海集六卷
　　　乾坤正氣集
　李北海集五卷
　　(唐)李邕撰
　　　湖北先正遺書・集部
爲夫請戍邊自贖表
　　(唐)溫□撰
　　　綠窗女史・著撰部表疏
孫逖集一卷
　　(唐)孫逖撰
　　　唐人集
　唐孫集賢詩集一卷
　　　廣十二家唐詩

盛　唐

玄宗集二卷
　　　唐玄宗撰
　　　唐人集
　唐玄宗皇帝集二卷
　　　唐百家詩・盛唐一十家
孟浩然集三卷
　　(唐)孟浩然撰
　　　唐人集
　　　唐百家詩・盛唐一十家
　　　湖北先正遺書・集部
　孟襄陽集三卷
　　　五唐人集(汲古閣本、醫學書局景汲古
　　　　閣本、函芬樓景汲古閣本)
　孟浩然集二卷
　　(唐)孟浩然撰
　　　唐十二家詩
　　　前唐十二家詩
　孟襄陽詩集二卷
　　　唐四家詩(康熙本、光緒本)
　孟襄陽集二卷
　　　唐四家詩集
孟浩然集四卷
　　(唐)孟浩然撰
　　　唐人小集
　　　四庫全書・集部別集類
　　　四部叢刊(初次印本、二次印本、縮印
　　　　二次印本)・集部

　　　四部備要(排印本、縮印本)・集部唐
　　　　別集
孟浩然集一卷
　　(唐)孟浩然撰
　　　唐十二名家詩
孟襄陽詩鈔一卷
　　(唐)孟浩然撰　(清)陳明善選
　　　唐六家詩鈔
孟浩然詩集二卷
　　(唐)孟浩然撰　(宋)劉辰翁評
　　　王孟詩評
王摩詰集六卷
　　(唐)王維撰
　　　唐人集
　　　王韋合刻
王維集一卷
　　(唐)王維撰
　　　唐十二家詩
　　　唐十二名家詩
王摩詰集二卷
　　(唐)王維撰
　　　前唐十二家詩
　王右丞詩集二卷
　　　唐四家詩(康熙本、光緒本)
王右丞集四卷
　　(唐)王維撰
　　　唐四家詩集
須溪先生校本唐王右丞集六卷
　　(唐)王維撰　(宋)劉長翁校
　　　四部叢刊(初次印本、二次印本、縮印
　　　　二次印本)・集部
王右丞詩鈔一卷
　　(唐)王維撰　(清)陳明善選
　　　唐六家詩鈔
王摩詰詩集七卷
　　(唐)王維撰　(宋)劉辰翁評
　　　王孟詩評
李卓吾批選王摩詰集二卷
　　(唐)王維撰　(明)李贄選
　　　李卓吾先生合選陶王集
王右丞集十四卷外編附錄三卷
　　(唐)王維撰　(明)顧起經箋
　　　摛藻堂四庫全書薈要・集部
王右丞集箋註二十八卷首一卷末一卷
　　(清)趙殿成撰
　　　四庫全書・集部別集類
　王右丞集二十八卷首一卷末一卷
　　(唐)王維撰　(清)趙殿成箋注

四部備要（排印本、縮印本）·集部唐
　　別集
崔曙集一卷
　　（唐）崔曙撰
　　　唐人集
　　　唐百家詩·盛唐一十家
　　　唐詩二十六家
李翰林集三十卷
　　（唐）李白撰
　　　李杜全集
　李太白集三十卷
　　　四庫全書·集部別集類
李集八卷
　　（唐）李白撰
　　　唐李杜詩集
李太白詩選四卷
　　（唐）李白撰　　（明）張含輯
　　　雲南叢書二編·集部
分類補註李太白集三十卷
　　（宋）楊齊賢撰　　（元）蕭士贇刪補
　　　四庫全書·集部別集類
　李太白集三十卷
　　（唐）李白撰　　（宋）楊齊賢集注　　（元）蕭士
　　贇刪補
　　　摛藻堂四庫全書薈要·集部
　分類補註李太白詩二十五卷分類編次
　　文五卷
　　（唐）李白撰　　（宋）楊齊賢集注　　（元）蕭士
　　贇刪補
　　　四部叢刊(初次印本、二次印本、縮印
　　　二次印本)·集部
分類補注李太白詩二十五卷
　　（宋）楊齊賢撰　　（元）蕭士贇刪補
　　　李杜合刊
李詩辨疑二卷
　　（明）朱諫撰
　　　敬鄉樓叢書第二輯
李詩鈔評四卷
　　（唐）李白撰　　（明）梅鼎祚評
　　　唐二家詩鈔評林
李太白詩集註三十六卷
　　（清）王琦撰
　　　四庫全書·集部別集類
　李太白文集三十六卷
　　（唐）李白撰　　（清）王琦注
　　　四部備要(排印本、縮印本)·集部唐
　　　別集
崔顥集二卷

（唐）崔顥撰
　　唐人集
　　唐詩二十六家
崔顥詩集一卷
　　（唐）崔顥撰
　　　唐百家詩·盛唐一十家
祖詠集一卷
　　（唐）祖詠撰
　　　唐人集
　　　唐百家詩·盛唐一十家
　　　唐詩二十六家
李頎集一卷
　　（唐）李頎撰
　　　唐人集
　李頎詩集一卷
　　　唐百家詩·盛唐一十家
李頎集三卷
　　（唐）李頎撰
　　　唐人小集
　　　唐詩二十六家
儲光羲集五卷
　　（唐）儲光羲撰
　　　唐人集
　唐儲光羲詩集五卷
　　　廣十二家唐詩
　儲光羲詩五卷
　　　四庫全書·集部別集類
儲光羲詩集五卷附錄一卷
　　（唐）儲光羲撰　　附錄（民國）儲皖峯輯
　　　儲氏叢書
王昌齡集二卷
　　（唐）王昌齡撰
　　　唐人集
　　　唐人小集
　　　唐詩二十六家
王昌齡詩集三卷
　　（唐）王昌齡撰
　　　唐百家詩·盛唐一十家
常建集二卷
　　（唐）常建撰
　　　唐人集
　　　唐詩二十六家
　常建詩集二卷
　　　唐百家詩·盛唐一十家
　　　天祿琳琅叢書第一集
常建詩集三卷附錄一卷
　　（唐）常建撰
　　　唐六名家集(汲古閣本、景汲古閣本)

常建詩三卷
　　四庫全書・集部別集類
劉隨州集十卷
　（唐）劉長卿撰
　　唐人集
　劉隨州詩十卷補遺一卷
　　　唐詩百名家全集（康熙本、光緒本）第
　　　一函
　劉隨州文集十卷外集一卷
　　　四部叢刊（初次印本、二次印本、縮印
　　　二次印本）・集部
　劉隨州集十卷外集一卷
　　　四部備要（排印本、縮印本）・集部唐
　　　別集
唐劉隨州詩集十一卷
　（唐）劉長卿撰
　　廣十二家唐詩
　劉隨州集十一卷
　　　四庫全書・集部別集類
　　　畿輔叢書
　　　叢書集成初編・文學類
宗玄先生文集三卷
　（唐）吳筠撰
　　道藏（正統本、景正統本）・太玄部
　宗玄集三卷
　　　四庫全書・集部別集類
顏魯公詩集一卷
　（唐）顏眞卿撰
　　唐百家詩・盛唐一十家
顏魯公文集三十卷補遺一卷
　（唐）顏眞卿撰
　　三長物齋叢書
　　四部備要（排印本、縮印本）・集部唐
　　別集
顏魯公集十五卷補遺一卷附錄一卷
　（唐）顏眞卿撰
　　四庫全書・集部別集類
　顏魯公文集十五卷補遺一卷附錄一卷
　　　四部叢刊（初次印本、二次印本、縮印
　　　二次印本）・集部
文忠集十六卷
　（唐）顏眞卿撰
　　武英殿聚珍版書（武英殿木活字本）・
　　集部
文忠集十六卷拾遺四卷
　（唐）顏眞卿撰　拾遺（淸）黃本驥輯　（淸）
　孫星華增訂
　　武英殿聚珍版書（福建本、廣雅書局

　　本）・集部
　　叢書集成初編・文學類
顏魯公文集十四卷
　（唐）顏眞卿撰
　　乾坤正氣集
李遐叔文集四卷
　（唐）李華撰
　　四庫全書・集部別集類
韋蘇州集十卷拾遺一卷
　（唐）韋應物撰
　　唐六名家集（汲古閣本、景汲古閣本）
　　唐詩百名家全集（康熙本、光緒本）第
　　一函
　韋蘇州集十卷
　　王韋合刻
　　四庫全書・集部別集類
　　唐四家詩集
　　四部備要（排印本、縮印本）・集部唐
　　別集
　韋刺史詩集十卷附錄一卷
　　　四部叢刊（初次印本、二次印本、縮印
　　　二次印本）・集部
韋蘇州詩集二卷
　（唐）韋應物撰
　　唐四家詩（康熙本、光緒本）
韋蘇州詩鈔一卷
　（唐）韋應物撰　（淸）陳明善選
　　唐六家詩鈔
蘇州閒適詩選一卷
　（唐）韋應物撰　（民國）周學熙選
　　周氏師古堂所編書・八家閒適詩選
韋蘇州集校正拾遺一卷
　（淸）盧文弨撰
　　抱經堂叢書（乾隆本、景乾隆本）・羣
　　書拾補初編
　　紹興先正遺書第二集・羣書拾補初編
　　叢書集成初編・總類・羣書拾補
岑嘉州集八卷
　（唐）岑參撰
　　唐人集
　　宛委別藏
岑嘉州集二卷
　（唐）岑參撰
　　唐十二家詩
　　前唐十二家詩
岑參集一卷
　（唐）岑參撰
　　唐十二名家詩

岑嘉州詩四卷
　　(唐)岑參撰
　　　　四部叢刊(初次印本)・集部
岑嘉州詩七卷
　　(唐)岑參撰
　　　　四部叢刊(二次印本、縮印二次印本)
　　　　・集部
包佶集一卷
　　(唐)包佶撰
　　　　唐人集
　　　　唐詩二十六家
　唐包秘監詩集一卷
　　　　唐五家詩
　　　　唐百家詩・中唐二十七家
　包秘監詩集一卷
　　　　唐詩百名家全集(康熙本、光緒本)第
　　　　一函
李嘉祐集二卷
　　(唐)李嘉祐撰
　　　　唐人集
　　　　唐詩二十六家
李嘉祐集五卷
　　(唐)李嘉祐撰
　　　　唐百家詩・中唐二十七家
臺閣集一卷
　　(唐)李嘉祐撰
　　　　唐人八家詩(汲古閣本、景汲古閣本)
　　　　唐詩百名家全集(康熙本、光緒本)第
　　　　一函
包何集一卷
　　(唐)包何撰
　　　　唐人集
　　　　唐詩二十六家
　唐包刑侍詩集一卷
　　　　唐五家詩
　　　　唐百家詩・中唐二十七家
　包刑侍詩集一卷
　　　　唐詩百名家全集(康熙本、光緒本)第
　　　　一函
皇甫曾集二卷
　　(唐)皇甫曾撰
　　　　唐人集
　　　　唐詩二十六家
唐皇甫曾詩集一卷
　　(唐)皇甫曾撰
　　　　唐二皇甫詩集
　皇甫御史詩集一卷
　　　　唐五家詩

　　　　唐百家詩・中唐二十七家
　皇甫御史詩集一卷補遺一卷
　　　　唐詩百名家全集(康熙本、光緒本)第
　　　　一函
唐皇甫曾詩集一卷補遺一卷附校勘記一
卷
　　(唐)皇甫曾撰　校勘記張元濟撰
　　　　四部叢刊三編・集部
高常侍集一卷
　　(唐)高適撰
　　　　唐人集
　高適集一卷
　　　　唐十二名家詩
高常侍集二卷
　　(唐)高適撰
　　　　唐十二家詩
　　　　前唐十二家詩
　　　　畿輔叢書
　　　　叢書集成初編・文學類
高常侍集十卷
　　(唐)高適撰
　　　　四庫全書・集部別集類
高常侍集八卷
　　(唐)高適撰
　　　　四部叢刊(初次印本、二次印本、縮印
　　　　二次印本)・集部
杜工部集五十卷外集一卷文集二卷
　　(唐)杜甫撰
　　　　李杜全集
杜集八卷
　　(唐)杜甫撰
　　　　唐李杜詩集
杜工部集二十卷補遺一卷
　　(唐)杜甫撰
　　　　續古逸叢書
　杜工部集二十卷
　　　　四部備要(排印本、縮印本)・集部唐
　　　　別集
杜工部詩鈔一卷
　　(唐)杜甫撰　(清)陳明善選
　　　　唐六家詩鈔
少陵聞適詩選一卷
　　(唐)杜甫撰　(民國)周學熙選
　　　　周氏師古堂所編書・八家聞適詩選
九家集註杜詩三十六卷
　　(宋)郭知達撰
　　　　四庫全書・集部別集類
杜詩箋一卷

(宋)黃庭堅撰
　　說郛(宛委山堂本)弓七十九
黃氏補註杜詩三十六卷
　(宋)黃希撰　(宋)黃鶴續
　　四庫全書·集部別集類
黃氏集千家註杜工部詩史補遺十卷
　(宋)黃鶴撰
　　古逸叢書·杜工部草堂詩箋附
　　叢書集成初編·文學類
杜工部草堂詩箋四十卷附一卷
　(宋)魯訔編　(宋)蔡夢弼會箋
　　古逸叢書
　　叢書集成初編·文學類
集註草堂杜工部詩外集一卷
　(宋)蔡夢弼會箋
　　古逸叢書·杜工部草堂詩箋附
　　叢書集成初編·文學類
分門集註杜工部詩二十五卷
　(宋)□□輯
　　四部叢刊(初次印本、二次印本、縮印
　　二次印本)·集部
集千家注杜工部詩集二十卷文集二卷
　(元)高楚芳輯
　　李杜合刊
　　摛藻堂四庫全書薈要·集部
　　湖北先正遺書·集部
　集千家註杜詩二十卷
　　四庫全書·集部別集類
批選杜工部詩四卷
　(明)郝敬評
　　山草堂集外編
杜詩鈔評四卷
　(明)梅鼎祚評
　　唐二家詩鈔評林
杜詩攬四卷
　(明)唐元竑撰
　　四庫全書·集部別集類
讀杜詩寄廬小箋三卷
　(清)錢謙益撰
　　錢盧兩先生讀杜合刻
讀杜二箋一卷
　(清)錢謙益撰
　　錢盧兩先生讀杜合刻
唱經堂杜詩解四卷
　(清)金人瑞撰
　　唱經堂才子書·聖歎外書
　　風雨樓叢書·貫華堂才子書彙稿·聖
　　嘆外書

杜詩詳註二十五卷附編二卷
　(清)仇兆鼇撰
　　四庫全書·集部別集類
杜詩本義二卷
　(清)齊翀撰
　　雨峯全集
杜詩百篇二卷
　(唐)杜甫撰　(清)張爕承輯
　　張師筠著述
錢考功集十卷
　(唐)錢起撰
　　唐人集
　　四部叢刊(初次印本、二次印本、縮印
　　二次印本)·集部
唐錢起詩集十卷
　　廣十二家唐詩
錢仲文集十卷
　　四庫全書·集部別集類
　　螺樹山房叢書
錢考功詩集十卷補遺一卷
　　唐詩百名家全集(康熙本、光緒本)第
　　一函
郎士元集二卷
　(唐)郎士元撰
　　唐人集
　　唐詩二十六家
郎士元詩集一卷
　(唐)郎士元撰
　　唐五家詩
　　唐百家詩·中唐二十七家
郎刺史詩集一卷
　　唐詩百名家全集(康熙本、光緒本)第
　　一函
皇甫冉集三卷
　(唐)皇甫冉撰
　　唐人集
　　唐詩二十六家
皇甫冉詩集二卷
　(唐)皇甫冉撰
　　唐五家詩
　　唐百家詩·中唐二十七家
皇甫補闕詩集二卷補遺一卷
　　唐詩百名家全集(康熙本、光緒本)第
　　一函
唐皇甫冉詩集七卷
　(唐)皇甫冉撰
　　唐二皇甫詩集
唐皇甫冉詩集七卷補遺一卷附校勘記一

卷
　（唐）皇甫冉撰　　校勘記張元濟撰
　　　四部叢刊三編・集部
秦隱君集一卷
　（唐）秦系撰
　　　唐人集
　　　唐詩二十六家
唐秦隱君詩集一卷
　　　唐百家詩・中唐二十七家
秦公緒詩集一卷
　　　唐詩百名家全集（康熙本、光緒本）第
　　　一函
嚴武集一卷
　（唐）嚴武撰
　　　唐百家詩・盛唐一十家
　　　唐詩二十六家
蕭茂挺文集一卷
　（唐）蕭穎士撰
　　　四庫全書・集部別集類
蕭茂挺集一卷
　　　常州先哲遺書第一集・集類
毘陵集三卷
　（唐）獨孤及撰
　　　廣十二家唐詩
毘陵集三卷
　（唐）獨孤及撰
　　　唐詩百名家全集（康熙本、光緒本）第
　　　一函
毘陵集二十卷
　（唐）獨孤及撰
　　　四庫全書・集部別集類
　　　摛藻堂四庫全書薈要・集部
毘陵集二十卷補遺一卷附錄一卷
　　　四部叢刊（初次印本、二次印本、縮印
　　　二次印本）・集部
次山集十二卷
　（唐）元結撰
　　　四庫全書・集部別集類
　　　摛藻堂四庫全書薈要・集部
元次山詩集二卷
　（唐）元結撰
　　　清芬堂叢書・集部
唐元次山文集十卷拾遺一卷
　（唐）元結撰
　　　四部備要（排印本、縮印本）・集部唐
　　　別集
唐元次山文集十卷拾遺一卷補一卷
　（唐）元結撰　補（民國）孫毓修輯

四部叢刊（初次印本、二次印本、縮印
二次印本）・集部
次山子
　（唐）元結撰　　（明）歸有光輯評
　　　諸子彙函
張祠部詩集一卷
　（唐）張繼撰
　　　唐詩百名家全集（康熙本、光緒本）第
　　　一函
韓君平集三卷
　（唐）韓翃撰
　　　唐人集
　　　唐百家詩・中唐二十七家
　　　唐詩二十六家
唐駕部侍郎知制誥中書舍人韓君平詩集
一卷
　（唐）韓翃撰
　　　唐三家集
韓君平詩集一卷補遺一卷
　　　唐詩百名家全集（康熙本、光緒本）第
　　　一函
唐靈一詩集一卷
　（唐）釋靈一撰
　　　唐百家詩・中唐二十七家
　　　唐人五十家小集
唐皎然詩集一卷
　（唐）釋皎然撰
　　　唐百家詩・中唐二十七家
　　　唐人五十家小集
杼山集十卷補遺一卷
　（唐）釋皎然撰
　　　唐三高僧詩
杼山集十卷
　　　四庫全書・集部別集類
晝上人集十卷
　　　四部叢刊（初次印本、二次印本、縮印
　　　二次印本）・集部

中　唐

嚴維集二卷
　（唐）嚴維撰
　　　唐人集
　　　唐人小集
　　　唐詩二十六家
嚴維詩集一卷
　（唐）嚴維撰
　　　唐百家詩・中唐二十七家
　　　唐人五十家小集

嚴正文詩集一卷
　　唐詩百名家全集（康熙本、光緒本）第
　　一函
華陽眞逸詩二卷
　（唐）顧況撰
　　唐百家詩・中唐二十七家
　　唐人五十家小集
顧況集二卷
　　唐詩二十六家
顧逋翁詩集四卷
　（唐）顧況撰
　　唐詩百名家全集（康熙本、光緒本）第
　　一函
華陽集三卷
　（唐）顧況撰
　　四庫全書・集部別集類
耿湋集三卷
　（唐）耿湋撰
　　唐人集
　　唐詩二十六家
耿湋詩集一卷
　（唐）耿湋撰
　　唐百家詩・中唐二十七家
　　唐人五十家小集
耿拾遺詩集一卷補遺一卷
　　唐詩百名家全集（康熙本、光緒本）第
　　一函
戎昱詩集一卷
　（唐）戎昱撰
　　唐百家詩・中唐二十七家
　　唐人五十家小集
中唐戎昱詩一卷
　　中晚唐詩・十三唐人詩
戎昱詩集一卷補遺一卷
　　唐詩百名家全集（康熙本、光緒本）第
　　一函
戴叔倫集二卷
　（唐）戴叔倫撰
　　唐人集
　　唐百家詩・中唐二十七家
　　唐人五十家小集
戴叔倫詩集二卷
　　橫山草堂叢書第一集
戴叔倫詩集二卷補遺一卷
　　唐詩百名家全集（康熙本、光緒本）第
　　一函
盧綸集六卷
　（唐）盧綸撰

唐人集
唐盧戶部詩集十卷
　（唐）盧綸撰
　　廣十二家唐詩
盧戶部詩集十卷
　　唐詩百名家全集（康熙本、光緒本）第
　　一函
李益集二卷
　（唐）李益撰
　　唐人集
　　唐百家詩・中唐二十七家
　　唐詩二十六家
李君虞詩集二卷
　　唐詩百名家全集（康熙本、光緒本）第
　　一函
李尚書詩集一卷
　（唐）李益撰
　　二酉堂叢書
　　叢書集成初編・文學類
李端集四卷
　（唐）李端撰
　　唐人集
李端詩集三卷
　（唐）李端撰
　　唐百家詩・中唐二十七家
　　唐人五十家小集
孟東野集十卷附一卷
　（唐）孟郊撰
　　五唐人集（汲古閣本、醫學書局景汲古
　　閣本、涵芬樓景汲古閣本）
孟東野詩集十卷
　　唐詩百名家全集（康熙本、光緒本）第
　　二函
　　四部叢刊（初次印本、二次印本、縮印
　　二次印本）・集部
　　四部備要（排印本、縮印本）・集部唐
　　別集
孟東野集十卷
　　四庫全書・集部別集類
張司業樂府集一卷
　（唐）張籍撰
　　唐百家詩・中唐二十七家
　　唐人五十家小集
唐張司業詩集八卷
　（唐）張籍撰
　　廣十二家唐詩
　　四部叢刊（初次印本、二次印本、縮印
　　二次印本）・集部

張文昌集八集
　　合刻兩張先生集
張司業詩集八卷
　　唐詩百名家全集（康熙本、光緒本）第
　　二函
張司業集八卷
　　四庫全書・集部別集類
張司業詩集六卷
　　（唐）張籍撰
　　唐人小集
張文昌文集四卷
　　（唐）張籍撰
　　續古逸叢書
盧仝詩集二卷集外詩一卷
　　（唐）盧仝撰
　　唐百家詩・晚唐四十二家
玉川子詩集二卷外集一卷
　　四部叢刊（初次印本、二次印本、縮印
　　二次印本）・集部
盧仝詩集三卷
　　（唐）盧仝撰
　　唐人五十家小集
盧仝集三卷
　　畿輔叢書
　　叢書集成初編・文學類
玉川子詩註五卷
　　（清）孫之騄撰
　　晴川八識
翰苑集二十二卷
　　（唐）陸贄撰
　　四庫全書・集部別集類
　　摛藻堂四庫全書薈要・集部
唐陸宣公集二十二卷
　　洪氏公善堂叢書
唐陸宣公翰苑集二十二卷
　　四部叢刊（二次印本、縮印二次印本）
　　・集部
唐陸宣公集二十二卷增輯二卷
　　（唐）陸贄撰　（清）耆英增輯
　　四部備要（排印本、縮印本）・集部唐
　　別集
唐陸宣公文集四卷首一卷
　　（唐）陸贄撰
　　正誼堂全書
　　叢書集成初編・文學類
唐陸宣公翰苑集二十四卷
　　（唐）陸贄撰
　　四部叢刊（初次印本）・集部

唐陸宣公翰苑集二十四卷首一卷末一卷
　　（唐）陸贄撰　（□）張佩芳注
　　西京清麓叢書續編
楊凝詩集一卷
　　（唐）楊凝撰
　　唐詩百名家全集（康熙本、光緒本）第
　　一函
乞歸疏
　　（唐）鮑君徽撰
　　綠窗女史・著撰部表疏
司空曙集二卷
　　（唐）司空曙撰
　　唐人集
　　唐人小集
　　唐詩二十六家
唐司空文明詩集二卷
　　唐人五十家小集
唐司空文明詩集三卷
　　（唐）司空曙撰
　　唐百家詩・中唐二十七家
　　唐詩百名家全集（康熙本、光緒本）第
　　一函
唐崔補闕詩集一卷
　　（唐）崔峒撰
　　廣十二家唐詩
唐王建詩集八卷
　　（唐）王建撰
　　廣十二家唐詩
王建詩八卷
　　唐六名家集（汲古閣本、景汲古閣本）
王司馬集八卷
　　四庫全書・集部別集類
王建詩集十卷
　　（唐）王建撰
　　唐詩百名家全集（康熙本、光緒本）第
　　二函
王建宮詞一卷
　　（唐）王建撰
　　編選四家宮詞
　　詩詞雜俎（汲古閣本、木松堂本、景汲
　　古閣本）・三家宮詞
　　三家宮詞（綠君亭本、淮南書局本）
　　叢書集成初編・文學類・三家宮詞
唐王建宮詞一卷
　　三體宮詞
宮詞一卷
　　十家宮詞（毛晉輯）
　　十家宮詞（倪燦輯）

劉虞部詩集四卷
　　(唐)劉商撰
　　　　唐詩百名家全集(康熙本、光緒本)第
　　　　一函
中唐劉商詩一卷
　　(唐)劉商撰
　　　　中晚唐詩・八劉唐人詩
玄眞子漁歌記一卷
　　(唐)張志和撰　(唐)李德裕錄
　　　　說郛(宛委山堂本)弓一百
于鵠詩集一卷
　　(唐)于鵠撰
　　　　唐百家詩・中唐二十七家
　　　　唐詩百名家全集(康熙本、光緒本)第
　　　　二函
武元衡集三卷
　　(唐)武元衡撰
　　　　唐人集
　　　　唐百家詩・中唐二十七家
　　　　唐詩二十六家
臨淮詩集二卷
　　(唐)武元衡撰
　　　　唐詩百名家全集(康熙本、光緒本)第
　　　　一函
李元賓文編三卷外編二卷
　　(唐)李觀撰
　　　　四庫全書・集部別集類
　李元賓文集文編三卷外編二卷續編一
　卷
　　　　唐人三家集(道光本、景道光本)
　　　　粤雅堂叢書二編第二十集
　李元賓文集六卷
　　　　畿輔叢書
　　　　叢書集成初編・文學類
權德輿集二卷
　　(唐)權德輿撰
　　　　唐人集
　　　　唐百家詩・中唐二十七家
　　　　唐詩二十六家
　　　　唐人五十家小集
權文公詩集十卷
　　(唐)權德輿撰
　　　　唐詩百名家全集(康熙本、光緒本)第
　　　　二函
　權文公集十卷
　　　　四庫全書・集部別集類
　　　　摘藻堂四庫全書薈要・集部
權載之文集五十卷補刻一卷附校補一卷

(唐)權德輿撰　校補姜殿揚輯
　　四部叢刊(初次印本、二次印本、縮印
　　二次印本)・集部
羊士諤集二卷
　　(唐)羊士諤撰
　　　　唐人集
羊士諤詩集一卷
　　(唐)羊士諤撰
　　　　唐百家詩・中唐二十七家
　　　　唐詩百名家全集(康熙本、光緒本)第
　　　　一函
　　　　唐人五十家小集
楊少尹詩集一卷
　　(唐)楊巨源撰
　　　　唐詩百名家全集(康熙本、光緒本)第
　　　　二函
陳羽詩集一卷
　　(唐)陳羽撰
　　　　唐詩百名家全集(康熙本、光緒本)第
　　　　一函
歐陽助教詩集一卷
　　(唐)歐陽詹撰
　　　　唐詩百名家全集(康熙本、光緒本)第
　　　　二函
歐陽行周集十卷
　　(唐)歐陽詹撰
　　　　四庫全書・集部別集類
　歐陽行周文集十卷
　　　　四部叢刊(初次印本、二次印本、縮印
　　　　二次印本)・集部
歐陽行周文集十卷附校記一卷
　　(唐)歐陽詹撰　校記(民國)繆荃孫撰
　　　　三唐人集(繆荃孫輯)
唐歐陽四門集八卷附錄一卷
　　(唐)歐陽詹撰
　　　　王氏彙刻唐人集
韓文四十卷外集十卷集傳一卷遺集一卷
　　(唐)韓愈撰
　　　　韓柳文(游氏本、莫如士本)
昌黎先生詩集十卷外集一卷遺詩一卷
　　(唐)韓愈撰
　　　　唐詩百名家全集(康熙本、光緒本)第
　　　　二函
唐大家韓文公文鈔十六卷
　　(唐)韓愈撰　(明)茅坤選
　　　　八大家文鈔(萬曆本、崇禎本、清刊本)
韓昌黎文選四卷
　　(唐)韓愈撰　(清)孫琮選

　　　　山曉閣文選
韓吏部詩鈔一卷
　　(唐)韓愈撰　(清)陳明善選
　　　唐六家詩鈔
昌黎詩鈔八卷
　　(唐)韓愈撰　(清)姚培謙選
　　　唐宋八家詩
此木軒昌黎文選一卷
　　(唐)韓愈撰　(清)焦袁熹選
　　　此木軒全集
韓子粹言一卷
　　(唐)韓愈撰　(清)李光地輯
　　　李文貞公全集
　　　榕村全書
昌黎先生全集錄八卷
　　(唐)韓愈撰　(清)儲欣選
　　　唐宋十大家全集錄
韓文選二卷
　　(唐)韓愈撰　(清)陳兆崙選
　　　陳太僕批選八家文鈔
韓集舉正十卷外集舉正一卷敍錄一卷
　　(宋)方崧卿撰
　　　四庫全書·集部別集類
　　　四庫全書珍本初集·集部別集類
原本韓文考異十卷
　　(宋)朱熹撰
　　　四庫全書·集部別集類
　　昌黎先生集攷異十卷
　　　新陽趙氏叢刊
別本韓文考異四十卷外集十卷遺文一卷
　　(宋)朱熹撰　(宋)王伯大音釋
　　　四庫全書·集部別集類
　　朱文公校昌黎先生文集四十卷外集十
　　卷遺文一卷
　　　四部叢刊(初次印本、二次印本、縮印
　　　二次印本)·集部
　　韓文考異四十卷外集考異十卷遺文考
　　異一卷首一卷末一卷
　　　西京清麓叢書續編
五百家註音辨昌黎先生文集四十卷
　　(宋)魏仲舉輯
　　　四庫全書　集部別集類
　　五百家注昌黎文集四十卷
　　　摛藻堂四庫全書薈要·集部
昌黎先生集四十卷外集十卷遺文一卷
　　(宋)廖瑩中輯注
　　　韓柳二集(世綵堂本、景世綵堂本)
　　　四部備要(排印本、縮印本)·集部唐

　　　　別集
　　　東雅堂韓昌黎集註四十卷外集十卷
　　　　四庫全書·集部別集類
　　唐韓昌黎集四十卷外集十卷遺文一卷附
　　　錄一卷
　　　(唐)韓愈撰　(明)蔣之翹輯注
　　　　韓柳全集
　　韓集點勘四卷
　　　(清)陳景雲撰
　　　　四庫全書·集部別集類
　　　　文道十書
　　　　韓柳二集(景世綵堂本)·昌黎先生集
　　　　附
　　　　四部備要(排印本、縮印本)·集部唐
　　　　別集·昌黎先生集附
　　韓集補注一卷
　　　(清)沈欽韓撰　(清)胡承珙訂
　　　　廣雅書局叢書·集部
　　讀昌黎先生集一卷
　　　(清)俞樾撰
　　　　春在堂全書·俞樓雜纂
　　韓昌黎尺牘一卷
　　　(唐)韓愈撰
　　　　唐宋十大家尺牘
　　唐劉賓客詩集六卷
　　　(唐)劉禹錫撰
　　　　廣十二家唐詩
　　劉賓客文集三十卷外集十卷
　　　(唐)劉禹錫撰
　　　　四庫全書·集部別集類
　　　　摛藻堂四庫全書薈要·集部
　　　　結一廬朱氏賸餘叢書
　　　　嘉業堂叢書·集部
　　　　四部備要(排印本、縮印本)·集部唐
　　　　別集
　　　劉夢得文集三十卷外集十卷
　　　　四部叢刊(初次印本、二次印本、縮印
　　　　二次印本)·集部
　　　劉賓客文集三十卷補遺一卷
　　　　畿輔叢書
　　　　叢書集成初編·文學類
　　李文公集十八卷
　　　(唐)李翶撰
　　　　三唐人文集
　　　　四庫全書·集部別集類
　　　唐李文公集十八卷
　　　　四部叢刊(初次印本、二次印本、縮印
　　　　二次印本)·集部

李文公集十八卷補遺一卷
　　　三唐人集(馮煦光輯:光緒本、民國本)
習之先生全集錄二卷
　　(唐)李翱撰　　(清)儲欣選
　　　唐宋十大家全集錄
協律子
　　(唐)李翱撰　　(明)歸有光輯評
　　　諸子彙函
皇甫持正集六卷
　　(唐)皇甫湜撰
　　　三唐人文集
　　　四庫全書·集部別集類
　皇甫持正文集六卷
　　　四部叢刊(初次印本、二次印本、縮印
　　　二次印本)·集部
　　　續古逸叢書
　皇甫持正文集六卷補遺一卷
　　　三唐人集(馮煦光輯:光緒本、民國本)
皇甫持正集六卷附校記一卷
　　(唐)皇甫湜撰　校記(民國)繆荃孫撰
　　　三唐人集(繆荃孫輯)
呂衡州詩集一卷
　　(唐)呂溫撰
　　　唐百家詩·中唐二十七家
　　　唐人五十家小集
呂衡州詩集二卷補遺一卷
　　(唐)呂溫撰
　　　唐詩百名家全集(康熙本、光緒本)第
　　　二函
呂衡州集十卷
　　(唐)呂溫撰
　　　四庫全書·集部別集類
　呂和叔文集十卷
　　　四部叢刊(初次印本)·集部
　呂和叔文集十卷附校勘記一卷
　　　四部叢刊(二次印本、縮印二次印本)
　　　·集部
呂衡州集十卷附考證一卷
　　(唐)呂溫撰　考證(清)顧廣圻撰
　　　粵雅堂叢書二編第二十集
　　　叢書集成初編·文學類
　呂衡州文集十卷附考證一卷
　　　唐人三家集(道光本、景道光本)
中唐劉言史詩一卷
　　(唐)劉言史撰
　　　中晚唐詩·八劉唐人詩
樊宗師集一卷
　　(唐)樊宗師撰

樊諫議集七家註附·樊集句讀合刻三
　種
強恕齋本樊紹述遺文一卷
　　(唐)樊宗師撰　　(清)張庚注
　　　心園叢刻一集
樊紹述集註二卷
　　(清)孫之騄撰
　　　晴川八識
　樊紹述集二卷
　　(唐)樊宗師撰　　(清)孫之騄注
　　　樊諫議集七家註
樊子二卷
　　(唐)樊宗師撰　　(清)胡世安注
　　　樊諫議集七家註
絳守園池記一卷
　　(唐)樊宗師撰
　　　諸子褒異附
絳守居園池記註一卷
　　(元)趙仁舉(元)吳師道(元)許謙撰
　　　四庫全書·集部別集類
　　　續金華叢書·集部
　　　樊諫議集七家註
絳守居園池記句讀一卷
　　(元)趙仁舉定　　(清)管庭芬述
　　　樊諫議集七家註附·樊集句讀合刻三
　　　種
絳守居園池記句讀一卷
　　(元)陶宗儀述
　　　樊諫議集七家註附·樊集句讀合刻三
　　　種
絳守居園池記註一卷
　　(明)趙師尹撰
　　　樊諫議集七家註
絳守居園池記註一卷
　　(清)張子特撰
　　　樊諫議集七家註
白氏長慶集七十一卷附錄一卷
　　(唐)白居易撰
　　　元白長慶集
　白氏長慶集七十一卷
　　　四庫全書·集部別集類
　　　摘藻堂四庫全書薈要·集部
　白氏文集七十一卷
　　　四部叢刊(初次印本、二次印本、縮印
　　　二次印本)·集部
白香山詩集四十卷
　　(唐)白居易撰
　　　四庫全書·集部別集類

白香山詩長慶集二十卷後集十七卷別
　集一卷補遺二卷
　　　四部備要(排印本、縮印本)·集部唐
　　　別集
香山閒適詩選二卷
　　　(唐)白居易撰　(民國)周學熙選
　　　周氏師古堂所編書·八家閒適詩選
白氏文集校正一卷
　　　(清)盧文弨撰
　　　抱經堂叢書(乾隆本、景乾隆本)·羣
　　　書拾補初編
　　　紹興先正遺書第二集·羣書拾補初編
　　　叢書集成初編·總類·羣書拾補
柳文四十三卷別集二卷外集二卷附錄一
　卷
　　　(唐)柳宗元撰
　　　韓柳文(游氏本、莫如士本)
柳河東先生詩集三卷
　　　(唐)柳宗元撰
　　　唐詩百名家全集(康熙本、光緒本)第
　　　二函
柳河東詩集二卷
　　　(唐)柳宗元撰
　　　唐四家詩(康熙本、光緒本)
柳柳州集四卷
　　　(唐)柳宗元撰
　　　唐四家詩集
唐大家柳柳州文鈔十二卷
　　　(唐)柳宗元撰　(明)茅坤選
　　　八大家文鈔八種(萬曆本、崇禎本、清
　　　刊本)
柳柳州文選四卷
　　　(唐)柳宗元撰　(清)孫琮選
　　　山曉閣文選
柳河東詩鈔一卷
　　　(唐)柳宗元撰　(清)陳明善選
　　　唐六家詩鈔
河東詩鈔四卷
　　　(唐)柳宗元撰　(清)姚培謙選
　　　唐宋八家詩
此木軒柳州文選一卷
　　　(唐)柳宗元撰　(清)焦袁熹選
　　　此木軒全集
河東先生全集錄六卷外集一卷
　　　(唐)柳宗元撰　(清)儲欣選
　　　唐宋十大家全集錄
柳文選一卷
　　　(唐)柳宗元撰　(清)陳兆崙選

陳太僕批選八家文鈔
詁訓柳先生文集四十五卷外集二卷新編
　外集一卷
　　　(宋)韓醇撰
　　　四庫全書·集部別集類
柳河東集四十五卷外集二卷新編外集
　一卷
　　　(唐)柳宗元撰　(宋)韓醇音釋
　　　摛藻堂四庫全書薈要·集部
增廣註釋音辯柳集四十三卷
　　　(宋)童宗說撰　(宋)張敦頤音辯　(宋)潘
　　　緯音義
　　　四庫全書·集部別集類
增廣註釋音辯唐柳先生集四十三卷別
　集二卷外集二卷附錄一卷
　　　四部叢刊(初次印本、二次印本、縮印
　　　二次印本)·集部
五百家註柳先生集二十一卷新編外集三
　卷附錄四卷
　　　(宋)魏仲舉輯
　　　四庫全書·集部別集類
　　　四庫全書珍本初集·集部別集類
河東先生集四十五卷外集二卷補遺一卷
　附錄二卷集傳一卷
　　　(唐)柳宗元撰　(宋)廖瑩中輯注
　　　韓柳二集(世綵堂本、景世綵堂本)
唐柳河東集四十五卷外集五卷遺文一卷
　附錄一卷
　　　(唐)柳宗元撰　(明)蔣之翹輯注
　　　韓柳全集
　　　四部備要(排印本、縮印本)·集部唐
　　　別集
柳集點勘四卷
　　　(清)陳景雲撰
　　　邃園叢書
柳柳州尺牘一卷
　　　(唐)柳宗元撰
　　　唐宋十大家尺牘
元氏長慶集六十卷補遺六卷附錄一卷
　　　(唐)元稹撰
　　　元白長慶集
元氏長慶集六十卷補遺六卷
　　　四庫全書·集部別集類
　　　摛藻堂四庫全書薈要·集部
元氏長慶集六十卷集外文章一卷
　　　四部叢刊(初次印本)·集部
　　　四部備要(排印本、縮印本)·集部唐
　　　別集

元氏長慶集六十卷集外文章一卷附校文
　一卷
　　（唐）元稹撰　校文張元濟撰
　　　　四部叢刊（二次印本、縮印二次印本）
　　　　・集部
元微之文集校補一卷
　　（清）盧文弨撰
　　　　抱經堂叢書（乾隆本、景乾隆本）・羣
　　　　書拾補初編
　　　　紹興先正遺書第二集・羣書拾補初編
　　　　叢書集成初編・總類・羣書拾補
答趙象書
　　（唐）步非烟撰
　　　　綠窗女史・著撰部啓牘
李衞公詩集一卷
　　（唐）李德裕撰
　　　　唐詩百名家全集（康熙本、光緒本）第
　　　　二函
會昌一品集二十卷別集十卷外集四卷
　　（唐）李德裕撰
　　　　四庫全書・集部別集類
　　　　摛藻堂四庫全書薈要・集部
　李衞公會昌一品集二十卷別集十卷外
　集四卷補遺一卷
　　　　畿輔叢書
　　　　叢書集成初編・文學類
李文饒文集二十卷別集十卷外集四卷
　補一卷
　　　　四部叢刊（初次印本）・集部
李文饒文集二十卷別集十卷外集四卷
　補一卷訂正一卷
　　　　四部叢刊（二次印本、縮印二次印本）
　　　　・集部
唐賈浪仙長江集十卷
　　（唐）賈島撰
　　　　廣十二家唐詩
　　　　四部叢刊（初次印本、二次印本、縮印
　　　　二次印本）・集部
　　　　四部備要（排印本、縮印本）・集部唐
　　　　別集
長江集十卷
　　　　唐人八家詩（汲古閣本、景汲古閣本）
　　　　四庫全書・集部別集類
賈浪仙長江集十卷
　　　　唐詩百名家全集（康熙本、光緒本）第
　　　　三函
長江集十卷閬仙詩附集一卷
　　（唐）賈島撰

畿輔叢書
　　　　叢書集成初編・文學類
劉叉詩集三卷
　　（唐）劉叉撰
　　　　唐百家詩・晚唐四十二家
　　　　唐人五十家小集
中唐劉叉詩一卷
　　（唐）劉叉撰
　　　　中晚唐詩・八劉唐人詩
李長吉集四卷
　　（唐）李賀撰
　　　　唐百家詩・中唐二十七家
歌詩編四卷
　　　　鐵琴銅劍樓叢書
　　　　密韻樓景宋本七種
李長吉文集四卷
　　　　續古逸叢書
李長吉詩集四卷外集一卷
　　　　陶李合刊
歌詩編四卷集外詩一卷
　　　　唐人四集（汲古閣本、景汲古閣本）
　　　　唐四名家集
　　　　四部叢刊（初次印本、二次印本、縮印
　　　　二次印本）・集部
昌谷集四卷外集一卷
　　　　四庫全書・集部別集類
箋註評點李長吉歌詩四卷外集一卷
　　（宋）吳正子撰　（宋）劉辰翁評點
　　　　四庫全書・集部別集類
唐李長吉詩集四卷外集一卷首一卷
　　（唐）李賀撰　（明）徐渭（明）董懋策批評
　　　　董氏叢書
李長吉歌詩四卷首一卷外集一卷
　　（唐）李賀撰　（清）王琦彙解
　　　　四部備要（排印本、縮印本）・集部唐
　　　　別集
協律鉤元四卷外集一卷
　　（清）陳本禮撰
　　　　江都陳氏叢書
昌谷集注四卷
　　（清）姚文燮撰
　　　　龍眠叢書
追昔遊集三卷
　　（唐）李紳撰
　　　　五唐人集（汲古閣本、醫學書局景汲古
　　　　閣本、涵芬樓景汲古閣本）
　　　　四庫全書・集部別集類
追昔遊詩集三卷

唐詩百名家全集（康熙本、光緒本）第
　　二函

鮑溶詩六卷集外詩一卷
　　（唐）鮑溶撰
　　　　唐六名家集（汲古閣本、景汲古閣本）
　鮑溶詩集六卷補遺一卷
　　　　唐詩百名家全集（康熙本、光緒本）第
　　　　二函
　鮑溶詩集六卷外集一卷
　　　　四庫全書・集部別集類
中唐沈亞之詩一卷
　　（唐）沈亞之撰
　　　　中晚唐詩・十三唐人詩
沈下賢集十二卷
　　（唐）沈亞之撰
　　　　四庫全書・集部別集類
　沈下賢文集十二卷
　　　　觀古堂所刊書
　　　　觀古堂彙刻書第二集
　　　　四部叢刊（初次印本、二次印本、縮印
　　　　二次印本）・集部
　　　　郎園先生全書
劉希仁文集一卷
　　（唐）劉軻撰
　　　　嶺南遺書第二集
　　　　叢書集成初編・文學類
費冠卿詩一卷
　　（唐）費冠卿撰
　　　　貴池先哲遺書・貴池唐人集
姚少監詩十卷
　　（唐）姚合撰
　　　　唐六名家集（汲古閣本、景汲古閣本）
　姚少監詩集十卷
　　　　唐詩百名家全集（康熙本、光緒本）第
　　　　二函
　　　　四庫全書・集部別集類
　　　　四部叢刊（初次印本、二次印本、縮印
　　　　二次印本）・集部
中唐姚合詩一卷
　　（唐）姚合撰
　　　　中晚唐詩・十三唐人詩
周賀詩集一卷
　　（唐）周賀撰
　　　　唐百家詩・晚唐四十二家
　　　　鐵琴銅劍樓叢書
　中唐周賀詩一卷
　　　　中晚唐詩・十三唐人詩
周賀詩集一卷附校勘記一卷

（唐）周賀撰　　校勘記張元濟撰
　　四部叢刊續編・集部
鄭巢詩集一卷
　　（唐）鄭巢撰
　　　　唐百家詩・晚唐四十二家
　　　　武林往哲遺箸
章孝標詩集一卷
　　（唐）章孝標撰
　　　　唐百家詩・晚唐四十二家
　　　　唐人五十家小集
顧非熊詩集一卷
　　（唐）顧非熊撰
　　　　唐詩百名家全集（康熙本、光緒本）第
　　　　三函
　顧非熊詩一卷
　　　　四庫全書・集部別集類・華陽集附
唐張處士詩集五卷
　　（唐）張祜撰
　　　　唐百家詩・中唐二十七家
　張處士詩集五卷
　　　　貴池先哲遺書・貴池唐人集
張祜詩集二卷
　　（唐）張祜撰
　　　　唐詩百名家全集（康熙本、光緒本）第
　　　　二函
薛濤詩一卷
　　（唐）薛濤撰
　　　　四婦人集（嘉慶本、景嘉慶本）
　　　　翠琅玕館叢書（馮兆年輯）第四集
　　　　翠琅玕館叢書（黃任恆輯）・集部
　　　　芋園叢書・集部
朱慶餘詩集一卷
　　（唐）朱慶餘撰
　　　　唐百家詩・晚唐四十二家
　　　　唐詩百名家全集（康熙本、光緒本）第
　　　　二函
　　　　唐人五十家小集
　　　　鐵琴銅劍樓叢書
朱慶餘詩集一卷附校勘記一卷
　　（唐）朱慶餘撰　　校勘記張元濟撰
　　　　四部叢刊續編・集部
純陽眞人渾成集二卷
　　（唐）呂嵒撰
　　　　道藏（正統本、景正統本）・太玄部
純陽呂眞人文集八卷
　　（唐）呂嵒撰
　　　　道書全集
呂帝文集一卷詩集二卷

（唐）呂嵒撰
　　重刊道藏輯要室集

晚　唐

樊川集六卷補遺一卷
　（唐）杜牧撰
　　　唐詩百名家全集（康熙本、光緒本）第
　　　三函
樊川文集二十卷外集一卷別集一卷
　（唐）杜牧撰
　　　四庫全書·集部別集類
　　　摛藻堂四庫全書薈要·集部
　　　四部叢刊（初次印本、二次印本、縮印
　　　二次印本）·集部
樊川詩集四卷別集一卷外集一卷補遺一
　卷
　（唐）杜牧撰　（清）馮集梧注
　　　四部備要（排印本、縮印本）·集部唐
　　　別集
來子
　（唐）來鵠撰　（明）歸有光輯評
　　　諸子彙函
丁卯集二卷
　（唐）許渾撰
　　　唐人八家詩（汲古閣本、景汲古閣本）
　　　橫山草堂叢書第一集
　　　四部叢刊（初次印本、二次印本、縮印
　　　二次印本）·集部
　　　湖北先正遺書·集部
丁卯詩集二卷續集一卷續補一卷集外
　遺詩一卷
　　　唐詩百名家全集（康熙本、光緒本）第
　　　三函
丁卯集二卷續集一卷續補一卷集外遺
　詩一卷
　　　四庫全書·集部別集類
許用晦文集二卷拾遺二卷
　　　續古逸叢書
許丁卯詩真蹟錄一卷
　（唐）許渾撰
　　　橫山草堂叢書第一集
桂苑筆耕集二十卷
　（唐）崔致遠撰
　　　海山仙館叢書
　　　四部叢刊（初次印本、二次印本、縮印
　　　二次印本）·集部
　　　叢書集成初編·文學類
文泉子集一卷

（唐）劉蛻撰
　　　四庫全書·集部別集類
文泉子集六卷
　（唐）劉蛻撰
　　　別下齋叢書（道光本、商務印書館景道
　　　光本、竹簡齋景道光本）
　　　叢書集成初編·文學類
唐劉蛻集六卷
　　　四部叢刊（初次印本、二次印本、縮印
　　　二次印本）·集部
唐劉蛻集六卷補遺一卷
　　　湖南叢書
文泉子
　（唐）劉蛻撰　（明）歸有光輯評
　　　諸子彙函
笠澤叢書四卷補遺一卷
　（唐）陸龜蒙撰
　　　四庫全書·集部別集類
笠澤叢書九卷附攷一卷
　（唐）陸龜蒙撰
　　　古書叢刊第一輯乙集
甫里先生集二十卷
　（唐）陸龜蒙撰
　　　陸魯望皮襲美二先生集合刻
甫里集二十卷
　　　四庫全書·集部別集類
　　　摛藻堂四庫全書薈要·集部
唐甫里先生文集二十卷
　　　四部叢刊（初次印本）·集部
唐甫里先生文集二十卷附校勘記一卷
　（唐）陸龜蒙撰　校勘記張元濟撰
　　　四部叢刊（二次印本、縮印二次印本）
　　　·集部
天隨子
　（唐）陸龜蒙撰　（明）歸有光輯評
　　　諸子彙函
唐李義山詩集六卷
　（唐）李商隱撰
　　　廣十二家唐詩
　　　四部叢刊（初次印本、二次印本、縮印
　　　二次印本）·集部
李義山集三卷
　（唐）李商隱撰
　　　唐人八家詩（汲古閣本、景汲古閣本）
李商隱詩集三卷
　　　唐詩百名家全集（康熙本、光緒本）第
　　　三函
李義山詩集三卷

四庫全書・集部別集類
李商隱詩集七卷
　　（唐）李商隱撰
　　　唐三家集
李義山文集五卷
　　（唐）李商隱撰
　　　四部叢刊（初次印本、二次印本、縮印
　　　二次印本）・集部
李義山詩註三卷附錄一卷
　　（清）朱鶴齡撰
　　　四庫全書・集部別集類
　李義山詩集注三卷附錄一卷
　　　摛藻堂四庫全書薈要・集部
西崑發微三卷
　　（清）吳喬撰
　　　借月山房彙鈔（嘉慶本、景嘉慶本）第
　　　十六集
　　　適園叢書第七集
　　　叢書集成初編・文學類
李義山文集箋註十卷
　　（清）徐樹穀箋　（清）徐炯注
　　　四庫全書・集部別集類
　　　摛藻堂四庫全書薈要・集部
李義山詩集三卷
　　（唐）李商隱撰　（清）紀昀點論
　　　鏡烟堂十種
玉谿生詩箋註六卷附補
　　（唐）李商隱撰　（清）馮浩編訂
　　　四部備要（排印本、縮印本）・集部唐
　　　別集
樊南文集詳注八卷附補
　　（唐）李商隱撰　（清）馮浩編訂
　　　四部備要（排印本、縮印本）・集部唐
　　　別集
樊南文集補編十二卷
　　（唐）李商隱撰　（清）錢振倫（清）錢振常注
　　　四部備要（排印本、縮印本）・集部唐
　　　別集
喩鳧詩集一卷
　　（唐）喩鳧撰
　　　唐百家詩・晚唐四十二家
　　　唐詩百名家全集（康熙本、光緒本）第
　　　三函
　　　唐人五十家小集
晚唐劉得仁詩一卷
　　（唐）劉得仁撰
　　　中晚唐詩・八劉唐人詩
渭南詩集二卷

（唐）趙嘏撰
　　唐詩百名家全集（康熙本、光緒本）第
　　三函
渭南詩集二卷補遺一卷
　　（唐）趙嘏撰　（民國）段朝端校補
　　　楚州叢書第一集
文標集三卷補遺一卷附校勘記一卷
　　（唐）盧肇撰　校勘記（民國）胡思敬撰
　　　豫章叢書（胡思敬輯）・袁州二唐人集
唐姚鵠詩集一卷
　　（唐）姚鵠撰
　　　唐百家詩・晚唐四十二家
　　　唐詩百名家全集（康熙本、光緒本）第
　　　三函
　晚唐姚鵠詩一卷
　　　中晚唐詩・十三唐人詩
項斯詩集一卷
　　（唐）項斯撰
　　　唐百家詩・晚唐四十二家
　　　唐詩百名家全集（康熙本、光緒本）第
　　　三函
　　　唐人五十家小集
　項子遷詩一卷
　　　台州叢書後集
項子遷詩一卷附錄一卷考異一卷
　　（唐）項斯撰　考異（民國）李鏡渠撰
　　　仙居叢書第一集
會昌進士詩集一卷
　　（唐）馬戴撰
　　　唐百家詩・中唐二十七家
　　　唐人五十家小集
　會昌進士詩集一卷補遺一卷
　　　唐詩百名家全集（康熙本、光緒本）第
　　　三函
薛許昌詩集十卷
　　（唐）薛能撰
　　　唐人八家詩（汲古閣本、景汲古閣本）
劉威詩集一卷
　　（唐）劉威撰
　　　唐百家詩・晚唐四十二家
　晚唐劉威詩一卷
　　　中晚唐詩・八劉唐人詩
李遠詩集一卷
　　（唐）李遠撰
　　　唐百家詩・晚唐四十二家
　　　唐詩百名家全集（康熙本、光緒本）第
　　　三函
　　　唐人五十家小集

唐鄭嵎詩一卷
　　(唐)鄭嵎撰
　　　唐詩百名家全集(康熙本、光緒本)第
　　　　三函
　津陽門詩一卷
　　　榮陽雜俎
　李文山詩集三卷
　　(唐)李羣玉撰
　　　唐人八家詩(汲古閣本、景汲古閣本)
　李羣玉詩集三卷後集五卷補遺一卷
　　　唐詩百名家全集(康熙本、光緒本)第
　　　　三函
　　　湖南叢書
　李羣玉集三卷後集五卷
　　　四庫全書・集部別集類
　李羣玉詩集三卷後集五卷
　　　四部叢刊(初次印本、二次印本、縮印
　　　　二次印本)・集部
孫可之集十卷
　　(唐)孫樵撰
　　　三唐人文集
　　　四庫全書・集部別集類
　孫可之文集十卷
　　　三唐人集(馮煦光輯:光緒本、民國本)
　　　三唐人集(繆荃孫輯)
　　　續古逸叢書
　唐孫樵集十卷
　　　四部叢刊(初次印本、二次印本、縮印
　　　　二次印本)・集部
經緯集三卷
　　(唐)孫樵撰
　　　蒭園叢書
可之先生全集錄二卷
　　(唐)孫樵撰　　(清)儲欣選
　　　唐宋十大家全集錄
孫文志疑十卷
　　(清)汪師韓撰
　　　叢睦汪氏遺書
金荃集七卷別集一卷
　　(唐)溫庭筠撰
　　　五唐人集(汲古閣本、醫學書局景汲古
　　　　閣本、涵芬樓景汲古閣本)
　溫庭筠詩集七卷別集一卷
　　　四部叢刊(初次印本、二次印本、縮印
　　　　二次印本)・集部
　溫庭筠詩集七卷集外詩一卷別集一卷
　　　唐詩百名家全集(康熙本、光緒本)第
　　　　三函

溫飛卿集箋注九卷
　　(明)曾益撰　　(清)顧予咸補注　　(清)顧嗣
　　　立續注
　　　四庫全書・集部別集類
　溫飛卿詩集七卷別集一卷集外詩一卷
　　(唐)溫庭筠撰　　(明)曾益注　　(清)顧予咸
　　　補注　　(清)顧嗣立續注
　　　四部備要(排印本、縮印本)・集部唐
　　　　別集
唐女郎魚玄機詩一卷
　　(唐)魚玄機撰
　　　唐百家詩・晚唐四十二家
　　　唐人五十家小集
　　　觀古堂所刊書
　　　隨盦徐氏叢書
　　　四部備要(排印本、縮印本)・集部唐
　　　　別集
　唐女郎魚玄機詩一卷附錄一卷
　　　麗廔叢書
　　　郋園先生全書
　唐女郎魚玄機詩一卷考異一卷
　　(唐)魚玄機撰　　考異(清)黃丕烈撰
　　　四婦人集(嘉慶本、景嘉慶本)
段成式詩一卷
　　(唐)段成式撰
　　　唐詩百名家全集(康熙本、光緒本)第
　　　　三函
劉駕詩集一卷
　　(唐)劉駕撰
　　　唐百家詩・晚唐四十二家
　　　唐人五十家小集
　晚唐劉駕詩一卷
　　　中晚唐詩・八劉唐人詩
麟角集一卷
　　(唐)王棨撰
　　　四庫全書・集部別集類
　麟角集一卷附錄一卷
　　　知不足齋叢書(乾隆至道光本、景乾隆
　　　　至道光本)第十集
　　　王氏彙刻唐人集
　　　天壤閣叢書
　　　叢書集成初編・文學類
梨岳集一卷
　　(唐)李頻撰
　　　唐詩百名家全集(康熙本、光緒本)第
　　　　三函
　梨岳集一卷附錄一卷
　　　四庫全書・集部別集類

梨岳詩集一卷附錄一卷補遺一卷
　　　四部叢刊三編·集部
曹鄴詩集二卷
　　（唐）曹鄴撰
　　　　唐百家詩·晚唐四十二家
　　　　唐人五十家小集
　曹祠部集二卷
　　　四庫全書·集部別集類
　曹祠部詩集二卷補遺一卷
　　　　唐詩百名家全集（康熙本、光緒本）第
　　　　三函
晚唐曹鄴詩一卷
　　（唐）曹鄴撰
　　　中晚唐詩·十三唐人詩
儲嗣宗詩集一卷
　　（唐）儲嗣宗撰
　　　　唐百家詩·晚唐四十二家
　　　　唐詩百名家全集（康熙本、光緒本）第
　　　　三函
　　　唐人五十家小集
　唐儲進士詩集一卷
　　　廣十二家唐詩·唐儲光羲詩集附
　中唐儲嗣宗詩一卷
　　　中晚唐詩·十三唐人詩
儲嗣宗詩集一卷附錄一卷
　　（唐）儲嗣宗撰　附錄（民國）儲皖峯輯
　　　儲氏叢書
于武陵詩集一卷
　　（唐）于武陵撰
　　　唐人五十家小集
劉滄詩集一卷
　　（唐）劉滄撰
　　　　唐百家詩·晚唐四十二家
　　　　唐人五十家小集
　晚唐劉滄詩一卷
　　　中晚唐詩·八劉唐人詩
司馬扎先輩詩集一卷
　　（唐）司馬扎撰
　　　　唐詩百名家全集（康熙本、光緒本）第
　　　　三函
于濆詩集一卷
　　（唐）于濆撰
　　　　唐百家詩·晚唐四十二家
　　　　唐詩百名家全集（康熙本、光緒本）第
　　　　四函
　　　唐人五十家小集
李昌符詩集一卷
　　（唐）李昌符撰

唐百家詩·晚唐四十二家
唐詩百名家全集（康熙本、光緒本）第
　三函
文化集一卷
　　（唐）許棠撰
　　　　唐詩百名家全集（康熙本、光緒本）第
　　　　四函
邵謁詩一卷
　　（唐）邵謁撰
　　　唐百家詩·晚唐四十二家
　邵謁詩集一卷
　　　　唐詩百名家全集（康熙本、光緒本）第
　　　　四函
　晚唐邵謁詩一卷
　　　中晚唐詩·十三唐人詩
林寬詩集一卷
　　（唐）林寬撰
　　　　唐百家詩·晚唐四十二家
　　　　唐詩百名家全集（康熙本、光緒本）第
　　　　四函
　　　唐人五十家小集
　晚唐林寬詩一卷
　　　中晚唐詩·十三唐人詩
文藪雜著一卷
　　（唐）皮日休撰
　　　說郛（宛委山堂本）弓二十六
文藪十卷
　　（唐）皮日休撰
　　　陸魯望皮襲美二先生集合刻
　皮子文藪十卷
　　　四庫全書·集部別集類
　皮日休文集十卷
　　　四部叢刊（初次印本、二次印本、縮印
　　　二次印本）·集部
　唐皮日休文藪十卷
　　　湖北先正遺書·集部
皮從事倡酬詩八卷
　　（唐）皮日休撰
　　　陸魯望皮襲美二先生集合刻
唐貫休詩集一卷
　　（唐）釋貫休撰
　　　　唐百家詩·晚唐四十二家
　　　　唐人五十家小集
禪月集二十五卷補遺一卷
　　（唐）釋貫休撰
　　　唐三高僧詩
　　　四庫全書·集部別集類
　禪月集二十五卷

四部叢刊（初次印本、二次印本、縮印
二次印本）·集部

禪月集十二卷
　　（唐）釋貫休撰
　　　　金華叢書（同治光緒本、民國補刊本）
　　　　·集部
　　　　叢書集成初編·文學類

豐溪存稿一卷
　　（唐）呂從慶撰
　　　　託跋盦叢刻

甲乙集十卷
　　（唐）羅隱撰
　　　　唐人八家詩（汲古閣本、景汲古閣本）
　　　　四部叢刊（初次印本、二次印本、縮印
　　　　二次印本）·集部

　甲乙集十卷補遺一卷
　　　　唐詩百名家全集（康熙本、光緒本）第
　　　　四函

羅昭諫集八卷
　　（唐）羅隱撰
　　　　四庫全書·集部別集類

司空表聖詩三卷
　　（唐）司空圖撰
　　　　唐詩百名家全集（康熙本、光緒本）第
　　　　四函

司空表聖文集十卷
　　（唐）司空圖撰
　　　　四庫全書·集部別集類
　　　　結一廬朱氏賸餘叢書
　　　　四部叢刊（初次印本、二次印本、縮印
　　　　二次印本）·集部
　　　　續古逸叢書

司空表聖集四卷
　　（唐）司空圖撰
　　　　乾坤正氣集

司空表聖詩集五卷
　　（唐）司空圖撰
　　　　四部叢刊（初次印本、二次印本、縮印
　　　　二次印本）·集部

司空表聖文集十卷詩三卷附錄一卷校記
　一卷
　　（唐）司空圖撰　校記（民國）繆荃孫等撰
　　　　嘉業堂叢書·集部

周繇詩一卷
　　（唐）周繇撰
　　　　貴池先哲遺書·貴池唐人集

　周中丞集一卷
　　　　周氏師古堂所編書

顧雲詩一卷文一卷
　　（唐）顧雲撰
　　　　貴池先哲遺書·貴池唐人集

張喬詩集四卷
　　（唐）張喬撰
　　　　唐百家詩·晚唐四十二家
　　　　唐詩百名家全集（康熙本、光緒本）第
　　　　三函

張喬詩一卷文一卷
　　（唐）張喬撰
　　　　貴池先哲遺書·貴池唐人集

曹從事詩集一卷
　　（唐）曹唐撰
　　　　唐詩百名家全集（康熙本、光緒本）第
　　　　四函

　曹唐詩一卷
　　　　四庫全書·集部別集類·曹祠部集附

李山甫詩集一卷
　　（唐）李山甫撰
　　　　唐百家詩·晚唐四十二家
　　　　唐詩百名家全集（康熙本、光緒本）第
　　　　四函

唐李推官披沙集六卷
　　（唐）李咸用撰
　　　　唐百家詩·晚唐四十二家
　　　　唐詩百名家全集（康熙本、光緒本）第
　　　　四函
　　　　唐人五十家小集
　　　　四部叢刊（初次印本、二次印本、縮印
　　　　二次印本）·集部

玄英先生詩集十卷
　　（唐）方干撰
　　　　唐詩百名家全集（康熙本、光緒本）第
　　　　四函

玄英集八卷
　　（唐）方干撰
　　　　四庫全書·集部別集類

羅鄴詩集一卷
　　（唐）羅鄴撰
　　　　唐百家詩·晚唐四十二家
　　　　唐詩百名家全集（康熙本、光緒本）第
　　　　三函
　　　　唐人五十家小集

唐任藩詩小集一卷
　　（唐）任藩撰
　　　　唐詩百名家全集（康熙本、光緒本）第
　　　　四函

　任藩小集一卷

台州叢書後集

比紅兒詩一卷
　　（唐）羅虬撰
　　　　唐百家詩・晚唐四十二家
　　　　說郛（宛委山堂本）弓八十四
　　　　五朝小說・唐人百家小說瑣記家
　　　　五朝小說大觀・唐人百家小說瑣記家
　　　　唐人說薈（乾隆本、道光本、宣統石印
　　　　　本、民國石印本）三集
　　　　唐代叢書三集
　比紅兒詩
　　　　綠窗女史・著撰部辭咏
　　　　說郛（商務印書館本）卷八十
　　比紅兒詩二卷
　　　　一枝軒四種
比紅兒詩註一卷
　　（清）沈可培撰
　　　　昭代叢書（道光本）己集廣編
　　　　香豔叢書第三集
　　　　國學珍本文庫第一集・美人詩附
章碣詩集一卷
　　（唐）章碣撰
　　　　唐百家詩・晚唐四十二家
　　　　唐詩百名家全集（康熙本、光緒本）第
　　　　　四函
　　　　唐人五十家小集
許琳詩集一卷
　　（唐）許琳撰
　　　　唐詩百名家全集（康熙本、光緒本）第
　　　　　四函
秦韜玉詩集一卷
　　（唐）秦韜玉撰
　　　　唐百家詩・晚唐四十二家
　　　　唐詩百名家全集（康熙本、光緒本）第
　　　　　四函
　　　　唐人五十家小集
鹿門詩集三卷拾遺一卷續補詩一卷
　　（唐）唐彥謙撰
　　　　唐詩百名家全集（康熙本、光緒本）第
　　　　　三函
　　鹿門集三卷拾遺一卷續補遺一卷
　　　　晨風閣叢書
周見素詩集一卷
　　（唐）周朴撰
　　　　唐詩百名家全集（康熙本、光緒本）第
　　　　　四函
僧無可詩集二卷
　　（唐）釋無可撰

唐百家詩・晚唐四十二家
　　　唐人五十家小集
雲臺編三卷補遺一卷
　　（唐）鄭谷撰
　　　　鄭氏六名家集
　雲臺編三卷
　　　　唐詩百名家全集（康熙本、光緒本）第
　　　　　四函
　　　　四庫全書・集部別集類
　鄭守愚文集三卷
　　　　續古逸叢書
雲臺編三卷拾遺一卷附校勘記一卷
　　（唐）鄭谷撰　校勘記（民國）胡思敬撰
　　　　豫章叢書（胡思敬輯）・袁州二唐人集
　鄭守愚文集三卷附校勘記一卷
　　（唐）鄭谷撰　校勘記胡文楷撰
　　　　四部叢刊續編・集部
唐齊己詩集一卷
　　（唐）釋齊己撰
　　　　唐百家詩・晚唐四十二家
　　　　唐人五十家小集
白蓮集十卷
　　（唐）釋齊己撰
　　　　唐三高僧詩
　　　　四庫全書・集部別集類
　　　　四部叢刊（初次印本、二次印本、縮印
　　　　　二次印本）・集部
崔塗詩集一卷
　　（唐）崔塗撰
　　　　唐百家詩・晚唐四十二家
　　　　唐人五十家小集
韓翰林詩集一卷
　　（唐）韓偓撰
　　　　唐詩百名家全集（康熙本、光緒本）第
　　　　　四函
　晚唐韓偓詩一卷
　　　　中晚唐詩・十三唐人詩
　玉山樵人集一卷
　　　　四部叢刊（初次印本、二次印本、縮印
　　　　　二次印本）・集部
韓內翰別集一卷補遺一卷
　　（唐）韓偓撰
　　　　唐六名家集（汲古閣本、景汲古閣本）
　韓內翰別集一卷
　　　　四庫全書・集部別集類
翰林集四卷附錄一卷
　　（唐）韓偓撰
　　　　王氏彙刻唐人集

韓翰林集三卷補遺一卷
　　（唐）韓偓撰　　（清）吳汝綸評注
　　　關中叢書第五集
香奩集一卷
　　（唐）韓偓撰
　　　五唐人集（汲古閣本、醫學書局景汲古
　　　閣本、涵芬樓景汲古閣本）
　　　中晚唐詩・十三唐人詩・晚唐韓偓詩
　　　附
　　　四部叢刊（初次印本、二次印本、縮印
　　　二次印本）・集部・玉山樵人集附
唐翰林學士中書舍人韓致光香奩集一
　卷
　　　唐三家集
韓內翰香奩集三卷
　　　唐詩百名家全集（康熙本、光緒本）第
　　　四函
香奩集三卷
　　　關中叢書第五集
香奩集三卷附錄一卷
　　　王氏彙刻唐人集
香奩集二卷
　　　一枝軒四種
香斂集
　　　文藝小叢書第一輯
唐英歌詩三卷
　　（唐）吳融撰
　　　唐人四集（汲古閣本、景汲古閣本）
　　　唐四名家集
　　　唐詩百名家全集（康熙本、光緒本）第
　　　四函
　　　四庫全書・集部別集類
唐風集三卷
　　（唐）杜荀鶴撰
　　　唐人四集（汲古閣本、景汲古閣本）
　　　唐四名家集
　　　四庫全書・集部別集類
杜荀鶴文集三卷
　　　唐詩百名家全集（康熙本、光緒本）第
　　　四函
唐風集三卷補遺一卷
　　　貴池先哲遺書・貴池唐人集
孫拾遺遺集一卷補遺一卷
　　（唐）孫郃撰
　　　仙居叢書第一集
孫拾遺文纂一卷
　　（唐）孫郃撰
　　　四明叢書第二集

張蠙詩集一卷
　　（唐）張蠙撰
　　　唐百家詩・晚唐四十二家
　　　唐詩百名家全集（康熙本、光緒本）第
　　　四函
　　　唐人五十家小集
翁拾遺詩集一卷
　　（唐）翁承贊撰
　　　唐詩百名家全集（康熙本、光緒本）第
　　　四函
晝錦堂詩一卷
　　　唐明二翁詩集
黃滔詩集二卷
　　（唐）黃滔撰
　　　唐詩百名家全集（康熙本、光緒本）第
　　　四函
黃御史集十卷附錄一卷
　　（唐）黃滔撰
　　　四庫全書・集部別集類
唐黃御史集八卷附錄一卷
　　（唐）黃滔撰
　　　王氏彙刻唐人集
唐黃先生文集八卷附錄一卷
　　　四部叢刊（初次印本、二次印本、縮印
　　　二次印本）・集部
莆陽黃御史集一卷別錄一卷附錄一卷
　　（唐）黃滔撰
　　　天壤閣叢書
　　　叢書集成初編・文學類
殷文圭詩集一卷
　　（唐）殷文圭撰
　　　唐百家詩・晚唐四十二家
　　　唐人五十家小集
殷文圭詩一卷文一卷
　　（唐）殷文圭撰
　　　貴池先哲遺書・貴池唐人集
唐尚顏詩集一卷
　　（唐）釋尚顏撰
　　　唐人五十家小集
徐昭夢詩集三卷
　　（唐）徐寅撰
　　　唐詩百名家全集（康熙本、光緒本）第
　　　四函
徐正字詩賦二卷
　　（唐）徐寅撰
　　　四庫全書・集部別集類
釣磯文集五卷
　　（唐）徐寅撰

宛委別藏

徐正字集四卷附錄一卷
　　（唐）徐寅撰
　　　王氏彙刻唐人集

唐祕書省正字先輩徐公釣磯文集十卷 補
　一卷附校勘記一卷
　　（唐）徐寅撰　校勘記張元濟撰
　　　四部叢刊三編・集部

林邵州遺集一卷附錄一卷
　　（唐）林蘊撰
　　　王氏彙刻唐人集

曹松詩集一卷
　　（唐）曹松撰
　　　唐百家詩・晚唐四十二家

曹松詩集二卷
　　（唐）曹松撰
　　　唐詩百名家全集（康熙本、光緒本）第
　　　四函

蘇拯詩集一卷
　　（唐）蘇拯撰
　　　唐百家詩・晚唐四十二家
　　　唐人五十家小集

劉兼詩集一卷
　　（唐）劉兼撰
　　　唐百家詩・晚唐四十二家
　　　唐人五十家小集

　晚唐劉兼詩一卷
　　　中晚唐詩・八劉唐人詩

李洞詩集三卷
　　（唐）李洞撰
　　　唐百家詩・晚唐四十二家

　李才江詩集三卷
　　　唐詩百名家全集（康熙本、光緒本）第
　　　四函

唐隱居詩一卷
　　（唐）唐求撰
　　　唐詩百名家全集（康熙本、光緒本）第
　　　三函

　中唐唐求詩一卷
　　　中晚唐詩・十三唐人詩

　唐求詩集一卷
　　　唐人五十家小集

于鄴詩集一卷
　　（唐）于鄴撰
　　　唐百家詩・晚唐四十二家
　　　唐詩百名家全集（康熙本、光緒本）第
　　　四函

無名氏詩集一卷

　　（唐）□□撰
　　　唐人五十家小集

五　代

宮詞一卷
　　（後晉）和凝撰
　　　四家宮詞
　　　十家宮詞（毛晉輯）
　　　十家宮詞（倪燦輯）

逍遙先生遺詩一卷
　　（後晉）鄭遨撰
　　　滎陽雜俎

孟一之詩集一卷
　　（後周）孟貫撰
　　　唐詩百名家全集（康熙本、光緒本）第
　　　四函

　晚唐孟貫詩一卷
　　　中晚唐詩・十三唐人詩

李丞相詩集二卷
　　（南唐）李建勳撰
　　　唐百家詩・晚唐四十二家
　　　唐人五十家小集
　　　鐵琴銅劍樓叢書

　李丞相詩二卷
　　　唐詩百名家全集（康熙本、光緒本）第
　　　四函

李丞相詩集二卷附校勘記一卷
　　（南唐）李建勳撰　校勘記張元濟撰
　　　四部叢刊續編・集部

伍喬詩集一卷
　　（南唐）伍喬撰
　　　唐百家詩・晚唐四十二家
　　　唐詩百名家全集（康熙本、光緒本）第
　　　四函

　晚唐伍喬詩一卷
　　　中晚唐詩・十三唐人詩

　伍喬詩一卷
　　　貴池先哲遺書・貴池唐人集

陳嵩伯詩集一卷
　　（南唐）陳陶撰
　　　唐詩百名家全集（康熙本、光緒本）第
　　　三函

碧雲集三卷
　　（南唐）李中撰
　　　唐人八家詩（汲古閣本、景汲古閣本）
　　　唐詩百名家全集（康熙本、光緒本）第
　　　四函
　　　四部叢刊（初次印本、二次印本、縮印

二次印本)・集部

王周詩集一卷
  (南唐)王周撰
    唐百家詩・晚唐四十二家
    唐詩百名家全集(康熙本、光緒本)第
    四函
    唐人五十家小集

浣花集十卷補遺一卷
  (前蜀)韋莊撰
    唐詩百名家全集(康熙本、光緒本)第
    四函
    四庫全書・集部別集類
    四部叢刊(初次印本、二次印本、縮印
    二次印本)・集部

秦婦吟一卷
  (前蜀)韋莊撰
    六經堪叢書初集・敦煌零拾

廣成集十七卷
  (前蜀)杜光庭撰
    道藏(正統本、景正統本)・洞玄部表
    奏類
    四部叢刊(初次印本、二次印本、縮印
    二次印本)・集部
    道藏舉要第十類

廣成集十二卷
  (前蜀)杜光庭撰
    四庫全書・集部別集類

花蕊夫人詩集一卷
  (後蜀)費氏(花蕊夫人)撰
    宋元四十三家集

花蕊詩鈔一卷
  (後蜀)費氏(花蕊夫人)撰
    宋詩鈔初集(康熙本、景康熙本)

花蕊夫人宮詞一卷
  (後蜀)費氏(花蕊夫人)撰
    編選四家宮詞
    詩詞雜俎(汲古閣本、木松堂本、景汲
    古閣本)・三家宮詞
    三家宮詞(綠君亭本、淮南書局本)
    叢書集成初編・文學類・三家宮詞

蜀花蕊夫人宮詞一卷
    三體宮詞

宮詞一卷
    十家宮詞(毛晉輯)
    十家宮詞(倪燦輯)

北 宋

騎省集三十卷

(宋)徐鉉撰
    四庫全書・集部別集類
    摛藻堂四庫全書薈要・集部

徐公文集三十卷
    四部叢刊(初次印本、二次印本、縮印
    二次印本)・集部

徐公文集三十卷附補遺一卷校勘記一卷
  (宋)徐鉉撰 附(民國)徐乃昌輯
    四部備要(排印本、縮印本)・集部宋
    別集

騎省集鈔一卷
  (宋)徐鉉撰
    宋詩鈔初集(康熙本、景康熙本)
    宋代五十六家詩集

騎省集補鈔一卷
  (宋)徐鉉撰
    宋詩鈔補

宮詞一卷
  (宋)宋白撰
    十家宮詞(毛晉輯)

宋文安公宮詞一卷
    十家宮詞(倪燦輯)

咸平集三十卷
  (宋)田錫撰
    四庫全書・集部別集類

咸平集三十卷首一卷
    宋人集丁編

咸平詩集一卷
  (宋)田錫撰
    兩宋名賢小集

河東集十五卷附錄一卷
  (宋)柳開撰
    四庫全書・集部別集類

河東先生集十五卷附錄一卷
    三宋人集

河東先生集十六卷
    四部叢刊(初次印本、二次印本、縮印
    二次印本)・集部

乖崖集十二卷附錄一卷
  (宋)張詠撰
    四庫全書・集部別集類

乖崖先生文集十二卷附集一卷
    續古逸叢書

張乖崖事文錄四卷
  (宋)張詠撰
    五名臣遺集

乖崖集存六卷
  (宋)張詠撰

懷潞園叢刊
代耕堂全集附
乖崖詩鈔一卷
　　（宋）張詠撰
　　　　宋詩鈔初集（康熙本、景康熙本）
　乖崖詩集一卷
　　　　宋代五十六家詩集
小畜集三十卷
　　（宋）王禹偁撰
　　　　四庫全書・集部別集類
　　　　摛藻堂四庫全書薈要・集部
　王黃州小畜集三十卷
　　　　四部叢刊（初次印本）・集部
小畜集三十卷拾遺一卷
　　（宋）王禹偁撰　拾遺（清）勞格輯目（清）孫
　　星華錄文
　　　　武英殿聚珍版書（福建本、廣雅書局
　　　　本）・集部
王黃州小畜集三十卷附札記一卷
　　（宋）王禹偁撰　札記張元濟撰
　　　　四部叢刊（二次印本、縮印二次印本）
　　　　・集部
王黃州小畜外集十三卷（存卷七至十三）
　　（宋）王禹偁撰
　　　　四庫全書・集部別集類・小畜集附
　　　　武英殿聚珍版書（福建本、廣雅書局
　　　　本）・集部・小畜集附
　　　　四部叢刊（初次印本、二次印本、縮印
　　　　二次印本）・集部
　小畜集鈔一卷
　　（宋）王禹偁撰
　　　　宋詩鈔初集（康熙本、景康熙本）
　　　　宋代五十六家詩集
小畜集補鈔一卷
　　（宋）王禹偁撰
　　　　宋詩鈔補
王黃州小畜集校二卷
　　（清）陸心源撰
　　　　潛園總集・羣書校補
東觀集十卷
　　（宋）魏野撰
　　　　四庫全書・集部別集類
　鉅鹿東觀集十卷補遺一卷附錄一卷
　　　　峭帆樓叢書
草堂集三卷
　　（宋）魏野撰
　　　　兩宋名賢小集
東觀集一卷

（宋）魏野撰
　　宋百家詩存卷一
寇忠愍公詩集三卷
　　（宋）寇準撰
　　　　四庫全書・集部別集類
　　　　宋人集甲編
　忠愍公詩集三卷
　　　　關中叢書第五集
忠愍公詩集三卷附校勘記一卷
　　（宋）寇準撰　校勘記張元濟撰
　　　　四部叢刊三編・集部
寇萊公集七卷
　　（宋）寇準撰
　　　　兩宋名賢小集
苕溪集五十五卷
　　（宋）劉一止撰
　　　　四庫全書・集部別集類
苕溪集二卷
　　（宋）劉一止撰
　　　　兩宋名賢小集
苕溪集一卷
　　（宋）劉一止撰
　　　　宋百家詩存卷八
南陽集六卷
　　（宋）趙湘撰
　　　　四庫全書・集部別集類
　　　　武英殿聚珍版書（武英殿木活字本、江
　　　　西書局本）・集部
　　　　清芬堂叢書・集部
　　　　抱經樓叢刊
南陽集六卷拾遺一卷
　　（宋）趙湘撰　拾遺（清）勞格輯目（清）孫星
　　華錄文
　　　　武英殿聚珍版書（福建本、廣雅書局
　　　　本）・集部
　　　　叢書集成初編・文學類
南陽詩集二卷
　　（宋）趙湘撰
　　　　唐宋三大詩宗集
王正美詩一卷
　　（宋）王操撰
　　　　兩宋名賢小集
逍遙集一卷
　　（宋）潘閬撰
　　　　四庫全書・集部別集類
　　　　知不足齋叢書（乾隆至道光本、景乾隆
　　　　至道光本）第十三集
和靖詩集四卷

（宋）林逋撰
四庫全書·集部別集類

宋林和靖先生詩集四卷補一卷
四部叢刊（初次印本、二次印本、縮印
二次印本）·集部

林和靖詩集四卷拾遺一卷附錄一卷
（宋）林逋撰　附錄（民國）朱孔彰輯
四部備要（排印本、縮印本）·集部宋
別集

和靖詩鈔一卷
（宋）林逋撰
宋詩鈔初集（康熙本、景康熙本）

和靖詩集一卷
宋代五十六家詩集

和靖集補鈔一卷
（宋）林逋撰
宋詩鈔補

林君復詩一卷
（宋）林逋撰　（清）戴熙選
戴鹿牀手寫宋元四家詩

林和靖集校正一卷
（清）盧文弨撰
抱經堂叢書（乾隆本、景乾隆本）·羣
書拾補初編
紹興先正遺書第二集·羣書拾補初編
叢書集成初編·總類·羣書拾補

武夷新集二十卷
（宋）楊億撰
四庫全書·集部別集類
摛藻堂四庫全書薈要·集部
浦城遺書

楊公逸詩文一卷
（宋）楊億撰
浦城遺書·武夷新集附

楊文公集四卷
（宋）楊億撰
兩宋名賢小集

杜祁公撫稿一卷
（宋）杜衍撰
兩宋名賢小集

穆參軍集三卷
（宋）穆修撰
四庫全書·集部別集類
三宋人集

河南集三卷
枕碧樓叢書

河南穆公集三卷校補一卷
（宋）穆修撰　校補（民國）孫毓修撰

四部叢刊（初次印本、二次印本、縮印
二次印本）·集部

穆參軍集一卷
（宋）穆修撰
宋百家詩存卷二

肥川小集一卷
（宋）劉筠撰
兩宋名賢小集

菘坪小稿一卷
（宋）李維撰
兩宋名賢小集

祖英集二卷
（宋）釋重顯撰
四庫全書·集部別集類
宋人集丙編
四部叢刊續編·集部·雪竇顯和尚明
覺大師頌古集附

雪竇顯和尚明覺大師頌古集一卷拈古一
卷瀑泉集一卷
（宋）釋重顯撰
四部叢刊續編·集部

春卿遺稿一卷
（宋）蔣堂撰
四庫全書·集部別集類
常州先哲遺書第一集·集類

春卿遺稿一卷續編一卷
託跋廛叢刻

文莊集三十六卷
（宋）夏竦撰
四庫全書·集部別集類
四庫全書珍本初集·集部別集類

夏英公雜詩一卷
（宋）夏竦撰
兩宋名賢小集

文正集二十卷別集四卷補編五卷
（宋）范仲淹撰
四庫全書·集部別集類
摛藻堂四庫全書薈要·集部

范文正公集二十卷別集四卷政府奏議
二卷尺牘三卷附錄十三卷
四部叢刊（初次印本、二次印本、縮印
二次印本）·集部

范文正公文集九卷
（宋）范仲淹撰
正誼堂全書續刻
叢書集成初編·文學類

漫園小稿一卷
（宋）王琪撰

　　　　　兩宋名賢小集

張都官集一卷
　　（宋）張先撰
　　　　兩宋名賢小集

晏同叔先生集二卷
　　（宋）晏殊撰
　　　　臨川文獻

晏元獻遺文一卷
　　（宋）晏殊撰
　　　　四庫全書・集部別集類

　元獻遺文一卷補編三卷
　　　　宋人集乙編

蘿軒外集一卷
　　（宋）晏殊撰
　　　　兩宋名賢小集

孫明復小集一卷
　　（宋）孫復撰
　　　　四庫全書・集部別集類

孫明復小集三卷
　　（宋）孫復撰
　　　　孫氏山淵閣叢刊

石曼卿詩集一卷
　　（宋）石延年撰
　　　　兩宋名賢小集

文恭集五十卷補遺一卷
　　（宋）胡宿撰
　　　　四庫全書・集部別集類

文恭集四十卷
　　（宋）胡宿撰
　　　　武英殿聚珍版書（武英殿木活字本、浙
　　　　　江本、江西書局本）・集部
　　　　常州先哲遺書第一集・集類
　　　　叢書集成初編・文學類

文恭集四十卷拾遺一卷
　　（宋）胡宿撰　拾遺（清）勞格輯目（清）孫星
　　　　華錄文
　　　　武英殿聚珍版書（廣雅書局本）・集部

胡文恭詩集一卷
　　（宋）胡宿撰
　　　　兩宋名賢小集

宋元憲集四十卷
　　（宋）宋庠撰
　　　　四庫全書・集部別集類

元憲集三十六卷
　　（宋）宋庠撰
　　　　武英殿聚珍版書（武英殿木活字本、福
　　　　　建本、廣雅書局本）・集部
　　　　湖北先正遺書・集部

　　　　叢書集成初編・文學類

元憲詩稿一卷
　　（宋）宋庠撰
　　　　兩宋名賢小集

宋景文集六十二卷補遺二卷附錄一卷
　　（宋）宋祁撰
　　　　四庫全書・集部別集類

　景文集六十二卷
　　　　武英殿聚珍版書（武英殿木活字本）・
　　　　　集部
　　　　叢書集成初編・文學類

景文集六十二卷拾遺二十二卷
　　（宋）宋祁撰　拾遺（清）孫星華輯
　　　　武英殿聚珍版書（福建本、廣雅書局
　　　　　本）・集部
　　　　湖北先正遺書・集部

宋景文公集殘三十二卷（存卷十六至二
　十、卷二十六至三十二、卷八十一至八
　十五、卷九十六至九十九、卷一百一至
　一百二、卷一百七、卷一百十八至一百
　二十五）
　　（宋）宋祁撰
　　　　佚存叢書（日本本、光緒木活字本、景
　　　　　日本本）第六帙
　　　　叢書集成初編・文學類・景文集附

景文詩集一卷
　　（宋）宋祁撰
　　　　宋百家詩存卷二

西州猥稿一卷
　　（宋）宋祁撰
　　　　兩宋名賢小集

映雪齋集一卷
　　（宋）孫抗撰
　　　　兩宋名賢小集

武溪集二十卷
　　（宋）余靖撰
　　　　四庫全書・集部別集類
　　　　摛藻堂四庫全書薈要・集部

武溪集二十卷補佚一卷
　　（宋）余靖撰　補佚黃佛頤輯
　　　　廣東叢書第一集

武溪詩鈔一卷
　　（宋）余靖撰
　　　　宋詩鈔初集（康熙本、景康熙本）

　武溪詩集一卷
　　　　宋代五十六家詩集

武溪集補鈔一卷
　　（宋）余靖撰

宋詩鈔補

河南集二十七卷
　　(宋)尹洙撰
　　　四庫全書·集部別集類
　河南先生文集二十七卷附錄一卷
　　　三宋人集
　河南先生文集二十八卷
　　　四部叢刊（初次印本、二次印本、縮印
　　　　二次印本）·集部

皇雅一卷
　　(宋)尹洙撰
　　　兩宋名賢小集

宛陵集六十卷附錄一卷
　　(宋)梅堯臣撰
　　　四庫全書·集部別集類
　　　摛藻堂四庫全書薈要·集部
　宛陵先生集六十卷拾遺一卷附錄一卷
　　　四部叢刊（初次印本、二次印本、縮印
　　　　二次印本）·集部
　宛陵先生文集六十卷
　　　四部備要（排印本、縮印本）·集部宋
　　　　別集

宛陵詩鈔一卷
　　(宋)梅堯臣撰
　　　宋詩鈔初集(康熙本、景康熙本)
　宛陵詩集一卷
　　　宋代五十六家詩集
　宛陵詩選一卷
　　(宋)梅堯臣撰　(清)陳訏選
　　　宋十五家詩選

富鄭公詩集一卷
　　(宋)富弼撰
　　　兩宋名賢小集

徂徠集二十卷
　　(宋)石介撰
　　　四庫全書·集部別集類
　石守道先生集二卷
　　(宋)石介撰
　　　正誼堂全書
　　　叢書集成初編·文學類
　徂徠詩鈔一卷
　　(宋)石介撰
　　　宋詩鈔初集(康熙本、景康熙本)
　徂徠詩集一卷
　　　宋代五十六家詩集

龍學文集十六卷
　　(宋)祖無擇撰
　　　四庫全書·集部別集類

　洛陽九老祖龍學文集十六卷附錄一卷
　　　宋人集丙編

潞公集四十卷
　　(宋)文彥博撰
　　　四庫全書·集部別集類
　文潞公文集四十卷
　　　山右叢書初編
　文潞公集一卷
　　(宋)文彥博撰
　　　宋百家詩存卷三
　文潞公詩集一卷
　　(宋)文彥博撰
　　　兩宋名賢小集

鐔津集二十二卷
　　(宋)釋契嵩撰
　　　四庫全書·集部別集類
　鐔津文集二十二卷
　　　四部叢刊三編·集部
　鐔津文集二卷
　　(宋)釋契嵩撰
　　　宋人小集四十二種

居士集五十卷外集二十五卷
　　(宋)歐陽修撰
　　　歐陽文忠公全集（天順本、嘉靖本、康
　　　　熙本、嘉慶本、光緒本）
　　　四部叢刊（初次印本、二次印本、縮印
　　　　二次印本）·集部·歐陽文忠公集
　　　四部備要（排印本、縮印本）·集部宋
　　　　別集·歐陽文忠全集
　　　宋廬陵四忠集·歐陽文忠公全集

外制集三卷內制集八卷
　　(宋)歐陽修撰
　　　歐陽文忠公全集（天順本、嘉靖本、康
　　　　熙本、嘉慶本、光緒本）
　　　四部叢刊（初次印本、二次印本、縮印
　　　　二次印本）·集部·歐陽文忠公集
　　　四部備要（排印本、縮印本）·集部宋
　　　　別集·歐陽文忠全集
　　　宋廬陵四忠集·歐陽文忠公全集

表奏書啓四六集七卷
　　(宋)歐陽修撰
　　　歐陽文忠公全集（天順本、嘉靖本、康
　　　　熙本、嘉慶本、光緒本）
　　　四部叢刊（初次印本、二次印本、縮印
　　　　二次印本）·集部·歐陽文忠公集
　　　四部備要（排印本、縮印本）·集部宋
　　　　別集·歐陽文忠全集
　　　宋廬陵四忠集·歐陽文忠公全集

書簡十卷
　　(宋)歐陽修撰
　　　　歐陽文忠公全集（天順本、嘉靖本、康
　　　　熙本、嘉慶本、光緒本）
　　　　四部叢刊（初次印本、二次印本、縮印
　　　　二次印本）·集部·歐陽文忠公集
　　　　四部備要（排印本、縮印本）·集部宋
　　　　別集·歐陽文忠全集
　　　　宋廬陵四忠集·歐陽文忠公全集
歐陽文忠詩鈔一卷
　　(宋)歐陽修撰
　　　　宋詩鈔初集(康熙本、景康熙本)
　歐陽文忠詩集一卷
　　　　宋代五十六家詩集
歐陽文忠詩補鈔一卷
　　(宋)歐陽修撰
　　　　宋詩鈔補
歐陽文粹二十卷
　　(宋)歐陽修撰　(宋)陳亮輯
　　　　四庫全書·集部別集類
宋大家歐陽文忠公文鈔三十二卷
　　(宋)歐陽修撰　(明)茅坤選
　　　　八大家文鈔(萬曆本、崇禎本、清刊本)
歐陽廬陵文選四卷
　　(宋)歐陽修撰　(清)孫琭選
　　　　山曉閣文選
廬陵詩選一卷
　　(宋)歐陽修撰　(清)陳訐選
　　　　宋十五家詩選
廬陵詩鈔八卷
　　(宋)歐陽修撰　(清)姚培謙選
　　　　唐宋八家詩
此木軒廬陵文選一卷
　　(宋)歐陽修撰　(清)焦袁熹選
　　　　此木軒全集
六一居士全集錄五卷外集錄二卷
　　(宋)歐陽修撰　(清)儲欣選
　　　　唐宋十大家全集錄
歐文選一卷
　　(宋)歐陽修撰　(清)陳兆崙選
　　　　陳太僕批選八大家文鈔
讀歐記疑五卷
　　(清)王元啓撰
　　　　食舊堂叢書
歐陽修尺牘一卷
　　(宋)歐陽修撰
　　　　唐宋十大家尺牘
范蜀公集一卷

　　(宋)范鎮撰
　　　　兩宋名賢小集
樂全集四十卷附錄一卷
　　(宋)張方平撰
　　　　四庫全書·集部別集類
　　　　四庫全書珍本初集·集部別集類
樸齋小集一卷
　　(宋)張方平撰
　　　　兩宋名賢小集
蘇學士集十六卷
　　(宋)蘇舜欽撰
　　　　四庫全書·集部別集類
　蘇學士文集十六卷
　　　　四部備要（排印本、縮印本）·集部宋
　　　　別集
蘇學士文集十六卷附校語一卷
　　(宋)蘇舜欽撰　校語(清)何焯撰
　　　　四部叢刊（初次印本、二次印本、縮印
　　　　二次印本）·集部
滄浪集鈔一卷
　　(宋)蘇舜欽撰
　　　　宋詩鈔初集(康熙本、景康熙本)
　　　　宋代五十六家詩集
滄浪集補鈔一卷
　　(宋)蘇舜欽撰
　　　　宋詩鈔補
安陽集五十卷
　　(宋)韓琦撰
　　　　四庫全書·集部別集類
　　　　摛藻堂四庫全書薈要·集部
韓魏公集二十卷
　　(宋)韓琦撰
　　　　正誼堂全書
　　　　叢書集成初編·文學類
安陽集鈔一卷
　　(宋)韓琦撰
　　　　宋詩鈔初集(康熙本、景康熙本)
　　　　宋代五十六家詩集
安陽集補鈔一卷
　　(宋)韓琦撰
　　　　宋詩鈔補
趙清獻公詩集五卷
　　(宋)趙抃撰
　　　　宋元四十三家集
清獻集十卷
　　(宋)趙抃撰
　　　　四庫全書·集部別集類
　　　　摛藻堂四庫全書薈要·集部

清獻詩鈔一卷
　　(宋)趙抃撰
　　　　宋詩鈔初集(康熙本、景康熙本)
　清獻詩集一卷
　　　　宋代五十六家詩集
杏花村集一卷
　　(宋)唐詢撰
　　　　兩宋名賢小集
梅諫議集一卷
　　(宋)梅摯撰
　　　　兩宋名賢小集
盱江集三十七卷外集三卷
　　(宋)李覯撰
　　　　四庫全書・集部別集類
　直講李先生文集三十七卷外集三卷
　　　　四部叢刊(初次印本、二次印本、縮印
　　　　二次印本)・集部
盱江集鈔一卷
　　(宋)李覯撰
　　　　宋詩鈔初集(康熙本、景康熙本)
盱江集補鈔一卷
　　(宋)李覯撰
　　　　宋詩鈔補
老泉先生集三卷
　　(宋)蘇洵撰
　　　　謹依眉陽正本大宋眞儒三賢文宗
嘉祐集十六卷附錄二卷
　　(宋)蘇洵撰
　　　　四庫全書・集部別集類
　　　　摛藻堂四庫全書薈要・集部
　嘉祐集十六卷
　　　　三蘇文集
嘉祐集二十卷
　　(宋)蘇洵撰
　　　　三蘇全集
嘉祐集十五卷
　　(宋)蘇洵撰
　　　　四部叢刊(初次印本、二次印本、縮印
　　　　二次印本)・集部
　　　　四部備要(排印本、縮印本)・集部宋
　　　　別集
老泉集一卷
　　(宋)蘇洵撰
　　　　兩宋名賢小集
老泉先生文集補遺二卷
　　(宋)蘇洵撰　(民國)羅振常輯
　　　　經進三蘇文集事略
宋大家蘇文公文鈔十卷

　　(宋)蘇洵撰　(明)茅坤選
　　　　八大家文鈔八種(萬曆本、崇禎本、清
　　　　刊本)
嘉祐集選一卷
　　(宋)蘇洵撰　(明)趙南星選
　　　　味檗齋遺書
蘇老泉文選二卷
　　(宋)蘇洵撰　(清)孫琮選
　　　　山曉閣文選
老泉詩鈔一卷
　　(宋)蘇洵撰　(清)姚培謙選
　　　　唐宋八家詩
老泉先生全集錄五卷
　　(宋)蘇洵撰　(清)儲欣選
　　　　唐宋十大家全集錄
老蘇文選一卷
　　(宋)蘇洵撰　(清)陳兆崙選
　　　　陳太僕批選八大家文選
老泉先生文集十二卷附考異一卷
　　(宋)蘇洵撰　(宋)郎曄注　考異(民國)羅
　　　　振常撰
　　　　經進三蘇文集事略
經進嘉祐文集事略一卷附考異一卷
　　(宋)蘇洵撰　(宋)郎曄注　(民國)羅振常
　　　　輯佚併撰考異
　　　　經進三蘇文集事略
蘇老泉尺牘一卷
　　(宋)蘇洵撰
　　　　唐宋十大家尺牘
伊川擊壤集二十卷
　　(宋)邵雍撰
　　　　道藏(正統本、景正統本)・太玄部
　　　　道藏舉要第十類
　擊壤集二十卷
　　　　四庫全書・集部別集類
　伊川擊壤集二十卷集外詩一卷
　　　　宋人集丁編
　　　　四部叢刊(初次印本、二次印本、縮印
　　　　二次印本)・集部
伊川擊壤集二十卷補遺一卷
　　(宋)邵雍撰　補遺(清)賀瑞麟輯
　　　　西京清麓叢書續編
擊壤集一卷
　　(宋)邵雍撰
　　　　重刊道藏輯要星集
擊壤集選一卷
　　(宋)邵雍撰　(民國)周學熙選
　　　　周氏師古堂所編書・八家閒適詩選

安樂窩吟一卷
　　（宋）邵雍撰
　　　　兩宋名賢小集
蔡莆陽詩集六卷
　　（宋）蔡襄撰
　　　　宋元四十三家集
蔡忠惠集三十六卷
　　（宋）蔡襄撰
　　　　四庫全書・集部別集類
端明集四十卷
　　（宋）蔡襄撰
　　　　摛藻堂四庫全書薈要・集部
蔡忠惠集二卷
　　（宋）蔡襄撰
　　　　兩宋名賢小集
珠溪詩集一卷
　　（宋）李師中撰
　　　　兩宋名賢小集
邕州小集一卷
　　（宋）陶弼撰
　　　　四庫全書・集部別集類
　　　　晨風閣叢書
　　陶邕州小集一卷
　　　　宋人小集四十二種
　　　　式訓堂叢書三集
陶邕州小集一卷輯補一卷
　　（宋）陶弼撰　輯補（民國）李之鼎輯
　　　　宋人集甲編
陶閣史詩集二卷附錄一卷
　　（宋）陶弼撰
　　　　麓山精舍叢書第一集
周子遺文遺詩一卷
　　（宋）周敦頤撰
　　　　周子全書
周子文錄一卷
　　（宋）周敦頤撰
　　　　周子全書
周元公集九卷
　　（宋）周敦頤撰
　　　　四庫全書・集部別集類
周濂溪先生全集十三卷
　　（宋）周敦頤撰
　　　　正誼堂全書
　　　　洪氏唐石經館叢書
　　　　叢書集成初編・文學類
古靈集二十五卷
　　（宋）陳襄撰
　　　　四庫全書・集部別集類

述古先生詩集四卷
　　（宋）陳襄撰
　　　　宋人小集十五種
古靈詩集一卷
　　（宋）陳襄撰
　　　　兩宋名賢小集
南陽集三十卷附錄一卷
　　（宋）韓維撰
　　　　四庫全書・集部別集類
南陽集鈔一卷
　　（宋）韓維撰
　　　　宋詩鈔初集（康熙本、景康熙本）
　　　　宋代五十六家詩集
南陽集補鈔一卷
　　（宋）韓維撰
　　　　宋詩鈔補
文與可古樂府九卷
　　（宋）文同撰
　　　　宋元四十三家集
丹淵集四十卷拾遺二卷附錄二卷
　　（宋）文同撰
　　　　四庫全書・集部別集類
　　　　摛藻堂四庫全書薈要・集部
古洋遺響集一卷
　　（宋）文同撰
　　　　晨風閣叢書
丹淵集鈔一卷
　　（宋）文同撰
　　　　宋詩鈔初集（康熙本、景康熙本）
　　　　宋代五十六家詩集
丹淵集補鈔一卷
　　（宋）文同撰
　　　　宋詩鈔補
陳眉公先生訂正丹淵集四十卷拾遺二卷
　附錄一卷
　　（宋）文同撰　（明）陳繼儒訂正
　　　　四部叢刊（初次印本、二次印本、縮印
　　　　　二次印本）・集部
公是集四卷
　　（宋）劉敞撰
　　　　新喻三劉文集
公是集五十四卷
　　（宋）劉敞撰
　　　　四庫全書・集部別集類
　　　　武英殿聚珍版書（武英殿木活字本）・
　　　　　集部
　　　　叢書集成初編・文學類
公是集五十四卷拾遺一卷續拾遺一卷

（宋）劉敞撰　拾遺（清）勞格輯目（清）孫星
　衍錄文併續輯
　　武英殿聚珍版書（福建本、廣雅書局
　　本）·集部
公是集一卷
　（宋）劉敞撰
　　宋百家詩存卷二
公是集六卷
　（宋）劉敞撰
　　兩宋名賢小集
元豐類稿五十卷
　（宋）曾鞏撰
　　四庫全書·集部別集類
　　摛藻堂四庫全書薈要·集部
　南豐先生元豐類稿五十卷附錄一卷
　　四部叢刊（初次印本、二次印本、縮印
　　二次印本）·集部
　　四部備要（排印本、縮印本）·集部宋
　　別集
元豐類稿補二卷
　（宋）曾鞏撰　（清）陸心源輯
　　潛園總集·羣書校補
齊州吟稿一卷
　（宋）曾鞏撰
　　兩宋名賢小集
宋大家曾文定公文鈔十卷
　（宋）曾鞏撰　（明）茅坤選
　　八大家文鈔（萬曆本、崇禎本、清刊本）
曾南豐文選一卷
　（宋）曾鞏撰　（清）孫琮選
　　山曉閣文選
南豐詩選一卷
　（宋）曾鞏撰　（清）陳訏選
　　宋十五家詩選
南豐詩鈔三卷
　（宋）曾鞏撰　（清）姚培謙選
　　唐宋八家詩
南豐先生全集錄二卷
　（宋）曾鞏撰　（清）儲欣選
　　唐宋十大家全集錄
曾文選一卷
　（宋）曾鞏撰　（清）陳兆崙選
　　陳太僕批選八家文鈔
曾南豐尺牘一卷
　（宋）曾鞏撰
　　唐宋十大家尺牘
華陽集六十卷附錄十卷
　（宋）王珪撰

　　四庫全書·集部別集類
華陽集四十卷
　（宋）王珪撰
　　武英殿聚珍版書（武英殿木活字本、福
　　建本、廣雅書局本）·集部
　　叢書集成初編·文學類
王珪宮詞一卷
　（宋）王珪撰
　　編選四家宮詞
　　詩詞雜俎（汲古閣本、木松堂本、景汲
　　古閣本）·三家宮詞
　　三家宮詞（綠君亭本、淮南書局本）
　　叢書集成初編·文學類·三家宮詞
宋王岐公宮詞一卷
　　三體宮詞
宮詞一卷
　　十家宮詞（毛晉輯）
　　十家宮詞（倪燦輯）
王岐公集一卷
　（宋）王珪撰
　　兩宋名賢小集
傳家集八十卷
　（宋）司馬光撰
　　四庫全書·集部別集類
　　摛藻堂四庫全書薈要·集部
　溫國文正公文集八十卷
　　四部叢刊（初次印本、二次印本、縮印
　　二次印本）·集部
　司馬文正公傳家集八十卷附錄一卷
　　培遠堂全集
司馬溫公詩集三卷
　（宋）司馬光撰
　　古棠書屋叢書·集部
司馬溫公文集十四卷
　（宋）司馬光撰
　　正誼堂全書
　　叢書集成初編·文學類
　司馬溫公文集十四卷首一卷
　　趙氏藏書
　　四部備要（排印本、縮印本）·集部宋
　　別集
獨樂園稿六卷
　（宋）司馬光撰
　　兩宋名賢小集
傳家集一卷
　（宋）司馬光撰
　　宋百家詩存卷三
司馬溫公尺牘二卷

　　　　（宋）司馬光撰
　　　　　　唐宋十大家尺牘
張橫渠先生文集十二卷
　　　　（宋）張載撰
　　　　　　正誼堂全書
　　　　　　叢書集成初編·文學類
張子文集抄一卷
　　　　（宋）張載撰
　　　　　　朱文端公藏書（康熙本、乾隆本、光緒
　　　　　　　本）·張子全書
　　　　　　四庫全書·子部儒家類·張子全書
　　　　　　張子全書（嘉慶本、光緒本）
　　　　　　西京清麓叢書正編·張子全書
　　　　　　洪氏唐石經館叢書·張子全書
　　　　　　四部備要（排印本、縮印本）·子部儒
　　　　　　　家·張子全書
蘇魏公集七十二卷
　　　　（宋）蘇頌撰
　　　　　　四庫全書·集部別集類
蘇侍郎集一卷
　　　　（宋）蘇頌撰
　　　　　　兩宋名賢小集
王介甫先生集二卷
　　　　（宋）王安石撰
　　　　　　臨川文獻
臨川集一百卷
　　　　（宋）王安石撰
　　　　　　四庫全書·集部別集類
　　　　　　摛藻堂四庫全書薈要·集部
　　臨川先生文集一百卷
　　　　　　四部叢刊（初次印本、二次印本、縮印
　　　　　　　二次印本）·集部
　　　　　　四部備要（排印本、縮印本）·集部宋
　　　　　　　別集
王安石詩集三十八卷拾遺一卷
　　　　（宋）王安石撰
　　　　　　王安石全集
王安石文集六十二卷拾遺一卷
　　　　（宋）王安石撰
　　　　　　王安石全集
臨川集補一卷
　　　　（宋）王安石撰　（清）陸心源輯
　　　　　　潛園總集·羣書校補
臨川詩鈔一卷
　　　　（宋）王安石撰
　　　　　　宋詩鈔初集（康熙本、景康熙本）
　　臨川詩集一卷
　　　　　　宋代五十六家詩集

臨川集補鈔一卷
　　　　（宋）王安石撰
　　　　　　宋詩鈔補
宋大家王文公文鈔十六卷
　　　　（宋）王安石撰　（明）茅坤選
　　　　　　八大家文鈔（萬曆本、崇禎本、清刊本）
王臨川文選一卷
　　　　（宋）王安石撰　（清）孫琮選
　　　　　　山曉閣文選
臨川詩選一卷
　　　　（宋）王安石撰　（清）陳訏選
　　　　　　宋十五家詩選
半山詩鈔六卷
　　　　（宋）王安石撰　（清）姚培謙選
　　　　　　唐宋八家詩
臨川先生全集錄四卷
　　　　（宋）王安石撰　（清）儲欣選
　　　　　　唐宋十大家全集錄
王文選一卷
　　　　（宋）王安石撰　（清）陳兆崙選
　　　　　　陳太僕批選八家文鈔
王荊公詩註五十卷
　　　　（宋）李壁撰
　　　　　　四庫全書·集部別集類
王荊公詩集李壁注 勘誤補正四卷 王荊公
　　文集注八卷
　　　　（清）沈欽韓撰
　　　　　　嘉業堂叢書·集部
王臨川尺牘一卷
　　　　（宋）王安石撰
　　　　　　唐宋十大家尺牘
伐檀集二卷
　　　　（宋）黃庶撰
　　　　　　四庫全書·集部別集類
　　　　　　摛藻堂四庫全書薈要·集部
　　　　　　兩宋名賢小集
　　　　　　宋人集丁編
伐檀集一卷
　　　　（宋）黃庶撰
　　　　　　宋百家詩存卷二
　　　　　　宋人小集四十二種
　　青社黃先生伐檀集一卷
　　　　　　唐宋三大詩宗集
金氏文集二卷
　　　　（宋）金君卿撰
　　　　　　四庫全書·集部別集類
　　　　　　宋人集甲編
郖溪集三十卷

（宋）鄭獬撰
　　四庫全書・集部別集類

郎溪集二十八卷補遺一卷續補遺一卷 附
　校勘記一卷
　　（宋）鄭獬撰　校勘記（民國）張國淦撰
　　湖北先正遺書・集部

幻雲居詩稿一卷
　　（宋）鄭獬撰
　　兩宋名賢小集

公非集一卷
　　（宋）劉攽撰
　　新喻三劉文集
　　兩宋名賢小集

彭城集四十卷
　　（宋）劉攽撰
　　四庫全書・集部別集類
　　武英殿聚珍版書（武英殿木活字本、福
　　　建本、廣雅書局本）・集部
　　叢書集成初編・文學類

章安集一卷
　　（宋）楊蟠撰
　　台州叢書後集

長興集四十一卷（原缺卷一至十二、卷三
　十一、卷三十三至四十）
　　（宋）沈括撰
　　四庫全書・集部別集類
　　沈氏三先生文集
　　四部叢刊三編・集部・沈氏三先生文
　　　集

沈中允集一卷
　　（宋）沈括撰
　　兩宋名賢小集

祠部集三十六卷
　　（宋）強至撰
　　四庫全書・集部別集類

祠部集三十五卷
　　武英殿聚珍版書（武英殿木活字本、福
　　　建本、廣雅書局本）・集部
　　叢書集成初編・文學類

都官集十四卷
　　（宋）陳舜俞撰
　　四庫全書・集部別集類
　　宋人集甲編

蘿軒外集一卷
　　（宋）楊備撰
　　宋人小集十五種
　　兩宋名賢小集

西溪集十卷

（宋）沈遘撰
　　四庫全書・集部別集類
　　沈氏三先生文集

西溪文集十卷
　　四部叢刊三編・集部・沈氏三先生文
　　　集

西溪集鈔一卷
　　（宋）沈遘撰
　　宋詩鈔初集（康熙本、景康熙本）

西谿集補鈔一卷
　　（宋）沈遘撰
　　宋詩鈔補

宮詞一卷
　　（宋）張公庠撰
　　四家宮詞
　　十家宮詞（毛晉輯）
　　十家宮詞（倪燦輯）

泗州集一卷
　　（宋）張公庠撰
　　兩宋名賢小集

范忠宣文集二十卷遺文一卷附錄一卷 補
　編一卷
　　（宋）范純仁撰
　　四庫全書・集部別集類

節孝集三十卷附錄一卷
　　（宋）徐積撰
　　四庫全書・集部別集類
　　楚州叢書第一集

節孝詩鈔一卷
　　（宋）徐積撰
　　宋詩鈔初集（康熙本、景康熙本）

節孝詩集一卷
　　宋代五十六家詩集

節孝集補鈔一卷
　　（宋）徐積撰
　　宋詩鈔補

徐集小箋三卷
　　（民國）段朝端撰
　　楚州叢書第一集

王校理集一卷
　　（宋）王安國撰
　　兩宋名賢小集

忠肅集二十卷
　　（宋）劉摯撰
　　四庫全書・集部別集類
　　武英殿聚珍版書（武英殿木活字本）・
　　　集部
　　畿輔叢書

忠肅集二十卷拾遺一卷
　　（宋）劉摯撰　　拾遺（清）勞格輯目（清）孫星
　　華錄文
　　　　武英殿聚珍版書（福建本、廣雅書局
　　　　本）·集部
　　　　叢書集成初編·文學類
劉忠肅集一卷
　　（宋）劉摯撰
　　　　兩宋名賢小集
淨德集三十八卷
　　（宋）呂陶撰
　　　　四庫全書·集部別集類
　　　　武英殿聚珍版書（武英殿木活字本、福
　　　　建本、廣雅書局本）·集部
　　　　叢書集成初編·文學類
明道先生詩集一卷
　　（宋）程顥撰
　　　　兩宋名賢小集
許文定集一卷
　　（宋）許將撰
　　　　兩宋名賢小集
錢塘集十六卷（原缺卷一至二）
　　（宋）韋驤撰
　　　　四庫全書·集部別集類
錢唐韋先生文集十八卷（原缺卷一至二）
　　附錄一卷
　　（宋）韋驤撰
　　　　武林往哲遺箸
錢塘集補二卷
　　（宋）韋驤撰　　（清）陸心源輯
　　　　潛園總集·羣書校補
陳副使遺藁一卷
　　（宋）陳洎撰
　　　　宋百家詩存卷二
　　　　兩宋名賢小集
倚松老人集二卷
　　（宋）饒節撰
　　　　四庫全書·集部別集類
　　　　兩宋名賢小集
　倚松老人詩集二卷
　　　　西江詩派韓饒二集
倚松老人集一卷
　　（宋）饒節撰
　　　　宋百家詩存卷五
東坡先生集九卷
　　（宋）蘇軾撰
　　　　謹依眉陽正本大宋眞儒三賢文宗
東坡全集一百十五卷

　　（宋）蘇軾撰
　　　　四庫全書·集部別集類
　　　　摛藻堂四庫全書薈要·集部
東坡全集八十四卷
　　（宋）蘇軾撰
　　　　三蘇全集
東坡文集八卷
　　（宋）蘇軾撰
　　　　三蘇文集
蘇東坡和陶詩二卷
　　（宋）蘇軾撰
　　　　合刻忠武靖節二編·陶靖節集附
東坡集四十卷後集二十卷奏議十五卷外
　制集三卷內制集十卷樂語一卷應詔集
　十卷續集十二卷附校記二卷
　　（宋）蘇軾撰　　校記（清）繆荃孫撰
　　　　四部備要（排印本、縮印本）·集部宋
　　　　別集
東坡詩鈔一卷
　　（宋）蘇軾撰
　　　　宋詩鈔初集（康熙本、景康熙本）
　東坡詩集一卷
　　　　宋代五十六家詩集
東坡集補鈔一卷
　　（宋）蘇軾撰
　　　　宋詩鈔補
宋大家蘇文忠公文鈔二十八卷
　　（宋）蘇軾撰　　（明）茅坤選
　　　　八大家文鈔（萬曆本、崇禎本、清刊本）
東坡先生詩鈔七卷
　　（宋）蘇軾撰　　（清）周之鱗（清）柴升選
　　　　宋四名家詩（康熙本、光緒本、民國石
　　　　印本）
蘇東坡文選六卷
　　（宋）蘇軾撰　　（清）孫琮選
　　　　山曉閣文選
東坡詩選一卷
　　（宋）蘇軾撰　　（清）陳訏選
　　　　宋十五家詩選
東坡詩鈔十八卷
　　（宋）蘇軾撰　　（清）姚培謙選
　　　　唐宋八家詩
東坡先生全集錄九卷
　　（宋）蘇軾撰　　（清）儲欣選
　　　　唐宋十大家全集錄
大蘇文選一卷
　　（宋）蘇軾撰　　（清）陳兆崙選
　　　　陳太僕批選八大家文選

東坡閒適詩選二卷
    (宋)蘇軾撰　(民國)周學熙選
        周氏師古堂所編書·八家閒適詩選

經進東坡文集事略六十卷
    (宋)蘇軾撰　(宋)郎曄注
        四部叢刊(初次印本、二次印本、縮印
        二次印本)·集部

經進東坡文集事略六十卷附考異四卷補
遺一卷續補一卷
    (宋)蘇軾撰　(宋)郎曄注　考異(民國)羅
    振常撰
        經進三蘇文集事略

施註蘇詩四十二卷續補遺二卷
    (宋)施元之撰　(清)邵長蘅(清)李必恆補
    注　續補遺(清)馮景注
        古香齋袖珍十種(內府本、南海孔氏
        本)
        四庫全書·集部別集類
        摛藻堂四庫全書薈要·集部

東坡詩集註三十二卷
    (宋)王十朋撰
        四庫全書·集部別集類

增刊校正王狀元集注分類東坡先生詩二
十五卷
    (宋)王十朋撰
        四部叢刊(初次印本、二次印本、縮印
        二次印本)·集部

蘇詩王註正譌一卷
    (清)邵長蘅撰
        古香齋袖珍十種(內府本、南海孔氏
        本)·施註蘇詩附
        四庫全書·集部別集類·施註蘇詩附
        摛藻堂四庫全書薈要·集部·施註蘇
        詩附

蘇詩選評箋釋六卷
    (清)汪師韓撰
        叢睦汪氏遺書

補註東坡編年詩五十卷
    (清)查慎行撰
        四庫全書·集部別集類

蘇詩查注補正四卷
    (清)沈欽韓撰
        心矩齋叢書
        廣雅書局叢書·集部

蘇詩辨正一卷
    (清)查嗣瑮撰
        花近樓叢書補遺

蘇詩補注八卷

(清)翁方綱撰
    蘇齋叢書(乾隆嘉慶本、景乾隆嘉慶
    本)
    粵雅堂叢書初編第六集
    叢書集成初編·文學類

蘇詩注補四卷
    (民國)陳漢章撰
        綴學堂叢稿初集

蘇文忠公尺牘四卷
    (宋)蘇軾撰
        蘇黃尺牘

東坡先生翰墨尺牘八卷
    (宋)蘇軾撰
        紛欣閣叢書

蘇東坡尺牘二卷
    (宋)蘇軾撰
        唐宋十大家尺牘

舍人集二卷附校勘記一卷
    (宋)孔文仲撰　校勘記(民國)胡思敬撰
        豫章叢書(胡思敬輯)·清江三孔集

文仲清江集鈔一卷
    (宋)孔文仲撰
        宋詩鈔初集(康熙本、景康熙本)·武
        仲清江集鈔附

文仲清江集補鈔一卷
    (宋)孔文仲撰
        宋詩鈔補

三徑集一卷
    (宋)蔣之奇撰
        兩宋名賢小集

潁濱先生集八卷
    (宋)蘇轍撰
        謹依眉陽正本大宋眞儒三賢文宗

欒城集五十卷後集二十四卷三集十卷
    (宋)蘇轍撰
        四庫全書·集部別集類
        摛藻堂四庫全書薈要·集部
        四部叢刊(初次印本、二次印本、縮印
        二次印本)·集部
        四部備要(排印本、縮印本)·集部宋
        別集

欒城集四十八卷後集二十四卷三集十卷
    (宋)蘇轍撰
        三蘇全集

欒城文集二十卷
    (宋)蘇轍撰
        三蘇文集

欒城應詔集十二卷

（宋）蘇轍撰
四庫全書·集部別集類·欒城集附
摘藻堂四庫全書薈要·集部·欒城集附
三蘇全集·欒城集附
四部叢刊（初次印本、二次印本、縮印
二次印本）·集部

宋大家蘇文定公文鈔二十卷
（宋）蘇轍撰 （明）茅坤選
八大家文鈔（萬曆本、崇禎本、清刊本）

蘇潁濱文選二卷
（宋）蘇轍撰 （清）孫琮選
山曉閣文選

欒城詩選一卷
（宋）蘇轍撰 （清）陳訏選
宋十五家詩選

欒城詩鈔四卷
（宋）蘇轍撰 （清）姚培謙選
唐宋八家詩

欒城先生全集錄六卷
（宋）蘇轍撰 （清）儲欣選
唐宋十大家全集錄

小蘇文選一卷
（宋）蘇轍撰 （清）陳兆崙選
陳太僕批選八大家文選

經進欒城文集事略一卷附考異一卷
（宋）蘇轍撰 （宋）郎曄注 （民國）羅振常
輯佚併撰考異
經進三蘇文集事略

馮安岳集十二卷
（宋）馮山撰
四庫全書·集部別集類
宋人集乙編

安岳吟稿二卷
（宋）馮山撰
兩宋名賢小集

豐清敏公詩文輯存一卷
（宋）豐稷撰 （民國）張壽鏞輯
四明叢書第一集

樂圃餘蘂十卷附錄一卷
（宋）朱長文撰
四庫全書·集部別集類

樂圃餘稿二卷
（宋）朱長文撰
兩宋名賢小集

無爲集十五卷
（宋）楊傑撰
四庫全書·集部別集類

無爲集十五卷附校記一卷
（宋）楊傑撰 校記（民國）李之鼎撰
宋人集乙編

無爲集一卷
（宋）楊傑撰
宋百家詩存卷三

西塘集十卷
（宋）鄭俠撰
四庫全書·集部別集類

西塘先生文集九卷
（宋）鄭俠撰
洪氏公善堂叢書

西塘詩鈔一卷
（宋）鄭俠撰
宋詩鈔初集（康熙本、景康熙本）

西塘詩集一卷
宋代五十六家詩集

西塘集補鈔一卷
（宋）鄭俠撰
宋詩鈔補

范太史集五十五卷
（宋）范祖禹撰
四庫全書·集部別集類
四庫全書珍本初集·集部別集類

宗伯集十七卷附校勘記一卷
（宋）孔武仲撰 校勘記（民國）胡思敬撰
豫章叢書（胡思敬輯）·清江三孔集

武仲清江集鈔一卷
（宋）孔武仲撰
宋詩鈔初集（康熙本、景康熙本）
宋代五十六家詩集

鄱陽集十二卷
（宋）彭汝礪撰
四庫全書·集部別集類

鄱陽集一卷
（宋）彭汝礪撰
宋百家詩存卷四
兩宋名賢小集

陶山集十四卷
（宋）陸佃撰
四庫全書·集部別集類

陶山集十六卷
武英殿聚珍版書（武英殿木活字本、江
西書局本、福建本、廣雅書局本）·
集部
清芬堂叢書·集部
叢書集成初編·文學類

舒嬾堂詩文存三卷補遺一卷附錄一卷
（宋）舒亶撰 （民國）張壽鏞輯

四明叢書第八集

朝散集十五卷附校勘記一卷

(宋)孔平仲撰　校勘記(民國)胡思敬撰
豫章叢書(胡思敬輯)・清江三孔集

平仲清江集鈔一卷

(宋)孔平仲撰
宋詩鈔初集(康熙本、景康熙本)
宋代五十六家詩集

平仲清江集補鈔一卷

(宋)孔平仲撰
宋詩鈔補

演山集六十卷

(宋)黃裳撰
四庫全書・集部別集類
四庫全書珍本初集・集部別集類

寄亭詩遺一卷

(宋)章粢撰
兩宋名賢小集

曲阜集四卷

(宋)曾肇撰
四庫全書・集部別集類

曲阜集四卷附校勘續記一卷

(宋)曾肇撰　(民國)魏元曠校　校勘續記
(民國)胡思敬撰
豫章叢書(胡思敬輯)・四宋人集

曲阜集補三卷

(宋)曾肇撰　(清)陸心源輯
潛園總集・羣書校補

王魏公集八卷

(宋)王安禮撰
四庫全書・集部別集類

王魏公集八卷附校勘記一卷校勘續記一卷

(宋)王安禮撰　校勘記(民國)魏元曠撰
續記(民國)胡思敬撰
豫章叢書(胡思敬輯)・四宋人集

雲巢編十卷

(宋)沈遼撰
四庫全書・集部別集類
沈氏三先生文集
四部叢刊三編・集部・沈氏三先生文集

雲巢詩鈔一卷

(宋)沈遼撰
宋詩鈔初集(康熙本、景康熙本)

雲巢集補鈔一卷

(宋)沈遼撰
宋詩鈔補

畫墁集八卷

(宋)張舜民撰
四庫全書・集部別集類

畫墁集八卷補遺一卷

知不足齋叢書(乾隆至道光本、景乾隆
至道光本)第二十二集
筆記小說大觀第八輯
叢書集成初編・文學類

廣陵集三十卷拾遺一卷

(宋)王令撰
四庫全書・集部別集類

廣陵先生文集二十卷拾遺一卷補遺一卷附錄一卷

(宋)王令撰
嘉業堂叢書・集部

廣陵詩鈔一卷

(宋)王令撰
宋詩鈔初集(康熙本、景康熙本)

廣陵詩集一卷

宋代五十六家詩集

廣陵集補鈔一卷

(宋)王令撰
宋詩鈔補

山谷內集三十卷外集十四卷別集二十卷

(宋)黃庭堅撰
四庫全書・集部別集類
摛藻堂四庫全書薈要・集部

豫章黃先生文集三十卷

四部叢刊(初次印本、二次印本、縮印
二次印本)・集部

豫章先生文粹四卷

(宋)黃庭堅撰
蘇門六君子文粹

山谷詩鈔一卷

(宋)黃庭堅撰
宋詩鈔初集(康熙本、景康熙本)

山谷集鈔一卷

宋代五十六家詩集

山谷集補鈔一卷

(宋)黃庭堅撰
宋詩鈔補

山谷先生詩鈔七卷

(宋)黃庭堅撰　(清)周之鏻(清)柴升選
宋四名家詩(康熙本、光緒本、民國石印本)

山谷詩選一卷

(宋)黃庭堅撰　(清)陳訏選
宋十五家詩選

山谷內集註二十卷外集註十七卷別集註
　　二卷
　　　（宋）任淵撰　外集註（宋）史容撰　別集註
　　　（宋）史季溫撰
　　　　　四庫全書・集部別集類
　　　　　四部備要（排印本、縮印本）・集部宋
　　　　　別集
　　山谷內集詩注二十卷外集詩注十七卷
　　　別集詩注二卷
　　　　　武英殿聚珍版書（武英殿木活字本）・
　　　　　集部
山谷內集詩注二十卷外集詩注十七卷別
　　集詩注二卷外集補四卷別集補一卷
　　　（宋）任淵撰　外集注（宋）史容撰　別集注
　　　（宋）史季溫撰　補（清）謝啓昆輯
　　　　　武英殿聚珍版書（福建本、廣雅書局
　　　　　本）・集部
　　　　　叢書集成初編・文學類
山谷外集詩注十四卷
　　　（宋）史容撰
　　　　　四部叢刊續編・集部
黃文節公尺牘四卷
　　　（宋）黃庭堅撰
　　　　　蘇黃尺牘
山谷簡尺二卷
　　　（宋）黃庭堅撰
　　　　　四庫全書・集部別集類・山谷內集附
山谷老人刀筆二十卷
　　　（宋）黃庭堅撰
　　　　　紛欣閣叢書
黃山谷尺牘二卷
　　　（宋）黃庭堅撰
　　　　　唐宋十大家尺牘
游廌山集四卷
　　　（宋）游酢撰
　　　　　四庫全書・集部別集類
游定夫遺文遺詩一卷
　　　（宋）游酢撰
　　　　　游定夫先生集
荊齋詩集一卷
　　　（宋）游酢撰
　　　　　兩宋名賢小集
晏叔原先生集一卷
　　　（宋）晏幾道撰
　　　　　臨川文獻
龍雲集三十二卷
　　　（宋）劉弇撰
　　　　　四庫全書・集部別集類

龍雲先生文集三十二卷附錄一卷
　　　豫章叢書（胡思敬輯）
龍雲集一卷
　　　（宋）劉弇撰
　　　　　宋百家詩存卷六
龍雲集鈔一卷
　　　（宋）劉弇撰
　　　　　宋詩鈔補
秦少游詩集六卷
　　　（宋）秦觀撰
　　　　　宋元四十三家集
淮海集四十卷後集六卷
　　　（宋）秦觀撰
　　　　　四庫全書・集部別集類
　　　　　摛藻堂四庫全書薈要・集部
　　　　　四部叢刊（初次印本、二次印本、縮印
　　　　　二次印本）・集部
淮海集十七卷後集二卷補遺一卷續補遺
　　　一卷攷證一卷
　　　（宋）秦觀撰　補遺攷證（清）王敬之等輯
　　　　　四部備要（排印本、縮印本）・集部宋
　　　　　別集
淮海先生文粹十四卷
　　　（宋）秦觀撰
　　　　　蘇門六君子文粹
淮海集鈔一卷
　　　（宋）秦觀撰
　　　　　宋詩鈔初集（康熙本、景康熙本）
　　　　　宋代五十六家詩集
淮海集補鈔一卷
　　　（宋）秦觀撰
　　　　　宋詩鈔補
濟南集八卷
　　　（宋）李廌撰
　　　　　四庫全書・集部別集類
　　　　　宋人集丙編
李方叔遺稿一卷
　　　（宋）李廌撰
　　　　　兩宋名賢小集
濟南先生文粹五卷
　　　（宋）李廌撰
　　　　　蘇門六君子文粹
米襄陽遺集一卷
　　　（宋）米芾撰
　　　　　米襄陽志林
米襄陽詩集五卷
　　　（宋）米芾撰
　　　　　宋元四十三家集

寶晉英光集八卷
　　（宋）米芾撰
　　　　四庫全書・集部別集類
寶晉英光集八卷補遺一卷
　　　　涉聞梓舊（咸豐本、商務印書館景咸豐
　　　　本、竹簡齋景咸豐本）
　　　　湖北先正遺書・集部
　　　　叢書集成初編・文學類
襄陽詩鈔一卷
　　（宋）米芾撰
　　　　宋詩鈔初集（康熙本、景康熙本）
　襄陽詩集一卷
　　　　宋代五十六家詩集
襄陽集補鈔一卷
　　（宋）米芾撰
　　　　宋詩鈔補
參寥子集十二卷
　　（宋）釋道潛撰
　　　　四庫全書・集部別集類
　參寥集十二卷附錄二卷
　　　　武林往哲遺箸後編
參寥子詩集十二卷附校勘記一卷
　　（宋）釋道潛撰　校勘記張元濟撰
　　　　四部叢刊三編・集部
參寥詩鈔一卷
　　（宋）釋道潛撰
　　　　宋詩鈔初集（康熙本、景康熙本）
參寥集補鈔一卷
　　（宋）釋道潛撰
　　　　宋詩鈔補
宛邱集七十六卷
　　（宋）張耒撰
　　　　四庫全書・集部別集類
柯山集五十卷
　　（宋）張耒撰
　　　　武英殿聚珍版書（武英殿木活字本）・
　　　　集部
柯山集五十卷拾遺十二卷續拾遺一卷
　　（宋）張耒撰　拾遺（清）陸心源輯　續拾遺
　　（清）□□輯
　　　　武英殿聚珍版書（福建本、廣雅書局
　　　　本）・集部
　　　　叢書集成初編・文學類
張右史文集六十卷
　　（宋）張耒撰
　　　　四部叢刊（初次印本、二次印本、縮印
　　　　二次印本）・集部
柯山集補十二卷

（宋）張耒撰　（清）陸心源輯・羣書校補
　　　　潛園總集・羣書校補
宛丘題跋一卷
　　（宋）張耒撰
　　　　津逮祕書（汲古閣本、景汲古閣本）第
　　　　十二集
　　　　叢書集成初編・總類
宛丘先生文粹二十二卷
　　（宋）張耒撰
　　　　蘇門六君子文粹
宛丘詩鈔一卷
　　（宋）張耒撰
　　　　宋詩鈔初集（康熙本、景康熙本）
　宛丘詩集一卷
　　　　宋代五十六家詩集
宛丘集補鈔一卷
　　（宋）張耒撰
　　　　宋詩鈔補
灌園集二十卷
　　（宋）呂南公撰
　　　　四庫全書・集部別集類
　　　　四庫全書珍本初集・集部別集類
跨鼇集三十卷
　　（宋）李新撰
　　　　四庫全書・集部別集類
　　　　四庫全書珍本初集・集部別集類
自省集一卷
　　（宋）劉奉世撰
　　　　新喻三劉文集
西臺集二十卷
　　（宋）畢仲游撰
　　　　四庫全書・集部別集類
　　　　武英殿聚珍版書（武英殿木活字本、福
　　　　建本、廣雅局書本）・集部
　　　　山右叢書初編
　　　　叢書集成初編・文學類
青山集三十卷續集七卷
　　（宋）郭祥正撰
　　　　四庫全書・集部別集類
　青山集三十卷
　　　　摛藻堂四庫全書薈要・集部
　　　　密韻樓景宋本七種
青山集一卷
　　（宋）郭祥正撰
　　　　宋百家詩存卷五
青山集二卷
　　（宋）郭祥正撰
　　　　兩宋名賢小集

錢塘西湖百詠一卷
　　(宋)郭祥正撰
　　　　武林掌故叢編第一集
後山集二十四卷
　　(宋)陳師道撰
　　　　四庫全書・集部別集類
　　　　摛藻堂四庫全書薈要・集部
後山先生集二十四卷
　　　　四部備要（排印本、縮印本）・集部宋
　　　　別集
後山先生集三十卷
　　(宋)陳師道撰
　　　　適園叢書第九集
後山居士文粹四卷
　　(宋)陳師道撰
　　　　蘇門六君子文粹
後山詩鈔一卷
　　(宋)陳師道撰
　　　　宋詩鈔初集（康熙本、景康熙本）
後山詩集一卷
　　　　宋代五十六家詩集
後山集補鈔一卷
　　(宋)陳師道撰
　　　　宋詩鈔補
後山詩註十二卷
　　(宋)任淵撰
　　　　四庫全書・集部別集類
　　　　四部叢刊（初次印本、二次印本、縮印
　　　　二次印本）・集部
　　　　叢書集成初編・文學類
后山詩十二卷
　　(宋)陳師道撰　　(宋)任淵注
　　　　武英殿聚珍版書(武英殿木活字本、江
　　　　西書局本、福建本、廣雅書局本)・
　　　　集部
後山集鈔三卷
　　(宋)陳師道撰　　(清)紀昀點論
　　　　鏡烟堂十種
後山集校一卷
　　(清)□□撰
　　　　涉聞梓舊(咸豐本、商務印書館景咸豐
　　　　本、竹簡齋景咸豐本)・斠補隅錄
　　　　叢書集成初編・總類・斠補隅錄
雞肋集七十卷
　　(宋)晁補之撰
　　　　四庫全書・集部別集類
　　　　摛藻堂四庫全書薈要・集部
濟北晁先生雞肋集七十卷

四部叢刊（初次印本、二次印本、縮印
　　二次印本）・集部
濟北先生文粹二十一卷
　　(宋)晁補之撰
　　　　蘇門六君子文粹
雞肋集鈔一卷
　　(宋)晁補之撰
　　　　宋詩鈔初集（康熙本、景康熙本）
雞肋集補鈔一卷
　　(宋)晁補之撰
　　　　宋詩鈔補
宋徽宗宮詞一卷
　　宋徽宗撰
　　　　編選四家宮詞
　　　　詩詞雜俎（汲古閣本、木松堂本、景汲
　　　　古閣本）・二家宮詞
　　　　二家宮詞(明本、清同治本)
　　　　叢書集成初編・文學類・二家宮詞
宮詞三卷
　　　　十家宮詞(毛晉輯)
宣和御製宮詞三卷
　　　　十家宮詞(倪燦輯)

南　宋

龜山集四十二卷
　　(宋)楊時撰
　　　　四庫全書・集部別集類
楊龜山先生集六卷
　　(宋)楊時撰
　　　　正誼堂全書
　　　　叢書集成初編・文學類
雲溪居士集三十卷
　　(宋)華鎮撰
　　　　四庫全書・集部別集類
　　　　四庫全書珍本初集・集部別集類
蔾齋小集一卷
　　(宋)華鎮撰
　　　　兩宋名賢小集
樂靜集三十卷
　　(宋)李昭玘撰
　　　　四庫全書・集部別集類
　　　　四庫全書珍本初集・集部別集類
樂靜居士集一卷
　　(宋)李昭玘撰
　　　　宋百家詩存卷四
具茨晁先生詩集一卷
　　(宋)晁沖之撰
　　　　晁氏三先生集

晁具茨先生詩集十五卷
　　(宋)晁沖之撰　(明)□□注
　　　　宛委別藏
　　　　海山仙館叢書
　　　　叢書集成初編・文學類
具茨集鈔一卷
　　(宋)晁沖之撰
　　　　宋詩鈔初集(康熙本、景康熙本)
　　　　宋代五十六家詩集
具茨集補鈔一卷
　　(宋)晁沖之撰
　　　　宋詩鈔補
學易集八卷
　　(宋)劉跂撰
　　　　四庫全書・集部別集類
　　　　武英殿聚珍版書(武英殿木活字本、江
　　　　　西書局本、福建本、廣雅書局本)・
　　　　　集部
　　　　畿輔叢書
　　　　清芬堂叢書・集部
　　　　叢書集成初編・文學類
宗忠簡集八卷
　　(宋)宗澤撰
　　　　四庫全書・集部別集類
宋宗忠簡公集七卷
　　(宋)宗澤撰
　　　　牛畝園叢書
宗忠簡公集四卷
　　(宋)宗澤撰
　　　　乾坤正氣集
宋宗忠簡公文集四卷補遺一卷遺事二
卷
　　　　西京清麓叢書續編・四忠集
宋宗忠簡公文集四卷補遺一卷首一卷
遺事附錄二卷
　　　　新刻諸葛宗岳史四公文集
忠簡公集七卷附辨誣考異一卷
　　(宋)宗澤撰　辨誣考異(清)胡鳳丹撰
　　　　金華叢書(同治光緒本、民國補刊本)
　　　　　・集部
　　　　叢書集成初編・文學類
宗忠簡集一卷
　　(宋)宗澤撰
　　　　兩宋名賢小集
潏水集十六卷
　　(宋)李復撰
　　　　四庫全書・集部別集類
景迂生集二十卷

（宋)晁說之撰
　　　　四庫全書・集部別集類
　　　　摛藻堂四庫全書薈要・集部
嵩山文集二十卷附卷三負薪對校勘表一
卷
　　(宋)晁說之撰　校勘表張元濟撰
　　　　四部叢刊續編・集部
景迂小集一卷
　　(宋)晁說之撰
　　　　兩宋名賢小集
姑溪居士前集五十卷後集二十卷
　　(宋)李之儀撰
　　　　四庫全書・集部別集類
姑溪居士文集五十卷後集二十卷
　　　　粵雅堂叢書三編第三十集
　　　　叢書集成初編・文學類
姑溪集一卷
　　(宋)李之儀撰
　　　　宋百家詩存卷四
道鄉集四十卷
　　(宋)鄒浩撰
　　　　四庫全書・集部別集類
道鄉詩鈔一卷
　　(宋)鄒浩撰
　　　　宋詩鈔初集(康熙本、景康熙本)
道鄉集補鈔一卷
　　(宋)鄒浩撰
　　　　宋詩鈔補
和靖集八卷
　　(宋)尹焞撰
　　　　四庫全書・集部別集類
和靖尹先生文集八卷附集二卷
　　　　西京清麓叢書正編
尹和靖先生集一卷
　　(宋)尹焞撰
　　　　正誼堂全書
　　　　叢書集成初編・文學類
尹和靖集一卷
　　　　兩宋名賢小集
慶湖遺老集九卷
　　(宋)賀鑄撰
　　　　四庫全書・集部別集類
慶湖遺老詩集九卷拾遺一卷後集補遺
一卷
　　　　宋人集乙編
慶湖集一卷
　　(宋)賀鑄撰
　　　　宋百家詩存卷一

慶湖集三卷
　　(宋)賀鑄撰
　　　　兩宋名賢小集
摛文堂集十五卷附錄一卷
　　(宋)慕容彥逢撰
　　　　四庫全書・集部別集類
　　　　常州先哲遺書第一集・集類
襄陵文集十二卷
　　(宋)許翰撰
　　　　四庫全書・集部別集類
　　　　四庫全書珍本初集・集部別集類
宮詞一卷
　　(宋)王仲脩撰
　　　　四家宮詞
　　　　十家宮詞(毛晉輯)
　　　　十家宮詞(倪璨輯)
東堂集十卷
　　(宋)毛滂撰
　　　　四庫全書・集部別集類
　　　　四庫全書珍本初集・集部別集類
東堂小集一卷
　　(宋)毛滂撰
　　　　兩宋名賢小集
橫塘集二十卷
　　(宋)許景衡撰
　　　　四庫全書・集部別集類
　　　　永嘉叢書
蘆川歸來集十卷附錄一卷
　　(宋)張元幹撰
　　　　四庫全書・集部別集類
蘆川歸來集鈔一卷
　　(宋)張元幹撰
　　　　宋詩鈔初集(康熙本、景康熙本)
蘆川歸來集補鈔一卷
　　(宋)張元幹撰
　　　　宋詩鈔補
東湖居士集一卷
　　(宋)徐俯撰
　　　　兩宋名賢小集
西渡集二卷補遺一卷
　　(宋)洪炎撰
　　　　四庫全書・集部別集類
　西渡詩集二卷
　　　　兩宋名賢小集
西渡集一卷
　　(宋)洪炎撰
　　　　宋百家詩存卷七
　西渡詩集一卷補遺一卷

　　　小萬卷樓叢書(咸豐本、光緒本)
　　　叢書集成初編・文學類
西渡集一卷補遺一卷附錄一卷
　　　洪氏晦木齋叢書・豫章三洪集
慈受擬寒山詩一卷
　　(宋)釋慈受撰
　　　四部叢刊(初次印本)・集部・寒山子
　　　詩附
日涉園集十卷
　　(宋)李彭撰
　　　四庫全書・集部別集類
日涉園集十卷補遺一卷
　　　豫章叢書(胡思敬輯)・四宋人集
玉澗小集一卷
　　(宋)李彭撰
　　　兩宋名賢小集
陵陽集四卷
　　(宋)韓駒撰
　　　四庫全書・集部別集類
陵陽先生詩四卷附校勘記四卷
　　(宋)韓駒撰　校勘記(民國)傅增湘撰
　　　西江詩派韓饒二集
陵陽詩鈔一卷
　　(宋)韓駒撰
　　　宋詩鈔初集(康熙本、景康熙本)
陵陽集補鈔一卷
　　(宋)韓駒撰
　　　宋詩鈔補
竹友集十卷
　　(宋)謝薖撰
　　　四庫全書・集部別集類
　　　摛藻堂四庫全書薈要・集部
　謝幼槃文集十卷
　　　小萬卷樓叢書(咸豐本、光緒本)
　　　叢書集成初編・文學類
　謝幼槃竹友集十卷
　　　續古逸叢書
竹友集一卷
　　(宋)謝薖撰
　　　宋百家詩存卷六
竹友集七卷
　　(宋)謝薖撰
　　　兩宋名賢小集
五桃軒集一卷
　　(宋)夏倪撰
　　　兩宋名賢小集
東萊詩集二十卷
　　(宋)呂本中撰

四庫全書・集部別集類
東萊先生詩集二十卷
　　四部叢刊續編・集部
紫薇集一卷
　　（宋）呂本中撰
　　　宋百家詩存卷六
毘陵集十五卷
　　（宋）張守撰
　　　四庫全書・集部別集類
毘陵集十六卷
　　（宋）張守撰
　　　武英殿聚珍版書（武英殿木活字本）・
　　　集部
毘陵集十六卷補遺一卷附錄一卷
　　　常州先哲遺書第一集・集類
毘陵集十六卷拾遺一卷
　　（宋）張守撰　拾遺（清）□□輯
　　　武英殿聚珍版書（福建本、廣雅書局
　　　本）・集部
　　　叢書集成初編・文學類
劉給事集五卷
　　（宋）劉安上撰
　　　四庫全書・集部別集類
劉給諫文集五卷
　　　永嘉叢書
劉左史集四卷
　　（宋）劉安節撰
　　　四庫全書・集部別集類
劉左史文集四卷
　　　永嘉叢書
高峯文集十二卷
　　（宋）廖剛撰
　　　四庫全書・集部別集類
　　　四庫全書珍本初集・集部別集類
高峯別集一卷
　　（宋）廖剛撰
　　　兩宋名賢小集
唐眉山詩集七卷
　　（宋）唐庚撰
　　　宋元四十三家集
唐子西集二十四卷
　　（宋）唐庚撰
　　　四庫全書・集部別集類
眉山唐先生文集三十卷附校勘記一卷
　　（宋）唐庚撰　校勘記張元濟撰
　　　四部叢刊三編・集部
眉山詩鈔一卷
　　（宋）唐庚撰

宋詩鈔初集（康熙本、景康熙本）
眉山詩集一卷
　　　宋代五十六家詩集
眉山集補鈔一卷
　　（宋）唐庚撰
　　　宋詩鈔補
斜川集六卷
　　（宋）蘇過撰
　　　宛委別藏
　　　三蘇全集附
斜川集六卷附錄二卷訂誤一卷
　　（宋）蘇過撰　訂誤（清）吳長元撰
　　　知不足齋叢書（乾隆至道光本、景乾隆
　　　至道光本）第二十六集
　　　叢書集成初編・文學類
　　　四部備要（排印本、縮印本）・集部宋
　　　別集
忠穆集八卷
　　（宋）呂頤浩撰
　　　四庫全書・集部別集類
　　　四庫全書珍本初集・集部別集類
豫章文集十七卷
　　（宋）羅從彥撰
　　　四庫全書・集部別集類
羅豫章先生文集十卷
　　（宋）羅從彥撰
　　　正誼堂全書
　　　叢書集成初編・文學類
羅豫章先生集十二卷首一卷末一卷
　　（宋）羅從彥撰
　　　趙氏藏書
豫章先生詩集一卷
　　（宋）羅從彥撰
　　　兩宋名賢小集
丹陽集二十四卷
　　（宋）葛勝仲撰
　　　四庫全書・集部別集類
　　　常州先哲遺書第一集・集類
忠惠集十卷附錄一卷
　　（宋）翟汝文撰
　　　四庫全書・集部別集類
　　　四庫全書珍本初集・集部別集類
石林居士建康集八卷
　　（宋）葉夢得撰
　　　四庫全書・集部別集類
　　　石林遺書
　　　郋園先生全書
建康集鈔一卷

　　　　(宋)葉夢得撰
　　　　　　宋詩鈔初集(康熙本、景康熙本)
建康集補鈔一卷
　　　　(宋)葉夢得撰
　　　　　　宋詩鈔補
北山小集四十卷
　　　　(宋)程俱撰
　　　　　　四庫全書・集部別集類
　　　　　　四部叢刊續編・集部
北山集三卷
　　　　(宋)程俱撰
　　　　　　兩宋名賢小集
北山小集鈔一卷
　　　　(宋)程俱撰
　　　　　　宋詩鈔初集(康熙本、景康熙本)
　　　　　　宋代五十六家詩集
浮溪集三十六卷
　　　　(宋)汪藻撰
　　　　　　四庫全書・集部別集類
浮溪集三十二卷
　　　　(宋)汪藻撰
　　　　　　武英殿聚珍版書(武英殿木活字本)・
　　　　　　集部
　　　　　　四部叢刊（初次印本、二次印本、縮印
　　　　　　二次印本)・集部
浮溪集三十二卷拾遺三卷
　　　　(宋)汪藻撰　拾遺(清)孫星華輯
　　　　　　武英殿聚珍版書（福建本、廣雅書局
　　　　　　本)・集部
　　　　　　叢書集成初編・文學類
浮溪文粹十五卷
　　　　(宋)汪藻撰
　　　　　　四庫全書・集部別集類
浮溪集鈔一卷
　　　　(宋)汪藻撰
　　　　　　宋詩鈔初集(康熙本、景康熙本)
浮溪集補鈔一卷
　　　　(宋)汪藻撰
　　　　　　宋詩鈔補
宮詞一卷
　　　　(宋)周彥質撰
　　　　　　四家宮詞
　　　　　　十家宮詞(毛晉輯)
　　　　　　十家宮詞(倪燦輯)
東窗集十六卷
　　　　(宋)張擴撰
　　　　　　四庫全書・集部別集類
　　　　　　四庫全書珍本初集・集部別集類

初寮集八卷
　　　　(宋)王安中撰
　　　　　　四庫全書・集部別集類
檆溪居士集十二卷
　　　　(宋)劉才邵撰
　　　　　　四庫全書・集部別集類
　　　　　　四庫全書珍本初集・集部別集類
盧溪集五十卷
　　　　(宋)王庭珪撰
　　　　　　四庫全書・集部別集類
盧溪集鈔一卷
　　　　(宋)王庭珪撰
　　　　　　宋詩鈔初集(康熙本、景康熙本)
　　　　　　宋代五十六家詩集
盧溪集補鈔一卷
　　　　(宋)王庭珪撰
　　　　　　宋詩鈔補
盧溪逸稿一卷
　　　　(宋)王庭珪撰
　　　　　　兩宋名賢小集
鴻慶居士集四十二卷
　　　　(宋)孫覿撰
　　　　　　四庫全書・集部別集類
　鴻慶居士文集四十二卷
　　　　　　常州先哲遺書第一集・集類
鴻慶居士集補遺二十卷
　　　　(宋)孫覿撰
　　　　　　常州先哲遺書後編補遺
鴻慶集鈔一卷
　　　　(宋)孫覿撰
　　　　　　宋詩鈔初集(康熙本、景康熙本)
　　　　　　宋代五十六家詩集
鴻慶集補鈔一卷
　　　　(宋)孫覿撰
　　　　　　宋詩鈔補
內簡尺牘編註十卷
　　　　(宋)李祖堯撰　(清)蔡焯(清)蔡龍孫增訂
　　　　　　四庫全書・集部別集類
　宋孫仲益內簡尺牘十卷
　　　　　　常州先哲遺書第一集・集類
筠谿集二十四卷
　　　　(宋)李彌遜撰
　　　　　　四庫全書・集部別集類
　　　　　　四庫全書珍本初集・集部別集類
竹谿集一卷
　　　　(宋)李彌遜撰
　　　　　　宋百家詩存卷七

兩宋名賢小集

鄉賢公遺著一卷
　　（宋）鄔大昕撰
　　　鄔家初集

大隱集十卷
　　（宋）李正民撰
　　　四庫全書・集部別集類

王著作集八卷
　　（宋）王蘋撰
　　　四庫全書・集部別集類

宋著作王先生文集八卷
　　　宋人集丁編

浮沚集八卷
　　（宋）周行己撰
　　　四庫全書・集部別集類

浮沚集九卷
　　（宋）周行己撰
　　　武英殿聚珍版書（武英殿木活字本、福
　　　　建本、廣雅書局本）・集部
　　　叢書集成初編・文學類

浮沚集九卷補遺一卷
　　　敬鄉樓叢書第三輯

竹隱畸士集二十卷
　　（宋）趙鼎臣撰
　　　四庫全書・集部別集類
　　　四庫全書珍本初集・集部別集類

北湖集五卷
　　（宋）吳則禮撰
　　　四庫全書・集部別集類
　　　宋人集乙編
　　　函芬樓祕笈第四集
　　　湖北先正遺書・集部

潘邠老小集一卷
　　（宋）潘大臨撰
　　　兩宋名賢小集

溪堂集十卷
　　（宋）謝逸撰
　　　四庫全書・集部別集類

溪堂集十卷附校勘補遺一卷
　　（宋）謝逸撰　　校勘補遺（民國）魏元曠
　　（民國）胡思敬撰
　　　豫章叢書（胡思敬輯）・四宋人集

溪堂集一卷
　　（宋）謝逸撰
　　　兩宋名賢小集

洪龜父集二卷
　　（宋）洪朋撰
　　　四庫全書・集部別集類

　　　四庫全書珍本初集・集部別集類

清非集二卷補遺一卷
　　　洪氏晦木齋叢書・豫章三洪集

老圃集二卷
　　（宋）洪芻撰
　　　四庫全書・集部別集類

洪老圃集二卷補遺一卷
　　　玉雨堂叢書第一集

老圃集二卷補遺一卷遺文一卷
　　　洪氏晦木齋叢書・豫章三洪集

怡雲軒詩集一卷
　　（宋）姚孝錫撰
　　　宋人小集十五種
　　　兩宋名賢小集

醉軒集一卷
　　（宋）姚孝錫撰
　　　宋百家詩存卷八

北海集四十六卷附錄三卷
　　（宋）綦崇禮撰
　　　四庫全書・集部別集類
　　　四庫全書珍本初集・集部別集類

華陽集四十卷
　　（宋）張綱撰
　　　四庫全書・集部別集類
　　　四部叢刊三編・集部

華陽集一卷
　　（宋）張綱撰
　　　宋百家詩存卷八

張章簡集一卷
　　（宋）張綱撰
　　　兩宋名賢小集

默成文集八卷
　　（宋）潘良貴撰
　　　四庫全書・集部別集類

默成文集四卷
　　（宋）潘良貴撰
　　　續金華叢書・集部

茶山集八卷
　　（宋）曾幾撰
　　　四庫全書・集部別集類
　　　武英殿聚珍版書（武英殿木活字本、浙
　　　　江本、江西書局本）・集部

茶山集八卷拾遺一卷
　　（宋）曾幾撰　拾遺（清）勞格輯目（清）孫星
　　華錄文
　　　武英殿聚珍版書（福建本、廣雅書局
　　　　本）・集部
　　　叢書集成初編・文學類

茶山集一卷
　　（宋）曾幾撰
　　　　兩宋名賢小集

梁溪集一百八十卷附錄六卷
　　（宋）李綱撰
　　　　四庫全書・集部別集類

梁溪集二卷
　　（宋）李綱撰
　　　　兩宋名賢小集

忠正德文集十卷
　　（宋）趙鼎撰
　　　　四庫全書・集部別集類

忠正德文集八卷
　　（宋）趙鼎撰
　　　　乾坤正氣集

龜溪集十二卷
　　（宋）沈與求撰
　　　　四庫全書・集部別集類

　沈忠敏公龜谿集十二卷附錄一卷
　　　　吳興叢書

沈忠敏公龜谿集十二卷附校勘記一卷
　　（宋）沈與求撰　校勘記張元濟撰
　　　　四部叢刊續編・集部

龜谿集鈔一卷
　　（宋）沈與求撰
　　　　宋詩鈔初集（康熙本、景康熙本）

龜谿集補鈔一卷
　　（宋）沈與求撰
　　　　宋詩鈔補

三餘集四卷
　　（宋）黃彥平撰
　　　　四庫全書・集部別集類
　　　　宋人集乙編

雲溪集十二卷
　　（宋）郭印撰
　　　　四庫全書・集部別集類
　　　　四庫全書珍本初集・集部別集類

鄧紳伯集二卷
　　（宋）鄧深撰
　　　　四庫全書・集部別集類

　大隱居士集二卷
　　　　宋人集甲編

紫微集三十六卷
　　（宋）張嵲撰
　　　　四庫全書・集部別集類
　　　　湖北先正遺書・集部

松隱文集三十九卷
　　（宋）曹勛撰

　　　　四庫全書・集部別集類

松隱文集四十卷
　　（宋）曹勛撰
　　　　嘉業堂叢書・集部

松隱集一卷
　　（宋）曹勛撰
　　　　宋百家詩存卷七

環碧亭詩集一卷
　　（宋）沈晦撰
　　　　兩宋名賢小集

東牟集十四卷
　　（宋）王洋撰
　　　　四庫全書・集部別集類
　　　　四庫全書珍本初集・集部別集類

少陽集十卷
　　（宋）陳東撰
　　　　四庫全書・集部別集類
　　　　知服齋叢書第二集

陳修撰集四卷
　　（宋）陳東撰
　　　　乾坤正氣集

北山集三十卷
　　（宋）鄭剛中撰
　　　　四庫全書・集部別集類

　北山文集三十卷末一卷
　　　　金華叢書（同治光緒本、民國補刊本）
　　　　・集部
　　　　叢書集成初編・文學類

石羊山房集一卷
　　（宋）鄭剛中撰
　　　　兩宋名賢小集

李延平先生文集四卷
　　（宋）李侗撰
　　　　正誼堂全書
　　　　叢書集成初編・文學類

忠肅集三卷
　　（宋）傅察撰
　　　　四庫全書・集部別集類

傅忠肅集一卷
　　（宋）傅察撰
　　　　宋百家詩存卷八

　傅忠肅公集一卷
　　　　兩宋名賢小集

傅忠肅集一卷
　　（宋）傅察撰
　　　　乾坤正氣集

陳簡齋詩集五卷
　　（宋）陳與義撰

宋元四十三家集

簡齋集十六卷
　　（宋）陳與義撰
　　　　四庫全書・集部別集類
　　　　武英殿聚珍版書（武英殿木活字本、福
　　　　　建本、廣雅書局本）・集部
　　　　叢書集成初編・文學類
簡齋集十五卷
　　（宋）陳與義撰
　　　　摛藻堂四庫全書薈要・集部
簡齋詩外集一卷
　　（宋）陳與義撰
　　　　宋人集乙編
　　　　四部叢刊（初次印本、二次印本、縮印
　　　　　二次印本）・集部
簡齋詩鈔一卷
　　（宋）陳與義撰
　　　　宋詩鈔初集（康熙本、景康熙本）
簡齋集補鈔一卷
　　（宋）陳與義撰
　　　　宋詩鈔補
增廣箋註簡齋詩集三十卷附正誤一卷
　　（宋）胡穉撰
　　　　宛委別藏
　　　　四部叢刊（初次印本、二次印本、縮印
　　　　　二次印本）・集部
增廣箋註簡齋詩集三十卷外集一卷附錄
　　一卷正誤一卷校勘記一卷
　　（宋）胡穉撰　校勘記（民國）馮煦撰
　　　　四部備要（排印本、縮印本）・集部宋
　　　　　別集
栟櫚集十六卷
　　（宋）鄧肅撰
　　　　四庫全書・集部別集類
栟櫚集一卷
　　（宋）鄧肅撰
　　　　宋百家詩存卷八
栟櫚詩集一卷
　　（宋）鄧肅撰
　　　　兩宋名賢小集
栟櫚集鈔一卷
　　（宋）鄧肅撰
　　　　宋詩鈔補
忠愍集三卷
　　（宋）李若水撰
　　　　四庫全書・集部別集類
忠愍集一卷
　　（宋）李若水撰

乾坤正氣集

李忠愍公集一卷
　　　　畿輔叢書
　　　　叢書集成初編・文學類
莊簡集十八卷
　　（宋）李光撰
　　　　四庫全書・集部別集類
　　　　四庫全書珍本初集・集部別集類
椒亭小集一卷
　　（宋）李光撰
　　　　兩宋名賢小集
橫浦集二十卷
　　（宋）張九成撰
　　　　四庫全書・集部別集類
橫浦詩鈔一卷
　　（宋）張九成撰
　　　　宋詩鈔初集（康熙本、景康熙本）
橫浦集補鈔一卷
　　（宋）張九成撰
　　　　宋詩鈔補
相山集三十卷
　　（宋）王之道撰
　　　　四庫全書・集部別集類
　　　　四庫全書珍本初集・集部別集類
嵩菴集六卷
　　（宋）李處權撰
　　　　四庫全書・集部別集類
　　　　宋人集甲編
藏海居士集二卷
　　（宋）吳可撰
　　　　四庫全書・集部別集類
　　　　宋人集甲編
韋齋集十二卷
　　（宋）朱松撰
　　　　四庫全書・集部別集類
　　　　四部叢刊續編・集部
韋齋詩鈔一卷
　　（宋）朱松撰
　　　　宋詩鈔初集（康熙本、景康熙本）
韋齋集補鈔一卷
　　（宋）朱松撰
　　　　宋詩鈔補
玉瀾集一卷
　　（宋）朱槔撰
　　　　四庫全書・集部別集類・韋齋集附
　　　　四部叢刊續編・集部・韋齋集附
玉瀾集鈔一卷
　　（宋）朱槔撰

宋詩鈔初集（康熙本、景康熙本）

玉瀾集補鈔一卷
　　（宋）朱槔撰
　　　　宋詩鈔補

石門文字禪三十卷
　　（宋）釋惠洪撰
　　　　四庫全書・集部別集類
　　　　武林往哲遺箸後編
　　　　四部叢刊（初次印本、二次印本、縮印
　　　　　二次印本）・集部

石門詩鈔一卷
　　（宋）釋惠洪撰
　　　　宋詩鈔初集（康熙本、景康熙本）

石門文字禪集補鈔一卷
　　（宋）釋惠洪撰
　　　　宋詩鈔補

歐陽修撰集七卷
　　（宋）歐陽澈撰
　　　　四庫全書・集部別集類

歐陽修撰集三卷
　　（宋）歐陽澈撰
　　　　乾坤正氣集

飄然集三卷附校勘記一卷校勘續記一卷
　　（宋）歐陽澈撰　校勘記（民國）魏元曠撰
　　續記（民國）胡思敬撰
　　　　豫章叢書（胡思敬輯）・九宋人集

飄然集一卷
　　（宋）歐陽澈撰
　　　　兩宋名賢小集

瀼山集三卷
　　（宋）朱翌撰
　　　　四庫全書・集部別集類

瀼山集三卷補遺一卷附錄一卷
　　　　知不足齋叢書（乾隆至道光本、景乾隆
　　　　　至道光本）第十八集
　　　　叢書集成初編・文學類

委羽居士集一卷
　　（宋）左緯撰
　　　　台州叢書後集

斐然集三十卷
　　（宋）胡寅撰
　　　　四庫全書・集部別集類
　　　　四庫全書珍本初集・集部別集類

屏山集二十卷
　　（宋）劉子翬撰
　　　　四庫全書・集部別集類

屏山集鈔一卷
　　（宋）劉子翬撰

宋詩鈔初集（康熙本、景康熙本）
宋代五十六家詩集

屏山集補鈔一卷
　　（宋）劉子翬撰
　　　　宋詩鈔補

澹菴文集六卷
　　（宋）胡銓撰
　　　　四庫全書・集部別集類

胡澹庵先生文集三十二卷附錄二卷
　　（宋）胡銓撰
　　　　宋廬陵四忠集

胡忠簡公文集補遺三卷附錄三卷
　　（宋）胡銓撰
　　　　胡忠簡公經解附

澹菴集一卷
　　（宋）胡銓撰
　　　　兩宋名賢小集

岳武穆遺文一卷
　　（宋）岳飛撰
　　　　四庫全書・集部別集類

岳忠武王集一卷
　　　　藝海珠塵石集（乙集）
　　　　叢書集成初編・文學類

岳忠武王集八卷
　　（宋）岳飛撰
　　　　乾坤正氣集

宋岳忠武王集八卷末一卷
　　　　半畝園叢書

岳忠武王文集八卷首一卷末一卷
　　　　西京淸麓叢書續編・四忠集
　　　　新刻諸葛宗岳史四公文集

岳忠武撫稿一卷
　　（宋）岳飛撰
　　　　兩宋名賢小集

李敷詩集一卷
　　（宋）李易撰
　　　　兩宋名賢小集

郴江百詠一卷
　　（宋）阮閱撰
　　　　四庫全書・集部別集類

郴江百詠一卷輯補一卷
　　　　宋人集丙編

雪溪集五卷
　　（宋）王銍撰
　　　　四庫全書・集部別集類

雪溪集一卷
　　（宋）王銍撰
　　　　宋百家詩存卷九

雪溪詩集三卷
　　(宋)王銍撰
　　　　兩宋名賢小集
捫膝稿一卷
　　(宋)俞汝礪撰
　　　　兩宋名賢小集
琴溪集一卷
　　(宋)李宏撰
　　　　兩宋名賢小集
椒亭小集一卷
　　(宋)康與之撰
　　　　兩宋名賢小集
東溪集二卷附錄一卷
　　(宋)高登撰
　　　　四庫全書・集部別集類
　　高東溪集二卷附錄一卷
　　　　正誼堂全書
　　　　叢書集成初編・文學類
高東溪集六卷附錄一卷
　　(宋)高登撰
　　　　藝海珠塵壬集
高東溪集一卷
　　(宋)高登撰
　　　　乾坤正氣集
　　東溪集一卷
　　　　兩宋名賢小集
文定集二十四卷
　　(宋)汪應辰撰
　　　　四庫全書・集部別集類
　　　　武英殿聚珍版書(武英殿木活字本)・
　　　　集部
文定集二十四卷拾遺一卷
　　(宋)汪應辰撰　拾遺(清)陸心源輯目(清)
　　傅以禮錄文
　　　　武英殿聚珍版書（福建本、廣雅書局
　　　　本）・集部
　　　　叢書集成初編・文學類
頤堂先生文集五卷
　　(宋)王灼撰
　　　　四部叢刊三編・集部
　　　　續古逸叢書
默堂集二十二卷
　　(宋)陳淵撰
　　　　四庫全書・集部別集類
　　默堂先生文集二十二卷
　　　　四部叢刊三編・集部
默堂集一卷
　　(宋)陳淵撰

宋百家詩存卷十
　　　　兩宋名賢小集
夾漈遺稿三卷
　　(宋)鄭樵撰
　　　　四庫全書・集部別集類
　　　　函海(乾隆本、道光本)第九函
　　　　藝海珠塵金集(甲集)
　　　　函海(光緒本)第十一函
　　　　叢書集成初編・文學類
鄮峯眞隱漫錄五十卷
　　(宋)史浩撰
　　　　四庫全書・集部別集類
知稼翁集二卷
　　(宋)黃公度撰
　　　　四庫全書・集部別集類
莆陽知稼翁文集十一卷附錄一卷校記一
卷
　　(宋)黃公度撰
　　　　宋人集乙編
知稼翁集鈔一卷
　　(宋)黃公度撰
　　　　宋詩鈔初集(康熙本、景康熙本)
　　　　宋代五十六家詩集
知稼翁集補鈔一卷
　　(宋)黃公度撰
　　　　宋詩鈔補
漢濱集十六卷
　　(宋)王之望撰
　　　　四庫全書・集部別集類
　　　　湖北先正遺書・集部
梅溪集五十四卷
　　(宋)王十朋撰
　　　　四庫全書・集部別集類
　　　　摛藻堂四庫全書薈要・集部
　　梅溪王先生文集五十四卷
　　　　四部叢刊（初次印本、二次印本、縮印
　　　　二次印本）・集部
梅谿集八卷
　　(宋)王十朋撰
　　　　兩宋名賢小集
宋王梅溪先生溫陵留墨一卷
　　(宋)王十朋撰
　　　　溫陵留墨
梅溪詩集一卷
　　(宋)王十朋撰
　　　　宋代五十六家詩集
梅溪詩選一卷
　　(宋)王十朋撰　(清)陳訏選

宋十五家詩選

拙齋文集二十卷
　　(宋)林之奇撰
　　　　四庫全書・集部別集類

唯室集四卷附錄一卷
　　(宋)陳長方撰
　　　　四庫全書・集部別集類
　　　　四庫全書珍本初集・集部別集類

侍郎葛公歸愚集十卷補遺一卷
　　(宋)葛立方撰
　　　　常州先哲遺書第一集・集類

歸愚集一卷
　　(宋)葛立方撰
　　　　宋百家詩存卷十
　　　　兩宋名賢小集

魚樂軒吟稿一卷
　　(宋)張維撰
　　　　兩宋名賢小集

李文簡詩集一卷
　　(宋)李燾撰
　　　　兩宋名賢小集

艾軒集九卷附錄一卷
　　(宋)林光朝撰
　　　　四庫全書・集部別集類
　　　　四庫全書珍本初集・集部別集類

艾軒詩鈔一卷
　　(宋)林光朝撰
　　　　宋詩鈔初集(康熙本、景康熙本)

盤洲集八十卷
　　(宋)洪适撰
　　　　四庫全書・集部別集類
　　　　摛藻堂四庫全書薈要・集部

盤洲文集八十集附錄一卷拾遺一卷
　　　　四部叢刊(初次印本)・集部

盤洲文集八十卷末一卷附校記一卷
　　(宋)洪适撰　校記(清)洪汝奎撰
　　　　洪氏晦木齋叢書

盤洲文集八十卷附錄一卷拾遺一卷附札
記一卷
　　(宋)洪适撰　札記張元濟撰
　　　　四部叢刊(二次印本、縮印二次印本)
　　　　・集部

盤州集三卷
　　(宋)洪适撰
　　　　兩宋名賢小集

野處類稿二卷
　　(宋)洪邁撰
　　　　四庫全書・集部別集類

兩宋名賢小集

野處類稿二卷集外詩一卷附校勘記二卷
　　(宋)洪邁撰　校勘記(民國)魏元曠(民國)
　　胡思敬撰
　　　　豫章叢書(胡思敬輯)・九宋人集

容齋題跋二卷
　　(宋)洪邁撰
　　　　津逮祕書(汲古閣本、景汲古閣本)第
　　　　十三集
　　　　叢書集成初編・總類

應齋雜著六卷
　　(宋)趙善括撰
　　　　四庫全書・集部別集類

應齋雜箸六卷附校勘記一卷
　　(宋)趙善括撰　校勘記(民國)胡思敬撰
　　　　豫章叢書(胡思敬輯)・九宋人集

五峯集五卷
　　(宋)胡宏撰
　　　　四庫全書・集部別集類
　　　　四庫全書珍本初集・集部別集類

五峯集一卷
　　(宋)胡宏撰
　　　　兩宋名賢小集

南澗甲乙槀二十二卷
　　(宋)韓元吉撰
　　　　四庫全書・集部別集類
　　　　武英殿聚珍版書(武英殿木活字本)・
　　　　集部

南澗甲乙稿二十二卷拾遺一卷
　　(宋)韓元吉撰　拾遺(清)勞格輯目(清)孫
　　星華錄文
　　　　武英殿聚珍版書(福建本、廣雅書局
　　　　本)・集部
　　　　叢書集成初編・文學類

南澗小集一卷
　　(宋)韓元吉撰
　　　　兩宋名賢小集

湖山集十卷
　　(宋)吳芾撰
　　　　四庫全書・集部別集類

湖山集十卷補遺一卷
　　　　台州叢書己集

湖山集十卷補遺一卷附錄一卷
　　　　仙居叢書第一集

湖山集十卷輯補一卷
　　(宋)吳芾撰　輯補(民國)李之鼎輯
　　　　宋人集丁編

浮山集十卷

（宋）仲幷撰
　　　四庫全書・集部別集類
　　　四庫全書珍本初集・集部別集類
太倉稊米集七十卷
　（宋）周紫芝撰
　　　四庫全書・集部別集類
太倉稊米集一卷
　（宋）周紫芝撰
　　　宋百家詩存卷九
太倉稊米集二卷
　（宋）周紫芝撰
　　　兩宋名賢小集
悅齋文鈔十卷
　（宋）唐仲友撰
　　　金華唐氏遺書
　悅齋文鈔十卷補一卷
　　　續金華叢書・集部・金華唐氏遺書
說齋小集一卷
　（宋）唐仲友撰
　　　兩宋名賢小集
葆眞居士集一卷
　（宋）折彥質撰
　　　兩宋名賢小集
竹洲集二十卷
　（宋）吳儆撰
　　　四庫全書・集部別集類
棣華雜著一卷
　（宋）吳儆撰
　　　四庫全書・集部別集類・竹洲集附
竹洲詩鈔一卷
　（宋）吳儆撰
　　　宋詩鈔初集（康熙本、景康熙本）
　竹洲詩集一卷
　　　宋代五十六家詩集
竹洲集補鈔一卷
　（宋）吳儆撰
　　　宋詩鈔補
艮齋集一卷
　（宋）謝諤撰
　　　兩宋名賢小集
香溪集二十二卷
　（宋）范浚撰
　　　四庫全書・集部別集類
　　　金華叢書（同治光緒本、民國補刊本）
　　　　・集部
　　　叢書集成初編・文學類
　范香溪先生文集二十二卷
　　　四部叢刊續編・集部

香溪集鈔一卷
　（宋）范浚撰
　　　宋詩鈔初集（康熙本、景康熙本）
　　　宋代五十六家詩集
香溪集補鈔一卷
　（宋）范浚撰
　　　宋詩鈔補
撫松集一卷
　（宋）呂愿中撰
　　　兩宋名賢小集
延月樓詩稿一卷
　（宋）李若川撰
　　　兩宋名賢小集
介軒詩集一卷
　（宋）趙汝談撰
　　　兩宋名賢小集
東閣吟稿一卷
　（宋）趙汝回撰
　　　兩宋名賢小集
澹軒集八卷
　（宋）李呂撰
　　　四庫全書・集部別集類
　　　四庫全書珍本初集・集部別集類
誠齋集一百三十三卷
　（宋）楊萬里撰
　　　四庫全書・集部別集類
　　　摛藻堂四庫全書薈要・集部
　　　四部叢刊（初次印本、二次印本、縮印
　　　　二次印本）・集部
楊文節公詩集（一名誠齋詩集）四十二卷
　附補遺
　（宋）楊萬里撰
　　　四部備要（排印本、縮印本）・集部宋
　　　　別集
誠齋策問二卷附校勘記一卷校勘續記一
　卷
　（宋）楊萬里撰　校勘記（民國）魏元曠撰
　　　續記（民國）胡思敬撰
　　　豫章叢書（胡思敬輯）
誠齋江湖集鈔一卷荊溪集鈔一卷西歸集
　鈔一卷南海集鈔一卷朝天集鈔一卷江
　西道院集鈔一卷朝天續集鈔一卷江東
　集鈔一卷退休集鈔一卷
　（宋）楊萬里撰
　　　宋詩鈔初集（康熙本、景康熙本）
誠齋集補鈔一卷
　（宋）楊萬里撰
　　　宋詩鈔補

誠齋詩選一卷
　　(宋)楊萬里撰　　(清)陳訏選
　　　宋十五家詩選
陳子高遺稿一卷
　　(宋)陳克撰
　　　兩宋名賢小集
　　陳子高遺詩一卷補遺一卷附錄一卷
　　　赤城遺書彙刊
魏文節遺書一卷附錄一卷
　　(宋)魏杞撰
　　　四明叢書第七集
燕堂詩稿一卷
　　(宋)趙公豫撰
　　　四庫全書・集部別集類
　　　宋人集乙編
放翁詩集八卷
　　(宋)陸游撰
　　　宋元四十三家集
劍南詩稿八十五卷
　　(宋)陸游撰
　　　陸放翁全集
　　　四庫全書・集部別集類
　　　摛藻堂四庫全書薈要・集部
　　　四部備要(排印本、縮印本)・集部宋
　　　　別集・陸放翁全集
渭南文集五十卷
　　(宋)陸游撰
　　　陸放翁全集
　　　四庫全書・集部別集類
　　　摛藻堂四庫全書薈要・集部
　　　四部叢刊(初次印本、二次印本、縮印
　　　　二次印本)・集部
　　　四部備要(排印本、縮印本)・集部宋
　　　　別集・陸放翁全集
放翁逸稿二卷
　　(宋)陸游撰
　　　陸放翁全集
　　　摛藻堂四庫全書薈要・集部
　　　四部備要(排印本、縮印本)・集部宋
　　　　別集・陸放翁全集
　　渭南逸稿二卷
　　　四庫全書・集部別集類・渭南文集附
劍南詩鈔一卷
　　(宋)陸游撰
　　　宋詩鈔初集(康熙本、景康熙本)
　　劍南集鈔一卷
　　　宋代五十六家詩集
放翁詩選前集十卷後集八卷附別集一卷

　　(宋)陸游撰　　(宋)羅椅選　後集(宋)劉辰
　　翁選　別集(明)劉景寅選
　　　四庫全書・集部別集類
澗谷精選陸放翁詩集前集十卷須溪精
　　選後集八卷別集一卷
　　　四部叢刊(初次印本、二次印本、縮印
　　　　二次印本)・集部
放翁先生詩鈔七卷
　　(宋)陸游撰　　(清)周之鱗(清)柴升選
　　　宋四名家詩(康熙本、光緒本、民國石
　　　　印本)
劍南詩選二卷
　　(宋)陸游撰　　(清)陳訏選
　　　宋十五家詩選
劍南閒適詩選六卷
　　(宋)陸游撰　　(民國)周學熙選
　　　周氏師古堂所編書・八家閒適詩選
海陵集二十三卷外集一卷
　　(宋)周麟之撰
　　　四庫全書・集部別集類
　　　海陵叢刻
石湖詩集三十四卷
　　(宋)范成大撰
　　　四庫全書・集部別集類
　　　摛藻堂四庫全書薈要・集部
　　石湖居士詩集三十四卷
　　　四部叢刊(初次印本、二次印本、縮印
　　　　二次印本)・集部
石湖詩集一卷
　　(宋)范成大撰
　　　詩詞雜俎(汲古閣本、木松堂本、景汲
　　　　古閣本)
　　　叢書集成初編・文學類
石湖詩鈔一卷
　　(宋)范成大撰
　　　宋詩鈔初集(康熙本、景康熙本)
　　石湖集鈔一卷
　　　宋代五十六家詩集
石湖集補鈔一卷
　　(宋)范成大撰
　　　宋詩鈔補
石湖先生詩鈔六卷
　　(宋)范成大撰　　(清)周之鱗(清)柴升選
　　　宋四名家詩(康熙本、光緒本、民國石
　　　　印本)
石湖詩選一卷
　　(宋)范成大撰　　(清)陳訏選
　　　宋十五家詩選

范石湖詩集注三卷
　　（清）沈欽韓撰
　　　　功順堂叢書
　　　　廣雅書局叢書・集部
　　　　叢書集成初編・文學類
鄭忠肅奏議遺集二卷
　　（宋）鄭興裔撰
　　　　四庫全書・集部別集類
　　　　四庫全書珍本初集・集部別集類
省齋文稿四十卷
　　（宋）周必大撰
　　　　廬陵周益國文忠公集
　　　　宋廬陵四忠集・周文忠公全集
省齋別稿十卷
　　（宋）周必大撰
　　　　廬陵周益國文忠公集
　　　　宋廬陵四忠集・周文忠公全集
益公省齋藁鈔一卷
　　（宋）周必大撰
　　　　宋詩鈔初集（康熙本、景康熙本）
　　益公省齋藁集一卷
　　　　宋代五十六家詩集
省齋集補鈔一卷
　　（宋）周必大撰
　　　　宋詩鈔補
平園續稿四十卷
　　（宋）周必大撰
　　　　廬陵周益國文忠公集
　　　　宋廬陵四忠集・周文忠公全集
益公平園續稿鈔一卷
　　（宋）周必大撰
　　　　宋詩鈔初集（康熙本、景康熙本）
平園集補鈔一卷
　　（宋）周必大撰
　　　　宋詩鈔補
詞科舊藁三卷
　　（宋）周必大撰
　　　　廬陵周益國文忠公集
　　　　宋廬陵四忠集・周文忠公全集
掖垣類藁七卷
　　（宋）周必大撰
　　　　廬陵周益國文忠公集
　　　　宋廬陵四忠集・周文忠公全集
玉堂類藁二十卷
　　（宋）周必大撰
　　　　廬陵周益國文忠公集
　　　　宋廬陵四忠集・周文忠公全集
政府應制藁一卷

　　（宋）周必大撰
　　　　廬陵周益國文忠公集
　　　　宋廬陵四忠集・周文忠公全集
承明集十卷
　　（宋）周必大撰
　　　　廬陵周益國文忠公集
　　　　宋廬陵四忠集・周文忠公全集
書稿十五卷
　　（宋）周必大撰
　　　　廬陵周益國文忠公集
　　　　宋廬陵四忠集・周文忠公全集
蕙菴詩稿一卷
　　（宋）何耕撰
　　　　兩宋名賢小集
雪山集十六卷
　　（宋）王質撰
　　　　四庫全書・集部別集類
　　　　武英殿聚珍版書（武英殿木活字本、福
　　　　　建本、廣雅書局本）・集部
　　　　湖北先正遺書・集部
　　　　叢書集成初編・文學類
梁谿遺藁一卷
　　（宋）尤袤撰
　　　　四庫全書・集部別集類
梁溪遺稿二卷補編一卷附錄一卷
　　（宋）尤袤撰
　　　　常州先哲遺書第一集・集類
　　梁谿遺藁二卷補遺二卷
　　　　錫山尤氏叢刊甲集
遂初小稿一卷
　　（宋）尤袤撰
　　　　兩宋名賢小集
晦菴集一百卷續集五卷別集七卷
　　（宋）朱熹撰
　　　　四庫全書・集部別集類
晦庵先生朱文公文集一百卷續集十一
　　卷別集十卷
　　　　洪氏唐石經館叢書
　　　　四部叢刊（初次印本、二次印本、縮印
　　　　　二次印本）・集部
　　　　四部備要（排印本、縮印本）・子部儒
　　　　　家
朱子大全文集一百卷續集五卷別集七卷
　　附文集正譌一卷文集記疑一卷正譌記
　　疑補遺一卷
　　（宋）朱熹撰　附（清）賀瑞麟撰
　　　　西京清麓叢書正編
　　　　劉氏傳經堂叢書

朱子文集十八卷
　　（宋）朱熹撰
　　　　正誼堂全書
　　　　叢書集成初編・文學類
文公集鈔一卷
　　（宋）朱熹撰
　　　　宋詩鈔初集（康熙本、景康熙本）
文公集補鈔一卷
　　（宋）朱熹撰
　　　　宋詩鈔補
朱子詩集一卷
　　（宋）朱熹撰
　　　　宋代五十六家詩集
朱子詩選一卷
　　（宋）朱熹撰　（清）陳訏選
　　　　宋十五家詩選
朱子閒適詩選一卷
　　（宋）朱熹撰　（民國）周學熙選
　　　　周氏師古堂所編書・八家閒適詩選
文公朱先生感興詩一卷
　　（宋）朱熹撰　（宋）蔡模注
　　　　佚存叢書（日本本、光緒木活字本、景
　　　　日本本）第二帙
　　　　西京清麓叢書續編・養蒙書九種附
　　　　叢書集成初編・文學類
牧堂公集一卷
　　（宋）蔡發撰
　　　　蔡氏九儒書（雍正本、同治本、光緒本）
嵩山居士集五十四卷
　　（宋）晁公遡撰
　　　　四庫全書・集部別集類
雲莊集五卷
　　（宋）曾協撰
　　　　四庫全書・集部別集類
雲莊集五卷附校勘記一卷
　　（宋）曾協撰　校勘記（民國）胡思敬撰
　　　　豫章叢書（胡思敬輯）・九宋人集
艇齋小集一卷
　　（宋）曾季貍撰
　　　　兩宋名賢小集
竹軒雜著六卷
　　（宋）林季仲撰
　　　　四庫全書・集部別集類
　　　　永嘉叢書
鄱陽集四卷
　　（宋）洪皓撰
　　　　四庫全書・集部別集類
鄱陽集四卷拾遺一卷

　　　　洪氏晦木齋叢書
志道集一卷
　　（宋）顧禧撰
　　　　蘇齋叢書（乾隆嘉慶本、景乾隆嘉慶
　　　　本）・蘇詩補注附
　　　　粵雅堂叢書初編第六集・蘇詩補注附
　　　　叢書集成初編・文學類
雙溪集十五卷
　　（宋）蘇籀撰
　　　　四庫全書・集部別集類
　　　　粵雅堂叢書初編第八集
　　　　叢書集成初編・文學類
江湖長翁文集四十卷
　　（宋）陳造撰
　　　　四庫全書・集部別集類
江湖長翁詩鈔一卷
　　（宋）陳造撰
　　　　宋詩鈔初集（康熙本、景康熙本）
江湖長翁集一卷
　　（宋）陳造撰
　　　　宋詩鈔補
張于湖集八卷附錄一卷
　　（宋）張孝祥撰
　　　　合刻兩張先生集
于湖集四十卷
　　（宋）張孝祥撰
　　　　四庫全書・集部別集類
　　　　摛藻堂四庫全書薈要・集部
于湖居士文集四十卷附錄一卷
　　　　四部叢刊（初次印本、二次印本、縮印
　　　　二次印本）・集部
于湖集一卷
　　（宋）張孝祥撰
　　　　宋百家詩存卷十
于湖集三卷
　　（宋）張孝祥撰
　　　　兩宋名賢小集
范蒙齋先生遺文一卷
　　（宋）范端臣撰
　　　　四部叢刊續編・集部・范香溪先生文
　　　　集附
九華集二十五卷附錄一卷
　　（宋）員興宗撰
　　　　四庫全書・集部別集類
　　　　四庫全書珍本初集・集部別集類
蓮峯集十卷
　　（宋）史堯弼撰
　　　　四庫全書・集部別集類

四庫全書珍本初集・集部別集類

香山集十六卷
　　(宋)喩良能撰
　　　　四庫全書・集部別集類
　　　　續金華叢書・集部

縉雲文集四卷
　　(宋)馮時行撰
　　　　四庫全書・集部別集類
　　　　四庫全書珍本初集・集部別集類

縉雲集鈔一卷
　　(宋)馮時行撰
　　　　宋詩鈔補

范楊溪先生遺文一卷
　　(宋)范端杲撰
　　　　四部叢刊續編・集部・范香溪先生文
　　　　集附

澹齋集十八卷
　　(宋)李流謙撰
　　　　四庫全書・集部別集類

浪語集三十五卷
　　(宋)薛季宣撰
　　　　四庫全書・集部別集類
　　艮齋先生薛常州浪語集三十五卷
　　　　永嘉叢書

浪語集鈔一卷
　　(宋)薛季宣撰
　　　　宋詩鈔初集(康熙本、景康熙本)

羅郢州遺文一卷
　　(宋)羅頌撰
　　　　粵雅堂叢書二編第二十集・羅鄂州小
　　　　集附
　　　　叢書集成初編・文學類・羅鄂州小集
　　　　附

鄂州小集六卷附錄二卷
　　(宋)羅願撰
　　　　四庫全書・集部別集類
　　羅鄂州小集六卷
　　　　粵雅堂叢書二編第二十集
　　　　叢書集成初編・文學類

鄂州小集一卷
　　(宋)羅願撰
　　　　兩宋名賢小集

網山集八卷
　　(宋)林亦之撰
　　　　四庫全書・集部別集類
　　　　四庫全書珍本初集・集部別集類

網山月魚集一卷
　　(宋)林亦之撰

宋百家詩存卷九

網山集三卷
　　(宋)林亦之撰
　　　　兩宋名賢小集

東萊集四十卷
　　(宋)呂祖謙撰
　　　　四庫全書・集部別集類

呂東萊先生文集二十卷首一卷
　　(宋)呂祖謙撰
　　　　金華叢書(同治光緒本、民國補刊本)
　　　　・集部
　　　　叢書集成初編・文學類

東萊呂太史文集十五卷別集十六卷 外集
　五卷附錄三卷附考異四卷
　　(宋)呂祖謙撰　考異(民國)胡宗楙撰
　　　　續金華叢書・集部

東萊集一卷
　　(宋)呂祖謙撰
　　　　兩宋名賢小集

呂東萊尺牘二卷
　　(宋)呂祖謙撰
　　　　唐宋十大家尺牘

止齋文集五十二卷附錄一卷
　　(宋)陳傅良撰
　　　　四庫全書・集部別集類
　　止齋集五十二卷附錄一卷
　　　　摛藻堂四庫全書薈要・集部
　　止齋先生文集五十二卷附錄一卷
　　　　永嘉叢書
　　　　四部叢刊(初次印本、二次印本、縮印
　　　　二次印本)・集部

止齋詩鈔一卷
　　(宋)陳傅良撰
　　　　宋詩鈔初集(康熙本、景康熙本)

止齋集補鈔一卷
　　(宋)陳傅良撰
　　　　宋詩鈔補

攻媿集一百十二卷
　　(宋)樓鑰撰
　　　　四庫全書・集部別集類
　　　　武英殿聚珍版書(武英殿木活字本)・
　　　　集部
　　　　四部叢刊(初次印本、二次印本、縮印
　　　　二次印本)・集部

攻媿集一百十二卷拾遺一卷
　　(宋)樓鑰撰　拾遺(清)傅以禮輯
　　　　武英殿聚珍版書(福建本、廣雅書局
　　　　本)・集部

叢書集成初編・文學類

攻媿集鈔一卷
　　(宋)樓鑰撰
　　　宋詩鈔初集(康熙本、景康熙本)

攻媿集補鈔一卷
　　(宋)樓鑰撰
　　　宋詩鈔補

義豐集一卷
　　(宋)王阮撰
　　　四庫全書・集部別集類

義豐集一卷附校勘記一卷
　　(宋)王阮撰　校勘記(民國)胡思敬撰
　　　豫章叢書(胡思敬輯)・九宋人集

義豐集鈔一卷
　　(宋)王阮撰
　　　宋詩鈔初集(康熙本、景康熙本)
　　　宋代五十六家詩集

雙溪集二十七卷
　　(宋)王炎撰
　　　四庫全書・集部別集類

雙溪詩鈔一卷
　　(宋)王炎撰
　　　宋詩鈔初集(康熙本、景康熙本)

雙溪詩集一卷
　　　宋代五十六家詩集

雙溪集補鈔一卷
　　(宋)王炎撰
　　　宋詩鈔補

宮教集十二卷
　　(宋)崔敦禮撰
　　　四庫全書・集部別集類
　　　螺樹山房叢書

崔舍人玉堂類稿二十卷附一卷
　　(宋)崔敦詩撰
　　　佚存叢書(日本本、光緒木活字本、景
　　　　日本本)第四帙
　　　粵雅堂叢書三編第二十七集
　　　叢書集成初編・文學類

玉堂類藁二十卷
　　　宛委別藏

崔舍人西垣類藁二卷
　　(宋)崔敦詩撰
　　　佚存叢書(日本本、光緒木活字本、景
　　　　日本本)・崔舍人玉堂類稿附
　　　粵雅堂叢書三編第二十七集・崔舍人
　　　　玉堂類稿附
　　　叢書集成初編・文學類

西垣類藁二卷

宛委別藏・玉堂類藁附

定川遺書二卷附錄四卷
　　(宋)沈煥撰
　　　四明叢書第四集

象山集二十八卷外集四卷附語錄四卷
　　(宋)陸九淵撰
　　　四庫全書・集部別集類

象山先生全集三十六卷
　　　四部叢刊(初次印本、二次印本、縮印
　　　　二次印本)・集部

陸象山先生全集三十六卷
　　(宋)陸九淵撰　(清)李紱評點
　　　四部備要(排印本、縮印本)・子部儒
　　　　家

象山先生集一卷
　　(宋)陸九淵撰
　　　兩宋名賢小集

陸象山先生集節要六卷首一卷
　　(宋)陸九淵撰　(清)方宗誠輯
　　　牛畝園叢書

倪石陵書一卷
　　(宋)倪樸撰
　　　四庫全書・集部別集類
　　　豫恕堂叢書
　　　宋人集丙編

倪石陵書一卷附考異一卷
　　(宋)倪樸撰　考異(民國)胡宗楙撰
　　　續金華叢書・集部

東塘集二十卷
　　(宋)袁說友撰
　　　四庫全書・集部別集類
　　　四庫全書珍本初集・集部別集類

雪窗小稿一卷
　　(宋)張良臣撰
　　　宋百家詩存卷十一
　　　宋人小集十五種
　　　兩宋名賢小集

雪窗小集一卷
　　　南宋羣賢小集
　　　宋人小集四十二種
　　　汲古閣景鈔南宋六十家小集

雪窗小集補遺一卷
　　(宋)張良臣撰
　　　南宋羣賢小集補遺
　　　汲古閣景鈔南宋六十家小集附・知不
　　　　足齋輯錄宋集補遺

涉齋集十八卷
　　(宋)許及之撰

四庫全書・集部別集類
敬鄉樓叢書第一輯

尊白堂集六卷
　　(宋)虞儔撰
　　　　四庫全書・集部別集類
　　　　四庫全書珍本初集・集部別集類

定齋集二十卷
　　(宋)蔡戡撰
　　　　四庫全書・集部別集類
　　　　常州先哲遺書第一集・集類

盡齋鉛刀編三十二卷
　　(宋)周孚撰
　　　　四庫全書・集部別集類

盡齋鉛刀編一卷
　　(宋)周孚撰
　　　　宋百家詩存卷十一

棣華館小集一卷
　　(宋)楊甲撰
　　　　宋百家詩存卷六
　　　　兩宋名賢小集
　　　　宋人集甲編

緣督集二十卷
　　(宋)曾丰撰
　　　　四庫全書・集部別集類

慈湖遺書十八卷續集二卷
　　(宋)楊簡撰
　　　　四庫全書・集部別集類

慈湖先生遺書十八卷續集二卷補編一卷
　　附新增附錄一卷
　　(宋)楊簡撰　(明)周廣輯　補編(清)馮可
　　鏞輯　新增附錄(民國)張壽鏞輯
　　　　四明叢書第四集

慈湖小集一卷
　　(宋)楊簡撰
　　　　兩宋名賢小集

朱淑眞斷腸詩集十卷補遺一卷
　　(宋)朱淑眞撰
　　　　彊園叢書

斷腸集一卷
　　(宋)朱淑眞撰
　　　　宋詩鈔補

新注朱淑眞斷腸詩集十卷補遺一卷後集
　　七卷
　　(宋)鄭元佐撰
　　　　武林往哲遺箸
　　　　西泠三閨秀詩

舒文靖集二卷
　　(宋)舒璘撰

四庫全書・集部別集類
舒文靖公類稾四卷附錄三卷
　　(宋)舒璘撰
　　　　四明叢書第四集

止堂集二十卷
　　(宋)彭龜年撰
　　　　四庫全書・集部別集類

止堂集十八卷
　　(宋)彭龜年撰
　　　　武英殿聚珍版書(武英殿木活字本、福
　　　　建本、廣雅書局本)・集部
　　　　叢書集成初編・文學類

詹元善先生遺集二卷
　　(宋)詹體仁撰
　　　　浦城遺書

雲莊集十二卷
　　(宋)劉爚撰
　　　　四庫全書・集部別集類

雲莊詩集一卷
　　(宋)劉爚撰
　　　　兩宋名賢小集

絜齋集二十四卷
　　(宋)袁燮撰
　　　　四庫全書・集部別集類
　　　　武英殿聚珍版書(武英殿木活字本、浙
　　　　江本、江西書局本)・集部
　　　　叢書集成初編・文學類

絜齋集二十四卷拾遺一卷
　　(宋)袁燮撰　拾遺(清)勞格輯目(清)孫星
　　華錄文
　　　　武英殿聚珍版書(福建本、廣雅書局
　　　　本)・集部

袁正獻公遺文鈔二卷附錄三卷
　　(宋)袁燮撰
　　　　四明叢書第四集

方舟集二十四卷
　　(宋)李石撰
　　　　四庫全書・集部別集類
　　　　四庫全書珍本初集・集部別集類

方舟詩集一卷
　　(宋)李石撰
　　　　兩宋名賢小集

平安悔稿十二卷
　　(宋)項安世撰
　　　　宛委別藏

說劍吟一卷
　　(宋)呂定撰
　　　　兩宋名賢小集

　　　　　宋人集甲編

仲安集鈔一卷
　　(宋)呂定撰
　　　　宋詩鈔補
東齋吟稿一卷
　　(宋)陳峴撰
　　　　兩宋名賢小集
節齋公集一卷
　　(宋)蔡淵撰
　　　　蔡氏九儒書(雍正本、同治本、光緒本)
復齋公集一卷
　　(宋)蔡沆撰
　　　　蔡氏九儒書(雍正本、同治本、光緒本)
九峯公集一卷
　　(宋)蔡沈撰
　　　　蔡氏九儒書(雍正本、同治本、光緒本)
水心集二十九卷
　　(宋)葉適撰
　　　　四庫全書・集部別集類
　　水心先生文集二十九卷
　　　　四部叢刊(初次印本、二次印本、縮印
　　　　　二次印本)・集部
　　水心文集二十九卷
　　　　四部備要(排印本、縮印本)・集部宋
　　　　　別集
　　水心文集二十九卷補遺一卷
　　　　永嘉叢書
水心先生別集十六卷
　　(宋)葉適撰
　　　　永嘉叢書
賢良進卷四卷
　　(宋)葉適撰
　　　　宛委別藏
水心詩鈔一卷
　　(宋)葉適撰
　　　　宋詩鈔初集(康熙本、景康熙本)
水心集補鈔一卷
　　(宋)葉適撰
　　　　宋詩鈔補
燭湖集二十卷附編二卷
　　(宋)孫應時撰
　　　　四庫全書・集部別集類
育德堂外制五卷
　　(宋)蔡幼學撰
　　　　敬鄉樓叢書第二輯
橘山四六二十卷
　　(宋)李廷忠撰
　　　　四庫全書・集部別集類

後樂集二十卷
　　(宋)衞涇撰
　　　　四庫全書・集部別集類
　　　　四庫全書珍本初集・集部別集類
昌谷集二十二卷
　　(宋)曹彥約撰
　　　　四庫全書・集部別集類
　　　　四庫全書珍本初集・集部別集類
省齋集十卷附錄一卷
　　(宋)廖行之撰
　　　　四庫全書・集部別集類
　　　　四庫全書珍本初集・集部別集類
疎寮小集一卷
　　(宋)高似孫撰
　　　　四庫全書・集部別集類・信天巢遺稿
　　　　　附
　　　　南宋羣賢小集
　　　　兩宋名賢小集
　　　　汲古閣景鈔南宋六十家小集
疎寮小集補遺一卷
　　(宋)高似孫撰
　　　　南宋羣賢小集補遺
　　　　汲古閣景鈔南宋六十家小集附・知不
　　　　　足齋輯錄宋集補遺
騷略三卷
　　(宋)高似孫撰
　　　　百川學海(咸淳本、景刊咸淳本)壬集
　　　　百川學海(弘治本、景刊咸淳本據弘治
　　　　　目次編印本、景弘治本)已集
　　　　宋人集丁編
　　　　四明叢書第一集
　　　　叢書集成初編・文學類
栗齋詩集一卷
　　(宋)翠豐撰
　　　　兩宋名賢小集
裴竹齋詩集六卷
　　(宋)裘萬頃撰
　　　　宋元四十三家集
竹齋詩集三卷附錄一卷
　　(宋)裘萬頃撰
　　　　四庫全書・集部別集類
　　竹齋詩集三卷
　　　　兩宋名賢小集
裴竹齋詩集四卷
　　(宋)裘萬頃撰
　　　　宋人小集四十二種
　　竹齋先生詩集四卷
　　　　宋人集甲編

竹齋集鈔一卷
　　（宋）裴萬頃撰
　　　宋詩鈔補
巽齋小集一卷
　　（宋）危稹撰
　　　宋百家詩存卷十一
　　　南宋羣賢小集
　　　兩宋名賢小集
　　　汲古閣景鈔南宋六十家小集
巽齋小集補遺一卷
　　（宋）危稹撰
　　　南宋羣賢小集補遺
　　　汲古閣景鈔南宋六十家小集附・知不
　　　　足齋輯錄宋集補遺
毅齋詩集別錄一卷
　　（宋）徐僑撰
　　　宛委別藏
　　　選印宛委別藏
文杏山房雜稿一卷
　　（宋）鄭克己撰
　　　兩宋名賢小集
雲谿稿一卷
　　（宋）呂皓撰
　　　續金華叢書・集部
自鳴集六卷
　　（宋）章甫撰
　　　四庫全書・集部別集類
自鳴集六卷附校勘記一卷
　　（宋）章甫撰　校勘記（民國）胡思敬撰
　　　豫章叢書（胡思敬輯）・九宋人集
南軒集四十四卷
　　（宋）張栻撰
　　　四庫全書・集部別集類
　南軒文集四十四卷
　　　張宣公全集（道光本、咸豐本）
張南軒先生文集七卷
　　（宋）張栻撰
　　　正誼堂全書
　　　叢書集成初編・文學類
南軒集一卷
　　（宋）張栻撰
　　　兩宋名賢小集
勉齋集四十卷
　　（宋）黃榦撰
　　　四庫全書・集部別集類
黃勉齋先生文集八卷
　　（宋）黃榦撰
　　　正誼堂全書

　　　叢書集成初編・文學類
勉齋先生集一卷
　　（宋）黃榦撰
　　　兩宋名賢小集
勉齋集鈔一卷
　　（宋）黃榦撰
　　　宋詩鈔補
北溪大全集五十卷外集一卷
　　（宋）陳淳撰
　　　四庫全書・集部別集類
北溪先生各體詩四卷
　　（宋）陳淳撰
　　　北溪先生全集（乾隆本、光緒本）
北溪先生各體文三十卷
　　（宋）陳淳撰
　　　北溪先生全集（乾隆本、光緒本）
陳北溪先生文集十四卷補遺一卷
　　（宋）陳淳撰
　　　西京清麓叢書正編
北溪先生外集一卷
　　（宋）陳淳撰　（宋）陳榘輯
　　　北溪先生全集（乾隆本、光緒本）
北溪先生全集補遺一卷
　　（宋）陳淳撰　（清）連膽聲輯
　　　北溪先生全集（乾隆本、光緒本）
南湖集十卷
　　（宋）張鎡撰
　　　四庫全書・集部別集類
　南湖集十卷附錄三卷
　　　知不足齋叢書（乾隆至道光本、景乾隆
　　　　至道光本）第八集
　　　叢書集成初編・文學類
格齋四六一卷
　　（宋）王子俊撰
　　　四庫全書・集部別集類
格齋四六二卷補一卷附校勘記一卷
　　（宋）王子俊撰　校勘記（民國）胡思敬撰
　　　豫章叢書（胡思敬輯）・九宋人集
敏齋稿一卷
　　（宋）呂殊撰
　　　續金華叢書・集部
梅山續稿十七卷
　　（宋）姜特立撰
　　　四庫全書・集部別集類
梅山小稿一卷
　　（宋）姜特立撰
　　　兩宋名賢小集
漫塘文集三十六卷

（宋）劉宰撰
四庫全書·集部別集類

漫堂文集三十六卷附錄一卷
嘉業堂叢書·集部

漫塘詩鈔一卷
（宋）劉宰撰
宋詩鈔初集（康熙本、景康熙本）

漫塘詩集一卷
宋代五十六家詩集

龍川文集三十卷
（宋）陳亮撰
四庫全書·集部別集類

龍川集三十卷
摛藻堂四庫全書薈要·集部

龍川文集三十卷首一卷補遺一卷附錄
二卷
（宋）陳亮撰
四部備要（排印本、縮印本）·集部宋
別集

龍川文集三十卷首一卷附錄一卷辨譌考
異二卷
（宋）陳亮撰　辨譌考異（清）胡鳳丹撰
金華叢書（同治光緒本、民國補刊本）
·集部
叢書集成初編·文學類

宋簽判龍川陳先生文鈔二卷
（宋）陳亮撰　（清）余肇鈞輯
明辨齋叢書二集

臞翁詩集二卷
（宋）敖陶孫撰
南宋羣賢小集
兩宋名賢小集
汲古閣景鈔南宋六十家小集

臞翁集一卷
（宋）敖陶孫撰
宋百家詩存卷十一

崔清獻公集五卷
（宋）崔與之撰
嶺南遺書第三集
叢書集成初編·文學類

菊坡集一卷
（宋）崔與之撰
兩宋名賢小集

龍洲集十四卷附錄二卷
（宋）劉過撰
四庫全書·集部別集類

龍洲集十卷
（宋）劉過撰

函海（乾隆本、道光本）第九函
函海（光緒本）第十二函
叢書集成初編·文學類

龍洲道人集一卷
（宋）劉過撰
宋百家詩存卷十一

龍洲道人詩集一卷
南宋羣賢小集
宋人小集四十二種
汲古閣景鈔南宋六十家小集

龍洲集三卷
（宋）劉過撰
兩宋名賢小集

楊太后宮詞一卷
宋楊皇后撰
詩詞雜俎（汲古閣本、木松堂本、景汲
古閣本）·二家宮詞
二家宮詞（明本、清同治本）
鐵琴銅劍樓叢書
叢書集成初編·文學類·二家宮詞

楊太后宮詞一卷附校勘記一卷附錄一卷
宋楊皇后撰　校勘記（□）□□撰　附錄
（清）黃丕烈輯
四婦人集（嘉慶本、景嘉慶本）

山房集八卷後稿一卷
（宋）周南撰
四庫全書·集部別集類
函芬樓祕笈第八集

二薇亭詩集四卷
（宋）徐璣撰
宋元四十三家集

二薇亭集一卷
（宋）徐璣撰
四庫全書·集部別集類
南宋羣賢小集
永嘉詩人祠堂叢刻

二薇亭集一卷補遺一卷
汲古閣景鈔南宋六十家小集附·南宋
八家集

二薇亭詩集一卷（存卷上）補一卷
（宋）徐璣撰
敬鄉樓叢書第一輯

二薇亭集補遺一卷
（宋）徐璣撰
南宋羣賢小集補遺

徐璣集補一卷
（宋）徐璣撰　（清）陸心源輯
潛園總集·羣書校補

二薇亭詩鈔一卷
　　（宋）徐璣撰
　　　　宋詩鈔初集（康熙本、景康熙本）
　二薇亭詩集一卷
　　　宋代五十六家詩集
二薇亭集補鈔一卷
　　（宋）徐璣撰
　　　　宋詩鈔補
西園康範詩集一卷
　　（宋）汪晫撰
　　　　環谷杏山二先生詩稿
　康範詩集一卷附錄三卷
　　　四庫全書·集部別集類
　康範詩集一卷附錄一卷
　　　宋人集乙編
開國公遺集一卷附錄一卷
　　（宋）鄭準撰
　　　　鄭氏六名家集
九峯先生集三卷首一卷附錄一卷
　　（宋）區仕衡撰
　　　　粵十三家集
上清集八卷
　　（宋）白玉蟾撰
　　　　道藏（正統本、景正統本）·洞眞部方
　　　　法類·修眞十書
武夷集八卷
　　（宋）白玉蟾撰
　　　　道藏（正統本、景正統本）·洞眞部方
　　　　法類·修眞十書
瓊琯眞人集不分卷
　　（宋）白玉蟾撰
　　　　重刊道藏輯要要集
玉蟾集鈔一卷
　　（宋）白玉蟾（葛長庚）撰
　　　　宋詩鈔補
洺水集三十卷
　　（宋）程珌撰
　　　　四庫全書·集部別集類
洺水集一卷
　　（宋）程珌撰
　　　　宋百家詩存卷九
　洺水小集一卷
　　　兩宋名賢小集
清正存稿六卷附錄一卷
　　（宋）徐鹿卿撰
　　　　四庫全書·集部別集類
宋宗伯徐清正公存稿六卷附校勘記二卷
　　（宋）徐鹿卿撰　校勘記（民國）劉家立（民

國）胡思敬撰
　　　豫章叢書（胡思敬輯）
靜軒詩集一卷
　　（宋）徐鹿卿撰
　　　　兩宋名賢小集
安晚堂詩集六十卷（原缺卷一至五、卷十
　三至六十）
　　（宋）鄭清之撰
　　　　四庫全書·集部別集類
　　　　汲古閣景鈔南宋六十家小集
安晚堂詩集六十卷（原缺卷一至五、卷十
　三至六十）補編二卷　補遺一卷　輯補一
卷
　　（宋）鄭清之撰　補編（宋）陳起輯　輯補
　　（清）李之鼎輯
　　　　宋人集丙編
　　　　四明叢書第八集
安晚堂詩集六卷
　　（宋）鄭清之撰
　　　　兩宋名賢小集
觀我軒集一卷
　　（宋）方信孺撰
　　　　兩宋名賢小集
西山先生眞文忠公文集五十五卷
　　（宋）眞德秀撰
　　　　眞西山全集
　西山文集五十五卷
　　　四庫全書·集部別集類
眞西山先生集八卷
　　（宋）眞德秀撰
　　　　正誼堂全書
　　　　叢書集成初編·文學類
西山先生眞文忠公文集五十一卷
　　（宋）眞德秀撰
　　　　四部叢刊（初次印本、二次印本、縮印
　　　　二次印本）·集部
西山文鈔八卷
　　（宋）眞德秀撰
　　　　浦城遺書
西山先生詩集三卷
　　（宋）眞德秀撰
　　　　兩宋名賢小集
宋眞西山先生溫陵留墨二卷
　　（宋）眞德秀撰
　　　　溫陵留墨
芸菴類稾六卷
　　（宋）李洪撰
　　　　四庫全書·集部別集類

四庫全書珍本初集・集部別集類

澗泉集二十卷
　（宋）韓淲撰
　　四庫全書・集部別集類
　　四庫全書珍本初集・集部別集類

澗泉吟稿一卷
　（宋）韓淲撰
　　兩宋名賢小集

乾道稾一卷
　（宋）趙蕃撰
　　四庫全書・集部別集類

　乾道稾二卷
　　武英殿聚珍版書（武英殿木活字本、福
　　　建本、廣雅書局本）・集部
　　叢書集成初編・文學類

淳熙稿二十卷
　（宋）趙蕃撰
　　四庫全書・集部別集類・乾道稿附
　　武英殿聚珍版書（武英殿木活字本、福
　　　建本、廣雅書局本）・集部・乾道稿
　　　附
　　叢書集成初編・文學類

章泉稿五卷
　（宋）趙蕃撰
　　四庫全書・集部別集類・乾道稿附
　　武英殿聚珍版書（武英殿木活字本）・
　　　乾道稿附

章泉稿五卷拾遺一卷
　（宋）趙蕃撰　拾遺（清）孫星華輯
　　武英殿聚珍版書（福建本、廣雅書局
　　　本）・集部・乾道稿附
　　叢書集成初編・文學類

章泉詩集一卷
　（宋）趙蕃撰
　　兩宋名賢小集

白石道人集一卷
　（宋）姜夔撰
　　宋百家詩存卷十三

　白石詩集一卷
　　四庫全書・集部別集類

　白石道人詩集一卷
　　南宋羣賢小集
　　兩宋名賢小集
　　汲古閣景鈔南宋六十家小集

白石道人詩集二卷集外詩一卷附錄一卷
　附錄補遺一卷
　（宋）姜夔撰
　　白石道人四種（乾隆本、同治本）

楡園叢刻

四部叢刊（初次印本、二次印本、縮印
　　二次印本）・集部

叢書集成初編・文學類

四部備要（排印本、縮印本）・集部宋
　　別集

白石道人集補遺一卷
　（宋）姜夔撰
　　南宋羣賢小集補遺
　　汲古閣景鈔南宋六十家小集附・知不
　　　足齋輯錄宋集補遺

姜白石詩一卷
　（宋）姜夔撰　（清）戴熙選
　　戴鹿牀手寫宋元四家詩

野谷詩稿六卷
　（宋）趙汝鐩撰
　　四庫全書・集部別集類
　　南宋羣賢小集
　　宋人小集四十二種
　　汲古閣景鈔南宋六十家小集

野谷詩集一卷
　（宋）趙汝鐩撰
　　宋百家詩存卷十三
　　兩宋名賢小集

無懷小集一卷
　（宋）葛天民撰
　　宋百家詩存卷十七

　葛無懷小集一卷
　　南宋羣賢小集
　　宋人小集十五種
　　兩宋名賢小集
　　汲古閣景鈔南宋六十家小集

方泉集四卷
　（宋）周文璞撰
　　四庫全書・集部別集類

方泉先生詩集三卷
　（宋）周文璞撰
　　南宋羣賢小集
　　汲古閣景鈔南宋六十家小集

　方泉詩集三卷
　　兩宋名賢小集

方泉集一卷
　（宋）周文璞撰
　　宋百家詩存卷十五

轉菴集一卷
　（宋）潘檉撰
　　兩宋名賢小集

翠微南征錄十一卷
　（宋）華岳撰

武英殿聚珍版書（福建本、廣雅書局
本）·集部
叢書集成初編·文學類
箕窗集十卷
　(宋)陳耆卿撰
　　四庫全書·集部別集類
　　四庫全書珍本初集·集部別集類
　箕窗集十卷補遺一卷
　　台州叢書己集
四六標準四十卷
　(宋)李劉撰
　　四庫全書·集部別集類
　梅亭先生四六標準四十卷
　　四部叢刊續編·集部
退菴先生遺集二卷
　(宋)吳淵撰
　　南宋羣賢小集
　　汲古閣景鈔南宋六十家小集附·南宋
　　八家集
退菴遺集一卷
　(宋)吳淵撰
　　兩宋名賢小集
履齋遺集四卷
　(宋)吳潛撰
　　四庫全書·集部別集類
四明吟稿一卷
　(宋)吳潛撰
　　兩宋名賢小集
敝帚稿略八卷
　(宋)包恢撰
　　四庫全書·集部別集類
　敝帚稿略八卷補遺一卷
　　宋人集丙編
鐵菴集三十七卷
　(宋)方大琮撰
　　四庫全書·集部別集類
壺山四六一卷
　(宋)方大琮撰
　　四庫全書·集部別集類
　　四庫全書珍本初集·集部別集類
臞軒集十六卷
　(宋)王邁撰
　　四庫全書·集部別集類
　　四庫全書珍本初集·集部別集類
臞軒先生四六一卷
　(宋)王邁撰
　　四家四六
西山公集一卷

(宋)蔡元定撰
　　蔡氏九儒書(雍正本、同治本、光緒本)
竹林愚隱集一卷
　(宋)胡夢昱撰
　　乾坤正氣集
　　豫章叢書(胡思敬輯)·九宋人集
玉楮集八卷
　(宋)岳珂撰
　　四庫全書·集部別集類
　玉楮集八卷附錄一卷
　　三怡堂叢書
玉楮詩藁七卷
　(宋)岳珂撰
　　宋人小集四十二種
玉楮集一卷
　(宋)岳珂撰
　　宋百家詩存卷十二
玉楮詩稿四卷
　(宋)岳珂撰
　　兩宋名賢小集
玉楮集鈔一卷
　(宋)岳珂撰
　　宋詩鈔補
棠湖詩稿一卷
　(宋)岳珂撰
　　拜經樓叢書(景乾隆嘉慶本)
　　思適齋叢書第一集
　　叢書集成初編·文學類
　棠湖詩一卷
　　汲古閣景鈔南宋六十家小集
雪蓬詩藁一卷
　(宋)姚鏞撰
　　宋百家詩存卷十六
　雪蓬稿一卷
　　南宋羣賢小集
　　兩宋名賢小集
　　汲古閣景鈔南宋六十家小集
心游摘稿一卷
　(宋)劉翼撰
　　南宋羣賢小集
　　兩宋名賢小集
　　汲古閣景鈔南宋六十家小集
浣川集十卷
　(宋)戴栩撰
　　四庫全書·集部別集類
　浣川集十卷補遺一卷
　　敬鄉樓叢書第一輯
定菴類稿四卷

（宋）衞博撰
　　四庫全書・集部別集類
　　四庫全書珍本初集・集部別集類
友林乙稿一卷
　（宋）史彌寧撰
　　四庫全書・集部別集類
宮詞一卷
　（宋）胡偉撰
　　十家宮詞（毛晉輯）
　　十家宮詞（倪燦輯）
寒松閣集三卷
　（宋）詹初撰
　　四庫全書・集部別集類
　寒松閣集三卷附錄一卷
　　宋人集丙編
方壺存稿八卷
　（宋）汪莘撰
　　四庫全書・集部別集類
壺山先生四六一卷
　（宋）汪莘撰
　　四家四六
方壺存藁一卷
　（宋）汪莘撰
　　宋百家詩存卷十五
方壺存稿三卷
　（宋）汪莘撰
　　兩宋名賢小集
招山小集一卷
　（宋）劉仙倫撰
　　宋百家詩存卷十二
　　南宋羣賢小集
　　宋人小集四十二種
　　兩宋名賢小集
　　汲古閣景鈔南宋六十家小集
招山小集補遺一卷
　（宋）劉仙倫撰
　　南宋羣賢小集補遺
　　汲古閣景鈔南宋六十家小集附・知不
　　足齋輯錄宋集補遺
小山集一卷
　（宋）劉翰撰
　　宋百家詩存卷十
　　南宋羣賢小集
　　宋人小集四十二種
　　宋人小集十五種
　　兩宋名賢小集
　　汲古閣景鈔南宋六十家小集
頤庵居士集二卷

（宋）劉應時撰
　　四庫全書・集部別集類
　　知不足齋叢書（乾隆至道光本、景乾隆
　　至道光本）第十八集
　　四明叢書第六集
　　叢書集成初編・文學類
適安藏拙餘藁一卷
　（宋）武衍撰
　　宋百家詩存卷十六
　　宋人小集四十二種
適安藏拙餘藁一卷乙藁一卷
　（宋）武衍撰
　　南宋羣賢小集
　　汲古閣景鈔南宋六十家小集
　適安藏拙餘稿二卷
　　兩宋名賢小集
靜軒公集一卷
　（宋）蔡權撰
　　蔡氏九儒書（雍正本、同治本、光緒本）
素軒公集一卷
　（宋）蔡格撰
　　蔡氏九儒書（雍正本、同治本、光緒本）
覺軒公集一卷
　（宋）蔡模撰
　　蔡氏九儒書（雍正本、同治本、光緒本）
久軒公集一卷
　（宋）蔡杭撰
　　蔡氏九儒書（雍正本、同治本、光緒本）
方是閒居士小藁二卷
　（宋）劉學箕撰
　　四庫全書・集部別集類
方是閒居士小稿一卷
　（宋）劉學箕撰
　　兩宋名賢小集
東皋詩鈔一卷
　（宋）戴敏撰
　　宋詩鈔初集（康熙本、景康熙本）
東皋集補鈔一卷
　（宋）戴敏撰
　　宋詩鈔補
張氏拙軒集六卷
　（宋）張侃撰
　　四庫全書・集部別集類
　　四庫全書珍本初集・集部別集類
克齋集十七卷
　（宋）陳文蔚撰
　　四庫全書・集部別集類
陳克齋先生集五卷

　　　(宋)陳文蔚撰
　　　　正誼堂全書
　　　　叢書集成初編・文學類
芳蘭軒詩集五卷
　　　(宋)徐照撰
　　　　宋元四十三家集
芳蘭軒集一卷
　　　(宋)徐照撰
　　　　四庫全書・集部別集類
　　　　南宋羣賢小集
　　　　永嘉詩人祠堂叢刻
　芳蘭軒集一卷補遺一卷
　　　　汲古閣景鈔南宋六十家小集附・南宋
　　　　八家集
芳蘭軒詩集三卷補一卷
　　　(宋)徐照撰
　　　　敬鄉樓叢書第一輯
芳蘭軒集補遺一卷
　　　(宋)徐照撰
　　　　南宋羣賢小集補遺
徐照集補三卷
　　　(宋)徐照撰　(清)陸心源輯
　　　　潛園總集・羣書校補
芳蘭軒詩鈔一卷
　　　(宋)徐照撰
　　　　宋詩鈔初集(康熙本、景康熙本)
　芳蘭軒詩集一卷
　　　　宋代五十六家詩集
芳蘭軒集補鈔一卷
　　　(宋)徐照撰
　　　　宋詩鈔補
葦碧軒詩集四卷
　　　(宋)翁卷撰
　　　　宋元四十三家集
西巖集一卷
　　　(宋)翁卷撰
　　　　四庫全書・集部別集類
　葦碧軒集一卷
　　　　南宋羣賢小集
　　　　永嘉詩人祠堂叢刻
　葦碧集一卷補遺一卷
　　　　汲古閣景鈔南宋六十家小集附・南宋
　　　　八家集
葦碧軒集補遺一卷
　　　(宋)翁卷撰
　　　　南宋羣賢小集補遺
葦碧軒詩鈔一卷
　　　(宋)翁卷撰

　　　宋詩鈔初集(康熙本、景康熙本)
　葦碧軒詩集一卷
　　　　宋代五十六家詩集
葦碧軒集補鈔一卷
　　　(宋)翁卷撰
　　　　宋詩鈔補
清苑齋詩集四卷
　　　(宋)趙師秀撰
　　　　宋元四十三家集
清苑齋集一卷
　　　(宋)趙師秀撰
　　　　四庫全書・集部別集類
　　　　南宋羣賢小集
　　　　永嘉詩人祠堂叢刻
　清苑齋集一卷補遺一卷
　　　　汲古閣景鈔南宋六十家小集附・南宋
　　　　八家集
清苑齋集補遺一卷
　　　(宋)趙師秀撰
　　　　南宋羣賢小集補遺
清苑齋詩鈔一卷
　　　(宋)趙師秀撰
　　　　宋詩鈔初集(康熙本、景康熙本)
　清苑齋詩集一卷
　　　　宋代五十六家詩集
清苑齋集補鈔一卷
　　　(宋)趙師秀撰
　　　　宋詩鈔補
石屏集六卷
　　　(宋)戴復古撰
　　　　四庫全書・集部別集類
　石屏詩集十卷
　　　　台州叢書甲集
　　　　四部叢刊續編・集部
石屏續集四卷
　　　(宋)戴復古撰
　　　　南宋羣賢小集
　　　　兩宋名賢小集
　　　　汲古閣景鈔南宋六十家小集
石屏詩鈔一卷
　　　(宋)戴復古撰
　　　　宋詩鈔初集(康熙本、景康熙本)
　石屏詩集一卷
　　　　宋代五十六家詩集
石屏集補鈔一卷
　　　(宋)戴復古撰
　　　　宋詩鈔補
後村集五十卷

三山鄭菊山先生清雋集一卷附校勘記一
卷
    (宋)鄭起撰　校勘記張元濟撰
        四部叢刊續編·集部
清雋集鈔一卷
    (宋)鄭起撰
        宋詩鈔初集(康熙本、景康熙本)
魯齋集二十卷
    (宋)王柏撰
        四庫全書·集部別集類
魯齋王文憲公文集二十卷附考異一卷
    (宋)王柏撰　考異(民國)胡宗楙撰
        續金華叢書·集部
魯齋集十卷附錄一卷
    (宋)王柏撰
        金華叢書(民國補刊本)·集部
        叢書集成初編·文學類
魯齋詩集一卷
    (宋)王柏撰
        兩宋名賢小集
魯齋集鈔一卷
    (宋)王柏撰
        宋詩鈔補
庸齋集六卷
    (宋)趙汝騰撰
        四庫全書·集部別集類
        四庫全書珍本初集·集部別集類
文溪存稿二十卷
    (宋)李昂英撰
        四庫全書·集部別集類
文溪集二十卷首一卷
        粵十三家集
文谿集一卷
    (宋)李昂英撰
        兩宋名賢小集
彝齋文編四卷
    (宋)趙孟堅撰
        四庫全書·集部別集類
彝齋文編四卷補遺一卷
        嘉業堂叢書·集部
彝齋集一卷
    (宋)趙孟堅撰
        兩宋名賢小集
桂巖吟稿一卷
    (宋)朱晞撰
        兩宋名賢小集
秋崖集四十卷
    (宋)方岳撰

        四庫全書·集部別集類
秋崖小稿鈔一卷
    (宋)方岳撰
        宋詩鈔初集(康熙本、景康熙本)
秋崖小藁集一卷
        宋代五十六家詩集
秋崖集補鈔一卷
    (宋)方岳撰
        宋詩鈔補
秋崖詩選一卷
    (宋)方岳撰　(清)陳訏選
        宋十五家詩選
可齋雜藁三十四卷 續稿前八卷 續稿後十
二卷
    (宋)李曾伯撰
        四庫全書·集部別集類
        四庫全書珍本初集·集部別集類
可齋詩藁一卷
    (宋)李曾伯撰
        宋百家詩存卷十九
可齋詩集一卷
        兩宋名賢小集
靈巖集十卷
    (宋)唐士恥撰
        四庫全書·集部別集類
        續金華叢書·集部
克庵先生尊德性齋小集三卷補遺一卷
    (宋)程洵撰
        知不足齋叢書(乾隆至道光本、景乾隆
          至道光本)第三十集
楳埜集十二卷
    (宋)徐元杰撰
        四庫全書·集部別集類
楳野集十一卷
    (宋)徐元杰撰
        乾坤正氣集
靜佳龍尋藁一卷乙藁一卷
    (宋)朱繼芳撰
        南宋羣賢小集
        兩宋名賢小集
        汲古閣景鈔南宋六十家小集
靜佳乙藁補遺一卷
    (宋)朱繼芳撰
        南宋羣賢小集補遺
        汲古閣景鈔南宋六十家小集附·知不
          足齋輯錄宋集補遺
靜佳詩集一卷
    (宋)朱繼芳撰

　　　　宋百家詩存卷十三
漁溪詩藁二卷乙藁一卷
　　(宋)俞桂撰
　　　　南宋羣賢小集
　　　　汲古閣景鈔南宋六十家小集
　　漁溪詩稿二卷乙稿一卷補遺一卷
　　　　武林往哲遺箸
漁溪詩藁一卷
　　(宋)俞桂撰
　　　　宋百家詩存卷九
漁溪詩稿三卷
　　(宋)俞桂撰
　　　　兩宋名賢小集
采芝集一卷續集一卷
　　(宋)釋斯植撰
　　　　南宋羣賢小集
　　采芝集一卷續藁一卷
　　　　宋人小集四十二種
　　　　汲古閣景鈔南宋六十家小集
采芝集一卷
　　(宋)釋斯植撰
　　　　宋百家詩存卷二十
雪窗集二卷附錄一卷
　　(宋)孫夢觀撰
　　　　四庫全書・集部別集類
　　雪窗先生文集二卷附錄一卷
　　　　四明叢書第二集
戴仲培先生詩文一卷
　　(宋)戴埴撰
　　　　四明叢書第四集
癖齋小集一卷
　　(宋)杜旃撰
　　　　宋百家詩存卷十八
　　　　南宋羣賢小集
　　　　兩宋名賢小集
　　　　汲古閣景鈔南宋六十家小集
　　　　續金華叢書・集部
鬳齋續集三十卷
　　(宋)林希逸撰
　　　　四庫全書・集部別集類
竹溪十一藁詩選一卷
　　(宋)林希逸撰
　　　　南宋羣賢小集
　　　　汲古閣景鈔南宋六十家小集
　　竹溪十一稿一卷
　　　　兩宋名賢小集
竹溪詩集一卷
　　(宋)林希逸撰

　　　　宋百家詩存卷十六
實齋詠梅集一卷
　　(宋)張道洽撰
　　　　宋百家詩存卷十八
汝陽端平詩雋四卷
　　(宋)周弼撰　　(宋)李龏選
　　　　四庫全書・集部別集類
　　　　南宋羣賢小集
　　　　汲古閣景鈔南宋六十家小集
　端平詩雋四卷
　　　　兩宋名賢小集
端平集一卷
　　(宋)周弼撰
　　　　宋百家詩存卷十五
學吟一卷
　　(宋)朱南杰撰
　　　　宋百家詩存卷十九
　　　　南宋羣賢小集
　　　　宋人小集四十二種
　　　　宋人小集十五種
　　　　兩宋名賢小集
　　　　汲古閣景鈔南宋六十家小集
梅屋集五卷
　　(宋)許棐撰
　　　　四庫全書・集部別集類
梅屋詩藁一卷 融春小綴一卷 梅屋第三藁
　　一卷梅屋第四藁一卷
　　(宋)許棐撰
　　　　南宋羣賢小集
　　　　汲古閣景鈔南宋六十家小集
梅屋集一卷
　　(宋)許棐撰
　　　　宋百家詩存卷十八
　梅屋詩稿一卷
　　　　兩宋名賢小集
獻醜集一卷
　　(宋)許棐撰
　　　　百川學海(咸淳本、景刊咸淳本)庚集
　　　　百川學海(弘治本、景刊咸淳本據弘治
　　　　　目次編印本、景弘治本)己集
　　　　宋人集丁編
　　　　叢書集成初編・文學類
獻醜集
　　(宋)許棐撰
　　　　說郛(商務印書館本)卷八十
秋堂集三卷
　　(宋)柴望撰
　　　　四庫全書・集部別集類

秋堂集三卷補遺一卷附錄一卷
　　宋人集甲編
秋堂遺稿一卷
　　（宋）柴望撰
　　　宋百家詩存卷十
　　　兩宋名賢小集
蘭皋集三卷
　　（宋）吳錫疇撰
　　　四庫全書・集部別集類
蘭皋集二卷
　　（宋）吳錫疇撰
　　　宋人集甲編
雪坡文集五十卷
　　（宋）姚勉撰
　　　四庫全書・集部別集類
雪坡舍人集五十卷 補遺一卷 附校勘記一
　　卷校勘續記一卷校勘後記一卷
　　（宋）姚勉撰　校勘記（民國）魏元曠撰　續
　　記後記（民國）胡思敬撰
　　　豫章叢書（胡思敬輯）
東野農歌集五卷
　　（宋）戴昺撰
　　　四庫全書・集部別集類
　　　四庫全書珍本初集・集部別集類
農歌集鈔一卷
　　（宋）戴昺撰
　　　宋詩鈔初集（康熙本、景康熙本）
　　　宋代五十六家詩集
農歌集補鈔一卷
　　（宋）戴昺撰
　　　宋詩鈔補
農歌續集一卷
　　（宋）戴昺撰
　　　兩宋名賢小集
蛟峯文集八卷外集四卷
　　（宋）方逢辰撰
　　　四庫全書・集部別集類
蛟峯集鈔一卷
　　（宋）方逢辰撰
　　　宋詩鈔補
碧梧玩芳集二十四卷
　　（宋）馬廷鸞撰
　　　四庫全書・集部別集類
碧梧玩芳集二十四卷附校勘記一卷
　　（宋）馬廷鸞撰　校勘記（民國）胡思敬撰
　　　豫章叢書（胡思敬輯）
四明文獻集五卷
　　（宋）王應麟撰

四庫全書・集部別集類
摛藻堂四庫全書・集部
四明文獻集五卷補遺一卷
　　四明叢書第一集
深寧先生文鈔摭餘編三卷
　　（宋）王應麟撰　（清）葉熊輯
　　　四明叢書第一集・四明文獻集附
王尚書遺稿一卷
　　（宋）王應麟撰
　　　兩宋名賢小集
寧極齋稿一卷
　　（宋）陳深撰
　　　元詩選初集甲集
　　　四庫全書・集部別集類
　　　天尺樓叢鈔
　　　宋人集乙編
仁山先生金文安公文集五卷
　　（宋）金履祥撰
　　　崇祖堂叢書
　　　金華叢書（同治光緒本、民國補刊本）
　　　・集部
　　　叢書集成初編・文學類
仁山集六卷
　　（宋）金履祥撰
　　　四庫全書・集部別集類
草窗韻語六卷
　　（宋）周密撰
　　　密韻樓景宋本七種
雪磯叢稿五卷
　　（宋）樂雷發撰
　　　四庫全書・集部別集類
　　　南宋羣賢小集
雪磯叢藁一卷
　　（宋）樂雷發撰
　　　宋百家詩存卷十八
雪磯叢稿四卷
　　（宋）樂雷發撰
　　　兩宋名賢小集
北磵集十卷
　　（宋）釋居簡撰
　　　四庫全書・集部別集類
文山集二十一卷
　　（宋）文天祥撰
　　　四庫全書・集部別集類
文信國公集二十卷首一卷
　　　四忠遺集
文山先生全集二十卷
　　　四部叢刊（初次印本、二次印本、縮印

二次印本)・集部

文山先生全集十卷
　　(宋)文天祥撰
　　　　乾坤正氣集
文山先生文集二卷
　　(宋)文天祥撰
　　　　正誼堂全書
文文山文集二卷
　　　叢書集成初編・文學類
文信國公全集十八卷
　　(宋)文天祥撰
　　　　宋廬陵四忠集
指南錄四卷
　　(宋)文天祥撰
　　　　文山別集
指南後錄三卷
　　(宋)文天祥撰
　　　　正覺樓叢刻
指南後錄三卷附一卷
　　　文山別集
文山先生指南錄一卷後錄一卷
　　(宋)文天祥撰
　　　　宋三大臣彙志・宋承相文山先生別集
文山先生吟嘯集一卷
　　(宋)文天祥撰
　　　　宋三大臣彙志・宋丞相文山先生別集
文山先生集杜詩一卷
　　(宋)文天祥撰
　　　　宋三大臣彙志・宋丞相文山先生別集
文信公集杜詩(一名文山詩史)四卷
　　　　四庫全書・集部別集類
詩史集杜四卷
　　　　文山別集
文山詩鈔一卷
　　(宋)文天祥撰
　　　　宋詩鈔初集(康熙本,景康熙本)
文山詩集一卷
　　　　宋代五十六家詩集
文山詩補鈔一卷
　　(宋)文天祥撰
　　　　宋詩鈔補
文山詩選一卷
　　(宋)文天祥撰　(清)陳訏選
　　　　宋十五家詩選
澗谷遺集三卷
　　(宋)羅椅撰
　　　　豫章叢書(胡思敬輯)・吉州二義集

本堂集九十四卷
　　(宋)陳著撰
　　　　四庫全書・集部別集類
雲泉詩集一卷
　　(宋)薛嵎撰
　　　　宋百家詩存卷十七
雲泉詩一卷
　　　　四庫全書・集部別集類
　　　　南宋羣賢小集
　　　　宋人小集十五種
　　　　汲古閣景鈔南宋六十家小集
雲泉詩二卷
　　(宋)薛嵎撰
　　　　兩宋名賢小集
陸忠烈公書一卷
　　(宋)陸秀夫撰
　　　　乾坤正氣集
陸忠烈公遺集一卷
　　(宋)陸秀夫撰
　　　　楚州叢書第一集
釋希旦詩一卷
　　(宋)釋希旦撰
　　　　宋人集丙編・九華詩集附
蕭冰厓詩集拾遺三卷
　　(宋)蕭立撰　(明)蕭敏輯
　　　　四部叢刊續編・集部
闡風集十二卷
　　(宋)舒岳祥撰
　　　　四庫全書・集部別集類
闡風集十二卷附錄一卷
　　　　嘉業堂叢書・集部
潛山集十二卷
　　(宋)釋文珦撰
　　　　四庫全書・集部別集類
　　　　四庫全書珍本初集・集部別集類
葦航漫遊稿四卷
　　(宋)胡仲弓撰
　　　　四庫全書・集部別集類
　　　　四庫全書珍本初集・集部別集類
鄭所南先生文集一卷附錄一卷補遺一卷
　　(宋)鄭思肖撰
　　　　知不足齋叢書(乾隆至道光本,景乾隆
　　　　　至道光本)第二十一集
　　　　叢書集成初編・文學類
鄭所南文集一卷
　　　　國粹叢書第二集
鄭所南先生文集一卷附校勘記
　　(宋)鄭思肖撰　校勘記張元濟撰

四部叢刊續編‧集部‧所南翁一百二
十圖詩集附

所南翁一百二十圖詩集一卷
　　（宋）鄭思肖撰
　　　　知不足齋叢書（乾隆至道光本、景乾隆
　　　　至道光本）第二十一集
　　　　國粹叢書第二集
　　　　叢書集成初編‧文學類

　圖詩一卷
　　　　兩宋名賢小集

所南翁一百二十圖詩集一卷附校勘記
　　（宋）鄭思肖撰　校勘記張元濟撰
　　　　四部叢刊續編‧集部

錦錢餘笑一卷
　　（宋）鄭思肖撰
　　　　知不足齋叢書（乾隆至道光本、景乾隆
　　　　至道光本）第二十一集‧所南翁一
　　　　百二十圖詩集附
　　　　國粹叢書第二集‧所南翁一百二十圖
　　　　詩集附
　　　　叢書集成初編‧文學類‧所南翁一百
　　　　二十圖詩集附

錦錢餘笑二十四首一卷附校勘記
　　（宋）鄭思肖撰　校勘記張元濟撰
　　　　四部叢刊續編‧集部‧所南翁一百二
　　　　十圖詩集附

心史二卷
　　（宋）鄭思肖撰
　　　　明辨齋叢書二集

所南集鈔一卷
　　（宋）鄭思肖撰
　　　　宋詩鈔補

鄭所南先生詩選一卷
　　（宋）鄭思肖撰　（清）鄭起泓輯
　　　　鄭氏六名家集

龜城叟集輯一卷附錄一卷
　　（宋）龔開撰　冒廣生輯
　　　　楚州叢書第一集

先天集十卷附錄二卷
　　（宋）許月卿撰
　　　　四部叢刊續編‧集部

　先天集十卷補遺一卷附錄二卷
　　　　新安許氏先集

先天集鈔一卷
　　（宋）許月卿撰
　　　　宋詩鈔初集（康熙本、景康熙本）

雲臥詩集一卷
　　（宋）吳汝弌撰

南宋羣賢小集
兩宋名賢小集
汲古閣景鈔南宋六十家小集

　雲臥詩藁一卷
　　　　宋人小集四十二種

看雲小集一卷
　　（宋）黃文雷撰
　　　　南宋羣賢小集
　　　　宋人小集四十二種
　　　　兩宋名賢小集
　　　　汲古閣景鈔南宋六十家小集

竹莊小藁一卷
　　（宋）胡仲參撰
　　　　宋百家詩存卷十六
　　　　南宋羣賢小集
　　　　宋人小集四十二種
　　　　兩宋名賢小集
　　　　汲古閣景鈔南宋六十家小集

瓜廬集一卷
　　（宋）薛師石撰
　　　　宋百家詩存卷十七

　瓜廬詩一卷
　　　　四庫全書‧集部別集類
　　　　兩宋名賢小集
　　　　永嘉詩人祠堂叢刻

　瓜廬詩一卷附錄一卷
　　　　南宋羣賢小集
　　　　汲古閣景鈔南宋六十家小集附　南宋
　　　　八家集

露香拾藁一卷
　　（宋）黃大受撰
　　　　宋百家詩存卷十五
　　　　南宋羣賢小集
　　　　宋人小集四十二種
　　　　兩宋名賢小集
　　　　汲古閣景鈔南宋六十家小集

檜庭吟稿一卷
　　（宋）葛起耕撰
　　　　宋百家詩存卷十四
　　　　南宋羣賢小集
　　　　宋人小集四十二種
　　　　兩宋名賢小集
　　　　汲古閣景鈔南宋六十家小集

庸齋小集一卷
　　（宋）沈說撰
　　　　宋百家詩存卷十五
　　　　南宋羣賢小集
　　　　宋人小集四十二種
　　　　兩宋名賢小集

汲古閣景鈔南宋六十家小集

疊山集五卷
　　(宋)謝枋得撰
　　　　四庫全書・集部別集類

謝疊山先生文集四卷
　　(宋)謝枋得撰
　　　　乾坤正氣集

宋謝文節公集六卷
　　(宋)謝枋得撰
　　　　半畝園叢書

謝疊山先生文集二卷
　　(宋)謝枋得撰
　　　　正誼堂全書
　　　　叢書集成初編・文學類

疊山集十六卷
　　(宋)謝枋得撰
　　　　四部叢刊續編・集部

疊山集鈔一卷
　　(宋)謝枋得撰
　　　　宋詩鈔補

四如集五卷
　　(宋)黃仲元撰
　　　　四庫全書・集部別集類

有宋福建莆陽黃仲元四如先生文藁五
卷
　　　　四部叢刊三編・集部

存雅堂遺稿五卷
　　(宋)方鳳撰
　　　　四庫全書・集部別集類
　　　　續金華叢書・集部

石堂先生遺藁一卷
　　(宋)陳普撰
　　　　元詩選三集甲集

石堂集一卷
　　　　兩宋名賢小集

覆瓿集六卷
　　(宋)趙必璩撰
　　　　四庫全書・集部別集類

秋曉先生覆瓿集四卷附錄一卷末一卷
　　　　粵十三家集

東齋小集一卷
　　(宋)陳鑒之撰
　　　　宋百家詩存卷十六
　　　　南宋羣賢小集
　　　　宋人小集四十二種
　　　　兩宋名賢小集
　　　　汲古閣景鈔南宋六十家小集

須溪集十卷

　　(宋)劉辰翁撰
　　　　四庫全書・集部別集類

須溪四景詩集四卷
　　(宋)劉辰翁撰
　　　　四庫全書・集部別集類

須溪先生四景詩集四卷補一卷
　　　　宋人集丁編

須溪集七卷附校勘記一卷校勘續記一卷
　　(宋)劉辰翁撰　校勘記(民國)魏元曠撰
　　　　續記(民國)胡思敬撰
　　　　豫章叢書(胡思敬輯)

須溪集一卷
　　(宋)劉辰翁撰
　　　　元詩選三集甲集

蒙川遺稿四卷
　　(宋)劉黻撰
　　　　四庫全書・集部別集類

蒙川先生遺稿四卷補遺一卷
　　　　永嘉叢書

蒙川遺稿一卷
　　(宋)劉黻撰
　　　　乾坤正氣集

蒙川詩集一卷
　　(宋)劉黻撰
　　　　兩宋名賢小集

藤齋小集一卷
　　(宋)劉迎撰
　　　　兩宋名賢小集

學詩初藁一卷
　　(宋)王同祖撰
　　　　南宋羣賢小集
　　　　宋人小集四十二種
　　　　宋人小集十五種
　　　　兩宋名賢小集
　　　　汲古閣景鈔南宋六十家小集
　　　　續金華叢書・集部

西麓詩藁一卷
　　(宋)陳允平撰
　　　　宋百家詩存卷十九
　　　　南宋羣賢小集
　　　　宋人小集四十二種
　　　　兩宋名賢小集
　　　　汲古閣景鈔南宋六十家小集
　　　　四明叢書第七集

秋聲集六卷
　　(宋)衞宗武撰
　　　　四庫全書・集部別集類
　　　　四庫全書珍本初集・集部別集類

玉溪吟草一卷
　　(宋)林表民撰
　　　　台州叢書己集
山居存藁一卷
　　(宋)陳必復撰
　　　　宋百家詩存卷十四
　　　　南宋羣賢小集
　　　　兩宋名賢小集
　　　　汲古閣景鈔南宋六十家小集
自堂存稿四卷
　　(宋)陳杰撰
　　　　四庫全書・集部別集類
　　　　豫章叢書(胡思敬輯)・九宋人集
順適堂吟槀甲集一卷乙集一卷丙集一卷
　丁集一卷戊集一卷
　　(宋)葉茵撰
　　　　南宋羣賢小集
　　　　汲古閣景鈔南宋六十家小集
順適堂吟藁一卷
　　(宋)葉茵撰
　　　　宋百家詩存卷十二
順適堂吟稿二卷
　　(宋)葉茵撰
　　　　兩宋名賢小集
鷗渚微吟一卷
　　(宋)趙崇鐬撰
　　　　宋百家詩存卷十三
　　　　南宋羣賢小集
　　　　宋人小集四十二種
　　　　兩宋名賢小集
　　　　汲古閣景鈔南宋六十家小集
抱拙小藁一卷
　　(宋)趙希樬撰
　　　　宋百家詩存卷十七
　　　　南宋羣賢小集
　　　　宋人小集四十二種
　　　　兩宋名賢小集
　　　　汲古閣景鈔南宋六十家小集
蒙泉詩槀一卷
　　(宋)李濤撰
　　　　南宋羣賢小集
　　　　宋人小集四十二種
　　　　兩宋名賢小集
　　　　汲古閣景鈔南宋六十家小集
皇荂曲一卷
　　(宋)鄧林撰
　　　　宋百家詩存卷十二
　　　　南宋羣賢小集

　　　　宋人小集四十二種
　　　　兩宋名賢小集
　　　　汲古閣景鈔南宋六十家小集
靖逸小藁一卷
　　(宋)葉紹翁撰
　　　　宋百家詩存卷十八
　靖逸小集一卷
　　　　南宋羣賢小集
　　　　宋人小集十五種
　　　　兩宋名賢小集
　　　　汲古閣景鈔南宋六十家小集
靖逸小集補遺一卷
　　(宋)葉紹翁撰
　　　　南宋羣賢小集・補遺
　　　　汲古閣景鈔南宋六十家小集附・知不
　　　　　足齋輯錄宋集補遺
林湖遺稿一卷
　　(宋)高鵬飛撰
　　　　四庫全書・集部別集類・信天巢遺稿
　　　　　附
　　　　宋人小集十五種
　　　　兩宋名賢小集
翦綃集二卷
　　(宋)李龏撰
　　　　詩詞雜俎(汲古閣本、木松堂本、景汲
　　　　　古閣本)
　　　　南宋羣賢小集
　　　　汲古閣景鈔南宋六十家小集附・南宋
　　　　　八家集・梅花衲附
　　　　叢書集成初編・文學類
梅花衲一卷
　　(宋)李龏撰
　　　　南宋羣賢小集
　　　　汲古閣景鈔南宋六十家小集附・南宋
　　　　　八家集
柳塘外集四卷
　　(宋)釋道璨撰
　　　　四庫全書・集部別集類
柳塘外集二卷
　　(宋)釋道璨撰
　　　　宋人小集四十二種
　　　　宋人集甲編
柳塘外集一卷
　　(宋)釋道璨撰
　　　　宋百家詩存卷二十
吾竹小藁一卷
　　(宋)毛珝撰
　　　　宋百家詩存卷十七
　　　　南宋羣賢小集

　　　　宋人小集四十二種
　　　　兩宋名賢小集
　　　　汲古閣景鈔南宋六十家小集
橘潭詩藁一卷
　　(宋)何應龍撰
　　　　宋百家詩存卷十四
　　　　南宋羣賢小集
　　　　宋人小集四十二種
　　　　宋人小集十五種
　　　　兩宋名賢小集
　　　　武林往哲遺箸
　　　　汲古閣景鈔南宋六十家小集
東山詩選二卷
　　(宋)葛紹體撰
　　　　四庫全書·集部別集類
　　　　宋人集丙編
蒙隱集二卷
　　(宋)陳棣撰
　　　　四庫全書·集部別集類
　　　　宋人集丙編
性善堂稿十五卷
　　(宋)度正撰
　　　　四庫全書·集部別集類
　　　　四庫全書珍本初集·集部別集類
雪坡小稾二卷
　　(宋)羅與之撰
　　　　南宋羣賢小集
　　　　兩宋名賢小集
　　　　汲古閣景鈔南宋六十家小集
雪坡小稾一卷
　　(宋)羅與之撰
　　　　宋百家詩存卷十七
雅林小稾一卷
　　(宋)王琮撰
　　　　宋百家詩存卷八
　　　　南宋羣賢小集
　　　　兩宋名賢小集
　　　　汲古閣景鈔南宋六十家小集
　雅林小集一卷
　　　　宋人小集四十二種
菊潭詩集一卷
　　(宋)吳惟信撰
　　　　宋百家詩存卷二十
　　　　南宋羣賢小集
　　　　宋人小集四十二種
　　　　宋人小集十五種
　　　　兩宋名賢小集
　　　　汲古閣景鈔南宋六十家小集
菊潭詩集補遺一卷

　　(宋)吳惟信撰
　　　　南宋羣賢小集補遺
　　　　汲古閣景鈔南宋六十家小集附·知不
　　　　　足齋輯錄宋集補遺
芸隱橫舟稿一卷
　　(宋)施樞撰
　　　　四庫全書·集部別集類
　　　　南宋羣賢小集
　　　　兩宋名賢小集·芸隱倦遊稿附
　　　　橫山草堂叢書第一集·芸隱倦遊稿附
　　　　汲古閣景鈔南宋六十家小集·芸隱倦
　　　　　遊稿附
芸隱倦遊稿一卷
　　(宋)施樞撰
　　　　四庫全書·集部別集類·芸隱橫舟稿
　　　　　附
　　　　南宋羣賢小集·芸隱橫舟稿附
　　　　兩宋名賢小集
　　　　橫山草堂叢書第一集
　　　　汲古閣景鈔南宋六十家小集
芸隱詩集一卷
　　(宋)施樞撰
　　　　宋百家詩存卷十六
梅屋吟藁一卷
　　(宋)鄒登龍撰
　　　　宋百家詩存卷十一
　梅屋吟一卷
　　　　南宋羣賢小集
　　　　宋人小集四十二種
　　　　兩宋名賢小集
　　　　汲古閣景鈔南宋六十家小集
北窗詩藁一卷
　　(宋)余觀復撰
　　　　南宋羣賢小集
　　　　宋人小集四十二種
　　　　兩宋名賢小集
　　　　汲古閣景鈔南宋六十家小集
樂軒集八卷
　　(宋)陳藻撰
　　　　四庫全書·集部別集類
樂軒集一卷
　　(宋)陳藻撰
　　　　宋百家詩存卷十
　　　　兩宋名賢小集
端隱吟藁一卷
　　(宋)林尚仁撰
　　　　宋百家詩存卷十八
　　　　南宋羣賢小集
　　　　兩宋名賢小集

　　　　　汲古閣景鈔南宋六十家小集
華谷集一卷
　　(宋)嚴粲撰
　　　　宋百家詩存卷十七
　　　　宋人小集四十二種
　　　　樵川四家詩
　　　　兩宋名賢小集
秋江煙草一卷
　　(宋)張弋撰
　　　　宋百家詩存卷十四
　　　　南宋羣賢小集
　　　　兩宋名賢小集
　　　　汲古閣景鈔南宋六十家小集
秋江煙草補遺一卷
　　(宋)張弋撰
　　　　南宋羣賢小集補遺
　　　　汲古閣景鈔南宋六十家小集附‧知不
　　　　　足齋輯錄宋集補遺
斗野支藁一卷
　　(宋)張蘊撰
　　　　宋百家詩存卷十八
　斗野藁支卷一卷
　　　　南宋羣賢小集
　　　　兩宋名賢小集
　　　　汲古閣景鈔南宋六十家小集
　斗野藁一卷
　　　　宋人小集四十二種
雪林刪餘一卷
　　(宋)張至龍撰
　　　　宋百家詩存卷十五
　　　　南宋羣賢小集
　　　　兩宋名賢小集
　　　　汲古閣景鈔南宋六十家小集
骹藁一卷
　　(宋)利登撰
　　　　宋百家詩存卷十六
　　　　南宋羣賢小集
　　　　宋人小集四十二種
　　　　宋人集丙編
　　　　汲古閣景鈔南宋六十家小集
雪巖吟草甲卷忘機集一卷
　　(宋)宋伯仁撰
　　　　密韻樓景宋本七種
西塍集一卷
　　(宋)宋伯仁撰
　　　　四庫全書‧集部別集類
　雪巖吟草一卷
　　　　南宋羣賢小集

　　　　　汲古閣景鈔南宋六十家小集
　西塍稿一卷續稿一卷
　　　　兩宋名賢小集
　　　　宋人集甲編
海陵稿一卷
　　(宋)宋伯仁撰
　　　　兩宋名賢小集
　　　　宋人集甲編‧西塍稿附
雪巖吟草補遺一卷
　　(宋)宋伯仁撰
　　　　南宋羣賢小集補遺
　　　　汲古閣景鈔南宋六十家小集附‧知不
　　　　　足齋輯錄宋集補遺
雪巖集鈔一卷
　　(宋)宋伯仁撰
　　　　宋詩鈔補
竹所吟藁一卷
　　(宋)徐集孫撰
　　　　宋百家詩存卷十九
　　　　南宋羣賢小集
　　　　宋人小集四十二種
　　　　汲古閣景鈔南宋六十家小集
竹所吟稿二卷
　　(宋)徐集孫撰
　　　　兩宋名賢小集
潛齋文集十一卷
　　(宋)何夢桂撰
　　　　四庫全書‧集部別集類
潛齋詩鈔一卷
　　(宋)何夢桂撰
　　　　宋詩鈔初集(康熙本、景康熙本)
潛齋集補鈔一卷
　　(宋)何夢桂撰
　　　　宋詩鈔補
在軒集一卷
　　(宋)黃公紹撰
　　　　四庫全書‧集部別集類
　　　　四庫全書珍本初集‧集部別集類
芳洲集三卷附校勘記校勘續記
　　(宋)黎廷瑞撰　校勘記(民國)魏元曠撰
　　　續記(民國)胡思敬撰
　　　　豫章叢書(胡思敬輯)‧鄱陽五家集
梅巖文集十卷
　　(宋)胡次焱撰
　　　　四庫全書‧集部別集類
　　　　四庫全書珍本初集‧集部別集類
隆吉詩鈔一卷
　　(宋)梁棟撰

宋詩鈔初集(康熙本、景康熙本)

隆吉詩集一卷
　　宋代五十六家詩集

隆吉集補鈔一卷
　(宋)梁棟撰
　　宋詩鈔補

林霽山集五卷
　(宋)林景熙撰
　　四庫全書　集部別集類

白石樵唱鈔一卷
　(宋)林景熙撰
　　宋詩鈔初集(康熙本、景康熙本)

白石樵唱集一卷
　　宋代五十六家詩集

白石樵唱集補鈔一卷
　(宋)林景熙撰
　　宋詩鈔補

霽山先生集五卷首一卷拾遺一卷
　(宋)林景熙撰　(元)章祖程注
　　知不足齋叢書(乾隆至道光本、景乾隆
　　　至道光本)第二十五集
　　永嘉詩人祠堂叢刻
　　叢書集成初編・文學類

孫耕閒集一卷
　(宋)孫銳撰
　　玉雨堂叢書第一集

佩韋齋文集十六卷
　(宋)俞德鄰撰
　　四庫全書・集部別集類

佩韋齋文集二十卷
　(宋)俞德鄰撰
　　天祿琳琅叢書第一集

佩韋齋集一卷
　(宋)俞德鄰撰
　　宋百家詩存卷十九

飮冰詩集一卷
　(宋)宋慶之撰
　　兩宋名賢小集

北遊詩集一卷
　(宋)汪夢斗撰
　　環谷杏山二先生詩稿
　　宋人集乙編

北遊集一卷
　　四庫全書・集部別集類

杏山撫稿一卷
　(宋)汪夢斗撰
　　環谷杏山二先生詩稿

牟氏陵陽集二十四卷

　(宋)牟巘撰
　　四庫全書・集部別集類

陵陽集二十四卷
　　摛藻堂四庫全書薈要・集部

陵陽先生集二十四卷
　　吳興叢書

陵陽集一卷
　(宋)牟巘撰
　　元詩選初集甲集

廬山集五卷
　(宋)董嗣杲撰
　　四庫全書・集部別集類
　　四庫全書珍本初集・集部別集類

英溪集一卷
　(宋)董嗣杲撰
　　四庫全書・集部別集類・廬山集附
　　四庫全書珍本初集・集部別集類・廬
　　　山集附

則堂集六卷
　(宋)家鉉翁撰
　　四庫全書・集部別集類
　　四庫全書珍本初集・集部別集類

裨幄集一卷
　(宋)趙萬年撰
　　兩宋名賢小集

芝田小詩一卷
　(宋)張燁撰
　　武林往哲遺箸

雲泉詩集一卷
　(宋)釋永頤撰
　　南宋羣賢小集
　　宋人小集四十二種
　　汲古閣景鈔南宋六十家小集

雲泉詩稿一卷補遺一卷
　　武林往哲遺箸

古梅吟稿六卷
　(宋)吳龍翰撰
　　四庫全書・集部別集類

古梅吟稿五卷遺稿一卷
　　宋人集甲編

古梅吟稿五卷
　(宋)吳龍翰撰
　　兩宋名賢小集

古梅吟藁一卷
　(宋)吳龍翰撰
　　宋百家詩存卷二十

眞山民詩集四卷
　(宋)眞山民撰

宋元四十三家集

眞山民集一卷
　（宋）眞山民撰
　　　四庫全書・集部別集類
　　浦城遺書
　真山民詩集一卷
　　　國粹叢書第二集
　　　遯園叢書
山民詩鈔一卷
　（宋）眞山民撰
　　　宋詩鈔初集（康熙本、景康熙本）
　山民詩集一卷
　　　宋代五十六家詩集
勿軒集八卷
　（宋）熊禾撰
　　　四庫全書・集部別集類
熊勿軒先生文集六卷
　（宋）熊禾撰
　　　正誼堂全書
　　　叢書集成初編・文學類
勿軒集一卷
　（宋）熊禾撰
　　　元詩選初集甲集
湖山類稿五卷
　（宋）汪元量撰
　　　四庫全書・集部別集類
　　　武林往哲遺箸
水雲集一卷
　（宋）汪元量撰
　　　四庫全書・集部別集類・湖山類稿附
　水雲集一卷附錄三卷
　　　武林往哲遺箸
水雲詩鈔一卷
　（宋）汪元量撰
　　　宋詩鈔初集（康熙本、景康熙本）
　水雲詩集一卷
　　　宋代五十六家詩集
　水雲集補鈔一卷
　（宋）汪元量撰
　　　宋詩鈔補
晞髮集十卷晞髮遺集二卷補一卷
　（宋）謝翱撰
　　　四庫全書・集部別集類
　　　國粹叢書第二集
晞髮集鈔一卷
　（宋）謝翱撰
　　　宋詩鈔初集（康熙本、景康熙本）
　　　宋代五十六家詩集

晞髮近稿鈔一卷
　（宋）謝翱撰
　　　宋詩鈔初集（康熙本、景康熙本）・晞
　　　髮集鈔附
晞髮集補鈔一卷
　（宋）謝翱撰
　　　宋詩鈔補
謝參軍詩鈔二卷
　（宋）謝翱撰　（清）祝昌泰輯
　　　浦城遺書
登西臺慟哭記一卷
　（宋）謝翱撰
　　　說郛（宛委山堂本）弓一百十四
　　　五朝小說・宋人百家小說瑣記家
　　　五朝小說大觀・宋人百家小說瑣記家
　登西臺慟哭記
　　　舊小說（民國本、1957年本）丁集
西臺慟哭記註一卷附錄一卷
　（明）張丁撰
　　　四庫全書・集部別集類・晞髮集附
　　　國粹叢書第二集・晞髮集附
西臺慟哭記註一卷
　（清）黃宗羲撰
　　　昭代叢書（道光本）庚集埤編
　　　國粹叢書第二集・謝臯羽先生年譜附
　　　梨洲遺著彙刊
冬青樹引註一卷附錄一卷
　（明）張丁撰
　　　四庫全書・集部別集類・晞髮集附
　　　國粹叢書第二集・晞髮集附
冬青引注一卷
　（清）黃宗羲撰
　　　梨洲遺著彙刊
松巢漫稿三卷附校勘記校勘續記
　（宋）徐瑞撰　校勘記（民國）魏元曠撰　續
　　　記（民國）胡思敬撰
　　　豫章叢書（胡思敬輯）・鄱陽五家集
字溪集十一卷附錄一卷
　（宋）陽枋撰
　　　四庫全書・集部別集類
　　　四庫全書珍本初集・集部別集類
勿齋先生文集二卷
　（宋）楊至質撰
　　　道藏（正統本、景正統本）・太平部
　勿齋集二卷
　　　四庫全書・集部別集類
　　　宋人集丙編
巽齋文集二十七卷

（宋）歐陽守道撰
四庫全書·集部別集類

巽齋先生四六一卷
（宋）歐陽守道撰
四家四六

九華詩集一卷
（宋）陳巖撰
四庫全書·集部別集類
宋人集丙編

古逸民先生集二卷附錄一卷
（宋）汪炎昶撰
宛委別藏
選印宛委別藏

滄洲集一卷
（宋）羅公升撰
宋百家詩存卷二十

慎獨叟遺稿一卷
（宋）陳植撰
四庫全書·集部別集類·寧極齋稿附
宋人集乙編·寧極齋稿附

月洞吟一卷
（宋）王鎡撰
宋百家詩存卷二十
四庫全書·集部別集類
兩宋名賢小集
宋人集乙編

苔石效顰集一卷附一卷
（元）繆鑑撰
雲自在龕叢書第三集

紫巖詩選三卷
（宋）于石撰
四庫全書·集部別集類
紫巖于先生詩選三卷
續金華叢書·集部

紫巖集一卷
（宋）于石撰
元詩選二集丙集

古遺小集一卷
（宋）韓性同撰
宋人小集十五種
兩宋名賢小集

富山遺稿十卷
（宋）方夔撰
四庫全書·集部別集類
四庫全書珍本初集·集部別集類

富山嬾蒬一卷
（宋）方夔撰

元詩選初集甲集

伯牙琴一卷
（宋）鄧牧撰
四庫全書·集部別集類
國粹叢書第二集

伯牙琴一卷補遺一卷
知不足齋叢書（乾隆至道光本、景乾隆
至道光本）第十一集
武林往哲遺箸
叢書集成初編·文學類

一瓢稿賸稿一卷
（宋）翁森撰
仙居叢書第一集

慵菴小集一卷
（宋）邵桂子撰
兩宋名賢小集

待清軒遺稿一卷
（宋）潘音撰
元詩選初集庚集
兩宋名賢小集
宋人集甲編
赤城遺書彙刊

百正集三卷
（宋）連文鳳撰
四庫全書·集部別集類
知不足齋叢書（乾隆至道光本、景乾隆
至道光本）第十三集
叢書集成初編·文學類

心泉學詩稿六卷
（宋）蒲壽宬撰
四庫全書·集部別集類
四庫全書珍本初集·集部別集類

望湖亭題壁詩自序
（宋）錢□撰
綠窗女史·著撰部序傳

瑞州小集一卷
（宋）陳□撰
宋人小集十五種
兩宋名賢小集

拙齋別集一卷
（宋）王□撰
兩宋名賢小集

悟眞集二卷
（宋）李□撰
道藏（正統本、景正統本）·太平部

張愈誄
（宋）□□撰
綠窗女史·著撰部誄祭

金

重陽全眞集十三卷
　　（金）王嘉撰
　　　　道藏（正統本、景正統本）・太平部
　重陽全眞集三卷
　　　　重刊道藏輯要胃集
重陽敎化集三卷
　　（金）王嘉撰
　　　　道藏（正統本、景正統本）・太平部
　重陽敎化集一卷
　　　　重刊道藏輯要胃集
重陽分梨十化集二卷
　　（金）王嘉撰
　　　　道藏（正統本、景正統本）・太平部
　分梨十化集一卷
　　　　重刊道藏輯要胃集
拙軒集六卷
　　（金）王寂撰
　　　　四庫全書・集部別集類
　　　　武英殿聚珍版書（武英殿木活字本、浙
　　　　　江本、江西書局本、福建本、廣雅書
　　　　　局本）・集部
　　　　清芬堂叢書・集部
　　　　勵志齋叢書
　　　　叢書集成初編・文學類
　拙軒集六卷補遺一卷
　　　　石蓮盦彙刻九金人集
漸悟集二卷
　　（金）馬鈺撰
　　　　道藏（正統本、景正統本）・太平部
　漸悟集一卷
　　　　重刊道藏輯要胃集
洞玄金玉集十卷
　　（金）馬鈺撰
　　　　道藏（正統本、景正統本）・太平部
　洞玄金玉集二卷
　　　　重刊道藏輯要胃集
丹陽神光燦一卷
　　〔金〕馬鈺撰
　　　　道藏（正統本、景正統本）・太平部
　　　　重刊道藏輯要胃集
離峯老人集二卷
　　（金）于道顯撰
　　　　道藏（正統本、景正統本）・正乙部
水雲集三卷
　　（金）譚處端撰
　　　　道藏（正統本、景正統本）・太平部

　　　　道藏舉要第十類
水雲集一卷
　　　　重刊道藏輯要胃集
水雲集一卷
　　（金）譚處端撰
　　　　元詩選二集壬集
太古集四卷
　　（金）郝大通撰
　　　　道藏（正統本、景正統本）・太平部
　　　　道藏舉要第十類
太古集一卷
　　　　重刊道藏輯要胃集
雲光集四卷
　　（金）王處一撰
　　　　道藏（正統本、景正統本）・太平部
雲光集一卷
　　　　重刊道藏輯要胃集
磻溪集六卷
　　（金）丘處機撰
　　　　道藏（正統本、景正統本）・太平部
　　　　道藏舉要第十類
磻溪集一卷
　　　　重刊道藏輯要胃集
磻溪集一卷
　　（金）丘處機撰
　　　　元詩選二集壬集
草堂集一卷
　　（金白雲子撰）
　　　　道藏（正統本、景正統本）・太平部
　　（金）王丹桂撰
　　　　重刊道藏輯要昴集
黃華集七卷附錄一卷
　　（金）王庭筠撰
　　　　遼海叢書第六集
滏水集二十卷
　　（金）趙秉文撰
　　　　四庫全書・集部別集類
　　　　摛藻堂四庫全書薈要・集部
閑閑老人滏水文集二十卷補遺一卷附
　錄一卷
　　　　畿輔叢書
　　　　叢書集成初編・文學類
閑閑老人滏水文集二十卷附錄一卷
　　　　四部叢刊（初次印本、二次印本、縮印
　　　　　二次印本）・集部
閑閑老人滏水文集二十卷附校札記二卷
　附錄一卷
　　（金）趙秉文撰　札記附錄（清）吳重憙撰

石蓮盦彙刻九金人集

閑閑老人詩集十卷
　　（金）趙秉文撰
　　　　陶廬叢刻

滏水集補遺一卷
　　（金）趙秉文撰　（民國）孫德謙輯
　　　　金源七家文集補遺

葆光集三卷
　　（金）尹志平撰
　　　　道藏（正統本、景正統本）・太平部

葆光集一卷
　　　　重刊道藏輯要胃集

啓眞集三卷
　　（金）劉志淵撰
　　　　道藏（正統本、景正統本）・洞眞部方
　　　　法類

滹南遺老集四十五卷
　　（金）王若虛撰
　　　　四庫全書・集部別集類
　　　　摛藻堂四庫全書薈要・集部

滹南遺老集四十五卷詩集一卷續編詩
集一卷
　　　　畿輔叢書
　　　　叢書集成初編・文學類

滹南遺老王先生文集四十五卷續一卷
　　　　石蓮盦彙刻九金人集

滹南遺老集四十五卷續一卷
　　　　四部叢刊（初次印本、二次印本、縮印
　　　　二次印本）・集部

滹南遺老集補遺一卷
　　（金）王若虛撰　（民國）孫德謙輯
　　　　金源七家文集補遺

楊晦叟遺集一卷
　　（金）楊庭秀撰
　　　　關隴叢書

蘭泉老人遺集一卷
　　（金）張建撰
　　　　關隴叢書

遺山集四十卷附錄一卷
　　（金）元好問撰
　　　　四庫全書・集部別集類
　　　　摛藻堂四庫全書薈要・集部

遺山先生文集四十卷附錄一卷
　　　　四部叢刊（初次印本、二次印本、縮印
　　　　二次印本）・集部

元遺山先生集四十卷附錄一卷補載一
卷
　　　　元遺山先生全集

石蓮盦彙刻九金人集

遺山先生詩集二十卷
　　（金）元好問撰
　　　　元人十種詩（汲古閣本、景汲古閣本）

遺山集補遺一卷
　　（金）元好問撰　（民國）孫德謙輯
　　　　金源七家文集補遺

遺山集一卷
　　（金）元好問撰
　　　　元詩選初集甲集

元遺山先生文選七卷
　　（金）元好問撰　（清）李祖陶選
　　　　金元明八大家文選

元遺山詩集箋注十四卷附錄一卷補載一
卷
　　（金）元好問撰　（清）施國祁箋注
　　　　四部備要（排印本、縮印本）・集部金
　　　　元別集

元遺山先生集考證三卷
　　（清）□□撰
　　　　元遺山先生全集

莊靖集十卷
　　（金）李俊民撰
　　　　四庫全書・集部別集類

莊靖先生遺集十卷
　　　　石蓮盦彙刻九金人集
　　　　山右叢書初編

莊靖集補遺一卷
　　（金）李俊民撰　（民國）孫德謙輯
　　　　金源七家文集補遺

莊靖先生集一卷
　　（金）李俊民撰
　　　　元詩選初集甲集

玄虛子鳴眞集一卷
　　（金）玄虛子撰
　　　　道藏（正統本、景正統本）・太平部

鳴眞集一卷
　　　　重刊道藏輯要昴集

元

湛然居士集十四卷
　　（元）耶律楚材撰
　　　　四庫全書・集部別集類
　　　　摛藻堂四庫全書薈要・集部

湛然居士文集十四卷
　　　　漸西村舍彙刊
　　　　四部叢刊（初次印本、二次印本、縮印
　　　　二次印本）・集部

叢書集成初編・文學類

湛然居士集一卷
　　（元）耶律楚材撰
　　　　元詩選初集乙集

小亨集六卷
　　（元）楊弘道撰
　　　　四庫全書・集部別集類
　　　　四庫全書珍本初集・集部別集類

習嬾齋槀一卷
　　（元）錢選撰
　　　　元詩選二集甲集

立雪槀一卷
　　（元）劉清叟撰
　　　　元詩選二集甲集

貽溪集一卷
　　（元）麻革撰
　　　　元詩選三集甲集

石泉集一卷
　　（元）張宇撰
　　　　元詩選三集甲集

子颺集一卷
　　（元）陳賡撰
　　　　元詩選三集甲集

白雲子集一卷
　　（元）房皥撰
　　　　元詩選三集甲集

兌齋集一卷
　　（元）曹之謙撰
　　　　元詩選三集甲集

善夫先生集一卷
　　（元）杜仁傑撰
　　　　元詩選三集甲集

陶然集一卷
　　（元）楊雲鵬撰
　　　　元詩選三集甲集

東溪集一卷
　　（元）甘泳撰
　　　　元詩選三集甲集

聊復軒斐集一卷
　　（元）毛直方撰
　　　　元詩選三集甲集

自家意思集一卷
　　（元）劉邊撰
　　　　元詩選三集甲集

西菴集一卷
　　（元）楊果撰
　　　　元詩選二集乙集

鹿菴集一卷

　　（元）王磐撰
　　　　元詩選二集乙集

神仙遯士集一卷
　　（元）劉祁撰
　　　　元詩選二集甲集

縑山集一卷
　　（元）杜瑛撰
　　　　元詩選三集甲集

威卿集一卷
　　（元）徐世隆撰
　　　　元詩選二集乙集

淮陽集一卷
　　（元）張弘範撰
　　　　元詩選二集乙集
　　　　四庫全書・集部別集類

北村集一卷
　　（元）湯炳龍撰
　　　　元詩選三集甲集

雲山集八卷
　　（元）姬志真撰
　　　　道藏（正統本、景正統本）・太平部

雲山集二卷
　　　　重刊道藏輯要昴集

許文正公遺書五卷附錄一卷
　　（元）許衡撰
　　　　中州名賢文表內集（康熙本、光緒本）

魯齋遺書八卷附錄二卷
　　（元）許衡撰
　　　　四庫全書・集部別集類

許魯齋先生集六卷
　　（元）許衡撰
　　　　正誼堂全書
　　　　叢書集成初編・文學類

許文正公詩一卷
　　（元）許衡撰
　　　　許文正公遺書
　　　　西京清麓叢書正編・許文正公遺書
　　　　洪氏唐石經館叢書・許文正公遺書

許文正公書狀一卷
　　（元）許衡撰
　　　　許文正公遺書
　　　　西京清麓叢書正編・許文正公遺書
　　　　洪氏唐石經館叢書・許文正公遺書

許文正公雜著一卷
　　（元）許衡撰
　　　　許文正公遺書
　　　　西京清麓叢書正編・許文正公遺書
　　　　洪氏唐石經館叢書・許文正公遺書

魯齋集一卷
　　（元）許衡撰
　　　　元詩選初集乙集
魯齋遺書約鈔二卷
　　（元）許衡撰　　（民國）周學熙輯
　　　　周氏師古堂所編書
西雲集三卷
　　（元）洞明子撰
　　　　道藏（正統本、景正統本）・太平部
　西雲集一卷
　　　　重刊道藏輯要昂集
稼村類藁三十卷
　　（元）王義山撰
　　　　四庫全書・集部別集類
　　　　四庫全書珍本初集・集部別集類
稼邨類藁一卷
　　（元）王義山撰
　　　　元詩選二集甲集
藏春集六卷
　　（元）劉秉忠撰
　　　　四庫全書・集部別集類
藏春集一卷
　　（元）劉秉忠撰
　　　　元詩選初集乙集
還山遺稿二卷附錄二卷
　　（元）楊奐撰
　　　　四庫全書・集部別集類
　還山遺稿二卷補遺一卷附錄一卷
　　　　適園叢書第九集
還山遺藁一卷
　　（元）楊奐撰
　　　　元詩選二集乙集
雪齋集一卷
　　（元）姚樞撰
　　　　元詩選二集乙集
陵川集三十九卷附錄一卷
　　（元）郝經撰
　　　　四庫全書・集部別集類
　　　　摛藻堂四庫全書薈要・集部
郝文忠公集二十五卷
　　（元）郝經撰
　　　　乾坤正氣集
陵川集一卷
　　（元）郝經撰
　　　　元詩選初集乙集
榮祭酒遺文一卷
　　（元）榮肇撰
　　　　涉聞梓舊（咸豐本、商務印書館景咸豐

本、竹簡齋景咸豐本）
　　乙亥叢編
　　　　叢書集成初編・文學類
王文定公秋澗集六卷
　　（元）王惲撰
　　　　中州名賢文表內集（康熙本、光緒本）
秋澗集一百卷
　　（元）王惲撰
　　　　四庫全書・集部別集類
　　　　摛藻堂四庫全書薈要・集部
　秋澗先生大全集一百卷附錄一卷
　　　　四部叢刊（初次印本、二次印本、縮印
　　　　　二次印本）・集部
秋澗集一卷
　　（元）王惲撰
　　　　元詩選初集乙集
桐江集八卷
　　（元）方回撰
　　　　宛委別藏
　　　　選印宛委別藏
桐江續集三十七卷
　　（元）方回撰
　　　　四庫全書・集部別集類
　　　　四庫全書珍本初集・集部別集類
桐江集一卷
　　（元）方回撰
　　　　元詩選初集甲集
野趣有聲畫二卷
　　（元）楊公遠撰
　　　　四庫全書・集部別集類
野趣有聲畫一卷
　　（元）楊公遠撰
　　　　宋百家詩存卷十九
兩山藁一卷
　　（元）李思衍撰
　　　　元詩選二集乙集
野齋集一卷
　　（元）郭昂撰
　　　　元詩選二集乙集
勤齋集八卷
　　（元）蕭㪺撰
　　　　四庫全書・集部別集類
秋岡先生集一卷
　　（元）陳思濟撰
　　　　元詩選二集丙集
石塘藁一卷
　　（元）胡長孺撰
　　　　元詩選二集甲集

姚文公牧菴集八卷
　　（元）姚燧撰
　　　　中州名賢文表內集（康熙本、光緒本）
牧菴文集三十六卷
　　（元）姚燧撰
　　　　四庫全書・集部別集類
　　牧庵集三十六卷
　　　　武英殿聚珍版書（武英殿木活字本、福
　　　　建本、廣雅書局本）・集部
　　　　四部叢刊（初次印本、二次印本、縮印
　　　　二次印本）・集部
　　　　叢書集成初編・文學類
牧菴集一卷
　　（元）姚燧撰
　　　　元詩選二集乙集
姚牧菴先生文選五卷
　　（元）姚燧撰　　（清）李祖陶選
　　　　金元明八大家文選
祥卿集一卷
　　（元）郭麟孫撰
　　　　元詩選三集甲集
敬仲集一卷
　　（元）王圭撰
　　　　元詩選三集甲集
疎齋集一卷
　　（元）盧摯撰
　　　　元詩選三集乙集
張大家蘭雪集二卷附錄一卷
　　（元）張玉孃撰
　　　　宋人集丙編
　　　　託跋塵叢刻
蘭雪集一卷
　　（元）張玉孃撰
　　　　元詩選三集壬集
芳谷集二卷
　　（元）徐明善撰
　　　　四庫全書・集部別集類
芳谷集三卷附校勘記一卷
　　（元）徐明善撰　　校勘記（民國）胡思敬撰
　　　　豫章叢書（胡思敬輯）・四元人集
陳笏齋詩集六卷
　　（元）陳孚撰
　　　　宋元四十三家集
觀光稾一卷
　　（元）陳孚撰
　　　　元詩選二集丙集
　　　　四庫全書・集部別集類
交州稾一卷

　　（元）陳孚撰
　　　　元詩選二集丙集・觀光稾附
　　　　四庫全書・集部別集類・觀光稾附
玉堂稾一卷附錄一卷
　　（元）陳孚撰
　　　　元詩選二集丙集・觀光稾附
　　　　四庫全書・集部別集類・觀光稾附
陳剛中詩集三卷附錄一卷
　　（元）陳孚撰
　　　　託跋塵叢刻
水雲村稾十五卷
　　（元）劉壎撰
　　　　四庫全書・集部別集類
水雲邨稾一卷
　　（元）劉壎撰
　　　　元詩選二集甲集
東菴集四卷
　　（元）滕安上撰
　　　　四庫全書・集部別集類
　　　　四庫全書珍本初集・集部別集類
在軒集一卷
　　（宋）黃公紹撰
　　　　元詩選二集甲集
玉井樵唱三卷
　　（元）尹廷高撰
　　　　四庫全書・集部別集類
　　　　四庫全書珍本初集・集部別集類
玉井樵唱一卷
　　（元）尹廷高撰
　　　　元詩選初集甲集
輝山存稾一卷
　　（元）蕭國寶撰
　　　　元詩選初集甲集
養蒙集十卷
　　（元）張伯淳撰
　　　　四庫全書・集部別集類
養蒙先生集一卷
　　（元）張伯淳撰
　　　　元詩選二集丙集
剩語二卷
　　（元）艾性夫撰
　　　　四庫全書・集部別集類
　　　　四庫全書珍本初集・集部別集類
青山集八卷
　　（元）趙文撰
　　　　四庫全書・集部別集類
　　　　四庫全書珍本初集・集部別集類
青山稾一卷

（元）趙文撰
　　　元詩選二集甲集
月屋漫稾一卷
（元）黃庚撰
　　　元詩選初集甲集
　　　四庫全書·集部別集類
剡源集三十卷
（元）戴表元撰
　　　四庫全書·集部別集類
　剡源戴先生文集三十卷
　　　四部叢刊（初次印本、二次印本、縮印
　　　二次印本）·集部
剡源集三十卷附札記一卷
（元）戴表元撰　札記（清）郁松年撰
　　　宜稼堂叢書
　　　叢書集成初編·文學類
剡源集逸文一卷
（元）戴表元撰　（民國）繆荃孫輯
　　　藝風堂讀書志·剡源集校附
剡源集一卷
（元）戴表元撰
　　　元詩選初集甲集
剡源文鈔四卷
（元）戴表元撰　（清）黃宗羲輯
　　　四明叢書第一集
剡源集校一卷
（民國）繆荃孫撰
　　　藝風堂讀書志
屏巖小稿一卷
（元）張觀光撰
　　　四庫全書·集部別集類
　　　續金華叢書·集部
湛淵集一卷
（元）白珽撰
　　　元詩選二集甲集
　　　四庫全書·集部別集類
湛淵遺稾三卷補一卷
（元）白珽撰
　　　知不足齋叢書（乾隆至道光本、景乾隆
　　　至道光本）第二十三集
　　　叢書集成初編·文學類
　湛淵遺稿三卷補遺一卷附錄一卷
　　　武林往哲遺箸
容城文靖劉先生文集四卷
（元）劉因撰
　　　容城三賢文集（康熙本、道光本）
靜修集三十卷
（元）劉因撰

　　　四庫全書·集部別集類
靜修集二十五卷續集三卷
（元）劉因撰
　　　摛藻堂四庫全書薈要·集部
靜修先生文集十二卷
（元）劉因撰
　　　畿輔叢書
　　　叢書集成初編·文學類
靜修先生文集二十二卷
（元）劉因撰
　　　四部叢刊（初次印本、二次印本、縮印
　　　二次印本）·集部
丁亥集一卷
（元）劉因撰
　　　元詩選初集甲集
靜修遺詩一卷續集一卷拾遺一卷
（元）劉因撰
　　　元詩選初集甲集·丁亥集附
青崖集五卷
（元）魏初撰
　　　四庫全書·集部別集類
　　　四庫全書珍本初集·集部別集類
子中集一卷
（元）伯顏子中撰
　　　元詩選二集庚集
養吾齋集三十二卷
（元）劉將孫撰
　　　四庫全書·集部別集類
　　　四庫全書珍本初集·集部別集類
白雲先生許文懿公傳集四卷
（元）許謙撰
　　　崇祖堂叢書附
　白雲集四卷
　　　四庫全書·集部別集類
　許白雲先生文集四卷
　　　四部叢刊續編·集部
　白雲集四卷首一卷
　　　金華叢書（同治光緒本、民國補刊本）
　　　·集部
　　　叢書集成初編·文學類
白雲先生集一卷
（元）許謙撰
　　　元詩選初集己集
金囮吟一卷
（元）元淮撰
　　　元詩選初集乙集
　金囮集一卷
　　　涵芬樓祕笈第十集

西巖集二十卷
　　(元)張之翰撰
　　　　四庫全書・集部別集類
　　　　四庫全書珍本初集・集部別集類
申齋集十五卷
　　(元)劉岳申撰
　　　　四庫全書・集部別集類
霞外詩集十卷
　　(元)馬臻撰
　　　　元人十種詩(汲古閣本、景汲古閣本)
　　　　四庫全書・集部別集類
霞外集一卷
　　(元)馬臻撰
　　　　元詩選初集壬集
竹素山房詩集三卷
　　(元)吾丘衍撰
　　　　四庫全書・集部別集類
竹素山房集三卷補遺一卷附錄一卷
　　　　武林往哲遺箸
竹素山房詩一卷
　　(元)吾丘衍撰
　　　　元詩選二集甲集
紫山大全集二十六卷
　　(元)胡祇遹撰
　　　　四庫全書・集部別集類
　　　　三怡堂叢書
雪樓集三十卷
　　(元)程鉅夫撰
　　　　四庫全書・集部別集類
　　　　湖北先正遺書・集部
雪樓集一卷
　　(元)程鉅夫撰
　　　　元詩選初集乙集
吳草廬詩集六卷
　　(元)吳澄撰
　　　　宋元四十三家集
吳文正集一百卷
　　(元)吳澄撰
　　　　四庫全書・集部別集類
草廬集一卷
　　(元)吳澄撰
　　　　元詩選初集乙集
吳草廬先生文選六卷
　　(元)吳澄撰　　(清)李祖陶選
　　　　金元明八大家文選
雲峯集十卷
　　(元)胡炳文撰
　　　　四庫全書・集部別集類

雲峯集一卷
　　(元)胡炳文撰
　　　　元詩選初集丙集
白雲集三卷
　　(元)釋英撰
　　　　四庫全書・集部別集類
白雲集三卷附錄一卷
　　　　武林往哲遺箸
白雲集一卷
　　(元)釋英撰
　　　　元詩選初集壬集
松雪齋集七卷
　　(元)趙孟頫撰
　　　　宋元四十三家集
松雪齋集十卷外集一卷
　　(元)趙孟頫撰
　　　　四庫全書・集部別集類
　　　　摛藻堂四庫全書薈要・集部
松雪齋文集十卷詩文外集一卷
　　　　四部叢刊(初次印本、二次印本、縮印
　　　　　二次印本)・集部
松雪齋集一卷
　　(元)趙孟頫撰
　　　　元詩選初集丙集
榘菴集十五卷
　　(元)同恕撰
　　　　四庫全書・集部別集類
　　　　四庫全書珍本初集・集部別集類
寒拾里人槀一卷
　　(元)釋行端撰
　　　　元詩選二集壬集
盧舍雪詩集三卷
　　(元)盧亘撰
　　　　宋元四十三家集
彥威集一卷
　　(元)盧亘撰
　　　　元詩選二集丙集
鳩巢漫槀一卷
　　(元)李京撰
　　　　元詩選二集丙集
子方集一卷
　　(元)文矩撰
　　　　元詩選二集丙集
雪菴集一卷
　　(元)李溥光撰
　　　　元詩選三集丙集
如是翁集一卷
　　(元)周馳撰

元詩選三集丙集

侍郎集一卷
　（元）聶古柏撰
　　元詩選三集丙集

定宇集十六卷別集一卷
　（元）陳櫟撰
　　四庫全書‧集部別集類

定宇集一卷
　（元）陳櫟撰
　　元詩選初集丙集

艮齋詩集十四卷
　（元）侯克中撰
　　四庫全書‧集部別集類
　　四庫全書珍本初集‧集部別集類

松鄉文集十卷
　（元）任士林撰
　　四庫全書‧集部別集類

松鄉集一卷
　（元）任士林撰
　　元詩選二集丙集

秋谷集一卷
　（元）李孟撰
　　元詩選二集乙集

秋巖詩集二卷
　（元）陳宜甫撰
　　四庫全書‧集部別集類
　　四庫全書珍本初集‧集部別集類

效顰集一卷
　（元）繆鑑撰
　　元詩選三集丙集

蘭軒集十六卷
　（元）王旭撰
　　四庫全書‧集部別集類
　　四庫全書珍本初集‧集部別集類

曹文貞詩集十卷後錄一卷
　（元）曹伯啓撰
　　四庫全書‧集部別集類

漢泉漫稿五卷
　（元）曹伯啓撰
　　涵芬樓祕笈第十集

漢泉漫藁一卷
　（元）曹伯啓撰
　　元詩選初集丙集

竹溪稿二卷
　（元）呂浦撰
　　續金華叢書‧集部

華峯漫藁一卷
　（元）張起巖撰

元詩選三集丙集

拙菴集一卷
　（元）王士元撰
　　元詩選三集丙集

仁父集一卷
　（元）王懋德撰
　　元詩選三集丙集

超然集一卷
　（元）曹元用撰
　　元詩選三集丙集

聲之集一卷
　（元）劉濩撰
　　元詩選三集丙集

困學齋詩集二卷
　（元）鮮于樞撰
　　宋元四十三家集

困學齋集一卷
　（元）鮮于樞撰
　　元詩選二集丙集

知非堂稿六卷
　（元）何中撰
　　四庫全書‧集部別集類

知非堂藁一卷
　（元）何中撰
　　元詩選二集丙集

牆東類藁二十卷
　（元）陸文圭撰
　　四庫全書‧集部別集類

牆東類藁二十卷補遺一卷附校勘記一卷
　（元）陸文圭撰　校勘記（民國）金武祥撰
　　常州先哲遺書第一集‧集類

牧潛集七卷
　（元）釋圓至撰
　　四庫全書‧集部別集類
　　武林往哲遺箸後編

筠溪牧潛集一卷
　（元）釋圓至撰
　　元詩選初集壬集

玉霄集一卷
　（元）滕斌撰
　　元詩選三集丙集

馮海粟梅花百詠詩一卷
　（元）馮子振撰
　　梅花百詠詩

海粟集一卷
　（元）馮子振撰
　　元詩選三集丙集

巴西文集一卷

（元）鄧文原撰
　　四庫全書・集部別集類

素履齋槀一卷
　　（元）鄧文原撰
　　　元詩選二集丙集

房山集一卷
　　（元）高克恭撰
　　　元詩選二集丙集

翠寒集一卷
　　（元）宋无撰
　　　元人十種詩（汲古閣本、景汲古閣本）
　　　元詩選初集戊集
　　　四庫全書・集部別集類
　　　兩宋名賢小集

啽囈集一卷
　　（元）宋无撰
　　　元人十種詩（汲古閣本、景汲古閣本）
　　　元詩選初集戊集・翠寒集附

閒居叢稿二十六卷
　　（元）蒲道源撰
　　　四庫全書・集部別集類

閒居叢槀一卷
　　（元）蒲道源撰
　　　元詩選初集丙集

金淵集六卷
　　（元）仇遠撰
　　　四庫全書・集部別集類
　　　武英殿聚珍版書（武英殿木活字本、浙
　　　江本、江西書局本、福建本、廣雅書
　　　局本）・集部
　　　叢書集成初編・文學類

山村遺集一卷
　　（元）仇遠撰
　　　四庫全書・集部別集類

　山村遺集一卷附錄一卷
　　　武林往哲遺箸

山村遺槀一卷
　　（元）仇遠撰
　　　元詩選二集甲集

玉斗山人集三卷
　　（元）王奕撰
　　　四庫全書・集部別集類

　玉斗山人文集三卷
　　　枕碧樓叢書

谷響集三卷
　　（元）釋善住撰
　　　四庫全書・集部別集類

谷響集一卷

（元）釋善住撰
　　　元詩選初集壬集

允從集一卷
　　（元）甘立撰
　　　元詩選二集己集

雲嶠集一卷
　　（元）陳柏撰
　　　元詩選二集己集

農務集一卷
　　（元）王禎撰
　　　元詩選二集己集

梅花字字香前集一卷後集一卷
　　（元）郭豫亨撰
　　　四庫全書・集部別集類

梅花字字香前集一卷 後集一卷 附校譌一
卷
　　（元）郭豫亨撰　校譌（清）胡珽撰
　　　琳琅祕室叢書（咸豐本）第四集

梅花字字香前集一卷 後集一卷 附校譌一
卷續校一卷
　　（元）郭豫亨撰　校譌（清）胡珽撰　續校
　　（清）董金鑑撰
　　　琳琅祕室叢書（光緒本）第四集
　　　叢書集成初編・文學類

梅花字字香一卷
　　（元）郭豫亨撰
　　　元詩選二集己集

中菴集二十卷
　　（元）劉敏中撰
　　　四庫全書・集部別集類

文忠集六卷
　　（元）王結撰
　　　四庫全書・集部別集類
　　　四庫全書珍本初集・集部別集類

靜春堂集四卷
　　（元）袁易撰
　　　四庫全書・集部別集類

　靜春堂詩集四卷附錄三卷
　　　知不足齋叢書（乾隆至道光本、景乾隆
　　　至道光本）第二十八集
　　　叢書集成初編・文學類

靜春堂集一卷
　　（元）袁易撰
　　　元詩選初集甲集

中峯禪師梅花百詠一卷
　　（元）釋明本撰
　　　夷門廣牘・閒適
　　　叢書集成初編・文學類

景印元明善本叢書十種・夷門廣牘・
閒適
中峯和馮海粟梅花詩一卷
梅花百詠詩
梅花百咏一卷
（元）釋明本撰
元詩選二集壬集・中峯廣錄附
集梅花詩
中峯廣錄一卷
（元）釋明本撰
元詩選二集壬集
方叔淵遺藁一卷
（元）方瀾撰
晨風閣叢書
叔淵遺藁一卷
（元）方瀾撰
元詩選初集己集
存悔齋稿一卷補遺一卷
（元）龔璛撰　補遺（明）朱存理輯
四庫全書・集部別集類
存悔齋詩一卷 補遺一卷 續補遺一卷附錄
一卷
（元）龔璛撰　補遺（明）朱存理輯　續補遺
（民國）陳慶年輯
橫山草堂叢書第一集
存悔齋藁一卷
（元）龔璛撰
元詩選二集甲集
雙溪醉隱集八卷
（元）耶律鑄撰
四庫全書・集部別集類
雙溪醉隱集六卷
（元）耶律鑄撰　（清）李文田箋
知服齋叢書第三集
遼海叢書第六集
五雲漫藁一卷
（元）韓性撰
元詩選二集己集
清容居士集五十卷
（元）袁桷撰
四庫全書・集部別集類
四部叢刊（初次印本、二次印本、縮印
二次印本）・集部
清容居士集五十卷附札記一卷
（元）袁桷撰　札記（清）郁松年撰
宜稼堂叢書
叢書集成初編・文學類
四部備要（排印本、縮印本）・集部金

元別集
清容居士集一卷
（元）袁桷撰
元詩選初集丙集
此山集四卷
（元）周權撰
四庫全書・集部別集類
此山先生詩集十卷
（元）周權撰
元四家集
擇是居叢書初集
此山集一卷
（元）周權撰
元詩選初集己集
杏庭摘藁一卷
（元）洪焱祖撰
四庫全書・集部別集類
洪氏晦木齋叢書
默菴集五卷
（元）安熙撰
四庫全書・集部別集類
安默庵先生文集五卷
畿輔叢書
叢書集成初編・文學類
默菴集一卷
（元）安熙撰
元詩選初集丙集
清河集七卷附錄一卷
（元）元明善撰
藕香零拾
清河集一卷
（元）元明善撰
元詩選二集丙集
薛象峯詩集二卷
（元）薛漢撰
宋元四十三家集
宗海集一卷
（元）薛漢撰
元詩選二集己集
江檻集一卷
（元）潘伯修撰
元詩選二集己集
陸湖峯詩集一卷
（元）陸景龍撰
宋元四十三家集
學詩初藁一卷
（元）查居廣撰
元詩選二集壬集

雲林集六卷附錄一卷
　　（元）貢奎撰
　　　　四庫全書・集部別集類
雲林集一卷
　　（元）貢奎撰
　　　　元詩選初集丙集
大癡道人集一卷
　　（元）黃公望撰
　　　　元詩選二集戊集
鐵牛翁遺稿一卷
　　（元）何景福撰
　　　　元詩選三集庚集
　　　　四庫全書・集部別集類・潛齋文集附
　　　　宋人集甲編
歸田類稾二十四卷
　　（元）張養浩撰
　　　　四庫全書・集部別集類
雲莊類稾一卷
　　（元）張養浩撰
　　　　元詩選初集丙集
本齋集一卷
　　（元）王都中撰
　　　　元詩選三集己集
柳初陽詩集三卷
　　（元）柳貫撰
　　　　宋元四十三家集
待制集二十卷附錄一卷
　　（元）柳貫撰
　　　　四庫全書・集部別集類
　　　　摘藻堂四庫全書薈要・集部
　　柳待制文集二十卷附錄一卷
　　　　四部叢刊（初次印本、二次印本、縮印
　　　　　二次印本）・集部
　　　　續金華叢書・集部
待制集一卷
　　（元）柳貫撰
　　　　元詩選初集丁集
畏齋集六卷
　　（元）程端禮撰
　　　　四庫全書・集部別集類
　　　　四明叢書第一集
楊仲弘詩八卷
　　（元）楊載撰
　　　　元詩四大家
　　楊仲弘集八卷
　　　　四庫全書・集部別集類
　　　　摘藻堂四庫全書薈要・集部
　　　　浦城遺書

翰林楊仲弘詩八卷
　　　　四部叢刊（初次印本、二次印本、縮印
　　　　　二次印本）・集部
仲弘集一卷
　　（元）楊載撰
　　　　元詩選初集丁集
寓庵集八卷
　　（元）李庭撰
　　　　藕香零拾
范德機詩七卷
　　（元）范梈撰
　　　　元詩四大家
　　　　四庫全書・集部別集類
　　范德機詩集七卷
　　　　四部叢刊（初次印本、二次印本、縮印
　　　　　二次印本）・集部
范德機詩集七卷附校勘記一卷
　　（元）范梈撰　校勘記（民國）胡思敬撰
　　　　豫章叢書（胡思敬輯）・元二大家集
德機集一卷
　　（元）范梈撰
　　　　元詩選初集丁集
碧山堂集一卷
　　（元）釋宗衍撰
　　　　元詩選二集壬集
虞邵菴詩集七卷
　　（元）虞集撰
　　　　宋元四十三家集
虞伯生詩八卷補遺一卷
　　（元）虞集撰
　　　　元詩四大家
道園學古錄五十卷
　　（元）虞集撰
　　　　四庫全書・集部別集類
　　　　摘藻堂四庫全書薈要・集部
　　　　四部叢刊（初次印本、二次印本、縮印
　　　　　二次印本）・集部
　　　　四部備要（排印本、縮印本）・集部金
　　　　　元別集
道園學古錄一卷
　　（元）虞集撰
　　　　元詩選初集丁集
道園遺稿六卷
　　（元）虞集撰
　　　　四庫全書・集部別集類
　　　　摘藻堂四庫全書薈要・集部
道園遺稿一卷
　　（元）虞集撰

元詩選初集丁集・道園學古錄附

虞文靖公全集詩八卷詩遺稿八卷文四十
四卷
　　（元）虞集撰
　　　　古棠書屋叢書・集部
伯生詩後三卷
　　（元）虞集撰
　　　　雲窗叢刻
　　　　元四家集
虞道園文選二卷
　　（元）虞集撰　（清）劉肇虞選評
　　　　元明八大家古文選
虞道園先生文選八卷
　　（元）虞集撰　（清）李祖陶選
　　　　金元明八大家文選
澹居藁一卷
　　（元）釋至仁撰
　　　　元詩選初集壬集
宛陵遺藁一卷
　　（元）汪澤民撰
　　　　元詩選三集庚集
南山先生集一卷
　　（元）汪珍撰
　　　　元詩選三集丙集
揭秋宜詩集五卷
　　（元）揭傒斯撰
　　　　宋元四十三家集
揭曼碩詩三卷
　　（元）揭傒斯撰
　　　　元詩四大家
　　　　海山仙館叢書
　　　　叢書集成初編・文學類
文安集十四卷
　　（元）揭傒斯撰
　　　　四庫全書・集部別集類
　　　　摛藻堂四庫全書薈要・集部
揭文安公全集十四卷補遺一卷
　　　　四部叢刊（初次印本、二次印本、縮印
　　　　二次印本）・集部
揭文安公詩集八卷詩續集一卷文集九卷
補遺一卷附校勘記一卷
　　（元）揭傒斯撰　校勘記（民國）胡思敬撰
　　　　豫章叢書（胡思敬輯）・元二大家集
秋宜集一卷
　　（元）揭傒斯撰
　　　　元詩選初集丁集
揭文安公文粹二卷
　　（元）揭傒斯撰

粵雅堂叢書初編第二集
叢書集成初編・文學類
揭文安公文粹六卷
　　（元）揭傒斯撰
　　　　半畝園叢書
揭曼碩文選一卷
　　（元）揭傒斯撰　（清）劉肇虞選評
　　　　元明八大家古文選
瓢泉吟稿五卷
　　（元）朱晞顏撰
　　　　四庫全書・集部別集類
　　　　四庫全書珍本初集・集部別集類
鯨背吟一卷
　　（題元宋无撰）
　　　　元詩選初集戊集・翠寒集附
鯨背吟集一卷
　　（元）朱晞顏撰
　　　　四庫全書・集部別集類
鯨背吟集
　　　　說郛（商務印書館本）卷五十七
純白齋類稿二十卷首一卷附錄二卷
　　（元）胡助撰
　　　　四庫全書・集部別集類
　　　　金華叢書（同治光緒本、民國補刊本）
　　　　・集部
　　　　叢書集成初編・文學類
純白類藁一卷
　　（元）胡助撰
　　　　元詩選三集庚集
圭峯集二卷
　　（元）盧琦撰
　　　　四庫全書・集部別集類
圭峯集一卷
　　（元）盧琦撰
　　　　元詩選初集庚集
靜軒集五卷附錄一卷
　　（元）閻復撰
　　　　藕香零拾
清江碧嶂集一卷
　　（元）杜本撰
　　　　元詩選初集己集
蒲室集十五卷
　　（元）釋大訢撰
　　　　四庫全書・集部別集類
蒲室集一卷
　　（元）釋大訢撰
　　　　元詩選初集壬集
筠軒詩藁八卷文藁五卷

（元）唐元撰
　　　唐氏三先生集
　筠軒集十三卷
　　　四庫全書・集部別集類
成柳庄詩集四卷
　（元）成廷珪撰
　　　宋元四十三家集
　　居竹軒集四卷
　　　四庫全書・集部別集類
居竹軒集一卷
　（元）成廷珪撰
　　　元詩選二集戊集
句曲張外史詩集六卷
　（元）張雨撰
　　　宋元四十三家集
句曲外史集三卷補遺三卷張伯雨集外詩
　一卷附錄一卷
　（元）張雨撰
　　　　元人十種詩（汲古閣本、景汲古閣本）
　　　四庫全書・集部別集類
　貞居先生詩集七卷補遺二卷附錄二卷
　　　武林往哲遺箸
句曲外史貞居先生詩集五卷
　（元）張雨撰
　　　　四部叢刊（初次印本、二次印本、縮印
　　　　二次印本）・集部
句曲外史集一卷
　（元）張雨撰
　　　元詩選初集壬集
松瀑槁一卷
　（元）黃石翁撰
　　　元詩選二集壬集
黃文獻集十卷
　（元）黃溍撰
　　　四庫全書・集部別集類
　　　摛藻堂四庫全書薈要・集部
　黃文獻公集十卷補遺一卷附錄一卷
　　　金華叢書（同治光緒本、民國補刊本）
　　　・集部
　　　叢書集成初編・文學類
金華黃先生文集四十三卷
　（元）黃溍撰
　　　　四部叢刊（初次印本）・集部
　　　續金華叢書・集部
金華黃先生文集四十三卷附札記一卷
　（元）黃溍撰　札記張元濟撰
　　　四部叢刊（二次印本、縮印二次印本）
　　　・集部

日損齋稿一卷
　（元）黃溍撰
　　　元詩選初集丁集
仁里漫槁一卷
　（元）干文傳撰
　　　元詩選三集己集
止止齋槁一卷
　（元）王艮撰
　　　元詩選三集己集
江村先生集一卷
　（元）錢良右撰
　　　元詩選三集己集
元亮集一卷
　（元）彭炳撰
　　　元詩選三集己集
太初集一卷
　（元）倪道原撰
　　　元詩選三集己集
看雲集一卷
　（元）吳全節撰
　　　元詩選二集壬集
貞一齋文一卷詩稿一卷
　（元）朱思本撰
　　　宛委別藏
　　　選印宛委別藏
　貞一齋雜著一卷詩稿一卷
　　　適園叢書第九集
鹿皮子集四卷
　（元）陳樵撰
　　　四庫全書・集部別集類
　　　金華叢書（同治光緒本、民國補刊本）
　　　・集部
　　　叢書集成初編・文學類
鹿皮子集一卷
　（元）陳樵撰
　　　元詩選初集戊集
詠物詩一卷
　（元）謝宗可撰
　　　元詩選初集戊集
　　　四庫全書・集部別集類
馬文貞公石田集五卷
　（元）馬祖常撰
　　　中州名賢文表內集（康熙本、光緒本）
石田集十五卷
　（元）馬祖常撰
　　　四庫全書・集部別集類
　　　摛藻堂四庫全書薈要・集部
馬石田文集十五卷

元四家集

石田集一卷
　　（元）馬祖常撰
　　　　元詩選初集丙集

孛术魯文靖公遺文二卷
　　（元）孛术魯翀撰
　　　　中州名賢文表內集（康熙本、光緒本）

菊潭集四卷
　　（元）孛术魯翀撰
　　　　藕香零拾

菊潭集一卷
　　（元）孛术魯翀撰
　　　　元詩選二集乙集

師子林別錄一卷
　　（元）釋惟則撰
　　　　元詩選初集壬集

樂庵遺稿二卷附校勘記一卷校勘續記一
卷
　　（元）吳存撰　校勘記（民國）魏元曠撰　續
　　　記（民國）胡思敬撰
　　　　豫章叢書（胡思敬輯）・鄱陽五家集

弁山小隱吟錄二卷
　　（元）黃玠撰
　　　　四庫全書・集部別集類
　　　　吳興叢書
　　　　四明叢書第二集

積齋集五卷
　　（元）程端學撰
　　　　四庫全書・集部別集類
　　　　四明叢書第一集

梅花道人遺墨二卷
　　（元）吳鎮撰
　　　　四庫全書・集部別集類

梅道人遺墨一卷
　　　　嘯園叢書第五函
　　　　美術叢書三集第四輯

梅花菴槀一卷
　　（元）吳鎮撰
　　　　元詩選二集戊集

俟菴集三十卷
　　（元）李存撰
　　　　四庫全書・集部別集類

俟菴集一卷
　　（元）李存撰
　　　　元詩選初集己集

續軒渠集十卷附錄一卷
　　（元）洪希文撰
　　　　四庫全書・集部別集類

續軒渠集十卷補遺一卷附錄一卷
　　　　洪氏晦木齋叢書

續軒渠集一卷
　　（元）洪希文撰
　　　　元詩選初集己集

桂隱文集四卷詩集四卷
　　（元）劉詵撰
　　　　四庫全書・集部別集類

桂隱集一卷
　　（元）劉詵撰
　　　　元詩選二集己集

檜亭集九卷
　　（元）丁復撰
　　　　四庫全書・集部別集類

檜亭稿九卷拾遺一卷
　　　　台州叢書己集

檜亭集一卷
　　（元）丁復撰
　　　　元詩選二集己集

古鼎外集一卷
　　（元）釋祖銘撰
　　　　元詩選二集壬集

圭齋集十五卷附錄一卷
　　（元）歐陽玄撰
　　　　四庫全書・集部別集類
　　　　摛藻堂四庫全書薈要・集部

圭齋文集十六卷
　　　　四部叢刊（初次印本、二次印本、縮印
　　　　　二次印本）・集部

圭齋集一卷
　　（元）歐陽玄撰
　　　　元詩選初集丁集

所安遺集一卷
　　（元）陳泰撰
　　　　元詩選初集己集
　　　　四庫全書・集部別集類
　　　　涵芬樓祕笈第十集

貫酸齋詩集二卷
　　（元）貫雲石撰
　　　　宋元四十三家集

酸齋集一卷
　　（元）貫雲石（小雲石海涯）撰
　　　　元詩選二集丙集

栲栳山人集三卷
　　（元）岑安卿撰
　　　　四庫全書・集部別集類

栲栳山人集一卷
　　（元）岑安卿撰

元詩選初集己集

許文忠公圭塘小藁三卷
　　（元）許有壬撰
　　　　中州名賢文表內集（康熙本、光緒本）

至正集八十一卷
　　（元）許有壬撰
　　　　四庫全書・集部別集類

圭塘小稿十三卷別集二卷續集一卷附錄
　　一卷
　　（元）許有壬撰
　　　　四庫全書・集部別集類
　　　　摛藻堂四庫全書薈要・集部

　圭塘小藁十三卷別集二卷別集附錄一
　　卷續集一卷續集附錄一卷
　　　　三怡堂叢書

圭塘小藁一卷
　　（元）許有壬撰
　　　　元詩選初集丙集

趙寶峯先生文集二卷附錄一卷
　　（元）趙偕撰
　　　　四明叢書第七集

寶峯集一卷
　　（元）趙偕撰
　　　　元詩選初集己集

栯堂山居詩一卷
　　（元）釋益撰
　　　　元詩選二集壬集

張蛻菴詩集四卷
　　（元）張翥撰
　　　　宋元四十三家集

　蛻菴詩四卷
　　　　誦芬室叢刊初編
　　　　四部叢刊續編・集部

蛻菴集五卷
　　（元）張翥撰
　　　　四庫全書・集部別集類

蛻菴集一卷
　　（元）張翥撰
　　　　元詩選初集戊集

伊濱集二十四卷
　　（元）王沂撰
　　　　四庫全書・集部別集類
　　　　四庫全書珍本初集・集部別集類

王徵士詩八卷
　　（元）王沂撰
　　　　宛委別藏
　　　　選印宛委別藏

陳荔溪詩集三卷
　　（元）陳旅撰
　　　　宋元四十三家集

安雅堂集十三卷
　　（元）陳旅撰
　　　　四庫全書・集部別集類
　　　　摛藻堂四庫全書薈要・集部

安雅堂集一卷
　　（元）陳旅撰
　　　　元詩選初集戊集

東吳小稿一卷
　　（元）王實撰
　　　　合衆圖書館叢書第一集

秋聲集四卷
　　（元）黃鎮成撰
　　　　樵川二家詩（康熙本、光緒本）
　　　　四庫全書・集部別集類

　秋聲集三卷
　　　　樵川四家詩
　　　　邵武徐氏叢書初刻・樵川二家詩

秋聲集一卷
　　（元）黃鎮成撰
　　　　元詩選初集庚集

世玉集一卷
　　（元）俠玉立撰
　　　　元詩選三集庚集

石渠居士集一卷
　　（元）張天英撰
　　　　元詩選三集庚集

松雲道人集一卷
　　（元）熊夢祥撰
　　　　元詩選三集庚集

春詠亭集一卷
　　（元）宋沂撰
　　　　元詩選三集庚集

宜之集一卷
　　（元）卞思義撰
　　　　元詩選三集庚集

上清集一卷
　　（元）薛玄曦撰
　　　　元詩選二集壬集

庸菴集十四卷
　　（元）宋禧撰
　　　　四庫全書・集部別集類

可閒老人集四卷
　　（元）張昱撰
　　　　四庫全書・集部別集類
　　　　四庫全書珍本初集・集部別集類

張光弼詩集七卷
　　（元）張昱撰
　　　　四部叢刊續編・集部
廬陵集一卷
　　（元）張昱撰
　　　　元詩選初集辛集
趙待制遺稿一卷
　　（元）趙雍撰
　　　　知不足齋叢書（乾隆至道光本、景乾隆
　　　　　至道光本）第二十三集
　　　　叢書集成初編・文學類
石屋禪師山居詩集六卷
　　（元）釋淸珙撰
　　　　宋元四十三家集
山居詩一卷
　　（元）釋淸珙撰
　　　　元詩選初集壬集
子平遺稿一卷
　　（元）陳謙撰
　　　　元詩選三集庚集
樵水集一卷
　　（元）黃淸老撰
　　　　元詩選二集己集
　　　　樵川四家詩
惟實集四卷外集一卷
　　（元）劉鶚撰
　　　　四庫全書・集部別集類
惟實集二卷
　　（元）劉鶚撰
　　　　乾坤正氣集
禮部集二十卷附錄一卷
　　（元）吳師道撰
　　　　四庫全書・集部別集類
　　　　摛藻堂四庫全書薈要・集部
　　吳禮部文集二十卷附錄一卷
　　　　續金華叢書・集部
禮部集一卷
　　（元）吳師道撰
　　　　元詩選初集己集
燕石集十五卷
　　（元）宋褧撰
　　　　四庫全書・集部別集類
燕石集一卷
　　（元）宋褧撰
　　　　元詩選二集戊集
王陌菴詩集二卷
　　（元）王士熙撰
　　　　宋元四十三家集

江亭集一卷
　　（元）王士熙撰
　　　　元詩選二集戊集
藥房樵唱三卷附錄一卷
　　（元）吳景奎撰
　　　　四庫全書・集部別集類
　　藥房樵唱三卷
　　　　續金華叢書・集部
葯房樵唱一卷
　　（元）吳景奎撰
　　　　元詩選二集庚集
至治集一卷
　　（元）宋本撰
　　　　元詩選二集戊集
子素集一卷
　　（元）潘純撰
　　　　元詩選三集庚集
廷璧集一卷
　　（元）李元珪撰
　　　　元詩選三集庚集
貞期生稿一卷
　　（元）張渥撰
　　　　元詩選三集庚集
弋陽山樵稿一卷
　　（元）李瓚撰
　　　　元詩選三集庚集
杞菊軒稿一卷
　　（元）陸友撰
　　　　元詩選三集庚集
仲贄集一卷
　　（元）顧照撰
　　　　元詩選三集庚集
敬聚齋稿一卷
　　（元）衛仁近撰
　　　　元詩選三集庚集
仲愈集一卷
　　（元）彭桀撰
　　　　元詩選三集庚集
溪雲集一卷
　　（元）張遜撰
　　　　元詩選三集庚集
學古集一卷
　　（元）文質撰
　　　　元詩選三集庚集
僑吳集十二卷
　　（元）鄭元祐撰
　　　　四庫全書・集部別集類

僑吳遺集一卷
　　（元）鄭元祐撰
　　　　鄭氏六名家集
僑吳集一卷
　　（元）鄭元祐撰
　　　　元詩選初集庚集
石初集十卷附錄一卷
　　（元）周霆震撰
　　　　四庫全書・集部別集類
　　　　豫章叢書（胡思敬輯）・四元人集
石初集一卷
　　（元）周霆震撰
　　　　元詩選初集辛集
仲實集一卷
　　（元）呂思誠撰
　　　　元詩選三集己集
履道集一卷
　　（元）周砥撰
　　　　元詩選三集庚集・荊南唱和集附
明卿集一卷
　　（元）王鑑撰
　　　　元詩選三集庚集
滋溪文稾三十卷
　　（元）蘇天爵撰
　　　　四庫全書・集部別集類
　　　　適園叢書第六集
滋溪集一卷
　　（元）蘇天爵撰
　　　　元詩選二集庚集
存復齋文集十卷附錄一卷
　　（元）朱德潤撰
　　　　涵芬樓祕笈第五集
　　　　四部叢刊續編・集部
存復齋集一卷
　　（元）朱德潤撰
　　　　元詩選初集己集
存復齋續集一卷
　　（元）朱德潤撰
　　　　元詩選初集己集・存復齋集附
　　　　涵芬樓祕笈第七集
雲陽集十卷
　　（元）李祁撰
　　　　四庫全書・集部別集類
雲陽集一卷
　　（元）李祁撰
　　　　元詩選初集庚集
凝始子集一卷
　　（元）釋本誠撰

　　　　元詩選三集壬集
一愚集一卷
　　（元）釋子賢撰
　　　　元詩選三集壬集
　　　　台州叢書己集
李五峯詩集二卷
　　（元）李孝光撰
　　　　宋元四十三家集
五峯集六卷
　　（元）李孝光撰
　　　　四庫全書・集部別集類
五峯集十卷補遺一卷
　　（元）李孝光撰　補遺冒廣生輯
　　　　永嘉詩人祠堂叢刻
五峯集一卷
　　（元）李孝光撰
　　　　元詩選二集戊集
師山文集八卷遺文五卷附錄一卷
　　（元）鄭玉撰
　　　　四庫全書・集部別集類
師山先生文集九卷
　　（元）鄭玉撰
　　　　乾坤正氣集
師山集一卷
　　（元）鄭玉撰
　　　　元詩選初集庚集
貢玩齋詩集三卷
　　（元）貢師泰撰
　　　　宋元四十三家集
玩齋集十卷拾遺一卷
　　（元）貢師泰撰
　　　　四庫全書・集部別集類
　　　　摛藻堂四庫全書薈要・集部
玩齋集一卷拾遺一卷
　　（元）貢師泰撰
　　　　元詩選初集戊集
羽庭集六卷
　　（元）劉仁本撰
　　　　四庫全書・集部別集類
羽庭集四卷
　　（元）劉仁本撰
　　　　乾坤正氣集
羽庭詩集四卷補遺一卷文集四卷補遺一
卷
　　（元）劉仁本撰
　　　　台州叢書己集
僅存集一卷附校勘記校勘續記
　　（元）葉懋撰　校勘記（民國）魏元曠撰　續

記(民國)胡思敬撰
　　　豫章叢書(胡思敬輯)・鄱陽五家集附
野航亭橐一卷
　　(元)姚文奐撰
　　　元詩選二集庚集
近光集三卷
　　(元)周伯琦撰
　　　四庫全書・集部別集類
近光集一卷
　　(元)周伯琦撰
　　　元詩選初集庚集
扈從詩一卷
　　(元)周伯琦撰
　　　元詩選初集庚集・近光集附
　　　四庫全書・集部別集類・近光集附
滄江散人集一卷
　　(元)徐舫撰
　　　元詩選二集庚集
樵雲獨唱六卷
　　(元)葉顒撰
　　　四庫全書・集部別集類
　樵雲獨唱詩集六卷
　　　續金華叢書・集部
樵雲獨唱一卷
　　(元)葉顒撰
　　　元詩選初集辛集
桐山老農集四卷
　　(元)魯貞撰
　　　四庫全書・集部別集類
　　　四庫全書珍本初集・集部別集類
楊鐵崖古樂府三卷
　　(元)楊維楨撰
　　　宋元四十三家集
鐵崖先生古樂府十卷
　　(元)楊維楨撰
　　　誦芬室叢刊初編
　　　四部叢刊（初次印本、二次印本、縮印
　　　二次印本）・集部
　鐵崖古樂府十卷樂府補六卷
　　　四庫全書・集部別集類
　　　摛藻堂四庫全書薈要・集部
鐵崖古樂府一卷
　　(元)楊維楨撰
　　　元詩選初集辛集
鐵崖樂府注十卷
　　(清)樓卜瀍撰
　　　四部備要（排印本、縮印本）・集部金
　　　元別集

復古詩集六卷
　　(元)楊維楨撰
　　　四庫全書・集部別集類
　　　摛藻堂四庫全書薈要・集部
　鐵崖先生復古詩集六卷
　　　四部叢刊（初次印本、二次印本、縮印
　　　二次印本）・集部・鐵崖先生古樂
　　　府附
鐵崖復古詩一卷
　　(元)楊維楨撰
　　　元詩選初集辛集・鐵崖古樂府附
鐵崖先生復古詩集六卷
　　(元)楊維楨撰　(元)黃溍評
　　(元)章琬注
　　　誦芬室叢刊初編・鐵崖先生古樂府附
鐵崖先生詩集十卷
　　(元)楊維楨撰
　　　誦芬室叢刊初編
鐵崖先生集一卷
　　(元)楊維楨撰
　　　元詩選初集辛集・鐵崖古樂府附
復古香奩集八卷附一卷
　　(元)楊維楨撰
　　　一枝軒四種
麗則遺音四卷
　　(元)楊維楨撰
　　　四庫全書・集部別集類
　　　摛藻堂四庫全書薈要・集部
東維子集三十卷附錄一卷
　　(元)楊維楨撰
　　　四庫全書・集部別集類
　東維子文集三十一卷
　　　四部叢刊(初次印本)・集部
東維子文集三十一卷附校勘記一卷
　　(元)楊維楨撰　校勘記(民國)傅增湘撰
　　　四部叢刊（二次印本、縮印二次印本）
　　　・集部
鐵崖逸編註八卷
　　(元)楊維楨撰　(清)樓卜瀍注
　　　四部備要（排印本、縮印本）・集部金
　　　元別集・鐵崖樂府注附
淵穎集十二卷附錄一卷
　　(元)吳萊撰
　　　四庫全書・集部別集類
　　　摛藻堂四庫全書薈要・集部
　淵穎吳先生集十二卷附錄一卷
　　　四部叢刊(初次印本)・集部
　淵穎集十二卷

　　　　金華叢書（同治光緒本、民國補刊本）
　　　　　·集部
　　　　叢書集成初編·文學類
淵潁吳先生集十二卷附錄一卷附考異一
　卷
　　（元）吳萊撰　考異（民國）胡宗楙撰
　　　　續金華叢書·集部
淵潁吳先生集十卷附錄一卷附札記一卷
　　（元）吳萊撰　札記（民國）林志烜撰
　　　　四部叢刊（初次印本、二次印本、縮印
　　　　　二次印本）·集部
淵潁集一卷
　　（元）吳萊撰
　　　　元詩選初集己集
不繫舟集一卷
　　（元）釋祖柏撰
　　　　元詩選三集壬集
會稽外史集一卷
　　（元）于立撰
　　　　元詩選三集壬集
蒙泉集一卷
　　（元）鄭守仁撰
　　　　元詩選三集壬集
　　　　台州叢書己集
書林外集七卷
　　（元）袁士元撰
　　　　涵芬樓祕笈第五集
書林外集一卷
　　（元）袁士元撰
　　　　元詩選初集己集
容窗集一卷
　　（元）劉聞撰
　　　　元詩選三集庚集
芝軒集一卷
　　（元）月魯不花撰
　　　　元詩選三集庚集
正卿集一卷
　　（元）雅琥撰
　　　　元詩選二集戊集
溉之集一卷
　　（元）李洞撰
　　　　元詩選二集戊集
廷美集一卷
　　（元）黃元實撰
　　　　元詩選三集庚集
純節先生集一卷
　　（元）宇文公諒撰
　　　　元詩選三集庚集

師魯集一卷
　　（元）劉汶撰
　　　　元詩選三集庚集
子構集一卷
　　（元）李材撰
　　　　元詩選二集丙集
快雪齋集一卷補一卷
　　（元）郭畀撰　補（民國）陳慶年輯
　　　　橫山草堂叢書第一集
快雪齋集一卷
　　（元）郭畀撰
　　　　元詩選二集丙集
萬戶集一卷
　　（元）吳訥撰
　　　　元詩選三集庚集
君瑞集一卷
　　（元）黃復圭撰
　　　　元詩選三集庚集
魚軒詩集二卷
　　（元）龍從雲撰
　　　　宋元四十三家集
貢南湖詩集七卷
　　（元）貢性之撰
　　　　宋元四十三家集
　南湖集七卷
　　　　四庫全書·集部別集類
南湖集一卷
　　（元）貢性之撰
　　　　元詩選二集辛集
清輝樓槁一卷
　　（元）沈右撰
　　　　元詩選二集辛集
佩玉齋類槁十卷
　　（元）楊翮撰
　　　　四庫全書·集部別集類
　　　　四庫全書珍本初集·集部別集類
佩玉齋類槁一卷
　　（元）楊翮撰
　　　　元詩選二集辛集
倪雲林詩集六卷
　　（元）倪瓚撰
　　　　宋元四十三家集
倪雲林先生詩集六卷集外詩一卷附錄
　一卷
　　　　元人十種詩（汲古閣本、景汲古閣本）
倪雲林先生詩集六卷附錄一卷
　　　　四部叢刊（初次印本、二次印本、縮印

　　　（元）汪克寬撰
　　　　　元詩選二集辛集
性情集六卷
　　　（元）周巽撰
　　　　　四庫全書·集部別集類
　　　　　四庫全書珍本初集·集部別集類
花溪集三卷
　　　（元）沈夢麟撰
　　　　　四庫全書·集部別集類
　　　　　枕碧樓叢書
貞素齋集八卷附錄一卷
　　　（元）舒頔撰
　　　　　四庫全書·集部別集類
貞素齋集一卷
　　　（元）舒頔撰
　　　　　元詩選二集辛集
北莊遺稿一卷
　　　（元）舒遠遜撰
　　　　　四庫全書·集部別集類·貞素齋集附
薩天錫詩集三卷集外詩一卷
　　　（元）薩都剌撰
　　　　　元人十種詩（汲古閣本、景汲古閣本）
　雁門集三卷集外詩一卷
　　　（元薩都拉撰）
　　　　　四庫全書·集部別集類
　　　　　摛藻堂四庫全書薈要·集部
薩天錫詩集二卷
　　　（元）薩都剌撰
　　　　　四部叢刊（初次印本、二次印本、縮印
　　　　　　二次印本）·集部
雁門集一卷
　　　（元）薩都剌撰
　　　　　元詩選初集戊集
天錫集一卷
　　　（元）薩都剌撰
　　　　　元詩選初集戊集·雁門集附
彥德集一卷
　　　（元）屠性撰
　　　　　元詩選三集庚集
啓文集一卷
　　　（元）昂吉撰
　　　　　元詩選三集庚集
寄情槀一卷
　　　（元）陳秀民撰
　　　　　元詩選三集庚集
東軒集一卷
　　　（元）方行撰
　　　　　元詩選三集庚集

　　　　　台州叢書己集
柔克齋集一卷
　　　（元）高明撰
　　　　　元詩選三集庚集
柔克齋詩輯一卷
　　　（元）高明撰　　冒廣生輯
　　　　　永嘉詩人祠堂叢刻
寅夫集一卷
　　　（元）吳克恭撰
　　　　　元詩選三集庚集
孤篷倦客槀一卷
　　　（元）陳方撰
　　　　　元詩選三集庚集
孤篷倦客集一卷補一卷
　　　（元）陳方撰　　補（民國）陳慶年輯
　　　　　橫山草堂叢書第一集
新山槀一卷
　　　（元）曹文晦撰
　　　　　元詩選二集庚集
　新山詩集一卷
　　　　　曹氏傳芳錄
霞間稿一卷
　　　（元）曹文炳撰
　　　　　曹氏傳芳錄
林外野言二卷
　　　（元）郭翼撰
　　　　　四庫全書·集部別集類
　林外野言二卷補遺一卷
　　　　　又滿樓叢書
林外野言一卷
　　　（元）郭翼撰
　　　　　元詩選二集庚集
黃楊集一卷
　　　（元）華幼武撰
　　　　　元詩選初集辛集
華氏黃楊集一卷
　　　（元）華幼武撰
　　　　　盛明百家詩後編
玉山草堂集二卷集外詩一卷
　　　（元）顧瑛撰
　　　　　元人十種詩（汲古閣本、景汲古閣本）
　玉山璞稿二卷
　　　　　宛委別藏
　　　　　讀畫齋叢書辛集
　　　　　叢書集成初編·文學類
玉山璞槀一卷
　　　（元）顧瑛撰
　　　　　元詩選初集辛集

四庫全書・集部別集類

玉山逸稿四卷續補一卷附錄一卷
　（元）顧瑛撰
　　　讀畫齋叢書辛集
　　　叢書集成初編・文學類

子淵詩集六卷
　（元）張仲深撰
　　　四庫全書・集部別集類
　　　四庫全書珍本初集・集部別集類

午溪集十卷
　（元）陳鎰撰
　　　四庫全書・集部別集類
　　　四庫全書珍本初集・集部別集類

伯將集一卷
　〔元〕陳鱗撰
　　　元詩選三集庚集

迺前岡詩集三卷
　（元）迺賢撰
　　　宋元四十三家集

金臺集二卷
　（元納新撰）
　　　元人十種詩(汲古閣本、景汲古閣本)
　　　四庫全書・集部別集類
　　　摛藻堂四庫全書薈要・集部
　（元）迺賢撰
　　　誦芬室叢刊初編

金臺集一卷
　（元）迺賢撰
　　　元詩選初集戊集

梧溪集七卷
　（元）王逢撰
　　　四庫全書・集部別集類

傲軒吟稿一卷
　（元）胡天游撰
　　　元詩選初集庚集
　　　四庫全書・集部別集類
　　　四庫全書珍本初集・集部別集類

時中集一卷
　（元）劉致撰
　　　元詩選三集戊集

可立集一卷
　（元）項炯撰
　　　元詩選三集戊集
　項可立集一卷
　　　台州叢書己集

中行齋集一卷
　（元）李裕撰
　　　元詩選三集戊集

絪縕集一卷
　（元）李序撰
　　　元詩選三集戊集

雲松野褐集一卷
　（元）陸居仁撰
　　　元詩選三集辛集

希呂集一卷
　（元）羅蒙正撰
　　　元詩選三集辛集

山長集一卷
　（元）周棐撰
　　　元詩選三集辛集

經濟文集六卷
　（元）李士瞻撰
　　　四庫全書・集部別集類
　　　湖北先正遺書・集部

經濟集一卷
　（元）李士瞻撰
　　　元詩選初集己集

雲臺集一卷
　（元）鄒韶撰
　　　元詩選二集辛集

山陰集一卷
　（元）劉永之撰
　　　元詩選二集辛集

丹邱生集五卷補遺一卷附錄一卷
　（元）柯九思撰
　　　仙居叢書第一集

丹丘生槀一卷
　（元）柯九思撰
　　　元詩選三集戊集
　　　台州叢書後集

學言詩稿六卷
　（元）吳當撰
　　　四庫全書・集部別集類

北郭集六卷補遺一卷
　（元）許恕撰
　　　四庫全書・集部別集類
　北郭集六卷補遺一卷續補遺一卷
　　　江陰叢書
　　　粟香室叢書

北郭集一卷
　（元）許恕撰
　　　元詩選三集辛集

雲丘道人集一卷
　（元）張簡撰
　　　元詩選三集辛集

睿夫集一卷

（元）瞿智撰
　　元詩選三集辛集
乾乾居士集一卷
　（元）陸仁撰
　　元詩選三集辛集
夷白齋稿三十五卷外集一卷
　（元）陳基撰
　　四庫全書・集部別集類
夷白齋藁三十五卷 外集一卷 補遺一卷附
　校勘記一卷
　（元）陳基撰　校勘記胡文楷撰
　　四部叢刊三編・集部
夷白齋藁一卷外藁一卷
　（元）陳基撰
　　元詩選初集庚集
麟原文集二十四卷
　（元）王禮撰
　　四庫全書・集部別集類
　　四庫全書珍本初集・集部別集類
靜思集十卷
　（元）郭鈺撰
　　四庫全書・集部別集類
靜思集一卷
　（元）郭鈺撰
　　元詩選初集辛集
九靈山房集三十卷補編二卷
　（元）戴良撰
　　四庫全書・集部別集類
　　金華叢書（同治光緒本、民國補刊本）
　　　・集部
　　叢書集成初編・文學類
　九靈山房集三十卷
　　四部叢刊（初次印本、二次印本、縮印
　　　二次印本）・集部
戴九靈集十九卷
　（元）戴良撰
　　乾坤正氣集
九靈山房遺藁詩四卷文一卷補編一卷
　（元）戴良撰
　　金華叢書（同治光緒本、民國補刊本）
　　　・集部
　　叢書集成初編・文學類
　九靈山房集一卷
　　（元）戴良撰
　　　元詩選二集辛集
江月松風集十二卷
　（元）錢惟善撰
　　四庫全書・集部別集類

江月松風集十二卷 補遺一卷 文錄一卷
　附錄一卷
　　武林往哲遺箸
　江月松風集十二卷 續集一卷 補遺一卷
　　附文一卷附錄一卷
　　　清風室叢書
江月松風集一卷
　（元）錢惟善撰
　　元詩選初集辛集
龜巢集十七卷
　（元）謝應芳撰
　　四庫全書・集部別集類
龜巢稿二十卷補遺一卷
　（元）謝應芳撰
　　常州先哲遺書後編・集類
龜巢藁二十卷附校勘記一卷
　（元）謝應芳撰　校勘記張元濟撰
　　四部叢刊三編・集部
龜巢藁一卷
　（元）謝應芳撰
　　元詩選二集辛集
樗隱集六卷
　（元）胡行簡撰
　　四庫全書・集部別集類
東山存稿七卷附錄一卷
　（元）趙汸撰
　　四庫全書・集部別集類
東山存藁一卷
　（元）趙汸撰
　　元詩選二集辛集
山窗餘藁一卷
　（元）甘復撰
　　元詩選二集辛集
　　四庫全書・集部別集類
山窗餘稿一卷附校勘記一卷
　（元）甘復撰　校勘記（民國）胡思敬撰
　　豫章叢書（胡思敬輯）・四元人集
梧溪集七卷補遺一卷
　（元）王逢撰
　　知不足齋叢書（乾隆至道光本、景乾隆
　　　至道光本）第二十九集
　　叢書集成初編・文學類
梧溪集一卷
　（元）王逢撰
　　元詩選初集辛集
吾吾類藁三卷
　（元）吳皋撰

四庫全書・集部別集類
豫章叢書(胡思敬輯)・四元人集

東皐先生詩集五卷
　(元)馬玉麟撰
　　宛委別藏
　　選印宛委別藏
　東皐先生詩集五卷附錄一卷
　　海陵叢刻

覺是集一卷
　(元)林泉生撰
　　元詩選三集己集

仲淵集一卷
　(元)李源道撰
　　元詩選三集己集

不繫舟漁集十五卷附錄一卷
　(元)陳高撰
　　四庫全書・集部別集類
　　敬鄕樓叢書第一輯

不繫舟漁集一卷
　(元)陳高撰
　　元詩選初集庚集

友竹稿一卷
　(元)曹一介撰
　　曹氏傳芳錄

一山文集九卷
　(元)李繼本撰
　　四庫全書・集部別集類
　　湖北先正遺書・集部

梅花百詠一卷
　(元)韋珪撰
　　宛委別藏

野處集四卷
　(元)邵亨貞撰
　　四庫全書・集部別集類
　　四庫全書珍本初集・集部別集類

蟻術詩選八卷
　(元)邵亨貞撰　(明)汪稷輯
　　宛委別藏
　　四部叢刊三編・集部

夢觀集五卷
　(元)釋大圭撰
　　四庫全書・集部別集類

夢觀集一卷
　(元)釋大圭撰
　　元詩選二集壬集

春慵軒詩集一卷
　(元)鄭允端撰
　　宋元四十三家集

蕭𪩘集一卷
　　元詩選初集壬集
　　涵芬樓秘笈第十集

楊仲禮集一卷補一卷
　(元)楊敬德撰
　　台州叢書己集

仲禮集一卷
　(元)楊敬德撰
　　元詩選三集己集

兩峯慚稾一卷
　(元)陳德永撰
　　元詩選三集己集

　兩峯慙草一卷
　　台州叢書己集

鳴琴集一卷
　(元)陳天錫撰
　　元詩選三集己集

寓庵詩集二卷附校勘記校勘續記
　(元)葉蘭撰　校勘記(民國)魏元曠撰　續
　記(民國)胡思敬撰
　　豫章叢書(胡思敬輯)・鄱陽五家集

友石山人遺稿一卷
　(元)王翰撰
　　元詩選初集庚集
　　四庫全書・集部別集類

　友石山人遺稿一卷附錄一卷
　　嘉業堂叢書・集部

聞過齋集八卷
　(元)吳海撰
　　四庫全書・集部別集類

　聞過齋集八卷遺詩一卷
　　嘉業堂叢書・集部

吳朝宗先生聞過齋集四卷
　(元)吳海撰
　　正誼堂全書
　　叢書集成初編・文學類

聞過齋集一卷
　(元)吳海撰
　　元詩選二集辛集

公振集一卷
　(元)馬麐撰
　　元詩選三集辛集

來鶴亭詩八卷補遺一卷
　(元)呂誠撰
　　四庫全書・集部別集類

　來鶴亭集九卷
　　枕碧樓叢書

來鶴草堂槀一卷

（元）呂誠撰
元詩選三集辛集

既白軒槀一卷
（元）呂誠撰
元詩選三集辛集・來鶴草堂槀附

竹洲歸田槀一卷
（元）呂誠撰
元詩選三集辛集・來鶴草堂槀附

豆亭集一卷
（元）俞遠撰
元詩選三集辛集

青村遺稿一卷
（元）金涓撰
元詩選二集辛集
四庫全書・集部別集類

青村遺稿一卷附錄一卷
金華叢書（同治光緒本、民國補刊本）
・集部
叢書集成初編・文學類

松谷詩集二卷
（元）丁鶴年撰
宋元四十三家集

丁鶴年集一卷
（元）丁鶴年撰
四庫全書・集部別集類

丁孝子詩集三卷
（元）丁鶴年撰
藝海珠塵石集（乙集）

鶴年詩集三卷
湖北先正遺書・集部

丁鶴年集三卷續集一卷附錄一卷
四明叢書第四集

丁鶴年集三卷 續集一卷附錄一卷附校譌
一卷
（元）丁鶴年撰　校譌（清）胡珽撰
琳琅祕室叢書（咸豐本）第四集

丁鶴年集四卷 附錄一卷 附校譌一卷續校
一卷
（元）丁鶴年撰　校譌（清）胡珽撰　續校
（清）董金鑑撰
琳琅祕室叢書（光緒本）第四集
叢書集成初編・文學類

海巢集一卷
（元）丁鶴年撰
元詩選初集辛集

南村詩集四卷
（元）陶宗儀撰
元人十種詩（汲古閣本、景汲古閣本）

四庫全書・集部別集類
台州叢書後集

滄浪櫂歌一卷
（元）陶宗儀撰　（明）唐錦選
讀畫齋叢書辛集
叢書集成初編・文學類

玉笥集九卷
（元）鄧雅撰
四庫全書・集部別集類
四庫全書珍本初集・集部別集類

仙閨集二卷
（元）錢棐馨撰
申報館叢書續集・紀麗類・屑玉叢譚
初集

明

宋學士全集三十六卷
（明）宋濂撰
四庫全書・集部別集類

文憲集三十二卷
（明）宋濂撰
摛藻堂四庫全書薈要・集部

宋學士全集三十二卷補遺八卷附錄二
卷
金華叢書（同治光緒本、民國補刊本）
・集部
叢書集成初編・文學類

宋學士文集七十五卷
（明）宋濂撰
四部叢刊（初次印本、二次印本、縮印
二次印本）・集部

宋文憲公全集五十三卷首一卷
（明）宋濂撰
四部備要（排印本、縮印本）・集部明
別集

宋景濂未刻集二卷
（明）宋濂撰
四庫全書・集部別集類

宋學士集一卷
（明）宋濂撰
盛明百家詩前編

宋文憲先生集選十一卷
（明）宋濂撰　（明）張汝瑚選
明八大家集

宋景濂先生文選七卷
（明）宋濂撰　（清）李祖陶選
金元明八大家文選

誠意伯文集二十卷

（明）劉基撰
　　　四庫全書・集部別集類
　　　摛藻堂四庫全書薈要・集部
　太師誠意伯劉文成公集二十卷
　　　四部叢刊（初次印本、二次印本、縮印
　　　二次印本）・集部
明誠意伯連珠一卷
　　（明）劉基撰
　　　寶顏堂祕笈（萬曆本、民國石印本）彙
　　　集
　　擬連珠編一卷
　　　今獻彙言
　　　叢書集成初編・文學類
　　　景印元明善本叢書十種・今獻彙言
劉誠意伯集一卷
　　（明）劉基撰
　　　盛明百家詩前編
劉文成先生集選五卷
　　（明）劉基撰　（明）張汝瑚選
　　　明八大家集
吳主一集一卷
　　（明）吳志淳撰
　　　盛明百家詩後編
主一集一卷
　　（明）吳志淳撰
　　　元詩選二集辛集
西隱集十卷
　　（明）宋訥撰
　　　四庫全書・集部別集類
翠屏集四卷
　　（明）張以寧撰
　　　四庫全書・集部別集類
張翰講集一卷
　　（明）張以寧撰
　　　盛明百家詩後編
鷟湖集六卷
　　（明）龔𢾺撰
　　　四庫全書・集部別集類
朝天集一卷
　　（明）釋法天撰
　　　雲南叢書初編・集部
鳳池吟稾十卷
　　（明）汪廣洋撰
　　　四庫全書・集部別集類
汪右丞集一卷
　　（明）汪廣洋撰
　　　盛明百家詩後編
提舉集一卷

（明）周靜撰
　　　安成周氏家集
雲林集二卷
　　（明）危素撰
　　　四庫全書・集部別集類
說學齋稿四卷
　　（明）危素撰
　　　四庫全書・集部別集類
陶學士集二十卷
　　（明）陶安撰
　　　四庫全書・集部別集類
白雲稾五卷
　　（明）朱右撰
　　　四庫全書・集部別集類
耕學齋詩集十二卷
　　（明）袁華撰
　　　四庫全書・集部別集類
可傳集一卷
　　（明）袁華撰
　　　四庫全書・集部別集類
　　　四庫全書珍本初集・集部別集類
全室外集九卷續集一卷
　　（明）釋宗泐撰
　　　四庫全書・集部別集類
　　　赤城遺書彙刊
釋全室集一卷
　　（明）釋宗泐撰
　　　盛明百家詩後編
王忠文公集二十四卷
　　（明）王禕撰
　　　四庫全書・集部別集類
王忠文公集二十卷
　　（明）王禕撰
　　　乾坤正氣集
　　　金華叢書（同治光緒本、民國補刊本）
　　　・集部
　　　叢書集成初編・文學類
王忠文公集一卷
　　（明）王禕撰
　　　盛明百家詩後編
白雲詩藁四卷文藁三卷
　　（明）唐桂芳撰
　　　唐氏三先生集
　白雲集七卷
　　　四庫全書・集部別集類
登州集二十三卷
　　（明）林弼撰
　　　四庫全書・集部別集類

林登州集一卷
　　（明）林弼撰
　　　　盛明百家詩後編
槎翁詩集八卷
　　（明）劉崧撰
　　　　四庫全書・集部別集類
介石稿一卷附錄一卷
　　（明）許伯旅撰
　　　　赤城遺書彙刊
唐丹崖集一卷
　　（明）唐肅撰
　　　　盛明百家詩後編
韓中允集一卷
　　（明）韓守益撰
　　　　盛明百家詩後編
明太祖文集二十卷
　　明太祖撰
　　　　四庫全書・集部別集類
東皋錄三卷
　　（明）釋妙聲撰
　　　　四庫全書・集部別集類
梁園寓稿九卷
　　（明）王翰撰
　　　　四庫全書・集部別集類
眉菴集十二卷
　　（明）楊基撰
　　　　四庫全書・集部別集類
　　眉菴集十二卷補遺一卷
　　　　四部叢刊三編・集部
楊孟載集
　　（明）楊基撰
　　　　盛明百家詩前編・高楊張徐集
靜居集四卷
　　（明）張羽撰
　　　　四庫全書・集部別集類
靜居集四卷附錄一卷補遺一卷附校勘記
一卷校勘續記一卷
　　（明）張羽撰　校勘記（民國）魏元曠撰　續
　　記（民國）胡思敬撰
　　　　豫章叢書（胡思敬輯）
張來儀先生文集一卷補遺一卷
　　（明）張羽撰
　　　　豫章叢書（胡思敬輯）
靜居集六卷
　　（明）張羽撰
　　　　四部叢刊三編・集部
張來儀集
　　（明）張羽撰

　　　　盛明百家詩前編・高楊張徐集
西菴集九卷
　　（明）孫蕡撰
　　　　四庫全書・集部別集類
孫西菴集八卷
　　（明）孫蕡撰
　　　　自明誠廔叢書
孫仲衍集
　　（明）孫蕡撰
　　　　盛明百家詩後編・廣中四傑集
海桑集十卷
　　（明）陳謨撰
　　　　四庫全書・集部別集類
竹齋集三卷續集一卷附錄一卷
　　（明）王冕撰
　　　　四庫全書・集部別集類
　竹齋詩集四卷
　　　　邵武徐氏叢書二集
竹齋集一卷
　　（明）王冕撰
　　　　元詩選二集庚集
王元章詩一卷
　　（明）王冕撰　（清）戴熙選
　　　　戴鹿牀手寫宋元四家詩
望雲集五卷
　　（明）郭奎撰
　　　　四庫全書・集部別集類
郭子章集一卷
　　（明）郭奎撰
　　　　盛明百家詩後編
姚少師集一卷
　　（明）姚廣孝撰
　　　　盛明百家詩後編
光菴集一卷
　　（明）王賓撰
　　　　天尺樓叢鈔
覆瓿集七卷附錄一卷
　　（明）朱同撰
　　　　四庫全書・集部別集類
　　　　四庫全書珍本初集・集部別集類
柘軒集四卷
　　（明）凌雲翰撰
　　　　四庫全書・集部別集類
　柘軒集四卷附錄二卷
　　　　武林往哲遺箸
許士修集一卷
　　（明）許君纘撰
　　　　盛明百家詩後編

梧岡詩藁四卷文藁六卷
　　(明)唐文鳳撰
　　　　唐氏三先生集
梧岡集八卷
　　(明)唐文鳳撰
　　　　四庫全書·集部別集類
高青邱集二十七卷
　　(明)高啓撰
　　　　文瑞樓叢刊
大全集十八卷
　　(明)高啓撰
　　　　四庫全書·集部別集類
　　　　摛藻堂四庫全書薈要·集部
　　高太史大全集十八卷
　　　　四部叢刊（初次印本、二次印本、縮印
　　　　二次印本）·集部
鳧藻集五卷
　　(明)高啓撰
　　　　四庫全書·集部別集類
　　高太史鳧藻集五卷
　　　　四部叢刊（初次印本、二次印本、縮印
　　　　二次印本）·集部
　　　　四部備要（排印本、縮印本）·集部明
　　　　別集
高季迪集一卷
　　(明)高啓撰
　　　　盛明百家詩前編·高楊張徐集
青邱高季迪先生詩集十八卷補遺一卷
　　(明)高啓撰　(清)金檀輯注
　　　　四部備要（排印本、縮印本）·集部明
　　　　別集
王常宗集四卷補遺一卷續補遺一卷
　　(明)王彝撰
　　　　四庫全書·集部別集類
貝清江先生全集四十卷
　　(明)貝瓊撰
　　　　文瑞樓叢刊
　　清江貝先生文集三十卷詩集十卷
　　　　四部叢刊（初次印本、二次印本、縮印
　　　　二次印本）·集部
清江詩集十卷文集三十一卷
　　(明)貝瓊撰
　　　　四庫全書·集部別集類
眞眞曲一卷
　　(明)貝瓊撰
　　　　香豔叢書第九集
密菴集八卷
　　(明)謝肅撰

四庫全書·集部別集類
密菴詩藁五卷文藁五卷
　　(明)謝肅撰
　　　　四部叢刊三編·集部
青暘集四卷補遺一卷
　　(明)張宣撰
　　　　江陰叢書
　　　　粟香室叢書
胡仲子集十卷
　　(明)胡翰撰
　　　　四庫全書·集部別集類
　　　　金華叢書（同治光緒本、民國補刊本）
　　　　·集部
　　　　叢書集成初編·文學類
蘇平仲集十六卷首一卷
　　(明)蘇伯衡撰
　　　　四庫全書·集部別集類
　　　　金華叢書（同治光緒本、民國補刊本）
　　　　·集部
　　　　叢書集成初編·文學類
　　蘇平仲文集十六卷
　　　　四部叢刊（初次印本、二次印本、縮印
　　　　二次印本）·集部
始豐稿十四卷
　　(明)徐一夔撰
　　　　四庫全書·集部別集類
　　始豐稿十四卷補遺一卷附錄一卷
　　　　武林往哲遺箸
白石山房逸稾二卷
　　(明)張孟兼撰
　　　　四庫全書·集部別集類
　　白石山房逸稿二卷補錄一卷
　　　　續金華叢書·集部
綠苔軒集六卷
　　(明)錢子正撰
　　　　四庫全書珍本初集·集部總集類·三
　　　　華集
滄螺集六卷
　　(明)孫作撰
　　　　四庫全書·集部別集類
　　　　江陰叢書
　　　　粟香室叢書
　　　　元四家集
　　滄螺集六卷補遺一卷
　　　　常州先哲遺書第一集·集類
臨安集六卷
　　(明)錢宰撰
　　　　四庫全書·集部別集類

尚絅齋集五卷
  (明)童冀撰
    四庫全書・集部別集類
    續金華叢書・集部
    四庫全書珍本初集・集部別集類
考古文集二卷
  (明)趙撝謙撰
    四庫全書・集部別集類
劉彥昺集九卷
  (明)劉炳撰
    四庫全書・集部別集類
春雨軒集四卷附校勘記校勘續記
  (明)劉炳撰　校勘記(民國)魏元曠撰　續
  記(民國)胡思敬撰
    豫章叢書(胡思敬輯)・鄱陽五家集
藍山集六卷
  (明)藍仁撰
    四庫全書・集部別集類
 藍山詩集六卷
    二藍集
藍澗集六卷
  (明)藍智撰
    四庫全書・集部別集類
 藍澗詩集六卷
    二藍集
釋夢觀集一卷
  (明)釋仁撰
    盛明百家詩後編
自怡集一卷
  (明)劉璉撰
    四庫全書・集部別集類
種菊庵集四卷
  (明)錢子義撰
    四庫全書珍本初集・集部總集類・三
    華集
半軒集十四卷
  (明)王行撰
    四庫全書・集部別集類
北郭集六卷
  (明)徐賁撰
    四庫全書・集部別集類
北郭集十卷補遺一卷
  (明)徐賁撰
    四部叢刊三編・集部
徐幼文集
  (明)徐賁撰
    盛明百家詩前編・高楊張徐集
鳴盛集四卷

  (明)林鴻撰
    四庫全書・集部別集類
林膳部詩五卷
  (明)林鴻撰
    閩中十子詩集
林員外集一卷
  (明)林鴻撰
    盛明百家詩前編
白雲樵唱集四卷附錄一卷
  (明)王恭撰
    四庫全書・集部別集類
草澤狂歌五卷
  (明)王恭撰
    四庫全書・集部別集類
    四庫全書珍本初集・集部別集類
王典籍詩五卷
  (明)王恭撰
    閩中十子詩集
王皆山集一卷
  (明)王恭撰
    盛明百家詩後編
蚓竅集十卷
  (明)管時敏撰
    四庫全書・集部別集類
    四部叢刊三編・集部
趙鳴秋集一卷
  (明)趙迪撰
    盛明百家詩後編
詠物詩一卷
  (明)瞿佑撰
    武林往哲遺箸
松雨軒詩集八卷
  (明)平顯撰
    宛委別藏
 松雨軒集八卷補遺一卷附錄二卷
    武林往哲遺箸
黃庸之集
  (明)黃哲撰
    盛明百家詩後編・廣中四傑集
王彥舉集
  (明)王佐撰
    盛明百家詩後編・廣中四傑集
李仲修集
  (明)李德撰
    盛明百家詩後編・廣中四傑集
畦樂詩集一卷
  (明)梁蘭撰
    四庫全書・集部別集類

畦樂先生詩集一卷
　　　　三梁文集
浦舍人詩集四卷附錄一卷
　　　（明）浦源撰
　　　　　錫山先哲叢刊第二輯
浦舍人集一卷
　　　（明）浦源撰
　　　　　盛明百家詩前編
坦庵先生文集八卷
　　　（明）梁本之撰
　　　　　三梁文集
運甓漫稿七卷
　　　（明）李昌祺撰
　　　　　四庫全書·集部別集類
至正妓人行一卷
　　　（明）李昌祺（禎）撰
　　　　　香豔叢書第九集
古廉集十一卷附錄一卷
　　　（明）李時勉撰
　　　　　四庫全書·集部別集類
蘭庭集二卷
　　　（明）謝晉撰
　　　　　四庫全書·集部別集類
　　　　　四庫全書珍本初集·集部別集類
西郊笑端集二卷
　　　（明）董紀撰
　　　　　四庫全書·集部別集類
常清集一卷
　　　（明）陳仲進撰
　　　　　江田詩系
簡齋集一卷
　　　（明）陳仲完撰
　　　　　江田詩系
草閣集六卷拾遺一卷文集一卷
　　　（明）李曄撰　拾遺（明）唐光祖輯
　　　　　四庫全書·集部別集類
　　草閣詩集六卷拾遺一卷文集一卷
　　　　　湖墅叢書
　　李草閣詩集六卷拾遺一卷文集一卷
　　　　　武林往哲遺箸
樗菴類藁二卷
　　　（明）鄭潛撰
　　　　　四庫全書·集部別集類
　　　　　四庫全書珍本初集·集部別集類
春草齋集十卷附錄一卷
　　　（明）烏斯道撰
　　　　　四庫全書·集部別集類
春草齋集十二卷

（明）烏斯道撰
　　　　四明叢書第三集
蹄涔集一卷
　　　（明）周口撰
　　　　　安成周氏家集
強齋集十卷
　　　（明）殷奎撰
　　　　　四庫全書·集部別集類
錢翰撰集一卷
　　　（明）錢仲益撰
　　　　　盛明百家詩前編
毅齋詩文集八卷
　　　（明）王洪撰
　　　　　四庫全書·集部別集類
　　　　　四庫全書珍本初集·集部別集類
王學士集一卷
　　　（明）王達撰
　　　　　盛明百家詩前編
獨醉亭集三卷
　　　（明）史謹撰
　　　　　四庫全書·集部別集類
　　　　　四庫全書珍本初集·集部別集類
海叟集四卷集外詩一卷
　　　（明）袁凱撰
　　　　　四庫全書·集部別集類
　　袁海叟詩集四卷補一卷
　　　　　觀自得齋叢書
袁海叟集一卷
　　　（明）袁凱撰
　　　　　盛明百家詩前編
榮進錄四卷
　　　（明）吳伯宗撰
　　　　　四庫全書·集部別集類
斗南老人集六卷
　　　（明）胡奎撰
　　　　　四庫全書·集部別集類
希澹園詩集三卷
　　　（明）虞堪撰
　　　　　四庫全書·集部別集類
　　　　　四庫全書珍本初集·集部別集類
　　虞山人詩三卷補遺一卷
　　　　　殷禮在斯堂叢書
鼓枻稿一卷
　　　（明）虞堪撰
　　　　　涵芬樓祕笈第八集
滎陽外史集一百卷（原缺卷一至六、卷十
四至二十、卷三十一至三十二、卷四十
四、卷五十至五十九、卷六十八至八十

六)
　(明)鄭真撰
　　　四庫全書・集部別集類
　　　四庫全書珍本初集・集部別集類
唐愚士詩二卷
　(明)唐之淳撰
　　　四庫全書・集部別集類
練中丞集二卷
　(明)練安撰
　　　四庫全書・集部別集類
練中丞金川集一卷
　(明)練安撰
　　　乾坤正氣集
練榜眼集一卷
　(明)練安撰
　　　盛明百家詩後編
靜學文集一卷
　(明)王叔英撰
　　　四庫全書・集部別集類
靜學文集三卷首一卷末一卷
　(明)王叔英撰
　　　螺樹山房叢書
王靜學先生文集三卷補遺一卷附錄一
　卷
　　　嘉業堂叢書・集部
掬清稿四卷附錄一卷
　(明)張羽撰
　　　赤城遺書彙刊
芻蕘集六卷
　(明)周是修撰
　　　四庫全書・集部別集類
芻蕘集四卷
　(明)周是修(德)撰
　　　乾坤正氣集
程巽隱先生全集四卷
　(明)程本立撰
　　　文瑞樓叢刊
巽隱集四卷
　　　四庫全書・集部別集類
程巽隱先生文集二卷
　(明)程本立撰
　　　乾坤正氣集
巽隱先生文集一卷
　(明)程本立撰
　　　檇李遺書
易齋集二卷
　(明)劉璟撰
　　　四庫全書・集部別集類

易齋集一卷
　(明)劉璟撰
　　　乾坤正氣集
峴泉集十二卷
　(明)張宇初撰
　　　道藏(正統本、景正統本)・正乙部
峴泉集四卷
　(明)張宇初撰
　　　四庫全書・集部別集類
高待詔詩五卷
　(明)高棅撰
　　　閩中十子詩集
高漫士集一卷
　(明)高棅撰
　　　盛明百家詩後編
陳徵君詩四卷
　(明)陳亮撰
　　　閩中十子詩集
鄭博士詩一卷
　(明)鄭定撰
　　　閩中十子詩集
王翰林詩二卷
　(明)王褒撰
　　　閩中十子詩集
唐觀察詩一卷
　(明)唐泰撰
　　　閩中十子詩集
周祠部詩一卷
　(明)周玄撰
　　　閩中十子詩集
黃博士詩一卷
　(明)黃玄撰
　　　閩中十子詩集
溪山集一卷
　(明)陳航撰
　　　江田詩系
遜志齋集二十四卷
　(明)方孝孺撰
　　　四庫全書・集部別集類
方正學先生遜志齋集二十四卷
　　　四部備要(排印本、縮印本)・集部明
　　　別集
遜志齋集二十四卷附錄一卷
　　　四部叢刊(初次印本、二次印本、縮印
　　　二次印本)・集部
遜志齋集二十二卷
　(明)方孝孺撰
　　　乾坤正氣集

方正學先生文集七卷
　　(明)方孝孺撰
　　　　正誼堂全書
　　　　叢書集成初編·文學類
方正學集一卷
　　(明)方孝孺撰
　　　　廣理學備考第一函
李卓吾評選方正學文集十一卷
　　(明)方孝孺撰　(明)李贄輯
　　　　三異人文集
方正學先生集選十三卷
　　(明)方孝孺撰　(明)張汝瑚選
　　　　明八大家集
繼志齋集十二卷附錄一卷
　　(明)王紳撰
　　　　四庫全書·集部別集類
繼志齋集二卷
　　(明)王紳撰
　　　　續金華叢書·集部
頤菴文選二卷
　　(明)胡儼撰
　　　　四庫全書·集部別集類
王舍人詩集五卷
　　(明)王紱撰
　　　　四庫全書·集部別集類
　王舍人詩集五卷附錄一卷
　　　　錫山先哲叢刊第二輯
王舍人集一卷
　　(明)王紱撰
　　　　盛明百家詩前編
石田集一卷
　　(明)陳登撰
　　　　江田詩系
貞白遺稿十卷
　　(明)程通撰
　　　　四庫全書·集部別集類
東里全集九十七卷別集四卷
　　(明)楊士奇撰
　　　　四庫全書·集部別集類
瞶齋稿一卷
　　(明)王稱撰
　　　　續金華叢書·集部
泊菴集十六卷
　　(明)梁潛撰
　　　　四庫全書·集部別集類
泊庵先生文集十六卷詩鈔一卷
　　(明)梁潛撰
　　　　三梁文集

夏忠靖集六卷附錄一卷
　　(明)夏原吉撰
　　　　四庫全書·集部別集類
永嘉先生集十二卷
　　(明)張著撰
　　　　敬鄉樓叢書第三輯
宮詞
　　(明)朱權撰
　　　　借月山房彙鈔（嘉慶本、景嘉慶本）第
　　　　十六集·宮詞小纂
　　　　叢書集成初編·文學類·宮詞小纂
廣和中峯詩韻一卷
　　(明)朱權撰
　　　　梅花百詠詩
省愆集二卷
　　(明)黃淮撰
　　　　四庫全書·集部別集類
　　　　敬鄉樓叢書第三輯
黃文簡公介菴集十一卷補遺一卷
　　(明)黃淮撰
　　　　敬鄉樓叢書第三輯
金文靖集十卷
　　(明)金幼孜撰
　　　　四庫全書·集部別集類
文毅集十六卷
　　(明)解縉撰
　　　　四庫全書·集部別集類
解學士集一卷
　　(明)解縉撰
　　　　盛明百家詩後編
虛舟集五卷
　　(明)王偁撰
　　　　四庫全書·集部別集類
　王檢討詩五卷
　　　　閩中十子詩集
王翰檢集一卷
　　(明)王偁撰
　　　　盛明百家詩後編
楊文敏集二十五卷
　　(明)楊榮撰
　　　　四庫全書·集部別集類
曾狀元集一卷
　　(明)曾棨撰
　　　　盛明百家詩後編
筠谷詩一卷
　　(明)李轅撰
　　　　四庫全書·集部別集類·草閣集附
　筠谷詩集一卷

湖壄叢書
武林往哲遺箸
行先遺稿一卷
　（清）方秉孝撰
　　　雲南叢書二編・史部・盤龍山紀要附
倪維嶽集
　（明）倪峻撰
　　　盛明百家詩後編・二倪詩集
曹月川集一卷
　（明）曹端撰
　　　四庫全書・集部別集類
曹月川先生文集二卷
　（明）曹端撰
　　　續中州名賢文表
曹月川集
　（明）曹端撰
　　　廣理學備考第一函
符臺外集二卷
　（明）袁忠徹撰
　　　四明叢書第七集
抑菴集十三卷後集三十七卷
　（明）王直撰
　　　四庫全書・集部別集類
琴軒集十卷
　（明）陳璉撰
　　　聚德堂叢書
錦樹集八卷
　（明）錢仲益撰
　　　四庫全書珍本初集・集部總集類・三
　　　華集
周眞人集一卷補遺一卷
　（明）周思得撰
　　　武林往哲遺箸
周眞人集一卷
　（明）周思得撰
　　　盛明百家詩前編
節菴集八卷續纂一卷
　（明）高得暘撰
　　　武林往哲遺箸
野古集三卷
　（明）龔詡撰
　　　四庫全書・集部別集類
　　　對樹書屋叢刻
龔安節先生遺文一卷
　（明）龔詡撰
　　　又滿樓叢書
況太守集十六卷補遺一卷首一卷
　（明）況鍾撰

津河廣仁堂所刻書
康齋文集十二卷
　（明）吳與弼撰
　　　四庫全書・集部別集類
吳康齋集
　（明）吳與弼撰
　　　廣理學備考第一函
兩溪文集二十四卷
　（明）劉球撰
　　　四庫全書・集部別集類
劉兩谿文集二十卷
　（明）劉球撰
　　　乾坤正氣集
青城山人集八卷
　（明）王璲撰
　　　四庫全書・集部別集類
張文僖集一卷
　（明）張益撰
　　　乾坤正氣集
薛文清集二十四卷
　（明）薛瑄撰
　　　四庫全書・集部別集類
薛敬軒先生文集十卷
　（明）薛瑄撰
　　　正誼堂全書
　　　叢書集成初編・文學類
薛文清公文集八卷
　（明）薛瑄撰
　　　續中州名賢文表
薛敬軒集一卷
　（明）薛瑄撰
　　　廣理學備考第一函
梅讀先生存稿十卷附錄五卷
　（明）楊自懲撰
　　　四明叢書第八集
杜東原詩集一卷文集一卷
　（明）杜瓊撰
　　　天尺樓叢鈔
蘭隱君集一卷
　（明）蘭茂撰
　　　雲南叢書二編・集部・楊林兩隱君集
宣宗皇帝御製詩一卷
　明宣宗撰
　　　紀錄彙編
　　　紀錄彙編選刊
　　　叢書集成初編・文學類
　　　景印元明善本叢書十種・紀錄彙編
于忠肅集十三卷

（明）丘濬撰
丘海二公文集合編（康熙本、乾隆本、
同治本）
瓊臺會稿十卷
海南叢書第一集
重編瓊臺會橐二十四卷
（明）丘濬撰
四庫全書・集部別集類
丘仲深集
（明）丘濬撰
廣理學備考第六函
雞肋集十卷首一卷
（明）王佐撰
海南叢書第三集
桂軒先生全集八卷
（明）顧恂撰
玉峯雍里顧氏六世詩文集
張東海集一卷
（明）張弼撰
盛明百家詩後編
竹嵒詩集一卷文集一卷補遺一卷
（明）柯潛撰
四庫全書・集部別集類
穀庵集選十卷附錄一卷
（明）姚綬撰
姚氏世刻
椒邱文集四十四卷
（明）何喬新撰
四庫全書・集部別集類
何椒邱集
（明）何喬新撰
廣理學備考第一函
張石河文稿一卷
（明）張承撰
張伊嗣全集
石田先生集不分卷
（明）沈周撰
陳沈兩先生稿
沈石田集一卷
（明）沈周撰
盛明百家詩前編
石田詩選十卷
（明）沈周撰　（明）華汝德輯
四庫全書・集部別集類
摘藻堂四庫全書薈要・集部
定軒存稿十六卷附錄一卷拾遺一卷
（明）黃孔昭撰
赤城遺書彙刊

謙齋文錄四卷
（明）徐溥撰
四庫全書・集部別集類
白沙集九卷
（明）陳獻章撰
四庫全書・集部別集類
白沙子八卷
（明）陳獻章撰
四部叢刊三編・集部
陳白沙集一卷
（明）陳獻章撰
盛明百家詩前編
陳白沙集一卷
（明）陳獻章撰
廣理學備考第一函
楊文懿公文集三十卷
（明）楊守陳撰
四明叢書第七集
彭惠安集十卷附錄一卷
（明）彭韶撰
四庫全書・集部別集類
翠渠摘橐七卷補遺一卷
（明）周瑛撰　補遺（明）周維鑣輯
四庫全書・集部別集類
清風亭橐七卷
（明）童軒撰
四庫全書・集部別集類
方洲集二十六卷
（明）張寧撰
四庫全書・集部別集類
奉使錄二卷
（明）張寧撰
鹽邑志林
叢書集成初編・文學類
景印元明善本叢書十種・鹽邑志林
方洲先生奉使錄二卷
寶顏堂祕笈（萬曆本、民國石印本）彙
集
愼齋集四卷
（明）蔣主忠撰
宛委別藏
選印宛委別藏
一峯集十卷
（明）羅倫撰
四庫全書・集部別集類
羅一峯集
（明）羅倫撰
廣理學備考第一函

彭文思公文集六卷附錄一卷
　　（明）彭華撰
　　　　彭氏二文合集
齊山稿一卷
　　（明）王汶撰
　　　　續金華叢書・集部
西村集八卷附錄一卷
　　（明）史鑑撰
　　　　四庫全書・集部別集類
史山人集一卷
　　（明）史鑑撰
　　　　盛明百家詩前編
謝野全集
　　（明）謝承舉撰
　　　　盛明百家詩後編・二謝詩集
觀頤摘稿一卷附錄一卷
　　（明）姚旬撰
　　　　姚氏世刻
丁山先生集一卷
　　（明）黃元釜撰
　　　　黃氏擷瓊集（康熙本、嘉慶本）
郭定襄伯集一卷
　　（明）郭登撰
　　　　盛明百家詩後編
東園文集十三卷續編一卷
　　（明）鄭紀撰
　　　　四庫全書・集部別集類
胡文敬公集三卷
　　（明）胡居仁撰
　　　　四庫全書・集部別集類
　　胡敬齋先生文集三卷
　　　　正誼堂全書
　　　　西京清麓叢書正編
　　　　叢書集成初編　文學類
　　文敬胡先生集三卷
　　　　洪氏唐石經館叢書
胡敬齋集
　　（明）胡居仁撰
　　　　廣理學備考第一函
謝文肅公集一卷
　　（明）謝鐸撰
　　　　盛明百家詩後編
家藏集七十七卷
　　（明）吳寬撰
　　　　四庫全書・集部別集類
　　　　摛藻堂四庫全書薈要・集部
　　匏翁家藏集七十七卷補遺一卷
　　　　四部叢刊（初次印本、二次印本、縮印

二次印本）・集部
戴學憲集一卷
　　（明）戴冠撰
　　　　盛明百家詩前編
碧川文選八卷補遺一卷
　　（明）楊守阯撰
　　　　四明叢書第七集
劉忠宣公集一卷
　　（明）劉大夏撰
　　　　盛明百家詩後編
楓山集四卷附錄一卷
　　（明）章懋撰
　　　　四庫全書・集部別集類
楓山章先生集九卷
　　（明）章懋撰
　　　　金華叢書（同治光緒本、民國補刊本）
　　　　　・集部
　　　　叢書集成初編・文學類
章楓山集
　　（明）章懋撰
　　　　廣理學備考第一函
醫閭集九卷
　　（明）賀欽撰
　　　　四庫全書・集部別集類
　　醫閭先生集九卷
　　　　四明叢書第四集
　　　　遼海叢書第四集
清谿漫彙二十四卷
　　（明）倪岳撰
　　　　四庫全書・集部別集類
　　青谿漫稿二十四卷補遺一卷
　　　　武林往哲遺箸後編
樓居雜著一卷
　　（明）朱存理撰
　　　　四庫全書・集部別集類
　　　　天尺樓叢鈔
野航詩彙一卷文彙一卷附錄一卷
　　（明）朱存理撰
　　　　四庫全書・集部別集類・樓居雜著附
　　　　天尺樓叢鈔・樓居雜著附
文溫州詩一卷
　　（明）文林撰
　　　　文氏家藏詩集
桑思玄集一卷
　　（明）桑悅撰
　　　　盛明百家詩前編
懷麓堂集一百卷
　　（明）李東陽撰

四庫全書・集部別集類

摘藻堂四庫全書薈要・集部

李文正公集二卷

（明）李東陽撰

盛明百家詩前編

錢山人集一卷

（明）錢文撰

盛明百家詩後編

居敬堂集一卷

（明）朱厚煜撰

金聲玉振集・撰述

篁墩集九十三卷

（明）程敏政撰

四庫全書・集部別集類

屠康僖公文集（一名太和堂集）六卷附錄

一卷

（明）屠勳撰

合刻屠氏家藏二集

蕭給諫湖山集一卷

（明）蕭龍撰

潮州耆舊集

震澤集三十六卷

（明）王鏊撰

四庫全書・集部別集類

摘藻堂四庫全書薈要・集部

王守溪集

（明）王鏊撰

廣理學備考第一函

歸田稾八卷

（明）謝遷撰

四庫全書・集部別集類

張古城先生詩集二卷

（明）張吉撰

張古城先生文集

張古城先生文略一卷補遺一卷

（明）張吉撰

張古城先生文集

古城集六卷補遺一卷

（明）張吉撰

四庫全書・集部別集類

鬱洲遺稾十卷

（明）梁儲撰

四庫全書・集部別集類

莊定山集十卷

（明）莊㫤撰

四庫全書・集部別集類

定山集十卷

金陵叢書丁集

莊定山集一卷

（明）莊㫤撰

盛明百家詩前編

莊定山集一卷

（明）莊㫤撰

廣理學備考第二函

未軒文集十二卷補遺二卷附錄一卷

（明）黃仲昭撰

四庫全書・集部別集類

文淶水遺文一卷詩一卷

（明）文洪撰

文氏家藏詩集

淶水詩集一卷文集一卷

四庫全書珍本初集・集部總集類・文

氏五家集

靜庵勝稿一卷附錄一卷

（明）朱妙端撰

拜經樓叢書（乾隆嘉慶本、景乾隆嘉慶

本）

愚直存稿一卷

（明）周揆撰

安成周氏家集

文僖公集一卷

（明）黃珣撰

黃氏攟殘集（康熙本、嘉慶本）

道南先生集一卷

（明）黃韶撰

黃氏攟殘集（康熙本、嘉慶本）

見素文集二十八卷續集十二卷

（明）林俊撰

四庫全書・集部別集類

虛齋集五卷

（明）蔡清撰

四庫全書・集部別集類

蔡虛齋集

（明）蔡清撰

廣理學備考第一函

石淙詩鈔十五卷附一卷

（明）楊一清撰

雲南叢書初編・集部

楊文襄公文集一卷詩集一卷

（明）楊一清撰

雲南叢書初編・集部・明滇南五名臣

遺集

東田集十五卷

（明）馬中錫撰

馬東田孫沙溪兩公遺集合編

東田文集三卷詩集三卷

（明）馬中錫撰
　　畿輔叢書
　　叢書集成初編・文學類

三峯集一卷
　　（明）陳崇德撰
　　江田詩系

王古直集一卷
　　（明）王佐撰
　　盛明百家詩後編

柴墟文集十五卷附錄一卷
　　（明）儲罐撰
　　海陵叢刻

懷星堂集三十卷
　　（明）祝允明撰
　　四庫全書・集部別集類

祝枝山集一卷
　　（明）祝允明撰
　　盛明百家詩前編

過宜言八卷附錄一卷
　　（明）華夏撰
　　四明叢書第二集

容春堂前集二十卷後集十四卷續集十八
卷別集九卷
　　（明）邵寶撰
　　四庫全書・集部別集類

邵文莊公集一卷
　　（明）邵寶撰
　　盛明百家詩前編

邵二泉集一卷
　　（明）邵寶撰
　　廣理學備考第二函

莫南沙集一卷
　　（明）莫止撰
　　盛明百家詩後編

王虎谷集
　　（明）王雲鳳撰
　　廣理學備考第二函

羅圭峯文集三十卷
　　（明）羅玘撰
　　四庫全書・集部別集類

吳文肅公摘藁四卷
　　（明）吳儼撰
　　四庫全書・集部別集類

文中丞詩一卷
　　（明）文森撰
　　文氏家藏詩集

夏赤城集一卷
　　（明）夏鍭撰

盛明百家詩前編

王文莊公凝齋集六卷別集二卷
　　（明）王鴻儒撰
　　續中州名賢文表

西軒效唐集錄十二卷補遺一卷
　　（明）丁養浩撰
　　武林往哲遺箸

熊峯集十卷
　　（明）石珤撰
　　四庫全書・集部別集類

石閣老集一卷
　　（明）石珤撰
　　盛明百家詩前編

整菴存稿二十卷
　　（明）羅欽順撰
　　四庫全書・集部別集類

羅整庵先生存槀二卷
　　（明）羅欽順撰
　　正誼堂全書
　　叢書集成初編・文學類

羅整菴集
　　（明）羅欽順撰
　　廣理學備考第二函

立齋遺文五卷
　　（明）鄒智撰
　　四庫全書・集部別集類

立齋遺文四卷
　　（明）鄒智撰
　　乾坤正氣集

湛甘泉先生文集三十二卷
　　（明）湛若水撰
　　甘泉全集

湛甘泉集一卷
　　（明）湛若水撰
　　盛明百家詩後編

湛甘泉集
　　（明）湛若水撰
　　廣理學備考第三函

鳳山詩集二卷附錄一卷
　　（明）秦金撰
　　秦氏三府君集

秦端敏公集一卷
　　（明）秦金撰
　　盛明百家詩後編

山齋集二十四卷
　　（明）鄭岳撰
　　四庫全書・集部別集類

湯將軍集一卷

（明）湯胤勣撰
　　　盛明百家詩後編

佩韋子存稿二卷
　　（明）周正方撰
　　　安成周氏家集

小鳴槀十卷
　　（明）朱誠泳撰
　　　四庫全書・集部別集類

方簡肅文集十卷
　　（明）方良永撰
　　　四庫全書・集部別集類

羅太守集一卷續集一卷
　　（明）羅柔撰
　　　盛明百家詩後編

東江家藏集四十二卷
　　（明）顧淸撰
　　　四庫全書・集部別集類

顧東江集一卷
　　（明）顧淸撰
　　　盛明百家詩後編

陳檢討集不分卷
　　（明）陳繗撰
　　　海南叢書第五集

拘虛集五卷後集三卷
　　（明）陳沂撰
　　　四明叢書第四集

陳行卿集一卷
　　（明）陳沂撰
　　　盛明百家詩前編

馬氏芏君集一卷
　　（明）馬閶卿撰
　　　盛明百家詩後編

六如居士詩文集七卷補遺一卷
　　（明）唐寅撰
　　　六如居士全集

六如居士制義一卷
　　（明）唐寅撰
　　　六如居士全集

唐伯虎集一卷
　　（明）唐寅撰
　　　盛明百家詩前編

六如詩鈔一卷
　　（明）唐寅撰
　　　綠滿書牕

才子文一卷
　　（明）唐寅撰
　　　巾箱小品

甫田集三十五卷附錄一卷

（明）文徵明撰
　　　四庫全書・集部別集類
　　　摛藻堂四庫全書薈要・集部

文太史詩四卷
　　（明）文徵明撰
　　　文氏家藏詩集

太史詩集四卷
　　　四庫全書珍本初集・集部總集類・文
　　　氏五家集

梅花百詠一卷
　　（明）文徵明撰
　　　天尺樓叢鈔

文翰詔集一卷續集一卷
　　（明）文徵明撰
　　　盛明百家詩前編

拙政園圖題詠一卷
　　（明）文徵明撰
　　　花近樓叢書補遺

西村詩集二卷補遺一卷
　　（明）朱朴撰　補遺（明）朱綵輯
　　　四庫全書・集部別集類

先祖通奉府君遺槀一卷
　　（明）周元孚撰
　　　婁東周氏叢刊

張伎陵集一卷
　　（明）張鳳翔撰
　　　盛明百家詩前編

王文成公文錄五卷
　　（明）王守仁撰
　　　王文成公全書(隆慶本、同治光緒本)
　　　四部叢刊（二次印本、縮印二次印本)
　　　・集部・王文成公全書
　　　四部備要（排印本、縮印本)・子部儒
　　　家・王文成公全書

王文成公文錄續編六卷
　　（明）王守仁撰
　　　王文成公全書(隆慶本、同治光緒本)
　　　四部叢刊（二次印本、縮印二次印本)
　　　・集部・王文成公全書
　　　四部備要（排印本、縮印本)・子部儒
　　　家・王文成公全書

王文成公別錄十卷
　　（明）王守仁撰
　　　王文成公全書(隆慶本、同治光緒本)
　　　四部叢刊（二次印本、縮印二次印本)
　　　・集部・王文成公全書
　　　四部備要（排印本、縮印本)・子部儒
　　　家・王文成公全書

王文成公外集七卷
　　(明)王守仁撰
　　　　王文成公全書(隆慶本、同治光緒本)
　　　　四部叢刊（二次印本、縮印二次印本）
　　　　　・集部・王文成公全書
　　　　四部備要（排印本、縮印本）・子部儒
　　　　家・王文成公全書
王陽明集一卷
　　(明)王守仁撰
　　　　盛明百家詩前編
王陽明集
　　(明)王守仁撰
　　　　廣理學備考第一函
王文成先生集選十三卷
　　(明)王守仁撰　(明)張汝瑚選
　　　　明八大家集
文章集四卷
　　(明)王守仁撰　(明)施邦曜評輯
　　　　陽明先生集要
　　　　四部叢刊（初次印本、二次印本、縮印
　　　　二次印本）・集部・陽明先生集要
王陽明文選二卷
　　(明)王守仁撰　(淸)劉犖虞選評
　　　　元明八大家古文選
王陽明先生文選七卷
　　(明)王守仁撰　(淸)李祖陶選
　　　　金元明八大家文選
王文成與朱侍御三劄
　　(明)王守仁撰
　　　　明代名人尺牘
王陽明尺牘一卷
　　(明)王守仁撰
　　　　明淸十大家尺牘
李崆峒先生詩集三十三卷
　　(明)李夢陽撰
　　　　李何二先生詩集
李空同詩集三十三卷附錄一卷
　　　　弘正四傑詩集
空同詩集三十四集
　　　　明四子詩集
空同集六十六卷
　　(明)李夢陽撰
　　　　四庫全書・集部別集類
　　　　摛藻堂四庫全書薈要・集部
李空同集二卷
　　(明)李夢陽撰
　　　　盛明百家詩前編
空同集選一卷

(明)李夢陽撰　(淸)姚佺(淸)孫枝蔚選
　　　　四傑詩選
燕泉何先生遺藁十卷
　　(明)何孟春撰
　　　　何燕泉三種
傅木虛集十五卷
　　(明)傅汝舟撰
　　　　明閩中高傅二山人集
傅山人集一卷
　　(明)傅汝舟撰
　　　　盛明百家詩前編
續傅山人集一卷
　　(明)傅汝舟撰
　　　　盛明百家詩後編
張崑崙集一卷
　　(明)張詩撰
　　　　盛明百家詩前編
杭世卿集
　　(明)杭濟撰
　　　　盛明百家詩前編・二杭詩集
薛檢討集一卷
　　(明)薛格撰
　　　　盛明百家詩後編
磧東集錄五卷補遺一卷
　　(明)秦文撰
　　　　四休堂叢書
甌濱摘稿一卷補遺一卷附錄一卷
　　(明)王瓚撰
　　　　敬鄉樓叢書第四輯
靜觀堂集十四卷
　　(明)顧潛撰
　　　　玉峯雍里顧氏六世詩文集
王渼陂集一卷
　　(明)王九思撰
　　　　盛明百家詩前編
朱蕩南集一卷
　　(明)朱諫撰
　　　　盛明百家詩後編
熊侍御集一卷
　　(明)熊卓撰
　　　　盛明百家詩前編
周尙書集一卷
　　(明)周金撰
　　　　盛明百家詩後編
柏齋集十一卷
　　(明)何瑭撰
　　　　四庫全書・集部別集類
何文定公柏齋集十卷

　　(明)何瑭撰
　　　　續中州名賢文表
何粹夫集
　　(明)何瑭撰
　　　　廣理學備考第五函
浚川內臺集三卷續集七卷
　　(明)王廷相撰
　　　　王浚川所著書
王浚川集一卷
　　(明)王廷相撰
　　　　盛明百家詩前編
張文忠公詩稿四卷續一卷文稿六卷
　　(明)張孚敬撰
　　　　敬鄉樓叢書第四輯
對山集十卷
　　(明)康海撰
　　　　四庫全書・集部別集類
康狀元集一卷
　　(明)康海撰
　　　　盛明百家詩前編
邊華泉集二卷
　　(明)邊貢撰
　　　　明四家集
華泉集十四卷
　　(明)邊貢撰
　　　　四庫全書・集部別集類
邊華泉詩集七卷附錄一卷
　　(明)邊貢撰
　　　　弘正四傑詩集
邊華泉集一卷
　　(明)邊貢撰
　　　　盛明百家詩前編
華泉先生集選四卷
　　(明)邊貢撰　　(清)王士禛選
　　　　王漁洋遺書
竹澗集八卷
　　(明)潘希曾撰
　　　　四庫全書・集部別集類
竹澗先生文集八卷
　　　　續金華叢書・集部
浮湘集四卷
　　(明)顧璘撰
　　　　四庫全書・集部別集類
山中集四卷
　　(明)顧璘撰
　　　　四庫全書・集部別集類・浮湘集附
憑几集五卷續集二卷
　　(明)顧璘撰

　　　　四庫全書・集部別集類・浮湘集附
息園存稿詩十四卷文九卷
　　(明)顧璘撰
　　　　四庫全書・集部別集類・浮湘集附
緩慟集一卷
　　(明)顧璘撰
　　　　四庫全書・集部別集類・浮湘集附
顧華玉集四十卷
　　(明)顧璘撰
　　　　金陵叢書甲集
顧司寇集一卷
　　(明)顧璘撰
　　　　盛明百家詩前編
劉清惠集十二卷
　　(明)劉麟撰
　　　　四庫全書・集部別集類
東田遺稾二卷
　　(明)張羽撰
　　　　四庫全書・集部別集類
沙溪集二十三卷
　　(明)孫緒撰
　　　　馬東田孫沙溪兩公遺集合編
　　　　四庫全書・集部別集類
周草庭集一卷
　　(明)周塤撰
　　　　盛明百家詩後編
雙溪集八卷
　　(明)杭淮撰
　　　　四庫全書・集部別集類
杭東卿集
　　(明)杭淮撰
　　　　盛明百家詩前編・二杭詩集
朱升之集
　　(明)朱應登撰
　　　　盛明百家詩前編・二朱詩集
白齋詩集九卷
　　(明)張琦撰
　　　　四明叢書第四集
竹里詩集三卷文略一卷
　　(明)張琦撰
　　　　四明叢書第四集・白齋詩集附
張白齋集一卷
　　(明)張琦撰
　　　　盛明百家詩後編
魯文恪公集十卷附錄一卷
　　(明)魯鐸撰
　　　　崇雅堂叢書初編
王方伯集一卷

(明)王尙絅撰
　　盛明百家詩後編
傳芳集不分卷
　(明)唐冑撰
　　海南叢書第三集
都御史陳虞山先生集十三卷附一卷
　(明)陳察撰
　　二陳先生全集
徐尙書集一卷
　(明)徐問撰
　　盛明百家詩前編
水南集十七卷
　(明)陳霆撰
　　吳興叢書
俞國昌集
　(明)俞泰撰
　　盛明百家詩前編·二俞詩集
俞國光集
　(明)俞暉撰
　　盛明百家詩前編·二俞詩集
孫鷺沙集一卷
　(明)孫偉撰
　　盛明百家詩後編
薛浮休集一卷
　(明)薛章憲撰
　　盛明百家詩前編
釋雪江集一卷
　(明)釋明秀撰
　　盛明百家詩前編
漁石集四卷
　(明)唐龍撰
　　金華叢書(民國補刊本)·集部
　　叢書集成初編·文學類
楊弘山先生存稿十二卷
　(明)楊士雲撰
　　雲南叢書初編·集部
儼山集一百卷續集十卷
　(明)陸深撰
　　四庫全書·集部別集類
陸文裕公集一卷
　(明)陸深撰
　　盛明百家詩後編
洹詞十二卷
　(明)崔銑撰
　　崔洹野集
　　四庫全書·集部別集類
崔文敏公洹詞十二卷
　　續中州名賢文表

崔後渠集一卷
　(明)崔銑撰
　　廣理學備考第二函
呂涇野集一卷
　(明)呂柟撰
　　廣理學備考第二函
苑洛集二十二卷
　(明)韓邦奇撰
　　四庫全書·集部別集類
韓苑洛集一卷
　(明)韓邦奇撰
　　廣理學備考第二函
徐昌穀集二卷
　(明)徐禎卿撰
　　明四家集
迪功集六卷
　(明)徐禎卿撰
　　四庫全書·集部別集類
　　摛藻堂四庫全書薈要·集部
徐迪功詩集四卷外集三卷附錄一卷
　(明)徐禎卿撰
　　弘正四傑詩集
徐迪功集一卷
　(明)徐禎卿撰
　　盛明百家詩前編
迪功集選一卷
　(明)徐禎卿撰　(清)王士禎選
　　王漁洋遺書·二家詩選
雲村文集十四卷
　(明)許相卿撰
　　四庫全書·集部別集類
許雲村集一卷
　(明)許相卿撰
　　盛明百家詩前編
桂洲文集四卷
　(明)夏言撰
　　乾坤正氣集
陳白陽集不分卷
　(明)陳道復(淳)撰
　　陳沈兩先生稿
莊渠先生文集十六卷
　(明)魏校撰
　　莊渠先生遺書
魏莊渠先生書三卷
　(明)魏校撰
　　六子書(于孔兼輯)
莊渠遺書十二卷
　(明)魏校撰

四庫全書・集部別集類

魏莊渠先生集二卷
　　（明）魏校撰
　　　　正誼堂全書
　　　　叢書集成初編・文學類

何仲默先生詩集十五卷
　　（明）何景明撰
　　　　李何二先生詩集

大復集三十八卷
　　（明）何景明撰
　　　　四庫全書・集部別集類
　　　　摛藻堂四庫全書薈要・集部

何大復詩集二十六卷附錄一卷
　　（明）何景明撰
　　　　弘正四傑詩集

信陽詩集二十六卷
　　　　明四子詩集

何大復集二卷
　　（明）何景明撰
　　　　盛明百家詩前編

大復集選不分卷
　　（明）何景明撰　（清）姚佺（清）孫枝蔚選
　　　　四傑詩選

屈安人遺詩一卷
　　（明）屈口撰
　　　　遜敏堂叢書

王心齋集
　　（明）王艮撰
　　　　廣理學備考第二函

凝齋稿一卷
　　（明）朱詮鈗（凝齋道人）撰
　　　　藩國勉學書院集

太白山人漫稾八卷
　　（明）孫一元撰
　　　　四庫全書・集部別集類

孫山人集一卷
　　（明）孫一元撰
　　　　盛明百家詩前編

忠節馬光祿先生軼詩一卷
　　（明）馬思聰撰
　　　　馬忠節父子合集

殷石川集一卷
　　（明）殷雲霄撰
　　　　盛明百家詩前編

中峯集十一卷首一卷附錄三卷
　　（明）董玘撰　附錄（清）董金鑑輯
　　　　董氏叢書

中峯制藝一卷

（明）董玘撰
　　　　董氏叢書

養心亭集八卷
　　（明）張邦奇撰
　　　　四明叢書第七集

梓溪文鈔外集十卷
　　（明）舒芬撰
　　　　梓溪文鈔

孟有涯集十七卷
　　（明）孟洋撰
　　　　三怡堂叢書

孟有涯集一卷
　　（明）孟洋撰
　　　　盛明百家詩前編

王太僕集一卷
　　（明）王韋撰
　　　　盛明百家詩前編

王僉事集一卷
　　（明）王廷撰
　　　　盛明百家詩後編

鄭少谷集二十五卷
　　（明）鄭善夫撰
　　　　四庫全書・集部別集類

鄭少谷集一卷
　　（明）鄭善夫撰
　　　　盛明百家詩前編

石門集七卷
　　（明）高瀔撰
　　　　明閩中高傅二山人集

夢蕉存稿四卷
　　（明）游潛撰
　　　　夢蕉三種

愷菴草一卷
　　（明）王寶撰
　　　　墻東詩錄

章羽士集一卷
　　（明）章志宗撰
　　　　盛明百家詩後編

集古梅花詩二卷附錄一卷
　　（明）沈行撰
　　　　武林往哲遺箸

瀼溪草堂稿五十八卷
　　（明）孫承恩撰
　　　　四庫全書・集部別集類

天馬山房遺稿八卷
　　（明）朱淛撰
　　　　四庫全書・集部別集類

張通參集一卷

（明）張宸撰
盛明百家詩後編

容菴集十卷
（明）應大猷撰
仙居叢書第一集

陳忠貞公遺集三卷附錄二卷
（明）陳良謨撰
四明叢書第二集

韓參議集一卷
（明）韓邦靖撰
盛明百家詩前編

東洲初彙十四卷
（明）夏良勝撰
四庫全書・集部別集類

錢太守集一卷
（明）錢琦撰
盛明百家詩後編

方棠陵集一卷
（明）方豪撰
盛明百家詩前編

方伯集一卷
（明）馮裕撰
馮氏五先生集

鍾筠溪集一卷
（明）鍾芳撰
海南叢書第五集

張愈光詩文選八卷附錄一卷
（明）張含撰
雲南叢書初編・集部

張禺山集一卷
（明）張含撰
盛明百家詩前編

楊通府集一卷
（明）楊中撰
盛明百家詩後編

劉晴川集
（明）劉魁撰
廣理學備考第三函

升菴集八十一卷
（明）楊慎撰
四庫全書・集部別集類

楊升菴集一卷
（明）楊慎撰
盛明百家詩前編

李嵩渚集一卷
（明）李濂撰
盛明百家詩前編

考功集十卷

（明）薛蕙撰
四庫全書・集部別集類

薛考功集一卷
（明）薛蕙撰
盛明百家詩前編

燕臺集一卷
（明）黎瞻撰
番禺黎氏存詩彙選

薛御史中離集三卷
（明）薛侃撰
潮州耆舊集

許少華集一卷
（明）許宗魯撰
盛明百家詩前編

桃川剩集二卷
（明）王廷表撰
雲南叢書二編・集部

檗菴集二卷
（明）汪禔撰
汪氏三先生集

睡足軒詩選一卷
（明）邊習撰　（清）王士禛（清）徐夜選
王漁洋遺書

皇甫華陽集
（明）皇甫沖撰
盛明百家詩前編・皇甫昆季集

泰泉集十卷
（明）黃佐撰
四庫全書・集部別集類

黃泰泉集一卷
（明）黃佐撰
盛明百家詩前編

黃太泉集
（明）黃佐撰
廣理學備考第五函

常評事集四卷
（明）常倫撰
山右叢書初編

常評事集一卷
（明）常倫撰
盛明百家詩前編

東巖集六卷
（明）夏尚樸撰
四庫全書・集部別集類

祭酒琴溪陳先生集八卷附一卷
（明）陳寰撰
二陳先生全集

齊憲副集一卷

(明)齊鸞撰
　　盛明百家詩後編

方齋詩文集十卷
　(明)林文俊撰
　　四庫全書・集部別集類

鄒東廓集
　(明)鄒守益撰
　　廣理學備考第六函

顧同府集一卷
　(明)顧彥夫撰
　　盛明百家詩後編

左中川集一卷
　(明)左國璣撰
　　盛明百家詩前編

田莘野集一卷
　(明)田汝耔撰
　　盛明百家詩後編

侍御馬師山先生軼詩一卷軼文一卷
　(明)馬明衡撰
　　馬忠節父子合集

顧憲副集一卷
　(明)顧可久撰
　　盛明百家詩後編

北泉草堂遺稿不分卷
　(明)林士元撰
　　海南叢書第六集

小山類稿二十卷
　(明)張岳撰
　　四庫全書・集部別集類

覃爰子詩集二卷附錄一卷
　(明)江暉撰
　　武林往哲遺箸

馬西玄集一卷續集一卷
　(明)馬汝驥撰
　　盛明百家詩前編

朱福州集一卷
　(明)朱豹撰
　　盛明百家詩後編

蕭太史鐵峯集一卷
　(明)蕭與成撰
　　潮州耆舊集

臺中集一卷
　(明)黎貫撰
　　番禺黎氏存詩彙選

夢澤集二十三卷
　(明)王廷陳撰
　　四庫全書・集部別集類

夢澤集十七卷

(明)王廷陳撰
　　湖北先正遺書・集部

王夢澤集一卷
　(明)王廷陳撰
　　盛明百家詩前編

擬古宮詞
　(明)朱諫栩撰
　　借月山房彙鈔（嘉慶本、景嘉慶本）第
　　　十六集・宮詞小纂
　　叢書集成初編・文學類・宮詞小纂

楊忠介集十三卷附錄三卷
　(明)楊爵撰
　　四庫全書・集部別集類

楊斛山集一卷
　(明)楊爵撰
　　廣理學備考第三函

王履吉集一卷
　(明)王寵撰
　　盛明百家詩前編

蔡翰目集一卷
　(明)蔡羽撰
　　盛明百家詩前編

陸子餘集八卷
　(明)陸粲撰
　　四庫全書・集部別集類

陸貞山集一卷
　(明)陸粲撰
　　盛明百家詩前編

雪山詩選三卷
　(明)木公恕撰
　　雲南叢書二編・集部

內方先生集八卷附鈔一卷附錄一卷
　(明)童承敍撰
　　沔陽叢書

汪石潭集
　(明)汪俊撰
　　廣理學備考第五函

蔣南冷集一卷
　(明)蔣山卿撰
　　盛明百家詩前編

黃五嶽集
　(明)黃省曾撰
　　盛明百家詩前編・二黃集

續黃五嶽集一卷
　(明)黃省曾撰
　　盛明百家詩後編

敖東谷集一卷
　(明)敖英撰

盛明百家詩後編
浦文玉集
　　（明）浦瑾撰
　　　　盛明百家詩後編·二浦詩集
周定齋集
　　（明）周祚撰
　　　　盛明百家詩前編·二周詩集
雙溪集一卷
　　（明）陳大濩撰
　　　　江田詩系
張水南文集十一卷
　　（明）張袞撰
　　　　常州先哲遺書後編·集類
張學士集一卷
　　（明）張袞撰
　　　　盛明百家詩後編
陳明水先生集二卷
　　（明）陳九川撰
　　　　臨川文獻
吳少參集一卷
　　（明）吳子孝撰
　　　　盛明百家詩後編
弘藝錄三十二卷
　　（明）邵經邦撰
　　　　武林往哲遺箸
歐陽南野集
　　（明）歐陽德撰
　　　　廣理學備考第二函
周太僕集一卷
　　（明）周復俊撰
　　　　盛明百家詩後編
潘尚書集一卷
　　（明）潘恩撰
　　　　盛明百家詩後編
華學士集一卷
　　（明）華察撰
　　　　盛明百家詩前編
皇甫少玄集二十六卷外集十卷
　　（明）皇甫涍撰
　　　　四庫全書·集部別集類
皇甫少玄集
　　（明）皇甫涍撰
　　　　盛明百家詩前編·皇甫昆季集
轄園窩雜著一卷
　　（明）唐樞撰
　　　　木鐘臺全集·初集
激衷小擬一卷
　　（明）唐樞撰

木鐘臺全集·雜集
唐一菴集
　　（明）唐樞撰
　　　　廣理學備考第五函
中谿家傳彙稿十卷首一卷
　　（明）李元陽撰
　　　　雲南叢書初編·集部
林東城文集二卷
　　（明）林春撰
　　　　海陵叢刻
玩鹿亭稿八卷
　　（明）萬表撰
　　　　四明叢書第七集
萬總戎集一卷
　　（明）萬表撰
　　　　盛明百家詩後編
明文博士詩集二卷
　　（明）文彭撰
　　　　文氏家藏詩集
　博士詩集二卷
　　　　四庫全書珍本初集·集部總集類·文
　　　　　氏五家集
楊狀元妻詩集一卷
　　（明）黃峨撰
　　　　盛明百家詩後編
姚山人集一卷
　　（明）姚咨撰
　　　　盛明百家詩前編
續姚山人集一卷
　　（明）姚咨撰
　　　　盛明百家詩後編
王僉憲集一卷
　　（明）王問撰
　　　　盛明百家詩前編
續王僉憲集一卷
　　（明）王問撰
　　　　盛明百家詩後編
皇甫司勳集六十卷
　　（明）皇甫汸撰
　　　　四庫全書·集部別集類
皇甫百泉集
　　（明）皇甫汸撰
　　　　盛明百家詩前編·皇甫昆季集
續皇甫百泉集一卷
　　（明）皇甫汸撰
　　　　盛明百家詩前編
員峯稿一卷
　　（明）王賓撰

　　　牆東詩錄

金白嶼集一卷
　　（明）金鑾撰
　　　盛明百家詩後編

賈隱君集一卷
　　（明）賈維孝撰
　　　雲南叢書二編・楊林兩隱君集

傅夢求集一卷
　　（明）傅起岩撰
　　　盛明百家詩前編

續傅夢求集一卷
　　（明）傅起岩撰
　　　盛明百家詩後編

潁州集一卷
　　（明）黃嘉愛撰
　　　黃氏攟殘集（康熙本、嘉慶本）

牛山先生集一卷
　　（明）黃嘉仁撰
　　　黃氏攟殘集（康熙本、嘉慶本）

鄒九峯集一卷
　　（明）鄒壁撰
　　　盛明百家詩後編

錢逸人集一卷
　　（明）錢百川撰
　　　盛明百家詩後編

圭山近稿六卷
　　（明）張儉撰
　　　仙居叢書第一集

希蹤稿一卷
　　（明）黎民褒撰
　　　番禺黎氏存詩彙選

射陽先生文存一卷
　　（明）吳承恩撰
　　　楚州叢書第一集

徐相公集一卷
　　（明）徐階撰
　　　盛明百家詩前編

孫清愍公文集一卷詩集一卷
　　（明）孫繼魯撰
　　　雲南叢書初編・集部・明滇南五名臣
　　　遺集

疣贅錄九卷續錄二卷
　　（明）顧夢圭撰
　　　玉峯雍里顧氏六世詩文集

顧廉訪集一卷
　　（明）顧夢圭撰
　　　盛明百家詩後編

馮三石集一卷

　　（明）馮世雍撰
　　　盛明百家詩後編

衡門集十五卷
　　（明）鄭曉撰
　　　鄭端簡公全集

鄭端簡公文集十二卷
　　（明）鄭曉撰
　　　鄭端簡公全集

鄭澹泉集
　　（明）鄭曉撰
　　　廣理學備考第二函

高蘇門集二卷
　　（明）高叔嗣撰
　　　明四家集

蘇門集八卷
　　（明）高叔嗣撰
　　　四庫全書・集部別集類
　　　摘藻堂四庫全書薈要・集部

高蘇門集一卷
　　（明）高叔嗣撰
　　　盛明百家詩前編

蘇門集選一卷
　　（明）高叔嗣撰　（清）王士禛選
　　　王漁洋遺書・二家詩選

愚谷集十卷
　　（明）李舜臣撰
　　　四庫全書・集部別集類

章介庵先生集二卷
　　（明）章袞撰
　　　臨川文獻

李杏山集九卷
　　（明）李宗木撰
　　　六李集

何刑侍集一卷
　　（明）何遷撰
　　　盛明百家詩前編

文和州詩一卷
　　（明）文嘉撰
　　　文氏家藏詩集

　和州詩集一卷
　　　四庫全書珍本初集・集部總集類・文
　　　氏五家集

沈青門集一卷
　　（明）沈仕撰
　　　盛明百家詩後編

李公子集一卷
　　（明）李言恭撰
　　　盛明百家詩後編

李千戶集一卷
　　(明)李元昭撰
　　　盛明百家詩後編

張敉集一卷
　　(明)張獻翼撰
　　　盛明百家詩前編

袁學憲集一卷
　　(明)袁裘撰
　　　盛明百家詩前編

張弘山先生集四卷
　　(明)張後覺撰
　　　荏邑三先生合刻

張司馬集一卷
　　(明)張時徹撰
　　　盛明百家詩後編

尤西川先生文集六卷
　　(明)尤時熙撰
　　　續中州名賢文表

尤西川集
　　(明)尤時熙撰
　　　廣理學備考第六函

念菴集二十二卷
　　(明)羅洪先撰
　　　四庫全書・集部別集類

羅贊善集一卷
　　(明)羅洪先撰
　　　盛明百家詩前編

羅念菴集一卷
　　(明)羅洪先撰
　　　廣理學備考第三函

景州集一卷
　　(明)黃尙質撰
　　　黃氏擷殘集(康熙本、嘉慶本)

許茗山集一卷
　　(明)許應元撰
　　　盛明百家詩前編

訒溪文錄十卷詩錄九卷
　　(明)周怡撰
　　　周恭節集

周訒溪集一卷
　　(明)周怡撰
　　　廣理學備考第三函

訒溪尺牘四卷
　　(明)周怡撰
　　　周恭節集

介山稿略十六卷補遺一卷
　　(明)林應麒撰
　　　仙居叢書第一集

林介山集一卷
　　(明)林應麒撰
　　　盛明百家詩後編

震川文集三十卷別集十卷
　　(明)歸有光撰
　　　四庫全書・集部別集類
　　　摛藻堂四庫全書薈要・集部

震川先生集三十卷別集十卷
　　　四部叢刊(初次印本、二次印本、縮印
　　　　二次印本)・集部
　　　四部備要(排印本、縮印本)・集部明
　　　　別集

歸震川先生集選十卷
　　(明)歸有光撰　　(明)張汝瑚選
　　　明八大家集

歸震川文選二卷
　　(明)歸有光撰　　(清)劉肇虞選評
　　　元明八大家古文選

歸震川先生文選六卷
　　(明)歸有光撰　　(清)李祖陶選
　　　金元明八大家文選

歸震川文鈔一卷
　　(明)歸有光撰　　(民國)王文濡選
　　　明清八大家文鈔

歸詩考異一卷
　　(清)汪琬撰
　　　鈍翁全集・鈍翁類藁・外藁

震川尺牘二卷
　　(明)歸有光撰
　　　歸錢尺牘(康熙本、宣統本)

歸震川尺牘一卷
　　(明)歸有光撰
　　　明清十大家尺牘

石雲先生詩一卷
　　(明)孫樓撰
　　　石雲先生遺稿

石雲先生尺牘一卷
　　(明)孫樓撰
　　　石雲先生遺稿

王祭酒集一卷
　　(明)王維楨撰
　　　盛明百家詩前編

荊川集十二卷
　　(明)唐順之撰
　　　四庫全書・集部別集類
　　　摛藻堂四庫全書薈要・集部

唐荊川先生文集十八卷補遺一卷附錄一
卷

（明）唐順之撰
　　常州先哲遺書第一集・集類

重刊荆川先生文集十七卷新刊外集三卷
　　（明）唐順之撰
　　　四部叢刊（初次印本、二次印本、縮印
　　　二次印本）・集部

荆川公佚文一卷
　　（明）唐順之撰　（民國）唐鼎元輯
　　　武進唐氏所著書

唐中丞集一卷
　　（明）唐順之撰
　　　盛明百家詩前編

唐荆川集
　　（明）唐順之撰
　　　廣理學備考第三函

唐荆川先生集選六卷
　　（明）唐順之撰　（明）張汝瑚選
　　　明八大家集

唐荆川文選二卷
　　（明）唐順之撰　（清）劉鑒虞選評
　　　元明八大家古文選

唐荆川先生文選七卷
　　（明）唐順之撰　（清）李祖陶選
　　　金元明八大家文選

田叔禾小集十二卷
　　（明）田汝成撰
　　　武林往哲遺箸

田豫陽集一卷
　　（明）田汝成撰
　　　盛明百家詩前編

樊南溟集一卷
　　（明）樊鵬撰
　　　盛明百家詩前編

太史屠漸山文集（一名蘭暉堂集）四卷附
　錄一卷
　　（明）屠應埈撰
　　　合刻屠氏家藏二集

屠漸山集一卷
　　（明）屠應埈撰
　　　盛明百家詩前編

蘇督撫集一卷
　　（明）蘇祐撰
　　　盛明百家詩後編

王止一集一卷
　　（明）王珂撰
　　　盛明百家詩後編

王少泉集一卷
　　（明）王格撰

　　　盛明百家詩前編

栗太行集一卷
　　（明）栗應宏撰
　　　盛明百家詩前編

金子有集一卷
　　（明）金大車撰
　　　盛明百家詩後編
　　　金陵叢書丙集

陳后岡詩集一卷文集一卷
　　（明）陳束撰
　　　四明叢書第四集

陳后岡集一卷
　　（明）陳束撰
　　　盛明百家詩前編

任少海集一卷
　　（明）任瀚撰
　　　盛明百家詩前編

張臬副集一卷
　　（明）張意撰
　　　盛明百家詩後編

王禮部集一卷
　　（明）王表撰
　　　盛明百家詩後編

薛兵憲集一卷
　　（明）薛甲撰
　　　盛明百家詩後編

金子坤集一卷
　　（明）金大輿撰
　　　金陵叢書丙集

沈鳳峯集一卷
　　（明）沈愷撰
　　　盛明百家詩前編

續沈鳳峯集一卷
　　（明）沈愷撰
　　　盛明百家詩後編

沈少參集一卷
　　（明）沈謐撰
　　　盛明百家詩後編

蔡洨濱集
　　（明）蔡鑾撰
　　　廣理學備考第三函

務本公集
　　（明）朱健根撰
　　　盛明百家詩後編・魯藩二宗室集

歸田稿一卷
　　（明）王會撰
　　　墻東詩錄

林殿撰東莆集二卷

（明）林大欽撰
　　潮州耆舊集
孔方伯集一卷
　（明）孔天胤撰
　　盛明百家詩前編
謝與槐集
　（明）謝少南撰
　　盛明百家詩後編・二謝詩集
浦道徵集
　（明）浦應麒撰
　　盛明百家詩後編・二浦詩集
王巖潭集一卷
　（明）王廷幹撰
　　盛明百家詩前編
顧給舍集一卷
　（明）顧存仁撰
　　盛明百家詩後編
朱鎮山集一卷
　（明）朱衡撰
　　盛明百家詩前編
包侍御集一卷
　（明）包節撰
　　盛明百家詩後編
從川詩集二卷附錄一卷
　（明）秦瀚撰
　　秦氏三府君集
秦封君集一卷
　（明）秦瀚撰
　　盛明百家詩後編
王侍御集一卷
　（明）王瑛撰
　　盛明百家詩後編
徐徐集二卷
　（明）王梃撰
　　四明叢書第八集
王龍谿集
　（明）王畿撰
　　廣理學備考第三函
強德州集一卷
　（明）強仕撰
　　盛明百家詩後編
薛孝廉拯庵文集一卷
　（明）薛雍撰
　　潮州耆舊集
瑤石山人藁十六卷
　（明）黎民表撰
　　四庫全書・集部別集類
　瑤石山人詩稿十六卷

粵十三家集
黎瑤石集一卷
　（明）黎民表撰
　　盛明百家詩後編
瑤石山人詩稿一卷
　（明）黎民表撰
　　番禺黎氏存詩彙選
清居集一卷
　（明）黎民懷撰
　　番禺黎氏存詩彙選
南行集四卷
　（明）丘雲霄撰
　　四庫全書・集部別集類
東遊集二卷
　（明）丘雲霄撰
　　四庫全書・集部別集類・南行集附
北觀集四卷
　（明）丘雲霄撰
　　四庫全書・集部別集類・南行集附
山中集十卷
　（明）丘雲霄撰
　　四庫全書・集部別集類・南行集附
孫夫人詩集一卷
　（明）楊文儷撰
　　盛明百家詩後編
　孫夫人集一卷
　　武林往哲遺箸
　　西泠三閨秀詩
駱翰編集一卷
　（明）駱文盛撰
　　盛明百家詩後編
洞麓堂集十卷
　（明）尹臺撰
　　四庫全書・集部別集類
尹洞山集一卷
　（明）尹臺撰
　　盛明百家詩後編
張莊僖文集五卷
　（明）張永明撰
　　四庫全書・集部別集類
許石城集一卷
　（明）許穀撰
　　盛明百家詩後編
舒東岡集一卷
　（明）舒纓撰
　　盛明百家詩後編
奚囊蠹餘二十卷補遺一卷附錄二卷
　（明）張瀚撰

　　　　武林往哲遺箸
方山先生文錄二十二卷
　　(明)薛應旂撰
　　　　常州先哲遺書後編・集類
薛憲副集一卷
　　(明)薛應旂撰
　　　　盛明百家詩前編
薛方山集一卷
　　(明)薛應旂撰
　　　　廣理學備考第六函
陳山人集一卷
　　(明)陳鳳撰
　　　　盛明百家詩後編
饒副使三溪集一卷
　　(明)饒相撰
　　　　潮州耆舊集
陳參議集一卷
　　(明)陳鳳撰
　　　　盛明百家詩前編
高光州集一卷
　　(明)高應冕撰
　　　　盛明百家詩後編
李比部集九卷
　　(明)李蔭撰
　　　　六李集
陸尚寶遺文二卷
　　(明)陸師道撰
　　　　百爵齋叢刊
施武陵集一卷
　　(明)施漸撰
　　　　盛明百家詩前編
龍珠山房詩集二卷補遺一卷附錄一卷
　　(明)李奎撰
　　　　武林往哲遺箸
湖上篇一卷
　　(明)李奎撰
　　　　武林往哲遺箸
朱仲開集一卷
　　(明)朱永年撰
　　　　盛明百家詩後編
張王屋集一卷
　　(明)張之象撰
　　　　盛明百家詩前編
四溟集十卷
　　(明)謝榛撰
　　　　四庫全書・集部別集類
　四溟山人詩集十卷
　　　　問影樓叢刻初編

謝茂秦集一卷
　　(明)謝榛撰
　　　　盛明百家詩前編
四溟山人集選一卷
　　(明)謝榛撰　(清)陳允衡選
　　　　詩慰(順治本、民國本)初集
喬三石集二卷
　　(明)喬世寧撰
　　　　明四家集
喬三石集一卷
　　(明)喬世寧撰
　　　　盛明百家詩前編
侯二谷集一卷
　　(明)侯一元撰
　　　　盛明百家詩前編
大行集一卷
　　(明)馮惟重撰
　　　　馮氏五先生集
光祿集一卷
　　(明)馮惟訥撰
　　　　馮氏五先生集
馮少洲集一卷
　　(明)馮惟訥撰
　　　　盛明百家詩前編
孟衛源集一卷
　　(明)孟淮撰
　　　　盛明百家詩前編
青霞集十一卷
　　(明)沈鍊撰
　　　　四庫全書・集部別集類
青霞集四卷
　　(明)沈鍊撰
　　　　乾坤正氣集
溫太谷集一卷
　　(明)溫新撰
　　　　盛明百家詩後編
石湖遺稿不分卷
　　(明)鄭廷鵠撰
　　　　海南叢書第六集
謝中丞集一卷
　　(明)謝東山撰
　　　　盛明百家詩前編
林公子集一卷
　　(明)林世璧撰
　　　　盛明百家詩後編
泌園集三十七卷
　　(明)董份撰
　　　　吳興叢書

皇甫理山集
　　(明)皇甫濂撰
　　　　盛明百家詩前編・皇甫昆季集
續皇甫理山集一卷
　　(明)皇甫濂撰
　　　　盛明百家詩後編
莫中江集
　　(明)莫如忠撰
　　　　盛明百家詩後編・二莫詩集
遵巖集二十五卷
　　(明)王慎中撰
　　　　四庫全書・集部別集類
　　　　摛藻堂四庫全書薈要・集部
王參政集一卷
　　(明)王慎中撰
　　　　盛明百家詩前編
王遵巖先生集選十卷
　　(明)王慎中撰　(明)張汝瑚選
　　　　明八大家集
王遵巖文選二卷
　　(明)王慎中撰　(清)劉肇虞選評
　　　　元明八大家古文選
何翰林集二十八卷
　　(明)何良俊撰
　　　　雲間兩何君集
何翰目集一卷
　　(明)何良俊撰
　　　　盛明百家詩後編
何禮部集十卷
　　(明)何良傅撰
　　　　雲間兩何君集
洪芳洲集一卷
　　(明)洪朝選撰
　　　　盛明百家詩前編
岳山人集一卷
　　(明)岳岱撰
　　　　盛明百家詩後編
呂山人集一卷續集一卷
　　(明)呂時臣撰
　　　　盛明百家詩後編
周山人集一卷
　　(明)周詩撰
　　　　盛明百家詩前編
梁國子生集一卷
　　(明)梁辰魚撰
　　　　盛明百家詩前編
黃質山集
　　(明)黃姬水撰

盛明百家詩前編・二黃集
中立公集
　　(明)朱觀熰撰
　　　　盛明百家詩後編・魯藩二宗室集
具茨集五卷補遺一卷文集八卷補遺一卷
　附錄一卷遺稿一卷
　　(明)王立道撰
　　　　四庫全書・集部別集類
王翰林集一卷
　　(明)王立道撰
　　　　盛明百家詩後編
馬從甫賈餘稿一卷
　　(明)馬朝龍撰
　　　　馬忠節父子合集附
俞仲蔚集一卷
　　(明)俞允文撰
　　　　盛明百家詩前編
茅副使集一卷
　　(明)茅坤撰
　　　　盛明百家詩後編
茅鹿門先生集選八卷
　　(明)茅坤撰　(明)張汝瑚選
　　　　明八大家集
獻忱集五卷
　　(明)高拱撰
　　　　高文襄公集
外制集一卷
　　(明)高拱撰
　　　　高文襄公集
程士集四卷
　　(明)高拱撰
　　　　高文襄公集
玉堂公草六卷
　　(明)高拱撰
　　　　高文襄公集
綸扉稿二卷
　　(明)高拱撰
　　　　高文襄公集
范中方集一卷
　　(明)范惟一撰
　　　　盛明百家詩前編
吳霽寰集一卷
　　(明)吳維嶽撰
　　　　盛明百家詩前編
滄溟集三十卷附錄一卷
　　(明)李攀龍撰
　　　　四庫全書・集部別集類
　　　　摛藻堂四庫全書薈要・集部

滄溟詩集十四卷
　　(明)李攀龍撰
　　　　明四子詩集
李學憲集一卷
　　(明)李攀龍撰
　　　　盛明百家詩前編
續李滄溟集一卷
　　(明)李攀龍撰
　　　　盛明百家詩後編
滄溟集選不分卷
　　(明)李攀龍撰　(清)姚佺(清)孫枝蔚選
　　　　四傑詩選
海忠介公集六卷
　　(明)海瑞撰
　　　　丘海二公文集合編（康熙本、乾隆本、
　　　　　同治本）
　備忘集六卷
　　　　海南叢書第二集
備忘集十卷
　　(明)海瑞撰
　　　　四庫全書・集部別集類
海剛峯先生集二卷
　　(明)海瑞撰
　　　　正誼堂全書續刻
　　　　叢書集成初編・文學類
海剛峯集
　　(明)海瑞撰
　　　　廣理學備考第六函
姜鳳阿集
　　(明)姜寶撰
　　　　廣理學備考第四函
王督撫集一卷
　　(明)王崇古撰
　　　　盛明百家詩後編
石門集一卷
　　(明)馮惟敏撰
　　　　馮氏五先生集
馮海浮集一卷
　　(明)馮惟敏撰
　　　　盛明百家詩後編
羅近溪集
　　(明)羅汝芳撰
　　　　廣理學備考第二函
容城忠愍楊先生文集四卷
　　(明)楊繼盛撰
　　　　容城三賢文集（康熙本、道光本）
　楊忠愍集三卷附錄一卷
　　　　四庫全書・集部別集類

楊忠愍公全集四卷
　　　　西京清麓叢書續編
楊椒山先生文集二卷
　　(明)楊繼盛撰
　　　　正誼堂全書
楊忠愍公集二卷
　　(明)楊繼盛撰
　　　　乾坤正氣集
　　　　畿輔叢書
　　　　叢書集成初編・文學類
楊忠愍公集五卷首一卷末一卷
　　(明)楊繼盛撰
　　　　知服齋叢書第三集
　　　　四忠遺集
楊椒山集一卷
　　(明)楊繼盛撰
　　　　廣理學備考第三函
李卓吾評選楊椒山集四卷
　　(明)楊繼盛撰　(明)李贄輯
　　　　三異人文集
海壑吟稿十一卷
　　(明)趙完璧撰
　　　　四庫全書・集部別集類
魏季朗集
　　(明)魏學禮撰
　　　　盛明百家詩後編・劉魏比玉集
曹于野集一卷
　　(明)曹大同撰
　　　　盛明百家詩後編
伐檀齋集十二卷
　　(明)張元凱撰
　　　　四庫全書・集部別集類
蔡白石集一卷續集一卷
　　(明)蔡汝楠撰
　　　　盛明百家詩前編
龔憲副集一卷
　　(明)龔秉德撰
　　　　盛明百家詩後編
李駕部前集四卷後集二卷附錄一卷
　　(明)李時行撰
　　　　粵十三家集
青霞漫稿一卷
　　(明)李時行撰
　　　　粵十三家集・李駕部集附
李青霞集一卷
　　(明)李時行撰
　　　　盛明百家詩後編
蕭御史同野集二卷

(明)蕭端蒙撰
　　潮州耆舊集

萬履菴集一卷
　　(明)萬士和撰
　　盛明百家詩前編

續萬履菴集一卷
　　(明)萬士和撰
　　盛明百家詩後編

華比部集一卷
　　(明)華雲撰
　　盛明百家詩前編

大隱樓集十六卷 補遺一卷 附錄二卷校勘
　記一卷
　　(明)方逢時撰　校勘記(民國)甘鵬雲等輯
　　崇雅堂叢書初編

陸客集一卷
　　(明)陸弼撰
　　盛明百家詩後編

思玄堂集八卷
　　(明)歐大任撰
　　歐虞部集

旅燕集四卷
　　(明)歐大任撰
　　歐虞部集

浮淮集七卷
　　(明)歐大任撰
　　歐虞部集

輯中稿一卷
　　(明)歐大任撰
　　歐虞部集

游梁集七卷
　　(明)歐大任撰
　　歐虞部集

南豳集一卷
　　(明)歐大任撰
　　歐虞部集

北轅草一卷
　　(明)歐大任撰
　　歐虞部集

癭館集四卷
　　(明)歐大任撰
　　歐虞部集

西署集八卷
　　(明)歐大任撰
　　歐虞部集

秣陵集八卷
　　(明)歐大任撰
　　歐虞部集

詔歸集一卷
　　(明)歐大任撰
　　歐虞部集

蓬園集二卷
　　(明)歐大任撰
　　歐虞部集

歐虞部文集二十二卷
　　(明)歐大任撰
　　歐虞部集

歐司訓集一卷
　　(明)歐大任撰
　　盛明百家詩後編

朱子价集一卷
　　(明)朱曰藩撰
　　盛明百家詩前編・二朱詩集

胡苑卿集一卷
　　(明)胡安撰
　　盛明百家詩後編

劉子威集
　　(明)劉鳳撰
　　盛明百家詩後編・劉魏比玉集

李武選集一卷
　　(明)李文麟撰
　　盛明百家詩後編

山海漫談三卷附錄二卷
　　(明)任環撰
　　四庫全書・集部別集類

白厓集一卷補遺一卷
　　(明)秦鳴夏撰
　　四休堂叢書

倚雲樓遺集一卷補遺一卷
　　(明)秦鳴雷撰
　　四休堂叢書

陂門集一卷
　　(明)馮惟健撰
　　馮氏五先生集

范中吳集一卷
　　(明)范惟丕撰
　　盛明百家詩後編

許長史集一卷
　　(明)許邦才撰
　　盛明百家詩前編

衡廬精舍藏稿三十卷續稿十一卷
　　(明)胡直撰
　　四庫全書・集部別集類

胡廬山集
　　(明)胡直撰
　　廣理學備考第六函

史惺堂集
　　（明）史桂芳撰
　　　廣理學備考第五函

文錄事詩集五卷
　　（明）文肇祉撰
　　　文氏家藏詩集

　錄事詩集五卷
　　　四庫全書珍本初集・集部總集類・文
　　　氏五家集

譚襄敏公遺集三卷附錄一卷
　　（明）譚綸撰
　　　宜黃叢書第一輯

蘭雪齋詩集二卷
　　（明）文元發撰
　　　文氏家藏詩集

方麓集十六卷
　　（明）王樵撰
　　　四庫全書・集部別集類

張事軒集不分卷
　　（明）張子翼撰
　　　海南叢書第五集

楊幼殷集
　　（明）楊豫孫撰
　　　廣理學備考第六函

沈嘉則集一卷
　　（明）沈明臣撰
　　　盛明百家詩後編

青藤書屋文集三十卷補遺一卷
　　（明）徐渭撰
　　　海山仙館叢書
　　　叢書集成初編・文學類

徐文長佚草十卷
　　（明）徐渭撰
　　　抱經樓叢刊

徐文長逸稿二十四卷
　　（明）徐渭撰
　　　中國文學珍本叢書第一輯

徐文學集一卷
　　（明）徐渭撰
　　　盛明百家詩後編

二雁山人詩集二卷
　　（明）康從理撰
　　　敬鄉樓叢書第一輯

康裕卿集一卷
　　（明）康從理撰
　　　盛明百家詩後編

耿天臺集
　　（明）耿定向撰

　　　廣理學備考第三函

奉常集一卷
　　（明）陳聯芳撰
　　　江田詩系

方侍御集一卷
　　（明）方新撰
　　　盛明百家詩後編

莊敏公遺集一卷
　　（明）宋纁撰
　　　商丘宋氏三世遺集

郭鯤溟集四卷
　　（明）郭諫臣撰
　　　四庫全書・集部別集類

來瞿唐集一卷
　　（明）來知德撰
　　　廣理學備考第三函

宗子相集十五卷
　　（明）宗臣撰
　　　四庫全書・集部別集類

宗子相集一卷
　　（明）宗臣撰
　　　盛明百家詩前編

孟我疆先生集六卷
　　（明）孟秋撰
　　　茌邑三先生合刻

童賈集一卷
　　（明）童佩撰
　　　盛明百家詩後編

弇州山人四部稿一百七十四卷續稿二百
　七卷
　　（明）王世貞撰
　　　四庫全書・集部別集類

讀書後八卷
　　（明）王世貞撰
　　　四庫全書・集部別集類

弇州山人詩集五十二卷
　　（明）王世貞撰
　　　明四子詩集

王副使集一卷
　　（明）王世貞撰
　　　盛明百家詩前編

續王鳳洲集二卷
　　（明）王世貞撰
　　　盛明百家詩後編

弇州集選不分卷
　　（明）王世貞撰　（清）姚佺（清）孫枝蔚選
　　　四傑詩選

陳侍郎玉簡山堂集一卷

（明）陳一松撰
潮州耆舊集

存家詩稿八卷
（明）楊巍撰
四庫全書・集部別集類

秦方伯集一卷
（明）秦梁撰
盛明百家詩後編

東山論草三卷
（明）葛引生撰
東山葛氏遺書

東山餘墨五卷
（明）葛引生撰
東山葛氏遺書

宋望之集
（明）宋儀望撰
廣理學備考第六函

李尚寶集一卷
（明）李先芳撰
盛明百家詩前編

鄧潛谷集
（明）鄧元錫撰
廣理學備考第四函

焚書四卷
（明）李贄撰
李氏全書

李氏焚書六卷
國粹叢書第一集
中國文學珍本叢書第一輯

石秀齋集十卷
（明）莫是龍撰
雲間二韓詩

莫少江集
（明）莫是龍撰
盛明百家詩後編・二莫詩集

亦玉堂稿十卷
（明）沈鯉撰
四庫全書・集部別集類

師竹堂集三十卷
（明）王祖嫡撰
三怡堂叢書

王先生文集殘不分卷
（明）王祖嫡撰
王司業雜著

師竹堂尺牘二卷
（明）王祖嫡撰
龍潭精舍叢刻

炳燭軒詩集五卷

（明）顧懋宏撰
玉峯雍里顧氏六世詩文集

南雍草一卷
（明）顧懋宏撰
玉峯雍里顧氏六世詩文集・炳燭軒詩
集附

楚思賦一卷
（明）顧懋宏撰
玉峯雍里顧氏六世詩文集・炳燭軒詩
集附

雙星館集一卷
（明）朱柔英撰
玉峯雍里顧氏六世詩文集

李太史集六卷
（明）李裘撰
六李集

李子田詩集二卷
（明）李裘撰
三怡堂叢書

李內翰集一卷
（明）李裘撰
盛明百家詩後編

徐龍灣集一卷
（明）徐中行撰
盛明百家詩前編

續徐龍灣集一卷
（明）徐中行撰
盛明百家詩後編

石洞集十八卷
（明）葉春及撰
四庫全書・集部別集類

梁比部集一卷
（明）梁有譽撰
盛明百家詩前編

高白浦集
（明）高岱撰
廣理學備考第六函

吳川樓集一卷
（明）吳國倫撰
盛明百家詩前編

續吳川樓集一卷
（明）吳國倫撰
盛明百家詩後編

余憲副集一卷
（明）余德撰
盛明百家詩後編

采薇集四卷
（明）董傳策撰

董幼海先生全集

邕歙稿六卷
　　（明）董傳策撰
　　　　董幼海先生全集

方員外集一卷
　　（明）方攸躋撰
　　　　盛明百家詩後編

張居來集一卷
　　（明）張佳胤撰
　　　　盛明百家詩前編

春煦軒文集六卷詩集二卷
　　（明）王好問撰
　　　　止園叢書（史氏撰）

牛山藏稿二十卷
　　（明）王叔杲撰
　　　　敬鄉樓叢書第四輯

林提學井丹集四卷
　　（明）林大春撰
　　　　潮州耆舊集

訒齋詩草一卷
　　（明）黃作孚撰
　　　　即墨黃氏詩鈔卷上

陳鳴野集一卷
　　（明）陳鶴撰
　　　　盛明百家詩前編

碧筠館詩稿四卷補遺一卷附錄二卷
　　（明）凌立撰
　　　　武林往哲遺箸

曹太史文集十卷
　　（明）曹大章撰
　　　　金壇曹氏集

學孔精舍詩鈔六卷
　　（明）孫應鰲撰
　　　　孫文恭公遺書（光緒本、宣統排印本）

孫山甫督學文集四卷
　　（明）孫應鰲撰
　　　　孫文恭公遺書（光緒本、宣統排印本）
　　　　黔南叢書第六集

補輯雜文一卷附錄一卷
　　（明）孫應鰲撰
　　　　孫文恭公遺書（光緒本、宣統排印本）
　　　　黔南叢書第六集

窟齋先生遺稿一卷
　　（明）吳時來撰
　　　　仙居叢書第一集

馬文莊公文集選十五卷附敍述一卷
　　（明）馬自強撰　敍述（明）魏學曾撰
　　　　馬氏叢刻

張周田集一卷
　　（明）張九一撰
　　　　盛明百家詩後編

太僕公詩稿一卷
　　（明）姜子羔撰
　　　　會稽姜氏家集

王別駕半愨集一卷
　　（明）王天性撰
　　　　潮州耆舊集

司封集一卷
　　（明）黎民衷撰
　　　　番禺黎氏存詩彙選

明朱白野先生溫陵留墨一卷
　　（明）朱炳如撰
　　　　溫陵留墨

寒螿詩槖存一卷
　　（明）辛丑年撰
　　　　甲戌叢編

呂新吾先生去僞齋文集十卷
　　（明）呂坤撰
　　　　呂新吾全集

呂新吾先生去僞齋文集十二卷
　　（明）呂坤撰
　　　　續中州名賢文表

反輓歌一卷
　　（明）呂坤撰
　　　　呂新吾全集

呂新吾集一卷
　　（明）呂坤撰
　　　　廣理學備考第四函

燕市集二卷
　　（明）王穉登撰
　　　　王百穀全集

青雀集二卷
　　（明）王穉登撰
　　　　王百穀全集

金昌集四卷
　　（明）王穉登撰
　　　　王百穀全集

晉陵集二卷
　　（明）王穉登撰
　　　　王百穀全集

青苕集二卷
　　（明）王穉登撰
　　　　王百穀全集

荊溪疏二卷
　　（明）王穉登撰
　　　　王百穀全集

采眞編二卷
　　(明)王穉登撰
　　　　王百穀全集
明月篇一卷
　　(明)王穉登撰
　　　　廣百川學海辛集
　　　　重訂欣賞編
　　　　說郛續弓二十四
謀野集删二卷
　　(明)王穉登撰
　　　　晨風閣叢書第一集
王上舍集一卷
　　(明)王穉登撰
　　　　盛明百家詩前編
續王上舍集一卷
　　(明)王穉登撰
　　　　盛明百家詩後編
遠壬文一卷
　　(明)王世懋撰
　　　　王奉常雜著
王儀部集一卷
　　(明)王世懋撰
　　　　盛明百家詩後編
穀城山館詩集二十卷
　　(明)于愼行撰
　　　　四庫全書·集部別集類
幼溪集一卷
　　(明)陳省撰
　　　　江田詩系
薜荔園集四卷
　　(明)佘翔撰
　　　　四庫全書·集部別集類
洞石集一卷
　　(明)黎邦瑊撰
　　　　番禺黎氏存詩彙選
黎邦琛集一卷
　　(明)黎邦琛撰
　　　　番禺黎氏存詩彙選
黎邦璘集一卷
　　(明)黎邦璘撰
　　　　番禺黎氏存詩彙選
旅中稿一卷
　　(明)黎邦琰撰
　　　　番禺黎氏存詩彙選
保和齋稿五卷
　　(明)朱尤橙(南山道人)撰
　　　　潘國勉學書院集
涉江集選一卷

　　(明)潘之恆撰　　(淸)陳允衡選
　　　　詩慰(順治本、民國本)初集
宗室武岡王集一卷
　　(明)朱顯槐撰
　　　　盛明百家詩前編
莫公遠集一卷
　　(明)莫叔明撰
　　　　盛明百家詩後編
東齋稿略一卷附濟美錄摘略一卷
　　(明)姚惟芹撰
　　　　姚氏世刻
綠筠軒稿四卷
　　(明)朱恬焌(西屏道人)撰
　　　　潘國勉學書院集
雷石菴尙書遺集一卷
　　(明)雷躍龍撰
　　　　雲南叢書初編·集部
張陽和文選三卷
　　(明)張元忭撰
　　　　正誼堂全書
　　　　叢書集成初編·文學類
太常遺著三卷
　　(明)唐鶴徵撰
　　　　武進唐氏所著書
溫恭毅公集三十卷
　　(明)溫純撰
　　　　四庫全書·集部別集類
溫恭毅公文集三十卷
　　　　溫氏叢書第一集
二園詩集四卷
　　(明)溫純撰
　　　　溫氏叢書第二集
環碧齋詩三卷
　　(明)祝世祿撰
　　　　環碧齋集
環碧齋尺牘五卷
　　(明)祝世祿撰
　　　　環碧齋集
錢啓新集
　　(明)錢一本撰
　　　　廣理學備考第三函
南峯雜咏一卷
　　(明)許察撰
　　　　許氏巾箱集
天池草不分卷
　　(明)王宏誨撰
　　　　海南叢書第四集
西園雜詠一卷

（明）侯于趙撰
　　大梁侯氏詩集

許文穆公集十六卷附錄一卷
　（明）許國撰
　　新安許氏先集

王氏松雲集一卷
　（明）王用章撰
　　盛明百家詩後編

蟻蝝集五卷
　（明）盧柟撰
　　四庫全書・集部別集類

盧次楩集一卷
　（明）盧柟撰
　　盛明百家詩前編

坐隱先生集十二卷
　（明）汪廷訥撰
　　坐隱先生全集

潁水遺編二卷
　（明）陳言（明）陳所學撰
　　鹽邑志林
　　叢書集成初編・文學類
　　景印元明善本叢書十種・鹽邑志林

吳之山集一卷
　（明）吳擴撰
　　盛明百家詩後編

朱山人集一卷
　（明）朱察卿撰
　　盛明百家詩後編

唐山人集一卷
　（明）唐詩撰
　　盛明百家詩後編

石西集八卷
　（明）汪子祐撰
　　汪氏三先生集

郭山人集一卷
　（明）郭第撰
　　盛明百家詩前編

陸文學集一卷
　（明）陸九州撰
　　盛明百家詩後編

鄭石南集一卷
　（明）鄭坤撰
　　盛明百家詩前編

唐選部醉經樓集二卷
　（明）唐伯元撰
　　潮州耆舊集

唐曙臺集
　（明）唐伯元撰

廣理學備考第六函

周浮峯集
　（明）周沛撰
　　盛明百家詩前編・二周詩集

宗室匡南集一卷
　（明）朱拱檷撰
　　盛明百家詩前編

鄧山人集一卷
　（明）鄧儀撰
　　盛明百家詩前編

羅山人集一卷
　（明）羅鹿齡撰
　　盛明百家詩前編

史文學集一卷
　（明）史臣紀撰
　　盛明百家詩前編

王澄原集一卷
　（明）王言撰
　　盛明百家詩前編

俞繡峯集一卷
　（明）俞寰撰
　　盛明百家詩前編

龔內監集一卷
　（明）龔韡撰
　　盛明百家詩前編

孫漁人集一卷
　（明）孫宜撰
　　盛明百家詩後編

姚本修集一卷
　（明）姚廉敬撰
　　盛明百家詩後編

趙文學集一卷
　（明）趙綱撰
　　盛明百家詩後編

張心父集一卷
　（明）張士瀹撰
　　盛明百家詩後編

釋同石集一卷
　（明）釋希復撰
　　盛明百家詩前編

陳隱士集一卷
　（明）陳東川撰
　　盛明百家詩後編

丁少鶴集一卷
　（明）丁一中撰
　　盛明百家詩後編

梁中舍集一卷
　（明）梁玹撰

盛明百家詩後編	盛明百家詩後編
顧山人集一卷	潘氏詩集一卷
(明)顧聖撰	(明)潘口撰
盛明百家詩後編	盛明百家詩後編
葉客集一卷	李英集五卷
(明)葉芳撰	(明)李英撰
盛明百家詩後編	歐虞部集附
釋半峯集一卷	李生集一卷
(明)釋果斌撰	(明)李英撰
盛明百家詩前編	盛明百家詩後編
陸盧龍集一卷	過庵遺稿八卷
(明)陸果撰	(明)陳卜撰
盛明百家詩前編	三怡堂叢書
周東田集一卷	雲鶴先生遺詩一卷
(明)周東田撰	(明)劉元凱撰
盛明百家詩後編	古今文藝叢書第四集
王逸人集一卷	朱秉器文集四卷詩集四卷
(明)王崑崙撰	(明)朱孟震撰
盛明百家詩後編	朱秉器全集
王僅初集一卷	帥惟審先生集二卷
(明)王懋明撰	(明)帥機撰
盛明百家詩後編	臨川文獻
王貢士集一卷	懸榻齋詩集一卷文集一卷
(明)王淶撰	(明)陳履撰
盛明百家詩後編	聚德堂叢書
閨辭百詠一卷	賜餘堂集十四卷
(明)倪伯鼇撰	(明)吳中行撰
十洲宮詞	常州先哲遺書後編・集類
擬唐人宮詞一卷	周大理明農堂集三卷
(明)倪伯鼇撰	(明)周光鎬撰
十洲宮詞	潮州耆舊集
擬唐人塞下曲一卷	石湖稿二卷
(明)倪伯鼇撰	(明)馮時可撰
十洲宮詞	馮元成雜著
顧伯子集一卷	金闆稿二卷
(明)顧允默撰	(明)馮時可撰
盛明百家詩後編	馮元成雜著
黃趙客集一卷	柏支亭稿一卷
(明)黃道撰	(明)釋弘本撰
盛明百家詩後編	燈傳集
釋方澤集一卷	家書一卷
(明)釋方澤撰	(明)莊元臣撰
盛明百家詩後編	莊忠甫雜著
盧羽士集一卷	棲約齋集選一卷
(明)盧大雅撰	(明)汪應蛟撰 (清)陳允衡選
盛明百家詩後編	詩慰(順治本、民國本)二集
錢羽士集一卷	時術堂集選一卷
(明)錢月齡撰	(明)方其義撰 (清)陳允衡選

詩慰(順治本、民國本)二集

棗堂集選一卷
　　(明)釋行溥撰　(清)陳允衡選
　　　　詩慰(順治本、民國本)二集

梁一儒詩一卷
　　(明)梁一儒撰　(清)陳允衡選
　　　　詩慰(順治本、民國本)續集

宗伯集十卷
　　(明)孫繼皋撰
　　　　四庫全書·集部別集類

率眞鳴一卷
　　(明)鄭友周撰
　　　　雪華館叢編·集類

少室山房類彙一百二十卷
　　(明)胡應麟撰
　　　　少室山房四集
　　　　四庫全書·集部別集類
　　　　續金華叢書·集部

寄心集六卷
　　(明)陳第撰
　　　　一齋集

書札爐存一卷
　　(明)陳第撰
　　　　一齋集

宮詞
　　(明)王叔承撰
　　　　借月山房彙鈔(嘉慶本、景嘉慶本)第
　　　　　十六集·宮詞小纂
　　　　叢書集成初編·文學類·宮詞小纂

南中論學存笥稿四卷
　　(明)楊起元撰
　　　　楊貞復六種

孟雲浦先生文集四卷
　　(明)孟化鯉撰
　　　　續中州名賢文表

孟雲浦集
　　(明)孟化鯉撰
　　　　廣理學備考第六函

敬止集二卷
　　(明)陳應芳撰
　　　　海陵叢刻

臨皋文集四卷
　　(明)楊寅秋撰
　　　　四庫全書·集部別集類

藿園詩存六卷
　　(明)李應徵撰
　　　　澄遠堂三世詩存

淡然軒集八卷

(明)余繼登撰
　　　　四庫全書·集部別集類

違竿集四卷
　　(明)顧天楷撰
　　　　玉峯雍里顧氏六世詩文集

娑羅館逸稿二卷
　　(明)屠隆撰
　　　　寶顏堂秘笈(萬曆本、民國石印本)正
　　　　　集
　　　　叢書集成初編·文學類

碭石編二卷
　　(明)楊承鯤撰
　　　　四明叢書第四集

涇皋藏稿二十二卷
　　(明)顧憲成撰
　　　　四庫全書·集部別集類
　　　　顧端文公遺書(光緒本)

顧涇陽集一卷
　　(明)顧憲成撰
　　　　廣理學備考第四函

擬合德諫飛燕書一卷
　　(明)吳從先撰
　　　　香豔叢書第五集

閒雲稿四卷
　　(明)周履靖撰
　　　　夷門廣牘·閒適
　　　　叢書集成初編·文學類
　　　　景印元明善本叢書十種·夷門廣牘·
　　　　　閒適

野人清嘯二卷
　　(明)周履靖撰
　　　　夷門廣牘·閒適
　　　　叢書集成初編·文學類
　　　　景印元明善本叢書十種·夷門廣牘·
　　　　　閒適

燎松吟一卷
　　(明)周履靖撰
　　　　夷門廣牘·閒適
　　　　叢書集成初編·文學類
　　　　景印元明善本叢書十種·夷門廣牘·
　　　　　閒適

尋芳咏二卷
　　(明)周履靖撰
　　　　夷門廣牘·閒適
　　　　叢書集成初編·文學類
　　　　景印元明善本叢書十種·夷門廣牘·
　　　　　閒適

山家語一卷

（明）周履靖撰
　　夷門廣牘・閒適
　　叢書集成初編・文學類
　　景印元明善本叢書十種・夷門廣牘・
　　　閒適
泛泖吟一卷
　（明）周履靖撰
　　夷門廣牘・閒適
　　叢書集成初編・文學類
　　景印元明善本叢書十種・夷門廣牘・
　　　閒適
香奩詩草二卷
　（明）桑貞白撰
　　夷門廣牘・閒適
　　叢書集成初編・文學類
　　景印元明善本叢書十種・夷門廣牘・
　　　閒適
車參政集十三卷
　（明）車大任撰
　　邵陽車氏一家集
于景素集
　（明）于孔兼撰
　　廣理學備考第六函
張抱初先生文集二卷
　（明）張信民撰
　　續中州名賢文表
林尚書城南書莊集三卷
　（明）林熙春撰
　　潮州耆舊集
湯義仍先生集二卷
　（明）湯顯祖撰
　　臨川文獻
三易集二十卷
　（明）唐時升撰
　　嘉定四先生集
小辨齋偶存八卷
　（明）顧允成撰
　　顧端文公遺書（康熙本、光緒本）・顧
　　　端文公年譜附
　　四庫全書・集部別集類
　小辨齋偶存八卷附錄一卷
　　常州先哲遺書第一集・集類
凝翠集五卷
　（明）王元翰撰
　　雲南叢書初編・集部
海若遺稿一卷附錄一卷
　（明）水卿謨撰
　　四明水氏留硯稿前編

許忠直公遺集不分卷
　（明）許子偉撰
　　海南叢書第六集
澹園集四十九卷續集二十七卷
　（明）焦竑撰
　　金陵叢書乙集
焦澹園集一卷
　（明）焦竑撰
　　廣理學備考第六函
寧澹居遺文一卷
　（明）方大鎮撰
　　桐城方氏七代遺書
素風居士集攟遺二卷附錄一卷
　（明）歐陽東鳳撰　（民國）甘鵬雲輯
　　崇雅堂叢書初編
馮少墟文集六卷
　（明）馮從吾撰
　　馮少墟集（萬曆本、康熙本）
馮少墟續集不分卷
　（明）馮從吾撰
　　馮少墟集（萬曆本、康熙本）
馮少墟集二十二卷
　（明）馮從吾撰
　　四庫全書・集部別集類
馮少墟集一卷
　（明）馮從吾撰
　　廣理學備考第四函
吳素衣集
　（明）吳桂森撰
　　廣理學備考第五函
謝御史文集一卷
　（明）謝正蒙撰
　　潮州耆舊集
仰節堂集十四卷
　（明）曹于汴撰
　　四庫全書・集部別集類
曹眞予集一卷
　（明）曹于汴撰
　　廣理學備考第四函
趙忠毅公文集十八卷
　（明）趙南星撰
　　乾坤正氣集
味檗齋文集十五卷
　（明）趙南星撰
　　畿輔叢書
　　叢書集成初編・文學類
目前集二卷
　（明）趙南星撰

　　　　　昧爇齋遺書

夢白先生集三卷
　　(明)趙南星撰
　　　　　昧爇齋遺書

翁襄敏東涯集六卷
　　(明)翁萬達撰
　　　　　潮州耆舊集

稽愆詩一卷
　　(明)翁萬達撰
　　　　　唐明二翁詩集

晚香堂集十卷
　　(明)陳繼儒撰
　　　　　眉公十種藏書

白石樵眞稿二十四卷
　　(明)陳繼儒撰
　　　　　眉公十種藏書
　　　　　中國文學珍本叢書第一輯

眉公先生晚香堂小品二十四卷
　　(明)陳繼儒撰
　　　　　中國文學珍本叢書第一輯

田園詩一卷
　　(明)陳繼儒撰
　　　　　閒情小品

眉公詩鈔八卷
　　(明)陳繼儒撰
　　　　　眉公十種藏書

白石樵尺牘四卷
　　(明)陳繼儒撰
　　　　　眉公十種藏書・白石樵眞稿附

嘯歌二卷
　　(明)郝敬撰
　　　　　山草堂集內編

小山草十卷
　　(明)郝敬撰
　　　　　山草堂集內編

四書制義六卷
　　(明)郝敬撰
　　　　　山草堂集內編

區太史詩集二十七卷
　　(明)區大相撰
　　　　　粵十三家集

福山公遺集一卷
　　(明)宋沾撰
　　　　　商丘宋氏三世遺集

新鐫玉蟠袁會元集二卷
　　(明)袁宗道撰
　　　　　三袁先生集

白蘇齋類集二十二卷
　　(明)袁宗道撰
　　　　　中國文學珍本叢書第一輯

升齋草一卷
　　(明)王志遠撰
　　　　　墙東詩錄

鈒鏤稿一卷
　　(明)王志遠撰
　　　　　墙東詩錄

如江集一卷
　　(明)王志道撰
　　　　　墙東詩錄

董禮部集六卷尺牘二卷
　　(明)董嗣成撰
　　　　　吳興叢書

見山樓詩草一卷
　　(明)黃嘉善撰
　　　　　卽墨黃氏詩鈔卷上

雪鴻堂詩蒐逸三卷附錄一卷補一卷
　　(明)謝三秀撰
　　　　　黔南叢書第三集

雪鴻集選一卷
　　(明)謝三秀撰　(清)陳允衡選
　　　　　詩慰(順治本、民國本)初集

高子遺書十二卷附錄一卷
　　(明)高攀龍撰
　　　　　四庫全書・集部別集類

　高子遺書六卷
　　　　　乾坤正氣集

高子遺書節鈔十一卷
　　(明)高攀龍撰　(民國)許珏輯
　　　　　錫山先哲叢刊第四輯

高子文集六卷詩集八卷
　　(明)高攀龍撰
　　　　　高子全書

高景逸集一卷
　　(明)高攀龍撰
　　　　　廣理學備考第四函

石隱園藏稿八卷
　　(明)畢自嚴撰
　　　　　四庫全書・集部別集類

李侍御集四卷
　　(明)李雲鵠撰
　　　　　六李集

李白羽集二卷
　　(明)李雲鶠撰
　　　　　六李集

李秋羽集五卷
　　(明)李雲鴻撰

六李集

文水居集一卷
　　(明)黎崇敕撰
　　　番禺黎氏存詩彙選

從野堂存稿五卷
　　(明)繆昌期撰
　　　乾坤正氣集

從野堂存稿八卷補遺一卷附錄一卷
　　(明)繆昌期撰
　　　常州先哲遺書第一集・集類

高陽文集三卷
　　(明)孫承宗撰
　　　乾坤正氣集

不二歌集二卷
　　(明)張春撰
　　　關中叢書第八集

鶯鳴集一卷
　　(明)黎崇勘撰
　　　番禺黎氏存詩彙選

張雞山集
　　(明)張舜典撰
　　　廣理學備考第五函

姚培吾集
　　(明)姚價撰
　　　廣理學備考第六函

徐念陽公集八卷
　　(明)徐如珂撰
　　　乾坤正氣集

避園擬存詩集一卷
　　(明)王思任撰
　　　王季重九種集

　避園擬存一卷
　　　中國文學珍本叢書第一輯・王季重十
　　　　種

律陶一卷
　　(明)王思任撰
　　　王季重九種集
　　　集梅花詩
　　　中國文學珍本叢書第一輯・王季重十
　　　　種

王季重先生文集四卷
　　(明)王思任撰
　　　乾坤正氣集

雜序一卷
　　(明)王思任撰
　　　王季重九種集
　　　中國文學珍本叢書第一輯・王季重十
　　　　種

雜記一卷
　　(明)王思任撰
　　　中國文學珍本叢書第一輯・王季重十
　　　　種

爾爾集一卷
　　(明)王思任撰
　　　中國文學珍本叢書第一輯・王季重十
　　　　種

時文敘一卷
　　(明)王思任撰
　　　王季重九種集

明王遂東先生尺牘存本一卷
　　(明)王思任撰
　　　蕭山叢書

陶元暉中丞遺集二卷附錄一卷
　　(明)陶朗先撰
　　　明季遼事叢刊

剪桐載筆一卷
　　(明)王象晉撰
　　　王漁洋遺書

遯園漫稿四卷
　　(明)顧起元撰
　　　歸鴻館雜著

蟄庵日錄四卷
　　(明)顧起元撰
　　　歸鴻館雜著

嬾眞草堂集二十卷(原缺卷十一至十七)
　　(明)顧起元撰
　　　金陵叢書丙集

程孟陽集四卷
　　(明)程嘉燧撰
　　　新安二布衣詩

松圓浪淘集十八卷
　　(明)程嘉燧撰
　　　嘉定四先生集・松圓偈庵集附
　　　風雨樓叢書

松圓浪淘集選一卷
　　(明)程嘉燧撰　(清)陳允衡選
　　　詩慰(順治本、民國本)初集

松圓偈庵集二卷
　　(明)程嘉燧撰
　　　嘉定四先生集

　偈庵集二卷
　　　風雨樓叢書・松圓浪淘集附

耦耕詩集三卷文集二卷
　　(明)程嘉燧撰
　　　嘉定四先生集・松圓浪淘集附

耦耕堂集選一卷

（明）程嘉燧撰　（清）陳允衡選
　　　詩慰（順治本、民國本）初集・松圓浪
　　　淘集選附
靑錦園賦草一卷
　　（明）葉憲祖撰
　　　藜照廬叢書
廣連珠一卷
　　（明）葉憲祖撰
　　　藜照廬叢書・靑錦園賦草附
陳大士先生集一卷
　　（明）陳際泰撰
　　　臨川文獻
陳大士先生未刻稿一卷
　　（明）陳際泰撰　（清）呂留良輯評
　　　江西五家稿
太乙山房集一卷
　　（明）陳際泰撰
　　　臨川文選
學古緒言二十五卷
　　（明）婁堅撰
　　　嘉定四先生集
　　　四庫全書・集部別集類
吳歈小草十卷
　　（明）婁堅撰
　　　嘉定四先生集
梁中丞集一卷
　　（明）梁雲龍撰
　　　海南叢書第六集
顧學集八卷
　　（明）鄒元標撰
　　　四庫全書・集部別集類
鄒南皐集一卷
　　（明）鄒元標撰
　　　廣理學備考第四函
狂言二卷別集二卷
　　（明）袁宏道撰
　　　袁中郎集
廣陵集一卷
　　（明）袁宏道撰
　　　袁中郎集
敝篋集二卷
　　（明）袁宏道撰
　　　袁中郎集
破硯齋集三卷
　　（明）袁宏道撰
　　　袁中郎集
桃源詠一卷
　　（明）袁宏道撰

袁中郎集
袁中郎未刻遺稿二卷
　　（明）袁宏道撰
　　　三袁先生集
儆炫遺詩一卷
　　（明）曾熙丙撰
　　　鸚里曾氏十一世詩
熊襄愍公集七卷
　　（明）熊廷弼撰
　　　乾坤正氣集
何太僕集十卷
　　（明）何棟如撰
　　　金陵叢書丙集
銅馬編二卷
　　（明）楊德周撰
　　　四明叢書第四集
馮明期詩一卷
　　（明）馮明期撰　（清）陳允衡選
　　　詩慰（順治本、民國本）續集
固陵小草一卷
　　（明）侯應瑜撰
　　　大梁侯氏詩集
岱帖詩一卷
　　（明）侯應瑜撰
　　　大梁侯氏詩集・固陵小草附
蓮湖草一卷
　　（明）陳訏謨撰
　　　江田詩系
傅文恪公全集十卷附錄一卷
　　（明）傅新德撰
　　　雪華館叢編・集類
楊忠烈公文集五卷
　　（明）楊漣撰
　　　乾坤正氣集
楊大洪先生文集二卷
　　（明）楊漣撰
　　　正誼堂全書續刻
　　　叢書集成初編・文學類
袁小修集一卷
　　（明）袁中道撰
　　　三袁先生集
珂雪齋近集四卷
　　（明）袁中道撰
　　　國學珍本文庫第一集
珂雪齋詩集七卷文集十四卷
　　（明）袁中道撰
　　　中國文學珍本叢書第一輯
王端節公遺集四卷

（明）王徵撰
涇陽文獻叢書

鍾伯敬合集(一名隱秀軒集)一卷
（明）鍾惺撰
中國文學珍本叢書第一輯

王惺所集
（明）王以梧撰
廣理學備考第六函

左忠毅公集五卷附錄一卷
（明）左光斗撰
左氏雙忠集

左忠毅公集三卷
（明）左光斗撰
乾坤正氣集

藏密齋集七卷
（明）魏大中撰
乾坤正氣集

藏密齋書牘一卷
（明）魏大中撰
橋李遺書

鹿忠節公集二十一卷
（明）鹿善繼撰
乾坤正氣集

認真草十六卷
（明）鹿善繼撰
畿輔叢書
叢書集成初編·文學類

鹿乾嶽集一卷
（明）鹿善繼撰
廣理學備考第五函

檀園集十二卷
（明）李流芳撰
嘉定四先生集
四庫全書·集部別集類

宋布衣集三卷
（明）宋登春撰
四庫全書·集部別集類
畿輔叢書
叢書集成初編·文學類

傅忠壯公文集一卷詩集一卷
（明）傅宗龍撰
雲南叢書初編·集部·明滇南五名臣
遺集、

伊川草四卷
（明）文翔鳳撰
皇極篇

太紫草一卷
（明）文翔鳳撰

皇極篇

汝海稿五卷
（明）文翔鳳撰
皇極篇

天津稿一卷
（明）文翔鳳撰
皇極篇

洎水齋文鈔三卷詩鈔五卷
（明）張慎言撰
山右叢書初編

鑒古百一詩一卷
（明）張丑撰
壜葉山房叢鈔

劉蕺山文十二卷
（明）劉宗周撰
劉蕺山先生集

劉蕺山集十七卷
（明）劉宗周撰
四庫全書·集部別集類

劉子文編十卷
（明）劉宗周撰
乾坤正氣集

劉念臺集
（明）劉宗周撰
廣理學備考第五函

艾千子先生集一卷
（明）艾南英撰
臨川文獻

天傭子集二卷
（明）艾南英撰
臨川文選

艾千子先生全稿一卷
（明）艾南英撰　（清）呂留良輯評
江西五家稿

艾東鄉文選二卷
（明）艾南英撰　（清）劉肇虞選評
元明八大家古文選

韓言一卷
（明）黎淳先撰
番禺黎氏存詩彙選

丘毛伯先生集二卷
（明）丘兆麟撰
臨川文獻

問山亭主人遺詩正集一卷 續集一卷 補集
一卷附錄一卷
（明）王象春撰
喜咏軒叢書甲編

鴻集亭詩草一卷

（明）黃宗揚撰
　　卽墨黃氏詩鈔卷上
忠介爐餘集三卷
　（明）周順昌撰
　　四庫全書・集部別集類
　周忠介公爐餘集三卷
　　乾坤正氣集
　周忠介公爐餘集四卷
　（明）周順昌撰
　　借月山房彙鈔（嘉慶本、景嘉慶本）第
　　十六集
　　叢書集成初編・文學類
溫寶忠先生遺稿十卷
　（明）溫璜撰
　　乾坤正氣集
溫忠烈公遺稿二卷附錄一卷
　（明）溫璜撰
　　吳興叢書
黃忠端公集三卷
　（明）黃尊素撰
　　乾坤正氣集
幾亭文錄二十卷
　（明）陳龍正撰
　　幾亭全書
幾亭續文錄八卷
　（明）陳龍正撰
　　幾亭再集
陳幾亭集一卷
　（明）陳龍正撰
　　廣理學備考第五函
黃石齋先生集十六卷
　（明）黃道周撰
　　乾坤正氣集
黃石齋未刻稿一卷
　（明）黃道周撰
　　玄覽堂叢書續集
黃幼元集
　（明）黃道周撰
　　廣理學備考第六函
黃忠端公明誠堂十四札疏證一卷題詞一
　卷
　（清）黃彭年撰
　　陶樓雜著
蔡夫人未刻稿一卷
　（明）蔡潤石撰
　　玄覽堂叢書續集・黃石齋未刻稿附
釋魯山集一卷
　（明）釋魯山撰

盛明百家詩前編
靜歠齋遺文四卷
　（明）董斯張撰
　　吳興叢書
范文忠集十二卷
　（明）范景文撰
　　四庫全書・集部別集類
范文忠集九卷
　（明）范景文撰
　　乾坤正氣集
范文忠公文集十卷
　（明）范景文撰
　　畿輔叢書
　　叢書集成初編・文學類
徽學詩一卷
　（明）呂維祺撰　（明）葉廷秀評
　　葉潤山輯著全書
呂豫石集一卷
　（明）呂維祺撰
　　廣理學備考第五函
宗伯公賜閒隨筆一卷
　（明）姜逢元撰
　　會稽姜氏家集
無類生詩選一卷
　（明）郎兆玉撰
　　武林往哲遺箸
郝太僕遺集一卷
　（明）郝景春撰
　　乾坤正氣集
嶼浮閣賦集十四卷
　（明）溫日知撰
　　溫氏叢書第二集
朱文肅公詩文集一卷
　（明）朱國禎撰
　　南林叢刊正集
賀陽亨集
　（明）賀時泰撰
　　廣理學備考第五函
北燕巖集四卷
　（明）黃公輔撰
　　廣東叢書第一集
袁督師遺集三卷附錄一卷
　（明）袁崇煥撰
　　滄海叢書第一輯
賀文忠公集四卷
　（明）賀逢聖撰
　　乾坤正氣集
如此齋詩一卷

（明）張瑋撰
　　　百爵齋叢刊
集玉山房稿十卷
　　（明）葛昕撰
　　　四庫全書·集部別集類
幔亭詩集十五卷
　　（明）徐熥撰
　　　四庫全書·集部別集類
餐蔗堂殘詩一卷
　　（明）周瑞撰
　　　明儒周源谿少溪元度三先生殘詩合刻
鼇峯集選一卷
　　（明）徐熥撰　（清）陳允衡選
　　　詩慰（順治本、民國本）初集
客椒自刪一卷再刪一卷
　　（明）陳函輝撰
　　　小寒山子集
青未了一卷
　　（明）陳函輝撰
　　　小寒山子集
客還草（一名司馬悔）一卷
　　（明）陳函輝撰
　　　小寒山子集·紀遊合刻
罷存（一名閉戶吟）一卷
　　（明）陳函輝撰
　　　小寒山子集·紀遊合刻
客心草（一名秣陵秋）二卷
　　（明）陳函輝撰
　　　小寒山子集·紀遊合刻
題紅一卷
　　（明）陳函輝撰
　　　小寒山子集·紀遊合刻
年許社集（一名東園公草）一卷
　　（明）陳函輝撰
　　　小寒山子集·紀遊合刻
家山遊（一名結廬草）一卷
　　（明）陳函輝撰
　　　小寒山子集·紀遊合刻
香奩限韻一卷
　　（明）陳函輝撰
　　　小寒山子集·紀遊合刻
刪社和草一卷
　　（明）陳函輝撰
　　　小寒山子集·紀遊合刻
陳寒山子文一卷
　　（明）陳函輝撰
　　　台州叢書後集
卓光祿集三卷

（明）卓明卿撰
　　　武林往哲遺箸
潘象安集一卷
　　（明）潘緯撰
　　　盛明百家詩後編
吳非熊集四卷
　　（明）吳兆撰
　　　新安二布衣詩
李見羅集
　　（明）李材撰
　　　廣理學備考第六函
癖草文鈔一卷
　　（明）陳鑑撰
　　　高涼耆舊遺集·高涼耆舊文鈔
張文學集一卷
　　（明）張文柱撰
　　　盛明百家詩後編
龍柎齋稿一卷
　　（明）釋宗顯撰
　　　燈傳集
渚宮集選一卷
　　（明）王啓茂撰　（清）陳允衡選
　　　詩慰（順治本、民國本）二集
潭庵集選一卷
　　（明）湯開先撰　（清）陳允衡選
　　　詩慰（順治本、民國本）二集
褐塞軒集選一卷
　　（明）舒忠讜撰　（清）陳允衡選
　　　詩慰（順治本、民國本）二集
樸草選一卷
　　（明）于奕正撰　（清）陳允衡選
　　　詩慰（順治本、民國本）二集
天爵堂集選一卷
　　（明）薛岡撰　（清）陳允衡選
　　　詩慰（順治本、民國本）二集
射堂集選一卷
　　（明）吳夢暘撰　（清）陳允衡選
　　　詩慰（順治本、民國本）初集
林孝廉集選一卷
　　（明）林章撰　（清）陳允衡選
　　　詩慰（順治本、民國本）初集
志學堂殘詩一卷
　　（明）周士弘撰
　　　明儒周源谿少溪元度三先生殘詩合刻
蟋蟀在堂艸一卷
　　（明）顧凝遠撰
　　　吳中文獻小叢書
澗上集選一卷

（明）王留撰　（清）陳允衡選
　　詩慰（順治本、民國本）初集

素蘭集二卷補遺一卷
　　（明）翁孺安撰　補遺（民國）張繼良輯
　　佚叢甲集

江注詩集四卷
　　（明）江注撰
　　安徽叢書第一期

小菴羅集六卷
　　（明）顧斗英撰
　　雲間二韓詩

沈石灣集一卷
　　（明）沈翰卿撰
　　盛明百家詩後編

北征集一卷
　　（明）祿洪撰
　　雲南叢書初編・集部

脩業堂稿二卷
　　（明）朱珵堯（繼成子）撰
　　藩國勉學書院集

碧漸堂詩草一卷
　　（明）王光魯撰
　　閱史約書附

沈師昌詩一卷
　　（明）沈師昌撰　（清）陳允衡選
　　詩慰（順治本、民國本）續集

楊惟休詩一卷
　　（明）楊惟休撰　（清）陳允衡選
　　詩慰（順治本、民國本）續集

激楚齋詩集四卷
　　（明）李衷純撰
　　梅會詩人遺集

采隱草一卷
　　（明）莫秉清撰
　　雲間二韓詩附

市隱園集三十卷附錄一卷
　　（明）費尙伊撰
　　沔陽叢書

四六雕蟲十卷
　　（明）馬朴撰
　　馬氏叢刻

籟鳴集一卷
　　（明）黎密撰
　　番禺黎氏存詩彙選

春雨堂集一卷
　　（明）朱廷佐撰
　　金陵朱氏家集

臥月軒稿三卷附錄一卷

（明）顧若璞撰
　　武林往哲遺箸
　　西泠三閨秀詩

臥月軒詩稿一卷
　　（明）顧若璞撰
　　國朝閨閣詩鈔

辛天齋集一卷
　　（明）辛全撰
　　廣理學備考第五函

李行季遺詩一卷
　　（明）李達撰
　　貴池先哲遺書

秦齋怨一卷
　　（明）葉紹袁撰
　　午夢堂集（崇禎本、民國本）
　　郋園先生全書
　　中國文學珍本叢書第一輯・午夢堂全
　　　集十二種

鸝吹（一名午夢堂遺集）二卷附集一卷
　　（明）沈宜修撰
　　午夢堂集（崇禎本、民國本）
　　郋園先生全書
　　中國文學珍本叢書第一輯・午夢堂全
　　　集十二種

鸝吹選（一名午夢堂遺集）一卷
　　（明）沈宜修撰
　　硯綠集錄第四冊

梅花詩一卷
　　（明）沈宜修撰
　　午夢堂集（崇禎本、民國本）・鸝吹附
　　郋園先生全書・鸝吹附
　　中國文學珍本叢書第一輯・午夢堂全
　　　集十二種・鸝吹附

瞿忠宣公集八卷
　　（明）瞿式耜撰
　　乾坤正氣集

浩氣吟一卷附錄一卷
　　（明）瞿式耜撰
　　借月山房彙鈔（嘉慶本、景嘉慶本）第
　　　十六集
　　叢書集成初編・文學類

瞿忠宣公手札
　　（明）瞿式耜撰
　　明代名人尺牘

蠟丸書
　　（明）瞿式耜撰
　　明代名人尺牘・瞿忠宣公手札附

徐元歎先生殘彙（一名浪齋新舊詩）一卷

（明）徐波撰
　　滂喜齋叢書第四函
　　叢書集成初編・文學類
仍貽堂集二卷
　（明）侯峒曾撰
　　乾坤正氣集
落落齋遺集六卷
　（明）李應昇撰
　　乾坤正氣集
落落齋遺集十卷附錄一卷
　（明）李應昇撰
　　常州先哲遺書第一集・集類
孫白谷集六卷
　（明）孫傳庭撰
　　四庫全書・集部別集類
白谷集四卷
　（明）孫傳庭撰
　　乾坤正氣集
倪文貞集十七卷續編三卷講編四卷詩集
　四卷
　（明）倪元璐撰
　　四庫全書・集部別集類
倪文正集四卷
　（明）倪元璐撰
　　乾坤正氣集
遠道隨筆一卷
　（明）葉廷秀撰
　　葉潤山輯著全書
和朱文公感興詩一卷
　（明）葉廷秀撰
　　葉潤山輯著全書
秋興詩一卷
　（明）葉廷秀撰
　　葉潤山輯著全書
就正錄一卷
　（明）葉廷秀撰
　　葉潤山輯著全書
素園詩一卷
　（明）葉廷秀撰
　　葉潤山輯著全書
和微學詩一卷
　（明）趙栩然撰　（明）葉廷秀評
　　葉潤山輯著全書
和微學詩續集一卷
　（明）喩龍撰　（明）葉廷秀評
　　葉潤山輯著全書
淩忠介集六卷
　（明）淩義渠撰

　　四庫全書・集部別集類
淩忠介公文集二卷
　（明）淩義渠撰
　　乾坤正氣集
彭節愍公家書一卷
　（明）彭期生撰
　　適園叢書第七集・虔臺節略附
樓山堂集十八卷
　（明）吳應箕撰
　　乾坤正氣集
樓山堂集二十七卷
　（明）吳應箕撰
　　粵雅堂叢書二編第十三集
　　樓山堂遺書
　　叢書集成初編・文學類
樓山堂集二十七卷首一卷
　　貴池先哲遺書・貴池二妙集
清溪遺稿一卷
　（明）錢啓忠撰
　　四明叢書第二集
理寒石先生文集四卷
　（明）理鬯和撰
　　續中州名賢文表
重編桐庵文稿一卷
　（明）鄭敷教撰
　　峭帆樓叢書
桐菴存稿一卷
　（明）鄭敷教撰
　　丙子叢編
陳文忠公遺集十一卷
　（明）陳子壯撰
　　粵十三家集
陳忠簡公遺集三卷
　（明）陳子壯撰
　　乾坤正氣集
禮部存稿八卷
　（明）陳子壯撰
　　廣東叢書第一集
趙忠愍公景忠集一卷
　（明）趙譔撰
　　雲南叢書二編・史部
西廬詩集一卷
　（清）張雋撰
　　二西遺詩
瑯嬛文集六卷
　（明）張岱撰
　　中國文學珍本叢書第一輯
和古人詩一卷

　　　　(明)毛晉撰
　　　　　　虞山叢刻
和今人詩一卷
　　　　(明)毛晉撰
　　　　　　虞山叢刻・和古人詩附
和友人詩一卷
　　　　(明)毛晉撰
　　　　　　虞山叢刻・和古人詩附
野外詩一卷
　　　　(明)毛晉撰
　　　　　　虞山叢刻・和古人詩附
不已集選一卷
　　　　(明)黎祖功撰　(清)陳允衡選
　　　　　　詩慰(順治本、民國本)初集
交行摘稿一卷
　　　　(明)徐孚遠撰
　　　　　　藝海珠塵革集(庚集)
　　　　　　叢書集成初編・文學類
觀復堂集二卷
　　　　(明)朱集璜撰
　　　　　　乾坤正氣集
觀復堂稿略一卷
　　　　(明)朱集璜撰
　　　　　　歸顧朱三先生年譜合刻附
　　　　　　玉山朱氏遺書
茅簷集八卷
　　　　(明)魏學洢撰
　　　　　　四庫全書・集部別集類
堆山先生前集鈔一卷
　　　　(明)薛宷撰
　　　　　　常州先哲遺書第一集・集類
金太史集九卷
　　　　(明)金聲撰
　　　　　　乾坤正氣集
欷閣集
　　　　(明)趙司直撰
　　　　　　趙氏淵源集
王學人遺集選一卷
　　　　(明)王玄度撰　(清)陳允衡選
　　　　　　詩慰(順治本、民國本)二集
汲上集選一卷
　　　　(明)程可中撰　(清)陳允衡選
　　　　　　詩慰(順治本、民國本)初集
續騷堂集一卷
　　　　(清)萬泰撰
　　　　　　四明叢書第七集
竹軒稿一卷
　　　　(明)王節撰

　　　　　　墻東詩錄
顧與治詩集八卷
　　　　(明)顧夢游撰
　　　　　　金陵叢書丙集
忠肅集三卷
　　　　(明)盧象昇撰
　　　　　　四庫全書・集部別集類
盧忠肅公文集二卷
　　　　(明)盧象昇撰
　　　　　　乾坤正氣集
盧忠肅公書牘一卷
　　　　(明)盧象昇撰
　　　　　　借月山房彙鈔(嘉慶本、景嘉慶本)第
　　　　　　十六集
　　　　　　叢書集成初編・文學類
冒伯麋先生集二十五卷
　　　　(明)冒愈昌撰
　　　　　　如皋冒氏叢書
堉庵集一卷
　　　　(明)譚貞默撰
　　　　　　嘉興譚氏遺書
愧菴稿一卷
　　　　(明)黎兆鰲撰
　　　　　　番禺黎氏存詩彙選
藜編唾餘二卷
　　　　(明)陳維新撰
　　　　　　文園集
里言一卷
　　　　(明)陳維新撰
　　　　　　文園集附
宦鳥波餘一卷
　　　　(明)陳維新撰
　　　　　　文園集
園居隨抄一卷
　　　　(明)陳維新撰
　　　　　　文園集
存笥蠹餘一卷
　　　　(明)陳維新撰
　　　　　　文園集
兩闈試牘一卷
　　　　(明)陳維新撰
　　　　　　文園集
王忠節公文集一卷詩集一卷
　　　　(明)王錫袞撰
　　　　　　雲南叢書初編・集部・明滇南五名臣
　　　　　　遺集
於斯堂詩集一卷
　　　　(明)黃宗昌撰

郎墨黃氏詩鈔卷上

吳忠節公遺集二卷
(明)吳麟徵撰
乾坤正氣集

余忠節公遺文一卷
(明)余煌撰
越中文獻輯存書十種

王若之詩卷二卷續一卷
(明)王若之撰
佚笈姑存

津門中都啓稿一卷
(明)王若之撰
佚笈姑存

薄游書牘一卷
(明)王若之撰
佚笈姑存

雪窓集一卷
(明)黎玉書撰
番禺黎氏存詩彙選

疑雨集四卷
(明)王彥泓撰
樂府小令
觀古堂彙刻書第二集
郎園先生全書

溉園詩集五卷
(明)萬時華撰
豫章叢書(胡思敬輯)・明季六遺老集

溉園集選一卷
(明)萬時華撰 (清)陳允衡選
詩慰(順治本、民國本)初集

黃介子詩鈔四卷首一卷
(明)黃毓祺撰
江陰先哲遺書・二介詩鈔

章柳州集四卷
(明)章世純撰
臨川文選

章大力先生集一卷
(明)章世純撰
臨川文獻

章大力先生全稿一卷
(明)章世純撰 (清)呂留良輯評
江西五家稿

石桃丙舍草一卷
(明)蔣若椰撰
快書

朱勉齋集
(明)朱之馮撰
廣理學備考第五函

寸碧堂詩集二卷外集一卷
(明)汪膺撰
鈍翁全集・鈍翁續藁

蒼雪齋詩存一卷
(明)李士標撰
澄遠堂三世詩存

魯媿尹集
(明)魯世任撰
廣理學備考第六函

楚狂之歌一卷
(明)袁祈年撰
國學珍本文庫第一集・珂雪齋近集附

小袁幼稿一卷
(明)袁祈年撰
國學珍本文庫第一集・珂雪齋近集附

近遊草一卷
(明)袁祈年撰
國學珍本文庫第一集・珂雪齋近集附

此觀堂集一卷
(明)羅萬藻撰
臨川文選

羅文止先生集一卷
臨川文獻

羅文止先生全稿一卷
(明)羅萬藻撰 (清)呂留良輯評
江西五家稿

梅涇草堂集鈔二卷
(明)沈機撰
濮川詩鈔

鵠灣遺稿一卷
(明)譚元春撰
人琴集

譚友夏合集二十三卷
(明)譚元春撰
中國文學珍本叢書第一輯

嶽歸堂集選一卷遺集選一卷
(明)譚元春撰 (清)陳允衡選
詩慰(順治本、民國本)初集

鵠灣集選一卷
(明)譚元春撰 (清)陳允衡選
詩慰(順治本、民國本)初集・嶽歸堂
集選附

左忠貞公集十一卷附錄一卷
(明)左懋第撰
左氏雙忠集

左忠貞公文集八卷
(明)左懋第撰
乾坤正氣集

甲乙雜箸一卷
　　（明）孫肩撰
　　　　仰視千七百二十九鶴齋叢書（光緒本、
　　　　景光緒本）第三集
　　　　叢書集成初編・文學類
瑤光閣集十卷
　　（明）黃端伯撰
　　　　乾坤正氣集
自娛齋集選一卷
　　（明）聞啓祥撰　（清）陳允衡選
　　　　詩慰（順治本、民國本）初集
蓮鬚閣集二十六卷首一卷
　　（明）黎遂球撰
　　　　粵十三家集
蓮鬚閣集六卷
　　（明）黎遂球撰
　　　　乾坤正氣集
蓮鬚閣文鈔十八卷
　　（明）黎遂球撰
　　　　廣東叢書第一集
蓮鬚閣集一卷
　　（明）黎遂球撰
　　　　番禺黎氏存詩彙選
蓮鬚閣集選一卷
　　（明）黎遂球撰　（清）陳允衡選
　　　　詩慰（順治本、民國本）初集
夷困文編六卷
　　（明）王嗣奭撰
　　　　四明叢書第四集
祁忠惠公遺集八卷
　　（明）祁彪佳撰
　　　　乾坤正氣集
顧庸菴集
　　（清）顧樞撰
　　　　廣理學備考第六函
史道鄰先生遺稿三卷
　　（明）史可法撰
　　　　五名臣遺集
史忠正公集四卷
　　（明）史可法撰
　　　　乾坤正氣集
史忠正公集四卷首一卷附錄一卷
　　　　趙氏藏書
　　　　畿輔叢書
　　　　四忠遺集
　　　　叢書集成初編・文學類
史忠正公文集四卷首一卷附錄一卷
　　　　西京清麓叢書續編・四忠集

新刻諸葛宗岳史四公文集
芑山文集二十二卷詩集一卷附校勘記一
　卷
　　（明）張自烈撰　校勘記（民國）魏元曠（民
　　國）胡思敬撰
　　　　豫章叢書（胡思敬輯）・宜春張氏所著
　　　　書二種
蝶園草殘稿一卷
　　（明）周莊撰
　　　　明儒周源谿少溪元度三先生殘詩合刻
賜誠堂文集六卷
　　（明）管紹寧撰
　　　　乾坤正氣集
周文忠公集四卷
　　（明）周鳳翔撰
　　　　乾坤正氣集
增定存笥小草四卷
　　（明）冒日乾撰
　　　　如皋冒氏叢書
王節愍公遺集一卷補遺一卷
　　（明）王道焜撰
　　　　拜經樓叢書（乾隆嘉慶本、景乾隆嘉慶
　　　　本）
　王節愍公遺集二卷
　　　　乾坤正氣集
　王節愍公遺集二卷附錄一卷
　　　　武林往哲遺箸
郭忠節宛在堂集一卷
　　（明）郭之奇撰
　　　　潮州耆舊集
金忠潔公集二卷
　　（明）金鉉撰
　　　　乾坤正氣集
　金忠潔公文集二卷
　　　　常州先哲遺書第一集・集類
金忠潔集六卷
　　（明）金鉉撰
　　　　畿輔叢書
　　　　叢書集成初編・文學類
陳翼叔詩集五卷
　　（明）陳佐才撰
　　　　雲南叢書初編・集部
髻山文鈔二卷附錄一卷補遺一卷附校勘
　記一卷校勘續記一卷
　　（明）宋偑撰　校勘記（民國）魏元曠撰　續
　　記（民國）胡思敬撰
　　　　豫章叢書（胡思敬輯）・明季六遺老集
蕪園詩集鈔一卷

（明）葛徵奇撰
　　　海昌叢載
隴首集一卷
　　（明）王與胤撰
　　　王漁洋遺書
范竹溪集一卷
　　（明）范弘嗣撰
　　　廣理學備考第五函
澹寧居詩集二卷
　　（明）馬世奇撰
　　　錫山先哲叢刊第二輯
陳中祕稿一卷
　　（明）陳是集撰
　　　海南叢書第五集
程端伯詩選一卷
　　（清）程正揆撰　（清）鄒漪選
　　　名家詩選
楊文毅公文集一卷詩集一卷
　　（明）楊繩武撰
　　　雲南叢書初編・集部・明滇南五名臣
　　　遺集
京音集二卷
　　（明）羅明祖撰
　　　羅紋山先生全集
羅紋山文集一卷
　　（明）羅明祖撰
　　　羅紋山先生全集
貽清堂集一卷
　　（明）黎崇宣撰
　　　番禺黎氏存詩彙選
申忠愍詩集六卷
　　（明）申佳胤撰
　　　四庫全書・集部別集類
申端愍公集一卷
　　（明）申佳胤撰
　　　乾坤正氣集
申端愍公詩集八卷
　　（明）申佳胤撰
　　　畿輔叢書・永年申氏遺書
　　　叢書集成初編・文學類
申端愍公文集二卷首一卷末一卷
　　（明）申佳胤撰
　　　畿輔叢書・永年申氏遺書
　　　叢書集成初編・文學類
楊維節先生稿一卷
　　（明）楊以任撰　（清）呂留良輯評
　　　江西五家稿
舜水文集二十五卷

（明）朱之瑜撰
　　　舜水遺書（日本本、民國本）
大錯和尚遺集四卷
　　（明）錢邦芑（釋大錯）撰
　　　雲南叢書二編・集部
梅柳詩合刻一卷
　　（明）錢邦芑（釋大錯）撰
　　　雲南叢書初編・集部
葛中翰集三卷
　　（明）葛麟撰
　　　乾坤正氣集
喬還一先生餘稿括抄四卷
　　（明）喬中和撰
　　　西郭草堂合刊附
熊先生詩八卷
　　（清）熊文舉撰
　　　五大家詩鈔
石臼前集九卷後集七卷
　　（明）邢昉撰
　　　金陵叢書丙集
石臼後集選一卷
　　（明）邢昉撰　（清）陳允衡選
　　　詩慰（順治本、民國本）初集
秋槐堂詩集二卷
　　（明）王翃撰
　　　梅會詩人遺集
囊雲文集二卷補遺一卷
　　（明）周齊曾撰
　　　四明叢書第四集
歲寒集一卷
　　（明）焦之夏撰
　　　關中叢書第三集
劉文烈公集一卷
　　（明）劉理順撰
　　　乾坤正氣集
芙航集一卷
　　（明）黎彭齡撰
　　　番禺黎氏存詩彙選
羅吏部瞻六堂集一卷
　　（明）羅萬傑撰
　　　潮州耆舊集
胡二峯侍郎遺集一卷
　　（明）胡璇撰
　　　雲南叢書初編・集部
陶菴全集二十二卷
　　（明）黃淳耀撰
　　　四庫全書・集部別集類
陶庵集二十二卷首一卷

知服齋叢書第四集
陶庵集(一名黃嘉定吾師錄)一卷
　　(明)黃淳耀撰
　　　　書三昧樓叢書
陶庵文集十卷
　　(明)黃淳耀撰
　　　　乾坤正氣集
陶菴詩六卷
　　(明)黃淳耀撰
　　　　陶菴集
陶菴文五卷
　　(明)黃淳耀撰
　　　　陶菴集
陶菴雜箸一卷
　　(明)黃淳耀撰
　　　　陶菴集
和陶詩一卷
　　(明)黃淳耀撰
　　　　陶菴集
谷濂先生遺書三卷
　　(明)黃淵耀撰
　　　　乾坤正氣集
谷簾學吟一卷
　　(明)黃淵耀撰
　　　　陶菴集
　　　　知服齋叢書第四集
自怡草一卷
　　(明)黃淵耀撰
　　　　谷簾先生遺書
鶴鳴集二卷
　　(明)黃淵耀撰
　　　　谷簾先生遺書
洗影樓集五卷
　　(明)朱應昌撰
　　　　金陵朱氏家集
瓜圃小草一卷
　　(明)黎延祖撰
　　　　番禺黎氏存詩彙選
醇曜堂集一卷
　　(明)黎彭祖撰
　　　　番禺黎氏存詩彙選
花王閣賸稿一卷
　　(明)紀坤撰
　　　　畿輔叢書
　　　　叢書集成初編·文學類
四明先生遺集一卷
　　(明)錢肅樂撰
　　　　乾坤正氣集

錢忠介公集二十卷首一卷附錄六卷
　　(明)錢肅樂撰
　　　　四明叢書第二集
海粟堂詩鈔一卷
　　(清)吳本泰撰
　　　　海昌叢載
陳忠裕全集十卷
　　(明)陳子龍撰
　　　　乾坤正氣集
揭嵩庵先生集二卷
　　(明)揭重熙撰
　　　　臨川文獻
堵文忠公集六卷
　　(明)堵胤錫撰
　　　　乾坤正氣集
秦弱水集
　　(明)秦鏞撰
　　　　廣理學備考第六函
詠歸堂集一卷
　　(明)陳曼撰
　　　　丁丑叢編
桑松風集
　　(明)桑拱陽撰
　　　　廣理學備考第六函
雪翁詩集十四卷補遺一卷附錄二卷
　　(明)魏畊撰
　　　　四明叢書第二集
月隱先生遺集四卷外編二卷
　　(明)祝淵撰
　　　　適園叢書第一集
月隱遺稿鈔一卷
　　(明)祝淵撰
　　　　海昌叢載
張文烈公遺詩一卷
　　(明)張家玉撰
　　　　國粹叢書第二集
張文烈遺集六卷附錄一卷
　　(明)張家玉撰
　　　　滄海叢書第一輯
寒木居詩鈔一卷
　　(明)張家珍撰
　　　　滄海叢書第一輯·張文烈遺集附
仰止堂集一卷
　　(明)鄧履中撰
　　　　臨川文選
愁言(一名芳雪軒遺集)一卷附集一卷
　　(明)葉紈紈撰
　　　　午夢堂集(崇禎本、民國本)

郎園先生全書
中國文學珍本叢書第一輯·午夢堂全
集十二種
愁言選(一名芳雪軒遺集)一卷
(明)葉紈紈撰
硯綠集錄第四冊
返生香(一名疎香閣遺集)一卷附集一卷
(明)葉小鸞撰
午夢堂集(崇禎本、民國本)
郎園先生全書
中國文學珍本叢書第一輯·午夢堂全
集十二種
返生香一卷
綠滿書牕
惜陰堂叢書
返生香一卷補遺一卷
硯綠集錄第二冊
百旻遺草一卷附集一卷
(明)葉世偁撰
午夢堂集(崇禎本、民國本)
郎園先生全書
中國文學珍本叢書第一輯·午夢堂全
集十二種
靈護集一卷附集一卷
(明)葉世俗撰
午夢堂集(崇禎本、民國本)
郎園先生全書
中國文學珍本叢書第一輯·午夢堂全
集十二種
焚餘草一卷
(明)陳希友撰
江田詩系
拙逸堂草一卷
(明)王煥世撰
墻東詩錄
鳩飛草堂稿一卷
(明)王屏世撰
墻東詩錄
焚餘草一卷
(明)王澄世撰
墻東詩錄
蘆菴稿一卷
(明)王翼世撰
墻東詩錄
陳巖野先生集三卷
(明)陳邦彥撰
乾坤正氣集
拾香草一卷

(明)顧昉之撰
雲間二韓詩
聖雨齋詩文集十卷
(明)周拱辰撰
周孟侯先生全書
聖雨齋詩集三卷
(明)周拱辰撰
橋李遺書
問魚篇一卷
(明)周拱辰撰
周孟侯先生全書
昔耶園集選一卷
(明)余正垣撰 (清)陳允衡選
詩慰(順治本、民國本)初集
唾餘集選一卷
(明)梅士勸撰 (清)陳允衡選
詩慰(順治本、民國本)初集
幾社集選一卷
(明)周立勳撰 (清)陳允衡選
詩慰(順治本、民國本)初集
留補堂文集選四卷
(明)林時對撰
四明叢書第六集
棗林詩集三卷
(明)談遷撰
古學彙刊第二集·詩文類
豐草庵詩集十一卷文前集三卷後集三卷
(明)董說撰
吳興叢書
寶雲詩集七卷
(明)董說撰
吳興叢書·豐草庵詩集附
禪樂府一卷
(明)董說撰
吳興叢書·豐草庵詩集附
張閣學文集二卷
(明)張煌言撰
乾坤正氣集
張蒼水全集十二卷補遺一卷附錄四卷題
詠二卷附張忠烈公詩文題中人物攷略
一卷補一卷
(明)張煌言撰
國粹叢書第二集
張蒼水集九卷附錄八卷
(明)張煌言撰
四明叢書第二集
采薇吟殘稿一卷附錄一卷
(明)張煌言撰

蓺園叢書

朱中尉詩集五卷附校勘記一卷校勘續記
　一卷
　　(明)朱議㴛撰　校勘記(民國)魏元曠撰
　　　續記(民國)胡思敬撰
　　　　豫章叢書(胡思敬輯)·明季六遺老集

三山吟一卷
　　(明)馮京第撰
　　　四明叢書第二集·馮侍郎遺書

鄮溪集二卷
　　(明)馮京第撰
　　　四明叢書第二集·馮侍郎遺書

王侍郎遺著一卷附錄一卷
　　(明)王翊撰
　　　四明叢書第二集

愚囊彙稿二卷補遺一卷
　　(明)宗誼撰
　　　四明叢書第二集

林衣集六卷
　　(明)秦舜昌撰
　　　四明叢書第六集

祗欠庵集八卷
　　(明)吳蕃昌撰
　　　適園叢書第十一集

夏內史集九卷附錄一卷
　　(明)夏完淳撰
　　　蓺海珠塵匏集(戊集)
　　　叢書集成初編·文學類

夏節愍公集四卷
　　(明)夏完淳撰
　　　乾坤正氣集

吳長興伯集五卷
　　(明)吳易撰
　　　國粹叢書第二集

容菴遺文鈔一卷存稿鈔一卷
　　(明)許令瑜撰
　　　海昌六先生集
　　　海昌叢載

裴村遺稿一卷
　　(明)閔裴撰
　　　人琴集

黃葉庵遺稿一卷
　　(明)釋智舷撰
　　　人琴集

珠塵遺稿一卷
　　(明)潘炳孚撰
　　　人琴集

清㘞齋遺稿一卷

　　(明)劉芳撰
　　　人琴集

素水居遺稿一卷
　　(明)魏學洢撰
　　　人琴集

影園集一卷
　　(明)鄭元勳撰
　　　乾坤正氣集

江止庵遺集八卷
　　(明)江天一撰
　　　乾坤正氣集

文燕齋遺稿
　　(明)趙崇禮撰
　　　趙氏淵源集

謝給諫霜崖集一卷
　　(明)謝元汴撰
　　　潮州耆舊集

喻園集四卷
　　(明)梁朝鍾撰
　　　廣東叢書第一集

皷帚集十卷
　　(明)吳中蕃撰
　　　黔南叢書第三集

化碧錄一卷
　　(明)曹大鎬撰
　　　貴池先哲遺書

天問閣集三卷
　　(明)李長祥撰
　　　仰視千七百二十九鶴齋叢書(光緒本、
　　　　景光緒本)第二集
　　　叢書集成初編·文學類

天問閣文集四卷
　　(明)李長祥撰
　　　求恕齋叢書

海棠居詩集一卷
　　(明)姚淑撰
　　　求恕齋叢書·天問閣文集附

燕市雜詩一卷
　　(明)于燕芳撰
　　　寶顏堂祕笈(萬曆本、民國石印本)彙
　　　　集
　　　叢書集成初編·文學類

天香閣集一卷
　　(明)李介撰
　　　粵雅堂叢書初編第二集
　　　筆記小說大觀第五輯·天香閣隨筆附

河邨集選一卷
　　(明)戴重撰　(清)陳允衡選

詩慰(順治本、民國本)初集

魯化遺詩鈔一卷
　　(明)徐于撰
　　　　海昌叢載

爲可堂詩集鈔一卷
　　(明)朱一是撰
　　　　海昌叢載

視彼亭詩存一卷
　　(明)李寅撰
　　　　澄遠堂三世詩存

石林西墅遺稿一卷
　　(明)卜舜年撰
　　　　人琴集

中洲草堂遺集二十三卷首一卷末一卷
　　(明)陳子升撰
　　　　粵十三家集

嶺雲草一卷
　　(明)王仍戻撰
　　　　墻東詩錄

吾廬集一卷
　　(明)王仍縉撰
　　　　墻東詩錄

珠溪集一卷
　　(明)王仍輅撰
　　　　墻東詩錄

近勇堂草一卷
　　(明)王仍肇撰
　　　　墻東詩錄

湘飀堂集二卷
　　(明)傅占衡撰
　　　　臨川文選

傅平叔先生集二卷
　　(明)傅占衡撰
　　　　臨川文獻

黃處士遙峯閣集一卷
　　(明)黃一淵撰
　　　　潮州耆舊集

題留新嘉驛壁詩序
　　(明)會稽女子撰
　　　　綠窗女史・著撰部序傳

清 前 期 上

不繫園集一卷
　　(清)汪汝謙撰
　　　　武林掌故叢編第一集
　　　　西湖集覽・西湖韻事附

　不繫園集
　　　　叢睦汪氏遺書・春星堂詩集

隨喜庵集一卷
　　(清)汪汝謙撰
　　　　武林掌故叢編第一集
　　　　西湖集覽・西湖韻事附

　隨喜盒集
　　　　叢睦汪氏遺書・春星堂詩集

綺詠
　　(清)汪汝謙撰
　　　　叢睦汪氏遺書・春星堂詩集

綺詠續集
　　(清)汪汝謙撰
　　　　叢睦汪氏遺書・春星堂詩集

夢草
　　(清)汪汝謙撰
　　　　叢睦汪氏遺書・春星堂詩集

聽雪軒集
　　(清)汪汝謙撰
　　　　叢睦汪氏遺書・春星堂詩集

遊草
　　(清)汪汝謙撰
　　　　叢睦汪氏遺書・春星堂詩集

閩遊詩紀一卷
　　(清)汪汝謙撰
　　　　叢睦汪氏遺書・春星堂詩集

松溪集
　　(清)汪汝謙撰
　　　　叢睦汪氏遺書・春星堂詩集

夢香樓集
　　(清)汪汝謙撰
　　　　叢睦汪氏遺書・春星堂詩集

柱明集一卷
　　(清)侯之翰撰
　　　　大梁侯氏詩集

懶人詩集一卷
　　(清)蔡燿撰
　　　　梅會詩人遺集

瑝美堂集一卷
　　(清)水佳胤撰
　　　　四明水氏留碩稿後編

沙上集一卷
　　(清)水佳胤撰
　　　　四明水氏留碩稿後編

沙上吟一卷
　　(清)水佳胤撰
　　　　四明水氏留碩稿後編・沙上集附

書牘雜著一卷
　　(清)水佳胤撰
　　　　四明水氏留碩稿後編

鄉會試策判墨藝一卷
　　（清）水佳胤撰
　　　　四明水氏留碩稿前編
牧齋初學集一百十卷
　　（清）錢謙益撰
　　　　四部叢刊（初次印本、二次印本、縮印
　　　　二次印本）・集部
牧齋有學集五十卷
　　（清）錢謙益撰
　　　　四部叢刊（初次印本）・集部
牧齋有學集五十卷補一卷附校勘記一卷
　　（清）錢謙益撰　校勘記姜殿揚撰
　　　　四部叢刊（二次印本、縮印二次印本）
　　　　・集部
投筆集二卷
　　（清）錢謙益撰
　　　　國粹叢書第二集
牧齋詩鈔三卷
　　（清）錢謙益撰
　　　　江左三大家詩鈔
錢先生詩八卷
　　（清）錢謙益撰
　　　　五大家詩鈔
牧齋集外詩一卷補一卷
　　（清）錢謙益撰
　　　　佚叢甲集
錢牧齋詩一卷
　　（清）錢謙益撰
　　　　皇清百名家詩
牧齋尺牘三卷
　　（清）錢謙益撰
　　　　歸錢尺牘（康熙本、宣統本）
　　錢牧齋尺牘一卷
　　　　明清十大家尺牘
柳如是詩一卷
　　（清）柳是撰
　　　　佚叢甲集
楚騷偶擬一卷
　　（清）李楷撰
　　　　河濱遺書抄
　　　　關中叢書第七集・河濱遺書鈔
藕華園詩二卷
　　（清）釋德立撰
　　　　敬鄉樓叢書第一輯
句圖一卷
　　（清）葛萬里撰
　　　　葛萬里雜著
泉村詩選一卷

　　（清）徐凝撰
　　　　敬鄉樓叢書第三輯
春浮園詩集一卷文集二卷附錄一卷
　　（清）蕭士瑋撰
　　　　春浮園集（蕭作梅本、康熙本）
牘雋四卷
　　（清）蕭士瑋撰
　　　　春浮園集（康熙本）
薛行屋詩選一卷
　　（清）薛所蘊撰
　　　　名家詩選
西谿詩集一卷
　　（清）吳楚撰
　　　　二西遺詩
浣愁草（一名雲門詩集）一卷
　　（清）李向榮撰
　　　　二西遺詩附
容城鍾元孫先生文集四卷
　　（清）孫奇逢撰
　　　　容城三賢文集（康熙本、道光本）
夏峯先生集十四卷補遺二卷首一卷
　　（清）孫奇逢撰
　　　　孫夏峯全集
　　夏峯先生集十四卷
　　　　畿輔叢書・孫夏峯遺書
　　　　叢書集成初編・文學類
孫鍾元集一卷
　　（清）孫奇逢撰
　　　　廣理學備考第四函
湘帆堂文錄一卷
　　（明）傅占衡撰
　　　　國朝文錄（道光本、咸豐本、光緒石印
　　　　本）初編
蒼雪和尚南來堂詩集四卷附錄一卷
　　（清）釋讀徹撰
　　　　雲南叢書初編・集部
釋蒼雪詩一卷
　　（清）釋讀徹撰
　　　　皇清百名家詩
崇禮堂詩一卷
　　（清）汪伯鸞撰
　　　　汪氏三先生集・石西集附
明陽山房遺詩一卷遺文一卷
　　（清）文祖堯撰
　　　　雲南叢書初編・集部・呈貢文氏三遺
　　　　集合鈔
中江詩略一卷
　　（清）袁啓旭撰

辇下和鳴集

龍湫集六卷首一卷末一卷
　　(清)李天植(確)撰
　　　　乍川文獻

蠡園文集四卷補遺一卷詩前集一卷後集
　　一卷續集一卷七言雜詠一卷
　　(清)李天植(確)撰
　　　　明季三孝廉集

蠡園集拾遺一卷
　　(清)李天植撰　　羅繼祖輯
　　　　顧學齋叢刊・李蠡園先生年譜附

梅花百詠一卷附集句一卷
　　(清)李天植(確)撰
　　　　明季三孝廉集

偶諧舊草一卷續草一卷
　　(清)王時敏撰
　　　　婁東王氏詩鈔
　　　　王烟客先生集

西廬詩草二卷補二卷
　　(清)王時敏撰
　　　　婁東王氏詩鈔
　　　　王烟客先生集

王烟客尺牘二卷
　　(清)王時敏撰
　　　　王烟客先生集

西廬家書一卷
　　(清)王時敏撰
　　　　丙子叢編

凝香室詩鈔一卷
　　(清)柴靜儀撰
　　　　國朝閨閣詩鈔

白燕栖詩草一卷
　　(清)博爾都撰
　　　　辇下和鳴集

梅花百和一卷
　　(清)張吳曼撰
　　　　集梅花詩

梅花集句二卷
　　(清)張吳曼撰
　　　　集梅花詩

梅花十咏一卷
　　(清)張吳曼撰
　　　　集梅花詩

集唐梅花詩一卷
　　(清)張吳曼撰
　　　　集梅花詩

梅花賦一卷
　　(清)張吳曼撰

集梅花詩

梅花賦註一卷
　　(清)張朱雲撰
　　　　集梅花詩

大梅歌一卷
　　(清)張吳曼撰
　　　　集梅花詩

律蘇和陶一卷
　　(清)張吳曼撰
　　　　集梅花詩

梅花詩集唐一卷
　　(清)張吳曼撰
　　　　集梅花詩

八十自壽一卷
　　(清)張吳曼撰
　　　　集梅花詩

和涉江梅花詩一卷
　　(清)張山農撰
　　　　集梅花詩

集唐梅花詩一卷
　　(清)張山農撰
　　　　集梅花詩

蒹山續草一卷
　　(清)董靈預撰
　　　　南林叢刊次集

方房詩賸一卷
　　(清)陸文衡撰
　　　　陸氏傳家集

默菴遺藁十卷附錄一卷
　　(清)馮舒撰
　　　　常熟二馮先生集

吳赤溟先生文集一卷附錄一卷
　　(清)吳炎撰
　　　　國粹叢書第二集

梅湖詩鈔一卷
　　(清)汪之順撰
　　　　皖江三家詩鈔

擔當遺詩七卷附錄一卷
　　(清)釋普荷撰
　　　　雲南叢書初編・集部

遡園文集四卷詩集一卷
　　(清)賈開宗撰
　　　　遡園全集

柴村文集十二卷
　　(清)邱志廣撰
　　　　柴村全集

柴村詩鈔五卷首一卷
　　(清)邱志廣撰

柴村全集

柴村賦集一卷
　　(清)邱志廣撰
　　　　柴村全集附

石莊先生文錄三卷
　　(清)陳宏緒撰
　　　　國朝文錄(道光本、咸豐本、光緒石印
　　　　本)初編

金豈凡詩選一卷
　　(清)金之俊撰
　　　　名家詩選

四照堂文集十二卷詩集四卷附校勘記一
　卷校勘記補一卷
　　(清)王猷定撰　校勘記(民國)胡思敬撰
　　校勘記補(民國)魏元曠撰
　　　　豫章叢書(胡思敬輯)‧明季六遺老集

輟石文鈔一卷
　　(清)王猷定撰
　　　　國朝二十四家文鈔

四照堂文錄二卷
　　(清)王猷定撰
　　　　國朝文錄(道光本、咸豐本、光緒石印
　　　　本)初編

蠹魚稿一卷
　　(清)過銘簠撰
　　　　明季三高士集

嶧桐集二十卷
　　(清)劉城撰
　　　　貴池先哲遺書‧貴池二妙集

嶧桐後集選一卷
　　(清)劉城撰　(清)陳允衡選
　　　　詩慰(順治本、民國本)初集

粵游雜詠一卷
　　(清)查繼佐(東山釣史)撰
　　　　古書叢刊第二輯丁集‧東山遺集二種

釣業一卷
　　(清)查繼佐(東山釣史)撰
　　　　古書叢刊第二輯丁集‧東山遺集二種

擬故宮詞
　　(清)唐宇昭撰
　　　　明季野史彙編‧酌中志餘
　　　　叢書集成初編‧文學類‧宮詞小纂

王敬哉詩選一卷
　　(清)王崇簡撰
　　　　名家詩選

王敬哉詩一卷
　　(清)王崇簡撰
　　　　皇清百名家詩

止谿文鈔一卷詩集鈔一卷
　　(清)朱嘉徵撰
　　　　海昌六先生集
　　　　海昌叢載

用六集十二卷附錄一卷
　　(清)刁包撰
　　　　用六居士所著書

隰西草堂詩二卷文一卷
　　(清)萬壽祺撰
　　　　徐州二遺民集

萬年少遺詩一卷
　　(清)萬壽祺撰
　　　　古學彙刊第一集‧詩文類

隰西草堂詩集五卷文集三卷拾遺一卷
　　(清)萬壽祺撰
　　　　明季三孝廉集

留耕堂詩集一卷
　　(清)殷岳撰
　　　　畿輔叢書

白耷山人詩四卷文二卷
　　(清)閻爾梅撰
　　　　徐州二遺民集

乾初先生詩集十二卷
　　(清)陳確撰
　　　　乾初先生遺集

乾初先生文集十八卷
　　(清)陳確撰
　　　　乾初先生遺集

乾初先生講義二卷
　　(清)陳確撰
　　　　乾初先生遺集‧別集

乾初先生文鈔二卷遺詩鈔一卷
　　(清)陳確撰
　　　　海昌六先生集
　　　　海昌叢載

冷雲齋冰燈詩一卷
　　(清)傅山撰
　　　　昭代叢書(道光本)別集

霜紅龕詩略一卷
　　　　晉四家詩

傅徵君霜紅龕詩鈔一卷
　　　　張氏適園叢書初集

龍南集一卷
　　(清)姜廷枚撰
　　　　會稽姜氏家集

張爾成詩一卷
　　(清)張永祺撰
　　　　皇清百名家詩

岳起齋詩存二卷
　　(清)吳振周撰
　　　三怡堂叢書
愚菴小集十五卷
　　(清)朱鶴齡撰
　　　四庫全書・集部別集類
愚菴雜著一卷
　　(清)朱鶴齡撰
　　　昭代叢書(道光本)壬集補編
澤畔吟一卷
　　(清)周燦撰
　　　吳中文獻小叢書
稽古堂文集二卷
　　(清)方以智撰
　　　桐城方氏七代遺書
澹心齋詩集一卷
　　(清)黃宗臣撰
　　　卽墨黃氏詩鈔卷上
靈蘭館詩集二卷
　　(清)范路撰
　　　梅會詩人遺集
楡溪詩鈔二卷
　　(清)徐世溥撰
　　　豫章叢書(陶福履輯)第一集
　　　叢書集成初編・文學類
楡溪集選一卷
　　(清)徐世溥撰
　　　國朝文錄(道光本、咸豐本、光緒石印
　　　本)續編
梅村集四十卷
　　(清)吳偉業撰
　　　四庫全書・集部別集類
梅村文集二十卷
　　(清)吳偉業撰
　　　風雨樓叢書
梅村家藏藁五十八卷詩補遺一卷文補遺
一卷
　　(清)吳偉業撰
　　　誦芬室叢刊初編
　　　四部叢刊(初次印本、二次印本、縮印
　　　二次印本)・集部
梅村集外詩一卷
　　(清)吳偉業撰
　　　婁東雜著續刊
吳梅村歌詩一卷附錄一卷
　　(清)吳偉業撰
　　　花近樓叢書
鶹鴟斑一卷

　　(清)吳偉業撰
　　　綠滿書牕
梅村詩鈔三卷
　　(清)吳偉業撰
　　　江左三大家詩鈔
吳先生詩七卷
　　(清)吳偉業撰
　　　五大家詩鈔
吳梅村詩一卷
　　(清)吳偉業撰
　　　皇清百名家詩
吳梅村先生編年詩集十二卷詩詞補鈔一
卷
　　(清)吳偉業撰　(清)程穆衡原箋　(清)楊
　　學沆補注
　　　太崑先哲遺書
吳詩集覽二十卷附談藪二卷補註二十卷
　　(清)吳偉業撰　(清)靳榮藩輯注
　　　四部備要(排印本、縮印本)・集部清
　　　別集
絜華樓存稿三卷
　　(清)王楨撰
　　　繡水王氏家藏集(咸豐本、光緒本)
澹生詩鈔一卷文鈔一卷
　　(清)高應雷撰
　　　雲南叢書初編・集部
塔影園集四卷詩集一卷
　　(清)顧苓撰
　　　殷禮在斯堂叢書
南雷文約四卷
　　(清)黃宗羲撰
　　　梨洲遺著彙刊
南雷文定前集十一卷後集四卷三集三卷
附錄一卷
　　(清)黃宗羲撰
　　　粵雅堂叢書二編第十九集
　　　黃梨洲遺書
　　　梨洲遺著彙刊
　　　叢書集成初編・文學類
　　　四部備要(排印本、縮印本)・集部清
　　　別集
南雷文定四集三卷
　　(清)黃宗羲撰
　　　梨洲遺著彙刊
南雷文定五集四卷
　　(清)黃宗羲撰
　　　藜照廬叢書
南雷詩歷四卷

　　（清）黃宗羲撰
　　　　黃梨洲遺書
　　　　梨洲遺著彙刊
　南雷詩歷三卷
　　　　四部叢刊（初次印本、二次印本、縮印
　　　　二次印本）・集部・南雷文案附
　　　　四部備要（排印本、縮印本）・集部清
　　　　別集・南雷文定附
　南雷文案四卷外卷一卷
　　（清）黃宗羲撰
　　　　黃梨洲遺書
　　　　梨洲遺著彙刊
　　南雷文案十卷外卷一卷
　　　　四部叢刊（初次印本、二次印本、縮印
　　　　二次印本）・集部
　吾悔集四卷
　　（清）黃宗羲撰
　　　　四部叢刊（初次印本、二次印本、縮印
　　　　二次印本）・集部・南雷文案附
　撰杖集一卷
　　（清）黃宗羲撰
　　　　四部叢刊（初次印本、二次印本、縮印
　　　　二次印本）・集部・南雷文案附
　南雷餘集一卷
　　（清）黃宗羲撰
　　　　風雨樓叢書
　南雷文錄三卷
　　（清）黃宗羲撰
　　　　國朝文錄（道光本、咸豐本、光緒石印
　　　　本）初編
　簡兮堂文賸一卷
　　（清）冒超處撰
　　　　如皋冒氏叢書
　彭躬菴文鈔六卷
　　（清）彭士望撰
　　　　易堂九子文鈔
　恥躬堂文錄二卷
　　（清）彭士望撰
　　　　國朝文錄（道光本、咸豐本、光緒石印
　　　　本）初編
　鏡巖樓詩集一卷
　　（清）黃宗庠撰
　　　　卽墨黃氏詩鈔卷上
　減庵公詩存一卷
　　（清）王挺撰
　　　　婁東王氏詩鈔
　　　　王烟客先生集附
　桴亭先生文鈔六卷

　　（清）陸世儀撰
　　　　陸陳兩先生詩文鈔（凝修堂本）
　桴亭先生文鈔六卷續鈔一卷詩鈔八卷
　　　　陸陳兩先生詩文鈔（安道書院本）
　桴亭先生文集六卷補遺一卷詩集十卷
　　　　陸桴亭先生遺書
　陸桴亭先生文集五卷
　　（清）陸世儀撰
　　　　津河廣仁堂所刻書
　楊園先生文集十八卷
　　（清）張履祥撰
　　　　楊園張先生全集
　楊園詩一卷
　　（清）張履祥撰
　　　　張楊園先生集
　楊園先生詩文二十四卷
　　（清）張履祥撰
　　　　重訂楊園先生全集
　楊園先生未刻稿十二卷
　　（清）張履祥撰
　　　　槜李遺書
　楊園書四卷
　　（清）張履祥撰
　　　　張楊園先生集
　前身散見集編年詩續鈔一卷
　　（清）黃周星撰
　　　　南林叢刊次集
　夏爲堂別集文一卷詩一卷
　　（清）黃周星撰
　　　　夏爲堂集
　黃九煙先生和楚女詩一卷
　　（清）黃周星撰
　　　　香豔叢書第十一集
　千春一恨集唐詩六十首一卷
　　（清）黃周星撰
　　　　香豔叢書第十一集
　鹿樵集茸一卷
　　（清）冒坦然撰
　　　　如皋冒氏叢書
　徐詩二卷
　　（清）徐夜撰　（清）王士禛選
　　　　王漁洋遺書
　變雅堂文集八卷詩集十卷首一卷補遺二
　卷附錄二卷
　　（清）杜濬撰
　　　　黃岡二處士集
　變雅堂文錄一卷
　　（清）杜濬撰

國朝文錄(道光本、咸豐本、光緒石印本)續編

巢民詩集六卷文集七卷
　　(清)冒襄撰
　　　　如皋冒氏叢書

香儷園偶存一卷
　　(清)冒襄撰
　　　　如皋冒氏叢書

寒碧孤吟一卷
　　(清)冒襄撰
　　　　如皋冒氏叢書
　　　　香豔小品・冒氏小品

泛雪小草一卷
　　(清)冒襄撰
　　　　如皋冒氏叢書

集美人名詩一卷
　　(清)冒襄撰
　　　　如皋冒氏叢書
　　　　香豔小品・冒氏小品
　　　　香豔叢書第十一集
　　　　娛萱室小品

樸巢詩選一卷文選四卷
　　(清)冒襄撰
　　　　如皋冒氏叢書

鑄錯軒詩茸一卷
　　(清)冒褒撰
　　　　如皋冒氏叢書

碧摩亭集一卷
　　(清)許昌齡撰
　　　　高陽四種集
　　　　江都許氏家集

一家言文集四卷詩集八卷二集十二卷別集四卷
　　(清)李漁撰
　　　　笠翁一家言全集

沈吟樓借杜詩一卷
　　(清)金人瑞撰
　　　　唱經堂才子書・聖歎外書・唱經堂杜詩解附
　　　　中國文學珍本叢書第一輯・唱經堂才子書彙稿十一種

賴古堂詩十二卷
　　(清)周亮工撰
　　　　國初十家詩鈔

賴古集一卷
　　(清)周亮工撰　(清)徐增選
　　　　九誥堂詩選元氣集

周櫟園詩選一卷

　　(清)周亮工撰　(清)鄒漪選
　　　　名家詩選

休庵前集一卷後集一卷
　　(清)盛於斯撰
　　　　南陵先哲遺書

樂志齋詩集六卷首一卷附錄一卷
　　(清)汪國瀠撰
　　　　黃岡二處士集

蒿庵集捃逸一卷
　　(清)張爾岐撰
　　　　百爵齋叢刊

歸玄恭先生文續鈔七卷附錄一卷
　　(清)歸莊撰
　　　　國粹叢書第二集

看花雜詠一卷
　　(清)歸莊撰
　　　　小石山房叢書第十二冊

碻菴先生文鈔六卷詩鈔八卷
　　(清)陳瑚撰
　　　　陸陳兩先生詩文鈔(安道書院本、凝修堂本)

亭林文集六卷詩集五卷
　　(清)顧炎武撰
　　　　亭林遺書
　　　　顧亭林先生遺書
　　　　四部備要(排印本、縮印本)・集部清別集

亭林詩集五卷附校補一卷文集六卷
　　(清)顧炎武撰　詩集校補(民國)孫毓修輯
　　　　四部叢刊(初次印本、二次印本、縮印二次印本)・集部

亭林文集六卷
　　(清)顧炎武撰
　　　　學古齋金石叢書第一集
　　　　端溪叢書四集

亭林餘集一卷
　　(清)顧炎武撰
　　　　學古齋金石叢書・亭林文集附
　　　　端溪叢書四集・亭林文集附
　　　　四部叢刊(初次印本、二次印本、縮印二次印本)・集部

亭林軼詩一卷
　　(清)顧炎武撰
　　　　顧亭林先生遺書補遺

亭林先生集外詩一卷
　　(清)顧炎武撰
　　　　古學彙刊第二集・詩文類

亭林文錄二卷

（清）顧炎武撰
　　國朝文錄(道光本、咸豐本、光緒石印
　　本)初編

亭林文鈔一卷
　　（清）顧炎武撰
　　　國朝二十四家文鈔

顧亭林先生尺牘一卷
　　（清）顧炎武撰
　　　尺牘叢刻

顧亭林尺牘一卷
　　　明清十大家尺牘

亭林詩集校文一卷
　　（清）荀徵撰
　　　古學彙刊第二集·詩文類·亭林先生
　　　集外詩附

顧亭林詩校記一卷
　　（清）孫詒讓撰
　　　惜硯樓叢刊

靜惕堂詩八卷
　　（清）曹溶撰
　　　國初十家詩鈔

曹秋岳詩一卷
　　（清）曹溶撰
　　　皇清百名家詩

曹秋岳詩選一卷
　　（清）曹溶撰　（清）鄒漪選
　　　名家詩選

縹緗集一卷
　　（清）岳昌源撰
　　　甲戌叢編

敬齋詩鈔一卷
　　（清）陳翼撰
　　　海昌六先生集
　　　海昌叢載

李介立詩鈔四卷首一卷
　　（清）李寄撰
　　　江陰先哲遺書·二介詩鈔

車逸民集十一卷
　　（清）車以遵撰
　　　邵陽車氏一家集

芳洲詩文集一卷
　　（清）陸上瀾撰
　　　明季三高士集

宗賢和尚集一卷
　　（清）馬嘉楨撰
　　　明季三高士集

莞石遺詩一卷
　　（清）曾庭龍撰

鄂里曾氏十一世詩

硯隱集一卷
　　（清）張學象撰
　　　國朝閨閣詩鈔

車教授集一卷
　　（清）車泌書撰
　　　邵陽車氏一家集

永德堂詩草一卷
　　（清）黃貞觀撰
　　　卽墨黃氏詩鈔卷下

泲亭刪定文集二卷
　　（清）孫廷銓撰
　　　孫文定公全集

泲亭自刪詩一卷
　　（清）孫廷銓撰
　　　孫文定公全集

自課堂文一卷詩選一卷
　　（清）程康莊撰
　　　山右叢書初編

安雅堂詩一卷
　　（清）宋琬撰
　　　安雅堂全集
　　　四部備要（排印本、縮印本）·集部清
　　　　別集

安雅堂文集二卷重刻文集二卷
　　（清）宋琬撰
　　　安雅堂全集

入蜀集二卷
　　（清）宋琬撰
　　　安雅堂全集
　　　四部備要（排印本、縮印本）·別集清
　　　　別集·安雅堂詩附

安雅堂未刻稿八卷
　　（清）宋琬撰
　　　安雅堂全集
　　　四部備要（排印本、縮印本）·別集清
　　　　別集·安雅堂詩附

宋先生詩八卷
　　（清）宋琬撰
　　　五大家詩鈔

荔裳詩鈔二卷
　　（清）宋琬撰　（清）邵玘（清）屠德修輯
　　　國朝四大家詩鈔

宋荔裳詩一卷
　　（清）宋琬撰
　　　皇清百名家詩

安雅堂詩選一卷
　　（清）宋琬撰　（清）嚴津選

（清）龔鼎孳撰
　　皇清百名家詩
彭孝介雜著三卷
　　（清）彭孫貽撰
　　　銷夏錄舊（稿本、攝影本）
茗齋集二十三卷
　　（清）彭孫貽撰
　　　四部叢刊續編・集部
謝程山集十八卷首一卷附錄三卷
　　（清）謝文洊撰
　　　謝程山全書
甒濟堂文集二十卷
　　（清）魏裔介撰
　　　四庫全書・集部別集類
甒濟堂集九卷
　　（清）魏裔介撰
　　　畿輔叢書
魏貞菴詩一卷
　　（清）魏裔介撰
　　　皇清百名家詩
魏石生詩選一卷
　　（清）魏裔介撰　　（清）鄒漪選
　　　名家詩選
酉除集一卷
　　（清）魏晉封撰
　　　漢陽魏氏遺書
嚴顥亭詩一卷
　　（清）嚴沆撰
　　　皇清百名家詩
顥亭詩選一卷
　　（清）嚴沆撰　　（清）嚴津選
　　　燕臺七子詩刻
嚴灝亭詩選一卷
　　（清）嚴沆撰　　（清）鄒漪選
　　　名家詩選
寒松堂集十卷
　　（清）魏象樞撰
　　　畿輔叢書
　　　叢書集成初編・文學類
寒松堂詩集三卷
　　（清）魏象樞撰
　　　畿輔叢書・寒松堂集附
　　　叢書集成初編・文學類
些山集輯三卷首一卷
　　（清）杜芥撰
　　　黃岡二處士集・變雅堂文集附
曹顧菴詩一卷
　　（清）曹爾堪撰

　　皇清百名家詩
曹顧庵詩選一卷
　　（清）曹爾堪撰　　（清）鄒漪選
　　　名家詩選
顧菴詩選一卷
　　（清）曹爾堪撰　　（清）吳之振選
　　　八家詩選
愧訥集十二卷
　　（清）朱用純撰
　　　津河廣仁堂所刻書
柏廬外集四卷
　　（清）朱用純撰
　　　津河廣仁堂所刻書
居易軒詩遺鈔一卷文遺鈔一卷
　　（清）趙炳龍撰
　　　雲南叢書初編・集部
曾青藜詩八卷
　　（清）曾燦撰
　　　金石堂詩
六松堂詩集九卷文集三卷尺牘一卷
　　（清）曾燦撰
　　　豫章叢書（胡思敬輯）・明季六遺老集
曾青藜文鈔一卷
　　（清）曾燦撰
　　　易堂九子文鈔
陸密菴詩一卷
　　（清）陸求可撰
　　　皇清百名家詩
侯朝宗文鈔八卷
　　（清）侯方域撰
　　　國朝三家文鈔
壯悔堂文集十卷
　　（清）侯方域撰
　　　趙氏藏書
　　壯悔堂文集十卷遺稿一卷
　　　四部備要（排印本、縮印本）・集部清
　　　別集
雪苑文鈔一卷
　　（清）侯方域撰
　　　國朝二十四家文鈔
壯悔堂文錄二卷
　　（清）侯方域撰
　　　國朝文錄（道光本、咸豐本、光緒石印
　　　本）初編
四憶堂詩集一卷
　　（清）侯方域撰
　　　大梁侯氏詩集
四憶堂詩集六卷

（清）侯方域撰
趙氏藏書・壯悔堂文集附

四憶堂詩集六卷遺稿一卷
（清）侯方域撰　（清）賈開宗（清）練貞吉
（清）徐作肅（清）宋犖選注
四部備要（排印本、縮印本）・集部清
別集

侯朝宗尺牘一卷
（清）侯方域撰
明清十大家尺牘

佟高岡詩一卷
（清）佟鳳彩撰
皇清百名家詩

曾麗天詩一卷
（清）曾炤撰
金石堂詩

石魚齋詩選二卷
（清）李維世撰
三怡堂叢書

郎庵詩四卷遊草一卷
（清）曾燦垣撰
鸚里曾氏十一世詩

汗青閣文集二卷
（清）方中履撰
桐城方氏七代遺書

林確齋文鈔一卷
（清）林時益撰
易堂九子文鈔

施愚山先生學餘文集二十八卷詩集五十
卷外集二卷
（清）施閏章撰
施愚山先生全集
四庫全書・集部別集類

施愚山詩一卷
（清）施閏章撰
皇清百名家詩

愚山文鈔一卷
（清）施閏章撰
國朝二十四家文鈔

愚山先生文錄二卷
（清）施閏章撰
國朝文錄（道光本、咸豐本、光緒石印
本）初編

愚山詩選一卷
（清）施閏章撰　（清）嚴津選
燕臺七子詩刻

愚山詩鈔八卷
（清）施閏章撰　（清）邵玘（清）屠德修輯

國朝四大家詩鈔

施愚山詩選一卷
（清）施閏章撰　（清）鄒漪選
名家詩選

愚山詩選一卷
（清）施閏章撰　（清）吳之振選
八家詩選

愚山詩鈔一卷
（清）施閏章撰　（清）劉執玉選
國朝六家詩鈔（乾隆本、光緒本）

亂離見聞錄三卷
（清）陳舜系撰
高涼耆舊遺集

陋軒詩六卷
（清）吳嘉紀撰
國初十家詩鈔

艮齋倦稿詩集十一卷文集十五卷
（清）尤侗撰
西堂全集（康熙本）・西堂餘集

西堂剩稿二卷
（清）尤侗撰
西堂全集（康熙本、文瑞樓石印本）

西堂秋夢錄一卷
（清）尤侗撰
西堂全集（康熙本、文瑞樓石印本）

西堂小草一卷
（清）尤侗撰
西堂全集（康熙本、文瑞樓石印本）

論語詩一卷
（清）尤侗撰
西堂全集（康熙本、文瑞樓石印本）
拜梅山房几上書

論語詩三卷
花近樓叢書

續論語詩一卷
（清）尤侗撰
西堂全集（康熙本）・西堂餘集

學庸孟子詩一卷
（清）尤侗撰
花近樓叢書・論語詩附

四書詩一卷
（清）尤侗撰
綠滿書牕

右北平集一卷
（清）尤侗撰
西堂全集（康熙本、文瑞樓石印本）

看雲草堂集八卷
（清）尤侗撰

西堂全集（康熙本、文瑞樓石印本）

述祖詩一卷
　　（清）尤侗撰
　　　　西堂全集（康熙本、文瑞樓石印本）
　　　　錫山尤氏叢刊甲集・萬柳溪邊近話附

于京集五卷
　　（清）尤侗撰
　　　　西堂全集（康熙本、文瑞樓石印本）

哀絃集二卷
　　（清）尤侗撰
　　　　西堂全集（康熙本、文瑞樓石印本）

年譜圖詩一卷
　　（清）尤侗撰
　　　　西堂全集（康熙本、文瑞樓石印本）・
　　　　　西堂餘集

香匳詠物詩
　　（清）尤侗撰
　　　　巾箱小品

五色連珠一卷
　　（清）尤侗撰
　　　　娛萱室小品

七釋一卷
　　（清）尤侗撰
　　　　昭代叢書（道光本）甲集補

尤西堂尺牘一卷
　　（清）尤侗撰
　　　　尺牘叢刻
　　　　明清十大家尺牘

聰山詩選八卷
　　（清）申涵光撰
　　　　聰山集
　　　　畿輔叢書・永年申氏遺書
　　　　叢書集成初編・文學類

聰山文集三卷
　　（清）申涵光撰
　　　　聰山集

　聰山集三卷
　　　　畿輔叢書・永年申氏遺書
　　　　叢書集成初編・文學類

申鳧盟詩一卷
　　（清）申涵光撰
　　　　皇清百名家詩

聰山文錄一卷
　　（清）申涵光撰
　　　　國朝文錄（道光本、咸豐本、光緒石印
　　　　本）續編

春酒堂文存四卷詩存六卷
　　（清）周容撰

四明叢書第一集

薑齋文集十卷
　　（清）王夫之撰
　　　　船山遺書（道光本）
　　　　四部備要（排印本、縮印本）・集部清
　　　　　別集

　薑齋文集十卷補遺三卷
　　　　船山遺書（同治本、民國本）

薑齋詩文集二十八卷
　　（清）王夫之撰
　　　　四部叢刊（初次印本、二次印本、縮印
　　　　　二次印本）・集部.

薑齋五十自定稿一卷
　　（清）王夫之撰
　　　　船山遺書（同治本、民國本）

薑齋六十自定稿一卷
　　（清）王夫之撰
　　　　船山遺書（同治本、民國本）

薑齋七十自定稿一卷
　　（清）王夫之撰
　　　　船山遺書（同治本、民國本）

柳岸吟一卷
　　（清）王夫之撰
　　　　船山遺書（同治本、民國本）

落花詩一卷
　　（清）王夫之撰
　　　　船山遺書（同治本、民國本）

遣興詩一卷
　　（清）王夫之撰
　　　　船山遺書（同治本、民國本）

和梅花百詠一卷
　　（清）王夫之撰
　　　　船山遺書（同治本、民國本）

船山經義一卷
　　（清）王夫之撰
　　　　船山遺書（同治本、民國本）

薑齋詩分體稿四卷
　　（清）王夫之撰
　　　　船山遺書（民國本）

薑齋詩編年稿一卷
　　（清）王夫之撰
　　　　船山遺書（民國本）

洞庭秋詩一卷
　　（清）王夫之撰
　　　　船山遺書（同治本、民國本）

雁字詩一卷
　　（清）王夫之撰
　　　　船山遺書（同治本、民國本）

做體詩一卷
　　(清)王夫之撰
　　　　船山遺書(同治本、民國本)
嶽餘集一卷
　　(清)王夫之撰
　　　　船山遺書(同治本、民國本)
薑齋詩賸稿一卷
　　(清)王夫之撰
　　　　船山遺書(同治本、民國本)
憶得一卷
　　(清)王夫之撰
　　　　船山遺書(民國本)
王船山叢書校勘記二卷
　　(清)劉毓崧撰
　　　　船山遺書(同治本、民國本)附
林蕙堂集二十六卷
　　(清)吳綺撰
　　　　四庫全書·集部別集類
獵微閣詩集六卷
　　(清)許承家撰
　　　　高陽四種集
獵微閣詩集一卷
　　(清)許承家撰
　　　　江都許氏家集
芝麀集一卷
　　(清)王揆撰　(清)吳偉業選
　　　　太倉十子詩選(順治本、民國排印本)
趙蘊退詩選一卷
　　(清)趙進美撰　(清)鄒漪選
　　　　名家詩選
魏伯子文集十卷
　　(清)魏際瑞撰
　　　　寧都三魏全集(易堂本、絃園書塾本)
魏伯子文鈔一卷
　　(清)魏際瑞撰
　　　　易堂九子文鈔
魏伯子文錄一卷
　　(清)魏際瑞(祥)撰
　　　　國朝文錄(道光本、咸豐本、光緒石印
　　　　本)續編
湘中草六卷
　　(清)湯傳楹撰
　　　　西堂全集(康熙本)附
思古堂集四卷首一卷
　　(清)毛先舒撰
　　　　思古堂十四種書
潠書八卷
　　(清)毛先舒撰
　　　　思古堂十四種書
小匡文鈔四卷
　　(清)毛先舒撰
　　　　思古堂十四種書
東苑文鈔二卷
　　(清)毛先舒撰
　　　　思古堂十四種書
東苑詩鈔一卷
　　(清)毛先舒撰
　　　　思古堂十四種書
蕊雲集一卷
　　(清)毛先舒撰
　　　　思古堂十四種書
晚唱一卷
　　(清)毛先舒撰
　　　　思古堂十四種書
鶯情集選一卷
　　(清)毛先舒撰
　　　　思古堂十四種書·韻白附
梁蒼巖詩一卷
　　(清)梁清標撰
　　　　皇清百名家詩
柿葉庵詩選一卷
　　(清)張蓋撰
　　　　畿輔叢書
　　　　叢書集成初編·文學類
玉暉堂詩集五卷
　　(清)趙湛撰
　　　　畿輔叢書
　　　　叢書集成初編·文學類
積書巖詩集一卷
　　(清)劉逢源撰
　　　　畿輔叢書
　　　　叢書集成初編·文學類
測魚詩略一卷
　　(清)白孕彩撰
　　　　晉四家詩
王義士輞川詩鈔六卷
　　(清)王澐撰
　　　　藝海珠塵竹集(丁集)
　　　　叢書集成初編·文學類
天瓢文鈔不分卷
　　(清)吳風翔撰
　　　　名集叢鈔
田間集十卷
　　(清)錢澄之撰
　　　　龍眠叢書
戀叟詩鈔四卷補遺二卷

（清）紀映鍾撰
　　金陵叢刻
　　叢書集成初編・文學類

紀檗子詩一卷
　（清）紀映鍾撰
　　皇清百名家詩

蜀中草鈔一卷
　（清）朱昇撰
　　海昌叢載

與袁堂詩集鈔一卷
　（清）陳殿桂撰
　　海昌叢載

丁布衣詩鈔一卷
　（清）丁之賢撰
　　綏安二布衣詩抄

朱布衣詩鈔一卷
　（清）朱國漢撰
　　綏安二布衣詩抄

呂用晦文集八卷續集四卷附錄一卷
　（清）呂留良撰
　　國粹叢書第一集

東莊吟稿七卷
　（清）呂留良撰
　　風雨樓叢書

晚邨集偶證一卷
　（民國）錢振鍠撰
　　名山全集

且亭詩鈔八卷
　（清）楊思聖撰
　　五家詩鈔

楊猶龍詩一卷
　（清）楊思聖撰
　　皇清百名家詩

楊猶龍詩選一卷
　（清）楊思聖撰　（清）鄒漪選
　　名家詩選

白茅堂文錄二卷
　（清）顧景星撰
　　國朝文錄（道光本、咸豐本、光緒石印
　　本）續編

居易堂集二十卷
　（清）徐枋撰
　　明季三孝廉集

居易堂集二十卷集外詩文一卷
　（清）徐枋撰　集外詩文王大隆輯
　　四部叢刊三編・集部

杲堂詩鈔七卷文鈔六卷
　（清）李鄴嗣撰

　　四明叢書第一集

杲堂文續鈔四卷附錄一卷
　（清）李鄴嗣撰
　　四明叢書第八集

集世說詩一卷
　（清）李鄴嗣撰
　　昭代叢書（道光本）庚集埠編

庸書文錄一卷
　（清）張貞生撰
　　國朝文錄（道光本、咸豐本、光緒石印
　　本）續編

成率菴詩一卷
　（清）成性撰
　　皇清百名家詩

采山堂詩集八卷
　（清）周篔撰
　　梅會詩人遺集

采山堂詩八卷
　　國初十家詩鈔

采山堂遺文二卷
　（清）周篔撰
　　檇李叢書

大經堂詩集二卷附一卷
　（清）屠爌撰
　　梅會詩人遺集

演谿詩集一卷
　（清）徐在撰
　　梅會詩人遺集

漁莊詩集一卷
　（清）屠焞撰
　　梅會詩人遺集

水田居文集五卷
　（清）賀貽孫撰
　　水田居全集

水田居存詩三卷
　（清）賀貽孫撰
　　水田居全集

水田居文錄二卷
　（清）賀貽孫撰
　　國朝文錄（道光本、咸豐本、光緒石印
　　本）初編

美人揉碎梅花迴文圖
　（清）沈士璜撰
　　檀几叢書餘集

郂淺玉詩一卷
　（清）郂煥元撰
　　皇清百名家詩

梅瞿山詩一卷

（清）梅清撰
　　　皇清百名家詩
燕峯詩鈔一卷
　　（清）費密撰
　　　怡蘭堂叢書・費氏遺書三種
　　　渭南嚴氏孝義家塾叢書・費氏遺書三
　　　種
秋水文集二卷補遺一卷
　　（清）嚴繩孫撰
　　　錫山先哲叢刊第一輯
世德堂文集二卷
　　（清）王鉞撰
　　　世德堂遺書
三餘集一卷
　　（清）王撰撰　（清）吳偉業選
　　　太倉十子詩選（順治本、民國排印本）
西河文集一百七十九卷
　　（清）毛奇齡撰
　　　四庫全書・集部別集類
西河文集首一卷誥詞一卷頌一卷主客辭
二卷奏疏一卷議四卷揭子一卷劄子二
卷史館擬判一卷書八卷牘札一卷箋一
卷序三十四卷引弁首一卷題題詞題端
一卷跋一卷書後緣起一卷碑記十一卷
傳十一卷墓碑銘二卷墓表五卷墓誌銘
十六卷神道碑銘二卷塔誌銘二卷事狀
四卷記事一卷說一卷錄一卷賦四卷九
懷詞一卷誄文一卷
　　（清）毛奇齡撰
　　　西河合集（康熙本、乾隆修補本）・文
　　　集
館課擬文一卷
　　（清）毛奇齡撰
　　　西河合集（康熙本、乾隆修補本）・文
　　　集
釋二辨文一卷
　　（清）毛奇齡撰
　　　西河合集（康熙本、乾隆修補本）・文
　　　集
辨忠臣不徒死文一卷
　　（清）毛奇齡撰
　　　西河合集（康熙本、乾隆修補本）・文
　　　集
西河詩集五十三卷
　　（清）毛奇齡撰
　　　西河合集（康熙本、乾隆修補本）・文
　　　集

讀餘誌略一卷
　　（清）原良撰
　　　三山存業十編
半廬文稿二卷詩稿一卷
　　（清）李騰蛟撰
　　　豫章叢書（胡思敬輯）
李咸齋文鈔一卷
　　（清）李騰蛟撰
　　　易堂九子文鈔
忠貞集十卷
　　（清）范承謨撰
　　　四庫全書・集部別集類
畫壁詩一卷
　　（清）范承謨撰
　　　說鈴續集（康熙本）
范覲公詩
　　（清）范承謨撰
　　　皇清百名家詩
魏叔子文鈔十二卷
　　（清）魏禧撰
　　　國朝三家文鈔
魏叔子文集外篇二十二卷目錄三卷詩集
八卷
　　（清）魏禧撰
　　　寧都三魏全集（易堂本、綵園書塾本）
魏叔子文集外篇一卷
　　（清）魏禧撰
　　　二餘堂叢書
魏叔子文鈔五卷
　　（清）魏禧撰
　　　易堂九子文鈔
勺庭文鈔一卷
　　（清）魏禧撰
　　　國朝二十四家文鈔
沈繹堂詩一卷
　　（清）沈荃撰
　　　皇清百名家詩
繹堂詩選一卷
　　（清）沈荃撰　（清）吳之振選
　　　八家詩選
鈍翁詩彙十三卷文彙三十八卷
　　（清）汪琬撰
　　　鈍翁全集・鈍翁類藁
鈍翁詩彙八卷文彙二十二卷
　　（清）汪琬撰
　　　鈍翁全集・鈍翁續藁
堯峯文鈔五十卷
　　（清）汪琬撰

四庫全書・集部別集類

堯峯文鈔四十卷
　　　四部叢刊（初次印本、二次印本、縮印
　　　二次印本）・集部

汪鈍翁文鈔十二卷
　　（清）汪琬撰
　　　國朝三家文鈔

堯峯文鈔一卷
　　（清）汪琬撰
　　　國朝二十四家文鈔

汪文摘謬一卷附校記一卷
　　（清）葉燮撰　校記（民國）葉德輝撰
　　　郋園先生全書

文康公遺集二卷
　　（清）宋權撰
　　　商丘宋氏三世遺集

斗齋詩選一卷
　　（清）張文光撰　（清）嚴沆選
　　　燕臺七子詩刻

戴道默詩一卷
　　（清）戴明説撰
　　　皇清百名家詩

楊因之詩一卷
　　（清）楊思本撰
　　　皇清百名家詩

留素堂詩集鈔一卷
　　（清）蔣薰撰
　　　海昌叢載

范雪樵詩一卷
　　（清）范周撰
　　　皇清百名家詩

劉魚計詩一卷
　　（清）劉友光撰
　　　皇清百名家詩

拙政園詩集二卷
　　（清）徐燦撰
　　　拜經樓叢書（乾隆嘉慶本、景乾隆嘉慶
　　　本）

彭禹峯詩選一卷
　　（清）彭而述撰　（清）鄒漪選
　　　名家詩選

虛直軒文集十卷外集六卷
　　（清）姚文然撰
　　　津河廣仁堂所刻書

姚端恪公文錄二卷
　　（清）姚文然撰
　　　國朝文錄（道光本、咸豐本、光緒石印
　　　本）續編

東谷集詩二十卷續刻二卷文八卷續刻四
　　卷
　　（清）白胤謙撰
　　　東谷全集

歸庸齋詩四卷文四卷
　　（清）白胤謙撰
　　　東谷全集

桑楡集詩三卷文三卷
　　（清）白胤謙撰
　　　東谷全集

秋水詩八卷文四卷
　　（清）馮如京撰
　　　秋水集

秋水宫詞一卷
　　（清）馮如京撰
　　　秋水集

梁敷五詩一卷
　　（清）梁清寬撰
　　　皇清百名家詩

王蓼航詩一卷
　　（清）王紫綬撰
　　　皇清百名家詩

宋子飛詩一卷
　　（清）宋翔撰
　　　皇清百名家詩

程天翼詩一卷
　　（清）程雲撰
　　　皇清百名家詩

周計百詩一卷
　　（清）周令樹撰
　　　皇清百名家詩

葉蓉菴詩一卷
　　（清）葉雷生撰
　　　皇清百名家詩

竇松濤詩一卷
　　（清）竇遴奇撰
　　　皇清百名家詩

程念伊詩一卷
　　（清）程啓朱撰
　　　皇清百名家詩

學易庵詩選一卷
　　（清）趙賓撰　（清）嚴沆選
　　　燕臺七子詩刻

張又益詩一卷
　　（清）張祖詠撰
　　　皇清百名家詩

遺山詩四卷
　　（清）高詠撰

國初十家詩鈔

中山文鈔四卷詩鈔四卷
　(清)郝浴撰
　　中山集

中山集詩鈔六卷
　(清)郝浴撰
　　五家詩鈔

茨菴集詩鈔六卷
　(清)王炘濟撰
　　五家詩鈔

擬庵遺詩一卷
　(清)曾祖訓撰
　　鸎里曾氏十一世詩

熊學士文集錄一卷
　(清)熊伯龍撰
　　國朝文錄(道光本、咸豐本、光緒石印
　　本)初編

周伯衡詩一卷
　(清)周體觀撰
　　皇清百名家詩

漱泉閣詩集十四卷文集十六卷
　(清)董文驥撰
　　常州先哲遺書後編・集類

棧行圖詩一卷
　(清)張弨撰
　　張亞齋遺集

顧見山詩一卷
　(清)顧大申撰
　　皇清百名家詩

默耕詩選二卷
　(清)李何煒撰
　　沔陽叢書

一鑑樓詩略一卷
　(清)胡尚衡撰
　　奕世傳芳集

補庵遺稿一卷詩鈔一卷
　(清)陳枚撰
　　海昌六先生集
　　海昌叢載

心遠樓詩鈔一卷
　(清)徐倬撰
　　三節合編附

問渡小草一卷
　(清)侯元棐撰
　　大梁侯氏詩集

計甫艸詩一卷
　(清)計東撰
　　皇清百名家詩

改亭文鈔一卷
　(清)計東撰
　　國朝二十四家文鈔

改亭文錄三卷
　(清)計東撰
　　國朝文錄(道光本、咸豐本、光緒石印
　　本)續編

湖海樓詩集八卷
　(清)陳維崧撰
　　四部叢刊(初次印本、二次印本、縮印
　　二次印本)

陳迦陵文集六卷儷體文集十卷
　(清)陳維崧撰
　　四部叢刊(初次印本、二次印本、縮印
　　二次印本)・集部

湖海樓集拾遺一卷
　(清)陳維崧撰
　　晨風閣叢書第一集

陳檢討四六二十卷
　(清)陳維崧撰　(清)程師恭注
　　四庫全書・集部別集類

湖海樓尺牘(一名陳其年先生尺牘)一卷
　(清)陳維崧撰
　　尺牘叢刻

李坦園詩一卷
　(清)李霨撰
　　皇清百名家詩

訒庵遺詩一卷
　(清)曾應銓撰
　　鸎里曾氏十一世詩

十笏草堂詩四卷
　(清)王士祿撰
　　國初十家詩鈔

王西樵詩一卷
　(清)王士祿撰
　　皇清百名家詩

考功集選四卷
　(清)王士祿撰　(清)王士禛選
　　王漁洋遺書

西樵詩選一卷
　(清)王士祿撰　(清)吳之振選
　　八家詩選

清貽堂存稿四卷附錄一卷
　(清)王益朋撰
　　繡水王氏家藏集(咸豐本、光緒本)

匪石山房詩鈔一卷
　(清)楊坤撰
　　大亭山館叢書・集類・毘陵楊氏詩存

程湟榛詩一卷
　　（清）程可則撰
　　　皇清百名家詩
湟榛詩選一卷
　　（清）程可則撰　（清）吳之振選
　　　八家詩選
抱山集選一卷
　　（清）王士禧撰　（清）王士禛選
　　　王漁洋遺書
學源堂詩鈔六卷
　　（清）郭棻撰
　　　五家詩鈔
烟坪詩鈔二卷
　　（清）陸天麟撰
　　　雲南叢書初編・集部
曾庭聞詩六卷
　　（清）曾畹撰
　　　金石堂詩
王昊廬詩一卷
　　（清）王澤弘撰
　　　皇清百名家詩
李素園詩一卷
　　（清）李贊元撰
　　　皇清百名家詩
飽墨堂吟草鈔一卷
　　（清）吳啓熊撰
　　　海昌叢載
退思軒詩集一卷
　　（清）張惟赤撰
　　　海鹽張氏涉園叢刻
朱汗朱詩一卷
　　（清）朱驊撰
　　　皇清百名家詩
信美軒詩選一卷
　　（清）丁澎撰　（清）嚴津選
　　　燕臺七子詩刻
七頌堂詩集一卷
　　（清）劉體仁撰
　　　杜藕山房叢書
劉夢闈詩一卷
　　（清）劉元徵撰
　　　皇清百名家詩
二曲全集二十六卷
　　（清）李顒撰
　　　李二曲先生全集（同治本、光緒本）
抱犢山房集六卷
　　（清）嵇永仁撰
　　　四庫全書・集部別集類

己畦文集二十二卷詩集十卷殘餘詩稿一
　卷
　　（清）葉燮撰
　　　郎園先生全書
碩園集一卷
　　（清）王昊撰　（清）吳偉業選
　　　太倉十子詩選（順治本、民國排印本）
湯子遺書十卷附錄一卷
　　（清）湯斌撰
　　　四庫全書・集部別集類
湯子遺書十卷首一卷續編二卷
　　　湯文正公全集
潛庵先生遺稿五卷
　　（清）湯斌撰
　　　湯文正公遺書
潛庵先生全集五卷
　　　趙氏藏書
湯潛庵先生集二卷
　　（清）湯斌撰
　　　正誼堂全書
　　　叢書集成初編・文學類
潛庵文鈔一卷
　　（清）湯斌撰
　　　國朝二十四家文鈔
潛庵先生遺棄文錄二卷
　　（清）湯斌撰
　　　國朝文錄（道光本、咸豐本、光緒石印
　　　本）初編
一老庵文鈔一卷
　　（清）徐柯撰
　　　辛巳叢編
一老庵遺稿四卷
　　（清）徐柯撰
　　　辛巳叢編
我詩略一卷
　　（清）傅眉撰
　　　晉四家詩
鐵廬集三卷外集二卷後錄一卷
　　（清）潘天成撰
　　　四庫全書・集部別集類
戴雪看詩一卷
　　（清）戴其員撰
　　　皇清百名家詩
釜水吟二卷
　　（清）李崇階撰
　　　雲南叢書初編・集部
黃石笥詩一卷
　　（清）黃藎若撰

皇清百名家詩

魏季子文集十六卷
　（清）魏禮撰
　　寧都三魏全集（易堂本、綏園書塾本）

魏季子文鈔一卷
　（清）魏禮撰
　　易堂九子文鈔

湛園集八卷
　（清）姜宸英撰
　　四庫全書·集部別集類

湛園未定稿十卷
　（清）姜宸英撰
　　姜先生全集

西溟文鈔四卷
　（清）姜宸英撰
　　姜先生全集

眞意堂佚稿一卷
　（清）姜宸英撰
　　姜先生全集

葦間詩集五卷
　（清）姜宸英撰
　　姜先生全集

湛園詩稿三卷
　（清）姜宸英撰
　　姜先生全集

葦間詩稿一卷
　（清）姜宸英撰
　　風雨樓祕笈留眞

姜先生詩詞拾遺一卷
　（清）姜宸英撰
　　姜先生全集

湛園藏稿四卷
　（清）姜宸英撰
　　姜先生全集

湛園文鈔一卷
　（清）姜宸英撰
　　國朝二十四家文鈔

湛園未定藁文錄三卷
　（清）姜宸英撰
　　國朝文錄（道光本、咸豐本、光緒石印
　　本）初編

傅賜谷詩一卷
　（清）傅爲霖撰
　　皇清百名家詩

吳南溪詩一卷
　（清）吳學烱撰
　　皇清百名家詩

王胥庭詩一卷

　（清）王熙撰
　　皇清百名家詩

萬青閣自訂文集一卷
　（清）趙吉士撰
　　萬青閣全集

萬青閣自訂詩一卷
　（清）趙吉士撰
　　萬青閣全集

萬青閣勘河詩記一卷
　（清）趙吉士撰
　　萬青閣全集

寄園集字詩一卷
　（清）趙吉士撰
　　萬青閣全集

萬青閣歸隱詩一卷
　（清）趙吉士撰
　　萬青閣全集

夏日吟一卷
　（清）趙吉士撰
　　萬青閣全集

問天旅嘯一卷
　（清）趙吉士撰
　　萬青閣全集

狐青閣秋集一卷
　（清）趙吉士撰
　　萬青閣全集

燕山秋吟一卷
　（清）趙吉士撰
　　萬青閣全集

林臥遙集一卷
　（清）趙吉士撰
　　萬青閣全集

採尤雜咏一卷
　（清）趙吉士撰
　　萬青閣全集

哭臨紀事一卷
　（清）趙吉士撰
　　萬青閣全集

萬青閣自訂制藝一卷
　（清）趙吉士撰
　　萬青閣全集

正誼堂詩集十七卷
　（清）董以寧撰
　　常州先哲遺書後編·集類

文友文選三卷
　（清）董以寧撰
　　常州先哲遺書後編·集類·正誼堂詩
　　集附

董文友詩選一卷
　　(清)董以寧撰　　(清)鄒漪選
　　　　名家詩選
丘曙戒詩一卷
　　(清)丘象升撰
　　　　皇清百名家詩
嘯雪庵詩鈔一卷
　　(清)吳綃撰
　　　　國朝閨閣詩鈔
渭川剒存一卷
　　(清)陳璜撰
　　　　家蔭堂彙刻
曝書亭集八十卷附錄一卷
　　(清)朱彝尊撰
　　　　四庫全書·集部別集類
　　　　四部叢刊（初次印本、二次印本、縮印
　　　　　二次印本）·集部
　　　　四部備要（排印本、縮印本）·集部清
　　　　　別集
曝書亭文薆一卷
　　(清)朱彝尊撰
　　　　風雨樓秘笈留眞
曝書亭集外詩五卷文二卷
　　(清)朱彝尊撰
　　　　橋李遺書
竹垞文鈔一卷
　　(清)朱彝尊撰
　　　　國朝二十四家文鈔
竹垞詩鈔六卷
　　(清)朱彝尊撰　　(清)邵玘(清)屠德修輯
　　　　國朝四大家詩鈔
竹垞詩鈔一卷
　　(清)朱彝尊撰　　(清)劉執玉選
　　　　國朝六家詩鈔（乾隆本、光緒本）
風懷詩補註一卷
　　(清)馮登府撰
　　　　石經閣叢書
風懷詩案一卷
　　冒廣生撰
　　　　如臯冒氏叢書·疚齋小品
竹垞老人晚年手牘一卷
　　(清)朱彝尊撰
　　　　古學彙刊第二集·詩文類
三魚堂文集十二卷外集六卷附錄一卷
　　(清)陸隴其撰
　　　　四庫全書·集部別集類
　　　　西京清麓叢書正編
　　　　陸子全書

陸稼書先生文集二卷
　　(清)陸隴其撰
　　　　正誼堂全書
　　　　叢書集成初編·文學類
三魚文鈔一卷
　　(清)陸隴其撰
　　　　國朝二十四家文鈔
三魚堂文錄一卷
　　(清)陸隴其撰
　　　　國朝文錄（道光本、咸豐本、光緒石印
　　　　　本）續編
快山堂詩集一卷
　　(清)黃貞麟撰
　　　　卽墨黃氏詩鈔卷下
王北山詩一卷
　　(清)王曰高撰
　　　　皇清百名家詩
氾葉集一卷
　　(清)侯體隨撰
　　　　大梁侯氏詩集
鄒訏士詩選一卷
　　(清)鄒祗謨撰　　(清)鄒漪選
　　　　名家詩選
餘生隨詠一卷
　　(清)文俊德撰
　　　　雲南叢書初編·集部·呈貢文氏三遺
　　　　　集合鈔
醉禪草一卷
　　(清)文俊德撰
　　　　雲南叢書初編·集部·呈貢文氏三遺
　　　　　集合鈔·餘生隨詠附
逃禪吟鈔一卷
　　(清)葛定遠撰
　　　　海昌叢載
詠年堂詩集鈔一卷
　　(清)葛定辰撰
　　　　海昌叢載
南山堂自訂詩十卷
　　(清)吳景旭撰
　　　　吳興叢書
耘蓮詩鈔一卷
　　(清)曹元方撰
　　　　海昌叢載
翁山文鈔四卷（卷一至四）附佚文輯三卷
　　(清)屈大均撰　　佚文徐信符輯
　　　　廣東叢書第一集
翁山文鈔六卷（卷五至十）附佚文二輯一
　　卷

（清）屈大均撰　佚文黄蔭普輯
　　廣東叢書第二集
翁山文外十六卷
　（清）屈大均撰
　　　嘉業堂叢書・集部
李劬菴詩一卷
　（清）李念慈撰
　　　皇清百名家詩
游日生先生集二卷
　（清）游東昇撰
　　　臨川文獻
素菴先生文
　（清）廖士修撰
　　　渌江廖氏三代文鈔
迪彝先生文
　（清）廖士琦撰
　　　渌江廖氏三代文鈔
紅蘭集一卷
　（清）岳端撰
　　　輦下和鳴集
晴雲書屋稿一卷
　（清）索芬撰
　　　輦下和鳴集
嶺雲集一卷
　（清）駱靜撰
　　　輦下和鳴集
松桂堂全集三十七卷
　（清）彭孫遹撰
　　　四庫全書・集部別集類
南淮集三卷
　（清）彭孫遹撰
　　　四庫全書・集部別集類・松桂堂全集
　　　附
秋笳集八卷附錄一卷
　（清）吳兆騫撰
　　　粤雅堂叢書初編第八集
　　　叢書集成初編・文學類
　秋笳集八卷補遺一卷
　　　風雨樓叢書
歸來草堂尺牘一卷
　（清）吳兆騫撰
　　　合衆圖書館叢書第一集
在陸文鈔一卷
　（清）儲欣撰
　　　國朝二十四家文鈔
夏雲堂稿一卷
　（清）朱圻撰
　　　金陵朱氏家集

儋園文錄二卷
　（清）徐乾學撰
　　　國朝文錄（道光本、咸豐本、光緒石印
　　　本）續編
味蕈鑪軒詩鈔一卷
　（清）陸方濤撰
　　　陸氏傳家集
味蕈鑪軒遺文一卷
　（清）陸方濤撰
　　　陸氏傳家集
天籟集鈔存一卷
　（清）董欽德撰
　　　董氏叢書
古鉢集選一卷
　（清）王士祜撰　（清）王士禛選
　　　王漁洋遺書
六瑩堂集九卷二集八卷評詞一卷附錄一
卷
　（清）梁佩蘭撰
　　　粤十三家集
三巴集（一名奧中雜詠）一卷
　（清）吳歷撰
　　　小石山房叢書第十三册
墨井詩鈔二卷
　（清）吳歷撰
　　　小石山房叢書第十三册
墨井集源流考一卷
　陳垣撰
　　　勵耘書屋叢刻第二集・吳漁山先生年
　　　譜附
璇璣碎錦一卷
　（清）萬樹撰
　　　昭代叢書（道光本）丁集新編
鶴舫文鈔一卷
　（清）毛際可撰
　　　國朝二十四家文鈔
甌香館集十二卷補遺二卷附錄一卷
　（清）惲格撰
　　　別下齋叢書（道光本、商務印書館景道
　　　光本、竹簡齋景道光本）
　　　叢書集成初編・文學類
南田詩鈔五卷
　（清）惲格撰
　　　毘陵六逸詩鈔
　南田詩五卷
　　　國初十家詩鈔
漁洋山人詩集二十二卷續集十六卷
　（清）王士禛撰

王漁洋遺書

蠶尾集十卷續集二卷後集二卷
　　（清）王士禛撰
　　　王漁洋遺書

南海集二卷
　　（清）王士禛撰
　　　王漁洋遺書

雍益集一卷
　　（清）王士禛撰
　　　王漁洋遺書

漁洋山人文略十四卷
　　（清）王士禛撰
　　　王漁洋遺書

王氏漁洋詩鈔十二卷
　　（清）王士禛撰
　　　二家詩鈔

阮亭詩鈔八卷
　　（清）王士禛撰　（清）邵玘（清）屠德修輯
　　　國朝四大家詩鈔

載書圖詩一卷
　　（清）王士禛撰
　　　王漁洋遺書

漁洋山人集外詩二卷
　　（清）王士禛撰
　　　觀自得齋叢書

王阮亭詩一卷
　　（清）王士禛撰
　　　皇清百名家詩

帶經堂集文錄二卷
　　（清）王士禛撰
　　　國朝文錄（道光本、咸豐本、光緒石印
　　　本）初編

阮亭詩鈔二卷
　　（清）王士禛撰　（清）劉執玉選
　　　國朝六家詩鈔（乾隆本、光緒本）

王貽上詩選一卷
　　（清）王士禛撰　（清）鄒漪選
　　　名家詩選

阮亭詩選一卷
　　（清）王士禛撰　（清）吳之振選
　　　八家詩選

漁洋山人精華錄十卷
　　（清）王士禛撰　（清）林佶輯
　　　王漁洋遺書
　　　四部叢刊（初次印本、二次印本、縮印
　　　二次印本）·集部

精華錄十卷
　　　四庫全書·集部別集類

漁洋山人精華錄訓纂十卷
　　（清）王士禛撰　（清）惠棟訓纂
　　　四部備要（排印本、縮印本）·集部清
　　　別集

漁洋山人秋柳詩箋一卷
　　（清）王士禛撰　（清）王祖源箋
　　　天壤閣叢書
　　　叢書集成初編·文學類

**王貽上與林吉人手札一卷王貽上與汪于
鼎手札一卷**
　　（清）王士禛撰
　　　煙畫東堂小品

宋氏綿津詩鈔八卷
　　（清）宋犖撰
　　　二家詩鈔

西陂類稿三十九卷
　　（清）宋犖撰
　　　四庫全書·集部別集類

黃海山花圖詠一卷
　　（清）宋犖撰
　　　黃山叢刊

西陂類稿文錄一卷
　　（清）宋犖撰
　　　國朝文錄（道光本、咸豐本、光緒石印
　　　本）初編

渠亭文彙一卷
　　（清）張貞撰
　　　渠亭山人半部稿

或語一卷
　　（清）張貞撰
　　　渠亭山人半部稿

潛州集一卷
　　（清）張貞撰
　　　渠亭山人半部稿

娛老集一卷遺彙一卷
　　（清）張貞撰
　　　渠亭山人半部稿

竹岡小草一卷
　　（清）趙敬襄撰
　　　竹岡齋九種

竹岡詩草一卷
　　（清）趙敬襄撰
　　　竹岡齋九種

竹岡雜綴一卷續一卷
　　（清）趙敬襄撰
　　　竹岡齋九種

讀書齋偶存稿四卷
　　（清）葉方藹撰

(清)丁耀亢撰
　　丁野鶴先生詩詞稿

陸舫詩草五卷補遺一卷
　　(清)丁耀亢撰
　　　　丁野鶴先生詩詞稿

椒丘詩二卷
　　(清)丁耀亢撰
　　　　丁野鶴先生詩詞稿

丁野鶴先生遺稿三卷
　　(清)丁耀亢撰
　　　　丁野鶴先生詩詞稿

白雲樓詩鈔一卷
　　(清)楊宗發撰
　　　　毘陵六逸詩鈔
　　　　大亭山館叢書·集類·毘陵楊氏詩存

苣野詩鈔四卷
　　(清)唐惲宸撰
　　　　毘陵六逸詩鈔

松石館詩集二卷
　　(清)宿鳳翀撰
　　　　披海叢書

青門詩十卷
　　(清)邵長蘅撰
　　　　國初十家詩鈔

邵青門全集三十卷
　　(清)邵長蘅撰
　　　　常州先哲遺書第一集附

青門文鈔一卷
　　(清)邵長蘅撰
　　　　國朝二十四家文鈔

邵青門文錄三卷
　　(清)邵長蘅撰
　　　　國朝文錄(道光本、咸豐本、光緒石印
　　　　本)初編

釋南菴詩一卷
　　(清)釋大依撰
　　　　皇清百名家詩

魏惟度詩一卷
　　(清)魏憲撰
　　　　皇清百名家詩

天傭館遺稿二卷
　　(清)劉宗洙撰
　　　　劉氏傳家集

雲華閣詩略六卷附錄一卷
　　(清)易宏撰
　　　　粵十三家集

洮浦集十卷
　　(清)曹宗璠撰

　　　　金壇曹氏集

崑禾堂集十卷
　　(清)曹宗璠撰
　　　　金壇曹氏集

抱膝廬文集六卷
　　(清)劉宗泗撰
　　　　劉氏傳家集

雙紅豆館遺稿一卷
　　(清)王潔撰
　　　　繡水王氏家藏集(咸豐本、光緒本)附
　　　　刻

文端集四十六卷
　　(清)張英撰
　　　　四庫全書·集部別集類

存誠堂詩集二十五卷
　　(清)張英撰
　　　　張文端集

篤素堂詩集七卷文集十六卷
　　(清)張英撰
　　　　張文端集

篤素堂文集四卷
　　(清)張英撰
　　　　申報館叢書餘集
　　　　玉雞苗館叢書

存誠堂應制詩五卷
　　(清)張英撰
　　　　張文端集

張文端公詩文選二卷
　　(清)張英撰　(民國)周學熙選
　　　　周氏師古堂所編書

蒼峴山人文錄一卷
　　(清)秦松齡撰
　　　　國朝文錄(道光本、咸豐本、光緒石印
　　　　本)續編

深省堂詩集一卷
　　(清)萬斯備撰
　　　　四明叢書第四集

忠裕堂集一卷
　　(清)申涵盼撰
　　　　畿輔叢書·永年申氏遺書
　　　　叢書集成初編·文學類

申定舫詩一卷
　　(清)申涵盼撰
　　　　皇清百名家詩

蘗香詩草一卷
　　(清)李舍章撰
　　　　國朝閨閣詩鈔

偶吟一卷

（清）侯體巽撰
大梁侯氏詩集

畸人之詩略一卷
（清）胡庭撰
晉四家詩

艾陵文鈔十六卷詩鈔二卷
（清）雷士俊撰
涇陽文獻叢書

悔菴詩蔓一卷
（清）侯體蒙撰
大梁侯氏詩集

偶存草一卷
（清）吳孟堅撰
貴池先哲遺書

雁字和韻詩一卷
（清）吳孟堅撰
貴池先哲遺書・偶存草附

梅莊遺艸六卷
（清）翁白撰
浦城遺書

偶菴集一卷
（清）陳騄撰
江田詩系

秋潭詩選二卷
（清）朱昂撰　（清）曹仁虎選
四家詩鈔

石閭集一卷
（清）蔣易撰
晨風閣叢書第一集

西亭詩一卷
（清）吳屯侯撰
延陵合璧

箬繭室詩集一卷
（清）許友撰
蓉城仙館叢書・明代祕籍三種

軒渠詩稿六卷
（清）虞兆湰撰
虞虹升雜著

軒渠集一卷
（清）虞兆湰撰
虞虹升雜著

姜眞源詩選一卷
（清）姜圖南撰　（清）鄒漪選
名家詩選

王玉叔詩選一卷
（清）王錫琯撰　（清）鄒漪選
名家詩選

劉航石詩選一卷

（清）劉蓀芳撰　（清）鄒漪選
名家詩選

劉岸先詩選一卷
（清）劉橤撰　（清）鄒漪選
名家詩選

四照堂集一卷
（清）盧紘撰　（清）徐增選
九誥堂詩選元氣集

盧澹崖詩選一卷
（清）盧紘撰　（清）鄒漪選
名家詩選

黃雲孫詩選一卷
（清）黃永撰　（清）鄒漪選
名家詩選

錢日庵詩選一卷
（清）錢升撰　（清）鄒漪選
名家詩選

比部集一卷
（清）申繼揆撰　（清）徐增選
九誥堂詩選元氣集

窺園集一卷
（清）董漢策撰　（清）徐增選
九誥堂詩選元氣集

僅齋集一卷
（清）戴沆撰　（清）徐增選
九誥堂詩選元氣集

珠樹堂集一卷
（清）何士域撰　（清）徐增選
九誥堂詩選元氣集

澤月齋集一卷
（清）何士壎撰　（清）徐增選
九誥堂詩選元氣集

春及堂藁一卷
（清）謝聘撰
粟香室叢書

萬季野先生遺稿一卷附錄一卷
（清）萬斯同撰
百爵齋叢刊

石園文集八卷
（清）萬斯同撰
四明叢書第四集

江辰六文集九卷
（清）江闓撰
黔南叢書第六集

武林草一卷附刻一卷
（清）趙士麟撰
武林掌故叢編第七集

讀書堂綵衣全集四十六卷

（清）趙士麟撰
雲南叢書初編·集部

夕霏亭詩集一卷
（清）黃垍撰
卽墨黃氏詩鈔卷下

車都諫集二卷
（清）車萬育撰
邵陽車氏一家集

紫雪軒詩集一卷
（清）黃坦撰
卽墨黃氏詩鈔卷中

嚴柱峯詩一卷
（清）嚴曾榘撰
皇清百名家詩

九谷集六卷
（清）方殿元撰
粵十三家集

懷古堂詩集一卷補遺一卷
（清）徐眞木撰
梅會詩人遺集

學箕初稿二卷
（清）黃百家撰
四部叢刊（初次印本、二次印本、縮印
二次印本）·集部·南雷文案附

紅葉村詩彙六卷補遺一卷
（清）梁逸撰
又滿樓叢書

艾軒詩集鈔一卷
（清）楊中楠撰
海昌叢載

南蘭紀事詩鈔二卷
（清）楊文言撰
大亭山館叢書·集類·毗陵楊氏詩存

柯素培詩一卷
（清）柯聳撰
皇清百名家詩

柯素培詩選一卷
（清）柯聳撰　（清）鄒漪選
名家詩選

栗里詩草一卷
（清）黃堨撰
卽墨黃氏詩鈔卷中

西湖和蘇詩一卷
（清）魏麟徵撰
石函三種

閩中吟一卷
（清）魏麟徵撰
石函三種

石屋初集一卷二集一卷三集一卷四集一
卷
（清）魏麟徵撰
石函三種附

松谿小草不分卷
（清）王懋曾撰
海南叢書第六集

學文堂文集十六卷詩集五卷
（清）陳玉琪撰
常州先哲遺書第一集附

孫雪厓詩一卷
（清）孫郁撰
皇清百名家詩

張企麓詩一卷
（清）張鴻儀撰
皇清百名家詩

昱青堂雜集一卷
（清）吳脈鬯撰
蓬萊吳灌先著述三種

孔紹先詩一卷
（清）孔興釪撰
皇清百名家詩

黃訥庵詩一卷
（清）黃之鼎撰
皇清百名家詩

李梅邨詩一卷
（清）李衷燦撰
皇清百名家詩

撫松吟集一卷
（清）張端亮撰
雲南叢書二編·集部

脩竹山房詩草一卷
（清）黃堜撰
卽墨黃氏詩鈔卷中

劉智侯詩一卷
（清）劉六德撰
皇清百名家詩

西田集一卷
（清）王揆撰
婁東王氏詩鈔

西田詩集一卷
王烟客先生集附

白石山房文錄一卷
（清）李振裕撰
國朝文錄（道光本、咸豐本、光緒石印
本）續編

黃志伊詩一卷
（清）黃任撰

一卷
　　（清）梁份撰　　校勘續記（民國）胡思敬撰
　　豫章叢書（胡思敬輯）・明季六遺老集

澄江集一卷
　　（清）陸次雲撰
　　陸雲士雜著

北墅緒言五卷
　　（清）陸次雲撰
　　陸雲士雜著

竹連珠
　　（清）鈕琇撰
　　檀几叢書餘集

　　竹連珠一卷
　　　昭代叢書（道光本）庚集埤編
　　　古今說部叢書一集

潭西詩集二十一卷
　　（清）楊陸榮撰
　　楊潭西先生遺書

掣鯨堂詩選九卷
　　（清）費錫璜撰
　　古棠書屋叢書・集部

掣鯨堂集一卷
　　（清）費錫璜撰
　　晨風閣叢書第一集

花南老屋詩集五卷
　　（清）李符撰
　　梅會詩人遺集

甌香集二卷
　　（清）仲弘道撰
　　濮川詩鈔

澹軒集一卷
　　（清）濮淙撰
　　濮川詩鈔

雪芸草一卷
　　（清）周映康撰
　　濮川詩鈔

寄軒詩鈔一卷
　　（清）盛鑨撰
　　三盛詩鈔

午亭文編五十卷
　　（清）陳廷敬撰
　　四庫全書・集部別集類

陳說巖詩一卷
　　（清）陳廷敬撰
　　皇清百名家詩

午亭文鈔一卷
　　（清）陳廷敬撰
　　國朝二十四家文鈔

午亭文錄三卷
　　（清）陳廷敬撰
　　國朝文錄（道光本、咸豐本、光緒石印
　　本）初編

說巖詩選一卷
　　（清）陳廷敬撰　　（清）吳之振選
　　八家詩選

百尺梧桐閣文錄一卷
　　（清）汪懋麟撰
　　國朝文錄（道光本、咸豐本、光緒石印
　　本）續編

養中之塾文集一卷
　　（清）朱曾喆撰
　　濟南朱氏詩文彙編

字雲巢詩鈔一卷
　　（清）盛大謨撰
　　三盛詩鈔

字雲巢文集六卷
　　（清）盛大謨撰
　　豫章叢書（胡思敬輯）

劍山詩鈔一卷
　　（清）盛樂撰
　　三盛詩鈔

留雪堂懷人詩鈔一卷
　　（清）盛樂撰
　　三盛詩鈔・劍山詩鈔附

寒碧堂詩葺一卷附錄一卷
　　（清）冒嘉穗撰
　　如皋冒氏叢書

道南堂詩集四卷
　　（清）李琇撰
　　梅會詩人遺集

枕煙亭詩葺一卷附錄一卷
　　（清）冒丹書撰
　　如皋冒氏叢書

筼谷詩選一卷
　　（清）張芳湄撰
　　海鹽張氏涉園叢刻

袁杜少詩一卷
　　（清）袁佑撰
　　皇清百名家詩

遂初堂集外詩文稿二卷
　　（清）潘耒撰
　　乙亥叢編

稼堂文鈔一卷
　　（清）潘耒撰
　　國朝二十四家文鈔

忍菴集一卷

(清)黃與堅撰　(清)吳偉業選
　　太倉十子詩選(順治本、民國排印本)

臥象山房詩正集七卷
　　(清)李澄中撰
　　　白雲村全集

白雲村文集四卷
　　(清)李澄中撰
　　　白雲村全集

滇南集一卷
　　(清)李澄中撰
　　　白雲村全集

毛乳雪詩一卷
　　(清)毛升芳撰
　　　皇清百名家詩

未庵初集四卷
　　(清)曹禾撰
　　　江陰先哲遺書

尋雲草一卷
　　(清)熊人霖撰
　　　豫章叢書(陶福履輯)第三集

分干詩鈔四卷
　　(清)葉舒璐撰
　　　郎園先生全書

藍染齋集一卷
　　(清)陳選勳撰
　　　濮川詩鈔

得月樓艸一卷
　　(清)徐嘉撰
　　　濮川詩鈔

苧菴遺集九卷
　　(清)吳懋謙撰
　　　吳苧菴遺稿

苧菴二集十二卷
　　(清)吳懋謙撰
　　　吳苧菴遺稿

華苹山人詩集六卷
　　(清)吳懋謙撰
　　　吳苧菴遺稿

華平近律一卷
　　(清)吳懋謙撰
　　　吳苧菴遺稿

華平戲作一卷
　　(清)吳懋謙撰
　　　吳苧菴遺稿

來霞詩鈔一卷
　　(清)鍾梁撰
　　　濮川詩鈔

晚鹽集鈔三卷

(清)沈堯咨撰
　　　濮川詩鈔

嶧山集一卷
　　(清)周旬撰
　　　濮川詩鈔

綏菴詩鈔(一名順寧樓稿)一卷
　　(清)周暾撰
　　　濮川詩鈔

碧草軒詩鈔一卷
　　(清)張其是撰
　　　濮川詩鈔

荇谿詩集四卷
　　(清)繆泳撰
　　　梅會詩人遺集

蒼源剩草十一卷
　　(清)馮夢祖撰
　　　諸暨馮氏叢刻

徐都講詩一卷
　　(清)徐昭華撰
　　　西河合集（康熙本、乾隆修補本）・文
　　　集
　　　國朝閨閣詩鈔

斳冰集一卷
　　(清)陳曾薿撰
　　　聾下和鳴集

蘭秋介雅堂詩略一卷
　　(清)畢大生撰
　　　聾下和鳴集

葉學山先生詩稿十卷
　　(清)葉舒穎撰
　　　郎園先生全書

雲心編一卷
　　(清)曹基撰
　　　依園七子詩選

迂齋集一卷
　　(清)金侃撰
　　　依園七子詩選

石帆吟一卷
　　(清)潘鏐撰
　　　依園七子詩選

耕煙集一卷
　　(清)黃玢撰
　　　依園七子詩選

匪莪集一卷
　　(清)金貢撰
　　　依園七子詩選

花塢吟一卷
　　(清)蔡元翼撰

　　　　依園七子詩選
怡雲集一卷
　　（清）顧嗣協撰
　　　　依園七子詩選
秋錦文鈔一卷
　　（清）李良年撰
　　　　國朝二十四家文鈔
桂山堂詩鈔八卷
　　（清）紀昀撰
　　　　五家詩鈔
水東草堂詩一卷
　　（清）田需撰
　　　　德州田氏叢書
竹裏館草一卷
　　（清）王曰仁撰
　　　　墻東詩錄
筠閣詩鈔一卷
　　（清）徐昌撰
　　　　硤川五家詩鈔
汪伯子箐菴遺槀一卷
　　（清）汪筠撰
　　　　鈍翁全集・鈍翁續槀
成仲謙詩一卷
　　（清）成光撰
　　　　皇清百名家詩
榕村全集四十卷
　　（清）李光地撰
　　　　李文貞公全集
　　　　榕村全書
　　榕村集四十卷
　　　　四庫全書・集部別集類
榕村續集七卷
　　（清）李光地撰
　　　　榕村全書・榕村全集附
榕村別集五卷
　　（清）李光地撰
　　　　李文貞公全集・榕村全集附
　　　　榕村全書・榕村全集附
榕村制義初集一卷二集一卷三集一卷四
　集一卷
　　（清）李光地撰
　　　　李文貞公全集
　　　　榕村全書
榕村全集文錄二卷
　　（清）李光地撰
　　　　國朝文錄（道光本、咸豐本、光緒石印
　　　　本）初編
張文貞集十二卷

　　（清）張玉書撰
　　　　四庫全書・集部別集類
張文貞公文錄二卷
　　（清）張玉書撰
　　　　國朝文錄（道光本、咸豐本、光緒石印
　　　　本）初編
莘野先生遺書二卷首一卷
　　（清）康乃心撰
　　　　關中叢書第三集
吉光集一卷
　　（清）朱堂撰
　　　　金陵朱氏家集
致遠堂集三卷
　　（清）金平撰
　　　　天津金氏家集
晚春堂詩八卷
　　（清）文化遠撰
　　　　雲南叢書初編・集部・呈貢文氏三遺
　　　　集合鈔
蓮洋詩鈔十卷
　　（清）吳雯撰
　　　　四庫全書・集部別集類
蓮洋集二十卷附錄一卷
　　（清）吳雯撰
　　　　四部備要（排印本、縮印本）・集部清
　　　　別集
蓮洋詩一卷
　　（清）吳雯撰
　　　　蘀下和鳴集
趙忠毅公文錄二卷
　　（清）趙申喬撰
　　　　國朝文錄（道光本、咸豐本、光緒石印
　　　　本）續編
魏興士文集（一名梓室文稿）六卷
　　（清）魏世傑撰
　　　　寧都三魏全集（易堂本、紱園書塾本）
　　　　附
西林詩鈔五卷
　　（清）陳鍊撰
　　　　毘陵六逸詩鈔
王式丹詩選一卷
　　（清）王式丹撰
　　　　江左十五子詩選（康熙本、民國石印
　　　　本）
南畇詩彙二十七卷 文彙十二卷 小題文稿
　一卷
　　（清）彭定求撰
　　　　長洲彭氏家集・南畇全集

居業齋文錄一卷
　　(清)金德嘉撰
　　　　國朝文錄(道光本、咸豐本、光緒石印
　　　　本)初編
居業堂文集二十卷
　　(清)王源撰
　　　　畿輔叢書
　　　　叢書集成初編・文學類
澂志樓詩藁一卷
　　(清)侯方曾撰
　　　　大梁侯氏詩集
壽梅山房詩存一卷
　　(清)李謨撰
　　　　王益吾所刻書
鬲津草堂詩六卷
　　(清)田霢撰
　　　　德州田氏叢書
秋蓬俚語一卷
　　(清)沈季友撰
　　　　檇下和鳴集
懷清堂集二十卷
　　(清)湯右曾撰
　　　　四庫全書・集部別集類
可儀堂文集二卷
　　(清)俞長城撰
　　　　藝海珠塵金集(甲集)
　　　　叢書集成初編・文學類
車飲賓集六卷
　　(清)車萬期撰
　　　　邵陽車氏一家集
師儉堂詩鈔一卷
　　(清)胡之秾撰
　　　　奕世傳芳集
陳獻孟遺詩一卷附錄一卷
　　(清)陳阿平撰
　　　　聚德堂叢書
硯谿先生遺稿二卷
　　(清)惠周惕撰
　　　　庚辰叢編
思可堂詩集一卷
　　(清)徐南珍撰
　　　　硤川五家詩鈔
磷秋閣詩鈔一卷
　　(清)沈翼世撰
　　　　硤川五家詩鈔
正學齋文集三卷
　　(清)王介撰
　　　　涇陽文獻叢書

范彥公詩
　　(清)范承烈撰
　　　　皇清百名家詩
耕煙草堂詩鈔四卷附錄一卷
　　(清)戴梓撰
　　　　遼海叢書第四集
有懷堂文集一卷詩集一卷
　　(清)田肇麗撰
　　　　德州田氏叢書
依園詩略一卷
　　(清)方登嶧撰
　　　　述本堂詩集(乾隆本、嘉慶本)
星硯齋存稿一卷
　　(清)方登嶧撰
　　　　述本堂詩集(乾隆本、嘉慶本)
垢硯吟一卷
　　(清)方登嶧撰
　　　　述本堂詩集(乾隆本、嘉慶本)
葆素齋集三卷
　　(清)方登嶧撰
　　　　述本堂詩集(乾隆本、嘉慶本)
如是齋集一卷
　　(清)方登嶧撰
　　　　述本堂詩集(乾隆本、嘉慶本)
典裘購書歌一卷
　　(清)吳騫撰
　　　　吳氏四種
粤東懷古二卷
　　(清)吳騫撰
　　　　吳氏四種
管掄詩選一卷
　　(清)管掄撰
　　　　江左十五子詩選(康熙本、民國石印
　　　　本)
管邨文鈔內編三卷
　　(清)萬言撰
　　　　四明叢書第二集
蛻翁詩集六卷文集二卷
　　(清)倪蛻撰
　　　　雲南叢書初編・集部
七一軒藁六卷附一卷
　　(清)劉青蓮撰
　　　　劉氏傳家集
七一軒詩鈔二卷
　　(清)劉青蓮撰
　　　　劉氏傳家集
考槃集遺什一卷
　　(清)王焜撰

先澤殘存續編

西園遺稿一卷
　　(清)熊良霔撰
　　　賜墨堂家集合編

趙書癡詩一卷
　　(清)趙威撰
　　　皇清百名家詩

充射堂詩集四卷二集一卷三集二卷四集
　一卷五集一卷
　　(清)魏周琬撰
　　　充射堂集

充射堂文鈔一卷
　　(清)魏周琬撰
　　　充射堂集

安孟公手訂文稿一卷
　　(清)安璿撰
　　　安氏家集

車貢士集一卷
　　(清)車无咎撰
　　　邵陽車氏一家集

陶子師先生集四卷
　　(清)陶元淳撰
　　　海虞三陶先生集合刻

南崖集四卷
　　(清)陶元淳撰
　　　海虞三陶先生集合刻・陶子師先生集
　　　附

漫遊小鈔一卷
　　(清)魏坤撰
　　　橋李遺書

鶴澗先生遺詩一卷補遺一卷
　　(清)姜實節撰
　　　雪堂叢刻

思復堂文集十卷附錄一卷末一卷
　　(清)邵廷采撰
　　　紹興先正遺書第四集

岈堂稿一卷
　　(清)孔尚任撰
　　　韠下和鳴集

帥子古詩選一卷
　　(清)帥我撰
　　　帥氏清芬集

墨瀾亭文集不分卷
　　(清)帥我撰
　　　帥氏清芬集

衛衷臏稿一卷
　　(清)芮長恤撰　　(民國)錢振鍠輯
　　　名山全集

馮舍人遺詩六卷
　　(清)馮廷櫆撰
　　　二馮詩集

敬業堂集五十卷
　　(清)查慎行撰
　　　四庫全書・集部別集類

敬業堂詩集五十卷續集六卷
　　　四部叢刊(初次印本、二次印本、縮印
　　　二次印本)・集部
　　　四部備要(排印本、縮印本)・集部清
　　　別集

敬業堂集補遺一卷
　　(清)查慎行撰　　張元濟輯
　　　涵芬樓祕笈第四集

初白詩鈔二卷
　　(清)查慎行撰　　(清)劉執玉選
　　　國朝六家詩鈔(乾隆本、光緒本)

敬業堂詩校記一卷
　　(清)方成珪撰
　　　惜硯樓叢刊

正誼堂文集十二卷續集八卷
　　(清)張伯行撰
　　　正誼堂全書
　　　叢書集成初編・文學類

寫照瑣言一卷
　　(清)張在辛撰
　　　瑣言

撰杖瑣言一卷
　　(清)張在辛撰
　　　瑣言

爐餘志略一卷
　　(清)張在辛撰
　　　瑣言

侑觴瑣言一卷
　　(清)張在辛撰
　　　瑣言

畫石瑣言一卷
　　(清)張在辛撰
　　　瑣言

夕照回光一卷
　　(清)張在辛撰
　　　瑣言

笛漁小稿十卷
　　(清)朱昆田撰
　　　四部叢刊(初次印本、二次印本、縮印
　　　二次印本)・集部・曝書亭集附
　　　四部備要(排印本、縮印本)・集部清
　　　別集

陸雪樵詩一卷
(清)陸輿撰
皇清百名家詩
沈彥澈詩一卷
(清)沈道暎撰
皇清百名家詩
西疇草堂遺詩鈔一卷
(清)周文煟撰
海昌叢載
懷孟草一卷
(清)周龍雯撰
濮川詩鈔
車督學集一卷
(清)車鼎晉撰
邵陽車氏一家集
停霞詩鈔一卷
(清)張昕撰
名集叢鈔
里居雜詩一卷
(清)朱樟撰
武林掌故叢編第七集
培遠堂詩集一卷
(清)張藻撰
國朝閨閣詩鈔
漫與詩稿一卷
(清)朱襄撰
小南邨集
一亭雲集一卷
(清)朱襄撰
聱下和鳴集
芳潤堂詩稿二卷
(清)金國棟撰
小南邨集
香山詩稿一卷
(清)蔣夢蘭撰
小南邨集
桐邨詩槀一卷
(清)繆宗儼撰
小南邨集
草草亭詩槀一卷
(清)秦應陽撰
小南邨集
曉谷詩槀一卷
(清)繆嗣寅撰
小南邨集
思齋集一卷
(清)王睿撰
墙東詩錄
筠菴文選一卷
(清)陶及申撰
越中文獻輯存書十種
依隱堂詩二卷
(清)曾大升撰
鷗里曾氏十一世詩
蘆漪草一卷
(清)王叡撰
墻東詩錄
雪牀遺詩一卷續刻一卷
(清)釋德亮撰
養餘齋全集附
雪浪集一卷
(清)朱墉撰
金陵朱氏家集
懷山園遺文一卷
(清)朱墉撰
金陵朱氏家集
可儀堂文錄一卷
(清)俞寧世撰
國朝文錄（道光本、咸豐本、光緒石印本）續編
青山集一卷
(清)吳山撰
國朝閨閣詩鈔
凝翠樓詩集一卷
(清)王慧撰
國朝閨閣詩鈔
湘靈集一卷
(清)馮嫺撰
國朝閨閣詩鈔
古香樓詩集一卷
(清)錢鳳綸撰
國朝閨閣詩鈔
二分明月集一卷附錄一卷
(清)陳素素撰
古本戲曲叢刊第三集·秦樓月附
竹隱樓詩草一卷
(清)賀桂撰
國朝閨閣詩鈔
鳳簫樓詩集一卷
(清)林以寧撰
國朝閨閣詩鈔
繡餘小稿一卷
(清)紀瓊撰
國朝閨閣詩鈔
片石齋燼餘草一卷
(清)馬士琪撰

國朝閨閣詩鈔

環碧軒詩集一卷
　　（清）沈綺撰
　　　　國朝閨閣詩鈔

半淞詩存二卷
　　（清）吳景果撰
　　　　吳氏叢書襃甲編

水豹堂詩選一卷
　　（清）馮仕正撰
　　　　馮氏清芬集

畏壘山人詩十卷
　　（清）徐昂發撰
　　　　國初十家詩鈔

畏壘山人文集一卷
　　（清）徐昂發撰
　　　　吳中文獻小叢書

宮詞一卷
　　（清）徐昂發撰
　　　　昭代叢書（道光本）庚集埤編
　　　　香豔叢書第三集

徐昂發詩選一卷
　　（清）徐昂發撰
　　　　江左十五子詩選（康熙本、民國石印
　　　　本）

蓀香詩草一卷
　　（清）徐蘭撰
　　　　和聲唱和詩

臆吟集鈔一卷
　　（清）徐蘭撰
　　　　海昌叢載

紹前集一卷
　　（清）朱元會撰
　　　　金陵朱氏家集

槐墅詩鈔四卷
　　（清）許迎年撰
　　　　高陽四種集
　　　　江都許氏家集

徐永宣詩選一卷
　　（清）徐永宣撰
　　　　江左十五子詩選（康熙本、民國石印
　　　　本）

綠淨軒詩鈔五卷
　　（清）徐德音撰
　　　　高陽四種集
　　　　江都許氏家集

綠淨軒詩鈔一卷
　　（清）徐德音撰
　　　　國朝閨閣詩鈔

悲飢詩一卷
　　（清）竇克勤撰
　　　　竇靜庵先生遺書

戴褐夫集一卷補遺一卷續補遺一卷附戴
　刻戴褐夫集目錄一卷
　　（清）戴名世撰
　　　　國粹叢書第二集

閨詞雜怨一卷
　　（清）黃千人撰
　　　　黎照廬叢書

聖祖仁皇帝御製文集一百七十六卷
　　清聖祖撰
　　　　四庫全書・集部別集類
　　　　摛藻堂四庫全書薈要・集部

禮山園文集八卷文集後編五卷續集不分
　卷詩集十卷
　　（清）李來章撰
　　　　禮山園全集

嵩少遊草一卷
　　（清）李來章撰
　　　　禮山園全集

鎖闈雜詠一卷
　　（清）李來章撰
　　　　禮山園全集

新城王氏西城別墅十三詠一卷
　　（清）李來章撰
　　　　禮山園全集

眠雲館詩集一卷
　　（清）賀裨圭撰
　　　　水田居全集附

東阿詩鈔一卷
　　（清）葛泠撰
　　　　花近樓叢書補遺

鹿葱花館詩鈔一卷
　　（清）張潮撰
　　　　故友詩錄二編

七療一卷
　　（清）張潮撰
　　　　檀几叢書第四帙

大山詩集七卷
　　（清）劉巖撰
　　　　寂園叢書

詩禮堂古文五卷
　　（清）王又樸撰
　　　　詩禮堂全集

詩禮堂雜詠七卷
　　（清）王又樸撰
　　　　詩禮堂全集

介山時文三卷
　　(清)王又樸撰
　　　詩禮堂全集
鄉會試硃卷一卷
　　(清)王又樸撰
　　　詩禮堂全集
錢名世詩選一卷
　　(清)錢名世撰
　　　江左十五子詩選（康熙本、民國石印
　　　　本）
吳廷楨詩選一卷
　　(清)吳廷楨撰
　　　江左十五子詩選（康熙本、民國石印
　　　　本）
魏昭士文集(一名耕廡文稿)十卷
　　(清)魏世傚撰
　　　寧都三魏全集（易堂本、紱園書塾本）
　　　　附
飲水詩集一卷
　　(清)性德撰
　　　粵雅堂叢書初編第七集
　　　小重山房叢書
　　　叢書集成初編·文學類
賜硯堂詩稿四卷附補遺一卷
　　(清)許賀來撰
　　　雲南叢書初編·集部
宮鴻曆詩選一卷
　　(清)宮鴻曆撰
　　　江左十五子詩選（康熙本、民國石印
　　　　本）
若谷小集一卷
　　(清)汪士鋐撰
　　　篁下和鳴集
魏敬士文集(一名爲谷文稿)八卷
　　(清)魏世儼撰
　　　寧都三魏全集（易堂本、紱園書塾本）
　　　　附
吳士玉詩選一卷
　　(清)吳士玉撰
　　　江左十五子詩選（康熙本、民國石印
　　　　本）
四繪軒詩鈔一卷
　　(清)徐振撰
　　　藝海珠塵木集(辛集)
梅花逸叟集一卷
　　(清)馮允秀撰
　　　濮川詩鈔
恬翁集一卷

　　(清)沈朗撰
　　　濮川詩鈔
虭亭集一卷
　　(清)楊燮撰
　　　濮川詩鈔
謝丕振文集一卷
　　(清)謝丕振撰
　　　青雲洞遺書二刻
臥雲草一卷
　　(清)謝丕振撰
　　　青雲洞遺書二刻
北窗草一卷
　　(清)謝丕振撰
　　　青雲洞遺書二刻
司鐸草一卷
　　(清)謝丕振撰
　　　青雲洞遺書二刻
八物咏一卷
　　(清)謝丕振撰
　　　青雲洞遺書二刻
王石和文九卷
　　(清)王琦撰
　　　山右叢書初編
鈍叟文鈔一卷
　　(清)茅星來撰
　　　國朝二十四家文鈔
雲怡詩鈔一卷
　　(清)陳克咢撰
　　　海昌六先生集
　　　海昌叢載
集虛齋文錄一卷
　　(清)方棻如撰
　　　國朝文錄（道光本、咸豐本、光緒石印
　　　　本）續編
車雙亭集一卷
　　(清)車鼎豐撰
　　　邵陽車氏一家集
夏雲存稿五卷
　　(清)朱元英撰
　　　春雨堂集
虹城子集四卷
　　(清)朱元英撰
　　　金陵朱氏家集
丹崖文鈔一卷
　　(清)徐文駒撰
　　　國朝二十四家文鈔
北溟見山集一卷
　　(清)謝緒章撰

四明四友詩

馬悔齋先生遺集二卷
　　（清）馬汝爲撰
　　　　雲南叢書二編·集部

恕谷詩集二卷
　　（清）李塨撰
　　　　顏李叢書

恕谷後集十三卷
　　（清）李塨撰
　　　　畿輔叢書·李恕谷遺書
　　　　顏李叢書
　　　　叢書集成初編·文學類

愼獨軒文集八卷
　　（清）劉靑霞撰
　　　　劉氏傳家集

此木軒詩十六卷（存卷一）
　　（清）焦袁熹撰
　　　　此木軒全集

此木軒歷科詩經文（殘）
　　（清）焦袁熹撰
　　　　此木軒全集

此木軒自訂義存二卷
　　（清）焦袁熹撰
　　　　此木軒全集

此木軒歷科程墨（殘）
　　（清）焦袁熹撰
　　　　此木軒全集

楊氏文集十二卷別集六卷附錄二卷
　　（清）楊名時撰
　　　　楊氏全書

因園集十三卷
　　（清）趙執信撰
　　　　四庫全書·集部別集類

飴山詩集二十卷 文集十二卷 文集附錄一
卷
　　（清）趙執信撰
　　　　四部備要（排印本、縮印本）·集部清
　　　　別集

飴山文錄一卷
　　（清）趙執信撰
　　　　國朝文錄（道光本、咸豐本、光緒石印
　　　　本）續編

秋谷詩鈔一卷
　　（清）趙執信撰　（清）劉執玉選
　　　　國朝六家詩鈔（乾隆本、光緒本）

滄洲近詩一卷
　　（清）陳鵬年撰
　　　　杜藕山房叢書

高陽山人文集十二卷 補遺一卷 詩集二十
卷補遺一卷附錄一卷
　　（清）劉靑藜撰
　　　　劉氏傳家集

道腴堂集四卷
　　（清）曹煜曾撰
　　　　石倉世纂

放言居詩集六卷
　　（清）曹炳曾撰
　　　　石倉世纂

長嘯軒詩集六卷
　　（清）曹煐曾撰
　　　　石倉世纂

道旁散人集五卷附錄一卷
　　（清）李孚靑撰
　　　　集虛草堂叢書甲集
　　　　廣德壽重光集第一輯

野香亭集十三卷
　　（清）李孚靑撰
　　　　廣德壽重光集第一輯

盤隱山樵詩集八卷
　　（清）李孚靑撰
　　　　廣德壽重光集第一輯

德滋堂歌詩附鈔一卷
　　（清）邱性善撰
　　　　柴村全集附

桐埜詩集四卷
　　（清）周起渭撰
　　　　黔南叢書第三集

朱文端公文集二卷
　　（清）朱軾撰
　　　　國朝文錄（道光本、咸豐本、光緒石印
　　　　本）初編

梅坪詩鈔三卷
　　（清）董大倫撰
　　　　毘陵六逸詩鈔

南谿僅眞集一卷
　　（清）鄭性撰
　　　　四明四友詩

小丹丘詩稿一卷
　　（清）柯煜撰
　　　　轂下和鳴集

志寧堂稿不分卷
　　（清）徐文靖撰　（清）徐眘樞注
　　　　徐位山六種（志寧堂本、光緒本）

望溪先生文一卷
　　（清）方苞撰
　　　　抗希堂十六種

望溪集八卷
　　（清）方苞撰
　　　　四庫全書・集部別集類
望溪先生文集十八卷 集外文十卷 補遺二
卷
　　（清）方苞撰
　　　　四部叢刊（初次印本、二次印本、縮印
　　　　二次印本）・集部
　　　　四部備要（排印本、縮印本）・集部清
　　　　別集
望溪先生文外集一卷
　　（清）方苞撰
　　　　抗希堂十六種
望溪文集補遺一卷
　　（清）方苞撰
　　　　孫氏山淵閣叢刊
望溪文集再續補遺四卷三續補遺三卷
　　（清）方苞撰　　（民國）劉聲木輯
　　　　直介堂叢刻初編
望溪文鈔一卷
　　（清）方苞撰
　　　　國朝二十四家文鈔
方望溪文鈔一卷
　　（清）方苞撰　　（民國）王文濡輯
　　　　明清八大家文鈔
方望溪尺牘一卷
　　（清）方苞撰
　　　　明清十大家尺牘
錦囊集一卷
　　（清）朱元璧撰
　　　　金陵朱氏家集
白田草堂存稾八卷
　　（清）王懋竑撰
　　　　廣雅書局叢書・雜著
白田草堂文錄一卷
　　（清）王懋竑撰
　　　　國朝文錄（道光本、咸豐本、光緒石印
　　　　本）續編
顧嗣立詩選一卷
　　（清）顧嗣立撰
　　　　江左十五子詩選（康熙本、民國石印
　　　　本）
李必恆詩選一卷
　　（清）李必恆撰
　　　　江左十五子詩選（康熙本、民國石印
　　　　本）
蔣廷錫詩選一卷
　　（清）蔣廷錫撰

江左十五子詩選（康熙本、民國石印
本）
雲根清蜜山房詩一卷
　　（清）朱緗撰
　　　　濟南朱氏詩文彙編
觀稼樓詩二卷
　　（清）朱緗撰
　　　　濟南朱氏詩文彙編
吳船書屋詩一卷
　　（清）朱緗撰
　　　　濟南朱氏詩文彙編
楓香集一卷
　　（清）朱緗撰
　　　　濟南朱氏詩文彙編
懷舫詩集十二卷續集九卷別集六卷
　　（清）魏荔彤撰
　　　　懷舫集
懷舫雜著一卷續刻一卷
　　（清）魏荔彤撰
　　　　懷舫集
懷舫集（一名偶遂草）二卷
　　（清）魏荔彤撰
　　　　懷舫集
懷舫別集一卷
　　（清）魏荔彤撰
　　　　懷舫集
恭紀聖恩詩一卷
　　（清）魏荔彤撰
　　　　懷舫集
南中集一卷
　　（清）惠士奇撰
　　　　半農先生集
採蕘集一卷
　　（清）惠士奇撰
　　　　半農先生集
紅豆齋時術錄一卷
　　（清）惠士奇撰
　　　　半農先生集
西郭冰雪集一卷
　　（清）萬承勳撰
　　　　四明四友詩
苦吟一卷
　　（清）萬承勳撰
　　　　四明四友詩・西郭冰雪集附
千之草堂編年文鈔一卷
　　（清）萬承勳撰
　　　　四明叢書第二集
陳學士文集十五卷

（清）陳儀撰
　　畿輔叢書
　　叢書集成初編・文學類

清芬樓遺稿四卷
　　（清）任啓運撰
　　　常州先哲遺書後編・集類
　　　任氏遺書

秋影樓詩集九卷
　　（清）汪繹撰
　　　鐵琴銅劍樓叢書

繆沅詩選一卷
　　（清）繆沅撰
　　　江左十五子詩選（康熙本、民國石印
　　本）

澄懷園文存十五卷
　　（清）張廷玉撰
　　　澄懷園全集

澄懷園載賡集六卷
　　（清）張廷玉撰
　　　澄懷園全集

恆齋文集十二卷
　　（清）李文炤撰
　　　李氏成書

穆堂文鈔一卷
　　（清）李紱撰
　　　國朝二十四家文鈔

歸愚文鈔二十卷餘集八卷
　　（清）沈德潛撰
　　　沈歸愚詩文全集

歸愚詩鈔二十卷餘集十卷
　　（清）沈德潛撰
　　　沈歸愚詩文全集

矢音集四卷
　　（清）沈德潛撰
　　　沈歸愚詩文全集

歸田集三卷
　　（清）沈德潛撰
　　　沈歸愚詩文全集

恭頌南巡詩一卷
　　（清）沈德潛撰
　　　沈歸愚詩文全集

歸愚文錄一卷
　　（清）沈德潛撰
　　　國朝文錄（道光本、咸豐本、光緒石印
　　本）續編

江村山人未定藁六卷 續槖四卷 補遺一卷
　閏餘槖六卷
　　（清）劉青芝撰

劉氏傳家集

陸塘初稿一卷
　　（清）方式濟撰
　　　述本堂詩集（乾隆本、嘉慶本）

出關詩一卷
　　（清）方式濟撰
　　　述本堂詩集（乾隆本、嘉慶本）

陶退菴先生集二卷首一卷
　　（清）陶貞一撰
　　　海虞三陶先生集合刻

陳司業文集四卷
　　（清）陳祖范撰
　　　陳司業集

陳司業詩集四卷
　　（清）陳祖范撰
　　　陳司業集

賜書堂詩稿一卷
　　（清）翁照撰
　　　重思齋叢書

世宗憲皇帝御製文集三十卷
　　清世宗撰
　　　四庫全書・集部別集類
　　　摛藻堂四庫全書薈要・集部

四焉齋文集八卷
　　（清）曹一士撰
　　　石倉世纂

四焉齋詩集六卷
　　（清）曹一士撰
　　　石倉世纂

梯仙閣餘課一卷
　　（清）陸鳳池撰
　　　石倉世纂・四焉齋詩集附

鹿洲初集二十卷
　　（清）藍鼎元撰
　　　鹿洲全集（雍正本、同治本、光緒本）
　　　四庫全書・集部別集類

鹿洲文錄三卷
　　（清）藍鼎元撰
　　　國朝文錄（道光本、咸豐本、光緒石印
　　本）初編

留硯堂詩選六卷
　　（清）張漢撰
　　　雲南叢書初編・集部

損齋遺書二卷
　　（清）倪上述撰
　　　止園叢書（史氏撰）・永平三子遺書

現成話一卷
　　（清）羅喦撰

四明叢書第二集

武岡集一卷
　　(清)朱頴撰
　　　　金陵朱氏家集

南村詩集八卷
　　(清)孫鵬撰
　　　　雲南叢書初編・集部

芋栗園遺詩二卷
　　(清)朱奕簪撰
　　　　雲南叢書初編・集部

霜筠集一卷
　　(清)朱玉芝撰
　　　　金陵朱氏家集

別本嗜退山房彙一卷
　　(清)帥仍祖撰
　　　　帥氏清芬集

北遊草一卷
　　(清)姜兆禎撰
　　　　會稽姜氏家集

祭亡弟開先文一卷
　　(清)姜兆禎撰
　　　　會稽姜氏家集

詹詹集一卷
　　(清)汪振甲撰
　　　　叢睦汪氏遺書・春星堂詩集

向惕齋先生集八卷
　　(清)向璿撰
　　　　留餘草堂叢書

夕秀齋詩鈔一卷
　　(清)汪援甲撰
　　　　叢睦汪氏遺書・春星堂詩集

陶晚聞先生集十卷首一卷補錄一卷
　　(清)陶正靖撰
　　　　海虞三陶先生集合刻

孫文定公文錄二卷
　　(清)孫嘉淦撰
　　　　國朝文錄（道光本、咸豐本、光緒石印
　　　　本)初編

二希堂文集十二卷
　　(清)蔡世遠撰
　　　　四庫全書・集部別集類

二希堂文錄二卷
　　(清)蔡世遠撰
　　　　國朝文錄（道光本、咸豐本、光緒石印
　　　　本)初編

重聞齋集一卷
　　(清)汪德容撰
　　　　叢睦汪氏遺書・春星堂詩集

重聞齋文集二卷
　　(清)汪德容撰
　　　　叢睦汪氏遺書

冠豸山堂文集二卷
　　(清)童能靈撰
　　　　冠豸山堂全集

湘亭詩鈔一卷文鈔一卷
　　(清)丁元正撰
　　　　衡望堂叢書初稿

退思錄六卷
　　(清)丁元正撰
　　　　衡望堂叢書初稿

刪後文集十六卷
　　(清)陳梓撰
　　　　陳一齋全集

刪後詩存十卷
　　(清)陳梓撰
　　　　陳一齋全集

陳一齋先生文集六卷
　　(清)陳梓撰
　　　　張氏適園叢書初集

寓破草一卷
　　(清)陳梓撰
　　　　濮川詩鈔

客星零草一卷
　　(清)陳梓撰
　　　　濮川詩鈔

香草箋一卷
　　(清)黃任撰
　　　　古今文藝叢書第二集

江村集一卷
　　(清)朱松年撰
　　　　金陵朱氏家集

雷溪草堂詩一卷
　　(清)長海撰
　　　　遼東三家詩鈔

睫巢集六卷後集二卷
　　(清)李鍇撰
　　　　遼東三家詩鈔

李鐵君先生文鈔二卷
　　(清)李鍇撰
　　　　遼海叢書第六集

含中集五卷附含中睫巢兩集校錄一卷
　　(清)李鍇撰　　校錄金毓黻撰
　　　　遼海叢書第六集

劉伍寬詩一卷
　　(清)劉伍寬撰
　　　　歷城三子詩

朱令昭詩一卷
　　（清）朱令昭撰
　　　　歷城三子詩
張篔村詩一卷
　　（清）張宗蒼撰
　　　　吳中文獻小叢書
岳容齋詩集四卷
　　（清）岳鍾琪撰
　　　　古棠書屋叢書・集部
冬心先生集四卷續集一卷拾遺一卷
　　（清）金農撰
　　　　西泠五布衣遺著
冬心先生三體詩一卷
　　（清）金農撰
　　　　西泠五布衣遺著・冬心先生集附
　　　　小石山房叢書第十二冊
碧山堂詩鈔十六卷附錄一卷
　　（清）田榕撰
　　　　黔南叢書第三集
果堂集十二卷
　　（清）沈彤撰
　　　　果堂全集
　　　　四庫全書・集部別集類
果堂文錄一卷
　　（清）沈彤撰
　　　　國朝文錄（道光本、咸豐本、光緒石印
　　　　本）續編
沙河逸老小稿六卷
　　（清）馬曰琯撰
　　　　粵雅堂叢書初編第九集
　　　　叢書集成初編・文學類
南齋集六卷
　　（清）馬曰璐撰
　　　　粵雅堂叢書初編第九集
　　　　叢書集成初編・文學類
以學集四卷
　　（清）謝濟世撰
　　　　梅莊雜著
居業集一卷
　　（清）謝濟世撰
　　　　梅莊雜著
　　　　尚齋叢書
一欌集一卷
　　（清）謝濟世撰
　　　　梅莊雜著
梅莊文錄一卷
　　（清）謝濟世撰
　　　　國朝文錄（道光本、咸豐本、光緒石印

本）續編
道腴堂詩編三十卷續十二卷
　　（清）鮑鉁撰
　　　　道腴堂集
道腴堂雜編八卷
　　（清）鮑鉁撰
　　　　道腴堂集
道腴堂脞錄一卷
　　（清）鮑鉁撰
　　　　道腴堂集
道腴堂雜著一卷
　　（清）鮑鉁撰
　　　　道腴堂集
俊逸亭新編一卷
　　（清）鮑鉁撰
　　　　道腴堂集
小簇園新編一卷續編二卷
　　（清）鮑鉁撰
　　　　道腴堂集
北田文略一卷
　　（清）江浩然撰
　　　　北田集
北田詩臆一卷
　　（清）江浩然撰
　　　　北田集
健餘先生文集十卷
　　（清）尹會一撰
　　　　畿輔叢書・尹健餘先生全集
　　　　叢書集成初編・文學類
健餘先生尺牘四卷
　　（清）尹會一撰
　　　　畿輔叢書・尹健餘先生全集
　　　　叢書集成初編・文學類
青溪集十二卷
　　（清）程廷祚撰
　　　　金陵叢書乙集
樊榭山房集二十卷
　　（清）厲鶚撰
　　　　四庫全書・集部別集類
樊榭山房集十卷續集十卷 文集八卷 集外
　　詩三卷又一卷
　　（清）厲鶚撰
　　　　四部叢刊（初次印本、二次印本、縮印
　　　　二次印本）・集部
　　　　四部備要（排印本、縮印本）・集部清
　　　　別集
游仙集三卷
　　（清）厲鶚撰

漱六編

樊榭山房集外詩一卷
　(清)厲鶚撰
　　觀自得齋叢書
　　古今說部叢書七集

樊榭山房賦一卷
　(清)厲鶚撰
　　琴臺正續合刻(嘉慶本、光緒本)

樊榭山房詩一卷
　(清)厲鶚撰　(清)吳應和(清)馬洵選
　　浙西六家詩鈔

悔少集注三卷
　(清)汪鉞撰
　　銷夏錄舊(稿本、攝影本)

雙池文集十卷
　(清)汪紱撰
　　汪雙池先生叢書

春谷遺草一卷
　(清)黃鎮撰
　　琴川黃氏三集·寄廬遺稿附

松泉文集二十卷詩集二十六卷
　(清)汪由敦撰
　　四庫全書·集部別集類

松泉文錄一卷
　(清)汪由敦撰
　　國朝文錄(道光本、咸豐本、光緒石印
　　本)續編

小獨秀齋詩二卷補遺一卷附錄一卷
　(清)喬億撰
　　喬劍溪遺集

窺園吟稿二卷
　(清)喬億撰
　　喬劍溪遺集

江上吟一卷
　(清)喬億撰
　　喬劍溪遺集·窺園吟稿附

三晉遊草一卷附錄一卷
　(清)喬億撰
　　喬劍溪遺集

夕秀軒遺草一卷
　(清)喬億撰
　　喬劍溪遺集

惜餘存稿一卷
　(清)喬億撰
　　喬劍溪遺集·夕秀軒遺草附

劍溪文略一卷
　(清)喬億撰
　　喬劍溪遺集

燕石碎編一卷
　(清)喬億撰
　　喬劍溪遺集·劍溪文略附

劍溪外集一卷
　(清)喬億撰
　　喬劍溪遺集

雪蕉集鈔一卷
　(清)張宇撰
　　名集叢鈔

板橋詩鈔二卷
　(清)鄭燮撰
　　板橋集

板橋家書一卷
　(清)鄭燮撰
　　板橋集

虛亭詩鈔遺什一卷
　(清)王爾達撰
　　先澤殘存續編

王文肅公遺文一卷
　(清)王安國撰
　　高郵王氏家集

王文肅公遺文一卷補遺一卷
　　高郵王氏遺書

硯林詩集四卷拾遺一卷
　(清)丁敬撰
　　西泠五布衣遺著

懷古堂偶存文稿四卷詩稿二卷
　(清)宋在詩撰
　　埜柏先生類稿

芸書閣賸稿一卷
　(清)金至元撰
　　天津金氏家集

讀書舫詩鈔一卷
　(清)胡捷撰
　　天津詩人小集

王圖炳詩選一卷
　(清)王圖炳撰
　　江左十五子詩選(康熙本、民國石印
　　本)

紀堂遺稿一卷
　(清)溫儀撰
　　溫氏叢書第二集

孺廬先生文錄一卷
　(清)萬承蒼撰
　　國朝文錄(道光本、咸豐本、光緒石印
　　本)續編

定齋先生猶存集八卷
　(清)陳法撰

　　　黔南叢書第六集

空明子文集十卷詩集八卷
　　（清）張榮撰
　　　空明子全集

玩草園詩鈔一卷文集一卷附錄一卷
　　（清）劉椽撰
　　　沔陽叢書

獨石軒詩逸存一卷
　　（清）董相撰
　　　董氏叢書

王太常集二卷
　　（清）王瀞撰
　　　天壤閣叢書增刊

耕間偶吟三卷
　　（清）許徐狪撰
　　　許氏巾箱集

紅雪軒詩稿一卷
　　（清）高景芳撰
　　　國朝閨閣詩鈔

華蓴館詩草一卷
　　（清）黃鴻中撰
　　　卽墨黃氏詩鈔卷下

容安齋詩集八卷
　　（清）汪應銓撰
　　　鐵琴銅劍樓叢書

秋水堂文集六卷餘集一卷詩集六卷
　　（清）莊亨陽撰
　　　秋水堂遺集

梅花園存稿一卷
　　（清）鍾韞撰
　　　拜經樓叢書（乾隆嘉慶本、景乾隆嘉慶
　　　本）

硯思集六卷
　　（清）田同之撰
　　　德州田氏叢書

二學亭文涘四卷
　　（清）田同之撰
　　　德州田氏叢書

環石齋詩集一卷
　　（清）趙知希撰
　　　趙氏淵源集

依歸草初刻十卷二刻二卷遺文一卷
　　（清）張符驤撰
　　　海陵叢刻

待廬集三卷
　　（清）劉錫勇撰
　　　乍川文獻

香屑集十八卷

　　（清）黃之雋撰
　　　四庫全書·集部別集類

存硯樓文集十六卷
　　（清）儲大文撰
　　　四庫全書·集部別集類

楚蒙山房詩五卷
　　（清）晏斯盛撰
　　　楚蒙山房集

楚蒙山房文集二十卷
　　（清）晏斯盛撰
　　　楚蒙山房集

慶芝堂詩集十八卷
　　（清）戴亨撰
　　　遼海叢書第四集

壬寅存稿一卷
　　（清）姜順龍撰
　　　姜氏家集

蒼雪山房稿一卷
　　（清）朱綱撰
　　　濟南朱氏詩文彙編

欸乃書屋乙亥詩集一卷
　　（清）張霔撰
　　　天津詩人小集

烈女李三行一卷
　　（清）胡天游撰
　　　香豔叢書第九集

培遠堂偶存稿十卷
　　（清）陳弘謀撰
　　　培遠堂全集

培遠堂文集十卷
　　（清）陳弘謀撰
　　　陳榕門先生遺書

手札節要三卷
　　（清）陳弘謀撰
　　　培遠堂全集

培遠堂手札節存三卷附錄一卷
　　　津河廣仁堂所刻書

培遠堂手札節要三卷
　　　陳榕門先生遺書

課士直解七卷
　　（清）陳弘謀撰
　　　培遠堂全集
　　　津河廣仁堂所刻書
　　　陳榕門先生遺書

陳榕門先生遺書補遺一卷
　　（清）陳弘謀撰
　　　陳榕門先生遺書

培遠堂文錄一卷

（清）陳弘謀撰
　　國朝文錄（道光本、咸豐本、光緒石印
　　本）續編
鴻詞所業三卷
　（清）杭世駿撰
　　補史亭賸稿
　　道古堂外集（乾隆本）
松崖文鈔二卷
　（清）惠棟撰
　　聚學軒叢書第二集
待廬遺集文一卷詩二卷
　（清）方澤撰
　　方植之全集
孔堂初集二卷文集一卷
　（清）王豫撰
　　吳興叢書
種竹軒詩鈔一卷
　（清）王豫撰
　　京江七子詩鈔（道光本、民國本）
東閣剩稿一卷
　（清）方觀承撰
　　述本堂詩集（乾隆本、嘉慶本）
入塞詩一卷
　（清）方觀承撰
　　述本堂詩集（乾隆本、嘉慶本）
懷南草一卷
　（清）方觀承撰
　　述本堂詩集（乾隆本、嘉慶本）
豎步吟一卷
　（清）方觀承撰
　　述本堂詩集（乾隆本、嘉慶本）
叩舷吟一卷
　（清）方觀承撰
　　述本堂詩集（乾隆本、嘉慶本）
宜田彙稿一卷
　（清）方觀承撰
　　述本堂詩集（乾隆本、嘉慶本）
看蠶詞一卷
　（清）方觀承撰
　　述本堂詩集（乾隆本、嘉慶本）
　　賜硯堂叢書未刻稿
松漠草一卷
　（清）方觀承撰
　　述本堂詩集（乾隆本、嘉慶本）
薇香集一卷
　（清）方觀承撰
　　述本堂詩集（乾隆本、嘉慶本）
燕香集二卷二集二卷

（清）方觀承撰
　　述本堂詩集（乾隆本、嘉慶本）
十憶詩一卷
　（清）吳玉搢撰
　　雪堂叢刻
　　楚州叢書第一集
海峯先生文錄二卷
　（清）劉大櫆撰
　　國朝文錄（道光本、咸豐本、光緒石印
　　本）初編
劉海峯文鈔一卷
　（清）劉大櫆撰　（清）張惠言選
　　大亭山館叢書・集類
劉海峯文鈔一卷
　（清）劉大櫆撰　（民國）王文濡選
　　明清八大家文鈔
南莊類稿八卷
　（清）黃永年撰
　　黃靜山所著書
白雲詩鈔二卷
　（清）黃永年撰
　　黃靜山所著書
匡遊草一卷
　（清）黃永年撰
　　黃靜山所著書
奉使集一卷
　（清）黃永年撰
　　黃靜山所著書
南庄類稿文錄二卷
　（清）黃永年撰
　　國朝文錄（道光本、咸豐本、光緒石印
　　本）初編
張大受詩選一卷
　（清）張大受撰
　　江左十五子詩選（康熙本、民國石印
　　本）
解春集文鈔十二卷補遺二卷
　（清）馮景撰
　　抱經堂叢書（乾隆本、景乾隆本）
　　叢書集成初編・文學類
解春集詩鈔三卷
　（清）馮景撰
　　抱經堂叢書（乾隆本、景乾隆本）・解
　　春集文鈔附
　　叢書集成初編・文學類
少渠文鈔一卷
　（清）馮景撰
　　國朝二十四家文鈔

東門寄軒草一卷
　　（清）李噭撰
　　　　四明四友詩
閑閑閣草一卷
　　（清）李噭撰
　　　　四明四友詩・東門寄軒草附
郭元釪詩選一卷
　　（清）郭元釪撰
　　　　江左十五子詩選（康熙本、民國石印
　　　　本）
隨村先生遺集六卷
　　（清）施璠撰
　　　　施愚山先生全集附
卜硯山房詩鈔一卷後集一卷
　　（清）周焯撰
　　　　天津詩人小集
若菴文一卷
　　（清）程庭撰
　　　　若菴集
若菴古今詩一卷
　　（清）程庭撰
　　　　若菴集
鶴關詩初集一卷二集一卷
　　（清）吳邦治撰
　　　　鶴關全集
鶴關文膡三卷
　　（清）吳邦治撰
　　　　鶴關全集
嚥雪堂詩藁一卷
　　（清）侯運盛撰
　　　　大梁侯氏詩集
玩極堂詩藁一卷
　　（清）侯運昌撰
　　　　大梁侯氏詩集
聞可堂詩藁一卷
　　（清）侯運隆撰
　　　　大梁侯氏詩集
應麟文集八卷
　　（清）應麟撰
　　　　屏山草堂稿
來山閣詩草一卷
　　（清）黃體中撰
　　　　卽墨黃氏詩鈔卷下
歸雅堂詩集三卷
　　（清）吳鏐撰
　　　　龍眠叢書
片舫齋詩集十二卷
　　（清）光標撰

龍眠叢書
排山小集八卷
　　（清）朱楓撰
　　　　朱近漪所箸書
排山後集六卷續集十二卷
　　（清）朱楓撰
　　　　朱近漪所箸書
望奎樓古文集四卷 四書制藝文一卷 詩集
　四卷
　　（清）丁愷曾撰
　　　　望奎樓遺稿
十美詩一卷
　　（清）鮑皋撰
　　　　香豔叢書第十六集
樹人堂詩七卷蒐遺一卷
　　（清）帥念祖撰
　　　　帥氏淸芬集
多博唫一卷
　　（清）帥念祖撰
　　　　帥氏淸芬集・樹人堂詩附
宗憲文鈔一卷
　　（清）帥念祖撰
　　　　帥氏淸芬集
雪村編年詩賸十二卷
　　（清）戴瀚撰
　　　　金陵叢書丁集
秋煙草堂詩稿三卷
　　（清）曹石撰
　　　　黔南叢書第三集
藝苑古文稿一卷
　　（清）董開宗撰
　　　　董氏叢書
捫腹齋詩鈔四卷
　　（清）張宗松撰
　　　　海鹽張氏涉園叢刻
海珊詩鈔一卷
　　（清）嚴遂成撰
　　　　小石山房叢書第十三冊
海珊詩一卷
　　（清）嚴遂成撰　（清）吳應和（清）馬洵選
　　　　浙西六家詩鈔
恆峯文鈔一卷
　　（清）梁聯德撰
　　　　高涼耆舊遺集・高涼耆舊文鈔
玉禾山人集十卷
　　（清）田實發撰
　　　　廣德壽重光集第一輯
涵淸館詩草一卷

褚堂文集一卷
　　(清)方張登撰
　　　　桐城方氏七代遺書

蠹窻詩集一卷
　　(清)張令儀撰
　　　　國朝閨閣詩鈔

花雨香齋集一卷
　　(清)喬方立撰
　　　　敦素園七子詩鈔

借樹軒集一卷
　　(清)湯應隆撰
　　　　敦素園七子詩鈔

古槐草堂集一卷
　　(清)湯襄隆撰
　　　　敦素園七子詩鈔

聽雨草堂集一卷
　　(清)喬大鈞撰
　　　　敦素園七子詩鈔

夢餘草三卷
　　(清)廖志灝撰
　　　　淥江廖氏三代文鈔

炅齋詩集一卷
　　(清)胡睿烈撰
　　　　天津詩人小集

權齋文稿一卷
　　(清)沈炳巽撰
　　　　吳興叢書

紫竹山房文集三卷
　　(清)陳兆崙撰
　　　　國朝文錄（道光本、咸豐本、光緒石印
　　　　本)初編

深竹閒園集一卷
　　(清)劉玉麟撰
　　　　敦素園七子詩鈔

四知堂文錄一卷
　　(清)楊錫紱撰
　　　　國朝文錄（道光本、咸豐本、光緒石印
　　　　本)續編

芝庭先生集十八卷附錄一卷
　　(清)彭啓豐輯
　　　　長洲彭氏家集

南雲書屋文鈔一卷
　　(清)廖鴻章撰
　　　　求可堂兩世遺書

臨江鄉人詩四卷拾遺一卷
　　(清)吳穎芳撰
　　　　西泠五布衣遺著

星閣詩集二卷
　　(清)趙青藜撰
　　　　趙氏淵源集

繡閒草一卷
　　(清)馮履端撰
　　　　周浦二馮詩草

寶綸堂文鈔八卷
　　(清)齊召南撰
　　　　金峨山館叢書
　　　　翠琅玕館叢書(黃任恆輯)·集部
　　　　芋園叢書·集部

寶綸堂詩鈔六卷
　　(清)齊召南撰
　　　　金峨山館叢書

寶綸堂集八卷
　　(清)齊召南撰
　　　　藏修堂叢書第六集

夢綠詩鈔一卷
　　(清)釋野蠶撰
　　　　友聲集

蓉湖草堂存稿一卷
　　(清)陳滋撰
　　　　大亭山館叢書·集類

花溪遺草一卷
　　(清)葉坤撰
　　　　琴川黃氏三集·寄廬遺稿附

全謝山先生遺詩一卷
　　(清)全祖望撰
　　　　端溪叢書四集

鮚埼亭詩集十卷
　　(清)全祖望撰
　　　　四部叢刊（初次印本、二次印本、縮印
　　　　二次印本)·集部

鮚埼亭集三十八卷外編五十卷
　　(清)全祖望撰
　　　　四部叢刊（初次印本、二次印本、縮印
　　　　二次印本)·集部

鮚埼亭集文錄四卷
　　(清)全祖望撰
　　　　國朝文錄（道光本、咸豐本、光緒石印
　　　　本)初編

空山堂文集十二卷詩集六卷
　　(清)牛運震撰
　　　　空山堂全集

丁辛老屋詩一卷
　　(清)王又曾撰　　(清)吳應和(清)馬洵選
　　　　浙西六家詩鈔

清　前　期　下

岣嶁删餘文草一卷
　　(清)曠敏本撰
　　　　岣嶁叢書
岣嶁删餘詩草一卷
　　(清)曠敏本撰
　　　　岣嶁叢書
岣嶁文草雜著一卷
　　(清)曠敏本撰
　　　　岣嶁叢書
岣嶁韻語八卷
　　(清)曠敏本撰
　　　　岣嶁叢書
岣嶁仿古一卷
　　(清)曠敏本撰
　　　　岣嶁叢書
岣嶁時藝一卷
　　(清)曠敏本撰
　　　　岣嶁叢書
五松遺草
　　(清)趙際飛撰
　　　　趙氏淵源集
漱芳居遺草
　　(清)趙希文撰
　　　　趙氏淵源集
椒園文鈔一卷
　　(清)沈廷芳撰
　　　　國朝二十四家文鈔
霜柯餘響集一卷
　　(清)符曾撰
　　　　百爵齋叢刊
柴車倦遊集一卷
　　(清)鍾令嘉撰
　　　　國朝閨閣詩鈔
臥雪軒吟草一卷
　　(清)杭澄撰
　　　　國朝閨閣詩鈔
玉几山房吟卷三卷
　　(清)陳撰撰
　　　　四明叢書第四集
居易齋詩鈔一卷雜作一卷
　　(清)胡兆殷撰
　　　　奕世傳芳集
九畹古文十卷
　　(清)劉紹攽撰
　　　　西京清麓叢書續編
衍琵琶行一卷

　　(清)曹秀先撰
　　　　昭代叢書(道光本)戊集續編
　　　　香豔叢書第二集
擇石齋詩一卷
　　(清)錢載撰　(清)吳應和(清)馬洵選
　　　　浙西六家詩鈔
王布政集二卷
　　(清)王顯緒撰
　　　　天壤閣叢書增刊
西亭詩草一卷
　　(清)劉培元撰
　　　　春雲集
拂珠樓偶鈔二卷
　　(清)曹錫珪撰
　　　　石倉世纂・四焉齋詩集附
團香吟一卷
　　(清)馮履瑩撰
　　　　周浦二馮詩草
嗽蔗文集八卷詩集八卷
　　(清)張羲年撰
　　　　嗽蔗全集
棣華居詩略一卷
　　(清)胡虯齡撰
　　　　奕世傳芳集
樂阜山堂稿八卷
　　(清)王會汾撰
　　　　錫山先哲叢刊第三輯
澄碧齋詩鈔十二卷
　　(清)錢琦撰
　　　　湖墅錢氏家集
澄碧齋別集五卷遺文一卷
　　(清)錢琦撰
　　　　湖墅錢氏家集
各體自著五卷
　　(清)金門詔撰
　　　　金太史全集
黃祝文一卷
　　(清)金門詔撰
　　　　金太史全集
卓山詩集十二卷
　　(清)帥家相撰
　　　　帥氏清芬集
三十乘書樓詩集(一名卓山詩續集)一卷
　　(清)帥家相撰
　　　　帥氏清芬集・卓山詩集附
步適堂遺詩一卷
　　(清)曾從義撰
　　　　鶚里曾氏十一世詩

蟲獲軒詩鈔一卷
　　（清）張爲儒撰
　　　　海昌叢載
欠愁集一卷
　　（清）史震林撰
　　　　拜鵑樓校刻四種
　　　　香豔小品
華陽散稿二卷
　　（清）史震林撰
　　　　古今說部叢書四集
　　　　中國文學珍本叢書第一輯
蘊眞軒小草一卷
　　（清）蔡琬撰
　　　　國朝閨閣詩鈔
後甲集（一名躍雷館日記）二卷
　　（清）章大來撰
　　　　式訓堂叢書二集
　　　　校經山房叢書
　　　　叢書集成初編·文學類
白雲山樓集一卷
　　（清）秦錫淳撰
　　　　四休堂叢書
黄竹山房詩鈔六卷
　　（清）金玉岡撰
　　　　天津金氏家集
黄竹山房詩鈔補一卷
　　（清）金玉岡撰
　　　　天津金氏家集
四盤紀遊一卷
　　（清）金玉岡撰
　　　　天津金氏家集·黄竹山房詩鈔補附
心隱集四卷
　　（清）陳曾祉撰
　　　　濮川詩鈔
御製樂善堂文集定本三十卷
　　清高宗撰
　　　　四庫全書·集部別集類
　　　　摛藻堂四庫全書薈要·集部
御製文初集三十卷二集四十四卷
　　清高宗撰
　　　　四庫全書·集部別集類
　　御製文初集三十卷
　　　　摛藻堂四庫全書薈要·集部
御製詩初集四十四卷二集九十卷三集一
百卷四集八十八卷
　　清高宗撰
　　　　四庫全書·集部別集類
　　御製詩初集四十四卷 二集九十卷 三集

一百卷
　　　　摛藻堂四庫全書薈要·集部
御製詩文十全集五十四卷
　　清高宗撰
　　　　武英殿聚珍版書（武英殿木活字本、福
　　　　建本、廣雅書局本）·集部
　　　　叢書集成初編·文學類
梅溪剩稿文鈔一卷
　　（清）易中撰
　　　　高涼耆舊遺集·高涼耆舊文鈔
李中丞遺集三卷
　　（清）李發甲撰
　　　　雲南叢書初編·集部
慎誠堂詩鈔一卷
　　（清）鄧士憲撰
　　　　柳堂師友詩錄初編
萬善堂集（一名李石亭詩集）十卷
　　（清）李化楠撰
　　　　函海（乾隆本、道光本）第三十函
李石亭文集六卷
　　（清）李化楠撰
　　　　函海（乾隆本、道光本）第三十函·萬
　　　　善堂集附
　　　　叢書集成初編·文學類
峯泖詩鈔一卷
　　（清）楊履基撰
　　　　書三味樓叢書
彎文書屋集略八卷尺牘略一卷
　　（清）潘相撰
　　　　潘相所著書
約六齋制藝不分卷
　　（清）潘相撰
　　　　潘相所著書
凝道堂集一卷
　　（清）邵齊烈撰
　　　　昭文邵氏聯珠集（清刊本、民國木活字
　　　　本）
拾草堂詩存一卷
　　（清）李觀撰
　　　　雲南叢書初編·集部
清香閣詩鈔一卷
　　（清）姚德耀撰
　　　　國朝閨閣詩鈔
月山詩集四卷
　　（清）恆仁撰
　　　　藝海珠塵木集（辛集）
　　　　叢書集成初編·文學類
梅崖居士集文錄二卷

（清）朱仕琇撰
　　　國朝文錄（道光本、咸豐本、光緒石印
　　　本）續編

小倉山房文集三十五卷
　　（清）袁枚撰
　　　隨園三十種（乾隆嘉慶本、同治本）
　　　隨園三十八種
　　　四部備要（排印本、縮印本）・集部清
　　　別集・小倉山房詩集附

小倉山房外集八卷
　　（清）袁枚撰
　　　隨園三十種（乾隆嘉慶本、同治本）
　　　隨園三十八種
　　　四部備要（排印本、縮印本）・集部清
　　　別集・小倉山房詩集附

小倉山房詩集三十七卷補遺二卷
　　（清）袁枚撰
　　　隨園三十種（乾隆嘉慶本、同治本）
　　　隨園三十八種
　　　四部備要（排印本、縮印本）・集部清
　　　別集

袁太史時文一卷
　　（清）袁枚撰
　　　隨園三十種（乾隆嘉慶本、同治本）
　　　隨園三十八種

隨園文鈔一卷
　　（清）袁枚撰
　　　國朝二十四家文鈔

小倉山房文錄二卷
　　（清）袁枚撰
　　　國朝文錄（道光本、咸豐本、光緒石印
　　　本）續編

小倉山房外集一卷
　　（清）袁枚撰
　　　八家四六文鈔(清刊本、民國本)

小倉選集八卷
　　（清）袁枚撰　　（清）張懷泩輯
　　　函海（乾隆本、道光本）第二十七函・
　　　四家選集

小倉山房詩一卷
　　（清）袁枚撰　　（清）吳應和(清)馬沇選
　　　浙西六家詩鈔

袁文箋正十六卷補注一卷
　　（清）袁枚撰　　（清）石韞玉箋
　　　塙葉山房叢鈔

袁文箋正補正一卷
　　（清）鄒樹榮撰
　　　南昌鄒氏一粟園叢書

小倉山房尺牘十卷
　　（清）袁枚撰
　　　隨園三十種(乾隆嘉慶本、同治本)
　　　隨園三十八種

音註小倉山房尺牘八卷
　　（清）袁枚撰　　（清）胡光斗箋
　　　申報館叢書餘集

香國集文錄一卷
　　（清）陳之蘭撰
　　　國朝文錄（道光本、咸豐本、光緒石印
　　　本）續編

鶴峯詩鈔二卷
　　（清）李因培撰
　　　李氏詩存合刻
　　　雲南叢書初編・集部・李氏詩存

抱經堂文集三十四卷
　　（清）盧文弨撰
　　　抱經堂叢書（乾隆本、景乾隆本）
　　　四部叢刊（初次印本、二次印本、縮印
　　　二次印本）・集部
　　　叢書集成初編・文學類

懶庵先生經史論存四卷補四卷
　　（清）吳成佐撰
　　　璜川吳氏經學叢書

玉芝堂詩集一卷
　　（清）邵齊燾撰
　　　昭文邵氏聯珠集(清刊本、民國木活字
　　　本)

玉芝堂文集一卷
　　（清）邵齊燾撰
　　　八家四六文鈔(清刊本、民國本)

梅谷文藁一卷
　　（清）陸烜撰
　　　梅谷十種書

梅谷續藁三卷
　　（清）陸烜撰
　　　梅谷十種書

耕餘小藁一卷
　　（清）陸烜撰
　　　梅谷十種書

梅谷行卷一卷
　　（清）陸烜撰
　　　梅谷十種書

思補堂文集一卷
　　（清）劉星煒撰
　　　八家四六文鈔(清刊本、民國本)

虞東先生文錄八卷
　　（清）顧鎮撰

小石山房叢書第十四册
臥秋草堂詩鈔一卷
　　（淸）朱冕撰
　　　江都二布衣詩鈔
二亭詩鈔六卷
　　（淸）朱篔撰
　　　江都二布衣詩鈔
素文女子遺稿一卷
　　（淸）袁機撰
　　　隨園三十種（乾隆嘉慶本、同治本）·
　　　袁家三妹合稿
　　　隨園三十八種·袁家三妹合稿
師范詩草一卷
　　（淸）吳越望撰
　　　和聲唱和詩
江草集一卷
　　（淸）徐中道撰
　　　和聲唱和詩
不虛齋詩一卷
　　（淸）錢元昌撰
　　　和聲唱和詩
芸齋詩鈔一卷
　　（淸）徐觀文撰
　　　和聲唱和詩
曙春詩草一卷
　　（淸）張霱撰
　　　和聲唱和詩
慕閑詩草一卷
　　（淸）馮存撰
　　　和聲唱和詩
金愚詩草一卷
　　（淸）朱韋益撰
　　　和聲唱和詩
其生詩草一卷
　　（淸）陳紹觀撰
　　　和聲唱和詩
鑒齋詩草一卷
　　（淸）徐藻撰
　　　和聲唱和詩
刈雲詩草一卷
　　（淸）馮來需撰
　　　和聲唱和詩
收餘詩草一卷
　　（淸）馮元正撰
　　　和聲唱和詩
樓居小草一卷
　　（淸）袁杼撰
　　　隨園三十種（乾隆嘉慶本、同治本）·

袁家三妹合稿
　　　隨園三十八種·袁家三妹合稿
默音集三卷
　　（淸）汪珽撰
　　　黃山導
墨舫賸稿一卷
　　（淸）黃繩先撰
　　　黃氏家集初編（光緒本、民國本）
翊翊齋文鈔一卷
　　（淸）馬翮飛撰
　　　馬氏家刻集
翊翊齋詩鈔一卷
　　（淸）馬翮飛撰
　　　馬氏家刻集
檢齋遺集二卷
　　（淸）趙瑗撰
　　　雲南叢書二編·集部
秋心集一卷續一卷
　　（淸）舒夢蘭撰
　　　天香全集
南征集一卷
　　（淸）舒夢蘭撰
　　　天香全集
聽鸎集三卷
　　（淸）舒夢蘭撰
　　　天香全集
婺舫餘稿一卷
　　（淸）舒夢蘭撰
　　　天香全集
和陶詩一卷
　　（淸）舒夢蘭撰
　　　天香全集
方起英詩一卷
　　（淸）方起英撰
　　　歷城三子詩
種義園詩草一卷
　　（淸）胡承珠撰
　　　奕世傳芳集
寶日軒詩集四卷
　　（淸）王德溥撰
　　　湖墅叢書
晴江遺詩一卷
　　（淸）錢潮撰
　　　湖墅錢氏家集
竹香齋古文二卷
　　（淸）茹敦和撰
　　　茹氏經學十二種
竹香齋文錄一卷

（清）茹敦和撰
　　國朝文錄（道光本、咸豐本、光緒石印
　　本）續編
萊娛軒詩草一卷
　　（清）胡承鈺撰
　　　　奕世傳芳集
留爪集鈔一卷
　　（清）吳錫祺撰
　　　　海昌叢載
柚堂文存四卷
　　（清）盛百二撰
　　　　柚堂全集
皆山樓吟稿四卷
　　（清）盛百二撰
　　　　柚堂全集
洲居集一卷
　　（清）朱遜年撰
　　　　金陵朱氏家集
抱影廬詩一卷
　　（清）童鈺撰
　　　　越中三子詩
靜遠齋詩集十四卷
　　（清）允禮撰
　　　　春和堂全集
自得園文鈔一卷
　　（清）允禮撰
　　　　春和堂全集
春和堂詩集一卷
　　（清）允禮撰
　　　　春和堂全集
春和堂紀恩詩一卷
　　（清）允禮撰
　　　　春和堂全集
隨月讀書樓集三卷
　　（清）江春撰
　　　　新安二江先生集
松花菴詩草一卷
　　（清）吳鎮撰
　　　　松花菴全集
松花菴遊草一卷
　　（清）吳鎮撰
　　　　松花菴全集
松花菴逸草一卷
　　（清）吳鎮撰
　　　　松花菴全集
蘭山詩草一卷
　　（清）吳鎮撰
　　　　松花菴全集

松花菴律古一卷續蘽一卷
　　（清）吳鎮撰
　　　　松花菴全集
松花菴集唐一卷
　　（清）吳鎮撰
　　　　松花菴全集
松花菴雜蘽一卷
　　（清）吳鎮撰
　　　　松花菴全集
松花菴文蘽一卷次編一卷
　　（清）吳鎮撰
　　　　松花菴全集
習虛堂草一卷
　　（清）潘宗鄴撰
　　　　陟岡樓叢刊甲集・潘氏一家言
練川雜詠一卷
　　（清）王鳴盛撰
　　　　先澤殘存
耕養齋遺文一卷
　　（清）王鳴盛撰
　　　　先澤殘存續編
耕養齋集二卷
　　（清）王鳴盛撰　（清）沈德潛選
　　　　七子詩選（乾隆本、民國石印本）
籟鳴詩鈔三卷首一卷
　　（清）黃叔燦撰
　　　　琴川黃氏三集
耻夫詩鈔二卷附校勘記一卷
　　（清）楊垕撰　校勘記（民國）魏元曠撰
　　　　豫章叢書（胡思敬輯）
東原文集十卷
　　（清）戴震撰
　　　　微波榭叢書・戴氏遺書
戴東原集十二卷
　　（清）戴震撰
　　　　戴段合刻
　　　　四部叢刊（初次印本）・集部
　　　　安徽叢書第六期・戴東原先生全集
戴東原集十二卷附覆校札記一卷
　　（清）戴震撰　覆校札記（清）段玉裁撰
　　　　經韻樓叢書
　　　　四部叢刊（二次印本、縮印二次印本）
　　　　・集部
　　　　四部備要（排印本、縮印本）・集部清
　　　　別集
戴東原先生遺墨一卷
　　（清）戴震撰
　　　　安徽叢書第六期・戴東原先生全集

秋塘蜀道詩二卷附錄一卷
　　(清)姚蘭泉撰
　　　　周浦南蔭堂姚氏叢刊
切問齋文錄二卷
　　(清)陸燿撰
　　　　國朝文錄（道光本、咸豐本、光緒石印
　　　　本)續編
履閣詩集一卷
　　(清)張坦撰
　　　　天津詩人小集
頻羅庵詩三卷集杜二卷文四卷
　　(清)梁同書撰
　　　　頻羅庵遺集
月船居士詩稿四卷附錄一卷
　　(清)盧鎬撰
　　　　四明叢書第四集
紉芳齋文集一卷
　　(清)譚尙忠撰
　　　　三餘書屋叢書
待潮集一卷
　　(清)朱瀾撰
　　　　金陵朱氏家集
隱几山房詩集一卷
　　(清)邵齊熊撰
　　　　昭文邵氏聯珠集(清刊本、民國木活字
　　　　本)
聊存草一卷
　　(清)邵齊然撰
　　　　昭文邵氏聯珠集(清刊本、民國木活字
　　　　本)
樂陶閣集一卷
　　(清)邵齊鰲撰
　　　　昭文邵氏聯珠集(清刊本、民國木活字
　　　　本)
館課存薹四卷
　　(清)紀昀撰
　　　　鏡烟堂十種
紀文達公文錄二卷
　　(清)紀昀撰
　　　　國朝文錄（道光本、咸豐本、光緒石印
　　　　本)初編
西澗草堂集四卷詩集四卷
　　(清)閻循觀撰
　　　　西澗草堂全集
梧莃存薹八卷
　　(清)蔣學鏞撰
　　　　四明叢書第一集
嫭雅堂詩集八卷

　　(清)趙文哲撰
　　　　房山山房叢書
嫭雅堂集二卷
　　(清)趙文哲撰　(清)沈德潛選
　　　　七子詩選(乾隆本、民國石印本)
錢左才集一卷
　　(清)錢芬撰
　　　　大亭山館叢書・集類・毘陵楊氏詩存
　　　　附編
青蜺居士集一卷
　　(清)丁時顯撰
　　　　天津詩人小集
忠雅堂文集十二卷 詩集二十七卷 補遺二
卷
　　(清)蔣士銓撰
　　　　蔣氏四種(咸豐本、同治本)
忠雅堂文錄二卷
　　(清)蔣士銓撰
　　　　國朝文錄（道光本、咸豐本、光緒石印
　　　　本)初編
春融堂集六十八卷
　　(清)王昶撰
　　　　春融堂集(嘉慶本、光緒本)
蒲褐山房集一卷
　　(清)王昶撰　(清)江昱輯
　　　　三家絕句選(乾隆本、鈔本)
履二齋集二卷
　　(清)王昶撰　(清)沈德潛選
　　　　七子詩選(乾隆本、民國石印本)
岱輿詩選二卷
　　(清)王昶撰　(清)鄭廷暘選
　　　　四家詩鈔
春橋詩選二卷
　　(清)朱方藹撰
　　　　嘉禾八子詩選
蓮飲集濠上吟稿一卷
　　(清)程瑤田撰
　　　　安徽叢書第二期
讀書求解一卷
　　(清)程瑤田撰
　　　　通藝錄
　　　　安徽叢書第二期・通藝錄
讓堂亦政錄一卷
　　(清)程瑤田撰
　　　　通藝錄附
　　　　安徽叢書第二期・通藝錄附
修辭餘鈔一卷
　　(清)程瑤田撰

通藝錄
　安徽叢書第二期・通藝錄
白苔集四卷
　(清)戴翼子撰
　　金陵叢書丁集
汪子文錄十卷附錄一卷 二錄二卷 錄後一
　卷附一卷三錄三卷詩錄四卷
　(清)汪縉撰
　　汪子遺書
汪大紳文鈔四卷
　(清)汪縉撰
　　汪羅彭薛四家合鈔
華峯集二卷
　(清)朱紹曾撰
　　金陵朱氏家集
五之堂詩鈔二卷
　(清)李作舟撰
　　雲南叢書二編・集部
綠溪初稿一卷
　(清)靳榮藩撰
　　綠溪全集
綠溪詩四卷
　(清)靳榮藩撰
　　綠溪全集
蛻稿四卷
　(清)梁玉繩撰
　　清白士集
陶村詩鈔一卷
　(清)袁文典撰
　　雲南叢書初編・集部・保山二袁遺詩
袁陶村文集一卷
　(清)袁文典撰
　　雲南叢書二編・集部
晴綺軒集二卷
　(清)江昉撰
　　新安二江先生集
清獻堂詩文集八卷
　(清)趙佑撰
　　清獻堂全編
清獻堂文錄二卷
　(清)趙佑撰
　　國朝文錄（道光本、咸豐本、光緒石印
　　本）初編
甌北詩鈔十七卷
　(清)趙翼撰
　　甌北全集（乾隆嘉慶本、光緒本）
甌北集五十三卷
　(清)趙翼撰

甌北全集（乾隆嘉慶本、光緒本）
甌北選集五卷
　(清)趙翼撰　(清)張懷湉輯
　　函海（乾隆本、道光本）第二十七函・
　　四家選集
愛吟草一卷前草一卷附一卷
　(清)常紀撰
　　遼海叢書第四集
太谷山堂集六卷
　(清)夢麟撰
　　遼東三家詩鈔
潛研堂文集五十卷詩集十卷詩續集十卷
　(清)錢大昕撰
　　潛研堂全書・集
　　嘉定錢氏潛研堂全書・集
　　四部叢刊（初次印本、二次印本、縮印
　　二次印本）・集部
潛研堂文錄二卷
　(清)錢大昕撰
　　國朝文錄（道光本、咸豐本、光緒石印
　　本）初編
辛楣吟藁二卷
　(清)錢大昕撰　(清)沈德潛選
　　七子詩選（乾隆本、民國石印本）
善吾廬詩存一卷
　(清)金銓撰
　　天津金氏家集
在璞草堂詩稿一卷
　(清)方芳佩撰
　　國朝閨閣詩鈔
懸罄集一卷
　(清)朱延年撰
　　金陵朱氏家集
望錦樓遺稿一卷
　(清)鍾翼雲撰
　　鍾家詩鈔合集
聽雨樓集二卷
　(清)黃文蓮撰　(清)沈德潛選
　　七子詩選（乾隆本、民國石印本）
惺齋文鈔二卷
　(清)王元啓撰
　　惺齋先生雜著
耕氓草
　(清)趙良震撰
　　趙氏淵源集
甄溪小稿
　(清)趙守勳撰
　　趙氏淵源集

倚華樓詩四卷
　　(清)朱琦撰
　　　　濟南朱氏詩文彙編
築巖詩集
　　(清)趙良霖撰
　　　　趙氏淵源集
冷甋漫棄一卷
　　(清)陸桂馨撰
　　　　陸氏傳家集
讀未見書齋文鈔一卷
　　(清)陸桂馨撰
　　　　陸氏傳家集
竹坡小草
　　(清)趙良猷撰
　　　　趙氏淵源集
青藜閣文鈔一卷
　　(清)李世芳撰
　　　　高涼耆舊遺集·高涼耆舊文鈔
在淵草一卷
　　(清)楊際昌撰
　　　　澹寧齋集
微嬉草一卷
　　(清)楊際昌撰
　　　　澹寧齋集
醉月草一卷
　　(清)楊際昌撰
　　　　澹寧齋集
碧梧草一卷
　　(清)楊際昌撰
　　　　澹寧齋集
北海草一卷
　　(清)楊際昌撰
　　　　澹寧齋集
夢魘草一卷
　　(清)楊際昌撰
　　　　澹寧齋集
嶰谷集一卷
　　(清)朱元律撰
　　　　金陵朱氏家集
馥雲軒詩集
　　(清)趙友烺撰
　　　　趙氏淵源集
懶雲詩鈔
　　(清)趙友廣撰
　　　　趙氏淵源集
月峯集一卷
　　(清)朱元象撰
　　　　金陵朱氏家集

碧腴齋詩存八卷
　　(清)胡德琳撰
　　　　隨園三十種(乾隆嘉慶本、同治本)
　　　　隨園三十八種
汗漫集三卷
　　(清)萬友正撰
　　　　雲南叢書初編·集部
笨夫詩鈔二卷
　　(清)畢廷斌撰
　　　　杜藕山房叢書
梅軒草
　　(清)趙獮撰
　　　　趙氏淵源集
存悔集一卷
　　(清)范鵬撰
　　　　四明叢書第四集
東亭詩選二卷
　　(清)董潮撰
　　　　嘉禾八子詩選
笥河文集十六卷首一卷
　　(清)朱筠撰
　　　　畿輔叢書
　　　　叢書集成初編·文學類
乙丑集一卷
　　(清)朱筠撰
　　　　殷禮在斯堂叢書
山子詩鈔十一卷
　　(清)方纍撰
　　　　吳興叢書
畏齋文集四卷
　　(清)冀元玠撰
　　　　十三經客難附
經學策一卷
　　(清)冀元玠撰
　　　　十三經客難附
史學策一卷
　　(清)冀元玠撰
　　　　十三經客難附
畫溪詩集一卷
　　(清)徐崑撰
　　　　毗陵徐氏家集
　　　　徐遯齋先生全集
小有齋自娛集一卷
　　(清)徐崑撰
　　　　徐遯齋先生全集
百花吟一卷
　　(清)董秉純撰
　　　　拜梅山房几上書

春雨樓初刪稿十卷
　　(清)董秉純撰
　　　　四明叢書第四集
粲花軒詩稿(一名湄君詩集)二卷
　　(清)陸建撰
　　　　隨園三十種(乾隆嘉慶本、同治本)
　　　　隨園三十八種
南澗文集二卷
　　(清)李文藻撰
　　　　功順堂叢書
　　　　叢書集成初編·文學類
南澗遺文二卷附錄一卷補編一卷
　　(清)李文藻撰
　　　　遼園叢書
王夢樓絕句二卷
　　(清)王文治撰
　　　　古今文藝叢書第二集
夢樓選集四卷
　　(清)王文治撰　(清)張懷浙輯
　　　　函海(乾隆本、道光本)第二十七函·
　　　　四家選集
胥石詩存(原名南雪草堂詩集)四卷文存
(原名族譜稿存)一卷附錄一卷
　　(清)吳蘭庭撰
　　　　吳興叢書
竹巖詩鈔一卷
　　(清)楊煥綸撰
　　　　海昌叢載
睫巢詩鈔三卷
　　(清)吳顥撰
　　　　錢塘吳氏合集
遊仙詩一卷
　　(清)吳顥撰
　　　　錢塘吳氏合集·睫巢詩鈔附
白門集二卷
　　(清)王初桐撰
　　　　古香堂叢書·詩集
金臺集一卷
　　(清)王初桐撰
　　　　古香堂叢書·詩集
海右集四卷
　　(清)王初桐撰
　　　　古香堂叢書·詩集
百花吟一卷
　　(清)王初桐撰
　　　　古香堂叢書·詩集
十二河山集二卷
　　(清)王初桐撰

　　　　古香堂叢書·詩集
選聲集一卷附錄一卷
　　(清)王初桐撰
　　　　古香堂叢書·雜著
柳絮集一卷附錄一卷
　　(清)李湘芝撰　附錄(清)王初桐撰
　　　　古香堂叢書·雜著
疎影軒詩稿一卷
　　(清)何玉瑛撰
　　　　國朝閨閣詩鈔
頤齋僅存草二卷
　　(清)張自坤撰
　　　　丹徒張氏家集
清聞齋詩存三卷
　　(清)周鼎樞撰
　　　　咫進齋叢書第三集
嚴冬有詩集十卷
　　(清)嚴長明撰
　　　　觀古堂彙刻書第二集
　　　　郋園先生全書
金闕攀松集一卷
　　(清)嚴長明撰
　　　　金陵叢刻
　　　　叢書集成初編·文學類
玉井搴蓮集一卷
　　(清)嚴長明撰
　　　　金陵叢刻
　　　　房山山房叢書
　　　　叢書集成初編·文學類
江淮旅稿一卷
　　(清)嚴長明撰
　　　　咫園叢書
硯靜齋集一卷
　　(清)曹仁虎撰　(清)江昱輯
　　　　三家絕句選(乾隆本、鈔本)
宛委山房集二卷
　　(清)曹仁虎撰　(清)沈德潛選
　　　　七子詩選(乾隆本、民國石印本)
漁菴詩選二卷
　　(清)曹仁虎撰　(清)吳泰來選
　　　　四家詩鈔
餅菴居士詩鈔四卷
　　(清)孟超然撰
　　　　亦園亭全集
餅菴居士文鈔四卷
　　(清)孟超然撰
　　　　亦園亭全集
復莽遺書一卷

（清）楊開基撰
　　　止園叢書（史氏撰）・永平三子遺書
知足齋文集六卷
　　（清）朱珪撰
　　　畿輔叢書
　　　叢書集成初編・文學類
知足齋進呈文稿二卷
　　（清）朱珪撰
　　　畿輔叢書・知足齋文集附
　　　叢書集成初編・文學類
萬壽衢歌樂章六卷
　　（清）彭元瑞撰
　　　武英殿聚珍版書（武英殿木活字本、福
　　　建本、廣雅書局本）・集部
　　　叢書集成初編・文學類
御製全韻詩恭跋千字文
　　（清）彭元瑞撰
　　　借月山房彙鈔（嘉慶本、景嘉慶本）第
　　　三集・千字文萃
　　　澤古齋重鈔第三集・千字文萃
皇上七旬萬壽千字文
　　（清）吳省蘭撰
　　　借月山房彙鈔（嘉慶本、景嘉慶本）第
　　　三集・千字文萃
　　　澤古齋重鈔第三集・千字文萃
惜抱軒文集十六卷 文後集十卷 詩集十卷
　　詩後集一卷詩外集一卷
　　（清）姚鼐撰
　　　惜抱軒全集（同治本、光緒本、民國本）
　　　四部備要（排印本、縮印本）・集部清
　　　別集
　　惜抱軒文集十六卷詩集十卷
　　　四部叢刊（初次印本、二次印本、縮印
　　　二次印本）・集部
惜抱軒先生文選二卷
　　（清）姚鼐撰
　　　國朝文錄（道光本、咸豐本、光緒石印
　　　本）初編
姚姬傳文鈔一卷
　　（清）姚鼐撰　（民國）王文濡選
　　　明清八大家文鈔
惜袌先生尺牘八卷
　　（清）姚鼐撰
　　　海源閣叢書
惜抱先生尺牘補編二卷
　　（清）姚鼐撰
　　　惜抱軒遺書三種
姚惜抱尺牘一卷

（清）姚鼐撰
　　　明清十大家尺牘
鶴谿賸稿遺什一卷
　　（清）王鳴韶撰
　　　先澤殘存續編
蓑笠軒遺文一卷
　　（清）王鳴韶撰
　　　先澤殘存續編
九峯文鈔二卷
　　（清）宋景闙撰
　　　乍川文獻
桑阿吟屋稿四卷
　　（清）宋景闙撰
　　　乍川文獻
話桑賦稿一卷
　　（清）宋景闙撰
　　　乍川文獻・賦藁合編
與春賦稿一卷
　　（清）陳鼎銘撰
　　　乍川文獻・賦藁合編
漢閣賦稿一卷
　　（清）林中麒撰
　　　乍川文獻・賦藁合編
汾澤賦稿一卷
　　（清）王映樞撰
　　　乍川文獻・賦藁合編
蟾士賦稿一卷
　　（清）吳誠撰
　　　乍川文獻・賦藁合編
印浦賦稿一卷
　　（清）宋慎機撰
　　　乍川文獻・賦藁合編
西篊賦稿一卷
　　（清）方棟撰
　　　乍川文獻・賦藁合編
菊人賦稿一卷
　　（清）吳謙撰
　　　乍川文獻・賦藁合編
潯初賦稿一卷
　　（清）朱士楳撰
　　　乍川文獻・賦藁合編
乳谿賦稿一卷
　　（清）辜典詔撰
　　　乍川文獻・賦藁合編
二如賦稿一卷
　　（清）王景模撰
　　　乍川文獻・賦藁合編
殷坡詩鈔一卷

(清)張世昌撰
    清河五先生詩選
    清河六先生詩選

香谷詩鈔一卷
  (清)張世仁撰
    清河五先生詩選
    清河六先生詩選

樸廬詩稿一卷
  (清)王愫撰
    樸廬遺稿

毛孺人詩一卷
  (清)毛秀惠撰
    樸廬遺稿·樸廬詩稿附

厚齋詩選二卷
  (清)李旦華撰
    嘉禾八子詩選

許水南詩集二卷
  (清)許儒龍撰
    古棠書屋叢書·集部

衣山詩鈔三卷
  (清)李翊撰
    李氏詩存合刻
    雲南叢書初編·集部·李氏詩存

椿陰堂詩存稿一卷附錄一卷
  (清)虞禮寶撰
    留垞叢刻

尊聞居士集二卷
  (清)羅有高撰
    國朝文錄（道光本、咸豐本、光緒石印
    本）續編

羅臺山文鈔四卷
  (清)羅有高撰
    汪羅彭薛四家合鈔

拜經樓詩集十二卷續編四卷
  (清)吳騫撰
    拜經樓叢書(乾隆嘉慶本)
  拜經樓詩集十二卷 續編四卷 再續編一
  卷
    拜經樓叢書(景乾隆嘉慶本)

愚谷文存十四卷
  (清)吳騫撰
    拜經樓叢書(景乾隆嘉慶本)

哀蘭絕句一卷
  (清)吳騫撰
    拜經樓叢書(乾隆嘉慶本、景乾隆嘉慶
    本)
    重校拜經樓叢書十種
  拜經樓集外詩一卷

    叢書集成初編·文學類

居敬集一卷
  (清)朱漣撰
    金陵朱氏家集

復初齋詩集三十二卷
  (清)翁方綱撰
    蘇齋叢書(乾隆嘉慶本)

栖霞小稿一卷
  (清)翁方綱撰
    蘇齋叢書（乾隆嘉慶本、景乾隆嘉慶
    本）

嵐漪小艸一卷
  (清)翁方綱撰
    蘇齋叢書（乾隆嘉慶本、景乾隆嘉慶
    本）

靑原小艸一卷
  (清)翁方綱撰
    蘇齋叢書（乾隆嘉慶本、景乾隆嘉慶
    本）

復初齋集外詩二十四卷集外文四卷
  (清)翁方綱撰
    嘉業堂叢書·集部

復初齋文集補遺一卷
  (清)翁方綱撰   (民國)楊寶鏞輯
    龍淵爐齋金石叢書

西齋詩輯遺三卷
  (清)博明撰
    西齋三種

字香亭梅花百詠一卷
  (清)吳立撰
    吳氏四種

童山詩集四十二卷
  (清)李調元撰
    函海（乾隆本、道光本）第三十五函至
    三十七函
    叢書集成初編·文學類

童山文集二十卷
  (清)李調元撰
    函海(乾隆本)第三十五函至三十七函
    ·童山詩集附
  童山文集二十卷補遺一卷
    函海(道光本)第三十五函至三十七函
    ·童山詩集附
    叢書集成初編·文學類

粵東皇華集四卷
  (清)李調元撰
    函海(乾隆本、道光本)第三十八函
    函海(光緒本)第四十函

五代花月一卷
　　（清）李調元撰
　　　　香豔叢書第九集
童山詩選五卷
　　（清）李調元撰
　　　　古棠書屋叢書・集部
童山選集十二卷
　　（清）李調元撰　（清）張懷湘輯
　　　　函海（乾隆本、道光本）第二十七函・
　　　　四家選集
薛家三遺文一卷
　　（清）薛起鳳撰
　　　　汪羅彭薛四家合鈔
清沙吟草一卷文鈔一卷
　　（清）丁牲撰
　　　　衡望堂叢書初稿
高陽詩草一卷遺詩一卷
　　（清）許栽撰
　　　　澂川二布衣詩
雪薲老人詩稿四卷
　　（清）洪枰撰
　　　　傳經堂叢書
存吾文集錄二卷
　　（清）余廷燦撰
　　　　國朝文錄（道光本、咸豐本、光緒石印
　　　　本）續編
介亭文集六卷
　　（清）江潘源撰
　　　　介亭全集
介亭詩鈔一卷
　　（清）江潘源撰
　　　　介亭全集
介亭外集六卷
　　（清）江潘源撰
　　　　介亭全集
獨秀山房四書文一卷續編一卷
　　（清）江潘源撰
　　　　介亭全集
游梁集一卷
　　（清）王嵩高撰
　　　　吳會英才集
經韻樓集十二卷
　　（清）段玉裁撰
　　　　經韻樓叢書
　　　　戴段合刻
經韻樓集補編二卷
　　（清）段玉裁撰
　　　　段王學五種

經韻樓集文錄二卷
　　（清）段玉裁撰
　　　　國朝文錄（道光本、咸豐本、光緒石印
　　　　本）續編
東潛文稿二卷
　　（清）趙一清撰
　　　　木犀軒叢書續刻
包軒遺編三卷
　　（清）張泰來撰
　　　　毋不敬齋全書
補希堂文集四卷附錄一卷
　　（清）張泰來撰
　　　　沔陽叢書
紅豆村人詩稿十四卷
　　（清）袁樹撰
　　　　隨園三十種（乾隆嘉慶本、同治本）
　　　　隨園三十八種
紅豆村人續稿四卷
　　（清）袁樹撰
　　　　隨園三十八種
孫太史稿二卷
　　（清）孫希旦撰
　　　　永嘉叢書
絡緯吟一卷
　　（清）曹蕣眞撰
　　　　大亭山館叢書・集類・毗陵楊氏詩存
　　　　附編
申鄭軒遺文一卷
　　（清）孫志祖撰
　　　　會稽徐氏鑄學齋叢書
晚學集八卷
　　（清）桂馥撰
　　　　式訓堂叢書二集
　　　　校經山房叢書
　　　　叢書集成初編・文學類
艤舟亭集五卷
　　（清）伍宇昭撰
　　　　毘陵伍氏合集（嘉慶本）
艤舟亭集五卷補遺一卷
　　　　毘陵伍氏合集（民國本）
菉竹堂詩存一卷
　　（清）余萃文撰
　　　　雲南叢書初編・集部
樹經堂詩初集十五卷續集八卷
　　（清）謝啓昆撰
　　　　樹經堂集
樹經堂文集四卷
　　（清）謝啓昆撰

樹經堂集

頤綵堂文錄一卷
　　(清)沈叔埏撰
　　　國朝文錄（道光本、咸豐本、光緒石印
　　　本）續編

壽花堂律賦一卷
　　(清)黃模撰
　　　琴臺正續合刻（嘉慶本、光緒本）

闓清山房詩一卷
　　(清)高文照撰
　　　吳會英才集

韞山堂文錄一卷
　　(清)管世銘撰
　　　國朝文錄（道光本、咸豐本、光緒石印
　　　本）續編

石桐先生詩鈔十六卷
　　(清)李懷民撰
　　　李氏三先生詩鈔

章氏文集八卷
　　(清)章學誠撰
　　　章氏遺書（嘉業堂本、商務印書館排印
　　　本）

實齋文集八卷
　　(清)章學誠撰
　　　禹城叢書

章實齋文鈔四卷
　　(清)章學誠撰
　　　古學彙刊第一集·詩文類

章氏遺書外集二卷
　　(清)章學誠撰
　　　章氏遺書（嘉業堂本、商務印書館排印
　　　本）

章氏遺書校記一卷
　　(民國)王秉恩撰
　　　章氏遺書（嘉業堂本、商務印書館排印
　　　本）外編

定性齋集一卷
　　(清)李憲暠撰
　　　李氏三先生詩鈔

蓮塘遺集一卷
　　(清)李憲暠撰
　　　李氏三先生詩鈔·定性齋集附

紅櫚書屋詩集四卷
　　(清)孔繼涵撰
　　　微波榭叢書

雜體文彙七卷
　　(清)孔繼涵撰
　　　微波榭叢書

微波榭遺書一卷
　　(清)孔繼涵撰
　　　二餘堂叢書

抱樸居詩二卷續編二卷
　　(清)馬緒撰
　　　小峨嵋山館五種

浣青詩草一卷
　　(清)錢孟鈿撰
　　　國朝閨閣詩鈔

瑤峯集二卷附錄一卷
　　(清)王爾烈撰　金毓黻輯
　　　遼海叢書第六集

錢南園先生遺集八卷補遺一卷
　　(清)錢灃撰
　　　雲南叢書初編·集部

錢南園詩選一卷
　　(清)錢灃撰
　　　滇八家詩選

二林居集二十四卷
　　(清)彭紹升撰
　　　長洲彭氏家集

測海集六卷
　　(清)彭紹升輯
　　　長洲彭氏家集

二林居集二卷
　　(清)彭紹升撰
　　　正覺樓叢刻

二林居文錄二卷
　　(清)彭紹升撰
　　　國朝文錄（道光本、咸豐本、光緒石印
　　　本）初編

彭尺木文鈔六卷
　　(清)彭紹升撰
　　　汪羅彭薛四家合鈔

渼陂遺詩一卷
　　(清)錢玘撰
　　　湖墅錢氏家集

一齋詩一卷
　　(清)郝玶撰
　　　一齋溫溪叢刻

息園遺詩一卷
　　(清)錢機撰
　　　湖墅錢氏家集

肯巖詩鈔
　　(清)趙良爵撰
　　　趙氏淵源集

月巖詩遺
　　(清)趙慶聖撰

趙氏淵源集

西阿先生詩草三卷
　　(清)谷際岐撰
　　　雲南叢書初編・集部

九峯園會詩一卷
　　(清)谷際岐撰
　　　雲南叢書初編・集部・西阿先生詩草
　　　附

漱芳亭詩鈔一卷
　　(清)袁彌渡撰
　　　雲南叢書初編・集部・西阿先生詩草
　　　附

無聞集四卷
　　(清)崔述撰
　　　崔東壁遺書（道光本、景道光本、亞東
　　　圖書館排印本）

知非集一卷
　　(清)崔述撰
　　　崔東壁遺書（亞東圖書館排印本）後編

茂田賸筆殘稿一卷
　　(清)崔述撰
　　　崔東壁遺書（亞東圖書館排印本）後編

崔東壁先生佚文一卷附錄一卷
　　(清)崔述撰
　　　崔東壁遺書（亞東圖書館排印本）後編

崔東壁遺書初刻本校勘記一卷
　　趙貞信撰
　　　崔東壁遺書（亞東圖書館排印本）後編

台巖詩鈔
　　(清)趙良爵撰
　　　趙氏淵源集

尚友堂文集二卷
　　(清)崔邁撰
　　　崔東壁遺書（亞東圖書館排印本）後編
　　　・崔德皋先生遺書

寸心知詩集二卷
　　(清)崔邁撰
　　　崔東壁遺書（亞東圖書館排印本）後編
　　　・崔德皋先生遺書

繡餘草
　　(清)趙瑮撰
　　　趙氏淵源集

研山堂集一卷
　　(清)吳泰來撰　(清)江昱輯
　　　三家絕句選（乾隆本、鈔本）

硯山堂集二卷
　　(清)吳泰來撰　(清)沈德潛選
　　　七子詩選（乾隆本、民國石印本）

竹嶼詩選二卷
　　(清)吳泰來撰　(清)朱昂選
　　　四家詩鈔

杏林莊吟草一卷
　　(清)鄧大林撰
　　　柳堂師友詩錄初編

針餘吟稿一卷
　　(清)崔幼蘭撰
　　　崔東壁遺書（亞東圖書館排印本）後編

綠秋書屋詩集一卷
　　(清)張因撰
　　　國朝閨閣詩鈔

午風堂詩集六卷
　　(清)鄒炳泰撰
　　　午風堂全集

鶴泉文鈔二卷續選九卷
　　(清)戚學標撰
　　　戚鶴泉所著書

鶴泉集唐三卷初編一卷
　　(清)戚學標撰
　　　戚鶴泉所著書

集李三百篇二卷
　　(清)戚學標撰
　　　戚鶴泉所著書

秋士先生遺集六卷
　　(清)彭績撰
　　　長洲彭氏家集附

偉堂詩鈔
　　(清)趙帥撰
　　　趙氏淵源集

龜山遺草
　　(清)趙友璋撰
　　　趙氏淵源集

竹廬詩鈔
　　(清)趙望齡撰
　　　趙氏淵源集

葵陽詩鈔
　　(清)趙變元撰
　　　趙氏淵源集

柳蔭居詩草
　　(清)趙楷撰
　　　趙氏淵源集

老樹軒詩集五卷
　　(清)帥光祖撰
　　　帥氏清芬集

厚岡詩集四卷文集二十卷
　　(清)李榮陛撰
　　　李厚岡集

厚岡文錄三卷
　　（清）李榮陛撰
　　　　國朝文錄（道光本、咸豐本、光緒石印
　　　　本）初編
毅堂集一卷
　　（清）朱丞曾撰
　　　　金陵朱氏家集
春蘿書屋詩存一卷
　　（清）宋五仁撰
　　　　奉新宋氏詩鈔
雨峯詩鈔八卷文鈔一卷
　　（清）齊獅撰
　　　　雨峯全集
訪秋書屋遺詩一卷
　　（清）吳錫麟撰
　　　　吳氏一家稿
宂餘草一卷
　　（清）余應魁撰
　　　　余氏五稿
夢煙舫詩一卷
　　（清）吳淸藻撰
　　　　吳氏一家稿
惺齋詩課一卷
　　（清）永璿撰
　　　　百爵齋叢刊
賜書堂集鈔六卷詩鈔一卷
　　（清）陳昌齊撰
　　　　賜書堂全集
研香堂遺草一卷
　　（清）潘奕興撰
　　　　陟岡樓叢刊甲集・潘氏一家言
述學二卷
　　（清）汪中撰
　　　　小琅嬛僊館敍錄書
　　　　文選樓叢書（阮亨輯）
述學內篇三卷外篇一卷　補遺一卷　別錄
　　一卷
　　　　粵雅堂叢書三編第二十五集
　　　　四部叢刊（初次印本、二次印本、縮印
　　　　二次印本）・集部
　　　　四部備要（排印本、縮印本）・集部淸
　　　　別集
述學內篇三卷補遺一卷　外篇一卷　別錄一
　　卷春秋述義校勘記一卷
　　（清）汪中撰　　校勘記（淸）方濬頤撰
　　　　寶墨齋叢書
　　　　重印江都汪氏叢書
　　述學六卷校勘記一卷

志古堂叢書
汪容甫先生詩集六卷附錄一卷
　　（清）汪中撰
　　　　刻鵠齋叢書
容甫先生遺詩五卷補遺一卷附錄一卷
　　　　風雨樓叢書
　　　　四部叢刊（初次印本、二次印本、縮印
　　　　二次印本）・集部
　　　　重印江都汪氏叢書
汪容甫先生遺文一卷附鈔一卷
　　（清）汪中撰
　　　　志古堂叢書・述學附
汪容甫文箋三卷
　　（清）汪中撰　　古直箋
　　　　層冰草堂叢書
笏巖詩鈔一卷
　　（清）屠紳撰
　　　　粟香室叢書
小蓬萊膡藁一卷
　　（清）黃易撰
　　　　漱六編
述懷小序一卷
　　（清）朱文娟撰
　　　　香豔叢書第七集
夢蛟山人集五卷補遺一卷
　　（清）阮復祖撰
　　　　寶善堂彙稿
百秋開咏一卷
　　（清）阮復祖撰
　　　　寶善堂彙稿
吉貝居暇唱一卷
　　（清）施國祁撰
　　　　湖州叢書
王光祿遺文集六卷
　　（清）王念孫撰
　　　　高郵王氏家集
丁亥詩鈔一卷
　　（清）王念孫撰
　　　　雪堂叢刻
　　　　高郵王氏遺書
王石臞先生遺文四卷
　　（清）王念孫撰
　　　　高郵王氏遺書
王石臞文集補編一卷
　　（清）王念孫撰
　　　　段王學五種
秋水亭詩鈔一卷
　　（清）伍宇澄撰

毘陵伍氏合集（嘉慶本）

授堂文鈔八卷續集二卷
　　（清）武億撰
　　　　授堂遺書（乾隆本、道光本）

授堂文鈔八卷
　　（清）武億撰
　　　　粵雅堂叢書三編第三十集
　　　　叢書集成初編·文學類

授堂詩鈔八卷
　　（清）武億撰
　　　　授堂遺書（乾隆本、道光本）

蘭溪詩鈔二卷
　　（清）李翻撰
　　　　李氏詩存合刻
　　　　雲南叢書初編·集部·李氏詩存

審嚴文集二卷補遺一卷
　　（清）楊于果撰
　　　　楊氏家集

五研齋詩鈔二十卷文鈔十一卷
　　（清）沈赤然撰
　　　　五研齋全集

冬花庵爐餘稿三卷
　　（清）奚岡撰
　　　　西泠五布衣遺著

卷施閣文甲集十卷乙集八卷詩二十卷
　　（清）洪亮吉撰
　　　　北江全集
　　　　四部備要（排印本、縮印本）·集部清
　　　　別集

卷施閣文甲集十卷 續一卷 補遺一卷乙
　集八卷續編一卷詩二十卷
　　　　洪北江全集

卷施閣文乙集一卷
　　（清）洪亮吉撰
　　　　八家四六文鈔（清刊本、民國本）

卷施閣詩一卷
　　（清）洪亮吉撰
　　　　吳會英才集

更生齋文甲集四卷乙集四卷詩八卷
　　（清）洪亮吉撰
　　　　北江全集
　　　　四部備要（排印本、縮印本）·集部清
　　　　別集

更生齋文甲集四卷 乙集四卷 續集二卷
　詩八卷續集十卷
　　　　洪北江全集

更生齋文錄一卷
　　（清）洪亮吉撰

國朝文錄（道光本、咸豐本、光緒石印
　本）續編

附鮚軒詩八卷
　　（清）洪亮吉撰
　　　　北江全集
　　　　洪北江全集

附鮚軒詩一卷
　　（清）洪亮吉撰
　　　　吳會英才集

洪北江詩文集六十六卷
　　（清）洪亮吉撰
　　　　四部叢刊（初次印本、二次印本、縮印
　　　　二次印本）·集部

玉塵集二卷
　　（清）洪亮吉（藕莊氏）撰
　　　　粟香室叢書

七招一卷
　　（清）洪亮吉撰
　　　　昭代叢書（道光本）庚集埤編

洪稚存先生尺牘一卷
　　（清）洪亮吉撰
　　　　尺牘叢刻

擊竹山房吟草二卷
　　（清）釋悟霈撰
　　　　京江三上人詩選

栴檀閣詩鈔一卷
　　（清）釋達瑛撰
　　　　京江三上人詩選

倦遊集一卷
　　（清）朱濬撰
　　　　金陵朱氏家集

有正味齋詩十二卷 駢體文二十四卷 律賦
　一卷試帖四卷
　　（清）吳錫麒撰
　　　　吳氏一家稿

有正味齋賦稿一卷
　　（清）吳錫麒撰
　　　　四家賦鈔

有正味齋律賦一卷
　　（清）吳錫麒撰
　　　　琴臺正續合刻（嘉慶本、光緒本）

有正味齋文續集二卷
　　（清）吳錫麒撰
　　　　八家四六文鈔（清刊本、民國本）

有正味齋詩一卷
　　（清）吳錫麒撰　（清）吳應和（清）馬洵選
　　　　浙西六家詩鈔

有正味齋尺牘二卷

（清）吳錫麒撰	靜園叢書
申報館叢書正集·近事雜誌類	九柏山房集一卷
有正味齋尺牘一卷	（清）楊倫撰
（清）吳錫麒撰	吳會英才集
尺牘叢刻	寄庵詩文鈔三十三卷
吳穀人尺牘一卷	（清）劉大紳撰
明清十大家尺牘	雲南叢書初編·集部
翠雲館律賦一卷試體詩一卷	劉寄庵文錄二卷
（清）黃士珣撰	（清）劉大紳撰
琴臺正續合刻（嘉慶本、光緒本）	國朝文錄（道光本、咸豐本、光緒石印
古芬書屋律賦二卷	本）初編
（清）姚伊憲撰	蠟味小槀五卷
琴臺正續合刻（嘉慶本）	（清）張雲璈撰
澄鑒堂律賦一卷	三影閣叢書
（清）姚思勤撰	復丁老人草二卷
琴臺正續合刻（嘉慶本、光緒本）	（清）張雲璈撰
貽經堂試體詩二卷	三影閣叢書
（清）鄭城撰	簡松草堂文集十二卷 附錄一卷 詩集二十
琴臺正續合刻（嘉慶本、光緒本）	卷
雙桂堂稿十卷續編十二卷	（清）張雲璈撰
（清）紀大奎撰	三影閣叢書
紀慎齋先生全集	知還草五卷
雙桂堂時文稿一卷附錄一卷	（清）張雲璈撰
（清）紀大奎撰	三影閣叢書
紀慎齋先生全集	書巖賸稿一卷
課子遺編一卷	（清）楊峒撰
（清）紀大奎撰	仰視千七百二十九鶴齋叢書（光緒本、
紀慎齋先生全集	景光緒本）第一集
雙桂堂文錄二卷	叢書集成初編·文學類
（清）紀大奎撰	宋芷灣先生詩一卷
國朝文錄（道光本、咸豐本、光緒石印	（清）宋湘撰
本）續編	客人叢書·客人三先生詩選
東井詩鈔四卷	兩當軒詩二卷
（清）黃定文撰	（清）黃景仁撰
黃氏家集初編（光緒本、民國本）	吳會英才集
東井文鈔二卷	雲竹集一卷
（清）黃定文撰	（清）楊煇撰
黃氏家集初編（光緒本、民國本）·東	濮川詩鈔
井詩鈔附	灌園居偶存草一卷試帖一卷
四明叢書第一集	（清）吳清漣撰
樹蕙堂詩二卷	吳氏一家稿
（清）王復撰	小酉山房遺詩一卷
吳會英才集	（清）吳清學撰
澹靜齋文鈔六卷外篇二卷詩鈔六卷	吳氏一家稿
（清）龔景瀚撰	霽陽詩鈔二卷
澹靜齋全集	（清）張弘撰
尊道堂詩鈔二卷	濮川詩鈔
（清）吳東發撰	一得吟一卷

　　　　　　(清)潘亮撰
　　　　　　　　濮川詩鈔
芳峻稿一卷
　　　　　　(清)程琦撰
　　　　　　　　濮川詩鈔
柴門詩鈔一卷
　　　　　　(清)沈孔鍵撰
　　　　　　　　濮川詩鈔
荻書樓遺草一卷
　　　　　　(清)沈鍾泰撰
　　　　　　　　濮川詩鈔
龍潭集一卷
　　　　　　(清)釋佛眉撰
　　　　　　　　濮川詩鈔
隨扣詩草一卷
　　　　　　(清)釋黯眉撰
　　　　　　　　濮川詩鈔
清貽堂賸稿一卷
　　　　　　(清)王士駿撰
　　　　　　　　繡水王氏家藏集(咸豐本、光緒本)
偷閒集賸稿一卷
　　　　　　(清)王霮撰
　　　　　　　　繡水王氏家藏集(咸豐本、光緒本)
安流舫存稿二卷
　　　　　　(清)王璋撰
　　　　　　　　繡水王氏家藏集(咸豐本、光緒本)
復初集賸稿一卷
　　　　　　(清)王璇撰
　　　　　　　　繡水王氏家藏集(咸豐本、光緒本)
鶯溪草堂存稿六卷
　　　　　　(清)王元鑑撰
　　　　　　　　繡水王氏家藏集(咸豐本、光緒本)
蘭堂賸稿一卷
　　　　　　(清)王錦撰
　　　　　　　　繡水王氏家藏集(咸豐本、光緒本)
鷦珠堂詩蕘一卷
　　　　　　(清)侯京曾撰
　　　　　　　　大梁侯氏詩集
居業堂遺蕘一卷
　　　　　　(清)侯如曾撰
　　　　　　　　大梁侯氏詩集
貯虛堂詩集一卷
　　　　　　(清)侯洛撰
　　　　　　　　大梁侯氏詩集
二頃園遺蕘一卷
　　　　　　(清)侯作霖撰
　　　　　　　　大梁侯氏詩集
棟軒遺蕘一卷

　　　　　　(清)侯中毓撰
　　　　　　　　大梁侯氏詩集
泰履樓偶作一卷
　　　　　　(清)侯書遠撰
　　　　　　　　大梁侯氏詩集
蓼村遺稿一卷
　　　　　　(清)侯大有撰
　　　　　　　　大梁侯氏詩集
飲香軒詩蕘一卷
　　　　　　(清)侯長松撰
　　　　　　　　大梁侯氏詩集
墨農詩草一卷
　　　　　　(清)丁芸撰
　　　　　　　　同聲集(丁芸輯)
溪南詩草一卷
　　　　　　(清)毛琳撰
　　　　　　　　同聲集(丁芸輯)
水山詩草一卷
　　　　　　(清)陳秀撰
　　　　　　　　同聲集(丁芸輯)
竺喦詩存一卷
　　　　　　(清)張賜朵撰
　　　　　　　　海鹽張氏涉園叢刻續編
琴好樓小製一卷
　　　　　　(清)李孊撰
　　　　　　　　吳中女士詩鈔
停雲閣詩稿一卷
　　　　　　(清)沈持玉撰
　　　　　　　　吳中女士詩鈔
吟香館詩草一卷
　　　　　　(清)汪蘆英撰
　　　　　　　　國朝閨閣詩鈔
瑞圃詩鈔一卷
　　　　　　(清)蘇世璋撰
　　　　　　　　國朝閨閣詩鈔
靜香閣詩草一卷
　　　　　　(清)倪瑞璿撰
　　　　　　　　國朝閨閣詩鈔
玉芳亭詩集一卷
　　　　　　(清)陳淑秀撰
　　　　　　　　國朝閨閣詩鈔
聽月樓遺草一卷
　　　　　　(清)汪韞玉撰
　　　　　　　　國朝閨閣詩鈔
鶴語軒詩集一卷
　　　　　　(清)許燕珍撰
　　　　　　　　國朝閨閣詩鈔
蕉雲遺詩一卷

（清）湯朝撰
　　乙亥叢編
石蘭詩鈔一卷
　（清）胡慎儀撰
　　國朝閨閣詩鈔
素賞樓詩稿一卷
　（清）陳皖永撰
　　國朝閨閣詩鈔
織雲樓詩稿一卷
　（清）廖雲錦撰
　　國朝閨閣詩鈔
林下風清集一卷
　（清）李國梅撰
　　國朝閨閣詩鈔
職思居詩鈔一卷
　（清）張佛繡撰
　　國朝閨閣詩鈔
聊一軒詩稿一卷
　（清）沈蕙玉撰
　　國朝閨閣詩鈔
華溪草堂集一卷
　（清）陳芳撰
　　陳氏聯珠集
天柱詩草
　（清）陳其名撰
　　陳氏聯珠集
醉草堂集
　（清）陳枋撰
　　陳氏聯珠集
諫亭詩草一卷
　（清）陳坡撰
　　陳氏聯珠集
凹堂詩草
　（清）陳塾撰
　　陳氏聯珠集
雲泉詩草
　（清）陳埼撰
　　陳氏聯珠集
澗南吟稿
　（清）陳磊撰
　　陳氏聯珠集
梅緣詩草二卷
　（清）陳蔚撰
　　陳氏聯珠集
蘭陂剩稿
　（清）吳荔娘撰
　　陳氏聯珠集・梅緣詩草附
涔園詩鈔一卷

（清）陳秉烈撰
　　陳氏聯珠集
虖航集一卷
　（清）陳域撰
　　陳氏聯珠集
鎖門詩草一卷
　（清）陳堅撰
　　陳氏聯珠集
梅田詩草一卷
　（清）陳壤撰
　　陳氏聯珠集
日山文集四卷
　（清）許新堂撰
　　二許先生集
慎餘堂文稿四卷
　（清）許雨田撰
　　二許先生集
默菴詩鈔一卷
　（清）溫曾緒撰
　　溫氏叢書第二集
弱水詩八卷
　（清）屈復撰
　　國初十家詩鈔
傅書樓詩稿一卷
　（清）汪金順撰
　　荔牆叢刻
暢谷文存八卷附校勘記一卷
　（清）宋昌悅撰　校勘記（民國）胡思敬撰
　　豫章叢書（胡思敬輯）
天香雲舫詩草一卷
　（清）嵩祿撰
　　春雲集
竹素園詩草一卷
　（清）嵩年撰
　　春雲集
叢蘭山館詩草一卷
　（清）敬訓撰
　　春雲集
紅葉山樵詩草一卷
　（清）敬文撰
　　春雲集
宿月詩草一卷
　（清）盛韻撰
　　三盛詩鈔附
聽雪詩選一卷
　（清）盛泫撰
　　三盛詩鈔附
綠天亭詩集三卷文集一卷

　　（清）林之松撰
　　　赤城遺書彙刊
梅村文鈔一卷
　　（清）樊裕發撰
　　　雪華館叢編・集類
抱素堂遺詩六卷補遺一卷
　　（清）孫清元撰
　　　雲南叢書初編・集部・呈貢二孫遺詩
晴沙文鈔一卷
　　（清）程川撰
　　　名集叢鈔
錢唐集鈔一卷
　　（清）程川撰
　　　名集叢鈔
蒙泉詩鈔一卷
　　（清）潘思齊撰
　　　名集叢鈔
枳六齋詩鈔一卷
　　（清）余鵬年撰
　　　皖江三家詩鈔
息六齋遺稿一卷
　　（清）余鵬翀撰
　　　皖江三家詩鈔・枳六齋詩鈔附
五梅遺詩一卷
　　（清）曾思謙撰
　　　鸚里曾氏十一世詩
又盤遺詩一卷
　　（清）曾新撰
　　　鸚里曾氏十一世詩
鴻齋文集三卷補遺一卷
　　（清）劉伯梁撰
　　　劉氏傳家集
獨學齋詩集二卷文集四卷
　　（清）劉伯川撰
　　　劉氏傳家集
賜墨齋詩二卷
　　（清）姚念曾撰
　　　金山姚程三先生遺集
湖樓集一卷
　　（清）朱琰撰
　　　武林掌故叢編第十八集
笠亭詩選二卷
　　（清）朱琰撰
　　　嘉禾八子詩選
函清館詩草四卷
　　（清）范永澄撰
　　　雙雲堂傳集
退白居士詩草一卷

　　（清）范永澄撰
　　　雙雲堂傳集
夢庵文鈔一卷
　　（清）黃柱覺撰
　　　高涼耆舊遺集・高涼耆舊文鈔
初堂遺稿不分卷
　　（清）洪榜撰
　　　二洪遺稿（道光本、景道光本）
聞濤軒詩稿二卷
　　（清）張朝績撰
　　　南張三集
菊隱吟鈔一卷
　　（清）羊廷機撰
　　　海昌叢載
夢鶴軒楳澥詩鈔四卷
　　（清）繆公恩撰
　　　遼海叢書第九集
畬香草存六卷
　　（清）倪元坦撰
　　　讀易樓合刻
梅崖文鈔一卷
　　（清）郭兆麟撰
　　　山右叢書初編
湖墅詩鈔八卷
　　（清）孫文瀧輯
　　　湖墅叢書
雲圃集一卷
　　（清）朱逢年撰
　　　金陵朱氏家集
墨莊詩鈔一卷
　　（清）孟浩撰
　　　硪川五家詩鈔
伯初文存一卷詩鈔一卷時藝一卷
　　（清）洪朴撰
　　　二洪遺稿（道光本、景道光本）
遯香小草一卷
　　（清）錢榕撰
　　　湖墅錢氏家集
清貽堂賸稿一卷
　　（清）王琦撰
　　　繡水王氏家藏集（咸豐本、光緒本）
嘉樂堂詩集一卷
　　（清）和珅撰
　　　長白英額三先生詩集
鯨濤課藝一卷
　　（清）潘承煒撰
　　　潘相所著書附
月滿樓詩別集八卷

（清）顧宗泰撰
　　讀畫齋叢書庚集
　　叢書集成初編·文學類

味經齋存稿四卷
　　（清）宋鳴璜撰
　　奉新宋氏詩鈔

山對齋文詩存稿二卷
　　（清）馬魯撰
　　馬氏叢刻

荷塘詩集十二卷
　　（清）張五典撰
　　涇陽文獻叢書

澹園集一卷
　　（清）汪師亮撰
　　叢睦汪氏遺書·春星堂續集

柳洲遺稿二卷
　　（清）魏之琇撰
　　西泠五布衣遺著

霏玉軒詩草二卷
　　（清）吳均撰
　　苦岑集初刊

伴香閣詩二卷
　　（清）方正澍撰
　　吳會英才集

少鶴先生詩鈔十三卷
　　（清）李憲喬撰
　　李氏三先生詩鈔

林於館詩集二卷
　　（清）查昌業撰
　　天津詩人小集

南園詩選二卷
　　（清）何士顒撰
　　隨園三十種（乾隆嘉慶本、同治本）
　　隨園三十八種

槐陰樓集一卷
　　（清）喬大鴻撰
　　敦素園七子詩鈔

拳石山房集一卷
　　（清）劉兆彭撰
　　敦素園七子詩鈔

綠蔭齋詩稿一卷
　　（清）鄭培撰
　　鄭氏三家詩鈔

時畲堂詩稿十一卷
　　（清）袁文揆撰
　　雲南叢書初編·集部·保山二袁遺詩

珍埶宧文鈔七卷詩鈔二卷
　　（清）莊述祖撰
　　珍埶宧遺書

壹齋集四十卷
　　（清）黃鉞撰
　　黃勤敏公全集

奏御集二卷
　　（清）黃鉞撰
　　黃勤敏公全集

壹齋集賦一卷
　　（清）黃鉞撰
　　黃勤敏公全集

璞疑詩集一卷
　　（清）朱續曾撰
　　金陵朱氏家集

劉端臨先生文集一卷
　　（清）劉台拱撰
　　劉端臨先生遺書（嘉慶本、道光本）

劉氏文集一卷
　　廣雅書局叢書·雜著·劉氏遺書

師荔扉先生詩集二十八卷
　　（清）師範撰
　　雲南叢書初編·集部

二餘堂文稿六卷
　　（清）師範撰
　　雲南叢書二編·集部

儀鄭堂文集二卷
　　（清）孔廣森撰
　　小琅嬛僊館袐錄書
　　食舊堂叢書

儀鄭堂文二卷
　　文選樓叢書（阮亨輯）
　　叢書集成初編·文學類

顨軒駢儷文三卷
　　（清）孔廣森撰
　　顨軒孔氏所著書

駢儷文三卷
　　四部備要（排印本、縮印本）·集部清別集

儀鄭堂遺稿一卷
　　（清）孔廣森撰
　　八家四六文鈔（清刊本、民國本）

話陶窗遺稿二卷
　　（清）曾衍先撰
　　羅卷彙編

詁晉齋集八卷
　　（清）永瑆撰
　　述古叢鈔第四集

詁晉齋集八卷後集一卷
　　藏修堂叢書第六集

翠琅玕館叢書（黃任恆輯）·集部
芋園叢書·集部

延釐堂文集一卷
　（清）孫玉庭撰
　　延釐堂集

延釐堂詩集二卷
　（清）孫玉庭撰
　　延釐堂集

樂山集二卷
　（清）王崧撰
　　雲南叢書初編·集部

琴士詩鈔十二卷文鈔六卷
　（清）趙紹祖撰
　　古墨齋集

蘭言集十二卷
　（清）趙紹祖撰
　　古墨齋集

知恥齋文錄一卷
　（清）謝振定撰
　　國朝文錄（道光本、咸豐本、光緒石印
　　本）初編

吟翠軒詩二卷
　（清）楊芳燦撰
　　吳會英才集

芙蓉山館尺牘（一名楊蓉裳先生尺牘）一
卷
　（清）楊芳燦撰
　　尺牘叢刻

簡莊文鈔六卷續編二卷
　（清）陳鱣撰
　　海昌叢載

河莊詩鈔一卷
　（清）陳鱣撰
　　海昌叢載·簡莊文鈔附

芳茂山人詩錄九卷
　（清）孫星衍撰
　　平津館叢書（嘉慶本）

芳茂山人詩錄十卷
　　平津館叢書（光緒本）
　　叢書集成初編·文學類

問字堂集六卷
　（清）孫星衍撰
　　岱南閣叢書（乾隆嘉慶本、景乾隆嘉慶
　　本）
　　叢書集成初編·文學類

岱南閣集二卷
　（清）孫星衍撰
　　岱南閣叢書（乾隆嘉慶本、景乾隆嘉慶

本）
　　叢書集成初編·文學類

平津館文稿二卷
　（清）孫星衍撰
　　岱南閣叢書（乾隆嘉慶本、景乾隆嘉慶
　　本）
　　叢書集成初編·文學類

五松園文稿一卷
　（清）孫星衍撰
　　岱南閣叢書（乾隆嘉慶本、景乾隆嘉慶
　　本）
　　叢書集成初編·文學類

嘉穀堂集一卷
　（清）孫星衍撰
　　岱南閣叢書（乾隆嘉慶本、景乾隆嘉慶
　　本）
　　叢書集成初編·文學類

芳茂山人文集十二卷
　（清）孫星衍撰
　　槐廬叢書二編

孫淵如詩文集二十一卷
　（清）孫星衍撰
　　四部叢刊（初次印本、二次印本、縮印
　　二次印本）·集部

雨粟樓詩一卷
　（清）孫星衍撰
　　吳會英才集

孫淵如先生文補遺一卷
　（清）孫星衍撰　王大隆輯
　　戊寅叢編

問字堂外集一卷
　（清）孫星衍撰
　　八家四六文鈔（清刊本、民國本）

長離閣詩集一卷
　（清）王采薇撰
　　平津館叢書（嘉慶本、光緒本）附
　　國朝閨閣詩鈔

長離閣詩一卷
　　吳會英才集

長離閣集一卷
　　林下雅音集
　　四部叢刊（初次印本、二次印本、縮印
　　二次印本）·集部·孫淵如詩文集
　　附
　　叢書集成初編·文學類

蔚秀軒詩存一卷
　（清）張敦培撰
　　南菁三集

秋室集十卷
　　(清)楊鳳苞撰
　　　　湖州叢書

秋室遺文一卷
　　(清)楊鳳苞撰
　　　　范白舫所刊書

西湖秋柳詞一卷
　　(清)楊鳳苞撰　(清)楊知新注
　　　　武林掌故叢編第十集
　　　　古今說部叢書六集

永報堂詩集八卷
　　(清)李斗撰
　　　　永報堂集

犢山文稿六卷
　　(清)周鎬撰
　　　　犢山類藁

犢山詩藁四卷
　　(清)周鎬撰
　　　　犢山類藁

湘涵試帖一卷
　　(清)戴揚森撰
　　　　補餘堂集附

補餘堂文集二十四卷
　　(清)戴大昌撰
　　　　補餘堂集

補餘堂詩鈔六卷
　　(清)戴大昌撰
　　　　補餘堂集

秋夢齋詩稿一卷
　　(清)顧虬撰
　　　　江震詩稿彙存

萸江古文存四卷詩存三卷附一卷
　　(清)陶必銓撰
　　　　陶萸江先生全集

陶士升先生萸江文錄一卷
　　(清)陶必銓撰
　　　　國朝文錄(道光本、咸豐本、光緒石印
　　　　本)初編

校禮堂詩集十四卷文集三十六卷
　　(清)凌廷堪撰
　　　　校禮堂全集
　　　　安徽叢書第四期·凌次仲先生遺書

敬堂文稿二卷詩稿二卷
　　(清)辛紹業撰
　　　　敬堂遺書

敬堂文稿一卷
　　(清)辛紹業撰
　　　　豫章叢書(陶福履輯)第一集

淵雅堂文藁一卷
　　(清)王芑孫撰
　　　　風雨樓祕笈留眞

梅簃遺詩一卷
　　(清)錢樹撰
　　　　湖墅錢氏家集

起雲閣詩鈔四卷
　　(清)鮑之蘭撰
　　　　京江鮑氏三女史詩鈔合刻

起雲閣詩鈔一卷
　　(清)鮑之蘭撰
　　　　國朝閨閣詩鈔

清娛閣詩鈔六卷
　　(清)鮑之蕙撰
　　　　京江鮑氏三女史詩鈔合刻

清娛閣吟稿一卷
　　(清)鮑之蕙撰
　　　　國朝閨閣詩鈔

三秀齋詩鈔二卷
　　(清)鮑之芬撰
　　　　京江鮑氏三女史詩鈔合刻

修竹廬吟稿一卷
　　(清)朱宗淑撰
　　　　吳中女士詩鈔
　　　　國朝閨閣詩鈔

望雲閣詩集一卷
　　(清)郭芬撰
　　　　國朝閨閣詩鈔

問花樓詩集一卷
　　(清)許權撰
　　　　國朝閨閣詩鈔

獨吟樓詩一卷
　　(清)郭步韞撰
　　　　湘潭郭氏閨秀集

小羅浮山館詩鈔十五卷
　　(清)吳昇撰
　　　　錢塘吳氏合集

避暑山莊紀事詩一卷
　　(清)成書撰
　　　　清人說薈二集

撝菴詩稿鈔二卷
　　(清)張躍鱗撰
　　　　當湖朋舊遺詩彙鈔

肯哉文鈔一卷
　　(清)吳堂撰
　　　　名山全集

秦游詩一卷
　　(清)張壎撰

　　　　天津詩人小集

獨學廬初稿詩八卷文三卷
　　（清）石韞玉撰
　　　　獨學廬全稿

獨學廬二稿詩三卷文三卷
　　（清）石韞玉撰
　　　　獨學廬全稿

獨學廬三稿文五卷詩晚香樓集六卷
　　（清）石韞玉撰
　　　　獨學廬全稿

獨學廬四稿文五卷詩池上集四卷
　　（清）石韞玉撰
　　　　獨學廬全稿

獨學廬五稿詩燕居集五卷文三卷補遺一卷
　　（清）石韞玉撰
　　　　獨學廬全稿

大潟山房遺橐九卷
　　（清）黄湘南撰
　　　　三長物齋叢書

大雲山房文稿初集四卷 二集四卷 言事二
卷補編一卷
　　（清）惲敬撰
　　　　四部叢刊（初次印本、二次印本、縮印
　　　　二次印本）・集部
　　　　四部備要（排印本、縮印本）・集部清
　　　　別集

大雲山房尺牘（一名惲子居先生尺牘）一
卷
　　（清）惲敬撰
　　　　尺牘叢刻

曬書堂詩鈔二卷試帖一卷
　　（清）郝懿行撰
　　　　郝氏遺書

曬書堂文集十二卷外集二卷別集一卷
　　（清）郝懿行撰
　　　　郝氏遺書

曬書堂時文一卷
　　（清）郝懿行撰
　　　　郝氏遺書

曬書堂閨中文存一卷
　　（清）王照圓撰
　　　　郝氏遺書

圖南集二卷
　　（清）鞏懿修撰
　　　　雪華館叢編・集類

夢亭遺集三卷
　　（清）方學周撰
　　　　雲南叢書二編・集部

翡翠樓集詩一卷
　　（清）沈纕撰
　　　　吳中女士詩鈔

翡翠樓詩集一卷
　　　　國朝閨閣詩鈔

筱雲詩集二卷
　　（清）陸應宿撰
　　　　隨園三十種（乾隆嘉慶本、同治本）
　　　　隨園三十八種

邃雅堂集十卷文集續編一卷
　　（清）姚文田撰
　　　　邃雅堂全書

邃雅堂文錄一卷
　　（清）姚文田撰
　　　　國朝文錄（道光本、咸豐本、光緒石印
　　　　本）續編

地齋詩鈔二卷
　　（清）洪坤煊撰
　　　　傳經堂叢書

桐華吟館稿一卷
　　（清）楊揆撰
　　　　吳會英才集

盈書閣遺稿一卷
　　（清）袁棠撰
　　　　隨園三十種（乾隆嘉慶本、同治本）・
　　　　袁家三妹合稿
　　　　隨園三十八種・袁家三妹合稿
　　　　國朝閨閣詩鈔

繡餘吟稿一卷
　　（清）袁棠撰
　　　　隨園三十種（乾隆嘉慶本、同治本）・
　　　　袁家三妹合稿
　　　　隨園三十八種・袁家三妹合稿

鈕非石遺文一卷
　　（清）鈕樹玉撰
　　　　潙喜齋叢書第三函

匪石山人詩一卷
　　（清）鈕樹玉撰
　　　　靈鶼閣叢書第三集
　　　　叢書集成初編・文學類

匪石山人遺詩一卷
　　　　三布衣詩存

匪石先生文集二卷
　　（清）鈕樹玉撰
　　　　雪堂叢刻

墨莊詩草一卷
　　（清）瞿詒謀撰
　　　　瞿氏詩草

賞雨茅屋外集一卷
　　（清）曾燠撰
　　　　金峨山館叢書
　　　　食舊堂叢書
西溪漁隱外集一卷
　　（清）曾燠撰
　　　　八家四六文鈔（清刊本、民國本）
藥洲花農詩略六卷 文略十六卷 文略續六
卷
　　（清）凌揚藻撰
　　　　海雅堂全集
愛蓮居詩鈔二卷
　　（清）唐景星撰
　　　　太崑先哲遺書
煙霞萬古樓文集六卷
　　（清）王曇撰
　　　　粵雅堂叢書三編第二十五集
　　　　叢書集成初編・文學類
煙霞萬古樓詩選二卷
　　（清）王曇撰
　　　　春暉堂叢書
　　　　粵雅堂叢書三編第二十五集・煙霞萬
　　　　　古樓文集附
　　　　叢書集成初編・文學類
仲瞿詩錄一卷
　　（清）王曇撰
　　　　春暉堂叢書
　　　　粵雅堂叢書三編第二十五集・煙霞萬
　　　　　古樓文集附
　　　　叢書集成初編・文學類
破甑風雨樓詩一卷
　　（清）姜榕撰
　　　　芋城三子詩合存（道光本、民國本）
朱雀橋邊野草二卷
　　（清）朱鶴年撰
　　　　金陵朱氏家集
蘭臺遺薹一卷附錄一卷續編一卷
　　（清）彭希涷撰
　　　　長洲彭氏家集
茗柯文初編一卷二編二卷 三編一卷 四編
一卷
　　（清）張惠言撰
　　　　張皋文箋易詮全集
　　　　受經堂彙稾
　　　　花雨樓叢鈔
　　　　四部叢刊（初次印本、二次印本、縮印
　　　　　二次印本）・集部
　　　　四部備要（排印本、縮印本）・集部清

別集
茗柯文稿一卷
　　（清）張惠言撰
　　　　風雨樓祕笈留眞
茗柯文補編二卷外編二卷
　　（清）張惠言撰
　　　　四部叢刊（初次印本、二次印本、縮印
　　　　　二次印本）・集部
擬名家制藝一卷
　　（清）張惠言撰
　　　　張皋文箋易詮全集
齋心草堂詩集一卷
　　（清）錢枚撰
　　　　湖墅錢氏家集
評花齋詩錄一卷
　　（清）錢枚撰
　　　　寶山錢氏家集
長眞閣詩稿一卷
　　（清）席佩蘭撰
　　　　國朝閨閣詩鈔
循陔吟草鈔一卷
　　（清）袁步先撰
　　　　當湖朋舊遺詩彙鈔
寄梅館詩鈔一卷
　　（清）王倩撰
　　　　國朝閨閣詩鈔
敦艮齋遺文一卷
　　（清）徐潤第撰
　　　　敦艮齋遺書
逃禪閣集八卷
　　（清）張崟撰
　　　　丹徒張氏家集
炳燭室雜文一卷
　　（清）江藩撰
　　　　滂喜齋叢書第三函
　　　　積學齋叢書
　　　　叢書集成初編・文學類
垂香樓詩稿一卷
　　（清）馬時芳撰
　　　　平泉遺書
學福齋文錄二卷
　　（清）沈大成撰
　　　　國朝文錄（道光本、咸豐本、光緒石印
　　　　　本）續編
第六絃溪詩鈔二卷
　　（清）黃廷鑑撰
　　　　琴川黃氏三集
第六絃溪文鈔四卷

　　（清）黃廷鑑撰
　　　　琴川黃氏三集
　　　　後知不足齋叢書第四函
　　　　叢書集成初編・文學類
尚絅堂駢體文二卷
　　（清）劉嗣綰撰
　　　　花雨樓叢鈔
尚絅堂尺牘（一名劉芙初先生尺牘）一卷
　　（清）劉嗣綰撰
　　　　尺牘叢刻
愚溪詩稿一卷
　　（清）張肇煥撰
　　　　文選樓叢書（阮亨輯）
　　　　叢書集成初編・文學類
玉山草堂集三十二卷
　　（清）錢林撰
　　　　湖墅錢氏家集
玉山草堂續集六卷
　　（清）錢林撰
　　　　粵雅堂叢書初編第六集
　　　　叢書集成初編・文學類
紀半樵詩一卷
　　（清）紀大復撰
　　　　春暉堂叢書
嶺南集一卷
　　（清）程含章撰
　　　　淩氏傳經堂叢書
程月川先生遺集十五卷
　　（清）程含章撰
　　　　雲南叢書初編・集部
喜聞過齋文集十二卷
　　（清）李文耕撰
　　　　雲南叢書初編・集部
雕菰集二十四卷
　　（清）焦循撰
　　　　文選樓叢書（阮亨輯）
　　　　江氏聚珍版叢書三集
　　　　叢書集成初編・文學類
焦里堂先生軼文一卷
　　（清）焦循撰　　（民國）徐乃昌輯
　　　　鄦齋叢書
雕菰集文錄二卷
　　（清）焦循撰
　　　　國朝文錄（道光本、咸豐本、光緒石印
　　　　本）續編
蓬室偶吟一卷
　　（清）湯瑤卿撰
　　　　宛鄰書屋叢書・宛鄰詩附

　　　　酌古準今
　　　　常州先哲遺書後編・集類・宛鄰文集
　　　　附
鐵橋漫稿十三卷
　　（清）嚴可均撰
　　　　四錄堂類集
鐵橋漫稿八卷
　　（清）嚴可均撰
　　　　心矩齋叢書
雀研齋文錄一卷
　　（清）張錫穀撰
　　　　國朝文錄（道光本、咸豐本、光緒石印
　　　　本）續編
小漪詩屋吟槀一卷
　　（清）金蓉撰
　　　　湖墅錢氏家集
甕言二卷
　　（清）黃丕烈撰
　　　　士禮居黃氏叢書（博古齋景黃氏本）
貞定先生遺集四卷
　　（清）莫與儔撰
　　　　影山草堂六種
采香樓詩集一卷
　　（清）席蕙文撰
　　　　吳中女士詩鈔
　　　　國朝閨閣詩鈔
青藜閣集詩一卷
　　（清）江珠撰
　　　　吳中女士詩鈔
青藜閣詩集一卷
　　　　國朝閨閣詩鈔
船山詩選六卷
　　（清）張問陶撰　　（清）石韞玉輯
　　　　士禮居黃氏叢書（黃氏本、蜚英館景黃
　　　　氏本、石竹山房景黃氏本、博古齋景
　　　　黃氏本）附
　　　　叢書集成初編・文學類
玉簫樓詩集一卷
　　（清）孫雲鳳撰
　　　　國朝閨閣詩鈔
不櫛吟一卷
　　（清）潘素心撰
　　　　國朝閨閣詩鈔
鮑覺生先生未刻詩一卷
　　（清）鮑桂星撰
　　　　啖蔗軒全集附
覺生賦鈔一卷
　　（清）鮑桂星撰

四家賦鈔

楊齋集不分卷
　　（清）王承烈撰
　　　　海南叢書第六集

宛鄰詩二卷
　　（清）張琦撰
　　　　宛鄰書屋叢書
　　　　酌古準今

宛鄰書屋古詩錄十二卷
　　（清）張琦輯
　　　　宛鄰書屋叢書

宛鄰文二卷
　　（清）張琦撰
　　　　宛鄰書屋叢書
　　　　酌古準今

宛鄰文集六卷
　　（清）張琦撰
　　　　常州先哲遺書後編・集類

海崖文錄一卷
　　（清）熊璟崇撰
　　　　國朝文錄（道光本、咸豐本、光緒石印
　　　　本）續編

翁比部詩鈔一卷
　　（清）翁樹培撰
　　　　嘉業堂叢書・集部・復初齋集外詩附

笙雅堂文集四卷詩集十四卷
　　（清）張九鐔撰
　　　　笙雅堂全集

竹南賦略一卷
　　（清）張九鐔撰
　　　　笙雅堂全集

小如詩存一卷
　　（清）沈長春撰
　　　　友聲集

白雲山房詩集三卷文集六卷
　　（清）張象津撰
　　　　白雲山房集

芸香堂詩集二卷
　　（清）和琳撰
　　　　長白英額三先生詩集

培蔭軒詩集四卷
　　（清）胡季堂撰
　　　　培蔭軒全集

培蔭軒文集二卷
　　（清）胡季堂撰
　　　　培蔭軒全集

深省堂聞吟集九卷
　　（清）景安撰

深省堂集

保陽吟草
　　（清）景安撰
　　　　深省堂集・深省堂聞吟集附

深省堂文集一卷
　　（清）景安撰
　　　　深省堂集

敬經堂詩二卷
　　（清）徐書受撰
　　　　吳會英才集

睫巢詩鈔六卷
　　（清）姜貽績撰
　　　　姜氏家集

秋岩遺詩一卷
　　（清）錢桂撰
　　　　湖墅錢氏家集

適意吟一卷
　　（清）錢枚撰
　　　　湖墅錢氏家集

有眞意齋遺文一卷
　　（清）錢枚撰
　　　　湖墅錢氏家集

林屋山人夢遊草十五卷
　　（清）金文城撰
　　　　務滋堂集

翠娛樓詩草四卷
　　（清）金文城撰
　　　　務滋堂集

翠娛樓雜著一卷
　　（清）金文城撰
　　　　務滋堂集

月圃詩存一卷
　　（清）陸昌言撰
　　　　陸氏傳家集

月圃偶著一卷
　　（清）陸昌言撰
　　　　陸氏傳家集

客窗偶吟二卷
　　（清）陸泰增撰
　　　　陸氏傳家集

淡安遺文一卷
　　（清）陸泰增撰
　　　　陸氏傳家集

問花樓詩鈔三卷
　　（清）陸鑾撰
　　　　陸氏傳家集

太虛齋賦稿一卷
　　（清）蔡廷弼撰

太虛齋存稿

句留集一卷續集一卷
　(清)蔡廷弼撰
　　太虛齋存稿

蘭江負米集一卷
　(清)蔡廷弼撰
　　太虛齋存稿

趨庭集一卷
　(清)蔡廷弼撰
　　太虛齋存稿

荷鋤草一卷
　(清)蔡廷弼撰
　　太虛齋存稿

餅罌微吟一卷
　(清)蔡廷弼撰
　　太虛齋存稿

丙舍集一卷
　(清)蔡廷弼撰
　　太虛齋存稿

于役集一卷
　(清)蔡廷弼撰
　　太虛齋存稿

浪遊草一卷
　(清)蔡廷弼撰
　　太虛齋存稿

周甲集一卷
　(清)蔡廷弼撰
　　太虛齋存稿

林下草一卷
　(清)蔡廷弼撰
　　太虛齋存稿

秋窗病餘錄一卷
　(清)蔡廷弼撰
　　太虛齋存稿

鮚鰭小詠一卷
　(清)蔡廷弼撰
　　太虛齋存稿

琴硯錄一卷
　(清)蔡廷弼撰
　　太虛齋存稿

還雲草一卷
　(清)蔡廷弼撰
　　太虛齋存稿

花影集一卷
　(清)蔡廷弼撰
　　太虛齋存稿

酒痕錄一卷
　(清)蔡廷弼撰

太虛齋存稿

百四十軒吟一卷
　(清)蔡廷弼撰
　　太虛齋存稿

太虛齋課兒試帖一卷
　(清)蔡廷弼撰
　　太虛齋存稿

金線集一卷
　(清)蔡廷弼撰
　　太虛齋存稿

草窗隨筆錄一卷續一卷
　(清)蔡廷弼撰
　　太虛齋存稿

溉亭述古錄二卷
　(清)錢塘撰
　　小琅嬛僊館裒錄書
　　文選樓叢書(阮亨輯)
　　式訓堂叢書初集
　　校經山房叢書

石䃲詩草一卷
　(清)陳阿寶撰
　　澂川二布衣詩

二餘集一卷
　(清)成靜蘭撰
　　崔東壁遺書(亞東圖書館排印本)後編

玉山閣稿一卷
　(清)徐嵩撰
　　吳會英才集

南川草堂詩鈔十三卷
　(清)宋鳴珂撰
　　奉新宋氏詩鈔

瑤草軒詩鈔一卷
　(清)閔肅英撰
　　國朝閨閣詩鈔

景廉堂偶一草拾遺二卷
　(清)劉廷楠撰
　　清芬叢鈔

笠舫詩甕六卷
　(清)顧敏恆撰
　　辟疆園遺集

笠舫詩稿二卷
　(清)顧敏恆撰
　　吳會英才集

沈氏羣峯集五卷外集一卷
　(清)沈淸瑞撰
　　沈氏靈峯集

七娛一卷
　(清)沈淸瑞撰

昭代叢書（道光本）庚集埠編

味雪樓詩草一卷別稿一卷
　　（清）宋鳴瓊撰
　　　　奉新宋氏詩鈔

味雪樓詩稿一卷
　　（清）宋鳴瓊撰
　　　　國朝閨閣詩鈔

省齋詩鈔
　　（清）趙雷生撰
　　　　趙氏淵源集

桐陰書屋詩二卷
　　（清）朱崇勳撰
　　　　濟南朱氏詩文彙編

湖上草堂詩一卷
　　（清）朱崇道撰
　　　　濟南朱氏詩文彙編・桐陰書屋詩附

紅蕙山房吟橐一卷附錄一卷
　　（清）袁廷檮撰
　　　　知不足齋叢書（乾隆至道光本、景乾隆
　　　　　至道光本）第二十八集・靜春堂詩
　　　　　集附
　　　　叢書集成初編・文學類

揅經室詩錄五卷
　　（清）阮元撰
　　　　文選樓叢書（阮亨輯）
　　　　粵雅堂叢書二編第二十集
　　　　叢書集成初編・文學類

揅經室一集十四卷二集八卷三集五卷四
集二卷四集詩十一卷續集十一卷再續
集七卷外集五卷
　　（清）阮元撰
　　　　文選樓叢書（阮亨輯）

揅經室一集十四卷二集八卷三集五卷
　　四集二卷詩十一卷續集九卷外集五
　　卷
　　　　四部叢刊（初次印本、二次印本、縮印
　　　　　二次印本）・集部

揅經室集一集十四卷二集八卷三集五
　　卷四集二卷四集詩十一卷續集十一
　　卷
　　　　叢書集成初編・文學類

靜菴文集四卷詩集六卷
　　（清）左眉撰
　　　　靜菴遺集

筠溪詩草二卷
　　（清）顧敬恂撰
　　　　辟疆園遺集

雙橋書屋遺詩一卷
　　（清）錢東撰
　　　　湖墅錢氏家集

芸暉小閣吟草一卷
　　（清）顧蘊玉撰
　　　　長洲彭氏家集

琴言館詩稿一卷
　　（清）王浚撰
　　　　靑箱集

缾水齋詩集十七卷
　　（清）舒位撰
　　　　畿輔叢書
　　　　叢書集成初編・文學類

缾水齋詩別集二卷
　　（清）舒位撰
　　　　畿輔叢書・缾水齋詩集附
　　　　叢書集成初編・文學類

墨莊文鈔一卷
　　（清）陳經撰
　　　　陳景辰遺書

硯山駢體文四卷
　　（清）宋世犖撰
　　　　花雨樓叢鈔

野雲詩鈔一卷
　　（清）鮑文逵撰
　　　　京江七子詩鈔（道光本、民國本）

筠軒文鈔八卷
　　（清）洪頤煊撰
　　　　傳經堂叢書
　　　　邃雅堂叢書

筠軒詩鈔四卷
　　（清）洪頤煊撰
　　　　傳經堂叢書・筠軒文鈔附

榕陰草堂遺詩一卷
　　（清）錢琳撰
　　　　湖墅錢氏家集

楹書集一卷
　　（清）朱濤撰
　　　　金陵朱氏家集

七峯詩選四卷
　　（清）段時恆撰
　　　　雲南叢書二編・集部

徐娘自述詩記一卷
　　（清）繆艮撰
　　　　香艷叢書第十集

㷊庵詩集一卷
　　（清）顧鶴慶撰
　　　　京江七子詩鈔（道光本、民國本）

香蘇山館古體詩集十四卷今體詩集十四
　卷文集二卷
　　　（清）吳嵩梁撰
　　　　　香蘇山館全集
琴香閣詩箋一卷
　　　（清）蔣徽撰
　　　　　國朝閨閣詩鈔
王文簡公遺文集八卷
　　　（清）王引之撰
　　　　　高郵王氏家集
王文簡公文集四卷附錄一卷
　　　（清）王引之撰
　　　　　高郵王氏遺書
王伯申文集補編二卷
　　　（清）王引之撰
　　　　　段王學五種
坦室遺文一卷雜著一卷
　　　（清）李文桂撰
　　　　　石泉書屋全集
思適齋集十八卷
　　　（清）顧廣圻撰
　　　　　春暉堂叢書
　　　　　江氏聚珍版叢書初集
思適齋集補遺二卷再補遺一卷
　　　（清）顧廣圻撰
　　　　　黃顧遺書
疊翠居文集一卷
　　　（清）紀慶曾撰
　　　　　適園叢書第十二集
靈芬館詩初集四卷二集十卷三集四卷四
　集十二卷續集九卷
　　　（清）郭麐撰
　　　　　靈芬館集
靈芬館雜著二卷續編四卷三編八卷
　　　（清）郭麐撰
　　　　　靈芬館集
　靈芬館雜著二卷
　　　　　花雨樓叢鈔續鈔
爨餘集一卷
　　　（清）郭麐撰
　　　　　靈芬館集
靈芬館集外詩一卷
　　　（清）郭麐撰
　　　　　江震詩稿彙存
玉笥山房要集四卷文一卷
　　　（清）顧廷綸撰
　　　　　顧氏家集
蛾術山房詩鈔四卷

（清）袁文炤撰
　　　袁氏家集
德風亭初集十三卷
　　　（清）王貞儀撰
　　　　　金陵叢書丁集
鑑止水齋文錄一卷
　　　（清）許宗彥撰
　　　　　國朝文錄（道光本、咸豐本、光緒石印
　　　　　本）續編
小謨觴館詩集八卷續集二卷文集四卷續
　集二卷
　　　（清）彭兆蓀撰
　　　　　小謨觴館全集（同治本、光緒本）
小謨觴館文集注四卷
　　　（清）彭兆蓀撰　（清）張嘉祿注
　　　　　四明叢書第七集
太乙舟文集八卷
　　　（清）陳用光撰
　　　　　清頌堂叢書
莊恪集一卷
　　　（清）朱桂楨撰
　　　　　金陵朱氏家集
青芝山館駢體文集二卷
　　　（清）樂鈞撰
　　　　　金峩山館叢書
養一齋文集二十卷詩集四卷賦一卷
　　　（清）李兆洛撰
　　　　　四部備要（縮印本）·集部清別集
養一齋文錄一卷
　　　（清）李兆洛撰
　　　　　國朝文錄（道光本、咸豐本、光緒石印
　　　　　本）續編
養一齋尺牘（一名李申耆先生尺牘）一卷
　　　（清）李兆洛撰
　　　　　尺牘叢刻
崇雅堂駢體文鈔四卷
　　　（清）胡敬撰
　　　　　崇雅堂集
　　　　　刻鵠齋叢書
崇雅堂文鈔二卷詩鈔十卷應制存稿一卷
　刪餘詩一卷
　　　（清）胡敬撰
　　　　　崇雅堂集
瘦吟樓詩草一卷
　　　（清）金逸撰
　　　　　國朝閨閣詩鈔
楛堂詩鈔一卷
　　　（清）洪震煊撰

傳經堂叢書

吳門集八卷
　　(清)李繡平撰
　　　　李繡子全書

南歸集四卷
　　(清)李繡平撰
　　　　李繡子全書

著花庵集八卷
　　(清)李繡平撰
　　　　李繡子全書

李繡子先生詩一卷
　　(清)李繡平撰
　　　　客人叢書·客人三先生詩選

鉏經堂文鈔一卷
　　(清)朱爲弼撰
　　　　朱茗堂家藏稿

朱茗堂經進文一卷
　　(清)朱爲弼撰
　　　　朱茗堂家藏稿

四書文殘稿一卷試帖詩殘稿一卷
　　(清)朱爲弼撰
　　　　朱茗堂家藏稿

紅香館詩草一卷
　　(清)惲珠撰
　　　　喜咏軒叢書甲編

中田詩草一卷
　　(清)譚光祜撰
　　　　三餘書屋叢書

讀畫山房文鈔二卷
　　(清)武穆淳撰
　　　　授堂遺書(乾隆本、道光本)·授堂文
　　　　鈔附

崇百藥齋文錄一卷
　　(清)陸繼輅撰
　　　　國朝文錄(道光本、咸豐本、光緒石印
　　　　本)續編

拳石山房遺集二卷雜著一卷
　　(清)馮春暉撰
　　　　椿影集

秋紅丈室遺詩一卷
　　(清)金禮嬴撰
　　　　春暉堂叢書

悔庵學文八卷補遺一卷
　　(清)嚴元照撰
　　　　湖州叢書

柯家山館遺詩六卷
　　(清)嚴元照撰
　　　　湖州叢書

三山草堂集一卷
　　(清)錢之鼎撰
　　　　京江七子詩鈔(道光本、民國本)

篤心堂文集二卷
　　(清)張岳崧撰
　　　　海南叢書第七集

竹鄰遺棄二卷
　　(清)金式玉撰
　　　　受經堂彙稾

拾遺補藝齋詩鈔一卷
　　(清)莊綬甲撰
　　　　拾遺補藝齋遺書

拾遺補藝齋文鈔一卷
　　(清)莊綬甲撰
　　　　拾遺補藝齋遺書

秋樵詩鈔二卷
　　(清)張慶成撰
　　　　清河六先生詩選

秋舫詩鈔二卷
　　(清)蔣澐撰
　　　　當湖朋舊遺詩彙鈔

華陔吟館詩鈔二卷
　　(清)錢人杰撰
　　　　當湖朋舊遺詩彙鈔

幼學堂文稿一卷
　　(清)沈欽韓撰
　　　　廣雅書局叢書·雜著

求己堂詩集一卷
　　(清)施彥士撰
　　　　求己堂八種

求己堂文集一卷
　　(清)施彥士撰
　　　　求己堂八種

九水山房文存二卷
　　(清)畢亨撰
　　　　海源閣叢書

葛覃集一卷
　　(清)朱蘭皋撰
　　　　金陵朱氏家集

月詩一卷
　　(清)王衍梅撰
　　　　娛萱室小品

求是堂文集六卷首一卷駢體文二卷
　　(清)胡承珙撰
　　　　求是堂全集

求是堂詩集二十二卷
　　(清)胡承珙撰
　　　　求是堂全集

邁堂文略四卷
　　（清）李祖陶撰
　　　　國朝文錄（道光本、咸豐本、光緒石印
　　　　本）附
西溪偶錄一卷
　　（清）何彤文撰
　　　　南陵先哲遺書
王小梧遺文一卷
　　（清）王渭撰
　　　　三節合編附
唐宋舊經樓稿一卷
　　（清）孔璐華撰
　　　　國朝閨閣詩鈔
硯壽堂詩鈔八卷續鈔二卷
　　（清）吳存楷撰
　　　　錢塘吳氏合集
夫椒山館集二十二卷
　　（清）周儀暐撰
　　　　毘陵周氏家集
　　夫椒山館詩集二十二卷
　　　　毘陵周氏五世詩集
夫椒山館駢文一卷
　　（清）周儀暐撰
　　　　毘陵周氏五世詩集・夫椒山館詩集附
惟雒齋詩鈔一卷
　　（清）周儀暐撰
　　　　宛上同人集
文峯遺稿一卷
　　（清）江振先撰
　　　　新安二江先生集附
珠樓遺稿一卷
　　（清）徐貞撰
　　　　拜經樓叢書（乾隆嘉慶本、景乾隆嘉慶
　　　　本）
　　　　重校拜經樓叢書十種
　　　　叢書集成初編・文學類・拜經樓集外
　　　　詩附
印心石屋文鈔一卷詩鈔初集四卷二集三
卷試律四卷
　　（清）陶澍撰
　　　　陶英江先生全集
月滄文集六卷
　　（清）呂璜撰
　　　　粤西五家文鈔
　　月滄文集六卷首一卷
　　　　嶺西五家詩文集
月滄詩集二卷
　　（清）呂璜撰

嶺西五家詩文集・月滄文集附
月滄文鈔一卷
　　（清）呂璜撰
　　　　涵通樓師友文鈔
是耶樓初稿鈔一卷
　　（清）錢天樹撰
　　　　當湖朋舊遺詩彙鈔
吳山子遺文一卷
　　（清）吳育撰
　　　　煙畫東堂小品
稽瑞樓文草一卷
　　（清）陳揆撰
　　　　煙畫東堂小品
宛菴詩鈔二卷
　　（清）阮爕輝撰
　　　　寶善堂彙稿
館課存稿一卷
　　（清）阮爕輝撰
　　　　寶善堂彙稿
七峯詩稿二卷
　　（清）江爾維撰
　　　　皖江三家詩鈔
因寄軒尺牘（一名管異之先生尺牘）一卷
　　（清）管同撰
　　　　尺牘叢刻
梅花書屋文一卷詩一卷
　　（清）宋其沅撰
　　　　宋湘颿先生遺著
考槃集文錄十二卷
　　（清）方東樹撰
　　　　方植之全集
牛字集二卷
　　（清）方東樹撰
　　　　方植之全集・考槃集文錄附
考槃集三卷
　　（清）方東樹撰
　　　　方植之全集・考槃集文錄附
王餘集一卷
　　（清）方東樹撰
　　　　方植之全集・考槃集文錄附
儀衞軒遺詩二卷
　　（清）方東樹撰
　　　　方植之全集・考槃集文錄附
話山草堂詩鈔四卷文鈔一卷
　　（清）沈道寬撰
　　　　話山草堂遺集
孟涂駢體文二卷
　　（清）劉開撰

食舊堂叢書

孟塗駢體文鈔一卷
　　（清）劉開撰
　　　國朝十家四六文鈔

秋樹讀書樓遺集十六卷
　　（清）史善長撰
　　　養餘齋全集附

味根山房詩鈔九卷文集一卷
　　（清）史善長撰
　　　味根山房全集

總宜山房詩集一卷
　　（清）趙元紹撰
　　　趙氏三集

一樹棠棣館詩集一卷
　　（清）趙元愷撰
　　　趙氏三集

止庵遺集文一卷詩一卷
　　（清）周濟撰
　　　常州先哲遺書後編・集類

介存齋文稿二卷
　　（清）周濟撰
　　　求志堂存稾彙編

介存齋詩六卷
　　（清）周濟撰
　　　求志堂存稾彙編

蜜梅花館文錄一卷
　　（清）焦廷琥撰
　　　文選樓叢書（阮亨輯）・蜜梅花館詩錄
　　　　附
　　　江氏聚珍版叢書三集
　　　叢書集成初編・文學類

蜜梅花館詩錄一卷
　　（清）焦廷琥撰
　　　文選樓叢書（阮亨輯）
　　　江氏聚珍版叢書三集
　　　叢書集成初編・文學類

簡學齋賦鈔一卷
　　（清）陳沆撰
　　　四家賦鈔

增默菴詩遺集二卷
　　（清）郭尚先撰
　　　吉雨山房全集附

程侍郎遺集十卷附錄一卷
　　（清）程恩澤撰
　　　粵雅堂叢書二編第十九集
　　　叢書集成初編・文學類

碧香閣遺彙一卷
　　（清）單苣樓撰

東武王氏家集

涇西書屋詩稿四卷文稿二卷
　　（清）汪元爵撰
　　　清頌堂叢書

草綠書窗賸稿一卷
　　（清）潘遵禮撰
　　　陟岡樓叢刊甲集・潘氏一家言

九疊山房詩存一卷
　　（清）趙仁基撰
　　　宛上同人集

萬善花室文稿七卷
　　（清）方履籛撰
　　　畿輔叢書
　　　叢書集成初編・文學類

萬善花室文藁六卷續集一卷
　　　雲自在龕叢書第三集

萬善花室駢體文鈔一卷
　　（清）方履籛撰
　　　國朝十家四六文鈔

壺園集四卷
　　（清）徐寶善撰
　　　同岑五家詩鈔

董方立文甲集二卷乙集二卷
　　（清）董祐誠撰
　　　董方立遺書

蘭石齋駢體文鈔一卷
　　（清）董祐誠撰
　　　國朝十家四六文鈔

襄陵詩草一卷
　　（清）孫家穀撰
　　　四明叢書第四集

生齋文彙八卷
　　（清）方坰撰
　　　方學博全集

生齋詩彙九卷
　　（清）方坰撰
　　　方學博全集

自然好學齋詩鈔十卷
　　（清）汪端撰
　　　林下雅音集

自然好學齋詩集一卷
　　（清）汪端撰
　　　國朝閨閣詩鈔

借閒生詩三卷
　　（清）汪遠孫撰
　　　振綺堂遺書

榕園文鈔六卷
　　（清）李彥章撰

榕園全集

榕園詩鈔十六卷

    (清)李彥章撰

       榕園全集

養志居文稿彙存二卷詩殘稿一卷

    (清)陳宗起撰

       養志居僅存藁

袖海樓文錄六卷

    (清)黄汝成撰

       袖海樓雜箸(道光本、景道光本)

緯青遺稿一卷

    (清)張糸冊英撰

       陽湖張氏四女集

       宛鄰書屋叢書

       江陰叢書

       粟香室叢書

       酌古準今

清 後 期 上

竹里耆舊詩一卷

    (清)張廷濟撰

       桂馨堂集

咸逝詩一卷

    (清)張廷濟撰

       桂馨堂集

順安詩草八卷

    (清)張廷濟撰

       桂馨堂集

衡齋文集三卷

    (清)汪萊撰

       衡齋算學遺書合刻(咸豐本、光緒本)

       · 衡齋遺書

冬青館甲集六卷乙集八卷

    (清)張鑑撰

       吳興叢書

瞿木夫文集一卷

    (清)瞿中溶撰

       煙畫東堂小品

時齋文集初刻十卷續刻八卷又續六卷

    (清)李元春撰

       桐閣全書

時齋詩集初刻四卷續刻一卷又續一卷

    (清)李元春撰

       桐閣全書

桐窗殘筆二卷

    (清)李元春撰

       桐閣全書

桐窗餘蘽四卷

    (清)李元春撰

       桐閣全書

桐窗散存二卷

    (清)李元春撰

       桐閣全書

桐閣拾遺二卷

    (清)李元春撰

       桐閣全書

西河古文錄八卷

    (清)李元春撰

       桐閣全書

花筆草一卷

    (清)李元春撰

       桐閣全書

時齋四書簡題六卷補一卷

    (清)李元春撰

       桐閣全書

碧城仙館詩鈔八卷

    (清)陳文述撰

       靈鶼閣叢書第三集

       叢書集成初編·文學類

岱游集一卷

    (清)陳文述撰

       房山山房叢書

左海文集十卷

    (清)陳壽祺撰

       左海全集

左海文集乙編二卷

    (清)陳壽祺撰

       左海全集

絳跗草堂詩集六卷

    (清)陳壽祺撰

       左海全集

東觀存稿一卷

    (清)陳壽祺撰

       左海全集

絫喜堂詩稿一卷

    (清)陳壽祺撰

       滂喜齋叢書第一函·陳比部遺集

       叢書集成初編·文學類

左海文錄二卷

    (清)陳壽祺撰

       國朝文錄(道光本、咸豐本、光緒石印

       本)續編

家蔭堂詩鈔一卷文鈔一卷

    (清)周際華撰

       家蔭堂彙刻

家蔭堂尺牘一卷

（清）周際華撰
　　家蔭堂彙刻
古音閣吟草鈔一卷
　　（清）屈為彝撰
　　當湖朋舊遺詩彙鈔
絃詩塾詩六卷
　　（清）姚淸華撰
　　金山姚程三先生遺集
橫塘文鈔一卷
　　（清）吳懋淸撰
　　高凉耆舊遺集·高凉耆舊文鈔
薄游草一卷補遺一卷
　　（清）侯雲松撰
　　金陵叢書丁集
脩本堂稿五卷
　　（清）林伯桐撰
　　脩本堂叢書
月亭詩鈔一卷
　　（清）林伯桐撰
　　脩本堂叢書
雙硯齋詩鈔十六卷
　　（清）鄧廷楨撰
　　雙硯齋叢書
雙硯齋詩鈔一卷
　　（清）鄧廷楨撰
　　鄧林唱和詩詞合刻
管情三義賦三卷詩三卷詞一卷
　　（清）包世臣撰
　　安吳四種（道光本、咸豐本、同治本）
濁泉編一卷
　　（清）包世臣撰
　　安吳四種（道光本、咸豐本、同治本）·
　　管情三義賦附
綠蘿山莊駢體文集十二卷
　　（清）胡浚撰
　　刻鵠齋叢書
松心文鈔十卷
　　（清）張維屏撰
　　張南山全集
松心詩集二十二卷
　　（清）張維屏撰
　　張南山全集
聽松廬詩鈔十六卷
　　（清）張維屏撰
　　張南山全集
松心詩錄十卷
　　（清）張維屏撰
　　張南山全集

松心雜詩不分卷
　　（清）張維屏撰
　　張南山全集
松心集一卷
　　（清）張維屏撰
　　故友詩錄二編
聽松廬駢體文鈔四卷
　　（清）張維屏撰
　　張南山全集
聽松廬詩略二卷
　　（清）張維屏撰
　　學海堂叢刻第一函
聽松廬詩鈔一卷
　　（清）張維屏撰
　　柳堂師友詩錄初編
憶山堂詩錄八卷
　　（清）宋翔鳳撰
　　浮谿精舍叢書
樸學齋文錄三卷
　　（清）宋翔鳳撰
　　浮谿精舍叢書
洞簫樓詩紀二十四卷
　　（清）宋翔鳳撰
　　浮谿精舍叢書
答雷竹卿書一卷
　　（清）宋翔鳳撰
　　浮谿精舍叢書
樗寮文續槀一卷
　　（清）姚椿撰
　　遜園叢書
得酒趣齋詩鈔二卷附硯銘一卷
　　（清）徐錫可撰
　　小檀字林叢刻
琴隱園詩一卷
　　（清）湯貽汾撰
　　三節合編
讀騷樓詩初集四卷二集四卷
　　（清）陳逢衡撰
　　江都陳氏叢書
垂老讀書廬詩草二卷雜體文一卷
　　（清）黃定齊撰
　　黃氏家集初編（光緒本、民國本）
唐確愼公集十卷首一卷末一卷
　　（清）唐鑑撰
　　四部備要（排印本、縮印本）·集部清
　　別集
星伯先生小集一卷
　　（清）徐松撰

煙靈東堂小品
有深致軒文稿二卷駢體文稿二卷詩賸稿
　一卷歌謠賸稿一卷聯語賸稿一卷試帖
　剩稿一卷制藝稿一卷
　　（清）劉遹海撰
　　　祥符劉氏叢書·有深致軒集
雪樓詩選二卷
　　（清）馬之龍撰
　　　雲南叢書初編·集部
研六室文鈔十卷補遺一卷
　　（清）胡培翬撰
　　　續溪胡氏叢書
谷愚學吟草一卷
　　（清）鄭壽南撰
　　　鄭氏三家詩鈔
衎石齋晚年詩稿五卷
　　（清）錢儀吉撰　（民國）錢振聲輯
　　　檇李叢書
太華山人詩存一卷
　　（清）王益謙撰
　　　柳堂師友詩錄初編
郋園詩鈔十五卷
　　（清）李於陽撰
　　　雲南叢書初編·集部
齊雲山人文集一卷
　　（清）洪符孫撰
　　　雲自在龕叢書第三集
春草堂駢體文一卷古近體詩五卷
　　（清）謝堃撰
　　　春草堂集
耕邨姑留稿六卷
　　（清）余潛士撰
　　　耕邨全集
自鳴集二卷
　　（清）余潛士撰
　　　耕邨全集
北遊草一卷北遊續詠一卷
　　（清）余潛士撰
　　　耕邨全集
養浩齋詩稿九卷附詩評一卷
　　（清）桂超萬撰
　　　惇裕堂全集
養浩齋詩續稿五卷
　　（清）桂超萬撰
　　　惇裕堂全集
惇裕堂文集四卷
　　（清）桂超萬撰
　　　惇裕堂全集

勿二三齋詩集一卷
　　（清）孔廣牧撰
　　　求恕齋叢書·心嚮往齋詩文集附
步齋學吟草二卷
　　（清）鄭壽彭撰
　　　鄭氏三家詩鈔
蒔桂堂詩鈔二卷
　　（清）陸沅撰
　　　當湖朋舊遺詩彙鈔
蒔桂堂試帖鈔一卷
　　（清）陸沅撰
　　　當湖朋舊遺詩彙鈔
伯山文集八卷詩集十卷
　　（清）姚柬之撰
　　　姚伯山先生全集
琱研齋吟草一卷
　　（清）方成珪撰
　　　敬鄉樓叢書第四輯
雲左山房詩鈔一卷
　　（清）林則徐撰
　　　鄧林唱和詩詞合刻
東溟文集六卷外集四卷文後集十四卷文
　外集二卷
　　（清）姚瑩撰
　　　中復堂全集（道光本、同治本）
後湘詩集九卷二集五卷續集七卷
　　（清）姚瑩撰
　　　中復堂全集（道光本、同治本）
中復堂遺稿五卷續編二卷
　　（清）姚瑩撰
　　　中復堂全集（道光本、同治本）
存素堂詩彙十四卷
　　（清）錢寶琛撰
　　　錢頤壽中丞全集正編
存素堂文彙四卷補遺一卷
　　（清）錢寶琛撰
　　　錢頤壽中丞全集正編
高歌集一卷
　　（清）張祥河輯
　　　小重山房叢書
聽鸎吟彙一卷
　　（清）張祥河撰
　　　小重山房叢書
桂勝集一卷外集一卷
　　（清）張祥河撰
　　　小重山房叢書
肆觀集一卷
　　（清）張祥河撰

小重山房叢書

藍橋集一卷
　　(清)張祥河撰
　　　小重山房叢書

北山之什一卷
　　(清)張祥河撰
　　　小重山房叢書

南山集一卷
　　(清)張祥河撰
　　　小重山房叢書

蛤石齋詩鈔四卷
　　(清)黎恂撰
　　　黎氏家集

歌章祝辭輯錄二卷
　　(清)奕賡撰
　　　佳夢軒叢著(稿本、民國排印本)

金壺浪墨一卷
　　(清)潘德輿撰
　　　小方壺齋叢書四集

信芳閣詩存一卷
　　(清)汪汝式撰
　　　宛上同人集

桐軒詩鈔一卷
　　(清)金德榮撰
　　　宛上同人集

佩湘詩草一卷
　　(清)王成璐撰
　　　宛上同人集

月波樓詩草一卷
　　(清)甘煦撰
　　　宛上同人集

識密齋詩鈔一卷
　　(清)錢符祚撰
　　　宛上同人集

迦齡盦詩鈔一卷
　　(清)莊縉度撰
　　　宛上同人集

佩雅堂詩鈔二卷
　　(清)強溱撰
　　　宛上同人集

從政錄四卷
　　(清)汪喜孫撰
　　　重印江都汪氏叢書

汪孟慈文集不分卷
　　(清)汪喜孫撰
　　　邃雅堂叢書

壺庵詩二卷駢體文二卷
　　(清)吳清鼻撰

吳氏一家稿

柏梘山房文鈔二卷
　　(清)梅曾亮撰
　　　涵通樓師友文鈔

柏梘山房駢體文鈔一卷
　　(清)梅曾亮撰
　　　國朝十家四六文鈔

梅伯言文鈔一卷
　　(清)梅曾亮撰　(民國)王文濡選
　　　明清八大家文鈔

梅伯言先生尺牘一卷
　　(清)梅曾亮撰
　　　尺牘叢刻

三百堂文集二卷
　　(清)陳奐撰
　　　乙亥叢編

瘦石文鈔十三卷外集二卷
　　(清)孫鏶撰
　　　古棠書屋叢書·集部

啖蔗軒詩存三卷
　　(清)方士淦撰
　　　啖蔗軒全集

養餘齋初集四卷二集四卷三集四卷
　　(清)柳樹芳撰
　　　養餘齋全集

邛邡詩稿二卷
　　(清)李惺撰
　　　西漚全集

西漚文六卷
　　(清)李惺撰
　　　西漚全集

西漚制藝一卷
　　(清)李惺撰
　　　西漚全集

西漚試帖一卷
　　(清)李惺撰
　　　西漚全集

求志居時文一卷補一卷
　　(清)陳世鎔撰
　　　求志居全集

求志居集三十六卷外集一卷
　　(清)陳世鎔撰
　　　求志居全集

慎甫文存一卷
　　(清)朱文妖撰
　　　朱慎甫先生遺集

石頭山人遺稿一卷
　　(清)黎愷撰

黎氏家集

瀘月軒詩集二卷 續集二卷 文集一卷續集
　一卷
　　（清）趙棻撰
　　　　荔牆叢刻

傳經室文集十卷賦鈔一卷
　　（清）朱駿聲撰
　　　　求恕齋叢書

晚香書札二卷
　　（清）潘道根撰
　　　　峭帆樓叢書

邃懷堂詩集一卷
　　（清）袁翼撰
　　　　詁安堂全集・同人詩錄

雜箸六卷
　　（清）黃式三撰
　　　　儆居遺書・儆居集

儆居外集四卷
　　（清）黃式三撰
　　　　儆居遺書・儆居集

蒚庵遺詩一卷
　　（清）黃彥撰
　　　　小石山房叢書第十三冊

息游詠歌一卷
　　（清）夏炘撰
　　　　景紫堂全書第四冊・養痾三編

景紫堂文集十四卷
　　（清）夏炘撰
　　　　景紫堂全書第五冊

賞奇樓蠹餘稿一卷
　　（清）陸瑛撰
　　　　吳中女士詩鈔

春雨樓雜文一卷詩一卷附錄一卷
　　（清）沈彩撰
　　　　蟫隱廬叢書

兩面樓詩稿一卷
　　（清）張芬撰
　　　　吳中女士詩鈔
　　　　國朝閨閣詩鈔

曉春閣詩稿一卷
　　（清）尤澹仙撰
　　　　吳中女士詩鈔

曉春閣詩集一卷
　　　　國朝閨閣詩鈔

平洛遺草一卷
　　（清）談印蓮撰
　　　　二談女史詩詞合刊

九疑仙館詩鈔二卷諸圖題詞一卷
　　（清）談印梅撰
　　　　二談女史詩詞合刊

硯癡遺詩一卷
　　（清）錢棻撰
　　　　湖墅錢氏家集

秋屏詩存一卷
　　（清）釋覺燈撰
　　　　焦山六上人詩

孟門草一卷附錄一卷
　　（清）賈汝愚撰
　　　　賈氏叢書甲集

椿莊文輯一卷
　　（清）賈汝愚撰
　　　　賈氏叢書甲集

政和堂遺稿一卷
　　（清）朱廣川撰
　　　　三朱遺編

墨浪軒遺稿一卷
　　（清）王朝俊撰
　　　　硤川五家詩鈔

想當然詩一卷
　　（清）陳之綱撰
　　　　拜梅山房几上書

靅雲草一卷
　　（清）顧敹憸撰
　　　　辟疆園遺集

吉羽草一卷
　　（清）余夢星撰
　　　　余氏五稿

幽蘭草一卷
　　（清）顧敹憲撰
　　　　辟疆園遺集

蓉湖吟稿二卷
　　（清）伍魯興撰
　　　　昆陵伍氏合集（嘉慶本）

蓉湖吟稿六卷
　　（清）伍魯興撰
　　　　昆陵伍氏合集（民國本）

小蓬海遺詩一卷
　　（清）翁雒撰
　　　　別下齋叢書（道光本、商務印書館景道
　　　　光本、竹簡齋景道光本）
　　　　叢書集成初編・文學類

屑屑集一卷
　　（清）翁雒撰
　　　　別下齋叢書（道光本、商務印書館景道
　　　　光本、竹簡齋景道光本）・小蓬海遺

詩附
　　叢書集成初編・文學類
聽雨軒詩鈔三卷文鈔一卷
　　(清)耿徵雨撰
　　　耿氏家集彙鈔
養齋集四卷
　　(清)丁善慶撰
　　　衡望堂叢書初稿
咫聞軒詩草十卷
　　(清)帥方蔚撰
　　　帥氏清芬集
咫聞軒賸稾四卷
　　(清)帥方蔚撰
　　　帥氏清芬集
紫雯軒館課錄存五卷經義一卷
　　(清)帥方蔚撰
　　　帥氏清芬集
咫聞軒遺稾一卷
　　(清)帥方蔚撰
　　　帥氏清芬集
左海交游錄一卷
　　(清)帥方蔚撰
　　　帥氏清芬集
寄生館集一卷
　　(清)蕭牧生撰
　　　淩氏傳經堂叢書
勿待軒文集存稾七卷
　　(清)馬先登撰
　　　馬氏叢刻
鴻雪偶留一卷
　　(清)季佑申輯
　　　江陰季氏叢刻
歸樸龕叢稿十二卷續編四卷
　　(清)彭蘊章撰
　　　長洲彭氏家集・彭文敬公全集
松風閣詩鈔二十六卷
　　(清)彭蘊章撰
　　　長洲彭氏家集・彭文敬公全集
鶴和樓制義二卷補編一卷
　　(清)彭蘊章撰
　　　長洲彭氏家集・彭文敬公全集
楸花龕詩二卷附錄一卷外集一卷
　　(清)葉廷琯撰
　　　湆喜齋叢書第四函・二苕詩集
　　　叢書集成初編・文學類
龔定盦集十四卷
　　(清)龔自珍撰
　　　寶墨齋叢書

定盦詩集定本二卷集外未刻詩一卷
　　(清)龔自珍撰
　　　風雨樓叢書
定盦文集三卷續集四卷補五卷
　　(清)龔自珍撰
　　　四部叢刊(初次印本、二次印本、縮印
　　　二次印本)・集部
定盦文集三卷續集四卷文集補三卷續
　　集一卷別集一卷文集補編四卷文集
　　增補一卷
　　　四部備要(排印本、縮印本)・集部清
　　　別集
定盦文集補編四卷
　　(清)龔自珍撰
　　　四部叢刊(初次印本、二次印本、縮印
　　　二次印本)・集部
定盦遺箸一卷
　　(清)龔自珍撰
　　　娟鏡樓叢刻丙帙
龔定盦別集一卷
　　(清)龔自珍撰
　　　風雨樓叢書
一經廬文鈔一卷
　　(清)姚配中撰
　　　一經廬叢書
懷古田舍詩鈔一卷
　　(清)徐榮撰
　　　柳堂師友詩錄初編
兩般秋雨庵詩選一卷
　　(清)梁紹壬撰
　　　懷幽雜俎
韻蘭序一卷
　　(清)梁紹壬撰
　　　香豔叢書第六集
澹菊軒詩初稿四卷
　　(清)張𦆛英撰
　　　陽湖張氏四女集
　　　酌古準今
澹韉軒詩稾一卷
　　(清)張𦆛英撰
　　　國朝閨閣詩鈔
儂屏書屋詩錄一卷
　　(清)黃爵滋撰
　　　故友詩錄二編
拙修集十卷續編四卷補編一卷
　　(清)吳廷棟撰
　　　洪氏唐石經館叢書

拙修集記疑一卷
　　（民國）蔡克猷撰
　　　　散溪遺書
稼墨軒詩集九卷文集一卷外集二卷
　　（清）光聰諧撰
　　　　稼墨軒集
程子香文鈔二卷
　　（清）程德賚撰
　　　　花雨樓叢鈔・初月樓四種
深柳堂文集一卷
　　（清）沈登瀛撰
　　　　適園叢書第十二集
知稼軒詩鈔一卷
　　（清）黃子高撰
　　　　柳堂師友詩錄初編
洛川詩略一卷
　　（清）杜游撰
　　　　柳堂師友詩錄初編
古微堂內集二卷外集七卷
　　（清）魏源撰
　　　　寶墨齋叢書
頤志齋文鈔一卷
　　（清）丁晏撰
　　　　雪堂叢刻
頤志齋感舊詩一卷
　　（清）丁晏撰
　　　　雪堂叢刻
六芳草堂詩存一卷
　　（清）袁堅撰
　　　　袁氏家集
野鶴山房文鈔四卷
　　（清）計恬撰
　　　　不自是齋叢書
不自是齋詩草八卷
　　（清）計恬撰
　　　　不自是齋叢書
楓江草堂詩集十卷文集一卷
　　（清）朱紫貴撰
　　　　吳興叢書
德興集不分卷
　　（清）淩堃撰
　　　　淩氏傳經堂叢書
岩泉山人詩四選存稿一卷
　　（清）嚴廷中撰
　　　　雲南叢書二編・集部
過庭小草一卷
　　（清）黃富民撰
　　　　詒安堂全集・同人詩錄

松龕先生文集四卷詩集二卷
　　（清）徐繼畬撰
　　　　松龕先生全集
　松龕文集四卷詩集二卷
　　　　山右叢書初編
九十九峯草堂詩鈔一卷
　　（清）陳世慶撰
　　　　故友詩錄初編
味雪齋詩鈔十卷文鈔甲集十卷乙集八卷
　　（清）戴絅孫撰
　　　　雲南叢書初編・集部
戴雲帆詩選一卷
　　（清）戴絅孫撰
　　　　滇八家詩選
斯未信齋藝文四卷
　　（清）徐宗幹撰
　　　　斯未信齋集・斯未信齋文編
李文恭公詩集八卷文集十六卷
　　（清）李星沅撰
　　　　李文恭公遺集
李文恭公詩存一卷
　　（清）李星沅撰
　　　　柳堂師友詩錄初編
簪花閣詩鈔一卷
　　（清）郭潤玉撰
　　　　柳堂師友詩錄初編
　　　　國朝閨閣詩鈔
繡珠軒詩一卷
　　（清）郭漱玉撰
　　　　湘潭郭氏閨秀集
敏求齋詩一卷
　　（清）王繼藻撰
　　　　湘潭郭氏閨秀集
　敏求齋詩集一卷
　　　　國朝閨閣詩鈔
聽雨山房詩存二卷詩存外篇一卷
　　（清）龔豐穀撰
　　　　澹靜齋全集・澹靜齋文鈔附
趙文恪公遺集二卷
　　（清）趙光撰
　　　　雲南叢書初編・集部
落颿樓文稿四卷
　　（清）沈垚撰
　　　　連筠簃叢書
　　　　叢書集成初編・文學類
落帆樓文集二十四卷補遺一卷
　　（清）沈垚撰
　　　　吳興叢書

落帆樓文遺稿二卷
　　(清)沈垚撰
　　　　聚學軒叢書第五集
李文清公文集四卷
　　(清)李棠階撰
　　　　李文清公遺書
知蔬味齋詩鈔(一名蜀游草)四卷
　　(清)黃琮撰
　　　　雲南叢書初編·集部
黃榘卿詩選一卷
　　(清)黃琮撰
　　　　滇八家詩選
悔過齋文集七卷
　　(清)顧廣譽撰
　　　　平湖顧氏遺書
悔過齋續集七卷補遺一卷
　　(清)顧廣譽撰
　　　　平湖顧氏遺書
浮白小草一卷
　　(清)潘雷撰
　　　　陟岡樓叢刊甲集·潘氏一家言
勿憚改齋吟草四卷續草四卷
　　(清)顧師軾撰
　　　　東倉書庫叢刻初編
綠槐書屋詩初稿二卷附錄五卷
　　(清)張綸英撰
　　　　陽湖張氏四女集
王文村詩稿一卷
　　(清)王振聲撰
　　　　王文村遺著
文村雜稿一卷
　　(清)王振聲撰
　　　　王文村遺著
趙忠節公遺墨一卷
　　(清)趙景賢撰
　　　　吳氏襄書襄乙編
亨甫詩選八卷
　　(清)張際亮撰　(清)徐鼒輯
　　　　邵武徐氏叢書二集
自感疊韻六十章一卷
　　(清)吳仁傑撰
　　　　吳氏襄書襄乙編
學治存稿三卷
　　(清)鍾傳益撰
　　　　鍾氏二種
叢桂堂文錄一卷
　　(清)劉巘撰
　　　　國朝文錄(道光本、咸豐本、光緒石印

本)續編
種芝山房文鈔一卷
　　(清)邵詠撰
　　　　高涼耆舊遺集·高涼耆舊文鈔
磊軒小稿一卷
　　(清)伍嗣興撰
　　　　昆陵伍氏合集(嘉慶本)
　磊軒小稿一卷補遺一卷
　　　　昆陵伍氏合集(民國本)
月珠樓詩鈔一卷
　　(清)黃蘭雪撰
　　　　昆陵伍氏合集(民國本)
南野堂詩集七卷首一卷
　　(清)吳文溥撰
　　　　南野堂全集
露香閣詩鈔一卷
　　(清)嚴蕊珠撰
　　　　國朝閨閣詩鈔
初月樓文鈔十卷續鈔八卷
　　(清)吳德旋撰
　　　　花雨樓叢鈔·初月樓四種
初月樓詩鈔四卷
　　(清)吳德旋撰
　　　　花雨樓叢鈔·初月樓四種
熊補亭遺詩一卷
　　(清)熊象黻撰
　　　　賜墨堂家集合編·四十賢人集附
青苔館詩鈔一卷
　　(清)張學仁撰
　　　　京江七子詩鈔(道光本、民國本)
藕頤類稿二十卷外集五卷
　　(清)熊寶泰撰
　　　　賜墨堂家集合編
閒居戲吟箋注一卷
　　(清)熊寶泰撰　(清)吳櫃注
　　　　賜墨堂家集合編
畹香閣詩鈔一卷
　　(清)張淑撰
　　　　賜墨堂家集合編附
雙樹生詩草一卷
　　(清)林鎬撰
　　　　春暉堂叢書
臨雲亭詩鈔六卷
　　(清)姜星源撰
　　　　姜氏家集
彙山堂文集一卷詩集三卷
　　(清)沈楪撰
　　　　沈氏三代家言

侶石山房詩草一卷
　　　（清）蘇鴻撰
　　　　　柳堂師友詩錄初編
森齋雜菹二卷
　　　（清）馮至撰
　　　　　諸暨馮氏叢刻・森齋彙稿
綠野莊詩草九卷
　　　（清）馮至撰
　　　　　諸暨馮氏叢刻
聽秋軒詩稿一卷
　　　（清）駱綺蘭撰
　　　　　國朝閨閣詩鈔
天游閣集五卷詩補一卷附錄一卷
　　　（清）顧太清撰
　　　　　風雨樓叢書
易園文集四卷詩集二卷
　　　（清）李林松撰
　　　　　上海李氏易園三代清芬集
有嘉聲齋賸草一卷
　　　（清）馮國倚撰
　　　　　柳堂師友詩錄初編
寓庸室遺草二卷
　　　（清）郭琇撰
　　　　　小方壺齋叢書四集
憶園詩鈔二卷
　　　（清）陳爕撰
　　　　　吳會英才集
寄吾廬初稿選鈔四卷
　　　（清）張伯魁撰
　　　　　海鹽張氏涉園叢刻續編
蠹餘草一卷
　　　（清）李心敬撰
　　　　　二餘詩集
鴻寶樓詩鈔一卷
　　　（清）楊鳳姝撰
　　　　　國朝閨閣詩鈔
西泠鴻爪一卷
　　　（清）張鐵華撰
　　　　　海鹽張氏涉園叢刻續編
海喇行一卷
　　　（清）潘炤撰
　　　　　釣渭間雜膾
涑水鈔一卷
　　　（清）潘炤撰
　　　　　釣渭間雜膾
綠陰紅雨軒詩鈔一卷
　　　（清）帥翰階撰
　　　　　國朝閨閣詩鈔

畔南詩鈔四卷附補鈔一卷
　　　（清）黃理撰
　　　　　黃氏隨筆
宮閨詞二卷
　　　（清）黃理撰
　　　　　黃氏隨筆
秋花四十詠一卷
　　　（清）黃理撰
　　　　　黃氏隨筆
論孟詩二卷
　　　（清）黃理撰
　　　　　黃氏隨筆
南行吟草一卷
　　　（清）王應垣撰
　　　　　東武王氏家集
秋水軒詩選一卷
　　　（清）莊盤珠撰
　　　　　林下雅音集
書畫舫試體詩二卷
　　　（清）高鳳臺撰
　　　　　琴臺正續合刻（嘉慶本）
雪村詩草摘刊二卷
　　　（清）耿澐撰
　　　　　耿氏家集彙鈔
古干亭詩集六卷文集二卷
　　　（清）黃桐孫撰
　　　　　黃氏家集初編（光緒本、民國本）
箐山詩鈔一卷
　　　（清）黃式祜撰
　　　　　黃氏家集初編（光緒本、民國本）・古
　　　　　干亭詩集附
端虛勉一居文集三卷
　　　（清）張成孫撰
　　　　　常州先哲遺書後編・集類
雲華詩鈔五卷
　　　（清）李翊撰
　　　　　李氏詩存合刻
　　　　　雲南叢書初編・集部・李氏詩存
緘石集文鈔一卷
　　　（清）吳徽敍撰
　　　　　高涼耆舊遺集・高涼耆舊文鈔
繪聲閣詩稿一卷
　　　（清）陳長生撰
　　　　　國朝閨閣詩鈔
強恕齋文賸一卷
　　　（清）章謙存撰
　　　　　強恕齋四賸稿・文賸
巢雲軒詩鈔二卷

越吟草一卷
　　（清）范震薇撰
　　　　雙雲堂傳集
越吟草一卷
　　（清）范震薇撰
　　　　雙雲堂傳集・巢雲軒詩鈔附
念堂詩鈔一卷
　　（清）崔旭撰
　　　　燕南二俊詩鈔
三岳山房文鈔一卷
　　（清）招元傳撰
　　　　高涼耆舊遺集・高涼耆舊文鈔
珍帚編詩集一卷
　　（清）崔鶠撰
　　　　柳堂師友詩錄初編
欲起竹閒樓存稿六卷
　　（清）梅成楝撰
　　　　天津詩人小集
樹君詩鈔一卷
　　（清）梅成楝撰
　　　　燕南二俊詩鈔
古墨齋詩鈔
　　（清）趙紹祖撰
　　　　趙氏淵源集
心齋集詩彙一卷
　　（清）任兆麟撰
　　　　心齋十種
心齋文彙九卷
　　（清）任兆麟撰
　　　　有竹居集
林屋詩彙四卷
　　（清）任兆麟撰
　　　　有竹居集
清溪詩稿（一名潮生閣詩稿）一卷
　　（清）張滋蘭撰
　　　　吳中女士詩鈔
肯堂詩鈔
　　（清）趙繩祖撰
　　　　趙氏淵源集
中州集一卷
　　（清）倪明進撰
　　　　柳堂師友詩錄初編
枕山面水草堂詩鈔
　　（清）趙祖慶撰
　　　　趙氏淵源集
雲閣遺草
　　（清）趙星垣撰
　　　　趙氏淵源集
瞻袞堂文集十卷

（清）袁鈞撰
　　　　四明叢書第四集
天香樓唫稿不分卷
　　（清）王望霖撰
　　　　上虞王氏詩集
天香樓遺澤集不分卷
　　（清）王望霖撰
　　　　上虞王氏詩集
不波書舫詩稿一卷
　　（清）程懷璟撰
　　　　馮程合稿
至堂詩鈔一卷
　　（清）艾暢撰
　　　　柳堂師友詩錄初編
鐵盂居士存稿二卷
　　（清）汪全泰撰
　　　　友聲集
嶺海樓詩鈔一卷
　　（清）黃培芳撰
　　　　柳堂師友詩錄初編
今白華堂詩錄八卷
　　（清）童槐撰
　　　　今白華堂集
今白華堂文集三十二卷
　　（清）童槐撰
　　　　今白華堂集
今白華堂時文一卷
　　（清）童槐撰
　　　　今白華堂集
今白華堂試帖一卷
　　（清）童槐撰
　　　　今白華堂集
關中書院試帖一卷
　　（清）童槐撰
　　　　今白華堂集
蕉石山房詩草一卷
　　（清）康堯衢撰
　　　　天津詩人小集
蠡測彙鈔一卷
　　（清）鄧傳安撰
　　　　豫章叢書（陶福履輯）第一集
紅樹山廬詩稿一卷
　　（清）錢槐撰
　　　　湖墅錢氏家集
巢雲閣詩鈔二卷
　　（清）何綸錦撰
　　　　古三疾齋三種
古三疾齋雜著六卷

（清）何綸錦撰
　　古三疾齋三種
亦樂亭詩集二卷
　　（清）牛先達撰
　　　雪華館叢編・集類
夢陔堂詩集五十卷
　　（清）黃承吉撰
　　　夢陔堂全集
夢陔堂文集十卷
　　（清）黃承吉撰
　　　夢陔堂全集
鵠山小隱文集十卷
　　（清）熊士鵬撰
　　　瘦羊錄
鵠山小隱詩集十六卷補遺一卷
　　（清）熊士鵬撰
　　　瘦羊錄
東坡文集一卷
　　（清）熊士鵬撰
　　　瘦羊錄
東坡詩集一卷
　　（清）熊士鵬撰
　　　瘦羊錄
耄學文集一卷續刻一卷
　　（清）熊士鵬撰
　　　瘦羊錄
耄學詩集一卷續刻一卷
　　（清）熊士鵬撰
　　　瘦羊錄
壯遊草一卷
　　（清）熊士鵬撰
　　　瘦羊錄
桐芭雜著一卷
　　（清）熊士鵬撰
　　　瘦羊錄
吾同山館試帖
　　（清）熊士鵬撰
　　　瘦羊錄
天門書院雜著一卷
　　（清）熊士鵬撰
　　　瘦羊錄
吾同山館改課一卷
　　（清）熊士鵬撰
　　　瘦羊錄
世恩堂文鈔一卷
　　（清）張慶縮撰
　　　楊氏家集
蘭修館賦稿一卷

（清）顧元熙撰
　　四家賦鈔
息踵軒賸草一卷
　　（清）區玉章撰
　　　柳堂師友詩錄初編
春暉書屋詩集一卷
　　（清）何太青撰
　　　柳堂師友詩錄初編
桂巖居詩稿二卷
　　（清）李景董撰
　　　槎溪李氏詩四種
蘅皋遺詩一卷
　　（清）錢廷烜撰
　　　湖墅錢氏家集
綠伽楠精舍詩草一卷
　　（清）錢廷烺撰
　　　湖墅錢氏家集
迣昔吟草四卷
　　（清）阮烜輝撰
　　　寶善堂彙稿
淚餘續草四卷
　　（清）阮烜輝撰
　　　寶善堂彙稿
朝天集三卷
　　（清）阮烜輝撰
　　　寶善堂彙稿
吟齋小鈔一卷
　　（清）阮烜輝撰
　　　寶善堂彙稿
重光集一卷
　　（清）阮烜輝撰
　　　寶善堂彙稿
吟秋百律一卷
　　（清）阮烜輝撰
　　　寶善堂彙稿
壺山書屋詩略二卷
　　（清）龔受穀撰
　　　澹靜齋全集・澹靜齋文鈔附
三十六灣草廬稿十卷
　　（清）黃本騏撰
　　　三長物齋叢書
三長物齋文略六卷
　　（清）黃本驥撰
　　　三長物齋叢書
三長物齋詩略五卷
　　（清）黃本驥撰
　　　三長物齋叢書
嵊山甜雪十二卷

夏小正試帖一卷
　　(清)黃本驥撰
　　　　三長物齋叢書
　　(清)黃本驥撰
　　　　三長物齋叢書・三長物齋詩略附
日香居課餘吟草鈔一卷
　　(清)袁路先撰
　　　　當湖朋舊遺詩彙鈔
麗亭遺草二卷
　　(清)馮朝陽撰
　　　　諸暨馮氏叢刻
挹甕齋詩草一卷
　　(清)蔡蕙清撰
　　　　柳堂師友詩錄初編
金塗塔齋詩稿一卷遺文一卷
　　(清)錢任鈞撰
　　　　湖墅錢氏家集
遺經樓草一卷
　　(清)金菁茅撰
　　　　柳堂師友詩錄初編
曝犢亭詩鈔一卷
　　(清)張聯奎撰
　　　　雪華館叢編・集類
菽蘭山房文鈔一卷
　　(清)孫大焜撰
　　　　高涼耆舊遺集・高涼耆舊文鈔
磨瓴齋文存一卷
　　(清)張杓撰
　　　　學海堂叢刻第二函
唯堂遺詩一卷
　　(清)曾紹南撰
　　　　鸚里曾氏十一世詩
花語軒詩鈔一卷
　　(清)金若蘭撰
　　　　國朝閨閣詩鈔
貽硯齋詩稿一卷
　　(清)孫蓀意撰
　　　　國朝閨閣詩鈔
錦槎軒詩集一卷
　　(清)張襄撰
　　　　國朝閨閣詩鈔
芸莽詩集八卷
　　(清)劉開兆撰
　　　　南陵先哲遺書
悟雲詩存一卷
　　(清)孫芳撰
　　　　姜氏家集
復齋詩鈔一卷

　　(清)高登奎撰
　　　　當湖朋舊遺詩彙鈔
憺園草二卷補遺一卷外集一卷
　　(清)王錚撰
　　　　繡水王氏家藏集(咸豐本、光緒本)
橘香堂存稿二卷
　　(清)王澄撰
　　　　繡水王氏家藏集(咸豐本、光緒本)
習圍藏稿一卷
　　(清)余長慶撰
　　　　二餘堂叢書
棗花書屋詩集一卷
　　(清)朱之璣撰
　　　　春雨樓叢書
窨花書屋遺稿一卷
　　(清)鍾泰撰
　　　　鍾家詩鈔合集
廖莫子集四卷
　　(清)俞興瑞撰
　　　　海昌俞氏叢刻
賦草一卷
　　(清)李炤祿撰
　　　　雲巖叢書
律唐一卷
　　(清)李炤祿撰
　　　　雲巖叢書
律李一卷
　　(清)李炤祿撰
　　　　雲巖叢書
律杜一卷
　　(清)李炤祿撰
　　　　雲巖叢書
律選一卷
　　(清)李炤祿撰
　　　　雲巖叢書
律陶一卷
　　(清)李炤祿撰
　　　　雲巖叢書
琴劍集一卷
　　(清)李炤祿撰
　　　　雲巖叢書
鴻爪留餘一卷
　　(清)李炤祿撰
　　　　雲巖叢書・琴劍集附
鶴心偶寄一卷
　　(清)李炤祿撰
　　　　雲巖叢書・琴劍集附
四書文四卷經文一卷 律詩一卷 律賦一卷

雜著一卷附絕筆
　　（清）張漪撰
　　　　小窗遺稿
醞藉堂試體詩二卷
　　（清）葉檀撰
　　　　琴臺正續合刻（嘉慶本）
蛻石文鈔一卷
　　（清）蔡壽臧撰
　　　　吳興叢書
王壽昌文集四卷
　　（清）王壽昌撰
　　　　高郵王氏家集
王眉仙遺著二卷
　　（清）王壽昌撰
　　　　雲南叢書初編・集部
柴辟亭詩二集一卷
　　（清）沈濤撰
　　　　十經齋遺集
十經齋文二集一卷
　　（清）沈濤撰
　　　　十經齋遺集
拜石山房集四卷
　　（清）顧翰撰
　　　　同岑五家詩鈔
存悔堂詩草一卷
　　（清）陳德調撰
　　　　義烏先哲遺書
春明雜著一卷
　　（清）李象鵑撰
　　　　棣懷堂隨筆
里居雜著一卷
　　（清）李象鵑撰
　　　　棣懷堂隨筆
雙圃氏同館賦鈔一卷詩鈔一卷
　　（清）李象鵑撰
　　　　棣懷堂隨筆附
悔昨齋詩錄四卷
　　（清）張深撰
　　　　丹徒張氏家集
晦昨齋詩錄一卷
　　（清）張深撰
　　　　柳堂師友詩錄初編
藍尾軒詩稿四卷
　　（清）王毓麟撰
　　　　雲南叢書初編・集部
觸懷吟二卷
　　（清）錢允濟撰
　　　　雲南叢書初編・集部

蒔古齋吟稿二卷遺言一卷
　　（清）楊城書撰
　　　　蒔古齋輯著
信孚遺詩一卷
　　（清）錢廷成撰
　　　　湖墅錢氏家集
延禧堂詩鈔一卷
　　（清）豐紳撰
　　　　長白英額三先生詩集
燕游詩草一卷
　　（清）錢廷熊撰
　　　　湖墅錢氏家集
孫春皐詩集二卷文鈔二卷外集二卷
　　（清）孫澍撰
　　　　古棠書屋叢書・集部
玉案山房詩草二卷
　　（清）尹尙廉撰
　　　　雲南叢書初編・集部
雲在文橐一卷
　　（清）楊紹文撰
　　　　受經堂彙槀
愚庵初稿一卷存稿一卷續稿一卷
　　（清）馬國偉撰
　　　　小峨嵋山館五種
少白初稿一卷存稿一卷續稿一卷
　　（清）馬用俊撰
　　　　小峨嵋山館五種
鄰雲友月之居詩初稿四卷
　　（清）張紃英撰
　　　　陽湖張氏四女集
餐楓館文集二卷
　　（清）張紃英撰
　　　　陽湖張氏四女集
羅忠節公遺集八卷
　　（清）羅澤南撰
　　　　羅忠節公遺集
齊物論齋文集五卷
　　（清）董士錫撰
　　　　問影樓叢刻初編
齊物論齋賦一卷
　　（清）董士錫撰
　　　　受經堂彙槀
藹唐詩集十五卷
　　（清）王瑋慶撰
　　　　東武王氏家集
寶閒齋詩集四卷
　　（清）張仁美撰
　　　　南張三集

其恕齋詩草十八卷
　　(清)金銳撰
　　　務滋堂集
葆天爵齋遺草一卷
　　(清)區昌豪撰
　　　柳堂師友詩錄初編
海門遺詩一卷
　　(清)沈夢書撰
　　　苹城三子詩合存(道光本、民國本)
味眞山房詩草二卷
　　(清)金仁撰
　　　務滋堂集
聽雨芭蕉館詩草三卷
　　(清)金黃鐘撰
　　　務滋堂集
嘉蔭簃集二卷
　　(清)劉喜海撰
　　　邲園叢書
樂山堂詩鈔四卷
　　(清)曾興仁撰
　　　羅卷彙編
樂山堂文鈔八卷
　　(清)曾興仁撰
　　　羅卷彙編
槐軒雜著不分卷
　　(清)劉沅撰
　　　槐軒全書
笏庵詩二十卷試帖一卷
　　(清)吳淸鵬撰
　　　吳氏一家稿
徐太常公遺集四卷
　　(清)徐法績撰
　　　涇陽文獻叢書
拙園詩選一卷
　　(清)馮賡颺撰
　　　馮氏淸芬集
培根堂詩鈔十二卷
　　(清)高繼衍撰
　　　培根堂全稿
鑄鐵硯齋詩二卷續編二卷
　　(清)高繼衍撰
　　　培根堂全稿
養淵堂古文一卷
　　(清)高繼衍撰
　　　培根堂全稿
養淵堂駢體文二卷
　　(清)高繼衍撰
　　　培根堂全稿

味經齋制藝一卷
　　(清)高繼衍撰
　　　培根堂全稿
培根堂詩鈔一卷
　　(清)高繼衍撰
　　　柳堂師友詩錄初編
子詵駢體文鈔一卷
　　(清)董基誠撰
　　　國朝十家四六文鈔
吉金樂石山房文集一卷 續編一卷 詩集二
卷
　　(清)朱士端撰
　　　春雨樓叢書
詩畫巢遺稿一卷
　　(清)吳本履撰
　　　靜園叢書
雲屋殘編一卷
　　(清)徐士芳撰
　　　乍川文獻
雅歌堂愼陟集詩鈔五卷
　　(清)徐經撰
　　　雅歌堂全集
雅歌堂文集二十二卷
　　(清)徐經撰
　　　雅歌堂全集
雅歌堂賦一卷
　　(清)徐經撰
　　　雅歌堂全集
韻香廬詩鈔二卷
　　(清)沈國治撰
　　　吳興長橋沈氏家集
西江紀遊草一卷
　　(清)侯資爛撰
　　　大梁侯氏詩集
如話齋詩存一卷
　　(清)陳繼昌撰
　　　陳榕門先生遺書附
罄舟遺稿一卷
　　(清)顏敍迨撰
　　　柳堂師友詩錄初編
繡藥軒遺詩一卷
　　(清)盧元素撰
　　　湖墅錢氏家集
欣所遇齋詩存一卷
　　(清)吳家懋撰
　　　柳堂師友詩錄初編
子良詩存一卷

（清）馮詢撰
　　柳堂師友詩錄初編
芝亭舊稿一卷
　（清）曹廳孫撰
　　洛陽曹氏叢書
遲悔齋文鈔四卷雜著一卷
　（清）曹鼐孫撰
　　洛陽曹氏叢書
儀鄭堂殘槀二卷
　（清）曹墑撰
　　春暉堂叢書
曾稽山齋文十二卷詩五卷
　（清）謝應芝撰
　　曾稽山齋全集
曾稽山齋文續六卷詩續一卷
　（清）謝應芝撰
　　曾稽山齋全集
聽雨樓詩一卷
　（清）石嘉吉撰
　　湗喜齋叢書第四函・石氏喬梓詩集
　　叢書集成初編・文學類
愚泉詩選一卷
　（清）陳文藻撰
　　耆舊詩存
甓山賸稿二卷
　（清）沈昌世撰
　　沈氏三代家言
白華山人詩集十六卷
　（清）厲志撰
　　白華山人集
八磚吟館詩存一卷
　（清）李忠鯁撰
　　拜梅山房几上書
詩義堂後集一卷
　（清）彭泰來撰
　　柳堂師友詩錄初編
天問閣外集一卷
　（清）彭泰來撰
　　端溪叢書四集
耜洲詩鈔二卷
　（清）張諂撰
　　清河五先生詩選
　　清河六先生詩選
嬰山小圍詩集三卷
　（清）張誠撰
　　清河五先生詩選
　　清河六先生詩選
聽泉詩鈔一卷

（清）張達慶撰
　　清河五先生詩選
　　清河六先生詩選
借菴詩鈔十二卷
　（清）釋清恆撰
　　焦山六上人詩
借庵詩選二卷
　（清）釋清恆撰
　　京江三上人詩選
紉芳堂遺詩一卷
　（清）曾奮春撰
　　鸚里曾氏十一世詩
自怡軒詩二卷
　（清）曾暉春撰
　　鸚里曾氏十一世詩
三槐書屋詩鈔四卷
　（清）金朝覲撰
　　遼海叢書第四集
梅巖遺詩一卷
　（清）曾元爕撰
　　鸚里曾氏十一世詩
願學齋唫槀二卷補遺一卷
　（清）錢埰撰
　　友聲集
秦晉詩存二卷
　（清）陳玉鄰撰
　　友聲集
情影集存稿一卷
　（清）陳錦鷥撰
　　友聲集
吟香館存稿一卷
　（清）鄭賓撰
　　友聲集
惺齋詩存一卷
　（清）成文燦撰
　　友聲集
海鷗集存稿二卷
　（清）成僑撰
　　友聲集
茶香閣遺草一卷附錄一卷
　（清）黃婉璐撰
　　三長物齋叢書
繡餘小草一卷
　（清）歸懋儀撰
　　二餘詩集
　　國朝閨閣詩鈔
寅甫小橐一卷
　（清）方金彪撰

方學博全集·生齋文藁附

閩南文鈔一卷

(淸)蔡世鈸撰

味蕉小寮集

都門文鈔一卷

(淸)蔡世鈸撰

味蕉小寮集

味蕉試帖一卷

(淸)蔡世鈸撰

味蕉小寮集

春瀑山館詩存一卷

(淸)周世澂撰

昆陵周氏家集

昆陵周氏五世詩集

淸閨遺稿一卷

(淸)吳宗憲撰

繡水王氏家藏集(咸豐本、光緒本)

如畫樓詩鈔一卷

(淸)張堉敦撰

甲戌叢編

廉泉山館遺詩一卷

(淸)錢廷焯撰

湖墅錢氏家集

柏樹軒詩稿一卷

(淸)錢廷焯撰

湖墅錢氏家集

介石文集一卷詩一卷

(淸)楊燾撰

楊氏家集

蓼菴手述一卷

(淸)沈蓼菴撰

吳興長橋沈氏家集

晚翠軒詩鈔八卷續鈔八卷三鈔八卷四鈔八卷五鈔八卷漫稿五卷

(淸)戴淳撰

雲南叢書初編·集部

小淸閟閣詩鈔一卷

(淸)倪玢撰

雲南叢書初編·集部

遂初齋文集四卷

(淸)劉邦鼎撰

崇川劉氏叢書

鎮石齋詩稿鈔存一卷

(淸)馮瑄撰

馮程合稿

岣菴詩一卷

(淸)耿嶸美撰

耿氏家集彙鈔

惕園初稾十六卷

(淸)陳庚煥撰

惕園全集

惕園外稿一卷

(淸)陳庚煥撰

惕園全集

惕園詩稾二卷

(淸)陳庚煥撰

惕園全集

惕園初稾文二卷

(淸)陳庚煥撰

國朝文錄(道光本、咸豐本、光緒石印本)初編

書札僅存二卷

(淸)陳庚煥撰

惕園全集

竹溪社易門詩鈔二卷

(淸)陳毓升撰

江震詩稿彙存

核桃吟一卷

(淸)金斗槎撰

吳氏囊書囊乙編

近思齋雜箸一卷

(淸)梁彣撰

月山遺書

近思齋書牘一卷

(淸)梁彣撰

月山遺書

鴻迹館詩存一卷

(淸)臧良基撰

亦佳園一家言卷上

環碧主人賸稿一卷

(淸)沈亨惠撰

小種字林叢刻

枕上吟一卷

(淸)汪雲撰

柳堂師友詩錄初編

少坡遺詩一卷

(淸)曾元海撰

鷗里曾氏十一世詩

鄧虹橋遺詩一卷

(淸)鄧學先撰

雲南叢書初編·集部

榕塘吟館詩鈔一卷

(淸)鮑俊撰

柳堂師友詩錄初編

姚公遺蹟詩鈔三卷

(淸)姚懷祥撰

詠梅軒叢書附

玉華詩鈔一卷
　　(清)江振鷺撰
　　　新安二江先生集附

心亭亭居文鈔一卷
　　(清)林召棠撰
　　　高涼耆舊遺集・高涼耆舊文鈔

松蔭軒稿(一名紅樓新咏)一卷
　　(清)姜祺撰
　　　紅樓夢詩詞

簾波閣詩鈔一卷
　　(清)吳楳撰
　　　京江七子詩鈔(道光本、民國本)

澹雅山堂詩鈔一卷
　　(清)應讓撰
　　　京江七子詩鈔(道光本、民國本)

抱月軒詩續鈔一卷
　　(清)陸樹蘭撰
　　　當湖朋舊遺詩彙鈔

葵圃存草一卷
　　(清)林漢佳撰
　　　赤城遺書彙刊

晚香堂詩囊一卷
　　(清)錢文㩦撰
　　　湖墅錢氏家集

峨秀堂詩鈔四卷
　　(清)朱世重撰
　　　懷璐園叢刊

蓮溪吟橐八卷續刻三卷
　　(清)沈濂撰
　　　沈蓮溪全集

蓮溪文稿不分卷續刻不分卷
　　(清)沈濂撰
　　　沈蓮溪全集

蓮溪試帖一卷
　　(清)沈濂撰
　　　沈蓮溪全集

桂馨塾課不分卷
　　(清)沈濂輯
　　　沈蓮溪全集

繡山文鈔一卷
　　(清)孔憲彝撰
　　　智盦叢刊第一輯

思貽堂詩一卷
　　(清)黃文琛撰
　　　挹秀山房叢書・浮湘訪學集

夢花草堂詩錄一卷
　　(清)韓鳳翔撰

柳堂師友詩錄初編

棣華堂詩稿一卷
　　(清)錢廷潁撰
　　　湖墅錢氏家集

見星廬文鈔一卷
　　(清)林聯桂撰
　　　高涼耆舊遺集・高涼耆舊文鈔

聽松濤館詩選一卷
　　(清)阮文藻撰
　　　宛上同人集

穆清堂詩鈔三卷續集五卷
　　(清)朱庭珍撰
　　　雲南叢書初編・集部

水亭詩存二卷
　　(清)汪賢衢撰
　　　叢睦汪氏遺書・春星堂續集

白岩文存六卷
　　(清)王侃撰
　　　巴山七種

白岩詩存五卷
　　(清)王侃撰
　　　巴山七種

青岑遺稿一卷
　　(清)朱檜撰
　　　朱近漪所箸書

萬卷書屋詩存一卷
　　(清)朱檜撰
　　　滂喜齋叢書第四函・二苕詩集
　　　叢書集成初編・文學類

陳禮部集一卷
　　(清)陳其錕撰
　　　柳堂師友詩錄初編

何竹有詩集二卷
　　(清)何金堂撰
　　　古棠書屋叢書・集部

種玉山房詩草一卷
　　(清)李廷棨撰
　　　玉函山房全集

琴韵居詩存一卷
　　(清)雷大升撰
　　　雷刻八種續刻

聽春草堂詩鈔二卷附錄一卷
　　(清)周揆源撰
　　　沔陽叢書

雙清閣詩一卷
　　(清)趙方蔭華撰
　　　喜咏軒叢書甲編

子穆詩鈔三卷

（清）彭昱堯撰
  嵇湖十子詩鈔

致翼堂文集二卷詩集四卷
  （清）彭昱堯撰
  嶺西五家詩文集

致翼堂文鈔一卷
  （清）彭昱堯撰
  涵通樓師友文鈔

北山集三卷
  （清）朱緒曾撰
  金陵朱氏家集

春雨樓詩鈔一卷
  （清）楊靜娟撰
  大亭山館叢書·集類·毘陵楊氏詩存

夢花亭駢體文集四卷
  （清）陸長春撰
  吳興叢書

夢花亭尺牘一卷
  （清）陸長春撰
  申報館叢書續集·尺牘類·尺牘集錦

聽鸝山館文鈔一卷
  （清）戴槃撰
  丹徒戴氏叢刻

雙桐書屋滕藁二卷
  （清）李光謙撰
  懷潞園叢刊
  代耕堂全集附

點蒼山人詩鈔八卷
  （清）沙琛撰
  雲南叢書初編·集部

勘書巢未定稿一卷
  （清）溫曰鑑撰
  適園叢書第十二集

古壁叢鈔一卷
  （清）溫曰鑑撰
  南林叢刊次集

拾餘偶存一卷
  （清）顧升諧撰
  谷湖聯吟

漁亭小草一卷
  （清）陳敬撰
  谷湖聯吟

桐石山房詩一卷
  （清）崔以學撰
  谷湖聯吟

借薇山館詩一卷
  （清）張森書撰
  谷湖聯吟

揖翠山房小草一卷
  （清）蔣賜勳撰
  谷湖聯吟

樂潛堂集二卷
  （清）趙函撰
  同岑五家詩鈔

味蔗軒詩鈔一卷
  （清）顧照世撰
  懷潞園叢刊
  代耕堂全集附

紅茗山房詩存十卷
  （清）嚴煐撰
  雲南叢書初編·集部

薛荔山莊詩草一卷
  （清）成瑞撰
  春雲集

金粟莽集二卷
  （清）顧翊撰
  同岑五家詩鈔

抱璞山房詩鈔一卷
  （清）楊垣撰
  大亭山館叢書·集類·毘陵楊氏詩存

寄生館駢文一卷附錄一卷
  （清）蕭令裕撰
  楚州叢書第一集

夢月軒詩鈔一卷
  （清）張玉綸撰
  遼海叢書第十集

蓮絜詩翰釋文一卷
  （清）謝綸撰
  謝亭集

蓮絜詩存二卷續集二卷
  （清）謝綸撰
  謝亭集

十二樹梅花書屋古文一卷時文一卷詩鈔
 三卷
  （清）鄒均撰
  十二樹梅花書屋叢著

倚棹閒吟一卷
  （清）陸嵩齡撰
  陸氏六種合刻

牛繭集一卷
  （清）陸嵩齡撰
  陸氏六種合刻

黔滇紀略一卷
  （清）陸嵩齡撰
  陸氏六種合刻

拜五經樓詩賦二卷
　　（清）陸嵩齡撰
　　　　陸氏六種合刻
吟巢遺稿一卷
　　（清）陸仙琥撰
　　　　陸氏六種合刻
香雪山房遺稿一卷
　　（清）陸思謙撰
　　　　陸氏六種合刻
古豔樂府一卷
　　（清）楊淮撰
　　　　昭代叢書（道光本）丁集新編
　　　　賜硯堂叢書未刻稿
　　　　香豔叢書第三集
倭文端公遺書八卷首二卷末一卷續四卷
　　（清）倭仁撰
　　　　洪氏唐石經館叢書
止齋文鈔二卷
　　（清）馬福安撰
　　　　學海堂叢刻第二函
養花軒詩鈔一卷
　　（清）吳芸華撰
　　　　國朝閨閣詩鈔
然松閣賦鈔一卷詩鈔三卷存稿三卷
　　（清）顧椆三撰
　　　　金陵叢書丁集
燃松閣存稿三卷
　　（清）顧椆三撰
　　　　友聲集
愛吾廬文鈔一卷
　　（清）呂世宜撰
　　　　滂喜齋叢書第三函
　　　　叢書集成初編・文學類
朱丹木詩集一卷
　　（清）朱膚撰
　　　　雲南叢書初編・集部
朱丹木詩選一卷
　　（清）朱膚撰
　　　　滇八家詩選
誦清閣詩鈔一卷
　　（清）石景芬撰
　　　　詒安堂全集・同人詩錄
胥屏山館詩存二卷文存二卷
　　（清）陸麟書撰
　　　　清頌堂叢書
依隱齋詩鈔十二卷
　　（清）陳鍾祥撰
　　　　趣園初集

夏雨軒雜文四卷
　　（清）陳鍾祥撰
　　　　趣園初集
繡篋小集一卷
　　（清）高篸撰
　　　　國朝閨閣詩鈔
薌屏遺詩一卷
　　（清）曾元基撰
　　　　鶚里曾氏十一世詩
臚雲集二卷
　　（清）黃爽撰
　　　　知足齋叢書
抱眞書屋詩鈔九卷
　　（清）陸應穀撰
　　　　雲南叢書初編・集部
仰高軒詩草一卷
　　（清）黃亨撰
　　　　柳堂師友詩錄初編
嘯雪山房詩一卷
　　（清）郭友蘭撰
　　　　湘潭郭氏閨秀集
貯月軒詩一卷
　　（清）郭佩蘭撰
　　　　湘潭郭氏閨秀集
貯月軒詩稿一卷
　　　　國朝閨閣詩鈔
稻香樓詩彙一卷
　　（清）張慶榮撰
　　　　桂馨堂集
蘭心閣詩彙一卷
　　（清）張朱瑩撰
　　　　桂馨堂集
惜心書屋詩鈔一卷
　　（清）王正誼撰
　　　　懷潞園叢刊
石泉集四卷
　　（清）郭柏蔭撰
　　　　侯官郭氏家集彙刊
天開圖書樓文稿四卷
　　（清）郭柏蔭撰
　　　　侯官郭氏家集彙刊
叩槃集一卷
　　（清）賈臻撰
　　　　賈氏叢書甲集
玉函山房詩鈔八卷文集五卷
　　（清）馬國翰撰
　　　　玉函山房全集
玉函山房制義二卷

（清）馬國翰撰
　　　玉函山房全集

玉函山房試帖一卷續一卷
　　（清）馬國翰撰
　　　玉函山房全集

山館偶存一卷
　　（清）華日來撰
　　　昆明華氏叢刻

沈四山人詩錄六卷附錄一卷
　　（清）沈謹學撰
　　　潄喜齋叢書第三函
　　　叢書集成初編·文學類

不波山房詩鈔一卷
　　（清）王甲曾撰
　　　黃氏逸書考（民國補刊本）附

小酉山房賸草一卷
　　（清）黃嘉芝撰
　　　琴川黃氏三集·第六絃溪詩鈔附

樂志堂詩集一卷
　　（清）譚瑩撰
　　　柳堂師友詩錄初編

樂志堂文略四卷
　　（清）譚瑩撰
　　　學海堂叢刻第二函

槐花吟館詩鈔一卷
　　（清）黃德華撰
　　　柳堂師友詩錄初編

恬養齋文鈔四卷補遺一卷
　　（清）羅以智撰
　　　合衆圖書館叢書第一集

訪粵集一卷
　　（清）戴熙撰
　　　柳堂師友詩錄初編

補學軒文集四卷
　　（清）鄭獻甫撰
　　　粵西五家文鈔

梅村賸稿二卷
　　（清）汪士鐸撰
　　　金陵叢書丙集

怡志堂文集六卷詩集八卷
　　（清）朱琦撰
　　　嶺西五家詩文集

怡志堂文初編六卷
　　（清）朱琦撰
　　　粵西五家文鈔

怡志堂文鈔一卷
　　（清）朱琦撰
　　　端溪叢書四集

怡志堂詩鈔一卷
　　（清）朱琦撰
　　　故友詩錄二編

伯韓詩鈔五卷
　　（清）朱琦撰
　　　樗湖十子詩鈔

來鶴山房文鈔二卷
　　（清）朱琦撰
　　　涵通樓師友文鈔

葵青居詩錄一卷
　　（清）石渠撰
　　　潄喜齋叢書第四函·石氏喬梓詩集
　　　叢書集成初編·文學類

夢蜨草一卷
　　（清）石渠撰
　　　潄喜齋叢書第四函·石氏喬梓集·葵
　　　　青居詩錄附
　　　叢書集成初編·文學類·葵青居詩錄
　　　　附

小草庵詩鈔一卷
　　（清）屠蘇撰
　　　潄喜齋叢書第四函
　　　叢書集成初編·文學類

孕花吟草一卷
　　（清）徐鼐撰
　　　柳堂師友詩錄初編

鶴巢詩存一卷
　　（清）顧淳慶撰
　　　顧氏家集

味鮮集試帖二卷附集唐人句一卷
·　（清）華嶸撰
　　　昆明華氏叢刻

侍雪堂詩鈔六卷
　　（清）黎兆勳撰
　　　黎氏家集

綠漪草堂詩鈔一卷
　　（清）羅汝懷撰
　　　挹秀山房叢書·浮湘訪學集

偶爾吟
　　（清）胡翔瀛撰
　　　胡嶧陽先生遺書

寒夜集一卷
　　（清）胡翔瀛撰
　　　胡嶧陽先生遺書

柳溪倩書
　　（清）胡翔瀛撰
　　　胡嶧陽先生遺書

柳溪碎語一卷

(清)胡翔瀛撰
　　胡嶧陽先生遺書
圖銘合看
　　(清)胡翔瀛撰
　　　胡嶧陽先生遺書
肙齋文集八卷詩集四卷
　　(清)張穆撰
　　　山右叢書初編
敦藝齋文集三卷詩一卷
　　(清)鄒漢勛撰
　　　新化鄒氏敦菽齋遺書
通甫類藁文四卷續編二卷
　　(清)魯一同撰
　　　魯氏遺著
通父詩存四卷詩存之餘二卷
　　(清)魯一同撰
　　　魯氏遺著
補過軒四書文一卷
　　(清)魯一同撰
　　　魯氏遺著
靜觀書屋詩集七卷
　　(清)章鶴齡撰
　　　貴池先哲遺書
學靜軒遺詩一卷
　　(清)孔淑成撰
　　　遜敏堂叢書
復莊詩問三十四卷
　　(清)姚燮撰
　　　大梅山館集
復莊駢儷文榷八卷二編八卷
　　(清)姚燮撰
　　　大梅山館集
玉鉤斜哀隋宮人文一卷
　　(清)姚燮撰
　　　香豔叢書第八集
瑟廬遺詩一卷
　　(清)章永康撰
　　　黎氏家集附
瑟廬詩草三卷
　　(清)章永康撰
　　　黔南叢書第三集
倚晴樓詩集一卷
　　(清)黃燮清撰
　　　詁安堂全集‧同人詩錄
倚晴樓詩集十二卷續集四卷
　　(清)黃燮清撰
　　　倚晴樓集
柈湖詩錄一卷

(清)吳敏樹撰
　　挹秀山房叢書‧浮湘訪學集
樸樹廬剩稿一卷
　　(清)汪科顯撰
　　　叢睦汪氏遺書‧春星堂續集
清湘樓詩選一卷
　　(清)凌鉄女撰
　　　范白舫所刊書
天香別墅學吟不分卷
　　(清)王振綱撰
　　　上虞王氏詩集
墨花書舫唫稿不分卷
　　(清)王振綱撰
　　　上虞王氏詩集
白鶴軒集不分卷
　　(清)韓錦雲撰
　　　海南叢書第九集
淞逸詩存一卷
　　(清)袁翟撰
　　　袁氏家集
繡佛齋詩鈔一卷
　　(清)劉犖域撰
　　　清芬叢鈔
猶得住樓詩稿一卷
　　(清)李媞撰
　　　上海李氏易園三代清芬集
二十四琅玕仙館詩鈔一卷
　　(清)潘遵頣撰
　　　陟岡樓叢刊甲集‧潘氏一家言
巢經巢文集六卷詩集九卷詩後集四卷 遺詩一卷
　　(清)鄭珍撰
　　　遵義鄭徵君遺著
巢經巢文集六卷詩集九卷詩後集四卷遺詩一卷附錄一卷
　　　清代學術叢書第二集
巢經巢文集六卷詩集九卷詩後集四卷遺詩一卷附錄一卷逸詩一卷
　　　四部備要(排印本、縮印本)‧集部清別集
巢經巢文鈔四卷詩鈔前集九卷後集六卷外集一卷
　　　巢經巢全集
巢經巢詩鈔九卷
　　(清)鄭珍撰
　　　鄭子尹遺書
移芝室詩鈔一卷

（淸）楊彝珍撰
　　　抱秀山房叢書・浮湘訪學集
是汝師齋遺詩一卷
　　（淸）朱次琦撰
　　　學海堂叢刻第二函
種玉山房詩集一卷
　　（淸）戴福謙撰
　　　荔牆叢刻・戴氏三俊集
養拙齋詩四卷
　　（淸）曾元澄撰
　　　鄂里曾氏十一世詩
舒藝室雜著甲編二卷乙編二卷賸稿一卷
　　（淸）張文虎撰
　　　覆瓿集
舒藝室詩存七卷
　　（淸）張文虎撰
　　　覆瓿集
舒藝室詩續存一卷
　　（淸）張文虎撰
　　　覆瓿集
鼠壤餘疏一卷
　　（淸）張文虎撰
　　　覆瓿集
舒藝室詩一卷
　　（淸）張文虎撰
　　　詒安堂全集・同人詩錄
舒藝室尺牘偶存（一名張嘯山先生尺牘）
　一卷
　　（淸）張文虎撰
　　　覆瓿集
　　　尺牘叢刻
蟻餘偶筆一卷附筆一卷
　　（淸）劉因之撰
　　　金陵叢書丁集
尉山堂稿十四卷
　　（淸）萬斛泉撰
　　　萬靑軒全書
苗妓詩一卷
　　（淸）貝靑喬撰
　　　香豔叢書第六集
梅心集一卷續集一卷
　　（淸）董毓琦撰
　　　星算補遺
吟香館剩稿一卷
　　（淸）王楫撰
　　　靑箱集
永矢集三卷
　　（淸）方潛撰

毋不敬齋全書
顧庸集十二卷
　　（淸）方潛撰
　　　毋不敬齋全書
膠西課存一卷
　　（淸）方潛撰
　　　毋不敬齋全書
禮堂遺集三卷補遺一卷詩一卷
　　（淸）陳喬樅撰
　　　左海續集
記過齋文稿二卷
　　（淸）蘇源生撰
　　　記過齋藏書
悅坳遺詩一卷
　　（淸）鄭珷撰
　　　黎氏家集附
漁石賸草一卷
　　（淸）張璐撰
　　　柳堂師友詩錄初編
心嚮往齋詩文集十三卷附錄一卷
　　（淸）孔繼鏐撰
　　　求恕齋叢書
月輝詩存二卷
　　（淸）釋了禪撰
　　　焦山六上人詩
位西先生遺稿一卷
　　（淸）邵懿辰撰
　　　滂喜齋叢書第一函
　　　叢書集成初編・文學類
半巖廬遺文二卷補一卷遺詩二卷補一卷
　附錄一卷
　　（淸）邵懿辰撰
　　　半巖廬所箸書
楞園詩草一卷
　　（淸）江含春撰
　　　楞園仙書
未灰齋文集八卷外集一卷
　　（淸）徐鼒撰
　　　敝帚齋遺書
優盋羅室文稿一卷詩稿一卷
　　（淸）李佾暲撰
　　　上海李氏易園三代淸芬集
有聲畫一卷
　　（淸）許光治撰
　　　別下齋叢書（道光本、商務印書館景道
　　　　光本、竹簡齋景道光本）・江山風月
　　　譜附
　　　叢書集成初編・文學類

敦夙好齋詩稿一卷
　　(清)葉名澧撰
　　　　故友詩錄二編
山外山房詩集二卷
　　(清)劉書年撰
　　　　清芬叢鈔
滌濫軒文殘稿一卷
　　(清)劉書年撰
　　　　清芬叢鈔
滌濫軒詩鈔一卷
　　(清)劉書年撰
　　　　黔南叢書別集・劉貴陽遺稿
六九齋饌迻棄三卷
　　(清)陳璪撰
　　　　心矩齋叢書
影山草堂詩鈔三卷
　　(清)莫友芝撰
　　　　邵亭四種
邵亭詩鈔六卷
　　(清)莫友芝撰
　　　　影山草堂六種
邵亭遺詩八卷
　　(清)莫友芝撰
　　　　影山草堂六種
邵亭遺文八卷
　　(清)莫友芝撰
　　　　影山草堂六種
邵亭外集一卷
　　(清)莫友芝撰
　　　　邵亭四種
蕉雨山房詩集一卷
　　(清)李家瑞撰
　　　　柳堂師友詩錄初編
曾文正公詩集四卷文集四卷
　　(清)曾國藩撰
　　　　曾文正公全集(同治刊編年本)
曾文正公詩集三卷文集三卷
　　(清)曾國藩撰
　　　　曾文正公全集(光緒刊分體本)
　　　　四部叢刊(初次印本、二次印本、縮印
　　　　二次印本)・集部
　　　　四部備要(排印本)・集部清別
　　　　集
曾文正公集外文一卷
　　(清)曾國藩撰　(民國)劉聲木輯
　　　　直介堂叢刻續編
曾滌生文鈔一卷
　　(清)曾國藩撰　(民國)王文濡選

　　　　明清八大家文鈔
曾文正公書札三十三卷
　　(清)曾國藩撰
　　　　曾文正公全集
曾文正公手札一卷
　　(清)曾國藩撰
　　　　曾文正公六種彙刻
曾文正公家書十卷
　　(清)曾國藩撰
　　　　曾文正公全集
曾文正公家書八卷
　　　　曾文正公六種彙刻
于雲殘冊(原名情種筆札)一卷
　　(清)魏于雲撰
　　　　吳氏襄書襄乙編
草草草堂詩草一卷
　　(清)何仁山撰
　　　　柳堂師友詩錄初編
紅蕉盦詩集一卷
　　(清)戴蕴撰
　　　　荔牆叢刻・戴氏三俊集
澹盦自娛草二卷附錄一卷
　　(清)金應澍撰
　　　　江陰叢書
　　　　粟香室叢書
妙香齋集四卷補遺一卷
　　(清)楊長年撰
　　　　金陵叢書丁集
胡文忠公遺集十卷首一卷
　　(清)胡林翼撰
　　　　趙氏藏書
胡文忠公書牘一卷
　　(清)胡林翼撰
　　　　胡氏遺書・尊聞堂文集附
胡林翼書牘四十二卷
　　(清)胡林翼撰
　　　　胡林翼全集
靜虛堂吹生草四卷
　　(清)王章撰
　　　　金陵叢書丁集
學詁齋文集二卷
　　(清)薛壽撰
　　　　廣雅書局叢書・雜著
敦艮吉齋文鈔四卷詩存二卷詩存補遺一
卷
　　(清)徐子苓撰
　　　　集虛草堂叢書甲集
褒遺草堂詩鈔十二卷

(清)楊翰撰
息柯居士全集
息柯白箋八卷
(清)楊翰撰
息柯居士全集
褭遺草堂詩鈔一卷
(清)楊翰撰
柳堂師友詩錄初編
挹秀山房叢書・浮湘訪學集
左文襄公文集五卷詩集一卷聯語一卷
(清)左宗棠撰
左文襄公全集
左文襄公書牘二十六卷說帖一卷
(清)左宗棠撰
左文襄公全集
花事草堂學吟一卷
(清)蔣光煦撰
谷湖聯吟
薝蔔花館詩集二卷補遺一卷
(清)徐鴻謨撰
香海盦叢書
蓮因室詩集二卷
(清)鄭蘭孫撰
香海盦叢書
還硯齋雜著四卷古近體詩略一卷賦稿十卷大題文稿不分卷試帖不分卷
(清)趙新撰
還硯齋全集
水莊花館詩鈔二卷
(清)汪鑅撰
叢睦汪氏遺書・春星堂續集
種樹軒文集一卷詩草一卷
(清)郭長清撰
種樹軒遺集
昨非集四卷
(清)劉熙載撰
古桐書屋六種
制藝書存一卷
(清)劉熙載撰
古桐書屋六種附續刻三種
玉鑑堂詩集六卷
(清)汪曰楨撰
吳興叢書
外丁卯橋居士初藁八卷
(清)劉家謀撰
芑川先生合集
東洋小艸四卷
(清)劉家謀撰
芑川先生合集
觀海集四卷
(清)劉家謀撰
芑川先生合集
經德堂文集四卷
(清)龍啓瑞撰
粵西五家文鈔
經德堂文集六卷
(清)龍啓瑞撰
嶺西五家詩文集
浣月山房詩集五卷
(清)龍啓瑞撰
嶺西五家詩文集・經德堂文集附
經德堂文鈔一卷
(清)龍啓瑞撰
涵通樓師友文鈔
翰臣詩鈔二卷
(清)龍啓瑞撰
槜湖十子詩鈔
梅神吟館詩草一卷
(清)何慧生撰
嶺西五家詩文集・經德堂文集附
廣哀詩一卷
(清)張芾撰
申報館叢書續集・紀麗類・屑玉叢談二集
冰谿吟草一卷附錄一卷
(清)張芾撰
申報館叢書續集・紀麗類・屑玉叢談二集
味經得雋齋律賦一卷
(清)薛春黎撰
薛氏五種
煙嶼樓文集四十卷詩集十八卷
(清)徐時棟撰
煙嶼樓集
天逸道人存稿一卷
(清)瞿元霖撰
長沙瞿氏叢刊
思益堂駢體文鈔一卷
(清)周壽昌撰
國朝十家四六文鈔
道福堂詩集四卷
(清)雷浚撰
雷刻八種
乃有廬雜著一卷
(清)雷浚撰
雷刻八種

思過齋雜體詩存十二卷
　　（清）蕭培元撰
　　　　雲南叢書初編・集部
龍壁山房文集四卷
　　（清）王拯撰
　　　　粵西五家文鈔
龍壁山房文集五卷詩集十七卷
　　（清）王拯撰
　　　　嶺西五家詩文集
龍壁山房文鈔二卷
　　（清）王拯撰
　　　　涵通樓師友文鈔
二知軒詩鈔一卷
　　（清）方濬頤撰
　　　　柳堂師友詩錄初編
綠雲山房詩草二卷首一卷終一卷
　　（清）勞蓉君撰
　　　　橘蔭軒全集
餐芍華館詩集八卷
　　（清）周騰虎撰
　　　　昆陵周氏家集
　　　　昆陵周氏五世詩集
滄芍華館遺文三卷
　　（清）周騰虎撰
　　　　昆陵周氏三種
悔餘菴文稿九卷詩稿十三卷
　　（清）何栻撰
　　　　悔餘菴集
餘辛集（一名悔餘菴尺牘）三卷
　　（清）何栻撰
　　　　悔餘菴集
問梅軒詩草偶存八卷
　　（清）蔣啓敭撰
　　　　全州蔣氏叢刻
問梅軒文稿偶存五卷
　　（清）蔣啓敭撰
　　　　全州蔣氏叢刻
空青水碧齋文集八卷詩集十三卷
　　（清）蔣琦齡撰
　　　　全州蔣氏叢刻
白華之什一卷
　　（清）蔣琦齡撰
　　　　全州蔣氏叢刻
岳麓文集八卷
　　（清）蔣勘常撰
　　　　全州蔣氏叢刻
帶耕堂遺詩五卷首一卷
　　（清）蔣德模撰

　　　　蔣氏家集
秋聲館詩草一卷
　　（清）袁之蘭撰
　　　　袁氏家集
心巢文錄二卷
　　（清）成蓉鏡撰
　　　　南菁書院叢書第六集
心巢文錄九卷詩錄一卷
　　（清）成蓉鏡撰
　　　　成氏遺書
夢綠草堂詩鈔（一名采蘭集）三卷附錄二
　　卷續集（一名鳳簫集）二卷
　　（清）蔡壽祺撰
　　　　故友詩錄附
粲花樓詩稿一卷
　　（清）郭元英撰
　　　　故友詩錄初編
漱瑛樓詩存一卷
　　（清）袁之鼐撰
　　　　袁氏家集
莊花榭詩鈔一卷
　　（清）王之翰撰
　　　　先澤殘存
何文貞公遺集二卷首一卷附錄一卷
　　（清）何桂珍撰
　　　　何文貞公遺書
　何文貞公文集二卷首一卷附錄一卷
　　　　雲南叢書初編・集部・何文貞公遺書
青田山廬詩鈔二卷
　　（清）莫庭芝撰
　　　　黎氏家集附
蘇林詩賸一卷
　　（清）熊其光撰
　　　　二熊君詩賸
學爲福齋詩鈔一卷
　　（清）張源達撰
　　　　四家詩詞合刻
　　　　香禪精舍集另附
慧珠閣詩鈔一卷附錄一卷
　　（清）多隆阿撰
　　　　遼海叢書第十集
通義堂文集十六卷
　　（清）劉毓崧撰
　　　　求恕齋叢書
水雲樓賸藁一卷
　　（清）蔣春霖撰
　　　　江陰叢書
　　　　粟香室叢書

息影廬殘稿一卷
　　（清）王叔釗撰
　　　　四家詩詞合刻
　　　　香禪精舍集另附
藤香館詩鈔四卷
　　（清）薛時雨撰
　　　　薛氏五種
藤香館詩續鈔二卷
　　（清）薛時雨撰
　　　　薛氏五種
仲安遺草一卷
　　（清）金和撰
　　　　江陰叢書
　　　　粟香室叢書
柏堂集前編十四卷次編十三卷續編二十
　二卷後編二十二卷餘編八卷補存 三卷
　外編十二卷
　　（清）方宗誠撰
　　　　柏堂遺書
赤城詩鈔二卷
　　（清）童華撰
　　　　童氏雜著
養知書屋詩集一卷
　　（清）郭嵩燾撰
　　　　挹秀山房叢書・浮湘訪學集
暝庵詩錄一卷
　　（清）朱克敬撰
　　　　挹秀山房叢書
暝庵學詩一卷
　　（清）朱克敬撰
　　　　挹秀山房叢書
暝庵叢稿一卷
　　（清）朱克敬撰
　　　　挹秀山房叢書
暝庵詩錄一卷
　　（清）朱克敬撰
　　　　挹秀山房叢書・浮湘訪學集
李叔豹遺詩一卷
　　（清）李熙文撰
　　　　雲南叢書初編・集部
劉武慎公遺文詩存雜記一卷
　　（清）劉長佑撰
　　　　劉武慎公遺書
劉武慎公尺牘二卷
　　（清）劉長佑撰
　　　　劉武慎公遺書
蒼筤初集詩集十卷文集六卷附錄四卷
　　（清）孫鼎臣撰

　　　　蒼筤集
鄒徵君存稿一卷
　　（清）鄒伯奇撰
　　　　鄒徵君遺書
張文節公遺集二卷
　　（清）張洵撰
　　　　湷喜齋叢書第一函
　　　　叢書集成初編・文學類
宛委山房詩詞賸彙一卷
　　（清）王堃撰
　　　　重思齋叢書
劉果敏公文集一卷
　　（清）劉典撰
　　　　劉果敏公全集
劉果敏公書劄一卷
　　（清）劉典撰
　　　　劉果敏公全集
損齋文鈔十五卷外集一卷首一卷
　　（清）楊樹椿撰
　　　　損齋全書
　　　　西京清麓叢書附
嶽雪樓詩存一卷
　　（清）孔繼勳撰
　　　　柳堂師友詩錄初編
古均閣文一卷詩一卷
　　（清）許槤撰
　　　　古均閣遺著
佳樂堂遺稿一卷
　　（清）錢鈞撰
　　　　陽湖錢氏家集
遲鴻軒詩棄四卷補遺一卷文棄二卷 補 遺
　一卷詩續一卷文續一卷
　　（清）楊峴撰
　　　　吳興叢書
雙柏齋女史吟一卷續一卷
　　（清）劉世奇撰
　　　　西京清麓叢書外編・女學七種
澄懷堂詩集一卷
　　（清）趙奎昌撰
　　　　趙氏三集
退庵賸稿一卷
　　（清）沈映鈐撰
　　　　會稽徐氏鑄學齋叢書
廿我齋詩稿二卷
　　（清）尹藝撰
　　　　雲南叢書初編・集部
籀書詩集（一名蟬蛻集）四卷
　　（清）曹金籀撰

石屋書

籀書文集內篇二卷外篇二卷續篇四卷
　　(清)曹金籀撰
　　　　石屋書

怡雲山房文鈔一卷
　　(清)林廷式撰
　　　　高涼耆舊遺集　高涼耆舊文鈔

壁雲軒賸稿一卷附錄一卷
　　(清)盧碧筠撰
　　　　賈氏叢書甲集

壽花軒詩略一卷
　　(清)汪懋芳撰
　　　　荔牆叢刻

吟梅閣集唐二卷
　　(清)何鈺麟撰
　　　　古今文藝叢書第二集

見山樓詩鈔七卷文鈔一卷
　　(清)錢廷薰撰
　　　　湖墅錢氏家集

嶺隅文鈔一卷
　　(清)楊廷桂撰
　　　　高涼耆舊遺集·高涼耆舊文鈔

訒庵遺稿一卷
　　(清)周悅修撰
　　　　如皋冒氏叢書附·五周先生集

湘痕閣詩稿二卷
　　(清)袁嘉撰
　　　　隨園三十八種

渌坪遺詩一卷
　　(清)錢雍撰
　　　　湖墅錢氏家集

山中懷往詩一卷
　　(清)彭崧毓撰
　　　　求是齋雜存

蟄室詩錄一卷
　　(清)周沐潤撰
　　　　如皋冒氏叢書附·五周先生集

瓣香外集一卷
　　(清)朱守方撰
　　　　募園叢書附

公暇墨餘錄存藁文一卷詩一卷
　　(清)周鳴鑾撰
　　　　單縣周氏家集

使黔集一卷
　　(清)周鳴鑾撰
　　　　單縣周氏家集

雲圃詩存一卷
　　(清)周毓桂撰
　　　　單縣周氏家集

雲圃詩鈔一卷
　　(清)周毓桂撰
　　　　柳堂師友詩錄初編

小斜川室初存詩二卷
　　(清)吳安業撰
　　　　吳氏一家稿

武定詩續鈔二十四卷
　　(清)李佐賢輯
　　　　石泉書屋全集

石泉書屋類稿八卷詩鈔六卷律賦二卷尺
　牘二卷館課詩二卷制藝二卷制藝補編
　一卷
　　(清)李佐賢撰
　　　　石泉書屋全集

春暉閣詩選六卷附校勘記一卷
　　(清)蔣湘南撰　校勘記(民國)資益館主人
　撰
　　　　蔣子遺書

七經樓文鈔六卷補遺一卷附校勘記一卷
　　(清)蔣湘南撰　校勘記(民國)資益館主人
　撰
　　　　蔣子遺書

醇雅堂詩略六卷
　　(清)阮鏞撰
　　　　金陵叢書丁集

贊雪山房詩存一卷
　　(清)羊登萊撰
　　　　海昌叢載

綠珊軒詩草一卷
　　(清)劉士忠撰
　　　　柳堂師友詩錄初編

具菴詩草摘刊一卷
　　(清)耿全美撰
　　　　耿氏家集彙鈔

少尹詩一卷
　　(清)耿保衡撰
　　　　耿氏家集彙鈔·聽雨軒詩鈔

符君詩存一卷
　　(清)耿徵信撰
　　　　耿氏家集彙鈔

蕃卿詩存一卷
　　(清)耿徵庶撰
　　　　耿氏家集彙鈔

雅季詩存一卷
　　(清)耿徵文撰
　　　　耿氏家集彙鈔·具菴詩草摘刊

朱藤老屋詩鈔一卷

（清）高錫蕃撰
詒安堂全集‧同人詩錄

春星閣詩鈔一卷
（清）楊季鸞撰
柳堂師友詩錄初編

持雅堂文鈔五卷續集二卷三集二卷詩鈔
三卷續集三卷
（清）佝鏞撰
持雅堂全集（同治本、光緒本）

持雅堂詩鈔一卷
（清）佝鏞撰
故友詩錄二編

桐屋遺槀一卷
（清）陳稗君撰
懷潞園叢刊

攬芳園詩鈔一卷
（清）譚楷撰
柳堂師友詩錄初編

碎海樓自怡草一卷
（清）葉兆晉撰
辛勤廬叢刊第一輯

迂翁詩草一卷
（清）李志嶤撰
柳堂師友詩錄初編

月巖詩鈔一卷
（清）吳昭良撰
柳堂師友詩錄初編

寄影軒詩鈔一卷
（清）張觀美撰
柳堂師友詩錄初編

許松濱先生詩集二卷文集二卷
（清）許錫祺撰
許松濱先生全集

十五弗齋詩存一卷文存一卷
（清）丁寶楨撰
丁文誠公遺集
黔南叢書第三集

韻湖偶吟一卷後集一卷
（清）劉錫撰
天津詩人小集

益神智室詩二卷
（清）程秉格撰
金山姚程三先生遺集

子尚詩存一卷
（清）車書撰
金陵叢書丁集

重蔭樓詩集一卷
（清）戴芬撰

荔牆叢刻‧戴氏三俊集

五之草堂詩稿一卷
（清）樊雨撰
故友詩錄初編

李光祿公遺集八卷
（清）李文安撰
合肥李氏三世遺集

觀古閣叢稿二卷續稿一卷三編二卷
（清）鮑康撰
觀古閣叢刻

伊園文鈔四卷詩鈔三卷
（清）王景賢撰
羲停山館集

佳谷遺稿一卷
（清）陳賢撰
三節合編附

桃花仙館詩鈔一卷
（清）梁伯顯撰
柳堂師友詩錄初編

無不自得齋詩鈔一卷
（清）王式言撰
故友詩錄二編

春影樓詩一卷
（清）陳景雍撰
三節合編

春影樓詩稿一卷
故友詩錄初編

西垣詩鈔二卷
（清）毛貴銘撰
王益吾所刻書

郘鄆山房詩存八卷
（清）趙樹吉撰
郘鄆山房集

郘鄆山房文略二卷
（清）趙樹吉撰
郘鄆山房集

郘鄆山房駢文二卷
（清）趙樹吉撰
郘鄆山房集

面城樓集鈔四卷
（清）曾釗撰
學海堂叢刻第二函

聽鸝軒詩鈔一卷
（清）戴燮元撰
柳堂師友詩錄初編

漁浦草堂文集四卷
（清）張道撰
漁浦草堂遺稿

漁浦草堂詩(一名張伯幾詩)不分卷
　　(清)張道撰
　　　　漁浦草堂遺稿
廣經室文鈔一卷
　　(清)劉恭冕撰
　　　　廣雅書局叢書・雜著
雜文僅存一卷
　　(清)孫雲錦撰
　　　　孫先生遺書
淡園文集一卷
　　(清)馬徵麐撰
　　　　淡園全集
　　　　馬鍾山遺書
賓萌集六卷外集四卷
　　(清)俞樾撰
　　　　春在堂全書
春在堂詩編二十三卷
　　(清)俞樾撰
　　　　春在堂全書
玉堂舊課一卷
　　(清)俞樾撰
　　　　春在堂全書・俞樓雜纂
詠物二十一首一卷
　　(清)俞樾撰
　　　　春在堂全書・俞樓雜纂
曲園自述詩一卷補一卷
　　(清)俞樾撰
　　　　春在堂全書
集千字文詩一卷
　　(清)俞樾撰
　　　　春在堂全書・曲園雜纂
小蓬萊謠一卷
　　(清)俞樾撰
　　　　春在堂全書
春在堂雜文二卷續編五卷三編四卷 四編
　　八卷五編八卷六編十卷補遺六卷
　　(清)俞樾撰
　　　　春在堂全書
詁經精舍自課文二卷
　　(清)俞樾撰
　　　　春在堂全書・第一樓叢書
左傳連珠一卷
　　(清)俞樾撰
　　　　春在堂全書・俞樓雜纂
銘篇一卷
　　(清)俞樾撰
　　　　春在堂全書・俞樓雜纂
四書文一卷

　　(清)俞樾撰
　　　　春在堂全書
俞樓佚文一卷
　　(清)俞樾撰
　　　　春在堂全書・俞樓雜纂
俞樓佚詩一卷
　　(清)俞樾撰
　　　　春在堂全書・俞樓雜纂
春在堂尺牘六卷
　　(清)俞樾撰
　　　　春在堂全書
春在堂全書校勘記一卷
　　(清)蔡啓盛撰
　　　　春在堂全書
梅影山房詩賸一卷
　　(清)王鳳儀撰
　　　　鳳谿二王先生詩存
楊莊詩草一卷
　　(清)王之勳撰
　　　　鳳谿二王先生詩存
二江草堂文一卷
　　(清)黃崇惺撰
　　　　二黃合稾
西征詩錄一卷
　　(清)黃家鼎撰
　　　　補不足齋雜著
西征文存一卷
　　(清)黃家鼎撰
　　　　補不足齋雜著
補不足齋文一卷
　　(清)黃家鼎撰
　　　　二黃合稾
墨花吟館感舊懷人集二卷
　　(清)嚴辰撰
　　　　清人說薈二集
毋自欺室文集十卷
　　(清)王炳燮撰
　　　　津河廣仁堂所刻書
鼎吉堂詩鈔四卷
　　(清)尹繼美撰
　　　　鼎吉堂全集
鼎吉堂文鈔八卷首一卷
　　(清)尹繼美撰
　　　　鼎吉堂全集
東游草一卷
　　(清)王翰青撰
　　　　萬潔齋叢刊
爾爾書屋詩草八卷文鈔二卷

（清）史夢蘭撰
止園叢書（史氏撰）

硯農制義一卷
（清）史夢蘭撰
止園叢書（史氏撰）

梧風竹月書巢試帖一卷
（清）史夢蘭撰
止園叢書（史氏撰）

樂亭四書文鈔一卷續編二卷
（清）史夢蘭撰
止園叢書（史氏撰）

劫餘草一卷
（清）汪箴撰
叢睦汪氏遺書·春星堂續集

補蕉山館詩二卷
（清）郭柏蒼撰
郭氏叢刻

鄂跗草堂詩二卷
（清）郭柏蒼撰
郭氏叢刻

三峯草廬詩二卷
（清）郭柏蒼撰
郭氏叢刻

沁泉山館詩二卷
（清）郭柏蒼撰
郭氏叢刻

柳湄小榭詩二卷
（清）郭柏蒼撰
郭氏叢刻

葭栩草堂集三卷
（清）郭柏蒼撰
郭氏叢刻

劍峯詩鈔一卷
（清）汪運撰
樾湖十子詩鈔

柳塘詩鈔一卷
（清）楊繼榮撰
樾湖十子詩鈔

麓原詩鈔一卷
（清）商書濬撰
樾湖十子詩鈔

芷潭詩鈔一卷
（清）曾克敬撰
樾湖十子詩鈔

小廬詩鈔五卷
（清）李宗灝撰
樾湖十子詩鈔

澹仙詩鈔二卷

（清）趙德湘撰
樾湖十子詩鈔

香圃詩鈔一卷
（清）黃錫祖撰
樾湖十子詩鈔

海陀華館文集一卷詩集三卷
（清）何若瑤撰
何宮贊遺書

自怡齋詩鈔一卷
（清）顏培瑚撰
柳堂師友詩錄初編

卼進齋詩文稿一卷
（清）姚覲元撰
吳中文獻小叢書

辛夷花館詩賸一卷
（清）陸日曛撰
松陵陸氏叢著

守瓶文賸一卷
（清）陸日曛撰
松陵陸氏叢著·辛夷花館詩賸附

宜亭草一卷
（清）文晟撰
柳堂師友詩錄初編

芋香山房詩鈔一卷
（清）徐筠撰
三布衣詩存

話雨山房吟草一卷
（清）張紹松撰
三布衣詩存

青霞仙館詩錄一卷
（清）王城撰
清頌堂叢書

雜文偶存二卷
（清）李鏴經撰
雪華館叢編·集類

周夢巖同館賦鈔一卷詩鈔一卷
（清）周作楫撰
棣懷堂隨筆附

廣平梅花館詩草一卷
（清）臧良坼撰
亦佳園一家言卷下

爽氣西來齋詩草一卷
（清）臧良坼撰
亦佳園一家言卷下

春夢初覺室詩草一卷
（清）臧良坼撰
亦佳園一家言卷下

仙心閣詩鈔八卷

（清）彭慰高撰
　　仙心閣集
仙心閣文鈔二卷
　（清）彭慰高撰
　　仙心閣集
小鷗波館詩鈔一卷
　（清）陸韻梅撰
　　國朝閨閣詩鈔
廣緩堂集八卷
　（清）何彤雲撰
　　雲南叢書初編・集部
吟秋館詩草一卷
　（清）周元圭撰
　　震澤莊氏家集
井夫詩存一卷
　（清）袁鎮郊撰
　　袁氏家集
遂初詩草一卷
　（清）曹炳燮撰
　　侯園叢書
通齋詩集五卷
　（清）蔣超伯撰
　　通齋全集
垂金蔭綠軒詩鈔二卷
　（清）蔣超伯撰
　　通齋全集
圓珧巖館詩鈔四卷
　（清）蔣超伯撰
　　通齋全集
通齋文集二卷遺稿一卷外集一卷
　（清）蔣超伯撰
　　通齋全集
窺豹集二卷
　（清）蔣超伯撰
　　通齋全集
通齋詩集一卷
　（清）蔣超伯撰
　　柳堂師友詩錄初編
日新樓詩草一卷
　（清）華定祁撰
　　柳堂師友詩錄初編
守山閣賸稿一卷
　（清）錢熙祚撰
　　指海（道光本、景道光本）第二十集
堅白齋詩存一卷
　（清）龔汝霖撰
　　挹秀山房叢書・浮湘訪學集
寶墨樓詩冊一卷

（清）蘇時學撰
　　柳堂師友詩錄初編
養拙齋詩鈔一卷
　（清）孫汝霖撰
　　柳堂師友詩錄初編
海上篇一卷
　（清）周憕撰
　　毘陵周氏家集
　　毘陵周氏五世詩集
軍中草一卷
　（清）黃振成撰
　　柳堂師友詩錄初編
涌翠山房文集四卷詩集四卷
　（清）高延第撰
　　涌翠山房集
李文忠公遺集八卷
　（清）李鴻章撰
　　合肥李氏三世遺集
文誠公文稿拾遺一卷詩稿拾遺一卷
　（清）袁保恆撰
　　項城袁氏家集・文誠公奏議附
澹吾室詩鈔四卷
　（清）唐樹森撰
　　鄂不齋叢書
嫩想盒殘藁一卷
　（清）嚴蘅撰
　　娟鏡樓叢刻乙帙
友竹草堂文集六卷詩二卷
　（清）蔣慶第撰
　　謙受益齋文友竹草堂集合刻
張濂亭文鈔一卷
　（清）張裕釗撰　（民國）王文濡選
　　明清八大家文鈔
張廉卿先生尺牘一卷
　（清）張裕釗撰
　　尺牘叢刻
蓼東賸草一卷
　（清）李孟羣撰
　　柳堂師友詩錄初編
桂馨書屋遺文一卷
　（清）陳孝恭撰
　　沈蓮溪全集
如嬰齋文鈔一卷
　（清）粱述孔撰
　　雪華館叢編・集類
無止境初存藁六卷集外詩一卷續存藁六
卷集外詩續存一卷附錄一卷
　（清）王相撰

繡水王氏家藏集（咸豐本、光緒本）附
刻
武陵山人雜著一卷
　　（清）顧觀光撰
　　　　小萬卷樓叢書（光緒本）
　　　　叢書集成初編·總類
敬慎居詩稿二卷
　　（清）羊咸熙撰
　　　　海昌叢載
季仙先生遺稿一卷補遺一卷
　　（清）徐時棟撰
　　　　四明叢書第七集
大瓠堂詩錄八卷
　　（清）孫周撰
　　　　觀自得齋叢書
靈州山人詩錄六卷
　　（清）徐灝撰
　　　　學壽堂叢書
靈洲山人詩鈔一卷
　　（清）徐灝撰
　　　　柳堂師友詩錄初編
昭文遺詩一卷
　　（清）段煜撰
　　　　雲南叢書二編·集部
一粟廬詩一稿四卷二稿四卷
　　（清）于源撰
　　　　一粟廬合集
古藤書屋詩存一卷
　　（清）吳以誠撰
　　　　小方壺齋叢書四集
四照堂詩集一卷
　　（清）譚溥撰
　　　　柳堂師友詩錄初編
秋芸館詩稿一卷
　　（清）吳勤邦撰
　　　　秋芸館全集
秋芸館古文稿三卷
　　（清）吳勤邦撰
　　　　秋芸館全集
秋芸館駢體文稿一卷
　　（清）吳勤邦撰
　　　　秋芸館全集
澹如軒詩一卷
　　（清）朱鎮撰
　　　　蕙風叢書附
澹如軒吟草一卷
　　（清）朱鎮撰
　　　　國朝閨閣詩鈔

吉人詩鈔一卷
　　（清）孫清士撰
　　　　雲南叢書初編·集部·呈貢二孫遺詩
伯穎雜文一卷
　　（清）練恕撰
　　　　多識錄
補過齋遺集二卷
　　（清）甘雨撰
　　　　雲南叢書初編·集部
有恆心齋前集一卷文十一卷詩七卷駢體
文六卷外集二卷
　　（清）程鴻詔撰
　　　　有恆心齋集
愛廬吟草一卷
　　（清）錢官俊撰
　　　　柳堂師友詩錄初編
紅樹山莊詩鈔一卷
　　（清）李景元撰
　　　　柳堂師友詩錄初編
子銘先生遺集二卷
　　（清）李皋撰
　　　　沔陽叢書
補勤詩存二十四卷續編五卷
　　（清）陳錦撰
　　　　橘蔭軒全集
勤餘文牘六卷續編二卷
　　（清）陳錦撰
　　　　橘蔭軒全集
岅雲樓詩選初集八卷二集四卷三集十二
卷
　　（清）劉存仁撰
　　　　岅雲樓集
談劍廬詩稿二卷
　　（清）李思中撰
　　　　槎溪李氏詩四種
勸濟飢民詩一卷
　　（清）裴蔭森撰
　　　　曼陀羅華閣叢書
梧生駢體文鈔一卷
　　（清）傅桐撰
　　　　國朝十家四六文鈔
一蠡詩存二卷
　　（清）易本烺撰
　　　　紙園叢書
青龍山集一卷
　　（清）易本烺撰
　　　　紙園叢書

一粟齋試帖一卷
　　（清）易本烺撰
　　　紙園叢書

曾忠襄公文集二卷
　　（清）曾國荃撰
　　　曾忠襄公全集

曾忠襄公書札二十二卷
　　（清）曾國荃撰
　　　曾忠襄公全集

清麓文集二十三卷
　　（清）賀瑞麟撰
　　　西京清麓叢書正編

求益齋文集八卷
　　（清）強汝詢撰
　　　求益齋全集

桐華閣文集十二卷
　　（清）杜貴墀撰
　　　桐華閣叢書
　　　郎園先生全書附

亢藝堂集三卷
　　（清）孫廷璋撰
　　　滂喜齋叢書第一函・越三子集
　　　叢書集成初編・文學類

靜觀齋詩一卷
　　（清）李仁元撰
　　　三節合編

靜觀齋詩鈔一卷
　　（清）李仁元撰
　　　故友詩錄初編

求補拙齋文略二卷詩略二卷外集四卷
　　（清）黎培敬撰
　　　黎文肅公遺書

黎文肅公雜著二卷
　　（清）黎培敬撰
　　　黎文肅公遺書

黎文肅公書札三十卷
　　（清）黎培敬撰
　　　黎文肅公遺書

研花館吟草二卷
　　（清）董廷策撰
　　　勉不足齋四種

香石齋吟草一卷
　　（清）董廷策撰
　　　勉不足齋四種

鷗堂賸藁一卷補遺一卷
　　（清）周星譽撰
　　　粟香室叢書

漚堂賸稿一卷

如皋冒氏叢書附・五周先生集

傳忠堂學古文一卷
　　（清）周星譽撰
　　　粟香室叢書
　　　如皋冒氏叢書附・五周先生集

樹蕙背遺詩一卷
　　（清）鄭淑昭撰
　　　黔南叢書第三集

吳氏吉光集一卷
　　（清）吳恆撰
　　　寶粦室集刊

樵隱昔寱二十卷
　　（清）平步青撰
　　　香雪崦叢書

綠滿窗前草一卷
　　（清）帥之憲撰
　　　帥氏清芬集

養雲山莊文集一卷續一卷詩集四卷
　　（清）劉瑞芬撰
　　　養雲山莊遺稿

陝南池館遺集二卷
　　（清）喬重禧撰
　　　春暉堂叢書

密厓文鈔二卷
　　（清）張香海撰
　　　牟子全集

白溝草二卷
　　（清）張香海撰
　　　牟子全集

蓼六唫二卷
　　（清）張香海撰
　　　牟子全集

宦豫草二卷
　　（清）張香海撰
　　　牟子全集

錦城吟二卷
　　（清）張香海撰
　　　牟子全集

宦蜀草六卷
　　（清）張香海撰
　　　牟子全集

棧雲小橐二卷
　　（清）張香海撰
　　　牟子全集

驛鐙小橐二卷
　　（清）張香海撰
　　　牟子全集

筍輿吟二卷

（清）張香海撰
牟子全集

潼江草二卷
（清）張香海撰
牟子全集

聽鶯池館閒詠二卷
（清）張香海撰
牟子全集

燕遊小草二卷
（清）張香海撰
牟子全集

楚遊小草二卷
（清）張香海撰
牟子全集

篷背吟二卷
（清）張香海撰
牟子全集

慈竹軒制藝一卷
（清）張香海撰
牟子全集

求放心齋詩鈔一卷
（清）吉珩撰
俟園叢書

闡道堂遺稿不分卷
（清）雲茂琦撰
海南叢書第八集

隙亭賸草一卷雜言一卷
（清）何森撰
何宮贊遺書附

夢闌居士存稿一卷
（清）陳長庚撰
友聲集

愚谷遺詩一卷
（清）朱鐸撰
苧城三子詩合存（道光本、民國本）

少坡遺詩一卷
（清）錢廷燿撰
湖墅錢氏家集

素言集一卷
（清）袁希謝撰
吳江三節婦集

涵清閣詩鈔一卷
（清）董雲鶴撰
吳江三節婦集

薫宧吟稿一卷
（清）許珠撰
吳江三節婦集附

懷清書屋吟稿一卷

（清）顧佩芳撰
吳江三節婦集

蕉雨吟稿一卷
（清）顧佩芳撰
吳氏囊書囊甲編

味梅吟草四卷
（清）余希嬰撰
余氏五稿

憨石山房詩鈔四卷
（清）余希煌撰
余氏五稿

朗儸唫稿一卷
（清）余希芬撰
余氏五稿

本學居文鈔一卷
（清）梁汝璠撰
高涼耆舊遺集·高涼耆舊文鈔

志古編一卷
（清）侯登岸撰
掖海叢書

歐餘山房文集二卷
（清）丁桂撰
吳興叢書

課暇吟二卷
（清）顧初昱撰
松壑間合刻詩鈔

衆香閣文稿一卷詩艸一卷
（清）安念祖撰
安氏家集

雙桐圃詩鈔一卷
（清）潘恕撰
柳堂師友詩錄初編

繡餘草一卷
（清）李葆素撰
國朝閨閣詩鈔

吟香摘蠹集一卷
（清）楊惺惺撰
國朝閨閣詩鈔

悟雪堂詩鈔一卷
（清）吳若冰撰
國朝閨閣詩鈔

一桂軒詩鈔一卷
（清）李毓清撰
國朝閨閣詩鈔

蘭圃遺草一卷
（清）胡佩芳撰
國朝閨閣詩鈔

韻松樓詩集一卷

（清）顧慈撰
　　　國朝閨閣詩鈔
白鳳樓詩鈔一卷
　　（清）楊紡撰
　　　國朝閨閣詩鈔
藕香館詩鈔一卷
　　（清）何佩玉撰
　　　國朝閨閣詩鈔
瑤草珠華閣詩鈔一卷
　　（清）席慧文撰
　　　國朝閨閣詩鈔
吟紅閣詩鈔一卷
　　（清）夏伊蘭撰
　　　國朝閨閣詩鈔
綠窗吟稿一卷
　　（清）王素雯撰
　　　國朝閨閣詩鈔
繡吟樓詩鈔一卷
　　（清）譚紫瓔撰
　　　國朝閨閣詩鈔
鵑吟樓詩鈔一卷
　　（清）傅紫璘撰
　　　國朝閨閣詩鈔
印月樓詩集一卷
　　（清）王璪撰
　　　國朝閨閣詩鈔
絮雪吟一卷
　　（清）朱景素撰
　　　國朝閨閣詩鈔
焚餘小草一卷
　　（清）甘啓華撰
　　　國朝閨閣詩鈔
鏡倚樓小稿一卷
　　（清）章孝貞撰
　　　國朝閨閣詩鈔
佩湘詩稿一卷
　　（清）范蓮撰
　　　國朝閨閣詩鈔
花鳳樓吟槀一卷
　　（清）蔡紫瓊撰
　　　國朝閨閣詩鈔
韻香書室吟稿一卷
　　（清）萬夢丹撰
　　　國朝閨閣詩鈔
燈味軒詩稿一卷古今體詩稿一卷
　　（清）車伯雅撰
　　　燈味軒遺稿
燈味軒文稿一卷駢體文稿一卷賦一卷試

帖詩一卷
　　（清）車伯雅撰
　　　燈味軒遺稿
梅葉閣詩鈔八卷文鈔三卷
　　（清）陸鼎撰
　　　吳中兩布衣集
春林詩選一卷
　　（清）陸鎔撰
　　　耆舊詩存
留雲山館詩鈔二卷
　　（清）費伯雄撰
　　　費氏全集（同治本、光緒本、民國本）
留雲山館文鈔一卷
　　（清）費伯雄撰
　　　費氏全集（同治本、光緒本、民國本）
吉雨山房文集四卷
　　（清）郭籛齡撰
　　　吉雨山房全集·吉雨山房遺集
吉雨山房詩集五卷
　　（清）郭籛齡撰
　　　吉雨山房全集·吉雨山房遺集
北山樵唱一卷
　　（清）郭籛齡撰
　　　吉雨山房全集·吉雨山房遺集
眞松閣集二卷
　　（清）楊夒生撰
　　　同岑五家詩鈔
自怡吟鈔一卷
　　（清）吳祖德撰
　　　怡園初刊三種
馬洲吟鈔一卷
　　（清）吳祖德撰
　　　怡園續刊三種
來青堂遺草一卷
　　（清）吳敞撰
　　　怡園續刊三種
東蘺遺稿三卷
　　（清）陸摃之撰
　　　三節合編附
行素居詩鈔三卷文鈔六卷
　　（清）顧承撰
　　　吳中兩布衣集
集古詩附存一卷
　　（清）程沆輯
　　　小堂四種附
小方壺試律詩二卷附錄一卷
　　（清）孫馮撰
　　　古棠書屋叢書·集部

慕雲山房遺稿一卷
　　(清)王兆雷撰
　　　　笙磬集
月媒小史詩稿一卷
　　(清)王石渠撰
　　　　笙磬集
固庵詩鈔一卷
　　(清)葉本撰
　　　　南津草閣詩集
愚峯詩鈔一卷
　　(清)葉桐撰
　　　　南津草閣詩集
澹齋詩草一卷
　　(清)伍以仁撰
　　　　毘陵伍氏合集(民國本)
青愛山房詩鈔一卷
　　(清)伍兆燦撰
　　　　毘陵伍氏合集(民國本)
蕉林書屋詩鈔一卷賦鈔一卷
　　(清)伍兆蟠撰
　　　　毘陵伍氏合集(民國本)
詠梨集試帖二卷
　　(清)吟嘯樓主人撰　(清)安拙廬主人續
　　　　松陵陸氏叢著
遺經樓文稿一卷
　　(清)陳履和撰
　　　　崔東壁遺書（道光本、景道光本、亞東
　　　　圖書館排印本)附
計有餘齋文稿一卷
　　(清)陳方海撰
　　　　豫章叢書(陶福履輯)第二集
　　　　叢書集成初編・文學類
青霞吟館詩鈔一卷
　　(清)秦惟梅撰
　　　　友于集
貯雲書屋詩鈔一卷
　　(清)秦惟蓉撰
　　　　友于集
玉涵堂剩稿一卷
　　(清)秦夢鶴撰
　　　　友于集
鶴鳴集六卷
　　(清)方績撰
　　　　方植之全集
經之文鈔一卷
　　(清)孔憲庚撰
　　　　習盫叢刊第一輯
不寐齋詩略一卷

　　(清)何天衢撰
　　　　柳堂師友詩錄初編
味清堂詩鈔二卷補鈔一卷
　　(清)陳基撰
　　　　苕岑集初刊
半間雲詩二卷
　　(清)馬鎮撰
　　　　苕岑集初刊
焦尾編二卷
　　(清)錢瑤鶴撰
　　　　苕岑集初刊
谷艾園文稿四卷
　　(清)谷誠撰
　　　　永嘉叢書
捉塵集一卷
　　(清)樊封撰
　　　　柳堂師友詩錄初編
紅蔦山房詩鈔一卷
　　(清)唐夢齡撰
　　　　柳堂師友詩錄初編
春藻堂詩集一卷
　　(清)何朝昌撰
　　　　柳堂師友詩錄初編
澧陽遺草一卷
　　(清)許紉蘭撰
　　　　柳堂師友詩錄初編
枕琴僅存草一卷
　　(清)蘇六朋撰
　　　　柳堂師友詩錄初編
樵湖詩鈔一卷
　　(清)陳瑩達撰
　　　　柳堂師友詩錄初編
松寮詩訪存一卷
　　(清)邱對顏撰
　　　　柳堂師友詩錄初編
公餘閒詠詩鈔一卷
　　(清)張玉堂撰
　　　　柳堂師友詩錄初編
綠雲軒吟草一卷
　　(清)尚昌懋撰
　　　　柳堂師友詩錄初編
柳村遺草一卷
　　(清)陶應榮撰
　　　　柳堂師友詩錄初編
海天樓詩鈔一卷
　　(清)喩福基撰
　　　　柳堂師友詩錄初編
松石齋詩集一卷

（清）王家齊撰
　　　柳堂師友詩錄初編

融谷詩草一卷
　（清）文守元撰
　　　柳堂師友詩錄初編

味鐙閣詩鈔一卷
　（清）羅珊撰
　　　柳堂師友詩錄初編

竹筠書屋詩鈔一卷
　（清）陳華澤撰
　　　柳堂師友詩錄初編

夢鯉山房詩鈔一卷
　（清）李有祺撰
　　　柳堂師友詩錄初編

二山賸稿一卷
　（清）黃承谷撰
　　　柳堂師友詩錄初編

黎齋詩草一卷
　（清）潘正衡撰
　　　柳堂師友詩錄初編

未覺軒賸草一卷
　（清）徐兆鼇撰
　　　柳堂師友詩錄初編

六橋詩集一卷
　（清）譚錫朋撰
　　　柳堂師友詩錄初編

修竹軒遺草一卷
　（清）李景雲撰
　　　柳堂師友詩錄初編

嵋君詩鈔一卷
　（清）朱鑑成撰
　　　柳堂師友詩錄初編

山右吟草一卷
　（清）袁杲撰
　　　柳堂師友詩錄初編

如不及軒詩草一卷
　（清）陳起榮撰
　　　柳堂師友詩錄初編

務時敏齋詩集一卷
　（清）蕭諫撰
　　　柳堂師友詩錄初編

耘花館詩鈔一卷
　（清）金元撰
　　　柳堂師友詩錄初編

聽秋閣詩鈔一卷
　（清）黎耀宗撰
　　　柳堂師友詩錄初編

雲洋山館詩鈔一卷

（清）潘世清撰
　　　柳堂師友詩錄初編

海鶴巢詩鈔一卷
　（清）歐陽溟撰
　　　柳堂師友詩錄初編

瑞香吟館遺草一卷
　（清）崔俊良撰
　　　柳堂師友詩錄初編

雲根老屋詩鈔一卷
　（清）羅嘉蓉撰
　　　柳堂師友詩錄初編

夢香園賸草一卷
　（清）鄭續撰
　　　柳堂師友詩錄初編

寄漚館拾餘草一卷
　（清）劉慶生撰
　　　柳堂師友詩錄初編

插菊軒詩鈔一卷
　（清）陳殿蘭撰
　　　柳堂師友詩錄初編

評琴書屋吟草一卷
　（清）潘名熊撰
　　　柳堂師友詩錄初編

倚魚山閣詩集一卷
　（清）馮培光撰
　　　柳堂師友詩錄初編

覺非堂稿一卷
　（清）歐陽經撰
　　　柳堂師友詩錄初編

巢雲山房詩鈔一卷
　（清）馮昕華撰
　　　柳堂師友詩錄初編

有絮吟館詩鈔一卷
　（清）馮晴華撰
　　　柳堂師友詩錄初編

雪鴻草一卷
　（清）馮晢華撰
　　　柳堂師友詩錄初編

玉儀軒吟草一卷
　（清）馮城寶撰
　　　柳堂師友詩錄初編

松雲閣詩鈔一卷
　（清）李灼光撰
　　　柳堂師友詩錄初編

六友堂賸草一卷
　（清）李國龍撰
　　　柳堂師友詩錄初編

小山園吟草一卷

（清）梁傑庸撰
　　　柳堂師友詩錄初編

雪香齋吟草一卷
　（清）周文罂撰
　　　柳堂師友詩錄初編

退學吟庵詩鈔一卷
　（清）王鋌撰
　　　柳堂師友詩錄初編

樵西草堂詩鈔一卷
　（清）陳汝壬撰
　　　柳堂師友詩錄初編

陳炯齋遺詩一卷
　（清）陳徽言撰
　　　陳炯齋著述

湖海詩存一卷
　（清）陳徽言撰
　　　柳堂師友詩錄初編

竹素園詩鈔一卷
　（清）陳簡書撰
　　　柳堂師友詩錄初編

心復心齋詩鈔一卷
　（清）周子祥撰
　　　柳堂師友詩錄初編

瀟碧亭吟稿一卷
　（清）陳智淵撰
　　　柳堂師友詩錄初編

小泉詩草一卷
　（清）單子廉撰
　　　柳堂師友詩錄初編

如不及齋詩鈔一卷
　（清）陳坤撰
　　　柳堂師友詩錄初編
　　　如不及齋叢書

洗俗齋詩草一卷
　（清）果爾敏撰
　　　柳堂師友詩錄初編

豐壽山樵詩鈔一卷
　（清）呂祖海撰
　　　柳堂師友詩錄初編

念先堂詩稿一卷
　（清）周履方撰
　　　柳堂師友詩錄初編

金臺詩鈔一卷
　（清）毓壽撰
　　　柳堂師友詩錄初編

竹坪詩草一卷
　（清）范奉常撰
　　　柳堂師友詩錄初編

澹虛齋詩草一卷
　（清）潘啓榮撰
　　　柳堂師友詩錄初編

思齊草堂詩鈔一卷
　（清）李桂蘭撰
　　　柳堂師友詩錄初編

半農草舍詩選四卷
　（清）張廷棟撰
　　　海鹽張氏涉園叢刻續編

綠榕書屋賸草一卷
　（清）張廷棟撰
　　　柳堂師友詩錄初編

味閒軒詩鈔一卷
　（清）周棠芬撰
　　　柳堂師友詩錄初編

清芬閣詩草一卷
　（清）尹樹琪撰
　　　柳堂師友詩錄初編

公餘寄詠詩鈔一卷
　（清）羅璋撰
　　　柳堂師友詩錄初編

澹園吟草一卷
　（清）陳瑤撰
　　　柳堂師友詩錄初編

古香樓詩鈔一卷
　（清）汪瑔撰
　　　柳堂師友詩錄初編

鼇山存眞草一卷
　（清）鄧章撰
　　　柳堂師友詩錄初編

天覺樓詩集一卷
　（清）王國賓撰
　　　柳堂師友詩錄初編

潤南遺草一卷
　（清）倪元藻撰
　　　柳堂師友詩錄初編

毋自欺齋詩稿一卷
　（清）陳其藻撰
　　　柳堂師友詩錄初編

攬香閣詩稿一卷
　（清）陳子璣撰
　　　柳堂師友詩錄初編

陶情小草一卷
　（清）李聯芬撰
　　　柳堂師友詩錄初編

鹿洲吟草一卷
　（清）梁永泰撰
　　　柳堂師友詩錄初編

三十六村草堂詩鈔一卷
　　（清）潘定桂撰
　　　　柳堂師友詩錄初編

慧海小草一卷
　　（清）釋契生撰
　　　　柳堂師友詩錄初編

片雲行草一卷
　　（清）釋相益撰
　　　　柳堂師友詩錄初編

龍藏山人賸草一卷
　　（清）釋笑平撰
　　　　柳堂師友詩錄初編

小浮山齋詩一卷
　　（清）釋成果撰
　　　　柳堂師友詩錄初編

互禪偶存草一卷
　　（清）釋互禪撰
　　　　柳堂師友詩錄初編

鏡香賸草一卷
　　（清）余菱撰
　　　　柳堂師友詩錄初編

綠窗吟草一卷
　　（清）蘇念淑撰
　　　　柳堂師友詩錄初編

崎陽雜詠一卷
　　（清）林子雲撰
　　　　柳堂師友詩錄初編

松菊山房詩刪一卷
　　（清）何時秋撰
　　　　柳堂師友詩錄初編

蓉舟遺詩一卷
　　（清）潘鏡泉撰
　　　　柳堂師友詩錄初編

二牛山房吟草一卷
　　（清）李鴻儀撰
　　　　柳堂師友詩錄初編

翠竹軒詩鈔一卷
　　（清）潘健榮撰
　　　　柳堂師友詩錄初編

佩韋齋詩鈔一卷
　　（清）潘貞敏撰
　　　　柳堂師友詩錄初編

詩愚餘草一卷
　　（清）黃熙虞撰
　　　　柳堂師友詩錄初編

秩堂賸稿一卷
　　（清）何大猷撰
　　　　柳堂師友詩錄初編

曼園詩鈔一卷
　　（清）梁燕撰
　　　　柳堂師友詩錄初編

螟花吟館詩鈔一卷
　　（清）孫槤撰
　　　　柳堂師友詩錄初編

樹護草堂文集二卷詩集二卷
　　（清）周益撰
　　　　桂林周氏家集

秦瓦硯齋詩鈔一卷
　　（清）簡士良撰
　　　　柳堂師友詩錄初編

虛舟詩草一卷
　　（清）賴學海撰
　　　　柳堂師友詩錄初編

醉客詩草一卷
　　（清）單光亨撰
　　　　柳堂師友詩錄初編

紅藥山房吟稿二卷
　　（清）鍾曾齡撰
　　　　鍾家詩鈔合集

繡山小草一卷
　　（清）鍾肖澤撰
　　　　鍾家詩鈔合集

秋雪山房初存詩一卷
　　（清）吳樑撰
　　　　吳氏一家稿

課花樓詩存一卷
　　（清）錢靜娟撰
　　　　吳氏叢書襄丙編

澹持集一卷
　　（清）朱桂森撰
　　　　金陵朱氏家集

萬鑿雲樓詩二卷
　　（清）蔣棨渭撰
　　　　苕岑集初刊

小紅薇館吟草四卷
　　（清）毛永柏撰
　　　　苕岑集初刊

小紅薇館拾餘詩鈔四卷
　　（清）毛永柏撰
　　　　苕岑集初刊

思無邪室吟草三卷
　　（清）毛永椿撰
　　　　苕岑集初刊

述古軒詩草二卷
　　（清）錢睦撰
　　　　湖墅錢氏家集

曇花叢稿一卷
　　（清）錢時穎撰
　　　　湖墅錢氏家集
飛白竹齋詩鈔一卷
　　（清）錢臺撰
　　　　湖墅錢氏家集
玉照堂詩稿（一名燕鵜枝集）一卷
　　（清）錢觀撰
　　　　湖墅錢氏家集
老梅書屋遺詩一卷
　　（清）錢辰吉撰
　　　　湖墅錢氏家集
得一山房詩集二卷
　　（清）唐懋功撰
　　　　得一山房四種
懶雲山莊詩鈔一卷
　　（清）邵棠撰
　　　　懷潞園叢刊
芙村文鈔二卷
　　（清）沈豫撰
　　　　蛾術堂集（道光本、景道光本）
　　　　花雨樓叢鈔續鈔
芙村學吟七卷
　　（清）沈豫撰
　　　　蛾術堂集（道光本、景道光本）
存齋古文一卷續編一卷
　　（清）黃懷孝撰
　　　　粟香室叢書
蓮青詩館吟稿一卷
　　（清）李永修撰
　　　　槎溪李氏詩四種
冕常賸稿一卷
　　（清）李廷榜撰
　　　　槎溪李氏詩四種
逸齋詩鈔一卷
　　（清）楊超撰
　　　　大亭山館叢書·集類·毘陵楊氏詩存
磵村集一卷
　　（清）汪緒宜撰
　　　　叢睦汪氏遺書·春星堂續集
東山老人詩賸一卷
　　（清）莊兆洙撰
　　　　震澤莊氏家集
冬榮室詩鈔一卷
　　（清）莊慶樁撰
　　　　震澤莊氏家集
聞氣集一卷
　　（清）莊慶樁撰

震澤莊氏家集
東鑾集一卷
　　（清）戚桂裳撰
　　　　彤簽雙璧
海嶽行吟草十卷附錄一卷
　　（清）劉興樾撰
　　　　沔陽叢書
心葭詩選一卷
　　（清）劉東藩撰
　　　　耆舊詩存
霞梯詩選一卷
　　（清）金大登撰
　　　　耆舊詩存
芬響閣初彙十卷
　　（清）王燮之撰
　　　　繡水王氏家藏集（咸豐本、光緒本）附
　　　　刻
鐵硯齋存稿一卷
　　（清）曹德馨撰
　　　　友聲集
小雲液草一卷
　　（清）陸從星撰
　　　　友聲集續集
六梅書屋尺牘四卷
　　（清）凌丹陛撰
　　　　申報館叢書續集·尺牘類
蓬蓬館詩稿一卷
　　（清）陳東撰
　　　　柳堂師友詩錄初編
覺鹿軒詩草一卷
　　（清）陳彤蓮撰
　　　　柳堂師友詩錄初編
巢蚊睫齋詩稿一卷
　　（清）陳謙撰
　　　　柳堂師友詩錄初編
焦琴吟草一卷
　　（清）陳湘生撰
　　　　柳堂師友詩錄初編
閩南雜詠一卷
　　（清）袁綬撰
　　　　隨園三十八種
瑤華閣詩草一卷補遺一卷
　　（清）袁綬撰
　　　　隨園三十八種
棣華軒存稿一卷
　　（清）錢侍辰撰
　　　　友聲集續集
蕊湖公遺詩一卷

　　（清）徐克祥撰
　　　　語溪徐氏三世遺詩

疎影山莊吟稿一卷
　　（清）徐人傑撰
　　　　愼行堂三世詩存

次民詩稿二卷
　　（清）朱在勤撰
　　　　雲南叢書二編・集部

差次吟草一卷
　　（清）奕譞撰
　　　　樸庵四稿

蘭陽隨筆一卷
　　（清）奕譞撰
　　　　樸庵四稿

知不足齋詩草一卷
　　（清）鄧翔撰
　　　　柳堂師友詩錄初編

青箱餘論一卷附錄一卷
　　（清）王世溥撰
　　　　合肥王氏家集

笠山詩草一卷
　　（清）李綸光撰
　　　　柳堂師友詩錄初編

劍生遺草一卷
　　（清）何應圖撰
　　　　柳堂師友詩錄初編

寄鷗館詩錄一卷
　　（清）符葆森撰
　　　　故友詩錄二編

奉萱草堂詩集二卷
　　（清）單爲鏓撰
　　　　單氏全書

奉萱草堂文鈔一卷
　　（清）單爲鏓撰
　　　　單氏全書

奉萱草堂文續集一卷
　　（清）單爲鏓撰
　　　　單氏全書
　　　　孫氏山淵閣叢刊

抱潛詩存一卷
　　（清）陳元祿撰
　　　　娟鏡樓叢刻甲帙

西農遺稿一卷
　　（清）姚必成撰
　　　　金陵叢書丁集

詒安堂初稿八卷二稿八卷試帖詩鈔一卷
　　（清）王慶勳撰
　　　　詒安堂全集

修竹軒詩鈔一卷
　　（清）楊煊撰
　　　　詒安堂全集・同人詩錄

舒嘯樓詩集一卷
　　（清）李曾裕撰
　　　　詒安堂全集・同人詩錄

怡雲館詩鈔四卷
　　（清）徐延祺撰
　　　　吳興徐氏遺稿

渾齋小藁一卷
　　（清）潘亮熙撰
　　　　小方壺齋叢書四集

柳門遺稿一卷
　　（清）楊後撰
　　　　金陵叢書丁集

悔齋詩稿四卷
　　（清）畢應辰撰
　　　　雲南叢書初編・集部

小鄂不館初存草一卷
　　（清）吳官業撰
　　　　吳氏一家稿

曉瀛遺稿二卷
　　（清）蔣繼伯撰
　　　　通齋全集

味古齋詩存二卷
　　（清）史一經撰
　　　　止園叢書（史氏撰）

小滄峴山房詩存二卷
　　（清）史一經撰
　　　　止園叢書（史氏撰）

蘇門山人登嘯集詩鈔一卷續一卷
　　（清）吳昌榮撰
　　　　小㯶字林叢刻

蘇門山人登嘯集一卷
　　（清）吳昌榮撰
　　　　小㯶字林叢刻

慕耕草堂詩鈔四卷
　　（清）黎庶燾撰
　　　　黎氏家集

海外吟二卷
　　（清）袁祖志撰
　　　　談瀛錄

海上吟一卷
　　（清）袁祖志撰
　　　　談瀛錄

在莒集一卷
　　（清）朱桂模撰
　　　　金陵叢書丁集

寶韋齋詩錄二卷	汲古錄一卷
（清）李桓撰	（清）龔禮撰
寶韋齋類稿	橙園四種
寶韋齋文錄三卷	剪燭錄二卷
（清）李桓撰	（清）龔禮撰
寶韋齋類稿	橙園四種
寶韋齋尺牘四十八卷	豹隱堂近作詩稿附楹聯一卷
（清）李桓撰	（清）趙蓮城撰
寶韋齋類稿	豹隱堂集
疆恕齋吟草一卷	蠡測集二卷
（清）梅啓照撰	（清）趙蓮城撰
柳堂師友詩錄初編	豹隱堂集
芳皇篹餘錄四卷	坐言集一卷
（清）劉濬撰	（清）趙蓮城撰
壎篪集（咸豐本、民國本）	豹隱堂集
無夢軒詩一卷	豹隱堂文集二卷
（清）朱景昭撰	（清）趙蓮城撰
無夢軒遺書	豹隱堂集
無夢軒文集二卷	豹隱堂近作雜稿一卷附書跋一卷
（清）朱景昭撰	（清）趙蓮城撰
無夢軒遺書	豹隱堂集
無夢軒家書一卷	亦佳園詩存一卷
（清）朱景昭撰	（清）臧煜珍撰
無夢軒遺書	亦佳園一家言卷上
謙受益齋文集一卷	歠菜根齋詩四卷
（清）蔣慶篪撰	（清）曾兆霖撰
謙受益齋文友竹草堂集合刻	鷁里曾氏十一世詩
問園詩集一卷	伯山詩鈔十七卷
（清）范元亨撰	（清）康發祥撰
故友詩錄初編	伯山全集
澹勤室詩六卷	伯山文鈔一卷
（清）傅壽彤撰	（清）康發祥撰
澹勤室著述	伯山全集
景陸遺詩一卷	夢逋草堂劫餘稿九卷補遺一卷文賸一卷
（清）錢贄撰	（清）陸日愛撰
湖墅錢氏家集	松陵陸氏叢著
遲菴集杜詩一卷	永慕廬文集二卷
（清）孫毓汶撰	（清）蕭文業撰
念劬廬叢刊初編	楚州叢書第一集
紅林禽館詩錄一卷	田家四時詩
（清）姚前樞撰	（清）袁學瀾撰
金山姚氏二先生集	適園叢稿
井眉居詩錄二卷	徐竹所先生遺稿二卷
（清）姚前機撰	（清）徐文錫撰
金山姚氏二先生集	三節合編附
蘭如詩鈔一卷	淞溪遺稿二卷
（清）葉蕙心撰	（清）鍾奭撰
小學類編附	詒安堂全集

鍾家詩鈔合集	（清）文星昭撰
拙餘老人遺稿一卷	柳堂師友詩錄初編
（清）張錫嘏撰	惜陰軒詩草一卷
梅溪張氏詩錄	（清）單玉騏撰
姚正甫文集十卷	柳堂師友詩錄初編
（清）姚承輿撰	碧華館吟草一卷
姚正父集	（清）殷如琳撰
操觓齋遺書四卷	江寧方氏遺稿
（清）管禮耕撰	唅敢覽館稿一卷
南菁書院叢書第二集	（清）曹應鐘撰
車別駕集四卷	滂喜齋叢書第一函
（清）車玉襄撰	叢書集成初編・文學類
邵陽車氏一家集	安所遇軒詩鈔一卷
龍川先生詩鈔一卷	（清）何世文撰
（清）李晴峯撰	柳堂師友詩錄初編
佚叢甲集	念鞠齋時文賸稿一卷
聽秋山房賸稿一卷	（清）薛鑫撰
（清）王爾銘撰	薛氏五種
黃氏逸書考（民國補刊本）附	靜軒駢文賸稿一卷
自怡吟拾存一卷附錄一卷	（清）王汝翼撰
（清）榮漢璋撰　附錄（民國）榮善昌（民國）	先澤殘存
榮棣輝輯	靈石軒存稿一卷
錫山榮氏繩武樓叢刊	（清）卓洽撰
清籟館存稿一卷	友聲集
（清）周綵撰	借園詩存二卷
友聲集	（清）卓筆峯撰
雙青堂詩鈔一卷	友聲集
（清）關少白撰	蒼水詩鈔一卷
柳堂師友詩錄初編	（清）吳元凱撰
守默齋詩稿一卷	友聲集
（清）何應祺撰	肩鳳齋存稿二卷
柳堂師友詩錄初編	（清）徐磈撰
珊洲別墅詩鈔一卷	友聲集
（清）尹士選撰	待蘭軒存稿二卷
柳堂師友詩錄初編	（清）王欽霖撰
綠芸吟館詩鈔一卷	友聲集
（清）朱爾田撰	知魚樂齋存稿一卷
柳堂師友詩錄初編	（清）張恂撰
嶺南遊草一卷	友聲集
（清）蔡愚若撰	蓉湖存稿二卷
柳堂師友詩錄初編	（清）盧湧撰
駕海樓稿一卷	友聲集
（清）曾鎮鰲撰	堞影軒存稿四卷
柳堂師友詩錄初編	（清）李續香撰
眠綠山房詩草一卷	友聲集
（清）鄭榮撰	紙香書屋存稿一卷
柳堂師友詩錄初編	（清）李友香撰
鳴琴仙館詩鈔一卷	友聲集

六梅書屋存稿一卷
　　(清)馮金銛撰
　　　　友聲集
有竹居存稿三卷
　　(清)言啓方撰
　　　　友聲集
白雲軒存稿四卷
　　(清)張偉庚撰
　　　　友聲集續集
醒菴存稿二卷
　　(清)張掄撰
　　　　友聲集續集
石香存稿一卷
　　(清)于文潛撰
　　　　友聲集續集
湘痕閣存稿一卷
　　(清)袁嘉撰
　　　　友聲集續集
夢湘樓詩薹二卷
　　(清)宗婉撰
　　　　湘繭合薹
東道集一卷
　　(清)徐河清撰
　　　　齊東韻語
玉犧館詩集一卷
　　(清)徐河清撰
　　　　齊東韻語
綸音堂詩集四卷
　　(清)徐河清撰
　　　　齊東韻語
紫薇閣詩集一卷
　　(清)徐河清撰
　　　　齊東韻語
丁節母詩存一卷
　　(清)蔡口撰
　　　　衡望堂叢書初稿
丹稜文鈔四卷
　　(清)蔣彤撰
　　　　常州先哲遺書後編·集類
小亭信口吟一卷
　　(清)曹敏撰
　　　　洛陽曹氏叢書
居易堂殘稿一卷
　　(清)章六峯撰
　　　　春暉堂叢書
王香峯先生文集一卷
　　(清)王伯允撰
　　　　復性齋叢書

薛仁齋先生遺集八卷附錄一卷
　　(清)薛于瑛撰
　　　　西京清麓叢書續編
耕烟草堂詩鈔二卷
　　(清)平疇撰
　　　　蓺園叢書
秋水堂遺詩一卷
　　(清)朱慶蕚撰
　　　　蓺園叢書
寶善堂遺稿二卷
　　(清)朱潮撰
　　　　蓺園叢書
琴鶴山房駢體文鈔一卷
　　(清)趙銘撰
　　　　國朝十家四六文鈔
隨山館叢棄四卷
　　(清)汪瑔撰
　　　　隨山館全集
隨山館猥棄十卷續棄二卷
　　(清)汪瑔撰
　　　　隨山館全集
芙生詩鈔一卷
　　(清)汪瑔撰
　　　　柳堂師友詩錄初編
隨山館尺牘二卷
　　(清)汪瑔撰
　　　　隨山館全集
正誼堂文集二十四卷
　　(清)董沛撰
　　　　正誼堂全集
六一山房詩集十卷續集十卷
　　(清)董沛撰
　　　　正誼堂全集
白香亭詩一卷
　　(清)鄧輔綸撰
　　　　三子詩選
　　　　挹秀山房叢書·浮湘訪學集
桐西書屋詩鈔一卷文鈔一卷
　　(清)潘介繁撰
　　　　陟岡樓叢刊甲集·潘氏一家言
王弢園尺牘二卷
　　(清)王韜撰
　　　　明清十大家尺牘
儆季文鈔六卷
　　(清)黃以周撰
　　　　儆季雜著
卅六芙蓉館詩存六卷
　　(清)張曾塏撰

東倉書庫叢刻初編

伯瀰詩草一卷
　　（清）王炳華撰
　　　　青箱集

椒園詩鈔七卷
　　（清）黎庶蕃撰
　　　　黎氏家集

越縵堂詩文集不分卷
　　（清）李慈銘撰
　　　　越縵堂所著書

越縵山房叢槀一卷
　　（清）李慈銘撰
　　　　越縵堂所著書

湖塘林館駢體文鈔（一名越縵堂類稿）殘
　一卷（存卷二）
　　（清）李慈銘撰
　　　　越縵堂所著書

湖塘林館駢體文鈔二卷
　　（清）李慈銘撰
　　　　國朝十家四六文鈔

越縵叢槀棄餘一卷
　　（清）李慈銘撰
　　　　越縵堂所著書

越縵堂文鈔一卷
　　（清）李慈銘撰
　　　　禹城叢書

寒松閣詩八卷
　　（清）張鳴珂撰
　　　　寒松閣集

寒松閣駢體文一卷續一卷
　　（清）張鳴珂撰
　　　　寒松閣集

林太僕文鈔二卷
　　（清）林達泉撰
　　　　茶陽三家文鈔

蒿庵詩一卷
　　（清）莊棫撰
　　　　三子詩選

縵雅堂駢體文八卷
　　（清）王詒壽撰
　　　　楡園叢刻
　　　　叢書集成初編・文學類

縵雅堂尺牘（一名王眉叔先生尺牘）一卷
　　（清）王詒壽撰
　　　　尺牘叢刻

轅下吟編一卷
　　（清）吳修祜撰
　　　　蘦蒔山莊遺著

蘦蒔山莊駢散芟存一卷
　　（清）吳修祜撰
　　　　蘦蒔山莊遺著

鄭盦詩存一卷文存一卷
　　（清）潘祖蔭撰
　　　　陟岡樓叢刊甲集

說雲樓詩草二卷
　　（清）郭式昌撰
　　　　侯官郭氏家集彙刊

樸學廬文初鈔一卷詩鈔五卷
　　（清）宋祖駿撰
　　　　樸學廬叢刻

樸學廬文鈔一卷
　　（清）宋祖駿撰
　　　　樸學廬叢刻

樸學廬外集鈔一卷
　　（清）宋祖駿撰
　　　　樸學廬叢刻

耕雲別墅詩集一卷
　　（清）鄔啓祚撰
　　　　鄔家初集

闓三寶齋詩一卷
　　（清）勒深之撰
　　　　四子詩錄

遠堂詩一卷
　　（清）陶福祉撰
　　　　四子詩錄

榮雅堂詩一卷
　　（清）歐陽熙撰
　　　　四子詩錄

戞春林屋詩一卷
　　（清）陳熾撰
　　　　四子詩錄

仲實類槀一卷
　　（清）魯賁撰
　　　　魯氏遺著・補過軒四書文附

仲實詩存二卷
　　（清）魯賁撰
　　　　魯氏遺著・補過軒四書文附

柏巌乙稿十五卷丙稿一卷
　　（清）凌煜撰
　　　　金陵叢書丁集

恕堂存稿詩一卷
　　（清）王文思撰
　　　　先澤殘存續編

恕堂存稿一卷
　　（清）王文思撰
　　　　先澤殘存續編

王孟調明經西甿草一卷
　　(清)王星誠撰
　　　　湂喜齋叢書第一函・越三子集
　　西甿殘草一卷
　　　　叢書集成初編・文學類
屈廬詩稿四卷
　　(清)鄭知同撰
　　　　遵義鄭徵君遺著附
　　　　清代學術叢書第二集
　　　　巢經巢全集附
漱芳齋文鈔一卷
　　(清)鄭知同撰
　　　　巢經巢全集附
柏堂賸稿三卷
　　(清)陳爾幹撰
　　　　大亭山館叢書・集類
潔園詩稿一卷
　　(清)鄭福照撰
　　　　潔園遺著
挹翠樓詩存二卷
　　(清)朱紹頤撰
　　　　石城七子詩鈔
見山樓詩集四卷
　　(清)張翊儁撰
　　　　四明叢書第七集
續語堂詩存一卷文存一卷
　　(清)魏錫曾撰
　　　　魏稼孫全集
懶餘吟草二卷
　　(清)釋聖敎撰
　　　　焦山六上人詩
漱蘭詩葺一卷補遺一卷
　　(清)黃體芳撰
　　　　惜硯樓叢刊
復堂類集文四卷詩十一卷
　　(清)譚獻撰
　　　　半厂叢書初編
復堂詩續一卷
　　(清)譚獻撰
　　　　念劬廬叢刊初編
復堂詩一卷
　　(清)譚獻撰
　　　　三子詩選
待堂文一卷
　　(清)吳懷珍撰
　　　　半厂叢書初編
性源詩存一卷
　　(清)釋覺詮撰

　　　　焦山六上人詩
芥航詩存一卷
　　(清)釋大須撰
　　　　焦山六上人詩
半讀齋賸稿一卷雜著一卷
　　(清)榮汝楫撰
　　　　錫山榮氏繩武樓叢刊
藻川堂詩集選六卷
　　(清)鄧繹撰
　　　　藻川堂全集
藻川堂文內集一卷外集一卷
　　(清)鄧繹撰
　　　　藻川堂全集
藻川堂詩集一卷
　　(清)鄧繹撰
　　　　挹秀山房叢書・浮湘訪學集
五塘詩草六卷雜俎三卷
　　(清)許印芳撰
　　　　雲南叢書初編・集部
迦蘭陀室詩鈔一卷
　　(清)潘康保撰
　　　　陟岡樓叢刊甲集・潘氏一家言
窳櫝詩質一卷
　　(清)周星詒撰
　　　　如皋冒氏叢書附・五周先生集
玉餘外編文鈔一卷
　　(清)莊士敏撰
　　　　大亭山館叢書・集類
玉餘尺牘附編八卷
　　(清)莊士敏撰
　　　　塙葉山房叢鈔
儀顧堂集十六卷
　　(清)陸心源撰
　　　　潛園總集
李文誠公遺詩一卷
　　(清)李文田撰
　　　　心園叢刻一集
小有天園雜著一卷
　　(清)金壽祺撰
　　　　赤城遺書彙刊
陶堂遺文一卷
　　(清)高心夔撰
　　　　高陶堂遺集
陶堂志微錄五卷
　　(清)高心夔撰
　　　　高陶堂遺集
括囊詩草二卷
　　(清)佝兆山撰

　　　　金陵叢書丁集

澤雅堂文集八卷
　　（清）施補華撰
　　　　湖州叢書

孟晉齋文集五卷外集一卷附錄一卷
　　（清）顧壽楨撰
　　　　顧氏家集

櫻寧齋詩草一卷
　　（清）劉肇均撰
　　　　清芬叢鈔

謫麐堂遺集文二卷詩二卷補遺一卷
　　（清）戴望撰
　　　　風雨樓叢書

聘梅偓館詩草一卷
　　（清）鍾毓撰
　　　　鍾家詩鈔合集

蜀游草一卷
　　（清）鍾毓撰
　　　　鍾家詩鈔合集

江陽草一卷
　　（清）鍾毓撰
　　　　鍾家詩鈔合集

含齋詩賸一卷
　　（清）熊其英撰
　　　　二熊君詩賸

海琴樓遺文一卷
　　（清）熊其光撰
　　　　二熊君詩賸

刻和字石印記一卷
　　（清）汪之昌撰
　　　　青學齋五種

述祖詩一卷
　　（清）汪之昌撰
　　　　青學齋五種

顧伯虯遺詩二卷
　　（清）顧我愚撰
　　　　金陵叢書丁集

南岡草堂詩選二卷
　　（清）秦際唐撰
　　　　石城七子詩鈔

張文襄公詩集四卷
　　（清）張之洞撰
　　　　張文襄公全集

張文襄公古文二卷
　　（清）張之洞撰
　　　　張文襄公全集

廣雅堂散體文二卷附錄一卷
　　（清）張之洞撰

　　　　廣雅堂四種

廣雅堂駢體文二卷補遺一卷
　　（清）張之洞撰
　　　　廣雅堂四種

張文襄公駢文二卷
　　（清）張之洞撰
　　　　張文襄公全集

廣雅碎金四卷附錄一卷
　　（清）張之洞撰
　　　　漸西村舍彙刊
　　　　叢書集成初編·文學類

廣雅堂試帖一卷
　　（清）張之洞撰
　　　　樊山集·二家試帖

張文襄公書札八卷
　　（清）張之洞撰
　　　　張文襄公全集

張文襄公尺牘三十六卷
　　（清）張之洞撰
　　　　張文襄公全集

張文襄公家書一卷
　　（清）張之洞撰
　　　　張文襄公全集

毅齋遺集五卷
　　（清）方培濬撰
　　　　柏堂遺書附

吉仙賸稿一卷附錄一卷
　　（清）姚其慶撰
　　　　周浦南蔭堂姚氏叢刊

何少詹文鈔三卷
　　（清）何如璋撰
　　　　茶陽三家文鈔

庸庵文編四卷文續編二卷文外編四卷海
　外文編四卷
　　（清）薛福成撰
　　　　庸庵全集

姑妄存之詩鈔一卷
　　（清）徐致祥撰
　　　　徐季和先生喬梓遺稿

木庵文櫜一卷
　　（清）陳書撰
　　　　石遺室叢書

木庵居士詩四卷補遺一卷
　　（清）陳書撰
　　　　石遺室叢書

粲花館詩鈔一卷
　　（清）樓杏春撰
　　　　義烏先哲遺書

傲霜園詩鈔一卷
　　(清)薄承硯撰
　　　　雪華館叢編·集類
祥桂堂詩草四卷
　　(清)劉秉衡撰
　　　　名山全集·名山叢書
冷紅館賸稿四卷
　　(清)秦臻撰
　　　　冷紅館全集
冷紅館詩補鈔二卷
　　(清)秦臻撰
　　　　冷紅館全集
修修利齋偶存一卷
　　(清)秦臻撰
　　　　冷紅館全集
荻華堂詩存一卷
　　(清)蔡琳撰
　　　　金陵叢書丁集
欣寄小集一卷
　　(清)曾駿章撰
　　　　柳堂師友詩錄初編
問鸝山館詩鈔一卷
　　(清)楊炳勳撰
　　　　柳堂師友詩錄初編
稻鄉樵唱一卷
　　(清)黃寶田撰
　　　　柳堂師友詩錄初編
子新遺詩一卷
　　(清)黃寶銘撰
　　　　柳堂師友詩錄初編
子熙賸草一卷
　　(清)宋紹濂撰
　　　　柳堂師友詩錄初編
潛修堂吟草一卷
　　(清)麥啓科撰
　　　　柳堂師友詩錄初編
六勿軒詩存一卷
　　(清)李毓林撰
　　　　柳堂師友詩錄初編
桐桂軒課孫草一卷
　　(清)官煥揚撰
　　　　柳堂師友詩錄初編
紫薇山館遺草一卷
　　(清)官楨揚撰
　　　　柳堂師友詩錄初編
綠雲山房遺草一卷
　　(清)官志春撰
　　　　柳堂師友詩錄初編

偶香園詩草一卷
　　(清)韋康元撰
　　　　柳堂師友詩錄初編
雌伏吟一卷
　　(清)蘇念禮撰
　　　　柳堂師友詩錄初編
朝珊賸草一卷
　　(清)林彭年撰
　　　　柳堂師友詩錄初編
梅花書屋詩鈔一卷
　　(清)陳方平撰
　　　　柳堂師友詩錄初編
坦園文錄十四卷詩錄二十卷賦錄一卷偶
　　錄三卷
　　(清)楊恩壽撰
　　　　坦園全集
莘廬文一卷
　　(清)凌泗撰
　　　　莘廬遺集
莘廬遺詩六卷補遺一卷
　　(清)凌泗撰
　　　　莘廬遺集
浮梅日記一卷
　　(清)凌泗撰
　　　　莘廬遺集
松陵水災新樂府一卷
　　(清)凌泗撰
　　　　吳氏羹書囊甲編
三十二蘭亭室詩鈔一卷
　　(清)劉湋年撰
　　　　柳堂師友詩錄初編
海嶽堂詩稿一卷
　　(清)江有燦撰
　　　　柳堂師友詩錄初編
一得山房詩鈔一卷
　　(清)張景陽撰
　　　　柳堂師友詩錄初編
松壽軒詩鈔一卷
　　(清)李聯蕃撰
　　　　柳堂師友詩錄初編
養志書屋詩鈔一卷
　　(清)崇祐撰
　　　　柳堂師友詩錄初編
龍泉園詩草一卷文草一卷尺牘一卷題跋
　　一卷
　　(清)李江撰
　　　　龍泉師友遺稿合編·龍泉園集
嘯劍山房詩鈔四卷

（清）文星瑞撰
　　　端溪叢書四集
嘯劍山房剩草一卷
　（清）文星瑞撰
　　　柳堂師友詩錄初編
且巢詩存五卷
　（清）周葆濂撰
　　　金陵叢書丁集
伏敬堂詩集一卷
　（清）江湜撰
　　　詁安堂全集·同人詩錄
問奇室詩集二卷續集一卷文集一卷
　（清）蔣曰豫撰
　　　蔣侑石遺書
棗花老屋集一卷
　（清）何其超撰
　　　詁安堂全集·同人詩錄
聽雨草堂詩存一卷
　（清）吳安謙撰
　　　小方壺齋叢書四集
翠莟館詩一卷
　（清）石渠撰
　　　吳會英才集
磨盾集二卷
　（清）方炳奎撰
　　　中隱堂雜著
朧仙吟館遺稿一卷
　（清）朱嘉金撰
　　　三朱遺編
春艸堂遺稿一卷
　（清）姚陽元撰
　　　咫進齋叢書第一集
楡園雜興詩一卷
　（清）袁振業撰
　　　漸西村舍彙刊
　　　叢書集成初編·文學類
謙齋初集二卷二集二卷三集二卷續集一
卷
　（清）王尙辰撰
　　　合肥王氏家集
蕴隱庵雜作一卷
　（清）王尙辰（肥上一民）撰
　　　合肥王氏家集
寄生山館詩賸一卷
　（清）徐士怡撰
　　　觀自得齋叢書
邱太守文鈔一卷
　（清）邱晉昕撰

茶陽三家文鈔
勉鋤山館存稿一卷
　（清）秦樹銛撰
　　　古今文藝叢書第二集
鄭谷詩存八卷
　（清）劉世奇撰
　　　西京清麓叢書外編
逸園詩稿一卷
　（清）曹崇慶撰
　　　慕雲集存
蓉裳文稿一卷
　（清）周贊撰
　　　慕雲集存
倚玉生詩稿一卷
　（清）錢錫章撰
　　　湖墅錢氏家集
幼學存草一卷
　（清）錢錫慶撰
　　　湖墅錢氏家集
酉山遺詩一卷
　（清）錢錫鬯撰
　　　湖墅錢氏家集
惜花軒詩稿一卷
　（清）錢錫正撰
　　　湖墅錢氏家集
繩槎遺詩一卷
　（清）錢錫祉撰
　　　湖墅錢氏家集
韻園遺詩一卷
　（清）錢錫保撰
　　　湖墅錢氏家集
芸香館遺詩二卷
　（清）那遜蘭保撰
　　　喜詠軒叢書甲編
醉鶴詩草一卷
　（清）馮鎧撰
　　　柳堂師友詩錄初編
退室詩稿一卷
　（清）王棨華撰
　　　達亭老人遺稿
鏡海樓詩集四卷
　（清）楊翰鳳撰
　　　清風室叢書
沈子磻遺文正編一卷外編一卷
　（清）沈銘石撰
　　　粟香室叢書
榮寶堂詩鈔一卷
　（清）林玉衡撰

柳堂師友詩錄初編

含芳館詩鈔一卷
　　(清)嚴澂華撰
　　　　同懷忠孝集

虛白山房詩集四卷
　　(清)朱鳳毛撰
　　　　端溪叢書四集

誦芬館詩鈔二卷
　　(清)陸亙昭撰
　　　　松陵陸氏叢著

少蒙詩存一卷
　　(清)陸亙輝撰
　　　　松陵陸氏叢著

月來軒詩稿一卷
　　(清)錢韞素撰
　　　　上海李氏易園三代清芬集

萬里游草殘稿三卷
　　(清)陸光祖撰
　　　　沔陽叢書

拙脩老人遺稿一卷
　　(清)陳崇砥撰
　　　　高節陳氏詩略

殘葉箋一卷
　　(清)陳寶廉撰
　　　　高節陳氏詩略

繭香館唫艸一卷
　　(清)宗粲撰
　　　　湘繭合藁

棣香館詩鈔一卷
　　(清)陳琛撰
　　　　赤城遺書彙刊

鷗寄軒詩存二卷
　　(清)王希程撰
　　　　蓬山兩寅賢詩鈔

小有齋自娛集一卷
　　(清)徐鈞撰
　　　　昆陵徐氏家集

臥梅廬詩存二卷
　　(清)徐師謙撰
　　　　愼行堂三世詩存

園居錄詩鑑一卷
　　(清)張金圻撰
　　　　申報館叢書續集·紀麗類·屑玉叢譚
　　　　三集

行我法軒二十四孝試帖一卷
　　(清)華世熙撰
　　　　昆明華氏叢刻

餞月樓詩鈔一卷

　　(清)張月娟撰
　　　　申報館叢書續集·紀麗類·屑玉叢譚
　　　　三集

池陽吟草二卷續草一卷
　　(清)余庚陽撰
　　　　西京清麓叢書外編

清後期下

顧齋遺集二卷
　　(清)王軒撰
　　　　山右叢書初編

鹿山雜著一卷
　　(清)蕭光遠撰
　　　　遵義蕭氏遺書

詩畸八卷外編二卷
　　(清)唐景崧撰
　　　　得一山房四種

海杓堂文一卷詩一卷
　　(清)胡桂生撰
　　　　胡氏遺書

天長宣氏三十六聲粉鐸圖詠一卷鐸餘逸
韻一卷
　　(清)宣鼎撰
　　　　申報館叢書正集·新奇說部類·異書
　　　　四種

不懈齋詩鈔一卷
　　(清)周慶麟撰
　　　　柳堂師友詩錄初編

復初堂文集二卷
　　(清)秦東來撰
　　　　復初堂集

南澗行一卷
　　(清)李煊撰
　　　　香豔叢書第十五集

志親堂集不分卷
　　(清)林燕典撰
　　　　海南叢書第九集

愛竹館詩藁一卷
　　(清)李瑞裕撰
　　　　柳堂師友詩錄初編

醞香樓集一卷
　　(清)趙韻花撰
　　　　彤奩雙璧

大衍集一卷
　　(清)胡亶撰
　　　　四明叢書第六集

約仙遺稿一卷
　　(清)胡亶撰

四明叢書第六集·大衍集附

誦芬詩略 三卷
　　（清）黃炳垕撰
　　　　留書種閣集

八旬自述百韵詩一卷
　　（清）黃炳垕撰
　　　　留書種閣集·誦芬詩略附

守身執玉軒遺文一卷
　　（清）袁世紀撰
　　　　漸西村舍彙刊
　　　　叢書集成初編·文學類

一笑先生詩鈔二卷文鈔一卷
　　（清）李玉湛撰
　　　　雲南叢書初編·集部

侶樊草堂詩鈔二卷
　　（清）黎原超撰
　　　　寄南園二子詩鈔

看山樓詩鈔二卷
　　（清）馮永年撰
　　　　寄南園二子詩鈔

判餘隨錄一卷
　　（清）海霈撰
　　　　佚園叢書

芬響閣附存蘦一卷
　　（清）陳瑤撰
　　　　繡水王氏家藏集（咸豐本、光緒本）附
　　　　刻

大羨吟草六卷
　　（清）陳昌沂撰
　　　　橘蔭軒全集

蘭谷遺彙一卷
　　（清）顧德馨撰
　　　　懷潞園叢刊

壽聲堂存稿二卷
　　（清）胡大文撰
　　　　胡氏遺書

退思軒詩存一卷試帖二卷
　　（清）史澄撰
　　　　味根山房全集

春星草堂集二十二卷
　　（清）沈丙瑩撰
　　　　吳興長橋沈氏家集

學吟賸草一卷
　　（清）鍾偉撰
　　　　鍾家詩鈔合集

扁善齋詩選二卷
　　（清）鄧嘉緝撰
　　　　石城七子詩鈔

怡雲堂詩集一卷
　　（清）沈保靖撰
　　　　怡雲堂全集

怡雲堂雜文一卷
　　（清）沈保靖撰
　　　　怡雲堂全集

怡雲堂內集一卷
　　（清）沈保靖撰
　　　　怡雲堂全集

怡雲堂戊子集一卷
　　（清）沈保靖撰
　　　　怡雲堂全集

綠綺樓詩鈔一卷
　　（清）張振烈撰
　　　　柳堂師友詩錄初編

鄂不詩詞二十卷駢文一卷銘贊一卷
　　（清）唐贊袞撰
　　　　鄂不齋叢書

寫經齋初稿四卷
　　（清）葉大莊撰
　　　　寫經齋全集

寫經齋續稿二卷
　　（清）葉大莊撰
　　　　寫經齋全集

寫經齋文稿二卷
　　（清）葉大莊撰
　　　　寫經齋全集

石船居雜箸賸稿不分卷
　　（清）李超瓊撰
　　　　石船居賸稿

石船居古今體詩賸稿十二卷
　　（清）李超瓊撰
　　　　石船居賸稿

靜學廬遺文一卷
　　（清）施文銓撰
　　　　安吉施氏遺著

蔗境軒詩鈔一卷
　　（清）梁炯撰
　　　　柳堂師友詩錄初編

綏陽鴻印一卷
　　（清）王佝撰
　　　　召杜心聲

求在我齋文集二卷詩集二卷
　　（清）陳濬撰
　　　　求在我齋全集

陳心泉文稿（一名求在我齋制藝）四卷
　　（清）陳濬撰
　　　　求在我齋全集

翠微軒詩稿三卷
    (清)高順貞撰
      培根堂全稿附
爛存詩鈔一卷
    (清)潘爵撰
      陟岡樓叢刊甲集・潘氏一家言
詩契齋詩鈔六卷
    (清)許玉瑑撰
      詩契齋十種
詩契齋駢文一卷
    (清)許玉瑑撰
      詩契齋十種
詩契齋叢稿三卷
    (清)許玉瑑撰
      詩契齋十種
磨綺室詩存一卷
    (清)丁蓉綬撰
      王益吾所刻書
荔莊詩存一卷
    (清)陳銘珪撰
      聚德堂叢書
養雲廬詩草一卷
    (清)方傳勳撰
      江寧方氏遺稿
季紅花館偶吟一卷
    (清)孫佩芬撰
      二談女史詩詞合刊
錡齋詩集一卷
    (清)李長霞撰
      披海叢書
文斤山民集六卷
    (清)魏絲撰
      邵陽魏先生遺集
泳經堂叢書二卷
    (清)魏絲撰
      邵陽魏先生遺集
復初文錄一卷
    (清)魏絲撰
      邵陽魏先生遺集
紀遊吟草一卷
    (清)杜鳳岐撰
      柳堂師友詩錄初編
銀月山房詩草一卷
    (清)李傳煃撰
      柳堂師友詩錄初編
嘉穀山房詩草一卷
    (清)張君玉撰
      柳堂師友詩錄初編

宦游吟草一卷
    (清)蔡錦青撰
      柳堂師友詩錄初編
梧桐庭院詩鈔一卷
    (清)潘光瀛撰
      柳堂師友詩錄初編
委懷書舫遺草一卷
    (清)李孝昌撰
      柳堂師友詩錄初編
小摩圍閣詩鈔一卷
    (清)沈澤蘅撰
      柳堂師友詩錄初編
海雪詩龕詩鈔一卷
    (清)胡仁撰
      柳堂師友詩錄初編
眠琴館詩鈔一卷
    (清)胡斯錞撰
      柳堂師友詩錄初編
龜樹根館詩草一卷
    (清)李肇生撰
      柳堂師友詩錄初編
李徵士遺稿一卷
    (清)李邦黻撰
      上海李氏易園三代清芬集
青箱室詩鈔一卷
    (清)王泰階撰
      重思齋叢書
晚學齋詩初集二卷二集十二卷續集一卷
文集二卷
    (清)鄭由熙撰
      晚學齋集
晚學齋外集四卷
    (清)鄭由熙撰
      晚學齋集
養拙齋詩存一卷
    (清)胡學書撰
      樸學齋叢書第一集
守拙齋詩存一卷文存一卷
    (清)胡鼎撰
      樸學齋叢書第一集
一繫之居遺稿一卷
    (清)陳與同撰
      高節陳氏詩略
緘齋遺稿一卷
    (清)陳與冏撰
      高節陳氏詩略
吟莊館遺詩一卷
    (清)路秀貞撰

喜咏軒叢書甲編

補園賸稾二卷
　（清）包履吉撰
　　　四明叢書第四集
傳鐙賸稿一卷
　（清）滕元鑑撰
　　　一家詩詞鈔
棠雲館殘稿一卷
　（清）滕學濂撰
　　　一家詩詞鈔
虛白舫詩刪存一卷詩焚餘一卷文鈔附刻
　一卷
　（清）滕橦膚撰
　　　一家詩詞鈔
荔隱山房詩草六卷
　（清）涂慶瀾撰
　　　荔隱山房集
荔隱山房進奉文一卷
　（清）涂慶瀾撰
　　　荔隱山房集
荔隱山房文略一卷
　（清）涂慶瀾撰
　　　荔隱山房集
介珊先生遺墨一卷
　（清）許之玟撰
　　　淵源集
日東先生文一卷
　（清）許振撰
　　　淵源集
敬齋存稿二十卷
　（清）張諧之撰
　　　爲己精舍藏書
詞賦二卷
　（清）丁午撰
　　　田園雜著
丁頤生時文一卷附一卷
　（清）丁午撰
　　　田園雜著
華庭詩鈔一卷
　（清）楊德榮撰
　　　大亭山館叢書·集類
億堂文鈔一卷
　（清）羅志讓撰
　　　橫山草堂叢書第二集
延正學齋詩集一卷
　（清）馮濬撰
　　　柳堂師友詩錄初編
藹青編年詩草一卷

　（清）鄒樹榮撰
　　　南昌鄒氏一粟園叢書
公車前草一卷後草一卷
　（清）鄒樹榮撰
　　　南昌鄒氏一粟園叢書
鞠隱山莊遺詩一卷附稾稿一卷
　（清）吳寶三撰
　　　小萬柳堂叢刊
曼陀羅盒詩鈔一卷
　（清）倪鴻撰
　　　柳堂師友詩錄初編
江上草堂前稾四卷
　（清）李嘉績撰
　　　懷潞園叢刊
　　　代耕堂全集
代耕堂中稾十八卷
　（清）李嘉績撰
　　　懷潞園叢刊
代耕堂中稾二十五卷
　（清）李嘉績撰
　　　代耕堂全集
代耕堂雜著四卷
　（清）李嘉績撰
　　　代耕堂全集
心矩齋尺牘一卷
　（清）蔣鳳藻撰
　　　吳中文獻小叢書
賈比部遺集二卷
　（清）賈樹誠撰
　　　葑園叢書
曾惠敏公文集五卷
　（清）曾紀澤撰
　　　曾惠敏公遺集
歸樸齋詩鈔戊集二卷己集二卷
　（清）曾紀澤撰
　　　曾惠敏公遺集
蒓花香榭吟草一卷
　（清）潘介祉撰
　　　陟岡樓叢刊甲集·潘氏一家言
桐城吳先生文集四卷詩集一卷
　（清）吳汝綸撰
　　　桐城吳先生全書·經說附錄
吳摯甫文鈔一卷
　（清）吳汝綸撰　（民國）王文濡選
　　　明清八大家文鈔
桐城吳先生尺牘五卷補遺一卷諭兒書一
　卷
　（清）吳汝綸撰

桐城吳先生全書·經說附錄

吳瑟甫歌詩一卷
　　（清）吳瓊撰
　　　　大亭山館叢書·集類

崇蘭堂詩初存十三卷
　　（清）張預撰
　　　　崇蘭堂遺稿

崇蘭堂文存外集一卷
　　（清）張預撰
　　　　崇蘭堂遺稿

閼學公文稿拾遺一卷詩稿拾遺一卷
　　（清）袁保齡撰
　　　　項城袁氏家集·閼學公公牘附

閼學公書札四卷錄遺一卷
　　（清）袁保齡撰
　　　　項城袁氏家集·閼學公公牘附

問青園詩草一卷文草一卷題跋一卷尺牘
　　一卷手帖一卷家書一卷
　　（清）王晉之撰
　　　　問青園集
　　　　龍泉師友遺稿合編·問青園集

紅薔薇館未刪吟草一卷
　　（清）楊蘷撰
　　　　楊子卓先生遺集

天船詩集二卷
　　（清）張星柳撰
　　　　雲南叢書初編·集部

張天船詩選一卷
　　（清）張星柳撰
　　　　滇八家詩選

漢孳室文鈔四卷補遺一卷
　　（清）陶方琦撰
　　　　紹興先正遺書第四集

許文肅公遺稿十二卷
　　（清）許景澄撰
　　　　許文肅公集

許文肅公外集五卷附錄一卷首一卷
　　（清）許景澄撰
　　　　許文肅公集

許文肅公書札二卷
　　（清）許景澄撰
　　　　許文肅公集

王文敏公遺集八卷
　　（清）王懿榮撰
　　　　求恕齋叢書

盋山詩錄二卷
　　（清）顧雲撰
　　　　石城七子詩鈔

不冷堂遺集四卷
　　（清）張舜琴撰
　　　　雲南叢書二編·集部

佩弦齋文存二卷首一卷駢文存一卷詩存
　　一卷
　　（清）朱一新撰
　　　　拙盦叢稿

佩弦齋試帖存一卷律賦存一卷雜存二卷
　　（清）朱一新撰
　　　　拙盦叢稿

佩弦齋尺牘（一名朱鼎甫先生尺牘）一卷
　　（清）朱一新撰
　　　　尺牘叢刻

義烏朱氏論學遺札一卷
　　（清）朱一新撰　（民國）葉德輝輯
　　　　郋園先生全書

添丁小酉之廬詩草一卷
　　（清）董良玉撰
　　　　董氏叢書

梅山夢草一卷
　　（清）董良玉撰
　　　　董氏叢書

楚生文存一卷
　　（清）董良玉撰
　　　　董氏叢書·添丁小酉之廬詩草附

車廣文集一卷
　　（清）車元昺撰
　　　　邵陽車氏一家集

春闈雜詠一卷附錄一卷
　　（清）袁昶撰
　　　　漸西村舍彙刊
　　　　叢書集成初編·文學類

于湖小集六卷
　　（清）袁昶撰
　　　　漸西村舍彙刊
　　　　叢書集成初編·文學類

金陵雜事詩一卷
　　（清）袁昶撰
　　　　漸西村舍彙刊·于湖小集附
　　　　叢書集成初編·文學類·于湖小集附

漸西村人初集十三卷
　　（清）袁昶撰
　　　　漸西村舍彙刊
　　　　叢書集成初編·文學類

安般簃集十卷
　　（清）袁昶撰
　　　　漸西村舍彙刊
　　　　叢書集成初編·文學類

漚簃擬墨一卷
　　(清)袁昶撰
　　　　漸西村舍彙刊
　　　　叢書集成初編·文學類
警庵文存一卷
　　(清)沈璋寶撰
　　　　娟鏡樓叢刻甲帙
詁紅館殘稿一卷
　　(清)郭寶善撰
　　　　六逝集存
康幼博茂才遺詩一卷
　　(清)康廣仁撰
　　　　戊戌六君子集
介卿遺艸一卷
　　(清)顧家樹撰
　　　　顧氏家集
可怡齋賸稿一卷
　　(清)黃鎮淸撰
　　　　怡怡合稿
青溪詩選二卷
　　(清)蔣師轍撰
　　　　石城七子詩鈔
寄漚詩存二卷
　　(清)何延慶撰
　　　　石城七子詩鈔
寫禮廎文集一卷補遺一卷
　　(清)王頌蔚撰
　　　　寫禮廎遺箸
寫禮廎詩集一卷
　　(清)王頌蔚撰
　　　　寫禮廎遺箸
自怡齋吟稿一卷
　　(清)黃鎮渠撰
　　　　怡怡合稿
籒高詩詞一卷
　　(清)孫詒讓撰
　　　　墨香簃叢編
人境廬詩草一卷
　　(清)黃遵憲撰
　　　　邱黃二先生遺稿合刊
黃公度先生詩一卷
　　(清)黃遵憲撰
　　　　客人叢書·客人三先生詩選
黃公度先生詩箋三卷
　　(清)黃遵憲撰　　古直箋
　　　　隅樓叢書
強夢圓太守上當事三書一卷
　　(清)強望泰撰

藕香零拾
善思齋詩鈔七卷續鈔二卷
　　(清)徐宗亮撰
　　　　善思齋集·善思齋文鈔附
　　　　徐茮芩先生著述
善思齋文鈔九卷續鈔四卷
　　(清)徐宗亮撰
　　　　善思齋集
　　　　徐茮芩先生著述
味退居文集三卷
　　(清)黃世榮撰
　　　　文惠全書
味退居文外集二卷
　　(清)黃世榮撰
　　　　文惠全書
蝯叟詩存一卷
　　(清)黃世榮撰
　　　　文惠全書
書牘存稿二卷
　　(清)黃世榮撰
　　　　文惠全書
潛心堂集一卷
　　(清)桂文燦撰
　　　　南海桂氏經學
西笑山房詩鈔三卷
　　(清)于鍾岳撰
　　　　黔南叢書別集
伯英遺稿三卷
　　(清)于鍾岳撰
　　　　黔南叢書別集
訓眞書屋詩存一卷文存一卷
　　(清)黃國瑾撰
　　　　黔南叢書別集
齋志長懷詩集一卷
　　(清)蕭誠齋撰
　　　　二蕭集
雪虛聲堂詩鈔三卷
　　(清)楊深秀撰
　　　　戊戌六君子遺集
笏盦集詩一卷
　　(清)潘志萬撰
　　　　陟岡樓叢刊甲集·潘氏一家言
燕庭遺稿一卷
　　(清)潘志詒撰
　　　　陟岡樓叢刊甲集·潘氏一家言
鬱華閣遺集詩三卷
　　(清)盛昱撰
　　　　留垞叢刻

意園文略二卷
　　(清)盛昱撰
　　　　留垞叢刻
師伏堂詠史一卷駢文六卷詩草六卷
　　(清)皮錫瑞撰
　　　　師伏堂叢書
寒碧軒詩存一卷
　　(清)陳鉦撰
　　　　如不及齋叢書
傳魯堂詩初集三卷
　　(清)周錫恩撰
　　　　是園遺書
傳魯堂詩二集四卷
　　(清)周錫恩撰
　　　　是園遺書
傳魯堂文集六卷
　　(清)周錫恩撰
　　　　是園遺書
傳魯堂駢文三卷
　　(清)周錫恩撰
　　　　是園遺書
靈峯草堂集四卷
　　(民國)陳矩撰
　　　　靈峯草堂叢書
碧雲仙館吟草一卷
　　(清)潘成毅撰
　　　　陟岡樓叢刊甲集
林風閣詩鈔一卷
　　(清)劉淑曾撰
　　　　求恕齋叢書・心嚮往齋詩文集附
介堂詩詞一卷
　　(清)胡元直撰
　　　　端敏遺書
介堂文筆一卷
　　(清)胡元直撰
　　　　端敏遺書
癸甲試賦一卷
　　(清)胡元直撰
　　　　端敏遺書
晚菘齋遺著一卷
　　(清)周慶賢撰
　　　　晨風廬叢刊
鮮庵遺稿一卷
　　(清)黃紹箕撰
　　　　永嘉詩人祠堂叢刻附・二黃先生集
鮮庵遺文一卷
　　(清)黃紹箕撰
　　　　惜硯樓叢刊

遯齋殘稿一卷
　　(清)李步青撰
　　　　雲在山房叢書
中憲詩鈔一卷
　　(清)魏愼餘撰
　　　　魏氏全書・潛園正集
道安室雜文一卷
　　(清)蕭道管撰
　　　　石遺室叢書
蕭閒堂遺詩一卷
　　(清)蕭道管撰
　　　　石遺室叢書
賁園詩鈔五卷
　　(清)嚴遨撰
　　　　渭南嚴氏孝義家塾叢書
霞洲書屋遺稿一卷
　　(清)劉安瀾撰
　　　　吳興叢書
紹仁齋浦游吟一卷
　　(清)孔昭宷撰
　　　　求恕齋叢書・心嚮往齋詩文集附
說經堂詩草一卷
　　(清)楊銳撰
　　　　戊戌六君子遺集
金粟齋遺集八卷首一卷附錄一卷
　　(清)蒯光典撰
　　　　蒯氏家集
紉蘭軒詩稿一卷
　　(清)朱廷棟撰
　　　　徵遠堂遺稿
天根文鈔四卷文法一卷續集一卷詩鈔二
卷
　　(清)何家琪撰
　　　　三怡堂叢書
蘭言居遺稿三卷附錄一卷
　　(清)榮光世撰　附錄(民國)榮培彥輯
　　　　錫山榮氏繩武樓叢刊附
夢園初集一百十六卷
　　(清)劉曾騄撰
　　　　祥符劉氏叢書
賭棋山莊集文七卷文續二卷文又續二卷
詩十四卷
　　(清)謝章鋌撰
　　　　賭棋山莊全集
清抱居賸稿一卷
　　(清)畢庭杰撰
　　　　東倉書庫叢刻初編

息盦尺牘二卷附存一卷
　　（清）陳觀圻撰
　　　　申報館叢書餘集
亞陶公遺詩一卷
　　（清）徐寶謙撰
　　　　語溪徐氏三世遺詩
雙桂軒尺牘一卷
　　（清）丁善儀撰
　　　　申報館叢書續集・尺牘類・尺牘集錦
秀華續咏一卷
　　（清）黃金石撰
　　　　香豔叢書第二十集
澂觀齋詩一卷
　　（清）莊元植撰
　　　　震澤莊氏家集
勵學室詩存一卷
　　（清）莊元植撰
　　　　震澤莊氏家集
寄廬詩草一卷續存一卷
　　（清）莊元植撰
　　　　震澤莊氏家集
寄廬春莫懷人詩一卷
　　（清）莊元植撰
　　　　震澤莊氏家集
懺花盦詩鈔一卷
　　（清）宋澤元撰
　　　　柳堂師友詩錄初編
尊聞堂文集十二卷詩集一卷
　　（清）胡兆春撰
　　　　胡氏遺書
浚民遺文一卷
　　（清）孫傳鳳撰
　　　　靈鶼閣叢書第一集
薇雲室詩稿一卷
　　（清）周之鐄撰
　　　　橋李遺書
慧福樓幸草一卷
　　（清）俞繡孫撰
　　　　春在堂全書
女史吟一卷
　　（清）楊秀芝撰
　　　　西京淸麓叢書外編・女學七種・雙柏
　　　　齋女史吟附
夢萱室遺詩一卷
　　（清）汪孝寬撰
　　　　大亭山館叢書・集類
展碧山房駢體文選二卷
　　（清）邵樹忠撰

沔陽叢書
金鍾山房詩集一卷
　　（清）施浴升撰
　　　　安吉施氏遺著
金鍾山房文集一卷
　　（清）施浴升撰
　　　　安吉施氏遺著
始誦經室文錄一卷
　　（清）胡元儀撰
　　　　丁丑叢編
省炊齋吟稿三卷
　　（清）宋滋蘭撰
　　　　二宋詩鈔
恐齋詩鈔二卷
　　（清）宋滋耆撰
　　　　二宋詩鈔
鳳笯雉噫吟草一卷
　　（清）李龍石撰
　　　　李龍集
三影低思吟草一卷
　　（清）李龍石撰
　　　　李龍集
二不草堂詩鈔一卷
　　（清）李龍石撰
　　　　李龍集
寄窩鈔存一卷
　　（清）李龍石撰
　　　　李龍集
養園漫稿二卷
　　（清）李龍石撰
　　　　李龍集
我存稿二卷續稿二卷
　　（清）李龍石撰
　　　　李龍集
湫龍檻虎答慰一卷
　　（清）李龍石撰
　　　　李龍集
二可又銘書屋稿存二卷
　　（清）李龍石撰
　　　　李龍集
鞠笙遺集二卷
　　（清）邢崇先撰
　　　　雪華館叢編・集類
承清堂詩集一卷
　　（清）王嗣祥撰
　　　　先澤殘存
醉園詩存十三卷
　　（清）蔣萼撰

愛吾廬稿

哦月樓詩存二卷
　　(清)儲慧撰
　　　愛吾廬稿

次園詩存五卷
　　(清)蔣彬若撰
　　　愛吾廬稿

峽源集一卷
　　(清)毛宗藩撰
　　　四明叢書第八集

涇南詩稿三卷
　　(清)朱贋堯撰
　　　徵遠堂遺稿

快晴室駢體文一卷
　　(清)朱贋堯撰
　　　徵遠堂遺稿

小酉詩稿一卷
　　(清)朱贋颺撰
　　　徵遠堂遺稿

遲雲閣詩稿四卷文稿五卷
　　(清)郭階撰
　　　春暉雜稿

集選詩一卷
　　(清)郭階撰
　　　春暉雜稿

靜志齋吟草一卷
　　(清)徐韋佩撰
　　　涇陽文獻叢書

元穆文鈔二卷
　　(清)杜俞撰
　　　海嶽軒叢刻

黃陵詩鈔一卷
　　(清)杜俞撰
　　　海嶽軒叢刻

黃陵書牘二卷
　　(清)杜俞撰
　　　海嶽軒叢刻

采菽堂書牘二卷
　　(清)杜俞撰
　　　海嶽軒叢刻

山鹽阜安四院課藝一卷
　　(清)何其傑撰
　　　景袁齋叢書

龍城書院課藝一卷
　　(清)何其傑撰
　　　景袁齋叢書

鳳鳴書院課藝一卷
　　(清)何其傑撰

景袁齋叢書

織餘草二卷
　　(清)胡家萱撰
　　　松龕間合刻詩鈔

看山樓草二卷
　　(清)沈彥模撰
　　　吳興長橋沈氏家集

松桂林草二卷
　　(清)沈家罷撰
　　　吳興長橋沈氏家集

漱珊公遺詩一卷
　　(清)徐福謙撰
　　　語溪徐氏三世遺詩

子梅公遺詩一卷
　　(清)徐著謙撰
　　　語溪徐氏三世遺詩

杏伯公遺詩一卷
　　(清)徐多鑼撰
　　　語溪徐氏三世遺詩

蓉史公遺詩一卷
　　(清)徐多鈐撰
　　　語溪徐氏三世遺詩

菊農公遺詩一卷
　　(清)徐多綬撰
　　　語溪徐氏三世遺詩

藕卿公遺詩一卷
　　(清)徐多紳撰
　　　語溪徐氏三世遺詩

雙虹堂詩合選不分卷
　　(清)張幼學撰
　　　海陵叢刻

近青山草堂詩初稿一卷
　　(清)張鼎銘撰
　　　武原先哲遺書初編

棲香閣藏稿一卷
　　(清)李藻撰
　　　名山全集

小種字林試帖偶存一卷
　　(清)吳受福撰
　　　小種字林叢刻

運甓編一卷
　　(清)吳受福撰
　　　小種字林叢刻

蓮鷺雙谿舍遺稿一卷
　　(清)吳國賢撰
　　　小種字林叢刻

秋紅霓詠一卷
　　(清)杜元勳撰

申報館叢書續集・紀麗類・屑玉叢譚
初集
娛萱室小品

彊靜齋詩錄一卷
　（清）吳式釗撰
　　雲南叢書二編・集部

昔巢先生遺稿一卷
　（清）吳鳳前撰
　　武原先哲遺書初編

一爐香室詩存一卷
　（清）李承黨撰
　　武原先哲遺書初編

養性讀書齋詩存一卷
　（清）黃國瑚撰
　　武原先哲遺書初編

繭室遺詩一卷
　（清）徐振常撰
　　武原先哲遺書初編

清風室文鈔十二卷詩鈔五卷
　（清）錢保塘撰
　　清風室叢刊

東池草堂尺牘四卷
　（清）謝鴻申撰
　　申報館叢書餘集

五色瓜廬尺牘叢殘四卷
　（清）邵慶辰撰
　　申報館叢書餘集

梅香館尺牘四卷
　（清）駱爍撰
　　申報館叢書餘集

耳鳴山人賸藁一卷
　（清）周寅撰
　　小方壺齋叢書四集

問湘樓駢文初稿四卷
　（清）胡念修輯
　　刻鵠齋叢書

回文片錦一卷
　（清）童叶庚撰
　　睫巢鏡影

天隱堂文錄二卷
　（清）淩霞撰
　　吳興叢書

枚葉遺草一卷
　（清）王德荣撰
　　合肥王氏家集・蟊隱庵雜作附

澹雅居小草一卷
　（清）王德名撰
　　合肥王氏家集・蟊隱庵雜作附

醉茶吟草二卷
　（清）李慶辰撰
　　天津詩人小集

九峯閣詩集六卷文集四卷
　（清）錢擞杲撰
　　陽湖錢氏家集

縵庵遺稿一卷
　（清）黃紹第撰
　　永嘉詩人祠堂叢刻附

雲在軒詩集三卷
　（清）錢希撰
　　陽湖錢氏家集

北窗吟草一卷
　（清）錢永撰
　　陽湖錢氏家集

味吾廬詩存一卷文存一卷首一卷
　（清）江仁徵撰
　　四明叢書第八集

求拙齋遺詩一卷
　（清）蔣南棠撰
　　陽湖錢氏家集附

蘭芬詩存一卷
　（清）李蘭芬撰
　　袁氏家集

抱經閣集不分卷
　（清）馮驥聲撰
　　海南叢書第九集

尹人文存二卷詩存附賦話對聯不分卷制
　藝存一卷
　（清）姜國伊撰
　　守中正齋叢書

尹人尺牘存一卷
　（清）姜國伊撰
　　守中正齋叢書

虛靜齋詩藁一卷
　（清）高士魁撰
　　小方壺齋叢書四集

車孝廉集一卷
　（清）車照撰
　　邵陽車氏一家集

款紅社詩存一卷
　（清）周孝楷撰
　　六逝集存

春閨雜咏一卷
　（清）許雷地撰
　　香豔叢書第二十集

冷香室遺稿一卷
　（清）王佩珩撰

香豔叢書第二十集

冶遊賦一卷
　　（清）陳寅生撰
　　　　香豔叢書第六集
擬王之臣與其友絕交書一卷
　　（清）吳山秀撰
　　　　香豔叢書第六集
悼亡詞一卷
　　（清）沈星煒撰
　　　　香豔叢書第九集
薄命曲一卷
　　（清）孫學勤撰
　　　　香豔叢書第十集
惜齋吟草二卷別存一卷
　　（清）郭傳昌撰
　　　　侯官郭氏家集彙刊
于樂遺詩一卷
　　（清）曾兆鑋撰
　　　　鸚里曾氏十一世詩
玉虛齋集一卷
　　（清）易瑩撰
　　　　琴志樓叢書
五湖遊稿一卷
　　（清）余懷撰
　　　　晨風閣叢書第一集
鶴巢文存四卷詩存一卷
　　（清）忻江明撰
　　　　四明叢書第七集
質璞草一卷
　　（清）呂錫時撰
　　　　新昌呂氏兩代詩文集
玩石齋文集二卷
　　（清）路朵五撰
　　　　路氏五種
玩石齋詩集二卷
　　（清）路朵五撰
　　　　路氏五種
悔齋詩稿一卷
　　（清）陳與倗撰
　　　　高節陳氏詩略
篤愼堂爐餘詩稿二卷文稿一卷
　　（清）金諤撰
　　　　江陰叢書
　　　　粟香室叢書
松石廬詩存一卷雜文一卷
　　（清）秦文炳撰
　　　　小桃源詩集
蝨仙詩集五卷

　　（清）湯蝨仙撰
　　　　湯氏叢書
蝨仙絕句一卷
　　（清）湯蝨仙撰
　　　　湯氏叢書
落葉相思小草一卷
　　（清）湯蝨仙撰
　　　　湯氏叢書
栩栩園翔陽集一卷
　　（清）湯蝨仙撰
　　　　湯氏叢書
小隱園初集詩二卷文集雜俎一卷
　　（清）湯蝨仙撰
　　　　湯氏叢書
小隱園二集詩十卷
　　（清）湯蝨仙撰
　　　　湯氏叢書
蝨仙文集三卷
　　（清）湯蝨仙撰
　　　　湯氏叢書
蝨仙小品一卷
　　（清）湯蝨仙撰
　　　　湯氏叢書
蝨仙雜俎一卷
　　（清）湯蝨仙撰
　　　　湯氏叢書
蝨仙尺牘一卷
　　（清）湯蝨仙撰
　　　　湯氏叢書
小隱園尺牘一卷
　　（清）湯蝨仙撰
　　　　湯氏叢書·蝨仙尺牘附
酌雅堂駢體文集二卷
　　（清）徐壽基撰
　　　　志學齋集
植八杉齋詩鈔二卷
　　（清）徐玉麐撰
　　　　吳興徐氏遺稿
敦厚堂近體詩一卷
　　（清）錢轂撰
　　　　寶山錢氏家集
棣鞾堂吟賸一卷
　　（清）錢鴻寶（清）錢錫寶撰
　　　　寶山錢氏家集
留香閣吟鈔一卷
　　（清）錢秉彝撰
　　　　寶山錢氏家集
觀自得廬詩存一卷

（清）錢若洲撰
　　寶山錢氏家集
寸草軒詩賸一卷
　（清）錢栐撰
　　寶山錢氏家集
希鄭堂經義一卷
　（清）潘任撰
　　希鄭堂叢書
觀所養齋詩彙二卷
　（清）徐元潤撰
　　蛻學翁遺集
漢東集詩一卷
　（清）徐元潤撰
　　蛻學翁遺集
北樓集詩一卷
　（清）徐元潤撰
　　蛻學翁遺集
補梅書屋詩存一卷
　（清）張佳梅撰
　　梅溪張氏詩錄
自有樂地吟草一卷
　（清）張煥綸撰
　　梅溪張氏詩錄
寒碧軒賸墨一卷
　（清）張煥豐撰
　　梅溪張氏詩錄
欣賞齋尺牘六卷
　（清）曹仁鏡輯
　　申報館叢書餘集
師竹軒草一卷
　（清）鍾曾淇撰
　　鍾家詩鈔合集續集
垂裕堂遺草一卷
　（清）鍾曾洽撰
　　鍾家詩鈔合集續集
尊酒草堂詩二卷
　（清）曾宗彥撰
　　鸎里曾氏十一世詩
鹺蘵室詩草一卷
　（清）馮婉琳撰
　　山右叢書初編
愛吾廬詩鈔二卷
　（清）朱鴻儒撰
　　鹽溪橋梓詩存
讀月樓吟稿一卷
　（清）朱士璋撰
　　鹽溪橋梓詩存
香雪館遺詩一卷

（清）張瑩撰
　　雲南叢書初編·集部
夢蒼山館遺詩一卷
　（清）羅宿撰
　　雲南叢書二編·集部·劍川羅楊二子
　　遺詩合鈔
周菊人先生遺稿一卷
　（清）周曾鏞撰
　　晚香集
介白堂詩集二卷
　（清）劉光第撰
　　戊戌六君子遺集
智因閣詩集一卷
　（清）鄔寶珍撰
　　鄔家初集
遺筆彙存一卷
　（清）梁濟撰
　　桂林梁先生遺書
辛壬類彙二卷
　（清）梁濟撰
　　桂林梁先生遺書
半隱先生花甲紀略一卷文鈔一卷
　（清）鍾毓撰
　　鍾家詩鈔合集
敝帚集一卷
　（清）周慶森撰
　　晨風廬叢刊
莫非師也齋文錄一卷
　（清）宋衡撰
　　惜硯樓叢刊
韻麋詞一卷
　（清）經半園撰
　　晨風閣叢書第一集
李襲侯遺集八卷
　（清）李經述撰
　　合肥李氏三世遺集
雁影齋詩一卷
　（清）李希聖撰
　　松鄰叢書甲編
悔廬文鈔五卷首一卷文補一卷
　（清）張崇蘭撰
　　悔廬全集
中聲集二卷
　（清）張崇蘭撰
　　悔廬全集
粗才集二卷
　（清）張崇蘭撰
　　悔廬全集

嶺雲海日樓詩鈔一卷
　　（清）邱逢甲撰
　　　　邱黃二先生遺稿合刊
孤圓山莊詩賸十卷
　　（清）陳瀏撰
　　　　寂園叢書
繡詩樓詩一卷
　　（清）陳瀏撰
　　　　寂園叢書
第六水村居稿一卷
　　（清）淩霄樹撰
　　　　莘廬遺集附
莽蒼蒼齋詩二卷
　　（清）譚嗣同撰
　　　　東海褰冥氏三十以前舊學四種
莽蒼蒼齋詩二卷補遺一卷
　　　　戊戌六君子遺集
寥天一閣文二卷
　　（清）譚嗣同撰
　　　　東海褰冥氏三十以前舊學四種
　　　　戊戌六君子遺集
譚瀏陽詩集一卷附詞聯一卷
　　（清）譚嗣同撰
　　　　譚瀏陽全集
譚瀏陽文集三卷
　　（清）譚嗣同撰
　　　　譚瀏陽全集
遠遺堂集外文初編一卷續編一卷
　　（清）譚嗣同撰
　　　　東海褰冥氏三十以前舊學四種
　　　　戊戌六君子遺集
譚復生文鈔二卷
　　（清）譚嗣同撰　（民國）□□選
　　　　章譚合鈔（國學扶輪社排印本、中華圖
　　　　書館石印本）
小茗柯館詩詞稿一卷
　　（清）淩霄樞撰
　　　　莘廬遺集附
籀鄦誃賦筌二卷
　　（清）王仁俊撰
　　　　籀鄦誃雜著
遜齋文集十二卷
　　（清）吳承志撰
　　　　求恕齋叢書
陔餘雜著一卷
　　（清）陸春官撰
　　　　金陵叢書丁集
丁叔雅遺集一卷

　　（清）丁惠康撰
　　　　古今文藝叢書第三集
蓬萊館尺牘一卷
　　（清）戴德堅撰
　　　　申報館叢書續集・尺牘類・尺牘集錦
晚翠軒集一卷
　　（清）林旭撰
　　　　戊戌六君子遺集
滄粟庵詩存一卷
　　（清）任劭偉撰
　　　　六逝集存
攷古軒遺墨一卷
　　（清）臧著爵撰
　　　　亦佳園一家言卷下
惜春山房遺詩一卷
　　（清）楊誌中撰
　　　　雲南叢書二編・集部・劍川羅楊二子
　　　　遺詩合鈔
百花扇序一卷
　　（清）趙杏樓撰
　　　　香豔叢書第二集
　　　　娛萱室小品
百聲詩一卷
　　（清）周葊芳撰
　　　　娛萱室小品
百影詩一卷
　　（清）周葊芳撰
　　　　娛萱室小品
捧腹集一卷
　　（清）郭堯臣撰
　　　　娛萱室小品
澧溪文集十一卷
　　（清）于㠭撰
　　　　于香草遺著叢輯
香草尺牘二卷
　　（清）于㠭撰
　　　　于香草遺著叢輯
古歡室詩集三卷
　　（清）曾懿撰
　　　　古歡室全集
問蘇小小鄭孝女秋瑾松風和尚何以同葬
於西泠橋試研究其命意所在一卷
　　（清）招招舟子撰
　　　　香豔叢書第六集
曾湖雜文一卷筆餘一卷
　　（清）□瑾撰
　　　　申報館叢書餘集
雪樵詩存

（清）□□撰
　　　晨風閣叢書第一集
續艷體連珠一卷
　（清）□□撰
　　　香艷叢書第四集
　　　娛萱室小品
睎海樓詩一卷
　（清）□□撰
　　　寂園叢書
百美詩[一]一卷
　　　娛萱室小品
百美詩[二]一卷
　　　娛萱室小品
百花詩一卷
　　　娛萱室小品
身體二十六詠一卷
　　　娛萱室小品
俗語詩一卷
　　　娛萱室小品
北行吟草一卷
　（清）□□撰
　　　峹齋叢書
南還吟草一卷
　（清）□□撰
　　　峹齋叢書·北行吟草附

民　國

湘綺樓文集八卷詩集十四卷
　（民國）王闓運撰
　　　湘綺樓全書
湘綺樓詩一卷
　（民國）王闓運撰
　　　挹秀山房叢書·浮湘訪學集
湘綺樓駢體文鈔一卷
　（民國）王闓運撰
　　　國朝十家四六文鈔
王湘綺文鈔二卷
　（民國）王闓運撰　（民國）胡君復選
　　　當代八家文鈔
今悔庵詩一卷補錄一卷文一卷
　（民國）張慎儀撰
　　　籛園叢書
道存堂存稿二卷
　（民國）胡大經撰
　　　胡氏遺書
潔貞紗櫥繡餘存草一卷
　（民國）胡淑福撰
　　　胡氏遺書

雛鳳精舍存稿一卷
　（民國）胡維翰撰
　　　胡氏遺書
玉山文集二卷詩集四卷
　（民國）周馥撰
　　　周慤慎公全集
可園詩存二卷
　（民國）陳作霖撰
　　　石城七子詩鈔
校經室文集六卷補遺一卷
　（清）孫葆田撰
　　　求恕齋叢書
寄簃文存八卷
　（民國）沈家本撰
　　　沈寄簃先生遺書甲編
沈碧樓偶存稿十二卷
　（民國）沈家本撰
　　　沈寄簃先生遺書乙編
周王運新先生遺稿一卷
　（民國）王南城撰
　　　晚香集
陳虛齋詩選一卷
　（民國）陳榮昌撰
　　　滇八家詩選
華胥赤子古今體詩十卷
　（民國）方鑄撰
　　　華胥赤子遺集
華胥赤子文集二卷
　（民國）方鑄撰
　　　華胥赤子遺集
華胥赤子尺牘一卷
　（民國）方鑄撰
　　　華胥赤子遺集
灘江游草一卷
　（民國）金武祥撰
　　　粟香室叢書
陶廬雜憶一卷續咏一卷補咏一卷
　（民國）金武祥撰
　　　江陰叢書
　陶廬雜憶一卷續咏一卷補咏一卷後憶
　一卷五憶一卷六憶一卷
　　　粟香室叢書
浣花廬詩鈔四卷賦鈔二卷
　（民國）唐受祺撰
　　　太崑先哲遺書
虛受堂詩存十八卷
　（民國）王先謙撰
　　　王葵園四種

虛受堂文集十六卷
　　(民國)王先謙撰
　　　王葵園四種
虛受堂書札二卷
　　(民國)王先謙撰
　　　王葵園四種
王文貞先生文集十卷別集四卷制義一卷
　　(民國)王祖畲撰
　　　王文貞集
溪山詩集二卷
　　(民國)王祖畲撰
　　　王文貞集
漢堂文鈔一卷補遺一卷
　　(民國)李寶淦撰
　　　漢堂類稿
漢堂詩鈔十四卷
　　(民國)李寶淦撰
　　　漢堂類稿
濯纓室詩鈔三卷
　　(民國)李寶淦撰
　　　漢堂類稿
復庵先生集十卷附錄一卷
　　(民國)許玨撰
　　　新安許氏先集
素癡集一卷
　　(民國)郁屏翰撰
　　　郁氏三世吟稿
樵隱詩存三卷文存一卷
　　(民國)李邁義撰
　　　樵隱集
靈庵先生遺詩二卷
　　(民國)甘樹椿撰
　　　花隱老人遺著
桐鄉勞先生遺稿八卷
　　(民國)勞乃宣撰
　　　桐鄉勞先生遺書
蒙香室賦錄二卷
　　(民國)馮煦撰
　　　蒙香室叢書
崇雅堂詩稿二卷文稿四卷
　　(民國)楊晨撰
　　　崇雅堂叢書
旭齋文鈔一卷
　　(民國)宋書升撰
　　　習盦叢刊第二輯
雲門初集二卷
　　(民國)樊增祥撰
　　　樊山集

北游集一卷
　　(民國)樊增祥撰
　　　樊山集
東歸集一卷
　　(民國)樊增祥撰
　　　樊山集
涉江集一卷
　　(民國)樊增祥撰
　　　樊山集
金臺集一卷
　　(民國)樊增祥撰
　　　樊山集
淡吟集一卷
　　(民國)樊增祥撰
　　　樊山集
水淅集一卷
　　(民國)樊增祥撰
　　　樊山集
西征集一卷
　　(民國)樊增祥撰
　　　樊山集
關中集一卷後集一卷
　　(民國)樊增祥撰
　　　樊山集
還山集一卷
　　(民國)樊增祥撰
　　　樊山集
轉蓬集一卷
　　(民國)樊增祥撰
　　　樊山集
西山集一卷
　　(民國)樊增祥撰
　　　樊山集
後西征集一卷
　　(民國)樊增祥撰
　　　樊山集
紫蘭堂集一卷
　　(民國)樊增祥撰
　　　樊山集
染香集一卷
　　(民國)樊增祥撰
　　　樊山集
樊山文甲一卷乙一卷
　　(民國)樊增祥撰
　　　樊山集
鏡煙堂集一卷
　　(民國)樊增祥撰
　　　樊山集

東園集一卷後集一卷
  (民國)樊增祥撰
      樊山集

身雲閣集一卷
  (民國)樊增祥撰
      樊山集

身雲閣後集一卷
  (民國)樊增祥撰
      樊山集續集

青門消夏集一卷
  (民國)樊增祥撰
      樊山集續集

朝天集三卷
  (民國)樊增祥撰
      樊山集續集

晚晴軒集一卷
  (民國)樊增祥撰
      樊山集續集

柳下集一卷
  (民國)樊增祥撰
      樊山集續集

赴召集一卷
  (民國)樊增祥撰
      樊山集續集

北臺集一卷後集一卷
  (民國)樊增祥撰
      樊山集續集

執爻集一卷
  (民國)樊增祥撰
      樊山集續集

西京酬唱集一卷
  (民國)樊增祥撰
      樊山集續集

掌綸集一卷
  (民國)樊增祥撰
      樊山集續集

洛花集一卷
  (民國)樊增祥撰
      樊山集續集

西京酬唱後集一卷
  (民國)樊增祥撰
      樊山集續集

音聲樹集一卷
  (民國)樊增祥撰
      樊山集續集

煎茶集一卷
  (民國)樊增祥撰
      樊山集續集

鰈舫集一卷
  (民國)樊增祥撰
      樊山集續集

近光集一卷
  (民國)樊增祥撰
      樊山集續集

兩艖艀齋集一卷
  (民國)樊增祥撰
      樊山集續集

紫薇集一卷
  (民國)樊增祥撰
      樊山集續集

紫薇二集一卷三集一卷
  (民國)樊增祥撰
      樊山集續集

十憶集一卷
  (民國)樊增祥撰
      樊山集續集

畫妃亭試帖一卷
  (民國)樊增祥撰
      樊山集・二家試帖

樊山批判時文
  (民國)樊增祥撰
      樊山集續集

彩雲曲並序一卷
  (民國)樊增祥撰
      香豔叢書第六集

天籟閣雜著一卷附集方
  (民國)張可中撰
      寄寄山房全集附・庸菴遺集

趨庭別錄一卷
  (民國)張可中撰
      寄寄山房全集附・庸菴遺集

作嫁集一卷
  (民國)王元稑撰
      無暇逸齋叢書

致用書院文集一卷續存一卷
  (民國)王元稑撰
      無暇逸齋叢書

鶯綸紀寵詩一卷
  (民國)徐琪撰
      香海蚃叢書・九芝仙館行卷

冬日百詠一卷
  (民國)徐琪撰
      香海蚃叢書

逸廬天籟一卷
  (民國)張煥斗撰
      梅溪張氏詩錄

超覽樓詩稿六卷
　　（民國）瞿鴻禨撰
　　　　長沙瞿氏叢刊
容膝軒文集八卷詩草四卷
　　（民國）王榮商撰
　　　　四明叢書第八集
月河草堂叢鈔一卷
　　（民國）蔣清瑞撰
　　　　月河草堂叢書
古遺詩鈔一卷
　　（民國）劉文嘉撰
　　　　清芬叢鈔
汝叟詩存一卷
　　（民國）胡紀榮撰
　　　　衡望堂叢書初稿
高雲鄉遺稿一卷
　　（民國）高民撰
　　　　天蘇閣叢刊二集
寄禪遺詩一卷
　　（民國）釋敬安撰
　　　　滄海叢書第二輯
棠蔭軒遺稿二卷補遺一卷雜著二卷
　　（民國）榮汝棻輯
　　　　錫山榮氏繩武樓叢刊
龔耕廬詩一卷
　　（民國）龔耕廬撰
　　　　龔楊詩鈔
陶廬文集九卷
　　（民國）王樹柟撰
　　　　陶廬叢刻
文莫室詩集八卷
　　（民國）王樹柟撰
　　　　陶廬叢刻
陶廬詩續集十卷
　　（民國）王樹柟撰
　　　　陶廬叢刻
文莫室駢文一卷
　　（民國）王樹柟撰
　　　　陶廬叢刻
陶廬外篇一卷
　　（民國）王樹柟撰
　　　　陶廬叢刻
陶廬箋牘四卷
　　（民國）王樹柟撰
　　　　陶廬叢刻
林琴南文鈔二卷
　　（民國）林紓撰　（民國）胡君復選
　　　　當代八家文鈔

野棠軒文集五卷詩集四卷
　　（民國）奭良撰
　　　　野棠軒全集
野棠軒獻酬集一卷
　　（民國）奭良撰
　　　　野棠軒全集
野棠軒游戲集一卷
　　（民國）奭良撰
　　　　野棠軒全集
慎所立齋詩集十卷
　　（民國）江瀚撰
　　　　長汀江先生著書
慎所立齋文集四卷
　　（民國）江瀚撰
　　　　長汀江先生著書
六譯館雜著（原名四益館雜著）不分卷
　　（民國）廖平撰
　　　　新訂六譯館叢書
六譯館外編不分卷
　　（民國）廖平撰
　　　　新訂六譯館叢書
梅月龕詩八卷
　　（民國）曾福謙撰
　　　　鸚里曾氏十一世詩
英甫遺詩一卷
　　（民國）談庭梧撰
　　　　桂影軒叢刊
嚴幾道文鈔二卷
　　（民國）嚴復撰　（民國）胡君復選
　　　　當代八家文鈔
張季直文鈔二卷
　　（民國）張謇撰　（民國）胡君復選
　　　　當代八家文鈔
悔晦堂詩集四卷
　　（民國）吳恭亨撰
　　　　悔晦堂叢刻
悔晦堂雜詩三卷
　　（民國）吳恭亨撰
　　　　悔晦堂叢刻
悔晦堂文集四卷
　　（民國）吳恭亨撰
　　　　悔晦堂叢刻
悔晦堂尺牘七卷
　　（民國）吳恭亨撰
　　　　悔晦堂叢刻
散原精舍集外詩一卷
　　（民國）陳三立撰
　　　　古今文藝叢書第四集

繼述堂三刻詩鈔一卷文鈔二卷文鈔附錄
　一卷
　　（民國）王毓英撰
　　　　繼述堂全集
甓湖草堂詩四卷
　　（民國）左楨撰
　　　　甓湖草堂集
甓湖草堂文鈔六卷
　　（民國）左楨撰
　　　　甓湖草堂集
思嗜齋詩賸一卷文賸一卷
　　（民國）陸廷楨撰
　　　　松陵陸氏叢著
溉釜家書一卷
　　（民國）陸廷楨撰
　　　　松陵陸氏叢著
馬通伯文鈔二卷
　　（民國）馬其昶撰　（民國）胡君復選
　　　　當代八家文鈔
匏廬詩存九卷賸草一卷
　　（民國）郭曾炘撰
　　　　侯官郭氏家集彙刊
再愧軒詩草一卷
　　（民國）郭曾炘撰
　　　　侯官郭氏家集彙刊
養園賸棄三卷
　　（民國）盛炳緯撰
　　　　四明叢書第六集
蘭因館吟草一卷
　　（民國）查襧撰
　　　　蓬山兩寓賢詩鈔
潛園詩集十二卷
　　（民國）魏元曠撰
　　　　魏氏全書・潛園正集
潛園詩續鈔二卷
　　（民國）魏元曠撰
　　　　魏氏全書・潛園正集
匡山避暑錄一卷
　　（民國）魏元曠撰
　　　　魏氏全書・潛園統編續編
潛園文集十四卷
　　（民國）魏元曠撰
　　　　魏氏全書・潛園正集
潛園文續鈔十一卷
　　（民國）魏元曠撰
　　　　魏氏全書・潛園正集
潛園書牘六卷續稿一卷
　　（民國）魏元曠撰

　　　　魏氏全書・潛園統編類編
仁安詩稿二十一卷
　　（民國）王守恂撰
　　　　王仁安集
仁安文稿四卷文乙稿一卷
　　（民國）王守恂撰
　　　　王仁安集
石遺室詩集六卷補遺一卷
　　（民國）陳衍撰
　　　　石遺室叢書
石遺室文集十二卷
　　（民國）陳衍撰
　　　　石遺室叢書
默盦詩存六卷
　　（民國）王舟瑤撰
　　　　王章詩存合刻
潛廬文鈔二卷詩集四卷
　　（民國）金蓉鏡撰
　　　　潛廬全集
出都詩錄一卷
　　（民國）易順鼎撰
　　　　琴志樓叢書
吳篷詩錄一卷
　　（民國）易順鼎撰
　　　　琴志樓叢書
樊山沌水詩錄一卷
　　（民國）易順鼎撰
　　　　琴志樓叢書
蜀船詩錄一卷
　　（民國）易順鼎撰
　　　　琴志樓叢書
巴山詩錄一卷
　　（民國）易順鼎撰
　　　　琴志樓叢書
錦里詩錄一卷
　　（民國）易順鼎撰
　　　　琴志樓叢書
峨眉詩錄一卷
　　（民國）易順鼎撰
　　　　琴志樓叢書
青城詩錄一卷
　　（民國）易順鼎撰
　　　　琴志樓叢書
林屋詩錄一卷
　　（民國）易順鼎撰
　　　　琴志樓叢書
游梁詩賸一卷
　　（民國）易順鼎撰

　　　　琴志樓叢書
游梁詩賸賸一卷
　　（民國）易順鼎撰
　　　　琴志樓叢書
摩圍閣詩二卷
　　（民國）易順鼎撰
　　　　琴志樓叢書
燕楊集一卷
　　（民國）易順鼎撰
　　　　琴志樓叢書
孔門詩集一卷
　　（民國）易順鼎撰
　　　　琴志樓叢書
琴志樓遊山詩八卷
　　（民國）易順鼎撰
　　　　琴志樓叢書
琴志樓編年詩集十九卷（原缺卷二至四、
　　卷十至十一）
　　（民國）易順鼎撰
　　　　琴志樓叢書
春人賦一卷
　　（民國）易順鼎撰
　　　　香豔叢書第十集
　　　　娛萱室小品
慕皋廬雜稿一卷
　　（民國）易順鼎撰
　　　　琴志樓叢書
丁戊之間行卷十卷
　　（民國）易順鼎撰
　　　　琴志樓叢書
彊邨棄稿一卷
　　（民國）朱祖謀（孝臧）撰
　　　　彊邨遺書
茹荼軒續集六卷
　　（民國）張錫恭撰
　　　　雲間兩徵君集
六宜樓詩稿一卷
　　（民國）姚其慎撰
　　　　上海李氏易園三代清芬集
六宜樓吟草一卷附錄一卷
　　　　周浦南蔭堂姚氏叢刊
消寒三十韻一卷
　　（民國）顧邦瑞撰
　　　　虞社叢書
康南海文鈔四卷
　　（民國）康有爲撰　　（民國）胡君復選
　　　　當代八家文鈔
老劍文稿一卷

　　（民國）潘飛聲撰
　　　　說劍堂著書
香海集一卷
　　（民國）潘飛聲撰
　　　　說劍堂著書
游樵漫草一卷
　　（民國）潘飛聲撰
　　　　說劍堂著書
悼亡百韻一卷
　　（民國）潘飛聲撰
　　　　說劍堂著書
紅螺山館詩鈔二卷
　　（民國）李葆恂撰
　　　　義州李氏叢刻
紅蠃山館遺詩一卷
　　（民國）李葆恂撰
　　　　義州李氏叢刻
壽樔廬文集一卷詩集一卷
　　（民國）吳之英撰
　　　　壽樔廬叢書
壽樔廬卮言和天四卷
　　（民國）吳之英撰
　　　　壽樔廬叢書
焦尾集一卷
　　（民國）賀宗章撰
　　　　曲石叢書附
漱塵室集詩四卷文一卷
　　（民國）顧迪光撰
　　　　顧氏家集
瑸盫詩集四卷
　　（民國）鍾廣生撰
　　　　湖濱補讀廬叢刻
瑸盫文集四卷
　　（民國）鍾廣生撰
　　　　湖濱補讀廬叢刻
代言錄一卷
　　（民國）鍾廣生撰
　　　　湖濱補讀廬叢刻
瑸盫四六文一卷
　　（民國）鍾廣生撰
　　　　湖濱補讀廬叢刻
賜福樓啓事四卷
　　（民國）程德全撰
　　　　程中丞全集
伯子詩稿一卷
　　（民國）胡有恂撰
　　　　樸學齋叢書第一集
小航文存四卷

(民國)王照撰
水東集初編
淨樂宧詩存十卷
(民國)楊昭儁撰
淨樂宧叢著
淨樂宧詩存一卷
(民國)楊昭儁撰
淨樂宧叢著
淨樂宧文存二卷
(民國)楊昭儁撰
淨樂宧叢著
淨樂宧雜存一卷
(民國)楊昭儁撰
淨樂宧叢著
淨樂宧簡畢一卷
(民國)楊昭儁撰
淨樂宧叢著
疢存齋文存二卷詩存一卷
(民國)周宗麟撰
疢存齋集
疢存齋文存三編一卷
(民國)周宗麟撰
重訂疢存齋集
疢存齋詩存續編一卷
(民國)周宗麟撰
重訂疢存齋集
晦僧文略二卷
(民國)陳澹然撰
晨風閣叢書第一集
微尙齋詩二卷
(民國)汪兆鏞撰
微尙齋叢刻
楊致存詩一卷
(民國)楊承禧撰
龔楊詩鈔
一山詩存十一卷
(民國)章梫撰
王章詩存合刻
寶書堂詩集二十七卷
(民國)沈修撰
未園著藪
未園集略八卷
(民國)沈修撰
未園著藪
未園集選四卷
(民國)沈修撰
未園著藪
晚學廬文稿一卷
(民國)葉瀚撰
晚學廬叢稿
晚學廬詩文稿一卷附尺牘稿一卷
(民國)葉瀚撰
晚學廬叢稿
潛廬詩錄六卷
(民國)甘鵬雲撰
崇雅堂叢書初編
潛廬類稿十三卷
(民國)甘鵬雲撰
崇雅堂叢書初編
一浮漚齋詩選三卷
(民國)沈焜撰
南林叢刊次集
堅匏盦詩文集二卷
(民國)劉錦藻撰
南林叢刊次集
蛻軒集五卷續三卷
(民國)姚永樸撰
周氏師古堂所編書
問字樓詩一卷
(民國)陳禦寇撰
寂園叢書
南館文鈔一卷
(民國)陳濤撰
審安齋遺稿
審安齋詩集四卷
(民國)陳濤撰
審安齋遺稿
玉壺天詩錄一卷
(民國)秦福基撰
小桃源詩集
祖坡吟館詩鈔一卷
(民國)蘇澤東撰
東莞三逸合稿
消夏百一詩二卷
(民國)葉德輝撰
觀古堂所著書(光緒本)第二集
郋園先生全書
崑崙皕詠二卷
(民國)葉德輝撰
郋園先生全書
曲中九友詩一卷
(民國)葉德輝撰
郋園先生全書
觀古堂詩集九卷
(民國)葉德輝撰
郋園先生全書

郋園山居文錄二卷
　　（民國）葉德輝撰
　　　　郋園先生全書
觀古堂文外集一卷
　　（民國）葉德輝撰
　　　　郋園先生全書
觀古堂駢儷文一卷
　　（民國）葉德輝撰
　　　　郋園先生全書
陳子文藪十二卷首一卷末一卷
　　（民國）陳淵撰
　　　　養吾齋叢著
芸窗課藝一卷
　　（民國）陳淵撰
　　　　養吾齋叢著
瀜壺詩鈔八卷
　　（民國）蔡卓勳撰
　　　　小瀜壺仙館叢刊
瀜壺文鈔六卷
　　（民國）蔡卓勳撰
　　　　小瀜壺仙館叢刊
一家言（瀜壺文鈔補）一卷
　　（民國）蔡卓勳撰
　　　　小瀜壺仙館叢刊
閒閒錄一卷
　　（民國）蔡卓勳撰
　　　　小瀜壺仙館叢刊·瀜壺文鈔附
鴨夢影一卷
　　（民國）蔡卓勳撰併輯
　　　　小瀜壺仙館叢刊
瀜壺聯鈔一卷
　　（民國）蔡卓勳撰
　　　　小瀜壺仙館叢刊
著迻偶存一卷
　　（民國）陳惟彥撰
　　　　疆本堂彙編
春暉閣紅餘吟草一卷
　　（民國）孟錦香撰
　　　　小桃源詩集
思亭詩鈔六卷文鈔二卷
　　（民國）李坤撰
　　　　雲南叢書初編·集部
李厚安詩選一卷
　　（民國）李坤撰
　　　　滇八家詩選
禾廬詩鈔四卷
　　（民國）丁立中撰
　　　　武林丁氏家集

西溪懷古詩二卷
　　（民國）丁立中撰
　　　　武林丁氏家集
西泠懷古詩二卷
　　（民國）丁立中撰
　　　　武林丁氏家集
和永嘉百詠一卷
　　（民國）丁立中撰
　　　　武林丁氏家集
禾廬新年雜詠一卷
　　（民國）丁立中撰
　　　　武林丁氏家集
武林新市肆吟一卷
　　（民國）丁立中撰
　　　　武林丁氏家集
小槐簃吟稿八卷
　　（民國）丁立誠撰
　　　　武林丁氏家集
王風箋題一卷
　　（民國）丁立誠撰
　　　　武林丁氏家集
山廬文鈔五卷詩鈔一卷
　　（民國）羅師揚撰
　　　　希山叢著
南園詩存一卷
　　（民國）張相文撰
　　　　南園叢稿
南園文存二卷
　　（民國）張相文撰
　　　　南園叢稿
太炎文錄初編二卷別錄三卷補編一卷
　　（民國）章炳麟撰
　　　　章氏叢書（浙江圖書館本、景浙江圖書
　　　　　館本、右文社排印本）
章太炎文鈔三卷
　　（民國）章炳麟撰　（民國）胡君復選
　　　　當代八家文鈔
章太炎文鈔四卷
　　（民國）章炳麟撰　（民國）□□選
　　　　章譚合鈔（國學扶輪社排印本）
章太炎文鈔五卷
　　（民國）章炳麟撰　（民國）□□選
　　　　章譚合鈔（中華圖書館石印本）
氣聽齋駢文零拾一卷
　　（民國）曹家達撰
　　　　陶社叢編甲集
鈕寅身先生家信一卷
　　（民國）鈕澤晟撰

鈕寅身先生遺著	天蘇閣叢刊二集
遼海吟一卷續吟一卷	退廬文集七卷詩集四卷
（民國）羅振玉撰	（民國）胡思敬撰
貞松老人遺稿甲集	退廬全書
後丁戊稿一卷	退廬箋牘四卷
（民國）羅振玉撰	（民國）胡思敬撰
貞松老人遺稿甲集	退廬全書
松翁賸稿二卷	拙速詩存一卷
（民國）羅振玉撰	（民國）潘祖年撰
貞松老人遺稿丙集	陟岡樓叢刊甲集
雲窗漫稿一卷	南湖東游草五卷
（民國）羅振玉撰	（民國）廉泉撰
永豐鄉人稿甲稿	小萬柳堂叢刊
車塵稿一卷	潭柘紀游詩一卷
（民國）羅振玉撰	（民國）廉泉撰
遼居雜箸丙編	小萬柳堂叢刊
松翁未焚槀一卷	南湖集古詩一卷
（民國）羅振玉撰	（民國）廉泉撰
遼居雜箸乙編	小萬柳堂叢刊
遼居槀一卷乙槀一卷	遯廬吟草一卷
（民國）羅振玉撰	（民國）金兆豐撰
松翁居遼後所箸書	陟岡集
貞松老人外集四卷補遺一卷	松柏山房駢體文鈔四卷
（民國）羅振玉撰	（民國）張其淦撰
貞松老人遺稿乙集	寅園叢書
鹿川文集十二卷	用逵遺詩一卷
（民國）程頌萬撰	（民國）曾爾鴻撰
甯鄉程氏全書	鸚里曾氏十一世詩
鹿川詩集十六卷	秋陽草一卷
（民國）程頌萬撰	（民國）呂陶撰
甯鄉程氏全書	新昌呂氏兩代詩文集
楚望閣詩集十卷	涉趣園詩集十卷
（民國）程頌萬撰	（民國）趙祖銘撰
甯鄉程氏全書	涉趣園全集
石巢詩集十二卷	涉趣園集十五卷別集五卷
（民國）程頌萬撰	（民國）趙祖銘撰
甯鄉程氏全書	涉趣園全集
不自棄齋詩草一卷	來南雜俎四卷
（民國）粱淯撰	（民國）趙祖銘撰
東莞三逸合稿	涉趣園全集
待烹生文集四卷	成思室遺稿一卷附錄一卷
（民國）錢同壽撰	（民國）榮善昌撰
雲間兩徵君集	錫山榮氏繩武樓叢刊
小自立齋文一卷	山傭遺詩一卷
（民國）徐珂撰	（民國）蔣文勛撰
天蘇閣叢刊二集	南林叢刊
眞如室詩一卷	兆芝賸玉一卷
（民國）徐珂撰	（民國）汪定基撰

慕雲集存

攀鱗附翼一卷
　　（民國）汪定執撰
　　　慕雲集存

文爐三卷
　　（民國）陳祖培撰
　　　越縵

詩賸一卷
　　（民國）陳祖培撰
　　　越縵

念護池館文存四卷
　　（民國）顧鳴鳳撰
　　　訥盦叢稿

小辟疆園詩存一卷
　　（民國）顧鳴鳳撰
　　　訥盦叢稿

柏巖文存四卷
　　（民國）趙炳麟撰
　　　趙柏巖集

柏巖詩存四卷
　　（民國）趙炳麟撰
　　　趙柏巖集

潛弅廬詩存二卷
　　（民國）趙炳麟撰
　　　趙柏巖集

潛弅廬詩存初續三卷
　　（民國）趙炳麟撰
　　　趙柏巖集

潛弅廬雜存二卷
　　（民國）趙炳麟撰
　　　趙柏巖集

胡周脩輝先生遺稿三卷
　　（民國）周輼玉撰
　　　晚香集

無終始齋詩文集三卷
　　（民國）程大璋撰
　　　半帆樓叢書
　　　白堅堂叢書第一集

梁任公文鈔三卷
　　（民國）梁啓超撰　（民國）胡君復選
　　　當代八家文鈔

和欽文初編二卷
　　（民國）虞銘新撰
　　　和欽全集

檀青引一卷
　　（民國）楊圻撰
　　　清代燕都梨園史料續編

庚寅偶存一卷
　　（民國）邱煒萲撰
　　　菽園著書

壬辰冬興一卷
　　（民國）邱煒萲撰
　　　菽園著書

答粵督書一卷
　　（民國）邱煒萲撰
　　　菽園著書

蛻盦詩一卷
　　（民國）麥孟華撰
　　　粵兩生集

羅生山館詩集五卷文稿一卷
　　（民國）李孿詩撰
　　　曲石叢書

治平吟草四卷
　　（民國）李孿詩撰
　　　曲石叢書・羅生山館詩集附

弱盦詩二卷
　　（民國）潘之博撰
　　　粵兩生集

摘星初集詩二卷文一卷說詩一卷筆談一
　卷雜著一卷
　　（民國）錢振鍠撰
　　　陽湖錢氏家集

摘星二集文二卷詩一卷筆談一卷雜著一
　卷
　　（民國）錢振鍠撰
　　　陽湖錢氏家集

摘星三集文三卷詩一卷筆談一卷
　　（民國）錢振鍠撰
　　　陽湖錢氏家集

名山集一卷
　　（民國）錢振鍠撰
　　　名山全集

名山續集九卷
　　（民國）錢振鍠撰
　　　名山全集

名山三集二十一卷
　　（民國）錢振鍠撰
　　　名山全集

名山四集
　　（民國）錢振鍠撰
　　　名山全集

名山五集十卷
　　（民國）錢振鍠撰
　　　名山全集

名山六集十一卷
　　（民國）錢振鍠撰

鍾季子文錄一卷
　　（民國）鍾勤撰
　　　　　層冰草堂叢書附

蕭齋詩集一卷
　　（民國）蕭有作撰
　　　　　二蕭集

新政遺文一卷
　　（民國）陳文圖撰
　　　　　陳新政遺集

藏天室詩一卷
　　（民國）周曾錦撰
　　　　　周晉琦遺著

客杭詩帳一卷
　　（民國）陸煒撰
　　　　　西湖合記

鈍安詩十二卷補遺二卷
　　（民國）傅熊湘撰
　　　　　鈍安遺集

鈍安文三卷
　　（民國）傅熊湘撰
　　　　　鈍安遺集

霜厓詩錄四卷
　　（民國）吳梅撰
　　　　　陟岡樓叢刊乙集

朗吟詩草（一名南音）三卷
　　（民國）甯調元撰
　　　　　太一遺書

明夷詩鈔二卷
　　（民國）甯調元撰
　　　　　太一遺書

南幽百絕句一卷
　　（民國）甯調元撰
　　　　　太一遺書

太一詩存四卷
　　（民國）甯調元撰
　　　　　太一遺書

太乙文存一卷
　　（民國）甯調元撰
　　　　　太一遺書

太乙箋啓一卷
　　（民國）甯調元撰
　　　　　太一遺書

箋啓補遺一卷
　　（民國）甯調元撰
　　　　　太一遺書續刊

詩存補遺一卷
　　（民國）甯調元撰
　　　　　太一遺書續刊

彤芬室文一卷
　　（民國）徐新華撰
　　　　　天蘇閣叢刊一集

左盦集八卷外集二十卷詩錄四卷
　　（民國）劉師培撰
　　　　　劉申叔先生遺書

左盦題跋一卷
　　（民國）劉師培撰
　　　　　劉申叔先生遺書

左盦集箋一卷
　　（民國）郭象升撰
　　　　　辛勤廬叢刊第一輯

劉申叔先生遺書校勘記一卷
　　（民國）鄭裕孚撰
　　　　　劉申叔先生遺書

散溪詩文集十一卷
　　（民國）蔡克猷撰
　　　　　散溪遺書

小雙寂庵文稿四卷詩稿二卷
　　（民國）張惟驤撰
　　　　　小雙寂庵叢書（稿本）

怡園賸稿一卷
　　（民國）祝廷華撰
　　　　　陶社叢編甲集

焚餘草一卷
　　（民國）張伯楨撰
　　　　　滄海叢書第二輯

愁思集一卷
　　（民國）張伯楨撰
　　　　　滄海叢書第二輯

懷荃室詩存五卷
　　（民國）王鑒撰
　　　　　黃氏逸書考（民國補刊本）附

冶盦文鈔二卷詩鈔一卷
　　（民國）謝鼎鎔撰
　　　　　陶社叢編乙集

餐霞集一卷
　　（民國）郁葆青撰
　　　　　郁氏三世吟稿

天籟閣詩存一卷
　　（民國）張可中撰
　　　　　寄寄山房全集附・庸菴遺集

福履理路詩鈔一卷
　　（民國）胡懷琛撰
　　　　　樸學齋叢書第一集

上武詩鈔一卷
　　（民國）胡懷琛撰
　　　　　樸學齋叢書第一集

層冰堂五種
東林遊草一卷
　　古直撰　　閔孝吉箋
　　層冰草堂叢書
天馬山房文存二卷
　　馬敍倫撰
　　天馬山房叢箸
未晚樓文存四卷別卷一卷
　　李澄宇撰
　　未晚樓全集
未晚樓文續存三卷別卷一卷
　　李澄宇撰
　　未晚樓全集
未晚樓書牘四卷續存四卷
　　李澄宇撰
　　未晚樓全集
鼎樓詩草二卷
　　鄔慶時撰
　　牛帆樓叢書
繭迂集一卷
　　郁元英撰
　　郁氏三世吟稿
南蔭堂姚氏家乘雜詠一卷續詠一卷
　　姚永年撰
　　周浦南蔭堂姚氏叢刊附
待旦集一卷
　　孫傳瑗撰
　　雁後合鈔
尻輪集一卷
　　薛元燕撰
　　雁後合鈔
觀酒狂齋詩錄一卷
　　詹勵吾撰
　　雁後合鈔
遜遯吟一卷
　　江家球撰
　　雁後合鈔
偪側吟一卷
　　江家瑚撰
　　雁後合鈔

外　　國

益齋亂稿十卷拾遺一卷
　　（朝鮮）李齊賢撰
　　粤雅堂叢書三編第二十三集
　　叢書集成初編·文學類
貞蕤槀略文一卷詩一卷
　　（朝鮮）朴齊家撰

藝海珠塵革集（庚集）
貞蕤稿略一卷
　　叢書集成初編·文學類
梅泉詩選一卷
　　（朝鮮）黃玹撰
　　名山全集
安南集一卷
　　（越南）陳益稷撰
　　元詩選初集壬集
靜樂彙一卷
　　（越南）黎崱撰
　　元詩選三集壬集
順叔吟草一卷
　　（日本）藤宏光撰
　　柳堂師友詩錄初編

總　集　類

文選之屬

文選殘一卷（存王文憲公集序）
　　（梁）蕭統輯
　　鳴沙石室古籍叢殘·羣書叢殘
　文選殘一卷（存卷五）
　　寉喜廬叢書
　文選殘一卷（存卷二十五）
　　鳴沙石室古籍叢殘·羣書叢殘
　文選殘一卷（存卷四十八）
　　敦煌祕籍留眞新編下卷
　文選殘一卷（存卷五十八）
　　敦煌祕籍留眞新編下卷
文選註六十卷
　　（唐）李善撰
　　四庫全書·集部總集類
　　摘藻堂四庫全書薈要·集部
　文選殘一卷（存卷二）
　　（梁）蕭統輯　（唐）李善注
　　鳴沙石室古籍叢殘·羣書叢殘
　文選殘一卷（存答客難及解嘲）
　　鳴沙石室古籍叢殘·羣書叢殘
文選六十卷附攷異十卷
　　（梁）蕭統輯　（唐）李善注　攷異（清）胡克
家撰
　　四部備要（排印本、縮印本）·集部總
　　集
文選李注補正四卷

（清）孫志祖撰
　　讀畫齋叢書甲集
　　叢書集成初編・文學類
選注規李一卷
　　（清）徐爕鳳撰
　　藝海珠塵壬集
　　叢書集成初編・文學類
六臣註文選六十卷
　　（唐）李善（唐）呂延濟（唐）劉良（唐）張銑
　　（唐）呂向（唐）李周翰撰
　　四庫全書・集部總集類
　　四部叢刊（初次印本、二次印本、縮印
　　　二次印本）・集部
文選集注殘二卷（存卷八至九）
　　　京都帝國大學文學部景印唐鈔本第七
　　　集
　文選集注殘一卷（存卷四十三）
　　　京都帝國大學文學部景印唐鈔本第九
　　　集
　文選集注殘五卷（存卷四十七、卷六十
　　一上、卷六十一下、卷六十二、卷六十
　　六、卷七十一）
　　　京都帝國大學文學部景印唐鈔本第三
　　　集
　文選集注殘一卷（存卷四十八）
　　　京都帝國大學文學部景印唐鈔本第九
　　　集
　文選集注殘一卷（存卷五十六）
　　　京都帝國大學文學部景印唐鈔本第五
　　　集
　文選集注殘一卷（存卷五十九）
　　　京都帝國大學文學部景印唐鈔本第七
　　　集
　文選集注殘一卷（存卷六十一）
　　　京都帝國大學文學部景印唐鈔本第九
　　　集
　文選集注殘一卷（存卷六十三）
　　　京都帝國大學文學部景印唐鈔本第八
　　　集
　文選集注殘一卷（存卷六十八）
　　　京都帝國大學文學部景印唐鈔本第九
　　　集
　文選集注殘三卷（存卷七十三上、卷七
　　十三下、卷七十九、卷八十五上、卷八
　　十五下
　　　京都帝國大學文學部景印唐鈔本第四
　　　集
　文選集注殘一卷（存卷八十八）

　　　京都帝國大學文學部景印唐鈔本第八
　　　集
　文選集注殘一卷（存卷九十一）
　　　京都帝國大學文學部景印唐鈔本第五
　　　集
　文選集注殘一卷（存卷九十三）
　　　京都帝國大學文學部景印唐鈔本第九
　　　集
　文選集注殘一卷（存卷九十四上）
　　　京都帝國大學文學部景印唐鈔本第五
　　　集
　文選集注殘二卷（存卷九十四中、卷九
　　十四下、卷一百二）
　　　京都帝國大學文學部景印唐鈔本第六
　　　集
　文選集注殘一卷（存卷一百十三）
　　　京都帝國大學文學部景印唐鈔本第六
　　　集
　文選集注殘一卷（存卷一百十六）
　　　京都帝國大學文學部景印唐鈔本第八
　　　集
　文選集注殘一卷（存卷一百十六）
　　　京都帝國大學文學部景印唐鈔本第九
　　　集
　文選集註殘卷十六卷（存卷四十八、卷
　　五十九、卷六十二至六十三、卷六十
　　六、卷六十八、卷七十一、卷七十三、
　　卷七十九、卷八十五、卷八十八、卷九
　　十一、卷九十三至九十四、卷一百二、
　　卷一百十六）
　　　嘉草軒叢書
文選音殘二卷（存卷二十三、卷二十五）
　　　敦煌祕籍留眞新編下卷
文選注攷異一卷
　　（宋）尤袤撰
　　常州先哲遺書第一集・集類
　　錫山尤氏叢刊甲集
尤本文選考異補一卷
　　（清）陸心源撰
　　潛園總集・羣書校補
選詩句圖一卷
　　（宋）高似孫集
　　百川學海（咸淳本、景刊咸淳本）辛集
　　百川學海（弘治本、景刊咸淳本據弘治
　　　目次編印本、景弘治本）庚集
　　詩學指南卷六
　　叢書集成初編・文學類

續句圖一卷
　　（□）陳應行撰
　　　　詩學指南卷六
文選錦字錄二十一卷
　　（明）凌迪知輯
　　　　文林綺編（凌迪知輯）
　　　　融經館叢書
　　　　文林綺繡（鴻寶齋書局輯）
文選課虛四卷
　　（清）杭世駿撰
　　　　杭大宗七種叢書（乾隆本、咸豐本）
　　　　道古堂外集（光緒本）
　　　　明辨齋叢書外集
　　　　食舊堂叢書・道古堂外集
　　　　文林綺繡（鴻寶齋書局輯）
文選理學權輿八卷
　　（清）汪師韓撰
　　　　讀畫齋叢書甲集
　　　　叢睦汪氏遺書
　　　　叢書集成初編・文學類
文選理學權輿補一卷
　　（清）孫志祖撰
　　　　讀畫齋叢書甲集
　　　　叢睦汪氏遺書・文選理學權輿附
　　　　叢書集成初編・文學類
文選筆記八卷
　　（清）許巽行撰　　（清）許嘉德按
　　　　文淵樓叢書
選材錄一卷
　　（清）周春撰
　　　　松靄初刻
　　　　周松靄先生遺書
　　　　昭代叢書（道光本）庚集埤編
文選音義八卷
　　（清）余蕭客輯
　　　　文林綺繡（鴻寶齋書局輯）
文選紀聞三十卷
　　（清）余蕭客撰
　　　　碧琳琅館叢書丁部
　　　　芋園叢書・集部
文選考異四卷
　　（清）孫志祖撰
　　　　讀畫齋叢書甲集
　　　　叢書集成初編・文學類
選學膠言二十卷補遺一卷
　　（清）張雲璈撰
　　　　三影閣叢書
　　　　文淵樓叢書

文選編珠二卷
　　（清）石韞玉撰
　　　　碧琳琅館叢書丁部
　　　　芋園叢書・子部
選學糾何一卷
　　（清）徐攀鳳撰
　　　　藝海珠塵壬集
　　　　叢書集成初編・文學類
文選敏音一卷
　　（清）趙晉撰
　　　　指海（道光本、景道光本）第六集
　　　　叢書集成初編・文學類
文選古字通疏證六卷
　　（清）薛傳均撰
　　　　玲瓏山館叢書・小學下編
　　　　文林綺繡（鴻寶齋書局輯）
文選集腋二卷
　　（清）胥斌輯
　　　　小嫏嬛山館彙刊類書十二種
　　　　琅環獺祭十二種
文選類雋十四卷
　　（清）何松輯
　　　　文林綺繡（鴻寶齋書局輯）
讀文選一卷
　　（清）許玉瑑撰
　　　　詩契齋十種・日知小錄
選例彙鈔二卷
　　（清）宗廷輔輯
　　　　宗月鋤先生遺著
讀選集箋四卷
　　（清）何其傑撰
　　　　景袁齋叢書
文選箋證三十二卷
　　（清）胡紹煐撰
　　　　聚學軒叢書第五集
讀文選日記一卷
　　（清）陳秉哲撰
　　　　學古堂日記
文選補遺四十卷
　　（宋）陳仁子輯
　　　　四庫全書・集部總集類
選詩補遺二卷
　　（明）唐堯官輯
　　　　雲南叢書初編・集部
文選擬題詩一卷
　　（清）馬國翰撰
　　　　玉函山房全集
文選顏鮑謝詩評四卷

（元）方回撰
　　四庫全書·集部總集類

歷代之屬

通　代

玉臺新詠十卷
　（陳）徐陵輯
　　四庫全書·集部總集類
　　摛藻堂四庫全書薈要·集部
　　清芬堂叢書·集部
　　四部叢刊（初次印本、二次印本、縮印
　　二次印本）·集部
玉臺新詠殘一卷
　　鳴沙石室古籍叢殘·羣書叢殘
玉臺新詠十卷
　（陳）徐陵輯　（清）吳兆宜注　（清）程際盛
　刪補
　　四部備要（排印本、縮印本）·集部總
　　集
玉臺新詠考異十卷
　（清）紀容舒撰
　　四庫全書·集部總集類
　　畿輔叢書
　　叢書集成初編·文學類
樂府詩集一百卷
　（宋）郭茂倩撰
　　四庫全書·集部總集類
　　摛藻堂四庫全書薈要·集部
　　四部叢刊（初次印本、二次印本、縮印
　　二次印本）·集部
　　四部備要（排印本、縮印本）·集部總
　　集
樂府集二卷
　　花薰閣詩述
回文類聚四卷補遺一卷
　（宋）桑世昌輯
　　四庫全書·集部總集類
分門纂類唐宋時賢千家詩選（一名後村千
家詩）二十二卷
　（宋）劉克莊輯
　　楝亭藏書十二種（康熙本、景康熙本）
　　宛委別藏
古樂府十卷
　（元）左克明輯
　　四庫全書·集部總集類
瀛奎律髓四十九卷

（元）方回輯
　　四庫全書·集部總集類
瀛奎律髓刊誤四十九卷
　（清）紀昀撰
　　懺花盦叢書
刪正方虛谷瀛奎律髓四卷
　（清）紀昀撰
　　鏡烟堂十種
律髓輯要七卷
　（清）許印芳輯
　　雲南叢書初編·集部
風雅翼十四卷
　（元）劉履輯
　　四庫全書·集部總集類
古詩紀一百五十六卷
　（明）馮惟訥輯
　　四庫全書·集部總集類
詩紀匡謬一卷
　（清）馮舒撰
　　四庫全書·集部總集類
　　知不足齋叢書（乾隆至道光本、景乾隆
　　至道光本）第十九集
　　叢書集成初編·總類
古今詩刪三十四卷
　（明）李攀龍輯
　　四庫全書·集部總集類
古樂苑五十二卷
　（明）梅鼎祚輯
　　四庫全書·集部總集類
古詩鏡三十六卷
　（明）陸時雍輯
　　四庫全書·集部總集類
古今禪藻集二十八卷
　（明）釋正勉（明）釋性通輯
　　四庫全書·集部總集類
北朝詩一卷
　（明）曹學佺輯
　　石倉十二代詩選·古詩選
小窗豔紀不分卷
　（明）吳從先撰
　　小窗四紀
詩最二卷
　（明）丁允和品定　（明）陸雲龍評注
　　翠娛閣評選行笈必携
六言詩集一卷
　　格致叢書
迷仙志一卷
　　閒情小品

古詩評選六卷
　　（清）王夫之輯
　　　　船山遺書（民國本）
阮亭選古詩三十二卷
　　（清）王士禛輯
　　　　王漁洋遺書
　　　　袖珍古書讀本
　　　　四部備要（排印本、縮印本）・集部總
　　　　集
王文簡公五言詩十七卷七言詩歌行十五
卷
　　（清）王士禛輯　（清）翁方綱訂
　　　　蘇齋叢書（乾隆嘉慶本、景乾隆嘉慶
　　　　本）
宋元詩會一百卷
　　（清）陳焯輯
　　　　四庫全書・集部總集類
左陶右邵一卷
　　（清）謝丕振撰
　　　　青雲洞遺書二刻
本事詩十二卷
　　（清）徐釚輯
　　　　邵武徐氏叢書二集
榕村詩選八卷首一卷
　　（清）李光地輯
　　　　榕村全書
詩倫二卷
　　（清）汪薇輯
　　　　武英殿聚珍版書（武英殿木活字本、福
　　　　建本、廣雅書局本）・集部
　　　　叢書集成初編・文學類
古詩源十四卷
　　（清）沈德潛選
　　　　四部備要（排印本、縮印本）・集部總
　　　　集
御選唐宋詩醇四十七卷
　　清乾隆十五年敕選
　　　　四庫全書・集部總集類
　　　　摛藻堂四庫全書薈要・集部
五言今體詩鈔九卷
　　（清）姚鼐輯
　　　　惜抱軒全集（同治本、光緒本、民國本）
　　　　袖珍古書讀本
　　　　四部備要（排印本、縮印本）・集部總
　　　　集
七言今體詩鈔九卷
　　（清）姚鼐輯
　　　　惜抱軒全集（同治本、光緒本、民國本）

袖珍古書讀本
　　　　四部備要（排印本、縮印本）・集部總
　　　　集
樂府津逮三卷
　　（清）曾廷枚撰
　　　　甕牖裒書
七言律詩鈔十八卷
　　（清）翁方綱輯
　　　　蘇齋叢書（乾隆嘉慶本）
小石帆亭五言詩續鈔八卷首一卷
　　（清）翁方綱輯
　　　　粵雅堂叢書初編第六集
　　　　叢書集成初編・文學類
歸餘鈔四卷
　　（清）高塘集評
　　　　高梅亭讀書叢鈔
漢四女唐五女詩咏景鈔一卷
　　（清）阮烜輝輯
　　　　寶善堂彙稿
千家詩注二卷
　　（清）黎恂撰
　　　　黎氏家集
買愁集二卷
　　（清）錢佾濠輯
　　　　申報館叢書續集・紀麗類・屑玉叢譚
　　　　三集
　　買愁集四卷
　　　　中國文學珍本叢書第一輯
十八家詩鈔二十八卷
　　（清）曾國藩輯
　　　　曾文正公全集
　　　　四部備要（排印本、縮印本）・集部總
　　　　集
播琴山館雜錄一卷
　　（清）王振聲輯
　　　　王文村遺著
小學弦歌約選一卷
　　（清）李元度輯　（民國）周學熙選
　　　　周氏師古堂所編書
先我集四卷
　　（清）陳文田輯
　　　　海陵叢刻
秋燈集錦一卷
　　（清）海霑（清）蔣愈昌撰
　　　　侯園叢書
青樓韻語四卷
　　（清）張夢徵輯
　　　　國學珍本文庫第一集

蘿菴日鈔不分卷
　　(清)李慈銘撰
　　　　越縵堂所著書
子夜歌
　　(民國)胡樸安(民國)胡懷琛輯
　　　　文藝小叢書第一輯
胡笳十八拍及其他
　　(民國)胡樸安輯
　　　　文藝小叢書第一輯
詩文評註一卷
　　(民國)陳淵輯
　　　　養吾齋叢著
羣仙降乩語一卷
　　(明)周履靖輯
　　　　夷門廣牘・閒適
　　　　叢書集成初編・文學類
　　　　景印元明善本叢書十種・夷門廣牘・
　　　　閒適
乩詩錄一卷
　　(民國)錢振鍠輯
　　　　陽湖錢氏家集附
倚霞宮筆錄三卷
　　(民國)易順鼎輯
　　　　琴志樓叢書
御定歷代賦彙一百四十卷外集二十卷逸
句二卷補遺二十二卷
　　(清)陳元龍等輯
　　　　四庫全書・集部總集類
　　　　摛藻堂四庫全書薈要・集部
古賦辨體八卷外集二卷
　　(元)祝堯輯
　　　　四庫全書・集部總集類
文館詞林殘四卷(存卷六百六十二、卷六
　百六十四、卷六百六十八、卷六百九十
　五)
　　(唐)許敬宗等輯
　　　　佚存叢書(日本本、光緒木活字本、景
　　　　日本本)第二帙
　　　　粵雅堂叢書二編第十二集
文館詞林殘十四卷(存卷一百五十六至
　一百五十八、卷三百四十七、卷四百
　五十二至四百五十三、卷四百五十
　七、卷四百五十九、卷六百六十五至
　六百六十七、卷六百七十、卷六百九
　十一、卷六百九十九)
　　　　古逸叢書
文館詞林殘二十三卷(存卷一百五十

二、卷一百五十六至一百五十八、卷
一百六十、卷三百四十六至三百四十
七、卷四百十四、卷四百五十二至四
百五十三、卷四百五十七、卷四百五
十九、卷六百六十二、卷六百六十四
至六百七十、卷六百九十一、卷六百
九十五、卷六百九十九附殘簡二)
　　　　適園叢書第三集
文館詞林殘十八卷(存卷一百五十六至
　一百五十八、卷三百四十七、卷四百
　五十二至四百五十三、卷四百五十
　七、卷四百五十九、卷六百六十二、卷
　六百六十四至六百六十八、卷六百七
　十六、卷六百九十一、卷六百九十五、
　卷六百九十九)
　　　　叢書集成初編・文學類
古文苑九卷
　　(宋)□□輯
　　　　岱南閣叢書(乾隆嘉慶本、景乾隆嘉慶
　　　　本)
古文苑二十一卷
　　(宋)章樵注
　　　　四庫全書・集部總集類
　　　　墨海金壺(嘉慶本、景嘉慶本)・集部
　　　　惜陰軒叢書(道光本、光緒本)第十六
　　　　函
　　　　龍谿精舍叢書・集部
　　　　四部叢刊(初次印本)・集部
　　　　四部叢刊(二次印本、縮印二次印本)
　　　　・集部
古文苑二十一卷附校勘記一卷
　　(宋)章樵注　校勘記(清)錢熙祚撰
　　　　守山閣叢書(道光本、鴻文書局景道光
　　　　本、博古齋景道光本)・集部
　　　　叢書集成初編・文學類
續古文苑二十卷
　　(清)孫星衍輯
　　　　平津館叢書(嘉慶本、光緒本)
　　　　叢書集成初編・文學類
觀瀾文集甲集二十五卷乙集七卷
　　(宋)林之奇輯　(宋)呂祖謙集註
　　　　宛委別藏
文苑英華一千卷
　　(宋)李昉等輯
　　　　四庫全書・集部總集類
文苑英華辨證十卷
　　(宋)彭叔夏撰

四庫全書・集部總集類

　知不足齋叢書（乾隆至道光本、景乾隆
　　至道光本）第十九集
　武英殿聚珍版書（武英殿木活字本、江
　　西書局本）・集部
　學海類編（道光本、景道光本）・集餘
　　五
文苑英華辨證十卷補文一卷拾遺一卷
　（宋）彭叔夏撰　拾遺（清）勞格輯
　　武英殿聚珍版書（福建本、廣雅書局
　　　本）・集部
　　叢書集成初編・總類
宋槧文苑英華殘本校記一卷
　（民國）羅振玉撰
　　松翁居遼後所箸書・遼居雜箸
古文關鍵二卷
　（宋）呂祖謙輯
　　四庫全書・集部總集類
　　金華叢書（同治光緒本、民國補刊本）
　　　・集部
　　叢書集成初編・文學類
崇古文訣三十五卷
　（宋）樓昉撰
　　四庫全書・集部總集類
文章正宗復刻三十卷續十二卷
　（宋）眞德秀輯
　　眞西山全集
　文章正宗二十卷續集二十卷
　　四庫全書・集部總集類
妙絶古今四卷
　（宋）湯漢輯
　　四庫全書・集部總集類
　　豫章叢書（胡思敬輯）
古文集成前集七十八卷
　（宋）王霆震輯
　　四庫全書・集部總集類
文章軌範七卷
　（宋）謝枋得輯
　　四庫全書・集部總集類
　　謝疊山先生評註四種合刻
文章辨體彙選七百八十卷
　（明）賀復徵輯
　　四庫全書・集部總集類
文編六十四卷
　（明）唐順之輯
　　四庫全書・集部總集類
四六類編十六卷
　（明）李日華輯

四六全書
四六法海十二卷
　（明）王志堅輯
　　四庫全書・集部總集類
文奇四卷
　（明）丁允和品定　（明）陸雲龍評注
　　翠娛閣評選行笈必携
文韻四卷
　（明）丁允和品定　（明）陸雲龍評注
　　翠娛閣評選行笈必携
皇霸文紀十三卷
　（明）梅鼎祚輯
　　四庫全書・集部總集類
釋文紀四十五卷
　（明）梅鼎祚輯
　　四庫全書・集部總集類
　　四庫全書珍本初集・集部總集類
古文品外錄十二卷
　（明）陳繼儒撰
　　中國文學珍本叢書第一輯
四六儷二卷
　（明）陸雲龍輯
　　翠娛閣評選行笈必携
御選古文淵鑑六十四卷
　清聖祖選　（清）徐乾學等輯注
　　古香齋袖珍十種（內府本、南海孔氏
　　　本）
　　四庫全書・集部總集類
　　摛藻堂四庫全書薈要・集部
唐宋八大家文鈔十九卷
　（清）張伯行輯
　　正誼堂全書續刻
　　叢書集成初編・文學類
古文雅正十四卷
　（清）蔡世遠輯
　　四庫全書・集部總集類
此木軒選四六文二卷（存卷上）
　（清）焦袁熹輯
　　此木軒全集
古文精藻二卷
　（清）李光地輯
　　李文貞公全集
　　榕村全書
御選唐宋文醇五十八卷
　清乾隆三年敕選
　　四庫全書・集部總集類
　　摛藻堂四庫全書薈要・集部
忠雅堂評選四六法海八卷

（清）蔣士銓輯
蔣氏四種（咸豐本、同治本）

古文辭類纂七十五卷附校勘記一卷附錄
一卷
（清）姚鼐輯　校勘記（清）李承淵撰
袖珍古書讀本
四部備要（排印本、縮印本）·集部總
集

古文辭類纂約選十三卷
（清）姚鼐纂　（民國）周學熙選
周氏師古堂所編書

古文辭彙纂序目一卷
（清）姚鼐撰
二餘堂叢書

續古文辭類纂二十八卷
（清）黎庶昌輯
袖珍古書讀本
四部備要（排印本、縮印本）·集部總
集

唐宋八家鈔八卷
（清）高塘集評
高梅亭讀書叢鈔

六朝文絜四卷
（清）許槤評選
塢葉山房叢鈔
四部備要（排印本、縮印本）·集部總
集

乾坤正氣集二十卷
（清）顧沅輯
半畝園叢書

經史百家雜鈔二十六卷
（清）曾國藩輯
曾文正公全集
四部備要（排印本、縮印本）·集部總
集

經史百家簡編二卷
（清）曾國藩輯
曾文正公全集
求實齋叢書

南北朝文鈔二卷
（清）彭兆蓀輯
粵雅堂叢書三編第三十集
叢書集成初編·文學類

駢體文鈔三十一卷
（清）李兆洛輯　（清）譚獻評
四部備要（排印本、縮印本）·集部總
集

兩朝文選要二卷

（清）李元春評輯
桐閣全書

經義文選要十卷
（清）李元春評輯
桐閣全書

求志集四卷
（清）陳鼐輯
周氏師古堂所編書

文苑珠林四卷
（清）蔣超伯輯
通齋全集

漢魏六朝文擷一卷
（民國）余重耀輯
遯廬叢著

文辭養正舉隅二卷
（民國）周學熙輯
周氏師古堂所編書

文省一卷
（民國）錢振鍠輯
名山全集

名山錄一卷
（民國）錢振鍠輯
名山全集·名山七集附

漢　魏　六朝

西漢文紀二十四卷
（明）梅鼎祚輯
四庫全書·集部總集類

西漢文選七卷
（清）孫琮輯
山曉閣文選

東漢文鑑二十卷
（宋）陳鑑輯
宛委別藏
選印宛委別藏

東漢文紀三十二卷
（明）梅鼎祚輯
四庫全書·集部總集類

東漢文選五卷
（清）孫琮輯
山曉閣文選

漢詩一卷
（明）曹學佺輯
石倉十二代詩選·古詩選

漢詩音註十卷
（清）李因篤撰
關中叢書第七集

漢樂府三歌牋註三卷

　　　　(清)陳本禮撰
　　　　　　　江都陳氏叢書·漢詩統箋
漢鼓吹鐃歌曲句解一卷
　　　　(清)莊述祖撰
　　　　　　　珍埶宧遺書
漢鼓吹鐃歌十八曲集解一卷
　　　　(清)譚儀撰
　　　　　　　靈鶼閣叢書第三集
　　　　　　　叢書集成初編·藝術類
唱經堂古詩解一卷
　　　　(清)金人瑞撰
　　　　　　　唱經堂才子書·聖歎外書
　　　　　　　風雨樓叢書·貫華堂才子書彙稿·聖
　　　　　　　歎外書
　　古詩解一卷
　　　　　　　中國文學珍本叢書第一輯·唱經堂才
　　　　　　　子書彙稿十一種
古詩十九首解一卷
　　　　(清)張庚撰
　　　　　　　藝海珠塵土集(己集)
　　　　　　　叢書集成初編·文學類
古詩十九首說一卷
　　　　(清)朱筠口授　(清)徐昆筆述
　　　　　　　嘯園叢書第五函
古詩十九首箋注一卷
　　　　(清)陳敬畏撰
　　　　　　　花近樓叢書
古詩十九首注一卷
　　　　(清)劉光蕢撰
　　　　　　　煙霞草堂遺書
魏詩一卷
　　　　(明)曹學佺輯
　　　　　　　石倉十二代詩選·古詩選
三國文類六十卷
　　　　(宋)□□輯
　　　　　　　四庫全書·集部總集類
西晉文紀二十卷
　　　　(明)梅鼎祚輯
　　　　　　　四庫全書·集部總集類
晉詩二卷
　　　　(明)曹學佺輯
　　　　　　　石倉十二代詩選·古詩選
宋詩一卷
　　　　(明)曹學佺輯
　　　　　　　石倉十二代詩選·古詩選
宋文紀十八卷
　　　　(明)梅鼎祚輯
　　　　　　　四庫全書·集部總集類

齊詩一卷
　　　　(明)曹學佺輯
　　　　　　　石倉十二代詩選·古詩選
南齊文紀十卷
　　　　(明)梅鼎祚輯
　　　　　　　四庫全書·集部總集類
梁詩三卷
　　　　(明)曹學佺輯
　　　　　　　石倉十二代詩選·古詩選
梁文紀十四卷
　　　　(明)梅鼎祚輯
　　　　　　　四庫全書·集部總集類
陳詩一卷
　　　　(明)曹學佺輯
　　　　　　　石倉十二代詩選·古詩選
陳文紀八卷
　　　　(明)梅鼎祚輯
　　　　　　　四庫全書·集部總集類
北齊文紀三卷
　　　　(明)梅鼎祚輯
　　　　　　　四庫全書·集部總集類
後周文紀八卷
　　　　(明)梅鼎祚輯
　　　　　　　四庫全書·集部總集類

隋　唐　五代

隋詩一卷
　　　　(明)曹學佺輯
　　　　　　　石倉十二代詩選·古詩選
隋文紀八卷
　　　　(明)梅鼎祚輯
　　　　　　　四庫全書·集部總集類
篋中集一卷
　　　　(唐)元結輯
　　　　　　　唐人選唐詩六種
　　　　　　　唐人選唐詩八種(汲古閣本、學稼草堂
　　　　　　　本、景汲古閣本)
　　　　　　　四庫全書·集部總集類
　　　　　　　唐人選唐詩十種
篋中集一卷附札記一卷
　　　　(唐)元結輯　札記(民國)徐乃昌撰
　　　　　　　隨盦徐氏叢書
河嶽英靈集三卷
　　　　(唐)殷璠輯
　　　　　　　唐人選唐詩六種
　　　　　　　唐人選唐詩八種(汲古閣本、學稼草堂
　　　　　　　本、景汲古閣本)
　　　　　　　四庫全書·集部總集類

唐人選唐詩十種
河岳英靈集三卷附校文一卷
　　(唐)殷璠輯　校文(民國)孫毓修撰
　　　　四部叢刊(初次印本、二次印本、縮印
　　　　　二次印本)·集部
國秀集三卷
　　(唐)芮挺章輯
　　　　唐人選唐詩六種
　　　　唐人選唐詩八種(汲古閣本、學稼草堂
　　　　　本、景汲古閣本)
　　　　四庫全書·集部總集類
　　　　四部叢刊(初次印本、二次印本、縮印
　　　　　二次印本)·集部
　　　　唐人選唐詩十種
御覽詩(一名唐歌詩一名選進集一名元
　和御覽)一卷
　　(唐)令狐楚輯
　　　　唐人選唐詩八種(汲古閣本、學稼草堂
　　　　　本、景汲古閣本)
　　　　四庫全書·集部總集類
　　　　唐人選唐詩十種
中興閒氣集二卷
　　(唐)高仲武輯
　　　　唐人選唐詩六種
　　　　唐人選唐詩八種(汲古閣本、學稼草堂
　　　　　本、景汲古閣本)
　　　　四庫全書·集部總集類
　　　　唐人選唐詩十種
中興閒氣集二卷附校文一卷
　　(唐)高仲武輯　校文(清)何焯撰
　　　　四部叢刊(初次印本、二次印本、縮印
　　　　　二次印本)·集部
極玄集二卷
　　(唐)姚合輯
　　　　唐人選唐詩六種
　　　　唐人選唐詩八種(汲古閣本、學稼草堂
　　　　　本、景汲古閣本)
　　　　四庫全書·集部總集類
　　　　唐人選唐詩十種
又玄集三卷
　　(前蜀)韋莊輯
　　　　唐人選唐詩十種
搜玉小集一卷
　　(唐)□□輯
　　　　唐人選唐詩六種
　　　　唐人選唐詩八種(汲古閣本、學稼草堂
　　　　　本、景汲古閣本)
　　　　四庫全書·集部總集類
　　　　唐人選唐詩十種

唐人選唐詩殘一卷
　　(唐)□□輯
　　　　鳴沙石室佚書初編
　唐寫本唐人選唐詩殘一卷
　　　　唐人選唐詩十種
翰林學士集一卷
　　(唐)□□輯
　　　　靈峯草堂叢書
才調集十卷
　　(後蜀)韋縠輯
　　　　唐人選唐詩八種(汲古閣本、學稼草堂
　　　　　本、景汲古閣本)
　　　　四庫全書·集部總集類
　　　　四部叢刊(初次印本、二次印本、縮印
　　　　　二次印本)·集部
　　　　唐人選唐詩十種
刪正二馮評閱才調集二卷
　　(清)紀昀撰
　　　　鏡烟堂十種
唐百家詩選二十卷
　　(宋)王安石輯
　　　　四庫全書·集部總集類
　　　　王安石全集
萬首唐人絕句詩九十一卷
　　(宋)洪邁輯
　　　　四庫全書·集部總集類
唐僧弘秀集十卷
　　(宋)李龏輯
　　　　四庫全書·集部總集類
衆妙集一卷
　　(宋)趙師秀輯
　　　　詩詞雜俎(汲古閣本、木松堂本、景汲
　　　　　古閣本)
　　　　汲古閣合訂唐宋元詩五集
　　　　四庫全書·集部總集類
　　　　叢書集成初編·文學類
三體唐詩六卷
　　(宋)周弼輯　(元)釋圓至注　(清)高士奇
　　補注
　　　　四庫全書·集部總集類
註解章泉澗泉二先生選唐詩五卷
　　(宋)謝枋得撰
　　　　宛委別藏
　　　　謝疊山先生評註四種合刻
分門纂類唐歌詩殘十一卷(存卷□、卷二
　十二、卷三十二、卷□、卷□、卷九十一
　至九十六)
　　(宋)趙孟奎輯

宛委別藏
　選印宛委別藏
唐詩鼓吹十卷
　(金)元好問輯　(元)郝天挺注
　　四庫全書·集部總集類
唐音十四卷
　(元)楊士弘輯
　　四庫全書·集部總集類
　唐音十五卷
　　湖北先正遺書·集部
唐詩品彙九十卷拾遺十卷
　(明)高棅輯
　　四庫全書·集部總集類
初盛唐詩選三十三卷
　(明)曹學佺輯
　　石倉十二代詩選·唐詩選
中唐詩選二十七卷
　(明)曹學佺輯
　　石倉十二代詩選·唐詩選
晚唐詩選四十卷
　(明)曹學佺輯
　　石倉十二代詩選·唐詩選
唐詩拾遺十卷
　(明)曹學佺輯
　　石倉十二代詩選·唐詩選
唐詩鏡五十四卷
　(明)陸時雍輯
　　四庫全書·集部總集類·古詩鏡附
唐詩名媛集一卷
　(明)楊肇祉輯
　　唐詩豔逸品
唐詩香奩集一卷
　(明)楊肇祉輯
　　唐詩豔逸品
唐詩觀妓集一卷
　(明)楊肇祉輯
　　唐詩豔逸品
唐詩名花集一卷
　(明)楊肇祉輯
　　唐詩豔逸品
唐詩評選四卷
　(清)王夫之輯
　　船山遺書(民國本)
唐賢三昧集三卷
　(清)王士禛輯
　　王漁洋遺書
　　四庫全書·集部總集類
十種唐詩選十七卷

(清)王士禛輯
　王漁洋遺書
唐人萬首絕句選七卷
　(清)王士禛輯
　　王漁洋遺書
　　四庫全書·集部總集類
御定全唐詩九百卷
　清康熙四十二年敕輯
　　四庫全書·集部總集類
　　摛藻堂四庫全書薈要·集部
御選唐詩三十二卷附錄三卷
　清聖祖輯
　　四庫全書·集部總集類
　　摛藻堂四庫全書薈要·集部
全唐詩錄一百卷
　(清)徐倬輯
　　四庫全書·集部總集類
全唐詩錄補遺一卷
　(清)俞思謙輯
　　銷夏錄舊(稿本、攝影本)
此木軒五言七言律詩選讀本二卷
　(清)焦袁熹輯
　　此木軒全集
大歷詩略六卷
　(清)喬億輯
　　喬劍溪遺集
唐詩金粉十卷
　(清)沈炳震輯
　　融經館叢書
唐詩矩五卷
　(清)黃生輯
　　周氏師古堂所編書
唐詩選十三卷
　(民國)王闓運輯
　　湘綺樓全書
三唐詩品三卷
　(民國)宋育仁撰
　　古今文藝叢書第一集
唐人詩鈔一卷
　(民國)余重耀輯
　　遯廬叢著
全唐詩逸三卷
　(日本)河世寧輯
　　知不足齋叢書(乾隆至道光本、景乾隆
　　　至道光本)第三十集
　　銷夏錄舊(稿本、攝影本)
　　叢書集成初編·文學類
豐干拾得詩一卷

（唐）釋豐干（唐）釋拾得撰
  四庫全書・集部別集類・寒山子詩集
  附
  擇是居叢書初集・寒山詩集附
  四部叢刊（初次印本）・集部・寒山詩
  附
  四部叢刊（二次印本、縮印二次印本）
  ・集部・寒山詩附

薛濤李冶詩集二卷
 （唐）薛濤（唐）李冶撰
  四庫全書・集部總集類

唐四家詩集辨譌考異四卷
 （清）胡鳳丹撰
  唐四家詩集附

唐文粹一百卷
 （宋）姚鉉輯
  四庫全書・集部總集類
  摛藻堂四庫全書薈要・集部
  四部叢刊（初次印本）・集部

重校正唐文粹一百卷附校勘記一卷
 （宋）姚鉉輯　校勘記（民國）林志烜撰
  四部叢刊（二次印本、縮印二次印本）
  ・集部

唐文拾遺七十二卷目錄八卷續拾十六卷
 （清）陸心源輯
  潛園總集

全五代詩九十卷
 （清）李調元輯
  函海（乾隆本）第三十一函至三十四函

全五代詩一百卷補遺一卷
  函海（道光本）第三十一函至三十四函
  函海（光緒本）第三十六函至三十九函
  叢書集成初編・文學類

宋

古今歲時雜詠四十六卷
 （宋）蒲積中輯
  四庫全書・集部總集類

五百家播芳大全文粹一百十卷
 （宋）魏齊賢（宋）葉棻輯
  四庫全書・集部總集類

江湖小集九十五卷
 （宋）陳起輯
  四庫全書・集部總集類

江湖後集二十四卷
 （宋）陳起輯
  四庫全書・集部總集類
  南宋羣賢小集附

前賢小集拾遺五卷
 （宋）陳起輯
  南宋羣賢小集

增廣聖宋高僧詩選前集一卷後集三卷續
 集一卷補遺一卷
 （宋）陳起輯
  南宋羣賢小集

中興羣公吟槀戊集七卷
 （宋）陳起輯
  南宋羣賢小集

濂洛風雅六卷
 （宋）金履祥輯
  犖祖堂叢書

濂洛風雅六卷首一卷
  金華叢書（民國補刊本）・集部
  叢書集成初編・文學類

天地間集一卷
 （宋）謝翱輯
  宋詩鈔初集・晞髮集鈔附
  四庫全書・集部別集類・晞髮集附
  知不足齋叢書（乾隆至道光本、景乾隆
  至道光本）第二十四集
  國粹叢書第二集・晞髮集附
  宋代五十六家詩集
  叢書集成初編・文學類

詩苑衆芳一卷
 （宋）劉瑄輯
  宛委別藏
  十萬卷樓叢書二編
  選印宛委別藏
  叢書集成初編・文學類

詩家鼎臠二卷
 （宋）□□輯
  四庫全書・集部總集類
  四庫全書珍本初集・集部總集類

聖宋九僧詩一卷補遺一卷
 （宋）□□輯
  宋人集丙編

忠義集七卷
 （元）趙景良輯
  汲古閣合訂唐宋元詩五集
  四庫全書・集部總集類

宋藝圃集二十二卷
 （明）李棻輯
  四庫全書・集部總集類

宋遺民錄一卷
 （明）□□輯
  汲古閣合訂唐宋元詩五集

宋詩選一百七卷
　　（明）曹學佺輯
　　　　石倉十二代詩選
御選宋詩七十八卷姓名爵里二卷
　　清聖祖輯
　　　　御選宋金元明四朝詩
　　　　摛藻堂四庫全書薈要・集部
濂洛風雅九卷
　　（清）張伯行輯
　　　　正誼堂全書
　　　　叢書集成初編・文學類
宋文鑑一百五十卷
　　（宋）呂祖謙輯
　　　　四庫全書・集部總集類
　　　　摛藻堂四庫全書薈要・集部
　　皇朝文鑑一百五十卷
　　　　四部叢刊（初次印本、二次印本、縮印
　　　　二次印本）・集部
宋文選三十二卷
　　（宋）□□輯
　　　　四庫全書・集部總集類

西　夏　遼　金

西夏文存一卷外編一卷
　　羅福頤輯
　　　　待時軒叢刊
遼文萃七卷
　　（清）王仁俊輯
　　　　遼海叢書第六集
遼文補錄一卷
　　（民國）黃任恆輯
　　　　迻篹雜纍・遼痕五種
遼文續拾二卷補遺一卷彙目一卷
　　羅福頤輯
　　　　待時軒叢刊
中州集十卷
　　（金）元好問輯
　　　　四庫全書・集部總集類
　　　　摛藻堂四庫全書薈要・集部
　　　　元遺山先生全集
　　　　誦芬室叢刊初編
　　　　四部叢刊（初次印本、二次印本、縮印
　　　　二次印本）・集部
　　　　金元總集
御選金詩二十四卷首一卷姓名爵里一卷
　　清聖祖輯
　　　　御選宋金元明四朝詩
　　　　摛藻堂四庫全書薈要・集部

御定全金詩七十四卷
　　清康熙五十年敕輯
　　　　四庫全書・集部總集類

元

谷音二卷
　　（元）杜本輯
　　　　詩詞雜俎（汲古閣本、木松堂本、景汲
　　　　古閣本）
　　　　汲古閣合訂唐宋元詩五集
　　　　四庫全書・集部總集類
　　　　粵雅堂叢書初編第二集
　　　　清芬堂叢書・集部
　　　　四部叢刊（初次印本、二次印本、縮印
　　　　二次印本）・集部
　　　　叢書集成初編・文學類
　　　　金元總集
天下同文集五十卷（原缺卷十七至十八、
　　卷三十一、卷三十四至三十五、卷四十
　　一）
　　（元）周南瑞輯
　　　　四庫全書・集部總集類
　天下同文前甲集五十卷（原缺卷十七
　　至十八、卷三十至三十一、卷三十四
　　至三十五卷四十一）
　　　　雪堂叢刻
元風雅三十卷
　　（元）蔣易輯
　　　　宛委別藏
　　　　選印宛委別藏
　　國朝風雅七卷雜編三卷
　　　　元人選元詩五種
元風雅前集十二卷後集十二卷
　　（元）傅習輯　後集（元）傅存吾輯
　　　　四庫全書・集部總集類
　　皇元風雅前集六卷後集六卷
　　　　四部叢刊（初次印本、二次印本、縮印
　　　　二次印本）・集部
大雅集八卷
　　（元）賴良輯　（元）楊維禎評點
　　　　四庫全書・集部總集類
　　　　元人選元詩五種
敦交集一卷
　　（元）魏士達輯
　　　　遯盦叢編乙集
　　　　元人選元詩五種
青雲梯三卷
　　（元）□□輯

(清)劉雲份輯
　　中國文學珍本叢書第一輯
冰雪攜(一名晚明百家小品)二卷
　(清)衞泳輯
　　國學珍本文庫第一集
明代千遺民詩詠初編十卷二編十卷 三 編
　一卷
　(民國)張其淦輯
　　寓園叢書
明文衡九十八卷
　(明)程敏政輯
　　四庫全書・集部總集類
　　摘藻堂四庫全書薈要・集部
　皇明文衡一百卷
　　四部叢刊(初次印本、二次印本、縮印
　　二次印本)・集部
明文海四百八十二卷
　(清)黃宗羲輯
　　四庫全書・集部總集類
有明三家稿一卷
　(清)許汝韶輯
　　高涼耆舊遺集・高涼耆舊文鈔

清

吾炙集一卷
　(清)錢謙益輯
　　虞山叢刻
懷舊集二卷
　(清)馮舒輯
　　滂喜齋叢書第三函
　　叢書集成初編・文學類
從游集二卷
　(清)陳瑚輯
　　峭帆樓叢書
離憂集二卷
　(清)陳瑚輯
　　峭帆樓叢書
隨園女弟子詩選六卷
　(清)袁枚輯
　　隨園三十種(乾隆嘉慶本、同治本)
　　隨園三十八種
國朝名人詞翰二卷
　(清)洪頤煊輯
　　傳經堂叢書
國朝閨秀香咳集十卷附錄一卷
　(清)許夔臣輯
　　申報館叢書餘集
香咳集選存三卷(卷一至三)

(清)許夔臣輯
　　香豔叢書第八集
　　國學珍本文庫第一集・美人詩附
香咳集選存三卷(卷四至六)
　(清)許夔臣輯
　　香豔叢書第九集
荊湖知舊詩鈔二卷
　(清)熊士鵬輯
　　瘦羊錄
怡園同人吟鈔一卷
　(清)吳祖德輯
　　怡園初刊三種
續刊同人吟鈔一卷
　(清)吳祖德輯
　　怡園續刊三種
應求集四卷
　(清)王慶勳輯
　　詒安堂全集
可作集八卷
　(清)王慶勳輯
　　詒安堂全集
療閒集二卷
　(清)楊浚輯
　　冠悔堂雜錄
怡情小品一卷
　(清)龔廷鈞(清)錢永基輯
　　晨風閣叢書第一集
晦鳴錄二卷
　(清)朱克敬輯
　　挹秀山房叢書
諸華香室閨秀詩鈔二卷
　(清)□□輯
　　晨風閣叢書第一集
湖海同聲集四卷
　(民國)童閏輯
　　晨風閣叢書第一集
觀劇絕句三卷
　(民國)葉德輝輯
　　雙楳景闇叢書
　　郋園先生全書
西廬懷舊集三卷
　(民國)鄒登泰輯
　　王烟客先生集附
清華集二卷
　(民國)汪詩儂輯
　　滿清稗史附
　清華集一卷
　　滿清野史初編

詩羣六卷
　　(民國)沈宗畸輯
　　　　晨風閣叢書第一集
憂菴大司馬幷夫人合稿一卷
　　(清)姚啓聖(清)沈氏撰
　　　　越中文獻輯存書十種
蕭湯二老遺詩合編一卷
　　(清)蕭雲從(清)湯燕生撰
　　　　黃勤敏公全集
顧陸遺詩一卷
　　(清)顧廷璋(清)陸孝曾撰
　　　　申報館叢書餘集・滇南雜志附
遺詩鈔一卷
　　(清)趙以文(清)劉文煒撰
　　　　朱近漪所箸書
皇清文穎一百二十四卷
　　清乾隆十二年敕輯
　　　　四庫全書・集部總集類
　　　　摛藻堂四庫全書薈要・集部
國朝古文選二卷
　　(清)孫澍輯
　　　　古棠書屋叢書・史部
國朝麗體金膏(一名拜鳳集)四卷
　　(清)馬俊良輯
　　　　藝苑捃華
　　　　叢書集成初編・文學類
　麗體金膏八卷
　　　　龍威祕書六集
國朝駢體正宗評本十二卷補編一卷
　　(清)曾燠輯　　(清)姚燮評
　　　　花雨樓叢鈔附
記聞類編十四卷
　　(清)蔡爾康輯
　　　　申報館叢書餘集
閨墨萃珍一卷
　　(清)□□輯
　　　　香豔叢書第十一集
鍊庵駢體文選四卷
　　(民國)沈宗畸輯
　　　　晨風閣叢書第一集
賽獲齋文鈔四卷
　　(民國)沈宗畸輯
　　　　晨風閣叢書第一集
駢花閣文選四卷
　　(民國)沈宗畸輯
　　　　晨風閣叢書第一集
樸學齋文鈔四卷
　　(民國)沈宗畸輯

　　　　晨風閣叢書第一集
國朝文範二卷
　　(民國)羅振玉輯
　　　　七經堪叢刊
客人駢體文選三卷
　　古直輯
　　　　客人叢書

民　國

二家詠古詩一卷
　　(清)張之洞(民國)樊增祥撰
　　　　樊山集
沆瀣集一卷
　　(清)張之洞(民國)樊增祥撰
　　　　樊山集續集
剪淞留影集一卷
　　(民國)吳芝瑛輯
　　　　小萬柳堂叢刊
石遺室詩友詩錄六卷
　　(民國)陳衍輯
　　　　晨風閣叢書第一集
湘社集四卷
　　(民國)程頌萬輯
　　　　甯鄉程氏全書
南社詩選十二卷
　　(民國)胡樸安(韞玉)輯
　　　　南社叢選
萍緣集六卷
　　(民國)俞鷗侶輯
　　　　虞社叢書
寄樓鱗爪集一卷
　　(民國)蔡卓勳輯
　　　　小瀛壺仙館叢刊
吉光片羽一卷
　　(民國)汪定執輯
　　　　慕雲集存
小詩選
　　(民國)秋雪選
　　　　文藝小叢書第一輯
蘭閨清課
　　(民國)胡懷琛選
　　　　文藝小叢書第一輯
半甦草堂新詠一卷
　　(民國)□□輯
　　　　苕岑叢書・半甦草堂新書
江東雲影集一卷
　　(民國)□□輯
　　　　苕岑叢書・半甦草堂新書

同岑集一卷
　　（民國）□□輯
　　　　苕岑叢書
南社文選十卷
　　（民國）胡樸安（韞玉）輯
　　　　南社叢選
聊園文鈔一卷
　　（民國）□□輯
　　　　苕岑叢書·牛豎草堂新書
聊園文鈔一卷
　　（民國）□□輯
　　　　苕岑叢書
瀟湘秋雨舸駢文鈔一卷
　　（民國）□□輯
　　　　苕岑叢書·牛豎草堂新書

郡邑之屬

永清文徵三卷
　　（清）章學誠撰
　　　　章氏遺書（嘉業堂本、商務印書館排印
　　　　本）外編
河汾諸老詩集八卷
　　（元）房祺輯
　　　　詩詞雜俎（汲古閣本、木松堂本、景汲
　　　　古閣本）
　　　　四庫全書·集部總集類
　　　　粵雅堂叢書初編第二集
　　　　元人選元詩五種
　　　　叢書集成初編·文學類
　　　　金元總集
河汾諸老詩集八卷附校語一卷
　　（元）房祺輯　校語（民國）孫毓修撰
　　　　四部叢刊（初次印本、二次印本、縮印
　　　　二次印本）·集部
晉昌遺文彙鈔二卷
　　（民國）牛誠修輯
　　　　雪華館叢編·集類
陝西集三卷
　　（明）曹學佺輯
　　　　石倉十二代詩選
關中兩朝詩鈔十二卷補四卷又補一卷
　　（清）李元春輯
　　　　桐閣全書
關中兩朝賦鈔二卷
　　（清）李元春輯
　　　　桐閣全書
關中兩朝文鈔二十二卷補六卷

　　（清）李元春輯
　　　　桐閣全書
二南遺音四卷續集一卷
　　（清）劉紹攽輯
　　　　西京清麓叢書外編
涇獻詩存四卷外編二卷
　　（民國）柏堃輯
　　　　涇陽文獻叢書
涇獻文存十二卷外編四卷
　　（民國）柏堃輯
　　　　涇陽文獻叢書
沙州文錄一卷
　　（民國）蔣斧輯
　　　　敦煌石室遺書
沙州文錄一卷補一卷附錄一卷
　　（民國）蔣斧輯　補羅福萇輯
　　　　六經堪叢書初集
安德明詩選遺一卷
　　（清）田同之輯
　　　　德州田氏叢書
南直集三十五卷
　　（明）曹學佺輯
　　　　石倉十二代詩選
吳都文粹九卷
　　（宋）鄭虎臣輯
　　　　四庫全書·集部總集類
吳都文粹續集五十六卷補遺二卷
　　（明）錢穀輯
　　　　四庫全書·集部總集類
　　　　四庫全書珍本初集·集部總集類
雲間三子新詩合稿九卷
　　（明）夏完淳輯
　　　　峭帆樓叢書
荊溪外紀二十五卷
　　（明）沈敕輯
　　　　常州先哲遺書後編·史類
丹陽集一卷
　　（唐）殷璠輯
　　　　宗月鋤先生遺著
揚州足徵錄二十七卷
　　（清）焦循輯
　　　　榕園叢書續刻
淮海英靈集甲集四卷乙集四卷丙集四卷
　丁集四卷戊集四卷壬集一卷癸集一卷
　　（清）阮元輯
　　　　文選樓叢書（阮亨輯）
　　　　叢書集成初編·文學類
宛陵羣英集十二卷

（元）汪澤民（元）張師愚輯
　　　四庫全書・集部總集類
新安文獻志一百卷
　　（明）程敏政輯
　　　四庫全書・集部總集類
涇山文載小傳一卷
　　（清）鄭相如輯
　　　洪氏唐石經館叢書
合肥三家詩錄二卷
　　（清）譚獻輯
　　　牛厂叢書初編
浙江集五十卷
　　（明）曹學佺輯
　　　石倉十二代詩選
檇李詩繫四十二卷
　　（清）沈季友輯
　　　四庫全書・集部總集類
碧漪集四卷續集二卷三集四卷附錄一卷
　　（民國）譚新嘉輯
　　　嘉興譚氏遺書
桐溪耆隱集一卷補錄一卷
　　（清）袁炯輯
　　　漸西村舍彙刊
　　　叢書集成初編・文學類
吳興詩存初集八卷二集十四卷三集六卷
　　四集二十卷
　　（清）陸心源輯
　　　潛園總集
湖州十家詩選一卷
　　（民國）蔣清瑞輯
　　　月河草堂叢書
同岑集十二卷
　　（清）李夏器撰
　　　吳興叢書
潯溪文徵十六卷
　　（民國）周慶雲輯
　　　晨風廬叢刊
會稽掇英總集二十卷
　　（宋）孔延之輯
　　　四庫全書・集部總集類
會稽掇英總集校一卷
　　（清）陸心源撰
　　　潛園總集・羣書校補
續會稽掇英集校補五卷
　　（清）陸心源撰
　　　潛園總集・羣書校補
四明宋僧詩一卷元僧詩一卷
　　（清）董沛輯

四明叢書第六集
甬上高僧詩二卷
　　（清）李鄴嗣輯
　　　四明叢書第八集
甬東正氣集四卷
　　（清）董琅輯
　　　四明叢書第六集
四明詩幹三卷
　　（清）董慶酉輯
　　　四明叢書第六集
甬上耆舊詩三十卷
　　（清）胡文學輯
　　　四庫全書・集部總集類
續甬上耆舊詩集一百四十卷
　　（清）全祖望輯
　　　國粹叢書第三集
四明文徵十六卷
　　（清）袁鈞輯
　　　四明叢書第八集
赤城集十八卷
　　（宋）林表民輯
　　　四庫全書・集部總集類
　　　台州叢書乙集
赤城後集三十三卷
　　（明）謝鐸輯
　　　續台州叢書
赤城別集五卷
　　（民國）楊晨輯
　　　台州叢書後集
敬鄉錄十四卷
　　（元）吳師道撰
　　　四庫全書・史部傳記類
　　　適園叢書第一集
敬鄉錄十四卷附考異一卷
　　（元）吳師道撰　考異（民國）胡宗楙撰
　　　續金華叢書・史部
嚴陵集九卷
　　（宋）董弅輯
　　　四庫全書・集部總集類
　　　漸西村舍彙刊
　　　叢書集成初編・文學類
福建集九十六卷
　　（明）曹學佺輯
　　　石倉十二代詩選
閩詩錄甲集六卷乙集四卷丙集二十三卷
　　丁集一卷戊集七卷
　　（清）鄭杰輯　（民國）陳衍補訂
　　　石遺室叢書

河南集一卷
　　(明)曹學佺輯
　　　　石倉十二代詩選
襄城文獻錄十二卷
　　(清)劉宗泗輯
　　　　劉氏傳家集
信陽詩鈔十二卷首一卷
　　劉海涵輯
　　　　龍潭精舍叢刻
楚集十九卷
　　(明)曹學佺輯
　　　　石倉十二代詩選
永平詩存二十四卷續編四卷
　　(清)史夢蘭輯
　　　　止園叢書(史氏撰)
竟陵詩選十四卷補遺一卷
　　(清)熊士鵬輯
　　　　瘦羊錄
竟陵文選三卷
　　(清)熊士鵬輯
　　　　瘦羊錄
江西集五卷
　　(明)曹學佺輯
　　　　石倉十二代詩選
江右集五卷
　　(明)曹學佺輯
　　　　石倉十二代詩選
皇明西江詩選十卷
　　(明)韓陽輯
　　　　豫章叢書(胡思敬輯)
國朝嶺海詩鈔二十四卷
　　(清)淩揚藻輯
　　　　海雅堂全集
粵詩蒐逸四卷
　　(清)黃子高輯
　　　　嶺南遺書第五集
　　　　叢書集成初編·文學類
廣州四先生詩四卷
　　(明)口口輯
　　　　四庫全書·集部總集類
外編叢鈔四卷
　　(清)許汝韶輯
　　　　高涼耆舊遺集·高涼耆舊文鈔
粵西詩載二十五卷文載七十五卷
　　(清)汪森輯
　　　　四庫全書·集部總集類
全蜀藝文志六十四卷
　　(明)周復俊輯

　　　　四庫全書·集部總集類
四川集五卷
　　(明)曹學佺輯
　　　　石倉十二代詩選
蜀詩十五卷
　　(明)費經虞輯　　(清)費密(清)李調元續輯
　　　　古棠書屋叢書·集部
蜀雅二十卷
　　(清)李調元輯
　　　　函海(乾隆本、道光本)第二十九函
　　　　函海(光緒本)第三十五函
　　　　叢書集成初編·文學類
成都文類五十卷
　　(宋)程遇孫等輯
　　　　四庫全書·集部總集類
黔風十二卷
　　(清)傅玉書輯
　　　　雲嶽叢書
播雅二十四卷
　　(清)鄭珍輯
　　　　巢經巢全集
滄海遺珠四卷
　　(明)沐昂輯
　　　　四庫全書·集部總集類
　　　　雲南叢書初編·集部
滇南詩略四十七卷
　　(清)袁文典(清)袁文揆輯
　　　　雲南叢書初編·集部
滇詩重光集十八卷
　　(清)許印芳輯
　　　　雲南叢書初編·集部
滇詩嗣音集二十卷補遺一卷
　　(清)黃琮輯
　　　　雲南叢書初編·集部
滇詩拾遺六卷
　　(民國)陳榮昌輯
　　　　雲南叢書初編·集部
滇詩拾遺補四卷
　　(民國)李坤輯
　　　　雲南叢書初編·集部
麗郡詩徵十二卷文徵八卷
　　(清)趙聯元輯
　　　　雲南叢書初編·集部
九保詩錄一卷
　　李根澐輯
　　　　曲石叢書
滇南文略四十七卷
　　(清)袁文揆輯

雲南叢書初編・集部

滇文叢錄一百卷首一卷總目二卷作者
小傳三卷　雲南叢書處輯
雲南叢書初編・集部

外國之屬

東古文存一卷
　　（朝鮮）金正喜輯
　　　天壤閣叢書
　　　叢書集成初編・文學類

氏族之屬

錫山尤氏文存一卷詩存一卷
　　（清）尤桐輯
　　　錫山尤氏叢刊甲集

鎌山草堂詩合鈔二卷
　　（明）王光承（明）王烈撰
　　　藝海珠塵木集（辛集）
　　　叢書集成初編・文學類

華園二史詩集二卷
　　（清）史宣綸（清）史翼經撰
　　　梅會詩人遺集

申氏拾遺集二卷
　　（清）申居郇輯
　　　畿輔叢書・永年申氏遺書

四李集一卷
　　（清）許汝韶輯
　　　高涼耆舊遺集・高涼耆舊文鈔

車雙秀集一卷
　　（清）車望湖（清）車寅慶撰
　　　邵陽車氏一家集

如皋冒氏詩略十四卷
　　冒廣生輯
　　　如皋冒氏叢書

澧溪姚氏詩鈔二卷
　　姚永年輯
　　　周浦南蔭堂姚氏叢刊

帥氏清芬集萃編一卷
　　（清）帥之憲輯
　　　帥氏清芬集

柴氏四隱集三卷
　　（明）柴復貞輯
　　　四庫全書・集部總集類

二妙集八卷
　　（金）段克己（金）段成己撰
　　　四庫全書・集部總集類

二妙集八卷逸文一卷
　　　石蓮盦彙刻九金人集

二妙集一卷
　　（金）段克己（金）段成己撰
　　　元詩選二集甲集

二妙集補遺一卷
　　（民國）孫德謙輯
　　　金源七家文集補遺

二皇甫集七卷
　　（明）劉潤之輯
　　　四庫全書・集部總集類

丹溪詩鈔二卷補遺一卷續鈔一卷
　　（清）胡鼎輯　補遺續鈔（民國）胡有恂輯
　　　樸學齋叢書第一集

丹溪文鈔一卷
　　（清）胡鼎輯
　　　樸學齋叢書第一集

誦芬集一卷
　　（清）唐贊袞輯
　　　鄂不齋叢書

唐氏先世遺文一卷補遺一卷
　　（民國）唐鼎元輯
　　　武進唐氏所著書

零芬集一卷
　　秦楠輯
　　　四休堂叢書

袁氏家書六卷
　　（清）袁世傳輯
　　　項城袁氏家集附

爐餘志過錄二卷
　　（清）馬先登輯
　　　馬氏叢刻

江邨遺稿一卷
　　（宋）高選（宋）高邁等撰
　　　四庫全書・集部別集類・信天巢遺稿
　　　附

張氏藝文一卷
　　張元濟輯
　　　海鹽張氏涉園叢刻續編

近百年來先人詩彙六卷
　　（民國）章嶔輯
　　　天行草堂主人遺槧叢刊

春草遺句一卷
　　（清）陸炌（清）陸炘撰
　　　梅谷十種書

陸氏詩賸彙編一卷文賸彙編一卷
　　（民國）陸明桓輯
　　　松陵陸氏叢著

傅芳集一卷
　　（清）傅以禮輯
　　　傅氏家書
三傅集一卷補一卷
　　（民國）張鵬一輯
　　　關隴叢書・北地傅氏遺書
二程文集十三卷附錄二卷
　　（宋）程顥（宋）程頤撰
　　　四庫全書・集部總集類
二程文集十二卷
　　（宋）程顥（宋）程頤撰
　　　正誼堂全書
　　　叢書集成初編・文學類
河南程氏文集十二卷遺文一卷附錄一卷
　　（宋）程顥（宋）程頤撰
　　　河南程氏全書（成化本、萬曆本、康熙
　　　本）
　　　洪氏唐石經館叢書・河南程氏全書
明道文集五卷伊川文集八卷遺文一卷附
　錄一卷
　　（宋）程顥（宋）程頤撰　遺文附錄（元）譚善
　　心輯
　　　西京清麓叢書正編・二程全書
　　　四部備要（排印本、縮印本）・子部儒
　　　家
聯璧詩鈔二卷
　　（清）舒亮袞（清）舒亮裒撰
　　　天香全集附
二黃先生詩萿一卷
　　（清）黃紹箕（清）黃紹第撰
　　　墨香簃叢編
秀水董氏五世詩鈔一卷
　　（民國）徐珂輯
　　　天蘇閣叢刊二集
故城賈氏手澤彙編四卷
　　（清）賈臻輯
　　　賈氏叢書甲集
趙氏淵源集十卷
　　（清）趙紹祖輯
　　　古墨齋集
世美堂詩鈔不分卷
　　（清）趙懷披輯
　　　東萊趙氏楹書叢刊
世美堂文鈔一卷
　　（民國）趙琪輯
　　　東萊趙氏楹書叢刊
三劉家集一卷
　　（宋）劉元高輯

四庫全書・集部總集類
吉光片羽錄一卷
　　（民國）劉肇培等撰
　　　清芬叢鈔
耕餘倡隨錄二卷
　　（民國）劉修鏐撰
　　　清芬叢鈔
蔣之翰之奇遺稿一卷
　　（宋）蔣之翰（宋）蔣之奇撰
　　　常州先哲遺書第一集・集類
鄭氏聯璧集一卷
　　（元）鄭東（元）鄭采撰
　　　元詩選三集庚集
延平二王遺集一卷
　　（明）鄭成功（明）鄭經撰
　　　玄覽堂叢書續集
白田鄭氏遺集十卷首一卷
　　（清）鄭乾清輯
　　　白田鄭氏一家言
舊德集十四卷
　　（民國）繆荃孫輯
　　　雲自在龕叢書第五集
梁代帝王合集二卷
　　（梁）蕭綸等撰
　　　文選遺集
聯芳集一卷
　　（元）薛蘭英（元）薛蕙英撰
　　　元詩選二集壬集
東嵐謝氏明詩略四卷
　　（清）謝世南輯
　　　賭棋山莊全集
瑞芝山房詩鈔八卷文鈔八卷
　　（清）戴燮元撰
　　　丹徒戴氏叢刻
羅氏一家集五卷
　　（清）羅震亨等撰
　　　金陵叢書丁集
作朋集選二卷
　　（明）嚴調御等撰
　　　詩慰（順治本、民國本）二集
褚氏聯珠集一卷
　　（唐）褚藏言輯
　　　唐人四集（汲古閣本、景汲古閣本）
　　　唐四名家集
　　　四庫全書・集部總集類
　　　四部叢刊三編・集部
　　　密韻樓景宋本七種
　　　續古逸叢書

關中叢書第六集
二顧先生遺詩二卷
　　(明)顧杲(清)顧絪撰
　　　古學彙刊第一集・詩文類

唱酬之屬

蘭亭集一卷
　　(晉)王羲之等撰
　　　說郛(宛委山堂本)弓七十五
　　　古今文藝叢書第五集
　蘭亭集詩一卷
　　　金太史全集
高氏三宴詩集三卷
　　(唐)高正臣輯
　　　四庫全書・集部總集類
　　　晨風閣叢書・方叔淵遺藁附
輞川集一卷
　　(唐)王維(唐)裴迪撰
　　　水邊林下
　　　說郛(宛委山堂本)弓七十五
洛中九老會一卷
　　(唐)白居易等撰
　　　水邊林下
　　　說郛(宛委山堂本)弓七十五
　　　五朝小說・唐人百家小說瑣記家
　　　五朝小說大觀・唐人百家小說瑣記家
　　　唐人說薈(乾隆本、道光本、宣統石印
　　　　本、民國石印本)三集
　　　唐代叢書三集
　香山九老詩一卷
　　　四庫全書・集部總集類・高氏三宴詩
　　　集附
　香山九老會詩一卷
　　　晨風閣叢書
松陵集十卷
　　(唐)陸龜蒙輯
　　　四庫全書・集部總集類
　　　湖北先正遺書・集部
　洛中耆英會一卷
　　(宋)司馬光等撰
　　　水邊林下
　　洛中耆英會一卷
　　　說郛(宛委山堂本)弓七十五
二李唱和集一卷
　　(宋)李昉(宋)李至撰
　　　貴陽陳氏所刊書
　　　宸翰樓叢書(宣統本、重編本)

西崑酬唱集二卷
　　(宋)楊億輯
　　　四庫全書・集部總集類
　　　浦城遺書
　　　粵雅堂叢書二編第二十集
　　　邵武徐氏叢書初刻
　　　四部叢刊(初次印本)・集部
　　　四部叢刊(二次印本、縮印二次印本)
　　　　・集部
　　　叢書集成初編・文學類
坡門酬唱集二十三卷
　　(宋)邵浩輯
　　　四庫全書・集部總集類
山游倡和詩一卷
　　(宋)釋契嵩輯
　　　武林掌故叢編第九集
宋舊宮人詩詞一卷
　　(宋)汪元量輯
　　　知不足齋叢書(乾隆至道光本、景乾隆
　　　　至道光本)第二十四集
　　　叢書集成初編・文學類
同文館唱和詩十卷
　　(宋)鄧忠臣等撰
　　　四庫全書・集部總集類
　　　四庫全書珍本初集・集部總集類
南嶽倡酬集一卷附錄一卷
　　(宋)朱熹等撰
　　　四庫全書・集部總集類
　　　四庫全書珍本初集・集部總集類
梅花百詠一卷
　　(元)馮子振(元)釋明本撰
　　　四庫全書・集部總集類
圭塘欸乃集二卷
　　(元)許有壬等撰
　　　四庫全書・集部總集類
　圭塘欸乃集一卷
　　　藝海珠塵石集(乙集)
　　　叢書集成初編・文學類
　圭塘欸乃集一卷
　　(元)許有壬等撰
　　　元詩選初集丙集
至正庚辛唱和集一卷
　　(元)郁逢編　(清)朱彝尊重編
　　　玉雨堂叢書第一集
草堂雅集十三卷
　　(元)顧瑛輯
　　　四庫全書・集部總集類
荊南倡和集一卷

（元）周砥（元）馬治撰
　　元詩選三集庚集
　　四庫全書・集部總集類
西湖竹枝詞二卷
　　（元）楊維楨輯
　　　一枝軒四種
　　西湖竹枝集一卷
　　　武林掌故叢編第六集
　　　西湖集覽
　　　掃葉山房叢鈔
鼇峯倡和詩一卷
　　（明）范志敏輯
　　　武林掌故叢編第七集
七人聯句詩記一卷
　　（明）楊循吉撰
　　　顧氏明朝四十家小說（正德嘉靖本、宣
　　　　統排印本、民國石印本）
奉使朝鮮倡和集一卷
　　（明）倪謙輯
　　　玉簡齋叢書
別縣思錄一卷
　　（明）張承輯
　　　張伊嗣全集
太湖新錄一卷
　　（明）文徵明（明）徐禎卿撰
　　　顧氏明朝四十家小說（正德嘉靖本、宣
　　　　統排印本、民國石印本）
　　　廣四十家小說
海岱會集十二卷
　　（明）馮琦輯
　　　四庫全書・集部總集類
西湖遊詠一卷
　　（明）田汝成（明）黃省曾撰
　　　武林掌故叢編第十八集
西湖八社詩帖一卷
　　（明）祝時泰輯
　　　武林掌故叢編第五集
　　　西湖集覽
武林怡老會詩集一卷
　　（明）張瀚輯
　　　武林掌故叢編第七集
都下贈言錄一卷
　　（明）盧師孔輯
　　　歐虞部集
梅塢貽瓊六卷
　　（明）汪顯節輯
　　　夷門廣牘・招隱
　　　叢書集成初編・文學類

景印元明善本叢書十種・夷門廣牘・
　　招隱
梅花什一卷
　　（明）陸承憲撰　（明）王穉登和
　　　王百穀全集
歸田倡酬稿一卷
　　（明）王世懋輯
　　　王奉常雜著・關洛紀遊稿附
五柳賡歌四卷
　　（晉）陶潛撰　（明）周履靖和
　　　夷門廣牘・閒適
　　　叢書集成初編・文學類
　　　景印元明善本叢書十種・夷門廣牘・
　　　　閒適
青蓮觴咏二卷
　　（唐）李白撰　（明）周履靖和
　　　夷門廣牘・觴咏
　　　叢書集成初編・文學類
　　　景印元明善本叢書十種・夷門廣牘・
　　　　觴咏
香山酒頌二卷
　　（唐）白居易撰　（明）周履靖和
　　　夷門廣牘・觴咏
　　　叢書集成初編・文學類
　　　景印元明善本叢書十種・夷門廣牘・
　　　　觴咏
千片雪二卷
　　（元）馮子振（海粟）撰　（明）周履靖和
　　　夷門廣牘・閒適
　　　叢書集成初編・文學類
　　　景印元明善本叢書十種・夷門廣牘・
　　　　閒適
鴛湖唱和稿一卷
　　（明）周履靖等撰
　　　夷門廣牘・閒適
　　　叢書集成初編・文學類
　　　景印元明善本叢書十種・夷門廣牘・
　　　　閒適
毛公壇倡和詩一卷
　　（明）周履靖等撰
　　　夷門廣牘・閒適
　　　叢書集成初編・文學類
　　　景印元明善本叢書十種・夷門廣牘・
　　　　閒適
陽山新錄一卷
　　（明）顧元慶（明）岳岱撰
　　　顧氏明朝四十家小說（正德嘉靖本、宣
　　　　統排印本、民國石印本）
白嶽游稿一卷

　　　　(明)沈明臣輯
　　　　　　四明叢書第八集
清平閣倡和詩一卷
　　　　(明)宋登春輯
　　　　　　畿輔叢書
　　　　　　叢書集成初編·文學類
江南春詞集一卷附錄一卷附考一卷
　　　　(明)朱之蕃輯　考(清)梁廷枏撰
　　　　　　粟香室叢書
唱酬餘響一卷
　　　　(明)史玄(明)趙渙撰
　　　　　　國粹叢書第二集·吳長興伯集附
袍澤遺音一卷
　　　　(民國)陳去病輯
　　　　　　國粹叢書第二集·吳長興伯集附
東山詶和集二卷
　　　　(清)錢謙益輯
　　　　　　虞山叢刻
同人集補一卷
　　　　冒廣生輯
　　　　　　如皋冒氏叢書
湖舫詩一卷
　　　　(清)沈奕琛輯
　　　　　　武林掌故叢編第二十二集
白狼河上集一卷
　　　　(清)王洵輯
　　　　　　習盦叢刊第三輯
乾初先生遺集外編一卷
　　　　(清)陳敬璋輯
　　　　　　乾初先生遺集
唱和詩一卷
　　　　(清)汪文柏輯
　　　　　　汪柯庭彙刻賓朋詩
西河慰悼詩二卷補遺一卷
　　　　(清)汪文柏輯
　　　　　　汪柯庭彙刻賓朋詩
湯餅辭一卷
　　　　(清)汪文柏輯
　　　　　　汪柯庭彙刻賓朋詩
花嶼嚶鳴一卷
　　　　(清)汪文柏輯
　　　　　　汪柯庭彙刻賓朋詩
同心言初集一卷二集一卷
　　　　(清)汪文柏輯
　　　　　　汪柯庭彙刻賓朋詩
遜渚唱和集一卷
　　　　(清)孫運錦輯
　　　　　　明季三孝廉集·隰西草堂詩附

崇川贈言一卷
　　　　(清)張榮輯
　　　　　　空明子全集
御定千叟宴詩四卷
　　　　清康熙六十一年敕輯
　　　　　　四庫全書·集部總集類
清暉贈言十卷
　　　　(清)徐永宣輯
　　　　　　風雨樓叢書
丹陽舟次唱和一卷
　　　　(清)趙吉士輯
　　　　　　萬青閣全集
東萊趙氏先世酬唱集一卷
　　　　(民國)趙琪輯
　　　　　　東萊趙氏楹書叢刊
姑蘇楊柳枝詞一卷補一卷補注一卷
　　　　(清)周枝楸輯　(清)周靖箋注
　　　　　　鈍翁全集·鈍翁續藁
滬上秋懷倡和集一卷
　　　　(清)張鑾輯
　　　　　　吳苹菴遺稿
梅花書屋倡和詩二卷
　　　　(清)吳懋謙輯
　　　　　　吳苹菴遺稿
嵩陽酬和集一卷
　　　　(清)竇克勤輯
　　　　　　竇靜庵先生遺書
林屋唱酬錄一卷
　　　　(清)馬曰琯等輯
　　　　　　粵雅堂叢書初編第九集
　　　　　　叢書集成初編·文學類
南湖倡和集一卷
　　　　(清)章世豐輯
　　　　　　武林掌故叢編第三集
稽古齋讌集一卷
　　　　(清)□□輯
　　　　　　拜梅山房几上書
欽定千叟宴詩三十六卷
　　　　清乾隆五十五年敕輯
　　　　　　四庫全書·集部總集類
風塵備忘錄一卷
　　　　(清)杜鈞撰
　　　　　　杜藕山房叢書
續同人集十七卷
　　　　(清)袁枚輯
　　　　　　隨園三十種(乾隆嘉慶本、同治本)
　　　　　　隨園三十八種
前後元夕讌集詩二卷

（清）冒篔輯
　　如皋冒氏叢書
典裘購書吟一卷
　　（清）劉志學等撰
　　吳氏四種
官閣消寒集一卷
　　（清）嚴長明輯
　　咫園叢書
刻燭集一卷
　　（清）曹仁虎輯
　　　藝海珠塵石集（乙集）
　　　叢書集成初編・文學類
竹園集記一卷
　　（清）阮復祖等撰
　　　寶善堂彙稿
嘉定贈別詩文一卷
　　（清）程瑤田輯
　　　通藝錄附・讓堂亦政錄附
　　　安徽叢書第二期・通藝錄附・讓堂亦
　　　政錄附
沛上停雲集一卷
　　（清）孫星衍輯
　　　岱南閣叢書（乾隆嘉慶本、景乾隆嘉慶
　　　本）
　　　叢書集成初編・文學類
和鳴集一卷
　　（清）郝懿行（清）王照圓撰
　　　郝氏遺書
翡翠林閨秀雅集一卷
　　（清）任兆麟輯
　　　吳中女士詩鈔附
虎丘詩唱和詩集一卷
　　（清）黃丕烈輯
　　　士禮居黃氏叢書（黃氏本、蜚英館景黃
　　　氏本、石竹山房景黃氏本、博古齋景
　　　黃氏本）附・同人唱和詩集
　　　叢書集成初編・文學類・同人唱和詩
　　　集
夢境圖唱和詩集一卷
　　（清）黃丕烈輯
　　　士禮居黃氏叢書（黃氏本、蜚英館景黃
　　　氏本、石竹山房景黃氏本、博古齋景
　　　黃氏本）附・同人唱和詩集
　　　叢書集成初編・文學類・同人唱和詩
　　　集
狀元會倡和詩集一卷
　　（清）黃丕烈輯
　　　士禮居黃氏叢書（黃氏本、蜚英館景黃
　　　氏本、石竹山房景黃氏本、博古齋景

黃氏本）附・同人唱和詩集
　　　叢書集成初編・文學類・同人唱和詩
　　　集
皋亭倡和集一卷
　　（清）阮亨輯
　　　武林掌故叢編第二十三集
涉園修禊集一卷
　　張元濟輯
　　　海鹽張氏涉園叢刻續編・涉園題咏續
　　　編附
靈芝唱答集三卷首一卷
　　（清）戴肇辰輯
　　　丹徒戴氏叢刻
壽蘐詞一卷
　　（清）李炤祿輯
　　　雲巖叢書
斑菊一卷
　　（清）李炤祿輯
　　　雲巖叢書
贈言錄二卷
　　（清）程鴻詔輯
　　　有恆心齋集
東山酬唱二卷
　　（清）馮春暉輯
　　　椿影集
日下題襟集一卷
　　（清）屠倬輯
　　　是程堂倡和投贈集
說詩類編一卷
　　（清）屠倬輯
　　　是程堂倡和投贈集
鑾江懷古集一卷
　　（清）屠倬輯
　　　是程堂倡和投贈集
銷夏彙存一卷
　　（清）屠倬輯
　　　是程堂倡和投贈集
江上詠花集一卷
　　（清）屠倬輯
　　　是程堂倡和投贈集
雙藤錄別詩鈔一卷
　　（清）屠倬輯
　　　是程堂倡和投贈集
從政未信錄一卷
　　（清）屠倬輯
　　　是程堂倡和投贈集
弦韋贈處集一卷
　　（清）屠倬輯

是程堂倡和投贈集

山居足音集二卷
　　（清）屠倬輯
　　　　是程堂倡和投贈集

僧寮吟課一卷
　　（清）屠倬輯
　　　　是程堂倡和投贈集

湘靈館雜鈔二卷
　　（清）屠倬輯
　　　　是程堂倡和投贈集

小檀欒室題詞一卷
　　（清）屠倬輯
　　　　是程堂倡和投贈集

春遊唱和詩不分卷
　　（清）張維屏輯
　　　　張南山全集

重刻遊杭合集一卷
　　（清）徐元第（清）徐時棟撰
　　　　煙嶼樓集

柳枝唱和詞一卷
　　（清）袁堅輯
　　　　袁氏家集

鄂華聯吟處題贈錄二卷續錄二卷
　　（清）馬國偉輯
　　　　小峨嵋山館五種

秦亭山民移居倡和詩一卷
　　（清）周三燮輯
　　　　武林掌故叢編第二十五集

端綺集二十八卷
　　（清）黄奭撰
　　　　清頌堂叢書

百八唱和集一卷
　　（清）馬國翰（清）李廷棨撰
　　　　玉函山房全集

三橋春游曲唱和集一卷
　　（清）宗廷輔輯
　　　　宗月鋤先生遺著

白醉題襟四卷
　　（清）王相輯
　　　　友聲集附

青山風月詩存五卷
　　（清）計恬輯
　　　　不自是齋叢書

澹園倡和集二卷
　　（清）阮烜輝輯
　　　　寶善堂彙稿

石臺聯詠一卷
　　（清）阮烜輝輯

寶善堂彙稿

吳中唱和詩一卷
　　（清）俞樾輯
　　　　春在堂全書·曲園雜纂

楞壽贈言六卷
　　（清）史夢蘭輯
　　　　止園叢書（史氏撰）

雉舟酬唱集一卷
　　（清）楊恩壽（清）裴文襐撰
　　　　坦園全集·坦園叢稿

淮程旅韻一卷
　　（清）海霦輯
　　　　俟園叢書

並蒂芙蓉館倡酬集二卷
　　（清）海霦輯
　　　　俟園叢書

安豐聯詠一卷
　　（清）海霦輯
　　　　俟園叢書

西湖修禊詩一卷
　　（清）鄂敏輯
　　　　武林掌故叢編第二集
　　　　西湖集覽

壬申消夏詩一卷
　　（清）潘祖蔭輯
　　　　滂喜齋叢書第一函

癸酉消夏詩一卷
　　（清）潘祖蔭輯
　　　　滂喜齋叢書第二函

南苑唱和詩一卷
　　（清）潘祖蔭輯
　　　　滂喜齋叢書第二函

寶應鄭氏贈言錄五卷
　　（清）鄭乾清輯
　　　　白田鄭氏一家言

池上題襟小集一卷
　　（清）譚獻輯
　　　　半厂叢書初編

寄廬倡和詩鈔一卷續鈔一卷又鈔一卷
　　（清）莊元植輯
　　　　震澤莊氏家集

于湖題襟集十卷
　　（清）袁昶輯
　　　　漸西村舍彙刊
　　　　叢書集成初編·文學類

碧聲吟館倡酬錄一卷
　　（清）許善長輯
　　　　碧聲吟館叢書

同文集一卷
　　(清)黃超曾輯
　　　　房山山房叢書
持搏集一卷
　　(清)萬繩枑輯
　　　　喜咏軒叢書甲編
畫舫續錄投贈三卷
　　(清)箇中生輯
　　　　申報館叢書餘集
宋臺秋唱三卷附錄一卷
　　(民國)蘇澤東輯
　　　　聚德堂叢書
名山福壽編一卷
　　(民國)徐琪輯
　　　　香海盦叢書
蘇海餘波一卷
　　(民國)徐琪輯
　　　　香海盦叢書
留雲集一卷
　　(民國)徐琪輯
　　　　香海盦叢書
墨池賡和一卷
　　(民國)徐琪輯
　　　　香海盦叢書
冰泉唱和集一卷續和一卷再續和一卷附
　錄一卷閏集一卷
　　(民國)金武祥輯
　　　　江陰叢書
　　　　粟香室叢書
霞城唱和集一卷
　　(民國)金武祥輯
　　　　江陰叢書
　　　　粟香室叢書
津步聯吟集一卷詞一卷
　　(民國)吳重憙(民國)李葆恂撰
　　　　義州李氏叢刻
生辰倡和集一卷
　　(民國)楊晨輯
　　　　崇雅堂叢書
湖墅倡和集一卷
　　(民國)楊晨輯
　　　　崇雅堂叢書
京輦題襟集二卷
　　(民國)樊增祥輯
　　　　樊山集
紫泥酬唱集一卷
　　(民國)樊增祥輯
　　　　樊山集

鄂湘酬唱集一卷
　　(民國)易順鼎輯
　　　　琴志樓叢書
廬山詩錄四卷
　　(民國)易順鼎輯
　　　　琴志樓叢書
玉虛齋唱和詩一卷
　　(民國)易順鼎輯
　　　　琴志樓叢書
吳祉集四卷
　　(民國)易順鼎輯
　　　　琴志樓叢書
崑崙集一卷續一卷釋文一卷附一卷
　　(民國)葉德輝輯
　　　　郋園先生全書
海上秋吟一卷
　　(民國)潘飛聲輯
　　　　說劍堂著書
苦岑社詩課一卷
　　(民國)□□輯
　　　　苦岑叢書
遯渚唱和集一卷拾遺一卷
　　(　清　)孫運錦輯　拾遺(民國)羅振常輯
　　　　蟫隱廬叢書
百和香集一卷
　　(民國)周慶雲輯
　　　　晨風廬叢刊
晨風廬唱和詩存十卷續集十二卷
　　(民國)周慶雲輯
　　　　晨風廬叢刊
甲乙消夏集一卷
　　(民國)周慶雲輯
　　　　晨風廬叢刊
淞濱吟社集二卷
　　(民國)周慶雲輯
　　　　晨風廬叢刊
壬癸消寒集一卷
　　(民國)周慶雲輯
　　　　晨風廬叢刊
借中秋集一卷
　　(民國)謝鼎鎔輯
　　　　陶社叢編丙集
難老集一卷
　　(民國)謝鼎鎔輯
　　　　陶社叢編丙集
展重五集一卷
　　(民國)謝鼎鎔輯
　　　　陶社叢編丙集

展重九集一卷
　　（民國）謝鼎鎔輯
　　　　陶社叢編丙集
檳榔浴佛集一卷
　　（民國）謝鼎鎔輯
　　　　陶社叢編丙集
愚谷修禊集一卷
　　（民國）謝鼎鎔輯
　　　　陶社叢編丙集
消寒集一卷
　　（民國）謝鼎鎔輯
　　　　陶社叢編丙集
賞荷酬唱集一卷
　　（民國）謝鼎鎔輯
　　　　陶社叢編丙集
聚星酬唱集一卷
　　（民國）謝鼎鎔輯
　　　　陶社叢編丙集
贈言萃珍一卷
　　（民國）汪定執輯
　　　　慕雲集存

題詠之屬

月泉吟社一卷
　　（宋）吳渭輯
　　　　詩詞雜俎（汲古閣本、木松堂本、景汲
　　　　　古閣本）
　　　　說郛（宛委山堂本）弓八十四
　　　　四庫全書・集部總集類
　　　　粵雅堂叢書初編第二集
　　　　叢書集成初編・文學類
　　月泉吟社三卷
　　　　金華叢書（同治光緒本、民國補刊本）
　　　　　・集部
夜山圖題詠一卷附刻一卷
　　（元）吳福生輯
　　　　武林掌故叢編第二十二集
偉觀集一卷
　　（元）□□輯
　　　　元人選元詩五種
斯文會詩一卷
　　（明）沈魯等撰
　　　　玉峯雍里顧氏六世詩文集・桂軒先生
　　　　　全集附
朋壽圖詩一卷
　　（明）顧左輯
　　　　玉峯雍里顧氏六世詩文集

石洞貽芳集二卷補遺一卷考異一卷
　　（明）郭鈇輯　（清）郭鍾儒重輯　考異（清）
　　　胡鳳丹撰
　　　　金華叢書（同治光緒本、民國補刊本）
　　　　　・集部
　　　　叢書集成初編・文學類
寓山注二卷附錄一卷
　　（明）祁彪佳輯
　　　　蕘園叢書
美人詩二卷
　　（明）閔正中等撰
　　　　國學珍本文庫第一集
三友墓題詠集一卷
　　（明）□□輯
　　　　崇齋叢書
李江州遺墨題跋一卷
　　（清）□□輯
　　　　合衆圖書館叢書第一集
姚黃集輯一卷
　　　秦更年輯
　　　　古今文藝叢書第三集
小影圖贊一卷
　　（清）尤侗輯
　　　　西堂全集・西堂餘集
徐電發楓江漁父小像題詠一卷
　　（清）徐釚輯
　　　　美術叢書初集第六輯
御定佩文齋詠物詩選四百八十六卷
　　　清康熙四十五年敕輯
　　　　四庫全書・集部總集類
　　　　摛藻堂四庫全書薈要・集部
寒山舊廬詩一卷
　　（清）陸森輯
　　　　武林掌故叢編第十九集
松吹讀書堂題詠一卷
　　（清）杭械輯
　　　　武林掌故叢編第十九集
小松吹讀書堂題詠一卷
　　（清）杭械輯
　　　　武林掌故叢編第十九集・松吹讀書堂
　　　　　題詠附
題照集一卷
　　（清）汪文柏輯
　　　　汪柯庭彙刻賓朋詩
寵硯錄二卷
　　（清）汪文柏輯
　　　　汪柯庭彙刻賓朋詩
御製避暑山莊圖詠不分卷

清聖祖撰　（清）揆敍等注　清高宗和
　（清）鄂爾泰等注　（清）沈喻繪
　　　喜咏軒叢書丁編・朱上如木刻四種

御定歷代題畫詩類一百二十卷
　清康熙四十六年敕輯
　　　四庫全書・集部總集類
　　　摛藻堂四庫全書薈要・集部

隨園雅集圖題詠一卷
　（清）袁枚輯
　　　邃園叢書

蘭陔絜養圖詠一卷
　（清）潘世恩輯
　　　陔岡樓叢刊甲集

家慶圖詠一卷
　（清）潘世恩輯
　　　陔岡樓叢刊甲集

松風舞鶴圖題辭一卷
　（清）曹咸熙輯
　　　橋李曹氏圖冊合刻

授經敎子圖題辭一卷
　（清）曹咸熙輯
　　　橋李曹氏圖冊合刻

㴱湖漁隱圖題辭一卷
　（清）曹咸熙輯
　　　橋李曹氏圖冊合刻

采菊思親圖題辭一卷
　（清）曹咸熙輯
　　　橋李曹氏圖冊合刻

濼水聯唫圖題詩彙存一卷續編一卷
　（民國）顧燮光輯
　　　顧氏家集・北征日記附

養素園題詠三卷附一卷
　（清）王鈞輯
　　　湖墅叢書

鑒公精舍納涼圖題詠一卷
　（清）朱文藻輯
　　　武林掌故叢編第十九集

武林新年雜詠一卷
　（清）舒紹言等撰
　　　武林掌故叢編第八集

西溪梅竹山莊圖題詠一卷
　（清）章鑣輯
　　　武林掌故叢編第二十一集

涉園題詠一卷
　（清）張鶴徵輯
　　　海鹽張氏涉園叢刻

涉園題詠續編二卷補遺一卷
　　　張元濟輯

　　　海鹽張氏涉園叢刻續編

花陰聯吟四卷
　（清）唐仲冕輯
　　　六如居士全集

八甎吟館刻燭集三卷
　（清）阮元輯
　　　文選樓叢書（阮亨輯）

復園紅板橋詩一卷
　（清）吳修輯
　　　武林掌故叢編第八集

茸城老友會詩序題詞一卷
　（清）吳祖德輯
　　　怡園初刊三種

漕河禱冰圖詩錄四卷首一卷
　（清）陶澍輯
　　　陶黃江先生全集

盤溪歸釣圖題辭一卷
　（清）凌鳴喈輯
　　　凌氏傳經堂叢書

新田十憶圖詠四卷
　（清）吳嵩梁輯
　　　香蘇山館全集

香蘇草堂圖詠一卷
　（清）吳嵩梁輯
　　　香蘇山館全集

秦淮春泛圖詠一卷
　（清）吳嵩梁輯
　　　香蘇山館全集

拜梅圖詠一卷
　（清）吳嵩梁輯
　　　香蘇山館全集

蓮花博士圖詠一卷
　（清）吳嵩梁輯
　　　香蘇山館全集

鶴聽詩圖詠一卷
　（清）吳嵩梁輯
　　　香蘇山館全集

絳雲樓印拓本題辭一卷
　（清）沈濤輯
　　　十經齋遺集

望盦編一卷
　（清）邵廷烈輯
　　　夔東雜著木集

寶印集六卷
　（清）王之佐輯
　　　遯盦印學叢書

板輿迎養圖詩一卷
　（清）曾興仁輯

羅卷彙編	武林掌故叢編第二十四集
松軒九圖	**張憶娘簪華圖卷題詠一卷**
（清）胡翔瀛輯	（清）江標輯
胡嶧陽先生遺書	靈鶼閣叢書第四集
草堂題贈一卷	叢書集成初編·藝術類
（清）王相輯	**殉難傳題詞一卷**
友聲集附	（清）吳仁傑輯
養素園詩四卷	吳氏義書襄乙編
（清）王德溥輯	**清溪惆悵集一卷**
武林掌故叢編第五集	（清）悔盦居士輯
橫橋吟館圖題詠一卷	香豔叢書第十五集
（清）許乃穀輯	**夢遊赤壁圖題詞一卷**
武林掌故叢編第十九集	（清）蘇紹炳輯
竹屋寒衾圖一卷	申報館叢書續集·紀麗類·屑玉叢談
（清）趙敬襄輯	二集
竹岡齋九種附	**竹鑪圖詠四卷補一卷**
耶谿漁隱題辭一卷	（清）吳鉞輯　（民國）劉繼增重輯
（清）屠倬輯	錫山先哲叢刊第一輯
是程堂倡和投贈集	**古井遺忠集一卷**
眞州官舍十二詠一卷	（清）陳坤輯
（清）屠倬輯	如不及齋叢書
是程堂倡和投贈集	**東海投桃集一卷**
楊文憲公寫韻樓遺像題詞彙鈔一卷	（清）俞樾輯
（清）趙惠元輯	春在堂全書
雲南叢書二編·集部	**夢綠亭會合詩一卷續編一卷**
題硯叢鈔一卷	（清）楊翰輯
（清）王壽邁輯	息柯居士全集
硯緣集錄第一冊	**天涯行乞圖題辭一卷**
徵仙集（一名徵仙彙錄）一卷	（清）董金鑑輯
（清）王壽邁輯	董氏叢書
硯緣集錄第一冊	**葡萄徵事詩一卷**
題象集（一名疎香遺影）一卷	（民國）徐琪輯
（清）王壽邁輯	香海盦叢書·九芝仙館行卷
硯緣集錄第一冊	**西堂得桂詩一卷**
汾干訪墓一卷	（民國）徐琪輯
（清）王壽邁輯	香海盦叢書·九芝仙館行卷
硯緣集錄第一冊	**天南同人集三卷**
養閒草堂圖記一卷	（民國）姚文棟輯
（清）潘曾瑋輯	滇南四種
陟岡樓叢刊甲集·潘氏一家言	**靈峯貝葉經題詠一卷**
橫塘泛月圖記一卷	（民國）周慶雲輯
（清）潘曾瑋輯	晨風廬叢刊
陟岡樓叢刊甲集·潘氏一家言	**經塔題詠二卷**
古柏重青圖題識一卷	（民國）周慶雲輯
（清）陸日愛輯	晨風廬叢刊
松陵陸氏叢著	**篁溪歸釣圖題詞一卷**
風木盦圖題詠一卷	（民國）張伯楨輯
（清）丁丙輯	滄海叢書第二輯

復盦覓句圖題詠一卷
　　(民國)徐新六輯
　　　　天蘇閣叢刊二集
泛瀛圖題詞一卷別錄一卷
　　(民國)王德鍾輯
　　　　青箱集附
苕岑修禊圖題詠一卷
　　(民國)□□輯
　　　　苕岑叢書・半墅草堂新書
錢南園先生守株圖題詞錄一卷
　　(民國)趙藩輯
　　　　雲南叢書二編・集部
娛親雅言一卷
　　　李根源輯
　　　　曲石叢書
九青圖詠一卷
　　　張江裁輯
　　　　清代燕都梨園史料續編
彊邨校詞圖題詠一卷
　　　　彊邨遺書外編附

尺牘之屬

尺檀殘葉
　　　　貞松堂藏西陲祕籍叢殘第一集
寸札粹編二卷
　　(明)陳繼儒輯
　　　　格致叢書
翰海十二卷
　　(明)沈佳胤輯
　　　　申報館叢書正集・投報尺牘類
書雋二卷
　　(明)丁允和品定　(明)陸雲龍評注
　　　　翠娛閣評選行笈必携
小札簡二卷
　　(明)陸雲龍輯
　　　　翠娛閣評選行笈必携
元明詩翰
　　(民國)潘承厚輯
　　　　蓮盦所藏尺牘
明尺牘墨華三卷
　　(清)黃本驥輯
　　　　三長物齋叢書
明人尺牘一卷
　　(清)黃定蘭輯
　　　　拜梅山房几上書
明賢名翰合冊
　　　　明代名人尺牘

明東林八賢遺札
　　　　明代名人尺牘
大參陳公手集同人尺牘
　　(明)陳魯直輯
　　　　明代名人尺牘
明十五完人手帖
　　　　明代名人尺牘
有明兩大儒手帖
　　(民國)鄧實輯
　　　　明代名人尺牘
寫心集(一名晚明百家尺牘)十六卷
　　(清)陳枚輯
　　　　國學珍本文庫第一集
寫心二集(一名晚明百家尺牘)二十卷
　　(清)陳枚輯
　　　　國學珍本文庫第一集
瞿忠宣公蠟丸書侯忠節公絕纓書合璧
　　　潘承弼輯
　　　　蓮盦所藏尺牘
楊忠烈公左忠毅公遺札合璧
　　　潘承弼輯
　　　　蓮盦所藏尺牘
明季忠烈尺牘初編
　　　潘承弼輯
　　　　蓮盦所藏尺牘
明季忠烈尺牘二編
　　　潘承弼輯
　　　　蓮盦所藏尺牘
明季吳中三老手札
　　(民國)潘承厚輯
　　　　蓮盦所藏尺牘
明清藏書家尺牘
　　(民國)潘承厚輯
　　　　蓮盦所藏尺牘
明清畫苑尺牘
　　(民國)潘承厚輯
　　　　蓮盦所藏尺牘
清暉閣贈貽尺牘二卷
　　(清)王翬輯
　　　　申報館叢書正集・投報尺牘類
　　　　風雨樓叢書
熙朝尺牘一卷
　　(清)陳鍾原輯
　　　　拜梅山房几上書
漢槎友扎一卷
　　(清)徐娛庭輯
　　　　吳氏叢書襄甲編
尺牘新鈔十二卷

（清）周亮工輯
　　海山仙館叢書
　　叢書集成初編・文學類
賴古堂名賢尺牘新鈔十二卷
　　中國文學珍本叢書第一輯
賴古堂尺牘新鈔二選（一名藏弆集）十六
卷
　　（清）周亮工輯
　　　中國文學珍本叢書第一輯
賴古堂尺牘新鈔三選（一名結隣集）十五
卷
　　（清）周亮工輯
　　　中國文學珍本叢書第一輯
芙蓉山館師友尺牘一卷
　　（清）楊芳燦輯
　　　尺牘叢刻
顏氏家藏尺牘四卷姓氏考一卷
　　（清）顏光敏輯
　　　海山仙館叢書
　　　叢書集成初編・文學類
師友札記四卷
　　（清）蘇源生輯
　　　記過齋藏書
饘貧糧一卷
　　（清）健飯老人輯
　　　申報館叢書續集・尺牘類
尺牘初桃二卷附一卷
　　（清）子虛氏輯
　　　申報館叢書餘集
袖中書二卷
　　（清）俞樾輯
　　　春在堂全書
國朝名人書札
　　　尺牘叢刻
通問便集二卷
　　（清）子虛氏輯注
　　　申報館叢書餘集
分類尺牘備覽三十卷
　　（清）王虎榜輯
　　　申報館叢書餘集
雁帛魚牋一卷
　　（民國）汪定執輯
　　　慕雲集存
存友札小引一卷
　　（清）徐晟撰
　　　豫恕堂叢書
　　　辛巳叢編

謠諺之屬

風雅逸篇十卷
　　（明）楊慎輯
　　　函海（乾隆本、道光本）第十七函
　　　函海（光緒本）第二十一函
　　　叢書集成初編・文學類
古今風謠一卷
　　（明）楊慎輯
　　　函海（乾隆本、道光本）第十七函
　　　藝海珠塵土集（己集）
　　　函海（光緒本）第二十二函
　　　叢書集成初編・文學類
古今風謠一卷
　　（明）楊慎輯　　（清）史夢蘭注
　　　止園叢書（史氏撰）
古今風謠拾遺四卷
　　（清）史夢蘭輯
　　　止園叢書（史氏撰）
古文韻語一卷
　　（明）楊慎輯
　　　函海（乾隆本、道光本）第十六函
　　　函海（光緒本）第二十一函
　　　叢書集成初編・文學類
謠語七卷
　　（明）郭子章輯
　　　六語
古逸歌謠一卷
　　（明）曹學佺輯
　　　石倉十二代詩選・古詩選
黃山謎十四卷
　　（明）馮夢龍（墨憨齋主人）撰
　　　國學珍本文庫第一集
纖志志餘一卷
　　（清）陸次雲撰
　　　陸雲士雜著・八紘譯史
峒谿纖志志餘一卷
　　　昭代叢書（道光本）丙集第五帙
粵歌一卷
　　（清）吳淇（修和）輯
　　　函海（乾隆本、道光本）第二十八函・
　　　　粵風
　　　函海（光緒本）第二十三函・粵風
　　　叢書集成初編・文學類・粵風
猺歌一卷
　　（清）趙龍文輯
　　　函海（乾隆本、道光本）第二十八函・

粵風
　　　函海（光緒本）第二十三函・粵風
　　　叢書集成初編・文學類・粵風
苗歌一卷
　　（清）吳代輯
　　　函海（乾隆本、道光本）第二十八函・
　　　　粵風
　　　函海（光緒本）第二十三函・粵風
　　　叢書集成初編・文學類・粵風
獞歌一卷
　　（清）黃道輯
　　　函海（乾隆本、道光本）第二十八函・
　　　　粵風
　　　函海（光緒本）第二十三函・粵風
　　　叢書集成初編・文學類・粵風
古謠諺一百卷
　　（清）杜文瀾輯
　　　曼陀羅華閣叢書
古諺箋十一卷
　　（清）林伯桐撰
　　　修本堂叢書
古今諺
　　（明）楊慎輯
　　　居家必備・藝學
　古今諺一卷
　　　說郛續弓二十八
　　　函海（乾隆本、道光本）第十七函
　　　藝海珠塵土集（己集）
　　　函海（光緒本）第二十二函
　　　叢書集成初編・文學類
古今諺一卷
　　（明）楊慎輯　（清）史夢蘭注
　　　止園叢書（史氏撰）・古今風謠附
古今諺拾遺六卷
　　（清）史夢蘭輯
　　　止園叢書（史氏撰）・古今風謠拾遺附
諺語七卷
　　（明）郭子章輯
　　　六語
諺說一卷
　　（清）毛先舒輯
　　　賜硯堂叢書新編丁集
　　　昭代叢書（道光本）丙集第七帙
語林考辨一卷
　　（清）周象明輯
　　　婁東雜著匏集
口頭語一卷
　　（清）戚學標輯

古語遺錄
古人言一卷
　　（清）戚學標輯
　　　古語遺錄
農諺一卷
　　（清）馬國翰輯
　　　玉函山房全集

課藝之屬

增註唐策十卷
　　（宋）□□輯
　　　四庫全書・集部總集類
論學繩尺十卷
　　（宋）魏天應輯　（宋）林子長注
　　　四庫全書・集部總集類
十先生奧論註前集十五卷後集十五卷續
　集十五卷（原缺卷一至五）
　　（宋）□□輯
　　　四庫全書・集部總集類
　　　四庫全書珍本初集・集部總集類
諸儒奧論策學統宗前集五卷
　　（元）譚金孫輯
　　　宛委別藏
　　　選印宛委別藏
經義模範一卷
　　（明）□□輯
　　　四庫全書・集部總集類
唐宋元名表四卷
　　（明）胡松輯
　　　四庫全書・集部總集類
名文前選六卷
　　（清）李光地輯
　　　榕村全書
程墨前選二卷
　　（清）李光地輯
　　　榕村全書
欽定四書文四十一卷
　　（清）方苞輯
　　　四庫全書・集部總集類
庚辰集五卷
　　（清）紀昀輯
　　　鏡烟堂十種
詁經精舍文集十四卷
　　（清）阮元輯
　　　文選樓叢書（阮亨輯）
　　　叢書集成初編・文學類
端溪課藝一卷

(清)趙敬襄輯
    竹岡齋九種
沅湘通藝錄八卷四書文二卷
    (清)江標輯
        靈鶼閣叢書第六集
        叢書集成初編・總類
苕岑經義鈔六卷
    (清)張鴻梅輯
        花雨樓叢鈔續鈔
授經簃集不分卷
    (清)胡元玉輯
        鏡珠齋彙刻
研經書院課集不分卷
    (清)胡元玉輯
        鏡珠齋彙刻
東山書院課集不分卷
    (清)胡元玉輯
        鏡珠齋彙刻
文苑菁華不分卷
    (清)蔣其章輯
        申報館叢書正集・藝林珍賞類
吹萬集一卷
    張立民輯
        復性書院叢刊・儒林典要第三輯

詩 文 評 類

歷代之屬

春秋詩話五卷
    (清)勞孝輿撰
        嶺南遺書第二集
        叢書集成初編・文學類
騷筏一卷
    (清)賀貽孫撰
        水田居全集
漢詩總說一卷
    (清)費錫璜撰
        昭代叢書(道光本)辛集別編
        清詩話
讀漢文記一卷
    (民國)胡樸安(韞玉)撰
        樸學齋叢刊
漢詩辨證三卷
    古直撰
        層冰草堂叢書

六朝四家全集辨訛攷異四卷
    (清)胡鳳丹撰
        六朝四家全集附
採輯歷朝詩話一卷
    (清)胡鳳丹輯
        六朝四家全集附
中國中古文學史講義
    (民國)劉師培撰
        劉申叔先生遺書
陰常侍詩話一卷
    (清)張澍輯
        二酉堂叢書
        叢書集成初編・文學類
本事詩一卷
    (唐)孟棨撰
        顧氏文房小說(嘉靖本、景嘉靖本)
        古今逸史・逸記
        津逮祕書(汲古閣本、景汲古閣本)第
            九集
        唐宋叢書・載籍
        天都閣藏書
        說郛(宛委山堂本)弓八十
        五朝小說・唐人百家小說瑣記家
        五朝小說大觀・唐人百家小說瑣記家
        四庫全書・集部詩文評類
        唐人說薈(乾隆本、道光本、宣統石印
            本、民國石印本)三集
        唐代叢書三集
        龍威祕書三集
        藝苑捃華
        歷代詩話續編
        叢書集成初編・文學類
        景印元明善本叢書十種・古今逸史・
            逸記
        中國文學參考資料小叢書第二輯
    本事詩
        文藝小叢書第一輯
    本事詩十四則
        舊小說(民國本、1957年本)乙集
續本事詩一卷
    (口)聶奉先撰
        說郛(宛委山堂本)弓八十
        叢書集成初編・文學類・本事詩附
        中國文學參考資料小叢書第二輯・本
            事詩附
唐詩紀事八十一卷
    (宋)計有功撰
        四庫全書・集部詩文評類
        四部叢刊(初次印本、二次印本、縮印

二次印本）・集部
中國文學珍本叢書第一輯
全唐詩話六卷
　　（宋）尤袤撰
　　　　津逮祕書（汲古閣本、景汲古閣本）第
　　　　五集
　　　　歷代詩話（乾隆本、文賓公司石印本、
　　　　醫學書局石印本）
　　　　叢書集成初編・文學類
全唐詩話續編二卷
　　（清）孫濤輯
　　　　清詩話
唐詩談叢五卷
　　（明）胡震亨撰
　　　　學海類編（道光本、景道光本）・集餘
　　　　三
　　　　叢書集成初編・文學類
唐音癸籤三十三卷
　　（明）胡震亨撰
　　　　四庫全書・集部詩文評類
　　　　中國文學參考資料小叢書第一輯
全唐詩說一卷
　　（明）王世貞撰
　　　　學海類編（道光本、景道光本）・集餘
　　　　三
　　　　叢書集成初編・文學類
唐詩品一卷
　　（明）徐獻忠撰
　　　　唐百家詩附
唐人試律說一卷
　　（清）紀昀撰
　　　　鏡烟堂十種
　　　　國朝名人著述叢編
採輯歷朝詩話一卷
　　（清）胡鳳丹輯
　　　　唐四家詩集附
讀雪山房唐詩凡例一卷
　　（清）管世銘撰
　　　　粟香室叢書
草堂詩話二卷
　　（宋）蔡夢弼撰
　　　　四庫全書・集部詩文評類
　　　　歷代詩話續編
　杜工部草堂詩話二卷
　　　　古逸叢書・杜工部草堂詩箋附
續杜工部詩話二卷
　　（民國）蔣瑞藻撰
　　　　古今文藝叢書第四集

杜律心法一卷
　　（元）楊載撰
　　　　詩學指南卷七
閒書杜律一卷
　　（明）楊愼撰
　　　　說郛續弓三十四
讀杜私言一卷
　　（清）盧世㴶撰
　　　　錢盧兩先生讀杜合刻
杜詩雙聲疊韻譜括略八卷
　　（清）周春撰
　　　　藝海珠塵木集（辛集）
　　　　周松靄先生遺書
　　　　叢書集成初編・文學類
杜詩義法二卷
　　（清）喬億撰
　　　　喬劍溪遺集
秋興八首偶論一卷
　　（清）賈開宗撰
　　　　遡園全集
雪濤詩評一卷
　　（明）江盈科撰
　　　　說郛續弓三十四
玉溪生詩說二卷
　　（清）紀昀撰
　　　　槐廬叢書三編
五代詩話十卷
　　（清）王士禛輯　　（清）鄭方坤刪補
　　　　四庫全書・集部詩文評類
　　　　粵雅堂叢書初編第三集
　　　　叢書集成初編・文學類
宋詩紀事一百卷
　　（清）厲鶚撰
　　　　四庫全書・集部詩文評類
宋詩紀事補遺一百卷小傳補正四卷
　　（清）陸心源撰
　　　　潛園總集
宋四六話十二卷
　　（清）彭元瑞撰
　　　　海山仙館叢書
　　　　叢書集成初編・文學類
東坡詩話錄三卷
　　（元）陳秀明輯
　　　　學海類編（道光本、景道光本）・集餘
　　　　三
　　　　叢書集成初編・文學類
東坡文談錄一卷
　　（元）陳秀明輯

學海類編（道光本、景道光本）・集餘
三
　　叢書集成初編・文學類
讀山谷詩評一卷
　　（清）黃爵滋撰
　　　　遜敏堂叢書
白石詩詞評論一卷補遺一卷
　　（清）許增輯
　　　　白石道人四種（乾隆本、同治本）
白石道人詩詞評論一卷補遺一卷
　　　　楡園叢刻・白石道人歌曲附
　　　　叢書集成初編・文學類
　　　　四部備要（排印本、縮印本）・集部宋
　　　　別集・白石道人詩集附
遼詩話一卷
　　（清）周春撰
　　　　松靄初刻
　　　　周松靄先生遺書
　　　　昭代叢書（道光本）己集廣編
　　　　清詩話
遼詩話二卷
　　　　述古叢鈔第二集
　　　　藏修堂叢書第六集
　　　　翠琅玕館叢書（黃任恆輯）・集部
　　　　芋園叢書・集部
遼代文學考二卷
　　（民國）黃任恆撰
　　　　述菓雜纂・遼痕五種
明詩評四卷
　　（明）王世貞撰
　　　　紀錄彙編
　　　　叢書集成初編・文學類
　　　　景印元明善本叢書十種・紀錄彙編
國朝詩評一卷
　　（明）王世貞撰
　　　　天都閣藏書
　　　　叢書集成初編・文學類
詩評一卷
　　　　學海類編（道光本、景道光本）・集餘
三
國雅品一卷
　　（明）顧起綸撰
　　　　歷代詩話續編
皇明詩話二卷
　　（清）程作舟撰
　　　　藏書五種
明詩紀事鈔一卷
　　（民國）陳田輯

晨風閣叢書第一集
明人詩品二卷
　　（清）杜蔭棠撰
　　　　小石山房叢書第十四冊
太乙叢話五卷
　　（民國）甯調元撰
　　　　太一遺書續刊
藝談錄二卷
　　（清）張維屛撰
　　　　張南山全集
國朝文柀題辭三卷
　　（清）平步青撰
　　　　禹城叢書
國朝詩話二卷
　　（清）楊際昌撰
　　　　澹寧齋集
雪橋詩話十二卷 二集八卷 三集十二卷餘
集八卷
　　（民國）楊鍾羲撰
　　　　求恕齋叢書
清朝論詩絕句一卷
　　（民國）蔣士超撰
　　　　古今文藝叢書第二集
乾嘉詩壇點將錄一卷
　　（清）舒位撰
　　　　雙楳景闇叢書
　　　　說庫
　　　　清人說薈初集
　　　　滿清野史三編
　　　　郋園先生全書
重刻足本乾嘉詩壇點將錄一卷
　　（清）舒位撰
　　　　雙楳景闇叢書
　　　　郋園先生全書
道咸同光四朝詩史一斑錄初編敍例一卷
　　（民國）孫雄撰
　　　　晨風閣叢書第一集
三家詩話一卷
　　（清）尙鎔撰
　　　　持雅堂全集（同治本、光緒本）
復初齋王漁洋詩評一卷
　　（清）翁方綱撰
　　　　煙畫東堂小品
朱梅崖文譜一卷
　　（清）徐經撰
　　　　雅歌堂全集・雅歌堂外集

郡邑之屬

廣陵詩事十卷
　　（清）阮元撰
　　　　文選樓叢書（阮亨輯）
　　　　叢書集成初編・文學類

涇川詩話三卷
　　（清）趙知希撰
　　　　涇川叢書（道光本、景道光本）
　　　　叢書集成初編・文學類

桐城文學撰述考四卷補遺四卷
　　（民國）劉聲木撰
　　　　直介堂叢刻初編

全浙詩話刊誤一卷
　　（清）張道撰
　　　　漁浦草堂遺稿
　　　　正覺樓叢刻

吳興詩話十六卷
　　（清）戴璐撰
　　　　吳興叢書

台州詩話一卷
　　（清）童廣年撰
　　　　慈谿童柘叟遺著

全閩詩話十二卷
　　（清）鄭方坤輯
　　　　四庫全書・集部詩文評類

榕城詩話三卷
　　（清）杭世駿撰
　　　　知不足齋叢書（乾隆至道光本、景乾隆
　　　　　至道光本）第二集
　　　　杭大宗七種叢書（乾隆本、咸豐本）
　　　　道古堂外集（乾隆本、光緒本）
　　　　明辨齋叢書外集
　　　　食舊堂叢書・道古堂外集
　　　　叢書集成初編・文學類

閩川閨秀詩話四卷
　　（清）梁章鉅撰
　　　　二思堂叢書
　　　　香豔叢書第十六集

豫章詩話六卷附校勘記一卷
　　（明）郭子章撰　校勘記（民國）胡思敬撰
　　　　豫章叢書（胡思敬輯）

江西詩派小序一卷
　　（宋）劉克莊撰
　　　　知不足齋叢書（乾隆至道光本、景乾隆
　　　　　至道光本）第十集・江西詩社宗派
　　　　圖錄附

歷代詩話續編
　　叢書集成初編・文學類

江西詩社宗派圖錄一卷
　　（清）張泰來撰
　　　　知不足齋叢書（乾隆至道光本、景乾隆
　　　　　至道光本）第十集
　　　　昭代叢書（道光本）戊集續編
　　　　清詩話
　　　　叢書集成初編・史地類

西江詩話三卷
　　（清）曾廷枚撰
　　　　薌嶼裒書

蜀中詩話一卷
　　（明）曹學佺撰
　　　　說郛續弓三十三

詩話文話之屬

魏　晉　六朝

魏文帝詩格一卷
　　魏文帝撰
　　　　格致叢書

詩格一卷
　　　　詩學指南卷三

文章流別一卷
　　（晉）摯虞撰
　　　　增定漢魏六朝別解・子部

文章流別志論一卷附一卷
　　　　關隴叢書・摯太常遺書
　　　　關中叢書第四集・摯太常遺書

詩品三卷
　　（梁）鍾嶸撰
　　　　續百川學海壬集
　　　　顧氏文房小說（嘉靖本、景嘉靖本）
　　　　廣漢魏叢書（萬曆本、嘉慶本）・載籍
　　　　津逮祕書（汲古閣本、景汲古閣本）第
　　　　　八集
　　　　天都閣藏書
　　　　說郛（宛委山堂本）弓七十九
　　　　五朝小說・魏晉小說品藻家
　　　　五朝小說大觀・魏晉小說品藻家
　　　　硯北偶鈔
　　　　四庫全書・集部詩文評類
　　　　歷代詩話（乾隆本、文寶公司石印本、
　　　　　醫學書局石印本）
　　　　增訂漢魏叢書（乾隆本、紅杏山房本、
　　　　　三餘堂本、大通書局石印本）・載籍
　　　　龍威祕書一集

學津討原（嘉慶本、景嘉慶本）第二十
集
玉雞苗館叢書
談藝珠叢
對雨樓叢書
擇是居叢書初集
四部備要（排印本、縮印本）·集部詩
文評
詩品一卷
格致叢書
夷門廣牘·藝苑
詩觸
漢魏小說採珍
景印元明善本叢書十種·夷門廣牘·
藝苑
詩品二卷
紫藤書屋叢刻
詩品箋三卷
古直撰
隅樓叢書
文心雕龍十卷
（梁）劉勰撰
廣漢魏叢書（萬曆本、嘉慶本）·載籍
兩京遺編
四庫全書·集部詩文評類
摘藻堂四庫全書薈要·集部
增訂漢魏叢書（乾隆本、紅杏山房本、
三餘堂本、大通書局本）·載籍
崇文書局彙刻書
四部叢刊（初次印本、二次印本、縮印
二次印本）·集部
叢書集成初編·文學類
景印元明善本叢書十種·兩京遺編
文心雕龍一卷
增定漢魏六朝別解·集部
文心雕龍十卷
（梁）劉勰撰 （明）鍾惺輯評
合刻五家言
雲門子
（梁）劉勰撰 （明）歸有光輯評
諸子彙函
文心雕龍輯註十卷
（清）黃叔琳撰
四庫全書·集部詩文評類
文心雕龍十卷附補注一卷
（梁）劉勰撰 （清）黃叔琳注 補注（民國）
李詳撰
龍谿精舍叢書·集部
文心雕龍十卷

（梁）劉勰撰 （清）黃叔琳注 （清）紀昀評
袖珍古書讀本
四部備要（排印本、縮印本）·集部詩
文評
文心雕龍註十卷
（梁）劉勰撰 范文瀾注
中國古典文學理論批評叢書
文心雕龍私記一卷
（民國）葉瀚撰
晚學廬叢稿
文章緣起一卷
（梁）任昉撰
夷門廣牘·藝苑
硯北偶鈔
四庫全書·集部詩文評類
詩觸
文學津梁
景印元明善本叢書十種·夷門廣牘·
藝苑
文章緣起一卷
（梁）任昉撰 （明）陳懋仁注
學海類編（道光本、景道光本）·集餘
三
叢書集成初編·文學類
文章緣起一卷
（梁）任昉撰 （明）陳懋仁注 （清）方熊補
注
邵武徐氏叢書初刻
續文章緣起一卷
（明）陳懋仁撰
硯北偶鈔
詩觸
學海類編（道光本、景道光本）·集餘
三
叢書集成初編·文學類
文章始一卷
（梁）任昉撰 （清）任兆麟校
心齋十種

唐

評詩格一卷
（唐）李嶠撰
格致叢書
詩學指南卷三
王少伯詩格一卷
（唐）王昌齡撰
格致叢書
詩格一卷
詩學指南卷三

詩中密旨一卷
　（唐）王昌齡撰
　　格致叢書
　　詩學指南卷三
二南密旨一卷
　（唐）賈島撰
　　格致叢書
　　詩學指南卷三
　　學海類編（道光本、景道光本）·集餘
　　　三
　　遜敏堂叢書
　　叢書集成初編·文學類
文苑詩格一卷
　（唐）白居易撰
　　格致叢書
　　詩學指南卷三
金鍼詩格一卷
　（唐）白居易撰
　　格致叢書
　　詩學指南卷四
詩品一卷
　（唐）司空圖撰
　　續百川學海壬集
　　四庫全書·集部詩文評類
　　紫藤書屋叢刻
　　拜梅山房几上書
　　四品彙鈔
　　談藝珠叢
詩品二十四則一卷　　·
　　津逮祕書（汲古閣本、景汲古閣本）第
　　　八集
　　學津討原（嘉慶本、景嘉慶本）第二十
　　　集
　　叢書集成初編·文學類
　　四部備要（排印本、縮印本）·集部詩
　　　文評
二十四詩品一卷
　　說郛（宛委山堂本）弓七十九
　　五朝小說·唐人百家小說瑣記家
　　五朝小說大觀·唐人百家小說瑣記家
　　硯北偶鈔
　　歷代詩話（乾隆本、文寶公司石印本、
　　　醫學書局石印本）
　　詩觸
　　唐人說薈（乾隆本、道光本、宣統石印
　　　本、民國石印本）三集
　　唐代叢書三集
　　龍威祕書三集
　　詩畫書三品

明辨齋叢書外集
藝苑捃華
玉雞苗館叢書
詩式一卷
　（唐）釋皎然撰
　　續百川學海壬集
　　唐宋叢書·載籍
　　說郛（宛委山堂本）弓七十九
　　詩學指南卷三
　　歷代詩話（乾隆本、文寶公司石印本、
　　　醫學書局石印本）
　　詩觸
　　學海類編（道光本、景道光本）·集餘
　　　三
　　談藝珠叢
詩式五卷
　　十萬卷樓叢書三編
　　叢書集成初編·文學類
中序一卷
　（唐）釋皎然撰
　　格致叢書
詩議一卷
　（唐）釋皎然撰
　　格致叢書
　　詩學指南卷三
評論一卷
　（唐）釋皎然撰
　　詩學指南卷三
炙轂子詩格一卷
　（唐）王叡撰
　　格致叢書
詩格一卷
　　詩學指南卷四
主客圖一卷
　（唐）張爲撰
　　函海（乾隆本、道光本）第二函
　　函海（光緒本）第三函
　　反約篇
　　榕園叢書丙集
　　叢書集成初編·文學類
詩人主客圖一卷
　　歷代詩話續編
張爲主客圖三卷
　　鏡烟堂十種
主客圖三卷
　　談藝珠叢
主客圖一卷圖考一卷
　（唐）張爲撰　圖考（清）袁寧珍輯

叢書集成初編・文學類
陳輔之詩話一卷
　　（宋）陳輔撰
　　　　說郛（宛委山堂本）弓八十一
劉攽貢父詩話一卷
　　（宋）劉攽撰
　　　　百川學海（咸淳本、景刊咸淳本）庚集
　　　　詩話
　　　　百川學海（弘治本、景刊咸淳本據弘治
　　　　目次編印本、景弘治本）庚集
　　　　百川學海（重輯本）己集
　　　　說郛（宛委山堂本）弓八十二
　　中山詩話一卷
　　　　津逮祕書（汲古閣本、景汲古閣本）第
　　　　五集
　　　　四庫全書・集部詩文評類
　　　　歷代詩話（乾隆本、文寶公司石印本、
　　　　醫學書局石印本）
　　貢父詩話一卷
　　　　叢書集成初編・文學類
　　貢父詩話
　　　　說郛（商務印書館本）卷八十八
東坡詩話一卷
　　（宋）蘇軾撰
　　　　說郛（宛委山堂本）弓八十一
詩病五事一卷
　　（宋）蘇轍撰
　　　　說郛（宛委山堂本）弓七十九
後山居士詩話一卷
　　（宋）陳師道撰
　　　　百川學海（咸淳本、景刊咸淳本）丁集
　　　　詩話
　　　　百川學海（弘治本、景刊咸淳本據弘治
　　　　目次編印本、景弘治本）庚集
　　　　百川學海（重輯本）己集
　　　　稗海（萬曆本、康熙重編補刊本、乾隆
　　　　修補重訂本）第九函
　　　　說郛（宛委山堂本）弓八十二
　　　　叢書集成初編・文學類
　　後山詩話一卷
　　　　津逮祕書（汲古閣本、景汲古閣本）第
　　　　五集
　　　　四庫全書・集部詩文評類
　　　　歷代詩話（乾隆本、文寶公司石印本、
　　　　醫學書局石印本）
　　後山詩話
　　　　說郛（商務印書館本）卷八十三
臨漢隱居詩話一卷

　　（宋）魏泰撰
　　　　說郛（宛委山堂本）弓八十四
　　　　四庫全書・集部詩文評類
　　　　奇晉齋叢書（乾隆本、景乾隆本）
　　　　知不足齋叢書（乾隆至道光本、景乾隆
　　　　至道光本）第五集
　　　　歷代詩話（乾隆本、文寶公司石印本、
　　　　醫學書局石印本）
　　　　龍威祕書三集
　　　　學海類編（道光本、景道光本）・集餘
　　　　三
　　　　古今說部叢書二集
　　　　筆記小說大觀第八輯
　　　　湖北先正遺書・集部
　　　　叢書集成初編・文學類
　　臨漢隱居詩話
　　　　說郛（商務印書館本）卷六十五
槁簡贅筆一卷
　　（宋）章淵撰
　　　　說郛（宛委山堂本）弓二十四
　　槁簡贅筆
　　　　說郛（商務印書館本）卷四十四
優古堂詩話一卷
　　（宋）吳枅撰
　　　　四庫全書・集部詩文評類
　　　　讀畫齋叢書辛集
　　　　歷代詩話續編
　　　　叢書集成初編・文學類
藝苑雌黃一卷
　　（宋）嚴有翼撰
　　　　說郛（宛委山堂本）弓八十
文錄一卷
　　（宋）唐庚撰
　　　　百川學海（重輯本）己集
　　　　顧氏文房小說（嘉靖本、景嘉靖本）
　　　　格致叢書
　　　　夷門廣牘・藝苑
　　　　說郛（宛委山堂本）弓七十九
　　　　藝海珠塵匏集（戊集）
　　　　學海類編（道光本、景道光本）・集餘
　　　　三
　　　　叢書集成初編・文學類
　　　　景印元明善本叢書十種・夷門廣牘・
　　　　藝苑
　　唐子西文錄一卷
　　　　歷代詩話（乾隆本、文寶公司石印本、
　　　　醫學書局石印本）
詩林廣記前集十卷後集十卷
　　（宋）蔡正孫撰

四庫全書・集部詩文評類

潛溪詩眼一卷
　　(宋)范溫撰
　　　　說郛(宛委山堂本)弓八十

潘子眞詩話一卷
　　(宋)潘子眞撰
　　　　說郛(宛委山堂本)弓八十一

南　宋

珊瑚鉤詩話三卷
　　(宋)張表臣撰
　　　　百川學海(咸淳本、景刊咸淳本)已集
　　　　百川學海(弘治本、景刊咸淳本據弘治
　　　　　目次編印本、景弘治本)庚集
　　　　說郛(宛委山堂本)弓八十三
　　　　四庫全書・集部詩文評類
　　　　歷代詩話 (乾隆本、文寶公司石印本、
　　　　　醫學書局石印本)
　　　　叢書集成初編・文學類

珊瑚鉤詩話
　　　　說郛(商務印書館本)卷八十八

張表臣詩話一卷
　　(宋)張表臣撰
　　　　詩話

許彥周詩話一卷
　　(宋)許顗撰
　　　　百川學海(咸淳本、景刊咸淳本)丙集
　　　　詩話
　　　　百川學海(弘治本、景刊咸淳本據弘治
　　　　　目次編印本、景弘治本)庚集
　　　　百川學海(重輯本)已集
　　　　稗海 (萬曆本、康熙重編補刊本、乾隆
　　　　　修補重訂本)第九函
　　　　說郛(宛委山堂本)弓八十二
　　　　叢書集成初編・文學類

彥周詩話一卷
　　　　津逮祕書 (汲古閣本、景汲古閣本) 第
　　　　　五集
　　　　四庫全書・集部詩文評類
　　　　歷代詩話 (乾隆本、文寶公司石印本、
　　　　　醫學書局石印本)

風月堂詩話二卷
　　(宋)朱弁撰
　　　　寶顏堂祕笈 (萬曆本、民國石印本) 廣
　　　　　集
　　　　四庫全書・集部詩文評類
　　　　詒經堂藏書

藏海詩話一卷
　　(宋)吳可撰

四庫全書・集部詩文評類
　　知不足齋叢書(乾隆至道光本、景乾隆
　　　至道光本)第二十二集
　　函海(乾隆本、道光本)第四函
　　函海(光緒本)第六函
　　歷代詩話續編

詩話總龜前集四十八卷後集五十卷
　　(宋)阮閱輯
　　　　四庫全書・集部詩文評類

增修詩話總龜四十八卷後集五十卷
　　　　四部叢刊 (初次印本、二次印本、縮印
　　　　　二次印本)・集部

東萊呂紫微詩話一卷
　　(宋)呂本中撰
　　　　百川學海(咸淳本、景刊咸淳本)辛集
　　　　詩話
　　　　百川學海(弘治本、景刊咸淳本據弘治
　　　　　目次編印本、景弘治本)庚集
　　　　叢書集成初編・文學類

紫薇詩話一卷
　　　　津逮祕書 (汲古閣本、景汲古閣本) 第
　　　　　五集
　　　　說郛(宛委山堂本)弓八十四
　　　　四庫全書・集部詩文評類
　　　　歷代詩話 (乾隆本、文寶公司石印本、
　　　　　醫學書局石印本)

紫薇詩話
　　　　說郛(商務印書館本)卷八十八

石林詩話三卷
　　(宋)葉夢得撰
　　　　百川學海 (咸淳本、景刊咸淳本) 壬
　　　　　集
　　　　百川學海(弘治本、景刊咸淳本據弘治
　　　　　目次編印本、景弘治本)庚集
　　　　百川學海(重輯本)已集
　　　　唐宋叢書・子餘
　　　　說郛(宛委山堂本)弓八十三
　　　　歷代詩話 (乾隆本、文寶公司石印本、
　　　　　醫學書局石印本)
　　　　古今說部叢書六集

石林詩話一卷
　　　　津逮祕書 (汲古閣本、景汲古閣本) 第
　　　　　五集
　　　　詩學指南卷五
　　　　四庫全書・集部總集類

石林詩話三卷拾遺一卷拾遺補一卷附錄
一卷附錄補遺一卷
　　(宋)葉夢得撰　拾遺附錄(清)葉廷琯輯
　　　　拾遺補附錄補遺(民國)葉德輝輯

石林遺書
郎園先生全書
金玉詩話一卷
　（宋）蔡絛撰
　　　說郛（宛委山堂本）弓八十一
　金玉詩話
　　　說郛（商務印書館本）卷四十九
西清詩話一卷
　（宋）蔡絛撰
　　　說郛（宛委山堂本）弓八十一
　　　古今說部叢書四集
苕溪漁隱叢話一卷
　（宋）胡仔撰
　　　說郛（宛委山堂本）弓八十四
苕溪漁隱叢話前集六十卷後集四十卷
　　　四庫全書・集部詩文評類
　　　海山仙館叢書
　　　叢書集成初編・文學類
　　　四部備要（排印本、縮印本）・集部詩
　　　　文評
　苕溪漁隱叢話二卷
　　　詞話叢編
庚溪詩話二卷
　（宋西郊野叟撰）
　　　百川學海（咸淳本、景刊咸淳本）甲集
　　　續金華叢書・集部
　（宋）陳巖肖撰
　　　百川學海（弘治本、景刊咸淳本據弘治
　　　　目次編印本、景弘治本）庚集
　　　四庫全書・集部詩文評類
　　　歷代詩話續編
　　　叢書集成初編・文學類
　庚溪詩話一卷
　（宋西郊野叟撰）
　　　百川學海（重輯本）己集
　　　說郛（宛委山堂本）弓八十四
　　　學海類編（道光本、景道光本）・集餘
　　　　三
　庚溪詩話
　　　說郛（商務印書館本）卷六十九
韻語陽秋一卷
　（宋）葛立方撰
　　　說郛（宛委山堂本）弓八十
　韻語陽秋二十卷
　　　四庫全書・集部詩文評類
　　　歷代詩話（乾隆本、文寶公司石印本、
　　　　醫學書局石印本）
　　　學海類編（道光本、景道光本）・集餘

三
常州先哲遺書第一集・集類
叢書集成初編・文學類
觀林詩話一卷
　（宋）吳聿撰
　　　四庫全書・集部詩文評類
　　　守山閣叢書（道光本、鴻文書局景道光
　　　　本、博古齋景道光本）・集部
　　　湖北先正遺書・集部
　　　叢書集成初編・文學類
　觀林詩話二卷
　　　歷代詩話續編
碧溪詩話一卷
　（宋）黃徹撰
　　　說郛（宛委山堂本）弓八十一
　碧溪詩話十卷
　　　四庫全書・集部詩文評類
　　　知不足齋叢書（乾隆至道光本、景乾隆
　　　　至道光本）第二集
　　　武英殿聚珍版書（武英殿木活字本、江
　　　　西書局本、福建本、廣雅書局本）・
　　　　集部
　　　學海類編（道光本、景道光本）・集餘
　　　　三
　　　歷代詩話續編
　碧溪詩話
　　　說郛（商務印書館本）卷三十六
詩論一卷
　（宋）釋普聞撰
　　　說郛（宛委山堂本）弓七十九
　詩論
　　　說郛（商務印書館本）卷六十七
陵陽室中語一卷
　（宋）范季隨撰
　　　說郛（宛委山堂本）弓二十七
　陵陽先生室中語
　　　說郛（商務印書館本）卷四十三
冷齋夜話十卷
　（宋）釋惠洪撰
　　　稗海（萬曆本、康熙重編補刊本、乾隆
　　　　修補重訂本）第五函
　　　津逮祕書（汲古閣本、景汲古閣本）第
　　　　八集
　　　四庫全書・子部雜家類
　　　學津討原（嘉慶本、景嘉慶本）第十五
　　　　集
　　　筆記小說大觀第六輯
　　　殷禮在斯堂叢書

　　　　談藝珠叢
　　姜氏詩說一卷
　　　　學海類編（道光本、景道光本）·集餘
　　　　三
　　　　叢書集成初編·文學類
　餘師錄四卷
　　　（宋）王正德撰
　　　　四庫全書·集部詩文評類
　　　　墨海金壺（嘉慶本、景嘉慶本）·集部
　　　　守山閣叢書（道光本、鴻文書局景道光
　　　　本、博古齋景道光本）·集部
　　　　叢書集成初編·文學類
　詩學規範一卷
　　　（宋）張鎡撰
　　　　格致叢書
　詩評一卷
　　　（宋）敖陶孫撰　（明）程兆胤錄
　　　　天都閣藏書
　　　　叢書集成初編·文學類
　敖器之詩話一卷
　　　（宋）敖陶孫撰
　　　　說郛（宛委山堂本）弓八十一
　環溪詩話一卷
　　　（宋）吳沆撰
　　　　說郛（宛委山堂本）弓八十一
　　　　四庫全書·集部詩文評類
　　環溪詩話三卷
　　　　學海類編（道光本、景道光本）·集餘
　　　　三
　　　　叢書集成初編·文學類
　晦庵詩說一卷
　　　（宋）朱熹撰
　　　　談藝珠叢
　詩評一卷
　　　（宋）釋景淳撰
　　　　格致叢書
　　　　詩學指南卷四
　荊溪林下偶談四卷
　　　（宋）吳子良撰
　　　　寶顏堂祕笈（萬曆本、民國石印本）續
　　　　集
　　　　四庫全書·集部詩文評類
　　　　叢書集成初編·總類
　　林下偶譚一卷
　　　　唐宋叢書·子餘
　　　　說郛（宛委山堂本）弓二十二
　　　　古今說部叢書一集
　吳氏詩話二卷

　　　（宋）吳子良撰
　　　　學海類編（道光本、景道光本）·集餘
　　　　三
　　　　叢書集成初編·文學類
　後村詩話一卷
　　　（宋）劉克莊撰
　　　　說郛（宛委山堂本）弓八十一
　　後村詩話前集二卷後集二卷續集四卷
　　新集六卷
　　　　四庫全書·集部詩文評類
　　　　適園叢書第三集
　滄浪詩話一卷
　　　（宋）嚴羽撰
　　　　百川學海（重輯本）己集
　　　　津逮祕書（汲古閣本、景汲古閣本）第
　　　　五集
　　　　說郛（宛委山堂本）弓八十三
　　　　四庫全書·集部詩文評類
　　　　歷代詩話（乾隆本、文寶公司石印本、
　　　　醫學書局石印本）
　　　　詩觸
　　　　清芬堂叢書·集部
　　　　談藝珠叢
　　　　邵武徐氏叢書初刻·樵川二家詩
　　　　叢書集成初編·文學類
　　滄浪嚴先生詩談一卷
　　　　寶顏堂祕笈（萬曆本、民國石印本）廣
　　　　集
　　滄浪吟卷一卷
　　　　天都閣藏書
　詩評一卷
　　　（宋）嚴羽撰
　　　　詩學指南卷二
　詩辯一卷
　　　（宋）嚴羽撰
　　　　詩學指南卷二
　考證一卷附答出繼叔臨安吳景僊書一卷
　　　（宋）嚴羽撰
　　　　詩學指南卷二
　詩法一卷
　　　（宋）嚴羽撰
　　　　詩學指南卷二
　詩體一卷
　　　（宋）嚴羽撰
　　　　詩學指南卷二
　滄浪詩話補註一卷
　　　（清）王瑋慶撰
　　　　東武王氏家集

過庭錄
　　(宋)樓昉撰
　　　　說郛(商務印書館本)卷四十九
娛書堂詩話一卷
　　(宋)趙與虤撰
　　　　說郛(宛委山堂本)弓八十四
　　　　四庫全書·集部詩文評類
　　娛書堂詩話二卷
　　　　讀畫齋叢書辛集
　　　　歷代詩話續編
　　　　叢書集成初編·文學類
　　娛書堂詩話
　　　　說郛(商務印書館本)卷九
詩人玉屑二十卷
　　(宋)魏慶之撰
　　　　格致叢書
　　　　四庫全書·集部詩文評類
　　　　中國文學參考資料小叢書第二輯
深雪偶談一卷
　　(宋)方岳撰
　　　　續百川學海戊集
　　　　顧氏文房小說(嘉靖本、景嘉靖本)
　　　　說郛(宛委山堂本)弓二十
　　　　五朝小說·宋人百家小說偏錄家
　　　　五朝小說大觀·宋人百家小說偏錄家
　　　　學海類編(道光本、景道光本)·集餘
　　　　　三
　　　　赤城遺書彙刊
　　　　叢書集成初編·文學類
豹隱紀談一卷
　　(宋)周遵道撰
　　　　說郛(宛委山堂本)弓二十
　　　　五朝小說·宋人百家小說偏錄家
　　　　五朝小說大觀·宋人百家小說偏錄家
　　豹隱紀談
　　　　說郛(商務印書館本)卷七
豹隱紀談佚文一卷
　　(宋)周遵道撰　(清)王仁俊輯
　　　　經籍佚文
梅澗詩話一卷
　　(宋)韋居安撰
　　　　說郛(宛委山堂本)弓八十一
　　　　古今說部叢書一集
　　梅磵詩話三卷
　　　　宛委別藏
　　　　讀畫齋叢書戊集
　　　　歷代詩話續編
　　　　叢書集成初編·文學類

對牀夜話五卷
　　(宋)范晞文撰
　　　　四庫全書·集部詩文評類
　　　　知不足齋叢書(乾隆至道光本、景乾隆
　　　　　至道光本)第三集
　　　　學海類編(道光本、景道光本)·集餘
　　　　　三
　　　　武林往哲遺箸
　　　　歷代詩話續編
　　　　叢書集成初編·文學類
碧湖雜記一卷
　　(宋)謝枋得撰
　　　　續百川學海戊集
　　　　古今說海(嘉靖本、道光本、宣統排印
　　　　　本、民國石印本)·說略部雜記家
　　　　說郛(宛委山堂本)弓十九
　　　　學海類編(道光本、景道光本)·集餘
　　　　　四
　　　　古今說部叢書二集
　　　　說庫
　　碧湖雜記
　　　　(題宋蔡宋之撰)
　　　　　說郛(商務印書館本)卷二十九
　　碧湖雜記一則
　　　　舊小說(民國本、1957年本)丁集
文章精義一卷
　　(宋)李耆卿撰
　　　　四庫全書·集部詩文評類
　　　　文學津梁
浩然齋雅談三卷
　　(宋)周密撰
　　　　四庫全書·集部詩文評類
　　　　武英殿聚珍版書(武英殿木活字本、浙
　　　　　江本、江西書局本、福建本、廣雅書
　　　　　局本)·集部
　　　　懺花盦叢書
　　　　叢書集成初編·文學類
　　浩然齋雅談一卷
　　　　詞話叢編
竹莊詩話二十四卷
　　(宋)何溪汶撰
　　　　四庫全書·集部詩文評類
　　　　四庫全書珍本初集·集部詩文評類
青瑣詩話一卷
　　(宋)劉斧撰
　　　　說郛(宛委山堂本)弓八十一
湖湘故事一卷
　　(宋)陶岳撰

說郛（宛委山堂本）弓三十

文彧詩格一卷
（宋）釋神彧（誤題文彧）撰
格致叢書
詩學指南卷四

處囊訣一卷
（宋）釋保暹撰
格致叢書

木筆雜鈔二卷
（宋）□□撰
學海類編（道光本、景道光本）·集餘
四

歷代吟譜一卷
（宋）□□撰
詩學指南卷二

雪浪齋日記一卷
說郛（宛委山堂本）弓十七

詩談一卷
（宋）□□撰
說郛（宛委山堂本）弓七十九

詩談
說郛（商務印書館本）卷四十九

林下詩談一卷
（宋）□□撰
說郛（宛委山堂本）弓八十四
香豔叢書第十五集

竹林詩評一卷
說郛（宛委山堂本）弓八十

謝氏詩源一卷
說郛（宛委山堂本）弓八十

漫叟詩話一卷
說郛（宛委山堂本）弓八十一

桐江詩話一卷
說郛（宛委山堂本）弓八十一

迂齋詩話一卷
說郛（宛委山堂本）弓八十一

漢皋詩話一卷
說郛（宛委山堂本）弓八十一

玄散詩話一卷
說郛（宛委山堂本）弓八十一

金

滹南詩話三卷
（金）王若虛撰
知不足齋叢書（乾隆至道光本、景乾隆
至道光本）第五集
龍威祕書三集
古今說部叢書九集

歷代詩話續編
筆記小說大觀第八輯·臨漢隱居詩話
附
叢書集成初編·文學類

元

蓮堂詩話二卷附校譌一卷
（元）祝誠撰　校譌（清）胡珽撰
琳琅祕室叢書（咸豐本）第四集

蓮堂詩話二卷附校譌一卷續校一卷
（元）祝誠撰　校譌（清）胡珽撰　續校（清）
董金鑑撰
琳琅祕室叢書（光緒本）第四集
叢書集成初編·文學類

西林日記一卷
（元）姚燧撰
說郛（宛委山堂本）弓十九

山房隨筆一卷
（元）蔣子正撰
百川學海（重輯本）戊集
古今說海（嘉靖本、道光本、宣統排印
本、民國石印本）·說略部雜記家
稗海（萬曆本、康熙重編補刊本、乾隆
修補重訂本）第十函
說郛（宛委山堂本）弓四十
四庫全書·子部小說家類
知不足齋叢書（乾隆至道光本、景乾隆
至道光本）第十九集
歷代詩話（乾隆本、文寶公司石印本、
醫學書局石印本）
說庫

山房隨筆一卷補遺一卷
藕香零拾

山房隨筆
說郛（商務印書館本）卷二十七

修辭鑑衡二卷
（元）王構撰
四庫全書·集部詩文評類
指海（道光本、景道光本）第十一集
郋園先生全書
叢書集成初編·文學類

修詞鑑衡一卷
文學津梁

詩法家數一卷
（元）楊載撰
格致叢書
詩學指南卷一
歷代詩話（乾隆本、文寶公司石印本、
醫學書局石印本）

談藝珠叢

詩學正源一卷
　　(元)楊載撰
　　　　詩學指南卷一
詩詞餘話一卷
　　(元)俞焯撰
　　　　說郛(宛委山堂本)弓八十四
　　詩詞餘話
　　　　說郛(商務印書館本)卷四十三
木天禁語一卷
　　(元)范梈撰
　　　　格致叢書
　　　　歷代詩話（乾隆本、文寶公司石印本、
　　　　　醫學書局石印本）
　　　　學海類編（道光本、景道光本）·集餘
　　　　　三
　　　　談藝珠叢
　　　　叢書集成初編·文學類
詩學禁臠一卷
　　(元)范梈撰
　　　　格致叢書
　　　　歷代詩話（乾隆本、文寶公司石印本、
　　　　　醫學書局石印本）
　　　　談藝珠叢
詩格一卷
　　(元)范梈撰
　　　　詩學指南卷七
詩法正宗一卷
　　(元)揭傒斯撰
　　　　格致叢書
　　　　詩學指南卷一
詩宗正法眼藏一卷
　　(元)揭傒斯撰
　　　　格致叢書
　　　　詩學指南卷一
吳禮部詩話一卷
　　(元)吳師道撰
　　　　知不足齋叢書(乾隆至道光本、景乾隆
　　　　　至道光本)第二十二集
　　　　歷代詩話續編
　　　　續金華叢書·集部
　　　　叢書集成初編·文學類
詩法正論一卷
　　(元)傅若金撰
　　　　格致叢書
　　　　詩學指南卷一
詩文正法一卷
　　(元)傅若金撰

格致叢書

詩譜一卷
　　(元)陳繹曾撰
　　　　說郛(宛委山堂本)弓七十九
　　　　五朝小說·魏晉小說品藻家
　　　　五朝小說大觀·魏晉小說品藻家
文說一卷
　　(元)陳繹曾撰
　　　　四庫全書·集部詩文評類
　　　　文學津梁
詩話雋永一卷
　　(元)嗎正己撰
　　　　說郛(宛委山堂本)弓八十四
名賢詩旨一卷
　　(元)□□撰
　　　　詩學指南卷五

明

文原一卷
　　(明)宋濂撰
　　　　學海類編（道光本、景道光本）·集餘
　　　　　三
　　　　叢書集成初編·文學類
歸田詩話一卷
　　(明)瞿佑撰
　　　　說郛續弓三十三
　　歸田詩話三卷
　　　　知不足齋叢書(乾隆至道光本、景乾隆
　　　　　至道光本)第三集
　　　　龍威祕書三集
　　　　古今說部叢書八集
　　　　歷代詩話續編
　　　　叢書集成初編·文學類
蓉塘詩話一卷
　　(明)姜南撰
　　　　說郛續弓三十三
麓堂詩話一卷
　　(明)李東陽撰
　　　　說郛續弓三十三
　　　　知不足齋叢書(乾隆至道光本、景乾隆
　　　　　至道光本)第三集
　　　　談藝珠叢
　　　　古今說部叢書八集
　　　　叢書集成初編·文學類
　　懷麓堂詩話一卷
　　　　四庫全書·集部詩文評類
　　　　歷代詩話續編
餘冬詩話二卷

　　（明）何孟春撰
　　　　學海類編（道光本、景道光本）·集餘
　　　　　三
　　　　叢書集成初編·文學類
黃氏詩法一卷
　　（明）黃省曾（子魯）撰
　　　　格致叢書
　　詩法一卷
　　　　詩學指南卷一
南濠詩話一卷
　　（明）都穆撰
　　　　說郛續弓三十三
　　　　知不足齋叢書（乾隆至道光本、景乾隆
　　　　　至道光本）第三集
　　　　歷代詩話續編
逸老堂詩話二卷
　　（明）俞弁撰
　　　　歷代詩話續編
存餘堂詩話一卷
　　（明）朱承爵撰
　　　　顧氏明朝四十家小說（正德嘉靖本、宣
　　　　　統排印本、民國石印本）
　　　　璚探
　　　　說郛續弓三十三
　　　　歷代詩話（乾隆本、文寶公司石印本、
　　　　　醫學書局石印本）
　　　　學海類編（道光本、景道光本）·集餘
　　　　　三
　　　　江陰叢書·藏說小萃七種
　　　　粟香室叢書·藏說小萃七種
　　　　叢書集成初編·文學類
　　存餘堂詩話一卷首一卷
　　　　藏說小萃
　　存餘堂詩話一卷附錄一卷
　　　　常州先哲遺書第一集·集類
夢蕉詩話二卷
　　（明）游潛撰
　　　　夢蕉三種
　　　　學海類編（道光本、景道光本）·集餘
　　　　　三
詩談一卷
　　（明）徐泰撰
　　　　百陵學山
　　　　鹽邑志林
　　　　說郛續弓三十四
　　　　學海類編（道光本、景道光本）·集餘
　　　　　三
　　　　景印元明善本叢書十種·百陵學山
　　　　景印元明善本叢書十種·鹽邑志林

聯句詩紀一卷
　　（明）楊循吉撰
　　　　璚探
頤山詩話一卷
　　（明）安磐撰
　　　　四庫全書·集部詩文評類
　　　　四庫全書珍本初集·集部詩文評類
談藝錄一卷
　　（明）徐禎卿撰
　　　　顧氏明朝四十家小說（正德嘉靖本、宣
　　　　　統排印本、民國石印本）
　　　　格致叢書
　　　　夷門廣牘·藝苑
　　　　說郛續弓三十三
　　　　四庫全書·集部別集類·迪功集附
　　　　摛藻堂四庫全書薈要·集部·迪功集
　　　　　附
　　　　歷代詩話（乾隆本、文寶公司石印本、
　　　　　醫學書局石印本）
　　　　詩觸
　　　　學海類編（道光本、景道光本）·集餘三
　　　　婁東雜著金集
　　　　弘正四傑詩集附
　　　　談藝珠叢
　　　　景印元明善本叢書十種·夷門廣牘·
　　　　　藝苑
藝苑玄幾一卷
　　（明）邵經邦撰
　　　　武林往哲遺箸
娛書堂詩話一卷
　　（明）□□撰
　　　　說郛續弓三十三
升菴詩話十四卷
　　（明）楊慎撰
　　　　歷代詩話續編
詩話補遺三卷
　　（明）楊慎撰
　　　　四庫全書·集部詩文評類
升菴詩話十二卷補遺二卷
　　（明）楊慎撰
　　　　函海（乾隆本、道光本）第十五函
　　　　函海（光緒本）第十九函
　　　　叢書集成初編·文學類
千里面譚一卷
　　（明）楊慎撰
　　　　說郛續弓三十四
譚苑醍醐一卷
　　（明）楊慎撰
　　　　說郛（宛委山堂本）弓八十

詩家直說一卷
　（明）謝榛撰
　　　說郛續弓三十四
詩家直說四卷
　　　談藝珠叢
四溟詩話四卷
　（明）謝榛撰
　　　海山仙館叢書
　　　歷代詩話續編
　　　叢書集成初編・文學類
香宇詩談一卷
　（明）田藝蘅撰
　　　說郛續弓三十四
騷壇千金訣一卷
　（明）李贄撰
　　　大雅堂訂正枕中書
　　　李卓吾先生祕書八種
文字禪一卷
　（明）李贄撰
　　　快書六種
　　　大雅堂訂正枕中書
　　　李卓吾先生祕書八種
蘭莊詩話一卷
　（明）閔文振撰
　　　說郛（宛委山堂本）弓八十一
文評一卷
　（明）王世貞撰
　　　學海類編（道光本、景道光本）・集餘
　　　三
　　　叢書集成初編・文學類
文章九命一卷
　（明）王世貞撰
　　　閑情小品
　　　說郛續弓三十二
藝苑巵言八卷
　（明）王世貞撰
　　　談藝珠叢
　　　歷代詩話續編
藝圃擷餘一卷
　（明）王世懋撰
　　　廣百川學海壬集
　　　王奉常雜著
　　　寶顏堂祕笈（萬曆本、民國石印本）普
　　　集
　　　說郛續弓三十三
　　　四庫全書・集部詩文評類
　　　歷代詩話（乾隆本、文寶公司石印本、
　　　　醫學書局石印本）

詩觸
　　　學海類編（道光本、景道光本）・集餘
　　　三
　　　冀東雜著續刊
　　　談藝珠叢
　　　古今文藝叢書第一集
　　　叢書集成初編・文學類
閨秀詩評一卷
　（明）江盈科撰
　　　綠窗女史・閨閣部才品
　　　說郛續弓三十四
說詩三卷
　（明）譚浚撰
　　　譚氏集
言文三卷
　（明）譚浚撰
　　　譚氏集
玉笥詩談二卷續一卷
　（明）朱孟震撰
　　　學海類編（道光本、景道光本）・集餘
　　　三
　　　叢書集成初編・文學類
詩藪內編六卷外編六卷續編二卷雜編六
卷
　（明）胡應麟撰
　　　少室山房四集
　詩藪內編六卷外編四卷雜編六卷
　　　廣雅書局叢書・雜箸・少室山房集
藝林學山八卷
　（明）胡應麟撰
　　　少室山房四集・續筆叢
　　　廣雅書局叢書・雜著・少室山房集・
　　　少室山房筆叢
　　　明清筆記叢刊・少室山房續筆叢
唐詩摘句一卷
　（明）莊元臣撰
　　　莊忠甫雜著
文訣一卷
　（明）莊元臣撰
　　　莊忠甫雜著
行文須知一卷
　（明）莊元臣撰
　　　莊忠甫雜著
論學須知一卷
　（明）莊元臣撰
　　　莊忠甫雜著
言解一卷
　（明）莊元臣撰

莊忠甫雜著

錦盤奇勢一卷
　　（明）莊元臣撰
　　　　莊忠甫雜著

詩鏡總論一卷
　　（明）陸時雍撰
　　　　歷代詩話續編

藝苑閒評二卷
　　（明）支允堅撰
　　　　梅花渡異林

揮麈詩話一卷
　　（明）王兆雲撰
　　　　硯雲乙編
　　　　申報館叢書續集・紀麗類・硯雲乙編
　　　　叢書集成初編・文學類

敬君詩話一卷
　　（明）葉秉敬撰
　　　　說郛續弓三十三

佘山詩話三卷
　　（明）陳繼儒撰
　　　　學海類編（道光本、景道光本）・集餘
　　　　三
　　　　叢書集成初編・文學類

藝圃傖談四卷
　　（明）郝敬撰
　　　　山草堂集內編

夷白齋詩話一卷
　　（明）顧元慶撰
　　　　顧氏明朝四十家小說（正德嘉靖本、宣
　　　　統排印本、民國石印本）
　　　　說郛續弓三十三
　　　　歷代詩話（乾隆本、文寶公司石印本、
　　　　醫學書局石印本）
　　　　學海類編（道光本、景道光本）・集餘
　　　　三
　　　　叢書集成初編・文學類

文脈三卷
　　（明）王文祿撰
　　　　百陵學山
　　　　學海類編（道光本、景道光本）・集餘
　　　　三
　　　　叢書集成初編・文學類
　　　　景印元明善本叢書十種・百陵學山

詩的一卷
　　（明）王文祿撰
　　　　百陵學山
　　　　叢書集成初編・文學類
　　　　景印元明善本叢書十種・百陵學山

緣情手鑒詩格一卷
　　（明）李洪宣撰
　　　　格致叢書
　　　　詩學指南卷四

恬致堂詩話四卷
　　（明）李日華撰
　　　　學海類編（道光本、景道光本）・集餘
　　　　三
　　　　叢書集成初編・文學類

詩源撮要一卷
　　（明）張懋賢撰
　　　　夷門廣牘・藝苑
　　　　叢書集成初編・文學類
　　　　景印元明善本叢書十種・夷門廣牘・
　　　　藝苑

騷壇祕語三卷
　　（明）周履靖撰
　　　　夷門廣牘・藝苑
　　　　叢書集成初編・文學類
　　　　景印元明善本叢書十種・夷門廣牘・
　　　　藝苑

堯山堂偶雋七卷
　　（明）蔣一葵撰
　　　　碧琳瑯館叢書丁部
　　　　芋園叢書・集部

續詩譚一卷
　　（明）葉廷秀撰
　　　　葉潤山輯著全書

詩家一指一卷
　　（明）釋懷悅撰
　　　　格致叢書

詩文浪談一卷
　　（明）林希恩撰
　　　　說郛續弓三十三

西園詩麈一卷
　　（明）張蔚然撰
　　　　說郛續弓三十四

石室談詩二卷
　　（明）趙士喆撰
　　　　東萊趙氏楹書叢刊

獨鑒錄一卷
　　（明）毅齋主人撰
　　　　廣快書

詩中旨格一卷
　　（口）王玄撰
　　　　格致叢書
　　　　詩學指南卷四

詩要格律一卷

（囗）王夢簡撰
　　格致叢書
　　詩學指南卷四

風騷要式一卷
　　（囗）徐衍撰
　　格致叢書
　　詩學指南卷四

流類手鑑一卷
　　（囗）釋虛中撰
　　格致叢書
　　詩學指南卷四

詩家集法一卷
　　格致叢書

詩文要式一卷
　　格致叢書

沙中金集一卷
　　格致叢書

清　前　期

楡溪詩話一卷
　　（清）徐世溥撰
　　豫章叢書（陶福履輯）第一集
　　叢書集成初編·文學類

瀾堂夕話一卷附偶書
　　（清）張次仲撰
　　廣快書
　　　瀾堂夕話一卷
　　昭代叢書（道光本）庚集埤編

鈍吟雜錄一卷
　　（清）馮班撰
　　花薰閣詩述
　　清詩話

秋星閣詩話一卷
　　（清）李沂撰
　　昭代叢書（康熙本）甲集第五帙
　　昭代叢書（道光本）甲集第五帙
　　清詩話

梅村詩話一卷
　　（清）吳偉業撰
　　婁東雜著竹集
　　觀自得齋叢書
　　清詩話
　　　吳梅村先生詩話一卷
　　太崑先哲遺書·吳梅村先生編年詩集
　　　附

圍爐詩話六卷
　　（清）吳喬撰
　　借月山房彙鈔（嘉慶本、景嘉慶本）第

十六集
　　適園叢書第七集
　　叢書集成初編·文學類

答萬季野詩問一卷
　　（清）吳喬撰
　　清詩話

讀諸文集偶記
　　（清）張履祥撰
　　重訂楊園先生全集

頑潭詩話二卷補遺一卷附錄一卷
　　（清）陳瑚輯
　　峭帆樓叢書

薑齋詩話二卷
　　（清）王夫之撰
　　清詩話

詩譯一卷
　　（清）王夫之撰
　　船山遺書（同治本、民國本）
　　談藝珠叢

夕堂永日緒論內編一卷外編一卷
　　（清）王夫之撰
　　船山遺書（同治本、民國本）
　　　夕堂永日緒論一卷
　　談藝珠叢

南窗漫記一卷
　　（清）王夫之撰
　　船山遺書（同治本、民國本）

伯子論文一卷
　　（清）魏際瑞撰
　　昭代叢書（康熙本）乙集第五帙
　　昭代叢書（道光本）乙集第四帙
　　文學津梁

文章薪火一卷
　　（清）方以智撰
　　昭代叢書（道光本）戊集續編
　　文學津梁

操觚十六觀一卷
　　（清）陳鑑撰
　　檀几叢書第二帙
　　古今文藝叢書第三集

蠖齋詩話二卷
　　（清）施閏章撰
　　施愚山先生全集·別集
　　　蠖齋詩話一卷
　　昭代叢書（道光本）戊集續編補
　　清詩話

春酒堂詩話一卷
　　（清）周容撰

四明叢書第一集・春酒堂文存附

韻林隨筆一卷
（清）原良撰
三山存業十編

西河詩話八卷
（清）毛奇齡撰
西河合集（康熙本、乾隆修補本）・文集

西河詩話一卷
昭代叢書（道光本）丙集第六帙

然脂集例一卷
（清）王士祿撰
昭代叢書（康熙本）乙集第五帙
昭代叢書（道光本）乙集第四帙

日錄論文一卷
（清）魏禧撰
昭代叢書（康熙本）乙集第五帙
昭代叢書（道光本）乙集第四帙
文學津梁

風人詩話一卷
（清）劉鑾撰
庚辰叢編・五石瓠附

原詩一卷
（清）葉燮撰
昭代叢書（道光本）己集廣編補
清詩話

原詩四卷
郋園先生全書・巳畦文集附

說詩菅蒯一卷
（清）吳雷發撰
昭代叢書（道光本）丁集新編
清詩話

而菴詩話一卷
（清）徐增撰
昭代叢書（康熙本）甲集第五帙
昭代叢書（道光本）甲集第五帙
清詩話

歷代詩話八十卷
（清）吳景旭撰
四庫全書・集部詩文評類
吳興叢書

歷代詩話考索一卷
（清）何文煥撰
歷代詩話（乾隆本、文寶公司石印本、
醫學書局石印本）

萬青閣文訓一卷
（清）趙吉士撰
萬青閣全集

漁洋詩話三卷
（清）王士禛撰
王漁洋遺書
四庫全書・集部詩文評類
詩觸
清詩話

漁洋詩話一卷
檀几叢書二集第四帙
三家詩話選

王文簡古詩平仄論一卷
（清）王士禛撰
清詩話

然燈記聞一卷
（清）王士禛選　（清）何世璂錄
天壤閣叢書・聲調三譜
國朝名人著述叢編
學詩法程
觀自得齋叢書
吉林探源書舫叢書二集・聲調三譜
談藝珠叢
古今說部叢書六集
清詩話

律詩定體一卷
（清）王士禛撰
天壤閣叢書・聲調三譜
國朝名人著述叢編・然燈記聞附
學詩法程
觀自得齋叢書
吉林探源書舫叢書二集・聲調三譜
古今說部叢書六集
清詩話

師友詩傳錄一卷
（清）郎廷槐問　（清）王士禛（清）張篤慶
（清）張實居答
四庫全書・集部詩文評類
學海類編（道光本、景道光本）・集餘
三
國朝名人著述叢編
談藝珠叢
古今說部叢書十集
清詩話
叢書集成初編・文學類

師友詩傳續錄一卷
（清）劉大勤問　（清）王士禛答
四庫全書・集部詩文評類・師友詩傳
錄附
國朝名人著述叢編
談藝珠叢
古今說部叢書十集

清詩話
　古夫于亭詩問答一卷
　　詩觸
漁洋答問一卷
　　（清）王士禛撰
　　　花薰閣詩述
　詩答問二卷
　　　花雨樓叢鈔續鈔
　漁洋山人詩問二卷
　　　觀自得齋叢書
漫堂說詩一卷
　　（清）宋犖撰
　　　昭代叢書（康熙本）乙集第五帙
　　　學海類編（道光本、景道光本）・集餘
　　　　三
　　　昭代叢書（道光本）乙集第四帙
　　　國朝名人著述叢編
　　　清詩話
　　　叢書集成初編・文學類
竹岡詩話一卷
　　（清）趙敬襄撰
　　　竹岡齋九種・竹岡詩草附
更定文章九命一卷
　　（清）王暐撰
　　　昭代叢書（康熙本）甲集第一帙
　　　昭代叢書（道光本）甲集第一帙
集唐要法一卷
　　（清）郎廷極撰
　　　學海類編（道光本、景道光本）・集餘
　　　　三
　　　叢書集成初編・文學類
唐音審體一卷
　　（清）錢良擇撰
　　　花薰閣詩述
　　　清詩話
詩學金丹一卷
　　（清）朱元英撰
　　　春雨堂集
此木軒論詩八卷（存卷一至三）
　　（清）焦袁熹撰
　　　此木軒全集
白雲樓詩話一卷
　　（清）楊宗發撰
　　　大亭山館叢書・白雲樓詩鈔附
聲調譜一卷
　　（清）趙執信撰
　　　四庫全書・集部詩文評類
　　　藝海珠塵金集（甲集）

　　　花薰閣詩述
　　　國朝名人著述叢編
　　　古今說部叢書六集
　　　清詩話
聲調前譜一卷後譜一卷續譜一卷
　　　天壤閣叢書・聲調三譜
　　　學詩法程
　　　求實齋叢書
　　　玉雞苗館叢書
　　　吉林探源書舫叢書二集・聲調三譜
　　　談藝珠叢
趙秋谷所傳聲調譜二卷
　　　清詩話
聲調譜一卷拾遺一卷
　　（清）趙執信撰　拾遺（清）翟翬撰
　　　清詩話
談龍錄一卷
　　（清）趙執信撰
　　　四庫全書・集部詩文評類
　　　貸園叢書初集
　　　藝海珠塵金集（甲集）
　　　花薰閣詩述
　　　天壤閣叢書・聲調三譜
　　　國朝名人著述叢編
　　　學詩法程
　　　吉林探源書舫叢書二集・聲調三譜
　　　談藝珠叢
　　　古今說部叢書六集
　　　適園叢書第七集・西崑發微附
　　　清詩話
寒廳詩話一卷
　　（清）顧嗣立撰
　　　昭代叢書（道光本）壬集補編
　　　清詩話
續錦機十五卷補遺六卷
　　（清）劉青芝撰
　　　劉氏傳家集
說詩晬語二卷
　　（清）沈德潛撰
　　　沈歸愚詩文全集
　　　詩觸
　　　國朝名人著述叢編
　　　嘯園叢書第五函
　　　玉雞苗館叢書
　　　談藝珠叢
　　　清詩話
　　　四部備要（排印本、縮印本）・集部詩
　　　　文評
說詩晬語一卷

　　　　　青照堂叢書摘三編第四函
　　　　　三家詩話選
西圃文說三卷詩說一卷
　　（清）田同之撰
　　　　　德州田氏叢書
定泉詩話五卷
　　（清）陳梓撰
　　　　　藜照廬叢書
一瓢詩話一卷
　　（清）薛雪撰
　　　　　昭代叢書（道光本）癸集萃編
　　　　　清詩話
文頌一卷
　　（清）馬榮祖撰
　　　　　昭代叢書（道光本）己集廣編
貞一齋詩說一卷
　　（清）李重華撰
　　　　　昭代叢書（道光本）壬集補編
　　　　　清詩話
野鴻詩的一卷
　　（清）黃子雲撰
　　　　　昭代叢書（道光本）壬集補編
　　　　　清詩話
秋窗隨筆一卷
　　（清）馬位撰
　　　　　昭代叢書（道光本）辛集別編
　　　　　清詩話
　　　　　關中叢書第三集
詩筏一卷
　　（清）吳大受撰
　　　　　吳興叢書
蓮坡詩話（一名蔗塘外集）三卷
　　（清）查為仁撰
　　　　　龍威祕書三集
　　　　　屏廬叢刻
　　　　　叢書集成初編・文學類
　　蓮坡詩話一卷
　　　　　昭代叢書（道光本）癸集萃編
　　　　　賜硯堂叢書未刻稿
　　　　　清詩話
文談一卷
　　（清）張乘直撰
　　　　　青照堂叢書摘三編第四函
硯齋論文六卷
　　（清）張謙宜撰
　　　　　家學堂遺書
硯齋詩談八卷
　　（清）張謙宜撰

　　　　　家學堂遺書
夢曉樓隨筆一卷
　　（清）宋顧樂撰
　　　　　小石山房叢書第十四冊
論文偶記一卷
　　（清）劉大櫆撰
　　　　　遜敏堂叢書
葚原詩說四卷
　　（清）冒春榮撰
　　　　　如皐冒氏叢書
消寒詩話一卷
　　（清）秦朝釪撰
　　　　　昭代叢書（道光本）癸集萃編
　　　　　清詩話
論文四則一卷
　　（清）楊繩武撰
　　　　　昭代叢書（道光本）戊集續編
詩學纂聞一卷
　　（清）汪師韓撰
　　　　　上湖遺集
　　　　　昭代叢書（道光本）己集廣編
　　　　　國朝名人著述叢編
　　　　　叢睦汪氏遺書
　　　　　清詩話
鴻爪錄六卷首一卷
　　（清）周大樞撰
　　　　　會稽徐氏初學堂覃書輯錄
月山詩話一卷
　　（清）恆仁撰
　　　　　藝海珠塵木集（辛集）
　　　　　叢書集成初編・文學類
隨園詩話十六卷補遺十卷
　　（清）袁枚撰
　　　　　隨園三十種（乾隆嘉慶本、同治本）
　　　　　隨園三十八種
續詩品一卷
　　（清）袁枚撰
　　　　　昭代叢書（道光本）戊集續編
　　　　　四品彙鈔
　　　　　清詩話
　　小倉山房續詩品一卷
　　　　　綠滿書牕
問花樓詩話三卷
　　（清）陸鎣撰
　　　　　陸氏傳家集
律詩四辨四卷
　　（清）李宗文撰
　　　　　榕村全書

嬠雅堂詩話一卷
　　(清)趙文哲撰
　　　　荔牆叢刻
南苑一知集論詩二卷
　　(清)馬魯撰
　　　　馬氏叢刻
經書卮言一卷
　　(清)范泰恆撰
　　　　昭代叢書(道光本)辛集別編
八病說
　　(清)吳鎮撰
　　　　松花庵全集
聲調譜
　　(清)吳鎮撰
　　　　松花庵全集
甌北詩話十卷續詩話二卷
　　(清)趙翼撰
　　　　甌北全集(乾隆嘉慶本、光緒本)
拜經樓詩話四卷
　　(清)吳騫撰
　　　　拜經樓叢書(景乾隆嘉慶本)
　　　　藝海珠塵革集(庚集)
　　　　清詩話
　　　　叢書集成初編・文學類
石洲詩話八卷
　　(清)翁方綱撰
　　　　蘇齋叢書（乾隆嘉慶本、景乾隆嘉慶
　　　　本)
　　　　粵雅堂叢書初編第六集
　　　　叢書集成初編・文學類
小石帆亭著錄六卷
　　(清)翁方綱撰
　　　　蘇齋叢書（乾隆嘉慶本、景乾隆嘉慶
　　　　本)
　小石帆亭著錄五卷
　　　　天壤閣叢書・聲調三譜
　　　　學詩法程
　　　　吉林探源書舫叢書二集・聲調三譜
詠物七言律詩偶記一卷
　　(清)翁方綱撰
　　　　蘇齋叢書（乾隆嘉慶本、景乾隆嘉慶
　　　　本)
五言詩平仄舉隅一卷
　　(清)翁方綱撰
　　　　清詩話
七言詩平仄舉隅一卷
　　(清)翁方綱撰
　　　　清詩話

七言詩三昧舉隅一卷
　　(清)翁方綱撰
　　　　清詩話
柳亭詩話三十卷
　　(清)宋長白撰
　　　　懺花盦叢書
　　　　中國文學珍本叢書第一輯
雨村詩話二卷
　　(清)李調元撰
　　　　函海(乾隆本、道光本)第二十五函
　　　　函海(光緒本)第二十九函
　　　　叢書集成初編・文學類
尚友堂說詩一卷
　　(清)崔邁撰
　　　　崔東壁遺書(亞東圖書館排印本)後編
　　　　・崔德皋先生遺書
古諺閒譚四卷
　　(清)曾廷枚撰
　　　　蓺嶼裒書
竟陵詩話一卷
　　(清)熊士鵬撰
　　　　瘦羊錄
鵠山小隱詩話一卷
　　(清)熊士鵬撰
　　　　瘦羊錄・鵠山小隱詩集附
耄餘詩話十卷
　　(清)周春撰
　　　　豫恕堂叢書
山靜居詩話一卷
　　(清)方薰撰
　　　　別下齋叢書(道光本、商務印書館景道
　　　　光本、竹簡齋景道光本)
　　　　清詩話
　　　　叢書集成初編・文學類
　山靜居詩話一卷附錄一卷
　　　　花近樓叢書
讀書一間鈔一卷
　　(清)溫薫撰
　　　　溫氏叢書第二集
南野堂筆記十二卷
　　(清)吳文溥撰
　　　　南野堂全集
魚計軒詩話一卷
　　(清)計發撰
　　　　適園叢書第十二集
鶚亭詩話一卷
　　(清)屠紳撰
　　　　二餘堂叢書

鷗亭詩話一卷附錄一卷
　　江陰叢書
　　粟香室叢書
茗香詩論一卷
　　（清）宋大樽撰
　　　知不足齋叢書（乾隆至道光本、景乾隆
　　　　至道光本）第二十集
　　　清詩話
　　　叢書集成初編・文學類
詩論一卷
　　遜敏堂叢書
詩評一卷
　　（清）黃景仁撰
　　　談藝珠叢
梵籟山房筆記六卷
　　（清）王汝玉撰
　　　己卯叢編
北江詩話六卷
　　（清）洪亮吉撰
　　　粵雅堂叢書初編第六集
　　　小重山房叢書
　　　洪北江全集
　　　叢書集成初編・文學類
星湄詩話二卷
　　（清）徐傳詩撰
　　　峭帆樓叢書
蔭椿書屋詩話一卷
　　（清）師範撰
　　　雲南叢書初編・集部
聲調譜拾遺一卷
　　（清）翟翬撰
　　　藝海珠塵土集（己集）
　　　談藝珠叢
石溪舫詩話二卷
　　（清）吳嵩梁撰
　　　香蘇山館全集
春雪亭詩話一卷
　　（清）徐熊飛撰
　　　花近樓叢書
　　　吳興叢書
挑燈詩話九卷
　　（清）馬時芳（見吾老人）撰
　　　平泉遺書
靈芬館詩話十二卷續六卷
　　（清）郭麐撰
　　　靈芬館集
爨餘叢話六卷
　　（清）郭麐撰

靈芬館集
初月樓古文緒論一卷
　　（清）吳德旋述　（清）呂璜錄
　　　別下齋叢書（道光本、商務印書館景道
　　　　光本、竹簡齋景道光本）
　　　花雨樓叢鈔・初月樓四種
　　　常州先哲遺書後編・集類
　　　文學津梁
　　　叢書集成初編・文學類
　　　四部備要（排印本、縮印本）・集部詩
　　　　文評
初月樓文談一卷
　　嶺西五家詩文集・月滄文集附
夢陔堂文說十一卷
　　（清）黃承吉撰
　　　夢陔堂全集
諸集揀批一卷
　　（清）李元春撰
　　　桐閣全書・桐窗餘著
昭昧詹言十卷續八卷續錄二卷
　　（清）方東樹撰
　　　方植之全集
六義郛郭一卷
　　（清）沈道寬撰
　　　話山草堂遺集・話山草堂雜著
退庵論文一卷
　　（清）梁章鉅撰
　　　文學津梁
古今論詩集句一卷
　　（清）宗廷輔輯
　　　宗月鋤先生遺著
白華山人詩說二卷
　　（清）厲志撰
　　　白華山人集
歷下偶談十卷續編十卷
　　（清）王偁撰
　　　鵲華館三種
匡山叢話五卷
　　（清）王偁撰
　　　鵲華館三種
柳隱叢譚五卷
　　（清）于源撰
　　　一粟廬合集
鐙窗瑣話十卷
　　（清）于源撰
　　　一粟廬合集
小滄浪詩話四卷
　　（清）張燮承撰

張師筠著述

餘墨偶談節錄一卷
    (清)孫橒撰
        香豔叢書第五集

清 後 期

聽松廬詩話一卷
    (清)張維屏撰
        張南山全集

藥欄詩話二卷
    (清)嚴廷中撰
        雲南叢書初編·集部

春草堂詩話五卷
    (清)謝堃撰
        春草堂集

吟齋筆存三卷
    (清)梅成棟撰
        屏廬叢刻

竹林答問一卷
    (清)陳僅撰
        金峨山館叢書

匏廬詩話三卷
    (清)沈濤撰
        槜李遺書

買春詩話一卷
    (清)馬國翰撰
        玉函山房全集

酌雅詩話二卷續編一卷
    (清)陳偉勳撰
        雲南叢書初編·集部

鳴原堂論文二卷
    (清)曾國藩撰
        曾文正公全集
        四部備要（排印本）·集部詩文評

雲史日記一卷
    (清)王爾銘撰
        黃氏逸書考（民國補刊本）附

梅崖詩話一卷
    (清)郭兆麟撰
        山右叢書初編

耕雲別墅詩話一卷
    (清)鄔啓祚撰
        鄔家初集

詩學要言三卷
    (清)鄔啓祚撰
        鄔家初集
        半帆樓叢書

劍溪說詩二卷又編一卷
    (清)喬億撰
        喬劍溪遺集

雅歌堂墢坪詩話二卷
    (清)徐經撰
        雅歌堂全集

詩學源流考一卷
    (清)魯九皋撰
        是程集

文筆考一卷
    (清)阮福輯
        文選樓叢書（阮亨輯）·小琅嬛叢記
        叢書集成初編·文學類

論文蒭說一卷
    (清)朱景昭撰
        無夢軒遺書

文概一卷
    (清)劉熙載撰
        文學津梁

藝槩六卷
    (清)劉熙載撰
        古桐書屋六種

履園譚詩一卷
    (清)錢泳撰
        清詩話

讀文雜記一卷
    (清)方宗誠撰
        柏堂遺書·柏堂讀書筆記

論文章本原三卷
    (清)方宗誠撰
        柏堂遺書·柏堂讀書筆記
        津河廣仁堂所刻書

筱園詩話四卷
    (清)朱庭珍撰
        雲南叢書初編·集部

伯山詩話後集四卷續集二卷再續集二卷
三續集二卷四續集二卷
    (清)康發祥撰
        伯山全集

見星廬館閣詩話二卷
    (清)林聯桂撰
        高涼耆舊遺集

漚巢詩話二卷
    (清)張道撰
        漁浦草堂遺稿

蘇亭詩話四卷
    (清)張道撰
        漁浦草堂遺稿

東瀛詩記二卷
　　(清)俞樾撰
　　　　春在堂全書
東人詩話二卷
　　(清)王韜輯
　　　　弢園叢書
岊雲樓詩話六卷
　　(清)劉存仁撰
　　　　岊雲樓集
峴傭說詩一卷
　　(清)施補華口授　(清)錢棨筆錄
　　　　清詩話
閨秀詩評一卷
　　(清)棣華園主人輯
　　　　申報館叢書續集·談藝類
夢痕館詩話四卷
　　(清)胡薇元撰
　　　　玉津閣叢書甲集
味燈詩話二卷
　　(清)王寶書撰
　　　　雲南叢書二編·集部
詩譜詳說八卷
　　(清)許印芳撰
　　　　雲南叢書初編·集部
詩法萃編十五卷
　　(清)許印芳輯
　　　　雲南叢書初編·集部
古今文派述略一卷
　　(清)陳康黼撰　(民國)張世源注
　　　　四明叢書第四集
四家纂文筴錄彙編五卷
　　(清)胡念修輯
　　　　刻鵠齋叢書
論文集要四卷
　　(清)薛福成輯
　　　　文學津梁
論文連珠一卷
　　(清)唐才常撰
　　　　古今文藝叢書第一集
詩外餘言四卷
　　(清)路采五撰
　　　　路氏五種
點勘記二卷
　　(清)歐陽泉撰
　　　　申報館叢書續集·談藝類
省堂筆記一卷
　　(清)歐陽泉撰
　　　　申報館叢書續集·談藝類·點勘記附

消夏雜記一卷
　　(清)湯崧仙(販雲翁)撰
　　　　湯氏叢書
立德堂詩話一卷
　　(清)鄔以謙撰
　　　　鄔家初集
香草談文一卷
　　(清)于嘤撰
　　　　于香草遺著叢輯
留香閣詩問二卷
　　(清)張祖綬撰
　　　　于香草遺著叢輯
老生常談一卷
　　(清)延君壽撰
　　　　山右叢書初編
綠天香雪簃詩話八卷
　　(清)瞿園居士撰
　　　　晨風閣叢書第一集

民　國

王志論詩一卷
　　(民國)王闓運撰
　　　　三家詩話選
樊園五日戰時記一卷
　　(民國)樊增祥撰
　　　　古今文藝叢書第一集
蕉盦詩話四卷續編一卷
　　(民國)魏元曠撰
　　　　魏氏全書·潛園統編雜編
詩話後編八卷
　　(民國)魏元曠撰
　　　　魏氏全書·潛園統編雜編
在山泉詩話二卷(卷一至二)
　　(民國)潘飛聲撰
　　　　古今文藝叢書第三集
　在山泉詩話一卷(卷三)
　　　　古今文藝叢書第四集
　在山泉詩話一卷(卷四)
　　　　古今文藝叢書第五集
興化李審言先生與東莞張次溪論文書一
卷
　　(民國)李詳撰
　　　　京津風土叢書
晦堂文鑰一卷
　　(民國)陳澹然撰
　　　　原學三種
詞林拾遺二卷
　　(民國)陳淵輯

養吾齋叢著

眉韻樓詩話八卷
　　（民國）孫雄撰
　　　　晨風閣叢書第一集

飲冰室詩話一卷
　　（民國）梁啓超撰
　　　　中國古典文學理論批評叢書

柏巖感舊詩話三卷
　　（民國）趙炳麟撰
　　　　趙柏巖集

名山詩話一卷
　　（民國）錢振鍠撰
　　　　名山全集

謫星說詩一卷
　　（民國）錢振鍠撰
　　　　名山全集

論文雜記一卷
　　（民國）胡樸安（韞玉）撰
　　　　樸學齋叢刊

歷代文章論略一卷
　　（民國）胡樸安（韞玉）撰
　　　　樸學齋叢刊

詞書記要一卷
　　（民國）邵瑞彭撰
　　　　邵次公遺著

論文雜記一卷
　　（民國）劉師培撰
　　　　劉申叔先生遺書

文說一卷
　　（民國）劉師培撰
　　　　劉申叔先生遺書

中國文學教科書
　　（民國）劉師培撰
　　　　劉申叔先生遺書

海天詩話一卷
　　（民國）胡懷琛撰
　　　　古今文藝叢書第三集

文則一卷
　　（民國）胡懷琛撰
　　　　古今文藝叢書第四集

天籟閣詩話一卷
　　（民國）張可中撰
　　　　寄寄山房全集附・庸菴遺集

文學述林一卷
　　（民國）劉咸炘撰
　　　　推十書

詠蘭瑣言一卷
　　（民國）楊鹿鳴撰

蘭言四種

寄寄山房塞愚詩話一卷
　　（民國）張翼廷撰
　　　　寄寄山房全集

文辭我見一卷
　　（民國）虞銘新撰
　　　　和欽全集

詩詞一得一卷
　　（民國）徐昂撰
　　　　徐氏全書

文談四卷
　　（民國）徐昂撰
　　　　徐氏全書

馬氏文通訂誤一卷
　　（民國）徐昂撰
　　　　徐氏全書

藕船詩話一卷
　　（民國）青心居士撰
　　　　苔岑叢書

今　人

修辭九論一卷
　　馬敍倫撰
　　　　天馬山房叢箸

論文瑣言一卷
　　章廷華撰
　　　　雲在山房叢書

美化文學名著年表
　　朱劍芒撰
　　　　美化文學名著叢刊附

辭賦課藝之屬

樂府古題要解二卷
　　（唐）吳兢撰
　　　　津逮祕書（汲古閣本、景汲古閣本）第
　　　　　十四集
　　　　硯北偶鈔
　　　　詩觸
　　　　學津討原（嘉慶本、景嘉慶本）第二十
　　　　　集
　　　　反約篇
　　　　榕園叢書丙集
　　　　談藝珠叢
　　　　歷代詩話續編

樂府原題一卷
　　（宋）鄭樵撰
　　　　嘯餘譜

樂府釋一卷
　　(清)蔣衡輯
　　　古今文藝叢書第二集
賦話十卷
　　(清)李調元撰
　　　函海(乾隆本、道光本)第二十五函
　　　函海(光緒本)第二十九函
　　　叢書集成初編‧文學類
聲律關鍵八卷
　　(宋)鄭起潛撰
　　　宛委別藏
　　　選印宛委別藏
作賦例言一卷
　　(清)汪廷珍撰
　　　遜敏堂叢書
讀賦卮言一卷
　　(清)王芑孫撰
　　　國朝名人著述叢編
見星廬賦話十卷
　　(清)林聯桂撰
　　　高涼耆舊遺集
復小齋賦話二卷
　　(清)浦銑撰
　　　橋李遺書
王公四六話二卷
　　(宋)王銍撰
　　　百川學海(咸淳本、景刊咸淳本)庚集
　　　百川學海(弘治本、景刊咸淳本據弘治
　　　　目次編印本、景弘治本)己集
　　四六話二卷
　　　四庫全書‧集部詩文評類
　　　學津討原(嘉慶本、景嘉慶本)第二十
　　　　集
　　　叢書集成初編‧文學類
　　王公四六話
　　　說郛(商務印書館本)卷七十九
四六談麈一卷
　　(宋)謝伋撰
　　　百川學海(咸淳本、景刊咸淳本)丁集
　　　百川學海(弘治本、景刊咸淳本據弘治
　　　　目次編印本、景弘治本)己集
　　　四庫全書‧集部詩文評類
　　　學津討原(嘉慶本、景嘉慶本)第二十
　　　　集
　　　學海類編（道光本、景道光本)‧集餘
　　　　三
　　　赤城遺書彙刊
　　　叢書集成初編‧文學類

四六餘話一卷
　　(題宋相國道撰)
　　　說郛(宛委山堂本)弓八十四
　雲莊四六餘話一卷
　　(宋)楊囷道撰
　　　宛委別藏
　　　讀畫齋叢書辛集
　　　叢書集成初編‧文學類
　雲莊四六餘語
　　(題宋相國道撰)
　　　說郛(商務印書館本)卷二十一
容齋四六叢談一卷
　　(宋)洪邁撰
　　　學海類編（道光本、景道光本)‧集餘
　　　　三
　　　叢書集成初編‧文學類
四六金針一卷
　　(清)陳維崧撰
　　　學海類編（道光本、景道光本)‧集餘
　　　　三
　　　叢書集成初編‧文學類
四六叢話緣起一卷
　　(清)孫梅撰
　　　二餘堂叢書
六朝麗指一卷
　　(民國)孫德謙撰
　　　孫隘堪所著書
詞學指南四卷
　　(宋)王應麟撰
　　　四庫全書‧子部類書類‧玉海附
作義要訣一卷
　　(元)倪士毅撰
　　　四庫全書‧集部詩文評類
　　　十萬卷樓叢書二編
　　　叢書集成初編‧文學類
黔中程式一卷
　　(明)馮時可撰
　　　馮元成雜著
客談一卷
　　(明)莊元臣輯
　　　莊忠甫雜著
舉業素語一卷
　　(明)陳龍正撰
　　　橋李遺書‧幾亭外書
此木軒論制義彙編一卷(存卷三)
　　(清)焦袁熹輯
　　　此木軒全集
制義準繩一卷

　　(清)魯九皋撰
　　　　是程集
審題要旨一卷
　　(清)魯九皋撰
　　　　是程集
惺齋論文三卷
　　(清)王元啓撰
　　　　惺齋先生雜著
初學四書文法述聞二卷
　　(清)李元春撰
　　　　桐閣全書
桐窗課解偶編一卷續編一卷
　　(清)李元春撰
　　　　桐閣全書
四書文法摘要一卷
　　(清)李元春撰
　　　　靑照堂叢書摘三編第四函
仁在堂論文各法六卷
　　(清)路德撰
　　　　花雨樓叢鈔續鈔
試律須知一卷
　　(清)翁昱撰
　　　　遜敏堂叢書
學律初步一卷
　　(清)章謙存撰
　　　　強恕齋四賸稿·筆賸
作文法一卷
　　(清)艾暢撰
　　　　遜敏堂叢書·登瀛寶筏
應制詩式一卷
　　　　詩學指南卷八(二本)
楞園賦說一卷
　　(清)江含春撰
　　　　楞園仙書

詞　曲　類

詞　之　屬

別　集

唐

李太白詞一卷
　　(唐)李白撰
　　　　蜀十五家詞

金奩集一卷
　　(唐)溫庭筠撰
　　　　彊村叢書
金荃詞一卷
　　　　海寧王忠慤公遺書四集·唐五代二十
　　　　一家詞輯
檀欒子詞一卷
　　(唐)皇甫松撰
　　　　海寧王忠慤公遺書四集·唐五代二十
　　　　一家詞輯
香奩詞一卷
　　(唐)韓偓撰
　　　　海寧王忠慤公遺書四集·唐五代二十
　　　　一家詞輯

五　代

牛給事詞一卷
　　(前蜀)牛嶠撰
　　　　海寧王忠慤公遺書四集·唐五代二十
　　　　一家詞輯
薛侍郎詞一卷
　　(前蜀)薛昭蘊撰
　　　　海寧王忠慤公遺書四集·唐五代二十
　　　　一家詞輯
浣花詞一卷
　　(前蜀)韋莊撰
　　　　海寧王忠慤公遺書四集·唐五代二十
　　　　一家詞輯
尹參卿詞一卷
　　(前蜀)尹鶚撰
　　　　蜀十五家詞
　　　　海寧王忠慤公遺書四集·唐五代二十
　　　　一家詞輯
李德潤詞一卷
　　(前蜀)李珣撰
　　　　蜀十五家詞
瓊瑤集一卷
　　　　海寧王忠慤公遺書四集·唐五代二十
　　　　一家詞輯
毛司徒詞一卷
　　(前蜀)毛文錫撰
　　　　海寧王忠慤公遺書四集·唐五代二十
　　　　一家詞輯
魏太尉詞一卷
　　(前蜀)魏承班撰
　　　　海寧王忠慤公遺書四集·唐五代二十
　　　　一家詞輯
顧太尉詞一卷

（後蜀）顧夐撰
　　　海寧王忠慤公遺書四集・唐五代二十
　　　一家詞輯

鹿太保詞一卷
　　（後蜀）鹿虔扆撰
　　　海寧王忠慤公遺書四集・唐五代二十
　　　一家詞輯

閻處士詞一卷
　　（後蜀）閻選撰
　　　蜀十五家詞
　　　海寧王忠慤公遺書四集・唐五代二十
　　　一家詞輯

毛祕書詞一卷
　　（後蜀）毛熙震撰
　　　蜀十五家詞
　　　海寧王忠慤公遺書四集・唐五代二十
　　　一家詞輯

牛中丞詞一卷
　　（後唐）牛希濟撰
　　　海寧王忠慤公遺書四集・唐五代二十
　　　一家詞輯

陽春集一卷
　　（南唐）馮延己撰
　　　十名家詞集
　　　粟香室叢書・名家詞集
　　　百家詞

　陽春集一卷補遺一卷
　　　四印齋所刻詞（光緒本、景光緒本）

李後主詞一卷
　　（南唐）李煜撰
　　　詞學小叢書

張舍人詞一卷
　　（南唐）張泌撰
　　　海寧王忠慤公遺書四集・唐五代二十
　　　一家詞輯

紅葉稿一卷
　　（後晉）和凝撰
　　　海寧王忠慤公遺書四集・唐五代二十
　　　一家詞輯

歐陽舍人詞一卷
　　（後蜀）歐陽炯撰
　　　蜀十五家詞

　歐陽平章詞一卷
　　　海寧王忠慤公遺書四集・唐五代二十
　　　一家詞輯

魚歌子詞殘葉
　　　貞松堂藏西陸祕籍叢殘第一集

北　宋

孫中丞詞一卷
　　（宋）孫光憲撰
　　　海寧王忠慤公遺書四集・唐五代二十
　　　一家詞輯

逍遙詞一卷
　　（宋）潘閬撰
　　　四印齋所刻詞（光緒本、景光緒本）附
　　　・四印齋彙刻宋元三十一家詞

紫陽眞人詞一卷
　　（宋）張伯端撰
　　　彊村叢書

樂章集一卷
　　（宋）柳永撰
　　　宋名家詞（汲古閣本、汪氏本、景汲古
　　　閣本）第一集
　　　四庫全書・集部詞曲類
　　　吳氏石蓮庵刻山左人詞
　　　中國文學珍本叢書第一輯・宋六十名
　　　家詞
　　　四部備要（排印本、縮印本）・集部總
　　　集・宋六十名家詞

柳屯田樂章集三卷
　　（宋）柳永撰
　　　百家詞

樂章集三卷續添曲子一卷附校記一卷
　　（宋）柳永（三變）撰　　校記（民國）朱祖謀
　　（孝臧）撰
　　　彊村叢書

樂章集選一卷
　　（宋）柳永撰　　（民國）葉瀚輯
　　　晚學廬叢稿

范文正公詩餘一卷
　　（宋）范仲淹撰
　　　彊村叢書

安陸集一卷附錄一卷
　　（宋）張先撰
　　　四庫全書・集部詞曲類

子野詞一卷
　　（宋）張先撰
　　　十名家詞集
　　　粟香室叢書・名家詞集

　張子野詞一卷
　　　宋元人詞
　　　百家詞

張子野詞二卷補遺二卷
　　（宋）張先撰

知不足齋叢書（乾隆至道光本、景乾隆
至道光本）第十三集卷下
叢書集成初編·文學類

張子野詞二卷補遺二卷附校記一卷
　　（宋）張先撰　校記（民國）朱祖謀（孝臧）撰
彊村叢書
四部備要（排印本、縮印本）·集部宋
別集

珠玉詞一卷
　　（宋）晏殊撰
宋名家詞（汲古閣本、汪氏本、景汲古
閣本）第一集
四庫全書·集部詞曲類
中國文學珍本叢書第一輯·宋六十名
家詞
四部備要（排印本、縮印本）·集部總
集·宋六十名家詞
百家詞

宋景文公長短句一卷
　　（宋）宋祁撰
校輯宋金元人詞

壽域詞一卷
　　（宋）杜安世撰
宋名家詞（汲古閣本、汪氏本、景汲古
閣本）第六集
中國文學珍本叢書第一輯·宋六十名
家詞
四部備要（排印本、縮印本）·集部總
集·宋六十名家詞

杜壽域詞一卷
百家詞

六一詞一卷
　　（宋）歐陽修撰
宋名家詞（汲古閣本、汪氏本、景汲古
閣本）第一集
四庫全書·集部詞曲類
中國文學珍本叢書第一輯·宋六十名
家詞
四部備要（排印本、縮印本）·集部總
集·宋六十名家詞

六一詞四卷附錄樂語一卷校記一卷
　　（宋）歐陽修撰　校記林大椿撰
百家詞

近體樂府三卷
　　（宋）歐陽修撰
歐陽文忠公全集（天順本、嘉靖本、康
熙本、嘉慶本、光緒本）
四部叢刊（初次印本、二次印本、縮印
二次印本）·集部·歐陽文忠公集

四部備要（排印本、縮印本）·集部宋
別集·歐陽文忠全集
宋廬陵四忠集·歐陽文忠公全集

歐陽文忠公集近體樂府三卷
景刊宋金元明本詞四十種

醉翁琴趣外篇六卷
　　（宋）歐陽修撰
景刊宋金元明本詞四十種

唱經堂批歐陽永叔詞十二首一卷
　　（清）金人瑞撰
唱經堂才子書·聖歎外書
風雨樓叢書·貫華堂才子書彙稿·聖
歎外書

批歐陽永叔詞十二首一卷
中國文學珍本叢書第一輯·唱經堂才
子書彙稿十一種

南陽詞一卷
　　（宋）韓維撰
彊村叢書

臨川先生歌曲一卷補遺一卷附校記一卷
　　（宋）王安石撰　校記（民國）朱祖謀（孝臧）
撰
彊村叢書

忠宣公詩餘一卷
　　（宋）范純仁撰
彊村叢書·范文正公詩餘附

小山詞一卷
　　（宋）晏幾道撰
宋名家詞（汲古閣本、汪氏本、景汲古
閣本）第一集
四庫全書·集部詞曲類
中國文學珍本叢書第一輯·宋六十名
家詞
四部備要（排印本、縮印本）·集部總
集·宋六十名家詞
百家詞

小山詞一卷附校記一卷
　　（宋）晏幾道撰　校記（民國）朱祖謀（孝臧）
撰
彊村叢書

韋先生詞一卷
　　（宋）韋驤撰
彊村叢書

畫墁詞一卷
　　（宋）張舜民撰
彊村叢書

東坡詞一卷
　　（宋）蘇軾撰

宋名家詞（汲古閣本、汪氏本、景汲古
　閣本）第一集
四庫全書・集部詞曲類
中國文學珍本叢書第一輯・宋六十名
　家詞
四部備要（排印本、縮印本）・集部總
　集・宋六十名家詞

東坡樂府二卷
　　（宋）蘇軾撰
　　　四印齋所刻詞（光緒本、景光緒本）

　東坡詞二卷拾遺一卷
　　　百家詞

東坡樂府三卷
　　（宋）蘇軾撰
　　　蜀十五家詞
　　　彊村叢書

王晉卿詞一卷
　　（宋）王詵撰
　　　校輯宋金元人詞

冠柳集一卷
　　（宋）王觀撰
　　　校輯宋金元人詞

冠柳詞一卷
　　（宋）王觀撰　冒廣生輯
　　　如皐冒氏叢書

寶月集一卷
　　（宋）釋僧揮撰
　　　校輯宋金元人詞

舒學士詞一卷
　　（宋）舒亶撰
　　　校輯宋金元人詞

信道詞一卷附校記一卷
　　（宋）舒亶撰　校記（民國）易大厂撰
　　　北宋三家詞

演山詞一卷
　　（宋）黃裳撰
　　　宋元人詞

演山詞二卷
　　（宋）黃裳撰
　　　宋元名家詞

山谷詞一卷
　　（宋）黃庭堅撰
　　　宋名家詞（汲古閣本、汪氏本、景汲古
　　　　閣本）第一集
　　　四庫全書・集部別集類・山谷內集附
　　　摘藻堂四庫全書薈要・集部・山谷內
　　　　集附
　　　中國文學珍本叢書第一輯・宋六十名

家詞
四部備要（排印本、縮印本）・集部總
　集・宋六十名家詞

山谷琴趣外篇三卷
　　（宋）黃庭堅撰
　　　景刊宋金元明本詞四十種
　　　續古逸叢書

　山谷詞三卷
　　　百家詞

山谷琴趣外篇三卷附校記一卷
　　（清）黃庭堅撰　校記（民國）朱祖謀（孝臧）撰
　　　彊村叢書

山谷琴趣外篇三卷附校勘記一卷
　　（宋）黃庭堅撰　校勘記張元濟撰
　　　四部叢刊三編・集部

龍雲先生樂府一卷
　　（宋）劉弇撰
　　　彊村叢書

淮海詞一卷
　　（宋）秦觀撰
　　　宋名家詞（汲古閣本、汪氏本、景汲古
　　　　閣本）第一集
　　　四庫全書・集部詞曲類
　　　中國文學珍本叢書第一輯・宋六十名
　　　　家詞
　　　四部備要（排印本、縮印本）・集部宋
　　　　別集・淮海集附
　　　四部備要（排印本、縮印本）・集部總
　　　　集・宋六十名家詞

　少游詩餘一卷
　　　詞苑英華・秦張兩先生詩餘合璧

淮海長短句三卷
　　（宋）秦觀撰
　　　四庫全書・集部別集類・淮海集附
　　　摘藻堂四庫全書薈要・集部・淮海集
　　　　附
　　　四部叢刊（初次印本、二次印本、縮印
　　　　二次印本）・集部・淮海集附

　淮海詞三卷
　　　百家詞

淮海居士長短句三卷附校記一卷
　　（宋）秦觀撰　校記（民國）朱祖謀（孝臧）撰
　　　彊村叢書

寶晉長短句一卷附校記
　　（宋）米芾撰　校記（民國）朱祖謀（孝臧）撰
　　　彊村叢書

閑齋琴趣外篇六卷
　　（宋）晁元禮撰

景刊宋金元明本詞四十種

聊復集一卷
　　（宋）趙令畤撰
　　　校輯宋金元人詞
柯山詩餘一卷
　　（宋）張耒撰
　　　校輯宋金元人詞
後山詞一卷
　　（宋）陳師道撰
　　　宋名家詞（汲古閣本、汪氏本、景汲古
　　　閣本）第六集
　　　中國文學珍本叢書第一輯·宋六十名
　　　家詞
　　　四部備要（排印本、縮印本）·集部總
　　　集·宋六十名家詞
　　後山居士詞一卷
　　　百家詞
宋徽宗詞一卷
　　宋徽宗撰
　　　彊村叢書
琴趣外篇六卷
　　（宋）晁補之撰
　　　宋名家詞（汲古閣本、汪氏本、景汲古
　　　閣本）第六集
　　　吳氏石蓮庵刻山左人詞
　　　中國文學珍本叢書第一輯·宋六十名
　　　家詞
　　　四部備要（排印本、縮印本）·集部總
　　　集·宋六十名家集
　　晁无咎詞六卷
　　　四庫全書·集部詞曲類
　　晁氏琴趣外篇六卷
　　　景刊宋金元明本詞四十種
片玉詞二卷補遺一卷
　　（宋）周邦彥撰
　　　宋名家詞（汲古閣本、汪氏本、景汲古
　　　閣本）第二集
　　　四庫全書·集部詞曲類
　　　西泠詞萃
　　　中國文學珍本叢書第一輯·宋六十名
　　　家詞
　　　四部備要（排印本、縮印本）·集部總
　　　集·宋六十名家詞
片玉集十卷抄補一卷
　　（宋）周邦彥撰
　　　百家詞
片玉集一卷
　　（宋）周邦彥撰

蒙香室叢書·宋七家詞選

片玉集十卷附校記一卷
　　（宋）周邦彥撰　　（宋）陳元龍集注　校記
　　（民國）朱祖謀（孝臧）撰
　　　彊村叢書
　　　四部備要（排印本、縮印本）·集部宋
　　　別集
詳註周美成片玉集十卷
　　（宋）陳元龍撰
　　　宛委別藏
　　　景刊宋金元明本詞四十種
清眞集二卷集外詞一卷
　　（宋）周邦彥撰
　　　四印齋所刻詞（光緒本、景光緒本）
和清眞詞一卷
　　（宋）方千里撰
　　　宋名家詞（汲古閣本、汪氏本、景汲古
　　　閣本）第三集
　　　四庫全書·集部詞曲類
　　　中國文學珍本叢書第一輯·宋六十名
　　　家詞
　　　四部備要（排印本、縮印本）·集部總
　　　集·宋六十名家詞
阮戶部詞一卷
　　（宋）阮閱撰
　　　彊村叢書
趙子發詞一卷
　　（宋）趙君舉撰
　　　校輯宋金元人詞
了齋詞一卷
　　（宋）陳瓘撰
　　　校輯宋金元人詞
東浦詞一卷
　　（宋）韓玉撰
　　　宋名家詞（汲古閣本、汪氏本、景汲古
　　　閣本）第六集
　　　四庫全書·集部詞曲類
　　　景汲古閣鈔宋金詞七種
　　　中國文學珍本叢書第一輯·宋六十名
　　　家詞
　　　四部備要（排印本、縮印本）·集部總
　　　集·宋六十名家詞
　　　百家詞
李元膺詞一卷
　　（宋）李元膺撰
　　　校輯宋金元人詞
後湖詞一卷附校記一卷
　　（宋）蘇庠撰　校記（民國）易大厂撰

北宋三家詞

竹坡詞三卷
　　(宋)周紫芝撰
　　　　宋名家詞（汲古閣本、汪氏本、景汲古
　　　　閣本)第六集
　　　　四庫全書·集部詞曲類
　　　　中國文學珍本叢書第一輯·宋六十名
　　　　家詞
　　　　四部備要（排印本、縮印本）·集部總
　　　　集·宋六十名家詞
　　竹坡老人詞三卷
　　　　百家詞
李莊簡詞
　　(宋)李光撰
　　　　四印齋所刻詞（光緒本、景光緒本）·
　　　　南宋四名臣詞集
大聲集一卷
　　(宋)万俟詠撰
　　　　校輯宋金元人詞
荇嘔集一卷
　　(宋)田爲撰
　　　　校輯宋金元人詞
虛靖眞君詞一卷
　　(宋)張繼先撰
　　　　彊村叢書

南　宋

晁叔用詞一卷
　　(宋)晁沖之撰
　　　　校輯宋金元人詞
姑溪詞一卷
　　(宋)李之儀撰
　　　　宋名家詞（汲古閣本、汪氏本、景汲
　　　　古閣本)第四集
　　　　四庫全書·集部詞曲類
　　　　中國文學珍本叢書第一輯·宋六十名
　　　　家詞
　　　　四部備要（排印本、縮印本）·集部總
　　　　集·宋六十名家詞
姑溪詞三卷
　　(宋)李之儀撰
　　　　吳氏石蓮庵刻山左人詞
東山詞一卷
　　(宋)賀鑄撰
　　　　十名家詞集
　　　　粟香室叢書·名家詞集
東山詞殘一卷(存卷上)
　　(宋)賀鑄撰

景刊宋金元明本詞四十種

東山詞殘一卷(存卷上)附校記一卷
　　(宋)賀鑄撰　校記(民國)朱祖謀(孝臧)撰
　　　　彊村叢書
賀方回詞二卷附校記一卷
　　(宋)賀鑄撰　校記(民國)朱祖謀(孝臧)撰
　　　　彊村叢書
東山寓聲樂府一卷
　　(宋)賀鑄撰
　　　　四印齋所刻詞(光緒本、景光緒本)
東山寓聲樂府補鈔一卷
　　(宋)賀鑄撰
　　　　四印齋所刻詞(光緒本、景光緒本)
東山詞補一卷附校記一卷
　　(宋)賀鑄撰　校記(民國)朱祖謀(孝臧)撰
　　　　彊村叢書
東堂詞一卷
　　(宋)毛滂撰
　　　　宋名家詞（汲古閣本、汪氏本、景汲古
　　　　閣本)第一集
　　　　四庫全書·集部詞曲類
　　　　中國文學珍本叢書第一輯·宋六十名
　　　　家詞
　　　　四部備要（排印本、縮印本）·集部總
　　　　集·宋六十名家詞
　　　　百家詞
東堂詞一卷附校記一卷
　　(宋)毛滂撰　校記(民國)朱祖謀(孝臧)撰
　　　　彊村叢書
蘆川詞一卷
　　(宋)張元幹撰
　　　　宋名家詞（汲古閣本、汪氏本、景汲古
　　　　閣本)第四集
　　　　四庫全書·集部詞曲類
　　　　中國文學珍本叢書第一輯·宋六十名
　　　　家詞
　　　　四部備要（排印本、縮印本）·集部總
　　　　集·宋六十名家詞
　　　　百家詞
蘆川詞二卷
　　(宋)張元幹撰
　　　　景刊宋金元明本詞四十種
丹陽詞一卷
　　(宋)葛勝仲撰
　　　　宋名家詞（汲古閣本、汪氏本、景汲古
　　　　閣本)第五集
　　　　四庫全書·集部詞曲類
　　　　中國文學珍本叢書第一輯·宋六十名

　　　　家詞
　　　　四部備要（排印本、縮印本）·集部總
　　　　　集·宋六十名家詞
　　　　百家詞
石林詞一卷
　　（宋）葉夢得撰
　　　　宋名家詞（汲古閣本、汪氏本、景汲古
　　　　　閣本）第二集
　　　　四庫全書·集部詞曲類
　　　　石林遺書
　　　　郎園先生全書
　　　　中國文學珍本叢書第一輯·宋六十名
　　　　　家詞
　　　　四部備要（排印本、縮印本）·集部總
　　　　　集·宋六十名家詞
　　　　百家詞
溪堂詞一卷
　　（宋）謝逸撰
　　　　宋名家詞（汲古閣本、汪氏本、景汲古
　　　　　閣本）第二集
　　　　四庫全書·集部詞曲類
　　　　中國文學珍本叢書第一輯·宋六十名
　　　　　家詞
　　　　四部備要（排印本、縮印本）·集部總
　　　　　集·宋六十名家詞
　　　　百家詞
苕溪樂章一卷
　　（宋）劉一止撰
　　　　彊村叢書
　苕溪詞一卷
　　　　百家詞
盧溪詞一卷
　　（宋）王庭珪撰
　　　　百家詞
　　　　校輯宋金元人詞
浮溪詞一卷
　　（宋）汪藻撰
　　　　彊村叢書
北湖詩餘一卷
　　（宋）吳則禮撰
　　　　彊村叢書
赤城詞一卷
　　（宋）陳克撰
　　　　赤城遺書彙刊
　　　　彊村叢書
　　　　校輯宋金元人詞
沈文伯詞一卷
　　（宋）沈會宗撰
　　　　校輯宋金元人詞

華陽長短句一卷
　　（宋）張綱撰
　　　　彊村叢書
竹友詞一卷
　　（宋）謝邁撰
　　　　彊村叢書
梁溪詞一卷
　　（宋）李綱撰
　　　　宋元人詞
　李忠定梁溪詞
　　　　四印齋所刻詞（光緒本、景光緒本）·
　　　　　南宋四名臣詞集
漱玉詞一卷
　　（宋）李清照撰
　　　　詩詞雜俎（汲古閣本、木松堂本、景汲
　　　　　古閣本）
　　　　四庫全書·集部詞曲類
　　　　校輯宋金元人詞
　　　　叢書集成初編·文學類
　漱玉詞一卷補遺一卷附錄一卷
　　　　四印齋所刻詞（光緒本、景光緒本）
　　　　吳氏石蓮庵刻山左人詞
　漱玉詞
　　　　文藝小叢書第一輯
　李清照詞一卷
　　　　詞學小叢書
樵歌三卷
　　（宋）朱敦儒撰
　　　　宛委別藏
　樵歌二卷
　　　　百家詞
樵歌三卷附校記一卷
　　（宋）朱敦儒撰　校記（民國）朱祖謀（孝臧）
　　　撰
　　　　彊村叢書
樵歌拾遺一卷
　　（宋）朱敦儒撰
　　　　四印齋所刻詞（光緒本、景光緒本）附
　　　　　·四印齋彙刻宋元三十一家詞
得全居士詞一卷
　　（宋）趙鼎撰
　　　　別下齋叢書（道光本、商務印書館景道
　　　　　光本、竹簡齋景道光本）
　　　　又次齋詞編
　　　　叢書集成初編·文學類
　趙忠簡得全居士詞
　　　　四印齋所刻詞（光緒本、景光緒本）·
　　　　　南宋四名臣詞集

龜溪長短句一卷
　　(宋)沈與求撰
　　　　彊村叢書
酒邊詞二卷
　　(宋)向子諲撰
　　　　宋名家詞（汲古閣本、汪氏本、景汲古
　　　　閣本)第二集
　　　　四庫全書・集部詞曲類
　　　　中國文學珍本叢書第一輯・宋六十名
　　　　家詞
　　　　四部備要（排印本、縮印本）・集部總
　　　　集・宋六十名家詞
酒邊集一卷
　　(宋)向子諲撰
　　　　景刊宋金元明本詞四十種
　　　　百家詞
陽春集一卷
　　(宋)米友仁撰
　　　　知不足齋叢書(乾隆至道光本、景乾隆
　　　　至道光本)第二十三集
　　　　叢書集成初編・文學類
　陽春詞一卷
　　　　彊村叢書
鄱陽詞一卷
　　(宋)洪皓撰
　　　　彊村叢書
樂齋詞一卷
　　(宋)向滈撰
　　　　宋元人詞
　　　　宋元名家詞
　　　　百家詞
初寮詞一卷
　　(宋)王安中撰
　　　　宋名家詞（汲古閣本、汪氏本、景汲古
　　　　閣本)第四集
　　　　四庫全書・集部詞曲類
　　　　景汲古閣鈔宋金詞七種
　　　　中國文學珍本叢書第一輯・宋六十名
　　　　家詞
　　　　四部備要（排印本、縮印本）・集部總
　　　　集・宋六十名家詞
　　　　百家詞
友古詞一卷
　　(宋)蔡伸撰
　　　　宋名家詞（汲古閣本、汪氏本、景汲古
　　　　閣本)第四集
　　　　四庫全書・集部詞曲類
　　　　中國文學珍本叢書第一輯・宋六十名
　　　　家詞

　　　　四部備要（排印本、縮印本）・集部總
　　　　集・宋六十名家詞
友古居士詞一卷
　　　　百家詞
箕潁詞一卷
　　(宋)曹組撰
　　　　校輯宋金元人詞
曹元寵詞一卷附校記一卷
　　(宋)曹組撰　校記(民國)易大厂撰
　　　　北宋三家詞
聖求詞一卷
　　(宋)呂濱老撰
　　　　宋名家詞（汲古閣本、汪氏本、景汲古
　　　　閣本)第六集
　　　　四庫全書・集部詞曲類
　　　　中國文學珍本叢書第一輯・宋六十名
　　　　家詞
　　　　四部備要（排印本、縮印本）・集部總
　　　　集・宋六十名家詞
　呂聖求詞一卷
　　　　百家詞
坦菴詞一卷
　　(宋)趙師俠撰
　　　　宋名家詞（汲古閣本、汪氏本、景汲古
　　　　閣本)第二集
　　　　四庫全書・集部詞曲類
　　　　中國文學珍本叢書第一輯・宋六十名
　　　　家詞
　　　　四部備要（排印本、縮印本）・集部總
　　　　集・宋六十名家詞
惜香樂府十卷
　　(宋)趙長卿撰
　　　　宋名家詞（汲古閣本、汪氏本、景汲古
　　　　閣本)第三集
　　　　四庫全書・集部詞曲類
　　　　中國文學珍本叢書第一輯・宋六十名
　　　　家詞
　　　　四部備要（排印本、縮印本）・集部總
　　　　集・宋六十名家詞
筠溪樂府一卷
　　(宋)李彌遜撰
　　　　四庫全書・集部詞曲類
　　　　四庫全書珍本初集・集部別集類・筠
　　　　溪集附
　筠谿詞一卷
　　　　四印齋所刻詞（光緒本、景光緒本）附
　　　　・四印齋彙刻宋元三十一家詞
無住詞一卷
　　(宋)陳與義撰

宋名家詞（汲古閣本、汪氏本、景汲古
閣本）第六集
四庫全書·集部詞曲類
中國文學珍本叢書第一輯·宋六十名
家詞
四部備要（排印本、縮印本）·集部總
集·宋六十名家詞

簡齋詞一卷
百家詞

無住詞一卷
（宋）陳與義撰　（宋）胡稗箋
宛委別藏·增廣箋注簡齋詩集附
蜀十五家詞
彊村叢書
四部叢刊（初次印本、二次印本、縮印
二次印本）·集部·增廣箋注簡齋
詩集附
四部備要（排印本、縮印本）·集部宋
別集·增廣箋注簡齋詩集附

栟櫚詞一卷
（宋）鄧肅撰
四印齋所刻詞（光緒本、景光緒本）附
·四印齋彙刻宋元三十一家詞

相山居士詞一卷
（宋）王之道撰
彊村叢書
百家詞

松隱詞三卷（原缺卷二至三）
（宋）曹勛撰
宋元人詞

松隱樂府三卷補遺一卷
彊村叢書

浩歌集一卷
（宋）蔡栯撰
校輯宋金元人詞

沖虛詞一卷
（宋）孫道絢撰
校輯宋金元人詞

飄然先生詞一卷
（宋）歐陽澈撰
彊村叢書

灊山詩餘一卷
（宋）朱翌撰
彊村叢書

屏山詞一卷
（宋）劉子翬撰
彊村叢書

澹菴長短句一卷
（宋）胡銓撰
別下齋叢書（道光本、商務印書館景道
光本、竹簡齋景道光本）
又次齋詞編
叢書集成初編·文學類

胡忠簡澹菴長短句
四印齋所刻詞（光緒本、景光緒本）·
南宋四名臣詞集

鄮峯眞隱大曲二卷詞曲二卷附校記一卷
（宋）史浩撰　校記（民國）朱祖謀（孝臧）撰
彊村叢書

知稼翁詞一卷
（宋）黃公度撰
宋名家詞（汲古閣本、汪氏本、景汲古
閣本）第六集
四庫全書·集部詞曲類
景汲古閣鈔宋金詞七種
中國文學珍本叢書第一輯　宋六十名
家詞
四部備要（排印本、縮印本）·集部總
集·宋六十名家詞

莆陽知稼翁詞一卷
宋人集乙編·莆陽知稼翁文集附

知稼翁詞集一卷
百家詞

順庵樂府一卷
（宋）康與之撰
校輯宋金元人詞

盤洲樂章三卷附校記一卷
（宋）洪适撰　校記（民國）朱祖謀（孝臧）撰
彊村叢書

南澗詩餘一卷
（宋）韓元吉撰
彊村叢書

逃禪詞一卷
（宋）楊无咎撰
宋名家詞（汲古閣本、汪氏本、景汲古
閣本）第五集
四庫全書·集部詞曲類
中國文學珍本叢書第一輯·宋六十名
家詞
四部備要（排印本、縮印本）·集部總
集·宋六十名家詞
百家詞

浮山詩餘一卷
（宋）仲幷撰
彊村叢書

東溪詞一卷

（宋）高登撰
　　宋元人詞
　　四印齋所刻詞（光緒本、景光緒本）附
　　　・四印齋彙刻宋元三十一家詞
澹齋詞一卷
　　（宋）李流謙撰
　　　蜀十五家詞
　　　彊村叢書
紫微詞一卷
　　（宋）呂本中撰
　　　校輯宋金元人詞
綺川詞一卷
　　（宋）倪偁撰
　　　四印齋所刻詞（光緒本、景光緒本）附
　　　　・四印齋彙刻宋元三十一家詞
王周士詞一卷
　　（宋）王以寧撰
　　　宛委別藏
　　　彊村叢書
　　　百家詞
烘堂詞一卷
　　（宋）盧炳撰
　　　宋名家詞（汲古閣本、汪氏本、景汲古
　　　閣本）第六集
　　　宋元人詞
　　　中國文學珍本叢書第一輯・宋六十名
　　　家詞
　　　四部備要（排印本、縮印本）・集部總
　　　　集・宋六十名家詞
　烘堂集一卷
　　　百家詞
漢濱詩餘一卷補遺一卷
　　（宋）王之望撰
　　　彊村叢書
介菴詞一卷
　　（宋）趙彥端撰
　　　宋名家詞（汲古閣本、汪氏本、景汲古
　　　閣本）第五集
　　　四庫全書・集部詞曲類
　　　中國文學珍本叢書第一輯・宋六十名
　　　家詞
　　　四部備要（排印本、縮印本）・集部總
　　　　集・宋六十名家詞
介菴趙寶文雅詞四卷
　　（宋）趙彥端撰
　　　百家詞
介庵琴趣外篇六卷補一卷附校記一卷
　　（宋）趙彥端撰　校記（民國）朱祖謀（孝臧）
　　撰

彊村叢書
歸愚詞一卷
　　（宋）葛立方撰
　　　宋名家詞（汲古閣本、汪氏本、景汲古
　　　閣本）第四集
　　　四庫全書・集部詞曲類
　　　中國文學珍本叢書第一輯・宋六十名
　　　家詞
　　　四部備要（排印本、縮印本）・集部總
　　　　集・宋六十名家詞
　　　百家詞
克齋詞一卷
　　（宋）沈端節撰
　　　宋名家詞（汲古閣本、汪氏本、景汲古
　　　閣本）第五集
　　　四庫全書・集部詞曲類
　　　中國文學珍本叢書第一輯・宋六十名
　　　家詞
　　　四部備要（排印本、縮印本）・集部總
　　　　集・宋六十名家詞
　　　百家詞
孏窟詞一卷
　　（宋）侯寘撰
　　　宋名家詞（汲古閣本、汪氏本、景汲古
　　　閣本）第五集
　　　四庫全書・集部詞曲類
　　　吳氏石蓮庵刻山左人詞
　　　中國文學珍本叢書第一輯・宋六十名
　　　家詞
　　　四部備要（排印本、縮印本）・集部總
　　　　集・宋六十名家詞
宣卿詞一卷
　　（宋）袁去華撰
　　　宋元人詞
　　　四印齋所刻詞（光緒本、景光緒本）附
　　　　・四印齋彙刻宋元三十一家詞
應齋詞一卷
　　（宋）趙善括撰
　　　彊村叢書
審齋詞一卷
　　（宋）王千秋撰
　　　宋名家詞（汲古閣本、汪氏本、景汲古
　　　閣本）第六集
　　　四庫全書・集部詞曲類
　　　吳氏石蓮庵刻山左人詞
　　　中國文學珍本叢書第一輯・宋六十名
　　　家詞
　　　四部備要（排印本、縮印本）・集部總
　　　　集・宋六十名家詞

百家詞

澹軒詩餘一卷
 (宋)李呂撰
  彊村叢書

文簡公詞一卷
 (宋)程大昌撰
  宋元人詞
  彊村叢書

誠齋樂府一卷
 (宋)楊萬里撰
  彊村叢書

竹洲詞一卷
 (宋)吳儆撰
  十名家詞集
  粟香室叢書·名家詞集
  宋元名家詞
  百家詞

放翁詞一卷
 (宋)陸游撰
  宋名家詞(汲古閣本、汪氏本、景汲古
   閣本)第一集
  四庫全書·集部詞曲類
  中國文學珍本叢書第一輯·宋六十名
   家詞
  四部備要(排印本、縮印本)·集部總
   集·宋六十名家詞
  百家詞

渭南文集詞二卷
 (宋)陸游撰
  景刊宋金元明本詞四十種

信齋詞一卷
 (宋)葛郯撰
  十名家詞集
  宋元人詞
  粟香室叢書·名家詞集
  宋元名家詞
  常州先哲遺書第一集·集類
  百家詞

簫臺公餘詞一卷
 (宋)姚述堯撰
  宋人小集四十二種
  西泠詞萃
  彊村叢書

燕喜詞一卷
 (宋)曹冠撰
  別下齋叢書(道光本、商務印書館景道
   光本、竹簡齋景道光本)
  宋元人詞
  四印齋所刻詞(光緒本、景光緒本)附

  ·四印齋彙刻宋元三十一家詞
  續金華叢書·集部
  叢書集成初編·文學類

竹齋詞一卷
 (宋)沈瀛撰
  彊村叢書
  百家詞

雪山詞一卷
 (宋)王質撰
  彊村叢書

頤堂詞一卷
 (宋)王灼撰
  蜀十五家詞
  彊村叢書

雲莊詞一卷
 (宋)曾協撰
  彊村叢書

方舟詩餘一卷
 (宋)李石撰
  蜀十五家詞
  彊村叢書

石湖詞一卷補遺一卷
 (宋)范成大撰
  知不足齋叢書(乾隆至道光本、景乾隆
   至道光本)第十一集
  叢書集成初編·文學類

 石湖詞一卷
  宋元人詞

石湖詞一卷補遺一卷附校記一卷
 (宋)范成大撰 校記(民國)朱祖謀(孝臧)
 撰
  彊村叢書
  四部備要(排印本、縮印本)·集部宋
   別集

和石湖詞一卷
 (宋)陳三聘撰
  知不足齋叢書(乾隆至道光本、景乾隆
   至道光本)第十一集·石湖詞附
  宋元人詞
  景汲古閣鈔宋金詞七種
  彊村叢書
  叢書集成初編·文學類

拙庵詞一卷
 (宋)趙磻老撰
  宋元人詞
  四印齋所刻詞(光緒本、景光緒本)附
  ·四印齋彙刻宋元三十一家詞
  吳氏石蓮庵刻山左人詞

近體樂府一卷
　　(宋)周必大撰
　　　　宋名家詞(汲古閣本、汪氏本、景汲古
　　　　閣本)第三集
　　　　中國文學珍本叢書第一輯・宋六十名
　　　　家詞
　　　　四部備要(排印本、縮印本)・集部總
　　　　集・宋六十名家詞
　　近體樂府一卷附遺詩一卷
　　　　廬陵周益國文忠公集・雜著述
　　　　宋廬陵四忠集・周文忠公全集・雜著
　　　　述
　　平園近體樂府一卷
　　　　晨風閣叢書
　　　　彊村叢書
晦庵詞一卷
　　(宋)朱熹撰
　　　　宋元名家詞
于湖詞三卷
　　(宋)張孝祥撰
　　　　宋名家詞(汲古閣本、汪氏本、景汲古
　　　　閣本)第四集
　　　　四庫全書・集部詞曲類
　　　　中國文學珍本叢書第一輯・宋六十名
　　　　家詞
　　　　四部備要(排印本、縮印本)・集部總
　　　　集・宋六十名家詞
于湖詞二卷
　　(宋)張孝祥撰
　　　　百家詞
于湖居士文集樂府四卷
　　(宋)張孝祥撰
　　　　景刊宋金元明本詞四十種
于湖先生長短句五卷拾遺一卷
　　(宋)張孝祥撰
　　　　景刊宋金元明本詞四十種
江湖長翁詞一卷
　　(宋)陳造撰
　　　　校輯宋金元人詞
松坡居士詞一卷
　　(宋)京鏜撰
　　　　百家詞
松坡詞一卷附校記一卷
　　(宋)京鏜撰　校記(民國)朱祖謀(孝臧)撰
　　　　彊村叢書
客亭樂府一卷
　　(宋)楊冠卿撰
　　　　彊村叢書

方是閑居小稾一卷
　　(宋)劉學箕撰
　　　　景刊宋金元明本詞四十種附
　　方是閑居士詞一卷
　　　　彊村叢書
梅詞一卷
　　(宋)朱雍撰
　　　　四印齋所刻詞(光緒本、景光緒本)附
　　　　・四印齋彙刻宋元三十一家詞
樵隱詞一卷
　　(宋)毛开撰
　　　　宋名家詞(汲古閣本、汪氏本、景汲古
　　　　閣本)第二集
　　　　四庫全書・集部詞曲類
　　　　中國文學珍本叢書第一輯・宋六十名
　　　　家詞
　　　　四部備要(排印本、縮印本)・集部總
　　　　集・宋六十名家詞
　　樵隱詩餘一卷
　　　　百家詞
雙溪詞一卷
　　(宋)王炎撰
　　　　宋元人詞
　　　　又次齋詞編
　　雙溪詩餘一卷
　　　　四印齋所刻詞(光緒本、景光緒本)附
　　　　・四印齋彙刻宋元三十一家詞
招山樂章一卷
　　(宋)劉仙倫撰
　　　　校輯宋金元人詞
靜寄居士樂章一卷
　　(宋)謝懋撰
　　　　校輯宋金元人詞
稼軒詞四卷
　　(宋)辛棄疾撰
　　　　宋名家詞(汲古閣本、汪氏本、景汲古
　　　　閣本)第一集
　　　　四庫全書・集部詞曲類
　　　　中國文學珍本叢書第一輯・宋六十名
　　　　家詞
　　　　四部備要(排印本、縮印本)・集部總
　　　　集・宋六十名家詞
　　稼軒詞甲集一卷乙集一卷丙集一卷丁
　　集一卷
　　　　百家詞
　　稼軒詞甲集一卷乙集一卷丙集一卷
　　　　景刊宋金元明本詞四十種
稼軒詞丁集一卷

(宋)辛棄疾撰
校輯宋金元人詞

稼軒長短句十二卷
(宋)辛棄疾撰
四印齋所刻詞(光緒本、景光緒本)
景刊宋金元明本詞四十種

稼軒詞十二卷
吳氏石蓮庵刻山左人詞

辛棄疾詞一卷
(宋)辛棄疾撰
詞學小叢書

稼軒長短句十二卷補遺一卷附補遺校記
一卷
(宋)辛棄疾撰 補遺校記(民國)朱祖謀
(孝臧)撰
四部備要(排印本、縮印本)·集部宋
別集

稼軒詞補遺一卷附校記一卷
(宋)辛棄疾撰 校記(民國)朱祖謀(孝臧)
撰
彊村叢書

鶴林詞一卷
(宋)劉光祖撰
校輯宋金元人詞

芸庵詩餘一卷
(宋)李洪撰
彊村叢書

文定公詞一卷
(宋)丘崈撰
宋元人詞
四印齋所刻詞(光緒本、景光緒本)附
·四印齋彙刻宋元三十一家詞

丘文定公詞一卷
彊村叢書

可軒曲林一卷
(宋)黃人傑撰
校輯宋金元人詞

定齋詩餘一卷
(宋)蔡戡撰
彊村叢書

金谷遺音一卷
(宋)石孝友撰
宋名家詞(汲古閣本、汪氏本、景汲古
閣本)第三集
中國文學珍本叢書第一輯·宋六十名
家詞
四部備要(排印本、縮印本)·集部總
集·宋六十名家詞

百家詞

養拙堂詞一卷
(宋)管鑑撰
四印齋所刻詞(光緒本、景光緒本)附
·四印齋彙刻宋元三十一家詞
百家詞

海野詞一卷
(宋)曾覿撰
宋名家詞(汲古閣本、汪氏本、景汲古
閣本)第五集
四庫全書·集部詞曲類
中國文學珍本叢書第一輯·宋六十名
家詞
四部備要(排印本、縮印本)·集部總
集·宋六十名家詞

蓮社詞一卷
(宋)張掄撰
宋元人詞

蓮社詞一卷補遺一卷
彊村叢書

葵爌詞稿一卷
(宋)周端臣撰
校輯宋金元人詞

古洲詞一卷
(宋)馬子嚴撰
校輯宋金元人詞

龍川詞一卷補一卷
(宋)陳亮撰
宋名家詞(汲古閣本、汪氏本、景汲古
閣本)第四集
四庫全書·集部詞曲類
續金華叢書·集部
中國文學珍本叢書第一輯·宋六十名
家詞
四部備要(排印本、縮印本)·集部總
集·宋六十名家詞

龍川詞一卷
宋元人詞
百家詞

龍川詞補一卷
(宋)陳亮撰
四印齋所刻詞(光緒本、景光緒本)附
·四印齋彙刻宋元三十一家詞

西樵語業一卷
(宋)楊炎正撰
宋名家詞(汲古閣本、汪氏本、景汲古
閣本)第三集
四庫全書·集部詞曲類
中國文學珍本叢書第一輯·宋六十名

家詞
四部備要（排印本、縮印本）・集部總
集・宋六十名家詞
百家詞

橘山樂府一卷
（宋）李廷忠撰
校輯宋金元人詞

省齋詩餘一卷
（宋）廖行之撰
彊村叢書
百家詞

白雲小稿一卷
（宋）趙崇嶓撰
彊村叢書

玉照堂詞鈔一卷
（宋）張鎡撰
宋人小集四十二種

南湖詩餘一卷附校記一卷
（宋）張鎡撰　校記（民國）朱祖謀（孝臧）撰
彊村叢書

龍洲詞一卷
（宋）劉過撰
宋名家詞（汲古閣本、汪氏本、景汲古
閣本）第四集
四庫全書・集部詞曲類
嘽隱廬叢書
中國文學珍本叢書第一輯・宋六十名
家詞
四部備要（排印本、縮印本）・集部總
集・宋六十名家詞

龍洲詞二卷
（宋）劉過撰
百家詞

龍洲詞二卷補遺一卷附校記一卷
（宋）劉過撰　校記（民國）朱祖謀（孝臧）撰
彊村叢書

蒲江詞一卷
（宋）盧祖皋撰
宋名家詞（汲古閣本、汪氏本、景汲古
閣本）第六集
四庫全書・集部詞曲類
永嘉詩人祠堂叢刻
蜀十五家詞
中國文學珍本叢書第一輯・宋六十名
家詞
四部備要（排印本、縮印本）・集部總
集・宋六十名家詞

蒲江居士詞一卷
百家詞

蒲江詞稿一卷附校記一卷
（宋）盧祖皋撰　校記（民國）朱祖謀（孝臧）
撰
彊村叢書

隨如百詠一卷
（宋）劉鎮撰
校輯宋金元人詞

順受老人詞一卷
（宋）吳禮之撰
校輯宋金元人詞

風雅遺音二卷
（宋）林正大撰
宋元名家詞

風雅遺音二卷
（宋）林正大撰　（清）紀昀審訂
鏡烟堂十種

拙軒詞一卷
（宋）張侃撰
校輯宋金元人詞

渭川居士詞一卷
（宋）呂勝己撰
景汲古閣鈔宋金詞七種

渭川居士詞一卷附校記一卷
（宋）呂勝己撰　校記（民國）朱祖謀（孝臧）
撰
彊村叢書

重校鶴山先生大全文集長短句三卷
（宋）魏了翁撰
景刊宋金元明本詞四十種

花翁詞一卷
（宋）孫惟信撰
校輯宋金元人詞

松窗詞一卷
（宋）鄭域撰
校輯宋金元人詞

篔窗詞一卷
（宋）陳耆卿撰
彊村叢書

蕭閒詞一卷
（宋）韓疁撰
校輯宋金元人詞

臞軒詩餘一卷補遺一卷
（宋）王邁撰
彊村叢書

臞軒詩餘一卷
校輯宋金元人詞

後村別調一卷
（宋）劉克莊撰

宋名家詞（汲古閣本、汪氏本、景汲古
閣本）第三集
中國文學珍本叢書第一輯・宋六十名
家詞
四部備要（排印本、縮印本）・集部總
集・宋六十名家詞

後村別調一卷補一卷
晨風閣叢書

後村居士集詩餘二卷
（宋）劉克莊撰
景刊宋金元明本詞四十種

後村居士詩餘二卷
百家詞

後村長短句五卷附校記一卷
（宋）劉克莊撰　校記（民國）朱祖謀（孝臧）
撰
彊村叢書

後村別調補遺一卷
（宋）劉克莊撰　（民國）王國維輯
海寧王忠慤公遺書四集

蓬萊鼓吹一卷
（宋）夏元鼎撰
彊村叢書
百家詞

梅溪詞一卷
（宋）史達祖撰
宋名家詞（汲古閣本、汪氏本、景汲古
閣本）第二集
四庫全書・集部詞曲類
蒙香室叢書・宋七家詞選
四印齋所刻詞（光緒本、景光緒本）
中國文學珍本叢書第一輯・宋六十名
家詞
四部備要（排印本、縮印本）・集部總
集・宋六十名家詞
百家詞

竹屋癡語一卷
（宋）高觀國撰
宋名家詞（汲古閣本、汪氏本、景汲古
閣本）第三集
四庫全書・集部詞曲類
彊村叢書
中國文學珍本叢書第一輯・宋六十名
家詞
四部備要（排印本、縮印本）・集部總
集・宋六十名家詞

玉蟾先生詩餘一卷續一卷
（宋）白玉蟾（葛長庚）撰
彊村叢書

和清眞詞一卷
（宋）楊澤民撰
宋元名家詞

梅山詞一卷
（宋）姜特立撰
宋元人詞
四印齋所刻詞（光緒本、景光緒本）附
・四印齋彙刻宋元三十一家詞

晦庵詞一卷
（宋）李處全撰
宋元人詞
四印齋所刻詞（光緒本、景光緒本）附
・四印齋彙刻宋元三十一家詞
百家詞

白石詞一卷
（宋）姜夔撰
宋名家詞（汲古閣本、汪氏本、景汲古
閣本）第二集
中國文學珍本叢書第一輯・宋六十名
家詞
四部備要（排印本、縮印本）・集部總
集・宋六十名家詞

白石道人歌曲一卷
蒙香室叢書・宋七家詞選

白石道人詞集三卷別集一卷
（宋）姜夔撰
四印齋所刻詞（光緒本、景光緒本）・
雙白詞

白石道人歌曲四卷別集一卷
（宋）姜夔撰
白石道人四種（乾隆本、同治本）
四庫全書・集部詞曲類
楡園叢刻
四部叢刊（初次印本、二次印本、縮印
二次印本）・集部・白石道人詩集
附
叢書集成初編・文學類

白石道人歌曲六卷歌詞別集一卷附校記
一卷
（宋）姜夔撰　校記（民國）朱祖謀（孝臧）撰
彊村叢書

白石道人歌曲六卷別集一卷
（宋）姜夔撰　（民國）陳思疏證
遼海叢書第六集

白石道人歌曲二卷
（宋）姜夔撰　（民國）陳思疏證
遼海叢書附

東澤綺語一卷

(宋)張輯撰
　　彊村叢書

清江漁譜一卷
　　(宋)張輯撰
　　彊村叢書

澗泉詞二卷
　　(宋)韓淲撰
　　宋元人詞

澗泉詩餘一卷附校記一卷
　　(宋)韓淲撰　校記(民國)朱祖謀(孝臧)撰
　　彊村叢書

康範詩餘一卷
　　(宋)汪晫撰
　　彊村叢書

洛水詞一卷
　　(宋)程珌撰
　　宋名家詞(汲古閣本、汪氏本、景汲古
　　閣本)第四集
　　中國文學珍本叢書第一輯·宋六十名
　　家詞
　　四部備要(排印本、縮印本)·集部總
　　集·宋六十名家詞

書舟詞一卷
　　(宋)程垓撰
　　宋名家詞(汲古閣本、汪氏本、景汲古
　　閣本)第二集
　　四庫全書·集部詞曲類
　　中國文學珍本叢書第一輯·宋六十名
　　家詞
　　四部備要(排印本、縮印本)·集部總
　　集·宋六十名家詞
　　百家詞

篁墺詞一卷
　　(宋)劉子寰撰
　　校輯宋金元人詞

徐清正公詞一卷
　　(宋)徐鹿卿撰
　　彊村叢書

方壺詩餘二卷
　　(宋)汪莘撰
　　彊村叢書

鶴林詞一卷
　　(宋)吳泳撰
　　蜀十五家詞
　　彊村叢書

平齋詞一卷
　　(宋)洪咨夔撰
　　宋名家詞(汲古閣本、汪氏本、景汲古
　　閣本)第五集

四庫全書·集部詞曲類
中國文學珍本叢書第一輯·宋六十名
家詞
四部備要(排印本、縮印本)·集部總
集·宋六十名家詞

退庵詞一卷補遺一卷
　　(宋)吳淵撰
　　彊村叢書

履齋先生詩餘一卷續集一卷
　　(宋)吳潛撰
　　百家詞

履齋先生詩餘一卷續集一卷補遺一卷別
集二卷附校記一卷
　　(宋)吳潛撰　校記(民國)朱祖謀(孝臧)撰
　　彊村叢書

虛齋樂府一卷
　　(宋)趙以夫撰
　　十名家詞集
　　粟香室叢書·名家詞集
　　宋元名家詞

虛齋樂府二卷
　　(宋)趙以夫撰
　　景刊宋金元明本詞四十種
　　四部叢刊三編·集部

笑笑詞一卷
　　(宋)郭應祥撰
　　彊村叢書
　　百家詞

矩山詞一卷
　　(宋)徐經孫撰
　　彊村叢書

本堂詞一卷
　　(宋)陳著撰
　　彊村叢書

秋崖詞一卷
　　(宋)方岳撰
　　四印齋所刻詞(光緒本、景光緒本)附
　　·四印齋彙刻宋元三十一家詞

秋崖先生小藁詞四卷
　　(宋)方岳撰
　　景刊宋金元明本詞四十種

彝齋詩餘一卷
　　(宋)趙孟堅撰
　　彊村叢書

夢窗甲藁一卷乙藁一卷丙藁一卷丁藁一
卷絕筆一卷補遺一卷
　　(宋)吳文英撰
　　宋名家詞(汲古閣本、汪氏本、景汲古

閣本)第三集
中國文學珍本叢書第一輯·宋六十名
家詞
四部備要(排印本、縮印本)·集部總
集·宋六十名家詞
夢窗甲稾一卷乙稾一卷丙稾一卷丁稾
一卷補遺一卷續補遺一卷
曼陀羅華閣叢書
夢窗稿四卷補遺一卷
四庫全書·集部詞曲類
夢窗甲稾一卷乙稾一卷丙稾一卷丁稾一
卷夢窗詞補遺一卷文英新詞稾一卷夢
窗詞稾附錄一卷附夢窗詞校勘記一卷
夢窗詞集小箋一卷夢窗詞校議二卷補
校夢窗新詞稾一卷
(宋)吳文英撰　校勘記詞集小箋(民國)朱
祖謀(孝臧)撰　校議(民國)鄭文焯撰
補校(民國)張壽鏞撰
四明叢書第一集
甲乙丙丁稾一卷
(宋)吳文英撰
蒙香室叢書·宋七家詞選
夢窗詞集一卷
(宋)吳文英撰　(民國)朱祖謀(孝臧)校
彊邨遺書
夢窗詞集一卷補遺一卷附小箋一卷
(宋)吳文英撰　小箋(民國)朱祖謀(孝臧)
撰
彊村叢書
四部備要(排印本、縮印本)·集部宋
別集
郢莊詞一卷
(宋)万俟紹之撰
校輯宋金元人詞
石屏詞一卷
(宋)戴復古撰
宋名家詞(汲古閣本、汪氏本、景汲古
閣本)第四集
四庫全書·集部詞曲類
中國文學珍本叢書第一輯·宋六十名
家詞
四部備要(排印本、縮印本)·集部總
集·宋六十名家詞
百家詞
石屏長短句一卷
景刊宋金元明本詞四十種
汲古閣景鈔南宋六十家小集·石屏續
集附

紫岩詞一卷
(宋)潘牥撰
校輯宋金元人詞
默齋詞一卷
(宋)游九言撰
彊村叢書
梅屋詞一卷
(宋)許棐撰
宋元人詞
梅屋詩餘一卷
四印齋所刻詞(光緒本、景光緒本)附
·四印齋彙刻宋元三十一家詞
景刊宋金元明本詞四十種
汲古閣景鈔宋六十家小集·梅屋詩稾
附
斷腸詞一卷
(宋)朱淑眞撰
詩詞雜俎(汲古閣本、木松堂本、景汲
古閣本)
四庫全書·集部詞曲類
西泠詞萃
四印齋所刻詞(光緒本、景光緒本)
文藝小叢書第一輯
叢書集成初編·文學類
朱淑貞斷腸詞一卷
弢園叢書·朱淑眞斷腸詩集附
碧澗詞一卷
(宋)利登撰
校輯宋金元人詞
梅淵詞一卷
(宋)張矩撰
校輯宋金元人詞
釣月詞一卷
(宋)趙聞禮撰
又次齋詞編
校輯宋金元人詞
雙溪詞一卷
(宋)馮取洽撰
宋元人詞
彊村叢書
處靜詞一卷
(宋)翁元龍撰
校輯宋金元人詞
在庵詞一卷
(宋)譚宣子撰
校輯宋金元人詞
秋崖詞一卷
(宋)奚淢撰

校輯宋金元人詞

五峯詞一卷
(宋)翁孟寅撰
校輯宋金元人詞

松山詞一卷
(宋)曹邍撰
校輯宋金元人詞

文溪詞一卷
(宋)李昴英撰
宋名家詞(汲古閣本、汪氏本、景汲古閣本)第五集
中國文學珍本叢書第一輯‧宋六十名家詞
四部備要(排印本、縮印本)‧集部總集‧宋六十名家詞
百家詞

竹齋詩餘一卷
(宋)黃機撰
宋名家詞(汲古閣本、汪氏本、景汲古閣本)第三集
四庫全書‧集部詞曲類
續金華叢書‧集部
中國文學珍本叢書第一輯‧宋六十名家詞
四部備要(排印本、縮印本)‧集部總集‧宋六十名家詞
百家詞

可齋詞六卷
(宋)李曾伯撰
宋元人詞

可齋雜藁詞四卷續藁詞三卷
(宋)李曾伯撰
景刊宋金元明本詞四十種

散花菴詞一卷
(宋)黃昇撰
宋名家詞(汲古閣本、汪氏本、景汲古閣本)第三集
四庫全書‧集部詞曲類
中國文學珍本叢書第一輯‧宋六十名家詞
四部備要(排印本、縮印本)‧集部總集‧宋六十名家詞

玉林詞一卷
百家詞

空同詞一卷
(宋)洪瑹撰
宋名家詞(汲古閣本、汪氏本、景汲古閣本)第五集
洪氏晦木齋叢書

景汲古閣鈔宋金詞七種
中國文學珍本叢書第一輯‧宋六十名家詞
四部備要(排印本、縮印本)‧集部總集‧宋六十名家詞
百家詞

秋聲詩餘一卷
(宋)衛宗武撰
彊村叢書

秋堂詩餘一卷
(宋)柴望撰
彊村叢書

雪坡詞一卷
(宋)姚勉撰
宋元人詞
宋元名家詞

碧梧玩芳詩餘一卷
(宋)馬廷鸞撰
校輯宋金元人詞

張樞詞一卷
(宋)張樞撰
彊村叢書‧南湖詩餘

龜溪二隱詞一卷
(宋)李彭老撰
彊村叢書

陵陽詞一卷
(宋)牟巘撰
蜀十五家詞
彊村叢書

草窗詞二卷補二卷
(宋)周密撰
知不足齋叢書(乾隆至道本、景乾隆至道光本)第二十三集
曼陀羅華閣叢書
吳氏石蓮庵刻山左人詞
叢書集成初編‧文學類

草窗詞集二卷附錄一卷
百家詞

草窗詞一卷
(宋)周密撰
宋元人詞

蘋洲漁笛譜二卷
(宋)周密撰
知不足齋叢書(乾隆至道本、景乾隆至道光本)第八集
宛委別藏
叢書集成初編‧文學類

蘋洲漁笛譜一卷

（宋）周密撰
　　蒙香室叢書・宋七家詞選
蘋洲漁笛譜二卷集外詞一卷附校記一卷
　　（宋）周密撰　（清）江昱考證並輯集外詞
　　校記（民國）朱祖謀（孝臧）撰
　　　　彊村叢書
　　　　四部備要（排印本、縮印本）・集部宋
　　　　別集
退齋詞一卷
　　（宋）趙汝晦撰
　　　　校輯宋金元人詞
蠙洲詞一卷
　　（宋）李肩吾撰
　　　　校輯宋金元人詞
須溪詞一卷補遺一卷附校記一卷
　　（宋）劉辰翁撰　校記（民國）朱祖謀（孝臧）
　　撰
　　　　彊村叢書
文山樂府一卷
　　（宋）文天祥撰
　　　　宋元名家詞
龜峯詞一卷
　　（宋）陳人傑撰
　　　　四印齋所刻詞（光緒本、景光緒本）附
　　　　・四印齋彙刻宋元三十一家詞
　　（題陳經國撰）
　　　　百家詞
西麓詞四卷
　　（宋）陳允平撰
　　　　宋元人詞
日湖漁唱一卷補遺一卷續補遺一卷
　　（宋）陳允平撰
　　　　詞學叢書（享帚精舍本、承啓堂本）
　　　　粤雅堂叢書初編第八集
　　　　叢書集成初編・文學類
日湖漁唱一卷附校記一卷
　　（宋）陳允平撰　校記（民國）朱祖謀（孝臧）
　　撰
　　　　彊村叢書
　　　　四明叢書第七集
西麓繼周集一卷附校記一卷
　　（宋）陳允平撰　校記（民國）朱祖謀（孝臧）
　　撰
　　　　彊村叢書
　　　　四明叢書第七集
花外集（一名碧山樂府）一卷
　　（宋）王沂孫撰
　　　　知不足齋叢書（乾隆至道光本、景乾隆
　　　　至道光本）第十一集

蒙香室叢書・宋七家詞選
　　　　四印齋所刻詞（光緒本、景光緒本）
　　　　叢書集成初編・文學類
花外集一卷附錄一卷
　　　　四部備要（排印本、縮印本）・集部宋
　　　　別集
玉笥山人詞集一卷
　　　　宋元人詞
　　　　百家詞
覆瓿詞一卷
　　（宋）趙必璩撰
　　　　四印齋所刻詞（光緒本、景光緒本）附
　　　　・四印齋彙刻宋元三十一家詞
中齋詞一卷
　　（宋）鄧剡撰
　　　　校輯宋金元人詞
在軒詞一卷
　　（宋）黃公紹撰
　　　　彊村叢書
潛齋詞一卷
　　（宋）何夢桂撰
　　　　宋元人詞
　　　　四印齋所刻詞（光緒本、景光緒本）附
　　　　・四印齋彙刻宋元三十一家詞
山中白雲詞八卷附錄一卷
　　（宋）張炎撰
　　　　四庫全書・集部詞曲類
山中白雲詞八卷附錄一卷逸事一卷
　　　　楡園叢刻
山中白雲詞二卷補錄二卷續補一卷
　　（宋）張炎撰
　　　　四印齋所刻詞（光緒本、景光緒本）・
　　　　雙白詞
玉田詞二卷
　　（宋）張炎撰
　　　　百家詞
山中白雲詞一卷
　　（宋）張炎撰
　　　　蒙香室叢書・宋七家詞選
山中白雲八卷附錄一卷附校記一卷
　　（宋）張炎撰　（清）江昱疏證　校記（民國）
　　朱祖謀（孝臧）撰
　　　　彊村叢書
　　　　四部備要（排印本、縮印本）・集部宋
　　　　別集
北游集一卷
　　（宋）汪夢斗撰
　　　　彊村叢書

碎錦詞一卷
　　（宋）李好古撰
　　　　宋元人詞
　　　　四印齋所刻詞（光緒本、景光緒本）附
　　　　　·四印齋彙刻宋元三十一家詞
白雪遺音一卷
　　（宋）陳德武撰
　　　　彊村叢書
　白雪詞一卷
　　　　百家詞
心泉詩餘一卷
　　（宋）蒲壽宬撰
　　　　彊村叢書
勿軒長短句一卷
　　（宋）熊禾撰
　　　　彊村叢書
竹山詞一卷
　　（宋）蔣捷撰
　　　　宋名家詞（汲古閣本、汪氏本、景汲古
　　　　閣本）第二集
　　　　四庫全書·集部詞曲類
　　　　景刊宋金元明本詞四十種
　　　　中國文學珍本叢書第一輯·宋六十名
　　　　家詞
　　　　四部備要（排印本、縮印本）·集部總
　　　　集·宋六十名家詞
竹山詞一卷附校記一卷
　　（宋）蔣捷撰　校記（民國）朱祖謀（孝臧）撰
　　　　彊村叢書
竹山詞二卷
　　（宋）蔣捷撰
　　　　百家詞
水雲詞一卷
　　（宋）汪元量撰
　　　　又次齋詞編
　　　　彊村叢書
　水雲詞一卷附錄一卷
　　　　百家詞
則堂詩餘一卷
　　（宋）家鉉翁撰
　　　　彊村叢書
芸窗詞一卷
　　（宋）張榘撰
　　　　宋名家詞（汲古閣本、汪氏本、景汲古
　　　　閣本）第五集
　　　　橫山草堂叢書第一集
　　　　中國文學珍本叢書第一輯·宋六十名
　　　　家詞

　　　　四部備要（排印本、縮印本）·集部總
　　　　集·宋六十名家詞
漁樵笛譜一卷
　　（宋）宋自遜撰
　　　　校輯宋金元人詞
寧極齋樂府一卷
　　（宋）陳深撰
　　　　彊村叢書
章華詞一卷
　　（宋）□□撰
　　　　四印齋所刻詞（光緒本、景光緒本）附
　　　　　·四印齋彙刻宋元三十一家詞
撫掌詞一卷
　　（宋）□□撰　（宋）歐良輯
　　　　宋元人詞
　　　　四印齋所刻詞（光緒本、景光緒本）附
　　　　　·四印齋彙刻宋元三十一家詞

金

拙軒詞一卷
　　（金）王寂撰
　　　　彊村叢書
蕭閑老人明秀集注六卷（原缺卷四至六）
　　（金）蔡松年撰　（金）魏道明注
　　　　四印齋所刻詞（光緒本、景光緒本）
　蕭閑老人明秀集注六卷（原缺卷四至
　　六）補遺一卷
　　　　石蓮盦彙刻九金人集
明秀集補遺一卷
　　（金）蔡松年撰　（民國）孫德謙輯
　　　　金源七家文集補遺
棲霞長春子丘神仙磻溪集詞一卷
　　（金）丘處機撰
　　　　景刊宋金元明本詞四十種
　磻溪詞一卷
　　　　彊村叢書
莊靖先生樂府一卷
　　（金）李俊民撰
　　　　彊村叢書
遺山樂府五卷
　　（金）元好問撰
　　　　宛委別藏
　遺山先生新樂府五卷
　　　　殷禮在斯堂叢書
　新樂府五卷補遺一卷
　　　　石蓮盦彙刻九金人集
元遺山先生新樂府四卷
　　（金）元好問撰

元遺山先生全集

遺山樂府三卷
　　（金）元好問撰
　　　　景刊宋金元明本詞四十種
遺山樂府三卷附校記一卷
　　（金）元好問撰　校記（民國）朱祖謀（孝臧）
　　撰
　　　　彊村叢書
遺山樂府一卷
　　（金）元好問撰
　　　　百家詞
遯庵樂府一卷
　　（金）段克己撰
　　　　景刊宋金元明本詞四十種
　　　　彊村叢書
　　　　百家詞
菊軒樂府一卷
　　（金）段成己撰
　　　　景刊宋金元明本詞四十種
　　　　景汲古閣鈔宋金詞七種
　　　　彊村叢書
　　　　百家詞
東山樂府一卷
　　（金）吳激撰
　　　　校輯宋金元人詞
耶律文獻公詞一卷
　　（金）耶律履撰
　　　　校輯宋金元人詞

元

清庵先生詞一卷
　　（元）李道純撰
　　　　彊村叢書
小亨詩餘一卷
　　（元）楊弘道撰
　　　　校輯宋金元人詞
知常先生雲山集殘一卷（原存卷三）
　　（元）姬翼撰
　　　　景刊宋金元明本詞四十種
寓庵詞一卷
　　（元）李庭撰
　　　　彊村叢書
稼村樂府一卷
　　（元）王義山撰
　　　　彊村叢書
魯齋詞一卷
　　（元）許衡撰
　　　　彊村叢書

藏春詞一卷
　　（元）劉秉忠撰
　　　　又次齋詞編
藏春樂府一卷
　　　　四印齋所刻詞（光緒本、景光緒本）附
　　　　·四印齋彙刻宋元三十一家詞
芳洲詩餘一卷
　　（宋）黎廷瑞撰
　　　　彊村叢書
養吾齋詩餘一卷
　　（元）劉將孫撰
　　　　彊村叢書
天籟集二卷
　　（元）白樸撰
　　　　四庫全書·集部詞曲類
　　　　四印齋所刻詞（光緒本、景光緒本）
天籟集二卷撫遺一卷
　　　　石蓮盦彙刻九金人集
天籟集補遺一卷
　　（元）白樸撰　（民國）孫德謙輯
　　　　金源七家文集補遺
秋澗先生大全文集樂府四卷
　　（元）王惲撰
　　　　景刊宋金元明本詞四十種
秋澗樂府四卷附校記一卷
　　（元）王惲撰　校記（民國）朱祖謀（孝臧）撰
　　　　彊村叢書
疏齋詞一卷
　　（元）盧摯撰
　　　　校輯宋金元人詞
青山詩餘一卷補遺一卷
　　（元）趙文撰
　　　　彊村叢書
青山詩餘一卷
　　　　校輯宋金元人詞
淮陽詩餘一卷
　　（元）張弘範撰
　　　　四庫全書·集部別集類·淮陽集附
淮陽樂府一卷
　　　　四印齋所刻詞（光緒本、景光緒本）附
　　　　·四印齋彙刻宋元三十一家詞
牧菴詞二卷
　　（元）姚燧撰
　　　　又次齋詞編
牧庵詞二卷補遺一卷
　　　　彊村叢書
水雲邨詩餘一卷
　　（元）劉壎撰

　　　　彊村叢書

勤齋詞一卷
　　（元）蕭𣂰撰
　　　　彊村叢書

養蒙先生詞一卷
　　（元）張伯淳撰
　　　　彊村叢書

中庵詩餘一卷
　　（元）劉敏中撰
　　　　彊村叢書

中庵樂府二卷
　　（元）劉敏中撰
　　　　校輯宋金元人詞

天遊詞一卷
　　（元）詹玉撰
　　　　四印齋所刻詞（光緒本、景光緒本）附
　　　　・四印齋彙刻宋元三十一家詞

草廬詞一卷
　　（元）吳澄撰
　　　　四印齋所刻詞（光緒本、景光緒本）附
　　　　・四印齋彙刻宋元三十一家詞

樵菴詞一卷
　　（元）劉因撰
　　　　四印齋所刻詞（光緒本、景光緒本）附
　　　　・四印齋彙刻宋元三十一家詞
　　　　彊村叢書

　靜修先生文集樂府一卷
　　　　景刊宋金元明本詞四十種

　樵庵樂府一卷
　　　　彊村叢書

　靜脩詞一卷
　　　　百家詞

雪樓樂府一卷
　　（元）程鉅夫（文海）撰
　　　　宋元名家詞

　楚國文憲公雪樓程先生文集樂府一卷
　　　　景刊宋金元明本詞四十種

默庵樂府一卷
　　（元）安熙撰
　　　　彊村叢書

雲峯詩餘一卷
　　（元）胡炳文撰
　　　　彊村叢書

定宇詩餘一卷
　　（元）陳櫟撰
　　　　彊村叢書

松雪齋詞一卷
　　（元）趙孟頫撰

　　　　十名家詞集
　　　　宋元名家詞

　松雪詞一卷
　　　　粟香室叢書・名家詞集
　　　　百家詞

　松雪詞一卷補遺一卷
　　　　又夾齋詞編

　松雪齋文集樂府一卷
　　　　景刊宋金元明本詞四十種

　漢泉曹文貞公詩集樂府一卷
　　（元）曹伯啓撰
　　　　景刊宋金元明本詞四十種

　漢泉樂府一卷
　　　　彊村叢書

牆東詩餘一卷
　　（元）陸文圭撰
　　　　四印齋所刻詞（光緒本、景光緒本）附
　　　　・四印齋彙刻宋元三十一家詞

順齋樂府一卷
　　（元）蒲道源撰
　　　　彊村叢書

無弦琴譜二卷
　　（元）仇遠撰
　　　　西泠詞萃
　　　　彊村叢書

靜春詞一卷
　　（元）袁易撰
　　　　校輯宋金元人詞
　　　　百家詞

桂隱詩餘一卷
　　（元）劉詵撰
　　　　彊村叢書

道園遺藁樂府一卷
　　（元）虞集撰
　　　　景刊宋金元明本詞四十種

　道園樂府一卷
　　　　蜀十五家詞
　　　　彊村叢書

鳴鶴餘音一卷
　　（元）虞集撰
　　　　函海（乾隆本、道光本）第十函
　　　　叢書集成初編・文學類
　　　　百家詞

　鳴鶴餘音一卷附馮尊師二十首
　　　　函海（光緒本）第十三函

王文忠詩餘一卷
　　（元）王結撰
　　　　彊村叢書

貞居詞一卷補遺一卷
　　（元）張雨撰
　　　　　知不足齋叢書（乾隆至道光本、景乾隆
　　　　　至道光本）第十三集卷下
　　　　　彊村叢書
　　　　　四部備要（排印本、縮印本）·集部金
　　　　　元別集
　　貞居詞一卷
　　　　　宋元人詞
　　　　　西泠詞萃
　　　　　叢書集成初編·文學類
　　　　　百家詞
梅花道人詞一卷
　　（元）吳鎮撰
　　　　　彊村叢書
去華山人詞一卷
　　（元）洪希文撰
　　　　　彊村叢書
　　　　　校輯宋金元人詞
圭齋詞一卷
　　（元）歐陽玄撰
　　　　　彊村叢書
五峯詞一卷
　　（元）李孝光撰
　　　　　宋元人詞
　　　　　四印齋所刻詞（光緒本、景光緒本）附
　　　　　·四印齋彙刻宋元三十一家詞
圭塘樂府四卷別集一卷
　　（元）許有壬撰
　　　　　彊村叢書
待制詞一卷
　　（元）趙雍撰
　　　　　宋元人詞
　　趙待制詞一卷
　　　　　又次齋詞編
　　　　　彊村叢書
青崖詞一卷
　　（元）魏初撰
　　　　　校輯宋金元人詞
燕石近體樂府一卷
　　（元）宋褧撰
　　　　　彊村叢書
玉斗山人詞一卷
　　（元）王奕撰
　　　　　彊村叢書
西巖詞二卷
　　（元）張之翰撰
　　　　　校輯宋金元人詞

雙溪醉隱詩餘一卷
　　（元）耶律鑄撰
　　　　　彊村叢書
蘭軒詞一卷
　　（元）王旭撰
　　　　　彊村叢書
古山樂府一卷
　　（元）張埜撰
　　　　　十名家詞集
　　　　　粟香室叢書·名家詞集
　　　　　宋元名家詞
古山樂府二卷
　　（元）張埜撰
　　　　　彊村叢書
　　　　　百家詞
王國器詞一卷
　　（元）王國器撰
　　　　　知不足齋叢書（乾隆至道光本、景乾隆
　　　　　至道光本）第二十三集·趙待制遺
　　　　　槀附
　　　　　叢書集成初編·文學類·趙待制遺稿
　　　　　附
此山先生詩集樂府一卷
　　（元）周權撰
　　　　　景刊宋金元明本詞四十種
　　此山先生樂府一卷
　　　　　彊村叢書
樂庵詩餘一卷
　　（元）吳存撰
　　　　　彊村叢書
貞一齋詞一卷
　　（元）朱思本撰
　　　　　彊村叢書
書林詞一卷
　　（元）袁士元撰
　　　　　彊村叢書
薪房樂府一卷
　　（元）吳景奎撰
　　　　　彊村叢書
清閟閣詞一卷
　　（元）倪瓚撰
　　　　　又次齋詞編
　　雲林詞一卷
　　　　　宋元名家詞
　　雲林樂府一卷
　　　　　百家詞
石門詞一卷
　　（元）梁寅撰

彊村叢書

貞素齋詩餘一卷
　　（元）舒頔撰
　　　　彊村叢書

可庵詩餘一卷
　　（元）舒遜撰
　　　　彊村叢書

天錫詞一卷
　　（元）薩都剌撰
　　　　十名家詞集
　　　　粟香室叢書・名家詞集

雁門集一卷
　　　　宋元名家詞

瓢泉詞一卷
　　（元）朱晞顏撰
　　　　彊村叢書

蛻巖詞二卷
　　（元）張翥撰
　　　　四庫全書・集部詞曲類
　　　　知不足齋叢書（乾隆至道光本、景乾隆
　　　　　至道光本）第六集
　　　　叢書集成初編・文學類
　　　　四部備要（排印本、縮印本）・集部金
　　　　　元別集
　　　　百家詞

蛻巖詞二卷附校記一卷
　　（元）張翥撰　校記（民國）朱祖謀（孝臧）撰
　　　　彊村叢書

蘭雪詞一卷
　　（元）張玉孃撰
　　　　彊村叢書

龜巢詞一卷補遺一卷
　　（元）謝應芳撰
　　　　彊村叢書

竹窗詞一卷
　　（元）沈禧撰
　　　　彊村叢書

蟻術詞選四卷
　　（元）邵亨貞撰
　　　　宛委別藏
　　　　四印齋所刻詞（光緒本、景光緒本）
　　　　景刊宋金元明本詞四十種附
　　　　四部叢刊三編・集部・蟻術詩選附

明

寫情集四卷
　　（明）劉基撰
　　　　景刊宋金元明本詞四十種附

清江貝先生詩餘一卷
　　（明）貝瓊撰
　　　　四部叢刊（初次印本、二次印本、縮印
　　　　　二次印本）・集部・清江貝先生文
　　　　　集附

扣舷集一卷
　　（明）高啓撰
　　　　四部叢刊（初次印本、二次印本、縮印
　　　　　二次印本）・集部・高太史鳧藻集
　　　　　附
　　　　四部備要（排印本、縮印本）・集部明
　　　　　別集・青邱高季迪先生詩集附

韓山人詞一卷
　　（明）韓奕撰
　　　　彊村叢書

耐軒詞一卷
　　（明）王達撰
　　　　百家詞

柘軒詞一卷
　　（明）凌雲翰撰
　　　　西泠詞萃
　　　　彊村叢書

眉庵詞一卷
　　（明）楊基撰
　　　　晨風閣叢書

李行季詩餘一卷
　　（明）李達撰
　　　　貴池先哲遺書・李行季遺詩附

南湖詩餘一卷
　　（明）張綖撰
　　　　詞苑英華・秦張兩先生詩餘合璧

羅紋山詩餘一卷
　　（明）羅明祖撰
　　　　羅紋山先生全集

鸝吹詞一卷
　　（明）沈宜修撰
　　　　小檀欒室彙刻閨秀詞第十集

芳雪軒詞一卷
　　（明）葉紈紈撰
　　　　小檀欒室彙刻閨秀詞第十集

疏香閣詞一卷
　　（明）葉小鸞撰
　　　　小檀欒室彙刻閨秀詞第十集

夏內史詞一卷
　　（明）夏完淳撰
　　　　惜陰堂叢書

錦囊詩餘一卷
　　（明）商景蘭撰

小檀欒室彙刻閨秀詞第八集

溉園詩餘一卷

(明)萬時華撰
惜陰堂叢書

清 前 期

坦庵詩餘甕吟四卷

(清)徐石麒撰
坦庵詞曲六種

甕吟一卷

(清)徐石麒撰
清名家詞・坦菴詞三種

且謠一卷

(清)徐石麒撰
清名家詞・坦菴詞三種

美人詞一卷

(清)徐石麒撰
清名家詞・坦菴詞三種

文江酬唱一卷

(清)李元鼎撰
百名家詞鈔初集

鏡閣新聲一卷

(清)朱中楣撰
國朝閨閣詩鈔
小檀欒室彙刻閨秀詞第九集

西廬詩餘一卷

(清)王時敏撰
婁東王氏詩鈔
王烟客先生集

隰西草堂詞一卷

(清)萬壽祺撰
徐州二遺民集・隰西草堂詩附

吳梅村先生詩餘一卷

(清)吳偉業撰
太崑先哲遺書・吳梅村先生編年詩集
附

梅村詩餘一卷

清名家詞

梅村詞二卷

(清)吳偉業撰
國朝名家詩餘
四部備要（排印本、縮印本）・集部總
集・十五家詞

梅村詞一卷

(清)吳偉業撰
百名家詞鈔初集

南碉詞一卷

(清)何采撰

百名家詞鈔甲集

南澗詞選二卷

(清)何采撰
龍眠叢書

耐歌詞四卷首一卷

(清)李漁撰
笠翁一家言全集

繡閒詞一卷

(清)徐元端撰
小檀欒室彙刻閨秀詞第七集

靜惕堂詞一卷

(清)曹溶撰
清名家詞

寓言集一卷

(清)曹溶撰
百名家詞鈔初集

休園詩餘一卷

(清)鄭俠如撰
百名家詞鈔初集

衍愚詞二卷

(清)程康莊撰
國朝名家詩餘

自課堂詩餘一卷

(清)程康莊撰
山右叢書初編・自課堂文附

二鄉亭詞三卷

(清)宋琬撰
安雅堂全集
吳氏石蓮庵刻山左人詞

二鄉亭詞一卷

清名家詞

二鄉亭詞二卷

(清)宋琬撰
國朝名家詩餘
四部備要（排印本、縮印本）・集部總
集・十五家詞

二鄉亭詞一卷

(清)宋琬撰
百名家詞鈔初集

香嚴詞二卷

(清)龔鼎孳撰
國朝名家詩餘

香嚴齋詞一卷

(清)龔鼎孳撰
百名家詞鈔初集

定山堂詩餘四卷

(清)龔鼎孳撰
四部備要（排印本、縮印本）・集部清

別集
　定山堂詩餘一卷
　　　清名家詞
茗齋詩餘二卷
　　（清）彭孫貽撰
　　　別下齋叢書（道光本、商務印書館景道
　　　光本、竹簡齋景道光本）
　　　叢書集成初編・文學類
秋雪詞一卷
　　（清）余懷撰
　　　百名家詞鈔初集
月湄詞四卷
　　（清）陸求可撰
　　　國朝名家詩餘
　　　四部備要（排印本、縮印本）・集部總
　　　集・十五家詞
南溪詞二卷
　　（清）曹爾堪撰
　　　國朝名家詩餘
　　　四部備要（排印本、縮印本）・集部總
　　　集・十五家詞
　南溪詞一卷
　　　清名家詞
南溪詞一卷
　　（清）曹爾堪撰
　　　百名家詞鈔初集
六松堂詩餘一卷
　　（清）曾燦撰
　　　豫章叢書（胡思敬輯）・明季六遺老集
　　　・六松堂詩集附
百末詞二卷　　　　　・
　　（清）尤侗撰
　　　國朝名家詩餘
　　　四部備要（排印本、縮印本）・集部總
　　　集・十五家詞
百末詞五卷
　　（清）尤侗撰
　　　西堂全集（康熙本、文瑞樓石印本）
　百末詞一卷
　　　清名家詞
百末詞一卷
　　（清）尤侗撰
　　　百名家詞鈔初集
愚鼓詞一卷
　　（清）王夫之撰
　　　船山遺書（同治本、民國本）
鼓棹初集一卷二集一卷
　　（清）王夫之撰

船山遺書（同治本、民國本）
瀟湘怨詞一卷
　　（清）王夫之撰
　　　船山遺書（同治本、民國本）
拙政園詩餘三卷附錄一卷
　　（清）徐燦撰
　　　拜經樓叢書（乾隆嘉慶本、景乾隆嘉慶
　　　本）
　拙政園詩餘三卷
　　　小檀欒室彙刻閨秀詞第二集
藝香詞一卷
　　（清）吳綺撰
　　　百名家詞鈔初集
　　　清名家詞
蓼齋詞一卷
　　（清）李雯撰
　　　清名家詞
棠村詞三卷
　　（清）梁清標撰
　　　國朝名家詩餘
　　　四部備要（排印本、縮印本）・集部總
　　　集・十五家詞
　棠村詞一卷
　　　清名家詞
棠村詞一卷
　　（清）梁清標撰
　　　百名家詞鈔甲集
軒渠詩餘稿一卷
　　（清）虞兆湰撰
　　　虞虹升雜著
東白堂詞一卷
　　（清）佟世南撰
　　　百名家詞鈔初集
竹香亭詩餘一卷
　　（清）曹垂璨撰
　　　百名家詞鈔初集
白茅堂詞一卷
　　（清）顧景星撰
　　　百名家詞鈔甲集
秋水詞一卷
　　（清）嚴繩孫撰
　　　清名家詞
秋水詞一卷
　　（清）嚴繩孫撰
　　　百名家詞鈔初集
填詞六卷
　　（清）毛奇齡撰
　　　西河合集（康熙本、乾隆修補本）・文

集

毛翰林詞一卷
　　（清）毛奇齡撰
　　　清名家詞
當樓詞一卷
　　（清）毛奇齡撰
　　　百名家詞鈔甲集
烏絲詞四卷
　　（清）陳維崧撰
　　　國朝名家詩餘
　　　四部備要（排印本、縮印本）·集部總
　　集·十五家詞
迦陵詞全集三十卷
　　（清）陳維崧撰
　　　四部叢刊（初次印本、二次印本、縮印
　　二次印本）·集部
　　湖海樓詞集三十卷
　　　四部備要（排印本、縮印本）·集部清
　　別集
　　湖海樓詞一卷
　　　清名家詞
迦陵詞一卷
　　（清）陳維崧撰
　　　百名家詞鈔初集
含影詞二卷
　　（清）陳世祥撰
　　　國朝名家詩餘
　　　四部備要（排印本、縮印本）·集部總
　　集·十五家詞
炊聞詞二卷
　　（清）王士祿撰
　　　國朝名家詩餘
　　　吳氏石蓮庵刻山左人詞
　　　四部備要（排印本、縮印本）·集部總
　　集·十五家詞
　　炊聞詞一卷
　　　清名家詞
青城詞一卷
　　（清）魏學渠撰
　　　百名家詞鈔初集
秋聞詞一卷
　　（清）王庭撰
　　　百名家詞鈔初集
影樹樓詞一卷
　　（清）陳大成撰
　　　百名家詞鈔甲集
志壑堂詞一卷
　　（清）唐夢賚撰

　　　百名家詞鈔初集
　　　吳氏石蓮庵刻山左人詞
西莊詞鈔一卷
　　（清）查涵撰
　　　名集叢鈔
扶荔詞一卷
　　（清）丁澎撰
　　　百名家詞鈔初集
萬青閣詩餘一卷
　　（清）趙吉士撰
　　　百名家詞鈔初集
　　　萬青閣全集
月聽軒詩餘一卷
　　（清）張淵懿撰
　　　百名家詞鈔初集
溪南詞二卷
　　（清）黃永撰
　　　國朝名家詩餘
　　　四部備要（排印本、縮印本）·集部總
　　集·十五家詞
嘯閣餘聲一卷
　　（清）張錫懌撰
　　　百名家詞鈔初集
寒山詩餘一卷
　　（清）馮雲驤撰
　　　百名家詞鈔甲集
麗農詞二卷
　　（清）鄒祗謨撰
　　　國朝名家詩餘
　　　四部備要（排印本、縮印本）·集部總
　　集·十五家詞
　　麗農詞一卷
　　　清名家詞
柯齋詩餘一卷
　　（清）周綸撰
　　　百名家詞鈔初集
澹雪詞一卷
　　（清）顧岱撰
　　　百名家詞鈔甲集
吳山䜩音一卷
　　（清）林雲銘撰
　　　百名家詞鈔初集
守齋詞一卷
　　（清）呂師濂撰
　　　百名家詞鈔初集
容居堂詞一卷
　　（清）周稚廉撰
　　　百名家詞鈔初集

畫餘譜一卷
　　(清)華胥撰
　　　　百名家詞鈔初集
菊菴詞一卷
　　(清)呂洪烈撰
　　　　百名家詞鈔初集
探酉詞一卷
　　(清)邵錫榮撰
　　　　百名家詞鈔初集
橫江詞一卷
　　(清)徐惺撰
　　　　百名家詞鈔甲集
句雲堂詞一卷
　　(清)郭士璟撰
　　　　百名家詞鈔甲集
紫雲詞一卷
　　(清)丁煒撰
　　　　百名家詞鈔甲集
玉鳧詞二卷
　　(清)董俞撰
　　　　國朝名家詩餘
　　　　四部備要(排印本、縮印本)·集部總
　　　　　集·十五家詞
　　　　廣川詞錄
玉鳧詞一卷
　　　　清名家詞
玉鳧詞一卷
　　(清)董俞撰
　　　　百名家詞鈔初集
蒼梧詞一卷
　　(清)董元愷撰
　　　　清名家詞
蒼梧詞十二卷
　　　　廣川詞錄
蓉渡詞三卷
　　(清)董以寧撰
　　　　國朝名家詩餘
　　　　常州先哲遺書後編·集部
　　　　四部備要(排印本、縮印本)·集部總
　　　　　集·十五家詞
　　　　廣川詞錄
蓉渡詞一卷
　　　　清名家詞
坡亭詞鈔一卷
　　(清)易宏撰
　　　　粵十三家集·雲華閣詩略附
嘯雪菴詩餘一卷
　　(清)吳綃撰

小檀欒室彙刻閨秀詞第七集
江湖載酒集三卷
　　(清)朱彝尊撰
　　　　浙西六家詞
江湖載酒集一卷
　　　　清名家詞·曝書亭詞三種
江湖載酒集一卷
　　(清)朱彝尊撰
　　　　百名家詞鈔初集
曝書亭詞一卷
　　(清)朱彝尊撰
　　　　橋李遺書·曝書亭集外詩附
靜志居琴趣一卷
　　(清)朱彝尊撰
　　　　清名家詞·曝書亭詞三種
茶煙閣體物集一卷
　　(清)朱彝尊撰
　　　　清名家詞·曝書亭詞三種
曝書亭刪餘詞一卷曝書亭詞手稿原目一
　　卷附校勘記一卷
　　(清)朱彝尊撰　校勘記(民國)葉德輝撰
　　　　觀古堂所刊書
　　　　觀古堂彙刻書第二集
　　　　郋園先生全書
憑西閣長短句一卷
　　(清)陸宏度撰
　　　　惜陰堂叢書
延露詞三卷
　　(清)彭孫遹撰
　　　　國朝名家詩餘
　　　　四庫全書·集部別集類·松桂堂全集
　　　　　附
　　　　橋李遺書
　　　　四部備要(排印本、縮印本)·集部總
　　　　　集·十五家詞
延露詞一卷
　　　　申報館叢書續集·紀麗類·屑玉叢譚
　　　　　四集
　　　　清名家詞
金粟詞一卷
　　(清)彭孫遹撰
　　　　百名家詞鈔初集
金粟閨詞百首一卷
　　(清)彭孫遹撰
　　　　香豔叢書第十三集
黑蝶齋詞一卷
　　(清)沈岸登撰
　　　　浙西六家詞

橋李遺書
清名家詞

留村詞一卷
(清)吳興祚撰
百名家詞鈔甲集

香膽詞一卷
(清)萬樹撰
百名家詞鈔甲集

映竹軒詞一卷
(清)毛際可撰
百名家詞鈔初集

梨雲榭詞一卷
(清)鍾筠撰
小檀欒室彙刻閨秀詞第九集

珂雪詞二卷
(清)曹貞吉撰
四庫全書・集部詞曲類

珂雪詞二卷補遺一卷
吳氏石蓮庵刻山左人詞
四部備要(排印本、縮印本)・集部清
別集

珂雪詞一卷
清名家詞

珂雪詞一卷
(清)曹貞吉撰
百名家詞鈔甲集

衍波詞二卷
(清)王士禛撰
國朝名家詩餘
楡園叢刻
四部備要(排印本、縮印本)・集部總
集・十五家詞

衍波詞二卷附一卷
吳氏石蓮庵刻山左人詞
叢書集成初編・文學類

衍波詞一卷
清名家詞

衍波詞一卷
(清)王士禛撰
百名家詞鈔初集

阮亭詩餘一卷
(清)王士禛撰 (清)邱石常(清)徐夜評
仰視千七百二十九鶴齋叢書(光緒本、
景光緒本)第一集
叢書集成初編・文學類

楓香詞一卷
(清)宋犖撰
清名家詞

楓香詞一卷
(清)宋犖撰
百名家詞鈔甲集

竹西詞一卷
(清)楊通俶撰
吳氏石蓮庵刻山左人詞

竹西詞一卷
(清)楊通俶撰
百名家詞鈔甲集

紅橋詞一卷
(清)何五雲撰
百名家詞鈔甲集

玉笤詩餘一卷
(清)葛宜撰
小檀欒室彙刻閨秀詞第二集

秋錦山房詞一卷
(清)李良年撰
浙西六家詞
橋李遺書
清名家詞

容齋詩餘一卷
(清)李天馥撰
百名家詞鈔初集

染香詞一卷
(清)江皋撰
百名家詞鈔甲集

栖香閣詞二卷
(清)顧貞立撰
小檀欒室彙刻閨秀詞第三集

浣花詞一卷
(清)查容撰
嘉草軒叢書

峽流詞一卷
(清)王晫撰
百名家詞鈔初集

微雲詞一卷
(清)秦松齡撰
百名家詞鈔甲集

彈指詞二卷
(清)顧貞觀撰
四部備要(排印本、縮印本)・集部清
別集

彈指詞一卷
清名家詞

彈指詞一卷
(清)顧貞觀撰
百名家詞鈔初集

春蕪詞三卷

　　　　（清）江闓撰
　　　　　　黔南叢書第四集
香草詞一卷
　　　　（清）何鼎撰
　　　　　　百名家詞鈔甲集
學文堂詩餘三卷
　　　　（清）陳玉璂撰
　　　　　　常州先哲遺書第一集附・學文堂文集
　　　　　　附
耕煙詞一卷
　　　　（清）陳玉璂撰
　　　　　　百名家詞鈔初集
玉艷詞一卷
　　　　（清）何思撰
　　　　　　百名家詞鈔甲集
匯香詞一卷
　　　　（清）汪鶴孫撰
　　　　　　叢睦汪氏遺書・春星堂積集
蔗閣詩餘一卷
　　　　（清）汪鶴孫撰
　　　　　　百名家詞鈔初集
攝閒詞一卷
　　　　（清）吳秉仁撰
　　　　　　百名家詞鈔甲集
蘭舫詞一卷
　　　　（清）趙維烈撰
　　　　　　百名家詞鈔初集
碧巢詞一卷
　　　　（清）汪森撰
　　　　　　百名家詞鈔初集
粵游詞一卷
　　　　（清）吳之登撰
　　　　　　百名家詞鈔初集
柘西精舍集一卷
　　　　（清）沈暐日撰
　　　　　　浙西六家詞
柘西精舍詞一卷
　　　　　　檇李遺書
　　　　　　清名家詞
課鵡詞一卷
　　　　（清）吳秉鈞撰
　　　　　　百名家詞鈔甲集
改蟲齋詞一卷
　　　　（清）高層雲撰
　　　　　　百名家詞鈔甲集
玉山詞一卷
　　　　（清）陸次雲撰
　　　　　　陸雲士雜著

　　　　　　百名家詞鈔初集
仿橘詞一卷
　　　　（清）龔勝玉撰
　　　　　　百名家詞鈔甲集
松嶺閣詩餘一卷
　　　　（清）沈榛撰
　　　　　　小檀欒室彙刻閨秀詞第三集
湖山詞一卷
　　　　（清）徐瓂撰
　　　　　　百名家詞鈔甲集
玉壺詞一卷
　　　　（清）葉尋源撰
　　　　　　百名家詞鈔初集
蔭綠詞一卷
　　　　（清）徐喈鳳撰
　　　　　　百名家詞鈔初集
菊莊詞一卷
　　　　（清）徐釚撰
　　　　　　清名家詞
菊莊詞一卷
　　　　（清）徐釚撰
　　　　　　百名家詞鈔初集
溉堂詞一卷
　　　　（清）孫枝蔚撰
　　　　　　百名家詞鈔初集
梅華圍詩餘一卷
　　　　（清）鍾韞撰
　　　　　　小檀欒室彙刻閨秀詞第二集
耒邊詞二卷
　　　　（清）李符撰
　　　　　　浙西六家詞
　　　　　　檇李遺書
耒邊詞一卷
　　　　　　清名家詞
綠溪詞一卷
　　　　（清）靳榮藩撰
　　　　　　綠溪全集
錦瑟詞一卷
　　　　（清）汪懋麟撰
　　　　　　清名家詞
錦瑟詞一卷
　　　　（清）汪懋麟撰
　　　　　　百名家詞鈔初集
螺舟綺語一卷
　　　　（清）王頊齡撰
　　　　　　百名家詞鈔初集
蔬香詞一卷
　　　　（清）高士奇撰

百名家詞鈔甲集
　　清名家詞・青吟堂詞二種
竹窗詞一卷
　　(清)高士奇撰
　　　清名家詞・青吟堂詞二種
餘波詞一卷
　　(清)查慎行撰
　　　清名家詞
古香廎詞一卷
　　(清)錢鳳綸撰
　　　小檀欒室彙刻閨秀詞第九集
紅藕莊詞三卷
　　(清)龔翔麟撰
　　　浙西六家詞
　紅藕莊詞一卷
　　　清名家詞
紅藕莊詞一卷
　　(清)龔翔麟撰
　　　百名家詞鈔初集
飲水詞集一卷
　　(清)性德撰
　　　小重山房叢書
納蘭詞五卷補遺一卷
　　(清)性德撰
　　　楡園叢刻
　　　叢書集成初編・文學類
　　　四部備要(排印本、縮印本)・集部清
　　　別集
　通志堂詞一卷
　　　清名家詞
飲水詞一卷
　　(清)性德(成德)撰
　　　百名家詞鈔初集
納蘭性德詞一卷
　　(清)性德撰
　　　詞學小叢書
飲水詞鈔二卷
　　(清)性德撰　(清)袁通選
　　　隨園三十種(乾隆嘉慶本、同治本)
　　　隨園三十八種
飴山詩餘一卷
　　(清)趙執信撰
　　　吳氏石蓮庵刻山左人詞
　　　清名家詞
梨雨選聲二卷
　　(清)盛楓撰
　　　棣華樂府
山曉閣詞集一卷

　　(清)孫琮撰
　　　申報館叢書續集・紀麗類・屑玉叢譚
　　　初集
一曲灘詞一卷
　　(清)徐來撰
　　　百名家詞鈔甲集
藕花詞一卷
　　(清)陳見鑕撰
　　　百名家詞鈔初集
柳塘詞一卷
　　(清)沈雄撰
　　　百名家詞鈔初集
響泉詞一卷
　　(清)徐尤哲撰
　　　百名家詞鈔初集
羃畫溪詞一卷
　　(清)蔣景祁撰
　　　百名家詞鈔甲集
滴露堂小品二卷
　　(清)盛本梓撰
　　　棣華樂府
稼村塡詞二卷
　　(清)盛禾撰
　　　棣華樂府
松溪詩餘一卷
　　(清)王九齡撰
　　　百名家詞鈔初集
月團詞一卷
　　(清)沈爾燝撰
　　　百名家詞鈔初集
棣華堂詞一卷
　　(清)馮瑞撰
　　　百名家詞鈔初集
陶村詞一卷
　　(清)王尤持撰
　　　百名家詞鈔甲集
梅沜詞一卷
　　(清)孫致彌撰
　　　百名家詞鈔甲集
綺霞詞一卷
　　(清)狄億撰
　　　百名家詞鈔甲集
空明谷詞一卷
　　(清)姚士陛撰
　　　龍眼叢書
柯亭詞一卷
　　(清)姜垚撰
　　　百名家詞鈔初集

雙溪泛月詞一卷
　　（清）徐瑤撰
　　　　百名家詞鈔甲集
藥樓詞一卷
　　（清）鄭熙績撰
　　　　百名家詞鈔初集
澄暉堂詞一卷
　　（清）江侚質撰
　　　　百名家詞鈔初集
夢花窓詞一卷
　　（清）江士式撰
　　　　百名家詞鈔初集
曠觀樓詞一卷
　　（清）路傳經撰
　　　　百名家詞鈔甲集
團扇詞一卷
　　（清）余蘭碩撰
　　　　百名家詞鈔甲集
栩園詞一卷
　　（清）陳魯得撰
　　　　百名家詞鈔甲集
鳳車詞一卷
　　（清）吳棠禎撰
　　　　百名家詞鈔甲集
南耕詞一卷
　　（清）曹亮武撰
　　　　百名家詞鈔甲集
荔軒詞一卷
　　（清）曹寅撰
　　　　百名家詞鈔甲集
噗霞閣詞一卷
　　（清）沈永令撰
　　　　百名家詞鈔甲集
蠹窗詩餘一卷
　　（清）張令儀撰
　　　　小檀欒室彙刻閨秀詞第三集
澹吟樓詞一卷
　　（清）張梁撰
　　　　琴畫樓詞鈔
藕村詞存一卷
　　（清）張宗櫹撰
　　　　海鹽張氏涉園叢刻
雪壓軒詞一卷
　　（清）賀雙卿撰
　　　　小檀欒室彙刻閨秀詞第十集
絳雪詞一卷
　　（清）薛瓊撰
　　　　小檀欒室彙刻閨秀詞第三集

鮮潔亭詩餘一卷
　　（清）蔣初蘭撰
　　　　小檀欒室彙刻閨秀詞第三集
白蕉詞一卷
　　（清）陸培撰
　　　　琴畫樓詞鈔
萬卷山房詞一卷
　　（清）王輅撰
　　　　百名家詞鈔甲集
竹香詞一卷
　　（清）陳章撰
　　　　琴畫樓詞鈔
懷舫詞二卷續一卷別集一卷
　　（清）魏荔彤撰
　　　　懷舫集
歸愚詩餘一卷
　　（清）沈德潛撰
　　　　沈歸愚詩文全集
嶰谷詞一卷
　　（清）馬曰琯撰
　　　　粵雅堂叢書初編第九集
　　　　安徽清代名家詞第一集
　　　　叢書集成初編・文學類
南齋詞二卷
　　（清）馬曰璐撰
　　　　粵雅堂叢書初編第九集
　　　　安徽清代名家詞第一集
　　　　叢書集成初編・文學類
江湖客詞一卷
　　（清）江浩然撰
　　　　北田集
樊榭山房詞一卷
　　（清）厲鶚撰
　　　　琴畫樓詞鈔
　　　　清名家詞
板橋詞鈔一卷
　　（清）鄭燮撰
　　　　板橋集
晚香詞三卷
　　（清）田同之撰
　　　　德州田氏叢書
　　　　吳氏石蓮庵刻山左人詞
若菴詩餘一卷
　　（清）程庭撰
　　　　若菴集
姑聽軒詞一卷
　　（清）劉藻撰
　　　　黔南叢書第四集

丁辛老屋詞一卷
　　(清)王又曾撰
　　　　琴畫樓詞鈔
萬松居士詞一卷
　　(清)錢載撰
　　　　橋李叢書
香詞百選一卷
　　(清)舒夢蘭撰
　　　　天香全集
采蕚詞一卷
　　(清)陸文蔚撰
　　　　琴畫樓詞鈔
梅鶴詞一卷
　　(清)江昱撰
　　　　琴畫樓詞鈔
響山詞一卷
　　(清)張四科撰
　　　　琴畫樓詞鈔
杉亭詞一卷
　　(清)吳烺撰
　　　　琴畫樓詞鈔
延青閣詞一卷
　　(清)汪士通撰
　　　　琴畫樓詞鈔
夢影詞三卷
　　(清)陸烜撰
　　　　梅谷十種書
二蠶詞一卷
　　(清)陸烜撰
　　　　梅谷十種書附
謝橋詞一卷
　　(清)王鳴盛撰
　　　　先澤殘存
銅絃詞二卷
　　(清)蔣士銓撰
　　　　蔣氏四種(咸豐本、同治本)·忠雅堂
　　　　文集附
銅絃詞一卷
　　　　清名家詞
忠雅堂詞二卷
　　(清)蔣士銓撰
　　　　國朝六家詞鈔
春融堂詞二卷
　　(清)王昶撰
　　　　國朝六家詞鈔
琴畫樓詞一卷
　　(清)王昶撰
　　　　清名家詞

小長蘆漁唱一卷
　　(清)朱方藹撰
　　　　琴畫樓詞鈔
滇游詞一卷
　　(清)宋維藩撰
　　　　琴畫樓詞鈔
香溪瑤翠詞一卷
　　(清)吳元潤撰
　　　　琴畫樓詞鈔
蝶菴詞
　　(清)諸廷槐撰
　　　　練川五家詞
吹蘭戹語
　　(清)諸廷槐撰
　　　　練川五家詞
練溪漁唱二卷
　　(清)江昉撰
　　　　新安二江先生集
　　　　安徽清代名家詞第一集
集山中白雲詞一卷
　　(清)江昉撰
　　　　新安二江先生集
集山中白雲詞句一卷
　　　　安徽清代名家詞第一集·練溪漁唱附
青藜閣集詞一卷
　　(清)江珠撰
　　　　吳中女士詩鈔·青藜閣集詩附
漱花詞一卷
　　(清)董潮撰
　　　　廣川詞錄
杏花村琴趣一卷
　　(清)王初桐撰
　　　　古香堂叢書·詩集·巏堥山人詞集
杯湖欵乃三卷
　　(清)王初桐撰
　　　　古香堂叢書·詩集·巏堥山人詞集
杯湖欵乃一卷
　　　　琴畫樓詞鈔
杯湖欵乃
　　(清王丕烈撰)
　　　　練川五家詞
雲藍詞
　　(清)王初桐(丕烈)撰
　　　　練川五家詞
羹天閣琴趣
　　(清)王初桐(丕烈)撰
　　　　練川五家詞

林屋詩餘一卷
　　（清）王愫撰
　　　　樸廬遺稿
萬花漁唱一卷
　　（清）吳騫撰
　　　　拜經樓叢書（乾隆嘉慶本、景乾隆嘉慶
　　　　本）
湘雲遺稿一卷
　　（清）過春山撰
　　　　琴畫樓詞鈔
綠陰槐夏閣詞一卷
　　（清）朱昂撰
　　　　琴畫樓詞鈔
夜船吹篴詞一卷
　　（清）江立撰
　　　　琴畫樓詞鈔
花嶼詞一卷
　　（清）儲祕書撰
　　　　琴畫樓詞鈔
鷗邊漁唱一卷
　　（清）朱澤生撰
　　　　琴畫樓詞鈔
曇華閣詞一卷
　　（清）張熙純撰
　　　　琴畫樓詞鈔
賜墨齋詞一卷
　　（清）姚念曾撰
　　　　金山姚程三先生遺集・賜墨齋詩附
念宛齋詞鈔一卷
　　（清）左輔撰
　　　　懷齠雜俎
吟翠軒初稿一卷
　　（清）楊芳燦撰
　　　　琴畫樓詞鈔
芙蓉山館詞一卷
　　（清）楊芳燦撰
　　　　清名家詞
艾堂樂府一卷
　　（清）李斗撰
　　　　永報堂集
梅邊吹笛譜二卷補錄一卷
　　（清）凌廷堪撰
　　　　校禮堂全集
　　　　粵雅堂叢書三編第二十五集
　　　　安徽叢書第四期・凌次仲先生遺書
　　　　叢書集成初編・文學類
梅邊吹笛譜一卷
　　　　清名家詞

瑤想詞一卷
　　（清）王芑孫撰
　　　　清名家詞
三秀齋詞一卷
　　（清）鮑之芬撰
　　　　小檀欒室彙刻閨秀詞第七集
百蘪紅詞二卷
　　（清）吳藻（達園鈕榮叟）撰
　　　　安徽清代名家詞第一集
紅雪詞鈔四卷附錄二卷
　　（清）黃湘南撰　附錄（清）黃本騏（清）黃婉
　　　　璩撰
　　　　三長物齋叢書
曬書堂詩餘一卷
　　（清）郝懿行撰
　　　　郝氏遺書・曬書堂詩鈔附
浣紗詞一卷
　　（清）沈纕撰
　　　　小檀欒室彙刻閨秀詞第三集
洮瓊館詞三卷
　　（清）袁棠撰
　　　　寶彝室集刊
微波詞一卷
　　（清）錢枚撰
　　　　榆園叢刻
　　　　湖墅錢氏家集
　　　　叢書集成初編・文學類
　　　　清名家詞
微波亭詞選一卷
　　（清）錢枚撰
　　　　三家詞
味經堂詞彙六卷
　　（清）方成培撰
　　　　布衣詞合彙
聽弈軒小稿三卷
　　（清）方成培撰
　　　　安徽清代名家詞第一集
瀟湘聽雨詞五卷
　　（清）周曙撰
　　　　布衣詞合彙
芳草詞一卷
　　（清）周曙撰
　　　　布衣詞合彙
香草題詞一卷
　　（清）周曙撰
　　　　布衣詞合彙
琴清閣詞一卷
　　（清）楊芸撰

　　　　三閨媛詞合集
　　　　小檀欒室彙刻閨秀詞第一集
月香綺業
　　（清）汪景龍撰
　　　　練川五家詞
美人香草詞
　　（清）汪景龍撰
　　　　練川五家詞
碧雲詞
　　（清）汪景龍撰
　　　　練川五家詞
宜園詞一卷
　　（清）黃璋撰
　　　　藜照廬叢書
茗柯詞一卷
　　（清）張惠言撰
　　　　張皋文箋易詮全集
　　　　受經堂彙稿·茗柯文附
　　　　花雨樓叢鈔
　　　　四部備要（排印本、縮印本）·集部清
　　　　　別集·茗柯文附
　　　　清名家詞
聽雪詞一卷
　　（清）歸懋儀撰
　　　　小檀欒室彙刻閨秀詞第一集
翡翠樓集詞一卷
　　（清）沈纕撰
　　　　吳中女士詩鈔·翡翠樓集詩附
嫻雅堂詞一卷
　　（清）趙文哲撰
　　　　琴畫樓詞鈔
蠢翁詞二卷
　　（清）李調元撰
　　　　函海（道光本）第三十六函
　　　　叢書集成初編·文學類
西山草堂詞一卷
　　（清）宿鳳獅撰
　　　　披海叢書
蘐香詞選一卷
　　（清）高文照撰
　　　　三家詞
夢田詞一卷
　　（清）姜貽經撰
　　　　姜氏家集
剡冰詞三卷
　　（清）孔繼涵撰
　　　　微波榭叢書
浣青詩餘一卷

　　（清）錢孟鈿撰
　　　　小檀欒室彙刻閨秀詞第八集
曇香閣琴趣一卷
　　（清）吳泰來撰
　　　　琴畫樓詞鈔
花簾詞一卷
　　（清）吳藻撰
　　　　林下雅音集
　　　　小檀欒室彙刻閨秀詞第五集
香南雪北詞一卷
　　（清）吳藻撰
　　　　林下雅音集·花簾詞附
　　　　小檀欒室彙刻閨秀詞第五集·華簾詞
　　　　　附
吳藻詞一卷
　　（清）吳藻撰
　　　　詞學小叢書
澹香廎詞一卷
　　（清）葛秀英撰
　　　　小檀欒室彙刻閨秀詞第八集
曼香詞一卷
　　（清）吳翌鳳撰
　　　　清名家詞
吹月塤詞館賸彙三卷
　　（清）瞿紹堅撰
　　　　瞿氏詩草
古春軒詞一卷
　　（清）梁德繩撰
　　　　小檀欒室彙刻閨秀詞第一集
更生齋詩餘二卷
　　（清）洪亮吉撰
　　　　北江全集·更生齋文附
　　　　洪北江全集
　　　　四部備要（排印本、縮印本）·集部清
　　　　　別集·更生齋文附
冰天雪窖詞一卷
　　（清）洪亮吉撰
　　　　清名家詞·更生齋詩餘二種
機聲鐙影詞一卷
　　（清）洪亮吉撰
　　　　清名家詞·更生齋詩餘二種
有正味齋詞一卷
　　（清）吳錫麒撰
　　　　琴畫樓詞鈔
有正味齋詞七卷
　　（清）吳錫麒撰
　　　　吳氏一家稿
有正味齋詞四卷

　　　(清)吳錫麒撰
　　　　　國朝六家詞鈔

佇月樓琴言一卷
　　　(清)吳錫麒撰
　　　　　清名家詞·有正味齋詞五種

三影亭寫生譜一卷
　　　(清)吳錫麒撰
　　　　　清名家詞·有正味齋詞五種

鐵撥餘音一卷
　　　(清)吳錫麒撰
　　　　　清名家詞·有正味齋詞五種

江上尋煙語一卷
　　　(清)吳錫麒撰
　　　　　清名家詞·有正味齋詞五種

紅橋笛唱一卷
　　　(清)吳錫麒撰
　　　　　清名家詞·有正味齋詞五種

銀藤花館詞四卷
　　　(清)戴延介撰
　　　　　安徽清代名家詞第一集

崇睦山房詞一卷
　　　(清)汪全德撰
　　　　　隨園三十種（乾隆嘉慶本、同治本）·
　　　　　　七家詞鈔
　　　　　隨園三十八種·七家詞鈔

三影閣箏語三卷
　　　(清)張雲璈撰
　　　　　三影閣叢書

古雪詩餘一卷
　　　(清)楊繼端撰
　　　　　小檀欒室彙刻閨秀詞第一集

樵玉山房詞
　　　(清)王元勳撰
　　　　　練川五家詞

涉江詞
　　　(清)王元勳撰
　　　　　練川五家詞

幻花別集
　　　(清)王元勳撰
　　　　　練川五家詞

小湖田樂府一卷
　　　(清)吳蔚光撰
　　　　　琴畫樓詞鈔

雲溪樂府二卷
　　　(清)趙懷玉撰
　　　　　粟香室叢書

秋籟吟一卷
　　　(清)趙懷玉撰

　　　　　清名家詞

竹眠詞一卷
　　　(清)黃景仁撰
　　　　　清名家詞

悔存詞選一卷
　　　(清)黃景仁撰
　　　　　三家詞

洞簫樓詞鈔一卷
　　　(清)王倩撰
　　　　　浮谿精舍叢書

洞簫廔詞一卷
　　　小檀欒室彙刻閨秀詞第一集

長眞閣詩餘一卷
　　　(清)席佩蘭撰
　　　　　小檀欒室彙刻閨秀詞第五集

扁舟載酒詞一卷
　　　(清)江藩撰
　　　　　江氏叢書

箏船詞一卷
　　　(清)劉嗣綰撰
　　　　　隨園三十種（乾隆嘉慶本、同治本）·
　　　　　　七家詞鈔
　　　　　隨園三十八種·七家詞鈔
　　　　　清名家詞

紅薇翠竹詞一卷
　　　(清)焦循撰
　　　　　傳硯齋叢書

仲軒詞一卷
　　　(清)焦循撰
　　　　　傳硯齋叢書

青藜閣詞一卷
　　　(清)江珠撰
　　　　　小檀欒室彙刻閨秀詞第三集

湘筠館詞二卷
　　　(清)孫雲鳳撰
　　　　　小檀欒室彙刻閨秀詞第九集

聽雨廔詞二卷
　　　(清)孫雲鶴撰
　　　　　小檀欒室彙刻閨秀詞第六集

晚香居詞二卷
　　　(清)張玉珍撰
　　　　　小檀欒室彙刻閨秀詞第八集

補欄詞一卷
　　　(清)劉琬懷撰
　　　　　小檀欒室彙刻閨秀詞第八集

立山詞一卷
　　　(清)張琦撰
　　　　　宛鄰書屋叢書

酌古準今
　　雲自在龕叢書第四集·名家詞
　清名家詞
翠娛樓詩餘一卷
　　(清)金文城撰
　　務滋堂集
百末詞一卷續一卷二續一卷
　　(清)蔡廷弼撰
　　太虛齋存稿
響山閣詞
　　(清)錢塘撰
　　練川五家詞
玉葉詞
　　(清)錢塘撰
　　練川五家詞
汪海樹詞一卷
　　(清)汪瑚撰
　　　湖墅錢氏家集·榕陰草堂遺詩附
雙橋書屋詞存一卷
　　(清)錢東撰
　　　湖墅錢氏家集·雙橋書屋遺詩附
茗谿漁隱詞二卷
　　(清)范鍇撰
　　　范白舫所刊書
韞玉庼詞一卷
　　(清)屈秉筠撰
　　　小檀欒室彙刻閨秀詞第九集
靈芬館詞二卷
　　(清)郭麐撰
　　　國朝六家詞鈔
衎夢詞二卷
　　(清)郭麐撰
　　靈芬館集·靈芬館詞
　　榆園叢刻·靈芬館詞
　　叢書集成初編·文學類
　　四部備要(排印本、縮印本)·集部清
　　　別集·靈芬館詞四種
衎夢詞一卷
　　清名家詞·靈芬館詞四種
浮眉樓詞二卷
　　(清)郭麐撰
　　靈芬館集·靈芬館詞
　　榆園叢刻·靈芬館詞
　　叢書集成初編·文學類
　　四部備要(排印本、縮印本)·集部清
　　　別集·靈芬館詞四種
浮眉樓詞一卷
　　清名家詞·靈芬館詞四種

懺餘綺語二卷
　　(清)郭麐撰
　　靈芬館集·靈芬館詞
　　榆園叢刻·靈芬館詞
　　叢書集成初編·文學類
　　四部備要(排印本、縮印本)·集部清
　　　別集·靈芬館詞四種
懺餘綺語一卷
　　清名家詞·靈芬館詞四種
爨餘詞一卷
　　(清)郭麐撰
　　榆園叢刻·靈芬館詞
　　叢書集成初編·文學類
　　四部備要(排印本、縮印本)·集部清
　　　別集·靈芬館詞四種
　　清名家詞·靈芬館詞四種
玉山堂詞一卷
　　(清)汪度撰
　　隨園三十種(乾隆嘉慶本、同治本)·
　　　七家詞鈔
　　隨園三十八種·七家詞鈔
捧月樓詞二卷
　　(清)袁通撰
　　隨園三十種(乾隆嘉慶本、同治本)·
　　　七家詞鈔
　　隨園三十八種·七家詞鈔
生香館詞一卷
　　(清)李佩金撰
　　三閨媛詞合集
　　小檀欒室彙刻閨秀詞第一集
德風亭詞一卷
　　(清)王貞儀撰
　　　小檀欒室彙刻閨秀詞第七集
鴻雪庼詞一卷
　　(清)沈善寶撰
　　　小檀欒室彙刻閨秀詞第一集
小謨觴館詩餘一卷
　　(清)彭兆蓀撰
　　清名家詞
竹田樂府一卷
　　(清)張廷濟撰
　　桂馨堂集
天真閣詞四卷
　　(清)孫原湘撰
　　國朝六家詞鈔
鶯邊詞一卷
　　(清)張思孝撰
　　又滿樓叢書

憑隱詩餘一卷
　　(清)汪世雋撰
　　　　叢睦汪氏遺書・春星堂續集
斷水詞一卷
　　(清)樂鈞撰
　　　　清名家詞
養一齋詩餘一卷
　　(清)李兆洛撰
　　　　四部備要(縮印本)・集部清別集・養
　　　　一齋文集附
夢唐詩餘一卷
　　(清)吳玉輝撰
　　　　桐谿三家詩餘
楚畹詩餘一卷
　　(清)徐善遷撰
　　　　桐谿三家詩餘
修況詩餘一卷
　　(清)陳敬璋撰
　　　　桐谿三家詩餘
伊蒿室詩餘一卷
　　(清)王效成撰
　　　　安徽清代名家詞第一集
茝聲館詞一卷
　　(清)朱爲弼撰
　　　　檇李叢書
柯家山館詞三卷
　　(清)嚴元照撰
　　　　湖州叢書・柯家山館遺詩附
　柯家山館詞一卷
　　　　清名家詞
竹鄰詞一卷
　　(清)金式玉撰
　　　　雲自在龕叢書第四集・名家詞
　竹鄰遺稿一卷
　　　　安徽清代名家詞第一集
拾遺補藝齋詞鈔一卷
　　(清)莊綬甲撰
　　　　拾遺補藝齋遺書
玉壺山房詞一卷
　　(清)改琦撰
　　　　清名家詞
存審軒詞二卷
　　(清)周濟撰
　　　　求志堂存稾彙編
止庵詞一卷
　　(清)周濟撰
　　　　常州先哲遺書後編・集類・止庵遺集
　　　　附

味雋齋詞一卷
　　(清)周濟撰
　　　　清名家詞
因柳閣詞鈔二卷
　　(清)焦廷琥撰
　　　　傳硯齋叢書
花墩琴雅一卷
　　(清)馮登府撰
　　　　清名家詞・種芸仙館詞三種
月湖秋瑟一卷
　　(清)馮登府撰
　　　　清名家詞・種芸仙館詞三種
釣船笛譜一卷
　　(清)馮登府撰
　　　　清名家詞・種芸仙館詞三種
花間樂府一卷外集一卷
　　(清)石韞玉撰
　　　　獨學廬全稿・獨學廬二稿附
花韻庵詩餘一卷
　　(清)石韞玉撰
　　　　獨學廬全稿・獨學廬二稿附
微波詞四卷
　　(清)石韞玉撰
　　　　獨學廬全稿・獨學廬二稿附
萬善花室詞一卷
　　(清)方履籛撰
　　　　雲自在龕叢書第四集・名家詞
　　　　清名家詞
城北草堂詩餘一卷
　　(清)顧夔撰
　　　　詀安堂全集
蘭石詞一卷
　　(清)董祐誠撰
　　　　董方立遺書
　　　　清名家詞
　　　　廣川詞錄
種玉詞一卷
　　(清)孫家穀撰
　　　　四明叢書第四集・襄陵詩草附
襄陵詞草一卷
　　(清)孫家穀撰
　　　　四明叢書第四集・襄陵詩草附
緯青詞一卷
　　(清)張紃英撰
　　　　小檀欒室彙刻閨秀詞第四集
三十六陂漁唱一卷
　　(清)王敬之撰
　　　　雲自在龕叢書第四集・名家詞

清名家詞

銀礫詞一卷
　　（清）陳筠撰
　　　　六逝集存

清 後 期

青芙館詞鈔一卷
　　（清）陳壽祺撰
　　　　滂喜齋叢書第一函・陳比部遺集
　　　　叢書集成初編・文學類

二韭室詩餘別集一卷
　　（清）陳壽祺撰
　　　　滂喜齋叢書第一函・陳比部遺集
　　　　叢書集成初編・文學類

話山草堂詞鈔一卷
　　（清）沈道寬撰
　　　　話山草堂遺集・話山草堂詩鈔附

雙硯齋詞鈔一卷
　　（清）鄧廷楨撰
　　　　鄧林唱和詩詞合刻・雙硯齋詩鈔附
　　　　雙硯齋叢書・雙硯齋詩鈔附

求是堂詩餘一卷
　　（清）胡承珙撰
　　　　求是堂全集・求是堂詩集附
　　　　安徽清代名家詞第一集

香草詞二卷
　　（清）宋翔鳳撰
　　　　雲自在龕叢書第四集・名家詞

香草詞一卷
　　　　清名家詞・浮谿精舍詞三種

洞簫詞一卷
　　（清）宋翔鳳撰
　　　　浮谿精舍叢書
　　　　雲自在龕叢書第四集・名家詞
　　　　清名家詞・浮谿精舍詞三種

碧雲盦詞二卷
　　（清）宋翔鳳撰
　　　　浮谿精舍叢書
　　　　雲自在龕叢書第四集・名家詞

碧雲盦詞一卷
　　　　清名家詞・浮谿精舍詞三種

硯壽堂詩餘一卷
　　（清）吳存楷撰
　　　　錢塘吳氏合集・硯壽堂詩鈔附

小庚詞存四卷
　　（清）葉申薌撰
　　　　天籟軒五種

小庚詞一卷

清名家詞

琴隱園詞彙一卷
　　（清）湯貽汾撰
　　　　同人詞選

畫梅樓倚聲一卷
　　（清）湯貽汾撰
　　　　清名家詞

綠雪館詞鈔一卷
　　（清）張鴻卓撰
　　　　綠竹詞

金梁夢月詞二卷
　　（清）周之琦撰
　　　　雲自在龕叢書第四集・名家詞
　　　　食舊堂叢書

金梁夢月詞一卷
　　　　清名家詞・心日齋詞四種

懷夢詞一卷
　　（清）周之琦撰
　　　　雲自在龕叢書第四集・名家詞
　　　　食舊堂叢書
　　　　清名家詞・心日齋詞四種

鴻雪詞二卷
　　（清）周之琦撰
　　　　食舊堂叢書

鴻雪詞一卷
　　　　清名家詞・心日齋詞四種

退葊詞一卷
　　（清）周之琦撰
　　　　食舊堂叢書
　　　　清名家詞・心日齋詞四種

是程堂詞二卷
　　（清）屠倬撰
　　　　國朝六家詞鈔

倚樓詞一卷
　　（清）趙植庭撰
　　　　三家詞錄

谷愚詩餘一卷
　　（清）鄭壽南撰
　　　　鄭氏三家詩鈔・谷愚學吟草附

春草堂詞錄一卷
　　（清）謝堃撰
　　　　春草堂集・春草堂駢體文附

飲冰子詞存一卷
　　（清）孔廣牧撰
　　　　求恕齋叢書・心嚮往齋詩文集附

雲左山房詩餘一卷
　　（清）林則徐撰
　　　　鄧林唱和詩詞合刻・雲左山房詩鈔附

濾月軒詩餘一卷
(清)趙棻撰
茘牆叢刻・濾月軒詩集附
小檀欒室彙刻閨秀詞第四集
採香詞一卷
(清)沈彩撰
蟫隱廬叢書・春雨樓雜文附
九疑仙館詞鈔一卷
(清)談印梅撰
二談女史詩詞・九疑仙館詩鈔附
九疑僊館詞一卷
小檀欒室彙刻閨秀詞第六集
桐花閣詞一卷補遺一卷
(清)吳蘭修撰
微尙齋叢刻
桐花閣詞鈔一卷
(清)吳蘭修撰
學海堂叢刻第一函
過雲精舍詞二卷
(清)楊夔生撰
隨園三十種(乾隆嘉慶本、同治本)・七家詞鈔
隨園三十八種・七家詞鈔
眞松閣詞一卷
(清)楊夔生撰
淸名家詞
莛香詞鈔一卷
(清)顧翎撰
三閨媛詞合集
莛香詞一卷
小檀欒室彙刻閨秀詞第一集
寫均廔詞一卷
(清)吳尙憙撰
小檀欒室彙刻閨秀詞第四集
金粟詞一卷
(清)朱璵撰
小檀欒室彙刻閨秀詞第六集
澹僊詞四卷
(清)熊璉撰
小檀欒室彙刻閨秀詞第六集
玉雨詞一卷
(清)曹愼儀撰
小檀欒室彙刻閨秀詞第一集
無著詞一卷
(清)龔自珍撰
同聲集(張曜孫輯)
淸名家詞・定盦詞五種
定盦詞定本一卷
(清)龔自珍撰
風雨樓叢書・定盦詩集定本附
懷人館詞一卷
(清)龔自珍撰
淸名家詞・定盦詞五種
影事詞一卷
(清)龔自珍撰
淸名家詞・定盦詞五種
小奢摩詞一卷
(清)龔自珍撰
淸名家詞・定盦詞五種
庚子雅詞一卷
(清)龔自珍撰
淸名家詞・定盦詞五種
繡餘詞一卷
(清)錢念生撰
湘蘋合藁
小檀欒室彙刻閨秀詞第二集
楚畹閣詩餘一卷
(清)季蘭韻撰
小檀欒室彙刻閨秀詞第九集
月廔琴語一卷
(清)蕭恒貞撰
小檀欒室彙刻閨秀詞第四集
澹蘜軒詞一卷
(清)張綃英撰
陽湖張氏四女集・澹蘜軒詩初稿附
酌古準今・澹蘜軒詩初稿附
小檀欒室彙刻閨秀詞第四集
鐵琴銅劍樓詞草一卷
(清)瞿鏞撰
瞿氏詩草
夢硯齋詞一卷
(清)唐樹義撰
黔南叢書第四集
憶雲詞甲槀一卷乙槀一卷丙槀一卷丁槀一卷删存一卷
(清)項廷紀撰
榆園叢刻
叢書集成初編・文學類
憶雲詞一卷
淸名家詞
碧梧山館詞一卷
(清)汪世泰撰
隨園三十種(乾隆嘉慶本、同治本)・七家詞鈔
隨園三十八種・七家詞鈔
余棲書屋詞藁一卷

竹所詞稿一卷
　　(清)儲夢熊撰
　　　吳儲合橐
竹所詞稿一卷
　　(清)吳會撰
　　　吳儲合橐
香草詞五卷附五卷附錄一卷
　　(清)陳鍾祥撰
　　　趣園初集
　　　黔南叢書第四集
彭子穆先生詞集一卷
　　(清)彭昱堯撰
　　　粵西詞四種
借閒生詞一卷
　　(清)汪遠孫撰
　　　振綺堂遺書·借閒生詩附
璿甫綺語一卷
　　(清)張星撰
　　　二張先生詞剩
小嬭嬛詞箋一卷
　　(清)張星撰
　　　二張先生詞剩
楓江漁唱一卷
　　(清)朱紫貴撰
　　　吳興叢書·楓江草堂詩集附
清湘瑤瑟譜一卷續譜一卷
　　(清)朱紫貴撰
　　　吳興叢書·楓江草堂詩集附
麇塵詞一卷
　　(清)嚴廷中撰
　　　明湖四客詞鈔
尺壺詞一卷
　　(清)王蔭昌撰
　　　明湖四客詞鈔
絮月詞一卷
　　(清)徐宗襄撰
　　　明湖四客詞鈔
餐玉詞一卷
　　(清)伍嗣興撰
　　　毘陵伍氏合集(嘉慶本、民國本)
湘夢詞一卷
　　(清)沈楳撰
　　　沈氏三代家言
易園詞集一卷
　　(清)李林松撰
　　　上海李氏易園三代清芬集·易園文集
　　　附
從心錄一卷
　　(清)潘岹撰

釣渭閒雜贍
黃氏詩餘一卷
　　(清)黃理撰
　　　黃氏隨筆
秋水軒詞一卷
　　(清)莊盤珠撰
　　　林下雅音集·秋水軒詩選附
　　　小檀欒室彙刻閨秀詞第四集
盤珠詞一卷
　　(清)莊盤珠撰
　　　香豔叢書第六集
小謝詞存一卷
　　(清)錢廷烺撰
　　　湖墅錢氏家集
衍波詞一卷
　　(清)孫蓀意撰
　　　小檀欒室彙刻閨秀詞第一集
　　　靈鶼閣叢書第三集
　　　叢書集成初編·文學類
九曲漁莊詞二卷
　　(清)沈濤撰
　　　十經齋遺集
綠秋草堂詞一卷
　　(清)顧翰撰
　　　隨園三十種(乾隆嘉慶本、同治本)·
　　　　七家詞鈔
　　　隨園三十八種·七家詞鈔
拜石山房詞鈔四卷
　　(清)顧翰撰
　　　楡園叢刻
　　　叢書集成初編·文學類
拜石山房詞一卷
　　　清名家詞
齊物論齋詞一卷
　　(清)董士錫撰
　　　受經堂彙稿·齊物論齋賦附
　　　雲自在龕叢書第四集·名家詞
　　　清名家詞
　　　廣川詞錄
海天琴趣詞一卷
　　(清)高繼衍撰
　　　培根堂全稿
玉椒詞一卷
　　(清)董基誠撰
　　　廣川詞錄
以恬養智齋詞錄一卷
　　(清)程庭鷺撰
　　　滄江樂府

桐月修簫譜一卷
　　(清)王嘉祿撰
　　　　丁丑叢編
春水船詞鈔一卷
　　(清)楊敬傳撰
　　　　滄江樂府
簫材琴德廬詞稿一卷
　　(清)朱纕撰
　　　　滄江樂府
梅邊吹篴譜一卷
　　(清)張鑅撰
　　　　二張先生詞剩
餅說盦詞一卷
　　(清)張鑅撰
　　　　二張先生詞剩
雙屬玉亭詞一卷
　　(清)張鑅撰
　　　　二張先生詞剩
匏瓜室詞一卷
　　(清)吳熙載撰
　　　　淮海秋笳集
香銷酒醒詞一卷
　　(清)趙慶熺撰
　　　　碧聲吟館叢書附
　　　　清名家詞
會稽山齋詞一卷
　　(清)謝應芝撰
　　　　會稽山齋全集・會稽山齋文附
鴻迹館塡詞一卷
　　(清)臧良基撰
　　　　亦佳園一家言卷上・鴻迹館詩存附
雙清閣詩餘一卷
　　(清)趙方蔭華撰
　　　　喜咏軒叢書甲編・雙清閣詩附
紅茗山房詩餘一卷
　　(清)嚴烺撰
　　　　雲南叢書初編・集部・紅茗山房詩存
　　　　附
翠薇僊館詞一卷
　　(清)孫瑩培撰
　　　　小檀欒室彙刻閨秀詞第十集
倚雲閣詞一卷
　　(清)張友書撰
　　　　小檀欒室彙刻閨秀詞第十集
葑煙亭詞四卷
　　(清)黎兆勳撰
　　　　黎氏家集
　　　　黔南叢書第四集

海粟樓詞一卷
　　(清)章永康撰
　　　　黔南叢書第四集
讀雪軒詞一卷
　　(清)孫承勳撰
　　　　安徽清代名家詞第一集
疎影樓詞五卷
　　(清)姚燮撰
　　　　大梅山館集
畫邊琴趣一卷
　　(清)姚燮撰
　　　　清名家詞・疏影樓詞四種
吳涇蘋唱一卷
　　(清)姚燮撰
　　　　清名家詞・疏影樓詞四種
剪鐙夜語一卷
　　(清)姚燮撰
　　　　清名家詞・疏影樓詞四種
石雲吟雅一卷
　　(清)姚燮撰
　　　　清名家詞・疏影樓詞四種
倚晴樓詩餘四卷
　　(清)黃燮清撰
　　　　倚晴樓集・倚晴樓詩集附
倚晴樓詩餘一卷
　　　　清名家詞
猶得住樓詞稿一卷
　　(清)李媞撰
　　　　上海李氏易園三代清芬集・猶得住樓
　　　　詩稿附
綠簫詞一卷
　　(清)蔣敦復撰
　　　　清名家詞・芬陀利室詞六種
碧田詞一卷
　　(清)蔣敦復撰
　　　　清名家詞・芬陀利室詞六種
紅衲詞一卷
　　(清)蔣敦復撰
　　　　清名家詞・芬陀利室詞六種
青瑟詞一卷
　　(清)蔣敦復撰
　　　　清名家詞・芬陀利室詞六種
白華詞一卷
　　(清)蔣敦復撰
　　　　清名家詞・芬陀利室詞六種
拈花詞一卷
　　(清)蔣敦復撰
　　　　清名家詞・芬陀利室詞六種

索笑詞二卷
　　(清)張文虎撰
　　　覆瓿集
烇筊詞一卷
　　(清)呂采芝撰
　　　小檀欒室彙刻閨秀詞第五集
憶江南館詞一卷
　　(清)陳澧撰
　　　微尚齋叢刻
　　　清名家詞
綠牕軒遺詞一卷
　　(清)錢湘撰
　　　小檀欒室彙刻閨秀詞第五集
烇瘦閣詞一卷
　　(清)唐韞貞撰
　　　小檀欒室彙刻閨秀詞第五集
香隱盦詞一卷
　　(清)潘遵璈撰
　　　四家詩詞合刻
　　　香禪精舍集另附
江山風月譜一卷
　　(清)許光治撰
　　　別下齋叢書(道光本、商務印書館景道
　　　光本、竹簡齋景道光本)
　　　叢書集成初編·文學類
留漚唫館詞存一卷
　　(清)沈鑅撰
　　　又滿樓叢書
澹音閣詞一卷
　　(清)趙友蘭撰
　　　小檀欒室彙刻閨秀詞第三集
滌濫軒詞殘稿一卷
　　(清)劉書年撰
　　　清芬叢鈔
影山詞三卷
　　(清)莫友芝撰
　　　邵亭四種
　影山詞二卷外集一卷
　　　黔南叢書第四集
澹盦詞賸一卷
　　(清)金應澍撰
　　　江陰叢書·澹盦自娛草附
　　　粟香室叢書·澹盦自娛草附
蕉心閣詞一卷
　　(清)周繼煦撰
　　　桐陰山房叢刻
舊蔔花館詞集一卷
　　(清)徐鴻謨撰

香海盦叢書·舊蔔花館詩集附
舊蔔花館詞一卷補遺一卷
　　　徐氏一家詞
蓮因室詞一卷
　　(清)鄭蘭孫撰
　　　小檀欒室彙刻閨秀詞第七集
蓮因室詞一卷補一卷
　　　徐氏一家詞
荔牆詞一卷
　　(清)汪曰楨撰
　　　荔牆叢刻
研劍詞一卷
　　(清)劉家謀撰
　　　芑川先生合集·東洋小艸附
靜一齋詩餘一卷
　　(清)周詒繁撰
　　　小檀欒室彙刻閨秀詞第二集
思益堂詞一卷
　　(清)周壽昌撰
　　　清名家詞
漢南春柳詞一卷
　　(清)龍啓瑞撰
　　　清名家詞
漢南春柳詞鈔一卷
　　(清)龍啓瑞撰
　　　涵通樓師友文鈔附
　　　嶺西五家詩文集·經德堂文集附
采香詞四卷
　　(清)杜文瀾撰
　　　曼陀羅華閣叢書
　采香詞一卷
　　　清名家詞
太素齋詞一卷
　　(清)勒方錡撰
　　　清名家詞
茂陵秋雨詞一卷
　　(清)王拯撰
　　　嶺西五家詩文集·龍壁山房文集附
　　(清王錫振撰)
　　　清名家詞·龍壁山房詞二種
瘦春詞鈔一卷
　　(清)王拯撰
　　　涵通樓師友文鈔附
　　　嶺西五家詩文集·龍壁山房文集附
　瘦春詞一卷
　　(清王錫振撰)
　　　清名家詞·龍壁山房詞二種
蕉心詞一卷

　　(清)周騰虎撰
　　　毘陵周氏家集·餐芐華館詩集附
　　　毘陵周氏五世詩集·餐芐華館詩集附
雪波詞鈔一卷
　　(清)蘇汝謙撰
　　　函通樓師友文鈔附
　雪波詞一卷
　　　粤西詞四種
碧瀅詞二卷
　　(清)端木埰撰
　　　薇省同聲集
　碧瀅詞一卷
　　　清名家詞
紫萸香館詞鈔一卷
　　(清)王之翰撰
　　　先澤殘存
飣餖吟詞一卷
　　(清)石贊清撰
　　　黔南叢書第四集
蛻學齋詞二卷
　　(清)董毅撰
　　　廣川詞錄
佩蘅詞一卷補遺一卷
　　(清)金泰撰
　　　安徽清代名家詞第一集
空青館詞一卷
　　(清)邊浴禮撰
　　　清名家詞
曼香書屋詞一卷
　　(清)呂儁孫撰
　　　三家詞錄
柳下詞一卷
　　(清)周青撰
　　　雲自在龕叢書第四集·名家詞
　　　求志堂存稾彙編附
茶香閣詞一卷
　　(清)黃婉璚撰
　　　小檀欒室彙刻閨秀詞第八集
有誠堂詩餘一卷
　　(清)方彥珍撰
　　　小檀欒室彙刻閨秀詞第六集
碧桃館詞一卷
　　(清)趙我佩撰
　　　小檀欒室彙刻閨秀詞第三集
紅豆詞一卷
　　(清)李鈞和撰
　　　明湖四客詞鈔
雨花盦詩餘一卷

　　(清)錢斐仲撰
　　　小檀欒室彙刻閨秀詞第四集
聞妙香室詞一卷
　　(清)陸珊撰
　　　小檀欒室彙刻閨秀詞第五集
青田山廬詞鈔一卷
　　(清)莫庭芝撰
　　　黎氏家集·青田山廬詩鈔附
　青田山廬詞一卷
　　　黔南叢書第四集
萬竹樓詞選一卷
　　(清)朱和羲撰
　　　綠竹詞
吟碧山館詞一卷
　　(清)王壽庭撰
　　　四家詩詞合刻
　　　香禪精舍集另附
清芬館詞草一卷
　　(清)朱光燧撰
　　　三朱遺編
藤香館詞一卷
　　(清)薛時雨撰
　　　薛氏五種
西湖艣唱詞一卷
　　(清)薛時雨撰
　　　同人詞選
　西湖艣唱一卷
　　　清名家詞·藤香館詞二種
江舟欸乃一卷
　　(清)薛時雨撰
　　　清名家詞·藤香館詞二種
還初堂詞鈔一卷
　　(清)姚斌桐撰
　　　留垞叢刻
玉洤詞一卷
　　(清)潘曾瑋撰
　　　同聲集(張曜孫輯)
蒼茛詞一卷
　　(清)孫鼎臣撰
　　　蒼茛集·蒼茛初集
冰蠶詞一卷
　　(清)承齡撰
　　　同聲集(張曜孫輯)
　　　雲自在龕叢書第四集·名家詞
　　　粟香室叢書
　　　清名家詞
聽雨詞一卷
　　(清)汪士進撰

同聲集(張曜孫輯)

桐華仙館詞一卷
　　(清)王憲成撰
　　　　同聲集(張曜孫輯)
海國歸權詞一卷
　　(清)劉燿椿撰
　　　　同聲集(張曜孫輯)
梅笙詞一卷附錄一卷
　　(清)莊士彥撰
　　　　同聲集(張曜孫輯)
塔影樓詞一卷
　　(清)吳廷鉁撰
　　　　同聲集(張曜孫輯)
鹿門詞一卷
　　(清)王曦撰
　　　　同聲集(張曜孫輯)
鶴背生詞一卷
　　(清)張道撰
　　　　漁浦草堂遺稿
春在堂詞錄三卷
　　(清)俞樾撰
　　　　春在堂全書·春在堂詩編附
擷書詞集(一名無盡鐙詞)一卷
　　(清)曹金籀撰
　　　　石屋書
花村詞賸一卷
　　(清)陸日勳撰
　　　　松陵陸氏叢著·辛夷花館詩賸附
春夢初覺室塡詞一卷
　　(清)臧良圻撰
　　　　亦佳園一家言卷下·春夢初覺室詩草
　　　　附
鶴野詞一卷
　　(清)王翰青撰
　　　　萬潔齋叢刊·東游草附
楞華室詞一卷
　　(清)沈世良撰
　　　　粵東三家詞鈔
秋夢龕詞一卷
　　(清)葉衍蘭撰
　　　　粵東三家詞鈔
燈味軒詞稿一卷
　　(清)車伯雅撰
　　　　燈味軒遺稿·燈味軒詩稿附
紅燭詞一卷
　　(清)嚴蕣撰
　　　　娟鏡樓叢刻乙帙
有恆心齋詩餘一卷

(清)程鴻詔撰
　　　　有恆心齋集·有恆心齋前集附
岷雲樓詞一卷
　　(清)劉存仁撰
　　　　岷雲樓集·岷雲樓詩選附
桐華閣詞鈔二卷
　　(清)杜貴墀撰
　　　　桐華閣叢書
　　　　郋園先生全書
東鷗草堂詞二卷補遺一卷附錄一卷
　　(清)周星譽撰
　　　　粟香室叢書
東鷗草堂詞二卷
　　　　如皋冒氏叢書附·五周先生集
東鷗草堂詞一卷
　　　　清名家詞
留雲山館詩餘一卷
　　(清)費伯雄撰
　　　　費氏全集(民國本)·留雲山館詩鈔附
蕉林書屋詞鈔一卷
　　(清)伍兆蟠撰
　　　　毗陵伍氏合集·蕉林書屋詩鈔附
述古軒詞稿一卷
　　(清)錢睦撰
　　　　湖墅錢氏家集·述古軒詩草附
瑤華閣詞一卷補遺一卷
　　(清)袁綬撰
　　　　小檀欒室彙刻閨秀詞第六集
瓊影廎詞一卷
　　(清)關鍈撰
　　　　小檀欒室彙刻閨秀詞第四集
儲素樓詞一卷
　　(清)蘇穆撰
　　　　求志堂存稾彙編附
貯素廎詞一卷
　　　　小檀欒室彙刻閨秀詞第二集
簪華閣詩餘一卷
　　(清)翁端恩撰
　　　　小檀欒室彙刻閨秀詞第二集
倩影廎遺詞一卷
　　(清)陸蒨撰
　　　　小檀欒室彙刻閨秀詞第四集
穌漱玉詞一卷
　　(清)許德蘋撰
　　　　小檀欒室彙刻閨秀詞第四集
澗南詞一卷
　　(清)許德蘋撰
　　　　小檀欒室彙刻閨秀詞第四集·穌漱玉

詞附
寫麋虡詞一卷
(清)陳嘉撰
小檀欒室彙刻閨秀詞第三集
香禪詞四卷
(清)潘鍾瑞撰
香禪精舍集附
曇花集一卷
(清)汪淑娟撰
評花仙館詞
炙硯詞一卷
(清)胡咸臨撰
同人詞選
東虬草堂詞一卷
(清)陸豫撰
同人詞選
聽松濤館詞稿一卷
(清)秦兆蘭撰
同人詞選
汀鷺詩餘一卷
(清)楊傳第撰
雲自在龕叢書第四集・名家詞
湖海草堂詞一卷
(清)樊景升撰
雲自在龕叢書第四集・名家詞
水雲樓詞二卷續一卷詩賸稾一卷
(清)蔣春霖撰
雲自在龕叢書第四集・名家詞
水雲樓詞一卷
清名家詞
問梅盦詩餘一卷
(清)程泳涵撰
苔岑叢書
拳鶴山房詞一卷
(清)呂耀台撰
苔岑叢書
碧梧秋館詞鈔一卷
(清)沈穆孫撰
滄江樂府
青箱書屋詞一卷附南北曲兩套
(清)王留福撰
青箱書屋兩世詞稿
晚翠軒詞一卷
(清)張安保撰
淮海秋笳集
梅邊吹笛詞一卷
(清)汪鋆撰
淮海秋笳集
冰持庵詞一卷
(清)李肇增撰
淮海秋笳集
受辛詞一卷
(清)王燚撰
淮海秋笳集
冰甌館詞一卷
(清)張丙炎撰
淮海秋笳集
荳蔻詞一卷
(清)黃涇祥撰
淮海秋笳集
印山堂詞一卷
(清)郭夔撰
淮海秋笳集
雲笙詞一卷
(清)馬汝楫撰
淮海秋笳集
棲雲山館詞一卷
(清)黃錫禧撰
淮海秋笳集
江上維舟詞一卷附錄一卷
(清)姚正鏞撰 附錄(清)白桐生撰
淮海秋笳集
泡影集一卷
(清)金繩武撰
評花仙館詞
冷灰詞一卷
(清)范浚疊撰
淮海秋笳集
夢草詞二卷
(清)徐延祺撰
吳興徐氏遺稿
西村詞草二卷
(清)陸日章撰
松陵陸氏叢著
碧梧紅蕉館詞一卷
(清)左錫璇撰
小檀欒室彙刻閨秀詞第七集
壽研山房詞一卷
(清)曹景芝撰
小檀欒室彙刻閨秀詞第九集
墨壽閣詞鈔一卷
(清)汪承慶撰
滄江樂府
詒安堂詩餘三卷
(清)王慶勳撰
詒安堂全集・詒安堂初稿附

沿波舫詞一卷
(清)王慶勳撰
同人詞選
枝安山房詞草一卷
(清)李曾裕撰
同人詞選
尺雲樓詞鈔一卷
(清)陳升撰
滄江樂府
紫芳心館詞一卷
(清)錢恩棨撰
滄江樂府
倚竹齋詞草一卷
(清)丁灝撰
同人詞選
澼月樓詞稾一卷
(清)孫瀜撰
同人詞選
賦藁廔詞一卷
(清)陳珍瑤撰
小檀欒室彙刻閨秀詞第五集
光霽廔詞一卷
(清)陸蓉佩撰
小檀欒室彙刻閨秀詞第五集
瘦吟詞一卷
(清)許淑慧撰
小檀欒室彙刻閨秀詞第八集
冷吟僊館詩餘一卷
(清)左錫嘉撰
小檀欒室彙刻閨秀詞第七集
慈暉館詞一卷
(清)阮恩灤撰
小檀欒室彙刻閨秀詞第七集
琴洲詞二卷
(清)黎庶蕃撰
黎氏家集
黔南叢書第四集
春歸詞
(清)袁學瀾撰
適園叢稿
紅林禽館詞錄一卷
(清)姚前樞撰
金山姚氏二先生集·紅林禽館詩錄附
鷗夢詞一卷
(清)劉履芬撰
晨風閣叢書第一集
清名家詞
湘痕閣詞稿一卷
(清)袁嘉撰
隨園三十八種·湘痕閣詩稿附
隨山館詞稾一卷續稾一卷
(清)汪瑔撰
隨山館全集
隨山館詞一卷
粵東三家詞鈔
雪鴻詞二卷
(清)黎庶蕃撰
黎氏家集
黔南叢書第四集
霞川花隱詞二卷
(清)李慈銘撰
樊山集·二家詞鈔
霞川花隱詞一卷
清名家詞
曇華詞一卷
(清)汪淑娟撰
小檀欒室彙刻閨秀詞第七集
寒松閣詞四卷
(清)張鳴珂撰
寒松閣集·寒松閣詩附
寒松閣詞一卷
清名家詞
梅笛菴詞賸藁一卷
(清)宋志沂撰
甲戌叢編
秋雅一卷
(清)蔣曰豫(後白石生)撰
蔣侑石遺書
蒿庵詞一卷
(清)莊棫撰
三子詩選
中白詞一卷
(清)莊棫撰
清名家詞
花影詞一卷
(清)王詒壽撰
榆園叢刻
叢書集成初編·文學類
笙月詞五卷
(清)王詒壽撰
榆園叢刻
叢書集成初編·文學類
吳趨詞鈔一卷
(清)吳修祜撰
蘼蕪山莊遺著·輦下吟編附
莘廬詩餘一卷

　　　　（清）淩泗撰
　　　　　莘廬遺集
復堂詞三卷
　　　　（清）譚獻撰
　　　　　半厂叢書初編・復堂類稿附
　復堂詞一卷
　　　　　清名家詞
復堂詞一卷
　　　　（清）譚獻撰
　　　　　三子詩選
勉憙集詞一卷
　　　　（清）周星詒撰
　　　　　晨風閣叢書第一集
綠月廎詞一卷
　　　　（清）江瑛撰
　　　　　小檀欒室彙刻閨秀詞第二集
瘦湘廎詞一卷
　　　　（清）宗婉撰
　　　　　小檀欒室彙刻閨秀詞第二集
東海鰤生詞鈔一卷
　　　　（清）查潤身撰
　　　　　武原先哲遺書初編
香影餘譜一卷
　　　　（清）陳倬撰
　　　　　庚辰叢編
指馬樓詞鈔一卷
　　　　（清）朱冠瀛撰
　　　　　武原先哲遺書初編
冷香齋詩餘一卷
　　　　（清）周翼杶撰
　　　　　小檀欒室彙刻閨秀詞第二集
望雲懷雨印雪廬詞一卷
　　　　（清）鍾毓撰
　　　　　鍾家詩鈔合集
粲花館詞鈔一卷
　　　　（清）樓杏春撰
　　　　　義烏先哲遺書・粲花館詩鈔附
冷紅詞一卷
　　　　（清）秦臻撰
　　　　　冷紅館全集
坦園詞錄七卷
　　　　（清）楊恩壽撰
　　　　　坦園全集・坦園文錄附
樹蕙草堂詩餘一卷
　　　　（清）周益撰
　　　　　桂林周氏家集・樹蕙草堂文集附
遺園詩餘一卷
　　　　（清）王佝辰撰

　　　　　合肥王氏家集・謙齋初集附
瘦玉詞鈔一卷
　　　　（清）徐士怡撰
　　　　　觀自得齋叢書・寄生山館詩賸附
惜花軒詞稿一卷
　　　　（清）錢錫正撰
　　　　　湖墅錢氏家集・惜花軒詩稿附
臥梅廬詩餘一卷
　　　　（清）徐師謙撰
　　　　　愼行堂三世詩存・臥梅廬詩存附
獨絃詞一卷
　　　　（清）許玉瑑撰
　　　　　薇省同聲集
海漚漁唱一卷
　　　　（清）吳豐本撰
　　　　　懷幽雜俎
拙宜園詞二卷
　　　　（清）黃憲清撰
　　　　　檇李遺書
枯桐閣詞二卷
　　　　（清）張鴻績撰
　　　　　黔南叢書第四集
師古堂詞一卷
　　　　（清）傅衡撰
　　　　　黔南叢書第四集
潔園綺語一卷
　　　　（清）鄭福照撰
　　　　　潔園遺著
蘭紉詞一卷
　　　　（清）陸志淵撰
　　　　　雲自在龕叢書第四集・名家詞
瓠落詞一卷
　　　　（清）陸志淵撰
　　　　　雲自在龕叢書第四集・名家詞
含青閣詩餘一卷
　　　　（清）屈蕙纕撰
　　　　　小檀欒室彙刻閨秀詞第九集
蕉窗詞一卷
　　　　（清）鄧瑜撰
　　　　　小檀欒室彙刻閨秀詞第七集
小玲瓏閣詞一卷
　　　　（清）葉大莊撰
　　　　　寫經齋全集
　　　　　清名家詞
彈綠詞一卷
　　　　（清）濮文綺撰
　　　　　小檀欒室彙刻閨秀詞第五集
殢花詞一卷

　　　(清)唐祖命撰
　　　　又滿樓叢書
　　　　武進唐氏所著書
養雲廬詞草一卷
　　　(清)方傳勳撰
　　　　江甯方氏遺稿・養雲廬詩草附
金粲詞一卷
　　　(清)魏絲撰
　　　　邵陽魏先生遺集
雯窗瘦影詞一卷
　　　(清)許誦珠撰
　　　　小檀欒室彙刻閨秀詞第八集
佩烁閣詞一卷
　　　(清)吳茝撰
　　　　小檀欒室彙刻閨秀詞第八集
蓮漪詞二卷
　　　(清)鄭由熙撰
　　　　晚學齋集
翠螺閣詞一卷
　　　(清)淩祉媛撰
　　　　小檀欒室彙刻閨秀詞第五集
唾絨詞一卷
　　　(清)吳小姑撰
　　　　小檀欒室彙刻閨秀詞第十集
虞菴詞一卷
　　　(清)張預撰
　　　　崇蘭堂遺稿
問靑園詞一卷
　　　(清)王晉之撰
　　　　問靑園集・問靑園詩草附
秦鏡漢硯齋詩餘一卷
　　　(清)楊夑撰
　　　　楊子卓先生遺集
蘭當詞一卷
　　　(清)陶方琦撰
　　　　樊山集續集・二家詞賡
寫禮廎遺詞一卷
　　　(清)王頌蔚撰
　　　　丙子叢編
褁墨詞一卷
　　　(清)王鵬運撰
　　　　薇省同聲集
半塘定稿一卷
　　　(清)王鵬運撰
　　　　清名家詞
　　　　清季四家詞
校夢龕集一卷
　　　(清)王鵬運撰

　　　　粵西詞四種
湖天曉角詞二卷
　　　(清)程霖壽撰
　　　　三程詞鈔
瑯琊山房紅樓夢詞一卷
　　　(清)何鏞撰
　　　　申報館叢書續集・紀麗類・屑玉叢譚
　　　　三集
夢悔樓詞一卷
　　　(清)趙懿撰
　　　　黔南叢書第四集
句婁詞一卷
　　　(清)方愷撰
　　　　三家詞錄
集句詞一卷
　　　(清)邵曾鑑撰
　　　　娛萱室小品
景石齋詞略一卷
　　　(清)姚詩雅撰
　　　　學海堂叢刻
空一切盦詞一卷
　　　(清)鄧嘉純撰
　　　　侯鯖詞
　　　　雙硯齋叢書
瓊華室詞一卷
　　　(清)俞廷瑛撰
　　　　侯鯖詞
窺生鐵齋詞一卷
　　　(清)宗山撰
　　　　侯鯖詞
劍虹盦詞一卷
　　　(清)邊保樞撰
　　　　侯鯖詞
橫山草堂詞一卷
　　　(清)吳唐林撰
　　　　侯鯖詞
玉簫詞一卷
　　　(清)殷秉璣撰
　　　　小檀欒室彙刻閨秀詞第六集
慧福廎詞一卷
　　　(清)俞繡孫撰
　　　　小檀欒室彙刻閨秀詞第八集
夏碧齋詞一卷
　　　(清)陳銳撰
　　　　清名家詞
師伏堂詠史詞一卷
　　　(清)皮錫瑞撰
　　　　師伏堂叢書・師伏堂詠史詩附

戴花平安室詞一卷
　　(清)蕭道管撰
　　　　石遺室叢書
酒邊詞八卷
　　(清)謝章鋌撰
　　　　賭棋山莊全集・賭棋山莊集附
雲起軒詞鈔一卷
　　(清)文廷式撰
　　　　懷豳雜俎
　雲起軒詞一卷
　　　　清名家詞
芷衫詩餘一卷
　　(清)高佩華撰
　　　　小檀欒室彙刻閨秀詞第六集
菊籬詞一卷
　　(清)陶淑撰
　　　　小檀欒室彙刻閨秀詞第六集
哦月軒詩餘一卷
　　(清)儲慧撰
　　　　愛吾廬稿・哦月樓詩存附
　　　　小檀欒室彙刻閨秀詞第六集
青山草堂詞鈔一卷
　　(清)謝仁撰
　　　　毘陵三少年詞
瓶軒詞鈔一卷
　　(清)謝泳撰
　　　　毘陵三少年詞
笏盦集詞一卷
　　(清)潘志萬撰
　　　　陟岡樓叢刊甲集・潘氏一家言・笏盦
　　　　集詩附
惜齋詞草一卷
　　(清)郭傳昌撰
　　　　侯官郭氏家集彙刊・惜齋吟草附
栩栩園詞鈔一卷
　　(清)湯蟄仙撰
　　　　湯氏叢書
小隱園詞鈔一卷
　　(清)湯蟄仙撰
　　　　湯氏叢書・小隱園初集詩附
留我相庵詞一卷
　　(清)蘗伽撰
　　　　毘陵三少年詞
水濱國櫂歌一卷
　　(清)蔣文鴻撰
　　　　琴志樓叢書
浣月詞一卷
　　(清)曾懿撰

　　　　古歡室全集
紅蕉詞一卷
　　(清)江標撰
　　　　又滿樓叢書
青箱書屋餘韻詞存一卷
　　(清)王東寅撰
　　　　青箱書屋兩世詞稿
繡墨軒詞一卷
　　(清)俞慶曾撰
　　　　小檀欒室彙刻閨秀詞第九集
紫薇花館詞稿(一名春光百一詞)一卷
　　(清)善文(清)楊譽龍注
　　　　紫薇花館集
夢溪櫂謳二卷
　　(清)張崇蘭撰
　　　　悔廬全集
飲露詞一卷
　　(清)李道清撰
　　　　小檀欒室彙刻閨秀詞第九集
望江南百調一卷
　　(清)惺庵居士撰
　　　　揚州叢刻
鐵笛詞一卷
　　(清)黃彝凱撰
　　　　題襟集
酒痕詞一卷
　　(清)張百寬撰
　　　　題襟集
澀碧詞一卷
　　(清)王景沂撰
　　　　題襟集
桃花春水詞一卷
　　(清)翁之潤撰
　　　　題襟集
玉梅後詞一卷
　　(民國)況周頤(夔笙)撰
　　　　香豔叢書第八集
閨中十二曲一卷
　　(清)□□撰
　　　　香豔叢書第六集

民　國

湘綺樓詞一卷
　　(民國)王闓運撰
　　　　清名家詞
今悔庵詞一卷
　　(民國)張慎儀撰
　　　　箋園叢書・今悔庵詩附

嵩盦詞一卷
　　（民國）馮煦撰
　　　　清名家詞
晴花暖玉詞二卷
　　（民國）鄧嘉縝撰
　　　　雙硯齋叢書
東溪草堂詞二卷
　　（民國）樊增祥撰
　　　　樊山集
五十麝齋詞賡三卷
　　（民國）樊增祥撰
　　　　樊山集・二家詞鈔
雙紅豆館詞賡一卷
　　（民國）樊增祥撰
　　　　樊山集續集
弄珠詞一卷
　　（民國）樊增祥撰
　　　　樊山集續集・二家詞賡
詠物詞一卷
　　（民國）樊增祥撰
　　　　娛萱室小品
碧雲詞一卷
　　（民國）董受祺撰
　　　　廣川詞錄
廣小圃詠一卷
　　（民國）徐琪撰
　　　　徐氏一家詞
玉可盦詞存一卷補一卷
　　（民國）徐琪撰
　　　　徐氏一家詞
曼陀羅寱詞一卷
　　（民國）沈曾植撰
　　　　彊邨遺書・滄海遺音集
野棠軒詞集四卷
　　（民國）奭良撰
　　　　野棠軒全集・野棠文集附
梅月龕詞一卷
　　（民國）曾福謙撰
　　　　鸚里曾氏十一世詩・梅月龕詩附
甓湖草堂詩餘一卷
　　（民國）左楨撰
　　　　甓湖草堂集・甓湖草堂詩附
霞珍詞一卷
　　（民國）繆珠蓀撰
　　　　小檀欒室彙刻閨秀詞第十集
潛園詞四卷
　　（民國）魏元曠撰
　　　　魏氏全書・潛園正集

潛園詞續鈔一卷
　　（民國）魏元曠撰
　　　　魏氏全書・潛園正集
冷紅詞四卷
　　（民國）鄭文焯撰
　　　　大鶴山房全書
比竹餘音四卷
　　（民國）鄭文焯撰
　　　　大鶴山房全書
苕雅餘集一卷
　　（民國）鄭文焯撰
　　　　大鶴山房全書
瘦碧詞二卷
　　（民國）鄭文焯撰
　　　　大鶴山房全書附
樵風樂府九卷
　　（民國）鄭文焯撰
　　　　大鶴山房全書
樵風樂府一卷
　　　　清名家詞
樵風樂府二卷
　　　　清季四家詞
朱絲詞二卷
　　（民國）陳衍撰
　　　　石遺室叢書
楚頌亭詞第四集一卷
　　（民國）易順鼎撰
　　　　琴志樓叢書
鬘天影事譜五卷
　　（民國）易順鼎撰
　　　　琴志樓叢書
摩圍閣詞二卷
　　（民國）易順鼎撰
　　　　琴志樓叢書・摩圍閣詩附
彊邨樂府一卷
　　（民國）朱祖謀（孝臧）撰
　　　　驚音集
彊邨語業三卷
　　（民國）朱祖謀（孝臧）撰
　　　　彊邨遺書
　　　　清季四家詞
彊村語業一卷
　　　　清名家詞
彊邨詞賸稿二卷集外詞一卷
　　（民國）朱祖謀（孝臧）撰
　　　　彊邨遺書外編
海綃詞二卷
　　（民國）陳洵撰

疆邨遺書・滄海遺音集

郢雲詞一卷
　　(民國)李岳瑞撰
　　　　疆邨遺書・滄海遺音集

夢玉詞一卷
　　(民國)陳寅撰
　　　　晨風閣叢書第一集

蛻盦詞一卷
　　(民國)麥孟華撰
　　　　粤兩生集・蛻盦詩附

弱盦詞一卷
　　(民國)潘之博撰
　　　　粤兩生集・弱盦詩附

謫星詞一卷
　　(民國)錢振鍠撰
　　　　陽湖錢氏家集
　　　　名山全集

名山詞一卷
　　(民國)錢振鍠撰
　　　　名山全集

名山詞續一卷
　　(民國)錢振鍠撰
　　　　名山全集・名山七集附

海山詞一卷
　　(民國)潘飛聲撰
　　　　說劍堂著書

花語詞一卷
　　(民國)潘飛聲撰
　　　　說劍堂著書

珠江低唱一卷
　　(民國)潘飛聲撰
　　　　說劍堂著書

長相思詞一卷
　　(民國)潘飛聲撰
　　　　說劍堂著書

飲瓊漿館詞一卷
　　(民國)潘飛聲撰
　　　　晨風閣叢書第一集

新鶯詞一卷
　　(民國)況周頤撰
　　　　薇省同聲集

第一生修梅花館詞九卷
　　(民國)況周頤撰
　　　　蕙風叢書

蕙風琴趣一卷
　　(民國)況周頤撰
　　　　鶯音集

蕙風詞一卷

(民國)況周頤撰
　　清名家詞

蕙風詞二卷
　　清季四家詞

香草亭詞一卷
　　(民國)裴維侒撰
　　　　疆邨遺書・滄海遺音集

蟄庵詞一卷
　　(民國)曾習經撰
　　　　疆邨遺書・滄海遺音集

悔龕詞一卷
　　(民國)夏孫桐撰
　　　　疆邨遺書・滄海遺音集

雨屋深鐙詞一卷
　　(民國)汪兆鏞撰
　　　　微尚齋叢刻

牧莊詞三卷
　　(民國)程頌芬撰
　　　　三程詞鈔

問月詞一卷
　　(民國)李寶洤撰
　　　　漢堂類稿

崦廔詞一卷
　　(民國)沈鵲應撰
　　　　小檀欒室彙刻閨秀詞第十集

拾翠軒詞稿一卷
　　(民國)金兆豐撰
　　　　陟岡集

仁安詞稿一卷
　　(民國)王守恂撰
　　　　王仁安集・仁安詩稿附

樂府補亡一卷
　　(民國)曹元忠撰
　　　　箋經室叢書

雲瓵詞一卷
　　(民國)曹元忠撰
　　　　題襟集

淩波詞一卷
　　(民國)曹元忠撰
　　　　疆邨遺書・滄海遺音集

回風堂詞一卷
　　(民國)馮羆撰
　　　　疆邨遺書・滄海遺音集

定巢詞集十卷
　　(民國)程頌萬撰
　　　　甯鄉程氏全書

美人長壽盦詞集六卷
　　(民國)程頌萬撰

<table>
<tr><td colspan="2">甯鄉程氏全書</td></tr>
</table>

鹿川詞三卷
　　（民國）程頌萬撰
　　　　三程詞鈔

課花盦詞一卷
　　（民國）董康（誦芬室主人）撰
　　　　廣川詞錄

六憶詞一卷
　　（民國）徐珂輯
　　　　香豔叢書第二十集

純飛館詞一卷
　　（民國）徐珂撰
　　　　天蘇閣叢刊一集

純飛館詞續一卷
　　（民國）徐珂撰
　　　　天蘇閣叢刊二集

純飛館詞三集一卷
　　（民國）徐珂撰
　　　　寶彝室集刊

華影吹笙室詞一卷
　　（民國）李慎溶撰
　　　　小檀欒室彙刻閨秀詞第十集

舊月簃詞一卷
　　（民國）陳曾壽撰
　　　　彊邨遺書・滄海遺音集

玉龍詞一卷
　　（民國）楊朝慶撰
　　　　題襟集

長毋相忘室詞一卷
　　（民國）張鴻撰
　　　　題襟集

盇山舊館詞一卷
　　（民國）章華撰
　　　　題襟集

牟珠詞一卷補遺一卷
　　（民國）鄧潛撰
　　　　黔南叢書第四集

弗堂詞二卷菉猗曲一卷庚午春詞一卷
　　（民國）姚華撰
　　　　黔南叢書第四集

觀堂長短句一卷
　　（民國）王國維撰
　　　　彊邨遺書・滄海遺音集
　　　　清名家詞

苕華詞一卷
　　（民國）王國維撰

海寧王靜安先生遺書

環緣軒選詞一卷
　　（民國）沈德麟撰
　　　　武原先哲遺書初編

冷雅一卷
　　（民國）沈修撰
　　　　未園著藪

次公詞稿一卷
　　（民國）邵瑞彭撰
　　　　邵次公遺著

凹園詞一卷
　　（民國）黃榮康撰
　　　　翠琅玕館叢書（黃任恆輯）・集部・凹
　　　　園詩鈔附

　擊劍詞一卷
　　　　芋園叢書・集部

香草詞一卷
　　（民國）周曾錦撰
　　　　周晉琦遺著

鈍安詞一卷
　　（民國）傅熊湘撰
　　　　鈍安遺集

明夷詞鈔一卷
　　（民國）甯調元撰
　　　　太一遺書

左盦詞錄一卷
　　（民國）劉師培撰
　　　　劉申叔先生遺書・左盦集附

霜厓詞錄一卷
　　（民國）吳梅撰
　　　　陟岡樓叢刊乙集

遯盦樂府一卷
　　（民國）張爾田撰
　　　　彊邨遺書・滄海遺音集

今　人

文無館詞鈔一卷
　　陳名珂撰
　　　　陶社叢編・文無館詩鈔附

小三吾亭詞三卷
　　冒廣生撰
　　　　如皋冒氏叢書・小三吾亭文附

外　國

盆齋長短句一卷
　　（朝鮮）李齊賢撰
　　　　彊村叢書

總　集
歷　代

花菴絶妙詞選十卷
　　（宋）黃昇輯
　　　　詞苑英華
　絶妙詞選十卷
　　　　景刊宋金元明本詞四十種
　唐宋諸賢絶妙詞選十卷
　　　　四部叢刊（初次印本、二次印本、縮印
　　　　二次印本）・集部
梅苑十卷
　　（宋）黃大輿輯
　　　　棟亭藏書十二種（康熙本、景康熙本）
　　　　四庫全書・集部詞曲類
　羣賢梅苑一卷
　　　　校輯宋金元人詞
草堂詩餘四卷
　　（宋武陵逸史輯）
　　　　詞苑英華
　　　　四部備要（排印本、縮印本）・集部總
　　　　集
　類編草堂詩餘四卷
　　　　四庫全書・集部詞曲類
精選名賢詞話草堂詩餘二卷
　　（宋）何士信輯　（□）□□注□
　　　　四印齋所刻詞（光緒本、景光緒本）
　增修箋註妙選羣英草堂詩餘前集二卷
　　後集二卷
　　　　景刊宋金元明本詞四十種
　增修箋註妙選羣英草堂詩餘前後集二
　　卷
　　　　四部叢刊（初次印本、二次印本、縮印
　　　　二次印本）・集部
草堂詩餘五卷
　　（宋）何士信輯　（明）楊慎批點
　　　　懺花盦叢書
天機餘錦一卷
　　（元）□□輯□□
　　　　校輯宋金元人詞
詞林萬選四卷
　　（明）楊慎輯
　　　　詞苑英華
花草粹編二十四卷附錄一卷
　　（明）陳耀文輯
　　　　四庫全書・集部詞曲類
唐宋元明酒詞二卷

（明）周履靖輯
　夷門廣牘・觴詠
　叢書集成初編・文學類
　景印元明善本叢書十種・夷門廣牘・
　　觴詠
詞菁二卷
　　（明）陸雲龍輯
　　　　翠娛閣評選行笈必携
詞綜三十四卷
　　（清）朱彝尊輯
　　　　四庫全書・集部詞曲類
　詞綜三十卷
　　　　摛藻堂四庫全書薈要・集部
　詞綜三十八卷
　　　　四部備要（排印本、縮印本）・集部總
　　　　集
御定歷代詩餘一百二十卷
　　（清）沈辰垣等輯
　　　　四庫全書・集部詞曲類
　　　　摛藻堂四庫全書薈要・集部
詞選二卷附錄一卷
　　（清）張惠言輯　附錄（清）鄭善長輯
　　　　張皋文箋易詮全集
　　　　宛鄰書屋叢書
　　　　袖珍古書讀本
　　　　四部備要（排印本、縮印本）・集部總
　　　　集
續詞選二卷
　　（清）董毅輯
　　　　張皋文箋易詮全集
　　　　宛鄰書屋叢書
　　　　袖珍古書讀本
　　　　四部備要（排印本、縮印本）・集部總
　　　　集
紅蟬館詞雋一卷
　　（清）許光治輯
　　　　花近樓叢書
天籟軒詞選六卷
　　（清）葉申薌輯
　　　　天籟軒五種
閨秀詞鈔十六卷補遺一卷
　　（民國）徐乃昌輯
　　　　小檀欒室彙刻閨秀詞附
容園詞綜一卷
　　（民國）易順鼎輯
　　　　琴志樓叢書
遯廬詞選一卷
　　（民國）余重耀輯

遯廬叢著

女性詞選一卷
　胡雲翼輯
　　詞學小叢書
宋金元名家詞補遺一卷
　趙萬里輯
　　校輯宋金元人詞附
唐五代詞選二卷
　(清)成肇麐輯
　　蒙香室叢書
唐五代詞選一卷
　(民國)謝秋萍輯
　　詞學小叢書
雲謠集雜曲子一卷
　(唐)□□輯
　　彊村叢書
　云謠集雜曲子殘一卷
　　六經堪叢書初集·敦煌零拾
雲謠集雜曲子一卷附校記一卷
　(唐)□□輯　(民國)朱祖謀(孝臧)校
　　彊邨遺書
小曲三種一卷
　(唐)□□等撰
　　六經堪叢書初集·敦煌零拾
春秋後語卷背記一卷
　(民國)羅振玉輯
　　鳴沙石室佚書初編(民國二年本)
花間集十卷
　(後蜀)趙崇祚輯
　　詞苑英華
　　四庫全書·集部詞曲類
　　邵武徐氏叢書二集
　　四印齋所刻詞(光緒本、景光緒本)
　　景刊宋金元明本詞四十種
　　四部備要(排印本、縮印本)·集部總
　　　集
　花間集二卷
　　百家詞
花閒集十二卷附補二卷
　(後蜀)趙崇祚輯　補(□)溫博輯
　　四部叢刊(初次印本、二次印本、縮印
　　　二次印本)·集部
二主詞一卷
　(南唐)李璟(南唐)李煜撰
　　十名家詞集
　　粟香室叢書·名家詞集
　　四部備要(排印本、縮印本)·集部唐
　　　別集

南唐二主詞一卷
　　百家詞
南唐二主詞一卷附補遺一卷校勘記一卷
　(南唐)李璟(南唐)李煜撰　補遺(民國)王
　　國維輯併撰校勘記
　　晨風閣叢書
　　海寧王忠慤公遺書四集·唐五代二十
　　　一家詞輯
李氏花萼集一卷
　(宋)李洪等撰
　　校輯宋金元人詞
復雅歌詞一卷
　(宋)鮦陽居士輯
　　校輯宋金元人詞
尊前集二卷
　(宋)□□輯
　　詞苑英華
　　四庫全書·集部詞曲類
　尊前集一卷
　　百家詞
尊前集一卷附校記一卷
　(宋)□□輯　校記(民國)朱祖謀(孝臧)撰
　　彊村叢書
樂府雅詞三卷補遺一卷
　(宋)曾慥輯
　　四庫全書·集部詞曲類
樂府雅詞三卷拾遺二卷
　　詞學叢書(亨帚精舍本、承啓堂本)
　　四部叢刊(初次印本、二次印本、縮印
　　　二次印本)·集部
樂府雅詞六卷拾遺二卷
　　粵雅堂叢書二編第二十集
　　叢書集成初編·文學類
中興以來絕妙詞選十卷
　(宋)黃昇輯
　　詞苑英華
　　四部叢刊(初次印本、二次印本、縮印
　　　二次印本)·集部
　花菴詞選二十卷
　　四庫全書·集部詞曲類
絕妙好詞箋七卷
　(宋)周密輯　(清)查爲仁(清)厲鶚箋
　　四庫全書·集部詞曲類
絕妙好詞箋七卷續鈔一卷續鈔補錄一卷
　(宋)周密輯　(清)查爲仁(清)厲鶚箋　續
　　鈔(清)余集輯　補錄(清)徐楙輯
　　袖珍古書讀本
　　四部備要(排印本、縮印本)·集部總

集

絕妙好詞校錄一卷
　　（民國）鄭文焯撰
　　　　大鶴山房全書

陽春白雪八卷外集一卷
　　（宋）趙聞禮輯
　　　　宛委別藏
　　　　詞學叢書（享帚精舍本、承啓堂本）
　　　　粤雅堂叢書二編第二十集
　　　　選印宛委別藏
　　　　叢書集成初編・文學類

樂府補題一卷
　　（元）陳恕可輯
　　　　四庫全書・集部詞曲類
　　　　知不足齋叢書（乾隆至道光本、景乾隆
　　　　　至道光本）第六集
　　　　漱六編
　　　　彊村叢書
　　　　叢書集成初編・文學類
　　　　百家詞

樂府補題一卷
　　（元）陳恕可輯　（民國）徐珂校
　　　　天蘇閣叢刊一集

宋四家詞選一卷
　　（清）周濟輯
　　　　滂喜齋叢書第二函
　　　　叢書集成初編・文學類

宋六十家詞選十二卷
　　（民國）馮煦輯
　　　　蒙香室叢書

宋名家詞選二卷
　　　胡雲翼輯
　　　　詞學小叢書

中州樂府一卷
　　（金）元好問輯
　　　　四庫全書・集部總集類・中州集附
　　　　摘藻堂四庫全書薈要・集部・中州集
　　　　　附
　　　　元遺山先生全集
　　　　誦芬室叢刊初編・中州集附
　　　　景刊宋金元明本詞四十種
　　　　四部叢刊（初次印本、二次印本、縮印
　　　　　二次印本）・集部・中州集附
　　　　金元總集・中州集附

中州樂府一卷附校記一卷
　　（金）元好問輯　校記（民國）朱祖謀（孝臧）
　　　　撰

彊村叢書

鳴鶴餘音九卷
　　（元）彭致中輯
　　　　道藏（正統本、景正統本）・太玄部

鳴鶴餘音一卷
　　　　重刊道藏輯要觜集

名儒草堂詩餘三卷
　　（元）鳳林書院輯
　　　　宛委別藏

精選名儒草堂詩餘三卷
　　　　讀畫齋叢書丙集
　　　　詞學叢書（享帚精舍本、承啓堂本）
　　　　粤雅堂叢書二編第十三集
　　　　景刊宋金元明本詞四十種
　　　　叢書集成初編・文學類

天下同文一卷
　　（元）□□輯
　　　　景刊宋金元明本詞四十種

天下同文一卷補遺一卷附校記一卷
　　（元）□□輯　校記（民國）朱祖謀（孝臧）撰
　　　　彊村叢書

明詞綜十二卷
　　（清）王昶輯
　　　　四部備要（排印本、縮印本）・集部總
　　　　　集

國朝詞綜四十八卷二集八卷
　　（清）王昶輯
　　　　四部備要（排印本、縮印本）・集部總
　　　　　集

國朝詞綜續編二十四卷
　　（清）黃燮清輯
　　　　倚晴樓集
　　　　四部備要（排印本、縮印本）・集部總
　　　　　集

紅橋倡和第一集一卷
　　（清）孫金礪輯
　　　　國朝名家詩餘附

廣陵倡和詞一卷
　　（清）孫金礪輯
　　　　國朝名家詩餘附

篋中詞六卷續四卷
　　（清）譚獻輯
　　　　半厂叢書初編

詞荊一卷
　　（民國）朱祖謀（孝臧）輯　（民國）張爾田補
　　錄
　　　　彊邨遺書

清代詞選一卷
　　胡雲翼輯
　　　詞學小叢書
薇省詞鈔十卷附錄一卷
　　(民國)況周頤輯
　　　蕙風叢書
白山詞介五卷
　　(民國)楊鍾義輯
　　　留垞叢刻
南社詞選二卷
　　(民國)胡樸安(韞玉)輯
　　　南社叢選
槑臺夢語一卷
　　(民國)易順鼎輯
　　　琴志樓叢書
今詞綜三卷
　　(民國)沈宗畸輯
　　　晨風閣叢書第一集
紉秋軒詞鈔一卷
　　　苔岑叢書·牟豎草堂新書
紉秋軒詞鈔一卷聯句一卷
　　　苔岑叢書

郡　邑

湖州詞徵三十卷
　　(民國)朱祖謀輯
　　　吳興叢書
國朝湖州詞錄六卷
　　(民國)朱祖謀輯
　　　吳興叢書
閩詞鈔四卷
　　(清)葉申薌輯
　　　天籟軒五種
粵西詞見二卷附玉楪後詞一卷
　　(民國)況周頤輯
　　　蕙風叢書
滇詞叢錄三卷
　　(民國)趙藩輯
　　　雲南叢書初編·集部

氏　族

如皋冒氏詞略一卷
　　冒廣生輯
　　　如皋冒氏叢書·如皋冒氏詩略附
高節陳氏詞略一卷
　　(清)□□輯
　　　高節陳氏詩略

曲　之　屬

雜　劇

元

唐明皇秋夜梧桐雨一卷
　　(元)白樸撰
　　　古名家雜劇
　　　古雜劇
　　　脈望館鈔校本古今雜劇
　　　元曲大觀
　　　元明雜劇(國學圖書館景明本、中國戲
　　　　劇出版社景國學圖書館本)
　　　中國文學珍本叢書第一輯·元人雜劇
　　　　全集
　　　古本戲曲叢刊四集·古雜劇
　　　古本戲曲叢刊四集·脈望館鈔校本古
　　　　今雜劇
唐明皇秋夜梧桐雨雜劇一卷
　　　元曲選(萬曆本、景萬曆本、世界書局
　　　　排印本、文學古籍刊行社重印世界
　　　　書局本)丙集上
　　　四部備要(排印本、縮印本)·集部總
　　　　集·元曲選丙集上
　　　元人雜劇選
秋夜梧桐雨一卷
　　　古今名劇合選·新鐫古今名劇酹江集
　　　古本戲曲叢刊四集·古今名劇合選·
　　　　新鐫古今名劇酹江集
新鐫唐明皇秋夜梧桐雨一卷
　　　古本戲曲叢刊四集·元明雜劇四種
裴少俊牆頭馬上一卷
　　(元)白樸撰
　　　古名家雜劇
　　　脈望館鈔校本古今雜劇
　　　元明雜劇(國學圖書館景明本、中國戲
　　　　劇出版社景國學圖書館本)
　　　中國文學珍本叢書第一輯·元人雜劇
　　　　全集
　　　古本戲曲叢刊四集·脈望館鈔校本古
　　　　今雜劇
裴少俊牆頭馬上雜劇一卷
　　　元曲選(萬曆本、景萬曆本、世界書局
　　　　排印本、文學古籍刊行社重印世界
　　　　書局本)乙集下
　　　四部備要(排印本、縮印本)·集部總
　　　　集·元曲選乙集下

牆頭馬上一卷
　　　古今名劇合選・新鑴古今名劇柳枝集
　　　古本戲曲叢刊四集・古今名劇合選・
　　　　新鑴古今名劇柳枝集
董秀英花月東牆記一卷
　　(元)白樸撰
　　　脈望館鈔校本古今雜劇
　　　孤本元明雜劇(商務印書館排印本、中
　　　　華書局重印本)
　　　古本戲曲叢刊四集・脈望館鈔校本古
　　　　今雜劇
董秀英花月東牆記殘本一卷
　　　中國文學珍本叢書第一輯・元人雜劇
　　　　全集
韓采蘋御水流紅葉殘本一卷
　　(元)白樸撰
　　　中國文學珍本叢書第一輯・元人雜劇
　　　　全集
李克用箭射雙雕殘本一卷
　　(元)白樸撰
　　　中國文學珍本叢書第一輯・元人雜劇
　　　　全集
錢塘夢一折
　　(元)白樸撰
　　　彙刻傳劇・西廂記五劇附
莊周夢胡蝶一卷
　　(元)史樟撰
　　　脈望館鈔校本古今雜劇
　　　孤本元明雜劇(商務印書館排印本、中
　　　　華書局重印本)
　　　古本戲曲叢刊四集・脈望館鈔校本古
　　　　今雜劇
秦脩然竹塢聽琴一卷
　　(元)石子章撰
　　　古名家雜劇
　　　古雜劇
　　　元明雜劇(國學圖書館景明本、中國戲
　　　　劇出版社景國學圖書館本)
　　　中國文學珍本叢書第一輯・元人雜劇
　　　　全集
　　　古本戲曲叢刊四集・古名家雜劇
　　　古本戲曲叢刊四集・古雜劇
秦脩然竹塢聽琴雜劇一卷
　　　元曲選（萬曆本、景萬曆本、世界書局
　　　　排印本、文學古籍刊行社重印世界
　　　　書局本)壬集上
　　　四部備要（排印本、縮印本)集部總集
　　　　・元曲選壬集上

竹塢聽琴一卷
　　　古今名劇合選・新鑴古今名劇柳枝集
　　　古本戲曲叢刊四集・古今名劇合選・
　　　　新鑴古今名劇柳枝集
黃貴孃秋夜竹窗雨殘本一卷
　　(元)石子章撰
　　　中國文學珍本叢書第一輯・元人雜劇
　　　　全集
救孝子賢母不認屍雜劇一卷
　　(元)王仲文撰
　　　元曲選（萬曆本、景萬曆本、世界書局
　　　　排印本、文學古籍刊行社重印世界
　　　　書局本)戊集上
　　　四部備要（排印本、縮印本)・集部總
　　　　集・元曲選戊集上
救孝子賢母不認屍一卷
　　　中國文學珍本叢書第一輯・元人雜劇
　　　　全集
諸葛亮秋風五丈原殘本一卷
　　(元)王仲文撰
　　　中國文學珍本叢書第一輯・元人雜劇
　　　　全集
漢張良辭朝歸山殘本一卷
　　(元)王仲文撰
　　　中國文學珍本叢書第一輯・元人雜劇
　　　　全集
同樂院燕青博魚雜劇一卷
　　(元)李文蔚撰
　　　元曲選（萬曆本、景萬曆本、世界書局
　　　　排印本、文學古籍刊行社重印世界
　　　　書局本)乙集上
　　　四部備要（排印本、縮印本)・集部總
　　　　集・元曲選乙集上
同樂院燕青博魚一卷
　　　脈望館鈔校本古今雜劇
　　　中國文學珍本叢書第一輯・元人雜劇
　　　　全集
　　　古本戲曲叢刊四集・脈望館鈔校本古
　　　　今雜劇
燕青博魚一卷
　　　古今名劇合選・新鑴古今名劇酹江集
　　　古本戲曲叢刊四集・古今名劇合選・
　　　　新鑴古今名劇酹江集
破苻堅蔣神靈應一卷
　　(元)李文蔚撰
　　　脈望館鈔校本古今雜劇
　　　孤本元明雜劇(商務印書館排印本、中
　　　　華書局重印本)
　　　古本戲曲叢刊四集・脈望館鈔校本古

今雜劇

張子房圯橋進履一卷
（元）李文蔚撰
脈望館鈔校本古今雜劇
孤本元明雜劇（商務印書館排印本、中
華書局重印本）
古本戲曲叢刊四集·脈望館鈔校本古
今雜劇

單刀會一卷
（元）關漢卿撰
脈望館鈔校本古今雜劇
古本戲曲叢刊四集·脈望館鈔校本古
今雜劇

古杭新刊的本關大王單刀會一卷
古今雜劇（日本本、景日本本）
古本戲曲叢刊四集·元刊雜劇三十種

關大王單刀會一卷
中國文學珍本叢書第一輯·元人雜劇
全集

關大王獨赴單刀會一卷
孤本元明雜劇（商務印書館排印本、中
華書局重印本）

大都新編關張雙赴西蜀夢一卷
（元）關漢卿撰
古今雜劇（日本本、景日本本）
古本戲曲叢刊四集·元刊雜劇三十種

關張雙赴西蜀夢一卷
中國文學珍本叢書第一輯·元人雜劇
全集

新刊關目閨怨佳人拜月亭一卷
（元）關漢卿撰
古今雜劇（日本本、景日本本）
古本戲曲叢刊四集·元刊雜劇三十種

閨怨佳人拜月亭一卷
中國文學珍本叢書第一輯·元人雜劇
全集

新刊關目詐妮子調風月一卷
（元）關漢卿撰
古今雜劇（日本本、景日本本）
古本戲曲叢刊四集·元刊雜劇三十種

詐妮子調風月一卷
中國文學珍本叢書第一輯·元人雜劇
全集

感天動地竇娥冤一卷
（元）關漢卿撰
古名家雜劇
脈望館鈔校本古今雜劇
中國文學珍本叢書第一輯·元人雜劇

全集
古本戲曲叢刊四集·脈望館鈔校本古
今雜劇

感天動地竇娥冤雜劇一卷
元曲選（萬曆本、景萬曆本、世界書局
排印本、文學古籍刊行社重印世界
書局本）壬集下
四部備要（排印本、縮印本）·集部總
集·元曲選壬集下
元人雜劇選

竇娥冤一卷
古今名劇合選·新鐫古今名劇酹江集
古本戲曲叢刊四集·古今名劇合選·
新鐫古今名劇酹江集

杜蕊娘智賞金線池一卷
（元）關漢卿撰
古名家雜劇
古雜劇
脈望館鈔校本古今雜劇
中國文學珍本叢書第一輯·元人雜劇
全集
古本戲曲叢刊四集·古雜劇
古本戲曲叢刊四集·脈望館鈔校本古
今雜劇

杜蕊娘智賞金線池雜劇一卷
元曲選（萬曆本、景萬曆本、世界書局
排印本、文學古籍刊行社重印世界
書局本）辛集上
四部備要（排印本、縮印本）·集部總
集·元曲選辛集上

智賞金線池一卷
古今名劇合選·新鐫古今名劇柳枝集
古本戲曲叢刊四集·古今名劇合選·
新鐫古今名劇柳枝集

望江亭中秋切鱠雜劇一卷
（元）關漢卿撰
元曲選（萬曆本、景萬曆本、世界書局
排印本、文學古籍刊行社重印世界
書局本）癸集上
四部備要（排印本、縮印本）·集部總
集·元曲選癸集上

望江亭中秋切鱠旦一卷
雜劇選
古雜劇
脈望館鈔校本古今雜劇
古本戲曲叢刊四集·古雜劇
古本戲曲叢刊四集·脈望館鈔校本古
今雜劇

望江亭中秋切鱠一卷

中國文學珍本叢書第一輯・元人雜劇
　全集

溫太眞玉鏡臺一卷
　（元）關漢卿撰
　　古名家雜劇
　　古雜劇
　　脈望館鈔校本古今雜劇
　　元曲大觀
　　中國文學珍本叢書第一輯・元人雜劇
　　　全集
　　古本戲曲叢刊四集・古雜劇
　　古本戲曲叢刊四集・脈望館鈔校本古
　　　今雜劇

溫太眞玉鏡臺雜劇一卷
　　元曲選（萬曆本、景萬曆本、世界書局
　　　排印本、文學古籍刊行社重印世界
　　　書局本）甲集下
　　四部備要（排印本、縮印本）・集部總
　　　集・元曲選甲集下

玉鏡臺一卷
　　古今名劇合選・新鐫古今名劇柳枝集
　　古本戲曲叢刊四集・古今名劇合選・
　　　新鐫古今名劇柳枝集

趙盼兒風月救風塵一卷
　（元）關漢卿撰
　　古名家雜劇
　　脈望館鈔校本古今雜劇
　　元曲大觀
　　中國文學珍本叢書第一輯・元人雜劇
　　　全集
　　古本戲曲叢刊四集・脈望館鈔校本古
　　　今雜劇

趙盼兒風月救風塵雜劇一卷
　　元曲選（萬曆本、景萬曆本、世界書局
　　　排印本、文學古籍刊行社重印世界
　　　書局本）乙集上
　　四部備要（排印本、縮印本）・集部總
　　　集・元曲選乙集上
　　元人雜劇選

錢大尹智勘緋衣夢一卷
　（元）關漢卿撰
　　古名家雜劇
　　古雜劇
　　脈望館鈔校本古今雜劇
　　中國文學珍本叢書第一輯・元人雜劇
　　　全集
　　古本戲曲叢刊四集・古雜劇
　　古本戲曲叢刊四集・脈望館鈔校本古
　　　今雜劇

王閨香夜月四春園一卷
　（元）關漢卿撰
　　脈望館鈔校本古今雜劇
　　古本戲曲叢刊四集・脈望館鈔校本古
　　　今雜劇

錢大尹智寵謝天香一卷
　（元）關漢卿撰
　　古名家雜劇
　　脈望館鈔校本古今雜劇
　　元曲大觀
　　中國文學珍本叢書第一輯・元人雜劇
　　　全集
　　古本戲曲叢刊四集・脈望館鈔校本古
　　　今雜劇

錢大尹智寵謝天香雜劇一卷
　　元曲選（萬曆本、景萬曆本、世界書局
　　　排印本、文學古籍刊行社重印世界
　　　書局本）甲集下
　　四部備要（排印本、縮印本）・集部總
　　　集・元曲選甲集下

包待制三勘蝴蝶夢一卷
　（元）關漢卿撰
　　古名家雜劇
　　脈望館鈔校本古今雜劇
　　元曲大觀
　　中國文學珍本叢書第一輯・元人雜劇
　　　全集
　　古本戲曲叢刊四集・脈望館鈔校本古
　　　今雜劇

包待制三勘蝴蝶夢雜劇一卷
　　元曲選（萬曆本、景萬曆本、世界書局
　　　排印本、文學古籍刊行社重印世界
　　　書局本）丁集下
　　四部備要（排印本、縮印本）・集部總
　　　集・元曲選丁集下

包待制智斬魯齋郎一卷
　（元）關漢卿撰
　　古名家雜劇
　　脈望館鈔校本古今雜劇
　　中國文學珍本叢書第一輯・元人雜劇
　　　全集
　　古本戲曲叢刊四集・脈望館鈔校本古
　　　今雜劇

包待制智斬魯齋郎雜劇一卷
　　元曲選（萬曆本、景萬曆本、世界書局
　　　排印本、文學古籍刊行社重印世界
　　　書局本）戊集下
　　四部備要（排印本、縮印本）・集部總
　　　集・元曲選戊集下

狀元堂陳母教子一卷
　　（元）關漢卿撰
　　　　脈望館鈔校本古今雜劇
　　　　孤本元明雜劇（商務印書館排印本、中
　　　　華書局重印本）
　　　　古本戲曲叢刊四集·脈望館鈔校本古
　　　　今雜劇
劉夫人慶賞五侯宴一卷
　　（元）關漢卿撰
　　　　脈望館鈔校本古今雜劇
　　　　孤本元明雜劇（商務印書館排印本、中
　　　　華書局重印本）
　　　　古本戲曲叢刊四集·脈望館鈔校本古
　　　　今雜劇
山神廟裴度還帶一卷
　　（元）關漢卿撰
　　　　脈望館鈔校本古今雜劇
　　　　孤本元明雜劇（商務印書館排印本、中
　　　　華書局重印本）
　　　　古本戲曲叢刊四集·脈望館鈔校本古
　　　　今雜劇
鄧夫人苦痛哭存孝一卷
　　（元）關漢卿撰
　　　　脈望館鈔校本古今雜劇
　　　　孤本元明雜劇（商務印書館排印本、中
　　　　華書局重印本）
　　　　古本戲曲叢刊四集·脈望館鈔校本古
　　　　今雜劇
唐明皇哭香囊殘本一卷
　　（元）關漢卿撰
　　　　中國文學珍本叢書第一輯·元人雜劇
　　　　全集
風流孔目春衫記殘本一卷
　　（元）關漢卿撰
　　　　中國文學珍本叢書第一輯·元人雜劇
　　　　全集
西廂記四卷
　　（元）王實甫撰
　　　　會眞六幻
　　新刊攷正全像評釋北西廂記四卷
　　　　繡刻演劇
　　崔鶯鶯待月西廂記四卷
　　　　中國文學珍本叢書第一輯·元人雜劇
　　　　全集
　　西廂記二卷
　　　　六十種曲（汲古閣本）卯集
　　北西廂二卷
　　　　六十種曲（開明書店排印本、文學古籍

　　　　刊行社重印開明書店本）卯集
重刻元本題評音釋西廂記二卷
　　（元）王實甫撰
　　　　古本戲曲叢刊初集
新刊大字魁本全相參增奇妙註釋西廂記
　　二卷
　　（元）王實甫撰
　　　　古本戲曲叢刊初集
張深之先生正北西廂祕本五卷
　　（元）王實甫撰
　　　　古本戲曲叢刊初集
續西廂記一卷
　　（元）關漢卿撰
　　　　會眞六幻
　　張君瑞慶團圝一卷
　　　　中國文學珍本叢書第一輯·元人雜劇
　　　　全集
西廂記五劇五本圖一卷附考據一卷
　　（元）王實甫撰　（元）關漢卿續　考據（民
　　國）劉世珩輯
　　　　龔刻傳劇
陳眉公批評西廂記二卷
　　（元）王實甫撰　（元）關漢卿續　（明）陳繼
　　儒評
　　　　六合同春
西廂記釋義字音一卷
　　（明）陳繼儒撰
　　　　彙刻傳劇·西廂記五劇附
西廂記五劇五本解證一卷
　　（明）淩濛初撰
　　　　彙刻傳劇·西廂記五劇附
五劇箋疑一卷
　　（明）閔齊伋撰
　　　　會眞六幻
　　　　彙刻傳劇·西廂記五劇附
北西廂記釋義字音大全一卷
　　（清）徐逢吉撰
　　　　彙刻傳劇·西廂記五劇附
西廂記古本校注一卷
　　（明）王驥德撰
　　　　彙刻傳劇·西廂記五劇附
四丞相歌舞麗春堂一卷
　　（元）王實甫撰
　　　　古名家雜劇
　　　　脈望館鈔校本古今雜劇
　　　　古本戲曲叢刊四集·脈望館鈔校本古
　　　　今雜劇
四丞相高會麗春堂雜劇一卷

元曲選（萬曆本、景萬曆本、世界書局
　　排印本、文學古籍刊行社重印世界
　　書局本）己集上
四部備要（排印本、縮印本）·集部總
　　集·元曲選己集上

高宴麗春堂一卷
　　古今名劇合選·新鐫古今名劇酹江集
　　古本戲曲叢刊四集·古今名劇合選·
　　　新鐫古今名劇酹江集

四丞相高會麗春堂一卷
　　中國文學珍本叢書第一輯·元人雜劇
　　　全集

呂蒙正風雪破窰記一卷
　　（元）王實甫撰
　　脈望館鈔校本古今雜劇
　　孤本元明雜劇（商務印書館排印本、中
　　　華書局重印本）
　　古本戲曲叢刊四集·脈望館鈔校本古
　　　今雜劇

絲竹芙蓉亭一折
　　（元）王實甫撰
　　彙刻傳劇·西廂記五劇附

王彩雲絲竹芙蓉亭殘本一卷
　　中國文學珍本叢書第一輯·元人雜劇
　　　全集

蘇小卿月夜販茶船殘本一卷
　　（元）王實甫撰
　　中國文學珍本叢書第一輯·元人雜劇
　　　全集

孤雁漢宮秋一卷
　　（元）馬致遠撰
　　古名家雜劇
　　脈望館鈔校本古今雜劇
　　古今名劇合選·新鐫古今名劇酹江集
　　古本戲曲叢刊四集·脈望館鈔校本古
　　　今雜劇
　　古本戲曲叢刊四集·古今名劇合選·
　　　新鐫古今名劇酹江集

破幽夢孤鴈漢宮秋雜劇一卷
　　元曲選（萬曆本、景萬曆本、世界書局
　　　排印本、文學古籍刊行社重印世界
　　　書局本）甲集上
　　四部備要（排印本、縮印本）·集部總
　　　集·元曲選甲集上
　　元人雜劇選

漢元帝孤鴈漢宮秋一卷
　　古雜劇
　　古本戲曲叢刊四集·古雜劇

破幽夢孤鴈漢宮秋一卷
　　元曲大觀
　　中國文學珍本叢書第一輯·元人雜劇
　　　全集

西華山陳摶高臥一卷
　　（元）馬致遠撰
　　古名家雜劇
　　雜劇選
　　陽春奏
　　脈望館鈔校本古今雜劇
　　中國文學珍本叢書第一輯·元人雜劇
　　　全集
　　古本戲曲叢刊四集·雜劇選
　　古本戲曲叢刊四集·陽春奏三種
　　古本戲曲叢刊四集·脈望館鈔校本古
　　　今雜劇

西華山陳摶高臥雜劇一卷
　　元曲選（萬曆本、景萬曆本、世界書局
　　　排印本、文學古籍刊行社重印世界
　　　書局本）戊集上
　　四部備要（排印本、縮印本）·集部總
　　　集·元曲選戊集上

新刊的本泰華山陳摶高臥一卷
　　古今雜劇（日本本、景日本本）
　　古本戲曲叢刊四集·元刊雜劇三十種

江州司馬青衫淚一卷
　　（元）馬致遠撰
　　古名家雜劇
　　古雜劇
　　脈望館鈔校本古今雜劇
　　元曲大觀
　　中國文學珍本叢書第一輯·元人雜劇
　　　全集
　　古本戲曲叢刊四集·古雜劇
　　古本戲曲叢刊四集·脈望館鈔校本古
　　　今雜劇

江州司馬青衫淚雜劇一卷
　　元曲選（萬曆本、景萬曆本、世界書局
　　　排印本、文學古籍刊行社重印世界
　　　書局本）己集上
　　四部備要（排印本、縮印本）·集部總
　　　集·元曲選己集上

青衫淚一卷
　　古今名劇合選·新鐫古今名劇柳枝集
　　古本戲曲叢刊四集·古今名劇合選·
　　　新鐫古今名劇柳枝集

半夜雷轟薦福碑一卷
　　（元）馬致遠撰
　　古名家雜劇

脈望館鈔校本古今雜劇

中國文學珍本叢書第一輯・元人雜劇
全集

古本戲曲叢刊四集・脈望館鈔校本古
今雜劇

半夜雷轟薦福碑雜劇一卷

元曲選（萬曆本、景萬曆本、世界書局
排印本、文學古籍刊行社重印世界
書局本）丁集上

四部備要（排印本、縮印本）・集部總
集・元曲選丁集上

新鐫半夜雷轟薦福碑一卷

元明雜劇四種

古本戲曲叢刊四集・元明雜劇四種

雷轟薦福碑一卷

古今名劇合選・新鐫古今名劇酹江集

古本戲曲叢刊四集・古今名劇合選・
新鐫古今名劇酹江集

呂洞賓三醉岳陽樓一卷

（元）馬致遠撰

古名家雜劇

脈望館鈔校本古今雜劇

元曲大觀

中國文學珍本叢書第一輯・元人雜劇
全集

古本戲曲叢刊四集・脈望館鈔校本古
今雜劇

呂洞賓三醉岳陽樓雜劇一卷

元曲選（萬曆本、景萬曆本、世界書局
排印本、文學古籍刊行社重印世界
書局本）丁集下

四部備要（排印本、縮印本）・集部總
集・元曲選丁集下

馬丹陽三度任風子雜劇一卷

（元）馬致遠撰

元曲選（萬曆本、景萬曆本、世界書局
排印本、文學古籍刊行社重印世界
書局本）癸集下

四部備要（排印本、縮印本）・集部總
集・元曲選癸集下

馬丹陽三度任風子一卷

脈望館鈔校本古今雜劇

中國文學珍本叢書第一輯・元人雜劇
全集

古本戲曲叢刊四集・脈望館鈔校本古
今雜劇

三度任風子一卷

古今名劇合選・新鐫古今名劇酹江集

古本戲曲叢刊四集・古今名劇合選・

新鐫古今名劇酹江集

新刊關目馬丹陽三度任風子一卷

古今雜劇（日本本、景日本本）

古本戲曲叢刊四集・元刊雜劇三十種

開壇闡教黃粱夢一卷

（元）馬致遠（元）李時中（元）花李郎（元）紅
字李二撰

古名家雜劇

脈望館鈔校本古今雜劇

古本戲曲叢刊四集・脈望館鈔校本古
今雜劇

邯鄲道省悟黃粱夢雜劇一卷

元曲選（萬曆本、景萬曆本、世界書局
排印本、文學古籍刊行社重印世界
書局本）戊集上

四部備要（排印本、縮印本）・集部總
集・元曲選戊集上

邯鄲道省悟黃粱夢一卷

中國文學珍本叢書第一輯・元人雜劇
全集

劉晨阮肇誤入桃源一卷

（元）馬致遠撰

中國文學珍本叢書第一輯・元人雜劇
全集

臨江驛瀟湘秋夜雨雜劇一卷

（元）楊顯之撰

元曲選（萬曆本、景萬曆本、世界書局
排印本、文學古籍刊行社重印世界
書局本）乙集上

四部備要（排印本、縮印本）・集部總
集・元曲選乙集上

臨江驛瀟湘夜雨一卷

（元）楊顯之撰

古雜劇

元曲大觀

中國文學珍本叢書第一輯・元人雜劇
全集

古本戲曲叢刊四集・古雜劇

秋夜瀟湘雨一卷

古今名劇合選・新鐫古今名劇柳枝集

古本戲曲叢刊四集・古今名劇合選・
新鐫古今名劇柳枝集

鄭孔目風雪酷寒亭一卷

（元）楊顯之撰

古名家雜劇

元明雜劇（國學圖書館景明本、中國戲
劇出版社景國學圖書館本）

中國文學珍本叢書第一輯・元人雜劇
全集

古本戲曲叢刊四集・古名家雜劇

鄭孔目風雪酷寒亭雜劇一卷
　　　元曲選（萬曆本、景萬曆本、世界書局
　　　　排印本、文學古籍刊行社重印世界
　　　　書局本）己集下
　　　四部備要（排印本、縮印本）・集部總
　　　　集・元曲選己集下

薛仁貴榮歸故里雜劇一卷
　　（元）張國賓撰
　　　元曲選（萬曆本、景萬曆本、世界書局
　　　　排印本、文學古籍刊行社重印世界
　　　　書局本）乙集下
　　　四部備要（排印本、縮印本）・集部總
　　　　集・元曲選乙集下

新刊的本薛仁貴衣錦還鄉關目一卷
　　　古今雜劇（日本本、景日本本）

薛仁貴榮歸故里一卷
　　　中國文學珍本叢書第一輯・元人雜劇
　　　　全集

新刊的本薛仁貴衣錦還鄉一卷
　　　古本戲曲叢刊四集・元刊雜劇三十種

相國寺公孫合汗衫雜劇一卷
　　（元）張國賓撰
　　　元曲選（萬曆本、景萬曆本、世界書局
　　　　排印本、文學古籍刊行社重印世界
　　　　書局本）甲集下
　　　四部備要（排印本、縮印本）・集部總
　　　　集・元曲選甲集下
　　　元人雜劇選

相國寺公孫汗衫記一卷
　　　脈望館鈔校本古今雜劇
　　　古本戲曲叢刊四集・脈望館鈔校本古
　　　　今雜劇

大都新編關目公孫汗衫記一卷
　　　古今雜劇（日本本、景日本本）
　　　古本戲曲叢刊四集・元刊雜劇三十種

相國寺公孫合汗衫一卷
　　　中國文學珍本叢書第一輯・元人雜劇
　　　　全集

羅李郎大鬧相國寺一卷
　　（元）張國賓撰
　　　古名家雜劇
　　　脈望館鈔校本古今雜劇
　　　元明雜劇（國學圖書館景明本、中國戲
　　　　劇出版社景國學圖書館本）
　　　中國文學珍本叢書第一輯・元人雜劇
　　　　全集
　　　古本戲曲叢刊四集・脈望館鈔校本古

今雜劇

羅李郎大鬧相國寺雜劇一卷
　　　元曲選（萬曆本、景萬曆本、世界書局
　　　　排印本、文學古籍刊行社重印世界
　　　　書局本）壬集下
　　　四部備要（排印本、縮印本）・集部總
　　　　集・元曲選壬集下

便宜行事虎頭牌雜劇一卷
　　（元）李直夫撰
　　　元曲選（萬曆本、景萬曆本、世界書局
　　　　排印本、文學古籍刊行社重印世界
　　　　書局本）丙集上
　　　四部備要（排印本、縮印本）・集部總
　　　　集・元曲選丙集上
　　　元人雜劇選

便宜行事虎頭牌一卷
　　　中國文學珍本叢書第一輯・元人雜劇
　　　　全集

鄧伯道棄子留姪殘本一卷
　　（元）李直夫撰
　　　中國文學珍本叢書第一輯・元人雜劇
　　　　全集

楚昭公疎者下船雜劇一卷
　　（元）鄭廷玉撰
　　　元曲選（萬曆本、景萬曆本、世界書局
　　　　排印本、文學古籍刊行社重印世界
　　　　書局本）乙集下
　　　四部備要（排印本、縮印本）・集部總
　　　　集・元曲選乙集下

楚昭公疎者下船一卷
　　　脈望館鈔校本古今雜劇
　　　中國文學珍本叢書第一輯・元人雜劇
　　　　全集
　　　古本戲曲叢刊四集・脈望館鈔校本古
　　　　今雜劇

大都新編楚昭王疎者下船一卷
　　　古今雜劇（日本本、景日本本）
　　　古本戲曲叢刊四集・元刊雜劇三十種

看錢奴買冤家債主雜劇一卷
　　（元）鄭廷玉撰
　　　元曲選（萬曆本、景萬曆本、世界書局
　　　　排印本、文學古籍刊行社重印世界
　　　　書局本）癸集上
　　　四部備要（排印本、縮印本）・集部總
　　　　集・元曲選癸集上

看財奴買冤家債主一卷
　　　雜劇選
　　　脈望館鈔校本古今雜劇

古本戲曲叢刊四集・脈望館鈔校本古
今雜劇

新刊關目看錢奴買冤家債主一卷
古今雜劇（日本本、景日本本）
古本戲曲叢刊四集・元刊雜劇三十種

看錢奴買冤家債主一卷
中國文學珍本叢書第一輯・元人雜劇
全集

崔府君斷冤家債主雜劇一卷
（元）鄭廷玉撰
元曲選（萬曆本、景萬曆本、世界書局
排印本、文學古籍刊行社重印世界
書局本）庚集上
四部備要（排印本、縮印本）・集部總
集・元曲選庚集上

斷冤家債主一卷
脈望館鈔校本古今雜劇
古本戲曲叢刊四集・脈望館鈔校本古
今雜劇

崔府君斷冤家債主一卷
中國文學珍本叢書第一輯・元人雜劇
全集

包龍圖智勘後庭花一卷
（元）鄭廷玉撰
古名家雜劇
脈望館鈔校本古今雜劇
元曲大觀
中國文學珍本叢書第一輯・元人雜劇
全集
古本戲曲叢刊四集・脈望館鈔校本古
今雜劇

包龍圖智勘後庭花雜劇一卷
元曲選（萬曆本、景萬曆本、世界書局
排印本、文學古籍刊行社重印世界
書局本）己集上
四部備要（排印本、縮印本）・集部總
集・元曲選己集上

布袋和尚忍字記雜劇一卷
（元）鄭廷玉撰
元曲選（萬曆本、景萬曆本、世界書局
排印本、文學古籍刊行社重印世界
書局本）庚集上
四部備要（排印本、縮印本）・集部總
集・元曲選庚集上

布袋和尚忍字記一卷
雜劇選
脈望館鈔校本古今雜劇
中國文學珍本叢書第一輯・元人雜劇
全集

古本戲曲叢刊四集・脈望館鈔校本古
今雜劇

宋上皇御斷金鳳釵一卷
（元）鄭廷玉撰
脈望館鈔校本古今雜劇
孤本元明雜劇（商務印書館排印本、中
華書局重印本）
古本戲曲叢刊四集・脈望館鈔校本古
今雜劇

說鱄諸伍員吹簫雜劇一卷
（元）李壽卿撰
元曲選（萬曆本、景萬曆本、世界書局
排印本、文學古籍刊行社重印世界
書局本）丁集下
四部備要（排印本、縮印本）・集部總
集・元曲選丁集下

說鱄諸伍員吹簫一卷
中國文學珍本叢書第一輯・元人雜劇
全集

月明和尚度柳翠一卷
（元）李壽卿撰
古名家雜劇
雜劇選
脈望館鈔校本古今雜劇
古今名劇合選・新鐫古今名劇柳枝集
中國文學珍本叢書第一輯・元人雜劇
全集
古本戲曲叢刊四集・雜劇選
古本戲曲叢刊四集・脈望館鈔校本古
今雜劇
古本戲曲叢刊四集・古今名劇合選・
新鐫古今名劇柳枝集

月明和尚度柳翠雜劇一卷
元曲選（萬曆本、景萬曆本、世界書局
排印本、文學古籍刊行社重印世界
書局本）辛集下
四部備要（排印本、縮印本）・集部總
集・元曲選辛集下

鼓盆歌莊子嘆骷髏殘本一卷
（元）李壽卿撰
中國文學珍本叢書第一輯・元人雜劇
全集

趙氏孤兒大報讐雜劇一卷
（元）紀君祥撰
元曲選（萬曆本、景萬曆本、世界書局
排印本、文學古籍刊行社重印世界
書局本）壬集上
四部備要（排印本、縮印本）・集部總
集・元曲選壬集上

趙氏孤兒一卷
　　古今名劇合選・新鐫古今名劇酹江集
　　古今雜劇(日本本、景日本本)
　　古本戲曲叢刊四集・元刊雜劇三十種
　　古本戲曲叢刊四集・古今名劇合選・
　　　新鐫古今名劇酹江集
趙氏孤兒大報讐一卷
　　中國文學珍本叢書第一輯・元人雜劇
　　　全集
好酒趙元遇上皇一卷
　(元)高文秀撰
　　脈望館鈔校本古今雜劇
　　中國文學珍本叢書第一輯・元人雜劇
　　　全集
　　孤本元明雜劇(商務印書館排印本、中
　　　華書局重印本)
　　古本戲曲叢刊四集・脈望館鈔校本古
　　　今雜劇
新刊關目好酒趙元遇上皇一卷
　　古今雜劇(日本本、景日本本)
　　古本戲曲叢刊四集・元刊雜劇三十種
黑旋風雙獻功雜劇一卷
　(元)高文秀撰
　　元曲選（萬曆本、景萬曆本、世界書局
　　　排印本、文學古籍刊行社重印世界
　　　書局本)丁集下
　　四部備要（排印本、縮印本)・集部總
　　　集・元曲選丁集下
黑旋風雙獻功一卷
　　脈望館鈔校本古今雜劇
　　中國文學珍本叢書第一輯・元人雜劇
　　　全集
　　古本戲曲叢刊四集・脈望館鈔校本古
　　　今雜劇
須賈大夫誶范叔雜劇一卷
　(元)高文秀撰
　　元曲選（萬曆本、景萬曆本、世界書局
　　　排印本、文學古籍刊行社重印世界
　　　書局本)庚集下
　　四部備要（排印本、縮印本)・集部總
　　　集・元曲選庚集下
須賈誶范雎一卷
　　雜劇選
　　古本戲曲叢刊四集・雜劇選
誶范叔一卷
　　古今名劇合選・新鐫古今名劇酹江集
　　古本戲曲叢刊四集・古今名劇合選・
　　　新鐫古今名劇酹江集

須賈大夫誶范叔一卷
　　中國文學珍本叢書第一輯・元人雜劇
　　　全集
劉玄德獨赴襄陽會一卷
　(元)高文秀撰
　　脈望館鈔校本古今雜劇
　　孤本元明雜劇(商務印書館排印本、中
　　　華書局重印本)
　　古本戲曲叢刊四集・脈望館鈔校本古
　　　今雜劇
保成公徑赴澠池會一卷
　(元)高文秀撰
　　脈望館鈔校本古今雜劇
　　孤本元明雜劇(商務印書館排印本、中
　　　華書局重印本)
　　古本戲曲叢刊四集・脈望館鈔校本古
　　　今雜劇
周瑜謁魯肅殘本一卷
　(元)高文秀撰
　　中國文學珍本叢書第一輯・元人雜劇
　　　全集
朱太守風雪漁樵記雜劇一卷
　(元)庾天錫撰
　　元曲選（萬曆本、景萬曆本、世界書局
　　　排印本、文學古籍刊行社重印世界
　　　書局本)戊集下
　　四部備要（排印本、縮印本)・集部總
　　　集・元曲選戊集下
朱太守風雪漁樵記一卷
　　元曲大觀
　　中國文學珍本叢書第一輯・元人雜劇
　　　全集
大婦小妻還牢末一卷
　(題元馬致遠撰)
　　古名家雜劇
　　元明雜劇(國學圖書館景明本、中國戲
　　　劇出版社景國學圖書館本)
　　古本戲曲叢刊四集・古名家雜劇
　(元)李致遠撰
　　脈望館鈔校本古今雜劇
　　古本戲曲叢刊四集・脈望館鈔校本古
　　　今雜劇
都孔目風雨還牢末雜劇一卷
　　元曲選（萬曆本、景萬曆本、世界書局
　　　排印本、文學古籍刊行社重印世界
　　　書局本)癸集上
　　四部備要（排印本、縮印本)・集部總
　　　集・元曲選癸集上
河南府張鼎勘頭巾一卷

（元）孫仲章撰

　　古名家雜劇

　　脈望館鈔校本古今雜劇

　　中國文學珍本叢書第一輯・元人雜劇
　　全集

　　古本戲曲叢刊四集・脈望館鈔校本古
　　今雜劇

河南府張鼎勘頭巾雜劇一卷

　　元曲選（萬曆本、景萬曆本、世界書局
　　排印本、文學古籍刊行社重印世界
　　書局本）丁集下

　　四部備要（排印本、縮印本）・集部總
　　集・元曲選丁集下

降桑椹蔡順奉母一卷

　（元）劉唐卿撰

　　脈望館鈔校本古今雜劇

　　孤本元明雜劇（商務印書館排印本、中
　　華書局重印本）

　　古本戲曲叢刊四集・脈望館鈔校本古
　　今雜劇

古杭新刊關目的本李太白貶夜郎一卷

　（元）王伯成撰

　　古今雜劇（日本本、景日本本）

　　古本戲曲叢刊四集・元刊雜劇三十種

李太白貶夜郎一卷

　　中國文學珍本叢書第一輯・元人雜劇
　　全集

散家財天賜老生兒雜劇一卷

　（元）武漢臣撰

　　元曲選（萬曆本、景萬曆本、世界書局
　　排印本、文學古籍刊行社重印世界
　　書局本）丙集上

　　四部備要（排印本、縮印本）・集部總
　　集・元曲選丙集上

天賜老生兒一卷

　　古今名劇合選・新鐫古今名劇酹江集

　　古本戲曲叢刊四集・古今名劇合選・
　　新鐫古今名劇酹江集

新刊的本散家財天賜老生兒一卷

　　古今雜劇（日本本、景日本本）

　　古本戲曲叢刊四集・元刊雜劇三十種

散家財天賜老生兒一卷

　　中國文學珍本叢書第一輯・元人雜劇
　　全集

李素蘭風月玉壺春雜劇一卷

　（元）武漢臣撰

　　元曲選（萬曆本、景萬曆本、世界書局
　　排印本、文學古籍刊行社重印世界
　　書局本）丙集下

四部備要（排印本、縮印本）・集部總
集・元曲選丙集下

李素蘭風月玉壺春一卷

　　雜劇選

　　元曲大觀

　　中國文學珍本叢書第一輯・元人雜劇
　　全集

　　古本戲曲叢刊四集・雜劇選

包待制智賺生金閣雜劇一卷

　（元）武漢臣撰

　　元曲選（萬曆本、景萬曆本、世界書局
　　排印本、文學古籍刊行社重印世界
　　書局本）癸集下

　　四部備要（排印本、縮印本）・集部總
　　集・元曲選癸集下

　　元人雜劇選

包待制智賺生金閣一卷

　　雜劇選

　　脈望館鈔校本古今雜劇

　　中國文學珍本叢書第一輯・元人雜劇
　　全集

　　古本戲曲叢刊四集・脈望館鈔校本古
　　今雜劇

虎牢關三戰呂布殘本一卷

　（元）武漢臣撰

　　中國文學珍本叢書第一輯・元人雜劇
　　全集

神龍殿欒巴噀酒殘本一卷

　（元）李進取撰

　　中國文學珍本叢書第一輯・元人雜劇
　　全集

呂洞賓度鐵拐李岳雜劇一卷

　（元）岳伯川撰

　　元曲選（萬曆本、景萬曆本、世界書局
　　排印本、文學古籍刊行社重印世界
　　書局本）丙集下

　　四部備要（排印本、縮印本）・集部總
　　集・元曲選丙集下

鐵拐李一卷

　　古今名劇合選・新鐫古今名劇酹江集

　　古本戲曲叢刊四集・古今名劇合選・
　　新鐫古今名劇酹江集

新編岳孔目借鐵拐李還魂一卷

　　古今雜劇（日本本、景日本本）

　　古本戲曲叢刊四集・元刊雜劇三十種

呂洞賓度鐵拐李岳一卷

　　中國文學珍本叢書第一輯・元人雜劇
　　全集

羅光遠夢斷楊貴妃殘本一卷

(元)岳伯川撰
　　中國文學珍本叢書第一輯·元人雜劇
　　全集
梁山泊李逵負荊雜劇一卷
　　(元)康進之撰
　　　元曲選（萬曆本、景萬曆本、世界書局
　　　排印本、文學古籍刊行社重印世界
　　　書局本)壬集下
　　　四部備要（排印本、縮印本)·集部總
　　　集·元曲選壬集下
　　　元人雜劇選
　李逵負荊一卷
　　　古今名劇合選·新鐫古今名劇酹江集
　　　古本戲曲叢刊四集·古今名劇合選·
　　　新鐫古今名劇酹江集
　梁山泊李逵負荊一卷
　　　中國文學珍本叢書第一輯·元人雜劇
　　　全集
沙門島張生煮海雜劇一卷
　　(元)李好古撰
　　　元曲選（萬曆本、景萬曆本、世界書局
　　　排印本、文學古籍刊行社重印世界
　　　書局本)癸集下
　　　四部備要（排印本、縮印本)·集部總
　　　集·元曲選癸集下
　　　元人雜劇選
　張生煮海一卷
　　　古今名劇合選·新鐫古今名劇柳枝集
　　　古本戲曲叢刊四集·古今名劇合選·
　　　新鐫古今名劇柳枝集
　沙門島張生煮海一卷
　　　中國文學珍本叢書第一輯·元人雜劇
　　　全集
新編關目晉文公火燒介之推一卷
　　(元)狄君厚撰
　　　古今雜劇（日本本、景日本本）
　　　古本戲曲叢刊四集·元刊雜劇三十種
　晉文公火燒介之推一卷
　　　中國文學珍本叢書第一輯·元人雜劇
　　　全集
謝金蓮詩酒紅梨花一卷
　　(元)張壽卿撰
　　　古名家雜劇
　　　古雜劇
　　　元曲大觀
　　　元明雜劇（國學圖書館景明本、中國戲
　　　劇出版社景國學圖書館本）
　　　中國文學珍本叢書第一輯·元人雜劇

全集
　　　古本戲曲叢刊四集·古名家雜劇
　　　古本戲曲叢刊四集·古雜劇
謝金蓮詩酒紅梨花雜劇一卷
　　　元曲選（萬曆本、景萬曆本、世界書局
　　　排印本、文學古籍刊行社重印世界
　　　書局本)庚集上
　　　四部備要（排印本、縮印本)·集部總
　　　集·元曲選庚集上
　詩酒紅梨花一卷
　　　古今名劇合選·新鐫古今名劇柳枝集
　　　古本戲曲叢刊四集·古今名劇合選·
　　　新鐫古今名劇柳枝集
　紅梨花雜劇一卷
　　　喜咏軒叢書乙編·校正原本紅梨記附
花間四友東坡夢雜劇一卷
　　(元)吳昌齡撰
　　　元曲選（萬曆本、景萬曆本、世界書局
　　　排印本、文學古籍刊行社重印世界
　　　書局本)辛集上
　　　四部備要（排印本、縮印本)·集部總
　　　集·元曲選辛集上
　花間四友東坡夢一卷
　　　元曲大觀
　　　中國文學珍本叢書第一輯·元人雜劇
　　　全集
張天師斷風花雪月雜劇一卷
　　(元)吳昌齡撰
　　　元曲選（萬曆本、景萬曆本、世界書局
　　　排印本、文學古籍刊行社重印世界
　　　書局本)乙集上
　　　四部備要（排印本、縮印本)·集部總
　　　集·元曲選乙集上
　張天師斷風花雪月一卷
　　　脈望館鈔校本古今雜劇
　　　元曲大觀
　　　中國文學珍本叢書第一輯·元人雜劇
　　　全集
　　　古本戲曲叢刊四集·脈望館鈔校本古
　　　今雜劇
唐三藏西天取經六卷
　　(元)吳昌齡撰
　　　中國文學珍本叢書第一輯·元人雜劇
　　　全集
楊東來先生批評西遊記六卷
　　(元)吳昌齡撰
　　　古本戲曲叢刊初集
鬼子母揭鉢記殘本一卷
　　(元)吳昌齡撰

中國文學珍本叢書第一輯·元人雜劇
全集

二郎收猪八戒一卷
　（元）吳昌齡撰
　　　古今名劇合選·新鐫古今名劇柳枝集
　　　古本戲曲叢刊四集·古今名劇合選·
　　　　新鐫古今名劇柳枝集

李亞仙花酒曲江池雜劇一卷
　（元）石君寶撰
　　　元曲選（萬曆本、景萬曆本、世界書局
　　　　排印本、文學古籍刊行社重印世界
　　　　書局本）乙集下
　　　四部備要（排印本、縮印本）·集部總
　　　　集·元曲選乙集下

李亞仙花酒曲江池一卷
　　　古雜劇
　　　元曲大觀
　　　中國文學珍本叢書第一輯·元人雜劇
　　　　全集
　　　古本戲曲叢刊四集·古雜劇

古杭新刊的本關目風月紫雲庭一卷
　（元）石君寶撰
　　　古今雜劇（日本本、景日本本）
　　　古本戲曲叢刊四集·元刊雜劇三十種

風月紫雲亭一卷
　　　中國文學珍本叢書第一輯·元人雜劇
　　　　全集

魯大夫秋胡戲妻雜劇一卷
　（元）石君寶撰
　　　元曲選（萬曆本、景萬曆本、世界書局
　　　　排印本、文學古籍刊行社重印世界
　　　　書局本）丁集上
　　　四部備要（排印本、縮印本）·集部總
　　　　集·元曲選丁集上
　　　元人雜劇選

魯大夫秋胡戲妻一卷
　　　元曲大觀
　　　中國文學珍本叢書第一輯·元人雜劇
　　　　全集

包待制智賺灰闌記雜劇一卷
　（元）李潛夫撰
　　　元曲選（萬曆本、景萬曆本、世界書局
　　　　排印本、文學古籍刊行社重印世界
　　　　書局本）庚集上
　　　四部備要（排印本、縮印本）·集部總
　　　　集·元曲選庚集上

包待制智勘灰闌記一卷
　　　中國文學珍本叢書第一輯·元人雜劇
　　　　全集

張孔目智勘魔合羅一卷
　（元）孟漢卿撰
　　　古名家雜劇
　　　脈望館鈔校本古今雜劇
　　　中國文學珍本叢書第一輯·元人雜劇
　　　　全集
　　　古本戲曲叢刊四集·脈望館鈔校本古
　　　　今雜劇

張孔目智勘魔合羅雜劇一卷
　　　元曲選（萬曆本、景萬曆本、世界書局
　　　　排印本、文學古籍刊行社重印世界
　　　　書局本）辛集下
　　　四部備要（排印本、縮印本）·集部總
　　　　集·元曲選辛集下
　　　元人雜劇選

智勘魔合羅一卷
　　　古今名劇合選·新鐫古今名劇酹江集
　　　古本戲曲叢刊四集·古今名劇合選·
　　　　新鐫古今名劇酹江集

新刊關目張鼎智勘魔合羅一卷
　　　古今雜劇（日本本、景日本本）
　　　古本戲曲叢刊四集·元刊雜劇三十種

漢高皇濯足氣英布雜劇一卷
　（元）尚仲賢撰
　　　元曲選（萬曆本、景萬曆本、世界書局
　　　　排印本、文學古籍刊行社重印世界
　　　　書局本）辛集上
　　　四部備要（排印本、縮印本）·集部總
　　　　集·元曲選辛集上

新刊關目漢高皇濯足氣英布一卷
　　　古今雜劇（日本本、景日本本）
　　　古本戲曲叢刊四集·元刊雜劇三十種

漢高皇濯足氣英布一卷
　　　元曲大觀
　　　中國文學珍本叢書第一輯·元人雜劇
　　　　全集

洞庭湖柳毅傳書雜劇一卷
　（元）尚仲賢撰
　　　元曲選（萬曆本、景萬曆本、世界書局
　　　　排印本、文學古籍刊行社重印世界
　　　　書局本）癸集上
　　　四部備要（排印本、縮印本）·集部總
　　　　集·元曲選癸集上

洞庭湖柳毅傳書一卷
　　　古雜劇
　　　中國文學珍本叢書第一輯·元人雜劇
　　　　全集
　　　古本戲曲叢刊四集·古雜劇

柳毅傳書一卷

　　　　古今名劇合選·新鐫古今名劇柳枝集
　　　　古本戲曲叢刊四集·古今名劇合選·
　　　　　新鐫古今名劇柳枝集
古杭新刊的本尉遲恭三奪槊一卷
　　（元）尚仲賢撰
　　　　古今雜劇（日本本、景日本本）
　　　　古本戲曲叢刊四集·元刊雜劇三十種
　尉遲恭三奪槊一卷
　　　　中國文學珍本叢書第一輯·元人雜劇
　　　　　全集
　尉遲恭單鞭奪槊（一名敬德降唐）一卷
　　（元）尚仲賢撰
　　　　古名家雜劇
　　　　元明雜劇（國學圖書館景明本、中國戲
　　　　　劇出版社景國學圖書館本）
　　　　中國文學珍本叢書第一輯·元人雜劇
　　　　　全集
　　　　古本戲曲叢刊四集·古名家雜劇
　　　（題元關漢卿撰）
　　　　脈望館鈔校本古今雜劇
　　　　古本戲曲叢刊四集·脈望館鈔校本古
　　　　　今雜劇
　尉遲恭單鞭奪槊雜劇一卷
　　　　元曲選（萬曆本、景萬曆本、世界書局
　　　　　排印本、文學古籍刊行社重印世界
　　　　　書局本）庚集下
　　　　四部備要（排印本、縮印本）·集部總
　　　　　集·元曲選庚集下
陶淵明歸去來兮殘本一卷
　　（元）尚仲賢撰
　　　　中國文學珍本叢書第一輯·元人雜劇
　　　　　全集
鳳凰坡越娘背燈殘本一卷
　　（元）尚仲賢撰
　　　　中國文學珍本叢書第一輯·元人雜劇
　　　　　全集
海神廟王魁負桂英殘本一卷
　　（元）尚仲賢撰
　　　　中國文學珍本叢書第一輯·元人雜劇
　　　　　全集
陶學士醉寫風光好一卷
　　（元）戴善夫撰
　　　　古名家雜劇
　　　　陽春奏
　　　　脈望館鈔校本古今雜劇
　　　　元曲大觀
　　　　中國文學珍本叢書第一輯·元人雜劇
　　　　　全集
　　　　古本戲曲叢刊四集·陽春奏三種

　　　　古本戲曲叢刊四集·脈望館鈔校本古
　　　　　今雜劇
陶學士醉寫風光好雜劇一卷
　　　　元曲選（萬曆本、景萬曆本、世界書局
　　　　　排印本、文學古籍刊行社重印世界
　　　　　書局本）丁集上
　　　　四部備要（排印本、縮印本）·集部總
　　　　　集·元曲選丁集上
柳耆卿詩酒翫江樓殘本一卷
　　（元）戴善夫撰
　　　　中國文學珍本叢書第一輯·元人雜劇
　　　　　全集
瘸李岳詩酒翫江亭一卷
　　（元）戴善夫撰
　　　　脈望館鈔校本古今雜劇
　　　　孤本元明雜劇（商務印書館排印本、中
　　　　　華書局重印本）
　　　　古本戲曲叢刊四集·脈望館鈔校本古
　　　　　今雜劇
蘇子瞻風雪貶黃州一卷
　　（元）費唐臣撰
　　　　脈望館鈔校本古今雜劇
　　　　孤本元明雜劇（商務印書館排印本、中
　　　　　華書局重印本）
　　　　古本戲曲叢刊四集·脈望館鈔校本古
　　　　　今雜劇
　蘇子瞻風雪貶黃州殘本一卷
　　　　中國文學珍本叢書第一輯·元人雜劇
　　　　　全集
古杭新刊關目輔成王周公攝政一卷
　　（元）鄭光祖撰
　　　　古今雜劇（日本本、景日本本）
　　　　古本戲曲叢刊四集·元刊雜劇三十種
　輔成王周公攝政一卷
　　　　中國文學珍本叢書第一輯·元人雜劇
　　　　　全集
醉思鄉王粲登樓一卷
　　（元）鄭光祖撰
　　　　古名家雜劇
　　　　脈望館鈔校本古今雜劇
　　　　元明雜劇（國學圖書館景明本、中國戲
　　　　　劇出版社景國學圖書館本）
　　　　中國文學珍本叢書第一輯·元人雜劇
　　　　　全集
　　　　古本戲曲叢刊四集·脈望館鈔校本古
　　　　　今雜劇
醉思鄉王粲登樓雜劇一卷
　　　　元曲選（萬曆本、景萬曆本、世界書局
　　　　　排印本、文學古籍刊行社重印世界

書局本)戊集下
四部備要（排印本、縮印本）・集部總
集・元曲選戊集下

王粲登樓一卷
古今名劇合選・新鐫古今名劇酹江集
古本戲曲叢刊四集・古今名劇合選・
新鐫古今名劇酹江集

㑳梅香騙翰林風月雜劇一卷
（元）鄭光祖撰
元曲選（萬曆本、景萬曆本、世界書局
排印本、文學古籍刊行社重印世界
書局本）庚集下
四部備要（排印本、縮印本）・集部總
集・元曲選庚集下

㑳梅香騙翰林風月一卷
雜劇選
脈望館鈔校本古今雜劇
中國文學珍本叢書第一輯・元人雜劇
全集
古本戲曲叢刊四集・脈望館鈔校本古
今雜劇

白敏中㑳梅香一卷
古雜劇
古本戲曲叢刊四集・古雜劇

翰林風月一卷
古今名劇合選・新鐫古今名劇柳枝集
古本戲曲叢刊四集・古今名劇合選・
新鐫古今名劇柳枝集

迷青瑣倩女離魂一卷
（元）鄭光祖撰
古名家雜劇
古雜劇
脈望館鈔校本古今雜劇
中國文學珍本叢書第一輯・元人雜劇
全集
古本戲曲叢刊四集・古雜劇
古本戲曲叢刊四集・脈望館鈔校本古
今雜劇

迷青瑣倩女離魂雜劇一卷
元曲選（萬曆本、景萬曆本、世界書局
排印本、文學古籍刊行社重印世界
書局本）戊集上
四部備要（排印本、縮印本）・集部總
集・元曲選戊集上
元人雜劇選

倩女離魂一卷
古今名劇合選・新鐫古今名劇柳枝集
古本戲曲叢刊四集・古今名劇合選・
新鐫古今名劇柳枝集

虎牢關三戰呂布一卷
（元）鄭光祖撰
脈望館鈔校本古今雜劇
孤本元明雜劇（商務印書館排印本、中
華書局重印本）
古本戲曲叢刊四集・脈望館鈔校本古
今雜劇

立成湯伊尹耕莘一卷
（元）鄭光祖撰
脈望館鈔校本古今雜劇
孤本元明雜劇（商務印書館排印本、中
華書局重印本）
古本戲曲叢刊四集・脈望館鈔校本古
今雜劇

鍾離春智勇定齊一卷
（元）鄭光祖撰
脈望館鈔校本古今雜劇
孤本元明雜劇（商務印書館排印本、中
華書局重印本）
古本戲曲叢刊四集・脈望館鈔校本古
今雜劇

程咬金斧劈老君堂一卷
（元）鄭光祖撰
脈望館鈔校本古今雜劇
孤本元明雜劇（商務印書館排印本、中
華書局重印本）
古本戲曲叢刊四集・脈望館鈔校本古
今雜劇

崔懷寶月夜聞箏殘本一卷
（元）鄭光祖撰
中國文學珍本叢書第一輯・元人雜劇
全集

死生交范張雞黍雜劇一卷
（元）宮天挺撰
元曲選（萬曆本、景萬曆本、世界書局
排印本、文學古籍刊行社重印世界
書局本）己集上
四部備要（排印本、縮印本）・集部總
集・元曲選己集上

死生交范張雞黍一卷
雜劇選
脈望館鈔校本古今雜劇
中國文學珍本叢書第一輯・元人雜劇
全集
古本戲曲叢刊四集・脈望館鈔校本古
今雜劇

范張雞黍一卷
古今名劇合選・新鐫古今名劇酹江集
古本戲曲叢刊四集・古今名劇合選・

新鑴古今名劇酹江集
新刊死生交范張雞黍一卷
　　　　古今雜劇（日本本、景日本本）
　　　　古本戲曲叢刊四集・元刊雜劇三十種
新刊關目嚴子陵垂釣七里灘一卷
　　（元）宮天挺撰
　　　　古今雜劇（日本本、景日本本）
　　　　古本戲曲叢刊四集・元刊雜劇三十種
王月英元夜留鞋記雜劇一卷
　　（元）曾瑞撰
　　　　元曲選（萬曆本、景萬曆本、世界書局
　　　　　排印本、文學古籍刊行社重印世界
　　　　　書局本）辛集上
　　　　四部備要（排印本、縮印本）・集部總
　　　　　集・元曲選辛集上
王月英元夜留鞋記一卷
　　　　雜劇選
　　　　脈望館鈔校本古今雜劇
　　　　古本戲曲叢刊四集・脈望館鈔校本古
　　　　　今雜劇
新刊關目全蕭何追韓信一卷
　　（元）金仁傑撰
　　　　古今雜劇（日本本、景日本本）
　　　　古本戲曲叢刊四集・元刊雜劇三十種
大都新栞關目的本東窗事犯一卷
　　（元）孔學詩撰
　　　　古今雜劇（日本本、景日本本）
　　（題元金仁傑撰）
　　　　古本戲曲叢刊四集・元刊雜劇三十種
秦太師東窗事犯一卷
　　　　中國文學珍本叢書第一輯・元人雜劇
　　　　　全集
古杭新刊關目霍光鬼諫一卷
　　（元）楊梓撰
　　　　古今雜劇（日本本、景日本本）
　　　　古本戲曲叢刊四集・元刊雜劇三十種
忠義士豫讓吞炭一卷
　　（元）楊梓撰
　　　　古名家雜劇
　　　　脈望館鈔校本古今雜劇
　　　　元明雜劇（國學圖書館景明本、中國戲
　　　　　劇出版社景國學圖書館本）
　　　　古本戲曲叢刊四集・脈望館鈔校本古
　　　　　今雜劇
敬德不伏老一卷
　　（元）楊梓撰
　　　　脈望館鈔校本古今雜劇
　　　　古本戲曲叢刊四集・脈望館鈔校本古
　　　　　今雜劇

杜牧之詩酒揚州夢一卷
　　（元）喬吉撰
　　　　古名家雜劇
　　　　元曲大觀
　　　　元明雜劇（國學圖書館景明本、中國戲
　　　　　劇出版社景國學圖書館本）
　　　　古本戲曲叢刊四集・古名家雜劇
杜牧之詩酒揚州夢雜劇一卷
　　　　元曲選（萬曆本、景萬曆本、世界書局
　　　　　排印本、文學古籍刊行社重印世界
　　　　　書局本）戊集下
　　　　四部備要（排印本、縮印本）・集部總
　　　　　集・元曲選戊集下
詩酒揚州夢一卷
　　　　古今名劇合選・新鑴古今名劇柳枝集
　　　　古本戲曲叢刊四集・古今名劇合選・
　　　　　新鑴古今名劇柳枝集
杜牧之揚州夢一卷
　　　　揚州叢刻
新鑴杜牧之詩酒揚州夢一卷
　　　　古本戲曲叢刊四集・元明雜劇四種
玉簫女兩世姻緣一卷
　　（元）喬吉撰
　　　　古名家雜劇
　　　　雜劇選
　　　　古雜劇
　　　　元曲大觀
　　　　元明雜劇（國學圖書館景明本、中國戲
　　　　　劇出版社景國學圖書館本）
　　　　古本戲曲叢刊四集・古名家雜劇
　　　　古本戲曲叢刊四集・雜劇選
　　　　古本戲曲叢刊四集・古雜劇
玉簫女兩世姻緣雜劇一卷
　　　　元曲選（萬曆本、景萬曆本、世界書局
　　　　　排印本、文學古籍刊行社重印世界
　　　　　書局本）己集下
　　　　四部備要（排印本、縮印本）・集部總
　　　　　集・元曲選己集下
兩世姻緣一卷
　　　　古今名劇合選・新鑴古今名劇柳枝集
　　　　古本戲曲叢刊四集・古今名劇合選・
　　　　　新鑴古今名劇柳枝集
李太白匹配金錢記一卷
　　（元）喬吉撰
　　　　古名家雜劇
　　　　古雜劇
　　　　元曲大觀
　　　　元明雜劇（國學圖書館景明本、中國戲
　　　　　劇出版社景國學圖書館本）

古本戲曲叢刊四集・古雜劇
古本戲曲叢刊四集・古名家雜劇

李太白匹配金錢記雜劇一卷
　　元曲選（萬曆本、景萬曆本、世界書局
　　　排印本、文學古籍刊行社重印世界
　　　書局本)甲集上
　　四部備要（排印本、縮印本)・集部總
　　　集・元曲選甲集上

新鐫李太白匹配金錢記一卷
　　元明雜劇四種

金錢記一卷
　　古今名劇合選・新鐫古今名劇柳枝集
　　古本戲曲叢刊四集・古今名劇合選・
　　　新鐫古今名劇柳枝集

龐居士誤放來生債雜劇一卷
　　(元)劉君錫撰
　　元曲選（萬曆本、景萬曆本、世界書局
　　　排印本、文學古籍刊行社重印世界
　　　書局本)乙集下
　　四部備要（排印本、縮印本)・集部總
　　　集・元曲選乙集下

龐居士誤放來生債一卷
　　元曲大觀

陳季卿悞上竹葉舟雜劇一卷
　　(元)范康撰
　　元曲選（萬曆本、景萬曆本、世界書局
　　　排印本、文學古籍刊行社重印世界
　　　書局本)己集下
　　四部備要（排印本、縮印本)・集部總
　　　集・元曲選己集下

新刊關目陳季卿悟道竹葉舟一卷
　　古今雜劇(日本本、景日本本)
　　古本戲曲叢刊四集・元刊雜劇三十種

存孝打虎一卷
　　(元)陳以仁撰
　　脈望館鈔校本古今雜劇
　　古本戲曲叢刊四集・脈望館鈔校本古
　　　今雜劇

鴈門關存孝打虎一卷
　　孤本元明雜劇(商務印書館排印本、中
　　　華書局重印本)

飛虎峪存孝打虎一卷
　　(元)陳以仁撰　　(□)□□刪訂
　　脈望館鈔校本古今雜劇
　　古本戲曲叢刊四集・脈望館鈔校本古
　　　今雜劇

宜秋山趙禮讓肥雜劇一卷
　　(元)秦簡夫撰

元曲選（萬曆本、景萬曆本、世界書局
　排印本、文學古籍刊行社重印世界
　書局本)己集下
四部備要（排印本、縮印本)・集部總
　集・元曲選己集下

孝義士趙禮讓肥一卷
　　雜劇選
　　脈望館鈔校本古今雜劇(二本)
　　古本戲曲叢刊四集・脈望館鈔校本古
　　　今雜劇(二本)

東堂老勸破家子弟雜劇一卷
　　(元)秦簡夫撰
　　元曲選（萬曆本、景萬曆本、世界書局
　　　排印本、文學古籍刊行社重印世界
　　　書局本)乙集上
　　四部備要（排印本、縮印本)・集部總
　　　集・元曲選乙集上
　　元人雜劇選

東堂老勸破家子第一卷
　　雜劇選
　　脈望館鈔校本古今雜劇
　　古本戲曲叢刊四集・脈望館鈔校本古
　　　今雜劇

東堂老一卷
　　古今名劇合選・新鐫古今名劇酹江集
　　古本戲曲叢刊四集・古今名劇合選・
　　　新鐫古今名劇酹江集

陶母剪髮待賓一卷
　　(元)秦簡夫撰
　　脈望館鈔校本古今雜劇
　　孤本元明雜劇(商務印書館排印本、中
　　　華書局重印本)
　　古本戲曲叢刊四集・脈望館鈔校本古
　　　今雜劇

劉玄德醉走黃鶴樓一卷
　　(元)朱凱撰
　　脈望館鈔校本古今雜劇
　　孤本元明雜劇(商務印書館排印本、中
　　　華書局重印本)
　　古本戲曲叢刊四集・脈望館鈔校本古
　　　今雜劇

昊天塔孟良盜骨雜劇一卷
　　(元)朱凱撰
　　元曲選（萬曆本、景萬曆本、世界書局
　　　排印本、文學古籍刊行社重印世界
　　　書局本)戊集下
　　四部備要（排印本、縮印本)・集部總
　　　集・元曲選戊集下

桃花女破法嫁周公雜劇一卷

　　（元）王曄撰
　　　　元曲選（萬曆本、景萬曆本、世界書局
　　　　　排印本、文學古籍刊行社重印世界
　　　　　書局本)己集下
　　　　四部備要（排印本、縮印本)·集部總
　　　　　集·元曲選己集下
　　講陰陽八卦桃花女一卷
　　　　脈望館鈔校本古今雜劇
　　　　古本戲曲叢刊四集·脈望館鈔校本古
　　　　　今雜劇
桃花女破法嫁周公一卷
　　　　元曲大觀
馬丹陽度脫劉行首一卷
　　（元）楊景賢撰
　　　　古名家雜劇
　　　　脈望館鈔校本古今雜劇
　　　　元明雜劇(國學圖書館景明本、中國戲
　　　　　劇出版社景國學圖書館本）
　　　　古本戲曲叢刊四集·脈望館鈔校本古
　　　　　今雜劇
　　馬丹陽度脫劉行首雜劇一卷
　　　　元曲選（萬曆本、景萬曆本、世界書局
　　　　　排印本、文學古籍刊行社重印世界
　　　　　書局本)辛集下
　　　　四部備要（排印本、縮印本)·集部總
　　　　　集·元曲選辛集下
宋太祖龍虎風雲會一卷
　　（元）羅貫中撰
　　　　古名家雜劇
　　　　雜劇選
　　　　陽春奏
　　　　古雜劇
　　　　脈望館鈔校本古今雜劇
　　　　元明雜劇(國學圖書館景明本、中國戲
　　　　　劇出版社景國學圖書館本）
　　　　古本戲曲叢刊四集·雜劇選
　　　　古本戲曲叢刊四集·陽春奏三種
　　　　古本戲曲叢刊四集·古雜劇
　　　　古本戲曲叢刊四集·脈望館鈔校本古
　　　　　今雜劇
　　龍虎風雲會一卷
　　　　古今名劇合選·新鐫古今名劇酹江集
　　　　古本戲曲叢刊四集·古今名劇合選·
　　　　　新鐫古今名劇酹江集
楊氏女殺狗勸夫雜劇一卷
　　（元）蕭德祥撰
　　　　元曲選（萬曆本、景萬曆本、世界書局
　　　　　排印本、文學古籍刊行社重印世界
　　　　　書局本)甲集下

　　　　四部備要（排印本、縮印本)·集部總
　　　　　集·元曲選甲集下
　　斷殺狗勸夫一卷
　　　　脈望館鈔校本古今雜劇
　　　　古本戲曲叢刊四集·脈望館鈔校本古
　　　　　今雜劇
小孫屠一卷
　　（元）古杭書會撰
　　　　永樂大典戲文三種
　　　　古本戲曲叢刊初集
圍棋闖局一折
　　（元）晚進王生撰
　　　　彙刻傳劇·西廂記五劇附
　　　　中國文學珍本叢書第一輯·元人雜劇
　　　　　全集
宦門子弟錯立身一卷
　　（元）古杭才人撰
　　　　永樂大典戲文三種
　　　　古本戲曲叢刊初集
張協狀元一卷
　　（元）□□撰
　　　　永樂大典戲文三種
　　　　古本戲曲叢刊初集
新編足本關目張千替殺妻一卷
　　（元）□□撰
　　　　古今雜劇(日本本、景日本本）
　　　　古本戲曲叢刊四集·元刊雜劇三十種
諸葛亮博望燒屯一卷
　　（元）□□撰
　　　　脈望館鈔校本古今雜劇
　　　　孤本元明雜劇(商務印書館排印本、中
　　　　　華書局重印本）
　　　　古本戲曲叢刊四集·脈望館鈔校本古
　　　　　今雜劇
　　新刊關目諸葛亮博望燒屯一卷
　　　　古今雜劇(日本本、景日本本）
　　　　古本戲曲叢刊四集·元刊雜劇三十種
古杭新刊小張屠焚兒救母一卷
　　（元）□□撰
　　　　古今雜劇(日本本、景日本本）
　　　　古本戲曲叢刊四集·元刊雜劇三十種
王鼎臣風雪漁樵記一卷
　　（元）□□撰
　　　　雜劇選
　　　　古本戲曲叢刊四集·雜劇選
風雨像生貨郎旦雜劇一卷
　　（元）□□撰
　　　　元曲選（萬曆本、景萬曆本、世界書局

排印本、文學古籍刊行社重印世界
書局本)癸集上
四部備要（排印本、縮印本）·集部總
集·元曲選癸集上
元人雜劇選

貨郎旦一卷
脈望館鈔校本古今雜劇
古本戲曲叢刊四集·脈望館鈔校本古
今雜劇

玎玎璫璫盆兒鬼雜劇一卷
（元）□□撰
元曲選（萬曆本、景萬曆本、世界書局
排印本、文學古籍刊行社重印世界
書局本)辛集下
四部備要（排印本、縮印本）·集部總
集·元曲選辛集下

玎玎璫璫盆兒鬼一卷
脈望館鈔校本古今雜劇
古本戲曲叢刊四集·脈望館鈔校本古
今雜劇

硃砂擔滴水浮漚記雜劇一卷
（元）□□撰
元曲選（萬曆本、景萬曆本、世界書局
排印本、文學古籍刊行社重印世界
書局本)丙集上
四部備要（排印本、縮印本）·集部總
集·元曲選丙集上

硃砂擔滴水浮漚記一卷
脈望館鈔校本古今雜劇
古本戲曲叢刊四集·脈望館鈔校本古
今雜劇

玉清庵錯送鴛鴦被一卷
（元）□□撰
古名家雜劇
雜劇選
脈望館鈔校本古今雜劇
元曲大觀
古本戲曲叢刊四集·雜劇選
古本戲曲叢刊四集·脈望館鈔校本古
今雜劇

玉清菴錯送鴛鴦被雜劇一卷
元曲選（萬曆本、景萬曆本、世界書局
排印本、文學古籍刊行社重印世界
書局本)甲集上
四部備要（排印本、縮印本）·集部總
集·元曲選甲集上

龐涓夜走馬陵道雜劇一卷
（元）□□撰
元曲選（萬曆本、景萬曆本、世界書局

排印本、文學古籍刊行社重印世界
書局本)戊集上
四部備要（排印本、縮印本）·集部總
集·元曲選戊集上

龐涓夜走馬陵道一卷
脈望館鈔校本古今雜劇
古本戲曲叢刊四集·脈望館鈔校本古
今雜劇

孟德耀舉案齊眉雜劇一卷
（元）□□撰
元曲選（萬曆本、景萬曆本、世界書局
排印本、文學古籍刊行社重印世界
書局本)己集上
四部備要（排印本、縮印本）·集部總
集·元曲選己集上

孟光女舉案齊眉一卷
脈望館鈔校本古今雜劇
古本戲曲叢刊四集·脈望館鈔校本古
今雜劇

金水橋陳琳抱粧盒雜劇一卷
（元）□□撰
元曲選（萬曆本、景萬曆本、世界書局
排印本、文學古籍刊行社重印世界
書局本)壬集上
四部備要（排印本、縮印本）·集部總
集·元曲選壬集上

包待制陳州糶米雜劇一卷
（元）□□撰
元曲選（萬曆本、景萬曆本、世界書局
排印本、文學古籍刊行社重印世界
書局本)甲集上
四部備要（排印本、縮印本）·集部總
集·元曲選甲集上
元人雜劇選

包龍圖智賺合同文字雜劇一卷
（元）□□撰
元曲選（萬曆本、景萬曆本、世界書局
排印本、文學古籍刊行社重印世界
書局本)丙集上
四部備要（排印本、縮印本）·集部總
集·元曲選丙集上

包待制智賺合同文字一卷
雜劇選
古本戲曲叢刊四集·雜劇選

錦雲堂暗定連環計雜劇一卷
（元）□□撰
元曲選（萬曆本、景萬曆本、世界書局
排印本、文學古籍刊行社重印世界
書局本)壬集下

四部備要（排印本、縮印本）・集部總
集・元曲選壬集下

錦雲堂美女連環記一卷
雜劇選
脈望館鈔校本古今雜劇
古本戲曲叢刊四集・脈望館鈔校本古
今雜劇

薩眞人夜斷碧桃花雜劇一卷
（元）□□撰
元曲選（萬曆本、景萬曆本、世界書局
排印本、文學古籍刊行社重印世界
書局本）癸集下
四部備要（排印本、縮印本）・集部總
集・元曲選癸集下

薩眞人夜斷碧桃花一卷
雜劇選
元曲大觀
古本戲曲叢刊四集・雜劇選

逞風流王煥百花亭雜劇一卷
（元）□□撰
元曲選（萬曆本、景萬曆本、世界書局
排印本、文學古籍刊行社重印世界
書局本）壬集上
四部備要（排印本、縮印本）・集部總
集・元曲選壬集上

百花亭一卷
脈望館鈔校本古今雜劇
古本戲曲叢刊四集・脈望館鈔校本古
今雜劇

逞風流王煥百花亭一卷
元曲大觀

漢鍾離度脫藍采和一卷
（元）□□撰
古名家雜劇
脈望館鈔校本古今雜劇
元明雜劇（國學圖書館景明本、中國戲
劇出版社景國學圖書館本）
古本戲曲叢刊四集・脈望館鈔校本古
今雜劇

鄭月蓮秋夜雲窗夢一卷
（元）□□撰
脈望館鈔校本古今雜劇
孤本元明雜劇（商務印書館排印本、中
華書局重印本）
古本戲曲叢刊四集・脈望館鈔校本古
今雜劇

狄青復奪衣襖車一卷
（元）□□撰
脈望館鈔校本古今雜劇

孤本元明雜劇（商務印書館排印本、中
華書局重印本）
古本戲曲叢刊四集・脈望館鈔校本古
今雜劇

劉千病打獨角牛一卷
（元）□□撰
脈望館鈔校本古今雜劇
孤本元明雜劇（商務印書館排印本、中
華書局重印本）
古本戲曲叢刊四集・脈望館鈔校本古
今雜劇

摩利支飛刀對箭一卷
（元）□□撰
脈望館鈔校本古今雜劇
孤本元明雜劇（商務印書館排印本、中
華書局重印本）
古本戲曲叢刊四集・脈望館鈔校本古
今雜劇

施仁義劉弘嫁婢一卷
（元）□□撰
脈望館鈔校本古今雜劇
孤本元明雜劇（商務印書館排印本、中
華書局重印本）
古本戲曲叢刊四集・脈望館鈔校本古
今雜劇

關雲長千里獨行一卷
（元）□□撰
脈望館鈔校本古今雜劇
孤本元明雜劇（商務印書館排印本、中
華書局重印本）
古本戲曲叢刊四集・脈望館鈔校本古
今雜劇

龍濟山野猿聽經一卷
（元）□□撰
古名家雜劇
脈望館鈔校本古今雜劇
元明雜劇（國學圖書館景明本、中國戲
劇出版社景國學圖書館本）
古本戲曲叢刊四集・脈望館鈔校本古
今雜劇

二郎神醉射鎖魔鏡一卷
（元）□□撰
古名家雜劇
脈望館鈔校本古今雜劇（二本）
孤本元明雜劇（商務印書館排印本、中
華書局重印本）
古本戲曲叢刊四集・脈望館鈔校本古
今雜劇（二本）

蘇子瞻醉寫赤壁賦一卷

（元）□□撰

古名家雜劇

脈望館鈔校本古今雜劇

元明雜劇（國學圖書館景明本、中國戲
劇出版社景國學圖書館本）

古本戲曲叢刊四集·脈望館鈔校本古
今雜劇

閥閱舞射柳蕤丸記一卷

（元）□□撰

脈望館鈔校本古今雜劇

孤本元明雜劇（商務印書館排印本、中
華書局重印本）

古本戲曲叢刊四集·脈望館鈔校本古
今雜劇

張公藝九世同居一卷

（元）□□撰

雜劇選

脈望館鈔校本古今雜劇

孤本元明雜劇（商務印書館排印本、中
華書局重印本）

古本戲曲叢刊四集·脈望館鈔校本古
今雜劇

趙匡義智娶符金錠一卷

（元）□□撰

雜劇選

脈望館鈔校本古今雜劇

古本戲曲叢刊四集·脈望館鈔校本古
今雜劇

凍蘇秦衣錦還鄉雜劇一卷

（元）□□撰

元曲選（萬曆本、景萬曆本、世界書局
排印本、文學古籍刊行社重印世界
書局本）丙集下

四部備要（排印本、縮印本）·集部總
集·元曲選丙集下

神奴兒大鬧開封府雜劇一卷

（元）□□撰

元曲選（萬曆本、景萬曆本、世界書局
排印本、文學古籍刊行社重印世界
書局本）丁集上

四部備要（排印本、縮印本）·集部總
集·元曲選丁集上

爭報恩三虎下山雜劇一卷

（元）□□撰

元曲選（萬曆本、景萬曆本、世界書局
排印本、文學古籍刊行社重印世界
書局本）甲集下

四部備要（排印本、縮印本）·集部總
集·元曲選甲集下

隨何賺風魔蒯通雜劇一卷

（元）□□撰

元曲選（萬曆本、景萬曆本、世界書局
排印本、文學古籍刊行社重印世界
書局本）甲集上

四部備要（排印本、縮印本）·集部總
集·元曲選甲集上

隨何賺風魔蒯徹一卷

脈望館鈔校本古今雜劇

古本戲曲叢刊四集·脈望館鈔校本古
今雜劇

謝金吾詐拆清風府雜劇一卷

（元）□□撰

元曲選（萬曆本、景萬曆本、世界書局
排印本、文學古籍刊行社重印世界
書局本）丁集上

四部備要（排印本、縮印本）·集部總
集·元曲選丁集上

兩軍師隔江鬥智雜劇一卷

（元）□□撰

元曲選（萬曆本、景萬曆本、世界書局
排印本、文學古籍刊行社重印世界
書局本）辛集上

四部備要（排印本、縮印本）·集部總
集·元曲選辛集上

隔江鬥智一卷

古今名劇合選·新鐫古今名劇酹江集

古本戲曲叢刊四集·古今名劇合選·
新鐫古今名劇酹江集

小尉遲將鬥將認父歸朝雜劇一卷

（元）□□撰

元曲選（萬曆本、景萬曆本、世界書局
排印本、文學古籍刊行社重印世界
書局本）丙集下

四部備要（排印本、縮印本）·集部總
集·元曲選丙集下

小尉遲將鬥將將鞭認父一卷

脈望館鈔校本古今雜劇

古本戲曲叢刊四集·脈望館鈔校本古
今雜劇

馮玉蘭夜月泣江舟雜劇一卷

（元）□□撰

元曲選（萬曆本、景萬曆本、世界書局
排印本、文學古籍刊行社重印世界
書局本）癸集下

四部備要（排印本、縮印本）·集部總
集·元曲選癸集下

魯智深喜賞黃花峪一卷

（元）□□撰

脈望館鈔校本古今雜劇
　孤本元明雜劇(商務印書館排印本、中
　　華書局重印本)
　古本戲曲叢刊四集・脈望館鈔校本古
　　今雜劇
十探子大鬧延安府一卷
　　(元)□□撰
　　脈望館鈔校本古今雜劇
　　孤本元明雜劇(商務印書館排印本、中
　　　華書局重印本)
　　古本戲曲叢刊四集・脈望館鈔校本古
　　　今雜劇

明

劉晨阮肇誤入天台一卷
　　(明)王子一撰
　　古名家雜劇
　　雜劇選
　　脈望館鈔校本古今雜劇
　　元曲大觀
　　元明雜劇(國學圖書館景明本、中國戲
　　　劇出版社景國學圖書館本)
　　古本戲曲叢刊四集・古名家雜劇
　　古本戲曲叢刊四集・脈望館鈔校本古
　　　今雜劇
劉晨阮肇悞入桃源雜劇一卷
　　元曲選（萬曆本、景萬曆本、世界書局
　　　排印本、文學古籍刊行社重印世界
　　　書局本)辛集下
　　四部備要（排印本、縮印本)・集部總
　　　集・元曲選辛集下
悞入桃源一卷
　　古今名劇合選・新鐫古今名劇柳枝集
　　古本戲曲叢刊四集・古今名劇合選・
　　　新鐫古今名劇柳枝集
新編金童玉女嬌紅記二卷
　　(明)劉兌撰
　　古本戲曲叢刊初集
呂洞賓三度城南柳一卷
　　(明)谷子敬撰
　　古名家雜劇
　　雜劇選
　　脈望館鈔校本古今雜劇
　　元曲大觀
　　古本戲曲叢刊四集・雜劇選
　　古本戲曲叢刊四集・脈望館鈔校本古
　　　今雜劇
呂洞賓三度城南柳雜劇一卷
　　元曲選（萬曆本、景萬曆本、世界書局

排印本、文學古籍刊行社重印世界
　書局本)庚集下
四部備要（排印本、縮印本)・集部總
　集・元曲選庚集下
三度城南柳一卷
　　古今名劇合選・新鐫古今名劇柳枝集
　　古本戲曲叢刊四集・古今名劇合選・
　　　新鐫古今名劇柳枝集
翠紅鄉兒女兩團圓雜劇一卷
　　(明)楊文奎撰
　　元曲選（萬曆本、景萬曆本、世界書局
　　　排印本、文學古籍刊行社重印世界
　　　書局本)丙集下
　　四部備要（排印本、縮印本)・集部總
　　　集・元曲選丙集下
翠紅鄉兒女兩團圓一卷
　　雜劇選
　　脈望館鈔校本古今雜劇
　　古本戲曲叢刊四集・脈望館鈔校本古
　　　今雜劇
李雲英風送梧桐葉一卷
　　(明)李唐賓撰
　　古名家雜劇
　　脈望館鈔校本古今雜劇
　　元明雜劇(國學圖書館景明本、中國戲
　　　劇出版社景國學圖書館本)
　　古本戲曲叢刊四集・脈望館鈔校本古
　　　今雜劇
　　(題元喬吉撰)
　　古雜劇
　　古本戲曲叢刊四集・古雜劇
李雲英風送梧桐葉雜劇一卷
　　元曲選（萬曆本、景萬曆本、世界書局
　　　排印本、文學古籍刊行社重印世界
　　　書局本)庚集下
　　四部備要（排印本、縮印本)・集部總
　　　集・元曲選庚集下
荊楚臣重對玉梳一卷
　　(明)賈仲名撰
　　古名家雜劇
　　古雜劇
　　脈望館鈔校本古今雜劇
　　元明雜劇(國學圖書館景明本、中國戲
　　　劇出版社景國學圖書館本)
　　古本戲曲叢刊四集・古雜劇
　　古本戲曲叢刊四集・脈望館鈔校本古
　　　今雜劇
荊楚臣重對玉梳記雜劇一卷
　　元曲選（萬曆本、景萬曆本、世界書局

排印本、文學古籍刊行社重印世界
書局本)壬集上
四部備要（排印本、縮印本）·集部總
集·元曲選壬集上
　重對玉梳記一卷
古今名劇合選·新鐫古今名劇柳枝集
古本戲曲叢刊四集·古今名劇合選·
新鐫古今名劇柳枝集
蕭淑蘭情寄菩薩蠻一卷
　（明）賈仲名撰
古名家雜劇
古雜劇
脈望館鈔校本古今雜劇
古本戲曲叢刊四集·古雜劇
古本戲曲叢刊四集·脈望館鈔校本古
今雜劇
　蕭淑蘭情寄菩薩蠻雜劇一卷
元曲選（萬曆本、景萬曆本、世界書局
排印本、文學古籍刊行社重印世界
書局本)壬集下
四部備要（排印本、縮印本）·集部總
集·元曲選壬集下
　蕭淑蘭一卷
古今名劇合選·新鐫古今名劇柳枝集
古本戲曲叢刊四集·古今名劇合選·
新鐫古今名劇柳枝集
鐵拐李度金童玉女一卷
　（明）賈仲名撰
古名家雜劇
脈望館鈔校本古今雜劇
元曲大觀
古本戲曲叢刊四集·脈望館鈔校本古
今雜劇
　鐵拐李度金童玉女雜劇（一名金安壽）
一卷
元曲選（萬曆本、景萬曆本、世界書局
排印本、文學古籍刊行社重印世界
書局本)庚集上
四部備要（排印本、縮印本）·集部總
集·元曲選庚集上
　新鐫鐵拐李度金童玉女一卷
元明雜劇四種
古本戲曲叢刊四集·元明雜劇四種
呂洞賓桃柳昇仙夢一卷
　（明）賈仲名撰
古名家雜劇
脈望館鈔校本古今雜劇
孤本元明雜劇(商務印書館排印本、中
華書局重印本)

古本戲曲叢刊四集·脈望館鈔校本古
今雜劇
黃廷道夜走流星馬一卷
　（明）黃元吉撰
脈望館鈔校本古今雜劇
孤本元明雜劇(商務印書館排印本、中
華書局重印本)
古本戲曲叢刊四集·脈望館鈔校本古
今雜劇
獨步大羅天一卷
　（明丹邱先生撰）
脈望館鈔校本古今雜劇
古本戲曲叢刊四集·脈望館鈔校本古
今雜劇
沖漠子獨步大羅天一卷
　（明）朱權撰
孤本元明雜劇(商務印書館排印本、中
華書局重印本)
卓文君私奔相如一卷
　（明丹邱先生撰）
脈望館鈔校本古今雜劇
古本戲曲叢刊四集·脈望館鈔校本古
今雜劇
　（明）朱權撰
孤本元明雜劇(商務印書館排印本、中
華書局重印本)
新編甄月娥春風慶朔堂一卷
　（明）朱有燉撰
誠齋雜劇
奢摩他室曲叢第二集·誠齋樂府二十
四種
　春風慶朔堂一卷
古今名劇合選·新鐫古今名劇柳枝集
古本戲曲叢刊四集·古今名劇合選·
新鐫古今名劇柳枝集
新編美姻緣風月桃源景一卷
　（明）朱有燉撰
誠齋雜劇
奢摩他室曲叢第二集·誠齋樂府二十
四種
新編清河縣繼母大賢一卷
　（明）朱有燉撰
誠齋雜劇
奢摩他室曲叢第二集·誠齋樂府二十
四種
　清河縣繼母大賢一卷
古名家雜劇
脈望館鈔校本古今雜劇
古本戲曲叢刊四集·脈望館鈔校本古

今雜劇

（明誠齋撰）

　　元明雜劇（國學圖書館景明本、中國戲
　　劇出版社景國學圖書館本）

新編趙貞姬身後團圓夢一卷

　（明）朱有燉撰

　　誠齋雜劇

　　奢摩他室曲叢第二集・誠齋樂府二十
　　四種

　趙貞姬身後團圓夢一卷

　　古名家雜劇

　　脈望館鈔校本古今雜劇

　　古本戲曲叢刊四集・脈望館鈔校本古
　　今雜劇

　（明誠齋撰）

　　元明雜劇（國學圖書館景明本、中國戲
　　劇出版社景國學圖書館本）

新編劉盼春守志香囊怨一卷

　（明）朱有燉撰

　　誠齋雜劇

　　奢摩他室曲叢第二集・誠齋樂府二十
　　四種

　劉盼春守志香囊怨一卷

　　古名家雜劇

　　脈望館鈔校本古今雜劇

　　古本戲曲叢刊四集・脈望館鈔校本古
　　今雜劇

　（明誠齋撰）

　　元明雜劇（國學圖書館景明本、中國戲
　　劇出版社景國學圖書館本）

　香囊怨一卷

　　誦芬室叢刊二編・盛明雜劇二集

　　盛明雜劇二集

新編宜平巷劉金兒復落娼一卷

　（明）朱有燉撰

　　誠齋雜劇

　　奢摩他室曲叢第二集・誠齋樂府二十
　　四種

新編福祿壽仙官慶會一卷

　（明）朱有燉撰

　　誠齋雜劇

　　奢摩他室曲叢第二集・誠齋樂府二十
　　四種

　福祿壽仙官慶會一卷

　　脈望館鈔校本古今雜劇

　　古本戲曲叢刊四集・脈望館鈔校本古
　　今雜劇

新編神后山秋獮得騶虞一卷

　（明）朱有燉撰

誠齋雜劇

　　奢摩他室曲叢第二集・誠齋樂府二十
　　四種

新編黑旋風仗義疏財一卷

　（明）朱有燉撰

　　誠齋雜劇

　　奢摩他室曲叢第二集・誠齋樂府二十
　　四種

　黑旋風仗義疏財一卷

　　脈望館鈔校本古今雜劇

　　古今名劇合選・新鐫古今名劇酹江集

　　古本戲曲叢刊四集・脈望館鈔校本古
　　今雜劇

　　古本戲曲叢刊四集・古今名劇合選・
　　新鐫古今名劇酹江集

新編紫陽仙三度常椿壽一卷

　（明）朱有燉撰

　　誠齋雜劇

　　奢摩他室曲叢第二集・誠齋樂府二十
　　四種

　紫陽仙三度常椿壽一卷

　　古名家雜劇

　　脈望館鈔校本古今雜劇

　　古本戲曲叢刊四集・脈望館鈔校本古
　　今雜劇

東華仙三度十長生一卷

　（明）朱有燉撰

　　古名家雜劇

　　脈望館鈔校本古今雜劇

　　孤本元明雜劇（商務印書館排印本、中
　　華書局重印本）

　　古本戲曲叢刊四集・脈望館鈔校本古
　　今雜劇

羣仙慶壽蟠桃會一卷

　（明）朱有燉撰

　　古名家雜劇

　　脈望館鈔校本古今雜劇

　　奢摩他室曲叢第二集・誠齋樂府二十
　　四種

　　古本戲曲叢刊四集・脈望館鈔校本古
　　今雜劇

瑤池會八仙慶壽一卷

　（明）朱有燉撰

　　脈望館鈔校本古今雜劇

　　古本戲曲叢刊四集・脈望館鈔校本古
　　今雜劇

　新編瑤池會八仙慶壽一卷

　　奢摩他室曲叢第二集・誠齋樂府二十
　　四種

呂洞賓花月神仙會一卷
　　（明）朱有燉撰
　　　　古名家雜劇
　　　　脈望館鈔校本古今雜劇
　　　　孤本元明雜劇（商務印書館排印本、中
　　　　　華書局重印本）
　　　　古本戲曲叢刊四集・脈望館鈔校本古
　　　　　今雜劇
新編洛陽風月牡丹僊一卷
　　（明）朱有燉撰
　　　　誠齋雜劇
　　　　明周憲王樂府三種
　　　　奢摩他室曲叢第二集・誠齋樂府二十
　　　　　四種
　洛陽風月牡丹仙一卷
　　　　脈望館鈔校本古今雜劇
　　　　古本戲曲叢刊四集・脈望館鈔校本古
　　　　　今雜劇
　風月牡丹僊一卷
　　　　古今名劇合選・新鐫古今名劇柳枝集
　　　　誦芬室叢刊二編・盛明雜劇二集
　　　　古本戲曲叢刊四集・古今名劇合選・
　　　　　新鐫古今名劇柳枝集
　　　　盛明雜劇二集
新編天香圃牡丹品一卷
　　（明）朱有燉撰
　　　　誠齋雜劇
　　　　明周憲王樂府三種
　　　　奢摩他室曲叢第二集・誠齋樂府二十
　　　　　四種
新編十美人慶賞牡丹園一卷
　　（明）朱有燉撰
　　　　誠齋雜劇
　　　　明周憲王樂府三種
　　　　奢摩他室曲叢第二集・誠齋樂府二十
　　　　　四種
　十美人慶賞牡丹園一卷
　　　　脈望館鈔校本古今雜劇
　　　　古本戲曲叢刊四集・脈望館鈔校本古
　　　　　今雜劇
新編張天師明斷辰鉤月一卷
　　（明）朱有燉撰
　　　　誠齋雜劇
　　　　奢摩他室曲叢第二集・誠齋樂府二十
　　　　　四種
　張天師明斷辰鉤月一卷
　　　　脈望館鈔校本古今雜劇
　　　　古本戲曲叢刊四集・脈望館鈔校本古
　　　　　今雜劇

新編孟浩然踏雪尋梅一卷
　　（明）朱有燉撰
　　　　誠齋雜劇
　　　　奢摩他室曲叢第二集・誠齋樂府二十
　　　　　四種
　孟浩然踏雪尋梅一卷
　　（誤題元馬致遠撰）
　　　　雜劇選
　　　　脈望館鈔校本古今雜劇
　　　　古本戲曲叢刊四集・脈望館鈔校本古
　　　　　今雜劇
新編小天香半夜朝元一卷
　　（明）朱有燉撰
　　　　誠齋雜劇
　　　　奢摩他室曲叢第二集・誠齋樂府二十
　　　　　四種
新編李妙清花裏悟真如一卷
　　（明）朱有燉撰
　　　　誠齋雜劇
　　　　奢摩他室曲叢第二集・誠齋樂府二十
　　　　　四種
新編李亞仙花酒曲江池一卷
　　（明）朱有燉撰
　　　　誠齋雜劇
　　　　奢摩他室曲叢第二集・誠齋樂府二十
　　　　　四種
　李亞仙花酒曲江池一卷
　　　　古名家雜劇
　　　　脈望館鈔校本古今雜劇
　　　　古本戲曲叢刊四集・脈望館鈔校本古
　　　　　今雜劇
　　（誤題明楊誠齋撰）
　　　　元明雜劇（國學圖書館景明本、中國戲
　　　　　劇出版社景國學圖書館本）
惠禪師三度小桃紅一卷
　　（明）朱有燉撰
　　　　誠齋雜劇
　　　　脈望館鈔校本古今雜劇
　　　　奢摩他室曲叢第二集・誠齋樂府二十
　　　　　四種
　　　　古本戲曲叢刊四集・脈望館鈔校本古
　　　　　今雜劇
　三度小桃紅一卷
　　　　古今名劇合選・新鐫古今名劇柳枝集
　　　　古本戲曲叢刊四集・古今名劇合選・
　　　　　新鐫古今名劇柳枝集
新編拘搜判官喬斷鬼一卷
　　（明）朱有燉撰
　　　　誠齋雜劇

奢摩他室曲叢第二集・誠齋樂府二十
四種

新編豹子和尙自還俗一卷
　　(明)朱有燉撰
　　　誠齋雜劇
　　　奢摩他室曲叢第二集・誠齋樂府二十
　　　四種

新編蘭紅葉從良烟花夢一卷
　　(明)朱有燉撰
　　　誠齋雜劇
　　　奢摩他室曲叢第二集・誠齋樂府二十
　　　四種

河嵩神靈芝慶壽一卷
　　(明)朱有燉撰
　　　脈望館鈔校本古今雜劇
　　　孤本元明雜劇(商務印書館排印本、中
　　　華書局重印本)
　　　古本戲曲叢刊四集・脈望館鈔校本古
　　　今雜劇

四時花月賽嬌容一卷
　　(明)朱有燉撰
　　　脈望館鈔校本古今雜劇
　　　孤本元明雜劇(商務印書館排印本、中
　　　華書局重印本)
　　　古本戲曲叢刊四集・脈望館鈔校本古
　　　今雜劇

南極星度脫海棠仙一卷
　　(明)朱有燉撰
　　　脈望館鈔校本古今雜劇
　　　孤本元明雜劇(商務印書館排印本、中
　　　華書局重印本)
　　　古本戲曲叢刊四集・脈望館鈔校本古
　　　今雜劇

善知識苦海回頭一卷
　　(明)朱有燉撰
　　　古名家雜劇
　　　脈望館鈔校本古今雜劇
　　　古本戲曲叢刊四集・脈望館鈔校本古
　　　今雜劇

中山狼一卷
　　(明)康海撰
　　　古今名劇合選・新鐫古今名劇酹江集
　　　誦芬室叢刊二編・盛明雜劇
　　　盛明雜劇(中國書店景董氏本、中國戲
　　　劇出版社景董氏本)
　　　古本戲曲叢刊四集・古今名劇合選・
　　　新鐫古今名劇酹江集

王蘭卿眞烈傳一卷
　　(明)康海撰

脈望館鈔校本古今雜劇
孤本元明雜劇(商務印書館排印本、中
華書局重印本)
古本戲曲叢刊四集・脈望館鈔校本古
今雜劇

新鐫杜子美沽酒遊春雜劇一卷
　　(明)王九思撰
　　　元明雜劇四種

　沽酒遊春一卷
　　　古今名劇合選・新鐫古今名劇酹江集
　　　古本戲曲叢刊四集・古今名劇合選・
　　　新鐫古今名劇酹江集

　曲江春一卷
　　　誦芬室叢刊二編・盛明雜劇二集
　　　盛明雜劇二集

洞天玄記一卷
　　(明)楊愼撰
　　　古名家雜劇
　　　脈望館鈔校本古今雜劇
　　　孤本元明雜劇(商務印書館排印本、中
　　　華書局重印本)
　　　古本戲曲叢刊四集・脈望館鈔校本古
　　　今雜劇

園林午夢一折
　　(明)李開先撰
　　　會眞六幻
　　　彙刻傳劇・西廂記五劇附

漁陽三弄一卷
　　(明)徐渭撰
　　　古名家雜劇
　　　脈望館鈔校本古今雜劇
　　　誦芬室叢刊二編・盛明雜劇・四聲猿
　　　盛明雜劇(中國書店景董氏本、中國戲
　　　劇出版社景董氏本)・四聲猿
　　　古本戲曲叢刊四集・脈望館鈔校本古
　　　今雜劇

　狂鼓史漁陽三弄一卷
　　　彙刻傳劇・四聲猿
　　(明天池生撰)
　　　古本戲曲叢刊初集・四聲猿
　　　古本戲曲叢刊四集・古今名劇合選・
　　　新鐫古今名劇酹江集

翠鄉夢一卷
　　(明)徐渭撰
　　　誦芬室叢刊二編・盛明雜劇・四聲猿
　　　盛明雜劇(中國書店景董氏本、中國戲
　　　劇出版社景董氏本)・四聲猿

　玉禪師翠鄉一夢一卷
　　　彙刻傳劇・四聲猿

（明天池生撰）
　　古本戲曲叢刊初集·四聲猿

木蘭女一卷
　　（明）徐渭撰
　　　　古名家雜劇
　　　　脈望館鈔校本古今雜劇
　　　　古本戲曲叢刊四集·脈望館鈔校本古
　　　　今雜劇

雌木蘭一卷
　　　　誦芬室叢刊二編·盛明雜劇·四聲猿
　　　　盛明雜劇（中國書店景董氏本、中國戲
　　　　劇出版社景董氏本）·四聲猿

雌木蘭替父從征一卷
　　　　彙刻傳劇·四聲猿

雌木蘭替父從軍一卷
　　（明天池生撰）
　　　　古本戲曲叢刊初集·四聲猿
　　（明）徐渭撰
　　　　古本戲曲叢刊四集·古今名劇合選·
　　　　新鐫古今名劇酹江集

黃崇嘏女狀元一卷
　　（明）徐渭撰
　　　　古名家雜劇
　　　　脈望館鈔校本古今雜劇
　　　　古本戲曲叢刊四集·脈望館鈔校本古
　　　　今雜劇

女狀元一卷
　　　　誦芬室叢刊二編·盛明雜劇·四聲猿
　　　　盛明雜劇（中國書店景董氏本、中國戲
　　　　劇出版社景董氏本）·四聲猿

女狀元辭凰得鳳一卷
　　　　彙刻傳劇·四聲猿
　　（明天池生撰）
　　　　古本戲曲叢刊初集·四聲猿

不伏老一卷
　　（明）馮惟敏撰
　　　　誦芬室叢刊二編·盛明雜劇二集
　　　　盛明雜劇二集

一世不伏老一卷
　　　　古本戲曲叢刊四集·古今名劇合選·
　　　　新鐫古今名劇酹江集

僧尼共犯傳奇一卷
　　（明）馮惟敏撰
　　　　脈望館鈔校本古今雜劇
　　　　古本戲曲叢刊四集·脈望館鈔校本古
　　　　今雜劇

僧尼共犯一卷
　　　　孤本元明雜劇（商務印書館排印本、中

華書局重印本）

高唐夢一卷
　　（明）汪道昆撰
　　　　誦芬室叢刊二編·盛明雜劇
　　　　盛明雜劇（中國書店景董氏本、中國戲
　　　　劇出版社景董氏本）

洛水悲一卷
　　（明）汪道昆撰
　　　　誦芬室叢刊二編·盛明雜劇
　　　　盛明雜劇（中國書店景董氏本、中國戲
　　　　劇出版社景董氏本）

五湖遊一卷
　　（明）汪道昆撰
　　　　誦芬室叢刊二編·盛明雜劇
　　　　盛明雜劇（中國書店景董氏本、中國戲
　　　　劇出版社景董氏本）

遠山戲一卷
　　（明）汪道昆撰
　　　　誦芬室叢刊二編·盛明雜劇
　　　　盛明雜劇（中國書店景董氏本、中國戲
　　　　劇出版社景董氏本）

紅線女一卷
　　（明）梁辰魚撰
　　　　誦芬室叢刊二編·盛明雜劇
　　　　盛明雜劇（中國書店景董氏本、中國戲
　　　　劇出版社景董氏本）
　　　　古本戲曲叢刊四集·古今名劇合選·
　　　　新鐫古今名劇酹江集

太平仙記一卷
　　（明）陳自得撰
　　　　脈望館鈔校本古今雜劇
　　　　孤本元明雜劇（商務印書館排印本、中
　　　　華書局重印本）
　　　　古本戲曲叢刊四集·脈望館鈔校本古
　　　　今雜劇

鬱輪袍一卷
　　（明）王衡撰
　　　　誦芬室叢刊二編·盛明雜劇
　　　　盛明雜劇（中國書店景董氏本、中國戲
　　　　劇出版社景董氏本）
　　　　古本戲曲叢刊四集·古今名劇合選·
　　　　新鐫古今名劇酹江集

再生緣一卷
　　（明）衛薊室撰
　　　　誦芬室叢刊二編·盛明雜劇
　　　　盛明雜劇（中國書店景董氏本、中國戲
　　　　劇出版社景董氏本）

男王后一卷
　　（明）王驥德（秦樓外史）撰

誦芬室叢刊二編・盛明雜劇
盛明雜劇（中國書店景董氏本、中國戲
　劇出版社景董氏本）

齊東絕倒一卷
　（明）呂天成（竹癡居士）撰
　　　誦芬室叢刊二編・盛明雜劇
　　　盛明雜劇（中國書店景董氏本、中國戲
　　　　劇出版社景董氏本）

廣陵月一卷
　（明）汪廷訥撰
　　　誦芬室叢刊二編・盛明雜劇
　　　盛明雜劇（中國書店景董氏本、中國戲
　　　　劇出版社景董氏本）

眞傀儡一卷
　（明綠野堂撰）
　　　誦芬室叢刊二編・盛明雜劇
　　　盛明雜劇（中國書店景董氏本、中國戲
　　　　劇出版社景董氏本）
　（明）陳繼儒撰
　　　古本戲曲叢刊四集・古今名劇合選・
　　　　新鐫古今名劇酹江集

司馬入相傳奇一卷
　（明）桑紹良撰
　　　脈望館鈔校本古今雜劇
　　　古本戲曲叢刊四集・脈望館鈔校本古
　　　　今雜劇

　獨樂園司馬入相一卷
　　　孤本元明雜劇（商務印書館排印本、中
　　　　華書局重印本）

崑崙奴一卷
　（明）梅鼎祚撰
　　　誦芬室叢刊二編・盛明雜劇
　　　盛明雜劇（中國書店景董氏本、中國戲
　　　　劇出版社景董氏本）
　　　古本戲曲叢刊四集・古今名劇合選・
　　　　新鐫古今名劇酹江集

櫻桃園一卷
　（明）王澹翁（會稽澹居士）撰
　　　誦芬室叢刊二編・盛明雜劇二集
　　　盛明雜劇二集

一文錢一卷
　（明）徐復祚（破慳道人）撰
　　　誦芬室叢刊二編・盛明雜劇
　　　盛明雜劇（中國書店景董氏本、中國戲
　　　　劇出版社景董氏本）

灌將軍使酒罵座記一卷
　（明）葉憲祖（槲園居士）撰
　　　古名家雜劇
　　　脈望館鈔校本古今雜劇

元明雜劇（國學圖書館景明本、中國戲
　劇出版社景國學圖書館本）
古本戲曲叢刊四集・脈望館鈔校本古
　今雜劇

易水寒一卷
　（明）葉憲祖撰
　　　誦芬室叢刊二編・盛明雜劇二集
　　　盛明雜劇二集

金翠寒衣記一卷
　（明）葉憲祖（槲園居士）撰
　　　古名家雜劇
　　　脈望館鈔校本古今雜劇
　　　元明雜劇（國學圖書館景明本、中國戲
　　　　劇出版社景國學圖書館本）
　　　古本戲曲叢刊四集・脈望館鈔校本古
　　　　今雜劇

北邙說法一卷
　（明）葉憲祖撰
　　　誦芬室叢刊二編・盛明雜劇
　　　盛明雜劇（中國書店景董氏本、中國戲
　　　　劇出版社景董氏本）

園花鳳一卷
　（明）葉憲祖撰
　　　誦芬室叢刊二編・盛明雜劇
　　　盛明雜劇（中國書店景董氏本、中國戲
　　　　劇出版社景董氏本）

夭桃紈扇一卷
　（明）葉憲祖撰
　　　誦芬室叢刊二編・盛明雜劇二集
　　　盛明雜劇二集

　春豔夭桃紈扇一卷
　　（明槲園外史撰）
　　　古本戲曲叢刊二集・四豔記

碧蓮繡符一卷
　（明）葉憲祖撰
　　　誦芬室叢刊二編・盛明雜劇二集
　　　盛明雜劇二集

　夏豔碧蓮繡符一卷
　　（明槲園外史撰）
　　　古本戲曲叢刊二集・四豔記

丹桂鈿合一卷
　（明）葉憲祖撰
　　　誦芬室叢刊二編・盛明雜劇二集
　　　盛明雜劇二集

　秋豔丹桂鈿合一卷
　　（明槲園外史撰）
　　　古本戲曲叢刊二集・四豔記

素梅玉蟾一卷
　　（明）葉憲祖撰

誦芬室叢刊二編・盛明雜劇二集
盛明雜劇二集

冬豔素梅玉蟾一卷
（明）槲園外史撰
古本戲曲叢刊二集・四豔記

昭君出塞一卷
（明）陳與郊撰
誦芬室叢刊二編・盛明雜劇
盛明雜劇（中國書店景董氏本、中國戲
劇出版社景董氏本）

文姬入塞一卷
（明）陳與郊撰
誦芬室叢刊二編・盛明雜劇
盛明雜劇（中國書店景董氏本、中國戲
劇出版社景董氏本）

袁氏義犬一卷
（明）陳與郊撰
誦芬室叢刊二編・盛明雜劇
盛明雜劇（中國書店景董氏本、中國戲
劇出版社景董氏本）

帝妃春遊一卷
（明）程士廉撰
古名家雜劇
古本戲曲叢刊四集・古名家雜劇

蘭亭會一卷
（明）許潮（誤題楊愼）撰
誦芬室叢刊二編・盛明雜劇二集
盛明雜劇二集

寫風情一卷
（明）許潮撰
誦芬室叢刊二編・盛明雜劇二集
盛明雜劇二集

赤壁遊一卷
（明）許潮撰
誦芬室叢刊二編・盛明雜劇二集
盛明雜劇二集

南樓月一卷
（明）許潮撰
誦芬室叢刊二編・盛明雜劇二集
盛明雜劇二集

龍山宴一卷
（明）許潮撰
誦芬室叢刊二編・盛明雜劇二集
盛明雜劇二集

武陵春一卷
（明）許潮撰
誦芬室叢刊二編・盛明雜劇二集
盛明雜劇二集

午日吟一卷
（明）許潮撰
誦芬室叢刊二編・盛明雜劇二集
盛明雜劇二集

同甲會一卷
（明）許潮撰
誦芬室叢刊二編・盛明雜劇二集
盛明雜劇二集

蕉鹿夢一卷
（明）車任遠（舜水蘧然子）撰
誦芬室叢刊二編・盛明雜劇二集
盛明雜劇二集

紅蓮債一卷
（明）陳汝元（古越函三館）撰
誦芬室叢刊二編・盛明雜劇二集
盛明雜劇二集

魚兒佛一卷
（明）釋湛然原本　　（明）寓山居士重編
誦芬室叢刊二編・盛明雜劇二集
盛明雜劇二集

鞭歌妓一卷
（明）沈自徵撰
誦芬室叢刊二編・盛明雜劇
盛明雜劇（中國書店景董氏本、中國戲
劇出版社景董氏本）
古本戲曲叢刊四集・古今名劇合選・
新鐫古今名劇酹江集

簪花髻一卷
（明）沈自徵撰
誦芬室叢刊二編・盛明雜劇
盛明雜劇（中國書店景董氏本、中國戲
劇出版社景董氏本）

霸亭秋一卷
（明）沈自徵撰
誦芬室叢刊二編・盛明雜劇
盛明雜劇（中國書店景董氏本、中國戲
劇出版社景董氏本）

逍遙遊一卷
（明）王應遴撰
誦芬室叢刊二編・盛明雜劇二集
盛明雜劇二集

有情癡一卷
（明）徐陽輝撰
誦芬室叢刊二編・盛明雜劇二集
盛明雜劇二集

脫囊穎一卷
（明）徐陽輝撰
誦芬室叢刊二編・盛明雜劇二集

盛明雜劇二集

虬髯翁一卷
　（明）凌濛初撰
　　　誦芬室叢刊二編・盛明雜劇二集
　　　盛明雜劇二集

桃花人面一卷
　（明）孟稱舜撰
　　　誦芬室叢刊二編・盛明雜劇
　　　盛明雜劇（中國書店景董氏本、中國戲
　　　　劇出版社景董氏本）

桃源三訪一卷
　（明）孟稱舜撰
　　　古今名劇合選・新鐫古今名劇柳枝集
　　　古本戲曲叢刊四集・古今名劇合選・
　　　　新鐫古今名劇柳枝集

死裏逃生一卷
　（明）孟稱舜撰
　　　誦芬室叢刊二編・盛明雜劇
　　　盛明雜劇（中國書店景董氏本、中國戲
　　　　劇出版社景董氏本）

花前一笑一卷
　（明）孟稱舜撰
　　　古今名劇合選・新鐫古今名劇柳枝集
　　　古本戲曲叢刊四集・古今名劇合選・
　　　　新鐫古今名劇柳枝集

鄭節度殘唐再創一卷
　（明）孟稱舜撰
　　　古今名劇合選・新鐫古今名劇酹江集
　　　古本戲曲叢刊四集・古今名劇合選・
　　　　新鐫古今名劇酹江集

英雄成敗一卷
　（明）孟稱舜撰
　　　誦芬室叢刊二編・盛明雜劇二集
　　　盛明雜劇二集

泣賦眼兒媚一卷
　（明）孟稱舜撰
　　　古今名劇合選・新鐫古今名劇柳枝集
　　　古本戲曲叢刊四集・古今名劇合選・
　　　　新鐫古今名劇柳枝集

　眼兒媚一卷
　　　雜劇三集（順治本、誦芬室本、景誦芬
　　　　室本）

花舫緣一卷
　（明）孟稱舜原本　（明）卓人月重編
　　　誦芬室叢刊二編・盛明雜劇
　　　盛明雜劇（中國書店景董氏本、中國戲
　　　　劇出版社景董氏本）

春波影一卷

（清）徐士俊撰
　　　誦芬室叢刊二編・盛明雜劇
　　　盛明雜劇（中國書店景董氏本、中國戲
　　　　劇出版社景董氏本）

絡冰絲一卷
　（清）徐士俊撰
　　　誦芬室叢刊二編・盛明雜劇二集
　　　盛明雜劇二集

錯轉輪一卷
　（明）祁麟佳（太室山人）撰
　　　誦芬室叢刊二編・盛明雜劇二集
　　　盛明雜劇二集

鴛鴦夢一卷
　（明）葉小紈撰
　　　午夢堂集（崇禎本、民國本）
　　　硯綠集錄第四册
　　　郎園先生全書
　　　中國文學珍本叢書第一輯・午夢堂全
　　　　集十二種

女紅紗塗抹試官一卷
　（明）來集之撰
　　　兩紗

禿碧紗炎涼秀士一卷
　（明）來集之撰
　　　兩紗

小青娘挑燈閒看牡丹亭一卷
　（明）來集之撰
　　　兩紗附

蘇園翁一卷
　（明）茅僧曇撰
　　　雜劇三集（順治本、誦芬室本、景誦芬
　　　　室本）

秦廷筑一卷
　（明）茅僧曇撰
　　　雜劇三集（順治本、誦芬室本、景誦芬
　　　　室本）

金門戟一卷
　（明）茅僧曇撰
　　　雜劇三集（順治本、誦芬室本、景誦芬
　　　　室本）

醉新豐一卷
　（明）茅僧曇撰
　　　雜劇三集（順治本、誦芬室本、景誦芬
　　　　室本）

鬧門神一卷
　（明）茅僧曇撰
　　　雜劇三集（順治本、誦芬室本、景誦芬
　　　　室本）

雙合歡一卷
　　(明)茅僧曇撰
　　　　雜劇三集（順治本、誦芬室本、景誦芬
　　　　室本）
相思譜一卷
　　(明)吳中情奴撰
　　　　誦芬室叢刊二編·盛明雜劇二集
　　　　盛明雜劇二集
寶光殿天眞祝萬壽一卷
　　明敎坊編演
　　　　脈望館鈔校本古今雜劇
　　　　孤本元明雜劇(商務印書館排印本、中
　　　　華書局重印本)
　　　　古本戲曲叢刊四集·脈望館鈔校本古
　　　　今雜劇
衆羣仙慶賞蟠桃會一卷
　　明敎坊編演
　　　　脈望館鈔校本古今雜劇
　　　　古本戲曲叢刊四集·脈望館鈔校本古
　　　　今雜劇
祝聖壽金母獻蟠桃一卷
　　明敎坊編演
　　　　脈望館鈔校本古今雜劇
　　　　孤本元明雜劇(商務印書館排印本、中
　　　　華書局重印本)
　　　　古本戲曲叢刊四集·脈望館鈔校本古
　　　　今雜劇
降丹墀三聖慶長生一卷
　　明敎坊編演
　　　　脈望館鈔校本古今雜劇
　　　　孤本元明雜劇(商務印書館排印本、中
　　　　華書局重印本)
　　　　古本戲曲叢刊四集·脈望館鈔校本古
　　　　今雜劇
衆神聖慶賀元宵節一卷
　　明敎坊編演
　　　　脈望館鈔校本古今雜劇
　　　　孤本元明雜劇(商務印書館排印本、中
　　　　華書局重印本)
　　　　古本戲曲叢刊四集·脈望館鈔校本古
　　　　今雜劇
祝聖壽萬國來朝一卷
　　明敎坊編演
　　　　脈望館鈔校本古今雜劇
　　　　孤本元明雜劇(商務印書館排印本、中
　　　　華書局重印本)
　　　　古本戲曲叢刊四集·脈望館鈔校本古
　　　　今雜劇
爭玉板八仙過滄海一卷

明敎坊編演
　　　　脈望館鈔校本古今雜劇
　　　　孤本元明雜劇(商務印書館排印本、中
　　　　華書局重印本)
　　　　古本戲曲叢刊四集·脈望館鈔校本古
　　　　今雜劇
慶豐年五鬼鬧鍾馗一卷
　　明敎坊編演
　　　　脈望館鈔校本古今雜劇
　　　　孤本元明雜劇(商務印書館排印本、中
　　　　華書局重印本)
　　　　古本戲曲叢刊四集·脈望館鈔校本古
　　　　今雜劇
慶賀長春節一卷
　　明敎坊編演
　　　　脈望館鈔校本古今雜劇
　　　　古本戲曲叢刊四集·脈望館鈔校本古
　　　　今雜劇
　紫微宮慶賀長春節一卷
　　　　孤本元明雜劇(商務印書館排印本、中
　　　　華書局重印本)
賀萬壽五龍朝聖一卷
　　明敎坊編演
　　　　脈望館鈔校本古今雜劇
　　　　孤本元明雜劇(商務印書館排印本、中
　　　　華書局重印本)
　　　　古本戲曲叢刊四集·脈望館鈔校本古
　　　　今雜劇
衆天仙慶賀長生會一卷
　　明敎坊編演
　　　　脈望館鈔校本古今雜劇
　　　　孤本元明雜劇(商務印書館排印本、中
　　　　華書局重印本)
　　　　古本戲曲叢刊四集·脈望館鈔校本古
　　　　今雜劇
慶冬至共享太平宴一卷
　　明敎坊編演
　　　　脈望館鈔校本古今雜劇
　　　　孤本元明雜劇(商務印書館排印本、中
　　　　華書局重印本)
　　　　古本戲曲叢刊四集·脈望館鈔校本古
　　　　今雜劇
賀昇平羣仙祝壽一卷
　　明敎坊編演
　　　　脈望館鈔校本古今雜劇
　　　　孤本元明雜劇(商務印書館排印本、中
　　　　華書局重印本)
　　　　古本戲曲叢刊四集·脈望館鈔校本古
　　　　今雜劇

慶千秋金母賀延年一卷
　　明敎坊編演
　　　　脈望館鈔校本古今雜劇
　　　　孤本元明雜劇（商務印書館排印本、中
　　　　　華書局重印本）
　　　　古本戲曲叢刊四集・脈望館鈔校本古
　　　　　今雜劇

廣成子祝賀齊天壽一卷
　　明敎坊編演
　　　　脈望館鈔校本古今雜劇
　　　　孤本元明雜劇（商務印書館排印本、中
　　　　　華書局重印本）
　　　　古本戲曲叢刊四集・脈望館鈔校本古
　　　　　今雜劇

黃眉翁賜福上延年一卷
　　明敎坊編演
　　　　脈望館鈔校本古今雜劇
　　　　孤本元明雜劇（商務印書館排印本、中
　　　　　華書局重印本）
　　　　古本戲曲叢刊四集・脈望館鈔校本古
　　　　　今雜劇

感天地羣仙朝聖一卷
　　明敎坊編演
　　　　脈望館鈔校本古今雜劇
　　　　孤本元明雜劇（商務印書館排印本、中
　　　　　華書局重印本）
　　　　古本戲曲叢刊四集・脈望館鈔校本古
　　　　　今雜劇

海門張仲村樂堂一卷
　　（明）□□撰
　　　　脈望館鈔校本古今雜劇
　　　　孤本元明雜劇（商務印書館排印本、中
　　　　　華書局重印本）
　　　　古本戲曲叢刊四集・脈望館鈔校本古
　　　　　今雜劇

十八國臨潼鬭寶一卷
　　（明）□□撰
　　　　脈望館鈔校本古今雜劇
　　　　孤本元明雜劇（商務印書館排印本、中
　　　　　華書局重印本）
　　　　古本戲曲叢刊四集・脈望館鈔校本古
　　　　　今雜劇

伍子胥鞭伏柳盜跖一卷
　　（明）□□撰
　　　　脈望館鈔校本古今雜劇
　　　　古本戲曲叢刊四集・脈望館鈔校本古
　　　　　今雜劇

田穰苴伐晉興齊一卷
　　（明）□□撰

脈望館鈔校本古今雜劇
孤本元明雜劇（商務印書館排印本、中
　華書局重印本）
古本戲曲叢刊四集・脈望館鈔校本古
　今雜劇

後七國樂毅圖齊一卷
　　（明）□□撰
　　　　脈望館鈔校本古今雜劇
　　　　孤本元明雜劇（商務印書館排印本、中
　　　　　華書局重印本）
　　　　古本戲曲叢刊四集・脈望館鈔校本古
　　　　　今雜劇

吳起敵秦掛帥印一卷
　　（明）□□撰
　　　　脈望館鈔校本古今雜劇
　　　　孤本元明雜劇（商務印書館排印本、中
　　　　　華書局重印本）
　　　　古本戲曲叢刊四集・脈望館鈔校本古
　　　　　今雜劇

守貞節孟母三移一卷
　　（明）□□撰
　　　　脈望館鈔校本古今雜劇
　　　　孤本元明雜劇（商務印書館排印本、中
　　　　　華書局重印本）
　　　　古本戲曲叢刊四集・脈望館鈔校本古
　　　　　今雜劇

漢公卿衣錦還鄉一卷
　　（明）□□撰
　　　　脈望館鈔校本古今雜劇
　　　　孤本元明雜劇（商務印書館排印本、中
　　　　　華書局重印本）
　　　　古本戲曲叢刊四集・脈望館鈔校本古
　　　　　今雜劇

運機謀隨何騙英布一卷
　　（明）□□撰
　　　　脈望館鈔校本古今雜劇
　　　　孤本元明雜劇（商務印書館排印本、中
　　　　　華書局重印本）
　　　　古本戲曲叢刊四集・脈望館鈔校本古
　　　　　今雜劇

韓元帥暗度陳倉一卷
　　（明）□□撰
　　　　脈望館鈔校本古今雜劇
　　　　孤本元明雜劇（商務印書館排印本、中
　　　　　華書局重印本）
　　　　古本戲曲叢刊四集・脈望館鈔校本古
　　　　　今雜劇

司馬相如題橋記一卷
　　（明）□□撰

脈望館鈔校本古今雜劇
古本戲曲叢刊四集·脈望館鈔校本古
今雜劇

馬援擂打聚獸牌一卷
　　(明)□□撰
脈望館鈔校本古今雜劇
孤本元明雜劇(商務印書館排印本、中
華書局重印本)
古本戲曲叢刊四集·脈望館鈔校本古
今雜劇

漢姚期大戰邳仝一卷
　　(明)□□撰
脈望館鈔校本古今雜劇
古本戲曲叢刊四集·脈望館鈔校本古
今雜劇

漢銚期大戰邳彤一卷
孤本元明雜劇(商務印書館排印本、中
華書局重印本)

寇子翼定時捉將一卷
　　(明)□□撰
脈望館鈔校本古今雜劇
孤本元明雜劇(商務印書館排印本、中
華書局重印本)
古本戲曲叢刊四集·脈望館鈔校本古
今雜劇

鄧禹定計捉彭寵一卷
　　(明)□□撰
脈望館鈔校本古今雜劇
孤本元明雜劇(商務印書館排印本、中
華書局重印本)
古本戲曲叢刊四集·脈望館鈔校本古
今雜劇

雲臺門聚二十八將一卷
　　(明)□□撰
脈望館鈔校本古今雜劇
孤本元明雜劇(商務印書館排印本、中
華書局重印本)
古本戲曲叢刊四集·脈望館鈔校本古
今雜劇

劉關張桃園三結義一卷
　　(明)□□撰
脈望館鈔校本古今雜劇
孤本元明雜劇(商務印書館排印本、中
華書局重印本)
古本戲曲叢刊四集·脈望館鈔校本古
今雜劇

關雲長單刀劈四寇一卷
　　(明)□□撰
脈望館鈔校本古今雜劇

孤本元明雜劇(商務印書館排印本、中
華書局重印本)
古本戲曲叢刊四集·脈望館鈔校本古
今雜劇

張翼德大破杏林莊一卷
　　(明)□□撰
脈望館鈔校本古今雜劇
孤本元明雜劇(商務印書館排印本、中
華書局重印本)
古本戲曲叢刊四集·脈望館鈔校本古
今雜劇

張翼德單戰呂布一卷
　　(明)□□撰
脈望館鈔校本古今雜劇
孤本元明雜劇(商務印書館排印本、中
華書局重印本)
古本戲曲叢刊四集·脈望館鈔校本古
今雜劇

張翼德三出小沛一卷
　　(明)□□撰
脈望館鈔校本古今雜劇
孤本元明雜劇(商務印書館排印本、中
華書局重印本)
古本戲曲叢刊四集·脈望館鈔校本古
今雜劇

莽張飛大鬧石榴園一卷
　　(明)□□撰
脈望館鈔校本古今雜劇
孤本元明雜劇(商務印書館排印本、中
華書局重印本)
古本戲曲叢刊四集·脈望館鈔校本古
今雜劇

走鳳雛龐掠四郡一卷
　　(明)□□撰
脈望館鈔校本古今雜劇
孤本元明雜劇(商務印書館排印本、中
華書局重印本)
古本戲曲叢刊四集·脈望館鈔校本古
今雜劇

曹操夜走陳倉路一卷
　　(明)□□撰
脈望館鈔校本古今雜劇
孤本元明雜劇(商務印書館排印本、中
華書局重印本)
古本戲曲叢刊四集·脈望館鈔校本古
今雜劇

陽平關五馬破曹一卷
　　(明)□□撰
脈望館鈔校本古今雜劇

孤本元明雜劇(商務印書館排印本、中
華書局重印本)
古本戲曲叢刊四集・脈望館鈔校本古
今雜劇

壽亭侯怒斬關平一卷
(明)□□撰
脈望館鈔校本古今雜劇
孤本元明雜劇(商務印書館排印本、中
華書局重印本)
古本戲曲叢刊四集・脈望館鈔校本古
今雜劇

周公瑾得志娶小喬一卷
(明)□□撰
脈望館鈔校本古今雜劇
孤本元明雜劇(商務印書館排印本、中
華書局重印本)
古本戲曲叢刊四集・脈望館鈔校本古
今雜劇

陶淵明東籬賞菊一卷
(明)□□撰
脈望館鈔校本古今雜劇
孤本元明雜劇(商務印書館排印本、中
華書局重印本)
古本戲曲叢刊四集・脈望館鈔校本古
今雜劇

魏徵改詔風雲會一卷
(明)□□撰
脈望館鈔校本古今雜劇
孤本元明雜劇(商務印書館排印本、中
華書局重印本)
古本戲曲叢刊四集・脈望館鈔校本古
今雜劇

徐茂公智降秦叔寶一卷
(明)□□撰
脈望館鈔校本古今雜劇
古本戲曲叢刊四集・脈望館鈔校本古
今雜劇

徐懋功智降秦叔寶一卷
孤本元明雜劇(商務印書館排印本、中
華書局重印本)

長安城四馬投唐一卷
(明)□□撰
脈望館鈔校本古今雜劇
孤本元明雜劇(商務印書館排印本、中
華書局重印本)
古本戲曲叢刊四集・脈望館鈔校本古
今雜劇

尉遲恭鞭打單雄信一卷
(明)□□撰

脈望館鈔校本古今雜劇
孤本元明雜劇(商務印書館排印本、中
華書局重印本)
古本戲曲叢刊四集・脈望館鈔校本古
今雜劇

立功勳慶賞端陽一卷
(明)□□撰
脈望館鈔校本古今雜劇
孤本元明雜劇(商務印書館排印本、中
華書局重印本)
古本戲曲叢刊四集・脈望館鈔校本古
今雜劇

十八學士登瀛洲一卷
(明)□□撰
脈望館鈔校本古今雜劇
孤本元明雜劇(商務印書館排印本、中
華書局重印本)
古本戲曲叢刊四集・脈望館鈔校本古
今雜劇

唐李靖陰山破虜一卷
(明)□□撰
脈望館鈔校本古今雜劇
孤本元明雜劇(商務印書館排印本、中
華書局重印本)
古本戲曲叢刊四集・脈望館鈔校本古
今雜劇

賢達婦龍門隱秀一卷
(明)□□撰
脈望館鈔校本古今雜劇
孤本元明雜劇(商務印書館排印本、中
華書局重印本)
古本戲曲叢刊四集・脈望館鈔校本古
今雜劇

衆僚友喜賞浣花溪一卷
(明)□□撰
脈望館鈔校本古今雜劇
孤本元明雜劇(商務印書館排印本、中
華書局重印本)
古本戲曲叢刊四集・脈望館鈔校本古
今雜劇

招涼亭賈島破風詩一卷
(明)□□撰
脈望館鈔校本古今雜劇
孤本元明雜劇(商務印書館排印本、中
華書局重印本)
古本戲曲叢刊四集　脈望館鈔校本古
今雜劇

李嗣源復奪紫泥宣一卷
(明)□□撰

脈望館鈔校本古今雜劇

孤本元明雜劇(商務印書館排印本、中華書局重印本)

古本戲曲叢刊四集·脈望館鈔校本古今雜劇

壓關樓疊掛午時牌一卷

(明)□□撰

脈望館鈔校本古今雜劇

孤本元明雜劇(商務印書館排印本、中華書局重印本)

古本戲曲叢刊四集·脈望館鈔校本古今雜劇

趙匡胤打董達一卷

(明)□□撰

脈望館鈔校本古今雜劇

孤本元明雜劇(商務印書館排印本、中華書局重印本)

古本戲曲叢刊四集·脈望館鈔校本古今雜劇

穆陵關上打韓通一卷

(明)□□撰

脈望館鈔校本古今雜劇

孤本元明雜劇(商務印書館排印本、中華書局重印本)

古本戲曲叢刊四集·脈望館鈔校本古今雜劇

存仁心曹彬下江南一卷

(明)□□撰

脈望館鈔校本古今雜劇

孤本元明雜劇(商務印書館排印本、中華書局重印本)

古本戲曲叢刊四集·脈望館鈔校本古今雜劇

八大王開詔救忠臣一卷

(明)□□撰

脈望館鈔校本古今雜劇

孤本元明雜劇(商務印書館排印本、中華書局重印本)

古本戲曲叢刊四集·脈望館鈔校本古今雜劇

焦光贊活拏蕭天佑一卷

(明)□□撰

脈望館鈔校本古今雜劇

孤本元明雜劇(商務印書館排印本、中華書局重印本)

古本戲曲叢刊四集·脈望館鈔校本古今雜劇

楊六郎調兵破天陣一卷

(明)□□撰

脈望館鈔校本古今雜劇

孤本元明雜劇(商務印書館排印本、中華書局重印本)

古本戲曲叢刊四集·脈望館鈔校本古今雜劇

十樣錦諸葛論功一卷

(明)□□撰

脈望館鈔校本古今雜劇

孤本元明雜劇(商務印書館排印本、中華書局重印本)

古本戲曲叢刊四集·脈望館鈔校本古今雜劇

關雲長大破蚩尤一卷

(明)□□撰

脈望館鈔校本古今雜劇

孤本元明雜劇(商務印書館排印本、中華書局重印本)

古本戲曲叢刊四集·脈望館鈔校本古今雜劇

宋大將岳飛精忠一卷

(明)□□撰

脈望館鈔校本古今雜劇

孤本元明雜劇(商務印書館排印本、中華書局重印本)

古本戲曲叢刊四集·脈望館鈔校本古今雜劇

張于湖誤宿女真觀一卷

(明)□□撰

脈望館鈔校本古今雜劇

孤本元明雜劇(商務印書館排印本、中華書局重印本)

古本戲曲叢刊四集·脈望館鈔校本古今雜劇

梁山五虎大劫牢一卷

(明)□□撰

脈望館鈔校本古今雜劇

孤本元明雜劇(商務印書館排印本、中華書局重印本)

古本戲曲叢刊四集·脈望館鈔校本古今雜劇

梁山七虎鬧銅臺一卷

(明)□□撰

脈望館鈔校本古今雜劇

孤本元明雜劇(商務印書館排印本、中華書局重印本)

古本戲曲叢刊四集·脈望館鈔校本古今雜劇

王矮虎大鬧東平府一卷

(明)□□撰

脈望館鈔校本古今雜劇
孤本元明雜劇（商務印書館排印本、中
　華書局重印本）
古本戲曲叢刊四集・脈望館鈔校本古
　今雜劇

宋公明排九宮八卦陣一卷
（明）□□撰
脈望館鈔校本古今雜劇
孤本元明雜劇（商務印書館排印本、中
　華書局重印本）
古本戲曲叢刊四集・脈望館鈔校本古
　今雜劇

女姑姑說法陞堂記一卷
（明）□□撰
脈望館鈔校本古今雜劇
孤本元明雜劇（商務印書館排印本、中
　華書局重印本）
古本戲曲叢刊四集・脈望館鈔校本古
　今雜劇

女學士明講春秋一卷
（明）□□撰
脈望館鈔校本古今雜劇
孤本元明雜劇（商務印書館排印本、中
　華書局重印本）
古本戲曲叢刊四集・脈望館鈔校本古
　今雜劇

清廉官長勘金環一卷
（明）□□撰
脈望館鈔校本古今雜劇
孤本元明雜劇（商務印書館排印本、中
　華書局重印本）
古本戲曲叢刊四集・脈望館鈔校本古
　今雜劇

若耶溪漁樵閑話一卷
（明）□□撰
脈望館鈔校本古今雜劇
孤本元明雜劇（商務印書館排印本、中
　華書局重印本）
古本戲曲叢刊四集・脈望館鈔校本古
　今雜劇

認金梳孤兒尋母一卷
（明）□□撰
脈望館鈔校本古今雜劇
孤本元明雜劇（商務印書館排印本、中
　華書局重印本）
古本戲曲叢刊四集・脈望館鈔校本古
　今雜劇

徐伯株貧富興衰記一卷
（明）□□撰

脈望館鈔校本古今雜劇
孤本元明雜劇（商務印書館排印本、中
　華書局重印本）
古本戲曲叢刊四集・脈望館鈔校本古
　今雜劇

秦月娥誤失金環記一卷
（明）□□撰
脈望館鈔校本古今雜劇
孤本元明雜劇（商務印書館排印本、中
　華書局重印本）
古本戲曲叢刊四集・脈望館鈔校本古
　今雜劇

薛包認母一卷
（明）□□撰
脈望館鈔校本古今雜劇
古本戲曲叢刊四集・脈望館鈔校本古
　今雜劇

薛苞認母一卷
孤本元明雜劇（商務印書館排印本、中
　華書局重印本）

王文秀渭塘奇遇記一卷
（明）□□撰
脈望館鈔校本古今雜劇
孤本元明雜劇（商務印書館排印本、中
　華書局重印本）
古本戲曲叢刊四集・脈望館鈔校本古
　今雜劇

玉通和尚罵紅蓮一卷
（明）□□撰
古名家雜劇
脈望館鈔校本古今雜劇
古本戲曲叢刊四集・脈望館鈔校本古
　今雜劇

奉天命三保下西洋一卷
（明）□□撰
脈望館鈔校本古今雜劇
孤本元明雜劇（商務印書館排印本、中
　華書局重印本）
古本戲曲叢刊四集・脈望館鈔校本古
　今雜劇

雷澤遇仙記一卷
（明）□□撰
脈望館鈔校本古今雜劇
孤本元明雜劇（商務印書館排印本、中
　華書局重印本）
古本戲曲叢刊四集・脈望館鈔校本古
　今雜劇

風月南牢記一卷
（明）□□撰

脈望館鈔校本古今雜劇

孤本元明雜劇(商務印書館排印本、中
華書局重印本)

古本戲曲叢刊四集・脈望館鈔校本古
今雜劇

月夜淫奔記一卷

(明)□□撰

脈望館鈔校本古今雜劇

古本戲曲叢刊四集・脈望館鈔校本古
今雜劇

慶豐門蘇九淫奔記一卷

孤本元明雜劇(商務印書館排印本、中
華書局重印本)

釋迦佛雙林坐化一卷

(明)□□撰

脈望館鈔校本古今雜劇

孤本元明雜劇(商務印書館排印本、中
華書局重印本)

古本戲曲叢刊四集・脈望館鈔校本古
今雜劇

觀音菩薩魚籃記一卷

(明)□□撰

脈望館鈔校本古今雜劇

孤本元明雜劇(商務印書館排印本、中
華書局重印本)

古本戲曲叢刊四集・脈望館鈔校本古
今雜劇

許眞人拔宅飛昇一卷

(明)□□撰

脈望館鈔校本古今雜劇

孤本元明雜劇(商務印書館排印本、中
華書局重印本)

古本戲曲叢刊四集・脈望館鈔校本古
今雜劇

孫眞人南極登仙會一卷

(明)□□撰

脈望館鈔校本古今雜劇

孤本元明雜劇(商務印書館排印本、中
華書局重印本)

古本戲曲叢刊四集・脈望館鈔校本古
今雜劇

呂翁三化邯鄲店一卷

(明)□□撰

脈望館鈔校本古今雜劇

孤本元明雜劇(商務印書館排印本、中
華書局重印本)

古本戲曲叢刊四集・脈望館鈔校本古
今雜劇

呂純陽點化度黃龍一卷

(明)□□撰

脈望館鈔校本古今雜劇

孤本元明雜劇(商務印書館排印本、中
華書局重印本)

古本戲曲叢刊四集・脈望館鈔校本古
今雜劇

李雲卿得悟昇眞一卷

(明)□□撰

脈望館鈔校本古今雜劇

孤本元明雜劇(商務印書館排印本、中
華書局重印本)

古本戲曲叢刊四集・脈望館鈔校本古
今雜劇

太乙仙夜斷桃符記一卷

(明)□□撰

脈望館鈔校本古今雜劇

孤本元明雜劇(商務印書館排印本、中
華書局重印本)

古本戲曲叢刊四集・脈望館鈔校本古
今雜劇

邊洞玄慕道昇仙一卷

(明)□□撰

脈望館鈔校本古今雜劇

孤本元明雜劇(商務印書館排印本、中
華書局重印本)

古本戲曲叢刊四集・脈望館鈔校本古
今雜劇

時眞人四聖鎖白猿一卷

(明)□□撰

脈望館鈔校本古今雜劇

孤本元明雜劇(商務印書館排印本、中
華書局重印本)

古本戲曲叢刊四集・脈望館鈔校本古
今雜劇

猛烈那吒三變化一卷

(明)□□撰

脈望館鈔校本古今雜劇

孤本元明雜劇(商務印書館排印本、中
華書局重印本)

古本戲曲叢刊四集・脈望館鈔校本古
今雜劇

二郎神鎖齊天大聖一卷

(明)□□撰

脈望館鈔校本古今雜劇

孤本元明雜劇(商務印書館排印本、中
華書局重印本)

古本戲曲叢刊四集・脈望館鈔校本古
今雜劇

灌口二郎斬健蛟一卷

(明)□□撰
　　脈望館鈔校本古今雜劇
　　孤本元明雜劇(商務印書館排印本、中
　　華書局重印本)
　　古本戲曲叢刊四集·脈望館鈔校本古
　　今雜劇

清

牛臂寒一卷
　　(清)南山逸史撰
　　　雜劇三集（順治本、誦芬室本、景誦芬
　　　室本）

長公妹一卷
　　(清)南山逸史撰
　　　雜劇三集（順治本、誦芬室本、景誦芬
　　　室本）

中郎女一卷
　　(清)南山逸史撰
　　　雜劇三集（順治本、誦芬室本、景誦芬
　　　室本）

京兆眉一卷
　　(清)南山逸史撰
　　　雜劇三集（順治本、誦芬室本、景誦芬
　　　室本）

翠鈿緣一卷
　　(清)南山逸史撰
　　　雜劇三集（順治本、誦芬室本、景誦芬
　　　室本）

續西廂一卷
　　(清)查繼佐撰
　　　雜劇三集（順治本、誦芬室本、景誦芬
　　　室本）

不了緣一卷
　　(清)碧蕉軒主人撰
　　　雜劇三集（順治本、誦芬室本、景誦芬
　　　室本）

鸚鵡洲一卷
　　(清)鄭瑜撰
　　　雜劇三集（順治本、誦芬室本、景誦芬
　　　室本）

汨羅江一卷
　　(清)鄭瑜撰
　　　雜劇三集（順治本、誦芬室本、景誦芬
　　　室本）

黃鶴樓一卷
　　(清)鄭瑜撰
　　　雜劇三集（順治本、誦芬室本、景誦芬
　　　室本）

滕王閣一卷
　　(清)鄭瑜撰
　　　雜劇三集（順治本、誦芬室本、景誦芬
　　　室本）

孤鴻影一卷
　　(清)周如璧撰
　　　雜劇三集（順治本、誦芬室本、景誦芬
　　　室本）

夢幻緣一卷
　　(清)周如璧撰
　　　雜劇三集（順治本、誦芬室本、景誦芬
　　　室本）

試官述懷一卷
　　(清)黃周星撰
　　　夏爲堂集

孔方兄一卷
　　(清)葉承宗撰
　　　清人雜劇二集

賈閬僊一卷
　　(清)葉承宗撰
　　　清人雜劇二集

十三娘笑擲神奸首一卷
　　(清)葉承宗(稷門嘯史)撰
　　　清人雜劇二集

狗咬呂洞賓雜劇一卷
　　(清)葉承宗(稷門嘯史)撰
　　　清人雜劇二集

雙鶯傳一卷
　　(清)袁于令(幔亭僊史)撰
　　　誦芬室叢刊二編·盛明雜劇二集
　　　盛明雜劇二集

臨春閣一卷
　　(清)吳偉業撰
　　　雜劇三集（順治本、誦芬室本、景誦芬
　　　室本）
　　　誦芬室叢刊初編·梅村先生樂府三種
　　　奢摩他室曲叢第一集·梅村樂府二種
　　(清灌隱主人撰)
　　　清人雜劇初集

臨春閣一本附曲譜一卷
　　(清)吳偉業(灌隱主人)撰　曲譜(民國)劉
　　世珩(枕雷道士)定
　　　彙刻傳劇

通天臺一卷
　　(清灌隱主人撰)
　　　雜劇三集（順治本、誦芬室本、景誦芬
　　　室本）
　　(清)吳偉業撰

清人雜劇初集
誦芬室叢刊初編・梅村先生樂府三種
奢摩他室曲叢第一集・梅村樂府二種

通天臺一本附曲譜一卷
　　(清)吳偉業(灌隱主人)撰　曲譜(民國)劉
　　世珩(枕雷道士)定
　　　　彙刻傳劇

櫻桃宴一卷
　　(清)張源撰
　　　　雜劇三集 (順治本、誦芬室本、景誦芬
　　　　室本)

昭君夢一卷
　　(清)薛旦撰
　　　　雜劇三集 (順治本、誦芬室本、景誦芬
　　　　室本)

旗亭讌一卷
　　(清)張龍文撰
　　　　雜劇三集 (順治本、誦芬室本、景誦芬
　　　　室本)

餓方朔一卷
　　(清)孫源文撰
　　　　雜劇三集 (順治本、誦芬室本、景誦芬
　　　　室本)

城南寺一卷
　　(清)黃家舒撰
　　　　雜劇三集 (順治本、誦芬室本、景誦芬
　　　　室本)

西臺記一卷
　　(清)陸世廉撰
　　　　雜劇三集 (順治本、誦芬室本、景誦芬
　　　　室本)

衛花符一卷
　　(清)堵廷棻撰
　　　　雜劇三集 (順治本、誦芬室本、景誦芬
　　　　室本)

鯉詩讖一卷
　　(清)土室道民撰
　　　　雜劇三集 (順治本、誦芬室本、景誦芬
　　　　室本)

風流塚一卷
　　(清)鄒式金撰
　　　　雜劇三集 (順治本、誦芬室本、景誦芬
　　　　室本)
　　　　清人雜劇二集

空堂話一卷
　　(清)鄒兌金撰
　　　　雜劇三集 (順治本、誦芬室本、景誦芬
　　　　室本)

清人雜劇二集
祭皋陶一卷
　　(清)宋琬(二鄉亭主人)撰
　　　　安雅堂全集

讀離騷一卷
　　(清)尤侗撰
　　　　雜劇三集 (順治本、誦芬室本、景誦芬
　　　　室本)
　　　　西堂全集 (康熙本、文瑞樓石印本)・
　　　　西堂樂府
　　　　清人雜劇初集・西堂樂府

弔琵琶一卷
　　(清)尤侗撰
　　　　雜劇三集 (順治本、誦芬室本、景誦芬
　　　　室本)
　　　　西堂全集 (康熙本、文瑞樓石印本)・
　　　　西堂樂府
　　　　清人雜劇初集・西堂樂府

桃花源一卷
　　(清)尤侗撰
　　　　西堂全集 (康熙本、文瑞樓石印本)・
　　　　西堂樂府
　　　　清人雜劇初集・西堂樂府

黑白衛一卷
　　(清)尤侗撰
　　　　西堂全集 (康熙本、文瑞樓石印本)・
　　　　西堂樂府
　　　　清人雜劇初集・西堂樂府

鈞天樂一卷
　　(清)尤侗撰
　　　　西堂全集 (康熙本、文瑞樓石印本)・
　　　　西堂樂府

李白登科記(一名清平調)一卷
　　(清)尤侗撰
　　　　西堂全集 (康熙本、文瑞樓石印本)・
　　　　西堂樂府
　　　　清人雜劇初集・西堂樂府

龍舟會雜劇一卷
　　(清)王夫之撰
　　　　船山遺書(同治本、民國本)
　　　　清人雜劇二集

劉國師教習扯淡歌一卷
　　(清)嵇永仁(抱犢山農)撰
　　　　清人雜劇初集・續離騷

杜秀才痛哭泥神廟一卷
　　(清)嵇永仁(抱犢山農)撰
　　　　清人雜劇初集・續離騷

癡和尚街頭笑布袋一卷

（清）嵇永仁（抱犢山農）撰
　　清人雜劇初集・續離騷

憤司馬夢裏罵閻羅一卷
　　（清）嵇永仁（抱犢山農）撰
　　　清人雜劇初集・續離騷

王節使重續木蘭詩一卷
　　（清）張韜（紫微山人）撰
　　　清人雜劇初集・續四聲猿

李翰林醉草清平調一卷
　　（清）張韜（紫微山人）撰
　　　清人雜劇初集・續四聲猿

杜秀才痛哭霸亭廟一卷
　　（清）張韜（紫微山人）撰
　　　清人雜劇初集・續四聲猿

戴院長神行薊州道一卷
　　（清）張韜（紫微山人）撰
　　　清人雜劇初集・續四聲猿

集翠裘一卷
　　（清）裘璉（廢莪子）撰
　　　明翠湖亭四韻事
　　　清人雜劇初集・明翠湖亭四韻事

昆明池一卷
　　（清）裘璉（廢莪子）撰
　　　明翠湖亭四韻事
　　　清人雜劇初集・明翠湖亭四韻事

鑑湖隱一卷
　　（清）裘璉（廢莪子）撰
　　　明翠湖亭四韻事
　　　清人雜劇初集・明翠湖亭四韻事

旗亭館一卷
　　（清）裘璉（廢莪子）撰
　　　明翠湖亭四韻事
　　　清人雜劇初集・明翠湖亭四韻事

醉畫圖一卷
　　（清）廖燕撰
　　　清人雜劇二集・柴舟別集四種

訴琵琶一卷
　　（清）廖燕撰
　　　清人雜劇二集・柴舟別集四種

續訴琵琶一卷
　　（清）廖燕撰
　　　清人雜劇二集・柴舟別集四種

鏡花亭一卷
　　（清）廖燕撰
　　　清人雜劇二集・柴舟別集四種

坦庵買花錢雜劇一卷
　　（清）徐石麒撰
　　　坦庵詞曲六種

　　　清人雜劇二集

坦庵大轉輪雜劇一卷
　　（清）徐石麒撰
　　　坦庵詞曲六種
　　　清人雜劇二集

坦庵拈花笑雜劇一卷
　　（清）徐石麒撰
　　　坦庵詞曲六種
　　　清人雜劇二集

坦庵浮西施雜劇一卷
　　（清）徐石麒撰
　　　坦庵詞曲六種
　　　清人雜劇二集

四嬋娟一卷
　　（清）洪昇撰
　　　清人雜劇二集

藍關雪一卷
　　（清）車江英撰
　　　四名家傳奇摘齣
　　　清人雜劇二集・四名家填詞摘齣

柳州烟一卷
　　（清）車江英撰
　　　四名家傳奇摘齣
　　　清人雜劇二集・四名家填詞摘齣

醉翁亭一卷
　　（清）車江英撰
　　　四名家傳奇摘齣
　　　清人雜劇二集・四名家填詞摘齣

遊赤壁一卷
　　（清）車江英撰
　　　四名家傳奇摘齣
　　　清人雜劇二集・四名家填詞摘齣

度藍關一卷
　　（清）永恩撰
　　　漪園四種附

新豐店馬周獨酌
　　（清）楊潮觀撰
　　　吟風閣雜劇（乾隆本、嘉慶本）卷一

大江西小姑送風
　　（清）楊潮觀撰
　　　吟風閣雜劇（乾隆本、嘉慶本）卷一

李衛公替龍行雨
　　（清）楊潮觀撰
　　　吟風閣雜劇（乾隆本、嘉慶本）卷一

黃石婆授計逃關
　　（清）楊潮觀撰
　　　吟風閣雜劇（乾隆本、嘉慶本）卷一

快活山樵歌九轉

（清）楊潮觀撰
　　　吟風閣雜劇（乾隆本、嘉慶本）卷一

窮阮籍醉罵財神
　　（清）楊潮觀撰
　　　吟風閣雜劇（乾隆本、嘉慶本）卷一

溫太眞晉陽分別
　　（清）楊潮觀撰
　　　吟風閣雜劇（乾隆本、嘉慶本）卷二

邯鄲郡錯嫁才人
　　（清）楊潮觀撰
　　　吟風閣雜劇（乾隆本、嘉慶本）卷二

賀蘭山謫仙贈帶
　　（清）楊潮觀撰
　　　吟風閣雜劇（乾隆本、嘉慶本）卷二

開金榜朱衣點頭
　　（清）楊潮觀撰
　　　吟風閣雜劇（乾隆本、嘉慶本）卷二

夜香臺持齋訓子
　　（清）楊潮觀撰
　　　吟風閣雜劇（乾隆本、嘉慶本）卷二

汲長孺矯詔發倉
　　（清）楊潮觀撰
　　　吟風閣雜劇（乾隆本、嘉慶本）卷二

魯仲連單鞭蹈海
　　（清）楊潮觀撰
　　　吟風閣雜劇（乾隆本、嘉慶本）卷二

荷花蕩將種逃生
　　（清）楊潮觀撰
　　　吟風閣雜劇（乾隆本、嘉慶本）卷二

灌口二郎初顯聖
　　（清）楊潮觀撰
　　　吟風閣雜劇（乾隆本、嘉慶本）卷三

魏徵破笏再朝天
　　（清）楊潮觀撰
　　　吟風閣雜劇（乾隆本、嘉慶本）卷三

勸文昌狀元配瞽
　　（清）楊潮觀撰
　　　吟風閣雜劇（乾隆本、嘉慶本）卷三

感天后神女露筋
　　（清）楊潮觀撰
　　　吟風閣雜劇（乾隆本、嘉慶本）卷三

華表柱延陵掛劍
　　（清）楊潮觀撰
　　　吟風閣雜劇（乾隆本、嘉慶本）卷三

東萊郡暮夜卻金
　　（清）楊潮觀撰
　　　吟風閣雜劇（乾隆本、嘉慶本）卷三

下江南曹彬誓衆

（清）楊潮觀撰
　　　吟風閣雜劇（乾隆本、嘉慶本）卷三

韓文公雪擁藍關
　　（清）楊潮觀撰
　　　吟風閣雜劇（乾隆本、嘉慶本）卷三

荀灌娘圍城救父
　　（清）楊潮觀撰
　　　吟風閣雜劇（乾隆本、嘉慶本）卷三

信陵君義葬金釵
　　（清）楊潮觀撰
　　　吟風閣雜劇（乾隆本、嘉慶本）卷三

偷桃捉住東方朔
　　（清）楊潮觀撰
　　　吟風閣雜劇（乾隆本、嘉慶本）卷四

換扇巧逢春夢婆
　　（清）楊潮觀撰
　　　吟風閣雜劇（乾隆本、嘉慶本）卷四

西塞山漁翁封拜
　　（清）楊潮觀撰
　　　吟風閣雜劇（乾隆本、嘉慶本）卷四

諸葛亮夜祭瀘江
　　（清）楊潮觀撰
　　　吟風閣雜劇（乾隆本、嘉慶本）卷四

凝碧池忠魂再表
　　（清）楊潮觀撰
　　　吟風閣雜劇（乾隆本、嘉慶本）卷四

大葱嶺隻履西歸
　　（清）楊潮觀撰
　　　吟風閣雜劇（乾隆本、嘉慶本）卷四

寇萊公思親罷宴
　　（清）楊潮觀撰
　　　吟風閣雜劇（乾隆本、嘉慶本）卷四

翠微亭卸甲閒遊
　　（清）楊潮觀撰
　　　吟風閣雜劇（乾隆本、嘉慶本）卷四

悲鳳曲一卷
　　（清）陳烺撰
　　　玉獅堂十種曲附

小滄桑一卷
　　（清）潘炤撰
　　　釣渭間雜膾

桃花吟一卷
　　（清）曹錫黼撰
　　　清人雜劇初集

張雀網廷平感世一卷
　　（清）曹錫黼撰
　　　清人雜劇初集・四色石

序蘭亭內史臨波一卷

宴滕王子安檢韻一卷
　　（清）曹錫黼撰
　　　　清人雜劇初集・四色石

寓同谷老杜興歌一卷
　　（清）曹錫黼撰
　　　　清人雜劇初集・四色石

迎鑾新曲二卷
　　（清）吳城（清）厲鶚撰
　　　　武林掌故叢編第二十二集

四絃秋（一名青衫泪）一卷
　　（清）蔣士銓撰
　　　　蔣氏四種（咸豐本、同治本）・蔣鉛山
　　　　九種曲
　　　　紅雪樓九種曲

一片石一卷
　　（清）蔣士銓撰
　　　　蔣氏四種（咸豐本、同治本）・蔣鉛山
　　　　九種曲
　　　　紅雪樓九種曲

第二碑（一名後一片石）一卷
　　（清）蔣士銓撰
　　　　蔣氏四種（咸豐本、同治本）・蔣鉛山
　　　　九種曲
　　　　紅雪樓九種曲

采石磯一卷
　　（清）蔣士銓撰
　　　　紅雪樓逸稿

採樵圖一卷
　　（清）蔣士銓撰
　　　　紅雪樓逸稿

廬山會一卷
　　（清）蔣士銓撰
　　　　紅雪樓逸稿

康衢樂一卷
　　（清）蔣士銓撰
　　　　西江祝嘏四種

忉利天一卷
　　（清）蔣士銓撰
　　　　西江祝嘏四種

長生樂一卷
　　（清）蔣士銓撰
　　　　西江祝嘏四種

昇平瑞一卷
　　（清）蔣士銓撰
　　　　西江祝嘏四種

放楊枝一卷

（清）曹錫黼撰
　　清人雜劇初集・四色石

（清）桂馥（老苔）撰
　　清人雜劇初集・後四聲猿

題園壁一卷
　　（清）桂馥（老苔）撰
　　　　清人雜劇初集・後四聲猿

謁府帥一卷
　　（清）桂馥（老苔）撰
　　　　清人雜劇初集・後四聲猿

投園中一卷
　　（清）桂馥（老苔）撰
　　　　清人雜劇初集・後四聲猿

璿璣錦雜劇一卷
　　（清）孔廣林撰
　　　　幼頀孔氏所撰傳奇雜劇三種
　　　　清人雜劇二集

女專諸雜劇一卷
　　（清）孔廣林撰
　　　　幼頀孔氏所撰傳奇雜劇三種
　　　　清人雜劇二集

松年長生引一卷
　　（清）孔廣林撰
　　　　清人雜劇二集

砥石齋韻品雜齣一卷
　　（清）汪柱撰
　　　　砥石齋二種曲附

破牢愁一卷
　　（清）汪柱撰
　　　　砥石齋二種曲附

採蘭紉佩
　　（清）汪柱撰
　　　　砥石齋二種曲附・賞心幽品四種

賞菊傾酒
　　（清）汪柱撰
　　　　砥石齋二種曲附・賞心幽品四種

愛梅錫號
　　（清）汪柱撰
　　　　砥石齋二種曲附・賞心幽品四種

畫竹傳神
　　（清）汪柱撰
　　　　砥石齋二種曲附・賞心幽品四種

伏生授經一卷
　　（清）石韞玉撰
　　　　花間九奏
　　（清花韻菴主人撰）
　　　　清人雜劇初集・花間九奏

羅敷采桑一卷
　　（清）石韞玉撰
　　　　花間九奏

（清花韻菴主人撰）
　　清人雜劇初集·花間九奏

桃葉渡江一卷
　　（清）石韞玉撰
　　　　花間九奏
　　（清花韻菴主人撰）
　　　　清人雜劇初集·花間九奏

桃源漁父一卷
　　（清）石韞玉撰
　　　　花間九奏
　　（清花韻菴主人撰）
　　　　清人雜劇初集·花間九奏

梅妃作賦一卷
　　（清）石韞玉撰
　　　　花間九奏
　　（清花韻菴主人撰）
　　　　清人雜劇初集·花間九奏

樂天開閣一卷
　　（清）石韞玉撰
　　　　花間九奏
　　（清花韻菴主人撰）
　　　　清人雜劇初集·花間九奏

賈島祭詩一卷
　　（清）石韞玉撰
　　　　花間九奏
　　（清花韻菴主人撰）
　　　　清人雜劇初集·花間九奏

琴操參禪一卷
　　（清）石韞玉撰
　　　　花間九奏
　　（清花韻菴主人撰）
　　　　清人雜劇初集·花間九奏

對山救友一卷
　　（清）石韞玉撰
　　　　花間九奏
　　（清花韻菴主人撰）
　　　　清人雜劇初集·花間九奏

卓女當爐一卷
　　（清）舒位撰
　　　　缾笙館修簫譜
　　　　百川書屋叢書·瓶笙館修簫譜

樊姬擁髻一卷
　　（清）舒位撰
　　　　缾笙館修簫譜
　　　　百川書屋叢書·瓶笙館修簫譜

酉陽修月一卷
　　（清）舒位撰
　　　　缾笙館修簫譜
　　　　百川書屋叢書·瓶笙館修簫譜

博望訪星一卷
　　（清）舒位撰
　　　　缾笙館修簫譜
　　　　百川書屋叢書·瓶笙館修簫譜

西遼記北曲一卷
　　（清）許鴻磐撰
　　　　六觀樓北曲六種（道光本、同治本）

雁帛書北曲一卷
　　（清）許鴻磐撰
　　　　六觀樓北曲六種（道光本、同治本）

女雲臺北曲一卷
　　（清）許鴻磐撰
　　　　六觀樓北曲六種（道光本、同治本）

孝女存孤北曲一卷
　　（清）許鴻磐撰
　　　　六觀樓北曲六種（道光本、同治本）

儒吏完城北曲一卷
　　（清）許鴻磐撰
　　　　六觀樓北曲六種（道光本、同治本）

三釵夢北曲一卷
　　（清）許鴻磐撰
　　　　六觀樓北曲六種（道光本、同治本）

苧蘿夢一卷
　　（清）陳棟撰
　　　　清人雜劇二集·北涇草堂外集三種

紫姑神一卷
　　（清）陳棟撰
　　　　清人雜劇二集·北涇草堂外集三種

維揚夢一卷
　　（清）陳棟撰
　　　　清人雜劇二集·北涇草堂外集三種

武則天風流案卷（一名判艷）一卷
　　（清）嚴廷中撰
　　　　清人雜劇初集·秋聲譜

沈媚娘秋牕情話（一名譜秋）一卷
　　（清）嚴廷中撰
　　　　清人雜劇初集·秋聲譜

洛陽殿無雙豔福一卷
　　（清）嚴廷中撰
　　　　清人雜劇初集·秋聲譜

喬影（一名飲酒讀離圖）一卷
　　（清）吳藻撰
　　　　清人雜劇二集

斷緣夢雜劇一卷
　　（清）梁廷枏撰
　　　　藤花亭十七種

江梅夢雜劇一卷
　　（清）梁廷枏撰

　　　　藤花亭十七種

圓香夢雜劇一卷
　　（清）梁廷枏撰
　　　　藤花亭十七種

曇花夢雜劇一卷
　　（清）梁廷枏撰
　　　　藤花亭十七種

訊葛一卷
　　（清）張聲玠撰
　　　　玉田春水軒雜齣九種
　　　　清人雜劇二集·玉田春水軒雜齣

題肆一卷
　　（清）張聲玠撰
　　　　玉田春水軒雜齣九種
　　　　清人雜劇二集·玉田春水軒雜齣

琴別一卷
　　（清）張聲玠撰
　　　　玉田春水軒雜齣九種
　　　　清人雜劇二集·玉田春水軒雜齣

晝隱一卷
　　（清）張聲玠撰
　　　　玉田春水軒雜齣九種
　　　　清人雜劇二集·玉田春水軒雜齣

碎胡琴一卷
　　（清）張聲玠撰
　　　　玉田春水軒雜齣九種
　　　　清人雜劇二集·玉田春水軒雜齣

安市一卷
　　（清）張聲玠撰
　　　　玉田春水軒雜齣九種
　　　　清人雜劇二集·玉田春水軒雜齣

看眞一卷
　　（清）張聲玠撰
　　　　玉田春水軒雜齣九種
　　　　清人雜劇二集·玉田春水軒雜齣

游山一卷
　　（清）張聲玠撰
　　　　玉田春水軒雜齣九種
　　　　清人雜劇二集·玉田春水軒雜齣

壽甫一卷
　　（清）張聲玠撰
　　　　玉田春水軒雜齣九種
　　　　清人雜劇二集·玉田春水軒雜齣

鵑華秋一卷
　　（清）胡薇元撰
　　　　玉津閣叢書甲集·壺庵五種曲

青霞夢一卷
　　（清）胡薇元撰
　　　　玉津閣叢書甲集·壺庵五種曲

樊川夢一卷
　　（清）胡薇元撰
　　　　玉津閣叢書甲集·壺庵五種曲

繙書圖一卷
　　（清）胡薇元撰
　　　　玉津閣叢書甲集·壺庵五種曲

壺中樂一卷
　　（清）胡薇元撰
　　　　玉津閣叢書甲集·壺庵五種曲

梨花雪（一名白霓裳）一卷
　　（清）徐鄂撰
　　　　誦荻齋曲

白頭新一卷
　　（清）徐鄂撰
　　　　誦荻齋曲

臙脂獄一卷
　　（清）許善長撰
　　　　碧聲吟館叢書

茯苓仙一卷
　　（清）許善長撰
　　　　碧聲吟館叢書

靈媧石一卷
　　（清）許善長撰
　　　　碧聲吟館叢書

神山引一卷
　　（清）許善長撰
　　　　碧聲吟館叢書

芋佛一卷
　　（清）東僊撰
　　　　養怡草堂樂府

賦棋一卷
　　（清）東僊撰
　　　　養怡草堂樂府

逼月一卷
　　（清）東僊撰
　　　　養怡草堂樂府

平濟一卷
　　（清）東僊撰
　　　　養怡草堂樂府

老圓一卷
　　（清）俞樾撰
　　　　春在堂全書·曲園雜纂
　　　　清人雜劇二集

望夫石一卷
　　（清）曖初氏撰
　　　　晨風閣叢書第一集

民 國

燼香樓雜劇一卷
　　(民國)吳梅撰
　　　　奢摩他室曲叢第一集

湘眞閣一卷附譜一卷
　　(民國)吳梅撰
　　　　霜厓三劇

無價寶一卷附譜一卷
　　(民國)吳梅撰
　　　　霜厓三劇

惆悵爨一卷附譜一卷
　　(民國)吳梅撰
　　　　霜厓三劇

今 人

琵琶賺雜劇一卷
　　盧前撰
　　　　渭南嚴氏孝義家塾叢書‧飲虹五種

茱萸會雜劇一卷
　　盧前撰
　　　　渭南嚴氏孝義家塾叢書‧飲虹五種

無爲州雜劇一卷
　　盧前撰
　　　　渭南嚴氏孝義家塾叢書‧飲虹五種

仇宛娘雜劇一卷
　　盧前撰
　　　　渭南嚴氏孝義家塾叢書‧飲虹五種

燕子僧雜劇一卷
　　盧前撰
　　　　渭南嚴氏孝義家塾叢書‧飲虹五種

傳 奇

元

董解元西廂記二卷
　　(金)董解元撰
　　　　會眞六幻

董解元西廂一本圖一卷附考據一卷
　　(金)董解元撰　考據(民國)劉世珩輯
　　　　彙刻傳劇

幽閨記(一名拜月亭)二卷
　　(元)施惠撰
　　　　六十種曲（汲古閣本、開明書店排印
　　　　本、文學古籍刊行社重印開明書店
　　　　本)寅集

重校拜月亭記二卷
　　　　繡刻演劇

幽閨怨佳人拜月亭記四卷附錄一卷
　　　　喜咏軒叢書乙編

李卓吾先生批評幽閨記二卷
　　(元)施惠撰　(明)李贄評
　　　　古本戲曲叢刊初集

陳眉公批評幽閨記二卷
　　(元)施惠撰　(明)陳繼儒評
　　　　六合同春

新刊重訂出相附釋標註拜月亭記二卷
　　(元)施惠撰
　　　　古本戲曲叢刊初集

琵琶記二卷
　　(元)高明撰
　　　　六十種曲（汲古閣本、開明書店排印
　　　　本、文學古籍刊行社重印開明書店
　　　　本)丑集

新刊元本蔡伯喈琵琶記二卷
　　　　古本戲曲叢刊初集

新刻重訂出像附釋標註琵琶記四卷
　　　　繡刻演劇

李卓吾先生批評琵琶記二卷
　　(元)高明撰　(明)李贄評
　　　　古本戲曲叢刊初集

陳眉公批評琵琶記二卷
　　(元)高明撰　(明)陳繼儒評
　　　　六合同春

批評釋義音字琵琶記二卷圖一卷附劄記
二卷
　　(元)高明撰　(明)陳繼儒評　劄記(清)梅
　　谿鈞徒輯
　　　　彙刻傳劇

明

殺狗記二卷
　　(明)徐㫐撰
　　　　彙刻傳劇
　　　　古本戲曲叢刊初集

殺狗記二卷
　　(明)徐㫐撰　(明)馮夢龍(龍子猶)訂定
　　　　六十種曲（汲古閣本、開明書店排印
　　　　本、文學古籍刊行社重印開明書店
　　　　本)戌集

白兔記一卷
　　(明)□□撰
　　　　六十種曲（汲古閣本、開明書店排印
　　　　本、文學古籍刊行社重印開明書店
　　　　本)亥集

白兔記二卷

　　　　　　古本戲曲叢刊初集
　　新刻出像音註增補劉智遠白冤記二卷
　　　　　　古本戲曲叢刊初集
荊釵記二卷
　　（明）朱權撰
　　　　　　六十種曲（汲古閣本、開明書店排印
　　　　　　本、文學古籍刊行社重印開明書店
　　　　　　本)丑集
　　重校古荊釵記二卷
　　　　　　繡刻演劇
　　新刻原本王狀元荊釵記二卷
　　　　　　古本戲曲叢刊初集
屠赤水先生批評荊釵記二卷
　　（明）朱權撰　（明）屠隆評
　　　　　　古本戲曲叢刊初集
新刊重訂附釋標註出相伍倫全備忠孝記
　四卷
　　（明）丘濬撰
　　　　　　繡刻演劇
　　　　　　古本戲曲叢刊初集
重校投筆記四卷
　　（明）丘濬撰
　　　　　　繡刻演劇
新刻魏仲雪先生批評投筆記二卷
　　（明）丘濬撰　（明）魏浣初評
　　　　　　古本戲曲叢刊初集
舉鼎記傳奇二卷
　　（明）丘濬撰
　　　　　　古本戲曲叢刊初集
新刻出像音註唐朝張巡許遠雙忠記二卷
　　（明）姚茂良撰
　　　　　　古本戲曲叢刊初集
香囊記二卷
　　（明）邵璨撰
　　　　　　六十種曲（汲古閣本、開明書店排印
　　　　　　本、文學古籍刊行社重印開明書店
　　　　　　本)亥集
　　重校五倫傳香囊記二卷
　　　　　　古本戲曲叢刊初集
　　新刊重訂出相附釋標註香囊記四卷
　　　　　　繡刻演劇
李日華南西廂記二卷
　　（明）李日華撰
　　　　　　會眞六幻
　　西廂記二卷
　　　　　　六十種曲（汲古閣本)寅集
　　南西廂記二卷
　　　　　　彙刻傳劇·西廂記五劇附

南西廂二卷
　　　　　　六十種曲(開明書店排印本、文學古籍
　　　　　　刊行社重印開明書店本)寅集
　　新刻出像音註花欄南調西廂記二卷
　　　　　　古本戲曲叢刊初集
三元記二卷
　　（明）沈受先撰
　　　　　　六十種曲（汲古閣本、開明書店排印
　　　　　　本、文學古籍刊行社重印開明書店
　　　　　　本)午集
　　馮京三元記二卷
　　　　　　古本戲曲叢刊初集
雙珠記二卷
　　（明）沈鯨撰
　　　　　　六十種曲（汲古閣本、開明書店排印
　　　　　　本、文學古籍刊行社重印開明書店
　　　　　　本)子集
　　　　　　古本戲曲叢刊初集
鮫綃記二卷
　　（明）沈鯨撰
　　　　　　古本戲曲叢刊初集
新刻全像易鞋記二卷
　　（明）沈鯨撰
　　　　　　繡刻演劇
　　　　　　古本戲曲叢刊初集
連環記傳奇二卷
　　（明）王濟撰
　　　　　　古本戲曲叢刊初集
千金記二卷
　　（明）沈采撰
　　　　　　六十種曲（汲古閣本、開明書店排印
　　　　　　本、文學古籍刊行社重印開明書店
　　　　　　本)戌集
　　新刻出像音註花欄韓信千金記四卷
　　　　　　古本戲曲叢刊初集
新刻出像音註花欄裴度香山還帶記二卷
　　（明）沈采撰
　　　　　　繡刻演劇
　　新刊重訂出相附釋標註裴度香山還帶
　記二卷
　　　　　　長樂鄭氏彙印傳奇第一集
　　　　　　古本戲曲叢刊初集
新刻出像音註姜詩躍鯉記四卷
　　（明）陳羆齋撰
　　　　　　繡刻演劇
　　　　　　古本戲曲叢刊初集
金印合縱記二卷
　　（明）蘇復之撰

古本戲曲叢刊初集

繡襦記二卷
　（題明徐霖撰）
　　　六十種曲（汲古閣本、開明書店排印
　　　本、文學古籍刊行社重印開明書店
　　　本）未集

　繡襦記四卷
　（題明徐霖撰）
　　　喜咏軒叢書乙編
　（明）薛近兗撰
　　　古本戲曲叢刊初集

陳眉公批評繡襦記二卷
　（明）薛近兗撰　（明）陳繼儒評
　　　六合同春

玉合記二卷
　（明）梅鼎祚撰
　　　六十種曲（汲古閣本、開明書店排印
　　　本、文學古籍刊行社重印開明書店
　　　本）巳集
　　　繡刻演劇

李卓吾先生批評玉合記二卷
　（明）梅鼎祚撰　（明）李贄評
　　　古本戲曲叢刊初集

長命縷二卷
　（明）梅鼎祚（勝樂道人）撰
　　　十種傳奇
　　　古本戲曲叢刊初集

曇花記二卷
　（明）屠隆撰
　　　六十種曲（汲古閣本、開明書店排印
　　　本、文學古籍刊行社重印開明書店
　　　本）亥集
　　　古本戲曲叢刊初集

修文記二卷
　（明）屠隆撰
　　　傳真社三種曲
　　　古本戲曲叢刊初集

綵毫記一卷
　（明）屠隆撰
　　　六十種曲（汲古閣本、開明書店排印
　　　本、文學古籍刊行社重印開明書店
　　　本）辰集

　綵毫記二卷
　　　古本戲曲叢刊初集

紫簫記二卷
　（明）湯顯祖撰
　　　六十種曲（汲古閣本、開明書店排印
　　　本、文學古籍刊行社重印開明書店

本）申集

新刻出像點板音註李十郎紫簫記四卷
　　　繡刻演劇
　　　古本戲曲叢刊初集

還魂記二卷
　（明）湯顯祖撰
　　　六十種曲（汲古閣本、開明書店排印
　　　本、文學古籍刊行社重印開明書店
　　　本）卯集
　　　玉茗堂四種傳奇（著壇本、映雪草堂
　　　本）

玉茗堂還魂記二卷圖一卷
　　　彙刻傳劇

新刻牡丹亭還魂記四卷
　　　繡刻演劇

牡丹亭四卷
　　　古本戲曲叢刊初集

還魂記二卷
　（明）湯顯祖撰　（明）碩園刪定
　　　六十種曲（汲古閣本、開明書店排印
　　　本、文學古籍刊行社重印開明書店
　　　本）未集

紫釵記二卷
　（明）湯顯祖撰
　　　六十種曲（汲古閣本、開明書店排印
　　　本、文學古籍刊行社重印開明書店
　　　本）卯集
　　　玉茗堂四種傳奇（著壇本、映雪草堂
　　　本）

柳浪館批評玉茗堂紫釵記二卷
　（明）湯顯祖撰
　　　古本戲曲叢刊初集

邯鄲記二卷
　（明）湯顯祖撰
　　　六十種曲（汲古閣本、開明書店排印
　　　本、文學古籍刊行社重印開明書店
　　　本）卯集
　　　玉茗堂四種傳奇（著壇本、映雪草堂
　　　本）

　邯鄲夢記三卷
　　　古本戲曲叢刊初集

南柯記二卷
　（明）湯顯祖撰
　　　六十種曲（汲古閣本、開明書店排印
　　　本、文學古籍刊行社重印開明書店
　　　本）卯集
　　　玉茗堂四種傳奇（著壇本、映雪草堂
　　　本）

玉茗堂南柯記二卷
　　彙刻傳劇
　南柯夢二卷
　　古本戲曲叢刊初集
墨憨齋重定三會親風流夢二卷
　　(明)湯顯祖撰　(明)馮夢龍(龍子猶)改定
　　古本戲曲叢刊初集
重校十無端巧合紅蕖記二卷
　　(明)沈璟撰
　　古本戲曲叢刊三集
重校埋劍記二卷
　　(明)沈璟撰
　　古本戲曲叢刊初集
重校雙魚記二卷
　　(明)沈璟撰
　　古本戲曲叢刊初集
義俠記二卷
　　(明)沈璟撰
　　六十種曲（汲古閣本、開明書店排印
　　　本、文學古籍刊行社重印開明書店
　　　本)酉集
　　繡刻演劇
　重校義俠記二卷
　　古本戲曲叢刊初集
桃符記一卷
　　(明)沈璟撰
　　古本戲曲叢刊初集
一種情傳奇二卷
　　(明)沈璟撰
　　古本戲曲叢刊初集
博笑記二卷
　　(明)沈璟(詞隱先生)撰
　　傳眞社三種曲
　新刻博笑記二卷
　　古本戲曲叢刊初集
青衫記二卷
　　(明)顧大典撰
　　六十種曲（汲古閣本、開明書店排印
　　　本、文學古籍刊行社重印開明書店
　　　本)未集
　　古本戲曲叢刊二集
冬青記二卷
　　(明)卜世臣撰
　　古本戲曲叢刊二集
酒家傭二卷
　　(明)陸弼(明)欽虹江撰　(明)馮夢龍(龍
　　　子猶)改定
　　墨憨齋傳奇十種

墨憨齋詳定酒家傭傳奇二卷
　　古本戲曲叢刊二集
新編全像點板寶禹鈞全德記二卷
　　(明)王穉登撰
　　古本戲曲叢刊二集
新刻出像音註管鮑分金記四卷
　　(明)葉良表撰
　　繡刻演劇
　　古本戲曲叢刊初集
獅吼記二卷
　　(明)汪廷訥撰
　　六十種曲（汲古閣本、開明書店排印
　　　本、文學古籍刊行社重印開明書店
　　　本)酉集
　　古本戲曲叢刊二集
投桃記二卷
　　(明)汪廷訥撰
　　古本戲曲叢刊二集
三祝記二卷
　　(明)汪廷訥撰
　　古本戲曲叢刊二集
種玉記二卷
　　(明)汪廷訥撰
　　六十種曲（汲古閣本、開明書店排印
　　　本、文學古籍刊行社重印開明書店
　　　本)酉集
　玉茗堂批評種玉記二卷
　　古本戲曲叢刊二集
彩舟記二卷
　　(明)汪廷訥撰
　　古本戲曲叢刊二集
義烈記二卷
　　(明)汪廷訥撰
　　古本戲曲叢刊二集
重訂天書記二卷
　　(明)汪廷訥撰
　　古本戲曲叢刊二集
新編目蓮救母勸善戲文三卷
　　(明)鄭之珍撰
　　古本戲曲叢刊初集
雙烈記二卷
　　(明)張四維撰
　　六十種曲（汲古閣本、開明書店排印
　　　本、文學古籍刊行社重印開明書店
　　　本)酉集
　　古本戲曲叢刊二集
鸚鵡洲二卷
　　(明)陳與郊撰

長樂鄭氏彙印傳奇第一集
　　古本戲曲叢刊二集

櫻桃夢二卷
　　(明)陳與郊撰
　　　　古本戲曲叢刊二集

麒麟罽二卷
　　(明)陳與郊(廣野)撰
　　　　古本戲曲叢刊二集

靈寶刀二卷
　　(明)陳與郊撰
　　　　古本戲曲叢刊二集

節俠記二卷
　　(明)許三階撰
　　　　六十種曲（汲古閣本、開明書店排印
　　　　本、文學古籍刊行社重印開明書店
　　　　本)亥集

玉茗堂批評節俠記二卷
　　(明)許自昌改訂　(明)湯顯祖評
　　　　古本戲曲叢刊初集

水滸記二卷
　　(明)許自昌撰
　　　　六十種曲（汲古閣本、開明書店排印
　　　　本、文學古籍刊行社重印開明書店
　　　　本)申集
　　　　古本戲曲叢刊初集

橘浦記二卷
　　(明)許自昌撰
　　　　古本戲曲叢刊初集

靈犀佩傳奇二卷
　　(明)許自昌撰
　　　　古本戲曲叢刊三集

玉簪記二卷
　　(明)高濂撰
　　　　六十種曲（汲古閣本、開明書店排印
　　　　本、文學古籍刊行社重印開明書店
　　　　本)寅集

重校玉簪記二卷
　　　繡刻演劇
　　　　古本戲曲叢刊初集

陳眉公批評玉簪記二卷
　　(明)高濂撰　(明)陳繼儒評
　　　　六合同春

新刊重訂出像附釋標註陳情記一卷
　　(明)高濂撰
　　　　古本戲曲叢刊初集·節孝記

新刊重訂出相附釋標註賦歸記一卷
　　(明)高濂撰
　　　　古本戲曲叢刊初集·節孝記

玉茗堂批評紅梅記二卷
　　(明)周朝俊撰　(明)湯顯祖評
　　　　古本戲曲叢刊初集

丹桂記二卷
　　(明)徐肅穎删潤
　　　　古本戲曲叢刊初集

重校旗亭記二卷
　　(明)鄭之文撰
　　　　古本戲曲叢刊二集

紅梨記二卷
　　(明)徐復祚撰
　　　　六十種曲（汲古閣本、開明書店排印
　　　　本、文學古籍刊行社重印開明書店
　　　　本)午集

校正原本紅梨記四卷
　　　喜咏軒叢書乙編
　　(明陽初子撰)
　　　　古本戲曲叢刊初集

投梭記二卷
　　(明)徐復祚撰
　　　　六十種曲（汲古閣本、開明書店排印
　　　　本、文學古籍刊行社重印開明書店
　　　　本)午集
　　　　古本戲曲叢刊三集

新刻出相點板宵光記二卷
　　(明)徐復祚撰
　　　　古本戲曲叢刊初集

琴心記一卷
　　(明)孫柚撰
　　　　六十種曲（汲古閣本、開明書店排印
　　　　本、文學古籍刊行社重印開明書店
　　　　本)辰集

琴心記二卷
　　　　古本戲曲叢刊二集

蕉帕記二卷
　　(明)單本撰
　　　　六十種曲（汲古閣本、開明書店排印
　　　　本、文學古籍刊行社重印開明書店
　　　　本)申集

新刻五鬧蕉帕記二卷
　　　繡刻演劇
　　　　古本戲曲叢刊二集

新刻狄梁公返周望雲忠孝記二卷
　　(明)金懷玉撰
　　　　繡刻演劇
　　　　古本戲曲叢刊二集

新鍥重訂出像附釋標註驚鴻記二卷
　　(明)吳世美撰

　　　繡刻演劇
　　　古本戲曲叢刊二集
金蓮記二卷
　　(明)陳汝元撰
　　　　六十種曲（汲古閣本、開明書店排印
　　　　本、文學古籍刊行社重印開明書店
　　　　本)巳集
　　　古本戲曲叢刊二集
錦箋記二卷
　　(明)周履靖撰
　　　　六十種曲（汲古閣本、開明書店排印
　　　　本、文學古籍刊行社重印開明書店
　　　　本)申集
　　重校錦箋記二卷
　　　　繡刻演劇
　　　古本戲曲叢刊二集
新刻出相點板櫻桃記二卷
　　(明)史槃撰
　　　古本戲曲叢刊二集
新刻宋璟鶼釵記二卷
　　(明)史槃撰
　　　古本戲曲叢刊三集
吐絨記二卷
　　(明)史槃撰
　　　古本戲曲叢刊三集
夢磊記二卷
　　(明)史槃撰　(明)馮夢龍(龍子猶)改定
　　　墨憨齋傳奇十種
　　墨憨齋重定夢磊傳奇二卷
　　　古本戲曲叢刊二集
鸞鎞記二卷
　　(明)葉憲祖撰
　　　　六十種曲（汲古閣本、開明書店排印
　　　　本、文學古籍刊行社重印開明書店
　　　　本)巳集
　　　古本戲曲叢刊二集
金鎖記二卷
　　(明)葉憲祖撰
　　　古本戲曲叢刊三集
重校韓夫人題紅記二卷
　　(明)王驥德撰
　　　古本戲曲叢刊二集
新刻出像音註劉漢卿白蛇記二卷
　　(明)鄭國軒撰
　　　繡刻演劇
　　　古本戲曲叢刊初集
八義記二卷
　　(明)徐元撰

六十種曲（汲古閣本、開明書店排印
　　本、文學古籍刊行社重印開明書店
　　本)未集
　　古本戲曲叢刊二集
新鐫量江記二卷
　　(明)佘翹撰
　　　古本戲曲叢刊二集
量江記二卷
　　(明)佘翹撰　(明)馮夢龍(龍子猶)改定
　　　墨憨齋傳奇十種
鐫新編全像三桂聯芳記二卷
　　(明)紀振倫撰
　　　古本戲曲叢刊二集
新鐫武侯七勝記二卷
　　(明)紀振倫撰
　　　古本戲曲叢刊二集
新刻出相音釋點板東方朔偷桃記二卷
　　(明)吳德修撰
　　　古本戲曲叢刊二集
新刻全像漢劉秀雲臺記二卷
　　(明)蒲俊卿撰
　　　繡刻演劇
　　　古本戲曲叢刊二集
新刻出相雙鳳齊鳴記二卷
　　(明)陸華甫撰
　　　繡刻演劇
　　　古本戲曲叢刊二集
重校呂眞人黃粱夢境記二卷
　　(明)蘇元儁撰
　　　古本戲曲叢刊初集
焚香記二卷
　　(明)王玉峯撰
　　　　六十種曲（汲古閣本、開明書店排印
　　　　本、文學古籍刊行社重印開明書店
　　　　本)子集
　　新刻玉茗堂批評焚香記二卷
　　　古本戲曲叢刊初集
綵樓記一卷
　　(明)王鍈撰
　　　古本戲曲叢刊二集
春燕記一卷
　　(明)王鍈撰
　　　　六十種曲（汲古閣本、開明書店排印
　　　　本、文學古籍刊行社重印開明書店
　　　　本)辰集
　　春燕記二卷
　　　古本戲曲叢刊二集
尋親記二卷

（明）范受益撰　（明）王錂重訂
　　六十種曲（汲古閣本、開明書店排印
　　本、文學古籍刊行社重印開明書店
　　本）子集
　新鐫圖像音註周羽教子尋親記四卷
　　　繡刻演劇
　　　古本戲曲叢刊初集
龍膏記二卷
　　（明）楊珽撰
　　　六十種曲（汲古閣本、開明書店排印
　　本、文學古籍刊行社重印開明書店
　　本）戌集
　　　古本戲曲叢刊二集
玉鏡臺記一卷
　　（明）朱鼎撰
　　　六十種曲（汲古閣本、開明書店排印
　　本、文學古籍刊行社重印開明書店
　　本）辰集
　玉鏡臺記二卷
　　　古本戲曲叢刊二集
新刻出像音註何文秀玉釵記四卷
　　（明）陸江樓（心一山人）撰
　　　繡刻演劇
新編奇遇玉丸記二卷
　　（明）朱期撰
　　　古本戲曲叢刊初集
新鐫全像藍橋玉杵記二卷
　　（明）楊之炯（雲水道人）撰
　　　古本戲曲叢刊初集
弄珠樓二卷
　　（明）王异撰
　　　古本戲曲叢刊三集
東郭記二卷
　　（明）孫鍾齡撰
　　　六十種曲（汲古閣本、開明書店排印
　　本、文學古籍刊行社重印開明書店
　　本）子集
　　白雪樓二種
　　（明白雪樓主人撰）
　　　古本戲曲叢刊二集
醉鄉記二卷
　　（明）孫鍾齡撰
　　　白雪樓二種
　　（明白雪樓主人撰）
　　　古本戲曲叢刊二集
玉茗堂批評異夢記二卷
　　（明）王元壽撰
　　　古本戲曲叢刊二集

景園記傳奇二卷
　　（明）王元壽撰
　　　古本戲曲叢刊三集
鬱輪袍傳奇二卷
　　（明）西湖居士撰
　　　古本戲曲叢刊二集
靈犀錦傳奇二卷
　　（明）西湖居士撰
　　　古本戲曲叢刊二集
詩賦盟傳奇二卷
　　（明）西湖居士撰
　　　古本戲曲叢刊二集
明月環傳奇二卷
　　（明）西湖居士撰
　　　古本戲曲叢刊二集
金鈿盒傳奇二卷
　　（明）湖隱居士撰
　　　古本戲曲叢刊二集
新刻全像臙脂記二卷
　　（明）童養中撰
　　　繡刻演劇
　　　古本戲曲叢刊初集
磨忠記二卷
　　（明）范世彥（闇甫）撰
　　　傳眞社三種曲
　新鐫磨忠記二卷
　　　古本戲曲叢刊二集
小青娘風流院傳奇二卷
　　（明）朱宗藩（不可解人）撰
　　　古本戲曲叢刊二集
玉茗堂批評新著續西廂昇仙記二卷 附 釋
義二卷
　　（明）黃粹吾撰　（明）湯顯祖評
　　　古本戲曲叢刊初集
蝴蝶夢二卷
　　（明）謝國撰
　　　古本戲曲叢刊三集
元宵鬧傳奇二卷
　　（明）李素甫撰
　　　古本戲曲叢刊二集
雙螭璧二卷
　　（明）鄒玉卿撰
　　　古本戲曲叢刊三集
靑虹嘯傳奇二卷
　　（明）鄒玉卿撰
　　　古本戲曲叢刊二集
續精忠記二卷
　　（明）湯子垂撰

古本戲曲叢刊二集

厓山烈傳奇二卷
　　(明)朱九經撰
　　　古本戲曲叢刊二集

抄白遍地錦二卷
　　(明)姚子翼撰
　　　古本戲曲叢刊二集

上林春二卷
　　(明)姚子翼撰
　　　古本戲曲叢刊二集

鴛鴦縧傳奇二卷
　　(明)路惠期撰
　　　喜咏軒叢書乙編
　　(明海來道人撰)
　　　古本戲曲叢刊二集

新鐫節義鴛鴦塚嬌紅記二卷
　　(明)孟稱舜撰
　　　古本戲曲叢刊二集

張玉娘閨房三清鸚鵡墓貞文記二卷
　　(明)孟稱舜撰
　　　古本戲曲叢刊二集

新鐫二胥記二卷
　　(明)孟稱舜(臥雲子)撰
　　　古本戲曲叢刊三集

山水隣新鐫花筵賺二卷
　　(明)范文若撰
　　　十種傳奇

花筵賺二卷
　　　博山堂三種曲
　　(明荀鴨撰)
　　　古本戲曲叢刊二集

夢花酣二卷
　　(明)范文若撰
　　　博山堂三種曲
　　(明荀鴨撰)
　　　古本戲曲叢刊二集

鴛鴦棒二卷
　　(明)范文若撰
　　　十種傳奇
　　　博山堂三種曲
　　(明荀鴨撰)
　　　古本戲曲叢刊二集

綠牡丹傳奇二卷
　　(明)吳炳撰
　　　粲花齋新樂府五種
　　(明粲花主人撰)
　　　奢摩他室曲叢第二集·粲花別墅五種
　　　曲

古本戲曲叢刊三集

綠牡丹二卷
　　　彙刻傳劇

療妬羹傳奇二卷
　　(明)吳炳撰
　　　粲花齋新樂府五種
　　(明粲花主人撰)
　　　奢摩他室曲叢第二集·粲花別墅五種
　　　曲

療妬羹記二卷
　　(明粲花主人撰)
　　　彙刻傳劇
　　　古本戲曲叢刊三集

畫中人傳奇二卷
　　(明)吳炳撰
　　　粲花齋新樂府五種
　　(明粲花主人撰)
　　　奢摩他室曲叢第二集·粲花別墅五種
　　　曲
　　　古本戲曲叢刊三集

西園記二卷
　　(明)吳炳撰
　　　粲花齋新樂府五種
　　(明粲花主人撰)
　　　古本戲曲叢刊三集

西園記傳奇二卷
　　(明粲花主人撰)
　　　奢摩他室曲叢第二集·粲花別墅五種
　　　曲

情郵記二卷
　　(明)吳炳撰
　　　粲花齋新樂府五種

情郵記傳奇二卷
　　(明粲花主人撰)
　　　奢摩他室曲叢第二集·粲花別墅五種
　　　曲

情郵傳奇二卷
　　(明粲花主人撰)
　　　古本戲曲叢刊三集

精忠旗二卷
　　(明)李梅實撰　(明)馮夢龍(龍子猶)改定
　　　墨憨齋傳奇十種

墨憨齋新訂精忠旗傳奇二卷
　　　古本戲曲叢刊二集

譚友夏批點想當然傳奇二卷
　　(明)盧枏(欻思居士)撰　(明)譚元春批點
　　　古本戲曲叢刊初集

灑雪堂二卷

（明）梅孝己撰　　（明）馮夢龍（龍子猶）改定
　　　墨憨齋傳奇十種
　墨憨齋新定灑雪堂傳奇二卷
　　　古本戲曲叢刊二集
山水鄰新鐫出像四大癡傳奇四卷
　　（明）李九標等撰
　　　十種傳奇
譚友夏鍾伯敬先生批評縮春園傳奇二卷
　　（明）沈孚中撰　　（明）譚元春（明）鍾惺評
　　　古本戲曲叢刊二集
翠屏山二卷
　　（明）沈自晉撰
　　　古本戲曲叢刊二集
望湖亭記二卷
　　（明）沈自晉撰
　　　十種傳奇
　　（明鞠通生撰）
　　　古本戲曲叢刊二集
十錦塘一卷
　　（明）馬佶人撰
　　　古本戲曲叢刊二集
荷花蕩（一名斐堂戲墨蓮盟）二卷
　　（明）馬佶人撰
　　　十種傳奇
　　（明擷芳主人撰）
　　　彙刻傳劇
　　　古本戲曲叢刊二集
滑稽館新編三報恩傳奇二卷
　　（明）畢魏（姑蘇第二狂筆）撰
　　　古本戲曲叢刊二集
竹葉舟傳奇二卷
　　（明）畢魏撰
　　　古本戲曲叢刊二集
筆耒齋訂定二奇緣傳奇二卷
　　（明）許恆撰
　　　古本戲曲叢刊三集
紅情言二卷
　　（明）王翃撰
　　　古本戲曲叢刊三集
新刻回春記一卷
　　（明）朱葵心撰
　　　古本戲曲叢刊三集
三祀記二卷
　　（明）其滄撰
　　　古本戲曲叢刊三集
雙雄記二卷
　　（明）馮夢龍（龍子猶）撰
　　　墨憨齋傳奇十種

墨憨齋重定雙雄傳奇二卷
　　　古本戲曲叢刊二集
萬事足二卷
　　（明）馮夢龍（龍子猶）撰
　　　墨憨齋傳奇十種
　墨憨齋訂定萬事足傳奇二卷
　　　古本戲曲叢刊二集
詠懷堂新編十錯認春燈謎記二卷
　　（明）阮大鋮撰
　　　十種傳奇
　　（明百子山樵撰）
　　　誦芬室叢刊二編・石巢傳奇四種
　　　古本戲曲叢刊二集
詠懷堂新編勘蝴蝶雙金榜記二卷
　　（明）阮大鋮（百子山樵）撰
　　　誦芬室叢刊二編・石巢傳奇四種
　　　古本戲曲叢刊二集
詠懷堂新編燕子箋記二卷
　　（明）阮大鋮（百子山樵）撰
　　　誦芬室叢刊二編・石巢傳奇四種
　懷遠堂批點燕子箋二卷
　　　古本戲曲叢刊二集
遙集堂新編馬郎俠牟尼合記二卷
　　（明）阮大鋮（百子山樵）撰
　　　誦芬室叢刊二編・石巢傳奇四種
　　　古本戲曲叢刊二集
釵釧記二卷
　　（明）明月榭主人撰
　　　古本戲曲叢刊二集
重校劍俠傳雙紅記二卷
　　（明）更生氏撰
　　　繡刻演劇
　　　古本戲曲叢刊二集
全本千祥記二卷
　　（明）無心子撰
　　　古本戲曲叢刊二集
金雀記二卷
　　（明）□□撰
　　　六十種曲（汲古閣本、開明書店排印
　　　本、文學古籍刊行社重印開明書店
　　　本）子集
飛丸記二卷
　　（明）秋郊子撰
　　　六十種曲（汲古閣本、開明書店排印
　　　本、文學古籍刊行社重印開明書店
　　　本）午集
粧樓記二卷
　　（明）玩花主人撰

古本戲曲叢刊二集	古本戲曲叢刊二集

新刻全像包龍圖公案袁文正還魂記一卷
    (明)欣欣客撰
       繡刻演劇
       古本戲曲叢刊二集

新刻出像音註何文秀玉釵記四卷
    (明)陸江樓(心一山人)撰
       古本戲曲叢刊初集

新編孔夫子周遊列國大成麒麟記二卷
    (明)寰宇顯聖公撰
       古本戲曲叢刊二集

識閒堂第一種翻西廂二卷
    (明)周公魯(研雪子)撰
       古本戲曲叢刊三集

泊菴芙蓉影二卷
    (明)西泠長撰
       古本戲曲叢刊二集

喜逢春二卷
    (明)清嘯生撰
       十種傳奇
       長樂鄭氏彙印傳奇第一集
       古本戲曲叢刊二集

評點鳳求凰二卷
    (明)澹慧居士撰
       十種傳奇
       古本戲曲叢刊二集

金丸記二卷
    (明)姚茂良撰
       古本戲曲叢刊初集

精忠記二卷
    (明)姚茂良撰
       六十種曲(汲古閣本、開明書店排印
        本、文學古籍刊行社重印開明書店
        本)丑集
       古本戲曲叢刊初集

五福記二卷
    (明)鄭若庸撰
       古本戲曲叢刊三集

新刻出像音註韓湘子九度文公昇仙記二
卷
    (明)□□撰
       古本戲曲叢刊初集

鐫唐韋狀元自製篋篌記二卷
    (明)□□撰
       古本戲曲叢刊二集

新刻全像高文舉珍珠記二卷
    (明)□□撰
       繡刻演劇

玉環記二卷
    (明)□□撰
       六十種曲(汲古閣本、開明書店排印
        本、文學古籍刊行社重印開明書店
        本)戌集

新刻出像音註唐韋皋玉環記二卷
       繡刻演劇

韋鳳翔古玉環記二卷
       古本戲曲叢刊初集

霞箋記二卷
    (明)□□撰
       六十種曲(汲古閣本、開明書店排印
        本、文學古籍刊行社重印開明書店
        本)丑集

新刻出像音註范雎綈袍記四卷
    (明)□□撰
       繡刻演劇
       古本戲曲叢刊二集

新刻全像點板張子房赤松記二卷
    (明)□□撰
       繡刻演劇
       古本戲曲叢刊二集

新刊音註出像韓朋十義記二卷
    (明)□□撰　(明)羅祐音註
       繡刻演劇
       長樂鄭氏彙印傳奇第一集
       古本戲曲叢刊初集

新刻出像音註王昭君出塞和戎記二卷
    (明)□□撰
       繡刻演劇
       古本戲曲叢刊二集

新刻出像音註蘇英皇后鸚鵡記二卷
    (明)□□撰
       繡刻演劇
       古本戲曲叢刊初集

新刻全像古城記二卷
    (明)□□撰
       繡刻演劇
       古本戲曲叢刊初集

新刻出像音註薛平遼金貂記四卷
    (明)□□撰
       繡刻演劇
       古本戲曲叢刊初集

新刻出像音註劉玄德三顧草廬記四卷
    (明)□□撰
       繡刻演劇
       古本戲曲叢刊初集

新刻出像音註薛仁貴跨海征東白袍記二
卷
　　（明）□□撰
　　　　繡刻演劇
　　　　古本戲曲叢刊初集
新刻出像音註商輅三元記二卷
　　（明）□□撰
　　　　繡刻演劇
　　　　長樂鄭氏彙印傳奇第一集
　　　　古本戲曲叢刊初集
新刻出相點板八義雙盃記二卷
　　（明）□□撰
　　　　古本戲曲叢刊二集
重校四美記二卷
　　（明）□□撰
　　　　繡刻演劇
　　　　古本戲曲叢刊二集
運甓記二卷
　　（明）吾丘瑞撰
　　　　六十種曲（汲古閣本、開明書店排印
　　　　本、文學古籍刊行社重印開明書店
　　　　本）巳集
新編全相點板西湖記二卷
　　（明）□□撰
　　　　古本戲曲叢刊二集
四賢記二卷
　　（明）□□撰
　　　　六十種曲（汲古閣本、開明書店排印
　　　　本、文學古籍刊行社重印開明書店
　　　　本）亥集
衣珠記二卷
　　（明）□□撰
　　　　古本戲曲叢刊三集
金花記傳奇二卷
　　（明）□□撰
　　　　古本戲曲叢刊三集
贈書記二卷
　　（明）□□撰
　　　　六十種曲（汲古閣本、開明書店排印
　　　　本、文學古籍刊行社重印開明書店
　　　　本）戌集
新刊校正全相音釋青袍記二卷
　　（明）□□撰
　　　　繡刻演劇
　　　　古本戲曲叢刊二集
羅衫記傳奇二卷
　　（明）□□撰
　　　　古本戲曲叢刊三集

新刻全像觀音魚籃記二卷
　　（明）□□撰
　　　　繡刻演劇
　　　　古本戲曲叢刊二集
新刻出像音註觀世音修行香山記二卷
　　（明）□□撰
　　　　繡刻演劇
　　　　古本戲曲叢刊二集
紅梨花記二卷
　　（明）□□撰
　　　　古本戲曲叢刊初集
新刊重訂出像附釋標註音釋趙氏孤兒記
二卷
　　（明）□□撰
　　　　繡刻演劇
　　　　古本戲曲叢刊初集
新刻出像音註呂蒙正破窰記二卷
　　（明）□□撰
　　　　繡刻演劇
刻李九我先生批評破窰記二卷
　　（明）□□撰
　　　　古本戲曲叢刊初集
摘星樓傳奇二卷
　　（明）□□撰
　　　　長樂鄭氏彙印傳奇第一集
蘇武牧羊記二卷
　　（明）□□撰
　　　　古本戲曲叢刊初集
新刻出像音註岳飛破虜東牕記二卷
　　（明）□□撰
　　　　古本戲曲叢刊初集
黃孝子傳奇二卷
　　（明）□□撰
　　　　古本戲曲叢刊初集
桃林賺傳奇二卷
　　（明）□□撰
　　　　古本戲曲叢刊二集
倒浣紗傳記二卷
　　（明）□□撰
　　　　古本戲曲叢刊三集

清

夏爲堂人天樂傳奇二卷
　　（清）黃周星撰
　　　　夏爲堂集
　　（清笑蒼道人撰）
　　　　古本戲曲叢刊三集
惜花報一卷

（清）黃周星撰
夏爲堂集

香草吟傳奇二卷
（清）徐士俊（若耶野老）撰
曲波園傳奇二種

戴花舮傳奇二卷
（清）徐士俊（若耶野老）撰
曲波園傳奇二種

西樓記二卷
（清）袁于令撰
六十種曲（汲古閣本、開明書店排印
本、文學古籍刊行社重印開明書店
本）未集

劍嘯閣自訂西樓夢傳奇二卷
（清幔亭峯歌者撰）
古本戲曲叢刊二集

劍嘯閣鸕鷀裘記二卷
（清）袁于令（幔亭歌者）撰
古本戲曲叢刊二集

楚江情二卷
（清）袁于令撰 （明）馮夢龍（龍子猶）改定
墨憨齋傳奇十種

化人遊一卷
（清）丁耀亢（野航居士）撰
丁野鶴先生詩詞稿

赤松遊三卷
（清）丁耀亢撰
丁野鶴先生詩詞稿

表忠記二卷
（清）丁耀亢撰
丁野鶴先生詩詞稿

紅羅鏡一卷
（清）傅山撰
古本戲曲叢刊三集

錦蒲團二卷
（清）吳寵撰
古本戲曲叢刊三集

一笠庵新編一捧雪傳奇二卷
（清）李玉撰
一笠庵四種曲
（清蘇門嘯侶撰）
古本戲曲叢刊三集

墨憨齋訂定人獸關傳奇二卷
（清）李玉撰
一笠庵四種曲

一笠庵新編人獸關傳奇二卷
（清蘇門嘯侶撰）
古本戲曲叢刊三集

墨憨齋重訂永團圓傳奇二卷
（清）李玉撰
一笠庵四種曲

一笠庵新編永團圓傳奇二卷
（清蘇門嘯侶撰）
古本戲曲叢刊三集

一笠庵新編占花魁傳奇二卷
（清）李玉撰
一笠庵四種曲
（清蘇門嘯侶撰）
古本戲曲叢刊三集

一笠庵新編兩鬚眉傳奇二卷
（清）李玉（蘇門嘯侶）撰
古本戲曲叢刊三集

一笠庵彙編清忠譜傳奇二卷
（清）李玉（蘇門嘯侶）撰
古本戲曲叢刊三集

一笠庵新編眉山秀傳奇二卷
（清）李玉（蘇門嘯侶）撰
古本戲曲叢刊三集

牛頭山二卷
（清）李玉撰
古本戲曲叢刊三集

太平錢二卷
（清）李玉撰
古本戲曲叢刊三集

千鍾祿二卷
（清）李玉撰
古本戲曲叢刊三集

萬里圓二卷
（清）李玉撰
古本戲曲叢刊三集

麒麟閣四卷
（清）李玉撰
古本戲曲叢刊三集

意中人二卷
（清）李玉撰
古本戲曲叢刊三集

秣陵春傳奇二卷
（清）吳偉業撰
誦芬室叢刊初編‧梅村先生樂府三種
（清灌隱主人撰）
古本戲曲叢刊三集

秣陵春（一名雙影記）二卷
（清灌隱主人撰）
彙刻傳劇

英雄概傳奇二卷
（清）葉稚斐撰

古本戲曲叢刊三集

琥珀匙二卷
　　（清）葉稚斐撰
　　　　古本戲曲叢刊三集

瓔珞會二卷
　　（清）朱佐朝撰
　　　　古本戲曲叢刊三集

乾坤嘯二卷
　　（清）朱佐朝撰
　　　　古本戲曲叢刊三集

豔雲亭二卷
　　（清）朱佐朝撰
　　　　古本戲曲叢刊三集

懷古堂新編後漁家樂傳奇二卷
　　（清）朱佐朝撰
　　　　古本戲曲叢刊三集

御雪豹二卷
　　（清）朱佐朝撰
　　　　古本戲曲叢刊三集

血影石傳奇二卷
　　（清）朱佐朝撰
　　　　古本戲曲叢刊三集

軒轅鏡一卷
　　（清）朱佐朝撰
　　　　古本戲曲叢刊三集

石麟鏡二卷
　　（清）朱佐朝撰
　　　　古本戲曲叢刊三集

五代榮二卷
　　（清）朱佐朝撰
　　　　古本戲曲叢刊三集

朝陽鳳二卷
　　（清）朱佐朝撰
　　　　古本戲曲叢刊三集

吉慶圖一卷
　　（清）朱佐朝撰
　　　　古本戲曲叢刊三集

奪秋魁一卷
　　（清）朱佐朝撰
　　　　古本戲曲叢刊三集

雙和合二卷
　　（清）朱佐朝撰
　　　　古本戲曲叢刊三集

未央天傳奇二卷
　　（清）朱雘（素臣）撰
　　　　古本戲曲叢刊三集

十五貫二卷
　　（清）朱雘撰

古本戲曲叢刊三集

聚寶盆一卷
　　（清）朱雘撰
　　　　古本戲曲叢刊三集

新編龍鳳錢二卷
　　（清）朱雘撰
　　　　古本戲曲叢刊三集

秦樓月二卷
　　（清）朱雘（素臣）撰
　　　　喜咏軒叢書乙編
　　　　古本戲曲叢刊三集

翡翠園二卷
　　（清）朱雘撰
　　　　古本戲曲叢刊三集

錦衣歸二卷
　　（清）朱雘撰
　　　　古本戲曲叢刊三集

萬年觴二卷
　　（清）朱雘撰
　　　　古本戲曲叢刊三集

珊瑚玦傳奇二卷
　　（清）周稚廉（可笑人）撰
　　　　容居堂三種曲

元寶媒傳奇二卷
　　（清）周稚廉（可笑人）撰
　　　　容居堂三種曲

雙忠廟傳奇二卷
　　（清）周稚廉（可笑人）撰
　　　　容居堂三種曲

鴛鴦夢傳奇二卷
　　（清）探芝客撰
　　　　古本戲曲叢刊三集

憐香伴傳奇二卷
　　（清）李漁撰
　　　　笠翁傳奇十種（世德堂本、經本堂本）

風筝誤傳奇二卷
　　（清）李漁撰
　　　　笠翁傳奇十種（世德堂本、經本堂本）

意中緣傳奇二卷
　　（清）李漁撰
　　　　笠翁傳奇十種（世德堂本、經本堂本）

蜃中樓傳奇二卷
　　（清）李漁撰
　　　　笠翁傳奇十種（世德堂本、經本堂本）

鳳求鳳傳奇二卷
　　（清）李漁撰
　　　　笠翁傳奇十種（世德堂本、經本堂本）

奈何天傳奇（一名奇福記）二卷

（清）李漁撰
　　　笠翁傳奇十種（世德堂本、經本堂本）

比目魚傳奇二卷
　　（清）李漁撰
　　　笠翁傳奇十種（世德堂本、經本堂本）

玉搔頭傳奇二卷
　　（清）李漁撰
　　　笠翁傳奇十種（世德堂本、經本堂本）

巧團圓傳奇（一名夢中樓）二卷
　　（清）李漁撰
　　　笠翁傳奇十種（世德堂本、經本堂本）

愼鸞交傳奇二卷
　　（清）李漁撰
　　　笠翁傳奇十種（世德堂本、經本堂本）

雙報應二卷
　　（清）嵇永仁（抱犢山農）撰
　　　奢摩他室曲叢第一集

揚州夢二卷
　　（清）嵇永仁（抱犢山農）撰
　　　奢摩他室曲叢第一集

龍燈賺二卷
　　（清）朱雲從撰
　　　古本戲曲叢刊三集

御袍恩二卷
　　（清）邱園撰
　　　古本戲曲叢刊三集

黨人碑一卷
　　（清）邱園撰
　　　古本戲曲叢刊三集

幻緣箱傳奇一卷
　　（清）邱園撰
　　　古本戲曲叢刊三集

倒鴛鴦傳奇二卷
　　（清）朱英（簡社主人）撰
　　　古本戲曲叢刊三集

天馬媒二卷
　　（清）劉方撰
　　　古本戲曲叢刊三集

玉鴛鴦三卷
　　（清）周坦綸撰
　　　古本戲曲叢刊三集

醉菩提傳奇二卷
　　（清）張大復撰
　　　古本戲曲叢刊三集

重重喜傳奇二卷
　　（清）張大復撰
　　　古本戲曲叢刊三集

雙福壽二卷

（清）張大復撰
　　　古本戲曲叢刊三集

吉祥兆二卷
　　（清）張大復撰
　　　古本戲曲叢刊三集

金剛鳳傳奇二卷
　　（清）張大復撰
　　　古本戲曲叢刊三集

快活三二卷
　　（清）張大復撰
　　　古本戲曲叢刊三集

紫瓊瑤二卷
　　（清）張大復撰
　　　古本戲曲叢刊三集

釣魚船二卷
　　（清）張大復撰
　　　古本戲曲叢刊三集

如是觀二卷
　　（清）張大復撰
　　　古本戲曲叢刊三集

海潮音二卷
　　（清）張大復撰
　　　古本戲曲叢刊三集

讀書聲二卷
　　（清）張大復撰
　　　古本戲曲叢刊三集

人中龍傳奇二卷
　　（清）盛際時撰
　　　古本戲曲叢刊三集

新編臙脂雪傳奇二卷
　　（清）盛際時撰
　　　古本戲曲叢刊三集

雙冠誥二卷
　　（清）陳二白撰
　　　古本戲曲叢刊三集

稱人心二卷
　　（清）陳二白撰
　　　古本戲曲叢刊三集

長生樂二卷
　　（清）張勻撰
　　　古本戲曲叢刊三集

金瓶梅二卷
　　（清）鄭小白撰
　　　古本戲曲叢刊三集

非非想二卷
　　（清）王續古撰
　　　古本戲曲叢刊三集

秋虎丘二卷

（清）王鑨撰
　　古本戲曲叢刊三集
雙蝶夢二卷
　　（清）王鑨撰
　　古本戲曲叢刊三集
新編磨塵鑑二卷
　　（清）鈕格（桃渡學者）撰
　　古本戲曲叢刊三集
繡幃燈傳奇二卷
　　（清）孫郁撰
　　漱玉堂三種傳奇
　　古本戲曲叢刊三集
新編雙魚珮傳奇二卷
　　（清）孫郁撰
　　漱玉堂三種傳奇
　　（清雪厓嘯侶撰）
　　古本戲曲叢刊三集
天寶曲史二卷
　　（清）孫郁撰
　　漱玉堂三種傳奇
　　（清蘇門嘯侶撰）
　　古本戲曲叢刊三集
小忽雷二卷大忽雷一卷附曲譜一卷 雙忽雷本事一卷
　　（清）顧彩（夢鶴居士）（清）孔尚任（岸堂主
　　人）撰　曲譜雙忽雷本事（民國）劉世珩
　　輯
　　彙刻傳劇
風流棒傳奇二卷
　　（清）萬樹撰
　　擁雙豔三種
念八翻傳奇二卷
　　（清）萬樹撰
　　擁雙豔三種
空青石傳奇二卷
　　（清）萬樹撰
　　擁雙豔三種
長生殿二卷
　　（清）洪昇撰
　　彙刻傳劇
鬱輪袍一卷
　　（清）黃兆森撰
　　崟堂樂府・四才子傳奇
夢揚州一卷
　　（清）黃兆森撰
　　崟堂樂府・四才子傳奇
飲中仙一卷
　　（清）黃兆森撰

崟堂樂府・四才子傳奇
藍橋驛一卷
　　（清）黃兆森撰
　　崟堂樂府・四才子傳奇
忠孝福二卷
　　（清）黃兆森撰
　　崟堂樂府
轉天心二卷
　　（清）唐英撰
　　古柏堂傳奇雜劇
清忠譜正案一卷
　　（清）唐英撰
　　古柏堂傳奇雜劇
雙釘案（一名釣金龜）二卷
　　（清）唐英撰
　　古柏堂傳奇雜劇
巧換緣一卷
　　（清）唐英撰
　　古柏堂傳奇雜劇
三元報一卷
　　（清）唐英撰
　　古柏堂傳奇雜劇
蘆花絮一卷
　　（清）唐英撰
　　古柏堂傳奇雜劇
梅龍鎮一卷
　　（清）唐英撰
　　古柏堂傳奇雜劇
麵缸笑一卷
　　（清）唐英撰
　　古柏堂傳奇雜劇
虞兮夢一卷
　　（清）唐英撰
　　古柏堂傳奇雜劇
天緣債二卷
　　（清）唐英撰
　　古柏堂傳奇雜劇
英雄報一卷
　　（清）唐英撰
　　古柏堂傳奇雜劇
女彈詞一卷
　　（清）唐英撰
　　古柏堂傳奇雜劇
長生殿補闕一卷
　　（清）唐英撰
　　古柏堂傳奇雜劇
十字坡一卷
　　（清）唐英撰

　　　　古柏堂傳奇雜劇

笳騷一卷
　　（清）唐英撰
　　　　古柏堂傳奇雜劇

無瑕璧傳奇二卷
　　（清）夏綸撰
　　　　惺齋五種

杏花村傳奇二卷
　　（清）夏綸撰
　　　　惺齋五種

瑞筠圖傳奇二卷
　　（清）夏綸撰
　　　　惺齋五種

廣寒梯傳奇二卷
　　（清）夏綸撰
　　　　惺齋五種

南陽樂傳奇二卷
　　（清）夏綸撰
　　　　惺齋五種

花萼吟傳奇二卷
　　（清）夏綸撰
　　　　惺齋五種續編

夢中緣二卷
　　（清）張堅撰
　　　　玉燕堂四種曲

梅花簪二卷
　　（清）張堅撰
　　　　玉燕堂四種曲

懷沙記二卷
　　（清）張堅撰
　　　　玉燕堂四種曲

玉獅墜二卷
　　（清）張堅撰
　　　　玉燕堂四種曲

空谷香二卷
　　（清）蔣士銓撰
　　　　蔣氏四種（咸豐本、同治本）・蔣鉛山
　　　　　九種曲
　　　　紅雪樓九種曲

香祖樓二卷
　　（清）蔣士銓撰
　　　　蔣氏四種（咸豐本、同治本）・蔣鉛山
　　　　　九種曲
　　　　紅雪樓九種曲

冬青樹一卷
　　（清）蔣士銓撰
　　　　蔣氏四種（咸豐本、同治本）・蔣鉛山
　　　　　九種曲

　　　　紅雪樓九種曲

臨川夢二卷
　　（清）蔣士銓撰
　　　　蔣氏四種（咸豐本、同治本）・蔣鉛山
　　　　　九種曲
　　　　紅雪樓九種曲

桂林霜（一名賜衣記）二卷
　　（清）蔣士銓撰
　　　　蔣氏四種（咸豐本、同治本）・蔣鉛山
　　　　　九種曲
　　　　紅雪樓九種曲

雪中人一卷
　　（清）蔣士銓撰
　　　　蔣氏四種（咸豐本、同治本）・蔣鉛山
　　　　　九種曲
　　　　紅雪樓九種曲

江州淚傳奇一卷
　　（清）蔣士銓（清容主人）撰
　　　　玉生香傳奇四種曲

雙冤記二卷
　　（清）永恩撰
　　　　漪園四種

三世記二卷
　　（清）永恩撰
　　　　漪園四種

四友記二卷
　　（清）永恩撰
　　　　漪園四種

五虎記二卷
　　（清）永恩撰
　　　　漪園四種

汾祠記一卷
　　（清）車伯雅撰
　　　　燈味軒遺稿

報恩緣二卷
　　（清）沈起鳳撰
　　　　沈蠶漁四種曲
　　（清紅心詞客撰）
　　　　奢摩他室曲叢第一集・沈氏傳奇四種

才人福二卷
　　（清）沈起鳳撰
　　　　沈蠶漁四種曲
　　（清紅心詞客撰）
　　　　奢摩他室曲叢第一集・沈氏傳奇四種

文星榜二卷
　　（清）沈起鳳撰
　　　　沈蠶漁四種曲
　　（清紅心詞客撰）

　　　　奢摩他室曲叢第一集・沈氏傳奇四種

伏虎韜二卷
　　(清)沈起鳳撰
　　　　沈薲漁四種曲

　　(清紅心詞客撰)
　　　　奢摩他室曲叢第一集・沈氏傳奇四種

奇酸記傳奇四卷
　　(清)李斗撰
　　　　永報堂集・傳奇二種

歲星記傳奇二卷
　　(清)李斗撰
　　　　永報堂集・傳奇二種

東城老父鬭雞懺傳奇二卷
　　(清)孔廣林撰
　　　　幼頴孔氏所撰傳奇雜劇三種

才人福傳奇二卷
　　(清)朱鳳森撰
　　　　韞山六種曲

輞川圖傳奇一卷
　　(清)朱鳳森撰
　　　　韞山六種曲

金石緣傳奇一卷
　　(清)朱鳳森撰
　　　　韞山六種曲

十二釵傳奇二卷
　　(清)朱鳳森撰
　　　　韞山六種曲

平錁記傳奇一卷
　　(清)朱鳳森撰
　　　　韞山六種曲

守濬記傳奇一卷
　　(清)朱鳳森撰
　　　　韞山六種曲

詩扇記傳奇二卷
　　(清)汪柱撰
　　　　砥石齋二種曲

夢裏緣傳奇二卷
　　(清)汪柱撰
　　　　砥石齋二種曲

烏蘭誓二卷
　　(清)潘炤撰
　　　　鈞渭間雜膽附

影梅菴傳奇二卷
　　(清)彭劍南撰
　　　　茗雪山房二種曲

香畹樓二卷
　　(清)彭劍南撰
　　　　茗雪山房二種曲

黃河遠二卷
　　(清)謝堃撰
　　　　春草堂集

十二金錢二卷
　　(清)謝堃撰
　　　　春草堂集

繡帕記二卷
　　(清)謝堃撰
　　　　春草堂集

血梅記二卷
　　(清)謝堃撰
　　　　春草堂集

晉春秋傳奇二卷
　　(清)蔡廷弼撰
　　　　太虛齋存稿

宴金臺一卷
　　(清)周樂清撰
　　　　補天石傳奇(道光本、咸豐本)

定中原一卷
　　(清)周樂清撰
　　　　補天石傳奇(道光本、咸豐本)

河梁歸一卷
　　(清)周樂清撰
　　　　補天石傳奇(道光本、咸豐本)

琵琶語一卷
　　(清)周樂清撰
　　　　補天石傳奇(道光本、咸豐本)

紉蘭佩一卷
　　(清)周樂清撰
　　　　補天石傳奇(道光本、咸豐本)

碎金牌一卷
　　(清)周樂清撰
　　　　補天石傳奇(道光本、咸豐本)

紞如鼓一卷
　　(清)周樂清撰
　　　　補天石傳奇(道光本、咸豐本)

波弋香一卷
　　(清)周樂清撰
　　　　補天石傳奇(道光本、咸豐本)

雁書記一卷
　　(清)黃治撰
　　　　味蔗軒春燈新曲

玉簪記一卷
　　(清)黃治撰
　　　　味蔗軒春燈新曲

盂蘭夢傳奇一卷附曲譜一卷
　　(清)嚴保庸撰　曲譜(清)譚祖同撰
　　　　珊影雜識

盂蘭夢一卷
　　（清）嚴保庸撰
　　　　晨風閣叢書第一集
返魂香傳奇四卷
　　（清）宣鼎（香雪道人）撰
　　　　申報館叢書正集·新排院本類
茂陵絃二卷
　　（清）黃燮清撰
　　　　倚晴樓集·倚晴樓七種曲
帝女花二卷
　　（清）黃燮清撰
　　　　倚晴樓集·倚晴樓七種曲
脊令原二卷
　　（清）黃燮清撰
　　　　倚晴樓集·倚晴樓七種曲
鴛鴦鏡一卷
　　（清）黃燮清撰
　　　　倚晴樓集·倚晴樓七種曲
淩波影一卷
　　（清）黃燮清撰
　　　　倚晴樓集·倚晴樓七種曲
桃谿雪二卷
　　（清）黃燮清撰
　　　　倚晴樓集·倚晴樓七種曲
居官鑑二卷
　　（清）黃燮清撰
　　　　倚晴樓集·倚晴樓七種曲
當鑪豔二卷
　　（清）黃燮清撰
　　　　玉生香傳奇四種曲
宓妃影傳奇一卷
　　（清）黃燮清撰
　　　　玉生香傳奇四種曲
仙緣記傳奇二卷
　　（清）陳烺撰
　　　　玉獅堂十種曲
蜀錦袍傳奇二卷
　　（清）陳烺撰
　　　　玉獅堂十種曲
燕子樓傳奇二卷
　　（清）陳烺撰
　　　　玉獅堂十種曲
　　　　玉生香傳奇四種曲
海虹記傳奇二卷
　　（清）陳烺撰
　　　　玉獅堂十種曲
梅喜緣傳奇二卷
　　（清）陳烺撰

　　　　玉獅堂十種曲
梅喜緣二卷
　　　　香豔叢書第十三集
同亭宴傳奇一卷
　　（清）陳烺撰
　　　　玉獅堂十種曲
迴流記傳奇一卷
　　（清）陳烺撰
　　　　玉獅堂十種曲
海雪唫傳奇一卷
　　（清）陳烺撰
　　　　玉獅堂十種曲
負薪記傳奇一卷
　　（清）陳烺撰
　　　　玉獅堂十種曲
錯姻緣傳奇一卷
　　（清）陳烺撰
　　　　玉獅堂十種曲
鳳凰琴二卷
　　（清）椿軒居士撰
　　　　椿軒六種曲
雙龍珠一卷
　　（清）椿軒居士撰
　　　　椿軒六種曲
金榜山四卷
　　（清）椿軒居士撰
　　　　椿軒六種曲
四賢配四卷
　　（清）椿軒居士撰
　　　　椿軒六種曲
孝感天二卷
　　（清）椿軒居士撰
　　　　椿軒六種曲
天感孝二卷
　　（清）椿軒居士撰
　　　　椿軒六種曲
東廂記四卷
　　（清）湯世澄撰
　　　　申報館叢書餘集
紫荆花傳奇二卷
　　（清）李文瀚撰
　　　　味塵軒曲四種
胭脂鳥傳奇二卷
　　（清）李文瀚撰
　　　　味塵軒曲四種
銀漢槎傳奇二卷
　　（清）李文瀚撰
　　　　味塵軒曲四種

鳳飛樓傳奇二卷
　　（清）李文瀚撰
　　　　味塵軒曲四種
瓊花夢（一名江花夢）二卷（存卷上）
　　（清）雷岸居士撰
　　　　晨風閣叢書第一集
梅花夢二卷
　　（清）張道撰
　　　　漁浦草堂遺稿
木樨香一卷
　　（清）鄭由熙（歗嵐道人）撰
　　　　暗香樓樂府
　　　　晚學齋集・暗香樓樂府
霧中人一卷
　　（清）鄭由熙（歗嵐道人）撰
　　　　暗香樓樂府
　　　　晚學齋集・暗香樓樂府
鴈鳴霜（一名花藥粉）一卷
　　（清）鄭由熙（歗嵐道人）撰
　　　　暗香樓樂府
　　　　晚學齋集・暗香樓樂府
再來人一卷
　　（清）楊恩壽撰
　　　　坦園全集・坦園傳奇六種
桃花源一卷
　　（清）楊恩壽撰
　　　　坦園全集・坦園傳奇六種
麻灘驛一卷
　　（清）楊恩壽撰
　　　　坦園全集・坦園傳奇六種
姽嫿封一卷
　　（清）楊恩壽撰
　　　　坦園全集・坦園傳奇六種
　　　　晨風閣叢書第一集
　姽嫿封傳奇一卷
　　　　香豔叢書第十一集
桂枝香一卷
　　（清）楊恩壽撰
　　　　坦園全集・坦園傳奇六種
　　　　香豔叢書第十二集
理靈坡一卷
　　（清）楊恩壽撰
　　　　坦園全集・坦園傳奇六種
風雲會傳奇二卷
　　（清）許善長撰
　　　　碧聲吟館叢書
瘞雲巖傳奇二卷
　　（清）許善長撰

碧聲吟館叢書
驪山傳一卷
　　（清）俞樾撰
　　　　春在堂全書・春在堂傳奇二種
梓潼傳一卷
　　（清）俞樾撰
　　　　春在堂全書・春在堂傳奇二種
神山引曲一卷
　　（清）玉泉樵子撰
　　　　香豔叢書第七集
茯苓仙傳奇一卷
　　（清）玉泉樵子撰
　　　　香豔叢書第九集
俠女記一卷
　　（清）醉翁外史撰
　　　　味蘭簃傳奇
烈女記一卷
　　（清）醉翁外史撰
　　　　味蘭簃傳奇
雙和合一卷
　　（清）□□撰
　　　　古本戲曲叢刊三集

民　　國

東豔禍傳奇二卷
　　（民國）黃劍葊撰
　　　　江夏劍葊二種曲
南冠血傳奇二卷
　　（民國）黃劍葊撰
　　　　江夏劍葊二種曲

雜　　著

後勸農一卷
　　（清）余治撰
　　　　庶幾堂今樂初集
活佛圖一卷
　　（清）余治撰
　　　　庶幾堂今樂初集
同胞案一卷
　　（清）余治撰
　　　　庶幾堂今樂初集
義民記一卷
　　（清）余治撰
　　　　庶幾堂今樂初集
海烈婦記一卷
　　（清）余治撰
　　　　庶幾堂今樂初集
岳侯訓子一卷

（清）余治撰
　　庶幾堂今樂初集

英雄譜一卷
　（清）余治撰
　　庶幾堂今樂初集

風流鑒一卷
　（清）余治撰
　　庶幾堂今樂初集

延壽籙一卷
　（清）余治撰
　　庶幾堂今樂初集

育怪圖一卷
　（清）余治撰
　　庶幾堂今樂初集

屠牛報一卷
　（清）余治撰
　　庶幾堂今樂初集

老年福一卷
　（清）余治撰
　　庶幾堂今樂初集

文星現一卷
　（清）余治撰
　　庶幾堂今樂初集

掃螺記（一名掃蠣記）一卷
　（清）余治撰
　　庶幾堂今樂初集

前出劫圖一卷
　（清）余治撰
　　庶幾堂今樂初集

後出劫圖一卷
　（清）余治撰
　　庶幾堂今樂初集

義犬記一卷
　（清）余治撰
　　庶幾堂今樂二集

回頭岸一卷
　（清）余治撰
　　庶幾堂今樂二集

推磨記一卷
　（清）余治撰
　　庶幾堂今樂二集

公平判一卷
　（清）余治撰
　　庶幾堂今樂二集

陰陽獄一卷
　（清）余治撰
　　庶幾堂今樂二集

硃砂志一卷

（清）余治撰
　　庶幾堂今樂二集

同科報一卷
　（清）余治撰
　　庶幾堂今樂二集

福善圖一卷
　（清）余治撰
　　庶幾堂今樂二集

酒樓記一卷
　（清）余治撰
　　庶幾堂今樂二集

綠林鐸一卷
　（清）余治撰
　　庶幾堂今樂二集

劫海圖一卷
　（清）余治撰
　　庶幾堂今樂二集

燒香案一卷
　（清）余治撰
　　庶幾堂今樂二集

散　曲

商調蝶戀花詞一卷
　（宋）趙令時撰
　　彙刻傳劇・西廂記五劇附

自然集一卷
　（金）馬□撰
　　道藏（正統本、景正統本）・太平部
　　重刊道藏輯要昴集
　　飲虹簃所刻曲

東籬樂府一卷附錄一卷
　（元）馬致遠撰
　　散曲叢刊

雲莊張文忠公休居自適小樂府一卷補遺
　一卷附校記一卷
　（元）張養浩撰　校記盧前撰
　　飲虹簃所刻曲

酸甜樂府二卷
　（元）貫雲石（元）徐再思撰
　　散曲叢刊

張小山小令二卷
　（元）張可久撰
　　樂府小令
　　飲虹簃所刻曲

小山樂府前集一卷後集一卷續集一卷別
　集一卷外集一卷補集一卷
　（元）張可久撰
　　散曲叢刊

喬夢符小令一卷
　　（元）喬吉撰
　　　　樂府小令
　　　　飲虹簃所刻曲
惺惺道人樂府一卷
　　（元）喬吉撰
　　　　散曲叢刊・夢符散曲
文湖州集詞一卷
　　（元）喬吉撰
　　　　散曲叢刊・夢符散曲
撫遺一卷
　　（元）喬吉撰
　　　　散曲叢刊・夢符散曲
誠齋樂府二卷
　　（明）朱有燉撰
　　　　飲虹簃所刻曲
王西樓先生樂府一卷
　　（明）王磐撰
　　　　散曲叢刊
樂府餘音一卷
　　（明）楊廷和撰
　　　　飲虹簃所刻曲
碧山樂府二卷
　　（明）王九思撰
　　　　飲虹簃所刻曲
雙溪樂府二卷
　　（明）張鍊撰
　　　　飲虹簃所刻曲
柏齋先生樂府一卷
　　（明）何瑭撰
　　　　飲虹簃所刻曲
沜東樂府二卷
　　（明）康海撰
　　　　飲虹簃所刻曲
沜東樂府二卷補遺一卷
　　（明）康海撰　補遺任訥輯錄
　　　　散曲叢刊
苑洛集一卷
　　（明）韓邦奇撰
　　　　飲虹簃所刻曲
鷗園新曲一卷
　　（明）夏言撰
　　　　飲虹簃所刻曲
唾窗絨一卷
　　（明）沈仕撰
　　　　散曲叢刊
秋碧樂府一卷
　　（明）陳鐸撰

飲虹簃所刻曲
梨雲寄傲一卷
　　（明）陳鐸撰
　　　　飲虹簃所刻曲
陶情樂府四卷
　　（明）楊慎撰
　　　　飲虹簃所刻曲
陶情樂府四卷拾遺一卷
　　　　楊升庵夫婦散曲（商務印書館本、中華
　　　　書局本）
玲瓏倡和一卷
　　（明）楊慎等撰
　　　　飲虹簃所刻曲
常評事寫情集二卷
　　（明）常倫撰
　　　　山右叢書初編
　　　　飲虹簃所刻曲
楊夫人曲三卷
　　（明）黃峨撰
　　　　楊升庵夫婦散曲（商務印書館本、中華
　　　　書局本）
楊夫人樂府三卷
　　　　飲虹簃所刻曲
南曲次韻一卷
　　（明）李開先（明）王九思撰
　　　　飲虹簃所刻曲
海浮山堂詞稿四卷
　　（明）馮惟敏撰
　　　　散曲叢刊
鶴月瑤笙四卷
　　（明）周履靖撰
　　　　夷門廣牘・閒適
　　　　叢書集成初編・文學類
　　　　景印元明善本叢書十種・夷門廣牘・
　　　　閒適
虛舟詞餘一卷
　　（明）鄭若庸撰
　　　　滎陽雜俎
蕭爽齋樂府二卷
　　（明）金鑾撰
　　　　誦芬室叢刊初編
　　　　飲虹簃所刻曲
江東白苧二卷續二卷
　　（明）梁辰魚撰
　　　　誦芬室叢刊初編
　　　　彙刻傳劇別行
　　　　曲苑
詞臠一卷

（明）劉效祖撰
飲虹簃所刻曲

芳茹園樂府一卷
（明）趙南星撰
味檗齋遺書

射陽先生曲存一卷
（明）吳承恩撰
飲虹簃所刻曲

蓮湖樂府一卷
（明）夏文範撰
飲虹簃所刻曲

筆花樓新聲一卷
（明）顧仲方撰
飲虹簃所刻曲

步雪初聲一卷
（明）張瘦郎撰
飲虹簃所刻曲

黍離續奏一卷
（明）沈自晉撰
飲虹簃所刻曲

越溪新詠一卷
（明）沈自晉撰
飲虹簃所刻曲

不殊堂近草一卷補遺一卷
（明）沈自晉撰
飲虹簃所刻曲

秋水菴花影集四卷
（明）施紹莘撰
散曲叢刊

瑤臺片玉甲種三卷
（明）施紹莘撰
香豔叢書第四集

瑤臺片玉甲種補錄一卷
（明）施紹莘撰
香豔叢書第十七集

蓬瀛眞境一卷
（明）楊之炯（雲水道人）撰
古本戲曲叢刊初集・新鐫全像藍橋玉
杵記附

天台奇遇一卷
（明）楊之炯（雲水道人）撰
古本戲曲叢刊初集・新鐫全像藍橋玉
杵記附

瑤臺片玉乙種（一名花底拾遺集）三卷
（□）江詒撰
香豔叢書第五集

夏爲堂散曲一卷
（清）黃周星撰

夏爲堂集

坦庵樂府恋香集一卷
（清）徐石麒撰
坦庵詞曲六種

鈍吟樂府一卷
（清）馮班撰
鈍吟老人遺槀
常熟二馮先生集
飲虹簃所刻曲

百末詞餘一卷
（清）尤侗撰
西堂全集（康熙本、文瑞樓石印本）

西堂樂府一卷
（清）尤侗撰
樂府小令

葉兒樂府一卷
（清）朱彝尊撰
樂府小令
花近樓叢書附存

曝書亭集葉兒樂府一卷
散曲叢刊・清人散曲選刊

北樂府小令一卷
（清）厲鶚撰
樂府小令

樊榭山房集北樂府小令一卷
散曲叢刊・清人散曲選刊

有正味齋曲一卷
（清）吳錫麒撰
吳氏一家稿

有正味齋集南北曲一卷
散曲叢刊・清人散曲選刊

江山風月譜散曲一卷
（清）許光治撰
散曲叢刊・清人散曲選刊

砥石齋散曲一卷
（清）汪柱撰
砥石齋二種曲附

香銷酒醒曲一卷
（清）趙慶熺撰
碧聲吟館叢書附
散曲叢刊・清人散曲選刊

城北草堂詞餘一卷
（清）顧夒撰
詒安堂全集

詞餘一卷
（清）高繼衍撰
培根堂全稿

止唐韻語存六卷

（清）劉沅撰
　　　塤箎集（咸豐本、民國本）

牧篴餘聲一卷
　　（清）張文虎撰
　　　覆瓿集・舒藝室雜存

有恆心齋詞餘一卷
　　（清）程鴻詔撰
　　　有恆心齋集・有恆心齋前集附

坦園詞餘一卷
　　（清）楊恩壽撰
　　　坦園全集・坦園文錄附

道　情

洄溪道情一卷
　　（清）徐大椿撰
　　　徐靈胎十二種全集
　　　徐氏醫書八種附・雜著
　　　徐氏雜著
　　　散曲叢刊・清人散曲選刊附

道情一卷
　　　娛萱室小品

板橋道情一卷
　　（清）鄭燮撰
　　　樂府小令
　　　黃氏隨筆附

道情一卷
　　　拜梅山房几上書

柘湖道情
　　（清）袁學瀾撰
　　　適園叢稿

辛亥道情一卷
　　（民國）錢振鍠撰
　　　名山全集・名山叢書

雜　曲

季布歌殘一卷
　　（唐）□□撰
　　　六經堪叢書初集・敦煌零拾

佛曲三種一卷
　　（唐）□□撰
　　　六經堪叢書初集・敦煌零拾

俚曲三種一卷
　　（唐）□□撰
　　　六經堪叢書初集・敦煌零拾

文殊問疾佛曲
　　　貞松堂藏西陲祕籍叢殘第一集

擬連廂詞一卷
　　（清）毛奇齡撰

　　　西河合集（康熙本、乾隆修補本）・文集

致語一卷
　　　嘯餘譜

無譜曲六卷首一卷
　　（清）吳震生撰
　　　笠閣叢書

冬心先生自度曲一卷
　　（清）金農撰
　　　西泠五布衣遺著・冬心先生集附
　　　養素軒叢錄第三集

燒香曲一卷
　　（清）釋禪一撰
　　　花近樓叢書補遺

風橝待月一卷
　　（清）馬時芳撰
　　　平泉遺書

百空曲一卷
　　（清）俞樾撰
　　　春在堂全書・曲園雜纂

彈　詞

續廿二史彈詞二卷
　　（清）魏荔彤撰
　　　懷舫集

筆生花三十二回
　　（清）邱心如撰
　　　申報館叢書餘集

百花彈詞一卷
　　（清）錢濤撰
　　　昭代叢書（道光本）別集
　　　香豔叢書第二集

鼓　詞

木皮子詞一卷
　　（明）賈鳧西撰
　　　天壤閣叢書增刊

木皮散人鼓詞一卷
　　　雙棋景闇叢書
　　　郋園先生全書

萬古愁曲一卷
　　（清）歸莊撰
　　　雙棋景闇叢書・木皮散人鼓詞附
　　　郋園先生全書・木皮散人鼓詞附

校正萬古愁（一名擊筑餘音）一卷
　　（清）歸莊撰　（民國）黃鈞校正
　　　又滿樓叢書

十粒金丹六十六回
　　（清）□□撰

申報館叢書餘集

曲總集

樂府新編陽春白雪前集五卷後集五卷
　　(元)楊朝英輯
　　　　隨盦徐氏叢書
樂府新編陽春白雪前集五卷後集五卷補
　集一卷附校記一卷
　　(元)楊朝英輯　任訥補倂撰校記
　　　　散曲叢刊
朝野新聲太平樂府九卷
　　(元)楊朝英輯
　　　　四部叢刊（初次印本、二次印本、縮印
　　　　二次印本）・集部
類聚名賢樂府羣玉五卷附錄一卷
　　(元)胡存善輯
　　　　散曲叢刊
梨園按試樂府新聲三卷附校記一卷
　　(元)□□輯　校記盧前撰
　　　　四部叢刊三編・集部
雍熙樂府二十卷
　　(明)郭勛輯
　　　　四部叢刊續編・集部
白雲齋選訂樂府吳騷合編四卷
　　(明)張楚叔(騷隱居士)(明)張旭初(半嶺
　道人)輯
　　　　四部叢刊續編・集部
吳騷集四卷
　　(明)王穉登輯
　　　　中國文學珍本叢書第一輯
遜盧選曲一卷
　　(民國)余重耀輯
　　　　遜盧叢著

時調

精選天下時尙南北徽池雅調二卷
　　(明)熊穩寰輯
　　　　秋夜月
新鍥天下時尙南北新調二卷
　　(明)殷啓聖輯
　　　　秋夜月
清涼帖一卷
　　(明)華淑輯
　　　　閒情小品
霓裳續譜八卷
　　(清)王廷紹輯
　　　　國學珍本文庫第一集
新聲譜一卷

(清)朱和羲輯
　懷豳雜俎

詞曲評之屬

詞韻　詞譜

新增詞林要韻一卷
　　(宋)□□撰
　　　　宛委別藏
詞林韻釋一卷
　　(宋)□□撰
　　　　詞學叢書（亨帚精舍本、承啓堂本）
　　　　隨盦徐氏叢書
　　　　四部備要（排印本、縮印本）・集部詩
　　　　文評
　詞林韻釋二卷
　　　　粵雅堂叢書二編第十七集
　　　　叢書集成初編・語文學類
詞韻二卷
　　(清)仲恆撰
　　　　詞學全書（康熙本、世德堂本、木石山
　　　　房石印本、大東書局石印本、文寶書
　　　　局石印本）
笠翁詞韻四卷
　　(清)李漁撰
　　　　笠翁一家言全集
詞韻考略一卷
　　(清)許昂霄撰
　　　　中國文學珍本叢書第一輯
詞林正韻三卷發凡一卷
　　(清)戈載撰
　　　　嘯園叢書第六函
　　　　四印齋所刻詞（光緒本、景光緒本）
詩餘譜二十五卷
　　　　嘯餘譜
詩餘圖譜三卷
　　(明)張綖輯
　　　　詞苑英華
詩餘圖譜二卷
　　(明)萬惟檀撰
　　　　惜陰堂叢書
塡詞圖譜六卷續集一卷
　　(清)賴以邠撰　(清)查繼超增輯
　　　　詞學全書（康熙本、世德堂本、木石山
　　　　房石印本、大東書局石印本、文寶書
　　　　局石印本）
欽定詞譜四十卷

　　(清)王奕清等撰
　　　四庫全書・集部詞曲類
　　　摛藻堂四庫全書薈要・集部
詞律二十卷
　　(清)萬樹撰
　　　四庫全書・集部詞曲類
詞律二十卷拾遺八卷補遺一卷
　　(清)萬樹撰　拾遺(清)徐本立撰　補遺
　　(清)杜文瀾撰
　　　四部備要（排印本、縮印本）・集部詩
　　　文評
詞律校勘記二卷
　　(清)杜文瀾撰
　　　曼陀羅華閣叢書
天籟軒詞譜五卷詞韻一卷
　　(清)葉申薌撰
　　　天籟軒五種
白香詞譜箋四卷
　　(清)舒夢蘭輯　(清)謝朝徵箋
　　　半厂叢書初編
　　　四部備要（排印本、縮印本）・集部總
　　　集

曲韻　曲譜

中原音韻一卷務頭正語作詞起例一卷
　　(元)周德清撰
　　　嘯餘譜
　　中原音韻二卷
　　　四庫全書・集部詞曲類
　　中原音韻一卷
　　　鐵琴銅劍樓叢書
　　　重訂曲苑
中原音韻作詞十法疏證一卷
　　(元)周德清撰　任訥疏證
　　　散曲叢刊
中州樂府音韻類編一卷
　　(元)卓從之撰
　　　新曲苑
中州樂府音韻類編一卷附校記一卷
　　(元)卓從之撰　校記盧前撰
　　　飲虹簃所刻曲
太和正音譜二卷
　　(明)朱權撰
　　　涵芬樓祕笈第九集
北曲譜十二卷
　　(明)朱權撰
　　　嘯餘譜
北曲譜十二卷

　　(明)范文若撰
　　　博山堂三種曲附
舊編南九宮目錄一卷
　　(明)徐渭撰
　　　曲苑
　　　重訂曲苑
　　　增補曲苑石集
十三調南曲音節譜一卷
　　(明)徐渭撰
　　　曲苑
　　十三調南呂音節譜一卷
　　　重訂曲苑
　　　增補曲苑石集
南曲譜二十二卷
　　(明)沈璟撰
　　　嘯餘譜
舊編南九宮譜十卷十三調南曲音節譜一
卷
　　(明)蔣孝撰
　　　玄覽堂叢書三集
格正牡丹亭還魂記詞調二卷
　　(明)鈕少雅撰
　　　彙刻傳劇・玉茗堂還魂記
九宮譜定總論一卷
　　(清)查繼佐(東山釣史)撰
　　　新曲苑
曲譜十四卷
　　(清)王奕清等撰
　　　四庫全書・集部詞曲類
南曲入聲客問一卷
　　(清)毛先舒撰
　　　昭代叢書(康熙本)乙集第五帙
　　　昭代叢書(道光本)乙集第四帙
　　　新曲苑
大成曲譜論例一卷
　　(清)周祥鈺撰
　　　新曲苑
中州切音譜贅論一卷
　　(清)劉禧延撰
　　　新曲苑
中州音韻一卷
　　　嘯餘譜
吟風閣譜二卷
　　(清)楊潮觀撰
　　　吟風閣雜劇(乾隆本、嘉慶本)附
鈞天樂譜一卷
　　(民國)徐鏡撰
　　　新譜六種

療妬羹譜一卷
　　(民國)徐鏡撰
　　　新譜六種
魚兒佛譜一卷
　　(民國)徐鏡撰
　　　新譜六種
伏虎韜譜一卷
　　(民國)徐鏡撰
　　　新譜六種
情郵譜一卷
　　(民國)徐鏡撰
　　　新譜六種
才人福譜一卷
　　(民國)徐鏡撰
　　　新譜六種
玉簪記曲譜一卷
　　殷溎深撰
　　　春雪閣曲譜三記
浣紗記曲譜一卷
　　殷溎深撰
　　　春雪閣曲譜三記
豔雲亭曲譜一卷
　　殷溎深撰
　　　春雪閣曲譜三記

詞　話

時賢本事曲子集一卷
　　(宋)楊繪輯
　　　校輯宋金元人詞
碧雞漫志一卷
　　(宋)王灼撰
　　　唐宋叢書・載籍
　　　說郛(宛委山堂本)号十九
　　　四庫全書・集部詞曲類
　　　學海類編（道光本、景道光本）・集餘
　　　　三
　　　古今說部叢書七集
　　　說庫
　　　中國文學參考資料小叢書第一輯
　　碧雞漫志五卷
　　　知不足齋叢書(乾隆至道光本、景乾隆
　　　　至道光本)第六集
　　　增補曲苑金集
　　　詞話叢編
　　碧雞漫志
　　　說郛(商務印書館本)卷十八
詞源二卷
　　(宋)張炎撰

詞學叢書(亨帚精舍本、承啓堂本)
宛委別藏
守山閣叢書(道光本、鴻文書局景道光
　本、博古齋景道光本)・集部
粵雅堂叢書二編第十三集
楡園叢刻
詞話叢編
四部備要（縮印本）・集部詩文評
詞源一卷
　　詞學小叢書・詞學研究
詞源二卷附記一卷
　　(宋)張炎撰　附記(清)范鍇撰
　　　范白舫所刊書
樂府指迷一卷
　　(宋)張炎撰
　　　廣百川學海壬集
　　　重訂欣賞編
　　　說郛續弓三十四
　　　詩觸
　　　學海類編（道光本、景道光本）・集餘
　　　　三
　　　中國文學珍本叢書第一輯・葉天寥四
　　　　種
　玉田先生樂府指迷一卷
　　　蒙香室叢書・宋七家詞選附
　樂府指迷一卷附記一卷
　　　范聲山雜著(道光本、景道光本)
樂府指迷二卷
　　(宋)張炎撰　下卷(元)陸行直撰
　　　寶顏堂祕笈（萬曆本、民國石印本）續
　　　　集
樂府指迷一卷
　　(宋)沈義父撰
　　　硯北偶鈔
　　　指海(道光本、景道光本)第十集
　　　四印齋所刻詞（光緒本、景光緒
　　　　本）
　　　詞話叢編
　　　詞學小叢書・詞學研究
　沈氏樂府指迷一卷
　　　四庫全書・集部詞曲類
古今詞話一卷
　　(宋)楊湜輯
　　　校輯宋金元人詞
詩人玉屑一卷
　　(宋)魏慶之撰
　　　詞話叢編
吳禮部詞話一卷

　　　　(元)吳師道撰
　　　　　詞話叢編
詞旨一卷
　　　　(元)陸行直撰
　　　　　廣百川學海壬集
　　　　　說郛(宛委山堂本)弓八十四
　　　　　硯北偶鈔
　　　　　詩觸
　　　　　藝海珠塵癸集
　　　　　學海類編（道光本、景道光本）・集餘
　　　　　　三
　　　　　四印齋所刻詞(光緒本、景光緒本)
　　　　　古今文藝叢書第一集
　　　　　中國文學珍本叢書第一輯
詞旨二卷
　　　　(元)陸行直撰　(清)胡元儀釋　(民國)陳
　　　　　去病重訂
　　　　　詞話叢編
渚山堂詞話三卷
　　　　(明)陳霆撰
　　　　　四庫全書・集部詞曲類
　　　　　吳興叢書
　　　　　詞話叢編
詞評一卷
　　　　(明)王世貞撰
　　　　　廣百川學海壬集
　　　　　重訂欣賞編
　　　　　天都閣藏書
　　　　　小石山房叢書第十三冊
　　　　　叢書集成初編・文學類
　弇州山人詞評一卷
　　　　　詞話叢編
爰園詞話一卷
　　　　(明)俞彥撰
　　　　　詞話叢鈔
　　　　　詞話叢編
辭品六卷拾遺一卷
　　　　(明)楊慎撰
　　　　　天都閣藏書
　　　　　叢書集成初編・文學類
詞品六卷拾遺一卷
　　　　　函海(乾隆本、道光本)第十五函
　　　　　函海(光緒本)第二十函
　詞品六卷拾遺一卷補一卷
　　　　　詞話叢編
　升菴辭品一卷
　　　　　說郛續弓三十三
皺水軒詞筌一卷

　　　　(清)賀裳撰
　　　　　昭代叢書(道光本)庚集埠編
　　　　　詞話叢鈔
　　　　　詞話叢編
　　　　　美術叢書四集第三輯
窺詞管見一卷
　　　　(清)李漁撰
　　　　　詞話叢編
西河詞話二卷
　　　　(清)毛奇齡撰
　　　　　西河合集（康熙本、乾隆修補本）・文
　　　　　　集
　　　　　四庫全書・集部詞曲類
　　　　　詞話叢編
　西河詞話一卷
　　　　　賜硯堂叢書新編乙集
　　　　　昭代叢書(道光本)丁集新編
填詞名解四卷
　　　　(清)毛先舒撰併注
　　　　　詞學全書（康熙本、世德堂本、木石山
　　　　　　房石印本、大東書局石印本、文寶書
　　　　　　局石印本）
古今詞論一卷
　　　　(清)王又華撰
　　　　　詞學全書（康熙本、世德堂本、木石山
　　　　　　房石印本、大東書局石印本、文寶書
　　　　　　局石印本）
　　　　　詞話叢編
七頌堂詞繹一卷
　　　　(清)劉體仁撰
　　　　　賜硯堂叢書新編乙集
　　　　　別下齋叢書(道光本、商務印書館景道
　　　　　　光本、竹簡齋景道光本)
　　　　　詞話叢鈔
　　　　　詞話叢編
　　　　　美術叢書初集第一輯
填詞雜說一卷
　　　　(清)沈謙撰
　　　　　詞話叢編
遠志齋詞衷一卷
　　　　(清)鄒祇謨撰
　　　　　賜硯堂叢書新編乙集
　　　　　詞話叢鈔
　　　　　詞話叢編
詞壇紀事三卷
　　　　(清)李良年撰
　　　　　學海類編（道光本、景道光本）・集餘
　　　　　　三
　　　　　叢書集成初編・文學類

詞家辨證一卷
　　（清）李良年撰
　　　　學海類編（道光本、景道光本）·集餘
　　　　三
　　　　叢書集成初編·文學類
南州草堂詞話三卷
　　（清）徐釚撰
　　　　學海類編（道光本、景道光本）·集餘
　　　　三
　　南州草堂詞話一卷
　　　　昭代叢書（道光本）丙集第六帙
詞苑叢談十二卷
　　（清）徐釚撰
　　　　四庫全書·集部詞曲類
　　　　海山仙館叢書
　　　　叢書集成初編·文學類
花草蒙拾一卷
　　（清）王士禛撰
　　　　賜硯堂叢書新編乙集
　　　　昭代叢書（道光本）己集廣編
　　　　詞話叢鈔
　　　　詞話叢編
西圃詞說一卷
　　（清）田同之撰
　　　　德州田氏叢書·西圃文說附
　　　　吳氏石蓮庵刻山左人詞·晚香詞附
　　　　詞話叢編
賈先生古詞論述一卷
　　（清）丁愷曾撰
　　　　望奎樓遺稿
詞統源流一卷
　　（清）彭孫遹撰
　　　　學海類編（道光本、景道光本）·集餘
　　　　三
　　　　國朝名人著述叢編
　　　　叢書集成初編·文學類
詞藻四卷
　　（清）彭孫遹撰
　　　　學海類編（道光本、景道光本）·集餘
　　　　三
　　　　叢書集成初編·文學類
金粟詞話一卷
　　（清）彭孫遹撰
　　　　賜硯堂叢書新編乙集
　　　　別下齋叢書（道光本、商務印書館景道
　　　　光本、竹簡齋景道光本）
　　　　詞話叢鈔
　　　　詞話叢編

　　　　叢書集成初編·文學類
　　　　美術叢書初集第二輯
柳塘詞話四卷
　　（清）沈雄撰
　　　　詞話叢鈔
古今詞話八卷
　　（清）沈雄輯　（清）江尚質增輯
　　　　詞話叢編
御選歷代詩餘話十卷
　　（清）王奕清等輯
　　　　詞話叢編
詞林紀事二十二卷
　　（清）張宗橚輯
　　　　中國文學珍本叢書第一輯
　　　　中國文學參考資料小叢書第二輯
雨村詞話四卷
　　（清）李調元撰
　　　　函海（乾隆本、道光本）第二十五函
　　　　函海（光緒本）第二十九函
　　　　詞話叢編
榕巢詞話一卷
　　（清）查禮撰
　　　　花近樓叢書補遺
銅鼓書堂詞話一卷
　　（清）查禮撰
　　　　屏廬叢刻
　　　　詞話叢編
雕菰樓詞話一卷
　　（清）焦循撰
　　　　詞話叢編
詞名集解六卷續編二卷
　　（清）汪汲撰
　　　　古愚老人消夏錄
三家詞品一卷
　　（清）郭麐（清）楊夔生（清）江順貽撰
　　　　寶彝室集刊
靈芬館詞話二卷
　　（清）郭麐撰
　　　　詞話叢編
詞品一卷
　　（清）郭麐撰
　　　　花近樓叢書
　　　　古今文藝叢書第四集
　　十二詞品一卷
　　　　申報館叢書續集·紀麗類·屑玉叢譚
　　　　三集
　　　　娛萱室小品
續十二詞品一卷

（清）楊夒生撰
　　申報館叢書續集·紀麗類·屑玉叢譚
　　三集
　　娱萱室小品

詞綜偶評一卷
　　（清）許昂霄撰　　（清）張載華輯
　　詞話叢編

介存齋論詞雜著一卷附宋四家詞選目錄
　序論一卷
　　（清）周濟撰
　　詞話叢編
　　論詞雜著一卷
　　詞學小叢書·詞學研究

詞苑萃編二十四卷
　　（清）馮金伯輯
　　詞話叢編

本事詞二卷
　　（清）葉申薌撰
　　天籟軒五種
　　詞話叢編
　　中國文學參考資料小叢書第二輯

蓮子居詞話四卷
　　（清）吴衡照撰
　　古今說部叢書九集
　　詞話叢編

第十一段錦詞話一卷
　　（清）顧彩撰
　　昭代叢書(道光本)別集

樂府餘論一卷
　　（清）宋翔鳳撰
　　浮谿精舍叢書
　　雲自在龕叢書第四集·名家詞·碧雲
　　龕詞附
　　詞話叢鈔
　　詞話叢編

填詞淺說一卷
　　（清）謝元准撰
　　詞話叢編

雙硯齋詞話一卷
　　（清）鄧廷楨撰
　　詞話叢編

戲鷗居詞話一卷叢話一卷
　　（清）毛大瀛撰
　　戊寅叢編

問花樓詞話一卷
　　（清）陸鎣撰
　　陸氏傳家集
　　詞話叢編

詞逕一卷
　　（清）孫麟趾撰
　　詞話叢鈔
　　詞話叢編

聽秋聲館詞話二十卷
　　（清）丁紹儀撰
　　詞話叢編

憩園詞話六卷
　　（清）杜文瀾撰
　　詞話叢編

詞學集成八卷
　　（清）江順詒輯
　　詞話叢編

賭棋山莊集詞話十二卷續五卷
　　（清）謝章鋌撰
　　賭棋山莊全集
　　詞話叢編

芬陀利室詞話三卷
　　（清）蔣敦復撰
　　詞話叢鈔
　　詞話叢編

詞概一卷
　　（清）劉熙載撰
　　詞話叢編

白雨齋詞話八卷
　　（清）陳廷焯撰
　　詞話叢編

譚仲修先生復堂詞話一卷
　　（清）譚獻撰　　（民國）徐珂輯
　　心園叢刻一集
　　詞話叢編

歲寒居詞話一卷
　　（清）胡薇元撰
　　玉津閣叢書甲集
　　詞話叢編

槐廬詞學一卷
　　（清）龍繼棟撰
　　粤西詞四種

論詞隨筆一卷
　　（清）沈祥龍撰
　　詞話叢編

詞徵六卷
　　（清）張德瀛輯
　　詞話叢編

褒碧齋詞話一卷
　　（清）陳銳撰
　　詞話叢編

詞論一卷

（清）張祥齡撰
　　詞話叢編

蒿庵論詞一卷
　（民國）馮煦撰
　　詞話叢編

菌閣瑣談一卷
　（民國）沈曾植撰
　　詞話叢編

詞說一卷
　（民國）蔣兆蘭撰
　　甲戌叢編
　　詞話叢編

近詞叢話一卷
　（民國）徐珂撰
　　詞話叢編

詞源斠律二卷
　（民國）鄭文焯撰
　　大鶴山房全書

海綃說詞一卷
　（民國）陳洵撰
　　彊邨遺書·滄海遺音集

海綃說詞稿一卷
　　詞話叢編

粵詞雅一卷
　（民國）潘飛聲撰
　　詞話叢編

論粵東詞絕句一卷
　（民國）潘飛聲撰
　　說劍堂著書

論嶺南詞絕句一卷
　（民國）潘飛聲撰
　　古今文藝叢書第一集

香海棠館詞話一卷
　（民國）況周頤撰
　　蕙風叢書

人間詞話二卷
　（民國）王國維撰
　　海寧王忠愨公遺書四集
　　詞話叢編
　　海寧王靜安先生遺書

　人間詞話一卷
　　詞學小叢書·詞學研究

臥廬詞話一卷
　（民國）周曾錦撰
　　周晉琦遺著

論詞法一卷
　（民國）吳梅撰
　　詞學小叢書·詞學研究

古今詞論一卷
　　詞學小叢書·詞學研究

飲虹簃論清詞百家一卷
　　盧前撰
　　清名家詞附

小三吾亭詞話五卷
　　冒廣生撰
　　晨風閣叢書第一集
　　詞話叢編

曲　話

製曲十六觀一卷
　（元）顧瑛撰
　　學海類編（道光本、景道光本）·集餘
　　　三
　　叢書集成初編·文學類

唱論一卷
　（元）芝菴撰
　　新曲苑

輟耕曲錄一卷
　（元）陶宗儀撰
　　新曲苑

詞品一卷
　（明）朱權（涵虛子）撰
　　說郛（宛委山堂本）弓八十四
　　學海類編（道光本、景道光本）·集餘
　　　三
　　叢書集成初編·文學類

丹丘先生曲論一卷
　（明）朱權撰
　　新曲苑

曲律一卷
　（明）魏良輔撰
　　誦芬室叢刊二編·讀曲叢刊
　　四部叢刊續編·集部·白雲齋選訂樂
　　　府吳騷合編附
　　曲苑
　　重訂曲苑
　　增補曲苑絲集

曲律四卷
　（明）王驥德撰
　　指海（道光本、景道光本）第十七集
　　誦芬室叢刊二編·讀曲叢刊
　　廣倉學宭叢書甲類第二集
　　重訂曲苑
　　增補曲苑絲集

四友齋曲說一卷
　（明）何良俊撰

　　　　　新曲苑

明何元朗徐陽初曲論一卷
　　(明)何良俊(明)徐復祚撰
　　　　古學彙刊第二集・詩文類
梅花草堂曲談一卷
　　(清)張大復撰
　　　　新曲苑
南詞敍錄一卷
　　(明)徐渭撰
　　　　誦芬室叢刊二編・讀曲叢刊
　　　　曲苑
　　　　重訂曲苑
　　　　增補曲苑石集
曲藻一卷
　　(明)王世貞撰
　　　　廣百川學海壬集
　　　　重訂欣賞編
　　王氏曲藻一卷
　　　　新曲苑
少室山房曲考一卷
　　(明)胡應麟撰
　　　　新曲苑
三家村老曲談一卷
　　(明)徐復祚撰
　　　　新曲苑
程氏曲藻一卷
　　(明)程羽文撰
　　　　新曲苑
曲品二卷
　　(明)呂天成(東海鬱藍生)撰
　　　　彙刻傳劇附刊
　　曲品三卷
　　　　曲苑
　　　　重訂曲苑
　　　　增補曲苑石集
曲艷品一卷後一卷續一卷
　　(明)潘之恆撰
　　　　廣百川學海壬集
　　　　說郛續弓四十四
秦淮劇品一卷
　　(明)潘之恆撰
　　　　說郛續弓四十四
太霞曲語一卷
　　(明)顧曲散人撰
　　　　新曲苑
客座曲語一卷
　　(明)顧啓元撰
　　　　新曲苑

堯山堂曲紀一卷
　　(明)蔣一葵撰
　　　　新曲苑
度曲須知二卷
　　(明)沈寵綏撰
　　　　重訂曲苑
顧曲雜言一卷
　　(明)沈德符撰
　　　　四庫全書・集部詞曲類
　　　　硯雲甲編
　　　　學海類編(道光本、景道光本)・集餘
　　　　　三
　　　　申報館叢書續集・紀麗類・硯雲甲編
　　　　誦芬室叢刊二編・讀曲叢刊
　　　　古今說部叢書四集
　　　　曲苑
　　　　重訂曲苑
　　　　增補曲苑金集
　　　　叢書集成初編・文學類
衡曲塵譚一卷
　　(明)張楚叔(騷隱居士)撰
　　　　誦芬室叢刊二編・讀曲叢刊
　　　　四部叢刊續編・集部・白雲齋選訂樂
　　　　　府吳騷合編附
　　　　曲苑
　　　　重訂曲苑
　　　　增補曲苑金集
周氏曲品一卷
　　(明)周暉撰
　　　　新曲苑
製曲枝語一卷
　　(清)黃周星撰
　　　　夏爲堂集
　　　　昭代叢書(康熙本)甲集第五帙
　　　　昭代叢書(道光本)甲集第五帙
　　　　美術叢書初集第二輯
　　　　新曲苑
續曲品一卷
　　(清)高奕撰
　　　　賜硯堂叢書未刻稿
傳奇品二卷
　　(清)高奕撰
　　　　彙刻傳劇附刊
　　新傳奇品一卷續一卷
　　　　曲苑
　　　　重訂曲苑
　　　　增補曲苑石集
笠翁劇論二卷
　　(清)李漁撰

新曲苑

樂府傳聲一卷
　　(清)徐大椿撰
　　　　徐靈胎十二種全集
　　　　徐氏醫書八種附·雜著
　　　　徐氏雜著
　　　　新曲苑

　樂府傳聲二卷
　　　　正覺樓叢刻

院本名目一卷
　　(清)汪汲撰
　　　　古愚老人消夏錄

南北詞名宮調彙錄二卷
　　(清)汪汲撰
　　　　古愚老人消夏錄

樂府標源二卷
　　(清)汪汲撰
　　　　古愚老人消夏錄

樂府遺聲一卷
　　(清)汪汲撰
　　　　古愚老人消夏錄

雜劇待考一卷
　　(清)汪汲撰
　　　　古愚老人消夏錄

雨村曲話二卷
　　(清)李調元撰
　　　　函海(乾隆本、道光本)第二十五函
　　　　函海(光緒本)第二十九函
　　　　曲苑
　　　　重訂曲苑
　　　　增補曲苑竹集
　　　　叢書集成初編·文學類
　　　　新曲苑

書隱曲說一卷
　　(清)袁棟撰
　　　　新曲苑

三婦評牡丹亭雜紀一卷
　　(清)吳人輯
　　　　昭代叢書(道光本)別集
　　　　香豔叢書第一集

易餘曲錄一卷
　　(清)焦循撰
　　　　新曲苑

兩般秋雨盦曲談一卷
　　(清)梁紹壬撰
　　　　新曲苑

曲話五卷
　　(清)梁廷柟撰

藤花亭十七種
曲苑
重訂曲苑
增補曲苑竹集

艾塘曲錄一卷
　　(清)李斗撰
　　　　新曲苑

詞餘叢話三卷續三卷
　　(清)楊恩壽撰
　　　　坦園全集

詞餘叢話三卷
　　(清)楊恩壽撰
　　　　重訂曲苑
　　　　增補曲苑竹集

北涇草堂曲論一卷
　　(清)陳棟撰
　　　　新曲苑

顧曲錄四卷
　　(清)謝嘉玉撰
　　　　融經館叢書

曲概一卷
　　(清)劉熙載撰
　　　　新曲苑

在園曲志一卷
　　(清)劉廷璣撰
　　　　新曲苑

曲稗一卷
　　(民國)徐珂撰
　　　　新曲苑

西樓記傳奇考一卷
　　(民國)孟森撰
　　　　心史叢刊二集

宋元戲曲考一卷
　　(民國)王國維撰
　　　　海寧王忠慤公遺書四集
　　　　增補曲苑革集
　　　　海寧王靜安先生遺書

唐宋大曲考一卷
　　(民國)王國維撰
　　　　海寧王忠慤公遺書四集
　　　　增補曲苑土集
　　　　海寧王靜安先生遺書

戲曲考原一卷
　　(民國)王國維撰
　　　　晨風閣叢書
　　　　重訂曲苑
　　　　海寧王忠慤公遺書四集
　　　　增補曲苑土集

　　　　　海寧王靜安先生遺書

録曲餘談一卷
　　　(民國)王國維撰
　　　　　海寧王忠愨公遺書四集
　　　　　增補曲苑土集
　　　　　海寧王靜安先生遺書

重編會眞雜錄二卷
　　　(民國)劉世珩輯
　　　　　彙刻傳劇·西廂記五劇附

菉猗室曲話四卷
　　　(民國)姚華撰
　　　　　新曲苑

曲海一勺一卷
　　　(民國)姚華撰
　　　　　新曲苑

讀曲小識一卷
　　　(民國)余重耀撰
　　　　　遯廬叢著

曲談一卷
　　　王季烈撰
　　　　　增補曲苑竹集

曲諧四卷
　　　任訥撰
　　　　　散曲叢刊

散曲槪論二卷
　　　任訥撰
　　　　　散曲叢刊

曲海揚波六卷
　　　任訥撰
　　　　　新曲苑附

中國叢書綜錄

子目分類目錄

別　錄

別　　錄

經

元三家易說
　　(民國)胡思敬輯
　　　　豫章叢書(胡思敬輯)
雙桂堂易說二種
　　(清)紀大奎撰
　　　　紀慎齋先生全集
周易鄭荀義
　　(清)張惠言撰
　　　　張皋文箋易詮全集
楚蒙山房易經解
　　(清)晏斯盛撰
　　　　楚蒙山房集
雕菰樓易學三書
　　(清)焦循撰
　　　　焦氏叢書(嘉慶道光本、光緒本)
方氏易學五書
　　(清)方申撰
　　　　南菁書院叢書第八集
三家詩遺說考
　　(清)陳壽祺撰　　(清)陳喬樅述
　　　　左海續集
　　　　皇清經解續編(南菁書院本、蜚英館石
　　　　　印本)
三禮鄭註考
　　(清)程際盛(炎)撰
　　　　稻香樓雜著
欽定三禮義疏
　　清乾隆十三年敕撰
　　　　御纂七經（內府本、浙江書局本、江西
　　　　　書局本、戶部本、崇文書局本、江南
　　　　　書局本、鴻文書局石印本）
明堂陰陽夏小正經傳考釋
　　(清)莊述祖撰
　　　　珍埶宧遺書
四考辨

　　(清)李塨撰
　　　　顏李叢書
春秋識小錄
　　(清)程廷祚撰
　　　　藝海珠塵金集(甲集)
　　　　金陵叢刻
　　　　金陵叢書甲集
春秋經玩
　　(清)沈淑撰
　　　　藝海珠塵石集(乙集)
春秋三傳異文釋
　　(清)李富孫撰
　　　　別下齋叢書(道光本、商務印書館景道
　　　　　光本、竹簡齋景道光本)
　　　　叢書集成初編·史地類
孟子四攷
　　(清)周廣業撰
　　　　皇清經解續編(南菁書院本、蜚英館石
　　　　　印本)
重校稽古樓四書
　　(宋)朱熹集注
　　　　渭南嚴氏孝義家塾叢書
四書答問
　　(明)羅汝芳撰　　(明)楊起元輯
　　　　楊貞復六種
四書解義
　　(清)李光地撰
　　　　榕村全書
傳註問
　　(清)李塨撰
　　　　顏李叢書
四書逸義前集
　　(清)單爲鏓撰
　　　　單氏全書
四書逸義後集
　　(清)單爲鏓撰
　　　　單氏全書
來復堂講義
　　(清)丁大椿撰

　　　　來復堂全書

說孝三書
　　（明）楊起元輯
　　　　寶顏堂祕笈（萬曆本、民國石印本）普
　　　　集

爾雅古義
　　（清）黃奭輯
　　　　漢學堂叢書・小學類
　　　　榕園叢書甲集
　　　　黃氏逸書考（民國修補本、民國補刊
　　　　本）・漢學堂經解

五經
　　　　古香齋袖珍十種（內府本、南海孔氏
　　　　本）

漢學堂經解
　　（清）黃奭輯
　　　　黃氏逸書考（民國修補本、民國補刊
　　　　本）

古典錄略
　　　　說郛（商務印書館本）卷二

十三經古注
　　　　四部備要（排印本、縮印本）・經部

十三經注疏
　　　　四部備要（排印本、縮印本）・經部

十三經注疏校勘記
　　（清）阮元撰
　　　　皇清經解（道光本、咸豐補刊本、鴻寶
　　　　齋石印本、點石齋石印本）

鄭氏遺書
　　（漢）鄭玄撰
　　　　後知不足齋叢書第一函

鄭氏遺書
　　（漢）鄭玄撰　　（清）王復輯　　（清）武億校
　　　　問經堂叢書

高密遺書
　　（漢）鄭玄撰　　（清）黃奭輯
　　　　漢學堂叢書・政書類

通德堂經解
　　（漢）鄭玄撰　　（清）黃奭輯
　　　　黃氏逸書考（民國修補本、民國補刊
　　　　本）

羣經叢殘
　　（民國）羅振玉輯
　　　　鳴沙石室古籍叢殘

三經音義
　　（清）黃丕烈輯
　　　　士禮居黃氏叢書（博古齋景黃氏本）

呂涇野經說

　　（明）呂柟撰
　　　　惜陰軒叢書（道光本、光緒本）續編

清十三經注疏
　　　　四部備要（排印本、縮印本）・經部

沈氏經學
　　（清）沈淑撰
　　　　後知不足齋叢書第一函

注疏考證
　　（清）齊召南撰
　　　　皇清經解（道光本、咸豐補刊本、鴻寶
　　　　齋石印本、點石齋石印本）

經學八書
　　（清）潘相撰
　　　　潘相所著書

通藝錄
　　（清）程瑤田撰
　　　　安徽叢書第二期

吳氏遺箸
　　（清）吳夌雲撰
　　　　廣雅書局叢書・雜箸

六經補疏
　　（清）焦循撰
　　　　焦氏叢書（嘉慶道光本、光緒本）

柏堂經說
　　（清）方宗誠撰
　　　　柏堂遺書

五經讀本
　　（清）劉曾騄撰
　　　　祥符劉氏叢書

五經約注
　　（清）劉曾騄撰
　　　　祥符劉氏叢書

九經約解
　　（清）劉曾騄撰
　　　　祥符劉氏叢書

雅歌堂外集
　　（清）徐經撰
　　　　雅歌堂全集

羣經平議
　　（清）俞樾撰
　　　　皇清經解續編（南菁書院本、蜚英館石
　　　　印本）
　　　　春在堂全書

第一樓叢書
　　（清）俞樾撰
　　　　春在堂全書

紫薇花館經說
　　（清）王廷鼎撰

　　　　紫薇花館集
經傳簡本
　　(民國)周學熙輯
　　　　周氏師古堂所編書
三經誼詁
　　(民國)馬其昶撰
　　　　周氏師古堂所編書
各經承師立學考四編
　　(清)張壽榮輯
　　　　花雨樓叢鈔續鈔
紫薇花館小學編
　　(清)王廷鼎撰
　　　　紫薇花館集
說文段注校三種
　　(民國)葉德輝輯
　　　　觀古堂所刊書
　　　　觀古堂彙刻書第一集
　　　　郎園先生全書
無暇逸齋說文學四種
　　(民國)王元稗撰
　　　　無暇逸齋叢書
說文提要增附
　　(民國)金鉞輯
　　　　許學四種
小學鉤沈
　　(清)任大椿輯　　(清)王念孫校
　　　　小學類編附編
　　　　翠琅玕館叢書(馮兆年輯)第二集
　　　　芋園叢書·經部
雜著
　　(清)任兆麟撰
　　　　有竹居集
小學叢殘四種
　　(民國)汪黎慶輯
　　　　廣倉學宭叢書甲類第一集
同文考證
　　(清)管受之輯
　　　　書三昧樓叢書
千字文萃
　　(清)張海鵬輯
　　　　借月山房彙鈔(嘉慶本、景嘉慶本)第
　　　　三集
　　　　澤古齋重鈔第三集
升庵韻學七種
　　(明)楊慎撰
　　　　函海(乾隆本、道光本)第十四函
音學五書
　　(清)顧炎武撰

音韻學叢書
江氏音學十書
　　(清)江有誥撰
　　　　音韻學叢書
韻學蠡言舉要
　　(清)丁顯撰
　　　　丁酉圃叢書
官話字母讀物八種
　　(民國)王照撰
　　　　拼音文字史料叢書
中國字母北京切音合訂
　　(民國)盧戇章撰
　　　　拼音文字史料叢書
簡字譜錄
　　(民國)勞乃宣撰
　　　　拼音文字史料叢書
古微書
　　(明)孫㲄輯
　　　　墨海金壺(嘉慶本、景嘉慶本)·經部
　　　　守山閣叢書(道光本、鴻文書局景道光
　　　　本、博古齋景道光本)·經部
　　　　叢書集成初編·哲學類
諸經緯遺
　　(清)劉學寵輯
　　　　青照堂叢書摘次編第二函
緯攟
　　(清)喬松年輯
　　　　喬勤恪公全集
　　　　山右叢書初編
通緯
　　(清)黃奭輯
　　　　黃氏逸書考(民國修補本、民國補刊
　　　　本)
河圖緯
　　(明)孫㲄輯
　　　　古微書
　　　　墨海金壺(嘉慶本、景嘉慶本)·經部
　　　　·古微書
　　　　守山閣叢書(道光本、鴻文書局景道光
　　　　本、博古齋景道光本)·經部·古微
　　　　書
　　　　叢書集成初編·哲學類·古微書
河圖緯
　　(清)喬松年輯
　　　　喬勤恪公全集·緯攟
　　　　山右叢書初編·緯攟
河圖緯
　　(清)黃奭輯

漢學堂叢書・通緯河圖類
黃氏逸書考（民國修補本、民國補刊
本）・通緯

河圖雜緯篇
（明）孫㲄輯
古微書・河圖緯
墨海金壺（嘉慶本、景嘉慶本）・經部
・古微書・河圖緯
守山閣叢書（道光本、鴻文書局景道光
本、博古齋景道光本）・經部・古微
書・河圖緯
叢書集成初編・哲學類・古微書・河
圖緯

河圖雜篇
（清）喬松年輯
喬勤恪公全集・緯攟・河圖緯
山右叢書初編・緯攟・河圖緯

洛書緯
（明）孫㲄輯
古微書
墨海金壺（嘉慶本、景嘉慶本）・經部
・古微書
守山閣叢書（道光本、鴻文書局景道光
本、博古齋景道光本）・經部・古微
書
叢書集成初編・哲學類・古微書

雒書緯
（清）喬松年輯
喬勤恪公全集・緯攟
山右叢書初編・緯攟

雒書緯雜篇
（清）喬松年輯
喬勤恪公全集・緯攟・雒書緯
山右叢書初編・緯攟・雒書緯

河洛讖
（明）孫㲄輯
古微書・洛書緯
墨海金壺（嘉慶本、景嘉慶本）・經部
・古微書・洛書緯
守山閣叢書（道光本、鴻文書局景道光
本、博古齋景道光本）・經部・古微
書・洛書緯
叢書集成初編・哲學類・古微書・洛
書緯

易緯
（明）孫㲄輯
古微書
墨海金壺（嘉慶本、景嘉慶本）・經部
・古微書

守山閣叢書（道光本、鴻文書局景道
光本、博古齋景道光本）・經部・古
微書
叢書集成初編・哲學類・古微書

易緯
（清）喬松年輯
喬勤恪公全集・緯攟
山右叢書初編・緯攟

易緯
（漢）鄭玄注
摛藻堂四庫全書薈要・經部
武英殿聚珍版書（武英殿本、浙江本、
江西書局本、福建本、廣雅書局本）
・經部
古經解彙函

易雜緯
（明）孫㲄輯
古微書・易緯
墨海金壺（嘉慶本、景嘉慶本）・經部
・古微書・易緯
守山閣叢書（道光本、鴻文書局景道光
本、博古齋景道光本）・經部・古微
書・洛書緯
叢書集成初編・哲學類・古微書・易
緯

尚書緯
（明）孫㲄輯
古微書
墨海金壺（嘉慶本、景嘉慶本）・經部
・古微書
守山閣叢書（道光本、鴻文書局景道光
本、博古齋景道光本）・經部・古微
書
叢書集成初編・哲學類・古微書

尚書緯
（清）喬松年輯
喬勤恪公全集・緯攟
山右叢書初編・緯攟

中候雜篇
（明）孫㲄輯
古微書・尚書緯
墨海金壺（嘉慶本、景嘉慶本）・經部
・古微書・尚書緯
守山閣叢書（道光本、鴻文書局景道光
本、博古齋景道光本）・經部・古微
書・尚書緯
叢書集成初編・哲學類・古微書・尚
書緯

詩緯

(明)孫瑴輯 　古微書 　墨海金壺（嘉慶本、景嘉慶本）‧經部 　　‧古微書 　守山閣叢書(道光本、鴻文書局景道光 　　本、博古齋景道光本)‧經部‧古微 　　書 　叢書集成初編‧哲學類‧古微書 詩緯 　(清)喬松年輯 　　喬勤恪公全集‧緯攟 　　山右叢書初編‧緯攟 禮緯 　(明)孫瑴輯 　　古微書 　　墨海金壺（嘉慶本、景嘉慶本）‧經部 　　　‧古微書 　　守山閣叢書(道光本、鴻文書局景道光 　　　本、博古齋景道光本)‧經部‧古微 　　　書 　　叢書集成初編‧哲學類‧古微書 禮緯 　(清)喬松年輯 　　喬勤恪公全集‧緯攟 　　山右叢書初編‧緯攟 樂緯 　(明)孫瑴輯 　　古微書 　　墨海金壺（嘉慶本、景嘉慶本）‧經部 　　　‧古微書 　　守山閣叢書(道光本、鴻文書局景道光 　　　本、博古齋景道光本)‧經部‧古微 　　　書 　　叢書集成初編‧哲學類‧古微書 樂緯 　(清)喬松年輯 　　喬勤恪公全集‧緯攟 　　山右叢書初編‧緯攟 春秋緯 　(明)孫瑴輯 　　古微書 　　墨海金壺（嘉慶本、景嘉慶本）‧經部 　　　‧古微書 　　守山閣叢書(道光本、鴻文書局景道光 　　　本、博古齋景道光本)‧經部‧古微 　　　書 　　叢書集成初編‧哲學類‧古微書 春秋緯 　(清)喬松年輯	喬勤恪公全集‧緯攟 　　山右叢書初編‧緯攟 春秋緯雜篇 　(清)喬松年輯 　　喬勤恪公全集‧緯攟‧春秋緯 　　山右叢書初編‧緯攟‧春秋緯 論語緯 　(明)孫瑴輯 　　古微書 　　墨海金壺（嘉慶本、景嘉慶本）‧經部 　　　‧古微書 　　守山閣叢書(道光本、鴻文書局景道光 　　　本、博古齋景道光本)‧經部‧古微 　　　書 　　叢書集成初編‧哲學類‧古微書 論語緯 　(清)喬松年輯 　　喬勤恪公全集‧緯攟 　　山右叢書初編‧緯攟 論語緯雜篇 　(清)喬松年輯 　　喬勤恪公全集‧緯攟‧論語緯 　　山右叢書初編‧緯攟‧論語緯 論語讖 　(魏)宋均注　(清)馬國翰輯 　　玉函山房輯佚書（嫏嬛館本、重印本、 　　　楚南書局本)‧經編緯書類 　　玲瓏山館叢書‧經編緯書類 孝經緯 　(明)孫瑴輯 　　古微書 　　墨海金壺（嘉慶本、景嘉慶本）‧經部 　　　‧古微書 　　守山閣叢書(道光本、鴻文書局景道光 　　　本、博古齋景道光本)‧經部‧古微 　　　書 　　叢書集成初編‧哲學類‧古微書 孝經緯 　(清)喬松年輯 　　喬勤恪公全集‧緯攟 　　山右叢書初編‧緯攟 孝經緯 　(魏)宋均注　(清)黃奭輯 　　漢學堂叢書‧通緯‧孝經類 　　黃氏逸書考（民國修補本、民國補刊 　　　本)‧通緯 孝經緯雜篇 　(清)喬松年輯 　　喬勤恪公全集‧緯攟‧孝經緯

山右叢書初編·緯攟·孝經緯

史

諸史瑣言
　　(民國)沈家本撰
　　　　沈寄簃先生遺書乙編
讀春秋國語四史蠡述
　　李澄宇撰
　　　　未晚樓全集
衆家晉史
　　(清)黃奭輯
　　　　漢學堂叢書·子史鉤沈·史部別史類
　　　　黃氏逸書考（民國修補本、民國補刊
　　　　本）·子史鉤沈
晉書輯本
　　(清)湯球輯
　　　　廣雅書局叢書·史學
　　九家舊晉書輯本
　　　　叢書集成初編·史地類
遼痕五種
　　(民國)黃任恆撰
　　　　述窠雜纂
吾學編
　　(明)鄭曉撰
　　　　鄭端簡公全集
漢晉春秋輯本
　　(清)湯球輯
　　　　廣雅書局叢書·史學
　　　　叢書集成初編·史地類
晉紀輯本
　　(清)湯球輯
　　　　廣雅書局叢書·史學
　　　　叢書集成初編·史地類
晉陽秋輯本
　　(清)湯球輯
　　　　廣雅書局叢書·史學
　　　　叢書集成初編　史地類
歷代小史
　　(明)李栻輯
　　　　景印元明善本叢書十種
夢園史學
　　(清)劉曾騄撰
　　　　祥符劉氏叢書
國語校注本三種
　　(清)汪遠孫撰
　　　　振綺堂遺書
宋人小史三種

　　(民國)胡思敬輯
　　　　豫章叢書(胡思敬輯)
靖康稗史
　　(宋)耐庵輯
　　　　己卯叢編
宋丞相李忠定公別集
　　(宋)李綱撰
　　　　宋三大臣彙志
　李忠定公別集
　　　　邵武徐氏叢書初刻
　　　　吉林探源書舫叢書初編
南渡錄
　　(宋)辛棄疾撰
　　　　國粹叢書第三集
　　　　中國內亂外禍歷史叢書第九輯
紀錄彙編
　　(明)沈節甫輯
　　　　景印元明善本叢書十種
獨寤園叢鈔
　　(清)沈登善輯
　　　　豫恕堂叢書
明人小史八種
　　(民國)胡思敬輯
　　　　豫章叢書(胡思敬輯)
馬端肅公三記
　　(明)馬文升撰
　　　　金聲玉振集·水衡
　　　　紀錄彙編
　　　　景印元明善本叢書十種·紀錄彙編
邊略
　　(明)高拱撰
　　　　玉簡齋叢書
紀載彙編
　　(清)□□輯
　　　　申報館叢書續集·掌故類
明季逸史二種
　　(民國)胡思敬輯
　　　　豫章叢書(胡思敬輯)
酌中志餘
　　(明)劉若愚輯
　　　　明季野史彙編
　　　　正覺樓叢刻
行朝錄
　　(清)黃宗羲撰
　　　　梨洲遺著彙刊
庚辛泣杭錄
　　(清)丁丙輯
　　　　武林掌故叢編第十八集

韓南溪四種
　　(清)韓超撰
　　　　振綺堂叢書初集

拳案三種
　　(民國)勞乃宣撰
　　　　桐鄉勞先生遺書

太平天国官書十種
　　王重民輯
　　　　廣東叢書第三集

太平詔書
　　　　太平天國叢書第一集

清虛雜著
　　(宋)王銍撰
　　　　知不足齋叢書（乾隆至道光本、景乾隆
　　　　至道光本）第五集

王氏三錄
　　　　學海類編（道光本、景道光本）‧集餘
　　　　四

三十國春秋輯本
　　(清)湯球輯
　　　　廣雅書局叢書‧史學
　　　　叢書集成初編‧史地類

南唐書合刻
　　(清)劉晚榮輯
　　　　述古叢鈔第三集
　　　　藏修堂叢書第二集
　　　　翠琅玕館叢書（黃任恆輯）‧史部

晉唐指掌
　　(明)張大齡撰
　　　　玄羽外編
　　　　岇帆樓叢書

南北史表
　　(清)周嘉猷撰
　　　　叢書集成初編‧史地類

讀史日記三種
　　(民國)沈惟賢撰
　　　　學古堂日記

達觀樓遺箸二種
　　(明)鄒維璉撰
　　　　豫章叢書（胡思敬輯）

初學史論合編
　　(清)杜文瀾輯
　　　　曼陀羅華閣叢書

考信錄
　　(清)崔述撰
　　　　崔東壁遺書（道光本、景道光本、亞東
　　　　圖書館排印本）

王政三大典考

(清)崔述撰
　　崔東壁遺書（道光本、景道光本、亞東
　　圖書館排印本）

四家詠史樂府
　　(清)宋澤元輯
　　　　懺花盦叢書

宮詞小纂
　　(清)張海鵬輯
　　　　借月山房彙鈔（嘉慶本、景嘉慶本）第
　　　　十六集
　　　　叢書集成初編‧文學類

三朝宮詞
　　(清)陸長春撰
　　　　吳興叢書

諸傳摘玄
　　　　說郛（商務印書館本）卷七

歷朝傳記九種
　　(清)陳運溶輯
　　　　麓山精舍叢書第一集

逸史三傳一卷
　　(明)趙士喆撰
　　　　東萊趙氏楹書叢刊

頤志齋四譜
　　(清)丁晏撰
　　　　頤志齋叢書

善教名臣言行錄
　　(清)謝丕振輯
　　　　青雲洞遺書初刻

四洪年譜
　　(清)洪汝奎輯
　　　　洪氏晦木齋叢書

裕德堂一家言
　　(清)王廷鼎撰
　　　　紫薇花館集

韓王二公遺事
　　(民國)周學熙輯
　　　　周氏師古堂所編書

宋丞相韓忠獻公家傳
　　　　宋三大臣彙志

程朱行狀
　　(清)賀瑞麟輯
　　　　西京清麓叢書正編

關中三李年譜
　　(民國)吳懷清撰
　　　　關中叢書第五集

韓柳年譜
　　(清)馬曰璐輯
　　　　粵雅堂叢書二編第十四集

洪氏公善堂叢書

韓文類譜
　　（宋）魏仲舉輯
　　　　宋本韓柳二先生年譜（雍正本、光緒
　　　　本）
　　　　粵雅堂叢書二編第十四集・韓柳年譜
　　　　洪氏公善堂叢書・韓柳年譜

葉天寥四種
　　（明）葉紹袁撰
　　　　中國文學珍本叢書第一輯

古孝子傳
　　（清）茆泮林輯
　　　　十種古逸書
　　　　龍谿精舍叢書・史部
　　　　叢書集成初編・史地類

豐川雜著
　　（清）王心敬撰
　　　　關中叢書第三集

夢園二集
　　（清）劉曾騄撰
　　　　祥符劉氏叢書

冠昏喪祭儀考
　　（清）林伯桐撰
　　　　脩本堂叢書

漢官六種
　　（清）孫星衍輯
　　　　四部備要（排印本、縮印本）・史部政
　　　　書

翰苑羣書
　　（宋）洪遵輯
　　　　知不足齋叢書（乾隆至道光本、景乾隆
　　　　至道光本）第十三集

三事忠告
　　（元）張養浩撰
　　　　貸園叢書初集
　　　　叢書集成初編・社會科學類
　　為政忠告
　　　　如不及齋叢書
　　　　四部叢刊三編・史部

劉簾舫先生吏治三書
　　（清）劉衡撰
　　　　牧令全書（江蘇書局本、羊城書局本）

荒政叢書
　　（清）俞森輯
　　　　墨海金壺（嘉慶本、景嘉慶本）・史部
　　　　守山閣叢書（道光本、鴻文書局景道光
　　　　本、博古齋景道光本）・史部
　　　　瓶華書屋叢書

歷代刑法考
　　（民國）沈家本撰
　　　　沈寄簃先生遺書甲編

臨民要略
　　（清）葛元煦輯
　　　　嘯園叢書

明刑弼敎錄
　　（清）王祖源輯
　　　　天壤閣叢書

墨娥漫錄
　　（宋）□□輯
　　　　說郛（商務印書館本）卷四

八紘譯史
　　（清）陸次雲撰
　　　　陸雲士雜著

說鈴
　　（清）吳震方原輯　　（清）顧之逵選編
　　　　藝苑捃華

春融堂雜記八種
　　（清）王昶撰
　　　　春融堂集
　　　　申報館叢書續集・掌故類

墨莊雜著
　　（清）陳經撰
　　　　陳景辰遺書

順德師著述
　　（清）李文田撰
　　　　煙畫東堂小品

釋地三種
　　（清）呂調陽撰
　　　　觀象廬叢書

得一齋雜著
　　（清）黃楙材撰
　　　　新陽趙氏叢刊

佛地考證三種
　　（清）丁謙撰
　　　　橫山草堂叢書第二集

三志合編
　　（清）黃本驥輯
　　　　三長物齋叢書

荊湖圖經三十六種
　　（清）陳運溶輯
　　　　麓山精舍叢書第一集

荊湘地記二十九種
　　（清）陳運溶輯
　　　　麓山精舍叢書第一集

萬載李氏遺書四種
　　（清）李榮陛撰

豫章叢書（胡思敬輯）

河防雜著
　　（民國）周馥撰
　　　　周慤愼公全集

名山游記八種
　　（明）王世懋撰
　　　　王奉常雜著

古行記校錄
　　（民國）王國維輯校
　　　　海寧王忠慤公遺書三集
　　　　海寧王靜安先生遺書

石湖紀行三錄
　　（宋）范成大撰
　　　　知不足齋叢書（乾隆至道光本、景乾隆
　　　　　至道光本）第二十三集

黃孝子紀程
　　（清）黃向堅撰
　　　　知不足齋叢書（乾隆至道光本、景乾隆
　　　　　至道光本）第五集
　　　　叢書集成初編·文學類

粵行三志
　　（清）王士禛撰
　　　　王漁洋遺書

崇蘭堂日記
　　（清）張預撰
　　　　崇蘭堂遺稿

古海國遺書鈔
　　（清）陳運溶輯
　　　　麓山精舍叢書第二集

明史藝文志
　　（清）黃虞稷（清）倪燦撰　（清）盧文弨錄
　　　　抱經堂叢書（乾隆本、景乾隆本）·羣
　　　　　書拾補初編
　　　　紹興先正遺書第二集·羣書拾補補遺

尊經閣藏書目
　　（清）袁昶等撰
　　　　叢書集成初編·總類

禁書目錄
　　（民國）鄧實輯
　　　　國粹叢書第二集

清代禁毀書目四種
　　　　叢書集成初編·總類

潛采堂書目四種
　　（清）朱彝尊撰
　　　　晨風閣叢書

古書目四種
　　（民國）沈家本撰
　　　　沈寄簃先生遺書乙編

默厂金石三書
　　　　鮑鼎撰
　　　　蟫隱廬叢書

觀堂古金文考釋
　　（民國）王國維撰
　　　　海寧王忠慤公遺書初集
　　　　海寧王靜安先生遺書

錢氏三種
　　（清）錢泳輯
　　　　吳氏纂書纂丙編

漢代石刻二種
　　　　郭沫若撰
　　　　古代銘刻彙考四種

金石三例
　　（清）盧見曾輯　（清）王芑孫評
　　　　金石全例

金石三例續編
　　（清）朱記榮輯
　　　　行素草堂金石叢書
　　　　槐廬叢書初編
　　　　金石全例

金石三例再續編
　　（清）朱記榮輯
　　　　金石全例

子

子彙
　　（明）周子義等輯
　　　　景印元明善本叢書十種

讀子隨識
　　　　說郛（商務印書館本）卷六

逸子書
　　（清）孫馮翼輯
　　　　問經堂叢書

尸子尹文子合刻
　　（清）汪繼培輯
　　　　湖海樓叢書

諸子平議
　　（清）俞樾撰
　　　　春在堂全書

二程全書
　　（宋）程顥（宋）程頤撰　（宋）朱熹輯
　　　　西京淸麓叢書正編
　　　　四部備要（排印本、縮印本）·子部儒
　　　　　家

河南程氏全書
　　　　洪氏唐石經館叢書

張子全書
　　（宋）張載撰　　（宋）朱熹注
　　　　　朱文端公藏書（康熙至乾隆本、光緒
　　　　　本）
　　　　　四部備要（排印本、縮印本）·子部儒
　　　　　家
朱子遺書重刻合編
　　（宋）朱熹撰　　（清）賀瑞麟輯
　　　　　西京淸麓叢書正編
宋四子抄釋
　　（明）呂柟撰
　　　　　愷陰軒叢書（道光本、光緒本）第六函
　　　　　叢書集成初編·哲學類
宋五子節要
　　（民國）周馥節錄
　　　　　周氏師古堂所編書
性理易讀
　　（清）□□輯
　　　　　吉林探源書舫叢書初編
王文成全書
　　（明）王守仁撰
　　　　　四庫全書·集部別集類
　　　　　摛藻堂四庫全書薈要·集部
　　王文成公全書
　　　　　四部叢刊（二次印本、縮印二次印本）
　　　　　·集部
　　　　　四部備要（排印本、縮印本）·子部儒
　　　　　家
陽明先生集要
　　（明）王守仁撰
　　　　　四部叢刊（初次印本）·集部
梓溪文鈔內集
　　（明）舒芬撰
　　　　　梓溪文鈔
馮少墟語錄
　　（明）馮從吾撰
　　　　　馮少墟集（萬曆本、康熙本）
二艾遺書
　　（民國）陳榮昌輯
　　　　　雲南叢書初編·子部
雞山語要
　　（明）張舜典撰
　　　　　關中叢書第三集
顏習齋遺書
　　（清）顏元撰
　　　　　畿輔叢書
四存編
　　（清）顏元撰

　　　　　畿輔叢書·顏習齋遺書
　　　　　顏李叢書
李恕谷遺書
　　（清）李塨撰
　　　　　畿輔叢書
楊劉周三先生語錄合鈔
　　（民國）何秉智輯
　　　　　雲南叢書初編·子部
焦學三種
　　（民國）王永祥撰
　　　　　孝魚叢著
桐閣餘著三書
　　（清）李元春撰
　　　　　桐閣全書
桐閣雜著十種
　　（清）李元春撰
　　　　　桐閣全書
關中道脈四種書
　　（清）李元春輯
　　　　　桐閣全書
踵息盧稿
　　（清）謝珍輯
　　　　　酌古準今
牛涇村遺著三種
　　（清）牛振聲撰
　　　　　涇陽文獻叢書
辨學七種
　　（清）賀瑞麟輯
　　　　　西京淸麓叢書續編
記過齋叢書
　　（清）蘇源生輯
　　　　　記過齋藏書
鄭東父遺書
　　（清）鄭杲撰
　　　　　集虛草堂叢書甲集
中學正宗
　　（民國）周學熙選
　　　　　周氏師古堂所編書
敎家二書
　　（明）趙南星撰
　　　　　味檗齋遺書
楊園先生經正錄附學規
　　（清）張履祥輯
　　　　　楊園張先生全集
　　　　　張楊園先生集
　　經正錄附學規
　　　　　重訂楊園先生全集
四鑑錄

(清)尹會一撰
畿輔叢書・尹健餘先生全集
叢書集成初編・總類
五種遺規
(清)陳弘謀輯
四部備要（排印本、縮印本）・子部儒
家
篤素堂集鈔
(清)張英撰
求實齋叢書
敬義堂家訓
(清)紀大奎撰
紀慎齋先生全集
養親須知
(清)彭崧毓撰
求是齋雜存
二語合編
(清)牛樹梅輯
西京清麓叢書外編・蒙養書十三種
女學七種
(清)賀瑞麟輯
西京清麓叢書外編
養正叢編
(清)賀瑞麟輯
西京清麓叢書續編
蒙養書十三種
(清)賀瑞麟輯
西京清麓叢書外編
養蒙書九種
(清)賀瑞麟輯
西京清麓叢書續編
女兒書輯八種
(清)張承爕輯
東聽雨堂刊書
小兒書輯八種
(清)張承爕輯
東聽雨堂刊書
儒先訓要十四種續四種
(清)張承爕輯
東聽雨堂刊書
古訓粹編
(民國)周馥節錄　(民國)周學熙續錄
周氏師古堂所編書
武經七書
(宋)何去非輯
續古逸叢書
校正武經七書
武學經傳三種

程氏心法三種
(明)程沖斗撰
百川書屋叢書續編
汪氏兵學三書
(清)汪宗沂撰併輯
漸西村舍彙刊
兵法彙編
(清)吳坤修輯
半畝園叢書
區種五種
(清)趙夢齡輯
蓮池四種
濟生拔粹方
(元)杜思敬輯
景印元明善本叢書十種
薛氏醫案
(明)薛己撰
四庫全書・子部醫家類
證治準繩
(明)王肯堂撰
四庫全書・子部醫家類
景岳全書
(明)張介賓撰
四庫全書・子部醫家類
喻氏遺書三種
(清)喻昌撰
豫章叢書(胡思敬輯)
醫宗金鑑
(清)吳謙等輯
四庫全書・子部醫家類
摛藻堂四庫全書薈要・子部
修園七種合刊
(清)□□輯
陳修園廿三種
醫家四要
(清)程曦(清)江誠(清)雷大震撰
醫學三書
醫學三書
(清)黃保康撰
霄鵬先生遺著
醫學六種
(清)姜國伊撰
守中正齋叢書
鱗爪集
(民國)惲鐵樵撰
藥盦醫學叢書（新中醫藥出版社排印
本、千頃堂書局石印本）第六輯
傷寒來蘇集

　　　　(清)柯琴撰
　　　　　中國醫學大成第六集·傷寒叢刊
啓曚眞諦
　　　　(清)胡崧輯
　　　　　申報館叢書餘集
胎產新書
　　　　竹林寺傳
　　　　　珍本醫書集成·婦科類
脈學四種
　　　　(清)周學海撰
　　　　　周氏醫學叢書二集
　　　　　周澂之所著醫書
五臟六腑圖說
　　　　高思敬撰
　　　　　高憩雲外科全書十種
周氏易簡方集驗方合刻
　　　　(民國)周憬輯
　　　　　醫藥叢書
三家醫案合刻
　　　　(清)吳金壽輯
　　　　　中國醫學大成第十二集
友漁齋醫話六種
　　　　(清)黃凱鈞撰
　　　　　中國醫學大成第十三集·醫話叢刊
交食
　　　　(清)梅文鼎撰
　　　　　梅氏叢書輯要
七政
　　　　(清)梅文鼎撰
　　　　　梅氏叢書輯要
新法算書
　　　　(明)徐光啓(明西洋)龍華民等撰
　　　　　四庫全書·子部天文算法類
曉菴遺書
　　　　(清)王錫闡撰
　　　　　木犀軒叢書
里堂學算記
　　　　(清)焦循撰
　　　　　焦氏叢書(嘉慶道光本、光緒本)
　　　　　中西算學叢書初編
衡齋遺書
　　　　(清)汪萊撰
　　　　　衡齋算學遺書合刻
董方立遺書
　　　　(清)董祐誠撰
　　　　　測海山房中西算學叢刻初編
徐氏算學三種
　　　　(清)徐有壬撰

　　　　鄒徵君遺書
　　　　　中西算學叢書初編
務民義齋算學(一名徐莊愍公算書)
　　　　(清)徐有壬撰
　　　　　白芙堂算學叢書(同治本、龍文書局石
　　　　　　印本、文瀾書局石印本)
　　　　　咫進齋叢書第一集
　　　　　叢書集成初編·自然科學類
求表捷術
　　　　(清)戴煦撰
　　　　　粵雅堂叢書三編第二十三集
鄒徵君遺書
　　　　(清)鄒伯奇撰
　　　　　中西算學叢書初編
算書廿一種
　　　　(清)吳嘉善撰
　　　　　白芙堂算學叢書(同治本、龍文書局石
　　　　　　印本、文瀾書局石印本)
九章翼
　　　　(清)吳嘉善撰
　　　　　白芙堂算學叢書(同治本、龍文書局石
　　　　　　印本、文瀾書局石印本)·算書廿一
　　　　　　種
算經十書
　　　　(清)孔繼涵輯
　　　　　微波榭叢書
倉田通法
　　　　(清)張作楠撰　(清)江臨泰補圖
　　　　　翠微山房數學
夏氏算學四種
　　　　(清)夏鸞翔撰
　　　　　鄒徵君遺書
　　　　　中西算學叢書初編
恆河沙館草
　　　　(清)華蘅芳撰
　　　　　行素軒算稿(重刊本)附
治算學日記三種
　　　　(清)吳壽萱撰
　　　　　學古堂日記
中西算學四種
　　　　(清)席威輯
　　　　　埽葉山房叢鈔
算學四種
　　　　(民國)王元穉撰
　　　　　無暇逸齋叢書
黃帝五書
　　　　(清)孫星衍校
　　　　　平津館叢書(嘉慶本、光緒本)

疇齋二譜附外錄
　　(元)張仲壽撰
　　　　武林往哲遺箸
羣芳清玩
　　(明)李璵輯
　　　　國學珍本文庫第一集
蕉窗九錄
　　(明)項元汴撰
　　　　學海類編（道光本、景道光本）・集餘
　　　　　六
　　　　叢書集成初編・藝術類
娛園叢刻
　　(清)許增輯
　　　　楡園叢刻附
張氏四種
　　(明)張丑撰
　　　　藏修堂叢書第四集
　　　　翠琅玕館叢書（黃任恆輯）・子部
　　　　藝術叢書・書學
　　　　芋園叢書・子部
冬心雜記
　　(清)金農撰
　　　　花近樓叢書
　冬心畫題記
　　　　翠琅玕館叢書（馮兆年輯）第一集
　　　　翠琅玕館叢書・子部（黃任恆輯）
　　　　芋園叢書・子部
　冬心先生畫記
　　　　古今文藝叢書第五集
　冬心題畫
　　　　藝術叢書・畫學
朱上如木刻四種
　　(清)朱圭刻　(民國)陶湘輯
　　　　喜咏軒叢書丁編
琴粹
　　(民國)楊宗稷輯
　　　　琴學叢書
舒藝室雜存
　　(清)張文虎(天目山樵)撰
　　　　覆瓿集
商舊祉友謎存
　　(清)顧震福輯
　　　　跬園謎莱
鼻烟叢刻
　　(民國)劉聲木輯
　　　　直介堂叢刻附
虞徵士遺書
　　(晉)虞喜撰

四明叢書第六集
雜著述
　　(宋)周必大撰
　　　　廬陵周益國文忠公集
　　　　宋廬陵四忠集・周文忠公全集
續談助
　　(宋)晁載之輯
　　　　粵雅堂叢書三編第二十三集
　　　　十萬卷樓叢書
　　　　叢書集成初編・總類
談圃
　　(宋)□□輯
　　　　說郛(商務印書館本)卷三
廣知
　　(宋)□□輯
　　　　說郛(商務印書館本)卷六
儼山外集
　　(明)陸深撰
　　　　四庫全書・子部雜家類
少室山房筆叢
　　(明)胡應麟撰
　　　　四庫全書・子部雜家類
　　　　廣雅書局叢書・雜箸・少室山房集
　　　　明清筆記叢刊
筆叢
　　(明)胡應麟撰
　　　　少室山房四集
　　　　明清筆記叢刊・少室山房筆叢
續筆叢
　　(明)胡應麟撰
　　　　少室山房四集
　　　　明清筆記叢刊・少室山房筆叢
貞白五書
　　(明)馮柯撰
　　　　四明叢書第六集
還初道人箸書二種
　　(明)洪應明撰
　　　　喜咏軒叢書戊編
藏說小萃
　　(明)李鶚翀輯
　　　　江陰叢書
　　　　粟香室叢書
陳定生先生遺書三種
　　(清)陳貞慧撰
　　　　常州先哲遺書・史類
河濱遺書鈔
　　(清)李楷撰
　　　　關中叢書第七集

非庵雜著
　　（清）吳莊撰
　　　　延陵合璧
永年申氏遺書
　　（清）申居鄖輯
　　　　畿輔叢書
十二筆舫雜錄
　　（清）李兆元撰
　　　　披海叢書
孟氏八錄
　　（清）孟超然撰
　　　　亦園亭全集
拾餘四種
　　（清）劉沅撰
　　　　槐軒全書
登瀛寶筏
　　（清）黃秩模輯
　　　　遜敏堂叢書
子史粹言二卷
　　（清）丁晏輯
　　　　頤志齋叢書
賭棋山莊筆記
　　（清）謝章鋌撰
　　　　賭棋山莊全集
永平三子遺書
　　（清）史夢蘭輯
　　　　止園叢書（史氏撰）
問青園集
　　（清）王晉之撰
　　　　龍泉師友遺稿合編
閒書四種
　　（清）于眧撰
　　　　于香草遺著叢輯
阮盦筆記五種
　　（民國）況周頤撰
　　　　蕙風叢書
宜春張氏所著書二種
　　（民國）胡思敬輯
　　　　豫章叢書（胡思敬輯）
明代祕籍三種
　　（民國）石榮曤輯
　　　　蓉城仙館叢書
羣書拾補初編
　　（清）盧文弨撰
　　　　抱經堂叢書（乾隆本、景乾隆本）
　　　　紹興先正遺書第二集
　　　　叢書集成初編·總類
羣書拾補補遺

　　（清）盧文弨撰
　　　　紹興先正遺書第二集
陳司業遺書
　　（清）陳祖范撰
　　　　廣雅書局叢書·雜箸
浙刻雙池遺書十二種
　　（清）汪紱撰
　　　　汪雙池先生叢書
道古堂外集
　　（清）杭世駿撰
　　　　食舊堂叢書
章氏遺書
　　（清）章學誠撰
　　　　豫恕堂叢書
崔東壁遺書
　　（清）崔述撰
　　　　畿輔叢書
小琅嬛叢記
　　（清）阮福輯
　　　　文選樓叢書（阮亨輯）
劉氏遺書
　　（清）劉台拱撰
　　　　廣雅書局叢書·雜箸
邃雅堂學古錄
　　（清）姚文田撰
　　　　邃雅堂全書
儆居集
　　（清）黃式三撰
　　　　儆居遺書
清白士集校補
　　（清）蔡雲撰
　　　　元和蔡氏所著書
　　　　聚學軒叢書第一集
斠補隅錄
　　（清）蔣光煦輯校
　　　　涉聞梓舊（咸豐本、商務印書館景咸豐
　　　　　本、竹簡齋景咸豐本）
　　　　叢書集成初編·總類
柏堂讀書筆記
　　（清）方宗誠撰
　　　　柏堂遺書
滂喜齋學錄
　　（清）蔣曰豫撰
　　　　蔣侑石遺書
滌濫軒雜著
　　（清）劉書年撰
　　　　清芬叢鈔
俞樓雜纂

（清）俞樾撰
　　春在堂全書
羣書校補
　　（清）陸心源輯
　　　潛園總集
志學編八種
　　（清）呂調陽撰
　　　觀象廬叢書
日知小錄
　　（清）許玉瑑撰
　　　詩契齋十種
述古錄
　　（民國）魏元曠撰
　　　魏氏全書・潛園統編類編
杭州雜著
　　（民國）王守恂撰
　　　王仁安集
遼居雜箸
　　（民國）羅振玉撰
　　　松翁居遼後所箸書
疢齋小品
　　冒廣生撰
　　　如皋冒氏叢書
今獻彙言
　　（明）高鳴鳳輯
　　　景印元明善本叢書十種
百陵學山
　　（明）王文祿輯
　　　景印元明善本叢書十種
夷門廣牘
　　（明）周履靖輯
　　　景印元明善本叢書十種
兩京遺編
　　（明）胡維新輯
　　　景印元明善本叢書十種
古今逸史
　　（明）吳琯輯
　　　景印元明善本叢書十種
鹽邑志林
　　（明）樊維城輯
　　　景印元明善本叢書十種
莊屈合詁
　　（清）錢澄之撰
　　　桐城錢飲光先生全書
炳燭齋雜著
　　（清）江藩撰
　　　合衆圖書館叢書第二集
話山草堂雜著

（清）沈道寬撰
　　話山草堂遺集
養痾三編
　　（清）夏炘撰
　　　景紫堂全書第四册
東塾遺書
　　（清）陳澧撰
　　　廣雅書局叢書・雜箸
說郛雜著
　　（清）馬俊良輯
　　　龍威祕書五集
經典集林
　　（清）洪頤煊輯
　　　問經堂叢書
子史鈎沈
　　（清）黃奭輯
　　　黃氏逸書考（民國修補本、民國補刊本）
曲園雜纂
　　（清）俞樾撰
　　　春在堂全書
紫薇花館雜纂
　　（清）王廷鼎撰
　　　紫薇花館集
羣書叢殘
　　（民國）羅振玉輯
　　　鳴沙石室古籍叢殘
敦煌石室碎金
　　（民國）羅振玉輯
　　　東方學會叢書初集
古今說海
　　（明）陸楫輯
　　　四庫全書・子部雜家類
通天樂
　　（清）石成金撰
　　　新刻揚州近事雨花香附
閱微草堂筆記
　　（清）紀昀（觀弈道人）撰
　　　清代筆記叢刊
　　　筆記小說大觀第一輯
硯雲甲編
　　（清）金忠淳輯
　　　申報館叢書續集・紀麗類
硯雲乙編
　　（清）金忠淳輯
　　　申報館叢書續集・紀麗類
森齋彙稿
　　（清）馮至撰

諸暨馮氏叢刻

南野堂續筆記五種
　　（清）吳文溥撰
　　　　南野堂全集

方氏五種
　　（清）方絢撰
　　　　說庫

金壺七墨
　　（清）黃鈞宰撰
　　　　清代筆記叢刊
　　　　筆記小說大觀第一輯

四夢彙譚
　　（清）吳紹箕撰
　　　　申報館叢書餘集

獨悟庵叢鈔
　　（清）楊引傳輯
　　　　申報館叢書續集・紀麗類

屑玉叢譚初集
　　（清）錢徵（清）蔡爾康輯
　　　　申報館叢書續集・紀麗類

屑玉叢譚二集
　　（清）錢徵（清）蔡爾康輯
　　　　申報館叢書續集・紀麗類

屑玉叢譚三集
　　（清）錢徵（清）蔡爾康輯
　　　　申報館叢書續集・紀麗類

屑玉叢譚四集
　　（清）錢徵（清）蔡爾康輯
　　　　申報館叢書續集・紀麗類

然脂百一編
　　（清）傅以禮輯
　　　　古今說部叢書五集

鴻雪軒紀豔
　　（清）藝蘭生輯
　　　　申報館叢書餘集

異書四種
　　　申報館輯
　　　　申報館叢書正集・新奇說部類

續異書四種
　　　申報館輯
　　　　申報館叢書續集・紀麗類

癡說四種
　　　　申報館叢書續集・紀麗類

唐人小傳三種
　　（民國）葉德輝輯
　　　　郋園先生全書

五經合編
　　（唐）呂嵓撰

重刊道藏輯要室集

十六品經三卷
　　（唐）呂嵓撰
　　　　重刊道藏輯要室集

修眞十書
　　（宋）石泰輯
　　　　道藏（正統本、景正統本）・洞眞部方
　　　　法類

太上靈寶淨明宗敎錄
　　（宋）胡之玫（宋）胡士信輯
　　　　重刊道藏輯要危集

孫不二元君傳述丹道祕書
　　（金）孫不二撰
　　　　重刊道藏輯要胃集
　　　　道藏精華錄第八集

玄宗內典諸經註
　　（明）邵口輯
　　　　道書全集

金丹正理大全
　　（口）涵蟾子輯
　　　　道書全集

五斗經
　　　　重刊道藏輯要斗集

修眞六書
　　（清）董德寧輯
　　　　道貫眞源

元眞錄
　　（清）董德寧撰
　　　　道貫眞源

新刊釋氏十三經
　　（清）吳坤修輯
　　　　半畝園叢書

集

摯太常遺書
　　（晉）摯虞撰　（民國）張鵬一輯
　　　　關隴叢書
　　　　關中叢書第四集

樊集句讀合刻三種
　　　樊鎭輯
　　　　樊諫議集七家註附

文忠集
　　（宋）歐陽修撰
　　　　四庫全書・集部別集類
　　　　摛藻堂四庫全書薈要・集部

歐陽文忠公集
　　　　四部叢刊（初次印本、二次印本、縮印

　　　　鈍翁全集・鈍翁續稿

南畇全集
　　(清)彭定求撰
　　　　長洲彭氏家集

尹健餘先生全集
　　(清)尹會一撰
　　　　畿輔叢書

翊翊齋遺書
　　(清)馬翮飛撰
　　　　馬氏家刻集

戴氏遺書
　　(清)戴震撰
　　　　微波榭叢書

戴東原先生全集
　　(清)戴震撰
　　　　安徽叢書第六期

李菉猗女史全書
　　(清)李晚芳撰
　　　　周氏師古堂所編書

初月樓四種
　　(清)吳德旋撰
　　　　花雨樓叢鈔

崔德皋先生遺書
　　(清)崔邁撰
　　　　崔東壁遺書(亞東圖書館排印本)後編

淩次仲先生遺書
　　(清)淩廷堪撰
　　　　安徽叢書第四期

陳比部遺集
　　(清)陳壽祺撰
　　　　湆喜齋叢書第一函・越三子集

有深致軒集
　　(清)劉邆海撰
　　　　祥符劉氏叢書

彭文敬公全集
　　(清)彭蘊章撰
　　　　長洲彭氏家集

松龕全集
　　(清)徐繼畬撰
　　　　山右叢書初編

斯未信齋文編
　　(清)徐宗幹撰
　　　　斯未信齋集

何文貞公遺書
　　(清)何桂珍撰
　　　　雲南叢書初編・集部

夢園初集
　　(清)劉曾騄撰

　　　　祥符劉氏叢書

劉貴陽遺稿
　　(清)劉書年撰
　　　　黔南叢書別集

龍泉園集
　　(清)李江撰
　　　　龍泉師友遺稿合編

吉雨山房遺集
　　(清)郭籛齡撰
　　　　吉雨山房全集

試帖存稿
　　(清)丁午撰
　　　　田園雜著

坦園叢稿
　　(清)楊恩壽撰
　　　　坦園全集

名山叢書
　　(民國)錢振鍠撰
　　　　名山全集

庸菴遺集
　　(民國)張可中撰
　　　　寄寄山房全集附

遯廬文稿
　　(民國)余重耀撰
　　　　遯廬叢書

漢魏六朝一百三家集
　　(明)張溥輯
　　　　四庫全書・集部總集類
　　　　摘藻堂四庫全書薈要・集部

唐宋八大家文鈔
　　(明)茅坤輯
　　　　四庫全書・集部總集類

石倉歷代詩選
　　(明)曹學佺輯
　　　　四庫全書・集部總集類

古詩選
　　(明)曹學佺輯
　　　　石倉十二代詩選

三家宮詞
　　(明)毛晉輯
　　　　詩詞雜俎(汲古閣本、木松堂本、景汲
　　　　　古閣本)
　　　　四庫全書・集部總集類
　　　　叢書集成初編・文學類

御選四朝詩
　　(清)張豫章等輯
　　　　四庫全書・集部總集類

四忠集

（清）賀瑞麟輯
　　西京清麓叢書續編

八家閒適詩選
　（民國）周學淵選
　　周氏師古堂所編書

唐四僧詩
　（唐）釋靈澈等撰
　　四庫全書・集部總集類

唐詩選
　（明）曹學佺輯
　　石倉十二代詩選

十三唐人詩
　（清）劉雲份輯
　　中晚唐詩

初唐四傑集
　　趙氏藏書
　初唐四傑文集
　　四部備要（排印本、縮印本）・集部唐
　　　別集

蘇門六君子文粹
　（宋）陳亮輯
　　四庫全書・集部總集類

兩宋名賢小集
　（宋）陳思輯　（元）陳世隆補
　　四庫全書・集部總集類

二家宮詞
　（明）毛晉輯
　　詩詞雜俎（汲古閣本、木松堂本、景汲
　　　古閣本）
　　四庫全書・集部總集類
　　叢書集成初編・文學類

宋詩鈔
　（清）吳之振輯
　　四庫全書・集部總集類
　　摛藻堂四庫全書薈要・集部

宋百家詩存
　（清）曹廷棟輯
　　四庫全書・集部總集類

南宋八家集
　（清）鮑廷博輯
　　汲古閣景鈔南宋六十家小集附

知不足齋輯錄宋集補遺
　（清）鮑廷博輯
　　汲古閣景鈔南宋六十家小集附

四宋人集
　（民國）胡思敬輯
　　豫章叢書（胡思敬輯）

九宋人集

（民國）胡思敬輯
　　豫章叢書（胡思敬輯）

元詩選
　（清）顧嗣立輯
　　四庫全書・集部總集類
　　摛藻堂四庫全書薈要・集部

元二大家集
　（民國）胡思敬輯
　　豫章叢書（胡思敬輯）

四元人集
　（民國）胡思敬輯
　　豫章叢書（胡思敬輯）

劉魏比玉集一卷
　（明）俞憲輯
　　盛明百家詩後編

明詩選
　（明）曹學佺輯
　　石倉十二代詩選

二家詩選
　（清）王士禛選輯
　　王漁洋遺書
　　四庫全書・集部總集類

明季六遺老集
　（民國）胡思敬輯
　　豫章叢書（胡思敬輯）

四家選集
　（清）張懷泩輯
　　函海（乾隆本、道光本）第二十七函

同人詩錄
　（清）王慶勳輯
　　詒安堂全集

浮湘訪學集
　（清）朱克敬輯
　　挹秀山房叢書

二家試帖
　（民國）樊增祥輯
　　樊山集

九芝仙館行卷
　（民國）徐琪輯
　　香海盦叢書

高楊張徐集
　（明）俞憲輯
　　盛明百家詩前編

二菭詩集
　（清）潘鍾瑞輯
　　滂喜齋叢書第四函

二介詩鈔
　（民國）謝鼎鎔輯

江陰先哲遺書

貴池唐人集
　　(民國)劉世珩輯
　　　　貴池先哲遺書

貴池二妙集
　　(民國)劉世珩輯
　　　　貴池先哲遺書

越三子集
　　(淸)潘祖蔭輯
　　　　滂喜齋叢書第一函

賦薈合編
　　(淸)宋景闕輯
　　　　乍川文獻

閩中十子詩
　　(明)袁表(明)馬熒輯
　　　　四庫全書‧集部總集類

樵川二家詩
　　(淸)徐幹輯
　　　　邵武徐氏叢書初刻

中州名賢文表
　　(明)劉昌輯
　　　　四庫全書‧集部總集類

湘中名賢遺集五種
　　(淸)陳運溶輯
　　　　麓山精舍叢書第一集

鄱陽五家集
　　(淸)史簡輯
　　　　四庫全書‧集部總集類
　　　　豫章叢書(胡思敬輯)

吉州二義集
　　(民國)胡思敬輯
　　　　豫章叢書(胡思敬輯)

袁州二唐人集
　　(民國)胡思敬輯
　　　　豫章叢書(胡思敬輯)

廣中四傑集
　　(明)俞憲輯
　　　　盛明百家詩後編

高涼耆舊文鈔
　　(淸)許汝韶輯
　　　　高涼耆舊遺集

客人三先生詩選
　　古直輯
　　　　客人叢書

明滇南五名臣遺集
　　李根源輯
　　　　雲南叢書初編‧集部

明雷石菴胡二峯遺集合刊

李根源等輯
　　　　雲南叢書初編‧集部

楊林兩隱君集
　　李文漢　李文林輯
　　　　雲南叢書二編‧集部

劍川羅楊二子遺詩合鈔
　　(民國)趙藩輯
　　　　雲南叢書二編‧集部

淸江三孔集
　　(宋)王遹輯
　　　　四庫全書‧集部總集類
　　　　豫章叢書(胡思敬輯)

二孔先生文鈔
　　(民國)丁錫田輯
　　　　智盦叢刊第一輯

文氏五家集
　　(明)文肇祉輯
　　　　四庫全書‧集部總集類
　　　　四庫全書珍本初集‧集部總集類

呈貢文氏三遺集合鈔
　　(民國)趙藩輯
　　　　雲南叢書初編‧集部

石氏喬梓詩集
　　(淸)潘鍾瑞輯
　　　　滂喜齋叢書第四函

二朱詩集
　　(明)俞憲輯
　　　　盛明百家詩前編

魯藩二宗室集
　　(明)俞憲輯
　　　　盛明百家詩後編

李氏詩存
　　(淸)李浩輯
　　　　雲南叢書初編‧集部

春星堂詩集
　　(淸)汪師韓輯
　　　　叢睦汪氏遺書

春星堂續集
　　(淸)汪篁輯
　　　　叢睦汪氏遺書

沈氏三先生文集
　　(宋)□□□輯
　　　　四部叢刊三編‧集部

二周詩集
　　(明)俞憲輯
　　　　盛明百家詩前編

五周先生集
　　冒廣生輯

如皐冒氏叢書附

二杭詩集
　　(明)俞憲輯
　　　　盛明百家詩前編
二俞詩集
　　(明)俞憲輯
　　　　盛明百家詩前編
豫章三洪集
　　(清)洪汝奎輯
　　　　洪氏晦木齋叢書
皇甫昆季集
　　(明)俞憲輯
　　　　盛明百家詩前編
二倪詩集
　　(明)俞憲輯
　　　　盛明百家詩後編
呈貢二孫遺詩
　　(清)□□輯
　　　　雲南叢書初編·集部
二浦詩集
　　(明)俞憲輯
　　　　盛明百家詩後編
扶風班氏佚書
　　(民國)張鵬一輯
　　　　關隴叢書
袁家三妹合稿
　　(清)袁枚輯
　　　　隨園三十種(乾隆嘉慶本、同治本)
　　　　隨園三十八種
保山二袁遺詩
　　(民國)趙藩輯
　　　　雲南叢書初編·集部
鄂華聯吟稿
　　(清)馬國偉(清)馬用俊撰
　　　　小峨嵋山館五種
二莫詩集
　　(明)俞憲輯
　　　　盛明百家詩後編
晉二俊文集
　　(宋)徐民瞻輯
　　　　漢魏諸名家集
　　　　四部備要(排印本、縮印本)·集部漢
　　　　魏六朝別集
沈楊合刻
　　(清)陸嵩齡輯
　　　　陸氏六種合刻
北地傅氏遺書
　　(民國)張鵬一輯

關隴叢書

三華集
　　(明)錢公善輯
　　　　四庫全書·集部總集類
　　　　四庫全書珍本初集·集部總集類
二黃集
　　(明)俞憲輯
　　　　盛明百家詩前編
二黃先生集
　　冒廣生輯
　　　　永嘉詩人祠堂叢刻附
毘陵楊氏詩存
　　(清)楊葆彝輯
　　　　大亭山館叢書
午夢堂全集
　　(明)葉紹袁輯
　　　　中國文學珍本叢書第一輯
八劉唐人詩
　　(清)劉雲份輯
　　　　中晚唐詩
潘氏一家言
　　(清)潘志萬輯　潘承弼重輯
　　　　陟岡樓叢刊甲集
二謝詩集
　　(明)俞憲輯
　　　　盛明百家詩後編
戴氏三俊集
　　(清)汪曰楨輯
　　　　荔牆叢刻
尺牘集錦
　　(清)□□輯
　　　　申報館叢書續集·尺牘類
粵風
　　(清)李調元輯
　　　　函海(乾隆本、道光本)第二十八函
　　　　函海(光緒本)第二十三函
　　　　叢書集成初編·文學類
同人唱和詩
　　(清)黃丕烈輯
　　　　士禮居黃氏叢書(黃氏本、蜚英館景黃
　　　　　氏本、石竹山房景黃氏本、博古齋景
　　　　　黃氏本)附
　　　　叢書集成初編·文學類
施愚山先生別集
　　(清)施閏章撰
　　　　施愚山先生全集
聲調三譜
　　(清)王祖源輯

　　　　　天壤閣叢書
　　　　　吉林探源書舫叢書
漢詩統箋
　　（清）陳本禮撰
　　　　　江都陳氏叢書
坦菴詞三種
　　（清）徐石麒撰
　　　　　清名家詞
曝書亭詞三種
　　（清）朱彝尊撰
　　　　　清名家詞
青吟堂詞二種
　　（清）高士奇撰
　　　　　清名家詞
嶰整山人詞集
　　（清）王初桐撰
　　　　　古香堂叢書・詩集
更生齋詩餘二種
　　（清）洪亮吉撰
　　　　　清名家詞
有正味齋詞五種
　　（清）吳錫麒撰
　　　　　清名家詞
靈芬館詞四種
　　（清）郭麐撰
　　　　　靈芬館集
　　　　　楡園叢刻
　　　　　四部備要（排印本、縮印本）・集部清
　　　　　　別集
　　　　　清名家詞
浮谿精舍詞三種
　　（清）宋翔鳳撰
　　　　　清名家詞
心日齋詞四種
　　（清）周之琦撰
　　　　　清名家詞
種芸仙館詞三種
　　（清）馮登府撰
　　　　　清名家詞
定盦詞五種
　　（清）龔自珍撰
　　　　　清名家詞
疏影樓詞四種
　　（清）姚燮撰
　　　　　清名家詞
芬陀利室詞六種
　　（清）蔣敦復撰
　　　　　清名家詞

龍壁山房詞二種
　　（清）王錫振（拯）撰
　　　　　清名家詞
藤香館詞二種
　　（清）薛時雨撰
　　　　　清名家詞
名家詞
　　（清）侯文燦輯
　　　　　宛委別藏
　名家詞集十種
　　　　　粟香室叢書
唐五代二十一家詞輯
　　（民國）王國維輯
　　　　　海寧王忠慤公遺書四集
宋六十名家詞
　　（明）毛晉輯
　　　　　中國文學珍本叢書第一輯
　　　　　四部備要（排印本、縮印本）・集部總
　　　　　　集
宋七家詞選
　　（清）戈載輯
　　　　　蒙香室叢書
秦張兩先生詩餘合璧
　　（明）王象晉輯
　　　　　詞苑英華
南宋四名臣詞集
　　（清）王鵬運輯
　　　　　四印齋所刻詞（光緒本、景光緒本）
雙白詞
　　（清）王鵬運輯
　　　　　四印齋所刻詞（光緒本、景光緒本）
四印齋彙刻宋元三十一家詞
　　（清）王鵬運輯
　　　　　四印齋所刻詞（光緒本、景光緒本）
十五家詞
　　（清）孫默輯
　　　　　四庫全書・集部詞曲類
　　　　　四部備要（排印本、縮印本）・集部總
　　　　　　集
七家詞鈔
　　（清）汪世泰輯
　　　　　隨園三十種（乾隆嘉慶本、同治本）
　　　　　隨園三十八種
名家詞
　　（民國）繆荃孫輯
　　　　　雲自在龕叢書第四集
二家詞鈔
　　（民國）樊增祥輯

樊山集

二家詞廣
　　（民國）樊增祥輯
　　　　樊山集

滄海遺音集
　　（民國）朱祖謀（孝臧）輯
　　　　彊邨遺書

白仁甫雜劇
　　（元）白樸撰
　　　　中國文學珍本叢書第一輯・元人雜劇
　　　　全集

石子章雜劇
　　（元）石子章撰
　　　　中國文學珍本叢書第一輯・元人雜劇
　　　　全集

王仲文雜劇
　　（元）王仲文撰
　　　　中國文學珍本叢書第一輯・元人雜劇
　　　　全集

李文蔚雜劇
　　（元）李文蔚撰
　　　　中國文學珍本叢書第一輯・元人雜劇
　　　　全集

關漢卿雜劇
　　（元）關漢卿撰
　　　　中國文學珍本叢書第一輯・元人雜劇
　　　　全集

王實甫雜劇
　　（元）王實甫撰
　　　　中國文學珍本叢書第一輯・元人雜劇
　　　　全集

馬致遠雜劇
　　（元）馬致遠撰
　　　　中國文學珍本叢書第一輯・元人雜劇
　　　　全集

楊顯之雜劇
　　（元）楊顯之撰
　　　　中國文學珍本叢書第一輯・元人雜劇
　　　　全集

張國賓雜劇
　　（元）張國賓撰
　　　　中國文學珍本叢書第一輯・元人雜劇
　　　　全集

孔文卿雜劇
　　（元）孔學詩撰
　　　　中國文學珍本叢書第一輯・元人雜劇
　　　　全集

李直夫雜劇

　　（元）李直夫撰
　　　　中國文學珍本叢書第一輯・元人雜劇
　　　　全集

鄭廷玉雜劇
　　（元）鄭廷玉撰
　　　　中國文學珍本叢書第一輯・元人雜劇
　　　　全集

李壽卿雜劇
　　（元）李壽卿撰
　　　　中國文學珍本叢書第一輯・元人雜劇
　　　　全集

紀君祥雜劇
　　（元）紀君祥撰
　　　　中國文學珍本叢書第一輯・元人雜劇
　　　　全集

高文秀雜劇
　　（元）高文秀撰
　　　　中國文學珍本叢書第一輯・元人雜劇
　　　　全集

庾吉甫雜劇
　　（元）庾天錫撰
　　　　中國文學珍本叢書第一輯・元人雜劇
　　　　全集

王伯成雜劇
　　（元）王伯成撰
　　　　中國文學珍本叢書第一輯・元人雜劇
　　　　全集

孫仲章雜劇
　　（元）孫仲章撰
　　　　中國文學珍本叢書第一輯・元人雜劇
　　　　全集

武漢臣雜劇
　　（元）武漢臣撰
　　　　中國文學珍本叢書第一輯・元人雜劇
　　　　全集

李進取雜劇
　　（元）李進取撰
　　　　中國文學珍本叢書第一輯・元人雜劇
　　　　全集

岳伯川雜劇
　　（元）岳伯川撰
　　　　中國文學珍本叢書第一輯・元人雜劇
　　　　全集

康進之雜劇
　　（元）康進之撰
　　　　中國文學珍本叢書第一輯・元人雜劇
　　　　全集

李好古雜劇

（元）李好古撰
　　中國文學珍本叢書第一輯・元人雜劇
　　全集
狄君厚雜劇
　　（元）狄君厚撰
　　　中國文學珍本叢書第一輯・元人雜劇
　　　全集
張壽卿雜劇
　　（元）張壽卿撰
　　　中國文學珍本叢書第一輯・元人雜劇
　　　全集
吳昌齡雜劇
　　（元）吳昌齡撰
　　　中國文學珍本叢書第一輯・元人雜劇
　　　全集
石君寶雜劇
　　（元）石君寶撰
　　　中國文學珍本叢書第一輯・元人雜劇
　　　全集
李行道雜劇
　　（元）李潛夫撰
　　　中國文學珍本叢書第一輯・元人雜劇
　　　全集
孟漢卿雜劇
　　（元）孟漢卿撰
　　　中國文學珍本叢書第一輯・元人雜劇
　　　全集
尙仲賢雜劇
　　（元）尙仲賢撰
　　　中國文學珍本叢書第一輯・元人雜劇
　　　全集
戴善夫雜劇
　　（元）戴善夫撰
　　　中國文學珍本叢書第一輯・元人雜劇
　　　全集
費唐臣雜劇
　　（元）費唐臣撰
　　　中國文學珍本叢書第一輯・元人雜劇
　　　全集
鄭德輝雜劇
　　（元）鄭光祖撰
　　　中國文學珍本叢書第一輯・元人雜劇
　　　全集
宮大用雜劇
　　（元）宮天挺撰
　　　中國文學珍本叢書第一輯・元人雜劇
　　　全集
晚進王生雜劇

（元）晚進王生撰
　　中國文學珍本叢書第一輯・元人雜劇
　　全集
誠齋樂府二十四種
　　（明）朱有燉撰
　　　奢摩他室曲叢第二集
四聲猿
　　（明）徐渭撰
　　　誦芬室叢刊二編
　　　彙刻傳劇
　　　盛明雜劇（中國書店景董氏本、中國戲
　　　劇出版社景董氏本）
　　（明天池生撰）
　　　古本戲曲叢刊初集
梅村先生樂府三種
　　（淸）吳偉業撰
　　　誦芬室叢刊初編
梅村樂府二種
　　　奢摩他室曲叢第一集
西堂樂府
　　（淸）尤侗撰
　　　西堂全集（康熙本、民國石印本）
　　　淸人雜劇初集
續離騷
　　（淸）嵇永仁（抱犢山農）撰
　　　淸人雜劇初集
續四聲猿
　　（淸）張韜（紫微山人）撰
　　　淸人雜劇初集
明翠湖亭四韻事
　　（淸）裘璉（廢莪子）撰
　　　淸人雜劇初集
柴舟別集四種
　　（淸）廖燕撰
　　　淸人雜劇二集
四名家塡詞摘齣
　　（淸）車江英撰
　　　淸人雜劇二集
四色石
　　（淸）曹錫黼撰
　　　淸人雜劇初集
後四聲猿
　　（淸）桂馥（老菭）撰
　　　淸人雜劇初集
花間九奏（一名花間樂府）
　　（淸）石韞玉（花韻菴主人）撰
　　　淸人雜劇初集
瓶笙館修簫譜

　　　盧前輯
　　　　　中國文學珍本叢書第一輯
盛明雜劇
　　　(明)沈泰等輯
　　　　　誦芬室叢刊二編
盛明雜劇二集
　　　(明)沈泰輯
　　　　　誦芬室叢刊二編
清人散曲選刊
　　　任訥輯
　　　　　散曲叢刊
敦煌零拾
　　　(民國)羅振玉輯
　　　　　六經堪叢書初集
詞學研究
　　　(民國)羅芳洲輯
　　　　　詞學小叢書
讀曲叢刊
　　　(民國)董康輯
　　　　　誦芬室叢刊二編